OEUVRES COMPLÈTES

DE

J. J. ROUSSEAU

TOME II.

Paris. — Imp. Bénard et Cie, rue Damiette, 2.

OEUVRES COMPLÈTES

DE

J. J. ROUSSEAU

AVEC DES NOTES HISTORIQUES

ET UNE TABLE ANALYTIQUE DES MATIÈRES

Nouvelle Edition Ornée de 25 Gravures

TOME DEUXIÈME
LA NOUVELLE HÉLOISE. — ÉMILE. — LETTRE A M. DE BEAUMONT.

PARIS,
CHEZ ALEXANDRE HOUSSIAUX, LIBRAIRE
RUE SAINT-ANDRÉ-DES-ARTS, 45.

M DCCC LII.

JULIE

ou

LA NOUVELLE HÉLOÏSE,

ou

LETTRES DE DEUX AMANS,

HABITANS D'UNE PETITE VILLE AU PIED DES ALPES;

RECUEILLIES ET PUBLIÉES PAR JEAN-JACQUES ROUSSEAU.

Non la conobbe il mondo, mentre l' ebbe :
Conobbil' io, ch' a pianger qui rimasi.
PETR.

Le monde la posséda sans la connoître; et moi
je l'ai connue, et je reste ici-bas à pleurer.

PRÉFACE.

Il faut des spectacles dans les grandes villes, et des romans aux peuples corrompus. J'ai vu les mœurs de mon temps, et j'ai publié ces lettres ; que n'ai-je vécu dans un siècle où je dusse les jeter au feu !

Quoique je ne porte ici que le titre d'éditeur, j'ai travaillé moi-même à ce livre, et je ne m'en cache pas. Ai-je fait le tout, et la correspondance entière est-elle une fiction ? Gens du monde, que vous importe ? c'est sûrement une fiction pour vous.

Tout honnête homme doit avouer les livres qu'il publie : je me nomme donc à la tête de ce recueil, non pour me l'approprier, mais pour en répondre. S'il y a du mal, qu'on me l'impute : s'il y a du bien, je n'entends point m'en faire honneur. Si le livre est mauvais, j'en suis plus obligé de le reconnoître : je ne veux pas passer pour meilleur que je ne suis.

Quant à la vérité des faits, je déclare qu'ayant été plusieurs fois dans le pays des deux amans, je n'y ai jamais ouï parler du baron d'Etange ni de sa fille, ni de M. d'Orbe, ni de milord Edouard Bomston. ni de M. de Wolmar ; j'avertis encore que la topographie est grossièrement altérée en plusieurs endroits, soit pour mieux donner le change au lecteur, soit qu'en effet l'auteur n'en sût pas davantage. Voilà tout ce que je puis dire ; que chacun pense comme il lui plaira.

Ce livre n'est point fait pour circuler dans le monde, et convient à très-peu de lecteurs. Le style rebutera les gens de goût ; la matière alarmera les gens sévères ; tous les sentiments seront hors de la nature pour ceux qui ne croient pas à la vertu. Il doit déplaire aux dévots, aux libertins, aux philosophes ; il doit choquer les femmes galantes et scandaliser les honnêtes femmes. A qui plaira-t-il donc ? peut-être à moi seul ; mais à coup sûr il ne plaira médiocrement à personne.

Quiquonque veut se résoudre à lire ces lettres doit s'armer de patience sur les fautes de langue, sur le style emphatique et plat, sur les pensées communes rendues en termes ampoulés ; il doit se dire d'avance que ceux qui les écrivent ne sont pas des François, des beaux esprits, des académiciens, des philosophes, mais des provinciaux, des étrangers, des solitaires, des jeunes gens, presque des enfants, qui, dans leurs imaginations romanesques, prennent pour de la philosophie les honnêtes délires de leur cerveau.

Pourquoi craindrois-je de dire ce que je pense ? Ce recueil avec son gothique ton convient mieux aux femmes que les livres de philosophie : il peut même être utile à celles qui, dans une vie déréglée, ont conservé quelque amour pour l'honnêteté. Quant aux filles, c'est autre chose. Jamais fille chaste n'a lu de romans, et j'ai mis à celui-ci un titre assez décidé pour qu'en l'ouvrant on sût à quoi s'en tenir. Celle qui, malgré ce titre, en osera lire une seule page est une fille perdue : mais qu'elle n'impute point sa perte à ce livre ; le mal étoit fait d'avance. Puisqu'elle a commencé, qu'elle achève de lire : elle n'a plus rien à risquer.

Qu'un homme austère, en parcourant ce recueil, se rebute aux premières parties, jette le livre avec colère, et s'indigne contre l'éditeur, je ne me plaindrai point de son injustice ; à sa place, j'en aurois pu faire autant. Que si, après l'avoir lu tout entier, quelqu'un m'osoit blâmer de l'avoir publié, qu'il le dise, s'il veut, à toute la terre ; mais qu'il ne vienne pas me le dire : je sens que je ne pourrois de ma vie estimer cet homme-là (*).

(*) C'est ainsi que cette Préface se termine, tant dans les deux éditions originales d'Amsterdam et de Paris, que dans l'édition de Genève et dans toutes celles qui l'ont suivie jusqu'à l'édition de 1801. Celle-ci est la première dans laquelle, immédiatement après le dernier alinéa qu'on vient de lire, on trouve de plus le morceau suivant :

Allez, bonnes gens avec qui j'aimais tant à vivre, et qui m'avez si souvent consolé des outrages des méchants, allez au loin chercher vos semblables ; fuyez les villes, ce n'est pas là que vous les trouverez. Allez dans d'humbles retraites amuser quelque couple d'époux fidèles, dont l'union se resserre aux charmes de la vôtre ; quelque homme simple et sensible qui sache aimer votre état ; quelque solitaire ennuyé du monde, qui, blâmant vos erreurs et vos fautes se dise pourtant avec attendrissement : Ah ! voilà les âmes qu'il falloit à la mienne !

Mais où l'Éditeur a-t-il trouvé cette addition tout-à-fait inconnue avant lui ? Si c'est dans l'un des *deux manuscrits* sur lesquels il annonce avoir collationné son texte, et que d'ailleurs il déclare *différer très-peu l'un de l'autre*, il aurait dû, ce semble, en faire l'objet d'une remarque expresse. Nous pouvons assurer qu'elle

facile, punie enfin par son propre cœur de l'excès de son indulgence; un jeune homme honnête et sensible, plein de foiblesse et de beaux discours; un vieux gentilhomme entêté de sa noblesse, sacrifiant tout à l'opinion; un Anglois généreux et brave, toujours passionné par sagesse, toujours raisonnant sans raison...

N. Un mari débonnaire et hospitalier, empressé d'établir dans sa maison l'ancien amant de sa femme...

R. Je vous renvoie à l'inscription de l'estampe.

N. *Les belles âmes!*... Le beau mot!

R. O philosophie! combien tu prends de peine à rétrécir les cœurs, à rendre les hommes petits!

N. L'esprit romanesque les agrandit et les trompe. Mais revenons. Les deux amies?... Qu'en dites-vous?... Et cette conversion subite au temple?... La grâce, sans doute?...

R. Monsieur...

N. Une femme chrétienne, une dévote qui n'apprend point le catéchisme à ses enfans; qui meurt sans vouloir prier Dieu; dont la mort cependant édifie un pasteur et convertit un athée... Oh!...

R. Monsieur...

N. Quant à l'intérêt, il est pour tout le monde, il est nul. Pas une mauvaise action, pas un méchant homme qui fasse craindre pour les bons; des événemens si naturels, si simples, qu'ils le sont trop; rien d'inopiné, point de coup de théâtre: tout est prévu long-temps d'avance, tout arrive comme il est prévu. Est-ce la peine de tenir registre de ce que chacun peut voir tous les jours dans sa maison ou dans celle de son voisin?

R. C'est-à-dire qu'il vous faut des hommes communs et des événemens rares: je crois que j'aimerois mieux le contraire. D'ailleurs, vous jugez ce que vous avez lu comme un roman. Ce n'en est point un; vous l'avez dit vous-même. C'est un recueil de lettres.

N. Qui ne sont point des lettres; je crois l'avoir dit aussi. Quel style épistolaire! qu'il est guindé! que d'exclamations! que d'apprêts! quelle emphase pour ne rien dire que des choses communes! quels grands mots pour de petits raisonnemens! rarement du sens, de la justesse; jamais ni finesse, ni force, ni profondeur. Une diction toujours dans les nues, et des pensées qui rampent toujours. Si vos personnages sont dans la nature, avouez que leur style est peu naturel.

R. Je conviens que, dans le point de vue où vous êtes, il doit vous paroître ainsi.

N. Comptez-vous que le public le verra d'un autre œil? et n'est-ce pas mon jugement que vous demandez?

R. C'est pour l'avoir plus au long que je vous réplique. Je vois que vous aimeriez mieux des lettres faites pour être imprimées.

N. Ce souhait paroît assez bien fondé pour celles qu'on donne à l'impression.

R. On ne verra donc jamais les hommes dans les livres comme ils veulent s'y montrer?

N. L'auteur comme il veut s'y montrer; ceux qu'il dépeint tels qu'ils sont. Mais cet avantage manque encore ici. Pas un portrait vigoureusement peint, pas un caractère assez bien marqué, nulle observation solide, aucune connoissance du monde. Qu'apprend-on dans la petite sphère de deux ou trois amans ou amis toujours occupés d'eux seuls?

R. On apprend à aimer l'humanité. Dans les grandes sociétés on n'apprend qu'à haïr les hommes.

Votre jugement est sévère; celui du public doit l'être encore plus. Sans le taxer d'injustice, je veux vous dire à mon tour de quel œil je vois ces lettres; moins pour excuser les défauts que vous y blâmez, que pour en trouver la source.

Dans la retraite on a d'autres manières de voir et de sentir que dans le commerce du monde; les passions autrement modifiées ont aussi d'autres expressions; l'imagination toujours frappée des mêmes objets s'en affecte plus vivement. Ce petit nombre d'images revient toujours, se mêle à toutes les idées, et leur donne ce tour bizarre et peu varié qu'on remarque dans les discours des solitaires. S'ensuit-il de là que leur langage soit fort énergique? Point du tout; il n'est qu'extraordinaire. Ce n'est que dans le monde qu'on apprend à parler avec énergie. Premièrement, parce qu'il faut toujours dire autrement et mieux que les autres, et puis que, forcé d'affirmer à chaque instant ce qu'on ne croit pas, d'exprimer des sentimens qu'on n'a point, on cherche à donner à ce qu'on dit un tour persuasif qui supplée à la persuasion intérieure. Croyez-vous que les gens vraiment passionnés aient ces manières de parler vives, fortes, coloriées, que vous admirez dans vos drames et dans vos romans? Non; la passion, pleine d'elle-même, s'exprime avec plus d'abondance que de force: elle ne songe pas même à persuader; elle ne soupçonne pas qu'on puisse douter d'elle. Quand elle dit ce qu'elle sent, c'est moins pour l'exposer aux autres que pour se soulager. On peint plus vivement l'amour dans les grandes villes; l'y sent-on mieux que dans les hameaux?

N. C'est-à-dire que la foiblesse du langage prouve la force du sentiment.

R. Quelquefois du moins elle en montre la vérité. Lisez une lettre d'amour faite par un auteur dans son cabinet, par un bel esprit qui veut briller; pour peu qu'il ait de feu dans la tête, sa plume va, comme on dit, brûler le papier; la chaleur n'ira pas

AVERTISSEMENT

SUR LA PRÉFACE SUIVANTE.

La forme et la longueur de ce dialogue ou entretien supposé, ne m'ayant permis de le mettre que par extrait à la tête du recueil des premières éditions, je le donne à celle-ci tout entier, dans l'espoir qu'on y trouvera quelque vues utiles sur l'objet de ces sortes d'écrits. J'ai cru d'ailleurs devoir attendre que le livre eût fait son effet avant d'en discuter les inconvénients et les avantages, ne voulant ni faire de tort au libraire, ni mendier l'indulgence du public.

SECONDE PRÉFACE

DE LA NOUVELLE HÉLOÏSE.

N. Voilà votre manuscrit ; je l'ai lu tout entier.

R. Tout entier ? J'entends ; vous comptez sur peu d'imitateurs.

N. *Vel duo, vel nemo.*

R. *Turpe et miserabile* (*). Mais je veux un jugement positif.

N. Je n'ose.

R. Tout est osé par ce seul mot. Expliquez-vous.

N. Mon jugement dépend de la réponse que vous m'allez faire. Cette correspondance est-elle réelle, ou si c'est une fiction ?

R. Je ne vois pas la conséquence. Pour dire si un livre est bon ou mauvais, qu'importe de savoir comment on l'a fait ?

M. Il importe beaucoup pour celui-ci. Un portrait a toujours son prix, pourvu qu'il ressemble, quelque étrange que soit l'original. Mais dans un tableau d'imagination, toute figure humaine doit avoir les traits communs à l'homme, ou le tableau ne vaut rien. Tous deux supposés bons, il reste encore cette différence que le portrait intéresse peu de gens ; le tableau seul peut plaire au public.

R. Je vous suis. Si ces lettres sont des portraits, ils n'intéressent point ; si ce sont des tableaux, ils imitent mal. N'est-ce pas cela ?

N. Précisément.

R. Ainsi j'arracherai toutes vos réponses avant que vous m'ayez répondu. Au reste, comme je ne puis satisfaire à votre question, il faut vous en passer pour résoudre la mienne. Mettez la chose au pis : ma Julie...

N. Oh ! si elle avoit existé !

R. Hé bien ?

N. Mais sûrement ce n'est qu'une fiction.

R. Supposez.

N. En ce cas, je ne connois rien de si maussade. Ces lettres ne sont point des lettres ; ce roman n'est point un roman : les personnages sont des gens de l'autre monde.

R. J'en suis fâché pour celui-ci.

N. Consolez-vous ; les fous n'y manquent pas non plus : mais les vôtres ne sont pas dans la nature.

R. Je pourrois... Non, je vois le détour que prend votre curiosité. Pourquoi décidez-vous ainsi ? Savez-vous jusqu'où les hommes diffèrent les uns des autres ? combien les caractères sont opposés, combien les mœurs, les préjugés varient selon les temps, les lieux, les âges ? Qui est-ce qui ose assigner des bornes précises à la nature, et dire : Voilà jusqu'où l'homme peut aller, et pas au-delà ?

N. Avec ce beau raisonnement, les monstres inouïs, les géans, les pygmées, les chimères de toute espèce, tout pourroit être admis spécifiquement dans la nature, tout seroit défiguré, nous n'aurions plus de modèle commun. Je le répète, dans les tableaux de l'humanité chacun doit reconnoître l'homme.

R. J'en conviens, pourvu qu'on sache aussi discerner ce qui fait les variétés de ce qui est essentiel à l'espèce. Que diriez-vous de ceux qui ne reconnoîtroient la nôtre que dans un habit à la française ?

N. Que diriez-vous de celui qui, sans exprimer ni traits ni taille, voudrait peindre une figure humaine avec un voile pour vêtement ? N'aurait-on pas droit de lui demander où est l'homme ?

R. Ni traits, ni taille ? Etes-vous juste ? point de gens parfaits, voilà la chimère. Une jeune fille offensant la vertu qu'elle aime, et ramenée au devoir par l'horreur d'un plus grand crime ; une amie trop

---

n'est point dans le manuscrit déposé à la bibliothèque de la Chambre des députés ; car il ne contient même aucune préface. Cette addition d'ailleurs, si elle est réellement de Rousseau, valait d'autant mieux la peine d'être justifiée, que, s'il faut le dire, on ne peut y reconnoître ni sa manière, ni son style. Dût notre jugement à cet égard être taxé de témérité, on peut douter certainement qu'après la pensée énergique et profonde qui, dans les premières éditions, terminait si bien cette Préface, l'auteur en ait volontairement affaibli l'impression par cette apostrophe : *Allez, bonnes gens*, aussi languissante qu'inattendue, et qui, encore une fois, contraste singulièrement avec sa manière d'écrire. Tous nous autorisoit donc à la supprimer.   G. P.

(*) PERS., sat. 1, v. 1.

La lecture du procès-verbal étant terminée, et les changements proposés dans la rédaction ayant été adoptés;

— M. Brierre de Surgy a repris le fauteuil.

— Il a annoncé à l'Assemblée que la députation, nommée pour porter au roi le juste tribut de reconnaissance de ses soins paternels pour le maintien de la tranquillité publique (1), avait été reçue, aujourd'hui, au lever de Sa Majesté, qui l'avait accueillie avec bonté.

L'Assemblée ayant désiré entendre le discours que M. le président avait prononcé au roi (2);

Il en a été fait lecture, et l'Assemblée a témoigné sa satisfaction par les plus vifs applaudissements.

Discours au roi.

Sire,

La Commune de Paris n'a pu lire la *Proclamation* de Votre Majesté sans une admiration mêlée d'amour et de respect. Elle se glorifie de pouvoir, une des premières, déposer à vos pieds l'hommage de la reconnaissance due à vos soins paternels.

Qu'ils s'éloignent à jamais, ces ennemis du bien public, qui chercheraient encore à égarer le peuple! Ou plutôt, que, ramenés à de meilleurs sentiments par les douces exhortations de Votre Majesté, ils apprennent, pour ne plus l'oublier, qu'être soumis à la constitution c'est obéir au plus juste et au plus chéri des monarques!

Déjà, Sire, vous avez recueilli dans cette capitale le fruit de vos tendres sollicitudes. Un moment d'orage, excité par des gens sans patrie, sans asile, avait troublé la paix que votre auguste présence y entretenait (3); tout est rentré dans le devoir, à la voix du père du peuple.

Puisse un si heureux exemple se communiquer à toutes les parties de ce vaste empire! Le jour de l'alliance universelle approche, jour à jamais mémorable pour les Français. Animés du même esprit pour le maintien de la constitution, pénétrés d'un même amour pour leur souverain, ils élèveront à la fois un concert de voix pour célébrer les louanges immortelles du meilleur des princes.

Réponse du roi.

Je reçois toujours avec plaisir les témoignages d'attachement de la Commune de Paris.

Sur la demande faite par plusieurs honorables membres;

---

(1) Députation de vingt-quatre membres, désignée le 31 mai, pour remercier le roi à l'occasion de sa proclamation du 28. (Voir Tome V, p. 605 et 615-616.) Le Maire BAILLY avait refusé de se mettre à la tête de la députation. (Voir Tome V, p. 658-659, 664 et 683.)

(2) Par lettre datée du 8 juin, BRIERRE DE SURGY avait transmis au comte DE SAINT-PRIEST, ministre de Paris et de la maison du roi, le texte du discours qu'il devait prononcer au nom de la Commune, et qu'il avait été obligé de faire à la hâte, n'ayant été informé que le matin même de sa nomination à la place de président. (Pièce manusc., Arch. Nat., F 1 c III, Seine, 27.)

(3) Allusion aux troubles des 24 et 25 mai. (Voir Tome V, p. 545-550.)

PROCÈS-VERBAL

DES SÉANCES

DE L'ASSEMBLÉE DES REPRÉSENTANTS

DE LA COMMUNE DE PARIS

Convoquée le 18 Septembre 1789

(Suite)

Du Mercredi 9 Juin 1790

— A l'ouverture de la séance, un des secrétaires a fait lecture du procès-verbal de la séance du 5 de ce mois.

Et la rédaction en a été approuvée.

— M. Étienne de La Rivière ayant réclamé contre la rédaction de l'article qui le concerne personnellement, relativement à quelques expressions qu'il a annoncé n'être pas les mêmes que celles dont il s'était servi;

Et cette réclamation paraissant donner lieu à quelques explications;

M. Brierre de Surgy, l'un des commissaires et rapporteur de l'affaire de M. de La Rivière, a observé que sa délicatesse ne lui permettait pas de présider l'Assemblée pendant cette discussion.

Il a, en conséquence, quitté le fauteuil, et a été remplacé par M. Michel, ex-président.

— M. Étienne de La Rivière a dit qu'il n'avait point reconnu, en termes formels, la compétence de l'Assemblée, ainsi que le portait le procès-verbal; et il a rétabli les expressions qu'il avait employées.

D'après ses observations, le procès-verbal a été rectifié, comme il le désirait (1).

---

(1) Séance du 5 juin. (Voir Tome V, p. 673.)

plus loin : vous serez enchanté, même agité peut-être, mais d'une agitation passagère et sèche, qui ne vous laissera que des mots pour tout souvenir. Au contraire, une lettre que l'amour a réellement dictée, une lettre d'un amant vraiment passionné sera lâche, diffuse, toute en longueurs, en désordre, en répétitions. Son cœur, plein d'un sentiment qui déborde, redit toujours la même chose, et n'a jamais achevé de dire, comme une source vive qui coule sans cesse et ne s'épuise jamais. Rien de saillant, rien de remarquable ; on ne retient ni mots, ni tours, ni phrases ; on n'admire rien, l'on n'est frappé de rien. Cependant on se sent l'âme attendrie ; on se sent ému sans savoir pourquoi. Si la force du sentiment ne nous frappe pas, sa vérité nous touche ; et c'est ainsi que le cœur sait parler au cœur. Mais ceux qui ne sentent rien, ceux qui n'ont que le jargon paré des passions, ne connoissent point ces sortes de beautés et les méprisent.

N. J'attends.

R. Fort bien. Dans cette dernière espèce de lettres, si les pensées sont communes, le style pourtant n'est pas familier, et ne doit pas l'être. L'amour n'est qu'illusion, il se fait, pour ainsi dire, un autre univers, il s'entoure d'objets qui ne sont point, ou auxquels lui seul a donné l'être ; et, comme il rend tous ses sentimens en images, son langage est toujours figuré. Mais ces figures sont sans justesse et sans suite ; son éloquence est dans son désordre ; il prouve d'autant plus qu'il raisonne moins. L'enthousiasme est le dernier degré de la passion. Quand elle est à son comble, elle voit son objet parfait ; elle en fait alors son idole, elle le place dans le ciel : et, comme l'enthousiasme de la dévotion emprunte le langage de l'amour, l'enthousiasme de l'amour emprunte aussi le langage de la dévotion. Il ne voit plus que le paradis, les anges, les vertus des saints, les délices du séjour céleste. Dans ces transports, entouré de si hautes images, en parlera-t-il en termes rampans? se résoudra-t-il d'abaisser, d'avilir ses idées par des expressions vulgaires? n'élèvera-t-il pas son style? ne lui donnera-t-il pas de la noblesse, de la dignité? Que parlez-vous de lettres, de style épistolaire? En écrivant à ce qu'on aime, il est bien question de cela ! ce ne sont plus des lettres que l'on écrit, ce sont des hymnes.

N. Citoyen, voyons votre pouls.

R. Non, voyez l'hiver sur ma tête. Il est un âge pour l'expérience, un autre pour le souvenir. Le sentiment s'éteint à la fin ; mais l'âme sensible demeure toujours.

Je reviens à nos lettres. Si vous les lisez comme l'ouvrage d'un auteur qui veut plaire ou qui se pique d'écrire, elles sont détestables. Mais prenez-les pour ce qu'elles sont, et jugez-les dans leur espèce. Deux ou trois jeunes gens simples, mais sensibles, s'entretiennent entre eux des intérêts de leurs cœurs ; ils ne songent point à briller aux yeux les uns des autres. Ils se connoissent et s'aiment trop mutuellement pour que l'amour-propre ait plus rien à faire entre eux. Ils sont enfans ; penseront-ils en hommes? ils sont étrangers ; écriront-ils correctement? ils sont solitaires ; connoîtront-ils le monde et la société? Pleins du seul sentiment qui les occupe, ils sont dans le délire, et pensent philosopher. Voulez-vous qu'ils sachent observer, juger, réfléchir? Ils ne savent rien de tout cela. Ils savent aimer ; ils rapportent tout à leur passion. L'importance qu'ils donnent à leurs folles idées est-elle moins amusante que tout l'esprit qu'ils pourraient étaler? Ils parlent de tout ; ils se trompent sur tout, ils ne font rien connoître qu'eux ; mais, en se faisant connoître, ils se font aimer : leurs erreurs valent mieux que le savoir des sages ; leurs cœurs honnêtes portent partout, jusque dans leurs fautes, les préjugés de la vertu toujours confiante et toujours trahie. Rien ne les entend, rien ne leur répond, tout les détrompe. Ils se refusent aux vérités décourageantes ; ne trouvant nulle part ce qu'ils sentent, ils se replient sur eux-mêmes ; ils se détachent du reste de l'univers, et créant entre eux un petit monde différent du nôtre, ils y forment un spectacle véritablement nouveau.

N. Je conviens qu'un homme de vingt ans et des filles de dix-huit ne doivent pas, quoique instruits, parler en philosophes, même en pensant l'être ; j'avoue encore, et cette différence ne m'a pas échappé, que ces filles deviennent des femmes de mérite, et ce jeune homme un meilleur observateur. Je ne fais point de comparaison entre le commencement et la fin de l'ouvrage. Les détails de la vie domestique effacent les fautes du premier âge ; la chaste épouse, la femme sensée, la digne mère de famille, font oublier la coupable amante. Mais cela même est un sujet de critique : la fin du recueil rend le commencement d'autant plus répréhensible ; on diroit que ce sont deux livres différens que les mêmes personnes ne doivent pas lire. Ayant à montrer des gens raisonnables, pourquoi les prendre avant qu'ils le soient devenus? Les jeux d'enfans qui précèdent les leçons de la sagesse empêchent de les attendre : le mal scandalise avant que le bien puisse édifier ; enfin le lecteur indigné se rebute et quitte le livre au moment d'en tirer du profit.

R. Je pense au contraire que la fin de ce recueil seroit superflue aux lecteurs rebutés du commencement, et que ce même commencement doit être agréable à ceux pour qui la fin peut être utile. Ainsi, ceux qui n'achèveront pas le livre ne perdront rien, puisqu'il ne leur est pas propre ; et ceux qui peuvent en profiter ne l'auroient pas lu, s'il eût commencé plus gravement. Pour rendre utile ce qu'on veut dire, il faut d'abord se faire écouter de ceux qui doivent en faire usage.

J'ai changé de moyen, mais non pas d'objet. Quand j'ai tâché de parler aux hommes, on ne m'a point entendu ; peut-être, en parlant aux enfans, me ferai-je mieux entendre ; et les enfans ne goûtent pas mieux la raison nue que les remèdes mal déguisés :

> Cosi all' egro fanciul porgiamo aspersi
> Di soave licor gl' orli del vaso ;
> Succhi amari ingannato in tanto ei beve,
> E dall' inganno suo vita riceve (*).

N. J'ai peur que vous ne vous trompiez encore ; ils suceront les bords du vase, et ne boiront point la liqueur.

R. Alors ce ne sera plus ma faute ; j'aurai fait de mon mieux pour la faire passer.

Mes jeunes gens sont aimables ; mais, pour les aimer à trente ans, il faut les avoir connus à vingt. Il faut avoir vécu long-temps avec eux pour s'y plaire : et ce n'est qu'après avoir déploré leurs fautes qu'on vient à goûter leurs vertus. Leurs lettres n'intéressent pas tout d'un coup ; mais peu à peu elles attachent : on ne peut ni les prendre ni les quitter. La grâce et la facilité n'y sont pas, ni la raison, ni l'esprit, ni l'éloquence ; le sentiment y est ; il se communique au cœur par degrés, et lui seul à la fin supplée à tout. C'est une longue romance, dont les couplets pris à part n'ont rien qui touche, mais dont la suite produit à la fin son effet. Voilà ce que j'éprouve en les lisant : dites-moi si vous sentez la même chose.

N. Non. Je conçois pourtant cet effet par rapport à vous. Si vous êtes l'auteur, l'effet est tout simple ; si vous ne l'êtes pas, je le conçois encore. Un homme qui vit dans le monde ne peut s'accoutumer aux idées extravagantes, au pathos affecté, au déraisonnement continuel de vos bonnes gens. Un solitaire peut les goûter ; vous en avez dit la raison vous-même. Mais, avant que de publier ce manuscrit, songez que le public n'est pas composé d'hermites. Tout ce qui pourroit arriver de plus heureux seroit qu'on prît votre petit bon-homme pour un Céladon, votre Édouard pour un don Quichotte, vos caillettes pour deux Astrées, et qu'on s'en amusât comme d'autant de vrais fous. Mais les longues folies n'amusent guère : il faut écrire comme Cervantes pour faire lire six volumes de visions.

R. La raison qui vous feroit supprimer cet ouvrage m'encourage à le publier.

(*) C'est ainsi qu'en présentant une médecine à l'enfant malade, on arrose d'une liqueur agréable les bords du vase qui la contient ; trompé par cet artifice, l'enfant boit le breuvage amer, et cette erreur lui fait recouvrer la santé. — TASSO.

N. Quoi ! la certitude de n'être point lu ?

R. Un peu de patience, et vous allez m'entendre.

En matière de morale, il n'y a point, selon moi, de lecture utile aux gens du monde. Premièrement, parce que la multitude des livres nouveaux qu'ils parcourent, et qui disent tour à tour le pour et le contre, détruit l'effet de l'un par l'autre, et rend le tout comme non avenu. Les livres choisis qu'on relit ne font point d'effet encore : s'ils soutiennent les maximes du monde, ils sont superflus ; et s'ils les combattent, ils sont inutiles. Ils trouvent ceux qui les lisent liés aux vices de la société par des chaînes qu'ils ne peuvent rompre. L'homme du monde qui veut remuer un instant son âme pour la remettre dans l'ordre moral, trouvant de toutes parts une résistance invincible, est toujours forcé de garder ou reprendre sa première situation. Je suis persuadé qu'il y a peu de gens bien nés qui n'aient fait cet essai, du moins une fois en leur vie ; mais, bientôt découragé d'un vain effort, on ne le répète plus, et l'on s'accoutume à regarder la morale des livres comme un babil de gens oisifs. Plus on s'éloigne des affaires, des grandes villes, des nombreuses sociétés, plus les obstacles diminuent. Il est un terme où ces obstacles cessent d'être invincibles, et c'est alors que les livres peuvent avoir quelque utilité. Quand on vit isolé, comme on ne se hâte pas de lire pour faire parade de ses lectures, on les varie moins, on les médite davantage ; et comme elles ne trouvent pas un si grand contre-poids au dehors, elles font beaucoup plus d'effet au dedans. L'ennui, ce fléau de la solitude aussi bien que du grand monde, force de recourir aux livres amusans, seule ressource de qui vit seul et n'en a pas en lui-même. On lit beaucoup plus de romans dans les provinces qu'à Paris, on en lit plus dans les campagnes que dans les villes, et ils y font beaucoup plus d'impression : vous voyez pourquoi cela doit être.

Mais ces livres, qui pourroient servir à la fois d'amusement, d'instruction, de consolation au campagnard, malheureux seulement parce qu'il pense l'être, ne semblent faits, au contraire, que pour le rebuter de son état, en étendant et fortifiant le préjugé qui le lui rend méprisable ; les gens du bel air, les femmes à la mode, les grands, les militaires, voilà les acteurs de tous vos romans. Le raffinement du goût des villes, les maximes de la cour, l'appareil du luxe, la morale épicurienne ; voilà les leçons qu'ils prêchent et les préceptes qu'ils donnent. Le coloris de leurs fausses vertus ternit l'éclat des véritables ; le manège des procédés est substitué aux devoirs réels ; les beaux discours font dédaigner les belles actions ; et la simplicité des bonnes mœurs passe pour grossièreté.

Quel effet produirent de pareils tableaux sur un gentilhomme de campagne, qui voit railler la franchise avec laquelle il reçoit ses hôtes, et traiter de brutale orgie la joie qu'il fait régner dans son canton? sur sa femme, qui apprend que les soins d'une mère de famille sont au-dessous des dames de son rang? sur sa fille, à qui les airs contournés et le jargon de la ville font dédaigner l'honnête et rustique voisin qu'elle eût épousé? Tous de concert, ne voulant plus être des manans, se dégoûtent de leur village, abandonnent leur vieux château, qui bientôt devient masure, et vont dans la capitale, où le père, avec sa croix de Saint-Louis, de seigneur qu'il étoit, devient valet ou chevalier d'industrie; la mère établit un brelan; la fille attire les joueurs, et souvent tous trois, après avoir mené une vie infâme, meurent de misère et déshonorés.

Les auteurs, les gens de lettres, les philosophes ne cessent de crier que, pour remplir ses devoirs de citoyen, pour servir ses semblables, il faut habiter les grandes villes. Selon eux, fuir Paris, c'est haïr le genre humain; le peuple de la campagne est nul à leurs yeux : à les entendre, on croiroit qu'il n'y a des hommes qu'où il y a des pensions, des académies et des dîners.

De proche en proche, la même pente entraîne tous les états. Les contes, les romans, les pièces de théâtre, tout tire sur les provinciaux; tout tourne en dérision la simplicité des mœurs rustiques; tout prêche les manières et les plaisirs du grand monde : c'est une honte de ne les pas connoître, c'est un malheur de ne les pas goûter. Qui sait de combien de filous et de filles publiques l'attrait des plaisirs imaginaires peuple Paris de jour en jour? Ainsi les préjugés et l'opinion, renforçant l'effet des systèmes politiques, amoncellent, entassent les habitans de chaque pays sur quelques points du territoire, laissant tout le reste en friche et en désert : ainsi, pour faire briller les capitales, se dépeuplent les nations, et ce frivole éclat, qui frappe les yeux des sots, fait courir l'Europe à grands pas vers sa ruine. Il importe au bonheur des hommes qu'on tâche d'arrêter ce torrent de maximes empoisonnées. C'est le métier des prédicateurs de nous crier : *Soyez bons et sages!* sans beaucoup s'inquiéter du succès de leurs discours. Le citoyen qui s'en inquiète ne doit point crier sottement : *Soyez bons*, mais nous faire aimer l'état qui nous porte à l'être.

N. Un moment; reprenez haleine. J'aime les vues utiles; et je vous ai si bien suivi dans celle-ci, que je crois pouvoir pérorer pour vous.

Il est clair, selon votre raisonnement, que, pour donner aux ouvrages d'imagination la seule utilité qu'ils puissent avoir, il faudroit les diriger vers un but opposé à celui que leurs auteurs se proposent; éloigner toutes les choses d'institution; ramener tout à la nature; donner aux hommes l'amour d'une vie égale et simple; les guérir des fantaisies de l'opinion; leur rendre le goût des vrais plaisirs; leur faire aimer la solitude et la paix; les tenir à quelques distances les uns des autres; et, au lieu de les exciter à s'entasser dans les villes, les porter à s'étendre également sur le territoire pour le vivifier de toutes parts. Je comprends encore qu'il ne s'agit pas de faire des Daphnis, des Sylvandres, des pasteurs d'Arcadie, des bergers du Lignon, d'illustres paysans cultivant leurs champs de leurs propres mains, et philosophant sur la nature, ni d'autres pareils êtres romanesques, qui ne peuvent exister que dans les livres; mais de montrer aux gens aisés que la vie rustique et l'agriculture ont des plaisirs qu'ils ne savent pas connoître; que ces plaisirs sont moins insipides, moins grossiers qu'ils ne pensent; qu'il y peut régner du goût, du choix, de la délicatesse; qu'un homme de mérite qui voudroit se retirer à la campagne avec sa famille, et devenir lui-même son propre fermier, y pourroit couler une vie aussi douce qu'au milieu des amusemens des villes; qu'une ménagère des champs peut être une femme charmante, aussi pleine de grâces, et de grâces plus touchantes, que toutes les petites maîtresses; qu'enfin les plus doux sentimens du cœur y peuvent animer une société plus agréable que le langage apprêté des cercles, où nos rires mordans et satiriques sont le triste supplément de la gaîté qu'on n'y connoît plus. Est-ce bien cela?

R. C'est cela même. A quoi j'ajouterai seulement une réflexion. L'on se plaint que les romans troublent les têtes : je le crois bien. En montrant sans cesse à ceux qui les lisent les prétendus charmes d'un état qui n'est pas le leur, ils les séduisent, ils leur font prendre leur état en dédain, et en faire un échange imaginaire contre celui qu'on leur fait aimer. Voulant être ce qu'on n'est pas, on parvient à se croire autre chose que ce qu'on est, et voilà comment on devient fou. Si les romans n'offroient à leurs lecteurs que des tableaux des objets qui les environnent, que des devoirs qu'ils peuvent remplir, que des plaisirs de leur condition, les romans ne les rendraient point fous, ils les rendroient sages. Il faut que les écrits faits pour les solitaires parlent la langue des solitaires : pour les instruire, il faut qu'ils leur plaisent, qu'ils les intéressent; il faut qu'ils les attachent à leur état en le leur rendant agréable. Ils doivent combattre et détruire les maximes des grandes sociétés; ils doivent les montrer fausses et méprisables, c'est-à-dire, telles qu'elles sont. A tous ces titres, un roman, s'il est bien fait, au moins s'il est utile, doit être sifflé, haï, décrié par les gens à la mode comme un livre plat, extravagant, ridicule;

et voilà, monsieur, comment la folie du monde est sagesse.

N. Votre conclusion se tire d'elle-même. On ne peut mieux prévoir sa chute, ni s'apprêter à tomber plus fièrement. Il me reste une seule difficulté. Les provinciaux, vous le savez, ne lisent que sur notre parole : il ne leur parvient que ce que nous leur envoyons. Un livre destiné pour les solitaires est d'abord jugé par les gens du monde ; si ceux-ci le rebutent, les autres ne le lisent point. Répondez.

R. La réponse est facile. Vous parlez des beaux esprits de province, et moi je parle des vrais campagnards. Vous avez, vous autres qui brillez dans la capitale, des préjugés dont il faut vous guérir : vous croyez donner le ton à toute la France, et les trois quarts de la France ne savent pas que vous existez. Les livres qui tombent à Paris font la fortune des libraires de province.

N. Pourquoi voulez-vous les enrichir aux dépens des nôtres ?

R. Raillez. Moi, je persiste. Quand on aspire à la gloire, il faut se faire lire à Paris ; quand on veut être utile, il faut se faire lire en province. Combien d'honnêtes gens passent leur vie, dans des campagnes éloignées, à cultiver le patrimoine de leurs pères, où ils se regardent comme exilés par une fortune étroite ! Durant les longues nuits d'hiver, dépourvus de sociétés, ils emploient la soirée à lire au coin de leur feu les livres amusans qui leur tombent sous la main. Dans leur simplicité grossière, ils ne se piquent ni de littérature, ni de bel esprit ; ils lisent pour se désennuyer et non pour s'instruire ; les livres de morale et de philosophie sont pour eux comme n'existant pas : on en feroit en vain pour leur usage ; ils ne leur parviendroient jamais. Cependant, loin de leur rien offrir de convenable à leur situation, vos romans ne servent qu'à la leur rendre encore plus amère. Ils changent leur retraite en un désert affreux : et, pour quelques heures de distraction qu'ils leur donnent, ils leur préparent des mois de malaise et de vains regrets. Pourquoi n'oserois-je supposer que, par quelque heureux hasard, ce livre, comme tant d'autres plus mauvais encore, pourra tomber dans les mains de ces habitans des champs, et que l'image des plaisirs d'un état tout semblable au leur le leur rendra plus supportable ? J'aime à me figurer deux époux lisant ce recueil ensemble, y puisant un nouveau courage pour supporter leurs travaux communs, et peut-être de nouvelles vues pour les rendre utiles. Comment pourroient-ils y contempler le tableau d'un ménage heureux, sans vouloir imiter un si doux modèle ? Comment s'attendriront-ils sur le charme de l'union conjugale, même privé de celui de l'amour, sans que la leur se resserre et s'affermisse ? En quittant leur lecture, ils ne seront ni attristés de leur état, ni rebutés de leurs soins. Au contraire, tout semblera prendre autour d'eux une face plus riante ; leurs devoirs s'ennobliront à leurs yeux ; ils reprendront le goût des plaisirs de la nature ; ses vrais sentimens renaîtront dans leurs cœurs ; et en voyant le bonheur à leur portée, ils apprendront à le goûter. Ils rempliront les mêmes fonctions, mais ils les rempliront avec une autre âme, et feront en vrais patriarches ce qu'ils faisoient en paysans.

N. Jusque ici tout va fort bien. Les maris, les femmes, les mères de famille... Mais les filles, n'en dites-vous rien ?

R. Non. Une honnête fille ne lit point de livres d'amour. Que celle qui lira celui-ci, malgré son titre, ne se plaigne point du mal qu'il lui aura fait : elle ment. Le mal étoit fait d'avance ; elle n'a plus rien à risquer.

N. A merveille ! Auteurs érotiques, venez à l'école ; vous voilà tous justifiés.

R. Oui, s'ils le sont par leur propre cœur et par l'objet de leurs écrits.

N. L'êtes-vous aux mêmes conditions ?

R. Je suis trop fier pour répondre à cela ; mais Julie s'étoit fait une règle pour juger les livres (*) ; si vous la trouvez bonne, servez-vous-en pour juger celui-ci.

On a voulu rendre la lecture des romans utile à la jeunesse ; je ne connois point de projet plus insensé : c'est commencer par mettre le feu à la maison pour faire jouer les pompes. D'après cette folle idée, au lieu de diriger vers son objet la morale de ces sortes d'ouvrages, on adresse toujours cette morale aux jeunes filles (1), sans songer que les jeunes filles n'ont point de part aux désordres dont on se plaint. En général leur conduite est régulière, quoique leurs cœurs soient corrompus. Elles obéissent à leurs mères en attendant qu'elles puissent les imiter. Quand les femmes feront leur devoir, soyez sûr que les filles ne manqueront point au leur.

N. L'observation vous est contraire en ce point. Il semble qu'il faut toujours au sexe un temps de libertinage, ou dans un état, ou dans l'autre. C'est un mauvais levain qui fermente tôt ou tard. Chez les peuples qui ont des mœurs, les filles sont faciles et les femmes sévères : c'est le contraire chez ceux qui n'en ont pas. Les premiers n'ont égard qu'au délit, et les autres qu'au scandale. Il ne s'agit que d'être à l'abri des preuves ; le crime est compté pour rien (2).

R. A l'envisager par ses suites on n'en jugeroit

(*) Deuxième Partie, Lettre XVIII, vers la fin.   G. P.
(1) Ceci ne regarde que les modernes romans anglois.
(2) *Talis est via mulieris adulteræ, quæ comedit, et tergens os suum dicit : Non sum operata malum.* Proverb., XXX, 20.

pas ainsi. Mais soyons justes envers les femmes ; la cause de leur désordre est moins en elles que dans nos mauvaises institutions.

Depuis que tous les sentimens de la nature sont étouffés par l'extrême inégalité, c'est de l'inique despotisme des pères que viennent les vices et les malheurs des enfans ; c'est dans des nœuds forcés et mal assortis que, victimes de l'avarice ou de la vanité des parens, de jeunes femmes effacent, par un désordre dont elles font gloire, le scandale de leur première honnêteté. Voulez-vous donc remédier au mal, remontez à sa source. S'il y a quelque réforme à tenter dans les mœurs publiques, c'est par les mœurs domestiques qu'elle doit commencer ; et cela dépend absolument des pères et mères. Mais ce n'est point ainsi qu'on dirige les instructions ; vos lâches auteurs ne prêchent jamais que ceux qu'on opprime ; et la morale des livres sera toujours vaine, parce qu'elle n'est que l'art de faire sa cour au plus fort.

N. Assurément la vôtre n'est pas servile ; mais à force d'être libre, ne l'est-elle point trop ? Est-ce assez qu'elle aille à la source du mal ? ne craignez-vous point qu'elle en fasse ?

R. Du mal ! A qui ? Dans des temps d'épidémie et de contagion, quand tout est atteint dès l'enfance, faut-il empêcher le débit des drogues bonnes aux malades sous prétexte qu'elles pourroient nuire aux gens sains ? Monsieur, nous pensons si différemment sur ce point, que, si l'on pouvoit espérer quelque succès pour ces lettres, je suis très-persuadé qu'elles feroient plus de bien qu'un meilleur livre.

N. Il est vrai que vous avez une excellente prêcheuse. Je suis charmé de vous voir raccommodé avec les femmes ; j'étois fâché que vous leur défendissiez de nous faire des sermons (¹).

R. Vous êtes pressant, il faut me taire ; je ne suis ni assez fou ni assez sage pour avoir toujours raison : laissons cet os à ronger à la critique.

N. Bénignement : de peur qu'elle n'en manque. Mais n'eût-on sur tout le reste rien à dire à tout autre, comment passer au sévère censeur des spectacles les situations vives et les sentimens passionnés dont tout ce recueil est rempli ? Montrez-moi une scène de théâtre qui forme un tableau pareil à ceux du bosquet de Clarens (²) et du cabinet de toilette. Relisez la lettre sur les spectacles ; relisez ce recueil... Soyez conséquent, ou quittez vos principes... Que voulez-vous qu'on pense ?

R. Je veux, monsieur, qu'un critique soit conséquent lui-même, et qu'il ne juge qu'après avoir examiné. Relisez mieux l'écrit que vous venez de citer ; relisez aussi la préface de *Narcisse*, vous y verrez la réponse à l'inconséquence que vous me reprochez. Les étourdis qui prétendent en trouver dans le *Devin du Village* en trouveront sans doute bien plus ici. Ils feront leur métier ; mais vous...

N. Je me rappelle deux passages (¹)... Vous estimez peu vos contemporains.

R. Monsieur, je suis aussi leur contemporain. Oh ! que ne suis-je né dans un siècle où je dusse jeter ce recueil au feu !

N. Vous outrez, à votre ordinaire ; mais, jusqu'à certain point, vos maximes sont assez justes. Par exemple, si votre Héloïse eût été toujours sage, elle instruiroit beaucoup moins ; car à qui serviroit-elle de modèle ? C'est dans les siècles les plus dépravés qu'on aime les leçons de la morale la plus parfaite : cela dispense de les pratiquer, et l'on contente à peu de frais, par une lecture oisive, un reste de goût pour la vertu.

R. Sublimes auteurs, rabaissez un peu vos modèles, si vous voulez qu'on cherche à les imiter. A qui vantez-vous la pureté qu'on n'a point souillée ? Eh ! parlez-nous de celle qu'on peut recouvrer ; peut-être au moins quelqu'un pourra vous entendre.

N. Votre jeune homme a déjà fait ces réflexions : mais n'importe ; on ne vous fera pas moins un crime d'avoir dit ce qu'on fait, pour montrer ensuite ce qu'on devroit faire. Sans compter qu'inspirer l'amour aux filles et la réserve aux femmes, c'est renverser l'ordre établi, et ramener toute cette petite morale que la philosophie a proscrite. Quoi que vous en puissiez dire, l'amour dans les filles est indécent et scandaleux, et il n'y a qu'un mari qui puisse autoriser un amant. Quelle étrange maladresse que d'être indulgent pour des filles qui ne doivent point vous lire, et sévère pour les femmes qui vous jugeront ! Croyez-moi, si vous avez peur de réussir, tranquillisez-vous ; vos mesures sont trop bien prises pour vous laisser craindre un pareil affront. Quoi qu'il en soit, je vous garderai le secret ; ne soyez imprudent qu'à demi. Si vous croyez donner un livre utile, à la bonne heure ; mais gardez-vous de l'avouer.

R. De l'avouer, monsieur ! un honnête homme se cache-t-il quand il parle au public ? ose-t-il imprimer ce qu'il n'oseroit reconnoître ? Je suis l'éditeur de ce livre, et je m'y nommerai comme éditeur.

N. Vous vous y nommerez ! vous ?

R. Moi-même.

N. Quoi ! vous y mettrez votre nom ?

R. Oui, monsieur.

N. Votre vrai nom ? *Jean-Jacques Rousseau,* en toutes lettres ?

(¹) Voyez la Lettre à M. d'Alembert.
(²) On prononce *Klaran.*

(¹) Préface de *Narcisse*; Lettre à M. d'Alembert.

R. *Jean-Jacques Rousseau*, en toutes lettres.

N. Vous n'y pensez pas ! que dira-t-on de vous ?

R. Ce qu'on voudra. Je me nomme à la tête de ce recueil, non pour me l'approprier, mais pour en répondre. S'il y a du mal, qu'on me l'impute ; s'il y a du bien, je n'entends point m'en faire honneur. Si l'on trouve le livre mauvais en lui-même, c'est une raison de plus pour y mettre mon nom. Je ne veux pas passer pour meilleur que je ne suis.

N. Êtes-vous content de cette réponse ?

R. Oui, dans des temps où il n'est possible à personne d'être bon.

N. Et les belles âmes, les oubliez-vous ?

R. La nature les fit, vos institutions les gâtent.

N. A la tête d'un livre d'amour on lira ces mots : *Par J.-J. Rousseau ! citoyen de Genève !*

R. *Citoyen de Genève !* Non pas cela. Je ne profane point le nom de ma patrie ; je ne le mets qu'aux écrits que je crois lui pouvoir faire honneur.

N. Vous portez vous-même un nom qui n'est pas sans honneur, et vous avez aussi quelque chose à perdre. Vous donnez un livre foible et plat qui vous fera tort. Je voudrois vous en empêcher ; mais si vous en faites la sottise, j'approuve que vous la fassiez hautement et franchement ; cela du moins sera dans votre caractère. Mais, à propos, mettrez-vous aussi votre devise à ce livre ?

R. Mon libraire m'a déjà fait cette plaisanterie, et je l'ai trouvée si bonne, que j'ai promis de lui en faire honneur. Non, monsieur, je ne mettrai point ma devise à ce livre ; mais je ne la quitterai pas pour cela, et je m'effraie moins que jamais de l'avoir prise. Souvenez-vous que je songeois à faire imprimer ces lettres quand j'écrivois contre les spectacles, et que le soin d'excuser un de ces écrits ne m'a point fait altérer la vérité dans l'autre. Je me suis accusé d'avance plus fortement peut-être que personne ne m'accusera. Celui qui préfère la vérité à sa gloire peut espérer de la préférer à la vie. Vous voulez qu'on soit toujours conséquent ; je doute que cela soit possible à l'homme ; mais ce qui lui est possible c'est d'être toujours vrai : voilà ce que je veux tâcher d'être.

N. Quand je vous demande si vous êtes l'auteur de ces lettres, pourquoi donc éludez-vous ma question ?

R. Pour cela même que je ne veux pas dire un mensonge.

N. Mais vous refusez aussi de dire la vérité ?

R. C'est encore lui rendre honneur que de déclarer qu'on la veut taire : vous auriez meilleur marché d'un homme qui voudroit mentir. D'ailleurs les gens de goût se trompent-ils sur la plume des auteurs ? Comment osez-vous faire une question que c'est à vous de résoudre ?

N. Je la résoudrois bien pour quelques lettres ; elles sont certainement de vous ; mais je ne vous reconnois plus dans les autres, et je doute qu'on se puisse contrefaire à ce point. La nature, qui n'a pas peur qu'on la méconnoisse, change souvent d'apparence ; et souvent l'art se décèle en voulant être plus naturel qu'elle ; c'est le grogneur de la fable, qui rend la voix de l'animal mieux que l'animal même. Ce recueil est plein de choses d'une maladresse que le dernier barbouilleur eût évitée : les déclamations, les répétitions, les contradictions, les éternelles rabâcheries. Où est l'homme capable de mieux faire qui pourroit se résoudre à faire si mal ? Où est celui qui auroit laissé la choquante proposition que ce fou d'Édouard fait à Julie ? Où est celui qui n'auroit pas corrigé le ridicule du petit bon-homme qui, voulant toujours mourir, a soin d'en avertir tout le monde, et finit par se porter toujours bien ? Où est celui qui n'eût pas commencé par se dire : Il faut marquer avec soin les caractères ; il faut exactement varier les styles ? Infailliblement, avec ce projet, il auroit mieux fait que la nature.

J'observe que dans une société très-intime, les styles se rapprochent ainsi que les caractères, et que les amis, confondant leurs âmes, confondent aussi leurs manières de penser, de sentir et de dire. Cette Julie, telle qu'elle est, doit être une créature enchanteresse, tout ce qui l'approche doit lui ressembler ; tout doit devenir Julie autour d'elle ; tous ses amis ne doivent avoir qu'un ton. Mais ces choses se sentent et ne s'imaginent pas. Quand elles s'imagineroient, l'inventeur n'oseroit les mettre en pratique : il ne lui faut que des traits qui frappent la multitude ; ce qui redevient simple à force de finesse ne lui convient plus ; or, c'est là qu'est le sceau de la vérité ; c'est là qu'un œil attentif cherche et retrouve la nature.

R. Hé bien ! vous concluez donc ?

N. Je ne conclus pas, je doute ; et je ne saurois vous dire combien ce doute m'a tourmenté durant la lecture de ces lettres. Certainement, si tout cela n'est qu'une fiction, vous avez fait un mauvais livre ; mais dites que ces deux femmes ont existé, et je relis ce recueil tous les ans, jusqu'à la fin de ma vie.

R. Eh ! qu'importe qu'elles aient existé ? vous chercheriez en vain sur la terre : elles ne sont plus.

N. Elles ne sont plus ? elles furent donc ?

R. Cette condition est conditionnelle : si elles furent, elles ne sont plus.

N. Entre nous, convenez que ces petites subtilités sont plus déterminantes qu'embarrassantes.

R. Elles sont ce que vous les forcez d'être, pour ne point me trahir ni mentir.

N. Ma foi, vous aurez beau faire, on vous devinera malgré vous. Ne voyez-vous pas que votre épigraphe seule dit tout?

R. Je vois qu'elle ne dit rien sur le fait en question : car qui peut savoir si j'ai trouvé cette épigraphe dans le manuscrit, ou si c'est moi qui l'y ai mise? qui peut dire si je ne suis point dans le même doute où vous êtes, si tout cet air de mystère n'est pas peut-être une feinte pour vous cacher ma propre ignorance sur ce que vous voulez savoir?

N. Mais enfin, vous connoissez les lieux? vous avez été à Vevai, dans le pays de Vaud?

R. Plusieurs fois; et je vous déclare que je n'y ai point ouï parler du baron d'Étange ni de sa fille. Le nom de M. de Wolmar n'y est pas même connu. J'ai été à Clarens; je n'y ai rien vu de semblable à la maison décrite dans ces lettres. J'y ai passé, revenant d'Italie, l'année même de l'événement funeste, et l'on n'y pleuroit ni Julie de Wolmar, ni rien qui lui ressemblât, que je sache. Enfin, autant que je puis me rappeler la situation du pays, j'ai remarqué dans ces lettres des transpositions de lieux et des erreurs de topographie, soit que l'auteur n'en sût pas davantage, soit qu'il voulût dépayser ses lecteurs. C'est là tout ce que vous apprendrez de moi sur ce point; et soyez sûr que d'autres ne m'arracheront pas ce que j'aurai refusé de vous dire.

N. Tout le monde aura la même curiosité que moi. Si vous publiez cet ouvrage, dites donc au public ce que vous m'avez dit. Faites plus; écrivez cette conversation pour toute préface : les éclaircissements nécessaires y sont tous.

R. Vous avez raison, elle vaut mieux que ce que j'aurois dit de mon chef. Au reste, ces sortes d'apologies ne réussissent guère.

N. Non, quand on voit que l'auteur s'y ménage; mais j'ai pris soin qu'on ne trouvât pas ce défaut dans celle-ci. Seulement je vous conseille d'en transposer les rôles. Feignez que c'est moi qui vous presse de publier ce recueil, et que vous vous en défendez. Donnez-vous les objections, et à moi les réponses. Cela sera plus modeste, et fera un meilleur effet.

R. Cela sera-t-il aussi dans le caractère dont vous m'avez loué ci-devant?

N. Non, je vous tendois un piége : laissez les choses comme elles sont.

JULIE

ou

LA NOUVELLE HÉLOISE.

PREMIÈRE PARTIE*.

LETTRE PREMIÈRE.

A JULIE.

Il faut vous fuir, mademoiselle, je le sens bien : j'aurois dû beaucoup moins attendre, ou plutôt il falloit ne vous voir jamais. Mais que faire aujourd'hui ? comment m'y prendre ? Vous m'avez promis de l'amitié ; voyez mes perplexités, et conseillez-moi.

Vous savez que je ne suis entré dans votre maison que sur l'*invitation* de madame votre mère. Sachant que j'avois cultivé quelques talents agréables, elle a cru qu'ils ne seroient pas inutiles, dans un lieu dépourvu de maîtres, à l'éducation d'une fille qu'elle adore. Fier, à mon tour, d'orner de quelques fleurs un si beau naturel, j'osai me charger de ce dangereux soin sans en prévoir le péril, ou du moins sans le redouter. Je ne vous dirai point que je commence à payer le prix de ma témérité : j'espère que je ne m'oublierai jamais jusqu'à vous tenir des discours qu'il ne vous convient pas d'entendre, et manquer au respect que je dois à vos mœurs encore plus qu'à votre naissance

et à vos charmes. Si je souffre, j'ai du moins la consolation de souffrir seul, et je ne voudrois pas d'un bonheur qui pût coûter au vôtre.

Cependant je vous vois tous les jours, et je m'aperçois que, sans y songer, vous aggravez innocemment des maux que vous ne pouvez plaindre, et que vous devez ignorer. Je sais, il est vrai, le parti que dicte en pareil cas la prudence au défaut de l'espoir ; et je me serois efforcé de le prendre, si je pouvois accorder en cette occasion la prudence avec l'honnêteté ; mais comment me retirer décemment d'une maison dont la maîtresse elle-même m'a offert l'entrée, où elle m'accable de bontés, où elle me croit de quelque utilité à ce qu'elle a de plus cher au monde ? comment frustrer cette tendre mère du plaisir de surprendre un jour son époux par vos progrès dans des études qu'elle lui cache à ce dessein ? Faut-il quitter impoliment sans lui rien dire ? faut-il lui déclarer le sujet de ma retraite ? et cet aveu même ne l'offensera-t-il pas de la part d'un homme dont la naissance et la fortune ne peuvent lui permettre d'aspirer à vous ?

Je ne vois, mademoiselle, qu'un moyen de sortir de l'embarras où je suis ; c'est que la main qui m'y plonge m'en retire ; que ma peine

---

(*) Jean-Jacques écrivit les deux premières parties sans avoir fait son plan. Il les regarde comme inférieures aux autres.   M. P.

ainsi que ma faute, me vienne de vous ; et qu'au moins par pitié pour moi vous daigniez m'interdire votre présence. Montrez ma lettre à vos parens, faites-moi refuser votre porte, chassez-moi comme il vous plaira; je puis tout endurer de vous, je ne puis vous fuir de moi-même.

Vous me chasser ! moi vous fuir ! et pourquoi ? Pourquoi donc est-ce un crime d'être sensible au mérite, et d'aimer ce qu'il faut qu'on honore? Non, belle Julie ; vos attraits avoient ébloui mes yeux ; jamais ils n'eussent égaré mon cœur sans l'attrait plus puissant qui les anime. C'est cette union touchante d'une sensibilité si vive et d'une inaltérable douceur; c'est cette pitié si tendre à tous les maux d'autrui ; c'est cet esprit juste et ce goût exquis qui tirent leur pureté de celle de l'âme ; ce sont, en un mot, les charmes des sentimens, bien plus que ceux de la personne, que j'adore en vous. Je consens qu'on vous puisse imaginer plus belle encore : mais plus aimable et plus digne du cœur d'un honnête homme ; non, Julie, il n'est pas possible.

J'ose me flatter quelquefois que le ciel a mis une conformité secrète entre nos affections, ainsi qu'entre nos goûts et nos âges. Si jeunes encore, rien n'altère en nous les penchans de la nature, et toutes nos inclinations semblent se rapporter. Avant que d'avoir pris les uniformes préjugés du monde, nous avons des manières uniformes de sentir et de voir ; et pourquoi n'oserois-je pas imaginer dans nos cœurs ce même concert que j'aperçois dans nos jugemens? Quelquefois nos yeux se rencontrent ; quelques soupirs nous échappent en même temps ; quelques larmes furtives... ô Julie! si cet accord venoit de plus loin... si le ciel nous avoit destinés... toute la force humaine... Ah ! pardon ! je m'égare : j'ose prendre mes vœux pour de l'espoir, l'ardeur de mes désirs prête à leur objet la possibilité qui lui manque.

Je vois avec effroi quel tourment mon cœur se prépare. Je ne cherche point à flatter mon mal; je voudrois le haïr s'il était possible. Jugez si mes sentimens sont purs par la sorte de grâce que je viens vous demander. Tarissez, s'il se peut, la source du poison qui me nourrit et me tue. Je ne veux que guérir ou mourir ; et j'implore vos rigueurs comme un amant imploreroit vos bontés.

Oui, je promets, je jure de faire de mon côté tous mes efforts pour recouvrer ma raison, ou concentrer au fond de mon âme le trouble que j'y sens naître : mais, par pitié, détournez de moi ces yeux si doux qui me donnent la mort; dérobez aux miens vos traits, votre air, vos bras, vos mains, vos blonds cheveux, vos gestes; trompez l'avide imprudence de mes regards ; retenez cette voix touchante qu'on n'entend point sans émotion : soyez, hélas ! une autre que vous-même, pour que mon cœur puisse revenir à lui.

Vous le dirai-je sans détour ? Dans ces jeux que l'oisiveté de la soirée engendre, vous vous livrez devant tout le monde à des familiarités cruelles ; vous n'avez pas plus de réserve avec moi qu'avec un autre. Hier même, il s'en fallut peu que, par pénitence, vous ne me laissassiez prendre un baiser : vous résistâtes foiblement. Heureusement, je n'eus garde de m'obstiner. Je sentis à mon trouble croissant que j'allais me perdre, et je m'arrêtai. Ah ! si du moins je l'eusse pu savourer à mon gré, ce baiser eût été mon dernier soupir, et je serois mort le plus heureux des hommes !

De grâce, quittons ces jeux qui peuvent avoir des suites funestes. Non, il n'y en a pas un qui n'ait son danger, jusqu'au plus puéril de tous. Je tremble toujours d'y rencontrer votre main, et je ne sais comment il arrive que je la rencontre toujours. A peine se repose-t-elle sur la mienne, qu'un tressaillement me saisit : le jeu me donne la fièvre ou plutôt le délire : je ne vois, je ne sens plus rien ; et, dans ce moment d'aliénation, que dire, que faire, où me cacher, comment répondre de moi ?

Durant nos lectures, c'est un autre inconvénient. Si je vous vois un instant sans votre mère ou sans votre cousine, vous changez tout à coup de maintien : vous prenez un air si sérieux, si froid, si glacé, que le respect et la crainte de vous déplaire m'ôtent la présence d'esprit et le jugement; et j'ai peine à bégayer en tremblant quelques mots d'une leçon que toute votre sagacité vous fait suivre à peine. Ainsi l'inégalité que vous affectez tourne à la fois au préjudice de tous deux : vous me désolez et ne vous instruisez point, sans que je puisse concevoir quel motif fait ainsi changer d'humeur une personne si raisonnable. J'ose vous le demander, comment pouvez-vous être si folâtre en public, et si grave dans le tête-à-tête? Je pensois que ce devoit être tout le contraire, et qu'il falloit composer son maintien à proportion du nombre des spectateurs. Au lieu de cela, je vous vois, toujours avec une égale perplexité de ma part, le ton de cérémonie en particulier, et le ton familier devant tout le monde. Daignez être plus égale, peut-être serai-je moins tourmenté.

Si la commisération naturelle aux âmes bien nées peut vous attendrir sur les peines d'un infortuné auquel vous avez témoigné quelque estime, de légers changemens dans votre conduite rendront sa situation moins violente, et lui feront supporter plus paisiblement et son silence et ses maux. Si sa retenue et son état ne vous touchent pas, et que vous vouliez user du droit de le perdre, vous le pouvez sans qu'il en murmure : il aime mieux encore périr par votre ordre que par un transport indiscret qui le rendît coupable à vos yeux. Enfin, quoi que vous ordonniez de mon sort, au moins n'aurai-je point à me reprocher d'avoir pu former un espoir téméraire ; et si vous avez lu cette lettre, vous avez fait tout ce que j'oserois vous demander quand même je n'aurois point de refus à craindre.

LETTRE II.

A JULIE.

Que je me suis abusé, mademoiselle, dans ma première lettre ! Au lieu de soulager mes maux, je n'ai fait que les augmenter en m'exposant à votre disgrâce, et je sens que le pire de tous est de vous déplaire. Votre silence, votre air froid et réservé, ne m'annoncent que trop mon malheur. Si vous avez exaucé ma prière en partie, ce n'est que pour mieux m'en punir.

E poi ch' amor di me vi fece accorta,
Fur i biondi capelli allor velati,
Et l' amoroso sguardo in se raccolto (¹).

Vous retranchez en public l'innocente familiarité dont j'eus la folie de me plaindre ; mais vous n'en êtes que plus sévère dans le particulier ; et votre ingénieuse rigueur s'exerce également par votre complaisance et par vos refus.

Que ne pouvez-vous connoître combien cette froideur m'est cruelle! vous me trouveriez trop puni. Avec quelle ardeur ne voudrois-je pas revenir sur le passé, et faire que vous n'eussiez point vu cette fatale lettre ! Non, dans la crainte de vous offenser encore, je n'écrirois point celle-ci si je n'eusse écrit la première, et je ne veux pas redoubler ma faute, mais la réparer. Faut-il, pour vous apaiser, dire que je m'abusois moi-même? faut-il protester que ce n'étoit pas de l'amour que j'avois pour vous?... Moi, je prononcerois cet odieux parjure ! Le vil mensonge est-il digne d'un cœur où vous régnez? Ah ! que je sois malheureux, s'il faut l'être ; pour avoir été téméraire je ne serai ni menteur ni lâche, et le crime que mon cœur a commis, ma plume ne peut le désavouer.

Je sens d'avance le poids de votre indignation, et j'en attends les derniers effets comme une grâce que vous me devez au défaut de toute autre ; car le feu qui me consume mérite d'être puni, mais non méprisé. Par pitié, ne m'abandonnez pas à moi-même ; daignez au moins disposer de mon sort ; dites quelle est votre volonté. Quoi que vous puissiez me prescrire, je ne saurai qu'obéir. M'imposez-vous un silence éternel, je saurai me contraindre à le garder. Me bannissez-vous de votre présence, je jure que vous ne me verrez plus. M'ordonnez-vous de mourir, ah! ce ne sera pas le plus difficile. Il n'y a point d'ordre auquel je ne souscrive, hors celui de ne vous plus aimer : encore obéirois-je en cela même, s'il m'étoit possible.

Cent fois le jour je suis tenté de me jeter à vos pieds, de les arroser de mes pleurs, d'y obtenir la mort ou mon pardon ; toujours un effroi mortel glace mon courage, mes genoux tremblent et n'osent fléchir ; la parole expire sur mes lèvres, et mon âme ne trouve aucune assurance contre la frayeur de vous irriter.

Est-il au monde un état plus affreux que le mien? Mon cœur sent trop combien il est coupable, et ne sauroit cesser de l'être : le crime et le remords l'agitent de concert ; et sans savoir quel sera mon destin, je flotte dans un

---

(¹) Et l'amour vous ayant rendue attentive, vous voilâtes vos blonds cheveux, et recueillîtes en vous-même vos doux regards.
MÉTAST.

doute insupportable, entre l'espoir de la clémence et la crainte du châtiment.

Mais non, je n'espère rien, je n'ai droit de rien espérer, la seule grâce que j'attends de vous est de hâter mon supplice. Contentez une juste vengeance. Est-ce être assez malheureux que de me voir réduit à la solliciter moi-même? Punissez-moi, vous le devez; mais si vous n'êtes impitoyable, quittez cet air froid et mécontent qui me met au désespoir : quand on envoie un coupable à la mort, on ne lui montre plus de colère.

LETTRE III.

A JULIE.

Ne vous impatientez pas, mademoiselle; voici la dernière importunité que vous recevrez de moi.

Quand je commençai de vous aimer, que j'étois loin de voir tous les maux que je m'apprêtois! Je ne sentis d'abord que celui d'un amour sans espoir, que la raison peut vaincre à force de temps; j'en connus ensuite un plus grand dans la douleur de vous déplaire; et maintenant j'éprouve le plus cruel de tous dans le sentiment de vos propres peines. O Julie! je le vois avec amertume, mes plaintes troublent votre repos; vous gardez un silence invincible : mais tout décèle à mon cœur attentif vos agitations secrètes. Vos yeux deviennent sombres, rêveurs, fixés en terre; quelques regards égarés s'échappent sur moi; vos vives couleurs se fanent; une pâleur étrangère couvre vos joues; la gaîté vous abandonne; une tristesse mortelle vous accable; et il n'y a que l'inaltérable douceur de votre âme qui vous préserve d'un peu d'humeur.

Soit sensibilité, soit dédain, soit pitié pour mes souffrances, vous en êtes affectée, je le vois; je crains de contribuer aux vôtres, et cette crainte m'afflige beaucoup plus que l'espoir qui devroit en naître ne peut me flatter; car ou je me trompe moi-même, ou votre bonheur m'est plus cher que le mien.

Cependant, en revenant à mon tour sur moi, je commence à connoître combien j'avois mal jugé de mon propre cœur, et je vois trop tard que ce que j'avois d'abord pris pour un délire passager fera le destin de ma vie. C'est le progrès de votre tristesse qui m'a fait sentir celui de mon mal. Jamais, non jamais le feu de vos yeux, l'éclat de votre teint, les charmes de votre esprit, toutes les grâces de votre ancienne gaîté, n'eussent produit un effet semblable à celui de votre abattement. N'en doutez pas, divine Julie, si vous pouviez voir quel embrasement ces huit jours de langueur ont allumé dans mon âme, vous gémiriez vous-même des maux que vous me causez. Ils sont désormais sans remède, et je sens avec désespoir que le feu qui me consume ne s'éteindra qu'au tombeau.

N'importe; qui ne peut se rendre heureux peut au moins mériter de l'être, et je saurai vous forcer d'estimer un homme à qui vous n'avez pas daigné faire la moindre réponse. Je suis jeune et peux mériter un jour la considération dont je ne suis pas maintenant digne. En attendant, il faut vous rendre le repos que j'ai perdu pour toujours, et que je vous ôte ici malgré moi. Il est juste que je porte seul la peine du crime dont je suis seul coupable. Adieu, trop belle Julie, vivez tranquille, et reprenez votre enjouement; dès demain vous ne me verrez plus. Mais soyez sûre que l'amour ardent et pur dont j'ai brûlé pour vous ne s'éteindra de ma vie, que mon cœur plein d'un si digne objet ne sauroit plus s'avilir, qu'il partagera désormais ses uniques hommages entre vous et la vertu, et qu'on ne verra jamais profaner par d'autres feux l'autel où Julie fut adorée.

BILLET DE JULIE.

N'emportez pas l'opinion d'avoir rendu votre éloignement nécessaire. Un cœur vertueux sauroit se vaincre ou se taire, et deviendroit peut-être à craindre. Mais vous... vous pouvez rester.

RÉPONSE.

Je me suis tu long-temps, vos froideurs m'ont fait parler à la fin. Si l'on peut se vaincre pour la vertu, l'on ne supporte point le mépris de ce qu'on aime. Il faut partir.

II° BILLET DE JULIE.

Non, monsieur, après ce que vous avez paru sentir, après ce que vous m'avez osé dire, un homme tel que vous avez feint d'être ne part point; il fait plus.

RÉPONSE.

Je n'ai rien feint qu'une passion modérée dans un cœur au désespoir. Demain vous serez contente, et, quoi que vous en puissiez dire, j'aurai moins fait que de partir.

III° BILLET DE JULIE.

Insensé! si mes jours te sont chers, crains d'attenter aux tiens. Je suis obsédée, et ne puis ni vous parler ni vous écrire jusqu'à demain. Attendez.

LETTRE IV.

DE JULIE.

Il faut donc l'avouer enfin ce fatal secret trop mal déguisé! Combien de fois j'ai juré qu'il ne sortiroit de mon cœur qu'avec la vie! La tienne en danger me l'arrache; il m'échappe, et l'honneur est perdu. Hélas! j'ai trop tenu parole: est-il une mort plus cruelle que de survivre à l'honneur?

Que dire? comment rompre un si pénible silence? ou plutôt n'ai-je pas déjà tout dit, et ne m'as-tu pas trop entendue? Ah! tu en as trop vu pour ne pas deviner le reste! Entraînée par degrés dans les piéges d'un vil séducteur, je vois, sans pouvoir m'arrêter, l'horrible précipice où je cours. Homme artificieux! c'est bien plus mon amour que le tien qui fait ton audace. Tu vois l'égarement de mon cœur, tu t'en prévaux pour me perdre; et quand tu me rends méprisable, le pire de mes maux est d'être forcée à te mépriser. Ah! malheureux, je t'estimois, et tu me déshonores! crois-moi, si ton cœur étoit fait pour jouir en paix de ce triomphe, il ne l'eût jamais obtenu.

Tu le sais, tes remords en augmenteront; je n'avois point dans l'âme des inclinations vicieuses. La modestie et l'honnêteté m'étoient chères; j'aimois à les nourrir dans une vie simple et laborieuse. Que m'ont servi des soins que le ciel a rejetés? Dès le premier jour que j'eus le malheur de te voir, je sentis le poison qui corrompt mes sens et ma raison; je le sentis du premier instant; et tes yeux, tes sentimens, tes discours, ta plume criminelle, le rendent chaque jour plus mortel.

Je n'ai rien négligé pour arrêter le progrès de cette passion funeste. Dans l'impuissance de résister, j'ai voulu me garantir d'être attaquée; tes poursuites ont trompé ma vaine prudence. Cent fois j'ai voulu me jeter aux pieds des auteurs de mes jours; cent fois j'ai voulu leur ouvrir mon cœur coupable: ils ne peuvent connoître ce qui s'y passe; ils voudront appliquer des remèdes ordinaires à un mal désespéré; ma mère est foible et sans autorité; je connois l'inflexible sévérité de mon père, et je ne ferai que perdre et déshonorer moi, ma famille et toi-même. Mon amie est absente, mon frère n'est plus; je ne trouve aucun protecteur au monde contre l'ennemi qui me poursuit; j'implore en vain le ciel, le ciel est sourd aux prières des foibles. Tout fomente l'ardeur qui me dévore; tout m'abandonne à moi-même, ou plutôt tout me livre à toi; la nature entière semble être ta complice; tous mes efforts sont vains, je t'adore en dépit de moi-même. Comment mon cœur, qui n'a pu résister dans toute sa force, céderoit-il maintenant à demi? comment ce cœur, qui ne sait rien dissimuler, te cacheroit-il le reste de sa foiblesse? Ah! le premier pas qui coûte le plus, étoit celui qu'il ne falloit pas faire; comment m'arrêterois-je aux autres? Non, ce premier pas, je me sens entraîner dans l'abîme, et tu peux me rendre aussi malheureuse qu'il te plaira.

Tel est l'état affreux où je me vois, que je ne puis plus avoir recours qu'à celui qui m'y a réduite, et que, pour me garantir de ma perte, tu dois être mon unique défenseur contre toi. Je pouvois, je le sais, différer cet aveu de mon désespoir; je pouvois quelque temps déguiser ma honte, et céder par degrés pour m'en imposer à moi-même. Vaine adresse qui pouvoit flatter mon amour-propre, et non pas sauver ma vertu! Va, je vois trop, je sens trop où mène la première faute, et je ne cherchois pas à préparer ma ruine, mais à l'éviter.

T. II.

Toutefois, si tu n'es pas le dernier des hommes, si quelque étincelle de vertu brilla dans ton âme, s'il y reste encore quelque trace des sentimens d'honneur dont tu m'as paru pénétré, puis-je te croire assez vil pour abuser de l'aveu fatal que mon délire m'arrache? Non, je te connois bien; tu soutiendras ma foiblesse, tu deviendras ma sauvegarde, tu protégeras ma personne contre mon propre cœur. Tes vertus sont le dernier refuge de mon innocence; mon honneur s'ose confier au tien, tu ne peux conserver l'un sans l'autre : âme généreuse, ah! conserve-les tous deux; et, du moins pour l'amour de toi même, daigne prendre pitié de moi.

O Dieu! suis-je assez humiliée? Je t'écris à genoux; je baigne mon papier de mes pleurs; j'élève à toi mes timides supplications. Et ne pense pas cependant que j'ignore que c'étoit à moi d'en recevoir, et que, pour me faire obéir, je n'avois qu'à me rendre avec art méprisable. Ami, prends ce vain empire, et laisse-moi l'honnêteté : j'aime mieux être ton esclave et vivre innocente, que d'acheter ta dépendance au prix de mon déshonneur. Si tu daignes m'écouter, que d'amour, que de respects ne dois-tu pas attendre de celle qui te devra son retour à la vie! Quels charmes dans la douce union de deux âmes pures! tes désirs vaincus seront la source de ton bonheur, et les plaisirs dont tu jouiras seront dignes du ciel même.

Je crois, j'espère qu'un cœur qui m'a paru mériter tout l'attachement du mien ne démentira pas la générosité que j'attends de lui; j'espère encore que, s'il étoit assez lâche pour abuser de mon égarement et des aveux qu'il m'arrache, le mépris, l'indignation, me rendroient la raison que j'ai perdue, et que je ne serois pas assez lâche moi-même pour craindre un amant dont j'aurois à rougir. Tu seras vertueux, ou méprisé; je serai respectée, ou guérie. Voilà l'unique espoir qui me reste avant celui de mourir.

LETTRE V.

A JULIE.

Puissances du ciel! j'avois une âme pour la douleur, donnez-m'en une pour la félicité. Amour, vie de l'âme, viens soutenir la mienne prête à défaillir. Charme inexprimable de la vertu, force invincible de la voix de ce qu'on aime, bonheur, plaisirs, transports, que vos traits sont poignans! qui peut en soutenir l'atteinte? Oh! comment suffire au torrent de délices qui vient inonder mon cœur? comment expier les alarmes d'une craintive amante? Julie... non; ma Julie à genoux! ma Julie verser des pleurs!... celle à qui l'univers devrait des hommages supplier un homme qui l'adore de ne pas l'outrager, de ne pas se déshonorer lui-même! Si je pouvois m'indigner contre toi, je le ferois, pour tes frayeurs qui nous avilissent. Juge mieux, beauté pure et céleste, de la nature de ton empire. Eh! si j'adore les charmes de ta personne, n'est-ce pas surtout pour l'empreinte de cette âme sans tache qui l'anime, et dont tous tes traits portent la divine enseigne? Tu crains de céder à mes poursuites? Mais quelles poursuites peut redouter celle qui couvre de respect et d'honnêteté tous les sentimens qu'elle inspire? Est-il un homme assez vil sur la terre pour oser être téméraire avec toi?

Permets, permets que je savoure le bonheur inattendu d'être aimé.... aimé de celle.... trône du monde, combien je te vois au-dessous de moi! Que je la relise mille fois cette lettre adorable où ton amour et tes sentimens sont écrits en caractères de feu; où, malgré tout l'emportement d'un cœur agité, je vois avec transport combien dans une âme honnête les passions les plus vives gardent encore le saint caractère de la vertu! Quel monstre, après avoir lu cette touchante lettre, pourroit abuser de ton état et témoigner par l'acte le plus marqué son profond mépris pour lui-même? Non, chère amante, prends confiance en un ami fidèle qui n'est point fait pour te tromper. Bien que ma raison soit à jamais perdue, bien que le trouble de mes sens s'accroisse à chaque instant, ta personne est désormais pour moi le plus charmant, mais le plus sacré dépôt dont jamais mortel fut honoré. Ma flamme et son objet conserveront ensemble une inaltérable pureté. Je frémirois de porter la main sur tes chastes attraits plus que du plus vil inceste; et tu n'es pas dans une sûreté plus inviolable avec ton père qu'avec ton amant. Oh! si jamais cet amant heureux s'oublie un moment devant toi!... L'amant de Julie auroit une âme abjecte! Non, quand je cesserai d'aimer la vertu, je ne t'aimerai plus; à ma première lâcheté, je ne veux plus que tu m'aimes.

Rassure-toi donc, je t'en conjure au nom du tendre et pur amour qui nous unit; c'est à lui de t'être garant de ma retenue et de mon respect; c'est à lui de te répondre de lui-même. Et pourquoi tes craintes iroient-elles plus loin que mes désirs? à quel autre bonheur voudrois-je aspirer, si tout mon cœur suffit à peine à celui qu'il goûte? Nous sommes jeunes tous deux, il est vrai; nous aimons pour la première et l'unique fois de la vie, et n'avons nulle expérience des passions : mais l'honneur qui nous conduit est-il un guide trompeur? a-t-il besoin d'une expérience suspecte qu'on n'acquiert qu'à force de vices? J'ignore si je m'abuse; mais il me semble que les sentimens droits sont tous au fond de mon cœur. Je ne suis point un vil séducteur comme tu m'appelles dans ton désespoir, mais un homme simple et sensible, qui montre aisément ce qu'il sent, et ne sent rien dont il doive rougir. Pour dire tout en un seul mot, j'abhorre encore plus le crime que je n'aime Julie. Je ne sais, non, je ne sais pas même si l'amour que tu fais naître est compatible avec l'oubli de la vertu, et si tout autre qu'une âme honnête peut sentir assez tous tes charmes. Pour moi, plus j'en suis pénétré, plus mes sentimens s'élèvent. Quel bien, que je n'aurois pas fait pour lui-même, ne ferois-je pas maintenant pour me rendre digne de toi? Ah! daigne te confier aux feux que tu m'inspires, et que tu sais si bien purifier; crois qu'il suffit que je t'adore pour respecter à jamais le précieux dépôt dont tu m'as chargé. Oh! quel cœur je vais posséder! Vrai bonheur, gloire de ce qu'on aime, triomphe d'un amour qui s'honore, combien tu vaux mieux que tous ses plaisirs!

LETTRE VI.

DE JULIE A CLAIRE.

Veux-tu, ma cousine, passer ta vie à pleurer cette pauvre Chaillot, et faut-il que les morts te fassent oublier les vivans? Tes regrets sont justes, et je les partage; mais doivent-ils être éternels? Depuis la perte de ta mère, elle t'a- voit élevée avec le plus grand soin : elle étoit plutôt ton amie que ta gouvernante; elle t'aimoit tendrement, et m'aimoit parce que tu m'aimes; elle ne nous inspira jamais que des principes de sagesse et d'honneur. Je sais tout cela, ma chère, et j'en conviens avec plaisir. Mais conviens aussi que la bonne femme étoit peu prudente avec nous; qu'elle nous faisoit sans nécessité les confidences les plus indiscrètes; qu'elle nous entretenoit sans cesse des maximes de la galanterie, des aventures de sa jeunesse, du manége des amans; et que, pour nous garantir des piéges des hommes, si elle ne nous apprenoit pas à leur en tendre, elle nous instruisoit au moins de mille choses que de jeunes filles se passeroient bien de savoir. Console-toi donc de sa perte comme d'un mal qui n'est pas sans quelque dédommagement : à l'âge où nous sommes, ses leçons commençoient à devenir dangereuses, et le ciel nous l'a peut-être ôtée au moment où il n'étoit pas bon qu'elle nous restât plus long-temps. Souviens-toi de tout ce que tu me disois quand je perdis le meilleur des frères. La Chaillot t'est-elle plus chère? as-tu plus de raison de la regretter?

Reviens, ma chère, elle n'a plus besoin de toi. Hélas! tandis que tu perds ton temps en regrets superflus, comment ne crains-tu point de t'en attirer d'autres; comment ne crains-tu point, toi qui connais l'état de mon cœur, d'abandonner ton amie à des périls que ta présence auroit prévenus? Oh! qu'il s'est passé de choses depuis ton départ! Tu frémiras en apprenant quels dangers j'ai courus par mon imprudence. J'espère en être délivrée; mais je me vois, pour ainsi dire, à la discrétion d'autrui : c'est à toi de me rendre à moi-même. Hâte-toi donc de revenir. Je n'ai rien dit tant que tes soins étoient utiles à ta pauvre bonne; j'eusse été la première à t'exhorter à les lui rendre. Depuis qu'elle n'est plus, c'est à sa famille que tu les dois : nous les remplirons mieux ici de concert que tu ne ferois seule à la campagne, et tu t'acquitteras des devoirs de la reconnoissance sans rien ôter à ceux de l'amitié.

Depuis le départ de mon père nous avons repris notre ancienne manière de vivre, et ma mère me quitte moins; mais c'est par habitude plus que par défiance. Ses sociétés lui prennent encore bien des momens qu'elle ne veut pas dérober à mes petites études, et Babi remplit alors sa place assez négligemment. Quoique je trouve à cette bonne mère beaucoup trop de sécurité, je ne puis me résoudre à l'en avertir; je voudrois bien pourvoir à ma sûreté sans perdre son estime, et c'est toi seule qui peux concilier tout cela. Reviens, ma Claire, reviens sans tarder. J'ai regret aux leçons que je prends sans toi, et j'ai peur de devenir trop savante : notre maître n'est pas seulement un homme de mérite, il est vertueux, et n'en est que plus à craindre. Je suis trop contente de lui pour l'être de moi : à son âge et au nôtre, avec l'homme le plus vertueux, quand il est aimable, il vaut mieux être deux filles qu'une.

LETTRE VII.

RÉPONSE.

Je t'entends, et tu me fais trembler, non que je croie le danger aussi pressant que tu l'imagines. Ta crainte modère la mienne sur le présent, mais l'avenir m'épouvante; et si tu ne peux te vaincre, je ne vois plus que des malheurs. Hélas! combien de fois la pauvre Chaillot m'a-t-elle prédit que le premier soupir de ton cœur feroit le destin de ta vie! Ah! cousine, si jeune encore faut-il voir déjà ton sort s'accomplir! Qu'elle va nous manquer cette femme habile que tu nous crois avantageux de perdre! Il l'eût été peut-être de tomber d'abord en de plus sûres mains; mais nous sommes trop instruites en sortant des siennes pour nous laisser gouverner par d'autres, et pas assez pour nous gouverner nous-mêmes : elle seule pouvoit nous garantir des dangers auxquels elle nous avoit exposées. Elle nous a beaucoup appris; et nous avons, ce me semble, beaucoup pensé pour notre âge. La vive et tendre amitié qui nous unit presque dès le berceau nous a, pour ainsi dire, éclairé le cœur de bonne heure sur toutes les passions. Nous connoissons assez bien leurs signes et leurs effets; mais il n'y a que l'art de les réprimer qui nous manque. Dieu veuille que ton jeune philosophe connoisse mieux que nous cet art-là!

Quand je dis *nous*, tu m'entends; c'est surtout de toi que je parle : car pour moi, la bonne m'a toujours dit que mon étourderie me tiendroit lieu de raison, que je n'aurois jamais l'esprit de savoir aimer, et que j'étois trop folle pour faire un jour des folies. Ma Julie, prends garde à toi; mieux elle auguroit de ta raison, plus elle craignoit pour ton cœur. Aie bon courage cependant; tout ce que la sagesse et l'honneur pourront faire, je sais que ton âme le fera, et la mienne fera, n'en doute pas, tout ce que l'amitié peut faire à son tour. Si nous en savons trop pour notre âge, au moins cette étude n'a rien coûté à nos mœurs. Crois, ma chère, qu'il y a bien des filles plus simples, qui sont moins honnêtes que nous : nous le sommes, parce que nous voulons l'être; et, quoi qu'on en puisse dire, c'est le moyen de l'être plus sûrement.

Cependant, sur ce que tu me marques, je n'aurai pas un moment de repos que je ne sois auprès de toi; car, si tu crains le danger, il n'est pas tout-à-fait chimérique. Il est vrai que le préservatif est facile : deux mots à ta mère, et tout est fini. Mais je te comprends, tu ne veux point d'un expédient qui finit tout : tu veux bien t'ôter le pouvoir de succomber, mais non pas l'honneur de combattre. O pauvre cousine!... encore si la moindre lueur... Le baron d'Étange consentir à donner sa fille, son enfant unique, à un petit bourgeois sans fortune! L'espères-tu?... Qu'espères-tu donc? que veux-tu?... Pauvre, pauvre cousine!... Ne crains rien toutefois de ma part; ton secret sera gardé par ton amie. Bien des gens trouveroient plus honnête de le révéler; peut-être auroient-ils raison. Pour moi, qui ne suis pas une grande raisonneuse, je ne veux point d'une honnêteté qui trahit l'amitié, la foi, la confiance; j'imagine que chaque relation, chaque âge, a ses maximes, ses devoirs, ses vertus; que ce qui seroit prudence à d'autres, à moi seroit perfidie, et qu'au lieu de nous rendre sages on nous rend méchans en confondant tout cela. Si ton amour est foible, nous le vaincrons; s'il est extrême, c'est l'exposer à des tragédies que de l'attaquer par des moyens violens; et il ne convient à l'amitié de tenter que ceux dont elle peut répondre. Mais, en revanche, tu n'as qu'à marcher droit quand tu seras sous ma garde. Tu verras, tu verras ce que c'est qu'une duègne de dix-huit ans.

Je ne suis pas, comme tu sais, loin de toi pour

mon plaisir; et le printemps n'est pas si agréable en campagne que tu penses; on y souffre à la fois le froid et le chaud; on n'a point d'ombre à la promenade, et il faut se chauffer dans la maison. Mon père, de son côté, ne laisse pas, au milieu de ses bâtimens, de s'apercevoir qu'on a la gazette ici plus tard qu'à la ville. Ainsi tout le monde ne demande pas mieux que d'y retourner, et tu m'embrasseras, j'espère, dans quatre ou cinq jours. Mais ce qui m'inquiète est que quatre ou cinq jours font je ne sais combien d'heures dont plusieurs sont destinées au philosophe. Au philosophe, entends-tu, cousine? Pense que toutes ces heures-là ne doivent sonner que pour lui.

Ne va pas ici rougir et baisser les yeux. Prendre un air grave, il t'est impossible; cela ne peut aller à tes traits. Tu sais bien que je ne saurois pleurer sans rire, et que je n'en suis pas pour cela moins sensible; je n'en ai pas moins de chagrin d'être loin de toi; je n'en regrette pas moins la bonne Chaillot. Je te sais un gré infini de vouloir partager avec moi le soin de sa famille, je ne l'abandonnerai de mes jours; mais tu ne serois plus toi-même si tu perdois quelque occasion de faire du bien. Je conviens que la pauvre mie étoit babillarde, assez libre dans ses propos familiers, peu discrète avec de jeunes filles, et qu'elle aimoit à parler de son vieux temps. Aussi ne sont-ce pas tant les qualités de son esprit que je regrette, bien qu'elle en eût d'excellentes parmi de mauvaises. La perte que je pleure en elle, c'est son bon cœur, son parfait attachement, qui lui donnoit à la fois pour moi la tendresse d'une mère et la confiance d'une sœur. Elle me tenoit lieu de toute ma famille. A peine ai-je connu ma mère; mon père m'aime autant qu'il peut aimer : nous avons perdu ton aimable frère, je ne vois presque jamais les miens. Me voilà comme une orpheline délaissée. Mon enfant, tu me restes seule; car ta bonne mère, c'est toi. Tu as raison pourtant, tu me restes. Je pleurois! j'étois donc folle; qu'avois-je à pleurer?

P. S. De peur d'accident, j'adresse cette lettre à notre maître, afin qu'elle te parvienne plus sûrement.

LETTRE VIII (¹).

A JULIE.

Quels sont, belle Julie, les bizarres caprices de l'amour! Mon cœur a plus qu'il n'espéroit, et n'est pas content! Vous m'aimez, vous me le dites, et je soupire! Ce cœur injuste ose désirer encore, quand il n'a plus rien à désirer; il me punit de ses fantaisies, et me rend inquiet au sein du bonheur. Ne croyez pas que j'aie oublié les lois qui me sont imposées, ni perdu la volonté de les observer; non : mais un secret dépit m'agite en voyant que ces lois ne coûtent qu'à moi, que vous qui vous prétendiez si foible êtes si forte à présent, et que j'ai si peu de combats à rendre contre moi-même, tant je vous trouve attentive à les prévenir.

Que vous êtes changée depuis deux mois, sans que rien ait changé que vous! Vos langueurs ont disparu; il n'est plus question de dégoût ni d'abattement; toutes les grâces sont venues reprendre leurs postes; tous vos charmes se sont ranimés; la rose qui vient d'éclore n'est pas plus fraîche que vous; les saillies ont recommencé; vous avez de l'esprit avec tout le monde; vous folâtrez, même avec moi, comme auparavant; et, ce qui m'irrite plus que tout le reste, vous me jurez un amour éternel d'un air aussi gai que si vous disiez la chose du monde la plus plaisante.

Dites, dites, volage; est-ce là le caractère d'une passion violente réduite à se combattre elle-même? et si vous aviez le moindre désir à vaincre, la contrainte n'étoufferoit-elle pas au moins l'enjouement? Oh! que vous étiez bien plus aimable quand vous étiez moins belle! Que je regrette cette pâleur touchante, précieux gage du bonheur d'un amant! et que je hais l'indiscrète santé que vous avez recouvrée aux dépens de mon repos! Oui, j'aimerois mieux vous voir malade encore que cet air content, ces yeux brillants, ce teint fleuri, qui m'outragent. Avez-vous oublié si tôt que vous n'étiez pas ainsi quand vous imploriez ma clémence? Julie! Julie!

(¹) On sent qu'il y a ici une lacune, et l'on en trouvera souvent dans la suite de cette correspondance. Plusieurs lettres se sont perdues, d'autres ont été supprimées, d'autres ont souffert des retranchements; mais il ne manque rien d'essentiel qu'on ne puisse aisément suppléer à l'aide de ce qui reste

que cet amour si vif est devenu tranquille en peu de temps!

Mais ce qui m'offense plus encore, c'est qu'après vous être remise à ma discrétion, vous paroissez vous en défier, et que vous fuyez les dangers comme s'il vous en restoit à craindre. Est-ce ainsi que vous honorez ma retenue? et mon inviolable respect méritoit-il cet affront de votre part? Bien loin que le départ de votre père nous ait laissé plus de liberté, à peine peut-on vous voir seule. Votre inséparable cousine ne vous quitte plus. Insensiblement nous allons reprendre nos premières manières de vivre et notre ancienne circonspection, avec cette unique différence qu'alors elle vous étoit à charge, et qu'elle vous plaît maintenant.

Quel sera donc le prix d'un si pur hommage si votre estime ne l'est pas? et de quoi me sert l'abstinence éternelle et volontaire de ce qu'il y a de plus doux au monde, si celle qui l'exige ne m'en sait aucun gré? Certes, je suis las de souffrir inutilement, et de me condamner aux plus dures privations sans en avoir même le mérite. Quoi! faut-il que vous embellissiez impunément tandis que vous me méprisez? faut-il qu'incessamment mes yeux dévorent des charmes dont ma bouche n'ose approcher? faut-il enfin que je m'ôte à moi-même toute espérance sans pouvoir au moins m'honorer d'un sacrifice aussi rigoureux? Non; puisque vous ne vous fiez pas à ma foi, je ne veux plus la laisser vainement engagée: c'est une sûreté injuste que celle que vous tirez à la fois de ma parole et de vos précautions; vous êtes trop ingrate, ou je suis trop scrupuleux, et je ne veux plus refuser de la fortune les occasions que vous n'aurez pu lui ôter. Enfin, quoi qu'il en soit de mon sort, je sens que j'ai pris une charge au-dessus de mes forces. Julie, reprenez la garde de vous-même, je vous rends un dépôt trop dangereux pour la fidélité du dépositaire, et dont la défense coûtera moins à votre cœur que vous n'avez feint de le craindre.

Je vous le dis sérieusement : comptez sur vous, ou chassez-moi, c'est-à-dire ôtez-moi la vie. J'ai pris un engagement téméraire. J'admire comment je l'ai pu tenir si long-temps; je sais que je le dois toujours; mais je sens qu'il m'est impossible. On mérite de succomber quand on s'impose de si périlleux devoirs. Croyez-moi, chère et tendre Julie, croyez-en ce cœur sensible qui ne vit que pour vous; vous serez toujours respectée : mais je puis un instant manquer de raison, et l'ivresse des sens peut dicter un crime dont on auroit horreur de sang-froid. Heureux de n'avoir point trompé votre espoir, j'ai vaincu deux mois, et vous me devez le prix de deux siècles de souffrances.

LETTRE IX.

DE JULIE.

J'entends; les plaisirs du vice et l'honneur de la vertu vous feroient un sort agréable. Est-ce là votre morale?... Eh! mon bon ami, vous vous lassez bien vite d'être généreux! Ne l'étiez-vous donc que par artifice? La singulière marque d'attachement que de vous plaindre de ma santé! Seroit-ce que vous espériez voir mon fol amour achever de la détruire, et que vous m'attendiez au moment de vous demander la vie? ou bien, comptiez-vous de me respecter aussi longtemps que je ferois peur, et de vous rétracter quand je deviendrois supportable? Je ne vois pas dans de pareils sacrifices un mérite à tant faire valoir.

Vous me reprochez avec la même équité le soin que je prends de vous sauver des combats pénibles avec vous-même, comme si vous ne deviez pas plutôt m'en remercier. Puis vous vous rétractez de l'engagement que vous avez pris comme d'un devoir trop à charge; en sorte que, dans la même lettre, vous vous plaignez de ce que vous avez trop de peine, et de ce que vous n'en avez pas assez. Pensez-y mieux, et tâchez d'être d'accord avec vous pour donner à vos prétendus griefs une couleur moins frivole; ou plutôt, quittez toute cette dissimulation qui n'est pas dans votre caractère. Quoi que vous puissiez dire, votre cœur est plus content du mien qu'il ne feint de l'être : ingrat, vous savez trop qu'il n'aura jamais tort avec vous! Votre lettre même vous dément par son style enjoué, et vous n'auriez pas tant d'esprit si vous étiez moins tranquille. En voilà trop sur les vains reproches qui vous regardent; passons à ceux qui me regardent moi-même, et qui semblent d'abord mieux fondés.

Je le sens bien, la vie égale et douce que nous menons depuis deux mois ne s'accorde pas avec ma déclaration précédente, et j'avoue que ce n'est pas sans raison que vous êtes surpris de ce contraste. Vous m'avez d'abord vue au désespoir, vous me trouvez à présent trop paisible; de là vous accusez mes sentimens d'inconstance et mon cœur de caprice. Ah! mon ami, ne le jugez-vous point trop sévèrement? Il faut plus d'un jour pour le connoître. Attendez, et vous trouverez peut-être que ce cœur qui vous aime n'est pas indigne du vôtre.

Si vous pouviez comprendre avec quel effroi j'éprouvai les premières atteintes du sentiment qui m'unit à vous, vous jugeriez du trouble qu'il dut me causer : j'ai été élevée dans des maximes si sévères, que l'amour le plus pur me paroissoit le comble du déshonneur. Tout m'apprenoit ou me faisoit croire qu'une fille sensible étoit perdue au premier mot tendre échappé de sa bouche; mon imagination troublée confondoit le crime avec l'aveu de la passion; et j'avois une si affreuse idée de ce premier pas, qu'à peine voyois-je au-delà nul intervalle jusqu'au dernier. L'excessive défiance de moi-même augmenta mes alarmes; les combats de la modestie me parurent ceux de la chasteté : je pris le tourment du silence pour l'emportement des désirs. Je me crus perdue aussitôt que j'aurois parlé, et cependant il falloit parler ou vous perdre. Ainsi, ne pouvant plus déguiser mes sentimens, je tâchai d'exciter la générosité des vôtres; et, me fiant plus à vous qu'à moi, je voulus, en intéressant votre honneur à ma défense, me ménager des ressources dont je me croyois dépourvue.

J'ai reconnu que je me trompois; je n'eus pas parlé que je me trouvai soulagée; vous n'eûtes pas répondu que je me sentis tout-à-fait calme : et deux mois d'expérience m'ont appris que mon cœur trop tendre a besoin d'amour, mais que mes sens n'ont aucun besoin d'amant. Jugez, vous qui aimez la vertu, avec quelle joie je fis cette heureuse découverte. Sortie de cette profonde ignominie où mes terreurs m'avoient plongée, je goûte le plaisir délicieux d'aimer purement. Cet état fait le bonheur de ma vie; mon humeur et ma santé s'en ressentent; à peine puis-je en concevoir un plus doux, et l'accord de l'amour et de l'innocence me semble être le paradis sur la terre.

Dès lors je ne vous craignis plus ; et, quand je pris soin d'éviter la solitude avec vous, ce fut autant pour vous que pour moi; car vos yeux et vos soupirs annonçoient plus de transports que de sagesse; et si vous eussiez oublié l'arrêt que vous avez prononcé vous-même, je ne l'aurois pas oublié.

Ah! mon ami, que ne puis-je faire passer dans votre âme le sentiment de bonheur et de paix qui règne au fond de la mienne! que ne puis-je vous apprendre à jouir tranquillement du plus délicieux état de la vie! Les charmes de l'union des cœurs se joignent pour nous à ceux de l'innocence : nulle crainte, nulle honte ne trouble notre félicité; au sein des vrais plaisirs de l'amour, nous pouvons parler de la vertu sans rougir,

E v' è il piacer con l' onestade accanto (¹).

Je ne sais quel triste pressentiment s'élève dans mon sein, et me crie que nous jouissons du seul temps heureux que le ciel nous ait destiné. Je n'entrevois dans l'avenir qu'absence, orages, troubles, contradictions : la moindre altération à notre situation présente me paroît ne pouvoir être qu'un mal. Non, quand un lien plus doux nous uniroit à jamais, je ne sais si l'excès du bonheur n'en deviendroit pas bientôt la ruine. Le moment de la possession est une crise de l'amour, et tout changement est dangereux au nôtre; nous ne pouvons plus qu'y perdre.

Je t'en conjure, mon tendre et unique ami, tâche de calmer l'ivresse des vains désirs que suivent toujours les regrets, le repentir, la tristesse. Goûtons en paix notre situation présente. Tu te plais à m'instruire, et tu sais trop si je me plais à recevoir tes leçons. Rendons les encore plus fréquentes; ne nous quittons qu'autant qu'il faut pour la bienséance; employons à nous écrire les momens que nous ne pouvons passer à nous voir, et profitons d'un temps précieux après lequel peut-être nous soupirerons un jour. Ah! puisse notre sort, tel qu'il est, durer autant que notre vie! L'es-

(¹) Et le plaisir s'unit à l'honnêteté. MÉTAST.

prit s'orne, la raison s'éclaire, l'âme se fortifie, le cœur jouit : que manque-t-il à notre bonheur?

LETTRE X.

A JULIE.

Que vous avez raison, ma Julie, de dire que je ne vous connois pas encore! toujours je crois connoître tous les trésors de votre belle âme, et toujours j'en découvre de nouveaux. Quelle femme jamais associa comme vous la tendresse à la vertu, et, tempérant l'une par l'autre, les rendit toutes deux plus charmantes? Je trouve je ne sais quoi d'aimable et d'attrayant dans cette sagesse qui me désole; et vous ornez avec tant de grâce les privations que vous m'imposez qu'il s'en faut peu que vous ne me les rendiez chères.

Je le sens chaque jour davantage, le plus grand des biens est d'être aimé de vous; il n'y en a point, il n'y en peut avoir qui l'égale; et s'il falloit choisir entre votre cœur et votre possession même, non, charmante Julie, je ne balancerois pas un instant. Mais d'où viendroit cette amère alternative, et pourquoi rendre incompatible ce que la nature a voulu réunir? le temps est précieux, dites-vous; sachons en jouir tel qu'il est, et gardons-nous par notre impatience d'en troubler le paisible cours. Eh! qu'il passe et qu'il soit heureux! Pour profiter d'un état aimable faut-il en négliger un meilleur, et préférer le repos à la félicité suprême? Ne perd-on pas tout le temps qu'on peut mieux employer? Ah! si l'on peut vivre mille ans en un quart d'heure, à quoi bon compter tristement les jours qu'on aura vécu?

Tout ce que vous dites du bonheur de notre situation présente est incontestable; je sens que nous devons être heureux, et pourtant je ne le suis pas. La sagesse a beau parler par votre bouche, la voix de la nature est la plus forte. Le moyen de lui résister quand elle s'accorde à la voix du cœur? Hors vous seule je ne vois rien dans ce séjour terrestre qui soit digne d'occuper mon âme et mes sens : non, sans vous la nature n'est plus rien pour moi : mais son empire est dans vos yeux, et c'est là qu'elle est invincible.

Il n'en est pas ainsi de vous, céleste Julie; vous vous contentez de charmer nos sens, et n'êtes point en guerre avec les vôtres. Il semble que des passions humaines soient au-dessous d'une âme si sublime; et comme vous avez la beauté des anges, vous en avez la pureté. O pureté que je respecte en murmurant, que ne puis-je ou vous rabaisser ou m'élever jusqu'à vous! Mais non, je ramperai toujours sur la terre, et vous verrai toujours briller dans les cieux. Ah! soyez heureuse aux dépens de mon repos; jouissez de toutes vos vertus; périsse le vil mortel qui tentera jamais d'en souiller une! Soyez heureuse; je tâcherai d'oublier combien je suis à plaindre, et je tirerai de votre bonheur même la consolation de mes maux. Oui, chère amante, il me semble que mon amour est aussi parfait que son adorable objet; tous les désirs enflammés par vos charmes s'éteignent dans les perfections de votre âme; je la vois si paisible, que je n'ose en troubler la tranquillité. Chaque fois que je suis tenté de vous dérober la moindre caresse, si le danger de vous offenser me retient, mon cœur me retient encore plus par la crainte d'altérer une félicité si pure; dans les prix des biens où j'aspire, je ne vois plus ce qu'ils vous peuvent coûter; et, ne pouvant accorder mon bonheur avec le vôtre, jugez comment j'aime; c'est au mien que j'ai renoncé.

Que d'inexplicables contradictions dans les sentimens que vous m'inspirez! Je suis à la fois soumis et téméraire, impétueux et retenu; je ne saurois lever les yeux sur vous sans éprouver des combats en moi-même. Vos regards, votre voix, portent au cœur, avec l'amour, l'attrait touchant de l'innocence; c'est un charme divin qu'on auroit regret d'effacer. Si j'ose former des vœux extrêmes, ce n'est plus qu'en votre absence; mes désirs, n'osant aller jusqu'à vous, s'adressent à votre image, et c'est sur elle que je me venge du respect que je suis contraint de vous porter.

Cependant je languis et me consume; le feu coule dans mes veines; rien ne sauroit l'éteindre ni le calmer, et je l'irrite en voulant le contraindre. Je dois être heureux, je le suis, j'en conviens; je ne me plains point de mon sort; tel qu'il est je n'en changerois pas avec les rois de la terre. Cependant un mal réel me tourmente, je cherche vainement à le fuir; je ne voudrois point mourir, et toutefois je me meurs; je voudrois vivre pour vous, et c'est vous qui m'ôtez la vie.

LETTRE XI.

DE JULIE.

Mon ami, je sens que je m'attache à vous chaque jour davantage; je ne puis plus me séparer de vous; la moindre absence m'est insupportable, et il faut que je vous voie ou que je vous écrive, afin de m'occuper de vous sans cesse.

Ainsi mon amour s'augmente avec le vôtre; car je connois à présent combien vous m'aimez par la crainte réelle que vous avez de me déplaire, au lieu que vous n'en aviez d'abord qu'une apparente pour mieux venir à vos fins. Je sais fort bien distinguer en vous l'empire que le cœur a su prendre, du délire d'une imagination échauffée; et je vois cent fois plus de passion dans la contrainte où vous êtes que dans vos premiers emportemens. Je sais bien aussi que votre état, tout gênant qu'il est, n'est pas sans plaisirs. Il est doux pour un véritable amant de faire des sacrifices qui lui sont tous comptés, et dont aucun n'est perdu dans le cœur de ce qu'il aime. Qui sait même si, connoissant ma sensibilité, vous n'employez pas pour me séduire une adresse mieux entendue? Mais non, je suis injuste, et vous n'êtes pas capable d'user d'artifice avec moi. Cependant si je suis sage, je me défierai plus encore de la pitié que de l'amour. Je me sens mille fois plus attendrie par vos respects que par vos transports, et je crains bien qu'en prenant le parti le plus honnête vous n'ayez pris enfin le plus dangereux.

Il faut que je vous dise, dans l'épanchement de mon cœur, une vérité qu'il sent fortement, et dont le vôtre doit vous convaincre : c'est qu'en dépit de la fortune, des parens et de nous-mêmes, nos destinées sont à jamais unies, et que nous ne pouvons plus être heureux ou malheureux qu'ensemble. Nos âmes se sont pour ainsi dire touchées par tous les points, et nous avons partout senti la même cohérence. (Corrigez-moi, mon ami, si j'applique mal vos leçons de physique.) Le sort pourra bien nous séparer, mais non pas nous désunir. Nous n'aurons plus que les mêmes plaisirs et les mêmes peines; et comme ces aimans dont vous me parliez, qui ont, dit-on, les mêmes mouvemens en différens lieux, nous sentirons les mêmes choses aux deux extrémités du monde.

Défaites-vous donc de l'espoir, si vous l'eûtes jamais, de vous faire un bonheur exclusif, et de l'acheter aux dépens du mien. N'espérez pas pouvoir être heureux si j'étois déshonorée, ni pouvoir, d'un œil satisfait, contempler mon ignominie et mes larmes. Croyez-moi, mon ami, je connois votre cœur bien mieux que vous ne le connoissez. Un amour si tendre et si vrai doit savoir commander aux désirs; vous en avez trop fait pour achever sans vous perdre, et ne pouvez plus combler mon malheur sans faire le vôtre.

Je voudrois que vous pussiez sentir combien il est important pour tous deux que vous vous en remettiez à moi du soin de notre destin commun. Doutez-vous que vous ne me soyez aussi cher que moi-même? et pensez-vous qu'il pût exister pour moi quelque félicité que vous ne partageriez pas? Non, mon ami; j'ai les mêmes intérêts que vous, et un peu plus de raison pour les conduire. J'avoue que je suis la plus jeune; mais n'avez-vous jamais remarqué que si la raison d'ordinaire est plus foible et s'éteint plus tôt chez les femmes, elle est aussi plus tôt formée, comme un frêle tournesol croît et meurt avant un chêne? Nous nous trouvons, dès le premier âge, chargées d'un si dangereux dépôt, que le soin de le conserver nous éveille bientôt le jugement; et c'est un excellent moyen de bien voir les conséquences des choses, que de sentir vivement tous les risques qu'elles nous font courir. Pour moi, plus je m'occupe de notre situation, plus je trouve que la raison vous demande ce que je vous demande au nom de l'amour. Soyez donc docile à sa douce voix, et laissez-vous conduire, hélas! par un autre aveugle, mais qui tient au moins un appui.

Je ne sais, mon ami, si nos cœurs auront le bonheur de s'entendre, et si vous partagerez, en lisant cette lettre, la tendre émotion qui l'a dictée ; je ne sais si nous pourrons jamais nous accorder sur la manière de voir comme sur celle de sentir : mais je sais bien que l'avis de celui des deux qui sépare le moins son bonheur du bonheur de l'autre, est l'avis qu'il faut préférer.

LETTRE XII.

A JULIE.

Ma Julie, que la simplicité de votre lettre est touchante ! Que j'y vois bien la sérénité d'une âme innocente, et la tendre sollicitude de l'amour ! Vos pensées s'exhalent sans art et sans peine ; elles portent au cœur une impression délicieuse que ne produit point un style apprêté. Vous donnez des raisons invincibles d'un air si simple, qu'il y faut réfléchir pour en sentir la force ; et les sentimens élevés vous coûtent si peu, qu'on est tenté de les prendre pour des manières de penser communes. Ah ! oui sans doute, c'est à vous de régler nos destins ; ce n'est pas un droit que je vous laisse, c'est un devoir que j'exige de vous, c'est une justice que je vous demande, et votre raison me doit dédommager du mal que vous avez fait à la mienne. Dès cet instant je vous remets pour ma vie l'empire de mes volontés : disposez de moi comme d'un homme qui n'est plus rien pour lui-même, et dont tout l'être n'a de rapport qu'à vous. Je tiendrai, n'en doutez pas, l'engagement que je prends, quoi que vous puissiez me prescrire. Ou j'en vaudrai mieux, ou vous en serez plus heureuse, et je vois partout le prix assuré de mon obéissance. Je vous remets donc sans réserve le soin de notre bonheur commun ; faites le vôtre, et tout est fait. Pour moi, qui ne puis ni vous oublier un instant ni penser à vous sans des transports qu'il faut vaincre, je vais m'occuper uniquement des soins que vous m'avez imposés.

Depuis un an que nous étudions ensemble, nous n'avons guère fait que des lectures sans ordre et presque au hasard, plus pour consulter votre goût que pour l'éclairer. D'ailleurs tant de trouble dans l'âme ne nous laissoit guère de liberté d'esprit. Les yeux étoient mal fixés sur le livre ; la bouche en prononçoit les mots ; l'attention manquoit toujours. Votre petite cousine, qui n'étoit pas si préoccupée, nous reprochoit notre peu de conception, et se faisoit un honneur facile de nous devancer. Insensiblement elle est devenue le maître du maître ; et quoique nous ayons quelquefois ri de ses prétentions, elle est au fond la seule des trois qui sait quelque chose de tout ce que nous avons appris.

Pour regagner donc le temps perdu (ah ! Julie, en fut-il jamais de mieux employé !), j'ai imaginé une espèce de plan qui puisse réparer, par la méthode, le tort que les distractions ont fait au savoir. Je vous l'envoie ; nous le lirons tantôt ensemble, et je me contente d'y faire ici quelques légères observations.

Si nous voulions, ma charmante amie, nous charger d'un étalage d'érudition, et savoir pour les autres plus que pour nous, mon système ne vaudroit rien ; car il tend toujours à tirer peu de beaucoup de choses, et à faire un petit recueil d'une grande bibliothèque. La science est dans la plupart de ceux qui la cultivent une monnoie dont on fait grand cas, qui cependant n'ajoute au bien-être qu'autant qu'on la communique, et n'est bonne que dans le commerce. Otez à nos savans le plaisir de se faire écouter, le savoir ne sera rien pour eux. Ils n'amassent dans le cabinet que pour répandre dans le public ; ils ne veulent être sages qu'aux yeux d'autrui ; et ils ne se soucieroient plus de l'étude s'ils n'avoient plus d'admirateurs [1]. Pour nous qui voulons profiter de nos connoissances, nous ne les amassons point pour les revendre, mais pour les convertir à notre usage ; ni pour nous en charger, mais pour nous en nourrir. Peu lire, et penser beaucoup à nos lectures, ou ce qui est la même chose, en causer beaucoup entre nous, est le moyen de les bien digérer. Je pense que, quand on a une fois l'entendement ouvert par l'habitude de réfléchir, il vaut toujours mieux trouver de soi-même les choses qu'on trouveroit dans les livres ; c'est le vrai secret de les bien mouler à sa tête, et de se les approprier : au lieu qu'en les recevant telles qu'on nous les donne, c'est presque toujours sous une forme qui n'est pas la nôtre. Nous

---

[1] C'est ainsi que pensoit Sénèque lui-même. « Si l'on me donnoit, dit-il, la science à condition de ne la pas montrer je n'en voudrois point. » Sublime philosophie, voilà donc ton usage [*] !

[*] Voici le passage de Sénèque : *Si cum hâc exceptione detur sapientia ut illam inclusam teneam, nec enuntiam, rejiciam*. Epist. 6.

sommes plus riches que nous ne pensons; mais, dit Montaigne, on nous dresse à l'emprunt et à la quête; on nous apprend à nous servir du bien d'autrui plutôt que du nôtre; ou plutôt accumulant sans cesse, nous n'osons toucher à rien : nous sommes comme ces avares qui ne songent qu'à remplir leurs greniers, et dans le sein de l'abondance se laissent mourir de faim.

Il y a, je l'avoue, bien des gens à qui cette méthode seroit fort nuisible, et qui ont besoin de beaucoup lire et peu méditer, parce qu'ayant la tête mal faite ils ne rassemblent rien de si mauvais que ce qu'ils produisent d'eux-mêmes. Je vous recommande tout le contraire à vous qui mettez dans vos lectures mieux que ce que vous y trouvez, et dont l'esprit actif fait sur le livre un autre livre, quelquefois meilleur que le premier. Nous nous communiquerons donc nos idées; je vous dirai ce que les autres auront pensé, vous me direz sur le même sujet ce que vous pensez vous-même, et souvent après la leçon j'en sortirai plus instruit que vous.

Moins vous aurez de lecture à faire, mieux il faudra la choisir, et voici les raisons de mon choix. La grande erreur de ceux qui étudient est, comme je viens de vous dire, de se fier trop à leurs livres, et de ne pas tirer assez de leur fonds, sans songer que de tous les sophistes notre propre raison est presque toujours celui qui nous abuse le moins. Sitôt qu'on veut rentrer en soi-même, chacun sent ce qui est bien, chacun discerne ce qui est beau; nous n'avons pas besoin qu'on nous apprenne à connoître ni l'un ni l'autre, et l'on ne s'en impose là-dessus qu'autant qu'on s'en veut imposer. Mais les exemples du très-bon et du très-beau sont plus rares et moins connus; il les faut aller chercher loin de nous. La vanité, mesurant les forces de la nature sur notre foiblesse, nous fait regarder comme chimériques les qualités que nous ne sentons pas en nous-mêmes; la paresse et le vice s'appuient sur cette prétendue impossibilité; et, ce qu'on ne voit pas tous les jours, l'homme foible prétend qu'on ne le voit jamais. C'est cette erreur qu'il faut détruire. Ce sont ces grands objets qu'il faut s'accoutumer à sentir et à voir, afin de s'ôter tout prétexte de ne les pas imiter. L'âme s'élève, le cœur s'enflamme à la contemplation de ces divins modèles; à force de les considérer on cherche à leur devenir semblable, et l'on ne souffre plus rien de médiocre sans un dégoût mortel.

N'allons donc pas chercher dans les livres des principes et des règles que nous trouvons plus sûrement au dedans de nous. Laissons là toutes ces vaines disputes des philosophes sur le bonheur et sur la vertu; employons à nous rendre bons et heureux le temps qu'ils perdent à chercher comment on doit l'être, et proposons-nous de grands exemples à imiter plutôt que de vains systèmes à suivre.

J'ai toujours cru que le bon n'étoit que le beau mis en action, que l'un tenoit intimement à l'autre, et qu'ils avoient tous deux une source commune dans la nature bien ordonnée. Il suit de cette idée que le goût se perfectionne par les mêmes moyens que la sagesse, et qu'une âme bien touchée des charmes de la vertu doit à proportion être aussi sensible à tous les autres genres de beautés. On s'exerce à voir comme à sentir, ou plutôt une vue exquise n'est qu'un sentiment délicat et fin. C'est ainsi qu'un peintre à l'aspect d'un beau paysage ou devant un beau tableau s'extasie à des objets qui ne sont pas même remarqués d'un spectateur vulgaire. Combien de choses qu'on n'aperçoit que par sentiment et dont il est impossible de rendre raison! Combien de ces je ne sais quoi qui reviennent si fréquemment, et dont le goût seul décide! Le goût est en quelque manière le microscope du jugement; c'est lui qui met les petits objets à sa portée, et ses opérations commencent où s'arrêtent celles du dernier. Que faut-il donc pour le cultiver? S'exercer à voir ainsi qu'à sentir, et à juger du beau par inspection comme du bon par sentiment. Non, je soutiens qu'il n'appartient pas même à tous les cœurs d'être émus au premier regard de Julie.

Voilà, ma charmante écolière, pourquoi je borne toutes vos études à des livres de goût et de mœurs. Voilà pourquoi, tournant toute ma méthode en exemples, je ne vous donne point d'autre définition des vertus qu'un tableau des gens vertueux, ni d'autres règles pour bien écrire que les livres qui sont bien écrits.

Ne soyez donc pas surprise des retranchemens que je fais à vos précédentes lectures; je suis convaincu qu'il faut les resserrer pour les rendre utiles, et je vois tous les jours mieux que tout ce qui ne dit rien à l'âme n'est pas digne de vous occuper. Nous allons supprimer les langues, hors l'italienne, que vous savez et que vous aimez. Nous laisserons là nos élémens d'algèbre et de géométrie. Nous quitterions même la physique si les termes qu'elle vous fournit m'en laissoient le courage. Nous renoncerons pour jamais à l'histoire moderne, excepté celle de notre pays, encore n'est-ce que parce que c'est un pays libre et simple, où l'on trouve des hommes antiques dans les temps modernes : car ne vous laissez pas éblouir par ceux qui disent que l'histoire la plus intéressante pour chacun est celle de son pays. Cela n'est pas vrai. Il y a des pays dont l'histoire ne peut pas même être lue, à moins qu'on ne soit imbécile ou négociateur. L'histoire la plus intéressante est celle où l'on trouve le plus d'exemples de mœurs, de caractères de toute espèce, en un mot le plus d'instruction. Ils vous diront qu'il y a autant de tout cela parmi nous que parmi les anciens. Cela n'est pas vrai. Ouvrez leur histoire et faites-les taire. Il y a des peuples sans physionomie auxquels il ne faut point de peintres ; il y a des gouvernemens sans caractère auxquels il ne faut point d'historiens, et où, sitôt qu'on sait quelle place un homme occupe, on sait d'avance tout ce qu'il y fera. Ils diront que ce sont les bons historiens qui nous manquent ; mais demandez-leur pourquoi. Cela n'est pas vrai. Donnez matière à de bonnes histoires, et les bons historiens se trouveront. Enfin ils diront que les hommes de tous les temps se ressemblent, qu'ils ont les mêmes vertus et les mêmes vices ; qu'on n'admire les anciens que parce qu'ils sont anciens. Cela n'est pas vrai non plus ; car on faisoit autrefois de grandes choses avec de petits moyens, et l'on fait aujourd'hui tout le contraire. Les anciens étoient contemporains de leurs historiens, et nous ont pourtant appris à les admirer. Assurément, si la postérité jamais admire les nôtres, elle ne l'aura pas appris de nous.

J'ai laissé par égard pour votre inséparable cousine quelques livres de petite littérature que je n'aurois pas laissés pour vous. Hors le Pétrarque, le Tasse, le Métastase, et les maîtres du théâtre françois, je n'y mêle ni poètes ni livres d'amour, contre l'ordinaire des lectures consacrées à votre sexe. Qu'apprendrions-nous de l'amour dans ces livres ? Ah ! Julie, notre cœur nous en dit plus qu'eux, et le langage imité des livres est bien froid pour quiconque est passionné lui-même. D'ailleurs ces études énervent l'âme, la jettent dans la mollesse, et lui ôtent tout son ressort. Au contraire, l'amour véritable est un feu dévorant qui porte son ardeur dans les autres sentimens, et les anime d'une vigueur nouvelle. C'est pour cela qu'on a dit que l'amour faisoit des héros. Heureux celui que le sort eût placé pour le devenir, et qui auroit Julie pour amante !

LETTRE XIII.

DE JULIE.

Je vous le disois bien que nous étions heureux ; rien ne me l'apprend mieux que l'ennui que j'éprouve au moindre changement d'état. Si nous avions des peines bien vives, une absence de deux jours nous en feroit-elle tant ? je dis nous ; car je sais que mon ami partage mon impatience ; il la partage, parce que je la sens ; et il la sent encore pour lui-même : je n'ai plus besoin qu'il me dise ces choses-là.

Nous ne sommes à la campagne que d'hier au soir ; il n'est pas encore l'heure où je vous verrois à la ville, et cependant mon déplacement me fait déjà trouver votre absence plus insupportable. Si vous ne m'aviez pas défendu la géométrie, je vous dirois que mon inquiétude est en raison composée des intervalles du temps et du lieu ; tant je trouve que l'éloignement ajoute au chagrin de l'absence.

J'ai apporté votre lettre et votre plan d'études pour méditer l'un et l'autre, et j'ai déjà relu deux fois la première : la fin m'en touche extrêmement. Je vois, mon ami, que vous sentez le véritable amour, puisqu'il ne vous a point ôté le goût des choses honnêtes, et que vous savez encore dans la partie la plus sensible de votre cœur faire des sacrifices à la vertu. En effet, employer la voie de l'instruction pour corrompre une femme, est de toutes les séductions la plus condamnable ; et vouloir attendrir sa maîtresse à l'aide des romans, est avoir bien peu de ressources en soi-même. Si vous eussiez plié dans vos leçons la philosophie à vos vues, si vous eussiez tâché d'établir des maximes favorables à votre intérêt, en voulant me tromper vous m'eussiez bientôt détrompée ; mais la plus dangereuse de vos séductions est de n'en point employer. Du moment que la soif d'aimer s'empara de mon cœur, et que j'y sentis naître le besoin d'un éternel attachement, je ne demandai point au ciel de m'unir à un homme aimable, mais à un homme qui eût l'âme belle ; car je sentois bien que c'est, de tous les agrémens qu'on peut avoir, le moins sujet au dégoût, et que la droiture et l'honneur ornent tous les sentimens qu'ils accompagnent. Pour avoir bien placé ma préférence, j'ai eu comme Salomon, avec ce que j'avois demandé, encore ce que je ne demandois pas. Je tire un bon augure pour mes autres vœux de l'accomplissement de celui-là, et je ne désespère pas, mon ami, de pouvoir vous rendre aussi heureux un jour que vous méritez de l'être. Les moyens en sont lents, difficiles, douteux ; les obstacles terribles. Je n'ose rien me promettre ; mais croyez que tout ce que la patience et l'amour pourront faire ne sera pas oublié. Continuez cependant à complaire en tout à ma mère, et préparez-vous, au retour de mon père, qui se retire enfin tout-à-fait après trente ans de service, à supporter les hauteurs d'un vieux gentilhomme brusque, mais plein d'honneur, qui vous aimera sans vous caresser, et vous estimera sans le dire.

J'ai interrompu ma lettre pour m'aller promener dans des bocages qui sont près de notre maison. O mon doux ami ! je t'y conduisois avec moi, ou plutôt je t'y portois dans mon sein. Je choisissois les lieux que nous devions parcourir ensemble ; j'y marquois des asiles dignes de nous retenir ; nos cœurs s'épanchoient d'avance dans ces retraites délicieuses, elles ajoutoient au plaisir que nous goûtions d'être ensemble ; elles recevoient à leur tour un nouveau prix du séjour de deux vrais amans, et je m'étonnois de n'y avoir point remarqué seule les beautés que j'y trouvois avec toi.

Parmi les bosquets naturels que forme ce lieu charmant, il en est un plus charmant que les autres, dans lequel je me plais davantage, et où, par cette raison, je destine une petite surprise à mon ami. Il ne sera pas dit qu'il aura toujours de la déférence, et moi jamais de générosité. C'est là que je veux lui faire sentir, malgré les préjugés vulgaires, combien ce que le cœur donne vaut mieux que ce qu'arrache l'importunité. Au reste, de peur que votre imagination vive ne se mette un peu trop en frais, je dois vous prévenir que nous n'irons point ensemble dans le bosquet sans l'*inséparable cousine*.

A propos d'elle, il est décidé, si cela ne vous fâche pas trop, que vous viendrez nous voir lundi. Ma mère enverra sa calèche à ma cousine, vous vous rendrez chez elle à dix heures ; elle vous amènera ; vous passerez la journée avec nous, et nous nous en retournerons tous ensemble le lendemain après le dîner.

J'en étois ici de ma lettre quand j'ai réfléchi que je n'avois pas pour vous la remettre les mêmes commodités qu'à la ville. J'avois d'abord pensé de vous renvoyer un de vos livres par Gustin (*), le fils du jardinier, et de mettre à ce livre une couverture de papier, dans laquelle j'aurois inséré ma lettre. Mais, outre qu'il n'est pas sûr que vous vous avisassiez de la chercher, ce seroit une imprudence impardonnable d'exposer à de pareils hasards le destin de notre vie. Je vais donc me contenter de vous marquer simplement, par un billet, le rendez-vous de lundi, et je garderai la lettre pour vous la donner à vous-même. Aussi bien j'aurois un peu de souci qu'il n'y eût trop de commentaires sur le mystère du bosquet.

LETTRE XIV.

A JULIE.

Qu'as-tu fait, ah ! qu'as-tu fait, ma Julie ? tu voulois me récompenser, et tu m'as perdu. Je suis ivre, ou plutôt insensé. Mes sens sont altérés, toutes mes facultés sont troublées par ce baiser mortel. Tu voulois soulager mes maux ! Cruelle ! tu les aigris. C'est du poison que j'ai cueilli sur tes lèvres ; il fermente ; il

(*) C'étoit le nom d'un jardinier de Montmorency avec lequel Jean-Jacques aimoit à causer, parce qu'il ne voyoit dans l'auteur d'*Émile* qu'un bon homme qui n'en savoit pas autant que lui sur le jardinage et pas plus sur toute autre chose.
M P.

embrase mon sang ; il me tue, et ta pitié me fait mourir.

O souvenir immortel de cet instant d'illusion, de délire et d'enchantement, jamais, jamais tu ne t'effaceras de mon âme ; et, tant que les charmes de Julie y seront gravés, tant que ce cœur agité me fournira des sentimens et des soupirs, tu feras le supplice et le bonheur de ma vie !

Hélas ! je jouissois d'une apparente tranquillité ; soumis à tes volontés suprêmes, je ne murmurois plus d'un sort auquel tu daignois présider. J'avois dompté les fougueuses saillies d'une imagination téméraire ; j'avois couvert mes regards d'un voile, et mis une entrave à mon cœur ; mes désirs n'osoient plus s'échapper qu'à demi ; j'étois aussi content que je pouvois l'être. Je reçois ton billet, je vole chez ta cousine ; nous nous rendons à Clarens, je t'aperçois, et mon sein palpite ; le doux son de ta voix y porte une agitation nouvelle ; je t'aborde comme transporté, et j'avois grand besoin de la diversion de ta cousine pour cacher mon trouble à ta mère. On parcourt le jardin, l'on dîne tranquillement, tu me rends en secret ta lettre que je n'ose lire devant ce redoutable témoin ; le soleil commence à baisser, nous fuyons tous trois dans le bois le reste de ses rayons, et ma paisible simplicité n'imaginoit pas même un état plus doux que le mien.

En approchant du bosquet j'aperçus, non sans une émotion secrète, vos signes d'intelligence, vos sourires mutuels, et le coloris de tes joues prendre un nouvel éclat. En y entrant je vis avec surprise ta cousine s'approcher de moi, et, d'un air plaisamment suppliant, me demander un baiser. Sans rien comprendre à ce mystère, j'embrassai cette charmante amie ; et, tout aimable, toute piquante qu'elle est, je ne connus jamais mieux que les sensations ne sont rien que ce que le cœur les fait être. Mais que devins-je un moment après quand je sentis..... la main me tremble..... un doux frémissement..... ta bouche de roses..... la bouche de Julie..... se poser, se presser sur la mienne, et mon corps serré dans tes bras! Non, le feu du ciel n'est pas plus vif ni plus prompt que celui qui vint à l'instant m'embraser. Toutes les parties de moi-même se rassemblèrent sous ce toucher délicieux. Le feu s'exhaloit avec nos soupirs de nos lèvres brûlantes, et mon cœur se mouroit sous le poids de la volupté..... quand tout à coup je te vis pâlir, fermer tes beaux yeux, t'appuyer sur ta cousine, et tomber en défaillance. Ainsi la frayeur éteignit le plaisir, et mon bonheur ne fut qu'un éclair.

A peine sais-je ce qui m'est arrivé depuis ce fatal moment. L'impression profonde que j'ai reçue ne peut plus s'effacer. Une faveur !... c'est un tourment horrible..... Non, garde tes baisers, je ne les saurois supporter..... ils sont trop âcres, trop pénétrans ; ils percent ; ils brûlent jusqu'à la moelle..... ils me rendroient furieux. Un seul, un seul m'a jeté dans un égarement dont je ne puis plus revenir. Je ne suis plus le même, et ne te vois plus la même. Je ne te vois plus comme autrefois réprimante et sévère ; mais je te sens et te touche sans cesse unie à mon sein comme tu fus un instant. O Julie ! quelque sort que m'annonce un transport dont je ne suis plus maître, quelque traitement que ta rigueur me destine, je ne puis plus vivre dans l'état où je suis, et je sens qu'il faut enfin que j'expire à tes pieds..... ou dans tes bras.

LETTRE XV.

DE JULIE.

Il est important, mon ami, que nous nous séparions quelque temps, et c'est ici la première épreuve de l'obéissance que vous m'avez promise. Si je l'exige en cette occasion, croyez que j'en ai des raisons très-fortes ; il faut bien, et vous le savez trop, que j'en aie pour m'y résoudre ; quant à vous, vous n'en avez pas besoin d'autre que ma volonté.

Il y a long-temps que vous avez un voyage à faire en Valais. Je voudrois que vous pussiez l'entreprendre à présent qu'il ne fait pas encore froid. Quoique l'automne soit encore agréable ici, vous voyez déjà blanchir la pointe de la Dent-de-Jamant (¹), et dans six semaines je ne vous laisserois pas faire ce voyage dans un pays si rude. Tâchez donc de partir dès demain : vous

(¹) Haute montagne du pays de Vaud.

m'écrirez à l'adresse que je vous envoie, et vous m'enverrez la vôtre quand vous serez arrivé à Sion.

Vous n'avez jamais voulu me parler de l'état de vos affaires; mais vous n'êtes pas dans votre patrie : je sais que vous y avez peu de fortune et que vous ne faites que la déranger ici, où vous ne resteriez pas sans moi. Je puis donc supposer qu'une partie de votre bourse est dans la mienne, et je vous envoie un léger à-compte dans celle que renferme cette boîte qu'il ne faut pas ouvrir devant le porteur. Je n'ai garde d'aller au-devant des difficultés, je vous estime trop pour vous croire capable d'en faire.

Je vous défends, non-seulement de retourner sans mon ordre, mais de venir nous dire adieu. Vous pouvez écrire à ma mère ou à moi, simplement pour nous avertir que vous êtes forcé de partir sur-le-champ pour une affaire imprévue, et me donner, si vous voulez, quelques avis sur mes lectures jusqu'à votre retour. Tout cela doit être fait naturellement et sans aucune apparence de mystère. Adieu, mon ami; n'oubliez pas que vous emportez le cœur et le repos de Julie.

LETTRE XVI.

RÉPONSE.

Je relis votre terrible lettre, et je frissonne à chaque ligne. J'obéirai pourtant, je l'ai promis, je le dois; j'obéirai. Mais vous ne savez pas, non, barbare, vous ne saurez jamais ce qu'un tel sacrifice coûte à mon cœur. Ah! vous n'aviez pas besoin de l'épreuve du bosquet pour me le rendre sensible : c'est un raffinement de cruauté perdu pour votre âme impitoyable, et je puis au moins vous défier de me rendre plus malheureux.

Vous recevrez votre boîte dans le même état où vous l'avez envoyée. C'est trop d'ajouter l'opprobre à la cruauté; si je vous ai laissée maîtresse de mon sort, je ne vous ai point laissée l'arbitre de mon honneur. C'est un dépôt sacré (l'unique, hélas! qui me reste), dont jusqu'à la fin de ma vie nul ne sera chargé que moi seul.

LETTRE XVII.

RÉPLIQUE.

Votre lettre me fait pitié; c'est la seule chose sans esprit que vous ayez jamais écrite.

J'offense donc votre honneur, pour lequel je donnerois mille fois ma vie? J'offense donc ton honneur, ingrat! qui m'as vue prête à t'abandonner le mien? Où est-il donc cet honneur que j'offense? Dis-le-moi, cœur rampant, âme sans délicatesse. Ah! que tu es méprisable si tu n'as qu'un honneur que Julie ne connoisse pas! Quoi! ceux qui veulent partager leur sort n'oseroient partager leurs biens, et celui qui fait profession d'être à moi, se tient outragé de mes dons! Et depuis quand est-il vil de recevoir de ce qu'on aime? Depuis quand ce que le cœur donne déshonore-t-il le cœur qui l'accepte? Mais on méprise un homme qui reçoit d'un autre : on méprise celui dont les besoins passent la fortune. Et qui le méprise? Des âmes abjectes qui mettent l'honneur dans la richesse, et pèsent les vertus au poids de l'or. Est-ce dans ces basses maximes qu'un homme de bien met son honneur? et le préjugé même de la raison n'est-il pas en faveur du plus pauvre?

Sans doute, il est des dons vils qu'un honnête homme ne peut accepter; mais apprenez qu'ils ne déshonorent pas moins la main qui les offre, et qu'un don honnête à faire est toujours honnête à recevoir; or, sûrement mon cœur ne me reproche pas celui-ci, il s'en glorifie [1]. Je ne sache rien de plus méprisable qu'un homme dont on achète le cœur et les soins, si ce n'est la femme qui les paye; mais entre deux cœurs unis la communauté des biens est une justice et un devoir; et si je me trouve encore en arrière de ce qui me reste de plus qu'à vous, j'accepte sans scrupule ce que je réserve, et je vous dois ce que je ne vous ai pas donné. Ah! si les dons de l'amour sont à charge, quel cœur jamais peut être reconnoissant?

Supposeriez-vous que je refuse à mes besoins

---

[1] Elle a raison. Sur le motif secret de ce voyage, on voit que jamais argent ne fut plus honnêtement employé. C'est grand dommage que cet emploi n'ait pas fait un meilleur profit.

ce que je destine à pourvoir aux vôtres? Je vais vous donner du contraire une preuve sans réplique. C'est que la bourse que je vous renvoie contient le double de ce qu'elle contenoit la première fois, et qu'il ne tiendroit qu'à moi de la doubler encore. Mon père me donne pour mon entretien une pension, modique à la vérité, mais à laquelle je n'ai jamais besoin de toucher, tant ma mère est attentive à pourvoir à tout, sans compter que ma broderie et ma dentelle suffisent pour m'entretenir de l'une et de l'autre. Il est vrai que je n'étois pas toujours aussi riche; les soucis d'une passion fatale m'ont fait depuis long-temps négliger certains soins auxquels j'employois mon superflu; c'est une raison de plus d'en disposer comme je fais: il faut vous humilier pour le mal dont vous êtes cause, et que l'amour expie les fautes qu'il fait commettre.

Venons à l'essentiel. Vous dites que l'honneur vous défend d'accepter mes dons. Si cela est je n'ai plus rien à dire, et je conviens avec vous qu'il ne vous est pas permis d'aliéner un pareil soin. Si donc vous pouvez me prouver cela, faites-le clairement, incontestablement, et sans vaine subtilité; car vous savez que je hais les sophismes. Alors vous pouvez me rendre la bourse, je la reprends sans me plaindre, et il n'en sera plus parlé.

Mais comme je n'aime ni les gens pointilleux ni le faux point d'honneur, si vous me renvoyez encore une fois la boîte sans justification, ou que votre justification soit mauvaise, il faudra ne nous plus voir. Adieu; pensez-y.

LETTRE XVIII.

A JULIE.

J'ai reçu vos dons, je suis parti sans vous voir, me voici bien loin de vous; êtes-vous contente de vos tyrannies, et vous ai-je assez obéi?

Je ne puis vous parler de mon voyage; à peine sais-je comment il s'est fait. J'ai mis trois jours à faire vingt lieues; chaque pas qui m'éloignoit de vous séparoit mon corps de mon âme, et me donnoit un sentiment anticipé de la mort. Je voulois vous décrire ce que je verrois. Vain projet! Je n'ai rien vu que vous, et ne puis vous peindre que Julie. Les puissantes émotions que je viens d'éprouver coup sur coup m'ont jeté dans des distractions continuelles; je me sentois toujours où je n'étois point: à peine avois-je assez de présence d'esprit pour suivre et demander mon chemin, et je suis arrivé à Sion sans être parti de Vevai.

C'est ainsi que j'ai trouvé le secret d'éluder votre rigueur et de vous voir sans vous désobéir. Oui, cruelle, quoi que vous ayez su faire, vous n'avez pu me séparer de vous tout entier. Je n'ai traîné dans mon exil que la moindre partie de moi-même: tout ce qu'il y a de vivant en moi demeure auprès de vous sans cesse. Il erre impunément sur vos yeux, sur vos lèvres, sur votre sein, sur tous vos charmes; il pénètre partout comme une vapeur subtile; et je suis plus heureux en dépit de vous que je ne fus jamais de votre gré.

J'ai ici quelques personnes à voir, quelques affaires à traiter; voilà ce qui me désole. Je ne suis point à plaindre dans la solitude où je puis m'occuper de vous et me transporter aux lieux où vous êtes. La vie active qui me rappelle à moi tout entier m'est seule insupportable. Je vais faire mal et vite, pour être promptement libre, et pouvoir m'égarer à mon aise dans les lieux sauvages qui forment à mes yeux les charmes de ce pays. Il faut tout fuir et vivre seul au monde, quand on n'y peut vivre avec vous.

LETTRE XIX.

A JULIE.

Rien ne m'arrête plus ici que vos ordres; cinq jours que j'y ai passés ont suffi au-delà pour mes affaires; si toutefois on peut appeler des affaires celles où le cœur n'a point de part. Enfin vous n'avez plus de prétexte, et ne pouvez me retenir loin de vous qu'afin de me tourmenter.

Je commence à être fort inquiet du sort de ma première lettre; elle fut écrite et mise à la poste en arrivant; l'adresse en est fidèlement copiée sur celle que vous m'envoyâtes; je vous ai envoyé la mienne avec le même soin, et si vous aviez fait exactement réponse, elle auroit déjà dû me parvenir. Cette réponse pourtant ne vient point, et il n'y a nulle cause possible et funeste de son retard que mon esprit troublé ne se figure. O ma Julie! que d'imprévues catastrophes peuvent en huit jours rompre à jamais les plus doux liens du monde! Je frémis de songer qu'il n'y a pour moi qu'un seul moyen d'être heureux, et des millions d'être misérable (¹). Julie, m'auriez-vous oublié? Ah! c'est la plus affreuse de mes craintes! Je puis préparer ma constance aux autres malheurs, mais toutes les forces de mon âme défaillent au seul soupçon de celui-là.

Je vois le peu de fondement de mes alarmes et ne saurois les calmer. Le sentiment de mes maux s'aigrit sans cesse loin de vous; et, comme si je n'en avois pas assez pour m'abattre, je m'en forge encore d'incertains pour irriter tous les autres. D'abord mes inquiétudes étoient moins vives. Le trouble d'un départ subit, l'agitation du voyage, donnoient le change à mes ennuis; ils se raniment dans la tranquille solitude. Hélas! je combattois; un fer mortel a percé mon sein, et la douleur ne s'est fait sentir que long-temps après la blessure.

Cent fois, en lisant des romans, j'ai ri des froides plaintes des amans sur l'absence. Ah! je ne savois pas alors à quel point la vôtre un jour me seroit insupportable! Je sens aujourd'hui combien une âme paisible est peu propre à juger des passions, et combien il est insensé de rire des sentimens qu'on n'a point éprouvés. Vous le dirai-je pourtant? je ne sais quelle idée consolante et douce tempère en moi l'amertume de votre éloignement, en songeant qu'il s'est fait par votre ordre. Les maux qui me viennent de vous me sont moins cruels que s'ils m'étoient envoyés par la fortune; s'ils servent à vous contenter, je ne voudrois pas ne les point sentir; ils sont les garans de leur dédommagement, et je connois trop bien votre âme pour vous croire barbare à pure perte.

Si vous voulez m'éprouver, je n'en murmure plus; il est juste que vous sachiez si je suis constant, patient, docile, digne en un mot des biens que vous me réservez. Dieux! si c'étoit là votre idée, je me plaindrois de trop peu souffrir. Ah! non, pour nourrir dans mon cœur une si douce attente, inventez, s'il se peut, des maux mieux proportionnés à leur prix.

LETTRE XX.
DE JULIE.

Je reçois à la fois vos deux lettres; et je vois, par l'inquiétude que vous marquez dans la seconde sur le sort de l'autre, que, quand l'imagination prend les devans, la raison ne se hâte pas comme elle, et souvent la laisse aller seule. Pensâtes-vous, en arrivant à Sion, qu'un courrier tout prêt n'attendoit pour partir que votre lettre, que cette lettre me seroit remise en arrivant ici, et que les occasions ne favoriseroient pas moins ma réponse? Il n'en va pas ainsi, mon bel ami. Vos deux lettres me sont parvenues à la fois, parce que le courrier, qui ne passe qu'une fois la semaine (¹), n'est parti qu'avec la seconde. Il faut un certain temps pour distribuer les lettres; il en faut à mon commissionnaire pour me rendre la mienne en secret, et le courrier ne retourne pas d'ici le lendemain du jour qu'il est arrivé. Ainsi, tout bien calculé, il nous faut huit jours, quand celui du courrier est bien choisi, pour recevoir réponse l'un de l'autre; ce que je vous explique afin de calmer une fois pour toutes votre impatiente vivacité. Tandis que vous déclamez contre la fortune et ma négligence, vous voyez que je m'informe adroitement de tout ce qui peut assurer notre correspondance, et prévenir vos perplexités. Je vous laisse à décider de quel côté sont les plus tendres soins.

Ne parlons plus de peines, mon bon ami: ah! respectez et partagez plutôt le plaisir que j'éprouve, après huit mois d'absence, de revoir le meilleur des pères! il arriva jeudi au soir; et je n'ai songé qu'à lui (²) depuis cet heureux moment. O toi que j'aime le mieux au monde après les auteurs de mes jours, pourquoi tes lettres, tes querelles, viennent-elles contrister mon âme, et troubler les premiers plaisirs d'une famille réunie? Tu voudrois que mon cœur s'occupât de toi sans cesse;

(¹) On me dira que c'est le devoir d'un éditeur de corriger les fautes de langue. Oui bien pour les éditeurs qui font cas de cette correction; oui bien pour les ouvrages dont on peut corriger le style sans le refondre et le gâter; oui bien quand on est assez sûr de sa plume pour ne pas substituer ses propres fautes à celles de l'auteur. Et avec tout cela, qu'aura-t-on gagné à faire parler un Suisse comme un académicien?

(¹) Il passe à présent deux fois.
(²) L'article qui précède prouve qu'elle ment.

mais, dis-moi, le tien pourroit-il aimer une fille dénaturée à qui les feux de l'amour feroient oublier les droits du sang, et que les plaintes d'un amant rendroient insensible aux caresses d'un père? Non, mon digne ami, n'empoisonne point par d'injustes reproches l'innocente joie que m'inspire un si doux sentiment. Toi dont l'âme est si tendre et si sensible, ne conçois-tu point quel charme c'est de sentir, dans ces purs et sacrés embrassemens, le sein d'un père palpiter d'aise contre celui de sa fille? Ah! crois-tu qu'alors le cœur puisse un moment se partager, et rien dérober à la nature?

Sol che son figlia io mi rammento adesso (¹).

Ne pensez pas pourtant que je vous oublie. Oublia-t-on jamais ce qu'on a une fois aimé? Non, les impressions plus vives, qu'on suit quelques instans, n'effacent pas pour cela les autres. Ce n'est point sans chagrin que je vous ai vu partir, ce n'est point sans plaisir que je vous verrois de retour. Mais... prenez patience ainsi que moi, puisqu'il le faut, sans en demander davantage. Soyez sûr que je vous rappellerai le plus tôt qu'il me sera possible; et pensez que souvent tel qui se plaint bien haut de l'absence n'est pas celui qui en souffre le plus.

LETTRE XXI.

A JULIE.

Que j'ai souffert en la recevant, cette lettre souhaitée avec tant d'ardeur! J'attendois le courrier à la poste. A peine le paquet étoit-il ouvert, que je me nomme; je me rends importun : on me dit qu'il y a une lettre, je tressaille; je la demande, agité d'une mortelle impatience; je la reçois enfin. Julie, j'aperçois les traits de ta main adorée! La mienne tremble en s'avançant pour recevoir ce précieux dépôt. Je voudrois baiser mille fois ces sacrés caractères : ô circonspection d'un amour craintif! je n'ose porter la lettre à ma bouche, ni l'ouvrir devant tant de témoins. Je me dérobe à la hâte. Mes genoux trembloient sous moi; mon émotion croissante me laisse à peine apercevoir

(¹) Tout ce dont je me souviens en ce moment, c'est que je suis sa fille.

mon chemin. J'ouvre la lettre au premier détour; je la parcours, je la dévore; et à peine suis-je à ces lignes où tu peins si bien les plaisirs de ton cœur en embrassant ce respectable père, que je fonds en larmes; on me regarde; j'entre dans une allée pour échapper aux spectateurs; là je partage ton attendrissement; j'embrasse avec transport cet heureux père que je connois à peine; et la voix de la nature me rappelant au mien, je donne de nouveaux pleurs à sa mémoire honorée.

Et que vouliez-vous apprendre, incomparable fille, dans mon vain et triste savoir? Ah! c'est de vous qu'il faut apprendre tout ce qui peut entrer de bon, d'honnête, dans une âme humaine, et surtout ce divin accord de la vertu, de l'amour et de la nature, *qui ne se trouva jamais qu'en vous*. Non, il n'y a point d'affection saine qui n'ait sa place dans votre cœur, qui ne s'y distingue par la sensibilité qui vous est propre; et, pour savoir moi-même régler le mien, comme j'ai soumis toutes mes actions à vos volontés, je vois bien qu'il faut soumettre encore tous mes sentimens aux vôtres.

Quelle différence pourtant de votre état au mien! daignez le remarquer. Je ne parle point du rang et de la fortune, l'honneur et l'amour doivent en cela suppléer à tout : mais vous êtes environnée de gens que vous chérissez et qui vous adorent : les soins d'une tendre mère, d'un père dont vous êtes l'unique espoir; l'amitié d'une cousine qui ne semble respirer que par vous; toute une famille dont vous faites l'ornement; une ville entière fière de vous avoir vue naître, tout occupe et partage votre sensibilité; et ce qu'il en reste à l'amour n'est que la moindre partie de ce que lui ravissent les droits du sang et de l'amitié. Mais moi, Julie, hélas! errant, sans famille, et presque sans patrie, je n'ai que vous sur la terre, et l'amour seul me tient lieu de tout. Ne soyez donc pas surprise si, bien que votre âme soit la plus sensible, la mienne sait le mieux aimer; et si, vous cédant en tant de choses, j'emporte au moins le prix de l'amour.

Ne craignez pourtant pas que je vous importune encore des mes indiscrètes plaintes. Non, je respecterai vos plaisirs, et pour eux-mêmes qui sont si purs, et pour vous qui les ressentez. Je m'en formerai dans l'esprit le touchant spectacle, je les partagerai de loin ; et, ne pouvant être heureux de ma propre félicité, je le serai de la vôtre. Quelles que soient les raisons qui me tiennent éloigné de vous, je les respecte ; et que me serviroit de les connoître, si, quand je devrois les désapprouver, il n'en faudroit pas moins obéir à la volonté qu'elles vous inspirent? M'en coûtera-t-il plus de garder le silence qu'il ne m'en coûta de vous quitter? Souvenez-vous toujours, ô Julie! que votre âme a deux corps à gouverner, et que celui qu'elle anime par son choix lui sera toujours le plus fidèle :

Nodo più forte,
Fabricato da noi, non dalla sorte (1).

Je me tais donc ; et, jusqu'à ce qu'il vous plaise de terminer mon exil, je vais tâcher d'en tempérer l'ennui en parcourant les montagnes du Valais tandis qu'elles sont encore praticables. Je m'aperçois que ce pays ignoré mérite les regards des hommes, et qu'il ne lui manque, pour être admiré, que des spectateurs qui le sachent voir. Je tâcherai d'en tirer quelques observations dignes de vous plaire. Pour amuser une jolie femme, il faudrait peindre un peuple aimable et galant : mais toi, ma Julie, ah! je le sais bien, le tableau d'un peuple heureux et simple est celui qu'il faut à ton cœur.

LETTRE XXII.

DE JULIE.

Enfin le premier pas est franchi, et il a été question de vous. Malgré le mépris que vous témoignez pour ma doctrine, mon père en a été surpris : il n'a pas moins admiré mes progrès dans la musique et dans le dessin (2) ; et au grand étonnement de ma mère, prévenue par vos calomnies (3), au blason près, qui lui a paru négligé, il a paru fort content de tous mes talens. Mais ces talens ne s'acquièrent pas sans maître ; il a fallu nommer le mien ; et je l'ai fait avec une énumération pompeuse de toutes les sciences qu'il vouloit bien m'enseigner, hors une. Il s'est rappelé de vous avoir vu plusieurs fois à son précédent voyage, et il n'a pas paru qu'il eût conservé de vous une impression désavantageuse.

Ensuite il s'est informé de votre fortune ; on lui a dit qu'elle étoit médiocre : de votre naissance ; on lui a dit qu'elle étoit honnête. Ce mot *honnête* est fort équivoque à l'oreille d'un gentilhomme, et a excité des soupçons que l'éclaircissement a confirmés. Dès qu'il a su que vous n'étiez pas noble, il a demandé ce qu'on vous donnoit par mois. Ma mère, prenant la parole, a dit qu'un pareil arrangement n'étoit pas même proposable, et qu'au contraire vous aviez rejeté constamment tous les moindres présens qu'elle avoit tâché de vous faire en choses qui ne se refusent pas ; mais cet air de fierté n'a fait qu'exciter la sienne. Et le moyen de supporter l'idée d'être redevable à un roturier? Il a donc été décidé qu'on vous offriroit un paiement, au refus duquel, malgré tout votre mérite, dont on convient, vous seriez remercié de vos soins. Voilà, mon ami, le résumé d'une conversation qui a été tenue sur le compte de mon très-honoré maître, et durant laquelle son humble écolière n'étoit pas fort tranquille. J'ai cru ne pouvoir trop me hâter de vous en donner avis, afin de vous laisser le temps d'y réfléchir. Aussitôt que vous aurez pris votre résolution, ne manquez pas de m'en instruire ; car cet article est de votre compétence, et mes droits ne vont pas jusque-là.

J'apprends avec peine vos courses dans les montagnes ; non que vous n'y trouviez, à mon avis, une agréable diversion, et que le détail de ce que vous aurez vu ne me soit fort agréable à moi-même ; mais je crains pour vous des fatigues que vous n'êtes guère en état de supporter. D'ailleurs la saison est fort avancée ; d'un jour à l'autre tout peut se couvrir de neige ; et je prévois que vous aurez encore plus à souffrir du froid que de la fatigue. Si vous tombiez malade dans le pays où vous êtes, je ne m'en consolerois jamais. Revenez donc, mon bon ami, dans mon voisinage. Il n'est pas temps encore de rentrer à Vevai, mais je veux que vous habitiez un séjour moins rude, et que

---

(1) Le plus fort des nœuds, notre ouvrage, et non celui du sort.

(2) Voilà, ce me semble, un sage de vingt ans qui sait prodigieusement de choses! il est vrai que Julie le félicite à trente de n'être plus si savant.

(3) Cela se rapporte à une lettre à la mère, écrite sur un ton équivoque, et qui a été supprimée.

nous soyons plus à portée d'avoir aisément des nouvelles l'un de l'autre. Je vous laisse le maître du choix de votre station. Tâchez seulement qu'on ne sache point ici où vous êtes, et soyez discret sans être mystérieux. Je ne vous dis rien sur ce chapitre : je me fie à l'intérêt que vous avez d'être prudent, et plus encore à celui que j'ai que vous le soyez.

Adieu, mon ami ; je ne puis m'entretenir plus long-temps avec vous. Vous savez de quelles précautions j'ai besoin pour écrire. Ce n'est pas tout : mon père a amené un étranger respectable, son ancien ami, et qui lui a sauvé autrefois la vie à la guerre. Jugez si nous nous sommes efforcés de le bien recevoir. Il repart demain, et nous nous hâtons de lui procurer, pour le jour qui nous reste, tous les amusemens qui peuvent marquer notre zèle à un tel bienfaiteur. On m'appelle : il faut finir. Adieu derechef.

LETTRE XXIII.

A JULIE.

A peine ai-je employé huit jours à parcourir un pays qui demanderoit des années d'observation : mais, outre que la neige me chasse, j'ai voulu revenir au-devant du courrier qui m'apporte, je l'espère, une de vos lettres. En attendant qu'elle arrive je commence par vous écrire celle-ci, après laquelle j'en écrirai, s'il est nécessaire, une seconde pour répondre à la vôtre.

Je ne vous ferai point ici un détail de mon voyage et de mes remarques ; j'en ai fait une relation que je compte vous porter. Il faut réserver notre correspondance pour les choses qui nous touchent de plus près l'un et l'autre. Je me contenterai de vous parler de la situation de mon âme : il est juste de vous rendre compte de l'usage qu'on fait de votre bien.

J'étois parti, triste de mes peines et consolé de votre joie ; ce qui me tenoit dans un certain état de langueur qui n'est pas sans charme pour un cœur sensible. Je gravissois lentement et à pied des sentiers assez rudes, conduit par un homme que j'avois pris pour être mon guide, et dans lequel, durant tout la route, j'ai trouvé plutôt un ami qu'un mercenaire. Je voulois rêver, et j'en étois toujours détourné par quelque spectacle inattendu. Tantôt d'immenses roches pendoient en ruines au-dessus de ma tête. Tantôt de hautes et bruyantes cascades m'inondoient de leur épais brouillard. Tantôt un torrent éternel ouvroit à mes côtés un abîme dont les yeux n'osoient sonder la profondeur. Quelquefois je me perdois dans l'obscurité d'un bois touffu. Quelquefois, en sortant d'un gouffre, une agréable prairie réjouissoit tout à coup mes regards. Un mélange étonnant de la nature sauvage et de la nature cultivée montroit partout la main des hommes, où l'on eût cru qu'ils n'avoient jamais pénétré : à côté d'une caverne on trouvoit des maisons ; on voyoit des pampres secs où l'on n'eût cherché que des ronces, des vignes dans des terres éboulées, d'excellens fruits sur des rochers, et des champs dans des précipices.

Ce n'étoit pas seulement le travail des hommes qui rendoit ces pays étranges si bizarrement contrastés ; la nature sembloit encore prendre plaisir à s'y mettre en opposition avec elle-même, tant on la trouvoit différente en un même lieu sous divers aspects. Au levant les fleurs du printemps, au midi les fruits de l'automne, au nord les glaces de l'hiver : elle réunissoit toutes les saisons dans le même instant, tous les climats dans le même lieu, des terrains contraires sur le même sol, et formoit l'accord inconnu partout ailleurs des productions des plaines et de celles des Alpes. Ajoutez à tout cela les illusions de l'optique, les pointes des monts différemment éclairées, le clair-obscur du soleil et des ombres, et tous les accidens de lumière qui en résultoient le matin et le soir ; vous aurez quelque idée des scènes continuelles qui ne cessèrent d'attirer mon admiration, et qui sembloient m'être offertes en un vrai théâtre, car la perspective des monts étant verticale frappe les yeux tout à la fois et bien plus puissamment que celle des plaines, qui ne se voit qu'obliquement, en fuyant, et dont chaque objet vous en cache un autre.

J'attribuai, durant la première journée, aux agrémens de cette variété le calme que je sentois renaître en moi. J'admirois l'empire qu'ont sur nos passions les plus vives les êtres les plus insensibles, et je méprisois la philosophie de ne pouvoir pas même autant sur l'âme qu'une suite d'objets inanimés. Mais cet état paisible ayant duré la nuit et augmenté le lendemain, je ne tardai pas de juger qu'il avoit encore quelque autre cause qui ne m'étoit pas connue. J'arrivai ce jour-là sur des montagnes les moins élevées, et parcourant ensuite leurs inégalités, sur celles des plus hautes qui étoient à ma portée. Après m'être promené dans les nuages, j'atteignois un séjour plus serein, d'où l'on voit dans la saison le tonnerre et l'orage se former au-dessous de soi ; image trop vaine de l'âme du sage, dont l'exemple n'exista jamais, ou n'existe qu'aux mêmes lieux d'où l'on en a tiré l'emblème.

Ce fut là que je démêlai sensiblement dans la pureté de l'air où je me trouvois la véritable cause du changement de mon humeur et du retour de cette paix intérieure que j'avois perdue depuis si long-temps. En effet, c'est une impression générale qu'éprouvent tous les hommes, quoiqu'ils ne l'observent pas tous, que sur les hautes montagnes, où l'air est pur et subtil, on se sent plus de facilité dans la respiration, plus de légèreté dans le corps, plus de sérénité dans l'esprit ; les plaisirs y sont moins ardens, les passions plus modérées. Les méditations y prennent je ne sais quel caractère grand et sublime, proportionné aux objets qui nous frappent, je ne sais quelle volupté tranquille qui n'a rien d'âcre et de sensuel. Il semble qu'en s'élevant au-dessus du séjour des hommes on y laisse tous les sentimens bas et terrestres, et qu'à mesure qu'on approche des régions éthérées, l'âme contracte quelque chose de leur inaltérable pureté. On y est grave sans mélancolie, paisible sans indolence, content d'être et de penser : tous les désirs trop vifs s'émoussent, ils perdent cette pointe aiguë qui les rend douloureux, ils ne laissent au fond du cœur qu'une émotion légère et douce ; et c'est ainsi qu'un heureux climat fait servir à la félicité de l'homme les passions qui font ailleurs son tourment. Je doute qu'aucune agitation violente, aucune maladie de vapeurs, pût tenir contre un pareil séjour prolongé, et je suis surpris que des bains de l'air salutaire et bienfaisant des montagnes ne soient pas un des grands remèdes de la médecine et de la morale :

Qui non palazzi, non teatro o loggia;
Ma'n lor vece un' abete, un faggio, un pino
Trà l'erba verde e'l bel monte vicino
Levan di terra al ciel nostr' intelletto (¹).

Supposez les impressions réunies de ce que je viens de vous décrire, et vous aurez quelque idée de la situation délicieuse où je me trouvois. Imaginez la variété, la grandeur, la beauté de mille étonnans spectacles; le plaisir de ne voir autour de soi que des objets tout nouveaux, des oiseaux étranges, des plantes bizarres et inconnues, d'observer en quelque sorte une autre nature, et de se trouver dans un nouveau monde. Tout cela fait aux yeux un mélange inexprimable dont le charme augmente encore par la subtilité de l'air qui rend les couleurs plus vives, les traits plus marqués, rapproche tous les points de vue ; les distances paraissant moindres que dans les plaines, où l'épaisseur de l'air couvre la terre d'un voile, l'horizon présente aux yeux plus d'objets qu'il semble n'en pouvoir contenir : enfin ce spectacle a je ne sais quoi de magique, de surnaturel, qui ravit l'esprit et les sens; on oublie tout, on s'oublie soi-même, on ne sait plus où l'on est.

J'aurois passé tout le temps de mon voyage dans le seul enchantement du paysage, si je n'en eusse éprouvé un plus doux encore dans le commerce des habitans. Vous trouverez dans ma description un léger crayon de leurs mœurs, de leur simplicité, de leur égalité d'âme, et de cette paisible tranquillité qui les rend heureux par l'exemption des peines plutôt que par le goût des plaisirs. Mais ce que je n'ai pu vous peindre et qu'on ne peut guère imaginer, c'est leur humanité désintéressée, et leur zèle hospitalier pour tous les étrangers que le hasard ou la curiosité conduisent chez eux. J'en fis une épreuve surprenante, moi qui n'étois connu de personne, et qui ne marchois qu'à l'aide d'un conducteur. Quand j'arrivois le soir dans un hameau, chacun venoit avec tant d'empressement m'offrir sa maison, que j'étois embarrassé du choix ; et celui qui obtenoit la préférence en paroissoit si content, que la première fois je pris cette ardeur pour de

---

(¹) Au lieu des palais, des pavillons, des théâtres, les chênes, les noirs sapins, les hêtres, s'élancent de l'herbe verte au sommet des monts, et semblent élever au ciel, avec leurs têtes, les yeux et l'esprit des mortels PÉTRARQ.

l'avidité. Mais je fus bien étonné quand, après en avoir usé chez mon hôte à peu près comme au cabaret, il refusa le lendemain mon argent, s'offensant même de ma proposition, et il en a partout été de même. Ainsi c'étoit le pur amour de l'hospitalité, communément assez tiède, qu'à sa vivacité j'avois pris pour l'âpreté du gain. Leur désintéressement fut si complet, que dans tout le voyage je n'ai pu trouver à placer un patagon (¹). En effet, à quoi dépenser de l'argent dans un pays où les maîtres ne reçoivent point le prix de leurs frais, ni les domestiques celui de leurs soins, et où l'on ne trouve aucun mendiant? Cependant l'argent est fort rare dans le Haut-Valais; mais c'est pour cela que les habitans sont à leur aise; car les denrées y sont abondantes sans aucun débouché au dehors, sans consommation du luxe au dedans, et sans que le cultivateur montagnard, dont les travaux sont les plaisirs, devienne moins laborieux. Si jamais ils ont plus d'argent, ils seront infailliblement plus pauvres. Ils ont la sagesse de le sentir, et il y a dans le pays des mines d'or qu'il n'est pas permis d'exploiter.

J'étois d'abord fort surpris de l'opposition de ces usages avec ceux du Bas-Valais, où, sur la route d'Italie, on rançonne assez durement les passagers; et j'avois peine à concilier dans un même peuple des manières si différentes. Un Valaisan m'en expliqua la raison. Dans la vallée, me dit-il, les étrangers qui passent sont des marchands, et d'autres gens uniquement occupés de leur négoce et de leur gain. Il est juste qu'ils nous laissent une partie de leur profit, et nous les traitons comme ils traitent les autres. Mais ici, où nulle affaire n'appelle les étrangers, nous sommes sûrs que leur voyage est désintéressé; l'accueil qu'on leur fait l'est aussi. Ce sont des hôtes qui nous viennent voir parce qu'ils nous aiment, et nous les recevons avec amitié.

Au reste, ajouta-t-il en souriant, cette hospitalité n'est pas coûteuse, et peu de gens s'avisent d'en profiter. Ah! je le crois, lui répondis-je. Que feroit-on chez un peuple qui vit pour vivre, non pour gagner ni pour briller? Hommes heureux et dignes de l'être, j'aime à croire qu'il vous faut ressembler en quelque chose pour être au milieu de vous.

Ce qui me paroissoit le plus agréable dans leur accueil, c'étoit de n'y pas trouver le moindre vestige de gêne ni pour eux ni pour moi. Ils vivoient dans leur maison comme si je n'y eusse pas été, et il ne tenoit qu'à moi d'y être comme si j'y eusse été seul. Ils ne connoissent point l'incommode vanité d'en faire les honneurs aux étrangers, comme pour les avertir de la présence d'un maître dont on dépend au moins en cela. Si je ne disois rien, ils supposoient que je voulois vivre à leur manière; je n'avois qu'à dire un mot pour vivre à la mienne, sans éprouver jamais de leur part la moindre marque de répugnance ou d'étonnement. Le seul compliment qu'ils me firent, après avoir su que j'étois Suisse, fut de me dire que nous étions frères, et que je n'avois qu'à me regarder chez eux comme étant chez moi. Puis ils ne s'embarrassèrent plus de ce que je faisois, n'imaginant pas même que je pusse avoir le moindre doute sur la sincérité de leurs offres, ni le moindre scrupule à m'en prévaloir. Ils en usent entre eux avec la même simplicité; les enfants en âge de raison sont les égaux de leurs pères, les domestiques s'asseyent à table avec leurs maîtres; la même liberté règne dans les maisons et dans la république, et la famille est l'image de l'état.

La seule chose sur laquelle je ne jouissois pas de la liberté étoit la durée excessive des repas. J'étois bien le maître de ne pas me mettre à table; mais, quand j'y étois une fois, il y falloit rester une partie de la journée, et boire d'autant. Le moyen d'imaginer qu'un homme, et un Suisse, n'aimât pas à boire? En effet, j'avoue que le bon vin me paroît une excellente chose, et que je ne hais point à m'en égayer, pourvu qu'on ne m'y force pas. J'ai toujours remarqué que les gens faux sont sobres, et la grande réserve de la table annonce assez souvent des mœurs feintes et des âmes doubles. Un homme franc craint moins ce babil affectueux et ces tendres épanchemens qui précèdent l'ivresse; mais il faut savoir s'arrêter et prévenir l'excès. Voilà ce qu'il ne m'étoit guère possible de faire avec d'aussi déterminés buveurs que les Valaisans, des vins aussi violens que ceux du pays, et sur des tables où l'on ne vit jamais d'eau.

(¹) Écu du pays.

Comment se résoudre à jouer si sottement le sage et à fâcher de si bonnes gens? Je m'enivrois donc par reconnoissance; et, ne pouvant payer mon écot de ma bourse, je le payois de ma raison.

Un autre usage qui ne me gênoit guère moins, c'étoit de voir, même chez des magistrats, la femme et les filles de la maison, debout derrière ma chaise, servir à table comme des domestiques. La galanterie françoise se roit d'autant plus tourmentée à réparer cette incongruité, qu'avec la figure des Valaisanes, des servantes mêmes rendroient leurs services embarrassans. Vous pouvez m'en croire, elles sont jolies puisqu'elles m'ont paru l'être. Des yeux accoutumés à vous voir sont difficiles en beauté.

Pour moi, qui respecte encore plus les usages des pays où je vis que ceux de la galanterie, je recevois leur service en silence avec autant de gravité que don Quichotte chez la duchesse. J'opposois quelquefois en souriant les grandes barbes et l'air grossier des convives au teint éblouissant de ces jeunes beautés timides qu'un mot faisoit rougir, et ne rendoit que plus agréables. Mais je fus un peu choqué de l'énorme ampleur de leur gorge, qui n'a dans sa blancheur éblouissante qu'un des avantages du modèle que j'osois lui comparer; modèle unique et voilé, dont les contours furtivement observés me peignent ceux de cette coupe célèbre à qui le plus beau sein du monde servit de moule (¹).

Ne soyez pas surprise de me trouver si savant sur des mystères que vous cachez si bien : je le suis en dépit de vous; un sens en peut quelquefois instruire un autre : malgré la plus jalouse vigilance, il échappe à l'ajustement le mieux concerté, quelques légers interstices par lesquels la vue opère l'effet du toucher. L'œil avide et téméraire s'insinue impunément sous les fleurs d'un bouquet; il erre sous la chenille et la gaze, et fait sentir à la main la résistance élastique qu'elle n'oseroit éprouver.

Parte appar delle mamme acerbe e crude :
Parte altrui ne ricopre invida vesta,

(¹) C'étoit celui d'Hélène. *Minerva templum habet ...... in quo Helena sacravit calicem ex electro; adjicit historia, mammæ suæ mensura.* PLIN., Hist. nat., lib. XXXIII, cap. XXIII.

Invida, ma s'agli occhi il varco chiude,
L'amoroso pensier già non arresta (¹).

Je remarquai aussi un grand défaut dans l'habillement des Valaisanes, c'est d'avoir des corps de robe si élevés par derrière, qu'elles en paroissent bossues; cela fait un effet singulier avec leurs petites coiffures noires et le reste de leur ajustement, qui ne manque au surplus ni de simplicité ni d'élégance. Je vous porte un habit complet à la valaisane, et j'espère qu'il vous ira bien; il a été pris sur la plus jolie taille du pays.

Tandis que je parcourois avec extase ces lieux si peu connus et si dignes d'être admirés, que faisiez-vous cependant, ma Julie? Étiez-vous oubliée de votre ami? Julie oubliée! Ne m'oublierois-je pas plutôt moi-même? et que pourrois-je être un moment seul, moi qui ne suis plus rien que par vous? Je n'ai jamais mieux remarqué avec quel instinct je place en divers lieux notre existence commune selon l'état de mon âme. Quand je suis triste elle se réfugie auprès de la vôtre, et cherche des consolations aux lieux où vous êtes; c'est ce que j'éprouvois en vous quittant. Quand j'ai du plaisir, je n'en saurois jouir seul, et pour le partager avec vous je vous appelle alors où je suis. Voilà ce qui m'est arrivé durant toute cette course, où la diversité des objets me rappelant sans cesse en moi-même, je vous conduisois partout avec moi. Je ne faisois pas un pas que nous ne le fissions ensemble. Je n'admirois pas une vue sans me hâter de vous la montrer. Tous les arbres que je rencontrois vous prêtoient leur ombre, tous les gazons vous servoient de siège. Tantôt, assis à vos côtés, je vous aidois à parcourir des yeux les objets; tantôt à vos genoux j'en contemplois un plus digne des regards d'un homme sensible. Rencontrois-je un pas difficile, je vous le voyois franchir avec la légèreté d'un faon qui bondit après sa mère. Falloit-il traverser un torrent, j'osois presser dans mes bras une si douce charge; je passois le torrent lentement, avec délices, et voyois à regret le chemin que j'allois atteindre. Tout me rappeloit à vous dans ce

(¹) Son acerbe et dure mamelle se laisse entrevoir : un vêtement jaloux en cache en vain la plus grande partie; l'amoureux désir, plus perçant que l'œil, pénètre à travers tous les obstacles. TASSO.

séjour paisible; et les touchans attraits de la nature, et l'inaltérable pureté de l'air, et les mœurs simples des habitans, et leur sagesse égale et sûre, et l'aimable pudeur du sexe, et ses innocentes grâces, et tout ce qui frappoit agréablement mes yeux et mon cœur leur peignoit celle qu'ils cherchent.

O ma Julie! disois-je avec attendrissement, que ne puis-je couler mes jours avec toi dans ces lieux ignorés, heureux de notre bonheur et non du regard des hommes! Que ne puis-je ici rassembler toute mon âme en toi seule, et devenir à mon tour l'univers pour toi! Charmes adorés, vous jouiriez alors des hommages qui vous sont dus! Délices de l'amour, c'est alors que nos cœurs vous savoureroient sans cesse! Une longue et douce ivresse nous laisseroit ignorer le cours des ans; et quand enfin l'âge auroit calmé nos premiers feux, l'habitude de penser et sentir ensemble feroit succéder à leurs transports une amitié non moins tendre. Tous les sentimens honnêtes, nourris dans la jeunesse avec ceux de l'amour, en rempliroient un jour le vide immense; nous pratiquerions au sein de cet heureux peuple, et à son exemple, tous les devoirs de l'humanité : sans cesse nous nous unirions pour bien faire, et nous ne mourrions point sans avoir vécu.

La poste arrive, il faut finir ma lettre, et courir recevoir la vôtre. Que le cœur me bat jusqu'à ce moment! Hélas! j'étois heureux dans mes chimères : mon bonheur fuit avec elles; que vais-je être en réalité?

LETTRE XXIV.

A JULIE.

Je réponds sur-le-champ à l'article de votre lettre qui regarde le paiement, et n'ai, Dieu merci, nul besoin d'y réfléchir. Voici, ma Julie, quel est mon sentiment sur ce point.

Je distingue dans ce qu'on appelle honneur, celui qui se tire de l'opinion publique, et celui qui dérive de l'estime de soi-même. Le premier consiste en vains préjugés plus mobiles qu'une onde agitée; le second a sa base dans les vérités éternelles de la morale. L'honneur du monde peut être avantageux à la fortune; mais il ne pénètre point dans l'âme, et n'influe en rien sur le vrai bonheur. L'honneur véritable, au contraire, en forme l'essence, parce qu'on ne trouve qu'en lui ce sentiment permanent de satisfaction intérieure qui seul peut rendre heureux un être pensant. Appliquons, ma Julie ces principes à votre question : elle sera bientôt résolue.

Que je m'érige en maître de philosophie, e prenne, comme ce fou de la fable, de l'argen pour enseigner la sagesse, cet emploi paroîtra bas aux yeux du monde, et j'avoue qu'il a quelque chose de ridicule en soi; cependant comme aucun homme ne peut tirer sa subsistance absolument de lui-même, et qu'on ne sauroit l'en tirer de plus près que par son travail, nous mettrons ce mépris au rang des plus dangereux préjugés; nous n'aurons point la sottise de sacrifier la félicité à cette opinion insensée; vous ne m'en estimerez pas moins, et je n'en serai pas plus à plaindre quand je vivrai des talens que j'ai cultivés.

Mais ici, ma Julie, nous avons d'autres considérations à faire. Laissons la multitude, et regardons en nous-mêmes. Que serai-je réellement à votre père en recevant de lui le salaire des leçons que je vous aurai données, et lui vendant une partie de mon temps, c'est-à-dire de ma personne? Un mercenaire, un homme à ses gages, une espèce de valet; et il aura de ma part, pour garant de sa confiance et pour sûreté de ce qui lui appartient, ma foi tacite, comme celle du dernier de ses gens.

Or, quel bien plus précieux peut avoir un père, que sa fille unique, fût-ce même une autre que Julie? Que fera donc celui qui lui vend ses services? Fera-t-il taire ses sentimens pour elle? Ah! tu sais si cela se peut! Ou bien, se livrant sans scrupule au penchant de son cœur, offensera-t-il, dans la partie la plus sensible, celui à qui il doit fidélité? Alors je ne vois plus dans un tel maître qu'un perfide qui foule aux pieds les droits les plus sacrés (¹), un traître,

---

(¹) Malheureux jeune homme, qui ne voit pas qu'en se laissant payer en reconnoissance ce qu'il refuse de recevoir en argent, il viole des droits plus sacrés encore! Au lieu d'instruire, il corrompt; au lieu de nourrir, il empoisonne : il se fait remercier par une mère abusée d'avoir perdu son enfant. On sent pourtant qu'il aime sincèrement la vertu, mais sa passion l'égare; et si sa grande jeunesse ne l'excusoit pas, avec ses beaux discours il ne seroit qu'un scélérat. Les deux amans sont à plaindre; la mère seule est inexcusable.

un séducteur domestique que les lois condamnent très-justement à la mort. J'espère que celle à qui je parle sait m'entendre; ce n'est pas la mort que je crains, mais la honte d'en être digne, et le mépris de moi-même.

Quand les lettres d'Héloïse et d'Abélard tombèrent entre vos mains, vous savez ce que je vous dis de cette lecture et de la conduite du théologien. J'ai toujours plaint Héloïse; elle avoit un cœur fait pour aimer: mais Abélard ne m'a jamais paru qu'un misérable digne de son sort, et connoissant aussi peu l'amour que la vertu (*). Après l'avoir jugé faudra-t-il que je l'imite? Malheur à quiconque prêche une morale qu'il ne veut pas pratiquer! Celui qu'aveugle sa passion jusqu'à ce point en est bientôt puni par elle, et perd le goût des sentimens auxquels il a sacrifié son honneur. L'amour est privé de son plus grand charme quand l'honnêteté l'abandonne; pour en sentir tout le prix il faut que le cœur s'y complaise, et qu'il nous élève en élevant l'objet aimé. Otez l'idée de la perfection, vous ôtez l'enthousiasme; ôtez l'estime, et l'amour n'est plus rien. Comment une femme pourroit-elle honorer un homme qui se déshonore? Comment pourra-t-il adorer lui-même celle qui n'a pas craint de s'abandonner à un vil corrupteur? Ainsi bientôt ils se mépriseront mutuellement; l'amour ne sera plus pour eux qu'un honteux commerce; ils auront perdu l'honneur, et n'auront point trouvé la félicité.

Il n'en est pas ainsi, ma Julie, entre deux amans de même âge, tous deux épris du même feu, qu'un mutuel attachement unit, qu'aucun lien particulier ne gêne, qui jouissent tous deux de leur première liberté, et dont aucun droit ne proscrit l'engagement réciproque Les lois les plus sévères ne peuvent leur imposer d'autre peine que le prix même de leur amour; la seule punition de s'être aimés est l'obligation de s'aimer à jamais; et s'il est quelques malheureux climats au monde où l'homme barbare brise ces innocentes chaînes, il en est puni sans doute par les crimes que cette contrainte engendre.

(*) Ce jugement peut paroître beaucoup trop sévère. Rousseau n'avoit pas lu sans doute une lettre d'Abélard qu'on trouve dans le recueil de ses œuvres, lettre qui n'a jamais été traduite, et dans laquelle il fait à son ami le récit de ses malheurs. Les lettres d'Héloïse elle-même concourent aussi à le justifier. G. P.

Voilà mes raisons, sage et vertueuse Julie; elles ne sont qu'un froid commentaire de celles que vous m'exposâtes avec tant d'énergie et de vivacité dans une de vos lettres; mais c'en est assez pour vous montrer combien je m'en suis pénétré. Vous vous souvenez que je n'insistai point sur mon refus, et que, malgré la répugnance que le préjugée m'a laissé, j'acceptai vos dons en silence, ne trouvant point en effet dans le véritable honneur de solide raison pour les refuser. Mais ici le devoir, la raison, l'amour même, tout parle d'un ton que je ne peux méconnoître. S'il faut choisir entre l'honneur et vous, mon cœur est prêt à vous perdre. Il vous aime trop, ô Julie! pour vous conserver à ce prix.

LETTRE XXV

DE JULIE.

La relation de votre voyage est charmante, mon bon ami; elle me feroit aimer celui qui l'a écrite, quand même je ne le connoîtrois pas. J'ai pourtant à vous tancer sur un passage dont vous vous doutez bien, quoique je n'aie pu m'empêcher de rire de la ruse avec laquelle vous vous êtes mis à l'abri du Tasse, comme derrière un rempart. Eh! comment ne sentiez-vous point qu'il y a bien de la différence entre écrire au public ou à sa maîtresse? L'amour, si craintif, si scrupuleux, n'exige-t-il pas plus d'égards que la bienséance? Pouviez-vous ignorer que ce style n'est pas de mon goût? et cherchiez-vous à me déplaire? Mais en voilà déjà trop, peut-être, sur un sujet qu'il ne falloit point relever. Je suis d'ailleurs trop occupée de votre seconde lettre pour répondre en détail à la première. Ainsi, mon ami, laissons le Valais pour une autre fois, et bornons-nous maintenant à nos affaires; nous serons assez occupés.

Je savois le parti que vous prendriez. Nous nous connoissons trop bien pour en être encore à ces élémens. Si jamais la vertu nous abandonne, ce ne sera pas, croyez-moi, dans les occasions qui demandent du courage et des sacrifices (¹) Le premier mouvement aux attaques vives est de résister; et nous vaincrons, je l'es-

(¹) On verra bientôt que la prédiction ne sauroit plus mal cadrer avec l'événement.

père, tant que l'ennemi nous avertira de prendre les armes. C'est au milieu du sommeil, c'est dans le sein d'un doux repos, qu'il faut se défier des surprises : mais c'est surtout la continuité des maux qui rend leur poids insupportable ; et l'âme résiste bien plus aisément aux vives douleurs qu'à la tristesse prolongée. Voilà, mon ami, la dure espèce de combat que nous aurons désormais à soutenir : ce ne sont point des actions héroïques que le devoir nous demande, mais une résistance plus héroïque encore à des peines sans relâche.

Je l'avois trop prévu ; le temps du bonheur est passé comme un éclair ; celui des disgrâces commence, sans que rien m'aide à juger quand il finira. Tout m'alarme et me décourage ; une langueur mortelle s'empare de mon âme ; sans sujet bien précis de pleurer, des pleurs involontaires s'échappent de mes yeux ; je ne lis pas dans l'avenir des maux inévitables, mais je cultivois l'espérance, et la vois flétrir tous les jours. Que sert, hélas ! d'arroser le feuillage quand l'arbre est coupé par le pied ?

Je le sens, mon ami, le poids de l'absence m'accable. Je ne puis vivre sans toi, je le sens ; c'est ce qui m'effraie le plus. Je parcours cent fois le jour les lieux que nous habitions ensemble, et ne t'y trouve jamais. Je t'attends à ton heure ordinaire, l'heure passe, et tu ne viens point. Tous les objets que j'aperçois me portent quelque idée de ta présence pour m'avertir que je t'ai perdu. Tu n'as point ce supplice affreux. Ton cœur seul peut te dire que je te manque. Ah ! si tu savois quel pire tourment c'est de rester quand on se sépare, combien tu préférerois ton état au mien !

Encore si j'osois gémir, si j'osois parler de mes peines, je me sentirois soulagée des maux dont je pourrois me plaindre : mais, hors quelques soupirs exhalés en secret dans le sein de ma cousine, il faut étouffer tous les autres ; il faut contenir mes larmes ; il faut sourire quand je me meurs.

Sentirsi, oh Dei ! morir,
E non poter mai dir :
Morir mi sento (¹).

Le pis est que tous ces maux aggravent sans cesse mon plus grand mal ; et que plus ton souvenir me désole, plus j'aime à me le rappeler. Dis-moi, mon ami, mon doux ami ! sens-tu combien un cœur languissant est tendre, et combien la tristesse fait fermenter l'amour ?

Je voulois vous parler de mille choses ; mais, outre qu'il vaut mieux attendre de savoir positivement où vous êtes, il ne m'est pas possible de continuer cette lettre dans l'état où je me trouve en l'écrivant. Adieu, mon ami ; je quitte la plume, mais croyez que je ne vous quitte pas.

BILLET.

J'écris, par un batelier que je ne connois point, ce billet à l'adresse ordinaire, pour donner avis que j'ai choisi mon asile à Meillerie, sur la rive opposée, afin de jouir au moins de la vue du lieu dont je n'ose approcher.

LETTRE XXVI.

A JULIE.

Que mon état est changé dans peu de jours ! Que d'amertunes se mêlent à la douceur de me rapprocher de vous ! Que de tristes réflexions m'assiégent ! Que de traverses mes craintes me font prévoir ! O Julie ! que c'est un fatal présent du ciel qu'une âme sensible ! Celui qui l'a reçu doit s'attendre à n'avoir que peine et douleur sur la terre. Vil jouet de l'air et des saisons, le soleil et les brouillards, l'air couvert ou serein, régleront sa destinée, et il sera content ou triste au gré des vents. Victime des préjugés, il trouvera dans d'absurdes maximes un obstacle invincible aux justes vœux de son cœur. Les hommes le puniront d'avoir des sentimens droits de chaque chose, et d'en juger par ce qui est véritable plutôt que par ce qui est de convention. Seul il suffiroit pour faire sa propre misère, en se livrant indiscrètement aux attraits divins de l'honnête et du beau, tandis que les pesantes chaînes de la nécessité l'attachent à l'ignominie. Il cherchera la félicité suprême sans se souvenir qu'il est homme : son cœur et sa raison seront incessamment en guerre, et des désirs sans bornes lui prépareront d'éternelles privations.

(¹) O dieux ! se sentir mourir, et n'oser dire : Je me sens mourir! Métast.

Telle est la situation cruelle où me plongent le sort qui m'accable, et mes sentimens qui m'élèvent, et ton père qui me méprise, et toi qui fais le charme et le tourment de ma vie. Sans toi, beauté fatale, je n'aurois jamais senti ce contraste insupportable de grandeur au fond de mon âme et de bassesse dans ma fortune; j'aurois vécu tranquille et serois mort content, sans daigner remarquer quel rang j'avois occupé sur la terre. Mais t'avoir vue et ne pouvoir te posséder, t'adorer et n'être qu'un homme, être aimé et ne pouvoir être heureux, habiter les mêmes lieux et ne pouvoir vivre ensemble!... O Julie à qui je ne puis renoncer! ô destinée que je ne puis vaincre! quels combats affreux vous excitez en moi, sans pouvoir jamais surmonter mes désirs et mon impuissance.

Quel effet bizarre et inconcevable! Depuis que je suis rapproché de vous, je ne roule dans mon esprit que des pensées funestes. Peut-être le séjour où je suis contribue-t-il à cette mélancolie; il est triste et horrible; il en est plus conforme à l'état de mon âme, et je n'en habiterois pas si patiemment un plus agréable. Une file de rochers stériles borde la côte et environne mon habitation, que l'hiver rend encore plus affreuse. Ah! je le sens, ma Julie, s'il falloit renoncer à vous, il n'y auroit plus pour moi d'autre séjour ni d'autre saison.

Dans les violens transports qui m'agitent, je ne saurois demeurer en place; je cours, je monte avec ardeur, je m'élance sur les rochers, je parcours à grands pas tous les environs, et trouve partout dans les objets la même horreur qui règne au dedans de moi. On n'aperçoit plus de verdure, l'herbe est jaune et flétrie, les arbres sont dépouillés, le séchard (¹) et la froide bise entassent la neige et les glaces; et toute la nature est morte à mes yeux, comme l'espérance au fond de mon cœur.

Parmi les rochers de cette côte, j'ai trouvé, dans un abri solitaire, une petite esplanade d'où l'on découvre à plein la ville heureuse où vous habitez. Jugez avec quelle avidité mes yeux se portèrent vers ce séjour chéri. Le premier jour, je fis mille efforts pour y discerner votre demeure; mais l'extrême éloignement les rendit vains, et je m'aperçus que mon imagination donnoit le change à mes yeux fatigués. Je courus chez le curé emprunter un télescope, avec lequel je vis ou crus voir votre maison; et depuis ce temps je passe les jours entiers, dans cet asile, à contempler ces murs fortunés qui renferment la source de ma vie. Malgré la saison, je m'y rends dès le matin et n'en reviens qu'à la nuit. Des feuilles et quelques bois secs que j'allume servent, avec mes courses, à me garantir du froid excessif. J'ai pris tant de goût pour ce lieu sauvage, que j'y porte même de l'encre et du papier; et j'y écris maintenant cette lettre sur un quartier que les glaces ont détaché du rocher voisin.

C'est là, ma Julie, que ton malheureux amant achève de jouir des derniers plaisirs qu'il goûtera peut-être en ce monde. C'est de là qu'à travers les airs et les murs il ose en secret pénétrer jusque dans ta chambre. Tes traits charmans le frappent encore; tes regards tendres raniment son cœur mourant; il entend le son de ta douce voix; il ose chercher encore en tes bras ce délire qu'il éprouva dans le bosquet. Vain fantôme d'une âme agitée, qui s'égare dans ses désirs! Bientôt forcé de rentrer en moi-même, je te contemple au moins dans le détail de ton innocente vie: je suis de loin les diverses occupations de ta journée, et je me les représente dans les temps et les lieux où j'en fus quelquefois l'heureux témoin. Toujours je te vois vaquer à des soins qui te rendent plus estimable, et mon cœur s'attendrit avec délices sur l'inépuisable bonté du tien. Maintenant, me dis-je au matin, elle sort d'un paisible sommeil, son teint a la fraîcheur de la rose, son âme jouit d'une douce paix; elle offre à celui dont elle tient l'être un jour qui ne sera point perdu pour la vertu. Elle passe à présent chez sa mère: les tendres affections de son cœur s'épanchent avec les auteurs de ses jours; elle les soulage dans le détail des soins de sa maison; elle fait peut-être la paix d'un domestique imprudent, elle fait peut-être une exhortation secrète; elle demande peut-être une grâce pour un autre. Dans un autre temps elle s'occupe, sans ennui, des travaux de son sexe; elle orne son âme de connoissances utiles; elle ajoute à son goût exquis les agrémens des beaux-arts, et ceux de la danse à sa légèreté naturelle. Tantôt je vois une élégante et simple parure orner des

---

(¹) Vent du nord-est.

charmes qui n'en ont pas besoin. Ici je la vois consulter un pasteur vénérable sur la peine ignorée d'une famille indigente ; là, secourir ou consoler la triste veuve et l'orphelin délaissé. Tantôt elle charme une honnête société par ses discours sensés et modestes ; tantôt, en riant avec ses compagnes, elle ramène une jeunesse folâtre au ton de la sagesse et des bonnes mœurs. Quelques momens, ah! pardonne! j'ose te voir même t'occuper de moi ; je vois tes yeux attendris parcourir une de mes lettres ; je lis dans leur douce langueur que c'est à ton amant fortuné que s'adressent les lignes que tu traces ; je vois que c'est de lui que tu parles à ta cousine avec une si tendre émotion. O Julie! ô Julie! et nous ne serions pas unis? et nos jours ne couleroient pas ensemble? et nous pourrions être séparés pour toujours? Non, que jamais cette affreuse idée ne se présente à mon esprit! En un instant elle change tout mon attendrissement en fureur, la rage me fait courir de caverne en caverne ; des gémissemens et des cris m'échappent malgré moi ; je rugis comme une lionne irritée ; je suis capable de tout, hors de renoncer à toi ; et il n'y a rien, non, rien que je ne fasse pour te posséder ou mourir.

J'en étois ici de ma lettre, et je n'attendois qu'une occasion sûre pour vous l'envoyer, quand j'ai reçu de Sion la dernière que vous m'y avez écrite. Que la tristesse qu'elle respire a charmé la mienne! Que j'y ai vu un frappant exemple de ce que vous me disiez de l'accord de nos âmes dans des lieux éloignés! Votre affliction, je l'avoue, est plus patiente ; la mienne est plus emportée : mais il faut bien que le même sentiment prenne la teinture des caractères qui l'éprouvent, et il est bien naturel que les plus grandes pertes causent les plus grandes douleurs. Que dis-je, des pertes? Eh! qui les pourroit supporter? Non, connoissez-le enfin, ma Julie ; un éternel arrêt du ciel nous destina l'un pour l'autre ; c'est la première loi qu'il faut écouter, c'est le premier soin de la vie de s'unir à qui doit nous la rendre douce. Je le vois, j'en gémis, tu t'égares dans tes vains projets, tu veux forcer des barrières insurmontables, et négliges les seuls moyens possibles ; l'enthousiasme de l'honnêteté t'ôte la raison, et ta vertu n'est plus qu'un délire.

Ah! si tu pouvois rester toujours jeune et brillante comme à présent, je ne demanderois au ciel que de te savoir éternellement heureuse, te voir tous les ans de ma vie une fois, une seule fois, et passer le reste de mes jours à contempler de loin ton asile, à t'adorer parmi ces rochers. Mais, hélas! vois la rapidité de cet astre qui jamais n'arrête ; il vole, et le temps fuit, l'occasion s'échappe : ta beauté, ta beauté même aura son terme ; elle doit décliner et périr un jour comme une fleur qui tombe sans avoir été cueillie ; et moi cependant je gémis, je souffre ; ma jeunesse s'use dans les larmes, et se flétrit dans la douleur. Pense, pense, Julie, que nous comptons déjà des années perdues pour le plaisir. Pense qu'elles ne reviendront jamais ; qu'il en sera de même de celles qui nous restent si nous les laissons échapper encore. Ô amante aveuglée! tu cherches un chimérique bonheur pour un temps où nous ne serons plus ; tu regardes un avenir éloigné, et tu ne vois pas que nous nous consumons sans cesse, et que nos âmes, épuisées d'amour et de peines, se fondent et coulent comme l'eau (*). Reviens, il en est temps encore, reviens, ma Julie, de cette erreur funeste. Laisse là tes projets, et sois heureuse. Viens, ô mon âme! dans les bras de ton ami réunir les deux moitiés de notre être : viens à la face du ciel, guide de notre fuite et témoin de nos sermens, jurer de vivre et mourir l'un à l'autre. Ce n'est pas toi, je le sais, qu'il faut rassurer contre la crainte de l'indigence. Soyons heureux et pauvres, ah! quel trésor nous aurons acquis! Mais ne faisons point cet affront à l'humanité, de croire qu'il ne restera pas sur la terre entière un asile à deux amans infortunés. J'ai des bras, je suis robuste ; le pain gagné par mon travail te paroîtra plus délicieux que les mets des festins. Un repas apprêté par l'amour peut-il jamais être insipide? Ah! tendre et chère amante, dussions-nous n'être heureux qu'un seul jour, veux-tu quitter cette courte vie sans avoir goûté le bonheur?

Je n'ai plus qu'un mot à vous dire, ô Julie: vous connoissez l'antique usage du rocher de Leucate, dernier refuge de tant d'amans malheureux. Ce lieu-ci lui ressemble à bien des

---

(*) *Sicut aqua effusus sum.* PSALM. XXI, 15. — *Omnes morimur, et quasi aquæ dilabimur in terram.* REG. II, XIV, v. 14.
G. P.

égards : la roche est escarpée, l'eau est profonde, et je suis au désespoir.

LETTRE XXVII.

DE CLAIRE.

Ma douleur me laisse à peine la force de vous écrire. Vos malheurs et les miens sont au comble. L'aimable Julie est à l'extrémité, et n'a peut-être pas deux jours à vivre. L'effort qu'elle fit pour vous éloigner d'elle commença d'altérer sa santé; la première conversation qu'elle eut sur votre compte avec son père y porta de nouvelles attaques : d'autres chagrins plus récens ont accru ses agitations, et votre dernière lettre a fait le reste. Elle en fut si vivement émue, qu'après avoir passé une nuit dans d'affreux combats, elle tomba hier dans l'accès d'une fièvre ardente qui n'a fait qu'augmenter sans cesse, et lui a enfin donné le transport. Dans cet état, elle vous nomme à chaque instant, et parle de vous avec une véhémence qui montre combien elle en est occupée. On éloigne son père autant qu'il est possible; cela prouve assez que ma tante a conçu des soupçons : elle m'a même demandé avec inquiétude si vous n'étiez pas de retour; et je vois que, le danger de sa fille effaçant pour le moment toute autre considération, elle ne seroit pas fâchée de vous voir ici.

Venez donc, sans différer. J'ai pris ce bateau exprès pour vous porter cette lettre; il est à vos ordres, servez-vous-en pour votre retour, et surtout ne perdez pas un moment, si vous voulez revoir la plus tendre amante qui fut jamais.

LETTRE XXVIII.

DE JULIE A CLAIRE

Que ton absence me rend amère la vie que tu m'as rendue! Quelle convalescence! Une passion plus terrible que la fièvre et le transport m'entraîne à ma perte. Cruelle! tu me quittes quand j'ai plus besoin de toi; tu m'as quittée pour huit jours, peut-être ne me reverras-tu jamais. Oh! si tu savois ce que l'insensé m'ose proposer!... et de quel ton! m'enfuir! le suivre! m'enlever!... Le malheureux!... De qui me plains-je! mon cœur, mon indigne cœur m'en dit cent fois plus que lui... Grand Dieu! que seroit-ce s'il savoit tout?... il en deviendroit furieux, je serois entraînée, il faudroit partir... Je frémis...

Enfin mon père m'a donc vendue! il fait de sa fille une marchandise, une esclave! il s'acquitte à mes dépens! il paie sa vie de la mienne!... car, je le sens bien, je n'y survivrai jamais... Père barbare et dénaturé! Mérite-t-il... Quoi! mériter! c'est le meilleur des pères, il veut unir sa fille à son ami, voilà son crime. Mais ma mère, ma tendre mère! quel mal m'a-t-elle fait!... Ah! beaucoup : elle m'a trop aimée, elle m'a perdue.

Claire, que ferai-je? que deviendrai-je? Hanz ne vient point. Je ne sais comment t'envoyer cette lettre. Avant que tu la reçoives... avant que tu sois de retour... qui sait?... fugitive, errante, déshonorée... C'en est fait, c'en est fait, la crise est venue. Un jour, une heure, un moment, peut-être... qui est-ce qui sait éviter son sort?... Oh! dans quelque lieu que je vive et que je meure, en quelque asile obscur que je traîne ma honte et mon désespoir, Claire, souviens-toi de ton amie... Hélas! la misère et l'opprobre changent les cœurs... Ah! si jamais le mien t'oublie, il aura beaucoup changé

LETTRE XXIX.

DE JULIE A CLAIRE.

Reste, ah! reste, ne reviens jamais : tu viendrois trop tard. Je ne dois plus te voir; comment soutiendrois-je ta vue?

Où étois-tu, ma douce amie, ma sauvegarde, mon ange tutélaire? Tu m'as abandonnée, et j'ai péri. Quoi! ce fatal voyage étoit-il si nécessaire ou si pressé? Pouvois-tu me laisser à moi-même dans l'instant le plus dangereux de ma vie? Que de regrets tu t'es préparés par cette coupable négligence! Ils seront éternels ainsi que mes pleurs. Ta perte n'est pas moins irréparable que la mienne, et une autre amie digne de toi n'est pas plus facile à recouvrer que mon innocence.

Qu'ai-je dit, misérable? Je ne puis ni parler ni me taire. Que sert le silence quand le remords crie? L'univers entier ne me reproche-t-il pas ma faute? Ma honte n'est-elle pas écrite sur tous les objets? Si je ne verse mon cœur dans le tien, il faudra que j'étouffe. Et toi ne te reproches-tu rien, facile et trop confiante amie? Ah! que ne me trahissois-tu? C'est ta fidélité, ton aveugle amitié, c'est ta malheureuse indulgence qui m'a perdue.

Quel démon t'inspira de le rappeler, ce cruel qui fait mon opprobre? Ses perfides soins devoient-ils me redonner la vie pour me la rendre odieuse? Qu'il fuie à jamais, le barbare! qu'un reste de pitié le touche; qu'il ne vienne plus redoubler mes tourmens par sa présence: qu'il renonce au plaisir féroce de contempler mes larmes. Que dis-je, hélas! il n'est point coupable; c'est moi seule qui le suis; tous mes malheurs sont mon ouvrage, et je n'ai rien à reprocher qu'à moi. Mais le vice a déjà corrompu mon âme; c'est le premier de ses effets de nous faire accuser autrui de nos crimes.

Non, non, jamais il ne fut capable d'enfreindre ses sermens. Son cœur vertueux ignore l'art abject d'outrager ce qu'il aime. Ah! sans doute il sait mieux aimer que moi, puisqu'il sait mieux se vaincre. Cent fois mes yeux furent témoins de ses combats et de sa victoire; les siens étinceloient du feu de ses désirs, il s'élançoit vers moi dans l'impétuosité d'un transport aveugle, s'arrêtoit tout à coup; une barrière insurmontable sembloit m'avoir entourée, et jamais son amour impétueux, mais honnête, ne l'eût franchie. J'osai trop contempler ce dangereux spectacle. Je me sentois troubler de ses transports, ses soupirs oppressoient mon cœur; je partageois ses tourmens en ne pensant que les plaindre. Je le vis, dans des agitations convulsives, prêt à s'évanouir à mes pieds. Peut-être l'amour seul m'auroit épargnée; ô ma cousine! c'est la pitié qui me perdit.

Il sembloit que ma passion funeste voulût se couvrir, pour me séduire, du masque de toutes les vertus. Ce jour même il m'avoit pressée avec plus d'ardeur de le suivre. C'étoit désoler le meilleur des pères, c'étoit plonger le poignard dans le sein maternel; je résistai, je rejetai ce projet avec horreur. L'impossibilité de voir jamais nos vœux accomplis, le mystère qu'il falloit lui faire de cette impossibilité, le regret d'abuser un amant si soumis et si tendre après avoir flatté son espoir, tout abattoit mon courage, tout augmentoit ma foiblesse, tout aliénoit ma raison; il falloit donner la mort aux auteurs de mes jours, à mon amant ou à moi-même. Sans savoir ce que je faisois, je choisis ma propre infortune. J'oubliai tout et ne me souvins que de l'amour. C'est ainsi qu'un instant d'égarement m'a perdue à jamais. Je suis tombée dans l'abime d'ignominie dont une fille ne revient point; et si je vis, c'est pour être plus malheureuse.

Je cherche en gémissant quelque reste de consolation sur la terre. Je n'y vois que toi, mon aimable amie; ne me prive pas d'une si charmante ressource, je t'en conjure; ne m'ôte pas les douceurs de ton amitié. J'ai perdu le droit d'y prétendre, mais jamais je n'en eus si grand besoin. Que la pitié supplée à l'estime. Viens, ma chère, ouvrir ton âme à mes plaintes; viens recueillir les larmes de ton amie; garantis-moi, s'il se peut, du mépris de moi-même, et fais-moi croire que je n'ai pas tout perdu puisque ton cœur me reste encore.

LETTRE XXX.

RÉPONSE.

Fille infortunée! hélas! qu'as-tu fait? Mon Dieu! tu étois si digne d'être sage! Que te dirai-je dans l'horreur de ta situation, et dans l'abattement où elle te plonge? Acheverai-je d'accabler ton pauvre cœur, ou t'offrirai-je des consolations qui se refusent au mien? Te montrerai-je les objets tels qu'ils sont, ou tels qu'il te convient de les voir? Sainte et pure amitié, porte à mon esprit tes douces illusions; et, dans la tendre pitié que tu m'inspires, abuse-moi la première sur des maux que tu ne peux plus guérir.

J'ai craint, tu le sais, le malheur dont tu gémis. Combien de fois je te l'ai prédit sans être écoutée!... il est l'effet d'une téméraire confiance... Ah! ce n'est plus de tout cela qu'il s'agit. J'aurois trahi ton secret, sans doute, si j'avois pu te sauver ainsi : mais j'ai lu mieux que toi dans ton cœur trop sensible; je le vis se consumer d'un feu dévorant que rien ne pouvoit éteindre. Je sentis dans ce cœur palpitant d'amour qu'il falloit être heureuse ou mourir ; et, quand la peur de succomber te fit bannir ton amant avec tant de larmes, je jugeai que bientôt tu ne serois plus, ou qu'il seroit bientôt rappelé. Mais quel fut mon effroi quand je te vis dégoûtée de vivre, et si près de la mort ! N'accuse ni ton amant ni toi d'une faute dont je suis la plus coupable, puisque je l'ai prévue sans la prévenir.

Il est vrai que je partis malgré moi ; tu le vis, il fallut obéir ; si je t'avois crue si près de ta perte, on m'auroit plutôt mise en pièces que de m'arracher à toi. Je m'abusai sur le moment du péril. Foible et languissante encore, tu me parus en sûreté contre une si courte absence : je ne prévis pas la dangereuse alternative où tu t'allois trouver; j'oubliois que ta propre foiblesse laissoit ce cœur abattu moins en état de se défendre contre lui-même. J'en demande pardon au mien ; j'ai peine à me repentir d'une erreur qui t'a sauvé la vie ; je n'ai pas ce dur courage qui te faisoit renoncer à moi ; je n'aurois pu te perdre sans un mortel désespoir, et j'aime encore mieux que tu vives et que tu pleures.

Mais pourquoi tant de pleurs, chère et douce amie? Pourquoi ces regrets plus grands que ta faute, et ce mépris de toi-même que tu n'as pas mérité? Une foiblesse effacera-t-elle tant de sacrifices? et le danger même dont tu sors n'est-il pas une preuve de ta vertu? tu ne penses qu'à ta défaite, et oublies tous les triomphes pénibles qui l'ont précédée. Si tu as plus combattu que celles qui résistent, n'as-tu pas plus fait pour l'honneur qu'elles? Si rien ne peut te justifier, songe au moins à ce qui t'excuse. Je connois à peu près ce qu'on appelle amour ; je saurai toujours résister aux transports qu'il inspire : mais j'aurois fait moins de résistance à un amour pareil au tien ; et, sans avoir été vaincue, je suis moins chaste que toi.

Ce langage te choquera ; mais ton plus grand malheur est de l'avoir rendu nécessaire : je donnerois ma vie pour qu'il ne te fût pas propre, car je hais les mauvaises maximes encore plus que les mauvaises actions (¹). Si la faute étoit à commettre, que j'eusse la bassesse de te parler ainsi, et toi celle de m'écouter, nous serions toutes deux les dernières des créatures. A présent, ma chère, je dois te parler ainsi, et tu dois m'écouter, ou tu es perdue; car il reste en toi mille adorables qualités que l'estime de toi-même peut seule conserver, qu'un excès de honte et l'abjection qui le suit détruiroit infailliblement, et c'est sur ce que tu croiras valoir encore que tu vaudras en effet.

Garde-toi donc de tomber dans un abattement dangereux qui t'aviliroit plus que ta foiblesse. Le véritable amour est-il fait pour dégrader l'âme? Qu'une faute que l'amour a commise ne t'ôte point ce noble enthousiasme de l'honnêteté et du beau, qui t'éleva toujours au-dessus de toi-même.

Une tache paroît-elle au soleil? Combien de vertus te restent pour une qui s'est altérée ! En seras-tu moins douce, moins sincère, moins modeste, moins bienfaisante? en seras-tu moins digne, en un mot, de tous nos hommages? L'honneur, l'humanité, l'amitié, le pur amour, en seront-ils moins chers à ton cœur? En aimeras-tu moins les vertus mêmes que tu n'auras plus? Non, chère et bonne Julie : ta Claire en te plaignant t'adore ; elle sait, elle sent qu'il n'y a rien de bien qui ne puisse encore sortir de ton âme. Ah ! crois-moi, tu pourrois beaucoup perdre avant qu'aucune autre plus sage que toi te valût jamais.

Enfin tu me restes ; je puis me consoler de tout, hors de te perdre. Ta première lettre m'a fait frémir. Elle m'eût presque fait désirer la seconde, si je ne l'avois reçue en même temps. Vouloir délaisser son amie ! projeter de s'enfuir sans moi ! tu ne parles point de ta plus grande faute. C'étoit de celle-là qu'il falloit cent fois plus rougir. Mais l'ingrate ne songe qu'à son amour... Tiens, je t'aurois été tuer au bout du monde.

Je compte avec une mortelle impatience les momens que je suis forcée à passer loin de toi. Ils se prolongent cruellement. Nous sommes encore pour six jours à Lausanne, après quoi

---

(¹) Ce sentiment est juste et sain. Les passions déréglées inspirent les mauvaises actions ; mais les mauvaises maximes corrompent la raison même, et ne laissent plus de ressource pour revenir au bien.

je volerai vers mon unique amie. J'irai la consoler ou m'affliger avec elle, essuyer ou partager ses pleurs. Je ferai parler dans ta douleur, moins l'inflexible raison que la tendre amitié. Chère cousine, il faut gémir, nous aimer, nous taire, et, s'il se peut, effacer, à force de vertus, une faute qu'on ne répare point avec des larmes. Ah ! ma pauvre Chaillot !

LETTRE XXXI.

A JULIE.

Quel prodige du ciel es-tu donc, inconcevable Julie ! et par quel art, connu de toi seule, peux-tu rassembler dans un cœur tant de mouvemens incompatibles? ivre d'amour et de volupté, le mien nage dans la tristesse ; je souffre et languis de douleur au sein de la félicité suprême, et je me reproche comme un crime l'excès de mon bonheur. Dieu ! quel tourment affreux de n'oser se livrer tout entier à nul sentiment, de les combattre incessamment l'un par l'autre, et d'allier toujours l'amertume au plaisir ! Il vaudroit mieux cent fois n'être que misérable.

Que me sert, hélas ! d'être heureux? Ce ne sont plus mes maux, mais les tiens que j'éprouve, et ils ne m'en sont que plus sensibles. Tu veux en vain me cacher tes peines ; je les lis malgré toi dans la langueur et l'abattement de tes yeux. Ces yeux touchans peuvent-ils dérober quelque secret à l'amour? Je vois, je vois sous une apparente sérénité, les déplaisirs cachés qui t'assiégent ; et ta tristesse, voilée d'un doux sourire, n'en est que plus amère à mon cœur...

Il n'est plus temps de me rien dissimuler. J'étois hier dans la chambre de ta mère, elle me quitte un moment ; j'entends des gémissemens qui me percent l'âme : pouvois-je à cet effet méconnoître leur source ? Je m'approche du lieu d'où ils semblent partir ; j'entre dans ta chambre, je pénètre dans ton cabinet. Que devins-je, en entr'ouvrant la porte ; quand j'aperçus celle qui devroit être sur le trône de l'univers assise à terre, la tête appuyée sur un fauteuil inondé de ses larmes ! Ah ! j'aurois moins souffert s'il l'eût été de mon sang ! De quels remords je fus à l'instant déchiré ! Mon bonheur devint mon supplice ; je ne sentis plus que tes peines, et j'aurois racheté de ma vie tes pleurs et tous mes plaisirs. Je voulois me précipiter à tes pieds, je voulois essuyer de mes lèvres ces précieuses larmes, les recueillir au fond de mon cœur, mourir ou les tarir pour jamais ; j'entends revenir ta mère, il faut retourner brusquement à ma place : j'emporte en moi toutes tes douleurs, et des regrets qui ne finiront qu'avec elles.

Que je suis humilié, que je suis avili de ton repentir ! Je suis donc bien méprisable, si notre union te fait mépriser de toi-même, et si le charme de mes jours est le supplice des tiens ! Sois plus juste envers toi, ma Julie ; vois d'un œil moins prévenu les sacrés liens que ton cœur a formés. N'as-tu pas suivi les plus pures lois de la nature ? N'as-tu pas librement contracté le plus saint des engagemens ? Qu'as-tu fait que les lois divines et humaines ne puissent et ne doivent autoriser ? Que manque-t-il au nœud qui nous joint qu'une déclaration publique ? Veuille être à moi, tu n'es plus coupable. O mon épouse ! ô ma digne et chaste compagne ! ô charme et bonheur de ma vie ! non, ce n'est point ce qu'a fait mon amour qui peut être un crime, mais ce que tu lui voudrois ôter : ce n'est qu'en acceptant un autre époux que tu peux offenser l'honneur. Sois sans cesse à l'ami de ton cœur, pour être innocente. La chaîne qui nous lie est légitime, l'infidélité seule qui la romproit seroit blâmable, et c'est désormais à l'amour d'être garant de la vertu.

Mais quand ta douleur seroit raisonnable, quand tes regrets seroient fondés, pourquoi m'en dérobes-tu ce qui m'appartient? Pourquoi mes yeux ne versent-ils pas la moitié de tes pleurs ? Tu n'as pas une peine que je ne doive sentir, pas un sentiment que je ne doive partager ; et mon cœur, justement jaloux, te reproche toutes les larmes que tu ne répands pas dans mon sein. Dis, froide et mystérieuse amante, tout ce que ton âme ne communique point à la mienne n'est-il pas un vol que tu fais à l'amour ? Tout ne doit-il pas être commun entre nous ? ne te souvient-il plus de l'avoir dit ? Ah ! si tu savois aimer comme moi, mon bonheur te consoleroit comme ta peine m'afflige, et tu sentirois mes plaisirs comme je sens ta tristesse.

Mais je le vois, tu me méprises comme un insensé, parce que ma raison s'égare au sein des délices. Mes emportemens t'effraient, mon délire te fait pitié, et tu ne sens pas que toute la force humaine ne peut suffire à des félicités sans bornes. Comment veux-tu qu'une âme sensible goûte modérément des biens infinis ? Comment veux-tu qu'elle supporte à la fois tant d'espèces de transports sans sortir de son assiette ? Ne sais-tu pas qu'il est un terme où nulle raison ne résiste plus, et qu'il n'est point d'homme au monde dont le bon sens soit à toute épreuve ? Prends donc pitié de l'égarement où tu m'as jeté, et ne méprise pas des erreurs qui sont ton ouvrage. Je ne suis plus à moi, je l'avoue ; mon âme aliénée est toute en toi. J'en suis plus propre à sentir tes peines, et plus digne de les partager. O Julie ! ne te dérobe pas à toi-même.

LETTRE XXXII.
RÉPONSE.

Il fut un temps, mon aimable ami, où nos lettres étoient faciles et charmantes ; le sentiment qui les dictoit couloit avec une élégante simplicité : il n'avoit besoin ni d'art ni de coloris, et sa pureté faisoit toute sa parure. Cet heureux temps n'est plus : hélas ! il ne peut revenir ; et, pour premier effet d'un changement si cruel, nos cœurs ont déjà cessé de s'entendre.

Tes yeux ont vu mes douleurs. Tu crois en avoir pénétré la source ; tu veux me consoler par de vains discours, et, quand tu penses m'abuser, c'est toi, mon ami, qui t'abuses. Crois-moi, crois-en le cœur tendre de ta Julie : mon regret est bien moins d'avoir donné trop à l'amour que de l'avoir privé de son plus grand charme. Ce doux enchantement de vertu s'est évanoui comme un songe : nos feux ont perdu cette ardeur divine qui les animoit en les épurant ; nous avons recherché le plaisir, et le bonheur a fui loin de nous. Ressouviens-toi de ces momens délicieux où nos cœurs s'unissoient d'autant mieux que nous nous respections davantage, où la passion tiroit de son propre excès la force de se vaincre elle-même, où l'innecence nous consoloit de la contrainte, où les hommages rendus à l'honneur tournoient tous au profit de l'amour. Compare un état si charmant à notre situation présente : que d'agitations ! que d'effroi ! que de mortelles alarmes ! que de sentimens immodérés ont perdu leur première douceur ! Qu'est devenu ce zèle de sagesse et d'honnêteté dont l'amour animoi toutes les actions de notre vie, et qui rendoit à son tour l'amour plus délicieux ! notre jouissance étoit paisible et durable, nous n'avons plus que des transports : ce bonheur insensé ressemble à des accès de fureur plus qu'à de tendres caresses. Un feu pur et sacré brûloit nos cœurs ; livrés aux erreurs des sens, nous ne sommes plus que des amans vulgaires : trop heureux si l'amour jaloux daigne présider encore à des plaisirs que le plus vil mortel peut goûter sans lui.

Voilà, mon ami, les pertes qui nous sont communes, et que je ne pleure pas moins pour toi que pour moi. Je n'ajoute rien sur les miennes, ton cœur est fait pour les sentir. Vois ma honte, et gémis si tu sais aimer. Ma faute est irréparable, mes pleurs ne tariront point. O toi qui les fais couler, crains d'attenter à de si justes douleurs ; tout mon espoir est de les rendre éternelles : le pire de mes maux seroit d'en être consolée ; et c'est le dernier degré de l'opprobre de perdre, avec l'innocence, le sentiment qui nous la fait aimer.

Je connois mon sort, j'en sens l'horreur, et cependant il me reste une consolation dans mon désespoir : elle est unique, mais elle est douce. C'est de toi que je l'attends, mon aimable ami. Depuis que je n'ose plus porter mes regards sur moi-même, je les porte avec plus de plaisir sur celui que j'aime. Je te rends tout ce que tu m'ôtes de ma propre estime, et tu ne m'en deviens que plus cher en me forçant à me haïr. L'amour, cet amour fatal qui me perd, te donne un nouveau prix : tu t'élèves quand je me dégrade ; ton âme semble avoir profité de tout l'avilissement de la mienne. Sois donc désormais mon unique espoir ; c'est à toi de justifier, s'il se peut, ma faute ; couvre-la de l'honnêteté de tes sentimens ; que ton mérite efface ma honte ; rends excusable, à force de vertus, la perte de celles que tu me coûtes. Sois tout mon être, à présent que je ne suis plus rien. Le seul honneur qui me reste est tout en toi; et, tant que tu seras digne de respect, je ne serai pas tout-à-fait méprisable.

Quelque regret que j'aie au retour de ma santé, je ne saurois le dissimuler plus longtemps; mon visage démentiroit mes discours, et ma feinte convalescence ne peut plus tromper personne. Hâte-toi donc, avant que je sois forcée de reprendre mes occupations ordinaires, de faire la démarche dont nous sommes convenus. Je vois clairement que ma mère a conçu des soupçons, et qu'elle nous observe. Mon père n'en est pas là, je l'avoue: ce fier gentilhomme n'imagine pas même qu'un roturier puisse être amoureux de sa fille. Mais enfin tu sais ses résolutions; il te préviendra si tu ne le préviens; et, pour avoir voulu te conserver le même accès dans notre maison, tu t'en banniras tout-à-fait. Crois-moi, parle à ma mère tandis qu'il en est encore temps; feins des affaires qui t'empêchent de continuer à m'instruire, et renonçons à nous voir si souvent, pour nous voir au moins quelquefois: car si l'on te ferme la porte, tu ne peux plus t'y présenter; mais si tu te la fermes toi-même, tes visites seront en quelque sorte à ta discrétion; et, avec un peu d'adresse et de complaisance, tu pourras les rendre plus fréquentes dans la suite, sans qu'on l'aperçoive ou qu'on le trouve mauvais. Je te dirai ce soir les moyens que j'imagine d'avoir d'autres occasions de nous voir, et tu conviendras que l'inséparable cousine, qui causoit autrefois tant de murmures, ne sera pas maintenant inutile à deux amans qu'elle n'eût point dû quitter.

LETTRE XXXIII.

DE JULIE

Ah! mon ami, le mauvais refuge pour deux amans qu'une assemblée! Quel tourment de se voir et de se contraindre! Il vaudroit mieux cent fois ne se point voir. Comment avoir l'air tranquille avec tant d'émotion? comment être si différent de soi-même? comment songer à tant d'objets quand on n'est occupé que d'un seul? comment contenir le geste et les yeux quand le cœur vole? Je ne sentis de ma vie un trouble égal à celui que j'éprouvai hier quand on t'annonça chez madame d'Hervart. Je pris ton nom prononcé pour un reproche qu'on m'adressoit; je m'imaginois que tout le monde m'observoit de concert: je ne savois plus ce que je faisois; et à ton arrivée je rougis si prodigieusement, que ma cousine, qui veilloit sur moi, fut contrainte d'avancer son visage et son éventail, comme pour me parler à l'oreille. Je tremblai que cela même ne fît un mauvais effet, et qu'on ne cherchât du mystère à cette chuchoterie. En un mot, je trouvois partout de nouveaux sujets d'alarmes, et je ne sentis jamais mieux combien une conscience coupable arme contre nous de témoins qui n'y songent pas.

Claire prétendit remarquer que tu ne faisois pas une meilleure figure: tu lui paroissois embarrassé de ta contenance, inquiet de ce que tu devois faire, n'osant aller ni venir, ni m'aborder, ni t'éloigner, et promenant tes regards à la ronde, pour avoir, disoit-elle, occasion de les tourner sur nous. Un peu remise de mon agitation, je crus m'apercevoir moi-même de la tienne, jusqu'à ce que la jeune madame Belon t'ayant adressé la parole, tu t'assis en causant avec elle, et devins plus calme à ses côtés.

Je sens, mon ami, que cette manière de vivre, qui donne tant de contrainte et si peu de plaisir, n'est pas bonne pour nous: nous nous aimons trop pour pouvoir nous gêner ainsi. Ces rendez-vous publics ne conviennent qu'à des gens qui, sans connoître l'amour, ne laissent pas d'être bien ensemble, ou qui peuvent se passer du mystère: les inquiétudes sont trop vives de ma part, les indiscrétions trop dangereuses de la tienne; et je ne puis pas tenir une madame Belon toujours à mes côtés, pour faire diversion au besoin.

Reprenons, reprenons cette vie solitaire et paisible dont je t'ai tiré si mal à propos. C'est elle qui a fait naître et nourri nos feux; peut-être s'affoibliront-ils par une manière de vivre plus dissipée. Toutes les grandes passions se forment dans la solitude; on n'en a point de semblables dans le monde, où nul objet n'a le temps de faire une profonde impression, et où la multitude des goûts énerve la force des sentimens. Cet état est aussi plus convenable à ma mélancolie; elle s'entretient du même aliment que mon amour: c'est ta chère image qui soutient l'une et l'autre, et j'aime mieux te voir tendre et sensible au fond de mon cœur, que contraint et distrait dans une assemblée.

Il peut d'ailleurs venir un temps où je serois forcée à une plus grande retraite : fût-il déjà venu, ce temps désiré! La prudence et mon inclination veulent également que je prenne d'avance des habitudes conformes à ce que peut exiger la nécessité. Ah! si de mes fautes pouvoit naître le moyen de les réparer! Le doux espoir d'être un jour... Mais insensiblement j'en dirois plus que je n'en veux dire sur le projet qui m'occupe. Pardonne-moi ce mystère, mon unique ami; mon cœur n'aura jamais de secret qui ne te fût doux à savoir. Tu dois pourtant ignorer celui-ci; et tout ce que je t'en puis dire à présent, c'est que l'amour qui fit nos maux doit nous en donner le remède. Raisonne, commente si tu veux, dans ta tête; mais je te défends de m'interroger là-dessus.

LETTRE XXXIV.

RÉPONSE.

*Nó, non vedrete mai
Cambiar gl' affetti miei,
Bei lumi onde imparai
A sospirar d'amor* (¹).

Que je dois l'aimer, cette jolie madame Belon, pour le plaisir qu'elle m'a procuré! Pardonne-le-moi, divine Julie, j'osai jouir un moment de tes tendres alarmes, et ce moment fut un des plus doux de ma vie. Qu'ils étoient charmans, ces regards inquiets et curieux qui se portoient sur nous à la dérobée, et se baissoient aussitôt pour éviter les miens! que faisoit alors ton heureux amant! S'entretenoit-il avec madame Belon? Ah! ma Julie, peux-tu le croire? Non, non, fille incomparable; il étoit plus dignement occupé. Avec quel charme son cœur suivoit les mouvemens du tien! avec quelle avide impatience ses yeux dévoroient tes attraits! Ton amour, ta beauté, remplissoient, ravissoient son âme; elle pouvoit suffire à peine à tant de sentimens délicieux. Mon seul regret étoit de goûter, aux dépens de celle que j'aime, des plaisirs qu'elle ne partageoit pas. Sais-je ce que,

(¹) Non, non, beaux yeux qui m'apprîtes à soupirer, jamais vous ne verrez changer mes affec´ions. MÉTAST.

durant tout ce temps, me dit madame Belon? Sais-je ce que je lui répondis? Le savois-je au moment de notre entretien? A-t-elle pu le savoir elle-même? et pouvoit-elle comprendre la moindre chose aux discours d'un homme qui parloit sans penser, et répondoit sans entendre? Aussi m'a-t-elle pris dans le plus parfait dédain. Elle a dit à tout le monde, à toi peut-être, que je n'ai pas le sens commun, qui pis est, pas le moindre esprit, et que je suis tout aussi sot que mes livres. Que m'importe ce qu'elle en dit et ce qu'elle en pense? Ma Julie ne décide-t-elle pas seule de mon être et du rang que je veux avoir? Que le reste de la terre pense de moi comme il voudra, tout mon prix est dans ton estime.

Com' uom che par ch' ascolti, e nulla intende (¹).

Ah! crois qu'il n'appartient ni à madame Belon, ni à toutes les beautés supérieures à la sienne, de faire la diversion dont tu parles, et d'éloigner un moment de toi mon cœur et mes yeux. Si tu pouvois douter de ma sincérité, si tu pouvois faire cette mortelle injure à mon amour et à tes charmes, dis-moi, qui pourroit avoir tenu registre de tout ce qui se fit autour de toi? Ne te vis-je pas briller entre ces jeunes beautés comme le soleil entre les astres qu'il éclipse? N'aperçus-je pas les cavaliers (²) se rassembler autour de ta chaise? Ne vis-je pas, au dépit de tes compagnes, l'admiration qu'ils marquoient pour toi? Ne vis-je pas leurs respects empressés, et leurs hommages et leurs galanteries? Ne te vis-je pas recevoir tout cela avec cet air de modestie et d'indifférence qui en impose plus que la fierté? Ne vis-je pas, quand tu te dégantois pour la collation, l'effet que ce bras découvert produisit sur les spectateurs? Ne vis-je pas le jeune étranger qui releva ton gant vouloir baiser la main charmante qui le recevoit? N'en vis-je pas un plus téméraire, dont l'œil ardent suçoit mon sang et ma vie, t'obliger, quand tu t'en fus aperçue, d'ajouter une épingle à ton fichu? Je n'étois pas s distrait que tu penses; je vis tout cela, Julie, et n'en fus point jaloux; car je connois ton cœur. Il n'est pas, je le sais bien, de ceux qui

(¹) Comme celui qui semble écouter, et qui n'entend rien.
(²) *Cavaliers*, vieux mot qui ne se dit plus; on dit *homme*. J'ai cru devoir aux provinciaux cette importante remarque, afin d'être au moins une fois utile au public.

peuvent aimer deux fois. Accuseras-tu le mien d'en être?

Reprenons-la donc, cette vie solitaire que je ne quittai qu'à regret. Non, le cœur ne se nourrit point dans le tumulte du monde. Les faux plaisirs lui rendent la privation des vrais plus amère, et il préfère sa souffrance à de vains dédommagemens. Mais, ma Julie, il en est, il en peut être de plus solides à la contrainte où nous vivons, et tu sembles les oublier! Quoi! passer quinze jours entiers si près l'un de l'autre sans se voir ou sans se rien dire! Ah! que veux-tu qu'un cœur brûlé d'amour fasse durant tant de siècles? L'absence même seroit moins cruelle. Que sert un excès de prudence qui nous fait plus de maux qu'il n'en prévient? Que sert de prolonger sa vie avec son supplice? Ne vaudroit-il pas mieux cent fois se voir un seul instant et puis mourir?

Je ne le cache point, ma douce amie, j'aimerois à pénétrer l'aimable secret que tu me dérobes, il n'en fut jamais de plus intéressant pour nous; mais j'y fais d'inutiles efforts. Je saurai pourtant garder le silence que tu m'imposes, et contenir une indiscrète curiosité; mais, en respectant un si doux mystère, que n'en puis-je au moins assurer l'éclaircissement! Qui sait, qui sait encore si tes projets ne portent point sur des chimères? Chère âme de ma vie, ah! commençons du moins par les bien réaliser.

P. S. J'oubliois de te dire que M. Roguin m'a offert une compagnie dans le régiment qu'il lève pour le roi de Sardaigne. J'ai été sensiblement touché de l'estime de ce brave officier; je lui ai dit, en le remerciant, que j'avois la vue trop courte pour le service, et que ma passion pour l'étude s'accordoit mal avec une vie aussi active. En cela je n'ai point fait un sacrifice à l'amour. Je pense que chacun doit sa vie et son sang à la patrie; qu'il n'est pas permis de s'aliéner à des princes auxquels on ne doit rien, moins encore de se vendre, et de faire du plus noble métier du monde celui d'un vil mercenaire. Ces maximes étoient celles de mon père, que je serois bien heureux d'imiter dans son amour pour ses devoirs et pour son pays. Il ne voulut jamais entrer au service d'aucun prince étranger; mais dans la guerre de 1712, il porta les armes avec honneur pour la patrie; il se trouva dans plusieurs combats, à l'un desquels il fut blessé; et à la bataille de Wilmerghen il eut le bonheur d'enlever un drapeau ennemi sous les yeux du général de Sacconex.

LETTRE XXXV.

DE JULIE.

Je ne trouve pas, mon ami, que les deux mots que j'avois dits en riant sur madame Belon valussent une explication si sérieuse. Tant de soins à se justifier produisent quelquefois un préjugé contraire; et c'est l'attention qu'on donne aux bagatelles qui seule en fait des objets importans. Voilà ce qui sûrement n'arrivera entre nous; car les cœurs bien occupés ne sont guère pointilleux, et les tracasseries des amans sur des riens ont presque toujours un fondement beaucoup plus réel qu'il ne semble.

Je ne suis pas fâchée pourtant que cette bagatelle nous fournisse une occasion de traiter entre nous de la jalousie; sujet malheureusement trop important pour moi.

Je vois, mon ami, par la trempe de nos âmes et par le tour commun de nos goûts, que l'amour sera la grande affaire de notre vie. Quand une fois il a fait les impressions profondes que nous en avons reçues, il faut qu'il éteigne ou absorbe toutes les autres passions; le moindre refroidissement seroit bientôt pour nous la langueur de la mort; un dégoût invincible, un éternel ennui, succéderoient à l'amour éteint, et nous ne saurions long-temps vivre après avoir cessé d'aimer. En mon particulier, tu sens bien qu'il n'y a que le délire de la passion qui puisse me voiler l'horreur de ma situation présente, et qu'il faut que j'aime avec transport, ou que je meure de douleur. Vois donc si je suis fondée à discuter sérieusement un point d'où doit dépendre le bonheur ou le malheur de mes jours.

Autant que je puis juger de moi-même, il me semble que, souvent affectée avec trop de vivacité, je suis pourtant peu sujette à l'emportement. Il faudroit que mes peines eussent fermenté long-temps en dedans pour que j'osasse en découvrir la source à leur auteur; et comme je suis persuadée qu'on ne peut faire une offense sans le vouloir, je supporterois plutôt cent sujets de plainte qu'une explication. Un pareil caractère doit mener loin, pour peu qu'on ait de penchant à la jalousie, et j'ai bien peur de sentir en moi ce dangereux penchant. Ce n'est pas que je ne sache que ton cœur est fait pour le mien et non pour un autre. Mais on peut s'abuser soi-même, prendre un goût passager pour une passion, et faire autant de choses par fantaisie qu'on en eût peut-être fait par amour. Or si tu peux te croire inconstant sans l'être, à plus forte raison puis-je t'accuser à tort d'infidélité. Ce doute affreux empoisonneroit pourtant ma vie; je gémirois sans me plaindre, et mourrois inconsolable sans avoir cessé d'être aimée.

Prévenons, je t'en conjure, un malheur dont la seule idée me fait frissonner. Jure-moi donc, mon doux ami, non par l'amour, serment qu'on ne tient que quand il est superflu, mais par ce nom sacré de l'honneur, si respecté de toi, que je ne cesserai jamais d'être la confidente de ton cœur, et qu'il n'y surviendra point de changement dont je ne sois la première instruite. Ne m'allègue pas que tu n'auras jamais rien à m'apprendre; je le crois, je l'espère; mais préviens mes folles alarmes, et donne-moi, dans tes engagemens pour un avenir qui ne doit point être, l'éternelle sécurité du présent. Je serois moins à plaindre d'apprendre de toi mes malheurs réels, que d'en souffrir sans cesse d'imaginaires; je jouirois au moins de tes remords; si tu ne partageois plus mes feux; tu partagerois encore mes peines, et je trouverois moins amères les larmes que je verserois dans ton sein.

C'est ici, mon ami, que je me félicite doublement de mon choix, et par le doux lien qui nous unit, et par la probité qui l'assure. Voilà l'usage de cette règle de sagesse dans les choses de pur sentiment; voilà comment la vertu sévère sait écarter les peines du tendre amour. Si j'avois un amant sans principes, dût-il m'aimer éternellement, où seroient pour moi les garans de cette constance? quels moyens aurois-je de me délivrer de mes défiances continuelles? et comment m'assurer de n'être point abusée, ou par sa feinte, ou par ma crédulité? Mais toi, mon digne et respectable ami, toi qui n'es capable ni d'artifice ni de déguisement, tu me garderas, je le sais, la sincérité que tu m'auras promise. La honte d'avouer une infidélité ne l'emportera point dans ton âme droite sur le devoir de tenir ta parole; et si tu pouvois ne plus aimer ta Julie, tu lui dirois... oui, tu pourrois lui dire, ô Julie! je ne... Mon ami, jamais je n'écrirai ce mot-là.

Que penses-tu de mon expédient? C'est le seul, j'en suis sûre, qui pouvoit déraciner en moi tout sentiment de jalousie. Il y a je ne sais quelle délicatesse qui m'enchante à me fier de ton amour à ta bonne foi, et à m'ôter le pouvoir de croire une infidélité que tu ne m'apprendrois pas toi-même. Voilà, mon cher, l'effet assuré de l'engagement que je t'impose; car je pourrois te croire amant volage, mais non pas ami trompeur; et quand je douterois de ton cœur, je ne puis jamais douter de ta foi. Quel plaisir je goûte à prendre en ceci des précautions inutiles, à prévenir les apparences d'un changement dont je sens si bien l'impossibilité! Quel charme de parler de jalousie avec un amant si fidèle! Ah! si tu pouvois cesser de l'être, ne crois pas que je t'en parlasse ainsi. Mon pauvre cœur ne seroit pas si sage au besoin, et la moindre défiance m'ôteroit bientôt la volonté de m'en garantir.

Voilà, mon très-honoré maître, matière à discussion pour ce soir; car je sais que vos deux humbles disciples auront l'honneur de souper avec vous chez le père de l'inséparable. Vos doctes commentaires sur la gazette vous ont tellement fait trouver grâce devant lui, qu'il n'a pas fallu beaucoup de manége pour vous faire inviter. La fille a fait accorder son clavecin; le père a feuilleté Lamberti; moi je recorderai peut-être la leçon du bosquet de Clarens. O docteur en toutes facultés, vous avez partout quelque science de mise! M. d'Orbe, qui n'est pas oublié, comme vous pouvez penser, a le mot pour entamer une savante dissertation sur le futur hommage du roi de Naples, durant laquelle nous passerons tous trois dans la chambre de la cousine. C'est là, mon féal, qu'à genoux devant votre dame et maîtresse, vos deux mains dans les siennes, et en présence de son chancelier, vous lui jurerez foi et loyauté à toute épreuve; non pas à dire amour éternel, engagement qu'on n'est maître ni de tenir ni de rompre; mais vérité, sincérité, franchise inviolable. Vous ne jurerez point d'être toujours soumis, mais de ne point commettre acte de félonie, et de déclarer au moins la guerre avant de secouer le joug. Ce faisant, aurez l'accolade, et serez reconnu vassal unique, et loyal chevalier.

Adieu, mon bon ami; l'idée du souper de ce soir m'inspire de la gaîté. Ah! qu'elle me sera douce quand je te la verrai partager!

LETTRE XXXVI.

DE JULIE.

Baise cette lettre, et saute de joie pour la nouvelle que je vais t'apprendre; mais pense que, pour ne point sauter et n'avoir rien à baiser, je n'y suis pas la moins sensible. Mon père, obligé d'aller à Berne pour son procès, et de là à Soleure pour sa pension, a proposé à ma mère d'être du voyage; et elle l'a accepté, espérant pour sa santé quelque effet salutaire du changement d'air. On vouloit me faire la grâce de m'emmener aussi, et je ne jugeai pas à propos de dire ce que j'en pensois; mais la difficulté des arrangemens de voiture a fait abandonner ce projet, et l'on travaille à me consoler de n'être pas de la partie. Il falloit feindre de la tristesse, et le faux rôle que je me vois contrainte à jouer m'en donne une si véritable, que le remords m'a presque dispensée de la feinte.

Pendant l'absence de mes parens, je ne resterai point maîtresse de maison; mais on me dépose chez le père de la cousine, en sorte que je serai tout de bon, durant ce temps, inséparable de l'inséparable. De plus, ma mère a mieux aimé se passer de femme de chambre, et me laisser Babi pour gouvernante; sorte d'Argus peu dangereux, dont on ne doit ni corrompre la fidélité ni se faire des confidens, mais qu'on écarte aisément au besoin, sur la moindre lueur de plaisir ou de gain qu'on leur offre.

Tu comprends quelle facilité nous aurons à nous voir durant une quinzaine de jours; mais c'est ici que la discrétion doit suppléer à la contrainte, et qu'il faut nous imposer volontairement la même réserve à laquelle nous sommes forcés dans d'autres temps. Non-seulement tu ne dois pas, quand je serai chez ma cousine, y venir plus souvent qu'auparavant, de peur de la compromettre; j'espère même qu'il ne faudra te parler ni des égards qu'exige son sexe, ni des droits sacrés de l'hospitalité, et qu'un honnête homme n'aura pas besoin qu'on l'instruise du respect dû par l'amour à l'amitié qui lui donne asile. Je connois tes vivacités, mais j'en connois les bornes inviolables. Si tu n'avois jamais fait de sacrifice à ce qui est honnête, tu n'en aurois point à faire aujourd'hui.

D'où vient cet air mécontent et cet œil attristé? Pourquoi murmurer des lois que le devoir t'impose? Laisse à ta Julie le soin de les adoucir; t'es-tu jamais repenti d'avoir été docile à sa voix? Près des coteaux fleuris d'où part la source de la Vevaise, il est un hameau solitaire qui sert quelquefois de repaire aux chasseurs, et ne devroit servir que d'asile aux amans. Autour de l'habitation principale dont M. d'Orbe dispose, sont épars assez loin quelques chalets [1], qui de leurs toits de chaume peuvent couvrir l'amour et le plaisir, amis de la simplicité rustique. Les fraîches et discrètes laitières savent garder pour autrui le secret dont elles ont besoin pour elles-mêmes. Les ruisseaux qui traversent les prairies sont bordés d'arbrisseaux et de bocages délicieux. Des bois épais offrent au-delà des asiles plus déserts et plus sombres.

Al bel seggio riposto, ombroso e fosco,
Ne mai pastori appressan, ne bifolci [2].

L'art ni la main des hommes n'y montrent nulle part leurs soins inquiétans; on n'y voit partout que les tendres soins de la mère commune. C'est là, mon ami, qu'on n'est que sous ses auspices, et qu'on peut n'écouter que ses lois. Sur l'invitation de M. d'Orbe, Claire a déjà persuadé à son papa qu'il avoit envie d'aller faire avec quelques amis une chasse de deux ou trois jours dans ce canton, et d'y mener les inséparables. Ces inséparables en ont d'autres, comme tu ne sais que trop bien. L'un, représentant le maître de la maison, en fera naturellement les honneurs; l'autre, avec moins d'éclat, pourra faire à sa Julie ceux d'un humble chalet; et ce chalet, consacré par l'amour, sera pour eux le temple de Gnide. Pour exécuter heureusement et sûrement ce charmant

---

[1] Sortes de maisons de bois où se font les fromages et diverses espèces de laitage dans la montagne.
[2] Jamais pâtre ni laboureur n'approcha des épais ombrages qui couvrent ces charmans asiles. PÉTRARQ.

projet, il n'est question que de quelques arrangemens qui se concerteront facilement entre nous, et qui feront partie eux-mêmes des plaisirs qu'ils doivent produire. Adieu, mon ami; je te quitte brusquement, de peur de surprise. Aussi bien, je sens que le cœur de ta Julie vole un peu trop tôt habiter le chalet.

P. S. Tout bien considéré, je pense que nous pouvons sans indiscrétion nous voir presque tous les jours; savoir, chez ma cousine de deux jours l'un, et l'autre à la promenade.

LETTRE XXXVII.

DE JULIE.

Ils sont partis ce matin, ce tendre père et cette mère incomparable, en accablant des plus tendres caresses une fille chérie, et trop indigne de leurs bontés. Pour moi, je les embrassois avec un léger serrement de cœur, tandis qu'au dedans de lui-même ce cœur ingrat et dénaturé pétilloit d'une odieuse joie. Hélas! qu'est devenu ce temps heureux où je menois incessamment sous leurs yeux une vie innocente et sage, où je n'étois bien que contre leur sein, et ne pouvois les quitter d'un seul pas sans déplaisir! Maintenant, coupable et craintive, je tremble en pensant à eux; je rougis en pensant à moi; tous mes bons sentimens se dépravent, et je me consume en vains et stériles regrets que n'anime pas même un vrai repentir. Ces amères réflexions m'ont rendu toute la tristesse que leurs adieux ne m'avoient pas d'abord donnée. Une secrète angoisse étouffoit mon âme après le départ de ces chers parens. Tandis que Babi faisoit les paquets, je suis entrée machinalement dans la chambre de ma mère; et voyant quelques-unes de ses hardes encore éparses, je les ai toutes baisées l'une après l'autre, en fondant en larmes. Cet état d'attendrissement m'a un peu soulagée, et j'ai trouvé quelque sorte de consolation à sentir que les doux mouvemens de la nature ne sont pas tout-à-fait éteints dans mon cœur. Ah! tyran, tu veux en vain l'asservir tout entier, ce tendre et trop foible cœur; malgré toi, malgré tes prestiges, il lui reste au moins des sentimens légitimes, il respecte et chérit encore des droits plus sacrés que les tiens.

Pardonne, ô mon doux ami! ces mouvemens involontaires, et ne crains pas que j'étende ces réflexions aussi loin que je le devrois. Le moment de nos jours peut-être où notre amour est le plus en liberté n'est pas, je le sais bien, celui des regrets : je ne veux ni te cacher mes peines, ni t'en accabler; il faut que tu les connoisses, non pour les porter, mais pour les adoucir. Dans le sein de qui les épancherois-je, si je n'osois les verser dans le tien? N'es-tu pas mon tendre consolateur? N'est-ce pas toi qui soutiens mon courage ébranlé? N'est-ce pas toi qui nourris dans mon âme le goût de la vertu, même après que je l'ai perdue? Sans toi, sans cette adorable amie dont la main compatissante essuya si souvent mes pleurs, combien de fois n'eussé-je pas déjà succombé sous le plus mortel abattement! Mais vos tendres soins me soutiennent, je n'ose m'avilir tant que vous m'estimez encore, et je me dis avec complaisance que vous ne m'aimeriez pas tant l'un et l'autre, si je n'étois digne que de mépris. Je vole dans les bras de cette chère cousine, ou plutôt de cette tendre sœur, déposer au fond de son cœur une importune tristesse. Toi, viens ce soir achever de rendre au mien la joie et la sérénité qu'il a perdues.

LETTRE XXXVIII.

A JULIE.

Non, Julie, il ne m'est pas possible de ne te voir chaque jour que comme je t'ai vue la veille : il faut que mon amour s'augmente et croisse incessamment avec tes charmes, et tu m'es une source inépuisable de sentimens nouveaux que je n'aurois pas même imaginés. Quelle soirée inconcevable! Que de délices inconnues tu fis éprouver à mon cœur! Ô tristesse enchanteresse! ô langueur d'une âme attendrie, combien vous surpassez les turbulens plaisirs et la gaîté folâtre, et la joie emportée, et tous les transports qu'une ardeur sans mesure offre aux désirs effrénés des amans! Paisible et pure jouissance qui n'as rien d'égal dans la volupté des sens, jamais, jamais ton pénétrant souvenir ne s'effacera de mon cœur ! Dieux ! quel ravissant spectacle, ou plutôt quelle extase, de voir deux beautés si touchantes s'embrasser tendrement, le visage de l'une se pencher sur le sein de l'autre, leurs douces larmes se confondre, et baigner ce sein charmant comme la rosée du ciel humecte un lis fraîchement éclos ! J'étois jaloux d'une amitié si tendre ; je lui trouvois je ne sais quoi de plus intéressant qu'à l'amour même, et je me voulois une sorte de mal de ne pouvoir t'offrir des consolations aussi chères, sans les troubler par l'agitation de mes transports. Non, rien, rien sur la terre n'est capable d'exciter un si voluptueux attendrissement que vos mutuelles caresses ; et le spectacle de deux amans eût offert à mes yeux une sensation moins délicieuse.

Ah ! qu'en ce moment j'eusse été amoureux de cette aimable cousine, si Julie n'eût pas existé ! Mais non, c'étoit Julie elle-même qui répandoit son charme invincible sur tout ce qui l'environnoit. Ta robe, ton ajustement, tes gants, ton éventail, ton ouvrage, tout ce qui frappoit autour de toi mes regards enchantoit mon cœur, et toi seule faisois tout l'enchantement. Arrête, ô ma douce amie ! à force d'augmenter mon ivresse tu m'ôterois le plaisir de la sentir. Ce que tu me fais éprouver approche d'un vrai délire, et je crains d'en perdre enfin la raison. Laisse-moi du moins connoître un égarement qui fait mon bonheur ; laisse-moi goûter ce nouvel enthousiame, plus sublime, plus vif que toutes les idées que j'avois de l'amour. Quoi ! tu peux te croire avilie ! quoi ! la passion t'ôte-t-elle aussi le sens ? Moi, je te trouve trop parfaite pour une mortelle. Je t'imaginerois d'une espèce plus pure, si ce feu dévorant qui pénètre ma substance ne m'unissoit à la tienne, et ne me faisoit sentir qu'elles sont la même. Non, personne au monde ne te connoît ; tu ne te connois pas toi-même ; mon cœur seul te connoît, te sent, et sait te mettre à ta place. Ma Julie ! ah ! quels hommages te seroient ravis si tu n'étois qu'adorée ! Ah ! si tu n'étois qu'un ange, combien tu perdrois de ton prix !

Dis-moi comment il se peut qu'une passion telle que la mienne puisse augmenter. Je l'ignore, mais je l'éprouve. Quoique tu me sois présente dans tous les temps, il y a quelques jours surtout que ton image, plus belle que jamais, me poursuit et me tourmente avec une activité à laquelle ni lieu ni temps ne me dérobe ; et je crois que tu me laissas avec elle dans ce chalet que tu quittas en finissant ta dernière lettre. Depuis qu'il est question de ce rendez-vous champêtre, je suis trois fois sorti de la ville ; chaque fois mes pieds m'ont porté des mêmes côtés, et chaque fois la perspective d'un séjour si desiré m'a paru plus agréable.

Non vide il mondo si leggiadri rami,
Ne mosse 'l vento mai si verdi frondi (¹).

Je trouve la campagne plus riante, la verdure plus fraîche et plus vive, l'air plus pur, le ciel plus serein ; le chant des oiseaux semble avoir plus de tendresse et de volupté ; le murmure des eaux inspire une langueur plus amoureuse ; la vigne en fleurs exhale au loin de plus doux parfums ; un charme secret embellit tous les objets ou fascine mes sens ; on diroit que la terre se pare pour former à ton heureux amant un lit nuptial digne de la beauté qu'il adore et du feu qui le consume. O Julie ! ô chère et précieuse moitié de mon âme ! hâtons-nous d'ajouter à ces ornemens du printemps la présence de deux amans fidèles. Portons le sentiment du plaisir dans des lieux qui n'en offrent qu'une vaine image ; allons animer toute la nature, elle est morte sans les feux de l'amour. Quoi ! trois jours d'attente ! trois jours encore ! Ivre d'amour, affamé de transports, j'attends ce moment tardif avec une douloureuse impatience. Ah ! qu'on seroit heureux si le ciel ôtoit de la vie tous les ennuyeux intervalles qui séparent de pareils instans !

LETTRE XXXIX.

DE JULIE.

Tu n'as pas un sentiment, mon bon ami, que mon cœur ne partage ; mais ne me parle plus de plaisir tandis que des gens qui valent mieux que nous, souffrent, gémissent, et que j'ai leur peine à me reprocher. Lis la lettre ci-jointe, et sois tranquille si tu le peux ; pour moi, qui connois l'aimable et bonne fille qui l'a écrite, je

---

(¹) Jamais œil d'homme ne vit des bocages aussi charmans, jamais zéphyr n'agita plus de verts feuillages. PÉTRARC.

n'ai pu la lire sans des larmes de remords et de pitié. Le regret de ma coupable négligence m'a pénétré l'âme, et je vois avec une amère confusion jusqu'où l'oubli du premier de mes devoirs m'a fait porter celui de tous les autres. J'avois promis de prendre soin de cette pauvre enfant; je la protégeois auprès de ma mère; je la tenois en quelque manière sous ma garde; et, pour n'avoir su me garder moi-même, je l'abandonne sans me souvenir d'elle, et l'expose à des dangers pires que ceux où j'ai succombé. Je frémis en songeant que deux jours plus tard c'en étoit fait peut-être de mon dépôt, et que l'indigence et la séduction perdoient une fille modeste et sage qui peut faire un jour une excellente mère de famille. O mon ami! comment y a-t-il dans le monde des hommes assez vils pour acheter de la misère un prix que le cœur seul doit payer, et recevoir d'une bouche affamée les tendres baisers de l'amour!

Dis-moi, pourrois-tu n'être pas touché de la piété filiale de ma Fanchon, de ses sentimens honnêtes, de son innocente naïveté? Ne l'es-tu pas de la rare tendresse de cet amant qui se vend lui-même pour soulager sa maîtresse? Ne seras-tu pas trop heureux de contribuer à former un nœud si bien assorti? Ah! si nous étions sans pitié pour les cœurs unis qu'on divise, de qui pourroient-ils jamais en attendre? Pour moi, j'ai résolu de réparer envers ceux-ci ma faute à quelque prix que ce soit, et de faire en sorte que ces deux jeunes gens soient unis par le mariage. J'espère que le ciel bénira cette entreprise, et qu'elle sera pour nous d'un bon augure. Je te propose et te conjure au nom de notre amitié de partir dès aujourd'hui, si tu le peux, ou tout au moins demain matin, pour Neufchâtel. Va négocier avec M. de Merveilleux le congé de cet honnête garçon ; n'épargne ni les supplications ni l'argent : porte avec toi la lettre de ma Fanchon ; il n'y a point de cœur sensible qu'elle ne doive attendrir. Enfin, quoi qu'il nous en coûte et de plaisir et d'argent, ne reviens qu'avec le congé absolu de Claude Anet, ou crois que l'amour ne me donnera de mes jours un moment de pure joie.

Je sens combien d'objections ton cœur doit avoir à me faire; doutes-tu que le mien ne les ait faites avant toi? Et je persiste; car il faut que ce mot de vertu ne soit qu'un vain nom, ou qu'elle exige des sacrifices. Mon ami, mon digne ami, un rendez-vous manqué peut revenir mille fois; quelques heures agréables s'éclipsent comme un éclair et ne sont plus; mais si le bonheur d'un couple honnête est dans tes mains, songe à l'avenir que tu vas te préparer. Crois-moi, l'occasion de faire des heureux est plus rare qu'on ne pense, la punition de l'avoir manquée est de ne la plus retrouver; et l'usage que nous ferons de celle-ci nous va laisser un sentiment éternel de contentement ou de repentir. Pardonne à mon zèle ces discours superflus; j'en dis trop à un honnête homme, et cent fois trop à mon ami. Je sais combien tu hais cette volupté cruelle qui nous endurcit aux maux d'autrui. Tu l'as dit mille fois toi-même : Malheur à qui ne sait pas sacrifier un jour de plaisir aux devoirs de l'humanité!

LETTRE XL.

DE FANCHON REGARD A JULIE.

MADEMOISELLE,

Pardonnez une pauvre fille au désespoir qui, ne sachant plus que devenir, ose encore avoir recours à vos bontés; car vous ne vous lassez point de consoler les affligés, et je suis si malheureuse, qu'il n'y a que vous et le bon Dieu que mes plaintes n'importunent pas. J'ai eu bien du chagrin de quitter l'apprentissage où vous m'aviez mise; mais, ayant eu le malheur de perdre ma mère cet hiver, il a fallu revenir auprès de mon pauvre père, que sa paralysie retient toujours dans son lit.

Je n'ai pas oublié le conseil que vous aviez donné à ma mère, de tâcher de m'établir avec un honnête homme qui prît soin de la famille. Claude Anet, que monsieur votre père avoit ramené du service, est un brave garçon, rangé, qui sait un bon métier, et qui me veut du bien. Après tant de charité que vous avez eue pour nous, je n'osois plus vous être incommode, et c'est lui qui nous a fait vivre pendant tout l'hiver. Il devoit m'épouser ce printemps; il avoit mis son cœur à ce mariage. Mais on m'a tellement tourmentée pour payer trois ans de loyer échu à Pâques, que, ne sachant où prendre tant d'argent comptant, le pauvre jeune homme s'est engagé derechef, sans m'en rien dire, dans la compagnie de M. de Merveilleux, et m'a apporté l'argent de son engagement (*). M. de Merveilleux n'est plus à Neufchâtel que pour sept ou huit jours, et Claude Anet doit partir dans trois ou quatre pour suivre la recrue; ainsi nous n'avons pas le temps ni le moyen de nous marier, et il me laisse sans aucune ressource. Si, par votre crédit ou celui de monsieur le baron, vous pouviez nous obtenir au moins un délai de cinq ou six semaines, on tâcheroit, pendant ce temps-là, de prendre quelque arrangement pour nous marier ou pour rembourser ce pauvre garçon : mais je le connois bien ; il ne voudra jamais reprendre l'argent qu'il m'a donné.

Il est venu ce matin un monsieur bien riche m'en offrir beaucoup davantage; mais Dieu m'a fait la grâce de le refuser. Il a dit qu'il reviendroit demain matin savoir ma dernière résolution. Je lui ai dit de n'en pas prendre la peine, et qu'il la savoit déjà. Que Dieu le conduise! il sera reçu demain comme aujourd'hui. Je pourrois bien aussi recourir à la bourse des pauvres; mais on est si méprisé, qu'il vaut mieux pâtir, et puis Claude Anet a trop de cœur pour vouloir d'une fille assistée.

Excusez la liberté que je prends, ma bonne demoiselle ; je n'ai trouvé que vous seule à qui j'ose avouer ma peine, et j'ai le cœur si serré, qu'il faut finir cette lettre. Votre bien humble et affectionnée servante à vous servir,

FANCHON REGARD.

LETTRE XLI.

RÉPONSE.

J'ai manqué de mémoire et toi de confiance, ma chère enfant : nous avons eu grand tort toutes deux, mais le mien est impardonnable. Je tâcherai du moins de le réparer. Babi, qui te porte cette lettre, est chargée de pourvoir au plus pressé. Elle retournera demain matin pour t'aider à congédier ce monsieur, s'il revient ; et l'après-dînée nous irons te voir, ma cousine et moi ; car je sais que tu ne peux pas quitter ton pauvre père, et je veux connoître par moi-même l'état de ton petit ménage.

Quant à Claude Anet, n'en sois point en peine : mon père est absent ; mais, en attendant son retour, on fera ce qu'on pourra ; et tu peux compter que je n'oublierai ni toi ni ce brave garçon. Adieu, mon enfant : que le bon Dieu te console! Tu as bien fait de n'avoir pas recours à la bourse publique ; c'est ce qu'il ne faut jamais faire tant qu'il reste quelque chose dans celle des bonnes gens.

LETTRE XLII.

A JULIE.

Je reçois votre lettre, et je pars à l'instant : ce sera toute ma réponse. Ah, cruelle! que mon cœur en est loin de cette odieuse vertu que vous me supposez et que je déteste! Mais vous ordonnez, il faut obéir. Dussé-je en mourir cent fois, il faut être estimé de Julie.

LETTRE XLIII.

A JULIE.

J'arrivai hier matin à Neufchâtel ; j'appris que M. de Merveilleux étoit à la campagne, je courus l'y chercher : il étoit à la chasse, et je l'attendis jusqu'au soir. Quand je lui eus expliqué le sujet de mon voyage, et que je l'eus prié de mettre un prix au congé de Claude Anet, il me fit beaucoup de difficultés. Je crus les lever en offrant de moi-même une somme assez considérable, et l'augmentant à mesure qu'il résistoit; mais, n'ayant pu rien obtenir, je fus obligé de me retirer, après m'être assuré de le retrouver ce matin, bien résolu de ne le plus quitter jusqu'à ce qu'à force d'argent, ou d'importunités, ou de quelque manière que ce pût être, j'eusse obtenu ce que j'étois venu lui demander. M'étant levé pour cela de très-bonne heure, j'étois prêt à monter à cheval quand je reçus, par un exprès, ce billet de M. de Mer-

---

(*) Voyez le livre IV des *Confessions* (tom. I, pages 81, 82) où Rousseau se loue beaucoup de M. de Merveilleux, officier dans les gardes suisses, et de sa mère qui tâchèrent vainement de lui être utiles lors de son premier voyage à Paris, en 1731.

veilleux, avec le congé du jeune homme en bonne forme :

Voilà, monsieur, le congé que vous êtes venu solliciter; je l'ai refusé à vos offres, je le donne à vos intentions charitables, et vous prie de croire que je ne mets point à prix une bonne action.

Jugez à la joie que vous donnera cet heureux succès de celle que j'ai sentie en l'apprenant. Pourquoi faut-il qu'elle ne soit pas aussi parfaite qu'elle devoit l'être! Je ne puis me dispenser d'aller remercier et rembourser M. de Merveilleux; et si cette visite retarde mon départ d'un jour, comme il est à craindre, n'ai-je pas droit de dire qu'il s'est montré généreux à mes dépens? N'importe, j'ai fait ce qui vous est agréable, je puis tout supporter à ce prix. Qu'on est heureux de pouvoir bien faire en servant ce qu'on aime, et réunir ainsi dans le même soin les charmes de l'amour et de la vertu! Je l'avoue, ô Julie! je partis le cœur plein d'impatience et de chagrin. Je vous reprochois d'être si sensible aux peines d'autrui et de compter pour rien les miennes, comme si j'étois le seul au monde qui n'eût rien mérité de vous. Je trouvois de la barbarie, après m'avoir leurré d'un si doux espoir, à me priver, sans nécessité, d'un bien dont vous m'aviez flatté vous-même. Tous ces murmures se sont évanouis; je sens renaître à leur place, au fond de mon âme, un contentement inconnu : j'éprouve déjà le dédommagement que vous m'avez promis, vous que l'habitude de bien faire a tant instruite du goût qu'on y trouve. Quel étrange empire est le vôtre, de pouvoir rendre les privations aussi douces que les plaisirs, et donner à ce qu'on fait pour vous le même charme qu'on trouveroit à se contenter soi-même! Ah! je l'ai dit cent fois, tu es un ange du ciel, ma Julie! sans doute avec tant d'autorité sur mon âme la tienne est plus divine qu'humaine. Comment n'être pas éternellement à toi puisque ton règne est céleste? et que serviroit de cesser de t'aimer s'il faut toujours qu'on t'adore?

P. S. Suivant mon calcul, nous avons encore au moins cinq ou six jours jusqu'au retour de la maman. Seroit-il impossible, durant cet intervalle, de faire un pèlerinage au chalet?

LETTRE XLIV.

DE JULIE.

Ne murmure pas tant, mon ami, de ce retour précipité; il nous est plus avantageux qu'il ne semble; et quand nous aurions fait par adresse ce que nous avons fait par bienfaisance, nous n'aurions pas mieux réussi. Regarde ce qui seroit arrivé si nous n'eussions suivi que nos fantaisies. Je serois allée à la campagne précisément la veille du retour de ma mère à la ville; j'aurois eu un exprès avant d'avoir pu ménager notre entrevue; il auroit fallu partir sur-le-champ, peut-être sans pouvoir t'avertir, te laisser dans des perplexités mortelles, et notre séparation se seroit faite au moment qui la rendoit le plus douloureuse. De plus, on auroit su que nous étions tous deux à la campagne; malgré nos précautions, peut-être eût-on su que nous y étions ensemble; du moins on l'auroit soupçonné, c'en étoit assez. L'indiscrète avidité du présent nous ôtoit toute ressource pour l'avenir, et le remords d'une bonne œuvre dédaignée nous eût tourmentés toute la vie.

Compare à présent cet état à notre situation réelle. Premièrement, ton absence a produit un excellent effet. Mon Argus n'aura pas manqué de dire à ma mère qu'on t'avoit peu vu chez ma cousine : elle sait ton voyage et le sujet; c'est une raison de plus pour t'estimer. Et le moyen d'imaginer que des gens qui vivent en bonne intelligence prennent volontairement pour s'éloigner le seul moment de liberté qu'ils ont pour se voir! Quelle ruse avons-nous employée pour écarter une trop juste défiance? La seule, à mon avis, qui soit permise à d'honnêtes gens, celle de l'être à un point qu'on ne puisse croire, en sorte qu'on prenne un effort de vertu pour un acte d'indifférence. Mon ami, qu'un amour caché par de tels moyens doit être doux aux cœurs qui le goûtent! Ajoute à cela le plaisir de réunir des amans désolés, et de rendre heureux deux jeunes gens si dignes de l'être. Tu l'as vue, ma Fanchon; dis, n'est-elle pas charmante? et ne mérite-t-elle pas bien tout ce que tu as fait pour elle? N'est-elle pas trop jolie et trop malheureuse pour rester fille impunément? Claude Anet, de son côté, dont le bon naturel a résisté par miracle à trois ans de service, en eût-il pu supporter encore autant sans devenir un vaurien comme tous les autres? Au lieu de cela, ils s'aiment et seront unis; ils sont pauvres et seront aidés; ils sont honnêtes gens et pourront continuer de l'être; car mon père a promis de prendre soin de leur établissement. Que de biens tu as procurés à eux et à nous par ta complaisance, sans parler du compte que je t'en dois tenir! Tel est, mon ami, l'effet assuré des sacrifices qu'on fait à la vertu : s'ils coûtent souvent à faire, il est toujours doux de les avoir faits, et l'on n'a jamais vu personne se repentir d'une bonne action.

Je me doute bien qu'à l'exemple de l'inséparable, tu m'appelleras aussi la *prêcheuse*, et il est vrai que je ne fais pas mieux ce que je dis que les gens du métier. Si mes sermons ne valent pas les leurs, au moins je vois avec plaisir qu'ils ne sont pas comme eux jetés au vent. Je ne m'en défends point, mon aimable ami; je voudrois ajouter autant de vertus aux tiennes qu'un fol amour m'en a fait perdre, et, ne pouvant plus m'estimer moi-même, j'aime à m'estimer encore en toi. De ta part, il ne s'agit que d'aimer parfaitement, et tout viendra comme de lui-même. Avec quel plaisir tu dois voir augmenter sans cesse les dettes que l'amour s'oblige à payer!

Ma cousine a su les entretiens que tu as eus avec son père au sujet de M. d'Orbe; elle y est aussi sensible que si nous pouvions, en offices de l'amitié, n'être pas toujours en reste avec elle. Mon Dieu! mon ami, que je suis une heureuse fille! que je suis aimée! et que je trouve charmant de l'être! Père, mère, amie, amant, j'ai beau chérir tout ce qui m'environne, je me trouve toujours ou prévenue ou surpassée. Il semble que tous les plus doux sentimens du monde viennent sans cesse chercher mon âme, et j'ai le regret de n'en avoir qu'une pour jouir de tout mon bonheur.

J'oubliois de t'annoncer une visite pour demain matin : c'est mylord Bomston qui vient de Genève, où il a passé sept ou huit mois. Il dit t'avoir vu à Sion à son retour d'Italie. Il te trouva fort triste, et parle au surplus de toi comme j'en pense. Il fit hier ton éloge si bien et si à propos devant mon père, qu'il m'a tout-à-fait disposée à faire le sien. En effet, j'ai trouvé du sens, du sel, du feu dans sa conversation. Sa voix s'élève, et son œil s'anime au récit des grandes actions, comme il arrive aux hommes capables d'en faire. Il parle aussi avec intérêt des choses de goût, entre autres de la musique italienne qu'il porte jusqu'au sublime; je croyois entendre encore mon pauvre frère. Au surplus, il met plus d'énergie que de grâce dans ses discours, et je lui trouve même l'esprit un peu rêche [1]. Adieu mon ami.

LETTRE XLV.

A JULIE.

Je n'en étois encore qu'à la seconde lecture de ta lettre quand mylord Édouard Bomston est entré. Ayant tant d'autres choses à te dire, comment aurois-je pensé, ma Julie, à te parler de lui? Quand on se suffit l'un à l'autre, s'avise-t-on de songer à un tiers? je vais te rendre compte de ce que j'en sais, maintenant que tu parois le désirer.

Ayant passé le Simplon, il étoit venu jusqu'à Sion au-devant d'une chaise qu'on devoit lui amener de Genève à Brigue; et le désœuvrement rendant les hommes assez lians, il me rechercha. Nous fîmes une connoissance aussi intime qu'un Anglois naturellement peu prévenant peut la faire avec un homme fort préoccupé qui cherche la solitude. Cependant nous sentîmes que nous nous convenions; il y a un certain unisson d'âme qui s'aperçoit au premier instant; et nous fûmes familiers au bout de huit jours, mais pour toute la vie, comme deux François l'auroient été au bout de huit heures pour tout le temps qu'ils ne se seroient pas quittés. Il m'entretint de ses voyages, et, le sachant Anglois, je crus qu'il m'alloit parler d'édifices et de peintures. Bientôt je vis avec plaisir que les tableaux et les monumens ne lui avoient point fait négliger l'étude des mœurs et des hommes. Il me parla cependant des beaux-arts avec beaucoup de discer-

---

[1] Terme du pays, pris ici métaphoriquement. Il signifie au propre une surface rude au toucher, et qui cause un frissonnement désagréable en y passant la main, comme celle d'une brosse fort serrée, ou de velours d'Utrecht.

nement, mais modérément et sans prétention. J'estimai qu'il en jugeoit avec plus de sentiment que de science, et par les effets plus que par les règles, ce qui me confirma qu'il avoit l'âme sensible. Pour la musique italienne, il m'en parut enthousiaste comme à toi ; il m'en fit même entendre, car il mène un virtuose avec lui ; son valet de chambre joue fort bien du violon, et lui-même passablement du violoncelle. Il me choisit plusieurs morceaux très-pathétiques, à ce qu'il prétendoit : mais, soit qu'un accent si nouveau pour moi demandât une oreille plus exercée, soit que le charme de la musique, si doux dans la mélancolie, s'efface dans une profonde tristesse, ces morceaux me firent peu de plaisir ; et j'en trouvai le chant agréable, à la vérité, mais bizarre et sans expression.

Il fut aussi question de moi, et mylord s'informa avec intérêt de ma situation. Je lui en dis tout ce qu'il en devoit savoir. Il me proposa un voyage en Angleterre, avec des projets de fortune impossibles dans un pays où Julie n'étoit pas. Il me dit qu'il alloit passer l'hiver à Genève, l'été suivant à Lausanne, et qu'il viendroit à Vevai avant de retourner en Italie : il m'a tenu parole, et nous nous sommes revus avec un nouveau plaisir.

Quant à son caractère, je le crois vif et emporté, mais vertueux et ferme. Il se pique de philosophie, et de ces principes dont nous avons autrefois parlé. Mais au fond je le crois par tempérament ce qu'il pense être par méthode, et le vernis stoïque qu'il met à ses actions ne consiste qu'à parer de beaux raisonnemens le parti que son cœur lui a fait prendre. J'ai cependant appris avec un peu de peine qu'il avoit eu quelques affaires en Italie, et qu'il s'y étoit battu plusieurs fois.

Je ne sais ce que tu trouves de rêche dans ses manières ; véritablement elles ne sont pas prévenantes, mais je n'y sens rien de repoussant. Quoique son abord ne soit pas aussi ouvert que son cœur, et qu'il dédaigne les petites bienséances, il ne laisse pas, ce me semble, d'être d'un commerce agréable. S'il n'a pas cette politesse réservée et circonspecte qui se règle uniquement sur l'extérieur, et que nos jeunes officiers nous apportent de France, il a celle de l'humanité qui se pique moins de distinguer au premier coup d'œil les états et les rangs, et respecte en général tous les hommes. Te l'avouerai-je naïvement? La privation des grâces est un défaut que les femmes ne pardonnent point, même au mérite ; et j'ai peur que Julie n'ait été femme une fois en sa vie.

Puisque je suis en train de sincérité, je te dirai encore, ma jolie prêcheuse, qu'il est inutile de vouloir donner le change à mes droits, et qu'un amour affamé ne se nourrit point de sermons. Songe, songe aux dédommagemens promis et dus : car toute la morale que tu m'as débitée est fort bonne ; mais, quoi que tu puisses dire, le chalet valoit encore mieux.

LETTRE XLVI.

DE JULIE.

Hé bien donc, mon ami, toujours le chalet ! l'histoire de ce chalet te pèse furieusement sur le cœur ; et je vois bien qu'à la mort ou à la vie il faut te faire raison du chalet. Mais des lieux où tu ne fus jamais te sont-ils si chers qu'on ne puisse t'en dédommager ailleurs? et l'Amour, qui fit le palais d'Armide au fond d'un désert, ne sauroit-il nous faire un chalet à la ville?

Écoute : on va marier ma Fanchon : mon père, qui ne hait pas les fêtes et l'appareil, veut lui faire une noce où nous serons tous : cette noce ne manquera pas d'être tumultueuse. Quelquefois le mystère a su tendre son voile au sein de la turbulente joie et du fracas des festins. Tu m'entends, mon ami, ne seroit-il pas doux de retrouver dans l'effet de nos soins les plaisirs qu'ils nous ont coûtés?

Tu t'animes, ce me semble, d'un zèle assez superflu sur l'apologie de mylord Édouard, dont je suis fort éloignée de mal penser. D'ailleurs, comment jugerois-je un homme que je n'ai vu qu'un après-midi? et comment en pourrois-tu juger toi-même sur une connoissance de quelques jours? Je n'en parle que par conjecture, et tu ne peux guère être plus avancé ; car les propositions qu'il t'a faites sont de ces offres vagues dont un air de puissance et la facilité de les éluder rendent souvent les étrangers prodigues. Mais je reconnois tes vivacités ordinaires, et combien tu as de penchant à te prévenir pour ou contre les gens presque à la première vue. Cependant nous examinerons à loisir les arrangemens qu'il t'a proposés. Si l'amour favorise le projet qui m'occupe, il s'en présentera peut-être de meilleurs pour nous. O mon bon ami! la patience est amère, mais son fruit est doux.

Pour revenir à ton Anglois, je t'ai dit qu'il me paroissoit avoir l'âme grande et forte, et plus de lumières que d'agrémens dans l'esprit. Tu dis à peu près la même chose; et puis, avec cet air de supériorité masculine qui n'abandonne point nos humbles adorateurs, tu me reproches d'avoir été de mon sexe une fois en ma vie; comme si jamais une femme devoit cesser d'en être! Te souvient-il qu'en lisant ta République de Platon nous avons autrefois disputé sur ce point de la différence morale des sexes? Je persiste dans l'avis dont j'étois alors, et ne saurois imaginer un modèle commun de perfection pour deux êtres si différens. L'attaque et la défense, l'audace des hommes, la pudeur des femmes, ne sont point des conventions, comme le pensent tes philosophes, mais des institutions naturelles dont il est facile de rendre raison, et dont se déduisent aisément toutes les autres distinctions morales. D'ailleurs, la destination de la nature n'étant pas la même, les inclinations, les manières de voir et de sentir, doivent être dirigées de chaque côté selon ses vues. Il ne faut point les mêmes goûts ni la même constitution pour labourer la terre et pour allaiter des enfans. Une taille plus haute, une voix plus forte, et des traits plus marqués, semblent n'avoir aucun rapport nécessaire au sexe; mais les modifications extérieures annoncent l'intention de l'ouvrier dans les modifications de l'esprit. Une femme parfaite et un homme parfait ne doivent pas plus se ressembler d'âme que de visage. Ces vaines imitations de sexe sont le comble de la déraison; elles font rire le sage et fuir les amours. Enfin je trouve qu'à moins d'avoir cinq pieds et demi de haut, une voix de basse, et de la barbe au menton, l'on ne doit point se mêler d'être homme.

Vois combien les amans sont maladroits en injures! Tu me reproches une faute que je n'ai pas commise, ou que tu commets aussi bien que moi, et l'attribues à un défaut dont je m'honore. Veux-tu que, te rendant sincérité pour sincérité, je te dise naïvement ce que je pense de la tienne? Je n'y trouve qu'un raffinement de flatterie, pour te justifier à toi-même, par cette franchise apparente, les éloges enthousiastes dont tu m'accables à tout propos. Mes prétendues perfections t'aveuglent au point que, pour démentir les reproches que tu te fais en secret de ta prévention, tu n'as pas l'esprit d'en trouver un solide à me faire.

Crois-moi, ne te charge point de me dire mes vérités, tu t'en acquitterois trop mal: les yeux de l'amour, tout perçans qu'ils sont, savent-ils voir des défauts? C'est à l'intègre amitié que ces soins appartiennent, et là-dessus ta disciple Claire est cent fois plus savante que toi. Oui, mon ami, loue-moi, admire-moi, trouve-moi belle, charmante, parfaite; tes éloges me plaisent sans me séduire, parce que je vois qu'ils sont le langage de l'erreur et non de la fausseté, et que tu te trompes toi-même, mais que tu ne veux pas me tromper. O que les illusions de l'amour sont aimables! ses flatteries sont en un sens des vérités : le jugement se tait, mais le cœur parle. L'amant qui loue en nous des perfections que nous n'avons pas les voit en effet telles qu'il les représente; il ne ment point en disant des mensonges; il flatte sans s'avilir, et l'on peut au moins l'estimer sans le croire.

J'ai entendu, non sans quelque battement de cœur, proposer d'avoir demain deux philosophes à souper. L'un est mylord Édouard: l'autre est un sage dont la gravité s'est quelquefois un peu dérangée aux pieds d'une jeune écolière; ne le connoîtriez-vous point? Exhortez-le, je vous prie, à tâcher de garder demain le décorum philosophique un peu mieux qu'à son ordinaire. J'aurai soin d'avertir aussi la petite personne de baisser les yeux, et d'être aux siens le moins jolie qu'il se pourra.

LETTRE XLVII.

A JULIE.

Ah mauvaise! est-ce là la circonspection que tu m'avois promise? est-ce ainsi que tu ménages mon cœur et voiles tes attraits! Que de contraventions à tes engagemens! Premièrement ta parure, car tu n'en avois point, et tu sais bien que tu n'es jamais si dangereuse. Secondement, ton maintien si doux, si modeste, si propre à laisser remarquer à loisir toutes tes grâces. Ton parler plus rare, plus réfléchi, plus spirituel encore qu'à l'ordinaire, qui nous rendoit tous plus attentifs, et faisoit voler l'oreille et le cœur au-devant de chaque mot. Cet air que tu chantas à demi-voix, pour donner encore plus de douceur à ton chant, et qui, bien que françois, plut à mylord Edouard même. Ton regard timide et tes yeux baissés, dont les éclairs inattendus me jetoient dans un trouble inévitable. Enfin, ce je ne sais quoi d'inexprimable, d'enchanteur, que tu semblois avoir répandu sur toute ta personne pour faire tourner la tête à tout le monde, sans paroître même y songer. Je ne sais, pour moi, comment tu t'y prends; mais, si telle est ta manière d'être jolie le moins qu'il est possible, je t'avertis que c'est l'être beaucoup plus qu'il ne le faut pour avoir des sages autour de soi.

Je crains fort que le pauvre philosophe anglois n'ait un peu ressenti la même influence. Après avoir reconduit ta cousine, comme nous étions tous encore fort éveillés, il nous proposa d'aller chez lui faire de la musique et boire du punch. Tandis qu'on rassembloit ses gens, il ne cessa de nous parler de toi avec un feu qui me déplut, et je n'entendis pas ton éloge dans sa bouche avec autant de plaisir que tu avois entendu le mien. En général, j'avoue que je n'aime point que personne, excepté ta cousine, me parle de toi; il me semble que chaque mot m'ôte une partie de mon secret ou de mes plaisirs; et, quoi que l'on puisse dire, on y met un intérêt si suspect, ou l'on est si loin de ce que je sens, que je n'aime écouter là-dessus que moi-même.

Ce n'est pas que j'aie comme toi du penchant à la jalousie. Je connois mieux ton âme; j'ai des garans qui ne me permettent pas même d'imaginer ton changement possible. Après tes assurances, je ne te dis plus rien des autres prétendans. Mais celui-ci, Julie!... des conditions sortables.... les préjugés de ton père... Tu sais bien qu'il s'agit de ma vie, daigne donc me dire un mot là-dessus. Un mot de Julie, et je suis tranquille à jamais.

J'ai passé la nuit à entendre ou exécuter de la musique italienne, car il s'est trouvé des duo et il a fallu hasarder d'y faire ma partie. Je n'ose te parler encore de l'effet qu'elle a produit sur moi; j'ai peur que l'impression du souper d'hier ne se soit prolongée sur ce que j'entendois, et que je n'aie pris l'effet de tes séductions pour le charme de la musique. Pourquoi la même cause qui me la rendoit ennuyeuse à Sion ne pourroit-elle pas ici me la rendre agréable dans une situation contraire? N'es-tu pas la première source de toutes les affections de mon âme! et suis-je à l'épreuve des prestiges de ta magie? Si la musique eût réellement produit cet enchantement, il eût agi sur tous ceux qui l'entendoient. Mais, tandis que ces chants me tenoient en extase, M. d'Orbe dormoit tranquillement dans un fauteuil, et, au milieu de mes transports, il s'est contenté pour tout éloge de demander si ta cousine savoit l'italien.

Tout ceci sera mieux éclairci demain; car nous avons pour ce soir un nouveau rendez-vous de musique. Mylord veut la rendre complète, et il a mandé de Lausanne un second violon qu'il dit être assez entendu. Je porterai de mon côté des scènes, des cantates françoises, et nous verrons.

En arrivant chez moi j'étois d'un accablement que m'a donné le peu d'habitude de veiller et qui se perd en t'écrivant. Il faut pourtant tâcher de dormir quelques heures. Viens avec moi, ma douce amie; ne me quitte point durant mon sommeil; mais, soit que ton image le trouble ou le favorise, soit qu'il m'offre ou non les noces de la Fanchon, un instant délicieux qui ne peut m'échapper et qu'il me prépare, c'est le sentiment de mon bonheur au réveil.

LETTRE XLVIII.

A JULIE.

Ah! ma Julie, qu'ai-je entendu? Quels sons touchans! quelle musique! quelle source délicieuse de sentimens et de plaisirs! Ne perds pas un moment; rassemble avec soin tes opéra, tes cantates, ta musique françoise, fais un grand feu bien ardent, jettes-y tout ce fatras, et l'attise avec soin, afin que tant de glace puisse y brûler et donner de la chaleur au moins une fois. Fais ce sacrifice propitiatoire au dieu du goût, pour expier ton crime et le mien d'avoir profané ta voix à cette lourde psalmodie, et d'avoir pris si long-temps pour le langage du cœur un bruit qui ne fait qu'étourdir l'oreille. O que ton digne frère avoit raison! Dans quelle étrange erreur j'ai vécu jusqu'ici sur les productions de cet art charmant! je sentois leur peu d'effet, et l'attribuois à sa foiblesse. Je disois : La musique n'est qu'un vain son qui peut flatter l'oreille et n'agit qu'indirectement et légèrement sur l'âme : l'impression des accords est purement mécanique et physique; qu'a-t-elle à faire au sentiment? et pourquoi devrois-je espérer d'être plus vivement touché d'une belle harmonie que d'un bel accord de couleurs? Je n'apercevois pas dans les accens de la mélodie, appliqués à ceux de la langue, le lien puissant et secret des passions avec les sons : je ne voyois pas que l'imitation des tons divers dont les sentimens animent la voix parlante donne à son tour à la voix chantante le pouvoir d'agiter les cœurs, et que l'énergique tableau des mouvemens de l'âme de celui qui se fait entendre est ce qui fait le vrai charme de ceux qui l'écoutent.

C'est ce que me fit remarquer le chanteur de mylord, qui, pour un musicien, ne laisse pas de parler assez bien de son art. L'harmonie, me disoit-il, n'est qu'un accessoire éloigné dans la musique imitative; il n'y a dans l'harmonie proprement dite aucun principe d'imitation. Elle assure, il est vrai, les intonations; elle porte témoignage de leur justesse; et, rendant les modulations plus sensibles, elle ajoute de l'énergie à l'expression et de la grâce au chant. Mais c'est de la seule mélodie que sort cette puissance invincible des accens passionnés; c'est d'elle que dérive tout le pouvoir de la musique sur l'âme. Formez les plus savantes successions d'accords sans mélange de mélodie, vous serez ennuyés au bout d'un quart d'heure. De beaux chants sans aucune harmonie sont long-temps à l'épreuve de l'ennui. Que l'accent du sentiment anime les chants les plus simples, ils seront intéressans. Au contraire, une mélodie qui ne parle point chante toujours mal, et la seule harmonie n'a jamais rien su dire au cœur.

C'est en ceci, continuoit-il, que consiste l'erreur des François sur les forces de la musique. N'ayant et ne pouvant avoir une mélodie à eux dans une langue qui n'a point d'accent, et sur une poésie maniérée qui ne connut jamais la nature, ils n'imaginent d'effets que ceux de l'harmonie et des éclats de voix, qui ne rendent pas les sons plus mélodieux, mais plus bruyans; et ils sont si malheureux dans leurs prétentions, que cette harmonie même qu'ils cherchent leur échappe; à force de la vouloir charger ils n'y mettent plus de choix, ils ne connoissent plus les choses d'effet, ils ne font plus que du remplissage; ils se gâtent l'oreille, et ne sont plus sensibles qu'au bruit; en sorte que la plus belle voix pour eux n'est que celle qui chante le plus fort. Aussi, faute d'un genre propre, n'ont-ils jamais fait que suivre pesamment et de loin nos modèles; et depuis leur célèbre Lulli, ou plutôt le nôtre, qui ne fit qu'imiter les opéra dont l'Italie étoit déjà pleine de son temps, on les a toujours vus, l'espace de trente ou quarante ans, copier, gâter nos vieux auteurs, et faire à peu près de notre musique comme les autres peuples font de leurs modes. Quand ils se vantent de leurs chansons, c'est leur propre condamnation qu'ils prononcent; s'ils savoient chanter des sentimens, ils ne chanteroient pas de l'esprit : mais parce que leur musique n'exprime rien, elle est plus propre aux chansons qu'aux opéra; et parce que la nôtre est toute passionnée, elle est plus propre aux opéra qu'aux chansons (*).

Ensuite, m'ayant récité sans chant quelques scènes italiennes, il me fit sentir les rapports de la musique à la parole dans le récitatif, de la musique au sentiment dans les airs, et partout l'énergie que la mesure exacte et le choix des accords ajoutent à l'expression. Enfin, après avoir joint à la connoissance que j'ai de la langue la meilleure idée qu'il me fut possible de l'accent oratoire et pathétique, c'est-à-dire de l'art de parler à l'oreille et au cœur dans une langue sans articuler des mots, je me mis à écouter cette musique enchanteresse, et

---

(*) Rousseau modifia plus tard cette opinion, et même il se rétracta, mais à sa manière, en chantant des morceaux d'Orphée et des opéra de Grétry.   M. F.

je sentis bientôt, aux émotions qu'elle me causoit, que cet art avoit un pouvoir supérieur à celui que j'avois imaginé. Je ne sais quelle sensation voluptueuse me gagnoit insensiblement. Ce n'étoit plus une vaine suite de sons comme dans nos récits. A chaque phrase, quelque image entroit dans mon cerveau ou quelque sentiment dans mon cœur; le plaisir ne s'arrêtoit point à l'oreille, il pénétroit jusqu'à l'âme; l'exécution couloit sans efforts, avec une facilité charmante; tous les concertans sembloient animés du même esprit; le chanteur, maître de sa voix, en tiroit sans gêne tout ce que le chant et les paroles demandoient de lui; et je trouvai surtout un grand soulagement à ne sentir ni ces lourdes cadences, ni ces pénibles efforts de voix, ni cette contrainte que donne chez nous au musicien le perpétuel combat du chant et de la mesure, qui, ne pouvant jamais s'accorder, ne lassent guère moins l'auditeur que l'exécutant.

Mais quand après une suite d'airs agréables on vint à ces grands morceaux d'expression qui savent exciter et peindre le désordre des passions violentes, je perdois à chaque instant l'idée de musique, de chant, d'imitation; je croyois entendre la voix de la douleur, de l'emportement, du désespoir; je croyois voir des mères éplorées, des amans trahis, des tyrans furieux; et, dans les agitations que j'étois forcé d'éprouver, j'avois peine à rester en place. Je connus alors pourquoi cette même musique qui m'avoit autrefois ennuyé m'échauffoit maintenant jusqu'au transport; c'est que j'avois commencé de la concevoir, et que sitôt qu'elle pouvoit agir elle agissoit avec toute sa force. Non, Julie, on ne supporte point à demi de pareilles impressions : elles sont excessives ou nulles, jamais foibles ou médiocres; il faut rester insensible, ou se laisser émouvoir outre mesure; ou c'est le vain bruit d'une langue qu'on n'entend point, ou c'est une impétuosité de sentiment qui vous entraîne, et à laquelle il est impossible à l'âme de résister.

Je n'avois qu'un regret, mais il ne me quittoit point; c'étoit qu'un autre que toi formât des sons dont j'étois si touché, et de voir sortir de la bouche d'un vil *castrato* les plus tendres expressions de l'amour. O ma Julie! n'est-ce pas à nous de revendiquer tout ce qui appartient au sentiment? Qui sentira, qui dira mieux que nous ce que doit dire et sentir une âme attendrie? Qui saura prononcer d'un ton plus touchant le *cor mio, l'idolo amato*? Ah! que le cœur prêtera d'énergie à l'art si jamais nous chantons ensemble un de ces duo charmans qui font couler des larmes si délicieuses! Je te conjure premièrement d'entendre un essai de cette musique, soit chez toi, soit chez l'inséparable. Mylord y conduira quand tu voudras tout son monde, et je suis sûr qu'avec un organe aussi sensible que le tien, et plus de connoissance que je n'en avois de la déclamation italienne, une seule séance suffira pour t'amener au point où je suis, et te faire partager mon enthousiasme. Je te propose et te prie encore de profiter du séjour du virtuose pour prendre leçon de lui, comme j'ai commencé de faire dès ce matin. Sa manière d'enseigner est simple, nette, et consiste en pratique plus qu'en discours; il ne dit pas ce qu'il faut faire, il le fait; et en ceci comme en bien d'autres choses, l'exemple vaut mieux que la règle. Je vois déjà qu'il n'est question que de s'asservir à la mesure, de la bien sentir, de phraser et ponctuer avec soin, de soutenir également des sons et non de les renfler, afin d'ôter de la voix les éclats et toute la pretintaille françoise, pour la rendre juste, expressive et flexible : la tienne, naturellement si légère et si douce, prendra facilement ce nouveau pli; tu trouveras bientôt dans ta sensibilité l'énergie et la vivacité de l'accent qui anime la musique italienne,

E 'l cantar che nell' anima si sente(¹).

Laisse donc pour jamais cet ennuyeux et lamentable chant françois, qui ressemble aux cris de la colique mieux qu'aux transports des passions. Apprends à former ces sons divins que le sentiment inspire, seuls dignes de ta voix, seuls dignes de ton cœur, et qui portent toujours avec eux le charme et le feu des caractères sensibles.

LETTRE XLIX.

DE JULIE.

Tu sais bien, mon ami, que je ne puis t'écrire qu'à la dérobée, et toujours en danger d'être

(¹) Et le chant qui se sent dans l'âme. PETR.

surprise. Ainsi, dans l'impossibilité de faire de longues lettres, je me borne à répondre à ce qu'il y a de plus essentiel dans les tiennes, ou à suppléer à ce que je ne t'ai pu dire dans des conversations non moins furtives de bouche que par écrit. C'est ce que je ferai surtout aujourd'hui que deux mots au sujet de mylord Édouard me font oublier le reste de ta lettre.

Mon ami, tu crains de me perdre, et me parles de chansons! belle matière à tracasserie entre amans qui s'entendroient moins. Vraiment tu n'es pas jaloux, on le voit bien ; mais pour le coup je ne serai pas jalouse moi-même, car j'ai pénétré dans ton âme et ne sens que ta confiance où d'autres croiroient sentir ta froideur. O la douce et charmante sécurité que celle qui vient du sentiment d'une union parfaite! C'est par elle, je le sais, que tu tires de ton propre cœur le bon témoignage du mien ; c'est par elle aussi que le bien te justifie ; et je te croirois bien moins amoureux si je te voyois plus alarmé.

Je ne sais ni ne veux savoir si mylord Édouard a d'autres attentions pour moi que celles qu'ont tous les hommes pour les personnes de mon âge : ce n'est point de ses sentimens qu'il s'agit, mais de ceux de mon père et des miens ; ils sont aussi d'accord sur son compte que sur celui des prétendus prétendans dont tu dis que tu ne dis rien. Si son exclusion et la leur suffisent à ton repos, sois tranquille. Quelque honneur que nous fît la recherche d'un homme de ce rang, jamais, du consentement du père ni de la fille, Julie d'Étange ne sera lady Bomston. Voilà sur quoi tu peux compter.

Ne va pas croire qu'il ait été pour cela question de mylord Édouard, je suis sûre que de nous quatre tu es le seul qui puisse même lui supposer du goût pour moi. Quoi qu'il en soit, je sais à cet égard la volonté de mon père sans qu'il en ait parlé ni à moi ni à personne, et je n'en serois pas mieux instruite quand il me l'auroit positivement déclarée. En voilà assez pour calmer tes craintes, c'est-à-dire autant que tu en dois savoir. Le reste seroit pour toi de pure curiosité, et tu sais que j'ai résolu de ne la pas satisfaire. Tu as beau me reprocher cette réserve et la prétendre hors de propos dans nos intérêts communs : si je l'avois toujours eue, elle me seroit moins importante aujourd'hui. Sans le compte indiscret que je te rendis d'un discours de mon père, tu n'aurois point été te désoler à Meillerie ; tu ne m'eusses point écrit la lettre qui m'a perdue ; je vivrois innocente, et pourrois encore aspirer au bonheur. Juge, par ce que me coûte une seule indiscrétion, de la crainte que je dois avoir d'en commettre d'autres. Tu as trop d'emportement pour avoir de la prudence ; tu pourrois plutôt vaincre tes passions que les déguiser. La moindre alarme te mettroit en fureur ; à la moindre lueur favorable tu ne douterois plus de rien ; on liroit tous nos secrets dans ton âme, et tu détruirois à force de zèle tout le succès de mes soins. Laisse moi donc les soucis de l'amour, et n'en garde que les plaisirs ; ce partage est-il si pénible ? et ne sens-tu pas que tu ne peux rien à notre bonheur que de n'y point mettre obstacle ?

Hélas! que me serviront désormais ces précautions tardives ? Est-il temps d'affermir ses pas au fond du précipice, et de prévenir les maux dont on se sent accablé ? Ah! misérable fille, c'est bien à toi de parler de bonheur ! En peut-il jamais être où règnent la honte et le remords ? Dieu ! quel état cruel, de ne pouvoir ni supporter son crime, ni s'en repentir ; d'être assiégé par mille frayeurs, abusé par mille espérances vaines, et de ne jouir pas même de l'horrible tranquillité du désespoir ! Je suis désormais à la seule merci du sort. Ce n'est plus ni de force ni de vertu qu'il est question, mais de fortune et de prudence ; et il ne s'agit pas d'éteindre un amour qui doit durer autant que ma vie, mais de le rendre innocent ou de mourir coupable. Considère cette situation, mon ami, et vois si tu peux te fier à mon zèle.

LETTRE L.

DE JULIE.

Je n'ai point voulu vous expliquer hier en vous quittant la cause de la tristesse que vous m'avez reprochée, parce que vous n'étiez pas en état de m'entendre. Malgré mon aversion pour les éclaircissemens, je vous dois celui-ci, puisque je l'ai promis, et je m'en acquitte.

Je ne sais si vous vous souvenez des étranges discours que vous me tîntes hier au soir, et des manières dont vous les accompagnâtes : quant à moi, je ne les oublierai jamais assez tôt pour votre bonheur et pour mon repos, et malheureusement j'en suis trop indignée pour pouvoir les oublier aisément. De pareilles expressions avoient quelquefois frappé mon oreille en passant auprès du port; mais je ne croyois pas qu'elles pussent jamais sortir de la bouche d'un honnête homme; je suis très-sûre au moins qu'elles n'entrèrent jamais dans le dictionnaire des amans, et j'étois bien éloignée de penser qu'elles pussent être d'usage entre vous et moi. Eh dieux! quel amour est le vôtre, s'il assaisonne ainsi ses plaisirs! Vous sortiez, il est vrai, d'un long repas, et je vois ce qu'il faut pardonner en ce pays aux excès qu'on y peut faire; c'est aussi pour cela que je vous en parle. Soyez certain qu'un tête-à-tête où vous m'auriez traitée ainsi de sang-froid eût été le dernier de notre vie.

Mais ce qui m'alarme sur votre compte, c'est que souvent la conduite d'un homme échauffé de vin n'est que l'effet de ce qui se passe au fond de son cœur dans les autres temps. Croirai-je que dans un état où l'on ne déguise rien vous vous montrâtes tel que vous êtes? Que deviendrois-je si vous pensiez à jeun comme vous parliez hier au soir? Plutôt que de supporter un pareil mépris, j'aimerois mieux éteindre un feu si grossier, et perdre un amant qui, sachant si mal honorer sa maîtresse, mériteroit si peu d'en être estimé. Dites-moi, vous qui chérissiez les sentimens honnêtes, seriez-vous tombé dans cette erreur cruelle, que l'amour heureux n'a plus de ménagement à garder avec la pudeur, et qu'on ne doit plus de respect à celle dont on n'a plus de rigueur à craindre? Ah! si vous aviez toujours pensé ainsi, vous auriez été moins à redouter, et je ne serois pas si malheureuse. Ne vous y trompez pas, mon ami, rien n'est si dangereux pour les vrais amans que les préjugés du monde; tant de gens parlent d'amour, et si peu savent aimer, que la plupart prennent pour ses pures et douces lois les viles maximes d'un commerce abject, qui, bientôt assouvi de lui-même, a recours aux monstres de l'imagination et se déprave pour se soutenir.

Je ne sais si je m'abuse; mais il me semble que le véritable amour est le plus chaste de tous les liens. C'est lui, c'est son feu divin qui sait épurer nos penchans naturels, en les concentrant dans un seul objet; c'est lui qui nous dérobe aux tentations, et qui fait qu'excepté cet objet unique un sexe n'est plus rien pour l'autre. Pour une femme ordinaire, tout homme est toujours un homme; mais pour celle dont le cœur aime il n'y a point d'homme que son amant. Que dis-je? un amant n'est-il qu'un homme? Ah! qu'il est un être bien plus sublime! Il n'y a point d'homme pour celle qui aime: son amant est plus; tous les autres sont moins; elle et lui sont les seuls de leur espèce. Ils ne désirent pas, ils aiment. Le cœur ne suit point les sens, il les guide; il couvre leurs égaremens d'un voile délicieux. Non, il n'y a rien d'obscène que la débauche et son grossier langage. Le véritable amour, toujours modeste, n'arrache point ses faveurs avec audace; il les dérobe avec timidité. Le mystère, le silence, la honte craintive, aiguisent et cachent ses doux transports. Sa flamme honore et purifie toutes ses caresses; la décence et l'honnêteté l'accompagnent au sein de la volupté même; et lui seul sait tout accorder aux désirs sans rien ôter à la pudeur. Ah! dites, vous qui connûtes les vrais plaisirs, comment une cynique effronterie pourroit-elle s'allier avec eux? comment ne banniroit-elle pas leur délire et tout leur charme, comment ne souilleroit-elle pas cette image de perfection sous laquelle on se plaît à contempler l'objet aimé? Croyez-moi, mon ami, la débauche et l'amour ne sauroient loger ensemble, et ne peuvent pas même se compenser. Le cœur fait le vrai bonheur quand on s'aime, et rien n'y peut suppléer sitôt qu'on ne s'aime plus.

Mais quand vous seriez assez malheureux pour vous plaire à ce déshonnête langage, comment avez-vous pu vous résoudre à l'employer si mal à propos, et à prendre avec celle qui vous est chère un ton et des manières qu'un homme d'honneur doit même ignorer? Depuis quand est-il doux d'affliger ce qu'on aime? et quelle est cette volupté barbare qui se plaît à jouir du tourment d'autrui? Je n'ai pas oublié que j'ai perdu le droit d'être respectée; mais si je l'oubliois jamais, est-ce à vous de me le rappeler? est-ce à l'auteur de ma faute d'en aggraver la punition? Ce seroit à lui plutôt à m'en consoler. Tout le monde a droit de me mépriser, hors vous. Vous me devez le prix de l'humiliation où vous m'avez réduite; et **tant de** pleurs versés sur ma foiblesse méritoient que vous me la fissiez moins cruellement sentir. Je ne suis ni prude ni précieuse. Hélas ! que j'en suis loin, moi qui n'ai pas su même être sage ! Vous le savez trop, ingrat, si ce tendre cœur sait rien refuser à l'amour. Mais au moins ce qu'il lui cède, il ne veut le céder qu'à lui ; et vous m'avez trop bien appris son langage pour lui en pouvoir substituer un si différent. Des injures, des coups, m'outrageroient moins que de semblables caresses. Ou renoncez à Julie, ou sachez être estimé d'elle. Je vous l'ai déjà dit, je ne connois point d'amour sans pudeur ; et s'il m'en coûtoit de perdre le vôtre, il m'en coûteroit encore plus de le conserver à ce prix.

Il me reste beaucoup de choses à dire sur le même sujet ; mais il faut finir cette lettre, et je les renvoie à un autre temps. En attendant, remarquez un effet de vos fausses maximes sur l'usage immodéré du vin. Votre cœur n'est point coupable, j'en suis très-sûre ; cependant vous avez navré le mien ; et, sans savoir ce que vous faisiez, vous désoliez comme à plaisir ce cœur trop facile à s'alarmer, et pour qui rien n'est indifférent de ce qui lui vient de vous.

LETTRE LI.

RÉPONSE.

Il n'y a pas une ligne dans votre lettre qui ne me fasse glacer le sang : et j'ai peine à croire, après l'avoir relue vingt fois, que ce soit à moi qu'elle est adressée. Qui ? moi ? moi ? j'aurois offensé Julie ? j'aurois profané ses attraits ? celle à qui chaque instant de ma vie j'offre des adorations eût été en butte à mes outrages ? Non, je me serois percé le cœur mille fois avant qu'un projet barbare en eût approché. Ah ! que tu le connois mal, ce cœur qui t'idolâtre, ce cœur qui vole et se prosterne sous chacun de tes pas, ce cœur qui voudroit inventer pour toi de nouveaux hommages inconnus aux mortels ; que tu le connois mal, ô Julie ! si tu l'accuses de manquer envers toi à ce respect ordinaire et commun qu'un amant vulgaire auroit même pour sa maîtresse ! Je ne crois être ni imprudent ni brutal, je hais les discours déshonnêtes, et n'entrerai de mes jours dans les lieux où l'on apprend à les tenir. mais, que je le redise après toi, que je renchérisse sur ta juste indignation quand je serois le plus vil des mortels, quand j'aurois passé mes premiers ans dans la crapule, quand le goût des honteux plaisirs pourroit trouver place en un cœur où tu règnes, oh ! dis-moi, Julie, ange du ciel ! dis-moi comment je pourrois apporter devant toi l'effronterie qu'on ne peut avoir que devant celles qui l'aiment ? Ah ! non, il n'est pas possible. Un seul de tes regards eût contenu ma bouche et purifié mon cœur. L'amour eût couvert mes désirs emportés des charmes de ta modestie ; il l'eût vaincue sans l'outrager ; et, dans la douce union de nos âmes, leur seul délire eût produit les erreurs des sens. J'en appelle à ton propre témoignage. Dis si, dans toutes les fureurs d'une passion sans mesure, je cessai jamais d'en respecter le charmant objet. Si je reçus le prix que ma flamme avoit mérité, dis si j'abusai de mon bonheur pour outrager ta douce honte. Si d'une main timide l'amour ardent et craintif attenta quelquefois à tes charmes, dis si jamais une témérité brutale osa les profaner. Quand un transport indiscret écarte un instant le voile qui les couvre, l'aimable pudeur n'y substitue-t-elle pas aussitôt le sien ? Ce vêtement sacré t'abandonneroit-il un moment quand tu n'en aurois point d'autre ? Incorruptible comme ton âme honnête, tous les feux de la mienne l'ont-ils jamais altérée ? Cette union si touchante et si tendre ne suffit-elle pas à notre félicité ? ne fait-elle pas seule tout le bonheur de nos jours ? connoissons-nous au monde quelques plaisirs hors ceux que l'amour donne ? en voudrions-nous connoître d'autres ? Conçois-tu comment cet enchantement eût pu se détruire ? Comment ! j'aurois oublié dans un moment l'honnêteté, notre amour, mon honneur, et l'invincible respect que j'aurois toujours eu pour toi, quand même je ne t'aurois point adorée ! Non, ne le crois pas ; ce n'est point moi qui pus t'offenser ; je n'en ai nul souvenir, et si j'eusse été coupable un instant, le remords me quitteroit-il jamais ? Non, Julie ; un démon, jaloux d'un sort trop heureux pour un mortel, a pris ma figure pour le troubler, et m'a laissé mon cœur pour me rendre plus misérable.

J'abjure, je déteste un forfait que j'ai commis puisque tu m'en accuses, mais auquel ma volonté n'a point de part. Que je vais l'abhorrer cette fatale intempérance qui me paroissoit favorable aux épanchemens du cœur, et qui peut démentir si cruellement le mien ! J'en fais par toi l'irrévocable serment, dès aujourd'hui je renonce pour ma vie au vin comme au plus mortel poison ; jamais cette liqueur funeste ne troublera mes sens, jamais elle ne souillera mes lèvres, et son délire insensé ne me rendra plus coupable à mon insu. Si j'enfreins ce vœu solennel, amour, accable-moi du châtiment dont je serai digne : puisse à l'instant l'image de ma Julie sortir pour jamais de mon cœur, et l'abandonner à l'indifférence et au désespoir !

Ne pense pas que je veuille expier mon crime par une peine si légère ; c'est une précaution et non pas un châtiment : j'attends de toi celui que j'ai mérité, je l'implore pour soulager mes regrets. Que l'amour offensé se venge et s'apaise ; punis-moi sans me haïr, je souffrirai sans murmure. Sois juste et sévère ; il le faut, j'y consens : mais si tu veux me laisser la vie, ôte-moi tout, hormis ton cœur.

LETTRE LII.

DE JULIE.

Comment, mon ami, renoncer au vin pour sa maîtresse ! Voilà ce qu'on appelle un sacrifice ! Oh ! je défie qu'on trouve dans les quatre cantons un homme plus amoureux que toi ! Ce n'est pas qu'il n'y ait parmi nos jeunes gens de petits messieurs francisés qui boivent de l'eau par air ; mais tu seras le premier à qui l'amour en aura fait boire ; c'est un exemple à citer dans les fastes galans de la Suisse. Je me suis même informée de tes déportemens, et j'ai appris avec une extrême édification que, soupant hier chez M. de Vueillerans, tu laissas faire la ronde à six bouteilles après le repas, sans y toucher, et ne marchandois non plus les verres d'eau que les convives ceux de vin de la Côte. Cependant cette pénitence dure depuis trois jours que ma lettre est écrite, et trois jours font au moins six repas : or, à six repas observés par fidélité, l'on en peut ajouter six autres par crainte, et six par honte, et six par habitude, et six par obstination. Que de motifs peuvent prolonger des privations pénibles dont l'amour seul auroit la gloire ! Daigneroit-il se faire honneur de ce qui peut n'être pas à lui ?

Voilà plus de mauvaises plaisanteries que tu ne m'as tenu de mauvais propos, il est temps d'enrayer. Tu es grave naturellement ; je me suis aperçue qu'un long badinage t'échauffe, comme une longue promenade échauffe un homme replet ; mais je tire à peu près de toi la vengeance que Henri IV tira du duc de Mayenne, et ta souveraine veut imiter la clémence du meilleur des rois. Aussi bien je craindrois qu'à force de regrets et d'excuses tu ne te fisses à la fin un mérite d'une faute si bien réparée, et je veux me hâter de l'oublier, de peur que, si j'attendois trop long-temps, ce ne fût plus générosité, mais ingratitude.

A l'égard de ta résolution de renoncer au vin pour toujours, elle n'a pas autant d'éclat à mes yeux que tu pourrois croire ; les passions vives ne songent guère à ces petits sacrifices, et l'amour ne se repait point de galanterie. D'ailleurs, il y a quelquefois plus d'adresse que de courage à tirer avantage pour le moment présent d'un avenir incertain, et à se payer d'avance d'une abstinence éternelle à laquelle on renonce quand on veut. Eh ! mon bon ami, dans tout ce qui flatte les sens, l'abus est-il donc inséparable de la jouissance ? L'ivresse est-elle nécessairement attachée au goût du vin ? et la philosophie seroit-elle assez vaine ou assez cruelle pour n'offrir d'autre moyen d'user modérément des choses qui plaisent que de s'en priver tout-à-fait ?

Si tu tiens ton engagement, tu t'ôtes un plaisir innocent, et risques ta santé en changeant de manière de vivre ; si tu l'enfreins, l'amour est doublement offensé, et ton honneur même en souffre. J'use donc en cette occasion de mes droits ; et non-seulement je te relève d'un vœu nul, comme fait sans mon congé, mais je te défends même de l'observer au-delà du terme que je vais te prescrire. Mardi nous aurons ici la musique de mylord Édouard. A la collation je t'enverrai une coupe à demi pleine d'un nectar pur et bienfaisant. Je veux qu'elle soit bue en ma présence et à mon intention, après avoir fait de quelques gouttes une libation expiatoire aux Grâces. Ensuite mon pénitent reprendra dans ses repas l'usage sobre du vin tempéré par le cristal des fontaines; et, comme dit ton bon Plutarque, en calmant les ardeurs de Bacchus par le commerce des Nymphes.

A propos du concert de mardi, cet étourdi de Regianino ne s'est-il pas mis dans la tête que j'y pourrois déjà chanter un air italien et même un duo avec lui? Il vouloit que je le chantasse avec toi pour mettre ensemble ses deux écoliers; mais il y a dans ce duo de certains *ben mio* dangereux à dire sous les yeux d'une mère quand le cœur est de la partie; il vaut mieux renvoyer cet essai au premier concert qui se fera chez l'inséparable. J'attribue la facilité avec laquelle j'ai pris le goût de cette musique à celui que mon frère m'avoit donné pour la poésie italienne, et que j'ai si bien entretenu avec toi, que je sens aisément la cadence des vers, et qu'au dire de Regianino j'en prends assez bien l'accent. Je commence chaque leçon par lire quelques octaves du Tasse ou quelques scènes du Métastase; ensuite il me fait dire et accompagner du récitatif; et je crois continuer de parler ou de lire, ce qui sûrement ne m'arrivoit pas dans le récitatif françois. Après cela il faut soutenir en mesure des sons égaux et justes; exercice que les éclats auxquels j'étois accoutumée me rendent assez difficile. Enfin, nous passons aux airs; et il se trouve que la justesse et la flexibilité de la voix, l'expression pathétique, les sons renforcés et tous les passages, sont un effet naturel de la douceur du chant et de la précision de la mesure; de sorte que ce qui me paroissoit le plus difficile à apprendre n'a pas même besoin d'être enseigné. Le caractère de la mélodie a tant de rapport au ton de la langue, et une si grande pureté de modulation, qu'il ne faut qu'écouter la basse et savoir parler pour déchiffrer aisément le chant. Toutes les passions y ont des expressions aiguës et fortes; tout au contraire de l'accent traînant et pénible du chant françois, le sien, toujours doux et facile, mais vif et touchant, dit beaucoup avec peu d'effort: enfin je sens que cette musique agite l'âme et repose la poitrine; c'est précisément celle qu'il faut à mon cœur et à mes poumons. A mardi donc, mon aimable ami, mon maître, mon pénitent, mon apôtre: hélas! que ne m'es-tu point? pourquoi faut-il qu'un seul titre manque à tant de **droits?**

P. S. Sais-tu qu'il est question d'une jolie promenade sur l'eau, pareille à celle que nous fîmes il y a deux ans avec la pauvre Chaillot? Que mon rusé maître étoit timide alors! qu'il trembloit en me donnant la main pour sortir du bateau! Ah! l'hypocrite!... il a beaucoup changé.

LETTRE LIII.

DE JULIE.

Ainsi tout déconcerte nos projets, tout trompe notre attente, tout trahit des feux que le ciel eût dû couronner! Vils jouets d'une aveugle fortune, tristes victimes d'un moqueur espoir, toucherons-nous sans cesse au plaisir qui fuit, sans jamais l'atteindre? Cette noce trop vainement désirée devoit se faire à Clarens; le mauvais temps nous contrarie, il faut la faire à la ville. Nous devions nous y ménager une entrevue; tous deux obsédés d'importuns, nous ne pouvons leur échapper en même temps, et le moment où l'un des deux se dérobe est celui où il est impossible à l'autre de le joindre! Enfin, un favorable instant se présente; la plus cruelle des mères vient nous l'arracher; et peu s'en faut que cet instant ne soit celui de la perte de deux infortunés qu'il devoit rendre heureux! Loin de rebuter mon courage, tant d'obstacles l'ont irrité; je ne sais quelle nouvelle force m'anime, mais je me sens une hardiesse que je n'eus jamais; et, si tu l'oses partager, ce soir, ce soir même peut acquitter mes promesses, et payer d'une seule fois toutes les dettes de l'amour.

Consulte-toi bien, mon ami, et vois jusqu'à quel point il t'est doux de vivre; car l'expédient que je te propose peut nous mener tous deux à la mort: si tu la crains, n'achève point cette lettre; mais si la pointe d'une épée n'effraie pas plus aujourd'hui ton cœur que ne l'effrayoient jadis les gouffres de Meillerie, le mien court le même risque et n'a pas balancé. Écoute.

Babi, qui couche ordinairement dans ma chambre, est malade depuis trois jours; et, quoique je voulusse absolument la soigner, on l'a transportée ailleurs malgré moi: mais, dès demain. Le lieu où l'on mange est loin de l'escalier qui conduit à l'appartement de ma mère et au mien : à l'heure du souper toute la maison est déserte, hors la cuisine et la salle à manger. Enfin la nuit, dans cette saison, est déjà obscure à la même heure ; son voile peut dérober aisément dans la rue les passans aux spectateurs, et tu sais parfaitement les êtres de la maison.

Ceci suffit pour me faire entendre. Viens cette après-midi chez ma Fanchon, je t'expliquerai le reste et te donnerai les instructions nécessaires : que si je ne le puis, je les laisserai par écrit à l'ancien entrepôt de nos lettres, où, comme je t'en ai prévenu, tu trouveras déjà celle-ci : car le sujet en est trop important pour l'oser confier à personne.

Oh! comme je vois à présent palpiter ton cœur! Comme j'y lis tes transports, et comme je les partage! Non, mon doux ami ; non, nous ne quitterons point cette courte vie sans avoir un instant goûté le bonheur : mais songe pourtant que cet instant est environné des horreurs de la mort; que l'abord est sujet à mille hasards, le séjour dangereux, la retraite d'un péril extrême ; que nous sommes perdus si nous sommes découverts, et qu'il faut que tout nous favorise pour pouvoir éviter de l'être. Ne nous abusons point : je connois trop mon père pour douter que je ne te visse à l'instant percer le cœur de sa main, si même il ne commençoit par moi, car sûrement je ne serois pas plus épargnée : et crois-tu que je t'exposerois à ce risque si je n'étois sûre de le partager?

Pense encore qu'il n'est point question de te fier à ton courage ; il n'y faut pas songer ; et je te défends même très-expressément d'apporter aucune arme pour ta défense, pas même ton épée : aussi bien te seroit-elle parfaitement inutile ; car si nous sommes surpris, mon dessein est de me précipiter dans tes bras, de t'enlacer fortement dans les miens, et de recevoir ainsi le coup mortel pour n'avoir plus à me séparer de toi, plus heureuse à ma mort que je ne le fus de ma vie.

J'espère qu'un sort plus doux nous est réservé ; je sens au moins qu'il nous est dû ; et la fortune se lassera de nous être injuste. Viens donc, âme de mon cœur, vie de ma vie, viens te réunir à toi-même, viens sous les auspices du tendre amour recevoir le prix de ton obéissance et de tes sacrifices ; viens avouer, même au sein des plaisirs, que c'est de l'union des cœurs qu'ils tirent leur plus grand charme.

LETTRE LIV.

A JULIE.

J'arrive plein d'une émotion qui s'accroît en entrant dans cet asile. Julie! me voici dans ton cabinet, me voici dans le sanctuaire de tout ce que mon cœur adore. Le flambeau de l'amour guidoit mes pas, et j'ai passé sans être aperçu. Lieu charmant, lieu fortuné, qui jadis vis tant réprimer de regards tendres, tant étouffer de soupirs brûlans; toi qui vis naître et nourrir mes premiers feux, pour la seconde fois tu les verras couronner; témoin de ma constance immortelle, sois le témoin de mon bonheur, et voile à jamais les plaisirs du plus fidèle et du plus heureux des hommes.

Que ce mystérieux séjour est charmant! Tout y flatte et nourrit l'ardeur qui me dévore. O Julie! il est plein de toi, et la flamme de mes désirs s'y répand sur tous tes vestiges. Oui, tous mes sens y sont enivrés à la fois. Je ne sais quel parfum presque insensible, plus doux que la rose et plus léger que l'iris, s'exhale ici de toutes parts : j'y crois entendre le son flatteur de ta voix. Toutes les parties de ton habillement éparses présentent à mon ardente imagination celles de toi-même qu'elles recèlent. Cette coiffure légère que parent de grands cheveux blonds qu'elle feint de couvrir ; cet heureux fichu contre lequel une fois au moins je n'aurai point à murmurer ; ce déshabillé élégant et simple qui marque si bien le goût de celle qui le porte ; ces mules si mignonnes qu'un pied souple remplit sans peine ; ce corps si délié qui touche et embrasse... Quelle taille enchanteresse!... au-devant deux légers contours... O spectacle de volupté!... la baleine a cédé à la force de l'impression... Empreintes délicieuses, que je vous baise mille fois! Dieux! dieux! que sera-ce quand... Ah! je crois déja sentir ce tendre cœur battre sous une heureuse main! Julie! ma charmante Julie! je te vois, je te sens partout, je te respire avec l'air que tu as respiré; tu pénètres toute ma substance. Que ton séjour est brûlant et douloureux pour moi! il est terrible à mon impatience. Oh! viens, vole, ou je suis perdu!

Quel bonheur d'avoir trouvé de l'encre et du papier! J'exprime ce que je sens pour en tempérer l'excès, je donne le change à mes transports en les décrivant.

Il me semble entendre du bruit: seroit-ce ton barbare père? Je ne crois pas être lâche... Mais qu'en ce moment la mort me seroit horrible! mon désespoir seroit égal à l'ardeur qui me consume. Ciel, je te demande encore une heure de vie; et j'abandonne le reste de mon être à ta rigueur. O désirs! ô crainte! ô palpitations cruelles!... On ouvre!... on entre!... c'est elle! c'est elle! je l'entrevois, je l'ai vue; j'entends refermer la porte. Mon cœur, mon foible cœur, tu succombes à tant d'agitations. Ah! cherche des forces pour supporter la félicité qui t'accable!

LETTRE LV.

A JULIE.

Oh! mourons, ma douce amie! mourons, la bien-aimée de mon cœur! Que faire désormais d'une jeunesse insipide dont nous avons épuisé toutes les délices? Explique-moi, si tu le peux, ce que j'ai senti dans cette nuit inconcevable; donne-moi l'idée d'une vie ainsi passée, ou laisse-m'en quitter une qui n'a plus rien de ce que je viens d'éprouver avec toi. J'avois goûté le plaisir, et croyois concevoir le bonheur! Ah! je n'avois senti qu'un vain songe, et n'imaginois que le bonheur d'un enfant. Mes sens busoient mon âme grossière; je ne cherchois qu'en eux le bien suprême, et j'ai trouvé que leurs plaisirs épuisés n'étoient que le commencement des miens. O chef-d'œuvre unique de la nature! divine Julie! possession délicieuse à laquelle tous les transports du plus ardent amour suffisent à peine! non, ce ne sont point ces transports que je regrette le plus: ah! non, retire s'il le faut ces faveurs enivrantes pour lesquelles je donnerois mille vies; mais rends-moi tout ce qui n'étoit point elles, et les effaçoit mille fois. Rends-moi cette étroite union des âmes que tu m'avois annoncée et que tu m'as si bien fait goûter; rends-moi cet abattement si doux rempli par les effusions de nos cœurs; rends-moi ce sommeil enchanteur trouvé sur ton sein; rends-moi ce réveil plus délicieux encore, et ces soupirs entrecoupés, et ces douces larmes, et ces baisers qu'une voluptueuse langueur nous faisoit lentement savourer, et ces gémissemens si tendres durant lesquels tu pressois sur ton cœur ce cœur fait pour s'unir à lui.

Dis-moi, Julie, toi qui d'après ta propre sensibilité sais si bien juger de celle d'autrui, crois-tu que ce que je sentois auparavant fût véritablement de l'amour? mes sentimens, n'en doute pas, ont depuis hier changé de nature; ils ont pris je ne sais quoi de moins impétueux, mais de plus doux, de plus tendre et de plus charmant. Te souvient-il de cette heure entière que nous passâmes à parler paisiblement de notre amour et de cet avenir obscur et redoutable par qui le présent nous étoit encore plus sensible, de cette heure, hélas! trop courte, dont une légère empreinte de tristesse rendit les entretiens si touchans? J'étois tranquille, et pourtant j'étois près de toi; je t'adorois et ne désirois rien; je n'imaginois pas même une autre félicité que de sentir ainsi ton visage auprès du mien, ta respiration sur ma joue, et ton bras autour de mon cou. Quel calme dans tous mes sens! Quelle volupté pure, continue, universelle! Le charme de la jouissance étoit dans l'âme; il n'en sortoit plus, il duroit toujours. Quelle différence des fureurs de l'amour à une situation si paisible! C'est la première fois de mes jours que je l'ai éprouvée auprès de toi; et cependant, juge du changement étrange que j'éprouve: c'est de toutes les heures de ma vie celle qui m'est la plus chère, et la seule que j'aurois voulu prolonger éternellement (¹). Julie, dis-moi donc si je ne t'aimois point auparavant, ou si maintenant je ne t'aime plus.

Si je ne t'aime plus? Quel doute! Ai-je donc cessé d'exister? et ma vie n'est-elle pas plus dans ton cœur que dans le mien? Je sens, je

---

(¹) Femme trop facile, voulez-vous savoir si vous êtes aimée? examinez votre amant sortant de vos bras. O amour! si je regrette l'âge où l'on te goûte, ce n'est pas pour l'heure de la jouissance: c'est pour l'heure qui la suit.

sens que tu m'es mille fois plus chère que jamais, et j'ai trouvé dans mon abattement de nouvelles forces pour te chérir plus tendrement encore. J'ai pris pour toi des sentimens plus paisibles, il est vrai, mais plus affectueux et de plus de différentes espèces ; sans s'affoiblir, ils se sont multipliés : les douceurs de l'amitié tempèrent les emportemens de l'amour, et j'imagine à peine quelque sorte d'attachement qui ne m'unisse pas à toi. O ma charmante maîtresse ! ô mon épouse, ma sœur, ma douce amie ! que j'aurai peu dit pour ce que je sens après avoir épuisé tous les noms les plus chers au cœur de l'homme !

Il faut que je t'avoue un soupçon que j'ai conçu dans la honte et l'humiliation de moi-même ; c'est que tu sais mieux aimer que moi. Oui, ma Julie, c'est bien toi qui fais ma vie et mon être ; je t'adore bien de toutes les facultés de mon âme, mais la tienne est plus aimante, l'amour l'a plus profondément pénétrée ; on le voit, on le sent ; c'est lui qui anime tes grâces, qui règne dans tes discours, qui donne à tes yeux cette douceur pénétrante, à ta voix ces accens si touchans ; c'est lui qui, par ta seule présence, communique aux autres cœurs, sans qu'ils s'en aperçoivent, la tendre émotion du tien. Que je suis loin de cet état charmant qui se suffit à lui-même ! je veux jouir, et tu veux aimer ; j'ai des transports, et toi de la passion ; tous mes emportemens ne valent pas ta délicieuse langueur, et le sentiment dont ton cœur se nourrit est la seule félicité suprême. Ce n'est que d'hier seulement que j'ai goûté cette volupté si pure. Tu m'as laissé quelque chose de ce charme inconcevable qui est en toi, et je crois qu'avec ta douce haleine tu m'inspirois une âme nouvelle. Hâte-toi, je t'en conjure, d'achever ton ouvrage. Prends de la mienne tout ce qui m'en reste, et mets tout-à-fait la tienne à la place. Non, beauté d'ange, âme céleste, il n'y a que des sentimens comme les tiens qui puissent honorer tes attraits ; toi seule es digne d'inspirer un parfait amour, toi seule es propre à le sentir. Ah ! donne-moi ton cœur, ma Julie, pour t'aimer comme tu le mérites.

LETTRE LVI.

DE CLAIRE A JULIE.

J'ai, ma chère cousine, à te donner un avis qui t'importe. Hier au soir ton ami eut avec mylord Édouard un démêlé qui peut devenir sérieux. Voici ce que m'en a dit M. d'Orbe, qui étoit présent, et qui, inquiet des suites de cette affaire, est venu ce matin m'en rendre compte.

Ils avoient tous deux soupé chez mylord ; et après une heure ou deux de musique, ils se mirent à causer et à boire du punch. Ton ami n'en but qu'un seul verre mêlé d'eau ; les deux autres ne furent pas si sobres ; et, quoique M. d'Orbe ne convienne pas de s'être enivré, je me réserve à lui en dire mon avis dans un autre temps. La conversation tomba naturellement sur ton compte ; car tu n'ignores pas que mylord n'aime à parler que de toi. Ton ami, à qui ces confidences déplaisent, les reçut avec si peu d'aménité, qu'enfin Édouard, échauffé de punch, et piqué de cette sécheresse, osa dire, en se plaignant de ta froideur, qu'elle n'étoit pas si générale qu'on pourroit croire, et que tel qui n'en disoit mot n'étoit pas si mal traité que lui. A l'instant ton ami, dont tu connois la vivacité, releva ce discours avec un emportement insultant, qui lui attira un démenti, et ils sautèrent à leurs épées. Bomston, à demi ivre, se donna en courant une entorse qui le força de s'asseoir. Sa jambe enfla sur-le-champ, et cela calma la querelle mieux que tous les soins que M. d'Orbe s'étoit donnés. Mais comme il étoit attentif à ce qui se passoit, il vit ton ami s'approcher, en sortant, de l'oreille de mylord Édouard, et il entendit qu'il lui disoit à demi-voix : *Sitôt que vous serez en état de sortir, faites-moi donner de vos nouvelles, ou j'aurai soin de m'en informer.* N'*en prenez pas la peine,* lui dit Édouard avec un souris moqueur, *vous en aurez assez tôt. Nous verrons,* reprit froidement ton ami, et il sortit. M. d'Orbe, en te remettant cette lettre, t'expliquera le tout plus en détail. C'est à ta prudence à te suggérer des moyens d'étouffer cette fâcheuse affaire, ou à me prescrire de mon côté ce que je dois faire pour y contribuer. En attendant, le porteur est à tes ordres, il fera tout ce que tu lui commanderas, et tu peux compter sur le secret.

Tu te perds, ma chère ; il faut que mon amitié te le dise ; l'engagement où tu vis ne peut rester long-temps caché dans une petite ville comme celle-ci ; et c'est un miracle de bonheur que, depuis plus de deux ans qu'il a commencé, tu ne sois pas encore le sujet des discours publics. Tu le vas devenir si tu n'y prends garde ; tu le serois déjà, si tu étois moins aimée ; mais il y a une répugnance si générale à mal parler de toi, que c'est un mauvais moyen de se faire fête et un très-sûr de se faire haïr. Cependant tout a son terme ; je tremble que celui du mystère ne soit venu pour ton amour, et il y a grande apparence que les soupçons de mylord Édouard lui viennent de quelques mauvais propos qu'il peut avoir entendus. Songes-y bien, ma chère enfant. Le guet dit, il y a quelque temps, avoir vu sortir de chez toi ton ami à cinq heures du matin. Heureusement celui-ci sut des premiers ce discours : il courut chez cet homme et trouva le secret de le faire taire ; mais qu'est-ce qu'un pareil silence, sinon le moyen d'accréditer des bruits sourdement répandus ? La défiance de ta mère augmente aussi de jour en jour ; tu sais combien de fois elle te l'a fait entendre : elle m'en a parlé à mon tour d'une manière assez dure ; et si elle ne craignoit la violence de ton père, il ne faut pas douter qu'elle ne lui en eût déjà parlé à lui-même ; mais elle l'ose d'autant moins qu'il lui donnera toujours le principal tort d'une connoissance qui te vient d'elle.

Je ne puis trop te le répéter, songe à toi tandis qu'il en est temps encore ; écarte ton ami avant qu'on en parle, préviens des soupçons naissans que son absence fera sûrement tomber : car enfin que peut-on croire qu'il fait ici ? Peut-être dans six semaines, dans un mois, sera-t-il trop tard. Si le moindre mot venoit aux oreilles de ton père, tremble de ce qui résulteroit de l'indignation d'un vieux militaire entêté de l'honneur de sa maison, et de la pétulance d'un jeune homme emporté qui ne sait rien endurer. Mais il faut commencer par vider, de manière ou d'autre, l'affaire de mylord Édouard ; car tu ne ferois qu'irriter ton ami, et t'attirer un juste refus, si tu lui parlois d'éloignement avant qu'elle fût terminée.

LETTRE LVII.
DE JULIE.

Mon ami, je me suis instruite avec soin de ce qui s'est passé entre vous et mylord Édouard ; c'est sur l'exacte connoissance des faits que votre amie veut examiner avec vous comment vous devez vous conduire dans cette occasion, d'après les sentimens que vous professez, et dont je suppose que vous ne faites pas une vaine et fausse parade.

Je ne m'informe point si vous êtes versé dans l'art de l'escrime, ni si vous vous sentez en état de tenir tête à un homme qui a dans l'Europe la réputation de manier supérieurement les armes, et qui, s'étant battu cinq ou six fois en sa vie, a toujours tué, blessé ou désarmé son homme : je comprends que, dans le cas où vous êtes, on ne consulte pas son habileté, mais son courage, et que la bonne manière de se venger d'un brave qui vous insulte est de faire qu'il vous tue ; passons sur une maxime si judicieuse. Vous me direz que votre honneur et le mien vous sont plus chers que la vie ; voilà donc le principe sur lequel il faut raisonner.

Commençons par ce qui vous regarde. Pourriez-vous jamais me dire en quoi vous êtes personnellement offensé dans un discours où c'est de moi seule qu'il s'agissoit ? Si vous deviez, en cette occasion, prendre fait et cause pour moi, c'est ce que nous verrons tout à l'heure : en attendant, vous ne sauriez disconvenir que la querelle ne soit parfaitement étrangère à votre honneur particulier, à moins que vous ne preniez pour un affront le soupçon d'être aimé de moi. Vous avez été insulté, je l'avoue, mais après avoir commencé vous-même par une insulte atroce ; et moi, dont la famille est pleine de militaires, et qui ai tant ouï débattre ces horribles questions, je n'ignore pas qu'un outrage en réponse à un autre ne l'efface point, et que le premier qu'on insulte demeure le seul offensé : c'est le même cas d'un combat imprévu, où l'agresseur est le seul criminel, et où celui qui tue ou blesse en se défendant n'est point coupable de meurtre.

Venons maintenant à moi. Accordons que j'étois outragée par le discours de mylord Édouard, quoiqu'il ne fît que me rendre justice : savez-vous ce que vous faites en me défendant avec tant de chaleur et d'indiscrétion? vous aggravez son outrage, vous prouvez qu'il avoit raison, vous sacrifiez mon honneur à un faux point d'honneur, vous diffamez votre maîtresse pour gagner tout au plus la réputation d'un bon spadassin. Montrez-moi, de grâce, quel rapport il y a entre votre manière de me justifier et ma justification réelle. Pensez-vous que prendre ma cause avec tant d'ardeur soit une grande preuve qu'il n'y a point de liaison entre nous, et qu'il suffise de faire voir que vous êtes brave pour montrer que vous n'êtes pas mon amant? Soyez sûr que tous les propos de mylord Édouard me font moins de tort que votre conduite; c'est vous seul qui vous chargez, par cet éclat, de les publier et de les confirmer. Il pourra bien, quant à lui, éviter votre épée dans le combat, mais jamais ma réputation ni mes jours peut-être n'éviteront le coup mortel que vous leur portez.

Voilà des raisons trop solides pour que vous ayez rien qui le puisse être à y répliquer : mais vous combattrez, je le prévois, la raison par l'usage ; vous me direz qu'il est des fatalités qui nous entraînent malgré nous ; que, dans quelque cas que ce soit, un démenti ne se souffre jamais, et que, quand une affaire a pris un certain tour, on ne peut plus éviter de se battre ou de se déshonorer. Voyons encore.

Vous souvient-il d'une distinction que vous me fîtes autrefois, dans une occasion importante, entre l'honneur réel et l'honneur apparent? Dans laquelle des deux classes mettronsnous celui dont il s'agit aujourd'hui? Pour moi, je ne vois pas comment cela peut même faire une question. Qu'y a-t-il de commun entre la gloire d'égorger un homme et le témoignage d'une âme droite? et quelle prise peut avoir la vaine opinion d'autrui sur l'honneur véritable dont toutes les racines sont au fond du cœur? Quoi! les vertus qu'on a réellement périssent-elles sous les mensonges d'un calomniateur? les injures d'un homme ivre prouvent-elles qu'on les mérite? et l'honneur du sage seroit-il à la merci du premier brutal qu'il peut rencontrer? Me direz-vous qu'un duel témoigne qu'on a du cœur, et que cela suffit pour effacer la honte ou le reproche de tous les autres vices? Je vous demanderai quel honneur peut dicter une pareille décision, et quelle raison peut la justifier. A ce compte, un fripon n'a qu'à se battre pour cesser d'être un fripon ; les discours d'un menteur deviennent des vérités sitôt qu'ils sont soutenus à la pointe de l'épée ; et si l'on vous accusoit d'avoir tué un homme, vous en iriez tuer un second pour prouver que cela n'est pas vrai. Ainsi, vertu, vice, honneur, infamie, vérité, mensonge, tout peut tirer son être de l'événement d'un combat; une salle d'armes est le siége de toute justice ; il n'y a d'autre droit que la force, d'autre raison que le meurtre, toute la réparation due à ceux qu'on outrage est de les tuer, et toute offense est également bien lavée dans le sang de l'offenseur ou de l'offensé. Dites, si les loups savoient raisonner, auroient-ils d'autres maximes? Jugez vous-même, par le cas où vous êtes, si j'exagère leur absurdité. De quoi s'agit-il ici pour vous? D'un démenti reçu dans une occasion où vous mentiez en effet. Pensez-vous donc tuer la vérité avec celui que vous voulez punir de l'avoir dite? Songez-vous qu'en vous soumettant au sort d'un duel vous appelez le ciel en témoignage d'une fausseté, et que vous osez dire à l'arbitre des combats : Viens soutenir la cause injuste, et faire triompher le mensonge? Ce blasphème n'a-t-il rien qui vous épouvante? Cette absurdité n'a-t-elle rien qui vous révolte? Eh Dieu! quel est ce misérable honneur qui ne craint pas le vice mais le reproche, et qui ne vous permet pas d'endurer d'un autre un démenti reçu d'avance de votre propre cœur?

Vous, qui voulez qu'on profite pour soi de ses lectures, profitez donc des vôtres, et cherchez si l'on vit un seul appel sur la terre quand elle étoit couverte de héros. Les plus vaillans hommes de l'antiquité songèrent-ils jamais à venger leurs injures personnelles par des combats particuliers? César envoya-t-il un cartel à Caton, ou Pompée à César, pour tant d'affronts réciproques? et le plus grand capitaine de la Grèce fut-il déshonoré pour s'être laissé menacer du bâton? D'autres temps, d'autres mœurs, je le sais; mais n'y en a-t-il que de bonnes? et n'oseroit-on s'enquérir si les mœurs d'un temps sont celles qu'exige le solide honneur? Non, cet honneur n'est point variable; il ne dépend ni des temps, ni des lieux, ni des préjugés ; il ne peut ni passer, ni renaître; il a sa source éternelle dans le cœur de l'homme juste et dans la règle inaltérable de ses devoirs. Si les peuples les plus éclairés, les plus braves, les plus vertueux de la terre, n'ont point connu le duel, je dis qu'il n'est pas une institution de l'honneur, mais une mode affreuse et barbare, digne de sa féroce origine. Reste à savoir si, quand il s'agit de sa vie ou de celle d'autrui, l'honnête homme se règle sur la mode, et s'il n'y a pas alors plus de vrai courage à la braver qu'à la suivre. Que feroit, à votre avis, celui qui s'y veut asservir, dans des lieux où règne un usage contraire? à Messine ou à Naples, il iroit attendre son homme au coin de la rue, et le poignarder par derrière. Cela s'appelle être brave en ce pays-là ; et l'honneur n'y consiste pas à se faire tuer par son ennemi, mais à le tuer lui-même.

Gardez-vous donc de confondre le nom sacré de l'honneur avec ce préjugé féroce qui met toutes les vertus à la pointe de l'épée, et n'est propre qu'à faire de braves scélérats. Que cette méthode puisse fournir, si l'on veut, un supplément à la probité : partout où la probité règne, son supplément n'est-il pas inutile? et que penser de celui qui s'expose à la mort pour s'exempter d'être honnête homme? Ne voyez-vous pas que les crimes que la honte et l'honneur n'ont point empêchés sont couverts et multipliés par la fausse honte et la crainte du blâme? C'est elle qui rend l'homme hypocrite et menteur ; c'est elle qui lui fait verser le sang d'un ami pour un mot indiscret qu'il devroit oublier, pour un reproche mérité qu'il ne peut souffrir ; c'est elle qui transforme en furie infernale une fille abusée et craintive ; c'est elle, ô Dieu puissant! qui peut armer la main maternelle contre le tendre fruit... Je sens défaillir mon âme à cette idée horrible, et je rends grâces au moins à celui qui sonde les cœurs d'avoir éloigné du mien cet honneur affreux qui n'inspire que des forfaits et fait frémir la nature.

Rentrez donc en vous-même, et considérez s'il vous est permis d'attaquer de propos délibéré la vie d'un homme, et d'exposer la vôtre pour satisfaire une barbare et dangereuse fantaisie qui n'a nul fondement raisonnable, et si le triste souvenir du sang versé dans une pareille occasion peut cesser de crier vengeance au fond du cœur de celui qui l'a fait couler. Connoissez-vous aucun crime égal à l'homicide volontaire? et si la base de toutes les vertus est l'humanité, que penserons-nous de l'homme sanguinaire et dépravé qui l'ose attaquer dans la vie de son semblable? Souvenez-vous de ce que vous m'avez dit vous-même contre le service étranger. Avez-vous oublié que le citoyen doit sa vie à la patrie et n'a pas le droit d'en disposer sans le congé des lois, à plus forte raison contre leur défense? O mon ami! si vous aimez sincèrement la vertu, apprenez à la servir à sa mode, et non à la mode des hommes. Je veux qu'il en puisse résulter quelque inconvénient : ce mot de vertu n'est-il donc pour vous qu'un vain nom? et ne serez-vous vertueux que quand il n'en coûtera rien de l'être?

Mais quels sont au fond ces inconvéniens? Les murmures des gens oisifs, des méchans, qui cherchent à s'amuser des malheurs d'autrui, et voudroient avoir toujours quelque histoire nouvelle à raconter. Voilà vraiment un grand motif pour s'entre-égorger! si le philosophe et le sage se règlent dans les plus grandes affaires de la vie sur les discours insensés de la multitude, que sert tout cet appareil d'études, pour n'être au fond qu'un homme vulgaire? Vous n'osez donc sacrifier le ressentiment au devoir, à l'estime, à l'amitié, de peur qu'on ne vous accuse de craindre la mort? Pesez les choses, mon bon ami, et vous trouverez bien plus de lâcheté dans la crainte de ce reproche, que dans celle de la mort même. Le fanfaron, le poltron veut à toute force passer pour brave ;

Ma verace valor, ben che negletto,
E di se stesso a se freggio assai chiaro ([1]).

Celui qui feint d'envisager la mort sans effroi ment. Tout homme craint de mourir, c'est la grande loi des êtres sensibles, sans laquelle toute espèce mortelle seroit bientôt détruite. Cette crainte est un simple mouvement de la nature, non-seulement indifférent, mais bon en lui-même et conforme à l'ordre : tout ce qui la rend honteuse et blâmable, c'est qu'elle peut nous empêcher de bien faire et de remplir nos devoirs. Si la lâcheté n'étoit jamais un obstacle à la vertu, elle cesseroit d'être un vice. Quiconque est plus attaché à sa vie qu'à son devoir ne sauroit être solidement vertueux, j'en conviens.

([1]) Mais la véritable valeur n'a pas besoin du témoignage d'autrui, et tire sa gloire d'elle-même.

Mais expliquez-moi, vous qui vous piquez de raison, quelle espèce de mérite on peut trouver à braver la mort pour commettre un crime.

Quand il seroit vrai qu'on se fait mépriser en refusant de se battre, quel mépris est le plus à craindre, celui des autres en faisant bien, ou le sien propre en faisant mal? Croyez-moi, celui qui s'estime véritablement lui-même est peu sensible à l'injuste mépris d'autrui, et ne craint que d'en être digne; car le bon et l'honnête ne dépendent point du jugement des hommes, mais de la nature des choses; et quand toute la terre approuveroit l'action que vous allez faire, elle n'en seroit pas moins honteuse. Mais il est faux qu'à s'en abstenir par vertu l'on se fasse mépriser. L'homme droit, dont toute la vie est sans tache et qui ne donna jamais aucun signe de lâcheté, refusera de souiller sa main d'un homicide, et n'en sera que plus honoré. Toujours prêt à servir sa patrie, à protéger le foible, à remplir les devoirs les plus dangereux, et à défendre, en toute rencontre juste et honnête, ce qui lui est cher, au prix de son sang, il met dans ses démarches cette inébranlable fermeté qu'on n'a point sans le vrai courage. Dans la sécurité de sa conscience, *il marche la tête levée*, il ne fuit ni ne cherche son ennemi; on voit aisément qu'il craint moins de mourir que de mal faire, et qu'il redoute le crime et non le péril. Si les vils préjugés s'élèvent un instant contre lui, tous les jours de son honorable vie sont autant de témoins qui les récusent, et, dans une conduite si bien liée, on juge d'une action sur toutes les autres.

Mais savez-vous ce qui rend cette modération si pénible à un homme ordinaire? C'est la difficulté de la soutenir dignement; c'est la nécessité de ne commettre ensuite aucune action blâmable: car si la crainte de mal faire ne le retient pas dans ce dernier cas, pourquoi l'auroit-elle retenu dans l'autre, où l'on peut supposer un motif plus naturel? On voit bien alors que ce refus ne vient pas de vertu, mais de lâcheté, et l'on se moque avec raison d'un scrupule qui ne vient que dans le péril. N'avez-vous point remarqué que les hommes si ombrageux et si prompts à provoquer les autres sont, pour la plupart, de très-malhonnêtes gens qui, de peur qu'on n'ose leur montrer ouvertement le mépris qu'on a pour eux, s'efforcent de couvrir de quelques affaires d'honneur l'infamie de leur vie entière? Est-ce à vous d'imiter de tels hommes? Mettons encore à part les militaires de profession qui vendent leur sang à prix d'argent; qui, voulant conserver leur place, calculent par leur intérêt ce qu'ils doivent à leur honneur, et savent à un écu près ce que vaut leur vie. Mon ami, laissez battre tous ces gens-là. Rien n'est moins honorable que cet honneur dont ils font si grand bruit; ce n'est qu'une mode insensée, une fausse imitation de vertu, qui sépare des plus grands crimes. L'honneur d'un homme comme vous n'est point au pouvoir d'un autre; il est en lui-même, et non dans l'opinion du peuple; il ne se défend ni par l'épée ni par le bouclier, mais par une vie intègre et irréprochable; et ce combat vaut bien l'autre en fait de courage.

C'est par ces principes que vous devez concilier les éloges que j'ai donnés dans tous les temps à la véritable valeur avec le mépris que j'eus toujours pour les faux braves. J'aime les gens de cœur, et ne puis souffrir les lâches; je romprois avec un amant poltron que la crainte feroit fuir le danger, et je pense comme toutes les femmes que le feu du courage anime celui de l'amour. Mais je veux que la valeur se montre dans les occasions légitimes, et qu'on ne se hâte pas d'en faire hors de propos une vaine parade, comme si l'on avoit peur de ne la pas retrouver au besoin. Tel fait un effort et se présente une fois pour avoir droit de se cacher le reste de sa vie. Le vrai courage a plus de constance et moins d'empressement, il est toujours ce qu'il doit être; il ne faut ni l'exciter ni le retenir; l'homme de bien le porte partout avec lui, au combat contre l'ennemi, dans un cercle en faveur des absens et de la vérité, dans son lit contre les attaques de la douleur et de la mort. La force de l'âme qui l'inspire est d'usage dans tous les temps; elle met toujours la vertu au-dessus des événemens, et ne consiste pas à se battre, mais à ne rien craindre. Telle est, mon ami, la sorte de courage que j'ai souvent louée, et que j'aime à trouver en vous. Tout le reste n'est qu'étourderie, extravagance, férocité; c'est une lâcheté de s'y soumettre; et je ne méprise pas moins celui qui cherche un péril inutile que celui qui fuit un péril qu'il doit affronter.

Je vous ai fait voir, si je ne me trompe, que dans votre démêlé avec mylord Édouard votre honneur n'est point intéressé; que vous compromettez le mien en recourant à la voie des armes; que cette voie n'est ni juste, ni raisonnable, ni permise; qu'elle ne peut s'accorder avec les sentimens dont vous faites profession; qu'elle ne convient qu'à de malhonnêtes gens, qui font servir la bravoure de supplément aux vertus qu'ils n'ont pas, ou aux officiers qui ne se battent point par honneur, mais par intérêt; qu'il y a plus de vrai courage à la dédaigner qu'à la prendre; que les inconvéniens auxquels on s'expose en la rejetant sont inséparables de la pratique des vrais devoirs, et plus apparens que réels; qu'enfin les hommes les plus prompts à y recourir sont toujours ceux dont la probité est le plus suspecte. D'où je conclus que vous ne sauriez en cette occasion ni faire ni accepter un appel sans renoncer en même temps à la raison, à la vertu, à l'honneur, et à moi. Retournez mes raisonnemens comme il vous plaira, entassez de votre part sophisme sur sophisme; il se trouvera toujours qu'un homme de courage n'est point un lâche, et qu'un homme de bien ne peut être un homme sans honneur. Or, je vous ai démontré, ce me semble, que l'homme de courage dédaigne le duel, et que l'homme de bien l'abhorre.

J'ai cru, mon ami, dans une matière aussi grave, devoir faire parler la raison seule, et vous présenter les choses exactement telles qu'elles sont. Si j'avois voulu les peindre telles que je les vois, et faire parler le sentiment et l'humanité, j'aurois pris un langage fort différent. Vous savez que mon père, dans sa jeunesse, eut le malheur de tuer un homme en duel: cet homme étoit son ami; ils se battirent à regret, l'insensé point d'honneur les y contraignit. Le coup mortel qui priva l'un de la vie ôta pour jamais le repos à l'autre. Le triste remords n'a pu depuis ce temps sortir de son cœur; souvent dans la solitude on l'entend pleurer et gémir; il croit sentir encore le fer poussé par sa main cruelle entrer dans le cœur de son ami; il voit dans l'ombre de la nuit son corps pâle et sanglant; il contemple en frémissant la plaie mortelle; il voudroit étancher le sang qui coule; l'effroi le saisit, il s'écrie; ce cadavre affreux ne cesse de le poursuivre. Depuis cinq ans qu'il a perdu le cher soutien de son nom et l'espoir de sa famille, il s'en reproche la mort comme un juste châtiment du ciel, qui vengea sur son fils unique le père infortuné qu'il priva du sien.

Je vous l'avoue, tout cela, joint à mon aversion naturelle pour la cruauté, m'inspire une telle horreur des duels, que je les regarde comme le dernier degré de brutalité où les hommes puissent parvenir. Celui qui va se battre de gaîté de cœur n'est à mes yeux qu'une bête féroce qui s'efforce d'en déchirer un autre; et, s'il reste le moindre sentiment naturel dans leur âme, je trouve celui qui périt moins à plaindre que le vainqueur. Voyez ces hommes accoutumés au sang, ils ne bravent les remords qu'en étouffant la voix de la nature; ils deviennent par degrés cruels, insensibles; ils se jouent de la vie des autres, et la punition d'avoir pu manquer d'humanité est de la perdre enfin tout-à-fait. Que sont-ils dans cet état? Réponds, veux-tu leur devenir semblable? Non, tu n'es point fait pour cet odieux abrutissement; redoute le premier pas qui peut t'y conduire: ton âme est encore innocente et saine, ne commence pas à la dépraver, au péril de ta vie, par un effort sans vertu, un crime sans plaisir, un point d'honneur sans raison.

Je ne t'ai rien dit de ta Julie; elle gagnera sans doute à laisser parler ton cœur. Un mot, un seul mot, et je te livre à lui. Tu m'as honorée quelquefois du tendre nom d'épouse; peut-être en ce moment dois-je porter celui de mère. Veux-tu me laisser veuve avant qu'un nœud sacré nous unisse?

P. S. J'emploie dans cette lettre une autorité à laquelle jamais homme sage n'a résisté. Si vous refusez de vous y rendre, je n'ai plus rien à vous dire; mais pensez-y bien auparavant. Prenez huit jours de réflexion pour méditer sur cet important sujet. Ce n'est pas au nom de la raison que je vous demande ce délai, c'est au mien. Souvenez-vous que j'use en cette occasion du droit que vous m'avez donné vous-même, et qu'il s'étend au moins jusque-là.

LETTRE LVIII.

DE JULIE A MYLORD ÉDOUARD.

Ce n'est point pour me plaindre de vous, mylord, que je vous écris : puisque vous m'outragez, il faut bien que j'aie avec vous des torts que j'ignore. Comment concevoir qu'un honnête homme voulût déshonorer sans sujet une famille estimable ? Contentez donc votre vengeance, si vous la croyez légitime ; cette lettre vous donne un moyen facile de perdre une malheureuse fille qui ne se consolera jamais de vous avoir offensé, et qui met à votre discrétion l'honneur que vous voulez lui ôter. Oui, mylord, vos imputations étoient justes ; j'ai un amant aimé ; il est maître de mon cœur et de ma personne ; la mort seule pourra briser un nœud si doux. Cet amant est celui même que vous honoriez de votre amitié ; il en est digne, puisqu'il vous aime et qu'il est vertueux. Cependant il va périr de votre main ; je sais qu'il faut du sang à l'honneur outragé ; je sais que sa valeur même le perdra ; je sais que dans un combat si peu redoutable pour vous son intrépide cœur ira sans crainte chercher le coup mortel. J'ai voulu retenir ce zèle inconsidéré ; j'ai fait parler la raison. Hélas ! en écrivant ma lettre j'en sentois l'inutilité ; et, quelque respect que je porte à ses vertus, je n'en attends point de lui d'assez sublimes pour le détacher d'un faux point d'honneur. Jouissez d'avance du plaisir que vous aurez de percer le sein de votre ami : mais sachez, homme barbare, qu'au moins vous n'aurez pas celui de jouir de mes larmes, et de contempler mon désespoir. Non, j'en jure par l'amour qui gémit au fond de mon cœur, soyez témoin d'un serment qui ne sera point vain ; je ne survivrai pas d'un jour à celui pour qui je respire ; et vous aurez la gloire de mettre au tombeau d'un seul coup deux amans infortunés, qui n'eurent point envers vous de tort volontaire, et qui se plaisoient à vous honorer.

On dit, mylord, que vous avez l'âme belle et le cœur sensible : s'ils vous laissent goûter en paix une vengeance que je ne puis comprendre, et la douceur de faire des malheureux, puissent-ils, quand je ne serai plus, vous inspirer quelques soins pour un père et une mère inconsolables, que la perte du seul enfant qui leur reste va livrer à d'éternelles douleurs !

LETTRE LIX.

DE M. D'ORBE A JULIE.

Je me hâte, mademoiselle, selon vos ordres, de vous rendre compte de la commission dont vous m'avez chargé. Je viens de chez mylord Édouard, que j'ai trouvé souffrant encore de son entorse, et ne pouvant marcher dans sa chambre qu'à l'aide d'un bâton. Je lui ai remis votre lettre, qu'il a ouverte avec empressement ; il m'a paru ému en la lisant : il a rêvé quelque temps ; puis il l'a relue une seconde fois avec une agitation plus sensible. Voici ce qu'il m'a dit en la finissant : *Vous savez, monsieur, que les affaires d'honneur ont leurs règles dont on ne peut se départir : vous avez vu ce qui s'est passé dans celle-ci ; il faut qu'elle soit vidée régulièrement. Prenez deux amis, et donnez-vous la peine de revenir ici demain matin avec eux ; vous saurez alors ma résolution.* Je lui ai représenté que l'affaire s'étant passée entre nous, il seroit mieux qu'elle se terminât de même. *Je sais ce qui convient,* m'a-t-il dit brusquement, *et ferai ce qu'il faut. Amenez vos deux amis, ou je n'ai plus rien à vous dire.* Je suis sorti là-dessus, cherchant inutilement dans ma tête quel peut être son bizarre dessein. Quoi qu'il en soit, j'aurai l'honneur de vous voir ce soir, et j'exécuterai demain ce que vous me prescrirez. Si vous trouvez à propos que j'aille au rendez-vous avec mon cortége, je le composerai de gens dont je sois sûr à tout événement.

LETTRE LX.

A JULIE.

Calme tes alarmes, tendre et chère Julie ; et, sur le récit de ce qui vient de se passer, connois et partage les sentimens que j'éprouve.

J'étois si rempli d'indignation quand je reçus ta lettre, qu'à peine pus-je la lire avec l'attention qu'elle méritoit. J'avois beau ne la pouvoir réfuter, l'aveugle colère étoit la plus forte. Tu peux avoir raison, disois-je en moi-même, mais ne me parle jamais de te laisser avilir. Dussé-je te perdre et mourir coupable, je ne souffrirai point qu'on manque au respect qui t'est dû ; et, tant qu'il me restera un souffle de vie, tu seras honorée de tout ce qui t'approche comme tu l'es de mon cœur. Je ne balançai pas pourtant sur les huit jours que tu me demandois ; l'accident de mylord Édouard et mon vœu d'obéissance concouroient à rendre ce délai nécessaire. Résolu, selon tes ordres, d'employer cet intervalle à méditer sur le sujet de ta lettre, je m'occupois sans cesse à la relire et à y réfléchir, non pour changer de sentiment, mais pour justifier le mien.

J'avois repris ce matin cette lettre, trop sage et trop judicieuse à mon gré, et je la relisois avec inquiétude, quand on a frappé à la porte de ma chambre. Un moment après j'ai vu entrer mylord Édouard sans épée, appuyé sur une canne ; trois personnes le suivoient, parmi lesquelles j'ai reconnu M. d'Orbe. Surpris de cette visite imprévue, j'attendois en silence ce qu'elle devoit produire, quand Edouard m'a prié de lui donner un moment d'audience, et de le laisser agir et parler sans l'interrompre. Je vous en demande, a-t-il dit, votre parole ; la présence de ces messieurs, qui sont de vos amis, doit vous répondre que vous ne l'engagez pas indiscrètement. Je l'ai promis sans balancer. A peine avois-je achevé que j'ai vu, avec l'étonnement que tu peux concevoir, mylord Edouard à genoux devant moi. Surpris d'une si étrange attitude, j'ai voulu sur-le-champ le relever ; mais, après m'avoir rappelé ma promesse, il m'a parlé dans ces termes : « Je » viens, monsieur, rétracter hautement les » discours injurieux que l'ivresse m'a fait tenir » en votre présence : leur injustice les rend » plus offensans pour moi que pour vous, et » je m'en dois l'authentique désaveu. Je me » soumets à toute la punition que vous voudrez » m'imposer, et je ne croirai mon honneur » rétabli que quand ma faute sera réparée. A » quelque prix que ce soit, accordez-moi le » pardon que je vous demande, et me rendez » votre amitié. » Mylord, lui ai-je dit aussitôt, je reconnois maintenant votre âme grande et généreuse ; et je sais bien distinguer en vous les discours que le cœur dicte de ceux que vous tenez quand vous n'êtes pas à vous-même ; qu'ils soient à jamais oubliés. A l'instant, je l'ai soutenu en se relevant, et nous nous sommes embrassés. Après cela mylord se tournant vers les spectateurs leur a dit : *Messieurs, je vous remercie de votre complaisance De braves gens comme vous*, a-t-il ajouté d'un air fier et d'un ton animé, *sentent que celui qui répare ainsi ses torts n'en sait endurer de personne. Vous pouvez publier ce que vous avez vu*. Ensuite il nous a tous quatre invités à souper pour ce soir, et ces messieurs sont sortis.

A peine avons-nous été seuls qu'il est revenu m'embrasser d'une manière plus tendre et plus amicale ; puis, me prenant la main et s'asseyant à côté de moi : Heureux mortel ! s'est-il écrié, jouissez d'un bonheur dont vous êtes digne. Le cœur de Julie est à vous ; puissiez-vous tous deux... Que dites-vous, mylord ? ai-je interrompu ; perdez-vous le sens ? Non, m'a-t-il dit en souriant. Mais peu s'en est fallu que je ne le perdisse, et c'en étoit fait de moi peut-être si celle qui m'ôtoit la raison ne me l'eût rendue. Alors il m'a remis une lettre que j'ai été surpris de voir écrite d'une main qui n'en écrivit jamais à d'autre homme (¹) qu'à moi. Quels mouvemens j'ai sentis à sa lecture ! Je voyois une amante incomparable vouloir se perdre pour me sauver, et je reconnoissois Julie. Mais quand je suis parvenu à cet endroit où elle jure de ne pas survivre au plus fortuné des hommes, j'ai frémi des dangers que j'avois courus, j'ai murmuré d'être trop aimé, et mes terreurs m'ont fait sentir que tu n'es qu'une mortelle. Ah ! rends-moi le courage dont tu me prives ; j'en avois pour braver la mort qui ne menaçoit que moi seul, je n'en ai point pour mourir tout entier.

Tandis que mon âme se livroit à ces réflexions amères, Edouard me tenoit des discours, auxquels j'ai donné d'abord peu d'attention : cependant il me l'a rendue à force de me parler de toi ; car ce qu'il m'en disoit plaisoit à mon cœur et n'excitoit plus ma jalousie. Il m'a paru pénétré de regret d'avoir troublé nos feux et ton repos. Tu es ce qu'il honore le plus au monde ; et, n'osant te porter les excuses qu'il

---

(¹) Il en faut, je pense, excepter son père.

m'a faites, il m'a prié de les recevoir en ton nom, et de te les faire agréer. Je vous ai regardé, m'a-t-il dit, comme son représentant, et n'ai pu trop m'humilier devant ce qu'elle aime, ne pouvant, sans la compromettre, m'adresser à sa personne, ni même la nommer. Il avoue avoir conçu pour toi les sentimens dont on ne peut se défendre en te voyant avec trop de soin; mais c'étoit une tendre admiration plutôt que de l'amour. Ils ne lui ont jamais inspiré ni prétention ni espoir; il les a tous sacrifiés aux nôtres à l'instant qu'ils lui ont été connus, et le mauvais propos qui lui est échappé étoit l'effet du punch et non de la jalousie. Il traite l'amour en philosophe qui croit son âme au-dessus des passions : pour moi, je suis trompé s'il n'en a déjà ressenti quelqu'une qui ne permet plus à d'autre de germer profondément. Il prend l'épuisement du cœur pour l'effort de la raison, et je sais bien qu'aimer Julie et renoncer à elle n'est pas une vertu d'homme.

Il a désiré de savoir en détail l'histoire de nos amours et les causes qui s'opposent au bonheur de ton ami; j'ai cru qu'après ta lettre une demi-confidence étoit dangereuse et hors de propos; je l'ai faite entière, et il m'a écouté avec une attention qui m'attestoit sa sincérité. J'ai vu plus d'une fois ses yeux humides et son âme attendrie; je remarquois surtout l'impression puissante que tous les triomphes de la vertu faisoient sur son âme, et je crois avoir acquis à Claude Anet un nouveau protecteur qui ne sera pas moins zélé que ton père. Il n'y a, m'a-t-il dit, ni incidens ni aventures dans ce que vous m'avez raconté, et les catastrophes d'un roman m'attacheroient beaucoup moins; tant les sentimens suppléent aux situations, et les procédés honnêtes aux actions éclatantes! Vos deux âmes sont si extraordinaires, qu'on n'en peut juger sur les règles communes. Le bonheur n'est pour vous ni sur la même route ni de la même espèce que celui des autres hommes : ils ne cherchent que la puissance et les regards d'autrui, il ne vous faut que la tendresse et la paix. Il s'est joint à votre amour une émulation de vertu qui vous élève; et vous vaudriez moins l'un et l'autre si vous ne vous étiez point aimés. L'amour passera, ose-t-il ajouter (pardonnons-lui ce blasphème prononcé dans l'ignorance de son cœur); l'amour passera, dit-il, et les vertus resteront. Ah! puissent-elles durer autant que lui, ma Julie! le ciel n'en demandera pas davantage.

Enfin je vois que la dureté philosophique et nationale n'altère point dans cet honnête Anglois l'humanité naturelle, et qu'il s'intéresse véritablement à nos peines. Si le crédit et la richesse nous pouvoient être utiles, je crois que nous aurions lieu de compter sur lui. Mais, hélas! de quoi servent la puissance et l'argent pour rendre les cœurs heureux?

Cet entretien, durant lequel nous ne comptions pas les heures, nous a menés jusqu'à celle du dîné. J'ai fait apporter un poulet, et après le dîné nous avons continué de causer. Il m'a parlé de sa démarche de ce matin, et je n'ai pu m'empêcher de témoigner quelque surprise d'un procédé si authentique et si peu mesuré: mais, outre la raison qu'il m'en avoit déjà donnée, il a ajouté qu'une demi-satisfaction étoit indigne d'un homme de courage; qu'il la falloit complète ou nulle, de peur qu'on ne s'avilît sans rien réparer, et qu'on ne fît attribuer à la crainte une démarche faite à contre-cœur et de mauvaise grâce. D'ailleurs, a-t-il ajouté, ma réputation est faite, je puis être juste sans soupçon de lâcheté; mais vous, qui êtes jeune et débutez dans le monde, il faut que vous sortiez si net de la première affaire, qu'elle ne tente personne de vous en susciter une seconde. Tout est plein de ces poltrons adroits qui cherchent, comme on dit, à tâter leur homme, c'est-à-dire à découvrir quelqu'un qui soit encore plus poltron qu'eux, et aux dépens duquel ils puissent se faire valoir. Je veux éviter à un homme d'honneur comme vous la nécessité de châtier sans gloire un de ces gens-là; et j'aime mieux, s'ils ont besoin de leçon, qu'ils la reçoivent de moi que de vous; car une affaire de plus n'ôte rien à celui qui en a déjà eu plusieurs; mais en avoir une est toujours une sorte de tache, et l'amant de Julie en doit être exempt.

Voilà l'abrégé de ma longue conversation avec mylord Édouard. J'ai cru nécessaire de t'en rendre compte afin que tu me prescrives la manière dont je dois me comporter avec lui.

Maintenant, que tu dois être tranquillisée, chasse, je t'en conjure, les idées funestes qui t'occupent depuis quelques jours. Songe aux ménagemens qu'exige l'incertitude de ton état actuel. Oh! si bientôt tu pouvois tripler mon être! si bientôt un gage adoré..... Espoir déjà trop déçu, viendrois-tu m'abuser encore?..... O désirs! ô crainte, ô perplexités! Charmante amie de mon cœur, vivons pour nous aimer, et que le ciel dispose du reste.

P. S. J'oubliois de te dire que mylord m'a remis ta lettre, et que je n'ai point fait difficulté de la recevoir, ne jugeant pas qu'un pareil dépôt doive rester entre les mains d'un tiers. Je te la rendrai à notre première entrevue; car, quant à moi, je n'en ai plus à faire; elle est trop bien écrite au fond de mon cœur pour que jamais j'aie besoin de la relire.

LETTRE LXI.

DE JULIE.

Amène demain mylord Édouard, que je me jette à ses pieds comme il s'est mis aux tiens. Quelle grandeur! quelle générosité! Oh! que nous sommes petits devant lui! Conserve ce précieux ami comme la prunelle de ton œil. Peut-être vaudroit-il moins s'il étoit plus tempérant : jamais homme sans défaut eut-il de grandes vertus?

Mille angoisses de toute espèce m'avoient jetée dans l'abattement; ta lettre est venue ranimer mon courage éteint; en dissipant mes terreurs elle m'a rendu mes peines plus supportables; je me sens maintenant assez de force pour souffrir. Tu vis, tu m'aimes; ton sang, le sang de ton ami n'ont point été répandus, et ton honneur est en sûreté : je ne suis donc pas tout-à-fait misérable.

Ne manque pas au rendez-vous de demain. Jamais je n'eus si grand besoin de te voir, ni si peu d'espoir de te voir long-temps. Adieu, mon cher et unique ami. Tu n'as pas bien dit, ce me semble, vivons pour nous aimer. Ah! il falloit dire, aimons-nous pour vivre.

LETTRE LXII.

DE CLAIRE A JULIE.

Faudra-t-il toujours, aimable cousine, ne remplir envers toi que les plus tristes devoirs de l'amitié? Faudra-t-il toujours dans l'amertume de mon cœur affliger le tien par de cruels avis? Hélas! tous nos sentimens nous sont communs, tu le sais bien, et je ne saurois t'annoncer de nouvelles peines que je ne les aie déjà senties. Que ne puis-je te cacher ton infortune sans l'augmenter? ou que la tendre amitié n'a-t-elle autant de charmes que l'amour! Ah! que j'effacerois promptement tous les chagrins que je te donne!

Hier, après le concert, ta mère en s'en retournant, ayant accepté le bras de ton ami et toi celui de M. d'Orbe, nos deux pères restèrent avec mylord à parler de politique; sujet dont je suis si excédée que l'ennui me chassa dans ma chambre. Une demi-heure après j'entendis nommer ton ami plusieurs fois avec assez de véhémence : je connus que la conversation avoit changé d'objet, et je prêtai l'oreille. Je jugeai par la suite du discours qu'Édouard avoit osé proposer ton mariage avec ton ami, qu'il appeloit hautement le sien, et auquel il offroit de faire en cette qualité un établissement convenable. Ton père avoit rejeté avec mépris cette proposition, et c'étoit là-dessus que les propos commençoient à s'échauffer. Sachez, lui disoit mylord, malgré vos préjugés, qu'il est de tous les hommes le plus digne d'elle et peut-être le plus propre à la rendre heureuse. Tous les dons qui ne dépendent pas des hommes il les a reçus de la nature, et il y a ajouté tous les talens qui ont dépendu de lui. Il est jeune, grand, bien fait, robuste, adroit; il a de l'éducation, du sens, des mœurs, du courage; il a l'esprit orné, l'âme saine; que lui manque-t-il donc pour mériter votre aveu? La fortune? il l'aura. Le tiers de mon bien suffit pour en faire le plus riche particulier du pays de Vaud, j'en donnerai s'il le faut jusqu'à la moitié. La noblesse? vaine prérogative dans un pays où elle est plus nuisible qu'utile. Mais il l'a encore, n'en doutez pas, non point écrite d'encre en de vieux parchemins, mais gravée au fond de son cœur en caractères ineffaçables. En un mot, si vous préférez la raison au préjugé, et si vous aimez mieux votre fille que vos titres, c'est à lui que vous la donnerez.

Là-dessus ton père s'emporta vivement. Il traita la proposition d'absurde et de ridicule. Quoi! mylord, dit-il, un homme d'honneur comme vous peut-il seulement penser que le dernier rejeton d'une famille illustre aille éteindre ou dégrader son nom dans celui d'un quidam sans asile et réduit à vivre d'aumônes?... Arrêtez, interrompit Édouard; vous parlez de mon ami, songez que je prends pour moi tous les outrages qui lui sont faits en ma présence, et que les noms injurieux à un homme d'honneur le sont encore plus à celui qui les prononce. De tels quidams sont plus respectables que tous les hobereaux de l'Europe, et je vous défie de trouver aucun moyen plus honorable d'aller à la fortune que les hommages de l'estime et les dons de l'amitié. Si le gendre que je vous propose ne compte point, comme vous, une longue suite d'aïeux toujours incertains, il sera le fondement et l'honneur de sa maison comme votre premier ancêtre le fut de la vôtre. Vous seriez-vous donc tenu pour déshonoré par l'alliance du chef de votre famille, et ce mépris ne rejailliroit-il pas sur vous-même? Combien de grands noms retomberoient dans l'oubli si l'on ne tenoit compte que de ceux qui ont commencé par un homme estimable! Jugeons du passé par le présent; sur deux ou trois citoyens qui s'illustrent par des moyens honnêtes, mille coquins anoblissent tous les jours leur famille; et que pouvera cette noblesse dont leurs descendans seront si fiers, sinon les vols et l'infamie de leur ancêtre (¹)? On voit, je l'avoue, beaucoup de malhonnêtes gens parmi les roturiers; mais il y a toujours vingt à parier contre un qu'un gentilhomme descend d'un fripon. Laissons, si vous voulez, l'origine à part, et pesons le mérite et les services. Vous avez porté les armes chez un prince étranger, son père les a portées gratuitement pour la patrie. Si vous avez bien servi, vous avez été bien payé; et, quelque honneur que vous ayez acquis à la guerre, cent roturiers en ont acquis encore plus que vous.

De quoi s'honore donc, continua mylord Édouard, cette noblesse dont vous êtes si fier? Que fait-elle pour la gloire de la patrie ou le bonheur du genre humain? Mortelle ennemie des lois et de la liberté, qu'a-t-elle jamais produit dans la plupart des pays où elle brille, si ce n'est la force de la tyrannie et l'oppression des peuples? Osez-vous dans une république vous honorer d'un état destructeur des vertus et de l'humanité, d'un état où l'on se vante de l'esclavage, et où l'on rougit d'être homme? Lisez les annales de votre patrie (¹) : en quoi votre ordre a-t-il bien mérité d'elle? quels nobles comptez-vous parmi ses libérateurs? Les *Furts*, les *Tell*, les *Stouffacher*, étoient-ils gentilshommes? Quelle est donc cette gloire insensée dont vous faites tant de bruit? Celle de servir un homme, et d'être à charge à l'état.

Conçois, ma chère, ce que je souffrois de voir cet honnête homme nuire ainsi par une âpreté déplacée aux intérêts de l'ami qu'il vouloit servir. En effet, ton père, irrité par tant d'invectives piquantes quoique générales, se mit à les repousser par des personnalités. Il dit nettement à mylord Édouard que jamais homme de sa condition n'avoit tenu les propos qui venoient de lui échapper. Ne plaidez point inutilement la cause d'autrui, ajouta-t-il d'un ton brusque; tout grand seigneur que vous êtes, je doute que vous puissiez bien défendre la vôtre sur le sujet en question. Vous demandez ma fille pour votre ami prétendu sans savoir si vous-même seriez bon pour elle; et je connois assez la noblesse d'Angleterre pour avoir sur vos discours une médiocre opinion de la vôtre.

Pardieu! dit mylord, quoi que vous pensiez de moi, je serois bien fâché de n'avoir d'autre preuve de mon mérite que celui d'un homme mort depuis cinq cents ans. Si vous connoissez la noblesse d'Angleterre, vous savez qu'elle est la plus éclairée, la mieux instruite, la plus sage

---

(¹) Les lettres de noblesse sont rares en ce siècle, et même elles y ont été illustrées au moins une fois (*). Mais quant à la noblesse qui s'acquiert à prix d'argent et qu'on achète avec des charges, tout ce que j'y vois de plus honorable est le privilège de n'être pas pendu.

(*) Quoique ceci puisse s'appliquer à Chevert, qui, simple soldat en 1705, parvint au rang de lieutenant-général en 1746, et fut nommé grand-croix de l'ordre de Saint-Louis en 1758, il est plus naturel de croire que Rousseau avoit ici en vue son ami Duclos, anobli en 1755, sur la recommandation des États de Bretagne, dont il faisoit partie comme député du tiers état.   G. P.

(¹) Il y a ici beaucoup d'inexactitude. Le pays de Vaud n'a jamais fait partie de la Suisse : c'est une conquête des Bernois, et ses habitants ne sont ni citoyens, ni libres, mais sujets.

et la plus brave de l'Europe : avec cela, je n'ai pas besoin de chercher si elle est la plus antique; car, quand on parle de ce qu'elle est, il n'est pas question de ce qu'elle fut. Nous ne sommes point, il est vrai, les esclaves du prince, mais ses amis; ni les tyrans du peuple, mais ses chefs. Garans de la liberté, soutiens de la patrie et appuis du trône, nous formons un invincible équilibre entre le peuple et le roi. Notre premier devoir est envers la nation, le second envers celui qui la gouverne : ce n'est pas sa volonté mais son droit que nous consultons. Ministres suprêmes des lois dans la chambre des pairs, quelquefois même législateurs, nous rendons également justice au peuple et au roi, et nous ne souffrons point que personne dise : *Dieu et mon épée*, mais seulement, *Dieu et mon droit*.

Voilà, monsieur, continua-t-il, quelle est cette noblesse respectable, ancienne autant qu'aucune autre, mais plus fière de son mérite que de ses ancêtres, et dont vous parlez sans la connoître. Je ne suis point le dernier en rang dans cet ordre illustre, et crois, malgré vos prétentions, vous valoir à tous égards. J'ai une sœur à marier ; elle est noble, jeune, aimable, riche; elle ne cède à Julie que par les qualités que vous comptez pour rien. Si quiconque a senti les charmes de votre fille pouvoit tourner ailleurs ses yeux et son cœur, quel honneur je me ferois d'accepter avec rien, pour mon beau-frère, celui que je vous propose pour gendre avec la moitié de mon bien !

Je connus à la réplique de ton père que cette conversation ne faisoit que l'aigrir ; et, quoique pénétrée d'admiration pour la générosité de mylord Edouard, je sentis qu'un homme aussi peu liant que lui n'étoit propre qu'à ruiner à jamais la négociation qu'il avoit entreprise. Je me hâtai donc de rentrer avant que les choses allassent plus loin. Mon retour fit rompre cet entretien, et l'on se sépara le moment d'après assez froidement. Quant à mon père, je trouvai qu'il se comportoit très-bien dans ce démêlé. Il appuya d'abord avec intérêt la proposition ; mais voyant que ton père n'y vouloit point entendre, et que la dispute commençoit à s'animer, il se retourna, comme de raison, du parti de son beau-frère ; et, en interrompant à propos l'un et l'autre par des discours modérés, il les retint tous deux dans des bornes dont ils seroient vraisemblablement sortis s'ils fussent restés tête à tête. Après leur départ, il me fit confidence de ce qui venoit de se passer ; et, comme je prévis où il alloit en venir, je me hâtai de lui dire que les choses étant en cet état, il ne convenoit plus que la personne en question te vît si souvent ici, et qu'il ne conviendroit pas même qu'il y vînt du tout, si ce n'étoit faire une espèce d'affront à M. d'Orbe dont il étoit l'ami ; mais que je le prierois de l'amener plus rarement, ainsi que mylord Édouard. C'est, ma chère, tout ce que j'ai pu faire de mieux pour ne leur pas fermer tout-à-fait ma porte.

Ce n'est pas tout. La crise où je te vois me force à revenir sur mes avis précédens. L'affaire de mylord Édouard et de ton ami a fait par la ville tout l'éclat auquel on devoit s'attendre. Quoique M. d'Orbe ait gardé le secret sur le fond de la querelle, trop d'indices le décèlent pour qu'il puisse rester caché. On soupçonne, on conjecture, on te nomme : le rapport du guet n'est pas si bien étouffé qu'on ne s'en souvienne, et tu n'ignores pas qu'aux yeux du public la vérité soupçonnée est bien près de l'évidence. Tout ce que je puis te dire pour ta consolation, c'est qu'en général on approuve ton choix, et qu'on verroit avec plaisir l'union d'un si charmant couple ; ce qui me confirme que ton ami s'est bien comporté dans ce pays, et n'y est guère moins aimé que toi. Mais que fait la voix publique à ton inflexible père? Tous ces bruits lui sont parvenus ou lui vont parvenir, et je frémis de l'effet qu'ils peuvent produire, si tu ne te hâtes de prévenir sa colère. Tu dois t'attendre de sa part à une explication terrible pour toi-même, et peut-être à pis encore pour ton ami : non que je pense qu'il veuille à son âge se mesurer avec un jeune homme qu'il ne croit pas digne de son épée ; mais le pouvoir qu'il a dans la ville lui fourniroit, s'il le vouloit, mille moyens de lui faire un mauvais parti, et il est à craindre que sa fureur ne lui en inspire la volonté.

Je t'en conjure à genoux, ma douce amie, songe aux dangers qui t'environnent, et dont le risque augmente à chaque instant. Un bonheur inouï t'a préservée jusqu'à présent au milieu de tout cela ; tandis qu'il en est temps encore, mets le sceau de la prudence au mystère de tes amours, et ne pousse pas à bout la fortune, de peur qu'elle n'enveloppe dans tes malheurs celui qui les aura causés. Crois-moi, mon ange, l'avenir est incertain ; mille événemens peuvent, avec le temps, offrir des ressources inespérées ; mais, quant à présent, je te l'ai dit et le repète plus fortement, éloigne ton ami, ou tu es perdue.

LETTRE LXIII.
DE JULIE A CLAIRE.

Tout ce que tu avois prévu, ma chère, est arrivé. Hier, une heure après notre retour, mon père entra dans la chambre de ma mère, les yeux étincelans, le visage enflammé, dans un état, en un mot, où je ne l'avois jamais vu. Je compris d'abord qu'il venoit d'avoir querelle, ou qu'il alloit la chercher ; et ma conscience agitée me fit trembler d'avance.

Il commença par apostropher vivement, mais en général, les mères de famille qui appellent indiscrètement chez elles des jeunes gens sans état et sans nom, dont le commerce n'attire que honte et déshonneur à celles qui les écoutent. Ensuite, voyant que cela ne suffisoit pas pour arracher quelque réponse d'une femme intimidée, il cita sans ménagement en exemple ce qui s'étoit passé dans notre maison depuis qu'on y avoit introduit un prétendu bel esprit, un diseur de riens, plus propre à corrompre une fille sage, qu'à lui donner aucune bonne instruction. Ma mère, qui vit qu'elle gagneroit peu de chose à se taire, l'arrêta sur ce mot de corruption, et lui demanda ce qu'il trouvoit dans la conduite, ou dans la réputation de l'honnête homme dont il parloit, qui pût autoriser de pareils soupçons. Je n'ai pas cru, ajouta-t-elle, que l'esprit et le mérite fussent des titres d'exclusion dans la société. A qui donc faudra-t-il ouvrir votre maison, si les talens et les mœurs n'en obtiennent pas l'entrée ? A des gens sortables, madame, reprit-il en colère, qui puissent réparer l'honneur d'une fille quand ils l'ont offensée. Non, dit-elle, mais à des gens de bien qui ne l'offensent point. Apprenez, dit-il, que c'est offenser l'honneur d'une maison que d'oser en solliciter l'alliance sans titre pour l'obtenir. Loin de voir en cela, dit ma mère, une offense, je n'y vois, au contraire, qu'un témoignage d'estime. D'ailleurs, je ne sache point que celui contre qui vous vous emportez ait rien fait de semblable à votre égard. Il l'a fait, madame, et fera pis encore si je n'y mets ordre ; mais je veillerai, n'en doutez pas, aux soins que vous remplissez si mal.

Alors commença une dangereuse altercation qui m'apprit que les bruits de ville dont tu parles étoient ignorés de mes parens, mais durant laquelle ton indigne cousine eût voulu être à cent pieds sous terre. Imagine-toi la meilleure et la plus abusée des mères faisant l'éloge de sa coupable fille, et la louant, hélas ! de toutes les vertus qu'elle a perdues, dans les termes les plus honorables, ou, pour mieux dire, les plus humilians ; figure-toi un père irrité, prodigue d'expressions offensantes, et qui, dans tout son emportement, n'en laisse pas échapper une qui marque le moindre doute sur la sagesse de celle que le remords déchire et que la honte écrase en sa présence. Oh ! quel incroyable tourment d'une conscience avilie de se reprocher des crimes que la colère et l'indignation ne pourroient soupçonner ! Quel poids accablant et insupportable que celui d'une fausse louange et d'une estime que le cœur rejette en secret ! Je m'en sentois tellement oppressée, que, pour me délivrer d'un si cruel supplice, j'étois prête à tout avouer, si mon père m'en eût laissé le temps ; mais l'impétuosité de son emportement lui faisoit redire cent fois les mêmes choses, et changer à chaque instant de sujet. Il remarqua ma contenance basse, éperdue, humiliée, indice de mes remords. S'il n'en tira pas la conséquence de ma faute, il en tira celle de mon amour ; et pour m'en faire plus de honte, il en outragea l'objet en des termes si odieux et si méprisans que je ne pus, malgré tous mes efforts, le laisser poursuivre sans l'interrompre.

Je ne sais, ma chère, où je trouvai tant de hardiesse, et quel moment d'égarement me fit oublier ainsi le devoir et la modestie ; mais, si j'osai sortir un instant d'un silence respectueux, j'en portai, comme tu vas voir, assez rudement la peine. Au nom du ciel, lui dis-je, daignez vous apaiser ; jamais un homme digne de tant d'injures ne sera dangereux pour moi. A l'instant mon père, qui crut sentir un reproche à travers ces mots, et dont la fureur n'attendoit qu'un prétexte, s'élança sur ta pauvre amie : pour la première fois de ma vie je reçus un soufflet qui ne fut pas le seul ; et se livrant à son transport avec une violence égale à celle qu'il lui avoit coûtée, il me maltraita sans ménagement, quoique ma mère se fût jetée entre deux, m'eût couverte de son corps, et eût reçu quelques-uns des coups qui m'étoient portés. En reculant pour les éviter, je fis un faux pas, je tombai, et mon visage alla donner contre le pied d'une table qui me fit saigner.

Ici finit le triomphe de la colère, et commença celui de la nature. Ma chute, mon sang, mes larmes, celles de ma mère, l'émurent ; il me releva avec un air d'inquiétude et d'empressement ; et, m'ayant assise sur une chaise, ils recherchèrent tous deux avec soin si je n'étois point blessée. Je n'avois qu'une légère contusion au front et ne saignois que du nez. Cependant je vis, au changement d'air et de voix de mon père, qu'il étoit mécontent de ce qu'il venoit de faire. Il ne revint point à moi par des caresses, la dignité paternelle ne souffroit pas un changement si brusque, mais il revint à ma mère avec de tendres excuses ; et je voyois bien, aux regards qu'il jetoit furtivement sur moi, que la moitié de tout cela m'étoit indirectement adressée. Non, ma chère, il n'y a point de confusion si touchante que celle d'un tendre père qui croit s'être mis dans son tort. Le cœur d'un père sent qu'il est fait pour pardonner, et non pour avoir besoin de pardon.

Il étoit l'heure du souper ; on le fit retarder pour me donner le temps de me remettre, et mon père ne voulant pas que les domestiques fussent témoins de mon désordre, m'alla chercher lui-même un verre d'eau, tandis que ma mère me bassinoit le visage. Hélas ! cette pauvre maman, déjà languissante et valétudinaire, elle se seroit bien passée d'une pareille scène, et n'avoit guère moins besoin de secours que moi.

A table, il ne me parla point ; mais ce silence étoit de honte et non de dédain ; il affectoit de trouver bon chaque plat pour dire à ma mère de m'en servir ; et ce qui me toucha le plus sensiblement, fut de m'apercevoir qu'il cherchoit les occasions de me nommer sa fille, et non pas Julie, comme à l'ordinaire.

Après le souper, l'air se trouva si froid que ma mère fit faire du feu dans sa chambre. Elle s'assit à l'un des coins de la cheminée, et mon père à l'autre ; j'allois prendre une chaise pour me placer entre eux, quand, m'arrêtant par la robe, et me tirant à lui sans rien dire, il m'assit sur ses genoux. Tout cela se fit si promptement et par une sorte de mouvement si involontaire, qu'il en eut une espèce de repentir le moment d'après. Cependant j'étois sur ses genoux, il ne pouvait plus s'en dédire ; et, ce qu'il y avoit de pis pour la contenance, il falloit me tenir embrassée dans cette gênante attitude. Tout cela se faisoit en silence ; mais je sentois de temps en temps ses bras se presser contre mes flancs avec un soupir assez mal étouffé. Je ne sais quelle mauvaise honte empêchoit ses bras paternels de se livrer à ces douces étreintes ; une certaine gravité qu'on n'osoit quitter, une certaine confusion qu'on n'osoit vaincre, mettoient entre un père et sa fille ce charmant embarras que la pudeur et l'amour donnent aux amans ; tandis qu'une tendre mère, transportée d'aise, dévoroit en secret un si doux spectacle. Je voyois, je sentois tout cela, mon ange, et ne pus tenir plus long-temps à l'attendrissement qui me gagnoit. Je feignis de glisser ; je jetai, pour me retenir, un bras au cou de mon père : je penchai mon visage sur son visage vénérable, et dans un instant il fut couvert de mes baisers et inondé de mes larmes ; je sentis à celles qui lui couloient des yeux qu'il étoit lui-même soulagé d'une grande peine : ma mère vint partager nos transports. Douce et paisible innocence, tu manquas seule à mon cœur pour faire de cette scène de la nature le plus délicieux moment de ma vie !

Ce matin, la lassitude et le ressentiment de ma chute m'ayant retenue au lit un peu tard, mon père est entré dans ma chambre avant que je fusse levée ; il s'est assis à côté de mon lit en s'informant tendrement de ma santé ; il a pris une de mes mains dans les siennes, il s'est abaissé jusqu'à la baiser plusieurs fois en m'appelant sa chère fille, et me témoignant du regret de son emportement. Pour moi, je lui ai dit, et je pense, que je serois trop heureuse d'être battue tous les jours au même prix, et qu'il n'y a point de traitement si rude qu'une seule de ses caresses n'efface au fond de mon cœur.

Après cela, prenant un ton plus grave, il m'a remise sur le sujet d'hier, et m'a signifié sa volonté en termes honnêtes, mais précis. Vous savez, m'a-t-il dit, à qui je vous destine, je vous l'ai déclaré dès mon arrivée, et ne changerai jamais d'intention sur ce point. Quant à l'homme dont m'a parlé mylord Edouard, quoique je ne lui dispute point le mérite que tout le monde lui trouve, je ne sais s'il a conçu de lui-même le ridicule espoir de s'allier à moi, ou si quelqu'un a pu le lui inspirer; mais, quand je n'aurois personne en vue, et qu'il auroit toutes les guinées de l'Angleterre, soyez sûre que je n'accepterois jamais un tel gendre. Je vous défends de le voir et de lui parler de votre vie, et cela autant pour la sûreté de la sienne que pour votre honneur. Quoique je me sois toujours senti peu d'inclination pour lui, je le hais, surtout à présent, pour les excès qu'il m'a fait commettre, et ne lui pardonnerai jamais ma brutalité.

A ces mots, il est sorti sans attendre ma réponse, et presque avec le même air de sévérité qu'il venoit de se reprocher. Ah! ma cousine, quels monstres d'enfer sont ces préjugés qui dépravent les meilleurs cœurs, et font taire à chaque instant la nature.

Voilà, ma Claire, comment s'est passée l'explication que tu avois prévue, et dont je n'ai pu comprendre la cause jusqu'à ce que ta lettre me l'ait apprise. Je ne puis bien te dire quelle révolution s'est faite en moi, mais depuis ce moment je me trouve changée; il me semble que je tourne les yeux avec plus de regret sur l'heureux temps où je vivois tranquille et contente au sein de ma famille, et que je sens augmenter le sentiment de ma faute avec celui des biens qu'elle m'a fait perdre. Dis, cruelle, dis-le-moi, si tu l'oses, le temps de l'amour seroit-il passé, et faut-il ne se plus revoir? Ah! sens-tu bien tout ce qu'il y a de sombre et d'horrible dans cette funeste idée? cependant l'ordre de mon père est précis, le danger de mon amant est certain. Sais-tu ce qui résulte en moi de tant de mouvemens opposés qui s'entre-détruisent? Une sorte de stupidité qui me rend l'âme presque insensible, et ne me laisse l'usage ni des passions ni de la raison. Le moment est critique, tu me l'as dit, et je le sens; cependant je ne fus jamais moins en état de me conduire. J'ai voulu tenter vingt fois d'écrire à celui que j'aime, je suis prête à m'évanouir à chaque ligne, et n'en saurois tracer deux de suite. Il ne me reste que toi, ma douce amie: daigne penser, parler, agir pour moi; je remets mon sort en tes mains; quelque parti que tu prennes, je confirme d'avance tout ce que tu feras; je confie à ton amitié ce pouvoir funeste que l'amour m'a vendu si cher. Sépare-moi pour jamais de moi-même, donne-moi la mort s'il faut que je meure; mais ne me force pas à me percer le cœur de ma propre main.

O mon ange! ma protectrice! quel horrible emploi je te laisse! Auras-tu le courage de l'exercer? sauras-tu bien en adoucir la barbarie? Hélas! ce n'est pas mon cœur seul qu'il faut déchirer. Claire, tu le sais, tu le sais, comment je suis aimée! Je n'ai pas même la consolation d'être la plus à plaindre. De grâce, fais parler mon cœur par ta bouche; pénètre le tien de la tendre commisération de l'amour; console un infortuné; dis-lui cent fois.... ah! dis-lui.... Ne crois-tu pas, chère amie, que, malgré tous les préjugés, tous les obstacles, tous les revers, le ciel nous a faits l'un pour l'autre? Oui, oui, j'en suis sûre, il nous destine à être unis; il m'est impossible de perdre cette idée, il m'est impossible de renoncer à l'espoir qui la suit. Dis-lui qu'il se garde lui-même du découragement et du désespoir. Ne t'amuse point à lui demander en mon nom amour et fidélité, encore moins à lui en promettre autant de ma part; l'assurance n'en est-elle pas au fond de nos âmes? ne sentons-nous pas qu'elles sont indivisibles, et que nous n'en avons plus qu'une à nous deux? Dis-lui donc seulement qu'il espère, et que si le sort nous poursuit, il se fie au moins à l'amour: car je le sens, ma cousine, il guérira de manière ou d'autre les maux qu'il nous cause, et, quoi que le ciel ordonne de nous, nous ne vivrons pas long-temps séparés.

P. S. Après ma lettre écrite, j'ai passé dans la chambre de ma mère, et je m'y suis trouvée si mal, que je suis obligée de venir me remettre dans mon lit; je m'aperçois même.... je crains.... ah! ma chère, je crains bien que ma chute d'hier n'ait quelque suite plus funeste que je n'avois pensé. Ainsi tout est fini pour moi; toutes mes espérances m'abandonnent en même temps.

LETTRE LXIV.

DE CLAIRE A M. D'ORBE.

Mon père m'a rapporté ce matin l'entretien qu'il eut hier avec vous. Je vois avec plaisir que tout s'achemine à ce qu'il vous plaît d'appeler votre bonheur. J'espère, vous le savez, d'y trouver aussi le mien ; l'estime et l'amitié vous sont acquises, et tout ce que mon cœur peut nourrir de sentimens plus tendres est encore à vous. Mais ne vous y trompez pas ; je suis en femme une espèce de monstre, et je ne sais par quelle bizarrerie de la nature l'amitié l'emporte en moi sur l'amour. Quand je vous dis que ma Julie m'est plus chère que vous, vous n'en faites que rire ; et cependant rien n'est plus vrai. Julie le sent si bien, qu'elle est plus jalouse pour vous que vous-même, et que, tandis que vous paroissez content, elle trouve toujours que je ne vous aime pas assez. Il y a plus, et je m'attache tellement à tout ce qui lui est cher, que son amant et vous êtes à peu près dans mon cœur en même degré, quoique de différentes manières. Je n'ai pour lui que de l'amitié, mais elle est plus vive ; je crois sentir un peu d'amour pour vous, mais il est plus posé. Quoique tout cela pût paroître assez équivalent pour troubler la tranquillité d'un jaloux, je ne pense pas que la vôtre en soit fort altérée.

Que les pauvres enfans en sont loin, de cette douce tranquillité dont nous osons jouir ! et que notre contentement a mauvaise grâce, tandis que nos amis sont au désespoir ! C'en est fait, il faut qu'ils se quittent ; voici l'instant, peut-être, de leur éternelle séparation ; et la tristesse que nous leur reprochâmes le jour du concert étoit peut-être un pressentiment qu'ils se voyoient pour la dernière fois. Cependant votre ami ne sait rien de son infortune : dans la sécurité de son cœur il jouit encore du bonheur qu'il a perdu ; au moment du désespoir, il goûte en idée une ombre de félicité ; et, comme celui qu'enlève un trépas imprévu, le malheureux songe à vivre, et ne voit pas la mort qui va le saisir. Hélas ! c'est de ma main qu'il doit recevoir ce coup terrible ! O divine amitié, seule idole de mon cœur, viens l'animer de ta sainte cruauté. Donne-moi le courage d'être barbare, et de te servir dignement dans un si douloureux devoir.

Je compte sur vous en cette occasion, et j'y compterois même quand vous m'aimeriez moins ; car je connois votre âme, je sais qu'elle n'a pas besoin du zèle de l'amour où parle celui de l'humanité. Il s'agit d'abord d'engager notre ami à venir chez moi demain dans la matinée. Gardez-vous, au surplus, de l'avertir de rien. Aujourd'hui l'on me laisse libre, et j'irai passer l'après-midi chez Julie ; tâchez de trouver mylord Édouard, et de venir seul avec lui m'attendre à huit heures, afin de convenir ensemble de ce qu'il faudra faire pour résoudre au départ cet infortuné, et prévenir son désespoir.

J'espère beaucoup de son courage et de nos soins. J'espère encore plus de son amour. La volonté de Julie, le danger que courent sa vie et son honneur, sont des motifs auxquels il ne résistera pas. Quoi qu'il en soit, je vous déclare qu'il ne sera point question de noce entre nous que Julie ne soit tranquille, et que jamais les larmes de mon amie n'arroseront le nœud qui doit nous unir. Ainsi, monsieur, s'il est vrai que vous m'aimiez, votre intérêt s'accorde, en cette occasion, avec votre générosité, et ce n'est pas tellement ici l'affaire d'autrui, que ce ne soit aussi la vôtre.

LETTRE LXV.

DE CLAIRE A JULIE.

Tout est fait ; et malgré ses imprudences, ma Julie est en sûreté. Les secrets de ton cœur sont ensevelis dans l'ombre du mystère. Tu es encore au sein de ta famille et de ton pays, chérie, honorée, jouissant d'une réputation sans tache, et d'une estime universelle. Considère en frémissant les dangers que la honte ou l'amour t'ont fait courir en faisant trop ou trop peu. Apprends à ne vouloir plus concilier des sentimens incompatibles, et bénis le ciel, trop aveugle amante ou fille trop craintive, d'un bonheur qui n'étoit réservé qu'à toi.

Je voulois éviter à ton triste cœur le détail

de ce départ si cruel et si nécessaire. Tu l'as voulu, je l'ai promis; je tiendrai parole avec cette même franchise qui nous est commune, et qui ne mit jamais aucun avantage en balance avec la bonne foi. Lis donc, chère et déplorable amie, lis, puisqu'il le faut, mais prends courage, et tiens-toi ferme.

Toutes les mesures que j'avois prises et dont je te rendis compte hier ont été suivies de point en point. En rentrant chez moi j'y trouvai M. d'Orbe et mylord Édouard. Je commençai par déclarer au dernier ce que nous savions de son héroïque générosité, et lui témoignai combien nous en étions toutes deux pénétrées. Ensuite je leur exposai les puissantes raisons que nous avions d'éloigner promptement ton ami, et les difficultés que je prévoyois à l'y résoudre. Mylord sentit parfaitement tout cela, et montra beaucoup de douleur de l'effet qu'avoit produit son zèle inconsidéré. Ils convinrent qu'il étoit important de précipiter le départ de ton ami, et de saisir un moment de consentement pour prévenir de nouvelles irrésolutions, et l'arracher au continuel danger du séjour. Je voulois charger M. d'Orbe de faire à son insu les préparatifs convenables; mais mylord, regardant cette affaire comme la sienne, voulut en prendre le soin. Il me promit que sa chaise seroit prête ce matin à onze heures, ajoutant qu'il l'accompagneroit aussi loin qu'il seroit nécessaire, et proposa de l'emmener d'abord sous un autre prétexte, pour le déterminer plus à loisir. Cet expédient ne me parut pas assez franc pour nous et pour notre ami, et je ne voulus pas non plus l'exposer loin de nous au premier effet d'un désespoir qui pouvoit plus aisément échapper aux yeux de mylord qu'aux miens. Je n'acceptai pas, par la même raison, la proposition qu'il fit de lui parler lui-même et d'obtenir son consentement. Je prévoyois que cette négociation seroit délicate, et je n'en voulus charger que moi seule; car je connois plus sûrement les endroits sensibles de son cœur, et je sais qu'il règne toujours entre hommes une sécheresse qu'une femme sait mieux adoucir. Cependant je conçus que les soins de mylord ne nous seroient pas inutiles pour préparer les choses. Je vis tout l'effet que pouvoient produire sur un cœur vertueux les discours d'un homme sensible qui croit n'être qu'un philosophe, et quelle chaleur la voix d'un ami pouvoit donner aux raisonnemens d'un sage.

J'engageai donc mylord Édouard à passer avec lui la soirée, et, sans rien dire qui eût un rapport direct à sa situation, de disposer insensiblement son âme à la fermeté stoïque. Vous qui savez si bien votre Épictète, lui dis-je, voici le cas ou jamais de l'employer utilement. Distinguez avec soin les biens apparens des biens réels, ceux qui sont en nous de ceux qui sont hors de nous. Dans un moment où l'épreuve se prépare au dehors, prouvez-lui qu'on ne reçoit jamais de mal que de soi-même, et que le sage, se portant partout avec lui, porte aussi partout son bonheur. Je compris à sa réponse que cette légère ironie, qui ne pouvoit le fâcher, suffisoit pour exciter son zèle, et qu'il comptoit fort m'envoyer le lendemain ton ami bien préparé. C'étoit tout ce que j'avois prétendu; car, quoiqu'au fond je ne fasse pas grand cas, non plus que toi, de toute cette philosophie parlière, je suis persuadée qu'un honnête homme a toujours quelque honte de changer de maxime du soir au matin, et de se dédire en son cœur, dès le lendemain, de tout ce que sa raison lui dictoit la veille.

M. d'Orbe vouloit être aussi de la partie, et passer la soirée avec eux, mais je le priai de n'en rien faire; il n'auroit fait que s'ennuyer, ou gêner l'entretien. L'intérêt que je prends à lui ne m'empêche pas de voir qu'il n'est point du vol des deux autres. Ce penser mâle des âmes fortes, qui leur donne un idiome si particulier, est une langue dont il n'a pas la grammaire. En les quittant, je songeai au punch; et, craignant les confidences anticipées, j'en glissai un mot en riant à mylord. Rassurez-vous, me dit-il, je me livre aux habitudes quand je n'y vois aucun danger; mais je ne m'en suis jamais fait l'esclave; il s'agit ici de l'honneur de Julie, du destin, peut-être de la vie d'un homme et de mon ami. Je boirai du punch selon ma coutume, de peur de donner à l'entretien quelque air de préparation: mais ce punch sera de la limonade; et, comme il s'abstient d'en boire, il ne s'en apercevra point.

Ne trouves-tu pas, ma chère, qu'on doit être

bien humilié d'avoir contracté des habitudes qui forcent à de pareilles précautions?

J'ai passé la nuit dans de grandes agitations qui n'étoient pas toutes pour ton compte. Les plaisirs innocens de notre première jeunesse, la douceur d'une ancienne familiarité, la société plus resserrée encore depuis une année entre lui et moi par la difficulté qu'il avoit de te voir; tout portoit dans mon âme l'amertume de cette séparation. Je sentois que j'allois perdre avec la moitié de toi-même une partie de ma propre existence. Je comptois les heures avec inquiétude; et, voyant poindre le jour, je n'ai pas vu naître sans effroi celui qui devoit décider de ton sort. J'ai passé la matinée à méditer mes discours et à réfléchir sur l'impression qu'ils pouvoient faire. Enfin l'heure est venue, et j'ai vu entrer ton ami. Il avoit l'air inquiet, et m'a demandé précipitamment de tes nouvelles; car, dès le lendemain de ta scène avec ton père, il avoit su que tu étois malade, et mylord Édouard lui avoit confirmé hier que tu n'étois pas sortie de ton lit. Pour éviter là-dessus les détails, je lui ai dit aussitôt que je t'avois laissée mieux hier au soir, et j'ai ajouté qu'il en apprendroit dans un moment davantage par le retour de Hanz que je venois de t'envoyer. Ma précaution n'a servi de rien; il m'a fait cent questions sur ton état; et, comme elles m'éloignoient de mon objet, j'ai fait des réponses succinctes, et me suis mise à le questionner à mon tour.

J'ai commencé par sonder la situation de son esprit. Je l'ai trouvé grave, méthodique, et prêt à peser le sentiment au poids de la raison. Grâces au ciel, ai-je dit en moi-même, voilà mon sage bien préparé; il ne s'agit plus que de le mettre à l'épreuve. Quoique l'usage ordinaire soit d'annoncer par degrés les tristes nouvelles, la connoissance que j'ai de son imagination fougueuse, qui, sur un mot, porte tout à l'extrême, m'a déterminée à suivre une route contraire, et j'ai mieux aimé l'accabler d'abord, pour lui ménager des adoucissemens, que de multiplier inutilement ses douleurs, et les lui donner mille fois pour une. Prenant donc un ton plus sérieux, et le regardant fixement : Mon ami, lui ai-je dit, connoissez-vous les bornes du courage et de la vertu dans une âme forte, et croyez-vous que renoncer à ce qu'on aime soit un effort au-dessus de l'humanité? A l'instant il s'est levé comme un furieux : puis frappant des mains et les portant à son front ainsi jointes, Je vous entends, s'est-il écrié, Julie est morte! Julie est morte! a-t-il répété d'un ton qui m'a fait frémir : je le sens à vos soins trompeurs, à vos vains ménagemens, qui ne font que rendre ma mort plus lente et plus cruelle.

Quoique effrayée d'un mouvement si subit, j'en ai bientôt deviné la cause, et j'ai d'abord conçu comment les nouvelles de ta maladie, les moralités de mylord Édouard, le rendez-vous de ce matin, ses questions éludées, celles que je venois de lui faire, l'avoient pu jeter dans de fausses alarmes. Je voyois bien aussi quel parti je pouvois tirer de son erreur en l'y laissant quelques instans; mais je n'ai pu me résoudre à cette barbarie. L'idée de la mort de ce qu'on aime est si affreuse, qu'il n'y en a point qui ne soit douce à lui substituer, et je me suis hâtée de profiter de cet avantage. Peut-être ne la verrez-vous plus, lui ai-je dit; mais elle vit et vous aime. Ah! si Julie étoit morte, Claire auroit-elle quelque chose à vous dire? Rendez grâces au ciel qui sauve à votre infortune des maux dont il pourroit vous accabler. Il étoit si étonné, si saisi, si égaré, qu'après l'avoir fait rasseoir, j'ai eu le temps de lui détailler par ordre tout ce qu'il falloit qu'il sût; et j'ai fait valoir de mon mieux les procédés de mylord Édouard, afin de faire dans son cœur honnête quelque diversion à la douleur, par le charme de la reconnoissance.

Voilà, mon cher, ai-je poursuivi, l'état actuel des choses. Julie est au bord de l'abîme, prête à s'y voir accabler du déshonneur public, de l'indignation de sa famille, des violences d'un père emporté, et de son propre désespoir. Le danger augmente incessamment : de la main de son père ou de la sienne, le poignard, à chaque instant de sa vie, est à deux doigts de son cœur. Il reste un seul moyen de prévenir tous ces maux, et ce moyen dépend de vous seul. Le sort de votre amante est entre vos mains. Voyez si vous avez le courage de la sauver en vous éloignant d'elle, puisque aussi bien il ne lui est plus permis de vous voir, ou si vous aimez mieux être l'auteur et le témoin de sa perte et de son opprobre. Après avoir tout fait pour vous, elle va voir ce que votre cœur peut faire pour elle. Est-il étonnant que sa santé succombe à ses peines? Vous êtes inquiet de sa vie : sachez que vous en êtes l'arbitre.

Il m'écoutoit sans m'interrompre; mais, sitôt qu'il a compris de quoi il s'agissoit, j'ai vu disparoître ce geste animé, ce regard furieux, cet air effrayé, mais vif et bouillant, qu'il avoit auparavant. Un voile sombre de tristesse et de consternation a couvert son visage; son œil morne et sa contenance effacée annonçoient l'abattement de son cœur : à peine avoit-il la force d'ouvrir la bouche pour me répondre. Il faut partir, m'a-t-il dit d'un ton qu'une autre auroit cru tranquille. Hé bien! je partirai. N'ai-je pas assez vécu? Non, sans doute, ai-je repris aussitôt; il faut vivre pour celle qui vous aime : avez-vous oublié que ses jours dépendent des vôtres? Il ne falloit donc pas les séparer, a-t-il à l'instant ajouté; elle l'a pu et le peut encore. J'ai feint de ne pas entendre ces derniers mots, et je cherchois à le ranimer par quelques espérances auxquelles son âme demeuroit fermée, quand Hanz est rentré, et m'a rapporté de bonnes nouvelles. Dans le moment de joie qu'il en a ressenti, il s'est écrié : Ah! qu'elle vive, qu'elle soit heureuse... s'il est possible! Je ne veux que lui faire mes derniers adieux... et je pars. Ignorez-vous, ai-je dit, qu'il ne lui est plus permis de vous voir? Hélas! vos adieux sont faits, et vous êtes déjà séparés. Votre sort sera moins cruel quand vous serez plus loin d'elle; vous aurez du moins le plaisir de l'avoir mise en sûreté. Fuyez dès ce jour, dès cet instant; craignez qu'un si grand sacrifice ne soit trop tardif: tremblez de causer encore sa perte après vous être dévoué pour elle. Quoi! m'a-t-il dit avec une espèce de fureur, je partirois sans la revoir! Quoi! je ne la verrois plus! Non, non : nous périrons tous deux, s'il le faut; la mort, je le sais bien, ne lui sera point dure avec moi : mais je la verrai, quoi qu'il arrive; je laisserai mon cœur et ma vie à ses pieds, avant de m'arracher à moi-même. Il ne m'a pas été difficile de lui montrer la folie et la cruauté d'un pareil projet. Mais ce *quoi! je ne la verrois plus!* qui revenoit sans cesse d'un ton plus douloureux, sembloit chercher au moins des consolations pour l'avenir. Pourquoi, lui ai-je dit, vous figurer vos maux pires qu'ils ne sont? Pourquoi renoncer à des espérances que Julie elle-même n'a pas perdues? Pensez-vous qu'elle pût se séparer ainsi de vous, si elle croyoit que ce fût pour toujours? Non, mon ami, vous devez connoître son cœur. Vous devez savoir combien elle préfère son amour à sa vie. Je crains, je crains trop (j'ai ajouté ces mots, je te l'avoue,) qu'elle ne le préfère bientôt à tout. Croyez donc qu'elle espère, puisqu'elle consent à vivre : croyez que les soins que la prudence lui dicte vous regardent plus qu'il ne semble, et qu'elle ne se respecte pas moins pour vous que pour elle-même. Alors j'ai tiré ta dernière lettre; et, lui montrant les tendres espérances de cette fille aveuglée qui croit n'avoir plus d'amour, j'ai ranimé les siennes à cette douce chaleur. Ce peu de lignes sembloit distiller un baume salutaire sur sa blessure envenimée. J'ai vu ses regards s'adoucir et ses yeux s'humecter; j'ai vu l'attendrissement succéder par degrés au désespoir; mais ces derniers mots si touchans, tels que ton cœur les sait dire, *nous ne vivrons pas long-temps séparés*, l'ont fait fondre en larmes. Non, Julie, non, ma Julie, a-t-il dit en élevant la voix et baisant la lettre, nous ne vivrons pas long-temps séparés; le ciel unira nos destins sur la terre, ou nos cœurs dans le séjour éternel.

C'étoit là l'état où je l'avois souhaité. Sa sèche et sombre douleur m'inquiétoit. Je ne l'aurois pas laissé partir dans cette situation d'esprit; mais sitôt que je l'ai vu pleurer, et que j'ai entendu ton nom chéri sortir de sa bouche avec douceur, je n'ai plus craint pour sa vie; car rien n'est moins tendre que le désespoir. Dans cet instant il a tiré de l'émotion de son cœur une objection que je n'avois pas prévue. Il m'a parlé de l'état où tu soupçonnois d'être, jurant qu'il mourroit plutôt mille fois que de t'abandonner à tous les périls qui t'alloient menacer. Je n'ai eu garde de lui parler de ton accident; je lui ai dit simplement que ton attente avoit encore été trompée, et qu'il n'y avoit plus rien à espérer. Ainsi, m'a-t-il dit en soupirant, il ne restera sur la terre aucun monument de mon bonheur; il a disparu comme un songe qui n'eut jamais de réalité.

Il me restoit à exécuter la dernière partie de ta commission, et je n'ai pas cru qu'après l'union dans laquelle vous avez vécu, il fallût à cela ni préparatif ni mystère. Je n'aurois pas même évité un peu d'altercation sur ce léger sujet, pour éluder celle qui pourroit renaître sur celui de notre entretien. Je lui ai reproché sa négligence dans le soin de ses affaires. Je lui ai dit que tu craignois que de long-temps il ne fût plus soigneux, et qu'en attendant qu'il le devînt, tu lui ordonnois de se conserver pour toi, de pourvoir mieux à ses besoins, et de se charger à cet effet du léger supplément que j'avois à lui remettre de ta part. Il n'a ni paru humilié de cette proposition, ni prétendu en faire une affaire. Il m'a dit simplement que tu savois bien que rien ne lui venoit de toi qu'il ne reçût avec transport; mais que ta précaution étoit superflue, et qu'une petite maison qu'il venoit de vendre à Granson (¹), reste de son chétif patrimoine, lui avoit produit plus d'argent qu'il n'en avoit possédé de sa vie. D'ailleurs, a-t-il ajouté, j'ai quelques talens dont je puis tirer partout des ressources. Je serai trop heureux de trouver dans leur exercice quelque diversion à mes maux; et depuis que j'ai vu de plus près l'usage que Julie fait de son superflu, je le regarde comme le trésor sacré de la veuve et de l'orphelin, dont l'humanité ne me permet pas de rien aliéner. Je lui ai rappelé son voyage du Valais, ta lettre, et la précision de tes ordres. Les mêmes raisons subsistent..... Les mêmes ! a-t-il interrompu d'un ton d'indignation. La peine de mon refus étoit de ne la plus voir : qu'elle me laisse donc rester, et j'accepte. Si j'obéis, pourquoi me punit-elle? Si je refuse, que me fera-t-elle de pis?... Les mêmes ! répétoit-il avec impatience. Notre union commençoit; elle est prête à finir; peut-être vais-je pour jamais me séparer d'elle; il n'y a plus rien de commun entre elle et moi; nous allons être étrangers l'un à l'autre. Il a prononcé ces derniers mots avec un tel serrement de cœur, que j'ai tremblé de le voir retomber dans l'état d'où j'avois eu tant de peine à le tirer. Vous êtes un enfant, ai-je affecté de lui dire d'un air riant ; vous avez encore besoin d'un tuteur, et je veux être le vôtre. Je vais garder ceci; et pour en disposer à propos dans le commerce que nous allons avoir ensemble, je veux être instruite de toutes vos affaires. Je tâchois de détourner ainsi ses idées funestes par celle d'une correspondance familière continuée entre nous; et cette âme simple, qui ne cherche, pour ainsi dire, qu'à s'accrocher à ce qui t'environne, a pris aisément le change. Nous nous sommes ensuite ajustés pour les adresses de lettres; et comme ces mesures ne pouvoient que lui être agréables, j'en ai prolongé le détail jusqu'à l'arrivée de M. d'Orbe, qui m'a fait signe que tout étoit prêt.

Ton ami a facilement compris de quoi il s'agissoit ; il a instamment demandé à t'écrire, mais je me suis gardée de le permettre. Je prévoyois qu'un excès d'attendrissement lui relâcheroit trop le cœur, et qu'à peine seroit-il au milieu de sa lettre, qu'il n'y auroit plus moyen de le faire partir. Tous les délais sont dangereux, lui ai-je dit; hâtez-vous d'arriver à la première station, d'où vous pourrez lui écrire à votre aise. En disant cela, j'ai fait signe à M. d'Orbe ; je me suis avancée, et, le cœur gros de sanglots, j'ai collé mon visage sur le sien : je n'ai plus su ce qu'il devenoit ; les larmes m'offusquoient la vue, ma tête commençoit à se perdre, et il étoit temps que mon rôle finît.

Un moment après je les ai entendus descendre précipitamment. Je suis sortie sur le palier pour les suivre des yeux. Ce dernier trait manquoit à mon trouble. J'ai vu l'insensé se jeter à genoux au milieu de l'escalier, en baiser mille fois les marches, et d'Orbe pouvoir à peine l'arracher de cette froide pierre qu'il pressoit de son corps, de la tête et des bras, en poussant de longs gémissemens. J'ai senti les miens près d'éclater malgré moi, et je suis brusquement rentrée, de peur de donner une scène à toute la maison.

A quelques instans de là, M. d'Orbe est revenu tenant son mouchoir sur ses yeux. C'en est fait, m'a-t-il dit, ils sont en route. En arrivant chez lui, votre ami a trouvé la chaise à sa porte. Mylord Édouard l'y attendoit aussi ; il a couru au-devant de lui ; et le serrant contre sa poitrine : *Viens, homme infortuné*, lui a-t-il dit d'un ton pénétré, *viens verser tes douleurs*

(¹) Je suis un peu en peine de savoir comment cet amant anonyme, qu'il sera dit ci-après n'avoir pas encore vingt-quatre ans, a pu vendre une maison, n'étant pas majeur. Ces lettres sont si pleines de semblables absurdités, que je n'en parlerai plus; il suffit d'en avoir averti.

dans ce cœur qui t'aime. Viens, tu sentiras peut-être qu'on n'a pas tout perdu sur la terre, quand on y retrouve un ami tel que moi. A l'instant, il l'a porté d'un bras vigoureux dans la chaise, et ils sont partis en se tenant étroitement embrassés.

SECONDE PARTIE.[1]

LETTRE PREMIÈRE.

A JULIE.

J'ai pris et quitté cent fois la plume, j'hésite dès le premier mot, je ne sais quel ton je dois prendre, je ne sais par où commencer ; et c'est à Julie que je veux écrire ! Ah ! malheureux ! que suis-je devenu ? Il n'est donc plus ce temps où mille sentimens délicieux couloient de ma plume comme un intarissable torrent ! Ces doux momens de confiance et d'épanchement sont passés, nous ne sommes plus l'un à l'autre, nous ne sommes plus les mêmes, et je ne sais plus à qui j'écris. Daignerez-vous recevoir mes lettres ? vos yeux daigneront-ils les parcourir ? les trouverez-vous assez réservées, assez circonspectes ? Oserois-je y garder encore une ancienne familiarité ? Oserois-je y parler d'un amour éteint ou méprisé ? et ne suis-je pas plus reculé que le premier jour où je vous écrivis ? Quelle différence, ô ciel ! de ces jours si charmans et si doux, à mon effroyable misère ! Hélas ! je commençois d'exister, et je suis tombé dans l'anéantissement ; l'espoir de vivre animoit mon cœur ; je n'ai plus devant moi que l'image de la mort ; et trois ans d'intervalle ont fermé le cercle fortuné de mes jours. Ah ! que ne les ai-je terminés avant de me survivre à moi-même ! Que n'ai-je suivi mes pressentimens après ces rapides instans de délices où je ne voyois plus rien dans la vie qui fût digne de la prolonger ! sans doute, il falloit la borner à ces trois ans, ou les ôter de sa durée ; il valoit mieux ne jamais goûter la félicité, que la goûter et la perdre. Si j'avois franchi ce fatal intervalle, si j'avois évité ce premier regard qui me fit une autre âme, je jouirois de ma raison, je remplirois les devoirs d'un homme, et semerois peut-être de quelques vertus mon insipide carrière. Un moment d'erreur a tout changé. Mon œil osa contempler ce qu'il ne falloit point voir ; cette vue a produit enfin son effet inévitable. Après m'être égaré par degrés, je ne suis plus qu'un furieux dont le sens est aliéné, un lâche esclave sans force et sans courage, qui va traînant dans l'ignominie sa chaîne et son désespoir.

Vains rêves d'un esprit qui s'égare ! Désirs faux et trompeurs, désavoués à l'instant par le cœur qui les a formés ! Que sert d'imaginer à des maux réels de chimériques remèdes qu'on rejetteroit quand ils nous seroient offerts ? Ah ! qui jamais connoîtra l'amour, t'aura vue, et pourra le croire, qu'il y ait quelque félicité possible que je voulusse acheter au prix de mes premiers feux ? Non, non : que le ciel garde ses bienfaits, et me laisse avec ma misère le souvenir de mon bonheur passé. J'aime mieux les plaisirs qui sont dans ma mémoire et les regrets qui déchirent mon âme, que d'être à jamais heureux sans ma Julie. Viens, image adorée, remplir un cœur qui ne vit que par toi ; suis-moi dans mon exil, console-moi dans mes peines, ranime et soutiens mon es-

---

[1] Je n'ai guère besoin, je crois d'avertir que dans cette seconde Partie et dans la suivante, les deux amans séparés ne font que déraisonner et battre la campagne ; leurs pauvres têtes n'y sont plus.

pérance éteinte. Toujours ce cœur infortuné sera ton sanctuaire inviolable, d'où le sort ni les hommes ne pourront jamais t'arracher. Si je suis mort au bonheur, je ne le suis point à l'amour qui m'en rend digne. Cet amour est invincible comme le charme qui l'a fait naître; il est fondé sur la base inébranlable du mérite et des vertus; il ne peut périr dans une âme immortelle; il n'a plus besoin de l'appui de l'espérance, et le passé lui donne des forces pour un avenir éternel.

Mais toi, Julie, ô toi qui sus aimer une fois, comment ton tendre cœur a-t-il oublié de vivre? comment ce feu sacré s'est-il éteint dans ton âme pure? comment as-tu perdu le goût de ces plaisirs célestes que toi seul étois capable de sentir et de rendre? Tu me chasses sans pitié, tu me bannis avec opprobre, tu me livres à mon désespoir; et tu ne vois pas, dans l'erreur qui t'égare, qu'en me rendant misérable tu t'ôtes le bonheur de tes jours! Ah! Julie, crois-moi, tu chercheras vainement un autre cœur ami du tien : mille t'adoreront sans doute, le mien seul te savoit aimer.

Réponds-moi maintenant, amante abusée ou trompeuse, que sont devenus ces projets formés avec tant de mystère? où sont ces vaines espérances dont tu leurras si souvent ma crédule simplicité? Où est cette union sainte et désirée, doux objet de tant d'ardens soupirs, et dont ta plume et ta bouche flattoient mes vœux? Hélas! sur la foi de tes promesses j'osois aspirer à ce nom sacré d'époux, et me croyois déjà le plus heureux des hommes. Dis, cruelle, ne m'abusois-tu que pour rendre enfin ma douleur plus vive et mon humiliation plus profonde? Ai-je attiré mes malheurs par ma faute? Ai-je manqué d'obéissance, de docilité, de discrétion? M'as-tu vu désirer assez foiblement pour mériter d'être éconduit, ou préférer mes fougueux désirs à tes volontés suprêmes? J'ai tout fait pour te plaire, et tu m'abandonnes! tu te chargeois de mon bonheur, et tu m'as perdu! Ingrate, rends-moi compte du dépôt que je t'ai confié; rends-moi compte de moi-même, après avoir égaré mon cœur dans cette suprême félicité que tu m'as montrée et que tu m'enlèves. Anges du ciel, j'eusse méprisé votre sort : j'eusse été le plus heureux des êtres..... Hélas! je ne suis plus rien, un instant m'a tout ôté. J'ai passé sans intervalle du comble des plaisirs aux regrets éternels : je touche encore au bonheur qui m'échappe... j'y touche encore, et le perds pour jamais! Ah! si je le pouvois croire! si les restes d'une espérance vaine ne soutenoient... O rochers de Meillerie, que mon œil égaré mesura tant de fois, que ne servîtes-vous mon désespoir! J'aurois moins regretté la vie quand je n'en avois pas senti le prix.

LETTRE II

DE MYLORD ÉDOUARD A CLAIRE.

Nous arrivons à Besançon, et mon premier soin est de vous donner des nouvelles de notre voyage. Il s'est fait, sinon paisiblement, du moins sans accident, et votre ami est aussi sain de corps qu'on peut l'être avec un cœur aussi malade; il voudroit même affecter à l'extérieur une sorte de tranquillité. Il a honte de son état, et se contraint beaucoup devant moi; mais tout décèle ses secrètes agitations : et si je feins de m'y tromper, c'est pour le laisser aux prises avec lui-même, et occuper ainsi une partie des forces de son âme à réprimer l'effet de l'autre.

Il fut fort abattu la première journée; je la fis courte, voyant que la vitesse de notre marche irritoit sa douleur. Il ne me parla point, ni moi à lui : les consolations indiscrètes ne font qu'aigrir les violentes afflictions. L'indifférence et la froideur trouvent aisément des paroles, mais la tristesse et le silence sont alors le vrai langage de l'amitié. Je commençai d'apercevoir hier les premières étincelles de la fureur qui va succéder infailliblement à cette léthargie. A la dînée, à peine y avoit-il un quart d'heure que nous étions arrivés, qu'il m'aborda d'un air d'impatience. Que tardons-nous à partir? me dit-il avec un souris amer; pourquoi restons-nous un moment si près d'elle? Le soir il affecta de parler beaucoup, sans dire un mot de Julie : il recommençoit des questions auxquelles j'avois répondu dix fois. Il voulut savoir si nous étions déjà sur les terres de France, et puis il demanda si nous arriverions bientôt à Vevai. La première chose qu'il fait à chaque station, c'est de commencer quelque lettre qu'il *déchire* ou chiffonne un moment après. J'ai sauvé du feu deux ou trois de ces brouillons, sur lesquels vous pourrez entrevoir l'état de son âme. Je crois pourtant qu'il est parvenu à écrire une lettre entière.

L'emportement qu'annoncent ces premiers symptômes est facile à prévoir ; mais je ne saurois dire quel en sera l'effet et le terme ; car cela dépend d'une combinaison du caractère de l'homme, du genre de sa passion, de circonstances qui peuvent naître, de mille choses que nulle prudence humaine ne peut déterminer. Pour moi je puis répondre de ses fureurs, mais non pas de son désespoir ; et, quoi qu'on fasse, tout homme est toujours maître de sa vie.

Je me flatte cependant qu'il respectera sa personne et mes soins, et je compte moins pour cela sur le zèle de l'amitié, qui n'y sera pas épargné, que sur le caractère de sa passion et sur celui de sa maîtresse. L'âme ne peut guère s'occuper fortement et long-temps d'un objet, sans contracter des dispositions qui s'y rapportent. L'extrême douceur de Julie doit tempérer l'âcreté du feu qu'elle inspire, et je ne doute pas non plus que l'amour d'un homme aussi vif ne lui donne à elle-même un peu plus d'activité qu'elle n'en auroit naturellement sans lui.

J'ose compter aussi sur son cœur ; il est fait pour combattre et vaincre. Un amour pareil au sien n'est pas tant une faiblesse qu'une force mal employée. Une flamme ardente et malheureuse est capable d'absorber pour un temps, pour toujours peut-être, une partie de ses facultés : mais elle est elle-même une preuve de leur excellence et du parti qu'il en pourroit tirer pour cultiver la sagesse ; car la sublime raison ne se soutient que par la même vigueur de l'âme qui fait les grandes passions, et l'on ne sert dignement la philosophie qu'avec le même feu qu'on sent pour une maîtresse.

Soyez-en sûre, aimable Claire, je ne m'intéresse pas moins que vous au sort de ce couple infortuné, non par un sentiment de commisération qui peut n'être qu'une faiblesse, mais par la considération de la justice et de l'ordre, qui veulent que chacun soit placé de la manière la plus avantageuse à lui-même et à la société.

Ces deux belles âmes sortirent l'une pour l'autre des mains de la nature ; c'est dans une douce union, c'est dans le sein du bonheur, que, libres de déployer leurs forces et d'exercer leurs vertus, elles eussent éclairé la terre de leurs exemples. Pourquoi faut-il qu'un insensé préjugé vienne changer les directions éternelles et bouleverser l'harmonie des êtres pensans? Pourquoi la vanité d'un père barbare cache-t-elle ainsi la lumière sous le boisseau, et fait-elle gémir dans les larmes des cœurs tendres et bienfaisans, nés pour essuyer celles d'autrui ? Le lien conjugal n'est-il pas le plus libre ainsi que le plus sacré des engagemens? Oui, toutes les lois qui le gênent sont injustes, tous les pères qui l'osent former ou rompre sont des tyrans. Ce chaste nœud de la nature n'est soumis ni au pouvoir souverain ni à l'autorité paternelle, mais à la seule autorité du Père commun qui sait commander aux cœurs, et qui, leur ordonnant de s'unir, les peut contraindre à s'aimer (¹).

Que signifie ce sacrifice des convenances de la nature aux convenances de l'opinion? La diversité de fortune et d'état s'éclipse et se confond dans le mariage, elle ne fait rien au bonheur ; mais celle d'humeur et de caractère de-

(¹) Il y a des pays où cette convenance des conditions et de la fortune est tellement préférée à celle de la nature et des cœurs, qu'il suffit que la première ne s'y trouve pas pour empêcher ou rompre les plus heureux mariages, sans égard pour l'honneur perdu des infortunées qui sont tous les jours victimes de ces odieux préjugés. J'ai vu plaider au parlement de Paris une cause célèbre, où l'honneur du rang attaquoit insolemment et publiquement l'honnêteté, le devoir, la foi conjugale , et où l'indigne père qui gagna son procès osa déshériter son fils pour n'avoir pas voulu être un malhonnête homme. On ne sauroit dire à quel point, dans ce pays si galant, les femmes sont tyrannisées par les lois. Faut-il s'étonner qu'elles s'en vengent si cruellement par leurs mœurs (*)?

(*) La *cause célèbre* dont il est question dans cette note, est celle des père et mère du sieur de La Bédoyère, avocat-général, plaidant contre leur fils en nullité de son mariage avec Agathe Sticotti, fille d'un acteur de la Comédie-Italienne, et actrice elle-même. — La nullité fut prononcée par arrêt du 18 juillet 1748. Mais il importe ici de ne pas confondre les idées, et Rousseau lui-même paroit s'y être trompé. Ce ne fut pas la *mésalliance* qui fit prononcer la nullité de ce mariage, car aucune loi n'interdisoit aux nobles de l'un et de l'autre sexe cet oubli de leur rang, à quelque point qu'il fût porté, mais uniquement l'inobservation des formalités ecclésiastiques. C'étoit sous ce rapport seul qu'en effet le mariage étoit attaqué ; il y avoit *appel comme d'abus*, et les moyens d'appel furent jugés valables. Si donc il étoit vrai de dire que, dans le fait, *l'honneur du rang attaquoit l'honnêteté, le devoir, la foi conjugale*, l'issue du procès ne prouveroit pas que ce devoir et cette foi furent réellement sacrifiés par les juges à cet honneur imaginaire. Le fond de la cause se réduisoit à des questions de forme, et cela est si vrai, que le père et la mère avoient demandé en outre qu'il fût fait défenses à leur fils de réhabiliter son mariage, et qu'en ce point l'arrêt mit les parties *hors de cour*. — Toutes les pièces de ce procès remarquable ont été réunies en un vol. in-12. (*La Haye*, 1740.) G. P.

meure, et c'est par elle qu'on est heureux ou malheureux. L'enfant qui n'a de règle que l'amour choisit mal, le père qui n'a de règle que l'opinion choisit plus mal encore. Qu'une fille manque de raison, d'expérience pour juger de la sagesse et des mœurs, un bon père y doit suppléer sans doute; son droit, son devoir même est de dire : Ma fille, c'est un honnête homme, ou c'est un fripon; c'est un homme de sens, ou c'est un fou. Voilà les convenances dont il doit connoître ; le jugement de toutes les autres appartient à la fille. En criant qu'on troubleroit ainsi l'ordre de la société, ces tyrans le troublent eux-mêmes. Que le rang se règle par le mérite, et l'union des cœurs par leur choix, voilà le véritable ordre social ; ceux qui le règlent par la naissance ou par les richesses sont les vrais perturbateurs de cet ordre, ce sont ceux-là qu'il faut décrier ou punir.

Il est donc de la justice universelle que ces abus soient redressés; il est du devoir de l'homme de s'opposer à la violence, de concourir à l'ordre, et, s'il m'étoit possible d'unir ces deux amans en dépit d'un vieillard sans raison, ne doutez pas que je n'achevasse en cela l'ouvrage du ciel, sans m'embarrasser de l'approbation des hommes.

Vous êtes plus heureuse, aimable Claire ; vous avez un père qui ne prétend point savoir mieux que vous en quoi consiste votre bonheur. Ce n'est peut-être ni par de grandes vues de sagesse, ni par une tendresse excessive qu'il vous rend ainsi maîtresse de votre sort ; mais qu'importe la cause si l'effet est le même ; et si, dans la liberté qu'il vous laisse, l'indolence lui tient lieu de raison? Loin d'abuser de cette liberté, le choix que vous avez fait à vingt ans auroit l'approbation du plus sage père. Votre cœur, absorbé par une amitié qui n'eut jamais d'égale, a gardé peu de place aux feux de l'amour ; vous leur substituez tout ce qui peut y suppléer dans le mariage : moins amante qu'amie, si vous n'êtes la plus tendre épouse vous serez la plus vertueuse, et cette union qu'a formée la sagesse doit croître avec l'âge et durer autant qu'elle. L'impulsion du cœur est plus aveugle, mais elle est plus invincible : c'est le moyen de se perdre que de se mettre dans la nécessité de lui résister. Heureux ceux que l'amour as-sortit comme auroit fait la raison, et qui n'ont point d'obstacle à vaincre et de préjugés à combattre ! Tels seroient nos deux amans sans l'injuste résistance d'un père entêté. Tels malgré lui pourroient-ils être encore, si l'un des deux étoit bien conseillé.

L'exemple de Julie et le vôtre montrent également que c'est aux époux seuls à juger s'ils se conviennent. Si l'amour ne règne pas, la raison choisira seule; c'est le cas où vous êtes: si l'amour règne, la nature a déjà choisi ; c'est celui de Julie. Telle est la loi sacrée de la nature, qu'il n'est pas permis à l'homme d'enfreindre, qu'il n'enfreint jamais impunément, et que la considération des états et des rangs ne peut abroger qu'il n'en coûte des malheurs et des crimes.

Quoique l'hiver s'avance et que j'aie à me rendre à Rome, je ne quitterai point l'ami que j'ai sous ma garde que je ne voie son âme dans un état de consistance sur lequel je puisse compter. C'est un dépôt qui m'est cher par son prix et parce que vous me l'avez confié. Si je ne puis faire qu'il soit heureux, je tâcherai de faire au moins qu'il soit sage et qu'il porte en homme les maux de l'humanité. J'ai résolu de passer ici une quinzaine de jours avec lui, durant lesquels j'espère que nous recevrons des nouvelles de Julie et des vôtres, et que vous m'aiderez toutes deux à mettre quelque appareil sur les blessures de ce cœur malade, qui ne peut encore écouter la raison que par l'organe du sentiment.

Je joins ici une lettre pour votre amie : ne la confiez, je vous prie, à aucun commissionnaire, mais remettez-la vous-même.

FRAGMENS

JOINTS A LA LETTRE PRÉCÉDENTE.

I.

Pourquoi n'ai-je pu vous voir avant mon départ? Vous avez craint que je n'expirasse en vous quittant ! Cœur pitoyable, rassurez-vous. Je me porte bien... je ne souffre pas... je vis encore... je pense à vous... je pense au temps où je vous fus cher... j'ai le cœur un peu serré..... la voiture m'étourdit..... je me trouve abattu..... Je ne pourrai long-temps vous écrire aujourd'hui. Demain peut-être aurai-je plus de force..... ou n'en aurai-je plus besoin.....

II.

Où m'entraînent ces chevaux avec tant de vitesse? Où me conduit avec tant de zèle cet homme qui se dit mon ami? Est-ce loin de toi, Julie? Est-ce par ton ordre? Est-ce en des lieux où tu n'es pas? Ah! fille insensée!... je mesure des yeux le chemin que je parcours si rapidement. D'où viens-je? où vais-je? et pourquoi tant de diligence? Avez-vous peur, cruels! que je ne coure pas assez tôt à ma perte? O amitié! ô amour! est-ce là votre accord? sont-ce là vos bienfaits?...

III.

As-tu bien consulté ton cœur en me chassant avec tant de violence? As-tu pu, dis, Julie, as-tu pu renoncer pour jamais?... Non, non; ce tendre cœur m'aime, je le sais bien. Malgré le sort, malgré lui-même, il m'aimera jusqu'au tombeau.... Je le vois, tu t'es laissé suggérer... (¹) Quel repentir éternel tu te prépares!... Hélas! il sera trop tard. Quoi! tu pourrois oublier... Quoi! je t'aurois mal connue!... Ah! songe à toi, songe à moi, songe à.... Écoute; il en est temps encore.... Tu m'as chassé avec barbarie. Je fuis plus vite que le vent... Dis un mot, un seul mot, et je reviens plus prompt que l'éclair. Dis un mot, et pour jamais nous sommes unis : nous devons l'être... nous le serons... Ah! l'air emporte mes plaintes! et cependant je fuis! je vais vivre et mourir loin d'elle.... Vivre loin d'elle!...

LETTRE III.

DE MYLORD ÉDOUARD A JULIE.

Votre cousine vous dira des nouvelles de votre ami. Je crois d'ailleurs qu'il vous écrit par cet ordinaire. Commencez par satisfaire là-dessus votre empressement, pour lire ensuite posément cette lettre, car je vous préviens que son sujet demande toute votre attention.

Je connois les hommes; j'ai vécu beaucoup en peu d'années; j'ai acquis une grande expérience à mes dépens, et c'est le chemin des passions qui m'a conduit à la philosophie. Mais de tout ce que j'ai observé jusqu'ici je n'ai rien vu de si extraordinaire que vous et votre amant. Ce n'est pas que vous ayez ni l'un ni l'autre un caractère marqué dont on puisse au premier coup d'œil assigner les différences, et il se pourroit bien que cet embarras de vous définir vous fît prendre pour des âmes communes par un observateur superficiel. Mais c'est cela même qui vous distingue, qu'il est impossible de vous distinguer, et que les traits du modèle commun, dont quelqu'un manque toujours à chaque individu, brillent tous également dans les vôtres. Ainsi chaque épreuve d'une estampe a ses défauts particuliers qui lui servent de caractère; et s'il en vient une qui soit parfaite, quoiqu'on la trouve belle au premier coup d'œil, il faut la considérer long-temps pour la reconnoître. La première fois que je vis votre amant, je fus frappé d'un sentiment nouveau qui n'a fait qu'augmenter de jour en jour, à mesure que la raison l'a justifié. A votre égard, ce fut tout autre chose encore, et ce sentiment fut si vif, que je me trompai sur sa nature. Ce n'étoit pas tant la différence des sexes qui produisoit cette impression, qu'un caractère encore plus marqué de perfection que le cœur sent, même indépendamment de l'amour. Je vois bien ce que vous seriez sans votre ami, je ne vois pas de même ce qu'il seroit sans vous : beaucoup d'hommes peuvent lui ressembler, mais il n'y a qu'une Julie au monde. Après un tort que je ne me pardonnerai jamais, votre lettre vint m'éclairer sur mes vrais sentimens. Je connus que je n'étois point jaloux, ni par conséquent amoureux; je connus que vous étiez trop aimable pour moi; il vous faut les prémices d'une âme, et la mienne ne seroit pas digne de vous.

Dès ce moment je pris pour votre bonheur mutuel un tendre intérêt qui ne s'éteindra point. Croyant lever toutes les difficultés, je fis auprès de votre père une démarche indiscrète dont le mauvais succès n'est qu'une raison de plus pour exciter mon zèle. Daignez m'écouter, et je puis réparer encore tout le mal que je vous ai fait.

Sondez bien votre cœur, ô Julie! et voyez s'il vous est possible d'éteindre le feu dont il

---

(¹) La suite montre que ses soupçons tomboient sur mylord Édouard, et que Claire les a pris pour elle.

est dévoré. Il fut un temps peut-être où vous pouviez en arrêter le progrès : mais si Julie, pure et chaste, a pourtant succombé, comment se relèvera-t-elle après sa chute? comment résistera-t-elle à l'amour vainqueur, et armé de la dangereuse image de tous les plaisirs passés ? Jeune amante, ne vous en imposez plus, et renoncez à la confiance qui vous a séduite : vous êtes perdue s'il faut combattre encore : vous serez avilie et vaincue, et le sentiment de votre honte étouffera par degrés toutes vos vertus. L'amour s'est insinué trop avant dans la substance de votre âme pour que vous puissiez jamais l'en chasser ; il en renforce et pénètre tous les traits comme une eau forte et corrosive ; vous n'en effacerez jamais la profonde impression sans effacer à la fois tous les sentimens exquis que vous reçûtes de la nature ; et quand il ne vous restera plus d'amour, il ne vous restera plus rien d'estimable. Qu'avez-vous donc maintenant à faire, ne pouvant plus changer l'état de votre cœur? Une seule chose, Julie ; c'est de le rendre légitime. Je vais vous proposer pour cela l'unique moyen qui vous reste: profitez-en tandis qu'il est temps encore; rendez à l'innocence et à la vertu cette sublime raison dont le ciel vous fit dépositaire, ou craignez d'avilir à jamais le plus précieux de ses dons.

J'ai dans le duché d'York une terre assez considérable, qui fut long-temps le séjour de mes ancêtres. Le château est ancien, mais bon et commode ; les environs sont solitaires, mais agréables et variés. La rivière d'Ouse, qui passe au bout du parc, offre à la fois une perspective charmante à la vue et un débouché facile aux denrées. Le produit de la terre suffit pour l'honnête entretien du maître, et peut doubler sous ses yeux. L'odieux préjugé n'a point d'accès dans cette heureuse contrée ; l'habitant paisible y conserve encore les mœurs simples des premiers temps ; et l'on y trouve une image du Valais décrit avec des traits si touchans par la plume de votre ami. Cette terre est à vous, Julie, si vous daignez l'habiter avec lui ; et c'est là que vous pourrez accomplir ensemble tous les tendres souhaits par où finit la lettre dont je parle.

Venez, modèle unique des vrais amans, venez, couple aimable et fidèle, prendre possession d'un lieu fait pour servir d'asile à l'amour et à l'innocence ; venez-y serrer, à la face du ciel et des hommes, le doux nœud qui vous unit ; venez honorer de l'exemple de vos vertus un pays où elles seront adorées, et des gens simples portés à les imiter. Puissiez-vous en ce lieu tranquille goûter à jamais dans les sentimens qui vous unissent le bonheur des âmes pures ! puisse le ciel y bénir vos chastes feux d'une famille qui vous ressemble ! puissiez-vous y prolonger vos jours dans une honorable vieillesse, et les terminer enfin paisiblement dans les bras de vos enfans ! puissent nos neveux, en parcourant avec un charme secret ce monument de la félicité conjugale, dire un jour dans l'attendrissement de leur cœur: *Ce fut ici l'asile de l'innocence, ce fut ici la demeure des deux amans!*

Votre sort est en vos mains, Julie ; pesez attentivement la proposition que je vous fais, et n'en examinez que le fond ; car d'ailleurs je me charge d'assurer d'avance et irrévocablement votre ami de l'engagement que je prends ; je me charge aussi de la sûreté de votre départ, et de veiller avec lui à celle de votre personne jusqu'à votre arrivée : là vous pourrez aussitôt vous marier publiquement sans obstacle ; car parmi nous une fille nubile n'a nul besoin du consentement d'autrui pour disposer d'elle-même. Nos sages lois n'abrogent point celles de la nature ; et s'il résulte de cet heureux accord quelques inconvéniens, ils sont beaucoup moindres que ceux qu'il prévient. J'ai laissé à Vevai mon valet de chambre, homme de confiance, brave, prudent, et d'une fidélité à toute épreuve. Vous pourrez aisément vous concerter avec lui de bouche ou par écrit à l'aide de Regianino, sans que ce dernier sache de quoi il s'agit. Quand il sera temps, nous partirons pour vous aller joindre, et vous ne quitterez la maison paternelle que sous la conduite de votre époux.

Je vous laisse à vos réflexions ; mais, je le répète, craignez l'erreur des préjugés et la séduction des scrupules, qui mènent souvent au vice par le chemin de l'honneur. Je prévois ce qui vous arrivera si vous rejetez mes offres. La tyrannie d'un père intraitable vous entraînera dans l'abîme que vous ne connoîtrez qu'après la chute. Votre extrême douceur dégénère quelquefois en timidité : vous serez sacrifiée à la chimère des conditions (¹). Il faudra contracter un engagement désavoué par le cœur. L'approbation publique sera démentie incessamment par le cri de la conscience ; vous serez honorée et méprisable : il vaut mieux être oubliée et vertueuse.

P. S. Dans le doute de votre résolution, je vous écris à l'insu de notre ami, de peur qu'un refus de votre part ne vînt détruire en un instant tout l'effet de mes soins.

LETTRE IV.

DE JULIE A CLAIRE.

Oh ! ma chère, dans quel trouble tu m'as laissée hier au soir ! et quelle nuit j'ai passée en rêvant à cette fatale lettre ! Non, jamais tentation plus dangereuse ne vint assaillir mon cœur ; jamais je n'éprouvai de pareilles agitations, et jamais je n'aperçus moins le moyen de les apaiser. Autrefois une certaine lumière de sagesse et de raison dirigeoit ma volonté ; dans toutes les occasions embarrassantes, je discernois d'abord le parti le plus honnête, et le prenois à l'instant. Maintenant, avilie et toujours vaincue, je ne fais que flotter entre les passions contraires : mon foible cœur n'a plus que le choix de ses fautes ; et tel est mon déplorable aveuglement, que si je viens par hasard à prendre le meilleur parti, la vertu ne m'aura point guidée, et je n'en aurai pas moins de remords. Tu sais quel époux mon père me destine ; tu sais quels liens l'amour m'a donnés. Veux-je être vertueuse, l'obéissance et la foi m'imposent des devoirs opposés. Veux-je suivre le penchant de mon cœur ; qui préférer d'un amant ou d'un père ? Hélas ! en écoutant l'amour ou la nature, je ne puis éviter de mettre l'un ou l'autre au désespoir ; en me sacrifiant au devoir, je ne puis éviter de commettre un crime ; et quelque parti que je prenne, il faut que je meure à la fois malheureuse et coupable.

Ah ! chère et tendre amie, toi qui fus toujours mon unique ressource, et qui m'as tant de fois sauvée de la mort et du désespoir, considère aujourd'hui l'horrible état de mon âme, et vois si jamais tes secourables soins me furent plus nécessaires. Tu sais si tes avis sont écoutés ; tu sais si tes conseils sont suivis ; tu viens de voir, au prix du bonheur de ma vie, si je sais déférer aux leçons de l'amitié. Prends donc pitié de l'accablement où tu m'as réduite ; achève, puisque tu as commencé ; supplée à mon courage abattu ; pense pour celle qui ne pense plus que par toi. Enfin, tu lis dans ce cœur qui t'aime ; tu le connois mieux que moi. Apprends-moi donc ce que je veux ; et choisis à ma place, quand je n'ai plus la force de vouloir, ni la raison de choisir.

Relis la lettre de ce généreux Anglois ; relis-la mille fois, mon ange. Ah ! laisse-toi toucher au tableau charmant du bonheur que l'amour, la paix, la vertu, peuvent me promettre encore ! Douce et ravissante union des âmes, délices inexprimables même au sein des remords ! dieux ! que seriez-vous pour mon cœur au sein de la foi conjugale ? Quoi ! le bonheur et l'innocence seroient encore en mon pouvoir ! Quoi ! je pourrois expirer d'amour et de joie entre un époux adoré et les chers gages de sa tendresse !... Et j'hésite un seul moment ! et je ne vole pas réparer ma faute dans les bras de celui qui me la fit commettre ! et je ne suis pas déjà femme vertueuse et chaste mère de famille !... Oh ! que les auteurs de mes jours ne peuvent-ils me voir sortir de mon avilissement ! que ne peuvent-ils être témoins de la manière dont je saurai remplir à mon tour les devoirs sacrés qu'ils ont remplis envers moi !... Et les tiens, fille ingrate et dénaturée, qui les remplira près d'eux, tandis que tu les oublies ? Est-ce en plongeant le poignard dans le sein d'une mère que tu te prépares à le devenir ? Celle qui déshonore sa famille apprendra-t-elle à ses enfans à l'honorer ? Digne objet de l'aveugle tendresse d'un père et d'une mère idolâtres, abandonne-les au regret de t'avoir fait naître ; couvre leurs vieux jours de douleur et d'opprobre..... et jouis, si tu peux, d'un bonheur acquis à ce prix.

Mon Dieu ! que d'horreurs m'environnent ! quitter furtivement son pays, déshonorer sa famille, abandonner à la fois père, mère, amis, parens, et toi-même ! et toi, ma douce amie ! et toi, la bien-aimée de mon cœur ! toi dont à peine, dès mon enfance, je puis rester

---

(¹) La chimère des conditions ! c'est un pair d'Angleterre qui parle ainsi ! et tout ceci ne seroit pas une fiction ! Lecteur, qu'en dites-vous ?

éloignée un seul jour; te fuir, te quitter, te perdre, ne plus te voir!..... Ah! non : que jamais..... Que de tourmens déchirent ta malheureuse amie! elle sent à la fois tous les maux dont elle a le choix, sans qu'aucun des biens qui lui resteront la console. Hélas! je m'égare. Tant de combats passent ma force et troublent ma raison ; je perds à la fois le courage et le sens. Je n'ai plus d'espoir qu'en toi seule. Ou choisis, ou laisse-moi mourir.

LETTRE V.

RÉPONSE.

Tes perplexités ne sont que trop bien fondées, ma chère Julie ; je les ai prévues et n'ai pu les prévenir ; je les sens et ne lés puis apaiser ; et ce que je vois de pire dans ton état, c'est que personne ne t'en peut tirer que toi-même. Quand il s'agit de prudence, l'amitié vient au secours d'une âme agitée; s'il faut choisir le bien ou le mal, la passion qui les méconnoît peut se taire devant un conseil désintéressé. Mais ici, quelque parti que tu prennes, la nature l'autorise et le condamne, la raison le blâme et l'approuve, le devoir se tait ou s'oppose à lui-même; les suites sont également à craindre de part et d'autre ; tu ne peux ni rester indécise ni bien choisir; tu n'as que des peines à comparer, et ton cœur seul en est le juge. Pour moi, l'importance de la délibération m'épouvante, et son effet m'attriste. Quelque sort que tu préfères, il sera toujours peu digne de toi ; et ne pouvant ni te montrer un parti qui te convienne, ni te conduire au vrai bonheur, je n'ai pas le courage de décider de ta destinée. Voici le premier refus que tu reçus jamais de ton amie ; et je sens bien, par ce qu'il me coûte, que ce sera le dernier : mais je te trahirois en voulant te gouverner dans un cas où la raison même s'impose silence, et où la seule règle à suivre est d'écouter ton propre penchant.

Ne sois pas injuste envers moi, ma douce amie, et ne me juge point avant le temps. Je sais qu'il est des amitiés circonspectes qui, craignant de se compromettre, refusent des conseils dans les occasions difficiles, et dont la réserve augmente avec le péril des amis. Ah! tu vas connoître si ce cœur qui t'aime connoît ces timides précautions! souffre qu'au lieu de te parler de tes affaires, je te parle un instant des miennes.

N'as-tu jamais remarqué, mon ange, à quel point tout ce qui t'approche s'attache à toi? Qu'un père et une mère chérissent une fille unique, il n'y a pas, je le sais, de quoi s'en fort étonner ; qu'un jeune homme ardent s'enflamme pour un objet aimable, cela n'est pas plus extraordinaire. Mais qu'à l'âge mûr, un homme aussi froid que M. de Wolmar s'attendrisse en te voyant pour la première fois de sa vie; que toute une famille t'idolâtre unanimement; que tu sois chère à mon père, cet homme si peu sensible, autant et plus peut-être que ses propres enfants; que les amis, les connoissances, les domestiques, les voisins, et toute une ville entière, t'adorent de concert, et prennent à toi le plus tendre intérêt : voilà, ma chère, un concours moins vraisemblable, et qui n'auroit point lieu s'il n'avoit en ta personne quelque cause particulière. Sais-tu bien quelle est cette cause? Ce n'est ni ta beauté, ni ton esprit, ni ta grâce, ni rien de tout ce qu'on entend par le don de plaire : mais c'est cette âme tendre et cette douceur d'attachement qui n'a point d'égale; c'est le don d'aimer, mon enfant, qui te fait aimer. On peut résister à tout, hors à la bienveillance ; et il n'y a point de moyen plus sûr d'acquérir l'affection des autres, que de leur donner la sienne. Mille femmes sont plus belles que toi ; plusieurs ont autant de grâces; toi seule as, avec les grâces, je ne sais quoi de plus séduisant qui ne plaît pas seulement, mais qui touche et qui fait voler tous les cœurs au-devant du tien. On sent que ce tendre cœur ne demande qu'à se donner, et le doux sentiment qu'il cherche le va chercher à son tour.

Tu vois, par exemple, avec surprise, l'incroyable affection de mylord Édouard pour ton ami; tu vois son zèle pour ton bonheur, tu reçois avec admiration ses offres généreuses ; tu les attribues à la seule vertu : et ma Julie de s'attendrir! Erreur, abus, charmante cousine ! A Dieu ne plaise que j'atténue les bienfaits de mylord Édouard, et que je déprise sa grande âme! Mais, crois-moi, ce zèle, tout pur qu'il est, seroit moins ardent, si, dans la même circonstance, il s'adressoit à d'autres personnes. C'est ton ascendant invincible et celui de ton ami, qui, sans même qu'il s'en aperçoive, le déterminent avec tant de force, et lui font faire par attachement ce qu'il croit ne faire que par honnêteté.

Voilà ce qui doit arriver à toutes les âmes d'une certaine trempe ; elles transforment, pour ainsi dire, les autres en elles-mêmes ; elles ont une sphère d'activité dans laquelle rien ne leur résiste : on ne peut les connoître sans les vouloir imiter, et de leur sublime élévation elles attirent à elles tout ce qui les environne. C'est pour cela, ma chère, que ni toi ni ton ami ne connoîtrez peut-être jamais les hommes ; car vous les verrez bien plus comme vous les ferez, que comme ils seront d'eux-mêmes. Vous donnerez le ton à tous ceux qui vivront avec vous ; ils vous fuiront ou vous deviendront semblables, et tout ce que vous aurez vu n'aura peut-être rien de pareil dans le reste du monde.

Venons maintenant à moi, cousine, à moi qu'un même sang, un même âge, et surtout une parfaite conformité de goûts et d'humeurs, avec des tempéramens contraires, unit à toi dès l'enfance.

> *Congiunti eran gl' alberghi,*
> *Ma più congiunti i cuori :*
> *Conforme era l'etate,*
> *Ma'l pensier più conforme* (¹).

Que penses-tu qu'ait produit sur celle qui a passé sa vie avec toi cette charmante influence qui se fait sentir à tout ce qui t'approche ? Crois-tu qu'il puisse ne régner entre nous qu'une union commune ? Mes yeux ne te rendent-ils pas la douce joie que je prends chaque jour dans les tiens en nous abordant ? Ne lis-tu pas dans mon cœur attendri le plaisir de partager tes peines et de pleurer avec toi ? Puis-je oublier que, dans les premiers transports d'un amour naissant, l'amitié ne te fut point importune, et que les murmures de ton amant ne purent t'engager à m'éloigner de toi, et à me dérober le spectacle de ta foiblesse ? Ce moment fut critique, ma Julie ; je sais ce que vaut

---

(¹) Nos âmes étoient jointes ainsi que nos demeures, et nous avions la même conformité de goûts que d'âges.

TASS. AMINTE.

dans ton cœur modeste le sacrifice d'une honte qui n'est pas réciproque. Jamais je n'eusse été ta confidente si j'eusse été ton amie à demi, et nos âmes se sont trop bien senties en s'unissant, pour que rien les puisse désormais séparer.

Qu'est-ce qui rend les amitiés si tièdes et si peu durables entre les femmes, je dis entre celles qui sauroient aimer ? Ce sont les intérêts de l'amour, c'est l'empire de la beauté, c'est la jalousie des conquêtes : or, si rien de tout cela nous eût pu diviser, cette division seroit déjà faite. Mais quand mon cœur seroit moins inepte à l'amour, quand j'ignorerois que vos feux sont de nature à ne s'éteindre qu'avec la vie, ton amant est mon ami, c'est-à-dire mon frère : et qui vit jamais finir par l'amour une véritable amitié ? Pour M. d'Orbe, assurément il aura long-temps à se louer de tes sentimens, avant que je songe à m'en plaindre ; et je ne suis pas plus tentée de le retenir par force, que toi de me l'arracher. Eh ! mon enfant, plût au ciel qu'au prix de son attachement je te pusse guérir du tien ! je le garde avec plaisir, je le céderois avec joie.

A l'égard des prétentions sur la figure, j'en puis avoir tant qu'il me plaira ; tu n'es pas fille à me les disputer, et je suis bien sûre qu'il ne t'entra de tes jours dans l'esprit de savoir qui de nous deux est la plus jolie. Je n'ai pas été tout-à-fait si indifférente ; je sais là-dessus à quoi m'en tenir, sans en avoir le moindre chagrin. Il me semble même que j'en suis plus fière que jalouse ; car enfin les charmes de ton visage n'étant pas ceux qu'il faudrait au mien, ne m'ôtent rien de ce que j'ai, et je me trouve encore belle de ta beauté, aimable de tes grâces, ornée de tes talens ; je me pare de toutes tes perfections, et c'est en toi que je place mon amour-propre le mieux entendu. Je n'aimerois pourtant guère à faire peur pour mon compte, mais je suis assez jolie pour le besoin que j'ai de l'être. Tout le reste m'est inutile, et je n'ai pas besoin d'être humble pour te céder.

Tu t'impatientes de savoir à quoi j'en veux venir. Le voici. Je ne puis te donner le conseil que tu me demandes, je t'en ai dit la raison ; mais le parti que tu prendras pour toi, tu le prendras en même temps pour ton amie ; et quel que soit ton destin, je suis déterminée à le partager. Si tu pars, je te suis ; si tu restes, je reste : j'en ai formé l'inébranlable résolution ; je le dois, rien ne m'en peut détourner. Ma fatale indulgence a causé ta perte ; ton sort doit être le mien ; et, puisque nous fûmes inséparables dès l'enfance, ma Julie, il faut l'être jusqu'au tombeau.

Tu trouveras, je le prévois, beaucoup d'étourderie dans ce projet, mais, au fond, il est plus sensé qu'il ne semble, et je n'ai pas les mêmes motifs d'irrésolution que toi. Premièrement, quant à ma famille, si je quitte un père facile, je quitte un père assez indifférent qui laisse faire à ses enfans tout ce qui leur plaît, plus par négligence que par tendresse : car tu sais que les affaires de l'Europe l'occupent beaucoup plus que les siennes, et que sa fille lui est bien moins chère que la Pragmatique. D'ailleurs je ne suis pas comme toi fille unique ; et avec les enfans qui lui resteront, à peine saura-t-il s'il lui en manque un.

J'abandonne un mariage prêt à conclure ? *Manco male* (*), ma chère ; c'est à M. d'Orbe, s'il m'aime, à s'en consoler. Pour moi, quoique j'estime son caractère, que je ne sois pas sans attachement pour sa personne, et que je regrette en lui un fort honnête homme, il ne m'est rien auprès de ma Julie. Dis-moi, mon enfant, l'âme a-t-elle un sexe ? En vérité je ne le sens guère à la mienne. Je puis avoir des fantaisies, mais fort peu d'amour. Un mari peut m'être utile, mais il ne sera jamais pour moi qu'un mari ; et de ceux-là, libre encore et passable comme je suis, j'en puis trouver un par tout le monde.

Prends bien garde, cousine, que, quoique je n'hésite point, ce n'est pas à dire que tu ne doives point hésiter, ni que je veuille t'insinuer de prendre le parti que je prendrai si tu pars. La différence est grande entre nous, et tes devoirs sont beaucoup plus rigoureux que les miens. Tu sais encore qu'une affection presque unique remplit mon cœur, et absorbe si bien tous les autres sentimens, qu'ils y sont comme anéantis. Une invincible et douce habitude m'attache à toi dès mon enfance ; je n'aime parfaitement que toi seule, et si j'ai quelque lien à rompre en te suivant, je m'en-

(*) Idiotisme italien qui répond à notre *qu'à cela ne tienne* ; c'est le *moindre mal* qui en puisse arriver. G. P.

couragerai par ton exemple. Je me dirai, j'imite Julie, et me croirai justifiée.

BILLET.

DE JULIE A CLAIRE.

Je t'entends, amie incomparable, et je te remercie. Au moins une fois j'aurai fait mon devoir, et ne serai pas en tout indigne de toi.

LETTRE VI.

DE JULIE A MYLORD ÉDOUARD.

Votre lettre, mylord, me pénètre d'attendrissement et d'admiration. L'ami que vous daignez protéger n'y sera pas moins sensible, quand il saura tout ce que vous avez voulu faire pour nous. Hélas ! il n'y a que les infortunés qui sentent le prix des âmes bienfaisantes. Nous ne savons déjà qu'à trop de titres tout ce que vaut la vôtre, et vos vertus héroïques nous toucheront toujours, mais elles ne nous surprendront plus.

Qu'il me seroit doux d'être heureuse sous les auspices d'un ami si généreux, et de tenir de ses bienfaits le bonheur que la fortune m'a refusé ! Mais, mylord, je le vois avec désespoir, elle trompe vos bons desseins ; mon sort cruel l'emporte sur votre zèle, et la douce image des biens que vous m'offrez ne sert qu'à m'en rendre la privation plus sensible. Vous donnez une retraite agréable et sûre à deux amans persécutés ; vous y rendez leurs feux légitimes, leur union solennelle, et je sais que sous votre garde j'échapperois aisément aux poursuites d'une famille irritée. C'est beaucoup pour l'amour, est-ce assez pour la félicité ? Non : si vous voulez que je sois paisible et contente, donnez-moi quelque asile plus sûr encore, où l'on puisse échapper à la honte et au repentir. Vous allez au-devant de nos besoins, et, par une générosité sans exemple, vous vous privez, pour notre entretien, d'une partie des biens destinés au vôtre. Plus riche, plus honorée de vos bienfaits que de mon patrimoine, je puis tout recouvrer près de vous, et vous daignerez me tenir lieu de père. Ah! mylord, serai-je digne d'en trouver un, après avoir abandonné celui que m'a donné la nature?

Voilà la source des reproches d'une conscience épouvantée, et des murmures secrets qui déchirent mon cœur. Il ne s'agit pas de savoir si j'ai droit de disposer de moi contre le gré des auteurs de mes jours, mais si j'en puis disposer sans les affliger mortellement, si je puis les fuir sans les mettre au désespoir. Hélas! il vaudroit autant consulter si j'ai droit de leur ôter la vie. Depuis quand la vertu pèse-t-elle ainsi les droits du sang et de la nature? Depuis quand un cœur sensible marque-t-il avec tant de soin les bornes de la reconnoissance? N'est-ce pas être déjà coupable, que de vouloir aller jusqu'au point où l'on commence à le devenir? et cherche-t-on si scrupuleusement le terme de ses devoirs, quand on n'est point tenté de le passer? Qui? moi? j'abandonnerois impitoyablement ceux par qui je respire, ceux qui me conservent la vie qu'ils m'ont donnée, et me la rendent chère; ceux qui n'ont d'autre espoir, d'autre plaisir qu'en moi seule; un père presque sexagénaire, une mère toujours languissante! moi leur unique enfant, je les laisserois sans assistance dans la solitude et les ennuis de la vieillesse, quand il est temps de leur rendre les tendres soins qu'ils m'ont prodigués! je livrerois leurs derniers jours à la honte, aux regrets, aux pleurs! la terreur, le cri de ma conscience agitée, me peindroient sans cesse mon père et ma mère expirant sans consolation, et maudissant la fille ingrate qui les délaisse et les déshonore! Non, mylord, la vertu que j'abandonnai m'abandonne à son tour, et ne dit plus rien à mon cœur : mais cette idée horrible me parle à sa place; elle me suivroit pour mon tourment à chaque instant de mes jours, et me rendroit misérable au sein du bonheur. Enfin, si tel est mon destin qu'il faille livrer le reste de ma vie au remords, celui-là seul est trop affreux pour le supporter; j'aime mieux braver tous les autres.

Je ne puis répondre à vos raisons, je l'avoue, je n'ai que trop de penchant à les trouver bonnes. Mais, mylord, vous n'êtes pas marié; ne sentez-vous point qu'il faut être père pour avoir droit de conseiller les enfans d'autrui? Quant à moi, mon parti est pris; mes parens me rendront malheureuse, je le sais bien; mais il me sera moins cruel de gémir dans mon infortune, que d'avoir causé la leur, et je ne déserterai jamais la maison paternelle. Va donc, douce chimère d'une âme sensible, félicité si charmante et si désirée, va te perdre dans la nuit des songes, tu n'auras plus de réalité pour moi. Et vous, ami trop généreux, oubliez vos aimables projets, et qu'il n'en reste de trace qu'au fond d'un cœur trop reconnoissant pour en perdre le souvenir. Si l'excès de nos maux ne décourage point votre grande âme, si vos généreuses bontés ne sont point épuisées, il vous reste de quoi les exercer avec gloire; et celui que vous honorez du titre de votre ami peut, par vos soins, mériter de le devenir. Ne jugez pas de lui par l'état où vous le voyez : son égarement ne vient point de lâcheté, mais d'un génie ardent et fier qui se roidit contre la fortune. Il y a souvent plus de stupidité que de courage dans une constance apparente; le vulgaire ne connoît point de violentes douleurs, et les grandes passions ne germent guère chez les hommes foibles. Hélas! il a mis dans la sienne cette énergie de sentimens qui caractérise les âmes nobles, et c'est ce qui fait aujourd'hui ma honte et mon désespoir. Mylord, daignez le croire, s'il n'étoit qu'un homme ordinaire, Julie n'eût point péri.

Non, non, cette affection secrète qui prévint en vous une estime éclairée ne vous a point trompé. Il est digne de tout ce que vous avez fait pour lui sans le bien connaître; vous ferez plus encore, s'il est possible, après l'avoir connu. Oui, soyez son consolateur, son protecteur, son ami, son père; c'est à la fois pour vous et pour lui que je vous en conjure; il justifiera votre confiance, il honorera vos bienfaits; il pratiquera vos leçons, il imitera vos vertus, il apprendra de vous la sagesse. Ah! mylord, s'il devient entre vos mains tout ce qu'il peut être, que vous serez fier un jour de votre ouvrage!

LETTRE VII.

DE JULIE.

Et toi aussi, mon doux ami! et toi l'unique espoir de mon cœur, tu viens le percer encore quand il se meurt de tristesse! J'étois préparée aux coups de la fortune, de longs pressentimens me les avoient annoncés; je les aurois supportés avec patience : mais toi pour qui je les souffre!... Ah! ceux qui me viennent de toi me sont seuls insupportables, et il m'est affreux de voir aggraver mes peines par celui qui devoit me les rendre chères. Que de douces consolations je m'étois promises qui s'évanouissent avec ton courage! Combien de fois je me flattai que ta force animeroit ma langueur, que ton mérite effaceroit ma faute, que tes vertus relèveroient mon âme abattue! Combien de fois j'essuyai mes larmes amères en me disant, je souffre pour lui, mais il en est digne; je suis coupable, mais il est vertueux; mille ennuis m'assiégent, mais sa constance me soutient, et je trouve au fond de son cœur le dédommagement de toutes mes pertes! Vain espoir que la première épreuve a détruit! Où est maintenant cet amour sublime qui sait élever tous les sentimens et faire éclater la vertu? Où sont ces fières maximes? qu'est devenue cette imitation des grands hommes? où est ce philosophe que le malheur ne peut ébranler, et qui succombe au premier accident qui le sépare de sa maîtresse? Quel prétexte excusera désormais ma honte à mes propres yeux, quand je ne vois plus dans celui qui m'a séduite qu'un homme sans courage, amolli par les plaisirs, qu'un cœur lâche, abattu par les premiers revers, qu'un insensé qui renonce à la raison sitôt qu'il a besoin d'elle? O Dieu! dans ce comble d'humiliation devois-je me voir réduite à rougir de mon choix autant que de ma foiblesse?

Regarde à quel point tu t'oublies : ton âme égarée et rampante s'abaisse jusqu'à la cruauté! tu m'oses faire des reproches! tu t'oses plaindre de moi!... de ta Julie!... Barbare!... comment tes remords n'ont-ils pas retenu ta main? comment les plus doux témoignages du plus tendre amour qui fut jamais t'ont-ils laissé le courage de m'outrager? Ah! si tu pouvois douter de mon cœur, que le tien seroit méprisable!... Mais non, tu n'en doutes pas, tu n'en peux douter, j'en puis défier ta fureur; et dans cet instant même où je hais ton injustice, tu vois trop bien la source du premier mouvement de colère que j'éprouvai de ma vie.

Peux-tu t'en prendre à moi, si je me suis perdu par une aveugle confiance, et si mes desseins n'ont point réussi? Que tu rougirois de tes duretés si tu connoissois quel espoir m'avoit séduite, quels projets j'osai former pour ton bonheur et le mien, et comment ils se sont évanouis avec toutes mes espérances! Quelque jour, j'ose m'en flatter encore, tu pourras en savoir davantage, et tes regrets me vengeront alors de tes reproches. Tu sais la défense de mon père; tu n'ignores pas les discours publics; j'en prévis les conséquences, je te les fis exposer, tu les sentis comme nous; et pour nous conserver l'un à l'autre, il fallut nous soumettre au sort qui nous séparoit.

Je t'ai donc chassé, comme tu l'oses dire! Mais pour qui l'ai-je fait, amant sans délicatesse? Ingrat! c'est pour un cœur bien plus honnête qu'il ne croit l'être, et qui mourroit mille fois plutôt que de me voir avilie. Dis-moi, que deviendras-tu quand je serai livrée à l'opprobre? Espères-tu pouvoir supporter le spectacle de mon déshonneur? Viens, cruel, si tu le crois, viens recevoir le sacrifice de ma réputation avec autant de courage que je puis te l'offrir. Viens, ne crains pas d'être désavoué de celle à qui tu fus cher. Je suis prête à déclarer à la face du ciel et des hommes tout ce que nous avons senti l'un pour l'autre; je suis prête à te nommer hautement mon amant, à mourir dans tes bras d'amour et de honte; j'aime mieux que le monde entier connoisse ma tendresse que de t'en voir douter un moment, et tes reproches me sont plus amers que l'ignominie.

Finissons pour jamais ces plaintes mutuelles, je t'en conjure; elles me sont insupportables. O Dieu! comment peut-on se quereller quand on s'aime, et perdre à se tourmenter l'un l'autre des momens où l'on a si grand besoin de consolation! Non, mon ami, que sert de feindre un mécontentement qui n'est pas? Plaignons-nous du sort et non de l'amour. Jamais il ne forma d'union si parfaite; jamais il n'en forma de plus durable. Nos âmes trop bien confondues ne sauroient plus se séparer; et nous ne pouvons plus vivre éloignés l'un de l'autre, que comme deux parties d'un même tout. Comment peux-tu donc ne sentir que tes peines? comment ne sens-tu point celles de ton amie! comment n'entends-tu point dans ton sein ses tendres gémissemens? Combien ils sont plus douloureux que tes cris emportés! combien, si tu partageois mes maux, ils te seroient plus cruels que les tiens mêmes!

Tu trouves ton sort déplorable! Considère celui de ta Julie, et ne pleure que sur elle. Considère dans nos communes infortunes l'état de mon sexe et du tien, et juge qui de nous est le plus à plaindre. Dans la force des passions, affecter d'être insensible; en proie à mille peines, paroître joyeuse et contente; avoir l'air serein et l'âme agitée; dire toujours autrement qu'on ne pense; déguiser tout ce qu'on sent; être fausse par devoir, et mentir par modestie; voilà l'état habituel de toute fille de mon âge. On passe ainsi ses beaux jours sous la tyrannie des bienséances, qu'aggrave enfin celle des parens dans un lien mal assorti. Mais on gêne en vain nos inclinations; le cœur ne reçoit de lois que de lui-même; il échappe à l'esclavage; il se donne à son gré. Sous un joug de fer que le ciel n'impose pas, on n'asservit qu'un corps sans âme: la personne et la foi restent séparément engagées, et l'on force au crime une malheureuse victime en la forçant de manquer de part ou d'autre au devoir sacré de la fidélité. Il en est de plus sages? Ah! je le sais. Elles n'ont point aimé? Qu'elles sont heureuses! Elles résistent? J'ai voulu résister. Elles sont plus vertueuses? Aiment-elles mieux la vertu? Sans toi, sans toi seul, je l'aurois toujours aimée. Il est donc vrai que je ne l'aime plus?... Tu m'as perdue, et c'est moi qui te console!... Mais moi, que vais-je devenir?... Que les consolations de l'amitié sont foibles où manquent celles de l'amour! Qui me consolera donc dans mes peines? Quel sort affreux j'envisage, moi qui, pour avoir vécu dans le crime, ne vois plus qu'un nouveau crime dans des nœuds abhorrés et peut-être inévitables? Où trouverai-je assez de larmes pour pleurer ma faute et mon amant, si je cède? Où trouverai-je assez de force pour résister,

dans l'abattement où je suis? Je crois déjà voir les fureurs d'un père irrité. Je crois déjà sentir le cri de la nature émouvoir mes entrailles, ou l'amour gémissant déchirer mon cœur. Privée de toi, je reste sans ressource, sans appui, sans espoir; le passé m'avilit, le présent m'afflige, l'avenir m'épouvante. J'ai cru tout faire pour notre bonheur, je n'ai fait que nous rendre plus misérables en nous préparant une séparation plus cruelle. Les vains plaisirs ne sont plus, les remords demeurent; et la honte qui m'humilie est sans dédommagement.

C'est à moi, c'est à moi d'être foible et malheureuse. Laisse-moi pleurer et souffrir; mes pleurs ne peuvent non plus tarir que mes fautes se réparer, et le temps même qui guérit tout ne m'offre que de nouveaux sujets de larmes. Mais toi qui n'as nulle violence à craindre, que la honte n'avilit point, que rien ne force à déguiser bassement tes sentimens; toi qui ne sens que l'atteinte du malheur et jouis au moins de tes premières vertus, comment t'oses-tu dégrader au point de soupirer et gémir comme une femme, et de t'emporter comme un furieux? N'est-ce pas assez du mépris que j'ai mérité pour toi, sans l'augmenter en te rendant méprisable toi-même, et sans m'accabler à la fois de mon opprobre et du tien? Rappelle donc ta fermeté, sache supporter l'infortune, et sois homme. Sois encore, si j'ose le dire, l'amant que Julie a choisi. Ah! si je ne suis plus digne d'animer ton courage, souviens-toi du moins de ce que je fus un jour; mérite que pour toi j'aie cessé de l'être; ne me déshonore pas deux fois.

Non, mon respectable ami, ce n'est point toi que je reconnois dans cette lettre efféminée que je veux à jamais oublier, et que je tiens déjà désavouée par toi-même. J'espère, tout avilie, toute confuse que je suis, j'ose espérer que mon souvenir n'inspire point des sentimens si bas, que mon image règne encore avec plus de gloire dans un cœur que je pus enflammer, et que je n'aurai point à me reprocher, avec ma foiblesse, la lâcheté de celui qui l'a causée.

Heureux dans ta disgrâce, tu trouves le plus précieux dédommagement qui soit connu des âmes sensibles. Le ciel dans ton malheur te donne un ami, et te laisse à douter si ce qu'il le rend ne vaut pas mieux que ce qu'il t'ôte. Admire et chéris cet homme trop généreux qui daigne, aux dépens de son repos, prendre soin de tes jours et de ta raison. Que tu serois ému si tu savois tout ce qu'il a voulu faire pour toi ! Mais que sert d'animer ta reconnoissance en aigrissant tes douleurs ? Tu n'as pas besoin de savoir à quel point il t'aime pour connoître tout ce qu'il vaut ; et tu ne peux l'estimer comme il le mérite, sans l'aimer comme tu le dois.

LETTRE VIII.

DE CLAIRE.

Vous avez plus d'amour que de délicatesse, et savez mieux faire des sacrifices que les faire valoir. Y pensez-vous d'écrire à Julie sur un ton de reproches dans l'état où elle est ? et parce que vous souffrez, faut-il vous en prendre à elle qui souffre encore plus ? Je l'ai dit mille fois, je ne vis de ma vie un amant si grondeur que vous ; toujours prêt à disputer sur tout, l'amour n'est pour vous qu'un état de guerre ; ou, si quelquefois vous êtes docile, c'est pour vous plaindre ensuite de l'avoir été. Oh ! que de pareils amans sont à craindre, et que je m'estime heureuse de n'en avoir jamais voulu que de ceux qu'on peut congédier quand on veut, sans qu'il en coûte une larme à personne !

Croyez-moi, changez de langage avec Julie si vous voulez qu'elle vive ; c'en est trop pour elle de supporter à la fois sa peine et vos mécontentemens. Apprenez une fois à ménager ce cœur trop sensible ; vous lui devez les plus tendres consolations : craignez d'augmenter vos maux à force de vous en plaindre, ou du moins ne vous en plaignez qu'à moi qui suis l'unique auteur de votre éloignement. Oui, mon ami, vous avez deviné juste ; je lui ai suggéré le parti qu'exigeoit son honneur en péril, ou plutôt je l'ai forcée à le prendre en exagérant le danger ; je vous ai déterminé vous-même, et chacun a rempli son devoir. J'ai plus fait encore ; je l'ai détournée d'accepter les offres de mylord Édouard ; je vous ai empêché d'être heureux, mais le bonheur de Julie m'est plus cher que le vôtre ; je savois qu'elle ne pouvoit être heureuse après avoir livré ses parens à la honte et au désespoir ; et j'ai peine à comprendre, par rapport à vous-même, quel bonheur vous pourriez goûter aux dépens du sien.

Quoi qu'il en soit, voilà ma conduite et mes torts ; et, puisque vous vous plaisez à quereller ceux qui vous aiment, voilà de quoi vous en prendre à moi seule ; si ce n'est pas cesser d'être ingrat, c'est au moins cesser d'être injuste. Pour moi, de quelque manière que vous en usiez, je serai toujours la même envers vous ; vous me serez cher tant que Julie vous aimera, et je dirois davantage s'il étoit possible. Je ne me repens d'avoir ni favorisé ni combattu votre amour. Le pur zèle de l'amitié qui m'a toujours guidée me justifie également dans ce que j'ai fait pour et contre vous ; et, si quelquefois je m'intéressai pour vos feux plus peut-être qu'il ne sembloit me convenir, le témoignage de mon cœur suffit à mon repos ; je ne rougirai jamais des services que j'ai pu rendre à mon amie, et ne me reproche que leur inutilité.

Je n'ai pas oublié ce que vous m'avez appris autrefois de la constance du sage dans les disgrâces, et je pourrois, ce me semble, vous en rappeler à propos quelques maximes ; mais l'exemple de Julie m'apprend qu'une fille de mon âge est pour un philosophe du vôtre un aussi mauvais précepteur qu'un dangereux disciple ; et il ne me conviendroit pas de donner des leçons à mon maître.

LETTRE IX.

DE MYLORD ÉDOUARD A JULIE.

Nous l'emportons, charmante Julie ; une erreur de notre ami l'a ramené à la raison. La honte de s'être mis un moment dans son tort a dissipé toute sa fureur, et l'a rendu si docile que nous en ferons désormais tout ce qu'il nous plaira. Je vois avec plaisir que la faute qu'il se reproche lui laisse plus de regret que de dépit ; et je connois qu'il m'aime en ce qu'il est humble et confus en ma présence, mais non pas embarrassé ni contraint. Il sent trop bien son injustice pour que je m'en souvienne ; et des torts ainsi reconnus font plus d'honneur à celui qui les répare qu'à celui qui les pardonne.

J'ai profité de cette révolution et de l'effet

qu'elle a produit pour prendre avec lui quelques arrangemens nécessaires avant de nous séparer; car je ne puis différer mon départ plus long-temps. Comme je compte revenir l'été prochain, nous sommes convenus qu'il iroit m'attendre à Paris, et qu'ensuite nous irions ensemble en Angleterre. Londres est le seul théâtre digne des grands talens, et où leur carrière est le plus étendue [1]. Les siens sont supérieurs à bien des égards; et je ne désespère pas de lui voir faire en peu de temps, à l'aide de quelques amis, un chemin digne de son mérite. Je vous expliquerai mes vues plus en détail à mon passage auprès de vous. En attendant, vous sentez qu'à force de succès on peut lever bien des difficultés, et qu'il y a des degrés de considération qui peuvent compenser la naissance, même dans l'esprit de votre père. C'est, ce me semble, le seul expédient qui reste à tenter pour votre bonheur et le sien, puisque le sort et les préjugés vous ont ôté tous les autres.

J'ai écrit à Regianino de venir me joindre en poste, pour profiter de lui pendant huit ou dix jours que je passe encore avec notre ami. Sa tristesse est trop profonde pour laisser place à beaucoup d'entretien. La musique remplira les vides du silence, le laissera rêver, et changera par degrés sa douleur en mélancolie. J'attends cet état pour le livrer à lui-même, je n'oserois m'y fier auparavant. Pour Regianino, je vous le rendrai en repassant, et ne le reprendrai qu'à mon retour d'Italie, temps où, sur les progrès que vous avez déjà faits toutes deux, je juge qu'il ne vous sera plus nécessaire. Quant à présent, sûrement il vous est inutile, et je ne vous prive de rien en vous l'ôtant pour quelques jours.

[1] C'est avoir une étrange prévention pour son pays; car je n'entends pas dire qu'il y en ait au monde, où généralement parlant, les étrangers soient moins bien reçus, et trouvent plus d'obstacles à s'avancer qu'en Angleterre. Par le goût de la nation, ils n'y sont favorisés en rien; par la forme du gouvernement, ils n'y sauroient parvenir à rien. Mais convenons aussi que l'Anglois ne va guère demander aux autres l'hospitalité qu'il leur refuse chez lui. Dans quelle cour, hors celle de Londres, voit-on ramper lâchement ces fiers insulaires? Dans quel pays, hors le leur, vont-ils chercher à s'enrichir? Ils sont durs, il est vrai; cette dureté ne me déplait pas quand elle marche avec la justice. Je trouve beau qu'ils ne soient qu'Anglois, puisqu'ils n'ont pas besoin d'être hommes.

LETTRE X.

A CLAIRE.

Pourquoi faut-il que j'ouvre enfin les yeux sur moi? Que ne les ai-je fermés pour toujours, plutôt que de voir l'avilissement où je suis tombé; plutôt que de me trouver le dernier des hommes, après en avoir été le plus fortuné! Aimable et généreuse amie, qui fûtes si souvent mon refuge, j'ose encore verser ma honte et mes peines dans votre cœur compatissant: j'ose encore implorer vos consolations contre le sentiment de ma propre indignité; j'ose recourir à vous quand je suis abandonné de moi-même. Ciel! comment un homme aussi méprisable a-t-il pu jamais être aimé d'elle? ou comment un feu si divin n'a-t-il point épuré mon âme? Qu'elle doit maintenant rougir de son choix, celle que je ne suis plus digne de nommer! Qu'elle doit gémir de voir profaner son image dans un cœur si rampant et si bas! Qu'elle doit de dédains et de haine à celui qui put l'aimer et n'être qu'un lâche! Connoissez toutes mes erreurs, charmante cousine [1]; connoissez mon crime et mon repentir; soyez mon juge, et que je meure; ou soyez mon intercesseur, et que l'objet qui fait mon sort daigne encore en être l'arbitre.

Je ne vous parlerai point de l'effet que produisit sur moi cette séparation imprévue; je ne vous dirai rien de ma douleur stupide et de mon insensé désespoir: vous n'en jugerez que trop par l'égarement inconcevable où l'un et l'autre m'ont entraîné. Plus je sentois l'horreur de mon état, moins j'imaginois qu'il fût possible de renoncer volontairement à Julie; et l'amertume de ce sentiment, jointe à l'étonnante générosité de mylord Édouard, me fit naître des soupçons que je ne me rappellerai jamais sans horreur, et que je ne puis oublier sans ingratitude envers l'ami qui me les pardonne.

En rapprochant dans mon délire toutes les circonstances de mon départ, j'y crus reconnoître un dessein prémédité, et j'osai l'attribuer au plus vertueux des hommes. A peine ce doute affreux me fut-il entré dans l'esprit, que

[1] A l'imitation de Julie, il l'appeloit ma cousine; et à l'imitation de Julie, Claire l'appeloit mon ami.

tout me sembla le confirmer. La conversation de mylord avec le baron d'Étange, le ton peu insinuant que je l'accusois d'y avoir affecté, la querelle qui en dériva, la défense de me voir, la résolution prise de me faire partir, la diligence et le secret des préparatifs, l'entretien qu'il eut avec moi la veille, enfin la rapidité avec laquelle je fus plutôt enlevé qu'emmené; tout me sembloit prouver, de la part de mylord, un projet formé de m'écarter de Julie; et le retour que je savois qu'il devoit faire auprès d'elle achevoit, selon moi, de me déceler le but de ses soins. Je résolus pourtant de m'éclaircir encore mieux avant d'éclater; et dans ce dessein je me bornai à examiner les choses avec plus d'attention. Mais tout redoubloit mes ridicules soupçons, et le zèle de l'humanité ne lui inspiroit rien d'honnête en ma faveur dont mon aveugle jalousie ne tirât quelque indice de trahison. A Besançon je sus qu'il avoit écrit à Julie sans me communiquer sa lettre, sans m'en parler. Je me tins alors suffisamment convaincu, et je n'attendis que la réponse, dont j'espérois bien le trouver mécontent, pour avoir avec lui l'éclaircissement que je méditois.

Hier au soir nous rentrâmes assez tard, et je sus qu'il y avoit un paquet venu de Suisse, dont il ne me parla point en nous séparant. Je lui laissai le temps de l'ouvrir; je l'entendis de ma chambre murmurer en lisant quelques mots. Je prêtai l'oreille attentivement. Ah, Julie! disoit-il en phrases interrompues, j'ai voulu vous rendre heureuse..... je respecte votre vertu.... mais je plains votre erreur. A ces mots et d'autres semblables que je distinguai parfaitement, je ne fus plus maître de moi; je pris mon épée sous mon bras; j'ouvris ou plutôt j'enfonçai la porte; j'entrai comme un furieux. Non, je ne souillerai point ce papier ni vos regards des injures que me dicta la rage pour le porter à se battre avec moi sur-le-champ.

O ma cousine! c'est là surtout que je pus reconnoître l'empire de la véritable sagesse, même sur les hommes les plus sensibles, quand ils veulent écouter sa voix. D'abord il ne put rien comprendre à mes discours, et il les prit pour un vrai délire : mais la trahison dont je l'accusois, les desseins secrets que je lui reprochois, cette lettre de Julie qu'il tenoit encore, et dont je lui parlois sans cesse, lui firent connoître enfin le sujet de ma fureur. Il sourit; puis il me dit froidement : Vous avez perdu la raison, et je ne me bats point contre un insensé. Ouvrez les yeux, aveugle que vous êtes, ajouta-t-il d'un ton plus doux; est-ce bien moi que vous accusez de vous trahir? Je sentis dans l'accent de ce discours je ne sais quoi qui n'étoit pas d'un perfide; le son de sa voix me remua le cœur; je n'eus pas jeté les yeux sur les siens, que tous mes soupçons se dissipèrent, et je commençai de voir avec effroi mon extravagance.

Il s'aperçut à l'instant de ce changement; il me tendit la main. Venez, me dit-il; si votre retour n'eût précédé ma justification, je ne vous aurois vu de ma vie. A présent que vous êtes raisonnable, lisez cette lettre, et connoissez une fois vos amis. Je voulus refuser de la lire; mais l'ascendant que tant d'avantages lui donnoient sur moi le lui fit exiger d'un ton d'autorité que, malgré mes ombrages dissipés, mon désir secret n'appuyoit que trop.

Imaginez en quel état je me trouvai après cette lecture, qui m'apprit les bienfaits inouïs de celui que j'osois calomnier avec tant d'indignité. Je me précipitai à ses pieds; et, le cœur chargé d'admiration, de regrets et de honte, je serrois ses genoux de toute ma force sans pouvoir proférer un seul mot. Il reçut mon repentir comme il avoit reçu mes outrages; et n'exigea de moi, pour prix du pardon qu'il daigna m'accorder, que de ne m'opposer jamais au bien qu'il voudroit me faire. Ah! qu'il fasse désormais ce qu'il lui plaira : son âme sublime est au-dessus de celles des hommes, et il n'est pas plus permis de résister à ses bienfaits qu'à ceux de la Divinité.

Ensuite il me remit les deux lettres qui s'adressoient à moi, lesquelles il n'avoit pas voulu me donner avant d'avoir lu la sienne, et d'être instruit de la résolution de votre cousine. Je vis, en les lisant, quelle amante et quelle amie le ciel m'a données; je vis combien il a rassemblé de sentimens et de vertus autour de moi pour rendre mes remords plus amers et ma bassesse plus méprisable. Dites, quelle est donc cette mortelle unique dont le moindre empire est dans sa beauté et qui, semblable

aux puissances éternelles, se fait également adorer et par les biens et par les maux qu'elle fait? Hélas! elle m'a tout ravi, la cruelle, et je l'en aime davantage. Plus elle me rend malheureux, plus je la trouve parfaite. Il semble que tous les tourmens qu'elle me cause soient pour elle un nouveau mérite auprès de moi. Le sacrifice qu'elle vient de faire aux sentimens de la nature me désole et m'enchante; il augmente à mes yeux le prix de celui qu'elle a fait à l'amour. Non, son cœur ne sait rien refuser qui ne fasse valoir ce qu'il accorde.

Et vous, digne et charmante cousine, vous, unique et parfait modèle d'amitié, qu'on citera seule entre toutes les femmes, et que les cœurs qui ne ressemblent pas au vôtre oseront traiter de chimère; ah! ne me parlez plus de philosophie: je méprise ce trompeur étalage qui ne consiste qu'en vains discours; ce fantôme qui n'est qu'une ombre, qui nous excite à menacer de loin les passions, et nous laisse comme un faux brave à leur approche. Daignez ne pas m'abandonner à mes égaremens; daignez rendre vos anciennes bontés à cet infortuné qui ne les mérite plus, mais qui les désire plus ardemment et en a plus besoin que jamais; daignez me rappeler à moi-même, et que votre douce voix supplée en ce cœur malade à celle de la raison.

Non, je l'ose espérer, je ne suis point tombé dans un abaissement éternel. Je sens ranimer en moi ce feu pur et saint dont j'ai brûlé; l'exemple de tant de vertus ne sera point perdu pour celui qui en fut l'objet, qui les aime, les admire, et veut les imiter sans cesse. O chère amante dont je dois honorer le choix! ô mes amis dont je veux recouvrer l'estime! mon âme se réveille et reprend dans les vôtres sa force et sa vie. Le chaste amour et l'amitié sublime me rendront le courage qu'un lâche désespoir fut prêt à m'ôter; les purs sentimens de mon cœur me tiendront lieu de sagesse: je serai par vous tout ce que je dois être, et je vous forcerai d'oublier ma chute, si je puis m'en relever un instant. Je ne sais ni ne veux savoir quel sort le ciel me réserve: quel qu'il puisse être, je veux me rendre digne de celui dont j'ai joui. Cette immortelle image que je porte en moi me servira d'égide, et rendra mon âme invulnérable aux coups de la fortune. N'ai-je pas assez vécu pour mon bonheur? C'est maintenant pour sa gloire que je dois vivre. Ah! que ne puis-je étonner le monde de mes vertus, afin qu'on pût dire un jour en les admirant : Pouvoit-il moins faire, il fut aimé de Julie!

P. S. Des nœuds abhorrés et *peut-être inévitables!* Que signifient ces mots? Ils sont dans sa lettre. Claire, je m'attends à tout; je suis résigné, prêt à supporter mon sort. Mais ces mots..... jamais, quoi qu'il arrive, je ne partirai d'ici que je n'aie eu l'explication de ces mots-là.

LETTRE XI.

DE JULIE.

Il est donc vrai que mon âme n'est pas fermée au plaisir, et qu'un sentiment de joie y peut pénétrer encore! Hélas! je croyois depuis ton départ n'être plus sensible qu'à la douleur; je croyois ne savoir que souffrir loin de toi, et je n'imaginois pas même des consolations à ton absence. Ta charmante lettre à ma cousine est venue me désabuser; je l'ai lue et baisée avec des larmes d'attendrissement; elle a répandu la fraîcheur d'une douce rosée sur mon cœur séché d'ennuis et flétri de tristesse; et j'ai senti, par la sérénité qui m'en est restée, que tu n'as pas moins d'ascendant de loin que de près sur les affections de ta Julie.

Mon ami, quel charme pour moi de te voir reprendre cette vigueur de sentimens qui convient au courage d'un homme! Je t'en estimerai davantage, et m'en mépriserai moins de n'avoir pas en tout avili la dignité d'un amour honnête, ni corrompu deux cœurs à la fois. Je te dirai plus, à présent que nous pouvons parler librement de nos affaires; ce qui aggravoit mon désespoir étoit de voir que le tien nous ôtoit la seule ressource qui pouvoit nous rester dans l'usage de tes talens. Tu connois maintenant le digne ami que le ciel t'a donné; ce ne seroit pas trop de ta vie entière pour mériter ses bienfaits; ce ne sera jamais assez pour réparer l'offense que tu viens de lui faire, et j'espère que tu n'auras plus besoin d'autre leçon pour contenir ton imagination fougueuse. C'est sous les auspices de cet homme respectable que tu vas entrer dans le monde ; c'est à l'appui de son crédit, c'est guidé par son expérience que tu vas tenter de venger le mérite oublié des rigueurs de la fortune. Fais pour lui ce que tu ne ferois pas pour toi ; tâche au moins d'honorer ses bontés en ne les rendant pas inutiles. Vois quelle riante perspective s'offre encore à toi ; vois quel succès tu dois espérer dans une carrière où tout concourt à favoriser ton zèle. Le ciel t'a prodigué ses dons ; ton heureux naturel, cultivé par ton goût, t'a doué de tous les talens ; à moins de vingt-quatre ans tu joins les grâces de ton âge à la maturité qui dédommage plus tard du progrès des ans ;

Frutto senile in su 'l giovenil fiore ([1]).

L'étude n'a point émoussé ta vivacité ni appesanti ta personne : la fade galanterie n'a point rétréci ton esprit ni hébété ta raison. L'ardent amour, en t'inspirant tous les sentimens sublimes dont il est le père, t'a donné cette élévation d'idées et cette justesse de sens ([2]) qui en sont inséparables. A sa douce chaleur j'ai vu ton âme déployer ses brillantes facultés, comme une fleur s'ouvre aux rayons du soleil : tu as à la fois tout ce qui mène à la fortune et tout ce qui la fait mépriser. Il ne te manquoit, pour obtenir les honneurs du monde, que d'y daigner prétendre, et j'espère qu'un objet plus cher à ton cœur te donnera pour eux le zèle dont ils ne sont pas dignes.

O mon doux ami, tu vas t'éloigner de moi !... ô mon bien-aimé, tu vas fuir ta Julie ! il le faut ; il faut nous séparer si nous voulons nous revoir heureux un jour ; et l'effet des soins que tu vas prendre est notre dernier espoir. Puisse une si chère idée t'animer, te consoler durant cette amère et longue séparation ! puisse-t-elle te donner cette ardeur qui surmonte les obstacles et dompte la fortune ! Hélas ! le monde et les affaires seront pour toi des distractions continuelles, et feront une utile diversion aux peines de l'absence. Mais je vais rester abandonnée à moi seule, ou livrée aux persécutions ; et tout me forcera de te regretter sans cesse. Heureuse au moins si de vaines alarmes n'aggravoient mes tourmens réels, et si, avec mes propres maux, je ne sentois encore en moi tous ceux auxquels tu vas t'exposer !

Je frémis en songeant aux dangers de mille espèces que vont courir ta vie et tes mœurs. Je prends en toi toute la confiance qu'un homme peut inspirer : mais, puisque le sort nous sépare, ah ! mon ami, pourquoi n'es-tu qu'un homme ? Que de conseils te seroient nécessaires dans ce monde inconnu où tu vas t'engager ! Ce n'est pas à moi, jeune, sans expérience, et qui ai moins d'étude et de réflexion que toi, qu'il appartient de te donner là-dessus des avis ; c'est un soin que je laisse à mylord Édouard. Je me borne à te recommander deux choses, parce qu'elles tiennent plus au sentiment qu'à l'expérience, et que, si je connois peu le monde, je crois bien connoître ton cœur ; n'abandonne jamais la vertu, et n'oublie jamais ta Julie.

Je ne te rappellerai point tous ces argumens subtils que tu m'as toi-même appris à mépriser, qui remplissent tant de livres et n'ont jamais fait un honnête homme. Ah ! ces tristes raisonneurs ! quels doux ravissemens leurs cœurs n'ont jamais sentis ni donnés ! Laisse, mon ami, ces vains moralistes, et rentre au fond de ton âme : c'est là que tu retrouveras toujours la source de ce feu sacré qui nous embrasa tant de fois de l'amour des sublimes vertus ; c'est là que tu verras ce simulacre éternel du vrai beau dont la contemplation nous anime d'un saint enthousiasme, et que nos passions souillent sans cesse sans pouvoir jamais l'effacer ([1]). Souviens-toi des larmes délicieuses qui couloient de nos yeux, des palpitations qui suffoquoient nos cœurs agités, des transports qui nous élevoient au-dessus de nous-mêmes, au récit de ces vies héroïques qui rendent le vice inexcusable, et font l'honneur de l'humanité. Veux-tu savoir laquelle est vraiment désirable de la fortune et de la vertu ? Songe à celle que le cœur préfère quand son choix est impartial. Songe où l'intérêt nous porte en lisant l'histoire. T'avisas-tu jamais de désirer les trésors

---

([1]) Les fruits de l'automne sur la fleur du printemps.

([2]) Justesse de sens inséparable de l'amour ! Bonne Julie, elle ne brille pas ici dans le vôtre.

([1]) La véritable philosophie des amans est celle de Platon ; durant le charme ils n'en ont jamais d'autre. Un homme ému ne peut quitter ce philosophe ; un lecteur froid ne peut le souffrir.

de Crésus, ni la gloire de César, ni le pouvoir de Néron, ni les plaisirs d'Héliogabale? Pourquoi, s'ils étoient heureux, tes désirs ne te mettoient-ils pas à leur place? C'est qu'ils ne l'étoient point, et tu le sentois bien; c'est qu'ils étoient vils et méprisables, et qu'un méchant heureux ne fait envie à personne. Quels hommes contemplois-tu donc avec le plus de plaisir? desquels adorois-tu les exemples? auxquels aurois-tu mieux aimé ressembler? Charme inconcevable de la beauté qui ne périt point! c'étoit l'Athénien buvant la ciguë, c'étoit Brutus mourant pour son pays; c'étoit Régulus au milieu des tourmens, c'étoit Caton déchirant ses entrailles, c'étoient tous ces vertueux infortunés qui te faisoient envie, et tu sentois au fond de ton cœur la félicité réelle que couvroient leurs maux apparens. Ne crois pas que ce sentiment fût particulier à toi seul; il est celui de tous les hommes, et souvent même en dépit d'eux. Ce divin modèle que chacun de nous porte avec lui nous enchante malgré que nous en ayons; sitôt que la passion nous permet de le voir, nous lui voulons ressembler; et si le plus méchant des hommes pouvoit être un autre que lui-même, il voudroit être un homme de bien.

Pardonne-moi ces transports, mon aimable ami; tu sais qu'ils me viennent de toi, et c'est à l'amour dont je les tiens à te les rendre. Je ne veux point t'enseigner ici tes propres maximes, mais t'en faire un moment l'application pour voir ce qu'elles ont à ton usage: car voici le temps de pratiquer tes propres leçons et de montrer comment on exécute ce que tu sais dire. S'il n'est pas question d'être un Caton ni un Régulus, chacun pourtant doit aimer son pays, être intègre et courageux, tenir sa foi, même aux dépens de sa vie. Les vertus privées sont souvent d'autant plus sublimes qu'elles n'aspirent point à l'approbation d'autrui, mais seulement au bon témoignage de soi-même; et la conscience du juste lui tient lieu des louanges de l'univers. Tu sentiras donc que la grandeur de l'homme appartient à tous les états, et que nul ne peut être heureux s'il ne jouit de sa propre estime; car si la véritable jouissance de l'âme est dans la contemplation du beau, comment le méchant peut-il l'aimer dans autrui sans être forcé de se haïr lui-même?

Je ne crains pas que les sens et les plaisirs grossiers te corrompent; ils sont des pièges peu dangereux pour un cœur sensible, et il lui en faut de plus délicats: mais je crains les maximes et les leçons du monde; je crains cette force terrible que doit avoir l'exemple universel et continuel du vice; je crains les sophismes adroits dont il se colore; je crains enfin que ton cœur même ne t'en impose, et ne te rende moins difficile sur les moyens d'acquérir une considération que tu saurois dédaigner si notre union n'en pouvoit être le fruit.

Je t'avertis, mon ami, de ces dangers; ta sagesse fera le reste: car c'est beaucoup pour s'en garantir que d'avoir su les prévoir. Je n'ajouterai qu'une réflexion, qui l'emporte, à mon avis, sur la fausse raison du vice, sur les fières erreurs des insensés, et qui doit suffire pour diriger au bien la vie de l'homme sage; c'est que la source du bonheur n'est tout entière ni dans l'objet désiré ni dans le cœur qui le possède, mais dans le rapport de l'un et de l'autre, et que, comme tous les objets de nos désirs ne sont pas propres à produire la félicité, tous les états du cœur ne sont pas propres à la sentir. Si l'âme la plus pure ne suffit pas seule à son propre bonheur, il est plus sûr encore que toutes les délices de la terre ne sauroient faire celui d'un cœur dépravé; car il y a des deux côtés une préparation nécessaire, un certain concours dont résulte ce précieux sentiment recherché de tout être sensible, et toujours ignoré du faux sage, qui s'arrête au plaisir du moment, faute de connoître un bonheur durable. Que serviroit donc d'acquérir un de ces avantages aux dépens de l'autre, de gagner au dehors pour perdre encore plus au dedans, et de se procurer les moyens d'être heureux en perdant l'art de les employer? Ne vaut-il pas mieux encore, si l'on ne peut avoir qu'un des deux, sacrifier celui que le sort peut nous rendre à celui qu'on ne recouvre point quand on l'a perdu? Qui le doit mieux savoir que moi, qui n'ai fait qu'empoisonner les douceurs de ma vie en pensant y mettre le comble? Laisse donc dire les méchans qui montrent leur fortune et cachent leur cœur; et sois sûr que, s'il est un seul exemple du bonheur sur la terre, il se trouve dans un homme de bien. Tu reçus du ciel cet heureux penchant à tout ce qui est bon et honnête : n'écoute que tes propres désirs; ne suis que tes inclinations naturelles; songe surtout à nos premières amours : tant que ces momens purs et délicieux reviendront à ta mémoire, il n'est pas possible que tu cesses d'aimer ce qui te les rendit si doux, que le charme du beau moral s'efface dans ton âme, ni que tu veuilles jamais obtenir ta Julie par des moyens indignes de toi. Comment jouir d'un bien dont on auroit perdu le goût? Non, pour pouvoir posséder ce qu'on aime, il faut garder le même cœur qui l'a aimé.

Me voici à mon second point; car, comme tu vois, je n'ai pas oublié mon métier. Mon ami, l'on peut sans amour avoir les sentimens sublimes d'une âme forte : mais un amour tel que le nôtre l'anime et la soutient tant qu'il brûle; sitôt qu'il s'éteint, elle tombe en langueur, et un cœur usé n'est plus propre à rien. Dis-moi, que serions-nous si nous n'aimions plus ? Eh! ne vaudroit-il pas mieux cesser d'être que d'exister sans rien sentir? et pourrois-tu te résoudre à traîner sur la terre l'insipide vie d'un homme ordinaire, après avoir goûté tous les transports qui peuvent ravir une âme humaine? Tu vas habiter de grandes villes, où ta figure et ton âge, encore plus que ton mérite, tendront mille embûches à ta fidélité; l'insinuante coquetterie affectera le langage de la tendresse, et te plaira sans t'abuser : tu ne chercheras point l'amour, mais les plaisirs; tu les goûteras séparés de lui, et ne les pourras reconnoître. Je ne sais si tu retrouveras ailleurs le cœur de Julie; mais je te défie de jamais retrouver auprès d'une autre ce que tu sentis auprès d'elle. L'épuisement de ton âme t'annoncera le sort que je t'ai prédit; la tristesse et l'ennui t'accableront au sein des amusemens frivoles; le souvenir de nos premières amours te poursuivra malgré toi; mon image, cent fois plus belle que je ne fus jamais, viendra tout-à-coup te surprendre. A l'instant le voile du dégoût couvrira tous tes plaisirs, et mille regrets amers naîtront dans ton cœur. Mon bien-aimé, mon doux ami, ah! si jamais tu m'oublies.... hélas! je ne ferai qu'en mourir; mais toi tu vivras vil et malheureux, et je mourrai trop vengée.

Ne l'oublie donc jamais cette Julie qui fut à toi, et dont le cœur ne sera point à d'autres. Je ne puis rien te dire de plus, dans la dépendance où le ciel m'a placée. Mais, après t'avoir recommandé la fidélité, il est juste de te laisser de la mienne le seul gage qui soit en mon pouvoir. J'ai consulté, non mes devoirs, mon esprit égaré ne les connoît plus, mais mon cœur, dernière règle de qui n'en sauroit plus suivre; et voici le résultat de ses inspirations. Je ne t'épouserai jamais sans le consentement de mon père, mais je n'en épouserai jamais un autre sans ton consentement; je t'en donne ma parole; elle me sera sacrée, quoi qu'il arrive, et il n'y a point de force humaine qui puisse m'y faire manquer. Sois donc sans inquiétude sur ce que je puis devenir en ton absence. Va, mon aimable ami, chercher sous les auspices du tendre amour un sort digne de le couronner. Ma destinée est dans tes mains autant qu'il a dépendu de moi de l'y mettre, et jamais elle ne changera que de ton aveu.

LETTRE XII.

A JULIE.

O qual fiamma di gloria, d'onore,
Scorrer sento per tutte le vene,
Alma grande, parlando con te(¹)!

Julie, laisse-moi respirer; tu fais bouillonner mon sang, tu me fais tressaillir, tu me fais palpiter; ta lettre brûle comme ton cœur du saint amour de la vertu, et tu portes au fond du mien son ardeur céleste. Mais pourquoi tant d'exhortations où il ne falloit que des ordres ? Crois que, si je m'oublie au point d'avoir besoin de raisons pour bien faire, au moins ce n'est pas de ta part; ta seule volonté me suffit. Ignores-tu que je serai toujours ce qu'il te plaira, et que je ferois le mal même avant de pouvoir te désobéir? Oui, j'aurois brûlé le Capitole, si tu me l'avois commandé, parce que je t'aime plus que toutes choses. Mais sais-tu bien pourquoi je t'aime ainsi? Ah! fille incomparable, c'est parce que tu ne peux rien vouloir que d'honnête, et que l'amour de la vertu rend plus invincible celui que j'ai pour tes charmes.

Je pars, encouragé par l'engagement que tu viens de prendre, et dont tu pouvois t'épargner

(¹) O de quelle flamme d'honneur et de gloire je sens embraser tout mon sang, âme grande, en parlant avec toi!

le détour ; car promettre de n'être à personne sans mon consentement, n'est-ce pas promettre de n'être qu'à moi ? Pour moi je le dis plus librement, et je t'en donne aujourd'hui ma foi d'homme de bien, qui ne sera point violée. J'ignore, dans la carrière où je vais m'essayer pour te complaire, à quel sort la fortune m'appelle ; mais jamais les nœuds de l'amour ni de l'hymen ne m'uniront à d'autres qu'à Julie d'Étange ; je ne vis, je n'existe que pour elle, et mourrai libre ou son époux. Adieu ; l'heure presse, et je pars à l'instant.

LETTRE XIII.

A JULIE.

J'arrivai hier au soir à Paris, et celui qui ne pouvait vivre séparé de toi par deux rues en est maintenant à plus de cent lieues. O Julie ! plains-moi, plains ton malheureux ami. Quand mon sang en longs ruisseaux auroit tracé cette route immense, elle m'eût paru moins longue, et je n'aurois pas senti défaillir mon âme avec plus de langueur. Ah ! si du moins, je connoissois le moment qui doit nous rejoindre ainsi que l'espace qui nous sépare, je compenserois l'éloignement des lieux par le progrès du temps, je compterois dans chaque jour ôté de ma vie les pas qui m'auroient rapproché de toi. Mais cette carrière de douleurs est couverte des ténèbres de l'avenir ; le terme qui doit la borner se dérobe à mes foibles yeux. O doute ! ô supplice ! Mon cœur inquiet te cherche et ne trouve rien. Le soleil se lève, et ne me rend plus l'espoir de te voir ; il se couche et je ne t'ai point vue : mes jours, vides de plaisirs et de joie, s'écoulent dans une longue nuit. J'ai beau vouloir ranimer en moi l'espérance éteinte, elle ne m'offre qu'une ressource incertaine et des consolations suspectes. Chère et tendre amie de mon cœur, hélas ! à quels maux faut-il m'attendre, s'ils doivent égaler mon bonheur passé ?

Que cette tristesse ne t'alarme pas, je t'en conjure ; elle est l'effet passager de la solitude et des réflexions du voyage. Ne crains point le retour de mes premières foiblesses : mon cœur est dans ta main, ma Julie ; et puisque tu le soutiens, il ne se laissera plus abattre. Une des consolantes idées qui sont le fruit de ta dernière lettre, est que je me trouve à présent porté par une double force : et quand l'amour auroit anéanti la mienne, je ne laisserois pas d'y gagner encore ; car le courage qui me vient de toi me soutient beaucoup mieux que je n'aurois pu me soutenir moi-même. Je suis convaincu qu'il n'est pas bon que l'homme soit seul (*). Les âmes humaines veulent être accouplées pour valoir tout leur prix ; et la force unie des amis, comme celle des lames d'un aimant artificiel, est incomparablement plus grande que la somme de leurs forces particulières. Divine amitié, c'est là ton triomphe. Mais qu'est-ce que la seule amitié auprès de cette union parfaite qui joint à toute l'énergie de l'amitié des liens cent fois plus sacrés ? Où sont-ils ces hommes grossiers qui ne prennent les transports de l'amour que pour une fièvre des sens, pour un désir de la nature avilie ? Qu'ils viennent, qu'ils observent, qu'ils sentent ce qui se passe au fond de mon cœur ; qu'ils voient un amant malheureux éloigné de ce qu'il aime, incertain de le revoir jamais, sans espoir de recouvrer sa félicité perdue, mais pourtant animé de ces feux immortels qu'il prit dans tes yeux et qu'ont nourris tes sentiments sublimes ; prêt à braver la fortune, à souffrir ses revers, à se voir même privé de toi, et à faire des vertus que tu lui as inspirées le digne ornement de cette empreinte adorable qui ne s'effacera jamais de son âme. Julie, eh ! qu'aurois-je été sans toi ? La froide raison m'eût éclairé peut-être ; tiède admirateur du bien, je l'aurois du moins aimé dans autrui. Je ferai plus, je saurai le pratiquer avec zèle ; et, pénétré de tes sages leçons, je ferai dire un jour à ceux qui nous auront connus : O quels hommes nous serions tous, si le monde étoit plein de Julies et de cœurs qui les sussent aimer !

En méditant en route sur ta dernière lettre, j'ai résolu de rassembler en un recueil toutes celles que tu m'as écrites, maintenant que je ne puis plus recevoir tes avis de bouche. Quoi-

---

(*) Rousseau se plaignant amèrement de cette sentence de Diderot : *Il n'y a que le méchant qui soit seul*, et disant ici qu'*il n'est pas bon que l'homme soit seul*, paraît être en contradiction avec lui-même. Mais si l'on fait le parallèle des situations entre Saint-Preux séparé de Julie et Jean-Jacques isolé du monde par son choix et sa volonté, il n'y a plus contradiction. Voyez d'ailleurs l'explication qu'il donne lui-même au livre IX des *Confessions*, tome I, page 239.

qu'il n'y en ait pas une que je ne sache par cœur, et bien par cœur, tu peux m'en croire, j'aime pourtant à les relire sans cesse, ne fût-ce que pour revoir les traits de cette main chérie qui seule peut faire mon bonheur. Mais insensiblement le papier s'use, et, avant qu'elles soient déchirées, je veux les copier toutes dans un livre blanc que je viens de choisir exprès pour cela. Il est assez gros ; mais je songe à l'avenir, et j'espère ne pas mourir assez jeune pour me borner à ce volume. Je destine les soirées à cette occupation charmante, et j'avancerai lentement pour la prolonger. Ce précieux recueil ne me quittera de mes jours ; il sera mon manuel dans le monde où je vais entrer ; il sera pour moi le contre-poison des maximes qu'on y respire ; il me consolera dans mes maux ; il préviendra ou corrigera mes fautes ; il m'instruira durant ma jeunesse ; il m'édifiera dans tous les temps ; et ce seront, à mon avis, les premières lettres d'amour dont on aura tiré cet usage.

Quant à la dernière que j'ai présentement sous les yeux, toute belle qu'elle me paroît, j'y trouve pourtant un article à retrancher. Jugement déjà fort étrange : mais ce qui doit l'être encore plus, c'est que cet article est précisément celui qui te regarde, et je te reproche d'avoir même songé à l'écrire. Que me parles-tu de fidélité, de constance ? Autrefois tu connoissois mieux mon amour et ton pouvoir. Ah ! Julie, inspires-tu des sentimens périssables ? et quand je ne t'aurois rien promis, pourrois-je cesser jamais d'être à toi ? Non, non ; c'est du premier regard de tes yeux, du premier mot de ta bouche, du premier transport de mon cœur, que s'alluma dans lui cette flamme éternelle que rien ne peut plus éteindre. Ne t'eussé-je vue que ce premier instant, c'en étoit déjà fait, il étoit trop tard pour pouvoir jamais t'oublier. Et je t'oublierois maintenant ! maintenant qu'enivré de mon bonheur passé, son seul souvenir suffit pour me le rendre encore ! maintenant qu'oppressé du poids de tes charmes je ne respire qu'en eux ! maintenant que ma première âme est disparue, et que je suis animé de celle que tu m'as donnée ! maintenant, ô Julie ! que je me dépite contre moi de t'exprimer si mal tout ce que je sens ! Ah ! que toutes les beautés de l'univers tentent de me séduire, en est-il d'autres que la tienne à mes yeux ? Que tout conspire à l'arracher de mon cœur ; qu'on le perce, qu'on le déchire, qu'on brise ce fidèle miroir de Julie, sa pure image ne cessera de briller jusque dans le dernier fragment ; rien n'est capable de l'y détruire. Non, la suprême puissance elle-même ne sauroit aller jusque-là ; elle peut anéantir mon âme, mais non pas faire qu'elle existe et cesse de t'adorer.

Mylord Édouard s'est chargé de te rendre compte à son passage de ce qui me regarde et de ses projets en ma faveur : mais je crains qu'il ne s'acquitte mal de cette promesse par rapport à ses arrangemens présens. Apprends qu'il ose abuser du droit que lui donnent sur moi ses bienfaits, pour les étendre au-delà même de la bienséance. Je me vois, par une pension qu'il n'a pas tenu à lui de rendre irrévocable, en état de faire une figure fort au-dessus de ma naissance ; et c'est peut-être ce que je serai forcé de faire à Londres pour suivre ses vues. Pour ici, où nulle affaire ne m'attache, je continuerai de vivre à ma manière, et ne serai point tenté d'employer en vaines dépenses l'excédant de mon entretien. Tu me l'as appris, ma Julie, les premiers besoins, ou du moins les plus sensibles, sont ceux d'un cœur bienfaisant ; et tant que quelqu'un manque du nécessaire, quel honnête homme a du superflu ?

LETTRE XIV.

A JULIE.

(¹) J'entre avec une secrète horreur dans ce vaste désert du monde. Ce chaos ne m'offre qu'une solitude affreuse, où règne un morne

(¹) Sans prévenir le jugement du lecteur et celui de Julie sur ces relations, je crois pouvoir dire que si j'avois à les faire, et que je ne les fisse pas meilleures, je les ferois du moins fort différentes. J'ai été plusieurs fois sur le point de les ôter et d'en substituer de ma façon ; enfin je les laisse, et je me vante de ce courage. Je me dis qu'un jeune homme de vingt-quatre ans entrant dans le monde ne doit pas le voir comme le voit un homme de cinquante, à qui l'expérience n'a que trop appris à le connoître. Je me dis encore que, sans y avoir fait un fort grand rôle, je ne suis pourtant pas plus dans le cas d'en pouvoir parler avec impartialité. Laissons donc ces lettres comme elles sont ; que les lieux communs usés restent, les observations triviales restent ; c'est un petit mal que tout cela : mais il importe à l'ami de la vérité que, jusqu'à la fin de sa vie, ses passions ne souillent point ses écrits.

silence. Mon âme à la presse cherche à s'y répandre, et se trouve partout resserrée. Je ne suis jamais moins seul que quand je suis seul, disoit un ancien (*) : moi, je ne suis seul que dans la foule, où je ne puis être ni à toi ni aux autres. Mon cœur voudroit parler, il sent qu'il n'est point écouté ; il voudroit répondre, on ne lui dit rien qui puisse aller jusqu'à lui. Je n'entends point la langue du pays, et personne ici n'entend la mienne.

Ce n'est pas qu'on ne me fasse beaucoup d'accueil, d'amitiés, de prévenances, et que mille soins officieux n'y semblent voler au-devant de moi ; mais c'est précisément de quoi je me plains. Le moyen d'être aussitôt l'ami de quelqu'un qu'on n'a jamais vu ? L'honnête intérêt de l'humanité, l'épanchement simple et touchant d'une âme franche, ont un langage bien différent des fausses démonstrations de la politesse et des dehors trompeurs que l'usage du monde exige. J'ai grand'peur que celui qui, dès la première vue, me traite comme un ami de vingt ans, ne me traitât au bout de vingt ans, comme un inconnu, si j'avois quelque important service à lui demander: et quand je vois des hommes si dissipés prendre un intérêt si tendre à tant de gens, je présumerois volontiers qu'ils n'en prennent à personne.

Il y a pourtant de la réalité à tout cela ; car le François est naturellement bon, ouvert, hospitalier, bienfaisant : mais il a aussi mille manières de parler qu'il ne faut pas prendre à la lettre, mille offres apparentes qui ne sont faites que pour être refusées, mille espèces de pièges que la politesse tend à la bonne foi rustique. Je n'entendis jamais tant dire : Comptez sur moi dans l'occasion, disposez de mon crédit, de ma bourse, de ma maison, de mon équipage. Si tout cela étoit sincère et pris au mot, il n'y auroit pas de peuple moins attaché à la propriété ; la communauté des biens seroit ici presque établie ; le plus riche offrant sans cesse, et le plus pauvre acceptant toujours, tout se mettroit naturellement de niveau, et Sparte même eût eu des partages moins égaux qu'ils ne seroient à Paris. Au lieu de cela, c'est peut-être la ville du monde où les fortunes sont le plus inégales, et où règnent à la fois la plus somptueuse opulence et la plus déplorable misère. Il n'en faut pas davantage pour comprendre ce que signifient cette apparente commisération qui semble toujours aller au-devant des besoins d'autrui et cette facile tendresse du cœur qui contracte en un moment des amitiés éternelles.

Au lieu de tous ces sentimens suspects et de cette confiance trompeuse, veux-je chercher des lumières et de l'instruction, c'en est ici l'aimable source ; et l'on est d'abord enchanté du savoir et de la raison qu'on trouve dans les entretiens, non-seulement des savans et des gens de lettres, mais des hommes de tous les états, et même des femmes : le ton de la conversation y est coulant et naturel ; il n'est ni pesant ni frivole ; il est savant sans pédanterie, gai sans tumulte, poli sans affectation, galant sans fadeur, badin sans équivoque. Ce ne sont ni des dissertations ni des épigrammes : on y raisonne sans argumenter ; on y plaisante sans jeu de mots ; on y associe avec art l'esprit et la raison, les maximes et les saillies, la satire aiguë, l'adroite flatterie et la morale austère ; on y parle de tout, pour que chacun ait quelque chose à dire ; on n'approfondit point les questions de peur d'ennuyer, on les propose comme en passant, on les traite avec rapidité ; la précision mène à l'élégance ; chacun dit son avis et l'appuie en peu de mots ; nul n'attaque avec chaleur celui d'autrui, nul ne défend opiniâtrement le sien ; on discute pour s'éclairer, on s'arrête avant la dispute, chacun s'instruit, chacun s'amuse ; tous s'en vont contens, et le sage même peut rapporter de ces entretiens des sujets dignes d'être médités en silence.

Mais au fond, que penses-tu qu'on apprenne dans ces conversations si charmantes ? A juger sainement des choses du monde ? à bien user de la société ? à connoître au moins les gens avec qui l'on vit ? Rien de tout cela, ma Julie ; on y apprend à plaider avec art la cause du mensonge, à ébranler à force de philosophie tous les principes de la vertu, à colorer de sophismes subtils ses passions et ses préjugés, et à donner à l'erreur un certain tour à la mode selon les maximes du jour. Il n'est point nécessaire de connoître le caractère des gens, mais seulement leurs intérêts, pour deviner à peu près ce qu'ils diront de chaque chose. Quand un homme

---

(*) Mot de Scipion l'Africain rapporté par Cicéron. (*De Offic.*, lib. III, cap. 1.)   G. P.

parle, c'est pour ainsi dire son habit et non pas lui qui a un sentiment; et il en changera sans façon tout aussi souvent que d'état. Donnez-lui tour à tour une longue perruque, un habit d'ordonnance, et une croix pectorale; vous l'entendrez successivement prêcher avec le même zèle les lois, le despotisme, et l'inquisition. Il y a une raison commune pour la robe, une autre pour la finance, une autre pour l'épée. Chacune prouve très-bien que les deux autres sont mauvaises, conséquence facile à tirer pour les trois (¹). Ainsi nul ne dit jamais ce qu'il pense, mais ce qu'il lui convient de faire penser à autrui; et le zèle apparent de la vérité n'est jamais en eux que le masque de l'intérêt.

Vous croiriez que les gens isolés qui vivent dans l'indépendance ont au moins un esprit à eux : point du tout; autres machines qui ne pensent point, et qu'on fait penser par ressorts. On n'a qu'à s'informer de leurs sociétés, de leurs coteries, de leurs amis, des femmes qu'ils voient, des auteurs qu'ils connoissent; là-dessus on peut d'avance établir leur sentiment futur sur un livre prêt à paroître et qu'ils n'ont point lu, sur une pièce prête à jouer et qu'ils n'ont point vue, sur tel ou tel auteur qu'ils ne connoissent point, sur tel ou tel système dont ils n'ont aucune idée; et, comme la pendule ne se monte ordinairement que pour vingt-quatre heures, tous ces gens-là s'en vont chaque soir apprendre dans leurs sociétés ce qu'ils penseront le lendemain.

Il y a ainsi un petit nombre d'hommes et de femmes qui pensent pour tous les autres, et pour lesquels tous les autres parlent et agissent; et comme chacun songe à son intérêt, personne au bien commun, et que les intérêts particuliers sont toujours opposés entre eux, c'est un choc perpétuel de brigues et de cabales, un flux et reflux de préjugés, d'opinions contraires, où les plus échauffés, animés par les autres, ne savent presque jamais de quoi il est question. Chaque coterie a ses règles, ses jugemens, ses principes, qui ne sont point admis ailleurs. L'honnête homme d'une maison est un fripon dans la maison voisine. Le bon, le mauvais, le beau, le laid, la vérité, la vertu, n'ont qu'une existence locale et circonscrite. Quiconque aime à se répandre et fréquente plusieurs sociétés doit être plus flexible qu'Alcibiade, changer de principes comme d'assemblées, modifier son esprit pour ainsi dire à chaque pas, et mesurer ses maximes à la toise; il faut qu'à chaque visite il quitte en entrant son âme, s'il en a une, qu'il en prenne une autre aux couleurs de la maison, comme un laquais prend un habit de livrée; qu'il la pose de même en sortant, et reprenne, s'il veut, la sienne jusqu'à nouvel échange.

Il y a plus; c'est que chacun se met sans cesse en contradiction avec lui-même, sans qu'on s'avise de le trouver mauvais. On a des principes pour la conversation et d'autres pour la pratique : leur opposition ne scandalise personne, et l'on est convenu qu'ils ne se ressembleroient point entre eux : on n'exige pas même d'un auteur, surtout d'un moraliste, qu'il parle comme ses livres, ni qu'il agisse comme il parle; ses écrits, ses discours, sa conduite, sont trois choses toutes différentes, qu'il n'est point obligé de concilier : en un mot, tout est absurde, et rien ne choque, parce qu'on y est accoutumé; et il y a même à cette inconséquence une sorte de bon air dont bien des gens se font honneur. En effet, quoique tous prêchent avec zèle les maximes de leur profession, tous se piquent d'avoir le ton d'une autre. Le robin prend l'air cavalier; le financier fait le seigneur; l'évêque a le propos galant; l'homme de cour parle de philosophie; l'homme d'état de bel esprit : il n'y a pas jusqu'au simple artisan, qui, ne pouvant prendre un autre ton que le sien, se met en noir les dimanches pour avoir l'air d'un homme de palais. Les militaires seuls, dédaignant tous les autres états, gardent sans façon le ton du leur, et sont insupportables de bonne foi. Ce n'est pas que M. de Muralt (*) n'eût raison quand il donnoit la préférence à leur société; mais ce qui étoit vrai de son temps ne l'est plus aujourd'hui. Le progrès de la littérature a changé en mieux le ton général; les militaires seuls n'en ont point voulu changer; et le

---

(¹) On doit passer ce raisonnement à un Suisse qui voit son pays fort bien gouverné, sans qu'aucune des trois professions y soit établie. Quoi! l'état peut-il subsister sans défenseurs? Non, il faut des défenseurs à l'état, mais tous les citoyens doivent être soldats par devoir, aucun par métier. Les mêmes hommes, chez les Romains et chez les Grecs, étoient officiers au camp, magistrats à la ville, et jamais ces deux fonctions ne furent mieux remplies que quand on ne connoissoit pas ces bizarres préjugés d'état qui les séparent et les déshonorent.

(*) Auteur de *Lettres sur les François et les Anglois* (1726, 2 vol. in-12) qui eurent beaucoup de succès. Il étoit né à Berne, et mourut vers 1750. G. P.

leur, qui étoit le meilleur auparavant, est enfin devenu le pire (¹).

Ainsi les hommes à qui l'on parle ne sont point ceux avec qui l'on converse; leurs sentimens ne partent point de leur cœur, leurs lumières ne sont point dans leur esprit, leurs discours ne représentent point leurs pensées; on n'aperçoit d'eux que leur figure, et l'on est dans une assemblée à peu près comme devant un tableau mouvant, où le spectateur paisible est le seul être mû par lui-même.

Telle est l'idée que je me suis formée de la grande société sur celle que j'ai vue à Paris. Cette idée est peut-être plus relative à ma situation particulière qu'au véritable état des choses, et se réformera sans doute sur de nouvelles lumières. D'ailleurs je ne fréquente que les sociétés où les amis de mylord Édouard m'ont introduit, et je suis convaincu qu'il faut descendre dans d'autres états pour connoître les véritables mœurs d'un pays; car celles des riches sont presque partout les mêmes. Je tâcherai de m'éclaircir mieux dans la suite. En attendant, juge si j'ai raison d'appeler cette foule un désert, et de m'effrayer d'une solitude où je ne trouve qu'une vaine apparence de sentimens et de vérité, qui change à chaque instant et se détruit elle-même, où je n'aperçois que larves et fantômes qui frappent l'œil un moment et disparoissent aussitôt qu'on les veut saisir. Jusques ici j'ai vu beaucoup de masques; quand verrai-je des visages d'hommes?

LETTRE XV.

DE JULIE.

Oui, mon ami, nous serons unis malgré notre éloignement; nous serons heureux en dépit du sort. C'est l'union des cœurs qui fait leur véritable félicité; leur attraction ne connoît point la loi des distances, et les nôtres se toucheroient aux deux bouts du monde. Je trouve comme toi que les amans ont mille moyens d'adoucir le sentiment de l'absence et de se rapprocher en un moment: quelquefois même on se voit plus souvent encore que quand on se voyoit tous les jours; car sitôt qu'un des deux est seul, à l'instant tous deux sont ensemble. Si tu goûtes ce plaisir tous les soirs, je le goûte cent fois le jour; je vis plus solitaire, je suis environnée de tes vestiges, et je ne saurois fixer les yeux sur les objets qui m'entourent, sans te voir tout autour de moi.

Qui cantò dolcemente e qui s'assise;
Qui si rivolse, e qui ritenne il passo;
Qui co' begli occhi mi trafise il core;
Qui disse una parola, e qui sorrise (¹).

Mais toi, sais-tu t'arrêter à ces situations paisibles? sais-tu goûter un amour tranquille et tendre qui parle au cœur sans émouvoir les sens? et tes regrets sont-ils aujourd'hui plus sages que tes désirs ne l'étoient autrefois? Le ton de ta première lettre me fait trembler. Je redoute ces emportemens trompeurs, d'autant plus dangereux que l'imagination qui les excite n'a point de bornes, et je crains que tu n'outrages ta Julie à force de l'aimer. Ah! tu ne sens pas, non ton cœur peu délicat ne sent pas combien l'amour s'offense d'un vain hommage; tu ne songes ni que ta vie est à moi, ni qu'on court souvent à la mort en croyant servir la nature. Homme sensuel, ne sauras-tu jamais aimer? Rappelle-toi, rappelle-toi ce sentiment si calme et si doux que tu connus une fois et que tu décrivis d'un ton si touchant et si tendre. S'il est le plus délicieux qu'ait jamais savouré l'amour heureux, il est le seul permis aux amans séparés; et quand on l'a pu goûter un moment, on n'en doit plus regretter d'autre. Je me souviens des réflexions que nous faisions, en lisant ton Plutarque, sur un goût dépravé qui outrage la nature. Quand ces tristes plaisirs n'auroient que de n'être pas partagés, c'en seroit assez, disions-nous, pour les rendre insipides et méprisables. Appliquons la même idée aux erreurs d'une imagination trop active, elle ne leur conviendra pas moins. Malheureux! de quoi jouis-tu quand tu es seul à jouir? Ces voluptés solitaires sont des voluptés mortes. O amour! les tiennes sont vi-

---

(¹) Ce jugement, vrai ou faux, ne peut s'entendre que des subalternes, et de ceux qui ne vivent pas à Paris, car tout ce qu'il y a d'illustre dans le royaume est au service, et la cour même est toute militaire. Mais il y a une grande différence, pour les manières que l'on contracte, entre faire campagne en temps de guerre, et passer sa vie dans des garnisons.

(¹) C'est ici qu'il chanta d'un ton si doux; voilà le siège où il s'assit; ici il marchoit; et là il s'arrêta; ici, d'un regard tendre il me perça le cœur; ici il me dit un mot, et là je le vis sourire. PÉTRARC.

ves ; c'est l'union des âmes qui les anime, et le plaisir qu'on donne à ce qu'on aime fait valoir celui qu'il nous rend.

Dis-moi, je te prie, mon cher ami, en quelle langue ou plutôt en quel jargon est la relation de ta dernière lettre. Ne seroit-ce point là par hasard du bel esprit? Si tu as dessein de t'en servir souvent avec moi, tu devrois bien m'en envoyer le dictionnaire. Qu'est-ce, je te prie, que le sentiment de l'habit d'un homme? qu'une âme qu'on prend comme un habit de livrée? que des maximes qu'il faut mesurer à la toise? Que veux-tu qu'une pauvre Suissesse entende à ces sublimes figures? Au lieu de prendre comme les autres des âmes aux couleurs des maisons, ne voudrois-tu point déjà donner à ton esprit la teinte de celui du pays! Prends garde, mon bon ami, j'ai peur qu'elle n'aille pas bien sur ce fond-là. A ton avis, les *traslati* du cavalier Marin, dont tu t'es si souvent moqué, approchèrent-ils jamais de ces métaphores? et si l'on peut faire opiner l'habit d'un homme dans une lettre, pourquoi ne feroit-on pas suer le feu (¹) dans un sonnet?

Observer en trois semaines toutes les sociétés d'une grande ville, assigner le caractère des propos qu'on y tient, y distinguer exactement le vrai du faux, le réel de l'apparent, et ce qu'on y dit de ce qu'on y pense, voilà ce qu'on accuse les François de faire quelquefois chez les autres peuples, mais ce qu'un étranger ne doit point faire chez eux; car ils valent bien la peine d'être étudiés posément. Je n'approuve pas non plus qu'on dise du mal du pays où l'on vit et où l'on est bien traité; j'aimerois mieux qu'on se laissât tromper par les apparences que de moraliser aux dépens de ses hôtes. Enfin je tiens pour suspect tout observateur qui se pique d'esprit : je crains toujours que sans y songer il ne sacrifie la vérité des choses à l'éclat des pensées, et ne fasse jouer sa phrase aux dépens de la justice.

Tu ne l'ignores pas, mon ami, l'esprit, dit notre Muralt, est la manie des François : je te trouve du penchant à la même manie, avec cette différence qu'elle a chez eux de la grâce, et que de tous les peuples du monde, c'est à nous qu'elle sied le moins. Il y a de la recherche et du jeu

---

(¹) *Sudate, o fochi, a preparar metalli.*
Vers d'un sonnet du cavalier Marin.

dans plusieurs de tes lettres. Je ne parle point de ce tour vif et de ces expressions animées qu'inspire la force du sentiment; je parle de cette gentillesse de style qui, n'étant point naturelle, ne vient d'elle-même à personne, et marque la prétention de celui qui s'en sert. Eh Dieu! des prétentions avec ce qu'on aime! n'est-ce pas plutôt dans l'objet aimé qu'on les doit placer? et n'est-on pas glorieux soi-même de tout le mérite qu'il a de plus que nous? Non, si l'on anime les conversations indifférentes de quelques saillies qui passent comme des traits, ce n'est point entre deux amans que ce langage est de saison ; et le jargon fleuri de la galanterie est beaucoup plus éloigné du sentiment que le ton le plus simple qu'on puisse prendre. J'en appelle à toi-même. L'esprit eut-il jamais le temps de se montrer dans nos tête-à-tête? et si le charme d'un entretien passionné l'écarte, et l'empêche de paroître, comment des lettres, que l'absence remplit toujours d'un peu d'amertume, et où le cœur parle avec plus d'attendrissement, le pourroient-elles supporter? Quoique toute grande passion soit sérieuse, et que l'excessive joie elle-même arrache des pleurs plutôt que des ris, je ne veux pas pour cela que l'amour soit toujours triste, mais je veux que sa gaîté soit simple, sans ornement, sans art, nue comme lui; en un mot, qu'elle brille de ses propres grâces, et non de la parure du bel esprit.

L'inséparable, dans la chambre de laquelle je t'écris cette lettre, prétend que j'étois, en la commençant, dans cet état d'enjouement que l'amour inspire ou tolère ; mais je ne sais ce qu'il est devenu. A mesure que j'avançois, une certaine langueur s'emparoit de mon âme, et me laissoit à peine la force de t'écrire les injures que la mauvaise a voulu t'adresser; car il est bon de t'avertir que la critique de ta critique est bien plus de sa façon que de la mienne, elle m'en a dicté surtout le premier article en riant comme une folle, et sans me permettre d'y rien changer. Elle dit que c'est pour t'apprendre à manquer de respect au Marini qu'elle protège et que tu plaisantes.

Mais sais-tu bien ce qui nous met toutes deux de si bonne humeur? C'est son prochain mariage. Le contrat fut passé hier au soir, et le jour est pris de lundi en huit. Si jamais amour fut gai, c'est assurément le sien ; on ne vit de la vie une fille si bouffonnement amoureuse. Ce bon M. d'Orbe, à qui de son côté la tête en tourne, est enchanté d'un accueil si folâtre. Moins difficile que tu n'étois autrefois, il se prête avec plaisir à la plaisanterie, et prend pour un chef-d'œuvre de l'amour l'art d'égayer sa maîtresse. Pour elle, on a beau la prêcher, lui représenter la bienséance, lui dire que si près du terme elle doit prendre un maintien plus sérieux, plus grave, et faire un peu mieux les honneurs de l'état qu'elle est prête à quitter ; elle traite tout cela de sottes simagrées ; elle soutient en face à M. d'Orbe que le jour de la cérémonie elle sera de la meilleure humeur du monde, et qu'on ne sauroit aller trop gaîment à la noce. Mais la petite dissimulée ne dit pas tout : je lui ai trouvé ce matin les yeux rouges, et je parie bien que les pleurs de la nuit payent les ris de la journée. Elle va former de nouvelles chaînes qui relâcheront les doux liens de l'amitié ; elle va commencer une manière de vivre différente de celle qui lui fut chère ; elle étoit contente et tranquille, elle va courir les hasards auxquels le meilleur mariage expose ; et, quoi qu'elle en dise, comme une eau pure et calme commence à se troubler aux approches de l'orage, son cœur timide et chaste ne voit point sans quelque alarme le prochain changement de son sort.

O mon ami ! qu'ils sont heureux ! Ils s'aiment, ils vont s'épouser ; ils jouiront de leur amour sans obstacles, sans craintes, sans remords. Adieu, adieu ; je n'en puis dire davantage.

P. S. Nous n'avons vu mylord Édouard qu'un moment, tant il étoit pressé de continuer sa route. Le cœur plein de ce que nous lui devons, je voulois lui montrer mes sentimens et les tiens, mais j'en ai eu une espèce de honte. En vérité, c'est faire injure à un homme comme lui de le remercier de rien.

LETTRE XVI.

A JULIE.

Que les passions impétueuses rendent les hommes enfans ! Qu'un amour forcené se nourrit aisément de chimères ! Qu'il est aisé de donner le change à des désirs extrêmes par les plus frivoles objets ! J'ai reçu ta lettre avec les mêmes transports que m'auroit causés ta présence ; et, dans l'emportement de ma joie, un vain papier me tenoit lieu de toi. Un des plus grands maux de l'absence, et le seul auquel la raison ne peut rien, c'est l'inquiétude sur l'état actuel de ce qu'on aime. Sa santé, sa vie, son repos, son amour, tout échappe à qui craint de tout perdre ; on n'est pas plus sûr du présent que de l'avenir, et tous les accidens possibles se réalisent sans cesse dans l'esprit d'un amant qui les redoute. Enfin je respire, je vis ; tu te portes bien, tu m'aimes : ou plutôt il y a dix jours que tout cela étoit vrai ; mais qui me répondra d'aujourd'hui ? O absence ! ô tourment ! ô bizarre et funeste état où l'on ne peut jouir que du moment passé, et où le présent n'est point encore !

Quand tu ne m'aurois pas parlé de l'inséparable, j'aurois reconnu sa malice dans la critique de ma relation, et sa rancune dans l'apologie du Marini ; mais, s'il m'étoit permis de faire la mienne, je ne resterois pas sans réplique.

Premièrement, ma cousine (car c'est à elle qu'il faut répondre), quant au style, j'ai pris celui de la chose ; j'ai tâché de vous donner à la fois l'idée et l'exemple du ton des conversations à la mode ; et, suivant un ancien précepte, je vous ai écrit à peu près comme on parle en certaines sociétés. D'ailleurs ce n'est pas l'usage des figures, mais leur choix, que je blâme dans le cavalier Marin. Pour peu qu'on ait de chaleur dans l'esprit, on a besoin de métaphores et d'expressions figurées pour se faire entendre. Vos lettres mêmes en sont pleines sans que vous y songiez, et je soutiens qu'il n'y a qu'un géomètre et un sot qui puisse parler sans figures. En effet, un même jugement n'est-il pas susceptible de cent degrés de force ? Et comment déterminer celui de ces degrés qu'il doit avoir, sinon par le tour qu'on lui donne ? Mes propres phrases me font rire, je l'avoue, et je les trouve absurdes, grâces au soin que vous avez pris de les isoler ; mais laissez-les où je les ai mises, vous les trouverez claires et même énergiques. Si ces yeux éveillés que vous savez si bien faire parler étoient séparés l'un de l'autre, et de votre visage, cousine, que pensez-vous qu'ils diroient avec tout leur feu? Ma foi, rien du tout, pas même à M. d'Orbe.

La première chose qui se présente à observer dans un pays où l'on arrive, n'est-ce pas le ton général de la société? Hé bien! c'est aussi la première observation que j'ai faite dans celui-ci, et je vous ai parlé de ce qu'on dit à Paris, et non pas de ce qu'on y fait. Si j'ai remarqué du contraste entre les discours, les sentimens et les actions des honnêtes gens, c'est que ce contraste saute aux yeux au premier instant. Quand je vois les mêmes hommes changer de maximes selon les coteries, molinistes dans l'une, jansénistes dans l'autre, vils courtisans chez un ministre, frondeurs mutins chez un mécontent; quand je vois un homme doré décrier le luxe, un financier les impôts, un prélat le déréglement; quand j'entends une femme de la cour parler de modestie, un grand seigneur de vertu, un auteur de simplicité, un abbé de religion, et que ces absurdités ne choquent personne, ne dois-je pas conclure à l'instant qu'on ne se soucie pas plus ici d'entendre la vérité que de la dire, et que, loin de vouloir persuader les autres quand on leur parle, on ne cherche pas même à leur faire penser qu'on croit ce que l'on leur dit?

Mais c'est assez plaisanter avec la cousine. Je laisse un ton qui nous est étranger à tous trois, et j'espère que tu ne me verras pas plus prendre le goût de la satire que celui du bel esprit. C'est à toi, Julie, qu'il faut à présent répondre; car je sais distinguer la critique badine des reproches sérieux.

Je ne conçois pas comment vous avez pu prendre toutes deux le change sur mon objet. Ce ne sont point les François que je me suis proposé d'observer: car si le caractère des nations ne peut se déterminer que par leurs différences, comment moi, qui n'en connois encore aucune autre, entreprendrois-je de peindre celle-ci? Je ne serois pas non plus si maladroit que de choisir la capitale pour le lieu de mes observations. Je n'ignore pas que les capitales diffèrent moins entre elles que les peuples, et que les caractères nationaux s'y effacent et se confondent en grande partie, tant à cause de l'influence commune des cours qui se ressemblent toutes, que par l'effet commun d'une société nombreuse et resserrée, qui est le même à peu près sur tous les hommes, et l'emporte à la fin sur le caractère originel.

Si je voulois étudier un peuple, c'est dans les provinces reculées, où les habitans ont encore leurs inclinations naturelles, que j'irois les observer. Je parcourrois lentement et avec soin plusieurs de ces provinces, les plus éloignées les unes des autres; toutes les différences que j'observerois entre elles me donneroient le génie particulier de chacune; tout ce qu'elles auroient de commun, et que n'auroient pas les autres peuples, formeroit le génie national; et ce qui se trouveroit partout appartiendroit en général à l'homme. Mais je n'ai ni ce vaste projet, ni l'expérience nécessaire pour le suivre. Mon objet est de connoître l'homme, et ma méthode de l'étudier dans ses diverses relations. Je ne l'ai vu jusqu'ici qu'en petite société, épars et presque isolé sur la terre. Je vais maintenant le considérer entassé par multitudes dans les mêmes lieux, et je commencerai à juger par là des vrais effets de la société: car s'il est constant qu'elle rende les hommes meilleurs, plus elle est nombreuse et rapprochée, mieux ils doivent valoir; et les mœurs, par exemple, seront beaucoup plus pures à Paris que dans le Valais: que si l'on trouvoit le contraire, il faudroit tirer une conséquence opposée.

Cette méthode pourroit, j'en conviens, me mener encore à la connoissance des peuples, mais par une voie si longue et si détournée, que je ne serois peut-être de ma vie en état de prononcer sur aucun d'eux. Il faut que je commence par tout observer dans le premier où je me trouve, que j'assigne ensuite les différences, à mesure que je parcourrai les autres pays; que je compare la France à chacun d'eux, comme on décrit l'olivier sur un saule, ou le palmier sur un sapin, et que j'attende à juger du premier peuple observé que j'aie observé tous les autres.

Veuille donc, ma charmante prêcheuse, distinguer ici l'observation philosophique de la satire nationale. Ce ne sont point les Parisiens que j'étudie, mais les habitans d'une grande ville; et je ne sais si ce que j'en vois ne convient pas à Rome et à Londres tout aussi bien qu'à Paris. Les règles de la morale ne dépendent point des usages des peuples; ainsi, malgré les préjugés dominans, je sens fort bien ce qui est mal en soi; mais ce mal, j'ignore s'il faut l'attribuer aux François ou à l'homme, et s'il est l'ouvrage de la coutume ou de la nature. Le tableau du vice offense en tous lieux un œil impartial, et l'on n'est pas plus blâmable de le reprendre dans un pays où il règne, quoiqu'on y soit, que de relever les défauts de l'humanité, quoiqu'on vive avec les hommes. Ne suis-je pas à présent moi-même un habitant de Paris? Peut-être, sans le savoir, ai-je déjà contribué pour ma part au désordre que j'y remarque; peut-être un trop long séjour y corromproit-il ma volonté même; peut-être, au bout d'un an, ne serois-je plus qu'un bourgeois, si, pour être digne de toi, je ne gardois l'âme d'un homme libre et les mœurs d'un citoyen. Laisse-moi donc te peindre sans contrainte des objets auxquels je rougisse de ressembler, et m'animer au pur zèle de la vérité par le tableau de la flatterie et du mensonge.

Si j'étois le maître de mes occupations et de mon sort, je saurois, n'en doute pas, choisir d'autres sujets de lettres; et tu n'étois pas mécontente de celles que je t'écrivois de Meillerie et du Valais: mais, chère amie, pour avoir la force de supporter le fracas du monde où je suis contraint de vivre, il faut bien au moins que je me console à te le décrire, et que l'idée de te préparer des relations m'excite à en chercher les sujets. Autrement le découragement va m'atteindre à chaque pas, et il faudra que j'abandonne tout si tu ne veux rien voir avec moi. Pense que, pour vivre d'une manière si peu conforme à mon goût, je fais un effort qui n'est pas indigne de sa cause; et pour juger quels soins me peuvent mener à toi, souffre que je te parle quelquefois des maximes qu'il faut connoître, et des obstacles qu'il faut surmonter.

Malgré ma lenteur, malgré mes distractions inévitables, mon recueil étoit fini quand ta lettre est arrivée heureusement pour le prolonger; et j'admire, en le voyant si court, combien de choses ton cœur m'a su dire en si peu d'espace. Non, je soutiens qu'il n'y a point de lecture aussi délicieuse, même pour qui ne te connoîtroit pas, s'il avoit une âme semblable aux nôtres. Mais comment ne te pas connoître en lisant tes lettres? comment prêter un ton si touchant et des sentiments si tendres à une autre figure que la tienne? A chaque phrase ne voit-on pas le doux regard de tes yeux? à chaque mot n'entend-on pas ta voix charmante? Quelle autre que Julie a jamais aimé, pensé, parlé, agi, écrit comme elle? Ne sois donc pas surprise si tes lettres, qui te peignent si bien, font quelquefois sur ton idolâtre amant le même effet que ta présence. En les relisant je perds la raison, ma tête s'égare dans un délire continuel, un feu dévorant me consume, mon sang s'allume et pétille, une fureur me fait tressaillir. Je crois te voir, te toucher, te presser contre mon sein.... Objet adoré, fille enchanteresse, source de délices et de volupté, comment, en te voyant, ne pas voir les houris faites pour les bienheureux?.... Ah! viens.... Je la sens.... elle m'échappe, et je n'embrasse qu'une ombre.... Il est vrai, chère amie, tu es trop belle, et tu fus trop tendre pour mon foible cœur; il ne peut oublier ni ta beauté, ni tes caresses: tes charmes triomphent de l'absence, ils me poursuivent partout, ils me font craindre la solitude; et c'est le comble de ma misère de n'oser m'occuper toujours de toi.

Ils seront donc unis malgré les obstacles, ou plutôt ils le sont au moment que j'écris! Aimables et dignes époux! puisse le ciel les combler du bonheur que mérite leur sage et paisible amour, l'innocence de leurs mœurs, l'honnêteté de leurs âmes! puisse-t-il leur donner ce bonheur précieux dont il est si avare envers les cœurs faits pour le goûter! qu'ils seront heureux s'il leur accorde, hélas! tout ce qu'il nous ôte! Mais pourtant ne sens-tu pas quelque sorte de consolation dans nos maux? ne sens-tu pas que l'excès de notre misère n'est pas non plus sans dédommagement, et que, s'ils ont des plaisirs dont nous sommes privés, nous en avons aussi qu'ils ne peuvent connoître? Oui, ma douce amie, malgré l'absence, les privations, les alarmes, malgré le désespoir même, les puissans élancemens de deux cœurs l'un vers l'autre ont toujours une volupté secrète ignorée des âmes tranquilles. C'est un des miracles de l'amour de nous faire trouver du plaisir à souffrir; et nous regarderions comme le pire des malheurs un état d'indifférence et d'oubli qui nous ôteroit tout le sentiment de nos peines. Plaignons donc notre sort, ô Julie! mais n'envions celui de personne. Il n'y a point peut-être, à tout prendre, d'existence préférable à la nôtre; et comme la Divinité tire tout son bonheur d'elle-même, les cœurs qu'échauffe un feu céleste trouvent dans leurs propres sentimens une sorte de jouissance pure et délicieuse, indépendante de la fortune et du reste de l'univers.

LETTRE XVII.

A JULIE.

Enfin me voilà tout-à-fait dans le torrent. Mon recueil fini, j'ai commencé de fréquenter les spectacles et de souper en ville. Je passe ma journée entière dans le monde, je prête mes oreilles et mes yeux à tout ce qui les frappe; et, n'apercevant rien qui te ressemble, je me recueille au milieu du bruit, et converse en secret avec toi. Ce n'est pas que cette vie bruyante et tumultueuse n'ait aussi quelque sorte d'attraits, et que la prodigieuse diversité d'objets n'offre de certains agrémens à de nouveaux débarqués; mais, pour les sentir, il faut avoir le cœur vide et l'esprit frivole; l'amour et la raison semblent s'unir pour m'en dégoûter; comme tout n'est que vaine apparence, et que tout change à chaque instant, je n'ai le temps d'être ému de rien, ni celui de rien examiner.

Ainsi je commence à voir les difficultés de l'étude du monde, et je ne sais pas même quelle place il faut occuper pour le bien connoître. Le philosophe en est trop loin, l'homme du monde en est trop près. L'un voit trop pour pouvoir réfléchir, l'autre trop peu pour juger du tableau total. Chaque objet qui frappe le philosophe, il le considère à part; et, n'en pouvant discerner ni les liaisons ni les rapports avec d'autres objets qui sont hors de sa portée, il ne les voit jamais à sa place, et n'en sent ni la raison ni les vrais effets. L'homme du monde voit tout, et n'a le temps de penser à rien : la mobilité des objets ne lui permet que de les apercevoir, et non de les observer; ils s'effacent mutuellement avec rapidité, et il ne lui reste du tout que des impressions confuses qui ressemblent au chaos.

On ne peut pas non plus voir et méditer alternativement, parce que le spectacle exige une continuité d'attention qui interrompt la réflexion. Un homme qui voudroit diviser son temps par intervalles entre le monde et la solitude, toujours agité dans sa retraite et toujours étranger dans le monde, ne seroit bien nulle part. Il n'y auroit d'autre moyen que de partager sa vie entière en deux grands espaces; l'un pour voir, l'autre pour réfléchir : mais cela même est presque impossible; car la raison n'est pas un meuble qu'on pose et qu'on reprenne à son gré, et quiconque a pu vivre dix ans sans penser ne pensera de sa vie.

Je trouve aussi que c'est une folie de vouloir étudier le monde en simple spectateur. Celui qui ne prétend qu'observer n'observe rien, parce qu'étant inutile dans les affaires, et importun dans les plaisirs, il n'est admis nulle part. On ne voit agir les autres qu'autant qu'on agit soi-même; dans l'école du monde comme dans celle de l'amour, il faut commencer par pratiquer ce qu'on veut apprendre.

Quel parti prendrai-je donc, moi étranger, qui ne puis avoir aucune affaire en ce pays, et que la différence de religion empêcheroit seule d'y pouvoir aspirer à rien? Je suis réduit à m'abaisser pour m'instruire, et, ne pouvant jamais être un homme utile, à tâcher de me rendre un homme amusant. Je m'exerce, autant qu'il est possible, à devenir poli sans fausseté, complaisant sans bassesse, et à prendre si bien ce qu'il y a de bon dans la société, que j'y puisse être souffert sans en adopter les vices. Tout homme oisif qui veut voir le monde doit au moins en prendre les manières jusqu'à certain point; car de quel droit exigeroit-on d'être admis parmi les gens à qui l'on n'est bon à rien, et à qui l'on n'auroit pas l'art de plaire? Mais aussi quand il a trouvé cet art, on ne lui en demande pas davantage, surtout s'il est étranger. Il peut se dispenser de prendre part aux cabales, aux intrigues, aux démêlés; s'il se comporte honnêtement envers chacun, s'il ne donne à certaines femmes ni exclusion ni préférence, s'il garde le secret de chaque société où il est reçu, s'il n'étale point les ridicules d'une maison dans une autre, s'il évite les confidences, s'il se refuse aux tracasseries, s'il garde partout une certaine dignité, il pourra voir paisiblement le monde, conserver ses mœurs, sa probité, sa franchise même, pourvu qu'elle vienne d'un esprit de liberté et non d'un esprit de parti (*).

(*) C'est d'après ces principes que Rousseau se conduisit avec

Voilà ce que j'ai tâché de faire par l'avis de quelques gens éclairés que j'ai choisis pour guides parmi les connaissances que m'a données mylord Édouard. J'ai donc commencé d'être admis dans des sociétés moins nombreuses et plus choisies. Je ne m'étois trouvé, jusqu'à présent, qu'à des dîners réglés où l'on ne voit de femmes que la maîtresse de la maison, où tous les désœuvrés de Paris sont reçus pour peu qu'on les connoisse, où chacun paye comme il peut son dîner en esprit ou en flatterie, et dont le ton bruyant et confus ne diffère pas beaucoup de celui des tables d'auberges.

Je suis maintenant initié à des mystères plus secrets. J'assiste à des soupers priés, où la porte est fermée à tout survenant ; et où l'on est sûr de ne trouver que des gens qui conviennent tous, sinon les uns aux autres, au moins à ceux qui les reçoivent. C'est là que les femmes s'observent moins, et qu'on peut commencer à les étudier ; c'est là que règnent plus paisiblement des propos plus fins et plus satiriques ; c'est là qu'au lieu des nouvelles publiques, des spectacles, des promotions, des morts, des mariages, dont on a parlé le matin, on passe discrètement en revue les anecdotes de Paris, qu'on dévoile tous les événemens secrets de la chronique scandaleuse, qu'on rend le bien et le mal également plaisans et ridicules, et que, peignant avec art et selon l'intérêt particulier les caractères des personnages, chaque interlocuteur, sans y penser, peint encore beaucoup mieux le sien ; c'est là qu'un reste de circonspection fait inventer devant les laquais un certain langage entortillé, sous lequel, feignant de rendre la satire plus obscure, on la rend seulement plus amère ; c'est là, en un mot, qu'on affile avec soin le poignard, sous le prétexte de faire moins de mal, mais en effet pour l'enfoncer plus avant (*).

Cependant, à considérer ces propos selon nos idées, on auroit tort de les appeler satiriques, car ils sont bien plus railleurs que mordans, et tombent moins sur le vice que sur le ridicule. En général, la satire a peu de cours dans les grandes villes, où ce qui n'est que mal est si simple, que ce n'est pas la peine d'en parler. Que reste-t-il à blâmer où la vertu n'est plus estimée ? et de quoi médiroit-on quand on ne trouve plus de mal à rien ? A Paris surtout, où l'on ne saisit les choses que par le côté plaisant, tout ce qui doit allumer la colère et l'indignation est toujours mal reçu s'il n'est mis en chanson ou en épigramme. Les jolies femmes n'aiment point à se fâcher ; aussi ne se fâchent-elles de rien : elles aiment à rire ; et, comme il n'y a pas le mot pour rire au crime, les fripons sont d'honnêtes gens comme tout le monde. Mais malheur à qui prête le flanc au ridicule ! sa caustique empreinte est ineffaçable ; il ne déchire pas seulement les mœurs, la vertu, il marque jusqu'au vice même ; il fait calomnier les méchans. Mais revenons à nos soupers.

Ce qui m'a le plus frappé dans ces sociétés d'élite, c'est de voir six personnes choisies exprès pour s'entretenir agréablement ensemble, et parmi lesquelles règnent même le plus souvent des liaisons secrètes, ne pouvoir rester une heure entre elles six, sans y faire intervenir la moitié de Paris ; comme si leurs cœurs n'avoient rien à se dire, et qu'il n'y eût là personne qui méritât de les intéresser. Te souvient-il, ma Julie, comment, en soupant chez ta cousine ou chez toi, nous savions, en dépit de la contrainte et du mystère, faire tomber l'entretien sur des sujets qui eussent du rapport à nous, et comment, à chaque réflexion touchante, à chaque allusion subtile, un regard plus vif qu'un éclair, un soupir plutôt deviné qu'aperçu en portoit le doux sentiment d'un cœur à l'autre ?

Si la conversation se tourne par hasard sur les convives, c'est communément dans un certain jargon de société, dont il faut avoir la clef pour l'entendre. A l'aide de ce chiffre, on se fait réciproquement et selon le goût du temps mille mauvaises plaisanteries, durant lesquelles le plus sot n'est pas celui qui brille le moins, tandis qu'un tiers mal instruit est réduit à l'ennui et au silence, ou à rire de ce qu'il n'entend point. Voilà, hors le tête-à-tête, qui m'est

mesdames Dupin, de Francueil, d'Épinay, d'Houdetot, de Verdelin, etc.   M. P.

(*) Les mémoires de madame d'Épinay, les lettres de Galiani, et d'autres publications, ont fait ressortir la vérité de ce tableau. On y trouve beaucoup de détails qui prouvent que Jean-Jacques étoit loin d'avoir mis de l'exagération dans le langage qu'il fait tenir à Saint-Preux. En confrontant les détails donnés par madame d'Épinay sur les mœurs du temps avec les passages de l'auteur, on est obligé de reconnoître sa véracité, d'avouer même qu'il n'osoit pas tout dire, et qu'il restoit en deçà de la vérité.   M. P.

et me sera toujours inconnu, tout ce qu'il y a de tendre et d'affectueux dans les liaisons de ce pays.

Au milieu de tout cela, qu'un homme de poids avance un propos grave, ou agite une question sérieuse, aussitôt l'attention commune se fixe à ce nouvel objet ; hommes, femmes, vieillards, jeunes gens, tout se prête à le considérer par toutes ses faces, et l'on est étonné du sens et de la raison qui sortent comme à l'envi de toutes ces têtes folâtres (¹). Un point de morale ne seroit pas mieux discuté dans une société de philosophes que dans celle d'une jolie femme de Paris ; les conclusions y seroient même souvent moins sévères : car le philosophe qui veut agir comme il parle, y regarde à deux fois ; mais ici, où toute la morale est un pur verbiage, on peut être austère sans conséquence, et l'on ne seroit pas fâché, pour rabattre un peu l'orgueil philosophique, de mettre la vertu si haut que le sage même n'y pût atteindre. Au reste, hommes et femmes, tous, instruits par l'expérience du monde, et surtout par leur conscience, se réunissent pour penser de leur espèce aussi mal qu'il est possible, toujours philosophant tristement, toujours dégradant par vanité la nature humaine, toujours cherchant dans quelque vice la cause de tout ce qui se fait de bien, toujours, d'après leur propre cœur, médisant du cœur de l'homme.

Malgré cette avilissante doctrine, un des sujets favoris de ces paisibles entretiens, c'est le sentiment ; mot par lequel il ne faut pas entendre un épanchement affectueux dans le sein de l'amour ou de l'amitié, cela seroit d'une fadeur à mourir ; c'est le sentiment mis en grandes maximes générales, et quintessencié par tout ce que la métaphysique a de plus subtil. Je puis dire n'avoir de ma vie ouï tant parler du sentiment, ni si peu compris ce qu'on en disoit. Ce sont des raffinemens inconcevables. O Julie !

nos cœurs grossiers n'ont jamais rien su de toutes ces belles maximes ; et j'ai peur qu'il n'en soit du sentiment chez les gens du monde comme d'Homère chez les pédans, qui lui forgent mille beautés chimériques, faute d'apercevoir les véritables. Ils dépensent ainsi tout leur sentiment en esprit ; et il s'en exhale tant dans le discours, qu'il n'en reste plus pour la pratique. Heureusement la bienséance y supplée, et l'on fait par usage à peu près les mêmes choses qu'on feroit par sensibilité, du moins tant qu'il n'en coûte que des formules et quelques gênes passagères, qu'on s'impose pour faire bien parler de soi ; car quand les sacrifices vont jusqu'à gêner trop long-temps ou à coûter trop cher, adieu le sentiment ; la bienséance n'en exige pas jusque-là. A cela près, on ne sauroit croire à quel point tout est compassé, mesuré, pesé, dans ce qu'ils appellent des procédés ; tout ce qui n'est plus dans les sentimens, ils l'ont mis en règle, et tout est règle parmi eux. Ce peuple imitateur seroit plein d'originaux, qu'il seroit impossible d'en rien savoir ; car nul homme n'ose être lui-même. *Il faut faire comme les autres :* c'est la première maxime de la sagesse du pays. *Cela se fait, cela ne se fait pas :* voilà la décision suprême.

Cette apparente régularité donne aux usages communs l'air du monde le plus comique, même dans les choses les plus sérieuses. On sait à point nommé quand il faut envoyer savoir des nouvelles ; quand il faut se faire écrire, c'est-à-dire faire une visite qu'on ne fait pas ; quand il faut la faire soi-même ; quand il est permis d'être chez soi ; quand on doit n'y pas être quoiqu'on y soit ; quelles offres l'un doit faire, quelles offres l'autre doit rejeter ; quel degré de tristesse on doit prendre à telle ou telle mort (¹) ; combien de temps on doit pleurer à la campagne ; le jour où l'on peut revenir se consoler à la ville ; l'heure et la minute où l'affliction permet de donner le bal ou d'aller au spectacle. Tout le monde y fait à la fois la même chose dans la même circonstance ; tout va par temps comme les mouvemens d'un régiment en bataille :

(¹) Pourvu toutefois qu'une plaisanterie imprévue ne vienne pas déranger cette gravité ; car alors chacun renchérit ; tout part à l'instant, et il n'y a plus moyen de reprendre le ton sérieux. Je me rappelle un certain paquet de gimblettes qui troubla si plaisamment une représentation de la foire. Les acteurs dérangés n'étoient que des animaux. Mais que de choses sont gimblettes pour beaucoup d'hommes ! On sait qui Fontenelle a voulu peindre dans l'histoire des Tirinthiens (*).

(*) Peuples de rieurs. Voyez dans ses Dialogues des Morts, celui entre Parménisque et Théocrite de Chio. G. P.

(¹) S'affliger à la mort de quelqu'un est un sentiment d'humanité et un témoignage de bon naturel, mais non pas un devoir de vertu, ce quelqu'un fût-il même notre père. Quiconque, en pareil cas, n'a point d'affliction dans le cœur, n'en doit point montrer au dehors ; car il est beaucoup plus essentiel de fuir la fausseté que de s'asservir aux bienséances.

vous diriez que ce sont autant de marionnettes clouées sur la même planche ou tirées par le même fil.

Or, comme il n'est pas possible que tous ces gens qui font exactement la même chose soient exactement affectés de même, il est clair qu'il faut les pénétrer par d'autres moyens pour les connoître; il est clair que tout ce jargon n'est qu'un vain formulaire, et sert moins à juger des mœurs, que du ton qui règne à Paris. On apprend ainsi les propos qu'on y tient, mais rien de ce qui peut servir à les apprécier. J'en dis autant de la plupart des écrits nouveaux; j'en dis autant de la scène même, qui depuis Molière est bien plus un lieu où se débitent de jolies conversations, que la représentation de la vie civile. Il y a ici trois théâtres, sur deux desquels on représente des êtres chimériques; savoir, sur l'un, des arlequins, des pantalons, des scaramouches; sur l'autre, des dieux, des diables, des sorciers. Sur le troisième on représente ces pièces immortelles dont la lecture nous faisoit tant de plaisir, et d'autres plus nouvelles qui paroissent de temps en temps sur la scène. Plusieurs de ces pièces sont tragiques, mais peu touchantes; et si l'on y trouve quelques sentimens naturels et quelque vrai rapport au cœur humain, elles n'offrent aucune sorte d'instruction sur les mœurs particulières du peuple qu'elles amusent.

L'institution de la tragédie avoit, chez ses inventeurs, un fondement de religion qui suffisoit pour l'autoriser. D'ailleurs, elle offroit aux Grecs un spectacle instructif et agréable dans les malheurs des Perses leurs ennemis, dans les crimes et les folies des rois dont ce peuple s'étoit délivré. Qu'on représente à Berne, à Zurich, à La Haye, l'ancienne tyrannie de la maison d'Autriche; l'amour de la patrie et de la liberté nous rendra ces pièces intéressantes: mais qu'on me dise de quel usage sont ici les tragédies de Corneille, et ce qu'importe au peuple de Paris Pompée ou Sertorius. Les tragédies grecques rouloient sur des événemens réels ou réputés tels par les spectateurs, et fondés sur des traditions historiques. Mais que fait une flamme héroïque et pure dans l'âme des grands? Ne diroit-on pas que les combats de l'amour et de la vertu leur donnent souvent de mauvaises nuits, et que le cœur a beaucoup à faire dans les mariages des rois? Juge de la vraisemblance et de l'utilité de tant de pièces, qui roulent toujours sur ce chimérique sujet!

Quant à la comédie, il est certain qu'elle doit représenter au naturel les mœurs du peuple pour lequel elle est faite, afin qu'il s'y corrige de ses vices et de ses défauts, comme on ôte devant un miroir les taches de son visage. Térence et Plaute se trompèrent dans leur objet; mais avant eux Aristophane et Ménandre avoient exposé aux Athéniens les mœurs athéniennes; et, depuis, le seul Molière peignit plus naïvement encore celles des François du siècle dernier à leurs propres yeux. Le tableau a changé; mais il n'est plus revenu de peintre. Maintenant on copie au théâtre les conversations d'une centaine de maisons de Paris. Hors de cela, on n'y apprend rien des mœurs des François. Il y a dans cette grande ville cinq ou six cent mille âmes dont il n'est jamais question sur la scène. Molière osa peindre des bourgeois et des artisans aussi bien que des marquis; Socrate faisoit parler des cochers, menuisiers, cordonniers, maçons(*). Mais les auteurs d'aujourd'hui, qui sont des gens d'un autre air, se croiroient déshonorés s'ils savoient ce qui se passe au comptoir d'un marchand ou dans la boutique d'un ouvrier; il ne leur faut que des interlocuteurs illustres, et ils cherchent dans le rang de leurs personnages l'élévation qu'ils ne peuvent tirer de leur génie. Les spectateurs eux-mêmes sont devenus si délicats, qu'ils craindroient de se compromettre à la comédie comme en visite, et ne daigneroient pas aller voir en représentation des gens de moindre condition qu'eux. Ils sont comme les seuls habitants de la terre; tout le reste n'est rien à leurs yeux. Avoir un carrosse, un suisse, un maître-d'hôtel, c'est être comme tout le monde. Pour être comme tout le monde il faut être comme très-peu de gens. Ceux qui vont à pied ne sont pas du monde; ce sont des bourgeois, des hommes du peuple, des gens de l'autre monde; et l'on diroit qu'un carrosse n'est pas tant nécessaire pour se

---

(*) C'est une remarque de Montaigne. « Il n'a jamais en la bouche que cochers, menuisiers, savetiers et massons…. Sous une si vile forme, nous n'eussions jamais choisi la noblesse et splendeur de ses conceptions admirables, nous… qui n'appercevons la richesse qu'en montre et en pompe. Nostre monde n'est formé qu'à l'ostentation. » (Liv. III, ch. 12, au commencement. G. P.

conduire que pour exister. Il y a comme cela une poignée d'impertinens qui ne comptent qu'eux dans tout l'univers, et ne valent guère la peine qu'on les compte, si ce n'est pour le mal qu'ils font. C'est pour eux uniquement que sont faits les spectacles. Ils s'y montrent à la fois comme représentés au milieu du théâtre, et comme représentans aux deux côtés; ils sont personnages sur la scène, et comédiens sur les bancs. C'est ainsi que la sphère du monde et des auteurs se rétrécit; c'est ainsi que la scène moderne ne quitte plus son ennuyeuse dignité. On n'y sait plus montrer les hommes qu'en habit doré. Vous diriez que la France n'est peuplée que de comtes et de chevaliers; et plus le peuple y est misérable et gueux, plus le tableau du peuple y est brillant et magnifique. Cela fait qu'en peignant le ridicule des états qui servent d'exemple aux autres, on le répand plutôt que de l'éteindre, et que le peuple, toujours singe et imitateur des riches, va moins au théâtre pour rire de leurs folies que pour les étudier et devenir encore plus fou qu'eux en les imitant. Voilà de quoi fut cause Molière lui-même: il corrigea la cour en infectant la ville; et ses ridicules marquis furent le premier modèle des petits-maîtres bourgeois qui leur succédèrent.

En général, il y a beaucoup de discours et peu d'action sur la scène françoise: peut-être est-ce qu'en effet le François parle encore plus qu'il n'agit, ou du moins qu'il donne un bien plus grand prix à ce qu'on dit qu'à ce qu'on fait. Quelqu'un disoit, en sortant d'une pièce de Denys-le-Tyran : Je n'ai rien vu, mais j'ai entendu force paroles (*). Voilà ce qu'on peut dire en sortant des pièces françoises. Racine et Corneille, avec tout leur génie, ne sont eux-mêmes que des parleurs; et leur successeur est le premier qui, à l'imitation des Anglois, ait osé mettre quelquefois la scène en représentation. Communément tout se passe en beaux dialogues bien agencés, bien ronflans, où l'on voit d'abord que le premier soin de chaque interlocuteur est toujours celui de briller. Presque tout s'énonce en maximes générales. Quelque agités qu'ils puissent être, ils songent toujours plus au public qu'à eux-mêmes: une sentence leur coûte moins qu'un sentiment : les pièces de Racine et de Molière (¹) exceptées, le je est presque aussi scrupuleusement banni de la scène françoise que des écrits de Port-Royal; et les passions humaines, aussi modestes que l'humilité chrétienne, n'y parlent jamais que par on. Il y a encore une certaine dignité maniérée dans le geste et dans le propos, qui ne permet jamais à la passion de parler exactement son langage, ni à l'auteur de revêtir son personnage et de se transporter au lieu de la scène, mais le tient toujours enchaîné sur le théâtre et sous les yeux des spectateurs. Aussi les situations les plus vives ne lui font-elles jamais oublier un bel arrangement de phrases ni des attitudes élégantes; et si le désespoir lui plonge un poignard dans le cœur, non content d'observer la décence en tombant comme Polyxène, il ne tombe point; la décence le maintient debout après sa mort, et tous ceux qui viennent d'expirer s'en retournent l'instant d'après sur leurs jambes.

Tout cela vient de ce que le François ne cherche point sur la scène le naturel et l'illusion, et n'y veut que de l'esprit et des pensées; il fait cas de l'agrément et non de l'imitation, et ne se soucie pas d'être séduit pourvu qu'on l'amuse. Personne ne va au spectacle pour le plaisir du spectacle, mais pour voir l'assemblée, pour en être vu, pour ramasser de quoi fournir au caquet après la pièce : et l'on ne songe à ce qu'on voit que pour savoir ce qu'on en dira. L'acteur pour eux est toujours l'acteur, jamais le personnage qu'il représente. Cet homme qui parle en maître du monde n'est point Auguste, c'est Baron; la veuve de Pompée est Adrienne; Alzire est mademoiselle Gaussin; et ce fier sauvage est Grandval. Les comédiens, de leur côté, négligent entièrement l'illusion, dont ils voient que personne ne se soucie. Ils placent les héros de l'antiquité entre six rangs de jeunes Parisiens; ils calquent les modes françoises sur l'habit ro-

---

(*) PLUTARQUE, Comment il faut ouir, ch. 7. Montaigne rapporte ainsi le même trait d'après lui : « Melanthius, interrogé ce qu'il lui sembloit de la tragédie de Dionysius : Je ne l'ay, dict-il, point veue, tant elle est offusquée de langage. » (Liv. III, ch. 8.) G. P.

(¹) Il ne faut point associer en ceci Molière à Racine ; car le premier est, comme tous les autres, plein de maximes et de sentences, surtout dans ses pièces en vers ; mais chez Racine tout est sentiment; il a su faire parler chacun pour soi, et c'est en cela qu'il est vraiment unique parmi les auteurs dramatiques de sa nation.

main; on voit Cornélie en pleurs avec deux doigts de rouge, Caton poudré à blanc, et Brutus en panier (*). Tout cela ne choque personne et ne fait rien au succès des pièces : comme on ne voit que l'acteur dans le personnage, on ne voit non plus que l'auteur dans le drame ; et si le costume est négligé, cela se pardonne aisément ; car on sait bien que Corneille n'étoit pas tailleur, ni Crébillon perruquier.

Ainsi, de quelque sens qu'on envisage les choses, tout n'est ici que babil, jargon, propos sans conséquence. Sur la scène comme dans le monde, on a beau écouter ce qui se dit, on n'apprend rien de ce qui se fait : et qu'a-t-on besoin de l'apprendre? sitôt qu'un homme a parlé, s'informe-t-on de sa conduite? n'a-t-il pas tout fait? n'est-il pas jugé? L'honnête homme d'ici n'est point celui qui fait de bonnes actions, mais celui qui dit de belles choses ; et un seul propos inconsidéré lâché sans réflexion peut faire à celui qui le tient un tort irréparable que n'effaceroient pas quarante ans d'intégrité. En un mot, bien que les œuvres des hommes ne ressemblent guère à leurs discours, je vois qu'on ne les peint que par leurs discours, sans égard à leurs œuvres ; je vois aussi que dans une grande ville la société paroît plus douce, plus facile, plus sûre même que parmi des gens moins étudiés : mais les hommes y sont-ils en effet plus humains, plus modérés, plus justes ? Je n'en sais rien. Ce ne sont encore là que des apparences ; et sous ces dehors si ouverts et si agréables, les cœurs sont peut-être plus cachés, plus enfoncés en dedans que les nôtres. Étranger, isolé, sans affaires, sans liaisons, sans plaisirs, et ne voulant m'en rapporter qu'à moi, le moyen de pouvoir prononcer ?

Cependant je commence à sentir l'ivresse où cette vie agitée et tumultueuse plonge ceux qui la mènent, et je tombe dans un étourdissement semblable à celui d'un homme aux yeux duquel on fait passer rapidement une multitude d'objets. Aucun de ceux qui me frappent n'attache mon cœur, mais tous ensemble en troublent et suspendent les affections, au point d'en oublier quelques instans ce que je suis et à qui je suis. Chaque jour en sortant de chez moi j'enferme mes sentimens sous la clef, pour en prendre d'autres qui se prêtent aux frivoles objets qui m'attendent. Insensiblement je juge et raisonne comme j'entends juger et raisonner tout le monde. Si quelquefois j'essaie de secouer les préjugés et de voir les choses comme elles sont à l'instant je suis écrasé d'un certain verbiage qui ressemble beaucoup à du raisonnement. On me prouve avec évidence qu'il n'y a que le demi-philosophe qui regarde à la réalité des choses; que le vrai sage ne les considère que par les apparences ; qu'il doit prendre les préjugés pour principes, les bienséances pour lois, et que la plus sublime sagesse consiste à vivre comme les fous.

Forcé de changer ainsi l'ordre de mes affections morales, forcé de donner un prix à des chimères, et d'imposer silence à la nature et à la raison, je vois ainsi défigurer ce divin modèle que je porte au dedans de moi, et qui servoit à la fois d'objet à mes désirs et de règle à mes actions ; je flotte de caprice en caprice ; et mes goûts étant sans cesse asservis à l'opinion, je ne puis être sûr un seul jour de ce que j'aimerai le lendemain.

Confus, humilié, consterné de sentir dégrader en moi la nature de l'homme, et de me voir ravalé si bas de cette grandeur intérieure où nos cœurs enflammés s'élevoient réciproquement, je reviens le soir pénétré d'une secrète tristesse, accablé d'un dégoût mortel, et le cœur vide et gonflé comme un ballon rempli d'air. O amour ! ô purs sentimens que je tiens de lui !..... avec quel charme je rentre en moi-même! avec quel transport j'y retrouve encore mes premières affections et ma première dignité! Combien je m'applaudis d'y revoir briller dans tout son éclat l'image de la vertu, d'y contempler la tienne, ô Julie ! assise sur un trône de gloire et dissipant d'un souffle tous ces prestiges! Je sens respirer mon âme oppressée, je crois avoir recouvré mon existence et ma vie, et je reprends avec mon amour tous les sentimens sublimes qui le rendent digne de son objet.

(*) Cette critique, fondée alors, ne le seroit plus aujourd'hui que le costume est rigoureusement observé.   M. F.

LETTRE XVIII.

DE JULIE.

Je viens, mon bon ami, de jouir d'un des plus doux spectacles qui puissent jamais charmer mes yeux. La plus sage, la plus aimable des filles est enfin devenue la plus digne et la meilleure des femmes. L'honnête homme dont elle a comblé les vœux, plein d'estime et d'amour pour elle, ne respire que pour la chérir, l'adorer, la rendre heureuse ; et je goûte le charme inexplicable d'être témoin du bonheur de mon amie, c'est-à-dire de le partager. Tu n'y seras pas moins sensible, j'en suis bien sûre, toi qu'elle aima toujours si tendrement, toi qui lui fus cher presque dès son enfance, et à qui tant de bienfaits l'ont dû rendre encore plus chère. Oui, tous les sentimens qu'elle éprouve se font sentir à nos cœurs comme au sien. S'ils sont des plaisirs pour elle, ils sont pour nous des consolations ; et tel est le prix de l'amitié qui nous joint, que la félicité d'un des trois suffit pour adoucir les maux des deux autres.

Ne nous dissimulons pas pourtant que cette amie incomparable va nous échapper en partie.

La voilà dans un nouvel ordre de choses : la voilà sujette à de nouveaux engagemens, à de nouveaux devoirs ; et son cœur, qui n'étoit qu'à nous, se doit maintenant à d'autres affections auxquelles il faut que l'amitié cède le premier rang. Il y a plus, mon ami, nous devons de notre part devenir plus scrupuleux sur les témoignages de son zèle ; nous ne devons pas seulement consulter son attachement pour nous et le besoin que nous avons d'elle, mais ce qui convient à son nouvel état, et ce qui peut agréer ou déplaire à son mari. Nous n'avons pas besoin de chercher ce qu'exigeroit en pareil cas la vertu ; les lois seules de l'amitié suffisent. Celui qui pour son intérêt particulier pourroit compromettre un ami, mériteroit-il d'en avoir ? Quand elle étoit fille, elle étoit libre, elle n'avoit à répondre de ses démarches qu'à elle-même, et l'honnêteté de ses intentions suffisoit pour la justifier à ses propres yeux. Elle nous regardoit comme deux époux destinés l'un à l'autre, et son cœur sensible et pur alliant la plus chaste pudeur pour elle-même à la plus tendre compassion pour sa coupable amie, elle couvroit ma faute sans la partager. Mais à présent tout est changé ; elle doit compte de sa conduite à un autre ; elle n'a pas seulement engagé sa foi, elle a aliéné sa liberté. Dépositaire en même temps de l'honneur de deux personnes, il ne lui suffit pas d'être honnête, il faut encore qu'elle soit honorée ; il ne lui suffit pas de ne rien faire que de bien, il faut encore qu'elle ne fasse rien qui ne soit approuvé. Une femme vertueuse ne doit pas seulement mériter l'estime de son mari, mais l'obtenir ; s'il la blâme, elle est blâmable ; et, fût-elle innocente, elle a tort sitôt qu'elle est soupçonnée, car les apparences mêmes sont au nombre de ses devoirs.

Je ne vois pas clairement si toutes ces raisons sont bonnes, tu en seras le juge ; mais un certain sentiment intérieur m'avertit qu'il n'est pas bien que ma cousine continue d'être ma confidente, ni qu'elle me le dise la première. Je me suis souvent trouvée en faute sur mes raisonnemens, jamais sur les mouvemens secrets qui me les inspirent, et cela fait que j'ai plus de confiance à mon instinct qu'à ma raison.

Sur ce principe, j'ai déjà pris un prétexte pour retirer tes lettres, que la crainte d'une surprise me faisoit tenir chez elle. Elle me les a rendues avec un serrement de cœur que le mien m'a fait apercevoir, et qui m'a trop confirmé que j'avois fait ce qu'il falloit faire. Nous n'avons point eu d'explication, mais nos regards en tenoient lieu ; elle m'a embrassée en pleurant ; nous sentions, sans nous rien dire, combien le tendre langage de l'amitié a peu besoin du secours des paroles.

A l'égard de l'adresse à substituer à la sienne, j'avois songé d'abord à celle de Fanchon Anet, et c'est bien la voie la plus sûre que nous pourrions choisir ; mais si cette jeune femme est dans un rang plus bas que ma cousine, est-ce une raison d'avoir moins d'égards pour elle en ce qui concerne l'honnêteté ? n'est-il pas à craindre, au contraire, que des sentimens moins élevés ne lui rendent mon exemple plus dangereux, que ce qui n'étoit pour l'une que l'effort d'une amitié sublime ne soit pour l'autre un commencement de corruption, et qu'en abusant de sa reconnoissance je ne force la vertu même à servir d'instrument au vice? Ah! n'est-ce pas assez pour moi d'être coupable, sans me donner des complices, et sans aggraver mes fautes du poids de celles d'autrui? N'y pensons point, mon ami : j'ai imaginé un autre expédient, beaucoup moins sûr à la vérité, mais aussi moins répréhensible, en ce qu'il ne compromet personne et ne nous donne aucun confident; c'est de m'écrire sous un nom en l'air, comme, par exemple, M. du Bosquet, et de mettre une enveloppe adressée à Regianino, que j'aurai soin de prévenir. Ainsi Regianino lui-même ne saura rien; il n'aura tout au plus que des soupçons, qu'il n'oseroit vérifier, car mylord Édouard, de qui dépend sa fortune, m'a répondu de lui. Tandis que notre correspondance continuera par cette voie, je verrai si l'on peut reprendre celle qui nous servit durant le voyage du Valais, ou quelque autre qui soit permanente et sûre.

Quand je ne connoîtrois pas l'état de ton cœur, je m'apercevrois, par l'humeur qui règne dans tes relations, que la vie que tu mènes n'est pas de ton goût. Les lettres de M. de Muralt, dont on s'est plaint en France, étoient moins sévères que les tiennes; comme un enfant qui se dépite contre ses maîtres, tu te venges d'être obligé d'étudier le monde sur les premiers qui te l'apprennent. Ce qui me surprend le plus, est que la chose qui commence par te révolter est celle qui prévient tous les étrangers, savoir, l'accueil des François et le ton général de leur société, quoique de ton propre aveu tu doives personnellement t'en louer. Je n'ai pas oublié la distinction de Paris en particulier et d'une grande ville en général; mais je vois qu'ignorant ce qui convient à l'un ou à l'autre, tu fais ta critique à bon compte, avant de savoir si c'est une médisance ou une observation. Quoi qu'il en soit, j'aime la nation françoise, et ce n'est pas m'obliger que d'en mal parler. Je dois aux bons livres qui nous viennent d'elle la plupart des instructions que nous avons prises ensemble. Si notre pays n'est plus barbare, à qui en avons-nous l'obligation? Les deux plus grands, les deux plus vertueux des modernes, Catinat, Fénelon, étoient tous deux François; Henri IV, le roi que j'aime, le bon roi, l'étoit. Si la France n'est pas le pays des hommes libres, elle est celui des hommes vrais; et cette liberté vaut bien l'autre aux yeux du sage. Hospitaliers, protecteurs de l'étranger, les François lui passent même la vérité qui les blesse; et l'on se feroit lapider à Londres si l'on y osoit dire des Anglois la moitié du mal que les François laissent dire d'eux à Paris. Mon père, qui a passé sa vie en France, ne parle qu'avec transport de ce bon et aimable peuple. S'il y a versé son sang au service du prince, le prince ne l'a point oublié dans sa retraite, et l'honore encore de ses bienfaits; ainsi je me regarde comme intéressée à la gloire d'un pays où mon père a trouvé la sienne. Mon ami, si chaque peuple a ses bonnes et ses mauvaises qualités, honore au moins la vérité qui loue, aussi bien que la vérité qui blâme.

Je te dirai plus, pourquoi perdrois-tu en visites oisives le temps qui te reste à passer aux lieux où tu es? Paris est-il moins que Londres le théâtre des talens? et les étrangers y font-ils moins aisément leur chemin? Crois-moi, tous les Anglois ne sont pas des lords Édouards, et tous les François ne ressemblent pas à ces beaux diseurs qui te déplaisent si fort. Tente, essaie, fais quelques épreuves, ne fût-ce que pour approfondir les mœurs, et juger à l'œuvre ces gens qui parlent si bien. Le père de ma cousine dit que tu connois la constitution de l'empire et les intérêts des princes. Mylord Édouard trouve aussi que tu n'as pas mal étudié les principes de la politique et les divers systèmes de gouvernement. J'ai dans la tête que le pays du monde où le mérite est le plus honoré est celui qui te convient le mieux, et que tu n'as besoin que d'être connu pour être employé. Quant à la religion, pourquoi la tienne te nuiroit-elle plus qu'à un autre? La raison n'est-elle pas le préservatif de l'intolérance et du fanatisme? Est-on plus bigot en France qu'en Allemagne? et qui t'empêcheroit de pouvoir faire à Paris le même chemin que M. de Saint-Saphorin a fait à Vienne (*)? Si tu considères le but, les plus prompts essais ne doivent-ils pas accélérer les succès? Si tu com-

---

(*) La famille Saint-Saphorin est vaudoise. On en cite plusieurs personnages qui se sont distingués, et ont obtenu de hauts grades dans le service militaire. On ne nous en a point indiqué qui, dans le civil, aient *fait un chemin* quelconque au service de l'Autriche. G. P.

pares les moyens, n'est-il pas plus honnête encore de s'avancer par ses talens que par ses amis? Si tu songes.... Ah! cette mer!... un plus long trajet.... J'aimerois mieux l'Angleterre, si Paris étoit au-delà.

A propos de cette grande ville, oserois-je relever une affectation que je remarque dans tes lettres? Toi qui me parlois des Valaisanes avec tant de plaisir, pourquoi ne me dis-tu rien des Parisiennes? Ces femmes galantes et célèbres valent-elles moins la peine d'être dépeintes que quelques montagnardes simples et grossières? Crains-tu peut-être de me donner de l'inquiétude par le tableau des plus séduisantes personnes de l'univers? Désabuse-toi, mon ami; ce que tu peux faire de pis pour mon repos est de ne me point parler d'elles, et, quoi que tu m'en puisses dire, ton silence à leur égard m'est beaucoup plus suspect que tes éloges.

Je serois bien aise aussi d'avoir un petit mot sur l'Opéra de Paris, dont on dit ici des merveilles (¹); car enfin la musique peut être mauvaise, et le spectacle avoir ses beautés: s'il n'en a pas, c'est un sujet pour ta médisance, et du moins tu n'offenseras personne.

Je ne sais si c'est la peine de te dire qu'à l'occasion de la noce il m'est encore venu ces jours passés deux épouseurs comme par rendez-vous : l'un d'Yverdun, gîtant, chassant de château en château; l'autre du pays allemand, par le coche de Berne. Le premier est une manière de petit-maître, parlant assez résolument pour faire trouver ses reparties spirituelles à ceux qui n'en écoutent que le ton; l'autre est un grand nigaud timide, non de cette aimable timidité qui vient de la crainte de déplaire, mais de l'embarras d'un sot qui ne sait que dire, et du malaise d'un libertin qui ne se sent pas à sa place auprès d'une honnête fille. Sachant très-positivement les intentions de mon père au sujet de ces deux messieurs, j'use avec plaisir de la liberté qu'il me laisse de les traiter à ma fantaisie, et je ne crois pas que cette fantaisie laisse durer long-temps

celle qui les amène. Je les hais d'oser attaquer un cœur où tu règnes, sans armes pour te le disputer : s'ils en avoient, je les haïrois davantage encore; mais où les prendroient-ils, eux, et d'autres, et tout l'univers? Non, non; sois tranquille, mon aimable ami : quand je retrouverois un mérite égal au tien, quand il se présenteroit un autre toi-même, encore le premier venu seroit-il le seul écouté. Ne t'inquiète donc point de ces deux espèces dont je daigne à peine te parler. Quel plaisir j'aurois à leur mesurer deux doses de dégoût si parfaitement égales, qu'ils prissent la résolution de partir ensemble comme ils sont venus, et que je pusse t'apprendre à la fois le départ de tous deux!

M. de Crouzas vient de nous donner une réfutation des Épîtres de Pope, que j'ai lue avec ennui. Je ne sais pas au vrai lequel des deux auteurs a raison; mais je sais bien que le livre de M. de Crouzas ne fera jamais faire une bonne action, et qu'il n'y a rien de bon qu'on ne soit tenté de faire en quittant celui de Pope. Je n'ai point, pour moi, d'autre manière de juger de mes lectures que de sonder les dispositions où elles laissent mon âme, et j'imagine à peine quelle sorte de bonté peut avoir un livre qui ne porte point ses lecteurs au bien (¹).

Adieu, mon trop cher ami : je ne voudrois pas finir sitôt; mais on m'attend, on m'appelle. Je te quitte à regret, car je suis gaie et j'aime à partager avec toi mes plaisirs : ce qui les anime et les redouble est que ma mère se trouve mieux depuis quelques jours; elle s'est senti assez de force pour assister au mariage, et servir de mère à sa nièce, ou plutôt à sa seconde fille. La pauvre Claire en a pleuré de joie. Juge de moi, qui, méritant si peu de la conserver, tremble toujours de la perdre. En vérité elle fait les honneurs de la fête avec autant de grâce que dans sa plus parfaite santé; il semble même qu'un reste de langueur rende sa naïve politesse encore plus touchante. Non, jamais cette incomparable mère ne fut si bonne, si charmante, si digne d'être adorée.... Sais-tu qu'elle a demandé plusieurs fois de tes nouvelles à M. d'Orbe? Quoiqu'elle ne me

---

(¹) J'aurois bien mauvaise opinion de ceux qui, connoissant le caractère et la situation de Julie, ne devineroient pas à l'instant que cette curiosité ne vient point d'elle. On verra bientôt que son amant n'y a pas été trompé; s'il l'eût été, il ne l'auroit pas aimée.

(¹) Si le lecteur approuve cette règle, et qu'il s'en serve pour juger ce recueil, l'éditeur n'appellera pas de son jugement.

parle point de toi, je n'ignore pas qu'elle t'aime, et que, si jamais elle étoit écoutée, ton bonheur et le mien seroient son premier ouvrage. Ah! si ton cœur sait être sensible, qu'il a besoin de l'être! et qu'il a de dettes à payer!

LETTRE XIX.

A JULIE.

Tiens, ma Julie, gronde-moi, querelle-moi, bats-moi; je souffrirai tout, mais je n'en continuerai pas moins à te dire ce que je pense. Qui sera le dépositaire de tous mes sentimens, si ce n'est toi qui les éclaires? et avec qui mon cœur se permettroit-il de parler, si tu refusois de l'entendre? Quand je te rends compte de mes observations et de mes jugemens, c'est pour que tu les corriges, non pour que tu les approuves; et plus je puis commettre d'erreurs, plus je dois me presser de t'en instruire. Si je blâme les abus qui me frappent dans cette grande ville, je ne m'en excuserai point sur ce que je t'en parle en confidence; car je ne dis jamais rien d'un tiers que je ne sois prêt à lui dire en face; et, dans tout ce que je t'écris des Parisiens, je ne fais que répéter ce que je leur dis tous les jours à eux-mêmes. Ils ne m'en savent point mauvais gré; ils conviennent de beaucoup de choses. Ils se plaignoient de notre Muralt, je le crois bien; on voit, on sent combien il les hait, jusque dans les éloges qu'il leur donne; et je suis bien trompé si, même dans ma critique, on n'aperçoit le contraire. L'estime et la reconnoissance que m'inspirent leurs bontés ne font qu'augmenter ma franchise: elle peut n'être pas inutile à quelques-uns; et, à la manière dont tous supportent la vérité dans ma bouche, j'ose croire que nous sommes dignes, eux de l'entendre, et moi de la dire. C'est en cela, ma Julie, que la vérité qui blâme est plus honorable que la vérité qui loue, car la louange ne sert qu'à corrompre ceux qui la goûtent, et les plus indignes en sont toujours les plus affamés: mais la censure est utile, et le mérite seul sait la supporter. Je te le dis du fond de mon cœur, j'honore le François comme le seul peuple qui aime véritablement les hommes, et qui soit bienfaisant par caractère; mais c'est pour cela même que j'en suis moins disposé à lui accorder cette admiration générale à laquelle il prétend même pour les défauts qu'il avoue. Si les François n'avoient point de vertus, je n'en dirois rien; s'ils n'avoient point de vices, ils ne seroient pas hommes: ils ont trop de côtés louables pour être toujours loués.

Quant aux tentatives dont tu me parles, elles me sont impraticables, parce qu'il faudroit employer, pour les faire, des moyens qui ne me conviennent pas et que tu m'as interdits toi-même. L'austérité républicaine n'est pas de mise en ce pays; il y faut des vertus plus flexibles, et qui sachent mieux se plier aux intérêts des amis ou des protecteurs. Le mérite est honoré, j'en conviens; mais ici les talens qui mènent à la réputation ne sont point ceux qui mènent à la fortune; et quand j'aurois le malheur de posséder ces derniers, Julie se résoudroit-elle à devenir la femme d'un parvenu? En Angleterre c'est tout autre chose; et, quoique les mœurs y vaillent peut-être encore moins qu'en France, cela n'empêche pas qu'on n'y puisse parvenir par des chemins plus honnêtes, parce que le peuple ayant plus de part au gouvernement, l'estime publique y est un plus grand moyen de crédit. Tu n'ignores pas que le projet de mylord Édouard est d'employer cette voie en ma faveur, et le mien, de justifier son zèle. Le lieu de la terre où je suis le plus loin de toi est celui où je ne puis rien faire qui m'en rapproche. O Julie! s'il est difficile d'obtenir ta main, il l'est bien plus de la mériter; et voilà la noble tâche que l'amour m'impose.

Tu m'ôtes d'une grande peine en me donnant de meilleures nouvelles de ta mère: je t'en voyois déjà si inquiète avant mon départ, que je n'osai te dire ce que j'en pensois; mais je la trouvois maigrie, changée, et je redoutois quelque maladie dangereuse. Conserve-la-moi, parce qu'elle m'est chère, parce que mon cœur l'honore, parce que ses bontés font mon unique espérance, et surtout parce qu'elle est mère de ma Julie.

Je te dirai sur les deux épouseurs, que je n'aime point ce mot, même par plaisanterie: du reste, le ton dont tu me parles d'eux m'empêche de les craindre, et je ne hais plus ces infortunés puisque tu crois les haïr. Mais j'admire ta simplicité de penser connoître la haine : ne vois-tu pas que c'est l'amour dépité que tu prends pour elle ? Ainsi murmure la blanche colombe dont on poursuit le bien-aimé. Va, Julie, va, fille incomparable ; quand tu pourras haïr quelque chose, je pourrai cesser de t'aimer.

P. S. Que je te plains d'être obsédée par ces deux importuns ! Pour l'amour de toi-même, hâte-toi de les renvoyer.

LETTRE XX.

DE JULIE.

Mon ami, j'ai remis à M. d'Orbe un paquet qu'il s'est chargé de t'envoyer à l'adresse de M. Silvestre, chez qui tu pourras le retirer ; mais je t'avertis d'attendre pour l'ouvrir que tu sois seul et dans ta chambre : tu trouveras dans ce paquet un petit meuble à ton usage.

C'est une espèce d'amulette que les amans portent volontiers. La manière de s'en servir est bizarre ; il faut la contempler tous les matins un quart d'heure jusqu'à ce qu'on se sente pénétré d'un certain attendrissement ; alors on l'applique sur ses yeux, sur sa bouche et sur son cœur : cela sert, dit-on, de préservatif durant la journée contre le mauvais air du pays galant. On attribue encore à ces sortes de talismans une vertu électrique très-singulière, mais qui n'agit qu'entre les amans fidèles ; c'est de communiquer à l'un l'impression des baisers de l'autre à plus de cent lieues de là. Je ne garantis pas le succès de l'expérience ; je sais seulement qu'il ne tient qu'à toi de la faire.

Tranquillise-toi sur les deux galans ou prétendans, ou comme tu voudras les appeler ; car désormais le nom ne fait plus rien à la chose. Ils sont partis : qu'ils aillent en paix : depuis que je ne les vois plus, je ne les hais plus.

LETTRE XXI.

A JULIE.

Tu l'as voulu, Julie ; il faut donc te les dépeindre ces aimables Parisiennes ! Orgueilleuse ! cet hommage manquoit à tes charmes. Avec toute ta feinte jalousie, avec ta modestie et ton amour, je vois plus de vanité que de crainte cachée sous cette curiosité. Quoi qu'il en soit, je serai vrai : je puis l'être ; je le serois de meilleur cœur si j'avois davantage à louer. Que ne sont-elles cent fois plus charmantes ! que n'ont-elles assez d'attraits pour rendre un nouvel honneur aux tiens !

Tu te plaignois de mon silence ! Eh mon Dieu ! que t'aurois-je dit ? En lisant cette lettre tu sentiras pourquoi j'aimois à te parler des Valaisanes, tes voisines, et pourquoi je ne te parlois point des femmes de ce pays. C'est que les unes me rappeloient à toi sans cesse, et que les autres.... Lis, et puis tu me jugeras. Au reste, peu de gens pensent comme moi des dames françoises, si même je ne suis sur leur compte tout-à-fait seul de mon avis. C'est sur quoi l'équité m'oblige à te prévenir, afin que tu saches que je te les représente, non peut-être comme elles sont, mais comme je les vois. Malgré cela, si je suis injuste envers elles, tu ne manqueras pas de me censurer encore ; et tu seras plus injuste que moi, car tout le tort en est à toi seule.

Commençons par l'extérieur : c'est à quoi s'en tiennent la plupart des observateurs. Si je les imitois en cela, les femmes de ce pays auroient trop à s'en plaindre : elles ont un extérieur de caractère aussi bien que de visage ; et comme l'un ne leur est guère plus favorable que l'autre, on leur fait tort en ne les jugeant que par là. Elles sont tout au plus passables de figure, et généralement plutôt mal que bien : je laisse à part les exceptions. Menues plutôt que bien faites, elles n'ont pas la taille fine ; aussi s'attachent-elles volontiers aux modes qui la déguisent : en quoi je trouve assez simples les femmes des autres pays de vouloir bien imiter des modes faites pour cacher des défauts qu'elles n'ont pas.

Leur démarche est aisée et commune ; leur port n'a rien d'affecté, parce qu'elles n'aiment point à se gêner ; mais elles ont naturellement une certaine *disinvoltura* (*) qui n'est pas dépourvue de grâce, et qu'elles se piquent souvent de pousser jusqu'à l'étourderie. Elles ont

---

(*) Le sens propre de ce mot est *l'air libre et dégagé, l'aisance dans les manières.*   G. P.

le teint médiocrement blanc, et sont communément un peu maigres, ce qui ne contribue pas à leur embellir la peau. A l'égard de la gorge, c'est l'autre extrémité des Valaisanes. Avec des corps fortement serrés elles tâchent d'en imposer sur la consistance; il y a d'autres moyens d'en imposer sur la couleur. Quoique je n'aie aperçu ces objets que de fort loin, l'inspection en est si libre, qu'il reste peu de chose à deviner. Ces dames paroissent mal entendre en cela leurs intérêts; car, pour peu que le visage soit agréable, l'imagination du spectateur les serviroit au surplus beaucoup mieux que ses yeux; et, suivant le philosophe gascon, la faim entière est bien plus âpre que celle qu'on a déjà rassasiée, au moins par un sens (*).

Leurs traits sont peu réguliers; mais, si elles ne sont pas belles, elles ont de la physionomie qui supplée à la beauté, et l'éclipse quelquefois. Leurs yeux vifs et brillans ne sont pourtant ni pénétrans ni doux. Quoiqu'elles prétendent les animer à force de rouge, l'expression qu'elles leur donnent par ce moyen tient plus du feu de la colère que de celui de l'amour: naturellement ils n'ont que de la gaîté; ou s'ils semblent quelquefois demander un sentiment tendre, ils ne le promettent jamais (¹).

Elles se mettent si bien, ou du moins elles en ont tellement la réputation, qu'elles servent en cela, comme en tout, de modèle au reste de l'Europe. En effet, on ne peut employer avec plus de goût un habillement plus bizarre. Elles sont de toutes les femmes les moins asservies à leurs propres modes. La mode domine les provinciales; mais les Parisiennes dominent la mode, et la savent plier chacune à son avantage. Les premières sont comme des copistes ignorans et serviles qui copient jusqu'aux fautes d'orthographe; les autres sont des auteurs qui copient en maîtres, et savent rétablir les mauvaises leçons.

Leur parure est plus recherchée que magnifique; il y règne plus d'élégance que de richesse. La rapidité des modes qui vieillit tout d'une année à l'autre, la propreté qui leur fait aimer à changer souvent d'ajustement, les préservent d'une somptuosité ridicule: elles n'en dépensent pas moins, mais leur dépense est mieux entendue; au lieu d'habits râpés et superbes comme en Italie, on voit ici des habits plus simples et toujours frais. Les deux sexes ont, à cet égard, la même modération, la même délicatesse; et ce goût me fait grand plaisir: j'aime fort à ne voir ni galons ni taches. Il n'y a point de peuple, excepté le nôtre, où les femmes surtout portent moins de dorure. On voit les mêmes étoffes dans tous les états; et l'on auroit peine à distinguer une duchesse d'une bourgeoise, si la première n'avoit l'art de trouver des distinctions que l'autre n'oseroit imiter. Or ceci semble avoir sa difficulté: car, quelque mode qu'on prenne à la cour, cette mode est suivie à l'instant à la ville; et il n'en est pas des bourgeoises de Paris comme des provinciales et des étrangères, qui ne sont jamais qu'à la mode qui n'est plus. Il n'en est pas encore comme dans les autres pays, où les plus grands étant aussi les plus riches, leurs femmes se distinguent par un luxe que les autres ne peuvent égaler. Si les femmes de la cour prenoient ici cette voie, elles seroient bientôt effacées par celles des financiers.

Qu'ont-elles donc fait? Elles ont choisi des moyens plus sûrs, plus adroits, et qui marquent plus de réflexion. Elles savent que des idées de pudeur et de modestie sont profondément gravées dans l'esprit du peuple. C'est là ce qui leur a suggéré des modes inimitables. Elles ont vu que le peuple avoit en horreur le rouge, qu'il s'obstine à nommer grossièrement du fard; elles se sont appliqué quatre doigts, non de fard, mais de rouge; car, le mot changé, la chose n'est plus la même. Elles ont vu qu'une gorge découverte est en scandale au public; elles ont largement échancré leurs corps. Elles ont vu.... oh! bien des choses, que ma Julie, toute demoiselle qu'elle est, ne verra sûrement jamais. Elles ont mis dans leurs manières le même esprit qui dirige leur ajustement. Cette pudeur charmante qui distingue, honore et embellit ton sexe, leur a paru vile et roturière; elles ont animé leur geste et leur propos d'une noble impudence; et il n'y a point d'honnête homme à qui leur regard assuré ne fasse baisser les yeux. C'est ainsi que, cessant d'être femmes,

---

(*) MONTAIGNE, livre III, chap. 5.   G. P.
(¹) Parlons pour nous, mon cher philosophe : pourquoi d'autres ne seroient-ils pas plus heureux? Il n'y a qu'une coquette qui promette à tout le monde ce qu'elle ne doit tenir qu'à un seul.

de peur d'être confondues avec les autres femmes, elles préfèrent leur rang à leur sexe, et imitent les filles de joie, afin de n'être pas imitées.

J'ignore jusqu'où va cette imitation de leur part, mais je sais qu'elles n'ont pu tout-à-fait éviter celle qu'elles vouloient prévenir. Quant au rouge et aux corps échancrés, ils ont fait tout le progrès qu'ils pouvoient faire. Les femmes de la ville ont mieux aimé renoncer à leurs couleurs naturelles et aux charmes que pouvoit leur prêter l'*amoroso pensier* des amans, que de rester mises comme des bourgeoises; et si cet exemple n'a point gagné les moindres états, c'est qu'une femme à pied dans un pareil équipage, n'est pas trop en sûreté contre les insultes de la populace. Ces insultes sont le cri de la pudeur révoltée; et, dans cette occasion comme en beaucoup d'autres, la brutalité du peuple, plus honnête que la bienséance des gens polis, retient peut-être ici cent mille femmes dans les bornes de la modestie : c'est précisément ce qu'ont prétendu les adroites inventrices de ces modes.

Quant au maintien soldatesque et au ton grenadier, il frappe moins, attendu qu'il est plus universel, et il n'est guère sensible qu'aux nouveaux débarqués. Depuis le faubourg Saint-Germain jusqu'aux halles, il y a peu de femmes à Paris dont l'abord, le regard, ne soit d'une hardiesse à déconcerter quiconque n'a rien vu de semblable en son pays; et de la surprise où jettent ces nouvelles manières, naît cet air gauche qu'on reproche aux étrangers. C'est encore pis sitôt qu'elles ouvrent la bouche. Ce n'est point la voix douce et mignarde de nos Vaudoises; c'est un certain accent dur, aigre, interrogatif, impérieux, moqueur, et plus fort que celui d'un homme. S'il reste dans leur ton quelque grâce de leur sexe, leur manière intrépide et curieuse de fixer les gens achève de l'éclipser. Il semble qu'elles se plaisent à jouir de l'embarras qu'elles donnent à ceux qui les voient pour la première fois : mais il est à croire que cet embarras leur plairoit moins si elles en démêloient mieux la cause.

Cependant, soit prévention de ma part en faveur de la beauté, soit instinct de la sienne à se faire valoir, les belles femmes me paroissent en général un peu plus modestes, et je trouve plus de décence dans leur maintien. Cette réserve ne leur coûte guère; elles sentent bien leurs avantages, elles savent qu'elles n'ont pas besoin d'agaceries pour nous attirer. Peut-être aussi que l'impudence est plus sensible et choquante jointe à la laideur; et il est sûr qu'on couvriroit plutôt de soufflets que de baisers un laid visage effronté, au lieu qu'avec la modestie il peut exciter une tendre compassion qui mène quelquefois à l'amour. Mais, quoique en général on remarque ici quelque chose de plus doux dans le maintien des jolies personnes, il y a encore tant de minauderies dans leurs manières, et elles sont toujours si visiblement occupées d'elles-mêmes, qu'on n'est jamais exposé dans ce pays à la tentation qu'avoit quelquefois M. de Muralt auprès des Angloises, de dire à une femme qu'elle est belle, pour avoir le plaisir de le lui apprendre.

La gaîté naturelle à la nation, ni le désir d'imiter les grands airs, ne sont pas les seules causes de cette liberté de propos et de maintien qu'on remarque ici dans les femmes. Elle paroît avoir une racine plus profonde dans les mœurs, par le mélange indiscret et continuel des deux sexes, qui fait contracter à chacun d'eux l'air, le langage et les manières de l'autre. Nos Suissesses aiment assez à se rassembler entre elles ([1]), elles y vivent dans une douce familiarité; et quoique apparemment elles ne haïssent pas le commerce des hommes, il est certain que la présence de ceux-ci jette une espèce de contrainte dans cette petite gynécocratie. A Paris, c'est tout le contraire; les femmes n'aiment à vivre qu'avec les hommes, elles ne sont à leur aise qu'avec eux. Dans chaque société la maîtresse de la maison est presque toujours seule au milieu d'un cercle d'hommes. On a peine à concevoir d'où tant d'hommes peuvent se répandre partout; mais Paris est plein d'aventuriers et de célibataires qui passent leur vie à courir de maison en maison; et les hommes semblent, comme les espèces, se multiplier par la circulation. C'est donc là qu'une femme apprend à parler, agir et penser comme eux, et eux comme elle. C'est là qu'unique objet de leurs petites galanteries, elle jouit paisiblement

[1] Tout cela est fort changé. Par les circonstances, ces lettres ne semblent écrites que depuis quelque vingtaine d'années; aux mœurs, au style, on les croiroit de l'autre siècle.

de ces insultans hommages auxquels on ne daigne pas même donner un air de bonne foi. Qu'importe ! sérieusement ou par plaisanterie, on s'occupe d'elle, et c'est tout ce qu'elle veut. Qu'une autre femme survienne, à l'instant le ton de cérémonie succède à la familiarité, les grands airs commencent, l'attention des hommes se partage, et l'on se tient mutuellement dans une secrète gêne dont on ne sort plus qu'en se séparant.

Les femmes de Paris aiment à voir les spectacles, c'est-à-dire à y être vues; mais leur embarras, chaque fois qu'elles y veulent aller, est de trouver une compagne; car l'usage ne permet à aucune femme d'y aller seule en grande loge, pas même avec son mari, pas même avec un autre homme. On ne sauroit dire combien dans ce pays si sociable ces parties sont difficiles à former ; de dix qu'on en projette il en manque neuf: le désir d'aller au spectacle les fait lier, l'ennui d'y aller ensemble les fait rompre. Je crois que les femmes pourroient abroger aisément cet usage inepte; car où est la raison de ne pouvoir se montrer seule en public? Mais c'est peut-être ce défaut de raison qui le conserve. Il est bon de tourner autant qu'on peut les bienséances sur les choses où il seroit inutile d'en manquer. Que gagneroit une femme au droit d'aller sans compagne à l'Opéra? Ne vaut-il pas mieux réserver ce droit pour recevoir en particulier ses amis?

Il est sûr que mille liaisons secrètes doivent être le fruit de leur manière de vivre éparses et isolées parmi tant d'hommes. Tout le monde en convient aujourd'hui, et l'expérience a détruit l'absurde maxime de vaincre les tentations en les multipliant. On ne dit donc plus que cet usage est plus honnête, mais qu'il est plus agréable : et c'est ce que je ne crois pas plus vrai; car quel amour peut régner où la pudeur est en dérision ? et quel charme peut avoir une vie privée à la fois d'amour et d'honnêteté? Aussi, comme le grand fléau de tous ces gens si dissipés est l'ennui, les femmes se soucient-elles moins d'être aimées qu'amusées : la galanterie et les soins valent mieux que l'amour auprès d'elles; et, pourvu qu'on soit assidu, peu leur importe qu'on soit passionné. Les mots mêmes d'amour et d'amant sont bannis de l'intime société des deux sexes, et relégués avec ceux de *chaîne* et de *flamme* dans les romans qu'on ne lit plus.

Il semble que tout l'ordre des sentimens naturels soit ici renversé. Le cœur n'y forme aucune chaîne : il n'est point permis aux filles d'en avoir un; ce droit est réservé aux seules femmes mariées, et n'exclut du choix personne que leurs maris. Il vaudroit mieux qu'une mère eût vingt amans que sa fille un seul. L'adultère n'y révolte point, on n'y trouve rien de contraire à la bienséance; les romans les plus décens, ceux que tout le monde lit pour s'instruire, en sont pleins; et le désordre n'est plus blâmable sitôt qu'il est joint à l'infidélité. O Julie! telle femme qui n'a pas craint de souiller cent fois le lit conjugal oseroit d'une bouche impure accuser nos chastes amours, et condamner l'union de deux cœurs sincères qui ne surent jamais manquer de foi. On diroit que le mariage n'est pas à Paris de la même nature que partout ailleurs. C'est un sacrement, à ce qu'ils prétendent, et ce sacrement n'a pas la force des moindres contrats civils : il semble n'être que l'accord de deux personnes libres qui conviennent de demeurer ensemble, de porter le même nom, de reconnoître les mêmes enfans, mais qui n'ont, au surplus, aucune sorte de droit l'une sur l'autre ; et un mari qui s'aviseroit de contrôler ici la mauvaise conduite de sa femme n'exciteroit pas moins de murmures que celui qui souffriroit chez nous le désordre public de la sienne. Les femmes, de leur côté, n'usent pas de rigueur envers leurs maris, et l'on ne voit pas encore qu'elles les fassent punir d'imiter leurs infidélités. Au reste, comment attendre de part ou d'autre un effet plus honnête d'un lien où le cœur n'a point été consulté? Qui n'épouse que la fortune ou l'état ne doit rien à la personne.

L'amour même, l'amour a perdu ses droits et n'est pas moins dénaturé que le mariage. Si les époux sont ici des garçons et des filles qui demeurent ensemble pour vivre avec plus de liberté, les amans sont des gens indifférens qui se voient par amusement, par air, par habitude, ou par le besoin du moment : le cœur n'a que faire à ces liaisons, on n'y consulte que la commodité et certaines convenances extérieures. C'est, si l'on veut, se connoître, vivre ensemble, s'arranger, se voir, moins encore s'il est possible. Une liaison de galanterie dure un peu plus qu'une visite ; c'est un recueil de jolis entretiens et de jolies lettres pleines de portraits, de maximes, de philosophie, et de bel esprit. A l'égard du physique, il n'exige pas tant de mystère ; on a très-sensément trouvé qu'il falloit régler sur l'instant des désirs la facilité de les satisfaire : la première venue, le premier venu, l'amant ou un autre, un homme est toujours un homme, tous sont presque également bons : et il y a du moins à cela de la conséquence, car pourquoi seroit-on plus fidèle à l'amant qu'au mari ? Et puis à certain âge tous les hommes sont à peu près le même homme, toutes les femmes la même femme ; toutes ces poupées sortent de chez la même marchande de modes, et il n'y a guère d'autre choix à faire que ce qui tombe le plus commodément sous la main.

Comme je ne sais rien de ceci par moi-même, on m'en a parlé sur un ton si extraordinaire, qu'il ne m'a pas été possible de bien entendre ce qu'on m'en a dit. Tout ce que j'en ai conçu, c'est que, chez la plupart des femmes, l'amant est comme un des gens de la maison : s'il ne fait pas son devoir, on le congédie et l'on en prend un autre ; s'il trouve mieux ailleurs, ou s'ennuie du métier, il quitte, et l'on en prend un autre. Il y a, dit-on, des femmes assez capricieuses pour essayer même du maître de la maison, car enfin c'est encore une espèce d'homme. Cette fantaisie ne dure pas ; quand elle est passée, on le chasse et l'on en prend un autre, ou, s'il s'obstine, on le garde et l'on en prend un autre.

Mais, disois-je à celui qui m'expliquoit ces étranges usages, comment une femme vit-elle ensuite avec tous ces autres-là qui ont ainsi pris ou reçu leur congé ? Bon ! reprit-il, elle n'y vit point. On ne se voit plus, on ne se connoît plus. Si jamais la fantaisie prenoit de renouer, on auroit une nouvelle connoissance à faire, et ce seroit beaucoup qu'on se souvînt de s'être vus. Je vous entends, lui dis-je ; mais j'ai beau réduire ces exagérations, je ne conçois pas comment, après une union si tendre, on peut se voir de sang-froid, comment le cœur ne palpite pas au nom de ce qu'on a une fois aimé, comment on ne tressaille pas à sa rencontre. Vous me faites rire, interrompit-il, avec vos tressaillemens ; vous voudriez donc que nos femmes ne fissent autre chose que tomber en syncope ?

Supprime une partie de ce tableau trop chargé sans doute, place Julie à côté du reste, et souviens-toi de mon cœur ; je n'ai rien de plus à te dire.

Il faut cependant l'avouer, plusieurs de ces impressions désagréables s'effacent par l'habitude. Si le mal se présente avant le bien, il ne l'empêche pas de se montrer à son tour ; les charmes de l'esprit et du naturel font valoir ceux de la personne. La première répugnance vaincue devient bientôt un sentiment contraire. C'est l'autre point de vue du tableau, et la justice ne permet pas de ne l'exposer que par le côté désavantageux.

C'est le premier inconvénient des grandes villes que les hommes y deviennent autres que ce qu'ils sont, et que la société leur donne pour ainsi dire un être différent du leur. Cela est vrai, surtout à Paris, et surtout à l'égard des femmes, qui tirent des regards d'autrui la seule existence dont elles se soucient. En abordant une dame dans une assemblée, au lieu d'une Parisienne que vous croyez voir, vous ne voyez qu'un simulacre de la mode. Sa hauteur, son ampleur, sa démarche, sa taille, sa gorge, ses couleurs, son air, son regard, ses propos, ses manières, rien de tout cela n'est à elle ; et si vous la voyiez dans son état naturel, vous ne pourriez la reconnoître. Or cet échange est rarement favorable à celles qui le font, et en général il n'y a guère à gagner à tout ce qu'on substitue à la nature. Mais on ne l'efface jamais entièrement ; elle s'échappe toujours par quelque endroit, et c'est dans une certaine adresse à la saisir que consiste l'art d'observer. Cet art n'est pas difficile vis-à-vis des femmes de ce pays ; car, comme elles ont plus de naturel qu'elles ne croient en avoir, pour peu qu'on les fréquente assidûment, pour peu qu'on les détache de cette éternelle représentation qui leur plaît si fort, on les voit bientôt comme elles sont ; et c'est alors que toute l'aversion qu'elles ont d'abord inspirée se change en estime et en amitié.

Voilà ce que j'eus occasion d'observer la semaine dernière dans une partie de campagne où quelques femmes nous avoient assez étourdiment invités, moi et quelques autres nouveaux débarqués, sans trop s'assurer que nous leur conviendrions, ou peut-être pour avoir le plaisir d'y rire de nous à leur aise. Cela ne manqua pas d'arriver le premier jour. Elles nous accablèrent d'abord de traits plaisans et fins, qui, tombant toujours sans rejaillir, épuisèrent bientôt leur carquois. Alors elles s'exécutèrent de bonne grâce ; et, ne pouvant nous amener à leur ton, elles furent réduites à prendre le nôtre. Je ne sais si elles se trouvèrent bien de cet échange, pour moi je m'en trouvai à merveille ; je vis avec surprise que je m'éclairois plus avec elles que je n'aurois fait avec beaucoup d'hommes. Leur esprit ornoit si bien le bon sens, que je regrettois ce qu'elles en avoient mis à le défigurer ; et je déplorois, en jugeant mieux des femmes de ce pays, que tant d'aimables personnes ne manquassent de raison que parce qu'elles ne vouloient pas en avoir. Je vis aussi que les grâces familières et naturelles effaçoient insensiblement les airs apprêtés de la ville ; car, sans y songer, on prend des manières assortissantes aux choses qu'on dit, et il n'y a pas moyen de mettre à des discours sensés les grimaces de la coquetterie. Je les trouvai plus jolies depuis qu'elles ne cherchoient plus tant à l'être, et je sentis qu'elles n'avoient besoin pour plaire que de ne se pas déguiser. J'osai soupçonner sur ce fondement que Paris, ce prétendu siége du goût, est peut-être le lieu du monde où il y en a le moins, puisque tous les soins qu'on y prend pour plaire défigurent la véritable beauté.

Nous restâmes ainsi quatre ou cinq jours ensemble, contens les uns des autres et de nous-mêmes. Au lieu de passer en revue Paris et ses folies, nous l'oubliâmes. Tout notre soin se bornoit à jouir entre nous d'une société agréable et douce. Nous n'eûmes besoin ni de satires ni de plaisanteries pour nous mettre de bonne humeur ; et nos ris n'étoient pas de raillerie, mais de gaîté, comme ceux de ta cousine.

Une autre chose acheva de me faire changer d'avis sur leur compte. Souvent au milieu de nos entretiens les plus animés on venoit dire un mot à l'oreille de la maîtresse de la maison. Elle sortoit, alloit s'enfermer pour écrire, et ne rentroit de long-temps. Il étoit aisé d'attribuer ces éclipses à quelque correspondance de cœur, ou de celle qu'on appelle ainsi. Une autre femme en glissa légèrement un mot qui fut assez mal reçu ; ce qui me fit juger que si l'absente manquoit d'amans, elle avoit au moins des amis. Cependant la curiosité m'ayant donné quelque attention, quelle fut ma surprise en apprenant que ces prétendus grisons de Paris étoient des paysans de la paroisse qui venoient, dans leurs calamités, implorer la protection de leur dame! l'un surchargé de tailles à la décharge d'un plus riche ; l'autre enrôlé dans la milice sans égard pour son âge et pour ses enfans ([1]) ; l'autre écrasé d'un puissant voisin par un procès injuste ; l'autre ruiné par la grêle, et dont on exigeoit le bail à la rigueur ! Enfin tous avoient quelque grâce à demander, tous étoient patiemment écoutés, on n'en rebutoit aucun, et le temps attribué aux billets doux étoit employé à écrire en faveur de ces malheureux. Je ne saurois te dire avec quel étonnement j'appris et le plaisir que prenoit une femme si jeune et si dissipée à remplir ces aimables devoirs, et combien peu elle y mettoit d'ostentation. Comment ! disois-je tout attendri, quand ce seroit Julie, elle ne feroit pas autrement. Dès cet instant je ne l'ai plus regardée qu'avec respect, et tous ses défauts sont effacés à mes yeux.

Sitôt que mes recherches se sont tournées de ce côté, j'ai appris mille choses à l'avantage de ces mêmes femmes que j'avois d'abord trouvées si insupportables. Tous les étrangers conviennent unanimement qu'en écartant les propos à la mode, il n'y a point de pays au monde où les femmes soient plus éclairées, parlent en général plus sensément, plus judicieusement, et sachent donner au besoin de meilleurs conseils. Otons le jargon de la galanterie et du bel esprit, quel parti tirerons-nous de la conversation d'une Espagnole, d'une Italienne, d'une Allemande? Aucun ; et tu sais, Julie, ce qu'il en est communément de nos Suissesses. Mais qu'on ose passer pour peu galant, et tirer les Françoises de cette forteresse, dont à la vérité elles n'aiment guère à sortir, on trouve encore à qui parler en rase campagne, et l'on croit combattre avec un homme, tant elles savent s'armer de raison et faire de nécessité vertu. Quant au bon caractère, je ne citerai point le zèle avec lequel elles servent leurs amis ; car il peut régner en cela une certaine chaleur d'amour-propre qui soit de tous les pays ; mais quoique ordinairement elles n'ai-

([1]) On a vu cela dans l'autre guerre, mais non dans celle-ci, que je sache. On épargne les hommes mariés, et l'on en fait ainsi marier beaucoup.

ment qu'elles-mêmes, une longue habitude, quand elles ont assez de constance pour l'acquérir, leur tient lieu d'un sentiment assez vif : celles qui peuvent supporter un attachement de dix ans le gardent ordinairement toute leur vie ; et elles aiment leurs vieux amis plus tendrement, plus sûrement au moins que leurs jeunes amans.

Une remarque assez commune, qui semble être à la charge des femmes, est qu'elles font out en ce pays, et par conséquent plus de mal que de bien ; mais ce qui les justifie, est qu'elles font le mal poussées par les hommes, et le bien de leur propre mouvement. Ceci ne contredit point ce que je disois ci-devant, que le cœur n'entre pour rien dans le commerce des deux sexes ; car la galanterie françoise a donné aux femmes un pouvoir universel qui n'a besoin d'aucun tendre sentiment pour se soutenir. Tout dépend d'elles ; rien ne se fait que par elles ou pour elles ; l'Olympe et le Parnasse, la gloire et la fortune, sont également sous leurs lois. Les livres n'ont de prix, les auteurs n'ont d'estime, qu'autant qu'il plaît aux femmes de leur en accorder ; elles décident souverainement des plus hautes connoissances, ainsi que des plus agréables. Poésie, littérature, histoire, philosophie, politique même ; on voit d'abord au style de tous les livres qu'ils sont écrits pour amuser de jolies femmes ; et l'on vient de mettre la Bible en histoires galantes (*). Dans les affaires, elles ont pour obtenir ce qu'elles demandent un ascendant naturel jusque sur leurs maris, non parce qu'ils sont leurs maris, mais parce qu'ils sont hommes, et qu'il est convenu qu'un homme ne refusera rien à aucune femme, fût-ce même la sienne.

Au reste, cette autorité ne suppose ni attachement ni estime ; mais seulement de la politesse et de l'usage du monde ; car d'ailleurs il n'est pas moins essentiel à la galanterie françoise de mépriser les femmes que de les servir. Ce mépris est une sorte de titre qui leur en impose ; c'est un témoignage qu'on a vécu assez avec elles pour les connoître. Quiconque les respecteroit passeroit à leurs yeux pour un novice, un paladin, un homme qui n'a connu les femmes que dans les romans. Elles se jugent avec tant d'équité, que les honorer seroit être indigne de leur plaire ; et la première qualité de l'homme à bonnes fortunes est d'être souverainement impertinent.

Quoi qu'il en soit, elles ont beau se piquer de méchanceté, elles sont bonnes en dépit d'elles ; et voici à quoi surtout leur bonté de cœur est utile. En tout pays les gens chargés de beaucoup d'affaires sont toujours repoussans et sans commisération ; et Paris étant le centre des affaires du plus grand peuple de l'Europe, ceux qui les font sont aussi les plus durs des hommes. C'est donc aux femmes qu'on s'adresse pour avoir des grâces ; elles sont le recours des malheureux ; elles ne ferment point l'oreille à leurs plaintes ; elles les écoutent, les consolent et les servent. Au milieu de la vie frivole qu'elles mènent, elles savent dérober des momens à leurs plaisirs pour les donner à leur bon naturel ; et si quelques-unes font un infâme commerce des services qu'elles rendent, des milliers d'autres s'occupent tous les jours gratuitement à secourir le pauvre de leur bourse, et l'opprimé de leur crédit. Il est vrai que leurs soins sont souvent indiscrets, et qu'elles nuisent sans scrupule au malheureux qu'elles ne connoissent pas, pour servir le malheureux qu'elles connoissent : mais comment connoître tout le monde dans un si grand pays ? et que peut faire de plus la bonté d'âme séparée de la véritable vertu, dont le plus sublime effort n'est pas tant de faire le bien que de ne jamais mal faire ? A cela près, il est certain qu'elles ont du penchant au bien, qu'elles en font beaucoup, qu'elles le font de bon cœur, que ce sont elles seules qui conservent dans Paris le peu d'humanité qu'on y voit régner encore, et que sans elles on verroit les hommes avides et insatiables s'y dévorer comme des loups.

Voilà ce que je n'aurois point appris si je m'en étois tenu aux peintures des faiseurs de romans et de comédies, lesquels voient plutôt dans les femmes des ridicules qu'ils partagent que les bonnes qualités qu'ils n'ont pas, ou qui peignent des chefs-d'œuvre de vertu qu'elles se dispensent d'imiter en les traitant de chimères au lieu de les encourager au bien en louant celui qu'elles font réellement. Les ro-

---

(*) *L'Histoire du peuple de Dieu*, du P. Berruyer, dont la première partie parut en 1728, et la seconde en 1753

G. P.

mans sont peut-être la dernière instruction qu'il reste à donner à un peuple assez corrompu pour que toute autre lui soit inutile : je voudrois qu'alors la composition de ces sortes de livres ne fût permise qu'à des gens honnêtes, mais sensibles, dont le cœur se peignît dans leurs écrits ; à des auteurs qui ne fussent pas au-dessus des foiblesses de l'humanité, qui ne montrassent pas tout d'un coup la vertu dans le ciel hors de la portée des hommes, mais qui la leur fissent aimer en la peignant d'abord moins austère, et puis du sein du vice les y sussent conduire insensiblement.

Je t'en ai prévenue, je ne suis en rien de l'opinion commune sur le compte des femmes de ce pays. On leur trouve unanimement l'abord le plus enchanteur, les grâces les plus séduisantes, la coquetterie la plus raffinée, le sublime de la galanterie, et l'art de plaire au souverain degré. Moi, je trouve leur abord choquant, leur coquetterie repoussante, leurs manières sans modestie. J'imagine que le cœur doit se fermer à toutes leurs avances ; et l'on ne me persuadera jamais qu'elles puissent un moment parler de l'amour sans se montrer également incapables d'en inspirer et d'en ressentir.

D'un autre côté, la renommée apprend à se défier de leur caractère ; elle les peint frivoles, rusées, artificieuses, étourdies, volages, parlant bien, mais ne pensant point, sentant encore moins, et dépensant ainsi tout leur mérite en vain babil. Tout cela me paroît à moi leur être extérieur comme leurs paniers et leur rouge. Ce sont des vices de parade qu'il faut avoir à Paris, et qui dans le fond couvrent en elles du sens, de la raison, de l'humanité, du bon naturel. Elles sont moins indiscrètes, moins tracassières que chez nous, moins peut-être que partout ailleurs. Elles sont plus solidement instruites, et leur instruction profite mieux à leur jugement. En un mot, si elles me déplaisent par tout ce qui caractérise leur sexe qu'elles ont défiguré, je les estime par des rapports avec le nôtre qui nous font honneur ; et je trouve qu'elles seroient cent fois plutôt des hommes de mérite que d'aimables femmes.

Conclusion : si Julie n'eût point existé, si mon cœur eût pu souffrir quelque autre attachement que celui pour lequel il étoit né, je n'aurois jamais pris à Paris ma femme, encore moins ma maîtresse ; mais je m'y serois fait volontiers une amie ; et ce trésor m'eût consolé peut-être de n'y pas trouver les deux autres ([1]).

LETTRE XXII.

A JULIE.

Depuis ta lettre reçue je suis allé tous les jours chez M. Silvestre demander le petit paquet. Il n'étoit toujours point venu ; et, dévoré d'une mortelle impatience, j'ai fait le voyage sept fois inutilement. Enfin la huitième j'ai reçu le paquet. A peine l'ai-je eu dans les mains, que, sans payer le port, sans m'en informer, sans rien dire à personne, je suis sorti comme un étourdi ; et ne voyant que le moment de rentrer chez moi, j'enfilois avec tant de précipitation des rues que je ne connoissois point, qu'au bout d'une demi-heure, cherchant la rue de Tournon, où je loge, je me suis trouvé dans le Marais, à l'autre extrémité de Paris. J'ai été obligé de prendre un fiacre pour revenir plus promptement ; c'est la première fois que cela m'est arrivé le matin pour mes affaires : je ne m'en sers même qu'à regret l'après-midi pour quelques visites ; car j'ai deux jambes fort bonnes dont je serois bien fâché qu'un peu plus d'aisance dans ma fortune me fît négliger l'usage.

J'étois fort embarrassé dans mon fiacre avec mon paquet ; je ne voulois l'ouvrir que chez moi, c'étoit ton ordre. D'ailleurs une sorte de volupté qui me laisse oublier la commodité dans les choses communes me la fait rechercher avec soin dans les vrais plaisirs. Je n'y puis souffrir aucune sorte de distraction, et je veux avoir du temps et mes aises pour savourer tout ce qui me vient de toi. Je tenois donc ce paquet avec une inquiète curiosité dont je n'étois pas le maître ; je m'efforçois de palper à travers les enveloppes ce qu'il pouvoit conte-

([1]) Je me garderai de prononcer sur cette lettre ; mais je doute qu'un jugement qui donne libéralement à celles qu'il regarde des qualités qu'elles méprisent, et qui leur refuse les seules dont elles font cas, soit fort propre à être bien reçu d'elles.

nir, et l'on eût dit qu'il me brûloit les mains à voir les mouvemens continuels qu'il faisoit de l'une à l'autre. Ce n'est pas qu'à son volume, à son poids, au ton de ta lettre, je n'eusse quelque soupçon de la vérité ; mais le moyen de concevoir comment tu pouvois avoir trouvé l'artiste et l'occasion ? Voilà ce que je ne conçois pas encore ; c'est un miracle de l'amour ; plus il passe ma raison, plus il enchante mon cœur ; et l'un des plaisirs qu'il me donne est celui de n'y rien comprendre.

J'arrive enfin, je vole, je m'enferme dans ma chambre, je m'assieds hors d'haleine, je porte une main tremblante sur le cachet. Ô première influence du talisman ! j'ai senti palpiter mon cœur à chaque papier que j'ôtois, et je me suis bientôt trouvé tellement oppressé que j'ai été forcé de respirer un moment sur la dernière enveloppe.... Julie !... Ô ma Julie !... le voile est déchiré.... je te vois.... je vois tes divins attraits ! ma bouche et mon cœur leur rendent le premier hommage, mes genoux fléchissent..... Charmes adorés, encore une fois vous aurez enchanté mes yeux ! Qu'il est prompt, qu'il est puissant, le magique effet de ces traits chéris ! Non, il ne faut point, comme tu prétends, un quart d'heure pour le sentir ; une minute, un instant suffit pour arracher de mon sein mille ardens soupirs, et me rappeler avec ton image celle de mon bonheur passé. Pourquoi faut-il que la joie de posséder un si précieux trésor soit mêlée d'une si cruelle amertume ? Avec quelle violence il me rappelle des temps qui ne sont plus ! Je crois, en le voyant, te revoir encore ; je crois me retrouver à ces momens délicieux dont le souvenir fait maintenant le malheur de ma vie, et que le ciel m'a donnés et ravis dans sa colère. Hélas ! un instant me désabuse ; toute la douleur de l'absence se ranime et s'aigrit en m'ôtant l'erreur qui l'a suspendue, et je suis comme ces malheureux dont on n'interrompt les tourmens que pour les leur rendre plus sensibles. Dieux ! quels torrens de flammes mes avides regards puisent dans cet objet inattendu ! ô comme il ranime au fond de mon cœur tous les mouvemens impétueux que ta présence y faisoit naître ! Ô Julie ! s'il étoit vrai qu'il pût transmettre à tes sens le délire et l'illusion des miens !.... Mais pourquoi ne le feroit-il pas ? pourquoi des impressions que l'âme porte avec tant d'activité n'iroient-elles pas aussi loin qu'elle ? Ah ! chère amante ! où que tu sois, quoi que tu fasses au moment où j'écris cette lettre, au moment où ton portrait reçoit tout ce que ton idolâtre amant adresse à ta personne, ne sens-tu pas ton charmant visage inondé des pleurs de l'amour et de la tristesse ? ne sens-tu pas tes yeux, tes joues, ta bouche, ton sein, pressés, comprimés, accablés de mes ardens baisers ? ne te sens-tu pas embraser tout entière du feu de mes lèvres brûlantes ?..... Ciel ! qu'entends-je ? Quelqu'un vient.... Ah ! serrons, cachons mon trésor..... un importun !.... Maudit soit le cruel qui vient troubler des transports si doux !..... Puisse-t-il ne jamais aimer.... ou vivre loin de ce qu'il aime !

LETTRE XXIII.

DE L'AMANT DE JULIE A MADAME D'ORBE.

C'est à vous, charmante cousine, qu'il faut rendre compte de l'Opéra ; car bien que vous ne m'en parliez point dans vos lettres, et que Julie vous ait gardé le secret, je vois d'où lui vient cette curiosité. J'y fus une fois pour contenter la mienne ; j'y suis retourné pour vous deux autres fois. Tenez-m'en quitte, je vous prie, après cette lettre. J'y puis retourner encore, y bâiller, y souffrir, y périr pour votre service ; mais y rester éveillé et attentif, cela ne m'est pas possible.

Avant de vous dire ce que je pense de ce fameux théâtre, que je vous rende compte de ce qu'on en dit ici ; le jugement des connoisseurs pourra redresser le mien si je m'abuse.

L'Opéra de Paris passe, à Paris, pour le spectacle le plus pompeux, le plus voluptueux, le plus admirable qu'inventa jamais l'art humain. C'est, dit-on, le plus superbe monument de la magnificence de Louis XIV. Il n'est pas si libre à chacun que vous le pensez de dire son avis sur ce grave sujet. Ici l'on peut disputer de tout, hors de la musique et de l'Opéra ; il y a du danger à manquer de dissimulation sur ce seul point. La musique françoise se maintient par une inquisition très-sévère ; et la première chose qu'on insinue par forme de leçon à tous les étrangers qui viennent dans ce pays, c'est que tous les étrangers conviennent qu'il n'y a rien de si beau dans le reste du monde que l'Opéra de Paris. En effet, la vérité est que les plus discrets s'en taisent, et n'osent en rire qu'entre eux.

Il faut convenir pourtant qu'on y représente à grands frais, non-seulement toutes les merveilles de la nature, mais beaucoup d'autres merveilles bien plus grandes que personne n'a jamais vues; et sûrement Pope a voulu désigner ce bizarre théâtre par celui où il dit qu'on voit pêle-mêle des dieux, des lutins, des monstres, des rois, des bergers, des fées, de la fureur, de la joie, un feu, une gigue, une bataille et un bal.

Cet assemblage si magnifique et si bien ordonné est regardé comme s'il contenoit en effet toutes les choses qu'il représente. En voyant paroître un temple on est saisi d'un saint respect; et pour peu que la déesse en soit jolie, le parterre est à moitié païen. On n'est pas si difficile ici qu'à la Comédie françoise. Ces mêmes spectateurs, qui ne peuvent revêtir un comédien de son personnage, ne peuvent, à l'Opéra, séparer un acteur du sien. Il semble que les esprits se roidissent contre une illusion raisonnable, et ne s'y prêtent qu'autant qu'elle est absurde et grossière; ou peut-être que des dieux leur coûtent moins à concevoir que des héros. Jupiter étant d'une autre nature que nous, on en peut penser ce qu'on veut : mais Caton étoit un homme; et combien d'hommes ont droit de croire que Caton ait pu exister?

L'Opéra n'est donc point ici comme ailleurs une troupe de gens payés pour se donner en spectacle au public; ce sont, il est vrai, des gens que le public paye et qui se donnent en spectacle; mais tout cela change de nature, attendu que c'est une Académie royale de Musique, une espèce de cour souveraine qui juge sans appel dans sa propre cause, et ne se pique pas autrement de justice ni de fidélité (¹).

Voilà, cousine, comment, dans certains pays, l'essence des choses tient aux mots, et comment des noms honnêtes suffisent pour honorer ce qui l'est le moins.

Les membres de cette noble Académie ne dérogent point; en revanche, ils sont excommuniés, ce qui est précisément le contraire de l'usage des autres pays : mais, peut-être, ayant eu le choix, aiment-ils mieux être nobles et damnés, que roturiers et bénis. J'ai vu sur le théâtre un chevalier moderne (*) aussi fier de son métier qu'autrefois l'infortuné Labérius fut humilié du sien (¹), quoiqu'il le fît par force et ne récitât que ses propres ouvrages. Aussi l'ancien Labérius ne put-il reprendre sa place au cirque parmi les chevaliers romains, tandis que le nouveau en trouve tous les jours une sur les bancs de la Comédie françoise parmi la première noblesse du pays; et jamais on n'entendit parler à Rome avec tant de respect de la majesté du peuple romain qu'on parle à Paris de la majesté de l'Opéra.

Voilà ce que j'ai pu recueillir des discours d'autrui sur ce brillant spectacle : que je vous dise à présent ce que j'y ai vu moi-même.

(*) De Chassé, basse-taille célèbre, et aussi bon acteur que chanteur habile Il débuta en 1721, et quitta le théâtre en 1757. D'après l'article que lui a consacré M. Roquefort dans la *Biographie universelle*, il ne seroit pas vrai de dire qu'il étoit *fier de son métier*. Il est à observer aussi que Rousseau lui-même fait ailleurs l'éloge le plus honorable de cet acteur, tant sous le rapport des talents que sous celui des qualités morales. Voyez le *Dictionnaire de Musique*, au mot *Acteur*.
G. P.

(¹) Forcé par le tyran de monter sur le théâtre, il déplora son sort par des vers très-touchants, et très-capables d'allumer l'indignation de tout honnête homme contre ce César si vanté. « Après avoir, dit-il, vécu soixante ans avec honneur, j'ai » quitté ce matin mon foyer chevalier romain, j'y rentrerai ce » soir vil histrion. Hélas! j'ai vécu trop d'un jour. O fortune! » s'il falloit me déshonorer une fois, que ne m'y forçois-tu » quand la jeunesse et la vigueur me laissoient au moins une » figure agréable? mais maintenant quel triste objet viens-je » exposer aux rebuts du peuple romain! une voix éteinte, un » corps infirme, un cadavre, un sépulcre animé, qui n'a plus » rien de moi que mon nom. » Le prologue entier qu'il récita dans cette occasion, l'injustice que lui fit César, piqué de la noble liberté avec laquelle il vengeoit son honneur flétri, l'affront qu'il reçut au cirque, la bassesse qu'eut Cicéron d'insulter à son opprobre, la réponse fine et piquante que lui fit Labérius, tout cela nous a été conservé par Aulu-Gelle, et c'est à mon gré le morceau le plus curieux et le plus intéressant de son fade recueil (*).

(*) Aulu-Gelle n'a pu être cité ici que par erreur. Le beau prologue de Labérius ne se trouve que dans Macrobe. (*Saturnal.*, lib. II, cap. 7.) Le même auteur rapporte ce qui s'est passé à ce sujet entre Cicéron et Labérius, et y revient même à deux fois (liv. II et liv. VII, chap. 3); mais il faut dire que si la réplique de Labérius à Cicéron est en effet *piquante*, le propos de Cicéron qui y donna lieu peut être interprété innocemment, et qu'on n'y voit pas clairement ce caractère de *bassesse* insultante que Rousseau lui reproche si vivement.
G. P.

(¹) Dit en mots plus ouverts, cela n'en seroit que plus vrai; mais ici je suis partie, et je dois me taire. Partout où l'on est moins soumis aux lois qu'aux hommes, on doit savoir endurer l'injustice.

Figurez-vous une gaîne large d'une quinzaine de pieds et longue à proportion ; cette gaîne est le théâtre. Aux deux côtés, on place par intervalle des feuilles de paravent, sur lesquelles sont grossièrement peints les objets que la scène doit représenter. Le fond est un grand rideau peint de même, et presque toujours percé ou déchiré, ce qui représente des gouffres dans la terre ou des trous dans le ciel, selon la perspective. Chaque personne qui passe derrière le théâtre et touche le rideau produit en l'ébranlant une sorte de tremblement de terre assez plaisant à voir. Le ciel est représenté par certaines guenilles bleuâtres, suspendues à des bâtons ou à des cordes, comme l'étendage d'une blanchisseuse. Le soleil, car on l'y voit quelquefois, est un flambeau dans une lanterne. Les chars des dieux et des déesses sont composés de quatre solives encadrées et suspendues à une grosse corde en forme d'escarpolette ; entre ces solives est une planche en travers sur laquelle le dieu s'assied, et sur le devant pend un morceau de grosse toile barbouillée, qui sert de nuage à ce magnifique char. On voit vers le bas de la machine l'illumination de deux ou trois chandelles puantes et mal mouchées, qui, tandis que le personnage se démène et crie en branlant dans son escarpolette, l'enfument tout à son aise : encens digne de la divinité.

Comme les chars sont la partie la plus considérable des machines de l'Opéra, sur celle-là vous pouvez juger des autres. La mer agitée est composée de longues lanternes angulaires de toile ou de carton bleu, qu'on enfile à des broches parallèles, et qu'on fait tourner par des polissons. Le tonnerre est une lourde charrette qu'on promène sur le cintre, et qui n'est pas le moins touchant instrument de cette agréable musique. Les éclairs se font avec des pincées de poix-résine qu'on projette sur un flambeau ; la foudre est un pétard au bout d'une fusée.

Le théâtre est garni de petites trappes carrées, qui, s'ouvrant au besoin, annoncent que les démons vont sortir de la cave. Quand ils doivent s'élever dans les airs, on leur substitue adroitement de petits démons de toile brune empaillée, ou quelquefois de vrais ramoneurs qui branlent en l'air suspendus à des cordes, jusqu'à ce qu'ils se perdent majestueusement dans les guenilles dont j'ai parlé. Mais ce qu'il y a de réellement tragique, c'est quand les cordes sont mal conduites ou viennent à rompre, car alors les esprits infernaux et les dieux immortels tombent, s'estropient, se tuent quelquefois. Ajoutez à tout cela les monstres qui rendent certaines scènes fort pathétiques, tels que des dragons, des lézards, des tortues, des crocodiles, de gros crapauds qui se promènent d'un air menaçant sur le théâtre, et font voir à l'Opéra les Tentations de saint Antoine. Chacune de ces figures est animée par un lourdaud de Savoyard qui n'a pas l'esprit de faire la bête.

Voilà, ma cousine, en quoi consiste à peu près l'auguste appareil de l'Opéra, autant que j'ai pu l'observer du parterre à l'aide de ma lorgnette : car il ne faut pas vous imaginer que ces moyens soient fort cachés et produisent un effet imposant ; je ne vous dis en ceci que ce que j'ai aperçu de moi-même, et ce que peut apercevoir comme moi tout spectateur non préoccupé. On assure pourtant qu'il y a une prodigieuse quantité de machines employées à faire mouvoir tout cela ; on m'a offert plusieurs fois de me les montrer ; mais je n'ai jamais été curieux de voir comment on fait de petites choses avec de grands efforts.

Le nombre des gens occupés au service de l'Opéra est inconcevable. L'orchestre et les chœurs composent ensemble près de cent personnes : il y a des multitudes de danseurs ; tous les rôles sont doubles et triples ([1]), c'est-à-dire qu'il y a toujours un ou deux acteurs subalternes prêts à remplacer l'acteur principal, et payés pour ne rien faire jusqu'à ce qu'il lui plaise de ne rien faire à son tour ; ce qui ne tarde jamais beaucoup d'arriver. Après quelques représentations, les premiers acteurs, qui sont d'importans personnages, n'honorent plus le public de leur présence ; ils abandonnent la place à leurs substituts, et aux substituts de leurs substituts. On reçoit toujours le même argent à la porte, mais on ne donne plus le même spectacle. Chacun prend son billet comme à une loterie, sans savoir quel lot il

---

[1] On ne sait ce que c'est que des doubles en Italie, le public ne les souffriroit pas : aussi le spectacle est-il à beaucoup meilleur marché, il en coûteroit trop pour être mal servi.

aura : et, quel qu'il soit, personne n'oseroit se plaindre ; car, afin que vous le sachiez, les nobles membres de cette Académie ne doivent aucun respect au public ; c'est le public qui leur en doit.

Je ne vous parlerai point de cette musique ; vous la connoissez. Mais ce dont vous ne sauriez avoir d'idée, ce sont les cris affreux, les longs mugissemens dont retentit le théâtre durant la représentation. On voit les actrices, presque en convulsion, arracher avec violence ces glapissemens de leurs poumons, les poings fermés contre la poitrine, la tête en arrière, le visage enflammé, les vaisseaux gonflés, l'estomac pantelant : on ne sait lequel est le plus désagréablement affecté, de l'œil ou de l'oreille ; leurs efforts font autant souffrir ceux qui les regardent, que leurs chants ceux qui les écoutent ; et ce qu'il y a de plus inconcevable est que ces hurlemens sont presque la seule chose qu'applaudissent les spectateurs. A leur battement de mains, on les prendroit pour des sourds charmés de saisir par-ci par-là quelques sons perçans, et qui veulent engager les acteurs à les redoubler. Pour moi, je suis persuadé qu'on applaudit les cris d'une actrice à l'Opéra comme les tours de force d'un bateleur à la foire : la sensation est déplaisante et pénible, on souffre tandis qu'ils durent ; mais on est si aise de les voir finir sans accident qu'on en marque volontiers sa joie. Concevez que cette manière de chanter est employée pour exprimer ce que Quinault a jamais dit de plus galant et de plus tendre. Imaginez les Muses, les Grâces, les Amours, Vénus même, s'exprimant avec cette délicatesse, et jugez de l'effet ! Pour les diables, passe encore ; cette musique a quelque chose d'infernal qui ne leur messied pas. Aussi les magies, les évocations, et toutes les fêtes du sabbat, sont-elles toujours ce qu'on admire le plus à l'Opéra françois.

A ces beaux sons, aussi justes qu'ils sont doux, se marient très-dignement ceux de l'orchestre. Figurez-vous un charivari sans fin d'instrumens sans mélodie, un ronron traînant et perpétuel de basses ; chose la plus lugubre, la plus assommante que j'aie entendue de ma vie, et que je n'ai jamais pu supporter une demi-heure sans gagner un violent mal de tête. Tout cela forme une espèce de psalmodie à laquelle il n'y a pour l'ordinaire ni chant ni mesure. Mais quand par hasard il se trouve quelque air un peu sautillant, c'est un trépignement universel ; vous entendez tout le parterre en mouvement suivre à grand'peine et à grand bruit un certain homme de l'orchestre (¹). Charmés de sentir un moment cette cadence qu'ils sentent si peu, ils se tourmentent l'oreille, la voix, les bras, les pieds, et tout le corps, pour courir après la mesure (²), toujours prête à leur échapper ; au lieu que l'Allemand et l'Italien, qui en sont intimement affectés, la sentent et la suivent sans aucun effort, et n'ont jamais besoin de la battre. Du moins, Regianino m'a-t-il souvent dit que dans les opéra d'Italie, où elle est si sensible et si vive, on n'entend, on ne voit jamais dans l'orchestre ni parmi les spectateurs le moindre mouvement qui la marque. Mais tout annonce en ce pays la dureté de l'organe musical ; les voix y sont rudes et sans douceur, les inflexions âpres et fortes, les sons forcés et traînans ; nulle cadence, nul accent mélodieux dans les airs du peuple : les instrumens militaires, les fifres de l'infanterie, les trompettes de la cavalerie, tous les cors, tous les hautbois, les chanteurs des rues, les violons de guinguette, tout cela est d'un faux à choquer l'oreille la moins délicate. Tous les talens ne sont pas donnés aux mêmes hommes ; et en général le François paroît être de tous les peuples de l'Europe celui qui a le moins d'aptitude à la musique. Mylord Édouard prétend que les Anglois en ont aussi peu ; mais la différence est que ceux-ci le savent et ne s'en soucient guère, au lieu que les François renonceroient à mille justes droits, et passeroient condamnation sur toute autre chose, plutôt que de convenir qu'ils ne sont pas les premiers musiciens du monde. Il y en a même qui regarderoient volontiers la musique à Paris comme une affaire d'état, peut-être parce que c'en fut une à Sparte de couper deux cordes à la lyre de Timothée : à cela vous sentez qu'on n'a rien à dire. Quoi qu'il en soit, l'Opéra de Paris pourroit être une fort belle institution politique, qu'il n'en plairoit pas da

---

(¹) Le Bûcheron.
(²) Je trouve qu'on n'a pas mal comparé les airs légers de la musique françoise à la course d'une vache qui galope, ou d'une oie grasse qui veut voler.

vantage aux gens de goût. Revenons à ma description.

Les ballets, dont il me reste à vous parler, sont la partie la plus brillante de cet Opéra; et, considérés séparément, ils font un spectacle agréable, magnifique, et vraiment théâtral; mais ils servent comme partie constitutive de la pièce, et c'est en cette qualité qu'il les faut considérer. Vous connoissez les opéra de Quinault; vous savez comment les divertissemens y sont employés : c'est à peu près de même, ou encore pis, chez ses successeurs. Dans chaque acte l'action est ordinairement coupée au moment le plus intéressant par une fête qu'on donne aux acteurs assis, et que le parterre voit debout. Il arrive de là que les personnages de la pièce sont absolument oubliés, ou bien que les spectateurs regardent les acteurs qui regardent autre chose. La manière d'amener ces fêtes est simple; si le prince est joyeux, on prend part à sa joie, et l'on danse; s'il est triste, on veut l'égayer, et l'on danse. J'ignore si c'est la mode à la cour de donner le bal aux rois quand ils sont de mauvaise humeur : ce que je sais par rapport à ceux-ci, c'est qu'on ne peut trop admirer leur constance stoïque à voir des gavottes ou écouter des chansons, tandis qu'on décide quelquefois derrière le théâtre de leur couronne ou de leur sort. Mais il y a bien d'autres sujets de danses; les plus graves actions de la vie se font en dansant. Les prêtres dansent, les soldats dansent, les dieux dansent, les diables dansent; on danse jusque dans les enterremens, et tout danse à propos de tout.

La danse est donc le quatrième des beaux-arts employés dans la constitution de la scène lyrique : mais les trois autres concourent à l'imitation; et celui-là qu'imite-t-il? Rien. Il est donc hors d'œuvre quand il n'est employé que comme danse; car que font des menuets, des rigaudons, des chaconnes, dans une tragédie? Je dis plus, il n'y seroit pas moins déplacé s'il imitoit quelque chose, parce que, de toutes les unités, il n'y en a point de plus indispensable que celle du langage; et un opéra où l'action se passeroit moitié en chant, moitié en danse, seroit plus ridicule encore que celui où l'on parleroit moitié françois, moitié italien.

Non contens d'introduire la danse comme partie essentielle de la scène lyrique, ils se sont même efforcés d'en faire quelquefois le sujet principal, et ils ont des opéra appelés ballets qui remplissent si mal leur titre, que la danse n'y est pas moins déplacée que dans tous les autres. La plupart de ces ballets forment autant de sujets séparés que d'actes, et ces sujets sont liés entre eux par de certaines relations métaphysiques dont le spectateur ne se douteroit jamais si l'auteur n'avoit soin de l'en avertir dans un prologue. Les saisons, les âges, les sens, les élémens; je demande quel rapport ont tous ces titres à la danse, et ce qu'ils peuvent offrir en ce genre à l'imagination. Quelques-uns même sont purement allégoriques, comme le carnaval et la folie; et ce sont les plus insupportables de tous, parce que, avec beaucoup d'esprit et de finesse, ils n'ont ni sentimens, ni tableaux, ni situations, ni chaleur, ni intérêt, ni rien de tout ce qui peut donner prise à la musique, flatter le cœur, et nourrir l'illusion. Dans ces prétendus ballets l'action se passe toujours en chant, la danse interrompt toujours l'action, ou ne s'y trouve que par occasion, et n'imite rien. Tout ce qu'il arrive, c'est que ces ballets ayant encore moins d'intérêt que les tragédies, cette interruption y est moins remarquée; s'ils étoient moins froids, on en seroit plus choqué : mais un défaut couvre l'autre, et l'art des auteurs, pour empêcher que la danse ne lasse, est de faire en sorte que la pièce ennuie.

Ceci me mène insensiblement à des recherches sur la véritable constitution du drame lyrique, trop étendues pour entrer dans cette lettre, et qui me jetteroient loin de mon sujet : j'en ai fait une petite dissertation à part que vous trouverez ci-joint (*), et dont vous pourrez causer avec Regianino. Il me reste à vous dire sur l'Opéra françois, que le plus grand défaut que j'y crois remarquer est un faux goût de magnificence, par lequel on a voulu mettre en représentation le merveilleux, qui, n'étant fait que pour être imaginé, est aussi bien placé dans un poème épique que ridiculement sur un théâtre. J'aurais eu peine à croire, si je ne l'avois vu, qu'il se trouvât des artistes assez imbéciles pour vouloir imiter le char du soleil, et

(*) Cette dissertation existe dans le *Dictionnaire de Musique*. Voyez l'article *Opéra*.

les spectateurs assez enfans pour aller voir cette imitation. La Bruyère ne concevoit pas comment un spectacle aussi superbe que l'Opéra pouvoit l'ennuyer à si grands frais. Je le conçois bien, moi, qui ne suis pas un La Bruyère; et je soutiens que, pour tout homme qui n'est pas dépourvu du goût des beaux-arts, la musique françoise, la danse et le merveilleux mêlés ensemble, feront toujours de l'Opéra de Paris le plus ennuyeux spectacle qui puisse exister. Après tout, peut-être n'en faut-il pas aux François de plus parfaits, au moins quant à l'exécution; non qu'ils ne soient très en état de connoître la bonne, mais parce qu'en ceci le mal les amuse plus que le bien. Ils aiment mieux railler qu'applaudir; le plaisir de la critique les dédommage de l'ennui du spectacle; et il leur est plus agréable de s'en moquer quand ils n'y sont plus, que de s'y plaire tandis qu'ils y sont.

LETTRE XXIV.

DE JULIE.

Oui, oui, je le vois bien, l'heureuse Julie t'est toujours chère. Ce même feu qui brilloit jadis dans tes yeux se fait sentir dans ta dernière lettre : j'y retrouve toute l'ardeur qui m'anime, et la mienne s'en irrite encore. Oui, mon ami, le sort a beau nous séparer, pressons nos cœurs l'un contre l'autre, conservons par la communication leur chaleur naturelle contre le froid de l'absence et du désespoir, et que tout ce qui devroit relâcher notre attachement ne serve qu'à le resserrer sans cesse.

Mais admire ma simplicité; depuis que j'ai reçu cette lettre, j'éprouve quelque chose des charmans effets dont elle parle; et ce badinage du talisman, quoique inventé par moi-même, ne laisse pas de me séduire et de me paroître une vérité. Cent fois le jour, quand je suis seule, un tressaillement me saisit comme si je te sentois près de moi. Je m'imagine que tu tiens mon portrait, et je suis si folle que je crois sentir l'impression des caresses que tu lui fais et des baisers que tu lui donnes; ma bouche croit les recevoir, mon tendre cœur croit les goûter. O douces illusions! ô chimères! dernières ressources des malheureux! Ah! s'il se peut, tenez-nous lieu de réalité! Vous êtes quelque chose encore à ceux pour qui le bonheur n'est plus rien.

Quant à la manière dont je m'y suis prise pour avoir ce portrait, c'est bien un soin de l'amour; mais crois que s'il étoit vrai qu'il fît des miracles, ce n'est pas celui-là qu'il auroit choisi. Voici le mot de l'énigme. Nous eûmes il y a quelque temps ici un peintre en miniature venant d'Italie; il avoit des lettres de mylord Édouard, qui peut-être en les lui donnant avoit en vue ce qui est arrivé. M. d'Orbe voulut profiter de cette occasion pour avoir le portrait de ma cousine; je voulus l'avoir aussi. Elle et ma mère voulurent avoir le mien, et à ma prière le peintre en fit secrètement une seconde copie. Ensuite, sans m'embarrasser de copie ni d'original, je choisis subtilement le plus ressemblant des trois pour te l'envoyer. C'est une friponnerie dont je ne me suis pas fait un grand scrupule; car un peu de ressemblance de plus ou de moins n'importe guère à ma mère et à ma cousine; mais les hommages que tu rendrois à une autre figure que la mienne seroient une espèce d'infidélité d'autant plus dangereuse que mon portrait seroit mieux que moi; et je ne veux point, comme que ce soit, que tu prennes du goût pour des charmes que je n'ai pas. Au reste, il n'a pas dépendu de moi d'être un peu plus soigneusement vêtue; mais on ne m'a pas écoutée, et mon père lui-même a voulu que le portrait demeurât tel qu'il est. Je te prie au moins de croire, qu'excepté la coiffure, cet ajustement n'a point été pris sur le mien, que le peintre a tout fait de sa grâce, et qu'il a orné ma personne des ouvrages de son imagination.

LETTRE XXV.

A JULIE.

Il faut, chère Julie, que je te parle encore de ton portrait; non plus dans ce premier enchantement auquel tu fus si sensible, mais au contraire avec le regret d'un homme abusé par un faux espoir, et que rien ne peut dédommager de ce qu'il a perdu. Ton portrait a de la grâce et de la beauté, même de la tienne; il est assez ressemblant, et peint par un habile homme : mais pour en être content, il faudroit ne te pas connoître.

La première chose que je lui reproche est de te ressembler et de n'être pas toi, d'avoir ta figure et d'être insensible. Vainement le peintre a cru rendre exactement tes yeux et tes traits ; il n'a point rendu ce doux sentiment qui les vivifie, et sans lequel, tout charmans qu'ils sont, ils ne seroient rien. C'est dans ton cœur, ma Julie, qu'est le fard de ton visage, et celui-là ne s'imite point. Ceci tient, je l'avoue, à l'insuffisance de l'art ; mais c'est au moins la faute de l'artiste de n'avoir pas été exact en tout ce qui dépendoit de lui. Par exemple, il a placé la racine des cheveux trop loin des tempes, ce qui donne au front un contour moins agréable, et moins de finesse au regard. Il a oublié les rameaux de pourpre que font en cet endroit deux ou trois petites veines sous la peau, à peu près comme dans ces fleurs d'iris que nous considérions un jour au jardin de Clarens. Le coloris des joues est trop près des yeux, et ne se fond pas délicieusement en couleur de rose vers le bas du visage comme sur le modèle ; on diroit que c'est du rouge artificiel plaqué comme le carmin des femmes de ce pays. Ce défaut n'est pas peu de chose, car il te rend l'œil moins doux et l'air plus hardi.

Mais, dis-moi, qu'a-t-il fait de ces nichées d'amours qui se cachent aux deux coins de ta bouche, et que dans mes jours fortunés j'osois réchauffer quelquefois de la mienne ? Il n'a point donné leur grâce à ces coins, il n'a pas mis à cette bouche ce tour agréable et sérieux qui change tout à coup à ton moindre sourire, et porte au cœur je ne sais quel enchantement inconnu, je ne sais quel soudain ravissement que rien ne peut exprimer. Il est vrai que ton portrait ne peut passer du sérieux au sourire. Ah ! c'est précisément de quoi je me plains : pour pouvoir exprimer tous tes charmes, il faudroit te peindre dans tous les instans de ta vie.

Passons au peintre d'avoir omis quelques beautés ; mais en quoi il n'a pas fait moins de tort à ton visage, c'est d'avoir omis les défauts. Il n'a point fait cette tache presque imperceptible que tu as sous l'œil droit, ni celle qui est au cou du côté gauche. Il n'a point mis... ô dieux ! cet homme étoit-il de bronze ?... il a oublié la petite cicatrice qui t'est restée sous la lèvre. Il t'a fait les cheveux et les sourcils de la même couleur, ce qui n'est pas : les sourcils sont plus châtains, et les cheveux plus cendrés :

Bionda testa, occhi azzurri, e bruno ciglio (¹).

Il a fait le bas du visage exactement ovale. Il n'a pas remarqué cette légère sinuosité qui, séparant le menton des joues, rend leur contour moins régulier et plus gracieux. Voilà les défauts les plus sensibles. Il en a omis beaucoup d'autres, et je lui en sais fort mauvais gré ; car ce n'est pas seulement de tes beautés que je suis amoureux, mais de toi tout entière telle que tu es. Si tu ne veux pas que le pinceau te prête rien, moi je ne veux pas qu'il t'ôte rien ; et mon cœur se soucie aussi peu des attraits que tu n'as pas, qu'il est jaloux de ce qui tient leur place.

Quant à l'ajustement, je le passerai d'autant moins que, parée ou négligée, je t'ai toujours vue mise avec beaucoup plus de goût que tu ne l'es dans ton portrait. La coiffure est trop chargée : on me dira qu'il n'y a que des fleurs ; hé bien ! ces fleurs sont de trop. Te souviens-tu de ce bal où tu portois ton habit à la valaisane, et où ta cousine dit que je dansois en philosophe ? tu n'avois pour toute coiffure qu'une longue tresse de tes cheveux roulée autour de ta tête et rattachée avec une aiguille d'or, à la manière des villageoises de Berne. Non, le soleil orné de tous ses rayons n'a pas l'éclat dont tu frappois les yeux et les cœurs, et sûrement quiconque te vit ce jour-là ne t'oubliera de sa vie. C'est ainsi, ma Julie, que tu dois être coiffée ; c'est l'or de tes cheveux qui doit parer ton visage, et non cette rose qui les cache et que ton teint flétrit. Dis à la cousine, car je reconnois ses soins et son choix, que ces fleurs dont elle a couvert et profané ta chevelure, ne sont pas de meilleur goût que celles qu'elle recueille dans l'*Adone* (*), et qu'on peut leur passer de suppléer à la beauté, mais non de la cacher.

A l'égard du buste, il est singulier qu'un amant soit là-dessus plus sévère qu'un père ; mais en effet, je ne t'y trouve pas vêtue avec assez de soin. Le portrait de Julie doit être modeste comme elle. Amour ! ces secrets n'ap-

---

(¹) Blonde chevelure, yeux bleus, et sourcils bruns.
MARINI.
(*) Poëme en vingt chants du cavalier Marin.

partiennent qu'à toi. Tu dis que le peintre a tout tiré de son imagination. Je le crois, je le crois! Ah! s'il eût aperçu le moindre de ces charmes voilés, ses yeux l'eussent dévoré, mais sa main n'eût point tenté de les peindre : pourquoi faut-il que son art téméraire ait tenté de les imaginer? Ce n'est pas seulement un défaut de bienséance, je soutiens que c'est encore un défaut de goût. Oui, ton visage est trop chaste pour supporter le désordre de ton sein; on voit que l'un de ces deux objets doit empêcher l'autre de paroître : il n'y a que le délire de l'amour qui puisse les accorder; et, quand sa main ardente ose dévoiler celui que la pudeur couvre, l'ivresse et le trouble de tes yeux dit alors que tu l'oublies, et non que tu l'exposes.

Voilà la critique qu'une attention continuelle m'a fait faire de ton portrait. J'ai conçu là-dessus le dessein de le réformer selon mes idées. Je les ai communiquées à un peintre habile; et, sur ce qu'il a déjà fait, j'espère te voir bientôt plus semblable à toi-même. De peur de gâter le portrait, nous essayons les changemens sur une copie que je lui en ai fait faire, et il ne les transporte sur l'original que quand nous sommes bien sûrs de leur effet. Quoique je dessine assez médiocrement, cet artiste ne peut se lasser d'admirer la subtilité de mes observations; il ne comprend pas combien celui qui me les dicte est un maître plus savant que lui. Je lui parois aussi quelquefois fort bizarre : il dit que je suis le premier amant qui s'avise de cacher des objets qu'on n'expose jamais assez au gré des autres; et quand je lui réponds que c'est pour mieux te voir tout entière que je t'habille avec tant de soin, il me regarde comme un fou. Ah! que ton portrait seroit bien plus touchant, si je pouvois inventer des moyens d'y montrer ton âme avec ton visage, et d'y peindre à la fois ta modestie et tes attraits! Je te jure, ma Julie, qu'ils gagneront beaucoup à cette réforme. On n'y voyoit que ceux qu'avoit supposés le peintre, et le spectateur ému les supposera tels qu'ils sont. Je ne sais quel enchantement secret règne dans ta personne, mais tout ce qui la touche semble y participer; il ne faut qu'apercevoir un coin de ta robe pour adorer celle qui la porte. On sent, en regardant ton ajustement, que c'est partout le voile des grâces qui couvre la beauté; et le goût de ta modeste parure semble annoncer au cœur tou les charmes qu'elle recèle.

LETTRE XXVI.

A JULIE.

Julie, ô Julie! ô toi qu'un temps j'osois app ler mienne, et dont je profane aujourd'hui l nom! la plume échappe à ma main tremblante, mes larmes inondent le papier; j'ai peine à former les premiers traits d'une lettre qu'il ne falloit jamais écrire; je ne puis ni me taire ni parler. Viens, honorable et chère image, viens épurer et raffermir un cœur avili par la honte et brisé par le repentir. Soutiens mon courage qui s'éteint, donne à mes remords la force d'avouer le crime involontaire que ton absence m'a laissé commettre.

Que tu vas avoir de mépris pour un coupable! mais bien moins que je n'en ai moi-même. Quelque abject que j'aille être à tes yeux, je le suis cent fois plus aux miens propres; car, en me voyant tel que je suis, ce qui m'humilie le plus encore, c'est de te voir, de te sentir au fond de mon cœur, dans un lieu désormais si peu digne de toi, et de songer que le souvenir des plus vrais plaisirs de l'amour n'a pu garantir mes sens d'un piège sans appas et d'un crime sans charmes.

Tel est l'excès de ma confusion, qu'en recourant à ta clémence, je crains même de souiller tes regards sur ces lignes par l'aveu de mon forfait. Pardonne, âme pure et chaste, un récit que j'épargnerois à ta modestie s'il n'étoit un moyen d'expier mes égaremens. Je suis indigne de tes bontés, je le sais; je suis vil, bas, méprisable; mais au moins je ne serai ni faux ni trompeur, et j'aime mieux que tu m'ôtes ton cœur et la vie que de t'abuser un seul moment. De peur d'être tenté de chercher des excuses qui ne me rendroient que plus criminel, je me bornerai à te faire un détail exact de ce qui m'est arrivé. Il sera aussi sincère que mon regret; c'est tout ce que je me permettrai de dire en ma faveur.

J'avois fait connoissance avec quelques officiers aux gardes et autres jeunes gens de nos compatriotes, auxquels je trouvois un mérite naturel, que j'avois regret de voir gâter par l'imitation de je ne sais quels faux airs qui ne sont pas faits pour eux. Ils se moquoient à leur tour de me voir conserver dans Paris la simplicité des antiques mœurs helvétiques. Ils prirent mes maximes et mes manières pour des leçons indirectes dont ils furent choqués, et résolurent de me faire changer de ton à quelque prix que ce fût. Après plusieurs tentatives qui ne réussirent point, ils en firent une mieux concertée qui n'eut que trop de succès. Hier matin ils vinrent me proposer d'aller souper chez la femme d'un colonel, qu'ils me nommèrent, et qui, sur le bruit de ma sagesse, avoit, disoient-ils, envie de faire connoissance avec moi. Assez sot pour donner dans ce persiflage, je leur représentai qu'il seroit mieux d'aller premièrement lui faire visite ; mais ils se moquèrent de mon scrupule, me disant que la franchise suisse ne comportoit pas tant de façon, et que ces manières cérémonieuses ne serviroient qu'à lui donner mauvaise opinion de moi. A neuf heures nous nous rendîmes donc chez la dame. Elle vint nous recevoir sur l'escalier, ce que je n'avois encore observé nulle part. En entrant je vis à des bras de cheminée de vieilles bougies qu'on venoit d'allumer, et partout un certain air d'apprêt qui ne me plut point. La maîtresse de la maison me parut jolie, quoiqu'un peu passée ; d'autres femmes à peu près du même âge et d'une semblable figure étoient avec elle : leur parure, assez brillante, avoit plus d'éclat que de goût ; mais j'ai déjà remarqué que c'est un point sur lequel on ne peut guère juger en ce pays de l'état d'une femme.

Les premiers complimens se passèrent à peu près comme partout ; l'usage du monde apprend à les abréger ou à les tourner vers l'enjouement avant qu'ils ennuient. Il n'en fut pas tout-à-fait de même sitôt que la conversation devint générale et sérieuse. Je crus trouver à ces dames un air contraint et gêné, comme si ce ton ne leur eût pas été familier ; et, pour la première fois depuis que j'étois à Paris, je vis des femmes embarrassées à soutenir un entretien raisonnable. Pour trouver une matière aisée, elles se jetèrent sur leurs affaires de famille ; et, comme je n'en connoissois pas une, chacune dit de la sienne ce qu'elle voulut. Jamais je n'avois tant ouï parler de monsieur le colonel ; ce qui m'étonnoit dans un pays où l'usage est d'appeler les gens par leurs noms plus que par leurs titres, et où ceux qui ont celui-là en portent ordinairement d'autres.

Cette fausse dignité fit bientôt place à des manières plus naturelles. On se mit à causer tout bas ; et, reprenant sans y penser un ton de familiarité peu décente, on chuchotoit, on sourioit en me regardant, tandis que la dame de la maison me questionnoit sur l'état de mon cœur d'un certain ton résolu qui n'étoit guère propre à le gagner. On servit ; et la liberté de la table, qui semble confondre tous les états, mais qui met chacun à sa place sans qu'il y songe, acheva de m'apprendre en quel lieu j'étois. Il étoit trop tard pour m'en dédire. Tirant donc ma sûreté de ma répugnance, je consacrai cette soirée à ma fonction d'observateur, et résolus d'employer à connoître cet ordre de femmes la seule occasion que j'en aurois de ma vie. Je tirai peu de fruit de mes remarques ; elles avoient si peu d'idée de leur état présent, si peu de prévoyance pour l'avenir, et, hors du jargon de leur métier, elles étoient si stupides à tous égards, que le mépris effaça bientôt la pitié que j'avois d'abord d'elles. En parlant du plaisir même, je vis qu'elles étoient incapables d'en ressentir. Elles me parurent d'une violente avidité pour tout ce qui pouvoit tenter leur avarice : à cela près, je n'entendis sortir de leur bouche aucun mot qui partît du cœur. J'admirai comment d'honnêtes gens pouvoient supporter une société si dégoûtante. C'eût été leur imposer une peine cruelle, à mon avis, que de les condamner au genre de vie qu'ils choisissoient eux-mêmes.

Cependant le souper se prolongeoit et devenoit bruyant. Au défaut de l'amour, le vin échauffoit les convives. Les discours n'étoient pas tendres, mais déshonnêtes, et les femmes tâchoient d'exciter, par le désordre de leur ajustement, les désirs qui l'auroient dû causer. D'abord tout cela ne fit sur moi qu'un effet contraire, et tous leurs efforts pour me séduire ne servoient qu'à me rebuter. Douce pudeur, disois-je en moi-même, suprême volupté de l'amour, que de charmes perd une femme au moment qu'elle renonce à toi ! combien, si elles connoissoient ton empire, elles mettroient de soins à te conserver, sinon par honnêteté, du moins par coquetterie ! mais on ne joue point la pudeur, il n'y a pas d'artifice plus ridicule que celui qui la veut imiter. Quelle différence, pensois-je encore, de la grossière impudence de ces créatures et de leurs équivoques licencieuses à ces regards timides et passionnés, à ces propos pleins de modestie, de grâce et de sentiment, dont.... Je n'osois achever; je rougissois de ces indignes comparaisons.... Je me reprochois comme autant de crimes les charmans souvenirs qui me poursuivoient malgré moi.... En quels lieux osois-je penser à celle... Hélas! ne pouvant écarter de mon cœur une trop chère image, je m'efforçois de la voiler.

Le bruit, les propos que j'entendois, les objets qui frappoient mes yeux, m'échauffèrent insensiblement : mes deux voisines ne cessoient de me faire des agaceries, qui furent enfin poussées trop loin pour me laisser de sang-froid. Je sentis que ma tête s'embarrassoit : j'avois toujours bu mon vin fort trempé, j'y mis plus d'eau encore, et enfin je m'avisai de la boire pure. Alors seulement je m'aperçus que cette eau prétendue étoit du vin blanc, et que j'avois été trompé tout le long du repas. Je ne fis point des plaintes qui ne m'auroient attiré que des railleries. Je cessai de boire. Il n'étoit plus temps; le mal étoit fait. L'ivresse ne tarda pas à m'ôter le peu de connoissance qui me restoit. Je fus surpris, en revenant à moi, de me trouver dans un cabinet reculé, entre les bras d'une de ces créatures, et j'eus au même instant le désespoir de me sentir aussi coupable que je pouvois l'être.... (*).

J'ai fini ce récit affreux : qu'il ne souille plus tes regards ni ma mémoire. O toi dont j'attends mon jugement, j'implore ta rigueur, je la mérite. Quel que soit mon châtiment, il me sera moins cruel que le souvenir de mon crime.

(*) On peut comparer ce récit avec celui d'une pareille aventure que fait Rousseau au livre VIII des *Confessions* (tom. I, page 184), et que Saint-Preux ne pouvoit faire à Julie.

LETTRE XXVII.

DE JULIE.

Rassurez-vous sur la crainte de m'avoir irritée; votre lettre m'a donné plus de douleur que de colère. Ce n'est pas moi, c'est vous que vous avez offensé par un désordre auquel le cœur n'eut point de part. Je n'en suis que plus affligée : j'aimerois mieux vous voir m'outrager que vous avilir, et le mal que vous vous faites est le seul que je ne puis vous pardonner.

A ne regarder que la faute dont vous rougissez, vous vous trouvez bien plus coupable que vous ne l'êtes, et je ne vois guère en cette occasion que de l'imprudence à vous reprocher : mais ceci vient de plus loin et tient à une plus profonde racine, que vous n'apercevez pas, et qu'il faut que l'amitié vous découvre.

Votre première erreur est d'avoir pris une mauvaise route en entrant dans le monde : plus vous avancez, plus vous vous égarez ; et je vois en frémissant que vous êtes perdu si vous ne revenez sur vos pas. Vous vous laissez conduire insensiblement dans le piège que j'avois craint. Les grossières amorces du vice ne pouvoient d'abord vous séduire ; mais la mauvaise compagnie a commencé par abuser votre raison pour corrompre votre vertu, et fait déjà sur vos mœurs le premier essai de ses maximes.

Quoique vous ne m'ayez rien dit en particulier des habitudes que vous vous êtes faites à Paris, il est aisé de juger de vos sociétés par vos lettres, et de ceux qui vous montrent les objets par votre manière de les voir. Je ne vous ai point caché combien j'étois peu contente de vos relations : vous avez continué sur le même ton, et mon déplaisir n'a fait qu'augmenter. En vérité l'on prendroit ces lettres pour les sarcasmes d'un petit-maître (¹) plutôt que pour les relations d'un philosophe, et l'on a peine à les croire de la même main que celles que vous m'écriviez autrefois. Quoi ! vous pensez étudier les hommes dans les petites manières de quelques coteries de précieuses ou de

(¹) Douce Julie, à combien de titres vous allez vous faire siffler ! Eh quoi ! vous n'avez pas même le ton du jour. Vous ne savez pas qu'il y a des *petites-maîtresses*, mais qu'il n'y a plus de *petits-maîtres* ! Bon Dieu ! que savez-vous donc ?

gens désœuvrés; et ce vernis extérieur et changeant, qui devoit à peine frapper vos yeux, fait le fond de toutes vos remarques! Étoit-ce la peine de recueillir avec tant de soin des usages et des bienséances qui n'existeront plus dans dix ans d'ici, tandis que les ressorts éternels du cœur humain, le jeu secret et durable des passions échappent à vos recherches? Prenons votre lettre sur les femmes, qu'y trouverai-je qui puisse m'apprendre à les connoître? Quelque description de leur parure, dont tout le monde est instruit; quelques observations malignes sur leur manière de se mettre et de se présenter, quelque idée du désordre d'un petit nombre, injustement généralisée : comme si tous les sentimens honnêtes étoient éteints à Paris, et que toutes les femmes y allassent en carrosse et aux premières loges! M'avez-vous rien dit qui m'instruise solidement de leurs goûts, de leurs maximes, de leur vrai caractère? et n'est-il pas bien étrange qu'en parlant des femmes d'un pays, un homme sage ait oublié ce qui regarde les soins domestiques et l'éducation des enfans (¹)? La seule chose qui semble être de vous dans toute cette lettre, c'est le plaisir avec lequel vous louez leur bon naturel et qui fait honneur au vôtre; encore n'avez-vous fait en cela que rendre justice au sexe en général : et dans quel pays du monde la douceur et la commisération ne sont-elles pas l'aimable partage des femmes?

Quelle différence de tableau si vous m'eussiez peint ce que vous aviez vu plutôt que ce qu'on vous avoit dit, ou du moins que vous n'eussiez consulté que des gens sensés! Faut-il que vous, qui avez tant pris de soins à conserver votre jugement, alliez le perdre comme de propos délibéré dans le commerce d'une jeunesse inconsidérée, qui ne cherche, dans la société des sages, qu'à les séduire, et non pas à les imiter! Vous regardez à de fausses convenances d'âge qui ne vous vont point, et vous oubliez celles de lumières et de raison qui vous sont essentielles. Malgré tout votre emportement, vous êtes le plus facile des hommes; et,

malgré la maturité de votre esprit, vous vous laissez tellement conduire par ceux avec qui vous vivez, que vous ne sauriez fréquenter des gens de votre âge sans en descendre et redevenir enfant. Ainsi vous vous dégradez en pensant vous assortir, et c'est vous mettre au-dessous de vous-même que de ne pas choisir des amis plus sages que vous.

Je ne vous reproche point d'avoir été conduit sans le savoir dans une maison déshonnête; mais je vous reproche d'y avoir été conduit par de jeunes officiers que vous ne deviez pas connoître, ou du moins auxquels vous ne deviez pas laisser diriger vos amusemens. Quant au projet de les ramener à vos principes, j'y trouve plus de zèle que de prudence; si vous êtes trop sérieux pour être leur camarade, vous êtes trop jeune pour être leur Mentor, et vous ne devez vous mêler de réformer autrui que quand vous n'aurez plus rien à faire en vous-même.

Une seconde faute plus grave encore et beaucoup moins pardonnable, est d'avoir pu passer volontairement la soirée dans un lieu si peu digne de vous, et de n'avoir pas fui dès le premier instant où vous avez connu dans quelle maison vous étiez. Vos excuses là-dessus sont pitoyables. *Il étoit trop tard pour s'en dédire!* comme s'il y avoit quelque espèce de bienséance en de pareils lieux, ou que la bienséance dût jamais l'emporter sur la vertu, et qu'il fût jamais trop tard pour s'empêcher de mal faire! Quant à la sécurité que vous tiriez de votre répugnance, je n'en dirai rien, l'événement vous a montré combien elle étoit fondée. Parlez plus franchement à celle qui sait lire dans votre cœur; c'est la honte qui vous retint. Vous craignîtes qu'on ne se moquât de vous en sortant; un moment de huée vous fit peur, et vous aimâtes mieux vous exposer aux remords qu'à la raillerie. Savez-vous bien quelle maxime vous suivîtes en cette occasion? celle qui la première introduit le vice dans une âme bien née, étouffe la voix de la conscience par la clameur publique, et réprime l'audace de bien faire par la crainte du blâme. Tel vaincroit les tentations qui succombe aux mauvais exemples; tel rougit d'être modeste et devient effronté par honte; et cette mauvaise honte corrompt plus de cœurs honnêtes que

---

(¹) Et pourquoi ne l'auroit-il pas oublié? est-ce que ces soins les regardent? Eh! que deviendroient le monde et l'état? Auteurs illustres, brillans académiciens, que deviendriez-vous tous, si les femmes alloient quitter le gouvernement de la littérature et des affaires, pour prendre celui de leur ménage?

les mauvaises inclinations. Voilà surtout de quoi vous avez à préserver le vôtre ; car, quoi que vous fassiez, la crainte du ridicule que vous méprisez vous domine pourtant malgré vous. Vous braveriez plutôt cent périls qu'une raillerie, et l'on ne vit jamais tant de timidité jointe à une âme aussi intrépide.

Sans vous étaler contre ce défaut des préceptes de morale que vous savez mieux que moi, je me contenterai de vous proposer un moyen pour vous en garantir, plus facile et plus sûr peut-être que tous les raisonnemens de la philosophie ; c'est de faire dans votre esprit une légère transposition de temps, et d'anticiper sur l'avenir de quelques minutes. Si, dans ce malheureux souper, vous vous fussiez fortifié contre un instant de moquerie de la part des convives par l'idée de l'état où votre âme alloit être sitôt que vous seriez dans la rue ; si vous vous fussiez représenté le contentement intérieur d'échapper aux piéges du vice, l'avantage de prendre d'abord cette habitude de vaincre qui en facilite le pouvoir, le plaisir que vous eût donné la conscience de votre victoire, celui de me la décrire, celui que j'en aurois reçu moi-même, est-il croyable que tout cela ne l'eût pas emporté sur une répugnance d'un instant, à laquelle vous n'eussiez jamais cédé si vous en aviez envisagé les suites ? Encore, qu'est-ce que cette répugnance qui met un prix aux railleries de gens dont l'estime n'en peut avoir aucun ? infailliblement cette réflexion vous eût sauvé, pour un moment de mauvaise honte, une honte beaucoup plus juste, plus durable, les regrets, le danger ; et pour ne vous rien dissimuler, votre amie eût versé quelques larmes de moins.

Vous voulûtes, dites-vous, mettre à profit cette soirée pour votre fonction d'observateur. Quel soin ! quel emploi ! que vos excuses me font rougir de vous ! Ne serez-vous point aussi curieux d'observer un jour les voleurs dans leurs cavernes, et de voir comment ils s'y prennent pour dévaliser les passans ? Ignorez-vous qu'il y a des objets si odieux qu'il n'est pas même permis à l'homme d'honneur de les voir, et que l'indignation de la vertu ne peut supporter le spectacle du vice ? Le sage observe le désordre public qu'il ne peut arrêter ; il l'observe, et montre sur son visage attristé la dou-

leur qu'il lui cause ; mais, quant aux désordres particuliers, il s'y oppose, ou détourne les yeux de peur qu'ils ne s'autorisent de sa présence. D'ailleurs, étoit-il besoin de voir de pareilles sociétés pour juger de ce qui s'y passe et des discours qu'on y tient ? Pour moi, sur leur seul objet plus que sur le peu que vous m'en avez dit, je devine aisément tout le reste ; et l'idée des plaisirs qu'on y trouve me fait connoître assez les gens qui les cherchent.

Je ne sais si votre commode philosophie adopte déjà les maximes qu'on dit établies dans les grandes villes pour tolérer de semblables lieux ; mais j'espère au moins que vous n'êtes pas de ceux qui se méprisent assez pour s'en permettre l'usage, sous prétexte de je ne sais quelle chimérique nécessité qui n'est connue que des gens de mauvaise vie : comme si les deux sexes étoient, sur ce point, d'une nature différente, et que dans l'absence ou le célibat il fallût à l'honnête homme des ressources dont l'honnête femme n'a pas besoin ! Si cette erreur ne vous mène pas chez des prostituées, j'ai bien peur qu'elle ne continue à vous égarer vous-même. Ah ! si vous voulez être méprisable, soyez-le au moins sans prétexte, et n'ajoutez point le mensonge à la crapule. Tous ces prétendus besoins n'ont point leur source dans la nature, mais dans la volontaire dépravation des sens. Les illusions même de l'amour se purifient dans un cœur chaste, et ne corrompent qu'un cœur déjà corrompu : au contraire, la pureté se soutient par elle-même ; les désirs toujours réprimés s'accoutument à ne plus renaître, et les tentations ne se multiplient que par l'habitude d'y succomber. L'amitié m'a fait surmonter deux fois ma répugnance à traiter un pareil sujet : celle-ci sera la dernière ; car à quel titre espérerois-je obtenir de vous ce que vous aurez refusé à l'honnêteté, à l'amour et à la raison ?

Je reviens au point important par lequel j'a commencé cette lettre. A vingt-un ans vous m'écriviez du Valais des descriptions graves et judicieuses ; à vingt-cinq vous m'envoyez de Paris des colifichets de lettres, où le sens et la raison sont partout sacrifiés à un certain tour plaisant, fort éloigné de votre caractère. Je ne sais comment vous avez fait ; mais, depuis que vous vivez dans le séjour des talens, les vôtres paroissent diminués; vous aviez gagné chez les paysans, et vous perdez parmi les beaux esprits. Ce n'est pas la faute du pays où vous vivez, mais des connoissances que vous y avez faites; car il n'y a rien qui demande tant de choix que le mélange de l'excellent et du pire. Si vous voulez étudier le monde, fréquentez les gens sensés qui le connoissent par une longue expérience et de paisibles observations, non de jeunes étourdis qui n'en voient que la superficie, et des ridicules qu'ils font eux-mêmes. Paris est plein de savans accoutumés à réfléchir, et à qui ce grand théâtre en offre tous les jours le sujet. Vous ne me ferez point croire que ces hommes graves et studieux vont courant comme vous de maison en maison, de coterie en coterie, pour amuser les femmes et les jeunes gens, et mettre toute la philosophie en babil. Ils ont trop de dignité pour avilir ainsi leur état, prostituer leurs talens, et soutenir par leur exemple, des mœurs qu'ils devroient corriger. Quand la plupart le feroient, sûrement plusieurs ne le font point, et c'est ceux-là que vous devez rechercher.

N'est-il pas singulier encore que vous donniez vous-même dans le défaut que vous reprochez aux modernes auteurs comiques; que Paris ne soit plein pour vous que de gens de condition; que ceux de votre état soient les seuls dont vous ne parliez point? comme si les vains préjugés de la noblesse ne vous coûtoient pas assez cher pour les haïr, et que vous crussiez vous dégrader en fréquentant d'honnêtes bourgeois, qui sont peut-être l'ordre le plus respectable du pays où vous êtes! Vous avez beau vous excuser sur les connoissances de mylord Édouard; avec celles-là vous en eussiez bientôt fait d'autres dans un ordre inférieur. Tant de gens veulent monter, qu'il est toujours aisé de descendre; et, de votre propre aveu, c'est le seul moyen de connoître les véritables mœurs d'un peuple, que d'étudier sa vie privée dans les états les plus nombreux; car s'arrêter aux gens qui représentent toujours, c'est ne voir que des comédiens.

Je voudrois que votre curiosité allât plus loin encore. Pourquoi, dans une ville si riche, le bas peuple est-il si misérable, tandis que la misère extrême est si rare parmi nous, où l'on ne voit point de millionnaires? cette question, ce me semble, est bien digne de vos recherches; mais ce n'est pas chez les gens avec qui vous vivez que vous devez vous attendre à la résoudre. C'est dans les appartemens dorés qu'un écolier va prendre les airs du monde; mais le sage en apprend les mystères dans la chaumière du pauvre. C'est là qu'on voit sensiblement les obscures manœuvres du vice, qu'il couvre de paroles fardées au milieu d'un cercle : c'est là qu'on s'instruit par quelles iniquités secrètes le puissant et le riche arrachent un reste de pain noir à l'opprimé qu'ils feignent de plaindre en public. Ah! si j'en crois nos vieux militaires, que de choses vous apprendriez dans les greniers d'un cinquième étage, qu'on ensevelit sous un profond secret dans les hôtels du faubourg Saint-Germain! et que tant de beaux parleurs seroient confus, avec leurs feintes maximes d'humanité, si tous les malheureux qu'ils ont faits se présentoient pour les démentir!

Je sais qu'on n'aime pas le spectacle de la misère qu'on ne peut soulager, et que le riche même détourne les yeux du pauvre qu'il refuse de secourir; mais ce n'est pas d'argent seulement qu'ont besoin les infortunés, et il n'y a que les paresseux de bien faire qui ne sachent faire du bien que la bourse à la main. Les consolations, les conseils, les soins, les amis, la protection, sont autant de ressources que la commisération vous laisse, au défaut des richesses, pour le soulagement de l'indigent. Souvent les opprimés ne le sont que parce qu'ils manquent d'organe pour faire entendre leurs plaintes. Il ne s'agit quelquefois que d'un mot qu'ils ne peuvent dire, d'une raison qu'ils ne savent point exposer, de la porte d'un grand qu'ils ne peuvent franchir. L'intrépide appui de la vertu désintéressée suffit pour lever une infinité d'obstacles, et l'éloquence d'un homme de bien peut effrayer la tyrannie au milieu de toute sa puissance.

Si vous voulez donc être homme en effet, apprenez à redescendre. L'humanité coule comme une eau pure et salutaire, et va fertiliser les lieux bas; elle cherche toujours le niveau; elle laisse à sec ces roches arides qui menacent la campagne, et ne donnent qu'une ombre nuisible ou des éclats pour écraser leurs voisins.

Voilà, mon ami, comment on tire parti du présent en s'instruisant pour l'avenir, et comment la bonté met d'avance à profit les leçons de la sagesse, afin que, quand les lumières acquises nous resteroient inutiles, on n'ait pas pour cela perdu le temps employé à les acquérir. Qui doit vivre parmi des gens en place ne sauroit prendre trop de préservatifs contre leurs maximes empoisonnées, et il n'y a que l'exercice continuel de la bienfaisance qui garantisse les meilleurs cœurs de la contagion des ambitieux. Essayez, croyez-moi, de ce nouveau genre d'études ; il est plus digne de vous que ceux que vous avez embrassés ; et comme l'esprit s'étrécit à mesure que l'âme se corrompt, vous sentirez bientôt, au contraire, combien l'exercice des sublimes vertus élève et nourrit le génie, combien un tendre intérêt aux malheurs d'autrui sert mieux à en trouver la source, et à nous éloigner en tout sens des vices qui les ont produits.

Je vous devois toute la franchise de l'amitié dans la situation critique où vous me paroissez être, de peur qu'un second pas vers le désordre ne vous y plongeât enfin sans retour, avant que vous eussiez le temps de vous reconnoître. Maintenant je ne puis vous cacher, mon ami, combien votre prompte et sincère confession m'a touchée, car je sens combien vous a coûté la honte de cet aveu, et par conséquent combien celle de votre faute vous pesoit sur le cœur. Une erreur involontaire se pardonne et s'oublie aisément. Quant à l'avenir, retenez bien cette maxime dont je ne me départirai point : Qui peut s'abuser deux fois en pareil cas ne s'est pas même abusé la première.

Adieu, mon ami : veille avec soin sur ta santé, je t'en conjure, et songe qu'il ne doit rester aucune trace d'un crime que j'ai pardonné.

P. S. Je viens de voir entre les mains de M. d'Orbe des copies de plusieurs de vos lettres à mylord Édouard, qui m'obligent à rétracter une partie de mes censures sur les matières et le style de vos observations. Celles-ci traitent, j'en conviens, de sujets importans, et me paroissent pleines de réflexions graves et judicieuses. Mais, en revanche, il est clair que vous nous dédaignez beaucoup, ma cousine et moi, ou que vous faites bien peu de cas de notre estime, en ne nous envoyant que des relations si propres à l'altérer, tandis que vous en faites pour votre ami de beaucoup meilleures. C'est, ce me semble, assez mal honorer vos leçons, que de juger vos écolières indignes d'admirer vos talens ; et vous devriez feindre, au moins par vanité, de nous croire capables de vous entendre.

J'avoue que la politique n'est guère du ressort des femmes ; et mon oncle nous en a tant ennuyées, que je comprends comment vous avez pu craindre d'en faire autant. Ce n'est pas non plus, à vous parler franchement, l'étude à laquelle je donnerois la préférence ; son utilité est trop loin de moi pour me toucher beaucoup, et ses lumières sont trop sublimes pour frapper vivement mes yeux. Obligée d'aimer le gouvernement sous lequel le ciel m'a fait naître, je me soucie peu de savoir s'il en est de meilleurs. De quoi me serviroit de les connoître, avec si peu de pouvoir pour les établir ? et pourquoi contristerois-je mon âme à considérer de si grands maux où je ne peux rien, tant que j'en vois d'autres autour de moi qu'il m'est permis de soulager ? Mais je vous aime ; et l'intérêt que je ne prends pas au sujet, je le prends à l'auteur qui les traite. Je recueille avec une tendre admiration toutes les preuves de votre génie ; et, fière d'un mérite si digne de mon cœur, je ne demande à l'amour qu'autant d'esprit qu'il m'en faut pour sentir le vôtre. Ne me refusez donc pas le plaisir de connoître et d'aimer tout ce que vous faites de bien. Voulez-vous me donner l'humiliation de croire que, si le ciel unissoit nos destinées, vous ne jugeriez pas votre compagne digne de penser avec vous ?

LETTRE XXVIII.

DE JULIE.

Tout est perdu ! tout est découvert ! Je ne trouve plus tes lettres dans le lieu où je les avois cachées. Elles y étoient encore hier au soir. Elles n'ont pu être enlevées que d'aujourd'hui. Ma mère seule peut les avoir surprises. Si mon père les voit, c'est fait de ma vie ! Eh ! que serviroit qu'il ne les vît pas, s'il faut renoncer ?...

Ah, Dieu! ma mère m'envoie appeler. Où fuir? Comment soutenir ses regards? Que ne puis-je me cacher au sein de la terre!... Tout mon corps tremble, et je suis hors d'état de faire un pas... La honte, l'humiliation, les cuisans reproches... j'ai tout mérité, je supporterai tout. Mais la douleur, les larmes d'une mère éplorée... ô mon cœur, quels déchiremens!... Elle m'attend, je ne puis tarder davantage.... Elle voudra savoir.... il faudra tout dire.... Regianino sera congédié. Ne m'écris plus jusqu'à nouvel avis... Qui sait si jamais... je pourrois... Quoi! mentir!... mentir à ma mère!... Ah! s'il faut nous sauver par le mensonge, adieu, nous sommes perdus!

TROISIÈME PARTIE.

LETTRE PREMIÈRE.

DE MADAME D'ORBE.

Que de maux vous causez à ceux qui vous aiment! Que de pleurs vous avez déjà fait couler dans une famille infortunée dont vous seul troublez le repos! Craignez d'ajouter le deuil à nos larmes; craignez que la mort d'une mère affligée ne soit le dernier effet du poison que vous versez dans le cœur de sa fille, et qu'un amour désordonné ne devienne enfin pour vous-même la source d'un remords éternel. L'amitié m'a fait supporter vos erreurs tant qu'une ombre d'espoir pouvoit les nourrir; mais comment tolérer une vaine constance que l'honneur et la raison condamnent, et qui, ne pouvant plus causer que des malheurs et des peines, ne mérite que le nom d'obstination?

Vous savez de quelle manière le secret de vos feux, dérobé si long-temps aux soupçons de ma tante, lui fut dévoilé par vos lettres. Quelque sensible que soit un tel coup à cette mère tendre et vertueuse, moins irritée contre vous que contre elle-même, elle ne s'en prend qu'à son aveugle négligence; elle déplore sa fatale illusion: sa plus cruelle peine est d'avoir pu trop estimer sa fille, et sa douleur est pour Julie un châtiment cent fois pire que ses reproches.

L'accablement de cette pauvre cousine ne sauroit s'imaginer. Il faut le voir pour le comprendre. Son cœur semble étouffé par l'affliction, et l'excès des sentimens qui l'oppressent lui donne un air de stupidité plus effrayante que les cris aigus. Elle se tient jour et nuit à genoux au chevet de sa mère, l'air morne, l'œil fixé en terre, gardant un profond silence, la servant avec plus d'attention et de vivacité que jamais, puis retombant à l'instant dans un état d'anéantissement qui la feroit prendre pour une autre personne. Il est très-clair que c'est la maladie de la mère qui soutient les forces de la fille; et si l'ardeur de la servir n'animoit son zèle, ses yeux éteints, sa pâleur, son extrême abattement, me feroient craindre qu'elle n'eût grand besoin pour elle-même de tous les soins qu'elle lui rend. Ma tante s'en aperçoit aussi; et je vois, à l'inquiétude avec laquelle elle me recommande en particulier la santé de sa fille, combien le cœur combat de part et d'autre contre la gêne qu'elles s'imposent, et combien on doit vous haïr de troubler une union si charmante.

Cette contrainte augmente encore par le soin de la dérober aux yeux d'un père emporté, auquel une mère tremblante pour les jours de sa fille veut cacher ce dangereux secret. On se fait une loi de garder en sa présence l'ancienne familiarité; mais si la tendresse maternelle profite avec plaisir de ce prétexte, une fille confuse n'ose livrer son cœur à des caresses qu'elle croit feintes, et qui lui sont d'autant plus cruelles qu'elles lui seroient douces si elle osoit y compter. En recevant celles de son père, elle regarde sa mère d'un air si tendre et si humilié, qu'on voit son cœur lui dire par ses yeux : Ah! que ne suis-je digne encore d'en recevoir autant de vous!

Madame d'Étange m'a prise plusieurs fois à part; et j'ai connu facilement, à la douceur de ses réprimandes et au ton dont elle m'a parlé de vous, que Julie a fait de grands efforts pour calmer envers nous sa trop juste indignation, et qu'elle n'a rien épargné pour nous justifier l'un et l'autre à ses dépens. Vos lettres mêmes portent, avec le caractère d'un amour excessif, une sorte d'excuse qui ne lui a pas échappé; elle vous reproche moins l'abus de sa confiance qu'à elle-même sa simplicité à vous l'accorder. Elle vous estime assez pour croire qu'aucun autre homme à votre place n'eût mieux résisté que vous; elle s'en prend de vos fautes à la vertu même. Elle conçoit maintenant, dit-elle, ce que c'est qu'une probité trop vantée, qui n'empêche point un honnête homme amoureux de corrompre, s'il peut, une fille sage, et de déshonorer sans scrupule toute une famille pour satisfaire un moment de fureur. Mais que sert de revenir sur le passé? Il s'agit de cacher sous un voile éternel cet odieux mystère, d'en effacer, s'il se peut, jusqu'au moindre vestige, et de seconder la bonté du ciel qui n'en a point laissé de témoignage sensible. Le secret est concentré entre six personnes sûres. Le repos de tout ce que vous avez aimé, les jours d'une mère au désespoir, l'honneur d'une maison respectable, votre propre vertu, tout dépend de vous encore; tout vous prescrit votre devoir : vous pouvez réparer le mal que vous avez fait; vous pouvez vous rendre digne de Julie, et justifier sa faute en renonçant à elle; et si votre cœur ne m'a point trompée, il n'y a plus que la grandeur d'un tel sacrifice qui puisse répondre à celle de l'amour qui l'exige. Fondée sur l'estime que j'eus toujours pour vos sentimens, et sur ce que la plus tendre union qui fut jamais lui doit ajouter de force, j'ai promis en votre nom tout ce que vous devez tenir : osez me démentir si j'ai trop présumé de vous, ou soyez aujourd'hui ce que vous devez être. Il faut immoler votre maîtresse ou votre amour l'un à l'autre, et vous montrer le plus lâche ou le plus vertueux des hommes.

Cette mère infortunée a voulu vous écrire; elle avoit même commencé. O Dieu! que de coups de poignard vous eussent portés ses plaintes amères! Que ses touchans reproches vous eussent déchiré le cœur! Que ses humbles prières vous eussent pénétré de honte! J'ai mis en pièces cette lettre accablante que vous n'eussiez jamais supportée : je n'ai pu souffrir ce comble d'horreur de voir une mère humiliée devant le séducteur de sa fille : vous êtes digne au moins qu'on n'emploie pas avec vous de pareils moyens, faits pour fléchir des monstres, et pour faire mourir de douleur un homme sensible.

Si c'étoit ici le premier effort que l'amour vous eût demandé, je pourrois douter du succès et balancer sur l'estime qui vous est due : mais le sacrifice que vous avez fait à l'honneur de Julie en quittant ce pays m'est garant de celui que vous allez faire à son repos en rompant un commerce inutile. Les premiers actes de vertu sont toujours les plus pénibles, et vous ne perdrez point le prix d'un effort qui vous a tant coûté, en vous obstinant à soutenir une vaine correspondance dont les risques sont terribles pour votre amante, les dédommagemens nuls pour tous les deux, et qui ne fait que prolonger sans fruit les tourmens de l'un et de l'autre. N'en doutez plus, cette Julie qui vous fut si chère ne doit rien être à celui qu'elle a tant aimé : vous vous dissimulez en vain vos malheurs; vous la perdîtes au moment que vous vous séparâtes d'elle, ou plutôt le ciel vous l'avoit ôtée même avant qu'elle se donnât à vous; car son père la promit dès son retour, et vous savez trop que la parole de cet homme inflexible est irrévocable. De quelque manière que vous vous comportiez, l'invincible sort s'oppose à vos vœux, et vous ne la posséderez jamais. L'unique choix qui vous reste à faire est de la précipiter dans un abîme de malheurs et d'opprobres, ou d'honorer en elle ce que vous avez adoré, et de lui rendre, au lieu du bonheur perdu, la sagesse, la paix, la sûreté du moins dont vos fatales liaisons la privent.

Que vous seriez attristé, que vous vous consumeriez en regrets, si vous pouviez contempler l'état actuel de cette malheureuse amie, et l'avilissement où la réduisent le remords et la honte! Que son lustre est terni! que ses grâces sont languissantes! que tous ses sentimens si charmans et si doux se fondent tristement dans le seul qui les absorbe! L'amitié même en est attiédie; à peine partage-t-elle encore le plaisir que je goûte à la voir; et son cœur malade ne sait plus rien sentir que l'amour et la douleur. Hélas! qu'est devenu ce caractère aimant et sensible, ce goût si pur des choses honnêtes, cet intérêt si tendre aux peines et aux plaisirs d'autrui? Elle est encore, je l'avoue, douce, généreuse, compatissante; l'aimable habitude de bien faire ne sauroit s'effacer en elle; mais ce n'est plus qu'une habitude aveugle, un goût sans réflexion. Elle fait toutes les mêmes choses, mais elle ne les fait plus avec le même zèle; ces sentimens sublimes se sont affoiblis, cette flamme divine s'est amortie, cet ange n'est plus qu'une femme ordinaire. Ah! quelle âme vous avez ôtée à la vertu!

LETTRE II.

DE L'AMANT DE JULIE A MADAME D'ÉTANGE.

Pénétré d'une douleur qui doit durer autant que moi, je me jette à vos pieds, madame, non pour vous marquer mon repentir qui ne dépend pas de mon cœur, mais pour expier un crime involontaire en renonçant à tout ce qui pouvoit faire la douceur de ma vie. Comme jamais sentimens humains n'approchèrent de ceux que m'inspira votre adorable fille, il n'y eut jamais de sacrifice égal à celui que je viens faire à la plus respectable des mères: mais Julie m'a trop appris comment il faut immoler le bonheur au devoir; elle m'en a trop courageusement donné l'exemple, pour qu'au moins une fois je ne sache pas l'imiter. Si mon sang suffisoit pour guérir vos peines, je le verserois en silence et me plaindrois de ne vous donner qu'une si foible preuve de mon zèle: mais briser le plus doux, le plus pur, le plus sacré lien qui jamais ait uni deux cœurs, ah! c'est un effort que l'univers entier ne m'eût pas fait faire, et qu'il n'appartenoit qu'à vous d'obtenir.

Oui, je promets de vivre loin d'elle aussi long-temps que vous l'exigerez; je m'abstiendrai de la voir et de lui écrire, j'en jure par vos jours précieux, si nécessaires à la conservation des siens. Je me soumets, non sans effroi, mais sans murmure, à tout ce que vous daignerez ordonner d'elle et de moi. Je dirai beaucoup plus encore; son bonheur peut me consoler de ma misère, et je mourrai content si vous lui donnez un époux digne d'elle. Ah! qu'on le trouve, et qu'il m'ose dire: Je saurai mieux l'aimer que toi! Madame, il aura vainement tout ce qui me manque; s'il n'a mon cœur il n'aura rien pour Julie: mais je n'ai que ce cœur honnête et tendre. Hélas! je n'ai rien non plus. L'amour qui rapproche tout n'élève point la personne; il n'élève que les sentimens. Ah! si j'eusse osé n'écouter que les miens pour vous, combien de fois, en vous parlant, ma bouche eût prononcé le doux nom de mère!

Daignez vous confier à des sermens qui ne sont point vains, et à un homme qui n'est point trompeur. Si je pus un jour abuser de votre estime, je m'abusai le premier moi-même. Mon cœur sans expérience ne connut le danger que quand il n'étoit plus temps de fuir, et je n'avois point encore appris de votre fille cet art cruel de vaincre l'amour par lui-même, qu'elle m'a depuis si bien enseigné. Bannissez vos craintes, je vous en conjure. Y a-t-il quelqu'un au monde à qui son repos, sa félicité, son honneur, soient plus chers qu'à moi? Non, ma parole et mon cœur vous sont garans de l'engagement que je prends au nom de mon illustre ami comme au mien. Nulle indiscrétion ne sera commise, soyez-en sûre; et je rendrai le dernier soupir sans qu'on sache quelle douleur termina mes jours. Calmez donc celle qui vous consume, et dont la mienne s'aigrit encore; essuyez des pleurs qui m'arrachent l'âme; rétablissez votre santé, rendez à la plus tendre fille qui fut jamais le bonheur auquel elle a renoncé pour vous; soyez vous-même heureuse par elle; vivez enfin, pour lui faire aimer la vie. Ah! malgré les erreurs de l'amour, être mère de Julie est encore un sort assez beau pour se féliciter de vivre.

LETTRE III.

DE L'AMANT DE JULIE A MADAME D'ORBE,

EN LUI ENVOYANT LA LETTRE PRÉCÉDENTE.

Tenez, cruelle, voilà ma réponse. En la lisant, fondez en larmes si vous connoissez mon cœur, et si le vôtre est sensible encore ; mais surtout ne m'accablez plus de cette estime impitoyable que vous me vendez si cher, et dont vous faites le tourment de ma vie.

Votre main barbare a donc osé les rompre ces doux nœuds formés sous vos yeux presque dès l'enfance, et que votre amitié sembloit partager avec tant de plaisir ! Je suis donc aussi malheureux que vous le voulez et que je puis l'être ! Ah ! connoissez-vous tout le mal que vous faites ? Sentez-vous bien que vous m'arrachez l'âme, que ce que vous m'ôtez est sans dédommagement, et qu'il vaut mieux cent fois mourir que ne plus vivre l'un pour l'autre ? Que me parlez-vous du bonheur de Julie ? En peut-il être sans le consentement du cœur ? Que me parlez-vous du danger de sa mère ? Ah ! qu'est-ce que la vie d'une mère, la mienne, la vôtre, la sienne même, qu'est-ce que l'existence du monde entier auprès du sentiment délicieux qui nous unissoit ? Insensée et farouche vertu ! j'obéis à ta voix sans mérite ; je t'abhorre en faisant tout pour toi. Que sont tes vaines consolations contre les vives douleurs de l'âme ? Va, triste idole des malheureux, tu ne fais qu'augmenter leur misère en leur ôtant les ressources que la fortune leur laisse. J'obéirai pourtant ; oui, cruelle, j'obéirai : je deviendrai, s'il se peut, insensible et féroce comme vous. J'oublierai tout ce qui me fut cher au monde. Je ne veux plus entendre ni prononcer le nom de Julie ni le vôtre (*). Je ne veux plus m'en rappeler l'insupportable souvenir. Un dépit, une rage inflexible m'aigrit contre tant de revers. Une dure opiniâtreté me tiendra lieu de courage : il m'en a trop coûté d'être sensible ; il vaut mieux renoncer à l'humanité.

LETTRE IV.

DE MADAME D'ORBE A L'AMANT DE JULIE.

Vous m'avez écrit une lettre désolante ; mais il y a tant d'amour et de vertu dans votre conduite, qu'elle efface l'amertume de vos plaintes : vous êtes trop généreux pour qu'on ait le courage de vous quereller. Quelque emportement qu'on laisse paroître, quand on sait ainsi s'immoler à ce qu'on aime, on mérite plus de louanges que de reproches ; et, malgré vos injures, vous ne me fûtes jamais si cher que depuis que je connois si bien tout ce que vous valez.

Rendez grâce à cette vertu que vous croyez haïr, et qui fait plus pour vous que votre amour même. Il n'y a pas jusqu'à ma tante que vous n'ayez séduite par un sacrifice dont elle sent tout le prix. Elle n'a pu lire votre lettre sans attendrissement ; elle a même eu la foiblesse de la laisser voir à sa fille ; et l'effort qu'a fait la pauvre Julie pour contenir à cette lecture ses soupirs et ses pleurs, l'a fait tomber évanouie.

Cette tendre mère, que vos lettres avoient déjà puissamment émue, commence à connoître, par tout ce qu'elle voit, combien vos deux cœurs sont hors de la règle commune, et combien votre amour porte un caractère naturel de sympathie, que le temps ni les efforts humains ne sauroient effacer. Elle, qui a si grand besoin de consolation, consoleroit volontiers sa fille, si la bienséance ne la retenoit ; et je la vois trop près d'en devenir la confidente pour qu'elle ne me pardonne pas de l'avoir été. Elle s'échappa hier jusqu'à dire en sa présence, un peu indiscrètement (¹) peut-être : Ah ! s'il ne dépendoit que de moi..... Quoiqu'elle se retînt et n'achevât pas, je vis, au baiser ardent que Julie imprimoit sur sa main, qu'elle ne l'avoit que trop entendue. Je sais même qu'elle a voulu plusieurs fois parler à son inflexible époux ; mais, soit danger d'exposer sa fille aux fureurs d'un père irrité, soit crainte pour elle-même, sa timidité l'a toujours retenue ; et son affoiblissement, ses maux augmentent si sensiblement, que j'ai peur de la voir hors d'état d'exécuter sa résolution avant qu'elle l'ait bien formée.

Quoi qu'il en soit, malgré les fautes dont

(*) On lit dans l'édition de 1801, *je ne veux plus entendre prononcer le nom de Julie ni le vôtre*. Ce n'est pas sans doute de son chef que l'éditeur a supprimé le premier *ni*, qui en effet rend la phrase au moins singulière dans sa construction ; mais comme il ne s'est pas expliqué sur ce point, nous avons dû nous reporter à la leçon première, telle qu'elle existe dans les deux éditions originales, dans celle de Genève, et dans le manuscrit de madame de Luxembourg. **G. P.**

(¹) Claire, êtes-vous ici moins indiscrète ? est-ce la dernière fois que vous le serez ?

vous êtes cause, cette honnêteté de cœur qui se fait sentir dans votre amour mutuel lui a donné une telle opinion de vous, qu'elle se fie à la parole de tous deux sur l'interruption de votre correspondance, et qu'elle n'a pris aucune précaution pour veiller de plus près sur sa fille. Effectivement, si Julie ne répondoit pas à sa confiance, elle ne seroit plus digne de ses soins, et il faudroit vous étouffer l'un et l'autre si vous étiez capables de tromper encore la meilleure des mères, et d'abuser de l'estime qu'elle a pour vous.

Je ne cherche point à rallumer dans votre cœur une espérance que je n'ai pas moi-même; mais je veux vous montrer, comme il est vrai, que le parti le plus honnête est aussi le plus sage, et que, s'il peut rester quelque ressource à votre amour, elle est dans le sacrifice que l'honneur et la raison vous imposent. Mère, parens, amis, tout est maintenant pour vous, hors un père, qu'on gagnera par cette voie, ou que rien ne sauroit gagner. Quelque imprécation qu'ait pu vous dicter un moment de désespoir, vous nous avez prouvé cent fois qu'il n'est point de route plus sûre pour aller au bonheur que celle de la vertu. Si l'on y parvient, il est plus pur, plus solide et plus doux par elle; si on le manque, elle seule peut en dédommager. Reprenez donc courage; soyez homme, et soyez encore vous-même. Si j'ai bien connu votre cœur, la manière la plus cruelle pour vous de perdre Julie seroit d'être indigne de l'obtenir.

LETTRE V.

DE JULIE A SON AMANT.

Elle n'est plus. Mes yeux ont vu fermer les siens pour jamais; ma bouche a reçu son dernier soupir; mon nom fut le dernier mot qu'elle prononça; son dernier regard fut tourné sur moi. Non, ce n'étoit pas la vie qu'elle sembloit quitter, j'avois trop peu su la lui rendre chère; c'étoit à moi seule qu'elle s'arrachoit. Elle me voyoit sans guide et sans espérance, accablée de mes malheurs et de mes fautes: mourir ne fut rien pour elle, et son cœur n'a gémi que d'abandonner sa fille dans cet état. Elle n'eut que trop de raison. Qu'avoit-elle à regretter sur la terre? Qu'est-ce qui pouvoit ici-bas valoir à ses yeux le prix immortel de sa patience et de ses vertus qui l'attendoit dans le ciel? Que lui restoit-il à faire au monde, sinon d'y pleurer mon opprobre? Ame pure et chaste, digne épouse, et mère incomparable, tu vis maintenant au séjour de la gloire et de la félicité; tu vis! et moi, livrée au repentir et au désespoir, privée à jamais de tes soins, de tes conseils, de tes douces caresses, je suis morte au bonheur, à la paix, à l'innocence: je ne sens plus que ta perte; je ne vois plus que ma honte; ma vie n'est plus que peine et douleur. Ma mère, ma tendre mère, hélas! je suis bien plus morte que toi!

Mon Dieu! quel transport égare une infortunée et lui fait oublier ses résolutions? Où viens-je verser mes pleurs et pousser mes gémissemens? C'est le cruel qui les a causés que j'en rends le dépositaire! C'est avec celui qui fait les malheurs de ma vie que j'ose les déplorer! Oui, oui, barbare, partagez les tourmens que vous me faites souffrir. Vous par qui je plongeai le couteau dans le sein maternel, gémissez des maux qui me viennent de vous, et sentez avec moi l'horreur d'un parricide qui fut votre ouvrage. A quels yeux oserois-je paroître aussi méprisable que je le suis? Devant qui m'avilirois-je au gré de mes remords? Quel autre que le complice de mon crime pourroit assez le connoître? C'est mon plus insupportable supplice de n'être accusée que par mon cœur, et de voir attribuer au bon naturel les larmes impures qu'un cuisant repentir m'arrache. Je vis, je vis en frémissant la douleur empoisonner, hâter les derniers jours de ma triste mère. En vain sa pitié pour moi l'empêcha d'en convenir; en vain elle affectoit d'attribuer le progrès de son mal à la cause qui l'avoit produit; en vain ma cousine gagnée a tenu le même langage: rien n'a pu tromper mon cœur déchiré de regret; et, pour mon tourment éternel, je garderai jusqu'au tombeau l'affreuse idée d'avoir abrégé la vie de celle à qui je la dois.

O vous que le ciel suscita dans sa colère pour me rendre malheureuse et coupable, pour la dernière fois, recevez dans votre sein des larmes dont vous êtes l'auteur. Je ne viens plus, comme autrefois, partager avec vous des peines qui devoient nous être communes. Ce sont les soupirs d'un dernier adieu qui s'échappent malgré moi. C'en est fait, l'empire de l'amour est éteint dans une âme livrée au seul désespoir. Je consacre le reste de mes jours à pleurer la meilleure des mères; je saurai lui sacrifier des sentimens qui lui ont coûté la vie; je serois trop heureuse qu'il m'en coûtât assez de les vaincre, pour expier tout ce qu'ils lui ont fait souffrir. Ah! si son esprit immortel pénètre au fond de mon cœur, il sait bien que la victime que je lui sacrifie n'est pas tout-à-fait indigne d'elle. Partagez un effort que vous m'avez rendu nécessaire. S'il vous reste quelque respect pour la mémoire d'un nœud si cher et si funeste, c'est par lui que je vous conjure de me fuir à jamais, de ne plus m'écrire, de ne plus aigrir mes remords, de me laisser oublier, s'il se peut, ce que nous fûmes l'un à l'autre. Que mes yeux ne vous voient plus; que je n'entende plus prononcer votre nom; que votre souvenir ne vienne plus agiter mon cœur. J'ose parler encore au nom d'un amour qui ne doit plus être; à tant de sujets de douleur n'ajoutez pas celui de voir son dernier vœu méprisé. Adieu donc pour la dernière fois, unique et cher.... Ah! fille insensée!... Adieu pour jamais.

LETTRE VI.

DE L'AMANT DE JULIE A MADAME D'ORBE.

Enfin le voile est déchiré; cette longue illusion s'est évanouie; cet espoir si doux s'est éteint : il ne me reste pour aliment d'une flamme éternelle qu'un souvenir amer et délicieux qui soutient ma vie et nourrit mes tourmens du vain sentiment d'un bonheur qui n'est plus.

Est-il donc vrai que j'ai goûté la félicité suprême? Suis-je bien le même être qui fut heureux un jour? Qui peut sentir ce que je souffre n'est-il pas né pour toujours souffrir? Qui put jouir des biens que j'ai perdus peut-il les perdre et vivre encore? et des sentimens si contraires peuvent-ils germer dans un même cœur! Jours de plaisir et de gloire, non, vous n'étiez pas d'un mortel; vous étiez trop beaux pour devoir être périssables. Une douce extase absorboit toute votre durée, et la rassembloit en un point comme celle de l'éternité. Il n'y avoit pour moi ni passé, ni avenir, et je goûtois à la fois les délices de mille siècles. Hélas! vous avez disparu comme un éclair. Cette éternité de bonheur ne fut qu'un instant de ma vie. Le temps a repris sa lenteur dans les momens de mon désespoir, et l'ennui mesure par longues années le reste infortuné de mes jours.

Pour achever de me les rendre insupportables, plus les afflictions m'accablent, plus tout ce qui m'étoit cher semble se détacher de moi. Madame, il se peut que vous m'aimiez encore; mais d'autres soins vous appellent, d'autres devoirs vous occupent. Mes plaintes que vous écoutiez avec intérêt sont maintenant indiscrètes. Julie! Julie elle-même se décourage et m'abandonne. Les tristes remords ont chassé l'amour. Tout est changé pour moi; mon cœur seul est toujours le même, et mon sort en est plus affreux.

Mais qu'importe ce que je suis et ce que je dois être? Julie souffre, est-il temps de songer à moi? Ah! ce sont ses peines qui rendent les miennes plus amères. Oui, j'aimerois mieux qu'elle cessât de m'aimer et qu'elle fût heureuse...... Cesser de m'aimer !...... l'espère-t-elle!.... Jamais, jamais. Elle a beau me défendre de la voir et de lui écrire. Ce n'est pas le tourment qu'elle s'ôte, hélas! c'est le consolateur. La perte d'une tendre mère la doit-elle priver d'un plus tendre ami? croit-elle soulager ses maux en les multipliant? O amour! est-ce à tes dépens qu'on peut venger la nature!

Non, non; c'est en vain qu'elle prétend m'oublier. Son tendre cœur pourra-t-il se séparer du mien? Ne le retiens-je pas en dépit d'elle? Oublie-t-on des sentimens tels que nous les avons éprouvés? et peut-on s'en souvenir sans les éprouver encore? L'amour vainqueur fit le malheur de sa vie; l'amour vaincu ne la rendra que plus à plaindre. Elle passera ses jours dans la douleur, tourmentée à la fois de vains regrets et de vains désirs, sans pouvoir jamais contenter ni l'amour, ni la vertu.

Ne croyez pas pourtant qu'en plaignant ses erreurs je me dispense de les respecter. Après tant de sacrifices, il est trop tard pour apprendre à désobéir. Puisqu'elle commande, il suffit; elle n'entendra plus parler de moi. Jugez si mon sort est affreux. Mon plus grand désespoir n'est pas de renoncer à elle. Ah! c'est dans son cœur que sont mes douleurs les plus vives, et je suis plus malheureux de son infortune que de la mienne. Vous qu'elle aime plus que toute chose, et qui seule, après moi, la savez dignement aimer, Claire, aimable Claire, vous êtes l'unique bien qui lui reste. Il est assez précieux pour lui rendre supportable la perte de tous les autres. Dédommagez-la des consolations qui lui sont ôtées et de celles qu'elle refuse ; qu'une sainte amitié supplée à la fois auprès d'elle à la tendresse d'une mère, à celle d'un amant, aux charmes de tous les sentimens qui devoient la rendre heureuse. Qu'elle le soit, s'il est possible, à quelque prix que ce puisse être. Qu'elle recouvre la paix et le repos dont je l'ai privée ; je sentirai moins les tourmens qu'elle m'a laissés. Puisque je ne suis plus rien à mes propres yeux, puisque c'est mon sort de passer ma vie à mourir pour elle ; qu'elle me regarde comme n'étant plus, j'y consens si cette idée la rend plus tranquille. Puisse-t-elle retrouver près de vous ses premières vertus, son premier bonheur ! puisse-t-elle être encore par vos soins tout ce qu'elle eût été sans moi.

Hélas ! elle étoit fille, et n'a plus de mère ! Voilà la perte qui ne se répare point, et dont on ne se console jamais quand on a pu se la reprocher. Sa conscience agitée lui redemande cette mère tendre et chérie, et dans une douleur si cruelle l'horrible remords se joint à son affliction. O Julie ! ce sentiment affreux devoit-il être connu de toi ? Vous qui fûtes témoin de la maladie et des derniers momens de cette mère infortunée, je vous supplie, je vous conjure, dites-moi ce que j'en dois croire. Déchirez-moi le cœur si je suis coupable. Si la douleur de nos fautes l'a fait descendre au tombeau, nous sommes deux monstres indignes de vivre ; c'est un crime de songer à des liens si funestes, c'en est un de voir le jour. Non, j'ose le croire, un feu si pur n'a point produit de si noirs effets. L'amour nous inspira des sentimens trop nobles pour en tirer les forfaits des âmes dénaturées. Le ciel, le ciel seroit-il injuste ? et celle qui sut immoler son bonheur aux auteurs de ses jours méritoit-elle de leur coûter la vie ?

LETTRE VII.

RÉPONSE.

Comment pourroit-on vous aimer moins en vous estimant chaque jour davantage ? comment perdrois-je mes anciens sentimens pour vous, tandis que vous en méritez chaque jour de nouveaux ? Non, mon cher et digne ami, tout ce que nous fûmes les uns aux autres dès notre première jeunesse, nous le serons le reste de nos jours ; et, si notre mutuel attachement n'augmente plus, c'est qu'il ne peut plus augmenter. Toute la différence est que je vous aimois comme mon frère, et qu'à présent je vous aime comme mon enfant ; car, quoique nous soyons toutes deux plus jeunes que vous, et même vos disciples, je vous regarde un peu comme le nôtre. En nous apprenant à penser, vous avez appris de nous à être sensible ; et, quoi qu'en dise votre philosophe anglois, cette éducation vaut bien l'autre : si c'est la raison qui fait l'homme, c'est le sentiment qui le conduit.

Savez-vous pourquoi je parois avoir changé de conduite envers vous ? Ce n'est pas, croyez-moi, que mon cœur ne soit toujours le même, c'est que votre état est changé. Je favorisai vos feux tant qu'il leur restoit un rayon d'espérance ; depuis qu'en vous obstinant d'aspirer à Julie vous ne pouvez plus que la rendre malheureuse, ce seroit vous nuire que de vous complaire. J'aime mieux vous savoir moins à plaindre, et vous rendre plus mécontent. Quand le bonheur commun devient impossible, chercher le sien dans celui de ce qu'on aime, n'est-ce pas tout ce qui reste à faire à l'amour sans espoir ?

Vous faites plus que sentir cela, mon généreux ami, vous l'exécutez dans le plus douloureux sacrifice qu'ait jamais fait un amant fidèle. En renonçant à Julie, vous achetez son repos aux dépens du vôtre ; et c'est à vous que vous renoncez pour elle.

J'ose à peine vous dire les bizarres idées qui me viennent là-dessus ; mais elles sont consolantes, et cela m'enhardit. Premièrement, je crois que le véritable amour a cet avantage aussi bien que la vertu, qu'il dédommage de tout ce qu'on lui sacrifie, et qu'on jouit en quelque sorte des privations qu'on s'impose par le sentiment même de ce qu'il en coûte et du motif qui nous y porte. Vous vous témoignerez que Julie a été aimée de vous comme elle méritoit de l'être, et vous l'en aimerez davantage, et vous en serez plus heureux. Cet amour-propre exquis qui sait payer toutes les vertus pénibles mêlera son charme à celui de l'amour. Vous vous direz : Je sais aimer, avec un plaisir plus durable et plus délicat que vous n'en goûteriez à dire : Je possède ce que j'aime. Car celui-ci s'use à force d'en jouir, mais l'autre demeure toujours, et vous en jouiriez encore quand même vous n'aimeriez plus.

Outre cela, s'il est vrai, comme Julie et vous me l'avez tant dit, que l'amour soit le plus délicieux sentiment qui puisse entrer dans le cœur humain, tout ce qui le prolonge et le fixe, même au prix de mille douleurs, est encore un bien. Si l'amour est un désir qui s'irrite par les obstacles, comme vous le disiez encore, il n'est pas bon qu'il soit content ; il vaut mieux qu'il dure et soit malheureux, que de s'éteindre au sein des plaisirs. Vos feux, je l'avoue, ont soutenu l'épreuve de la possession, celle du temps, celle de l'absence et des peines de toute espèce ; ils ont vaincu tous les obstacles, hors le plus puissant de tous, qui est de n'en avoir plus à vaincre, et de se nourrir uniquement d'eux-mêmes. L'univers n'a jamais vu de passion soutenir cette épreuve ; quel droit avez-vous d'espérer que la vôtre l'eût soutenue ? Le temps eût joint au dégoût d'une longue possession le progrès de l'âge et le déclin de la beauté : il semble se fixer en votre faveur par votre séparation ; vous serez toujours l'un pour l'autre à la fleur des ans ; vous vous verrez sans cesse tels que vous vous vîtes en vous quittant ; et vos cœurs, unis jusqu'au tombeau, prolongeront dans une illusion charmante votre jeunesse avec vos amours.

Si vous n'eussiez point été heureux, une insurmontable inquiétude pourroit vous tourmenter, votre cœur regretteroit, en soupirant, les biens dont il étoit digne ; votre ardente imagination vous demanderoit sans cesse ceux que vous n'auriez pas obtenus. Mais l'amour n'a point de délices dont il ne vous ait comblé, et, pour parler comme vous, vous avez épuisé durant une année les plaisirs d'une vie entière.

Souvenez-vous de cette lettre si passionnée, écrite le lendemain d'un rendez-vous téméraire ; je l'ai lue avec une émotion qui m'étoit inconnue : on n'y voit pas l'état permanent d'une âme attendrie, mais le dernier délire d'un cœur brûlant d'amour et ivre de volupté ; vous jugeâtes vous-même qu'on n'éprouvoit point de pareils transports deux fois en la vie, et qu'il falloit mourir après les avoir sentis. Mon ami, ce fut là le comble ; et, quoi que la fortune et l'amour eussent fait pour vous, vos feux et votre bonheur ne pouvoient plus que décliner. Cet instant fut aussi le commencement de vos disgrâces, et votre amante vous fut ôtée au moment que vous n'aviez plus de sentimens nouveaux à goûter auprès d'elle : comme si le sort eût voulu garantir votre cœur d'un épuisement inévitable, et vous laisser dans le souvenir de vos plaisirs passés un plaisir plus doux que tous ceux dont vous pourriez jouir encore.

Consolez-vous donc de la perte d'un bien qui vous eût toujours échappé, et vous eût ravi de plus celui qui vous reste. Le bonheur et l'amour se seroient évanouis à la fois ; vous avez au moins conservé le sentiment : on n'est point sans plaisirs quand on aime encore. L'image de l'amour éteint effraie plus un cœur tendre que celle de l'amour malheureux, et le dégoût de ce qu'on possède est un état cent fois pire que le regret de ce qu'on a perdu.

Si les reproches que ma désolée cousine se fait sur la mort de sa mère étoient fondés, ce cruel souvenir empoisonneroit, je l'avoue, celui de vos amours, et une si funeste idée devroit à jamais les éteindre ; mais n'en croyez pas à ses douleurs, elles la trompent, ou plutôt le chimérique motif dont elle aime à les aggraver n'est qu'un prétexte pour en justifier l'excès. Cette âme tendre craint toujours de ne pas s'affliger assez, et c'est une sorte de plaisir pour elle d'ajouter au sentiment de ses peines tout ce qui peut les aigrir. Elle s'en impose, soyez-en sûr ; elle n'est pas sincère avec elle-même. Ah ! si elle croyoit bien sincèrement avoir abrégé les jours de sa mère, son cœur en pourroit-il supporter l'affreux remords ? Non, non, mon ami, elle ne la pleureroit pas, elle l'auroit suivie. La maladie de madame d'Étange est bien connue ; c'étoit une hydropisie de poitrine dont elle ne pouvoit revenir, et l'on désespéroit de sa vie avant même qu'elle eût découvert votre correspondance. Ce fut un violent chagrin pour elle; mais que de plaisirs réparèrent le mal qu'il pouvoit lui faire! Qu'il fut consolant pour cette tendre mère de voir, en gémissant des fautes de sa fille, par combien de vertus elles étoient rachetées, et d'être forcée d'admirer son âme en pleurant sa faiblesse! Qu'il lui fut doux de sentir combien elle en étoit chérie! Quel zèle infatigable! quels soins continuels! quelle assiduité sans relâche! quel désespoir de l'avoir affligée! que de regrets! que de larmes! que de touchantes caresses! quelle inépuisable sensibilité! C'étoit dans les yeux de la fille qu'on lisoit tout ce que souffroit la mère; c'étoit elle qui la servoit les jours, qui la veilloit les nuits; c'étoit de sa main qu'elle recevoit tous les secours. Vous eussiez cru voir une autre Julie; sa délicatesse naturelle avoit disparu, elle étoit forte et robuste, les soins les plus pénibles ne lui coûtoient rien, et son âme sembloit lui donner un nouveau corps. Elle faisoit tout et paroissoit ne rien faire; elle étoit partout et ne bougeoit d'auprès d'elle: on la trouvoit sans cesse à genoux devant son lit, la bouche collée sur sa main, gémissant ou de sa faute ou du mal de sa mère, et confondant ces deux sentimens pour s'en affliger davantage. Je n'ai vu personne entrer les derniers jours dans la chambre de ma tante sans être ému jusqu'aux larmes du plus attendrissant de tous les spectacles. On voyoit l'effort que faisoient ces deux cœurs pour se réunir plus étroitement au moment d'une funeste séparation; on voyoit que le seul regret de se quitter occupoit la mère et la fille, et que vivre ou mourir n'eût été rien pour elles si elles avoient pu rester ou partir ensemble.

Bien loin d'adopter les noires idées de Julie, soyez sûr que tout ce qu'on peut espérer des secours humains et des consolations du cœur a concouru de sa part à retarder le progrès de la maladie de sa mère, et qu'infailliblement sa tendresse et ses soins nous l'ont conservée plus long-temps que nous n'eussions pu faire sans elle. Ma tante elle-même m'a dit cent fois que ses derniers jours étoient les plus doux momens de sa vie, et que le bonheur de sa fille étoit la seule chose qui manquoit au sien.

S'il faut attribuer sa perte au chagrin, ce chagrin vient de plus loin, et c'est à son époux seul qu'il faut s'en prendre. Long-temps inconstant et volage, il prodigua les feux de sa jeunesse à mille objets moins dignes de plaire que sa vertueuse compagne; et quand l'âge le lui eut ramené, il conserva près d'elle cette rudesse inflexible dont les maris infidèles ont accoutumé d'aggraver leurs torts. Ma pauvre cousine s'en est ressentie; un vain entêtement de noblesse et cette roideur de caractère que rien n'amollit ont fait vos malheurs et les siens. Sa mère, qui eut toujours du penchant pour vous, et qui pénétra son amour quand il étoit trop tard pour l'éteindre, porta long-temps en secret la douleur de ne pouvoir vaincre le goût de sa fille ni l'obstination de son époux, et d'être la première cause d'un mal qu'elle ne pouvoit plus guérir. Quand vos lettres surprises lui eurent appris jusqu'où vous aviez abusé de sa confiance, elle craignit de tout perdre en voulant tout sauver, et d'exposer les jours de sa fille pour rétablir son honneur. Elle sonda plusieurs fois son mari sans succès; elle voulut plusieurs fois hasarder une confidence entière et lui montrer toute l'étendue de son devoir: la frayeur et sa timidité la retinrent toujours. Elle hésita tant qu'elle put parler; lorsqu'elle le voulut il n'étoit plus temps; les forces lui manquèrent; elle mourut avec le fatal secret: et moi qui connois l'humeur de cet homme sévère, sans savoir jusqu'où les sentimens de la nature auroient pu la tempérer, je respire en voyant au moins les jours de Julie en sûreté.

Elle n'ignore rien de tout cela; mais vous dirai-je ce que je pense de ses remords apparens? L'amour est plus ingénieux qu'elle. Pénétrée du regret de sa mère, elle voudroit vous oublier; et malgré qu'elle en ait, il trouble sa conscience pour la forcer de penser à vous. Il veut que ses pleurs aient du rapport à ce qu'elle aime. Elle n'oseroit plus s'en occuper directement; il la force de s'en occuper encore, au moins par son repentir. Il l'abuse avec tant d'art, qu'elle aime mieux souffrir davantage et que vous entriez dans le sujet de ses peines. Votre cœur n'entend pas peut-être ces détours du sien; mais ils n'en sont pas moins naturels: car votre amour à tous deux, quoique égal en force, n'est pas semblable en effets; le vôtre est bouillant et vif, le sien est doux et tendre;

vos sentimens s'exhalent au dehors avec véhémence, les siens retournent sur elle-même, et, pénétrant la substance de son âme, l'altèrent et la changent insensiblement. L'amour anime et soutient votre cœur, il affaisse et abat le sien ; tous les ressorts en sont relâchés, sa force est nulle, son courage est éteint, sa vertu n'est plus rien. Tant d'héroïques facultés ne sont pas anéanties, mais suspendues ; un moment de crise peut leur rendre toute leur vigueur, ou les effacer sans retour. Si elle fait encore un pas vers le découragement, elle est perdue ; mais si cette âme excellente se relève un instant, elle sera plus grande, plus forte, plus vertueuse que jamais, et il ne sera plus question de rechute. Croyez-moi, mon aimable ami, dans cet état périlleux sachez respecter ce que vous aimâtes. Tout ce qui vient de vous, fût-ce contre vous-même, ne lui peut être que mortel. Si vous vous obstinez auprès d'elle, vous pourrez triompher aisément ; mais vous croirez en vain posséder la même Julie, vous ne la retrouverez plus.

LETTRE VIII.

DE MYLORD ÉDOUARD A L'AMANT DE JULIE.

J'avois acquis des droits sur ton cœur ; tu m'étois nécessaire, et j'étois prêt à t'aller joindre. Que t'importent mes droits, mes besoins, mon empressement ? Je suis oublié de toi ; tu ne daignes plus m'écrire. J'apprends ta vie solitaire et farouche ; je pénètre tes desseins secrets. Tu t'ennuies de vivre.

Meurs donc, jeune insensé ; meurs, homme à la fois féroce et lâche ; mais sache, en mourant, que tu laisses dans l'âme d'un honnête homme à qui tu fus cher, la douleur de n'avoir servi qu'un ingrat.

LETTRE IX.

RÉPONSE.

Venez, mylord : je croyois ne pouvoir plus goûter de plaisir sur la terre ; mais nous nous reverrons. Il n'est pas vrai que vous puissiez me confondre avec les ingrats, votre cœur n'est pas fait pour en trouver, ni le mien pour l'être.

BILLET DE JULIE.

Il est temps de renoncer aux erreurs de la jeunesse et d'abandonner un trompeur espoir : je ne serai jamais à vous. Rendez-moi donc la liberté que je vous ai engagée et dont mon père veut disposer, ou mettez le comble à mes malheurs par un refus qui nous perdra tous deux sans vous être d'aucun usage.

JULIE D'ÉTANGE.

LETTRE X.

DU BARON D'ÉTANGE,

DANS LAQUELLE ÉTOIT LE PRÉCÉDENT BILLET.

S'il peut rester dans l'âme d'un suborneur quelque sentiment d'honneur et d'humanité, répondez à ce billet d'une malheureuse dont vous avez corrompu le cœur, et qui ne seroit plus si j'osois soupçonner qu'elle eût porté plus loin l'oubli d'elle-même. Je m'étonnerai peu que la même philosophie qui lui apprit à se jeter à la tête du premier venu, lui apprenne encore à désobéir à son père. Pensez-y cependant. J'aime à prendre en toute occasion les voies de la douceur et de l'honnêteté quand j'espère qu'elles peuvent suffire ; mais, si j'en veux bien user avec vous, ne croyez pas que j'ignore comment se venge l'honneur d'un gentilhomme offensé par un homme qui ne l'est pas.

LETTRE XI.

RÉPONSE.

Épargnez-vous, monsieur, des menaces vaines qui ne m'effraient point, et d'injustes reproches qui ne peuvent m'humilier. Sachez qu'entre deux personnes de même âge il n'y a d'autre suborneur que l'amour, et qu'il ne vous appartiendra jamais d'avilir un homme que votre fille honora de son estime.

Quel sacrifice osez-vous m'imposer, et à quel titre l'exigez-vous ? Est-ce à l'auteur de toumes maux qu'il faut immoler mon dernier espoir? Je veux respecter le père de Julie ; mais qu'il daigne être le mien s'il faut que j'apprenne à lui obéir. Non, non, monsieur, quelque opinion que vous ayez de vos procédés, ils ne m'obligent point à renoncer pour vous à des droits si chers et si bien mérités de mon cœur. Vous faites le malheur de ma vie. Je ne vous dois que de la haine, et vous n'avez rien à prétendre de moi. Julie a parlé ; voilà mon consentement. Ah ! qu'elle soit toujours obéie ! Un autre la possédera ; mais j'en serai plus digne d'elle.

Si votre fille eût daigné me consulter sur les bornes de votre autorité, ne doutez pas que je ne lui eusse appris à résister à vos prétentions injustes. Quel que soit l'empire dont vous abusez, mes droits sont plus sacrés que les vôtres ; la chaîne qui nous lie est la borne du pouvoir paternel, même devant les tribunaux humains ; et quand vous osez réclamer la nature, c'est vous seul qui bravez ses lois.

N'alléguez pas non plus cet honneur si bizarre et si délicat que vous parlez de venger ; nul ne l'offense que vous-même. Respectez le choix de Julie, et votre honneur est en sûreté ; car mon cœur vous honore malgré vos outrages ; et, malgré les maximes gothiques, l'alliance d'un honnête homme n'en déshonora jamais un autre. Si ma présomption vous offense, attaquez ma vie, je ne la défendrai jamais contre vous. Au surplus, je me soucie fort peu de savoir en quoi consiste l'honneur d'un gentilhomme ; mais, quant à celui d'un homme de bien, il m'appartient, je sais le défendre, et le conserverai pur et sans tache jusqu'au dernier soupir.

Allez, père barbare et peu digne d'un nom si doux, méditez d'affreux parricides, tandis qu'une fille tendre et soumise immole son bonheur à vos préjugés. Vos regrets me vengeront un jour des maux que vous me faites, et vous sentirez trop tard que votre haine aveugle et dénaturée ne vous fut pas moins funeste qu'à moi. Je serai malheureux, sans doute ; mais si jamais la voix du sang s'élève au fond de vôtre cœur, combien vous le serez plus encore d'avoir sacrifié à des chimères l'unique fruit de vos entrailles, unique au monde, en beauté, en mérite, en vertus, et pour qui le ciel, prodigue de ses dons, n'oublia rien qu'un meilleur père.

BILLET

INCLUS DANS LA PRÉCÉDENTE LETTRE.

Je rends à Julie d'Étange le droit de disposer d'elle-même, et de donner sa main sans consulter son cœur.

S. P.

LETTRE XII

DE JULIE.

Je voulois vous décrire la scène qui vient de se passer, et qui a produit le billet que vous avez dû recevoir ; mais mon père a pris ses mesures si justes qu'elle n'a fini qu'un moment avant le départ du courrier. Sa lettre est sans doute arrivée à temps à la poste ; il n'en peut être de même de celle-ci : votre résolution sera prise et votre réponse partie avant qu'elle vous parvienne ; ainsi tout détail seroit désormais inutile. J'ai fait mon devoir ; vous ferez le vôtre : mais le sort nous accable, l'honneur nous trahit ; nous serons séparés à jamais, et, pour comble d'horreur, je vais passer dans les.... Hélas ! j'ai pu vivre dans les tiens ! O devoir ! à quoi sers-tu ? O providence !... il faut gémir et se taire.

La plume échappe de ma main. J'étois incommodée depuis quelques jours ; l'entretien de ce matin m'a prodigieusement agitée... la tête et le cœur me font mal.... je me sens défaillir.... le ciel auroit-il pitié de mes peines ?... Je ne puis me soutenir.... je suis forcée à me mettre au lit, et me console dans l'espoir de n'en point relever. Adieu, mes uniques amours. Adieu, pour la dernière fois, cher et tendre ami de Julie. Ah ! si je ne dois plus vivre pour toi, n'ai-je pas déjà cessé de vivre ?

LETTRE XIII.

DE JULIE A MADAME D'ORBE.

Il est donc vrai, chère et cruelle amie, que tu me rappelles à la vie et à mes douleurs ? J'ai vu l'instant heureux où j'allois rejoindre la plus tendre des mères ; tes soins inhumains m'ont enchaînée pour la pleurer plus long-temps, et quand le désir de la suivre m'arrache à la terre, le regret de te quitter m'y retient. Si je me console de vivre, c'est par l'espoir de n'avoir pas échappé tout entière à la mort. Ils ne sont plus ces agrémens de mon visage que mon cœur a payés si cher; la maladie dont je sors m'en a délivrée. Cette heureuse perte ralentira l'ardeur grossière d'un homme assez dépourvu de délicatesse pour m'oser épouser sans mon aveu. Ne trouvant plus en moi ce qui lui plut, il se souciera peu du reste. Sans manquer de parole à mon père, sans offenser l'ami dont il tient la vie, je saurai rebuter cet importun : ma bouche gardera le silence, mais mon aspect parlera pour moi. Son dégoût me garantira de sa tyrannie, et il me trouvera trop laide pour daigner me rendre malheureuse.

Ah! chère cousine, tu connus un cœur plus constant et plus tendre qui ne se fût pas ainsi rebuté. Son goût ne se bornoit pas aux traits et à la figure; c'étoit moi qu'il aimoit et non pas mon visage; c'étoit par tout notre être que nous étions unis l'un à l'autre; et tant que Julie eût été la même, la beauté pouvoit fuir, l'amour fût toujours demeuré. Cependant il a pu consentir.... l'ingrat!... Il l'a dû puisque j'ai pu l'exiger. Qui est-ce qui retient par leur parole ceux qui veulent retirer leur cœur? Ai-je donc voulu retirer le mien?... l'ai-je fait? O Dieu! faut-il que tout me rappelle incessamment un temps qui n'est plus, et des feux qui ne doivent plus être! J'ai beau vouloir arracher de mon cœur cette image chérie; je l'y sens trop fortement attachée : je le déchire sans le dégager, et mes efforts pour en effacer un si doux souvenir ne font que l'y graver davantage.

Oserai-je te dire un délire de ma fièvre, qui, loin de s'éteindre avec elle, me tourmente encore plus depuis ma guérison? Oui, connois et plains l'égarement d'esprit de ta malheureuse amie, et rends grâces au ciel d'avoir préservé ton cœur de l'horrible passion qui le donne. Dans un des momens où j'étois le plus mal, je crus, durant l'ardeur du redoublement, voir à côté de mon lit cet infortuné, non tel qu'il charmoit jadis mes regards durant le court bonheur de ma vie, mais pâle, défait, mal en ordre, et le désespoir dans les yeux. Il étoit à genoux; il prit une de mes mains, et sans se dégoûter de l'état où elle étoit, sans craindre la communication d'un venin si terrible, il la couvroit de baisers et de larmes. A son aspect j'éprouvai cette vive et délicieuse émotion que me donnoit quelquefois sa présence inattendue. Je voulus m'élancer vers lui; on me retint; tu l'arrachas de ma présence; et ce qui me toucha le plus vivement, ce furent ses gémissemens que je crus entendre à mesure qu'il s'éloignoit.

Je ne puis te représenter l'effet étonnant que ce rêve a produit sur moi. Ma fièvre a été longue et violente; j'ai perdu la connoissance durant plusieurs jours; j'ai souvent rêvé à lui dans mes transports; mais aucun de ces rêves n'a laissé dans mon imagination des impressions aussi profondes que celle de ce dernier. Elle est telle qu'il m'est impossible de l'effacer de ma mémoire et de mes sens. A chaque minute, à chaque instant, il me semble le voir dans la même attitude; son air, son habillement, son geste, son triste regard, frappent encore mes yeux : je crois sentir ses lèvres se presser sur ma main, je la sens mouiller de ses larmes; les sons de sa voix plaintive me font tressaillir; je le vois entraîner loin de moi, je fais effort pour le retenir encore : tout me retrace une scène imaginaire avec plus de force que les événemens qui me sont réellement arrivés.

J'ai long-temps hésité à te faire cette confidence; la honte m'empêche de te la faire de bouche; mais mon agitation, loin de se calmer, ne fait qu'augmenter de jour en jour, et je ne puis plus résister au besoin de t'avouer ma folie. Ah! qu'elle s'empare de moi tout entière! Que ne puis-je achever de perdre ainsi la raison, puisque le peu qui m'en reste ne sert plus qu'à me tourmenter.

Je reviens à mon rêve. Ma cousine, raille-moi, si tu veux, de ma simplicité, mais il y a dans cette vision je ne sais quoi de mystérieux qui la distingue du délire ordinaire. Est-ce un pressentiment de la mort du meilleur des hommes? est-ce un avertissement qu'il n'est déjà plus? le ciel daigne-t-il me guider au moins une fois, et m'invite-t-il à suivre celui qu'il me fit aimer? Hélas! l'ordre de mourir sera pour moi le premier de ses bienfaits.

J'ai beau me rappeler tous ces vains discours dont la philosophie amuse les gens qui ne sentent rien; ils ne m'en imposent plus, et je sens que je les méprise. On ne voit point les esprits, je le veux croire; mais deux âmes si étroitement unies ne sauroient-elles avoir entre elles une communication immédiate, indépendante du corps et des sens? L'impression directe que l'une reçoit de l'autre ne peut-elle pas la transmettre au cerveau, et recevoir de lui par contre-coup les sensations qu'elle lui a données?... Pauvre Julie, que d'extravagances! Que les passions nous rendent crédules! et qu'un cœur vivement touché se détache avec peine des erreurs mêmes qu'il aperçoit!

LETTRE XIV.

RÉPONSE.

Ah! fille trop malheureuse et trop sensible, n'es-tu donc née que pour souffrir? Je voudrois en vain t'épargner des douleurs; tu sembles les chercher sans cesse, et ton ascendant est plus fort que tous mes soins. A tant de vrais sujets de peine n'ajoute pas au moins des chimères; et, puisque ma discrétion t'est plus nuisible qu'utile, sors d'une erreur qui te tourmente: peut-être la triste vérité te sera-t-elle encore moins cruelle. Apprends donc que ton rêve n'est point un rêve, que ce n'est point l'ombre de ton ami que tu as vue, mais sa personne, et que cette touchante scène, incessamment présente à ton imagination, s'est passée réellement dans ta chambre le surlendemain du jour où tu fus le plus mal.

La veille je t'avois quittée assez tard, et M. d'Orbe, qui voulut me relever auprès de toi cette nuit-là, étoit prêt à sortir, quand tout à coup nous vîmes entrer brusquement et se précipiter à nos pieds ce pauvre malheureux dans un état à faire pitié. Il avoit pris la poste à la réception de ta dernière lettre. Courant jour et nuit, il fit la route en trois jours, et ne s'arrêta qu'à la dernière poste en attendant la nuit pour entrer en ville. Je te l'avoue à ma honte, je fus moins prompte que M. d'Orbe à lui sauter au cou: sans savoir encore la raison de son voyage, j'en prévoyois la conséquence.

Tant de souvenirs amers, ton danger, le sien, le désordre où je le voyois, tout empoisonnoit une si douce surprise, et j'étois trop saisie pour lui faire beaucoup de caresses. Je l'embrassai pourtant avec un serrement de cœur qu'il partageoit, et qui se fit sentir réciproquement par de muettes étreintes, plus éloquentes que les cris et les pleurs. Son premier mot fut : *Que fait-elle? Ah! que fait-elle? Donnez-moi la vie ou la mort.* Je compris alors qu'il étoit instruit de ta maladie; et, croyant qu'il n'en ignoroit pas non plus l'espèce, j'en parlai sans autre précaution que d'atténuer le danger. Sitôt qu'il sut que c'étoit la petite-vérole, il fit un cri et se trouva mal. La fatigue et l'insomnie, jointes à l'inquiétude d'esprit, l'avoient jeté dans un tel abattement qu'on fut long-temps à le faire revenir. A peine pouvoit-il parler; on le fit coucher.

Vaincu par la nature, il dormit douze heures de suite, mais avec tant d'agitation, qu'un pareil sommeil devoit plus épuiser que réparer ses forces. Le lendemain, nouvel embarras; il vouloit te voir absolument. Je lui opposai le danger de te causer une révolution; il offrit d'attendre qu'il n'y eût plus de risque, mais son séjour même en étoit un terrible. J'essayai de le lui faire sentir; il me coupa durement la parole. Gardez votre barbare éloquence, me dit-il d'un ton d'indignation; c'est trop l'exercer à ma ruine. N'espérez pas me chasser encore comme vous fîtes à mon exil : je viendrois cent fois du bout du monde pour la voir un seul instant. Mais je jure par l'auteur de mon être, ajouta-t-il impétueusement, que je ne partirai point d'ici sans l'avoir vue. Éprouvons une fois si je vous rendrai pitoyable, ou si vous me rendrez parjure.

Son parti étoit pris. M. d'Orbe fut d'avis de chercher les moyens de le satisfaire pour le pouvoir renvoyer avant que son retour fût découvert : car il n'étoit connu dans la maison que du seul Hanz dont j'étois sûre, et nous l'avions appelé devant nos gens d'un autre nom que le sien [1]. Je lui promis qu'il te verroit la nuit suivante, à condition qu'il ne resteroit qu'un instant, qu'il ne te parleroit point; et

---

[1] On voit dans la quatrième Partie que ce nom substitué étoit celui de Saint-Preux.

qu'il repartiroit le lendemain avant le jour: j'en exigeai sa parole. Alors je fus tranquille; je laissai mon mari avec lui, et je retournai près de toi.

Je te trouvai sensiblement mieux, l'éruption étoit achevée : le médecin me rendit le courage et l'espoir. Je me concertai d'avance avec Babi; et le redoublement, quoique moindre, t'ayant encore embarrassé la tête, je pris ce temps pour écarter tout le monde et faire dire à mon mari d'amener son hôte, jugeant qu'avant la fin de l'accès tu serois moins en état de le reconnoître. Nous eûmes toutes les peines du monde à renvoyer ton désolé père, qui chaque nuit s'obstinoit à vouloir rester. Enfin je lui dis en colère qu'il n'épargneroit la peine de personne, que j'étois également résolue à veiller, et qu'il savoit bien, tout père qu'il étoit, que sa tendresse n'étoit pas plus vigilante que la mienne. Il partit à regret; nous restâmes seules. M. d'Orbe arriva sur les onze heures, et me dit qu'il avoit laissé ton ami dans la rue : je l'allai chercher; je le pris par la main : il trembloit comme la feuille. En passant dans l'antichambre les forces lui manquèrent; il respiroit avec peine, et fut contraint de s'asseoir.

Alors démêlant quelques objets à la foible lueur d'une lumière éloignée : Oui, dit-il avec un profond soupir, je reconnois les mêmes lieux. Une fois en ma vie je les ai traversés.... à la même heure.... avec le même mystère.... j'étois tremblant comme aujourd'hui.... le cœur me palpitoit de même.... O téméraire ! j'étois mortel, et j'osois goûter !.... Que vais-je voir maintenant dans ce même asile où tout respiroit la volupté dont mon âme étoit enivrée, dans ce même objet qui faisoit et partageoit mes transports ? l'image du trépas, un appareil de douleur, la vertu malheureuse, et la beauté mourante !

Chère cousine, j'épargne à ton pauvre cœur le détail de cette attendrissante scène. Il te vit, et se tut ; il l'avoit promis : mais quel silence ! Il se jeta à genoux ; il baisoit tes rideaux en sanglotant; il élevoit les mains et les yeux; il poussoit de sourds gémissemens ; il avoit peine à contenir sa douleur et ses cris. Sans le voir, tu sortis machinalement une de tes mains; il s'en saisit avec une espèce de fureur ; les baisers de feu qu'il appliquoit sur cette main malade t'éveillèrent mieux que le bruit et la voix de tout ce qui t'environnoit. Je vis que tu l'avois reconnu ; et, malgré sa résistance et ses plaintes, je l'arrachai de la chambre à l'instant, espérant éluder l'idée d'une si courte apparition par le prétexte du délire. Mais, voyant ensuite que tu ne m'en disois rien, je crus que tu l'avois oubliée; je défendis à Babi de t'en parler, et je sais qu'elle m'a tenu parole. Vaine prudence que l'amour a déconcertée, et qui n'a fait que laisser fermenter un souvenir qu'il n'est plus temps d'effacer !

Il partit comme il l'avoit promis, et je lui fis jurer qu'il ne s'arrêteroit pas au voisinage. Mais, ma chère, ce n'est pas tout ; il faut achever de te dire ce qu'aussi bien tu ne pourrois ignorer long-temps. Mylord Édouard passa deux jours après; il se pressa pour l'atteindre; il le joignit à Dijon, et le trouva malade. L'infortuné avoit gagné la petite-vérole, il m'avoit caché qu'il ne l'avoit point eue, et je te l'avois mené sans précaution. Ne pouvant guérir ton mal, il le voulut partager. En me rappelant la manière dont il baisoit ta main, je ne puis douter qu'il ne se soit inoculé volontairement. On ne pouvoit être plus mal préparé ; mais c'étoit l'inoculation de l'amour, elle fut heureuse. Ce père de la vie l'a conservée au plus tendre amant qui fut jamais : il est guéri ; et, suivant la dernière lettre de mylord Édouard, ils doivent être actuellement repartis pour Paris.

Voilà, trop aimable cousine, de quoi bannir les terreurs funèbres qui t'alarmoient sans sujet. Depuis long-temps tu as renoncé à la personne de ton ami, et sa vie est en sûreté. Ne songe donc qu'à conserver la tienne, et à t'acquitter de bonne grâce du sacrifice que ton cœur a promis à l'amour paternel. Cesse enfin d'être le jouet d'un vain espoir, et de te repaître de chimères. Tu te presses beaucoup d'être fière de ta laideur; sois plus humble, crois-moi, tu n'as encore que trop sujet de l'être. Tu as essuyé une cruelle atteinte, mais ton visage a été épargné. Ce que tu prends pour des cicatrices ne sont que des rougeurs qui seront bientôt effacées. Je fus plus maltraitée que cela, et cependant tu vois que je ne suis pas trop mal encore. Mon ange, tu resteras jolie en dépit de toi ; et l'indifférent Wolmar, que trois ans d'absence n'ont pu guérir d'un amour conçu dans huit jours, s'en guérira-t-il en te voyant à toute heure? Oh, si ta seule ressource est de déplaire, que ton sort est désespéré!

LETTRE XV.

DE JULIE.

C'en est trop, c'en est trop. Ami, tu as vaincu. Je ne suis point à l'épreuve de tant d'amour ; ma résistance est épuisée. J'ai fait usage de toutes mes forces ; ma conscience m'en rend le consolant témoignage. Que le ciel ne me demande point compte de plus qu'il ne m'a donné. Ce triste cœur que tu achetas tant de fois, et qui coûta si cher au tien, t'appartient sans réserve ; il fut à toi du premier moment où mes yeux te virent ; il te restera jusqu'à mon dernier soupir. Tu l'as trop bien mérité pour le perdre, et je suis lasse de servir aux dépens de la justice une chimérique vertu.

Oui, tendre et généreux amant, ta Julie sera toujours tienne, elle t'aimera toujours : il le faut, je le veux, je le dois. Je te rends l'empire que l'amour t'a donné ; il ne te sera plus ôté. C'est en vain qu'une voix mensongère murmure au fond de mon âme, elle ne m'abusera plus. Que sont les vains devoirs qu'elle m'oppose contre ceux d'aimer à jamais ce que le ciel m'a fait aimer? Le plus sacré de tous n'est-il pas envers toi? n'est-ce pas à toi seul que j'ai tout promis? le premier vœu de mon cœur ne fut-il pas de ne t'oublier jamais? et ton inviolable fidélité n'est-elle pas un nouveau lien pour la mienne? Ah! dans le transport d'amour qui me rend à toi, mon seul regret est d'avoir combattu des sentimens si chers et si légitimes. Nature, ô douce nature! reprends tous tes droits ; j'abjure les barbares vertus qui t'anéantissent. Les penchans que tu m'as donnés seront-ils plus trompeurs qu'une raison qui m'égara tant de fois?

Respecte ces tendres penchans, mon aimable ami ; tu leur dois trop pour les haïr ; mais souffres-en le cher et doux partage ; souffre que les droits du sang et de l'amitié ne soient pas éteints par ceux de l'amour. Ne pense point que pour te suivre j'abandonne jamais la maison paternelle ; n'espère point que je me refuse aux liens que m'impose une autorité sacrée : la cruelle perte de l'un des auteurs de mes jours m'a trop appris à craindre d'affliger l'autre. Non, celle dont il attend désormais toute sa consolation ne contristera point son âme accablée d'ennuis ; je n'aurai point donné la mort à tout ce qui me donna la vie. Non, non ; je connois mon crime et ne puis le haïr. Devoir, honneur, vertu, tout cela ne me dit plus rien : mais pourtant je ne suis point un monstre ; je suis foible et non dénaturée. Mon parti est pris, je ne veux désoler aucun de ceux que j'aime. Qu'un père esclave de sa parole et jaloux d'un vain titre dispose de ma main qu'il a promise ; que l'amour seul dispose de mon cœur ; que mes pleurs ne cessent de couler dans le sein d'une tendre amie. Que je sois vile et malheureuse ; mais que tout ce qui m'est cher soit heureux et content s'il est possible. Formez tous trois ma seule existence, et que votre bonheur me fasse oublier ma misère et mon désespoir.

LETTRE XVI.

RÉPONSE.

Nous renaissons, ma Julie ; tous les vrais sentimens de nos âmes reprennent leur cours. La nature nous a conservé l'être, et l'amour nous rend à la vie. En doutois-tu? L'osas-tu croire, de pouvoir m'ôter ton cœur? Va, je le connois mieux que toi, ce cœur que le ciel a fait pour le mien. Je les sens joints par une existence commune qu'ils ne peuvent perdre qu'à la mort. Dépend-il de nous de les séparer, ni même de le vouloir? tiennent-ils l'un à l'autre par des nœuds que les hommes aient formés et qu'ils puissent rompre? Non, non, Julie ; si le sort cruel nous refuse le doux nom d'époux, rien ne peut nous ôter celui d'amans fidèles ; il fera la consolation de nos tristes jours, et nous l'emporterons au tombeau.

Ainsi nous recommençons de vivre pour recommencer de souffrir, et le sentiment de notre existence n'est pour nous qu'un sentiment de douleur. Infortunés! que sommes-nous devenus? Comment avons-nous cessé d'être ce que nous fûmes? Où est cet enchantement de

PARTIE III, LETTRE XVI.

bonheur suprême? Où sont ces ravissemens exquis dont les vertus animoient nos feux? Il ne reste de nous que notre amour; l'amour seul reste, et ses charmes se sont éclipsés. Fille trop soumise, amante sans courage, tous nos maux nous viennent de tes erreurs. Hélas! un cœur moins pur t'auroit bien moins égarée! Oui, c'est l'honnêteté du tien qui nous perd; les sentimens droits qui le remplissent en ont chassé la sagesse. Tu as voulu concilier la tendresse filiale avec l'indomptable amour; en te livrant à la fois à tous tes penchans, tu les confonds au lieu de les accorder, et deviens coupable à force de vertus. O Julie, quel est ton inconcevable empire! Par quel étrange pouvoir tu fascines ma raison! même en me faisant rougir de nos feux, tu te fais encore estimer par tes fautes; tu me forces de t'admirer en partageant tes remords.... Des remords!..... étoit-ce à toi d'en sentir?..... toi que j'aimai.... toi que je ne puis cesser d'adorer...... Le crime pourroit-il approcher de ton cœur?.... Cruelle! en me le rendant ce cœur qui m'appartient, rends-le-moi tel qu'il me fut donné.

Que m'as-tu dit?... qu'oses-tu me faire entendre?... Toi, passer dans les bras d'un autre!... un autre te posséder!... n'être plus à moi!... ou, pour comble d'horreur, n'être pas à moi seul! Moi, j'éprouverois cet affreux supplice!... je te verrois survivre à toi-même!... Non; j'aime mieux te perdre que te partager.... Que le ciel ne me donna-t-il un courage digne des transports qui m'agitent!.... avant que ta main se fût avilie dans ce nœud funeste abhorré par l'amour et réprouvé par l'honneur, j'irois de la mienne te plonger un poignard dans le sein; j'épuiserois ton chaste cœur d'un sang que n'auroit point souillé l'infidélité. A ce pur sang je mêlerois celui qui brûle dans mes veines d'un feu que rien ne peut éteindre; je tomberois dans tes bras; je rendrois sur tes lèvres mon dernier soupir.... je recevrois le tien.... Julie expirante!..... ces yeux si doux éteints par les horreurs de la mort!..... ce sein, ce trône de l'amour, déchiré par ma main, versant à gros bouillons le sang et la vie!..... Non, vis et souffre, porte la peine de ma lâcheté. Non; je voudrois que tu ne fusses plus; mais je ne puis t'aimer assez pour te poignarder.

O si tu connoissois l'état de ce cœur serré de détresse! jamais il ne brûla d'un feu si sacré; jamais ton innocence et ta vertu ne lui furent si chères. Je suis amant, je sais aimer, je le sens; mais je ne suis qu'un homme, et il est au-dessus de la force humaine de renoncer à la suprême félicité. Une nuit, une seule nuit a changé pour jamais toute mon âme. Ote-moi ce dangereux souvenir, et je suis vertueux. Mais cette nuit fatale règne au fond de mon cœur et va couvrir de son ombre le reste de ma vie. Ah Julie! objet adoré! s'il faut être à jamais misérables, encore une heure de bonheur, et des regrets éternels!

Écoute celui qui t'aime. Pourquoi voudrions-nous être plus sages nous seuls que tout le reste des hommes, et suivre avec une simplicité d'enfans de chimériques vertus dont tout le monde parle et que personne ne pratique? Quoi! serons-nous meilleurs moralistes que ces foules de savans dont Londres et Paris sont peuplés, qui tous se raillent de la fidélité conjugale et regardent l'adultère comme un jeu! Les exemples n'en sont point scandaleux; il n'est pas même permis d'y trouver à redire; et tous les honnêtes gens se riroient ici de celui qui, par respect pour le mariage, résisteroit au penchant de son cœur. En effet, disent-ils, un tort qui n'est que dans l'opinion n'est-il pas nul quand il est secret? Quel mal reçoit un mari d'une infidélité qu'il ignore? De quelle complaisance une femme ne rachète-t-elle pas ses fautes (¹)? quelle douceur n'emploie-t-elle pas à prévenir ou guérir ses soupçons? Privé d'un bien imaginaire, il vit réellement plus heureux; et ce prétendu crime dont on fait tant de bruit n'est qu'un lien de plus dans la société.

A Dieu ne plaise, ô chère amie de mon cœur, que je veuille rassurer le tien par ces honteuses maximes! je les abhorre sans savoir les combattre, et ma conscience y répond mieux que ma raison. Non que je me fasse fort d'un courage que je hais, ni que je voulusse d'une vertu si coûteuse: mais je me crois moins coupable en

---

(¹) Et où le bon Suisse avoit-il vu cela? Il y a long-temps que les femmes galantes l'ont pris sur un plus haut ton. Elles commencent par établir fièrement leurs amans dans la maison; et si l'on daigne y souffrir le mari, c'est autant qu'il se comporte envers eux avec le respect qu'il leur doit. Une femme qui se cacheroit d'un mauvais commerce feroit croire qu'elle en a honte, et seroit déshonorée; pas une honnête femme ne voudroit la voir.

me reprochant mes fautes qu'en m'efforçant de les justifier; et je regarde comme le comble du crime d'en vouloir ôter les remords.

Je ne sais ce que j'écris : je me sens l'âme dans un état affreux, pire que celui même où j'étois avant d'avoir reçu ta lettre. L'espoir que tu me rends est triste et sombre; il éteint cette lueur si pure qui nous guida tant de fois; tes attraits s'en ternissent et ne deviennent que plus touchans : je te vois tendre et malheureuse; mon cœur est inondé des pleurs qui coulent de tes yeux, et je me reproche avec amertume un bonheur que je ne puis plus goûter qu'aux dépens du tien.

Je sens pourtant qu'une ardeur secrète m'anime encore et me rend le courage que veulent m'ôter les remords. Chère amie, ah! sais-tu de combien de pertes un amour pareil au mien peut te dédommager? Sais-tu jusqu'à quel point un amant qui ne respire que pour toi peut te faire aimer la vie? Conçois-tu bien que c'est pour toi seule que je veux vivre, agir, penser, sentir désormais? Non, source délicieuse de mon être, je n'aurai plus d'âme que ton âme, je ne serai plus rien qu'une partie de toi-même, et tu trouveras au fond de mon cœur une si douce existence que tu ne sentiras point ce que la tienne aura perdu de ses charmes. Hé bien! nous serons coupables, mais nous ne serons point méchans; nous serons coupables, mais nous aimerons toujours la vertu : loin d'oser excuser nos fautes, nous en gémirons, nous les pleurerons ensemble, nous les rachèterons, s'il est possible, à force d'être bienfaisans et bons. Julie! ô Julie! que ferois-tu? que peux-tu faire! Tu ne peux échapper à mon cœur; n'a-t-il pas épousé le tien?

Ces vains projets de fortune qui m'ont si grossièrement abusé sont oubliés depuis long-temps. Je vais m'occuper uniquement des soins que je dois à mylord Édouard : il veut m'entraîner en Angleterre; il prétend que je puis l'y servir. Hé bien! je l'y suivrai : mais je me déroberai tous les ans; je me rendrai secrètement près de toi. Si je ne puis te parler, au moins je t'aurai vue; j'aurai du moins baisé tes pas; un regard de tes yeux m'aura donné dix mois de vie. Forcé de repartir, en m'éloignant de celle que j'aime je compterai pour me consoler les pas qui doivent m'en rapprocher. Ces fréquens voyages donneront le change à ton malheureux amant; il croira déjà jouir de ta vue en partant pour t'aller voir; le souvenir de ses transports l'enchantera durant son retour; malgré le sort cruel, ses tristes ans ne seront pas tout-à-fait perdus; il n'y en aura point qui ne soient marqués par des plaisirs, et les courts momens qu'il passera près de toi se multiplieront sur sa vie entière.

LETTRE XVII.

DE MADAME D'ORBE A L'AMANT DE JULIE.

Votre amante n'est plus; mais j'ai retrouvé mon amie, et vous en avez acquis une dont le cœur peut vous rendre beaucoup plus que vous n'avez perdu. Julie est mariée, et digne de rendre heureux l'honnête homme qui vient d'unir son sort au sien. Après tant d'imprudences, rendez grâces au ciel qui vous a sauvés tous deux, elle de l'ignominie, et vous du regret de l'avoir déshonorée. Respectez son nouvel état, ne lui écrivez point, elle vous en prie. Attendez qu'elle vous écrive; c'est ce qu'elle fera dans peu. Voici le temps où je vais connoître si vous méritez l'estime que j'eus pour vous, et si votre cœur est sensible à une amitié pure et sans intérêt.

LETTRE XVIII.

DE JULIE A SON AMI.

Vous êtes depuis si long-temps le dépositaire de tous les secrets de mon cœur qu'il ne sauroit plus perdre une si douce habitude. Dans la plus importante occasion de ma vie, il veut s'épancher avec vous : ouvrez-lui le vôtre, mon aimable ami; recueillez dans votre sein les longs discours de l'amitié : si quelquefois elle rend diffus l'ami qui parle, elle rend toujours patient l'ami qui écoute.

Liée au sort d'un époux, ou plutôt aux volontés d'un père, par une chaîne indissoluble, j'entre dans une nouvelle carrière qui ne doit finir qu'à la mort. En la commençant, jetons un moment les yeux sur celle que je quitte; il ne nous sera pas pénible de rappeler un temps si cher; peut-être y trouverai-je des leçons pour bien user de celui qui me reste ; peut-être y trouverez-vous des lumières pour expliquer ce que ma conduite eut toujours d'obscur à vos yeux. Au moins, en considérant ce que nous fûmes l'un à l'autre, nos cœurs n'en sentiront que mieux ce qu'ils se doivent jusqu'à la fin de nos jours.

Il y a six ans à peu près que je vous vis pour la première fois : vous étiez jeune, bien fait, aimable : d'autres jeunes gens m'ont paru plus beaux et mieux faits que vous ; aucun ne m'a donné la moindre émotion, et mon cœur fut à vous dès la première vue (¹). Je crus voir sur votre visage les traits de l'âme qu'il falloit à la mienne. Il me sembla que mes sens ne servoient que d'organe à des sentimens plus nobles ; et j'aimai dans vous moins ce que j'y voyois que ce que je croyois sentir en moi-même. Il n'y a pas deux mois que je pensois encore ne m'être pas trompée ; l'aveugle amour, me disois-je, avoit raison ; nous étions faits l'un pour l'autre ; je serois à lui si l'ordre humain n'eût troublé les rapports de la nature ; et s'il étoit permis à quelqu'un d'être heureux, nous aurions dû l'être ensemble.

Mes sentimens nous furent communs : ils m'auroient abusée si je les eusse éprouvés seule. L'amour que j'ai connu ne peut naître que d'une convenance réciproque et d'un accord des âmes. On n'aime point si l'on n'est aimé, du moins on n'aime pas long-temps. Ces passions sans retour qui font, dit-on, tant de malheureux, ne sont fondées que sur les sens : si quelques-unes pénètrent jusqu'à l'âme, c'est par des rapports faux dont on est bientôt détrompé. L'amour sensuel ne peut se passer de la possession, et s'éteint par elle. Le véritable amour ne peut se passer du cœur, et dure autant que les rapports qui l'ont fait naître (²). Tel fut le nôtre en commençant : tel il sera, j'espère, jusqu'à la fin de nos jours, quand nous l'aurons mieux ordonné. Je vis, je sentis que j'étois aimée et que je devois l'être : la bouche étoit muette, le regard étoit contraint, mais le cœur se faisoit entendre. Nous éprouvâmes bientôt entre nous ce je ne sais quoi qui rend le silence éloquent, qui fait parler des yeux baissés, qui donne une timidité téméraire, qui montre les désirs par la crainte, et dit tout ce qu'il n'ose exprimer.

Je sentis mon cœur, et me jugeai perdue à votre premier mot. J'aperçus la gêne de votre réserve ; j'approuvai ce respect, je vous en aimai davantage : je cherchois à vous dédommager d'un silence pénible et nécessaire sans qu'il en coûtât à mon innocence ; je forçai mon naturel ; j'imitai ma cousine, je devins badine et folâtre comme elle, pour prévenir des explications trop graves et faire passer mille tendres caresses à la faveur de ce feint enjouement. Je voulois vous rendre si doux votre état présent, que la crainte d'en changer augmentât votre retenue. Tout cela me réussit mal : on ne sort point de son naturel impunément. Insensée que j'étois ! j'accélérai ma perte au lieu de la prévenir, j'employai du poison pour palliatif ; et ce qui devoit vous faire taire fut précisément ce qui vous fit parler. J'eus beau, par une froideur affectée, vous tenir éloigné dans le tête-à-tête, cette contrainte même me trahit : vous écrivîtes ; au lieu de jeter au feu votre première lettre ou de la porter à ma mère, j'osai l'ouvrir : ce fut là mon crime, et tout le reste fut forcé. Je voulus m'empêcher de répondre à ces lettres funestes que je ne pouvois m'empêcher de lire. Cet affreux combat altéra ma santé : je vis l'abîme où j'allois me précipiter : j'eus horreur de moi-même, et ne pus me résoudre à vous laisser partir. Je tombai dans une sorte de désespoir ; j'aurois mieux aimé que vous ne fussiez plus que de n'être point à moi : j'en vins jusqu'à souhaiter votre mort, jusqu'à vous la demander. Le ciel a vu mon cœur : cet effort doit racheter quelques fautes.

Vous voyant prêt à m'obéir, il fallut parler. J'avois reçu de la Chaillot des leçons qui ne me firent que mieux connoître les dangers de cet aveu. L'amour qui m'arrachoit m'apprit à éluder l'effet. Vous fûtes mon dernier refuge ; j'eus assez de confiance en vous pour vous armer contre ma foiblesse ; je vous crus digne de me sauver de moi-même, et je vous rendis justice. En vous voyant respecter un dépôt si cher,

---

(¹) M. Richardson se moque beaucoup de ces attachemens nés de la première vue, et fondés sur des conformités indéfinissables. C'est fort bien fait de s'en moquer ; mais comme il n'en existe pourtant que trop de cette espèce, au lieu de s'amuser à les nier, ne feroit-on pas mieux de nous apprendre à les vaincre ?

(²) Quand ces rapports sont chimériques, il dure autant que l'illusion qui nous les fait imaginer.

je connus que ma passion ne m'aveugloit point sur les vertus qu'elle me faisoit trouver en vous. Je m'y livrois avec d'autant plus de sécurité, qu'il me sembla que nos cœurs se suffisoient l'un à l'autre. Sûre de ne trouver au fond du mien que des sentimens honnêtes, je goûtois sans précaution les charmes d'une douce familiarité. Hélas ! je ne voyois pas que le mal s'invétéroit par ma négligence, et que l'habitude étoit plus dangereuse que l'amour. Touchée de votre retenue, je crus pouvoir sans risque modérer la mienne ; dans l'innocence de mes désirs, je pensois encourager en vous la vertu même par les tendres caresses de l'amitié. J'appris dans le bosquet de Clarens que j'avois trop compté sur moi, et qu'il ne faut rien accorder aux sens quand on veut leur refuser quelque chose. Un instant, un seul instant, embrasa les miens d'un feu que rien ne put éteindre ; et si ma volonté résistoit encore, dès lors mon cœur fut corrompu.

Vous partagiez mon égarement : votre lettre me fit trembler. Le péril étoit double : pour me garantir de vous et de moi il fallut vous éloigner. Ce fut le dernier effort d'une vertu mourante. En fuyant, vous achevâtes de vaincre ; et sitôt que je ne vous vis plus, ma langueur m'ôta le peu de force qui me restoit pour vous résister.

Mon père, en quittant le service, avoit amené chez lui M. de Wolmar ; la vie qu'il lui devoit, et une liaison de vingt ans, lui rendoient cet ami si cher qu'il ne pouvoit se séparer de lui. M. de Wolmar avançoit en âge ; et, quoique riche et de grande naissance, ne trouvoit point de femme qui lui convînt. Mon père lui avoit parlé de sa fille en homme qui souhaitoit de se faire un gendre de son ami : il fut question de la voir, et c'est dans ce dessein qu'ils firent le voyage ensemble. Mon destin voulut que je plusse à M. de Wolmar, qui n'avoit jamais rien aimé. Ils se donnèrent secrètement leur parole ; et M. de Wolmar, ayant beaucoup d'affaires à régler dans une cour du Nord où étoient sa famille et sa fortune, il en demanda le temps, et partit sur cet engagement mutuel. Après son départ, mon père nous déclara, à ma mère et à moi, qu'il me l'avoit destiné pour époux, et m'ordonna d'un ton qui ne laissoit point de réplique à ma timidité de me disposer à recevoir sa main. Ma mère, qui n'avoit que trop remarqué le penchant de mon cœur, et qui se sentoit pour vous une inclination naturelle, essaya plusieurs fois d'ébranler cette résolution : sans oser vous proposer, elle parloit de manière à donner à mon père de la considération pour vous et le désir de vous connoître : mais la qualité qui vous manquoit le rendoit insensible à toutes celles que vous possédiez ; et s'il convenoit que la naissance ne les pouvoit remplacer, il prétendoit qu'elle seule pouvoit les faire valoir.

L'impossibilité d'être heureuse irrita des feux qu'elle eût dû éteindre. Une flatteuse illusion me soutenoit dans mes peines ; je perdis avec elle la force de les supporter. Tant qu'il me fût resté quelque espoir d'être à vous, peut-être aurois-je triomphé de moi ; il m'en eût moins coûté de vous résister toute ma vie que de renoncer à vous pour jamais ; et la seule idée d'un combat éternel m'ôta le courage de vaincre.

La tristesse et l'amour consumoient mon cœur, je tombai dans un abattement dont mes lettres se sentirent. Celle que vous m'écrivîtes de Meillerie y mit le comble ; à mes propres douleurs se joignit le sentiment de votre désespoir. Hélas ! c'est toujours l'âme la plus foible qui porte les peines de toutes deux. Le parti que vous m'osiez proposer mit le comble à mes perplexités. L'infortune de mes jours étoit assurée, l'inévitable choix qui me restoit à faire étoit d'y joindre celles de mes parens ou la vôtre. Je ne pus supporter cette horrible alternative : les forces de la nature ont un terme ; tant d'agitations épuisèrent les miennes. Je souhaitai d'être délivrée de la vie. Le ciel parut avoir pitié de moi ; mais la cruelle mort m'épargna pour me perdre. Je vous vis, je fus guérie, et je péris.

Si je ne trouvai point le bonheur dans mes fautes, je n'avois jamais espéré l'y trouver. Je sentois que mon cœur étoit fait pour la vertu, et qu'il ne pouvoit être heureux sans elle ; je succombai par foiblesse et non par erreur ; je n'eus pas même l'excuse de l'aveuglement. Il ne me restoit aucun espoir ; je ne pouvois plus qu'être infortunée. L'innocence et l'amour m'étoient également nécessaires ; ne pouvant les conserver ensemble, et voyant votre égarement, je ne consultai que vous dans mon choix, et me perdis pour vous sauver.

Mais il n'est pas si facile qu'on pense de renoncer à la vertu : elle tourmente long-temps ceux qui l'abandonnent, et ses charmes, qui font les délices des âmes pures, font le premier supplice du méchant, qui les aime encore et n'en sauroit plus jouir. Coupable et non dépravée, je ne pus échapper aux remords qui m'attendoient ; l'honnêteté me fut chère même après l'avoir perdue ; ma honte, pour être secrète, ne m'en fut pas moins amère, et quand tout l'univers en eût été témoin, je ne l'aurois pas mieux sentie. Je me consolois dans ma douleur comme un blessé qui craint la gangrène, et en qui le sentiment de son mal soutient l'espoir d'en guérir.

Cependant cet état d'opprobre m'étoit odieux. A force de vouloir étouffer le reproche sans renoncer au crime, il m'arriva ce qu'il arrive à toute âme honnête qui s'égare et qui se plaît dans son égarement. Une illusion nouvelle vint adoucir l'amertume du repentir ; j'espérai tirer de ma faute un moyen de la réparer, et j'osai former le projet de contraindre mon père à nous unir. Le premier fruit de notre amour devoit serrer ce doux lien : je le demandois au ciel comme le gage de mon retour à la vertu et de notre bonheur commun ; je le désirois comme une autre à ma place auroit pu le craindre : le tendre amour, tempérant par son prestige le murmure de la conscience, me consoloit de ma foiblesse par l'effet que j'en attendois, et faisoit d'une si chère attente le charme et l'espoir de ma vie.

Sitôt que j'aurois porté des marques sensibles de mon état, j'avois résolu d'en faire, en présence de toute ma famille, une déclaration publique à M. Perret (¹). Je suis timide, il est vrai ; je sentois tout ce qu'il m'en devoit coûter : mais l'honneur même animoit mon courage, et j'aimois mieux supporter une fois la confusion que j'avois méritée, que de nourrir une honte éternelle au fond de mon cœur. Je savois que mon père me donneroit la mort ou mon amant ; cette alternative n'avoit rien d'effrayant pour moi ; et, de manière ou d'autre, j'envisageois dans cette démarche la fin de tous mes malheurs.

(¹) Pasteur du lieu.

Tel étoit, mon bon ami, le mystère que je voulus vous dérober, et que vous cherchiez à pénétrer avec une si curieuse inquiétude. Mille raisons me forçoient à cette réserve avec un homme aussi emporté que vous, sans compter qu'il ne falloit pas armer d'un nouveau prétexte votre indiscrète importunité. Il étoit à propos surtout de vous éloigner durant une si périlleuse scène, et je savois bien que vous n'auriez jamais consenti à m'abandonner dans un danger pareil s'il vous eût été connu.

Hélas ! je fus encore abusée par une si douce espérance. Le ciel rejeta des projets conçus dans le crime : je ne méritois pas l'honneur d'être mère ; mon attente resta toujours vaine, et il me fut refusé d'expier ma faute aux dépens de ma réputation. Dans le désespoir que j'en conçus, l'imprudent rendez-vous qui mettoit votre vie en danger fut une témérité que mon fol amour me voiloit d'une si douce excuse : je m'en prenois à moi du mauvais succès de mes vœux, et mon cœur, abusé par ses désirs, ne voyoit dans l'ardeur de les contenter que le soin de les rendre un jour légitimes.

Je les crus un instant accomplis : cette erreur fut la source du plus cuisant de mes regrets ; et l'amour exaucé par la nature n'en fut que plus cruellement trahi par la destinée. Vous avez su (¹) quel accident détruisit, avec le germe que je portois dans mon sein, le dernier fondement des mes espérances. Ce malheur m'arriva précisément dans le temps de notre séparation, comme si le ciel eût voulu m'accabler alors de tous les maux que j'avais mérités, et couper à la fois tous les liens qui pouvoient nous unir.

Votre départ fut la fin de mes erreurs ainsi que de mes plaisirs ; je reconnus, mais trop tard, les chimères qui m'avoient abusée. Je me vis aussi méprisable que je l'étois devenue, et aussi malheureuse que je devois toujours l'être avec un amour sans innocence et des désirs sans espoir qu'il m'étoit impossible d'éteindre. Tourmentée de mille vains regrets, je renonçai à des réflexions aussi douloureuses qu'inutiles : je ne valois plus la peine que je songeasse à moi-même, je consacrai ma vie à m'occuper de

(¹) Ceci suppose d'autres lettres que nous n'avons pas.

vous. Je n'avois plus d'honneur que le vôtre, plus d'espérance qu'en votre bonheur ; et les sentimens qui me venoient de vous étoient les seuls dont je crusse pouvoir être encore émue.

L'amour ne m'aveugloit point sur vos défauts, mais il me les rendoit chers ; et telle étoit son illusion, que je vous aurois moins aimé si vous aviez été plus parfait. Je connoissois votre cœur, vos emportemens ; je savois qu'avec plus de courage que moi vous aviez moins de patience, et que les maux dont mon âme étoit accablée mettroient la vôtre au désespoir ; c'est par cette raison que je vous cachai toujours avec soin les engagemens de mon père ; et, à notre séparation, voulant profiter du zèle de mylord Édouard pour votre fortune et vous en inspirer un pareil à vous-même, je vous flattai d'un espoir que je n'avois pas. Je fis plus ; connoissant le danger qui nous menaçoit, je pris la seule précaution qui pouvoit nous en garantir ; et, vous engageant avec ma parole ma liberté autant qu'il m'étoit possible, je tâchai d'inspirer à vous de la confiance, à moi de la fermeté, par une promesse que je n'osasse enfreindre et qui pût vous tranquilliser. C'étoit un devoir puéril, j'en conviens, et cependant je ne m'en serois jamais départie. La vertu est si nécessaire à nos cœurs, que, quand on a une fois abandonné la véritable, on s'en fait ensuite une à sa mode, et l'on y tient plus fortement peut-être, parce qu'elle est de notre choix.

Je ne vous dirai point combien j'éprouvai d'agitations depuis votre éloignement : la pire de toutes étoit la crainte d'être oubliée. Le séjour où vous étiez me faisoit trembler ; votre manière d'y vivre augmentoit mon effroi ; je croyois déjà vous voir avilir jusqu'à n'être plus qu'un homme à bonnes fortunes. Cette ignominie m'étoit plus cruelle que tous mes maux ; j'aurois mieux aimé vous savoir malheureux que méprisable ; après tant de peines auxquelles j'étois accoutumée, votre déshonneur étoit la seule que je ne pouvois supporter.

Je fus rassurée sur des craintes que le ton de vos lettres commençoit à confirmer ; et je le fus par un moyen qui eût pu mettre le comble aux alarmes d'une autre. Je parle du désordre où vous vous laissâtes entraîner, et dont le prompt et libre aveu fut de toutes les preuves de votre franchise celle qui m'a le plus touchée. Je vous connoissois trop pour ignorer ce qu'un pareil aveu devoit vous coûter, quand même j'aurois cessé de vous être chère ; je vis que l'amour, vainqueur de la honte, avoit pu seul vous l'arracher. Je jugeai qu'un cœur si sincère étoit incapable d'une infidélité cachée ; je trouvai moins de tort dans votre faute que de mérite à la confesser, et, me rappelant vos anciens engagemens, je me guéris pour jamais de la jalousie.

Mon ami, je n'en fus pas plus heureuse ; pour un tourment de moins, sans cesse il en renaissoit mille autres, et je ne connus jamais mieux combien il est insensé de chercher dans l'égarement de son cœur un repos qu'on ne trouve que dans la sagesse. Depuis long-temps je pleurois en secret la meilleure des mères, qu'une langueur mortelle consumoit insensiblement. Babi, à qui le fatal effet de ma chute m'avoit forcée à me confier, me trahit et lui découvrit nos amours et mes fautes. A peine eus-je retiré vos lettres de chez ma cousine, qu'elles furent surprises. Le témoignage étoit convaincant ; la tristesse acheva d'ôter à ma mère le peu de forces que son mal lui avoit laissées. Je faillis expirer de regret à ses pieds. Loin de m'exposer à la mort que je méritois, elle voila ma honte, et se contenta d'en gémir : vous-même, qui l'aviez si cruellement abusée, ne pûtes lui devenir odieux. Je fus témoin de l'effet que produisit votre lettre sur son cœur tendre et compatissant. Hélas ! elle désiroit votre bonheur et le mien. Elle tenta plus d'une fois..... Que sert de rappeler une espérance à jamais éteinte ? Le ciel en avoit autrement ordonné. Elle finit ses tristes jours dans la douleur de n'avoir pu fléchir un époux sévère, et de laisser une fille si peu digne d'elle.

Accablée d'une si cruelle perte, mon âme n'eut plus de force que pour la sentir ; la voix de la nature gémissante étouffa les murmures de l'amour. Je pris dans une espèce d'horreur la cause de tant de maux ; je voulus étouffer enfin l'odieuse passion qui me les avoit attirés, et renoncer à vous pour jamais. Il le falloit, sans doute ; n'avois-je pas assez de quoi pleurer le reste de ma vie, sans chercher incessamment de nouveaux sujets de larmes ? Tout sembloit favoriser ma résolution. Si la tristesse attendrit l'âme, une profonde affliction l'endurcit. Le souvenir de ma mère mourante effaçoit le vôtre ; nous étions éloignés ; l'espoir m'avoit abandonnée. Jamais mon incomparable amie ne fut si sublime ni si digne d'occuper seule tout mon cœur ; sa vertu, sa raison, son amitié, ses tendres caresses, sembloient l'avoir purifié : je vous crus oublié, je me crus guérie. Il étoit trop tard ; ce que j'avois pris pour la froideur d'un amour éteint n'étoit que l'abattement du désespoir.

Comme un malade qui cesse de souffrir en tombant en foiblesse se ranime à de plus vives douleurs, je sentis bientôt renaître toutes les miennes quand mon père m'eut annoncé le prochain retour de M. de Wolmar. Ce fut alors que l'invincible amour me rendit des forces que je croyois n'avoir plus. Pour la première fois de ma vie j'osai résister en face à mon père ; je lui protestai nettement que jamais M. de Wolmar ne me seroit rien, que j'étois déterminée à mourir fille, qu'il étoit maître de ma vie, mais non pas de mon cœur, et que rien ne me feroit changer de volonté. Je ne vous parlerai ni de sa colère ni des traitemens que j'eus à souffrir. Je fus inébranlable : ma timidité surmontée m'avoit portée à l'autre extrémité ; et si j'avois le ton moins impérieux que mon père, je l'avois tout aussi résolu.

Il vit que j'avois pris mon parti, et qu'il ne gagneroit rien sur moi par autorité. Un instant je me crus délivrée de ses persécutions ; mais que devins-je quand tout à coup je vis à mes pieds le plus sévère des pères attendri et fondant en larmes ? Sans me permettre de me relever il me serroit les genoux, et, fixant ses yeux mouillés sur les miens, il me dit d'une voix touchante que j'entends encore au dedans de moi : Ma fille, respecte les cheveux blancs de ton malheureux père ; ne le fais pas descendre avec douleur au tombeau, comme celle qui te porta dans son sein : ah ! veux-tu donner la mort à toute ta famille ?

Concevez mon saisissement. Cette attitude, ce ton, ce geste, ce discours, cette affreuse idée, me bouleversèrent au point que je me laissai aller demi-morte entre ses bras, et ce ne fut qu'après bien des sanglots dont j'étois oppressée que je pus lui répondre d'une voix altérée et foible : O mon père ! j'avois des armes contre vos menaces, je n'en ai point contre vos pleurs ; c'est vous qui ferez mourir votre fille.

Nous étions tous deux tellement agités que nous ne pûmes de long-temps nous remettre. Cependant, en repassant en moi-même ses derniers mots, je conçus qu'il étoit plus instruit que je n'avois cru, et, résolue de me prévaloir contre lui de ses propres connoissances, je me préparois à lui faire, au péril de ma vie, un aveu trop long-temps différé, quand, m'arrêtant avec vivacité comme s'il eût prévu et craint ce que j'allois lui dire, il me parla ainsi :

« Je ne sais quelle fantaisie indigne d'une
» fille bien née vous nourrissez au fond de votre
» cœur : il est temps de sacrifier au devoir et
» à l'honnêteté une passion honteuse qui vous
» déshonore et que vous ne satisferez jamais
» qu'aux dépens de ma vie. Écoutez une fois ce
» que l'honneur d'un père et le vôtre exigent
» de vous, et jugez-vous vous-même.

» M. de Wolmar est un homme d'une grande
» naissance, distingué par toutes les qualités
» qui peuvent la soutenir, qui jouit de la con-
» sidération publique, et qui la mérite. Je lui
» dois la vie ; vous savez les engagemens que
» j'ai pris avec lui. Ce qu'il faut vous appren-
» dre encore, c'est qu'étant allé dans son pays
» pour mettre ordre à ses affaires, il s'est
» trouvé enveloppé dans la dernière révolution,
» qu'il y a perdu ses biens, qu'il n'a lui-même
» échappé à l'exil en Sibérie que par un bon-
» heur singulier, et qu'il revient avec le triste
» débris de sa fortune, sur la parole de son
» ami qui n'en manqua jamais à personne.
» Prescrivez-moi maintenant la réception qu'il
» faut lui faire à son retour. Lui dirai-je : Mon-
» sieur, je vous promis ma fille tandis que vous
» étiez riche ; mais à présent que vous n'avez
» plus rien je me rétracte, et ma fille ne veut
» point de vous ? Si ce n'est pas ainsi que j'é-
» nonce mon refus, c'est ainsi qu'on l'inter-
» prétera : vos amours allégués seront pris
» pour un prétexte, ou ne seront pour moi
» qu'un affront de plus ; et nous passerons,
» vous pour une fille perdue, moi pour un
» malhonnête homme qui sacrifie son devoir et
» sa foi à un vil intérêt, et joint l'ingratitude à
» l'infidélité. Ma fille, il est trop tard pour
» finir dans l'opprobre une vie sans tache, et

» soixante ans d'honneur ne s'abandonnent pas en un quart d'heure.

» Voyez donc, continua-t-il, combien tout ce que vous pouvez me dire est à présent hors de propos; voyez si des préférences que la pudeur désavoue, et quelque feu passager de jeunesse, peuvent jamais être mis en balance avec le devoir d'une fille et l'honneur compromis d'un père. S'il n'étoit question pour l'un des deux que d'immoler son bonheur à l'autre, ma tendresse vous disputeroit un si doux sacrifice; mais, mon enfant, l'honneur a parlé, et, dans le sang dont tu sors, c'est toujours lui qui décide. »

Je ne manquois pas de bonnes réponses à ce discours; mais les préjugés de mon père lui donnent des principes si différens des miens, que des raisons qui me sembloient sans réplique ne l'auroient pas même ébranlé. D'ailleurs, ne sachant ni d'où lui venoient les lumières qu'il paroissoit avoir acquises sur ma conduite, ni jusqu'où elles pouvoient aller, craignant, à son affectation de m'interrompre, qu'il n'eût déjà pris son parti sur ce que j'avois à lui dire, et, plus que tout cela, retenue par une honte que je n'ai jamais pu vaincre, j'aimai mieux employer une excuse qui me parut plus sûre, parce qu'elle étoit plus selon sa manière de penser. Je lui déclarai sans détour l'engagement que j'avois pris avec vous; je protestai que je ne vous manquerois point de parole, et que, quoi qu'il pût arriver, je ne me marierois jamais sans votre consentement.

En effet, je m'aperçus avec joie que mon scrupule ne lui déplaisoit pas : il me fit de vifs reproches sur ma promesse, mais il n'y objecta rien; tant un gentilhomme plein d'honneur a naturellement une haute idée de la foi des engagemens, et regarde la parole comme une chose toujours sacrée. Au lieu donc de s'amuser à disputer sur la nullité de cette promesse, dont je ne serois jamais convenue, il m'obligea d'écrire un billet, auquel il joignit une lettre qu'il fit partir sur-le-champ. Avec quelle agitation n'attendis-je point votre réponse ! combien je fis de vœux pour vous trouver moins de délicatesse que vous ne deviez en avoir ! Mais je vous connoissois trop pour douter de votre obéissance, et je savois que, plus le sacrifice exigé de vous seroit pénible, plus vous seriez prompt à vous l'imposer. La réponse vint; elle me fut cachée durant ma maladie; après mon rétablissement mes craintes furent confirmées, et il ne me resta plus d'excuses. Au moins mon père me déclara qu'il n'en recevroit plus; et avec l'ascendant que le terrible mot qu'il m'avoit dit lui donnoit sur mes volontés, il me fit jurer que je ne dirois rien à M. de Wolmar qui pût le détourner de m'épouser : car, ajouta-t-il, cela lui paroîtroit un jeu concerté entre nous, et, à quelque prix que ce soit, il faut que ce mariage s'achève, ou que je meure de douleur.

Vous le savez, mon ami, ma santé, si robuste contre la fatigue et les injures de l'air, ne peut résister aux intempéries des passions, et c'est dans mon trop sensible cœur qu'est la source de tous les maux et de mon corps et de mon âme. Soit que de longs chagrins eussent corrompu mon sang, soit que la nature eût pris ce temps pour l'épurer d'un levain funeste, je me sentis fort incommodée à la fin de cet entretien. En sortant de la chambre de mon père je m'efforçai pour vous écrire un mot, et me trouvai si mal qu'en me mettant au lit j'espérai ne m'en plus relever. Tout le reste vous est trop connu; mon imprudence attira la vôtre. Vous vîntes; je vous vis, et crus n'avoir fait qu'un de ces rêves qui vous offroient si souvent à moi durant mon délire. Mais quand j'appris que vous étiez venu, que je vous avois vu réellement, et que, voulant partager le mal dont vous ne pouviez me guérir, vous l'aviez pris à dessein, je ne pus supporter cette dernière épreuve; et voyant un si tendre amour survivre à l'espérance, le mien, que j'avois pris tant de peine à contenir, ne connut plus de frein, et se ranima bientôt avec plus d'ardeur que jamais. Je vis qu'il falloit aimer malgré moi; je sentis qu'il falloit être coupable; que je ne pouvois résister ni à mon père ni à mon amant, et que je n'accorderois jamais les droits de l'amour et du sang qu'aux dépens de l'honnêteté. Ainsi tous mes bons sentimens achevèrent de s'éteindre, toutes mes facultés s'altérèrent, le crime perdit son horreur à mes yeux; je me sentis tout autre au dedans de moi; enfin les transports effrénés d'une passion rendue furieuse par les obstacles, me jetèrent dans le plus affreux désespoir qui puisse accabler une âme ; j'osai désespérer de la vertu. Votre lettre, plus propre à réveiller les remords qu'à les prévenir, acheva de m'égarer. Mon cœur étoit si corrompu que ma raison ne put résister aux discours de vos philosophes ; des horreurs dont l'idée n'avoit jamais souillé mon esprit osèrent s'y présenter. La volonté les combattoit encore, mais l'imagination s'accoutumoit à les voir ; et si je ne portois pas d'avance le crime au fond de mon cœur, je n'y portois plus ces résolutions généreuses qui seules peuvent lui résister.

J'ai peine à poursuivre : arrêtons un moment. Rappelez-vous ces temps de bonheur et d'innocence où ce feu si vif et si doux dont nous étions animés épuroit tous nos sentimens, où sa sainte ardeur (¹) nous rendoit la pudeur plus chère et l'honnêteté plus aimable, où les désirs mêmes ne sembloient naître que pour nous donner l'honneur de les vaincre et d'en être plus dignes l'un de l'autre. Relisez nos premières lettres, songez à ces momens si courts et trop peu goûtés où l'amour se paroit à nos yeux de tous les charmes de la vertu, et où nous nous aimions trop pour former entre nous des liens désavoués par elle.

Qu'étions-nous ? et que sommes-nous devenus ? Deux tendres amans passèrent ensemble une année entière dans le plus rigoureux silence : leurs soupirs n'osoient s'exhaler, mais leurs cœurs s'entendoient ; ils croyoient souffrir, et ils étoient heureux. A force de s'entendre ils se parlèrent ; mais, contens de savoir triompher d'eux-mêmes et de s'en rendre mutuellement l'honorable témoignage, ils passèrent une autre année dans une réserve non moins sévère ; ils se disoient leurs peines, et ils étoient heureux. Ces longs combats furent mal soutenus ; un instant de foiblesse les égara ; ils s'oublièrent dans les plaisirs : mais s'ils cessèrent d'être chastes, au moins ils étoient fidèles, au moins le ciel et la nature autorisoient les nœuds qu'ils avoient formés, au moins la vertu leur étoit toujours chère, ils l'aimoient encore et la savoient encore honorer ; ils s'étoient moins corrompus qu'avilis. Moins dignes d'être heureux, ils l'étoient pourtant encore.

Que font maintenant ces amans si tendres, qui brûloient d'une flamme si pure, qui sentoient si bien le prix de l'honnêteté ? Qui l'apprendra sans gémir sur eux ? Les voilà livrés au crime, l'idée même de souiller le lit conjugal ne leur fait plus d'horreur... Ils méditent des adultères ! Quoi ! sont-ils bien les mêmes ? leurs âmes n'ont-elles point changé ? Comment cette ravissante image que le méchant n'aperçut jamais peut-elle s'effacer des cœurs où elle a brillé ? comment l'attrait de la vertu ne dégoûte-t-il pas pour toujours du vice ceux qui l'ont une fois connue ? Combien de siècles ont pu produire ce changement étrange ? quelle longueur de temps put détruire un si charmant souvenir, et faire perdre le vrai sentiment du bonheur à qui l'a pu savourer une fois ? Ah ! si le premier désordre est pénible et lent, que tous les autres sont prompts et faciles ! Prestige des passions, tu fascines ainsi la raison, tu trompes la sagesse et changes la nature avant qu'on s'en aperçoive ! On s'égare un seul moment de la vie, on se détourne d'un seul pas de la droite route ; aussitôt une pente inévitable nous entraîne et nous perd ; on tombe enfin dans le gouffre, et l'on se réveille épouvanté de se trouver couvert de crimes avec un cœur né pour la vertu. Mon bon ami, laissons retomber ce voile ; avons-nous besoin de voir le précipice affreux qu'il nous cache pour éviter d'en approcher ? Je reprends mon récit.

M. de Wolmar arriva, et ne se rebuta pas du changement de mon visage. Mon père ne me laissa pas respirer. Le deuil de ma mère alloit finir, et ma douleur étoit à l'épreuve du temps. Je ne pouvois alléguer ni l'un ni l'autre pour éluder ma promesse ; il fallut l'accomplir. Le jour qui devoit m'ôter pour jamais à vous et à moi me parut le dernier de ma vie. J'aurois vu les apprêts de ma sépulture avec moins d'effroi que ceux de mon mariage. Plus j'approchois du moment fatal, moins je pouvois déraciner de mon cœur mes premières affections ; elles s'irritoient par mes efforts pour les éteindre. Enfin, je me lassai de combattre inutilement. Dans l'instant même où j'étois prête à jurer à un autre une éternelle fidélité, mon cœur vous juroit encore un amour éternel, et je fus menée au temple comme une victime impure qui souille le sacrifice où l'on va l'immoler.

Arrivée à l'église, je sentis en entrant une sorte d'émotion que je n'avois jamais éprouvée.

(¹) Sainte ardeur ! Julie, ah ! Julie, quel mot pour une femme aussi bien guérie que vous croyez l'être !

Je ne sais quelle terreur vint saisir mon âme dans ce lieu simple et auguste, tout rempli de la majesté de celui qu'on y sert. Une frayeur soudaine me fit frissonner; tremblante et prête à tomber en défaillance, j'eus peine à me traîner jusqu'au pied de la chaire. Loin de me remettre, je sentis mon trouble augmenter durant la cérémonie; et s'il me laissoit apercevoir les objets, c'étoit pour en être épouvantée. Le jour sombre de l'édifice, le profond silence des spectateurs, leur maintien modeste et recueilli, le cortége de tous mes parens, l'imposant aspect de mon vénéré père, tout donnoit à ce qui s'alloit passer un air de solennité qui m'excitoit à l'attention et au respect, et qui m'eût fait frémir à la seule idée d'un parjure. Je crus voir l'organe de la Providence et entendre la voix de Dieu dans le ministre prononçant gravement la sainte liturgie. La pureté, la dignité, la sainteté du mariage si vivement exposées dans les paroles de l'Écriture, ses chastes et sublimes devoirs si importans au bonheur, à l'ordre, à la paix, à la durée du genre humain, si doux à remplir pour eux-mêmes; tout cela me fit une telle impression, que je crus sentir intérieurement une révolution subite. Une puissance inconnue sembla corriger tout à coup le désordre de mes affections, et les rétablir selon la loi du devoir et de la nature. L'œil éternel qui voit tout, disois-je en moi-même, lit maintenant au fond de mon cœur; il compare ma volonté cachée à la réponse de ma bouche : le ciel et la terre sont témoins de l'engagement sacré que je prends; ils le seront encore de ma fidélité à l'observer. Quel droit peut respecter parmi les hommes quiconque ose violer le premier de tous?

Un coup d'œil jeté par hasard sur monsieur et madame d'Orbe, que je vis à côté l'un de l'autre, et fixant sur moi des yeux attendris, m'émut plus puissamment encore que n'avoient fait tous les autres objets. Aimable et vertueux couple, pour moins connoître l'amour en êtes-vous moins unis? Le devoir et l'honnêteté vous lient : tendres amis, époux fidèles, sans brûler de ce feu dévorant qui consume l'âme, vous vous aimez d'un sentiment pur et doux qui la nourrit, que la sagesse autorise et que la raison dirige; vous n'en êtes que plus solidement heureux. Ah! puissé-je dans un lien pareil recouvrer la même innocence et jouir du même bonheur! Si je ne l'ai pas mérité comme vous, je m'en rendrai digne à votre exemple. Ces sentimens réveillèrent mon espérance et mon courage. J'envisageai le saint nœud que j'allois former comme un nouvel état qui devoit purifier mon âme et la rendre à tous ses devoirs. Quand le pasteur me demanda si je promettois obéissance et fidélité parfaite à celui que j'acceptois pour époux, ma bouche et mon cœur le promirent. Je le tiendrai jusqu'à la mort.

De retour au logis, je soupirois après une heure de solitude et de recueillement. Je l'obtins, non sans peine; et, quelque empressement que j'eusse d'en profiter, je ne m'examinai d'abord qu'avec répugnance, craignant de n'avoir éprouvé qu'une fermentation passagère en changeant de condition, et de me retrouver aussi peu digne épouse que j'avois été fille peu sage. L'épreuve étoit sûre, mais dangereuse : je commençai par songer à vous. Je me rendois le témoignage que nul tendre souvenir n'avoit profané l'engagement solennel que je venois de prendre. Je ne pouvois concevoir par quel prodige votre opiniâtre image m'avoit pu laisser si long-temps en paix avec tant de sujets de me la rappeler : je me serois défiée de l'indifférence et de l'oubli comme d'un état trompeur qui m'étoit trop peu naturel pour être durable. Cette illusion n'étoit guère à craindre: je sentis que je vous aimois autant et plus peut-être que je n'avois jamais fait; mais je le sentis sans rougir. Je vis que je n'avois pas besoin, pour penser à vous, d'oublier que j'étois la femme d'un autre. En me disant combien vous m'étiez cher, mon cœur étoit ému; mais ma conscience et mes sens étoient tranquilles, et je connus dès ce moment que j'étois réellement changée. Quel torrent de pure joie vint alors inonder mon âme! Quel sentiment de paix, effacé depuis si long-temps, vint ranimer ce cœur flétri par l'ignominie, et répandre dans tout mon être une sérénité nouvelle! Je crus me sentir renaître; je crus recommencer une autre vie. Douce et consolante vertu, je la recommence pour toi; c'est toi qui me la rendras chère; c'est à toi que je la veux consacrer. Ah! j'ai trop appris ce qu'il en coûte à te perdre, pour t'abandonner une seconde fois!

Dans le ravissement d'un changement si grand, si prompt, si inespéré, j'osai considérer l'état où j'étois la veille; je frémis de l'indigne abaissement où m'avoit réduite l'oubli de moi-même, et de tous les dangers que j'avois courus depuis mon premier égarement. Quelle heureuse révolution me venoit de montrer l'horreur du crime qui m'avoit tentée, et réveilloit en moi le goût de la sagesse! Par quel rare bonheur avois-je été plus fidèle à l'amour qu'à l'honneur qui me fut si cher? Par quelle faveur du sort votre inconstance ou la mienne ne m'avoit-elle point livrée à de nouvelles inclinations? Comment eussé-je opposé à un autre amant une résistance que le premier avoit déjà vaincue, et une honte accoutumée à céder aux désirs? Aurois-je plus respecté les droits d'un amour éteint que je n'avois respecté ceux de la vertu, jouissant encore de tout leur empire? Quelle sûreté avois-je eue de n'aimer que vous seul au monde, si ce n'est un sentiment intérieur que croient avoir tous les amans, qui se jurent une constance éternelle, et se parjurent innocemment toutes les fois qu'il plaît au ciel de changer leur cœur? Chaque défaite eût ainsi préparé la suivante; l'habitude du vice en eût effacé l'horreur à mes yeux. Entraînée du déshonneur à l'infamie sans trouver de prise pour m'arrêter, d'une amante abusée, je devenois une fille perdue, l'opprobre de mon sexe et le désespoir de ma famille. Qui m'a garantie d'un effet si naturel de ma première faute? qui m'a retenue après le premier pas? qui m'a conservé ma réputation et l'estime de ceux qui me sont chers? qui m'a mise sous la sauve-garde d'un époux vertueux, sage, aimable par son caractère et même par sa personne, et rempli pour moi d'un respect et d'un attachement si peu mérités? qui me permet enfin d'aspirer encore au titre d'honnête femme, et me rend le courage d'en être digne? Je le vois, je le sens; la main secourable qui m'a conduite à travers les ténèbres est celle qui lève à mes yeux le voile de l'erreur, et me rend à moi malgré moi-même. La voix secrète qui ne cessoit de murmurer au fond de mon cœur s'élève et tonne avec plus de force au moment où j'étois prête à périr. L'auteur de toute vérité n'a point souffert que je sortisse de sa présence coupable d'un vil parjure; et, prévenant mon crime par mes remords, il m'a montré l'abîme où j'allois me précipiter. Providence éternelle, qui fais ramper l'insecte et rouler les cieux, tu veilles sur la moindre de tes œuvres! tu me rappelles au bien que tu m'as fait aimer! Daigne accepter d'un cœur épuré par tes soins l'hommage que toi seule rends digne de t'être offert.

A l'instant, pénétrée d'un vif sentiment du danger dont j'étois délivrée et de l'état d'honneur et de sûreté où je me sentois rétablie, je me prosternai contre terre, j'élevai vers le ciel mes mains suppliantes, j'invoquai l'être dont il est le trône, et qui soutient ou détruit quand il lui plaît par nos propres forces la liberté qu'il nous donne. Je veux, lui dis-je, le bien que tu veux, et dont toi seul es la source. Je veux aimer l'époux que tu m'as donné. Je veux être fidèle, parce que c'est le premier devoir qui lie la famille et toute la société. Je veux être chaste, parce que c'est la première vertu qui nourrit toutes les autres. Je veux tout ce qui se rapporte à l'ordre de la nature que tu as établi, et aux règles de la raison que je tiens de toi. Je remets mon cœur sous ta garde et mes désirs en ta main. Rends toutes mes actions conformes à ma volonté constante, qui est la tienne; et ne permets plus que l'erreur d'un moment l'emporte sur le choix de toute ma vie.

Après cette courte prière, la première que j'eusse faite avec un vrai zèle, je me sentis tellement affermie dans mes résolutions, il me parut si facile et si doux de les suivre, que je vis clairement où je devois chercher désormais la force dont j'avois besoin pour résister à mon propre cœur, et que je ne pouvois trouver en moi-même. Je tirai de cette seule découverte une confiance nouvelle, et je déplorai le triste aveuglement qui me l'avoit fait manquer si long-temps. Je n'avois jamais été tout-à-fait sans religion : mais peut-être vaudroit-il mieux n'en point avoir du tout que d'en avoir une extérieure et maniérée, qui sans toucher le cœur rassure la conscience, de se borner à des formules, et de croire exactement en Dieu à certaines heures pour n'y plus penser le reste du temps. Scrupuleusement attachée au culte public, je n'en savois rien tirer pour la pratique de ma vie. Je me sentois bien née, et me livrois à mes penchans; j'aimois à réfléchir, et me fiois à ma raison : ne pouvant accorder l'esprit de l'Évangile avec celui du monde, ni la foi avec les œuvres, j'avois pris un milieu qui contentoit ma vaine sagesse ; j'avois des maximes pour croire et d'autres pour agir ; j'oubliois dans un lieu ce que j'avois pensé dans l'autre ; j'étois dévote à l'église et philosophe au logis. Hélas ! je n'étois rien nulle part, mes prières n'étoient que des mots, mes raisonnemens des sophismes, et je suivois pour toute lumière la fausse lueur des feux errans qui me guidoient pour me perdre.

Je ne puis vous dire combien ce principe intérieur qui m'avoit manqué jusqu'ici m'a donné de mépris pour ceux qui m'ont si mal conduite. Quelle étoit, je vous prie, leur raison première? et sur quelle base étoient-ils fondés? Un heureux instinct me porte au bien ; une violente passion s'élève ; elle a sa racine dans le même instinct ; que ferai-je pour la détruire? De la considération de l'ordre je tire la beauté de la vertu, et sa bonté de l'utilité commune. Mais que fait tout cela contre mon intérêt particulier? et lequel au fond m'importe le plus, de mon bonheur aux dépens du reste des hommes, ou du bonheur des autres aux dépens du mien? Si la crainte de la honte ou du châtiment m'empêche de mal faire pour mon profit je n'ai qu'à mal faire en secret, la vertu n'a plus rien à me dire ; et si je suis surprise en faute, on punira, comme à Sparte, non le délit, mais la maladresse. Enfin, que le caractère et l'amour du beau soient empreints par la nature au fond de mon âme, j'aurai ma règle aussi long-temps qu'ils ne seront point défigurés. Mais comment m'assurer de conserver toujours dans sa pureté cette effigie intérieure qui n'a point, parmi les êtres sensibles, de modèle auquel on puisse la comparer? Ne sait-on pas que les affections désordonnées corrompent le jugement ainsi que la volonté, et que la conscience s'altère et se modifie insensiblement dans chaque siècle, dans chaque peuple, dans chaque individu, selon l'inconstance et la variété des préjugés?

Adorez l'Être éternel, mon digne et sage ami ; d'un souffle vous détruirez ces fantômes de raison qui n'ont qu'une vaine apparence, et fuient comme une ombre devant l'immuable vérité. Rien n'existe que par celui qui est ; c'est lui qui donne un but à la justice, une base à la vertu, un prix à cette courte vie employée à lui plaire ; c'est lui qui ne cesse de crier aux coupables que leurs crimes secrets ont été vus, et qui sait dire au juste oublié : Tes vertus ont un témoin ; c'est lui, c'est sa substance inaltérable qui est le vrai modèle des perfections dont nous portons tous une image en nous-mêmes. Nos passions ont beau la défigurer, tous ses traits liés à l'essence infinie se représentent toujours à la raison, et lui servent à rétablir ce que l'imposture et l'erreur en ont altéré. Ces distinctions me semblent faciles, le sens commun suffit pour les faire. Tout ce qu'on ne peut séparer de l'idée de cette essence est Dieu ; tout le reste est l'ouvrage des hommes. C'est à la contemplation de ce divin modèle que l'âme s'épure et s'élève, qu'elle apprend à mépriser ses inclinations basses et à surmonter ses vils penchans. Un cœur pénétré de ces sublimes vérités se refuse aux petites passions des hommes ; cette grandeur infinie le dégoûte de leur orgueil ; le charme de la méditation l'arrache aux désirs terrestres ; et quand l'être immense dont il s'occupe n'existeroit pas, il seroit encore bon qu'il s'en occupât sans cesse pour être plus maître de lui-même, plus fort, plus heureux et plus sage.

Cherchez-vous un exemple sensible des vains sophismes d'une raison qui ne s'appuie que sur elle-même? Considérons de sang-froid les discours de vos philosophes, dignes apologistes du crime, qui ne séduisirent jamais que des cœurs déjà corrompus. Ne diroit-on pas qu'en s'attaquant directement au plus saint et au plus solennel des engagemens, ces dangereux raisonneurs ont résolu d'anéantir d'un seul coup toute la société humaine, qui n'est fondée que sur la foi des conventions? Mais voyez, je vous prie, comment ils disculpent un adultère secret. C'est, disent-ils, qu'il n'en résulte aucun mal, pas même pour l'époux qui l'ignore : comme s'ils pouvoient être sûrs qu'il l'ignorera toujours! comme s'il suffisoit, pour autoriser le parjure et l'infidélité, qu'ils ne nuisissent pas à autrui! comme si ce n'étoit pas assez, pour abhorrer le crime, du mal qu'il fait à ceux qui le commettent? Quoi donc! ce n'est pas un mal de manquer de foi, d'anéantir autant qu'il est en soi la force du serment et des contrats les plus inviolables? Ce n'est pas un mal de se forcer soi-même à devenir fourbe et menteur? Ce n'est pas un mal de former des liens qui vous font désirer le mal et la mort d'autrui, la mort de celui même qu'on doit le plus aimer et avec qui l'on a juré de vivre? Ce n'est pas un mal qu'un état dont mille autres crimes sont toujours le fruit? Un bien qui produiroit tant de maux seroit par cela seul un mal lui-même.

L'un des deux penseroit-il être innocent parce qu'il est libre peut-être de son côté et ne manque de foi à personne? Il se trompe grossièrement. Ce n'est pas seulement l'intérêt des époux, mais la cause commune de tous les hommes, que la pureté du mariage ne soit point altérée. Chaque fois que deux époux s'unissent par un nœud solennel, il intervient un engagement tacite de tout le genre humain de respecter ce lien sacré, d'honorer en eux l'union conjugale; et c'est, ce me semble, une raison très-forte contre les mariages clandestins, qui, n'offrant nul signe de cette union, exposent des cœurs innocens à brûler d'une flamme adultère. Le public est en quelque sorte garant d'une convention passée en sa présence; et l'on peut dire que l'honneur d'une femme pudique est sous la protection spéciale de tous les gens de bien. Ainsi, quiconque ose la corrompre pèche, premièrement parce qu'il la fait pécher, et qu'on partage toujours les crimes qu'on fait commettre; il pèche encore directement lui-même, parce qu'il viole la foi publique et sacrée du mariage, sans lequel rien ne peut subsister dans l'ordre légitime des choses humaines.

Le crime est secret, disent-ils, et il n'en résulte aucun mal pour personne. Si ces philosophes croient l'existence de Dieu et l'immortalité de l'âme, peuvent-ils appeler un crime secret celui qui a pour témoin le premier offensé et le seul vrai juge? étrange secret que celui qu'on dérobe à tous les yeux, hors ceux à qui l'on a le plus d'intérêt à le cacher! Quand même ils ne reconnoîtroient pas la présence de la Divinité, comment osent-ils soutenir qu'ils ne font de mal à personne? comment prouvent-ils qu'il est indifférent à un père d'avoir des héritiers qui ne soient pas de son sang, d'être chargé peut-être de plus d'enfans qu'il n'en auroit eu, et forcé de partager ses biens aux gages de son déshonneur sans sentir pour eux des entrailles de père? Supposons ces raisonneurs matérialistes; on n'en est que mieux fondé à leur opposer la douce voix de la nature, qui réclame au fond de tous les cœurs contre une orgueilleuse philosophie, et qu'on n'attaqua jamais par de bonnes raisons. En effet, si le corps seul produit la pensée, et que le sentiment dépende uniquement des organes, deux êtres formés d'un même sang ne doivent-ils pas avoir entre eux une plus étroite analogie, un attachement plus fort l'un pour l'autre, et se ressembler d'âme comme de visage, ce qui est une grande raison de s'aimer?

N'est-ce donc faire aucun mal, à votre avis, que d'anéantir ou troubler par un sang étranger cette union naturelle, et d'altérer dans son principe l'affection mutuelle qui doit lier entre eux tous les membres d'une famille? Y a-t-il au monde un honnête homme qui n'eût horreur de changer l'enfant d'un autre en nourrice? et le crime est-il moindre de le changer dans le sein de la mère?

Si je considère mon sexe en particulier, que de maux j'aperçois dans ce désordre qu'ils prétendent ne faire aucun mal! ne fût-ce que l'avilissement d'une femme coupable à qui la perte de l'honneur ôte bientôt toutes les autres vertus. Que d'indices trop sûrs pour un tendre époux d'une intelligence qu'ils pensent justifier par le secret, ne fût-ce que de n'être plus aimé de sa femme! Que fera-t-elle avec ses soins artificieux? que mieux prouver son indifférence. Est-ce l'œil de l'amour qu'on abuse par de feintes caresses? et quel supplice, auprès d'un objet chéri, de sentir que la main nous embrasse et que le cœur nous repousse! Je veux que la fortune seconde une prudence qu'elle a si souvent trompée; je compte un moment pour rien la témérité de confier sa prétendue innocence et le repos d'autrui à des précautions que le ciel se plaît à confondre: que de faussetés, que de mensonges, que de fourberies pour couvrir un mauvais commerce, pour tromper un mari, pour corrompre des domestiques, pour en imposer au public! Quel scandale pour des complices! quel exemple pour des enfans! que devient leur éducation parmi tant de soins pour satisfaire impunément de coupables feux? Que devient la paix de la maison et l'union des chefs? Quoi! dans tout cela l'époux n'est point lésé? Mais qui le dédommagera donc d'un cœur qui lui étoit dû? qui lui pourra rendre une femme estimable? qui lui donnera le repos et la sûreté? qui le guérira de ses justes soupçons? qui fera confier un père au sentiment de la nature en embrassant son propre enfant?

A l'égard des liaisons prétendues que l'adultère et l'infidélité peuvent former entre les familles, c'est moins une raison sérieuse qu'une plaisanterie absurde et brutale, qui ne mérite pour toute réponse que le mépris et l'indignation. Les trahisons, les querelles, les combats, les meurtres, les empoisonnemens dont ce désordre a couvert la terre dans tous les temps, montrent assez ce qu'on doit attendre pour le repos et l'union des hommes d'un attachement formé par le crime. S'il résulte quelque sorte de société de ce vil et méprisable commerce, elle est semblable à celle des brigands, qu'il faut détruire et anéantir pour assurer les sociétés légitimes.

J'ai tâché de suspendre l'indignation que m'inspirent ces maximes pour les discuter paisiblement avec vous. Plus je les trouve insensées, moins je dois dédaigner de les réfuter, pour me faire honte à moi-même de les avoir peut-être écoutées avec trop peu d'éloignement. Vous voyez combien elles supportent mal l'examen de la saine raison. Mais où chercher la saine raison, sinon dans celui qui en est la source? et que penser de ceux qui consacrent à perdre les hommes ce flambeau divin qu'il leur donna pour les guider? Défions-nous d'une philosophie en paroles; défions-nous d'une fausse vertu qui sape toutes les vertus, et s'applique à justifier tous les vices pour s'autoriser à les avoir tous. Le meilleur moyen de trouver ce qui est bien est de le chercher sincèrement; et l'on ne peut long-temps le chercher ainsi sans remonter à l'auteur de tout bien. C'est ce qu'il me semble avoir fait depuis que je m'occupe à rectifier mes sentimens et ma raison; c'est ce que vous ferez mieux que moi quand vous voudrez suivre la même route. Il m'est consolant de songer que vous avez souvent nourri mon esprit des grandes idées de la religion; et vous, dont le cœur n'eut rien de caché pour moi, ne m'en eussiez pas ainsi parlé si vous aviez eu d'autres sentimens. Il me semble même que ces conversations avoient pour nous des charmes. La présence de l'Être suprême ne nous fut jamais importune: elle nous donnoit plus d'espoir que d'épouvante; elle n'effraya jamais que l'âme du méchant; nous aimions à l'avoir pour témoin de nos entretiens, à nous élever conjointement jusqu'à lui. Si quelquefois nous étions humiliés par la honte, nous nous disions, en déplorant nos foiblesses: au moins il voit le fond de nos cœurs, et nous en étions plus tranquilles.

Si cette sécurité nous égara, c'est au principe sur lequel elle étoit fondée à nous ramener. N'est-il pas bien indigne d'un homme de ne pouvoir jamais s'accorder avec lui-même, d'avoir une règle pour ses actions, une autre pour ses sentimens, de penser comme s'il étoit sans corps, d'agir comme s'il étoit sans âme, et de ne jamais approprier à soi tout entier rien de ce qu'il fait en toute sa vie? Pour moi, je trouve qu'on est bien fort avec nos anciennes maximes quand on ne les borne pas à de vaines spéculations. La foiblesse est de l'homme, et le Dieu clément qui le fit la lui pardonnera sans doute; mais le crime est du méchant, et ne restera point impuni devant l'auteur de toute justice. Un incrédule, d'ailleurs heureusement né, se livre aux vertus qu'il aime; il fait le bien par goût et non par choix. Si tous ses désirs sont droits, il les suit sans contrainte; il les suivroit de même s'ils ne l'étoient pas; car pourquoi se gêneroit-il? Mais celui qui reconnoît et sert le père commun des hommes se croit une plus haute destination; l'ardeur de la remplir anime son zèle, et, suivant une règle plus sûre que ses penchans, il sait faire le bien qui lui coûte, et sacrifier les désirs de son cœur à la loi du devoir. Tel est, mon ami, le sacrifice héroïque auquel nous sommes tous deux appelés. L'amour qui nous unissoit eût fait le charme de notre vie. Il survécut à l'espérance; il brava le temps et l'éloignement; il supporta toutes les épreuves. Un sentiment si parfait ne devoit point périr de lui-même; il étoit digne de n'être immolé qu'à la vertu.

Je vous dirai plus: tout est changé entre nous; il faut nécessairement que votre cœur change. Julie de Wolmar n'est plus votre ancienne Julie; la révolution de vos sentimens pour elle est inévitable, et il ne vous reste que le choix de faire honneur de ce changement au vice ou à la vertu. J'ai dans la mémoire un passage d'un auteur que vous ne récuserez pas : « L'amour, dit-il, est privé de son plus grand » charme quand l'honnêteté l'abandonne. Pour » en sentir tout le prix, il faut que le cœur s'y » complaise et qu'il nous élève en élevant l'ob- » jet aimé. Otez l'idée de la perfection, vous » ôtez l'enthousiasme ; ôtez l'estime, et l'amour » n'est plus rien. Comment une femme hono- » rera-t-elle un homme qu'elle doit mépriser ? » comment pourra-t-il honorer lui-même celle » qui n'a pas craint de s'abandonner à un vil » corrupteur ? Ainsi bientôt ils se mépriseront » mutuellement. L'amour, ce sentiment cé- » leste, ne sera plus pour eux qu'un honteux » commerce. Ils auront perdu l'honneur, et » n'auront point trouvé la félicité (¹). » Voilà notre leçon, mon ami, c'est vous qui l'avez dictée. Jamais nos cœurs s'aimèrent-ils plus délicieusement, et jamais l'honnêteté leur fut-elle aussi chère que dans le temps heureux où cette lettre fut écrite ? Voyez donc à quoi nous mèneroient aujourd'hui de coupables feux nourris aux dépens des plus doux transports qui ravissent l'âme ! L'horreur du vice, qui nous est si naturelle à tous deux, s'étendroit bientôt sur le complice de nos fautes ; nous nous haïrions pour nous être trop aimés, et l'amour s'éteindroit dans les remords. Ne vaut-il pas mieux épurer un sentiment si cher pour le rendre durable ? Ne vaut-il pas mieux en conserver au moins ce qui peut s'accorder avec l'innocence ? N'est-ce pas conserver tout ce qu'il eut de plus charmant ? Oui, mon bon et digne ami, pour nous aimer toujours il faut renoncer l'un à l'autre. Oublions tout le reste, et soyez l'amant de mon âme. Cette idée est si douce qu'elle console de tout.

Voilà le fidèle tableau de ma vie, et l'histoire naïve de tout ce qui s'est passé dans mon cœur. Je vous aime toujours, n'en doutez pas. Le sentiment qui m'attache à vous est si tendre et si vif encore, qu'une autre en seroit peut-être alarmée ; pour moi, j'en connus un trop différent pour me défier de celui-ci. Je sens qu'il a changé de nature ; et du moins en cela

(¹) Voyez la première partie, Lettre XXIV (page 41 de ce volume).

mes fautes passées fondent ma sécurité présente. Je sais que l'exacte bienséance et la vertu de parade exigeroient davantage encore, et ne seroient pas contentes que vous ne fussiez tout-à-fait oublié. Je crois avoir une règle plus sûre, et je m'y tiens. J'écoute en secret ma conscience ; elle ne me reproche rien, et jamais elle ne trompe une âme qui la consulte sincèrement. Si cela ne suffit pas pour me justifier dans le monde, cela suffit pour ma propre tranquillité. Comment s'est fait cet heureux changement ? Je l'ignore. Ce que je sais, c'est que je l'ai vivement désiré. Dieu seul a fait le reste. Je penserois qu'une âme une fois corrompue l'est pour toujours, et ne revient plus au bien d'elle-même, à moins que quelque révolution subite, quelque brusque changement de fortune et de situation ne change tout à coup ses rapports, et par un violent ébranlement ne l'aide à retrouver une bonne assiette. Toutes ses habitudes étant rompues et toutes ses passions modifiées, dans ce bouleversement général, on reprend quelquefois son caractère primitif, et l'on devient comme un nouvel être sorti récemment des mains de la nature. Alors le souvenir de sa précédente bassesse peut servir de préservatif contre une rechute. Hier on étoit abject et foible, aujourd'hui l'on est fort et magnanime. En se contemplant de si près dans deux états si différens, on en sent mieux le prix de celui où l'on est remonté, et l'on en devient plus attentif à s'y soutenir. Mon mariage m'a fait éprouver quelque chose de semblable à ce que je tâche de vous expliquer. Ce lien si redouté me délivre d'une servitude beaucoup plus redoutable, et mon époux m'en devient plus cher pour m'avoir rendue à moi-même.

Nous étions trop unis vous et moi pour qu'en changeant d'espèce notre union se détruise. Si vous perdez une tendre amante, vous gagnez une fidèle amie ; et, quoi que nous en ayons pu dire durant nos illusions, je doute que ce changement vous soit désavantageux. Tirez-en le même parti que moi, je vous en conjure, pour devenir meilleur et plus sage, et pour épurer par des mœurs chrétiennes les leçons de la philosophie. Je ne serai jamais heureuse que vous ne soyez heureux aussi, et je sens plus que jamais qu'il n'y a point de bonheur sans la vertu. Si vous m'aimez véritablement, donnez-moi la douce consolation de voir que nos cœurs ne s'accordent pas moins dans leur retour au bien qu'ils s'accordèrent dans leur égarement.

Je ne crois pas avoir besoin d'apologie pour cette longue lettre. Si vous m'étiez moins cher elle seroit plus courte. Avant de la finir, il me reste une grâce à vous demander. Un cruel fardeau me pèse sur le cœur. Ma conduite passée est ignorée de M. de Wolmar; mais une sincérité sans réserve fait partie de la fidélité que je lui dois. J'aurois déjà cent fois tout avoué, vous seul m'avez retenue. Quoique je connoisse la sagesse et la modération de M. de Wolmar, c'est toujours vous compromettre que de vous nommer, et je n'ai point voulu le faire sans votre consentement. Seroit-ce vous déplaire que de vous le demander? aurois-je trop présumé de vous ou de moi en me flattant de l'obtenir? Songez, je vous supplie, que cette réserve ne sauroit être innocente, qu'elle m'est chaque jour plus cruelle, et que jusqu'à la réception de votre réponse je n'aurai pas un instant de tranquillité.

LETTRE XIX.

RÉPONSE.

Et vous ne seriez plus ma Julie? Ah! ne dites pas cela, digne et respectable femme; vous l'êtes plus que jamais. Vous êtes celle qui méritez les hommages de tout l'univers; vous êtes celle que j'adorai en commençant d'être sensible à la véritable beauté; vous êtes celle que je ne cesserai d'adorer, même après ma mort, s'il reste encore en mon âme quelque souvenir des attraits vraiment célestes qui l'enchantèrent durant ma vie. Cet effort de courage qui vous ramène à toute votre vertu ne vous rend que plus semblable à vous-même. Non, non, quelque supplice que j'éprouve à le sentir et le dire, jamais vous ne fûtes mieux ma Julie qu'au moment que vous renoncez à moi. Hélas! c'est en vous perdant que je vous ai retrouvée. Mais moi dont le cœur frémit au seul projet de vous imiter, moi tourmenté d'une passion criminelle que je ne puis ni supporter ni vaincre, suis-je celui que je pensois être? Étois-je digne de vous plaire? Quel droit avois-je de vous importuner de mes plaintes et de mon désespoir? C'étoit bien à moi d'oser soupirer pour vous! Et qu'étois-je pour vous aimer?

Insensé! comme si je n'éprouvois pas assez d'humiliations sans en rechercher de nouvelles! Pourquoi compter des différences que l'amour fit disparoître? Il m'élevoit, il m'égaloit à vous; sa flamme me soutenoit; nos cœurs s'étoient confondus; tous leurs sentimens nous étoient communs, et les miens partageoient la grandeur des vôtres. Me voilà donc retombé dans toute ma bassesse! Doux espoir qui nourrissois mon âme et m'abusas si long-temps, te voilà donc éteint sans retour! Elle ne sera point à moi! Je la perds pour toujours! Elle fait le bonheur d'un autre!... O rage! ô tourment de l'enfer!... Infidèle! ah! devois-tu jamais?... Pardon, pardon, madame; ayez pitié de mes fureurs. O Dieu! vous l'avez trop bien dit, elle n'est plus... elle n'est plus, cette tendre Julie à qui je pouvois montrer tous les mouvemens de mon cœur! Quoi! je me trouvois malheureux, et je pouvois me plaindre!... elle pouvoit m'écouter! J'étois malheureux!... que suis-je donc aujourd'hui?... Non, je ne vous ferai plus rougir de vous ni de moi. C'en est fait, il faut renoncer l'un à l'autre; il faut nous quitter: la vertu même en a dicté l'arrêt; votre main l'a pu tracer. Oublions-nous,... oubliez-moi du moins. Je l'ai résolu, je le jure; je ne vous parlerai plus de moi.

Oserai-je vous parler de vous encore, et conserver le seul intérêt qui me reste au monde, celui de votre honneur? En m'exposant l'état de votre âme, vous ne m'avez rien dit de votre sort. Ah! pour prix d'un sacrifice qui doit être senti de vous, daignez me tirer de ce doute insupportable. Julie, êtes-vous heureuse? Si vous l'êtes, donnez-moi dans mon désespoir la seule consolation dont je sois susceptible; si vous ne l'êtes pas, par pitié daignez me le dire, j'en serai moins long-temps malheureux.

Plus je réfléchis sur l'aveu que vous méditez, moins j'y puis consentir; et le même motif qui m'ôta toujours le courage de vous faire un refus me doit rendre inexorable sur celui-ci. Le sujet est de la dernière importance, et je vous exhorte à bien peser mes raisons. Premièrement, il me semble que votre extrême délicatesse vous jette à cet égard dans l'erreur, et je ne vois point sur quel fondement la plus austère vertu pourroit exiger une pareille confession. Nul engagement au monde ne peut avoir un effet rétroactif. On ne sauroit s'obliger pour le passé, ni promettre ce qu'on n'a plus le pouvoir de tenir : pourquoi devroit-on compte à celui à qui l'on s'engage de l'usage antérieur qu'on a fait de sa liberté et d'une fidélité qu'on ne lui a point promise ? Ne vous y trompez pas, Julie ; ce n'est pas à votre époux, c'est à votre ami que vous avez manqué de foi. Avant la tyrannie de votre père, le ciel et la nature nous avoient unis l'un à l'autre. Vous avez fait en formant d'autres nœuds un crime que l'amour ni l'honneur peut-être ne pardonnent point, et c'est à moi seul de réclamer le bien que M. de Wolmar m'a ravi.

S'il est des cas où le devoir puisse exiger un pareil aveu, c'est quand le danger d'une rechute oblige une femme prudente à prendre des précautions pour s'en garantir. Mais votre lettre m'a plus éclairé que vous ne pensez sur vos vrais sentimens. En la lisant, j'ai senti dans mon propre cœur combien le vôtre eût abhorré de près, même au sein de l'amour, un engagement criminel dont l'éloignement nous ôtoit l'horreur.

Dès là que le devoir et l'honnêteté n'exigent pas cette confidence, la sagesse et la raison la défendent ; car c'est risquer sans nécessité ce qu'il y a de plus précieux dans le mariage, l'attachement d'un époux, la mutuelle confiance, la paix de la maison. Avez-vous assez réfléchi sur une pareille démarche ? Connoissez-vous assez votre mari pour être sûre de l'effet qu'elle produira sur lui ? Savez-vous combien il y a d'hommes au monde auxquels il n'en faudroit pas davantage pour concevoir une jalousie effrénée, un mépris invincible, et peut-être attenter aux jours d'une femme ? Il faut pour ce délicat examen avoir égard aux temps, aux lieux, aux caractères. Dans le pays où je suis de pareilles confidences sont sans aucun danger, et ceux qui traitent si légèrement la foi conjugale ne sont pas gens à faire une si grande affaire des fautes qui précédèrent l'engagement. Sans parler des raisons qui rendent quelquefois ces aveux indispensables, et qui n'ont pas eu lieu pour vous, je connois des femmes assez médiocrement estimables qui se sont fait à peu de risques un mérite de cette sincérité, peut-être pour obtenir à ce prix une confiance dont elles pussent abuser au besoin. Mais dans des lieux où la sainteté du mariage est plus respectée, dans des lieux où ce lien sacré forme une union solide, et où les maris ont un véritable attachement pour leurs femmes, ils leur demandent un compte plus sévère d'elles-mêmes ; ils veulent que leurs cœurs n'aient connu que pour eux un sentiment tendre ; usurpant un droit qu'ils n'ont pas, ils exigent qu'elles soient à eux seuls avant de leur appartenir, et ne pardonnent pas plus l'abus de la liberté qu'une infidélité réelle.

Croyez-moi, vertueuse Julie, défiez-vous d'un zèle sans fruit et sans nécessité. Gardez un secret dangereux que rien ne vous oblige à révéler, dont la communication peut vous perdre et n'est d'aucun usage à votre époux. S'il est digne de cet aveu, son âme en sera contristée, et vous l'aurez affligé sans raison. S'il n'en est pas digne, pourquoi voulez-vous donner un prétexte à ses torts envers vous ? Que savez-vous si votre vertu, qui vous a soutenue contre les attaques de votre cœur, vous soutiendroit encore contre des chagrins domestiques toujours renaissans ? N'empirez point volontairement vos maux, de peur qu'ils ne deviennent plus forts que votre courage, et que vous ne retombiez à force de scrupules dans un état pire que celui dont vous avez eu peine à sortir. La sagesse est la base de toute vertu : consultez-la, je vous en conjure, dans la plus importante occasion de votre vie ; et si ce fatal secret vous pèse si cruellement, attendez du moins pour vous en décharger que le temps, les années, vous donnent une connoissance plus parfaite de votre époux, et ajoutent dans son cœur, à l'effet de votre beauté, l'effet plus sûr encore des charmes de votre caractère et la douce habitude de les sentir. Enfin, quand ces raisons, toutes solides qu'elles sont, ne vous persuaderoient pas, ne fermez point l'oreille à la voix qui vous les expose. O Julie ! écoutez un homme capable de quelque vertu, et qui mérite au moins de vous quelque sacrifice par celui qu'il vous fait aujourd'hui.

Il faut finir cette lettre. Je ne pourrois, je le sens, m'empêcher d'y reprendre un ton que vous ne devez plus entendre. Julie, il faut vous quitter ! si jeune encore, il faut déjà renoncer au bonheur ! O temps qui ne dois plus revenir ! temps passé pour toujours, source de regrets éternels ! plaisirs, transports, douces extases, momens délicieux, ravissemens célestes ! mes amours, mes uniques amours, honneur et charmes de ma vie ! adieu pour jamais.

LETTRE XX.

DE JULIE.

Vous me demandez si je suis heureuse. Cette question me touche, et en la faisant vous m'aidez à y répondre ; car, bien loin de chercher l'oubli dont vous parlez, j'avoue que je ne saurois être heureuse si vous cessiez de m'aimer : mais je le suis à tous égards, et rien ne manque à mon bonheur que le vôtre. Si j'ai évité dans ma lettre précédente de parler de M. de Wolmar, je l'ai fait par ménagement pour vous. Je connoissois trop votre sensibilité pour ne pas craindre d'aigrir vos peines ; mais votre inquiétude sur mon sort m'obligeant à vous parler de celui dont il dépend, je ne puis vous en parler que d'une manière digne de lui, comme il convient à son épouse et à une amie de la vérité.

M. de Wolmar a près de cinquante ans ; sa vie unie, réglée, et le calme des passions, lui ont conservé une constitution si saine et un air si frais, qu'il paraît à peine en avoir quarante ; et il n'a rien d'un âge avancé que l'expérience et la sagesse. Sa physionomie est noble et prévenante, son abord simple et ouvert ; ses manières sont plus honnêtes qu'empressées ; il parle peu et d'un grand sens, mais sans affecter ni précision ni sentences. Il est le même pour tout le monde, ne cherche et ne fuit personne, et n'a jamais d'autres préférences que celles de la raison.

Malgré sa froideur naturelle, son cœur, secondant les intentions de mon père, crut sentir que je lui convenois, et pour la première fois de sa vie il prit un attachement. Ce goût modéré, mais durable, s'est si bien réglé sur les bienséances, et s'est maintenu dans une telle égalité, qu'il n'a pas eu besoin de changer de ton en changeant d'état, et que, sans blesser la gravité conjugale, il conserve avec moi depuis son mariage les mêmes manières qu'il avoit auparavant. Je ne l'ai jamais vu ni gai ni triste, mais toujours content ; jamais il ne me parle de lui, rarement de moi ; il ne me cherche pas, mais il n'est pas fâché que je le cherche, et me quitte peu volontiers. Il ne rit point ; il est sérieux sans donner envie de l'être ; au contraire, son abord serein semble m'inviter à l'enjouement ; et comme les plaisirs que je goûte sont les seuls auxquels il paroît sensible, une des attentions que je lui dois est de chercher à m'amuser. En un mot, il veut que je sois heureuse : il ne me le dit pas, mais je le vois ; et vouloir le bonheur de sa femme n'est-ce pas l'avoir obtenu ?

Avec quelque soin que j'aie pu l'observer, je n'ai su lui trouver de passion d'aucune espèce que celle qu'il a pour moi. Encore cette passion est-elle si égale et si tempérée, qu'on diroit qu'il n'aime qu'autant qu'il veut aimer, et qu'il ne le veut qu'autant que la raison le permet. Il est réellement ce que mylord Édouard croit être ; en quoi je le trouve bien supérieur à tous nous autres gens à sentiment, qui nous admirons tant nous-mêmes ; car le cœur nous trompe en mille manières, et n'agit que par un principe toujours suspect : mais la raison n'a d'autre fin que ce qui est bien ; ses règles sont sûres, claires, faciles dans la conduite de la vie ; et jamais elle ne s'égare que dans d'inutiles spéculations qui ne sont pas faites pour elle.

Le plus grand goût de M. de Wolmar est d'observer. Il aime à juger des caractères des hommes et des actions qu'il voit faire. Il en juge avec une profonde sagesse et la plus parfaite impartialité. Si un ennemi lui faisoit du mal, il en discuteroit les motifs et les moyens aussi paisiblement que s'il s'agissoit d'une chose indifférente. Je ne sais comment il a entendu parler de vous, mais il m'en a parlé plusieurs fois lui-même avec beaucoup d'estime, et je le connois incapable de déguisement. J'ai cru remarquer quelquefois qu'il m'observoit durant ces entretiens ; mais il y a grande apparence que cette prétendue remarque n'est que le secret reproche d'une conscience alarmée. Quoi qu'il en soit, j'ai fait en cela mon devoir ; la crainte ni la honte ne m'ont point inspiré de réserve injuste, et je vous ai rendu justice auprès de lui, comme je la lui rends auprès de vous.

J'oubliois de vous parler de nos revenus et de leur administration. Le débris des biens de M. de Wolmar, joint à celui de mon père qui ne s'est réservé qu'une pension, lui fait une fortune honnête et modérée, dont il use noblement et sagement, en maintenant chez lui, non l'incommode et vain appareil du luxe, mais l'abondance, les véritables commodités de la vie (¹), et le nécessaire chez ses voisins indigens. L'ordre qu'il a mis dans sa maison est l'image de celui qui règne au fond de son âme, et semble imiter dans un petit ménage l'ordre établi dans le gouvernement du monde? On n'y voit ni cette inflexible régularité qui donne plus de gêne que d'avantage et n'est supportable qu'à celui qui l'impose, ni cette confusion mal entendue qui pour trop avoir ôte l'usage de tout. On y reconnoît toujours la main du maître, et l'on ne la sent jamais; il a si bien ordonné le premier arrangement qu'à présent tout va tout seul, et qu'on jouit à la fois de la règle et de la liberté.

Voilà, mon bon ami, une idée abrégée, mais fidèle, du caractère de M. de Wolmar, autant que je l'ai pu connoître depuis que je vis avec lui. Tel il m'a paru le premier jour, tel il me paroît le dernier sans aucune altération; ce qui me fait espérer que je l'ai bien vu, et qu'il ne me reste plus rien à découvrir; car je n'imagine pas qu'il pût se montrer autrement sans y perdre.

Sur ce tableau vous pouvez d'avance vous répondre à vous-même; et il faudroit me mé-priser beaucoup pour ne pas me croire heureuse avec tant de sujet de l'être (¹). Ce qui m'a longtemps abusée, et qui peut-être vous abuse encore, c'est la pensée que l'amour est nécessaire pour former un heureux mariage. Mon ami, c'est une erreur; l'honnêteté, la vertu, de certaines convenances, moins de conditions et d'âges que de caractères et d'humeurs, suffisent entre deux époux; ce qui n'empêche point qu'il ne résulte de cette union un attachement très-tendre, qui, pour n'être pas précisément de l'amour, n'en est pas moins doux, et n'en est que plus durable. L'amour est accompagné d'une inquiétude continuelle de jalousie ou de privation, peu convenable au mariage, qui est un état de jouissance et de paix. On ne s'épouse point pour penser uniquement l'un à l'autre, mais pour remplir conjointement les devoirs de la vie civile, gouverner prudemment la maison, bien élever ses enfans. Les amans ne voient jamais qu'eux, ne s'occupent incessamment que d'eux, et la seule chose qu'ils sachent faire est de s'aimer. Ce n'est pas assez pour des époux qui ont tant d'autres soins à remplir. Il n'y a point de passion qui nous fasse une si forte illusion que l'amour: on prend sa violence pour un signe de sa durée; le cœur surchargé d'un sentiment si doux l'étend pour ainsi dire sur l'avenir, et tant que cet amour dure on croit qu'il ne finira point. Mais, au contraire, c'est son ardeur même qui le consume; il s'use avec la jeunesse, il s'efface avec la beauté, il s'éteint sous les glaces de l'âge; et depuis que le monde existe on n'a jamais vu deux amans en cheveux blancs soupirer l'un pour l'autre. On doit donc compter qu'on cessera de s'adorer tôt ou tard; alors, l'idole qu'on servoit détruite, on se voit réciproquement tels qu'on est. On cherche avec étonnement l'objet qu'on aima; ne le trouvant plus, on se dépite contre celui qui reste, et souvent l'imagination le défigure autant qu'elle l'avoit paré. Il y a peu de gens, dit La Rochefoucauld (²), qui ne soient honteux de s'être aimés quand ils ne s'aiment plus (*). Combien alors il

(¹) Il n'y a pas d'association plus commune que celle du faste et de la lésine. On prend sur la nature, sur les vrais plaisirs, sur le besoin même, tout ce qu'on donne à l'opinion. Tel homme orne son palais aux dépens de sa cuisine; tel autre aime mieux une belle vaisselle qu'un bon dîner; tel autre fait un repas d'appareil, et meurt de faim tout le reste de l'année. Quand je vois un buffet de vermeil, je m'attends à du vin qui m'empoisonne. Combien de fois, dans des maisons de campagne, en respirant le frais au matin, l'aspect d'un beau jardin vous tente! On se lève de bonne heure, on se promène, on gagne de l'appétit, on veut déjeuner: l'officier est sorti, ou les provisions manquent, ou madame n'a pas donné ses ordres, ou l'on vous fait ennuyer d'attendre. Quelquefois ou vous prévient, on vient magnifiquement vous offrir de tout, à condition que vous n'accepterez rien. Il faut rester à jeun jusqu'à trois heures, ou déjeuner avec des tulipes. Je me souviens de m'être promené dans un très-beau parc, dont on disoit que la maîtresse aimoit beaucoup le café et n'en prenoit jamais, attendu qu'il coûtoit quatre sous la tasse; mais elle donnoit de grand cœur mille écus à son jardinier. Je crois que j'aimerois mieux avoir des charmilles moins bien taillées, et prendre du café plus souvent.

(¹) Apparemment qu'elle n'avoit pas découvert encore le fatal secret qui la tourmenta si fort dans la suite, ou qu'elle ne vouloit pas alors le confier à son ami.

(²) Je serois bien surpris que Julie eût lu et cité La Rochefoucauld en toute autre occasion: jamais son triste livre ne sera goûté des bonnes gens.

(*) *Réflexions morales*, n° 177.   G. P

est à craindre que l'ennui ne succède à des sentimens trop vifs; que leur déclin, sans s'arrêter à l'indifférence, ne passe jusqu'au dégoût; qu'on se trouve enfin tout-à-fait rassasiés l'un de l'autre, et que pour s'être trop aimés amans on n'en vienne à se haïr époux! Mon cher ami, vous m'avez toujours paru bien aimable, beaucoup trop pour mon innocence et pour mon repos; mais je ne vous ai jamais vu qu'amoureux : que sais-je ce que vous seriez devenu cessant de l'être? L'amour éteint vous eût toujours laissé la vertu, je l'avoue; mais en est-ce assez pour être heureux dans un lien que le cœur doit serrer? et combien d'hommes vertueux ne laissent pas d'être des maris insupportables! Sur tout cela vous en pouvez dire autant de moi.

Pour M. de Wolmar, nulle illusion ne nous prévient l'un pour l'autre : nous nous voyons tels que nous sommes; le sentiment qui nous joint n'est point l'aveugle transport des cœurs passionnés, mais l'immuable et constant attachement de deux personnes honnêtes et raisonnables, qui, destinées à passer ensemble le reste de leurs jours, sont contentes de leur sort et tâchent de se le rendre doux l'une à l'autre. Il semble que quand on nous eût formés exprès pour nous unir, on n'auroit pu réussir mieux. S'il avoit le cœur aussi tendre que moi, il seroit impossible que tant de sensibilité de part et d'autre ne se heurtât quelquefois, et qu'il n'en résultât des querelles. Si j'étois aussi tranquille que lui, trop de froideur régneroit entre nous, et rendroit la société moins agréable et moins douce. S'il ne m'aimoit point, nous vivrions mal ensemble : s'il m'eût trop aimée, il m'eût été importun. Chacun des deux est précisément ce qu'il faut à l'autre; il m'éclaire, et je l'anime; nous en valons mieux réunis, et il semble que nous soyons destinés à ne faire entre nous qu'une seule âme, dont il est l'entendement et moi la volonté. Il n'y a pas jusqu'à son âge un peu avancé qui ne tourne au commun avantage : car, avec la passion dont j'étois tourmentée, il est certain que s'il eût été plus jeune je l'aurois épousé avec plus de peine encore, et cet excès de répugnance eût peut-être empêché l'heureuse révolution qui s'est faite en moi.

Mon ami, le ciel éclaire la bonne intention des pères, et récompense la docilité des enfans. A Dieu ne plaise que je veuille insulter à vos déplaisirs ! Le seul désir de vous rassurer pleinement sur mon sort me fait ajouter ce que je vais vous dire. Quand, avec les sentimens que j'eus ci-devant pour vous, et les connoissances que j'ai maintenant, je serois libre encore et maîtresse de me choisir un mari, je prends à témoin de ma sincérité ce Dieu qui daigne m'éclairer et qui lit au fond de mon cœur, ce n'est pas vous que je choisirois, c'est M. de Wolmar.

Il importe peut-être à votre entière guérison que j'achève de vous dire ce qui me reste sur le cœur. M. de Wolmar est plus âgé que moi. Si pour me punir de mes fautes le ciel m'ôtoit le digne époux que j'ai si peu mérité, ma ferme résolution est de n'en prendre jamais un autre. S'il n'a pas eu le bonheur de trouver une fille chaste, il laissera du moins une chaste veuve. Vous me connoissez trop bien pour croire qu'après vous avoir fait cette déclaration je sois femme à m'en rétracter jamais ([1]).

Ce que j'ai dit pour lever vos doutes peut servir encore à résoudre en partie vos objections contre l'aveu que je crois devoir faire à mon mari. Il est trop sage pour me punir d'une démarche humiliante que le repentir seul peut m'arracher, et je ne suis pas plus capable d'user de la ruse des dames dont vous parlez

([1]) Nos situations diverses déterminent et changent malgré nous toutes les affections de nos cœurs : nous serons vicieux et méchants tant que nous aurons intérêt à l'être, et malheureusement les chaînes dont nous sommes chargés multiplient cet intérêt autour de nous. L'effort de corriger le désordre de nos désirs est presque toujours vain, et rarement il est vrai. Ce qu'il faut changer, c'est moins nos désirs que les situations qui les produisent. Si nous voulons devenir bons, ôtons les rapports qui nous empêchent de l'être, il n'y a point d'autre moyen. de ne voudrois pas pour tout au monde avoir droit à la succession d'autrui, surtout de personnes qui devroient m'être chères; car que sais-je quel horrible vœu l'indigence pourroit m'arracher? Sur ce principe, examinez bien la résolution de Julie, et la déclaration qu'elle en fait à son ami : pesez cette résolution dans toutes ses circonstances, et vous verrez comment un cœur droit en doute de lui-même sait s'ôter au besoin tout intérêt contraire au devoir. Dès ce moment, Julie, malgré l'amour qui lui reste, met ses sens du parti de sa vertu; elle se force, pour ainsi dire, d'aimer Wolmar comme son unique époux, comme le seul homme avec lequel elle habitera de sa vie; elle change l'intérêt secret qu'elle avoit à sa perte en intérêt à le conserver. Ou je ne connois rien au cœur humain, ou c'est à cette seule résolution si critiquée que tient le triomphe de la vertu dans tout le reste de la vie de Julie, et l'attachement sincère et constant qu'elle a jusqu'à la fin pour son mari.

qu'il l'est de m'en soupçonner. Quant à la raison sur laquelle vous prétendez que cet aveu n'est pas nécessaire, elle est certainement un sophisme; car quoiqu'on ne soit tenue à rien envers un époux qu'on n'a pas encore, cela n'autorise point à se donner à lui pour autre chose que ce qu'on est. Je l'avois senti, même avant de me marier; et si le serment extorqué par mon père m'empêcha de faire à cet égard mon devoir, je n'en fus que plus coupable, puisque c'est un crime de faire un serment injuste, et un second de le tenir. Mais j'avois une autre raison que mon cœur n'osoit s'avouer, et qui me rendoit beaucoup plus coupable encore. Grâces au ciel elle ne subsiste plus.

Une considération plus légitime et d'un plus grand poids est le danger de troubler inutilement le repos d'un honnête homme qui tire son bonheur de l'estime qu'il a pour sa femme. Il est sûr qu'il ne dépend plus de lui de rompre le nœud qui nous unit, ni de moi d'en avoir été plus digne. Ainsi je risque, par une confidence indiscrète, de l'affliger à pure perte, sans tirer d'autre avantage de ma sincérité que de décharger mon cœur d'un secret funeste qui me pèse cruellement. J'en serai plus tranquille, je le sens, après le lui avoir déclaré; mais lui, peut-être le sera-t-il moins; et ce seroit bien mal réparer mes torts que de préférer mon repos au sien.

Que ferai-je donc dans le doute où je suis? En attendant que le ciel m'éclaire mieux sur mes devoirs, je suivrai le conseil de votre amitié; je garderai le silence, je tairai mes fautes à mon époux, et je tâcherai de les effacer par une conduite qui puisse un jour en mériter le pardon.

Pour commencer une réforme aussi nécessaire, trouvez bon, mon ami, que nous cessions désormais tout commerce entre nous. Si M. de Wolmar avoit reçu ma confession, il décideroit jusqu'à quel point nous pouvons nourrir les sentimens de l'amitié qui nous lie, et nous en donner les innocens témoignages; mais puisque je n'ose le consulter là-dessus, j'ai trop appris à mes dépens combien nous peuvent égarer les habitudes les plus légitimes en apparence. Il est temps de devenir sage. Malgré la sécurité de mon cœur, je ne veux plus être juge en ma propre cause, ni me livrer, étant femme, à la même présomption qui me perdit étant fille. Voici la dernière lettre que vous recevrez de moi : je vous supplie aussi de ne plus m'écrire. Cependant comme je ne cesserai jamais de prendre à vous le plus tendre intérêt, et que ce sentiment est aussi pur que le jour qui m'éclaire, je serai bien aise de savoir quelquefois de vos nouvelles, et de vous voir parvenir au bonheur que vous méritez. Vous pourrez de temps à autre écrire à madame d'Orbe dans les occasions où vous aurez quelque événement intéressant à nous apprendre. J'espère que l'honnêteté de votre âme se peindra toujours dans vos lettres. D'ailleurs ma cousine est vertueuse et assez sage pour ne me communiquer que ce qu'il me conviendra de voir, et pour supprimer cette correspondance si vous étiez capable d'en abuser.

Adieu, mon cher et bon ami : si je croyois que la fortune pût vous rendre heureux, je vous dirois : Courez à la fortune; mais peut-être avez-vous raison de la dédaigner avec tant de trésors pour vous passer d'elle; j'aime mieux vous dire : Courez à la félicité, c'est la fortune du sage. Nous avons toujours senti qu'il n'y en avoit point sans la vertu; mais prenez garde que ce mot de vertu trop abstrait n'ait plus d'éclat que de solidité, et ne soit un nom de parade qui sert plus à éblouir les autres qu'à nous contenter nous-mêmes. Je frémis quand je songe que des gens qui portoient l'adultère au fond de leur cœur osoient parler de vertu. Savez-vous bien ce que signifioit pour nous un terme si respectable et si profané, tandis que nous étions engagés dans un commerce criminel? c'étoit cet amour forcené dont nous étions embrasés l'un et l'autre qui déguisoit ses transports sous ce saint enthousiasme, pour nous les rendre encore plus chers et nous abuser plus long-temps. Nous étions faits, j'ose le croire, pour suivre et chérir la véritable vertu; mais nous nous trompions en la cherchant, et ne suivions qu'un vain fantôme. Il est temps que l'illusion cesse, il est temps de revenir d'un trop long égarement. Mon ami, ce retour ne vous sera pas difficile : vous avez votre guide en vous-même; vous l'avez pu négliger, mais vous ne l'avez jamais rebuté. Votre âme est saine, elle s'attache à tout ce qui est bien; et si quelquefois il lui échappe, c'est qu'elle n'a pas usé de toute sa force pour s'y tenir. Rentrez au fond de votre conscience, et cherchez si vous n'y retrouveriez point quelque principe oublié qui serviroit à mieux ordonner toutes vos actions, à les lier plus solidement entre elles et avec un objet commun. Ce n'est pas assez, croyez-moi, que la vertu soit la base de votre conduite, si vous n'établissez cette base même sur un fondement inébranlable. Souvenez-vous de ces Indiens qui font porter le monde sur un grand éléphant, et puis l'éléphant sur une tortue ; et quand on leur demande sur quoi porte la tortue, ils ne savent plus que dire.

Je vous conjure de faire quelque attention aux discours de votre amie, et de choisir pour aller au bonheur une route plus sûre que celle qui nous a si long-temps égarés. Je ne cesserai de demander au ciel, pour vous et pour moi, cette félicité pure, et ne serai contente qu'après l'avoir obtenue pour tous les deux. Ah ! si jamais nos cœurs se rappellent malgré nous les erreurs de notre jeunesse, faisons au moins que le retour qu'elles auront produit en autorise le souvenir, et que nous puissions dire avec cet ancien : Hélas ! nous périssions si nous n'eussions péri (*) !

Ici finissent les sermons de la prêcheuse : elle aura désormais assez à faire à se prêcher elle-même. Adieu, mon aimable ami ; adieu pour toujours ; ainsi l'ordonne l'inflexible devoir : mais croyez que le cœur de Julie ne sait point oublier ce qui lui fut cher... Mon Dieu ! que fais-je?... Vous le verrez trop à l'état de ce papier. Ah ! n'est-il pas permis de s'attendrir en disant à son ami le dernier adieu?

LETTRE XXI.

DE L'AMANT DE JULIE A MYLORD ÉDOUARD.

Oui, mylord, il est vrai, mon âme est oppressée du poids de la vie ; depuis long-temps elle m'est à charge : j'ai perdu tout ce qui pouvoit me la rendre chère, il ne m'en reste que les ennuis. Mais on dit qu'il ne m'est pas permis d'en disposer sans l'ordre de celui qui me l'a donnée. Je sais aussi qu'elle vous appartient à plus d'un titre ; vos soins me l'ont sauvée deux fois, et vos bienfaits me la conservent sans cesse : je n'en disposerai jamais que je ne sois sûr de le pouvoir faire sans crime, ni tant qu'il me restera la moindre espérance de la pouvoir employer pour vous.

Vous disiez que je vous étois nécessaire : pourquoi me trompiez-vous? Depuis que nous sommes à Londres, loin que vous songiez à m'occuper de vous, vous ne vous occupez que de moi. Que vous prenez de soins superflus ! Mylord, vous le savez, je hais le crime encore plus que la vie ; j'adore l'Être éternel. Je vous dois tout, je vous aime, je ne tiens qu'à vous sur la terre : l'amitié, le devoir y peuvent enchaîner un infortuné ; des prétextes et des sophismes ne l'y retiendront point. Éclairez ma raison, parlez à mon cœur ; je suis prêt à vous entendre ; mais souvenez-vous que ce n'est point le désespoir qu'on abuse.

Vous voulez qu'on raisonne : hé bien ! raisonnons. Vous voulez qu'on proportionne la délibération à l'importance de la question qu'on agite ; j'y consens. Cherchons la vérité paisiblement, tranquillement ; discutons la proposition générale comme s'il s'agissoit d'un autre. Robeck fit l'apologie de la mort volontaire avant de se la donner. Je ne veux pas faire un livre à son exemple, et je ne suis pas fort content du sien, mais j'espère imiter son sang-froid dans cette discussion (*).

J'ai long-temps médité sur ce grave sujet ; vous devez le savoir, car vous connoissez mon sort, et je vis encore. Plus j'y réfléchis, plus je trouve que la question se réduit à cette proposition fondamentale : Chercher son bien et fuir son mal en ce qui n'offense point autrui, c'est le droit de la nature. Quand notre vie est un mal pour nous et n'est un bien pour personne, il est donc permis de s'en délivrer. S'il y a dans le monde une maxime évidente et certaine, je pense que c'est celle-là ; et si l'on venoit à bout

---

(*) Mot de Thémistocle rapporté par PLUTARQUE, Dicts notables des rois et grands capitaines, § 40.   G. P.

(*) Jean Robeck, né à Calmar en 1672, renonça à sa patrie pour se faire jésuite, puis quitta les jésuites et devint prêtre missionnaire. En 1735, après quelque temps de séjour à Rinteln, il distribua tout ce qu'il possédoit, et alla à Brême, où on le vit monter dans un bateau. Le lendemain son corps fut trouvé sur les bords du Weser. Sa dissertation latine sur le suicide, le seul ouvrage qu'on ait de lui, fut imprimée l'année suivante à Rinteln, sous ce titre : Joan. Robeck. Exercitatis de morte voluntariâ ; 1736, in-4°.   G. F.

de la renverser, il n'y a point d'action humaine dont on ne pût faire un crime.

Que disent là-dessus nos sophistes? Premièrement ils regardent la vie comme une chose qui n'est pas à nous, parce qu'elle nous a été donnée : mais c'est précisément parce qu'elle nous a été donnée qu'elle est à nous. Dieu ne leur a-t-il pas donné deux bras? cependant, quand ils craignent la gangrène, ils s'en font couper un, et tous les deux, s'il le faut. La parité est exacte pour qui croit à l'immortalité de l'âme ; car si je sacrifie mon bras à la conservation d'une chose plus précieuse, qui est mon corps, je sacrifie mon corps à la conservation d'une chose plus précieuse, qui est mon bien-être. Si tous les dons que le ciel nous a faits sont naturellement des biens pour nous, ils ne sont que trop sujets à changer de nature ; et il y ajouta la raison pour nous apprendre à les discerner. Si cette règle ne nous autorisoit pas à choisir les uns et rejeter les autres, quel seroit son usage parmi les hommes?

Cette objection si peu solide, ils la retournent de mille manières. Ils regardent l'homme vivant sur la terre comme un soldat mis en faction. Dieu, disent-ils, t'a placé dans ce monde, pourquoi en sors-tu sans son congé? Mais toi-même, il t'a placé dans ta ville, pourquoi en sors-tu sans son congé? Le congé n'est-il pas dans le mal-être? En quelque lieu qu'il me place, soit dans un corps, soit sur la terre, c'est pour y rester autant que j'y suis bien ; et pour en sortir dès que j'y suis mal. Voilà la voix de la nature et la voix de Dieu. Il faut attendre l'ordre, j'en conviens ; mais quand je meurs naturellement, Dieu ne m'ordonne pas de quitter la vie, il me l'ôte ; c'est en me la rendant insupportable qu'il m'ordonne de la quitter. Dans le premier cas, je résiste de toute ma force ; dans le second, j'ai le mérite d'obéir.

Concevez-vous qu'il y ait des gens assez injustes pour taxer la mort volontaire de rébellion contre la Providence, comme si l'on vouloit se soustraire à ses lois? Ce n'est point pour s'y soustraire qu'on cesse de vivre, c'est pour les exécuter. Quoi ! Dieu n'a-t-il de pouvoir que sur mon corps? est-il quelque lieu dans l'univers où quelque être existant ne soit pas sous sa main? et agira-t-il moins immédiatement sur moi quand ma substance épurée sera plus une et plus semblable à la sienne? Non, sa justice et sa bonté font mon espoir ; et, si je croyois que la mort pût me soustraire à sa puissance, je ne voudrois plus mourir.

C'est un des sophismes du Phédon, rempli d'ailleurs de vérités sublimes. Si ton esclave se tuoit, dit Socrate à Cebès, ne le punirois-tu pas, s'il t'étoit possible, pour t'avoir privé injustement de ton bien? Bon Socrate, que nous dites-vous? N'appartient-on plus à Dieu quand on est mort? Ce n'est point cela du tout ; mais il falloit dire : Si tu charges ton esclave d'un vêtement qui le gêne dans le service qu'il te doit, le puniras-tu d'avoir quitté cet habit pour mieux faire son service? La grande erreur est de donner trop d'importance à la vie ; comme si notre être en dépendoit, et qu'après la mort on ne fût plus rien. Notre vie n'est rien aux yeux de Dieu, elle n'est rien aux yeux de la raison, elle ne doit rien être aux nôtres ; et, quand nous laissons notre corps, nous ne faisons que poser un vêtement incommode. Est-ce la peine d'en faire un si grand bruit? Mylord, ces déclamateurs ne sont point de bonne foi ; absurdes et cruels dans leurs raisonnemens, ils aggravent le prétendu crime, comme si l'on s'ôtoit l'existence, et le punissent, comme si l'on existoit toujours.

Quant au Phédon qui leur a fourni le seul argument spécieux qu'ils aient jamais employé, cette question n'y est traitée que très-légèrement et comme en passant. Socrate, condamné par un jugement inique à perdre la vie dans quelques heures, n'avoit pas besoin d'examiner bien attentivement s'il lui étoit permis d'en disposer. En supposant qu'il ait tenu réellement les discours que Platon lui fait tenir, croyez-moi, mylord, il les eût médités avec plus de soin dans l'occasion de les mettre en pratique ; et la preuve qu'on ne peut tirer de cet immortel ouvrage aucune bonne objection contre le droit de disposer de sa propre vie, c'est que Caton le lut par deux fois tout entier la nuit même qu'il quitta la terre.

Ces mêmes sophistes demandent si jamais la vie peut être un mal. En considérant cette foule d'erreurs, de tourmens et de vices dont elle est remplie, on seroit bien plus tenté de demander si jamais elle fut un bien. Le crime assiége sans cesse l'homme le plus vertueux ;

chaque instant qu'il vit, il est prêt à devenir la proie du méchant, ou méchant lui-même. Combattre et souffrir, voilà son sort dans ce monde; mal faire et souffrir, voilà celui du malhonnête homme. Dans tout le reste ils diffèrent entre eux, ils n'ont rien en commun que les misères de la vie. S'il vous falloit des autorités et des faits, je vous citerois des oracles, des réponses de sages, des actes de vertu récompensés par la mort. Laissons tout cela, mylord : c'est à vous que je parle, et je vous demande quelle est ici-bas la principale occupation du sage, si ce n'est de se concentrer pour ainsi dire au fond de son âme, et de s'efforcer d'être mort durant sa vie. Le seul moyen qu'ait trouvé la raison pour nous soustraire aux maux de l'humanité n'est-il pas de nous détacher des objets terrestres et de tout ce qu'il y a de mortel en nous, de nous recueillir au dedans de nous-mêmes, de nous élever aux sublimes contemplations? et si nos passions et nos erreurs font nos infortunes, avec quelle ardeur devons-nous soupirer après un état qui nous délivre des unes et des autres! Que font ces hommes sensuels qui multiplient si indiscrètement leurs douleurs par leurs voluptés? ils anéantissent pour ainsi dire leur existence à force de l'étendre sur la terre ; ils aggravent le poids de leurs chaînes par le nombre de leurs attachemens; ils n'ont point de jouissances qui ne leur préparent mille amères privations : plus ils sentent, et plus ils souffrent ; plus ils s'enfoncent dans la vie, et plus ils sont malheureux.

Mais qu'en général ce soit, si l'on veut, un bien pour l'homme de ramper tristement sur la terre, j'y consens : je ne prétends pas que tout le genre humain doive s'immoler d'un commun accord, ni faire un vaste tombeau du monde. Il est, il est des infortunés trop privilégiés pour suivre la route commune, et pour qui le désespoir et les amères douleurs sont le passeport de la nature : c'est à ceux-là qu'il seroit aussi insensé de croire que leur vie est un bien, qu'il l'étoit au sophiste Possidonius tourmenté de la goutte de nier qu'elle fût un mal. Tant qu'il nous est bon de vivre nous le désirons fortement, et il n'y a que le sentiment des maux extrêmes qui puisse vaincre en nous ce désir : car nous avons tous reçu de la nature une très-grande horreur de la mort, et cette horreur déguise à nos yeux les misères de la condition humaine. On supporte long-temps une vie pénible et douloureuse avant de se résoudre à la quitter ; mais quand une fois l'ennui de vivre l'emporte sur l'horreur de mourir, alors la vie est évidemment un grand mal, et l'on ne peut s'en délivrer trop tôt. Ainsi, quoiqu'on ne puisse exactement assigner le point où elle cesse d'être un bien, on sait très-certainement au moins qu'elle est un mal long-temps avant de nous le paroître ; et chez tout homme sensé le droit d'y renoncer en précède toujours de beaucoup la tentation.

Ce n'est pas tout ; après avoir nié que la vie puisse être un mal pour nous ôter le droit de nous en défaire, ils disent ensuite qu'elle est un mal pour nous reprocher de ne la pouvoir endurer. Selon eux, c'est une lâcheté de se soustraire à ses douleurs et à ses peines, et il n'y a jamais que des poltrons qui se donnent la mort. O Rome, conquérante du monde, quelle troupe de poltrons t'en donna l'empire ! Qu'Arrie, Éponine, Lucrèce, soient dans le nombre, elles étoient femmes ; mais Brutus, mais Cassius, et toi qui partageois avec les dieux les respects de la terre étonnée, grand et divin Caton, toi dont l'image auguste et sacrée animoit les Romains d'un saint zèle et faisoit frémir les tyrans, tes fiers admirateurs ne pensoient pas qu'un jour, dans le coin poudreux d'un collège, de vils rhéteurs prouveroient que tu ne fus qu'un lâche pour avoir refusé au crime heureux l'hommage de la vertu dans les fers. Force et grandeur des écrivains modernes, que vous êtes sublimes, et qu'ils sont intrépides la plume à la main ! Mais dites-moi, brave et vaillant héros, qui vous sauvez si courageusement d'un combat pour supporter plus long-temps la peine de vivre, quand un tison brûlant vient à tomber sur cette éloquente main, pourquoi la retirez-vous si vite ? Quoi ! vous avez la lâcheté de n'oser soutenir l'ardeur du feu ! Rien, dites-vous, ne m'oblige à supporter le tison ; et moi, qui m'oblige à supporter la vie? La génération d'un homme a-t-elle coûté plus à la Providence que celle d'un fétu ? et l'une et l'autre n'est-elle pas également son ouvrage?

Sans doute il y a du courage à souffrir avec constance les maux qu'on ne peut éviter ; mais il n'y a qu'un insensé qui souffre volontairement ceux dont il peut s'exempter sans mal faire, et c'est souvent un très-grand mal d'endurer un mal sans nécessité. Celui qui ne sait pas se délivrer d'une vie douloureuse par une prompte mort ressemble à celui qui aime mieux laisser envenimer une plaie que de la livrer au fer salutaire d'un chirurgien. Viens, respectable Parisot (¹), coupe-moi cette jambe qui me feroit périr : je te verrai faire sans sourciller, et me laisserai traiter de lâche par le brave qui voit tomber la sienne en pourriture faute d'oser soutenir la même opération.

J'avoue qu'il est des devoirs envers autrui qui ne permettent pas à tout homme de disposer de lui-même; mais en revanche combien en est-il qui l'ordonnent! Qu'un magistrat à qui tient le salut de la patrie, qu'un père de famille qui doit la subsistance à ses enfans, qu'un débiteur insolvable qui ruineroit ses créanciers, se dévouent à leur devoir, quoi qu'il arrive ; que mille autres relations civiles et domestiques forcent un honnête homme infortuné de supporter le malheur de vivre pour éviter le malheur plus grand d'être injuste, est-il permis pour cela, dans des cas tout différens, de conserver aux dépens d'une foule de misérables une vie qui n'est utile qu'à celui qui n'ose mourir? Tue-moi, mon enfant, dit le sauvage décrépit à son fils qui le porte et fléchit sous le poids; les ennemis sont là; va combattre avec tes frères, va sauver tes enfans, et n'expose pas ton père à tomber vif entre les mains de ceux dont il mangea les parens. Quand la faim, les maux, la misère, ennemis domestiques pires que les sauvages, permettroient à un malheureux estropié de consommer dans son lit le pain d'une famille qui peut à peine en gagner pour elle, celui qui ne tient à rien, celui que le ciel réduit à vivre seul sur la terre, celui dont la malheureuse existence ne peut produire aucun bien, pourquoi n'auroit-il pas au moins le droit de quitter un séjour où ses plaintes sont importunes et ses maux sans utilité?

Pesez ces considérations, mylord, rassemblez toutes ces raisons, et vous trouverez qu'elles se réduisent au plus simple des droits de la nature qu'un homme sensé ne mit jamais en question. En effet, pourquoi seroit-il permis de se guérir de la goutte et non de la vie? L'une et l'autre ne nous vient-elle pas de la même main? S'il est pénible de mourir, qu'est-ce à dire? les drogues font-elles plaisir à prendre? Combien de gens préfèrent la mort à la médecine! Preuve que la nature répugne à l'une et à l'autre. Qu'on me montre donc comment il est plus permis de se délivrer d'un mal passager en faisant des remèdes, que d'un mal incurable en s'ôtant la vie, et comment on est moins coupable d'user de quinquina pour la fièvre que d'opium pour la pierre. Si nous regardons à l'objet, l'un et l'autre est de nous délivrer du mal-être; si nous regardons au moyen, l'un et l'autre est également naturel; si nous regardons à la répugnance, il y en a également des deux côtés; si nous regardons à la volonté du maître, quel mal veut-on combattre qu'il ne nous ait pas envoyé? A quelle douleur veut-on se soustraire qui ne nous vienne pas de sa main? Quelle est la borne où finit sa puissance et où l'on peut légitimement résister? Ne nous est-il donc permis de changer l'état d'aucune chose, parce que tout ce qui est est comme il l'a voulu? Faut-il ne rien faire en ce monde de peur d'enfreindre ses lois? et, quoi que nous fassions, pouvons-nous jamais les enfreindre? Non, mylord, la vocation de l'homme est plus grande et plus noble; Dieu ne l'a point animé pour rester immobile dans un quiétisme éternel; mais il lui a donné la liberté pour faire le bien, la conscience pour le vouloir, et la raison pour le choisir; il l'a constitué seul juge de ses propres actions; il a écrit dans son cœur : Fais ce qui t'est salutaire et n'est nuisible à personne. Si je sens qu'il m'est bon de mourir, je résiste à son ordre en m'opiniâtrant à vivre; car, en me rendant la mort désirable, il me prescrit de la chercher.

Bomston, j'appelle à votre sagesse et à votre candeur, quelles maximes plus certaines la raison peut-elle déduire de la religion sur la mort volontaire? Si les chrétiens en ont établi d'opposées, ils ne les ont tirées ni des principes de leur religion, ni de sa règle unique, qui est l'Écriture, mais seulement des philosophes païens.

(¹) Chirurgien de Lyon, homme d'honneur, bon citoyen, ami tendre et généreux, négligé, mais non pas oublié de tel qui fut honoré de ses bienfaits (*).

(*) Il en fait l'éloge dans ses Confessions, au livre VII, tome 1, page 144.   G. P.

Lactance et Augustin, qui les premiers avancèrent cette nouvelle doctrine dont Jésus-Christ ni les apôtres n'avoient pas dit un mot, ne s'appuyèrent que sur le raisonnement du Phédon, que j'ai déjà combattu; de sorte que les fidèles, qui croient suivre en cela l'autorité de l'Évangile, ne suivent que celle de Platon. En effet, où verra-t-on dans la Bible entière une loi contre le suicide, ou même une simple improbation? et n'est-il pas bien étrange que, dans les exemples de gens qui se sont donné la mort, on n'y trouve pas un seul mot de blâme contre aucun de ces exemples? Il y a plus, celui de Samson est autorisé par un prodige qui le venge de ses ennemis. Ce miracle se seroit-il fait pour justifier un crime? et cet homme, qui perdit sa force pour s'être laissé séduire par une femme, l'eût-il recouvrée pour commettre un forfait authentique? comme si Dieu lui-même eût voulu tromper les hommes!

Tu ne tueras point, dit le Décalogue. Que s'ensuit-il de là? Si ce commandement doit être pris à la lettre, il ne faut tuer ni les malfaiteurs ni les ennemis; et Moïse, qui fit tant mourir de gens, entendoit fort mal son propre précepte. S'il y a quelques exceptions, la première est certainement en faveur de la mort volontaire, parce qu'elle est exempte de violence et d'injustice, les deux seules considérations qui puissent rendre l'homicide criminel, et que la nature y a mis d'ailleurs un suffisant obstacle.

Mais, disent-ils encore, souffrez patiemment les maux que Dieu vous envoie; faites-vous un mérite de vos peines. Appliquer ainsi les maximes du christianisme, que c'est mal en saisir l'esprit! l'homme est sujet à mille maux, sa vie est un tissu de misères, et il ne semble naître que pour souffrir. De ces maux, ceux qu'il peut éviter, la raison veut qu'il les évite; et la religion, qui n'est jamais contraire à la raison, l'approuve. Mais que leur somme est petite auprès de ceux qu'il est forcé de souffrir malgré lui! C'est de ceux-ci qu'un Dieu clément permet aux hommes de se faire un mérite; il accepte en hommage volontaire le tribut forcé qu'il nous impose, et marque au profit de l'autre vie la résignation dans celle-ci. La véritable pénitence de l'homme lui est imposée par la nature; s'il endure patiemment tout ce qu'il est contraint d'endurer, il a fait à cet égard tout ce que Dieu lui demande; et si quelqu'un montre assez d'orgueil pour vouloir faire davantage, c'est un fou qu'il faut enfermer, ou un fourbe qu'il faut punir. Fuyons donc sans scrupule tous les maux que nous pouvons fuir, il ne nous en restera que trop à souffrir encore. Délivrons-nous sans remords de la vie même, aussitôt qu'elle est un mal pour nous, puisqu'il dépend de nous de le faire, et qu'en cela nous n'offensons ni Dieu ni les hommes. S'il faut un sacrifice à l'Être suprême, n'est-ce rien que de mourir? Offrons à Dieu la mort qu'il nous impose par la voix de la raison, et versons paisiblement dans son sein notre âme qu'il redemande.

Tels sont les préceptes généraux que le bon sens dicte à tous les hommes, et que la religion autorise ([1]). Revenons à nous. Vous avez daigné m'ouvrir votre cœur; je connois vos peines, vous ne souffrez pas moins que moi; vos maux sont sans remède ainsi que les miens, et d'autant plus sans remède que les lois de l'honneur sont plus immuables que celles de la fortune. Vous les supportez, je l'avoue, avec fermeté. La vertu vous soutient; un pas de plus, elle vous dégage. Vous me pressez de souffrir; mylord, j'ose vous presser de terminer vos souffrances, et je vous laisse à juger qui de nous est le plus cher à l'autre.

Que tardons-nous à faire un pas qu'il faut toujours faire? Attendrons-nous que la vieillesse et les ans nous attachent bassement à la vie après nous en avoir ôté les charmes, et que nous traînions avec effort, ignominie et douleur, un corps infirme et cassé? Nous sommes dans l'âge où la vigueur de l'âme la dégage aisément de ses entraves, et où l'homme sait encore mourir; plus tard, il se laisse en gémissant

([1]) L'étrange lettre pour la délibération dont il s'agit! Raisonne-t-on si paisiblement sur une question pareille quand on l'examine pour soi? la lettre est-elle fabriquée, ou l'auteur ne veut-il qu'être réfuté? Ce qui peut tenir en doute, c'est l'exemple de Robeck qu'il cite, et qui semble autoriser le sien. Robeck délibéra si posément, qu'il eut la patience de faire un livre, un gros livre, bien long, bien pesant, bien froid; et quand il eut établi, selon lui, qu'il étoit permis de se donner la mort, il se la donna avec la même tranquillité. Défions-nous des préjugés de siècle et de nation. Quand ce n'est pas la mode de se tuer, on n'imagine que des enragés qui se tuent; tous les actes de courage sont autant de chimères pour les âmes foibles; chacun ne juge des autres que par soi : cependant combien n'avons-nous pas d'exemples attestés d'hommes sages en tout autre point, qui, sans remords, sans fureur, sans désespoir, renoncent à la vie uniquement parce qu'elle leur est à charge, et meurent plus tranquillement qu'ils n'ont vécu!

arracher la vie. Profitons d'un temps où l'ennui de vivre nous rend la mort désirable; craignons qu'elle ne vienne avec ses horreurs au moment où nous n'en voudrons plus. Je m'en souviens, il fut un instant où je ne demandois qu'une heure au ciel, et où je serois mort désespéré si je ne l'eusse obtenue. Ah! qu'on a de peine à briser les nœuds qui lient nos cœurs à la terre! et qu'il est sage de la quitter aussitôt qu'ils sont rompus! Je le sens, mylord, nous sommes dignes tous deux d'une habitation plus pure : la vertu nous la montre, et le sort nous invite à la chercher. Que l'amitié qui nous joint nous unisse encore à notre dernière heure. Oh! quelle volupté pour deux vrais amis de finir leurs jours volontairement dans les bras l'un de l'autre, de confondre leurs derniers soupirs, d'exhaler à la fois les deux moitiés de leur âme! Quelle douleur, quel regret peut empoisonner leurs derniers instans? Que quittent-ils en sortant du monde? ils s'en vont ensemble; ils ne quittent rien.

LETTRE XXII.

RÉPONSE.

Jeune homme, un aveugle transport t'égare : sois plus discret, ne conseille point en demandant conseil : j'ai connu d'autres maux que les tiens. J'ai l'âme ferme ; je suis Anglois. Je sais mourir; car je sais vivre, souffrir en homme. J'ai vu la mort de près, et la regarde avec trop d'indifférence pour l'aller chercher. Parlons de toi.

Il est vrai, tu m'étois nécessaire; mon âme avoit besoin de la tienne; tes soins pouvoient m'être utiles; ta raison pouvoit m'éclairer dans la plus importante affaire de ma vie; si je ne m'en sers point, à qui t'en prends-tu? Où est-elle? qu'est-elle devenue? que peux-tu faire? à quoi es-tu bon dans l'état où te voilà? quels services puis-je espérer de toi? Une douleur insensée te rend stupide et impitoyable : tu n'es pas un homme, tu n'es rien ; et si je ne regardois à ce que tu peux être, tel que tu es, je ne vois rien dans le monde au-dessous de toi.

Je n'en veux pour preuve que ta lettre même. Autrefois je trouvois en toi du sens, de la vérité ; tes sentimens étoient droits, tu pensois juste, et je ne t'aimois pas seulement par goût, mais par choix, comme un moyen de plus pour moi de cultiver la sagesse. Qu'ai-je trouvé maintenant dans les raisonnemens de cette lettre dont tu parois si content? Un misérable et perpétuel sophisme, qui, dans l'égarement de ta raison, marque celui de ton cœur, et que je ne daignerois pas même relever si je n'avois pitié de ton délire.

Pour renverser tout cela d'un mot, je ne veux te demander qu'une seule chose : Toi qui crois Dieu existant, l'âme immortelle, et la liberté de l'homme, tu ne penses pas, sans doute, qu'un être intelligent reçoive un corps et soit placé sur la terre au hasard seulement pour vivre, souffrir, et mourir? il y a bien peut-être à la vie humaine un but, une fin, un objet moral. Je te prie de me répondre clairement sur ce point; après quoi nous reprendrons pied à pied ta lettre, et tu rougiras de l'avoir écrite.

Mais laissons les maximes générales, dont on fait souvent beaucoup de bruit sans jamais en suivre aucune ; car il se trouve toujours dans l'application quelque condition particulière qui change tellement l'état des choses, que chacun se croit dispensé d'obéir à la règle qu'il prescrit aux autres ; et l'on sait bien que tout homme qui pose des maximes générales entend qu'elles obligent tout le monde, excepté lui. Encore un coup, parlons de toi.

Il t'est donc permis, selon toi, de cesser de vivre? La preuve en est singulière, c'est que tu as envie de mourir. Voilà certes un argument fort commode pour les scélérats : ils doivent t'être bien obligés des armes que tu leur fournis; il n'y aura plus de forfaits qu'ils ne justifient par la tentation de les commettre; et dès que la violence de la passion l'emportera sur l'horreur du crime, dans le désir de mal faire ils en trouveront aussi le droit.

Il t'est donc permis de cesser de vivre? Je voudrois bien savoir si tu as commencé. Quoi! fus-tu placé sur la terre pour n'y rien faire? Le ciel ne t'imposa-t-il point avec la vie une tâche pour la remplir? Si tu as fait ta journée avant le soir, repose-toi le reste du jour, tu le peux mais voyons ton ouvrage. Quelle réponse tiens-tu prête au juge suprême qui te demandera compte de ton temps? Parle, que lui diras-tu? J'ai séduit une fille honnête; j'abandonne un ami dans ses chagrins. Malheureux! trouve-moi ce juste qui se vante d'avoir assez vécu, que j'apprenne de lui comment il faut avoir porté la vie pour être en droit de la quitter.

Tu comptes les maux de l'humanité; tu ne rougis pas d'épuiser des lieux communs cent fois rebattus, et tu dis, la vie est un mal. Mais regarde, cherche dans l'ordre des choses si tu y trouves quelques biens qui ne soient point mêlés de maux. Est-ce donc à dire qu'il n'y ait aucun bien dans l'univers? et peux-tu confondre ce qui est mal par sa nature avec ce qui ne souffre le mal que par accident? Tu l'as dit toi-même, la vie passive de l'homme n'est rien, et ne regarde qu'un corps dont il sera bientôt délivré; mais sa vie active et morale, qui doit influer sur tout son être, consiste dans l'exercice de sa volonté. La vie est un mal pour le méchant qui prospère, et un bien pour l'honnête homme infortuné; car ce n'est pas une modification passagère, mais son rapport avec son objet, qui la rend bonne ou mauvaise. Quelles sont enfin ces douleurs si cruelles qui te forcent de la quitter? Penses-tu que je n'aie pas démêlé sous ta feinte impartialité dans le dénombrement des maux de cette vie la honte de parler des tiens? Crois-moi, n'abandonne pas à la fois toutes tes vertus; garde au moins ton ancienne franchise, et dis ouvertement à ton ami : J'ai perdu l'espoir de corrompre une honnête femme, me voilà forcé d'être homme de bien; j'aime mieux mourir.

Tu t'ennuies de vivre, et tu dis, la vie est un mal. Tôt ou tard tu seras consolé, et tu diras, la vie est un bien. Tu diras plus vrai sans mieux raisonner; car rien n'aura changé que toi. Change donc dès aujourd'hui; et puisque c'est dans la mauvaise disposition de ton âme qu'est tout le mal, corrige tes affections déréglées, et ne brûle pas ta maison pour n'avoir pas la peine de la ranger.

Je souffre, me dis-tu; dépend-il de moi de ne pas souffrir? D'abord c'est changer l'état de la question; car il ne s'agit pas de savoir si tu souffres, mais si c'est un mal pour toi de vivre. Passons. Tu souffres, tu dois chercher à ne plus souffrir. Voyons s'il est besoin de mourir pour cela.

Considère un moment le progrès naturel des maux de l'âme directement opposé au progrès des maux du corps, comme les deux substances sont opposées par leur nature. Ceux-ci s'invétèrent, s'empirent en vieillissant, et détruisent enfin cette machine mortelle. Les autres, au contraire, altérations externes et passagères d'un être immortel et simple, s'effacent insensiblement et le laissent dans sa forme originelle que rien ne sauroit changer. La tristesse, l'ennui, les regrets, le désespoir, sont des douleurs peu durables qui ne s'enracinent jamais dans l'âme; et l'expérience dément toujours ce sentiment d'amertume qui nous fait regarder nos peines comme éternelles. Je dirai plus : je ne puis croire que les vices qui nous corrompent nous soient plus inhérens que nos chagrins; non-seulement je pense qu'ils périssent avec le corps qui les occasione, mais je ne doute pas qu'une plus longue vie ne pût suffire pour corriger les hommes, et que plusieurs siècles de jeunesse ne nous apprissent qu'il n'y a rien de meilleur que la vertu.

Quoi qu'il en soit, puisque la plupart de nos maux physiques ne font qu'augmenter sans cesse; de violentes douleurs du corps, quand elles sont incurables, peuvent autoriser un homme à disposer de lui; car toutes ses facultés étant aliénées par la douleur, et le mal étant sans remède, il n'a plus l'usage ni de sa volonté, ni de sa raison; il cesse d'être homme avant de mourir, et ne fait, en s'ôtant la vie, qu'achever de quitter un corps qui l'embarrasse et où son âme n'est déjà plus.

Mais il n'en est pas ainsi des douleurs de l'âme, qui, pour vives qu'elles soient, portent toujours leur remède avec elles. En effet, qu'est-ce qui rend un mal quelconque intolérable? c'est sa durée. Les opérations de la chirurgie sont communément beaucoup plus cruelles que les souffrances qu'elles guérissent; mais la douleur du mal est permanente, celle de l'opération passagère, et l'on préfère celle-ci. Qu'est-il donc besoin d'opération pour des douleurs qu'éteint leur propre durée, qui seule les rendroit insupportables? Est-il raisonnable d'appliquer d'aussi violens remèdes aux maux qui s'effacent d'eux-mêmes? Pour qui fait cas de la constance et n'estime les ans que le peu qu'ils valent, de deux moyens de se délivrer des mêmes souffrances, lequel doit être préféré de la mort ou du temps? Attends, et tu seras guéri. Que demandes-tu davantage?

Ah! c'est ce qui redouble mes peines de songer qu'elles finiront? vain sophisme de la douleur; bon mot sans raison, sans justesse, et peut-être sans bonne foi. Quel absurde motif de désespoir que l'espoir de terminer sa misère ([1])! Même en supposant ce bizarre sentiment, qui n'aimeroit mieux aigrir un moment la douleur présente par l'assurance de la voir finir, comme on sacrifie une plaie pour la faire cicatriser? et quand la douleur auroit un charme qui nous feroit aimer à souffrir, s'en priver en s'ôtant la vie, n'est-ce pas faire à l'instant même tout ce qu'on craint de l'avenir?

Penses-y bien, jeune homme; que sont dix, vingt, trente ans pour un être immortel? La peine et le plaisir passent comme une ombre; la vie s'écoule en un instant; elle n'est rien par elle-même, son prix dépend de son emploi. Le bien seul qu'on a fait demeure, et c'est par lui qu'elle est quelque chose.

Ne dis donc plus que c'est un mal pour toi de vivre, puisqu'il dépend de toi seul que ce soit un bien, et que si c'est un mal d'avoir vécu, c'est une raison de plus pour vivre encore. Ne dis pas non plus qu'il t'est permis de mourir, car autant vaudroit dire qu'il t'est permis de n'être pas homme, qu'il t'est permis de te révolter contre l'auteur de ton être, et de tromper ta destination. Mais, en ajoutant que ta mort ne fait de mal à personne, songes-tu que c'est à ton ami que tu l'oses dire?

Ta mort ne fait de mal à personne! J'entends; mourir à nos dépens ne t'importe guère, tu comptes pour rien nos regrets. Je ne te parle plus des droits de l'amitié que tu méprises: n'en est-il point de plus chers encore ([2]) qui t'obligent à te conserver? S'il est une personne au monde qui t'ait assez aimé pour ne vouloir pas te survivre, et à qui ton bonheur manque pour être heureuse, penses-tu ne lui rien devoir? Tes funestes projets exécutés ne troubleront-ils point la paix d'une âme rendue avec tant de peine à sa première innocence? Ne crains-tu point de rouvrir dans ce cœur trop tendre des blessures mal refermées! Ne crains-tu point que ta perte n'en entraîne une autre encore plus cruelle, en ôtant au monde et à la vertu leur plus digne ornement? et si elle te survit, ne crains-tu point d'exciter dans son sein le remords, plus pesant à supporter que la vie? Ingrat ami, amant sans délicatesse, seras-tu toujours occupé de toi-même? Ne songeras-tu jamais qu'à tes peines? N'es-tu point sensible au bonheur de ce qui te fut cher? et ne saurois-tu vivre pour celle qui voulut mourir avec toi?

Tu parles des devoirs du magistrat et du père de famille, et parce qu'ils ne te sont pas imposés, tu te crois affranchi de tout : et la société à qui tu dois ta conservation, tes talens, tes lumières; la patrie à qui tu appartiens, les malheureux qui ont besoin de toi, ne leur dois-tu rien? O l'exact dénombrement que tu fais! parmi les devoirs que tu comptes, tu n'oublies que ceux d'homme et de citoyen. Où est ce vertueux patriote qui refuse de vendre son sang à un prince étranger parce qu'il ne doit le verser que pour son pays, et qui veut maintenant le répandre en désespéré contre l'expresse défense des lois? Les lois, les lois, jeune homme! le sage les méprise-t-il? Socrate innocent, par respect pour elles, ne voulut pas sortir de prison : tu ne balances point à les violer pour sortir injustement de la vie, et tu demandes: Quel mal fais-je?

Tu veux t'autoriser par des exemples; tu m'oses nommer des Romains! Toi, des Romains! il t'appartient bien d'oser prononcer ces noms illustres! Dis-moi, Brutus mourut-il en amant désespéré? et Caton déchira-t-il ses entrailles pour sa maîtresse? Homme petit et foible, qu'y a-t-il entre Caton et toi? Montre-moi la mesure commune de cette âme sublime et de la tienne. Téméraire, ah! tais-toi. Je crains de profaner son nom par son apologie. A ce nom saint et auguste, tout ami de la vertu doit mettre le front dans la poussière, et honorer en silence la mémoire du plus grand des hommes.

Que tes exemples sont mal choisis! et que tu juges bassement des Romains, si tu penses qu'ils se crussent en droit de s'ôter la vie aussitôt qu'elle leur étoit à charge! regarde les

---

([1]) Non, mylord, on ne termine pas ainsi sa misère, on y met le comble; on rompt les derniers nœuds qui nous attachoient au bonheur. En regrettant ce qui nous fut cher, on tient encore à l'objet de sa douleur par sa douleur même, et cet état est moins affreux que de ne tenir plus à rien.

([2]) Des droits plus chers que ceux de l'amitié! et c'est un sage qui le dit! Mais ce prétendu sage étoit amoureux lui-même.

beaux temps de la république, et cherche si tu y verras un seul citoyen vertueux se délivrer ainsi du poids de ses devoirs, même après les plus cruelles infortunes. Régulus retournant à Carthage prévint-il par sa mort les tourmens qui l'attendoient? Que n'eût point donné Posthumius pour que cette ressource lui fût permise aux Fourches Caudines? Quel effort de courage le sénat même n'admira-t-il pas dans le consul Varron pour avoir pu survivre à sa défaite! Par quelle raison tant de généraux se laissèrent-ils volontairement livrer aux ennemis, eux à qui l'ignominie étoit si cruelle, et à qui il en coûtoit si peu de mourir? C'est qu'ils devoient à la patrie leur sang, leur vie et leurs derniers soupirs, et que la honte ni les revers ne les pouvoient détourner de ce devoir sacré. Mais quand les lois furent anéanties, et que l'état fut en proie à des tyrans, les citoyens reprirent leur liberté naturelle et leurs droits sur eux-mêmes. Quand Rome ne fut plus, il fut permis à des Romains de cesser d'être : ils avoient rempli leurs fonctions sur la terre; ils n'avoient plus de patrie; ils étoient en droit de disposer d'eux, et de se rendre à eux-mêmes la liberté qu'ils ne pouvoient plus rendre à leur pays. Après avoir employé leur vie à servir Rome expirante et à combattre pour les lois, ils moururent vertueux et grands comme ils avoient vécu; et leur mort fut encore un tribut à la gloire du nom romain, afin qu'on ne vît dans aucun d'eux le spectacle indigne de vrais citoyens servant un usurpateur.

Mais toi, qui es-tu? qu'as-tu fait? Crois-tu t'excuser sur ton obscurité? ta foiblesse t'exempte-t-elle de tes devoirs? et pour n'avoir ni nom ni rang dans ta patrie, en es-tu moins soumis à ses lois? Il te sied bien d'oser parler de mourir, tandis que tu dois l'usage de ta vie à tes semblables! Apprends qu'une mort telle que tu la médites est honteuse et furtive; c'est un vol fait au genre humain. Avant de le quitter, rends-lui ce qu'il a fait pour toi. Mais je ne tiens à rien..., je suis inutile au monde.... Philosophe d'un jour! ignores-tu que tu ne saurois faire un pas sur la terre sans y trouver quelque devoir à remplir, et que tout homme est utile à l'humanité par cela seul qu'il existe?

Écoute-moi, jeune insensé : tu m'es cher, j'ai pitié de tes erreurs. S'il te reste au fond du cœur le moindre sentiment de vertu, viens, que je t'apprenne à aimer la vie. Chaque fois que tu seras tenté d'en sortir, dis en toi-même : « Que je fasse encore une bonne action avant » que de mourir. » Puis va chercher quelque indigent à secourir, quelque infortuné à consoler, quelque opprimé à défendre. Rapproche de moi les malheureux que mon abord intimide; ne crains d'abuser ni de ma bourse ni de mon crédit; prends, épuise mes biens, fais-moi riche. Si cette considération te retient aujourd'hui, elle te retiendra encore demain, après-demain, toute ta vie. Si elle ne te retient pas, meurs : tu n'es qu'un méchant.

LETTRE XXIII.

DE MYLORD ÉDOUARD A L'AMANT DE JULIE.

Je ne pourrai, mon cher, vous embrasser aujourd'hui comme je l'avois espéré, et l'on me retient encore pour deux jours à Kensington. Le train de la cour est qu'on y travaille beaucoup sans rien faire, et que toutes les affaires s'y succèdent sans s'achever. Celle qui m'arrête ici depuis huit jours ne demandoit pas deux heures : mais comme la plus importante affaire des ministres est d'avoir toujours l'air affairé, ils perdent plus de temps à me remettre qu'ils n'en auroient mis à m'expédier. Mon impatience un peu trop visible n'abrège pas ces délais. Vous savez que la cour ne me convient guère; elle m'est encore plus insupportable depuis que nous vivons ensemble, et j'aime cent fois mieux partager votre mélancolie que l'ennui des valets qui peuplent ce pays.

Cependant, en causant avec ces empressés fainéans, il m'est venu une idée qui vous regarde, et sur laquelle je n'attends que votre aveu pour disposer de vous. Je vois qu'en combattant vos peines vous souffrez à la fois du mal et de la résistance. Si vous voulez vivre et guérir, c'est moins parce que l'honneur et la raison l'exigent, que pour complaire à vos amis. Mon cher, ce n'est pas assez : il faut reprendre le goût de la vie pour en bien remplir les devoirs; et avec tant d'indifférence pour toute chose, on ne réussit jamais à rien. Nous avons beau faire l'un et l'autre, la raison seule ne vous rendra pas la raison. Il faut qu'une multitude d'objets nouveaux et frappans vous arrachent une partie de l'attention que votre cœur ne donne qu'à celui qui l'occupe. Il faut, pour vous rendre à vous-même, que vous sortiez d'au dedans de vous, et ce n'est que dans l'agitation d'une vie active que vous pouvez retrouver le repos.

Il se présente pour cette épreuve une occasion qui n'est pas à dédaigner ; il est question d'une entreprise grande, belle, et telle que bien des âges n'en voient pas de semblables. Il dépend de vous d'en être témoin et d'y concourir. Vous verrez le plus grand spectacle qui puisse frapper les yeux des hommes ; votre goût pour l'observation trouvera de quoi se contenter. Vos fonctions seront honorables ; elles n'exigeront, avec les talens que vous possédez, que du courage et de la santé. Vous y trouverez plus de péril que de gêne ; elles ne vous en conviendront que mieux. Enfin votre engagement ne sera pas fort long. Je ne puis vous en dire aujourd'hui davantage, parce que ce projet sur le point d'éclore est pourtant encore un secret dont je ne suis pas le maître. J'ajouterai seulement que si vous négligez cette heureuse et rare occasion, vous ne la retrouverez probablement jamais, et la regretterez peut-être toute votre vie.

J'ai donné ordre à mon coureur, qui vous porte cette lettre, de vous chercher où que vous soyez, et de ne point revenir sans votre réponse ; car elle presse, et je dois donner la mienne avant de partir d'ici.

LETTRE XXIV.

RÉPONSE.

Faites, mylord ; ordonnez de moi ; vous ne serez désavoué sur rien. En attendant que je mérite de vous servir, au moins que je vous obéisse.

LETTRE XXV.

DE MYLORD ÉDOUARD A L'AMANT DE JULIE.

Puisque vous approuvez l'idée qui m'est venue, je ne veux pas tarder un moment à vous marquer que tout vient d'être conclu, et à vous expliquer de quoi il s'agit, selon la permission que j'en ai reçue en répondant de vous.

Vous savez qu'on vient d'armer à Plimouth une escadre de cinq vaisseaux de guerre, et qu'elle est prête à mettre à la voile. Celui qui doit la commander est M. George Anson, habile et vaillant officier, mon ancien ami. Elle est destinée pour la mer du Sud, où elle doit se rendre par le détroit de Le Maire, et en revenir par les Indes orientales. Ainsi vous voyez qu'il n'est pas question de moins que du tour du monde ; expédition qu'on estime devoir durer environ trois ans. J'aurois pu vous faire inscrire comme volontaire ; mais, pour vous donner plus de considération dans l'équipage, j'y ai fait ajouter un titre, et vous êtes couché sur l'état en qualité d'ingénieur des troupes de débarquement : ce qui vous convient d'autant mieux que le génie étant votre première destination, je sais que vous l'avez appris dès votre enfance.

Je compte retourner demain à Londres (¹), et vous présenter à M. Anson dans deux jours. En attendant, songez à votre équipage, et à vous pourvoir d'instrumens et de livres ; car l'embarquement est prêt, et l'on n'attend plus que l'ordre du départ. Mon cher ami, j'espère que Dieu vous ramènera sain de corps et de cœur de ce long voyage, et qu'à votre retour nous nous rejoindrons pour ne nous séparer jamais.

LETTRE XXVI.

DE L'AMANT DE JULIE A MADAME D'ORBE.

Je pars, chère et charmante cousine, pour faire le tour du globe ; je vais chercher dans un autre hémisphère la paix dont je n'ai pu jouir dans celui-ci. Insensé que je suis ! je vais errer dans l'univers sans trouver un lieu pour y reposer mon cœur ; je vais chercher un asile au monde où je puisse être loin de vous ! Mais il faut respecter les volontés d'un ami, d'un bienfaiteur, d'un père. Sans espérer de guérir, il

---

(¹) Je n'entends pas trop bien ceci. Kensington n'étant qu'à un quart de lieue de Londres, les seigneurs qui vont à la cour n'y couchent pas : cependant voilà mylord Édouard forcé d'y passer je ne sais combien de jours.

faut au moins le vouloir, puisque Julie et la vertu l'ordonnent. Dans trois heures je vais être à la merci des flots; dans trois jours je ne verrai plus l'Europe; dans trois mois je serai dans des mers inconnues où règnent d'éternels orages; dans trois ans peut-être.... Qu'il seroit affreux de ne vous plus voir! Hélas! le plus grand péril est au fond de mon cœur : car, quoi qu'il en soit de mon sort, je l'ai résolu, je le jure, vous me verrez digne de paroître à vos yeux, ou vous ne me reverrez jamais.

Mylord Édouard, qui retourne à Rome, vous remettra cette lettre en passant, et vous fera le détail de ce qui me regarde. Vous connoissez son âme, et vous devinerez aisément ce qu'il ne vous dira pas. Vous connûtes la mienne, jugez aussi de ce que je ne vous dis pas moi-même. Ah! mylord, vos yeux les reverront!

Votre amie a donc ainsi que vous le bonheur d'être mère! Elle devoit donc l'être?... Ciel inexorable!... O ma mère! pourquoi vous donna-t-il un fils dans sa colère?

Il faut finir, je le sens. Adieu, charmantes cousines. Adieu, beautés incomparables. Adieu, pures et célestes âmes. Adieu, tendres et inséparables amies, femmes uniques sur la terre. Chacune de vous est le seul objet digne du cœur de l'autre. Faites mutuellement votre bonheur. Daignez vous rappeler quelquefois la mémoire d'un infortuné qui n'existoit que pour partager entre vous tous les sentimens de son âme, et qui cessa de vivre au moment qu'il s'éloigna de vous. Si jamais.... J'entends le signal et les cris des matelots ; je vois fraîchir le vent et déployer les voiles : il faut monter à bord, il faut partir. Mer vaste, mer immense, qui dois peut-être m'engloutir dans ton sein, puissé-je retrouver sur tes flots le calme qui fuit mon cœur agité!

QUATRIÈME PARTIE (*).

LETTRE PREMIÈRE.

DE MADAME DE WOLMAR A MADAME D'ORBE.

Que tu tardes long-temps à revenir! Toutes ces allées et venues ne m'accommodent point. Que d'heures se perdent à te rendre où tu devrois toujours être, et, qui pis est, à t'en éloigner! L'idée de se voir pour si peu de temps gâte tout le plaisir d'être ensemble. Ne sens-tu pas qu'être ainsi alternativement chez toi et chez moi, c'est n'être bien nulle part? et n'imagines-tu point quelque moyen de faire que tu sois en même temps chez l'une et chez l'autre?

Que faisons-nous, chère cousine? Que d'instans précieux nous laissons perdre, quand il ne nous en reste plus à prodiguer! Les années se multiplient, la jeunesse commence à fuir, la vie s'écoule ; le bonheur passager qu'elle offre est entre nos mains, et nous négligeons d'en jouir! Te souvient-il du temps où nous étions encore filles, de ces premiers temps si charmans et si doux qu'on ne retrouve plus dans un autre âge, et que le cœur oublie avec tant de peine? Combien de fois, forcées de nous séparer pour peu de jours, et même pour peu d'heures, nous disions en nous embrassant tristement : Ah! si jamais nous disposons de nous, on ne nous verra plus sépa-

---

(*) Rousseau met cette quatrième partie en parallèle avec la Princesse de Clèves. Il prétend que cette partie, et la sixième, sont des chefs-d'œuvre de diction. (*Voy. Confessions.*) M. P.

rées! Nous en disposons maintenant, et nous passons la moitié de l'année éloignées l'une de l'autre. Quoi! nous aimerions-nous moins? Chère et tendre amie, nous le sentons toutes deux, combien le temps, l'habitude et les bienfaits ont rendu notre attachement plus fort et plus indissoluble. Pour moi, ton absence me paroît de jour en jour plus insupportable, et je ne puis plus vivre un instant sans toi. Ce progrès de notre amitié est plus naturel qu'il ne semble; il a sa raison dans notre situation ainsi que dans nos caractères. A mesure qu'on avance en âge, tous les sentimens se concentrent; on perd tous les jours quelque chose de ce qui nous fut cher, et l'on ne le remplace plus. On meurt ainsi par degrés, jusqu'à ce que n'aimant enfin que soi-même, on ait cessé de sentir et de vivre avant de cesser d'exister. Mais un cœur sensible se défend de toute sa force contre cette mort anticipée; quand le froid commence aux extrémités, il rassemble autour de lui toute sa chaleur naturelle; plus il perd, plus il s'attache à ce qui lui reste, et il tient pour ainsi dire au dernier objet par les liens de tous les autres.

Voilà ce qu'il me semble éprouver déjà, quoique jeune encore. Ah! ma chère, mon pauvre cœur a tant aimé! il s'est épuisé de si bonne heure, qu'il vieillit avant le temps; et tant d'affections diverses l'ont tellement absorbé, qu'il n'y reste plus de place pour des attachemens nouveaux. Tu m'as vue successivement fille, amie, amante, épouse et mère. Tu sais si tous ces titres m'ont été chers! Quelques-uns de ces liens sont détruits, d'autres sont relâchés. Ma mère, ma tendre mère n'est plus; il ne me reste que des pleurs à donner à sa mémoire, et je ne goûte qu'à moitié le plus doux sentiment de la nature. L'amour est éteint, il l'est pour jamais, et c'est encore une place qui ne sera point remplie. Nous avons perdu ton digne et bon mari que j'aimois comme la chère moitié de toi-même, et qui méritoit si bien ta tendresse et mon amitié. Si mes fils étoient plus grands, l'amour maternel rempliroit tous ces vides: mais cet amour, ainsi que tous les autres, a besoin de communication; et quel retour peut attendre une mère d'un enfant de quatre ou cinq ans? Nos enfans nous sont chers long-temps avant qu'ils puissent le sentir et nous aimer à leur tour; et cependant on a si grand besoin de dire combien on les aime à quelqu'un qui nous entende! Mon mari m'entend, mais il ne me répond pas assez à ma fantaisie; la tête ne lui en tourne pas comme à moi: sa tendresse pour eux est trop raisonnable, j'en veux une plus vive et qui ressemble mieux à la mienne. Il me faut une amie, une mère qui soit aussi folle que moi de mes enfans et des siens. En un mot, la maternité me rend l'amitié plus nécessaire encore, par le plaisir de parler sans cesse de mes enfans sans donner de l'ennui. Je sens que je jouis doublement des caresses de mon petit Marcellin quand je te les vois partager. Quand j'embrasse ta fille, je crois te presser contre mon sein. Nous l'avons dit cent fois; en voyant tous nos petits bambins jouer ensemble, nos cœurs unis les confondent, et nous ne savons plus à laquelle appartient chacun des trois.

Ce n'est pas tout: j'ai de fortes raisons pour te souhaiter sans cesse auprès de moi, et ton absence m'est cruelle à plus d'un égard. Songe à mon éloignement pour toute dissimulation, et à cette continuelle réserve où je vis depuis près de six ans avec l'homme du monde qui m'est le plus cher. Mon odieux secret me pèse de plus en plus, et semble chaque jour devenir plus indispensable. Plus l'honnêteté veut que je le révèle, plus la prudence m'oblige à le garder. Conçois-tu quel état affreux c'est pour une femme de porter la défiance, le mensonge et la crainte jusque dans les bras d'un époux, de n'oser ouvrir son cœur à celui qui le possède, et de lui cacher la moitié de sa vie pour assurer le repos de l'autre? A qui, grand Dieu! faut-il déguiser mes plus secrètes pensées, et céler l'intérieur d'une âme dont il auroit lieu d'être si content? A M. de Wolmar, à mon mari, au plus digne époux dont le ciel eût pu récompenser la vertu d'une fille chaste! Pour l'avoir trompé une fois, il faut le tromper tous les jours, et me sentir sans cesse indigne de toutes ses bontés pour moi. Mon cœur n'ose accepter aucun témoignage de son estime; ses plus tendres caresses me font rougir, et toutes les marques de respect et de considération qu'il me donne se changent dans ma conscience en opprobres et en signes de mépris. Il est bien dur d'avoir à se dire sans cesse: C'est une autre que moi qu'il honore. Ah! s'il me connoissoit, il ne me traiteroit pas ainsi. Non, je ne puis supporter cet état affreux; je ne suis jamais seule avec cet homme respectable que je ne sois prête à tomber à genoux devant lui, à lui confesser ma faute, et à mourir de douleur et de honte à ses pieds.

Cependant les raisons qui m'ont retenue dès le commencement prennent chaque jour de nouvelles forces, et je n'ai pas un motif de parler qui ne soit une raison de me taire. En considérant l'état paisible et doux de ma famille, je ne pense point sans effroi qu'un seul mot y peut causer un désordre irréparable. Après six ans passés dans une si parfaite union, irai-je troubler le repos d'un mari si sage et si bon, qui n'a d'autre volonté que celle de son heureuse épouse, ni d'autre plaisir que de voir régner dans sa maison l'ordre et la paix? Contristerai-je par des troubles domestiques les vieux jours d'un père que je vois si content, si charmé du bonheur de sa fille et de son ami? Exposerai-je ces chers enfans, ces enfans aimables et qui promettent tant, à n'avoir qu'une éducation négligée ou scandaleuse, à se voir les tristes victimes de la discorde de leurs parens, entre un père enflammé d'une juste indignation, agité par la jalousie, et une mère infortunée et coupable, toujours noyée dans les pleurs? Je connois M. de Wolmar estimant sa femme; que sais-je ce qu'il sera ne l'estimant plus? Peut-être n'est-il si modéré que parce que la passion qui domineroit dans son caractère n'a pas encore eu lieu de se développer. Peut-être sera-t-il aussi violent dans l'emportement de la colère qu'il est doux et tranquille tant qu'il n'a nul sujet de s'irriter.

Si je dois tant d'égards à tout ce qui m'environne, ne m'en dois-je point aussi quelques-uns à moi-même, six ans d'une vie honnête et régulière n'effacent-ils rien des erreurs de la jeunesse? et faut-il m'exposer encore à la peine d'une faute que je pleure depuis si long-temps? Je te l'avoue, ma cousine, je ne tourne point sans répugnance les yeux sur le passé; il m'humilie jusqu'au découragement, et je suis trop sensible à la honte pour en supporter l'idée sans retomber dans une sorte de désespoir. Le temps qui s'est écoulé depuis mon mariage est celui qu'il faut que j'envisage pour me rassurer. Mon état présent m'inspire une confiance que d'importuns souvenirs voudraient m'ôter. J'aime à nourrir mon cœur des sentimens d'honneur que je crois retrouver en moi. Le rang d'épouse et de mère m'élève l'âme et me soutient contre les remords d'un autre état. Quand je vois mes enfans et leur père autour de moi, il me semble que tout y respire la vertu; ils chassent de mon esprit l'idée même de mes anciennes fautes. Leur innocence est la sauvegarde de la mienne; ils m'en deviennent plus chers en me rendant meilleure; et j'ai tant d'horreur pour tout ce qui blesse l'honnêteté, que j'ai peine à me croire la même qui put l'oublier autrefois. Je me sens si loin de ce que j'étois, si sûre de ce que je suis, qu'il s'en faut peu que je ne regarde ce que j'aurois à dire comme un aveu qui m'est étranger et que je ne suis plus obligée de faire.

Voilà l'état d'incertitude et d'anxiété dans lequel je flotte sans cesse en ton absence. Sais-tu ce qui arrivera de tout cela quelque jour? Mon père va bientôt partir pour Berne, résolu de n'en revenir qu'après avoir vu la fin de ce long procès dont il ne veut pas nous laisser l'embarras, et ne se fiant pas trop non plus, je pense, à notre zèle à le poursuivre. Dans l'intervalle de son départ à son retour, je resterai seule avec mon mari, et je sens qu'il sera presque impossible que mon fatal secret ne m'échappe. Quand nous avons du monde, tu sais que M. de Wolmar quitte souvent la compagnie et fait volontiers seul des promenades aux environs: il cause avec les paysans; il s'informe de leur situation; il examine l'état de leurs terres; il les aide au besoin de sa bourse et de ses conseils. Mais quand nous sommes seuls, il ne se promène qu'avec moi; il quitte peu sa femme et ses enfans, et se prête à leurs petits jeux avec une simplicité si charmante, qu'alors je sens pour lui quelque chose de plus tendre encore qu'à l'ordinaire. Ces momens d'attendrissement sont d'autant plus périlleux pour la réserve, qu'il me fournit lui-même les occasions d'en manquer, et qu'il m'a cent fois tenu des propos qui sembloient m'exciter à la confiance. Tôt ou tard il faudra que je lui ouvre mon cœur, je le sens; mais, puisque tu veux que ce soit de concert entre nous et avec toutes les précautions que la prudence autorise, reviens, et fais de moins longues absences, ou je ne réponds plus de rien.

Ma douce amie, il faut achever ; et ce qui reste importe assez pour me coûter le plus à dire. Tu ne m'es pas seulement nécessaire quand je suis avec mes enfans ou avec mon mari, mais surtout quand je suis seule avec ta pauvre Julie; et la solitude m'est dangereuse précisément parce qu'elle m'est douce, et que souvent je la cherche sans y songer. Ce n'est pas, tu le sais, que mon cœur se ressente encore de ses anciennes blessures ; non, il est guéri, je le sens, j'en suis très-sûre : j'ose me croire vertueuse. Ce n'est point le présent que je crains, c'est le passé qui me tourmente. Il est des souvenirs aussi redoutables que le sentiment actuel; on s'attendrit par réminiscence, on a honte de se sentir pleurer, et l'on n'en pleure que davantage. Ces larmes sont de pitié, de regret, de repentir ; l'amour n'y a plus de part ; il ne m'est plus rien : mais je pleure les maux qu'il a causés ; je pleure le sort d'un homme estimable que des feux indiscrètement nourris ont privé du repos et peut-être de la vie. Hélas ! sans doute il a péri dans ce long et périlleux voyage que le désespoir lui a fait entreprendre. S'il vivoit, du bout du monde il nous eût donné de ses nouvelles ; près de quatre ans se sont écoulés depuis son départ. On dit que l'escadre sur laquelle il est a souffert mille désastres, qu'elle a perdu les trois quarts de ses équipages, que plusieurs vaisseaux sont submergés, qu'on ne sait ce qu'est devenu le reste. Il n'est plus, il n'est plus ; un secret pressentiment me l'annonce. L'infortuné n'aura pas été plus épargné que tant d'autres. La mer, les maladies, la tristesse bien plus cruelle, auront abrégé ses jours. Ainsi s'éteint tout ce qui brille un moment sur la terre. Il manquoit aux tourmens de ma conscience d'avoir à me reprocher la mort d'un honnête homme. Ah ! ma chère, quelle âme c'étoit que la sienne !... comme il savoit aimer !... Il méritoit de vivre.... Il aura présenté devant le souverain juge une âme foible, mais saine et aimant la vertu... Je m'efforce en vain de chasser ces tristes idées, à chaque instant elles reviennent malgré moi. Pour les bannir, ou pour les régler, ton amie a besoin de tes soins ; et puisque je ne puis oublier cet infortuné, j'aime mieux en causer avec toi que d'y penser toute seule.

Regarde, que de raisons augmentent le besoin continuel que j'ai de t'avoir avec moi ! Plus sage et plus heureuse, si les mêmes raisons te manquent, ton cœur sent-il moins le même besoin ? S'il est bien vrai que tu ne veuilles point te remarier, ayant si peu de contentement de ta famille, quelle maison te peut mieux convenir que celle-ci ? Pour moi, je souffre à te savoir dans la tienne ; car, malgré ta dissimulation, je connois ta manière d'y vivre, et ne suis point dupe de l'air folâtre que tu viens nous étaler à Clarens. Tu m'as bien reproché des défauts en ma vie ; mais j'en ai un très-grand à te reprocher à ton tour ; c'est que ta douleur est toujours concentrée et solitaire. Tu te caches pour t'affliger, comme si tu rougissois de pleurer devant ton amie. Claire, je n'aime pas cela. Je ne suis point injuste comme toi ; je ne blâme point tes regrets, je ne veux pas qu'au bout de deux ans, de dix, ni de toute ta vie, tu cesses d'honorer la mémoire d'un si tendre époux ; mais je te blâme, après avoir passé tes plus beaux jours à pleurer avec ta Julie, de lui dérober la douceur de pleurer à son tour avec toi, et de laver par de plus dignes larmes la honte de celles qu'elle versa dans ton sein. Si tu es fâchée de t'affliger, ah ! tu ne connois pas la véritable affliction. Si tu y prends une sorte de plaisir, pourquoi ne veux-tu pas que je le partage ? Ignores-tu que la communication des cœurs imprime à la tristesse je ne sais quoi de doux et de touchant que n'a pas le contentement? et l'amitié n'a-t-elle pas été spécialement donnée aux malheureux pour le soulagement de leurs maux et la consolation de leurs peines?

Voilà, ma chère, des considérations que tu devrois faire, et auxquelles il faut ajouter qu'en te proposant de venir demeurer avec moi, je ne te parle pas moins au nom de mon mari qu'au mien. Il m'a paru plusieurs fois surpris, presque scandalisé, que deux amies telles que nous n'habitassent pas ensemble ; il assure te l'avoir dit à toi-même, et il n'est pas homme à parler inconsidérément. Je ne sais quel parti tu prendras sur mes représentations ; j'ai lieu d'espérer qu'il sera tel que je le désire. Quoi qu'il en soit, le mien est pris, et je n'en changerai pas. Je n'ai point oublié le temps où tu voulois me suivre en Angleterre. Amie incomparable, c'est à présent mon tour. Tu connois mon aversion pour la ville, mon goût pour la campagne, pour les travaux rustiques, et l'attachement que trois ans de séjour m'ont donné pour ma maison de Clarens. Tu n'ignores pas non plus quel embarras c'est de déménager avec toute une famille, et combien ce seroit abuser de la complaisance de mon père de le transplanter si souvent. Hé bien! si tu ne veux pas quitter ton ménage et venir gouverner le mien, je suis résolue à prendre une maison à Lausanne, où nous irons tous demeurer avec toi. Arrange-toi là-dessus; tout le veut, mon cœur, mon devoir, mon bonheur, mon honneur conservé, ma raison recouvrée, mon état, mon mari, mes enfans, moi-même; je te dois tout; tout ce que j'ai de bien me vient de toi, je ne vois rien qui ne m'y rappelle, et sans toi je ne suis rien. Viens donc, ma bien-aimée, mon ange tutélaire, viens conserver ton ouvrage, viens jouir de tes bienfaits. N'ayons plus qu'une famille, comme nous n'avons qu'une âme pour la chérir; tu veilleras sur l'éducation de mes fils, je veillerai sur celle de ta fille : nous nous partagerons les devoirs de mère, et nous en doublerons les plaisirs. Nous élèverons nos cœurs ensemble à celui qui purifia le mien par tes soins; et n'ayant plus rien à désirer en ce monde, nous attendrons en paix l'autre vie dans le sein de l'innocence et de l'amitié.

LETTRE II.

RÉPONSE DE MADAME D'ORBE

A madame de Wolmar.

Mon Dieu! cousine, que ta lettre m'a donné de plaisir! Charmante prêcheuse!... charmante en vérité, mais prêcheuse pourtant... pérorant à ravir. Des œuvres, peu de nouvelles. L'architecte athénien.... ce beau diseur.... tu sais bien.... dans ton vieux Plutarque..... Pompeuses descriptions, superbe temple!... Quand il a tout dit, l'autre revient; un homme uni, l'air simple, grave et posé.... comme qui diroit ta cousine Claire.... D'une voix creuse, lente et même un peu nasale... *Ce qu'il a dit, je le ferai.* Il se tait, et les mains de battre. Adieu l'homme aux phrases (*). Mon enfant, nous sommes ces deux architectes; **le temple dont il s'agit est celui de l'amitié.**

Résumons un peu les belles choses que tu m'as dites. Premièrement, que nous nous aimions, et puis, que je t'étois nécessaire; et puis, que tu me l'étois aussi; et puis, qu'étant libres de passer nos jours ensemble, il les y falloit passer. Et tu as trouvé tout cela toute seule! Sans mentir tu es une éloquente personne! Oh bien! que je t'apprenne à quoi je m'occupois de mon côté tandis que tu méditois cette sublime lettre. Après cela tu jugeras toi-même lequel vaut le mieux de ce que tu dis ou de ce que je fais.

A peine eus-je perdu mon mari, que tu remplis le vide qu'il avoit laissé dans mon cœur. De son vivant il en partageoit avec toi les affections; dès qu'il ne fut plus, je ne fus qu'à toi seule; et selon ta remarque sur l'accord de la tendresse maternelle et de l'amitié, ma fille même n'étoit pour nous qu'un lien de plus. Non-seulement je résolus dès lors de passer le reste de ma vie avec toi, mais je formai un projet plus étendu. Pour que nos deux familles n'en fissent qu'une, je me proposai, supposant tous les rapports convenables, d'unir un jour ma fille à ton fils aîné; et ce nom de mari, trouvé par plaisanterie, me parut d'heureux augure pour le lui donner un jour tout de bon.

Dans ce dessein, je cherchai d'abord à lever les embarras d'une succession embrouillée; et, me trouvant assez de bien pour sacrifier quelque chose à la liquidation du reste, je ne songeai qu'à mettre le partage de ma fille en effets assurés et à l'abri de tous procès. Tu sais que j'ai des fantaisies sur bien des choses; ma folie dans celle-ci étoit de te surprendre. Je m'étois mis en tête d'entrer un beau matin dans ta chambre, tenant d'une main mon enfant, de l'autre un portefeuille, et de te présenter l'un et l'autre avec un beau compliment pour déposer en tes mains la mère, la fille et leur bien, c'est-à-dire la dot de celle-ci. Gouverne-la, voulois-je te dire, comme il convient aux inté-

---

(*) Le trait dont il s'agit ici, rapporté par Plutarque, *Instruction pour ceux qui manient affaires d'Estat* (chap. 4), l'est aussi par Montaigne. « Les Athéniens estoient à choisir de deux architectes à conduire une grande fabrique : le premier, plus affété, se présenta avec un beau discours prémédité sur le subject de cette besoigne, et tiroit le jugement du peuple à sa faveur; mais l'autre en trois mots. *Seigneurs Athéniens, ce que cettuy a dict, je le feray.* » Liv. I chap. 25.   G. P.

rêts de ton fils; car c'est désormais son affaire et la tienne; pour moi, je m'en mêle plus.

Remplie de cette charmante idée, il fallut m'en ouvrir à quelqu'un qui m'aidât à l'exécuter. Or, devine qui je choisis pour cette confidence. Un certain M. de Wolmar : ne le connoîtrois-tu point? — Mon mari, cousine? — Oui, ton mari, cousine. Ce même homme à qui tu as tant de peine à cacher un secret qu'il lui importe de ne pas savoir, est celui qui t'en a su taire un qu'il t'eût été si doux d'apprendre. C'étoit là le vrai sujet de tous ces entretiens mystérieux dont tu nous faisois si comiquement la guerre. Tu vois comme ils sont dissimulés ces maris. N'est-il pas bien plaisant que ce soient eux qui nous accusent de dissimulation? J'exigeois du tien davantage encore. Je voyois fort bien que tu méditois le même projet que moi, mais plus en dedans, et comme celle qui n'exhale ses sentimens qu'à mesure qu'on s'y livre. Cherchant donc à te ménager une surprise plus agréable, je voulois que, quand tu lui proposerois notre réunion, il ne parût pas fort approuver cet empressement, et se montrât un peu froid à consentir. Il me fit là-dessus une réponse que j'ai retenue et que tu dois bien retenir; car je doute que, depuis qu'il y a des maris au monde, aucun d'eux en ait fait une pareille. La voici : « Petite cousine, je connois Julie... je la connois bien....
» mieux qu'elle ne croit peut-être. Son cœur
» est trop honnête pour qu'on doive résister à
» rien de ce qu'elle désire, et trop sensible
» pour qu'on le puisse sans l'affliger. Depuis
» cinq ans que nous sommes unis, je ne crois
» pas qu'elle ait reçu de moi le moindre chagrin; j'espère mourir sans lui en avoir jamais
» fait aucun. » Cousine, songes-y bien : voilà quel est le mari dont tu médites sans cesse de troubler indiscrètement le repos.

Pour moi, j'eus moins de délicatesse, ou plus de confiance en ta douceur; et j'éloignai si naturellement les discours auxquels ton cœur se ramenoit souvent, que, ne pouvant taxer le mien de s'attiédir pour toi, tu t'allas mettre dans la tête que j'attendois de secondes noces, et que je t'aimois mieux que toute autre chose, hormis un mari. Car, vois-tu, ma pauvre enfant, tu n'as pas un secret mouvement qui m'échappe; je te devine, je te pénètre, je perce jusqu'au plus profond de ton âme; et c'est pour cela que je t'ai toujours adorée. Ce soupçon, qui te faisoit si heureusement prendre le change, m'a paru excellent à nourrir. Je me suis mise à faire la veuve coquette assez bien pour t'y tromper toi-même : c'est un rôle pour lequel le talent me manque moins que l'inclination. J'ai adroitement employé cet air agaçant que je ne sais pas mal prendre, et avec lequel je me suis quelquefois amusée à persifler plus d'un jeune fat. Tu en as été tout-à-fait la dupe, et m'as crue prête à chercher un successeur à l'homme du monde auquel il étoit le moins aisé d'en trouver. Mais je suis trop franche pour pouvoir me contrefaire long-temps, et tu t'es bientôt rassurée. Cependant je veux te rassurer encore mieux en t'expliquant mes vrais sentimens sur ce point.

Je te l'ai dit cent fois étant fille, je n'étois point faite pour être femme. S'il eût dépendu de moi, je ne me serois point mariée; mais dans notre sexe on n'achète la liberté que par l'esclavage, et il faut commencer par être servante pour devenir sa maîtresse un jour. Quoique mon père ne me gênât pas, j'avois des chagrins dans ma famille. Pour m'en délivrer, j'épousai donc M. d'Orbe. Il étoit si honnête homme et m'aimoit si tendrement, que je l'aimai sincèrement à mon tour. L'expérience me donna du mariage une idée plus avantageuse que celle que j'en avois conçue, et détruisit les impressions que m'en avoit laissées la Chaillot. M. d'Orbe me rendit heureuse et ne s'en repentit pas. Avec un autre j'aurois toujours rempli mes devoirs, mais je l'aurois désolé, et je sens qu'il falloit un aussi bon mari pour faire de moi une bonne femme. Imaginerois-tu que c'est de cela même que j'avois à me plaindre? Mon enfant, nous nous aimions trop, nous n'étions point gais. Une amitié plus légère eût été plus folâtre; je l'aurois préférée, et je crois que j'aurois mieux aimé vivre moins contente et pouvoir rire plus souvent.

A cela se joignirent les sujets particuliers d'inquiétude que me donnoit ta situation. Je n'ai pas besoin de te rappeler les dangers que t'a fait courir une passion mal réglée : je les vis en frémissant. Si tu n'avois risqué que ta vie, peut-être un reste de gaîté ne m'eût-il pas tout-à-fait abandonnée : mais la tristesse et l'effroi pénétrèrent mon âme, et jusqu'à ce que je t'aie vue mariée, je n'ai pas eu un moment de pure joie. Tu connus ma douleur, tu la sentis : elle a beaucoup fait sur ton bon cœur; et je ne cesserai de bénir ces heureuses larmes qui sont peut-être la cause de ton retour au bien.

Voilà comment s'est passé tout le temps que j'ai vécu avec mon mari. Juge si, depuis que Dieu me l'a ôté, je pourrois espérer d'en retrouver un autre qui fût autant selon mon cœur, et si je suis tentée de le chercher. Non, cousine, le mariage est un état trop grave; sa dignité ne va point avec mon humeur, elle m'attriste et me sied mal, sans compter que toute gêne m'est insupportable. Pense, toi qui me connois, ce que peut être à mes yeux un lien dans lequel je n'ai pas ri durant sept ans sept petites fois à mon aise. Je ne veux pas faire comme toi la matrone à vingt-huit ans. Je me trouve une petite veuve assez piquante, assez mariable encore ; et je crois que, si j'étois homme, je m'accommoderois assez de moi. Mais me remarier, cousine! Écoute ; je pleure bien sincèrement mon pauvre mari ; j'aurois donné la moitié de ma vie pour passer l'autre avec lui; et pourtant, s'il pouvoit revenir, je ne le reprendrois, je crois, lui-même que parce que je l'avois déjà pris.

Je viens de t'exposer mes véritables intentions. Si je n'ai pu les exécuter encore malgré les soins de M. de Wolmar, c'est que les difficultés semblent croître avec mon zèle à les surmonter. Mais mon zèle sera le plus fort, et avant que l'été se passe j'espère me réunir à toi pour le reste de nos jours.

Il reste à me justifier du reproche de te cacher mes peines et d'aimer à pleurer loin de toi : je ne le nie pas, c'est à quoi j'emploie ici le meilleur temps que j'y passe. Je n'entre jamais dans ma maison sans y retrouver des vestiges de celui qui me la rendoit chère. Je n'y fais pas un pas, je n'y fixe pas un objet, sans apercevoir quelque signe de sa tendresse et de la bonté de son cœur; voudrois-tu que le mien n'en fût pas ému? Quand je suis ici, je ne sens que la perte que j'ai faite; quand je suis près de toi, je ne vois que ce qui m'est resté. Peux-tu me faire un crime de ton pouvoir sur mon humeur? Si je pleure en ton absence et si je ris près de toi, d'où vient cette différence? Petite ingrate ! c'est que tu me consoles de tout, et que je ne sais plus m'affliger de rien quand je te possède.

Tu as dit bien des choses en faveur de notre ancienne amitié : mais je ne te pardonne pas d'oublier celle qui me fait le plus d'honneur ; c'est de te chérir quoique tu m'éclipses. Ma Julie, tu es faite pour régner. Ton empire est le plus absolu que je connoisse : il s'étend jusque sur les volontés, et je l'éprouve plus que personne. Comment cela se fait-il, cousine? Nous aimons toutes deux la vertu ; l'honnêteté nous est également chère ; nos talens sont les mêmes ; j'ai presque autant d'esprit que toi, et ne suis guère moins jolie. Je sais fort bien tout cela ; et malgré tout cela tu m'en imposes, tu me subjugues, tu m'atterres, ton génie écrase le mien, et je ne suis rien devant toi. Lors même que tu vivois dans des liaisons que tu te reprochois, et que, n'ayant point imité ta faute, j'aurois dû prendre l'ascendant à mon tour, il ne te demeuroit pas moins. Ta foiblesse, que je blâmois, me sembloit presque une vertu ; je ne pouvois m'empêcher d'admirer en toi ce que j'aurois repris dans une autre. Enfin, dans ce temps-là même, je ne t'abordois point sans un certain mouvement de respect involontaire ; et il est sûr que toute ta douceur, toute la familiarité de ton commerce étoit nécessaire pour me rendre ton amie : naturellement je devois être ta servante. Explique si tu peux cette énigme ; quant à moi, je n'y entends rien.

Mais si fait pourtant, je l'entends un peu, et je crois même l'avoir autrefois expliquée ; c'est que ton cœur vivifie tous ceux qui l'environnent, et leur donne pour ainsi dire un nouvel être dont ils sont forcés de lui faire hommage, puisqu'ils ne l'auroient point eu sans lui. Je t'ai rendu d'importans services, j'en conviens : tu m'en fais souvenir si souvent, qu'il n'y a pas moyen de l'oublier. Je ne le nie point, sans moi tu étois perdue. Mais qu'ai-je fait que te rendre ce que j'avois reçu de toi? Est-il possible de te voir long-temps sans se sentir pénétrer l'âme des charmes de la vertu et des douceurs de l'amitié? Ne sais-tu pas que tout ce qui t'approche est par toi-même armé pour ta défense, et que je n'ai par-dessus les autres que l'avantage des gardes de Sésostris, d'être de ton âge et de ton sexe, et d'avoir été élevée avec toi? Quoi qu'il en soit, Claire se console de valoir moins que Julie, en ce que sans Julie elle vaudroit bien moins encore ; et puis, à te dire la vérité, je crois que nous avions grand besoin l'une de l'autre, et que chacune des deux y perdroit beaucoup si le sort nous eût séparées.

Ce qui me fâche le plus dans les affaires qui me retiennent encore ici, c'est le risque de ton secret toujours prêt à s'échapper de ta bouche. Considère, je t'en conjure, que ce qui te porte à le garder est une raison forte et solide, et que ce qui te porte à le révéler n'est qu'un sentiment aveugle. Nos soupçons même que ce secret n'en est plus un pour celui qu'il intéresse nous sont une raison de plus pour ne le lui déclarer qu'avec la plus grande circonspection. Peut-être la réserve de ton mari est-elle un exemple et une leçon pour nous ; car en de pareilles matières il y a souvent une grande différence entre ce qu'on feint d'ignorer et ce qu'on est forcé de savoir. Attends donc, je l'exige, que nous en délibérions encore une fois. Si tes pressentimens étoient fondés et que ton déplorable ami ne fût plus, le meilleur parti qui resteroit à prendre seroit de laisser son histoire et tes malheurs ensevelis avec lui. S'il vit, comme je l'espère, le cas peut devenir différent; mais encore faut-il que ce cas se présente. En tout état de cause, crois-tu ne devoir aucun égard aux derniers conseils d'un infortuné dont tous les maux sont ton ouvrage ?

A l'égard des dangers de la solitude, je conçois et j'approuve tes alarmes, quoique je les sache très-mal fondées. Tes fautes passées te rendent craintive ; j'en augure d'autant mieux du présent, et tu le serois bien moins s'il te restoit plus de sujet de l'être : mais je ne puis te passer ton effroi sur le sort de notre pauvre ami. A présent que tes affections ont changé d'espèce, crois qu'il ne m'est pas moins cher qu'à toi. Cependant j'ai des pressentimens tout contraires aux tiens, et mieux d'accord avec la raison. Mylord Édouard a reçu deux fois de ses nouvelles, et m'a écrit à la seconde qu'il étoit dans la mer du Sud, ayant déjà passé les dangers dont tu parles. Tu sais cela aussi bien que moi, et tu t'affliges comme si tu n'en savois rien. Mais ce que tu ne sais pas et qu'il faut t'apprendre, c'est que le vaisseau sur lequel il est a été vu, il y a deux mois, à la hauteur des Canaries, faisant voile en Europe. Voilà ce qu'on écrit de Hollande à mon père, et dont il n'a pas manqué de me faire part, selon sa coutume de m'instruire des affaires publiques beaucoup plus exactement que des siennes. Le cœur me dit à moi que nous ne serons pas long-temps sans recevoir des nouvelles de notre philosophe, et que tu en seras pour tes larmes, à moins qu'après l'avoir pleuré mort tu ne pleures de ce qu'il est en vie. Mais, Dieu merci, tu n'en es plus là.

Deh! fosse or qui quel miser pur un poco,
Ch' è già di piangere e di viver lasso (¹) !

Voilà ce que j'avois à te répondre. Celle qui l'aime t'offre et partage la douce espérance d'une éternelle réunion. Tu vois que tu n'en as formé le projet ni seule ni la première, et que l'exécution en est plus avancée que tu ne pensois. Prends donc patience encore cet été, ma douce amie : il vaut mieux tarder à se rejoindre que d'avoir encore à se séparer.

Hé bien ! belle madame, ai-je tenu parole, et mon triomphe est-il complet ? Allons, qu'on se mette à genoux, qu'on baise avec respect cette lettre, et qu'on reconnoisse humblement qu'au moins une fois en la vie Julie de Wolmar a été vaincue en amitié (²).

LETTRE III.

DE L'AMANT DE JULIE A MADAME D'ORBE.

Ma cousine, ma bienfaitrice, mon amie, j'arrive des extrémités de la terre, et j'en rapporte un cœur tout plein de vous. J'ai passé quatre fois la ligne ; j'ai parcouru les deux hémisphères ; j'ai vu les quatre parties du monde; j'en ai mis le diamètre entre nous ; j'ai fait le tour entier du globe, et n'ai pu vous échapper un moment. On a beau fuir ce qui nous est cher, son image, plus vite que la mer et les vents, nous suit au bout de l'univers, et partout

---

(¹) Eh ! que n'est-il un moment ici ce pauvre malheureux déjà las de souffrir et de vivre ! Pétr.
(²) Que cette bonne Suissesse est heureuse d'être gaie, quand elle est gaie sans esprit, sans naïveté, sans finesse ! Elle ne se doute pas des apprêts qu'il faut parmi nous pour faire passer la bonne humeur. Elle ne sait pas qu'on n'a point cette bonne humeur pour soi, mais pour les autres, et qu'on ne rit pas pour rire, mais pour être applaudi.

où l'on se porte, avec soi l'on y porte ce qui nous fait vivre. J'ai beaucoup souffert ; j'ai vu souffrir davantage. Que d'infortunés j'ai vus mourir ! Hélas ! ils mettoient un si grand prix à la vie ! et moi je leur ai survécu !... Peut-être étois-je en effet moins à plaindre ; les misères de mes compagnons m'étoient plus sensibles que les miennes ; je les voyois tout entiers à leurs peines ; ils devoient souffrir plus que moi. Je me disois : Je suis mal ici, mais il est un coin sur la terre où je suis heureux et paisible, et je me dédommageois au bord du lac de Genève de ce que j'endurois sur l'océan. J'ai le bonheur en arrivant de voir confirmer mes espérances ; mylord Édouard m'apprend que vous jouissez toutes deux de la paix et de la santé, et que, si vous en particulier avez perdu le doux titre d'épouse, il vous reste ceux d'amie et de mère, qui doivent suffire à votre bonheur.

Je suis trop pressé de vous envoyer cette lettre, pour vous faire à présent un détail de mon voyage ; j'ose espérer d'en avoir bientôt une occasion plus commode. Je me contente ici de vous en donner une légère idée, plus pour exciter que pour satisfaire votre curiosité. J'ai mis près de quatre ans au trajet immense dont je viens de vous parler, et suis revenu dans le même vaisseau sur lequel j'étois parti, le seul que le commandant ait ramené de son escadre. J'ai vu d'abord l'Amérique méridionale, ce vaste continent que le manque de fer a soumis aux Européens, et dont ils ont fait un désert pour s'en assurer l'empire. J'ai vu les côtes du Brésil, où Lisbonne et Londres puisent leurs trésors, et dont les peuples misérables foulent aux pieds l'or et les diamans sans oser y porter la main. J'ai traversé paisiblement les mers orageuses qui sont sous le cercle antarctique ; j'ai trouvé dans la mer Pacifique les plus effroyables tempêtes,

E in mar dubbioso, sotto ignoto polo
Provai l'onde fallaci, e'l vento infido (¹).

J'ai vu de loin le séjour de ces prétendus géans (²) qui ne sont grands qu'en courage, et dont l'indépendance est plus assurée par une vie simple et frugale que par une haute stature. J'ai séjourné trois mois dans une île déserte et délicieuse, douce et touchante image de l'antique beauté de la nature, et qui semble être confinée au bout du monde pour y servir d'asile à l'innocence et à l'amour persécutés : mais l'avide Européen suit son humeur farouche en empêchant l'Indien paisible de l'habiter, et se rend justice en ne l'habitant pas lui-même.

J'ai vu sur les rives du Mexique et du Pérou le même spectacle que dans le Brésil : j'en ai vu les rares et infortunés habitans, tristes restes de deux puissans peuples, accablés de fers, d'opprobre et de misères, au milieu de leurs riches métaux, reprocher au ciel en pleurant les trésors qu'il leur a prodigués. J'ai vu l'incendie affreux d'une ville entière sans résistance et sans défenseurs. Tel est le droit de la guerre parmi les peuples savans, humains et polis de l'Europe ; on ne se borne pas à faire à son ennemi tout le mal dont on peut tirer du profit, mais on compte pour un profit tout le mal qu'on peut lui faire à pure perte. J'ai côtoyé presque toute la partie occidentale de l'Amérique, non sans être frappé d'admiration en voyant quinze cents lieues de côte et la plus grande mer du monde sous l'empire d'une seule puissance qui tient pour ainsi dire en sa main les clefs d'un hémisphère du globe.

Après avoir traversé la grande mer, j'ai trouvé dans l'autre continent un nouveau spectacle. J'ai vu la plus nombreuse et la plus illustre nation de l'univers soumise à une poignée de brigands : j'ai vu de près ce peuple célèbre, et n'ai plus été surpris de le trouver esclave. Autant de fois conquis qu'attaqué, il fut toujours en proie au premier venu et le sera jusqu'à la fin des siècles. Je l'ai trouvé digne de son sort, n'ayant pas même le courage d'en gémir. Lettré, lâche, hypocrite et charlatan ; parlant beaucoup sans rien dire, plein d'esprit sans aucun génie, abondant en signes et stérile en idées ; poli, complimenteur, adroit, fourbe et fripon ; qui met tous les devoirs en étiquettes, toute la morale en simagrées, et ne connoît d'autre humanité que les salutations et les révérences. J'ai surgi dans une seconde île déserte, plus inconnue, plus charmante encore que la première, et où le plus cruel accident faillit à nous confiner pour jamais. Je fus le seul peut-être qu'un exil

---

(¹) Et sur des mers suspectes, sous un pôle inconnu, j'éprouvai la trahison de l'onde et l'infidélité des vents.
(²) Les Patagons.

si doux n'épouvanta point. Ne suis-je pas désormais partout en exil? J'ai vu dans ce lieu de délices et d'effroi ce que peut tenter l'industrie humaine pour tirer l'homme civilisé d'une solitude où rien ne lui manque, et le replonger dans un gouffre de nouveaux besoins.

J'ai vu dans le vaste océan, où il devroit être si doux à des hommes d'en rencontrer d'autres, deux grands vaisseaux se chercher, se trouver, s'attaquer, se battre avec fureur, comme si cet espace immense eût été trop petit pour chacun d'eux. Je les ai vus vomir l'un contre l'autre le fer et les flammes. Dans un combat assez court, j'ai vu l'image de l'enfer; j'ai entendu les cris de joie des vainqueurs couvrir les plaintes des blessés et les gémissemens des mourans. J'ai reçu en rougissant ma part d'un immense butin; je l'ai reçu, mais en dépôt; et s'il fut pris sur des malheureux, c'est à des malheureux qu'il sera rendu.

J'ai vu l'Europe transportée à l'extrémité de l'Afrique par les soins de ce peuple avare, patient et laborieux, qui a vaincu par le temps et la constance des difficultés que tout l'héroïsme des autres peuples n'a jamais pu surmonter. J'ai vu ces vastes et malheureuses contrées qui ne semblent destinées qu'à couvrir la terre de troupeaux d'esclaves. A leur vil aspect j'ai détourné les yeux de dédain, d'horreur et de pitié; et voyant la quatrième partie de mes semblables changée en bêtes pour le service des autres, j'ai gémi d'être homme.

Enfin j'ai vu dans mes compagnons de voyage un peuple intrépide et fier, dont l'exemple et la liberté rétablissoient à mes yeux l'honneur de mon espèce, pour lequel la douleur et la mort ne sont rien, et qui ne craint au monde que la faim et l'ennui. J'ai vu dans leur chef un capitaine, un soldat, un pilote, un sage, un grand homme, et, pour dire encore plus peut-être, le digne ami d'Édouard Bomston: mais ce que je n'ai point vu dans le monde entier, c'est quelqu'un qui ressemble à Claire d'Orbe, à Julie d'Étange, et qui puisse consoler de leur perte un cœur qui sut les aimer.

Comment vous parler de ma guérison? C'est de vous que je dois apprendre à la connoître. Reviens-je plus libre et plus sage que je ne suis parti? J'ose le croire et ne puis l'affirmer. La même image règne toujours dans mon cœur; vous savez s'il est possible qu'elle s'en efface: mais son empire est plus digne d'elle; et si je ne me fais pas illusion, elle règne dans ce cœur infortuné comme dans le vôtre. Oui, ma cousine, il me semble que sa vertu m'a subjugué, que je ne suis pour elle que le meilleur et le plus tendre ami qui fut jamais, que je ne fais plus que l'adorer comme vous l'adorez vous-même; ou plutôt il me semble que mes sentimens ne se sont pas affoiblis, mais rectifiés; et, avec quelque soin que je m'examine, je les trouve aussi purs que l'objet qui les inspire. Que puis-je vous dire de plus jusqu'à l'épreuve qui peut m'apprendre à juger de moi? Je suis sincère et vrai; je veux être ce que je dois être: mais comment répondre de mon cœur avec tant de raisons de m'en défier? Suis-je le maître du passé? Peux-je empêcher que mille feux ne m'aient autrefois dévoré? Comment distinguerai-je par la seule imagination ce qui est de ce qui fut? et comment me représenterai-je amie celle que je ne vis jamais qu'amante? Quoi que vous pensiez peut-être du motif secret de mon empressement, il est honnête et raisonnable; il mérite que vous l'approuviez. Je réponds d'avance au moins de mes intentions. Souffrez que je vous voie, et m'examinez vous-même; ou laissez-moi voir Julie, et je saurai ce que je suis.

Je dois accompagner mylord Édouard en Italie. Je passerai près de vous; et je ne vous verrois point! Pensez-vous que cela se puisse? Eh! si vous aviez la barbarie de l'exiger, vous mériteriez de n'être pas obéie. Mais pourquoi l'exigeriez-vous? N'êtes-vous pas cette même Claire, aussi bonne et compatissante que vertueuse et sage, qui daigna m'aimer dès sa plus tendre jeunesse, et qui doit m'aimer bien plus encore aujourd'hui que je lui dois tout (¹)? Non, non, chère et charmante amie, un si cruel refus ne seroit ni de vous ni fait pour moi; il ne mettra point le comble à ma misère. Encore une fois, encore une fois en ma vie, je déposerai mon cœur à vos pieds. Je vous verrai, vous y consentirez. Je la verrai, elle y consentira. Vous connoissez trop bien toutes deux mon respect pour elle. Vous savez si je suis homme à m'offrir à ses yeux en me sentant indigne d'y

---

(¹) Que lui doit-il donc tant, à elle qui a fait les malheurs de sa vie? Malheureux questionneur! il lui doit l'honneur, la vertu, le repos de celle qu'il aime; il lui doit tou*

paroître. Elle a déploré si long-temps l'ouvrage de ses charmes! ah! qu'elle voie une fois l'ouvrage de sa vertu!

P. S. Mylord Édouard est retenu pour quelque temps encore ici par des affaires : s'il m'est permis de vous voir, pourquoi ne prendrois-je pas les devans pour être plus tôt auprès de vous?

LETTRE IV.

DE M. DE WOLMAR A L'AMANT DE JULIE.

Quoique nous ne nous connoissions pas encore, je suis chargé de vous écrire. La plus sage et la plus chérie des femmes vient d'ouvrir son cœur à son heureux époux. Il vous croit digne d'avoir été aimé d'elle, et il vous offre sa maison. L'innocence et la paix y règnent; vous y trouverez l'amitié, l'hospitalité, l'estime, la confiance. Consultez votre cœur ; et s'il n'y a rien là qui vous effraie, venez sans crainte. Vous ne partirez point d'ici sans y laisser un ami.

WOLMAR.

P. S. Venez, mon ami, nous vous attendons avec empressement. Je n'aurai pas la douleur que vous nous deviez un refus.

JULIE.

LETTRE V.

DE MADAME D'ORBE A L'AMANT DE JULIE.

DANS CETTE LETTRE ÉTOIT INCLUSE LA PRÉCÉDENTE.

Bien arrivé! cent fois le bien arrivé, cher Saint-Preux ; car je prétends que ce nom (¹) vous demeure, au moins dans notre société. C'est, je crois, vous dire assez qu'on n'entend pas vous en exclure, à moins que cette exclusion ne vienne de vous. En voyant par la lettre ci-jointe que j'ai fait plus que vous ne me demandiez, apprenez à prendre un peu plus de confiance en vos amis, et à ne plus reprocher à leur cœur

(¹) C'est celui qu'elle lui avoit donné devant ses gens à son précédent voyage. Voyez troisième Partie, Lettre XIV.

des chagrins qu'ils partagent quand la raison les force à vous en donner. M. de Wolmar veut vous voir ; il vous offre sa maison, son amitié, ses conseils : il n'en falloit pas tant pour calmer toutes mes craintes sur votre voyage, et je m'offenserois moi-même si je pouvois un moment me défier de vous. Il fait plus ; il prétend vous guérir, et dit que ni Julie, ni lui, ni vous, ni moi, ne pouvons être parfaitement heureux sans cela. Quoique j'attende beaucoup de sa sagesse, et plus de votre vertu, j'ignore quel sera le succès de cette entreprise. Ce que je sais bien, c'est qu'avec la femme qu'il a, le soin qu'il veut prendre est une pure générosité pour vous.

Venez donc, mon aimable ami, dans la sécurité d'un cœur honnête, satisfaire l'empressement que nous avons tous de vous embrasser et de vous voir paisible et content; venez dans votre pays et parmi vos amis vous délasser de vos voyages, et oublier tous les maux que vous avez soufferts. La dernière fois que vous me vîtes j'étois une grave matrone, et mon amie étoit à l'extrémité ; mais à présent qu'elle se porte bien, et que je suis redevenue fille, me voilà tout aussi folle et presque aussi jolie qu'avant mon mariage. Ce qu'il y a du moins de bien sûr, c'est que je n'ai point changé pour vous, et que vous feriez bien des fois le tour du monde avant d'y trouver quelqu'un qui vous aimât comme moi.

LETTRE VI.

DE SAINT-PREUX A MYLORD ÉDOUARD.

Je me lève au milieu de la nuit pour vous écrire. Je ne saurois trouver un moment de repos. Mon cœur agité, transporté, ne peut se contenir au dedans de moi ; il a besoin de s'épancher. Vous qui l'avez si souvent garanti du désespoir, soyez le cher dépositaire des premiers plaisirs qu'il ait goûtés depuis si long-temps.

Je l'ai vue, mylord! mes yeux l'ont vue! J'ai entendu sa voix ; ses mains ont touché les miennes ; elle m'a reconnu, elle a marqué de la joie à me voir ; elle m'a appelé son ami, son cher ami ; elle m'a reçu dans sa maison ; plus heureux que je ne fus de ma vie, je loge avec elle sous un même toit, et maintenant que je vous écris je suis à trente pas d'elle.

Mes idées sont trop vives pour se succéder; elles se présentent toutes ensemble; elles se nuisent mutuellement. Je vais m'arrêter et reprendre haleine pour tâcher de mettre quelque ordre dans mon récit.

A peine après une si longue absence m'étois-je livré près de vous aux premiers transports de mon cœur en embrassant mon ami, mon libérateur et mon père, que vous songeâtes au voyage d'Italie. Vous me le fîtes désirer dans l'espoir de m'y soulager enfin du fardeau de mon inutilité pour vous. Ne pouvant terminer si tôt les affaires qui vous retenoient à Londres, vous me proposâtes de partir le premier pour avoir plus de temps à vous attendre ici. Je demandai la permission d'y venir; je l'obtins, je partis; et quoique Julie s'offrît d'avance à mes regards, en songeant que j'allois m'approcher d'elle, je sentis du regret à m'éloigner de vous. Mylord, nous sommes quittes, ce seul sentiment vous a tout payé.

Il ne faut pas vous dire que durant toute la route je n'étois occupé que de l'objet de mon voyage; mais une chose à remarquer, c'est que je commençai de voir sous un autre point de vue ce même objet qui n'étoit jamais sorti de mon cœur. Jusque-là je m'étois toujours rappelé Julie brillante comme autrefois des charmes de sa première jeunesse; j'avois toujours vu ses beaux yeux animés du feu qu'elle m'inspiroit; ses traits chéris n'offroient à mes regards que des garans de mon bonheur; son amour et le mien se mêloient tellement avec sa figure que je ne pouvois les en séparer. Maintenant j'allois voir Julie mariée, Julie mère, Julie indifférente. Je m'inquiétois des changemens que huit ans d'intervalle avoient pu faire à sa beauté. Elle avoit eu la petite-vérole; elle s'en trouvoit changée : à quel point le pouvoit-elle être? Mon imagination me refusoit opiniâtrement des taches sur ce charmant visage; et sitôt que j'en voyois un marqué de petite-vérole, ce n'étoit plus celui de Julie. Je pensois encore à l'entrevue que nous allions avoir, à la réception qu'elle m'alloit faire. Ce premier abord se présentoit à mon esprit sous mille tableaux différens, et ce moment qui devoit passer si vite revenoit pour moi mille fois le jour.

Quand j'aperçus la cime des monts, le cœur me battit fortement, en me disant, elle est là. La même chose venoit de m'arriver en mer à la vue des côtes de l'Europe. La même chose m'étoit arrivée autrefois à Meillerie, en découvrant la maison du baron d'Étange. Le monde n'est jamais divisé pour moi qu'en deux régions; celle où elle est, et celle où elle n'est pas. La première s'étend quand je m'éloigne, et se resserre à mesure que j'approche, comme un lieu où je ne dois jamais arriver. Elle est à présent bornée aux murs de sa chambre. Hélas! ce lieu seul est habité; tout le reste de l'univers est vide.

Plus j'approchois de la Suisse, plus je me sentois ému. L'instant où des hauteurs du Jura je découvris le lac de Genève fut un instant d'extase et de ravissement. La vue de mon pays, de ce pays si chéri, où des torrens de plaisirs avoient inondé mon cœur; l'air des Alpes si salutaire et si pur; le doux air de la patrie, plus suave que les parfums de l'Orient; cette terre riche et fertile, ce paysage unique, le plus beau dont l'œil humain fut jamais frappé; ce séjour charmant auquel je n'avois rien trouvé d'égal dans le tour du monde; l'aspect d'un peuple heureux et libre, la douceur de la saison, la sérénité du climat, mille souvenirs délicieux qui réveilloient tous les sentimens que j'avois goûtés; tout cela me jetoit dans des transports que je ne puis décrire, et sembloit me rendre à la fois la jouissance de ma vie entière.

En descendant vers la côte, je sentis une impression nouvelle dont je n'avois aucune idée; c'étoit un certain mouvement d'effroi qui me resserroit le cœur et me troubloit malgré moi. Cet effroi, dont je ne pouvois démêler la cause, croissoit à mesure que j'approchois de la ville : il ralentissoit mon empressement d'arriver, et fit enfin de tels progrès que je m'inquiétois autant de ma diligence que j'avois fait jusque-là de ma lenteur. En entrant à Vevai, la sensation que j'éprouvai ne fut rien moins qu'agréable : je fus saisi d'une violente palpitation qui m'empêchoit de respirer; je parlois d'une voix altérée et tremblante. J'eus peine à me faire entendre en demandant M. de Wolmar; car je n'osai jamais nommer sa femme. On me dit qu'il demeuroit à Clarens. Cette nouvelle m'ôta de dessus la poitrine un poids de cinq cents livres; et prenant les deux lieues qui me restoient à faire pour un répit, je me réjouis de ce qui m'eût désolé dans un autre temps; mais j'appris avec un vrai chagrin que madame d'Orbe étoit à Lausanne. J'entrai dans une auberge pour reprendre les forces qui me manquoient : il me fut impossible d'avaler un seul morceau; je suffoquois en buvant, et ne pouvois vider un verre qu'à plusieurs reprises. Ma terreur redoubla quand je vis mettre les chevaux pour repartir. Je crois que j'aurois donné tout au monde pour voir briser une roue en chemin. Je ne voyois plus Julie; mon imagination troublée ne me présentoit que des objets confus; mon âme étoit dans un tumulte universel. Je connoissois la douleur et le désespoir; je les aurois préférés à cet horrible état. Enfin je puis dire n'avoir de ma vie éprouvé d'agitation plus cruelle que celle où je me trouvai durant ce court trajet, et je suis convaincu que je ne l'aurois pu supporter une journée entière.

En arrivant je fis arrêter à la grille, et, me sentant hors d'état de faire un pas, j'envoyai le postillon dire qu'un étranger demandoit à parler à M. de Wolmar. Il étoit à la promenade avec sa femme. On les avertit, et ils vinrent par un autre côté, tandis que, les yeux fichés sur l'avenue, j'attendois dans des transes mortelles d'y voir paroître quelqu'un.

A peine Julie m'eut-elle aperçu qu'elle me reconnut. A l'instant, me voir, s'écrier, courir, s'élancer dans mes bras, ne fut pour elle qu'une même chose. A ce son de voix, je me sens tressaillir; je me retourne, je la vois, je la sens. O mylord! ô mon ami!... je ne puis parler.... Adieu crainte, adieu terreur, effroi, respect humain. Son regard, son cri, son geste, me rendent en un moment la confiance, le courage et les forces. Je puise dans ses bras la chaleur et la vie, je pétille de joie en la serrant dans les miens. Un transport sacré nous tient dans un long silence étroitement embrassés, et ce n'est qu'après un si doux saisissement que nos voix commencent à se confondre et nos yeux à mêler leurs pleurs. M. de Wolmar étoit là; je le savois, je le voyois : mais qu'aurois-je pu voir? Non, quand l'univers entier se fût réuni contre moi, quand l'appareil des tourmens m'eût environné, je n'aurois pas dérobé mon cœur à la moindre de ces caresses, tendres prémices d'une amitié pure et sainte que nous emporterons dans le ciel!

Cette première impétuosité suspendue, madame de Wolmar me prit par la main, et, se retournant vers son mari, lui dit avec une certaine grâce d'innocence et de candeur dont je me sentis pénétré : Quoiqu'il soit mon ancien ami, je ne vous le présente pas, je le reçois de vous, et ce n'est qu'honoré de votre amitié qu'il aura désormais la mienne. Si les nouveaux amis ont moins d'ardeur que les anciens, me dit-il en m'embrassant, ils seront anciens à leur tour, et ne céderont point aux autres. Je reçus ses embrassemens, mais mon cœur venoit de s'épuiser, et je ne fis que les recevoir.

Après cette courte scène j'observois du coin de l'œil qu'on avoit détaché ma malle et remisé ma chaise. Julie me prit sous le bras, et je m'avançai avec eux vers la maison, presque oppressé d'aise de voir qu'on y prenoit possession de moi.

Ce fut alors qu'en contemplant plus paisiblement ce visage adoré que j'avois cru trouver enlaidi, je vis avec une surprise amère et douce qu'elle étoit réellement plus belle et plus brillante que jamais. Ses traits charmans se sont mieux formés encore; elle a pris un peu plus d'embonpoint qui ne fait qu'ajouter à son éblouissante blancheur. La petite-vérole n'a laissé sur ses jours que quelques légères traces presque imperceptibles. Au lieu de cette pudeur souffrante qui lui faisoit autrefois sans cesse baisser les yeux, on voit la sécurité de la vertu s'allier dans son chaste regard à la douceur et à la sensibilité; sa contenance, non moins modeste, est moins timide; un air plus libre et des grâces plus franches ont succédé à ces manières contraintes, mêlées de tendresse et de honte; et si le sentiment de sa faute la rendoit alors plus touchante, celui de sa pureté la rend aujourd'hui plus céleste.

A peine étions-nous dans le salon qu'elle disparut, et rentra le moment d'après. Elle n'étoit pas seule. Qui pensez-vous qu'elle amenoit avec elle? Mylord, c'étoient ses enfans! ses deux enfans plus beaux que le jour, et portant déjà sur leur physionomie enfantine le charme et l'attrait de leur mère! Que devins-je à cet aspect? cela ne peut ni se dire ni se comprendre; il faut le sentir. Mille mouvemens contraires m'assaillirent à la fois; mille cruels et délicieux souvenirs vinrent partager mon cœur. O spectacle! ô regrets! Je me sentois déchirer de douleur et transporter de joie. Je voyois pour ainsi dire multiplier celle qui me fut si chère. Hélas! je voyois au même instant la trop vive preuve qu'elle ne m'étoit plus rien, et mes pertes sembloient se multiplier avec elle.

Elle me les amena par la main. Tenez, me dit-elle d'un ton qui me perça l'âme, voilà les enfans de votre amie; ils seront vos amis un jour; soyez le leur dès aujourd'hui. Aussitôt ces deux petites créatures s'empressèrent autour de moi, me prirent les mains, et, m'accablant de leurs innocentes caresses, tournèrent vers l'attendrissement toute mon émotion. Je les pris dans mes bras l'un et l'autre; et les pressant contre ce cœur agité : Chers et aimables enfans, dis-je avec un soupir, vous avez à remplir une grande tâche. Puissiez-vous ressembler à ceux de qui vous tenez la vie! puissiez-vous imiter leurs vertus, et faire un jour par les vôtres la consolation de leurs amis infortunés! Madame de Wolmar enchantée me sauta au cou une seconde fois, et sembloit me vouloir payer par ses caresses de celles que je faisois à ses deux fils. Mais quelle différence du premier embrassement à celui-là! Je l'éprouvai avec surprise. C'étoit une mère de famille que j'embrassois; je la voyois environnée de son époux et de ses enfans; ce cortège m'en imposoit. Je trouvois sur son visage un air de dignité qui ne m'avoit pas frappé d'abord; je me sentois forcé de lui porter une nouvelle sorte de respect; sa familiarité m'étoit presque à charge; quelque belle qu'elle me parût, j'aurois baisé le bord de sa robe de meilleur cœur que sa joue : dès cet instant, en un mot, je connus qu'elle ou moi n'étions plus les mêmes, et je commençai tout de bon à bien augurer de moi.

M. de Wolmar, me prenant par la main, me conduisit ensuite au logement qui m'étoit destiné. Voilà, me dit-il en y entrant, votre appartement : il n'est point celui d'un étranger; il ne sera plus celui d'un autre; et désormais il restera vide, ou occupé par vous. Jugez si ce compliment me fut agréable; mais je ne le méritois pas encore assez pour l'écouter sans confusion. M. de Wolmar me sauva l'embarras d'une réponse. Il m'invita à faire un tour de jardin. Là il fit si bien que je me trouvai plus à mon aise; et prenant le ton d'un homme instruit de mes anciennes erreurs, mais plein de confiance dans ma droiture, il me parla comme un père à son enfant, et me mit à force d'estime dans l'impossibilité de la démentir. Non, mylord, il ne s'est pas trompé; je n'oublierai point que j'ai la sienne et la vôtre à justifier. Mais pourquoi faut-il que mon cœur se resserre à ses bienfaits? Pourquoi faut-il qu'un homme que je dois aimer soit le mari de Julie?

Cette journée sembloit destinée à tous les genres d'épreuves que je pouvois subir. Revenus auprès de madame de Wolmar, son mari fut appelé pour quelque ordre à donner, et je restai seul avec elle.

Je me trouvai alors dans un nouvel embarras, le plus pénible et le moins prévu de tous. Que lui dire? comment débuter? Oserai-je rappeler nos anciennes liaisons et des temps si présens à ma mémoire? Laisserois-je penser que je les eusse oubliés ou que je ne m'en souciasse plus? Quel supplice de traiter en étrangère celle qu'on porte au fond de son cœur! Quelle infamie d'abuser de l'hospitalité pour lui tenir des discours qu'elle ne doit plus entendre! Dans ces perplexités je perdois toute contenance; le feu me montoit au visage; je n'osois ni parler, ni lever les yeux, ni faire le moindre geste; et je crois que je serois resté dans cet état violent jusqu'au retour de son mari, si elle ne m'en eût tiré. Pour elle, il ne parut pas que ce tête-à-tête l'eût gênée en rien. Elle conserva le même maintien et les mêmes manières qu'elle avoit auparavant; elle continua de me parler sur le même ton; seulement je crus voir qu'elle essayoit d'y mettre encore plus de gaîté et de liberté, jointe à un regard, non timide ni tendre, mais doux et affectueux, comme pour m'encourager à me rassurer et à sortir d'une contrainte qu'elle ne pouvoit manquer d'apercevoir.

Elle me parla de mes longs voyages : elle vouloit en savoir les détails, ceux surtout des dangers que j'avois courus, des maux que j'avois endurés; car elle n'ignoroit pas, disoit-elle, que son amitié m'en devoit le dédommagement. Ah! Julie, lui dis-je avec tristesse, il n'y a qu'un moment que je suis avec vous; voulez-vous déjà me renvoyer aux Indes? Non pas, dit-elle en riant; mais j'y veux aller à mon tour.

Je lui dis que je vous avois donné une relation de mon voyage, dont je lui apportois une copie. Alors elle me demanda de vos nouvelles avec empressement. Je lui parlai de vous, et ne pus le faire sans lui retracer les peines que j'avois souffertes et celles que je vous avois données. Elle en fut touchée : elle commença d'un ton plus sérieux à entrer dans sa propre justification, et à me montrer qu'elle avoit dû faire tout ce qu'elle avoit fait. M. de Wolmar rentra au milieu de son discours; et ce qui me confondit, c'est qu'elle le continua en sa présence exactement comme s'il n'y eût pas été. Il ne put s'empêcher de sourire en démêlant mon étonnement. Après qu'elle eut fini, il me dit : Vous voyez un exemple de la franchise qui règne ici. Si vous voulez sincèrement être vertueux, apprenez à l'imiter : c'est la seule prière et la seule leçon que j'aie à vous faire. Le premier pas vers le vice est de mettre du mystère aux actions innocentes; et quiconque aime à se cacher a tôt ou tard raison de se cacher. Un seul précepte de morale peut tenir lieu de tous les autres, c'est celui-ci : Ne fais ni ne dis jamais rien que tu ne veuilles que tout le monde voie et entende; et, pour moi, j'ai toujours regardé comme le plus estimable des hommes ce Romain (*) qui vouloit que sa maison fût construite de manière qu'on vît tout ce qui s'y faisoit.

J'ai, continua-t-il, deux partis à vous proposer. Choisissez librement celui qui vous conviendra le mieux, mais choisissez l'un ou l'autre. Alors prenant la main de sa femme et la mienne, il me dit en la serrant : Notre amitié commence, en voici le cher lien; qu'elle soit indissoluble. Embrassez votre sœur et votre amie; traitez-la toujours comme telle; plus vous serez familier avec elle, mieux je penserai de vous. Mais vivez dans le tête-à-tête comme si j'étois présent, ou devant moi comme si je n'y étois pas; voilà tout ce que je vous demande. Si vous préférez le dernier parti, vous le pouvez sans inquiétude; car, comme je me réserve le droit de vous avertir de tout ce qui me déplaira, tant que je ne dirai rien vous serez sûr de ne m'avoir point déplu.

Il y avoit deux heures que ce discours m'auroit fort embarrassé; mais M. de Wolmar commençoit à prendre une si grande autorité sur moi que j'y étois déjà presque accoutumé. Nous recommençâmes à causer paisiblement tous trois, et chaque fois que je parlois à Julie, je ne manquois point de l'appeler *madame*. Parlez-moi franchement, dit enfin son mari en m'interrompant, dans l'entretien de tout à l'heure disiez-vous *madame*? Non, dis-je un peu déconcerté; mais la bienséance...... La bienséance, reprit-il, n'est que le masque du vice; où la vertu règne elle est inutile; je n'en veux point. Appelez ma femme *Julie* en ma présence, ou *madame* en particulier, cela m'est indifférent. Je commençai de connoître alors à quel homme j'avois affaire, et je résolus bien de tenir toujours mon cœur en état d'être vu de lui.

Mon corps épuisé de fatigue avoit grand besoin de nourriture, et mon esprit de repos; je trouvai l'un et l'autre à table. Après tant d'années d'absence et de douleurs, après de si longues courses, je me disois dans une sorte de ravissement : Je suis avec Julie, je la vois, je lui parle; je suis à table avec elle, elle me voit sans inquiétude, elle me reçoit sans crainte, rien ne trouble le plaisir que nous avons d'être ensemble. Douce et précieuse innocence, je n'avois point goûté tes charmes, et ce n'est que d'aujourd'hui que je commence d'exister sans souffrir!

Le soir, en me retirant, je passai devant la chambre des maîtres de la maison; je les y vis entrer ensemble : je gagnai tristement la mienne, et ce moment ne fut pas pour moi le plus agréable de la journée.

Voilà, mylord, comment s'est passée cette première entrevue, désirée si passionnément et si cruellement redoutée. J'ai tâché de me recueillir depuis que je suis seul, je me suis efforcé de sonder mon cœur; mais l'agitation de la journée précédente s'y prolonge encore, et il m'est impossible de juger sitôt de mon véritable état. Tout ce que je sais très-certainement, c'est que si mes sentimens pour elle n'ont pas

(*) Livius Drusus, tribun du peuple.

changé d'espèce, ils ont au moins bien changé de forme, que j'aspire toujours à voir un tiers entre nous, et que je crains autant le tête-à-tête que je le désirois autrefois.

Je compte aller dans deux ou trois jours à Lausanne. Je n'ai vu Julie encore qu'à demi quand je n'ai pas vu sa cousine, cette aimable et chère amie à qui je dois tant, qui partagera sans cesse avec vous mon amitié, mes soins, ma reconnoissance, et tous les sentimens dont mon cœur est resté le maître. A mon retour je ne tarderai pas à vous en dire davantage. J'ai besoin de vos avis, et je veux m'observer de près. Je sais mon devoir et le remplirai. Quelque doux qu'il me soit d'habiter cette maison, je l'ai résolu, je le jure, si je m'aperçois jamais que je m'y plais trop, j'en sortirai dans l'instant.

LETTRE VII.

DE MADAME DE WOLMAR A MADAME D'ORBE.

Si tu nous avois accordé le délai que nous te demandions, tu aurois eu le plaisir avant ton départ d'embrasser ton protégé. Il arriva avant-hier, et vouloit t'aller voir aujourd'hui ; mais une espèce de courbature, fruit de la fatigue et du voyage, le retient dans sa chambre, et il a été saigné (¹) ce matin. D'ailleurs, j'avois bien résolu, pour te punir, de ne le pas laisser partir sitôt ; et tu n'as qu'à le venir voir ici, ou je te promets que tu ne le verras de long-temps. Vraiment cela seroit bien imaginé, qu'il vît séparément les inséparables !

En vérité, ma cousine, je ne sais quelles vaines terreurs m'avoient fasciné l'esprit sur ce voyage, et j'ai honte de m'y être opposée avec tant d'obstination. Plus je craignois de le revoir, plus je serois fâchée aujourd'hui de ne l'avoir pas vu ; car sa présence a détruit des craintes qui m'inquiétoient encore, et qui pouvoient devenir légitimes à force de m'occuper de lui. Loin que l'attachement que je sens pour lui m'effraie, je crois que s'il m'étoit moins cher je me défierois plus de moi ; mais je l'aime aussi tendrement que jamais, sans l'aimer de la même manière. C'est de la comparaison de ce que j'éprouve à sa vue, et de ce que j'éprouvois jadis, que je tire la sécurité de mon état présent ; et dans des sentimens si divers la différence se fait sentir à proportion de leur vivacité.

Quant à lui, quoique je l'aie reconnu du premier instant, je l'ai trouvé fort changé ; et, ce qu'autrefois je n'aurois guère imaginé possible, à bien des égards il me paroît changé en mieux. Le premier jour il donna quelques signes d'embarras, et j'eus moi-même bien de la peine à lui cacher le mien ; mais il ne tarda pas à prendre le ton ferme et l'air ouvert qui convient à son caractère. Je l'avois toujours vu timide et craintif ; la frayeur de me déplaire, et peut-être la secrète honte d'un rôle peu digne d'un honnête homme, lui donnoient devant moi je ne sais quelle contenance servile et basse dont tu t'es plus d'une fois moquée avec raison. Au lieu de la soumission d'un esclave, il a maintenant le respect d'un ami qui sait honorer ce qu'il estime ; il tient avec assurance des propos honnêtes ; il n'a pas peur que ses maximes de vertu contrarient ses intérêts ; il ne craint ni de se faire tort, ni de me faire affront, en louant les choses louables ; et l'on sent dans tout ce qu'il dit la confiance d'un homme droit et sûr de lui-même, qui tire de son propre cœur l'approbation qu'il ne cherchoit autrefois que dans mes regards. Je trouve aussi que l'usage du monde et l'expérience lui ont ôté ce ton dogmatique et tranchant qu'on prend dans le cabinet ; qu'il est moins prompt à juger les hommes depuis qu'il en a beaucoup observé, moins pressé d'établir des propositions universelles depuis qu'il a tant vu d'exceptions, et qu'en général l'amour de la vérité l'a guéri de l'esprit de système : de sorte qu'il est devenu moins brillant et plus raisonnable, et qu'on s'instruit beaucoup mieux avec lui depuis qu'il n'est plus si savant.

Sa figure est changée aussi, et n'est pas moins bien ; sa démarche est plus assurée ; sa contenance est plus libre, son port est plus fier : il a rapporté de ses campagnes un certain air martial qui lui sied d'autant mieux, que son geste, vif et prompt quand il s'anime, est d'ailleurs plus grave et plus posé qu'autrefois. C'est un marin dont l'attitude est flegmatique et froide, et le parler bouillant et impétueux. A trente ans passés son visage est celui de l'homme dans sa perfection et joint au feu de la jeunesse la

---

(¹) Pourquoi saigné ? est-ce aussi la mode en Suisse.

majesté de l'âge mûr. Son teint n'est pas reconnoissable ; il est noir comme un More, et de plus fort marqué de la petite-vérole. Ma chère, il te faut tout dire : ces marques me font quelque peine à regarder, et je me surprends souvent à les regarder malgré moi.

Je crois m'apercevoir que si je l'examine, il n'est pas moins attentif à m'examiner. Après une si longue absence, il est naturel de se considérer mutuellement avec une sorte de curiosité ; mais si cette curiosité semble tenir de l'ancien empressement, quelle différence dans la manière aussi bien que dans le motif ! Si nos regards se rencontrent moins souvent, nous nous regardons avec plus de liberté. Il semble que nous ayons une convention tacite pour nous considérer alternativement. Chacun sent pour ainsi dire quand c'est le tour de l'autre, et détourne les yeux à son tour. Peut-on revoir sans plaisir, quoique l'émotion n'y soit plus, ce qu'on aima si tendrement autrefois, et qu'on aime si purement aujourd'hui ? Qui sait si l'amour-propre ne cherche point à justifier les erreurs passées ? Qui sait si chacun des deux, quand la passion cesse de l'aveugler, n'aime point encore à se dire : Je n'avois pas trop mal choisi ? Quoi qu'il en soit, je te le répète sans honte, je conserve pour lui des sentimens très-doux qui dureront autant que ma vie. Loin de me reprocher ces sentimens, je m'en applaudis ; je rougirois de ne les avoir pas comme d'un vice de caractère et de la marque d'un mauvais cœur. Quant à lui, j'ose croire qu'après la vertu je suis ce qu'il aime le mieux au monde. Je sens qu'il s'honore de mon estime ; je m'honore à mon tour de la sienne, et mériterai de la conserver. Ah ! si tu voyois avec quelle tendresse il caresse mes enfans, si tu savois quel plaisir il prend à parler de toi, cousine, tu connoîtrois que je lui suis encore chère.

Ce qui redouble ma confiance dans l'opinion que nous avons toutes deux de lui, c'est que M. de Wolmar la partage, et qu'il en pense par lui-même, depuis qu'il l'a vu, tout le bien que nous lui en avions dit. Il m'en a beaucoup parlé ces deux soirs, en se félicitant du parti qu'il a pris, et me faisant la guerre de ma résistance. Non, me disoit-il hier, nous ne laisserons point un si honnête homme en doute sur lui-même ; nous lui apprendrons à mieux compter sur sa vertu ; et peut-être un jour jouirons-nous avec plus d'avantage que vous ne pensez du fruit des soins que nous allons prendre. Quant à présent, je commence déjà par vous dire que son caractère me plaît, et que je l'estime surtout par un côté dont il ne se doute guère, savoir la froideur qu'il a vis-à-vis de moi. Moins il me témoigne d'amitié, plus il m'en inspire ; je ne saurois vous dire combien je craignois d'en être caressé. C'étoit la première épreuve que je lui destinois. Il doit s'en présenter une seconde (¹) sur laquelle je l'observerai, après quoi je ne l'observerai plus. Pour celle-ci, lui dis-je, elle ne prouve autre chose que la franchise de son caractère ; car jamais il ne put se résoudre autrefois à prendre un air soumis et complaisant avec mon père, quoiqu'il y eût un si grand intérêt et que je l'en eusse instamment prié. Je vis avec douleur qu'il s'ôtoit cette unique ressource, et ne pus lui savoir mauvais gré de ne pouvoir être faux en rien. Le cas est bien différent, reprit mon mari, il y a entre votre père et lui une antipathie naturelle fondée sur l'opposition de leurs maximes. Quant à moi, qui n'ai ni systèmes ni préjugés, je suis sûr qu'il ne me hait point naturellement. Aucun homme ne me hait ; un homme sans passion ne peut inspirer d'aversion à personne : mais je lui ai ravi son bien, il ne me le pardonnera pas sitôt. Il ne m'en aimera que plus tendrement quand il sera parfaitement convaincu que le mal que je lui ai fait ne m'empêche pas de le voir de bon œil. S'il me caressoit à présent, il seroit un fourbe ; s'il ne me caressoit jamais, il seroit un monstre.

Voilà, ma Claire, à quoi nous en sommes ; et je commence à croire que le ciel bénira la droiture de nos *cœurs* et les intentions bienfaisantes de mon mari. Mais je suis bien bonne d'entrer dans tous ces détails : tu ne mérites pas que j'aie tant de plaisir à m'entretenir avec toi : j'ai résolu de ne te plus rien dire ; et si tu veux en savoir davantage, viens l'apprendre.

P. S. Il faut pourtant que je te dise encore ce qui vient de se passer au sujet de cette lettre. Tu sais avec quelle indulgence M. de Wolmar reçut l'aveu tardif que ce retour imprévu me força de

---

(¹) La lettre où il étoit question de cette seconde épreuve a été supprimée ; mais j'aurai soin d'en parler dans l'occasion.

lui faire. Tu vis avec quelle douceur il sut essuyer mes pleurs et dissiper ma honte. Soit que je ne lui eusse rien appris, comme tu l'as assez raisonnablement conjecturé, soit qu'en effet il fût touché d'une démarche qui ne pouvoit être dictée que par le repentir, non-seulement il a continué de vivre avec moi comme auparavant, mais il semble avoir redoublé de soins, de confiance, d'estime, et vouloir me dédommager à force d'égards de la confusion que cet aveu m'a coûté. Ma cousine, tu connois mon cœur; juge de l'impression qu'y fait une pareille conduite!

Sitôt que je le vis résolu à laisser venir notre ancien maître, je résolus de mon côté de prendre contre moi la meilleure précaution que je pusse employer; ce fut de choisir mon mari même pour mon confident, de n'avoir aucun entretien particulier qui ne lui fût rapporté, et de n'écrire aucune lettre qui ne lui fût montrée. Je m'imposai même d'écrire chaque lettre comme s'il ne la devoit point voir, et de la lui montrer ensuite. Tu trouveras un article dans celle-ci qui m'est venu de cette manière; et si je n'ai pu m'empêcher, en l'écrivant, de songer qu'il le verroit, je me rends le témoignage que cela ne m'y a pas fait changer un mot: mais quand j'ai voulu lui porter ma lettre, il s'est moqué de moi, et n'a pas eu la complaisance de la lire.

Je t'avoue que j'ai été un peu piquée de ce refus, comme s'il s'étoit défié de ma bonne foi. Ce mouvement ne lui a pas échappé: le plus franc et le plus généreux des hommes m'a bientôt rassurée. Avouez, m'a-t-il dit, que dans cette lettre vous avez moins parlé de moi qu'à l'ordinaire. J'en suis convenue. Étoit-il séant d'en beaucoup parler pour lui montrer ce que j'en aurois dit? Hé bien! a-t-il repris en souriant, j'aime mieux que vous parliez de moi davantage et ne point savoir ce que vous en direz. Puis il a poursuivi d'un ton plus sérieux: Le mariage est un état trop austère et trop grave pour supporter toutes les petites ouvertures du cœur qu'admet la tendre amitié. Ce dernier lien tempère quelquefois à propos l'extrême sévérité de l'autre, et il est bon qu'une femme honnête et sage puisse chercher auprès d'une fidèle amie les consolations, les lumières et les conseils qu'elle n'oseroit demander à son mari sur certaines matières. Quoique vous ne disiez jamais rien entre vous dont vous n'aimassiez à m'instruire, gardez-vous de vous en faire une loi, de peur que ce devoir ne devienne une gêne, et que vos confidences n'en soient moins douces en devenant plus étendues. Croyez-moi, les épanchemens de l'amitié se retiennent devant un témoin quel qu'il soit. Il y a mille secrets que trois amis doivent savoir et qu'ils ne peuvent se dire que deux à deux. Vous communiquez bien les mêmes choses à votre amie et à votre époux, mais non pas de la même manière; et si vous voulez tout confondre, il arrivera que vos lettres seront écrites plus à moi qu'à elle, et que vous ne serez à votre aise ni avec l'un ni avec l'autre. C'est pour mon intérêt autant que pour le vôtre que je vous parle ainsi. Ne voyez-vous pas que vous craignez déjà la juste honte de me louer en ma présence? Pourquoi voulez-vous nous ôter, à vous, le plaisir de dire à votre amie combien votre mari vous est cher, à moi, celui de penser que dans vos plus secrets entretiens vous aimez à parler bien de lui? Julie! Julie! a-t-il ajouté en me serrant la main et me regardant avec bonté, vous abaisserez-vous à des précautions si peu dignes de ce que vous êtes, et n'apprendrez-vous jamais à vous estimer votre prix?

Ma chère amie, j'aurois peine à dire comment s'y prend cet homme incomparable, mais je ne sais plus rougir de moi devant lui. Malgré que j'en aie, il m'élève au-dessus de moi-même, et je sens qu'à force de confiance il m'apprend à la mériter.

LETTRE VIII.

RÉPONSE DE MADAME D'ORBE

A MADAME DE WOLMAR.

Comment! cousine, notre voyageur est arrivé, et je ne l'ai pas vu encore à mes pieds chargé des dépouilles de l'Amérique! Ce n'est pas lui, je t'en avertis, que j'accuse de ce délai, car je sais qu'il lui dure autant qu'à moi; mais je vois qu'il n'a pas aussi bien oublié que tu dis son ancien métier d'esclave, et je me plains moins de sa négligence que de ta tyrannie. Je te trouve aussi fort bonne de vouloir qu'une prude grave et formaliste comme moi fasse les avances, et que, toute affaire cessante, je coure baiser un visage noir et crotu,(¹) qui a passé quatre fois sous le soleil et vu le pays des épices! Mais tu me fais rire surtout quand tu te presses de gronder de peur que je ne gronde la première. Je voudrois bien savoir de quoi tu te mêles. C'est mon métier de quereller, j'y prends plaisir, je m'en acquitte à merveille, et cela me va très-bien; mais toi, tu y es gauche on ne peut davantage, et ce n'est point du tout ton fait. En revanche, si tu savois combien tu as de grâce à avoir tort, combien ton air confus et ton œil suppliant te rendent charmante, au lieu de gronder tu passerois ta vie à demander pardon, sinon par devoir, au moins par coquetterie.

Quant à présent, demande-moi pardon de toutes manières. Le beau projet que celui de prendre son mari pour son confident, et l'obligeante précaution pour une aussi sainte amitié que la nôtre! Amie injuste et femme pusillanime! à qui te fieras-tu de ta vertu sur la terre, si tu te défies de tes sentimens et des miens? Peux-tu, sans nous offenser toutes deux, craindre ton cœur et mon indulgence dans les nœuds sacrés où tu vis? J'ai peine à comprendre comment la seule idée d'admettre un tiers dans les secrets caquetages de deux femmes ne t'a pas révoltée. Pour moi, j'aime fort à babiller à mon aise avec toi; mais si je savois que l'œil d'un homme eût jamais fureté mes lettres, je n'aurois plus de plaisir à t'écrire; insensiblement la froideur s'introduiroit entre nous avec la réserve, et nous ne nous aimerions plus que comme deux autres femmes. Regarde à quoi nous exposoit ta sotte défiance, si ton mari n'eût été plus sage que toi.

Il a très-prudemment fait de ne vouloir point lire ta lettre. Il en eût peut-être été moins content que tu n'espérois, et moins que je ne suis moi-même, à qui l'état où je t'ai vue apprend à mieux juger de celui où je te vois. Tous ces sages contemplatifs qui ont passé leur vie à l'étude du cœur humain en savent moins sur les vrais signes de l'amour que la plus bornée des femmes sensibles. M. de Wolmar auroit d'abord remarqué que ta lettre entière est employée à parler de notre ami, et n'auroit point vu l'apostille où tu n'en dis pas un mot. Si tu avois écrit cette apostille il y a dix ans, mon enfant, je ne sais comment tu aurois fait, mais l'ami y seroit toujours rentré par quelque coin, d'autant plus que le mari ne la devoit point voir.

M. de Wolmar auroit encore observé l'attention que tu as mise à examiner son hôte, et le plaisir que tu prends à le décrire; mais il mangeroit Aristote et Platon avant de savoir qu'on regarde son amant et qu'on ne l'examine pas. Tout examen exige un sang-froid qu'on n'a jamais en voyant ce qu'on aime.

Enfin, il s'imagineroit que tous ces changemens que tu as observés seroient échappés à une autre; et moi j'ai bien peur au contraire d'en trouver qui te seront échappés. Quelque différent que ton hôte soit de ce qu'il étoit, il changeroit davantage encore, que, si ton cœur n'avoit point changé, tu le verrois toujours le même. Quoi qu'il en soit, tu détournes les yeux quand il te regarde : c'est encore un fort bon signe. Tu les détournes, cousine! Tu ne les baisses donc plus? car sûrement tu n'as pas pris un mot pour l'autre. Crois-tu que notre sage eût aussi remarqué cela?

Une autre chose très-capable d'inquiéter un mari, c'est je ne sais quoi de touchant et d'affectueux qui reste dans ton langage au sujet de ce qui te fut cher. En te lisant, en t'entendant parler, on a besoin de te bien connoître pour ne pas se tromper à tes sentimens; on a besoin de savoir que c'est seulement d'un ami que tu parles, ou que tu parles ainsi de tous tes amis : mais quant à cela, c'est un effet naturel de ton caractère, que ton mari connoît trop bien pour s'en alarmer. Le moyen que dans un cœur si tendre la pure amitié n'ait pas encore un peu l'air de l'amour? Ecoute, cousine; tout ce que je te dis là doit bien te donner du courage, mais non pas de la témérité. Tes progrès sont sensibles, et c'est beaucoup. Je ne comptois que sur ta vertu, et je commence à compter aussi sur ta raison : je regarde à présent ta guérison sinon comme parfaite, au moins comme facile, et tu en as précisément assez fait pour te rendre inexcusable si tu n'achèves pas.

Avant d'être à ton apostille j'avois déjà remarqué le petit article que tu as eu la franchise

---

(¹) Marqué de petite-vérole. Terme du pays.

de ne pas supprimer ou modifier en songeant qu'il seroit vu de ton mari. Je suis sûre qu'en le lisant il eût, s'il se pouvoit, redoublé pour toi d'estime ; mais il n'en eût pas été plus content de l'article. En général ta lettre étoit très-propre à lui donner beaucoup de confiance en ta conduite, et beaucoup d'inquiétude sur ton penchant. Je t'avoue que ces marques de petite-vérole, que tu regardes tant, me font peur, et jamais l'amour ne s'avisa d'un plus dangereux fard. Je sais que ceci ne seroit rien pour une autre ; mais, cousine, souviens-t'en toujours, celle que la jeunesse et la figure d'un amant n'avoient pu séduire se perdit en pensant aux maux qu'il avoit soufferts pour elle. Sans doute le ciel a voulu qu'il lui restât des marques de cette maladie pour exercer ta vertu, et qu'il ne t'en restât pas pour exercer la sienne.

Je reviens au principal sujet de ta lettre : tu sais qu'à celle de notre ami j'ai volé ; le cas étoit grave. Mais à présent si tu savois dans quel embarras m'a mise cette courte absence et combien j'ai d'affaires à la fois, tu sentirois l'impossibilité où je suis de quitter derechef ma maison sans m'y donner de nouvelles entraves et me mettre dans la nécessité d'y passer encore cet hiver, ce qui n'est pas mon compte ni le tien. Ne vaut-il pas mieux nous priver de nous voir deux ou trois jours à la hâte, et nous rejoindre six mois plus tôt ? Je pense aussi qu'il ne sera pas inutile que je cause en particulier et un peu à loisir avec notre philosophe, soit pour sonder et raffermir son cœur, soit pour lui donner quelques avis utiles sur la manière dont il doit se conduire avec ton mari, et même avec toi ; car je n'imagine pas que tu puisses lui parler bien librement là-dessus, et je vois par ta lettre même qu'il a besoin de conseil. Nous avons pris une si grande habitude de le gouverner, que nous sommes un peu responsables de lui à notre propre conscience ; et jusqu'à ce que sa raison soit entièrement libre nous y devons suppléer. Pour moi, c'est un soin que je prendrai toujours avec plaisir ; car il a eu pour mes avis des déférences coûteuses que je n'oublierai jamais, et il n'y a point d'homme au monde, depuis que le mien n'est plus, que j'estime et que j'aime autant que lui. Je lui réserve aussi pour son compte le plaisir de me rendre ici quelques services. J'ai beaucoup de papiers mal en ordre qu'il m'aidera à débrouiller, et quelques affaires épineuses où j'aurai besoin à mon tour de ses lumières et de ses soins. Au reste, je compte ne le garder que cinq ou six jours tout au plus, et peut-être te le renverrai-je dès le lendemain ; car j'ai trop de vanité pour attendre que l'impatience de s'en retourner le prenne, et l'œil trop bon pour m'y tromper.

Ne manque donc pas, sitôt qu'il sera remis, de me l'envoyer, c'est-à-dire de le laisser venir, ou je n'entendrai pas raillerie. Tu sais bien que si je ris quand je pleure et n'en suis pas moins affligée, je ris aussi quand je gronde et n'en suis pas moins en colère. Si tu es bien sage et que tu fasses les choses de bonne grâce, je te promets de t'envoyer avec lui un joli petit présent qui te fera plaisir, et très-grand plaisir ; mais si tu me fais languir, je t'avertis que tu n'auras rien.

P. S. A propos, dis-moi ; notre marin fume-t-il ? jure-t-il ? boit-il de l'eau-de-vie ? porte-t-il un grand sabre ? a-t-il bien la mine d'un flibustier ? Mon Dieu ! que je suis curieuse de voir l'air qu'on a quand on revient des antipodes !

LETTRE IX.

DE MADAME D'ORBE A MADAME DE WOLMAR.

Tiens, cousine, voilà ton esclave que je te renvoie. J'en ai fait le mien durant ces huit jours, et il a porté ses fers de si bon cœur, qu'on voit qu'il est tout fait pour servir. Rends-moi grâce de ne l'avoir pas gardé huit autres jours encore ; car, ne t'en déplaise, si j'avois attendu qu'il fût prêt à s'ennuyer avec moi, j'aurois pu ne pas le renvoyer si tôt. Je l'ai donc gardé sans scrupule : mais j'ai eu celui de n'oser le loger dans ma maison. Je me suis senti quelquefois cette fierté d'âme qui dédaigne les serviles bienséances et sied si bien à la vertu. J'ai été plus timide en cette occasion sans savoir pourquoi ; et tout ce qu'il y a de sûr, c'est que je serois plus portée à me reprocher cette réserve qu'à m'en applaudir.

Mais toi, sais-tu bien pourquoi notre ami s'enduroit si paisiblement ici ? Premièrement, il étoit avec moi, et je prétends que c'est déjà beaucoup pour prendre patience. Il m'épargnoit des tracas et me rendoit service dans mes affaires; un ami ne s'ennuie point à cela. Une troisième chose que tu as déjà devinée, quoique tu n'en fasses pas semblant, c'est qu'il me parloit de toi; et, si nous ôtions le temps qu'a duré cette causerie de celui qu'il a passé ici, tu verrois qu'il m'en est fort peu resté pour mon compte. Mais quelle bizarre fantaisie de s'éloigner de toi pour avoir le plaisir d'en parler? Pas si bizarre qu'on diroit bien. Il est contraint en ta présence, il faut qu'il s'observe incessamment, la moindre indiscrétion deviendroit un crime, et dans ces momens dangereux le seul devoir se laisse entendre aux cœurs honnêtes; mais loin de ce qui nous fut cher on se permet d'y songer encore. Si l'on étouffe un sentiment devenu coupable, pourquoi se reprocheroit-on de l'avoir eu tandis qu'il ne l'étoit point? Le doux souvenir d'un bonheur qui fut légitime peut-il jamais être criminel? Voilà, je pense, un raisonnement qui t'iroit mal, mais qu'après tout il peut se permettre. Il a recommencé pour ainsi dire la carrière de ses anciennes amours; sa première jeunesse s'est écoulée une seconde fois dans nos entretiens; il me renouveloit toutes ses confidences; il rappeloit ces temps heureux où il lui étoit permis de t'aimer; il peignoit à mon cœur les charmes d'une flamme innocente.... Sans doute il les embellissoit.

Il m'a peu parlé de son état présent par rapport à toi, et ce qu'il m'en a dit tient plus du respect et de l'admiration que de l'amour; en sorte que je le vois retourner beaucoup plus rassuré sur son cœur que quand il est arrivé. Ce n'est pas qu'aussitôt qu'il est question de toi l'on n'aperçoive au fond de ce cœur trop sensible un certain attendrissement que l'amitié seule, non moins touchante, marque pourtant d'un autre ton: mais j'ai remarqué depuis long-temps que personne ne peut ni te voir ni penser à toi de sang-froid; et si l'on joint au sentiment universel que ta vue inspire le sentiment plus doux qu'un souvenir ineffaçable a dû lui laisser, on trouvera qu'il est difficile et peut-être impossible qu'avec la vertu la plus austère il soit autre chose que ce qu'il est. Je l'ai bien questionné, bien observé, bien suivi; je l'ai examiné autant qu'il m'a été possible : je ne puis bien lire dans son âme, il n'y lit pas mieux lui-même; mais je puis te répondre au moins qu'il est pénétré de la force de ses devoirs et des tiens, et que l'idée de Julie méprisable et corrompue lui feroit plus d'horreur à concevoir que celle de son propre anéantissement. Cousine, je n'ai qu'un conseil à te donner, et je te prie d'y faire attention; évite les détails sur le passé, et je te réponds de l'avenir.

Quant à la restitution dont tu me parles, il n'y faut plus songer. Après avoir épuisé toutes les raisons imaginables, je l'ai prié, pressé, conjuré, boudé, baisé, je lui ai pris les deux mains, je me serois mise à genoux s'il m'eût laissé faire : il ne m'a pas même écoutée; il a poussé l'humeur et l'opiniâtreté jusqu'à jurer qu'il consentiroit plutôt à ne te plus voir qu'à se dessaisir de ton portrait. Enfin, dans un transport d'indignation, me le faisant toucher attaché sur son cœur : Le voilà, m'a-t-il dit d'un ton si ému qu'il en respiroit à peine, le voilà ce portrait, le seul bien qui me reste, et qu'on m'envie encore! soyez sûre qu'il ne me sera jamais arraché qu'avec la vie. Crois-moi, cousine, soyons sages et laissons-lui le portrait. Que t'importe au fond qu'il lui demeure? tant pis pour lui s'il s'obstine à le garder.

Après avoir bien épanché et soulagé son cœur, il m'a paru assez tranquille pour que je pusse lui parler de ses affaires. J'ai trouvé que le temps et la raison ne l'avoient point fait changer de système, et qu'il bornoit toute son ambition à passer sa vie attaché à mylord Édouard. Je n'ai pu qu'approuver un projet si honnête, si convenable à son caractère, et si digne de la reconnoissance qu'il doit à des bienfaits sans exemple. Il m'a dit que tu avois été du même avis, mais que M. de Wolmar avoit gardé le silence. Il me vient dans la tête une idée : à la conduite assez singulière de ton mari et à d'autres indices, je soupçonne qu'il a sur notre ami quelque vue secrète qu'il ne dit pas. Laissons-le faire et fions-nous à sa sagesse : la manière dont il s'y prend prouve assez que, si ma conjecture est juste, il ne médite rien que d'avantageux à celui pour lequel il prend tant de soins.

Tu n'as pas mal décrit sa figure et ses manières, et c'est un signe assez favorable que tu l'aies observé plus exactement que je n'aurois cru; mais ne trouves-tu pas que ses longues peines et l'habitude de les sentir ont rendu sa physionomie encore plus intéressante qu'elle n'étoit autrefois? Malgré ce que tu m'en avois écrit, je craignois de lui voir cette politesse maniérée, ces façons singeresses, qu'on ne manque jamais de contracter à Paris, et qui, dans la foule des riens dont on y remplit une journée oisive, se piquent d'avoir une forme plutôt qu'une autre. Soit que ce vernis ne prenne pas sur certaines âmes, soit que l'air de la mer l'ait entièrement effacé, je n'en ai pas aperçu la moindre trace, et, dans tout l'empressement qu'il m'a témoigné, je n'ai vu que le désir de contenter son cœur. Il m'a parlé de mon pauvre mari; mais il aimoit mieux le pleurer avec moi que me consoler, et ne m'a point débité là-dessus de maximes galantes. Il a caressé ma fille; mais, au lieu de partager mon admiration pour elle, il m'a reproché comme toi ses défauts, et s'est plaint que je la gâtois. Il s'est livré avec zèle à mes affaires et n'a presque été de mon avis sur rien. Au surplus, le grand air m'auroit arraché les yeux qu'il ne se seroit pas avisé d'aller fermer un rideau; je me serois fatiguée à passer d'une chambre à l'autre qu'un pan de son habit galamment étendu sur sa main ne seroit pas venu à mon secours. Mon éventail resta hier une grande seconde à terre sans qu'il s'élançât du bout de la chambre comme pour le retirer du feu. Les matins, avant de venir me voir, il n'a pas envoyé une seule fois savoir de mes nouvelles. A la promenade il n'affecte point d'avoir son chapeau cloué sur sa tête, pour montrer qu'il sait les bons airs (¹). A table je lui ai demandé souvent sa tabatière, qu'il n'appelle pas sa boîte; toujours il me l'a présentée avec la main, jamais sur une assiette, comme un laquais: il n'a pas manqué de boire à ma santé deux fois au moins par repas; et je parie que s'il nous restoit cet hiver, nous le verrions assis avec nous autour du feu se chauffer en vieux bourgeois. Tu ris, cousine; mais montre-moi un des nôtres fraîchement venu de Paris qui ait conservé cette bonhomie. Au reste, il me semble que tu dois trouver notre philosophe empiré dans un seul point; c'est qu'il s'occupe un peu plus des gens qui lui parlent, ce qui ne peut se faire qu'à ton préjudice, sans aller pourtant, je pense, jusqu'à le raccommoder avec madame Belon. Pour moi, je le trouve mieux en ce qu'il est plus grave et plus sérieux que jamais. Ma mignonne, garde-le-moi bien soigneusement jusqu'à mon arrivée: il est précisément comme il me le faut pour avoir le plaisir de le désoler tout le long du jour.

Admire ma discrétion; je ne t'ai rien dit encore du présent que je t'envoie et qui t'en promet bientôt un autre: mais tu l'as reçu avant que d'ouvrir ma lettre; et toi qui sais combien j'en suis idolâtre et combien j'ai raison de l'être, toi dont l'avarice étoit si en peine de ce présent, tu conviendras que je tiens plus que je n'avois promis. Ah! la pauvre petite! au moment où tu lis ceci elle est déjà dans tes bras: elle est plus heureuse que sa mère; mais dans deux mois je serai plus heureuse qu'elle, car je sentirai mieux mon bonheur. Hélas! chère cousine, ne m'as-tu pas déjà tout entière? Où tu es, où est ma fille, que manque-t-il encore de moi? La voilà cette aimable enfant, reçois-la comme tienne; je te la cède, je te la donne; je résigne en tes mains le pouvoir maternel; corrige mes fautes, charge-toi des soins dont je m'acquitte si mal à ton gré; sois dès aujourd'hui la mère de celle qui doit être ta bru, et, pour me la rendre plus chère encore, fais-en, s'il se peut, une autre Julie. Elle te ressemble déjà de visage; à son humeur j'augure qu'elle sera grave et prêcheuse: quand tu auras corrigé les caprices qu'on m'accuse d'avoir fomentés, tu verras que ma fille se donnera les airs d'être ma cousine; mais, plus heureuse, elle aura moins de pleurs à verser et moins de combats à rendre. Si le ciel lui eût conservé le meilleur des pères, qu'il eût été loin de gêner ses inclinations! et que nous serons loin de les gêner nous-mêmes! Avec quel charme je les vois déjà s'accorder avec nos projets! Sais-tu bien qu'elle ne peut déjà plus se passer de son petit

---

(¹) A Paris on se pique surtout de rendre la société commode et facile, et c'est dans une foule de règles de cette importance qu'on y fait consister cette facilité. Tout est usages et lois dans la bonne compagnie. Tous ces usages naissent et passent comme un éclair. Le savoir-vivre consiste à se tenir toujours au guet, à les saisir au passage, à les affecter, à montrer qu'on sait celui du jour; le tout pour être simple.

mali, et que c'est en partie pour cela que je te la renvoie? J'eus hier avec elle une conversation dont notre ami se mouroit de rire. Premièrement, elle n'a pas le moindre regret de me quitter, moi qui suis toute la journée sa très-humble servante et ne puis résister à rien de ce qu'elle veut; et toi qu'elle craint et qui lui dis non vingt fois le jour, tu es la petite maman par excellence, qu'on va chercher avec joie et dont on aime mieux les refus que tous mes bonbons. Quand je lui annonçai que j'allois te l'envoyer, elle eut les transports que tu peux penser: mais, pour l'embarrasser, j'ajoutai que tu m'enverrois à sa place le petit mali, et ce ne fut plus son compte. Elle me demanda tout interdite ce que j'en voulois faire: je répondis que je voulois le prendre pour moi; elle fit la mine. Henriette, ne veux-tu pas bien me le céder, ton petit mali? Non, dit-elle assez sèchement. Non? Mais si je ne veux pas te le céder non plus, qui nous accordera? Maman, ce sera la petite maman. J'aurai donc la préférence; car tu sais qu'elle veut tout ce que je veux. Oh! la petite maman ne veut jamais que la raison. Comment, mademoiselle, n'est-ce pas la même chose? La rusée se mit à sourire. Mais encore, continuai-je, par quelle raison ne me donneroit-elle pas le petit mali? Parce qu'il ne vous convient pas. Et pourquoi ne me conviendroit-il pas? Autre sourire aussi malin que le premier. Parle franchement; est-ce que tu me trouves trop vieille pour lui? Non, maman, mais il est trop jeune pour vous... Cousine, un enfant de sept ans!..... En vérité, si la tête ne m'en tournoit pas, il faudroit qu'elle m'eût déjà tourné.

Je m'amusai à la provoquer encore. Ma chère Henriette, lui dis-je en prenant mon sérieux, je t'assure qu'il ne te convient pas non plus. Pourquoi donc? s'écria-t-elle d'un air alarmé. C'est qu'il est trop étourdi pour toi. Oh! maman, n'est-ce que cela? je le rendrai sage. Et si par malheur il te rendoit folle? Ah! ma bonne maman, que j'aimerois à vous ressembler! Me ressembler, impertinente? Oui, maman: vous dites toute la journée que vous êtes folle de moi; hé bien! moi, je serai folle de lui: voilà tout.

Je sais que tu n'approuves pas ce joli caquet, et que tu sauras bientôt le modérer: je ne veux pas non plus le justifier, quoiqu'il m'enchante, mais te montrer seulement que ta fille aime déjà bien son petit mali, et que s'il a deux ans de moins qu'elle, elle ne sera pas indigne de l'autorité que lui donne le droit d'aînesse. Aussi bien je vois, par l'opposition de ton exemple et du mien à celui de ta pauvre mère, que, quand la femme gouverne, la maison n'en va pas plus mal. Adieu, ma bien-aimée; adieu, ma chère inséparable: compte que le temps approche, et que les vendanges ne se feront pas sans moi.

LETTRE X.

DE SAINT-PREUX A MYLORD ÉDOUARD.

Que de plaisirs trop tard connus je goûte depuis trois semaines! La douce chose de couler ses jours dans le sein d'une tranquille amitié, à l'abri de l'orage des passions impétueuses! Mylord, que c'est un spectacle agréable et touchant que celui d'une maison simple et bien réglée où règnent l'ordre, la paix, l'innocence; où l'on voit réuni sans appareil, sans éclat, tout ce qui répond à la véritable destination de l'homme! La campagne, la retraite, le repos, la saison, la vaste plaine d'eau qui s'offre à mes yeux, le sauvage aspect des montagnes, tout me rappelle ici ma délicieuse île de Tinian. Je crois voir accomplir les vœux ardens que j'y formai tant de fois. J'y mène une vie de mon goût, j'y trouve une société selon mon cœur. Il ne manque en ce lieu que deux personnes pour que tout mon bonheur y soit rassemblé, et j'ai l'espoir de les y voir bientôt.

En attendant que vous et madame d'Orbe veniez mettre le comble aux plaisirs si doux et si purs que j'apprends à goûter où je suis, je veux vous en donner une idée par le détail d'une économie domestique qui annonce la félicité des maîtres de la maison, et la fait partager à ceux qui l'habitent. J'espère, sur le projet qui vous occupe, que mes réflexions pourront un jour avoir leur usage, et cet espoir sert encore à les exciter.

Je ne vous décrirai point la maison de Clarens: vous la connoissez; vous savez si elle est charmante, si elle m'offre des souvenirs intéressans, si elle doit m'être chère et par ce qu'elle me montre et par ce qu'elle me rappelle. Madame de Wolmar en préfère avec raison le séjour à celui d'Étange, château magnifique et grand, mais vieux, triste, incommode, et qui n'offre dans ses environs rien de comparable à ce qu'on voit autour de Clarens.

Depuis que les maîtres de cette maison y ont fixé leur demeure, ils en ont mis à leur usage tout ce qui ne servoit qu'à l'ornement : ce n'est plus une maison faite pour être vue, mais pour être habitée. Ils ont bouché de longues enfilades pour changer des portes mal situées; ils ont coupé de trop grandes pièces pour avoir des logemens mieux distribués; à des meubles anciens et riches, ils en ont substitué de simples et de commodes. Tout y est agréable et riant, tout y respire l'abondance et la propreté, rien n'y sent la richesse et le luxe; il n'y a pas une chambre où l'on ne se reconnoisse à la campagne, et où l'on ne retrouve toutes les commodités de la ville. Les mêmes changemens se font remarquer au dehors; la basse-cour a été agrandie aux dépens des remises. A la place d'un vieux billard délabré l'on a fait un beau pressoir, et une laiterie où logeoient des paons criards dont on s'est défait. Le potager étoit trop petit pour la cuisine; on en a fait du parterre un second, mais si propre et si bien entendu, que ce parterre ainsi travesti plaît à l'œil plus qu'auparavant. Aux tristes ifs qui couvroient les murs ont été substitués de bons espaliers. Au lieu de l'inutile marronnier d'Inde, de jeunes mûriers noirs commencent à ombrager la cour; et l'on a planté deux rangs de noyers jusqu'au chemin, à la place des vieux tilleuls qui bordoient l'avenue. Partout on a substitué l'utile à l'agréable, et l'agréable y a presque toujours gagné. Quant à moi, du moins, je trouve que le bruit de la basse-cour, le chant des coqs, le mugissement du bétail, l'attelage des chariots, les repas des champs, le retour des ouvriers, et tout l'appareil de l'économie rustique, donnent à cette maison un air plus champêtre, plus vivant, plus animé, plus gai, je ne sais quoi qui sent la joie et le bien-être, qu'elle n'avoit pas dans sa morne dignité.

Leurs terres ne sont pas affermées, mais cultivées par leurs soins; et cette culture fait une grande partie de leurs occupations, de leurs biens et de leurs plaisirs. La baronnie d'Étange n'a que des prés, des champs et du bois; mais le produit de Clarens est en vignes, qui font un objet considérable; et comme la différence de la culture y produit un effet plus sensible que dans les blés, c'est encore une raison d'économie pour avoir préféré ce dernier séjour. Cependant ils vont presque tous les ans faire les moissons à leur terre, et M. de Wolmar y va seul assez fréquemment. Ils ont pour maxime de tirer de la culture tout ce qu'elle peut donner, non pour faire un plus grand gain, mais pour nourrir plus d'hommes. M. de Wolmar prétend que la terre produit à proportion du nombre des bras qui la cultivent : mieux cultivée elle rend davantage; cette surabondance de production donne de quoi la cultiver mieux encore; plus on y met d'hommes et de bétail, plus elle fournit d'excédant à leur entretien. On ne sait, dit-il, où peut s'arrêter cette augmentation continuelle et réciproque de produit et de cultivateurs. Au contraire, les terrains négligés perdent leur fertilité : moins un pays produit d'hommes, moins il produit de denrées; c'est le défaut d'habitans qui l'empêche de nourrir le peu qu'il en a, et dans toute contrée qui se dépeuple, on doit tôt ou tard mourir de faim.

Ayant donc beaucoup de terres et les cultivant toutes avec beaucoup de soin, il leur faut, outre les domestiques de la basse-cour, un grand nombre d'ouvriers à la journée; ce qui leur procure le plaisir de faire subsister beaucoup de gens sans s'incommoder. Dans le choix de ces journaliers, ils préfèrent toujours ceux du pays, et les voisins aux étrangers et aux inconnus. Si l'on perd quelque chose à ne pas prendre toujours les plus robustes, on le regagne bien par l'affection que cette préférence inspire à ceux qu'on choisit, par l'avantage de les avoir sans cesse autour de soi, et de pouvoir compter sur eux dans tous les temps, quoiqu'on ne les paye qu'une partie de l'année.

Avec tous ces ouvriers on fait toujours deux prix : l'un est le prix de rigueur et de droit, le prix courant du pays, qu'on s'oblige à leur payer pour les avoir employés; l'autre, un peu plus fort, est un prix de bénéficence, qu'on ne leur paye qu'autant qu'on est content d'eux; et il arrive presque toujours que ce qu'ils font pour qu'on le soit vaut mieux que le surplus qu'on leur donne; car M. de Wolmar est intègre et sévère, et ne laisse jamais dégénérer en coutume et en abus les institutions de faveur et de grâce. Ces ouvriers ont des surveillans qui les animent et les observent. Ces surveillans sont les gens de la basse-cour, qui travaillent eux-mêmes, et sont intéressés au travail des autres par un petit denier qu'on leur accorde, outre leurs gages, sur tout ce qu'on recueille par leurs soins. De plus, M. de Wolmar les visite lui-même presque tous les jours, souvent plusieurs fois le jour, et sa femme aime à être de ces promenades. Enfin, dans le temps des grands travaux, Julie donne toutes les semaines vingt batz (¹) de gratification à celui de tous les travailleurs, journaliers, ou valets, indifféremment, qui, durant ces huit jours, a été le plus diligent au jugement du maître. Tous ces moyens d'émulation qui paroissent dispendieux, employés avec prudence et justice, rendent insensiblement tout le monde laborieux, diligent, et rapportent enfin plus qu'ils ne coûtent: mais comme on n'en voit le profit qu'avec de la constance et du temps, peu de gens savent et veulent s'en servir.

Cependant un moyen plus efficace encore, le seul auquel des vues économiques ne font point songer, et qui est plus propre à madame de Wolmar, c'est de gagner l'affection de ces bonnes gens en leur accordant la sienne. Elle ne croit point s'acquitter avec de l'argent des peines que l'on prend pour elle, et pense devoir des services à quiconque lui en a rendu; ouvriers, domestiques, tous ceux qui l'ont servie, ne fût-ce que pour un seul jour, deviennent tous ses enfans; elle prend part à leurs plaisirs, à leurs chagrins, à leur sort; elle s'informe de leurs affaires, leurs intérêts sont les siens; elle se charge de mille soins pour eux; elle leur donne des conseils; elle accommode leurs différends, et ne leur marque pas l'affabilité de son caractère par des paroles emmiellées et sans effet, mais par des services véritables et par de continuels actes de bonté. Eux, de leur côté, quittent tout à son moindre signe; ils volent quand elle parle; son seul regard anime leur zèle; en sa présence ils sont contens; en son absence ils parlent d'elle et s'animent à la servir. Ses charmes et ses discours font beaucoup; sa douceur, ses vertus font davantage. Ah! mylord, l'adorable et puissant empire que celui de la beauté bienfaisante!

Quant au service personnel des maîtres, ils ont dans la maison huit domestiques, trois femmes et cinq hommes, sans compter le valet de chambre du baron ni les gens de la basse-cour. Il n'arrive guère qu'on soit mal servi par peu de domestiques; mais on diroit, au zèle de ceux-ci, que chacun, outre son service, se croit chargé de celui des sept autres, et, à leur accord, que tout se fait par un seul. On ne les voit jamais oisifs et désœuvrés jouer dans une antichambre ou polissonner dans la cour, mais toujours occupés à quelque travail utile: ils aident à la basse-cour, au cellier, à la cuisine; le jardinier n'a point d'autres garçons qu'eux; et ce qu'il y a de plus agréable, c'est qu'on leur voit faire tout cela gaîment et avec plaisir.

On s'y prend de bonne heure pour les avoir tels qu'on les veut: on n'a point ici la maxime que j'ai vue régner à Paris et à Londres, de choisir des domestiques tout formés, c'est-à-dire des coquins déjà tout faits, de ces coureurs de conditions, qui, dans chaque maison qu'ils parcourent, prennent à la fois les défauts des valets et des maîtres, et se font un métier de servir tout le monde sans jamais s'attacher à personne. Il ne peut régner ni honnêteté, ni fidélité, ni zèle, au milieu de pareilles gens; et ce ramassis de canaille ruine le maître et corrompt les enfans dans toutes les maisons opulentes. Ici c'est une affaire importante que le choix des domestiques; on ne les regarde point seulement comme des mercenaires dont on n'exige qu'un service exact, mais comme des membres de la famille, dont le mauvais choix est capable de la désoler. La première chose qu'on leur demande est d'être honnêtes gens; la seconde, d'aimer leur maître; la troisième, de le servir à son gré; mais, pour peu qu'un maître soit raisonnable et un domestique intelligent, la troisième suit toujours les deux autres. On ne les tire donc point de la ville, mais de la campagne. C'est ici leur premier service, et ce sera sûrement le

---

(¹) Petite monnoie du pays.

dernier pour tous ceux qui vaudront quelque chose. On les prend dans quelque famille nombreuse et surchargée d'enfans dont les pères et mères viennent les offrir eux-mêmes. On les choisit jeunes, bien faits, de bonne santé, et d'une physionomie agréable. M. de Wolmar les interroge, les examine, puis les présente à sa femme. S'ils agréent à tous deux, ils sont reçus, d'abord à l'épreuve, ensuite au nombre des gens, c'est-à-dire des enfans de la maison; et l'on passe quelques jours à leur apprendre avec beaucoup de patience et de soin ce qu'ils ont à faire. Le service est si simple, si égal, si uniforme, les maîtres ont si peu de fantaisie et d'humeur, et leurs domestiques les affectionnent si promptement, que cela est bientôt appris. Leur condition est douce; ils sentent un bien-être qu'ils n'avoient pas chez eux; mais on ne les laisse point amollir par l'oisiveté, mère des vices. On ne souffre point qu'ils deviennent des messieurs et s'enorgueillissent de la servitude; ils continuent de travailler comme ils faisoient dans la maison paternelle : ils n'ont fait, pour ainsi dire, que changer de père et de mère, et en gagner de plus opulens. De cette sorte ils ne prennent point en dédain leur ancienne vie rustique. Si jamais ils sortoient d'ici, il n'y en a pas un qui ne reprît plus volontiers son état de paysan que de supporter une autre condition. Enfin je n'ai jamais vu de maison où chacun fît mieux son service et s'imaginât moins de servir.

C'est ainsi qu'en formant et dressant ses propres domestiques, on n'a point à se faire cette objection si commune et si peu sensée : Je les aurai formés pour d'autres ! Formez-les comme il faut, pourroit-on répondre, et jamais ils ne serviront à d'autres. Si vous ne songez qu'à vous en les formant, en vous quittant ils font fort bien de ne songer qu'à eux; mais occupez-vous d'eux un peu davantage, et ils vous demeureront attachés. Il n'y a que l'intention qui oblige; et celui qui profite d'un bien que je ne veux faire qu'à moi ne me doit aucune reconnoissance.

Pour prévenir doublement le même inconvénient, monsieur et madame de Wolmar emploient encore un autre moyen qui me paroît fort bien entendu. En commençant leur établissement, ils ont cherché quel nombre de domestiques ils pouvoient entretenir dans une maison montée à peu près selon leur état, et ils ont trouvé que ce nombre alloit à quinze ou seize : pour être mieux servis ils l'ont réduit à la moitié; de sorte qu'avec moins d'appareil leur service est beaucoup plus exact. Pour être mieux servis encore, ils ont intéressé les mêmes gens à les servir long-temps. Un domestique en entrant chez eux reçoit le gage ordinaire; mais ce gage augmente tous les ans d'un vingtième; au bout de vingt ans il seroit ainsi plus que doublé, et l'entretien des domestiques seroit à peu près alors en raison du moyen des maîtres : mais il ne faut pas être un grand algébriste pour voir que les frais de cette augmentation sont plus apparens que réels, qu'ils auront peu de doubles gages à payer, et que, quand ils les paieroient à tous, l'avantage d'avoir été bien servis durant vingt ans compenseroit et au-delà ce surcroît de dépense. Vous sentez bien, mylord, que c'est un expédient sûr pour augmenter incessamment le soin des domestiques et se les attacher à mesure qu'on s'attache à eux. Il n'y a pas seulement de la prudence, il y a même de l'équité dans un pareil établissement. Est-il juste qu'un nouveau venu, sans affection, et qui n'est peut-être qu'un mauvais sujet, reçoive en entrant le même salaire qu'on donne à un ancien serviteur, dont le zèle et la fidélité sont éprouvés par de longs services, et qui d'ailleurs approche en vieillissant du temps où il sera hors d'état de gagner sa vie ? Au reste, cette dernière raison n'est pas ici de mise, et vous pouvez bien croire que des maîtres aussi humains ne négligent pas des devoirs que remplissent par ostentation beaucoup de maîtres sans charité, et n'abandonnent pas ceux de leurs gens à qui les infirmités ou la vieillesse ôtent les moyens de servir.

J'ai dans l'instant même un exemple assez frappant de cette attention. Le baron d'Étange, voulant récompenser les longs services de son valet de chambre par une retraite honorable, a eu le crédit d'obtenir pour lui de leurs excellences un emploi lucratif et sans peine. Julie vient de recevoir là-dessus de ce vieux domestique une lettre à tirer des larmes, dans laquelle il la supplie de le faire dispenser d'accepter cet emploi. « Je suis âgé, lui dit-il ; j'ai

» perdu toute ma famille ; je n'ai plus d'autres
» parens que mes maîtres : tout mon espoir est
» de finir paisiblement mes jours dans la maison
» où je les ai passés... Madame, en vous tenant
» dans mes bras à votre naissance, je deman-
» dois à Dieu de tenir de même un jour vos
» enfans : il m'en a fait la grâce ; ne me refusez
» pas celle de les voir croître et prospérer
» comme vous..... Moi qui suis accoutumé à
» vivre dans une maison de paix ; où en retrou-
» verai-je une semblable pour y reposer ma
» vieillesse ?... Ayez la charité d'écrire en ma
» faveur à monsieur le baron. S'il est mécon-
» tent de moi, qu'il me chasse et ne me donne
» point d'emploi ; mais si je l'ai fidèlement servi
» durant quarante ans, qu'il me laisse achever
» mes jours à son service et au vôtre ; il ne
» sauroit mieux me récompenser. » Il ne faut
pas demander si Julie a écrit. Je vois qu'elle
seroit aussi fâchée de perdre ce bon-homme
qu'il le seroit de la quitter. Ai-je tort, mylord,
de comparer des maîtres si chéris à des pères,
et leurs domestiques à leurs enfans ? Vous
voyez que c'est ainsi qu'ils se regardent eux-
mêmes.

Il n'y a pas d'exemple dans cette maison
qu'un domestique ait demandé son congé ; il est
même rare qu'on menace quelqu'un de le lui
donner. Cette menace effraie à proportion de
ce que le service est agréable et doux ; les meilleurs sujets en sont toujours les plus alarmés,
et l'on n'a jamais besoin d'en venir à l'exécution
qu'avec ceux qui sont peu regrettables. Il y a
encore une règle à cela. Quand M. de Wolmar
a dit *je vous chasse*, on peut implorer l'inter-
cession de madame, l'obtenir quelquefois, et
rentrer en grâce à sa prière ; mais un congé
qu'elle donne est irrévocable, et il n'y a plus
de grâce à espérer. Cet accord est très-bien entendu pour tempérer à la fois l'excès de confiance qu'on pourroit prendre en la douceur de
la femme, et la crainte extrême que causeroit
l'inflexibilité du mari. Ce mot ne laisse pas pourtant d'être extrêmement redouté de la part
d'un maître équitable et sans colère ; car, outre
qu'on n'est pas sûr d'obtenir grâce et qu'elle
n'est jamais accordée deux fois au même, on
perd par ce mot seul son droit d'ancienneté, et
l'on recommence, en rentrant, un nouveau
service : ce qui prévient l'insolence des vieux
domestiques et augmente leur circonspection à
mesure qu'ils ont plus à perdre.

Les trois femmes sont, la femme de chambre,
la gouvernante des enfans, et la cuisinière.
Celle-ci est une paysanne fort propre et fort
entendue, à qui madame de Wolmar a appris
la cuisine ; car dans ce pays simple encore (¹),
les jeunes personnes de tout état apprennent à
faire elles-mêmes tous les travaux que feront
un jour dans leur maison les femmes qui seront
à leur service, afin de savoir les conduire au
besoin et de ne s'en pas laisser imposer par
elles. La femme de chambre n'est plus Babi ;
on l'a renvoyée à Étange, où elle est née : on
lui a remis le soin du château, et une inspection
sur la recette, qui la rend en quelque manière
le contrôleur de l'économe. Il y avoit long-temps
que M. de Wolmar pressoit sa femme de faire
cet arrangement sans pouvoir la résoudre à éloigner d'elle un ancien domestique de sa mère,
quoiqu'elle eût plus d'un sujet de s'en plaindre.
Enfin, depuis les dernières explications, elle y
a consenti, et Babi est partie. Cette femme est
intelligente et fidèle, mais indiscrète et babillarde. Je soupçonne qu'elle a trahi plus d'une
fois les secrets de sa maîtresse, que M. de
Wolmar ne l'ignore pas, et que, pour prévenir la même indiscrétion vis-à-vis de quelque
étranger, cet homme sage a su l'employer de
manière à profiter de ses bonnes qualités sans
s'exposer aux mauvaises. Celle qui l'a remplacée est cette même Fanchon Regard dont vous
m'entendiez parler autrefois avec tant de plaisir.
Malgré l'augure de Julie, ses bienfaits, ceux de
son père et les vôtres, cette jeune femme si honnête et si sage n'a pas été heureuse dans son
établissement. Claude Anet, qui avoit si bien
supporté sa misère, n'a pu soutenir un état plus
doux. En se voyant dans l'aisance, il a négligé
son métier ; et s'étant tout-à-fait dérangé, il
s'est enfui du pays, laissant sa femme avec un
enfant qu'elle a perdu depuis ce temps-là.
Julie, après l'avoir retirée chez elle, lui a appris
tous les ouvrages d'une femme de chambre ; et
je ne fus jamais plus agréablement surpris que
de la trouver en fonction le jour de mon arrivée. M. de Wolmar en fait un très-grand cas, et
tous deux lui ont confié le soin de veiller tant
sur leurs enfans que sur celle qui les gouverne.

(¹) Simple ! il a donc beaucoup changé.

Celle-ci est aussi une villageoise simple et crédule, mais attentive, patiente et docile; de sorte qu'on n'a rien oublié pour que les vices des villes ne pénétrassent point dans une maison dont les maîtres ne les ont ni ne les souffrent.

Quoique tous les domestiques n'aient qu'une même table, il y a d'ailleurs peu de communication entre les deux sexes; on regarde ici cet article comme très-important. On n'y est point de l'avis de ces maîtres indifférens à tout, hors à leur intérêt, qui ne veulent qu'être bien servis sans s'embarrasser au surplus de ce que font leurs gens : on pense au contraire que ceux qui ne veulent qu'être bien servis ne sauroient l'être long-temps. Les liaisons trop intimes entre les deux sexes ne produisent jamais que du mal. C'est des conciliabules qui se tiennent chez les femmes de chambre que sortent la plupart des désordres d'un ménage. S'il s'en trouve une qui plaise au maître-d'hôtel, il ne manque pas de la séduire aux dépens du maître. L'accord des hommes entre eux ni des femmes entre elles n'est pas assez sûr pour tirer à conséquence. Mais c'est toujours entre hommes et femmes que s'établissent ces secrets monopoles qui ruinent à la longue les familles les plus opulentes. On veille donc à la sagesse et à la modestie des femmes, non-seulement par des raisons de bonnes mœurs et d'honnêteté, mais encore par un intérêt très-bien entendu; car, quoi qu'on en dise, nul ne remplit bien son devoir s'il ne l'aime; et il n'y eut jamais que des gens d'honneur qui sussent aimer leur devoir.

Pour prévenir entre les deux sexes une familiarité dangereuse, on ne les gêne point ici par des lois positives qu'ils seroient tentés d'enfreindre en secret; mais, sans paroître y songer, on établit des usages plus puissans que l'autorité même. On ne leur défend pas de se voir, mais on fait en sorte qu'ils n'en aient ni l'occasion ni la volonté. On y parvient en leur donnant des occupations, des habitudes, des goûts, des plaisirs, entièrement différens. Sur l'ordre admirable qui règne ici, ils sentent que dans une maison bien réglée les hommes et les femmes doivent avoir peu de commerce entre eux. Tel qui taxeroit en cela de caprice les volontés d'un maître, se soumet sans répugnance à une manière de vivre qu'on ne lui prescrit pas formellement, mais qu'il juge lui-même être la meilleure et la plus naturelle. Julie prétend qu'elle l'est en effet; elle soutient que de l'amour ni de l'union conjugale ne résulte point le commerce continuel des deux sexes. Selon elle, la femme et le mari sont bien destinés à vivre ensemble, mais non pas de la même manière; ils doivent agir de concert sans faire les mêmes choses. La vie qui charmeroit l'un seroit, dit-elle, insupportable à l'autre; les inclinations que leur donne la nature sont aussi diverses que les fonctions qu'elle leur impose; leurs amusemens ne différent pas moins que leurs devoirs; en un mot, tous deux concourent au bonheur commun par des chemins différens; et ce partage de travaux et de soins est le plus fort lien de leur union.

Pour moi, j'avoue que mes propres observations sont assez favorables à cette maxime. En effet, n'est-ce pas un usage constant de tous les peuples du monde, hors le François et ceux qui l'imitent, que les hommes vivent entre eux, les femmes entre elles? S'ils se voient les uns les autres, c'est plutôt par entrevue et presque à la dérobée, comme les époux de Lacédémone, que par un mélange indiscret et perpétuel, capable de confondre et défigurer en eux les plus sages distinctions de la nature. On ne voit point les sauvages mêmes indistinctement mêlés, hommes et femmes. Le soir, la famille se rassemble, chacun passe la nuit auprès de sa femme : la séparation recommence avec le jour, et les deux sexes n'ont plus rien de commun que les repas tout au plus. Tel est l'ordre que son universalité montre être le plus naturel; et, dans les pays même où il est perverti, l'on en voit encore des vestiges. En France, où les hommes se sont soumis à vivre à la manière des femmes et à rester sans cesse enfermés dans la chambre avec elles, l'involontaire agitation qu'ils y conservent montre que ce n'est point à cela qu'ils étoient destinés. Tandis que les femmes restent tranquillement assises ou couchées sur leur chaise longue, vous voyez les hommes se lever, aller, venir, se rasseoir, avec une inquiétude continuelle; un instinct machinal combattant sans cesse la contrainte où ils se mettent, et les poussant malgré eux à cette vie active et laborieuse que leur imposa la nature. C'est le seul peuple du monde où les hommes se tiennent debout au spectacle, comme s'ils alloient se délasser au parterre d'avoir resté tout le jour assis au salon. Enfin, ils sentent si bien l'ennui de cette indolence efféminée et casanière, que, pour y mêler au moins quelque sorte d'activité, ils cèdent chez eux la place aux étrangers, et vont auprès des femmes d'autrui chercher à tempérer ce dégoût.

La maxime de madame de Wolmar se soutient très-bien par l'exemple de sa maison; chacun étant pour ainsi dire tout à son sexe, les femmes y vivent très-séparées des hommes. Pour prévenir entre eux des liaisons suspectes, son grand secret est d'occuper incessamment les uns et les autres; car leurs travaux sont si différens qu'il n'y a que l'oisiveté qui les rassemble. Le matin chacun vaque à ses fonctions, et il ne reste du loisir à personne pour aller troubler celles d'un autre. L'après-dînée les hommes ont pour département le jardin, la basse-cour, ou d'autres soins de la campagne; les femmes s'occupent dans la chambre des enfans jusqu'à l'heure de la promenade, qu'elles font avec eux, souvent même avec leur maîtresse, et qui leur est agréable comme le seul moment où elles prennent l'air. Les hommes, assez exercés par le travail de la journée, n'ont guère envie de s'aller promener, et se reposent en gardant la maison.

Tous les dimanches, après le prêche du soir, les femmes se rassemblent encore dans la chambre des enfans avec quelque parente ou amie, qu'elles invitent tour à tour du consentement de madame. Là, en attendant un petit régal donné par elle, on cause, on chante, on joue au volant, aux jonchets, ou à quelque autre jeu d'adresse propre à plaire aux yeux des enfans, jusqu'à ce qu'ils s'en puissent amuser eux-mêmes. La collation vient, composée de quelques laitages, de gaufres, d'échaudés, de merveilles (¹), ou d'autres mets du goût des enfans et des femmes. Le vin en est toujours exclus; et les hommes, qui dans tous les temps entrent peu dans ce petit gynécée (²), ne sont jamais de cette collation où Julie manque assez rarement. J'ai été jusqu'ici le seul privilégié. Dimanche dernier j'obtins, à force d'importunités, de l'y accompagner. Elle eut grand soin de me faire valoir cette faveur. Elle me dit tout haut qu'elle me l'accordoit pour cette seule fois, et qu'elle l'avoit refusée à M. de Wolmar lui-même. Imaginez si la petite vanité féminine étoit flattée, et si un laquais eût été bien venu à vouloir être admis à l'exclusion du maître.

Je fis un goûter délicieux. Est-il quelques mets au monde comparables aux laitages de ce pays? Pensez ce que doivent être ceux d'une laiterie où Julie préside, et mangés à côté d'elle. La Fanchon me servit des grus, de la céracée (¹), des gaufres, des écrelets. Tout disparoissoit à l'instant. Julie rioit de mon appétit. Je vois, dit-elle en me donnant encore une assiette de crême, que votre estomac se fait honneur partout, et que vous ne vous tirez pas moins bien de l'écot des femmes que de celui des Valaisans. Pas plus impunément, repris-je; on s'enivre quelquefois à l'un comme à l'autre, et la raison peut s'égarer dans un chalet tout aussi bien que dans un cellier. Elle baissa les yeux sans répondre, rougit, et se mit à caresser ses enfans. C'en fut assez pour éveiller mes remords. Mylord, ce fut là ma première indiscrétion, et j'espère que ce sera la dernière.

Il régnoit dans cette petite assemblée un certain air d'antique simplicité qui me touchoit le cœur; je voyois sur tous les visages la même gaîté, et plus de franchise peut-être que s'il s'y fût trouvé des hommes. Fondée sur la confiance et l'attachement, la familiarité qui régnoit entre les servantes et la maîtresse ne faisoit qu'affermir le respect et l'autorité; et les services rendus et reçus ne sembloient être que des témoignages d'amitié réciproque. Il n'y avoit pas jusqu'au choix du régal qui ne contribuât à le rendre intéressant. Le laitage et le sucre sont un des goûts naturels du sexe, et comme le symbole de l'innocence et de la douceur qui font son plus aimable ornement. Les hommes, au contraire, recherchent en général les saveurs fortes et les liqueurs spiritueuses, alimens plus convenables à la vie active et laborieuse que la nature leur demande; et quand ces divers goûts viennent à s'altérer et se confondre, c'est une marque presque infaillible du mélange désordonné des sexes. En effet, j'ai remarqué qu'en France, où les femmes vivent sans cesse avec les

---

(¹) Sorte de gâteaux du pays. (²) Appartement des femmes.

(¹) Laitages excellens qui se font sur la montagne de Salève. Je doute qu'ils soient connus sous ce nom au Jura, surtout vers l'autre extrémité du lac.

hommes, elles ont tout-à-fait perdu le goût du laitage, les hommes beaucoup celui du vin ; et qu'en Angleterre, où les deux sexes sont moins confondus, leur goût propre s'est mieux conservé. En général, je pense qu'on pourroit souvent trouver quelque indice du caractère des gens dans le choix des alimens qu'ils préfèrent. Les Italiens, qui vivent beaucoup d'herbages, sont efféminés et mous. Vous autres Anglois, grands mangeurs de viande, avez dans vos inflexibles vertus quelque chose de dur et qui tient de la barbarie. Le Suisse, naturellement froid, paisible et simple, mais violent et emporté dans la colère, aime à la fois l'un et l'autre aliment, et boit du laitage et du vin. Le François, souple et changeant, vit de tous les mets et se plie à tous les caractères. Julie elle-même pourroit me servir d'exemple ; car, quoique sensuelle et gourmande dans ses repas, elle n'aime ni la viande, ni les ragoûts, ni le sel, et n'a jamais goûté de vin pur ; d'excellens légumes, les œufs, la crème, les fruits, voilà sa nourriture ordinaire ; et, sans le poisson qu'elle aime aussi beaucoup, elle seroit une véritable pythagoricienne.

Ce n'est rien de contenir les femmes si l'on ne contient aussi les hommes ; et cette partie de la règle, non moins importante que l'autre, est plus difficile encore ; car l'attaque est en général plus vive que la défense : c'est l'intention du conservateur de la nature. Dans la république, on retient les citoyens par des mœurs, des principes, de la vertu ; mais comment contenir des domestiques, des mercenaires, autrement que par la contrainte et la gêne ? Tout l'art du maître est de cacher cette gêne sous le voile du plaisir ou de l'intérêt, en sorte qu'ils pensent vouloir tout ce qu'on les oblige de faire. L'oisiveté du dimanche, le droit qu'on ne peut guère leur ôter d'aller où bon leur semble quand leurs fonctions ne les retiennent point au logis, détruisent souvent en un seul jour l'exemple et les leçons des six autres. L'habitude du cabaret, le commerce et les maximes de leurs camarades, la fréquentation des femmes débauchées, les perdant bientôt pour leurs maîtres et pour eux-mêmes, les rendent par mille défauts incapables du service et indignes de la liberté.

On remédie à cet inconvénient en les retenant par les mêmes motifs qui les portoient à sortir. Qu'alloient-ils faire ailleurs ? Boire et jouer au cabaret. Ils boivent et jouent au logis. Toute la différence est que le vin ne leur coûte rien, qu'ils ne s'enivrent pas, et qu'il y a des gagnans au jeu sans que jamais personne perde. Voici comment on s'y prend pour cela.

Derrière la maison est une allée couverte, dans laquelle on a établi la lice des jeux : c'est là que les gens de livrée et ceux de la basse-cour se rassemblent en été, le dimanche, après le prêche, pour y jouer en plusieurs parties liées, non de l'argent, on ne le souffre pas, ni du vin, on leur en donne, mais une mise fournie par la libéralité des maîtres. Cette mise est toujours quelque petit meuble ou quelque nippe à leur usage. Le nombre des jeux est proportionné à la valeur de la mise ; en sorte que, quand cette mise est un peu considérable, comme des boucles d'argent, un porte-col, des bas de soie, un chapeau fin, ou autre chose semblable, on emploie ordinairement plusieurs séances à la disputer. On ne s'en tient point à une seule espèce de jeu, on les varie, afin que le plus habile dans un n'emporte pas toutes les mises, et pour les rendre tous plus adroits et plus forts par des exercices multipliés. Tantôt c'est à qui enlèvera à la course un but placé à l'autre bout de l'avenue ; tantôt à qui lancera le plus loin la même pierre ; tantôt à qui portera le plus long-temps le même fardeau ; tantôt on dispute un prix en tirant au blanc. On joint à la plupart de ces jeux un petit appareil qui les prolonge et les rend amusans. Le maître et la maîtresse les honorent souvent de leur présence ; on y amène quelquefois les enfans ; les étrangers même y viennent, attirés par la curiosité, et plusieurs ne demanderoient pas mieux que d'y concourir ; mais nul n'est jamais admis qu'avec l'agrément des maîtres et du consentement des joueurs, qui ne trouveroient pas leur compte à l'accorder aisément. Insensiblement il s'est fait de cet usage une espèce de spectacle, où les acteurs, animés par les regards du public, préfèrent la gloire des applaudissemens à l'intérêt du prix. Devenus plus vigoureux et plus agiles, ils s'en estiment davantage, et, s'accoutumant à tirer leur valeur d'eux-mêmes plutôt que de ce qu'ils possèdent, tout valets qu'ils sont, l'honneur leur devient plus cher que l'argent.

Il seroit long de vous détailler tous les biens qu'on retire ici d'un soin si puéril en apparence et toujours dédaigné des esprits vulgaires, tandis que c'est le propre du vrai génie de produire de grands effets par de petits moyens. M. de Wolmar m'a dit qu'il lui en coûtoit à peine cinquante écus par an pour ces petits établissemens que sa femme a la première imaginés. Mais, dit-il, combien de fois croyez-vous que je regagne cette somme dans mon ménage et dans mes affaires par la vigilance et l'attention que donnent à leur service des domestiques attachés, qui tiennent tous leurs plaisirs de leurs maîtres, par l'intérêt qu'ils prennent à celui d'une maison qu'ils regardent comme la leur, par l'avantage de profiter dans leurs travaux de la vigueur qu'ils acquièrent dans leurs jeux, par celui de les conserver toujours sains en les garantissant des excès ordinaires à leurs pareils et des maladies qui sont la suite ordinaire de ces excès, par celui de prévenir en eux les friponneries que le désordre amène infailliblement, et de les conserver toujours honnêtes gens, enfin par le plaisir d'avoir chez nous à peu de frais des récréations agréables pour nous-mêmes? Que s'il se trouve parmi nos gens quelqu'un, soit homme, soit femme, qui ne s'accommode pas de nos règles et leur préfère la liberté d'aller sous divers prétextes courir où bon lui semble, on ne lui en refuse jamais la permission ; mais nous regardons ce goût de licence comme un indice très-suspect, et nous ne tardons pas à nous défaire de ceux qui l'ont. Ainsi ces mêmes amusemens qui nous conservent de bons sujets nous servent encore d'épreuve pour les choisir. Mylord, j'avoue que je n'ai jamais vu qu'ici des maîtres former à la fois dans les mêmes hommes de bons domestiques pour le service de leurs personnes, de bons paysans pour cultiver leurs terres, de bons soldats pour la défense de la patrie, et des gens de bien pour tous les états où la fortune peut les appeler.

L'hiver, les plaisirs changent d'espèce ainsi que les travaux. Les dimanches, tous les gens de la maison, et même les voisins, hommes et femmes indifféremment, se rassemblent après le service dans une salle basse, où ils trouvent du feu, du vin, des fruits, des gâteaux, et un violon qui les fait danser. Madame de Wolmar ne manque jamais de s'y rendre, au moins pour quelques instans, afin d'y maintenir par sa présence l'ordre et la modestie; et il n'est pas rare qu'elle y danse elle-même, fût-ce avec ses propres gens. Cette règle, quand je l'appris, me parut d'abord moins conforme à la sévérité des mœurs protestantes. Je le dis à Julie ; et voici à peu près ce qu'elle me répondit.

La pure morale est si chargée de devoirs sévères, que si on la surcharge encore de formes indifférentes, c'est presque toujours aux dépens de l'essentiel. On dit que c'est le cas de la plupart des moines, qui, soumis à mille règles inutiles, ne savent ce que c'est qu'honneur et vertu. Ce défaut règne moins parmi nous, mais nous n'en sommes pas tout-à-fait exempts. Nos gens d'église, aussi supérieurs en sagesse à toutes les sortes de prêtres que notre religion est supérieure à toutes les autres en sainteté, ont pourtant encore quelques maximes qui paroissent plus fondées sur le préjugé que sur la raison. Telle est celle qui blâme la danse et les assemblées ; comme s'il y avoit plus de mal à danser qu'à chanter, que chacun de ces amusemens ne fût pas également une inspiration de la nature, et que ce fût un crime de s'égayer en commun par une récréation innocente et honnête! Pour moi, je pense au contraire que, toutes les fois qu'il y a concours des deux sexes, tout divertissement public devient innocent par cela même qu'il est public; au lieu que l'occupation la plus louable est suspecte dans le tête-à-tête [1]. L'homme et la femme sont destinés l'un pour l'autre, la fin de la nature est qu'ils soient unis par le mariage. Toute fausse religion combat la nature : la nôtre seule, qui la suit et la rectifie, annonce une institution divine et convenable à l'homme. Elle ne doit donc point ajouter sur le mariage aux embarras de l'ordre civil des difficultés que l'Évangile ne prescrit pas, et qui sont contraires à l'esprit du christianisme. Mais qu'on me dise où de jeunes personnes à marier auront occasion de prendre du goût l'une pour l'autre, et de se voir avec plus de décence et de circonspection que dans une assemblée où les yeux du public, incessamment tournés sur elles, les forcent à s'observer avec le plus grand soin. En quoi Dieu est-il offensé par

---

[1] Dans ma Lettre à M. d'Alembert sur les spectacles, j'ai transcrit de celle-ci le morceau suivant et quelques autres : mais comme alors je ne faisois que préparer cette édition, j'ai cru devoir attendre qu'elle parût pour citer ce que j'en avois tiré.

un exercice agréable et salutaire, convenable à la vivacité de la jeunesse, qui consiste à se présenter l'un à l'autre avec grâce et bienséance, et auquel le spectateur impose une gravité dont personne n'oseroit sortir? Peut-on imaginer un moyen plus honnête de ne tromper personne, au moins quant à la figure, et de se montrer avec les agrémens et les défauts qu'on peut avoir aux gens qui ont intérêt de nous bien connoître avant de s'obliger à nous aimer? Le devoir de se chérir réciproquement n'emporte-t-il pas celui de se plaire? et n'est-ce pas un soin digne de deux personnes vertueuses et chrétiennes qui songent à s'unir, de préparer ainsi leurs cœurs à l'amour mutuel que Dieu leur impose?

Qu'arrive-t-il dans ces lieux où règne une éternelle contrainte, où l'on punit comme un crime la plus innocente gaîté, où les jeunes gens des deux sexes n'osent jamais s'assembler en public, et où l'indiscrète sévérité d'un pasteur ne sait prêcher au nom de Dieu qu'une gêne servile, et la tristesse, et l'ennui? On élude une tyrannie insupportable que la nature et la raison désavouent; aux plaisirs permis dont on prive une jeunesse enjouée et folâtre elle en substitue de plus dangereux; les tête-à-tête adroitement concertés prennent la place des assemblées publiques; à force de se cacher comme si l'on étoit coupable, on est tenté de le devenir. L'innocente joie aime à s'évaporer au grand jour; mais le vice est ami des ténèbres; et jamais l'innocence et le mystère n'habitèrent long-temps ensemble. Mon cher ami, me dit-elle en me serrant la main comme pour me communiquer son repentir et faire passer dans mon cœur la pureté du sien, qui doit mieux sentir que nous toute l'importance de cette maxime? Que de douleurs et de peines, que de remords et de pleurs nous nous serions épargnés durant tant d'années, si, tous deux aimant la vertu comme nous avons toujours fait, nous avions su prévoir de plus loin les dangers qu'elle court dans le tête-à-tête!

Encore un coup, continua madame de Wolmar d'un ton plus tranquille, ce n'est point dans les assemblées nombreuses, où tout le monde nous voit et nous écoute, mais dans des entretiens particuliers, où règnent le secret et la liberté, que les mœurs peuvent courir des risques. C'est sur ce principe que, quand mes domestiques des deux sexes se rassemblent, je suis bien aise qu'ils y soient tous. J'approuve même qu'ils invitent parmi les jeunes gens du voisinage ceux dont le commerce n'est point capable de leur nuire; et j'apprends avec grand plaisir que pour louer les mœurs de quelqu'un de nos jeunes voisins, on dit : Il est reçu chez M. de Wolmar. En ceci nous avons encore une autre vue. Les hommes qui nous servent sont tous garçons, et parmi les femmes la gouvernante des enfans est encore à marier. Il n'est pas juste que la réserve où vivent ici les uns et les autres leur ôte l'occasion d'un honnête établissement. Nous tâchons dans ces petites assemblées de leur procurer cette occasion sous nos yeux, pour les aider à mieux choisir; et en travaillant ainsi à former d'heureux ménages, nous augmentons le bonheur du nôtre.

Il resteroit à me justifier moi-même de danser avec ces bonnes gens; mais j'aime mieux passer condamnation sur ce point, et j'avoue franchement que mon plus grand motif en cela est le plaisir que j'y trouve. Vous savez que j'ai toujours partagé la passion que ma cousine a pour la danse; mais après la perte de ma mère je renonçai pour ma vie au bal et à toute assemblée publique : j'ai tenu parole, même à mon mariage, et la tiendrai, sans croire y déroger en dansant quelquefois chez moi avec mes hôtes et mes domestiques. C'est un exercice utile à ma santé durant la vie sédentaire qu'on est forcé de mener ici l'hiver. Il m'amuse innocemment; car, quand j'ai bien dansé, mon cœur ne me reproche rien. Il amuse aussi M. de Wolmar; toute ma coquetterie en cela se borne à lui plaire. Je suis cause qu'il vient au lieu où l'on danse : ses gens en sont plus contens d'être honorés des regards de leur maître; ils témoignent aussi de la joie à me voir parmi eux. Enfin, je trouve que cette familiarité modérée forme entre nous un lien de douceur et d'attachement qui ramène un peu l'humanité naturelle en tempérant la bassesse de la servitude et la rigueur de l'autorité.

Voilà, mylord, ce que me dit Julie au sujet de la danse; et j'admirai comment avec tant d'affabilité pouvoit régner tant de subordination, et comment elle et son mari pouvoient descendre et s'égaler si souvent à leurs domestiques, sans que ceux-ci fussent tentés de les prendre au mot et de s'égaler à eux à leur tour. Je ne crois pas qu'il y ait des souverains en Asie servis dans leurs palais avec plus de respect que ces bons maîtres le sont dans leur maison. Je ne connois rien de moins impérieux que leurs ordres, et rien de si promptement exécuté : ils prient, et l'on vole ; ils excusent, et l'on sent son tort. Je n'ai jamais mieux compris combien la force des choses qu'on dit dépend peu des mots qu'on emploie.

Ceci m'a fait faire une autre réflexion sur la vaine gravité des maîtres ; c'est que ce sont moins leurs familiarités que leurs défauts qui les font mépriser chez eux, et que l'insolence des domestiques annonce plutôt un maître vicieux que foible ; car rien ne leur donne autant d'audace que la connoissance de ses vices, et tous ceux qu'ils découvrent en lui sont à leurs yeux autant de dispenses d'obéir à un homme qu'ils ne sauroient plus respecter.

Les valets imitent les maîtres ; et les imitant grossièrement, ils rendent sensibles dans leur conduite les défauts que le vernis de l'éducation cache mieux dans les autres. A Paris, je jugeois des mœurs des femmes de ma connoissance par l'air et le ton de leurs femmes de chambre ; et cette règle ne m'a jamais trompé. Outre que la femme de chambre, une fois dépositaire du secret de sa maîtresse, lui fait payer cher sa discrétion, elle agit comme l'autre pense, et décèle toutes ses maximes en les pratiquant maladroitement. En toute chose l'exemple des maîtres est plus fort que leur autorité, et il n'est pas naturel que leurs domestiques veuillent être plus honnêtes gens qu'eux. On a beau crier, jurer, maltraiter, chasser, faire maison nouvelle ; tout cela ne produit point le bon service. Quand celui qui ne s'embarrasse pas d'être méprisé et haï de ses gens s'en croit pourtant bien servi, c'est qu'il se contente de ce qu'il voit et d'une exactitude apparente, sans tenir compte de mille maux secrets qu'on lui fait incessamment et dont il n'aperçoit jamais la source. Mais où est l'homme assez dépourvu d'honneur pour pouvoir supporter les dédains de tout ce qui l'environne ? Où est la femme assez perdue pour n'être plus sensible aux outrages ? Combien dans Paris et dans Londres de dames se croient fort honorées, qui fondroient en larmes si elles entendoient ce qu'on dit d'elles dans leur antichambre ! Heureusement, pour leur repos, elles se rassurent en prenant ces Argus pour des imbéciles, et se flattant qu'ils ne voient rien de ce qu'elles ne daignent pas leur cacher. Aussi, dans leur mutine obéissance, ne leur cachent-ils guère à leur tour le mépris qu'ils ont pour elles. Maîtres et valets sentent mutuellement que ce n'est pas la peine de se faire estimer les uns des autres.

Le jugement des domestiques me paroît être l'épreuve la plus sûre et la plus difficile de la vertu des maîtres ; et je me souviens, mylord, d'avoir bien pensé de la vôtre en Valais sans vous connoître, simplement sur ce que, parlant assez rudement à vos gens, ils ne vous en étoient pas moins attachés, et qu'ils témoignoient entre eux autant de respect pour vous en votre absence que si vous les eussiez entendus. On a dit qu'il n'y avoit point de héros pour son valet de chambre : cela peut être ; mais l'homme juste a l'estime de son valet : ce qui montre assez que l'héroïsme n'a qu'une vaine apparence, et qu'il n'y a rien de solide que la vertu. C'est surtout dans cette maison qu'on reconnoît la force de son empire dans le suffrage des domestiques ; suffrage d'autant plus sûr, qu'il ne consiste point en de vains éloges, mais dans l'expression naturelle de ce qu'ils sentent. N'entendant jamais rien ici qui leur fasse croire que les autres maîtres ne ressemblent pas aux leurs, ils ne les louent point des vertus qu'ils estiment communes à tous, mais ils louent Dieu dans leur simplicité d'avoir mis les riches sur la terre pour le bonheur de ceux qui les servent et pour le soulagement des pauvres.

La servitude est si peu naturelle à l'homme, qu'elle ne sauroit exister sans quelque mécontentement. Cependant on respecte le maître et l'on n'en dit rien. Que s'il échappe quelques murmures contre la maîtresse, ils valent mieux que des éloges. Nul ne se plaint qu'elle manque pour lui de bienveillance, mais qu'elle en accorde autant aux autres ; nul ne peut souffrir qu'elle fasse comparaison de son zèle avec celui de ses camarades, et chacun voudroit être le premier en faveur comme il croit l'être en attachement : c'est là leur unique plainte et leur plus grande injustice.

A la subordination des inférieurs se joint la concorde entre les égaux; et cette partie de l'administration domestique n'est pas la moins difficile. Dans les concurrences de jalousie et d'intérêt qui divisent sans cesse les gens d'une maison, même aussi peu nombreuse que celle-ci, ils ne demeurent presque jamais unis qu'aux dépens du maître. S'ils s'accordent, c'est pour voler de concert; s'ils sont fidèles, chacun se fait valoir aux dépens des autres : il faut qu'ils soient ennemis ou complices, et l'on voit à peine le moyen d'éviter à la fois leur friponnerie et leurs dissensions. La plupart des pères de famille ne connoissent que l'alternative entre ces deux inconvéniens. Les uns, préférant l'intérêt à l'honnêteté, fomentent cette disposition des valets aux secrets rapports, et croient faire un chef-d'œuvre de prudence en les rendant espions et surveillans les uns des autres. Les autres, plus indolens, aiment mieux qu'on les vole et qu'on vive en paix; ils se font une sorte d'honneur de recevoir toujours mal des avis qu'un pur zèle arrache quelquefois à un serviteur fidèle. Tous s'abusent également. Les premiers, en excitant chez eux des troubles continuels, incompatibles avec la règle et le bon ordre, n'assemblent qu'un tas de fourbes et de délateurs, qui s'exercent, en trahissant leurs camarades, à trahir peut-être un jour leurs maîtres. Les seconds, en refusant d'apprendre ce qui se fait dans leur maison, autorisent les ligues contre eux-mêmes, encouragent les méchans, rebutent les bons, et n'entretiennent à grands frais que des fripons arrogans et paresseux, qui, s'accordant aux dépens du maître, regardent leurs services comme des grâces, et leurs vols comme des droits (¹).

C'est une grande erreur, dans l'économie domestique ainsi que dans la civile, de vouloir combattre un vice par un autre, ou former entre eux une sorte d'équilibre; comme si ce qui sape les fondèmens de l'ordre pouvoit jamais servir à l'établir. On ne fait par cette mauvaise police que réunir enfin tous les inconvéniens. Les vices tolérés dans une maison n'y règnent pas seuls; laissez-en germer un, mille viendront à sa suite. Bientôt ils perdent les valets qui les ont, ruinent le maître qui les souffre, corrompent ou scandalisent les enfans attentifs à les observer. Quel indigne père oseroit mettre quelque avantage en balance avec ce dernier mal? Quel honnête homme voudroit être chef de famille, s'il lui étoit impossible de réunir dans sa maison la paix et la fidélité, et qu'il fallût acheter le zèle de ses domestiques aux dépens de leur bienveillance mutuelle?

Qui n'auroit vu que cette maison n'imagineroit pas même qu'une pareille difficulté pût exister, tant l'union des membres y paroît venir de leur attachement aux chefs. C'est ici qu'on trouve le sensible exemple qu'on ne sauroit aimer sincèrement le maître sans aimer tout ce qui lui appartient; vérité qui sert de fondement à la charité chrétienne. N'est-il pas bien simple que les enfans du même père se traitent en frères entre eux? C'est ce qu'on nous dit tous les jours au temple sans nous le faire sentir; c'est ce que les habitans de cette maison sentent sans qu'on le leur dise.

Cette disposition à la concorde commence par le choix des sujets. M. de Wolmar n'examine pas seulement en les recevant s'ils conviennent à sa femme et à lui, mais s'ils se conviennent l'un à l'autre; et l'antipathie bien reconnue entre deux excellens domestiques suffiroit pour faire à l'instant congédier l'un des deux : car, dit Julie, une maison si peu nombreuse, une maison dont ils ne sortent jamais, et où ils sont toujours vis-à-vis les uns des autres, doit leur convenir également à tous, et seroit un enfer pour eux si elle n'étoit une maison de paix. Ils doivent la regarder comme leur maison paternelle, où tout n'est qu'une même famille. Un seul qui déplairoit aux autres pourroit la leur rendre odieuse; et cet objet désagréable y frappant incessamment leurs regards, ils ne seroient bien ici ni pour eux ni pour nous.

Après les avoir assortis le mieux qu'il est possible, on les unit pour ainsi dire malgré eux par les services qu'on les force en quelque sorte à se rendre, et l'on fait que chacun ait un sensible intérêt d'être aimé de tous ses camarades.

(¹) J'ai examiné d'assez près la police des grandes maisons, et j'ai vu clairement qu'il étoit impossible à un maître qui a vingt domestiques de venir jamais à bout de savoir s'il y a parmi eux un honnête homme, et de ne pas prendre pour tel le plus méchant fripon de tous. Cela seul me dégoûteroit d'être au nombre des riches. Un des plus doux plaisirs de la vie, le plaisir de la confiance et de l'estime, est perdu pour ces malheureux. Ils achètent bien cher tout leur or.

Nul n'est si bien venu à demander des grâces pour lui-même que pour un autre : ainsi celui qui désire en obtenir tâche d'engager un autre à parler pour lui ; et cela est d'autant plus facile, que, soit qu'on accorde ou qu'on refuse une faveur ainsi demandée, on en fait toujours un mérite à celui qui s'en est rendu l'intercesseur; au contraire, on rebute ceux qui ne sont bons que pour eux. Pourquoi, leur dit-on, accorderois-je ce qu'on me demande pour vous, qui n'avez jamais rien demandé pour personne? Est-il juste que vous soyez plus heureux que vos camarades, parce qu'ils sont plus obligeans que vous? On fait plus, on les engage à se servir mutuellement en secret, sans ostentation, sans se faire valoir ; ce qui est d'autant moins difficile à obtenir, qu'ils savent fort bien que le maître, témoin de cette discrétion, les en estime davantage : ainsi l'intérêt y gagne, et l'amour-propre n'y perd rien. Ils sont si convaincus de cette disposition générale, et il règne une telle confiance entre eux, que quand quelqu'un a quelque grâce à demander, il en parle à leur table par forme de conversation : souvent sans avoir rien fait de plus il trouve la chose demandée et obtenue; et ne sachant qui remercier, il en a l'obligation à tous.

C'est par ce moyen et d'autres semblables qu'on fait régner entre eux un attachement né de celui qu'ils ont tous pour leur maître, et qui lui est subordonné. Ainsi, loin de se liguer à son préjudice, ils ne sont tous unis que pour le mieux servir. Quelque intérêt qu'ils aient à s'aimer, ils en ont encore un plus grand à lui plaire; le zèle pour son service l'emporte sur leur bienveillance mutuelle; et tous, se regardant comme lésés par des pertes qui le laisseroient moins en état de récompenser un bon serviteur, sont également incapables de souffrir en silence le tort que l'un d'eux voudroit lui faire. Cette partie de la police établie dans cette maison me paroît avoir quelque chose de sublime; et je ne puis assez admirer comment monsieur et madame de Wolmar ont su transformer le vil métier d'accusateur en une fonction de zèle, d'intégrité, de courage, aussi noble, ou du moins aussi louable qu'elle l'étoit chez les Romains.

On a commencé par détruire ou prévenir clairement, simplement, et par des exemples sensibles, cette morale criminelle et servile, cette mutuelle tolérance aux dépens du maître, qu'un méchant valet ne manque point de prêcher aux bons sous l'air d'une maxime de charité. On leur a fait bien comprendre que le précepte de couvrir les fautes de son prochain ne se rapporte qu'à celles qui ne font de tort à personne ; qu'une injustice qu'on voit, qu'on tait, et qui blesse un tiers, on la commet soi-même ; et que comme ce n'est que le sentiment de nos propres défauts qui nous oblige à pardonner ceux d'autrui, nul n'aime à tolérer les fripons s'il n'est un fripon comme eux. Sur ces principes, vrais en général d'homme à homme, et bien plus rigoureux encore dans la relation plus étroite du serviteur au maître, on tient ici pour incontestable que qui voit faire un tort à ses maîtres sans le dénoncer est plus coupable encore que celui qui l'a commis ; car celui-ci se laisse abuser dans son action par le profit qu'il envisage ; mais l'autre, de sang-froid et sans intérêt, n'a pour motif de son silence qu'une profonde indifférence pour la justice, pour le bien de la maison qu'il sert, et un désir secret d'imiter l'exemple qu'il cache ; de sorte que, quand la faute est considérable, celui qui l'a commise peut encore quelquefois espérer son pardon ; mais le témoin qui l'a tue est infailliblement congédié comme un homme enclin au mal.

En revanche on ne souffre aucune accusation qui puisse être suspecte d'injustice et de calomnie ; c'est-à-dire qu'on n'en reçoit aucune en l'absence de l'accusé. Si quelqu'un vient en particulier faire quelque rapport contre son camarade, ou se plaindre personnellement de lui, on lui demande s'il est suffisamment instruit, c'est-à-dire s'il a commencé par s'éclaircir avec celui dont il vient se plaindre. S'il dit que non, on lui demande encore comment il peut juger une action dont il ne connoît pas assez les motifs. Cette action, lui dit-on, tient peut-être à quelque autre qui vous est inconnue ; elle a peut-être quelque circonstance qui sert à la justifier ou à l'excuser, et que vous ignorez. Comment osez-vous condamner cette conduite avant de savoir les raisons de celui qui l'a tenue? Un mot d'explication l'eût peut-être justifiée à vos yeux. Pourquoi risquer de la blâmer injustement, et m'exposer à partager votre injustice? S'il assure s'être éclairci auparavant avec l'accusé, pourquoi donc, lui réplique-t-on, venez-vous sans lui comme si vous aviez peur qu'il ne démentît ce que vous avez à dire? De quel droit négligez-vous pour moi la précaution que vous avez cru devoir prendre pour vous-même? Est-il bien de vouloir que je juge sur votre rapport d'une action dont vous n'avez pas voulu juger sur le témoignage de vos yeux? et ne seriez-vous pas responsable du jugement partial que j'en pourrois porter, si je me contentois de votre seule déposition? Ensuite on lui propose de faire venir celui qu'il accuse : s'il y consent, c'est une affaire bientôt réglée; s'il s'y oppose, on le renvoie après une forte réprimande; mais on lui garde le secret, et l'on observe si bien l'un et l'autre, qu'on ne tarde pas à savoir lequel des deux avoit tort.

Cette règle est si connue et si bien établie, qu'on n'entend jamais un domestique de cette maison parler mal d'un de ses camarades absent; car ils savent tous que c'est le moyen de passer pour lâche ou menteur. Lorsqu'un d'entre eux en accuse un autre, c'est ouvertement, franchement, et non-seulement en sa présence, mais en celle de tous leurs camarades, afin d'avoir dans les témoins de ses discours des garans de sa bonne foi. Quand il est question de querelles personnelles, elles s'accommodent presque toujours par médiateurs, sans importuner monsieur ni madame: mais quand il s'agit de l'intérêt sacré du maître, l'affaire ne sauroit demeurer secrète; il faut que le coupable s'accuse ou qu'il ait un accusateur. Ces petits plaidoyers sont très-rares, et ne se font qu'à table dans les tournées que Julie va faire journellement au dîner et au souper de ses gens, et que M. de Wolmar appelle en riant ses grands jours. Alors, après avoir écouté paisiblement la plainte et la réponse, si l'affaire intéresse son service, elle remercie l'accusateur de son zèle. Je sais, lui dit-elle, que vous aimez votre camarade; vous m'en avez toujours dit du bien, et je vous loue de ce que l'amour du devoir et de la justice l'emporte en vous sur les affections particulières; c'est ainsi qu'en use un serviteur fidèle et un honnête homme. Ensuite, si l'accusé n'a pas tort, elle ajoute toujours quelque éloge à sa justification. Mais s'il est réellement coupable, elle lui épargne devant les autres une partie de la honte. Elle suppose qu'il a quelque chose à dire pour sa défense qu'il ne veut pas déclarer devant tant de monde; elle lui assigne une heure pour l'entendre en particulier, et c'est là qu'elle ou son mari lui parlent comme il convient. Ce qu'il y a de singulier en ceci, c'est que le plus sévère des deux n'est pas le plus redouté, et qu'on craint moins les graves réprimandes de M. de Wolmar que les reproches touchans de Julie. L'un, faisant parler la justice et la vérité, humilie et confond les coupables; l'autre leur donne un regret mortel de l'être, en leur montrant celui qu'elle a d'être forcée à leur ôter sa bienveillance. Souvent elle leur arrache des larmes de douleur et de honte, et il ne lui est pas rare de s'attendrir elle-même en voyant leur repentir, dans l'espoir de n'être pas obligée à tenir parole.

Tel qui jugeroit de tous ces soins sur ce qui se passe chez lui ou chez ses voisins, les estimeroit peut-être inutiles ou pénibles. Mais vous, mylord, qui avez de si grandes idées des devoirs et des plaisirs du père de famille, et qui connoissez l'empire naturel que le génie et la vertu ont sur le cœur humain, vous voyez l'importance de ces détails, et vous sentez à quoi tient leur succès. Richesse ne fait pas riche, dit le roman de *la Rose*. Les biens d'un homme ne sont point dans ses coffres, mais dans l'usage de ce qu'il en tire; car on ne s'approprie les choses qu'on possède que par leur emploi, et les abus sont toujours plus inépuisables que les richesses; ce qui fait qu'on ne jouit pas à proportion de sa dépense, mais à proportion qu'on la sait mieux ordonner. Un fou peut jeter des lingots dans la mer et dire qu'il en a joui : mais quelle comparaison entre cette extravagante jouissance et celle qu'un homme sage eût su tirer d'une moindre somme? L'ordre et la règle qui multiplient et perpétuent l'usage des biens peuvent seuls transformer le plaisir en bonheur. Que si c'est du rapport des choses à nous que naît la véritable propriété; si c'est plutôt l'emploi des richesses que leur acquisition qui nous les donne, quels soins importent plus au père de famille que l'économie domestique et le bon régime de sa maison, où les rapports les plus parfaits vont le plus directement à lui, et où le bien de chaque membre ajoute alors à celui du chef?

Les plus riches sont-ils les plus heureux? Que sert donc l'opulence à la félicité? Mais toute maison bien ordonnée est l'image de l'âme du maître. Les lambris dorés, le luxe et la magnificence n'annoncent que la vanité de celui qui les étale; au lieu que partout où vous verrez régner la règle sans tristesse, la paix sans esclavage, l'abondance sans profusion, dites avec confiance: C'est un être heureux qui commande ici.

Pour moi, je pense que le signe le plus assuré du vrai contentement d'esprit est la vie retirée et domestique, et que ceux qui vont sans cesse chercher leur bonheur chez autrui ne l'ont point chez eux-mêmes. Un père de famille qui se plaît dans sa maison a pour prix des soins continuels qu'il s'y donne la continuelle jouissance des plus doux sentimens de la nature. Seul entre tous les mortels, il est maître de sa propre félicité, parce qu'il est heureux comme Dieu même, sans rien désirer de plus que ce dont il jouit. Comme cet Être immense, il ne songe pas à amplifier ses possessions, mais à les rendre véritablement siennes par les relations les plus parfaites et la direction la mieux entendue: s'il ne s'enrichit pas par de nouvelles acquisitions, il s'enrichit en possédant mieux ce qu'il a. Il ne jouissoit que du revenu de ses terres; il jouit encore de ses terres mêmes en présidant à leur culture et les parcourant sans cesse. Son domestique lui étoit étranger; il en fait son bien, son enfant, il se l'approprie. Il n'avoit droit que sur les actions; il s'en donne encore sur les volontés. Il n'étoit maître qu'à prix d'argent, il le devient par l'empire sacré de l'estime et des bienfaits. Que la fortune le dépouille de ses richesses, elle ne sauroit lui ôter les cœurs qu'il s'est attachés; elle n'ôtera point des enfans à leur père: toute la différence est qu'il les nourrissoit hier, et qu'il sera demain nourri par eux. C'est ainsi qu'on apprend à jouir véritablement de ses biens, de sa famille et de soi-même; c'est ainsi que les détails d'une maison deviennent délicieux pour l'honnête homme qui sait en connoître le prix; c'est ainsi que, loin de regarder ses devoirs comme une charge, il en fait son bonheur, et qu'il tire de ses touchantes et nobles fonctions la gloire et le plaisir d'être homme.

Que si ces précieux avantages sont méprisés ou peu connus, et si le petit nombre même qui les recherche les obtient si rarement, tout cela vient de la même cause. Il est des devoirs simples et sublimes qu'il n'appartient qu'à peu de gens d'aimer et de remplir: tels sont ceux du père de famille, pour lesquels l'air et le bruit du monde n'inspirent que du dégoût, et dont on s'acquitte mal encore quand on n'y est porté que par des raisons d'avarice et d'intérêt. Tel croit être un bon père de famille, et n'est qu'un vigilant économe; le bien peut prospérer, et la maison aller fort mal. Il faut des vues plus élevées pour éclairer, diriger cette importante administration et lui donner un heureux succès. Le premier soin par lequel doit commencer l'ordre d'une maison, c'est de n'y souffrir que d'honnêtes gens qui n'y portent pas le désir secret de troubler cet ordre. Mais la servitude et l'honnêteté sont-elles si compatibles qu'on doive espérer de trouver des domestiques honnêtes gens? Non, mylord, pour les avoir il ne faut pas les chercher, il faut les faire, et il n'y a qu'un homme de bien qui sache l'art d'en former d'autres. Un hypocrite a beau vouloir prendre le ton de la vertu, il n'en peut inspirer le goût à personne, et, s'il savoit la rendre aimable, il l'aimeroit lui-même. Que servent de froides leçons démenties par un exemple continuel, si ce n'est à faire penser que celui qui les donne se joue de la crédulité d'autrui? Que ceux qui nous exhortent à faire ce qu'ils disent, et non ce qu'ils font, disent une grande absurdité! Qui ne fait pas ce qu'il dit, ne le dit jamais bien; car le langage du cœur, qui touche et persuade, y manque. J'ai quelquefois entendu de ces conversations grossièrement apprêtées qu'on tient devant les domestiques comme devant des enfans pour leur faire des leçons indirectes. Loin de juger qu'ils en fussent un instant les dupes, je les ai toujours vus sourire en secret de l'ineptie du maître qui les prenoit pour des sots en débitant lourdement devant eux des maximes qu'ils savoient bien n'être pas les siennes.

Toutes ces vaines subtilités sont ignorées dans cette maison, et le grand art des maîtres pour rendre leurs domestiques tels qu'ils les veulent, est de se montrer à eux tels qu'ils sont. Leur conduite est toujours franche et ouverte, parce qu'ils n'ont pas peur que leurs actions démentent leurs discours. Comme ils n'ont point pour eux-mêmes une morale différente de celle qu'ils veulent donner aux autres, ils n'ont pas besoin de circonspection dans leurs propos; un mot étourdiment échappé ne renverse point les principes qu'ils se sont efforcés d'établir. Ils ne disent point indiscrètement toutes leurs affaires, mais ils disent librement toutes leurs maximes. A table, à la promenade, tête à tête, ou devant tout le monde, on tient toujours le même langage; on dit naïvement ce qu'on pense sur chaque chose; et, sans qu'on songe à personne, chacun y trouve toujours quelque instruction. Comme les domestiques ne voient jamais rien faire à leur maître qui ne soit droit, juste, équitable, ils ne regardent point la justice comme le tribut du pauvre, comme le joug du malheureux, comme une des misères de leur état. L'attention qu'on a de ne pas faire courir en vain les ouvriers, et perdre des journées pour venir solliciter le payement de leurs journées, les accoutume à sentir le prix du temps. En voyant le soin des maîtres à ménager celui d'autrui, chacun en conclut que le sien leur est précieux, et se fait un plus grand crime de l'oisiveté. La confiance qu'on a dans leur intégrité donne à leurs institutions une force qui les fait valoir et prévient les abus. On n'a pas peur que, dans la gratification de chaque semaine, la maîtresse trouve toujours que c'est le plus jeune ou le mieux fait qui a été le plus diligent. Un ancien domestique ne craint pas qu'on lui cherche quelque chicane pour épargner l'augmentation de gage qu'on lui donne. On n'espère pas profiter de leur discorde pour se faire valoir et obtenir de l'un ce qu'aura refusé l'autre. Ceux qui sont à marier ne craignent pas qu'on nuise à leur établissement pour les garder plus long-temps, et qu'ainsi leur bon service leur fasse tort. Si quelque valet étranger venoit dire aux gens de cette maison qu'un maître et ses domestiques sont entre eux dans un véritable état de guerre; que ceux-ci, faisant au premier tout du pis qu'ils peuvent, usent en cela d'une juste représaille; que les maîtres étant usurpateurs, menteurs et fripons, il n'y a pas de mal à les traiter comme ils traitent le prince, ou le peuple, ou les particuliers, et à leur rendre adroitement le mal qu'ils font à force ouverte; celui qui parleroit ainsi ne seroit entendu de personne : on ne s'avise pas même ici de combattre ou prévenir de pareils discours, il n'appartient qu'à ceux qui les font naître d'être obligés de les réfuter.

Il n'y a jamais ni mauvaise humeur ni mutinerie dans l'obéissance, parce qu'il n'y a ni hauteur ni caprice dans le commandement, qu'on n'exige rien qui ne soit raisonnable et utile, et qu'on respecte assez la dignité de l'homme, quoique dans la servitude, pour ne l'occuper qu'à des choses qui ne l'avilissent point. Au surplus, rien n'est bas ici que le vice, et tout ce qui est utile et juste est honnête et bienséant.

Si l'on ne souffre aucune intrigue au dehors, personne n'est tenté d'en avoir. Ils savent bien que leur fortune la plus assurée est attachée à celle du maître, et qu'ils ne manqueront jamais de rien tant qu'on verra prospérer la maison. En la servant ils soignent donc leur patrimoine, et l'augmentent en rendant leur service agréable; c'est là leur plus grand intérêt. Mais ce mot n'est guère à sa place dans cette occasion; car je n'ai jamais vu de police où l'intérêt fût si sagement dirigé et où pourtant il influât moins que dans celle-ci. Tout se fait par attachement : l'on diroit que ces âmes vénales se purifient en entrant dans ce séjour de sagesse et d'union. L'on diroit qu'une partie des lumières du maître et des sentimens de la maîtresse ont passé dans chacun de leurs gens, tant on les trouve judicieux, bienfaisans, honnêtes, et supérieurs à leur état. Se faire estimer, considérer, bien vouloir, est leur plus grande ambition; et ils comptent les mots obligeans qu'on leur dit, comme ailleurs les étrennes qu'on leur donne.

Voilà, mylord, mes principales observations sur la partie de l'économie de cette maison qui regarde les domestiques et mercenaires. Quant à la manière de vivre des maîtres et au gouvernement des enfans, chacun de ces articles mérite bien une lettre à part. Vous savez à quelle intention j'ai commencé ces remarques; mais en vérité tout cela forme un tableau si ravissant, qu'il ne faut pour aimer à le contempler d'autre intérêt que le plaisir qu'on y trouve.

LETTRE XI.

DE SAINT-PREUX A MYLORD ÉDOUARD.

Non, mylord, je ne m'en dédis point, on ne voit rien dans cette maison qui n'associe l'agréable à l'utile; mais les occupations utiles ne se bornent pas aux soins qui donnent du profit, elles comprennent encore tout amusement innocent et simple qui nourrit le goût de la retraite, du travail, de la modération, et conserve à celui qui s'y livre une âme saine, un cœur libre du trouble des passions. Si l'indolente oisiveté n'engendre que la tristesse et l'ennui, le charme des doux loisirs est le fruit d'une vie laborieuse. On ne travaille que pour jouir; cette alternative de peine et de jouissance est notre véritable vocation. Le repos qui sert de délassement aux travaux passés et d'encouragement à d'autres, n'est pas moins nécessaire à l'homme que le travail même.

Après avoir admiré l'effet de la vigilance et des soins de la plus respectable mère de famille dans l'ordre de sa maison, j'ai vu celui de ses récréations dans un lieu retiré dont elle fait sa promenade favorite et qu'elle appelle son Élysée.

Il y avoit plusieurs jours que j'entendois parler de cet Élysée dont on me faisoit une espèce de mystère. Enfin, hier après dîner, l'extrême chaleur rendant le dehors et le dedans de la maison presque également insupportables, M. de Wolmar proposa à sa femme de se donner congé cet après-midi, et, au lieu de se retirer comme à l'ordinaire dans la chambre de ses enfans jusque vers le soir, de venir avec nous respirer dans le verger; elle y consentit, et nous nous y rendîmes ensemble.

Ce lieu, quoique tout proche de la maison, est tellement caché par l'allée couverte qui l'en sépare, qu'on ne l'aperçoit de nulle part. L'épais feuillage qui l'environne ne permet point à l'œil d'y pénétrer, et il est toujours soigneusement fermé à clef. A peine fus-je au dedans, que, la porte étant masquée par des aunes et des coudriers qui ne laissent que deux étroits passages sur les côtés, je ne vis plus en me retournant par où j'étois entré; et, n'apercevant point de porte, je me trouvai là comme tombé des nues.

En entrant dans ce prétendu verger je fus frappé d'une agréable sensation de fraîcheur que d'obscurs ombrages, une verdure animée et vive, des fleurs éparses de tous côtés, un gazouillement d'eau courante, et le chant de mille oiseaux, portèrent à mon imagination du moins autant qu'à mes sens; mais en même temps je crus voir le lieu le plus sauvage, le plus solitaire de la nature, et il me sembloit être le premier mortel qui jamais eût pénétré dans ce désert. Surpris, saisi, transporté d'un spectacle si peu prévu, je restai un moment immobile, et m'écriai dans un enthousiasme involontaire: O Tinian! O Juan Fernandez [1]! Julie, le bout du monde est à votre porte! Beaucoup de gens le trouvent ici comme vous, dit-elle avec un sourire; mais vingt pas de plus les ramènent bien vite à Clarens; voyons si le charme tiendra plus long-temps chez vous. C'est ici le même verger où vous vous êtes promené autrefois, et où vous vous battiez avec ma cousine à coups de pêches. Vous savez que l'herbe y étoit assez aride, les arbres assez clair-semés, donnant assez peu d'ombre, et qu'il n'y avoit point d'eau. Le voilà maintenant frais, vert, habillé, paré, fleuri, arrosé. Que pensez-vous qu'il m'en a coûté pour le mettre dans l'état où il est? car il est bon de vous dire que j'en suis la surintendante, et que mon mari m'en laisse l'entière disposition. Ma foi, lui dis-je, il ne vous en a coûté que de la négligence. Ce lieu est charmant, il est vrai, mais agreste et abandonné; je n'y vois point de travail humain. Vous avez fermé la porte; l'eau est venue je ne sais comment; la nature seule a fait tout le reste; et vous-même n'eussiez jamais su faire aussi bien qu'elle. Il est vrai, dit-elle, que la nature a tout fait, mais sous ma direction, et il n'y a rien là que je n'aie ordonné. Encore un coup, devinez. Premièrement, reprisje, je ne comprends point comment avec de la peine et de l'argent on a pu suppléer au temps. Les arbres..... Quant à cela, dit M. de Wolmar, vous remarquerez qu'il n'y en a pas beaucoup de fort grands, et ceux-là y étoient déjà. De plus, Julie a commencé ceci longtemps avant son mariage et presque d'abord après la mort de sa mère, qu'elle vint avec son

[1] Iles désertes de la mer du Sud, célèbres dans le Voyage de l'amiral Anson.

père chercher ici la solitude. Hé bien ! dis-je, puisque vous voulez que tous ces massifs, ces grands berceaux, ces touffes pendantes, ces bosquets si bien ombragés, soient venus en sept ou huit ans, et que l'art s'en soit mêlé, j'estime que, si dans une enceinte aussi vaste vous avez fait tout cela pour deux mille écus, vous avez bien économisé. Vous ne surfaites que de deux mille écus, dit-elle ; il ne m'en a rien coûté. Comment, rien ? Non, rien ; à moins que vous ne comptiez une douzaine de journées par an de mon jardinier, autant de deux ou trois de mes gens, et quelques-unes de M. de Wolmar lui-même, qui n'a pas dédaigné d'être quelquefois mon garçon jardinier. Je ne comprenois rien à cette énigme : mais Julie, qui jusque-là m'avoit retenu, me dit en me laissant aller : Avancez, et vous comprendrez. Adieu Tinian, adieu Juan Fernandez, adieu tout l'enchantement ! Dans un moment vous allez être de retour du bout du monde.

Je me mis à parcourir avec extase ce verger ainsi métamorphosé ; et si je né trouvai point de plantes exotiques et de productions des Indes, je trouvai celles du pays disposées et réunies de manière à produire un effet plus riant et plus agréable. Le gazon verdoyant, épais, mais court et serré, étoit mêlé de serpolet, de baume, de thym, de marjolaine, et d'autres herbes odorantes. On y voyoit briller mille fleurs des champs, parmi lesquelles l'œil en démêloit avec surprise quelques-unes de jardin, qui sembloient croître naturellement avec les autres. Je rencontrois de temps en temps des touffes obscures, impénétrables aux rayons du soleil, comme dans la plus épaisse forêt ; ces touffes étoient formées des arbres du bois le plus flexible, dont on avoit fait recourber les branches, pendre en terre, et prendre racine, par un art semblable à ce que font naturellement les mangles en Amérique. Dans les lieux plus découverts je voyois çà et là, sans ordre et sans symétrie, des broussailles de roses, de framboisiers, de groseilliers, des fourrés de lilas, de noisetier, de sureau, de seringat, de genêt, de trifolium, qui paroient la terre en lui donnant l'air d'être en friche. Je suivois des allées tortueuses et irrégulières bordées de ces bocages fleuris, et couvertes de mille guirlandes de vigne de Judée, de vigne-vierge, de houblon, de liseron, de couleuvrée, de clématite, et d'autres plantes de cette espèce, parmi lesquelles le chèvre-feuille et le jasmin daignoient se confondre. Ces guirlandes sembloient jetées négligemment d'un arbre à l'autre, comme j'en avois remarqué quelquefois dans les forêts, et formoient sur nous des espèces de draperies qui nous garantissoient du soleil, tandis que nous avions sous nos pieds un marcher doux, commode et sec, sur une mousse fine, sans sable, sans herbe, et sans rejetons raboteux. Alors seulement je découvris, non sans surprise, que ces ombrages verts et touffus, qui m'en avoient tant imposé de loin, n'étoient formés que de ces plantes rampantes et parasites, qui, guidées le long des arbres, environnoient leurs têtes du plus épais feuillage, et leurs pieds d'ombre et de fraîcheur. J'observai même qu'au moyen d'une industrie assez simple on avoit fait prendre racine sur les troncs des arbres à plusieurs de ces plantes, de sorte qu'elles s'étendoient davantage en faisant moins de chemin. Vous concevez bien que les fruits ne s'en trouvent pas mieux de toutes ces additions ; mais dans ce lieu seul on a sacrifié l'utile à l'agréable, et dans le reste des terres on a pris un tel soin des plants et des arbres, qu'avec ce verger de moins la récolte en fruits ne laisse pas d'être plus forte qu'auparavant. Si vous songez combien au fond d'un bois on est charmé quelquefois de voir un fruit sauvage et même de s'en rafraîchir, vous comprendrez le plaisir qu'on a de trouver dans ce désert artificiel des fruits excellens et mûrs, quoique clair-semés et de mauvaise mine ; ce qui donne encore le plaisir de la recherche et du choix.

Toutes ces petites routes étoient bordées et traversées d'une eau limpide et claire, tantôt circulant parmi l'herbe et les fleurs en filets presque imperceptibles, tantôt en plus grands ruisseaux courant sur un gravier pur et marqueté qui rendoit l'eau plus brillante. On voyoit des sources bouillonner et sortir de la terre, et quelquefois des canaux plus profonds dans lesquels l'eau calme et paisible réfléchissoit à l'œil les objets. Je comprends à présent tout le reste, dis-je à Julie : mais ces eaux que je vois de toutes parts... Elles viennent de là, reprit-elle, en me montrant le côté où étoit la terrasse de son jardin. C'est ce même ruisseau qui fournit à grands frais dans le parterre un jet d'eau dont personne ne se soucie. M. de Wolmar ne veut pas le détruire, par respect pour mon père qui l'a fait faire; mais avec quel plaisir nous venons tous les jours voir courir dans ce verger cette eau dont nous n'approchons guère au jardin ! le jet d'eau joue pour les étrangers, le ruisseau coule ici pour nous. Il est vrai que j'y ai réuni l'eau de la fontaine publique, qui se rendoit dans le lac par le grand chemin, qu'elle dégradoit au préjudice des passans et à pure perte pour tout le monde. Elle faisoit un coude au pied du verger entre deux rangs de saules; je les ai renfermés dans mon enceinte, et j'y conduis la même eau par d'autres routes.

Je vis alors qu'il n'avoit été question que de faire serpenter ces eaux avec économie en les divisant et réunissant à propos, en épargnant la pente le plus qu'il étoit possible, pour prolonger le circuit et se ménager le murmure de quelques petites chutes. Une couche de glaise couverte d'un pouce de gravier du lac et parsemée de coquillages formoit le lit des ruisseaux. Ces mêmes ruisseaux, courant par intervalles sous quelques larges tuiles recouvertes de terre et de gazon au niveau du sol, formoient à leur issue autant de sources artificielles. Quelques filets s'en élevoient par des siphons sur des lieux raboteux, et bouillonnoient en retombant. Enfin la terre ainsi rafraîchie et humectée donnoit sans cesse de nouvelles fleurs et entretenoit l'herbe toujours verdoyante et belle.

Plus je parcourois cet agréable asile, plus je sentois augmenter la sensation délicieuse que j'avois éprouvée en y entrant : cependant la curiosité me tenoit en haleine. J'étois plus empressé de voir les objets que d'examiner leurs impressions, et j'aimois à me livrer à cette charmante contemplation sans prendre la peine de penser. Mais madame de Wolmar, me tirant de ma rêverie, me dit en me prenant sous le bras : Tout ce que vous voyez n'est que la nature végétale et inanimée; et, quoi qu'on puisse faire, elle laisse toujours une idée de solitude qui attriste. Venez la voir animée et sensible; c'est là qu'à chaque instant du jour vous lui trouverez un attrait nouveau. Vous me prévenez, lui dis-je; j'entends un ramage bruyant et confus, et j'aperçois assez peu d'oiseaux : je comprends que vous avez une volière. Il est vrai, dit-elle; approchons-en. Je n'osai dire encore ce que je pensois de la volière; mais cette idée avoit quelque chose qui me déplaisoit, et ne me sembloit point assortie au reste.

Nous descendîmes par mille détours au bas du verger, où je trouvai toute l'eau réunie en un joli ruisseau, coulant doucement entre deux rangs de vieux saules qu'on avoit souvent ébranchés. Leurs têtes creuses et demi-chauves formoient des espèces de vases d'où sortoient, par l'adresse dont j'ai parlé, des touffes de chèvre-feuille, dont une partie s'entrelaçoit autour des branches, et l'autre tomboit avec grâce le long du ruisseau. Presque à l'extrémité de l'enceinte étoit un petit bassin bordé d'herbes, de joncs, de roseaux, servant d'abreuvoir à la volière, et dernière station de cette eau si précieuse et si bien ménagée.

Au-delà de ce bassin étoit un terre-plain terminé dans l'angle de l'enclos par un monticule garni d'une multitude d'arbrisseaux de toute espèce; les plus petits vers le haut, et toujours croissant en grandeur à mesure que le sol s'abaissoit; ce qui rendoit le plan des têtes presque horizontal, ou montroit au moins qu'un jour il le devoit être. Sur le devant étoient une douzaine d'arbres jeunes encore, mais faits pour devenir fort grands, tels que le hêtre, l'orme, le frêne, l'acacia. C'étoient les bocages de ce coteau qui servoient d'asile à cette multitude d'oiseaux dont j'avois entendu de loin le ramage; et c'étoit à l'ombre de ce feuillage comme sous un grand parasol qu'on les voyoit voltiger, courir, chanter, s'agacer, se battre comme s'ils ne nous avoient pas aperçus. Ils s'enfuirent si peu à notre approche, que, selon l'idée dont j'étois prévenu, je les crus d'abord enfermés par un grillage; mais comme nous fûmes arrivés au bord du bassin, j'en vis plusieurs descendre et s'approcher de nous sur une espèce de courte allée qui séparoit en deux le terre-plain et communiquoit du bassin à la volière. Alors M. de Wolmar, faisant le tour du bassin, sema sur l'allée deux ou trois poignées de grains mélangés qu'il avoit dans sa poche; et quand il se fut retiré, les oiseaux accoururent et se mirent à manger comme des poules, d'un air si familier que je vis bien qu'ils étoient faits à ce manége. Cela est charmant! m'écriai-je. Ce mot de volière m'avoit surpris de votre part, mais je l'entends maintenant : je vois que vous voulez des hôtes et non pas des prisonniers. Qu'appelez-vous des hôtes? répondit Julie : c'est nous qui sommes les leurs (¹); ils sont ici les maîtres, et nous leur payons tribut pour en être soufferts quelquefois. Fort bien, repris-je; mais comment ces maîtres-là se sont-ils emparés de ce lieu? le moyen d'y rassembler tant d'habitans volontaires? je n'ai pas ouï dire qu'on ait jamais rien tenté de pareil; et je n'aurois point cru qu'on y pût réussir, si je n'en avois la preuve sous mes yeux.

La patience et le temps, dit M. de Wolmar, ont fait ce miracle. Ce sont des expédiens dont les gens riches ne s'avisent guère dans leurs plaisirs. Toujours pressés de jouir, la force et l'argent sont les seuls moyens qu'ils connoissent : ils ont des oiseaux dans des cages, et des amis à tant par mois. Si jamais des valets approchoient de ce lieu, vous en verriez bientôt les oiseaux disparoître; et s'ils y sont à présent en grand nombre, c'est qu'il y en a toujours eu. On ne les fait pas venir quand il n'y en a point, mais il est aisé quand il y en a d'en attirer davantage en prévenant tous leurs besoins, en ne les effrayant jamais, en leur laissant faire leur couvée en sûreté et ne dénichant point les petits; car alors ceux qui s'y trouvent restent, et ceux qui surviennent restent encore. Ce bocage existoit, quoiqu'il fût séparé du verger; Julie n'a fait que l'y renfermer par une haie vive, ôter celle qui l'en séparoit, l'agrandir et l'orner de nouveaux plants. Vous voyez, à droite et à gauche de l'allée qui y conduit, deux espaces remplis d'un mélange confus d'herbes, de pailles et de toutes sortes de plantes. Elle y fait semer chaque année du blé, du mil, du tournesol, du chenevis, des pesettes (²), généralement de tous les grains que les oiseaux aiment, et l'on n'en moissonne

rien. Outre cela, presque tous les jours, été et hiver, elle ou moi leur apportons à manger; et quand nous y manquons, la Fanchon y supplée d'ordinaire. Ils ont l'eau à quatre pas, comme vous voyez. Madame de Wolmar pousse l'attention jusqu'à les pourvoir tous les printemps de petits tas de crin, de paille, de laine, de mousse, et d'autres matières propres à faire des nids. Avec le voisinage des matériaux, l'abondance des vivres et le grand soin qu'on prend d'écarter tous les ennemis (¹), l'éternelle tranquillité dont ils jouissent les porte à pondre en un lieu commode où rien ne leur manque, où personne ne les trouble. Voilà comment la patrie des pères est encore celle des enfans, et comment la peuplade se soutient et se multiplie.

Ah! dit Julie, vous ne voyez plus rien! chacun ne songe plus qu'à soi : mais des époux inséparables, le zèle des soins domestiques, la tendresse paternelle et maternelle, vous avez perdu tout cela. Il y a deux mois qu'il falloit être ici pour livrer ses yeux au plus charmant spectacle, et son cœur au plus doux sentiment de la nature. Madame, repris-je assez tristement, vous êtes épouse et mère; ce sont des plaisirs qu'il vous appartient de connoître. Aussitôt M. de Wolmar me prenant par la main, me dit en la serrant : Vous avez des amis, et ces amis ont des enfans; comment l'affection paternelle vous seroit-elle étrangère? Je le regardai, je regardai Julie; tous deux se regardèrent, et me rendirent un regard si touchant que, les embrassant l'un après l'autre, je leur dis avec attendrissement : Ils me sont aussi chers qu'à vous. Je ne sais par quel bizarre effet un mot peut ainsi changer une âme; mais, depuis ce moment, M. de Wolmar me paroît un autre homme, et je vois moins en lui le mari de celle que j'ai tant aimée que le père de deux enfans pour lesquels je donnerois ma vie.

Je voulus faire le tour du bassin pour aller voir de plus près ce charmant asile et ses petits habitans; mais madame de Wolmar me retint. Personne, me dit-elle, ne va les troubler dans leur domicile, et vous êtes même le premier de nos hôtes que j'aie amené jusqu'ici. Il y a quatre clefs de ce verger, dont mon père et nous

---

(¹) Cette réponse n'est pas exacte, puisque le mot d'hôte est corrélatif de lui-même. Sans vouloir relever toutes les fautes de langue, je dois avertir de celles qui peuvent induire en erreur.

(²) De la vesce.

(¹) Les loirs, les souris, les chouettes, et surtout les enfans

avons chacun une; Fanchon a la quatrième, comme inspectrice, et pour y mener quelquefois mes enfans; faveur dont on augmente le prix par l'extrême circonspection qu'on exige d'eux tandis qu'ils y sont. Gustin lui-même n'y entre jamais qu'avec un des quatre; encore, passé deux mois de printemps où ses travaux sont utiles, n'y entre-t-il presque plus, et tout le reste se fait entre nous. Ainsi, lui dis-je, de peur que vos oiseaux ne soient vos esclaves vous vous êtes rendus les leurs. Voilà bien, reprit-elle, le propos d'un tyran, qui ne croit jouir de sa liberté qu'autant qu'il trouble celle des autres.

Comme nous partions pour nous en retourner, M. de Wolmar jeta une poignée d'orge dans le bassin, et en y regardant j'aperçus quelques petits poissons. Ah! ah! dis-je aussitôt, voici pourtant des prisonniers! Oui, dit-il, ce sont des prisonniers de guerre auxquels on a fait grâce de la vie. Sans doute, ajouta sa femme. Il y a quelque temps que Fanchon vola dans la cuisine des perchettes qu'elle apporta ici à mon insu. Je les y laisse, de peur de la mortifier si je les renvoyois au lac; car il vaut encore mieux loger du poisson un peu à l'étroit que de fâcher une honnête personne. Vous avez raison, répondis-je, et celui-ci n'est pas trop à plaindre d'être échappé de la poêle à ce prix.

Hé bien! que vous en semble? me dit-elle en nous en retournant. Êtes-vous encore au bout du monde? Non, dis-je, m'en voici tout-à-fait dehors, et vous m'avez en effet transporté dans l'Élysée. Le nom pompeux qu'elle a donné à ce verger, dit M. de Wolmar, mérite bien cette raillerie. Louez modestement des jeux d'enfans, et songez qu'ils n'ont jamais rien pris sur les soins de la mère de famille. Je le sais, repris-je, j'en suis très-sûr; et les jeux d'enfans me plaisent plus en ce genre que les travaux des hommes.

Il y a pourtant ici, continuai-je, une chose que je ne puis comprendre; c'est qu'un lieu si différent de ce qu'il étoit ne peut être devenu ce qu'il est qu'avec de la culture et du soin : cependant je ne vois nulle part la moindre trace de culture; tout est verdoyant, frais, vigoureux, et la main du jardinier ne se montre point; rien ne dément l'idée d'une île déserte qui m'est venue en entrant, et je n'aperçois aucun pas d'hommes. Ah! dit M. de Wolmar, c'est qu'on a pris grand soin de les effacer. J'ai été souvent témoin, quelquefois complice, de la friponnerie. On fait semer du foin sur tous les endroits labourés, et l'herbe cache bientôt les vestiges du travail; on fait couvrir l'hiver de quelques couches d'engrais les lieux maigres et arides; l'engrais mange la mousse, ranime l'herbe et les plantes; les arbres eux-mêmes ne s'en trouvent pas plus mal, et l'été il n'y paroît plus. A l'égard de la mousse qui couvre quelques allées, c'est mylord Édouard qui nous a envoyé d'Angleterre le secret pour la faire naître. Ces deux côtés, continua-t-il, étoient fermés par des murs; les murs ont été masqués, non par des espaliers, mais par d'épais arbrisseaux qui font prendre les bornes du lieu pour le commencement d'un bois. Des deux autres côtés règnent de fortes haies vives, bien garnies d'érable, d'aubépine, de houx, de troène, et d'autres arbrisseaux mélangés qui leur ôtent l'apparence de haies et leur donnent celle d'un taillis. Vous ne voyez rien d'aligné, rien de nivelé; jamais le cordeau n'entra dans ce lieu; la nature ne plante rien au cordeau; les sinuosités dans leur feinte irrégularité sont ménagées avec art pour prolonger la promenade, cacher les bords de l'île, et en agrandir l'étendue apparente sans faire des détours incommodes et trop fréquens [1].

En considérant tout cela, je trouvois assez bizarre qu'on prît tant de peine pour se cacher celle qu'on avoit prise; n'auroit-il pas mieux valu n'en point prendre? Malgré tout ce qu'on vous a dit, me répondit Julie, vous jugez du travail par l'effet et vous vous trompez. Tout ce que vous voyez sont des plantes sauvages ou robustes qu'il suffit de mettre en terre, et qui viennent ensuite d'elles-mêmes. D'ailleurs la nature semble vouloir dérober aux yeux des hommes ses vrais attraits, auxquels ils sont trop peu sensibles, et qu'ils défigurent quand ils sont à leur portée : elle fuit les lieux fréquentés; c'est au sommet des montagnes, au fond des forêts, dans des îles désertes, qu'elle étale ses charmes les plus touchans.

[1] Ainsi ce ne sont pas de ces petits bosquets à la mode, si ridiculement contournés qu'on n'y marche qu'en zigzag, et qu'à chaque pas il faut faire une pirouette.

Ceux qui l'aiment et ne peuvent l'aller chercher si loin sont réduits à lui faire violence, à la forcer en quelque sorte à venir habiter avec eux; et tout cela ne peut se faire sans un peu d'illusion.

A ces mots, il me vint une imagination qui les fit rire. Je me figure, leur dis-je, un homme riche de Paris ou de Londres, maître de cette maison, et amenant avec lui un architecte chèrement payé pour gâter la nature. Avec quel dédain il entreroit dans ce lieu simple et mesquin! avec quel mépris il feroit arracher toutes ces guenilles! les beaux alignemens qu'il prendroit! les belles allées qu'il feroit percer! les belles pates-d'oie, les beaux arbres en parasol, en éventail! les beaux treillages bien sculptés! les belles charmilles bien dessinées, bien équarries, bien contournées! les beaux boulingrins de fin gazon d'Angleterre, ronds, carrés, échancrés, ovales! les beaux ifs taillés en dragons, en pagodes, en marmouzets, en toutes sortes de monstres! les beaux vases de bronze, les beaux fruits de pierre dont il ornera son jardin (¹)!... Quand tout cela sera exécuté, dit M. de Wolmar, il aura fait un très-beau lieu, dans lequel on n'ira guère, et dont on sortira toujours avec empressement pour aller chercher la campagne; un lieu triste, où l'on ne se promènera point, mais par où l'on passera pour s'aller promener; au lieu que dans mes courses champêtres je me hâte souvent de rentrer pour venir me promener ici.

Je ne vois dans ces terrains si vastes et si richement ornés que la vanité du propriétaire et de l'artiste, qui, toujours empressés d'étaler, l'un sa richesse et l'autre son talent, préparent à grands frais de l'ennui à quiconque voudra jouir de leur ouvrage. Un faux goût de grandeur qui n'est point fait pour l'homme empoisonne ses plaisirs. L'air grand est toujours triste; il fait songer aux misères de celui qui l'affecte. Au milieu de ses parterres et de ses grandes allées, son petit individu ne s'agrandit point; un arbre de vingt pieds le couvre comme un de soixante (¹); il n'occupe jamais que ses trois pieds d'espace, et se perd comme un ciron dans ses immenses possessions.

Il y a un autre goût directement opposé à celui-là, et plus ridicule encore, en ce qu'il ne laisse pas même jouir de la promenade pour laquelle les jardins sont faits. J'entends, lui dis-je; c'est celui de ces petits curieux, de ces petits fleuristes qui se pâment à l'aspect d'une renoncule, et se prosternent devant des tulipes. Là-dessus, je leur racontai, mylord, ce qui m'étoit arrivé autrefois à Londres dans ce jardin de fleurs où nous fûmes introduits avec tant d'appareil, et où nous vîmes briller si pompeusement tous les trésors de la Hollande sur quatre couches de fumier. Je n'oubliai pas la cérémonie du parasol et de la petite baguette dont on m'honora, moi indigne, ainsi que les autres spectateurs. Je leur confessai humblement comment, ayant voulu m'évertuer à mon tour et hasarder de m'extasier à la vue d'une tulipe dont la couleur me parut vive et la forme élégante, je fus moqué, hué, sifflé de tous les savans, et comment le professeur du jardin, passant du mépris de la fleur à celui du panégyriste, ne daigna plus me regarder de toute la séance. Je pense, ajoutai-je, qu'il eut bien du regret à sa baguette et à son parasol profanés.

Ce goût, dit M. de Wolmar, quand il dégénère en manie, a quelque chose de petit et de vain qui le rend puéril et ridiculement coûteux. L'autre, au moins, a de la noblesse, de la grandeur, et quelque sorte de vérité; mais qu'est-ce que la valeur d'une pate ou d'un ognon qu'un insecte ronge ou détruit peut-être au moment qu'on le marchande, ou d'une fleur précieuse à midi et flétrie avant que le soleil soit couché? qu'est-ce qu'une beauté conventionnelle qui n'est sensible qu'aux yeux des curieux, et qui n'est beauté que parce qu'il leur

---

(¹) Je suis persuadé que le temps approche où l'on ne voudra plus dans les jardins rien de ce qui se trouve dans la campagne; on n'y souffrira plus ni plantes ni arbrisseaux; on n'y voudra que des fleurs de porcelaine, des magots, des treillages, du sable de toutes couleurs, et de beaux vases pleins de rien.

(¹) Il devoit bien s'étendre un peu sur le mauvais goût d'élaguer ridiculement les arbres, pour les élancer dans les nues, en leur ôtant leurs belles têtes, leurs ombrages, en épuisant leur sève, et les empêchant de profiter. Cette méthode, il est vrai, donne du bois aux jardiniers; mais elle en ôte au pays, qui n'en a pas déjà trop. On croiroit que la nature est faite en France autrement que dans tout le reste du monde, tant on y prend soin de la défigurer. Les parcs n'y sont plantés que de longues perches: ce sont des forêts de mâts ou de mais, et l'on s'y promène au milieu des bois sans trouver d'ombre.

plaît qu'elle le soit? Le temps peut venir qu'on cherchera dans les fleurs tout le contraire de ce qu'on y cherche aujourd'hui, et avec autant de raison; alors vous serez le docte à votre tour, et votre curieux l'ignorant. Toutes ces petites observations qui dégénèrent en étude ne conviennent point à l'homme raisonnable qui veut donner à son corps un exercice modéré, ou délasser son esprit à la promenade en s'entretenant avec ses amis. Les fleurs sont faites pour amuser nos regards en passant, et non pour être si curieusement anatomisées (¹). Voyez leur reine briller de toutes parts dans ce verger : elle parfume l'air, elle enchante les yeux, et ne coûte presque ni soins ni culture. C'est pour cela que les fleuristes la dédaignent : la nature l'a faite si belle qu'ils ne lui sauroient ajouter des beautés de convention; et ne pouvant se tourmenter à la cultiver, ils n'y trouvent rien qui les flatte. L'erreur des prétendus gens de goût est de vouloir de l'art partout, et de n'être jamais contens que l'art ne paroisse; au lieu que c'est à le cacher que consiste le véritable goût, surtout quand il est question des ouvrages de la nature. Que signifient ces allées si droites, si sablées, qu'on trouve sans cesse; et ces étoiles, par lesquelles, bien loin d'étendre aux yeux la grandeur d'un parc, comme on l'imagine, on ne fait qu'en montrer maladroitement les bornes? Voit-on dans les bois du sable de rivière? ou le pied se repose-t-il plus doucement sur ce sable que sur la mousse ou la pelouse? La nature emploie-t-elle sans cesse l'équerre et la règle? Ont-ils peur qu'on ne la reconnoisse en quelque chose malgré leurs soins pour la défigurer? Enfin n'est-il pas plaisant que, comme s'ils étoient déjà las de la promenade en la commençant, ils affectent de la faire en ligne droite pour arriver plus vite au terme? Ne diroit-on pas que, prenant le plus court chemin, ils font un voyage plutôt qu'une promenade, et se hâtent de sortir aussitôt qu'ils sont entrés?

Que fera donc l'homme de goût qui vit pour vivre, qui sait jouir de lui-même, qui cherche les plaisirs vrais et simples, et qui veut se faire une promenade à la porte de sa maison? Il la fera si commode et si agréable qu'il s'y puisse plaire à toutes les heures de la journée, et pourtant si simple et si naturelle qu'il semble n'avoir rien fait. Il rassemblera l'eau, la verdure, l'ombre et la fraîcheur; car la nature aussi rassemble toutes ces choses. Il ne donnera à rien de la symétrie; elle est ennemie de la nature et de la variété; et toutes les allées d'un jardin ordinaire se ressemblent si fort, qu'on croit être toujours dans la même : il élaguera le terrain pour s'y promener commodément; mais les deux côtés de ses allées ne seront point toujours exactement parallèles; la direction n'en sera pas toujours en ligne droite, elle aura je ne sais quoi de vague comme la démarche d'un homme oisif qui erre en se promenant. Il ne s'inquiètera point de se percer au loin de belles perspectives : le goût des points de vue et des lointains vient du penchant qu'ont la plupart des hommes à ne se plaire qu'où ils ne sont pas : ils sont toujours avides de ce qui est loin d'eux; et l'artiste qui ne sait pas les rendre assez contens de ce qui les entoure, se donne cette ressource pour les amuser : mais l'homme dont je parle n'a pas cette inquiétude, et quand il est bien où il est, il ne se soucie point d'être ailleurs. Ici, par exemple, on n'a pas de vue hors du lieu, et l'on est très-content de n'en pas avoir. On penseroit volontiers que tous les charmes de la nature y sont renfermés, et je craindrois fort que la moindre échappée de vue au dehors n'ôtât beaucoup d'agrément à cette promenade (¹). Certainement tout homme qui n'aimera pas à passer les beaux jours dans un lieu si simple et si agréable, n'a pas le goût pur ni l'âme saine. J'avoue qu'il n'y faut pas amener en pompe les étran-

---

(¹) Le sage Wolmar n'y avoit pas bien regardé. Lui qui savoit si bien observer les hommes, observoit-il si mal la nature? Ignoroit-il que si son auteur est grand dans les grandes choses, il est très-grand dans les petites?

(¹) Je ne sais si l'on a jamais essayé de donner aux longues allées d'une étoile une courbure légère, en sorte que l'œil ne pût suivre chaque allée tout-à-fait jusqu'au bout, et que l'extrémité opposée en fût cachée au spectateur. On perdroit, il est vrai, l'agrément des points de vue; mais on gagneroit l'avantage si cher aux propriétaires d'agrandir à l'imagination le lieu où l'on est; et, dans le milieu d'une étoile assez bornée, on se croiroit perdu dans un parc immense. Je suis persuadé que la promenade en seroit aussi moins ennuyeuse, quoique plus solitaire; car tout ce qui donne prise à l'imagination excite les idées et nourrit l'esprit. Mais les faiseurs de jardins ne sont pas gens à sentir ces choses-là. Combien de fois, dans un lieu rustique, le crayon leur tomberoit des mains, comme à Le Nostre dans le parc de Saint-James, s'ils connoissoient comme lui ce qui donne de la vie à la nature, et de l'intérêt à son spectacle!

gers; mais en revanche on s'y peut plaire soi-même, sans le montrer à personne.

Monsieur, lui dis-je, ces gens si riches qui font de si beaux jardins ont de fort bonnes raisons pour n'aimer guère à se promener tout seuls, ni à se trouver vis-à-vis d'eux-mêmes; ainsi ils font très-bien de ne songer en cela qu'aux autres. Au reste, j'ai vu à la Chine des jardins tels que vous les demandez, et faits avec tant d'art, que l'art n'y paroissoit point, mais d'une manière si dispendieuse, et entretenus à si grands frais, que cette idée m'ôtoit tout le plaisir que j'aurois pu goûter à les voir. C'étoient des roches, des grottes, des cascades artificielles, dans des lieux plains et sablonneux où l'on n'a que de l'eau de puits; c'étoient des fleurs et des plantes rares de tous les climats de la Chine et de la Tartarie, rassemblées et cultivées en un même sol. On n'y voyoit à la vérité ni belles allées ni compartimens réguliers; mais on y voyoit entassées avec profusion des merveilles qu'on ne trouve qu'éparses et séparées; la nature s'y présentoit sous mille aspects divers, et le tout ensemble n'étoit point naturel. Ici l'on n'a transporté ni terres ni pierres, on n'a fait ni pompes ni réservoirs, on n'a besoin ni de serres, ni de fourneaux, ni de cloches, ni de paillassons. Un terrain presque uni a reçu des ornemens très-simples; des herbes communes, des arbrisseaux communs, quelques filets d'eau coulant sans apprêt, sans contrainte, ont suffi pour l'embellir. C'est un jeu sans effort, dont la facilité donne au spectateur un nouveau plaisir. Je sens que ce séjour pourroit être encore plus agréable et me plaire infiniment moins. Tel est, par exemple, le parc célèbre de mylord Cobham à Staw. C'est un composé de lieux très-beaux et très-pittoresques, dont les aspects ont été choisis en différens pays, et dont tout paroît naturel, excepté l'assemblage, comme dans les jardins de la Chine dont je viens de vous parler. Le maître et le créateur de cette superbe solitude y a même fait construire des ruines, des temples, d'anciens édifices; et les temps ainsi que les lieux y sont rassemblés avec une magnificence plus qu'humaine. Voilà précisément de quoi je me plains. Je voudrois que les amusemens des hommes eussent toujours un air facile qui ne fît point songer à leur foiblesse, et qu'en admi-raut ces merveilles on n'eût point l'imagination fatiguée des sommes et des travaux qu'elles ont coûtés. Le sort ne nous donne-t-il pas assez de peines sans en mettre jusque dans nos jeux?

Je n'ai qu'un seul reproche à faire à votre Élysée, ajoutai-je en regardant Julie, mais qui vous paroîtra grave; c'est d'être un amusement superflu. A quoi bon vous faire une nouvelle promenade, ayant de l'autre côté de la maison des bosquets si charmans et si négligés? Il est vrai, dit-elle un peu embarrassée; mais j'aime mieux ceci. Si vous aviez bien songé à votre question avant que de la faire, interrompit M. de Wolmar, elle seroit plus qu'indiscrète. Jamais ma femme depuis son mariage n'a mis les pieds dans les bosquets dont vous parlez. J'en sais la raison quoiqu'elle me l'ait toujours tue. Vous qui ne l'ignorez pas, apprenez à respecter les lieux où vous êtes; ils sont plantés par les mains de la vertu.

A peine avois-je reçu cette juste réprimande, que la petite famille, menée par Fanchon, entra comme nous sortions. Ces trois aimables enfans se jetèrent au cou de monsieur et de madame de Wolmar. J'eus ma part de leurs petites caresses. Nous rentrâmes, Julie et moi, dans l'Élysée en faisant quelques pas avec eux, puis nous allâmes rejoindre M. de Wolmar qui parloit à des ouvriers. Chemin faisant, elle me dit qu'après être devenue mère il lui étoit venu sur cette promenade une idée qui avoit augmenté son zèle pour l'embellir. J'ai pensé, me dit-elle, à l'amusement de mes enfans et à leur santé quand ils seront plus âgés. L'entretien de ce lieu demande plus de soin que de peine: il s'agit plutôt de donner un certain contour aux rameaux des plantes que de bêcher et labourer la terre: j'en veux faire un jour mes petits jardiniers; ils auront autant d'exercice qu'il leur en faut pour renforcer leur tempérament, et pas assez pour le fatiguer; d'ailleurs ils feront faire ce qui sera trop fort pour leur âge, et se borneront au travail qui les amusera. Je ne saurois vous dire, ajouta-t-elle, quelle douceur je goûte à me représenter mes enfans occupés à me rendre les petits soins que je prends avec tant de plaisir pour eux, et la joie de leurs tendres cœurs en voyant leur mère se promener avec délices sous des ombrages cultivés de leurs mains. En vérité, mon ami, me dit-elle d'une voix émue, des jours ainsi passés tiennent du bonheur de l'autre vie; et ce n'est pas sans raison, qu'en y pensant, j'ai donné d'avance à ce lieu le nom d'Élysée. Mylord, cette incomparable femme est mère comme elle est épouse, comme elle est amie, comme elle est fille; et, pour l'éternel supplice de mon cœur, c'est encore ainsi qu'elle fut amante.

Enthousiasmé d'un séjour si charmant, je les priai le soir de trouver bon que durant mon séjour chez eux la Fanchon me confiât sa clef et le soin de nourrir les oiseaux. Aussitôt Julie envoya le sac au grain dans ma chambre et me donna sa propre clef. Je ne sais pourquoi je la reçus avec une sorte de peine : il me sembla que j'aurois mieux aimé celle de M. de Wolmar.

Ce matin je me suis levé de bonne heure, et avec l'empressement d'un enfant je suis allé m'enfermer dans l'île déserte. Que d'agréables pensées j'espérois porter dans ce lieu solitaire où le doux aspect de la seule nature devoit chasser de mon souvenir tout cet ordre social et factice qui m'a rendu si malheureux! Tout ce qui va m'environner est l'ouvrage de celle qui me fut si chère. Je la contemplerai tout autour de moi; je ne verrai rien que sa main n'ait touché; je baiserai des fleurs que ses pieds auront foulées; je respirerai avec la rosée un air qu'elle a respiré; son goût dans ses amusemens me rendra présens tous ses charmes, et je la trouverai partout comme elle est au fond de mon cœur.

En entrant dans l'Élysée avec ces dispositions je me suis subitement rappelé le dernier mot que me dit hier M. de Wolmar à peu près dans la même place. Le souvenir de ce seul mot a changé sur-le-champ tout l'état de mon ame. J'ai cru voir l'image de la vertu où je cherchois celle du plaisir; cette image s'est confondue dans mon esprit avec les traits de madame de Wolmar; et, pour la première fois depuis mon retour, j'ai vu Julie en son absence, non telle qu'elle fut pour moi et que j'aime encore à me la représenter, mais telle qu'elle se montre à mes yeux tous les jours. Mylord, j'ai cru voir cette femme si charmante, si chaste et si vertueuse, au milieu de ce même cortége qui l'entouroit hier. Je voyois autour d'elle ses trois aimables enfans, honorable et précieux gage de l'union conjugale et de la tendre amitié, lui faire et recevoir d'elle mille touchantes caresses. Je voyois à ses côtés le grave Wolmar, cet époux si chéri, si heureux, si digne de l'être. Je croyois voir son œil pénétrant et judicieux percer au fond de mon cœur et m'en faire rougir encore; je croyois entendre sortir de sa bouche des reproches trop mérités et des leçons trop mal écoutées. Je voyois à sa suite cette même Fanchon Regard, vivante preuve du triomphe des vertus et de l'humanité sur le plus ardent amour. Ah! quel sentiment coupable eût pénétré jusqu'à elle à travers cette inviolable escorte? Avec quelle indignation j'eusse étouffé les vils transports d'une passion criminelle et mal éteinte! et que je me serois méprisé de souiller d'un seul soupir un aussi ravissant tableau d'innocence et d'honnêteté! Je repassois dans ma mémoire les discours qu'elle m'avoit tenus en sortant; puis, remontant avec elle dans un avenir qu'elle contemple avec tant de charmes, je voyois cette tendre mère essuyer la sueur du front de ses enfans, baiser leurs joues enflammées, et livrer ce cœur fait pour aimer au plus doux sentiment de la nature. Il n'y avoit pas jusqu'à ce nom d'Élysée qui ne rectifiât en moi les écarts de l'imagination, et ne portât dans mon âme un calme préférable au trouble des passions les plus séduisantes. Il me peignoit en quelque sorte l'intérieur de celle qui l'avoit trouvé; je pensois qu'avec une conscience agitée on n'auroit jamais choisi ce nom-là. Je me disois, la paix règne au fond de son cœur comme dans l'asile qu'elle a nommé.

Je m'étois promis une rêverie agréable; j'ai rêvé plus agréablement que je ne m'y étois attendu. J'ai passé dans l'Élysée deux heures auxquelles je ne préfère aucun temps de ma vie. En voyant avec quel charme et quelle rapidité elles s'étoient écoulées, j'ai trouvé qu'il y a dans la méditation des pensées honnêtes une sorte de bien-être que les méchans n'ont jamais connu; c'est celui de se plaire avec soi-même. Si l'on y songeoit sans prévention, je ne sais quel autre plaisir on pourroit égaler à celui-là. Je sens au moins que quiconque aime autant que moi la solitude doit craindre de s'y préparer des tourmens. Peut-être tireroit-on des mêmes principes la clef des faux jugemens des hommes sur les avantages du vice et sur ceux de la vertu; car la jouissance de la vertu est tout intérieure, et ne s'aperçoit que par celui qui la sent : mais tous les avantages du vice frappent les yeux d'autrui, et il n'y a que celui qui les a qui sache ce qu'ils lui coûtent.

Se a ciascun l'interno affanno
Si leggesse in fronte scritto,
Quanti mai, che invidia fanno,
Ci farebbero pietà (¹)!

Comme il se faisoit tard sans que j'y songeasse, M. de Wolmar est venu me joindre et m'avertir que Julie et le thé m'attendoient. C'est vous, leur ai-je dit en m'excusant, qui m'empêchiez d'être avec vous : je fus si charmé de ma soirée d'hier que j'en suis retourné jouir ce matin : heureusement il n'y a point de mal; et puisque vous m'avez attendu, ma matinée n'est pas perdue.

C'est fort bien dit, a répondu madame de Wolmar; il vaudroit mieux s'attendre jusqu'à midi que de perdre le plaisir de déjeuner ensemble. Les étrangers ne sont jamais admis le matin dans ma chambre, et déjeunent dans la leur. Le déjeuner est le repas des amis; les valets en sont exclus, les importuns ne s'y montrent point; on y dit tout ce qu'on pense, on y révèle tous ses secrets, on n'y contraint aucun de ses sentimens; on peut s'y livrer sans imprudence aux douceurs de la confiance et de la familiarité. C'est presque le seul moment où il soit permis d'être ce qu'on est; que ne dure-t-il toute la journée! Ah, Julie! ai-je été prêt à dire, voilà un vœu bien intéressé! mais je me suis tu. La première chose que j'ai retranchée avec l'amour a été la louange. Louer quelqu'un en face, à moins que ce ne soit sa maîtresse, qu'est-ce faire autre chose sinon le taxer de vanité? Vous savez, mylord, si c'est à madame de Wolmar qu'on peut faire ce reproche. Non, non; je l'honore trop pour ne pas l'honorer en silence. La voir, l'entendre, observer sa conduite, n'est-ce pas assez la louer?

(¹) « Oh! si les tourmens secrets qui rongent les cœurs se
« lisoient sur les visages, combien de gens qui font envie
« feroient pitié! »
Il auroit pu ajouter la suite, qui est très-belle, et ne convient pas moins au sujet.

Si vedria che i lor nemici
Hanno in seno, et si riduce
Nel parere a noi felici
Ogni lor felicità.

« On verroit que l'ennemi qui les dévore est caché dans leur
« propre sein, et que tout leur prétendu bonheur se réduit à
« paroître heureux. »

LETTRE XII.

DE MADAME DE WOLMAR A MADAME D'ORBE.

Il est écrit, chère amie, que tu dois être dans tous les temps ma sauvegarde contre moi-même, et qu'après m'avoir délivrée avec tant de peine des piéges de mon cœur, tu me garantiras encore de ceux de ma raison. Après tant d'épreuves cruelles, j'apprends à me défier des erreurs comme des passions dont elles sont si souvent l'ouvrage. Que n'ai-je eu toujours la même précaution! Si dans les temps passés j'avois moins compté sur mes lumières, j'aurois eu moins à rougir de mes sentimens.

Que ce préambule ne t'alarme pas. Je serois indigne de ton amitié si j'avois encore à la consulter sur des sujets graves. Le crime fut toujours étranger à mon cœur, et j'ose l'en croire plus éloigné que jamais. Écoute-moi donc paisiblement, ma cousine, et crois que je n'aurai jamais besoin de conseil sur des doutes que la seule honnêteté peut résoudre.

Depuis six ans que je vis avec M. de Wolmar dans la plus parfaite union qui puisse régner entre deux époux, tu sais qu'il ne m'a jamais parlé ni de sa famille ni de sa personne, et que, l'ayant reçu d'un père aussi jaloux du bonheur de sa fille que de l'honneur de sa maison, je n'ai point marqué d'empressement pour en savoir sur son compte plus qu'il ne jugeoit à propos de m'en dire. Contente de lui devoir, avec la vie de celui qui me l'a donnée, mon honneur, mon repos, ma raison, mes enfans, et tout ce qui peut me rendre quelque prix à mes propres yeux, j'étois bien assurée que ce que j'ignorois de lui ne démentoit point ce qui m'étoit connu; et je n'avois pas besoin d'en savoir davantage pour l'aimer, l'estimer, l'honorer autant qu'il étoit possible.

Ce matin, en déjeunant, il nous a proposé un tour de promenade avant la chaleur; puis, sous prétexte de ne pas courir, disoit-il, la campagne en robe de chambre, il nous a menés dans les bosquets, et précisément, ma chère, dans ce même bosquet où commencèrent tous les malheurs de ma vie. En approchant de ce lieu fatal, je me suis senti un affreux battement de cœur; et j'aurois refusé d'entrer si la honte ne m'eût retenue, et si le souvenir d'un mot qui fut dit l'autre jour dans l'Élysée ne m'eût fait craindre les interprétations. Je ne sais si le philosophe étoit plus tranquille; mais, quelque temps après, ayant par hasard tourné les yeux sur lui, je l'ai trouvé pâle, changé, et je ne puis te dire quelle peine tout cela m'a fait.

En entrant dans le bosquet j'ai vu mon mari me jeter un coup d'œil et sourire. Il s'est assis entre nous; et, après un moment de silence, nous prenant tous deux par la main : Mes enfans, nous a-t-il dit, je commence à voir que mes projets ne seront point vains, et que nous pouvons être unis tous trois d'un attachement durable, propre à faire notre bonheur commun et ma consolation dans les ennuis d'une vieillesse qui s'approche : mais je vous connois tous deux mieux que vous ne me connoissez : il est juste de rendre les choses égales; et, quoique je n'aie rien de fort intéressant à vous apprendre, puisque vous n'avez plus de secret pour moi, je n'en veux plus avoir pour vous.

Alors il nous a révélé le mystère de sa naissance, qui jusqu'ici n'avoit été connue que de mon père. Quand tu le sauras, tu concevras jusqu'où vont le sang-froid et la modération d'un homme capable de taire six ans un pareil secret à sa femme ; mais ce secret n'est rien pour lui, et il y pense trop peu pour se faire un grand effort de n'en pas parler.

Je ne vous arrêterai point, nous a-t-il dit, sur les événemens de ma vie : ce qui peut vous importer est moins de connoître mes aventures que mon caractère. Elles sont simples comme lui, et sachant bien ce que je suis, vous comprendrez aisément ce que j'ai pu faire. J'ai naturellement l'âme tranquille et le cœur froid. Je suis de ces hommes qu'on croit bien injurier en disant qu'ils ne sentent rien, c'est-à-dire qu'ils n'ont point de passion qui les détourne de suivre le vrai guide de l'homme. Peu sensible au plaisir et à la douleur, je n'éprouve même que très-foiblement ce sentiment d'intérêt et d'humanité qui nous approprie les affections d'autrui. Si j'ai de la peine à voir souffrir les gens de bien, la pitié n'y entre pour rien, car je n'en ai point à voir souffrir les méchans. Mon seul principe actif est le goût naturel de l'ordre; et le concours bien combiné du jeu de la fortune et des actions des hommes me plaît exactement comme une belle symétrie dans un tableau, ou comme une pièce bien conduite au théâtre. Si j'ai quelque passion dominante, c'est celle de l'observation. J'aime à lire dans les cœurs des hommes; comme le mien me fait peu d'illusion, que j'observe de sang-froid et sans intérêt, et qu'une longue expérience m'a donné de la sagacité, je ne me trompe guère dans mes jugemens ; aussi c'est là toute la récompense de l'amour-propre dans mes études continuelles; car je n'aime point à faire un rôle, mais seulement à voir jouer les autres : la société m'est agréable pour la contempler, non pour en faire partie. Si je pouvois changer la nature de mon être et devenir un œil vivant, je ferois volontiers cet échange. Ainsi mon indifférence pour les hommes ne me rend point indépendant d'eux; sans me soucier d'en être vu j'ai besoin de les voir, et sans m'être chers ils me sont nécessaires.

Les deux premiers états de la société que j'eus occasion d'observer furent les courtisans et les valets ; deux ordres d'hommes moins différens en effet qu'en apparence, et si peu dignes d'être étudiés, si faciles à connoître, que je m'ennuyai d'eux au premier regard. En quittant la cour, où tout est si tôt vu, je me dérobai sans le savoir au péril qui m'y menaçoit et dont je n'aurois point échappé. Je changeai de nom; et voulant connoître les militaires, j'allai chercher du service chez un prince étranger; c'est là que j'eus le bonheur d'être utile à votre père que le désespoir d'avoir tué son ami forçoit à s'exposer témérairement et contre son devoir. Le cœur sensible et reconnoissant de ce brave officier commença dès lors à me donner meilleure opinion de l'humanité. Il s'unit à moi d'une amitié à laquelle il m'étoit impossible de refuser la mienne; et nous ne cessâmes d'entretenir depuis ce temps-là des liaisons qui devinrent plus étroites de jour en jour. J'appris dans ma nouvelle condition que l'intérêt n'est pas, comme je l'avois cru, le seul mobile des actions humaines, et que parmi les foules de préjugés qui combattent la vertu il en est aussi qui la favorisent. Je conçus que le caractère général de l'homme est un amour-propre indifférent par lui-même, bon ou mauvais par les accidens qui le modifient, et qui dépendent des coutumes, des lois, des rangs, de la fortune, et de toute notre police humaine. Je me livrai donc à mon penchant; et, méprisant la vaine opinion des conditions, je me jetai successivement dans les divers états qui pouvoient m'aider à les comparer tous et à connoître les uns par les autres. Je sentis, comme vous l'avez remarqué dans quelque lettre, dit-il à Saint-Preux, qu'on ne voit rien quand on se contente de regarder, qu'il faut agir soi-même pour voir agir les hommes; et je me fis acteur pour être spectateur. Il est toujours aisé de descendre: j'essayai d'une multitude de conditions dont jamais homme de la mienne ne s'étoit avisé. Je devins même paysan; et quand Julie m'a fait garçon jardinier, elle ne m'a point trouvé si novice au métier qu'elle auroit pu croire.

Avec la véritable connoissance des hommes, dont l'oisive philosophie ne donne que l'apparence, je trouvai un autre avantage auquel je ne m'étois point attendu; ce fut d'aiguiser par une vie active cet amour de l'ordre que j'ai reçu de la nature, et de prendre un nouveau goût pour le bien par le plaisir d'y contribuer. Ce sentiment me rendit un peu moins contemplatif, m'unit un peu plus à moi-même; et, par une suite assez naturelle de ce progrès, je m'aperçus que j'étois seul. La solitude, qui m'ennuya toujours, me devenoit affreuse, et je ne pouvois plus espérer de l'éviter long-temps. Sans avoir perdu ma froideur, j'avois besoin d'un attachement; l'image de la caducité sans consolation m'affligeoit avant le temps, et pour la première fois de ma vie je connus l'inquiétude et la tristesse. Je parlai de ma peine au baron d'Étange. Il ne faut point, me dit-il, vieillir garçon. Moi-même, après avoir vécu presque indépendant dans les liens du mariage, je sens que j'ai besoin de redevenir époux et père, et je vais me retirer dans le sein de ma famille. Il ne tiendra qu'à vous d'en faire la vôtre et de me rendre le fils que j'ai perdu. J'ai une fille unique à marier: elle n'est pas sans mérite; elle a le cœur sensible, et l'amour de son devoir lui fait aimer tout ce qui s'y rapporte. Ce n'est ni une beauté ni un prodige d'esprit; mais venez la voir, et croyez que si vous ne sentez rien pour elle vous ne sentirez jamais rien pour personne au monde. Je vins, je vous vis, Julie, et je trouvai que votre père m'avoit parlé modestement de vous. Vos transports, vos larmes de joie en l'embrassant, me donnèrent la première ou plutôt la seule émotion que j'aie éprouvée de ma vie. Si cette impression fut légère, elle étoit unique; et les sentimens n'ont besoin de force pour agir qu'en proportion de ceux qui leur résistent. Trois ans d'absence ne changèrent point l'état de mon cœur. L'état du vôtre ne m'échappa pas à mon retour, et c'est ici qu'il faut que je vous venge d'un aveu qui vous a tant coûté. Juge, ma chère, avec quelle étrange surprise j'appris alors que tous mes secrets lui avoient été révélés avant mon mariage, et qu'il m'avoit épousée sans ignorer que j'appartenois à un autre.

Cette conduite étoit inexcusable, a continué M. de Wolmar. J'offensois la délicatesse; je péchois contre la prudence; j'exposois votre honneur et le mien; je devois craindre de nous précipiter tous deux dans des malheurs sans ressource: mais je vous aimois, et n'aimois que vous; tout le reste m'étoit indifférent. Comment réprimer la passion même la plus foible quand elle est sans contre-poids? Voilà l'inconvénient des caractères froids et tranquilles. Tout va bien tant que leur froideur les garantit des tentations; mais s'il en survient une qui les atteigne, ils sont aussitôt vaincus qu'attaqués; et la raison, qui gouverne tandis qu'elle est seule, n'a jamais de force pour résister au moindre effort. Je n'ai été tenté qu'une fois, et j'ai succombé. Si l'ivresse de quelque autre passion m'eût fait vaciller encore, j'aurois fait autant de chutes que de faux pas. Il n'y a que des âmes de feu qui sachent combattre et vaincre; tous les grands efforts, toutes les actions sublimes, sont leur ouvrage: la froide raison n'a jamais rien fait d'illustre, et l'on ne triomphe des passions qu'en les opposant l'une à l'autre. Quand celle de la vertu vient à s'élever, elle domine seule et tient tout en équilibre. Voilà comment se forme le vrai sage, qui n'est pas plus qu'un autre à l'abri des passions, mais qui seul sait les vaincre par elles-mêmes, comme un pilote fait route par les mauvais vents.

Vous voyez que je ne prétends pas atténuer ma faute: si c'en eût été une, je l'aurois faite infailliblement; mais, Julie, je vous connoissois, et n'en fis point en vous épousant. Je sentis que de vous seule dépendoit tout le bonheur dont je pouvois jouir, et que si quelqu'un étoit capable de vous rendre heureuse, c'étoit moi. Je savois que l'innocence et la paix étaient nécessaires à votre cœur, que l'amour dont il étoit préoccupé ne les lui donneroit jamais, et qu'il n'y avoit que l'horreur du crime qui pût en chasser l'amour. Je vis que votre âme étoit dans un accablement dont elle ne sortiroit que par un nouveau combat, et que ce seroit en sentant combien vous pouviez encore être estimable que vous apprendriez à le devenir.

Votre cœur étoit usé pour l'amour : je comptai donc pour rien une disproportion d'âge qui m'ôtoit le droit de prétendre à un sentiment dont celui qui en étoit l'objet ne pouvoit jouir, et impossible à obtenir pour tout autre. Au contraire, voyant dans une vie plus d'à moitié écoulée qu'un seul goût s'étoit fait sentir à moi, je jugeai qu'il seroit durable, et je me plus à lui conserver le reste de mes jours. Dans mes longues recherches, je n'avois rien trouvé qui vous valût ; je pensai que ce que vous ne feriez pas nulle autre au monde ne pourroit le faire ; j'osai croire à la vertu, et vous épousai. Le mystère que vous me faisiez ne me surprit point ; j'en savois les raisons, et je vis dans votre sage conduite celle de sa durée. Par égard pour vous j'imitai votre réserve, et ne voulus point vous ôter l'honneur de me faire un jour de vous-même un aveu que je voyois à chaque instant sur le bord de vos lèvres. Je ne me suis trompé en rien ; vous avez tenu tout ce que je m'étois promis de vous. Quand je voulus me choisir une épouse, je désirai d'avoir en elle une compagne aimable, sage, heureuse. Les deux premières conditions sont remplies : mon enfant, j'espère que la troisième ne nous manquera pas.

A ces mots, malgré tous mes efforts pour ne l'interrompre que par mes pleurs, je n'ai pu m'empêcher de lui sauter au cou en m'écriant : Mon cher mari ! ô le meilleur et le plus aimé des hommes ! apprenez-moi ce qui manque à mon bonheur, si ce n'est le vôtre, et d'être mieux mérité... Vous êtes heureuse autant qu'il se peut, a-t-il dit en m'interrompant ; vous méritez de l'être, mais il est temps de jouir en paix d'un bonheur qui vous a jusqu'ici coûté bien des soins. Si votre fidélité m'eût suffi, tout étoit fait du moment que vous me la promîtes ; j'ai voulu de plus qu'elle vous fût facile et douce, et c'est à la rendre telle que nous nous sommes tous deux occupés de concert sans nous en parler. Julie, nous avons réussi mieux que vous ne pensez peut-être. Le seul tort que je vous trouve, est de n'avoir pu reprendre en vous la confiance que vous vous devez, et de vous estimer moins que votre prix. La modestie extrême a ses dangers ainsi que l'orgueil. Comme une témérité qui nous porte au-delà de nos forces les rend impuissantes, un effroi qui nous empêche d'y compter les rend inutiles. La véritable prudence consiste à les bien connoître et à s'y tenir. Vous en avez acquis de nouvelles en changeant d'état. Vous n'êtes plus cette fille infortunée qui déploroit sa foiblesse en s'y livrant ; vous êtes la plus vertueuse des femmes, qui ne connoît d'autres lois que celles du devoir et de l'honneur, et à qui le trop vif souvenir de ses fautes est la seule faute qui reste à reprocher. Loin de prendre encore contre vous-même des précautions injurieuses, apprenez donc à compter sur vous pour pouvoir y compter davantage. Écartez d'injustes défiances capables de réveiller quelquefois les sentimens qui les ont produites. Félicitez-vous plutôt d'avoir su choisir un honnête homme dans un âge où il est si facile de s'y tromper, et d'avoir pris autrefois un amant que vous pouvez avoir aujourd'hui pour ami sous les yeux de votre mari même. A peine vos liaisons me furent-elles connues, que je vous estimai l'un par l'autre. Je vis quel trompeur enthousiasme vous avoit tous deux égarés : il n'agit que sur les belles âmes ; il les perd quelquefois, mais c'est par un attrait qui ne séduit qu'elles. Je jugeai que le même goût qui avoit formé votre union la relâcheroit sitôt qu'elle deviendroit criminelle, et que le vice pouvoit entrer dans des cœurs comme les vôtres, mais non pas y prendre racine.

Dès lors je compris qu'il régnoit entre vous des liens qu'il ne falloit point rompre ; que votre mutuel attachement tenoit à tant de choses louables, qu'il falloit plutôt le régler que l'anéantir, et qu'aucun des deux ne pouvoit oublier l'autre sans perdre beaucoup de son prix. Je savois que les grands combats ne font qu'irriter les grandes passions, et que si les violens efforts exercent l'âme, ils lui coûtent des tourmens dont la durée est capable de l'abattre. J'employai la douceur de Julie pour tempérer sa sévérité. Je nourris son amitié pour vous, dit-il à Saint-Preux ; j'en ôtai ce qui pouvoit y rester de trop; et je crois vous avoir conservé de son propre cœur plus peut-être qu'elle ne vous en eût laissé si je l'eusse abandonné à lui-même.

Mes succès m'encouragèrent, et je voulus tenter votre guérison comme j'avois obtenu la sienne; car je vous estimois; et, malgré les préjugés du vice, j'ai toujours reconnu qu'il n'y avoit rien de bien qu'on n'obtînt des belles âmes avec de la confiance et de la franchise. Je vous ai vu, vous ne m'avez point trompé; vous ne me tromperez point; et quoique vous ne soyez pas encore ce que vous devez être, je vous vois mieux que vous ne pensez, et suis plus content de vous que vous ne l'êtes vous-même. Je sais bien que ma conduite a l'air bizarre, et choque toutes les maximes communes; mais les maximes deviennent moins générales à mesure qu'on lit mieux dans les cœurs; et le mari de Julie ne doit pas se conduire comme un autre homme. Mes enfans, nous dit-il d'un ton d'autant plus touchant qu'il partoit d'un homme tranquille, soyez ce que vous êtes, et nous serons tous contens. Le danger n'est que dans l'opinion : n'ayez pas peur de vous, et vous n'aurez rien à craindre; ne songez qu'au présent, et je vous réponds de l'avenir. Je ne puis vous en dire aujourd'hui davantage; mais si mes projets s'accomplissent, et que mon espoir ne m'abuse pas, nos destinées seront mieux remplies, et vous serez tous deux plus heureux que si vous aviez été l'un à l'autre.

En se levant il nous embrassa, et voulut que nous nous embrassions aussi, dans ce lieu.... dans ce lieu même où jadis.... Claire, ô bonne Claire, combien tu m'as toujours aimée! Je n'en fis aucune difficulté : hélas! que j'aurois eu tort d'en faire! ce baiser n'eut rien de celui qui m'avoit rendu le bosquet redoutable : je m'en félicitai tristement, et je connus que mon cœur étoit plus changé que jusque-là je n'avois osé le croire.

Comme nous reprenions le chemin du logis, mon mari m'arrêta par la main, et me montrant ce bosquet dont nous sortions, il me dit en riant : Julie, ne craignez plus cet asile, il vient d'être profané. Tu ne veux pas me croire, cousine, mais je te jure qu'il a quelque don surnaturel pour lire au fond des cœurs : que le ciel le lui laisse toujours! Avec tant de sujet de me mépriser, c'est sans doute à cet art que je dois son indulgence.

Tu ne vois point encore ici de conseil à donner : patience, mon ange, nous y voici; mais la conversation que je viens de te rendre étoit nécessaire à l'éclaircissement du reste.

En nous en retournant, mon mari, qui depuis long-temps est attendu à Étange, m'a dit qu'il comptoit partir demain pour s'y rendre, qu'il te verroit en passant, et qu'il y resteroit cinq ou six jours. Sans dire tout ce que je pensois d'un départ aussi déplacé, j'ai représenté qu'il ne me paroissoit pas assez indispensable pour obliger M. de Wolmar à quitter un hôte qu'il avoit lui-même appelé dans sa maison. Voulez-vous, a-t-il répliqué, que je lui fasse mes honneurs pour l'avertir qu'il n'est pas chez lui? Je suis pour l'hospitalité des Valaisans. J'espère qu'il trouve ici leur franchise et qu'il nous laisse leur liberté. Voyant qu'il ne vouloit pas m'entendre, j'ai pris un autre tour et tâché d'engager notre hôte à faire ce voyage avec lui. Vous trouverez, lui ai-je dit, un séjour qui a ses beautés, et même de celles que vous aimez; vous visiterez le patrimoine de mes pères et le mien : l'intérêt que vous prenez à moi ne me permet pas de croire que cette vue vous soit indifférente. J'avois la bouche ouverte pour ajouter que ce château ressembloit à celui de mylord Édouard, qui.... mais heureusement j'ai eu le temps de me mordre la langue. Il m'a répondu tout simplement que j'avois raison et qu'il feroit ce qu'il me plairoit. Mais M. de Wolmar, qui sembloit vouloir me pousser à bout, a répliqué qu'il devoit faire ce qui lui plaisoit à lui-même. Lequel aimez-vous mieux, venir ou rester? Rester, a-t-il dit sans balancer. Hé bien! restez, a repris mon mari en lui serrant la main. Homme honnête et vrai, je suis très-content de ce mot-là. Il n'y avoit pas moyen d'alterquer beaucoup là-dessus devant le tiers qui nous écoutoit. J'ai gardé le silence, et n'ai pu cacher si bien mon chagrin que mon mari ne s'en soit aperçu. Quoi donc! a-t-il repris d'un air mécontent dans un moment où Saint-Preux étoit loin de nous, aurois-je inutilement plaidé votre cause contre vous-même? et madame de Wolmar se contenteroit-elle d'une vertu qui eût besoin de choisir ses occasions? Pour moi, je suis plus difficile; je veux devoir la fidélité de ma femme à son cœur, et non pas au hasard ; et il ne me suffit pas qu'elle garde sa foi, je suis offensé qu'elle en doute.

Ensuite il nous a menés dans son cabinet, où j'ai failli tomber de mon haut en lui voyant sortir d'un tiroir, avec les copies de quelques relations de notre ami que je lui avois données, les originaux mêmes de toutes les lettres que je croyois avoir vu brûler autrefois par Babi dans la chambre de ma mère. Voilà, m'a-t-il dit en nous les montrant, les fondemens de ma sécurité ; s'ils me trompoient, ce seroit une folie de compter sur rien de ce que respectent les hommes. Je remets ma femme et mon honneur en dépôt à celle qui, fille et séduite, préféroit un acte de bienfaisance à un rendez-vous unique et sûr : je confie Julie, épouse et mère, à celui qui, maître de contenter ses désirs, sut respecter Julie amante et fille. Que celui de vous deux qui se méprise assez pour penser que j'ai tort, le dise, et je me rétracte à l'instant. Cousine, crois-tu qu'il fût aisé d'oser répondre à ce langage ?

J'ai pourtant cherché un moment dans l'après-midi pour prendre en particulier mon mari, et, sans entrer dans des raisonnemens qu'il ne m'étoit pas permis de pousser fort loin, je me suis bornée à lui demander deux jours de délai : ils m'ont été accordés sur-le-champ. Je les emploie à t'envoyer cet exprès et à attendre ta réponse pour savoir ce que je dois faire.

Je sais bien que je n'ai qu'à prier mon mari de ne point partir du tout, et celui qui ne me refusa jamais rien ne me refusera pas une si légère grâce. Mais, ma chère, je vois qu'il prend plaisir à la confiance qu'il me témoigne ; et je crains de perdre une partie de son estime, s'il croit que j'aie besoin de plus de réserve qu'il ne m'en permet. Je sais bien encore que je n'ai qu'à dire un mot à Saint-Preux et qu'il n'hésitera pas à l'accompagner ; mais mon mari prendra-t-il ainsi le change ? et puis-je faire cette démarche sans conserver sur Saint-Preux un air d'autorité qui sembleroit lui laisser à son tour quelque sorte de droits ? Je crains d'ailleurs qu'il n'infère de cette précaution que je la sens nécessaire ; et ce moyen, qui semble d'abord le plus facile, est peut-être au fond le plus dangereux. Enfin, je n'ignore pas que nulle considération ne peut être mise en balance avec un danger réel, mais ce danger existe-t-il en effet ? Voilà précisément le doute que tu dois résoudre.

Plus je veux sonder l'état présent de mon âme, plus j'y trouve de quoi me rassurer. Mon cœur est pur, ma conscience est tranquille, je ne sens ni trouble ni crainte ; et, dans tout ce qui se passe en moi, ma sincérité vis-à-vis de mon mari ne me coûte aucun effort. Ce n'est pas que certains souvenirs involontaires ne me donnent quelquefois un attendrissement dont il vaudroit mieux être exempte ; mais, bien loin que ces souvenirs soient produits par la vue de celui qui les a causés, ils me semblent plus rares depuis son retour, et, quelque doux qu'il me soit de le voir, je ne sais par quelle bizarrerie il m'est plus doux de penser à lui : en un mot je trouve que je n'ai pas même besoin du secours de la vertu pour être paisible en sa présence, et que, quand l'horreur du crime n'existeroit pas, les sentimens qu'elle a détruits auroient bien de la peine à renaître.

Mais, mon ange, est-ce assez que mon cœur me rassure quand la raison doit m'alarmer ? J'ai perdu le droit de compter sur moi. Qui me répondra que ma confiance n'est pas encore une illusion du vice ? Comment me fier à des sentimens qui m'ont tant de fois abusée ? Le crime ne commence-t-il pas toujours par l'orgueil qui fait mépriser la tentation ? et braver des périls où l'on a succombé n'est-ce pas vouloir succomber encore ?

Pèse toutes ces considérations, ma cousine ; tu verras que quand elles seroient vaines par elles-mêmes, elles sont assez graves par leur objet pour mériter qu'on y songe. Tire-moi donc de l'incertitude où elles m'ont mise. Marque-moi comment je dois me comporter dans cette occasion délicate ; car mes erreurs passées ont altéré mon jugement et me rendent timide à me déterminer sur toutes choses. Quoi que tu penses de toi-même, ton âme est calme et tranquille, j'en suis sûre ; les objets s'y peignent tels qu'ils sont ; mais la mienne, toujours émue comme une onde agitée, les confond et les défigure. Je n'ose plus me fier à rien de ce que je vois ni de ce que je sens ; et, malgré de si longs repentirs, j'éprouve avec douleur que le poids d'une ancienne faute est un fardeau qu'il faut porter toute sa vie.

LETTRE XIII.
RÉPONSE DE MADAME D'ORBE
A MADAME DE WOLMAR.

Pauvre cousine, que de tourmens tu te donnes sans cesse avec tant de sujets de vivre en paix ! Tout ton mal vient de toi, ô Israël ! Si tu suivois tes propres règles, que dans les choses de sentiment tu n'écoutasses que la voix intérieure, et que ton cœur fît taire ta raison, tu te livrerois sans scrupule à la sécurité qu'il t'inspire, et tu ne t'efforcerois point, contre son témoignage, de craindre un péril qui ne peut venir que de lui.

Je t'entends, je t'entends bien, ma Julie : plus sûre de toi que tu ne feins de l'être, tu veux t'humilier de tes fautes passées sous prétexte d'en prévenir de nouvelles, et tes scrupules sont bien moins des précautions pour l'avenir qu'une peine imposée à la témérité qui t'a perdue autrefois. Tu compares les temps ! y penses-tu ? compare aussi les conditions, et souviens-toi que je te reprochois alors ta confiance comme je te reproche aujourd'hui ta frayeur.

Tu t'abuses, ma chère enfant : on ne se donne point ainsi le change à soi-même ; si l'on peut s'étourdir sur son état en n'y pensant point, on le voit tel qu'il est sitôt qu'on veut s'en occuper, et l'on ne se déguise pas plus ses vertus que ses vices. Ta douceur, ta dévotion, t'ont donné du penchant à l'humilité. Défie-toi de cette dangereuse vertu qui ne fait qu'animer l'amour-propre en le concentrant, et crois que la noble franchise d'une âme droite est préférable à l'orgueil des humbles. S'il faut de la tempérance dans la sagesse, il en faut aussi dans les précautions qu'elle inspire, de peur que des soins ignominieux à la vertu n'avilissent l'âme et n'y réalisent un danger chimérique à force de nous en alarmer. Ne vois-tu pas qu'après s'être relevé d'une chute il faut se tenir debout, et que s'incliner du côté opposé à celui où on est tombé, c'est le moyen de tomber encore? Cousine, tu fus amante comme Héloïse ; te voilà dévote comme elle ; plaise à Dieu que ce soit avec plus de succès ! En vérité, si je connoissois moins ta timidité naturelle, tes terreurs seroient capables de m'effrayer à mon tour, et si j'étois aussi scrupuleuse, à force de craindre pour toi tu me ferois trembler pour moi-même.

Penses-y mieux, mon aimable amie ; toi dont la morale est aussi facile et douce qu'elle est honnête et pure, ne mets-tu point une âpreté trop rude, et qui sort de ton caractère, dans tes maximes sur la séparation des sexes? Je conviens avec toi qu'ils ne doivent pas vivre ensemble ni d'une même manière ; mais regarde si cette importante règle n'auroit pas besoin de plusieurs distinctions dans la pratique ; s'il faut l'appliquer indifféremment et sans exception aux femmes et aux filles, à la société générale et aux entretiens particuliers, aux affaires et aux amusemens, et si la décence et l'honnêteté qui l'inspire ne la doivent pas quelquefois tempérer. Tu veux qu'en un pays de bonnes mœurs, où l'on cherche dans le mariage des convenances naturelles, il y ait des assemblées où les jeunes gens des deux sexes puissent se voir, se connoître et s'assortir ; mais tu leur interdis avec grande raison toute entrevue particulière. Ne seroit-ce pas tout le contraire pour les femmes et les mères de familles, qui ne peuvent avoir aucun intérêt légitime à se montrer en public, que les soins domestiques retiennent dans l'intérieur de leur maison, et qui ne doivent s'y refuser à rien de convenable à la maîtresse du logis? Je n'aimerois pas à te voir dans tes caves aller faire goûter les vins aux marchands, ni quitter tes enfans pour aller régler des comptes avec un banquier ; mais s'il survient un honnête homme qui vienne voir ton mari, ou traiter avec lui de quelque affaire, refuseras-tu de recevoir son hôte en son absence et de lui faire les honneurs de ta maison, de peur de te trouver tête à tête avec lui ? Remonte au principe, et toutes les règles s'expliqueront. Pourquoi pensons-nous que les femmes doivent vivre retirées et séparées des hommes? Ferons-nous cette injure à notre sexe, de croire que ce soit par des raisons tirées de sa foiblesse, et seulement pour éviter le danger des tentations? Non, ma chère, ces indignes craintes ne conviennent point à une femme de bien, à une mère de famille sans cesse environnée d'objets qui nourrissent en elle des sentimens d'honneur, et livrée aux plus respectables devoirs de la nature. Ce qui nous sépare des hommes, c'est la nature elle-même, qui nous prescrit des occupations différentes; c'est cette douce et timide modestie qui, sans songer précisément à la chasteté, en est la plus sûre gardienne; c'est cette réserve attentive et piquante qui, nourrissant à la fois dans les cœurs des hommes et les désirs et le respect, sert pour ainsi dire de coquetterie à la vertu. Voilà pourquoi les époux mêmes ne sont pas exceptés de la règle; voilà pourquoi les femmes les plus honnêtes conservent en général le plus d'ascendant sur leurs maris, parce qu'à l'aide de cette sage et discrète réserve, sans caprice et sans refus, elles savent au sein de l'union la plus tendre les maintenir à une certaine distance, et les empêchent de jamais se rassasier d'elles. Tu conviendras avec moi que ton précepte est trop général pour ne pas comporter des exceptions; et que, n'étant point fondé sur un devoir rigoureux, la même bienséance qui l'établit peut quelquefois en dispenser.

La circonspection que tu fondes sur tes fautes passées est injurieuse à ton état présent : je ne la pardonnerois jamais à ton cœur, et j'ai bien de la peine à la pardonner à ta raison. Comment le rempart qui défend ta personne n'a-t-il pu te garantir d'une crainte ignominieuse? Comment se peut-il que ma cousine, ma sœur, mon amie, ma Julie, confonde les foiblesses d'une fille trop sensible avec les infidélités d'une femme coupable? Regarde tout autour de toi, tu n'y verras rien qui ne doive élever et soutenir ton âme. Ton mari, qui en présume tant, et dont tu as l'estime à justifier; tes enfans, que tu veux former au bien et qui s'honoreront un jour de t'avoir eue pour mère; ton vénérable père, qui t'est si cher, qui jouit de ton bonheur et s'illustre de sa fille plus même que de ses aïeux; ton amie, dont le sort dépend du tien et à qui tu dois compte d'un retour auquel elle a contribué; sa fille, à qui tu dois l'exemple des vertus que tu lui veux inspirer; ton ami, cent fois plus idolâtre des tiennes que de ta personne, et qui te respecte encore plus que tu ne le redoutes; toi-même enfin, qui trouves dans ta sagesse le prix des efforts qu'elle t'a coûtés, et qui ne voudras jamais perdre en un moment le fruit de tant de peines; combien de motifs capables d'animer ton courage te font honte de t'oser défier de toi! Mais, pour répondre de ma Julie, qu'ai-je besoin de considérer ce qu'elle est? Il me suffit de savoir ce qu'elle fut durant les erreurs qu'elle déplore. Ah! si jamais ton cœur eût été capable d'infidélité, je te permettrois de la craindre toujours; mais, dans l'instant même où tu croyois l'envisager dans l'éloignement, conçois l'horreur qu'elle t'eût faite présente, par celle qu'elle t'inspira dès qu'y penser eût été la commettre.

Je me souviens de l'étonnement avec lequel nous apprenions autrefois qu'il y a des pays où la foiblesse d'une jeune amante est un crime irrémissible, quoique l'adultère d'une femme y porte le doux nom de galanterie, et où l'on se dédommage ouvertement étant mariée de la courte gêne où l'on vivoit étant fille. Je sais quelles maximes règnent là-dessus dans le grand monde, où la vertu n'est rien, où tout n'est que vaine apparence, où les crimes s'effacent par la difficulté de les prouver, où la preuve même en est ridicule contre l'usage qui les autorise. Mais toi, Julie, ô toi qui, brûlant d'une flamme pure et fidèle, n'étois coupable qu'aux yeux des hommes, et n'avois rien à te reprocher entre le ciel et toi, toi qui te faisois respecter au milieu de tes fautes, toi qui, livrée à d'impuissans regrets, nous forçois d'adorer encore les vertus que tu n'avois plus, toi qui t'indignois de supporter ton propre mépris quand tout sembloit te rendre excusable; oses-tu redouter le crime après avoir payé si cher ta foiblesse? oses-tu craindre de valoir moins aujourd'hui que dans les temps qui t'ont tant coûté de larmes? Non, ma chère; loin que tes anciens égaremens doivent t'alarmer, ils doivent animer ton courage; un repentir si cuisant ne mène point au remords; et quiconque est si sensible à la honte ne sait point braver l'infamie.

Si jamais une âme foible eut des soutiens contre sa foiblesse, ce sont ceux qui s'offrent à toi; si jamais une âme forte a pu se soutenir elle-même, la tienne a-t-elle besoin d'appui? Dis-moi donc quels sont les raisonnables motifs de crainte. Toute ta vie n'a été qu'un combat continuel, où, même après ta défaite, l'honneur, le devoir, n'ont cessé de résister, et ont fini par vaincre. Ah! Julie, croirai-je qu'après tant de tourmens et de peines, douze ans de pleurs et six ans de gloire te laissent redouter une épreuve de huit jours? En deux mots, sois sincère avec toi-même : si le péril existe, sauve ta personne et rougis de ton cœur; s'il n'existe pas, c'est outrager ta raison, c'est flétrir ta vertu, que de craindre un danger qui ne peut l'atteindre. Ignores-tu qu'il est des tentations déshonorantes qui n'approchèrent jamais d'une âme honnête, qu'il est même honteux de les vaincre, et que se précautionner contre elles est moins s'humilier que s'avilir?

Je ne prétends pas te donner mes raisons pour invincibles, mais te montrer seulement qu'il y en a qui combattent les tiennes ; et cela suffit pour autoriser mon avis. Ne t'en rapporte ni à toi qui ne sais pas te rendre justice, ni à moi qui dans tes défauts n'ai jamais su voir que ton cœur, et t'ai toujours adorée; mais à ton mari, qui te voit telle que tu es, et te juge exactement selon ton mérite. Prompte comme tous les gens sensibles à mal juger de ceux qui ne le sont pas, je me défiois de sa pénétration dans les secrets des cœurs tendres ; mais, depuis l'arrivée de notre voyageur, je vois par ce qu'il m'écrit qu'il lit très-bien dans les vôtres, et que pas un des mouvemens qui s'y passent n'échappe à ses observations : je les trouve même si fines et si justes, que j'ai rebroussé presque à l'autre extrémité de mon premier sentiment; et je croirois volontiers que les hommes froids, qui consultent plus leurs yeux que leur cœur, jugent mieux des passions d'autrui que les gens turbulens et vifs, ou vains comme moi, qui commencent toujours par se mettre à la place des autres, et ne savent jamais voir que ce qu'ils sentent. Quoi qu'il en soit, M. de Wolmar te connoît bien; il t'estime, il t'aime, et son sort est lié au tien : que lui manque-t-il pour que tu lui laisses l'entière direction de ta conduite sur laquelle tu crains de t'abuser? Peut-être, sentant approcher la vieillesse, veut-il par des épreuves propres à le rassurer prévenir les inquiétudes jalouses qu'une jeune femme inspire ordinairement à un vieux mari; peut être le dessein qu'il a demandé-t-il que tu puisses vivre familièrement avec ton ami sans alarmer ni ton époux ni toi-même ; peut-être veut-il seulement te donner un témoignage de confiance et d'estime digne de celle qu'il a pour toi. Il ne faut jamais se refuser à de pareils sentimens comme si l'on n'en pouvoit soutenir le poids; et pour moi, je pense en un mot que tu ne peux mieux satisfaire à la prudence et à la modestie qu'en te rapportant de tout à sa tendresse et à ses lumières.

Veux-tu, sans désobliger M. de Wolmar, te punir d'un orgueil que tu n'eus jamais, et prévenir un danger qui n'existe plus? Restée seule avec le philosophe, prends contre lui toutes les précautions superflues qui t'auroient été jadis si nécessaires; impose-toi la même réserve que si avec ta vertu tu pouvois te défier encore de ton cœur et du sien : évite les conversations trop affectueuses, les tendres souvenirs du passé; interromps ou préviens les trop longs tête-à-tête; entoure-toi sans cesse de tes enfans; reste peu seule avec lui dans la chambre, dans l'Élysée, dans le bosquet, malgré la profanation. Surtout prends ces mesures d'une manière si naturelle qu'elles semblent un effet du hasard, et qu'il ne puisse imaginer un moment que tu le redoutes. Tu aimes les promenades en bateau; tu t'en prives pour ton mari qui craint l'eau, pour tes enfans que tu n'y veux pas exposer; prends le temps de cette absence pour te donner cet amusement en laissant tes enfans sous la garde de la Fanchon. C'est le moyen de te livrer sans risque aux doux épanchemens de l'amitié, et de jouir paisiblement d'un long tête-à-tête sous la protection des bateliers, qui voient sans entendre, et dont on ne peut s'éloigner avant de penser à ce qu'on fait.

Il me vient encore une idée qui feroit rire beaucoup de gens, mais qui te plaira, j'en suis sûre ; c'est de faire en l'absence de ton mari un journal fidèle pour lui être montré à son retour, et de songer au journal dans tous les entretiens qui doivent y entrer. A la vérité, je ne crois pas qu'un pareil expédient fût utile à beaucoup de femmes ; mais une âme franche et incapable de mauvaise foi a contre le vice bien des ressources qui manqueront toujours aux autres. Rien n'est méprisable de ce qui tend à garder la pureté; et ce sont les petites précautions qui conservent les grandes vertus.

Au reste, puisque ton mari doit me voir en passant, il me dira, j'espère, les véritables raisons de son voyage; et si je ne les trouve pas solides, ou je le détournerai de l'achever, ou, quoi qu'il arrive, je ferai ce qu'il n'aura pas voulu faire ; c'est sur quoi tu peux compter. En attendant, en voilà, je pense, plus qu'il n'en faut pour te rassurer contre une épreuve de huit jours. Va, ma Julie, je te connois trop bien pour ne pas répondre de toi autant et plus que de moi-même. Tu seras toujours ce que tu dois et que tu veux être. Quand tu te livrerois à la seule honnêteté de ton âme, tu ne risquerois rien encore ; car je n'ai point de foi aux défaites imprévues : on a beau couvrir du vain nom de foiblesse des fautes toujours volontaires, jamais femme ne succombe qu'elle n'ait voulu succomber ; et si je pensois qu'un pareil sort pût t'attendre, crois-moi, crois-en ma tendre amitié, crois-en tous les sentimens qui peuvent naître dans le cœur de ta pauvre Claire, j'aurois un intérêt trop sensible à t'en garantir pour l'abandonner à toi seule.

Ce que M. de Wolmar t'a déclaré des connoissances qu'il avoit avant ton mariage me surprend peu : tu sais que je m'en suis toujours doutée ; et je te dirai de plus que mes soupçons ne se sont pas bornés aux indiscrétions de Babi. Je n'ai jamais pu croire qu'un homme droit et vrai comme ton père, et qui avoit tout au moins des soupçons lui-même, pût se résoudre à tromper son gendre et son ami ; que s'il t'engageoit si fortement au secret, c'est que la manière de le révéler devenoit fort différente de sa part ou de la tienne, et qu'il vouloit sans doute y donner un tour moins propre à rebuter M. de Wolmar que celui qu'il savoit bien que tu ne manquerois pas d'y donner toi-même. Mais il faut te renvoyer ton exprès ; nous causerons de tout cela plus à loisir dans un mois d'ici.

Adieu, petite cousine ; c'est assez prêcher la prêcheuse : reprends ton ancien métier, et pour cause. Je me sens tout inquiète de n'être pas encore avec toi. Je brouille toutes mes affaires en me hâtant de les finir, et ne sais guère ce que je fais. Ah ! Chaillot, Chaillot !...... si j'étois moins folle !...... mais j'espère de l'être toujours.

P. S. A propos, j'oubliois de faire compliment à ton altesse. Dis-moi, je t'en prie, monseigneur ton mari est-il Atteman (*), Knès, ou Boyard ? Pour moi, je croirai jurer s'il faut t'appeler madame la Boyarde (¹). O pauvre enfant ! toi qui as tant gémi d'être née demoiselle, te voilà bien chanceuse d'être la femme d'un prince ! entre nous, cependant, pour une dame de si grande qualité, je te trouve des frayeurs un peu roturières. Ne sais-tu pas que les petits scrupules ne conviennent qu'aux petites gens, et qu'on rit d'un enfant de bonne maison qui prétend être fils de son père ?

———

LETTRE XIV.

DE M. DE WOLMAR A MADAME D'ORBE.

Je pars pour Étange, petite cousine : je m'étois proposé de vous voir en allant ; mais un retard dont vous êtes cause me force à plus de diligence, et j'aime mieux coucher à Lausanne en revenant, pour y passer quelques heures de plus avec vous. Aussi bien j'ai à vous consulter sur plusieurs choses dont il est bon de vous parler d'avance, afin que vous ayez le temps d'y réfléchir avant de m'en dire votre avis.

Je n'ai point voulu vous expliquer mon projet au sujet du jeune homme avant que sa présence eût confirmé la bonne opinion que j'en avois conçue. Je crois déjà m'être assez assuré de lui pour vous confier entre nous que ce projet est de le charger de l'éducation de mes enfans. Je n'ignore pas que ces soins importans sont le principal devoir d'un père : mais quand il sera temps de les prendre, je serai trop âgé pour les remplir ; et, tranquille et contemplatif par tempérament, j'eus toujours trop peu d'activité pour pouvoir régler celle de la jeunesse. D'ailleurs, par la raison qui vous est connue (²), Julie ne me verroit point sans inquiétude prendre une fonction dont j'aurois peine à m'acquitter à son gré. Comme par mille autres raisons votre sexe n'est pas propre à ces mêmes soins, leur mère s'occupera tout entière à bien élever son Henriette : je vous destine pour votre part le gouvernement du ménage sur le plan que

---

(*) On prononce *attemann* ; d'autres écrivent *hetman*.
G. P.

(¹) Madame d'Orbe ignoroit apparemment que les deux premiers noms sont en effet des titres distingués, mais qu'un boyard n'est qu'un simple gentilhomme.

(²) Cette raison n'est pas connue encore du lecteur, mais il est prié de ne pas s'impatienter.

vous trouverez établi et que vous avez approuvé; la mienne sera de voir trois honnêtes gens concourir au bonheur de la maison, et de goûter dans ma vieillesse un repos qui sera leur ouvrage.

J'ai toujours vu que ma femme auroit une extrême répugnance à confier ses enfans à des mains mercenaires, et je n'ai pu blâmer ses scrupules. Le respectable état de précepteur exige tant de talens qu'on ne sauroit payer, tant de vertus qui ne sont point à prix, qu'il est inutile d'en chercher un avec de l'argent. Il n'y a qu'un homme de génie en qui l'on puisse espérer de trouver les lumières d'un maître; il n'y a qu'un ami très-tendre à qui son cœur puisse inspirer le zèle d'un père; et le génie n'est guère à vendre, encore moins l'attachement.

Votre ami m'a paru réunir en lui toutes les qualités convenables; et, si j'ai bien connu son âme, je n'imagine pas pour lui de plus grande félicité que de faire dans ces enfans chéris celle de leur mère. Le seul obstacle que je puisse prévoir est dans son affection pour mylord Édouard, qui lui permettra difficilement de se détacher d'un ami si cher et auquel il a de si grandes obligations, à moins qu'Édouard ne l'exige lui-même. Nous attendons bientôt cet homme extraordinaire; et comme vous avez beaucoup d'empire sur son esprit, s'il ne dément pas l'idée que vous m'en avez donnée, je pourrois bien vous charger de cette négociation près de lui.

Vous avez à présent, petite cousine, la clef de toute ma conduite, qui ne peut que paroître fort bizarre sans cette explication, et qui, j'espère, aura désormais l'approbation de Julie et la vôtre. L'avantage d'avoir une femme comme la mienne m'a fait tenter des moyens qui seroient impraticables avec une autre. Si je la laisse en toute confiance avec son ancien amant sous la seule garde de sa vertu, je serois insensé d'établir dans ma maison cet amant avant de m'assurer qu'il eût pour jamais cessé de l'être : et comment pouvoir m'en assurer, si j'avois une épouse sur laquelle je comptasse moins ?

Je vous ai vue quelquefois sourire à mes observations sur l'amour : mais pour le coup je tiens de quoi vous humilier. J'ai fait une découverte, que ni vous ni femme au monde, avec toute la subtilité qu'on prête à votre sexe, n'eussiez jamais faite, dont pourtant vous sentirez peut-être l'évidence au premier instant, et que vous tiendrez au moins pour démontrée quand j'aurai pu vous expliquer sur quoi je la fonde. De vous dire que mes jeunes gens sont plus amoureux que jamais, ce n'est pas sans doute une merveille à vous apprendre. De vous assurer au contraire qu'ils sont parfaitement guéris, vous savez ce que peuvent la raison, la vertu, ce n'est pas là non plus leur plus grand miracle. Mais que ces deux opposés soient vrais en même temps; qu'ils brûlent plus ardemment que jamais l'un pour l'autre, et qu'il ne règne plus entre eux qu'un honnête attachement, qu'ils soient toujours amans et ne soient plus qu'amis : c'est, je pense, à quoi vous vous attendez moins, ce que vous aurez plus de peine à comprendre, et ce qui est pourtant selon l'exacte vérité.

Telle est l'énigme que forment les contradictions fréquentes que vous avez dû remarquer en eux, soit dans leurs discours, soit dans leurs lettres. Ce que vous avez écrit à Julie, au sujet du portrait, a servi plus que tout le reste à m'en éclaircir le mystère; et je vois qu'ils sont toujours de bonne foi, même en se démentant sans cesse. Quand je dis eux, c'est surtout le jeune homme que j'entends; car, pour votre amie, on n'en peut parler que par conjecture : un voile de sagesse et d'honnêteté fait tant de replis autour de son cœur, qu'il n'est plus possible à l'œil humain d'y pénétrer, pas même au sien propre. La seule chose qui me fait soupçonner qu'il lui reste quelque défiance à vaincre, est qu'elle ne cesse de chercher en elle-même ce qu'elle feroit si elle étoit tout-à-fait guérie, et le fait avec tant d'exactitude, que si elle étoit réellement guérie elle ne le feroit pas si bien.

Pour votre ami, qui, bien que vertueux, s'effraie moins des sentimens qui lui restent, je lui vois encore tous ceux qu'il eut dans sa première jeunesse; mais je les vois sans avoir droit de m'en offenser. Ce n'est pas de Julie de Wolmar qu'il est amoureux, c'est de Julie d'Étange; il ne me hait point comme le possesseur de la personne qu'il aime, mais comme le ravisseur de celle qu'il a aimée. La femme d'un autre n'est point sa maîtresse; la mère de deux enfans n'est plus son ancienne écolière. Il est vrai qu'elle lui ressemble beaucoup et qu'elle lui en rappelle souvent le souvenir. Il l'aime dans le temps passé; voilà le vrai mot de l'énigme : ôtez-lui la mémoire, il n'aura plus d'amour.

Ceci n'est point une vaine subtilité, petite cousine ; c'est une observation très-solide, qui, étendue à d'autres amours, auroit peut-être une application bien plus générale qu'il ne paroît. Je pense même qu'elle ne seroit pas difficile à expliquer en cette occasion par vos propres idées. Le temps où vous séparâtes ces deux amans fut celui où leur passion étoit à son plus haut point de véhémence. Peut-être s'ils fussent restés plus long-temps ensemble se seroient-ils peu à peu refroidis; mais leur imagination, vivement émue, les a sans cesse offerts l'un à l'autre tels qu'ils étoient à l'instant de leur séparation. Le jeune homme, ne voyant point dans sa maîtresse les changemens qu'y faisoient les progrès du temps, l'aimoit telle qu'il l'avoit vue, et non plus telle qu'elle étoit (¹). Pour le rendre heureux il n'étoit pas question seulement de la lui donner, mais de la lui rendre au même âge et dans les mêmes circonstances où elle s'étoit trouvée au temps de leurs premiers amours ; la moindre altération à tout cela étoit autant d'ôté du bonheur qu'il s'étoit promis. Elle est devenue plus belle, mais elle a changé ; ce qu'elle a gagné tourne en ce sens à son préjudice; car c'est de l'ancienne et non pas d'une autre qu'il est amoureux.

L'erreur qui l'abuse et le trouble est de confondre les temps et de se reprocher souvent comme un sentiment actuel ce qui n'est que l'effet d'un souvenir trop tendre : mais je ne sais s'il ne vaut pas mieux achever de le guérir que le désabuser. On tirera peut-être meilleur parti pour cela de son erreur que de ses lumières. Lui découvrir le véritable état de son cœur, seroit lui apprendre la mort de ce qu'il aime ; ce seroit lui donner une affliction dangereuse en ce que l'état de tristesse est toujours favorable à l'amour.

Délivré des scrupules qui le gênent, il nourriroit peut-être avec plus de complaisance des souvenirs qui doivent s'éteindre ; il en parleroit avec moins de réserve ; et les traits de sa Julie ne sont pas tellement effacés en madame de Wolmar, qu'à force de les y chercher il ne les y pût retrouver encore. J'ai pensé qu'au lieu de lui ôter l'opinion des progrès qu'il croit avoir faits, et qui sert d'encouragement pour achever, il falloit lui faire perdre la mémoire des temps qu'il doit oublier, en substituant adroitement d'autres idées à celles qui lui sont si chères. Vous, qui contribuâtes à les faire naître, pouvez contribuer plus que personne à les effacer : mais c'est seulement quand vous serez tout-à-fait avec nous que je veux vous dire à l'oreille ce qu'il faut faire pour cela ; charge qui, si je ne me trompe, ne vous sera pas fort onéreuse. En attendant, je cherche à le familiariser avec les objets qui l'effarouchent, en les lui présentant de manière qu'ils ne soient plus dangereux pour lui. Il est ardent, mais foible et facile à subjuguer. Je profite de cet avantage en donnant le change à son imagination. A la place de sa maîtresse, je le force de voir toujours l'épouse d'un honnête homme et la mère de mes enfans : j'efface un tableau par un autre, et couvre le passé du présent. On mène un coursier ombrageux à l'objet qui l'effraie, afin qu'il n'en soit plus effrayé. C'est ainsi qu'il en faut user avec ces jeunes gens, dont l'imagination brûle encore quand le cœur est déjà refroidi, et leur offre dans l'éloignement des monstres qui disparoissent à leur approche.

Je crois bien connoître les forces de l'un et de l'autre ; je ne les expose qu'à des épreuves qu'ils peuvent soutenir : car la sagesse ne consiste pas à prendre indifféremment toutes sortes de précautions, mais à choisir celles qui sont utiles, et à négliger les superflues. Les huit jours pendant lesquels je les vais laisser ensemble suffiront peut-être pour leur ap-

---

(¹) Vous êtes bien folles, vous autres femmes, de vouloir donner de la consistance à un sentiment aussi frivole et aussi passager que l'amour. Tout change dans la nature, tout est dans un flux continuel ; et vous voulez inspirer des feux constans ! Et de quel droit prétendez-vous être aimée aujourd'hui parce que vous l'étiez hier? Gardez donc le même visage, le même âge, la même humeur, soyez toujours la même, et l'on vous aimera toujours, si l'on peut. Mais changer sans cesse, et vouloir toujours qu'on vous aime, c'est vouloir qu'à chaque instant on cesse de vous aimer; ce n'est pas chercher des cœurs constans, c'est en chercher d'aussi changeans que vous.

prendre à démêler leurs vrais sentimens et connoître ce qu'ils sont réellement l'un à l'autre. Plus ils se verront seul à seul, plus ils comprendront aisément leur erreur en comparant ce qu'ils sentiront avec ce qu'ils auroient autrefois senti dans une situation pareille. Ajoutez qu'il leur importe de s'accoutumer sans risque à la familiarité dans laquelle ils vivront nécessairement si mes vues sont remplies. Je vois par la conduite de Julie qu'elle a reçu de vous des conseils qu'elle ne pouvoit refuser de suivre sans se faire tort. Quel plaisir je prendrois à lui donner cette preuve que je sens tout ce qu'elle vaut, si c'étoit une femme auprès de laquelle un mari pût se faire un mérite de sa confiance! Mais quand elle n'auroit rien gagné sur son cœur, sa vertu resteroit la même: elle lui coûteroit davantage, et ne triompheroit pas moins. Au lieu que s'il lui reste aujourd'hui quelque peine intérieure à souffrir, ce ne peut être que dans l'attendrissement d'une conversation de réminiscence, qu'elle ne saura que trop pressentir, et qu'elle évitera toujours. Ainsi, vous voyez qu'il ne faut point juger ici de ma conduite par les règles ordinaires, mais par les vues qui me l'inspirent, et par le caractère unique de celle envers qui je la tiens.

Adieu, petite cousine, jusqu'à mon retour. Quoique je n'aie pas donné toutes ces explications à Julie, je n'exige pas que vous lui en fassiez un mystère. J'ai pour maxime de ne point interposer de secrets entre les amis: ainsi je remets ceux-ci à votre discrétion; faites-en l'usage que la prudence et l'amitié vous inspireront: je sais que vous ne ferez rien que pour le mieux et le plus honnête.

LETTRE XV.

DE SAINT-PREUX A MYLORD ÉDOUARD.

M. de Wolmar partit hier pour Étange, et j'ai peine à concevoir l'état de tristesse où m'a laissé son départ. Je crois que l'éloignement de sa femme m'affligeroit moins que le sien. Je me sens plus contraint qu'en sa présence même; un morne silence règne au fond de mon cœur; un effroi secret en étouffe le murmure, et moins troublé de désirs que de craintes, j'éprouve les terreurs du crime sans en avoir les tentations.

Savez-vous, mylord, où mon âme se rassure et perd ces indignes frayeurs? auprès de madame de Wolmar. Sitôt que j'approche d'elle, sa vue apaise mon trouble, ses regards épurent mon cœur. Tel est l'ascendant du sien, qu'il semble toujours inspirer aux autres le sentiment de son innocence et le repos qui en est l'effet. Malheureusement pour moi sa règle de vie ne la livre pas toute la journée à la société de ses amis, et dans les momens que je suis forcé de passer sans la voir je souffrirois moins d'être plus loin d'elle.

Ce qui contribue encore à nourrir la mélancolie dont je me sens accablé, c'est un mot qu'elle me dit hier après le départ de son mari. Quoique jusqu'à cet instant elle eût fait assez bonne contenance, elle le suivit longtemps des yeux avec un air attendri, que j'attribuai d'abord au seul éloignement de cet heureux époux; mais je conçus à son discours que cet attendrissement avoit encore une autre cause qui ne m'étoit pas connue. Vous voyez comme nous vivons, me dit-elle, et vous savez s'il m'est cher. Ne croyez pas pourtant que le sentiment qui m'unit à lui, aussi tendre et plus puissant que l'amour, en ait aussi les foiblesses. S'il nous en coûte quand la douce habitude de vivre ensemble est interrompue, l'espoir assuré de la reprendre bientôt nous console. Un état aussi permanent laisse peu de vicissitudes à craindre; et dans une absence de quelques jours, nous sentons moins la peine d'un si court intervalle que le plaisir d'en envisager la fin. L'affliction que vous lisez dans mes yeux vient d'un sujet plus grave, et quoiqu'elle soit relative à M. de Wolmar, ce n'est point son éloignement qui la cause.

Mon cher ami, ajouta-t-elle d'un ton pénétré, il n'y a point de vrai bonheur sur la terre. J'ai pour mari le plus honnête et le plus doux des hommes, un penchant mutuel se joint au devoir qui nous lie, il n'a point d'autres désirs que les miens; j'ai des enfans qui ne donnent et promettent que des plaisirs à leur mère; il n'y eut jamais d'amie plus tendre, plus vertueuse, plus aimable que celle dont mon cœur est idolâtre, et je vais passer mes jours avec elle; vous-même contribuez à me les rendre chers en justifiant si bien mon estime et mes sentimens pour vous : un long et fâcheux procès prêt à finir va ramener dans nos bras le meilleur des pères : tout nous prospère ; l'ordre et la paix règnent dans notre maison ; nos domestiques sont zélés et fidèles ; nos voisins nous marquent toutes sortes d'attachement, nous jouissons de la bienveillance publique. Favorisée en toutes choses du ciel, de la fortune et des hommes, je vois tout concourir à mon bonheur. Un chagrin secret, un seul chagrin l'empoisonne, et je ne suis pas heureuse. Elle dit ces derniers mots avec un soupir qui me perça l'âme, et auquel je vis trop que je n'avois aucune part. Elle n'est pas heureuse, me dis-je en soupirant à mon tour, et ce n'est plus moi qui l'empêche de l'être !

Cette funeste idée bouleversa dans un instant toutes les miennes, et troubla le repos dont je commençois à jouir. Impatient du doute insupportable où ce discours m'avoit jeté, je la pressai tellement d'achever de m'ouvrir son cœur, qu'enfin elle versa dans le mien son fatal secret et me permit de vous le révéler. Mais voici l'heure de la promenade. Madame de Wolmar sort actuellement du gynécée pour aller se promener avec ses enfans ; elle vient de me le faire dire. J'y cours, mylord : je vous quitte pour cette fois, et remets à reprendre dans une autre lettre le sujet interrompu dans celle-ci.

LETTRE XVI.

DE MADAME DE WOLMAR A SON MARI.

Je vous attends mardi, comme vous me le marquez, et vous trouverez tout arrangé selon vos intentions. Voyez en revenant madame d'Orbe ; elle vous dira ce qui s'est passé durant votre absence : j'aime mieux que vous l'appreniez d'elle que de moi.

Wolmar, il est vrai, je crois mériter votre estime ; mais votre conduite n'en est pas plus convenable, et vous jouissez durement de la vertu de votre femme.

LETTRE XVII.

DE SAINT-PREUX A MYLORD ÉDOUARD.

Je veux, mylord, vous rendre compte d'un danger que nous courûmes ces jours passés, et dont heureusement nous avons été quittes pour la peur et un peu de fatigue. Ceci vaut bien une lettre à part : en la lisant vous sentirez ce qui m'engage à vous l'écrire.

Vous savez que la maison de madame de Wolmar n'est pas loin du lac, et qu'elle aime les promenades sur l'eau. Il y a trois jours que le désœuvrement où l'absence de son mari nous laisse et la beauté de la soirée nous firent projeter une de ces promenades pour le lendemain. Au lever du soleil nous nous rendîmes au rivage : nous prîmes un bateau avec des filets pour pêcher, trois rameurs, un domestique, et nous nous embarquâmes avec quelques provisions pour le dîner. J'avois pris un fusil pour tirer des besolets ([1]) ; mais elle me fit honte de tuer des oiseaux à pure perte et pour le seul plaisir de faire du mal. Je m'amusois donc à rappeler de temps en temps des gros sifflets, des tiou-tiou, des crenets, des sifflassons ([2]), et je ne tirai qu'un seul coup de fort loin sur une grèbe que je manquai.

Nous passâmes une heure ou deux à pêcher à cinq cents pas du rivage. La pêche fut bonne ; mais, à l'exception d'une truite qui avoit reçu un coup d'aviron, Julie fit tout rejeter à l'eau. Ce sont, dit-elle, des animaux qui souffrent ; délivrons-les ; jouissons du plaisir qu'ils auront d'être échappés au péril. Cette opération se fit lentement à contre-cœur, non sans quelques représentations ; et je vis que nos gens auroient mieux goûté le poisson qu'ils avoient pris que la morale qui lui sauvoit la vie.

Nous avançâmes ensuite en pleine eau ; puis, par une vivacité de jeune homme dont il seroit temps de guérir, m'étant mis à *nager* ([3]), je dirigeai tellement au milieu du lac que nous nous trouvâmes bientôt à plus d'une lieue du ri-

([1]) Oiseau de passage sur le lac de Genève. Le besolet n'est pas bon à manger.

([2]) Diverses sortes d'oiseaux du lac de Genève, tous très-bons à manger.

([3]) Terme des bateliers du lac de Genève ; c'est tenir la rame qui gouverne les autres.

vage (¹). Là j'expliquois à Julie toutes les parties du superbe horizon qui nous entouroit. Je lui montrois de loin les embouchures du Rhône, dont l'impétueux cours s'arrête tout à coup au bout d'un quart de lieue, et semble craindre de souiller de ses eaux bourbeuses le cristal azuré du lac. Je lui faisois observer les redans des montagnes, dont les angles correspondans et parallèles forment dans l'espace qui les sépare un lit digne du fleuve qui le remplit. En l'écartant de nos côtes j'aimois à lui faire admirer les riches et charmantes rives du pays de Vaud, où la quantité des villes, l'innombrable foule du peuple, les coteaux verdoyans et parés de toutes parts, forment un tableau ravissant; où la terre, partout cultivée et partout féconde, offre au laboureur, au pâtre, au vigneron, le fruit assuré de leurs peines, que ne dévore point l'avide publicain. Puis lui montrant le Chablais (*) sur la côte opposée, pays non moins favorisé de la nature, et qui n'offre pourtant qu'un spectacle de misère, je lui faisois sensiblement distinguer les différens effets des deux gouvernemens pour la richesse, le nombre et le bonheur des hommes. C'est ainsi, lui disois-je, que la terre ouvre son sein fertile et prodigue ses trésors aux heureux peuples qui la cultivent pour eux-mêmes : elle semble sourire et s'animer au doux spectacle de la liberté; elle aime à nourrir des hommes. Au contraire, les tristes masures, la bruyère et les ronces qui couvrent une terre à demi déserte, annoncent de loin qu'un maître absent y domine, et qu'elle donne à regret à des esclaves quelques maigres productions dont ils ne profitent pas.

Tandis que nous nous amusions agréablement à parcourir ainsi des yeux les côtes voisines, un séchard, qui nous poussoit de biais vers la rive opposée, s'éleva, fraîchit considérablement; et quand nous songeâmes à revirer, la résistance se trouva si forte qu'il ne fut pas possible à notre frêle bateau de la vaincre. Bientôt les ondes devinrent terribles; il fallut regagner la rive de Savoie, et tâcher d'y prendre terre au village de Meillerie qui étoit vis-à-vis de nous, et qui est presque le seul lieu de cette côte où la grève offre un abord commode. Mais le vent ayant changé se renforçoit, rendoit inutiles les efforts de nos bateliers, et nous faisoit dériver plus bas le long d'une file de rochers escarpés où l'on ne trouve plus d'asile.

Nous nous mîmes tous aux rames, et presque au même instant j'eus la douleur de voir Julie saisie du mal de cœur, foible et défaillante au bord du bateau. Heureusement elle étoit faite à l'eau, et cet état ne dura pas. Cependant nos efforts croissoient avec le danger; le soleil, la fatigue et la sueur, nous mirent tous hors d'haleine et dans un épuisement excessif : c'est alors que, retrouvant tout son courage, Julie animoit le nôtre par ses caresses compatissantes; elle nous essuyoit indistinctement à tous le visage, et mêlant dans un vase du vin avec de l'eau de peur d'ivresse, elle en offroit alternativement aux plus épuisés. Non, jamais votre adorable amie ne brilla d'un si vif éclat que dans ce moment où la chaleur et l'agitation avoient animé son teint d'un plus grand feu ; et ce qui ajoutoit le plus à ses charmes étoit qu'on voyoit si bien à son air attendri que tous ses soins venoient moins de frayeur pour elle que de compassion pour nous. Un instant seulement deux planches s'étant entr'ouvertes, dans un choc qui nous inonda tous, elle crut le bateau brisé; et dans une exclamation de cette tendre mère j'entendis distinctement ces mots: O mes enfans! faut-il ne vous voir plus! Pour moi, dont l'imagination va toujours plus loin que le mal, quoique je connusse au vrai l'état du péril, je croyois voir de moment en moment le bateau englouti, cette beauté si touchante se débattre au milieu des flots, et la pâleur de la mort tenir les roses de son visage.

Enfin à force de travail nous remontâmes à Meillerie, et, après avoir lutté plus d'une heure à dix pas du rivage, nous parvînmes à prendre terre. En abordant, toutes les fatigues furent oubliées, Julie prit sur soi la reconnoissance de tous les soins que chacun s'étoit donnés; et comme au fort du danger elle n'avoit songé qu'à nous, à terre il lui sembloit qu'on n'avoit sauvé qu'elle.

Nous dînâmes avec l'appétit qu'on gagne dans un violent travail. La truite fut apprêtée. Julie qui l'aime extrêmement en mangea peu;

(¹) Comment cela ? Il s'en faut bien que vis-à-vis de Clarens le lac ait deux lieues de large.

(*) Province du duché de Savoie, et par conséquent soumise au roi de Sardaigne.   G. P.

et je compris que, pour ôter aux bateliers le regret de leur sacrifice, elle ne se soucioit pas que j'en mangeasse beaucoup moi-même. Mylord, vous l'avez dit mille fois, dans les petites choses comme dans les grandes cette âme aimante se peint toujours.

Après le dîner, l'eau continuant d'être forte et le bateau ayant besoin d'être raccommodé, je proposai un tour de promenade. Julie m'opposa le vent, le soleil, et songeoit à ma lassitude. J'avois mes vues; ainsi je répondis à tout. Je suis, lui dis-je, accoutumé dès l'enfance aux exercices pénibles; loin de nuire à ma santé ils l'affermissent, et mon dernier voyage m'a rendu bien plus robuste encore. A l'égard du soleil et du vent, vous avez votre chapeau de paille; nous gagnerons des abris et des bois; il n'est question que de monter entre quelques rochers; et vous qui n'aimez pas la plaine en supporterez volontiers la fatigue. Elle fit ce que je voulois, et nous partîmes pendant le dîner de nos gens.

Vous savez qu'après mon exil du Valais, je revins il y a dix ans à Meillerie attendre la permission de mon retour. C'est là que je passai des jours si tristes et si délicieux, uniquement occupé d'elle, et c'est de là que je lui écrivis une lettre dont elle fut si touchée. J'avois toujours désiré de revoir la retraite isolée qui me servit d'asile au milieu des glaces, et où mon cœur se plaisoit à converser en lui-même avec ce qu'il eut de plus cher au monde. L'occasion de visiter ce lieu si chéri dans une saison plus agréable, et avec celle dont l'image l'habitoit jadis avec moi, fut le motif secret de ma promenade. Je me faisois un plaisir de lui montrer d'anciens monumens d'une passion si constante et si malheureuse.

Nous y parvînmes après une heure de marche par des sentiers tortueux et frais, qui, montant insensiblement entre les arbres et les rochers, n'avoient rien de plus incommode que la longueur du chemin. En approchant, et reconnoissant mes anciens renseignemens, je fus prêt à me trouver mal; mais je me surmontai, je cachai mon trouble, et nous arrivâmes. Ce lieu solitaire formoit un réduit sauvage et désert, mais plein de ces sortes de beautés qui ne plaisent qu'aux âmes sensibles, et paroissent horribles aux autres. Un torrent formé par la fonte des neiges rouloit à vingt pas de nous une eau bourbeuse, et charrioit avec bruit du limon, du sable et des pierres. Derrière nous une chaîne de roches inaccessibles séparoit l'esplanade où nous étions de cette partie des Alpes qu'on nomme les Glacières, parce que d'énormes sommets de glaces qui s'accroissent incessamment les couvrent depuis le commencement du monde [1]. Des forêts de noirs sapins nous ombrageoient tristement à droite. Un grand bois de chênes étoit à gauche au-delà du torrent; et au-dessous de nous cette immense plaine d'eau que le lac forme au sein des Alpes nous séparoit des riches côtes du pays de Vaud, dont la cime du majestueux Jura couronnoit le tableau.

Au milieu de ces grands et superbes objets, le petit terrain où nous étions étaloit les charmes d'un séjour riant et champêtre; quelques ruisseaux filtroient à travers les rochers, et rouloient sur la verdure en filets de cristal; quelques arbres fruitiers sauvages penchoient leurs têtes sur les nôtres; la terre humide et fraîche étoit couverte d'herbes et de fleurs. En comparant un si doux séjour aux objets qui l'environnoient, il sembloit que ce lieu désert dût être l'asile de deux amans échappés seuls au bouleversement de la nature.

Quand nous eûmes atteint ce réduit et que je l'eus quelque temps contemplé: Quoi! dis-je à Julie en la regardant avec un œil humide, votre cœur ne vous dit-il rien ici, et ne sentez-vous point quelque émotion secrète à l'aspect d'un lieu si plein de vous? Alors, sans attendre sa réponse, je la conduisis vers le rocher, et lui montrai son chiffre gravé dans mille endroits, et plusieurs vers de Pétrarque et du Tasse relatifs à la situation où j'étois en les traçant. En les revoyant moi-même après si long-temps, j'éprouvai combien la présence des objets peut ranimer puissamment les sentimens violens dont on fut agité près d'eux. Je lui dis avec un peu de véhémence: O Julie, éternel charme de mon cœur! voici les lieux où soupira jadis pour toi le plus fidèle amant du monde; voici le séjour où ta chère image faisoit

---

[1] Ces montagnes sont si hautes, qu'une demi-heure après le soleil couché leurs sommets sont encore éclairés de ses rayons, dont le rouge forme sur ces cimes blanches une belle couleur de rose qu'on aperçoit de fort loin.

son bonheur, et préparoit celui qu'il reçut enfin de toi-même. On n'y voyoit alors ni ces fruits ni ces ombrages, la verdure et les fleurs ne tapissoient point ces compartimens, le cours de ces ruisseaux n'en formoit point les divisions, ces oiseaux n'y faisoient point entendre leurs ramages; le vorace épervier, le corbeau funèbre, et l'aigle terrible des Alpes, faisoient seuls retentir de leurs cris ces cavernes; d'immenses glaces pendoient à tous ces rochers, des festons de neige étoient le seul ornement de ces arbres: tout respiroit ici les rigueurs de l'hiver et l'horreur des frimas; les feux seuls de mon cœur me rendoient ce lieu supportable, et les jours entiers s'y passoient à penser à toi. Voilà la pierre où je m'asseyois pour contempler au loin ton heureux séjour; sur celle-ci fut écrite la lettre qui toucha ton cœur; ces cailloux tranchans me servoient de burin pour graver ton chiffre; ici je passai le torrent glacé pour reprendre une de tes lettres qu'emportoit un tourbillon; là je vins relire et baiser mille fois la dernière que tu m'écrivis; voilà le bord où d'un œil avide et sombre je mesurois la profondeur de ces abîmes; enfin ce fut ici qu'avant mon triste départ je vins te pleurer mourante et jurer de ne te pas survivre. Fille trop constamment aimée, ô toi pour qui j'étois né, faut-il me retrouver avec toi dans les mêmes lieux, et regretter le temps que j'y passois à gémir de ton absence!.... J'allois continuer; mais Julie, qui, me voyant approcher du bord, s'étoit effrayée et m'avoit saisi la main, la serra sans mot dire en me regardant avec tendresse, et retenant avec peine un soupir; puis tout à coup détournant la vue et me tirant par le bras: Allons-nous-en, mon ami, me dit-elle d'une voix émue; l'air de ce lieu n'est pas bon pour moi. Je partis avec elle en gémissant, mais sans lui répondre, et je quittai pour jamais ce triste réduit comme j'aurois quitté Julie elle-même.

Revenus lentement au port après quelques détours, nous nous séparâmes. Elle voulut rester seule, et je continuai de me promener sans trop savoir où j'allois. A mon retour, le bateau n'étant pas encore prêt ni l'eau tranquille, nous soupâmes tristement, les yeux baissés, l'air rêveur, mangeant peu et parlant encore moins. Après le souper, nous fûmes nous asseoir sur la grève en attendant le moment du départ. Insensiblement la lune se leva, l'eau devint plus calme, et Julie me proposa de partir. Je lui donnai la main pour entrer dans le bateau, et en m'asseyant à côté d'elle, je ne songeai plus à quitter sa main. Nous gardions un profond silence. Le bruit égal et mesuré des rames m'excitoit à rêver. Le chant assez gai des bécassines ([1]), me retraçant les plaisirs d'un autre âge, au lieu de m'égayer m'attristoit. Peu à peu je sentis augmenter la mélancolie dont j'étois accablé. Un ciel serein, la fraîcheur de l'air, les doux rayons de la lune, le frémissement argenté dont l'eau brilloit autour de nous, le concours des plus agréables sensations, la présence même de cet objet chéri, rien ne put détourner de mon cœur mille réflexions douloureuses.

Je commençai par me rappeler une promenade semblable faite autrefois avec elle durant le charme de nos premières amours. Tous les sentimens délicieux qui remplissoient alors mon âme s'y retracèrent pour l'affliger; tous les événemens de notre jeunesse, nos études, nos entretiens, nos lettres, nos rendez-vous, nos plaisirs,

E tanta fede, e si dolce memorie,
E si lungo costume ([2])!

ces foules de petits objets qui m'offroient l'image de mon bonheur passé; tout revenoit, pour augmenter ma misère présente, prendre place en mon souvenir. C'en est fait, disois-je en moi-même, ces temps, ces temps heureux ne sont plus; ils ont disparu pour jamais. Hélas! ils ne reviendront plus; et nous vivons, et nous sommes ensemble, et nos cœurs sont toujours unis! Il me sembloit que j'aurois porté plus patiemment sa mort ou son absence, et que j'avois moins souffert tout le temps que j'avois passé loin d'elle. Quand je gémissois dans l'éloignement, l'espoir de la revoir soulageoit mon cœur; je me flattois qu'un instant de sa présence effaceroit toutes mes peines; j'envisageois au moins dans les possibles un état

---

([1]) La bécassine du lac de Genève n'est point l'oiseau qu'on appelle en France du même nom. Le chant plus vif et plus animé de la nôtre donne au lac, durant les nuits d'été, un air de vie et de fraîcheur qui rend ses rives encore plus charmantes.

([2]) Et cette foi si pure, et ces doux souvenirs, et cette longue familiarité! MÉTAST.

moins cruel que le mien : mais se trouver auprès d'elle, mais la voir, la toucher, lui parler, l'aimer, l'adorer, et, presque en la possédant encore, la sentir perdue à jamais pour moi ; voilà ce qui me jetoit dans des accès de fureur et de rage qui m'agitèrent par degrés jusqu'au désespoir. Bientôt je commençai de rouler dans mon esprit des projets funestes, et, dans un transport dont je frémis en y pensant, je fus violemment tenté de la précipiter avec moi dans les flots, et d'y finir dans ses bras ma vie et mes longs tourmens. Cette horrible tentation devint à la fin si forte que je fus obligé de quitter brusquement sa main pour passer à la pointe du bateau.

Là mes vives agitations commencèrent à prendre un autre cours ; un sentiment plus doux s'insinua peu à peu dans mon âme, l'attendrissement surmonta le désespoir, je me mis à verser des torrens de larmes ; et cet état comparé à celui dont je sortois n'étoit pas sans quelque plaisir ; je pleurai fortement, long-temps, et fus soulagé. Quand je me trouvai bien remis je revins auprès de Julie ; je repris sa main. Elle tenoit son mouchoir ; je le sentis fort mouillé. Ah ! lui dis-je tout bas, je vois que nos cœurs n'ont jamais cessé de s'entendre ! Il est vrai, dit-elle d'une voix altérée ; mais que ce soit la dernière fois qu'ils auront parlé sur ce ton. Nous recommençâmes alors à causer tranquillement, et au bout d'une heure de navigation nous arrivâmes sans autre accident. Quand nous fûmes rentrés, j'aperçus à la lumière qu'elle avoit les yeux rouges et fort gonflés : elle ne dut pas trouver les miens en meilleur état. Après les fatigues de cette journée, elle avoit grand besoin de repos ; elle se retira, et je fus me coucher.

Voilà, mon ami, le détail du jour de ma vie où, sans exception, j'ai senti les émotions les plus vives. J'espère qu'elles seront la crise qui me rendra tout-à-fait à moi. Au reste, je vous dirai que cette aventure m'a plus convaincu que tous les argumens de la liberté de l'homme et du mérite de la vertu. Combien de gens sont foiblement tentés et succombent ! Pour Julie, mes yeux le virent et mon cœur le sentit, elle soutint ce jour-là le plus grand combat qu'âme humaine ait pu soutenir ; elle vainquit pourtant. Mais qu'ai-je fait pour rester si loin d'elle ? O Édouard ! quand séduit par ta maîtresse tu sus triompher à la fois de tes désirs et des siens, n'étois-tu qu'un homme ? Sans toi j'étois perdu peut-être. Cent fois dans ce jour périlleux le souvenir de ta vertu m'a rendu la mienne.

CINQUIÈME PARTIE.

LETTRE PREMIÈRE.

DE MYLORD ÉDOUARD A L'AMANT DE JULIE (¹).

Sors de l'enfance, ami, réveille-toi. Ne livre point ta vie entière au long sommeil de la raison. L'âge s'écoule, il ne t'en reste plus que pour être sage. A trente ans passés il est temps de songer à soi ; commence donc à rentrer en toi-même, et sois homme une fois avant la mort.

Mon cher, votre cœur vous en a long-temps imposé sur vos lumières. Vous avez voulu philosopher avant d'en être capable ; vous avez pris le sentiment pour de la raison, et content d'estimer les choses par l'impression qu'elles vous ont faite, vous avez toujours ignoré leur véritable prix. Un cœur droit est, je l'avoue, le premier organe de la vérité ; celui qui n'a rien senti ne sait rien apprendre ; il ne fait que

(¹) Cette lettre paroît avoir été écrite avant la réception de la précédente.

flotter d'erreurs en erreurs ; il n'acquiert qu'un vain savoir et de stériles connoissances, parce que le vrai rapport des choses à l'homme, qui est sa principale science, lui demeure toujours caché. Mais c'est se borner à la première moitié de cette science que de ne pas étudier encore les rapports qu'ont les choses entre elles pour mieux juger de ceux qu'elles ont avec nous. C'est peu de connoître les passions humaines, si l'on n'en sait apprécier les objets ; et cette seconde étude ne peut se faire que dans le calme de la méditation.

La jeunesse du sage est le temps de ses expériences ; ses passions en sont les instrumens ; mais après avoir appliqué son âme aux objets extérieurs pour les sentir, il la retire au dedans de lui pour les considérer, les comparer, les connoître. Voilà le cas où vous devez être plus que personne au monde. Tout ce qu'un cœur sensible peut éprouver de plaisirs et de peines a rempli le vôtre ; tout ce qu'un homme peut voir, vos yeux l'ont vu. Dans un espace de douze ans vous avez épuisé tous les sentimens qui peuvent être épars dans une longue vie, et vous avez acquis, jeune encore, l'expérience d'un vieillard. Vos premières observations se sont portées sur des gens simples et sortant presque des mains de la nature, comme pour vous servir de pièce de comparaison. Exilé dans la capitale du plus célèbre peuple de l'univers, vous êtes sauté pour ainsi dire à l'autre extrémité : le génie supplée aux intermédiaires. Passé chez la seule nation d'hommes qui reste parmi les troupeaux divers dont la terre est couverte, si vous n'avez pas vu régner les lois, vous les avez vues du moins exister encore ; vous avez appris à quels signes on reconnoît cet organe sacré de la volonté d'un peuple, et comment l'empire de la raison publique est le vrai fondement de la liberté. Vous avez parcouru tous les climats, vous avez vu toutes les régions que le soleil éclaire. Un spectacle plus rare et plus digne de l'œil du sage, le spectacle d'une âme sublime et pure, triomphant de ses passions et régnant sur elle-même, est celui dont vous jouissez. Le premier objet qui frappa vos regards est celui qui les frappe encore, et votre admiration pour lui n'est que mieux fondée après en avoir contemplé tant d'autres. Vous n'avez plus rien à sentir ni à voir qui mérite de vous occuper. Il ne vous reste plus d'objet à regarder que vous-même, ni de jouissance à goûter que celle de la sagesse. Vous avez vécu de cette courte vie, songez à vivre pour celle qui doit durer.

Vos passions, dont vous fûtes long-temps l'esclave, vous ont laissé vertueux. Voilà toute votre gloire : elle est grande, sans doute ; mais soyez-en moins fier : votre force même est l'ouvrage de votre foiblesse. Savez-vous ce qui vous a fait aimer toujours la vertu ? Elle a pris à vos yeux la figure de cette femme adorable qui la représente si bien, et il seroit difficile qu'une si chère image vous en laissât perdre le goût. Mais ne l'aimerez-vous jamais pour elle seule, et n'irez-vous point au bien par vos propres forces, comme Julie a fait par les siennes ? Enthousiaste oisif de ses vertus, vous bornerez-vous sans cesse à les admirer sans les imiter jamais ? Vous parlez avec chaleur de la manière dont elle remplit ses devoirs d'épouse et de mère ; mais vous, quand remplirez-vous vos devoirs d'homme et d'ami à son exemple ? Une femme a triomphé d'elle-même, et un philosophe a peine à se vaincre ! Voulez-vous donc n'être toujours qu'un discoureur comme les autres, et vous borner à faire de bons livres au lieu de bonnes actions (¹) ? Prenez-y garde,

(¹) Non, ce siècle de la philosophie ne passera point sans avoir produit un vrai philosophe. J'en connois un, un seul, j'en conviens ; mais c'est beaucoup encore ; et, pour comble de bonheur, c'est dans mon pays qu'il existe. L'oserai-je nommer ici, lui dont la véritable gloire est d'avoir su rester peu connu ? Savant et modeste Abauzit (*), que votre sublime simplicité pardonne à mon cœur un zèle qui n'a point votre nom pour objet. Non, ce n'est pas vous que je veux faire connoître à ce siècle indigne de vous admirer ; c'est Genève que je veux illustrer de votre séjour ; ce sont mes concitoyens que je veux honorer de l'honneur qu'ils vous rendent. Heureux le pays où le mérite qui se cache est d'autant plus estimé ! Heureux le peuple où la jeunesse altière vient abaisser son ton dogmatique et rougir de son vain savoir devant la docte ignorance du sage ! Vénérable et vertueux vieillard, vous n'aurez point été prôné par les beaux esprits ; leurs bruyantes académies n'auront point retenti de vos éloges ; au lieu de déposer comme eux votre sagesse dans des livres, vous l'aurez mise dans votre vie, pour l'exemple de la patrie que vous avez daigné vous choisir, que vous aimez, et qui vous respecte. Vous avez vécu comme Socrate ; mais il mourut par la main de ses concitoyens, et vous êtes chéri des vôtres (**).

(*) Il étoit François de naissance, et fut dès son bas âge envoyé à Genève par suite de la révocation de l'édit de Nantes. Il est mort en 1767, âgé de quatre-vingt-sept ans. G. P.

(**) Ce n'est peut-être qu'à cet éloge, d'ailleurs si touchant et si bien senti, qu'Abauzit doit sa célébrité dans le monde littéraire. Sans la note qu'on vient de lire, son nom eût pu rester obscur, ou du moins sa réputation ne pas s'étendre au-delà de l'enceinte de sa patrie adoptive, et c'est un

non cher; il règne encore dans vos lettres un ton de mollesse et de langueur qui me déplaît, et qui est bien plus un reste de votre passion qu'un effet de votre caractère. Je hais partout la foiblesse, et n'en veux point dans mon ami. Il n'y a point de vertu sans force, et le chemin du vice est la lâcheté. Osez-vous bien compter sur vous avec un cœur sans courage? Malheureux! si Julie étoit foible, tu succomberois demain et ne serois qu'un vil adultère. Mais te voilà resté seul avec elle : apprends à la connoître, et rougis de toi.

J'espère pouvoir bientôt vous aller joindre. Vous savez à quoi ce voyage est destiné. Douze ans d'erreurs et de troubles me rendent suspect à moi-même : pour résister j'ai pu me suffire; pour choisir il me faut les yeux d'un ami; et je me fais un plaisir de rendre tout commun entre nous, la reconnoissance aussi bien que l'attachement. Cependant, ne vous y trompez pas, avant de vous accorder ma confiance, j'examinerai si vous en êtes digne, et si vous méritez de me rendre les soins que j'ai pris de vous. Je connois votre cœur, j'en suis content : ce n'est pas assez; c'est de votre jugement que j'ai besoin dans un choix où doit présider la raison seule, et où la mienne peut m'abuser. Je ne crains pas les passions qui, nous faisant une guerre ouverte, nous avertissent de nous mettre en défense, nous laissent, quoi qu'elles fassent, la conscience de toutes nos fautes, et auxquelles on ne cède qu'autant qu'on leur veut céder. Je crains leur illusion qui trompe au lieu de contraindre, et nous fait faire sans le savoir autre chose que ce que nous voulons. On n'a besoin que de soi pour réprimer ses penchans, on a quelquefois besoin d'autrui pour discerner ceux qu'il est permis de suivre; et c'est à quoi sert l'amitié d'un homme sage, qui voit pour nous sous un autre point de vue les objets que nous avons intérêt à bien connoître. Songez donc à vous examiner, et dites-vous si, toujours en proie à de vains regrets, vous serez à jamais inutile à vous et aux autres, ou si, reprenant enfin l'empire de vous-même, vous voulez mettre une fois votre âme en état d'éclairer celle de votre ami.

Mes affaires ne me retiennent plus à Londres que pour une quinzaine de jours : je passerai par notre armée de Flandre, où je compte rester encore autant; de sorte que vous ne devez guère m'attendre avant la fin du mois prochain ou le commencement d'octobre. Ne m'écrivez plus à Londres, mais à l'armée, sous l'adresse ci-jointe. Continuez vos descriptions : malgré le mauvais ton de vos lettres, elles me touchent et m'instruisent; elles m'inspirent des projets de retraite et de repos convenables à mes maximes et à mon âge. Calmez surtout l'inquiétude que vous m'avez donnée sur madame de Wolmar : si son sort n'est pas heureux, qui doit oser aspirer à l'être? Après le détail qu'elle vous a fait, je ne puis concevoir ce qui manque à son bonheur [1].

LETTRE II.

DE SAINT-PREUX A MYLORD ÉDOUARD.

Oui, mylord, je vous le confirme avec des transports de joie, la scène de Meillerie a été la crise de ma folie et de mes maux. Les explications de M. de Wolmar m'ont entièrement rassuré sur le véritable état de mon cœur. Ce cœur trop foible est guéri tout autant qu'il peut l'être; et je préfère la tristesse d'un regret imaginaire à l'effroi d'être sans cesse assiégé par le crime. Depuis le retour de ce digne ami, je ne balance plus à lui donner un nom si cher et dont vous m'avez si bien fait sentir tout le prix. C'est le moindre titre que je doive à quiconque aide à me rendre à la vertu. La paix est au fond de mon âme comme dans le séjour que j'habite. Je commence à m'y voir sans inquié-

---

trait de plus en l'honneur d'un homme qui fut aussi recommandable par ses vastes connoissances et ses talens que par ses modestes et douces vertus. Des détails sur sa vie et ses ouvrages nous entraîneroient trop loin; ceux des lecteurs qui voudront s'en instruire les trouveront dans Sennebier (*Hist. littéraire de Genève*, tom. III, p. 63 et suiv.), ou dans l'article que Millin a consacré à Abauzit dans la *Biographie universelle*. — Quant à l'éloge de Rousseau, la remarque faite plus d'une fois que c'est le seul qu'il ait adressé à un homme vivant, n'est rien moins qu'exacte, puisque indépendamment d'un hommage semblable que nous l'avons vu précédemment (troisième Partie, Lettre XXI) rendre à Parisot, chirurgien de Lyon, un autre non moins digne d'attention existe dans l'épître dédicatoire du *Devin du village* à Duclos. Voltaire enfin, dans le temps même où son rival de gloire avoit le plus à s'en plaindre, n'a-t-il pas reçu de lui plusieurs fois des hommages publics, toujours aussi sincères qu'indignement récompensés?

G. P.

[1] Le galimatias de cette lettre me plaît, en ce qu'il est tout-à-fait dans le caractère du bon Édouard, qui n'est jamais si philosophe que quand il fait des sottises, et ne raisonne jamais tant que quand il ne sait ce qu'il dit.

tude, à y vivre comme chez moi; et si je n'y prends pas tout-à-fait l'autorité d'un maître, je sens plus de plaisir encore à me regarder comme l'enfant de la maison. La simplicité, l'égalité que j'y vois régner, ont un attrait qui me touche et me porte au respect. Je passe des jours sereins entre la raison vivante et la vertu sensible. En fréquentant ces heureux époux, leur ascendant me gagne et me touche insensiblement, et mon cœur se met par degrés à l'unisson des leurs, comme la voix prend sans qu'on y songe le ton des gens avec qui l'on parle.

Quelle retraite délicieuse! quelle charmante habitation! que la douce habitude d'y vivre en augmente le prix! et que, si l'aspect en paroît d'abord peu brillant, il est difficile de ne pas l'aimer aussitôt qu'on la connoît! Le goût que prend madame de Wolmar à remplir ses nobles devoirs, à rendre heureux et bons ceux qui l'approchent, se communique à tout ce qui en est l'objet, à son mari, à ses enfans, à ses hôtes, à ses domestiques. Le tumulte, les jeux bruyans, les longs éclats de rire, ne retentissent point dans ce paisible séjour; mais on y trouve partout des cœurs contens et des visages gais. Si quelquefois on y verse des larmes, elles sont d'attendrissement et de joie. Les noirs soucis, l'ennui, la tristesse, n'approchent pas plus d'ici que le vice et les remords dont ils sont le fruit.

Pour elle, il est certain qu'excepté la peine secrète qui la tourmente, et dont je vous ai dit la cause dans ma précédente lettre (1), tout concourt à la rendre heureuse. Cependant avec tant de raisons de l'être mille autres se désoleroient à sa place : sa vie uniforme et retirée leur seroit insupportable; elles s'impatienteroient du tracas des enfans; elles s'ennuieroient des soins domestiques; elles ne pourroient souffrir la campagne; la sagesse et l'estime d'un mari peu caressant ne les dédommageroient ni de sa froideur ni de son âge; sa présence et son attachement même leur seroient à charge. Ou elles trouveroient l'art de l'écarter de chez lui pour y vivre à leur liberté, ou, s'en éloignant elles-mêmes, elles mépriseroient les plaisirs de leur état; elles en chercheroient au loin de plus dangereux, et ne seroient à leur aise dans leur propre maison que quand elles y seroient étrangères. Il faut une âme saine pour sentir les charmes de la retraite : on ne voit guère que des gens de bien se plaire au sein de leur famille et s'y renfermer volontairement; s'il est au monde une vie heureuse, c'est sans doute celle qu'ils y passent. Mais les instrumens du bonheur ne sont rien pour qui ne sait pas les mettre en œuvre, et l'on ne sent en quoi le vrai bonheur consiste qu'autant qu'on est propre à le goûter.

S'il falloit dire avec précision ce qu'on fait dans cette maison pour être heureux, je croirois avoir bien répondu en disant : *On y sait vivre*; non dans le sens qu'on donne en France à ce mot, qui est d'avoir avec autrui certaines manières établies par la mode; mais de la vie de l'homme et pour laquelle il est né; de cette vie dont vous me parlez, dont vous m'avez donné l'exemple, qui dure au-delà d'elle-même, et qu'on ne tient pas pour perdue au jour de la mort.

Julie a un père qui s'inquiète du bien-être de sa famille : elle a des enfans à la subsistance desquels il faut pourvoir convenablement. Ce doit être le principal soin de l'homme sociable, et c'est aussi le premier dont elle et son mari se sont conjointement occupés. En entrant en ménage ils ont examiné l'état de leurs biens : ils n'ont pas tant regardé s'ils étoient proportionnés à leur condition qu'à leurs besoins; et voyant qu'il n'y avoit point de famille honnête qui ne dût s'en contenter, ils n'ont pas eu assez mauvaise opinion de leurs enfans pour craindre que le patrimoine qu'ils ont à leur laisser ne leur pût suffire. Ils se sont donc appliqués à l'améliorer plutôt qu'à l'étendre; ils ont placé leur argent plus sûrement qu'avantageusement; au lieu d'acheter de nouvelles terres, ils ont donné un nouveau prix à celles qu'ils avoient déjà, et l'exemple de leur conduite est le seul trésor dont ils veuillent accroître leur héritage.

Il est vrai qu'un bien qui n'augmente point est sujet à diminuer par mille accidens; mais si cette raison est un motif pour l'augmenter une fois, quand cessera-t-elle d'être un prétexte pour l'augmenter toujours? Il faudra le partager à plusieurs enfans. Mais doivent-ils rester oisifs? le travail de chacun n'est-il pas un sup-

---

(1) Cette précédente lettre ne se trouve point. On en verra ci-après la raison.

plément à son partage? et son industrie ne doit-elle pas entrer dans le calcul de son bien? L'insatiable avidité fait ainsi son chemin sous le masque de la prudence, et mène au vice à force de chercher la sûreté. C'est en vain, dit M. de Wolmar, qu'on prétend donner aux choses humaines une solidité qui n'est pas dans leur nature : la raison même veut que nous laissions beaucoup de choses au hasard; et si notre vie et notre fortune en dépendent toujours malgré nous, quelle folie de se donner sans cesse un tourment réel pour prévenir des maux douteux et des dangers inévitables! La seule précaution qu'il ait prise à ce sujet a été de vivre un an sur son capital, pour se laisser autant d'avance sur son revenu; de sorte que le produit anticipe toujours d'une année sur la dépense. Il a mieux aimé diminuer un peu son fonds que d'avoir sans cesse à courir après ses rentes. L'avantage de n'être point réduit à des expédiens ruineux au moindre accident imprévu l'a déjà remboursé bien des fois de cette avance. Ainsi l'ordre et la règle lui tiennent lieu d'épargne, et il s'enrichit de ce qu'il a dépensé.

Les maîtres de cette maison jouissent d'un bien médiocre selon les idées de fortune qu'on a dans le monde; mais au fond je ne connois personne de plus opulent qu'eux. Il n'y a point de richesse absolue. Ce mot ne signifie qu'un rapport de surabondance entre les désirs et les facultés de l'homme riche. Tel est riche avec un arpent de terre; tel est gueux au milieu de ses monceaux d'or. Le désordre et les fantaisies n'ont point de bornes, et font plus de pauvres que les vrais besoins. Ici la proportion est établie sur un fondement qui la rend inébranlable, savoir, le parfait accord des deux époux. Le mari s'est chargé du recouvrement des rentes, la femme en dirige l'emploi, et c'est dans l'harmonie qui règne entre eux qu'est la source de leur richesse.

Ce qui m'a d'abord le plus frappé dans cette maison, c'est d'y trouver l'aisance, la liberté, la gaîté, au milieu de l'ordre et de l'exactitude. Le grand défaut des maisons bien réglées est d'avoir un air triste et contraint. L'extrême sollicitude des chefs sent toujours un peu l'avarice; tout respire la gêne autour d'eux : la rigueur de l'ordre a quelque chose de servile qu'on ne supporte point sans peine. Les domestiques font leur devoir, mais ils le font d'un air mécontent et craintif. Les hôtes sont bien reçus, mais ils n'usent qu'avec défiance de la liberté qu'on leur donne; et comme on s'y voit toujours hors de la règle, on n'y fait rien qu'en tremblant de se rendre indiscret. On sent que ces pères esclaves ne vivent point pour eux, mais pour leurs enfans; sans songer qu'ils ne sont pas seulement pères, mais hommes, et qu'ils doivent à leurs enfans l'exemple de la vie de l'homme et du bonheur attaché à la sagesse. On suit ici des règles plus judicieuses : on y pense qu'un des principaux devoirs d'un bon père de famille n'est pas seulement de rendre son séjour riant afin que ses enfans s'y plaisent, mais d'y mener lui-même une vie agréable et douce, afin qu'ils sentent qu'on est heureux en vivant comme lui, et ne soient jamais tentés de prendre pour l'être une conduite opposée à la sienne. Une des maximes que M. de Wolmar répète le plus souvent au sujet des amusemens des deux cousines, est que la vie triste et mesquine des pères et mères est presque toujours la première source du désordre des enfans.

Pour Julie, qui n'eut jamais d'autre règle que son cœur, et n'en sauroit avoir de plus sûre, elle s'y livre sans scrupule, et, pour bien faire, elle fait tout ce qu'il lui demande. Il ne laisse pas de lui demander beaucoup, et personne ne sait mieux qu'elle mettre un prix aux douceurs de la vie. Comment cette âme si sensible seroit-elle insensible aux plaisirs? Au contraire, elle les aime, elle les recherche, elle ne s'en refuse aucun de ceux qui la flattent; on voit qu'elle sait les goûter : mais ces plaisirs sont les plaisirs de Julie. Elle ne néglige ni ses propres commodités ni celles des gens qui lui sont chers, c'est-à-dire de tous ceux qui l'environnent. Elle ne compte pour superflu rien de ce qui peut contribuer au bien-être d'une personne sensée; mais elle appelle ainsi tout ce qui ne sert qu'à briller aux yeux d'autrui; de sorte qu'on trouve dans sa maison le luxe de plaisir et de sensualité sans raffinement ni mollesse. Quant au luxe de magnificence et de vanité, on n'y en voit que ce qu'elle n'a pu refuser au goût de son père; encore y reconnoît-on toujours le sien, qui consiste à donner moins de lustre et d'éclat que d'élégance et de grâce aux choses. Quand je lui parle des moyens qu'on invente journellement à Paris ou à Londres pour suspendre plus doucement les carrosses, elle approuve assez cela ; mais quand je lui dis jusqu'à quel prix on a poussé les vernis, elle ne me comprend plus, et me demande toujours si ces beaux vernis rendent les carrosses plus commodes. Elle ne doute pas que je n'exagère beaucoup sur les peintures scandaleuses dont on orne à grands frais ces voitures, au lieu des armes qu'on y mettoit autrefois ; comme s'il étoit plus beau de s'annoncer aux passans pour un homme de mauvaises mœurs que pour un homme de qualité ! Ce qui l'a surtout révoltée, a été d'apprendre que les femmes avoient introduit ou soutenu cet usage, et que leurs carrosses ne se distinguoient de ceux des hommes que par des tableaux un peu plus lascifs. J'ai été forcé de lui citer là-dessus un mot de votre illustre ami, qu'elle a bien de la peine à digérer. J'étois chez lui un jour qu'on lui montroit un vis-à-vis de cette espèce. A peine eut-il jeté les yeux sur les panneaux, qu'il partit en disant au maître : Montrez ce carrosse à des femmes de la cour ; un honnête homme n'oseroit s'en servir.

Comme le premier pas vers le bien est de ne point faire de mal, le premier pas vers le bonheur est de ne point souffrir. Ces deux maximes, qui bien entendues épargneroient beaucoup de préceptes de morale, sont chères à madame de Wolmar. Le mal-être lui est extrêmement sensible et pour elle et pour les autres ; et il ne lui seroit pas plus aisé d'être heureuse en voyant des misérables, qu'à l'homme droit de conserver sa vertu toujours pur en vivant sans cesse au milieu des méchans. Elle n'a point cette pitié barbare qui se contente de détourner les yeux des maux qu'elle pourroit soulager ; elle les va chercher pour les guérir : c'est l'existence et non la vue des malheureux qui la tourmente ; il ne lui suffit pas de ne point savoir qu'il y en a, il faut, pour son repos, qu'elle sache qu'il n'y en a pas, du moins autour d'elle ; car ce seroit sortir des termes de la raison que de faire dépendre son bonheur de celui de tous les hommes. Elle s'informe des besoins de son voisinage avec la chaleur qu'on met à son propre intérêt ; elle en connoît tous les habitans ; elle y étend pour ainsi dire l'enceinte de sa famille, et n'épargne aucun soin pour en écarter tous les sentimens de douleur et de peine auxquels la vie humaine est assujettie.

Mylord, je veux profiter de vos leçons : mais pardonnez-moi un enthousiasme que je ne me reproche plus et que vous partagez. Il n'y aura jamais qu'une Julie au monde. La Providence a veillé sur elle, et rien de ce qui la regarde n'est un effet du hasard. Le ciel semble l'avoir donnée à la terre pour y montrer à la fois l'excellence dont une âme humaine est susceptible, et le bonheur dont elle peut jouir dans l'obscurité de la vie privée, sans le secours des vertus éclatantes qui peuvent l'élever au-dessus d'elle-même, ni de la gloire qui les peut honorer. Sa faute, si c'en fut une, n'a servi qu'à déployer sa force et son courage. Ses parens, ses amis, ses domestiques, tous heureusement nés, étoient faits pour l'aimer et pour en être aimés. Son pays étoit le seul où il lui convînt de naître ; la simplicité qui la rend sublime devoit régner autour d'elle ; il lui falloit, pour être heureuse, vivre parmi des gens heureux. Si, pour son malheur, elle fût née chez des peuples infortunés qui gémissent sous le poids de l'oppression, et luttent sans espoir et sans fruit contre la misère qui les consume, chaque plainte des opprimés eût empoisonné sa vie ; la désolation commune l'eût accablée ; et son cœur bienfaisant, épuisé de peines et d'ennuis, lui eût fait éprouver sans cesse les maux qu'elle n'eût pu soulager.

Au lieu de cela, tout anime et soutient ici sa bonté naturelle. Elle n'a point à pleurer les calamités publiques ; elle n'a point sous les yeux l'image affreuse de la misère et du désespoir. Le villageois à son aise (¹) a plus besoin de ses avis que de ses dons. S'il se trouve quelque orphelin trop jeune pour gagner sa vie, quelque veuve oubliée qui souffre en secret, quelque vieillard sans enfans dont les bras affoiblis par l'âge ne fournissent plus à son entretien, elle ne craint pas que ses bienfaits leur deviennent onéreux, et fassent aggraver sur eux les char-

(¹) Il y a près de Clarens un village appelé Montru, dont la commune seule est assez riche pour entretenir tous les communiers, n'eussent-ils pas un pouce de terre en propre. Aussi la bourgeoisie de ce village est-elle presque aussi difficile à acquérir que celle de Berne. Quel dommage qu'il n'y ait pas là quelque honnête homme de subdélégué, pour rendre messieurs de Montru plus sociables, et leur bourgeoisie un peu moins chère.

ges publiques pour en exempter des coquins accrédités. Elle jouit du bien qu'elle fait, et le voit profiter. Le bonheur qu'elle goûte se multiplie et s'étend autour d'elle. Toutes les maisons où elle entre offrent bientôt un tableau de la sienne ; l'aisance et le bien-être y sont une de ses moindres influences ; la concorde et les mœurs la suivent de ménage en ménage. En sortant de chez elle ses yeux ne sont frappés que d'objets agréables ; en y rentrant elle en retrouve de plus doux encore : elle voit partout ce qui plaît à son cœur ; et cette âme si peu sensible à l'amour-propre apprend à s'aimer dans ses bienfaits. Non, mylord, je le répète, rien de ce qui touche à Julie n'est indifférent pour la vertu. Ses charmes, ses talens, ses goûts, ses combats, ses fautes, ses regrets, son séjour, ses amis, sa famille, ses peines, ses plaisirs, et toute sa destinée, font de sa vie un exemple unique, que peu de femmes voudront imiter, mais qu'elles aimeront en dépit d'elles.

Ce qui me plaît le plus dans les soins qu'on prend ici du bonheur d'autrui, c'est qu'ils sont tous dirigés par la sagesse, et qu'il n'en résulte jamais d'abus. N'est pas toujours bienfaisant qui veut ; et souvent tel croit rendre de grands services, qui fait de grands maux qu'il ne voit pas, pour un petit bien qu'il aperçoit. Une qualité rare dans les femmes du meilleur caractère, et qui brille éminemment dans celui de madame de Wolmar, c'est un discernement exquis dans la distribution de ses bienfaits, soit par le choix des moyens de les rendre utiles, soit par le choix des gens sur qui elle les répand. Elle s'est fait des règles dont elle ne se départ point. Elle sait accorder et refuser ce qu'on lui demande, sans qu'il y ait ni foiblesse dans sa bonté, ni caprice dans son refus. Quiconque a commis en sa vie une méchante action n'a rien à espérer d'elle que justice, et pardon s'il l'a offensée ; jamais faveur ni protection qu'elle puisse placer sur un meilleur sujet. Je l'ai vue refuser assez sèchement à un homme de cette espèce une grâce qui dépendoit d'elle seule. « Je vous souhaite du
» bonheur, lui dit-elle, mais je n'y veux pas
» contribuer, de peur de faire du mal à d'au-
» tres en vous mettant en état d'en faire. Le
» monde n'est pas assez épuisé de gens de bien
» qui souffrent pour qu'on soit réduit à songer
» à vous. » Il est vrai que cette dureté lui coûte extrêmement, et qu'il lui est rare de l'exercer. Sa maxime est de compter pour bons tous ceux dont la méchanceté ne lui est pas prouvée ; et il y a bien peu de méchans qui n'aient l'adresse de se mettre à l'abri des preuves. Elle n'a point cette charité paresseuse des riches qui payent en argent aux malheureux le droit de rejeter leurs prières, et pour un bienfait imploré ne savent jamais donner que l'aumône. Sa bourse n'est pas inépuisable ; et depuis qu'elle est mère de famille, elle en sait mieux régler l'usage. De tous les secours dont on peut soulager les malheureux, l'aumône est à la vérité celui qui coûte le moins de peine ; mais il est aussi le plus passager et le moins solide ; et Julie ne cherche pas à se délivrer d'eux, mais à leur être utile.

Elle n'accorde pas non plus indistinctement des recommandations et des services sans bien savoir si l'usage qu'on en veut faire est raisonnable et juste. Sa protection n'est jamais refusée à quiconque en a un véritable besoin et mérite de l'obtenir ; mais pour ceux que l'inquiétude ou l'ambition porte à vouloir s'élever et quitter un état où ils sont bien, rarement peuvent-ils l'engager à se mêler de leurs affaires. La condition naturelle à l'homme est de cultiver la terre et de vivre de ses fruits. Le paisible habitant des champs n'a besoin pour sentir son bonheur que de le connoître. Tous les vrais plaisirs de l'homme sont à sa portée ; il n'a que les peines inséparables de l'humanité, des peines que celui qui croit s'en délivrer ne fait qu'échanger contre d'autres plus cruelles (¹). Cet état est le seul nécessaire et le plus utile : il n'est malheureux que quand les autres le tyrannisent par leur violence, ou le séduisent par l'exemple de leurs vices. C'est en lui que consiste la véritable prospérité d'un pays, la force et la grandeur qu'un peuple tire de lui-même, qui ne dépend en rien des autres nations, qui ne contraint jamais d'attaquer pour se soutenir, et donne les plus sûrs moyens de se défendre. Quand il est question d'estimer la puissance publique, le bel esprit visite les palais du prince, ses ports, ses troupes, ses arsenaux, ses villes : le vrai politique parcourt les terres et va dans la chau-

---

(¹) L'homme sorti de sa première simplicité devient si stupide qu'il ne sait pas même désirer. Ses souhaits exaucés le mèneroient tous à la fortune, jamais à la félicité.

mière du laboureur. Le premier voit ce qu'on a fait, et la seconde ce qu'on peut faire.

Sur ce principe on s'attache ici, et plus encore à Étange, à contribuer autant qu'on peut à rendre aux paysans leur condition douce, sans jamais leur aider à en sortir. Les plus aisés et les plus pauvres ont également la fureur d'envoyer leurs enfans dans les villes, les uns pour étudier et devenir un jour des messieurs, les autres pour entrer en condition et décharger leurs parens de leur entretien. Les jeunes gens de leur côté aiment souvent à courir ; les filles aspirent à la parure bourgeoise ; les garçons s'engagent dans un service étranger ; ils croient valoir mieux en rapportant dans leur village, au lieu de l'amour de la patrie et de la liberté, l'air à la fois rogue et rampant des soldats mercenaires, et le ridicule mépris de leur ancien état. On leur montre à tous l'erreur de ces préjugés, la corruption des enfans, l'abandon des pères, et les risques continuels de la vie, de la fortune et des mœurs, où cent périssent pour un qui réussit. S'ils s'obstinent, on ne favorise point leur fantaisie insensée, on les laisse courir au vice et à la misère, et l'on s'applique à dédommager ceux qu'on a persuadés des sacrifices qu'ils font à la raison. On leur apprend à honorer leur condition naturelle en l'honorant soi-même ; on n'a point avec les paysans les façons des villes, mais on use avec eux d'une honnête et grave familiarité, qui, maintenant chacun dans son état, leur apprend pourtant à faire cas du leur. Il n'y a point de bon paysan qu'on ne porte à se considérer lui-même, en lui montrant la différence qu'on fait de lui à ces petits parvenus qui viennent briller un moment dans leur village et ternir leurs parens de leur éclat. M. de Wolmar et le baron, quand il est ici, manquent rarement d'assister aux exercices, aux prix, aux revues du village et des environs. Cette jeunesse déjà naturellement ardente et guerrière, voyant de vieux officiers se plaire à ses assemblées, s'estime davantage et prend plus de confiance en elle-même. On lui en donne encore plus en lui montrant des soldats retirés du service étranger en savoir moins qu'elle à tous égards ; car, quoi qu'on fasse, jamais cinq sous de paye et la peur des coups de canne ne produiront une émulation pareille à celle que donne à un homme libre et sous les armes la présence de ses parens, de ses voisins, de ses amis, de sa maîtresse, et la gloire de son pays.

La grande maxime de madame de Wolmar est donc de ne point favoriser les changemens de condition, mais de contribuer à rendre heureux chacun dans la sienne, et surtout d'empêcher que la plus heureuse de toutes, qui est celle du villageois dans un état libre, ne se dépeuple en faveur des autres.

Je lui faisois là-dessus l'objection des talens divers que la nature semble avoir partagés aux hommes pour leur donner à chacun leur emploi, sans égard à la condition dans laquelle ils sont nés. A cela elle me répondit qu'il y avoit deux choses à considérer avant le talent : savoir, les mœurs et la félicité. L'homme, dit-elle, est un être trop noble pour devoir servir simplement d'instrument à d'autres, et l'on ne doit point l'employer à ce qui leur convient sans consulter aussi ce qui lui convient à lui-même ; car les hommes ne sont pas faits pour les places, mais les places sont faites pour eux ; et, pour distribuer convenablement les choses, il ne faut pas tant chercher dans leur partage l'emploi auquel chaque homme est le plus propre, que celui qui est le plus propre à chaque homme pour le rendre bon et heureux autant qu'il est possible. Il n'est jamais permis de détériorer une âme humaine pour l'avantage des autres, ni de faire un scélérat pour le service des honnêtes gens.

Or, de mille sujets qui sortent du village, il n'y en a pas dix qui n'aillent se perdre à la ville, ou qui n'en portent les vices plus loin que les gens dont ils les ont appris. Ceux qui réussissent et font fortune, la font presque tous par les voies déshonnêtes qui y mènent. Les malheureux qu'elle n'a point favorisés ne reprennent plus leur ancien état, et se font mendians ou voleurs plutôt que de revenir paysans. De ces mille s'il s'en trouve un seul qui résiste à l'exemple et se conserve honnête homme, pensez-vous qu'à tout prendre celui-là passe une vie aussi heureuse qu'il l'eût passée à l'abri des passions violentes, dans la tranquille obscurité de sa première condition ?

Pour suivre son talent il le faut connoître. Est-ce une chose aisée de discerner toujours les talens des hommes ? et à l'âge où l'on prend un parti, si l'on a tant de peine à bien connoître ceux des enfans qu'on a le mieux observés, comment un petit paysan saura-t-il de lui-même distinguer les siens? Rien n'est plus équivoque que les signes d'inclination qu'on donne dès l'enfance, l'esprit imitateur y a souvent plus de part que le talent : ils dépendront plutôt d'une rencontre fortuite que d'un penchant décidé, et le penchant même n'annonce pas toujours la disposition. Le vrai talent, le vrai génie a une certaine simplicité qui le rend moins inquiet, moins remuant, moins prompt à se montrer, qu'un apparent et faux talent, qu'on prend pour véritable, et qui n'est qu'une vaine ardeur de briller, sans moyens pour y réussir. Tel entend un tambour et veut être général ; un autre voit bâtir, et se croit architecte. Gustin, mon jardinier, prit le goût du dessin pour m'avoir vue dessiner : je l'envoyai apprendre à Lausanne ; il se croyait déjà peintre, et n'est qu'un jardinier. L'occasion, le désir de s'avancer, décident de l'état qu'on choisit. Ce n'est pas assez de sentir son génie, il faut aussi vouloir s'y livrer. Un prince ira-t-il se faire cocher parce qu'il mène bien son carrosse? un duc se fera-t-il cuisinier parce qu'il invente de bons ragoûts? On n'a des talens que pour s'élever, personne n'en a pour descendre : pensez-vous que ce soit là l'ordre de la nature? Quand chacun connoîtroit son talent et voudroit le suivre, combien le pourroient? combien surmonteroient d'injustes obstacles? combien vaincroient d'indignes concurrens? celui qui sent sa foiblesse appelle à son secours le manége et la brigue, que l'autre, plus sûr de lui, dédaigne. Ne m'avez-vous pas cent fois dit vous-même que tant d'établissemens en faveur des arts ne font que leur nuire? En multipliant indiscrètement les sujets on les confond ; le vrai mérite reste étouffé dans la foule, et les honneurs dus au plus habile sont tous pour le plus intrigant. S'il existoit une société où les emplois et les rangs fussent exactement mesurés sur les talens et le mérite personnel, chacun pourroit aspirer à la place qu'il sauroit le mieux remplir ; mais il faut se conduire par des règles plus sûres, et renoncer au prix des talens, quand le plus vil de tous est le seul qui mène à la fortune.

Je vous dirai plus, continua-t-elle : j'ai peine à croire que tant de talens divers doivent être tous développés ; car il faudroit pour cela que le nombre de ceux qui les possèdent fût exactement proportionné au besoin de la société ; et si l'on ne laissoit au travail de la terre que ceux qui ont éminemment le talent de l'agriculture, ou qu'on enlevât à ce travail tous ceux qui sont plus propres à un autre, il ne resteroit pas assez de laboureurs pour la cultiver et nous faire vivre. Je penserois que les talens des hommes sont comme les vertus des drogues, que la nature nous donne pour guérir nos maux, quoique son intention soit que nous n'en ayons pas besoin. Il y a des plantes qui nous empoisonnent, des animaux qui nous dévorent, des talens qui nous sont pernicieux. S'il falloit toujours employer chaque chose selon ses principales propriétés, peut-être feroit-on moins de bien que de mal aux hommes. Les peuples bons et simples n'ont pas besoin de tant de talens ; ils se soutiennent mieux par leur seule simplicité que les autres par toute leur industrie : mais à mesure qu'ils se corrompent, leurs talens se développent comme pour servir de supplément aux vertus qu'ils perdent, et pour forcer les méchans eux-mêmes d'être utiles en dépit d'eux.

Une autre chose sur laquelle j'avois peine à tomber d'accord avec elle étoit l'assistance des mendians. Comme c'est ici une grande route, il en passe beaucoup, et l'on ne refuse l'aumône à aucun. Je lui représentai que ce n'étoit pas seulement un bien jeté à pure perte, et dont on privoit ainsi le vrai pauvre, mais que cet usage contribuoit à multiplier les gueux et les vagabonds qui se plaisent à ce lâche métier, et, se rendant à charge à la société, la privent encore du travail qu'ils pourroient faire.

Je vois bien, me dit-elle, que vous avez pris dans les grandes villes les maximes dont de complaisans raisonneurs aiment à flatter la dureté des riches ; vous en avez même pris les termes. Croyez-vous dégrader un pauvre de sa qualité d'homme en lui donnant le nom méprisant de gueux? Compatissant comme vous l'êtes, comment avez-vous pu vous résoudre à l'employer? Renoncez-y, mon ami, ce mot ne va point dans votre bouche ; il est plus déshonorant pour l'homme dur qui s'en sert que pour le malheureux qui le porte. Je ne déciderai point si ces détracteurs de l'aumône ont tort ou raison ; ce que je sais, c'est que mon mari, qui ne cède point en bon sens à vos philosophes, et qui m'a souvent rapporté tout ce qu'ils disent là-dessus pour étouffer dans le cœur la pitié naturelle et l'exercer à l'insensibilité, m'a toujours paru mépriser ces discours et n'a point désapprouvé ma conduite. Son raisonnement est simple : On souffre, dit-il, et l'on entretient à grands frais des multitudes de professions inutiles dont plusieurs ne servent qu'à corrompre et gâter les mœurs. A ne regarder l'état de mendiant que comme un métier, loin qu'on en ait rien de pareil à craindre, on n'y trouve que de quoi nourrir en nous les sentimens d'intérêt et d'humanité qui devroient unir tous les hommes. Si l'on veut le considérer par le talent, pourquoi ne récompenserois-je pas l'éloquence de ce mendiant qui me remue le cœur et me porte à le secourir, comme je paye un comédien qui me fait verser quelques larmes stériles ? Si l'un me fait aimer les bonnes actions d'autrui, l'autre me porte à en faire moi-même : tout ce qu'on sent à la tragédie s'oublie à l'instant qu'on en sort ; mais la mémoire des malheureux qu'on a soulagés donne un plaisir qui renaît sans cesse. Si le grand nombre des mendians est onéreux à l'état, de combien d'autres professions qu'on encourage et qu'on tolère n'en peut-on pas dire autant ! C'est au souverain de faire en sorte qu'il n'y ait point de mendians ; mais, pour les rebuter de leur profession (¹), faut-il rendre les citoyens inhumains et dénaturés ? Pour moi, continua Julie, sans savoir ce que les pauvres sont à l'état, je sais qu'ils sont tous mes frères, et que je ne puis, sans une inexcusable dureté, leur refuser le foible secours qu'ils me demandent. La plupart sont des vagabonds, j'en conviens ; mais je connois trop les peines de la vie pour ignorer par combien de malheurs un honnête homme peut se trouver réduit à leur sort ; et comment puis-je être sûre que l'inconnu qui vient implorer au nom de Dieu mon assistance et mendier un pauvre morceau de pain, n'est pas peut-être cet honnête homme prêt à périr de misère, et que mon refus va réduire au désespoir ? L'aumône que je fais donner à la porte est légère : un demi-crutz (¹) et un morceau de pain sont ce qu'on ne refuse à personne ; on donne une ration double à ceux qui sont évidemment estropiés : s'ils en trouvent autant sur leur route dans chaque maison aisée, cela suffit pour les faire vivre en chemin ; et c'est tout ce qu'on doit au mendiant étranger qui passe. Quand ce ne seroit pas pour eux un secours réel, c'est au moins un témoignage qu'on prend part à leur peine, un adoucissement à la dureté du refus, une sorte de salutation qu'on leur rend. Un demi-crutz et un morceau de pain ne coûtent guère plus à donner et sont une réponse plus honnête qu'un *Dieu vous assiste !* comme si les dons de Dieu n'étoient pas dans la main des hommes, et qu'il eût d'autres greniers sur la terre que les magasins des riches ! Enfin, quoi qu'on puisse penser de ces infortunés, si l'on ne doit rien au gueux qui mendie, au moins se doit-on à soi-même de rendre honneur à l'humanité souffrante ou à son image, et de ne point s'endurcir le cœur à l'aspect de ses misères.

Voilà comment j'en use avec ceux qui mendient pour ainsi dire sans prétexte et de bonne foi : à l'égard de ceux qui se disent ouvriers et se plaignent de manquer d'ouvrage, il y a toujours ici pour eux des outils et du travail qui les attendent. Par cette méthode on les aide, on met leur bonne volonté à l'épreuve ; et les menteurs le savent si bien qu'il ne s'en présente plus chez nous.

C'est ainsi, mylord, que cette âme angélique trouve toujours dans ses vertus de quoi combattre les vaines subtilités dont les gens cruels pallient leurs vices. Tous ces soins et d'autres semblables sont mis par elle au rang de ses

---

(¹) Nourrir les mendians, c'est, disent-ils, former des pépinières de voleurs ; et, tout au contraire, c'est empêcher qu'ils ne le deviennent. Je conviens qu'il ne faut pas encourager les pauvres à se faire mendians ; mais quand une fois ils le sont, il faut les nourrir, de peur qu'ils ne se fassent voleurs. Rien n'engage tant à changer de profession que de ne pouvoir vivre dans la sienne : or tous ceux qui ont une fois goûté de ce métier oiseux prennent tellement le travail en aversion, qu'ils aiment mieux voler et se faire pendre, que de reprendre l'usage de leurs bras. Un liard est bientôt demandé et refusé ; mais vingt liards auroient payé le souper d'un pauvre que vingt refus peuvent impatienter. Qui est-ce qui voudroit jamais refuser une si légère aumône, s'il songeoit qu'elle peut sauver deux hommes, l'un du crime, et l'autre de la mort ? J'ai lu quelque part que les mendians sont une vermine qui s'attache aux riches. Il est naturel que les enfans s'attachent aux pères ; mais ces pères opulens et durs les méconnoissent, et laissent aux pauvres le soin de les nourrir.

(¹) Petite monnoie du pays.

plaisirs, et remplissent une partie du temps que lui laissent ses devoirs les plus chéris. Quand, après s'être acquittée de tout ce qu'elle doit aux autres, elle songe ensuite à elle-même, ce qu'elle fait pour se rendre la vie agréable peut encore être compté parmi ses vertus; tant son motif est toujours louable et honnête, et tant il y a de tempérance et de raison dans tout ce qu'elle accorde à ses désirs! Elle veut plaire à son mari qui aime à la voir contente et gaie; elle veut inspirer à ses enfans le goût des innocens plaisirs que la modération, l'ordre et la simplicité font valoir, et qui détournent le cœur des passions impétueuses. Elle s'amuse pour les amuser, comme la colombe amollit dans son estomac le grain dont elle veut nourrir ses petits.

Julie a l'âme et le corps également sensibles. La même délicatesse règne dans ses sentimens et dans ses organes. Elle étoit faite pour connoître et goûter tous les plaisirs, et long-temps elle n'aima si chèrement la vertu même que comme la plus douce des voluptés. Aujourd'hui qu'elle sent en paix cette volupté suprême, elle ne se refuse aucune de celles qui peuvent s'associer avec celle-là : mais sa manière de les goûter ressemble à l'austérité de ceux qui s'y refusent, et l'art de jouir est pour elle celui des privations; non de ces privations pénibles et douloureuses qui blessent la nature, et dont son auteur dédaigne l'hommage insensé, mais des privations passagères et modérées, qui conservent à la raison son empire, et, servant d'assaisonnement au plaisir, en préviennent le dégoût et l'abus. Elle prétend que tout ce qui tient aux sens et n'est pas nécessaire à la vie change de nature aussitôt qu'il tourne en habitude, qu'il cesse d'être un plaisir en devenant un besoin, que c'est à la fois une chaîne qu'on se donne et une jouissance dont on se prive, et que prévenir toujours les désirs n'est pas l'art de les contenter, mais de les éteindre. Tout celui qu'elle emploie à donner du prix aux moindres choses est de se les refuser vingt fois pour une. Cette âme simple se conserve ainsi son premier ressort : son goût ne s'use point; elle n'a jamais besoin de le ranimer par des excès, et je la vois souvent savourer avec délices un plaisir d'enfant qui seroit insipide à tout autre.

Un objet plus noble qu'elle se propose encore en cela, est de rester maîtresse d'elle-même, d'accoutumer ses passions à l'obéissance, et de plier tous ses désirs à la règle. C'est un nouveau moyen d'être heureuse; car on ne jouit sans inquiétude que de ce qu'on peut perdre sans peine; et si le vrai bonheur appartient au sage, c'est parce qu'il est de tous les hommes celui à qui la fortune peut le moins ôter.

Ce qui me paroît le plus singulier dans sa tempérance, c'est qu'elle la suit sur les mêmes raisons qui jettent les voluptueux dans l'excès. La vie est courte, il est vrai, dit-elle; c'est une raison d'en user jusqu'au bout, et de dispenser avec art sa durée afin d'en tirer le meilleur parti qu'il est possible. Si un jour de satiété nous ôte un an de jouissance, c'est une mauvaise philosophie d'aller toujours jusqu'où le désir nous mène, sans considérer si nous ne serons point plus tôt au bout de nos facultés que de notre carrière, et si notre cœur épuisé ne mourra point avant nous. Je vois que ces vulgaires épicuriens pour ne vouloir jamais perdre une occasion les perdent toutes, et, toujours ennuyés au sein des plaisirs, n'en savent jamais trouver aucun. Ils prodiguent le temps qu'ils pensent économiser, et se ruinent comme les avares pour ne savoir rien perdre à propos. Je me trouve bien de la maxime opposée, et je crois que j'aimerois encore mieux sur ce point trop de sévérité que de relâchement. Il m'arrive quelquefois de rompre une partie de plaisir par la seule raison qu'elle m'en fait trop; en la renouant j'en jouis deux fois. Cependant je m'exerce à conserver sur moi l'empire de ma volonté, et j'aime mieux être taxée de caprice que de me laisser dominer par mes fantaisies.

Voilà sur quel principe on fonde ici les douceurs de la vie et les choses de pur agrément. Julie a du penchant à la gourmandise, et dans les soins qu'elle donne à toutes les parties du ménage, la cuisine surtout n'est pas négligée. La table se sent de l'abondance générale; mais cette abondance n'est point ruineuse; il y règne une sensualité sans raffinement; tous les mets sont communs, mais excellens dans leurs espèces; l'apprêt en est simple et pourtant exquis. Tout ce qui n'est que d'appareil, tout ce qui tient à l'opinion, tous les plats fins et recherchés, dont la rareté fait tout le prix, et qu'il faut nommer pour les trouver bons, en sont bannis à jamais; et même, dans la délicatesse et le choix de ceux qu'on se permet, on s'abstient journellement de certaines choses qu'on réserve pour donner à quelques repas un air de fête qui les rend plus agréables sans être plus dispendieux. Que croiriez-vous que sont ces mets si sobrement ménagés? du gibier rare? du poisson de mer? des productions étrangères? Mieux que tout cela; quelque excellent légume du pays, quelqu'un des savoureux herbages qui croissent dans nos jardins, certains poissons du lac apprêtés d'une certaine manière, certains laitages de nos montagnes, quelque pâtisserie à l'allemande, à quoi l'on joint quelque pièce de la chasse des gens de la maison : voilà tout l'extraordinaire qu'on y remarque; voilà ce qui couvre et orne la table, ce qui excite et contente notre appétit les jours de réjouissance. Le service est modeste et champêtre, mais propre et riant; la grâce et le plaisir y sont, la joie et l'appétit l'assaisonnent. Des surtouts dorés autour desquels on meurt de faim, des cristaux pompeux chargés de fleurs pour tout dessert, ne remplissent point la place des mets; on n'y sait point l'art de nourrir l'estomac par les yeux, mais on y sait celui d'ajouter du charme à la bonne chère, de manger beaucoup sans s'incommoder, de s'égayer à boire sans altérer sa raison, de tenir table long-temps sans ennui, et d'en sortir toujours sans dégoût.

Il y a au premier étage une petite salle à manger différente de celle où l'on mange ordinairement, laquelle est au rez-de-chaussée : cette salle particulière est à l'angle de la maison et éclairée de deux côtés; elle donne par l'un sur le jardin, au-delà duquel on voit le lac à travers les arbres; par l'autre on aperçoit ce grand coteau de vignes qui commencent d'étaler aux yeux les richesses qu'on y recueillera dans deux mois. Cette pièce est petite, mais ornée de tout ce qui peut la rendre agréable et riante. C'est là que Julie donne ses petits festins à son père, à son mari, à sa cousine, à moi, à elle-même, et quelquefois à ses enfans. Quand elle ordonne d'y mettre le couvert on sait d'avance ce que cela veut dire; et M. de Wolmar l'appelle en riant le salon d'Apollon : mais ce salon ne diffère pas moins de celui de Lucullus par le choix des convives que par celui des mets. Les simples hôtes n'y sont point admis, jamais on n'y mange quand on a des étrangers; c'est l'asile inviolable de la confiance, de l'amitié, de la liberté; c'est la société des cœurs qui lie en ce lieu celle de la table; elle est une sorte d'initiation à l'intimité, et jamais il ne s'y rassemble que des gens qui voudroient n'être plus séparés. Mylord, la fête vous attend, et c'est dans cette salle que vous ferez ici votre premier repas.

Je n'eus pas d'abord le même honneur; ce ne fut qu'à mon retour de chez madame d'Orbe, que je fus traité dans le salon d'Apollon. Je n'imaginois pas qu'on pût rien ajouter d'obligeant à la réception qu'on m'avoit faite : mais ce souper me donna d'autres idées; j'y trouvai je ne sais quel délicieux mélange de familiarité, de plaisir, d'union, d'aisance, que je n'avois point encore éprouvé. Je me sentois plus libre sans qu'on m'eût averti de l'être; il me sembloit que nous nous entendions mieux qu'auparavant. L'éloignement des domestiques m'invitoit à n'avoir plus de réserve au fond de mon cœur; et c'est là qu'à l'instance de Julie je repris l'usage, quitté depuis tant d'années, de boire avec mes hôtes du vin pur à la fin du repas.

Ce souper m'enchanta : j'aurois voulu que tous nos repas se fussent passés de même. Je ne connoissois point cette charmante salle, dis-je à madame de Wolmar; pourquoi n'y mangez-vous pas toujours? Voyez, dit-elle, elle est si jolie! ne seroit-ce pas dommage de la gâter? Cette réponse me parut trop loin de son caractère pour n'y pas soupçonner quelque sens caché. Pourquoi du moins, repris-je, ne rassemblez-vous pas toujours autour de vous les mêmes commodités qu'on trouve ici, afin de pouvoir éloigner vos domestiques et causer plus en liberté? C'est, me répondit-elle encore, que cela me seroit trop agréable, et que l'ennui d'être toujours à son aise est enfin le pire de tous. Il ne m'en fallut pas davantage pour concevoir son système; et je jugeai qu'en effet l'art d'assaisonner les plaisirs n'est que celui d'en être avare.

Je trouve qu'elle se met avec plus de soin qu'elle ne faisoit autrefois. La seule vanité qu'on lui ait jamais reprochée étoit de négliger son ajustement. L'orgueilleuse avoit ses raisons, et ne me laissoit point de prétexte pour méconnoître son empire. Mais elle avoit beau faire, l'enchantement étoit trop fort pour me sembler naturel; je m'opiniâtrois à trouver de l'art dans sa négligence; elle se seroit coiffée d'un sac que je l'aurois accusée de coquetterie. Elle n'auroit pas moins de pouvoir aujourd'hui; mais elle dédaigne de l'employer; et je dirois qu'elle affecte une parure plus recherchée pour ne sembler plus qu'une jolie femme, si je n'avois découvert la cause de ce nouveau soin. J'y fus trompé les premiers jours; et, sans songer qu'elle n'étoit pas mise autrement qu'à mon arrivée où je n'étois point attendu, j'osai m'attribuer l'honneur de cette recherche. Je me désabusai durant l'absence de M. de Wolmar. Dès le lendemain ce n'étoit plus cette élégance de la veille dont l'œil ne pouvoit se lasser, ni cette simplicité touchante et voluptueuse qui m'enivroit autrefois; c'étoit une certaine modestie qui parle au cœur par les yeux, qui n'inspire que du respect, et que la beauté rend plus imposante. La dignité d'épouse et de mère régnoit sur tous ses charmes; ce regard timide et tendre étoit devenu plus grave; et l'on eût dit qu'un air plus grand et plus noble avoit voilé la douceur de ses traits. Ce n'étoit pas qu'il y eût la moindre altération dans son maintien ni dans ses manières; son égalité, sa candeur, ne connurent jamais les simagrées; elle usoit seulement du talent naturel aux femmes de changer quelquefois nos sentiments et nos idées par un ajustement différent, par une coiffure d'une autre forme, par une robe d'une autre couleur, et d'exercer sur les cœurs l'empire du goût en faisant de rien quelque chose. Le jour qu'elle attendoit son mari de retour, elle retrouva l'art d'animer ses grâces naturelles sans les couvrir; elle étoit éblouissante en sortant de sa toilette; je trouvai qu'elle ne savoit pas moins effacer la plus brillante parure qu'orner la plus simple; et je me dis avec dépit, en pénétrant l'objet de ses soins, en fit-elle jamais autant pour l'amour?

Ce goût de parure s'étend de la maîtresse de la maison à tout ce qui la compose. Le maître, les enfans, les domestiques, les chevaux, les bâtimens, les meubles, tout est tenu avec un soin qui marque qu'on n'est pas au-dessous de la magnificence, mais qu'on la dédaigne; ou plutôt la magnificence y est en effet, s'il est vrai qu'elle consiste moins dans la richesse de certaines choses que dans un bel ordre du tout qui marque le concert des parties et l'unité d'intention de l'ordonnateur ([1]). Pour moi, je trouve au moins que c'est une idée plus grande et plus noble de voir dans une maison simple et modeste un petit nombre de gens heureux d'un bonheur commun, que de voir régner dans un palais la discorde et le trouble, et chacun de ceux qui l'habitent chercher sa fortune et son bonheur dans la ruine d'un autre et dans le désordre général. La maison bien réglée est une, et forme un tout agréable à voir : dans le palais on ne trouve qu'un assemblage confus de divers objets dont la liaison n'est qu'apparente. Au premier coup d'œil on croit voir une fin commune; en y regardant mieux, on est bientôt détrompé.

A ne consulter que l'impression la plus naturelle, il sembleroit que pour dédaigner l'éclat et le luxe on a moins besoin de modération que de goût. La symétrie et la régularité plaisent à tous les yeux. L'image du bien-être et de la félicité touche le cœur humain qui en est avide : mais un vain appareil qui ne se rapporte ni à l'ordre ni au bonheur, et n'a pour objet que de frapper les yeux, quelle idée favorable à celui qui l'étale peut-il exciter dans l'esprit du spectateur? L'idée du goût? le goût ne paroît-il pas cent fois mieux dans les choses simples que dans celles qui sont offusquées de richesse? L'idée de la commodité? y a-t-il rien de plus incommode que le faste ([2])? L'idée de la grandeur? c'est précisément le contraire. Quand je vois qu'on a voulu faire un grand pa-

([1]) Cela me paroît incontestable. Il y a de la magnificence dans la symétrie d'un grand palais; il n'y en a point dans une foule de maisons confusément entassées. Il y a de la magnificence dans l'uniforme d'un régiment en bataille; il n'y en a point dans le peuple qui le regarde, quoiqu'il ne s'y trouve peut-être pas un seul homme dont l'habit en particulier ne vaille mieux que celui d'un soldat. En un mot, la véritable magnificence n'est que l'ordre rendu sensible dans le grand; ce qui fait que, de tous les spectacles imaginables, le plus magnifique est celui de la nature.

([2]) Le bruit des gens d'une maison trouble incessamment le repos du maître; il ne peut rien cacher à tant d'Argus. La foule de ses créanciers lui fait payer cher celle de ses admirateurs. Ses appartemens sont si superbes qu'il est forcé de coucher dans un bouge pour être à son aise, et son singe est quelquefois mieux logé que lui. S'il veut dîner, il dépend de son cuisinier, et jamais de sa faim; s'il veut sortir, il est à la merci de ses chevaux; mille embarras l'arrêtent dans les rues; il brûle d'arriver, et ne sait plus qu'il a des jambes. Chloé l'attend, les boues le retiennent, le poids de l'or de son habit l'accable, et il ne peut faire vingt pas à pied : mais s'il perd un rendez-vous avec sa maîtresse, il en est bien dédommagé par les passans; chacun remarque sa livrée, l'admire, et dit tout haut que c'est monsieur un tel.

lais, je me demande aussitôt : Pourquoi ce palais n'est-il pas plus grand? pourquoi celui qui a cinquante domestiques n'en a-t-il pas cent? cette belle vaisselle d'argent pourquoi n'est-elle pas d'or? cet homme qui dore son carrosse, pourquoi ne dore-t-il pas ses lambris? si ses lambris sont dorés, pourquoi son toit ne l'est-il pas? Celui qui voulut bâtir une haute tour faisoit bien de la vouloir porter jusqu'au ciel; autrement il eût eu beau l'élever, le point où il se fût arrêté n'eût servi qu'à donner de plus loin la preuve de son impuissance. O homme petit et vain! montre-moi ton pouvoir, je te montrerai ta misère.

Au contraire, un ordre de choses où rien n'est donné à l'opinion, où tout a son utilité réelle, et qui se borne aux vrais besoins de la nature, n'offre pas seulement un spectacle approuvé par la raison, mais qui contente les yeux et le cœur, en ce que l'homme ne s'y voit que sous des rapports agréables, comme se suffisant à lui-même, que l'image de sa foiblesse n'y paroît point, et que ce riant tableau n'excite jamais de réflexions attristantes. Je défie aucun homme sensé de contempler une heure durant le palais d'un prince et le faste qu'on y voit briller sans tomber dans la mélancolie et déplorer le sort de l'humanité. Mais l'aspect de cette maison et de la vie uniforme et simple de ses habitans répand dans l'âme des spectateurs un charme secret qui ne fait qu'augmenter sans cesse. Un petit nombre de gens doux et paisibles, unis par des besoins mutuels et par une réciproque bienveillance, y concourt par divers soins à une fin commune: chacun trouvant dans son état tout ce qu'il faut pour en être content et ne point désirer d'en sortir, on s'y attache comme y devant rester toute la vie, et la seule ambition qu'on garde est celle d'en bien remplir les devoirs. Il y a tant de modération dans ceux qui commandent et tant de zèle dans ceux qui obéissent, que des égaux eussent pu distribuer entre eux les mêmes emplois sans qu'aucun se fût plaint de son partage. Ainsi nul n'envie celui d'un autre; nul ne croit pouvoir augmenter sa fortune que par l'augmentation du bien commun; les maîtres mêmes ne jugent de leur bonheur que par celui des gens qui les environnent. On ne sauroit qu'ajouter ni que de retrancher ici, parce qu'on n'y trouve que des choses utiles et qu'elles y sont toutes; en sorte qu'on n'y souhaite rien de ce qu'on n'y voit pas; et qu'il n'y a rien de ce qu'on y voit dont on puisse dire: Pourquoi n'y en a-t-il pas davantage? Ajoutez-y du galon, des tableaux, un lustre, de la dorure, à l'instant vous appauvrirez tout. En voyant tant d'abondance dans le nécessaire, et nulle trace de superflu, on est porté à croire que s'il n'y est pas, c'est qu'on n'a pas voulu qu'il y fût, et que si on le vouloit il y régneroit avec la même profusion: en voyant continuellement les biens refluer au dehors par l'assistance du pauvre, on est porté à dire: Cette maison ne peut contenir toutes ses richesses. Voilà, ce me semble, la véritable magnificence.

Cet air d'opulence m'effraya moi-même quand je fus instruit de ce qui servoit à l'entretenir. Vous vous ruinez, dis-je à monsieur et madame de Wolmar, il n'est pas possible qu'un si modique revenu suffise à tant de dépenses. Ils se mirent à rire, et me firent voir que, sans rien retrancher dans leur maison, il ne tiendroit qu'à eux d'épargner beaucoup et d'augmenter leur revenu plutôt que de se ruiner. Notre grand secret pour être riches, me dirent-ils, est d'avoir peu d'argent, et d'éviter, autant qu'il se peut, dans l'usage de nos biens les échanges intermédiaires entre le produit et l'emploi. Aucun de ces échanges ne se fait sans perte, et ces pertes multipliées réduisent presque à rien d'assez grands moyens, comme à force d'être brocantée une belle boîte d'or devient un mince colifichet. Le transport de nos revenus s'évite en les employant sur le lieu, l'échange s'en évite encore en les consommant en nature; et dans l'indispensable conversion de ce que nous avons de trop en ce qui nous manque, au lieu des ventes et des achats pécuniaires qui doublent le préjudice, nous cherchons des échanges réels où la commodité de chaque contractant tienne lieu de profit à tous deux.

Je conçois, leur dis-je, les avantages de cette méthode; mais elle ne me paroît pas sans inconvénient. Outre les soins importuns auxquels elle assujettit, le profit doit être plus apparent que réel; et ce que vous perdez dans le détail de la régie de vos biens l'emporte probablement sur le gain que feroient avec vous vos fermiers, car le travail se fera toujours avec plus d'économie, et la récolte avec plus de soin par un paysan que par vous. C'est une erreur, me répondit Wolmar; le paysan se soucie moins d'augmenter le produit que d'épargner sur les frais, parce que les avances lui sont plus pénibles que les profits ne lui sont utiles : comme son objet n'est pas tant de mettre un fonds en valeur que d'y faire peu de dépense, s'il s'assure un gain actuel, c'est bien moins en améliorant la terre qu'en l'épuisant, et le mieux qui puisse arriver, est qu'au lieu de l'épuiser il la néglige. Ainsi, pour un peu d'argent comptant recueilli sans embarras, un propriétaire oisif prépare à lui ou à ses enfans de grandes pertes, de grands travaux, et quelquefois la ruine de son patrimoine.

D'ailleurs, poursuivit M. de Wolmar, je ne disconviens pas que je ne fasse la culture de mes terres à plus grands frais que ne feroit un fermier; mais aussi le profit du fermier c'est moi qui le fais; et cette culture étant beaucoup meilleure, le produit est beaucoup plus grand; de sorte qu'en dépensant davantage, je ne laisse pas de gagner encore. Il y a plus; cet excès de dépense n'est qu'apparent, et produit réellement une très-grande économie : car si d'autres cultivoient nos terres nous serions oisifs; il faudroit demeurer à la ville; la vie y seroit plus chère; il nous faudroit des amusemens qui nous coûteroient beaucoup plus que ceux que nous trouvons ici, et nous seroient moins sensibles. Ces soins que vous appelez importuns font à la fois nos devoirs et nos plaisirs : grâces à la prévoyance avec laquelle on les ordonne, ils ne sont jamais pénibles; ils nous tiennent lieu d'une foule de fantaisies ruineuses dont la vie champêtre prévient ou détruit le goût, et tout ce qui contribue à notre bien-être devient pour nous un amusement.

Jetez les yeux tout autour de vous, ajoutoit ce judicieux père de famille, vous n'y verrez que des choses utiles, qui ne nous coûtent presque rien, et nous épargnent mille vaines dépenses. Les seules denrées du crû couvrent notre table, les seules étoffes du pays composent presque nos meubles et nos habits : rien n'est méprisé parce qu'il est commun, rien n'est estimé parce qu'il est rare. Comme tout ce qui vient de loin est sujet à être déguisé ou falsifié, nous nous bornons, par délicatesse autant que par modération, au choix de ce qu'il y a de meilleur auprès de nous et dont la qualité n'est pas suspecte. Nos mets sont simples, mais choisis. Il ne manque à notre table pour être somptueuse que d'être servie loin d'ici; car tout y est bon, tout y seroit rare; et tel gourmand trouveroit les truites du lac bien meilleures s'il les mangeoit à Paris.

La même règle a lieu dans le choix de la parure, qui, comme vous voyez, n'est pas négligée; mais l'élégance y préside seule, la richesse ne s'y montre jamais, encore moins la mode. Il y a une grande différence entre le prix que l'opinion donne aux choses et celui qu'elles ont réellement. C'est à ce dernier seul que Julie s'attache; et quand il est question d'une étoffe, elle ne cherche pas tant si elle est ancienne ou nouvelle que si elle est bonne et si elle lui sied. Souvent même la nouveauté seule est pour elle un motif d'exclusion, quand cette nouveauté donne aux choses un prix qu'elles n'ont pas, ou qu'elles ne sauroient garder.

Considérez encore qu'ici l'effet de chaque chose vient moins d'elle-même que de son usage et de son accord avec le reste; de sorte qu'avec des parties de peu de valeur Julie a fait un tout d'un grand prix. Le goût aime à créer, à donner seul la valeur aux choses. Autant la loi de la mode est inconstante et ruineuse; autant la sienne est économe et durable. Ce que le bon goût approuve une fois est toujours bien; s'il est rarement à la mode, en revanche il n'est jamais ridicule; et, dans sa modeste simplicité, il tire de la convenance des choses des règles inaltérables et sûres, qui restent quand les modes ne sont plus.

Ajoutez enfin que l'abondance du seul nécessaire ne peut dégénérer en abus, parce que le nécessaire a sa mesure naturelle, et que les vrais besoins n'ont jamais d'excès. On peut mettre la dépense de vingt habits en un seul, et manger en un repas le revenu d'une année, mais on ne sauroit porter deux habits en même temps ni dîner deux fois en un jour. Ainsi l'opinion est illimitée, au lieu que la nature nous arrête de tous côtés; et celui qui, dans un état médiocre, se borne au bien-être, ne risque point de se ruiner.

Voilà, mon cher, continuoit le sage Wolmar, comment avec de l'économie et des soins on peut se mettre au-dessus de sa fortune. Il ne tiendroit qu'à nous d'augmenter la nôtre sans changer notre manière de vivre ; car il ne se fait ici presque aucune avance qui n'ait un produit pour objet, et tout ce que nous dépensons nous rend de quoi dépenser beaucoup plus.

Hé bien ! mylord, rien de tout cela ne paroît au premier coup d'œil. Partout un air de profusion couvre l'ordre qui le donne. Il faut du temps pour apercevoir des lois somptuaires qui mènent à l'aisance et au plaisir, et l'on a d'abord peine à comprendre comment on jouit de ce qu'on épargne. En y réfléchissant le contentement augmente, parce qu'on voit que la source en est intarissable, et que l'art de goûter le bonheur de la vie sert encore à le prolonger. Comment se lasseroit-on d'un état si conforme à la nature, comment épuiseroit-on son héritage en l'améliorant tous les jours ? Comment ruineroit-on sa fortune en ne consommant que ses revenus ? Quand chaque année on est sûr de la suivante, qui peut troubler la paix de celle qui court ? ici le fruit du labeur passé soutient l'abondance présente ; et le fruit du labeur présent annonce l'abondance à venir : on jouit à la fois de ce qu'on dépense et de ce qu'on recueille, et les divers temps se rassemblent pour affermir la sécurité du présent.

Je suis entré dans tous les détails du ménage, et j'ai partout vu régner le même esprit. Toute la broderie et la dentelle sortent du gynécée ; toute la toile est filée dans la basse-cour, ou par de pauvres femmes que l'on nourrit. La laine s'envoie à des manufactures dont on tire en échange des draps pour habiller les gens ; le vin, l'huile et le pain se font dans la maison ; on a des bois en coupe réglée, autant qu'on en peut consommer : le boucher se paye en bétail ; l'épicier reçoit du blé pour ses fournitures ; le salaire des ouvriers et des domestiques se prend sur le produit des terres qu'ils font valoir ; le loyer des maisons de la ville suffit pour l'ameublement de celles que l'on habite ; les rentes sur les fonds publics fournissent à l'entretien des maîtres et au peu de vaisselle qu'on se permet ; la vente des vins et des blés qui restent, donne un fonds qu'on laisse en réserve pour les dépenses extraordinaires ; fonds que la prudence de Julie ne laisse jamais tarir, et que sa charité laisse encore moins augmenter. Elle n'accorde aux choses de pur agrément que le profit du travail qui se fait dans sa maison, celui des terres qu'ils ont défrichées, celui des arbres qu'ils ont fait planter, etc. Ainsi le produit et l'emploi se trouvant toujours compensés par la nature des choses, la balance ne peut être rompue, et il est impossible de se déranger.

Bien plus ; les privations qu'elle s'impose par cette volupté tempérante dont j'ai parlé, sont à la fois de nouveaux moyens de plaisir et de nouvelles ressources d'économie. Par exemple, elle aime beaucoup le café ; chez sa mère elle en prenoit tous les jours : elle en a quitté l'habitude pour en augmenter le goût ; elle s'est bornée à n'en prendre que quand elle a des hôtes, et dans le salon d'Apollon, afin d'ajouter cet air de fête à tous les autres. C'est une petite sensualité qui la flatte plus, qui lui coûte moins, et par laquelle elle aiguise et règle à la fois sa gourmandise. Au contraire, elle met à deviner et satisfaire les goûts de son père et de son mari une attention sans relâche, une prodigalité naturelle et pleine de grâces, qui leur fait mieux goûter ce qu'elle leur offre par le plaisir qu'elle trouve à le leur offrir. Ils aiment tous deux à prolonger un peu la fin du repas, à la suisse : elle ne manque jamais après le souper de faire servir une bouteille de vin plus délicat, plus vieux que celui de l'ordinaire. Je fus d'abord la dupe des noms pompeux qu'on donnoit à ces vins, qu'en effet je trouve excellens ; et les buvant comme étant des lieux dont ils portoient les noms, je fis la guerre à Julie d'une infraction si manifeste à ses maximes ; mais elle me rappela en riant un passage de Plutarque, où Flaminius compare les troupes asiatiques d'Antiochus, sous mille noms barbares, aux ragoûts divers sous lesquels un ami lui avoit déguisé la même viande (*). Il en est de même, dit-elle, de ces vins étrangers que vous me reprochez. Le Rancio, le Cherez, le Malaga, le Chassaigne, le Syracuse, dont vous buvez avec tant de plaisir, ne sont en effet que des vins de Lavaux diversement préparés,

---

(*) PLUTARQUE, *Dits notables des Romains*, § 5. Le même trait rapporté par Tite-Live, Liv. XXXIV, chap. 49, est encore cité par Montaigne, Liv. III, chap. 5.   G. P.

et vous pouvez voir d'ici le vignoble qui produit toutes ces boissons lointaines. Si elles sont inférieures en qualité aux vins fameux dont elles portent les noms, elles n'en ont pas les inconvéniens ; et comme on est sûr de ce qui les compose, on peut au moins les boire sans risque. J'ai lieu de croire, continua-t-elle, que mon père et mon mari les aiment autant que les vins les plus rares. Les siens, me dit alors M. de Wolmar, ont pour nous un goût dont manquent tous les autres ; c'est le plaisir qu'elle a pris à les préparer. Ah ! reprit-elle, ils seront toujours exquis.

Vous jugez bien qu'au milieu de tant de soins divers le désœuvrement et l'oisiveté qui rendent nécessaires la compagnie, les visites et les sociétés extérieures, ne trouvent guère ici de place. On fréquente les voisins assez pour entretenir un commerce agréable, trop peu pour s'y assujettir. Les hôtes sont toujours bien venus et ne sont jamais désirés. On ne voit précisément qu'autant de monde qu'il faut pour se conserver le goût de la retraite ; les occupations champêtres tiennent lieu d'amusemens ; et pour qui trouve au sein de sa famille une douce société, toutes les autres sont bien insipides. La manière dont on passe ici le temps est trop simple et trop uniforme pour tenter beaucoup de gens (¹) ; mais c'est par la disposition du cœur de ceux qui l'ont adoptée qu'elle leur est intéressante. Avec une âme saine peut-on s'ennuyer à remplir les plus chers et les plus charmans devoirs de l'humanité, et à se rendre mutuellement la vie heureuse ? Tous les soirs, Julie, contente de sa journée, n'en désire point une différente pour le lendemain, et tous les matins elle demande au ciel un jour semblable à celui de la veille : elle fait toujours les mêmes choses parce qu'elles sont bien, et qu'elle ne connoît rien de mieux à faire. Sans doute elle jouit ainsi de toute la félicité permise à l'homme. Se plaire dans la durée de son état, n'est-ce pas un signe assuré qu'on y vit heureux ?

Si l'on voit rarement ici de ces tas de désœuvrés qu'on appelle bonne compagnie, tout ce qui s'y rassemble intéresse le cœur par quelque endroit avantageux, et rachète quelques ridicules par mille vertus. De paisibles campagnards, sans monde et sans politesse, mais bons, simples, honnêtes et contens de leur sort ; d'anciens officiers retirés du service ; des commerçans ennuyés de s'enrichir ; de sages mères de famille qui amènent leurs filles à l'école de la modestie et des bonnes mœurs : voilà le cortége que Julie aime à rassembler autour d'elle. Son mari n'est pas fâché d'y joindre quelquefois de ces aventuriers corrigés par l'âge et l'expérience, qui, devenus sages à leurs dépens, reviennent sans chagrin cultiver le champ de leur père qu'ils voudroient n'avoir point quitté. Si quelqu'un récite à table les événemens de sa vie, ce ne sont point les aventures merveilleuses du riche Sindbad (*) racontant au sein de la mollesse orientale comment il a gagné ses trésors : ce sont les relations plus simples de gens sensés que les caprices du sort et les injustices des hommes ont rebutés des faux biens vainement poursuivis, pour leur rendre le goût des véritables.

Croiriez-vous que l'entretien même des paysans a des charmes pour ces âmes élevées avec qui le sage aimeroit à s'instruire ? Le judicieux Wolmar trouve dans la naïveté villageoise des caractères plus marqués, plus d'hommes pensant par eux-mêmes, que sous le masque uniforme des habitants des villes, où chacun se montre comme sont les autres plutôt que comme il est lui-même. La tendre Julie trouve en eux des cœurs sensibles aux moindres caresses, et qui s'estiment heureux de l'intérêt qu'elle prend à leur bonheur. Leur cœur ni leur esprit ne sont point façonnés par l'art ; ils n'ont point appris à se former sur nos modèles,

---

(¹) Je crois qu'un de nos beaux esprits voyageant dans ce pays-là, reçu et caressé dans cette maison à son passage, feroit ensuite à ses amis une relation bien plaisante de la vie de manans qu'on y mène. Au reste je vois par les lettres de mylady Catesby que ce goût n'est pas particulier à la France, et que c'est apparemment aussi l'usage en Angleterre de tourner ses hôtes en ridicule pour prix de leur hospitalité (*).

(*) On ne connoît sous le titre de *Lettres de mylady Catesby*, qu'un roman de madame Riccoboni, qui n'a aucun rapport avec l'idée de Rousseau dans cette note ; l'indication qu'il en fait ne peut donc être que l'effet d'une inadvertance qu'il est étonnant qu'aucun éditeur n'ait songé jusqu'à présent à faire remarquer. Ce sont sans doute les *Lettres de mylady Montague* dont il a voulu parler ; mais dans cette supposition il y auroit encore cette remarque à faire, que la traduction françoise de ces lettres n'a paru pour la première fois qu'en 1763, deux ans après la publication de la *Nouvelle Héloïse*. Si ce sont donc réellement les Lettres de mylady Montague que Rousseau a eues en vue dans cette note, il n'a pu en juger que sur parole, puisqu'il ne savoit pas l'anglais. G. P.

(*) Personnage des *Mille et une Nuits*. G. P.

et l'on n'a pas peur de trouver en eux l'homme de l'homme au lieu de celui de la nature.

Souvent, dans ses tournées, M. de Wolmar rencontre quelque bon vieillard dont le sens et la raison le frappent, et qu'il se plaît à faire causer. Il l'amène à sa femme; elle lui fait un accueil charmant, qui marque non la politesse et les airs de son état, mais la bienveillance et l'humanité de son caractère. On retient le bon-homme à dîner : Julie le place à côté d'elle, le sert, le caresse, lui parle avec intérêt, s'informe de sa famille, de ses affaires, ne sourit point de son embarras, ne donne point une attention gênante à ses manières rustiques, mais le met à son aise par la facilité des siennes, et ne sort point avec lui de ce tendre et touchant respect dû à la vieillesse infirme qu'honore une longue vie passée sans reproche. Le vieillard enchanté se livre à l'épanchement de son cœur; il semble reprendre un moment la vivacité de sa jeunesse. Le vin bu à la santé d'une jeune dame en réchauffe mieux son sang à demi glacé. Il se ranime à parler de son ancien temps, de ses amours, de ses campagnes, des combats où il s'est trouvé, du courage de ses compatriotes, de son retour au pays, de sa femme, de ses enfans, des travaux champêtres, des abus qu'il a remarqués, des remèdes qu'il imagine. Souvent des longs discours de son âge sortent d'excellens préceptes moraux ou des leçons d'agriculture; et quand il n'y auroit dans les choses qu'il dit que le plaisir qu'il prend à les dire, Julie en prendroit à les écouter.

Elle passe après le dîner dans sa chambre et en rapporte un petit présent de quelque nippe convenable à la femme ou aux filles du vieux bon-homme. Elle le lui fait offrir par les enfans, et réciproquement il rend aux enfans quelque don simple et de leur goût, dont elle l'a secrètement chargé pour eux. Ainsi se forme de bonne heure l'étroite et douce bienveillance qui fait la liaison des états divers. Les enfans s'accoutument à honorer la vieillesse, à estimer la simplicité et à distinguer le mérite dans tous les rangs. Les paysans, voyant leurs vieux pères fêtés dans une maison respectable et admis à la table des maîtres, ne se tiennent point offensés d'en être exclus; ils ne s'en prennent point à leur rang, mais à leur âge; ils ne disent point nous sommes trop pauvres, mais nous sommes trop jeunes pour être ainsi traités; l'honneur qu'on rend à leurs vieillards et l'espoir de le partager un jour les consolent d'en être privés et les excitent à s'en rendre dignes.

Cependant le vieux bon-homme, encore attendri des caresses qu'il a reçues, revient dans sa chaumière, empressé de montrer à sa femme et à ses enfans les dons qu'il leur apporte. Ces bagatelles répandent la joie dans toute une famille qui voit qu'on a daigné s'occuper d'elle. Il leur raconte avec emphase la réception qu'on lui a faite, les mets dont on l'a servi, les vins dont il a goûté, les discours obligeans qu'on lui a tenus, combien on s'est informé d'eux, l'affabilité des maîtres, l'attention des serviteurs, et généralement ce qui peut donner du prix aux marques d'estime et de bonté qu'il a reçues : en le racontant il en jouit une seconde fois, et toute la maison croit jouir aussi des honneurs rendus à son chef. Tous bénissent de concert cette famille illustre et généreuse qui donne exemple aux grands et refuge aux petits, qui ne dédaigne point le pauvre et rend honneur aux cheveux blancs. Voilà l'encens qui plaît aux âmes bienfaisantes. S'il est des bénédictions humaines que le ciel daigne exaucer, ce ne sont point celles qu'arrachent la flatterie et la bassesse en présence des gens qu'on loue, mais celles que dicte en secret un cœur simple et reconnoissant au coin d'un foyer rustique.

C'est ainsi qu'un sentiment agréable et doux peut couvrir de son charme une vie insipide à des cœurs indifférens; c'est ainsi que les soins, les travaux, la retraite, peuvent devenir des amusemens par l'art de les diriger. Une âme saine peut donner du goût à des occupations communes, comme la santé du corps fait trouver bons les alimens les plus simples. Tous ces gens ennuyés qu'on amuse avec tant de peine doivent leur dégoût à leurs vices, et ne perdent le sentiment du plaisir qu'avec celui du devoir. Pour Julie, il lui est arrivé précisément le contraire; et des soins qu'une certaine langueur d'âme lui eût laissé négliger autrefois lui deviennent intéressans par le motif qui les inspire. Il faudroit être insensible pour être toujours sans vivacité. La sienne s'est développée par les mêmes causes qui la réprimoient autrefois. Son cœur cherchoit la retraite et la solitude pour se livrer en paix aux affections dont il étoit pénétré ; maintenant elle a pris une activité nouvelle en formant de nouveaux liens. Elle n'est point de ces indolentes mères de famille, contentes d'étudier quand il faut agir, qui perdent à s'instruire des devoirs d'autrui le temps qu'elles devroient mettre à remplir les leurs. Elle pratique aujourd'hui ce qu'elle apprenoit autrefois. Elle n'étudie plus, elle ne lit plus ; elle agit. Comme elle se lève une heure plus tard que son mari, elle se couche aussi plus tard d'une heure. Cette heure est le seul temps qu'elle donne encore à l'étude, et la journée ne lui paraît jamais assez longue pour tous les soins dont elle aime à la remplir.

Voilà, mylord, ce que j'avois à vous dire sur l'économie de cette maison et sur la vie privée des maîtres qui la gouvernent. Contens de leur sort, ils en jouissent paisiblement ; contens de leur fortune, ils ne travaillent pas à l'augmenter pour leurs enfans, mais à leur laisser, avec l'héritage qu'ils ont reçu, des terres en bon état, des domestiques affectionnés, le goût du travail, de l'ordre, de la modération, et tout ce qui peut rendre douce et charmante à des gens sensés la jouissance d'un bien médiocre, aussi sagement conservé qu'il fut honnêtement acquis.

LETTRE III [1].

DE SAINT-PREUX A MYLORD ÉDOUARD.

Nous avons eu des hôtes ces jours derniers : ils sont repartis hier ; et nous recommençons entre nous trois une société d'autant plus charmante qu'il n'est rien resté dans le fond des cœurs qu'on veuille se cacher l'un à l'autre. Quel plaisir je goûte à reprendre un nouvel être qui me rend digne de votre confiance ! Je ne reçois pas une marque d'estime de Julie et de son mari que je ne me dise avec une certaine fierté d'âme : Enfin j'oserai me montrer à lui. C'est par vos soins, c'est sous vos yeux, que j'espère honorer mon état présent de mes fautes passées. Si l'amour éteint jette l'âme dans l'épuisement, l'amour subjugué lui donne, avec la conscience de sa victoire, une élévation nouvelle et un attrait plus vif pour tout ce qui est grand et beau, Voudroit-on perdre le fruit d'un sacrifice qui nous a coûté si cher ? Non, mylord ; je sens qu'à votre exemple mon cœur va mettre à profit tous les ardens sentimens qu'il a vaincus ; je sens qu'il faut avoir été ce que je fus pour devenir ce que je veux être.

Après six jours perdus aux entretiens frivoles des gens indifférens, nous avons passé aujourd'hui une matinée à l'angloise, réunis et dans le silence, goûtant à la fois le plaisir d'être ensemble et la douceur du recueillement. Que les délices de cet état sont connues de peu de gens ! Je n'ai vu personne en France en avoir la moindre idée. La conversation des amis ne tarit jamais, disent-ils. Il est vrai, la langue fournit un babil facile aux attachemens médiocres ; mais l'amitié, mylord, l'amitié ! Sentiment vif et céleste, quels discours sont dignes de toi ? quelle langue ose être ton interprète ? Jamais ce qu'on dit à son ami peut-il valoir ce qu'on sent à ses côtés ? Mon Dieu ! qu'une main serrée, qu'un regard animé, qu'une étreinte contre la poitrine, que le soupir qui la suit, disent de choses ! et que le premier mot qu'on prononce est froid après tout cela ! O veillées de Besançon ! momens consacrés au silence et recueillis par l'amitié ! O Bomston, âme grande, ami sublime ! non, je n'ai point avili ce que tu fis pour moi, et ma bouche ne t'en a jamais rien dit.

Il est sûr que cet état de contemplation fait un des grands charmes des hommes sensibles. Mais j'ai toujours trouvé que les importuns empêchoient de le goûter, et que les amis ont besoin d'être sans témoin pour pouvoir ne se rien dire qu'à leur aise. On veut être recueillis, pour ainsi dire, l'un dans l'autre : les moindres distractions sont désolantes, la moindre contrainte est insupportable. Si quelquefois le cœur porte un mot à la bouche, il est si doux de pouvoir le prononcer sans gêne ! Il semble qu'on n'ose penser librement ce qu'on n'ose dire de même: il semble que la présence d'un seul étranger re-

---

[1] Deux lettres écrites en différens temps rouloient sur le sujet de celle-ci, ce qui occasionnoit bien des répétitions inutiles. Pour les retrancher, j'ai réuni ces deux lettres en une seule. Au reste, sans prétendre justifier l'excessive longueur de plusieurs des lettres dont ce recueil est composé, je remarquerai que les lettres de s solitaires sont longues et rares, celles des gens du monde fréquentes et courtes. Il ne faut qu'observer cette différence pour en sentir à l'instant la raison.

tienne le sentiment et comprime des âmes qui s'entendroient si bien sans lui.

Deux heures se sont ainsi écoulées entre nous dans cette immobilité d'extase, plus douce mille fois que le froid repos des dieux d'Épicure. Après le déjeuner, les enfans sont entrés comme à l'ordinaire dans la chambre de leur mère ; mais, au lieu d'aller ensuite s'enfermer avec eux dans le gynécée selon sa coutume, pour nous dédommager en quelque sorte du temps perdu sans nous voir, elle les a fait rester avec elle, et nous ne nous sommes point quittés jusqu'au dîner. Henriette, qui commence à savoir tenir l'aiguille, travailloit assise devant la Fanchon, qui faisoit de la dentelle, et dont l'oreiller posoit sur le dossier de sa petite chaise. Les deux garçons feuilletoient sur une table un recueil d'images dont l'aîné expliquoit les sujets au cadet. Quand il se trompoit, Henriette attentive, et qui sait le recueil par cœur, avoit soin de le corriger. Souvent, feignant d'ignorer à quelle estampe ils étoient, elle en tiroit un prétexte de se lever, d'aller et venir de sa chaise à la table et de la table à sa chaise. Ces promenades ne lui déplaisoient pas, et lui attiroient toujours quelque agacerie de la part du petit mali ; quelquefois même il s'y joignoit un baiser que sa bouche enfantine sait mal appliquer encore, mais dont Henriette, déjà plus savante, lui épargne volontiers la façon. Pendant ces petites leçons, qui se prenoient et se donnoient sans beaucoup de soin, mais aussi sans la moindre gêne, le cadet comptoit furtivement des onchets de buis qu'il avoit cachés sous le livre.

Madame de Wolmar brodoit près de la fenêtre vis-à-vis des enfans ; nous étions son mari et moi encore autour de la table à thé, lisant la gazette, à laquelle elle prêtoit assez peu d'attention. Mais à l'article de la maladie du roi de France et de l'attachement singulier de son peuple, qui n'eut jamais d'égal que celui des Romains pour Germanicus, elle a fait quelques réflexions sur le bon naturel de cette nation douce et bienveillante, que toutes haïssent, et qui n'en hait aucune, ajoutant qu'elle n'envioit du rang suprême que le plaisir de s'y faire aimer. N'enviez rien, lui a dit son mari d'un ton qu'il m'eût dû laisser prendre ; il y a long-temps que nous sommes tous vos sujets. A ce mot son ouvrage est tombé de ses mains ; elle a tourné la tête, et jeté sur son digne époux un regard si touchant, si tendre, que j'en ai tressailli moi-même. Elle n'a rien dit : qu'eût-elle dit qui valût ce regard ? Nos yeux se sont aussi rencontrés. J'ai senti, à la manière dont son mari m'a serré la main, que la même émotion nous gagnoit tous trois, et que la douce influence de cette âme expansive agissoit autour d'elle et triomphoit de l'insensibilité même.

C'est dans ces dispositions qu'a commencé le silence dont je vous parlois : vous pouvez juger qu'il n'étoit pas de froideur et d'ennui. Il n'étoit interrompu que par le petit manége des enfans ; encore, aussitôt que nous avons cessé de parler, ont-ils modéré, par imitation, leur caquet, comme craignant de troubler le recueillement universel. C'est la petite surintendante qui la première s'est mise à baisser la voix, à faire signe aux autres, à courir sur la pointe du pied ; et leurs jeux sont devenus d'autant plus amusans que cette légère contrainte y ajoutoit un nouvel intérêt. Ce spectacle, qui sembloit être mis sous nos yeux pour prolonger notre attendrissement, a produit son effet naturel.

Ammutiscon le lingue, e parlan l'alme (¹).

Que de choses se sont dites sans ouvrir la bouche ! que d'ardens sentimens se sont communiqués sans la froide entremise de la parole ! Insensiblement Julie s'est laissé absorber à celui qui dominoit tous les autres. Ses yeux se sont tout-à-fait fixés sur ses trois enfans ; et son cœur, ravi dans une si délicieuse extase, animoit son charmant visage de tout ce que la tendresse maternelle eut jamais de plus touchant.

Livrés nous-mêmes à cette double contemplation, nous nous laissions entraîner Wolmar et moi à nos rêveries, quand les enfans qui les causoient les ont fait finir. L'aîné, qui s'amusoit aux images, voyant que les onchets empêchoient son frère d'être attentif, a pris le temps qu'il les avoit rassemblés, et, lui donnant un coup sur la main, les a fait sauter par la chambre. Marcellin s'est mis à pleurer ; et, sans s'agiter pour le faire taire, madame de Wolmar a dit à Fanchon d'emporter les onchets. L'en-

(¹) Les langues se taisent, mais les cœurs parlent.
MARINI.

fant s'est tu sur-le-champ ; mais les onchets n'ont pas moins été emportés sans qu'il ait recommencé de pleurer comme je m'y étois attendu. Cette circonstance, qui n'étoit rien, m'en a rappelé beaucoup d'autres auxquelles je n'avois fait nulle attention ; et je ne me souviens pas, en y pensant, d'avoir vu d'enfans à qui l'on parlât si peu et qui fussent moins incommodes. Ils ne quittent presque jamais leur mère, et à peine s'aperçoit-on qu'ils soient là. Ils sont vifs, étourdis, sémillans, comme il convient à leur âge, jamais importuns ni criards, et l'on voit qu'ils sont discrets avant de savoir ce que c'est que discrétion. Ce qui m'étonnoit le plus dans les réflexions où ce sujet m'a conduit, c'étoit que cela se fît comme de soi-même, et qu'avec une si vive tendresse pour ses enfans Julie se tourmentât si peu autour d'eux. En effet, on ne la voit jamais s'empresser à les faire parler ou taire ; ni à leur prescrire ou défendre ceci ou cela. Elle ne dispute point avec eux, elle ne les contrarie point dans leurs amusemens ; on diroit qu'elle se contente de les voir et de les aimer, et que, quand ils ont passé leur journée avec elle, tout son devoir de mère est rempli.

Quoique cette paisible tranquillité me parût plus douce à considérer que l'inquiète sollicitude des autres mères, je n'en étois pas moins frappé d'une indolence qui s'accordoit mal avec mes idées. J'aurois voulu qu'elle n'eût pas encore été contente avec tant de sujets de l'être : une activité superflue sied si bien à l'amour maternel ! tout ce que je voyois de bon dans ses enfans, j'aurois voulu l'attribuer à ses soins ; j'aurois voulu qu'ils dussent moins à la nature et davantage à leur mère ; je leur aurois presque désiré des défauts, pour la voir plus empressée à les corriger.

Après m'être occupé long-temps de ces réflexions en silence, je l'ai rompu pour les lui communiquer. Je vois, lui ai-je dit, que le ciel récompense la vertu des mères par le bon naturel des enfants ; mais ce bon naturel veut être cultivé. C'est dès leur naissance que doit commencer leur éducation. Est-il un temps plus propre à les former que celui où ils n'ont encore aucune forme à détruire ? Si vous les livrez à eux-mêmes dès leur enfance, à quel âge attendrez-vous d'eux de la docilité ? Quand vous n'auriez rien à leur apprendre, il faudroit leur apprendre à vous obéir. Vous apercevez-vous, a-t-elle répondu, qu'ils me désobéissent ? Cela seroit difficile, ai-je dit, quand vous ne leur commandez rien. Elle s'est mise à sourire en regardant son mari ; et, me prenant par la main, elle m'a mené dans le cabinet, où nous pouvions causer tous trois sans être entendus des enfans.

C'est là que, m'expliquant à loisir ses maximes, elle m'a fait voir sous cet air de négligence la plus vigilante attention qu'ait jamais donnée la tendresse maternelle. Long-temps, m'a-t-elle dit, j'ai pensé comme vous sur les instructions prématurées ; et durant ma première grossesse, effrayée de tous mes devoirs et des soins que j'aurois bientôt à remplir, j'en parlois souvent à M. de Wolmar avec inquiétude. Quel meilleur guide pouvois-je prendre en cela qu'un observateur éclairé qui joignoit à l'intérêt d'un père le sang-froid d'un philosophe ? Il remplit et passa mon attente ; il dissipa mes préjugés, et m'apprit à m'assurer avec moins de peine un succès beaucoup plus étendu. Il me fit sentir que la première et plus importante éducation, celle précisément que tout le monde oublie (¹), est de rendre un enfant propre à être élevé. Une erreur commune à tous les parens qui se piquent de lumière est de supposer leurs enfans raisonnables dès leur naissance, et de leur parler comme à des hommes avant même qu'ils sachent parler. La raison est l'instrument qu'on pense employer à les instruire ; au lieu que les autres instrumens doivent servir à former celui-là, et que de toutes les instructions propres à l'homme celle qu'il acquiert le plus tard et le plus difficilement est la raison même. En leur parlant dès leur bas âge une langue qu'ils n'entendent point, on les accoutume à se payer de mots, à en payer les autres, à contrôler tout ce qu'on leur dit, à se croire aussi sages que leurs maîtres, à devenir disputeurs et mutins ; et tout ce qu'on pense obtenir d'eux par des motifs raisonnables, on ne l'obtient en effet que par ceux de crainte ou de vanité qu'on est toujours forcé d'y joindre.

(¹) Locke lui-même, le sage Locke l'a oubliée ; il dit bien plus ce qu'on doit exiger des enfans que ce qu'il faut faire pour l'obtenir.

Il n'y a point de patience que ne lasse enfin l'enfant qu'on veut élever ainsi; et voilà comment, ennuyés, rebutés, excédés de l'éternelle importunité dont ils leur ont donné l'habitude eux-mêmes, les parens, ne pouvant plus supporter le tracas des enfans, sont forcés de les éloigner d'eux en les livrant à des maîtres; comme si l'on pouvoit jamais espérer d'un précepteur plus de patience et de douceur que n'en peut avoir un père!

La nature, a continué Julie, veut que les enfans soient enfans avant que d'être hommes. Si nous voulons pervertir cet ordre, nous produirons des fruits précoces qui n'auront ni maturité ni saveur, et ne tarderont pas à se corrompre; nous aurons de jeunes docteurs et de vieux enfans. L'enfance a des manières de voir, de penser, de sentir, qui lui sont propres. Rien n'est moins sensé que d'y vouloir substituer les nôtres; et j'aimerois autant exiger qu'un enfant eût cinq pieds de haut que du jugement à dix ans.

La raison ne commence à se former qu'au bout de plusieurs années, et quand le corps a pris une certaine consistance. L'intention de la nature est donc que le corps se fortifie avant que l'esprit s'exerce. Les enfans sont toujours en mouvement; le repos et la réflexion sont l'aversion de leur âge; une vie appliquée et sédentaire les empêche de croître et de profiter; leur esprit ni leur corps ne peuvent supporter la contrainte. Sans cesse enfermés dans une chambre avec des livres, ils perdent toute leur vigueur; ils deviennent délicats, foibles, malsains, plutôt hébétés que raisonnables; et l'âme se sent toute la vie du dépérissement du corps.

Quand toutes ces instructions prématurées profiteroient à leur jugement autant qu'elles y nuisent, encore y auroit-il un très-grand inconvénient à les leur donner indistinctement et sans égard à celles qui conviennent par préférence au génie de chaque enfant. Outre la constitution commune à l'espèce, chacun apporte en naissant un tempérament particulier qui détermine son génie et son caractère, et qu'il ne s'agit ni de changer ni de contraindre, mais de former et de perfectionner. Tous les caractères sont bons et sains en eux-mêmes, selon M. de Wolmar. Il n'y a point, dit-il, d'erreurs dans la nature ([1]); tous les vices qu'on impute au naturel sont l'effet des mauvaises formes qu'il a reçues. Il n'y a point de scélérat dont les penchans mieux dirigés n'eussent produit de grandes vertus. Il n'y a point d'esprit faux dont on n'eût tiré des talens utiles en le prenant d'un certain biais, comme ces figures difformes et monstrueuses qu'on rend belles et bien proportionnées en les mettant à leur point de vue. Tout concourt au bien commun dans le système universel. Tout homme a sa place assignée dans le meilleur ordre des choses; il s'agit de trouver cette place et de ne pas pervertir cet ordre. Qu'arrive-t-il d'une éducation commencée dès le berceau et toujours sous une même formule, sans égard à la prodigieuse diversité des esprits? Qu'on donne à la plupart des instructions nuisibles ou déplacées, qu'on les prive de celles qui leur conviendroient, qu'on gêne de toutes parts la nature, qu'on efface les grandes qualités de l'âme pour en substituer de petites et d'apparentes qui n'ont aucune réalité; qu'en exerçant indistinctement aux mêmes choses tant de talens divers, on efface les uns par les autres, on les confond tous; qu'après bien des soins perdus à gâter dans les enfans les vrais dons de la nature, on voit bientôt ternir cet éclat passager et frivole qu'on leur préfère, sans que le naturel étouffé revienne jamais; qu'on perd à la fois ce qu'on a détruit et ce qu'on a fait; qu'enfin, pour le prix de tant de peine indiscrètement prise, tous ces petits prodiges deviennent des esprits sans force et des hommes sans mérite, uniquement remarquables par leur foiblesse et par leur inutilité.

J'entends ces maximes, ai-je dit à Julie; mais j'ai peine à les accorder avec vos propres sentimens sur le peu d'avantage qu'il y a de développer le génie et les talens naturels de chaque individu, soit pour son propre bonheur, soit pour le vrai bien de la société. Ne vaut-il pas infiniment mieux former un parfait modèle de l'homme raisonnable et de l'honnête homme, puis approcher chaque enfant de ce modèle par la force de l'éducation, en excitant l'un, en retenant l'autre, en réprimant les passions, en perfectionnant la raison, en corrigeant la

([1]) Cette doctrine si vraie me surprend dans M. de Wolmar; on verra bientôt pourquoi.

nature?... Corriger la nature ! a dit Wolmar en m'interrompant ; ce mot est beau, mais avant que de l'employer il falloit répondre à ce que Julie vient de vous dire.

Une réponse très-péremptoire, à ce qu'il me sembloit, étoit de nier le principe ; c'est ce que j'ai fait. Vous supposez toujours que cette diversité d'esprits et de génies qui distingue les individus est l'ouvrage de la nature ; et cela n'est rien moins qu'évident. Car enfin, si les esprits sont différens, ils sont inégaux ; et si la nature les a rendus inégaux, c'est en douant les uns préférablement aux autres d'un peu plus de finesse de sens, d'étendue de mémoire, ou de capacité d'attention. Or, quant aux sens et à la mémoire, il est prouvé par l'expérience que leurs divers degrés d'étendue et de perfection ne sont point la mesure de l'esprit des hommes ; et quant à la capacité d'attention, elle dépend uniquement de la force des passions qui nous animent ; et il est encore prouvé que tous les hommes sont par leur nature susceptibles de passions assez fortes pour les douer du degré d'attention auquel est attachée la supériorité de l'esprit.

Que si la diversité des esprits, au lieu de venir de la nature, étoit un effet de l'éducation, c'est-à-dire des diverses idées, des divers sentimens qu'excitent en nous dès l'enfance les objets qui nous frappent, les circonstances où nous nous trouvons, et toutes les impressions que nous recevons ; bien loin d'attendre pour élever les enfans qu'on connût le caractère de leur esprit, il faudroit au contraire se hâter de déterminer convenablement ce caractère par une éducation propre à celui qu'on veut leur donner.

A cela il m'a répondu que ce n'étoit pas sa méthode de nier ce qu'il voyoit, lorsqu'il ne pouvoit l'expliquer. Regardez, m'a-t-il dit, ces deux chiens qui sont dans la cour ; ils sont de la même portée, ils ont été nourris et traités de même, ils ne se sont jamais quittés ; cependant l'un des deux est vif, gai, caressant, plein d'intelligence ; l'autre lourd, pesant, hargneux, et jamais on n'a pu lui rien apprendre. La seule différence des tempéramens a produit en eux celle des caractères, comme la seule différence de l'organisation intérieure produit en nous celle des esprits ; tout le reste a été semblable....

Semblable? ai-je interrompu ; quelle différence! Combien de petits objets ont agi sur l'un et non pas sur l'autre ! combien de petites circonstances les ont frappés diversement sans que vous vous en soyez aperçu ! Bon ! a-t-il repris, vous voilà raisonnant comme les astrologues. Quand on leur opposoit que deux hommes nés sous le même aspect avoient des fortunes si diverses, ils rejetoient bien loin cette identité. Ils soutenoient que, vu la rapidité des cieux, il y avoit une distance immense du thême de l'un de ces hommes à celui de l'autre, et que, si l'on eût pu marquer les deux instans précis de leurs naissances, l'objection se fût tournée en preuve.

Laissons, je vous prie, toutes ces subtilités, et nous en tenons à l'observation. Elle nous apprend qu'il y a des caractères qui s'annoncent presque en naissant, et des enfans qu'on peut étudier sur le sein de leur nourrice. Ceux-là font une classe à part et s'élèvent en commençant de vivre ; mais, quant aux autres qui se développent moins vite, vouloir former leur esprit avant de le connoître, c'est s'exposer à gâter le bien que la nature a fait, et à faire plus mal à sa place. Platon votre maître ne soutenoit-il pas que tout le savoir humain, toute la philosophie ne pouvoit tirer d'une âme humaine que ce que la nature y avoit mis, comme toutes les opérations chimiques n'ont jamais tiré d'aucun mixte qu'autant d'or qu'il en contenoit déjà? Cela n'est vrai ni de nos sentimens ni de nos idées ; mais cela est vrai de nos dispositions à les acquérir. Pour changer un esprit, il faudroit changer l'organisation intérieure ; pour changer un caractère, il faudroit changer le tempérament dont il dépend. Avez-vous jamais ouï dire qu'un emporté soit devenu flegmatique, et qu'un esprit méthodique et froid ait acquis de l'imagination ? Pour moi, je trouve qu'il seroit tout aussi aisé de faire un blond d'un brun, et d'un sot un homme d'esprit. C'est donc en vain qu'on prétendroit refondre les divers esprits sur un modèle commun. On peut les contraindre et non les changer : on peut empêcher les hommes de se montrer tels qu'ils sont, mais non les faire devenir autres ; et s'ils se déguisent dans le cours ordinaire de la vie, vous les verrez dans toutes les occasions importantes reprendre leur caractère originel, et s'y livrer avec d'autant moins de règle, qu'ils n'en connoissent plus en s'y livrant. Encore une fois, il ne s'agit point de changer le caractère et de plier le naturel, mais au contraire de le pousser aussi loin qu'il peut aller, de le cultiver, et d'empêcher qu'il ne dégénère; car c'est ainsi qu'un homme devient tout ce qu'il peut être, et que l'ouvrage de la nature s'achève en lui par l'éducation. Or, avant de cultiver le caractère, il faut l'étudier, attendre paisiblement qu'il se montre, lui fournir les occasions de se montrer, et toujours s'abstenir de rien faire plutôt que d'agir mal à propos. A tel génie il faut donner des ailes, à d'autres des entraves; l'un veut être pressé, l'autre retenu; l'un veut qu'on le flatte, et l'autre qu'on l'intimide : il faudroit tantôt éclairer, tantôt abrutir. Tel homme est fait pour porter la connoissance humaine jusqu'à son dernier terme; à tel autre il est même funeste de savoir lire. Attendons la première étincelle de la raison, c'est elle qui fait sortir le caractère et lui donne sa véritable forme; c'est par elle aussi qu'on le cultive, et il n'y a point avant la raison de véritable éducation pour l'homme.

Quant aux maximes de Julie que vous mettez en opposition, je ne sais ce que vous y voyez de contradictoire : pour moi je les trouve parfaitement d'accord; chaque homme apporte en naissant un caractère, un génie et des talens qui lui sont propres. Ceux qui sont destinés à vivre dans la simplicité champêtre n'ont pas besoin, pour être heureux, du développement de leurs facultés, et leurs talens enfouis sont comme les mines d'or du Valais que le bien public ne permet pas qu'on exploite. Mais dans l'état civil, où l'on a moins besoin de bras que de têtes, et où chacun doit compte à soi-même et aux autres de tout son prix, il importe d'apprendre à tirer des hommes tout ce que la nature leur a donné, à les diriger du côté où ils peuvent aller le plus loin, et surtout à nourrir leurs inclinations de tout ce qui peut les rendre utiles. Dans le premier cas, on n'a d'égard qu'à l'espèce, chacun fait ce que font tous les autres; l'exemple est la seule règle, l'habitude est le seul talent; et nul n'exerce de son âme que la partie commune à tous. Dans le second, on s'applique à l'individu, à l'homme en général; on ajoute en lui tout ce qu'il peut avoir de plus qu'un autre; on le suit aussi loin que la nature le mène, et l'on en fera le plus grand des hommes, s'il a ce qu'il faut pour le devenir. Ces maximes se contredisent si peu, que la pratique en est la même pour le premier âge. N'instruisez point l'enfant du villageois, car il ne lui convient pas d'être instruit. N'instruisez pas l'enfant du citadin, car vous ne savez encore quelle instruction lui convient. En tout état de cause, laissez former le corps jusqu'à ce que la raison commence à poindre : alors c'est le moment de la cultiver.

Tout cela me paroîtroit fort bien, ai-je dit, si je n'y voyois un inconvénient qui nuit fort aux avantages que vous attendez de cette méthode; c'est de laisser prendre aux enfans mille mauvaises habitudes qu'on ne prévient que par les bonnes. Voyez ceux qu'on abandonne à eux-mêmes; ils contractent bientôt tous les défauts dont l'exemple frappe leurs yeux, parce que cet exemple est commode à suivre, et n'imitent jamais le bien, qui coûte plus à pratiquer. Accoutumés à tout obtenir, à faire en toute occasion leur indiscrète volonté, ils deviennent mutins, têtus, indomptables.... Mais, a repris M. de Wolmar, il me semble que vous avez remarqué le contraire dans les nôtres, et que c'est ce qui a donné lieu à cet entretien. Je l'avoue, ai-je dit, et c'est précisément ce qui m'étonne. Qu'a-t-elle fait pour les rendre dociles? comment s'y est-elle prise? qu'a-t-elle substitué au joug de la discipline? Un joug bien plus inflexible, a-t-il dit à l'instant, celui de la nécessité. Mais, en vous détaillant sa conduite, elle vous fera mieux entendre ses vues. Alors il l'a engagée à m'expliquer sa méthode; et, après une courte pause, voici à peu près comme elle m'a parlé :

Heureux les enfans bien nés, mon aimable ami! Je ne présume pas autant de nos soins que M. de Wolmar. Malgré ses maximes, je doute qu'on puisse jamais tirer un bon parti d'un mauvais caractère, et que tout naturel puisse être tourné à bien; mais, au surplus, convaincue de la bonté de sa méthode, je tâche d'y conformer en tout ma conduite dans le gouvernement de la famille. Ma première espérance est que des méchans ne seront pas sortis de mon sein; la seconde est d'élever assez bien les enfans que Dieu m'a donnés, sous la direction de leur père, pour qu'ils aient un jour le bonheur de lui ressembler. J'ai tâché pour cela de m'approprier les règles qu'il m'a prescrites, en leur donnant un principe moins philosophique et plus convenable à l'amour maternel; c'est de voir mes enfans heureux. Ce fut le premier vœu de mon cœur en portant le doux nom de mère, et tous les soins de mes jours sont destinés à l'accomplir. La première fois que je tins mon fils aîné dans mes bras je songeai que l'enfance est presque un quart des plus longues vies, qu'on parvient rarement aux trois autres quarts, et que c'est une bien cruelle prudence de rendre cette première portion malheureuse pour assurer le bonheur du reste, qui peut-être ne viendra jamais. Je songeai que, durant la foiblesse du premier âge, la nature assujettit les enfans de tant de manières, qu'il est barbare d'ajouter à cet assujettissement l'empire de nos caprices, en leur ôtant une liberté si bornée, et dont ils peuvent si peu abuser. Je résolus d'épargner au mien toute contrainte autant qu'il seroit possible, de lui laisser tout l'usage de ses petites forces, et de ne gêner en lui nul des mouvemens de la nature. J'ai déjà gagné à cela deux grands avantages : l'un, d'écarter de son âme naissante le mensonge, la vanité, la colère, l'envie, en un mot tous les vices qui naissent de l'esclavage, et qu'on est contraint de fomenter dans les enfans pour obtenir d'eux ce qu'on en exige ; l'autre, de laisser fortifier librement son corps par l'exercice continuel que l'instinct lui demande. Accoutumé tout comme les paysans à courir tête nue au soleil, au froid, à s'essouffler, à se mettre en sueur, il s'endurcit comme eux aux injures de l'air, et se rend plus robuste en vivant plus content. C'est le cas de songer à l'âge d'homme et aux accidens de l'humanité. Je vous l'ai déjà dit, je crains cette pusillanimité meurtrière qui, à force de délicatesse et de soins, affoiblit, efféminé un enfant, le tourmente par une éternelle contrainte, l'entraîne par mille vaines précautions, enfin l'expose pour toute sa vie aux périls inévitables dont elle veut le préserver un moment, et, pour lui sauver quelques rhumes dans son enfance, lui prépare de loin des fluxions de poitrine, des pleurésies, des coups de soleil, et la mort étant grand.

Ce qui donne aux enfans livrés à eux-mêmes la plupart des défauts dont vous parliez, c'est lorsque, non contens de faire leur propre volonté, ils la font encore faire aux autres, et cela par l'insensée indulgence des mères à qui l'on ne complaît qu'en servant toutes les fantaisies de leurs enfans. Mon ami, je me flatte que vous n'avez rien vu dans les miens qui sentît l'empire et l'autorité, même avec le dernier domestique, et que vous ne m'avez pas vue non plus applaudir en secret aux fausses complaisances qu'on a pour eux. C'est ici que je crois suivre une route nouvelle et sûre pour rendre à la fois un enfant libre, paisible, caressant, docile, et cela par un moyen fort simple, c'est de le convaincre qu'il n'est qu'un enfant.

A considérer l'enfance en elle-même, y a-t-il au monde un être plus foible, plus misérable, plus à la merci de tout ce qui l'environne, qui ait si grand besoin de pitié, d'amour, de protection, qu'un enfant ? Ne semble-t-il pas que c'est pour cela que les premières voix qui lui sont suggérées par la nature sont les cris et les plaintes; qu'elle lui a donné une figure si douce et un air si touchant, afin que tout ce qui l'approche s'intéresse à sa foiblesse et s'empresse à le secourir ? Qu'y a-t-il donc de plus choquant, de plus contraire à l'ordre, que de voir un enfant, impérieux et mutin, commander à tout ce qui l'entoure, prendre impudemment un ton de maître avec ceux qui n'ont qu'à l'abandonner pour le faire périr, et d'aveugles parens, approuvant cette audace, l'exercer à devenir le tyran de sa nourrice, en attendant qu'il devienne le leur?

Quant à moi, je n'ai rien épargné pour éloigner de mon fils la dangereuse image de l'empire et de la servitude, et pour ne jamais lui donner lieu de penser qu'il fût plutôt servi par devoir que par pitié. Ce point est peut-être le plus difficile et le plus important de toute l'éducation ; et c'est un détail qui ne finiroit point que celui de toutes les précautions qu'il m'a fallu prendre pour prévenir en lui cet instinct si prompt à distinguer les services mercenaires des domestiques de la tendresse des soins maternels.

L'un des principaux moyens que j'aie employés a été, comme je vous l'ai dit, de le bien convaincre de l'impossibilité où le tient son âge de vivre sans notre assistance. Après quoi je n'ai pas eu peine à lui montrer que tous les secours qu'on est forcé de recevoir d'autrui sont des actes de dépendance; que les domestiques ont une véritable supériorité sur lui, en ce qu'il ne sauroit se passer d'eux, tandis qu'il ne leur est bon à rien; de sorte que, bien loin de tirer vanité de leurs services, il les reçoit avec une sorte d'humiliation, comme un témoignage de sa foiblesse, et il aspire ardemment au temps où il sera assez grand et assez fort pour avoir l'honneur de se servir lui-même.

Ces idées, ai-je dit, seroient difficiles à établir dans des maisons où le père et la mère se font servir comme des enfans; mais dans celle-ci, où chacun, à commencer par vous, a ses fonctions à remplir, et où le rapport des valets aux maîtres n'est qu'un échange perpétuel de services et de soins, je ne crois pas cet établissement impossible. Cependant il me reste à concevoir comment des enfans accoutumés à voir prévenir leurs besoins n'étendent pas ce droit à leurs fantaisies, ou comment ils ne souffrent pas quelquefois de l'humeur d'un domestique qui traitera de fantaisie un véritable besoin.

Mon ami, a repris madame de Wolmar, une mère peu éclairée se fait des monstres de tout. Les vrais besoins sont très-bornés dans les enfans comme dans les hommes, et l'on doit plus regarder à la durée du bien-être qu'au bien-être d'un seul moment. Pensez-vous qu'un enfant qui n'est point gêné puisse assez souffrir de l'humeur de sa gouvernante, sous les yeux d'une mère, pour en être incommodé? Vous supposez des inconvéniens qui naissent de vices déjà contractés, sans songer que tous mes soins ont été d'empêcher ces vices de naître. Naturellement les femmes aiment les enfans. La mésintelligence ne s'élève entre eux que quand l'un veut assujettir l'autre à ses caprices. Or cela ne peut arriver ici, ni sur l'enfant dont on n'exige rien, ni sur la gouvernante à qui l'enfant n'a rien à commander. J'ai suivi en cela tout le contre-pied des autres mères, qui font semblant de vouloir que l'enfant obéisse au domestique, et veulent en effet que le domestique obéisse à l'enfant. Personne ici ne commande ni n'obéit; mais l'enfant n'obtient jamais de ceux qui l'approchent qu'autant de complaisance qu'il en a pour eux. Par là, sentant qu'il n'a sur tout ce qui l'environne d'autre autorité que celle de la bienveillance, il se rend docile et complaisant; en cherchant à s'attacher les cœurs des autres, le sien s'attache à eux à son tour : car on aime en se faisant aimer, c'est l'infaillible effet de l'amour-propre; et de cette affection réciproque, née de l'égalité, résultent sans effort les bonnes qualités qu'on prêche sans cesse à tous les enfans, sans jamais en obtenir aucune.

J'ai pensé que la partie la plus essentielle de l'éducation d'un enfant, celle dont il n'est jamais question dans les éducations les plus soignées, c'est de lui bien faire sentir sa misère, sa foiblesse, sa dépendance, et, comme vous a dit mon mari, le pesant joug de la nécessité que la nature impose à l'homme; et cela, non-seulement afin qu'il soit sensible à ce qu'on fait pour lui alléger ce joug, mais surtout afin qu'il connoisse de bonne heure en quel rang l'a placé la Providence, qu'il ne s'élève point au-dessus de sa portée, et que rien d'humain ne lui semble étranger à lui.

Induits dès leur naissance par la mollesse dans laquelle ils sont nourris, par les égards que tout le monde a pour eux, par la facilité d'obtenir tout ce qu'ils désirent, à penser que tout doit céder à leurs fantaisies, les jeunes gens entrent dans le monde avec cet impertinent préjugé, et souvent ils ne s'en corrigent qu'à force d'humiliations, d'affronts et de déplaisirs. Or, je voudrois bien sauver à mon fils cette seconde et mortifiante éducation, en lui donnant par la première une plus juste opinion des choses. J'avois d'abord résolu de lui accorder tout ce qu'il demanderoit, persuadée que les premiers mouvemens de la nature sont toujours bons et salutaires. Mais je n'ai pas tardé de connoître qu'en se faisant un droit d'être obéis, les enfans sortoient de l'état de nature presque en naissant, et contractoient nos vices par notre exemple, les leurs par notre indiscrétion. J'ai vu que, si je voulois contenter toutes ses fantaisies, elles croîtroient avec ma complaisance; qu'il y auroit toujours un point où il faudroit s'arrêter, et où le refus lui deviendroit d'autant plus sensible qu'il y seroit moins accoutumé. Ne pouvant donc, en attendant la raison, lui sauver tout chagrin, j'ai préféré le moindre et le plus tôt passé. Pour qu'un refus lui fût moins cruel, je l'ai plié d'abord au refus; et, pour lui épargner de longs déplaisirs, des lamentations, des mutineries, j'ai rendu tout refus irrévocable. Il est vrai que j'en fais le moins que je puis, et que j'y regarde à deux fois avant que d'en venir là. Tout ce qu'on lui accorde est accordé sans condition dès la première demande, et l'on est très-indulgent là-dessus : mais il n'obtient jamais rien par importunité; les pleurs et les flatteries sont également inutiles. Il en est si convaincu, qu'il a cessé de les employer ; du premier mot il prend son parti, et ne se tourmente pas plus de voir fermer un cornet de bonbons qu'il voudroit manger, qu'envoler un oiseau qu'il voudroit tenir ; car il sent la même impossibilité d'avoir l'un et l'autre. Il ne voit rien dans ce qu'on lui ôte, sinon qu'il ne l'a pu garder, ni dans ce qu'on lui refuse, sinon qu'il n'a pu l'obtenir; et, loin de battre la table contre laquelle il se blesse, il ne battroit pas la personne qui lui résiste. Dans tout ce qui le chagrine il sent l'empire de la nécessité, l'effet de sa propre foiblesse, jamais l'ouvrage du mauvais vouloir d'autrui..... Un moment, dit-elle un peu vivement, voyant que j'allois répondre, je pressens votre objection; j'y vais venir à l'instant.

Ce qui nourrit les criailleries des enfans, c'est l'attention qu'on y fait, soit pour leur céder, soit pour les contrarier. Il ne leur faut quelquefois pour pleurer tout un jour que s'apercevoir qu'on ne veut pas qu'ils pleurent. Qu'on les flatte ou qu'on les menace, les moyens qu'on prend pour les faire taire sont tous pernicieux et presque toujours sans effet. Tant qu'on s'occupe de leurs pleurs, c'est une raison pour eux de les continuer; mais ils s'en corrigent bientôt quand ils voient qu'on n'y prend pas garde; car, grands et petits, nul n'aime à prendre une peine inutile. Voilà précisément ce qui est arrivé à mon aîné. C'étoit d'abord un petit criard qui étourdissoit tout le monde ; et vous êtes témoin qu'on ne l'entend pas plus à présent dans la maison que s'il n'y avoit point d'enfant. Il pleure quand il souffre ; c'est la voix de la nature qu'il ne faut jamais contraindre; mais il se tait à l'instant qu'il ne souffre plus. Aussi fais-je une très-grande attention à ses pleurs, bien sûre qu'il n'en verse jamais en vain. Je gagne à cela de savoir à point nommé quand il sent de la douleur et quand il n'en sent pas, quand il se porte bien et quand il est malade; avantage qu'on perd avec ceux qui pleurent par fantaisie et seulement pour se faire apaiser. Au reste, j'avoue que ce point n'est pas facile à obtenir des nourrices et des gouvernantes : car comme rien n'est plus ennuyeux que d'entendre toujours lamenter un enfant, et que ces bonnes femmes ne voient jamais que l'instant présent, elles ne songent pas qu'à faire taire l'enfant aujourd'hui, il en pleurera demain davantage. Le pis est que l'obstination qu'il contracte tire à conséquence dans un âge avancé. La même cause qui le rend criard à trois ans le rend mutin à douze, querelleur à vingt, impérieux à trente, et insupportable toute sa vie.

Je viens maintenant à vous, me dit-elle en souriant. Dans tout ce qu'on accorde aux enfans, ils voient aisément le désir de leur complaire ; dans tout ce qu'on en exige ou qu'on leur refuse, ils doivent supposer des raisons sans les demander. C'est un autre avantage qu'on gagne à user avec eux d'autorité plutôt que de persuasion dans les occasions nécessaires : car, comme il n'est pas possible qu'ils n'aperçoivent quelquefois la raison qu'on a d'en user ainsi, il est naturel qu'ils la supposent encore quand ils sont hors d'état de la voir. Au contraire, dès qu'on a soumis quelque chose à leur jugement, ils prétendent juger de tout, ils deviennent sophistes, subtils, de mauvaise foi, féconds en chicanes; cherchant toujours à réduire au silence ceux qui ont la foiblesse de s'exposer à leurs petites lumières. Quand on est contraint de leur rendre compte des choses qu'ils ne sont point en état d'entendre, ils attribuent au caprice la conduite la plus prudente, sitôt qu'elle est au-dessus de leur portée. En un mot, le seul moyen de les rendre dociles à la raison n'est pas de raisonner avec eux, mais de les bien convaincre que la raison est au-dessus de leur âge ; car alors ils la supposent du côté où elle doit être, à moins qu'on ne leur donne un juste sujet de penser autrement. Ils savent bien qu'on ne veut pas les tourmenter quand ils sont sûrs qu'on les aime ; et les enfans se trompent rarement là-dessus. Quand donc je refuse quelque chose aux miens, je n'argumente point avec eux, je ne leur dis point pourquoi je ne veux pas, mais je fais en sorte qu'ils le voient, autant qu'il est possible, et quelquefois après coup. De cette manière ils s'accoutument à comprendre que jamais je ne les refuse sans en avoir une bonne raison, quoiqu'ils ne l'aperçoivent pas toujours.

Fondée sur le même principe, je ne souffrirai pas non plus que mes enfans se mêlent dans la conversation des gens raisonnables, et s'imaginent sottement y tenir leur rang comme les autres, quand on y souffre leur babil indiscret. Je veux qu'ils répondent modestement et en peu de mots quand on les interroge, sans jamais parler de leur chef, et surtout sans qu'ils s'ingèrent à questionner hors de propos les gens plus âgés qu'eux, auxquels ils doivent du respect.

En vérité, Julie, dis-je en l'interrompant, voilà bien de la rigueur pour une mère aussi tendre! Pythagore n'étoit pas plus sévère à ses disciples que vous l'êtes aux vôtres. Non-seulement vous ne les traitez pas en hommes, mais on diroit que vous craigniez de les voir cesser trop tôt d'être enfans. Quel moyen plus agréable et plus sûr peuvent-ils avoir de s'instruire que d'interroger sur les choses qu'ils ignorent les gens plus éclairés qu'eux? Que penseroient de vos maximes les dames de Paris, qui trouvent que leurs enfans ne jasent jamais assez tôt ni assez long-temps, et qui jugent de l'esprit qu'ils auront étant grands par les sottises qu'ils débitent étant jeunes? Wolmar me dira que cela peut être bon dans un pays où le premier mérite est de bien babiller, et où l'on est dispensé de penser pourvu qu'on parle. Mais vous qui voulez faire à vos enfans un sort si doux, comment accordez-vous tant de bonheur avec tant de contrainte? et que devient parmi toute cette gêne la liberté que vous prétendez leur laisser?

Quoi donc! a-t-elle repris à l'instant, est-ce gêner leur liberté que de les empêcher d'attenter à la nôtre? et ne sauroient-ils être heureux à moins que toute une compagnie en silence n'admire leurs puérilités? Empêchons leur vanité de naître, ou du moins arrêtons-en les progrès; c'est là vraiment travailler à leur félicité : car la vanité de l'homme est la source de ses plus grandes peines, et il n'y a personne de si parfait et de si fêté à qui elle ne donne encore plus de chagrins que de plaisirs (¹).

Que peut penser un enfant de lui-même, quand il voit autour de lui tout un cercle de gens sensés l'écouter, l'agacer, l'admirer, attendre avec un lâche empressement les oracles qui sortent de sa bouche, et se récrier avec des retentissemens de joie à chaque impertinence qu'il dit? La tête d'un homme auroit bien de la peine à tenir à tous ces faux applaudissemens; jugez de ce que deviendra la sienne! Il en est du babil des enfans comme des prédictions des almanachs : ce seroit un prodige si, sur tant de vaines paroles, le hasard ne fournissoit jamais une rencontre heureuse. Imaginez ce que font alors les exclamations de la flatterie sur une pauvre mère déjà trop abusée par son propre cœur, et sur un enfant qui ne sait ce qu'il dit et se voit célébrer! Ne pensez pas que pour démêler l'erreur je m'en garantisse; non, je vois la faute et j'y tombe; mais si j'admire les reparties de mon fils, au moins je les admire en secret; il n'apprend point, à me les voyant applaudir, à devenir babillard et vain; et les flatteurs, en me les faisant répéter, n'ont pas le plaisir de ma foiblesse.

Un jour qu'il nous étoit venu du monde, étant allée donner quelques ordres, je vis en rentrant quatre ou cinq grands nigauds occupés à jouer avec lui, et s'apprêtant à me raconter d'un air d'emphase je ne sais combien de gentillesses qu'ils venoient d'entendre, et dont ils sembloient tout émerveillés. Messieurs, leur dis-je assez froidement, je ne doute pas que vous ne sachiez faire dire à des marionnettes de fort jolies choses; mais j'espère qu'un jour mes enfans seront hommes, qu'ils agiront et parleront d'eux-mêmes, et alors j'apprendrai toujours dans la joie de mon cœur tout ce qu'ils auront dit et fait de bien. Depuis qu'on a vu que cette manière de faire sa cour ne prenoit pas, on joue avec mes enfans comme avec des enfans, non comme avec Polichinelle; il ne leur vient plus de compère, et ils en valent sensiblement mieux depuis qu'on ne les admire plus.

A l'égard des questions, on ne les leur défend pas indistinctement : je suis la première à leur dire de demander doucement en particulier à leur père ou à moi tout ce qu'ils ont besoin de savoir; mais je ne souffre pas qu'ils coupent un entretien sérieux pour occuper tout le monde de la première impertinence qui leur passe par la tête. L'art d'interroger n'est pas

---

(¹) Si jamais la vanité fit quelque heureux sur la terre, à coup sûr cet heureux-là n'étoit qu'un sot.

facile qu'on pense : c'est bien plus l'art des maîtres que des disciples ; il faut avoir déjà beaucoup appris de choses pour savoir demander ce qu'on ne sait pas. Le savant sait et s'enquiert, dit un proverbe indien ; mais l'ignorant ne sait pas même de quoi s'enquérir (1). Faute de cette science préliminaire, les enfans en liberté ne font presque jamais que des questions ineptes qui ne servent à rien, ou profondes et scabreuses, dont la solution passe leur portée ; et puisqu'il ne faut pas qu'ils sachent tout, il importe qu'ils n'aient pas le droit de tout demander. Voilà pourquoi, généralement parlant, ils s'instruisent mieux par les interrogations qu'on leur fait que par celles qu'ils font eux-mêmes.

Quand cette méthode leur seroit aussi utile qu'on croit, la première et la plus importante science qui leur convient n'est-elle pas d'être discrets et modestes ? et y en a-t-il quelque autre qu'ils doivent apprendre au préjudice de celle-là ? Que produit donc dans les enfans cette émancipation de parole avant l'âge de parler, et ce droit de soumettre effrontément les hommes à leur interrogatoire ? de petits questionneurs babillards, qui questionnent moins pour s'instruire que pour importuner, pour occuper d'eux tout le monde, et qui prennent encore plus de goût à ce babil par l'embarras où ils s'aperçoivent que jettent quelquefois leurs questions indiscrètes, en sorte que chacun est inquiet aussitôt qu'ils ouvrent la bouche. Ce n'est pas tant un moyen de les instruire que de les rendre étourdis et vains ; inconvénient plus grand, à mon avis, que l'avantage qu'ils acquièrent par là n'est utile ; car par degrés l'ignorance diminue, mais la vanité ne fait jamais qu'augmenter.

Le pis qui pût arriver de cette réserve trop prolongée seroit que mon fils en âge de raison eût la conversation moins légère, le propos moins vif et moins abondant ; et en considérant combien cette habitude de passer sa vie à dire des riens rétrécit l'esprit, je regarderois plutôt cette heureuse stérilité comme un bien que comme un mal. Les gens oisifs, toujours ennuyés d'eux-mêmes, s'efforcent de donner un grand prix à l'art de les amuser ; et l'on diroit que le savoir-vivre consiste à ne dire que de vaines paroles, comme à ne faire que des dons inutiles : mais la société humaine a un objet plus noble, et ses vrais plaisirs ont plus de solidité. L'organe de la vérité, le plus digne organe de l'homme, le seul dont l'usage le distingue des animaux, ne lui a point été donné pour n'en pas tirer un meilleur parti qu'ils ne font de leurs cris. Il se dégrade au-dessous d'eux quand il parle pour ne rien dire ; et l'homme doit être homme jusque dans ses délassemens. S'il y a de la politesse à étourdir tout le monde d'un vain caquet, j'en trouve une bien plus véritable à laisser parler les autres par préférence, à faire plus grand cas de ce qu'ils disent que de ce qu'on diroit soi-même, et à montrer qu'on les estime trop pour croire les amuser par des niaiseries. Le bon usage du monde, celui qui nous y fait le plus rechercher et chérir, n'est pas tant d'y briller que d'y faire briller les autres, et de mettre, à force de modestie, leur orgueil plus en liberté. Ne craignons pas qu'un homme d'esprit qui ne s'abstient de parler que par retenue et discrétion puisse jamais passer pour un sot. Dans quelque pays que ce puisse être, il n'est pas possible qu'on juge un homme sur ce qu'il n'a pas dit, et qu'on le méprise pour s'être tu. Au contraire, on remarque en général que les gens silencieux en imposent, qu'on s'écoute devant eux, et qu'on leur donne beaucoup d'attention quand ils parlent ; ce qui, leur laissant le choix des occasions et faisant qu'on ne perd rien de ce qu'ils disent, met tout l'avantage de leur côté. Il est si difficile à l'homme le plus sage de garder toute sa présence d'esprit dans un long flux de paroles, il est si rare qu'il ne lui échappe des choses dont il se repent à loisir, qu'il aime mieux retenir le bon que risquer le mauvais. Enfin, quand ce n'est pas faute d'esprit qu'il se tait, s'il ne parle pas, quelque discret qu'il puisse être, le tort en est à ceux qui sont avec lui.

Mais il y a bien loin de six ans à vingt : mon fils ne sera pas toujours enfant ; et, à mesure que sa raison commencera de naître, l'intention de son père est bien de la laisser exercer. Quant à moi, ma mission ne va pas jusque-là. Je nourris des enfans, et n'ai pas la présomption de vouloir former des hommes. J'espère, dit-elle en regardant son mari, que de plus dignes mains se chargeront de ce noble emploi. Je suis

---

(1) Ce proverbe est tiré de Chardin, tome V, p. 170, in-12.

femme et mère, je sais me tenir à mon rang. Encore une fois, la fonction dont je suis chargée n'est pas d'élever mes fils, mais de les préparer pour être élevés.

Je ne fais même en cela que suivre de point en point le système de M. de Wolmar ; et plus j'avance, plus j'éprouve combien il est excellent et juste, et combien il s'accorde avec le mien. Considérez mes enfans, et surtout l'aîné ; en connoissez-vous de plus heureux sur la terre, de plus gais, de moins importuns ? Vous les voyez sauter, rire, courir toute la journée, sans jamais incommoder personne. De quels plaisirs, de quelle indépendance leur âge est-il susceptible, dont ils ne jouissent pas ou dont ils abusent ? Ils se contraignent aussi peu devant moi qu'en mon absence. Au contraire, sous les yeux de leur mère ils ont toujours un peu plus de confiance ; et, quoique je sois l'auteur de toute la sévérité qu'ils éprouvent, ils me trouvent toujours la moins sévère : car je ne pourrois supporter de n'être pas ce qu'ils aiment le plus au monde.

Les seules lois qu'on leur impose auprès de nous sont celles de la liberté même, savoir, de ne pas plus gêner la compagnie qu'elle ne les gêne, de ne pas crier plus haut qu'on ne parle ; et, comme on ne les oblige point de s'occuper de nous, je ne veux pas non plus qu'ils prétendent nous occuper d'eux. Quand ils manquent à de si justes lois, toute leur peine est d'être à l'instant renvoyés ; et tout mon art, pour que c'en soit une, de faire qu'ils ne se trouvent nulle part aussi bien qu'ici. A cela près, on ne les assujettit à rien ; on ne les force jamais de rien apprendre ; on ne les ennuie point de vaines corrections ; jamais on ne les reprend ; les seules leçons qu'ils reçoivent sont des leçons de pratique prises dans la simplicité de la nature. Chacun, bien instruit là-dessus, se conforme à mes intentions avec une intelligence et un soin qui ne me laissent rien à désirer ; et, si quelque faute est à craindre, mon assiduité la prévient ou la répare aisément.

Hier, par exemple, l'aîné, ayant ôté un tambour au cadet, l'avoit fait pleurer. Fanchon ne dit rien ; mais, une heure après, au moment que le ravisseur du tambour en étoit le plus occupé, elle le lui reprit : il la suivoit en le redemandant, et pleurant à son tour. Elle lui dit : Vous l'avez pris par force à votre frère, je vous le reprends de même ; qu'avez-vous à dire ? ne suis-je pas la plus forte ? Puis elle se mit à battre la caisse à son imitation, comme si elle y eût pris beaucoup de plaisir. Jusque-là tout étoit à merveille ; mais quelque temps après elle voulut rendre le tambour au cadet ; alors je l'arrêtai ; car ce n'étoit plus la leçon de la nature, et de là pouvoit naître un premier germe d'envie entre les deux frères. En perdant le tambour, le cadet supporta la dure loi de la nécessité ; l'aîné sentit son injustice, tous deux connurent leur foiblesse et furent consolés le moment d'après.

Un plan si nouveau et si contraire aux idées reçues m'avoit d'abord effarouché. A force de me l'expliquer, ils m'en rendirent enfin l'admirateur ; et je sentis que pour guider l'homme, la marche de la nature est toujours la meilleure. Le seul inconvénient que je trouvois à cette méthode, et cet inconvénient me parut fort grand, c'étoit de négliger dans les enfans la seule faculté qu'ils aient dans toute sa vigueur, et qui ne fait que s'affoiblir en avançant en âge. Il me sembloit que, selon leur propre système, plus les opérations de l'entendement étoient foibles, insuffisantes, plus on devoit exercer et fortifier la mémoire, si propre alors à soutenir le travail. C'est elle, disois-je, qui doit suppléer à la raison jusqu'à sa naissance, et l'enrichir quand elle est née. Un esprit qu'on n'exerce à rien devient lourd et pesant dans l'inaction. La semence ne prend point dans un champ mal préparé, et c'est une étrange préparation pour apprendre à devenir raisonnable que de commencer par être stupide. Comment stupide ! s'est écriée aussitôt madame de Wolmar. Confondriez-vous deux qualités aussi différentes et presque aussi contraires que la mémoire et le jugement (¹) ? comme si la quantité des choses mal digérées et sans liaison dont on remplit une tête encore foible n'y faisoit pas plus de tort que de profit à la raison ! J'avoue que de toutes les facultés de l'homme la mémoire est la première qui se développe et la plus commode à cultiver dans les enfans : mais, à votre avis, lequel est à préférer de ce qu'il leur est le plus

---

(¹) Cela ne me paroît pas bien vu. Rien n'est si nécessaire au jugement que la mémoire : il est vrai que ce n'est pas la mémoire des mots.

aisé d'apprendre, ou de ce qu'il leur importe le plus de savoir?

Regardez à l'usage qu'on fait en eux de cette facilité, à la violence qu'il faut leur faire, à l'éternelle contrainte où il les faut assujettir pour mettre en étalage leur mémoire, et comparez l'utilité qu'ils en retirent au mal qu'on leur fait souffrir pour cela. Quoi ! forcer un enfant d'étudier des langues qu'il ne parlera jamais, même avant qu'il ait bien appris la sienne ; lui faire incessamment répéter et construire des vers qu'il n'entend point, et dont toute l'harmonie n'est pour lui qu'au bout de ses doigts ; embrouiller son esprit de cercles et de sphères dont il n'a point la moindre idée, l'accabler de mille noms de villes et de rivières qu'il confond sans cesse et qu'il rapprend tous les jours ; est-ce cultiver sa mémoire au profit de son jugement ? et tout ce frivole acquis vaut-il une seule des larmes qu'il lui coûte ?

Si tout cela n'étoit qu'inutile, je m'en plaindrois moins ; mais n'est-ce rien que d'instruire un enfant à se payer de mots, et à croire savoir ce qu'il ne peut comprendre? Se pourroit-il qu'un tel amas ne nuisît point aux premières idées dont on doit meubler une tête humaine? et ne vaudroit-il pas mieux n'avoir point de mémoire que de la remplir de tout ce fatras, au préjudice des connoissances nécessaires dont il tient la place ?

Non, si la nature a donné au cerveau des enfans cette souplesse qui le rend propre à recevoir toutes sortes d'impressions, ce n'est pas pour qu'on y grave des noms de rois, des dates, des termes de blason, de sphère, de géographie, et tous ces mots sans aucun sens pour leur âge, et sans aucune utilité pour quelque âge que ce soit, dont on accable leur triste et stérile enfance ; mais c'est pour que toutes les idées relatives à l'état de l'homme, toutes celles qui se rapportent à son bonheur et l'éclairent sur ses devoirs, s'y tracent de bonne heure en caractères ineffaçables, et lui servent à se conduire, pendant sa vie, d'une manière convenable à son être et à ses facultés.

Sans étudier dans les livres, la mémoire d'un enfant ne reste pas pour cela oisive : tout ce qu'il voit, tout ce qu'il entend le frappe, et il s'en souvient; il tient registre en lui-même des actions, des discours des hommes ; et tout ce qui l'environne est le livre dans lequel, sans y songer, il enrichit continuellement sa mémoire, en attendant que son jugement puisse en profiter. C'est dans le choix de ces objets, c'est dans le soin de lui présenter sans cesse ceux qu'il doit connoître, et de lui cacher ceux qu'il doit ignorer, que consiste le véritable art de cultiver la première de ses facultés ; et c'est par là qu'il faut tâcher de lui former un magasin de connoissances qui servent à son éducation durant la jeunesse, et à sa conduite dans tous les temps. Cette méthode, il est vrai, ne forme point de petits prodiges, et ne fait pas briller les gouvernantes et les précepteurs ; mais elle forme des hommes judicieux, robustes, sains de corps et d'entendement, qui, sans s'être fait admirer étant jeunes, se font honorer étant grands.

Ne pensez pas pourtant, continua Julie, qu'on néglige ici tout-à-fait ces soins dont vous faites un si grand cas. Une mère un peu vigilante tient dans ses mains les passions de ses enfans. Il y a des moyens pour exciter et nourrir en eux le désir d'apprendre ou de faire telle ou telle chose ; et autant que ces moyens peuvent se concilier avec la plus entière liberté de l'enfant, et n'engendrent en lui nulle semence de vice, je les emploie assez volontiers, sans m'opiniâtrer quand le succès n'y répond pas ; car il aura toujours le temps d'apprendre, mais il n'y a pas un moment à perdre pour lui former un bon naturel ; et M. de Wolmar a une telle idée du premier développement de la raison, qu'il soutient que, quand son fils ne sauroit rien à douze ans, il n'en seroit pas moins instruit à quinze, sans compter que rien n'est moins nécessaire que d'être savant, et rien plus que d'être sage et bon.

Vous savez que notre aîné lit déjà passablement. Voici comment lui est venu le goût d'apprendre à lire. J'avois dessein de lui lire de temps en temps quelque fable de La Fontaine pour l'amuser, et j'avois déjà commencé, quand il me demanda si les corbeaux parloient A l'instant je vis la difficulté de lui faire sentir bien nettement la différence de l'apologue au mensonge : je me tirai d'affaire comme je pus ; et, convaincue que les fables sont faites pour les hommes, mais qu'il faut toujours dire la vérité nue aux enfans, je supprimai La Fontaine. Je lui substituai un recueil de petites histoires intéressantes et instructives, la plupart tirées de la Bible; puis, voyant que l'enfant prenoit goût à mes contes, j'imaginai de les lui rendre encore plus utiles, en essayant d'en composer moi-même d'aussi amusans qu'il me fut possible, et les appropriant toujours au besoin du moment. Je les écrivois à mesure dans un beau livre orné d'images, que je tenois bien enfermé, et dont je lui lisois de temps en temps quelques contes, rarement, peu long-temps, et répétant souvent les mêmes avec des commentaires, avant de passer à de nouveaux. Un enfant oisif est sujet à l'ennui; les petits contes servoient de ressources: mais, quand je le voyois le plus avidement attentif, je me souvenois quelquefois d'un ordre à donner, et je le quittois à l'endroit le plus intéressant, en laissant négligemment le livre. Aussitôt il alloit prier sa bonne, ou Fanchon, ou quelqu'un, d'achever la lecture: mais comme il n'a rien à commander à personne, et qu'on étoit prévenu, l'on n'obéissoit pas toujours. L'un refusoit, l'autre avoit affaire, l'autre balbutioit lentement et mal, l'autre laissoit, à mon exemple, un conte à moitié. Quand on le vit bien ennuyé de tant de dépendance, quelqu'un lui suggéra secrètement d'apprendre à lire, pour s'en délivrer et feuilleter le livre à son aise. Il goûta ce projet. Il fallut trouver des gens assez complaisans pour vouloir lui donner leçon: nouvelle difficulté qu'on n'a poussée qu'aussi loin qu'il falloit. Malgré toutes ces précautions, il s'est lassé trois ou quatre fois: on l'a laissé faire. Seulement je me suis efforcée de rendre les contes encore plus amusans; et il est revenu à la charge avec tant d'ardeur, que, quoiqu'il n'y ait pas six mois qu'il a tout de bon commencé d'apprendre, il sera bientôt en état de lire seul le recueil.

C'est à peu près ainsi que je tâcherai d'exciter son zèle et sa bonne volonté pour acquérir les connoissances qui demandent de la suite et de l'application, et qui peuvent convenir à son âge: mais quoiqu'il apprenne à lire, ce n'est point des livres qu'il tirera ces connoissances: car elles ne s'y trouvent point, et la lecture ne convient en aucune manière aux enfans. Je veux aussi l'habituer de bonne heure à nourrir sa tête d'idées et non de mots: c'est pourquoi je ne lui fais jamais rien apprendre par cœur.

Jamais! interrompis-je: c'est beaucoup dire; car encore faut-il bien qu'il sache son catéchisme et ses prières. C'est ce qui vous trompe, reprit-elle. A l'égard de la prière, tous les matins et tous les soirs je fais la mienne à haute voix dans la chambre de mes enfans, et c'est assez pour qu'ils l'apprennent sans qu'on les y oblige; quant au catéchisme, ils ne savent ce que c'est. Quoi! Julie, vos enfans n'apprennent pas leur catéchisme? Non, mon ami, mes enfans n'apprennent pas leur catéchisme. Comment! ai-je dit tout étonné, une mère si pieuse!... Je ne vous comprends point. Et pourquoi vos enfans n'apprennent-ils pas leur catéchisme? Afin qu'ils le croient un jour, dit-elle: j'en veux faire un jour des chrétiens. Ah! j'y suis, m'écriai-je; vous ne voulez pas que leur foi ne soit qu'en paroles, ni qu'ils sachent seulement leur religion, mais qu'ils la croient; et vous pensez avec raison qu'il est impossible à l'homme de croire ce qu'il n'entend point. Vous êtes bien difficile, me dit en souriant M. de Wolmar: seriez-vous chrétien, par hasard? Je m'efforce de l'être, lui dis-je avec fermeté. Je crois de la religion tout ce que j'en puis comprendre, et respecte le reste sans le rejeter. Julie me fit un signe d'approbation, et nous reprîmes le sujet de notre entretien.

Après être entrée dans d'autres détails qui m'ont fait concevoir combien le zèle maternel est actif, infatigable et prévoyant, elle a conclu en observant que sa méthode se rapportoit exactement aux deux objets qu'elle s'étoit proposés, savoir, de laisser développer le naturel des enfans, et de l'étudier. Les miens ne sont gênés en rien, dit-elle, et ne sauroient abuser de leur liberté; leur caractère ne peut ni se dépraver ni se contraindre: on laisse en paix renforcer leur corps et germer leur jugement; l'esclavage n'avilit point leur âme; les regards d'autrui ne font point fermenter leur amour-propre; ils ne se croient ni des hommes puissans ni des animaux enchaînés, mais des enfans heureux et libres. Pour les garantir des vices qui ne sont pas en eux, ils ont, ce me semble, un préservatif plus fort que des discours qu'ils n'entendroient point, ou dont ils seroient bientôt ennuyés; c'est l'exemple des mœurs de tout ce qui les environne; ce sont les entretiens qu'ils entendent, qui sont ici naturels à tout le monde, et qu'on n'a pas besoin de composer exprès pour eux ; c'est la paix et l'union dont ils sont témoins ; c'est l'accord qu'ils voient régner sans cesse et dans la conduite respective de tous, et dans la conduite et les discours de chacun.

Nourris encore dans leur première simplicité, d'où leur viendroient des vices dont ils n'ont point vu d'exemple, des passions qu'ils n'ont nulle occasion de sentir, des préjugés que rien ne leur inspire? Vous voyez qu'aucune erreur ne les gagne, qu'aucun mauvais penchant ne se montre en eux. Leur ignorance n'est point entêtée, leurs désirs ne sont point obstinés; les inclinations au mal sont prévenues ; la nature est justifiée ; et tout me prouve que les défauts dont nous l'accusons ne sont point son ouvrage, mais le nôtre.

C'est ainsi que, livrés au penchant de leur cœur sans que rien le déguise ou l'altère, nos enfans ne reçoivent point une forme extérieure et artificielle, mais conservent exactement celle de leur caractère original ; c'est ainsi que ce caractère se développe journellement à nos yeux sans réserve, et que nous pouvons étudier les mouvemens de la nature jusque dans leurs principes les plus secrets. Sûrs de n'être jamais ni grondés ni punis, ils ne savent ni mentir ni se cacher ; et, dans tout ce qu'ils disent soit entre eux, soit à nous, ils laissent voir sans contrainte tout ce qu'ils ont au fond de l'âme. Libres de babiller entre eux toute la journée, ils ne songent pas même à se gêner un moment devant moi. Je ne les reprends jamais, ni ne les fais taire, ni ne feins de les écouter, et ils diroient les choses du monde les plus blâmables que je ne ferois pas semblant d'en rien savoir : mais en effet je les écoute avec la plus grande attention sans qu'ils s'en doutent ; je tiens un registre exact de ce qu'ils font et de ce qu'ils disent ; ce sont les productions naturelles du fonds qu'il faut cultiver. Un propos vicieux dans leur bouche est une herbe étrangère dont le vent apporta la graine : si je la coupe par une réprimande, bientôt elle repoussera; au lieu de cela, j'en cherche en secret la racine, et j'ai soin de l'arracher. Je ne suis, m'a-t-elle dit en riant, que la servante du jardinier ; je sarcle le jardin, j'en ôte la mauvaise herbe ; c'est à lui de cultiver la bonne.

Convenons aussi qu'avec toute la peine que j'aurois pu prendre il falloit être aussi bien secondée pour espérer de réussir, et que le succès de mes soins dépendoit d'un concours de circonstances qui ne s'est peut-être jamais trouvé qu'ici; il falloit les lumières d'un père éclairé pour démêler, à travers les préjugés établis, le véritable art de gouverner les enfans dès leur naissance; il falloit toute sa patience pour se prêter à l'exécution, sans jamais démentir ses leçons par sa conduite ; il falloit des enfans bien nés en qui la nature eût assez fait pour qu'on pût aimer son seul ouvrage ; il falloit n'avoir autour de soi que des domestiques intelligens et bien intentionnés, qui ne se lassassent point d'entrer dans les vues des maîtres : un seul valet brutal ou flatteur eût suffi pour tout gâter. En vérité, quand on songe combien de causes étrangères peuvent nuire aux meilleurs desseins, et renverser les projets les mieux concertés, on doit remercier la fortune de tout ce qu'on fait de bien dans la vie, et dire que la sagesse dépend beaucoup du bonheur.

Dites, me suis-je écrié, que le bonheur dépend encore plus de la sagesse. Ne voyez-vous pas que ce concours dont vous vous félicitez est votre ouvrage, et que tout ce qui vous approche est contraint de vous ressembler ? Mères de famille, quand vous vous plaignez de n'être pas secondées, que vous connoissez mal votre pouvoir ! Soyez tout ce que vous devez être, vous surmonterez tous les obstacles; vous forcerez chacun de remplir ses devoirs, si vous remplissez bien tous les vôtres. Vos droits ne sont-ils pas ceux de la nature ? Malgré les maximes du vice, ils seront toujours chers au cœur humain. Ah! veuillez être femmes et mères, et le plus doux empire qui soit sur la terre sera aussi le plus respecté.

En achevant cette conversation, Julie a remarqué que tout prenoit une nouvelle facilité depuis l'arrivée d'Henriette. Il est certain, dit-elle, que j'aurois besoin de beaucoup moins de soins et d'adresse si je voulois introduire l'émulation entre les deux frères ; mais ce moyen me paroît trop dangereux ; j'aime mieux avoir plus de peine et ne rien risquer. Henriette supplée à cela : comme elle est d'un autre sexe, leur aînée, qu'ils l'aiment tous deux à la folie, et qu'elle a du sens au-dessus de son âge, j'en fais en quelque sorte leur première gouvernante, et avec d'autant plus de succès que ses leçons leur sont moins suspectes.

Quant à elle, son éducation me regarde ; mais les principes en sont si différens qu'ils méritent un entretien à part. Au moins puis-je bien dire d'avance qu'il sera difficile d'ajouter en elle aux dons de la nature, et qu'elle vaudra sa mère elle-même, si quelqu'un au monde la peut valoir.

Mylord, on vous attend de jour en jour, et ce devroit être ici ma dernière lettre. Mais je comprends ce qui prolonge votre séjour à l'armée, et j'en frémis. Julie n'en est pas moins inquiète : elle vous prie de nous donner plus souvent de vos nouvelles, et vous conjure de songer, en exposant votre personne, combien vous prodiguez le repos de vos amis. Pour moi je n'ai rien à vous dire. Faites votre devoir ; un conseil timide ne peut non plus sortir de mon cœur qu'approcher du vôtre. Cher Bomston, je le sais trop, la seule mort digne de ta vie seroit de verser ton sang pour la gloire de ton pays ; mais ne dois-tu nul compte de tes jours à celui qui n'a conservé les siens que pour toi ?

LETTRE IV.

DE MYLORD ÉDOUARD A SAINT-PREUX.

Je vois par vos deux dernières lettres qu'il m'en manque une antérieure à ces deux-là, apparemment la première que vous m'aviez écrite à l'armée, et dans laquelle étoit l'explication des chagrins secrets de madame de Wolmar. Je n'ai point reçu cette lettre, et je conjecture qu'elle pouvoit être dans la malle d'un courrier qui nous a été enlevé. Répétez-moi donc, mon ami, ce qu'elle contenoit ; ma raison s'y perd et mon cœur s'en inquiète : car, encore une fois, si le bonheur et la paix ne sont pas dans l'âme de Julie, où sera leur asile ici-bas ?

Rassurez-la sur les risques auxquels elle me croit exposé. Nous avons à faire à un ennemi trop habile pour nous en laisser courir ; avec une poignée de monde il rend toutes nos forces inutiles, et nous ôte partout les moyens de l'attaquer. Cependant, comme nous sommes confians, nous pourrions bien lever des difficultés insurmontables pour de meilleurs généraux, et forcer à la fin les François de nous battre. J'augure que nous paierons cher nos premiers succès, et que la bataille gagnée à Dettingue nous en fera perdre une en Flandre. Nous avons en tête un grand capitaine : ce n'est pas tout, il a la confiance de ses troupes ; et le soldat françois qui compte sur son général est invincible ; au contraire, on en a si bon marché quand il est commandé par des courtisans qu'il méprise, et cela arrive si souvent, qu'il ne faut qu'attendre les intrigues de cour et l'occasion pour vaincre à coup sûr la plus brave nation du continent. Ils le savent fort bien eux-mêmes. Mylord Marlborough, voyant la bonne mine et l'air guerrier d'un soldat pris à Bleinhem [1], lui dit : S'il y eût eu cinquante mille hommes comme toi à l'armée françoise, elle ne se fût pas ainsi laissé battre. Eh morbleu ! repartit le grenadier, nous avions assez d'hommes comme moi ; il ne nous en manquoit qu'un comme vous. Or cet homme comme lui commande à présent l'armée de France, et manque à la nôtre ; mais nous ne songeons guère à cela.

Quoi qu'il en soit, je veux voir les manœuvres du reste de cette campagne, et j'ai résolu de rester à l'armée jusqu'à ce qu'elle entre en quartiers. Nous gagnerons tous à ce délai. La saison étant trop avancée pour traverser les monts, nous passerons l'hiver où vous êtes, et n'irons en Italie qu'au commencement du printemps. Dites à monsieur et madame de Wolmar que je fais ce nouvel arrangement pour jouir à mon aise du touchant spectacle que vous décrivez si bien, et pour voir madame d'Orbe établie avec eux. Continuez, mon cher, à m'écrire avec le même soin, et vous me ferez plus de plaisir que jamais. Mon équipage a été pris, et je suis sans livres ; mais je lis vos lettres.

[1] C'est le nom que les Anglois donnent à la bataille d'Hochstet.

LETTRE V.

DE SAINT-PREUX A MYLORD ÉDOUARD

Quelle joie vous me donnez en m'annonçant que nous passerons l'hiver à Clarens! mais que vous me la faites payer cher en prolongeant votre séjour à l'armée! Ce qui me déplaît surtout, c'est de voir clairement qu'avant notre séparation le parti de faire la campagne étoit déjà pris, et que vous ne m'en voulûtes rien dire. Mylord, je sens la raison de ce mystère et ne puis vous en savoir bon gré. Me mépriseriez-vous assez pour croire qu'il me fût bon de vous survivre, ou m'avez-vous connu des attachemens si bas que je les préfère à l'honneur de mourir avec mon ami? Si je ne méritois pas de vous suivre, il falloit me laisser à Londres, vous m'auriez moins offensé que de m'envoyer ici.

Il est clair par la dernière de vos lettres qu'en effet une des miennes s'est perdue, et cette perte a dû vous rendre les deux lettres suivantes fort obscures à bien des égards; mais les éclaircissemens nécessaires pour les bien entendre viendront à loisir. Ce qui presse le plus à présent est de vous tirer de l'inquiétude où vous êtes sur le chagrin secret de madame de Wolmar.

Je ne vous redirai point la suite de la conversation que j'eus avec elle après le départ de son mari. Il s'est passé depuis bien des choses qui m'en ont fait oublier une partie; et nous la reprîmes tant de fois durant son absence, que je m'en tiens au sommaire pour épargner des répétitions.

Elle m'apprit donc que ce même époux qui faisoit tout pour la rendre heureuse étoit l'unique auteur de toute sa peine, et que plus leur attachement mutuel étoit sincère, plus il lui donnoit à souffrir. Le diriez-vous, mylord? cet homme si sage, si raisonnable, si loin de toute espèce de vice, si peu soumis aux passions humaines, ne croit rien de ce qui donne un prix aux vertus, et, dans l'innocence d'une vie irréprochable, il porte au fond de son cœur l'affreuse paix des méchans. La réflexion qui naît de ce contraste augmente la douleur de Julie; et il semble qu'elle lui pardonneroit plutôt de méconnoître l'auteur de son être, s'il avoit plus de motifs pour le craindre ou plus d'orgueil pour le braver. Qu'un coupable apaise sa conscience aux dépens de sa raison, que l'honneur de penser autrement que le vulgaire anime celui qui dogmatise, cette erreur au moins se conçoit; mais, poursuit-elle en soupirant, pour un si honnête homme et si peu vain de son savoir, c'étoit bien la peine d'être *incrédule!*

Il faut être instruit du caractère des deux époux; il faut les imaginer concentrés dans le sein de leur famille, et se tenant l'un à l'autre lieu du reste de l'univers; il faut connoître l'union qui règne entre eux dans tout le reste, pour concevoir combien leur différend sur ce seul point est capable d'en troubler les charmes. M. de Wolmar, élevé dans le rit grec, n'étoit pas fait pour supporter l'absurdité d'un culte aussi ridicule. Sa raison, trop supérieure à l'imbécile joug qu'on lui vouloit imposer, le secoua bientôt avec mépris; et rejetant à la fois tout ce qui lui venoit d'une autorité si suspecte, forcé d'être impie, il se fit athée.

Dans la suite, ayant toujours vécu dans des pays catholiques, il n'apprit pas à concevoir une meilleure opinion de la foi chrétienne par celle qu'on y professe. Il n'y vit d'autre religion que l'intérêt de ses ministres. Il vit que tout y consistoit encore en vaines simagrées, plâtrées un peu plus subtilement par des mots qui ne signifient rien; il s'aperçut que tous les *honnêtes gens* y étoient unanimement de son avis, et ne s'en cachoient guère; que le clergé même, un peu plus discrètement, se moquoit en secret de ce qu'il enseignoit en public; et il m'a protesté souvent qu'après bien du temps et des recherches, il n'avoit trouvé de sa vie que trois prêtres qui crussent en Dieu [1]. En voulant s'éclaircir de bonne foi sur ces matières, il s'étoit enfoncé dans les ténèbres de la métaphysique, où l'homme n'a d'autres guides que les systèmes qu'il y porte; et ne voyant partout que doutes et contradictions, quand enfin il est

---

[1] A Dieu ne plaise que je veuille approuver ces assertions dures et téméraires! j'affirme seulement qu'il y a des gens qui les font, et dont la conduite du clergé de tous les pays et de toutes les sectes n'autorise que trop souvent l'indiscrétion. Mais, loin que mon dessein dans cette note soit de me mettre lâchement à couvert, voici bien nettement mon propre sentiment sur ce point: c'est que nul vrai croyant ne sauroit être intolérant ni persécuteur. Si j'étois magistrat et que la loi portât peine de mort contre les athées, je commencerois par faire brûler comme tel quiconque en viendroit dénoncer un autre.

venu parmi des chrétiens, il y est venu trop tard; sa foi s'étoit déjà fermée à la vérité, sa raison n'étoit plus accessible à la certitude; tout ce qu'on lui prouvoit détruisant plus un sentiment qu'il n'en établissoit un autre, il a fini par combattre également les dogmes de toute espèce, et n'a cessé d'être athée que pour devenir sceptique.

Voilà le mari que le ciel destinoit à cette Julie en qui vous connoissez une foi si simple et une piété si douce. Mais il faut avoir vécu aussi familièrement avec elle que sa cousine et moi, pour savoir combien cette âme tendre est naturellement portée à la dévotion. On diroit que rien de terrestre ne pouvant suffire au besoin d'aimer dont elle est dévorée, cet excès de sensibilité soit forcé de remonter à sa source. Ce n'est point comme sainte Thérèse un cœur amoureux qui se donne le change et veut se tromper d'objet, c'est un cœur vraiment intarissable que l'amour ni l'amitié n'ont pu épuiser, et qui porte ses affections surabondantes au seul être digne de les absorber [1]. L'amour de Dieu ne la détache point des créatures; il ne lui donne ni dureté ni aigreur. Tous ses attachemens produits par la même cause, en s'animant l'un par l'autre, en deviennent plus charmans et plus doux; et, pour moi, je crois qu'elle seroit moins dévote si elle aimoit moins tendrement son père, son mari, ses enfans, sa cousine et moi-même.

Ce qu'il y a de singulier, c'est que plus elle l'est, moins elle croit l'être, et qu'elle se plaint de sentir en elle-même une âme aride qui ne sait point aimer Dieu. On a beau faire, dit-elle souvent, le cœur ne s'attache que par l'entremise des sens ou de l'imagination qui les représente: et le moyen de voir ou d'imaginer l'immensité du grand Être [2]? Quand je veux m'élever à lui je ne sais où je suis; n'apercevant aucun rapport entre lui et moi, je ne sais par où l'atteindre, je ne vois ni ne sens plus rien, je me trouve dans une espèce d'anéantissement; et si j'osois juger d'autrui par moi-même, je craindrois que les extases des mystiques ne vinssent moins d'un cœur plein que d'un cerveau vide.

Que faire donc, continua-t-elle, pour me dérober aux fantômes d'une raison qui s'égare? Je substitue un culte grossier, mais à ma portée, à ces sublimes contemplations qui passent mes facultés. Je rabaisse à regret la majesté divine, j'interpose entre elle et moi des objets sensibles; ne la pouvant contempler dans son essence, je la contemple au moins dans ses œuvres, je l'aime dans ses bienfaits; mais, de quelque manière que je m'y prenne, au lieu de l'amour pur qu'elle exige, je n'ai qu'une reconnoissance intéressée à lui présenter.

C'est ainsi que tout devient sentiment dans un cœur sensible. Julie ne trouve dans l'univers entier que des sujets d'attendrissement et de gratitude: partout elle aperçoit la bienfaisante main de la Providence; ses enfans sont le cher dépôt qu'elle en a reçu; elle recueille ses dons dans les productions de la terre; elle voit sa table couverte par ses soins; elle s'endort sous sa protection; son paisible réveil lui vient d'elle; elle sent ses leçons dans les disgrâces, et ses faveurs dans les plaisirs; les biens dont jouit tout ce qui lui est cher sont autant de nouveaux sujets d'hommages; si le Dieu de l'univers échappe à ses foibles yeux, elle voit partout le père commun des hommes. Honorer ainsi ses bienfaits suprêmes, n'est-ce pas servir autant qu'on peut l'Être infini?

Concevez, mylord, quel tourment c'est de vivre dans la retraite avec celui qui partage notre existence et ne peut partager l'espoir qui nous la rend chère; de ne pouvoir avec lui ni bénir les œuvres de Dieu, ni parler de l'heureux avenir que nous promet sa bonté; de le voir insensible, en faisant le bien, à tout ce qui le rend agréable à faire, et, par la plus bizarre inconséquence, penser en impie et vivre en chrétien! Imaginez Julie à la promenade avec son mari: l'une, admirant, dans la riche et brillante parure que la terre étale, l'ouvrage et les dons de l'auteur de l'univers; l'autre, ne

---

[1] Comment! Dieu n'aura donc que les restes des créatures? Au contraire, ce que les créatures peuvent occuper du cœur humain est si peu de chose, que, quand on croit l'avoir rempli d'elles, il est encore vide. Il faut un objet infini pour le remplir.

[2] Il est certain qu'il faut se fatiguer l'âme pour l'élever aux sublimes idées de la Divinité. Un culte plus sensible repose l'esprit du peuple: il aime qu'on lui offre des objets de piété qui le dispensent de penser à Dieu. Sur ces maximes, les catholiques ont-ils mal fait de remplir leurs légendes, leurs calendriers, leurs églises, de petits anges, de beaux garçons, et de jolies saintes? L'enfant Jésus entre les bras d'une mère charmante et modeste est en même temps un des plus touchans et des

plus agréables spectacles que la dévotion chrétienne puisse offrir aux yeux des fidèles.

voyant en tout cela qu'une combinaison fortuite, où rien n'est lié que par une force aveugle. Imaginez deux époux sincèrement unis, n'osant, de peur de s'importuner mutuellement, se livrer, l'un aux réflexions, l'autre aux sentimens que leur inspirent les objets qui les entourent, et tirer de leur attachement même le devoir de se contraindre incessamment. Nous ne nous promenons presque jamais, Julie et moi, que quelque vue frappante et pittoresque ne lui rappelle ces idées douloureuses. Hélas! dit-elle avec attendrissement, le spectacle de la nature, si vivant, si animé pour nous, est mort aux yeux de l'infortuné Wolmar, et, dans cette grande harmonie des êtres où tout parle de Dieu d'une voix si douce, il n'aperçoit qu'un silence éternel!

Vous qui connoissez Julie, vous qui savez combien cette âme communicative aime à se répandre, concevez ce qu'elle souffriroit de ces réserves, quand elles n'auroient d'autre inconvénient qu'un si triste partage entre ceux à qui tout doit être commun. Mais des idées plus funestes s'élèvent, malgré qu'elle en ait, à la suite de celle-là. Elle a beau vouloir rejeter ces terreurs involontaires, elles reviennent la troubler à chaque instant. Quelle horreur pour une tendre épouse d'imaginer l'Être suprême vengeur de sa divinité méconnue, de songer que le bonheur de celui qui fait le sien doit finir avec sa vie, et de ne voir qu'un réprouvé dans le père de ses enfans! A cette affreuse image, toute sa douceur la garantit à peine du désespoir; et la religion, qui lui rend amère l'incrédulité de son mari, lui donne seule la force de la supporter. Si le ciel, dit-elle souvent, me refuse la conversion de cet honnête homme, je n'ai plus qu'une grâce à lui demander, c'est de mourir la première.

Telle est, mylord, la trop juste cause de ses chagrins secrets; telle est la peine intérieure qui semble charger sa conscience de l'endurcissement d'autrui, et ne lui devient que plus cruelle par le soin qu'elle prend de la dissimuler. L'athéisme, qui marche à visage découvert chez les papistes, est obligé de se cacher dans tout pays où, la raison permettant de croire en Dieu, la seule excuse des incrédules leur est ôtée. Ce système est naturellement désolant: s'il trouve des partisans chez les grands et les riches qu'il favorise, il est partout en horreur au peuple opprimé et misérable, qui, voyant délivrer ses tyrans du seul frein propre à les contenir, se voit encore enlever, dans l'espoir d'une autre vie, la seule consolation qu'on lui laisse en celle-ci. Madame de Wolmar, sentant donc le mauvais effet que feroit ici le pyrrhonisme de son mari, et voulant surtout garantir ses enfans d'un si dangereux exemple, n'a pas eu de peine à engager au secret un homme sincère et vrai, mais discret, simple, sans vanité, et fort éloigné de vouloir ôter aux autres un bien dont il est fâché d'être privé lui-même. Il ne dogmatise jamais; il vient au temple avec nous, il se conforme aux usages établis; sans professer de bouche une foi qu'il n'a pas, il évite le scandale, et fait sur le culte réglé par les lois tout ce que l'état peut exiger d'un citoyen.

Depuis près de huit ans qu'ils sont unis, la seule madame d'Orbe est du secret, parce qu'on le lui a confié. Au surplus, les apparences sont si bien sauvées, et avec si peu d'affectation, qu'au bout de six semaines passées ensemble dans la plus grande intimité, je n'avois pas même conçu le moindre soupçon, et n'aurois peut-être jamais pénétré la vérité sur ce point, si Julie elle-même ne me l'eût apprise.

Plusieurs motifs l'ont déterminée à cette confidence. Premièrement, quelle réserve est compatible avec l'amitié qui règne entre nous? N'est-ce pas aggraver ses chagrins à pure perte que s'ôter la douceur de les partager avec un ami? De plus, elle n'a pas voulu que ma présence fût plus long-temps un obstacle aux entretiens qu'ils ont souvent ensemble sur un sujet qui lui tient si fort au cœur. Enfin, sachant que vous deviez bientôt venir nous joindre, elle a désiré, du consentement de son mari, que vous fussiez d'avance instruit de ses sentimens; car elle attend de votre sagesse un supplément à nos vains efforts, et des effets dignes de vous.

Le temps qu'elle choisit pour me confier sa peine m'a fait soupçonner une autre raison dont elle n'a eu garde de me parler. Son mari nous quittoit, nous restions seuls: nos cœurs s'étoient aimés, ils s'en souvenoient encore: s'ils s'étoient un instant oubliés, tout nous livroit à l'opprobre. Je voyois clairement qu'elle avoit craint ce tête-à-tête et tâché de s'en garantir; et la scène de Meillerie m'a trop appris que celui des deux qui se défioit le moins de lui-même devoit seul s'en défier.

Dans l'injuste crainte que lui inspiroit sa timidité naturelle, elle n'imagina point de précaution plus sûre que de se donner incessamment un témoin qu'il fallût respecter, d'appeler en tiers le juge intègre et redoutable qui voit les actions secrètes et sait lire au fond des cœurs. Elle s'environnoit de la majesté suprême; je voyois Dieu sans cesse entre elle et moi. Quel coupable désir eût pu franchir une telle sauvegarde? Mon cœur s'épuroit au feu de son zèle et je partageois sa vertu.

Ces graves entretiens remplirent presque tous nos tête-à-tête durant l'absence de son mari; et depuis son retour nous les reprenons fréquemment en sa présence. Il s'y prête comme s'il étoit question d'un autre, et, sans mépriser nos soins, il nous donne souvent de bons conseils sur la manière dont nous devons raisonner avec lui. C'est cela même qui me fait désespérer du succès; car, s'il avoit moins de bonne foi, l'on pourroit attaquer le vice de l'âme qui nourriroit son incrédulité; mais, s'il n'est question que de convaincre, où chercherons-nous des lumières qu'il n'ait point eues et des raisons qui lui aient échappé? Quand j'ai voulu disputer avec lui, j'ai vu que tout ce que je pouvois employer d'argumens avoit été déjà vainement épuisé par Julie, et que ma sécheresse étoit bien loin de cette éloquence du cœur, et de cette douce persuasion qui coule de sa bouche. Mylord, nous ne ramènerons jamais cet homme; il est trop froid et n'est point méchant: il ne s'agit pas de le toucher; la preuve intérieure ou de sentiment lui manque, et celle-là seule peut rendre invincibles toutes les autres.

Quelque soin que prenne sa femme de lui déguiser sa tristesse, il la sent et la partage: ce n'est pas un œil aussi clairvoyant qu'on abuse. Ce chagrin dévoré ne lui en est que plus sensible. Il m'a dit avoir été tenté plusieurs fois de céder en apparence, et de feindre, pour la tranquilliser, des sentimens qu'il n'avoit pas; mais une telle bassesse d'âme est trop loin de lui. Sans en imposer à Julie, cette dissimulation n'eût été qu'un nouveau tourment pour elle. La bonne foi, la franchise, l'union des cœurs qui console de tant de maux, se fût éclipsée entre eux. Étoit-ce en se faisant moins estimer de sa femme qu'il pouvoit la rassurer sur ses craintes? Au lieu d'user de déguisement avec elle, il lui dit sincèrement ce qu'il pense; mais il le dit d'un ton si simple, avec si peu de mépris des opinions vulgaires, si peu de cette ironique fierté des esprits forts, que ces tristes aveux donnent bien plus d'affliction que de colère à Julie, et que, ne pouvant transmettre à son mari ses sentimens et ses espérances, elle en cherche avec plus de soin à rassembler autour de lui ces douceurs passagères auxquelles il borne sa félicité. Ah! dit-elle avec douleur, si l'infortuné fait son paradis en ce monde, rendons-le-lui du moins aussi doux qu'il est possible (¹).

Le voile de tristesse dont cette opposition de sentimens couvre leur union prouve mieux que toute autre chose l'invincible ascendant de Julie, par les consolations dont cette tristesse est mêlée, et qu'elle seule au monde étoit peut-être capable d'y joindre. Tous leurs démêlés, toutes leurs disputes sur ce point important, loin de se tourner en aigreur, en mépris, en querelles, finissent toujours par quelque scène attendrissante, qui ne fait que les rendre plus chers l'un à l'autre.

Hier, l'entretien s'étant fixé sur ce texte, qui revient souvent quand nous ne sommes que nous trois, nous tombâmes sur l'origine du mal; et je m'efforçois de montrer que non-seulement il n'y avoit point de mal absolu et général dans le système des êtres, mais que même les maux particuliers étoient beaucoup moindres qu'ils ne le semblent au premier coup d'œil, et qu'à tout prendre ils étoient surpassés de beaucoup par les biens particuliers et individuels. Je citois à M. de Wolmar son propre exemple; et, pénétré du bonheur de sa situation, je le peignois avec des traits si vrais qu'il en parut ému lui-même. Voilà, dit-il en m'interrompant, les séductions de Julie. Elle met toujours

---

(¹) Combien ce sentiment plein d'humanité n'est-il pas plus naturel que le zèle affreux des persécuteurs, toujours occupés à tourmenter les incrédules, comme pour les damner dès cette vie, et se faire les précurseurs des démons! je ne cesserai jamais de le redire, c'est que ces persécuteurs-là ne sont point des croyans; ce sont des fourbes.

le sentiment à la place des raisons, et le rend si touchant qu'il faut toujours l'embrasser pour toute réponse : ne seroit-ce point de son maître de philosophie, ajouta-t-il en riant, qu'elle auroit appris cette manière d'argumenter ?

Deux mois plus tôt la plaisanterie m'eût déconcerté cruellement ; mais le temps de l'embarras est passé : je n'en fis que rire à mon tour, et, quoique Julie eût un peu rougi, elle ne parut pas plus embarrassée que moi. Nous continuâmes. Sans disputer sur la quantité du mal, Wolmar se contentoit de l'aveu qu'il fallut bien faire, que, peu ou beaucoup, enfin le mal existe ; et de cette seule existence il déduisoit défaut de puissance, d'intelligence ou de bonté dans la première cause. Moi, de mon côté, je tâchois de montrer l'origine du mal physique dans la nature de la matière, et du mal moral dans la liberté de l'homme. Je lui soutenois que Dieu pouvoit tout faire, hors de créer d'autres substances aussi parfaites que la sienne, et qui ne laissassent aucune prise au mal. Nous étions dans la chaleur de la dispute quand je m'aperçus que Julie avoit disparu. Devinez où elle est, me dit son mari voyant que je la cherchois des yeux. Mais, dis-je, elle est allée donner quelque ordre dans le ménage. Non, dit-il, elle n'auroit point pris pour d'autres affaires le temps de celle-ci : tout se fait sans qu'elle me quitte, et je ne la vois jamais rien faire. Elle est donc dans la chambre des enfans ? Tout aussi peu : ses enfans ne lui sont pas plus chers que mon salut. Hé bien, repris-je, ce qu'elle fait, je n'en sais rien, mais je suis très-sûr qu'elle ne s'occupe qu'à des soins utiles. Encore moins, dit-il froidement ; venez, venez, vous verrez si j'ai bien deviné.

Il se mit à marcher doucement : je le suivis sur la pointe du pied. Nous arrivâmes à la porte du cabinet : elle étoit fermée ; il l'ouvrit brusquement. Mylord, quel spectacle ! Je vis Julie à genoux, les mains jointes, et tout en larmes. Elle se lève avec précipitation, s'essuyant les yeux, se cachant le visage et cherchant à s'échapper. On ne vit jamais une honte pareille. Son mari ne lui laissa pas le temps de fuir ; il courut à elle dans une espèce de transport. Chère épouse, lui dit-il en l'embrassant, l'ardeur même de tes vœux trahit ta cause ; que leur manque-t-il pour être efficaces ? Va, s'ils étoient entendus, ils seroient bientôt exaucés. Ils le seront, lui dit-elle d'un ton ferme et persuadé ; j'en ignore l'heure et l'occasion. Pussé-je l'acheter aux dépens de ma vie ! mon dernier jour seroit le mieux employé.

Venez, mylord, quittez vos malheureux combats, venez remplir un devoir plus noble : le sage préfère-t-il l'honneur de tuer des hommes aux soins qui peuvent en sauver un (¹) ?

LETTRE VI.

DE SAINT-PREUX A MYLORD ÉDOUARD.

Quoi ! même après la séparation de l'armée, encore un voyage à Paris ! Oubliez-vous donc tout-à-fait Clarens et celle qui l'habite ? Nous êtes-vous moins cher qu'à mylord Hyde ? êtes-vous plus nécessaire à cet ami qu'à ceux qui vous attendent ici ? Vous nous forcez à faire des vœux opposés aux vôtres, et vous me faites souhaiter d'avoir du crédit à la cour de France pour vous empêcher d'obtenir les passe-ports que vous en attendez. Contentez-vous toutefois ; allez voir votre digne compatriote. Malgré lui, malgré vous, nous serons vengés de cette préférence ; et, quelque plaisir que vous goûtiez à vivre avec lui, je sais que, quand vous serez avec nous, vous regretterez le temps que vous ne nous aurez pas donné.

En recevant votre lettre, j'avois d'abord soupçonné qu'une commission secrète... Quel plus digne médiateur de paix !... Mais les rois donnent-ils leur confiance à des hommes vertueux ? osent-ils écouter la vérité ? savent-ils même honorer le vrai mérite ?... Non, non, cher Édouard, vous n'êtes pas fait pour le ministère ; et je pense trop bien de vous pour croire que, si vous n'étiez pas né pair d'Angleterre, vous le fussiez jamais devenu.

Viens, ami ; tu seras mieux à Clarens qu'à la Cour. Oh ! quel hiver nous allons passer tous ensemble, si l'espoir de notre réunion ne m'abuse pas ! Chaque jour la prépare, en ramenant ici quelqu'une de ces âmes privilégiées qui sont si chères l'une à l'autre, qui sont si

---

(¹) Il y avoit ici une grande lettre de mylord Édouard à Julie. Dans la suite il sera parlé de cette lettre ; mais, pour de bonnes raisons, j'ai été forcé de la supprimer.

dignes de s'aimer, et qui semblent n'attendre que vous pour se passer du reste de l'univers. En apprenant quel heureux hasard a fait passer ici la partie adverse du baron d'Étange, vous avez prévu tout ce qui devoit arriver de cette rencontre, et ce qui est arrivé réellement (¹). Ce vieux plaideur, quoique inflexible et entier presque autant que son adversaire, n'a pu résister à l'ascendant qui nous a tous subjugués. Après avoir vu Julie, après l'avoir entendue, après avoir conversé avec elle, il a eu honte de plaider contre son père. Il est parti pour Berne si bien disposé, et l'accommodement est actuellement en si bon train, que, sur la dernière lettre du baron, nous l'attendons de retour dans peu de jours.

Voilà ce que vous aurez déjà su par M. de Wolmar ; mais ce que probablement vous ne savez point encore, c'est que madame d'Orbe, ayant enfin terminé ses affaires, est ici depuis jeudi, et n'aura plus d'autre demeure que celle de son amie. Comme j'étois prévenu du jour de son arrivée, j'allai au-devant d'elle à l'insu de madame de Wolmar qu'elle vouloit surprendre, et, l'ayant rencontrée au-deçà de Lutri, je revins sur mes pas avec elle.

Je la trouvai plus vive et plus charmante que jamais, mais inégale, distraite, n'écoutant point, répondant encore moins, parlant sans suite et par saillies, enfin livrée à cette inquiétude dont on ne peut se défendre sur le point d'obtenir ce qu'on a fortement désiré. On eût dit à chaque instant qu'elle trembloit de retourner en arrière. Ce départ, quoique long-temps différé, s'étoit fait si à la hâte que la tête en tournoit à la maîtresse et aux domestiques. Il régnoit un désordre risible dans le menu bagage qu'on amenoit. A mesure que la femme de chambre craignoit d'avoir oublié quelque chose, Claire assuroit toujours l'avoir fait mettre dans le coffre du carrosse ; et le plaisant, quand on y regarda, fut qu'il ne s'y trouva rien du tout.

Comme elle ne vouloit pas que Julie entendît sa voiture, elle descendit dans l'avenue, traversa la cour en courant comme une folle, et monta si précipitamment qu'il fallut respirer après la première rampe avant d'achever de monter. M. de Wolmar vint au-devant d'elle : elle ne put lui dire un seul mot.

En ouvrant la porte de la chambre, je vis Julie assise vers la fenêtre et tenant sur ses genoux la petite Henriette, comme elle faisoit souvent. Claire avoit médité un beau discours à sa manière, mêlé de sentiment et de gaîté ; mais, en mettant le pied sur le seuil de la porte, le discours, la gaîté, tout fut oublié ; elle vole à son amie en s'écriant avec un emportement impossible à peindre : Cousine, toujours, pour toujours jusqu'à la mort ! Henriette, apercevant sa mère, saute et court au-devant d'elle en criant aussi, *maman ! maman !* de toute sa force, et la rencontre si rudement que la pauvre petite tomba du coup. Cette subite apparition, cette chute, la joie, le trouble, saisirent Julie à tel point, que, s'étant levée en étendant les bras avec un cri très-aigu, elle se laissa retomber et se trouva mal. Claire, voulant relever sa fille, voit pâlir son amie : elle hésite, elle ne sait à laquelle courir. Enfin, me voyant relever Henriette, elle s'élance pour secourir Julie défaillante, et tombe sur elle dans le même état.

Henriette, les apercevant toutes deux sans mouvement, se mit à pleurer et pousser des cris qui firent accourir la Fanchon : l'une court à sa mère, l'autre à sa maîtresse. Pour moi, saisi, transporté, hors de sens, j'errois à grands pas par la chambre sans savoir ce que je faisois, avec des exclamations interrompues, et dans un mouvement convulsif dont je n'étois pas le maître. Wolmar lui-même, le froid Wolmar se sentit ému. O sentiment ! sentiment ! douce vie de l'âme ! quel est le cœur de fer que tu n'as jamais touché ? quel est l'infortuné mortel à qui tu n'arrachas jamais de larmes ? Au lieu de courir à Julie, cet heureux époux se jeta sur un fauteuil pour contempler avidement ce ravissant spectacle. Ne craignez rien, dit-il en voyant notre empressement ; ces scènes de plaisir et de joie n'épuisent un instant la nature que pour la ranimer d'une vigueur nouvelle ; elles ne sont jamais dangereuses. Laissez-moi jouir du bonheur que je goûte et que vous partagez. Que doit-il être pour vous ! Je n'en connus jamais de semblable, et je suis le moins heureux des six.

(¹) On voit qu'il manque ici plusieurs lettres intermédiaires, ainsi qu'en beaucoup d'autres endroits. Le lecteur dira qu'on se tire fort commodément d'affaire avec de pareilles omissions, et je suis tout-à-fait de son avis.

Mylord, sur ce premier moment vous pouvez juger du reste. Cette réunion excita dans toute la maison un retentissement d'allégresse, et une fermentation qui n'est pas encore calmée. Julie, hors d'elle-même, étoit dans une agitation où je ne l'avois jamais vue; il fut impossible de songer à rien de toute la journée qu'à se voir et s'embrasser sans cesse avec de nouveaux transports. On ne s'avisa pas même du salon d'Apollon; le plaisir étoit partout, on n'avoit pas besoin d'y songer. A peine le lendemain eut-on assez de sang-froid pour préparer une fête. Sans Wolmar, tout seroit allé de travers. Chacun se para de son mieux. Il n'y eut de travail permis que ce qu'il en falloit pour les amusemens. La fête fut célébrée, non pas avec pompe, mais avec délire; il y régnoit une confusion qui la rendoit touchante, et le désordre en faisoit le plus bel ornement.

La matinée se passa à mettre madame d'Orbe en possession de son emploi d'intendante ou de maîtresse d'hôtel; et elle se hâtoit d'en faire les fonctions avec un empressement d'enfant qui nous fit rire. En entrant pour dîner dans le beau salon, les deux cousines virent de tous côtés leurs chiffres unis et formés avec des fleurs. Julie devina dans l'instant d'où venoit ce soin : elle m'embrassa dans un saisissement de joie. Claire, contre son ancienne coutume, hésita d'en faire autant. Wolmar lui en fit la guerre; elle prit en rougissant le parti d'imiter sa cousine. Cette rougeur, que je remarquai trop, me fit un effet que je ne saurois dire; mais je ne me sentis pas dans ses bras sans émotion.

L'après-midi il y eut une belle collation dans le gynécée, où pour le coup le maître et moi fûmes admis. Les hommes tirèrent au blanc une mise donnée par madame d'Orbe. Le nouveau venu l'emporta, quoique moins exercé que les autres. Claire ne fut pas la dupe de son adresse; Hanz lui-même ne s'y trompa pas, et refusa d'accepter le prix; mais tous ses camarades l'y forcèrent, et vous pouvez juger que cette honnêteté de leur part ne fut pas perdue.

Le soir, toute la maison, augmentée de trois personnes, se rassembla pour danser. Claire sembloit parée par la main des Grâces; elle n'avoit jamais été si brillante que ce jour-là. Elle dansoit, elle causoit, elle rioit, elle donnoit ses ordres, elle suffisoit à tout. Elle avoit juré de m'excéder de fatigue; et, après cinq ou six contredanses très-vives tout d'une haleine, elle n'oublia pas le reproche ordinaire que je dansois comme un philosophe. Je lui dis, moi, qu'elle dansoit comme un lutin, qu'elle ne faisoit pas moins de ravage, et que j'avois peur qu'elle ne me laissât reposer ni jour ni nuit. Au contraire, dit-elle, voici de quoi vous faire dormir tout d'une pièce; et à l'instant elle me reprit pour danser.

Elle étoit infatigable : mais il n'en étoit pas ainsi de Julie; elle avoit peine à se tenir, les genoux lui trembloient en dansant; elle étoit trop touchée pour pouvoir être gaie : souvent on voyoit des larmes de joie couler de ses yeux; elle contemploit sa cousine avec une sorte de ravissement; elle aimoit à se croire l'étrangère à qui l'on donnoit la fête, et à regarder Claire comme la maîtresse de la maison qui l'ordonnoit. Après le souper je tirai des fusées que j'avois apportées de la Chine, et qui firent beaucoup d'effet. Nous veillâmes fort avant dans la nuit. Il fallut enfin se quitter : madame d'Orbe étoit lasse, ou devoit l'être, et Julie voulut qu'on se couchât de bonne heure.

Insensiblement le calme renaît, et l'ordre avec lui. Claire, toute folâtre qu'elle est, sait prendre quand il lui plaît un ton d'autorité qui en impose. Elle a d'ailleurs du sens, un discernement exquis, la pénétration de Wolmar, la bonté de Julie; et, quoique extrêmement libérale, elle ne laisse pas d'avoir aussi beaucoup de prudence; en sorte que, restée veuve si jeune, et chargée de la garde-noble de sa fille, les biens de l'une et de l'autre n'ont fait que prospérer dans ses mains : ainsi l'on n'a pas lieu de craindre que, sous ses ordres, la maison soit moins bien gouvernée qu'auparavant. Cela donne à Julie le plaisir de se livrer tout entière à l'occupation qui est le plus de son goût, savoir, l'éducation des enfans; et je ne doute pas qu'Henriette ne profite extrêmement de tous les soins dont une de ses mères aura soulagé l'autre. Je dis ses mères; car, à voir la manière dont elles vivent avec elle, il est difficile de distinguer la véritable; et des étrangers qui nous sont venus aujourd'hui sont ou paroissent là-dessus encore en doute. En effet, toutes deux l'appellent Henriette, ou ma fille, indifféremment. Elle appelle *maman* l'une, et l'autre *petite maman*; la même tendresse règne de part et d'autre; elle obéit également à toutes deux. S'ils demandent aux dames à laquelle elle appartient, chacune répond: A moi. S'ils interrogent Henriette, il se trouve qu'elle a deux mères. On seroit embarrassé à moins. Les plus clairvoyans se décident pourtant à la fin pour Julie. Henriette, dont le père étoit blond, est blonde comme elle, et lui ressemble beaucoup. Une certaine tendresse de mère se peint encore mieux dans ses yeux si doux que dans les regards plus enjoués de Claire. La petite prend auprès du Julie un air plus respectueux, plus attentif sur elle-même. Machinalement elle se met plus souvent à ses côtés, parce que Julie a plus souvent quelque chose à lui dire. Il faut avouer que toutes les apparences sont en faveur de la petite maman; et je me suis aperçu que cette erreur est si agréable aux deux cousines, qu'elle pourroit bien être quelquefois volontaire, et devenir un moyen de leur faire sa cour.

Mylord, dans quinze jours il ne manquera plus ici que vous. Quand vous y serez, il faudra mal penser de tout homme dont le cœur cherchera sur le reste de la terre des vertus, des plaisirs qu'il n'aura pas trouvés dans cette maison.

LETTRE VII.

DE SAINT-PREUX A MYLORD ÉDOUARD.

Il y a trois jours que j'essaie chaque soir de vous écrire. Mais, après une journée laborieuse, le sommeil me gagne en rentrant : le matin, dès le point du jour il faut retourner à l'ouvrage. Une ivresse plus douce que celle du vin me jette au fond de l'âme un trouble délicieux, et je ne puis dérober un moment à des plaisirs devenus tout nouveaux pour moi.

Je ne conçois pas quel séjour pourroit me déplaire avec la société que je trouve dans celui-ci. Mais savez-vous en quoi Clarens me plaît pour lui-même? c'est que je m'y sens vraiment à la campagne, et que c'est presque la première fois que j'en ai pu dire autant. Les gens de ville ne savent point aimer la campagne; ils ne savent pas même y être : à peine quand ils y sont savent-ils ce qu'on y fait. Ils en dédaignent les travaux, les plaisirs; ils les ignorent : ils sont chez eux comme en pays étranger; je ne m'étonne pas qu'ils s'y déplaisent. Il faut être villageois au village, ou n'y point aller; car qu'y va-t-on faire? Les habitans de Paris qui croient aller à la campagne n'y vont point; ils portent Paris avec eux. Les chanteurs, les beaux esprits, les auteurs, les parasites, sont le cortége qui les suit. Le jeu, la musique, la comédie, y sont leur seule occupation (¹). Leur table est couverte comme à Paris; ils y mangent aux mêmes heures; on leur y sert les mêmes mets avec le même appareil; ils n'y font que les mêmes choses : autant valoit y rester; car, quelque riche qu'on puisse être et quelque soin qu'on ait pris, on sent toujours quelque privation, et l'on ne sauroit apporter avec soi Paris tout entier. Ainsi cette variété qui leur est si chère, ils la fuient; ils ne connoissent jamais qu'une manière de vivre, et s'en ennuient toujours.

Le travail de la campagne est agréable à considérer, et n'a rien d'assez pénible en lui-même pour émouvoir à compassion. L'objet de l'utilité publique et privée le rend intéressant : et puis, c'est la première vocation de l'homme; il rappelle à l'esprit une idée agréable, et au cœur tous les charmes de l'âge d'or. L'imagination ne reste point froide à l'aspect du labourage et des moissons. La simplicité de la vie pastorale et champêtre a toujours quelque chose qui touche. Qu'on regarde les prés couverts de gens qui fanent et chantent, et des troupeaux épars dans l'éloignement; insensiblement on se sent attendrir sans savoir pourquoi. Ainsi quelquefois encore la voix de la nature amollit nos cœurs farouches; et, quoiqu'on l'entende avec un regret inutile, elle est si douce qu'on ne l'entend jamais sans plaisir.

J'avoue que la misère qui couvre les champs en certains pays où le publicain dévore les fruits de la terre, l'âpre avidité d'un fermier avare, l'inflexible rigueur d'un maître inhumain, ôtent beaucoup d'attrait à ces tableaux. Des chevaux étiques près d'expirer sous les coups, de malheureux paysans exténués de jeûnes, excédés

---

(¹) Il y faut ajouter la chasse; encore font-ils si commodément, qu'ils n'en ont pas la moitié de la fatigue ni du plaisir. Mais je n'entame point ici cet article de la chasse : il fournit trop pour être traité dans une note. J'aurai peut-être occasion d'en parler ailleurs.

de fatigue et couverts de haillons, des hameaux de masures, offrent un triste spectacle à la vue : on a presque regret d'être homme, quand on songe aux malheureux dont il faut manger le sang. Mais quel charme de voir de bons et sages régisseurs faire de la culture de leurs terres l'instrument de leurs bienfaits, leurs amusemens, leurs plaisirs; verser à pleines mains les dons de la Providence; engraisser tout ce qui les entoure, hommes et bestiaux, des biens dont regorgent leurs granges, leurs caves, leurs greniers; accumuler l'abondance et la joie autour d'eux, et faire du travail qui les enrichit une fête continuelle! Comment se dérober à la douce illusion que ces objets font naître? On oublie son siècle et ses contemporains; on se transporte au temps des patriarches; on veut mettre soi-même la main à l'œuvre, partager les travaux rustiques et le bonheur qu'on y voit attaché. O temps de l'amour et de l'innocence, où les femmes étoient tendres et modestes, où les hommes étoient simples et vivoient contens! O Rachel! fille charmante et si constamment aimée, heureux celui qui pour t'obtenir ne regretta pas quatorze ans d'esclavage (*)! O douce élève de Noëmi! heureux le bon vieillard dont tu réchauffois les pieds et le cœur (**)! Non, jamais la beauté ne règne avec plus d'empire qu'au milieu des soins champêtres. C'est là que les grâces sont sur leur trône, que la simplicité les pare, que la gaîté les anime, et qu'il faut les adorer malgré soi. Pardon, mylord; je reviens à nous.

Depuis un mois les chaleurs de l'automne apprêtoient d'heureuses vendanges; les premières gelées en ont amené l'ouverture (1); le pampre grillé, laissant la grappe à découvert, étale aux yeux les dons du père Lyée, et semble inviter les mortels à s'en emparer. Toutes les vignes chargées de ce fruit bienfaisant que le ciel offre aux infortunés pour leur faire oublier leur misère; le bruit des tonneaux, des cuves, des légrefass (2) qu'on relie de toutes parts; le chant des vendangeuses dont ces coteaux retentissent; la marche continuelle de ceux qui portent la vendange au pressoir; le rauque son des instrumens rustiques qui les anime au travail, l'aimable et touchant tableau d'une allégresse générale qui semble en ce moment étendue sur la face de la terre; enfin le voile de brouillard que le soleil élève au matin comme une toile de théâtre pour découvrir à l'œil un si charmant spectacle : tout conspire à lui donner un air de fête; et cette fête n'en devient que plus belle à la réflexion, quand on songe qu'elle est la seule où les hommes aient su joindre l'agréable à l'utile.

M. de Wolmar, dont ici le meilleur terrain consiste en vignobles, a fait d'avance tous les préparatifs nécessaires. Les cuves, le pressoir, le cellier, les futailles, n'attendoient que la douce liqueur pour laquelle ils sont destinés. Madame de Wolmar s'est chargée de la récolte; le choix des ouvriers, l'ordre et la distribution du travail, la regardent. Madame d'Orbe préside aux festins de vendange et au salaire des journaliers selon la police établie, dont les lois ne s'enfreignent jamais ici. Mon inspection à moi est de faire observer au pressoir les directions de Julie, dont la tête ne supporte pas la vapeur des cuves; et Claire n'a pas manqué d'applaudir à cet emploi, comme étant tout-à-fait du ressort d'un buveur.

Les tâches ainsi partagées, le métier commun pour remplir les vides est celui de vendangeur. Tout le monde est sur pied de grand matin : on se rassemble pour aller à la vigne. Madame d'Orbe, qui n'est jamais assez occupée au gré de son activité, se charge, pour surcroît, de faire avertir et tancer les paresseux, et je puis me vanter qu'elle s'acquitte envers moi de ce soin avec une maligne vigilance. Quant au vieux baron, tandis que nous travaillons tous, il se promène avec un fusil, et vient de temps en temps m'ôter aux vendangeuses pour aller avec lui tirer des grives à quoi l'on ne manque pas de dire que je l'ai secrètement engagé; si bien que j'en perds peu à peu le nom de philosophe pour gagner celui de fainéant, qui dans le fond n'en diffère pas de beaucoup.

Vous voyez, par ce que je viens de vous marquer du baron, que notre réconciliation est sincère et que Wolmar a lieu d'être content de

---

(*) Genèse, chap. xxix. — (**) Ruth, chap. ii. iii. iv. G. P.
(1) On vendange fort tard dans le pays de Vaud, parce que la principale récolte est en vins blancs, et que la gelée leur est salutaire.
(2) Sorte de foudre ou de grand tonneau du pays.

sa seconde épreuve (¹). Moi, de la haine pour le père de mon amie! Non, quand j'aurois été son fils, je ne l'aurois pas plus parfaitement honoré. En vérité, je ne connois point d'homme plus droit, plus franc, plus généreux, plus respectable à tous égards que ce bon gentilhomme. Mais la bizarrerie de ses préjugés est étrange. Depuis qu'il est sûr que je ne saurois lui appartenir, il n'y a sorte d'honneur qu'il ne me fasse ; et pourvu que je ne sois pas son gendre, il se mettroit volontiers au-dessous de moi. La seule chose que je ne puis lui pardonner, c'est quand nous sommes seuls, de railler quelquefois le prétendu philosophe sur ses anciennes leçons. Ces plaisanteries me sont amères, et je les reçois toujours fort mal : mais il rit de ma colère, et dit : Allons tirer des grives, c'est assez pousser d'argumens. Puis il crie en passant : Claire, Claire, un bon souper à ton maître, car je vais lui faire gagner de l'appétit. En effet, à son âge il court les vignes avec son fusil tout aussi vigoureusement que moi, et tire incomparablement mieux. Ce qui me venge un peu de ses railleries, c'est que devant sa fille il n'ose plus souffler; et la petite écolière n'en impose guère moins à son père même qu'à son précepteur. Je reviens à nos vendanges.

Depuis huit jours que cet agréable travail nous occupe, on est à peine à la moitié de l'ouvrage. Outre les vins destinés pour la vente et pour les provisions ordinaires, lesquels n'ont d'autre façon que d'être recueillis avec soin, la bienfaisante fée en prépare d'autres plus fins pour nos buveurs ; et j'aide aux opérations magiques dont je vous ai parlé, pour tirer d'un même vignoble des vins de tous les pays. Pour l'un, elle fait tordre la grappe quand elle est mûre et la laisse flétrir au soleil sur sa souche ; pour l'autre, elle fait égrapper le raisin et trier les grains avant de les jeter dans la cuve ; pour un autre, elle fait cueillir avant le lever du soleil du raisin rouge, et le porter doucement sur le pressoir couvert encore de sa fleur et de sa rosée, pour en exprimer du vin blanc. Elle prépare un vin de liqueur en mêlant dans les tonneaux du moût réduit en sirop sur le feu ; un vin sec, en l'empêchant de cuver ; un vin d'absinthe pour l'estomac(¹), un vin muscat avec des simples. Tous ces vins différens ont leur apprêt particulier ; toutes ces préparations sont saines et naturelles : c'est ainsi qu'une économe industrie supplée à la diversité des terrains, et rassemble vingt climats en un seul.

Vous ne sauriez concevoir avec quel zèle, avec quelle gaîté tout cela se fait. On chante, on rit toute la journée, et le travail n'en va que mieux. Tout vit dans la plus grande familiarité ; tout le monde est égal, et personne ne s'oublie. Les dames sont sans airs, les paysannes sont décentes, les hommes badins et non grossiers. C'est à qui trouvera les meilleures chansons, à qui fera les meilleurs contes, à qui dira les meilleurs traits. L'union même engendre les folâtres querelles ; et l'on ne s'agace mutuellement que pour montrer combien on est sûr les uns des autres. On ne revient point ensuite faire chez soi les messieurs ; on passe aux vignes toute la journée : Julie y a fait faire une loge où l'on va se chauffer quand on a froid, et dans laquelle on se réfugie en cas de pluie. On dîne avec les paysans et à leur heure, aussi bien qu'on travaille avec eux. On mange avec appétit leur soupe un peu grossière, mais bonne, saine et chargée d'excellens légumes. On ne ricane point orgueilleusement de leur air gauche et de leurs complimens rustauds ; pour les mettre à leur aise, on s'y prête sans affectation. Ces complaisances ne leur échappent pas, ils y sont sensibles ; et, voyant qu'on veut bien sortir pour eux de sa place, ils s'en tiennent d'autant plus volontiers dans la leur. A dîner, on amène les enfans, et ils passent le reste de la journée à la vigne. Avec quelle joie ces bons villageois les voient arriver ! O bienheureux enfans ! disent-ils en les pressant dans leurs bras robustes, que le bon Dieu prolonge vos jours aux dépens des

---

(¹) Ceci s'entendra mieux par l'extrait suivant d'une lettre de Julie qui n'est pas dans ce recueil :

« Voilà, me dit M. de Wolmar en me tirant à part, la seconde
» épreuve que je lui destinois. S'il n'eût pas caressé votre père,
» je me serois défié de lui. Mais, dis-je, comment concilier ces
» caresses et votre épreuve avec l'antipathie que vous avez
» vous-même trouvée entre eux? Elle n'existe plus, reprit-il ;
» les préjugés de votre père ont fait à Saint-Preux tout le mal
» qu'ils pouvoient lui faire : il n'en a plus rien à craindre, il
» ne les hait plus. il les plaint. Le baron, de son côté, ne le
» craint plus : il a le cœur bon ; il sent qu'il lui a fait bien du
» mal, il en a pitié. Je vois qu'ils seront fort bien ensemble, et
» se verront avec plaisir » aussi, dès cet instant, je compte sur
» lui tout-à-fait. »

(¹) En Suisse on boit beaucoup de vin d'absinthe; et en général, comme les herbes des Alpes ont plus de vertu que dans les plaines, on y fait plus d'usage des infusions.

nôtres! ressemblez à vos pères et mères, et soyez comme eux la bénédiction du pays! Souvent, en songeant que la plupart de ces hommes ont porté les armes, et savent manier l'épée et le mousquet aussi bien que la serpette et la houe, en voyant Julie au milieu d'eux si charmante et si respectée recevoir, elle et ses enfans, leurs touchantes acclamations, je me rappelle l'illustre et vertueuse Agrippine montrant son fils aux troupes de Germanicus. Julie! femme incomparable! vous exercez dans la simplicité de la vie privée le despotique empire de la sagesse et des bienfaits : vous êtes pour tout le pays un dépôt cher et sacré que chacun voudroit défendre et conserver au prix de son sang ; et vous vivez plus sûrement, plus honorablement au milieu d'un peuple entier qui vous aime, que les rois entourés de tous leurs soldats.

Le soir, on revient gaîment tous ensemble. On nourrit et loge les ouvriers tout le temps de la vendange : et même le dimanche, après le prêche du soir, on se rassemble avec eux et l'on danse jusqu'au souper. Les autres jours on ne se sépare point non plus en rentrant au logis, hors le baron qui ne soupe jamais et se couche de fort bonne heure, et Julie, qui monte avec ses enfans chez lui jusqu'à ce qu'il s'aille coucher. A cela près, depuis le moment qu'on prend le métier de vendangeur jusqu'à celui qu'on le quitte, on ne mêle plus la vie citadine à la vie rustique. Ces saturnales sont bien plus agréables et plus sages que celles des Romains. Le renversement qu'ils affectoient étoit trop vain pour instruire le maître ni l'esclave : mais la douce égalité qui règne ici rétablit l'ordre de la nature, forme une instruction pour les uns, une consolation pour les autres, et un lien d'amitié pour tous (¹).

Le lieu d'assemblée est une salle à l'antique avec une grande cheminée où l'on fait bon feu. La pièce est éclairée de trois lampes, auxquelles M. de Wolmar a seulement fait ajouter des capuchons de fer-blanc pour intercepter la fumée et réfléchir la lumière. Pour prévenir l'envie et les regrets, on tâche de ne rien étaler aux yeux de ces bonnes gens qu'ils ne puissent retrouver chez eux, de ne leur montrer d'autre opulence que le choix du bon dans les choses communes, et un peu plus de largesse dans la distribution. Le souper est servi sur deux longues tables. Le luxe et l'appareil des festins n'y sont pas, mais l'abondance et la joie y sont. Tout le monde se met à table, maîtres, journaliers, domestiques ; chacun se lève indifféremment pour servir, sans exclusion, sans préférence, et le service se fait toujours avec grâce et avec plaisir. On boit à discrétion ; la liberté n'a point d'autres bornes que l'honnêteté. La présence de maîtres si respectés contient tout le monde, et n'empêche pas qu'on ne soit à son aise et gai. Que s'il arrive à quelqu'un de s'oublier, on ne trouble point la fête par des réprimandes, mais il est congédié sans rémission dès le lendemain.

Je me prévaux aussi des plaisirs du pays et de la saison. Je reprends la liberté de vivre à la valaisanne, et de boire assez souvent du vin pur ; mais je n'en bois point qui n'ait été versé de la main d'une des deux cousines. Elles se chargent de mesurer ma soif à mes forces, et de ménager ma raison. Qui sait mieux qu'elles comment il la faut gouverner, et l'art de me l'ôter et de me la rendre ? Si le travail de la journée, la durée et la gaîté du repas donnent plus de force au vin versé de ces mains chéries, je laisse exhaler mes transports sans contrainte ; ils n'ont plus rien que je doive taire, rien que gêne la présence du sage Wolmar. Je ne crains point que son œil éclairé lise au fond de mon cœur ; et quand un tendre souvenir y veut renaître, un regard de Claire lui donne le change, un regard de Julie m'en fait rougir.

Après le souper on veille encore une heure ou deux en teillant du chanvre : chacun dit sa chanson tour à tour. Quelquefois les vendangeuses chantent en chœur toutes ensemble, ou bien alternativement à voix seule et en refrain. La plupart de ces chansons sont de vieilles romances dont les airs ne sont pas piquans, mais ils ont je ne sais quoi d'antique et de doux qui

(¹) Si de là naît un commun état de fête, non moins doux à ceux qui descendent qu'à ceux qui montent, ne s'ensuit-il pas que tous les états sont presque indifférens par eux-mêmes, pourvu qu'on puisse et qu'on veuille en sortir quelquefois ? Les gueux sont malheureux parce qu'ils sont toujours gueux ; les rois sont malheureux parce qu'ils sont toujours rois. Les états moyens, dont on sort plus aisément, offrent des plaisirs au-dessous et au-dessus de soi ; ils étendent ainsi les lumières de ceux qui les remplissent en leur donnant plus de préjugés à connoître, et plus de degrés à comparer. Voilà, ce me semble, la principale raison pourquoi c'est généralement dans les conditions médiocres qu'on trouve les hommes les plus heureux et du meilleur sens.

touche à la longue. Les paroles sont simples, naïves, souvent tristes; elles plaisent pourtant. Nous ne pouvons nous empêcher, Claire de sourire, Julie de rougir, moi de soupirer, quand nous retrouvons dans ces chansons des tours et des expressions dont nous nous sommes servis autrefois. Alors, en jetant les yeux sur elles et me rappelant les temps éloignés, un tressaillement me prend, un poids insupportable me tombe tout à coup sur le cœur, et me laisse une impression funeste qui ne s'efface qu'avec peine. Cependant je trouve à ces veillées une sorte de charme que je ne puis vous expliquer, et qui m'est pourtant fort sensible. Cette réunion des différens états, la simplicité de cette occupation, l'idée de délassement, d'accord, de tranquillité, le sentiment de paix qu'elle porte à l'âme, a quelque chose d'attendrissant qui dispose à trouver ces chansons plus intéressantes. Ce concert des voix de femmes n'est pas non plus sans douceur. Pour moi, je suis convaincu que de toutes les harmonies il n'y en a point d'aussi agréable que le chant à l'unisson, et que s'il nous faut des accords, c'est parce que nous avons le goût dépravé. En effet, toute l'harmonie ne se trouve-t-elle pas dans un son quelconque? et qu'y pouvons-nous ajouter sans altérer les proportions que la nature a établies dans la force relative des sons harmonieux? En doublant les uns et non pas les autres, en ne les renforçant pas en même rapport, n'ôtons-nous pas à l'instant ces proportions? La nature a tout fait le mieux qu'il étoit possible; mais nous voulons mieux faire encore, et nous gâtons tout.

Il y a une grande émulation pour ce travail du soir aussi bien que pour celui de la journée; et la filouterie que j'y voulois employer m'attira hier un petit affront. Comme je ne suis pas des plus adroits à teiller et que j'ai souvent des distractions, ennuyé d'être toujours noté pour avoir fait le moins d'ouvrage, je tirois doucement avec le pied des chenevottes de mes voisins pour grossir mon tas: mais cette impitoyable madame d'Orbe, s'en étant aperçue, fit signe à Julie, qui, m'ayant pris sur le fait, me tança sévèrement. Monsieur le fripon, me dit-elle tout haut, point d'injustice, même en plaisantant; c'est ainsi qu'on s'accoutume à devenir méchant tout de bon, et, qui pis est, à plaisanter encore (¹).

Voilà comment se passe la soirée. Quand l'heure de la retraite approche, madame de Wolmar dit: Allons tirer le feu d'artifice. A l'instant chacun prend son paquet de chenevottes, signe honorable de son travail; on les porte en triomphe au milieu de la cour; on les rassemble en un tas; on en fait un trophée; on y met le feu: mais n'a pas cet honneur qui veut: Julie l'adjuge en présentant le flambeau à celui ou celle qui a fait ce soir-là le plus d'ouvrage; fût-ce elle-même, elle se l'attribue sans façon. L'auguste cérémonie est accompagnée d'acclamations et de battemens de mains. Les chenevottes font un feu clair et brillant qui s'élève jusqu'aux nues, un vrai feu de joie, autour duquel on saute, on rit. Ensuite on offre à boire à toute l'assemblée: chacun boit à la santé du vainqueur, et va se coucher content d'une journée passée dans le travail, la gaîté, l'innocence, et qu'on ne seroit pas fâché de recommencer le lendemain, le surlendemain et toute sa vie.

LETTRE VIII.

DE SAINT-PREUX A M. DE WOLMAR.

Jouissez, cher Wolmar, du fruit de vos soins. Recevez les hommages d'un cœur épuré, qu'avec tant de peine vous avez rendu digne de vous être offert. Jamais homme n'entreprit ce que vous avez entrepris; jamais homme ne tenta ce que vous avez exécuté; jamais âme reconnoissante et sensible ne sentit ce que vous m'avez inspiré. La mienne avoit perdu son ressort, sa vigueur, son être; vous m'avez tout rendu. J'étois mort aux vertus ainsi qu'au bonheur; je vous dois cette vie morale à laquelle je me sens renaître. O mon bienfaiteur! ô mon père! en me donnant à vous tout en-

(¹) L'homme au beurre, il me semble que cet avis vous iroit bien (*).

(*) Cet *homme au beurre* étoit le comte de Lastic. Voyez dans la *Correspondance* les lettres à la marquise de Menars, au comte de Lastic et à madame d'Épinay, du même jour 20 décembre 1751. — Il est vraiment singulier que par cette note, aussi étrangère au sujet qu'inintelligible pour qui n'est pas au fait du petit événement qu'elle rappelle, Rousseau ait voulu éveiller sur cet objet la curiosité du public. Il falloit que ce pot de beurre réclamé en vain par la mère Le Vasseur, à laquelle il appartenoit, lui tînt bien fort au cœur; mais cela étoit indigne de lui. G. P.

tier, je ne puis vous offrir, comme à Dieu même, que les dons que je tiens de vous.

Faut-il vous avouer ma foiblesse et mes craintes? Jusqu'à présent je me suis toujours défié de moi. Il n'y a pas huit jours que j'ai rougi de mon cœur et cru toutes vos bontés perdues. Ce moment fut cruel et décourageant pour la vertu : grâce au ciel, grâce à vous, il est passé pour ne plus revenir. Je ne me crois plus guéri seulement parce que vous me le dites, mais parce que je le sens. Je n'ai plus besoin que vous me répondiez de moi ; vous m'avez mis en état d'en répondre moi-même. Il m'a fallu séparer de vous et d'elle pour savoir ce que je pourrois être sans votre appui. C'est loin des lieux qu'elle habite que j'apprends à ne plus craindre d'en approcher.

J'écris à madame d'Orbe le détail de notre voyage. Je ne vous le répéterai point ici. Je veux bien que vous connoissiez toutes mes foiblesses, mais je n'ai pas la force de vous les dire. Cher Wolmar, c'est ma dernière faute : je m'en sens déjà si loin que je n'y songe point sans fierté ; mais l'instant en est si près encore que je ne puis l'avouer sans peine. Vous qui sûtes pardonner mes égaremens, comment ne pardonneriez-vous pas la honte qu'a produite leur repentir ?

Rien ne manque plus à mon bonheur ; mylord m'a tout dit. Cher ami, je serai donc à vous, j'élèverai donc vos enfans. L'aîné des trois élèvera les deux autres. Avec quelle ardeur je l'ai désiré ! combien l'espoir d'être trouvé digne d'un si cher emploi redoubloit mes soins pour répondre aux vôtres ! combien de fois j'osai montrer là-dessus mon empressement à Julie! Qu'avec plaisir j'interprétois souvent en ma faveur vos discours et les siens ! Mais, quoiqu'elle fût sensible à mon zèle et qu'elle en parût approuver l'objet, je ne la vis point entrer assez précisément dans mes vues pour oser en parler plus ouvertement. Je sentis qu'il falloit mériter cet honneur et ne pas le demander. J'attendois de vous et d'elle ce gage de votre confiance et de votre estime. Je n'ai point été trompé dans mon espoir : mes amis, croyez-moi, vous ne serez point trompés dans le vôtre.

Vous savez qu'à la suite de nos conversations sur l'éducation de vos enfans j'avois jeté sur le papier quelques idées qu'elles m'avoient fournies et que vous approuvâtes. Depuis mon départ il m'est venu de nouvelles réflexions sur le même sujet, et j'ai réduit le tout en une espèce de système que je vous communiquerai quand je l'aurai mieux digéré, afin que vous l'examiniez à votre tour. Ce n'est qu'après notre arrivée à Rome, que j'espère pouvoir le mettre en état de vous être montré. Ce système commence où finit celui de Julie, ou plutôt il n'en est que la suite et le développement ; car tout consiste à ne pas gâter l'homme de la nature en l'appropriant à la société.

J'ai recouvré ma raison par vos soins ; redevenu libre et sain de cœur, je me sens aimé de tout ce qui m'est cher, l'avenir le plus charmant se présente à moi ; ma situation devroit être délicieuse ; mais il est dit que je n'aurai jamais l'âme en paix. En approchant du terme de notre voyage, j'y vois l'époque du sort de mon illustre ami, c'est moi qui dois pour ainsi dire en décider. Saurai-je faire au moins une fois pour lui ce qu'il a fait si souvent pour moi? Saurai-je remplir dignement le plus grand, le plus important devoir de ma vie? Cher Wolmar, j'emporte au fond de mon cœur toutes vos leçons ; mais, pour savoir les rendre utiles, que ne puis-je de même emporter votre sagesse ! Ah ! si je puis voir un jour Édouard heureux ; si, selon son projet et le vôtre, nous nous rassemblons tous pour ne nous plus séparer, quel vœu me restera-t-il à faire ? Un seul, dont l'accomplissement ne dépend ni de vous, ni de moi, ni de personne au monde, mais de celui qui doit un prix aux vertus de votre épouse et compte en secret vos bienfaits.

LETTRE IX.

DE SAINT-PREUX A MADAME D'ORBE.

Où êtes-vous, charmante cousine? où êtes-vous, aimable confidente de ce foible cœur que vous partagez à tant de titres et que vous avez consolé tant de fois? Venez ; qu'il verse aujourd'hui dans le vôtre l'aveu de sa dernière erreur. N'est-ce pas à vous qu'il appartient toujours de le purifier ? et sait-il se reprocher encore les torts qu'il vous a confessés? Non, je ne suis plus le même, et ce changement vous est dû : c'est un nouveau cœur que vous m'avez fait et qui vous offre ses prémices ; mais je ne me croirai délivré de celui que je quitte qu'après l'avoir déposé dans vos mains. O vous qui l'avez vu naître, recevez ses derniers soupirs !

L'eussiez-vous jamais pensé ? le moment de ma vie où je fus le plus content de moi-même fut celui où je me séparai de vous. Revenu de mes longs égaremens, je fixois à cet instant la tardive époque de mon retour à mes devoirs ; je commençois à payer enfin les immenses dettes de l'amitié, en m'arrachant d'un séjour si chéri pour suivre un bienfaiteur, un sage, qui, feignant d'avoir besoin de mes soins, mettoit le succès des siens à l'épreuve. Plus ce départ m'étoit douloureux, plus je m'honorois d'un pareil sacrifice. Après avoir perdu la moitié de ma vie à nourrir une passion malheureuse, je consacrois l'autre à la justifier, à rendre par mes vertus un plus digne hommage à celle qui reçut si long-temps tous ceux de mon cœur. Je marquois hautement le premier de mes jours où je ne faisois rougir de moi ni vous ni elle, ni rien de tout ce qui m'étoit cher.

Mylord Édouard avoit craint l'attendrissement des adieux, et nous voulions partir sans être aperçus ; mais, tandis que tout dormoit encore, nous ne pûmes tromper votre vigilante amitié. En apercevant votre porte entr'ouverte, et votre femme de chambre au guet, en vous voyant venir au-devant de nous, en entrant et trouvant une table à thé préparée, le rapport des circonstances me fit songer à d'autres temps ; et, comparant ce départ à celui dont il me rappeloit l'idée, je me sentis si différent de ce que j'étois alors, que, me félicitant d'avoir Édouard pour témoin de ces différences, j'espérai bien lui faire oublier à Milan l'indigne scène de Besançon. Jamais je ne m'étois senti tant de courage : je me faisois une gloire de vous le montrer ; je me parois auprès de vous de cette fermeté que vous ne m'aviez jamais vue, et je me glorifiois en vous quittant de paroître un moment à vos yeux tel que j'allois être. Cette idée ajoutoit à mon courage ; je me fortifiois de votre estime ; et peut-être vous eussé-je dit adieu d'un œil sec, si vos larmes coulant sur ma joue n'eussent forcé les miennes de s'y confondre.

Je partis le cœur plein de tous mes devoirs, pénétré surtout de ceux que votre amitié m'impose, et bien résolu d'employer le reste de ma vie à la mériter. Édouard, passant en revue toutes mes fautes, me remit devant les yeux un tableau qui n'étoit pas flatté ; et je connus par sa juste rigueur à blâmer tant de foiblesse, qu'il craignoit peu de les imiter. Cependant il feignoit d'avoir cette crainte ; il me parloit avec inquiétude de son voyage de Rome et des indignes attachemens qui l'y rappeloient malgré lui : mais je jugeai facilement qu'il augmentoit ses propres dangers pour m'en occuper davantage et m'éloigner d'autant plus de ceux auxquels j'étois exposé.

Comme nous approchions de Villeneuve, un laquais qui montoit un mauvais cheval se laissa tomber et se fit une légère contusion à la tête. Son maître le fit saigner, et voulut coucher là cette nuit. Ayant dîné de bonne heure, nous prîmes des chevaux pour aller à Bex voir la saline, et mylord ayant des raisons particulières qui lui rendoient cet examen intéressant, je pris les mesures et le dessin du bâtiment de graduation : nous ne rentrâmes à Villeneuve qu'à la nuit. Après le souper, nous causâmes en buvant du punch et veillâmes assez tard. Ce fut alors qu'il m'apprit quels soins m'étoient confiés, et ce qui avoit été fait pour rendre cet arrangement praticable. Vous pouvez juger de l'effet que fit sur moi cette nouvelle : une telle conversation n'amenoit pas le sommeil. Il fallut pourtant enfin se coucher.

En entrant dans la chambre qui m'étoit destinée, je la reconnus pour la même que j'avois occupée autrefois en allant à Sion (*). A cet aspect je sentis une impression que j'aurois peine à vous rendre. J'en fus si vivement frappé, que je crus redevenir à l'instant tout ce que j'étois alors ; dix années s'effacèrent de ma vie, et tous mes malheurs furent oubliés. Hélas ! cette erreur fut courte, et le second instant me rendit plus accablant le poids de toutes mes anciennes peines. Quelles tristes réflexions succédèrent à ce premier enchantement ! Quelles comparaisons douloureuses s'offrirent à mon esprit ! Charmes de la première jeunesse, délices des premières amours, pourquoi vous re-

(*) Voyez, première partie, lettres XLII et XLIII. G. P.

tracer encore à ce cœur accablé d'ennuis et surchargé de lui-même? O temps, temps heureux, tu n'es plus! J'aimois, j'étois aimé. Je me livrois dans la paix de l'innocence aux transports d'un amour partagé ; je savourois à longs traits le délicieux sentiment qui me faisoit vivre. La douce vapeur de l'espérance enivroit mon cœur ; une extase, un ravissement, un délire, absorboit toutes mes facultés. Ah! sur les rochers de Meillerie, au milieu de l'hiver et des glaces, d'affreux abîmes devant les yeux, quel être au monde jouissoit d'un sort comparable au mien?... Et je pleurois! et je me trouvois à plaindre! et la tristesse osoit approcher de moi !... Que ferai-je donc aujourd'hui que j'ai tout possédé, tout perdu?... J'ai bien mérité ma misère, puisque j'ai si peu senti mon bonheur... Je pleurois alors... Tu pleurois... Infortuné, tu ne pleures plus... Tu n'as pas même le droit de pleurer... Que n'est-elle morte! osai-je m'écrier dans un transport de rage; oui, je serois moins malheureux; j'oserois me livrer à mes douleurs; j'embrasserois sans remords sa froide tombe; mes regrets seroient dignes d'elle ; je dirois : Elle entend mes cris, elle voit mes pleurs, mes gémissemens la touchent, elle approuve et reçoit mon pur hommage... J'aurois au moins l'espoir de la rejoindre... Mais elle vit, elle est heureuse... Elle vit, et sa vie est ma mort, et son bonheur est mon supplice ; et le ciel, après me l'avoir arrachée, m'ôte jusqu'à la douceur de la regretter !... Elle vit, mais non pas pour moi ; elle vit pour mon désespoir. Je suis cent fois plus loin d'elle que si elle n'étoit plus.

Je me couchai dans ces tristes idées ; elles me suivirent durant mon sommeil, et le remplirent d'images funèbres. Les amères douleurs, les regrets, la mort, se peignirent dans mes songes, et tous les maux que j'avois soufferts reprenoient à mes yeux cent formes nouvelles pour me tourmenter une seconde fois. Un rêve surtout, le plus cruel de tous, s'obstinoit à me poursuivre ; et de fantôme en fantôme toutes leurs apparitions confuses finissoient toujours par celui-là.

Je crus voir la digne mère de votre amie dans son lit, expirante, et sa fille à genoux devant elle, fondant en larmes, baisant ses mains et recueillant ses derniers soupirs. Je revis cette scène que vous m'avez autrefois dépeinte et qui ne sortira jamais de mon souvenir. O ma mère! disoit Julie d'un ton à me navrer l'âme, celle qui vous doit le jour vous l'ôte ! Ah ! reprenez votre bienfait ! sans vous il n'est pour moi qu'un don funeste. Mon enfant, répondit sa tendre mère... il faut remplir son sort... Dieu est juste... tu seras mère à ton tour... Elle ne put achever. Je voulus lever les yeux sur elle, je ne la vis plus. Je vis Julie à sa place ; je la vis, je la reconnus, quoique son visage fût couvert d'un voile. Je fais un cri ; je m'élance pour écarter le voile, je ne pus l'atteindre ; j'étendois les bras, je me tourmentois, et ne touchois rien. Ami, calme toi, me dit-elle d'une voix foible : le voile redoutable me couvre, nulle main ne peut l'écarter. A ce mot je m'agite et fais un nouvel effort : cet effort me réveille; je me trouve dans mon lit, accablé de fatigue, et trempé de sueur et de larmes.

Bientôt ma frayeur se dissipe, l'épuisement me rendort : le même songe me rend les mêmes agitations; je m'éveille, et me rendors une troisième fois. Toujours ce spectacle lugubre, toujours ce même appareil de mort, toujours ce voile impénétrable échappe à mes mains, et dérobe à mes yeux l'objet expirant qu'il couvre.

A ce dernier réveil ma terreur fut si forte, que je ne la pus vaincre étant éveillé. Je me jette à bas de mon lit sans savoir ce que je faisois. Je me mets à errer par la chambre, effrayé comme un enfant des ombres de la nuit, croyant me voir environné de fantômes, et l'oreille encore frappée de cette voix plaintive dont je n'entendis jamais le son sans émotion. Le crépuscule, en commençant d'éclairer les objets, ne fit que les transformer au gré de mon imagination troublée. Mon effroi redouble et m'ôte le jugement : après avoir trouvé ma porte avec peine, je m'enfuis de ma chambre, j'entre brusquement dans celle d'Édouard : j'ouvre son rideau, et me laisse tomber sur son lit en m'écriant hors d'haleine : C'en est fait, je ne la verrai plus ! Il s'éveille en sursaut, il saute à ses armes, se croyant surpris par un voleur. A l'instant il me reconnoît, je me reconnois moi-même ; et pour la seconde fois de ma vie je me vois devant lui dans la confusion que vous pouvez concevoir.

Il me fit asseoir, me remettre, et parler. Sitôt qu'il sut de quoi il s'agissoit, il voulut tourner la chose en plaisanterie; mais voyant que j'étois vivement frappé et que cette impression ne seroit pas facile à détruire, il changea de ton. Vous ne méritez ni mon amitié ni mon estime, me dit-il assez durement : si j'avois pris pour mon laquais le quart des soins que j'ai pris pour vous, j'en aurois fait un homme; mais vous n'êtes rien. Ah! lui dis-je, il est trop vrai. Tout ce que j'avois de bon me venoit d'elle : je ne la reverrai jamais; je ne suis plus rien. Il sourit, et m'embrassa. Tranquillisez-vous aujourd'hui, me dit-il; demain vous serez raisonnable : je me charge de l'événement. Après cela, changeant de conversation, il me proposa de partir. J'y consentis. On fit mettre les chevaux, nous nous habillâmes. En entrant dans la chaise, mylord dit un mot à l'oreille au postillon, et nous partîmes.

Nous marchions sans rien dire. J'étois si occupé de mon funeste rêve, que je n'entendois et ne voyois rien : je ne fis pas même attention que le lac, qui la veille étoit à ma droite, étoit maintenant à ma gauche. Il n'y eut qu'un bruit de pavé qui me tira de ma léthargie, et me fit apercevoir avec un étonnement facile à comprendre que nous rentrions dans Clarens. A trois cents pas de la grille mylord fit arrêter, et me tirant à l'écart : Vous voyez, me dit-il, mon projet; il n'a pas besoin d'explication. Allez, visionnaire, ajouta-t-il en me serrant la main, allez la revoir. Heureux de ne montrer vos folies qu'à des gens qui vous aiment! Hâtez-vous, je vous attends; mais surtout ne revenez qu'après avoir déchiré ce fatal voile tissu dans votre cerveau.

Qu'aurois-je dit? Je partis sans répondre. Je marchois d'un pas précipité que la réflexion ralentit en approchant de la maison. Quel personnage allois-je faire? comment oser me montrer? de quel prétexte couvrir ce retour imprévu? avec quel front irois-je alléguer mes ridicules terreurs et supporter le regard méprisant du généreux Wolmar? Plus j'approchois, plus ma frayeur me paroissoit puérile, et mon extravagance me faisoit pitié. Cependant un noir pressentiment m'agitoit encore, et je ne me sentois point rassuré. J'avançois toujours, quoique lentement, et j'étois déjà près de la cour, quand j'entendis ouvrir et refermer la porte de l'Élysée. N'en voyant sortir personne, je fis le tour en dehors, et j'allai par le rivage côtoyer la volière autant qu'il me fut possible. Je ne tardai pas de juger qu'on en approchoit. Alors prêtant l'oreille je vous entendis parler toutes deux; et, sans qu'il me fût possible de distinguer un seul mot, je trouvai dans le son de votre voix je ne sais quoi de languissant et de tendre qui me donna de l'émotion, et dans la sienne un accent affectueux et doux à son ordinaire, mais paisible et serein, qui me remit à l'instant, et qui fit le vrai réveil de mon rêve.

Sur-le-champ je me sentis tellement changé que je me moquai de moi-même et de mes vaines alarmes. En songeant que je n'avois qu'une haie et quelques buissons à franchir pour voir pleine de vie et de santé celle que j'avois cru ne revoir jamais, j'abjurai pour toujours mes craintes, mon effroi, mes chimères, et je me déterminai sans peine à repartir, même sans la voir. Claire, je vous le jure, non-seulement je ne la vis point, mais je m'en retournai fier de ne l'avoir point vue, de n'avoir pas été foible et crédule jusqu'au bout, et d'avoir au moins rendu cet honneur à l'ami d'Édouard de le mettre au-dessus d'un songe.

Voilà, chère cousine, ce que j'avois à vous dire et le dernier aveu qui me restoit à vous faire. Le détail du reste de notre voyage n'a plus rien d'intéressant : il me suffit de vous protester que depuis lors non-seulement mylord est content de moi, mais que je le suis encore plus moi-même qui sens mon entière guérison bien mieux qu'il ne la peut voir. De peur de lui laisser une défiance inutile, je lui ai caché que je ne vous avois point vues. Quand il me demanda si le voile étoit levé, je l'affirmai sans balancer, et nous n'en avons plus parlé. Oui, cousine, il est levé pour jamais ce voile dont ma raison fut long-temps offusquée. Tous mes transports inquiets sont éteints : je vois tous mes devoirs, et je les aime. Vous m'êtes toutes deux plus chères que jamais; mais mon cœur ne distingue plus l'une de l'autre et ne sépare point les inséparables.

Nous arrivâmes avant-hier à Milan : nous en repartons après-demain. Dans huit jours nous comptons être à Rome, et j'espère y trouver de vos nouvelles en arrivant. Qu'il me tarde de voir ces deux étonnantes personnes qui troublent depuis si long-temps le repos du plus grand des hommes! O Julie! ô Claire! il faudroit votre égale pour mériter de le rendre heureux.

LETTRE X.

DE MADAME D'ORBE A SAINT-PREUX.

Nous attendions tous de vos nouvelles avec impatience, et je n'ai pas besoin de vous dire combien vos lettres ont fait de plaisir à la petite communauté : mais ce que vous ne devinerez pas de même, c'est que de toute la maison je suis peut-être celle qu'elles ont le moins réjouie. Ils ont tous appris que vous aviez heureusement passé les Alpes; moi, j'ai songé que vous étiez au-delà.

A l'égard du détail que vous m'avez fait, nous n'en avons rien dit au baron, et j'en ai passé à tout le monde quelques soliloques fort inutiles. M. de Wolmar a eu l'honnêteté de ne faire que se moquer de vous; mais Julie n'a pu se rappeler les derniers momens de sa mère sans de nouveaux regrets et de nouvelles larmes. Elle n'a remarqué de votre rêve que ce qui ranimoit ses douleurs.

Quant à moi, je vous dirai, mon cher maître, que je ne suis plus surprise de vous voir en continuelle admiration de vous-même, toujours achevant quelque folie, et toujours commençant d'être sage; car il y a long-temps que vous passez votre vie à vous reprocher le jour de la veille et à vous applaudir pour le lendemain.

Je vous avoue aussi que ce grand effort de courage, qui, si près de nous, vous a fait retourner comme vous étiez venu, ne me paroît pas aussi merveilleux qu'à vous. Je le trouve plus vain que sensé, et je crois qu'à tout prendre j'aimerois autant moins de force avec un peu plus de raison. Sur cette manière de vous en aller, pourroit-on vous demander ce que vous êtes venu faire? Vous avez eu honte de vous montrer, et c'étoit de n'oser vous montrer qu'il falloit avoir honte; comme si la douceur de voir ses amis n'effaçoit pas cent fois le petit chagrin de leur raillerie! N étiez-vous pas trop heureux de venir nous offrir votre air effaré pour nous faire rire? Hé bien donc! je ne me suis pas moquée de vous alors, mais je m'en moque tant plus aujourd'hui, quoique, n'ayant pas le plaisir de vous mettre en colère, je ne puisse pas rire de si bon cœur.

Malheureusement il y a pis encore; c'est que j'ai gagné toutes vos terreurs sans me rassurer comme vous. Ce rêve a quelque chose d'effrayant qui m'inquiète et m'attriste malgré que j'en aie. En lisant votre lettre je blâmois vos agitations; en la finissant j'ai blâmé votre sécurité. L'on ne sauroit voir à la fois pourquoi vous étiez ému, et pourquoi vous êtes devenu si tranquille. Par quelle bizarrerie avez-vous gardé les plus tristes pressentimens jusqu'au moment où vous avez pu les détruire et ne l'avez pas voulu? Un pas, un geste, un mot, tout étoit fini. Vous vous étiez alarmé sans raison, vous vous êtes rassuré de même : mais vous m'avez transmis la frayeur que vous n'avez plus; et il se trouve qu'ayant eu de la force une seule fois en votre vie, vous l'avez eue à mes dépens. Depuis votre fatale lettre un serrement de cœur ne m'a pas quittée : je n'approche point de Julie sans trembler de la perdre; à chaque instant je crois voir sur son visage la pâleur de la mort; et ce matin la pressant dans mes bras, je me suis sentie en pleurs sans savoir pourquoi. Ce voile! ce voile!... il a je ne sais quoi de sinistre qui me trouble chaque fois que j'y pense. Non, je ne puis vous pardonner d'avoir pu l'écarter sans l'avoir fait, et j'ai bien peur de n'avoir plus désormais un moment de contentement que je ne vous revoie auprès d'elle. Convenez aussi qu'après avoir si long-temps parlé de philosophie, vous vous êtes montré philosophe à la fin bien mal à propos. Ah! rêvez, et voyez vos amis; cela vaut mieux que de les fuir et d'être un sage.

Il paroît, par la lettre de mylord à M. de Wolmar, qu'il songe sérieusement à venir s'établir avec nous. Sitôt qu'il aura pris son parti là-bas et que son cœur sera décidé, revenez tous deux heureux et fixés, c'est le vœu de la petite communauté, et surtout celui de votre amie.

CLAIRE D'ORBE.

P. S. Au reste, s'il est vrai que vous n'avez rien entendu de notre conversation dans l'Élysée, c'est peut-être tant mieux pour vous; car vous me savez assez alerte pour voir les gens sans qu'ils m'aperçoivent, et assez maligne pour persifler les écouteurs.

LETTRE XI.

DE M. DE WOLMAR A SAINT-PREUX.

J'écris à mylord Édouard, et je lui parle de vous si au long qu'il ne me reste en vous écrivant à vous-même qu'à vous renvoyer à sa lettre. La vôtre exigeroit peut-être de ma part un retour d'honnêtetés : mais vous appeler dans ma famille, vous traiter en frère, en ami, faire votre sœur de celle qui fut votre amante, vous remettre l'autorité paternelle sur mes enfans, vous confier mes droits après avoir usurpé les vôtres; voilà les complimens dont je vous ai cru digne. De votre part, si vous justifiez ma conduite et mes soins, vous m'aurez assez loué. J'ai tâché de vous honorer par mon estime; honorez-moi par vos vertus. Tout autre éloge doit être banni d'entre nous.

Loin d'être surpris de vous voir frappé d'un songe, je ne vois pas trop pourquoi vous vous reprochez de l'avoir été. Il me semble que pour un homme à système ce n'est pas une si grande affaire qu'un rêve de plus.

Mais ce que je vous reprocherois volontiers c'est moins l'effet de votre songe que son espèce, et cela, par une raison fort différente de celle que vous pourriez penser. Un tyran fit autrefois mourir un homme qui, dans un songe, avait cru le poignarder (*). Rappelez-vous la raison qu'il donna de ce meurtre, et faites-vous-en l'application. Quoi ! vous allez décider du sort de votre ami, et vous songez à vos anciennes amours ! Sans les conversations du soir précédent, je ne vous pardonnerois jamais ce rêve-là. Pensez le jour à ce que vous allez faire à Rome, vous songerez moins la nuit à ce qui s'est fait à Vevai.

(*) PLUTARQUE, *Vie de Denis*. Montesquieu rapporte ainsi ce trait : « Un Marsyas songea qu'il coupoit la gorge à Denys. » Celui-ci le fit mourir, disant qu'il n'y auroit pas songé la nuit » s'il n'y eût pensé le jour. » *Esprit des Loix*, liv. XII, chap. IX.   G P.

La Fanchon est malade; cela tient ma femme occupée et lui ôte le temps de vous écrire. Il y a ici quelqu'un qui supplée volontiers à ce soin. Heureux jeune homme ! tout conspire à votre bonheur; tous les prix de la vertu vous recherchent pour vous forcer à les mériter. Quant à celui de mes bienfaits, n'en chargez personne que vous-même; c'est de vous seul que je l'attends.

LETTRE XII.

DE SAINT-PREUX A M. DE WOLMAR.

Que cette lettre demeure entre vous et moi; qu'un profond secret cache à jamais les erreurs du plus vertueux des hommes. Dans quel pas dangereux je me trouve engagé ! O mon sage et bienfaisant ami, que n'ai-je tous vos conseils dans la mémoire comme j'ai vos bontés dans le cœur ! Jamais je n'eus si grand besoin de prudence, et jamais la peur d'en manquer ne nuisit tant au peu que j'en ai. Ah ! où sont vos soins paternels ? où sont vos leçons, vos lumières ? que deviendrai-je sans vous ? Dans ce moment de crise je donnerois tout l'espoir de ma vie pour vous avoir ici durant huit jours.

Je me suis trompé dans toutes mes conjectures; je n'ai fait que des fautes jusqu'à ce moment. Je ne redoutois que la marquise : après l'avoir vue, effrayé de sa beauté, de son adresse, je m'efforçois d'en détacher tout-à-fait l'âme noble de son ancien amant. Charmé de le ramener du côté où je ne voyois rien à craindre, je lui parlois de Laure avec l'estime et l'admiration qu'elle m'avoit inspirée; en relâchant son plus fort attachement par l'autre, j'espérois les rompre enfin tous les deux.

Il se prêta d'abord à mon projet, il outra même la complaisance; et voulant peut-être punir mes importunités par un peu d'alarmes, il affecta pour Laure encore plus d'empressement qu'il ne croyoit en avoir. Que vous dirai-je aujourd'hui ? Son empressement est toujours le même, mais il n'affecte plus rien. Son cœur, épuisé par tant de combats, s'est trouvé dans un état de foiblesse dont elle a profité. Il seroit difficile à tout autre de feindre long-temps de l'amour auprès d'elle; jugez pour l'objet même de la passion qui la consume. En vérité, l'on ne peut voir cette infortunée sans être touché de son air et de sa figure; une impression de langueur et d'abattement qui ne quitte point son charmant visage, en éteignant la vivacité de sa physionomie, la rend plus intéressante; et comme les rayons du soleil échappés à travers les nuages, ses yeux ternis par la douleur lancent des feux plus piquans. Son humiliation même a toutes les grâces de la modestie : en la voyant on la plaint, en l'écoutant on l'honore ; enfin je dois dire, à la justification de mon ami, que je ne connois que deux hommes au monde qui puissent rester sans risque auprès d'elle.

Il s'égare, ô Wolmar! je le vois, je le sens, je vous l'avoue dans l'amertume de mon cœur. Je frémis en songeant jusqu'où son égarement peut lui faire oublier ce qu'il est et ce qu'il se doit. Je tremble que cet intrépide amour de la vertu, qui lui fait mépriser l'opinion publique, ne le porte à l'autre extrémité, et ne lui fasse braver encore les lois sacrées de la décence et de l'honnêteté. Édouard Bomston faire un tel mariage !... vous concevez !... sous les yeux de son ami !... qui le permet !... qui le souffre !... et qui lui doit tout !... Il faudra qu'il m'arrache le cœur de sa main avant de la profaner ainsi.

Cependant que faire! comment me comporter? Vous connoissez sa violence, on ne gagne rien avec lui par les discours, et les siens depuis quelque temps ne sont pas propres à calmer mes craintes. J'ai feint d'abord de ne pas l'entendre ; j'ai fait indirectement parler la raison en maximes générales : à son tour il ne m'entend point. Si j'essaie de le toucher un peu plus au vif, il répond des sentences, et croit m'avoir réfuté ; si j'insiste, il s'emporte, il prend un ton qu'un ami devroit ignorer et auquel l'amitié ne sait point répondre. Croyez que je ne suis en cette occasion ni craintif ni timide ; quand on est dans son devoir on n'est que trop tenté d'être fier : mais il ne s'agit pas ici de fierté, il s'agit de réussir, et de fausses tentatives peuvent nuire aux meilleurs moyens. Je n'ose presque entrer avec lui dans aucune discussion ; car je sens tous les jours la vérité de l'avertissement que vous m'avez donné, qu'il est plus fort que moi de raisonnement, et qu'il ne faut point l'enflammer par la dispute.

Il paroît d'ailleurs un peu refroidi pour moi ; on diroit que je l'inquiète. Combien, avec tant de supériorité à tous égards, un homme est rabaissé par un moment de foiblesse! Le grand, le sublime Édouard a peur de son ami, de sa créature, de son élève ! il semble même, par quelques mots jetés sur le choix de son séjour s'il ne se marie pas, vouloir tenter ma fidélité par mon intérêt. Il sait bien que je ne dois ni ne veux le quitter. O Wolmar! je ferai mon devoir et suivrai partout mon bienfaiteur. Si j'étois lâche et vil, que gagnerois-je à ma perfidie? Julie et son digne époux confieroient-ils leurs enfans à un traître ?

Vous m'avez dit souvent que les petites passions ne prennent jamais le change et vont toujours à leur fin, mais qu'on peut armer les grandes contre elles-mêmes. J'ai cru pouvoir ici faire usage de cette maxime. En effet, la compassion, le mépris des préjugés, l'habitude, tout ce qui détermine Édouard en cette occasion échappe à force de petitesse, et devient presque inattaquable ; au lieu que le véritable amour est inséparable de la générosité, et que par elle on a toujours sur lui quelque prise. J'ai tenté cette voie indirecte, et je ne désespère pas du succès. Ce moyen paroît cruel ; je ne l'ai pris qu'avec répugnance. Cependant, tout bien pesé, je crois rendre service à Laure elle-même. Que feroit-elle dans l'état auquel elle peut monter, qu'y montrer son ancienne ignominie? mais qu'elle peut être grande en demeurant ce qu'elle est! Si je connois bien cette étrange fille, elle est faite pour jouir de son sacrifice plus que du rang qu'elle doit refuser.

Si cette ressource me manque, il m'en reste une de la part du gouvernement à cause de la religion ; mais ce moyen ne doit être employé qu'à la dernière extrémité et au défaut de tout autre : quoi qu'il en soit, je n'en veux épargner aucun pour prévenir une alliance indigne et déshonnête. O respectable Wolmar! je suis jaloux de votre estime durant tous les momens de ma vie. Quoique puisse vous écrire Édouard, quoique vous puissiez entendre dire, souvenez-vous qu'à quelque prix que ce puisse être, tant que mon cœur battra dans ma poitrine, jamais *Lauretta Pisana* ne sera lady Bomston.

Si vous approuvez mes mesures, cette lettre n'a pas besoin de réponse. Si je me trompe, instruisez-moi; mais hâtez-vous, car il n'y a pas un moment à perdre. Je ferai mettre l'adresse par une main étrangère. Faites de même en me répondant. Après avoir examiné ce qu'il faut faire, brûlez ma lettre et oubliez ce qu'elle contient. Voici le premier et le seul secret que j'aurai eu de ma vie à cacher aux deux cousines : si j'osois me fier davantage à mes lumières, vous-même n'en sauriez jamais rien (¹).

LETTRE XIII.

DE MADAME DE WOLMAR A MADAME D'ORBE.

Le courrier d'Italie sembloit n'attendre pour arriver que le moment de ton départ, comme pour te punir de ne l'avoir différé qu'à cause de lui. Ce n'est pas moi qui ai fait cette jolie découverte, c'est mon mari qui a remarqué qu'ayant fait mettre les chevaux à huit heures, tu tardas de partir jusqu'à onze, non pour l'amour de nous, mais après avoir demandé vingt fois s'il en était dix, parce que c'est ordinairement l'heure où la poste passe.

Tu es prise, pauvre cousine ; tu ne peux plus t'en dédire. Malgré l'augure de la Chaillot, cette Claire si folle, ou plutôt si sage, n'a pu l'être jusqu'au bout : te voilà dans les mêmes las (²) dont tu pris tant de peine à me dégager, et tu n'as pu conserver pour toi la liberté que tu m'as rendue. Mon tour de rire est-il donc venu? Chère amie, il faudroit avoir ton charme et tes grâces pour savoir plaisanter comme toi, et donner à la raillerie elle-même l'accent tendre et touchant des caresses. Et puis quelle différence entre nous ! De quel front pourrois-je me jouer d'un mal dont je suis la cause, et que tu t'es fait pour me l'ôter? Il n'y a pas un sentiment dans ton cœur qui n'offre au mien quelque sujet de reconnoissance ; et tout, jusqu'à ta foiblesse, est en toi l'ouvrage de ta vertu. C'est cela même qui me console et m'égaie. Il falloit me plaindre et pleurer de mes fautes ; mais on peut se moquer de la mauvaise honte qui te fait rougir d'un attachement aussi pur que toi.

Revenons au courrier d'Italie, et laissons un moment les moralités : ce seroit trop abuser de mes anciens titres; car il est permis d'endormir son auditoire, mais non pas de l'impatienter. Hé bien donc! ce courrier que je fais si lentement arriver, qu'a-t-il apporté? Rien que de bien sur la santé de nos amis, et de plus une grande lettre pour toi. Ah ! bon ! je te vois déjà sourire et reprendre haleine ; la lettre venue te fait attendre plus patiemment ce qu'elle contient.

Elle a pourtant bien son prix encore, même après s'être fait désirer ; car elle respire une si... Mais je ne veux te parler que de nouvelles, et sûrement ce que j'allois dire n'en est pas une.

Avec cette lettre, il en est venu une autre de mylord Édouard pour mon mari, et beaucoup d'amitiés pour nous. Celle-ci contient véritablement des nouvelles, et d'autant moins attendues que la première n'en dit rien. Ils devoient le lendemain partir pour Naples, où mylord a quelques affaires, et d'où ils iront voir le Vésuve... Conçois-tu, ma chère, ce que cette vue a de si attrayant ? Revenus à Rome, Claire, pense, imagine.... Édouard est sur le point d'épouser... non, grâce au ciel, cette indigne marquise; il marque, au contraire, qu'elle est fort mal. Qui donc?..... Laure, l'aimable Laure, qui... Mais pourtant... quel mariage !... Notre ami n'en dit pas un mot. Aussitôt après ils partiront tous trois, et viendront ici prendre leurs derniers arrangemens. Mon mari ne m'a pas dit quels; mais il compte toujours que Saint-Preux nous restera.

Je t'avoue que son silence m'inquiète un peu. J'ai peine à voir clair dans tout cela ; j'y trouve des situations bizarres, et des jeux du cœur humain qu'on n'entend guère. Comment un homme aussi vertueux a-t-il pu se prendre d'une passion si durable pour une aussi méchante femme que cette marquise? comment elle-même, avec un caractère violent et cruel,

---

(¹) Pour bien entendre cette lettre et la troisième de la sixième partie, il faudroit savoir les aventures de mylord Édouard, et j'avois d'abord résolu de les ajouter à ce recueil. En y repensant, je n'ai pu me résoudre à gâter la simplicité de l'histoire de deux amans par le romanesque de la sienne. Il vaut mieux laisser quelque chose à deviner au lecteur (*).

(²) Je n'ai pas voulu laisser *laes*, à cause de la prononciation genevoise remarquée par madame d'Orbe dans la lettre cinquième de la sixième partie.

(*) Les aventures de mylord Édouard, ou du moins un extrait de ces aventures fait par Rousseau pour madame de Luxembourg, se trouvera à la fin de cet ouvrage. G. P

a-t-elle pu concevoir et nourrir un amour aussi vif pour un homme qui lui ressembloit si peu, si tant est cependant qu'on puisse honorer du nom d'amour une fureur capable d'inspirer des crimes? Comment un jeune cœur aussi généreux, aussi tendre, aussi désintéressé que celui de Laure, a-t-il pu supporter ses premiers désordres? Comment s'en est-il retiré par ce penchant trompeur fait pour égarer son sexe? et comment l'amour, qui perd tant d'honnêtes femmes, a-t-il pu venir à bout d'en faire une? Dis-moi, ma Claire; désunir deux cœurs qui s'aimoient sans se convenir; joindre ceux qui se convenoient sans s'entendre ; faire triompher l'amour de l'amour même; du sein du vice et de l'opprobre tirer le bonheur et la vertu, délivrer son ami d'un monstre en lui créant pour ainsi dire une compagne... infortunée, il est vrai, mais aimable, honnête même, au moins si, comme je l'ose croire, on peut le redevenir : dis; celui qui auroit fait tout cela seroit-il coupable; celui qui l'auroit souffert seroit-il à blâmer?

Lady Bomston viendra donc ici! ici! mon ange! Qu'en penses-tu? Après tout, quel prodige ne doit pas être cette étonnante fille que son éducation perdit, que son cœur a sauvée, et pour qui l'amour fut la route de la vertu! Qui doit plus l'admirer que moi qui fis tout le contraire, et que mon penchant seul égara quand tout concouroit à me bien conduire? Je m'avilis moins, il est vrai; mais me suis-je élevée comme elle? ai-je évité tant de pièges et fait tant de sacrifices? Du dernier degré de la honte elle a su remonter au premier degré de l'honneur : elle est plus respectable cent fois que si jamais elle n'eût été coupable. Elle est sensible et vertueuse; que lui faut-il de plus pour nous ressembler? S'il n'y a point de retour aux fautes de la jeunesse, quel droit ai-je à plus d'indulgence? devant qui dois-je espérer de trouver grâce? et à quel honneur pourrois-je prétendre en refusant de l'honorer?

Hé bien! cousine, quand ma raison me dit cela, mon cœur en murmure; et, sans que je puisse expliquer pourquoi, j'ai peine à trouver bon qu'Édouard ait fait ce mariage et que son ami s'en soit mêlé. O l'opinion! l'opinion! qu'on a de peine à secouer son joug! toujours elle nous porte à l'injustice : le bien passé s'efface par le mal présent; le mal passé ne s'effacera-t-il jamais par aucun bien?

J'ai laissé voir à mon mari mon inquiétude sur la conduite de Saint-Preux dans cette affaire. Il semble, ai-je dit, avoir honte d'en parler à ma cousine. Il est incapable de lâcheté, mais il est foible... trop d'indulgence pour les fautes d'un ami... Non, m'a-t-il dit, il a fait son devoir; il le fera, je le sais; je ne puis rien vous dire de plus : mais Saint-Preux est un honnête garçon; je réponds de lui, vous en serez contente... Claire, il est impossible que Wolmar me trompe et qu'il se trompe. Un discours si positif m'a fait rentrer en moi-même; j'ai compris que tous mes scrupules ne venoient que de fausse délicatesse, et que, si j'étois moins vaine et plus équitable, je trouverois lady Bomston plus digne de son rang.

Mais laissons un peu lady Bomston, et revenons à nous. Ne sens-tu point trop en lisant cette lettre que nos amis reviendront plus tôt qu'ils n'étoient attendus? et le cœur ne te dit-il rien? ne bat-il point à présent plus fort qu'à l'ordinaire, ce cœur trop tendre et trop semblable au mien? ne songe-t-il point au danger de vivre familièrement avec un objet chéri, de le voir tous les jours, de loger sous le même toit? Et si mes erreurs ne m'ôtèrent point ton estime, mon exemple ne te fait-il rien craindre pour toi? Combien dans nos jeunes ans la raison, l'amitié, l'honneur, t'inspirèrent pour moi de craintes que l'aveugle amour me fit mépriser! C'est mon tour maintenant, ma douce amie; et j'ai de plus, pour me faire écouter, la triste autorité de l'expérience. Écoute-moi donc tandis qu'il est temps, de peur qu'après avoir passé la moitié de ta vie à déplorer mes fautes, tu ne passes l'autre à déplorer les tiennes. Surtout ne te fie plus à cette gaîté folâtre qui garde celles qui n'ont rien à craindre et perd celles qui sont en danger. Claire! Claire! tu te moquois de l'amour une fois, mais c'est parce que tu ne le connoissois pas; et pour n'en avoir pas senti les traits, tu te croyois au-dessus de ses atteintes. Il se venge et rit à son tour. Apprends à te défier de sa traîtresse joie, ou crains qu'elle ne te coûte un jour bien des pleurs. Chère amie, il est temps de te montrer à toi-même; car jusqu'ici tu ne t'es pas bien vue; tu t'es trompée sur ton caractère, et n'as pas su t'estimer ce que tu valois. Tu t'es fiée aux discours de la Chaillot : sur ta vivacité badine elle te jugea peu sensible ; mais un cœur comme le tien étoit au-dessus de sa portée. La Chaillot n'étoit pas faite pour te connoître ; personne au monde ne t'a bien connue, excepté moi seule. Notre ami même a plutôt senti que vu ton prix. Je t'ai laissé ton erreur tant qu'elle a pu t'être utile ; à présent qu'elle te perdroit, il faut te l'ôter.

Tu es vive, et te crois peu sensible. Pauvre enfant, que tu t'abuses ! ta vivacité même prouve le contraire : n'est-ce pas toujours sur des choses de sentiment qu'elle s'exerce ? n'est-ce pas de ton cœur que viennent les grâces de ton enjouement ? Tes railleries sont des signes d'intérêt plus touchans que les complimens d'un autre : tu caresses quand tu folâtres ; tu ris, mais ton rire pénètre l'âme ; tu ris, mais tu fais pleurer de tendresse, et je te vois presque toujours sérieuse avec les indifférens.

Si tu n'étois que ce que tu prétends être, dis-moi ce qui nous uniroit si fort l'une à l'autre ; où seroit entre nous le lien d'une amitié sans exemple ? par quel prodige un tel attachement seroit-il venu chercher par préférence un cœur si peu capable d'attachement ? Quoi ! celle qui n'a vécu que pour son amie ne sait pas aimer ! celle qui voulut quitter père, époux, parens et son pays, pour la suivre, ne sait préférer l'amitié à rien ! Et qu'ai-je donc fait, moi qui porte un cœur sensible ? Cousine, je me suis laissé aimer ; et j'ai beaucoup fait, avec toute ma sensibilité, de te rendre une amitié qui valût la tienne.

Ces contradictions t'ont donné de ton caractère l'idée la plus bizarre qu'une folle comme toi pût jamais concevoir, c'est de te croire à la fois ardente amie et froide amante. Ne pouvant disconvenir du tendre attachement dont tu te sentois pénétrée, tu crus n'être capable que de celui-là. Hors ta Julie, tu ne pensois pas que rien pût t'émouvoir au monde ; comme si les cœurs naturellement sensibles pouvoient ne l'être que pour un objet, et que, ne sachant aimer que moi, tu m'eusses pu bien aimer moi-même ! Tu demandois plaisamment si l'âme avoit un sexe. Non, mon enfant, l'âme n'a point de sexe ; mais ses affections les distinguent, et tu commences trop à le sentir. Parce que le premier amant qui s'offrit ne t'avoit pas émue, tu crus aussitôt ne pouvoir l'être ; parce que tu manquois d'amour pour ton soupirant, tu crus n'en pouvoir sentir pour personne. Quand il fut ton mari, tu l'aimas pourtant, et si fort que notre intimité même en souffrit : cette âme si peu sensible sut trouver à l'amour un supplément encore assez tendre pour satisfaire un honnête homme.

Pauvre cousine, c'est à toi désormais de résoudre tes propres doutes ; et s'il est vrai,

(¹) *Ch'un freddo amante è mal sicuro amico* (²).

j'ai grand'peur d'avoir maintenant une raison de trop pour compter sur toi. Mais il faut que j'achève de te dire là-dessus tout ce que je pense.

Je soupçonne que tu as aimé, sans le savoir, bien plus tôt que tu ne crois, ou du moins que le même penchant qui me perdit t'eût séduite si je ne t'avois prévenue. Conçois-tu qu'un sentiment si naturel et si doux puisse tarder si long-temps à naître ? conçois-tu qu'à l'âge où nous étions on puisse impunément se familiariser avec un jeune homme aimable, ou qu'avec tant de conformité dans tous nos goûts celui-ci seul ne nous eût pas été commun ? Non, mon ange ; tu l'aurois aimé, j'en suis sûre, si je ne l'eusse aimé la première. Moins foible et non moins sensible, tu aurois été plus sage que moi sans être plus heureuse. Mais quel penchant eût pu vaincre dans ton âme honnête l'horreur de la trahison et de l'infidélité ? L'amitié te sauva des pièges de l'amour ; tu ne vis plus qu'un ami dans l'amant de ton amie, et tu rachetas ainsi ton cœur aux dépens du mien.

Ces conjectures ne sont pas même si conjectures que tu penses ; et, si je voulois rappeler des temps qu'il faut oublier, il me seroit aisé de trouver dans l'intérêt que tu croyois ne prendre qu'à moi seule, un intérêt non moins vif pour ce qui m'étoit cher. N'osant l'aimer tu voulois que je l'aimasse : tu jugeas chacun de nous nécessaire au bonheur de l'autre ; et ce cœur, qui n'a point d'égal au monde, nous en chérit plus tendrement tous les deux. Sois sûre que, sans ta propre foiblesse, tu m'aurois été moins indulgente ; mais tu te serois reproché sous le nom de jalousie une juste sévérité.

(¹) Ce vers est renversé de l'original ; et, n'en déplaise aux belles dames, le sens de l'auteur est plus véritable et plus beau.

(²) Qu'un froid amant est un peu sûr ami. Métast.

Tu ne te sentois pas en droit de combattre en moi le penchant qu'il eût fallu vaincre; et, craignant d'être perfide plutôt que sage, en immolant ton bonheur au nôtre, tu crus avoir assez fait pour la vertu.

Ma Claire, voilà ton histoire; voilà comment ta tyrannique amitié me force à te savoir gré de ma honte, et à te remercier de mes torts. Ne crois pas pourtant que je veuille t'imiter en cela: je ne suis pas plus disposée à suivre ton exemple que toi le mien; et comme tu n'as pas à craindre mes fautes, je n'ai plus, grâce au ciel, tes raisons d'indulgence. Quel plus digne usage ai-je à faire de la vertu que tu m'as rendue que de t'aider à la conserver?

Il faut donc te dire encore mon avis sur ton état présent. La longue absence de notre maître n'a pas changé tes dispositions pour lui: ta liberté recouvrée et son retour ont produit une nouvelle époque dont l'amour a su profiter. Un nouveau sentiment n'est pas né dans ton cœur; celui qui s'y cacha si long-temps n'a fait que se mettre plus à l'aise. Fière d'oser te l'avouer à toi-même, tu t'es pressée de me le dire. Cet aveu te sembloit presque nécessaire pour le rendre tout-à-fait innocent: en devenant un crime pour ton amie, il cessoit d'en être un pour toi; et peut-être ne t'es-tu livrée au mal que tu combattois depuis tant d'années que pour mieux achever de m'en guérir.

J'ai senti tout cela, ma chère; je me suis peu alarmée d'un penchant qui me servoit de sauvegarde, et que tu n'avois point à te reprocher. Cet hiver, que nous avons passé tous ensemble au sein de la paix et de l'amitié, m'a donné plus de confiance encore en voyant que, loin de rien perdre de ta gaîté, tu semblois l'avoir augmentée. Je t'ai vue tendre, empressée, attentive, mais franche dans tes caresses, naïve dans tes jeux, sans mystère, sans ruse en toutes choses; et dans tes plus vives agaceries la joie de l'innocence réparoit tout.

Depuis notre entretien de l'Élysée je ne suis plus si contente de toi; je te trouve triste et rêveuse; tu te plais seule autant qu'avec ton amie: tu n'as pas changé de langage, mais d'accent; tes plaisanteries sont plus timides: tu n'oses plus parler de lui si souvent, on diroit que tu crains toujours qu'il ne t'écoute; et l'on voit à ton inquiétude que tu attends de ses nouvelles plutôt que tu n'en demandes.

Je tremble, bonne cousine, que tu ne sentes pas tout ton mal, et que le trait ne soit enfoncé plus avant que tu n'as paru le craindre. Crois-moi, sonde bien ton cœur malade; dis-toi bien, je le répète, si, quelque sage qu'on puisse être, on peut sans risque demeurer long-temps avec ce qu'on aime, et si la confiance qui me perdit est tout-à-fait sans danger pour toi. Vous êtes libres tous deux; c'est précisément ce qui rend les occasions plus suspectes. Il n'y a point dans un cœur vertueux de foiblesse qui cède aux remords; et je conviens avec toi qu'on est toujours assez forte contre le crime: mais hélas! qui peut se garantir d'être foible? Cependant regarde les suites, songe aux effets de la honte. Il faut s'honorer pour être honorée. Comment peut-on mériter le respect d'autrui sans en avoir pour soi-même? et où s'arrêtera dans la route du vice celle qui fait le premier pas sans effroi? Voilà ce que je dirois à ces femmes du monde pour qui la morale et la religion ne sont rien, et qui n'ont de loi que l'opinion d'autrui. Mais toi, femme vertueuse et chrétienne, toi qui vois ton devoir et qui l'aimes, toi qui connois et suis d'autres règles que les jugemens publics, ton premier honneur est celui que te rend ta conscience; et c'est celui-là qu'il s'agit de conserver.

Veux-tu savoir quel est ton tort en toute cette affaire? c'est, je te le redis, de rougir d'un sentiment honnête que tu n'as qu'à déclarer pour le rendre innocent [1]. Mais avec toute ton humeur folâtre rien n'est si timide que toi: tu plaisantes pour faire la brave, et je vois ton pauvre cœur tout tremblant; tu fais avec l'amour, dont tu feins de rire, comme ces enfans qui chantent la nuit quand ils ont peur. O chère amie! souviens-toi de l'avoir dit mille fois, c'est la fausse honte qui mène à la véritable, et la vertu ne sait rougir que de ce qui est mal. L'amour en lui-même est-il un crime? n'est-il pas le plus pur ainsi que le plus doux penchant de la nature? n'a-t-il pas une fin bonne et louable? ne dédaigne-t-il pas les âmes basses et ram-

---

[1] Pourquoi l'éditeur laisse-t-il les continuelles répétitions dont cette lettre est pleine, ainsi que beaucoup d'autres? Par une raison fort simple; c'est qu'il ne se soucie point du tout que ces lettres plaisent à ceux qui feront cette question.

pantes? n'anime-t-il pas les âmes grandes et fortes? n'ennoblit-il pas tous leurs sentimens? ne double-t-il pas leur être? ne les élève-t-il pas au-dessus d'elles-mêmes? Ah! si pour être honnête et sage il faut être inaccessible à ses traits, dis, que reste-t-il pour la vertu sur la terre? Le rebut de la nature et les plus vils des mortels.

Qu'as-tu donc fait que tu puisses te reprocher? N'as-tu pas fait choix d'un honnête homme? N'est-il pas libre? ne l'es-tu pas? Ne mérite-t-il pas toute ton estime? n'as-tu pas toute la sienne? Ne seras-tu pas trop heureuse de faire le bonheur d'un ami si digne de ce nom, de payer de ton cœur et de ta personne les anciennes dettes de ton amie, et d'honorer en l'élevant à toi le mérite outragé par la fortune?

Je vois les petits scrupules qui t'arrêtent: démentir une résolution prise et déclarée, donner un successeur au défunt, montrer sa foiblesse au public, épouser un aventurier, car les âmes basses, toujours prodigues de titres flétrissans, sauront bien trouver celui-ci; voilà donc les raisons sur lesquelles tu aimes mieux te reprocher ton penchant que le justifier, et couver tes feux au fond de ton cœur que les rendre légitimes! Mais, je te prie, la honte est-elle d'épouser celui qu'on aime, ou de l'aimer sans l'épouser? Voilà le choix qui te reste à faire. L'honneur que tu dois au défunt est de respecter assez sa veuve pour lui donner un mari plutôt qu'un amant; et si ta jeunesse te force à remplir sa place, n'est-ce pas rendre encore hommage à sa mémoire de choisir un homme qui lui fut cher?

Quant à l'inégalité, je croirois t'offenser de combattre une objection si frivole lorsqu'il s'agit de sagesse et de bonnes mœurs. Je ne connois d'inégalité déshonorante que celle qui vient du caractère ou de l'éducation. A quelque état que parvienne un homme imbu de maximes basses, il est toujours honteux de s'allier à lui: mais un homme élevé dans des sentimens d'honneur est l'égal de tout le monde; il n'y a point de rang où il ne soit à sa place. Tu sais quel étoit l'avis de ton père même quand il fut question de moi pour notre ami. Sa famille est honnête quoique obscure; il jouit de l'estime publique, il la mérite. Avec cela, fût-il le dernier des hommes, encore ne faudroit-il pas balancer; car il vaut mieux déroger à la noblesse qu'à la vertu, et la femme d'un charbonnier est plus respectable que la maîtresse d'un prince (*).

J'entrevois bien encore une autre espèce d'embarras dans la nécessité de te déclarer la première; car, comme tu dois le sentir, pour qu'il ose aspirer à toi il faut que tu le lui permettes; et c'est un des justes retours de l'inégalité, qu'elle coûte souvent au plus élevé des avances mortifiantes. Quant à cette difficulté, je te la pardonne; et j'avoue même qu'elle me paroîtroit fort grave si je ne prenois soin de la lever. J'espère que tu comptes assez sur ton amie pour croire que ce sera sans te compromettre: de mon côté, je compte assez sur le succès pour m'en charger avec confiance; car, quoi que vous m'ayez dit autrefois tous deux sur la difficulté de transformer une amie en maîtresse, si je connois bien un cœur dans lequel j'ai trop appris à lire, je ne crois pas qu'en cette occasion l'entreprise exige une grande habileté de ma part. Je te propose donc de me laisser charger de cette négociation, afin que tu puisses te livrer au plaisir que te fera son retour, sans mystère, sans regrets, sans danger, sans honte. Ah! cousine, quel charme pour moi de réunir à jamais deux cœurs si bien faits l'un pour l'autre, et qui se confondent depuis si long-temps dans le mien! Qu'ils s'y confondent mieux encore s'il est possible, ne soyez plus qu'un pour vous et pour moi. Oui, ma Claire, tu serviras encore ton amie en couronnant ton amour; et j'en serai plus sûre de mes propres sentimens quand je ne pourrai plus les distinguer entre vous.

Que si malgré mes raisons ce projet ne te convient pas, mon avis est qu'à quelque prix que ce soit nous écartions de nous cet homme dangereux, toujours redoutable à l'une ou a l'autre; car, quoi qu'il arrive, l'éducation de nos enfans nous importe encore moins que la vertu de leurs mères. Je te laisse le temps de réfléchir sur tout ceci durant ton voyage: nous en parlerons après ton retour.

Je prends le parti de t'envoyer cette lettre en droiture à Genève, parce que tu n'as dû coucher qu'une nuit à Lausanne, et qu'elle ne t'y trouveroit plus. Apporte-moi bien des détails

---

(*) Voyez sur ce passage, et l'application que la malignité ne manqua pas d'en faire lors de l'apparition de l'*Héloïse*, le livre X des *Confessions*, page 270 du tome I.

de la petite république. Sur tout le bien qu'on dit de cette ville charmante, je t'estimerois heureuse de l'aller voir si je pouvois faire cas des plaisirs qu'on achète aux dépens de ses amis. Je n'ai jamais aimé le luxe, et je le hais maintenant de t'avoir ôtée à moi pour je ne sais combien d'années. Mon enfant, nous n'allâmes ni l'une ni l'autre faire nos emplettes de noce à Genève; mais, quelque mérite que puisse avoir ton frère, je doute que ta belle-sœur soit plus heureuse avec sa dentelle de Flandre et ses étoffes des Indes, que nous dans notre simplicité. Je te charge pourtant, malgré ma rancune, de l'engager à venir faire la noce à Clarens. Mon père écrit au tien, et mon mari à la mère de l'épouse, pour les en prier. Voilà les lettres; donne-les, et soutiens l'invitation de ton crédit renaissant : c'est tout ce que je puis faire pour que la fête ne se fasse pas sans moi : car je te déclare qu'à quelque prix que ce soit je ne veux pas quitter ma famille. Adieu, cousine : un mot de tes nouvelles, et que je sache au moins quand je dois t'attendre. Voici le deuxième jour depuis ton départ, et je ne sais plus vivre si long-temps sans toi.

P. S. Tandis que j'achevois cette lettre interrompue, mademoiselle Henriette se donnoit les airs d'écrire aussi de son côté. Comme je veux que les enfans disent toujours ce qu'ils pensent et non ce qu'on leur fait dire, j'ai laissé la petite curieuse écrire tout ce qu'elle a voulu sans y changer un seul mot. Troisième lettre ajoutée à la mienne. Je me doute bien que ce n'est pas encore celle que tu cherchois du coin de l'œil en furetant ce paquet. Pour celle-là dispense-toi de l'y chercher plus long-temps, car tu ne la trouveras pas. Elle est adressée à Clarens; c'est à Clarens qu'elle doit être lue; arrange-toi là-dessus.

LETTRE XIV.

D'HENRIETTE A SA MÈRE.

Où êtes-vous donc, maman? On dit que vous êtes à Genève, et que c'est si loin, si loin, qu'il faudroit marcher deux jours tout le jour pour vous atteindre : voulez-vous donc faire aussi le tour du monde? Mon petit papa est parti ce matin pour Étange; mon petit grand-papa est à la chasse; ma petite maman vient de s'enfermer pour écrire; il ne reste que ma mie Pernette et ma mie Fanchon. Mon Dieu! je ne sais plus comment tout va; mais depuis le départ de notre bon ami, tout le monde s'éparpille. Maman, vous avez commencé la première. On s'ennuyoit déjà bien quand vous n'aviez plus personne à faire endêver. Oh! c'est encore pis depuis que vous êtes partie; car la petite maman n'est pas non plus de si bonne humeur que quand vous y êtes. Maman, mon petit mali se porte bien; mais il ne vous aime plus, parce que vous ne l'avez pas fait sauter hier comme à l'ordinaire. Moi, je crois que je vous aimerois encore un peu si vous reveniez bien vite, afin qu'on ne s'ennuyât pas tant. Si vous voulez m'apaiser tout-à-fait, apportez à mon petit mali quelque chose qui lui fasse plaisir. Pour l'apaiser, lui, vous aurez bien l'esprit de trouver aussi ce qu'il faut faire. Ah! mon Dieu! si notre bon ami étoit ici, comme il l'auroit déjà deviné! Mon bel éventail est tout brisé; mon ajustement bleu n'est plus qu'un chiffon; ma pièce de blonde est en loques; mes mitaines à jour ne valent plus rien. Bonjour, maman. Il faut finir ma lettre, car la petite maman vient de finir la sienne et sort de son cabinet. Je crois qu'elle a les yeux rouges, mais je n'ose le lui dire; mais en lisant ceci elle verra bien que je l'ai vu. Ma bonne maman, que vous êtes méchante si vous faites pleurer ma petite maman!

P. S. J'embrasse mon grand-papa, j'embrasse mes oncles, j'embrasse ma nouvelle tante et sa maman; j'embrasse tout le monde excepté vous. Maman, vous m'entendez bien; je n'ai pas pour vous de si longs bras (*).

(*) Parmi les brouillons de ces lettres dont le recueil est déposé à la bibliothèque de la Chambre des Députés, et dont il a été parlé (tome I, page IV de l'*Avertissement*), il existe une réponse de Claire à cette lettre de sa fille. L'auteur s'est décidé à supprimer cette lettre, et les lecteurs, tout en reconnoissant qu'il a bien eu raison d'en agir ainsi, par cela même la liront peut-être ici avec quelque intérêt. Voici cette lettre, d'une écriture très-lisible, mais qui ne laisse pas encore d'être chargée de ratures.

Lettre de madame d'Orbe à sa fille.

Tu fais bien, mignonne, de m'aimer encore un peu ; pour

SIXIÈME PARTIE.

LETTRE PREMIÈRE.

DE MADAME D'ORBE A MADAME DE WOLMAR.

Avant de partir de Lausanne il faut t'écrire un petit mot pour t'apprendre que j'y suis arrivée, non pas pourtant aussi joyeuse que j'espérois. Je me faisois une fête de ce petit voyage qui t'a toi-même si souvent tentée ; mais en refusant d'en être tu me l'as rendu presque importun ; car quelle ressource y trouverai-je ? S'il est ennuyeux, j'aurai l'ennui pour mon compte ; et s'il est agréable, j'aurai le regret de m'amuser sans toi. Si je n'ai rien à dire contre tes raisons, crois-tu pour cela que je m'en contente ? Ma foi, cousine, tu te trompes bien fort ; et c'est encore ce qui me fâche de n'être pas même en droit de me fâcher. Dis, mauvaise, n'as-tu pas honte d'avoir toujours raison avec ton amie, et de résister à ce qui lui fait plaisir, sans lui laisser même celui de gronder ? Quand tu aurois planté là pour huit jours ton mari, ton ménage et tes marmots, ne diroit-on pas que tout eût été perdu ? Tu aurois fait une étourderie, il est vrai, mais tu en vaudrois cent fois mieux ; au lieu qu'en te mêlant d'être parfaite, tu ne seras plus bonne à rien, et tu n'auras qu'à te chercher des amis parmi les anges.

Malgré les mécontentemens passés, je n'ai pu sans attendrissement me retrouver au milieu de ma famille : j'y ai été reçue avec plaisir ou du moins avec beaucoup de caresses. J'attends pour te parler de mon frère que j'aie fait connoissance avec lui. Avec une assez belle figure il a l'air empesé du pays d'où il vient. Il est sérieux et froid ; je lui trouve même un peu de morgue : j'ai grand' peur pour la petite personne qu'au lieu d'être un aussi bon mari que les nôtres, il ne tranche un peu du seigneur et maître.

Mon père a été si charmé de me voir, qu'il a quitté pour m'embrasser la relation d'une grande bataille que les François viennent de gagner en Flandre, comme pour vérifier la prédiction de l'ami de notre ami. Quel bonheur qu'il n'ait pas été là ! Imagines-tu le brave Édouard voyant fuir les Anglois, et fuyant lui-même ?... Jamais, jamais !... il se fût fait tuer cent fois.

Mais à propos de nos amis, il y a long-temps qu'ils ne nous ont écrit. N'étoit-ce pas hier, je crois, jour de courrier ? Si tu reçois de leurs lettres, j'espère que tu n'oublieras pas l'intérêt que j'y prends.

Adieu, cousine ; il faut partir. J'attends de tes nouvelles à Genève, où nous comptons ar-

---

moi, je t'aime à la folie. Mais je trouve que tu te plains de mon absence, de manière à la faire durer longtemps ; car ta lettre m'en fait désirer beaucoup de semblables, et tu grondes de trop bonne grâce pour me donner envie de t'apaiser. Quant au petit mali qu'il ne faut point tant appeler le tien, je veux l'apaiser, lui, de peur qu'il ne boude, et l'on n'a jamais bonne grâce à bouder. Tu dis que j'aurai bien l'esprit de savoir pour cela ce qu'il faut faire ; ah ! je le crois. J'emporterai d'ici tout plein d'ajustemens avec lesquels je me ferai si jolie, qu'aussitôt qu'il m'aura vue il n'aura plus le courage d'être en colère et ne songera plus à toi. N'est-ce pas cela, ma mignonne ?

Ne parlons point de ton bon ami, je t'en prie. Depuis qu'il t'a promis des coquilles, je sais qu'il t'a mise dans son parti. Mais patience : Genève a ses coquilles aussi bien que Rome, et tu verras que si je ne vends pas les miennes, je ne le donne pas légèrement.

Ne m'accuse point de faire pleurer ta petite maman, de peur que je ne t'en accuse la première. A ton avis, de laquelle de nous deux est-elle plus souvent mécontente ? Elle est si enfant, ta petite maman ! elle aura pleuré de ce que sa poupée n'étoit pas sage. Tu m'entends. Prends donc soin de la faire taire. Embrasse-la, caresse-la, traite-la en enfant gâté. Tu dois savoir comme il faut s'y prendre. Enfin dis-lui que je la connois bien, sa poupée, et qu'elle ne veut point que ta petite maman pleure.

G. P.

river demain pour dîner. Au reste, je t'avertis que de manière ou d'autre la noce ne se fera pas sans toi, et que si tu ne veux pas venir à Lausanne, moi je viens avec tout mon monde mettre Clarens au pillage, et boire les vins de tout l'univers.

LETTRE II.
DE MADAME D'ORBE A MADAME DE WOLMAR.

A merveille, sœur prêcheuse ! mais tu comptes un peu trop, ce me semble, sur l'effet salutaire de tes sermons. Sans juger s'ils endormoient beaucoup autrefois ton ami, je t'avertis qu'ils n'endorment point aujourd'hui ton amie; et celui que j'ai reçu hier au soir, loin de m'exciter au sommeil, me l'a ôté durant la nuit entière. Gare la paraphrase de mon Argus s'il voit cette lettre ! mais j'y mettrai bon ordre, et je te jure que tu te brûleras les doigts plutôt que de la lui montrer.

Si j'allois te récapituler point par point, j'empiéterois sur tes droits ; il vaut mieux suivre ma tête : et puis, pour avoir l'air plus modeste et ne pas te donner trop beau jeu, je ne veux pas d'abord parler de nos voyageurs et du courrier d'Italie. Le pis-aller, si cela m'arrive, sera de récrire ma lettre, et de mettre le commencement à la fin. Parlons de la prétendue lady Bomston.

Je m'indigne à ce seul titre. Je ne pardonnerois pas plus à Saint-Preux de le laisser prendre à cette fille, qu'à Édouard de le lui donner, et à toi de le reconnoître. Julie de Wolmar recevoir *Lauretta Pisana* dans sa maison ! la souffrir auprès d'elle ! eh ! mon enfant, y penses-tu ? Quelle douceur cruelle est-ce là ? Ne sais-tu pas que l'air qui t'entoure est mortel à l'infamie ? La pauvre malheureuse oseroit-elle mêler son haleine à la tienne ? oseroit-elle respirer près de toi ? Elle y seroit plus mal à son aise qu'un possédé touché par des reliques ; ton seul regard la feroit rentrer en terre ; ton ombre seule la tueroit.

Je ne méprise point Laure, à Dieu ne plaise ! au contraire, je l'admire et la respecte d'autant plus qu'un pareil retour est héroïque et rare. En est-ce assez pour autoriser les comparaisons basses avec lesquelles tu t'oses profaner toi-même ? comme si, dans ses plus grandes foiblesses, le véritable amour ne gardoit pas la personne, et ne rendoit pas l'honneur plus jaloux ! Mais je t'entends, et je t'excuse. Les objets éloignés et bas se confondent maintenant à ta vue ; dans ta sublime élévation, tu regardes la terre et n'en vois plus les inégalités : ta dévote humilité sait mettre à profit jusqu'à ta vertu.

Hé bien ! que sert tout cela ? Les sentimens naturels en reviennent-ils moins ? l'amour-propre en fait-il moins son jeu ? Malgré toi tu sens ta répugnance ; tu la taxes d'orgueil, tu la voudrois combattre, tu l'imputes à l'opinion. Bonne fille ! et depuis quand l'opprobre du vice n'est-il que dans l'opinion ? Quelle société conçois-tu possible avec une femme devant qui l'on ne sauroit nommer la chasteté, l'honnêteté, la vertu, sans lui faire verser des larmes de honte, sans ranimer ses douleurs, sans insulter presque à son repentir ? Crois-moi, mon ange, il faut respecter Laure et ne la point voir. La fuir est un égard que lui doivent d'honnêtes femmes ; elle auroit trop à souffrir avec nous.

Écoute. Ton cœur te dit que ce mariage ne se doit point faire : n'est-ce pas te dire qu'il ne se fera point ?... Notre ami, dis-tu, n'en parle pas dans sa lettre... dans la lettre que tu dis qu'il m'écrit ?... et tu dis que cette lettre est fort longue ?... et puis vient le discours de ton mari... Il est mystérieux ton mari !... Vous êtes un couple de fripons qui me jouez d'intelligence ; mais... Son sentiment au reste n'étoit pas ici fort nécessaire... surtout pour toi qui as vu la lettre... ni pour moi qui ne l'ai pas vue... car je suis plus sûre de ton ami, du mien, que de toute la philosophie.

Ah çà ! ne voilà-t-il pas déjà cet importun qui revient on ne sait comment ! Ma foi, de peur qu'il ne revienne encore, puisque je suis sur son chapitre, il faut que je l'épuise, afin de n'en pas faire à deux fois.

N'allons point nous perdre dans le pays des chimères. Si tu n'avois pas été Julie, si ton ami n'eût pas été ton amant, j'ignore ce qu'il eût été pour moi ; je ne sais ce que j'aurois été moi-même : tout ce que je sais bien, c'est que, si sa mauvaise étoile me l'eût adressé d'abord, c'étoit fait de sa pauvre tête ; et, que je sois folle ou non, je l'aurois infailliblement rendu fou. Mais qu'importe ce que je pouvois être ? parlons de ce que je suis. La première chose que j'ai faite a été de t'aimer. Dès nos premiers ans mon cœur s'absorba dans le tien : toute tendre et sensible que j'eusse été, je ne sus plus aimer ni sentir par moi-même; tous mes sentimens me vinrent de toi; toi seule me tins lieu de tout, et je ne vécus que pour être ton amie. Voilà ce que vit la Chaillot; voilà sur quoi elle me jugea. Réponds, cousine, se trompa-t-elle ?

Je fis mon frère de ton ami, tu le sais. L'amant de mon amie me fut comme le fils de ma mère. Ce ne fut point ma raison, mais mon cœur qui fit ce choix. J'eusse été plus sensible encore, que je ne l'aurois pas autrement aimé. Je t'embrassois en embrassant la plus chère moitié de toi-même, j'avois pour garant de la pureté de mes caresses leur propre vivacité. Une fille traite-t-elle ainsi ce qu'elle aime? le traitois-tu toi-même ainsi? Non, Julie; l'amour chez nous est craintif et timide; la réserve et la honte sont ses avances; il s'annonce par ses refus, et, sitôt qu'il transforme en faveurs les caresses, il en sait bien distinguer le prix. L'amitié est prodigue, mais l'amour est avare.

J'avoue que de trop étroites liaisons sont toujours périlleuses à l'âge où nous étions lui et moi; mais, tous deux le cœur plein du même objet, nous nous accoutumâmes tellement à le placer entre nous, qu'à moins de t'anéantir nous ne pouvions plus arriver l'un à l'autre; la familiarité même dont nous avions pris la douce habitude, cette familiarité dans tout autre cas si dangereuse, fut alors ma sauvegarde. Nos sentimens dépendent de nos idées; et, quand elles ont pris un certain cours, elles en changent difficilement. Nous en avions trop dit sur un ton pour recommencer sur un autre; nous étions déjà trop loin pour revenir sur nos pas. L'amour veut faire tout son progrès lui-même; il n'aime point que l'amitié lui épargne la moitié du chemin. Enfin, je l'ai dit autrefois, et j'ai lieu de le croire encore, on ne prend guère de baisers coupables sur la même bouche où l'on en prit d'innocens.

A l'appui de tout cela vint celui que le ciel destinoit à faire le court bonheur de ma vie. Tu le sais, cousine, il étoit jeune, bien fait, honnête, attentif, complaisant : il ne savoit pas aimer comme ton ami; mais c'étoit moi qu'il aimoit; et quand on a le cœur libre, la passion qui s'adresse à nous a toujours quelque chose de contagieux. Je lui rendis donc du mien tout ce qu'il en restoit à prendre, et sa part fut encore assez bonne pour ne lui pas laisser de regret à son choix. Avec cela qu'avois-je à redouter? J'avoue même que les droits du sexe, joints à ceux du devoir, portèrent un moment préjudice aux tiens, et que, livrée à mon nouvel état, je fus d'abord plus épouse qu'amie; mais en revenant à toi je te rapportois deux cœurs au lieu d'un, et je n'ai pas oublié depuis que je suis restée seule chargée de cette double dette.

Que te dirai-je encore, ma douce amie? Au retour de notre ancien maître, c'étoit pour ainsi dire une nouvelle connoissance à faire. Je crus le voir avec d'autres yeux; je crus sentir en l'embrassant un frémissement qui jusque-là m'avoit été inconnu. Plus cette émotion me fut délicieuse, plus elle me fit de peur. Je m'alarmai comme d'un crime d'un sentiment qui n'existoit peut-être que parce qu'il n'étoit plus criminel. Je pensai trop que ton amant ne l'étoit plus et qu'il ne pouvoit plus l'être; je sentis trop qu'il étoit libre et que je l'étois aussi. Tu sais le reste, aimable cousine; mes frayeurs, mes scrupules te furent connus aussitôt qu'à moi. Mon cœur sans expérience s'intimidoit tellement d'un état si nouveau pour lui, que je me reprochois mon empressement de te rejoindre, comme s'il n'eût pas précédé le retour de cet ami. Je n'aimois point qu'il fût précisément où je désirois si fort d'être, et je crois que j'aurois moins souffert de sentir ce désir plus tiède que d'imaginer qu'il ne fût pas tout pour toi.

Enfin, je te rejoignis, et je fus presque rassurée. Je m'étois moins reproché ma foiblesse après t'en avoir fait l'aveu; près de toi je me la reprochois moins encore : je crus m'être mise à mon tour sous ta garde, et je cessai de craindre pour moi. Je résolus, par ton conseil même, de ne point changer de conduite avec lui. Il est constant qu'une plus grande réserve eût été une espèce de déclaration; et ce n'étoit que trop de celles qui pouvoient m'échapper malgré moi, sans en faire une volontaire. Je continuai donc d'être badine par honte, et familière par modestie. Mais peut-être tout cela, se faisant moins naturellement, ne se faisoit-il plus avec la même mesure. De folâtre que j'étois je devins tout-à-fait folle ; et ce qui m'en accrut la confiance fut de sentir que je pouvois l'être impunément. Soit que l'exemple de ton retour à toi-même me donnât plus de force pour t'imiter, soit que ma Julie épure tout ce qui l'approche, je me trouvai tout-à-fait tranquille, et il ne me resta de mes premières émotions qu'un sentiment très-doux, il est vrai, mais calme et paisible, et qui ne demandoit rien de plus à mon cœur que la durée de l'état où j'étois.

Oui, chère amie, je suis tendre et sensible aussi bien que toi ; mais je le suis d'une autre manière : mes affections sont plus vives, les tiennes sont plus pénétrantes. Peut-être avec des sens plus animés ai-je plus de ressources pour leur donner le change ; et cette même gaîté qui coûte l'innocence à tant d'autres me l'a toujours conservée. Ce n'a pas toujours été sans peine, il faut l'avouer. Le moyen de rester veuve à mon âge, et de ne pas sentir quelquefois que les jours ne sont que la moitié de la vie ? Mais, comme tu l'as dit et comme tu l'éprouves, la sagesse est un grand moyen d'être sage ; car, avec toute ta bonne contenance, je ne te crois pas dans un cas fort différent du mien. C'est alors que l'enjouement vient à mon secours, et fait plus peut-être pour la vertu que n'eussent fait les graves leçons de la raison. Combien de fois, dans le silence de la nuit, où l'on ne peut s'échapper à soi-même, j'ai chassé des idées importunes en méditant des tours pour le lendemain ! combien de fois j'ai sauvé les dangers d'un tête-à-tête par une saillie extravagante ! Tiens, ma chère, il y a toujours, quand on est foible, un moment où la gaîté devient sérieuse, et ce moment ne viendra point pour moi : voilà ce que je crois sentir et de quoi je t'ose répondre.

Après cela, je te confirme librement tout ce que je t'ai dit dans l'Élysée sur l'attachement que j'ai senti naître, et sur tout le bonheur dont j'ai joui cet hiver. Je m'en livrois de meilleur cœur au charme de vivre avec ce que j'aime en sentant que je ne désirois rien de plus. Si ce temps eût duré toujours, je n'en aurois jamais souhaité un autre. Ma gaîté venait de contentement, et non d'artifice. Je tournois en espièglerie le plaisir de m'occuper de lui sans cesse : je sentois qu'en me bornant à rire je ne m'apprêtois point de pleurs.

Ma foi, cousine, j'ai cru m'apercevoir quelquefois que le jeu ne lui déplaisoit pas trop à lui-même. Le rusé n'étoit pas fâché d'être fâché ; et il ne s'apaisoit avec tant de peine que pour se faire apaiser plus long-temps. J'en tirois occasion de lui tenir des propos assez tendres en paroissant me moquer de lui ; c'étoit à qui des deux seroit le plus enfant. Un jour qu'en ton absence il jouoit aux échecs avec ton mari, et que je jouois au volant avec la Fanchon dans la même salle, elle avoit le mot, et j'observois notre philosophe. A son air humblement fier et à la promptitude de ses coups, je vis qu'il avoit beau jeu. La table étoit petite, et l'échiquier débordoit. J'attendis le moment ; et, sans paroître y tâcher, d'un revers de raquette je renversai l'échec-et-mat. Tu ne vis de tes jours pareille colère : il étoit si furieux, que, lui ayant laissé le choix d'un soufflet ou d'un baiser pour ma pénitence, il se détourna quand je lui présentai la joue. Je lui demandai pardon, il fut inflexible. Il m'auroit laissée à genoux si je m'y étois mise. Je finis par lui faire une autre pièce qui lui fit oublier la première, et nous fûmes meilleurs amis que jamais.

Avec une autre méthode infailliblement je m'en serois moins bien tirée ; et je m'aperçus une fois que, si le jeu fût devenu sérieux, il eût pu trop l'être. C'étoit un soir qu'il nous accompagnoit ce duo si simple et si touchant de Leo, *Vado a morir, ben mio* (*). Tu chantois avec assez de négligence ; je n'en faisois pas de même ; et comme j'avois une main appuyée sur le clavecin, au moment le plus pathétique et où j'étois moi-même émue, il appliqua sur cette main un baiser que je sentis sur mon cœur. Je ne connois pas bien les baisers de l'amour ; mais ce que je peux te dire, c'est que jamais l'amitié, pas même la nôtre, n'en a donné ni reçu de semblable à celui-là. Hé bien ! mon enfant, après de pareils momens que devient-on quand on s'en va rêver seule et qu'on emporte

---

(*) Il y a sans doute dans cette indication quelque méprise. On trouve à la bibliothèque de l'École royale de musique, à Paris, un morceau de chant de Leo, dont les paroles commencent en effet par ces mots : *Vado a morir, ben mio* ; mais c'est un *air*, et non pas un *duo*. Cet air, à la vérité très-simple, n'a rien d'ailleurs de bien remarquable. Il existe du même maître un grand nombre de morceaux dont le mérite et le caractère les rendoient beaucoup plus propres à être indiqués ici que celui-là. G. P.

avec soi leur souvenir? Moi je troublai la musique : il fallut danser ; je fis danser le philosophe. On soupa presque en l'air ; on veilla fort avant dans la nuit ; je fus me coucher bien lasse, et je ne fis qu'un sommeil.

J'ai donc de fort bonnes raisons pour ne point gêner mon humeur ni changer de manières. Le moment qui rendra ce changement nécessaire est si près, que ce n'est pas la peine d'anticiper. Le temps ne viendra que trop tôt d'être prude et réservée. Tandis que je compte encore par vingt, je me dépêche d'user de mes droits ; car, passé la trentaine, on n'est plus folle, mais ridicule. Et ton épilogueur d'homme ose bien me dire qu'il ne me reste que six mois encore à retourner la salade avec les doigts. Patience ! pour payer ce sarcasme je prétends la lui retourner dans six ans ; et je te jure qu'il faudra qu'il la mange. Mais revenons.

Si l'on n'est pas maître de ses sentimens, au moins on l'est de sa conduite. Sans doute je demanderois au ciel un cœur plus tranquille ; mais puissé-je à mon dernier jour offrir au souverain juge une vie aussi peu criminelle que celle que j'ai passée cet hiver ! En vérité, je ne me reprochois rien auprès du seul homme qui pouvoit me rendre coupable. Ma chère, il n'en est pas de même depuis qu'il est parti : en m'accoutumant à penser à lui dans son absence, j'y pense à tous les instans du jour ; et je trouve son image plus dangereuse que sa personne. S'il est loin, je suis amoureuse ; s'il est près, je ne suis que folle : qu'il revienne, et je ne le crains plus.

Au chagrin de son éloignement s'est jointe l'inquiétude de son rêve. Si tu as tout mis sur le compte de l'amour, tu t'es trompée ; l'amitié avoit part à ma tristesse. Depuis leur départ je te voyois pâle et changée : à chaque instant je pensois te voir tomber malade. Je ne suis pas crédule, mais craintive. Je sais bien qu'un songe n'amène pas un événement, mais j'ai toujours peur que l'événement n'arrive à sa suite. A peine ce maudit rêve m'a-t-il laissé une nuit tranquille, jusqu'à ce que t'ai vue bien remise et reprendre tes couleurs. Dussé-je avoir mis sans le savoir un intérêt suspect à cet empressement, il est sûr que j'aurois donné tout au monde pour qu'il se fût montré quand il s'en retourna comme un imbécile. Enfin ma vaine terreur s'en est allée avec ton mauvais visage. Ta santé, ton appétit, ont plus fait que tes plaisanteries ; et je t'ai vue si bien argumenter à table contre mes frayeurs, qu'elles se sont tout-à-fait dissipées. Pour surcroît de bonheur il revient ; et j'en suis charmée à tous égards. Son retour ne m'alarme point, il me rassure ; et sitôt que nous le verrons, je ne craindrai plus rien pour tes jours ni pour mon repos. Cousine, conserve-moi mon amie, et ne sois point en peine de la tienne ; je réponds d'elle tant qu'elle t'aura... Mais, mon Dieu ! qu'ai-je donc qui m'inquiète encore et me serre le cœur sans savoir pourquoi ? Ah ! mon enfant, faudra-t-il un jour qu'une des deux survive à l'autre ? Malheur à celle sur qui doit tomber un sort si cruel ! elle restera peu digne de vivre, ou sera morte avant sa mort.

Pourrois-tu me dire à propos de quoi je m'épuise en sottes lamentations ? Foin de ces terreurs paniques qui n'ont pas le sens commun ! au lieu de parler de mort, parlons de mariage ; cela sera plus amusant. Il y a long-temps que cette idée est venue à ton mari ; et s'il ne m'en eût jamais parlé, peut-être ne me fût-elle point venue à moi-même. Depuis lors j'y ai pensé quelquefois, et toujours avec dédain. Fi ! cela vieillit une jeune veuve. Si j'avois des enfans d'un second lit, je me croirois la grand'mère de ceux du premier. Je te trouve aussi fort bonne de faire avec légèreté les honneurs de ton amie, et de regarder cet arrangement comme un soin de ta bénigne charité. Oh bien ! je t'apprends, moi, que toutes les raisons fondées sur tes soucis obligeans ne valent pas la moindre des miennes contre un second mariage.

Parlons sérieusement. Je n'ai pas l'âme assez basse pour faire entrer dans ces raisons la honte de me rétracter d'un engagement téméraire pris avec moi seule, ni la crainte du blâme en faisant mon devoir, ni l'inégalité des fortunes dans un cas où tout l'honneur est pour celui des deux à qui l'autre veut bien devoir la sienne : mais, sans répéter ce que je t'ai dit tant de fois sur mon humeur indépendante et sur mon éloignement naturel pour le joug du mariage, je me tiens à une seule objection, et je la tire de cette voix si sacrée que personne au monde ne respecte autant que toi. Lève cette objection, cousine, et je me rends. Dans tous ces jeux qui te donnent tant d'effroi, ma conscience est tranquille. Le souvenir de mon mari ne me fait point rougir; j'aime à l'appeler à témoin de mon innocence : et pourquoi craindrois-je de faire devant son image tout ce que je faisois autrefois devant lui? En seroit-il de même, ô Julie! si je violois les saints engagemens qui nous unirent ; que j'osasse jurer à un autre l'amour éternel que je lui jurai tant de fois ; que mon cœur indignement partagé dérobât à sa mémoire ce qu'il donneroit à son successeur, et ne pût sans offenser l'un des deux remplir ce qu'il doit à l'autre? Cette même image qui m'est si chère ne me donneroit qu'épouvante et qu'effroi ; sans cesse elle viendroit empoisonner mon bonheur, et son souvenir, qui fait la douceur de ma vie, en feroit le tourment. Comment oses-tu me parler de donner un successeur à mon mari, après avoir juré de n'en jamais donner au tien? comme si les raisons que tu m'allègues t'étoient moins applicables en pareil cas! ils s'aimèrent.... C'est pis encore. Avec quelle indignation verroit-il un homme qui lui fut cher usurper ses droits et rendre sa femme infidèle ! Enfin, quand il seroit vrai que je ne lui dois plus rien à lui-même, ne dois-je rien au cher gage de son amour? et puis-je croire qu'il eût jamais voulu de moi s'il eût prévu que j'eusse un jour exposé sa fille unique à se voir confondue avec les enfans d'un autre?

Encore un mot, et j'ai fini. Qui t'a dit que tous les obstacles viendroient de moi seule! En répondant de celui que cet engagement regarde, n'as-tu point plutôt consulté ton désir que ton pouvoir? Quand tu serois sûre de son aveu, n'aurois-tu donc aucun scrupule de m'offrir un cœur usé par une autre passion? Crois-tu que le mien dût s'en contenter, et que je pusse être heureuse avec un homme que je ne rendrois pas heureux? Cousine, penses-y mieux ; sans exiger plus d'amour que je n'en puis ressentir moi-même, tous les sentimens que j'accorde je veux qu'ils me soient rendus ; et je suis trop honnête femme pour pouvoir me passer de plaire à mon mari. Quel garant as-tu donc de tes espérances? Un certain plaisir à se voir, qui peut être l'effet de la seule amitié ; un transport passager, qui peut naître à notre âge de la seule différence du sexe ; tout cela suffit-il pour les fonder? Si ce transport eût produit quelque sentiment durable, est-il croyable qu'il s'en fût tu non-seulement à moi, mais à toi, mais à ton mari, de qui ce propos n'eût pu qu'être favorablement reçu? En a-t-il jamais dit un mot à personne? Dans nos tête-à-tête a-t-il jamais été question que de toi? a-t-il jamais été question de moi dans les vôtres? Puis-je penser que s'il avoit eu là-dessus quelque secret pénible à garder, je n'aurois jamais aperçu sa contrainte, ou qu'il ne lui seroit jamais échappé d'indiscrétion? Enfin, même depuis son départ, de laquelle de nous deux parle-t-il le plus dans ses lettres, de laquelle est-il occupé dans ses songes? Je t'admire de me croire sensible et tendre, et de ne pas imaginer que je me dirai tout cela! Mais j'aperçois vos ruses, ma mignonne ; c'est pour vous donner droit de représailles que vous m'accusez d'avoir jadis sauvé mon cœur aux dépens du vôtre. Je ne suis pas la dupe de ce tour-là.

Voilà toute ma confession, cousine ; je l'ai faite pour t'éclairer et non pour te contredire. Il me reste à te déclarer ma résolution sur cette affaire. Tu connois à présent mon intérieur aussi bien et peut-être mieux que moi-même: mon honneur, mon bonheur, te sont chers autant qu'à moi ; et dans le calme des passions la raison te fera mieux voir où je dois trouver l'un et l'autre. Charge-toi donc de ma conduite ; je t'en remets l'entière direction. Rentrons dans notre état naturel, et changeons entre nous de métier ; nous nous en tirerons mieux toutes deux. Gouverne ; je serai docile : c'est à toi de vouloir ce que je dois faire, à moi de faire ce que tu voudras. Tiens mon âme à couvert dans la tienne : que sert aux inséparables d'en avoir deux?

Ah çà! revenons à présent à nos voyageurs. Mais j'ai déjà tant parlé de l'un que je n'ose plus parler de l'autre, de peur que la différence du style ne se fît un peu trop sentir, et que l'amitié même que j'ai pour l'Anglois ne dît trop en faveur du Suisse. Et puis, que dire sur des lettres qu'on n'a pas vues? Tu devois bien au moins m'envoyer celle de mylord Édouard : mais tu n'as osé l'envoyer sans l'autre, et tu as fort bien fait... Tu pouvois pourtant faire mieux encore... Ah! vivent les duègnes de vingt ans! elles sont plus traitables qu'à trente.

Il faut au moins que je me venge en t'apprenant ce que tu as opéré par cette belle réserve; c'est de me faire imaginer la lettre en question... cette lettre si... cent fois plus si, qu'elle ne l'est réellement. De dépit je me plais à la remplir de choses qui n'y sauroient être. Va, si je n'y suis pas adorée, c'est à toi que je ferai payer tout ce qu'il en faudra rabattre.

En vérité, je ne sais après tout cela comment tu m'oses parler du courrier d'Italie. Tu prouves que mon tort ne fut pas de l'attendre, mais de ne pas l'attendre assez long-temps. Un pauvre petit quart d'heure de plus, j'allois au-devant du paquet, je m'en emparois la première, je lisois le tout à mon aise; et c'étoit mon tour de me faire valoir. Les raisins sont trop verts. On me retient deux lettres; mais j'en ai deux autres que, quoi que tu puisses croire, je ne changerois sûrement pas contre celles-là, quand tous les *si* du monde y seroient. Je te jure que si celle d'Henriette ne tient pas sa place à côté de la tienne, c'est qu'elle la passe, et que ni toi ni moi n'écrirons de la vie rien d'aussi joli. Et puis on se donnera les airs de traiter ce prodige de petite impertinente! ah! c'est assurément pure jalousie. En effet, te voit-on jamais à genoux devant elle lui baiser humblement les deux mains l'une après l'autre? Grâce à toi la voilà modeste comme une vierge, et grave comme un Caton; respectant tout le monde, jusqu'à sa mère: il n'y a plus le mot pour rire à ce qu'elle dit; à ce qu'elle écrit, passe encore. Aussi, depuis que j'ai découvert ce nouveau talent, avant que tu gâtes ses lettres comme ses propos, je compte établir de sa chambre à la mienne un courrier d'Italie dont on n'escamotera point les paquets.

Adieu, petite cousine. Voilà des réponses qui t'apprendront à respecter mon crédit renaissant. Je voulois te parler de ce pays et de ses habitans: mais il faut mettre fin à ce volume; et puis tu m'as toute brouillée avec tes fantaisies; et le mari m'a presque fait oublier les hôtes. Comme nous avons encore cinq ou six jours à rester ici, et que j'aurai le temps de mieux revoir le peu que j'ai vu, tu ne perdras rien pour attendre, et tu peux compter sur un second tome avant mon départ.

LETTRE III.

DE MYLORD ÉDOUARD A WOLMAR.

Non, cher Wolmar, vous ne vous êtes point trompé; le jeune homme est sûr; mais moi je ne le suis guère, et j'ai failli payer cher l'expérience qui m'en a convaincu. Sans lui je succombois moi-même à l'épreuve que je lui avois destinée. Vous savez que pour contenter sa reconnoissance et remplir son cœur de nouveaux objets, j'affectois de donner à ce voyage plus d'importance qu'il n'en avoit réellement. D'anciens penchans à flatter, une vieille habitude à suivre encore une fois, voilà, avec ce qui se rapportoit à Saint-Preux, tout ce qui m'engageoit à l'entreprendre. Dire les derniers adieux aux attachemens de ma jeunesse, ramener un ami parfaitement guéri, voilà tout le fruit que j'en voulois recueillir.

Je vous ai marqué que le songe de Villeneuve m'avoit laissé des inquiétudes: ce songe me rendit suspects les transports de joie auxquels il s'étoit livré quand je lui avois annoncé qu'il étoit le maître d'élever vos enfans et de passer sa vie avec vous. Pour mieux l'observer dans les effusions de son cœur, j'avois d'abord prévenu ses difficultés; en lui déclarant que je m'établirois moi-même avec vous, je ne laissois plus à son amitié d'objections à me faire: mais de nouvelles résolutions me firent changer de langage.

Il n'eut pas vu trois fois la marquise, que nous fûmes d'accord sur son compte. Malheureusement pour elle, elle voulut le gagner, et ne fit que lui montrer ses artifices. L'infortunée! que de grandes qualités sans vertu! que d'amour sans honneur! Cet amour ardent et vrai me touchoit, m'attachoit, nourrissoit le mien; mais il prit la teinte de son âme noire, et finit par me faire horreur. Il ne fut plus question d'elle.

Quand il eut vu Laure, qu'il connut son cœur, sa beauté, son esprit, et cet attachement sans exemple, trop fait pour me rendre heureux, je résolus de me servir d'elle pour bien éclaircir l'état de Saint-Preux. Si j'épouse Laure, lui dis-je, mon dessein n'est point de la mener à Londres, où quelqu'un pourroit la reconnoître, mais dans des lieux où l'on sait honorer la vertu partout où elle est; vous remplirez votre emploi, et nous ne cesserons point de vivre ensemble. Si je ne l'épouse pas, il est temps de me recueillir. Vous connoissez ma maison d'Oxford-shire, et vous choisirez d'élever les enfans d'un de vos amis, ou d'accompagner l'autre dans sa solitude. Il me fit la réponse à laquelle je pouvois m'attendre : mais je voulois l'observer par sa conduite. Car si pour vivre à Clarens il favorisoit un mariage qu'il eût dû blâmer, ou si, dans cette occasion délicate, il préféroit à son bonheur la gloire de son ami, dans l'un et dans l'autre cas l'épreuve étoit faite, et son cœur étoit jugé.

Je le trouvai d'abord tel que je le désirois, ferme contre le projet que je feignois d'avoir, et armé de toutes les raisons qui devoient m'empêcher d'épouser Laure. Je sentois ces raisons mieux que lui ; mais je la voyois sans cesse, et je la voyois affligée et tendre. Mon cœur, tout-à-fait détaché de la marquise, se fixa par ce commerce assidu. Je trouvai dans les sentimens de Laure de quoi redoubler l'attachement qu'elle m'avoit inspiré. J'eus honte de sacrifier à l'opinion, que je méprisois, l'estime que je devois à son mérite : ne devois-je rien aussi à l'espérance que je lui avois donnée, sinon par mes discours, au moins par mes soins? Sans avoir rien promis, ne rien tenir c'étoit la tromper ; cette tromperie étoit barbare. Enfin, joignant à mon penchant une espèce de devoir, et songeant plus à mon bonheur qu'à ma gloire, j'achevai de l'aimer par raison, je résolus de pousser la feinte aussi loin qu'elle pouvoit aller, et jusqu'à la réalité même si je ne pouvois m'en tirer autrement sans injustice.

Cependant je sentis augmenter mon inquiétude sur le compte du jeune homme, voyant qu'il ne remplissoit pas dans toute sa force le rôle dont il s'étoit chargé. Il s'opposoit à mes vues, il improuvoit le nœud que je voulois former ; mais il combattoit mal mon inclination naissante, et me parloit de Laure avec tant d'éloges, qu'en paroissant me détourner de l'épouser, il augmentoit mon penchant pour elle. Ces contradictions m'alarmèrent. Je ne le trouvois point aussi ferme qu'il auroit dû l'être : il sembloit n'oser heurter de front mon sentiment, il mollissoit contre ma résistance, il craignoit de me fâcher, il n'avoit point à mon gré pour son devoir l'intrépidité qu'il inspire à ceux qui l'aiment.

D'autres observations augmentèrent ma défiance ; je sus qu'il voyoit Laure en secret ; je remarquois entre eux des signes d'intelligence. L'espoir de s'unir à celui qu'elle avoit tant aimé ne la rendoit point gaie. Je lisois bien la même tendresse dans ses regards ; mais cette tendresse n'étoit plus mêlée de joie à mon abord, la tristesse y dominoit toujours. Souvent, dans les plus doux épanchemens de son cœur, je la voyois jeter sur le jeune homme un coup d'œil à la dérobée, et ce coup d'œil étoit suivi de quelques larmes qu'on cherchoit à me cacher. Enfin le mystère fut poussé au point que j'en fus alarmé. Jugez de ma surprise. Que pouvois-je penser? N'avois-je réchauffé qu'un serpent dans mon sein? Jusqu'où n'osois-je point porter mes soupçons et lui rendre son ancienne injustice! Foibles et malheureux que nous sommes ! c'est nous qui faisons nos propres maux. Pourquoi nous plaindre que les méchans nous tourmentent, si les bons se tourmentent encore entre eux?

Tout cela ne fit qu'achever de me déterminer. Quoique j'ignorasse le fond de cette intrigue, je voyois que le cœur de Laure étoit toujours le même ; et cette épreuve ne me la rendoit que plus chère. Je me proposois d'avoir une explication avec elle avant la conclusion ; mais je voulois attendre jusqu'au dernier moment, pour prendre auparavant par moi-même tous les éclaircissemens possibles. Pour lui, j'étois résolu de me convaincre, de le convaincre, enfin d'aller jusqu'au bout avant que de lui rien dire ni de prendre un parti par rapport à lui, prévoyant une rupture infaillible, et ne voulant pas mettre un bon naturel et vingt ans d'honneur en balance avec des soupçons.

La marquise n'ignoroit rien de ce qui se passoit entre nous. Elle avoit des épies dans le couvent de Laure, et parvint à savoir qu'il étoit question de mariage. Il n'en fallut pas davantage pour réveiller ses fureurs : elle m'écrivit des lettres menaçantes. Elle fit plus que d'écrire ; mais comme ce n'étoit pas la première fois, et que nous étions sur nos gardes, ses tentatives furent vaines. J'eus seulement le plaisir de voir dans l'occasion que Saint-

Preux savoit payer de sa personne, et ne marchandoit pas sa vie pour sauver celle d'un ami.

Vaincue par les transports de sa rage, la marquise tomba malade et ne se releva plus. Ce fut là le terme de ses tourmens (¹) et de ses crimes. Je ne pus apprendre son état sans en être affligé. Je lui envoyai le docteur Eswin ; Saint-Preux y fut de ma part : elle ne voulut voir ni l'un ni l'autre ; elle ne voulut pas même entendre parler de moi, et m'accabla d'imprécations horribles chaque fois qu'elle entendit prononcer mon nom. Je gémis sur elle, et sentis mes blessures prêtes à se rouvrir. La raison vainquit encore ; mais j'eusse été le dernier des hommes de songer au mariage, tandis qu'une femme qui me fut si chère étoit à l'extrémité. Saint-Preux, craignant qu'enfin je ne pusse résister au désir de la voir, me proposa le voyage de Naples, et j'y consentis.

Le surlendemain de notre arrivée, je le vis entrer dans ma chambre avec une contenance ferme et grave, et tenant une lettre à la main. Je m'écriai : La marquise est morte ? Plût à Dieu ! reprit-il froidement ; il vaut mieux n'être plus que d'exister pour mal faire. Mais ce n'est pas d'elle que je viens vous parler ; écoutez-moi. J'attendis en silence.

Mylord, me dit-il, en me donnant le saint nom d'ami vous m'apprîtes à le porter. J'ai rempli la fonction dont vous m'avez chargé ; et, vous voyant prêt à vous oublier, j'ai dû vous rappeler à vous-même. Vous n'avez pu rompre une chaîne que par une autre. Toutes deux étoient indignes de vous. S'il n'eût été question que d'un mariage inégal, je vous aurois dit, songez que vous êtes pair d'Angleterre, et renoncez aux honneurs du monde, ou respectez l'opinion. Mais un mariage abject !... vous !... Choisissez mieux votre épouse. Ce n'est pas assez qu'elle soit vertueuse, elle doit être sans tache... la femme d'Édouard Bomston n'est pas facile à trouver. Voyez ce que j'ai fait.

Alors il me remit la lettre. Elle étoit de Laure. Je ne l'ouvris pas sans émotion. « L'amour a vaincu, me disoit-elle : vous avez voulu m'épouser ; je suis contente. Votre ami m'a dicté mon devoir ; je le remplis sans regret. En vous déshonorant j'aurois vécu malheureuse ; en vous laissant votre gloire, je crois la partager. Le sacrifice de tout mon bonheur à un devoir si cruel me fait oublier la honte de ma jeunesse. Adieu ; dès cet instant je cesse d'être en votre pouvoir et au mien. Adieu pour jamais. O Édouard ! ne portez pas le désespoir dans ma retraite ; écoutez mon dernier vœu. Ne donnez à nulle autre une place que je n'ai pu remplir. Il fut au monde un cœur fait pour vous, et c'étoit celui de Laure. »

L'agitation m'empêchoit de parler. Il profita de mon silence pour me dire qu'après mon départ elle avoit pris le voile dans le couvent où elle étoit pensionnaire ; que la cour de Rome, informée qu'elle devoit épouser un luthérien, avoit donné des ordres pour m'empêcher de la revoir ; et il m'avoua franchement qu'il avoit pris tous ces soins de concert avec elle. Je ne m'opposai point à vos projets, continua-t-il, aussi vivement que je l'aurois pu, craignant un retour à la marquise, et voulant donner le change à cette ancienne passion par celle de Laure. En vous voyant aller plus loin qu'il ne falloit, je fis d'abord parler la raison ; mais, ayant trop acquis par mes propres fautes le droit de me défier d'elle, je sondai le cœur de Laure, et y trouvant toute la générosité qui est inséparable du véritable amour, je m'en prévalus pour la porter au sacrifice qu'elle vient de faire. L'assurance de n'être plus l'objet de votre mépris lui releva le courage et la rendit plus digne de votre estime. Elle a fait son devoir ; il faut faire le vôtre.

Alors s'approchant avec transport, il me dit en me serrant contre sa poitrine : Ami, je lis, dans le sort commun que le ciel nous envoie, la loi commune qu'il nous prescrit. Le règne de l'amour est passé, que celui de l'amitié commence ; mon cœur n'entend plus que sa voix sacrée, il ne connoît plus d'autre chaîne que celle qui me lie à toi. Choisis le séjour que tu veux habiter ; Clarens, Oxford, Londres, Paris ou Rome ; tout me convient, pourvu que nous y vivions ensemble. Va, viens où tu voudras, cherche un asile en quelque lieu que ce puisse être, je te suivrai partout : j'en fais le serment solennel à la face du Dieu vivant, je ne te quitte plus qu'à la mort.

(¹) Par la lettre de mylord Édouard ci-devant supprimée, on voit qu'il pensoit qu'à la mort des méchans leurs âmes étoient anéanties.

Je fus touché. Le zèle et le feu de cet ardent jeune homme éclatoient dans ses yeux. J'oubliai la marquise et Laure. Que peut-on regretter au monde quand on y conserve un ami? Je vis aussi, par le parti qu'il prit sans hésiter dans cette occasion, qu'il étoit guéri véritablement, et que vous n'aviez pas perdu vos peines; enfin j'osai croire, par le vœu qu'il fit de si bon cœur de rester attaché à moi, qu'il l'étoit plus à la vertu qu'à ses anciens penchans. Je puis donc vous le ramener en toute confiance. Oui, cher Wolmar, il est digne d'élever des hommes, et, qui plus est, d'habiter votre maison.

Peu de jours après j'appris la mort de la marquise. Il y avoit long-temps pour moi qu'elle étoit morte; cette perte ne me toucha plus. Jusqu'ici j'avois regardé le mariage comme une dette que chacun contracte à sa naissance envers son espèce, envers son pays, et j'avois résolu de me marier moins par inclination que par devoir. J'ai changé de sentiment. L'obligation de se marier n'est pas commune à tous; elle dépend pour chaque homme de l'état ou le sort l'a placé: c'est pour le peuple, pour l'artisan, pour le villageois, pour les hommes vraiment utiles, que le célibat est illicite; pour les ordres qui dominent les autres, auxquels tout tend sans cesse, et qui ne sont toujours que trop remplis, il est permis et même convenable. Sans cela, l'état ne fait que se dépeupler par la multiplication des sujets qui lui sont à charge. Les hommes auront toujours assez de maîtres, et l'Angleterre manquera plutôt de laboureurs que de pairs.

Je me crois donc libre et maître de moi dans la condition où le ciel m'a fait naître. A l'âge où je suis on ne répare plus les pertes que mon cœur a faites. Je le dévoue à cultiver ce qui me reste, et ne puis mieux le rassembler qu'à Clarens. J'accepte donc toutes vos offres, sous les conditions que ma fortune y doit mettre, afin qu'elle ne me soit pas inutile. Après l'engagement qu'a pris Saint-Preux, je n'ai plus d'autre moyen de le tenir auprès de vous que d'y demeurer moi-même; et si jamais il y est de trop, il me suffira d'en partir. Le seul embarras qui me reste est pour mes voyages d'Angleterre; car, quoique je n'aie plus aucun crédit dans le parlement, il me suffit d'en être membre pour faire mon devoir jusqu'à la fin. Mais j'ai un collègue et un ami sûr que je puis charger de ma voix dans les affaires courantes. Dans les occasions où je croirai devoir m'y trouver moi-même, notre élève pourra m'accompagner, même avec les siens quand ils seront un peu plus grands, et que vous voudrez bien nous les confier. Ces voyages ne sauroient que leur être utiles et ne seront pas assez longs pour affliger beaucoup leur mère.

Je n'ai point montré cette lettre à Saint-Preux; ne la montrez pas entière à vos dames: il convient que le projet de cette épreuve ne soit jamais connu que de vous et de moi. Au surplus, ne leur cachez rien de ce qui fait honneur à mon digne ami, même à mes dépens. Adieu, cher Wolmar. Je vous envoie les dessins de mon pavillon; réformez, changez comme il vous plaira; mais faites-y travailler dès à présent, s'il se peut. J'en voulois ôter le salon de musique; car tous mes goûts sont éteints, et je ne me soucie plus de rien. Je le laisse, à la prière de Saint-Preux, qui se propose d'exercer dans ce salon vos enfans. Vous recevrez aussi quelques livres pour l'augmentation de votre bibliothèque; mais que trouverez-vous de nouveau dans des livres? O Wolmar! il ne vous manque que d'apprendre à lire dans celui de la nature pour être le plus sage des mortels.

LETTRE IV.

DE M. DE WOLMAR A MYLORD ÉDOUARD.

Je me suis attendu, cher Bomston, au dénoûment de vos longues aventures. Il eût paru bien étrange qu'ayant résisté si long-temps à vos penchans, vous eussiez attendu, pour vous laisser vaincre, qu'un ami vînt vous soutenir, quoiqu'à vrai dire on soit souvent plus foible en s'appuyant sur un autre que quand on ne compte que sur soi. J'avoue pourtant que je fus alarmé de votre dernière lettre, où vous m'annonciez votre mariage avec Laure comme une affaire absolument décidée. Je doutai de l'événement malgré votre assurance; et, si mon attente eût été trompée, de mes jours je n'aurois revu Saint-Preux. Vous avez fait tous deux ce que j'avois espéré de l'un et de l'autre, et vous avez trop bien justifié le jugement que j'avois porté de vous, pour que je ne sois pas charmé de vous voir reprendre nos premiers arrangemens. Venez, hommes rares, augmenter et partager le bonheur de cette maison. Quoi qu'il en soit de l'espoir des croyans dans l'autre vie, j'aime à passer avec eux celle-ci, et je sens que vous me convenez tous mieux tels que vous êtes, que si vous aviez le malheur de penser comme moi.

Au reste, vous savez ce que je vous dis sur son sujet à votre départ. Je n'avois pas besoin pour le juger de votre épreuve, car la mienne étoit faite, et je crois le connoître autant qu'un homme en peut connoître un autre. J'ai d'ailleurs plus d'une raison de compter sur son cœur, et de bien meilleures cautions de lui que lui-même. Quoique dans votre renoncement au mariage il paroisse vouloir vous imiter, peut-être trouverez-vous ici de quoi l'engager à changer de système. Je m'expliquerai mieux après votre retour.

Quant à vous, je trouve vos distinctions sur le célibat toutes nouvelles et fort subtiles. Je les crois même judicieuses pour le politique qui balance les forces respectives de l'état afin d'en maintenir l'équilibre. Mais je ne sais si dans vos principes ces raisons sont assez solides pour dispenser les particuliers de leur devoir envers la nature. Il sembleroit que la vie est un bien qu'on ne reçoit qu'à la charge de le transmettre, une sorte de substitution qui doit passer de race en race, et que quiconque eut un père est obligé de le devenir. C'étoit votre sentiment jusqu'ici, c'étoit une des raisons de votre voyage; mais je sais d'où vous vient cette nouvelle philosophie, et j'ai vu dans le billet de Laure un argument auquel votre cœur n'a point de réplique.

La petite cousine est depuis huit ou dix jours à Genève avec sa famille, pour des emplettes et d'autres affaires. Nous l'attendons de retour de jour en jour. J'ai dit à ma femme de votre lettre tout ce qu'elle en devoit savoir. Nous avions appris par M. Miol que le mariage étoit rompu; mais elle ignoroit la part qu'avoit Saint-Preux à cet événement. Soyez sûr qu'elle n'apprendra jamais qu'avec la plus vive joie tout ce qu'il fera pour mériter vos bienfaits et justifier votre estime. Je lui ai montré les dessins de votre pavillon; elle les trouve de très-bon goût:

nous y ferons pourtant quelques changemens que le local exige, et qui rendront votre logement plus commode; vous les approuverez sûrement. Nous attendons l'avis de Claire avant d'y toucher; car vous savez qu'on ne peut rien faire sans elle. En attendant j'ai déjà mis du monde en œuvre, et j'espère qu'avant l'hiver la maçonnerie sera fort avancée.

Je vous remercie de vos livres, mais je ne lis plus ceux que j'entends, et il est trop tard pour apprendre à lire ceux que je n'entends pas. Je suis pourtant moins ignorant que vous ne m'accusez de l'être. Le vrai livre de la nature est pour moi le cœur des hommes, et la preuve que j'y sais lire est dans mon amitié pour vous.

LETTRE V.

DE MADAME D'ORBE A MADAME DE WOLMAR.

J'ai bien des griefs, cousine, à la charge de ce séjour. Le plus grave est qu'il me donne envie d'y rester. La ville est charmante, les habitans sont hospitaliers, les mœurs sont honnêtes; et la liberté, que j'aime sur toutes choses, semble s'y être réfugiée. Plus je contemple ce petit état, plus je trouve qu'il est beau d'avoir une patrie; et Dieu garde de mal tous ceux qui pensent en avoir une, et n'ont pourtant qu'un pays! Pour moi, je sens que si j'étois née dans celui-ci, j'aurois l'âme toute romaine. Je n'oserois pourtant pas trop dire à présent,

Rome n'est plus à Rome; elle est toute où je suis;

car j'aurois peur que dans ta malice tu n'allasses penser le contraire. Mais pourquoi donc Rome, et toujours Rome? restons à Genève.

Je ne te dirai rien de l'aspect du pays. Il ressemble au nôtre, excepté qu'il est moins montueux, plus champêtre, et qu'il n'a pas des chalets si voisins (¹). Je ne te dirai rien non plus du gouvernement. Si Dieu ne t'aide, mon père t'en parlera du reste : il passe toute la journée à politiquer avec les magistrats dans la joie de son cœur; et je le vois déjà très-mal édifié que la gazette parle si peu de Genève. Tu peux juger de leurs conférences par mes lettres. Quand

(¹) L'éditeur les cro― un peu rapprochés.

ils m'excèdent, je me dérobe, et je t'ennuie pour me désennuyer.

Tout ce qui m'est resté de leurs longs entretiens, c'est beaucoup d'estime pour le grand sens qui règne en cette ville. A voir l'action et réaction mutuelles de toutes les parties de l'état qui le tiennent en équilibre, on ne peut douter qu'il n'y ait plus d'art et de vrai talent employés au gouvernement de cette petite république qu'à celui des plus vastes empires, où tout se soutient par sa propre masse, et où les rênes de l'état peuvent tomber entre les mains d'un sot sans que les affaires cessent d'aller. Je te réponds qu'il n'en seroit pas de même ici. Je n'entends jamais parler à mon père de tous ces grands ministres des grandes cours sans songer à ce pauvre musicien qui barbouilloit si fièrement sur notre grand orgue [1] à Lausanne, et qui se croyoit un fort habile homme parce qu'il faisoit beaucoup de bruit. Ces gens-ci n'ont qu'une petite épinette ; mais ils en savent tirer une bonne harmonie, quoiqu'elle soit souvent assez mal d'accord.

Je ne te dirai rien non plus... Mais à force de ne te rien dire je ne finirois pas. Parlons de quelque chose pour avoir plus tôt fait. Le Genevois est de tous les peuples du monde celui qui cache le moins son caractère et qu'on connoît le plus promptement. Ses mœurs, ses vices même, sont mêlés de franchise. Il se sent naturellement bon ; et cela lui suffit pour ne pas craindre de se montrer tel qu'il est. Il a de la générosité, du sens, de la pénétration ; mais il aime trop l'argent : défaut que j'attribue à sa situation qui le lui rend nécessaire ; car le territoire ne suffiroit pas pour nourrir les habitans.

Il arrive de là que les Genevois, épars dans l'Europe pour s'enrichir, imitent les grands airs des étrangers, et, après avoir pris les vices des pays où ils ont vécu [2], les rapportent chez eux en triomphe avec leurs trésors. Ainsi le luxe des autres peuples leur fait mépriser leur antique simplicité : la fière liberté leur paroît ignoble ; ils se forgent des fers d'argent, non comme une chaîne mais comme un ornement.

Hé bien ! ne me voilà-t-il pas encore dans cette maudite politique ? Je m'y perds, je m'y noie, j'en ai par-dessus la tête, je ne sais plus par où m'en tirer. Je n'entends parler ici d'autre chose, si ce n'est quand mon père n'est pas avec nous, ce qui n'arrive qu'aux heures des courriers. C'est nous, mon enfant, qui portons partout notre influence ; car, d'ailleurs, les entretiens du pays sont utiles et variés, et l'on n'apprend rien de bon dans les livres qu'on ne puisse apprendre ici dans la conversation. Comme autrefois les mœurs angloises ont pénétré jusqu'en ce pays, les hommes, y vivant encore un peu plus séparés des femmes que dans le nôtre, contractent entre eux un ton plus grave, et généralement plus de solidité dans leurs discours. Mais aussi cet avantage a son inconvénient qui se fait bientôt sentir. Des longueurs toujours excédantes, des argumens, des exordes, un peu d'apprêt, quelquefois des phrases, rarement de la légèreté, jamais de cette simplicité naïve qui dit le sentiment avant la pensée, et fait si bien valoir ce qu'elle dit. Au lieu que le François écrit comme il parle, ceux-ci parlent comme ils écrivent ; ils dissertent, au lieu de causer ; on les croiroit toujours prêts à soutenir thèse. Ils distinguent, ils divisent, ils traitent la conversation par points ; ils mettent dans leurs propos la même méthode que dans leurs livres ; ils sont auteurs, et toujours auteurs. Ils semblent lire en parlant, tant ils observent bien les étymologies, tant ils font sonner toutes les lettres avec soin. Ils articulent le *marc* du raisin comme *Marc* nom d'homme ; ils disent exactement du *taba-k* et non pas du *taba*, un *parе-sol* et non pas un *parasol*, *avan-t-hier* et non pas *avan-hier*, *secrétaire* et non pas *segrétaire*, un *lac-d'amour* où l'on se noie, et non pas où l'on s'étrangle ; partout les *s* finales, partout les *r* des infinitifs ; enfin leur parler est toujours soutenu, leurs discours sont des harangues, et ils jasent comme s'ils prêchoient.

Ce qu'il y a de singulier, c'est qu'avec ce ton dogmatique et froid ils sont vifs, impétueux, et ont les passions très-ardentes : ils diroient même assez bien les choses de sentiment s'ils ne disoient pas tout, ou s'ils ne parloient qu'à des

---

[1] Il y avoit *grande orgue*. Je remarquerai, pour ceux de nos Suisses et Genevois qui se piquent de parler correctement, que le mot *orgue* est masculin au singulier, féminin au pluriel ; et s'emploie également dans les deux nombres ; mais le singulier est plus élégant.

[2] Maintenant on ne leur donne plus la peine de les aller chercher, on les leur porte.

oreilles : mais leurs points, leurs virgules, sont tellement insupportables, ils peignent si posément des émotions si vives, que, quand ils ont achevé leur dire, on chercheroit volontiers autour d'eux où est l'homme qui sent ce qu'ils ont décrit.

Au reste, il faut t'avouer que je suis un peu payée pour bien penser de leurs cœurs, et croire qu'ils ne sont pas de mauvais goût. Tu sauras en confidence qu'un joli monsieur à marier, et, dit-on, fort riche, m'honore de ses attentions, et qu'avec des propos assez tendres il ne m'a point fait chercher ailleurs l'auteur de ce qu'il me disoit. Ah ! s'il étoit venu il y a dix-huit mois, quel plaisir j'aurois pris à me donner un souverain pour esclave, et à faire tourner la tête à un magnifique seigneur (*). Mais à présent la mienne n'est plus assez droite pour que le jeu me soit agréable, et je sens que toutes mes folies s'en vont avec ma raison.

Je reviens à ce goût de lecture qui porte les Genevois à penser. Il s'étend à tous les états, et se fait sentir dans tous avec avantage. Le François lit beaucoup ; mais il ne lit que les livres nouveaux, ou plutôt il les parcourt, moins pour les lire que pour dire qu'il les a lus. Le Genevois ne lit que de bons livres ; il les lit, il les digère : il ne les juge pas, mais il les sait. Le jugement et le choix se font à Paris ; les livres choisis sont presque les seuls qui vont à Genève. Cela fait que la lecture y est moins mêlée et s'y fait avec plus de profit. Les femmes dans leur retraite (¹) lisent de leur côté ; et leur ton s'en ressent aussi, mais d'une autre manière. Les belles madames y sont petites-maîtresses et beaux-esprits tout comme chez nous. Les petites citadines elles-mêmes prennent dans les livres un babil plus arrangé, et certains choix d'expressions qu'on est étonné d'entendre sortir de leur bouche, comme quelquefois de celle des enfans. Il faut tout le bon sens des hommes, toute la gaîté des femmes, et tout l'esprit qui leur est commun, pour qu'on ne trouve pas les premiers un peu pédans et les autres un peu précieuses.

Hier, vis-à-vis de ma fenêtre, deux filles d'ouvriers, fort jolies, causoient devant leur boutique d'un air assez enjoué pour me donner de la curiosité. Je prêtai l'oreille, et j'entendis qu'une des deux proposoit en riant d'écrire leur journal. Oui, reprit l'autre à l'instant ; le journal tous les matins, et tous les soirs le commentaire. Qu'en dis-tu, cousine ? Je ne sais si c'est là le ton des filles d'artisans ; mais je sais qu'il faut faire un furieux emploi du temps pour ne tirer du cours des journées que le commentaire de son journal. Assurément la petite personne avait lu les aventures des Mille et une Nuits.

Avec ce style un peu guindé, les Genevoises ne laissent pas d'être vives et piquantes, et l'on voit autant de grandes passions ici qu'en ville du monde. Dans la simplicité de leur parure elles ont de la grâce et du goût ; elles en ont dans leur entretien, dans leurs manières. Comme les hommes sont moins galans que tendres, les femmes sont moins coquettes que sensibles ; et cette sensibilité donne même aux plus honnêtes un tour d'esprit agréable et fin qui va au cœur et qui en tire toute sa finesse. Tant que les Genevoises seront Genevoises, elles seront les plus aimables femmes de l'Europe ; mais bientôt elles voudront être Françoises, et alors les Françoises vaudront mieux qu'elles.

Ainsi tout dépérit avec les mœurs. Le meilleur goût tient à la vertu même ; il disparoît avec elle, et fait place à un goût factice et guindé qui n'est plus que l'ouvrage de la mode. Le véritable esprit est presque dans le même cas. N'est-ce pas la modestie de notre sexe qui nous oblige d'user d'adresse pour repousser les agaceries des hommes ? et s'ils ont besoin d'art pour se faire écouter, nous en faut-il moins pour savoir ne les pas entendre ? N'est-ce pas eux qui nous délient l'esprit et la langue, qui nous rendent plus vives à la riposte (¹), et nous forcent de nous moquer d'eux ? Car enfin, tu as beau dire, une certaine coquetterie maligne et railleuse désoriente encore plus les soupirans que le silence ou le mépris. Quel plaisir de voir un beau Céladon, tout déconcerté, se confondre, se troubler, se perdre à

(*) Les membres du petit-conseil ou sénat de Genève sont appelés *magnifiques et souverains seigneurs*. G. P.

(¹) On se souviendra que cette lettre est de vieille date, et je crains bien que cela ne soit trop facile à voir.

(¹) Il falloit *risposte*, de l'italien *risposta* ; toutefois *riposte* se dit aussi, et je le laisse. Ce n'est, au pis-aller qu'une faute de

chaque repartie ; de s'environner contre lui de traits moins brûlans, mais plus aigus que ceux de l'Amour ; de le cribler de pointes de glace qui piquent à l'aide du froid ! Toi-même, qui ne fais semblant de rien, crois-tu que tes manières naïves et tendres, ton air timide et doux, cachent moins de ruse et d'habileté que toutes mes étourderies ? Ma foi, mignonne, s'il falloit compter les galans que chacune de nous a persiflés, je doute fort qu'avec ta mine hypocrite ce fût toi qui serois en reste. Je ne puis m'empêcher de rire encore en songeant à ce pauvre Conflans, qui venoit tout en furie me reprocher que tu l'aimois trop. Elle est si caressante, me disoit-il, que je ne sais de quoi me plaindre ; elle me parle avec tant de raison que j'ai honte d'en manquer devant elle ; et je la trouve si fort mon amie, que je n'ose être son amant.

Je ne crois pas qu'il y ait nulle part au monde des époux plus unis et de meilleurs ménages que dans cette ville. La vie domestique y est agréable et douce : on y voit des maris complaisans, et presque d'autres Julies. Ton système se vérifie très-bien ici. Les deux sexes gagnent de toutes manières à se donner des travaux et des amusemens différens qui les empêchent de se rassasier l'un de l'autre, et font qu'ils se retrouvent avec plus de plaisir. Ainsi s'aiguise la volupté du sage : s'abstenir pour jouir, c'est ta philosophie ; c'est l'épicuréisme de la raison.

Malheureusement cette antique modestie commence à décliner. On se rapproche, et les cœurs s'éloignent. Ici, comme chez nous, tout est mêlé de bien et de mal, mais à différentes mesures. Le Genevois tire ses vertus de lui-même ; ses vices lui viennent d'ailleurs. Non-seulement il voyage beaucoup, mais il adopte aisément les mœurs et les manières des autres peuples ; il parle avec facilité toutes les langues il prend sans peine leurs divers accens, quoiqu'il ait lui-même un accent traînant très-sensible, surtout dans les femmes, qui voyagent moins. Plus humble de sa petitesse que fier de sa liberté, il se fait chez les nations étrangères une honte de sa patrie ; il se hâte pour ainsi dire de se naturaliser dans le pays où il vit, comme pour faire oublier le sien : peut-être la réputation qu'il a d'être âpre au gain contribue-t-elle à cette coupable honte. Il vaudroit mieux sans doute effacer par son désintéressement l'opprobre du nom genevois, que de l'avilir encore en craignant de le porter : mais le Genevois le méprise même en le rendant estimable ; et il a plus de tort encore de ne pas honorer son pays de son propre mérite.

Quelque avide qu'il puisse être, on ne le voit guère aller à la fortune par des moyens serviles et bas ; il n'aime point s'attacher aux grands et ramper dans les cours. L'esclavage personnel ne lui est pas moins odieux que l'esclavage civil. Flexible et liant comme Alcibiade, il supporte aussi peu la servitude ; et quand il se plie aux usages des autres, il les imite sans s'y assujettir. Le commerce, étant de tous les moyens de s'enrichir le plus compatible avec la liberté, est aussi celui que les Genevois préfèrent. Ils sont presque tous marchands ou banquiers ; et ce grand objet de leurs désirs leur fait souvent enfouir de rares talens que leur prodigua la nature. Ceci me ramène au commencement de ma lettre. Ils ont du génie et du courage ; ils sont vifs et pénétrans ; il n'y a rien d'honnête et de grand au-dessus de leur portée : mais plus passionnés d'argent que de gloire, pour vivre dans l'abondance ils meurent dans l'obscurité, et laissent à leurs enfans pour tout exemple l'amour des trésors qu'ils leur ont acquis.

Je tiens tout cela des Genevois mêmes ; car ils parlent d'eux fort impartialement. Pour moi, je ne sais comment ils sont chez les autres, mais je les trouve aimables chez eux, et je ne connois qu'un moyen de quitter sans regret Genève. Quel est ce moyen, cousine ? Oh, ma foi, tu as beau prendre ton air humble ; si tu dis ne l'avoir pas déjà deviné, tu mens. C'est après-demain que s'embarque la bande joyeuse dans un joli brigantin appareillé de fête ; car nous avons choisi l'eau à cause de la saison, et pour demeurer tous rassemblés. Nous comptons coucher le même soir à Morges, le lendemain à Lausanne (¹), pour la cérémonie, et le surlendemain... tu m'entends. Quand tu verras de loin briller des flammes, flotter des banderoles, quand tu entendras ronfler le canon, cours par toute la maison comme une folle, en

---

(¹) Comment cela ? Lausanne n'est pas au bord du lac : il y a du port à la ville une demi-lieue de fort mauvais chemin ; et puis il faut un peu supposer que tous ces jolis arrangemens ne seront point contrariés par le vent.

criant, Armes! armes! voici les ennemis! voici les ennemis.

P. S. Quoique la distribution des logemens entre incontestablement dans les droits de ma charge, je veux bien m'en désister en cette occasion. J'entends seulement que mon père soit logé chez mylord Édouard à cause des cartes de géographie, et qu'on achève d'en tapisser du haut en bas tout l'appartement.

LETTRE VI.

DE MADAME DE WOLMAR A SAINT-PREUX

Quel sentiment délicieux j'éprouve en commençant cette lettre! Voici la première fois de ma vie où j'ai pu vous écrire sans crainte et sans honte. Je m'honore de l'amitié qui nous joint comme d'un retour sans exemple. On étouffe de grandes passions, rarement on les épure. Oublier ce qui nous fut cher quand l'honneur le veut, c'est l'effort d'une âme honnête et commune; mais, après avoir été ce que nous fûmes, être ce que nous sommes aujourd'hui, voilà le vrai triomphe de la vertu. La cause qui fait cesser d'aimer peut être un vice; celle qui change un tendre amour en une amitié non moins vive ne sauroit être équivoque.

Aurions-nous jamais fait ce progrès par nos seules forces? Jamais, jamais, mon bon ami; le tenter même étoit une témérité. Nous fuir étoit pour nous la première loi du devoir, que rien ne nous eût permis d'enfreindre. Nous nous serions toujours estimés, sans doute: mais nous aurions cessé de nous voir, de nous écrire; nous nous serions efforcés de ne plus penser l'un à l'autre; et le plus grand honneur que nous pouvions nous rendre mutuellement étoit de rompre tout commerce entre nous.

Voyez, au lieu de cela, quelle est notre situation présente. En est-il au monde une plus agréable? et ne goûtons-nous pas mille fois le jour le prix des combats qu'elle nous a coûtés? Se voir, s'aimer, le sentir, s'en féliciter, passer les jours ensemble dans la familiarité fraternelle et dans la paix de l'innocence, s'occuper l'un de l'autre, y penser sans remords, en parler sans rougir et s'honorer à ses propres yeux du même attachement qu'on s'est si long-temps reproché; voilà le point où nous en sommes. O ami! quelle carrière d'honneur nous avons déjà parcourue! Osons nous en glorifier pour savoir nous y maintenir, et l'achever comme nous l'avons commencée.

A qui devons-nous un bonheur si rare? vous le savez. J'ai vu votre cœur sensible, plein des bienfaits du meilleur des hommes, aimer à s'en pénétrer. Et comment nous seroient-ils à charge, à vous et à moi? Ils ne nous imposent point de nouveaux devoirs; ils ne font que nous rendre plus chers ceux qui nous étoient déjà si sacrés. Le seul moyen de reconnoître ces soins est d'en être dignes, et tout leur prix est dans leur succès. Tenons-nous-en donc là dans l'effusion de notre zèle; payons de nos vertus celles de notre bienfaiteur: voilà tout ce que nous lui devons. Il a fait assez pour nous et pour lui s'il nous a rendus à nous-mêmes. Absens ou présens, vivans ou morts, nous porterons partout un témoignage qui ne sera perdu pour aucun des trois.

Je faisois ces réflexions en moi-même quand mon mari vous destinoit l'éducation de ses enfans. Quand mylord Édouard m'annonça son prochain retour et le vôtre, ces mêmes réflexions revinrent, et d'autres encore, qu'il importe de vous communiquer tandis qu'il est temps de les faire.

Ce n'est point de moi qu'il est question, c'est de vous: je me crois plus en droit de vous donner des conseils depuis qu'ils sont tout-à-fait désintéressés, et que n'ayant plus ma sûreté pour objet, ils ne se rapportent qu'à vous-même. Ma tendre amitié ne vous est pas suspecte, et je n'ai que trop acquis de lumières pour faire écouter mes avis.

Permettez-moi de vous offrir le tableau de l'état où vous allez être, afin que vous examiniez vous-même s'il n'a rien qui vous doive effrayer. O bon jeune homme! si vous aimez la vertu, écoutez d'une oreille chaste les conseils de votre amie. Elle commence en tremblant un discours qu'elle voudroit taire: mais comment le taire sans vous trahir? Sera-t-il temps de voir les objets que vous devez craindre, quand ils vous auront égaré? Non, mon ami; je suis la seule personne au monde assez familière avec vous pour vous les présenter. N'ai-je pas le droit de vous parler, u besoin, comme une sœur, comme une mère? Ah! si les leçons d'un cœur honnête étoient capables de souiller le vôtre, il y a long-temps que je n'en aurois plus à vous donner.

Votre carrière, dites-vous, est finie ; mais convenez qu'elle est finie avant l'âge. L'amour est éteint, les sens lui survivent, et leur délire est d'autant plus à craindre, que, le seul sentiment qui le bornoit n'existant plus, tout est occasion de chute à qui ne tient plus à rien. Un homme ardent et sensible, jeune et garçon, veut être continent et chaste ; il sait, il sent, il l'a dit mille fois, que la force de l'âme qui produit toutes les vertus tient à la pureté qui les nourrit toutes. Si l'amour le préserva des mauvaises mœurs dans sa jeunesse, il veut que la raison l'en préserve dans tous les temps : il connoît pour les devoirs pénibles un prix qui console de leur rigueur; et, s'il en coûte des combats quand on veut se vaincre, fera-t-il moins aujourd'hui pour le Dieu qu'il adore, qu'il ne fit pour la maîtresse qu'il servit autrefois? Ce sont là, ce me semble, des maximes de votre morale, ce sont donc aussi des règles de votre conduite ; car vous avez toujours méprisé ceux qui, contens de l'apparence, parlent autrement qu'ils n'agissent, et chargent les autres de lourds fardeaux auxquels ils ne veulent pas toucher eux-mêmes.

Quel genre de vie a choisi cet homme sage pour suivre les lois qu'il se prescrit? Moins philosophe encore qu'il n'est vertueux et chrétien, sans doute il n'a point pris son orgueil pour guide. Il sait que l'homme est plus libre d'éviter les tentations que de les vaincre, et qu'il n'est pas question de réprimer les passions irritées, mais de les empêcher de naître. Se dérobe-t-il donc aux occasions dangereuses? fuit-il les objets capables de l'émouvoir? fait-il d'une humble défiance de lui-même la sauvegarde de sa vertu ? Tout au contraire, il n'hésite pas à s'offrir aux plus téméraires combats. A trente ans, il va s'enfermer dans une solitude avec des femmes de son âge, dont une lui fut trop chère pour qu'un si dangereux souvenir se puisse effacer, dont l'autre vit avec lui dans une étroite familiarité, et dont une troisième lui tient encore par les droits qu'ont les bienfaits sur les âmes reconnoissantes. Il va s'exposer à tout ce qui peut réveiller en lui des passions mal éteintes ; il va s'enlacer dans les pièges qu'il devroit le plus redouter. Il n'y a pas un rapport dans sa situation qui ne dût le faire défier de sa force, et pas un qui ne l'avilît à jamais s'il étoit foible un moment. Où est-elle donc cette grande force d'âme à laquelle il ose tant se fier? Qu'a-t-elle fait jusqu'ici qui lui réponde de l'avenir ? Le tira-t-elle à Paris de la maison du colonel? Est-ce elle qui lui dicta l'été dernier la scène de Meillerie? L'a-t-elle bien sauvé cet hiver des charmes d'un autre objet, et ce printemps des frayeurs d'un rêve ? S'est-il vaincu pour elle au moins une fois, pour espérer de se vaincre sans cesse? Il sait, quand le devoir l'exige, combattre les passions d'un ami ; mais les siennes?...Hélas ! sur la plus belle moitié de sa vie, qu'il doit penser modestement de l'autre !

On supporte un état violent quand il passe. Six mois, un an ne sont rien ; on envisage un terme, et l'on prend courage. Mais, quand cet état doit durer toujours, qui est-ce qui le supporte? qui est-ce qui sait triompher de lui-même jusqu'à la mort? O mon ami ! si la vie est courte pour le plaisir, qu'elle est longue pour la vertu ! Il faut être incessamment sur ses gardes. L'instant de jouir passe et ne revient plus ; celui de mal faire passe et revient sans cesse : on s'oublie un moment, et l'on est perdu. Est-ce dans cet état effrayant qu'on peut couler des jours tranquilles ? et ceux même qu'on a sauvés du péril n'offrent-ils pas une raison de n'y plus exposer les autres?

Que d'occasions peuvent renaître, aussi dangereuses que celles dont vous avez échappé, et, qui pis est, non moins imprévues ! Croyez-vous que les monumens à craindre n'existent qu'à Meillerie? Ils existent partout où nous sommes; car nous les portons avec nous. Eh ! vous savez trop qu'une âme attendrie intéresse l'univers entier à sa passion, et que, même après la guérison, tous les objets de la nature nous rappellent encore ce qu'on sentit autrefois en les voyant. Je crois pourtant, oui, j'ose le croire, que ces périls ne reviendront plus, et mon cœur me répond du vôtre. Mais, pour être au-dessus d'une lâcheté, ce cœur facile est-il au-dessus d'une foiblesse? et suis-je la seule ici qu'il lui en coûtera peut-être de respecter? Songez, Saint-Preux, que tout ce qui m'est cher doit être couvert de ce même respect que vous me devez; songez que vous aurez sans cesse à porter innocemment les jeux innocens d'une femme charmante; songez aux mépris éternels que vous auriez mérités si jamais votre cœur osoit s'oublier un moment et profaner ce qu'il doit honorer à tant de titres.

Je veux que le devoir, la foi, l'ancienne amitié, vous arrêtent, que l'obstacle opposé par la vertu vous ôte un vain espoir, et qu'au moins par raison vous étouffiez des vœux inutiles : serez-vous pour cela délivré de l'empire des sens et des piéges de l'imagination ? Forcé de nous respecter toutes deux et d'oublier en nous notre sexe, vous le verrez dans celles qui nous servent, et en vous abaissant vous croirez vous justifier : mais serez-vous moins coupable en effet, et la différence des rangs change-t-elle ainsi la nature des fautes ? au contraire, vous vous avilirez d'autant plus, que les moyens de réussir seront moins honnêtes. Quels moyens! Quoi ! vous !... Ah ! périsse l'homme indigne qui marchande un cœur et rend l'amour mercenaire! c'est lui qui couvre la terre des crimes que la débauche y fait commettre. Comment ne seroit pas toujours à vendre celle qui se laisse acheter une fois ? Et, dans l'opprobre où bientôt elle tombe, lequel est l'auteur de sa misère, du brutal qui la maltraite en un mauvais lieu, ou du séducteur qui l'y traîne en mettant le premier ses faveurs à prix ?

Oserai-je ajouter une considération qui vous touchera, si je ne me trompe ? Vous avez vu quels soins j'ai pris pour établir ici la règle et les bonnes mœurs; la modestie et la paix y règnent, tout y respire le bonheur et l'innocence. Mon ami, songez à vous, à moi, à ce que nous fûmes, à ce que nous sommes, à ce que nous devons être. Faudra-t-il que je dise un jour, en regrettant mes peines perdues : C'est de lui que vient le désordre de ma maison ?

Disons tout, s'il est nécessaire, et sacrifions la modestie elle-même au véritable amour de la vertu. L'homme n'est pas fait pour le célibat, et il est bien difficile qu'un état si contraire à la nature n'amène pas quelque désordre public ou caché. Le moyen d'échapper toujours à l'ennemi qu'on porte sans cesse avec soi ? Voyez en d'autres **pays ces téméraires** qui font vœu de n'être pas hommes. Pour les punir d'avoir tenté Dieu, Dieu les abandonne; ils se disent saints, et sont déshonnêtes; leur feinte continence n'est que souillure; et, pour avoir dédaigné l'humanité, ils s'abaissent au-dessous d'elle. Je comprends qu'il en coûte peu de se rendre difficile sur des lois qu'on n'observe qu'en apparence ([1]); mais celui qui veut être sincèrement vertueux se sent assez chargé des devoirs de l'homme sans s'en imposer de nouveaux. Voilà, cher Saint-Preux, la véritable humilité du chrétien, c'est de trouver toujours sa tâche au-dessus de ses forces, bien loin d'avoir l'orgueil de la doubler. Faites-vous l'application de cette règle, et vous sentirez qu'un état qui devroit seulement alarmer un autre homme doit par mille raisons vous faire trembler. Moins vous craignez, plus vous avez à craindre; et, si vous n'êtes point effrayé de vos devoirs, n'espérez pas de les remplir.

Tels sont les dangers qui vous attendent ici. Pensez-y tandis qu'il en est temps. Je sais que jamais de propos délibéré vous ne vous exposerez à mal faire, et le seul mal que je crains de vous est celui que vous n'aurez pas prévu. Je ne vous dis donc pas de vous déterminer sur mes raisons, mais de les peser. Trouvez-y quelque réponse dont vous soyez content, et je m'en contente; osez compter sur vous, et j'y compte. Dites-moi : Je suis un ange, et je vous reçois à bras ouverts.

Quoi ! toujours des privations et des peines ! toujours des devoirs cruels à remplir ! toujours fuir des gens qui nous sont chers ! Non, mon aimable ami. Heureux qui peut dès cette vie offrir un prix à la vertu ! J'en vois un digne d'un homme qui sut combattre et souffrir pour elle. Si je ne présume pas trop de moi, ce prix que j'ose vous destiner acquittera tout ce que mon cœur redoit au vôtre; et vous aurez plus que vous n'eussiez obtenu si le ciel eût béni nos premières inclinations. Ne pouvant vous faire ange vous-même, je vous en veux donner un qui

---

([1]) Quelques hommes sont continens sans mérite, d'autres le sont par vertu, et je ne doute point que plusieurs prêtres catholiques ne soient dans ce dernier cas : mais imposer le célibat à un corps aussi nombreux que le clergé de l'Église romaine, ce n'est pas tant lui défendre de n'avoir point de femmes, que lui ordonner de se contenter de celles d'autrui. Je suis surpris que, dans tout pays où les bonnes mœurs sont encore en estime, les lois et les magistrats tolèrent un vœu si scandaleux.

garde votre âme, qui l'épure, qui la ranime, et sous les auspices duquel vous puissiez vivre avec nous dans la paix du séjour céleste. Vous n'aurez pas, je crois, beaucoup de peine à deviner qui je veux dire ; c'est l'objet qui se trouve à peu près établi d'avance dans le cœur qu'il doit remplir un jour, si mon projet réussit.

Je vois toutes les difficultés de ce projet sans en être rebutée, car il est honnête. Je connois tout l'empire que j'ai sur mon amie, et ne crains point d'en abuser en l'exerçant en votre faveur. Mais ses résolutions vous sont connues, et, avant de les ébranler, je dois m'assurer de vos dispositions, afin qu'en l'exhortant de vous permettre d'aspirer à elle je puisse répondre de vous et de vos sentimens ; car, si l'inégalité que le sort a mise entre l'un et l'autre vous ôte le droit de vous proposer vous-même, elle permet encore moins que ce droit vous soit accordé sans savoir quel usage vous en pourrez faire.

Je connois toute votre délicatesse ; et si vous avez des objections à m'opposer, je sais qu'elles seront pour elle bien plus que pour vous. Laissez ces vains scrupules. Serez-vous plus jaloux que moi de l'honneur de mon amie ? Non, quelque cher que vous me puissiez être, ne craignez point que je préfère votre intérêt à sa gloire. Mais autant je mets de prix à l'estime des gens sensés, autant je méprise les jugemens téméraires de la multitude, qui se laisse éblouir par un faux éclat, et ne voit rien de ce qui est honnête. La différence fût-elle cent fois plus grande, il n'est point de rang auquel les talens et les mœurs n'aient droit d'atteindre : et à quel titre une femme oseroit-elle dédaigner pour époux celui qu'elle s'honore d'avoir pour ami ? Vous savez quels sont là-dessus nos principes à toutes deux. La fausse honte et la crainte du blâme inspirent plus de mauvaises actions que de bonnes, et la vertu ne sait rougir que de ce qui est mal.

A votre égard, la fierté que je vous ai quelquefois connue ne sauroit être plus déplacée que dans cette occasion, et ce seroit à vous une ingratitude de craindre d'elle un bienfait de plus. Et puis, quelque difficile que vous puissiez être, convenez qu'il est plus doux et mieux séant de devoir sa fortune à son épouse qu'à son ami ; car on devient le protecteur de l'une et le protégé de l'autre ; et, quoi que l'on puisse dire, un honnête homme n'aura jamais de meilleur ami que sa femme.

Que s'il reste au fond de votre âme quelque répugnance à former de nouveaux engagemens, vous ne pouvez trop vous hâter de la détruire pour votre honneur et pour mon repos ; car je ne serai jamais contente de vous et de moi que quand vous serez en effet tel que vous devez être, et que vous aimerez les devoirs que vous avez à remplir. Eh ! mon ami, je devrois moins craindre cette répugnance qu'un empressement trop relatif à vos anciens penchans. Que ne fais-je point pour m'acquitter auprès de vous ! Je tiens plus que je n'avois promis. N'est-ce pas aussi Julie que je vous donne ? n'aurez-vous pas la meilleure partie de moi-même, et n'en serez-vous pas plus cher à l'autre ? Avec quel charme alors je me livrerai sans contrainte à tout mon attachement pour vous ! Oui, portez-lui la foi que vous m'avez jurée ; que votre cœur remplisse avec elle tous les engagemens qu'il prit avec moi ; qu'il lui rende, s'il est possible, tout ce que vous redevez au mien. O Saint-Preux ! je lui transmets cette ancienne dette. Souvenez-vous qu'elle n'est pas facile à payer.

Voilà, mon ami, le moyen que j'imagine de nous réunir sans danger, en vous donnant dans notre famille la même place que vous tenez dans nos cœurs. Dans le nœud cher et sacré qui nous unira tous, nous ne serons plus entre nous que des sœurs et des frères ; vous ne serez plus votre propre ennemi ni le nôtre ; les plus doux sentimens, devenus légitimes, ne seront plus dangereux ; quand il ne faudra plus les étouffer, on n'aura plus à les craindre. Loin de résister à des sentimens si charmans, nous en ferons à la fois nos devoirs et nos plaisirs : c'est alors que nous nous aimerons tous plus parfaitement, et que nous goûterons véritablement réunis les charmes de l'amitié, de l'amour et de l'innocence. Que si, dans l'emploi dont vous vous chargez, le ciel récompense du bonheur d'être père le soin que vous prendrez de nos enfans, alors vous connoîtrez par vous-même le prix de ce que vous aurez fait pour nous. Comblé des vrais biens de l'humanité, vous apprendrez à porter avec plaisir le doux fardeau d'une vie utile à vos proches, vous sentirez enfin ce que la vaine sagesse des méchans n'a jamais pu croire, qu'il est un bonheur réservé dès ce monde aux seuls amis de la vertu.

Réfléchissez à loisir sur le parti que je vous propose, non pour savoir s'il vous convient, je n'ai pas besoin là-dessus de votre réponse, mais s'il convient à madame d'Orbe, et si vous pouvez faire son bonheur comme elle doit faire le vôtre. Vous savez comment elle a rempli ses devoirs dans tous les états de son sexe : sur ce qu'elle est, jugez de ce qu'elle a droit d'exiger. Elle aime comme Julie, elle doit être aimée comme elle. Si vous sentez pouvoir la mériter, parlez ; mon amitié tentera le reste, et se promet tout de la sienne : mais si j'ai trop espéré de vous, au moins vous êtes honnête homme, et vous connoissez sa délicatesse ; vous ne voudriez pas d'un bonheur qui lui coûteroit le sien : que votre cœur soit digne d'elle, ou qu'il ne lui soit jamais offert.

Encore une fois, consultez-vous bien. Pesez votre réponse avant de la faire. Quand il s'agit du sort de la vie, la prudence ne permet pas de se déterminer légèrement ; mais toute délibération légère est un crime quand il s'agit du destin de l'âme et du choix de la vertu. Fortifiez la vôtre, ô mon bon ami ! de tous les secours de la sagesse. La mauvaise honte m'empêcheroit-elle de vous rappeler le plus nécessaire ? Vous avez de la religion ; mais j'ai peur que vous n'en tiriez pas tout l'avantage qu'elle offre dans la conduite de la vie, et que la hauteur philosophique ne dédaigne la simplicité du chrétien. Je vous ai vu sur la prière des maximes que je ne saurois goûter. Selon vous, cet acte d'humilité ne nous est d'aucun fruit ; et Dieu, nous ayant donné dans la conscience tout ce qui peut nous porter au bien, nous abandonne ensuite à nous-mêmes, et laisse agir notre liberté. Ce n'est pas là, vous le savez, la doctrine de saint Paul, ni celle qu'on professe dans notre Église. Nous sommes libres, il est vrai ; mais nous sommes ignorans, foibles, portés au mal. Et d'où nous viendroient la lumière et la force, si ce n'est de celui qui en est la source ? et pourquoi les obtiendrions-nous si nous ne daignions pas les demander ? Prenez garde, mon ami, qu'aux idées sublimes que vous vous faites du grand Être l'orgueil humain ne mêle des idées basses qui se rapportent à l'homme ; comme si les moyens qui soulagent notre foiblesse convenoient à la puissance divine, et qu'elle eût besoin d'art comme nous pour généraliser les choses afin de les traiter plus facilement ! il semble, à vous entendre, que ce soit un embarras pour elle de veiller sur chaque individu ; vous craignez qu'une attention partagée et continuelle ne la fatigue, et vous trouvez bien plus beau qu'elle fasse tout par des lois générales, sans doute parce qu'elles lui coûtent moins de soin. O grands philosophes ! que Dieu vous est obligé de lui fournir ainsi des méthodes commodes, et de lui abréger le travail !

A quoi bon lui rien demander ? dites-vous encore : ne connoît-il pas tous nos besoins ? n'est-il pas notre père pour y pourvoir ? savons-nous mieux que lui ce qu'il nous faut ? et voulons-nous notre bonheur plus véritablement qu'il ne le veut lui-même ? Cher Saint-Preux, que de vains sophismes ! Le plus grand de nos besoins, le seul auquel nous pouvons pourvoir, est celui de sentir nos besoins ; et le premier pas pour sortir de notre misère est de la connoître. Soyons humbles pour être sages ; voyons notre foiblesse, et nous serons forts. Ainsi s'accorde la justice avec la clémence ; ainsi règnent à la fois la grâce et la liberté. Esclaves par notre foiblesse, nous sommes libres par la prière ; car il dépend de nous de demander et d'obtenir la force qu'il ne dépend pas de nous d'avoir par nous-mêmes.

Apprenez donc à ne pas prendre toujours conseil de vous seul dans les occasions difficiles, mais de celui qui joint le pouvoir à la prudence, et sait faire le meilleur parti du parti qu'il nous fait préférer. Le grand défaut de la sagesse humaine, même de celle qui n'a que la vertu pour objet, est un excès de confiance qui nous fait juger de l'avenir par le présent, et, par un moment, de la vie entière. On se sent ferme un instant, et l'on compte n'être jamais ébranlé. Plein d'un orgueil que l'expérience confond tous les jours, on croit n'avoir plus à craindre un piége une fois évité. Le modeste langage de la vaillance est : Je fus brave un tel jour ; mais celui qui dit : Je suis brave, ne sait ce qu'il sera demain ; et tenant pour sienne une valeur qu'il ne s'est pas donnée, il mérite de la perdre au moment de s'en servir.

Que tous nos projets doivent être ridicules, que tous nos raisonnemens doivent être insensés devant l'Être pour qui les temps n'ont point de succession ni les lieux de distance! Nous comptons pour rien ce qui est loin de nous, nous ne voyons que ce qui nous touche : quand nous aurons changé de lieu, nos jugemens seront tout contraires, et ne seront pas mieux fondés. Nous réglons l'avenir sur ce qui nous convient aujourd'hui, sans savoir s'il nous conviendra demain ; nous jugeons de nous comme étant toujours les mêmes, et nous changeons tous les jours. Qui sait si nous aimerons ce que nous aimons, si nous voudrons ce que nous voulons, si nous serons ce que nous sommes, si les objets étrangers et les altérations de nos corps n'auront pas autrement modifié nos âmes, et si nous ne trouverons pas notre misère dans ce que nous aurons arrangé pour notre bonheur? Montrez-moi la règle de la sagesse humaine, et je vais la prendre pour guide. Mais si sa meilleure leçon est de nous apprendre à nous défier d'elle, recourons à celle qui ne trompe point, et faisons ce qu'elle nous inspire. Je lui demande d'éclairer mes conseils; demandez-lui d'éclairer vos résolutions. Quelque parti que vous preniez, vous ne voudrez que ce qui est bon et honnête, je le sais bien : mais ce n'est pas assez encore ; il faut vouloir ce qui le sera toujours; et ni vous ni moi n'en sommes les juges.

LETTRE VII.

DE SAINT-PREUX A MADAME DE WOLMAR.

Julie ! une lettre de vous !... après sept ans de silence !... Oui, c'est elle ; je le vois, je le sens : mes yeux méconnoîtroient-ils des traits que mon cœur ne peut oublier? Quoi ! vous vous souvenez de mon nom ! vous le savez encore écrire !... En formant ce nom (¹), votre main n'a-t-elle point tremblé?... Je m'égare, et c'est votre faute. La forme, le pli, le cachet, l'adresse ; tout dans cette lettre m'en rappelle de trop différentes. Le cœur et la main semblent se contredire. Ah ! deviez-vous employer la même écriture pour tracer d'autres sentimens ?

Vous trouverez peut-être que songer si fort à vos anciennes lettres, c'est trop justifier la dernière. Vous vous trompez. Je me sens bien; je ne suis plus le même, ou vous n'êtes plus la même ; et ce qui me le prouve, est qu'excepté les charmes et la bonté, tout ce que je retrouve en vous de ce que j'y trouvois autrefois m'est un nouveau sujet de surprise. Cette observation répond d'avance à vos craintes. Je ne me fie point à mes forces, mais au sentiment qui me dispense d'y recourir. Plein de tout ce qu'il faut que j'honore en celle que j'ai cessé d'adorer, je sais à quels respects doivent s'élever mes anciens hommages. Pénétré de la plus tendre reconnoissance, je vous aime autant que jamais, il est vrai; mais ce qui m'attache le plus à vous est le retour de ma raison. Elle vous montre à moi telle que vous êtes ; elle vous sert mieux que l'amour même. Non, si j'étois resté coupable, vous ne me seriez pas aussi chère.

Depuis que j'ai cessé de prendre le change, et que le pénétrant Wolmar m'a éclairé sur mes vrais sentimens, j'ai mieux appris à me connoître, et je m'alarme moins de ma foiblesse. Qu'elle abuse mon imagination, que cette erreur me soit douce encore ; il suffit, pour mon repos, qu'elle ne puisse plus vous offenser, et la chimère qui m'égare à sa poursuite me sauve d'un danger réel.

O Julie ! il est des impressions éternelles que le temps ni les soins n'effacent point. La blessure guérit, mais la marque reste ; et cette marque est un sceau respecté qui préserve le cœur d'une autre atteinte. L'inconstance et l'amour sont incompatibles : l'amant qui change ne change pas; il commence ou finit d'aimer. Pour moi, j'ai fini ; mais, en cessant d'être à vous, je suis resté sous votre garde. Je ne vous crains plus ; mais vous m'empêchez d'en craindre une autre. Non, Julie, non, femme respectable, vous ne verrez jamais en moi que l'ami de votre personne et l'amant de vos vertus; mais nos amours, nos premières et uniques amours, ne sortiront jamais de mon cœur. La fleur de mes ans ne se flétrira point dans ma mémoire. Dussé-je vivre des siècles entiers, le doux temps de ma jeunesse ne peut

---

(¹) On a dit que *Saint-Preux* étoit un nom controuvé, peut-être le véritable étoit-il sur l'adresse.

ni renaître pour moi, ni s'effacer de mon souvenir. Nous avons beau n'être plus les mêmes, je ne puis oublier ce que nous avons été. Mais parlons de votre cousine.

Chère amie, il faut l'avouer, depuis que je n'ose plus contempler vos charmes je deviens plus sensible aux siens. Quels yeux peuvent errer toujours de beautés en beautés sans jamais se fixer sur aucune? Les miens l'ont revue avec trop de plaisir peut-être; et depuis mon éloignement, ses traits, déjà gravés dans mon cœur, y font une impression plus profonde. Le sanctuaire est fermé, mais son image est dans le temple. Insensiblement je deviens pour elle ce que j'aurois été si je ne vous avois jamais vue; et il n'appartenoit qu'à vous seule de me faire sentir la différence de ce qu'elle m'inspire à l'amour. Les sens, libres de cette passion terrible, se joignent au doux sentiment de l'amitié. Devient-elle amour pour cela? Julie, ah! quelle différence! Où est l'enthousiasme? où est l'idolâtrie? où sont ces divins égaremens de la raison, plus brillans, plus sublimes, plus forts, meilleurs cent fois que la raison même? Un feu passager m'embrase, un délire d'un moment me saisit, me trouble, et me quitte. Je retrouve entre elle et moi deux amis qui s'aiment tendrement et qui se le disent. Mais deux amans s'aiment-ils l'un l'autre? Non, *vous* et *moi* sont des mots proscrits de leur langue: ils ne sont plus deux, ils sont un.

Suis-je donc tranquille en effet? Comment puis-je l'être? Elle est charmante; elle est votre amie et la mienne: la reconnoissance m'attache à elle; elle entre dans mes souvenirs les plus doux. Que de droits sur une âme sensible! et comment écarter un sentiment plus tendre de tant de sentimens si bien dus? Hélas! il est dit qu'entre elle et vous je ne serai jamais un moment paisible.

Femmes! femmes! objets chers et funestes, que la nature orna pour notre supplice, qui punissez quand on vous brave, qui poursuivez quand on vous craint, dont la haine et l'amour sont également nuisibles, et qu'on ne peut ni rechercher ni fuir impunément!.... Beauté, charme, attrait, sympathie, être ou chimère inconcevable, abîme de douleurs et de voluptés! beauté, plus terrible aux mortels que l'élément où l'on t'a fait naître, malheureux qui se livre à ton calme trompeur! c'est toi qui produis les tempêtes qui tourmentent le genre humain. O Julie! ô Claire! que vous me vendez cher cette amitié cruelle dont vous osez vous vanter à moi!... J'ai vécu dans l'orage, et c'est toujours vous qui l'avez excité. Mais quelles agitations diverses vous avez fait éprouver à mon cœur! Celles du lac de Genève ne ressemblent pas plus aux flots du vaste océan. L'un n'a que des ondes vives et courtes dont le perpétuel tranchant agite, émeut, submerge quelquefois, sans jamais former de long cours. Mais sur la mer, tranquille en apparence, on se sent élevé, porté doucement et loin par un flot lent et presque insensible; on croit ne pas sortir de la place, et l'on arrive au bout du monde.

Telle est la différence de l'effet qu'ont produit sur moi vos attraits et les siens. Ce premier, cet unique amour qui fit le destin de ma vie, et que rien n'a pu vaincre que lui-même, étoit né sans que je m'en fusse aperçu; il m'entraînoit que je l'ignorois encore: je me perdis sans croire m'être égaré. Durant le vent j'étois au ciel ou dans les abîmes; le calme vient, je ne sais plus où je suis. Au contraire, je vois, je sens mon trouble auprès d'elle, et me le figure plus grand qu'il n'est; j'éprouve des transports passagers et sans suite; je m'emporte un moment, et suis paisible un moment après: l'onde tourmente en vain le vaisseau, le vent n'enfle point les voiles; mon cœur, content de ses charmes, ne leur prête point son illusion; je la vois plus belle que je ne l'imagine, et je la redoute plus de près que de loin : c'est presque l'effet contraire à celui qui me vient de vous, et j'éprouvois constamment l'un et l'autre à Clarens.

Depuis mon départ, il est vrai qu'elle se présente à moi quelquefois avec plus d'empire. Malheureusement il m'est difficile de la voir seule. Enfin je la vois, et c'est bien assez; elle ne m'a pas laissé de l'amour, mais de l'inquiétude.

Voilà fidèlement ce que je suis pour l'une et pour l'autre. Tout le reste de votre sexe ne m'est plus rien; mes longues peines me l'ont fait oublier,

È fornito il mio tempo a mezzo gli anni (¹).

Le malheur m'a tenu lieu de force pour vain-

(¹) Ma carrière est finie au milieu de mes ans.

cre la nature et triompher des tentations. On a peu de désirs quand on souffre; et vous m'avez appris à les éteindre en leur résistant. Une grande passion malheureuse est un grand moyen de sagesse. Mon cœur est devenu, pour ainsi dire, l'organe de tous mes besoins; je n'en ai point quand il est tranquille. Laissez-le en paix l'une et l'autre; et désormais il l'est pour toujours.

Dans cet état, qu'ai-je à craindre de moi-même, et par quelle précaution cruelle voulez-vous m'ôter mon bonheur pour ne pas m'exposer à le perdre? Quel caprice de m'avoir fait combattre et vaincre pour m'enlever le prix après la victoire! N'est-ce pas vous qui rendez blâmable un danger bravé sans raison? Pourquoi m'avoir appelé près de vous avec tant de risques? ou pourquoi m'en bannir quand je suis digne d'y rester? Deviez-vous laisser prendre à votre mari tant de peine à pure perte? Que ne le faisiez-vous renoncer à des soins que vous aviez résolu de rendre inutiles? Que ne lui disiez-vous : Laissez-le au bout du monde, puisque aussi bien je l'y veux renvoyer? Hélas! plus vous craignez pour moi, plus il faudroit vous hâter de me rappeler. Non, ce n'est pas près de vous qu'est le danger, c'est en votre absence, et je ne vous crains qu'où vous n'êtes pas. Quand cette redoutable Julie me poursuit, je me réfugie auprès de madame de Wolmar, et je suis tranquille : où fuirai-je si cet asile m'est ôté? Tous les temps, tous les lieux me sont dangereux loin d'elle; partout je trouve Claire ou Julie. Dans le passé, dans le présent, l'une et l'autre m'agite à son tour : ainsi mon imagination toujours troublée ne se calme qu'à votre vue, et ce n'est qu'auprès de vous que je suis en sûreté contre moi. Comment vous expliquer le changement que j'éprouve en vous abordant? Toujours vous exercez le même empire, mais son effet est tout opposé; en réprimant les transports que vous causiez autrefois, cet empire est plus grand, plus sublime encore; la paix, la sérénité succèdent au trouble des passions; mon cœur, toujours formé sur le vôtre, aima comme lui, et devient paisible à son exemple. Mais ce repos passager n'est qu'une trêve; et j'ai beau m'élever jusqu'à vous en votre présence, je retombe en moi-même en vous quittant. Julie, en vérité je crois avoir deux âmes, dont la bonne est en dépôt dans vos mains. Ah! voulez-vous me séparer d'elle?

Mais les erreurs des sens vous alarment; vous craignez les restes d'une jeunesse éteinte par les ennuis; vous craignez pour les jeunes personnes qui sont sous votre garde; vous craignez de moi ce que le sage Wolmar n'a pas craint! O Dieu! que toutes ces frayeurs m'humilient! Estimez-vous donc votre ami moins que le dernier de vos gens? Je puis vous pardonner de mal penser de moi, jamais de ne vous pas rendre à vous-même l'honneur que vous vous devez. Non, non; les feux dont j'ai brûlé m'ont purifié; je n'ai plus rien d'un homme ordinaire. Après ce que je fus, si je pouvois être vil un moment, j'irois me cacher au bout du monde, et ne me croirois jamais assez loin de vous.

Quoi! je troublerois cet ordre aimable que j'admirois avec tant de plaisir! Je souillerois ce séjour d'innocence et de paix que j'habitois avec tant de respect! Je pourrois être assez lâche!... Eh! comment le plus corrompu des hommes ne seroit-il pas touché d'un si charmant tableau; comment ne reprendroit-il pas dans cet asile l'amour de l'honnêteté? Loin d'y porter ses mauvaises mœurs, c'est là qu'il iroit s'en défaire.... Qui? moi, Julie, moi?.... si tard?.... sous vos yeux?... Chère amie, ouvrez-moi votre maison sans crainte; elle est pour moi le temple de la vertu; partout j'y vois son simulacre auguste, et ne puis servir qu'elle auprès de vous. Je ne suis pas un ange, il est vrai; mais j'habiterai leur demeure, j'imiterai leurs exemples : on les fuit quand on ne leur veut pas ressembler.

Vous le voyez, j'ai peine à venir au point principal de votre lettre, le premier auquel il falloit songer, le seul dont je m'occuperois si j'osois prétendre au bien qu'il m'annonce. O Julie! âme bienfaisante! amie incomparable! en m'offrant la digne moitié de vous-même, et le plus précieux trésor qui soit au monde après vous, vous faites plus, s'il est possible, que vous ne fîtes jamais pour moi. L'amour, l'aveugle amour, put vous forcer à vous donner; mais donner votre amie est une preuve d'estime non suspecte. Dès cet instant je crois vraiment être homme de mérite, car je suis honoré de vous. Mais que le témoignage de cet honneur m'est cruel! En l'acceptant je le démentirois, et pour le mériter il faut que j'y renonce. Vous me connoissez ; jugez-moi. Ce n'est pas assez que votre adorable cousine soit aimée ; elle doit l'être comme vous, je le sais : le sera-t-elle ? le peut-elle être ? et dépend-il de moi de lui rendre sur ce point ce qui lui est dû ? Ah ! si vous vouliez m'unir avec elle, que ne me laissiez-vous un cœur à lui donner, un cœur auquel elle inspirât des sentimens nouveaux dont il lui pût offrir les prémices ? En est-il un moins digne d'elle que celui qui sut vous aimer ? Il faudroit avoir l'âme libre et paisible du bon et sage d'Orbe pour s'occuper d'elle seule à son exemple ; il faudroit le valoir pour lui succéder : autrement la comparaison de son ancien état lui rendroit le dernier plus insupportable ; et l'amour foible et distrait d'un second époux, loin de la consoler du premier, le lui feroit regretter davantage. D'un ami tendre et reconnoissant elle auroit fait un mari vulgaire. Gagneroit-elle à cet échange ? Elle y perdroit doublement. Son cœur délicat et sensible sentiroit trop cette perte ; et moi comment supporterois-je le spectacle continuel d'une tristesse dont je serois cause, et dont je ne pourrois la guérir ? Hélas ! j'en mourrois de douleur même avant elle. Non, Julie, je ne ferai point mon bonheur aux dépens du sien. Je l'aime trop pour l'épouser.

Mon bonheur ? Non. Serois-je heureux moi-même en ne la rendant pas heureuse ? L'un des deux peut-il se faire un sort exclusif dans le mariage ! Les biens, les maux n'y sont-ils pas communs, malgré qu'on en ait ? et les chagrins qu'on se donne l'un à l'autre ne retombent-ils pas toujours sur celui qui les cause ? Je serois malheureux par ses peines, sans être heureux par ses bienfaits. Grâces, beauté, mérite, attachement, fortune, tout concourroit à ma félicité ; mon cœur, mon cœur seul empoisonneroit tout cela, et me rendroit misérable au sein du bonheur.

Si mon état présent est plein de charme auprès d'elle, loin que ce charme pût augmenter par une union plus étroite, les plus doux plaisirs que j'y goûte me seroient ôtés. Son humeur badine peut laisser un aimable essor à son amitié, mais c'est quand elle a des témoins de ses caresses. Je puis avoir quelque émotion trop vive auprès d'elle, mais c'est quand votre présence me distrait de vous. Toujours entre elle et moi dans nos tête-à-tête, c'est vous qui nous les rendez délicieux. Plus notre attachement augmente, plus nous songeons aux chaînes qui l'ont formé ; le doux lien de notre amitié se resserre, et nous nous aimons pour parler de vous. Ainsi mille souvenirs chers à votre amie, plus chers à votre ami, les réunissent : unis par d'autres nœuds, il y faudra renoncer. Ces souvenirs trop charmans ne seroient-ils pas autant d'infidélités envers elle ? Et de quel front prendrois-je une épouse respectée et chérie pour confidente des outrages que mon cœur lui feroit malgré lui ? Ce cœur n'oseroit donc plus s'épancher dans le sien, il se fermeroit à son abord. N'osant plus lui parler de vous, bientôt je ne lui parlerois plus de moi. Le devoir, l'honneur, en m'imposant pour elle une réserve nouvelle, me rendroient ma femme étrangère, et je n'aurois plus ni guide ni conseil pour éclairer mon âme et corriger mes erreurs. Est-ce là l'hommage qu'elle doit attendre ? Est-ce là le tribut de tendresse et de reconnoissance que j'irois lui porter ? Est-ce ainsi que je ferois son bonheur et le mien ?

Julie, oubliâtes-vous mes sermens avec les vôtres ? Pour moi, je ne les ai point oubliés. J'ai tout perdu ; ma foi seule m'est restée ; elle me restera jusqu'au tombeau. Je n'ai pu vivre à vous ; je mourrai libre. Si l'engagement en étoit à prendre, je le prendrois aujourd'hui : car si c'est un devoir de se marier, un devoir plus indispensable encore est de ne faire le malheur de personne ; et tout ce qui me reste à sentir en d'autres nœuds, c'est l'éternel regret de ceux auxquels j'osai prétendre. Je porterois dans ce lien sacré l'idée de ce que j'espérois y trouver une fois. Cette idée feroit mon supplice et celui d'une infortunée. Je lui demanderois compte des jours heureux que j'attendis de vous. Quelles comparaisons j'aurois à faire ! quelle femme au monde les pourroit soutenir ? Ah ! comment me consolerois-je à la fois de n'être pas à vous, et d'être à une autre ?

Chère amie, n'ébranlez point des résolutions dont dépend le repos de mes jours ; ne cherchez point à me tirer de l'anéantissement où je suis tombé, de peur qu'avec le sentiment de mon existence je ne reprenne celui de mes maux, et qu'un état violent ne rouvre toutes mes blessures. Depuis mon retour j'ai senti, sans m'en alarmer, l'intérêt plus vif que je prenois à votre amie ; car je savois bien que l'état de mon cœur ne lui permettroit jamais d'aller trop loin ; et voyant ce nouveau goût ajouter à l'attachement déjà si tendre que j'eus pour elle dans tous les temps, je me suis félicité d'une émotion qui m'aidoit à prendre le change, et me faisoit supporter votre image avec moins de peine. Cette émotion a quelque chose des douceurs de l'amour, et n'en a pas les tourmens. Le plaisir de la voir n'est point troublé par le désir de la posséder ; content de passer ma vie entière comme j'ai passé cet hiver, je trouve entre vous deux cette situation paisible (¹) et douce qui tempère l'austérité de la vertu et rend ses leçons aimables. Si quelque vain transport m'agite un moment, tout le réprime et le fait taire : j'en ai trop vaincu de plus dangereux pour qu'il m'en reste aucun à craindre. J'honore votre amie comme je l'aime, et c'est tout dire. Quand je ne songerois qu'à mon intérêt, tous les droits de la tendre amitié me sont trop chers auprès d'elle pour que je m'expose à les perdre en cherchant à les étendre ; et je n'ai pas même eu besoin de songer au respect que je lui dois pour ne jamais lui dire un seul mot dans le tête-à-tête, qu'elle eût besoin d'interpréter ou de ne pas entendre. Que si peut-être elle a trouvé quelquefois un peu trop d'empressement dans mes manières, sûrement elle n'a point vu dans mon cœur la volonté de le témoigner. Tel que je fus six mois auprès d'elle, tel je serai toute ma vie. Je ne connois rien après vous de si parfait qu'elle ; mais, fût-elle plus parfaite que vous encore, je sens qu'il faudroit n'avoir jamais été votre amant pour pouvoir devenir le sien.

Avant d'achever cette lettre, il faut vous dire ce que je pense de la vôtre. J'y trouve avec toute la prudence de la vertu les scrupules d'une âme craintive qui se fait un devoir de s'épouvanter, et croit qu'il faut tout craindre pour se garantir de tout. Cette extrême timidité a son danger ainsi qu'une confiance excessive. En nous montrant sans cesse des monstres où il n'y en a point, elle nous épuise à combattre des chimères : et, à force de nous effaroucher sans sujet, elle nous tient moins en garde contre les périls véritables ; et nous les laisse moins discerner. Relisez quelquefois la lettre que mylord Édouard vous écrivit l'année dernière au sujet de votre mari : vous y trouverez de bons avis à votre usage à plus d'un égard. Je ne blâme point votre dévotion ; elle est touchante, aimable et douce comme vous ; elle doit plaire à votre mari même. Mais prenez garde qu'à force de vous rendre timide et prévoyante, elle ne vous mène au quiétisme par une route opposée, et que, vous montrant partout du risque à courir, elle ne vous empêche enfin d'acquiescer à rien. Chère amie, ne savez-vous pas que la vertu est un état de guerre, et que pour y vivre on a toujours quelque combat à rendre contre soi ? Occupons-nous moins des dangers que de nous, afin de tenir notre âme prête à tout événement. Si chercher les occasions c'est mériter d'y succomber, les fuir avec trop de soin c'est souvent nous refuser à de grands devoirs ; et il n'est pas bon de songer sans cesse aux tentations, même pour les éviter. On ne me verra jamais rechercher des momens dangereux ni des tête-à-tête avec des femmes, mais, dans quelque situation que me place désormais la Providence, j'ai pour sûreté de moi les huit mois que j'ai passés à Clarens, et ne crains plus que personne m'ôte le prix que vous m'avez fait mériter. Je ne serai pas plus foible que je ne l'ai été ; je n'aurai pas de plus grands combats à rendre : j'ai senti l'amertume des remords ; j'ai goûté les douceurs de la victoire. Après de telles comparaisons, on n'hésite plus sur le choix ; tout, jusqu'à mes fautes passées, m'est garant de l'avenir.

Sans vouloir entrer avec vous dans de nouvelles discussions sur l'ordre de l'univers et sur la direction des êtres qui le composent, je me contenterai de vous dire que, sur des questions si fort au-dessus de l'homme, il ne peut juger des choses qu'il ne voit pas que par induction sur celles qu'il voit, et que toutes les analogies sont pour ces lois générales que vous semblez rejeter. La raison même, et les plus saines idées que nous pouvons nous former de l'Être suprême, sont très-favorables à cette opinion ; car, bien que sa puissance n'ait pas besoin de

---

(¹) Il a dit précisément le contraire quelques pages auparavant. Le pauvre philosophe, entre deux jolies femmes, me paroît dans un plaisant embarras : on diroit qu'il veut n'aimer ni l'une ni l'autre, afin de les aimer toutes deux.

méthode pour abréger le travail, il est digne de sa sagesse de préférer pourtant les voies les plus simples, afin qu'il n'y ait rien d'inutile dans les moyens non plus que dans les effets. En créant l'homme, il l'a doué de toutes les facultés nécessaires pour accomplir ce qu'il exigeoit de lui ; et quand nous lui demandons le pouvoir de bien faire, nous ne lui demandons rien qu'il ne nous ait déjà donné. Il nous a donné la raison pour connoître ce qui est bien, la conscience pour l'aimer (¹), et la liberté pour le choisir. C'est dans ces dons sublimes que consiste la grâce divine ; et comme nous les avons tous reçus, nous en sommes tous comptables.

J'entends beaucoup raisonner contre la liberté de l'homme, et je méprise tous ces sophismes, parce qu'un raisonneur a beau me prouver que je ne suis pas libre, le sentiment intérieur, plus fort que tous ces argumens, les dément sans cesse ; et, quelque parti que je prenne, dans quelque délibération que ce soit, je sens parfaitement qu'il ne tient qu'à moi de prendre le parti contraire. Toutes ces subtilités de l'école sont vaines précisément parce qu'elles prouvent trop, qu'elles combattent tout aussi bien la vérité que le mensonge, et que, soit que la liberté existe ou non, elles peuvent servir également à prouver qu'elle n'existe pas. A entendre ces gens-là, Dieu même ne seroit pas libre, et ce mot de liberté n'auroit aucun sens. Ils triomphent, non d'avoir résolu la question, mais d'avoir mis à sa place une chimère. Ils commencent par supposer que tout être intelligent est purement passif, et puis ils déduisent de cette supposition des conséquences pour prouver qu'il n'est pas actif. La commode méthode qu'ils ont trouvée là ! S'ils accusent leurs adversaires de raisonner de même, ils ont tort. Nous ne nous supposons point actifs et libres, nous sentons que nous le sommes. C'est à eux de prouver non-seulement que ce sentiment pourroit nous tromper, mais qu'il nous trompe en effet (²). L'évêque de Cloyne a démontré que, sans rien changer aux apparences, la matière et les corps pourroient ne pas exister ; est-ce assez pour affirmer qu'ils n'existent pas ? En tout ceci, la seule apparence coûte plus que la réalité : je m'en tiens à ce qui est plus simple.

Je ne crois donc pas qu'après avoir pourvu de toute manière aux besoins de l'homme, Dieu accorde à l'un plutôt qu'à l'autre des secours extraordinaires, dont celui qui abuse des secours communs à tous est indigne, et dont celui qui en use bien n'a pas besoin. Cette acception de personnes est injurieuse à la justice divine. Quand cette dure et décourageante doctrine se déduiroit de l'Écriture elle-même, mon premier devoir n'est-il pas d'honorer Dieu ? Quelque respect que je doive au texte sacré, j'en dois plus encore à son auteur ; et j'aimerois mieux croire la Bible falsifiée, ou inintelligible, que Dieu injuste ou malfaisant. Saint Paul ne veut pas que le vase dise au potier : Pourquoi m'as-tu fait ainsi ? Cela est fort bien, si le potier n'exige du vase que des services qu'il l'a mis en état de lui rendre ; mais, s'il s'en prenoit au vase de n'être pas propre à un usage pour lequel il ne l'auroit pas fait, le vase auroit-il tort de lui dire : Pourquoi m'as-tu fait ainsi ?

S'ensuit-il de là que la prière soit inutile ? A Dieu ne plaise que je m'ôte cette ressource contre mes foiblesses ! Tous les actes de l'entendement qui nous élèvent à Dieu nous portent au-dessus de nous-mêmes ; en implorant son secours, nous apprenons à le trouver. Ce n'est pas lui qui nous change, c'est nous qui nous changeons en nous élevant à lui (¹). Tout ce qu'on lui demande comme il faut, on se le donne, et, comme vous l'avez dit, on augmente sa force en reconnoissant sa foiblesse. Mais, si

---

(¹) Saint-Preux fait de la conscience morale un sentiment, et non pas un jugement ; ce qui est contre les définitions des philosophes. Je crois pourtant qu'en ceci leur prétendu confrère a raison.

(²) Ce n'est pas de tout cela qu'il s'agit. Il s'agit de savoir si la volonté se détermine sans cause, ou quelle est la cause qui détermine la volonté.

(¹) Notre galant philosophe, après avoir imité la conduite d'Abélard, semble en vouloir prendre aussi la doctrine. Leurs sentimens sur la prière ont beaucoup de rapport (*). Bien des gens, relevant cette hérésie, trouveront qu'il eût mieux valu persister dans l'égarement que de tomber dans l'erreur. Je ne pense pas ainsi. C'est un petit mal de se tromper ; c'en est un grand de se mal conduire. Ceci ne contredit point, à mon avis, ce que j'ai dit ci-devant sur le danger des fausses maximes de morale. Mais il faut laisser quelque chose à faire au lecteur.

(*) Cette assertion n'est rien moins qu'exacte. Voyez la quatrième lettre d'Abélard à Héloïse, dans laquelle il implore sa protection (*patrocinium*) auprès de J. C. pour obtenir par ses prières ce qu'il demanderoit en vain lui-même (*ut id obtineam ex tud quod non possum ex oratione propriâ*). Il termine même cette lettre par une formule de prière sonçue en ce sens, à réciter chaque jour par Héloïse et ses religieuses.

G. P.

l'on abuse de l'oraison et qu'on devienne mystique, on se perd à force de s'élever; en cherchant la grâce, on renonce à la raison; pour obtenir un don du ciel, on en foule aux pieds un autre; en s'obstinant à vouloir qu'il nous éclaire, on s'ôte les lumières qu'il nous a données. Qui sommes-nous pour vouloir forcer Dieu de faire un miracle?

Vous le savez; il n'y a rien de bien qui n'ait un excès blâmable, même la dévotion qui tourne en délire. La vôtre est trop pure pour arriver jamais à ce point; mais l'excès qui produit l'égarement commence avant lui, et c'est de ce premier terme que vous avez à vous défier. Je vous ai souvent entendu blâmer les extases des ascétiques; savez-vous comment elles viennent? en prolongeant le temps qu'on donne à la prière plus que ne le permet la foiblesse humaine. Alors l'esprit s'épuise, l'imagination s'allume et donne des visions; on devient inspiré, prophète, et il n'y a plus ni sens ni génie qui garantisse du fanatisme. Vous vous enfermez fréquemment dans votre cabinet, vous vous recueillez, vous priez sans cesse; vous ne voyez pas encore les piétistes (¹), mais vous lisez leurs livres. Je n'ai jamais blâmé votre goût pour les écrits du bon Fénelon; mais que faites-vous de ceux de sa disciple? Vous lisez Muralt: je le lis aussi; mais je choisis ses lettres, et vous choisissez son instinct divin (*). Voyez comment il a fini, déplorez les égaremens de cet homme sage, et songez à vous. Femme pieuse et chrétienne, allez-vous n'être plus qu'une dévote?

Chère et respectable amie, je reçois vos avis avec la docilité d'un enfant, et vous donne les miens avec le zèle d'un père. Depuis que la vertu, loin de rompre nos liens, les a rendus indissolubles, ses devoirs se confondent avec les droits de l'amitié. Les mêmes leçons nous conviennent, le même intérêt nous conduit. Jamais nos cœurs ne se parlent, jamais nos yeux ne se rencontrent, sans offrir à tous deux un objet d'honneur et de gloire qui nous élève conjointement; et la perfection de chacun de nous importera toujours à l'autre. Mais si les délibérations sont communes, la décision ne l'est pas; elle appartient à vous seule. O vous qui fîtes toujours mon sort, ne cessez point d'en être l'arbitre; pesez mes réflexions, prononcez: quoi que vous ordonniez de moi, je me soumets; je serai digne au moins que vous ne cessiez pas de me conduire. Dussé-je ne vous plus revoir, vous me serez toujours présente, vous présiderez toujours à mes actions; dussiez-vous m'ôter l'honneur d'élever vos enfans, vous ne m'ôterez point les vertus que je tiens de vous: ce sont les enfans de votre âme, la mienne les adopte, et rien ne les lui peut ravir.

Parlez-moi sans détour, Julie. A présent que je vous ai bien expliqué ce que je sens et ce que je pense, dites-moi ce qu'il faut que je fasse. Vous savez à quel point mon sort est lié à celui de mon illustre ami. Je ne l'ai point consulté dans cette occasion, je ne lui ai montré ni cette lettre ni la vôtre. S'il apprend que vous désapprouviez son projet, ou plutôt celui de votre époux, il le désapprouvera lui-même; et je suis bien éloigné d'en vouloir tirer une objection contre vos scrupules; il convient seulement qu'il les ignore jusqu'à votre entière décision. En attendant, je trouverai, pour différer notre départ, des prétextes qui pourront le surprendre, mais auxquels il acquiescera sûrement. Pour moi, j'aime mieux ne vous plus voir que de vous revoir pour vous dire un nouvel adieu. Apprendre à vivre chez vous en étranger est une humiliation que je n'ai pas méritée.

LETTRE VIII.

DE MADAME DE WOLMAR A SAINT-PREUX.

Hé bien! ne voilà-t-il pas encore votre imagination effarouchée? et sur quoi, je vous prie? sur les plus vrais témoignages d'estime et d'amitié que vous ayez jamais reçus de moi; sur les paisibles réflexions que le soin de votre vrai bonheur m'inspire; sur la proposition la plus obligeante, la plus avantageuse, la plus honorable qui vous ait jamais été faite; sur l'em-

---

(¹) Sorte de fous qui avoient la fantaisie d'être chrétiens et de suivre l'Évangile à la lettre; à peu près comme sont aujourd'hui les méthodistes en Angleterre, les moraves en Allemagne, les jansénistes en France; excepté pourtant qu'il ne manque à ces derniers que d'être les maîtres, pour être plus durs et plus intolérans que leurs ennemis.

(*) Indépendamment des *Lettres sur les François et les Anglois* (1729, in-12), dont il a été parlé précédemment (deuxième Partie, Lettre XIV). Muralt est aussi auteur des *Lettres fanatiques* (Londres, 1739, 2 vol. in-12), réimprimées à Paris en 1790. G. P.

pressement, indiscret peut-être, de vous unir à ma famille par des nœuds indissolubles; sur le désir de faire mon allié, mon parent, d'un ingrat qui croit ou qui feint de croire que je ne veux plus de lui pour ami. Pour vous tirer de l'inquiétude où vous paroissez être, il ne falloit que prendre ce que je vous écris dans son sens le plus naturel. Mais il y a long-temps que vous aimez à vous tourmenter par vos injustices. Votre lettre est, comme votre vie, sublime et rampante, pleine de force et de puérilités. Mon cher philosophe, ne cesserez-vous jamais d'être enfant?

Où avez-vous donc pris que je songeasse à vous imposer des lois, à rompre avec vous, et, pour me servir de vos termes, à vous renvoyer au bout du monde? De bonne foi, trouvez-vous là l'esprit de ma lettre? Tout au contraire : en jouissant d'avance du plaisir de vivre avec vous, j'ai craint les inconvéniens qui pouvoient le troubler; je me suis occupée des moyens de prévenir ces inconvéniens d'une manière agréable et douce, en vous faisant un sort digne de votre mérite et de mon attachement pour vous. Voilà tout mon crime : il n'y avoit pas là, ce me semble, de quoi vous alarmer si fort.

Vous avez tort, mon ami; car vous n'ignorez pas combien vous m'êtes cher : mais vous aimez à vous le faire redire; et comme je n'aime guère moins à le répéter, il vous est aisé d'obtenir ce que vous voulez sans que la plainte et l'humeur s'en mêlent.

Soyez donc bien sûr que si votre séjour ici vous est agréable, il me l'est tout autant qu'à vous, et que, de tout ce que M. de Wolmar a fait pour moi, rien ne m'est plus sensible que le soin qu'il a pris de vous appeler dans sa maison, et de vous mettre en état d'y rester. J'en conviens avec plaisir, nous sommes utiles l'un à l'autre. Plus propres à recevoir de bons avis qu'à les prendre de nous-mêmes, nous avons tous deux besoin de guides. Et qui saura mieux ce qui convient à l'un, que l'autre qui le connoît si bien? Qui sentira mieux le danger de s'égarer par tout ce que coûte un retour pénible? Quel objet peut mieux nous rappeler ce danger? Devant qui rougirions-nous autant d'avilir un si grand sacrifice? Après avoir rompu de tels liens, ne devons-nous pas à leur mémoire de ne rien faire d'indigne du motif qui nous les fit rompre? Oui, c'est une fidélité que je veux vous garder toujours de vous prendre à témoin de toutes les actions de ma vie, et de vous dire, à chaque sentiment qui m'anime : Voilà ce que je vous ai préféré. Ah! mon ami, je sais rendre honneur à ce que mon cœur a si bien senti. Je puis être foible devant toute la terre, mais je réponds de moi devant vous.

C'est dans cette délicatesse qui survit toujours au véritable amour, plutôt que dans les subtiles distinctions de M. de Wolmar, qu'il faut chercher la raison de cette élévation d'âme et de cette force intérieure que nous éprouvons l'un près de l'autre, et que je crois sentir comme vous. Cette explication du moins est plus naturelle, plus honorable à nos cœurs, que la sienne, et vaut mieux pour s'encourager à bien faire, ce qui suffit pour la préférer. Ainsi croyez que, loin d'être dans la disposition bizarre où vous me supposez, celle où je suis est directement contraire; que s'il falloit renoncer au projet de nous réunir, je regarderois ce changement comme un grand malheur pour vous, pour moi, pour mes enfans, et pour mon mari même, qui, vous le savez, entre pour beaucoup dans les raisons que j'ai de vous désirer ici. Mais, pour ne parler que de mon inclination particulière, souvenez-vous du moment de votre arrivée : marquai-je moins de joie à vous voir que vous n'en eûtes en m'abordant? vous a-t-il paru que votre séjour à Clarens me fût ennuyeux ou pénible? avez-vous jugé que je vous en visse partir avec plaisir? Faut-il aller jusqu'au bout et vous parler avec ma franchise ordinaire? Je vous avouerai sans détour que les six derniers mois que nous avons passés ensemble ont été le temps le plus doux de ma vie, et que j'ai goûté dans ce court espace tous les biens dont ma sensibilité m'ait fourni l'idée.

Je n'oublierai jamais un jour de cet hiver, où, après avoir fait en commun la lecture de vos voyages et celle des aventures de votre ami, nous soupâmes dans la salle d'Apollon, et où, songeant à la félicité que Dieu m'envoyoit en ce monde, je vis tout autour de moi mon père, mon mari, mes enfans, ma cousine, mylord Édouard, vous, sans compter la Fanchon, qui ne gâtoit rien au tableau, et tout cela rassemblé pour l'heureuse Julie. Je me disois : Cette petite chambre contient tout ce qui est cher à mon cœur, et peut-être tout ce qu'il y a de meilleur sur la terre ; je suis environnée de tout ce qui m'intéresse ; tout l'univers est ici pour moi ; je jouis à la fois de l'attachement que j'ai pour mes amis, de celui qu'ils me rendent, de celui qu'ils ont l'un pour l'autre ; leur bienveillance mutuelle ou vient de moi ou s'y rapporte ; je ne vois rien qui n'étende mon être, et rien qui le divise ; il est dans tout ce qui m'environne, il n'en reste aucune portion loin de moi ; mon imagination n'a plus rien à faire, je n'ai rien à désirer ; sentir et jouir sont pour moi la même chose ; je vis à la fois dans tout ce que j'aime, je me rassasie de bonheur et de vie. O mort ! viens quand tu voudras, je ne te crains plus, j'ai vécu, je t'ai prévenue ; je n'ai plus de nouveaux sentimens à connoître, tu n'as plus rien à me dérober.

Plus j'ai senti le plaisir de vivre avec vous, plus il m'étoit doux d'y compter, et plus aussi tout ce qui pouvoit troubler ce plaisir m'a donné d'inquiétude. Laissons un moment à part cette morale craintive et cette prétendue dévotion que vous me reprochez ; convenez du moins que tout le charme de la société qui régnoit entre nous est dans cette ouverture de cœur qui met en commun tous les sentimens, toutes les pensées, et qui fait que chacun, se sentant tel qu'il doit être, se montre à tous tel qu'il est. Supposez un moment quelque intrigue secrète, quelque liaison qu'il faille cacher, quelque raison de réserve et de mystère ; à l'instant tout le plaisir de se voir s'évanouit, on est contraint l'un devant l'autre, on cherche à se dérober ; quand on se rassemble on voudroit se fuir : la circonspection, la bienséance, amènent la défiance et le dégoût. Le moyen d'aimer longtemps ceux qu'on craint ! On se devient importun l'un à l'autre.... Julie importune !... importune à son ami ! non, non ; cela ne sauroit être ; on n'a jamais de maux à craindre que ceux qu'on peut supporter.

En vous exposant naïvement mes scrupules, je n'ai point prétendu changer vos résolutions, mais les éclairer, de peur que, prenant un parti dont vous n'auriez pas prévu toutes les suites, vous n'eussiez peut-être à vous en repentir quand vous n'oseriez plus vous en dédire. A l'égard des craintes que M. de Wolmar n'a pas eues, ce n'est pas à lui de les avoir, c'est à vous : nul n'est juge du danger qui vient de vous que vous-même. Réfléchissez-y bien, puis dites-moi qu'il n'existe pas, et je n'y pense plus : car je connois votre droiture, et ce n'est pas de vos intentions que je me défie. Si votre cœur est capable d'une faute imprévue, très-sûrement le mal prémédité n'en approcha jamais. C'est ce qui distingue l'homme fragile du méchant homme.

D'ailleurs, quand mes objections auroient plus de solidité que je n'aime à le croire, pourquoi mettre d'abord la chose au pis comme vous faites ? Je n'envisage point les précautions à prendre aussi sévèrement que vous. S'agit-il pour cela de rompre aussitôt tous vos projets, et de nous fuir pour toujours ? Non, mon aimable ami, de si tristes ressources ne sont point nécessaires. Encore enfant par la tête, vous êtes déjà vieux par le cœur. Les grandes passions usées dégoûtent des autres ; la paix de l'âme qui leur succède est le seul sentiment qui s'accroît par la jouissance. Un cœur sensible craint le repos qu'il ne connoît pas : qu'il le sente une fois, il ne voudra plus le perdre. En comparant deux états si contraires, on apprend à préférer le meilleur ; mais pour les comparer il les faut connoître. Pour moi, je vois le moment de votre sûreté plus près peut-être que vous ne le voyez vous-même. Vous avez trop senti pour sentir long-temps ; vous avez trop aimé pour ne pas devenir indifférent : on ne rallume plus la cendre qui sort de la fournaise, mais il faut attendre que tout soit consumé. Encore quelques années d'attention sur vous-même, et vous n'avez plus de risque à courir.

Le sort que je voulois vous faire eût anéanti ce risque ; mais, indépendamment de cette considération, ce sort étoit assez doux pour devoir être envié pour lui-même ; et si votre délicatesse vous empêche d'oser y prétendre, je n'ai pas besoin que vous me disiez ce qu'une telle retenue a pu vous coûter : mais j'ai peur qu'il ne se mêle à vos raisons des prétextes plus spécieux que solides ; j'ai peur qu'en vous piquant de tenir des engagemens dont tout vous dispense et qui n'intéressent plus personne, vous ne vous fassiez une fausse vertu de je ne sais quelle vaine constance plus à blâmer qu'à louer, et désormais tout-à-fait déplacée. Je vous l'ai déjà dit autrefois, c'est un second crime de tenir un serment criminel : si le vôtre ne l'étoit pas, il l'est devenu ; c'en est assez pour l'annuler. La promesse qu'il faut tenir sans cesse est celle d'être honnête homme et toujours ferme dans son devoir ; changer quand il change, ce n'est pas légèreté, c'est constance. Vous fîtes bien peut-être alors de promettre ce que vous feriez mal aujourd'hui de tenir. Faites dans tous les temps ce que la vertu demande, vous ne vous démentirez jamais.

Que s'il y a parmi vos scrupules quelque objection solide, c'est ce que nous pourrons examiner à loisir : en attendant, je ne suis pas trop fâchée que vous n'ayez pas saisi mon idée avec la même avidité que moi, afin que mon étourderie vous soit moins cruelle, si j'en ai fait une. J'avois médité ce projet durant l'absence de ma cousine. Depuis son retour et le départ de ma lettre, ayant eu avec elle quelques conversations générales sur un second mariage, elle m'en a paru si éloignée, que, malgré tout le penchant que je lui connois pour vous, je craindrois qu'il ne fallût user de plus d'autorité qu'il ne me convient pour vaincre sa répugnance, même en votre faveur ; car il est un point où l'empire de l'amitié doit respecter celui des inclinations et les principes que chacun se fait sur des devoirs arbitraires en eux-mêmes, mais relatifs à l'état du cœur qui se les impose.

Je vous avoue pourtant que je tiens encore à mon projet : il nous convient si bien à tous, il vous tireroit si honorablement de l'état précaire où vous vivez dans le monde, il confondroit tellement nos intérêts, il nous feroit un devoir si naturel de cette amitié qui nous est si douce, que je n'y puis renoncer tout-à-fait. Non, mon ami, vous ne m'appartiendrez jamais de trop près : ce n'est pas même assez que vous soyez mon cousin ; ah ! je voudrois que vous fussiez mon frère.

Quoi qu'il en soit de toutes ces idées, rendez plus de justice à mes sentiments pour vous; jouissez sans réserve de mon amitié, de ma confiance, de mon estime ; souvenez-vous que je n'ai plus rien à vous prescrire, et que je ne crois point en avoir besoin. Ne m'ôtez pas le droit de vous donner des conseils, mais n'imaginez jamais que j'en fasse des ordres. Si vous sentez pouvoir habiter Clarens sans danger, venez-y, demeurez-y ; j'en serai charmée. Si vous croyez devoir donner encore quelques années d'absence aux restes toujours suspects d'une jeunesse impétueuse, écrivez-moi souvent, venez nous voir quand vous voudrez, entretenons la correspondance la plus intime. Quelle peine n'est pas adoucie par cette consolation ! quel éloignement ne supporte-t-on pas par l'espoir de finir ses jours ensemble ? Je ferai plus ; je suis prête à vous confier un de mes enfants : je le croirai mieux dans vos mains que dans les miennes : quand vous me le ramènerez, je ne sais duquel des deux le retour me touchera le plus. Si tout-à-fait devenu raisonnable vous bannissez enfin vos chimères et voulez mériter ma cousine, venez, aimez-la, servez-la, achevez de lui plaire ; en vérité, je crois que vous avez déjà commencé : triomphez de son cœur et des obstacles qu'il vous oppose, je vous aiderai de tout mon pouvoir : faites enfin le bonheur l'un de l'autre, et rien ne manquera plus au mien. Mais, quelque parti que vous puissiez prendre, après y avoir sérieusement pensé, prenez-le en toute assurance, et n'outragez plus votre amie en l'accusant de se défier de vous.

A force de songer à vous je m'oublie. Il faut pourtant que mon tour vienne ; car vous faites avec vos amis dans la dispute comme avec votre adversaire aux échecs, vous attaquez en vous défendant. Vous vous excusez d'être philosophe en m'accusant d'être dévote ; c'est comme si j'avois renoncé au vin lorsqu'il vous eut enivré. Je suis donc dévote à votre compte, ou prête à le devenir ! Soit ; les dénominations méprisantes changent-elles la nature des choses? Si la dévotion est bonne, où est le tort d'en avoir? Mais peut-être ce mot est-il trop bas pour vous. La dignité philosophique dédaigne un culte vulgaire ; elle veut servir Dieu plus noblement ; elle porte jusqu'au ciel même ses prétentions et sa fierté. O mes pauvres philosophes !... Revenons à moi.

J'aimai la vertu dès mon enfance, et cultivai ma raison dans tous les temps. Avec du sentiment et des lumières, j'ai voulu me gouverner, et je me suis mal conduite. Avant de m'ôter le guide que j'ai choisi, donnez-m'en quelque autre sur lequel je puisse compter. Mon bon ami, toujours de l'orgueil, quoi qu'on fasse! c'est lui qui vous élève, et c'est lui qui m'humilie. Je crois valoir autant qu'une autre, et mille autres ont vécu plus sagement que moi : elles avoient donc des ressources que je n'avois pas. Pourquoi me sentant bien née ai-je eu besoin de cacher ma vie? Pourquoi haïssois-je le mal que j'ai fait malgré moi? Je ne connoissois que ma force, elle n'a pu me suffire. Toute la résistance qu'on peut tirer de soi, je crois l'avoir faite, et toutefois j'ai succombé. Comment font celles qui résistent? Elles ont un meilleur appui.

Après l'avoir pris à leur exemple, j'ai trouvé dans ce choix un autre avantage auquel je n'avois pas pensé. Dans le règne des passions, elles aident à supporter les tourmens qu'elles donnent; elles tiennent l'espérance à côté du désir. Tant qu'on désire on peut se passer d'être heureux; on s'attend à le devenir : si le bonheur ne vient point, l'espoir se prolonge, et le charme de l'illusion dure autant que la passion qui le cause. Ainsi cet état se suffit à lui-même, et l'inquiétude qu'il donne est une sorte de jouissance qui supplée à la réalité, qui vaut mieux, peut-être. Malheur à qui n'a plus rien à désirer! il perd pour ainsi dire tout ce qu'il possède. On jouit moins de ce qu'on obtient que de ce qu'on espère, et l'on n'est heureux qu'avant d'être heureux. En effet, l'homme, avide et borné, fait pour tout vouloir et peu obtenir, a reçu du ciel une force consolante qui rapproche de lui tout ce qu'il désire, qui le soumet à son imagination, qui le lui rend présent et sensible, qui le lui livre en quelque sorte, et, pour lui rendre cette imaginaire propriété plus douce, le modifie au gré de sa passion. Mais tout ce prestige disparoît devant l'objet même; rien n'embellit plus cet objet aux yeux du possesseur; on ne se figure point ce qu'on voit; l'imagination ne pare plus rien de ce qu'on possède; l'illusion cesse où commence la jouissance. Le pays des chimères est en ce monde le seul digne d'être habité; et tel est le néant des choses humaines, qu'hors (¹) l'être existant par lui-même, il n'y a rien de beau que ce qui n'est pas.

Si cet effet n'a pas toujours lieu sur les objets particuliers de nos passions, il est infaillible dans le sentiment commun qui les comprend toutes. Vivre sans peine n'est pas un état d'homme; vivre ainsi c'est être mort. Celui qui pourroit tout sans être Dieu seroit une misérable créature; il seroit privé du plaisir de désirer; toute autre privation seroit plus supportable (¹).

Voilà ce que j'éprouve en partie depuis mon mariage et depuis votre retour. Je ne vois partout que sujet de contentement, et je ne suis pas contente; une langueur secrète s'insinue au fond de mon cœur; je le sens vide et gonflé, comme vous disiez autrefois du vôtre; l'attachement que j'ai pour tout ce qui m'est cher ne suffit pas pour l'occuper; il lui reste une force inutile dont il ne sait que faire. Cette peine est bizarre, j'en conviens; mais elle n'est pas moins réelle. Mon ami, je suis trop heureuse, le bonheur m'ennuie (²).

Concevez-vous quelque remède à ce dégoût du bien-être? Pour moi, je vous avoue qu'un sentiment si peu raisonnable et si peu volontaire a beaucoup ôté du prix que je donnois à la vie; et je n'imagine pas quelle sorte de charme on y peut trouver qui me manque ou qui me suffise. Une autre sera-t-elle plus sensible que moi? aimera-t-elle mieux son père, son mari, ses enfans, ses amis, ses proches? en sera-t-elle mieux aimée? mènera-t-elle une vie plus de son goût? sera-t-elle plus libre d'en choisir une autre? jouira-t-elle d'une meilleure santé? aura-t-elle plus de ressources contre l'ennui, plus de liens qui l'attachent au monde? Et toutefois j'y vis inquiète; mon cœur ignore ce qui lui manque; il désire sans savoir quoi.

Ne trouvant donc rien ici-bas qui lui suffise, mon âme avide cherche ailleurs de quoi la remplir : en s'élevant à la source du sentiment et de l'être, elle y perd sa sécheresse et sa lan-

---

(¹) Il falloit *que hors*, et sûrement madame de Wolmar ne l'ignoroit pas. Mais, outre les fautes qui lui échappoient par ignorance ou par inadvertance, il paroît qu'elle avoit l'oreille trop délicate pour s'asservir toujours aux règles mêmes qu'elle savoit. On peut employer un style plus pur, mais non pas plus doux ni plus harmonieux que le sien.

(¹) D'où il suit que tout prince qui aspire au despotisme aspire à l'honneur de mourir d'ennui. Dans tous les royaumes du monde, cherchez-vous l'homme le plus ennuyé du pays, allez toujours directement au souverain, surtout s'il est très-absolu. C'est bien la peine de faire tant de misérables! ne sauroit-il s'ennuyer à moindres frais?

(²) Quoi, Julie! aussi des contradictions! Ah! je crains bien, charmante dévote, que vous ne soyez pas non plus trop d'accord avec vous-même. Au reste, j'avoue que cette lettre me paroît le chant du cygne.

gueur; elle y renaît, elle s'y ranime, elle y trouve un nouveau ressort, elle y puise une nouvelle vie, elle y prend une autre existence qui ne tient point aux passions du corps ; ou plutôt elle n'est plus en moi-même, elle est toute dans l'être immense qu'elle contemple, et, dégagée un moment de ses entraves, elle se console d'y rentrer par cet essai d'un état plus sublime qu'elle espère être un jour le sien.

Vous souriez ; je vous entends, mon bon ami ; j'ai prononcé mon propre jugement en blâmant autrefois cet état d'oraison que je confesse aimer aujourd'hui. A cela je n'ai qu'un mot à vous dire, c'est que je ne l'avois pas éprouvé. Je ne prétends pas même le justifier de toutes manières : je ne dis pas que ce goût soit sage, je dis seulement qu'il est doux, qu'il supplée au sentiment du bonheur qui s'épuise, qu'il remplit le vide de l'âme, et qu'il jette un nouvel intérêt sur la vie passée à le mériter. S'il produit quelque mal, il faut le rejeter sans doute ; s'il abuse le cœur par une fausse jouissance, il faut encore le rejeter. Mais enfin lequel tient le mieux à la vertu, du philosophe avec ses grands principes, ou du chrétien dans sa simplicité? Lequel est le plus heureux dès ce monde, du sage avec sa raison, ou du dévot dans son délire? Qu'ai-je besoin de penser, d'imaginer, dans un moment où toutes mes facultés sont aliénées? L'ivresse a ses plaisirs, disiez-vous : eh bien! ce délire en est une. Ou laissez-moi dans un état qui m'est agréable, ou montrez-moi comment je puis être mieux.

J'ai blâmé les extases des mystiques ; je les blâme encore quand elles nous détachent de nos devoirs, et que, nous dégoûtant de la vie active par les charmes de la contemplation, elles nous mènent à ce quiétisme dont vous me croyez si proche, et dont je crois être aussi loin que vous.

Servir Dieu, ce n'est point passer sa vie à genoux dans un oratoire, je le sais bien; c'est remplir sur la terre les devoirs qu'il nous impose ; c'est faire en vue de lui plaire tout ce qui convient à l'état où il nous a mis :

.... *Il cor gradisce;*
E serve a lui chi 'l suo dover compisce (*).

Il faut premièrement faire ce qu'on doit, et

(*) Le cœur lui suffit, et qui fait son devoir le prie.
MÉTAST.

puis prier quand on le peut ; voilà la règle que je tâche de suivre. Je ne prends point le recueillement que vous me reprochez comme une occupation, mais comme une récréation ; et je ne vois pas pourquoi, parmi les plaisirs qui sont à ma portée, je m'interdirois le plus sensible et le plus innocent de tous.

Je me suis examinée avec plus de soin depuis votre lettre : j'ai étudié les effets que produit sur mon âme ce penchant qui semble si fort vous déplaire ; et je n'y sais rien voir jusqu'ici qui me fasse craindre, au moins si tôt, l'abus d'une dévotion mal entendue.

Premièrement, je n'ai point pour cet exercice un goût trop vif qui me fasse souffrir quand j'en suis privée, ni qui me donne de l'humeur quand on m'en distrait. Il ne me donne point non plus de distractions dans la journée, et ne jette ni dégoût ni impatience sur la pratique de mes devoirs. Si quelquefois mon cabinet m'est nécessaire, c'est quand quelque émotion m'agite, et que je serois moins bien partout ailleurs : c'est là que, rentrant en moi-même, j'y retrouve le calme de la raison. Si quelque souci me trouble, si quelque peine m'afflige, c'est là que je les vais déposer. Toutes ces misères s'évanouissent devant un plus grand objet. En songeant à tous les bienfaits de la Providence, j'ai honte d'être sensible à de si foibles chagrins et d'oublier de si grandes grâces. Il ne me faut des séances ni fréquentes ni longues. Quand la tristesse m'y suit malgré moi, quelques pleurs versés devant celui qui console soulagent mon cœur à l'instant. Mes réflexions ne sont jamais amères ni douloureuses ; mon repentir même est exempt d'alarmes. Mes fautes me donnent moins d'effroi que de honte : j'ai des regrets et non des remords. Le Dieu que je sers est un Dieu clément, un père : ce qui me touche est sa bonté ; elle efface à mes yeux tous ses autres attributs ; elle est le seul que je conçois. Sa puissance m'étonne, son immensité me confond, sa justice... Il a fait l'homme foible ; puisqu'il est juste, il est clément. Le Dieu vengeur est le Dieu des méchans ; je ne puis ni le craindre pour moi ni l'implorer contre un autre. O Dieu de paix, Dieu de bonté, c'est toi que j'adore! c'est de toi, je le sens, que je suis l'ouvrage ; et j'espère te retrouver au dernier jugement tel que tu parles à mon cœur durant ma vie.

Je ne saurois vous dire combien ces idées jettent de douceur sur mes jours et de joie au fond de mon cœur. En sortant de mon cabinet ainsi disposée, je me sens plus légère et plus gaie; toute la peine s'évanouit, tous les embarras disparoissent; rien de rude, rien d'anguleux; tout devient facile et coulant, tout prend à mes yeux une face plus riante; la complaisance ne me coûte plus rien; j'en aime encore mieux ceux que j'aime et leur en suis plus agréable : mon mari même en est plus content de mon humeur. La dévotion, prétend-il, est un opium pour l'âme; elle égaie, anime et soutient quand on en prend peu; une trop forte dose endort, ou rend furieux, ou tue. J'espère ne pas aller jusque-là.

Vous voyez que je ne m'offense pas de ce titre de dévote autant peut-être que vous l'auriez voulu; mais je ne lui donne pas non plus tout le prix que vous pourriez croire. Je n'aime point, par exemple, qu'on affiche cet état par un extérieur affecté et comme une espèce d'emploi qui dispense de tout autre. Ainsi cette madame Guyon dont vous me parlez eût mieux fait, ce me semble, de remplir avec soin ses devoirs de mère de famille, d'élever chrétiennement ses enfans, de gouverner sagement sa maison, que d'aller composer des livres de dévotion, disputer avec des évêques, et se faire mettre à la Bastille pour des rêveries où l'on ne comprend rien. Je n'aime pas non plus ce langage mystique et figuré qui nourrit le cœur des chimères de l'imagination, et substitue au véritable amour de Dieu des sentimens imités de l'amour terrestre, et trop propres à le réveiller. Plus on a le cœur tendre et l'imagination vive, plus on doit éviter ce qui tend à les émouvoir; car enfin comment voir les rapports de l'objet mystique si l'on ne voit aussi l'objet sensuel? et comment une honnête femme ose-t-elle imaginer avec assurance des objets qu'elle n'oseroit regarder (¹).

Mais ce qui m'a donné le plus d'éloignement pour les dévots de profession, c'est cette âpreté de mœurs qui les rend insensibles à l'humanité, c'est cet orgueil excessif qui leur fait regarder en pitié le reste du monde. Dans leur élévation sublime, s'ils daignent s'abaisser à quelque acte de bonté, c'est d'une manière si humiliante; ils plaignent les autres d'un ton si cruel, leur justice est si rigoureuse, leur charité est si dure, leur zèle est si amer, leur mépris ressemble si fort à la haine, que l'insensibilité même des gens du monde est moins barbare que leur commisération. L'amour de Dieu leur sert d'excuse pour n'aimer personne; ils ne s'aiment pas même l'un l'autre. Vit-on jamais d'amitié véritable entre les dévots? mais plus ils se détachent des hommes, plus ils en exigent; et l'on diroit qu'ils ne s'élèvent à Dieu que pour exercer son autorité sur la terre.

Je me sens pour tous ces abus une aversion qui doit naturellement m'en garantir; si j'y tombe, ce sera sûrement sans le vouloir, et j'espère de l'amitié de tous ceux qui m'environnent que ce ne sera pas sans être avertie. Je vous avoue que j'ai été long-temps sur le sort de mon mari d'une inquiétude qui m'eût peut-être altéré l'humeur à la longue. Heureusement la sage lettre de mylord Édouard à laquelle vous me renvoyez avec grande raison, ses entretiens consolans et sensés, les vôtres, ont tout-à-fait dissipé ma crainte et changé mes principes. Je vois qu'il est impossible que l'intolérance n'endurcisse l'âme. Comment chérir tendrement les gens qu'on réprouve? quelle charité peut-on conserver parmi des damnés? les aimer, ce seroit haïr Dieu qui les punit. Voulons-nous donc être humains, jugeons les actions et non pas les hommes; n'empiétons point sur l'horrible fonction des démons; n'ouvrons point si légèrement l'enfer à nos frères. Eh! s'il étoit destiné pour ceux qui se trompent, quel mortel pourroit l'éviter?

O mes amis, de quel poids vous avez soulagé mon cœur! En m'apprenant que l'erreur n'est point un crime, vous m'avez délivrée de mille inquiétans scrupules. Je laisse la subtile interprétation des dogmes que je n'entends pas; je m'en tiens aux vérités lumineuses qui frappent mes yeux et convainquent ma raison, aux vérités de pratique qui m'instruisent de mes devoirs. Sur tout le reste j'ai pris pour règle

---

(¹) Cette objection me paroît tellement solide et sans réplique, que si j'avois le moindre pouvoir dans l'Église, je l'employerois à faire retrancher de nos livres sacrés le Cantique des cantiques, et j'aurois bien du regret d'avoir attendu si tard.

votre ancienne réponse à M. de Wolmar (¹). Est-on maître de croire ou de ne pas croire? est-ce un crime de n'avoir pas su bien argumenter? Non, la conscience ne nous dit point la vérité des choses, mais la règle de nos devoirs; elle ne nous dicte point ce qu'il faut penser, mais ce qu'il faut faire; elle ne nous apprend point à bien raisonner, mais à bien agir. En quoi mon mari peut-il être coupable devant Dieu? détourne-t-il les yeux de lui? Dieu lui-même a voilé sa face. Il ne fuit point la vérité, c'est la vérité qui le fuit. L'orgueil ne le guide point; il ne veut égarer personne, il est bien aise qu'on ne pense pas comme lui. Il aime nos sentimens, il voudroit les avoir, il ne peut: notre espoir, nos consolations, tout lui échappe. Il fait le bien sans attendre de récompense; il est plus vertueux, plus désintéressé que nous. Hélas! il est à plaindre; mais de quoi sera-t-il puni? Non, non; la bonté, la droiture, les mœurs, l'honnêteté, la vertu, voilà ce que le ciel exige et qu'il récompense; voilà le véritable culte que Dieu veut de nous et qu'il reçoit de lui tous les jours de sa vie. Si Dieu juge la foi par les œuvres, c'est croire en lui que d'être homme de bien. Le vrai chrétien c'est l'homme juste, les vrais incrédules sont les méchans.

Ne soyez donc pas étonné, mon aimable ami, si je ne dispute pas avec vous sur plusieurs points de votre lettre où nous ne sommes pas de même avis: je sais trop bien ce que vous êtes pour être en peine de ce que vous croyez. Que m'importent toutes ces questions oiseuses sur la liberté? Que je sois libre de vouloir le bien par moi-même, ou que j'obtienne en priant cette volonté, si je trouve enfin le moyen de bien faire, tout cela ne revient-il pas au même? Que je me donne ce qui me manque en le demandant, ou que Dieu l'accorde à ma prière, s'il faut toujours pour l'avoir que je le demande, ai-je besoin d'autre éclaircissement? Trop heureux de convenir sur les points principaux de notre croyance, que cherchons-nous au-delà? Voulons-nous pénétrer dans ces abîmes de métaphysique qui n'ont ni fond ni rive, et perdre à disputer sur l'essence divine ce temps si court qui nous est donné pour l'honorer? Nous ignorons ce qu'elle est, mais nous

(¹) Voyez Partie V, lettre III (ci-devant page 295).

savons qu'elle est; que cela nous suffise: elle se fait voir dans ses œuvres, elle se fait sentir au dedans de nous. Nous pouvons bien disputer contre elle, mais non pas la méconnoître de bonne foi. Elle nous a donné ce degré de sensibilité qui l'aperçoit et la touche: plaignons ceux à qui elle ne l'a pas départi, sans nous flatter de les éclairer à son défaut. Qui de nous fera ce qu'elle n'a pas voulu faire? Respectons ses décrets en silence et faisons notre devoir; c'est le meilleur moyen d'apprendre le leur aux autres.

Connoissez-vous quelqu'un plus plein de sens et de raison que M. de Wolmar? quelqu'un plus sincère, plus droit, plus juste, plus vrai, moins livré à ses passions, qui ait plus à gagner à la justice divine et à l'immortalité de l'âme? Connoissez-vous un homme plus fort, plus élevé, plus grand, plus foudroyant dans la dispute, que mylord Édouard, plus digne par sa vertu de défendre la cause de Dieu, plus certain de son existence, plus pénétré de sa majesté suprême, plus zélé pour sa gloire et plus fait pour la soutenir? Vous avez vu ce qui s'est passé pendant trois mois à Clarens; vous avez vu deux hommes pleins d'estime et de respect l'un pour l'autre, éloignés par leur état et par leur goût des pointilleries de collège, passer un hiver entier à chercher dans des disputes sages et paisibles, mais vives et profondes, à s'éclairer mutuellement, s'attaquer, se défendre, se saisir par toutes les prises que peut avoir l'entendement humain, et sur une matière où tous deux, n'ayant que le même intérêt, ne demandoient pas mieux que d'être d'accord.

Qu'est-il arrivé? Ils ont redoublé d'estime l'un pour l'autre, mais chacun est resté dans son sentiment. Si cet exemple ne guérit pas à jamais un homme sage de la dispute, l'amour de la vérité ne le touche guère; il cherche à briller.

Pour moi, j'abandonne à jamais cette arme inutile, et j'ai résolu de ne plus dire à mon mari un seul mot de religion que quand il s'agira de rendre raison de la mienne. Non que l'idée de la tolérance divine m'ait rendue indifférente sur le besoin qu'il en a. Je vous avoue même que, tranquillisée sur son sort à venir, je ne sens point pour cela diminuer mon zèle pour sa conversion. Je voudrois au prix de mon sang le voir une fois convaincu; si ce n'est pas pour son bonheur dans l'autre monde, c'est pour son bonheur dans celui-ci. Car de combien de douceurs n'est-il point privé! Quel sentiment peut le consoler dans ses peines? quel spectateur anime les bonnes actions qu'il fait en secret? quelle voix peut parler au fond de son âme? quel prix peut-il attendre de sa vertu? Comment doit-il envisager la mort? Non, je l'espère, il ne l'attendra pas dans cet état horrible. Il me reste une ressource pour l'en tirer, et j'y consacre le reste de ma vie: ce n'est plus de le convaincre, mais de le toucher; c'est de lui montrer un exemple qui l'entraîne, et de lui rendre la religion si aimable, qu'il ne puisse lui résister. Ah! mon ami, quel argument contre l'incrédule que la vie du vrai chrétien! croyez-vous qu'il y ait quelque âme à l'épreuve de celui-là? Voilà désormais la tâche que je m'impose; aidez-moi tous à la remplir. Wolmar est froid, mais il n'est pas insensible. Quel tableau nous pouvons offrir à son cœur, quand ses amis, ses enfans, sa femme, concourront tous à l'instruire en l'édifiant! quand, sans lui prêcher Dieu dans leurs discours, ils le lui montreront dans les actions qu'il inspire, dans les vertus dont il est l'auteur, dans le charme qu'on trouve à lui plaire! quand il verra briller l'image du ciel dans sa maison! quand cent fois le jour il sera forcé de se dire: Non, l'homme n'est pas ainsi par lui-même, quelque chose de plus qu'humain règne ici!

Si cette entreprise est de votre goût, si vous vous sentez digne d'y concourir, venez; passons nos jours ensemble, et ne nous quittons plus qu'à la mort. Si le projet vous déplaît ou vous épouvante, écoutez votre conscience, elle vous dicte votre devoir. Je n'ai rien de plus à vous dire.

Selon ce que mylord Édouard nous marque, je vous attends tous deux vers la fin du mois prochain. Vous ne reconnoîtrez pas votre appartement; mais dans les changemens qu'on y a faits, vous reconnoîtrez les soins et le cœur d'une bonne amie qui s'est fait un plaisir de l'orner. Vous y trouverez aussi un petit assortiment de livres qu'elle a choisis à Genève, meilleurs et de meilleur goût que l'*Adone*, quoiqu'il y soit aussi par plaisanterie. Au reste, soyez discret, car, comme elle ne veut pas que vous sachiez que tout cela vient d'elle, je me dépêche de vous l'écrire avant qu'elle me défende de vous en parler.

Adieu, mon ami. Cette partie du château de Chillon (¹), que nous devions tous faire ensemble, se fera demain sans vous. Elle n'en vaudra pas mieux, quoiqu'on la fasse avec plaisir. M. le bailli nous a invités avec nos enfans, ce qui ne m'a point laissé d'excuse. Mais je ne sais pourquoi je voudrois être déjà de retour.

LETTRE IX.

DE FANCHON ANET A SAINT-PREUX.

Ah! monsieur, ah! mon bienfaiteur; que me charge-t-on de vous apprendre!.... madame.... ma pauvre maîtresse.... O Dieu! je vois déjà votre frayeur.... mais vous ne voyez pas notre désolation.... Je n'ai pas un moment à perdre; il faut vous dire.... il faut courir.... je voudrois déjà vous avoir tout dit.... Ah! que deviendrez-vous quand vous saurez notre malheur?

Toute la famille alla hier dîner à Chillon. M. le baron, qui alloit en Savoie passer quelques jours au château de Blonay, partit après le dîner. On l'accompagna quelques pas; puis on se promena le long de la digue. Madame d'Orbe et madame la baillive marchoient devant avec monsieur. Madame suivoit, tenant d'une main Henriette et de l'autre Marcellin. J'étois derrière avec l'aîné. Monseigneur le bailli, qui s'étoit arrêté pour parler à quelqu'un, vint rejoindre la compagnie, et offrit le bras à madame. Pour le prendre elle me renvoie Marcellin: il court à moi, j'accours à lui; en courant, l'enfant fait un faux pas, le pied lui manque, il tombe dans l'eau, je pousse un cri perçant: madame se retourne, voit tomber son

---

(¹) Le château de Chillon, ancien séjour des baillis de Vevai, est situé dans le lac, sur un rocher qui forme une presqu'île, et autour duquel j'ai vu sonder à plus de cent cinquante brasses, qui font près de huit cents pieds, sans trouver le fond. On a creusé dans ce rocher des caves et des cuisines au-dessous du niveau de l'eau, qu'on y introduit quand on veut par des robinets. C'est là que fut détenu six ans prisonnier François Bonnivard, prieur de Saint-Victor, homme d'un mérite rare, d'une droiture et d'une fermeté à toute épreuve, ami de la liberté, quoique Savoyard, et tolérant, quoique prêtre. Au reste l'année où ces dernières lettres paroissent avoir été écrites, il y avoit très-long-temps que les baillis de Vevai n'habitoient plus le château de Chillon. On supposera, si l'on veut, que celui de ce temps-là y étoit allé passer quelques jours.

fils, part comme un trait, et s'élance après lui...

Ah! misérable, que n'en fis-je autant! que n'y suis-je restée... Hélas! je retenois l'aîné, qui vouloit sauter après sa mère... elle se débattoit en serrant l'autre entre ses bras.... On n'avoit là ni gens ni bateau, il fallut du temps pour les retirer.... L'enfant est remis ; mais la mère.... le saisissement, la chute, l'état où elle étoit.... Qui sait mieux que moi combien cette chute est dangereuse?.... Elle resta très-long-temps sans connoissance. A peine l'eut-elle reprise qu'elle demanda son fils.... Avec quels transports de joie elle l'embrassa! Je la crus sauvée; mais sa vivacité ne dura qu'un moment. Elle voulut être ramenée ici ; durant la route elle s'est trouvée mal plusieurs fois. Sur quelques ordres qu'elle m'a donnés, je vois qu'elle ne croit pas en revenir. Je suis trop malheureuse, elle n'en reviendra pas. Madame d'Orbe est plus changée qu'elle. Tout le monde est dans une agitation.... Je suis la plus tranquille de toute la maison.... De quoi m'inquiéterois-je?.... ma bonne maîtresse! ah! si je vous perds, je n'aurai plus besoin de personne.... O mon cher monsieur, que le bon Dieu vous soutienne dans cette épreuve!.... Adieu.... Le médecin sort de la chambre. Je cours au-devant de lui.... S'il nous donne quelque bonne espérance, je vous le marquerai. Si je ne dis rien....

LETTRE X.

A SAINT-PREUX.

Commencée par madame d'Orbe, et achevée par M. de Wolmar.

Mort de Julie.

C'en est fait, homme imprudent, homme infortuné! malheureux visionnaire! Jamais vous ne la reverrez.... le voile.... Julie n'est....

Elle vous a écrit. Attendez sa lettre : honorez ses dernières volontés. Il vous reste de grands devoirs à remplir sur la terre.

LETTRE XI.

DE M. DE WOLMAR A SAINT-PREUX.

J'ai laissé passer vos premières douleurs en silence ; ma lettre n'eût fait que les aigrir : vous n'étiez pas plus en état de supporter ces détails que moi de les faire. Aujourd'hui peut-être nous seront-ils doux à tous deux. Il ne me reste d'elle que des souvenirs ; mon cœur se plaît à les recueillir. Vous n'avez plus que des pleurs à lui donner ; vous aurez la consolation d'en verser pour elle. Ce plaisir des infortunés m'est refusé dans ma misère; je suis plus malheureux que vous.

Ce n'est point de sa maladie, c'est d'elle que je veux vous parler. D'autres mères peuvent se jeter après leur enfant ; l'accident, la fièvre, la mort, sont de la nature, c'est le sort commun des mortels : mais l'emploi de ses derniers momens, ses discours, ses sentimens, son âme, tout cela n'appartient qu'à Julie. Elle n'a point vécu comme une autre ; personne, que je sache, n'est mort comme elle. Voilà ce que j'ai pu seul observer, et que vous n'apprendrez que de moi.

Vous savez que l'effroi, l'émotion, la chute, l'évacuation de l'eau, lui laissèrent une longue foiblesse, dont elle ne revint tout-à-fait qu'ici. En arrivant, elle redemanda son fils ; il vint : à peine le vit-elle marcher et répondre à ses caresses, qu'elle devint tout-à-fait tranquille et consentit à prendre un peu de repos. Son sommeil fut court : et comme le médecin n'arrivoit point encore, en attendant elle nous fit asseoir autour de son lit, la Fanchon, sa cousine et moi. Elle nous parla de ses enfans, des soins assidus qu'exigeoit auprès d'eux la forme d'éducation qu'elle avoit prise, et du danger de les négliger un moment. Sans donner une grande importance à sa maladie, elle prévoyoit qu'elle l'empêcheroit quelque temps de remplir sa part des mêmes soins, et nous chargeoit tous de répartir cette part sur les nôtres.

Elle s'étendit sur tous ses projets, sur les vôtres, sur les moyens les plus propres à les faire réussir, sur les observations qu'elle avoit faites et qui pouvoient les favoriser ou leur nuire, enfin sur tout ce qui devoit nous mettre en état de suppléer à ses fonctions de mère aussi long-temps qu'elle seroit forcée à les suspendre. C'étoit, pensai-je, bien des précautions pour quelqu'un qui ne se croyoit privé que durant quelques jours d'une occupation si chère : mais ce qui m'effraya tout-à-fait, ce fut de voir qu'elle entroit pour Henriette dans un bien plus grand détail encore. Elle s'étoit bornée à ce qui regardoit la première enfance de ses fils, comme se déchargeant sur un autre du soin de leur jeunesse : pour sa fille, elle embrassa tous les temps ; et, sentant bien que personne ne suppléeroit sur ce point aux réflexions que sa propre expérience lui avoit fait faire, elle nous exposa en abrégé, mais avec force et clarté, le plan d'éducation qu'elle avoit fait pour elle, employant près de la mère les raisons les plus vives et les plus touchantes exhortations pour l'engager à le suivre.

Toutes ces idées sur l'éducation des jeunes personnes et sur les devoirs des mères, mêlées de fréquens retours sur elle-même, ne pouvoient manquer de jeter de la chaleur dans l'entretien. Je vis qu'il s'animoit trop. Claire tenoit une des mains de sa cousine, et la pressoit à chaque instant contre sa bouche, en sanglotant pour toute réponse ; la Fanchon n'étoit pas plus tranquille ; et pour Julie, je remarquai que les larmes lui rouloient aussi dans les yeux, mais qu'elle n'osoit pleurer de peur de nous alarmer davantage. Aussitôt je me dis : Elle se voit morte. Le seul espoir qui me resta fut que la frayeur pouvoit l'abuser sur son état, et lui montrer le danger plus grand qu'il n'étoit peut-être. Malheureusement je la connoissois trop pour compter beaucoup sur cette erreur. J'avois essayé plusieurs fois de la calmer ; je la priai derechef de ne pas s'agiter hors de propos par des discours qu'on pouvoit reprendre à loisir. Ah ! dit-elle, rien ne fait tant de mal aux femmes que le silence : et puis, je me sens un peu de fièvre ; autant vaut employer le babil qu'elle donne à des sujets utiles, qu'à battre sans raison la campagne.

L'arrivée du médecin causa dans la maison un trouble impossible à peindre. Tous les domestiques, l'un sur l'autre à la porte de la chambre, attendoient, l'œil inquiet et les mains jointes, son jugement sur l'état de leur maîtresse comme l'arrêt de leur sort. Ce spectacle jeta la pauvre Claire dans une agitation qui me fit craindre pour sa tête. Il fallut les éloigner sous différens prétextes, pour écarter de ses yeux cet objet d'effroi. Le médecin donna vaguement un peu d'espérance, mais d'un ton propre à me l'ôter. Julie ne dit pas non plus ce qu'elle pensoit ; la présence de sa cousine la tenoit en respect. Quand il sortit, je le suivis : Claire en voulut faire autant ; mais Julie la retint, et me fit de l'œil un signe que j'entendis. Je me hâtai d'avertir le médecin que, s'il y avoit du danger, il falloit le cacher à madame d'Orbe avec autant et plus de soin qu'à la malade, de peur que le désespoir n'achevât de la troubler et ne la mît hors d'état de servir son amie. Il déclara qu'il y avoit en effet du danger ; mais que vingt-quatre heures étant à peine écoulées depuis l'accident, il falloit plus de temps pour établir un pronostic assuré ; que la nuit prochaine décideroit du sort de la maladie, et qu'il ne pouvoit prononcer que le troisième jour. La Fanchon seule fut témoin de ce discours ; et après l'avoir engagée, non sans peine, à se contenir, on convint de ce qui seroit dit à madame d'Orbe et au reste de la maison.

Vers le soir, Julie obligea sa cousine, qui avoit passé la nuit précédente auprès d'elle, et qui vouloit encore y passer la suivante, à s'aller reposer quelques heures. Durant ce temps la malade ayant su qu'on alloit la saigner du pied, et que le médecin préparoit des ordonnances, elle le fit appeler et lui tint ce discours : « Mon-
» sieur du Bosson, quand on croit devoir tromper
» un malade craintif sur son état, c'est une pré-
» caution d'humanité que j'approuve ; mais c'est
» une cruauté de prodiguer également à tous
» des soins superflus et désagréables dont plu-
» sieurs n'ont aucun besoin. Prescrivez-moi
» tout ce que vous jugerez m'être véritablement
» utile, j'obéirai ponctuellement. Quant aux
» remèdes qui ne sont que pour l'imagination,
» faites-m'en grâce : c'est mon corps et non mon
» esprit qui souffre ; et je n'ai pas peur de finir
» mes jours, mais d'en mal employer le reste.
» Les derniers momens de la vie sont trop pré-
» cieux pour qu'il soit permis d'en abuser. Si
» vous ne pouvez prolonger la mienne, au moins
» ne l'abrégez pas, en m'ôtant l'emploi du peu
» d'instans qui me sont laissés par la nature.
» Moins il m'en reste, plus vous devez les res-
» pecter. Faites-moi vivre, ou laissez-moi : je

» saurai bien mourir seule. » Voilà comment cette femme si timide et si douce dans le commerce ordinaire savoit trouver un ton ferme et sérieux dans les occasions importantes.

La nuit fut cruelle et décisive. Étouffement, oppression, syncope, la peau sèche et brûlante ; une ardente fièvre, durant laquelle on l'entendoit souvent appeler Marcelin comme pour le retenir, et prononcer aussi quelquefois un autre nom, jadis si répété dans une occasion pareille. Le lendemain, le médecin me déclara sans détour qu'il n'estimoit pas qu'elle eût trois jours à vivre. Je fus seul dépositaire de cet affreux secret ; et la plus terrible heure de ma vie fut celle où je le portai dans le fond de mon cœur sans savoir quel usage j'en devois faire. J'allai seul errer dans les bosquets, rêvant au parti que j'avois à prendre, non sans quelques tristes réflexions sur le sort qui me ramenoit dans ma vieillesse à cet état solitaire dont je m'ennuyois même avant d'en connoître un plus doux.

La veille, j'avois promis à Julie de lui rapporter fidèlement le jugement du médecin ; elle m'avoit intéressé par tout ce qui pouvoit toucher mon cœur à lui tenir parole. Je sentois cet engagement sur ma conscience. Mais quoi ! pour un devoir chimérique et sans utilité, falloit-il contrister son âme et lui faire à longs traits savourer la mort ? Quel pouvoit être à mes yeux l'objet d'une précaution si cruelle ? Lui annoncer sa dernière heure n'étoit-ce pas l'avancer ? Dans un intervalle si court, que deviennent les désirs, l'espérance, élémens de la vie ? Est-ce en jouir encore que de se voir si près du moment de la perdre ? Étoit-ce à moi de lui donner la mort ?

Je marchois à pas précipités avec une agitation que je n'avois jamais éprouvée. Cette longue et pénible anxiété me suivoit partout ; j'en traînois après moi l'insupportable poids. Une idée vint enfin me déterminer. Ne vous efforcez pas de la prévoir ; il faut vous la dire.

Pour qui est-ce que je délibère ? est-ce pour elle ou pour moi ? Sur quel principe est-ce que je raisonne ? est-ce sur son système ou sur le mien ? Qu'est-ce qui m'est démontré sur l'un ou sur l'autre ? Je n'ai, pour croire ce que je crois, que mon opinion armée de quelques probabilités. Nulle démonstration ne la renverse, il est vrai ; mais quelle démonstration l'établit ? Elle a, pour croire ce qu'elle croit, son opinion de même ; mais elle y voit l'évidence, cette opinion à ses yeux est une démonstration. Quel droit ai-je de préférer, quand il s'agit d'elle, ma simple opinion que je reconnois douteuse, à son opinion qu'elle tient pour démontrée ? Comparons les conséquences des deux sentimens. Dans le sien, la disposition de sa dernière heure doit décider de son sort durant l'éternité. Dans le mien, les ménagemens que je veux avoir pour elle lui seront indifférens dans trois jours. Dans trois jours, selon moi, elle ne sentira plus rien. Mais si peut-être elle avoit raison, quelle différence ! Des biens ou des maux éternels !... Peut-être !... Ce mot est terrible !... Malheureux ! risque ton âme et non la sienne.

Voilà le premier doute qui m'ait rendu suspecte l'incertitude que vous avez si souvent attaquée. Ce n'est pas la dernière fois qu'il est revenu depuis ce temps-là. Quoi qu'il en soit, ce doute me délivra de celui qui me tourmentoit. Je pris sur-le-champ mon parti ; et, de peur d'en changer, je courus en hâte au lit de Julie, je fis sortir tout le monde, et je m'assis ; vous pouvez juger avec quelle contenance. Je n'employai point auprès d'elle les précautions nécessaires pour les petites âmes. Je ne dis rien ; mais elle me vit et me comprit à l'instant. Croyez-vous me l'apprendre ? dit-elle en me tendant la main. Non, mon ami, je me sens bien : la mort me presse, il faut nous quitter.

Alors elle me tint un long discours dont j'aurai à vous parler quelque jour, et durant lequel elle écrivit son testament dans mon cœur. Si j'avois moins connu le sien, ses dernières dispositions auroient suffi pour me le faire connoître.

Elle me demanda si son état étoit connu dans la maison. Je lui dis que l'alarme y régnoit, mais qu'on ne savoit rien de positif, et que du Bosson s'étoit ouvert à moi seul. Elle me conjura que le secret fût soigneusement gardé le reste de la journée. Claire, ajouta-t-elle, ne supportera jamais ce coup que de ma main ; elle en mourra s'il lui vient d'une autre. Je destine la nuit prochaine à ce triste devoir. C'est pour cela surtout que j'ai voulu avoir l'avis du médecin, afin de ne pas exposer sur mon seul sentiment cette infortunée à recevoir à faux une si cruelle atteinte. Faites qu'elle ne soupçonne rien avant le temps, ou vous risquez de rester sans amie et de laisser vos enfans sans mère.

Elle me parla de son père. J'avouai lui avoir envoyé un exprès; mais je me gardai d'ajouter que cet homme, au lieu de se contenter de donner ma lettre, comme je lui avois ordonné, s'étoit hâté de parler, et si lourdement, que mon vieux ami, croyant sa fille noyée, étoit tombé d'effroi sur l'escalier, et s'étoit fait une blessure qui le retenoit à Blonay dans son lit. L'espoir de revoir son père la toucha sensiblement; et la certitude que cette espérance étoit vaine ne fut pas le moindre des maux qu'il me fallut dévorer.

Le redoublement de la nuit précédente l'avoit extrêmement affoiblie. Ce long entretien n'avoit pas contribué à la fortifier. Dans l'accablement où elle étoit, elle essaya de prendre un peu de repos durant la journée : je n'appris que le surlendemain qu'elle ne l'avoit pas passée tout entière à dormir.

Cependant la consternation régnoit dans la maison. Chacun dans un morne silence attendoit qu'on le tirât de peine, et n'osoit interroger personne, crainte d'apprendre plus qu'il ne vouloit savoir. On se disoit : S'il y a quelque bonne nouvelle, on s'empressera de la dire; s'il y en a de mauvaises, on ne les saura toujours que trop tôt. Dans la frayeur dont ils étoient saisis, c'étoit assez pour eux qu'il n'arrivât rien qui fît nouvelle. Au milieu de ce morne repos, madame d'Orbe étoit la seule active et parlante. Sitôt qu'elle étoit hors de la chambre de Julie, au lieu de s'aller reposer dans la sienne, elle parcouroit toute la maison; elle arrêtoit tout le monde, demandant ce qu'avoit dit le médecin, ce qu'on disoit. Elle avoit été témoin de la nuit précédente, elle ne pouvoit ignorer ce qu'elle avoit vu; mais elle cherchoit à se tromper elle-même et à récuser le témoignage de ses yeux. Ceux qu'elle questionnoit ne lui répondant rien que de favorable, cela l'encourageoit à questionner les autres, et toujours avec une inquiétude si vive, avec un air si effrayant, qu'on eût su la vérité mille fois sans être tenté de la lui dire.

Auprès de Julie elle se contraignoit, et l'objet touchant qu'elle avoit sous les yeux la disposoit plus à l'affliction qu'à l'emportement. Elle craignoit surtout de lui laisser voir ses alarmes; mais elle réussissoit mal à les cacher, on apercevoit son trouble dans son affectation même à paroître tranquille. Julie, de son côté, n'épargnoit rien pour l'abuser. Sans atténuer son mal, elle en parloit presque comme d'une chose passée, et ne sembloit en peine que du temps qu'il lui faudroit pour se remettre. C'étoit encore un de mes supplices de les voir chercher à se rassurer mutuellement, moi qui savois si bien qu'aucune des deux n'avoit dans l'âme l'espoir qu'elle s'efforçoit de donner à l'autre.

Madame d'Orbe avoit veillé les deux nuits précédentes; il y avoit trois jours qu'elle ne s'étoit déshabillée. Julie lui proposa de s'aller coucher; elle n'en voulut rien faire. Hé bien donc, dit Julie, qu'on lui tende un petit lit dans ma chambre, à moins, ajouta-t-elle comme par réflexion, qu'elle ne veuille partager le mien. Qu'en dis-tu, cousine? Mon mal ne se gagne pas, tu ne te dégoûtes pas de moi, couche dans mon lit. Le parti fut accepté. Pour moi, l'on me renvoya, et véritablement j'avois besoin de repos.

Je fus levé de bonne heure. Inquiet de ce qui s'étoit passé durant la nuit, au premier bruit que j'entendis j'entrai dans la chambre. Sur l'état où madame d'Orbe étoit la veille, je jugeai du désespoir où j'allois la trouver, et des fureurs dont je serois le témoin. En entrant, je la vis assise dans un fauteuil, défaite et pâle, ou plutôt livide, les yeux plombés et presque éteints, mais douce, tranquille, parlant peu, et faisant tout ce qu'on lui disoit sans répondre. Pour Julie, elle paroissoit moins foible que la veille, sa voix étoit plus ferme, son geste plus animé; elle sembloit avoir pris la vivacité de sa cousine. Je connus aisément à son teint que ce mieux apparent étoit l'effet de la fièvre; mais je vis aussi briller dans ses regards je ne sais quelle secrète joie qui pouvoit y contribuer, et dont je ne démêlois pas la cause. Le médecin n'en confirma pas moins son jugement de la veille; la malade n'en continua pas moins de penser comme lui; il ne me resta plus aucune espérance.

Ayant été forcé de m'absenter pour quelque temps, je remarquai en rentrant que l'appartement étoit arrangé avec soin; il y régnoit de l'ordre et de l'élégance; elle avoit fait mettre des pots de fleurs sur sa cheminée, ses rideaux étoient entr'ouverts et rattachés; l'air avoit été changé; on y sentoit une odeur agréable; on n'eût jamais cru être dans la chambre d'un malade. Elle avoit fait sa toilette avec le même soin : la grâce et le goût se montroient encore dans sa parure négligée. Tout cela lui donnoit plutôt l'air d'une femme du monde qui attend compagnie, que d'une campagnarde qui attend sa dernière heure. Elle vit ma surprise, elle en sourit; et lisant dans ma pensée, elle alloit me répondre, quand on amena les enfans. Alors il ne fut plus question que d'eux : et vous pouvez juger si, se sentant prête à les quitter, ses caresses furent tièdes et modérées. J'observai même qu'elle revenoit plus souvent et avec des étreintes encore plus ardentes à celui qui lui coûtoit la vie, comme s'il lui fût devenu plus cher à ce prix.

Tous ces embrassemens, ces soupirs, ces transports, étoient des mystères pour ces pauvres enfans. Ils l'aimoient tendrement, mais c'étoit la tendresse de leur âge; ils ne comprenoient rien à son état, au redoublement de ses caresses, à ses regrets de ne les voir plus; ils nous voyoient tristes, et ils pleuroient : ils n'en savoient pas davantage. Quoiqu'on apprenne aux enfans le nom de la mort, ils n'en ont aucune idée; ils ne la craignent ni pour eux ni pour les autres; ils craignent de souffrir et non de mourir. Quand la douleur arrachoit quelque plainte à leur mère, ils perçoient l'air de leurs cris; quand on parloit de la perdre, on les auroit crus stupides. La seule Henriette, un peu plus âgée, et d'un sexe où le sentiment et les lumières se développent plus tôt, paroissoit troublée et alarmée de voir sa petite maman dans un lit, elle qu'on voyoit toujours levée avant ses enfans. Je me souviens qu'à ce propos Julie fit une réflexion tout-à-fait dans son caractère, sur l'imbécile vanité de Vespasien qui resta couché tandis qu'il pouvoit agir, et se leva lorsqu'il ne put plus rien faire (¹). Je ne

(¹) Ceci n'est pas bien exact. Suétone dit (*) que Vespasien travailla comme à l'ordinaire dans son lit de mort, et donnoit même ses audiences; mais peut-être en effet eût-il mieux

(*) Vie de Vespasien, chap. 24. — Que Rousseau se soit donné ou non la peine de consulter Suétone, le récit de cet auteur se trouve tout entier dans Montaigne, liv. II, chap. 21. G. P.

sais pas, dit-elle, s'il faut qu'un empereur meure debout, mais je sais bien qu'une mère de famille ne doit s'aliter que pour mourir.

Après avoir épanché son cœur sur ses enfans, après les avoir pris chacun à part, surtout Henriette, qu'elle tint fort long-temps, et qu'on entendoit plaindre et sangloter en recevant ses baisers, elle les appela tous trois, leur donna sa bénédiction, et leur dit, en leur montrant madame d'Orbe : Allez, mes enfans, allez vous jeter aux pieds de votre mère : voilà celle que Dieu vous donne; il ne vous a rien ôté. A l'instant ils courent à elle, se mettent à ses genoux, lui prennent les mains, l'appellent leur bonne maman, leur seconde mère. Claire se pencha sur eux; mais en les serrant dans ses bras elle s'efforça vainement de parler, elle ne trouva que des gémissemens, elle ne put jamais prononcer un seul mot; elle etouffoit. Jugez si Julie étoit émue! Cette scène commençoit à devenir trop vive; je la fis cesser.

Ce moment d'attendrissement passé, l'on se remit à causer autour du lit; et quoique la vivacité de Julie se fût un peu éteinte avec le redoublement, on voyoit le même air de contentement sur son visage : elle parloit de tout avec une attention et un intérêt qui montroient un esprit très-libre de soins; rien ne lui échappoit; elle étoit à la conversation comme si elle n'avoit eu autre chose à faire. Elle nous proposa de dîner dans sa chambre, pour nous quitter le moins qu'il se pourroit : vous pouvez croire que cela ne fut pas refusé. On servit sans bruit, sans confusion, sans désordre, d'un air aussi rangé que si l'on eût été dans le salon d'Apollon. La Fanchon, les enfans, dînèrent à table. Julie, voyant qu'on manquoit d'appétit, trouva le secret de faire manger de tout, tantôt prétextant l'instruction de sa cuisinière, tantôt voulant savoir si elle oseroit en goûter, tantôt nous intéressant par notre santé même dont nous avions besoin pour la servir, toujours montrant le plaisir qu'on pouvoit lui faire, de manière à ôter tout moyen de s'y refuser, et mêlant à tout cela un enjouement propre à nous distraire du triste objet qui nous occupoit. Enfin

valu se lever pour donner ses audiences, et se recoucher pour mourir. Je sais que Vespasien, sans être un grand homme, étoit au moins un grand prince. N'importe; quelque rôle qu'on ait pu faire durant sa vie, on ne doit point jouer la comédie à sa mort.

une maîtresse de maison, attentive à faire ses honneurs, n'auroit pas en pleine santé, pour des étrangers, des soins plus marqués, plus obligeans, plus aimables, que ceux que Julie mourante avoit pour sa famille. Rien de tout ce que j'avois cru prévoir n'arrivoit, rien de ce que je voyois ne s'arrangeoit dans ma tête. Je ne savois plus qu'imaginer, je n'y étois plus.

Après le dîner on annonça monsieur le ministre. Il venoit comme ami de la maison; ce qui lui arrivoit fort souvent. Quoique je ne l'eusse point fait appeler, parce que Julie ne l'avoit pas demandé, je vous avoue que je fus charmé de son arrivée; et je ne crois pas qu'en pareille circonstance le plus zélé croyant l'eût pu voir avec plus de plaisir. Sa présence alloit éclaircir bien des doutes et me tirer d'une étrange perplexité.

Rappelez-vous le motif qui m'avoit porté à lui annoncer sa fin prochaine. Sur l'effet qu'auroit dû selon moi produire cette affreuse nouvelle, comment concevoir celui qu'elle avoit produit réellement? Quoi! cette femme dévote qui dans l'état de santé ne passe pas un jour sans se recueillir, qui fait un de ses plaisirs de la prière, n'a plus que deux jours à vivre; elle se voit prête à paroître devant le juge redoutable; et au lieu de se préparer à ce moment terrible, au lieu de mettre ordre à sa conscience, elle s'amuse à parer sa chambre, à faire sa toilette, à causer avec ses amis, à égayer leur repas, et dans tous ses entretiens pas un seul mot de Dieu ni du salut! Que devois-je penser d'elle et de ses vrais sentimens? Comment arranger sa conduite avec les idées que j'avois de sa piété? Comment accorder l'usage qu'elle faisoit des derniers momens de sa vie avec ce qu'elle avoit dit au médecin de leur prix? Tout cela formoit à mon sens une énigme inexplicable. Car enfin, quoique je ne m'attendisse pas à lui trouver toute la petite cagoterie des dévotes, il me sembloit pourtant que c'étoit le temps de songer à ce qu'elle estimoit d'une si grande importance, et qui ne souffroit aucun retard. Si l'on est dévot durant le tracas de cette vie, comment ne le sera-t-on pas au moment qu'il faut la quitter, et qu'il ne reste plus qu'à penser à l'autre!

Ces réflexions m'amenèrent à un point où je ne me serois guère attendu d'arriver. Je commençai presque d'être inquiet que mes opinions indiscrètement soutenues n'eussent enfin trop gagné sur elle. Je n'avois pas adopté les siennes, et pourtant je n'aurois pas voulu qu'elle y eût renoncé. Si j'eusse été malade, je serois certainement mort dans mon sentiment; mais je désirois qu'elle mourût dans le sien, et je trouvois pour ainsi dire qu'en elle je risquois plus qu'en moi. Ces contradictions vous paroîtront extravagantes, je ne les trouve pas raisonnables, et cependant elles ont existé. Je ne me charge pas de les justifier, je vous les rapporte.

Enfin le moment vint où mes doutes alloient être éclaircis. Car il étoit aisé de prévoir que tôt ou tard le pasteur amèneroit la conversation sur ce qui fait l'objet de son ministère; et quand Julie eût été capable de déguisement dans ses réponses, il lui eût été bien difficile de se déguiser assez pour qu'attentif et prévenu, je n'eusse par démêlé ses vrais sentimens.

Tout arriva comme je l'avois prévu. Je laisse à part les lieux communs mêlés d'éloges qui servirent de transitions au ministre pour venir à son sujet; je laisse encore ce qu'il lui dit de touchant sur le bonheur de couronner une bonne vie par une fin chrétienne. Il ajouta qu'à la vérité il lui avoit quelquefois trouvé sur certains points des sentimens qui ne s'accordoient pas entièrement avec la doctrine de l'Église, c'est-à-dire avec celle que la plus saine raison pouvoit déduire de l'Écriture; mais comme elle ne s'étoit jamais aheurtée à les défendre, il espéroit qu'elle vouloit mourir ainsi qu'elle avoit vécu, dans la communion des fidèles, et acquiescer en tout à la commune profession de foi.

Comme la réponse de Julie étoit décisive sur mes doutes, et n'étoit pas, à l'égard des lieux communs, dans le cas de l'exhortation, je vais vous la rapporter presque mot à mot, car je l'avois bien écoutée, et j'allai l'écrire dans le moment.

« Permettez-moi, monsieur, de commencer
» par vous remercier de tous les soins que vous
» avez pris de me conduire dans la droite route
» de la morale et de la foi chrétienne, et de la
» douceur avec laquelle vous avez corrigé ou
» supporté mes erreurs quand je me suis ega-
» rée. Pénétrée de respect pour votre zèle et de
» reconnoissance pour vos bontés, je déclare
» avec plaisir que je vous dois toutes mes bon-

» nes résolutions, et que vous m'avez toujours
» portée à faire ce qui étoit bien, et à croire
» ce qui étoit vrai.

» J'ai vécu et je meurs dans la communion
» protestante, qui tire son unique règle de l'É-
» criture sainte et de la raison; mon cœur a
» toujours confirmé ce que prononçoit ma bou-
» che; et quand je n'ai pas eu pour vos lumiè-
» res toute la docilité qu'il eût fallu peut-être,
» c'étoit un effet de mon aversion pour toute
» espèce de déguisement; ce qu'il m'étoit im-
» possible de croire, je n'ai pu dire que je le
» croyois; j'ai toujours cherché sincèrement ce
» qui étoit conforme à la gloire de Dieu et à la
» vérité. J'ai pu me tromper dans ma recher-
» che; je n'ai pas l'orgueil de penser avoir eu
» toujours raison : j'ai peut-être eu toujours
» tort; mais mon intention a toujours été pure,
» et j'ai toujours cru ce que je disois croire.
» C'étoit sur ce point tout ce qui dépendoit de
» moi. Si Dieu n'a pas éclairé ma raison au-de-
» là, il est clément et juste; pourroit-il me de-
» mander compte d'un don qu'il ne m'a pas
» fait?

» Voilà, monsieur, ce que j'avois d'essentiel
» à vous dire sur les sentimens que j'ai profes-
» sés. Sur tout le reste mon état présent vous
» répond pour moi. Distraite par le mal, livrée
» au délire de la fièvre, est-il temps d'essayer
» de raisonner mieux que je n'ai fait jouissant
» d'un entendement aussi sain que je l'ai reçu?
» Si je me suis trompée alors, me tromperois-je
» moins aujourd'hui? et dans l'abattement où
» je suis dépend-il de moi de croire autre chose
» que ce que j'ai cru étant en santé? C'est la rai-
» son qui décide du sentiment qu'on préfère; et
» la mienne ayant perdu ses meilleures fonctions,
» quelle autorité peut donner ce qui m'en reste
» aux opinions que j'adopterois sans elle? Que
» me reste-t-il donc désormais à faire? c'est de
» m'en rapporter à ce que j'ai cru ci-devant :
» car la droiture d'intention est la même, et
» j'ai le jugement de moins. Si je suis dans l'er-
» reur, c'est sans l'aimer; cela suffit pour me
» tranquilliser sur ma croyance.

» Quant à la préparation à la mort, mon-
» sieur, elle est faite; mal, il est vrai, mais de
» mon mieux, et mieux du moins que je ne la
» pourrois faire à présent. J'ai tâché de ne pas
» attendre, pour remplir cet important devoir,
» que j'en fusse incapable. Je priois en santé,
» maintenant je me résigne. La prière du ma-
» lade est la patience : la préparation à la mort
» est une bonne vie; je n'en connois point d'au-
» tre. Quand je conversois avec vous, quand je
» me recueillois seule, quand je m'efforçois de
» remplir les devoirs que Dieu m'impose, c'est
» alors que je me disposois à paroître devant
» lui; c'est alors que je l'adorois de toutes les
» forces qu'il m'a données : que ferois-je au-
» jourd'hui, que je les ai perdues? mon âme
» aliénée est-elle en état de s'élever à lui? ces
» restes d'une vie à demi éteinte, absorbés par
» la souffrance, sont-ils dignes de lui être of-
» ferts? Non, monsieur; il me les laisse pour
» être donnés à ceux qu'il m'a fait aimer et qu'il
» veut que je quitte : je leur fais mes adieux
» pour aller à lui; c'est d'eux qu'il faut que je
» m'occupe : bientôt je m'occuperai de lui seul.
» Mes derniers plaisirs sur la terre sont aussi
» mes derniers devoirs : n'est-ce pas le servir
» encore et faire sa volonté, que de remplir les
» soins que l'humanité m'impose avant d'aban-
» donner sa dépouille? Que faire pour apaiser
» des troubles que je n'ai pas? Ma conscience
» n'est point agitée : si quelquefois elle m'a
» donné des craintes, j'en avois plus en santé
» qu'aujourd'hui. Ma confiance les efface; elle
» me dit que Dieu est plus clément que je ne
» suis coupable, et ma sécurité redouble en me
» sentant approcher de lui. Je ne lui porte point
» un repentir imparfait, tardif et forcé, qui,
» dicté par la peur, ne sauroit être sincère,
» et n'est qu'un piége pour le tromper : je ne
» lui porte pas le reste et le rebut de mes jours,
» pleins de peines et d'ennuis, en proie à la
» maladie, aux douleurs, aux angoisses de la
» mort, et que je ne lui donnerois que quand
» je n'en pourrois plus rien faire : je lui porte
» ma vie entière, pleine de péchés et de fautes,
» mais exempte des remords de l'impie et des
» crimes du méchant.

» A quels tourmens Dieu pourroit-il con-
» damner mon âme? Les réprouvés, dit-on,
» le haïssent : il faudroit donc qu'il m'empê-
» chât de l'aimer? Je ne crains pas d'augmen-
» ter leur nombre. O grand Être! Être éter-
» nel, suprême intelligence, source de vie et
» de félicité, créateur, conservateur, père de
» l'homme, et roi de la nature, Dieu très-puis-

» sant, très-bon, dont je ne doutai jamais un
» moment, et sous les yeux duquel j'aimai tou-
» jours à vivre! je le sais, je m'en réjouis, je
» vais paroître devant ton trône. Dans peu de
» jours mon âme, libre de sa dépouille, com-
» mencera de t'offrir plus dignement cet im-
» mortel hommage qui doit faire mon bonheur
» durant l'éternité. Je compte pour rien tout
» ce que je serai jusqu'à ce moment. Mon corps
» vit encore, mais ma vie morale est finie. Je
» suis au bout de ma carrière, et déjà jugée
» sur le passé. Souffrir et mourir est tout ce
» qui me reste à faire; c'est l'affaire de la na-
» ture : mais moi, j'ai tâché de vivre de ma-
» nière à n'avoir pas besoin de songer à la
» mort; et maintenant qu'elle approche, je la
» vois venir sans effroi. Qui s'endort dans le
» sein d'un père n'est pas en souci du réveil. »

Ce discours, prononcé d'abord d'un ton grave et posé, puis avec plus d'accent et d'une voix plus élevée, fit sur tous les assistans, sans m'en excepter, une impression d'autant plus vive, que les yeux de celle qui le prononça brilloient d'un feu surnaturel; un nouvel éclat animoit son teint, elle paroissoit rayonnante; et s'il y a quelque chose au monde qui mérite le nom de céleste, c'étoit son visage tandis qu'elle parloit.

Le pasteur lui-même, saisi, transporté de ce qu'il venoit d'entendre, s'écria en levant les yeux et les mains au ciel : Grand Dieu! voilà le culte qui t'honore; daigne t'y rendre propice; les humains t'en offrent peu de pareils.

Madame, dit-il en s'approchant du lit, je croyois vous instruire, et c'est vous qui m'in-struisez. Je n'ai plus rien à vous dire. Vous avez la véritable foi, celle qui fait aimer Dieu. Emportez ce précieux repos d'une bonne con-science, il ne vous trompera pas; j'ai vu bien des chrétiens dans l'état où vous êtes, je ne l'ai trouvé qu'en vous seule. Quelle différence d'une fin si paisible à celle de ces pécheurs bourrelés qui n'accumulent tant de vaines et sèches priè-res que parce qu'ils sont indignes d'être exau-cés! Madame, votre mort est aussi belle que votre vie : vous avez vécu pour la charité; vous mourez martyre de l'amour maternel. Soit que Dieu vous rende à nous pour nous servir d'exemple, soit qu'il vous appelle à lui pour couronner vos vertus, puissions-nous tous tant que nous sommes vivre et mourir comme vous!

nous serons bien sûrs du bonheur de l'autre vie.

Il voulut s'en aller; elle le retint. Vous êtes de mes amis, lui dit-elle, et l'un de ceux que je vois avec le plus de plaisir; c'est pour eux que mes derniers momens me sont précieux. Nous allons nous quitter pour si long-temps, qu'il ne faut pas nous quitter si vite. Il fut charmé de rester, et je sortis là-dessus.

En rentrant, je vis que la conversation avoit continué sur le même sujet, mais d'un autre ton et comme sur une matière indifférente. Le pasteur parloit de l'esprit faux qu'on donnoit au christianisme en n'en faisant que la religion des mourans, et de ses ministres des hommes de mauvais augure. On nous regarde, disoit-il, comme des messagers de mort, parce que, dans l'opinion commode qu'un quart d'heure de re-pentir suffit pour effacer cinquante ans de cri-mes, on n'aime à nous voir que dans ce temps-là. Il faut nous vêtir d'une couleur lugubre; il faut affecter un air sévère; on n'épargne rien pour nous rendre effrayans. Dans les autres cultes c'est pis encore. Un catholique mourant n'est environné que d'objets qui l'épouvantent, et de cérémonies qui l'enterrent tout vivant. Au soin qu'on prend d'écarter de lui les démons, il croit en voir sa chambre pleine; il meurt cent fois de terreur avant qu'on l'achève; et c'est dans cet état d'effroi que l'Église aime à le plonger pour avoir meilleur marché de sa bourse. Rendons grâces au ciel, dit Julie, de n'être point nés dans ces religions vénales, qui tuent les gens pour en hériter, et qui, vendant le paradis aux riches, portent jusqu'en l'autre monde l'injuste inégalité qui règne dans celui-ci. Je ne doute point que toutes ces sombres idées ne fomentent l'incrédulité, et ne donnent une aversion naturelle pour le culte qui les nourrit. J'espère, dit-elle en me regardant, que celui qui doit élever nos enfans prendra des maximes tout opposées, et qu'il ne leur rendra point la religion lugubre et triste en y mêlant incessam-ment des pensées de mort. S'il leur apprend à bien vivre, ils sauront assez bien mourir.

Dans la suite de cet entretien, qui fut moins serré et plus interrompu que je ne vous le rap-porte, j'achevai de concevoir les maximes de Julie et la conduite qui m'avoit scandalisé. Tout cela tenoit à ce que, sentant son état par-faitement désespéré, elle ne songeoit plus qu'à en écarter l'inutile et funèbre appareil dont l'effroi des mourans les environne, soit pour donner le change à notre affliction, soit pour s'ôter à elle-même un spectacle attristant à pure perte. La mort, disoit-elle, est déjà si pénible ! pourquoi la rendre encore hideuse ? Les soins que les autres perdent à vouloir prolonger leur vie, je les emploie à jouir de la mienne jusqu'au bout : il ne s'agit que de savoir prendre son parti ; tout le reste va de lui-même. Ferai-je de ma chambre un hôpital, un objet de dégoût et d'ennui, tandis que mon dernier soin est d'y rassembler tout ce qui m'est cher ? Si j'y laisse croupir le mauvais air, il en faudra écarter mes enfans, ou exposer leur santé. Si je reste dans un équipage à faire peur, personne ne me reconnoîtra plus ; je ne serai plus la même ; vous vous souviendrez tous de m'avoir aimée, et ne pourrez plus me souffrir ; j'aurai, moi vivante, l'affreux spectacle de l'horreur que je ferai, même à mes amis, comme si j'étois déjà morte. Au lieu de cela, j'ai trouvé l'art d'étendre ma vie sans la prolonger. J'existe, j'aime, je suis aimée, je vis jusqu'à mon dernier soupir. L'instant de la mort n'est rien ; le mal de la nature est peu de chose ; j'ai banni tous ceux de l'opinion.

Tous ces entretiens et d'autres semblables se passoient entre la malade, le pasteur, quelquefois le médecin, la Fanchon et moi. Madame d'Orbe y étoit toujours présente, et ne s'y mêloit jamais. Attentive aux besoins de son amie, elle étoit prompte à la servir. Le reste du temps, immobile et presque inanimée, elle la regardoit sans rien dire, et sans rien entendre de ce qu'on disoit.

Pour moi, craignant que Julie ne parlât jusqu'à s'épuiser, je pris le moment que le ministre et le médecin s'étoient mis à causer ensemble ; et m'approchant d'elle, je lui dis à l'oreille : Voilà bien des discours pour une malade : voilà bien de la raison pour quelqu'un qui se croit hors d'état de raisonner !

Oui, me dit-elle tout bas, je parle trop pour une malade, mais non pas pour une mourante ; bientôt je ne dirai plus rien. A l'égard des raisonnemens, je n'en fais plus, mais j'en ai fait. Je savois en santé qu'il falloit mourir. J'ai souvent réfléchi sur ma dernière maladie ; je profite aujourd'hui de ma prévoyance. Je ne suis plus en état de penser ni de résoudre ; je ne fais que dire ce que j'avois pensé, et pratiquer ce que j'avois résolu.

Le reste de la journée, à quelques accidens près, se passa avec la même tranquillité, et presque de la même manière que quand tout le monde se portoit bien. Julie étoit, comme en pleine santé, douce et caressante ; elle parloit avec le même sens, avec la même liberté d'esprit, même d'un air serein qui alloit quelquefois jusqu'à la gaîté : enfin, je continuois de démêler dans ses yeux un certain mouvement de joie qui m'inquiétoit de plus en plus, et sur lequel je résolus de m'éclaircir avec elle.

Je n'attendis pas plus tard que le même soir. Comme elle vit que je m'étois ménagé un tête-à-tête, elle me dit : Vous m'avez prévenue, j'avois à vous parler. Fort bien, lui dis-je ; mais puisque j'ai pris les devans, laissez-moi m'expliquer le premier.

Alors, m'étant assis auprès d'elle, et la regardant fixement, je lui dis : Julie, ma chère Julie ! vous avez navré mon cœur : hélas ! vous avez attendu bien tard ! Oui, continuai-je, voyant qu'elle me regardoit avec surprise, je vous ai pénétrée, vous vous réjouissez de mourir ; vous êtes bien aise de me quitter. Rappelez-vous la conduite de votre époux depuis que nous vivons ensemble ; ai-je mérité de votre part un sentiment si cruel ? A l'instant elle me prit les mains, et de ce ton qui savoit aller chercher l'âme : Qui ? moi ? Je veux vous quitter ? Est-ce ainsi que vous lisez dans mon cœur ? Avez-vous si tôt oublié notre entretien d'hier ? Cependant, repris-je, vous mourez contente.... je l'ai vu.... je le vois.... Arrêtez, dit-elle : il est vrai, je meurs contente ; mais c'est de mourir comme j'ai vécu, digne d'être votre épouse. Ne m'en demandez pas davantage, je ne vous dirai rien de plus ; mais voici, continua-t-elle en tirant un papier de dessous son chevet, où vous achèverez d'éclaircir ce mystère. Ce papier étoit une lettre ; et je vis qu'elle vous étoit adressée. Je vous la remets ouverte, ajouta-t-elle en me la donnant, afin qu'après l'avoir lue vous vous déterminiez à l'envoyer ou à la supprimer, selon ce que vous trouverez le plus convenable à votre sagesse et à mon honneur. Je vous prie de ne la lire que quand je ne serai plus ; et je suis si sûre de ce que vous ferez à ma prière, que je ne veux pas même que vous me le promettiez. Cette lettre, cher Saint-Preux, est celle que vous trouverez ci-jointe. J'ai beau savoir que celle qui l'a écrite est morte, j'ai peine à croire qu'elle n'est plus rien.

Elle me parla ensuite de son père avec inquiétude. Quoi! dit-elle, il sait sa fille en danger, et je n'entends point parler de lui! Lui seroit-il arrivé quelque malheur? Auroit-il cessé de m'aimer? Quoi! mon père!.... ce père si tendre.... m'abandonner ainsi!... me laisser mourir sans le voir!... sans recevoir sa bénédiction...... ses derniers embrassemens !..... O Dieu! quels reproches amers il se fera quand il ne me trouvera plus! Cette réflexion lui étoit douloureuse. Je jugeai qu'elle supporteroit plus aisément l'idée de son père malade, que celle de son père indifférent. Je pris le parti de lui avouer la vérité. En effet, l'alarme qu'elle en conçut se trouva moins cruelle que ses premiers soupçons. Cependant la pensée de ne plus le revoir l'affecta vivement. Hélas! dit-elle, que deviendra-t-il après moi? à quoi tiendra-t-il? Survivre à toute sa famille!.... quelle vie sera la sienne? Il sera seul, il ne vivra plus. Ce moment fut un de ceux où l'horreur de la mort se faisoit sentir, et où la nature reprenoit son empire. Elle soupira, joignit les mains, leva les yeux; et je vis qu'en effet elle employoit cette difficile prière qu'elle avoit dit être celle du malade.

Elle revint à moi. Je me sens foible, dit-elle; je prévois que cet entretien pourroit être le dernier que nous aurons ensemble. Au nom de notre union, au nom de nos chers enfans qui en sont le gage, ne soyez plus injuste envers votre épouse. Moi, me réjouir de vous quitter! vous qui n'avez vécu que pour me rendre heureuse et sage, vous de tous les hommes celui qui me convenoit le plus, le seul peut-être avec qui je pouvois faire un bon ménage et devenir une femme de bien! Ah! croyez que si je mettois un prix à la vie, c'étoit pour la passer avec vous. Ces mots prononcés avec tendresse m'émurent au point qu'en portant fréquemment à ma bouche ses mains que je tenois dans les miennes, je les sentis se mouiller de mes pleurs. Je ne crois pas mes yeux faits pour en répandre. Ce furent les premiers depuis ma naissance, ce seront les derniers jusqu'à ma mort. Après en avoir versé pour Julie, il n'en faut plus verser pour rien.

Ce jour fut pour elle un jour de fatigue. La préparation de madame d'Orbe durant la nuit, la scène des enfans le matin, celle du ministre l'après-midi, l'entretien du soir avec moi, l'avoient jetée dans l'épuisement. Elle eut un peu plus de repos cette nuit-là que les précédentes, soit à cause de sa foiblesse, soit qu'en effet la fièvre et le redoublement fussent moindres.

Le lendemain, dans la matinée, on vint me dire qu'un homme très-mal mis demandoit avec beaucoup d'empressement à voir madame en particulier. On lui avoit dit l'état où elle étoit: il avoit insisté, disant qu'il s'agissoit d'une bonne action, qu'il connoissoit bien madame de Wolmar, et qu'il savoit que tant qu'elle respireroit elle aimeroit à en faire de telles. Comme elle avoit établi pour règle inviolable de ne jamais rebuter personne, et surtout les malheureux, on me parla de cet homme avant de le renvoyer. Je le fis venir. Il étoit presque en guenilles, il avoit l'air et le ton de la misère; au reste, je n'aperçus rien dans sa physionomie et dans ses propos qui me fît mal augurer de lui. Il s'obstinoit à ne vouloir parler qu'à Julie. Je lui dis que s'il ne s'agissoit que de quelques secours pour lui aider à vivre, sans importuner pour cela une femme à l'extrémité, je ferois ce qu'elle auroit pu faire. Non, dit-il, je ne demande point d'argent, quoique j'en aie grand besoin; je demande un bien qui m'appartient, un bien que j'estime plus que tous les trésors de la terre, un bien que j'ai perdu par ma faute, et que madame seule, de qui je le tiens, peut me rendre une seconde fois.

Ce discours, auquel je ne compris rien, me détermina pourtant. Un malhonnête homme eût pu dire la même chose, mais il ne l'eût jamais dite du même ton. Il exigeoit du mystère, ni laquais ni femme de chambre. Ces précautions me sembloient bizarres; toutefois je les pris; enfin je le lui menai. Il m'avoit dit être connu de madame d'Orbe: il passa devant elle; elle ne le reconnut point, et j'en fus peu surpris. Pour Julie, elle le reconnut à l'instant, et le voyant dans ce triste équipage, elle me reprocha de l'y avoir laissé. Cette reconnoissance fut touchante. Claire, éveillée par le bruit, s'approche, et le reconnoît à la fin, non sans donner aussi quelques signes de joie; mais les témoignages de son bon cœur s'éteignoient dans sa profonde affliction : un seul sentiment absorboit tout; elle n'étoit plus sensible à rien.

Je n'ai pas besoin, je crois, de vous dire qui étoit cet homme. Sa présence rappela bien des souvenirs. Mais, tandis que Julie le consoloit et lui donnoit de bonnes espérances, elle fut saisie d'un violent étouffement, et se trouva si mal qu'on crut qu'elle alloit expirer. Pour ne pas faire scène et prévenir les distractions dans un moment où il ne falloit songer qu'à la secourir, je fis passer l'homme dans le cabinet, l'avertissant de le fermer sur lui. La Fanchon fut appelée, et à force de temps et de soins la malade revint enfin de sa pâmoison. En nous voyant tous consternés autour d'elle, elle nous dit : Mes enfans, ce n'est qu'un essai; cela n'est pas si cruel qu'on pense.

Le calme se rétablit; mais l'alarme avoit été si chaude qu'elle me fit oublier l'homme dans le cabinet; et quand Julie me demanda tout bas ce qu'il étoit devenu, le couvert étoit mis, tout le monde étoit là. Je voulus entrer pour lui parler; mais il avoit fermé la porte en dedans, comme je lui avois dit; il fallut attendre après le dîner pour le faire sortir.

Durant le repas, du Bosson qui s'y trouvoit, parlant d'une jeune veuve qu'on disoit se remarier, ajouta quelque chose sur le triste sort des veuves. Il y en a, dis-je, de bien plus à plaindre encore; ce sont les veuves dont les maris sont vivans. Cela est vrai, reprit Fanchon, qui vit que ce discours s'adressoit à elle, surtout quand ils leur sont chers. Alors l'entretien tomba sur le sien; et, comme elle en avoit parlé avec affection dans tous les temps, il étoit naturel qu'elle en parlât de même au moment où la perte de sa bienfaitrice alloit lui rendre la sienne encore plus rude. C'est aussi ce qu'elle fit en termes très-touchans, louant son bon naturel, et déplorant les mauvais exemples qui l'avoient séduit, et le regrettant si sincèrement, que, déjà disposée à la tristesse, elle s'émut jusqu'à pleurer. Tout à coup le cabinet s'ouvre, l'homme en guenilles en sort impétueusement, se précipite à ses genoux, les embrasse et fond en larmes. Elle tenoit un verre; il lui échappe : Ah! malheureux! d'où viens-tu? elle se laisse aller sur lui, et seroit tombée en foiblesse si l'on n'eût été prompt à la secourir.

Le reste est facile à imaginer. En un moment on sut par toute la maison que Claude Anet étoit arrivé. Le mari de la bonne Fanchon! quelle fête! A peine étoit-il hors de la chambre qu'il fut équipé. Si chacun n'avoit eu que deux chemises, Anet en auroit autant eu lui tout seul qu'il en seroit resté à tous les autres. Quand je sortis pour le faire habiller, je trouvai qu'on m'avoit si bien prévenu qu'il fallut user d'autorité pour faire tout reprendre à ceux qui l'avoient fourni.

Cependant Fanchon ne vouloit point quitter sa maîtresse. Pour lui faire donner quelques heures à son mari, on prétexta que les enfans avoient besoin de prendre l'air, et tous deux furent chargés de les conduire.

Cette scène n'incommoda point la malade comme les précédentes; elle n'avoit rien eu que d'agréable, et ne lui fit que du bien. Nous passâmes l'après-midi, Claire et moi, seuls auprès d'elle, et nous eûmes deux heures d'un entretien paisible, qu'elle rendit le plus intéressant, le plus charmant que nous eussions jamais eu.

Elle commença par quelques observations sur le touchant spectacle qui venoit de nous frapper, et qui lui rappeloit si vivement les premiers temps de sa jeunesse; puis, suivant le fil des événemens, elle fit une courte récapitulation de sa vie entière pour montrer qu'à tout prendre elle avoit été douce et fortunée, que de degrés en degrés elle étoit montée au comble du bonheur permis sur la terre, et que l'accident qui terminoit ses jours au milieu de leur course marquoit, selon toute apparence, dans sa carrière naturelle, le point de séparation des biens et des maux.

Elle remercia le ciel de lui avoir donné un cœur sensible et porté au bien, un entendement sain, une figure prévenante; de l'avoir fait naître dans un pays de liberté et non parmi des esclaves, d'une famille honorable et non d'une race de malfaiteurs, dans une honnête fortune et non dans les grandeurs du monde qui corrompent l'âme, ou dans l'indigence qui l'avilit. Elle se félicita d'être née d'un père et d'une mère tous deux vertueux et bons, pleins de droiture et d'honneur, et qui, tempérant les défauts l'un de l'autre, avoient formé sa raison sur la leur sans lui donner leur foiblesse ou leurs préjugés. Elle vanta l'avantage d'avoir été élevée dans une religion raisonnable et sainte, qui, loin d'abrutir l'homme, l'ennoblit et l'éleve, qui, ne favorisant ni l'impiété ni le fanatisme, permet d'être sage et de croire, d'être humain et pieux tout à la fois.

Après cela, serrant la main de sa cousine qu'elle tenoit dans la sienne, et la regardant de cet œil que vous devez connoître et que la langueur rendoit encore plus touchant : Tous ces biens, dit-elle, ont été donnés à mille autres; mais celui-ci !... le ciel ne l'a donné qu'à moi. J'étois femme, et j'eus une amie : il nous fit naître en même temps; il mit dans nos inclinations un accord qui ne s'est jamais démenti; il fit nos cœurs l'un pour l'autre; il nous unit dès le berceau : je l'ai conservée tout le temps de ma vie, et sa main me ferme les yeux. Trouvez un autre exemple pareil au monde, et je ne me vante plus de rien. Quels sages conseils ne m'a-t-elle pas donnés ? de quels périls ne m'a-t-elle pas sauvée ? de quels maux ne me consoloit-elle pas ? Qu'eussé-je été sans elle ? que n'eût-elle pas fait de moi si je l'avois mieux écoutée ? Je la vaudrois peut-être aujourd'hui ! Claire, pour toute réponse, baissa la tête sur le sein de son amie, et voulut soulager ses sanglots par des pleurs : il ne fut pas possible. Julie la pressa long-temps contre sa poitrine en silence. Ces momens n'ont ni mots ni larmes.

Elles se remirent, et Julie continua. Ces biens étoient mêlés d'inconvéniens; c'est le sort des choses humaines. Mon cœur étoit fait pour l'amour, difficile en mérite personnel, indifférent sur tous les biens de l'opinion. Il étoit presque impossible que les préjugés de mon père s'accordassent avec mon penchant. Il me falloit un amant que j'eusse choisi moi-même. Il s'offrit ; je crus le choisir : sans doute le ciel le choisit pour moi, afin que, livrée aux erreurs de ma passion, je ne le fusse pas aux horreurs du crime, et que l'amour de la vertu restât au moins dans mon âme après elles. Il prit le langage honnête et insinuant avec lequel mille fourbes séduisent tous les jours autant de filles bien nées : mais seul parmi tant d'autres, il étoit honnête homme et pensoit ce qu'il disoit. Étoit-ce ma prudence qui l'avoit discerné ?

Non ; je ne connus d'abord de lui que son langage, et je fus séduite. Je fis par désespoir ce que d'autres font par effronterie : je me jetai, comme disoit mon père, à sa tête : il me respecta. Ce fut alors seulement que je pus le connoître. Tout homme capable d'un pareil trait a l'âme belle ; alors on y peut compter. Mais j'y comptois auparavant, ensuite j'osai compter sur moi-même ; et voilà comment on se perd.

Elle s'étendit avec complaisance sur le mérite de cet amant ; elle lui rendoit justice, mais on voyoit combien son cœur se plaisoit à la lui rendre. Elle le louoit même à ses propres dépens. A force d'être équitable envers lui, elle étoit inique envers elle, et se faisoit tort pour lui faire honneur. Elle alla jusqu'à soutenir qu'il eut plus d'horreur qu'elle de l'adultère, sans se souvenir qu'il avoit lui-même réfuté cela.

Tous les détails du reste de sa vie furent suivis dans le même esprit. Mylord Édouard, son mari, ses enfans, votre retour, notre amitié, tout fut mis sous un jour avantageux. Ses malheurs mêmes lui en avoient épargné de plus grands. Elle avoit perdu sa mère au moment que cette perte lui pouvoit être la plus cruelle; mais si le ciel la lui eût conservée, bientôt il fût survenu du désordre dans sa famille. L'appui de sa mère, quelque foible qu'il fût, eût suffi pour la rendre plus courageuse à résister à son père ; et de là seroient sortis la discorde et les scandales, peut-être les désastres et le déshonneur, peut-être pis encore si son frère avoit vécu. Elle avoit épousé malgré elle un homme qu'elle n'aimoit point ; mais elle soutint qu'elle n'auroit pu jamais être aussi heureuse avec un autre, pas même avec celui qu'elle avoit aimé. La mort de M. d'Orbe lui avoit ôté un ami, mais en lui rendant son amie. Il n'y avoit pas jusqu'à ses chagrins et ses peines qu'elle ne comptât pour des avantages, en ce qu'ils avoient empêché son cœur de s'endurcir aux malheurs d'autrui. On ne sait pas, disoit-elle, quelle douceur c'est de s'attendrir sur ses propres maux et sur ceux des autres. La sensibilité porte toujours dans l'âme un certain contentement de soi-même indépendant de la fortune et des événemens. Que j'ai gémi ! que j'ai versé de larmes ! Eh bien ! s'il falloit renaître aux mêmes conditions, le mal que j'ai commis seroit le seul que je voudrois retrancher ; celui que j'ai souffert me seroit agréable encore. Saint-Preux, je vous rends ses propres mots; quand vous aurez lu sa lettre, vous les comprendrez peut-être mieux.

Voyez donc, continuoit-elle, à quelle félicité je suis parvenue. J'en avois beaucoup ; j'en attendois davantage. La prospérité de ma famille, une bonne éducation pour mes enfans, tout ce qui m'étoit cher rassemblé autour de moi ou prêt à l'être. Le présent, l'avenir, me flattoient également : la jouissance et l'espoir se réunissoient pour me rendre heureuse : mon bonheur monté par degrés étoit au comble ; il ne pouvoit plus que déchoir ; il étoit venu sans être attendu, il se fût enfui quand je l'aurois cru durable. Qu'eût fait le sort pour me soutenir à ce point? Un état permanent est-il fait pour l'homme ? Non, quand on a tout acquis il faut perdre, ne fût-ce que le plaisir de la possession qui s'use par elle. Mon père est déjà vieux ; mes enfans sont dans l'âge tendre où la vie est encore mal assurée : que de pertes pouvoient m'affliger, sans qu'il me restât plus rien à pouvoir acquérir ! L'affection maternelle augmente sans cesse, la tendresse filiale diminue, à mesure que les enfants vivent plus loin de leur mère. En avançant en âge les miens se seroient plus séparés de moi. Ils auroient vécu dans le monde ; ils m'auroient pu négliger. Vous en voulez envoyer un en Russie ; que de pleurs son départ m'auroit coûtés ! Tout se seroit détaché de moi peu à peu, et rien n'eût suppléé aux pertes que j'aurois faites. Combien de fois j'aurois pu me trouver dans l'état où je vous laisse ! Enfin n'eût-il pas fallu mourir ? peut-être mourir la dernière de tous ! peut-être seule et abandonnée ! Plus on vit, plus on aime à vivre, même sans jouir de rien : j'aurois eu l'ennui de la vie et la terreur de la mort, suite ordinaire de la vieillesse. Au lieu de cela, mes derniers instans sont encore agréables, et j'ai de la vigueur pour mourir ; si même on peut appeler mourir que laisser vivant ce qu'on aime. Non, mes amis, non, mes enfans, je ne vous quitte pas pour ainsi dire ; je reste avec vous : en vous laissant tous unis, mon esprit, mon cœur, vous demeurent. Vous me verrez sans cesse entre vous ; vous vous sentirez sans cesse environnés de moi... Et puis nous nous rejoindrons, j'en suis sûre ; le bon Wolmar lui-même ne m'échappera pas. Mon retour à Dieu tranquillise mon âme et m'adoucit un moment pénible ; il me promet pour vous le même destin qu'à moi. Mon sort me suit et s'assure. Je fus heureuse, je le suis, je vais l'être : mon bonheur est fixé, je l'arrache à la fortune ; il n'a plus de bornes que l'éternité.

Elle en étoit là quand le ministre entra. Il l'honoroit et l'estimoit véritablement. Il savoit mieux que personne combien sa foi étoit vive et sincère. Il n'en avoit été que plus frappé de l'entretien de la veille, et en tout, de la contenance qu'il lui avoit trouvée. Il avoit vu souvent mourir avec ostentation, jamais avec sérénité. Peut-être à l'intérêt qu'il prenoit à elle se joignit-il un désir secret de voir si ce calme se soutiendroit jusqu'au bout.

Elle n'eut pas besoin de changer beaucoup le sujet de l'entretien pour en amener un convenable au caractère du survenant. Comme ses conversations en pleine santé n'étoient jamais frivoles, elle ne faisoit alors que continuer à traiter dans son lit avec la même tranquillité des sujets intéressans pour elle et pour ses amis ; elle agitoit indifféremment des questions qui n'étoient pas indifférentes.

En suivant le fil de ses idées sur ce qui pouvoit rester d'elle avec nous, elle nous parloit de ses anciennes réflexions sur l'état des âmes séparées des corps ; elle admiroit la simplicité des gens qui promettoient à leurs amis de venir leur donner des nouvelles de l'autre monde. Cela, disoit-elle, est aussi raisonnable que les contes de revenans qui font mille désordres et tourmentent les bonnes femmes ; comme si les esprits avoient des voix pour parler, et des mains pour battre (¹) ! Comment un pur esprit agiroit-il sur une âme enfermée dans un corps, et qui, en vertu de cette union, ne peut rien

---

(¹) Platon dit qu'à la mort les âmes des justes qui n'ont point contracté de souillure sur la terre se dégagent sens de la matière dans toute leur pureté. Quant à ceux qui se sont ici-bas asservis à leurs passions, il ajoute que leurs âmes ne reprennent point si tôt leur pureté primitive, mais qu'elles en rainent avec elles des parties terrestres qui les tiennent comme enchaînées autour des débris de leurs corps. Voilà, dit-il, ce qui produit ces simulacres sensibles qu'on voit quelquefois errans sur les cimetières, en attendant de nouvelles transmigrations *). C'est une manie commune aux philosophes de tous les âges de nier ce qui est, et d'expliquer ce qui n'est pas.

(*) Phédon, ch. 29 et 30. (T. I, p. 185, édit. des Deux-Ponts.) G. P.

apercevoir que par l'entremise de ses organes? Il n'y a pas de sens à cela. Mais j'avoue que je ne vois point ce qu'il y a d'absurde à supposer qu'une âme libre d'un corps qui jadis habita la terre puisse y revenir encore, errer, demeurer peut-être autour de ce qui lui fut cher; non pas pour nous avertir de sa présence, elle n'a nul moyen pour cela; non pas pour agir sur nous et nous communiquer ses pensées, elle n'a point de prise pour ébranler les organes de notre cerveau; non pas pour apercevoir non plus ce que nous faisons, car il faudroit qu'elle eût des sens, mais pour connoître elle-même ce que nous pensons et ce que nous sentons, par une communication immédiate, semblable à celle par laquelle Dieu lit nos pensées dès cette vie, et par laquelle nous lirons réciproquement les siennes dans l'autre, puisque nous le verrons face à face (¹). Car enfin, ajouta-t-elle en regardant le ministre, à quoi serviroient des sens lorsqu'ils n'auront plus rien à faire? L'Etre éternel ne se voit ni ne s'entend; il se fait sentir; il ne parle ni aux yeux ni aux oreilles, mais au cœur.

Je compris, à la réponse du pasteur et à quelques signes d'intelligence, qu'un des points ci-devant contestés entre eux étoit la résurrection des corps. Je m'aperçus aussi que je commençois à donner un peu plus d'attention aux articles de la religion de Julie où la foi se rapprochoit de la raison.

Elle se complaisoit tellement à ces idées, que quand elle n'eût pas pris son parti sur ses anciennes opinions, c'eût été une cruauté d'en détruire une qui lui sembloit si douce dans l'état où elle se trouvoit. Cent fois, disoit-elle, j'ai pris plus de plaisir à faire quelque bonne œuvre en imaginant ma mère présente qui lisoit dans le cœur de sa fille et l'applaudissoit. Il y a quelque chose de si consolant à vivre encore sous les yeux de ce qui nous fut cher! Cela fait qu'il ne meurt qu'à moitié pour nous. Vous pouvez juger si durant ces discours la main de Claire étoit souvent serrée.

Quoique le pasteur répondît à tout avec beaucoup de douceur et de modération, et qu'il affectât même de ne la contrarier en rien, de peur qu'on ne prît son silence sur d'autres points pour un aveu, il ne laissa pas d'être ecclésiastique un moment, et d'exposer sur l'autre vie une doctrine opposée. Il dit que l'immensité, la gloire et les attributs de Dieu seroient le seul objet dont l'âme des bienheureux seroit occupée; que cette contemplation sublime effaceroit tout autre souvenir; qu'on ne se verroit point, qu'on ne se reconnoîtroit point, même dans le ciel, et qu'à cet aspect ravissant on ne songeroit plus à rien de terrestre.

Cela peut être, reprit Julie : il y a si loin de la bassesse de nos pensées à l'essence divine, que nous ne pouvons juger des effets qu'elle produira sur nous quand nous serons en état de la contempler. Toutefois, ne pouvant maintenant raisonner que sur mes idées, j'avoue que je me sens des affections si chères, qu'il m'en coûteroit de penser que je ne les aurai plus. Je me suis même fait une espèce d'argument qui flatte mon espoir. Je me dis qu'une partie de mon bonheur consistera dans le témoignage d'une bonne conscience. Je me souviendrai donc de ce que j'aurai fait sur la terre; je me souviendrai donc aussi des gens qui m'y ont été chers; ils me le seront donc encore : ne les voir plus (¹) seroit une peine, et le séjour des bienheureux n'en admet point. Au reste, ajouta-t-elle en regardant le ministre d'un air assez gai, si je me trompe, un jour ou deux d'erreur seront bientôt passés : dans peu j'en saurai là-dessus plus que vous-même. En attendant, ce qu'il y a pour moi de très-sûr, c'est que tant que je me souviendrai d'avoir habité la terre, j'aimerai ceux que j'y ai aimés, et mon pasteur n'aura pas la dernière place.

Ainsi se passèrent les entretiens de cette journée, où la sécurité, l'espérance, le repos de l'âme, brillèrent plus que jamais dans celle de Julie, et lui donnoient d'avance, au jugement du ministre, la paix des bienheureux dont elle alloit augmenter le nombre. Jamais elle ne fut plus tendre, plus vraie, plus caressante, plus aimable, en un mot plus elle-même. Toujours du sens, toujours du sentiment, toujours la fer-

---

(¹) Cela me paroît très-bien dit : car qu'est-ce que voir Dieu face à face, si ce n'est lire dans la suprême Intelligence?

(¹) Il est aisé de comprendre que par ce mot *voir* elle entend un pur acte de l'entendement, semblable à celui par lequel Dieu nous voit, et par lequel nous verrons Dieu. Les sens ne peuvent imaginer l'immédiate communication des esprits, mais la raison la conçoit très-bien, et mieux, ce me semble que la communication du mouvement dans les corps.

meté du sage, et toujours la douceur du chrétien. Point de prétention, point d'apprêt, point de sentence; partout la naïve expression de ce qu'elle sentoit ; partout la simplicité de son cœur. Si quelquefois elle contraignoit les plaintes que la souffrance auroit dû lui arracher, ce n'étoit point pour jouer l'intrépidité stoïque, c'étoit de peur de navrer ceux qui étoient autour d'elle ; et quand les horreurs de la mort faisoient quelque instant pâtir la nature, elle ne cachoit point ses frayeurs : elle se laissoit consoler : sitôt qu'elle étoit remise elle consoloit les autres : on voyoit, on sentoit son retour; son air caressant le disoit à tout le monde. Sa gaîté n'étoit point contrainte, sa plaisanterie même étoit touchante ; on avoit le sourire à la bouche et les yeux en pleurs. Otez cet effroi qui ne permet pas de jouir de ce qu'on va perdre, elle plaisoit plus, elle étoit plus aimable qu'en santé même, et le dernier jour de sa vie en fut aussi le plus charmant.

Vers le soir elle eut encore un accident qui, bien que moindre que celui du matin, ne lui permit pas de voir long-temps ses enfans. Cependant elle remarqua qu'Henriette étoit changée. On lui dit qu'elle pleuroit beaucoup et ne mangeoit point. On ne la guérira pas de cela, dit-elle en regardant Claire; la maladie est dans le sang.

Se sentant bien revenue, elle voulut qu'on soupât dans sa chambre. Le médecin s'y trouva comme le matin. La Fanchon, qu'il falloit toujours avertir quand elle devoit venir manger à notre table, vint ce soir-là sans se faire appeler. Julie s'en aperçut et sourit. Oui, mon enfant, lui dit-elle, soupe encore avec moi ce soir; tu auras plus long-temps ton mari que ta maîtresse. Puis elle me dit : Je n'ai pas besoin de vous recommander Claude Anet. Non, repris-je; tout ce que vous avez honoré de votre bienveillance n'a pas besoin de m'être recommandé.

Le souper fut encore plus agréable que je ne m'y étois attendu. Julie, voyant qu'elle pouvoit soutenir la lumière, fit approcher la table, et, ce qui sembloit inconcevable dans l'état où elle étoit, elle eut appétit. Le médecin, qui ne voyoit plus d'inconvénient à le satisfaire, lui offrit un blanc de poulet. Non, dit-elle; mais je mangerois bien de cette ferra (¹). On lui en donna un petit morceau ; elle le mangea avec un peu de pain, et le trouva bon. Pendant qu'elle mangeoit il falloit voir madame d'Orbe la regarder; il falloit le voir, car cela ne peut se dire. Loin que ce qu'elle avoit mangé lui fît mal, elle en parut mieux le reste du souper : elle se trouva même de si bonne humeur, qu'elle s'avisa de remarquer, par forme de reproche, qu'il y avoit long-temps que je n'avois bu de vin étranger. Donnez, dit-elle, une bouteille de vin d'Espagne à ces messieurs. A la contenance du médecin, elle vit qu'il s'attendoit à boire du vrai vin d'Espagne, et sourit encore en regardant sa cousine : j'aperçus aussi que, sans faire attention à tout cela, Claire, de son côté, commençoit de temps à autre à lever les yeux, avec un peu d'agitation, tantôt sur Julie et tantôt sur Fanchon, à qui ces yeux sembloient dire ou demander quelque chose.

Le vin tardoit à venir : on eut beau chercher la clef de la cave, on ne la trouva point; et l'on jugea, comme il étoit vrai, que le valet de chambre du baron, qui en étoit chargé, l'avoit emportée par mégarde. Après quelques autres informations, il fut clair que la provision d'un seul jour en avoit duré cinq, et que le vin manquoit sans que personne s'en fût aperçu, malgré plusieurs nuits de veille (2). Le médecin tomboit des nues. Pour moi, soit qu'il fallût attribuer cet oubli à la tristesse ou à la sobriété des domestiques, j'eus honte d'user avec de telles gens des précautions ordinaires ; je fis enfoncer la porte de la cave, et j'ordonnai que désormais tout le monde eût du vin à discrétion.

La bouteille arrivée, on en but. Le vin fut trouvé excellent. La malade en eut envie; elle en demanda une cuillerée avec de l'eau : le médecin le lui donna dans un verre, et voulut qu'elle le bût pur. Ici les coups d'œil devinrent plus fréquens entre Claire et la Fanchon; mais comme à la dérobée et craignant toujours d'en trop dire.

(¹) Excellent poisson particulier au lac de Genève, et qu'on n'y trouve qu'en certain temps.
(²) Lecteurs à beaux laquais, ne demandez point avec un ris moqueur où l'on avoit pris ces gens-là. On vous a répondu d'avance : on ne les avoit point pris, on les avoit faits. Le problème entier dépend d'un point unique : trouvez seulement Julie, et tout le reste est trouvé. Les hommes en général ne sont point ceci ou cela, ils sont ce qu'on les fait être.

Le jeûne, la foiblesse, le régime ordinaire à Julie, donnèrent au vin une grande activité. Ah! dit-elle, vous m'avez enivrée! après avoir attendu si tard, ce n'étoit pas la peine de commencer; car c'est un objet bien odieux qu'une femme ivre. En effet, elle se mit à babiller, très-sensément pourtant à son ordinaire, mais avec plus de vivacité qu'auparavant. Ce qu'il y avoit d'étonnant, c'est que son teint n'étoit point allumé; ses yeux ne brilloient que d'un feu modéré par la langueur de la maladie; à la pâleur près, on l'auroit crue en santé. Pour lors l'émotion de Claire devint tout-à-fait visible. Elle élevoit un œil craintif alternativement sur Julie, sur moi, sur la Fanchon, mais principalement sur le médecin: tous ces regards étoient autant d'interrogations qu'elle vouloit et n'osoit faire: on eût dit toujours qu'elle alloit parler, mais que la peur d'une mauvaise réponse la retenoit; son inquiétude étoit si vive qu'elle en paroissoit oppressée.

Fanchon, enhardie par tous ces signes, hasarda de dire, mais en tremblant et à demi-voix, qu'il sembloit que madame avoit un peu moins souffert aujourd'hui.... que la dernière convulsion avoit été moins forte... que la soirée... Elle resta interdite. Et Claire, qui pendant qu'elle avoit parlé trembloit comme la feuille, leva des yeux craintifs sur le médecin, les regards attachés aux siens, l'oreille attentive, et n'osant respirer de peur de ne pas bien entendre ce qu'il alloit dire.

Il eût fallu être stupide pour ne pas concevoir tout cela. Du Bosson se lève, va tâter le pouls de la malade, et dit : Il n'y a point là d'ivresse ni de fièvre; le pouls est fort bon. A l'instant Claire s'écrie en tendant à demi les deux bras : Hé bien! monsieur!... le pouls?... la fièvre?... La voix lui manquoit, mais ses mains écartées restoient toujours en avant; ses yeux pétilloient d'impatience; il n'y avoit pas un muscle à son visage qui ne fût en action. Le médecin ne répond rien, reprend le poignet, examine les yeux, la langue, reste un moment pensif, et dit : Madame, je vous entends bien : il m'est impossible de dire à présent rien de positif; mais si demain matin, à pareille heure, elle est encore dans le même état, je réponds de sa vie. A ce mot Claire part comme un éclair, renverse deux chaises et presque la table, saute au cou du médecin, l'embrasse, le baise mille fois en sanglotant et pleurant à chaudes larmes, et toujours avec la même impétuosité, s'ôte du doigt une bague de prix, la met au sien malgré lui, et lui dit hors d'haleine : Ah! monsieur, si vous nous la rendez, vous ne la sauverez pas seule.

Julie vit tout cela. Ce spectacle la déchira. Elle regarde son amie, et lui dit d'un ton tendre et douloureux : Ah! cruelle, que tu me fais regretter la vie! veux tu me faire mourir désespérée? Faudra-t-il te préparer deux fois? Ce peu de mots fut un coup de foudre; il amortit aussitôt les transports de joie, mais il ne put étouffer tout-à-fait l'espoir renaissant.

En un instant la réponse du médecin fut sue par toute la maison. Ces bonnes gens crurent déjà leur maîtresse guérie. Ils résolurent tout d'une voix de faire au médecin, si elle en revenoit, un présent en commun pour lequel chacun donna trois mois de ses gages; et l'argent fut sur-le-champ consigné dans les mains de la Fanchon, les uns prêtant aux autres ce qui leur manquoit pour cela. Cet accord se fit avec tant d'empressement, que Julie entendoit de son lit le bruit de leurs acclamations. Jugez de l'effet dans le cœur d'une femme qui se sent mourir! Elle me fit signe, et me dit à l'oreille : On m'a fait boire jusqu'à la lie la coupe amère et douce de la sensibilité.

Quand il fut question de se retirer, madame d'Orbe, qui partagea le lit de sa cousine comme les deux nuits précédentes, fit appeler sa femme de chambre pour relayer cette nuit la Fanchon; mais celle-ci s'indigna de cette proposition, plus même, ce me sembla, qu'elle n'eût fait si son mari ne fût pas arrivé. Madame d'Orbe s'opiniâtra de son côté, et les deux femmes de chambre passèrent la nuit ensemble dans le cabinet: je la passai dans la chambre voisine; et l'espoir avoit tellement ranimé le zèle, que ni par ordre ni par menaces je ne pus envoyer coucher un seul domestique : ainsi toute la maison resta sur pied cette nuit avec une telle impatience, qu'il y avoit peu de ses habitans qui n'eussent donné beaucoup de leur vie pour être à neuf heures du matin.

J'entendis durant la nuit quelques a..ees et venues qui ne m'alarmèrent pas; mais sur le matin que tout étoit tranquille, un bruit sourd frappa mon oreille. J'écoute, je crois distinguer des gémissemens. J'accours, j'entre, j'ouvre le rideau... Saint-Preux !... cher Saint-Preux !... je vois les deux amies sans mouvement et se tenant embrassées, l'une évanouie et l'autre expirante. Je m'écrie, je veux retarder ou recueillir son dernier soupir, je me précipite. Elle n'étoit plus.

Adorateur de Dieu, Julie n'étoit plus.... Je ne vous dirai pas ce qui se fit durant quelques heures; j'ignore ce que je devins moi-même. Revenu du premier saisissement, je m'informai de madame d'Orbe. J'appris qu'il avoit fallu la porter dans sa chambre, et même l'y renfermer; car elle rentroit à chaque instant dans celle de Julie, se jetoit sur son corps, le réchauffoit du sien, s'efforçoit de le ranimer, le pressoit, s'y colloit avec une espèce de rage, l'appeloit à grands cris de mille noms passionnés, et nourrissoit son désespoir de tous ces efforts inutiles.

En entrant je la trouvai tout-à-fait hors de sens, ne voyant rien, n'entendant rien, ne connoissant personne, se roulant par la chambre en se tordant les mains et mordant les pieds des chaises, murmurant d'un voix sourde quelques paroles extravagantes, puis poussant par longs intervalles des cris aigus qui faisoient tressaillir. Sa femme de chambre au pied de son lit, consternée, épouvantée, immobile, n'osant souffler, cherchoit à se cacher d'elle, et trembloit de tout son corps. En effet, les convulsions dont elle étoit agitée avoient quelque chose d'effrayant. Je fis signe à la femme de chambre de se retirer, car je craignois qu'un seul mot de consolation lâché mal à propos ne la mît en fureur.

Je n'essayai pas de lui parler, elle ne m'eût point écouté ni même entendu; mais au bout de quelque temps, la voyant épuisée de fatigue, je la pris et la portai dans un fauteuil, je m'assis auprès d'elle en lui tenant les mains; j'ordonnai qu'on amenât les enfans, et les fis venir autour d'elle. Malheureusement le premier qu'elle aperçut fut précisément la cause innocente de la mort de son amie. Cet aspect la fit frémir. Je vis ses traits s'altérer, ses regards s'en détourner avec une espèce d'horreur, et ses bras en contraction se roidir pour le repousser. Je tirai l'enfant à moi. Infortuné ! lui dis-je, pour avoir été trop cher à l'une, tu deviens odieux à l'autre : elles n'eurent pas en tout le même cœur. Ces mots l'irritèrent violemment et m'en attirèrent de très-piquans. Ils ne laissèrent pourtant pas de faire impression. Elle prit l'enfant dans ses bras et s'efforça de le caresser : ce fut en vain ; elle le rendit presque au même instant ; elle continue même à le voir avec moins de plaisir que l'autre, et je suis bien aise que ce ne soit pas celui-là qu'on a destiné à sa fille.

Gens sensibles, qu'eussiez-vous fait à ma place ? ce que faisoit madame d'Orbe. Après avoir mis ordre aux enfans, à madame d'Orbe, aux funérailles de la seule personne que j'aie aimée, il fallut monter à cheval, et partir, la mort dans le cœur, pour la porter au plus déplorable père. Je le trouvai souffrant de sa chute, agité, troublé de l'accident de sa fille : je le laissai accablé de douleur, de ces douleurs de vieillard, qu'on n'aperçoit pas au dehors, qui n'excitent ni gestes ni cris, mais qui tuent. Il n'y résistera jamais, j'en suis sûr, et je prévois de loin le dernier coup qui manque au malheur de son ami. Le lendemain je fis toute la diligence possible pour être de retour de bonne heure et rendre les derniers honneurs à la plus digne des femmes. Mais tout n'étoit pas dit encore. Il falloit qu'elle ressuscitât pour me donner l'horreur de la perdre une seconde fois.

En approchant du logis, je vois un de mes gens accourir à perte d'haleine, et s'écrier d'aussi loin que je pus l'entendre : Monsieur, monsieur, hâtez-vous, madame n'est pas morte. Je ne compris rien à ce propos insensé ; j'accours toutefois. Je vois la cour pleine de gens qui versoient des larmes de joie, en donnant à grands cris des bénédictions à madame de Wolmar. Je demande ce que c'est ; tout le monde est dans le transport, personne ne peut me répondre : la tête avoit tourné à mes propres gens. Je monte à pas précipités dans l'appartement de Julie ; je trouve plus de vingt personnes à genoux autour de son lit et les yeux fixés sur elle. Je m'approche ; je la vois sur ce lit habillée et parée ; le cœur me bat : je l'examine... Hélas ! elle étoit morte ! Ce moment de fausse joie si tôt et si cruellement éteinte fut le plus amer de ma vie. Je ne suis pas colère, je me sentis vivement irrité. Je voulus savoir le fond de cette extravagante scène. Tout étoit déguisé, altéré, changé, j'eus toute la peine du monde à démêler la vérité. Enfin, j'en vins à bout; et voici l'histoire du prodige.

Mon beau-père, alarmé de l'accident qu'il avoit appris, et croyant pouvoir se passer de son valet de chambre, l'avoit envoyé, un peu avant mon arrivée auprès de lui, savoir des nouvelles de sa fille. Le vieux domestique, fatigué du cheval, avoit pris un bateau, et, traversant le lac pendant la nuit, étoit arrivé à Clarens le matin même de mon retour. En arrivant, il voit la consternation, il en apprend le sujet; il monte en gémissant à la chambre de Julie, il se met à genoux au pied de son lit, il la regarde, il pleure, il la contemple. Ah! ma bonne maîtresse! ah! que Dieu ne m'a-t-il pris au lieu de vous! Moi qui suis vieux, qui ne tiens à rien, qui ne suis bon à rien, que fais-je sur la terre? Et vous qui étiez jeune, qui faisiez la gloire de votre famille, le bonheur de votre maison, l'espoir des malheureux.... hélas! quand je vous vis naître, étoit-ce pour vous voir mourir?...

Au milieu des exclamations que lui arrachoient son zèle et son bon cœur, les yeux toujours collés sur ce visage, il crut apercevoir un mouvement: son imagination se frappe; il voit Julie tourner les yeux, le regarder, lui faire un signe de tête. Il se lève avec transport, et court par toute la maison en criant que madame n'est pas morte, qu'elle l'a reconnu, qu'il en est sûr, qu'elle en reviendra. Il n'en fallut pas davantage; tout le monde accourt, les voisins, les pauvres, qui faisoient retentir l'air de leurs lamentations, tous s'écrient: Elle n'est pas morte! Le bruit s'en répand et s'augmente: le peuple, ami du merveilleux, se prête avidement à la nouvelle; on la croit comme on la désire; chacun cherche à se faire fête en appuyant la crédulité commune. Bientôt la défunte n'avoit pas seulement fait signe, elle avoit agi, elle avoit parlé, et il y avoit vingt témoins oculaires de faits circonstanciés qui n'arrivèrent jamais.

Sitôt qu'on crut qu'elle vivoit encore, on fit mille efforts pour la ranimer; on s'empressoit autour d'elle, on lui parloit, on l'inondoit d'eaux spiritueuses, on touchoit si le pouls ne revenoit point. Ses femmes, indignées que le corps de leur maîtresse restât environné d'hommes dans un état si négligé, firent sortir tout le monde, et ne tardèrent pas à connoître combien on s'abusoit. Toutefois ne pouvant se résoudre à détruire une erreur si chère, peut-être espérant encore elles-mêmes quelque événement miraculeux, elles vêtirent le corps avec soin, et, quoique sa garde-robe leur eût été laissée, elles lui prodiguèrent la parure; ensuite l'exposant sur un lit, et laissant les rideaux ouverts, elles se remirent à la pleurer au milieu de la joie publique.

C'étoit au plus fort de cette fermentation que j'étois arrivé. Je reconnus bientôt qu'il étoit impossible de faire entendre raison à la multitude; que si je faisois fermer la porte et porter le corps à la sépulture il pourroit arriver du tumulte; que je passerois au moins pour un mari parricide qui faisoit enterrer sa femme en vie, et que je serois en horreur dans tout le pays. Je résolus d'attendre. Cependant, après plus de trente-six heures, après l'extrême chaleur qu'il faisoit, les chairs commençoient à se corrompre; et quoique le visage eût gardé ses traits et sa douceur, on y voyoit déjà quelques signes d'altération. Je le dis à madame d'Orbe qui restoit demi-morte au chevet du lit. Elle n'avoit pas le bonheur d'être la dupe d'une illusion si grossière; mais elle feignoit de s'y prêter pour avoir un prétexte d'être incessamment dans la chambre, d'y navrer son cœur à plaisir, de l'y repaître de ce mortel spectacle, de s'y rassasier de douleur.

Elle m'entendit, et prenant son parti sans rien dire, elle sortit de la chambre. Je la vis rentrer un moment après tenant un voile d'or brodé de perles que vous lui aviez apporté des Indes ([1]); puis, s'approchant du lit, elle baisa le voile, en couvrit en pleurant la face de son amie, et s'écria d'une voix éclatante: « Maudite » soit l'indigne main qui jamais lèvera ce voile » maudit soit l'œil impie qui verra ce visage » défiguré! » Cette action, ces mots, frappèrent tellement les spectateurs, qu'aussitôt, comme par une inspiration soudaine, la même imprécation fut répétée par mille cris. Elle a fait

---

([1]) On voit assez que c'est le songe de Saint-Preux, dont madame d'Orbe avoit l'imagination toujours pleine, qui lui suggère l'expédient de ce voile. Je crois que si l'on y regardoit de bien près, on trouveroit ce même rapport dans l'accomplissement de beaucoup de prédictions. L'événement n'est pas prédit parce qu'il arrivera; mais il arrive parce qu'il a été prédit.

tant d'impression sur tous nos gens et sur tout le peuple, que la défunte ayant été mise au cercueil dans ses habits et avec les plus grandes précautions, elle a été portée et inhumée dans cet état, sans qu'il se soit trouvé personne assez hardi pour toucher au voile (¹).

Le sort du plus à plaindre est d'avoir encore à consoler les autres. C'est ce qui me reste à faire auprès de mon beau-père, de madame d'Orbe, des amis, des parens, des voisins, et de mes propres gens. Le reste n'est rien ; mais mon vieux ami ! mais madame d'Orbe ! il faut voir l'affliction de celle-ci pour juger de ce qu'elle ajoute à la mienne. Loin de me savoir gré de mes soins, elle me les reproche ; mes attentions l'irritent, ma froide tristesse l'aigrit ; il lui faut des regrets amers semblables aux siens, et sa douleur barbare voudroit voir tout le monde au désespoir. Ce qu'il y a de plus désolant est qu'on ne peut compter sur rien avec elle, et ce qui la soulage un moment la dépite un moment après. Tout ce qu'elle fait, tout ce qu'elle dit approche de la folie, et seroit risible pour des gens de sang-froid. J'ai beaucoup à souffrir ; je ne me rebuterai jamais. En servant ce qu'aima Julie, je crois l'honorer mieux que par des pleurs.

Un seul trait vous fera juger des autres. Je croyois avoir tout fait en engageant Claire à se conserver pour remplir les soins dont la chargea son amie. Exténuée d'agitations, d'abstinences, de veilles, elle sembloit enfin résolue à revenir sur elle-même, à recommencer sa vie ordinaire, à reprendre ses repas dans la salle à manger. La première fois qu'elle y vint, je fis dîner les enfans dans leur chambre, ne voulant pas courir le hasard de cet essai devant eux ; car le spectacle des passions violentes de toute espèce est un des plus dangereux qu'on puisse offrir aux enfans. Ces passions ont toujours dans leurs excès quelque chose de puéril qui les amuse, qui les séduit, et leur fait aimer ce qu'ils devroient craindre (²). Ils n'en avoient déjà que trop vu.

En entrant elle jeta un coup d'œil sur la table et vit deux couverts ; à l'instant elle s'assit sur la première chaise qu'elle trouva derrière elle, sans vouloir se mettre à table ni dire la raison de ce caprice. Je crus la deviner, et je fis mettre un troisième couvert à la place qu'occupoit ordinairement sa cousine. Alors elle se laissa prendre par la main et mener à table sans résistance, rangeant sa robe avec soin, comme si elle eût craint d'embarrasser cette place vide. A peine avoit-elle porté la première cuillerée de potage à sa bouche, qu'elle la repose, et demande d'un ton brusque ce que faisoit là ce couvert, puisqu'il n'étoit point occupé. Je lui dis qu'elle avoit raison, et fis ôter le couvert. Elle essaya de manger, sans pouvoir en venir à bout. Peu à peu son cœur se gonfloit, sa respiration devenoit haute et ressembloit à des soupirs. Enfin elle se leva tout à coup de table, s'en retourna dans sa chambre sans dire un seul mot, ni rien écouter de tout ce que je voulus lui dire, et de toute la journée elle ne prit que du thé.

Le lendemain ce fut à recommencer. J'imaginai un moyen de la ramener à la raison par ses propres caprices, et d'amollir la dureté du désespoir par un sentiment plus doux. Vous savez que sa fille ressemble beaucoup à madame de Wolmar. Elle se plaisoit à marquer cette ressemblance par des robes de même étoffe, et elle leur avoit apporté de Genève plusieurs ajustemens semblables, dont elles se paroient les mêmes jours. Je fis donc habiller Henriette le plus à l'imitation de Julie qu'il fut possible, et, après l'avoir bien instruite, je lui fis occuper à table le troisième couvert qu'on avoit mis comme la veille.

Claire, au premier coup d'œil, comprit mon intention ; elle en fut touchée ; elle me jeta un regard tendre et obligeant. Ce fut là le premier de mes soins auquel elle parut sensible, et j'augurai bien d'un expédient qui la disposoit à l'attendrissement.

Henriette, fière de représenter sa petite maman, joua parfaitement son rôle, et si parfaitement que je vis pleurer les domestiques. Cependant elle donnoit toujours à sa mère le nom de maman, et lui parloit avec le respect convenable ; mais, enhardie par le succès, et par mon approbation qu'elle remarquoit fort bien, elle s'avisa de porter la main sur une cuiller, et de dire, dans une saillie : Claire, veux-tu de cela ? Le geste et le ton de voix furent imités au point que sa mère en tressaillit.

(¹) Le peuple du pays de Vaud, quoique protestant, ne laisse pas d'être extrêmement superstitieux.

(²) Voilà pourquoi nous aimons tous le théâtre, et plusieurs d'entre nous les romans.

Un moment après, elle part d'un grand éclat de rire, tend son assiette en disant: Oui, mon enfant, donne; tu es charmante. Et puis elle se mit à manger avec une avidité qui me surprit. En la considérant avec attention, je vis de l'égarement dans ses yeux, et dans son geste un mouvement plus brusque et plus décidé qu'à l'ordinaire. Je l'empêchai de manger davantage; et je fis bien, car une heure après elle eut une violente indigestion qui l'eût infailliblement étouffée si elle eût continué de manger. Dès ce moment je résolus de supprimer tous ces jeux, qui pouvoient allumer son imagination au point qu'on n'en seroit plus maître. Comme on guérit plus aisément de l'affliction que de la folie, il vaut mieux la laisser souffrir davantage, et ne pas exposer sa raison.

Voilà, mon cher, à peu près où nous en sommes. Depuis le retour du baron, Claire monte chez lui tous les matins, soit tandis que j'y suis, soit quand j'en sors : ils passent une heure ou deux ensemble, et les soins qu'elle lui rend facilitent un peu ceux qu'on prend d'elle. D'ailleurs elle commence à se rendre plus assidue auprès des enfans. Un des trois a été malade, précisément celui qu'elle aime le moins. Cet accident lui a fait sentir qu'il lui reste des pertes à faire, et lui a rendu le zèle de ses devoirs. Avec tout cela elle n'est pas encore au point de la tristesse; les larmes ne coulent pas encore : on vous attend pour en répandre; c'est à vous de les essuyer. Vous devez m'entendre. Pensez au dernier conseil de Julie : il est venu de moi le premier, et je le crois plus que jamais utile et sage. Venez vous réunir à tout ce qui reste d'elle. Son père, son amie, son mari, ses enfans, tout vous attend, tout vous désire, vous êtes nécessaire à tous. Enfin, sans m'expliquer davantage, venez partager et guérir mes ennuis : je vous devrai peut-être plus que personne.

LETTRE XII.
DE JULIE A SAINT-PREUX.
CETTE LETTRE ÉTOIT INCLUSE DANS LA PRÉCÉDENTE.

Il faut renoncer à nos projets. Tout est changé, mon bon ami : souffrons ce changement sans murmure; il vient d'une main plus sage que nous. Nous songions à nous réunir : cette réunion n'étoit pas bonne. C'est un bienfait du ciel de l'avoir prévenue; sans doute il prévient des malheurs.

Je me suis long-temps fait illusion. Cette illusion me fut salutaire; elle se détruit au moment que je n'en ai plus besoin. Vous m'avez crue guérie, et j'ai cru l'être. Rendons grâces à celui qui fit durer cette erreur autant qu'elle étoit utile : qui sait si me voyant si près de l'abîme la tête ne m'eût point tourné? Oui, j'eus beau vouloir étouffer le premier sentiment qui m'a fait vivre, il s'est concentré dans mon cœur. Il s'y réveille au moment qu'il n'est plus à craindre; il me soutient quand mes forces m'abandonnent; il me ranime quand je me meurs. Mon ami, je fais cet aveu sans honte; ce sentiment resté malgré moi fut involontaire : il n'a rien coûté à mon innocence; tout ce qui dépend de ma volonté fut pour mon devoir. Si le cœur qui n'en dépend pas fut pour vous, ce fut mon tourment et non pas mon crime. J'ai fait ce que j'ai dû faire; la vertu me reste sans tache, et l'amour m'est resté sans remords.

J'ose m'honorer du passé : mais qui m'eût pu répondre de l'avenir? Un jour de plus peut-être, et j'étois coupable! Qu'étoit-ce de la vie entière passée avec vous? Quels dangers j'ai courus sans le savoir! à quels dangers plus grands j'allois être exposée! Sans doute je sentois pour moi les craintes que je croyois sentir pour vous. Toutes les épreuves ont été faites; mais elles pouvoient trop revenir. N'ai-je pas assez vécu pour le bonheur et pour la vertu? Que me restoit-il d'utile à tirer de la vie? En me l'ôtant, le ciel ne m'ôte plus rien de regrettable, et met mon honneur à couvert. Mon ami, je pars au moment favorable, contente de vous et de moi; je pars avec joie, et ce départ n'a rien de cruel. Après tant de sacrifices je compte pour peu celui qui me reste à faire; ce n'est que mourir une fois de plus.

Je prévois vos douleurs; je les sens : vous restez à plaindre, je le sais trop; et le sentiment de votre affliction est la plus grande peine que j'emporte avec moi. Mais voyez aussi que de consolations je vous laisse! Que de soins à remplir envers celle qui vous fut chère vous font un devoir de vous conserver pour elle! Il vous reste à la servir dans la meilleure partie d'elle-même. Vous ne perdez de Julie que ce que vous en avez perdu depuis long-temps. Tout ce qu'elle eut de meilleur vous reste. Venez vous réunir à sa famille. Que son cœur demeure au milieu de vous. Que tout ce qu'elle aima se rassemble pour lui donner un nouvel être. Vos soins, vos plaisirs, votre amitié, tout sera son ouvrage. Le nœud de votre union formé par elle la fera revivre; elle ne mourra qu'avec le dernier de tous.

Songez qu'il vous reste une autre Julie, et n'oubliez pas ce que vous lui devez. Chacun de vous va perdre la moitié de sa vie, unissez-vous pour conserver l'autre; c'est le seul moyen qui vous reste à tous deux de me survivre, en servant ma famille et mes enfans. Que ne puis-je inventer des nœuds plus étroits encore pour unir tout ce qui m'est cher ! Combien vous devez l'être l'un à l'autre ! Combien cette idée doit renforcer votre attachement mutuel ! Vos objections contre cet engagement vont être de nouvelles raisons pour le former. Comment pourrez-vous jamais vous parler de moi sans vous attendrir ensemble ? Non, Claire et Julie seront si bien confondues, qu'il ne sera plus possible à votre cœur de les séparer. Le sien vous rendra tout ce que vous aurez senti pour son amie ; elle en sera la confidente et l'objet : vous serez heureux par celle qui vous restera, sans cesser d'être fidèle à celle que vous aurez perdue; et après tant de regrets et de peines, avant que l'âge de vivre et d'aimer se passe, vous aurez brûlé d'un feu légitime et joui d'un bonheur innocent.

C'est dans ce chaste lien que vous pourrez, sans distractions et sans craintes, vous occuper des soins que je vous laisse, et après lesquels vous ne serez plus en peine de dire quel bien vous aurez fait ici-bas. Vous le savez, il existe un homme digne du bonheur auquel il ne sait pas aspirer. Cet homme est votre libérateur, le mari de l'amie qu'il vous a rendue. Seul, sans intérêt à la vie, sans attente de celle qui la suit, sans plaisir, sans consolation, sans espoir, il sera bientôt le plus infortuné des mortels. Vous lui devez les soins qu'il a pris de vous, et vous savez ce qui peut les rendre utiles. Souvenez-vous de ma lettre précédente. Passez vos jours avec lui. Que rien de ce qui m'aima ne le quitte. Il vous a rendu le goût de la vertu, montrez-lui en l'objet et le prix. Soyez chrétien pour l'engager à l'être. Le succès est plus près que vous ne pensez : il a fait son devoir, je ferai le mien, faites le vôtre. Dieu est juste ; ma confiance ne me trompera pas.

Je n'ai qu'un mot à vous dire sur mes enfans. Je sais quels soins va vous coûter leur éducation, mais je sais bien aussi que ces soins ne vous seront pas pénibles. Dans les momens de dégoût inséparables de cet emploi, dites-vous: Ils sont les enfans de Julie; il ne vous coûtera plus rien. M. de Wolmar vous remettra les observations que j'ai faites sur votre mémoire et sur le caractère de mes deux fils. Cet écrit n'est que commencé : je ne vous le donne pas pour règle, je le soumets à vos lumières. N'en faites point des savans, faites-en des hommes bienfaisans et justes. Parlez-leur quelquefois de leur mère... vous savez s'ils lui étoient chers.... Dites à Marcellin qu'il ne m'en coûta pas de mourir pour lui. Dites à son frère que c'étoit pour lui que j'aimois la vie. Dites-leur... Je me sens fatiguée. Il faut finir cette lettre. En vous laissant mes enfans je m'en sépare avec moins de peine; je crois rester avec eux.

Adieu, adieu, mon doux ami.... Hélas ! j'achève de vivre comme j'ai commencé. J'en dis trop peut-être en ce moment où le cœur ne déguise plus rien... Eh ! pourquoi craindrois-je d'exprimer tout ce que je sens? Ce n'est plus moi qui te parle; je suis déjà dans les bras de la mort. Quand tu verras cette lettre, les vers rongeront le visage de ton amante, et son cœur, où tu ne seras plus. Mais mon âme existeroit-elle sans toi? sans toi, quelle félicité goûterois-je? Non, je ne te quitte pas, je vais t'attendre. La vertu qui nous sépara sur la terre nous unira dans le séjour éternel. Je meurs dans cette douce attente : trop heureuse d'acheter au prix de ma vie le droit de t'aimer toujours sans crime, et de te le dire encore une fois.

LETTRE XIII.

DE MADAME D'ORBE A SAINT-PREUX.

J'apprends que vous commencez à vous remettre assez pour qu'on puisse espérer de vous voir bientôt ici. Il faut, mon ami, faire effort sur votre foiblesse; il faut tâcher de passer les monts avant que l'hiver achève de vous les fermer. Vous trouverez en ce pays l'air qui vous convient; vous n'y verrez que douleur et tristesse, et peut-être l'affliction commune sera-t-elle un soulagement pour la vôtre. La mienne, pour s'exhaler, a besoin de vous : moi seule je ne puis ni pleurer, ni parler, ni me faire entendre. Wolmar m'entend, et ne me répond pas. La douleur d'un père infortuné se concentre en lui-même; il n'en imagine pas une plus cruelle; il ne la sait ni voir ni sentir : il n'y a plus d'épanchement pour les vieillards. Mes enfans m'attendrissent, et ne savent pas s'attendrir. Je suis seule au milieu de tout le monde; un morne silence règne autour de moi. Dans mon stupide abattement je n'ai plus de commerce avec personne, je n'ai qu'assez de force et de vie pour sentir les horreurs de la mort. O! venez, vous qui partagez ma perte, venez partager mes douleurs! venez nourrir mon cœur de vos regrets, venez l'abreuver de vos larmes; c'est la seule consolation que je puisse attendre, c'est le seul plaisir qui me reste à goûter.

Mais avant que vous arriviez et que j'apprenne votre avis sur un projet dont je sais qu'on vous a parlé, il est bon que vous sachiez le mien d'avance. Je suis ingénue et franche, je ne veux rien vous dissimuler. J'ai eu de l'amour pour vous, je l'avoue; peut-être en ai-je encore, peut-être en aurai-je toujours; je ne le sais ni ne le veux savoir. On s'en doute, je ne l'ignore pas; je ne m'en fâche ni ne m'en soucie. Mais voici ce que j'ai à vous dire et que vous devez bien retenir; c'est qu'un homme qui fut aimé de Julie d'Étange, et pourroit se résoudre à en épouser une autre, n'est à mes yeux qu'un indigne et un lâche que je tiendrois à déshonneur d'avoir pour ami : et, quant à moi, je vous déclare que tout homme, quel qu'il puisse être, qui désormais m'osera parler d'amour, ne m'en reparlera de sa vie.

Songez aux soins qui vous attendent, aux devoirs qui vous sont imposés, à celle à qui vous les avez promis. Ses enfans se forment et grandissent, son père se consume insensiblement, son mari s'inquiète et s'agite. Il a beau faire, il ne peut la croire anéantie; son cœur, malgré qu'il en ait, se révolte contre sa vaine raison. Il parle d'elle, il lui parle, il soupire. Je crois déjà voir s'accomplir les vœux qu'elle a faits tant de fois; et c'est à vous d'achever ce grand ouvrage. Quels motifs pour vous attirer ici l'un et l'autre! Il est bien digne du généreux Édouard que nos malheurs ne lui aient pas fait changer de résolution.

Venez donc, chers et respectables amis, venez vous réunir à tout ce qui reste d'elle. Rassemblons tout ce qui lui fut cher. Que son esprit nous anime, que son cœur joigne tous les nôtres; vivons toujours sous ses yeux. J'aime à croire que du lieu qu'elle habite, du séjour de l'éternelle paix, cette âme encore aimante et sensible se plaît à revenir parmi nous, à retrouver ses amis pleins de sa mémoire, à les voir imiter ses vertus, à s'entendre honorer par eux, à les sentir embrasser sa tombe et gémir en prononçant son nom. Non, elle n'a point quitté ces lieux qu'elle nous rendit si charmans; ils sont encore tout remplis d'elle. Je la vois sur chaque objet, je la sens à chaque pas, à chaque instant du jour j'entends les accens de sa voix. C'est ici qu'elle a vécu; c'est ici que repose sa cendre... la moitié de sa cendre. Deux fois la semaine, en allant au temple... j'aperçois.... j'aperçois le lieu triste et respectable.... Beauté, c'est donc là ton dernier asile!... Confiance, amitié, vertus, plaisirs, folâtres jeux, la terre a tout englouti... Je me sens entraînée... j'approche en frissonnant... je crains de fouler cette terre sacrée... je crois la sentir palpiter et frémir sous mes pieds... j'entends murmurer une voix plaintive!... Claire! ô ma Claire! où es-tu? que fais-tu loin de ton amie?... Son cercueil ne la contient pas tout entière.... Il attend le reste de sa proie... il ne l'attendra pas longtemps (¹).

(¹) En achevant de relire ce recueil, je crois voir pourquoi l'intérêt, tout foible qu'il est, m'en est si agréable, et le sera, je pense, à tout lecteur d'un bon naturel : c'est qu'au moins ce foible intérêt est pur et sans mélange de peine; qu'il n'est point excité par des noirceurs, par des crimes, ni mêlé du tourment de haïr. Je ne saurois concevoir quel plaisir on peut prendre à imaginer et composer le personnage d'un scélérat, à se mettre à sa place tandis qu'on le représente, à lui prêter l'éclat le plus imposant. Je plains beaucoup les auteurs de tant de tragédies pleines d'horreurs, lesquels passent leur vie à faire agir et parler des gens qu'on ne peut écouter ni voir sans souffrir. Il me semble qu'on devroit gémir d'être condamné à un travail si cruel : ceux qui s'en font un amusement doivent être bien dévorés du zèle de l'utilité publique. Pour moi, j'admire de bon cœur leurs talens et leurs beaux génies; mais je remercie Dieu de ne me les avoir pas donnés.

LES AMOURS

DE

MYLORD ÉDOUARD BOMSTON.

Les bizarres aventures de mylord Édouard à Rome étoient trop romanesques pour pouvoir être mêlées avec celles de Julie sans en gâter la simplicité. Je me contenterai donc d'en extraire et abréger ici ce qui sert à l'intelligence de deux ou trois lettres où il en est question.

Mylord Édouard, dans ses tournées d'Italie, avoit fait connoissance à Rome avec une femme de qualité, Napolitaine, dont il ne tarda pas à devenir fortement amoureux : elle, de son côté, conçut pour lui une passion violente qui la dévora le reste de sa vie, et finit par la mettre au tombeau. Cet homme, âpre et peu galant, mais ardent et sensible, extrême et grand en tout, ne pouvoit guère inspirer ni sentir d'attachement médiocre.

Les principes stoïques de ce vertueux Anglois inquiétoient la marquise. Elle prit le parti de se faire passer pour veuve durant l'absence de son mari ; ce qui lui fut aisé, parce qu'ils étoient tous deux étrangers à Rome, et que le marquis servoit dans les troupes de l'empereur. L'amoureux Édouard ne tarda pas à parler de mariage. La marquise allégua la différence de religion et d'autres prétextes. Enfin, ils lièrent ensemble un commerce intime et libre, jusqu'à ce qu'Édouard, ayant découvert que le mari vivoit, voulut rompre avec elle, après l'avoir accablée des plus vifs reproches, outré de se trouver coupable, sans le savoir, d'un crime qu'il avoit en horreur.

La marquise, femme sans principes, mais adroite et pleine de charmes, n'épargna rien pour le retenir, et en vint à bout. Le commerce adultère fut supprimé, mais les liaisons continuèrent. Tout indigne qu'elle étoit d'aimer, elle aimoit pourtant : il fallut consentir à voir sans fruit un homme adoré qu'elle ne pouvoit conserver autrement ; et cette barrière volontaire irritant l'amour des deux côtés, il en devint plus ardent par la contrainte. La marquise ne négligea pas les soins qui pouvoient faire oublier à son amant ses résolutions : elle étoit séduisante et belle. Tout fut inutile : l'Anglois resta ferme ; sa grande âme étoit à l'épreuve. La première de ses passions étoit la vertu : il eût sacrifié sa vie à sa maîtresse, et sa maîtresse à son devoir. Une fois la séduction devint trop pressante : le moyen qu'il alloit prendre pour s'en délivrer retint la marquise et rendit vains tous ses pièges. Ce n'est point parce que nous sommes foibles, mais parce que nous sommes lâches, que nos sens nous subjugent toujours. Quiconque craint moins la mort que le crime n'est jamais forcé d'être criminel.

Il y a peu de ces âmes fortes qui entraînent les autres et les élèvent à leur sphère ; mais il y en a. Celle d'Édouard étoit de ce nombre. La marquise espéroit le gagner ; c'étoit lui qui la gagnoit insensiblement. Quand les leçons de la vertu prenoient dans sa bouche les accens de l'amour, il la touchoit, il la faisoit pleurer ; ses feux sacrés animoient cette âme rampante ; un sentiment de justice et d'honneur y portoit son charme étranger ; le vrai beau commençoit à lui plaire : si le méchant pouvoit changer de nature, le cœur de la marquise en auroit changé.

L'amour seul profita de ces émotions légères ; il en acquit plus de délicatesse. Elle commença d'aimer avec générosité : avec un tempérament ardent et dans un climat où les sens ont tant d'empire, elle oublia ses plaisirs pour songer à ceux de son amant, et ne pouvant les partager, elle voulut au moins qu'il les tînt d'elle. Telle fut de sa part l'interprétation favorable d'une démarche où son caractère et celui d'Édouard, qu'elle connoissoit bien, pouvoient faire trouver un raffinement de séduction.

Elle n'épargna ni soins ni dépense pour faire chercher dans tout Rome une jeune personne facile et sûre : on la trouva, non sans peine. Un soir, après un entretien fort tendre, elle la lui présenta : Disposez-en, lui dit-elle avec un sourire ; qu'elle jouisse du prix de mon amour ; mais qu'elle soit la seule : c'est assez pour moi si quelquefois auprès d'elle vous songez à la main dont vous la tenez. Elle voulut sortir, Édouard la retint. Arrêtez, lui dit-il ; si vous me croyez assez lâche pour profiter de votre offre dans votre propre maison, le sacrifice n'est pas d'un grand prix, et je ne vaux pas la peine d'être beaucoup regretté. Puisque vous ne devez pas être à moi, je souhaite, dit la marquise, que vous ne soyez à personne ; mais si l'amour doit perdre ses droits, souffrez au moins qu'il en dispose. Pourquoi mon bienfait vous est-il à charge ? avez-vous peur d'être un ingrat ? Alors elle l'obligea d'accepter l'adresse de Laure (c'étoit le nom de la jeune personne), et lui fit jurer qu'il s'abstiendroit de tout autre commerce. Il dut être touché, il le fut. Sa reconnoissance lui donna plus de peine à contenir que son amour ; et ce fut le piège le plus dangereux que la marquise lui ait tendu de sa vie.

Extrême en tout, ainsi que son amant, elle fit souper Laure avec elle, et lui prodigua ses caresses, comme pour jouir avec plus de pompe du plus grand sacrifice que l'amour ait jamais fait. Édouard pénétré se livroit à ses transports ; son âme émue et sensible s'exhaloit dans ses regards, dans ses gestes ; il ne disoit pas un mot qui ne fût l'expression de la passion la plus vive. Laure étoit charmante ; à peine la regardoit-il. Elle n'imita pas cette indifférence ; elle regardoit et voyoit, dans le vrai tableau de l'amour, un objet tout nouveau pour elle.

Après le souper, la marquise renvoya Laure, et resta seule avec son amant. Elle avoit compté sur les dangers de ce tête-à-tête ; elle ne s'étoit pas trompée en cela : mais comptant qu'il y succomberoit, elle se trompa : toute son adresse ne fit que rendre le triomphe de la vertu plus éclatant et plus douloureux à l'un et à l'autre. C'est à cette soirée que se rapporte, à la fin de la quatrième Partie de Julie, l'admiration de Saint-Preux pour la force de son ami.

Édouard étoit vertueux, mais homme : il avoit toute la simplicité du véritable honneur, et rien de ces fausses bienséances qu'on lui substitue, et dont les gens du monde font si grand cas. Après plusieurs jours passés dans les mêmes transports près de la marquise, il sentit augmenter le péril ; et prêt à se laisser vaincre, il aima mieux manquer de délicatesse que de vertu : il fut voir Laure.

Elle tressaillit à sa vue. Il la trouva triste ; entreprit de l'égayer, et ne crut pas avoir besoin de beaucoup de soins pour y réussir. Cela ne lui fut pas si facile qu'il l'avoit cru. Ses caresses furent mal reçues, ses offres furent rejetées d'un air qu'on ne prend point en disputant ce qu'on veut accorder.

Un accueil aussi ridicule ne le rebuta pas, il l'irrita. Devoit-il des égards d'enfant à une fille de cet ordre ? Il usa sans ménagement de ses droits. Laure, malgré ses cris, ses pleurs, sa résistance, se sentant vaincue, fait un effort, s'élance à l'autre extrémité de la chambre, et lui crie d'une voix animée : Tuez-moi si vous voulez, jamais vous ne me toucherez vivante. Le geste, le regard, le ton, n'étoient pas équivoques. Édouard, dans un étonnement qu'on ne peut concevoir, se calme, la prend par la main, la fait rasseoir, s'assied à côté d'elle, et la regardant sans parler, attend froidement le dénoûment de cette comédie.

Elle ne disoit rien ; elle avoit les yeux baissés ; sa respiration étoit inégale, son cœur palpitoit, et tout marquoit en elle une agitation extraordinaire. Édouard rompit enfin le silence pour lui demander ce que signifioit cette étrange scène. Me serois-je trompé ? lui dit-il ; ne seriez-vous point Lauretta Pisana ? Plût à Dieu ! dit-elle d'une voix tremblante. Quoi donc ! reprit-il avec un sourire moqueur, auriez-vous par hasard changé de métier ? Non, dit Laure ; je suis toujours la même : on ne revient plus de l'état où je suis. Il trouva dans ce tour de phrase, et dans l'accent dont il fut prononcé, quelque chose de si extraordinaire, qu'il ne savoit plus que penser, et qu'il crut que cette fille étoit devenue folle. Il continua : Pourquoi donc, charmante Laure, ai-je seul l'exclusion ? Dites-moi ce qui m'attire votre haine. Ma haine, s'écriat-elle d'un ton plus vif. Je n'ai point aimé ceux que j'ai reçus : je puis souffrir tout le monde hors vous seul.

Mais pourquoi cela ? Laure, expliquez-vous mieux, je ne vous entends point. Eh ! m'entends-je moi-même ? Tout ce que je sais, c'est que vous ne me toucherez jamais... Non, s'écriat-elle encore avec emportement, jamais vous ne me toucherez. En me sentant dans vos bras, je songerois que vous n'y tenez qu'une fille publique, et je mourrois de rage.

Elle s'animoit en parlant. Édouard aperçut dans ses yeux des signes de douleur et de désespoir qui l'attendrirent. Il prit, avec des manières moins méprisantes, un ton plus honnête et plus caressant. Elle se cachoit le visage, elle évitoit ses regards. Il lui prit la main d'un air affectueux. A peine elle sentit cette main qu'elle y porta la bouche et la pressa de ses lèvres en poussant des sanglots et versant des torrens de larmes.

Ce langage, quoique assez clair, n'étoit pas précis. Édouard ne l'amena qu'avec peine à lui parler plus nettement. La pudeur éteinte étoit revenue avec l'amour, et Laure n'avoit jamais prodigué sa personne avec tant de honte qu'elle en eut d'avouer qu'elle aimoit.

A peine cet amour étoit-il né qu'il étoit déjà dans toute sa force. Laure étoit vive et sensible, assez belle pour faire une passion, assez tendre pour la partager ; mais, vendue par d'indignes parens dès sa première jeunesse, ses charmes, souillés par la débauche, avoient perdu leur empire. Au sein des honteux plaisirs, l'amour fuyoit devant elle ; de malheureux corrupteurs ne pouvoient ni le sentir ni l'inspirer. Les corps combustibles ne brûlent point d'eux-mêmes ; qu'une étincelle approche, et tout part. Ainsi prit feu le cœur de Laure aux transports de ceux d'Édouard et de la marquise. A ce nouveau langage elle sentit un frémissement délicieux : elle prêtoit une oreille attentive ; ses avides regards ne laissoient rien échapper. La flamme humide qui sortoit des yeux de l'amant pénétroit par les siens jusqu'au fond du cœur ; un sang plus brûlant couloit dans ses veines ; la voix d'Édouard avoit un accent qui l'agitoit, le sentiment lui sembloit peint dans tous ses gestes ; tous ses traits animés par la passion la lui faisoient ressentir. Ainsi la première image de l'amour lui fit aimer l'objet qui la lui avoit offerte. S'il n'eût rien senti pour une autre, peut-être n'eût-elle rien senti pour lui.

Toute cette agitation la suivit chez elle. Le trouble de l'amour naissant est toujours doux. Son premier mouvement fut de se livrer à ce nouveau charme, le second fut d'ouvrir les yeux sur elle. Pour la première fois de sa vie, elle vit son état ; elle en eut horreur. Tout ce qui nourrit l'espérance et les désirs des amans se tournoit en désespoir dans son âme. La possession de ce qu'elle aimoit n'offroit à ses yeux que l'opprobre d'une abjecte et vile créature, à laquelle on prodigue son mépris avec ses caresses ; dans le prix d'un amour heureux, elle ne vit que l'infâme prostitution. Ses tourmens les plus insupportables lui venoient ainsi de ses propres désirs. Plus il lui étoit aisé de les satisfaire, plus son sort lui sembloit affreux : sans honneur, sans espoir, sans ressources, elle ne connut l'amour que pour en regretter les délices. Ainsi commencèrent ses longues peines, et finit son bonheur d'un moment.

La passion naissante qui l'humilioit à ses propres yeux l'élevoit à ceux d'Édouard. La voyant capable d'aimer, il ne la méprisa plus. Mais quelles consolations pouvoit-elle attendre de lui ? quel sentiment pouvoit-il lui marquer, si ce n'est le foible intérêt qu'un cœur honnête, qui n'est pas libre, peut prendre à un objet de pitié qui n'a plus d'honneur qu'assez pour sentir sa honte ?

Il la consola comme il put, et promit de la venir revoir. Il ne lui dit pas un mot de son état, pas même pour l'exhorter d'en sortir. Que servoit d'augmenter l'effroi qu'elle en avoit, puisque cet effroi même la faisoit désespérer d'elle ? Un seul mot sur un tel sujet tiroit à conséquence, et sembloit la rapprocher de lui : c'étoit ce qui ne pouvoit jamais être. Le plus grand malheur des métiers infâmes est qu'on ne gagne rien à les quitter.

Après une seconde visite, Édouard, n'oubliant pas la magnificence angloise, lui envoya un cabinet de laque et plusieurs bijoux d'An-

gleterre. Elle lui renvoya le tout avec ce billet :
« J'ai perdu le droit de refuser des présens ; j'ose pourtant vous renvoyer le vôtre ; car peut-être n'aviez-vous pas dessein d'en faire un signe de mépris. Si vous le renvoyez encore, il faudra que je l'accepte : mais vous avez une bien cruelle générosité. »

Édouard fut frappé de ce billet : il le trouvoit à la fois humble et fier. Sans sortir de la bassesse de son état, Laure y montroit une sorte de dignité. C'étoit presque effacer son opprobre à force de s'en avilir. Il avoit cessé d'avoir du mépris pour elle ; il commença de l'estimer. Il continua de la voir sans plus parler du présent ; et, s'il ne s'honora pas d'être aimé d'elle, il ne put s'empêcher de s'en applaudir.

Il ne cacha pas ses visites à la marquise ; il n'avoit nulle raison de les lui cacher ; et c'eût été de sa part une ingratitude. Elle en voulut savoir davantage. Il jura qu'il n'avoit point touché Laure.

Sa modération eut un effet tout contraire à celui qu'il en attendoit. Quoi ! s'écria la marquise en fureur, vous la voyez et ne la touchez point ! Qu'allez-vous donc faire chez elle ? Alors s'éveilla cette jalousie infernale qui la fit cent fois attenter à la vie de l'un et de l'autre, et la consuma de rage jusqu'au moment de sa mort.

D'autres circonstances achevèrent d'allumer cette passion furieuse, et rendirent cette femme à son vrai caractère. J'ai déjà remarqué que, dans son intègre probité, Édouard manquoit de délicatesse. Il fit à la marquise le même présent que lui avoit renvoyé Laure. Elle l'accepta, non par avarice, mais parce qu'ils étoient sur le pied de s'en faire l'un à l'autre ; échange auquel à la vérité la marquise ne perdoit pas. Malheureusement elle vint à savoir la première destination de ce présent, et comment il lui étoit revenu. Je n'ai pas besoin de dire qu'à l'instant tout fut brisé et jeté par les fenêtres. Qu'on juge de ce que dut sentir en pareil cas une maîtresse jalouse et une femme de qualité.

Cependant plus Laure sentoit sa honte, moins elle tentoit de s'en délivrer : elle y restoit par désespoir ; et le dédain qu'elle avoit pour elle-même rejaillissoit sur ses corrupteurs. Elle n'étoit pas fière ; quel droit eût-elle eu de l'être ? mais un profond sentiment d'ignominie qu'on voudroit en vain repousser, l'affreuse tristesse de l'opprobre qui se sent et ne peut se fuir, l'indignation d'un cœur qui s'honore encore et se sent à jamais déshonoré ; tout versoit le remords et l'ennui sur des plaisirs abhorrés par l'amour. Un respect étranger à ces âmes viles leur faisoit oublier le ton de la débauche, un trouble involontaire empoisonnoit leurs transports ; et, touchés du sort de leur victime, ils s'en retournoient pleurant sur elle et rougissant d'eux.

La douleur la consumoit. Édouard, qui peu à peu la prenoit en amitié, vit qu'elle n'étoit que trop affligée, et qu'il falloit plutôt la ranimer que l'abattre. Il la voyoit, c'étoit déjà beaucoup pour la consoler. Ses entretiens firent plus, ils l'encouragèrent ; ses discours élevés et grands rendoient à son âme accablée le ressort qu'elle avoit perdu. Quel effet ne faisoient-ils point partant d'une bouche aimée et pénétrant dans un cœur bien né que le sort livroit à la honte, mais que la nature avoit fait pour l'honnêteté ! C'est dans ce cœur qu'ils trouvoient de la prise et qu'ils portoient avec fruit les leçons de la vertu.

Par ces soins bienfaisans, il la fit enfin mieux penser d'elle. S'il n'y a de flétrissure éternelle que celle d'un cœur corrompu, je sens en moi de quoi pouvoir effacer ma honte : je serai toujours méprisée, mais je ne mériterai plus de l'être ; je ne me mépriserai plus. Échappée à l'horreur du vice, celle du mépris m'en sera moins amère. Eh ! que m'importent les dédains de toute la terre quand Édouard m'estimera ? Qu'il voie son ouvrage et qu'il s'y complaise : seul, il me dédommagera de tout. Quand l'honneur n'y gagneroit rien, du moins l'amour y gagnera. Oui, donnons au cœur qu'il enflamme une habitation plus pure. Sentiment délicieux ! je ne profanerai plus tes transports. Je ne puis être heureuse ; je ne le serai jamais, je le sais. Hélas ! je suis indigne des caresses de l'amour ; mais je n'en souffrirai jamais d'autres.

Son état étoit trop violent pour pouvoir durer, mais quand elle tenta d'en sortir, elle y trouva des difficultés qu'elle n'avoit pas prévues. Elle éprouva que celle qui renonce au droit sur sa personne ne le recouvre pas comme il lui plaît, et que l'honneur est une sauvegarde civile qui laisse bien foibles ceux qui l'ont perdu. Elle ne trouva d'autre parti pour se retirer de l'oppression que d'aller brusquement se jeter dans un couvent, et d'abandonner sa maison presque au pillage; car elle vivoit dans une opulence commune à ses pareilles, surtout en Italie, quand l'âge et la figure les font valoir. Elle n'avoit rien dit à Bomston de son projet, trouvant une sorte de bassesse à en parler avant l'exécution. Quand elle fut dans son asile, elle le lui marqua par un billet, le priant de la protéger contre les gens puissans qui s'intéressoient à son désordre et que sa retraite alloit offenser. Il courut chez elle assez tôt pour sauver ses effets. Quoique étranger dans Rome, un grand seigneur considéré, riche, et plaidant avec force la cause de l'honnêteté, y trouva bientôt assez de crédit pour la maintenir dans son couvent, et même l'y faire jouir d'une pension que lui avoit laissée le cardinal auquel ses parens l'avoient vendue.

Il fut la voir. Elle étoit belle; elle aimoit; elle étoit pénitente; elle lui devoit tout ce qu'elle alloit être. Que de titres pour toucher un cœur comme le sien! Il vint plein de tous les sentimens qui peuvent porter au bien les cœurs sensibles; il n'y manquoit que celui qui pouvoit la rendre heureuse et qui ne dépendoit pas de lui. Jamais elle n'en avoit tant espéré; elle étoit transportée; elle se sentoit déjà dans l'état auquel on remonte si rarement. Elle disoit : Je suis honnête; un homme vertueux s'intéresse à moi : amour, je ne regrette plus les pleurs, les soupirs que tu me coûtes; tu m'as déjà payée de tout. Tu fis ma force, et tu fais ma récompense; en me faisant aimer mes devoirs, tu deviens le premier de tous. Quel bonheur n'étoit réservé qu'à moi seule? C'est l'amour qui m'élève et m'honore; c'est lui qui m'arrache au crime, à l'opprobre; il ne peut plus sortir de mon cœur qu'avec la vertu. O Édouard! Quand je redeviendrai méprisable j'aurai cessé de t'aimer.

Cette retraite fit du bruit. Les âmes basses, qui jugent des autres par elles-mêmes, ne purent imaginer qu'Édouard n'eût mis à cette affaire que de l'intérêt et de l'honnêteté. Laure étoit trop aimable pour que les soins qu'un homme prenoit d'elle ne fussent pas toujours suspects. La marquise, qui avoit ses espions, fut instruite de tout la première; et ses emportemens qu'elle ne put contenir achevèrent de divulguer son intrigue. Le bruit en parvint au marquis jusqu'à Vienne; et l'hiver suivant il vint à Rome chercher un coup d'épée pour rétablir son honneur, qui n'y gagna rien.

Ainsi commencèrent ces doubles liaisons qui, dans un pays comme l'Italie, exposèrent Édouard à mille périls de toute espèce; tantôt de la part d'un militaire outragé; tantôt de la part d'une femme jalouse et vindicative; tantôt de la part de ceux qui s'étoient attachés à Laure, et que sa perte mit en fureur. Liaisons bizarres s'il en fut jamais, qui, l'environnant de périls sans utilité, le partageoient entre deux maîtresses passionnées sans en pouvoir posséder aucune; refusé de la courtisane qu'il n'aimoit pas, refusant l'honnête femme qu'il adoroit; toujours vertueux, il est vrai, mais croyant toujours servir la sagesse en n'écoutant que ses passions.

Il n'est pas aisé de dire qu'elle espèce de sympathie pouvoit unir deux caractères si opposés que ceux d'Édouard et de la marquise; mais, malgré la différence de leurs principes, ils ne purent jamais se détacher parfaitement l'un de l'autre. On peut juger du désespoir de cette femme emportée quand elle crut s'être donné une rivale, et quelle rivale! par son imprudente générosité. Les reproches, les dédains, les outrages, les menaces, les tendres caresses, tout fut employé tour à tour pour détacher Édouard de cet indigne commerce, où jamais elle ne put croire que son cœur n'eût point de part. Il demeura ferme; il l'avoit promis. Laure avoit borné son espérance et son bonheur à le voir quelquefois. Sa vertu naissante avoit besoin d'appui; elle tenoit à celui qui l'avoit fait naître; c'étoit à lui de la soutenir. Voilà ce qu'il disoit à la marquise, à lui-même, et peut-être ne se disoit-il pas tout. Où est l'homme assez sévère pour fuir les regards d'un objet charmant qui ne lui demande que de se laisser aimer! où est celui dont les larmes de deux beaux yeux n'enflent pas un peu le cœur honnête? où est l'homme bienfaisant dont l'utile amour-propre n'aime pas à jouir du fruit de ses soins? Il avoit rendu Laure trop estimable pour ne faire que l'estimer.

La marquise, n'ayant pu obtenir qu'il cessât de voir cette infortunée, devint furieuse. Sans avoir le courage de rompre avec lui, elle le prit dans une espèce d'horreur. Elle frémissoit en voyant entrer son carrosse ; le bruit de ses pas, en montant l'escalier, la faisoit palpiter d'effroi. Elle étoit prête à se trouver mal à sa vue. Elle avoit le cœur serré tant qu'il restoit auprès d'elle ; quand il partoit, elle l'accabloit d'imprécations ; sitôt qu'elle ne le voyoit plus, elle pleuroit de rage ; elle ne parloit que de vengeance ; son dépit sanguinaire ne lui dictoit que des projets dignes d'elle. Elle fit plusieurs fois attaquer Édouard sortant du couvent de Laure ; elle lui tendit des pièges à elle-même pour l'en faire sortir et l'enlever. Tout cela ne put le guérir. Il retournoit le lendemain chez celle qui l'avoit voulu faire assassiner la veille ; et toujours avec son chimérique projet de la rendre à la raison, il exposoit la sienne, et nourrissoit sa foiblesse du zèle de sa vertu.

Au bout de quelques mois, le marquis, mal guéri de sa blessure, mourut en Allemagne, peut-être de douleur de la mauvaise conduite de sa femme. Cet événement, qui devoit rapprocher Édouard de la marquise, ne servit qu'à l'en éloigner encore plus. Il lui trouva tant d'empressement à mettre à profit sa liberté recouvrée, qu'il frémit de s'en prévaloir. Le seul doute si la blessure du marquis n'avoit point contribué à sa mort effraya son cœur et fit taire ses désirs. Il se disoit : Les droits d'un époux meurent avec lui pour tout autre ; mais pour son meurtrier ils lui survivent et deviennent inviolables. Quand l'humanité, la vertu, les lois, ne prescriroient rien sur ce point, la raison seule ne nous dit-elle pas que les plaisirs attachés à la reproduction des hommes ne doivent point être le prix de leur sang ? sans quoi les moyens destinés à nous donner la vie seroient des sources de mort, et le genre humain périroit par les soins qui doivent le conserver.

Il passa plusieurs années ainsi partagé entre deux maîtresses ; flottant sans cesse de l'une à l'autre, souvent voulant renoncer à toutes deux et n'en pouvant quitter aucune ; repoussé par cent raisons, rappelé par mille sentimens, et chaque jour plus serré dans ses liens par ses vains efforts pour les rompre, cédant tantôt au penchant et tantôt au devoir ; allant de Londres à Rome et de Rome à Londres, sans pouvoir se fixer nulle part ; toujours ardent, vif, passionné, jamais foible ni coupable, et fort de son âme grande et belle quand il pensoit ne l'être que de sa raison ; enfin tous les jours méditant des folies, et tous les jours revenant à lui, prêt à briser ses indignes fers. C'est dans ces premiers momens de dégoût qu'il faillit s'attacher à Julie ; et il paroît sûr qu'il l'eût fait s'il n'eût pas trouvé la place prise.

Cependant la marquise perdoit toujours du terrain par ses vices ; Laure en gagnoit par ses vertus. Au surplus la constance étoit égale des deux côtés ; mais le mérite n'étoit pas le même ; et la marquise, avilie, dégradée par tant de crimes, finit par donner à son amour sans espoir les supplémens que n'avoit pu supporter celui de Laure. A chaque voyage, Bomston trouvoit à celle-ci de nouvelles perfections : elle avoit appris l'anglois, elle savoit par cœur tout ce qu'il lui avoit conseillé de lire ; elle s'instruisoit dans toutes les connoissances qu'il paroissoit aimer ; elle cherchoit à mouler son âme sur la sienne, et ce qu'il y restoit de son fonds ne la déparoit pas. Elle étoit encore dans l'âge où la beauté croît avec les années. La marquise étoit dans celui où elle ne fait plus que décliner ; et quoiqu'elle eût ce ton du sentiment qui plaît et qui touche, qu'elle parlât d'humanité, de fidélité, de vertus, avec grâce, tout cela devenoit ridicule par sa conduite, et sa réputation démentoit tous ces beaux discours. Édouard la connoissoit trop pour en espérer plus rien : il s'en détachoit insensiblement sans pouvoir s'en détacher tout-à-fait ; il s'approchoit toujours de l'indifférence sans pouvoir jamais y arriver ; son cœur le rappeloit sans cesse chez la marquise ; ses pieds l'y portoient sans qu'il y songeât. Un homme sensible n'oublie jamais, quoi qu'il fasse, l'intimité dans laquelle il a vécu. A force d'intrigues, de ruses, de noirceurs, elle parvint enfin à s'en faire mépriser ; mais il la méprisa sans cesser de la plaindre, sans pouvoir jamais oublier ce qu'elle avoit fait pour lui ni ce qu'il avoit senti pour elle.

Ainsi dominé par ses habitudes encore plus que par ses penchans, Édouard ne pouvoit rompre les attachemens qui l'attiroient à Rome. Les douceurs d'un ménage heureux lui firent désirer d'en établir un semblable avant de vieillir. Quelquefois il se taxoit d'injustice, d'ingratitude même, envers la marquise, et n'imputoit qu'à sa passion les vices de son caractère; quelquefois il oublioit le premier état de Laure, et son cœur franchissoit sans y songer la barrière qui le séparoit d'elle. Toujours cherchant dans sa raison des excuses à son penchant, il se fit de son dernier voyage un motif pour éprouver son ami, sans songer qu'il s'exposoit lui-même à une épreuve dans laquelle il auroit succombé sans lui.

Le succès de cette entreprise et le dénoûment des scènes qui s'y rapportent sont détaillés dans la douzième Lettre de la cinquième Partie, et dans la troisième de la sixième, de manière à n'avoir plus rien d'obscur à la suite de l'abrégé précédent. Édouard, aimé de deux maîtresses sans en posséder aucune, paroît d'abord dans une situation risible; mais sa vertu lui donnoit en lui-même une jouissance plus douce que celle de la beauté, et qui ne s'épuise pas comme elle. Plus heureux des plaisirs qu'il se refusoit que le voluptueux n'est de ceux qu'il goûte, il aima plus long-temps, resta libre, et jouit mieux de la vie que ceux qui l'usent. Aveugles que nous sommes, nous la passons tous à courir après nos chimères. Eh! ne saurons-nous jamais que de toutes les folies des hommes il n'y a que celles du juste qui le rendent heureux?

OBSERVATIONS

DE J. J. ROUSSEAU

Sur les retranchemens que M. de MALESHERBES vouloit qu'on fît à la NOUVELLE HÉLOÏSE (*)

Je n'ai pu bien juger de l'effet des retranchemens dont M. de Malesherbes a eu la bonté de m'envoyer la note et les raisons, parce que je n'ai pas l'édition de Paris sous les yeux; mais je pense que cette mutilation doit être bien choquante à la lecture, et produit bien des disparates.

Quelques-uns de ces retranchemens me paroissent assez à propos et convenables, même dans ma façon de penser, mais le plus grand nombre et les plus importans sont ceux auxquels je ne puis acquiescer, parce qu'ils vont directement contre l'objet du livre, et que les images trop libres, mais nécessaires à l'effet du reste, n'étant plus rachetées par rien d'utile, un bon livre que j'ai cru donner ne devient plus qu'un roman libre et scandaleux que je supprimerois moi-même si j'en avois le pouvoir. Je me soucie peu qu'on me lise en France, s'il faut employer pour cela six volumes de fadeurs, uniquement à servir de secrétaire d'amour à la jeunesse.

Une dévote vulgaire humblement soumise à son directeur; une femme qui commence par le libertinage et finit par la dévotion, n'est pas un objet assez rare, assez instructif pour occuper un gros livre; mais une femme à la fois aimable, dévote, éclairée et raisonnable, est un objet plus nouveau, et selon moi plus utile: c'est pourtant cette nouveauté et cette utilité que les retranchemens exigés font disparoître. Il est vrai que c'est précisément sur la supposition de cette piété éclairée que M. de Malesherbes ne veut pas qu'elle ait des sentimens différens de la doctrine de l'Église; mais ce mot d'*Église* a besoin d'explication. L'Église romaine n'exige point une piété éclairée, elle exige une piété aveugle; et, quant à l'Église protestante, c'est précisément parce qu'elle exige une piété éclairée qu'elle laisse à chacun l'usage de sa raison. Voit-on que ce livre, qui effarouche si fort les théologiens catholiques, effarouche aussi les nôtres? C'est une nouvelle sorte d'intolérance dont les prêtres ne s'étoient pas encore avisés, de vouloir qu'un protestant soit protestant à leur mode, plutôt qu'à la sienne.

M. de Malesherbes pense que la doctrine mise dans la bouche de Julie mourante est celle de l'auteur ou de l'éditeur du livre; cependant il veut qu'on tronque cette profession de foi. Or, il est clair que dans une édition faite par mes soins, les suppressions seront de ma part un désaveu tacite. Quoi! M. de Malesherbes veut-il que je renie ma foi? Ou le courage que je crois sentir en moi me trompe, ou quand je verrois devant moi l'appareil des supplices, je n'ôterois pas un mot de ce discours.

Je n'entrerai point dans le détail des motifs qui ont déterminé M. de Malesherbes à ordonner ces retranchemens. Ces motifs, étant tirés de principes que je n'adopte point, n'ont aucune autorité pour moi. Je n'imaginois pas qu'un roman genevois dût être approuvé en Sorbonne. Et comme je n'ai point désiré qu'il

---

(*) Ces observations furent adressées par l'auteur, le 20 février 1761, au libraire GUÉRIN, qui, encouragé par M. de Malesherbes, devoit publier une édition des Œuvres de J. J. Rousseau; elles ne se trouvent point dans les éditions antérieures à nôtre. (*Note de l'édition de Lefèvre et Deterville.* 1817.)

fût imprimé en France, rien ne m'oblige à souscrire aux conditions sous lesquelles il peut être imprimé. Je remarquerai seulement que ces retranchemens sont faits avec tant de soin qu'il ne reste rien à mes calvinistes, en fait de doctrine, que le plus superstitieux catholique ne pût avouer : autant vaudroit exiger que tout protestant qui vient à Paris fît abjuration sur la frontière. Il s'en faut bien que les romans de l'abbé Prévost, surtout le Cléveland, ne soient traités avec tant de sévérité. Or, il me paroît assez étrange qu'un prêtre catholique puisse dans ses romans faire parler des protestans selon leurs idées, plus librement qu'un protestant dans les siens.

M. de Malesherbes m'élève des scrupules sur les sentimens de Julie et de Saint-Preux, qu'il n'a point élevés sur les miens propres dans mon *Discours sur l'Inégalité*, ni même dans ma *Lettre à M. d'Alembert*, dont les dix ou douze premières pages contiennent sans détour, directement et sous mon nom, des sentimens du moins aussi hardis et aussi durement énoncés. Au lieu que dans le roman, ceux contestés entre les interlocuteurs ne peuvent être imputés avec certitude ni à moi ni à personne.

J'ai pensé aux changemens proposés, et j'ai vu que je ne pouvois rien substituer aux choses retranchées, sans changer aussi l'objet de ce livre et sans le gâter; ce que je ne veux pas faire. Que si je ne voulois qu'adoucir ces mêmes choses, je n'y réussirois jamais, n'ayant ni ce talent-là, ni le goût qui le ⸺ d utile. A la vérité, il y a beaucoup de mauvaises notes que je voudrois qui n'y fussent point; mais ce ne sont pas celles-là que M. de Malesherbes exige qu'on retranche. Je pourrois consentir qu'on les ôtât absolument toutes, pourvu que le texte entier restât tel qu'il est dans la première édition; encore ce sacrifice me coûteroit-il beaucoup.

Je remercie très-humblement M. de Malesherbes de sa bonne volonté; mais je ne sais ni ne veux apprendre comment il faut préparer un livre pour le mettre en état d'être imprimé à Paris.

SUJETS D'ESTAMPES

POUR

LA NOUVELLE HÉLOISE (*).

La plupart de ces sujets sont détaillés, pour les faire entendre, beaucoup plus qu'ils ne peuvent l'être dans l'exécution; car, pour rendre heureusement un dessin, l'artiste ne doit pas le voir tel qu'il sera sur son papier, mais tel qu'il est dans la nature. Le crayon ne distingue pas une blonde d'une brune, mais l'imagination qui le guide doit les distinguer. Le burin marque mal les clairs et les ombres, si le graveur n'imagine aussi les couleurs. De même, dans les figures en mouvement, il faut voir ce qui précède et ce qui suit, et donner au temps de l'action une certaine latitude; sans quoi l'on ne saisira jamais bien l'unité du moment qu'il faut exprimer. L'habileté de l'artiste consiste à faire imaginer au spectateur beaucoup de choses qui ne sont pas sur la planche; et cela dépend d'un heureux choix de circonstances, dont celles qu'il rend font supposer celles qu'il ne rend pas. On ne sauroit donc entrer dans un trop grand détail quand on veut exposer des sujets d'estampes, et qu'on est absolument ignorant dans l'art. Au reste, il est aisé de comprendre que ceci n'avoit pas été écrit pour le public; mais, en donnant séparément les estampes, on a cru devoir y joindre l'explication.

Quatre ou cinq personnages reviennent dans toutes les planches, et en composent à peu près toutes les figures. Il faudroit tâcher de les distinguer par leur air et par le goût de leur vêtement, en sorte qu'on les reconnût toujours.

1. JULIE est la figure principale. Blonde, une physionomie douce, tendre, modeste, enchanteresse; des grâces naturelles sans la moindre affectation; une élégante simplicité, même un peu de négligence dans son vêtement, mais qui lui sied mieux qu'un air plus arrangé; peu d'ornemens, toujours du goût; la gorge couverte, en fille modeste, et non pas en dévote.

2. CLAIRE, ou la cousine. Une brune piquante; l'air plus fin, plus éveillé, plus gai; d'une parure un peu plus ornée, et visant presque à la coquetterie, mais toujours pourtant de la modestie et de la bienséance. Jamais de panier ni à l'une ni à l'autre.

3. SAINT-PREUX, ou l'ami. Un jeune homme d'une figure ordinaire, rien de distingué; seulement une physionomie sensible et intéressante : l'habillement très-simple, une contenance assez timide, même un peu embarrassé de sa personne quand il est de sang-froid, mais bouillant et emporté dans la passion.

4. LE BARON D'ÉTANGE, ou le père. Il ne paroît qu'une fois, et l'on dira comment il doit être.

5. MYLORD ÉDOUARD, ou l'Anglois. Un air de grandeur qui vient de l'âme plus que du rang; l'empreinte du courage et de la vertu, mais un peu de rudesse et d'âpreté dans les traits. Un maintien grave et stoïque, sous lequel il cache avec peine une extrême sensibilité. La parure à l'angloise et d'un grand seigneur sans faste. S'il étoit possible d'ajouter à tout cela le port un peu spadassin, il n'y auroit pas de mal.

6. M. DE WOLMAR, le mari de Julie. Un air froid et posé. Rien de faux ni de contraint; peu de geste, beaucoup d'esprit, l'œil assez fin; étudiant les gens sans affectation.

Tels doivent être à peu près les caractères des figures. Je passe au sujet des planches.

PREMIÈRE ESTAMPE.

Première partie. Lettre XIV, page 30.

Le lieu de la scène est un bosquet. Julie vient de donner à son ami un baiser *cosi saporito*, qu'elle en tombe dans une espèce de défaillance. On la voit

---

(*) Toutes ces estampes ont été exécutées et ornent les exemplaires des deux éditions premières de Paris et d'Amsterdam. Les dessins originaux, faits par Gravelot, sont dans le manuscrit que Rousseau avoit fait pour madame de Luxembourg, et qui est maintenant déposé à la bibliothèque de la Chambre des Députés.   G. P.

dans un état de langueur se pencher, se laisser couler sur les bras de sa cousine, et celle-ci la recevoir avec un empressement qui ne l'empêche pas de sourire en regardant du coin de l'œil son ami. Le jeune homme a les deux bras étendus vers Julie ; de l'un il vient de l'embrasser, et l'autre s'avance pour la soutenir ; son chapeau est à terre. Un ravissement, un transport très-vif de plaisir et d'alarmes doit régner dans son geste et sur son visage. Julie doit se pâmer et non s'évanouir. Tout le tableau doit respirer une ivresse de volupté qu'une certaine modestie rende encore plus touchante.

Inscription de la première planche :
LE PREMIER BAISER DE L'AMOUR.

DEUXIÈME ESTAMPE.

Première partie, lettre LX, page 80.

Le lieu de la scène est une chambre fort simple. Cinq personnages remplissent l'estampe. Mylord Édouard, sans épée et appuyé sur une canne, se met à genoux devant l'ami, qui est assis à côté d'une table sur laquelle sont son épée et son chapeau, avec un livre plus près de lui. La posture humble de l'Anglois ne doit rien avoir de honteux ni de timide ; au contraire, il règne sur son visage une fierté sans arrogance ; une hauteur de courage, non pour braver celui devant lequel il s'humilie, mais à cause de l'honneur qu'il se rend à lui-même de faire une belle action par un motif de justice et non de crainte. L'ami, surpris, troublé de voir l'Anglois à ses pieds, cherche à le relever avec beaucoup d'inquiétude et un air très-confus. Les trois spectateurs, tous en épée, marquent l'étonnement et l'admiration, chacun par une attitude différente. L'esprit de ce sujet est que le personnage qui est à genoux imprime du respect aux autres, et qu'ils semblent tous à genoux devant lui.

Inscription de la seconde planche :
L'HÉROÏSME DE LA VALEUR (*).

TROISIÈME ESTAMPE.

Partie II, lettre X, page 108.

Le lieu est une chambre de cabaret, dont la porte ouverte donne dans une autre chambre. Sur une table, auprès du feu, devant laquelle est assis mylord Édouard en robe de chambre, sont deux bougies, quelques lettres ouvertes, et un paquet encore fermé. Édouard tient de la main droite une lettre, qu'il baisse de surprise en voyant entrer le jeune homme. Celui-ci, encore habillé, a le chapeau enfoncé sur les yeux, tient son épée d'une main, et de l'autre montre à l'Anglois, d'un air emporté et menaçant, la sienne qui est sur un fauteuil à côté de lui. L'Anglois fait de la main gauche un geste de dédain froid et marqué. Il regarde en même temps l'étourdi d'un air de compassion propre à le faire rentrer en lui-même ; et l'on doit remarquer en effet dans son attitude que ce regard commence à le déconcerter.

Inscription de la troisième planche :
AH, JEUNE HOMME! A TON BIENFAITEUR!

QUATRIÈME ESTAMPE.

Partie II, lettre XXVI, page 149.

La scène est dans la rue, devant une maison de mauvaise apparence. Près de la porte ouverte un laquais éclaire avec deux flambeaux de table. Un fiacre est à quelques pas de là ; le cocher tient la portière ouverte, et un jeune homme s'avance pour y monter. Ce jeune homme est Saint-Preux, sortant d'un lieu de débauche, dans une attitude qui marque le remords, la tristesse et l'abattement. Une des habitantes de cette maison l'a reconduit jusque dans la rue ; et dans ses adieux on voit la joie, l'impudence et l'air d'une personne qui se félicite d'avoir triomphé de lui. Accablé de douleur et de honte, il ne fait pas même attention à elle. Aux fenêtres sont de jeunes officiers avec deux ou trois compagnes de celle qui est en bas. Ils battent des mains et applaudissent d'un air railleur en voyant passer le jeune homme, qui ne les regarde ni ne les écoute. Il doit régner une immodestie dans le maintien des femmes, et un désordre dans leur ajustement, qui ne laisse pas douter un moment de ce qu'elles sont, et qui fasse mieux sortir la tristesse du principal personnage.

Inscription de la quatrième planche :
LA HONTE ET LES REMORDS VENGENT L'AMOUR OUTRAGÉ.

CINQUIÈME ESTAMPE.

Partie III, lettre XIV, page 167.

La scène se passe de nuit, et représente la chambre de Julie dans le désordre où est ordinairement celle d'une personne malade. Julie est dans son lit avec la petite-vérole ; elle a le transport. Ses rideaux fermés étoient entr'ouverts pour le passage de son bras qui est en dehors : mais sentant baiser sa main, de l'autre elle ouvre brusquement le rideau ; et, reconnoissant son ami, elle paroît surprise, agitée, transportée de joie, et prête à s'élancer vers lui. L'a-

---

(* C'est ainsi que cette inscription est donnée dans l'édition originale. Comme ces *sujets d'estampes* n'ont point été insérés dans l'édition de Genève et que d'ailleurs l'estampe même, dans l'édition originale, porte l'inscription telle que nous la donnons ici, on ne voit pas pourquoi, dans l'édition de 1801, elle a été changée en celle-ci : *l'héroïsme de la vertu*.
G. P.

mant, à genoux près du lit, tient la main de Julie qu'il vient de saisir, et la baise avec un emportement de douleur et d'amour, dans lequel on voit non-seulement qu'il ne craint pas la communication du venin, mais qu'il la désire. A l'instant, Claire, un bougeoir à la main, remarquant le mouvement de Julie, prend le jeune homme par le bras, et, l'arrachant du lieu où il est, l'entraîne hors de la chambre. Une femme de chambre un peu âgée s'avance en même temps au chevet de Julie pour la retenir. Il faut qu'on remarque dans tous les personnages une action très-vive et bien prise dans l'unité du moment.

Inscription de la cinquième planche :
L'INOCULATION DE L'AMOUR.

SIXIÈME ESTAMPE.
Partie III, lettre XVIII, page 175.

La scène se passe dans la chambre du baron d'Étange, père de Julie. Julie est assise, et près de sa chaise est un fauteuil vide : son père qui l'occupoit est à genoux devant elle, lui serrant les mains, versant des larmes, et dans une attitude suppliante et pathétique. Le trouble, l'agitation, la douleur, sont dans les yeux de Julie. On voit, à un certain air de lassitude, qu'elle a fait tous ses efforts pour relever son père ou se dégager ; mais, n'en pouvant venir à bout, elle laisse pencher sa tête sur le dos de sa chaise comme une personne prête à se trouver mal, tandis que ses deux mains en avant portent encore sur les bras de son père. Le baron doit avoir une physionomie vénérable, une chevelure blanche, le port militaire, et, quoique suppliant, quelque chose de noble et de fier dans le maintien.

Inscription de la sixième planche :
LA FORCE PATERNELLE.

SEPTIÈME ESTAMPE.
Partie IV, lettre VI, page 212.

La scène se passe dans l'avenue d'une maison de campagne, quelques pas au-delà de la grille, devant laquelle on voit au dehors une chaise arrêtée, une malle derrière, et un postillon. Comme l'ordonnance de cette estampe est très-simple et demande pourtant une grande expression, il la faut expliquer.

L'ami de Julie revient d'un voyage de long cours ; et, quoique le mari sache qu'avant son mariage cet ami a été amant favorisé, il prend une telle confiance dans la vertu de tous deux, qu'il invite lui-même le jeune homme à venir dans sa maison. Le moment de son arrivée est le sujet de l'estampe. Julie vient de l'embrasser, et, le prenant par la main, le présente à son mari, qui s'avance pour l'embrasser à son tour. M. de Wolmar, naturellement froid et posé, doit avoir l'air ouvert, presque riant, un regard serein qui invite à la confiance.

Le jeune homme, en habit de voyage, s'approche avec un air de respect, dans lequel on démêle à la vérité un peu de contrainte et de confusion, mais non pas une gêne pénible ni un embarras suspect. Pour Julie, on voit sur son visage et dans son maintien un caractère d'innocence et de candeur, qui montre en cet instant toute la pureté de son âme. Elle doit regarder son mari avec une assurance modeste, où se peignent l'attendrissement et la reconnoissance que lui donne un si grand témoignage d'estime, et le sentiment qu'elle en est digne.

Inscription de la septième planche :
LA CONFIANCE DES BELLES AMES.

HUITIÈME ESTAMPE.
Partie IV, lettre XVII, page 262.

Le paysage est ici ce qui demande le plus d'exactitude. Je ne puis mieux le représenter qu'en transcrivant le passage où il est décrit :

« Nous y parvînmes après une heure de marche
» par sentiers tortueux et frais, qui, montant
» insensiblement entre les arbres et les rochers,
» n'avoient rien de plus incommode que la longueur
» du chemin..... Ce lieu solitaire formoit un réduit
» sauvage et désert, mais plein de ces sortes de beau-
» tés qui ne plaisent qu'aux âmes sensibles, et parois-
» sent horribles aux autres. Un torrent, formé par la
» fonte des neiges, rouloit à vingt pas de nous une
» eau bourbeuse, et charrioit avec bruit du limon,
» du sable et des pierres. Derrière nous une chaîne
» de roches inaccessibles séparoit l'esplanade où nous
» étions de cette partie des Alpes qu'on nomme *les
» Glacières*, parce que d'énormes sommets de gla-
» ces qui s'accroissent incessamment les couvrent
» depuis le commencement du monde. Des forêts
» de noirs sapins nous ombrageoient tristement à
» droite ; un grand bois de chênes étoit à gauche
» au-delà du torrent ; et au-dessous de nous, cette
» immense plaine d'eau que le lac forme au sein
» des Alpes nous séparoit des riches côtes du pays
» de Vaud, dont la cime du majestueux Jura cou-
» ronnoit le tableau.

» Au milieu de ces grands et superbes objets, le
» petit terrain où nous étions étaloit les charmes
» d'un séjour riant et champêtre. Quelques ruis-
» seaux filtroient à travers les rochers, et rouloient
» sur la verdure en filets de cristal. Quelques ar-
» bres fruitiers sauvages penchoient leurs têtes sur
» les nôtres. La terre humide et fraîche étoit cou-
» verte d'herbes et de fleurs. En comparant un si

» doux séjour aux objets qui l'environnoient, il sem-
» bloit que ce lieu désert dût être l'asile de deux
» amans échappés seuls au bouleversement de la
» nature. »

Il faut ajouter à cette description que deux quartiers de rochers tombés du haut, et pouvant servir de table et de siége, doivent être presque au bord de l'esplanade; que, dans la perspective des côtes du pays de Vaud qu'on voit dans l'éloignement, on distingue sur le rivage des villes de distance en distance; et qu'il est nécessaire au moins qu'on en aperçoive une vis-à-vis de l'esplanade ci-dessus décrite.

C'est sur cette esplanade que sont Julie et son ami, les deux seuls personnages de l'estampe. L'ami, posant une main sur l'un des deux quartiers, lui montre de l'autre main et d'un peu loin des caractères gravés sur les rochers des environs Il lui parle en même temps avec feu : on lit dans les yeux de Julie l'attendrissement que lui causent ses discours et les objets qu'il lui rappelle; mais on y lit aussi que la vertu préside, et ne craint rien de ces dangereux souvenirs.

Il y a un intervalle de dix ans entre la première estampe et celle-ci; et dans cet intervalle Julie est devenue femme et mère : mais il est dit qu'étant fille elle laissoit dans son ajustement un peu de négligence qui la rendoit plus touchante, et qu'étant femme elle se paroît avec plus de soin. C'est ainsi qu'elle doit être dans la planche septième; mais dans celle-ci elle est sans parure et en robe du matin.

Inscription de la huitième planche :

LES MONUMENS DES ANCIENNES AMOURS.

NEUVIÈME ESTAMPE.

Partie V, lettre III, page 283.

Un salon, sept figures. Au fond, vers la gauche, une table à thé couverte de trois tasses, la théière, le pot à sucre, etc. Autour de la table sont, dans le fond et en face, M. de Wolmar; à sa droite en tournant, l'ami tenant la gazette; en sorte que l'un et l'autre voient tout ce qui se passe dans la chambre.

A droite, aussi dans le fond, madame de Wolmar assise tenant de la broderie : sa femme de chambre assise à côté d'elle et faisant de la dentelle; son oreiller est appuyé sur une chaise plus petite. Cette femme de chambre, la même dont il est parlé ci-après planche onzième, est plus jeune que celle de la planche sixième.

Sur le devant, à sept ou huit pas des uns et des autres, est une autre petite table couverte d'un livre d'estampes que parcourent deux petits garçons.

L'aîné, tout occupé des figures, les montre au cadet; mais celui-ci compte furtivement des onchets qu'il tient sous la table, cachés par un des côtés du livre. Une petite fille de huit ans, leur aînée, s'est levée de la chaise qui est devant la femme de chambre; et s'avance lestement sur la pointe des pieds vers les deux garçons. Elle parle d'un petit ton d'autorité, en montrant de loin la figure du livre, et tenant un ouvrage à l'aiguille de l'autre main.

Madame de Wolmar doit paroître avoir suspendu son travail pour contempler le manége des enfans : les hommes ont de même suspendu leur lecture pour contempler à la fois madame de Wolmar et les trois enfans. La femme de chambre est à son ouvrage.

Un air fort occupé dans les enfans, un air de contemplation rêveuse et douce dans les trois spectateurs : la mère surtout doit paroître dans une extase délicieuse.

Inscription de la neuvième planche

LA MATINÉE A L'ANGLOISE.

DIXIÈME ESTAMPE.

Partie V, lettre IX, page 312.

Une chambre de cabaret. Le moment vers la fin de la nuit. Le crépuscule commence à montrer quelques objets, mais l'obscurité permet à peine qu'on les distingue.

L'ami, qu'un rêve pénible vient d'agiter, s'est jeté à bas de son lit, et a pris sa robe de chambre à la hâte. Il erre avec un air d'effroi, cherchant à écarter de la main des objets fantastiques dont il paroît épouvanté. Il tâtonne pour trouver la porte. La noirceur de l'estampe, l'attitude expressive du personnage, son visage effaré, doivent faire un effet lugubre et donner aux regardans une impression de terreur.

Inscription de la dixième planche

OU VEUX-TU FUIR? LE FANTÔME EST DANS TON COEUR.

ONZIÈME ESTAMPE.

Partie VI, lettre II, page 326.

La scène est dans un salon. Vers la cheminée, où il y a du feu, est une table de jeu, à laquelle sont, contre le mur, M. de Wolmar qu'on voit en face, et, vis-à-vis, Saint-Preux, dont on voit le corps de profil, parce que sa chaise est un peu dérangée, mais dont on ne voit la tête que par derrière, parce qu'il la retourne vers M. de Wolmar.

Par terre est un échiquier renversé dont les pièces sont éparses. Claire, d'un air moitié suppliant, moitié railleur, présente au jeune homme la joue pour y appliquer un soufflet ou un baiser, à son choix, en punition du coup qu'elle vient de faire. Ce coup est indiqué par une raquette qu'elle tient pendante d'une main, tandis qu'elle avance l'autre main sur le bras du jeune homme pour lui faire retourner la tête, qu'il baisse et qu'il détourne d'un air boudeur. Pour que le coup ait pu se faire sans grand fracas, il faut un de ces petits échiquiers de maroquin qui se ferment comme des livres, et le représenter à moitié ouvert contre un des pieds de la table.

Sur le devant est une autre personne, qu'on reconnoît au tablier pour la femme de chambre; à côté d'elle est sa raquette sur une chaise. Elle tient d'une main le volant élevé, et de l'autre elle fait semblant d'en raccommoder les plumes; mais elle regarde à travers, en souriant, la scène qui se passe vers la cheminée.

M. de Wolmar, un bras passé sur le dos de la chaise, comme pour contempler plus commodément, fait signe du doigt à la femme de chambre de ne pas troubler la scène par un éclat de rire.

Inscription de la onzième planche :
CLAIRE! CLAIRE! LES ENFANS CHANTENT LA NUIT QUAND ILS ONT PEUR.

DOUZIÈME ESTAMPE.
Partie VI, lettre IX. page 356.

Cette dernière estampe marque le moment où Julie va se jeter dans le lac pour en retirer un de ses enfans, qui malheureusement y étoit tombé en revenant du château de Chillon. La femme de chambre retient l'aîné des enfans qui veut se jeter dans l'eau après sa mère. Les autres personnages sont madame d'Orbe, Henriette sa fille, le bailli de Chillon, sa femme et M. de Wolmar, qui, par leur attitude, témoignent de la frayeur.

Inscription de la douzième planche :
L'AMOUR MATERNEL.

ÉMILE,

ou

DE L'ÉDUCATION.

*Sanabilibus ægrotamus malis ; ipsaque nos in rectum genitos
natura, si emendari velimus, juvat.*
SENEC., de Irâ, Lib. II, cap. 13.

AVIS DE L'ÉDITEUR (1819).

Dans l'*Avertissement* général mis en tête du premier volume de cette Collection, nous avons annoncé (page v) que le texte de l'*Émile* avoit, dans l'édition publiée chez M. Didot en 1801, subi des changemens nombreux et considérables comparativement à celui de toutes les éditions antérieures sans exception. De plus, nous avons déclaré que loin de regarder ces changemens comme une amélioration réelle, nous pensions au contraire que l'éditeur avoit beaucoup altéré ce texte depuis long-temps consacré en quelque sorte dans une édition digne de toute confiance, et dont rien ne l'autorisoit à s'écarter. Nous avons promis d'appuyer de preuves cette assertion, et c'est ce que nous allons faire le plus succinctement qu'il sera possible, sachant très-bien qu'une telle discussion, quand elle ne porte que sur des détails, et lorsque d'ailleurs l'ouvrage n'est point altéré dans son essence et ses principes généraux, n'a pas un égal intérêt pour tous les lecteurs.

L'éditeur de 1801, après s'être plaint des *entraves que la censure mettoit au génie de l'auteur d'Émile lors des premières éditions, et de la négligence de plusieurs éditeurs qui les ont renouvelées*, annonce avoir collationné *avec le plus grand soin* le texte de l'*Émile* sur *deux manuscrits autographes*, l'un desquels *a servi à la première édition de cet ouvrage*. Cependant comme cette première édition a été imprimée sous les yeux de l'auteur, le même éditeur prévient qu'il a été *extrêmement réservé dans ses corrections*, mais qu'*il n'a pas balancé à rétablir divers passages visiblement altérés ou tout-à-fait supprimés, pour lesquels on avoit exigé les cartons qu'on remarque dans les exemplaires de cette édition, et dont l'auteur se plaint avec tant d'amertume dans ses Confessions*.

Observons d'abord que l'existence de *deux manuscrits* autographes de l'*Émile* est un fait trop important dans l'histoire bibliographico-littéraire, pour n'avoir pas besoin d'être prouvé de manière à ôter tout doute sur sa réalité. Il n'y a pas un manuscrit de cette espèce dont le lieu de dépôt ne soit bien connu, et quand ce dépôt n'est pas public, une telle propriété n'est pas de celles dont on fasse communément un secret. On auroit donc su gré à l'éditeur s'il se fût expliqué positivement sur ce point. Ce qui est bien certain, c'est que jusqu'à présent il n'existe de l'*Emile* qu'*un seul* manuscrit connu; c'est celui qui a été trouvé dans les papiers de Rousseau après sa mort, et qui, offert par sa veuve à la Convention, est maintenant déposé à la bibliothèque de la Chambre des Députés. S'il en existe quelque autre, tout assure que ce n'est pas à Paris qu'on pourroit espérer de le trouver.

Observons en second lieu, 1° que pour l'*Émile* comme pour *la Nouvelle Héloïse* il existe deux éditions premières, l'une qui fut faite à Paris chez Duchesne et qui parut avec ce faux titre : *La Haye, chez J. Néaulme*, 1762; l'autre qui parut en même temps chez le même Néaulme à Amsterdam; 2° que Rousseau, *pour ne pas laisser estropier et défigurer son ouvrage* (*Confessions*, LIV. XI), a corrigé les épreuves de l'édition de Paris qu'il nous apprend lui-même *avoir servi de modèle à l'autre;* aussi ces deux éditions ne diffèrent-elles aucunement. 3° Si dans le cours de l'impression il fut forcé de faire à son texte primitif quelques changemens pour satisfaire la censure, ces changemens (c'est encore Rousseau qui nous l'apprend lui-même) n'ont eu lieu que pour les deux premiers volumes, où l'on exigea, dit-il, *des cartons pour des riens;* mais on laissa passer les deux derniers *sans rien dire, sans que leur contenu fît aucun obstacle à la publication*. Or c'est dans ces deux derniers volumes surtout que la censure eût trouvé matière à s'exercer. 4° Enfin ces changemens commandés par la censure avoient aux yeux de l'auteur même si peu d'importance, qu'il ne s'est pas donné la peine de rétablir son texte primitif dans des éditions postérieures faites dans l'étranger et de son aveu : et en effet dans celle de Genève faite quatre ans après sa mort sur des matériaux préparés par lui-même pour cette édition depuis long-temps projetée, le texte de l'*Émile* ne diffère des éditions premières que dans un seul passage du troisième livre où le texte primitif se trouve rétabli, et ce passage par lui-même est de peu d'importance.

Il n'est donc pas vrai de dire que la censure ait mis *au génie de l'auteur d'Émile des entraves* réelles, et il n'est pas plus vrai qu'il s'en soit *plaint amèrement* dans ses *Confessions*.

Cela posé, nous établissons les faits suivans, résultat d'une collation faite aussi *avec le plus grand soin du texte de l'Émile* tel qu'il existe dans l'édition de Genève, d'une part, sur le manuscrit dont il vient d'être parlé; de l'autre, sur les deux éditions premières et sur l'édition de 1801.

1° Les leçons différentes qu'offre le texte de l'*Émile* dans l'édition de 1801, comparé au même texte dans les trois autres, se retrouvent TOUTES ET MOT POUR MOT dans le manuscrit déposé à la bibliothèque de la Chambre des Députés, et l'on doit bien croire qu'elles n'ont pas été puisées à une autre source, puisque encore une fois ce manuscrit est le seul connu, au moins jusqu'à présent, dans le monde littéraire, et que l'éditeur ne s'explique pas sur le second des deux manuscrits qu'il a fait, dit-il, entrer dans sa *collation*.

2° Ce manuscrit *n'a pu servir à l'impression de l'ouvrage en 1762*. Outre qu'on ne peut pas supposer avec vraisemblance qu'il fût revenu dans les mains de l'auteur après la vente qu'il en avoit faite au libraire Duchesne, il ne faut qu'y jeter les yeux pour se convaincre que l'impression a dû se faire sur tout autre manuscrit que celui-là. On voit bien qu'il est le résultat d'une mise au net faite d'après un brouillon antérieur dont la même bibliothèque possède en effet quelques parties sur feuilles volantes; mais cette mise au net est elle-même, et dans son intérieur et dans ses marges, tellement surchargée de ratures, additions et notes, avec renvois et signes de rappel qui se mêlent et s'enchevêtrent, et toutes ces additions sont quelquefois si difficiles à lire que l'œil de l'auteur a pu seul débrouiller ce chaos dans une seconde copie. Le manuscrit dans son ensemble n'offre donc encore qu'une première pensée qui a dû recevoir et a reçu en effet des modifications nouvelles dans un manuscrit postérieur, et le contenu de ce dernier manuscrit lui-même n'a pu manquer d'être modifié à son tour lors de la révision des épreuves. Qu'il y a loin de là à une rédaction définitive!

5° L'éditeur de 1801 ne s'est pas contenté d'insérer dans le texte imprimé, et par addition, ce qu'il a cru convenable de prendre dans le manuscrit; il a souvent et très-souvent changé ce texte même, en substituant à telle leçon de ce texte telle autre leçon donnée par le manuscrit. Or en cela il est bien clair qu'il n'a fait autre chose que remplacer un travail achevé par une ébauche, une rédaction définitive par une rédaction première dont l'auteur n'avoit pas été satisfait. Mais cet éditeur a plus fait encore : il a remplacé tel passage commun au texte imprimé et au manuscrit par tel autre qui se trouve aussi dans ce manuscrit, mais sur lequel UN LARGE TRAIT DE PLUME indique clairement qu'il a été biffé par l'auteur lui-même. Quelle étrange fatalité! quand de son vivant le malheureux Rousseau se plaignoit qu'on altéroit ses écrits pour lui nuire, certes il étoit loin de prévoir que, plus de vingt ans après sa mort, on les altéreroit de nouveau *ad majorem gloriam*, et que ces altérations encore, consacrées dans une édition de luxe, se reproduiroient *quatre fois* presque simultanément dans autant d'éditions nouvelles.

4° La manière dont l'éditeur caractérise les passages par lui *rétablis*, les fait supposer d'une grande importance, puisqu'il en présente la suppression à l'époque de la publication de l'ouvrage, comme ayant été l'effet des cartons qui furent alors exigés par la censure; mais on a vu plus haut à quoi, d'après le témoignage de Rousseau même, s'étoit réduite, pour l'*Émile*, cette intervention de l'autorité. Les lecteurs ne seront donc pas étonnés d'apprendre que ces passages rétablis, pour la plupart peu dignes d'attention en eux-mêmes, sont, à deux exceptions près, *totalement étrangers à la religion et à la politique*. Si quelques-uns peuvent exciter l'intérêt, ce ne peut donc être que sous le rapport littéraire. De tous ces passages, deux seulement, comme on vient de le dire, ont trait à la religion. Ils offrent même, eu égard au temps, des expressions hardies, et l'un d'eux particulièrement a presque de l'indécence, ou au moins une tournure *voltairienne* qui paroît bien étrangère à la manière d'écrire de l'auteur d'*Émile*. Hé bien, ces deux passages, échappés sans doute dans le feu de la première composition, sont précisément ceux qu'il a raturés de sa propre main, et que de sa propre autorité l'éditeur a fait entrer dans son texte.
. . . .

Tous ces changemens ayant pour cause des variations dans le texte qui sont du fait de l'auteur même, il nous a bien fallu consigner ces différences dans la présente édition, mais seulement sous forme de *variantes*; et les lecteurs n'auront pas à perdre de vue que, là comme dans les *Confessions*, ces variantes, dans chaque cas, n'expriment autre chose qu'une *première pensée*. Ce rapprochement de la première pensée et de la pensée définitive, ne sera pas sans quelque intérêt sous plus d'un rapport, d'autant mieux que nous ne l'avons offert que dans le cas où il nous a paru avoir réellement quelque attrait pour la curiosité. Car sans doute le plus enthousiaste admirateur de l'*Émile* n'exigeroit pas qu'on exhumât du manuscrit qui le recèle, et sans distinction, tout ce qui, émané de la plume de son auteur, a été postérieurement retranché par lui-même...

G. P.

PRÉFACE.

Ce recueil de réflexions et d'observations, sans ordre et presque sans suite, fut commencé pour complaire à une bonne mère qui sait penser (*). Je n'avois d'abord projeté qu'un mémoire de quelques pages; mon sujet m'entrainant malgré moi, ce mémoire devint insensiblement une espèce d'ouvrage trop gros, sans doute, pour ce qu'il contient, mais trop petit pour la matière qu'il traite. J'ai balancé long-temps à le publier; et souvent il m'a fait sentir, en y travaillant, qu'il ne suffit pas d'avoir écrit quelques brochures pour savoir composer un livre. Après de vains efforts pour mieux faire, je crois devoir le donner tel qu'il est, jugeant qu'il importe de tourner l'attention publique de ce côté-là; et que, quand mes idées seroient mauvaises, si j'en fais naître de bonnes à d'autres, je n'aurai pas tout-à-fait perdu mon temps. Un homme qui, de sa retraite, jette ses feuilles dans le public, sans prôneurs, sans parti qui les défende, sans savoir même ce qu'on en pense ou ce qu'on en dit, ne doit pas craindre que, s'il se trompe, on admette ses erreurs sans examen.

Je parlerai peu de l'importance d'une bonne éducation; je ne m'arrêterai pas non plus à prouver que celle qui est en usage est mauvaise; mille autres l'ont fait avant moi, et je n'aime point à remplir un livre de choses que tout le monde sait. Je remarquerai seulement, que depuis des temps infinis il n'y a qu'un cri contre la pratique établie, sans que personne s'avise d'en proposer une meilleure. La littérature et le savoir de notre siècle tendent beaucoup plus à détruire qu'à édifier. On censure d'un ton de maître; pour proposer, il en faut prendre un autre, auquel la hauteur philosophique se complaît moins. Malgré tant d'écrits, qui n'ont, dit-on, pour but que l'utilité publique, la première de toutes les utilités, qui est l'art de former des hommes, est encore oubliée. Mon sujet étoit tout neuf après le livre de Locke (**), et je crains fort qu'il ne le soit encore après le mien.

On ne connoît point l'enfance : sur les fausses idées qu'on en a, plus on va, plus on s'égare. Les plus sages s'attachent à ce qu'il importe aux hommes de savoir, sans considérer ce que les enfans sont en état d'apprendre. Ils cherchent toujours l'homme dans l'enfant, sans penser à ce qu'il est avant que d'être homme. Voilà l'étude à laquelle je me suis le plus appliqué, afin que, quand toute ma méthode seroit chimérique et fausse, on pût toujours profiter de mes observations. Je puis avoir très-mal vu ce qu'il faut faire; mais je crois avoir bien vu le sujet sur lequel on doit opérer. Commencez donc par mieux étudier vos élèves; car très-assurément vous ne les connoissez point : or, si vous lisez ce livre dans cette vue, je ne le crois pas sans utilité pour vous.

A l'égard de ce qu'on appellera la partie systématique, qui n'est autre chose ici que la marche de la nature, c'est là ce qui déroutera le plus le lecteur; c'est aussi par là qu'on m'attaquera sans doute, et peut-être n'aura-t-on pas tort. On croira moins lire un traité d'éducation, que les rêveries d'un visionnaire sur l'éducation. Qu'y faire? Ce n'est pas sur les idées d'autrui que j'écris; c'est sur les miennes. Je ne vois point comme les autres hommes; il y a long-temps qu'on me l'a reproché. Mais dépend-il de moi de me donner d'autres yeux, et de m'affecter d'autres idées? non. Il dépend de moi de ne point abonder dans mon sens, de ne point croire être seul plus sage que tout le monde; il dépend de moi, non de changer de sentiment, mais de me défier du mien : voilà tout ce que je puis faire, et ce que je fais. Que si je prends quelquefois le ton affirmatif, ce n'est point pour en imposer au lecteur; c'est pour lui parler comme je pense. Pourquoi proposerois-je par forme de doute ce dont, quant à moi, je ne doute point? Je dis exactement ce qui se passe dans mon esprit

En exposant avec liberté mon sentiment, j'entends si peu qu'il fasse autorité, que j'y joins toujours mes raisons, afin qu'on les pèse et qu'on me juge : mais, quoique je ne veuille point m'obstiner à défendre mes idées, je ne me crois pas moins obligé de les proposer; car les maximes sur lesquelles je suis d'un avis contraire à celui des autres, ne sont point indifférentes. Ce sont de celles dont la vérité ou la fausseté importe à connoître, et qui font le bonheur ou le malheur du genre humain.

Proposez ce qui est faisable, ne cesse-t-on de me

(*) Madame de Chenonceaux. G. P.
(**) *Pensées sur l'Éducation des Enfans*, 1721, in-12. G. P.

répéter. C'est comme si l'on me disoit : Proposez de faire ce qu'on fait; ou du moins proposez quelque bien qui s'allie avec le mal existant. Un tel projet, sur certaines matières, est beaucoup plus chimérique que les miens : car, dans cet alliage, le bien se gâte, et le mal ne se guérit pas. J'aimerois mieux suivre en tout la pratique établie, que d'en prendre une bonne à demi : il y auroit moins de contradiction dans l'homme : il ne peut tendre à la fois à deux buts opposés. Pères et mères, ce qui est faisable est ce que vous voulez faire. Dois-je répondre de votre volonté ?

En toute espèce de projet, il y a deux choses à considérer : premièrement, la bonté absolue du projet; en second lieu, la facilité de l'exécution.

Au premier égard, il suffit, pour que le projet soit admissible et praticable en lui-même, que ce qu'il a de bon soit dans la nature de la chose; ici, par exemple, que l'éducation proposée soit convenable à l'homme, et bien adaptée au cœur humain.

La seconde considération dépend de rapports donnés dans certaines situations; rapports accidentels à la chose, lesquels, par conséquent, ne sont point nécessaires, et peuvent varier à l'infini. Ainsi, telle éducation peut être praticable en Suisse, et ne l'être pas en France; telle autre peut l'être chez les bourgeois, et telle autre parmi les grands. La facilité plus ou moins grande de l'exécution dépend de mille circonstances qu'il est impossible de déterminer autrement que dans une application particulière de la méthode à tel ou tel pays, à telle ou telle condition. Or toutes ces applications particulières, n'étant pas essentielles à mon sujet, n'entrent point dans mon plan. D'autres pourront s'en occuper s'ils veulent, chacun pour le pays ou l'état qu'il aura en vue. Il me suffit que, partout où naîtront des hommes, on puisse en faire ce que je propose; et qu'ayant fait d'eux ce que je propose, on ait fait ce qu'il y a de meilleur et pour eux-mêmes et pour autrui. Si je ne remplis pas cet engagement, j'ai tort sans doute; mais si je le remplis, on auroit tort aussi d'exiger de moi davantage; car je ne promets que cela

ÉMILE,

ou

DE L'ÉDUCATION.*

LIVRE PREMIER.

Tout est bien, sortant des mains de l'Auteur des choses, tout dégénère entre les mains de l'homme. Il force une terre à nourrir les productions d'un autre, un arbre à porter les fruits d'un autre ; il mêle et confond les climats, les élémens, les saisons ; il mutile son chien, son cheval, son esclave ; il bouleverse tout, il défigure tout ; il aime la difformité, les monstres ; il ne veut rien tel que l'a fait la nature, pas même l'homme ; il le faut dresser pour lui, comme un cheval de manége ; il le faut contourner à sa mode, comme un arbre de son jardin.

Sans cela, tout iroit plus mal encore, et notre espèce ne veut pas être façonnée à demi. Dans l'état où sont désormais les choses, un homme abandonné dès sa naissance à lui-même parmi les autres seroit le plus défiguré de tous. Les préjugés, l'autorité, la nécessité, l'exemple, toutes les institutions sociales dans lesquelles nous nous trouvons submergés, étoufferoient en lui la nature, et ne mettroient rien à la place. Elle y seroit comme un arbrisseau que le hasard fait naître au milieu d'un chemin, et que les passans font bientôt périr, en le heurtant de toutes parts et le pliant dans tous les sens.

C'est à toi que je m'adresse, tendre et prévoyante mère (¹), qui sus t'écarter de la grande

---

(*) Cet ouvrage n'est pas le seul où notre auteur ait présenté ses idées sur l'éducation. Or quelques lecteurs désireront sans doute de rapprocher et de comparer tout ce qu'il a écrit sur ce sujet à différentes époques. Dans ce rapprochement ils devront naturellement s'attendre à le voir revenir sur les mêmes idées, et souvent dans les mêmes termes. Mais en récompense ils trouveront dans ces différens écrits des idées nouvelles que l'occasion a fait naître, et qui complètent et quelquefois modifient les principes établis dans l'*Emile.*
Voici l'indication de ces écrits dans l'ordre de leur composition :
1. *Projet pour l'éducation de M. de Sainte-Marie.*
2. *Nouvelle Héloïse* (Lettre troisième de la cinquième partie).
3. Quatre Lettres au prince de Wirtemberg, des 10 novembre et 13 décembre 1763, 21 janvier et 3 septembre 1764.
4. Trois Lettres à l'abbé M***, des 9 et 28 février, et 14 mars 1770.
5. Enfin une Lettre à madame de T., du 6 avril 1771.
Toutes ces Lettres font partie de la CORRESPONDANCE. G. P.

(¹) La première éducation est celle qui importe le plus, et cette première éducation appartient incontestablement aux femmes : si l'Auteur de la nature eût voulu qu'elle appartînt aux hommes, il leur eût donné du lait pour nourrir les enfans. Parlez donc toujours aux femmes par préférence dans vos traités d'éducation ; car, outre qu'elles sont à portée d'y veiller de plus près que les hommes, et qu'elles y influent toujours davantage, le succès les intéresse aussi beaucoup plus, puisque la plupart des veuves se trouvent presque à la merci de leurs

route, et garantir l'arbrisseau naissant du choc des opinions humaines ! Cultive, arrose la jeune plante avant qu'elle meure ; ses fruits feront un jour tes délices. Forme de bonne heure une enceinte autour de l'âme de ton enfant ; un autre en peut marquer le circuit, mais toi seule y dois poser la barrière (¹).

enfans, et qu'alors ils leur font vivement sentir en bien ou en mal l'effet de la manière dont elles ont été élevés. Les lois, toujours si occupées des biens et si peu des personnes, parce qu'elles ont pour objet la paix et non la vertu, ne donnent pas assez d'autorité aux mères. Cependant leur état est plus sûr que celui des pères ; leurs devoirs sont plus pénibles ; leurs soins importent plus au bon ordre de la famille ; généralement elles ont plus d'attachement pour les enfans. Il y a des occasions où un fils qui manque de respect à son père peut en quelque sorte être excusé ; mais si, dans quelque occasion que ce fût, un enfant étoit assez dénaturé pour en manquer à sa mère, à celle qui l'a porté dans son sein, qui l'a nourri de son lait, qui, durant des années, s'est oubliée elle-même pour ne s'occuper que de lui, on devroit se hâter d'étouffer ce misérable comme un monstre indigne de voir le jour. Les mères, dit-on, gâtent leurs enfans. En cela sans doute elles ont tort, mais moins de tort que vous peut-être qui les dépravez. La mère veut que son enfant soit heureux, qu'il le soit dès à présent. En cela elle a raison : quand elle se trompe sur les moyens il faut l'éclairer. L'ambition, l'avarice, la tyrannie, la fausse prévoyance des pères, leur négligence, leur dure insensibilité, sont cent fois plus funestes aux enfans que l'aveugle tendresse des mères. Au reste, il faut expliquer le sens que je donne à ce nom de mère, et c'est ce qui sera fait ci-après.

(¹) On m'assure que M. Formey a cru que je voulois ici parler de ma mère, et qu'il l'a dit dans quelque ouvrage. C'est se moquer cruellement de M. Formey ou de moi (*).

(*) Formey, né à Berlin en 1711, d'une famille de réfugiés françois, étoit pasteur protestant et membre de l'Académie de Berlin, dont il est mort le doyen en 1797. La liste de ses ouvrages, ayant tous pour objet la religion, la philosophie ou la littérature, est considérable ; mais aucun d'eux n'a survécu à leur auteur, où n'est maintenant consulté que comme offrant des matériaux plus ou moins utiles à l'histoire littéraire. Le nom de Formey ne devra donc une triste immortalité qu'aux notes qui le concernent, ajoutées par Rousseau à son *Émile* dans une édition postérieure, et dont voici quelle a été l'occasion.

Lors de la publication de l'*Émile* en 1762, les États de Hollande ayant désapprouvé l'édition donnée par J. Néaulme à La Haye, et dont le titre portoit, *suivant la copie de Paris, avec permission tacite pour le libraire*, Néaulme fut sur le point d'être condamné à une forte amende, et n'obtint grâce qu'à condition de donner sur-le-champ une autre édition, *purgée de tout ce qui pourroit donner matière à scandale*. Il s'adressa à Formey, qui, dès 1763, avoit publié un *anti-Émile*, et qui arrangea en effet l'édition nouvelle, et lui donnant pour titre, *Émile chrétien, consacré à l'utilité publique*, par M. Formey, fit dans l'ouvrage toutes les suppressions et les changemens que ce nouveau titre rendoit nécessaires. Un Avertissement apologétique mis par Néaulme en tête de l'ouvrage, une introduction de Formey écrite dans les mêmes vues, faisoient assez connoître que celui-ci n'entendoit pas s'approprier l'ouvrage de Rousseau, et qu'il ne faisoit que se prêter aux intentions du libraire, qu'il falloit tirer d'embarras. Aussi est-il dit depuis naïvement sur ce sujet : « Je crois que Néaulme n'a pas eu grand débit de « *Émile chrétien*, mais au moins n'a-t-il pas payé l'amende. » Cette conduite de Formey montre de sa part, comme l'observe très-bien un nouvel éditeur (M. de Musset) qui nous donne ces détails d'après une déclaration de Formey lui-même, plus de bonne foi que de sens, et plus de zèle à la cause de lumières ; mais par cela seul il semble que Rousseau devoit à sa propre dignité de garder le silence, laissant Formey avec son *Émile chrétien* dans l'obscurité à laquelle il paroissoit se vouer naturellement, au moins pour cet ouvrage. Au lieu de cela, Rousseau

On façonne les plantes par la culture, et les hommes par l'éducation. Si l'homme naissoit grand et fort, sa taille et sa force lui seroient inutiles jusqu'à ce qu'il eût appris à s'en servir ; elles lui seroient préjudiciables, en empêchant les autres de songer à l'assister (¹) ; et abandonné à lui-même, il mourroit de misère avant d'avoir connu ses besoins. On se plaint de l'état de l'enfance ; on ne voit pas que la race humaine eût péri si l'homme n'eût commencé par être enfant.

Nous naissons foibles, nous avons besoin de forces ; nous naissons dépourvus de tout, nous avons besoin d'assistance ; nous naissons stupides, nous avons besoin de jugement. Tout ce que nous n'avons pas à notre naissance, et dont nous avons besoin étant grands, nous est donné par l'éducation.

Cette éducation nous vient ou de la nature, ou des hommes, ou des choses. Le développement interne de nos facultés et de nos organes est l'éducation de la nature ; l'usage qu'on nous apprend à faire de ce développement est l'éducation des hommes ; et l'acquis de notre propre expérience sur les objets qui nous affectent est l'éducation des choses.

Chacun de nous est donc formé par trois sortes de maîtres. Le disciple, dans lequel leurs diverses leçons se contrarient, est mal élevé, et ne sera jamais d'accord avec lui-même : celui dans lequel elles tombent toutes sur les mêmes points, et tendent aux mêmes fins, va seul à son but et vit conséquemment. Celui-là seul est bien élevé (*).

Or, de ces trois éducations différentes, celle de la nature ne dépend point de nous, celle des choses n'en dépend qu'à certains égards. Celle des hommes est la seule dont nous soyons vraiment les maîtres : encore ne le sommes-nous que par supposition ; car qui est-ce qui peut espérer de diriger entièrement les discours et

(¹) Semblable à eux à l'extérieur, et privé de la parole ainsi que des idées qu'elle exprime, il seroit hors d'état de leur faire entendre le besoin qu'il auroit de leurs secours, et rien en lui ne leur manifesteroit ce besoin.

(*) Ces idées sur la triple éducation se retrouvent dans Plutarque : *de l'Éducation des Enfans*, chap. 4.   G. P.

crut voir dans son procédé l'intention coupable de s'emparer de sa propriété ; et ses notes, où d'ailleurs il relève avec justice les inepties de Formey, se ressentent nécessairement de cette disposition de son esprit.
G. P.

les actions de tous ceux qui environnent un enfant?

Sitôt donc que l'éducation est un art, il est presque impossible qu'elle réussisse, puisque le concours nécessaire à son succès ne dépend de personne. Tout ce qu'on peut faire à force de soins est d'approcher plus ou moins du but, mais il faut du bonheur pour l'atteindre.

Quel est ce but? c'est celui même de la nature; cela vient d'être prouvé. Puisque le concours des trois éducations est nécessaire à leur perfection, c'est sur celle à laquelle nous ne pouvons rien qu'il faut diriger les deux autres. Mais peut-être ce mot de nature a-t-il un sens trop vague; il faut tâcher ici de le fixer.

La nature, nous dit-on, n'est que l'habitude (¹). Que signifie cela? N'y a-t-il pas des habitudes qu'on ne contracte que par force, et qui n'étouffent jamais la nature? Telle est, par exemple, l'habitude des plantes dont on gêne la direction verticale. La plante mise en liberté garde l'inclinaison qu'on l'a forcée à prendre; mais la séve n'a point changé pour cela sa direction primitive, et, si la plante continue à végéter, son prolongement redevient vertical. Il en est de même des inclinations des hommes. Tant qu'on reste dans le même état, on peut garder celles qui résultent de l'habitude, et qui nous sont le moins naturelles; mais, sitôt que la situation change, l'habitude s'use et le naturel revient. L'éducation n'est certainement qu'une habitude. Or, n'y a-t-il pas des gens qui oublient et perdent leur éducation, d'autres qui la gardent? D'où vient cette différence? S'il faut borner le nom de nature aux habitudes conformes à la nature, on peut s'épargner ce galimatias.

Nous naissons sensibles, et, dès notre naissance, nous sommes affectés de diverses manières par les objets qui nous environnent. Sitôt que nous avons pour ainsi dire la conscience de nos sensations, nous sommes disposés à rechercher ou à fuir les objets qui les produisent, d'abord selon qu'elles nous sont agréables ou déplaisantes, puis selon la convenance ou disconvenance que nous trouvons entre nous et ces objets, et enfin selon les jugemens que nous en portons sur l'idée de bonheur ou de perfection que la raison nous donne. Ces dispositions s'étendent et s'affermissent à mesure que nous devenons plus sensibles et plus éclairés; mais, contraintes par nos habitudes, elles s'altèrent plus ou moins par nos opinions. Avant cette altération, elles sont ce que j'appelle en nous la nature.

C'est donc à ces dispositions primitives qu'il faudroit tout rapporter; et cela se pourroit si nos trois éducations n'étoient que différentes; mais que faire quand elles sont opposées, quand au lieu d'élever un homme pour lui-même on veut l'élever pour les autres? Alors le concert est impossible. Forcé de combattre la nature ou les institutions sociales, il faut opter entre faire un homme ou un citoyen; car on ne peut faire à la fois l'un et l'autre.

Toute société particlle, quand elle est étroite et bien unie, s'aliène de la grande. Tout patriote est dur aux étrangers: ils ne sont qu'hommes, ils ne sont rien à ses yeux (¹). Cet inconvénient est inévitable, mais il est foible. L'essentiel est d'être bon aux gens avec qui l'on vit. Au dehors, le Spartiate étoit ambitieux, avare, inique; mais le désintéressement, l'équité, la concorde, régnoient dans ses murs. Défiez-vous de ces cosmopolites qui vont chercher au loin dans leurs livres des devoirs qu'ils dédaignent de remplir autour d'eux. Tel philosophe aime les Tartares pour être dispensé d'aimer ses voisins.

L'homme naturel est tout pour lui; il est l'unité numérique, l'entier absolu, qui n'a de rapport qu'à lui-même ou à son semblable. L'homme civil n'est qu'une unité fractionnaire qui tient au dénominateur, et dont la valeur est dans son rapport avec l'entier, qui est le corps social. Les bonnes institutions sociales sont celles qui savent le mieux dénaturer l'homme, lui ôter son existence absolue pour lui en donner une relative, et transporter le

---

(¹) M. Formey nous assure qu'on ne dit pas précisément cela. Cela me paroît pourtant très-précisément dit dans ce vers auquel je me propose de répondre :

La nature, crois-moi, n'est rien que l'habitude.

M. Formey, qui ne veut pas enorgueillir ses semblables, nous donne modestement la mesure de sa cervelle pour celle de l'entendement humain.

(¹) Aussi les guerres des républiques sont-elles plus cruelles que celles des monarchies. Mais si la guerre des rois est modérée, c'est leur paix qui est terrible : il vaut mieux être leur ennemi que leur sujet.

moi dans l'unité commune; en sorte que chaque particulier ne se croie plus un, mais partie de l'unité, et ne soit plus sensible que dans le tout. Un citoyen de Rome n'étoit ni Caïus ni Lucius; c'étoit un Romain; même il aimoit la patrie exclusivement à lui. Régulus se prétendoit Carthaginois, comme étant devenu le bien de ses maîtres. En sa qualité d'étranger, il refusoit de siéger au sénat de Rome; il fallut qu'un Carthaginois le lui ordonnât. Il s'indignoit qu'on voulût lui sauver la vie. Il vainquit, et s'en retourna triomphant mourir dans les supplices. Cela n'a pas grand rapport, ce me semble, aux hommes que nous connoissons.

Le Lacédémonien Pédarète se présente pour être admis au conseil des trois cents; il est rejeté; il s'en retourne tout joyeux de ce qu'il s'est trouvé dans Sparte trois cents hommes valant mieux que lui (*). Je suppose cette démonstration sincère; et il y a lieu de croire qu'elle l'étoit : voilà le citoyen.

Une femme de Sparte avoit cinq fils à l'armée, et attendoit des nouvelles de la bataille. Un Ilote arrive; elle lui en demande en tremblant : Vos cinq fils ont été tués. Vil esclave, t'ai-je demandé cela? Nous avons gagné la victoire! La mère court au temple, et rend grâces aux dieux (**). Voilà la citoyenne.

Celui qui dans l'ordre civil veut conserver la primauté des sentimens de la nature ne sait ce qu'il veut. Toujours en contradiction avec lui-même, toujours flottant entre ses penchans et ses devoirs, il ne sera jamais ni homme ni citoyen; il ne sera bon ni pour lui ni pour les autres. Ce sera un de ces hommes de nos jours, un François, un Anglois, un bourgeois; ce ne sera rien.

Pour être quelque chose, pour être soi-même et toujours un, il faut agir comme on parle; il faut être toujours décidé sur le parti qu'on doit prendre, le prendre hautement, et le suivre toujours. J'attends qu'on me montre ce prodige pour savoir s'il est homme ou citoyen, ou comment il s'y prend pour être à la fois l'un et l'autre.

De ces objets nécessairement opposés viennent deux formes d'institution contraires l'une publique et commune, l'autre particulière et domestique.

Voulez-vous prendre une idée de l'éducation publique, lisez la République de Platon. Ce n'est point un ouvrage de politique, comme le pensent ceux qui ne jugent des livres que par leurs titres. C'est le plus beau traité d'éducation qu'on ait jamais fait.

Quand on veut renvoyer au pays des chimères, on nomme l'institution de Platon : si Lycurgue n'eût mis la sienne que par écrit, je la trouverois bien plus chimérique. Platon n'a fait qu'épurer le cœur de l'homme; Lycurgue l'a dénaturé.

L'institution publique n'existe plus, et ne peut plus exister, parce qu'où il n'y a plus de patrie il ne peut plus y avoir de citoyens. Ces deux mots *patrie* et *citoyen* doivent être effacés des langues modernes. J'en sais bien la raison, mais je ne veux pas la dire; elle ne fait rien à mon sujet.

Je n'envisage pas comme une institution publique ces risibles établissemens qu'on appelle collèges ([1]). Je ne compte pas non plus l'éducation du monde, parce que cette éducation, tendant à deux fins contraires, les manque toutes deux : elles n'est propre qu'à faire des hommes doubles, paroissant toujours rapporter tout aux autres, et ne rapportant jamais rien qu'à eux seuls. Or ces démonstrations, étant communes à tout le monde, n'abusent personne. Ce sont autant de soins perdus.

De ces contradictions naît celle que nous éprouvons sans cesse en nous-mêmes. Entraînés par la nature et par les hommes dans des routes contraires, forcés de nous partager entre ces diverses impulsions, nous en suivons une composée qui ne nous mène ni à l'un ni à l'autre but. Ainsi combattus et flottans durant tout le cours de notre vie, nous la terminons sans avoir pu nous accorder avec nous, et sans avoir été bons ni pour nous ni pour les autres.

(*) PLUT. *Dicts not. des Lacéd.*, § 60. (**) *Id. ibid.*, § 5.

([1]) Il y a dans plusieurs écoles, et surtout dans l'Université de Paris *), des professeurs que j'aime, que j'estime beaucoup, et que je crois très-capables de bien instruire la jeunesse, s'ils n'étoient forcés de suivre l'usage établi. J'exhorte l'un d'entre eux à publier le projet de réforme qu'il a conçu. L'on sera peut-être enfin tenté de guérir le mal en voyant qu'il n'est pas sans remède.

(*) On lit dans l'édition originale : *Il y a dans l'Académie de Genève et dans l'Université de Paris des professeurs* etc.   G. P.

Reste enfin l'éducation domestique ou celle de la nature ; mais que deviendra pour les autres un homme uniquement élevé pour lui? Si peut-être le double objet qu'on se propose pouvoit se réunir en un seul, en ôtant les contradictions de l'homme on ôteroit un grand obstacle à son bonheur. Il faudroit, pour en juger, le voir tout formé; il faudroit avoir observé ses penchans, vu ses progrès, suivi sa marche ; il faudroit, en un mot, connoître l'homme naturel. Je crois qu'on aura fait quelques pas dans ces recherches après avoir lu cet écrit.

Pour former cet homme rare, qu'avons-nous à faire? Beaucoup, sans doute : c'est d'empêcher que rien ne soit fait. Quand il ne s'agit que d'aller contre le vent, on louvoie ; mais si la mer est forte et qu'on veuille rester en place, il faut jeter l'ancre. Prends garde, jeune pilote, que ton câble ne file ou que ton ancre ne laboure, et que le vaisseau ne dérive avant que tu t'en sois aperçu.

Dans l'ordre social, où toutes les places sont marquées, chacun doit être élevé pour la sienne. Si un particulier formé pour sa place en sort, il n'est plus propre à rien. L'éducation n'est utile qu'autant que la fortune s'accorde avec la vocation des parens ; en tout autre cas elle est nuisible à l'élève, ne fût-ce que par les préjugés qu'elle lui a donnés. En Égypte, où le fils étoit obligé d'embrasser l'état de son père, l'éducation du moins avoit un but assuré ; mais parmi nous, où les rangs seuls demeurent, et où les hommes en changent sans cesse, nul ne sait si en élevant son fils pour le sien il ne travaille pas contre lui.

Dans l'ordre naturel, les hommes étant tous égaux, leur vocation commune est l'état d'homme ; et quiconque est bien élevé pour celui-là ne peut mal remplir ceux qui s'y rapportent. Qu'on destine mon élève à l'épée, à l'Église, au barreau, peu m'importe. Avant la vocation des parens la nature l'appelle à la vie humaine. Vivre est le métier que je lui veux apprendre (*). En sortant de mes mains, il ne sera, j'en conviens, ni magistrat, ni soldat, ni prêtre ; il sera premièrement homme : tout ce qu'un homme doit être, il saura l'être au besoin tout aussi bien que qui que ce soit ; et la fortune aura beau le faire changer de place, il sera toujours à la sienne. *Occupavi te fortuna, atque cepi ; omnesque aditus tuos interclusi, ut ad me aspirare non posses* (¹).

Notre véritable étude est celle de la condition humaine. Celui d'entre nous qui sait le mieux supporter les biens et les maux de cette vie est à mon gré le mieux élevé ; d'où il suit que la véritable éducation consiste moins en préceptes qu'en exercices. Nous commençons à nous instruire en commençant à vivre ; notre éducation commence avec nous ; notre premier précepteur est notre nourrice. Aussi ce mot *éducation* avoit-il chez les anciens un autre sens que nous ne lui donnons plus : il signifioit nourriture. *Educit obstetrix*, dit Varron ; *educat nutrix, instituit pædagogus, docet magister* (²). Ainsi l'éducation, l'institution, l'instruction, sont trois choses aussi différentes dans leur objet, que la gouvernante, le précepteur et le maître. Mais ces distinctions sont mal entendues ; et, pour être bien conduit, l'enfant ne doit suivre qu'un seul guide.

Il faut donc généraliser nos vues, et considérer dans notre élève l'homme abstrait, l'homme exposé à tous les accidens de la vie humaine. Si les hommes naissoient attachés au sol d'un pays, si la même saison duroit toute l'année, si chacun tenoit à sa fortune de manière à n'en pouvoir jamais changer, la pratique établie seroit bonne à certains égards ; l'enfant élevé pour son état, n'en sortant jamais, ne pourroit être exposé aux inconvéniens d'un autre. Mais, vu la mobilité des choses humaines, vu l'esprit inquiet et remuant de ce siècle qui bouleverse tout à chaque génération, peut-on concevoir une méthode plus insensée que d'élever un enfant comme n'ayant jamais à sortir de sa chambre, comme devant être sans cesse entouré de ses gens? Si le malheureux fait un seul pas sur la terre, s'il descend d'un seul degré, il est perdu. Ce n'est pas lui apprendre à supporter la peine ; c'est l'exercer à la sentir.

On ne songe qu'à conserver son enfant ; ce

(*) *Qui se totam ad vitam instruxit, non desiderat particulatim admoneri, doctus in totum, non quomodò cum uxore aut cum filiis viveret, sed quomodò benè viveret.* SENEC. Ep. 94. G. P.

(¹) Cic., Tuscul. v, cap. 9 (*).
(²) Non. Marcell.

(*) Le même passage est cité par Montaigne, liv. 11, chap. 2. G P.

n'est pas assez : on doit lui apprendre à se conserver étant homme, à supporter les coups du sort, à braver l'opulence et la misère, à vivre, s'il le faut, dans les glaces d'Islande ou sur le brûlant rocher de Malte. Vous avez beau prendre des précautions pour qu'il ne meure pas, il faudra pourtant qu'il meure : et quand sa mort ne seroit pas l'ouvrage de vos soins, encore seroient-ils mal entendus. Il s'agit moins de l'empêcher de mourir que de le faire vivre. Vivre ce n'est pas respirer, c'est agir ; c'est faire usage de nos organes, de nos sens, de nos facultés, de toutes les parties de nous-mêmes qui nous donnent le sentiment de notre existence. L'homme qui a le plus vécu n'est pas celui qui a compté le plus d'années, mais celui qui a le plus senti la vie. Tel s'est fait enterrer à cent ans, qui mourut dès sa naissance. Il eût gagné d'aller au tombeau dans sa jeunesse, s'il eût vécu du moins jusqu'à ce temps-là (*).

Toute notre sagesse consiste en préjugés serviles ; tous nos usages ne sont qu'assujettissement, gêne et contrainte. L'homme civil naît, vit et meurt dans l'esclavage : à sa naissance on le coud dans un maillot ; à sa mort on le cloue dans une bière ; tant qu'il garde la figure humaine, il est enchaîné par nos institutions.

On dit que plusieurs sages-femmes prétendent, en pétrissant la tête des enfans nouveau-nés, lui donner une forme plus convenable : et on le souffre! Nos têtes seroient mal de la façon de l'Auteur de notre être : il nous les faut façonner au dehors par les sages-femmes, et au dedans par les philosophes. Les Caraïbes sont de la moitié plus heureux que nous.

« A peine l'enfant est-il sorti du sein de la
» mère, et à peine jouit-il de la liberté de mou-
» voir et d'étendre ses membres, qu'on lui
» donne de nouveaux liens. On l'emmaillotte,
» on le couche la tête fixée et les jambes allon-
» gées, les bras pendans à côté du corps ; il
» est entouré de linges et de bandages de toute
» espèce, qui ne lui permettent pas de changer
» de situation. Heureux si on ne l'a pas serré au
» point de l'empêcher de respirer, et si on a eu
» la précaution de le coucher sur le côté, afin
» que les eaux qu'il doit rendre par la bouche
» puissent tomber d'elles-mêmes ; car il n'au-
» roit pas la liberté de tourner la tête sur le
» côté pour en faciliter l'écoulement (¹). »

L'enfant nouveau-né a besoin d'étendre et de mouvoir ses membres, pour les tirer de l'engourdissement où, rassemblés en un peloton, ils ont resté si long-temps. On les étend, il est vrai, mais on les empêche de se mouvoir ; on assujettit la tête même par des têtières : il semble qu'on a peur qu'il n'ait l'air d'être en vie.

Ainsi l'impulsion des parties internes d'un corps qui tend à l'accroissement trouve un obstacle insurmontable aux mouvemens qu'elle lui demande. L'enfant fait continuellement des efforts inutiles qui épuisent ses forces ou retardent leur progrès. Il étoit moins à l'étroit, moins gêné, moins comprimé dans l'amnios qu'il n'est dans ses langes : je ne vois pas ce qu'il a gagné de naître.

L'inaction, la contrainte où l'on retient les membres d'un enfant, ne peuvent que gêner la circulation du sang, des humeurs, empêcher l'enfant de se fortifier, de croître, et altérer sa constitution. Dans les lieux où l'on n'a point ces précautions extravagantes, les hommes sont tous grands, forts, bien proportionnés (²). Les pays où l'on emmaillotte les enfans sont ceux qui fourmillent de bossus, de boiteux, de cagneux, de noués, de rachitiques, de gens contrefaits de toute espèce. De peur que les corps ne se déforment par des mouvemens libres, on se hâte de les déformer en les mettant en presse. On les rendroit volontiers perclus pour les empêcher de s'estropier.

Une contrainte si cruelle pourroit-elle ne pas influer sur leur humeur ainsi que sur leur tempérament ? Leur premier sentiment est un sentiment de douleur et de peine : ils ne trouvent qu'obstacle à tous les mouvemens dont ils ont besoin : plus malheureux qu'un criminel aux fers, ils font de vains efforts, ils s'irritent, ils crient. Leurs premières voix, dites-vous, sont des pleurs ? Je le crois bien : vous les contrariez dès leur naissance ; les premiers dons qu'ils reçoivent de vous sont des

---

(*) *Longa est vita, si plena est. Impletur autem cùm animus sibi bonum suum reddidit et ad se potestatem sui transtulit. Quid illum octoginta anni juvant per inertiam exacti ? Non vixit ille, sed in vitâ moratus est... Actu illam metiamur, non tempore.* SENEC., Ep. 93.   G. P.

(¹) H¹st. nat., tome IV, page 190, in-12.
(²) Voyez la note 3 de la page 417, 2ᵉ colonne.

chaînes ; les premiers traitemens qu'ils éprouvent sont des tourmens. N'ayant rien de libre que la voix, comment ne s'en serviroient-ils pas pour se plaindre? ils crient du mal que vous leur faites : ainsi garrottés, vous crieriez plus fort qu'eux.

D'où vient cet usage déraisonnable? d'un usage dénaturé. Depuis que les mères, méprisant leur premier devoir, n'ont plus voulu nourrir leurs enfans, il a fallu les confier à des femmes mercenaires, qui, se trouvant ainsi mères d'enfans étrangers pour qui la nature ne leur disoit rien, n'ont cherché qu'à s'épargner de la peine. Il eût fallu veiller sans cesse sur un enfant en liberté : mais quand il est bien lié, on le jette dans un coin, sans s'embarrasser de ses cris. Pourvu qu'il n'y ait pas des preuves de la négligence de la nourrice, pourvu que le nourrisson ne se casse ni bras ni jambe, qu'importe, au surplus, qu'il périsse ou qu'il demeure infirme le reste de ses jours? On conserve ses membres aux dépens de son corps ; et, quoi qu'il arrive, la nourrice est disculpée.

Ces douces mères qui, débarrassées de leurs enfans, se livrent gaîment aux amusemens de la ville, savent-elles cependant quel traitement l'enfant dans son maillot reçoit au village? Au moindre tracas qui survient, on les suspend à un clou comme un paquet de hardes ; et tandis que, sans se presser, la nourrice vaque à ses affaires, le malheureux reste ainsi crucifié. Tous ceux qu'on a trouvés dans cette situation avoient le visage violet ; la poitrine fortement comprimée ne laissant pas circuler le sang, il remontoit à la tête ; et l'on croyoit le patient fort tranquille parce qu'il n'avoit pas la force de crier. J'ignore combien d'heures un enfant peut rester en cet état sans perdre la vie, mais je doute que cela puisse aller fort loin. Voilà, je pense, une des plus grandes commodités du maillot.

On prétend que les enfans en liberté pourroient prendre de mauvaises situations, et se donner des mouvemens capables de nuire à la bonne conformation de leurs membres. C'est là un de ces vains raisonnemens de notre fausse sagesse, et que jamais aucune expérience n'a confirmés. De cette multitude d'enfans qui, chez des peuples plus sensés que nous, sont nourris dans toute la liberté de leurs membres,

on n'en voit pas un seul qui se blesse ni s'estropie : ils ne sauroient donner à leurs mouvemens la force qui peut les rendre dangereux ; et quand ils prennent une situation violente, la douleur les avertit bientôt d'en changer.

Nous ne nous sommes pas encore avisés de mettre au maillot les petits des chiens ni des chats ; voit-on qu'il résulte pour eux quelque inconvénient de cette négligence? Les enfans sont plus lourds ; d'accord : mais à proportion ils sont aussi plus foibles. A peine peuvent-ils se mouvoir ; comment s'estropieroient-ils ? Si on les étendoit sur le dos, ils mourroient dans cette situation, comme la tortue, sans pouvoir jamais se retourner.

Non contentes d'avoir cessé d'allaiter leurs enfans, les femmes cessent d'en vouloir faire ; la conséquence est naturelle. Dès que l'état de mère est onéreux, on trouve bientôt le moyen de s'en délivrer tout-à-fait : on veut faire un ouvrage inutile, afin de le recommencer toujours, et l'on tourne au préjudice de l'espèce l'attrait donné pour la multiplier. Cet usage, ajouté aux autres causes de dépopulation, nous annonce le sort prochain de l'Europe. Les sciences, les arts, la philosophie et les mœurs qu'elle engendre, ne tarderont pas d'en faire un désert. Elle sera peuplée de bêtes féroces : elle n'aura pas beaucoup changé d'habitans.

J'ai vu quelquefois le petit manége des jeunes femmes qui feignent de vouloir nourrir des enfans. On sait se faire presser de renoncer à cette fantaisie : on fait adroitement intervenir les époux, les médecins, surtout les mères. Un mari qui oseroit consentir que sa femme nourrît son enfant seroit un homme perdu ; l'on en feroit un assassin qui veut se défaire d'elle. Maris prudens, il faut immoler à la paix l'amour paternel. Heureux qu'on trouve à la campagne des femmes plus continentes que les vôtres ! Plus heureux si le temps que celles-ci gagnent n'est pas destiné pour d'autres que vous !

Le devoir des femmes n'est pas douteux : mais on dispute si, dans le mépris qu'elles en font, il est égal pour les enfans d'être nourris de leur lait ou d'un autre. Je tiens cette question, dont les médecins sont les juges, pour décidée au souhait des femmes (¹) ; et pour

(¹) La ligue des femmes et des médecins m'a toujours paru

moi, je penserois bien aussi qu'il vaut mieux que l'enfant suce le lait d'une nourrice en santé que d'une mère gâtée, s'il avoit quelque nouveau mal à craindre du même sang dont il est formé.

Mais la question doit-elle s'envisager seulement par le côté physique? et l'enfant a-t-il moins besoin des soins d'une mère que de sa mamelle? D'autres femmes, des bêtes même, pourront lui donner le lait qu'elle lui refuse: la sollicitude maternelle ne se supplée point. Celle qui nourrit l'enfant d'une autre au lieu du sien est une mauvaise mère; comment sera-t-elle une bonne nourrice? Elle pourra le devenir, mais lentement; *il faudra que l'habitude change la nature*: et l'enfant mal soigné aura le temps de périr cent fois avant que sa nourrice ait pris pour lui une tendresse de mère.

De cet avantage même résulte un inconvénient, qui seul devroit ôter à toute femme sensible le courage de faire nourrir son enfant par une autre; c'est celui de partager le droit de mère, ou plutôt de l'aliéner; de voir son enfant aimer une autre femme autant et plus qu'elle; de sentir que la tendresse qu'il conserve pour sa propre mère est une grâce, et que celle qu'il a pour sa mère adoptive est un devoir: car, où j'ai trouvé les soins d'une mère, ne dois-je pas l'attachement d'un fils?

La manière dont on remédie à cet inconvénient est d'inspirer aux enfans du mépris pour leurs nourrices, en les traitant en véritables servantes. Quand leur service est achevé, on retire l'enfant, ou l'on congédie la nourrice; à force de la mal recevoir, on la rebute de venir voir son nourrisson. Au bout de quelques années il ne la voit plus, il ne la connoît plus. La mère, qui croit se substituer à elle et réparer sa négligence par sa cruauté, se trompe. Au lieu de faire un tendre fils d'un nourrisson dénaturé, elle l'exerce à l'ingratitude; elle lui apprend à mépriser un jour celle qui lui donna la vie, comme celle qui l'a nourri de son lait.

Combien j'insisterois sur ce point, s'il étoit moins décourageant de rebattre en vain des sujets utiles! Ceci tient à plus de choses qu'on ne pense. Voulez-vous rendre chacun à ses premiers devoirs? commencez par les mères; vous serez étonné des changemens que vous produirez. Tout vient successivement de cette première dépravation: tout l'ordre moral s'altère; le naturel s'éteint dans tous les cœurs; l'intérieur des maisons prend un air moins vivant; le spectacle touchant d'une famille naissante n'attache plus les maris, n'impose plus d'égards aux étrangers; on respecte moins la mère dont on ne voit pas les enfans; il n'y a point de résidence dans les familles; l'habitude ne renforce plus les liens du sang; il n'y a plus ni pères, ni mères, ni enfans, ni frères, ni sœurs; tous se connoissent à peine, comment s'aimeroient-ils? Chacun ne songe plus qu'à soi. Quand la maison n'est qu'une triste solitude, il faut bien aller s'égayer ailleurs.

Mais que les mères daignent nourrir leurs enfans, les mœurs vont se réformer d'elles-mêmes, les sentimens de la nature se réveiller dans tous les cœurs; l'état va se repeupler: ce premier point, ce point seul va tout réunir. L'attrait de la vie domestique est le meilleur contre-poison des mauvaises mœurs. Le tracas des enfans, qu'on croit importun, devient agréable; il rend le père et la mère plus nécessaires, plus chers l'un à l'autre; il resserre entre eux le lien conjugal. Quand la famille est vivante et animée, les soins domestiques font la plus chère occupation de la femme et le plus doux amusement du mari. Ainsi de ce seul abus corrigé résulteroit bientôt une réforme générale, bientôt la nature auroit repris tous ses droits. Qu'une fois les femmes redeviennent mères, bientôt les hommes redeviendront pères et maris.

Discours superflus! l'ennui même des plaisirs du monde ne ramène jamais à ceux-là. Les femmes ont cessé d'être mères; elles ne le seront plus; elles ne veulent plus l'être. Quand elles le voudroient, à peine le pourroient-elles; aujourd'hui que l'usage contraire est établi, chacune auroit à combattre l'opposition de toutes celles qui l'approchent, liguées contre un exemple que les unes n'ont pas donné et que les autres ne veulent pas suivre.

Il se trouve pourtant quelquefois encore de jeunes personnes d'un bon naturel, qui, sur ce

---

l'une des plus plaisantes singularités de Paris. C'est par les femmes que les médecins acquièrent leur réputation, et c'est par les médecins que les femmes font leurs volontés. On se doute bien par là quelle est la sorte d'habileté qu'il faut à un médecin de Paris pour devenir célèbre.

point osant braver l'empire de la mode et les clameurs de leur sexe, remplissent avec une vertueuse intrépidité ce devoir si doux que la nature leur impose. Puisse leur nombre augmenter par l'attrait des biens destinés à celles qui s'y livrent! Fondé sur des conséquences que donne le plus simple raisonnement, et sur des observations que je n'ai jamais vues démenties, j'ose promettre à ces dignes mères un attachement solide et constant de la part de leurs maris, une tendresse vraiment filiale de la part de leurs enfans, l'estime et le respect du public, d'heureuses couches sans accident et sans suite, une santé ferme et vigoureuse, enfin le plaisir de se voir un jour imiter par leurs filles, et citer en exemple à celles d'autrui.

Point de mère, point d'enfant. Entre eux les devoirs sont réciproques; et s'ils sont mal remplis d'un côté, ils seront négligés de l'autre. L'enfant doit aimer sa mère avant de savoir qu'il le doit. Si la voix du sang n'est fortifiée par l'habitude et les soins, elle s'éteint dans les premières années, et le cœur meurt pour ainsi dire avant que de naître. Nous voilà dès les premiers pas hors de la nature.

On en sort encore par une route opposée, lorsqu'au lieu de négliger les soins de mère une femme les porte à l'excès; lorsqu'elle fait de son enfant son idole, qu'elle augmente et nourrit sa foiblesse pour l'empêcher de la sentir, et qu'espérant le soustraire aux lois de la nature, elle écarte de lui des atteintes pénibles, sans songer combien, pour quelques incommodités dont elle le préserve un moment, elle accumule au loin d'accidens et de périls sur sa tête, et combien c'est une précaution barbare de prolonger la foiblesse de l'enfance sous les fatigues des hommes faits. Thétis, pour rendre son fils invulnérable, le plongea, dit la fable, dans l'eau du Styx. Cette allégorie est belle et claire. Les mères cruelles dont je parle font autrement; à force de plonger leurs enfans dans la mollesse, elles les préparent à la souffrance; elles ouvrent leurs pores aux maux de toute espèce dont ils ne manqueront pas d'être la proie étant grands (*).

Observez la nature, et suivez la route qu'elle vous trace. Elle exerce continuellement les enfans; elle endurcit leur tempérament par des épreuves de toute espèce; elle leur apprend de bonne heure ce que c'est que peine et douleur. Les dents qui percent leur donnent la fièvre; des coliques aiguës leur donnent des convulsions; de longues toux les suffoquent; les vers les tourmentent; la pléthore corrompt leur sang; des levains divers y fermentent, et causent des éruptions périlleuses. Presque tout le premier âge est maladie et danger : la moitié des enfans qui naissent périt avant la huitième année. Les épreuves faites, l'enfant a gagné des forces; et sitôt qu'il peut user de la vie, le principe en devient plus assuré.

Voilà la règle de la nature. Pourquoi la contrariez-vous? Ne voyez-vous pas qu'en pensant la corriger vous détruisez son ouvrage, vous empêchez l'effet de ses soins? Faire au dehors ce qu'elle fait au dedans, c'est, selon vous, redoubler le danger; et au contraire c'est y faire diversion, c'est l'atténuer. L'expérience apprend qu'il meurt encore plus d'enfans élevés délicatement que d'autres. Pourvu qu'on ne passe pas la mesure de leurs forces, on risque

---

(*) Il est à remarquer qu'un an avant la publication de l'*Émile*, un médecin renommé (Desessarts) a fait paroitre un *Traité de l'Éducation corporelle des enfans en bas âge* (in-12, *Paris*, chez Th. Hérissant, 1760), dans lequel il fait sentir avec beaucoup de force, et même avec quelque talent dans le style, les dangers de l'emmaillottage pour les enfans, des précautions et des soins trop multipliés qu'on prend pour leur épargner quelque douleur, et généralement toutes les suites funestes d'une éducation molle et sédentaire. Les faits et les observations dont il s'appuie sont à peu près les mêmes que dans l'*Émile*. Précédemment encore Buffon avoit présenté, tant sur l'allaitement maternel que sur les effets du maillot, absolument les mêmes idées. Enfin tout ce système d'éducation première n'est pas moins positivement établi, et même un éclat poétique assez remarquable, dans un poëme latin de Sainte-Marthe, imprimé en 1698, et intitulé *Pedotrophia*. Mais, comme le disoit Buffon lui même : « Oui nous avons dit tout cela; mais M. Rousseau seul le commande, et se fait obéir. »

Au reste, il paroît qu'à l'époque où Rousseau écrivoit son *Émile*, toutes les questions qui se rattachent à l'éducation de la première enfance occupoient les meilleurs esprits, et leurs méditations les amenoient tous aux mêmes résultats. La Société des sciences de Harlem avoit proposé sur ces questions un prix qui fut remporté par un Genevois nommé Ballexerd, dont l'ouvrage fut publié à Paris, sous le titre de *Dissertation sur l'Éducation physique des Enfans*, in-8°, et parut dans la même année que l'*Émile*. L'entière conformité de vues et de principes put faire croire à Rousseau que cet ouvrage étoit le résultat d'un larcin qu'on lui avoit fait, et il le dit nettement au livre xi de ses *Confessions* (tome I, pag. 504). Nous n'avons pas été à portée de vérifier le fait; mais la conformité, fût elle aussi grande qu'elle peut l'être, peut s'expliquer autrement que par un plagiat, puisque d'autres ouvrages antérieurs présentoient absolument les mêmes idées. — En 1780 un médecin de Paris, nommé David, a donné une seconde édition de l'ouvrage de Ballexerd, avec des notes. G. P.

moins à les employer qu'à les ménager. Exercez-les donc aux atteintes qu'ils auront à supporter un jour. Endurcissez leurs corps aux intempéries des saisons, des climats, des élémens, à la faim, à la soif, à la fatigue; trempez-les dans l'eau du Styx. Avant que l'habitude du corps soit acquise, on lui donne celle qu'on veut, sans danger; mais quand une fois il est dans sa consistance, toute altération lui devient périlleuse. Un enfant supportera des changemens que ne supporteroit pas un homme : les fibres du premier, molles et flexibles, prennent sans effort le pli qu'on leur donne; celles de l'homme, plus endurcie, ne changent plus qu'avec violence le pli qu'elles ont reçu. On peut donc rendre un enfant robuste sans exposer sa vie et sa santé; et quand il y auroit quelque risque, encore ne faudroit-il pas balancer. Puisque ce sont des risques inséparables de la vie humaine, peut-on mieux faire que de les rejeter sur le temps de sa durée où ils sont le moins désavantageux?

Un enfant devient plus précieux en avançant en âge. Au prix de sa personne se joint celui des soins qu'il a coûtés; à la perte de sa vie se joint en lui le sentiment de la mort. C'est donc surtout à l'avenir qu'il faut songer en veillant à sa conservation; c'est contre les maux de la jeunesse qu'il faut l'armer avant qu'il y soit parvenu : car si le prix de la vie augmente jusqu'à l'âge de la rendre utile, quelle folie n'est-ce point d'épargner quelques maux à l'enfance en les multipliant sur l'âge de raison! Sont-ce là les leçons du maître?

Le sort de l'homme est de souffrir dans tous les temps. Le soin même de sa conservation est attaché à la peine. Heureux de ne connoître dans son enfance que les maux physiques! maux bien moins cruels, bien moins douloureux que les autres, et qui bien plus rarement qu'eux nous font renoncer à la vie. On ne se tue point pour les douleurs de la goutte; il n'y a guère que celles de l'âme qui produisent le désespoir. Nous plaignons le sort de l'enfance, et c'est le nôtre qu'il faudroit plaindre. Nos plus grands maux nous viennent de nous.

En naissant, un enfant crie; sa première enfance se passe à pleurer. Tantôt on l'agite, on le flatte pour l'apaiser; tantôt on le menace, on le bat pour le faire taire. Ou nous faisons ce qu'il lui plaît, ou nous en exigeons ce qu'il nous plaît; ou nous nous soumettons à ses fantaisies, ou nous le soumettons aux nôtres : point de milieu, il faut qu'il donne des ordres ou qu'il en reçoive. Ainsi ses premières idées sont celles d'empire et de servitude. Avant de savoir parler il commande; avant de pouvoir agir il obéit; et quelquefois on le châtie avant qu'il puisse connoître ses fautes, ou plutôt en commettre. C'est ainsi qu'on verse de bonne heure dans son jeune cœur les passions qu'on impute ensuite à la nature, et qu'après avoir pris peine à le rendre méchant, on se plaint de le trouver tel.

Un enfant passe six ou sept ans de cette manière entre les mains des femmes, victime de leur caprice et du sien; et après lui avoir fait apprendre ceci et cela, c'est-à-dire après avoir chargé sa mémoire ou de mots qu'il ne peut entendre, ou de choses qui ne lui sont bonnes à rien; après avoir étouffé le naturel par les passions qu'on a fait naître, on remet cet être factice entre les mains d'un précepteur, lequel achève de développer les germes artificiels qu'il trouve déjà tout formés, et lui apprend tout, hors à se connoître, hors à tirer parti de lui-même, hors à savoir vivre et se rendre heureux. Enfin, quand cet enfant esclave et tyran, plein de science et dépourvu de sens, également débile de corps et d'âme, est jeté dans le monde, en y montrant son ineptie, son orgueil et tous ses vices, il fait déplorer la misère et la perversité humaines. On se trompe; c'est là l'homme de nos fantaisies : celui de la nature est fait autrement.

Voulez-vous donc qu'il garde sa forme originelle, conservez-la dès l'instant qu'il vient au monde. Sitôt qu'il naît emparez-vous de lui, et ne le quittez plus qu'il ne soit homme : vous ne réussirez jamais sans cela. Comme la véritable nourrice est la mère, le véritable précepteur est le père. Qu'ils s'accordent dans l'ordre de leurs fonctions ainsi que dans leur système; que des mains de l'une l'enfant passe dans celles de l'autre. Il sera mieux élevé par un père judicieux et borné que par le plus habile maître du monde; car le zèle suppléera mieux au talent que le talent au zèle.

Mais les affaires, les fonctions, les devoirs…. Ah! les devoirs! sans doute le dernier est celui de père (¹)! Ne nous étonnons pas qu'un homme dont la femme a dédaigné de nourrir le fruit de leur union dédaigne de l'élever. Il n'y a point de tableau plus charmant que celui de la famille; mais un seul trait manqué défigure tous les autres. Si la mère a trop peu de santé pour être nourrice, le père aura trop d'affaires pour être précepteur. Les enfans, éloignés, dispersés dans des pensions, dans des couvens, dans des colléges, porteront ailleurs l'amour de la maison paternelle, ou, pour mieux dire, ils y rapporteront l'habitude de n'être attachés à rien. Les frères et les sœurs se connoîtront à peine. Quand tous seront rassemblés en cérémonie, ils pourront être fort polis entre eux; ils se traiteront en étrangers. Sitôt qu'il n'y a plus d'intimité entre les parens, sitôt que la société de la famille ne fait plus la douceur de la vie, il faut bien recourir aux mauvaises mœurs pour y suppléer. Où est l'homme assez stupide pour ne pas voir la chaîne de tout cela?

Un père, quand il engendre et nourrit des enfans, ne fait en cela que le tiers de sa tâche. Il doit des hommes à son espèce; il doit à la société des hommes sociables; il doit des citoyens à l'état. Tout homme qui peut payer cette triple dette et ne le fait pas est coupable, et plus coupable peut-être quand il la paye à demi. Celui qui ne peut remplir les devoirs de père n'a point droit de le devenir. Il n'y a ni pauvreté, ni travaux, ni respect humain, qui le dispensent de nourrir ses enfans et de les élever lui-même. Lecteurs, vous pouvez m'en croire. Je prédis à quiconque a des entrailles et néglige de si saints devoirs, qu'il versera long-temps sur sa faute des larmes amères, et n'en sera jamais consolé (*).

Mais que fait cet homme riche, ce père de famille si affairé, et forcé, selon lui, de laisser ses enfans à l'abandon? il paye un autre homme pour remplir ces soins qui lui sont à charge. Ame vénale! crois-tu donner à ton fils un autre père avec de l'argent? Ne t'y trompe point; ce n'est pas même un maître que tu lui donnes, c'est un valet. Il en formera bientôt un second (*).

On raisonne beaucoup sur les qualités d'un bon gouverneur. La première que j'en exigerois, et celle-là seule en suppose beaucoup d'autres, c'est de n'être point un homme à vendre. Il y a des métiers si nobles, qu'on ne peut les faire pour de l'argent sans se montrer indigne de les faire, tel est celui de l'homme de guerre; tel est celui de l'instituteur. Qui donc élèvera mon enfant? Je te l'ai déjà dit, toi-même. Je ne le peux. Tu ne le peux!... Fais-toi donc un ami. Je ne vois point d'autre ressource.

Un gouverneur! ô quelle âme sublime!... en vérité, pour faire un homme, il faut être ou père ou plus qu'homme soi-même. Voilà la fonction que vous confiez tranquillement à des mercenaires.

Plus on y pense, plus on aperçoit de nouvelles difficultés. Il faudroit que le gouverneur eût été élevé pour son élève, que ses domestiques eussent été élevés pour leur maître, que tous ceux qui l'approchent eussent reçu les impressions qu'ils doivent lui communiquer; il faudroit d'éducation en éducation remonter jusqu'on ne sait où. Comment se peut-il qu'un enfant soit bien élevé par qui n'a pas été bien élevé lui-même?

Ce rare mortel est-il introuvable! Je l'ignore. En ces temps d'avilissement, qui sait à quel point de vertu peut atteindre encore une âme humaine? Mais supposons ce prodige trouvé. C'est en considérant ce qu'il doit faire que nous verrons ce qu'il doit être. Ce que je crois voir d'avance est qu'un père qui sentiroit tout le prix d'un bon gouverneur prendroit le parti de s'en passer; car il mettroit plus de peine à l'acquérir qu'à le devenir lui-même. Veut-il donc se faire un ami, qu'il élève son fils pour l'être;

(*) Quand on lit dans Plutarque (*) que Caton le Censeur, qui gouverna Rome avec tant de gloire, éleva lui-même son fils dès le berceau, et avec un tel soin, qu'il quittoit tout pour être présent quand la nourrice, c'est-à-dire la mère, le remuoit et le lavoit; quand on lit dans Suétone (**) qu'Auguste, maître du monde qu'il avoit conquis et qu'il régissoit lui-même, enseignoit lui même à ses petits-fils à écrire, à nager, les élémens des sciences, et qu'il les avoit sans cesse autour de lui; on ne peut s'empêcher de rire des petites bonnes gens de ce temps-là, qui s'amusoient à de pareilles niaiseries; trop bornés, sans doute, pour savoir vaquer aux grandes affaires des grands hommes de nos jours.

(*) Voyez les *Confessions*, livre XII, tome I, page 514.

(*) Vie de Marcus Caton, § 41. (**) Vie d'Auguste, chap. 64. G.

(*) « Tu me demandes cent escus pour élever mon fils. O Hercules! c'est beaucoup; j'en pourrois acheter un bon esclave. Il est vray, répondit Aristippe; et ce faisant, tu auras deux esclaves : ton fils le premier, et puis celui que tu auras acheté. » PLUTARQUE, *de l'Education des Enfans*, chap. 7. Voyez aussi DIOG. LAERCE, liv. II, § 72. G. P.

le voilà dispensé de le chercher ailleurs, et la nature a déjà fait la moitié de l'ouvrage.

Quelqu'un dont je ne connois que le rang m'a fait proposer d'élever son fils. Il m'a fait beaucoup d'honneur sans doute ; mais loin de se plaindre de mon refus, il doit se louer de ma discrétion. Si j'avois accepté son offre, et que j'eusse erré dans ma méthode, c'étoit une éducation manquée : si j'avois réussi, c'eût été bien pis ; son fils auroit renié son titre, il n'eût plus voulu être prince.

Je suis trop pénétré de la grandeur des devoirs d'un précepteur, et je sens trop mon incapacité, pour accepter jamais un pareil emploi de quelque part qu'il me soit offert (*) ; et l'intérêt de l'amitié même ne seroit pour moi qu'un nouveau motif de refus. Je crois qu'après avoir lu ce livre peu de gens seront tentés de me faire cette offre ; et je prie ceux qui pourroient l'être de n'en plus prendre l'inutile peine. J'ai fait autrefois un suffisant essai de ce métier pour être assuré que je n'y suis pas propre, et mon état m'en dispenseroit quand mes talens m'en rendroient capable. J'ai cru devoir cette déclaration publique à ceux qui paroissent ne pas m'accorder assez d'estime pour me croire sincère et fondé dans mes résolutions.

Hors d'état de remplir la tâche la plus utile, j'oserai du moins essayer de la plus aisée : à l'exemple de tant d'autres, je ne mettrai point la main à l'œuvre, mais à la plume ; et au lieu de faire ce qu'il faut, je m'efforcerai de le dire.

Je sais que, dans les entreprises pareilles à celle-ci, l'auteur, toujours à son aise dans des systèmes qu'il est dispensé de mettre en pratique, donne sans peine beaucoup de beaux préceptes impossibles à suivre, et que, faute de détails et d'exemples, ce qu'il dit même de praticable reste sans usage quand il n'en a pas montré l'application.

J'ai donc pris le parti de me donner un élève *imaginaire*, de me supposer l'âge, la santé, les connoissances et tous les talens convenables pour travailler à son éducation, de la conduire depuis le moment de sa naissance jusqu'à celui où, devenu homme fait, il n'aura plus besoin d'autre guide que lui-même. Cette méthode me paroît

utile pour empêcher un auteur qui se défie de lui de s'égarer dans des visions ; car, dès qu'il s'écarte de la pratique ordinaire, il n'a qu'à faire l'épreuve de la sienne sur son élève, il sentira bientôt, ou le lecteur sentira pour lui, s'il suit le progrès de l'enfance et la marche naturelle au cœur humain.

Voilà ce que j'ai tâché de faire dans toutes les difficultés qui se sont présentées. Pour ne pas grossir inutilement le livre, je me suis contenté de poser les principes dont chacun devoit sentir la vérité. Mais quant aux règles qui pouvoient avoir besoin de preuves, je les ai toutes appliquées à mon Émile ou à d'autres exemples, et j'ai fait voir dans des détails très-étendus comment ce que j'établissois pouvoit être pratiqué ; tel est du moins le plan que je me suis proposé de suivre. C'est au lecteur à juger si j'ai réussi.

Il est arrivé de là que j'ai d'abord peu parlé d'Émile, parce que mes premières maximes d'éducation, bien que contraires à celles qui sont établies, sont d'une évidence à laquelle il est difficile à tout homme raisonnable de refuser son consentement. Mais à mesure que j'avance, mon élève, autrement conduit que les vôtres, n'est plus un enfant ordinaire ; il lui faut un régime exprès pour lui. Alors il paroît plus fréquemment sur la scène ; et vers les derniers temps je ne le perds plus un moment de vue, jusqu'à ce que, quoi qu'il en dise, il n'ait plus le moindre besoin de moi.

Je ne parle point ici des qualités d'un bon gouverneur ; je les suppose, et je me suppose moi-même doué de toutes ces qualités. En lisant cet ouvrage on verra de quelle libéralité j'use envers moi.

Je remarquerai seulement, contre l'opinion commune, que le gouverneur d'un enfant doit être jeune, et même aussi jeune que peut l'être un homme sage. Je voudrois qu'il fût lui-même enfant, s'il étoit possible ; qu'il pût devenir le compagnon de son élève, et s'attirer sa confiance en partageant ses amusemens. Il n'y a pas assez de choses communes entre l'enfance et l'âge mûr pour qu'il se forme jamais un attachement bien solide à cette distance. Les enfans flattent quelquefois les vieillards, mais ils ne les aiment jamais (*).

(*) C'est vingt ans après avoir fait un essai de ce genre avec les enfans de M. de Mably, qu'il tient ce langage. Ainsi il n'est point en contradiction avec lui-même. **M. P.**

(*) Cette idée étoit aussi celle de l'abbé Fleury, qui veut que

On voudroit que le gouverneur eût déjà fait une éducation. C'est trop; un même homme n'en peut faire qu'une : s'il en falloit deux pour réussir, de quel droit entreprendroit-on la première?

Avec plus d'expérience on sauroit mieux faire, mais on ne le pourroit plus. Quiconque a rempli cet état une fois assez bien pour en sentir toutes les peines ne tente point de s'y rengager; et s'il l'a mal rempli la première fois, c'est un mauvais préjugé pour la seconde.

Il est fort différent, j'en conviens, de suivre un jeune homme durant quatre ans, ou de le conduire durant vingt-cinq. Vous donnez un gouverneur à votre fils déjà tout formé; moi je veux qu'il en ait un avant que de naître. Votre homme à chaque lustre peut changer d'élève; le mien n'en aura jamais qu'un. Vous distinguez le précepteur du gouverneur : autre folie! Distinguez-vous le disciple de l'élève? Il n'y a qu'une science à enseigner aux enfans; c'est celle des devoirs de l'homme. Cette science est une; et quoi qu'ait dit Xénophon de l'éducation des Perses, elle ne se partage pas. Au reste, j'appelle plutôt gouverneur que précepteur le maître de cette science, parce qu'il s'agit moins pour lui d'instruire que de conduire. Il ne doit point donner des préceptes : il doit les faire trouver.

S'il faut choisir avec tant de soin le gouverneur, il lui est bien permis de choisir aussi son élève, surtout quand il s'agit d'un modèle à proposer. Ce choix ne peut tomber ni sur le génie ni sur le caractère de l'enfant, qu'on ne connoît qu'à la fin de l'ouvrage, et que j'adopte avant qu'il soit né. Quand je pourrois choisir, je ne prendrois qu'un esprit commun, tel que je suppose mon élève. On n'a besoin d'élever que les hommes vulgaires; leur éducation doit seule servir d'exemple à celle de leurs semblables. Les autres s'élèvent malgré qu'on en ait.

Le pays n'est pas indifférent à la culture des hommes; ils ne sont tout ce qu'ils peuvent être que dans les climats tempérés. Dans les climats extrêmes le désavantage est visible. Un homme n'est pas planté comme un arbre dans un pays pour y demeurer toujours; et celui qui part d'un des extrêmes pour arriver à l'autre est forcé de faire le double du chemin que fait pour arriver au même terme celui qui part du terme moyen.

Que l'habitant d'un pays tempéré parcoure successivement les deux extrêmes, son avantage est encore évident; car bien qu'il soit autant modifié que celui qui va d'un extrême à l'autre, il s'éloigne pourtant de la moitié moins de sa constitution naturelle. Un François vit en Guinée et en Laponie; mais un Nègre ne vivra pas de même à Tornea, ni un Samoïède au Benin. Il paroît encore que l'organisation du cerveau est moins parfaite aux deux extrêmes. Les Nègres ni les Lapons n'ont pas le sens des Européens. Si je veux donc que mon élève puisse être habitant de la terre, je le prendrai dans une zone tempérée; en France, par exemple, plutôt qu'ailleurs.

Dans le Nord les hommes consomment beaucoup sur un sol ingrat; dans le Midi ils consomment peu sur un sol fertile. De là naît une nouvelle différence qui rend les uns laborieux et les autres contemplatifs. La société nous offre en un même lieu l'image de ces différences entre les pauvres et les riches. Les premiers habitent le sol ingrat, et les autres le pays fertile.

Le pauvre n'a pas besoin d'éducation; celle de son état est forcée; il n'en sauroit avoir d'autre : au contraire, l'éducation que le riche reçoit de son état est celle qui lui convient le moins et pour lui-même et pour la société. D'ailleurs, l'éducation naturelle doit rendre un homme propre à toutes les conditions humaines : or il est moins raisonnable d'élever un pauvre pour être riche qu'un riche pour être pauvre; car, à proportion du nombre des deux états, il y a plus de ruinés que de parvenus. Choisissons donc un riche; nous serons sûrs au moins d'avoir fait un homme de plus, au lieu qu'un pauvre peut devenir homme de lui-même.

Par la même raison je ne serai pas fâché qu'Émile ait de la naissance. Ce sera toujours une victime arrachée au préjugé.

Émile est orphelin. Il n'importe qu'il ait son père et sa mère. Chargé de leurs devoirs, je succède à tous leurs droits. Il doit honorer ses parens, mais il ne doit obéir qu'à moi. C'est ma première ou plutôt ma seule condition.

---

le maître soit *bien fait de sa personne, parlant bien, d'un visage agréable. Le peu de soin de s'accommoder en ceci à la foiblesse des enfans, fait qu'il reste à la plupart de l'aversion de ce qu'ils ont appris de gens trop vieux, maussades ou chagrins.* Choix des Études, n° 15. G. P.

J'y dois ajouter celle-ci, qui n'en est qu'une suite, qu'on ne nous ôtera jamais l'un à l'autre que de notre consentement. Cette clause est essentielle, et je voudrois même que l'élève et le gouverneur se regardassent tellement comme inséparables, que le sort de leurs jours fût toujours entre eux un objet commun. Sitôt qu'ils envisagent dans l'éloignement leur séparation, sitôt qu'ils prévoient le moment qui doit les rendre étrangers l'un à l'autre, ils le sont déjà; chacun fait son petit système à part; et tous deux, occupés du temps où ils ne seront plus ensemble, n'y restent qu'à contre-cœur. Le disciple ne regarde le maître que comme l'enseigne et le fléau de l'enfance : le maître ne regarde le disciple que comme un lourd fardeau dont il brûle d'être déchargé : ils aspirent de concert au moment de se voir délivrés l'un de l'autre; et comme il n'y a jamais entre eux de véritable attachement, l'un doit avoir peu de vigilance, l'autre peu de docilité.

Mais quand ils se regardent comme devant passer leurs jours ensemble, il leur importe de se faire aimer l'un de l'autre, et par cela même ils se deviennent chers. L'élève ne rougit point de suivre dans son enfance l'ami qu'il doit avoir étant grand; le gouverneur prend intérêt à des soins dont il doit recueillir le fruit, et tout le mérite qu'il donne à son élève est un fonds qu'il place au profit de ses vieux jours.

Ce traité fait d'avance suppose un accouchement heureux, un enfant bien formé, vigoureux et sain. Un père n'a point de choix et ne doit point avoir de préférence dans la famille que Dieu lui donne : tous ses enfans sont également ses enfans; il leur doit à tous les mêmes soins et la même tendresse. Qu'ils soient estropiés ou non, qu'ils soient languissans ou robustes, chacun d'eux est un dépôt dont il doit compte à la main dont il le tient, et le mariage est un contrat fait avec la nature aussi bien qu'entre les conjoints.

Mais quiconque s'impose un devoir que la nature ne lui a point imposé doit s'assurer auparavant des moyens de le remplir; autrement il se rend comptable même de ce qu'il n'aura pu faire. Celui qui se charge d'un élève infirme et valétudinaire, change sa fonction de gouverneur en celle de garde-malade; il perd à soigner une vie inutile le temps qu'il destinoit à en augmenter le prix; il s'expose à voir une mère éplorée lui reprocher un jour la mort d'un fils qu'il lui aura long-temps conservé.

Je ne me chargerois pas d'un enfant maladif et cacochyme, dût-il vivre quatre-vingts ans. Je ne veux point d'un élève toujours inutile à lui-même et aux autres, qui s'occupe uniquement à se conserver, et dont le corps nuise à l'éducation de l'âme. Que ferois-je en lui prodiguant vainement mes soins, sinon doubler la perte de la société et lui ôter deux hommes pour un? Qu'un autre à mon défaut se charge de cet infirme, j'y consens, et j'approuve sa charité; mais mon talent à moi n'est pas celui-là : je ne sais point apprendre à vivre à qui ne songe qu'à s'empêcher de mourir.

Il faut que le corps ait de la vigueur pour obéir à l'âme : un bon serviteur doit être robuste. Je sais que l'intempérance excite les passions; elle exténue aussi le corps à la longue : les macérations, les jeûnes, produisent souvent le même effet par une cause opposée. Plus le corps est foible, plus il commande; plus il est fort, plus il obéit. Toutes les passions sensuelles logent dans des corps efféminés; ils s'en irritent d'autant plus qu'ils peuvent moins les satisfaire.

Un corps débile affoiblit l'âme. De là l'empire de la médecine, art plus pernicieux aux hommes que tous les maux qu'il prétend guérir. Je ne sais pour moi de quelle maladie nous guérissent les médecins, mais je sais qu'ils nous en donnent de bien funestes : la lâcheté, la pusillanimité, la crédulité, la terreur de la mort; s'ils guérissent le corps, ils tuent le courage. Que nous importe qu'ils fassent marcher des cadavres? ce sont des hommes qu'il nous faut, et l'on n'en voit point sortir de leurs mains (*).

La médecine est à la mode parmi nous; elle doit l'être. C'est l'amusement des gens oisifs et désœuvrés, qui ne sachant que faire de leur temps le passent à se conserver. S'ils avoient eu le malheur de naître immortels, ils seroient les plus misérables des êtres : une vie qu'ils n'auroient jamais peur de perdre ne seroit pour eux

---

(*) « C'est la crainte de la mort et de la douleur, l'impatience
» du mal, une furieuse et indiscrete soif de la guarison, qui
» nous aveugle ainsi : c'est pure laschété qui nous rend notre
» croyance si molle et maniable. » MONTAIGNE, liv. II, chap. 37
G. P.

d'aucun prix. Il faut à ces gens-là des médecins qui les menacent pour les flatter, et qui leur donnent chaque jour le seul plaisir dont ils soient susceptibles, celui de n'être pas morts.

Je n'ai nul dessein de m'étendre ici sur la vanité de la médecine. Mon objet n'est que de la considérer par le côté moral. Je ne puis pourtant m'empêcher d'observer que les hommes font sur son usage les mêmes sophismes que sur la recherche de la vérité. Ils supposent toujours qu'en traitant un malade on le guérit, et qu'en cherchant une vérité on la trouve. Ils ne voient pas qu'il faut balancer l'avantage d'une guérison que le médecin opère par la mort de cent malades qu'il a tués, et l'utilité d'une vérité découverte par le tort que font les erreurs qui passent en même temps. La science qui instruit et la médecine qui guérit sont fort bonnes sans doute; mais la science qui trompe et la médecine qui tue sont mauvaises. Apprenez-nous donc à les distinguer. Voilà le nœud de la question. Si nous savions ignorer la vérité, nous ne serions jamais les dupes du mensonge; si nous savions ne vouloir pas guérir malgré la nature, nous ne mourrions jamais par la main du médecin : ces deux abstinences seroient sages; on gagneroit évidemment à s'y soumettre. Je ne dispute donc pas que la médecine ne soit utile à quelques hommes, mais je dis qu'elle est funeste au genre humain.

On me dira, comme on fait sans cesse, que les fautes sont du médecin, mais que la médecine en elle-même est infaillible. A la bonne heure; mais qu'elle vienne donc sans le médecin; car, tant qu'ils viendront ensemble, il y aura cent fois plus à craindre des erreurs de l'artiste qu'à espérer du secours de l'art (*).

Cet art mensonger, plus fait pour les maux de l'esprit que pour ceux du corps, n'est pas plus utile aux uns qu'aux autres : il nous guérit moins de nos maladies qu'il ne nous en imprime l'effroi; il recule moins la mort qu'il ne la fait sentir d'avance; il use la vie au lieu de la prolonger, et, quand il la prolongeroit, ce seroit encore au préjudice de l'espèce, puisqu'il nous ôte à la société par les soins qu'il nous impose, et à nos devoirs par les frayeurs qu'il nous donne. C'est la connoissance des dangers qui nous les fait craindre : celui qui se croiroit invulnérable n'auroit peur de rien. A force d'armer Achille contre le péril, le poète lui ôte le mérite de la valeur; tout autre à sa place eût été un Achille au même prix.

Voulez-vous trouver des hommes d'un vrai courage, cherchez-les dans les lieux où il n'y a point de médecins, où l'on ignore les conséquences des maladies, et où l'on ne songe guère à la mort. Naturellement l'homme sait souffrir constamment et meurt en paix. Ce sont les médecins avec leurs ordonnances, les philosophes avec leurs préceptes, les prêtres avec leurs exhortations, qui l'avilissent de cœur et lui font désapprendre à mourir.

Qu'on me donne donc un élève qui n'ait pas besoin de tous ces gens-là, ou je le refuse. Je ne veux point que d'autres gâtent mon ouvrage; je veux l'élever seul, ou ne m'en pas mêler. Le sage Locke, qui avoit passé une partie de sa vie à l'étude de la médecine, recommande fortement de ne jamais droguer les enfans, ni par précaution, ni pour de légères incommodités. J'irai plus loin, et je déclare que n'appelant jamais de médecin pour moi, je n'en appellerai jamais pour mon Émile, à moins que sa vie ne soit dans un danger évident; car alors il ne peut pas lui faire pis que de le tuer.

Je sais bien que le médecin ne manquera pas de tirer avantage de ce délai. Si l'enfant meurt, on l'aura appelé trop tard; s'il réchappe, ce sera lui qui l'aura sauvé. Soit : que le médecin triomphe; mais surtout qu'il ne soit appelé qu'à l'extrémité.

Faute de savoir se guérir, que l'enfant sache être malade : cet art supplée à l'autre, et souvent réussit beaucoup mieux; c'est l'art de la nature. Quand l'animal est malade, il souffre en silence et se tient coi : or on ne voit pas plus d'animaux languissans que d'hommes. Combien l'impatience, la crainte, l'inquiétude, et surtout les remèdes, ont tué de gens que leur maladie auroit épargnés, et que le temps seul auroit guéris! On me dira que les animaux, vivant d'une manière plus conforme à la nature, doivent être sujets à moins de maux que nous. Hé bien! cette manière de vivre est

---

(*) Bernardin de Saint-Pierre (préambule de l'*Arcadie*, note 8) nous apprend que Rousseau lui dit un jour : « Si je faisois une nouvelle édition de mes ouvrages, j'adoucirois ce que j'y ai écrit sur les médecins. Il n'y a pas d'état qui demande autant d'études que le leur. Par tout pays, ce sont les hommes les plus véritablement savans. »   G. P.

précisément celle que je veux donner à mon élève; il en doit donc tirer le même profit.

La seule partie utile de la médecine est l'hygiène; encore l'hygiène est-elle moins une science qu'une vertu. La tempérance et le travail sont les deux vrais médecins de l'homme: le travail aiguise son appétit, et la tempérance l'empêche d'en abuser.

Pour savoir quel régime est le plus utile à la vie et à la santé, il ne faut que savoir quel régime observent les peuples qui se portent le mieux, sont les plus robustes, et vivent le plus long-temps. Si par les observations générales on ne trouve pas que l'usage de la médecine donne aux hommes une santé plus ferme et une plus longue vie, par cela même que cet art n'est pas utile, il est nuisible, puisqu'il emploie le temps, les hommes et les choses à pure perte. Non-seulement le temps qu'on passe à conserver la vie étant perdu pour en user, il l'en faut déduire; mais quand ce temps est employé à nous tourmenter, il est pis que nul, il est négatif; et, pour calculer équitablement, il en faut ôter autant de celui qui nous reste. Un homme qui vit dix ans sans médecins vit plus pour lui-même et pour autrui que celui qui vit trente ans leur victime. Ayant fait l'une et l'autre épreuve, je me crois plus en droit que personne d'en tirer la conclusion.

Voilà mes raisons pour ne vouloir qu'un élève robuste et sain, et mes principes pour le maintenir tel. Je ne m'arrêterai pas à prouver au long l'utilité des travaux manuels et des exercices du corps pour renforcer le tempérament et la santé; c'est ce que personne ne dispute: les exemples des plus longues vies se tirent presque tous d'hommes qui ont fait le plus d'exercice, qui ont supporté le plus de fatigue et de travail (1). Je n'entrerai pas non plus dans de longs détails sur les soins que je prendrai pour ce seul objet; on verra qu'ils entrent si nécessairement dans ma pratique, qu'il suffit d'en prendre l'esprit pour n'avoir pas besoin d'autre explication.

Avec la vie commencent les besoins. Au nouveau-né il faut une nourrice. Si la mère consent à remplir son devoir, à la bonne heure: on lui donnera ses directions par écrit; car cet avantage a son contre-poids et tient le gouverneur un peu plus éloigné de son élève. Mais il est à croire que l'intérêt de l'enfant et l'estime pour celui à qui elle veut bien confier un dépôt si cher rendront la mère attentive aux avis du maître; et tout ce qu'elle voudra faire, on est sûr qu'elle le fera mieux qu'une autre. S'il nous faut une nourrice étrangère, commençons par la bien choisir.

Une des misères des gens riches est d'être trompés en tout. S'ils jugent mal des hommes, faut-il s'en étonner? Ce sont les richesses qui les corrompent: et, par un juste retour, ils sentent les premiers le défaut du seul instrument qui leur soit connu. Tout est mal fait chez eux, excepté ce qu'ils y font eux-mêmes; et ils n'y font presque jamais rien. S'agit-il de chercher une nourrice, on la fait choisir par l'accoucheur. Qu'arrive-t-il de là? Que la meilleure est toujours celle qui l'a le mieux payé. Je n'irai donc pas consulter un accoucheur pour celle d'Émile; j'aurai soin de la choisir moi-même. Je ne raisonnerai peut-être pas là-dessus si disertement qu'un chirurgien, mais à coup sûr je serai de meilleure foi, et mon zèle me trompera moins que son avarice.

Ce choix n'est point un si grand mystère; les règles en sont connues: mais je ne sais si l'on ne devrait pas faire un peu plus d'attention à l'âge du lait aussi bien qu'à sa qualité. Le nouveau lait est tout-à-fait séreux; il doit presque être apéritif pour purger le reste du *meconium* épaissi dans les intestins de l'enfant qui vient de naître. Peu à peu le lait prend de la consistance et fournit une nourriture plus solide à l'enfant devenu plus fort pour la digé-

---

(1) En voici un exemple tiré des papiers anglois, lequel je ne puis m'empêcher de rapporter, tant il offre de réflexions à faire relatives à mon sujet.

« Un particulier nommé Patrice Oneil, né en 1647, vient de
» se marier en 1760 pour la septième fois. Il servit dans les dra-
» gons la dix-septième année du règne de Charles II, et dans
» différens corps jusqu'en 1740, qu'il obtint son congé. Il a fait
» toutes les campagnes du roi Guillaume et du duc de Marlbo-
» rough. Cet homme n'a jamais bu que de la bière ordinaire:
» il s'est toujours nourri de végétaux, et n'a mangé de la viande
» que dans quelques repas qu'il donnoit à sa famille. Son usage
» a toujours été de se lever et de se coucher avec le soleil, à
» moins que ses devoirs ne l'en aient empêché. Il est à présent
» dans sa cent treizième année, entendant bien, se portant bien,
» et marchant sans canne. Malgré son grand âge, il ne reste
» pas un seul moment oisif; et tous les dimanches il va à sa
» paroisse, accompagné de ses enfans, petits-enfans, et arrière-
» petits enfans. »

rer. Ce n'est sûrement pas pour rien que dans les femelles de toute espèce la nature change la consistance du lait selon l'âge du nourrisson.

Il faudroit donc une nourrice nouvellement accouchée à un enfant nouvellement né. Ceci a son embarras, je le sais; mais sitôt qu'on sort de l'ordre naturel, tout a ses embarras pour bien faire. Le seul expédient commode est de faire mal; c'est aussi celui qu'on choisit.

Il faudroit une nourrice aussi saine de cœur que de corps: l'intempérie des passions peut, comme celle des humeurs, altérer son lait; de plus, s'en tenir uniquement au physique, c'est ne voir que la moitié de l'objet. Le lait peut être bon et la nourrice mauvaise; un bon caractère est aussi essentiel qu'un bon tempérament. Si l'on prend une femme vicieuse, je ne dis pas que son nourrisson contractera ses vices, mais je dis qu'il en pâtira. Ne lui doit-elle pas, avec son lait, des soins qui demandent du zèle, de la patience, de la douceur, de la propreté? Si elle est gourmande, intempérante, elle aura bientôt gâté son lait; si elle est négligente ou emportée, que va devenir à sa merci un pauvre malheureux qui ne peut ni se défendre ni se plaindre? Jamais en quoi que ce puisse être les méchans ne sont bons à rien de bon.

Le choix de la nourrice importe d'autant plus que son nourrisson ne doit point avoir d'autre gouvernante qu'elle, comme il ne doit point avoir d'autre précepteur que son gouverneur. Cet usage étoit celui des anciens, moins raisonneurs et plus sages que nous. Après avoir nourri des enfans de leur sexe, les nourrices ne les quittoient plus. Voilà pourquoi, dans leurs pièces de théâtre, la plupart des confidentes sont des nourrices. Il est impossible qu'un enfant qui passe successivement par tant de mains différentes soit jamais bien élevé. A chaque changement il fait de secrètes comparaisons qui tendent toujours à diminuer son estime pour ceux qui le gouvernent, et conséquemment leur autorité sur lui. S'il vient une fois à penser qu'il y a de grandes personnes qui n'ont pas plus de raison que des enfans, toute l'autorité de l'âge est perdue et l'éducation manquée. Un enfant ne doit connoître d'autres supérieurs que son père et sa mère, ou à leur défaut sa nourrice et son gouverneur; encore est-ce déjà trop d'un des deux: mais ce partage est inévitable; et tout ce qu'on peut faire pour y remédier est que les personnes des deux sexes qui le gouvernent soient si bien d'accord sur son compte que les deux ne soient qu'un pour lui.

Il faut que la nourrice vive un peu plus commodément, qu'elle prenne des alimens un peu plus substantiels, mais non qu'elle change tout-à-fait de manière de vivre; car un changement prompt et total, même de mal en mieux, est toujours dangereux pour la santé; et puisque son régime ordinaire l'a laissée ou rendue saine et bien constituée, à quoi bon lui en faire changer?

Les paysannes mangent moins de viande et plus de légumes que les femmes de la ville; et ce régime végétal paroît plus favorable que contraire à elles et à leurs enfans. Quand elles ont des nourrissons bourgeois, on leur donne des pots-au-feu, persuadé que le potage et le bouillon de viande leur font un meilleur chyle et fournissent plus de lait. Je ne suis point du tout de ce sentiment; et j'ai pour moi l'expérience, qui nous apprend que les enfans ainsi nourris sont plus sujets à la colique et aux vers que les autres.

Cela n'est guère étonnant, puisque la substance animale en putréfaction fourmille de vers; ce qui n'arrive pas de même à la substance végétale. Le lait, bien qu'élaboré dans le corps de l'animal, est une substance végétale (¹); son analyse le démontre; il tourne facilement à l'acide; et loin de donner aucun vestige d'alkali volatil, comme font les substances animales, il donne, comme les plantes, un sel neutre essentiel.

Le lait des femelles herbivores est plus doux et plus salutaire que celui des carnivores. Formé d'une substance homogène à la sienne, il en conserve mieux sa nature, et devient moins sujet à la putréfaction. Si l'on regarde à la quantité, chacun sait que les farineux font plus de sang que la viande; ils doivent donc faire aussi plus de lait. Je ne puis croire qu'un en-

---

(¹) Les femmes mangent du pain, des légumes, du laitage: les femelles des chiens et des chats en mangent aussi; les louves même paissent. Voilà des sucs végétaux pour leur lait. Reste à examiner celui des espèces qui ne peuvent absolument se nourrir que de chair, s'il y en a de telles; de quoi je doute.

fant qu'on ne sevreroit point trop tôt, ou qu'on ne sevreroit qu'avec des nourritures végétales, et dont la nourrice ne vivroit aussi que de végétaux, fût jamais sujet aux vers.

Il se peut que les nourritures végétales donnent un lait plus prompt à s'aigrir; mais je suis fort éloigné de regarder le lait aigri comme une nourriture malsaine : des peuples entiers qui n'en ont point d'autre s'en trouvent fort bien, et tout cet appareil d'absorbans me paroît une pure charlatanerie. Il y a des tempéramens auxquels le lait ne convient point, et alors nul absorbant ne le leur rend supportable; les autres le supportent sans absorbans. On craint le lait trié ou caillé : c'est une folie, puisqu'on sait que le lait se caille toujours dans l'estomac. C'est ainsi qu'il devient un aliment assez solide pour nourrir les enfans et les petits des animaux : s'il ne se cailloit point, il ne feroit que passer, il ne les nourriroit pas (¹). On a beau couper le lait de mille manières, user de mille absorbans, quiconque mange du lait digère du fromage; cela est sans exception. L'estomac est si bien fait pour cailler le lait, que c'est avec l'estomac de veau que se fait la présure.

Je pense donc qu'au lieu de changer la nourriture ordinaire des nourrices, il suffit de la leur donner plus abondante et mieux choisie dans son espèce. Ce n'est pas par la nature des alimens que le maigre échauffe, c'est leur assaisonnement seul qui les rend malsains. Réformez les règles de votre cuisine, n'ayez ni roux ni friture; que le beurre, ni le sel, ni le laitage, ne passent point sur le feu, que vos légumes cuits à l'eau ne soient assaisonnés qu'arrivant tout chauds sur la table; le maigre, loin d'échauffer la nourrice, lui fournira du lait en abondance et de la meilleure qualité (²). Se pourroit-il que, le régime végétal étant reconnu le meilleur pour l'enfant, le régime animal fût le meilleur pour la nourrice? Il y a de la contradiction à cela.

C'est surtout dans les premières années de la vie que l'air agit sur la constitution des enfans. Dans une peau délicate et molle il pénètre par tous les pores, il affecte puissamment ces corps naissans; il leur laisse des impressions qui ne s'effacent point. Je ne serois donc pas d'avis qu'on tirât une paysanne de son village pour l'enfermer en ville dans une chambre et faire nourrir l'enfant chez soi; j'aime mieux qu'il aille respirer le bon air de la campagne que le mauvais air de la ville. Il prendra l'état de sa nouvelle mère, il habitera sa maison rustique, et son gouverneur l'y suivra. Le lecteur se souviendra bien que ce gouverneur n'est pas un homme à gages; c'est l'ami du père. Mais quand cet ami ne se trouve pas, quand ce transport n'est pas facile, quand rien de ce que vous conseillez n'est faisable, que faire à la place, me dira-t-on?... Je vous l'ai déjà dit, ce que vous faites; on n'a pas besoin de conseil pour cela.

Les hommes ne sont point faits pour être entassés en fourmilières, mais épars sur la terre qu'ils doivent cultiver. Plus ils se rassemblent, plus ils se corrompent. Les infirmités du corps, ainsi que les vices de l'âme, sont l'infaillible effet de ce concours trop nombreux. L'homme est de tous les animaux celui qui peut le moins vivre en troupeaux. Des hommes entassés comme des moutons périroient tous en très-peu de temps. L'haleine de l'homme est mortelle à ses semblables : cela n'est pas moins vrai au propre qu'au figuré.

Les villes sont le gouffre de l'espèce humaine. Au bout de quelques générations les races périssent ou dégénèrent; il faut les renouveler, et c'est toujours la campagne qui fournit à ce renouvellement. Envoyez donc vos enfans se renouveler, pour ainsi dire, eux-mêmes, et reprendre au milieu des champs la vigueur qu'on perd dans l'air malsain des lieux trop peuplés. Les femmes grosses qui sont à la campagne se hâtent de revenir accoucher à la ville : elles devroient faire tout le contraire,

---

(¹) Bien que les sucs qui nous nourrissent soient en liqueur, ils doivent être exprimés d'alimens solides. Un homme au travail qui ne vivroit que de bouillon dépériroit très promptement. Il se soutiendroit beaucoup mieux avec du lait, parce qu'il se caille.

(²) Ceux qui voudront discuter plus au long les avantages et les inconvéniens du régime pythagoricien, pourront consulter les traités que les docteurs Cocchi et Bianchi (*), son adversaire, ont faits sur cet important sujet.

(*) Deux célèbres médecins d'Italie. Bianchi, né en 1693, mourut en 1775; il a publié beaucoup d'ouvrages sous le nom de Janus Plancus; celui dont veut parler Jean Jacques a pour titre *Discorso sopra il ritto pittagorico*; Venise, 1752, in-8. Antoine Cocchi, né en 1695, mort en 1758. Sa dissertation sur le régime pythagoricien a été traduite en françois par Bentivoglio.

celles surtout qui veulent nourrir leurs enfans. Elles auroient moins à regretter qu'elles ne pensent; et dans un séjour plus naturel à l'espèce, les plaisirs attachés aux devoirs de la nature leur ôteroient bientôt le goût de ceux qui ne s'y rapportent pas.

D'abord après l'accouchement on lave l'enfant avec quelque eau tiède où l'on mêle ordinairement du vin. Cette addition du vin me paroît peu nécessaire. Comme la nature ne produit rien de fermenté, il n'est pas à croire que l'usage d'une liqueur artificielle importe à la vie de ses créatures.

Par la même raison cette précaution de faire tiédir l'eau n'est pas non plus indispensable; et en effet des multitudes de peuples lavent les enfans nouveau-nés dans les rivières ou à la mer sans autre façon : mais les nôtres, amollis avant que de naître par la mollesse des pères et des mères, apportent en venant au monde un tempérament déjà gâté, qu'il ne faut pas exposer d'abord à toutes les épreuves qui doivent le rétablir. Ce n'est que par degrés qu'on peut les ramener à leur vigueur primitive. Commencez donc d'abord par suivre l'usage, et ne vous en écartez que peu à peu. Lavez souvent les enfans; leur malpropreté en montre le besoin. Quand on ne fait que les essuyer, on les déchire; mais à mesure qu'ils se renforcent, diminuez par degrés la tiédeur de l'eau, jusqu'à ce qu'enfin vous les laviez été et hiver à l'eau froide et même glacée. Comme pour ne pas les exposer il importe que cette diminution soit lente, successive et insensible, on peut se servir du thermomètre pour la mesurer exactement.

Cet usage du bain, une fois établi, ne doit plus être interrompu, et il importe de le garder toute sa vie. Je le considère non-seulement du côté de la propreté et de la santé actuelle, mais aussi comme une précaution salutaire pour rendre plus flexible la texture des fibres, et les faire céder sans effort et sans risque aux divers degrés de chaleur et de froid. Pour cela je voudrois qu'en grandissant on s'accoutumât peu à peu à se baigner quelquefois dans des eaux chaudes à tous les degrés supportables, et souvent dans des eaux froides à tous les degrés possibles. Ainsi, après s'être habitué à supporter les diverses températures de l'eau, qui, étant un fluide plus dense, nous touche par plus de points et nous affecte davantage, on deviendroit presque insensible à celles de l'air.

Au moment que l'enfant respire en sortant de ses enveloppes, ne souffrez pas qu'on lui en donne d'autres qui le tiennent plus à l'étroit. Point de têtières, point de bandes, point de maillot; des langes flottans et larges, qui laissent tous ses membres en liberté, et ne soient ni assez pesans pour gêner ses mouvemens, ni assez chauds pour empêcher qu'il ne sente les impressions de l'air ([1]). Placez-le dans un grand berceau ([2]) bien rembourré, où il puisse se mouvoir à l'aise et sans danger. Quand il commence à se fortifier, laissez-le ramper par la chambre; laissez-lui développer, étendre ses petits membres; vous les verrez se renforcer de jour en jour. Comparez-le avec un enfant bien emmailloté du même âge, vous serez étonné de la différence de leurs progrès ([3]).

On doit s'attendre à de grandes oppositions de la part des nourrices, à qui l'enfant bien garrotté donne moins de peine que celui qu'il faut veiller incessamment. D'ailleurs sa malpropreté devient plus sensible dans un habit ouvert; il

---

([1]) On étouffe les enfans dans les villes à force de les tenir renfermés et vêtus. Ceux qui gouvernent en sont encore à savoir que l'air froid, loin de leur faire du mal, les renforce, et que l'air chaud les affoiblit, leur donne la fièvre, et les tue.

([2]) Je dis *un berceau*, pour employer un mot usité faute d'autre; car d'ailleurs je suis persuadé qu'il n'est jamais nécessaire de bercer les enfans, et que cet usage leur est souvent pernicieux.

([3]) « Les anciens Péruviens laissoient les bras libres aux enfans dans un maillot fort large : lorsqu'ils les en tiroient, ils les mettoient en liberté dans un trou fait en terre et garni de linges, dans lequel ils les descendoient jusqu'à la moitié du corps : de cette façon ils avoient les bras libres ; et ils pouvoient mouvoir leur tête et fléchir leur corps à leur gré, sans tomber et sans se blesser : dès qu'ils pouvoient faire un pas, on leur présentoit la mamelle d'un peu loin, comme un appât, pour les obliger à marcher. Les petits Nègres sont quelquefois dans une situation bien plus fatigante pour teter; ils embrassent l'une des hanches de la mère avec leurs genoux et leurs pieds, et ils la serrent si bien qu'ils peuvent s'y tenir sans le secours des bras de la mère. Ils s'attachent à la mamelle avec leurs mains, et ils la sucent constamment sans se déranger et sans tomber, malgré les différens mouvemens de la mère, qui pendant ce temps travaille à son ordinaire. Ces enfans commencent à marcher dès le second mois, ou plutôt à se traîner sur les genoux et sur les mains. Cet exercice leur donne pour la suite la facilité de courir, dans cette situation, presque aussi vite qu'ils étoient sur leurs pieds. » *Hist. nat.*, tome IV, in-12, page 192.

A ces exemples M. de Buffon auroit pu ajouter celui de l'Angleterre, où l'extravagante et barbare pratique du maillot s'abolit de jour en jour. Voyez aussi La Loubère, *Voyage de Siam*; le sieur Le Beau, *Voyage du Canada*, etc. Je remplirois vingt pages de citations, si j'avois besoin de confirmer ceci par des faits.

faut le nettoyer plus souvent. Enfin la coutume est un argument qu'on ne réfutera jamais en certains pays au gré du peuple de tous les états.

Ne raisonnez point avec les nourrices; ordonnez, voyez faire, et n'épargnez rien pour rendre aisés dans la pratique les soins que vous aurez prescrits. Pourquoi ne les partageriez-vous pas? Dans les nourritures ordinaires où l'on ne regarde qu'au physique, pourvu que l'enfant vive et qu'il ne dépérisse point, le reste n'importe guère : mais ici, où l'éducation commence avec la vie, en naissant l'enfant est déjà disciple, non du gouverneur, mais de la nature. Le gouverneur ne fait qu'étudier sous ce premier maître et empêcher que ses soins ne soient contrariés. Il veille le nourrisson, il l'observe, il le suit, il épie avec vigilance la première lueur de son foible entendement, comme aux approches du premier quartier les musulmans épient l'instant du lever de la lune.

Nous naissons capables d'apprendre, mais ne sachant rien, ne connoissant rien. L'âme, enchaînée dans des organes imparfaits et demi-formés, n'a pas même le sentiment de sa propre existence. Les mouvemens, les cris de l'enfant qui vient de naître, sont des effets purement mécaniques, dépourvus de connoissance et de volonté.

Supposons qu'un enfant eût à sa naissance la stature et la force d'un homme fait, qu'il sortît, pour ainsi dire, tout armé du sein de sa mère, comme Pallas sortit du cerveau de Jupiter; cet homme enfant seroit un parfait imbécile, un automate, une statue immobile et presque insensible : il ne verroit rien, il n'entendroit rien, il ne connoîtroit personne, il ne sauroit pas tourner les yeux vers ce qu'il auroit besoin de voir : non-seulement il n'apercevroit aucun objet hors de lui, il n'en rapporteroit même aucun dans l'organe du sens qui le lui feroit apercevoir; les couleurs ne seroient point dans ses yeux, les sons ne seroient point dans ses oreilles, les corps qu'il toucheroit ne seroient point sur le sien, il ne sauroit pas même qu'il en a un : le contact de ses mains seroit dans son cerveau; toutes ses sensations se réuniroient dans un seul point; il n'existeroit que dans le commun *sensorium;* il n'auroit qu'une seule idée, savoir celle du *moi*, à laquelle il rapporteroit toutes ses sensations; et cette idée, ou plutôt ce sentiment, seroit la seule chose qu'il auroit de plus qu'un enfant ordinaire.

Cet homme, formé tout à coup, ne sauroit pas non plus se redresser sur ses pieds; il lui faudroit beaucoup de temps pour apprendre à s'y soutenir en équilibre; peut-être n'en feroit-il pas même l'essai, et vous verriez ce grand corps fort et robuste rester en place comme une pierre, ou ramper et se traîner comme un jeune chien.

Il sentiroit le malaise des besoins sans les connoître, et sans imaginer aucun moyen d'y pourvoir. Il n'y a nulle immédiate communication entre les muscles de l'estomac et ceux des bras et des jambes, qui, même entouré d'alimens, lui fît faire un pas pour en approcher ou étendre la main pour les saisir; et comme son corps auroit pris son accroissement, que ses membres seroient tout développés, qu'il n'auroit par conséquent ni les inquiétudes ni les mouvemens continuels des enfans, il pourroit mourir de faim avant de s'être mû pour chercher sa subsistance. Pour peu qu'on ait réfléchi sur l'ordre et le progrès de nos connoissances, on ne peut nier que tel ne fût à peu près l'état primitif d'ignorance et de stupidité naturel à l'homme avant qu'il eût rien appris de l'expérience ou de ses semblables.

On connoît donc ou l'on peut connoître le premier point d'où part chacun de nous pour arriver au degré commun de l'entendement; mais qui est-ce qui connoît l'autre extrémité? Chacun avance plus ou moins selon son génie, son goût, ses besoins, ses talens, son zèle, et les occasions qu'il a de s'y livrer. Je ne sache pas qu'aucun philosophe ait encore été assez hardi pour dire : Voilà le terme où l'homme peut parvenir et qu'il ne sauroit passer. Nous ignorons ce que notre nature nous permet d'être; nul de nous n'a mesuré la distance qui peut se trouver entre un homme et un autre homme. Quelle est l'âme basse que cette idée n'échauffa jamais, et qui ne se dit pas quelquefois dans son orgueil : Combien j'en ai déjà passé! combien j'en puis encore atteindre! pourquoi mon égal iroit-il plus loin que moi?

Je le répète, l'éducation de l'homme commence à sa naissance; avant de parler, avant que d'entendre, il s'instruit déjà. L'expérience prévient les leçons; au moment qu'il connoît sa

nourrice il a déjà beaucoup acquis. On seroit surpris des connoissances de l'homme le plus grossier, si l'on suivoit son progrès depuis le moment où il est né jusqu'à celui où il est parvenu. Si l'on partageoit toute la science humaine en deux parties, l'une commune à tous les hommes, l'autre particulière aux savans, celle-ci seroit très-petite en comparaison de l'autre. Mais nous ne songeons guère aux acquisitions générales, parce qu'elles se font sans qu'on y pense et même avant l'âge de raison, que d'ailleurs le savoir ne se fait remarquer que par ses différences, et que, comme dans les équations d'algèbre, les quantités communes se comptent pour rien.

Les animaux mêmes acquièrent beaucoup. Ils ont des sens, il faut qu'ils apprennent à en faire usage; ils ont des besoins, il faut qu'ils apprennent à y pourvoir; il faut qu'ils apprennent à manger, à marcher, à voler. Les quadrupèdes qui se tiennent sur leurs pieds dès leur naissance ne savent pas marcher pour cela; on voit à leurs premiers pas que ce sont des essais mal assurés. Les serins échappés de leurs cages ne savent point voler, parce qu'ils n'ont jamais volé. Tout est instruction pour les êtres animés et sensibles. Si les plantes avoient un mouvement progressif, il faudroit qu'elles eussent des sens et qu'elles acquissent des connoissances, autrement les espèces périroient bientôt.

Les premières sensations des enfans sont purement affectives; ils n'aperçoivent que le plaisir et la douleur. Ne pouvant ni marcher ni saisir, ils ont besoin de beaucoup de temps pour se former peu à peu les sensations représentatives qui leur montrent les objets hors d'eux-mêmes; mais en attendant que ces objets s'étendent, s'éloignent pour ainsi dire de leurs yeux, et prennent pour eux des dimensions et des figures, le retour des sensations affectives commence à les soumettre à l'empire de l'habitude; on voit leurs yeux se tourner sans cesse vers la lumière, et, si elle leur vient de côté, prendre insensiblement cette direction; en sorte qu'on doit avoir soin de leur opposer le visage au jour, de peur qu'ils ne deviennent louches ou ne s'accoutument à regarder de travers. Il faut aussi qu'ils s'habituent de bonne heure aux ténèbres; autrement ils pleurent et crient sitôt qu'ils se trouvent à l'obscurité. La nourriture et le sommeil trop exactement mesurés leur deviennent nécessaires au bout des mêmes intervalles; et bientôt le désir ne vient plus du besoin, mais de l'habitude, ou plutôt l'habitude ajoute un nouveau besoin à celui de la nature: voilà ce qu'il faut prévenir.

La seule habitude qu'on doit laisser prendre à l'enfant est de n'en contracter aucune; qu'on ne le porte pas plus sur un bras que sur l'autre; qu'on ne l'accoutume pas à présenter une main plutôt que l'autre, à s'en servir plus souvent, à vouloir manger, dormir, agir aux mêmes heures, à ne pouvoir rester seul ni nuit ni jour. Préparez de loin le règne de sa liberté et l'usage de ses forces, en laissant à son corps l'habitude naturelle, en le mettant en état d'être toujours maître de lui-même, et de faire en toute chose sa volonté, sitôt qu'il en aura une.

Dès que l'enfant commence à distinguer les objets, il importe de mettre du choix dans ceux qu'on lui montre. Naturellement tous les nouveaux objets intéressent l'homme. Il se sent si foible qu'il craint tout ce qu'il ne connoît pas: l'habitude de voir des objets nouveaux sans en être affecté détruit cette crainte. Les enfans élevés dans des maisons propres où l'on ne souffre point d'araignées ont peur des araignées, et cette peur leur demeure souvent étant grands. Je n'ai jamais vu de paysans, ni homme, ni femme, ni enfant, avoir peur des araignées.

Pourquoi donc l'éducation d'un enfant ne commenceroit-elle pas avant qu'il parle et qu'il entende, puisque le seul choix des objets qu'on lui présente est propre à le rendre timide ou courageux? Je veux qu'on l'habitue à voir des objets nouveaux, des animaux laids, dégoûtans, bizarres, mais peu à peu, de loin, jusqu'à ce qu'il y soit accoutumé, et qu'à force de les voir manier à d'autres il les manie enfin lui même. Si durant son enfance il a vu sans effroi des crapauds, des serpens, des écrevisses, il verra sans horreur, étant grand, quelque animal que ce soit. Il n'y a plus d'objets affreux pour qui en voit tous les jours.

Tous les enfans ont peur des masques. Je commence par montrer à Émile un masque d'une figure agréable; ensuite quelqu'un s'applique devant lui ce masque sur le visage: je me mets à rire, tout le monde rit, et l'enfant rit comme les autres. Peu à peu je l'accoutume à des masques moins agréables, et enfin à des figures hideuses. Si j'ai bien ménagé ma gradation, loin de s'effrayer au dernier masque, il en rira comme du premier. Après cela je ne crains plus qu'on l'effraie avec des masques.

Quand, dans les adieux d'Andromaque et d'Hector, le petit Astyanax, effrayé du panache qui flotte sur le casque de son père, le méconnoît, se jette en criant sur le sein de sa nourrice, et arrache à sa mère un souris mêlé de larmes, que faut-il faire pour guérir cet effroi? Précisément ce que fait Hector, poser le casque à terre, et puis caresser l'enfant. Dans un moment plus tranquille on ne s'en tiendroit pas là; on s'approcheroit du casque, on joueroit avec les plumes, on les feroit manier à l'enfant; enfin la nourrice prendroit le casque, et le poseroit en riant sur sa propre tête, si toutefois la main d'une femme osoit toucher aux armes d'Hector.

S'agit-il d'exercer Émile au bruit d'une arme à feu, je brûle d'abord une amorce dans un pistolet. Cette flamme brusque et passagère, cette espèce d'éclair le réjouit: je répète la même chose avec plus de poudre; peu à peu j'ajoute au pistolet une petite charge sans bourre, puis une plus grande: enfin je l'accoutume aux coups de fusil, aux boîtes, aux canons, aux détonations les plus terribles.

J'ai remarqué que les enfans ont rarement peur du tonnerre, à moins que les éclats ne soient affreux et ne blessent réellement l'organe de l'ouïe; autrement cette peur ne leur vient que quand ils ont appris que le tonnerre blesse ou tue quelquefois. Quand la raison commence à les effrayer, faites que l'habitude les rassure. Avec une gradation lente et ménagée on rend l'homme et l'enfant intrépides à tout.

Dans le commencement de la vie, où la mémoire et l'imagination sont encore inactives, l'enfant n'est attentif qu'à ce qui affecte actuellement ses sens; ses sensations étant les premiers matériaux de ses connoissances, les lui offrir dans un ordre convenable, c'est préparer sa mémoire à les fournir un jour dans le même ordre à son entendement; mais comme il n'est attentif qu'à ses sensations, il suffit d'abord de lui montrer bien distinctement la liaison de ces mêmes sensations avec les objets qui les causent. Il veut tout toucher, tout manier: ne vous opposez point à cette inquiétude; elle lui suggère un apprentissage très-nécessaire. C'est ainsi qu'il apprend à sentir la chaleur, le froid, la dureté, la mollesse, la pesanteur, la légèreté des corps, à juger de leur grandeur, de leur figure et de toutes leurs qualités sensibles, en regardant, palpant (¹), écoutant, surtout en comparant la vue au toucher, en estimant à l'œil la sensation qu'ils feroient sous ses doigts.

Ce n'est que par le mouvement que nous apprenons qu'il y a des choses qui ne sont pas nous; et ce n'est que par notre propre mouvement que nous acquérons l'idée de l'étendue. C'est parce que l'enfant n'a point cette idée, qu'il tend indifféremment la main pour saisir l'objet qui le touche, ou l'objet qui est à cent pas de lui. Cet effort qu'il fait vous paroît un signe d'empire, un ordre qu'il donne à l'objet de s'approcher, ou à vous de le lui apporter; et point du tout, c'est seulement que les mêmes objets qu'il voyoit d'abord dans son cerveau, puis sur ses yeux, il les voit maintenant au bout de ses bras, et n'imagine d'étendue que celle où il peut atteindre. Ayez donc soin de le promener souvent, de le transporter d'une place à l'autre, de lui faire sentir le changement de lieu, afin de lui apprendre à juger des distances. Quand il commencera de les connoître, alors il faut changer de méthode, et ne le porter que comme il vous plaît, et non comme il lui plaît; car sitôt qu'il n'est plus abusé par le sens, son effort change de cause: ce changement est remarquable, et demande explication.

Le malaise des besoins s'exprime par des signes, quand le secours d'autrui est nécessaire pour y pourvoir. De là les cris des enfans: ils pleurent beaucoup; cela doit être. Puisque toutes leurs sensations sont affectives, quand elles sont agréables, ils en jouissent en silence; quand elles sont pénibles, ils le disent dans leur langage et demandent du soulagement. Or tant qu'ils sont éveillés, ils ne peuvent presque rester dans un état d'indifférence; ils dorment, ou sont affectés.

(¹) L'odorat est de tous les sens celui qui se développe le plus tard dans les enfans: jusqu'à l'âge de deux ou trois ans il ne paroît pas qu'ils soient sensibles ni aux bonnes ni aux mauvaises odeurs; ils ont à cet égard l'indifférence ou plutôt l'insensibilité qu'on remarque dans plusieurs animaux.

Toutes nos langues sont des ouvrages de l'art. On a long-temps cherché s'il y avoit une langue naturelle et commune à tous les hommes : sans doute, il y en a une ; et c'est celle que les enfans parlent avant de savoir parler. Cette langue n'est pas articulée, mais elle est accentuée, sonore, intelligible. L'usage des nôtres nous l'a fait négliger au point de l'oublier tout-à-fait. Étudions les enfans, et bientôt nous la rapprendrons auprès d'eux. Les nourrices sont nos maîtres dans cette langue ; elles entendent tout ce que disent leurs nourrissons, elles leur répondent, elles ont avec eux des dialogues très-bien suivis ; et quoiqu'elles prononcent des mots, ces mots sont parfaitement inutiles ; ce n'est point le sens du mot qu'ils entendent, mais l'accent dont il est accompagné.

Au langage de la voix se joint celui du geste, non moins énergique. Ce geste n'est pas dans les foibles mains des enfans, il est sur leurs visages. Il est étonnant combien ces physionomies mal formées ont déjà d'expression : leurs traits changent d'un instant à l'autre avec une inconcevable rapidité : vous y voyez le sourire, le désir, l'effroi, naître et passer comme autant d'éclairs : à chaque fois vous croyez voir un autre visage. Ils ont certainement les muscles de la face plus mobiles que nous. En revanche leurs yeux ternes ne disent presque rien. Tel doit être le genre de leurs signes dans un âge où l'on n'a que des besoins corporels ; l'expression des sensations est dans les grimaces, l'expression des sentimens est dans les regards.

Comme le premier état de l'homme est la misère et la foiblesse, ses premières voix sont la plainte et les pleurs. L'enfant sent ses besoins et ne les peut satisfaire, il implore le secours d'autrui par des cris ; s'il a faim ou soif, il pleure ; s'il a trop froid ou trop chaud, il pleure ; s'il a besoin de mouvement et qu'on le tienne en repos, il pleure ; s'il veut dormir et qu'on l'agite, il pleure. Moins sa manière d'être est à sa disposition, plus il demande fréquemment qu'on la change. Il n'a qu'un langage, parce qu'il n'a, pour ainsi dire, qu'une sorte de mal-être : dans l'imperfection de ses organes il ne distingue point leurs impressions diverses ; tous les maux ne forment pour lui qu'une sensation de douleur.

De ces pleurs qu'on croiroit si peu dignes d'attention, naît le premier rapport de l'homme à tout ce qui l'environne : ici se forge le premier anneau de cette longue chaîne dont l'ordre social est formé.

Quand l'enfant pleure, il est mal à son aise, il a quelque besoin qu'il ne sauroit satisfaire : on examine, on cherche ce besoin, on le trouve, on y pourvoit. Quand on ne le trouve pas ou quand on n'y peut pourvoir, les pleurs continuent, on en est importuné : on flatte l'enfant pour le faire taire, on le berce, on lui chante pour l'endormir : s'il s'opiniâtre, on s'impatiente, on le menace ; des nourrices brutales le frappent quelquefois. Voilà d'étranges leçons pour son entrée à la vie.

Je n'oublierai jamais d'avoir vu un de ces incommodes pleureurs ainsi frappé par sa nourrice. Il se tut sur-le-champ : je le crus intimidé. Je me disois, ce sera une âme servile dont on n'obtiendra rien que par la rigueur. Je me trompois ; le malheureux suffoquoit de colère, il avoit perdu la respiration ; je le vis devenir violet. Un moment après vinrent les cris aigus ; tous les signes du ressentiment, de la fureur, du désespoir de cet âge, étoient dans ses accens. Je craignis qu'il n'expirât dans cette agitation. Quand j'aurois douté que le sentiment du juste et de l'injuste fût inné dans le cœur de l'homme, cet exemple seul m'auroit convaincu. Je suis sûr qu'un tison ardent tombé par hasard sur la main de cet enfant lui eût été moins sensible que ce coup assez léger, mais donné dans l'intention manifeste de l'offenser.

Cette disposition des enfans à l'emportement, au dépit, à la colère, demande des ménagemens excessifs. Boerhaave pense que leurs maladies sont pour la plupart de la classe des convulsives, parce que la tête étant proportionnellement plus grosse et le système des nerfs plus étendu que dans les adultes, le genre nerveux est plus susceptible d'irritation. Éloignez d'eux avec le plus grand soin les domestiques qui les agacent, les irritent, les impatientent ; ils leur sont cent fois plus dangereux, plus funestes que les injures de l'air et des saisons. Tant que les enfans ne trouveront de résistance que dans les choses et jamais dans les volontés, ils ne deviendront ni mutins ni colères, et se conserveront mieux en santé. C'est ici une des raisons pourquoi les enfans du peuple, plus libres, plus indépendans, sont généralement moins infirmes, moins délicats, plus robustes, que ceux qu'on prétend mieux élever en les contrariant sans cesse : mais il faut songer toujours qu'il y a bien de la différence entre leur obéir et ne les pas contrarier.

Les premiers pleurs des enfans sont des prières : si l'on n'y prend garde, ils deviennent bientôt des ordres ; ils commencent par se faire assister, ils finissent par se faire servir. Ainsi de leur propre foiblesse, d'où vient d'abord le sentiment de leur dépendance, naît ensuite l'idée de l'empire et de la domination : mais cette idée étant moins excitée par leurs besoins que par nos services, ici commencent à se faire apercevoir les effets moraux dont la cause immédiate n'est pas dans la nature ; et l'on voit déjà pourquoi, dès ce premier âge, il importe de démêler l'intention secrète qui dicte le geste ou le cri (a).

Quand l'enfant tend la main avec effort sans rien dire, il croit atteindre à l'objet, parce qu'il n'en estime pas la distance ; il est dans l'erreur : mais quand il se plaint et crie en tendant la main, alors il ne s'abuse plus sur la distance, il commande à l'objet de s'approcher, ou à vous de le lui apporter. Dans le premier cas, portez-le à l'objet lentement et à petits pas ; dans le second, ne faites pas seulement semblant de l'entendre : plus il criera, moins vous devez l'écouter. Il importe de l'accoutumer de bonne heure à ne commander ni aux hommes, car il n'est pas leur maître ; ni aux choses, car elles ne l'entendent point. Ainsi quand un enfant désire quelque chose qu'il voit et qu'on veut lui donner, il vaut mieux porter l'enfant à l'objet que d'apporter l'objet à l'enfant : il tire de cette pratique une conclusion qui est de son âge, et il n'y a point d'autre moyen de la lui suggérer.

L'abbé de Saint-Pierre appeloit les hommes de grands enfans ; on pourroit appeler réciproquement les enfans de petits hommes. Ces propositions ont leur vérité comme sentences ; comme principes elles ont besoin d'éclaircissement. Mais quand Hobbes appeloit le méchant un enfant robuste, il disoit une chose absolument contradictoire. Toute méchanceté vient de foiblesse ; l'enfant n'est méchant que parce qu'il est foible ; rendez-le fort, il sera bon : celui qui pourroit tout ne feroit jamais de mal (*). De tous les attributs de la Divinité toute-puissante, la bonté est celui sans lequel on la peut le moins concevoir. Tous les peuples qui ont reconnu deux principes ont toujours regardé le mauvais comme inférieur au bon ; sans quoi ils auroient fait une supposition absurde. Voyez ci-après la Profession de foi du Vicaire savoyard.

La raison seule nous apprend à connoître le bien et le mal. La conscience qui nous fait aimer l'un et haïr l'autre, quoique indépendante de la raison, ne peut donc se développer sans elle. Avant l'âge de raison, nous faisons le bien et le mal sans le connoître ; et il n'y a point de moralité dans nos actions, quoiqu'il y en ait quelquefois dans le sentiment des actions d'autrui qui ont rapport à nous. Un enfant veut déranger tout ce qu'il voit ; il casse, il brise tout ce qu'il peut atteindre ; il empoigne un oiseau comme il empoigneroit une pierre, et l'étouffe sans savoir ce qu'il fait.

Pourquoi cela ? D'abord la philosophie en va rendre raison par des vices naturels, l'orgueil, l'esprit de domination, l'amour-propre, la méchanceté de l'homme ; le sentiment de sa foiblesse, pourra-t-elle ajouter, rend l'enfant avide de faire des actes de force, et de se prouver à lui-même son propre pouvoir. Mais voyez ce vieillard infirme et cassé, ramené par le cercle de la vie humaine à la foiblesse de l'enfance ; non-seulement il reste immobile et paisible, il veut encore que tout y reste autour de lui ; le moindre changement le trouble et l'inquiète, il voudroit voir régner un calme universel. Comment la même impuissance jointe aux mêmes passions produiroit-elle des effets si différens dans les deux âges, si la cause primitive n'étoit changée ? Et où peut-on chercher cette diversité de causes, si ce n'est dans l'état physique des deux individus ? Le principe actif, commun à tous deux, se développe dans l'un et s'éteint dans l'autre ; l'un se forme, et l'autre se détruit ; l'un tend à la vie, et l'autre à la mort. L'activité défaillante se concentre dans le cœur

---

(a) VAR... *dont la cause immédiate n'est pas dans la nature, et l'on voit déjà pourquoi il importe de distinguer l'intention.*

(*) *Magnitudo cum mansuetudine ; omnis enim ex infirmitate feritas est.* SENEC. de Vitâ beatâ, cap. 3. G. P.

du vieillard; dans celui de l'enfant elle est surabondante et s'étend au dehors; il se sent, pour ainsi dire, assez de vie pour animer tout ce qui l'environne. Qu'il fasse ou qu'il défasse, il n'importe; il suffit qu'il change l'état des choses, et tout changement est une action. Que s'il semble avoir plus de penchant à détruire, ce n'est point par méchanceté, c'est que l'action qui forme est toujours lente, et que celle qui détruit, étant plus rapide, convient mieux à sa vivacité.

En même temps que l'Auteur de la nature donne aux enfans ce principe actif, il prend soin qu'il soit peu nuisible en leur laissant peu de force pour s'y livrer. Mais sitôt qu'ils peuvent considérer les gens qui les environnent comme des instrumens qu'il dépend d'eux de faire agir, ils s'en servent pour suivre leur penchant et suppléer à leur propre foiblesse. Voilà comment ils deviennent incommodes, tyrans, impérieux, méchans, indomptables; progrès qui ne vient pas d'un esprit naturel de domination, mais qui le leur donne; car il ne faut pas une longue expérience pour sentir combien il est agréable d'agir par les mains d'autrui, et de n'avoir besoin que de remuer la langue pour faire mouvoir l'univers.

En grandissant, on acquiert des forces, on devient moins inquiet, moins remuant, on se renferme davantage en soi-même. L'âme et le corps se mettent, pour ainsi dire, en équilibre, et la nature ne nous demande plus que le mouvement nécessaire à notre conservation. Mais le désir de commander ne s'éteint pas avec le besoin qui l'a fait naître; l'empire éveille et flatte l'amour-propre, et l'habitude le fortifie: ainsi succède la fantaisie au besoin, ainsi prennent leurs premières racines les préjugés et l'opinion.

Le principe une fois connu, nous voyons clairement le point où l'on quitte la route de la nature: voyons ce qu'il faut faire pour s'y maintenir.

Loin d'avoir des forces superflues, les enfans n'en ont pas même de suffisantes pour tout ce que leur demande la nature; il faut donc leur laisser l'usage de toutes celles qu'elle leur donne et dont ils ne sauroient abuser. Première maxime.

Il faut les aider, et suppléer a ce qui leur manque, soit en intelligence, soit en force, dans tout ce qui est du besoin physique. Deuxième maxime.

Il faut, dans les secours qu'on leur donne, se borner uniquement à l'utile réel, sans rien accorder à la fantaisie ou au désir sans raison; car la fantaisie ne les tourmentera point quand on ne l'aura pas fait naître, attendu qu'elle n'est pas de la nature. Troisième maxime.

Il faut étudier avec soin leur langage et leurs signes, afin que, dans un âge où ils ne savent point dissimuler, on distingue dans leurs désirs ce qui vient immédiatement de la nature et ce qui vient de l'opinion. Quatrième maxime.

L'esprit de ces règles est d'accorder aux enfans plus de liberté véritable et moins d'empire, de leur laisser plus faire par eux-mêmes et moins exiger d'autrui. Ainsi, s'accoutumant de bonne heure à borner leurs désirs à leurs forces, ils sentiront peu la privation de ce qui ne sera pas en leur pouvoir.

Voilà donc une raison nouvelle et très-importante pour laisser les corps et les membres des enfans absolument libres, avec la seule précaution de les éloigner du danger des chutes, et d'écarter de leurs mains tout ce qui peut les blesser.

Infailliblement un enfant dont le corps et les bras sont libres pleurera moins qu'un enfant embandé dans un maillot. Celui qui ne connoît que les besoins physiques ne pleure que quand il souffre, et c'est un très-grand avantage; car alors on sait à point nommé quand il a besoin de secours, et l'on ne doit pas tarder un moment à le lui donner, s'il est possible. Mais si vous ne pouvez le soulager, restez tranquille sans le flatter pour l'apaiser; vos caresses ne guériront pas sa colique: cependant il se souviendra de ce qu'il faut faire pour être flatté; et s'il sait une fois vous occuper de lui à sa volonté, le voilà devenu votre maître; tout est perdu.

Moins contrariés dans leurs mouvemens, les enfans pleureront moins; moins importuné de leurs pleurs, on se tourmentera moins pour les faire taire; menacés ou flattés moins souvent, ils seront moins craintifs ou moins opiniâtres, et resteront mieux dans leur état naturel. C'est moins en laissant pleurer les enfans qu'en s'empressant pour les apaiser, qu'on leur fait gagner des descentes; et ma preuve est que les enfans les plus négligés y sont bien moins sujets que les autres. Je suis fort éloigné de vouloir pour cela qu'on les néglige; au contraire, il importe qu'on les prévienne, et qu'on ne se laisse pas avertir de leurs besoins par leurs cris. Mais je ne veux pas non plus que les soins qu'on leur rend soient mal entendus. Pourquoi se feroient-ils faute de pleurer dès qu'ils voient que leurs pleurs sont bons à tant de choses? Instruits du prix qu'on met à leur silence, ils se gardent bien de le prodiguer. Ils le font à la fin tellement valoir qu'on ne peut plus le payer; et c'est alors qu'à force de pleurer sans succès ils s'efforcent, s'épuisent et se tuent.

Les longs pleurs d'un enfant qui n'est ni lié ni malade, et qu'on ne laisse manquer de rien, ne sont que des pleurs d'habitude et d'obstination. Ils ne sont point l'ouvrage de la nature, mais de la nourrice, qui, pour n'en savoir endurer l'importunité, la multiplie, sans songer qu'en faisant taire l'enfant aujourd'hui on l'excite à pleurer demain davantage.

Le seul moyen de guérir ou de prévenir cette habitude est de n'y faire aucune attention. Personne n'aime à prendre une peine inutile, pas même les enfans. Ils sont obstinés dans leurs tentatives; mais si vous avez plus de constance qu'eux d'opiniâtreté, ils se rebutent et n'y reviennent plus. C'est ainsi qu'on leur épargne des pleurs, et qu'on les accoutume à n'en verser que quand la douleur les y force.

Au reste, quand ils pleurent par fantaisie ou par obstination, un moyen sûr pour les empêcher de continuer est de les distraire par quelque objet agréable et frappant, qui leur fasse oublier qu'ils vouloient pleurer. La plupart des nourrices excellent dans cet art, et bien ménagé il est très-utile; mais il est de la dernière importance que l'enfant n'aperçoive pas l'intention de le distraire, et qu'il s'amuse sans croire qu'on songe à lui : or voilà sur quoi toutes les nourrices sont maladroites.

On sèvre trop tôt tous les enfans. Le temps où l'on doit les sevrer est indiqué par l'éruption des dents, et cette éruption est communément pénible et douloureuse. Par un instinct machinal l'enfant porte alors fréquemment à sa bouche tout ce qu'il tient pour le mâcher. On pense faciliter l'opération en lui donnant pour hochet quelque corps dur, comme l'ivoire ou la dent de loup. Je crois qu'on se trompe. Les corps durs, appliqués sur les gencives, loin de les ramollir les rendent calleuses, les endurcissent, préparent un déchirement plus pénible et plus douloureux. Prenons toujours l'instinct pour exemple. On ne voit point les jeunes chiens exercer leurs dents naissantes sur des cailloux, sur du fer, sur des os, mais sur du bois, du cuir, des chiffons, des matières molles qui cèdent et où la dent s'imprime.

On ne sait plus être simple en rien, pas même autour des enfans. Des grelots d'argent, d'or, de corail, des cristaux à facettes, des hochets de tout prix et de toute espèce : que d'apprêts inutiles et pernicieux! Rien de tout cela. Point de grelots, point de hochets; de petites branches d'arbre avec leurs fruits et leurs feuilles, une tête de pavot dans laquelle on entend sonner les graines, un bâton de réglisse qu'il peut sucer et mâcher, l'amuseront autant que ces magnifiques colifichets, et n'auront pas l'inconvénient de l'accoutumer au luxe dès sa naissance.

Il a été reconnu que la bouillie n'est pas une nourriture fort saine. Le lait cuit et la farine crue font beaucoup de saburre et conviennent mal à notre estomac (*). Dans la bouillie la farine est moins cuite que dans le pain, et de plus, elle n'a pas fermenté; la panade, la crème du riz, me paroissent préférables. Si l'on veut absolument faire de la bouillie, il convient de griller un peu la farine auparavant. On fait dans mon pays de la farine ainsi torréfiée une soupe fort agréable et fort saine. Le bouillon de viande et le potage sont encore un médiocre aliment dont il ne faut user que le moins qu'il est possible. Il importe que les enfans s'accoutument d'abord à mâcher; c'est le vrai moyen de faciliter l'éruption des dents :

(*) Le mot latin *saburra* désigne le sable dont on leste un vaisseau. Le Dictionnaire de Richelet (édition de Lyon, in-fol.), le seul où *saburre* se trouve, le donne en effet comme synonyme de *lest*. L'auteur ne veut dire autre chose, si ce n'est que la bouillie laissant trop de lest dans l'estomac, la charge sans utilité. G. P. — Les anciens médecins donnoient le nom de *saburre* aux humeurs qui embarrassent l'estomac et les autres premières voies. M. P.

et quand ils commencent d'avaler, les sucs salivaires mêlés avec les alimens en facilitent la digestion.

Je leur ferois donc mâcher d'abord des fruits secs, des croûtes. Je leur donnerois pour jouet de petits bâtons de pain dur ou de biscuit semblable au pain de Piémont, qu'on appelle dans le pays des *grisses*. A force de ramollir ce pain dans leur bouche ils en avaleroient enfin quelque peu : leurs dents se trouveroient sorties, et ils se trouveroient sevrés presque avant qu'on s'en fût aperçu. Les paysans ont pour l'ordinaire l'estomac fort bon, et l'on ne les sèvre pas avec plus de façon que cela.

Les enfans entendent parler dès leur naissance ; on leur parle non-seulement avant qu'ils comprennent ce qu'on leur dit, mais avant qu'ils puissent rendre les voix qu'ils entendent. Leur organe encore engourdi ne se prête que peu à peu aux imitations des sons qu'on leur dicte, et il n'est pas même assuré que ces sons se portent d'abord à leur oreille aussi distinctement qu'à la nôtre. Je ne désapprouve pas que la nourrice amuse l'enfant par des chants et par des accens très-gais et très-variés : mais je désapprouve qu'elle l'étourdisse incessamment d'une multitude de paroles inutiles auxquelles il ne comprend rien que le ton qu'elle y met. Je voudrois que les premières articulations qu'on lui fait entendre fussent rares, faciles, distinctes, souvent répétées, et que les mots qu'elles expriment ne se rapportassent qu'à des objets sensibles qu'on pût d'abord montrer à l'enfant. La malheureuse facilité que nous avons à nous payer de mots que nous n'entendons point commence plus tôt qu'on ne pense. L'écolier écoute en classe le verbiage de son régent, comme il écoutoit au maillot le babil de sa nourrice. Il me semble que ce seroit l'instruire fort utilement que de l'élever à n'y rien comprendre.

Les réflexions naissent en foule quand on veut s'occuper de la formation du langage et des premiers discours des enfans. Quoi qu'on fasse, ils apprendront toujours à parler de la même manière, et toutes les spéculations philosophiques sont ici de la plus grande inutilité.

D'abord ils ont, pour ainsi dire, une grammaire de leur âge, dont la syntaxe a des règles plus générales que la nôtre ; et si l'on y faisoit bien attention, l'on seroit étonné de l'exactitude avec laquelle ils suivent certaines analogies, très-vicieuses si l'on veut, mais très-régulières, et qui ne sont choquantes que par leur dureté ou parce que l'usage ne les admet pas. Je viens d'entendre un pauvre enfant bien grondé par son père pour lui avoir dit : *Mon père, irai-je-t-y ?* Or on voit que cet enfant suivoit mieux l'analogie que nos grammairiens ; car puisqu'on lui disoit, *Vas-y*, pourquoi n'auroit-il pas dit, *Irai-je-t-y ?* Remarquez de plus avec quelle adresse il évitoit l'hiatus de *irai-je-y* ou *y irai-je ?* Est-ce la faute du pauvre enfant si nous avons mal à propos ôté de la phrase cet adverbe déterminant, *y*, parce que nous n'en savions que faire ? C'est une pédanterie insupportable et un soin des plus superflus de s'attacher à corriger dans les enfans toutes ces petites fautes contre l'usage, desquelles ils ne manquent jamais de se corriger d'eux-mêmes avec le temps. Parlez toujours correctement devant eux, faites qu'ils ne se plaisent avec personne autant qu'avec vous, et soyez sûrs qu'insensiblement leur langage s'épurera sur le vôtre, sans que vous les ayez jamais repris.

Mais un abus d'une tout autre importance, et qu'il n'est pas moins aisé de prévenir, est qu'on se presse trop de les faire parler, comme si l'on avoit peur qu'ils n'apprissent pas à parler d'eux-mêmes. Cet empressement indiscret produit un effet directement contraire à celui qu'on cherche. Ils en parlent plus tard, plus confusément : l'extrême attention qu'on donne à tout ce qu'ils disent les dispense de bien articuler ; et comme ils daignent à peine ouvrir la bouche, plusieurs d'entre eux en conservent toute leur vie un vice de prononciation et un parler confus qui les rend presque inintelligibles.

J'ai beaucoup vécu parmi les paysans, et n'en ouïs jamais grasseyer aucun, ni homme ni femme, ni fille ni garçon. D'où vient cela ? Les organes des paysans sont-ils autrement construits que les nôtres ? Non, mais ils sont autrement exercés. Vis-à-vis de ma fenêtre est un tertre sur lequel se rassemblent, pour jouer, les enfans du lieu. Quoiqu'ils soient assez éloignés de moi, je distingue parfaitement tout ce qu'ils disent, et j'en tire souvent de bons mémoires pour cet écrit. Tous les jours mon oreille me trompe sur leur âge ; j'entends des voix d'enfans de dix ans ; je regarde, je vois la stature et les traits d'enfans de trois à quatre. Je ne borne pas à moi seul cette expérience ; les urbains qui me viennent voir, et que je consulte là-dessus, tombent tous dans la même erreur.

Ce qui la produit est que, jusqu'à cinq ou six ans, les enfans des villes, élevés dans la chambre et sous l'aile d'une gouvernante, n'ont besoin que de marmotter pour se faire entendre ; sitôt qu'ils remuent les lèvres on prend peine à les écouter ; on leur dicte des mots qu'ils rendent mal, et, à force d'y faire attention, les mêmes gens étant sans cesse autour d'eux devinent ce qu'ils ont voulu dire plutôt que ce qu'ils ont dit.

A la campagne c'est tout autre chose. Une paysanne n'est pas sans cesse autour de son enfant : il est forcé d'apprendre à dire très-nettement et très-haut ce qu'il a besoin de lui faire entendre. Aux champs, les enfans épars, éloignés du père, de la mère et des autres enfans, s'exercent à se faire entendre à distance, et à mesurer la force de la voix sur l'intervalle qui les sépare de ceux dont ils veulent être entendus. Voilà comment on apprend véritablement à prononcer, et non pas en bégayant quelques voyelles à l'oreille d'une gouvernante attentive. Aussi quand on interroge l'enfant d'un paysan, la honte peut l'empêcher de répondre ; mais ce qu'il dit, il le dit nettement ; au lieu qu'il faut que la bonne serve d'interprète à l'enfant de la ville, sans quoi l'on n'entend rien à ce qu'il grommelle entre ses dents (¹).

En grandissant, les garçons devroient se corriger de ce défaut dans les colléges, et les filles dans les couvens : en effet, les uns et les autres parlent en général plus distinctement que ceux qui ont été toujours élevés dans la maison paternelle. Mais ce qui les empêche d'acquérir jamais une prononciation aussi nette que celle des paysans, c'est la nécessité d'apprendre par cœur beaucoup de choses, et de réciter tout haut ce qu'ils ont appris ; car, en étudiant, ils s'habituent à barbouiller, à prononcer négligemment et mal ; en récitant, c'est pis encore : ils recherchent leurs mots avec effort, ils traînent et allongent leurs syllabes : il n'est pas possible que quand la mémoire vacille la langue ne balbutie aussi. Ainsi se contractent ou se conservent les vices de la prononciation. On verra ci-après que mon Émile n'aura pas ceux-là, ou du moins qu'il ne les aura pas contractés par les mêmes causes.

Je conviens que le peuple et les villageois tombent dans une autre extrémité, qu'ils parlent presque toujours plus haut qu'il ne faut, qu'en prononçant trop exactement ils ont les articulations fortes et rudes, qu'ils ont trop d'accent, qu'ils choisissent mal leurs termes, etc.

Mais, premièrement, cette extrémité me paroît beaucoup moins vicieuse que l'autre, attendu que la première loi du discours étant de se faire entendre, la plus grande faute qu'on puisse faire est de parler sans être entendu. Se piquer de n'avoir point d'accent, c'est se piquer d'ôter aux phrases leur grâce et leur énergie. L'accent est l'âme du discours, il lui donne le sentiment et la vérité. L'accent ment moins que la parole ; c'est peut-être pour cela que les gens bien élevés le craignent tant. C'est de l'usage de tout dire sur le même ton qu'est venu celui de persifler les gens sans qu'ils le sentent. A l'accent proscrit succèdent des manières de prononcer ridicules, affectées, et sujettes à la mode, telles qu'on les remarque surtout dans les jeunes gens de la cour. Cette affectation de parole et de maintien est ce qui rend généralement l'abord du François repoussant et désagréable aux autres nations. Au lieu de mettre de l'accent dans son parler, il y met de l'air. Ce n'est pas le moyen de prévenir en sa faveur.

Tous ces petits défauts de langage qu'on craint tant de laisser contracter aux enfans ne sont rien ; on les prévient ou on les corrige avec la plus grande facilité ; mais ceux qu'on leur fait contracter, en rendant leur parler sourd, confus, timide, en critiquant incessamment leur ton, en épluchant tous leurs mots, ne se corrigent jamais. Un homme qui n'apprit à parler que dans les ruelles se fera mal entendre

---

(¹) Ceci n'est pas sans exception ; et souvent les enfans qui se font d'abord le moins entendre deviennent ensuite les plus étourdissans quand ils ont commencé d'élever la voix. Mais s'il falloit entrer dans toutes ces minuties, je ne finirois pas ; tout lecteur sensé doit voir que l'excès et le défaut, dérivés du même abus, sont également corrigés par ma méthode. Je regarde ces deux maximes comme inséparables : *Toujours assez, et jamais trop*. De la première bien établie l'autre s'ensuit nécessairement.

à la tête d'un bataillon, et n'en imposera guère au peuple dans une émeute. Enseignez premièrement aux enfans à parler aux hommes, ils sauront bien parler aux femmes quand il faudra.

Nourris à la campagne dans toute la rusticité champêtre, vos enfans y prendront une voix plus sonore; ils n'y contracteront point le confus bégaiement des enfans de la ville; ils n'y contracteront pas non plus les expressions ni le ton du village, ou du moins ils les perdront aisément, lorsque le maître, vivant avec eux dès sa naissance, et y vivant de jour en jour plus exclusivement, préviendra ou effacera, par la correction de son langage, l'impression du langage des paysans. Émile parlera un françois tout aussi pur que je peux le savoir, mais il le parlera plus distinctement, et l'articulera beaucoup mieux que moi.

L'enfant qui veut parler ne doit écouter que les mots qu'il peut entendre, ni dire que ceux qu'il peut articuler. Les efforts qu'il fait pour cela le portent à redoubler la même syllabe, comme pour s'exercer à la prononcer plus distinctement. Quand il commence à balbutier, ne vous tourmentez pas si fort à deviner ce qu'il dit. Prétendre être toujours écouté est encore une sorte d'empire; et l'enfant n'en doit exercer aucun. Qu'il vous suffise de pourvoir très-attentivement au nécessaire; c'est à lui de tâcher de vous faire entendre ce qui ne l'est pas. Bien moins encore faut-il se hâter d'exiger qu'il parle; il saura bien parler de lui-même à mesure qu'il en sentira l'utilité.

On remarque, il est vrai, que ceux qui commencent à parler fort tard ne parlent jamais si distinctement que les autres; mais ce n'est pas parce qu'ils ont parlé tard que l'organe reste embarrassé, c'est au contraire parce qu'ils sont nés avec un organe embarrassé qu'ils commencent tard à parler; car, sans cela, pourquoi parleroient-ils plus tard que les autres? Ont-ils moins l'occasion de parler, et les y excite-t-on moins? Au contraire, l'inquiétude que donne ce retard, aussitôt qu'on s'en aperçoit, fait qu'on se tourmente beaucoup plus à les faire balbutier que ceux qui ont articulé de meilleure heure; et cet empressement mal entendu peut contribuer beaucoup à rendre confus leur parler, qu'avec moins de précipitation ils auroient eu le temps de perfectionner davantage.

Les enfans qu'on presse trop de parler n'ont le temps ni d'apprendre à bien prononcer, ni de bien concevoir ce qu'on leur fait dire: au lieu que quand on les laisse aller d'eux-mêmes, ils s'exercent d'abord aux syllabes les plus faciles à prononcer; et y joignant peu à peu quelque signification qu'on entend par leurs gestes, ils vous donnent leurs mots avant de recevoir les vôtres; cela fait qu'ils ne reçoivent ceux-ci qu'après les avoir entendus. N'étant point pressés de s'en servir, ils commencent par bien observer quel sens vous leur donnez, et quand ils s'en sont assurés, ils les adoptent.

Le plus grand mal de la précipitation avec laquelle on fait parler les enfans avant l'âge n'est pas que les premiers discours qu'on leur tient et les premiers mots qu'ils disent n'aient aucun sens pour eux, mais qu'ils aient un autre sens que le nôtre, sans que nous sachions nous en apercevoir; en sorte que paroissant nous répondre fort exactement, ils nous parlent sans nous entendre et sans que nous les entendions. C'est pour l'ordinaire à de pareilles équivoques qu'est due la surprise où nous jettent quelquefois leurs propos, auxquels nous prêtons des idées qu'ils n'y ont point jointes. Cette inattention de notre part au véritable sens que les mots ont pour les enfans me paroît être la cause de leurs premières erreurs; et ces erreurs, même après qu'ils en sont guéris, influent sur leur tour d'esprit pour le reste de leur vie. J'aurai plus d'une occasion dans la suite d'éclaircir ceci par des exemples.

Resserrez donc le plus qu'il est possible le vocabulaire de l'enfant. C'est un très-grand inconvénient qu'il ait plus de mots que d'idées, et qu'il sache dire plus de choses qu'il n'en peut penser. Je crois qu'une des raisons pourquoi les paysans ont généralement l'esprit plus juste que les gens de la ville, est que leur dictionnaire est moins étendu. Ils ont peu d'idées, mais ils les comparent très-bien.

Les premiers développemens de l'enfance se font presque tous à la fois. L'enfant apprend à parler, à manger, à marcher, à peu près dans le même temps. C'est ici proprement la première époque de sa vie. Auparavant il n'est rien de plus que ce qu'il étoit dans le sein de sa mère; il n'a nul sentiment, nulle idée, à peine a-t-il des sensations; il ne sent pas même sa propre existence :

Vivit, et est vitæ nescius ipse suæ.
Ovid., Trist. Lib. 1

LIVRE II.

C'est ici le second terme de la vie, et celui auquel proprement finit l'enfance; car les mots *infans* et *puer* ne sont pas synonymes. Le premier est compris dans l'autre, et signifie *qui ne peut parler;* d'où vient que dans Valère-Maxime on trouve *puerum infantem* (*). Mais je continue à me servir de ce mot selon l'usage de notre langue, jusqu'à l'âge pour lequel elle a d'autres noms.

Quand les enfans commencent à parler, ils pleurent moins. Ce progrès est naturel; un langage est subtitué à l'autre. Sitôt qu'ils peuvent dire qu'ils souffrent avec des paroles, pourquoi le diroient-ils avec des cris, si ce n'est quand la douleur est trop vive pour que la parole puisse l'exprimer? S'ils continuent alors à pleurer, c'est la faute des gens qui sont autour d'eux. Dès qu'une fois Émile aura dit, *j'ai mal*, il faudra des douleurs bien vives pour le forcer de pleurer.

Si l'enfant est délicat, sensible, que naturellement il se mette à crier pour rien, en rendant ces cris inutiles et sans effet j'en taris bientôt la source. Tant qu'il pleure je ne vais point à lui; j'y cours sitôt qu'il s'est tu. Bientôt sa manière de m'appeler sera de se taire, ou tout au plus de jeter un seul cri. C'est par l'effet sensible des signes que les enfans jugent de leur sens; il n'y a point d'autre convention pour eux : quelque mal qu'un enfant se fasse, il est très-rare qu'il pleure quand il est seul, à moins qu'il n'ait l'espoir d'être entendu.

S'il tombe, s'il se fait une bosse à la tête, s'il saigne du nez, s'il se coupe les doigts, au lieu de m'empresser autour de lui d'un air alarmé, je resterai tranquille, au moins pour un peu de temps. Le mal est fait, c'est une nécessité qu'il l'endure; tout mon empressement ne serviroit qu'à l'effrayer davantage et augmenter sa sensibilité. Au fond, c'est moins le coup que la crainte qui tourmente, quand on s'est blessé. Je lui épargnerai du moins cette dernière angoisse; car très-sûrement il jugera de son mal comme il verra que j'en juge : s'il me voit accourir avec inquiétude, le consoler, le plaindre, il s'estimera perdu : s'il me voit garder mon sang-froid, il reprendra bientôt le sien, et croira le mal guéri quand il ne le sentira plus. C'est à cet âge qu'on prend les premières leçons de courage, et que, souffrant sans effroi de légères douleurs, on apprend par degrés à supporter les grandes.

Loin d'être attentif à éviter qu'Émile ne se blesse, je serois fort fâché qu'il ne se blessât jamais, et qu'il grandît sans connoître la douleur. Souffrir est la première chose qu'il doit apprendre, et celle qu'il aura le plus grand besoin de savoir. Il semble que les enfans ne soient petits et foibles que pour prendre ces importantes leçons sans danger. Si l'enfant tombe de son haut, il ne se cassera pas la jambe; s'il se frappe avec un bâton, il ne se cassera pas le bras; s'il saisit un fer tranchant, il ne serrera guère, et ne se coupera pas bien avant. Je ne sache pas qu'on ait jamais vu d'enfant en liberté se tuer, s'estropier, ni se faire un mal considérable, à moins qu'on ne l'ait indiscrètement exposé sur des lieux élevés, ou seul autour du feu, ou qu'on n'ait laissé des instrumens dangereux à sa portée. Que dire de ces magasins de machines qu'on rassemble autour d'un enfant pour l'armer de toute pièces contre la douleur, jusqu'à ce que, devenu grand, il reste à sa merci, sans courage et sans expérience, qu'il se croie mort à la première piqûre, et s'évanouisse en voyant la première goutte de son sang?

Notre manie enseignante et pédantesque est toujours d'apprendre aux enfans ce qu'ils apprendroient beaucoup mieux d'eux-mêmes, et d'oublier ce que nous aurions pu seuls leur enseigner. Y a-t-il rien de plus sot que la peine qu'on prend pour leur apprendre à marcher, comme si l'on en avoit vu quelqu'un qui, par la négligence de sa nourrice, ne sût pas marcher étant grand? Combien voit-on de gens au

(*) Lib. I, cap. 6.   G. P.

contraire marcher mal toute leur vie, parce qu'on leur a mal appris à marcher!

Émile n'aura ni bourlets, ni paniers roulans, ni chariots, ni lisières; ou du moins, dès qu'il commencera de savoir mettre un pied devant l'autre, on ne le soutiendra que sur les lieux pavés, et l'on ne fera qu'y passer en hâte (¹). Au lieu de le laisser croupir dans l'air usé d'une chambre, qu'on le mène journellement au milieu d'un pré. Là, qu'il coure, qu'il s'ébatte, qu'il tombe cent fois le jour, tant mieux : il en apprendra plus tôt à se relever. Le bien-être de la liberté rachète beaucoup de blessures. Mon élève aura souvent des contusions; en revanche, il sera toujours gai : si les vôtres en ont moins (a), ils sont toujours contrariés, toujours enchaînés, toujours tristes. Je doute que le profit soit de leur côté.

Un autre progrès rend aux enfans la plainte moins nécessaire; c'est celui de leurs forces. Pouvant plus par eux-mêmes, ils ont un besoin moins fréquent de recourir à autrui. Avec leur force se développe la connoissance qui les met en état de la diriger. C'est à ce second degré que commence proprement la vie de l'individu, c'est alors qu'il prend la conscience de lui-même. La mémoire étend le sentiment de l'identité sur tous les momens de son existence; il devient véritablement un, le même, et par conséquent déjà capable de bonheur ou de misère. Il importe donc de commencer à le considérer ici comme un être moral.

Quoiqu'on assigne à peu près le plus long terme de la vie humaine et les probabilités qu'on a d'approcher de ce terme à chaque âge, rien n'est plus incertain que la durée de la vie de chaque homme en particulier; très-peu parviennent à ce plus long terme. Les plus grands risques de la vie sont dans son commencement; moins on a vécu, moins on doit espérer de vivre. Des enfans qui naissent, la moitié, tout au plus, parvient à l'adolescence, et il est probable que votre élève n'atteindra pas l'âge d'homme.

Que faut-il donc penser de cette éducation barbare qui sacrifie le présent à un avenir incertain, qui charge un enfant de chaînes de toute espèce, et commence par le rendre misérable pour lui préparer au loin je ne sais quel prétendu bonheur dont il est à croire qu'il ne jouira jamais? Quand je supposerois cette éducation raisonnable dans son objet, comment voir, sans indignation, de pauvres infortunés soumis à un joug insupportable, et condamnés à des travaux continuels comme des galériens, sans être assuré que tant de soins leur seront jamais utiles? L'âge de la gaîté se passe au milieu des pleurs, des châtimens, des menaces, de l'esclavage. On tourmente le malheureux, pour son bien; et l'on ne voit pas la mort qu'on appelle, et qui va le saisir au milieu de ce triste appareil. Qui sait combien d'enfans périssent victimes de l'extravagante sagesse d'un père ou d'un maître? Heureux d'échapper à sa cruauté, le seul avantage qu'ils tirent des maux qu'il leur a fait souffrir, est de mourir sans regretter la vie, dont ils n'ont connu que les tourmens.

Hommes, soyez humains, c'est votre premier devoir : soyez-le pour tous les états, pour tous les âges, pour tout ce qui n'est pas étranger à l'homme. Quelle sagesse y a-t-il pour vous hors de l'humanité? Aimez l'enfance; favorisez ses jeux, ses plaisirs, son aimable instinct. Qui de vous n'a pas regretté quelquefois cet âge où le rire est toujours sur les lèvres, et où l'âme est toujours en paix? Pourquoi voulez-vous ôter à ces petits innocens la jouissance d'un temps si court qui leur échappe, et d'un bien si précieux dont ils ne sauroient abuser? Pourquoi voulez-vous remplir d'amertume et de douleurs ces premiers ans si rapides, qui ne reviendront pas plus pour eux qu'ils ne peuvent revenir pour vous? Pères, savez-vous le moment où la mort attend vos enfans? Ne vous préparez pas des regrets en leur ôtant le peu d'instans que la nature leur donne : aussitôt qu'ils peuvent sentir le plaisir d'être, faites qu'ils en jouissent; faites qu'à quelque heure que Dieu les appelle, ils ne meurent point sans avoir goûté la vie.

Que de voix vont s'élever contre moi! J'entends de loin les clameurs de cette fausse sagesse qui nous jette incessamment hors de nous, qui compte toujours le présent pour rien, et,

---

(¹) Il n'y a rien de plus ridicule et de plus mal assuré que la démarche des gens qu'on a trop menés par la lisière étant petits; c'est encore ici une de ces observations triviales à force d'être justes, et qui sont justes en plus d'un sens.

(a) VAR. *Si les vôtres en ont rarement, ils sont...*

poursuivant sans relâche un avenir qui fuit à mesure qu'on avance, à force de nous transporter où nous ne sommes pas, nous transporte où nous ne serons jamais.

C'est, me répondez-vous, le temps de corriger les mauvaises inclinations de l'homme; c'est dans l'âge de l'enfance, où les peines sont le moins sensibles, qu'il faut les multiplier pour les épargner dans l'âge de raison. Mais qui vous dit que tout cet arrangement est à votre disposition, et que toutes ces belles instructions dont vous accablez le foible esprit d'un enfant ne lui seront pas un jour plus pernicieuses qu'utiles? Qui vous assure que vous épargnez quelque chose par les chagrins que vous lui prodiguez? Pourquoi lui donnez-vous plus de maux que son état n'en comporte, sans être sûr que ces maux présens sont à la décharge de l'avenir? et comment me prouverez-vous que ces mauvais penchans dont vous prétendez le guérir ne lui viennent pas de vos soins mal entendus bien plus que de la nature? Malheureuse prévoyance, qui rend un être actuellement misérable, sur l'espoir bien ou mal fondé de le rendre heureux un jour! Que si ces raisonneurs vulgaires confondent la licence avec la liberté, et l'enfant qu'on rend heureux avec l'enfant qu'on gâte, apprenons-leur à les distinguer.

Pour ne point courir après des chimères, n'oublions pas ce qui convient à notre condition. L'humanité a sa place dans l'ordre des choses; l'enfance a la sienne dans l'ordre de la vie humaine : il faut considérer l'homme dans l'homme, et l'enfant dans l'enfant. Assigner à chacun sa place et l'y fixer, ordonner les passions humaines selon la constitution de l'homme, est tout ce que nous pouvons faire pour son bien-être. Le reste dépend de causes étrangères qui ne sont point en notre pouvoir.

Nous ne savons ce que c'est que bonheur ou malheur absolu. Tout est mêlé dans cette vie; on n'y goûte aucun sentiment pur, on n'y reste pas deux momens dans le même état. Les affections de nos âmes, ainsi que les modifications de nos corps, sont dans un flux continuel. Le bien et le mal nous sont communs à tous, mais en différentes mesures. Le plus heureux est celui qui souffre le moins de peines; le plus misérable est celui qui sent le moins de plaisirs. Toujours plus de souffrances que de jouissances : voilà la différence commune à tous. La félicité de l'homme ici-bas n'est donc qu'un état négatif; on doit la mesurer par la moindre quantité des maux qu'il souffre.

Tout sentiment de peine est inséparable du désir de s'en délivrer; toute idée de plaisir est inséparable du désir d'en jouir : tout désir suppose privation, et toutes les privations qu'on sent sont pénibles; c'est donc dans la disproportion de nos désirs et de nos facultés que consiste notre misère. Un être sensible dont les facultés égaleroient les désirs seroit un être absolument malheureux.

En quoi donc consiste la sagesse humaine ou la route du vrai bonheur? Ce n'est pas précisément à diminuer nos désirs; car, s'ils étoient au-dessus de notre puissance, une partie de nos facultés resteroit oisive, et nous ne jouirions pas de tout notre être : ce n'est pas non plus à étendre nos facultés; car si nos désirs s'étendoient à la fois en plus grand rapport, nous n'en deviendrions que plus misérables : mais c'est à diminuer l'excès des désirs sur les facultés, et à mettre en égalité parfaite la puissance et la volonté. C'est alors seulement que toutes les forces étant en action, l'âme cependant restera paisible, et que l'homme se trouvera bien ordonné.

C'est ainsi que la nature, qui fait tout pour le mieux, l'a d'abord institué. Elle ne lui donne immédiatement que les désirs nécessaires à sa conservation, et les facultés suffisantes pour les satisfaire. Elle a mis toutes les autres comme en réserve au fond de son âme pour s'y développer au besoin. Ce n'est que dans cet état primitif que l'équilibre du pouvoir et du désir se rencontre, et que l'homme n'est pas malheureux. Sitôt que ses facultés virtuelles se mettent en action, l'imagination, la plus active de toutes, s'éveille et les devance. C'est l'imagination qui étend pour nous la mesure des possibles, soit en bien, soit en mal, et qui, par conséquent, excite et nourrit les désirs par l'espoir de les satisfaire. Mais l'objet qui paroissoit d'abord sous la main fuit plus vite qu'on ne peut le poursuivre; quand on croit l'atteindre, il se transforme et se montre au loin devant nous. Ne voyant plus le pays déjà parcouru, nous le comptons pour rien; celui qui reste à parcourir s'agrandit, s'étend sans cesse. Ainsi l'on s'épuise sans arriver au terme; et plus nous gagnons sur la jouissance, plus le bonheur s'éloigne de nous.

Au contraire, plus l'homme est resté près de sa condition naturelle, plus la différence de ses facultés à ses désirs est petite, et moins, par conséquent, il est éloigné d'être heureux. Il n'est jamais moins misérable que quand il paroît dépourvu de tout; car la misère ne consiste pas dans la privation des choses, mais dans le besoin qui s'en fait sentir.

Le monde réel a ses bornes, le monde imaginaire est infini : ne pouvant élargir l'un, rétrécissons l'autre; car c'est de leur seule différence que naissent toutes les peines qui nous rendent vraiment malheureux. Otez la force, la santé, le bon témoignage de soi, tous les biens de cette vie sont dans l'opinion; ôtez les douleurs du corps et les remords de la conscience, tous nos maux sont imaginaires. Ce principe est commun, dira-t-on; j'en conviens: mais l'application pratique n'en est pas commune; et c'est uniquement de la pratique qu'il s'agit ici.

Quand on dit que l'homme est foible, que veut-on dire? Ce mot de foiblesse indique un rapport, un rapport de l'être auquel on l'applique. Celui dont la force passe les besoins, fût-il un insecte, un ver, est un être fort : celui dont les besoins passent la force, fût-il un éléphant, un lion; fût-il un conquérant, un héros; fût-il un dieu, c'est un être foible. L'ange rebelle qui méconnut sa nature étoit plus foible que l'heureux mortel qui vit en paix selon la sienne. L'homme est très-fort quand il se contente d'être ce qu'il est; il est très-foible quand il veut s'élever au-dessus de l'humanité. N'allez donc pas vous figurer qu'en étendant vos facultés vous étendez vos forces; vous les diminuez, au contraire, si votre orgueil s'étend plus qu'elles. Mesurons le rayon de notre sphère, et restons au centre comme l'insecte au milieu de sa toile : nous nous suffirons toujours à nous-mêmes, et nous n'aurons point à nous plaindre de notre foiblesse; car nous ne la sentirons jamais.

Tous les animaux ont exactement les facultés nécessaires pour se conserver. L'homme seul en a de superflues. N'est-il pas bien étrange que ce superflu soit l'instrument de sa misère? Dans tout pays les bras d'un homme valent plus que sa subsistance. S'il étoit assez sage pour compter ce surplus pour rien, il auroit toujours le nécessaire, parce qu'il n'auroit jamais rien de trop. Les grands besoins, disoit Favorin, naissent des grands biens; et souvent le meilleur moyen de se donner les choses dont on manque est de s'ôter celles qu'on a (¹). C'est à force de nous travailler pour augmenter notre bonheur que nous le changeons en misère. Tout homme qui ne voudroit que vivre vivroit heureux; par conséquent il vivroit bon; car où seroit pour lui l'avantage d'être méchant?

Si nous étions immortels, nous serions des êtres très-misérables. Il est dur de mourir, sans doute; mais il est doux d'espérer qu'on ne vivra pas toujours, et qu'une meilleure vie finira les peines de celle-ci. Si l'on nous offroit l'immortalité sur la terre, qui est-ce (²) qui voudroit accepter ce triste présent? Quelle ressource? quel espoir, quelle consolation nous resteroit-il contre les rigueurs du sort et contre les injustices des hommes? L'ignorant, qui ne prévoit rien, sent peu le prix de la vie, et craint peu de la perdre; l'homme éclairé voit des biens d'un plus grand prix, qu'il préfère à celui-là. Il n'y a que le demi-savoir et la fausse sagesse qui, prolongeant nos vues jusqu'à la mort, et pas au-delà, en font pour nous le pire des maux. La nécessité de mourir n'est à l'homme sage qu'une raison pour supporter les peines de la vie. Si l'on n'étoit pas sûr de la perdre une fois, elle coûteroit trop à conserver.

Nos maux moraux sont tous dans l'opinion, hors un seul, qui est le crime; et celui-là dépend de nous : nos maux physiques se détruisent ou nous détruisent. Le temps ou la mort sont nos remèdes : mais nous souffrons d'autant plus que nous savons moins souffrir; et nous nous donnons plus de tourment pour guérir nos maladies, que nous n'en aurions à les supporter. Vis selon la nature, sois patient, et chasse les médecins, tu n'éviteras pas la mort, mais tu ne la sentiras qu'une fois, tandis qu'ils la portent chaque jour dans ton imagination

(¹) Noct. attic., lib. IX, cap. 8.
(²) On conçoit que je parle ici des hommes qui réfléchissent, et non pas de tous les hommes.

troublée, et que leur art mensonger, au lieu de prolonger tes jours, t'en ôte la jouissance. Je demanderai toujours quel vrai bien cet art a fait aux hommes. Quelques-uns de ceux qu'il guérit mourroient, il est vrai; mais des millions qu'il tue resteroient en vie. Homme sensé, ne mets point à cette loterie où trop de chances sont contre toi. Souffre, meurs ou guéris; mais surtout vis jusqu'à ta dernière heure.

Tout n'est que folie et contradiction dans les institutions humaines. Nous nous inquiétons plus de notre vie à mesure qu'elle perd de son prix. Les vieillards la regrettent plus que les jeunes gens; ils ne veulent pas perdre les apprêts qu'ils ont faits pour en jouir; à soixante ans, il est bien cruel de mourir avant d'avoir commencé de vivre. On croit que l'homme a un vif amour pour sa conservation, et cela est vrai; mais on ne voit pas que cet amour, tel que nous le sentons, est en grande partie l'ouvrage des hommes. Naturellement l'homme ne s'inquiète pour se conserver qu'autant que les moyens en sont en son pouvoir; sitôt que ces moyens lui échappent, il se tranquillise et meurt sans se tourmenter inutilement. La première loi de la résignation nous vient de la nature. Les sauvages, ainsi que les bêtes, se débattent fort peu contre la mort, et l'endurent presque sans se plaindre. Cette loi détruite, il s'en forme une autre qui vient de la raison; mais peu savent l'en tirer, et cette résignation factice n'est jamais aussi pleine et entière que la première.

La prévoyance! La prévoyance qui nous porte sans cesse au-delà de nous, et souvent nous place où nous n'arriverons point, voilà la véritable source de toutes nos misères. Quelle manie à un être aussi passager que l'homme de regarder toujours au loin dans un avenir qui vient si rarement, et de négliger le présent dont il est sûr! manie d'autant plus funeste qu'elle augmente incessamment avec l'âge, et que les vieillards, toujours défians, prévoyans, avares, aiment mieux se refuser aujourd'hui le nécessaire, que de manquer du superflu dans cent ans. Ainsi nous tenons à tout, nous nous accrochons à tout; les temps, les lieux, les hommes, les choses, tout ce qui est, tout ce qui sera, importe à chacun de nous: notre individu n'est plus que la moindre partie de nous-mêmes. Chacun s'étend, pour ainsi dire, sur la terre entière, et devient sensible sur toute cette grande surface. Est-il étonnant que nos maux se multiplient dans tous les points par où l'on peut nous blesser? Que de princes se désolent pour la perte d'un pays qu'ils n'ont jamais vu! Que de marchands il suffit de toucher aux Indes, pour les faire crier à Paris ([1])!

Est-ce la nature qui porte ainsi les hommes si loin d'eux-mêmes? Est-ce elle qui veut que chacun apprenne son destin des autres, et quelquefois l'apprenne le dernier; en sorte que tel est mort heureux ou misérable, sans en avoir jamais rien su? Je vois un homme frais, gai, vigoureux, bien portant; sa présence inspire la joie; ses yeux annoncent le contentement, le bien-être; il porte avec lui l'image du bonheur. Vient une lettre de la poste; l'homme heureux la regarde; elle est à son adresse, il l'ouvre, il la lit. A l'instant son air change; il pâlit, il tombe en défaillance. Revenu à lui, il pleure, il s'agite, il gémit, il s'arrache les cheveux, il fait retentir l'air de ses cris, il semble attaqué d'affreuses convulsions. Insensé! quel mal t'a donc fait ce papier? quel membre t'a-t-il ôté? quel crime t'a-t-il fait commettre; enfin qu'a-t-il changé dans toi-même pour te mettre dans l'état où je te vois?

Que la lettre se fût égarée, qu'une main charitable l'eût jetée au feu, le sort de ce mortel, heureux et malheureux à la fois, eût été, ce me semble, un étrange problème. Son malheur, direz-vous, étoit réel. Fort bien, mais il ne le sentoit pas. Où étoit-il donc? Son bonheur étoit imaginaire. J'entends; la santé, la gaîté, le bien-être, le contentement d'esprit, ne sont plus que des visions. Nous n'existons plus où nous sommes, nous n'existons qu'où nous ne sommes pas. Est-ce la peine d'avoir une si grande peur de la mort, pourvu que ce en quoi nous vivons reste ([*])?

([1]) « Un soin extreme prend l'homme d'allonger son estre, il y a pourveu par toutes ses pièces... nous entraisnons tout avec nous; nul ne pense assez n'estre qu'un... Plus nous amplifions nostre possession, d'autant plus nous engageons-nous aux coups de la fortune. La carriere de nos desirs doit estre circonscrite et restreinte à un court limite des commoditez les plus proches. Les actions qui se conduisent sans cette réflexion, ce sont actions erronees et maladisves. » MONTAIGNE, liv. III, chap. 10. G. P.

([*]) *Major pars mortalium de naturæ malignitate conqu...*

O homme! resserre ton existence au dedans de toi, et tu ne seras plus misérable. Reste à la place que la nature t'assigne dans la chaîne des êtres, rien ne t'en pourra faire sortir; ne regimbe point contre la dure loi de la nécessité, et n'épuise pas, à vouloir lui résister, des forces que le ciel ne t'a point données pour étendre ou prolonger ton existence, mais seulement pour la conserver comme il lui plaît et autant qu'il lui plaît. Ta liberté, ton pouvoir, ne s'étendent qu'aussi loin que tes forces naturelles, et pas au-delà; tout le reste n'est qu'esclavage, illusion, prestige. La domination même est servile, quand elle tient à l'opinion; car tu dépends des préjugés de ceux que tu gouvernes par les préjugés. Pour les conduire comme il te plaît, il faut te conduire comme il leur plaît. Ils n'ont qu'à changer de manière de penser, il faudra bien par force que tu changes de manière d'agir. Ceux qui t'approchent n'ont qu'à savoir gouverner les opinions du peuple que tu dois gouverner, ou des favoris qui te gouvernent, ou celles de ta famille, ou les tiennes propres : ces visirs, ces courtisans, ces prêtres, ces soldats, ces valets, ces caillettes, et jusqu'à des enfans, quand tu serois un Thémistocle en génie (1), vont te mener comme un enfant toi-même au milieu de tes légions. Tu as beau faire; jamais ton autorité réelle n'ira plus loin que tes facultés réelles. Sitôt qu'il faut voir par les yeux des autres, il faut vouloir par leurs volontés. Mes peuples sont mes sujets, dis-tu fièrement. Soit. Mais toi qu'es-tu? le sujet de tes ministres. Et tes ministres à leur tour que sont-ils? les sujets de leurs commis, de leurs maîtresses, les valets de leurs valets. Prenez tout, usurpez tout, et puis versez l'argent à pleines mains; dressez des batteries de canon; élevez des gibets, des roues; donnez des lois, des édits; multipliez les espions, les soldats, les bourreaux, les prisons, les chaînes : pauvres petits hommes, de quoi vous sert tout cela? vous n'en serez ni mieux servis, ni moins volés, ni moins trompés, ni plus absolus. Vous direz toujours : Nous voulons; et vous ferez toujours ce que voudront les autres.

Le seul qui fait sa volonté est celui qui n'a pas besoin, pour la faire, de mettre les bras d'un autre au bout des siens : d'où il suit que le premier de tous les biens n'est pas l'autorité, mais la liberté. L'homme vraiment libre ne veut que ce qu'il peut, et fait ce qu'il lui plaît. Voilà ma maxime fondamentale. Il ne s'agit que de l'appliquer à l'enfance, et toutes les règles de l'éducation vont en découler.

La société a fait l'homme plus foible, non-seulement en lui ôtant le droit qu'il avoit sur ses propres forces, mais surtout en les lui rendant insuffisantes. Voilà pourquoi ses désirs se multiplient avec sa foiblesse; et voilà ce qui fait celle de l'enfance comparée à l'âge d'homme. Si l'homme est un être fort, et si l'enfant est un être foible, ce n'est pas parce que le premier a plus de force absolue que le second; mais c'est parce que le premier peut naturellement se suffire à lui-même et que l'autre ne le peut. L'homme doit donc avoir plus de volontés, et l'enfant plus de fantaisies; mot par lequel j'entends tous les désirs qui ne sont pas de vrais besoins, et qu'on ne peut contenter qu'avec le secours d'autrui.

J'ai dit la raison de cet état de foiblesse. La nature y pourvoit par l'attachement des pères et des mères : mais cet attachement peut avoir son excès, son défaut, ses abus. Des parens qui vivent dans l'état civil y transportent leur enfant avant l'âge. En lui donnant plus de besoins qu'il n'en a, ils ne soulagent pas sa foiblesse, ils l'augmentent. Ils l'augmentent encore en exigeant de lui ce que la nature n'exigeoit pas, en soumettant à leurs volontés le peu de force qu'il a pour servir les siennes, en changeant de part ou d'autre en esclavage la

---

ritur quod in exiguum ævi gignimur... non exiguum temporis habemus, sed multum perdimus. Satis longa vita est, si tota bene collocaretur... Præcipitat quisque vitam suam, et futuri desiderio laborat, præsentium tædio. SENEC., de Brev. vit., cap. 1 et 7.

« Nos affections s'emportent au-delà de nous... nous ne sommes jamais chez nous, nous sommes toujours au-delà. La crainte, le desir, l'esperance, nous eslancent vers l'avenir et nous derobent la consideration de ce qui est, pour nous amuser à ce qui sera, voire quand nous ne serons plus. » MONTAIGNE, liv. I, ch. 3. G. P.

(1) Ce petit garçon que vous voyez là, disoit Thémistocle à ses amis, est l'arbitre de la Grèce; car il gouverne sa mère, sa mère me gouverne, je gouverne les Athéniens, et les Athéniens gouvernent les Grecs (*). Oh! quels petits conducteurs on trouveroit souvent aux plus grands empires, si du prince on descendoit par degrés jusqu'à la première main qui donne le branle en secret!

(*) PLUTARQUE, *Dicts notables des Rois et Capitaines*, § 10. G. P.

dépendance réciproque où le tient sa foiblesse et où les tient leur attachement.

L'homme sage sait rester à sa place; mais l'enfant qui ne connoît pas la sienne, ne sauroit s'y maintenir. Il a parmi nous mille issues pour en sortir; c'est à ceux qui le gouvernent à l'y retenir, et cette tâche n'est pas facile. Il ne doit être ni bête ni homme, mais enfant; il faut qu'il sente sa foiblesse et non qu'il en souffre; il faut qu'il dépende et non qu'il obéisse; il faut qu'il demande et non qu'il commande. Il n'est soumis aux autres qu'à cause de ses besoins, et parce qu'ils voient mieux que lui ce qui lui est utile, ce qui peut contribuer ou nuire à sa conservation. Nul n'a droit, pas même le père, de commander à l'enfant ce qui ne lui est bon à rien.

Avant que les préjugés et les institutions humaines aient altéré nos penchans naturels, le bonheur des enfans ainsi que des hommes consiste dans l'usage de leur liberté; mais cette liberté dans les premiers est bornée par leur foiblesse. Quiconque fait ce qu'il veut est heureux, s'il se suffit à lui-même; c'est le cas de l'homme vivant dans l'état de nature. Quiconque fait ce qu'il veut n'est pas heureux, si ses besoins passent ses forces; c'est le cas de l'enfant dans le même état. Les enfans ne jouissent même dans l'état de nature que d'une liberté imparfaite, semblable à celle dont jouissent les hommes dans l'état civil. Chacun de nous, ne pouvant plus se passer des autres, redevient à cet égard foible et misérable. Nous étions faits pour être hommes; les lois et la société nous ont replongés dans l'enfance. Les riches, les grands, les rois, sont tous des enfans qui, voyant qu'on s'empresse à soulager leur misère, tirent de cela même une vanité puérile, et sont tout fiers des soins qu'on ne leur rendroit pas s'ils étoient hommes faits.

Ces considérations sont importantes, et servent à résoudre toutes les contradictions du système social. Il y a deux sortes de dépendances: celle des choses, qui est de la nature; celle des hommes, qui est de la société. La dépendance des choses, n'ayant aucune moralité, ne nuit point à la liberté, et n'engendre point de vices: la dépendance des hommes étant désordonnée (¹) les engendre tous, et c'est par elle que le maître et l'esclave se dépravent mutuellement. S'il y a quelque moyen de remédier à ce mal dans la société, c'est de substituer la loi à l'homme, et d'armer les volontés générales d'une force réelle, supérieure à l'action de toute volonté particulière. Si les lois des nations pouvoient avoir, comme celles de la nature, une inflexibilité que jamais aucune force humaine ne pût vaincre, la dépendance des hommes redeviendroit alors celle des choses; on réuniroit dans la république tous les avantages de l'état naturel à ceux de l'état civil; on joindroit à la liberté qui maintient l'homme exempt de vices, la moralité qui l'élève à la vertu.

Maintenez l'enfant dans la seule dépendance des choses, vous aurez suivi l'ordre de la nature dans le progrès de son éducation. N'offrez jamais à ses volontés indiscrètes que des obstacles physiques ou des punitions qui naissent des actions mêmes, et qu'il se rappelle dans l'occasion: sans lui défendre de mal faire, il suffit de l'en empêcher. L'expérience ou l'impuissance doivent seules lui tenir lieu de loi. N'accordez rien à ses désirs parce qu'il le demande, mais parce qu'il en a besoin. Qu'il ne sache ce que c'est qu'obéissance quand il agit, ni ce que c'est qu'empire quand on agit pour lui. Qu'il sente également sa liberté dans ses actions et dans les vôtres. Suppléez à la force qui lui manque, autant précisément qu'il en a besoin pour être libre et non pas impérieux: qu'en recevant vos services avec une sorte d'humiliation, il aspire au moment où il pourra s'en passer, et où il aura l'honneur de se servir lui-même.

La nature a pour fortifier le corps et le faire croître des moyens qu'on ne doit jamais contrarier. Il ne faut point contraindre un enfant de rester quand il veut aller, ni d'aller quand il veut rester en place. Quand la volonté des enfans n'est point gâtée par notre faute, ils ne veulent rien inutilement. Il faut qu'ils sautent, qu'ils courent, qu'ils crient quand ils en ont

---

(¹) Dans mes *Principes du Droit politique*, il est démontré que nulle volonté particulière ne peut être ordonnée dans le système social (*).

(*) Voyez le chapit. 2 et 3 du livre II, et le chapitre 1 du livre IV. G. P.

envie. Tous leurs mouvemens sont des besoins de leur constitution qui cherche à se fortifier ; mais on doit se défier de ce qu'ils désirent sans le pouvoir faire eux-mêmes, et que d'autres sont obligés de faire pour eux. Alors il faut distinguer avec soin le vrai besoin, le besoin naturel, du besoin de fantaisie qui commence à naître, ou de celui qui ne vient que de la surabondance de vie dont j'ai parlé.

J'ai déjà dit ce qu'il faut faire quand un enfant pleure pour avoir ceci ou cela. J'ajouterai seulement que dès qu'il peut demander en parlant ce qu'il désire, et que pour l'obtenir plus vite ou pour vaincre un refus, il appuie de pleurs sa demande, elle lui doit être irrévocablement refusée. Si le besoin l'a fait parler, vous devez le savoir et faire aussitôt ce qu'il demande ; mais céder quelque chose à ses larmes, c'est l'exciter à en verser, c'est lui apprendre à douter de votre bonne volonté et à croire que l'importunité peut plus sur vous que la bienveillance. S'il ne vous croit pas bon, bientôt il sera méchant ; s'il vous croit foible, il sera bientôt opiniâtre : il importe d'accorder toujours au premier signe ce qu'on ne veut pas refuser. Ne soyez point prodigue en refus, mais ne les révoquez jamais.

Gardez-vous surtout de donner à l'enfant de vaines formules de politesse, qui lui servent au besoin de paroles magiques pour soumettre à ses volontés tout ce qui l'entoure, et obtenir à l'instant ce qu'il lui plaît. Dans l'éducation façonnière des riches on ne manque jamais de les rendre poliment impérieux, en leur prescrivant les termes dont ils doivent se servir pour que personne n'ose leur résister : leurs enfans n'ont ni ton ni tours supplians ; ils sont aussi arrogans, même plus, quand ils prient, que quand ils commandent, comme étant bien plus sûrs d'être obéis. On voit d'abord que *s'il vous plaît* signifie dans leur bouche *il me plaît*, et que *je vous prie* signifie *je vous ordonne*. Admirable politesse, qui n'aboutit pour eux qu'à changer le sens des mots, et à ne pouvoir jamais parler autrement qu'avec empire ! Quant à moi, qui crains moins qu'Émile ne soit grossier qu'arrogant, j'aime beaucoup mieux qu'il dise en priant *faites cela*, qu'en commandant *je vous prie*. Ce n'est pas le terme dont il se sert qui m'importe, mais bien l'acception qu'il y joint.

Il y a un excès de rigueur et un excès d'indulgence, tous deux également à éviter. Si vous laissez pâtir les enfans, vous exposez leur santé, leur vie, vous les rendez actuellement misérables : si vous leur épargnez avec trop de soin toute espèce de mal-être, vous leur préparez de grandes misères, vous les rendez délicats, sensibles ; vous les sortez de leur état d'hommes, dans lequel ils rentreront un jour malgré vous. Pour ne les pas exposer à quelques maux de la nature, vous êtes l'artisan de ceux qu'elle ne leur a pas donnés. Vous me direz que je tombe dans le cas de ces mauvais pères auxquels je reprochois de sacrifier le bonheur des enfans à la considération d'un temps éloigné qui peut ne jamais être.

Non pas : car la liberté que je donne à mon élève le dédommage amplement des légères incommodités auxquelles je le laisse exposé. Je vois de petits polissons jouer sur la neige, violets, transis, et pouvant à peine remuer les doigts. Il ne tient qu'à eux de s'aller chauffer, ils n'en font rien ; si on les y forçoit, ils sentiroient cent fois plus les rigueurs de la contrainte, qu'ils ne sentent celles du froid. De quoi donc vous plaignez-vous ? Rendrai-je votre enfant misérable en ne l'exposant qu'aux incommodités qu'il veut bien souffrir ? Je fais son bien dans le moment présent en le laissant libre ; je fais son bien dans l'avenir en l'armant contre les maux qu'il doit supporter. S'il avoit le choix d'être mon élève ou le vôtre, pensez-vous qu'il balançât un instant ?

Concevez-vous quelque vrai bonheur possible pour aucun être hors de sa constitution ? et n'est-ce pas sortir l'homme de sa constitution, que de vouloir l'exempter également de tous les maux de son espèce ? Oui, je le soutiens ; pour sentir les grands biens, il faut qu'il connoisse les petits maux ; telle est sa nature. Si le physique va trop bien, le moral se corrompt. L'homme qui ne connoîtroit pas la douleur ne connoîtroit ni l'attendrissement de l'humanité, ni la douceur de la commisération ; son cœur ne seroit ému de rien, il ne seroit pas sociable, il seroit un monstre parmi ses semblables.

Savez-vous quel est le plus sûr moyen de rendre votre enfant misérable ? C'est de l'accoutumer à tout obtenir ; car, ses désirs croissant incessamment par la facilité de les satisfaire, tôt ou tard l'impuissance vous forcera malgré vous d'en venir au refus; et ce refus inaccoutumé lui donnera plus de tourment que la privation même de ce qu'il désire. D'abord il voudra la canne que vous tenez; bientôt il voudra votre montre; ensuite il voudra l'oiseau qui vole; il voudra l'étoile qu'il voit briller; il voudra tout ce qu'il verra: à moins d'être Dieu, comment le contenterez-vous?

C'est une disposition naturelle à l'homme de regarder comme sien tout ce qui est en son pouvoir. En ce sens le principe de Hobbes est vrai jusqu'à certain point: multipliez avec nos désirs les moyens de les satisfaire, chacun se fera le maître de tout. L'enfant donc qui n'a qu'à vouloir pour obtenir se croit le propriétaire de l'univers; il regarde tous les hommes comme ses esclaves: et quand enfin l'on est forcé de lui refuser quelque chose, lui, croyant tout possible quand il commande, prend ce refus pour un acte de rébellion; toutes les raisons qu'on lui donne dans un âge incapable de raisonnement ne sont à son gré que des prétextes; il voit partout de la mauvaise volonté: le sentiment d'une injustice prétendue aigrissant son naturel, il prend tout le monde en haine, et, sans jamais savoir gré de la complaisance, il s'indigne de toute opposition.

Comment concevrois-je qu'un enfant ainsi dominé par la colère, et dévoré des passions les plus irascibles, puisse jamais être heureux? Heureux, lui! c'est un despote; c'est à la fois le plus vil des esclaves et la plus misérable des créatures. J'ai vu des enfans élevés de cette manière, qui vouloient qu'on renversât la maison d'un coup d'épaule, qu'on leur donnât le coq qu'ils voyoient sur un clocher, qu'on arrêtât un régiment en marche pour entendre les tambours plus longtemps, et qui perçoient l'air de leurs cris, sans vouloir écouter personne, aussitôt qu'on tardoit à leur obéir. Tout s'empressoit vainement à leur complaire; leurs désirs s'irritant par la facilité d'obtenir, ils s'obstinoient aux choses impossibles, et ne trouvoient partout que contradictions, qu'obstacles, que peines, que douleurs. Toujours grondans, toujours mutins, toujours furieux, ils passoient les jours à crier, à se plaindre: étoient-ce là des êtres bien fortunés? La foiblesse et la domination réunies n'engendrent que folie et misère. De deux enfans gâtés, l'un bat la table, et l'autre fait fouetter la mer: ils auront bien à fouetter et à battre avant de vivre contens.

Si ces idées d'empire et de tyrannie les rendent misérables dès leur enfance, que sera-ce quand ils grandiront, et que leurs relations avec les autres hommes commenceront à s'étendre et se multiplier! Accoutumés à voir tout fléchir devant eux, quelle surprise, en entrant dans le monde, de sentir que tout leur résiste, et de se trouver écrasés du poids de cet univers qu'ils pensoient mouvoir à leur gré! Leurs airs insolens, leur puérile vanité, ne leur attirent que mortifications, dédains, railleries; ils boivent les affronts comme l'eau; de cruelles épreuves leur apprennent bientôt qu'ils ne connoissent ni leur état ni leurs forces; ne pouvant tout, ils croient ne rien pouvoir. Tant d'obstacles inaccoutumés les rebutent, tant de mépris les avilissent: ils deviennent lâches, craintifs, rampans, et retombent autant au-dessous d'eux-mêmes qu'ils s'étoient élevés au-dessus.

Revenons à la règle primitive. La nature a fait les enfans pour être aimés et secourus; mais les a-t-elle faits pour être obéis et craints? leur a-t-elle donné un air imposant, un œil sévère, une voix rude et menaçante pour se faire redouter? Je comprends que le rugissement d'un lion épouvante les animaux, et qu'ils tremblent en voyant sa terrible hure; mais si jamais on vit un spectacle indécent, odieux, risible, c'est un corps de magistrats, le chef à la tête, en habit de cérémonie, prosternés devant un enfant au maillot, qu'ils haranguent en termes pompeux, et qui crie et bave pour toute réponse.

A considérer l'enfance en elle-même, y a-t-il au monde un être plus foible, plus misérable, plus à la merci de tout ce qui l'environne, qui ait si grand besoin de pitié, de soins, de protection, qu'un enfant? Ne semble-t-il pas qu'il ne montre une figure si douce et un air si touchant qu'afin que tout ce qui l'approche s'intéresse à sa foiblesse, et s'empresse à le secourir? Qu'y a-t-il donc de plus choquant, de plus contraire à l'ordre, que de voir un enfant impérieux et mutin commander à tout ce qui l'entoure, et prendre impudemment le ton de maître avec ceux qui n'ont qu'à l'abandonner pour le faire périr?

D'autre part, qui ne voit que la foiblesse du premier âge enchaîne les enfans de tant de manières, qu'il est barbare d'ajouter à cet assujettissement celui de nos caprices, en leur ôtant une liberté si bornée, de laquelle ils peuvent si peu abuser, et dont il est si peu utile à eux et à nous qu'on les prive? S'il n'y a point d'objet si digne de risée qu'un enfant hautain, il n'y a point d'objet si digne de pitié qu'un enfant craintif. Puisque avec l'âge de raison commence la servitude civile, pourquoi la prévenir par la servitude privée? Souffrons qu'un moment de la vie soit exempt de ce joug que la nature ne nous a pas imposé, et laissons à l'enfance l'exercice de la liberté naturelle, qui l'éloigne au moins pour un temps des vices que l'on contracte dans l'esclavage. Que ces instituteurs sévères, que ces pères asservis à leurs enfans viennent donc les uns et les autres avec leurs frivoles objections, et qu'avant de vanter leurs méthodes ils apprennent une fois celle de la nature.

Je reviens à la pratique. J'ai déjà dit que votre enfant ne doit rien obtenir parce qu'il le demande, mais parce qu'il en a besoin (¹), ni rien faire par obéissance, mais seulement par nécessité : ainsi les mots d'obéir et de commander seront proscrits de son dictionnaire, encore plus ceux de devoir et d'obligation; mais ceux de force, de nécessité, d'impuissance et de contrainte, y doivent tenir une grande place. Avant l'âge de raison l'on ne sauroit avoir aucune idée des êtres moraux ni des relations sociales; il faut donc éviter, autant qu'il se peut, d'employer des mots qui les expriment, de peur que l'enfant n'attache d'abord à ces mots de fausses idées qu'on ne saura point ou qu'on ne pourra plus détruire. La première fausse idée qui entre dans sa tête est en lui le germe de l'erreur et du vice; c'est à ce premier pas qu'il faut surtout faire attention. Faites que tant qu'il n'est frappé que des choses sensibles, toutes ses idées s'arrêtent aux sensations; faites que de toutes parts il n'aperçoive autour de lui que le monde physique : sans quoi soyez sûr qu'il ne vous écoutera point du tout, ou qu'il se fera du monde moral, dont vous lui parlez, des notions fantastiques que vous n'effacerez de la vie.

Raisonner avec les enfans étoit la grande maxime de Locke; c'est la plus en vogue aujourd'hui : son succès ne me paroît pourtant pas fort propre à la mettre en crédit; et pour moi je ne vois rien de plus sot que ces enfans avec qui l'on a tant raisonné. De toutes les facultés de l'homme, la raison, qui n'est, pour ainsi dire, qu'un composé de toutes les autres, est celle qui se développe le plus difficilement et le plus tard; et c'est de celle-là qu'on veut se servir pour développer les premières! Le chef-d'œuvre d'une bonne éducation est de faire un homme raisonnable : et l'on prétend élever un enfant par la raison! C'est commencer par la fin, c'est vouloir faire l'instrument de l'ouvrage. Si les enfans entendoient raison, ils n'auroient pas besoin d'être élevés; mais, en leur parlant dès leur bas âge une langue qu'ils n'entendent point, on les accoutume à se payer de mots, à contrôler tout ce qu'on leur dit, à se croire aussi sages que leurs maîtres, à devenir disputeurs et mutins; et tout ce qu'on pense obtenir d'eux par des motifs raisonnables, on ne l'obtient jamais que par ceux de convoitise, ou de crainte, ou de vanité, qu'on est toujours forcé d'y joindre.

Voici la formule à laquelle peuvent se réduire à peu près toutes les leçons de morale qu'on fait et qu'on peut faire aux enfans.

LE MAÎTRE.
Il ne faut pas faire cela.
L'ENFANT.
Et pourquoi ne faut-il pas faire cela?
LE MAÎTRE.
Parce que c'est mal fait.
L'ENFANT.
Mal fait! Qu'est-ce qui est mal fait?
LE MAÎTRE.
Ce qu'on vous défend.
L'ENFANT.
Quel mal y a-t-il à faire ce qu'on me défend?
LE MAÎTRE.
On vous punit pour avoir désobéi.

(¹) On doit sentir que comme la peine est souvent une nécessité, le plaisir est quelquefois un besoin. Il n'y a donc qu'un seul désir des enfans auquel on ne doive jamais complaire: c'est celui de se faire obéir. D'où il suit que, dans tout ce qu'ils demandent, c'est surtout au motif qui les porte à le demander qu'il faut faire attention. Accordez-leur, tant qu'il est possible, tout ce qui peut leur faire un plaisir réel; refusez-leur toujours ce qu'ils ne demandent que par fantaisie ou pour faire un acte d'autorité.

L'ENFANT.
Je ferai en sorte qu'on n'en sache rien.
LE MAÎTRE.
On vous épiera.
L'ENFANT.
Je me cacherai.
LE MAÎTRE.
On vous questionnera.
L'ENFANT.
Je mentirai.
LE MAÎTRE.
Il ne faut pas mentir.
L'ENFANT.
Pourquoi ne faut-il pas mentir?
LE MAÎTRE.
Parce que c'est mal fait, etc.

Voilà le cercle inévitable. Sortez-en, l'enfant ne vous entend plus. Ne sont-ce pas là des instructions fort utiles? Je serois bien curieux de savoir ce qu'on pourroit mettre à la place de ce dialogue? Locke lui-même y eût à coup sûr été fort embarrassé. Connoître le bien et le mal, sentir la raison des devoirs de l'homme, n'est pas l'affaire d'un enfant.

La nature veut que les enfans soient enfans avant que d'être hommes. Si nous voulons pervertir cet ordre, nous produirons des fruits précoces qui n'auront ni maturité ni saveur, et ne tarderont pas à se corrompre : nous aurons de jeunes docteurs et de vieux enfans. L'enfance a des manières de voir, de penser, de sentir, qui lui sont propres; rien n'est moins sensé que d'y vouloir substituer les nôtres; et j'aimerois autant exiger qu'un enfant eût cinq pieds de haut, que du jugement à dix ans. En effet, de quoi lui serviroit la raison à cet âge? Elle est le frein de la force, et l'enfant n'a pas besoin de ce frein.

En essayant de persuader à vos élèves le devoir de l'obéissance, vous joignez à cette prétendue persuasion la force et les menaces, ou, qui pis est, la flatterie et les promesses. Ainsi donc, amorcés par l'intérêt, ou contraints par la force, ils font semblant d'être convaincus par la raison. Ils voient très-bien que l'obéissance leur est avantageuse, et la rébellion nuisible aussitôt que vous vous apercevez de l'une ou de l'autre. Mais comme vous n'exigez rien d'eux qui ne leur soit désagréable, et qu'il est toujours pénible de faire les volontés d'autrui,

ils se cachent pour faire les leurs, persuadés, qu'ils font bien si l'on ignore leur désobéissance; mais prêts à convenir qu'ils font mal s'ils sont découverts, de crainte d'un plus grand mal. La raison du devoir n'étant pas de leur âge, il n'y a homme au monde qui vînt à bout de la leur rendre vraiment sensible; mais la crainte du châtiment, l'espoir du pardon, l'importunité, l'embarras de répondre, leur arrachent tous les aveux qu'on exige; et l'on croit les avoir convaincus, quand on ne les a qu'ennuyés ou intimidés.

Qu'arrive-t-il de là? Premièrement, qu'en leur imposant un devoir qu'ils ne sentent pas, vous les indisposez contre votre tyrannie, et les détournez de vous aimer; que vous leur apprenez à devenir dissimulés, faux, menteurs, pour extorquer des récompenses ou se dérober aux châtimens; qu'enfin, les accoutumant à couvrir toujours d'un motif apparent un motif secret, vous leur donnez vous-même le moyen de vous abuser sans cesse, de vous ôter la connoissance de leur vrai caractère, et de payer vous et les autres de vaines paroles dans l'occasion. Les lois, direz-vous, quoique obligatoires pour la conscience, usent de même de contrainte avec les hommes faits. J'en conviens. Mais que sont ces hommes, sinon des enfans gâtés par l'éducation? Voilà précisément ce qu'il faut prévenir. Employez la force avec les enfans, et la raison avec les hommes; tel est l'ordre naturel : le sage n'a pas besoin de lois.

Traitez votre élève selon son âge. Mettez-le d'abord à sa place, et tenez-l'y si bien, qu'il ne tente plus d'en sortir. Alors, avant de savoir ce que c'est que sagesse, il en pratiquera la plus importante leçon. Ne lui commandez jamais rien, quoi que ce soit au monde, absolument rien. Ne lui laissez pas même imaginer que vous prétendiez avoir aucune autorité sur lui. Qu'il sache seulement qu'il est foible et que vous êtes fort; que, par son état et le vôtre, il est nécessairement à votre merci; qu'il le sache, qu'il l'apprenne, qu'il le sente; qu'il sente de bonne heure sur sa tête altière le dur joug que la nature impose à l'homme, le pesant joug de la nécessité, sous lequel il faut que tout être fini ploie; qu'il voie cette nécessité dans les choses, jamais dans le caprice ([1]) des

([1]) On doit être sûr que l'enfant traitera de caprice toute vo-

hommes; que le frein qui le retient soit la force et non l'autorité. Ce dont il doit s'abstenir, ne le lui défendez pas; empêchez-le de le faire, sans explications, sans raisonnemens; ce que vous lui accordez, accordez-le à son premier mot, sans sollicitations, sans prières, surtout sans conditions. Accordez avec plaisir, ne refusez qu'avec répugnance; mais que tous vos refus soient irrévocables; qu'aucune importunité ne vous ébranle; que le *non* prononcé soit un mur d'airain, contre lequel l'enfant n'aura pas épuisé cinq ou six fois ses forces, qu'il ne tentera plus de le renverser.

C'est ainsi que vous le rendrez patient, égal, résigné, paisible, même quand il n'aura pas ce qu'il a voulu; car il est dans la nature de l'homme d'endurer patiemment la nécessité des choses, mais non la mauvaise volonté d'autrui. Ce mot, *il n'y en a plus*, est une réponse contre laquelle jamais enfant ne s'est mutiné, à moins qu'il ne crût que c'étoit un mensonge. Au reste, il n'y a point ici de milieu; il faut n'en rien exiger du tout, ou le plier d'abord à la plus parfaite obéissance. La pire éducation est de le laisser flottant entre ses volontés et les vôtres, et de disputer sans cesse, entre vous et lui, à qui des deux sera le maître : j'aimerois cent fois mieux qu'il le fût toujours.

Il est bien étrange que, depuis qu'on se mêle d'élever des enfans, on n'ait imaginé d'autre instrument pour les conduire que l'émulation, la jalousie, l'envie, la vanité, l'avidité, la vile crainte, toutes les passions les plus dangereuses, les plus promptes à fermenter, et les plus propres à corrompre l'âme, même avant que le corps soit formé. A chaque instruction précoce qu'on veut faire entrer dans leur tête, on plante un vice au fond de leur cœur; d'insensés instituteurs pensent faire des merveilles en les rendant méchans pour leur apprendre ce que c'est que bonté; et puis ils nous disent gravement : Tel est l'homme. Oui, tel est l'homme que vous avez fait.

On a essayé tous les instrumens hors un, le seul précisément qui peut réussir; la liberté bien réglée. Il ne faut point se mêler d'élever un enfant quand on ne sait pas le conduire où

bonté contraire à la sienne, et dont il ne sentira pas la raison. Or, un enfant ne sent la raison de rien dans tout ce qui choque ses fantaisies.

l'on veut par les seules lois du possible et de l'impossible. La sphère de l'un et de l'autre lui étant également inconnue, on l'étend, on la resserre autour de lui comme on veut. On l'enchaîne, on le pousse, on le retient avec le seul lien de la nécessité, sans qu'il en murmure : on le rend souple et docile, par la seule force des choses, sans qu'aucun vice ait l'occasion de germer en lui; car jamais les passions ne s'animent, tant qu'elles sont de nul effet.

Ne donnez à votre élève aucune espèce de leçon verbale; il n'en doit recevoir que de l'expérience : ne lui infligez aucune espèce de châtiment; car il ne sait ce que c'est qu'être en faute : ne lui faites jamais demander pardon; car il ne sauroit vous offenser. Dépourvu de toute moralité dans ses actions, il ne peut rien faire qui soit moralement mal et qui mérite ni châtiment ni réprimande.

Je vois déjà le lecteur effrayé juger de cet enfant par les nôtres : il se trompe. La gêne perpétuelle où vous tenez vos élèves irrite leur vivacité; plus ils sont contraints sous vos yeux, plus ils sont turbulens au moment qu'ils s'échappent : il faut bien qu'ils se dédommagent quand ils peuvent de la dure contrainte où vous les tenez. Deux écoliers de la ville feront plus de dégât dans un pays que la jeunesse de tout un village. Enfermez un petit monsieur et un petit paysan dans une chambre; le premier aura tout renversé, tout brisé, avant que le second soit sorti de sa place. Pourquoi cela? si ce n'est que l'un se hâte d'abuser d'un moment de licence, tandis que l'autre, toujours sûr de sa liberté, ne se presse jamais d'en user. Et cependant les enfans des villageois, souvent flattés ou contrariés, sont encore bien loin de l'état où je veux qu'on les tienne.

Posons pour maxime incontestable que les premiers mouvemens de la nature sont toujours droits : n'y a point de perversité originelle dans le cœur humain; il ne s'y trouve pas un seul vice dont on ne puisse dire comment et par où il y est entré. La seule passion naturelle à l'homme est l'amour de soi-même, ou l'amour-propre pris dans un sens étendu. Cet amour-propre en soi ou relativement à nous est bon et utile; et, comme il n'a point de rapport nécessaire à autrui, il est à cet égard naturellement indifférent : il ne devient bon ou mauvais que par l'application qu'on en fait et les relations qu'on lui donne. Jusqu'à ce que le guide de l'amour-propre, qui est la raison, puisse naître, il importe donc qu'un enfant ne fasse rien parce qu'il est vu ou entendu, rien en un mot par rapport aux autres, mais seulement ce que la nature lui demande ; et alors il ne fera rien que de bien.

Je n'entends pas qu'il ne fera jamais de dégât, qu'il ne se blessera point, qu'il ne brisera pas peut-être un meuble de prix s'il le trouve à sa portée. Il pourroit faire beaucoup de mal sans malfaire, parce que la mauvaise action dépend de l'intention de nuire, et qu'il n'aura jamais cette intention. S'il l'avoit une seule fois, tout seroit déjà perdu ; il seroit méchant presque sans ressource.

Telle chose est mal aux yeux de l'avarice, qui ne l'est pas aux yeux de la raison. En laissant les enfans en pleine liberté d'exercer leur étourderie, il convient d'écarter d'eux tout ce qui pourroit la rendre coûteuse, et de ne laisser à leur portée rien de fragile et de précieux. Que leur appartement soit garni de meubles grossiers et solides ; point de miroirs, point de porcelaines, point d'objets de luxe. Quant à mon Émile, que j'élève à la campagne, sa chambre n'aura rien qui la distingue de celle d'un paysan. A quoi bon la parer avec tant de soin, puisqu'il y doit rester si peu ? Mais je me trompe ; il la parera lui-même, et nous verrons bientôt de quoi.

Que si, malgré vos précautions, l'enfant vient à faire quelque désordre, à casser quelque pièce utile, ne le punissez point de votre négligence, ne le grondez point ; qu'il n'entende pas un seul mot de reproche ; ne lui laissez pas même entrevoir qu'il vous ait donné du chagrin ; agissez exactement comme si le meuble se fût cassé de lui-même ; enfin croyez avoir beaucoup fait si vous pouvez ne rien dire.

Oserai-je exposer ici la plus grande, la plus importante, la plus utile règle de toute l'éducation ? ce n'est pas de gagner du temps, c'est d'en perdre. Lecteurs vulgaires, pardonnez-moi mes paradoxes : il en faut faire quand on réfléchit ; et, quoi que vous puissiez dire, j'aime mieux être homme à paradoxes qu'homme à préjugés. Le plus dangereux intervalle de la vie humaine est celui de la naissance à l'âge de douze ans. C'est le temps où germent les erreurs et les vices, sans qu'on ait encore aucun instrument pour les détruire ; et, quand l'instrument vient, les racines sont si profondes, qu'il n'est plus temps de les arracher. Si les enfans sautoient tout d'un coup de la mamelle à l'âge de raison, l'éducation qu'on leur donne pourroit leur convenir ; mais, selon le progrès naturel, il leur en faut une toute contraire. Il faudroit qu'ils ne fissent rien de leur âme jusqu'à ce qu'elle eût toutes ses facultés : car il est impossible qu'elle aperçoive le flambeau que vous lui présentez tandis qu'elle est aveugle, et qu'elle suive dans l'immense plaine des idées une route que la raison trace encore si légèrement pour les meilleurs yeux.

La première éducation doit donc être purement négative. Elle consiste, non point à enseigner la vertu ni la vérité, mais à garantir le cœur du vice et l'esprit de l'erreur. Si vous pouviez ne rien faire et ne rien laisser faire ; si vous pouviez amener votre élève sain et robuste à l'âge de douze ans, sans qu'il sût distinguer sa main droite de sa main gauche, dès vos premières leçons les yeux de son entendement s'ouvriroient à la raison ; sans préjugés, sans habitudes, il n'auroit rien en lui qui pût contrarier l'effet de vos soins. Bientôt il deviendroit entre vos mains le plus sage des hommes ; et en commençant par ne rien faire, vous auriez fait un prodige d'éducation.

Prenez le contre-pied de l'usage, et vous ferez presque toujours bien. Comme on ne veut pas faire d'un enfant un enfant, mais un docteur, les pères et les maîtres n'ont jamais assez tôt tancé, corrigé, réprimandé, flatté, menacé, promis, instruit, parlé raison. Faites mieux ; soyez raisonnable, et ne raisonnez point avec votre élève, surtout pour lui faire approuver ce qui lui déplaît ; car amener ainsi toujours la raison dans les choses désagréables, ce n'est que la lui rendre ennuyeuse, et la décréditer de bonne heure dans un esprit qui n'est pas encore en état de l'entendre. Exercez son corps, ses organes, ses sens, ses forces, mais tenez son âme oisive aussi long-temps qu'il se pourra. Redoutez tous les sentimens antérieurs au jugement qui les apprécie. Retenez, arrêtez les impressions étrangères : et, pour empêcher le mal de naître, ne vous pressez point de faire le bien; car il n'est jamais tel que quand la raison l'éclaire. Regardez tous les délais comme des avantages; c'est gagner beaucoup que d'avancer vers le terme sans rien perdre; laissez mûrir l'enfance dans les enfans. Enfin, quelque leçon leur devient-elle nécessaire, gardez-vous de la donner aujourd'hui, si vous pouvez différer jusqu'à demain sans danger.

Une autre considération qui confirme l'utilité de cette méthode, est celle du génie particulier de l'enfant, qu'il faut bien connoître pour savoir quel régime moral lui convient. Chaque esprit a sa forme propre, selon laquelle il a besoin d'être gouverné; et il importe au succès des soins qu'on prend qu'il soit gouverné par cette forme et non par une autre. Homme prudent, épiez long-temps la nature, observez bien votre élève avant de lui dire le premier mot; laissez d'abord le germe de son caractère en pleine liberté de se montrer, ne le contraignez en quoi que ce puisse être, afin de le mieux voir tout entier. Pensez-vous que ce temps de liberté soit perdu pour lui? tout au contraire, il sera le mieux employé; car c'est ainsi que vous apprendrez à ne pas perdre un seul moment dans un temps plus précieux: au lieu que, si vous commencez d'agir avant de savoir ce qu'il faut faire, vous agirez au hasard; sujet à vous tromper, il faudra revenir sur vos pas; vous serez plus éloigné du but que si vous eussiez été moins pressé de l'atteindre. Ne faites donc pas comme l'avare qui perd beaucoup pour ne vouloir rien perdre. Sacrifiez dans le premier âge un temps que vous regagnerez avec usure dans un âge plus avancé. Le sage médecin ne donne pas étourdiment des ordonnances à la première vue, mais il étudie premièrement le tempérament du malade avant de lui rien prescrire; il commence tard à le traiter, mais il le guérit, tandis que le médecin trop pressé le tue.

Mais où placerons-nous cet enfant pour l'élever ainsi comme un être insensible, comme un automate? Le tiendrons-nous dans le globe de la lune, dans une île déserte? L'écarterons-nous de tous les humains? N'aura-t-il pas continuellement dans le monde le spectacle et l'exemple des passions d'autrui? Ne verra-t-il jamais d'autres enfans de son âge? Ne verra-t-il pas ses parens, ses voisins, sa nourrice, sa gouvernante, son laquais, son gouverneur même, qui après tout ne sera pas un ange?

Cette objection est forte et solide. Mais vous ai-je dit que ce fût une entreprise aisée qu'une éducation naturelle? O hommes! est-ce ma faute si vous avez rendu difficile tout ce qui est bien? Je sens ces difficultés, j'en conviens: peut-être sont-elles insurmontables; mais toujours est-il sûr qu'en s'appliquant à les prévenir on les prévient jusqu'à certain point. Je montre le but qu'il faut qu'on se propose: je ne dis pas qu'on y puisse arriver; mais je dis que celui qui en approchera davantage aura le mieux réussi (*).

Souvenez-vous qu'avant d'oser entreprendre de former un homme, il faut s'être fait homme soi-même; il faut trouver en soi l'exemple qu'il se doit proposer. Tandis que l'enfant est encore sans connoissance, on a le temps de préparer tout ce qui l'approche à ne frapper ses premiers regards que des objets qu'il lui convient de voir. Rendez-vous respectable à tout le monde, commencez par vous faire aimer afin que chacun cherche à vous complaire. Vous ne serez point maître de l'enfant si vous ne l'êtes de tout ce qui l'entoure; et cette autorité ne sera jamais suffisante, si elle n'est fondée sur l'estime de la vertu. Il ne s'agit point d'épuiser sa bourse et de verser l'argent à pleines mains; je n'ai jamais vu que l'argent fît aimer personne. Il ne faut point être avare et dur, ni plaindre la misère qu'on peut soulager; mais vous aurez beau ouvrir vos coffres, si vous n'ouvrez aussi votre cœur, celui des autres vous restera toujours fermé. C'est votre temps, ce sont vos soins, vos affections, c'est vous-même qu'il faut donner; car, quoi que vous puissiez faire, on sent toujours que votre argent n'est point vous. Il y a des témoignages d'intérêt et de bienveillance qui font plus d'effet, et sont réellement plus utiles que tous les dons: combien de malheureux, de malades, ont plus besoin de consolations que d'aumônes!

(*) Ainsi Fénelon avoit dit, dans son traité *de l'Éducation des filles*, « quand on entreprend un ouvrage sur la meilleure
» éducation, ce n'est pas pour donner des règles imparfaites.
» Il est vrai que chacun ne pourra pas aller dans la pratique
» aussi loin que nos pensées vont sur le papier; mais enfin
» lorsqu'on ne pourra pas aller jusqu'à la perfection, il ne sera
» pas inutile de l'avoir connue, et de s'être efforcé d'y atteindre; c'est le meilleur moyen d'en approcher. » Chap. 13.
G. P.

combien d'opprimés à qui la protection sert plus que l'argent! Raccommodez les gens qui se brouillent, prévenez les procès; portez les enfans au devoir, les pères à l'indulgence; favorisez d'heureux mariages; empêchez les vexations; employez, prodiguez le crédit des parens de votre élève en faveur du foible à qui on refuse justice, et que le puissant accable. Déclarez-vous hautement le protecteur des malheureux. Soyez juste, humain, bienfaisant. Ne faites pas seulement l'aumône, faites la charité; les œuvres de miséricorde soulagent plus de maux que l'argent : aimez les autres, et ils vous aimeront; servez-les, et ils vous serviront; soyez leur frère, et ils seront vos enfans.

C'est encore ici une des raisons pourquoi je veux élever Émile à la campagne, loin de la canaille des valets, les derniers des hommes après leurs maîtres; loin des noires mœurs des villes, que le vernis dont on les couvre rend séduisantes et contagieuses pour les enfans; au lieu que les vices des paysans, sans apprêt et dans toute leur grossièreté, sont plus propres à rebuter qu'à séduire, quand on n'a nul intérêt à les imiter.

Au village, un gouverneur sera beaucoup plus maître des objets qu'il voudra présenter à l'enfant; sa réputation, ses discours, son exemple, auront une autorité qu'ils ne sauroient avoir à la ville : étant utile à tout le monde, chacun s'empressera de l'obliger, d'être estimé de lui, de se montrer au disciple tel que le maître voudroit qu'on fût en effet; et si l'on ne se corrige pas du vice, on s'abstiendra du scandale, c'est tout ce dont nous avons besoin pour notre objet.

Cessez de vous en prendre aux autres de vos propres fautes : le mal que les enfans voient les corrompt moins que celui que vous leur apprenez. Toujours sermonneurs, toujours moralistes, toujours pédans, pour une idée que vous leur donnez la croyant bonne, vous leur en donnez à la fois vingt autres qui ne valent rien : pleins de ce qui se passe dans votre tête, vous ne voyez pas l'effet que vous produisez dans la leur. Parmi ce long flux de paroles dont vous les excédez incessamment, pensez-vous qu'il n'y en ait pas une qu'ils saisissent à faux? Pensez-vous qu'ils ne commentent pas à leur manière vos explications diffuses, et qu'ils n'y trouvent pas de quoi se faire un système à leur portée, qu'ils sauront vous opposer dans l'occasion?

Écoutez un petit bon-homme qu'on vient d'endoctriner; laissez-le jaser, questionner, extravaguer à son aise, et vous allez être surpris du tour étrange qu'ont pris vos raisonnemens dans son esprit : il confond tout, il renverse tout, il vous impatiente, il vous désole quelquefois par des objections imprévues; il vous réduit à vous taire, ou à le faire taire : et que peut-il penser de ce silence de la part d'un homme qui aime tant à parler? Si jamais il remporte cet avantage, et qu'il s'en aperçoive, adieu l'éducation; tout est fini dès ce moment, il ne cherche plus à s'instruire, il cherche à vous réfuter.

Maîtres zélés, soyez simples, discrets, retenus : ne vous hâtez jamais d'agir que pour empêcher d'agir les autres : je le répéterai sans cesse, renvoyez, s'il se peut, une bonne instruction, de peur d'en donner une mauvaise. Sur cette terre dont la nature eût fait le premier paradis de l'homme, craignez d'exercer l'emploi du tentateur en voulant donner à l'innocence la connoissance du bien et du mal : ne pouvant empêcher que l'enfant ne s'instruise au dehors par des exemples, bornez toute votre vigilance à imprimer ces exemples dans son esprit sous l'image qui lui convient.

Les passions impétueuses produisent un grand effet sur l'enfant qui en est témoin, parce qu'elles ont des signes très-sensibles qui le frappent et le forcent d'y faire attention. La colère surtout est si bruyante dans ses emportemens, qu'il est impossible de ne pas s'en apercevoir étant à portée. Il ne faut pas demander si c'est là pour un pédagogue l'occasion d'entamer un beau discours. Eh! point de beaux discours, rien du tout, pas un seul mot. Laissez venir l'enfant : étonné du spectacle, il ne manquera pas de vous questionner. La réponse est simple; elle se tire des objets mêmes qui frappent ses sens. Il voit un visage enflammé, des yeux étincelans, un geste menaçant, il entend des cris; tous signes que le corps n'est pas dans son assiette. Dites-lui posément, sans affectation, sans mystère : Ce pauvre homme est malade, il est dans un accès de fièvre. Vous pouvez de là tirer occasion de lui donner, mais en peu de mots, une idée des maladies et de leurs effets ; car cela aussi est de la nature, et c'est un des liens de la nécessité auxquels il se doit sentir assujetti.

Se peut-il que sur cette idée, qui n'est pas fausse, il ne contracte pas de bonne heure une certaine répugnance à se livrer aux excès des passions, qu'il regardera comme des maladies ? et croyez-vous qu'une pareille notion, donnée à propos, ne produira pas un effet aussi salutaire que le plus ennuyeux sermon de morale ? Mais voyez dans l'avenir les conséquences de cette notion : vous voilà autorisé, si jamais vous y êtes contraint, à traiter un enfant mutin comme un enfant malade ; à l'enfermer dans sa chambre, dans son lit s'il le faut, à le tenir au régime, à l'effrayer lui-même de ses vices naissans, à les lui rendre odieux et redoutables, sans que jamais il puisse regarder comme un châtiment la sévérité dont vous serez peut-être forcé d'user pour l'en guérir. Que s'il vous arrive à vous-même, dans quelque moment de vivacité, de sortir du sang-froid et de la modération dont vous devez faire votre étude, ne cherchez point à lui déguiser votre faute ; mais dites-lui franchement, avec un tendre reproche : Mon ami, vous m'avez fait mal.

Au reste, il importe que toutes les naïvetés que peut produire dans un enfant la simplicité des idées dont il est nourri ne soient jamais relevées en sa présence, ni citées de manière qu'il puisse l'apprendre. Un éclat de rire indiscret peut gâter le travail de six mois, et faire un tort irréparable pour toute la vie. Je ne puis assez redire que, pour être le maître de l'enfant, il faut être son propre maître. Je me représente mon petit Émile, au fort d'une rixe entre deux voisines, s'avançant vers la plus furieuse, et lui disant d'un ton de commisération : *Ma bonne, vous êtes malade, j'en suis bien fâché.* A coup sûr cette saillie ne restera pas sans effet sur les spectateurs, ni peut-être sur les actrices. Sans rire, sans le gronder, sans le louer, je l'emmène de gré ou de force avant qu'il puisse apercevoir cet effet, ou du moins avant qu'il y pense, et je me hâte de le distraire sur d'autres objets qui le lui fassent bien vite oublier.

Mon dessein n'est point d'entrer dans tous les détails, mais seulement d'exposer les maximes générales, et de donner des exemples dans les occasions difficiles. Je tiens pour impossible qu'au sein de la société l'on puisse amener un enfant à l'âge de douze ans, sans lui donner quelque idée des rapports d'homme à homme, et de la moralité des actions humaines. Il suffit qu'on s'applique à lui rendre ces notions nécessaires le plus tard qu'il se pourra, et que, quand elles deviendront inévitables, on les borne à l'utilité présente, seulement pour qu'il ne se croie pas le maître de tout, et qu'il ne fasse pas du mal à autrui sans scrupule et sans le savoir. Il y a des caractères doux et tranquilles qu'on peut mener loin sans danger dans leur première innocence ; mais il y a aussi des naturels violens dont la férocité se développe de bonne heure, et qu'il faut se hâter de faire hommes pour n'être pas obligé de les enchaîner.

Nos premiers devoirs sont envers nous ; nos sentimens primitifs se concentrent en nous-mêmes ; tous nos mouvemens naturels se rapportent d'abord à notre conservation et à notre bien-être. Ainsi le premier sentiment de la justice ne nous vient pas de celle que nous devons, mais de celle qui nous est due ; et c'est encore un des contre-sens des éducations communes, que, parlant d'abord aux enfans de leurs devoirs, jamais de leurs droits, on commence par leur dire le contraire de ce qu'il faut, ce qu'ils ne sauraient entendre, et ce qui ne peut les intéresser.

Si j'avois donc à conduire un de ceux que je viens de supposer, je me dirois, un enfant ne s'attaque pas aux personnes (¹), mais aux choses ; et bientôt il apprend par l'expérience à respecter quiconque le passe en âge et en force : mais les choses ne se défendent pas elles-mêmes. La première idée qu'il faut lui donner est donc moins celle de la liberté que de la propriété ; et, pour qu'il puisse avoir cette idée, il faut

---

(¹) On ne doit jamais souffrir qu'un enfant se joue aux grandes personnes comme avec ses inférieurs, ni même comme avec ses égaux. S'il osoit frapper sérieusement quelqu'un, fût-ce son laquais, fût-ce le bourreau, faites qu'on lui rende toujours ses coups avec usure, et de manière à lui ôter l'envie d'y revenir. J'ai vu d'imprudentes gouvernantes animer la mutinerie d'un enfant, l'exciter à battre, s'en laisser battre elles-mêmes, et rire de ses foibles coups, sans songer qu'ils étoient autant de meurtres dans l'intention du petit furieux, et que celui qui veut battre étant jeune voudra tuer étant grand.

qu'il ait quelque chose en propre. Lui citer ses hardes, ses meubles, ses jouets, c'est ne lui rien dire ; puisque, bien qu'il dispose de ces choses, il ne sait ni pourquoi ni comment il les a. Lui dire qu'il les a parce qu'on les lui a données, c'est ne faire guère mieux ; car, pour donner, il faut avoir : voilà donc une propriété antérieure à la sienne ; et c'est le principe de la propriété qu'on lui veut expliquer ; sans compter que le don est une convention, et que l'enfant ne peut savoir encore ce que c'est que convention (¹). Lecteurs, remarquez, je vous prie, dans cet exemple et dans cent mille autres, comment, fourrant dans la tête des enfans des mots qui n'ont aucun sens à leur portée, on croit pourtant les avoir fort bien instruits.

Il s'agit donc de remonter à l'origine de la propriété ; car c'est de là que la première idée en doit naître. L'enfant, vivant à la campagne, aura pris quelque notion des travaux champêtres ; il ne faut pour cela que des yeux, du loisir ; il aura l'un et l'autre. Il est de tout âge, surtout du sien, de vouloir créer, imiter, produire, donner des signes de puissance et d'activité. Il n'aura pas vu deux fois labourer un jardin, semer, lever, croître des légumes, qu'il voudra jardiner à son tour.

Par les principes ci-devant établis, je ne m'oppose point à son envie : au contraire, je la favorise, je partage son goût, je travaille avec lui, non pour son plaisir, mais pour le mien ; du moins il le croit ainsi : je deviens son garçon jardinier ; en attendant qu'il ait des bras, je laboure pour lui la terre : il en prend possession en y plantant une fève ; et sûrement cette possession est plus sacrée et plus respectable que celle que prenoit Nunès Balboa de l'Amérique méridionale au nom du roi d'Espagne, en plantant son étendard sur les côtes de la mer du Sud.

On vient tous les jours arroser les fèves, on les voit lever dans des transports de joie. J'augmente cette joie en lui disant : Cela vous appartient ; et lui expliquant alors ce terme d'appartenir, je lui fais sentir qu'il a mis là son temps, son travail, sa peine, sa personne enfin ; qu'il y a dans cette terre quelque chose de lui-même qu'il peut réclamer contre qui que ce soit, comme il pourroit retirer son bras de la main d'un autre homme qui voudroit le retenir malgré lui.

Un beau jour il arrive empressé et l'arrosoir à la main. O spectacle ! ô douleur ! toutes les fèves sont arrachées, tout le terrain est bouleversé, la place même ne se reconnoît plus. Ah ! qu'est devenu mon travail, mon ouvrage, le doux fruit de mes soins et de mes sueurs ? Qui m'a ravi mon bien ? qui m'a pris mes fèves ? Ce jeune cœur se soulève ; le premier sentiment de l'injustice y vient verser sa triste amertume ; les larmes coulent en ruisseaux ; l'enfant désolé remplit l'air de gémissemens et de cris. On prend part à sa peine, à son indignation ; on cherche, on s'informe, on fait des perquisitions. Enfin l'on découvre que le jardinier a fait le coup : on le fait venir.

Mais nous voici bien loin de compte. Le jardinier, apprenant de quoi l'on se plaint, commence à se plaindre plus haut que nous. Quoi ! messieurs, c'est vous qui m'avez ainsi gâté mon ouvrage ! J'avois semé là des melons de Malte dont la graine m'avoit été donnée comme un trésor, et desquels j'espérois vous régaler quand ils seroient mûrs ; mais voilà que, pour y planter vos misérables fèves, vous m'avez détruit mes melons déjà tout levés, et que je ne remplacerai jamais. Vous m'avez fait un tort irréparable, et vous vous êtes privés vous-mêmes du plaisir de manger des melons exquis.

JEAN-JACQUES.

Excusez-nous, mon pauvre Robert. Vous aviez mis là votre travail, votre peine. Je vois bien que nous avons eu tort de gâter votre ouvrage ; mais nous vous ferons venir d'autre graine de Malte, et nous ne travaillerons plus la terre avant de savoir si quelqu'un n'y a point mis la main avant nous.

ROBERT.

Oh bien ! messieurs, vous pouvez donc vous reposer ; car il n'y a plus guère de terre en friche. Moi, je travaille celle que mon père a bonifiée ; chacun en fait autant de son côté, et toutes les terres que vous voyez sont occupées depuis long-temps.

ÉMILE.

Monsieur Robert, il y a donc souvent de la graine de melons perdue ?

(¹) Voilà pourquoi la plupart des enfans veulent ravoir ce qu'ils ont donné, et pleurent quand on ne le leur veut pas rendre. Cela ne leur arrive plus quand ils ont bien conçu ce que c'est que don ; seulement ils sont alors plus circonspects à donner.

ROBERT.

Pardonnez-moi, mon jeune cadet; car il ne nous vient pas souvent de petits messieurs aussi étourdis que vous. Personne ne touche au jardin de son voisin; chacun respecte le travail des autres, afin que le sien soit en sûreté.

ÉMILE.

Mais moi je n'ai pas de jardin.

ROBERT.

Que m'importe? si vous gâtez le mien, je ne vous y laisserai plus promener; car, voyez-vous, je ne veux pas perdre ma peine.

JEAN-JACQUES.

Ne pourroit-on pas proposer un arrangement au bon Robert? Qu'il nous accorde, à mon petit ami et à moi, un coin de son jardin pour le cultiver, à condition qu'il aura la moitié du produit.

ROBERT.

Je vous l'accorde sans condition. Mais souvenez-vous que j'irai labourer vos fèves, si vous touchez à mes melons.

Dans cet essai de la manière d'inculquer aux enfans les notions primitives, on voit comment l'idée de la propriété remonte naturellement au droit du premier occupant par le travail. Cela est clair, net, simple, et toujours à la portée de l'enfant. De là jusqu'au droit de propriété et aux échanges il n'y a plus qu'un pas, après lequel il faut s'arrêter tout court.

On voit encore qu'une explication que je renferme ici dans deux pages d'écriture sera peut-être l'affaire d'un an pour la pratique; car, dans la carrière des idées morales, on ne peut avancer trop lentement ni trop bien s'affermir à chaque pas. Jeunes maîtres, pensez, je vous prie, à cet exemple, et souvenez-vous qu'en toute chose vos leçons doivent être plus en actions qu'en discours; car les enfans oublient aisément ce qu'ils ont dit et ce qu'on leur a dit, mais non pas ce qu'ils ont fait et ce qu'on leur a fait.

De pareilles instructions se doivent donner, comme je l'ai dit, plus tôt ou plus tard, selon que le naturel paisible ou turbulent de l'élève en accélère ou retarde le besoin; leur usage est d'une évidence qui saute aux yeux : mais, pour ne rien omettre d'important dans les choses difficiles, donnons encore un exemple.

Votre enfant dyscole gâte tout ce qu'il touche : ne vous fâchez point; mettez hors de sa portée ce qu'il peut gâter. Il brise les meubles dont il se sert; ne vous hâtez point de lui en donner d'autres : laissez-lui sentir le préjudice de la privation. Il casse les fenêtres de sa chambre; laissez le vent souffler sur lui nuit et jour sans vous soucier des rhumes; car il vaut mieux qu'il soit enrhumé que fou. Ne vous plaignez jamais des incommodités qu'il vous cause, mais faites qu'il les sente le premier. A la fin vous faites raccommoder les vitres, toujours sans rien dire. Il les casse encore; changez alors de méthode; dites-lui sèchement, mais sans colère : Les fenêtres sont à moi; elles ont été mises là par mes soins; je veux les garantir. Puis vous l'enfermerez à l'obscurité dans un lieu sans fenêtre. A ce procédé si nouveau il commence par crier, tempêter : personne ne l'écoute. Bientôt il se lasse et change de ton; il se plaint, il gémit : un domestique se présente, le mutin le prie de le délivrer. Sans chercher de prétexte pour n'en rien faire, le domestique répond : *J'ai aussi des vitres à conserver*, et s'en va. Enfin, après que l'enfant aura demeuré là plusieurs heures, assez long-temps pour s'y ennuyer et s'en souvenir, quelqu'un lui suggérera de vous proposer un accord au moyen duquel vous lui rendriez la liberté, et il ne casseroit plus de vitre. Il ne demandera pas mieux. Il vous fera prier de le venir voir : vous viendrez; il vous fera sa proposition, et vous l'accepterez à l'instant en lui disant : C'est très-bien pensé; nous y gagnerons tous deux : que n'avez-vous eu plus tôt cette bonne idée! Et puis, sans lui demander ni protestation ni confirmation de sa promesse, vous l'embrasserez avec joie et l'emmènerez sur-le-champ dans sa chambre, regardant cet accord comme sacré et inviolable autant que si le serment y avoit passé. Quelle idée pensez-vous qu'il prendra, sur ce procédé, de la foi des engagemens et de leur utilité? Je suis trompé s'il y a sur la terre un seul enfant, non déjà gâté, à l'épreuve de cette conduite, et qui s'avise après cela de casser une fenêtre à dessein. Suivez la chaîne de tout cela. Le petit méchant ne songeoit guère, en faisant un trou pour planter sa fève, qu'il se creusoit un cachot où sa science ne tarderoit pas à le faire enfermer (¹).

Nous voilà dans le monde moral, voilà la porte ouverte au vice. Avec les conventions et les devoirs naissent la tromperie et le mensonge. Dès qu'on peut faire ce qu'on ne doit pas, on veut cacher ce qu'on n'a pas dû faire. Dès qu'un intérêt fait promettre, un intérêt plus grand peut faire violer la promesse; il ne s'agit plus que de la violer impunément : la ressource est naturelle; on se cache et l'on ment. N'ayant pu prévenir le vice, nous voici déjà dans le cas de le punir. Voilà les misères de la vie humaine qui commencent avec ses erreurs.

J'en ai dit assez pour faire entendre qu'il ne faut jamais infliger aux enfans le châtiment comme châtiment, mais qu'il doit toujours leur arriver comme une suite naturelle de leur mauvaise action. Ainsi vous ne déclamerez point contre le mensonge, vous ne les punirez point précisément pour avoir menti; mais vous ferez que tous les mauvais effets du mensonge, comme de n'être point cru quand on dit la vérité, d'être accusé du mal qu'on n'a pas fait, quoiqu'on s'en défende, se rassemblent sur leur tête quand ils ont menti. Mais expliquons ce que c'est que mentir pour les enfans.

Il y a deux sortes de mensonges : celui de fait qui regarde le passé, celui de droit qui regarde l'avenir. Le premier a lieu quand on nie d'avoir fait ce qu'on a fait, ou quand on affirme avoir fait ce qu'on n'a pas fait, et en général quand on parle sciemment contre la vérité des choses. L'autre a lieu quand on promet ce qu'on n'a pas dessein de tenir, et en général quand on montre une intention contraire à celle qu'on a. Ces deux mensonges peuvent quelquefois se rassembler dans le même (¹); mais je les considère ici par ce qu'ils ont de différent.

Celui qui sent le besoin qu'il a du secours des autres, et qui ne cesse d'éprouver leur bienveillance, n'a nul intérêt de les tromper; au contraire, il a un intérêt sensible qu'ils voient les choses comme elles sont, de peur qu'ils ne se trompent à son préjudice. Il est donc clair que le mensonge de fait n'est pas naturel aux enfans; mais c'est la loi de l'obéissance qui produit là nécessité de mentir, parce que l'obéissance étant pénible, on s'en dispense en secret le plus qu'on peut, et que l'intérêt présent d'éviter le châtiment ou le reproche l'emporte sur l'intérêt éloigné d'exposer la vérité. Dans l'éducation naturelle et libre, pourquoi donc votre enfant vous mentiroit-il? Qu'a-t-il à vous cacher? Vous ne le reprenez point, vous ne le punissez de rien, vous n'exigez rien de lui. Pourquoi ne vous diroit-il pas tout ce qu'il a fait aussi naïvement qu'à son petit camarade? Il ne peut voir à cet aveu plus de danger d'un côté que de l'autre.

Le mensonge de droit est moins naturel encore, puisque les promesses de faire ou de s'abstenir sont des actes conventionnels, qui sortent de l'état de nature et dérogent à la liberté. Il y a plus; tous les engagemens des enfans sont nuls par eux-mêmes, attendu que leur vue bornée ne pouvant s'étendre au-delà du présent, en s'engageant ils ne savent ce qu'ils font. A peine l'enfant peut-il mentir quand il s'engage; car, ne songeant qu'à se tirer d'affaire dans le moment présent, tout moyen qui n'a pas un effet présent lui devient égal : en promettant pour un temps futur il ne promet rien, et son imagination encore endormie ne sait point étendre son être sur deux temps différens. S'il pouvoit éviter le fouet ou obtenir un cornet de dragées en promettant de se jeter demain par la fenêtre, il le promettroit à l'instant. Voilà pourquoi les lois n'ont aucun égard aux engagemens des enfans; et quand les pères et les maîtres plus sévères exigent qu'ils les remplissent, c'est seulement dans ce

(¹) Au reste, quand ce devoir de tenir ses engagemens ne seroit pas affermi dans l'esprit de l'enfant par le poids de son utilité, bientôt le sentiment intérieur, commençant à poindre, le lui imposeroit comme une loi de la conscience, comme un principe inné qui n'attend que le développement des connoissances auxquelles il s'applique. Ce premier trait n'est point marqué par la main des hommes, mais gravé dans nos cœurs par l'auteur de toute justice. Otez la loi primitive des conventions et l'obligation qu'elle impose, tout est illusoire et vain dans la société humaine. Qui ne tient que par son profit à sa promesse n'est guère plus lié que s'il n'eût rien promis; ou tout au plus il en sera du pouvoir de la violer comme de la bisque des joueurs, qui ne tardent à s'en prévaloir que pour attendre le moment de s'en prévaloir avec plus d'avantage. Ce principe est de la dernière importance, et mérite d'être approfondi; car c'est ici que l'homme commence à se mettre en contradiction avec lui-même.

(¹) Comme lorsque accusé d'une mauvaise action le coupable s'en défend en se disant honnête homme. Il ment alors dans le fait et dans le droit.

que l'enfant devroit faire, quand même il ne l'auroit pas promis.

L'enfant, ne sachant ce qu'il fait quand il s'engage, ne peut donc mentir en s'engageant. Il n'en est pas de même quand il manque à sa promesse, ce qui est encore une espèce de mensonge rétroactif : car il se souvient très-bien d'avoir fait cette promesse ; mais ce qu'il ne voit pas, c'est l'importance de la tenir. Hors d'état de lire dans l'avenir, il ne peut prévoir les conséquences des choses ; et quand il viole ses engagemens, il ne fait rien contre la raison de son âge.

Il suit de là que les mensonges des enfans sont tous l'ouvrage des maîtres, et que vouloir leur apprendre à dire la vérité n'est autre chose que leur apprendre à mentir. Dans l'empressement qu'on a de les régler, de les gouverner, de les instruire, on ne se trouve jamais assez d'instrumens pour en venir à bout. On veut se donner de nouvelles prises dans leur esprit par des maximes sans fondement, par des préceptes sans raison, et l'on aime mieux qu'ils sachent leurs leçons et qu'ils mentent, que s'ils demeuroient ignorans et vrais.

Pour nous, qui ne donnons à nos élèves que des leçons de pratique, et qui aimons mieux qu'ils soient bons que savans, nous n'exigeons point d'eux la vérité, de peur qu'ils ne la déguisent, et nous ne leur faisons rien promettre qu'ils soient tentés de ne pas tenir. S'il s'est fait en mon absence quelque mal dont j'ignore l'auteur, je me garderai d'en accuser Émile, ou de lui dire : *Est-ce vous*(¹) ? Car en cela que ferois-je autre chose sinon lui apprendre à le nier ? Que si son naturel difficile me force à faire avec lui quelque convention, je prendrai si bien mes mesures que la proposition en vienne toujours de lui, jamais de moi ; que quand il s'est engagé il ait toujours un intérêt présent et sensible à remplir son engagement ; et que, si jamais il y manque, ce mensonge attire sur lui des maux qu'il voie sortir de l'ordre même des choses, et non pas de la vengeance de son gouverneur. Mais loin d'avoir besoin de recourir à de si cruels expédiens, je suis presque sûr qu'Émile apprendra fort tard ce que c'est que mentir, et qu'en l'apprenant il sera fort étonné, ne pouvant concevoir à quoi peut être bon le mensonge. Il est très-clair que plus je rends son bien-être indépendant, soit des volontés, soit des jugemens des autres, plus je coupe en lui tout intérêt de mentir.

Quand on n'est point pressé d'instruire, on n'est point pressé d'exiger, et l'on prend son temps pour ne rien exiger qu'à propos. Alors l'enfant se forme, en ce qu'il ne se gâte point. Mais quand un étourdi de précepteur, ne sachant comment s'y prendre, lui fait à chaque instant promettre ceci ou cela, sans distinction, sans choix, sans mesure, l'enfant, ennuyé, surchargé de toutes ces promesses, les néglige, les oublie, les dédaigne enfin, et, les regardant comme autant de vaines formules, se fait un jeu de les faire et de les violer. Voulez-vous donc qu'il soit fidèle à tenir sa parole, soyez discret à l'exiger.

Le détail dans lequel je viens d'entrer sur le mensonge peut à bien des égards s'appliquer à tous les autres devoirs, qu'on ne prescrit aux enfans qu'en les leur rendant non-seulement haïssables, mais impraticables. Pour paroître leur prêcher la vertu, on leur fait aimer tous les vices : on les leur donne en leur défendant de les avoir. Veut-on les rendre pieux, on les mène s'ennuyer à l'église ; en leur faisant incessamment marmotter des prières, on les force d'aspirer au bonheur de ne plus prier Dieu. Pour leur inspirer la charité, on leur fait donner l'aumône, comme si l'on dédaignoit de la donner soi-même. Eh ! ce n'est pas l'enfant qui doit donner, c'est le maître : quelque attachement qu'il ait pour son élève, il doit lui disputer cet honneur ; il doit lui faire juger qu'à son âge on n'en est point encore digne. L'aumône est une action d'homme qui connoît la valeur de ce qu'il donne et le besoin que son semblable en a. L'enfant, qui ne connoît rien de cela, ne peut avoir aucun mérite à donner ; il donne sans charité, sans bienfaisance ; il est presque honteux de donner, quand, fondé sur son exemple et le vôtre, il croit qu'il n'y a que les enfans qui donnent, et qu'on ne fait plus l'aumône étant grand.

(¹) Rien n'est plus indiscret qu'une pareille question, surtout quand l'enfant est coupable : alors, s'il croit que vous savez ce qu'il a fait, il verra que vous lui tendez un piége, et cette opinion ne peut manquer de l'indisposer contre vous. S'il ne le croit pas, il se dira : Pourquoi découvrirois-je ma faute ? Et voilà la première tentation du mensonge devenue l'effet de votre imprudente question.

Remarquez qu'on ne fait jamais donner par l'enfant que des choses dont il ignore la valeur, des pièces de métal qu'il a dans sa poche, et qui ne lui servent qu'à cela. Un enfant donneroit plutôt cent louis qu'un gâteau. Mais engagez ce prodigue distributeur à donner les choses qui lui sont chères, des jouets, des bonbons, son goûter, et nous saurons bientôt si vous l'avez rendu vraiment libéral.

On trouve encore un expédient à cela, c'est de rendre bien vite à l'enfant ce qu'il a donné, de sorte qu'il s'accoutume à donner tout ce qu'il sait bien qui lui va revenir. Je n'ai guère vu dans les enfans que ces deux espèces de générosité: donner ce qui ne leur est bon à rien, ou donner ce qu'ils sont sûrs qu'on va leur rendre. Faites en sorte, dit Locke, qu'ils soient convaincus par expérience que le plus libéral est toujours le mieux partagé. C'est là rendre un enfant libéral en apparence, et avare en effet. Il ajoute que les enfans contracteront ainsi l'habitude de la libéralité. Oui, d'une libéralité usurière, qui donne un œuf pour avoir un bœuf. Mais, quand il s'agira de donner tout de bon, adieu l'habitude; lorsqu'on cessera de leur rendre, ils cesseront bientôt de donner. Il faut regarder à l'habitude de l'âme plutôt qu'à celle des mains. Toutes les autres vertus qu'on apprend aux enfans ressemblent à celle-là, et c'est à leur prêcher ces solides vertus qu'on use leurs jeunes ans dans la tristesse! Ne voilà-t-il pas une savante éducation?

Maîtres, laissez les simagrées, soyez vertueux et bons, que vos exemples se gravent dans la mémoire de vos élèves, en attendant qu'ils puissent entrer dans leurs cœurs. Au lieu de me hâter d'exiger du mien des actes de charité, j'aime mieux en faire en sa présence, et lui ôter même le moyen de m'imiter en cela, comme un honneur qui n'est pas de son âge; car il importe qu'il ne s'accoutume pas à regarder les devoirs des hommes seulement comme des devoirs d'enfans. Que si, me voyant assister les pauvres, il me questionne là-dessus, et qu'il soit temps de lui répondre ([1]), je lui dirai : « Mon ami, c'est que quand les pauvres ont » bien voulu qu'il y eût des riches, les riches » ont promis de nourrir tous ceux qui n'au- » roient de quoi vivre ni par leur bien ni par » leur travail. » « Vous avez donc aussi promis » cela ? » reprendra-t-il. « Sans doute; je ne » suis maître du bien qui passe par mes mains » qu'avec la condition qui est attachée à sa » propriété. »

Après avoir entendu ce discours, et l'on a vu comment on peut mettre un enfant en état de l'entendre, un autre qu'Émile seroit tenté de m'imiter et de se conduire en homme riche : en pareil cas, j'empêcherois au moins que ce ne fût avec ostentation; j'aimerois mieux qu'il me dérobât mon droit et se cachât pour donner. C'est une fraude de son âge, et la seule que je lui pardonnerois.

Je sais que toutes ces vertus par imitation sont des vertus de singe, et que nulle bonne action n'est moralement bonne que quand on la fait comme telle, et non parce que d'autres la font. Mais, dans un âge où le cœur ne sent rien encore, il faut bien faire imiter aux enfans les actes dont on veut leur donner l'habitude, en attendant qu'ils les puissent faire par discernement et par amour du bien. L'homme est imitateur, l'animal même l'est; le goût de l'imitation est de la nature bien ordonnée; mais il dégénère en vice dans la société. Le singe imite l'homme qu'il craint, et n'imite pas les animaux qu'il méprise; il juge bon ce que fait un être meilleur que lui. Parmi nous, au contraire, nos arlequins de toute espèce imitent le beau pour le dégrader, pour le rendre ridicule; ils cherchent dans le sentiment de leur bassesse à s'égaler ce qui vaut mieux qu'eux; ou, s'ils s'efforcent d'imiter ce qu'ils admirent, on voit dans le choix des objets le faux goût des imitateurs : il veulent bien plus en imposer aux autres ou faire applaudir leur talent, que se rendre meilleurs ou plus sages. Le fondement de l'imitation parmi nous vient du désir de se transporter toujours hors de soi. Si je réussis dans mon entreprise, Émile n'aura sûrement pas ce désir. Il faut donc nous passer du bien apparent qu'il peut produire.

Approfondissez toutes les règles de votre éducation, vous les trouverez ainsi toutes à contre-sens, surtout en ce qui concerne les vertus et les mœurs. La seule leçon de morale qui

---

[1] On doit concevoir que je ne résous pas ses questions quand il lui plaît, mais quand il me plaît; autrement ce seroit m'asservir à ses volontés, et me mettre dans la plus dangereuse dépendance où un gouverneur puisse être de son élève.

convienne à l'enfance, et la plus importante à tout âge, est de ne jamais faire de mal à personne. Le précepte même de faire du bien, s'il n'est subordonné à celui-là, est dangereux, faux, contradictoire. Qui est-ce qui ne fait pas du bien? tout le monde en fait, le méchant comme les autres; il fait un heureux aux dépens de cent misérables; et de là viennent toutes nos calamités. Les plus sublimes vertus sont négatives : elles sont aussi les plus difficiles, parce qu'elles sont sans ostentation, et au-dessus même de ce plaisir si doux au cœur de l'homme, d'en renvoyer un autre content de nous. O quel bien fait nécessairement à ses semblables celui d'entre eux, s'il en est un, qui ne leur fait jamais de mal! De quelle intrépidité d'âme, de quelle vigueur de caractère il a besoin pour cela! Ce n'est pas en raisonnant sur cette maxime, c'est en tâchant de la pratiquer, qu'on sent combien il est grand et pénible d'y réussir (¹).

Voilà quelques foibles idées des précautions avec lesquelles je voudrois qu'on donnât aux enfans les instructions qu'on ne peut quelquefois leur refuser sans les exposer à nuire à eux-mêmes ou aux autres, et surtout à contracter de mauvaises habitudes dont on auroit peine ensuite à les corriger : mais soyons sûrs que cette nécessité se présentera rarement pour les enfans élevés comme ils doivent l'être, parce qu'il est impossible qu'ils deviennent indociles, méchans, menteurs, avides, quand on n'aura pas semé dans leurs cœurs les vices qui les rendent tels. Ainsi ce que j'ai dit sur ce point sert plus aux exceptions qu'aux règles; mais ces exceptions sont plus fréquentes à mesure que les enfans ont plus d'occasions de sortir de leur état et de contracter les vices des hommes. Il faut nécessairement à ceux qu'on élève au milieu du monde des instructions plus précoces qu'à ceux qu'on élève dans la retraite. Cette éducation solitaire seroit donc préférable, quand elle ne feroit que donner à l'enfance le temps de mûrir.

Il est un autre genre d'exceptions contraires pour ceux qu'un heureux naturel élève au-dessus de leur âge. Comme il y a des hommes qui ne sortent jamais de l'enfance, il y en a d'autres qui, pour ainsi dire, n'y passent point, et sont hommes presque en naissant. Le mal est que cette dernière exception est très-rare, très-difficile à connoître, et que chaque mère, imaginant qu'un enfant peut être un prodige, ne doute point que le sien n'en soit un. Elles font plus, elles prennent pour des indices extraordinaires ceux mêmes qui marquent l'ordre accoutumé : la vivacité, les saillies, l'étourderie, la piquante naïveté; tous signes caractéristiques de l'âge, et qui montrent le mieux qu'un enfant n'est qu'un enfant. Est-il étonnant que celui qu'on fait beaucoup parler et à qui l'on permet de tout dire, qui n'est gêné par aucun égard, par aucune bienséance, fasse par hasard quelque heureuse rencontre? Il le seroit bien plus qu'il n'en fît jamais, comme il le seroit qu'avec mille mensonges un astrologue ne prédît jamais aucune vérité. Ils mentiront tant, disoit Henri IV, qu'à la fin ils diront vrai. Quiconque veut trouver quelques bons mots n'a qu'à dire beaucoup de sottises. Dieu garde de mal les gens à la mode, qui n'ont pas d'autre mérite pour être fêtés!

Les pensées les plus brillantes peuvent tomber dans le cerveau des enfans, ou plutôt les meilleurs mots dans leur bouche, comme les diamans du plus grand prix sous leurs mains, sans que pour cela ni les pensées ni les diamans leur appartiennent; il n'y a point de véritable propriété pour cet âge en aucun genre. Les choses que dit un enfant ne sont pas pour lui ce qu'elles sont pour nous; il n'y joint pas les mêmes idées. Ces idées, si tant est qu'il en ait, n'ont dans sa tête ni suite ni liaison; rien de fixe, rien d'assuré dans tout ce qu'il pense. Examinez votre prétendu prodige. En de certains momens vous lui trouverez un ressort

---

(¹) Le précepte de ne jamais nuire à autrui emporte celui de tenir à la société humaine le moins qu'il est possible; car, dans l'état social, le bien de l'un fait nécessairement le mal de l'autre. Ce rapport est dans l'essence de la chose, et rien ne sauroit le changer. Qu'on cherche sur ce principe lequel est le meilleur de l'homme social ou du solitaire. Un auteur illustre dit qu'il n'y a que le méchant qui soit seul (*); moi je dis qu'il n'y a que le bon qui soit seul. Si cette proposition est moins sentencieuse, elle est plus vraie et mieux raisonnée que la précédente. Si le méchant étoit seul, quel mal feroit-il? C'est dans la société qu'il dresse ses machines pour nuire aux autres. Si l'on veut rétorquer cet argument pour l'homme de bien, je réponds par l'article auquel appartient cette note.

(*) Diderot, préface du *Fils naturel*. Rousseau revient souvent sur cette sentence prononcée par son ami lorsqu'il étoit seul à l'Hermitage; voyez *Confessions*, livre IX, tome I, page 239.

d'une extrême activité, une clarté d'esprit à percer les nues. Le plus souvent ce même esprit vous paroît lâche, moite, et comme environné d'un épais brouillard. Tantôt il vous devance, et tantôt il reste immobile. Un instant vous diriez, c'est un génie, et l'instant d'après, c'est un sot. Vous vous tromperiez toujours : c'est un enfant. C'est un aiglon qui fend l'air un instant, et retombe l'instant d'après dans son aire.

Traitez-le donc selon son âge malgré les apparences, et craignez d'épuiser ses forces pour les avoir voulu trop exercer. Si ce jeune cerveau s'échauffe, si vous voyez qu'il commence à bouillonner, laissez-le d'abord fermenter en liberté, mais ne l'excitez jamais, de peur que tout ne s'exhale; et quand les premiers esprits se seront évaporés, retenez, comprimez les autres, jusqu'à ce qu'avec les années tout se tourne en chaleur vivifiante et en véritable force. Autrement vous perdrez votre temps et vos soins, vous détruirez votre propre ouvrage; et après vous être indiscrètement enivrés de toutes ces vapeurs inflammables, il ne vous restera qu'un marc sans vigueur.

Des enfans étourdis viennent les hommes vulgaires : je ne sache point d'observation plus générale et plus certaine que celle-là. Rien n'est plus difficile que de distinguer dans l'enfance la stupidité réelle, de cette apparente et trompeuse stupidité qui est l'annonce des âmes fortes. Il paroît d'abord étrange que les deux extrêmes aient des signes si semblables : et cela doit pourtant être; car dans un âge où l'homme n'a encore nulles véritables idées, toute la différence qui se trouve entre celui qui a du génie et celui qui n'en a pas, est que le dernier n'admet que de fausses idées, et que le premier, n'en trouvant que de telles, n'en admet aucune : il ressemble donc au stupide en ce que l'un n'est capable de rien, et que rien ne convient à l'autre. Le seul signe qui peut les distinguer dépend du hasard, qui peut offrir au dernier quelque idée à sa portée, au lieu que le premier est toujours le même partout. Le jeune Caton, durant son enfance, sembloit un imbécile dans la maison. Il étoit taciturne et opiniâtre : voilà tout le jugement qu'on portoit de lui. Ce ne fut que dans l'antichambre de Sylla que son oncle apprit à le connoître. S'il ne fût point entré dans cette antichambre, peut-être eût-il passé pour une brute jusqu'à l'âge de raison : si César n'eût point vécu, peut-être eût-on toujours traité de visionnaire ce même Caton qui pénétra son funeste génie, et prévit tous ses projets de si loin. O que ceux qui jugent si précipitamment les enfans sont sujets à se tromper ! Ils sont souvent plus enfans qu'eux. J'ai vu, dans un âge assez avancé, un homme (*) qui m'honoroit de son amitié passer dans sa famille et chez ses amis pour un esprit borné; cette excellente tête se mûrissoit en silence. Tout à coup il s'est montré philosophe, et je ne doute pas que la postérité ne lui marque une place honorable et distinguée parmi les meilleurs raisonneurs et les plus profonds métaphysiciens de son siècle.

Respectez l'enfance, et ne vous pressez point de la juger, soit en bien, soit en mal. Laissez les exceptions s'indiquer, se prouver, se confirmer long-temps avant d'adopter pour elles des méthodes particulières. Laissez long-temps agir la nature avant de vous mêler d'agir à sa place, de peur de contrarier ses opérations. Vous connoissez, dites-vous, le prix du temps et n'en voulez point perdre. Vous ne voyez pas que c'est bien plus le perdre d'en mal user que de n'en rien faire, et qu'un enfant mal instruit est plus loin de la sagesse que celui qu'on n'a point instruit du tout. Vous êtes alarmé de le voir consumer ses premières années à ne rien faire ! Comment ! n'est-ce rien que d'être heureux, n'est-ce rien que de sauter, jouer, courir toute la journée? De sa vie il ne sera si occupé. Platon, dans sa *République*, qu'on croit si austère, n'élève les enfans qu'en fêtes, jeux, chansons, passe-temps; on diroit qu'il a tout fait quand il leur a bien appris à se réjouir : et Sénèque parlant de l'ancienne jeunesse romaine : Elle étoit, dit-il, toujours debout, on ne lui enseignoit rien qu'elle dût apprendre assise (**). En valoit-elle moins parvenue à l'âge

---

(*) L'abbé de Condillac. G. P.

(**) *Nihil liberos suos docebant, quod discendum esset jacentibus.* Epist. 88. — Ce même passage se retrouve dans Montaigne, liv. II, chap. 24.

« C'est merveille, dit-il encore (livre I, chap. 25), combien
» Platon se montre soigneux en ses loix de la gayeté et passe-
» temps de la jeunesse de sa cité; et combien il s'arreste à leurs

viril! Effrayez-vous donc peu de cette oisiveté prétendue. Que diriez-vous d'un homme qui, pour mettre toute la vie à profit, ne voudroit jamais dormir? Vous diriez : Cet homme est insensé; il ne jouit pas du temps, il se l'ôte; pour fuir le sommeil il court à la mort. Songez donc que c'est ici la même chose, et que l'enfance est le sommeil de la raison.

L'apparente facilité d'apprendre est cause de la perte des enfans. On ne voit pas que cette facilité même est la preuve qu'ils n'apprennent rien. Leur cerveau lisse et poli rend comme un miroir les objets qu'on lui présente; mais rien ne reste, rien ne pénètre. L'enfant retient les mots, les idées se réfléchissent; ceux qui l'écoutent les entendent, lui seul ne les entend point.

Quoique la mémoire et le raisonnement soient deux facultés essentiellement différentes, cependant l'une ne se développe véritablement qu'avec l'autre. Avant l'âge de raison l'enfant ne reçoit pas des idées, mais des images; et il y a cette différence entre les unes et les autres, que les images ne sont que des peintures absolues des objets sensibles, et que les idées sont des notions des objets, déterminées par des rapports. Une image peut être seule dans l'esprit qui se la représente; mais toute idée en suppose d'autres. Quand on imagine, on ne fait que voir; quand on conçoit, on compare. Nos sensations sont purement passives, au lieu que toutes nos perceptions ou idées naissent d'un principe actif qui juge. Cela sera démontré ci-après.

Je dis donc que les enfans, n'étant pas capables de jugement, n'ont point de véritable mémoire. Ils retiennent des sons, des figures, des sensations, rarement des idées, plus rarement des liaisons. En m'objectant qu'ils apprennent quelques élémens de géométrie, on croit bien prouver contre moi; et tout au contraire, c'est pour moi qu'on prouve : on montre que, loin de savoir raisonner d'eux-mêmes, ils ne savent pas même retenir les raisonnemens d'autrui; car suivez ces petits géomètres dans leur méthode, vous voyez aussitôt qu'ils n'ont retenu que l'exacte impression de la figure et les termes de la démonstration. A la moindre objection nouvelle, ils n'y sont plus, renversez la figure, ils n'y sont plus. Tout leur savoir est dans la sensation, rien n'a passé jusqu'à l'entendement. Leur mémoire elle-même n'est guère plus parfaite que leurs autres facultés, puisqu'il faut presque toujours qu'ils rapprennent étant grands les choses dont ils ont appris les mots dans l'enfance.

Je suis cependant bien éloigné de penser que les enfans n'aient aucune espèce de raisonnement ([1]). Au contraire, je vois qu'ils raisonnent très-bien dans tout ce qu'ils connoissent et qui se rapporte à leur intérêt présent et sensible. Mais c'est sur leurs connoissances que l'on se trompe, en leur prêtant celles qu'ils n'ont pas, et les faisant raisonner sur ce qu'ils ne sauroient comprendre. On se trompe encore en voulant les rendre attentifs à des considérations qui ne les touchent en aucune manière, comme celle de leur intérêt à venir, de leur bonheur étant hommes, de l'estime qu'on aura pour eux quand ils seront grands; discours qui, tenus à des êtres dépourvus de toute prévoyance, ne signifient absolument rien pour eux. Or, toutes les études forcées de ces pauvres infortunés tendent à ces objets entièrement étrangers à leurs esprits. Qu'on juge de l'attention qu'ils y peuvent donner.

Les pédagogues qui nous étalent en grand appareil les instructions qu'ils donnent à leurs disciples sont payés pour tenir un autre langage : cependant on voit, par leur propre conduite, qu'ils pensent exactement comme moi. Car que leur apprennent-ils enfin? Des mots, encore des mots, et toujours des mots. Parmi les diverses sciences qu'ils se vantent de leur

» courses, jeux, chansons, saults et danses... Il s'étend à mille
» preceptes pour ses gymnases; pour les sciences lettrees, il s'y
» amuse fort peu, etc. »   G. P.

([1]) J'ai fait cent fois réflexion en écrivant, qu'il est impossible, dans un long ouvrage, de donner toujours les mêmes sens aux mêmes mots. Il n'y a point de langue assez riche pour fournir autant de termes, de tours et de phrases, que nos idées peuvent avoir de modifications. La méthode de définir tous les termes, et de substituer sans cesse la définition à la place du défini, est belle, mais impraticable; car comment éviter le cercle? Les définitions pourroient être bonnes si l'on n'employoit pas des mots pour les faire. Malgré cela, je suis persuadé qu'on peut être clair, même dans la pauvreté de notre langue, non pas en donnant toujours les mêmes acceptions aux mêmes mots, mais en faisant en sorte, autant de fois qu'on emploie chaque mot, que l'acception qu'on lui donne soit suffisamment déterminée par les idées qui s'y rapportent, et que chaque période où ce mot se trouve lui serve, pour ainsi dire, de définition. Tantôt je dis que les enfans sont incapables de raisonnement, et tantôt je les fais raisonner avec assez de finesse. Je ne crois pas en cela me contredire dans mes idées, mais je ne puis disconvenir que je ne me contredise souvent dans mes expressions.

enseigner, ils se gardent bien de choisir celles qui leur seroient véritablement utiles, parce que ce seroient des sciences de choses, et qu'ils n'y réussiroient pas; mais celles qu'on paroît savoir quand on en sait les termes, le blason, la géographie, la chronologie, les langues, etc.; toutes études si loin de l'homme, et surtout de l'enfant, que c'est une merveille si rien de tout cela lui peut être utile une seule fois en sa vie.

On sera surpris que je compte l'étude des langues au nombre des inutilités de l'éducation : mais on se souviendra que je ne parle ici que des études du premier âge; et, quoi qu'on puisse dire, je ne crois pas que jusqu'à l'âge de douze ou quinze ans nul enfant, les prodiges à part, ait jamais vraiment appris deux langues.

Je conviens que si l'étude des langues n'étoit que celle des mots, c'est-à-dire des figures ou des sons qui les expriment, cette étude pourroit convenir aux enfans : mais les langues, en changeant les signes, modifient aussi les idées qu'ils représentent. Les têtes se forment sur les langages, les pensées prennent la teinte des idiomes. La raison seule est commune, l'esprit en chaque langue a sa forme particulière; différence qui pourroit bien être en partie la cause ou l'effet des caractères nationaux : et ce qui paroît confirmer cette conjecture, est que, chez toutes les nations du monde, la langue suit les vicissitudes des mœurs, et se conserve ou s'altère comme elles.

De ces formes diverses l'usage en donne une à l'enfant, et c'est la seule qu'il garde jusqu'à l'âge de raison. Pour en avoir deux, il faudroit qu'il sût comparer des idées; et comment les compareroit-il, quand il est à peine en état de les concevoir ? Chaque chose peut avoir pour lui mille signes différens : mais chaque idée ne peut avoir qu'une forme : il ne peut donc apprendre à parler qu'une langue. Il en apprend cependant plusieurs, me dit-on : je le nie. J'ai vu de ces petits prodiges qui croyoient parler cinq ou six langues. Je les ai entendus successivemnt parler allemand, en termes latins, en termes françois, en termes italiens; ils se servoient à la vérité de cinq ou six dictionnaires, mais ils ne parloient toujours qu'allemand. En un mot, donnez aux enfans tant de synonymes qu'il vous plaira : vous changerez les mots, non la langue; ils n'en sauront jamais qu'une.

C'est pour cacher en ceci leur inaptitude qu'on les exerce par préférence sur les langues mortes, dont il n'y a plus de juges qu'on ne puisse récuser. L'usage familier de ces langues étant perdu depuis long-temps, on se contente d'imiter ce qu'on en trouve écrit dans les livres; et l'on appelle cela les parler. Si tel est le grec et le latin des maîtres, qu'on juge de celui des enfans! A peine ont-ils appris par cœur leur rudiment, auquel ils n'entendent absolument rien, qu'on leur apprend d'abord à rendre un discours françois en mots latins; puis, quand ils sont plus avancés, à coudre en prose des phrases de Cicéron, et en vers des centons de Virgile. Alors ils croient parler latin : qui est-ce qui viendra les contredire?

En quelque étude que ce puisse être, sans l'idée des choses représentées les signes représentans ne sont rien. On borne pourtant toujours l'enfant à ces signes, sans jamais pouvoir lui faire comprendre aucune des choses qu'ils représentent. En pensant lui apprendre la description de la terre, on ne lui apprend qu'à connoître des cartes : on lui apprend des noms de villes, de pays, de rivières, qu'il ne conçoit pas exister ailleurs que sur le papier où l'on les lui montre. Je me souviens d'avoir vu quelque part une géographie qui commençoit ainsi : *Qu'est-ce que le monde? C'est un globe de carton.* Telle est précisément la géographie des enfans. Je pose en fait qu'après deux ans de sphère et de cosmographie, il n'y a pas un seul enfant de dix ans qui, sur les règles qu'on lui a données, sût se conduire de Paris à Saint-Denis. Je pose en fait qu'il n'y en a pas un qui, sur un plan du jardin de son père, fût en état d'en suivre les détours sans s'égarer. Voilà ces docteurs qui savent à point nommé où sont Pékin, Ispahan, le Mexique, et tous les pays de la terre.

J'entends dire qu'il convient d'occuper les enfans à des études où il ne faille que des yeux : cela pourroit être s'il y avoit quelque étude où il ne fallût que des yeux; mais je n'en connois point de telle.

Par une erreur encore plus ridicule, on leur fait étudier l'histoire : on s'imagine que l'histoire est à leur portée parce qu'elle n'est qu'un recueil de faits. Mais qu'entend-on par ce mot de faits! croit-on que les rapports qui déterminent les faits historiques soient si faciles à saisir.

que les idées s'en forment sans peine dans l'esprit des enfans? Croit-on que la véritable connoissance des événemens soit séparable de celle de leurs causes, de celle de leurs effets, et que l'historique tienne si peu au moral qu'on puisse connoître l'un sans l'autre? Si vous ne voyez dans les actions des hommes que les mouvemens extérieurs et purement physiques, qu'apprenez-vous dans l'histoire? absolument rien; et cette étude, dénuée de tout intérêt, ne vous donne pas plus de plaisir que d'instruction. Si vous voulez apprécier ces actions par leurs rapports moraux, essayez de faire entendre ces rapports à vos élèves, et vous verrez alors si l'histoire est de leur âge.

Lecteurs, souvenez-vous toujours que celui qui vous parle n'est ni un savant ni un philosophe, mais un homme simple, ami de la vérité, sans parti, sans système; un solitaire, qui, vivant peu avec les hommes, a moins d'occasions de s'imboire de leurs préjugés, et plus de temps pour réfléchir sur ce qui le frappe quand il commerce avec eux. Mes raisonnemens sont moins fondés sur des principes que sur des faits; et je crois ne pouvoir mieux vous mettre à portée d'en juger, que de vous rapporter souvent quelque exemple des observations qui me les suggèrent.

J'étois allé passer quelques jours à la campagne chez une bonne mère de famille qui prenoit grand soin de ses enfans et de leur éducation. Un matin que j'étois présent aux leçons de l'aîné, son gouverneur, qui l'avoit très-bien instruit de l'histoire ancienne, reprenant celle d'Alexandre, tomba sur le trait connu du médecin Philippe qu'on a mis en tableau, et qui sûrement en valoit bien la peine (*). Le gouverneur, homme de mérite, fit sur l'intrépidité d'Alexandre plusieurs réflexions qui ne me plurent point, mais que j'évitai de combattre, pour ne pas le décréditer dans l'esprit de son élève. A table, on ne manqua pas, selon la méthode françoise, de faire beaucoup babiller le petit bon homme. La vivacité naturelle à son âge, et l'attente d'un applaudissement sûr, lui firent débiter mille sottises, tout à travers lesquelles partoient de temps en temps quelques mots heureux qui faisoient oublier le reste. Enfin vint l'histoire du médecin Philippe : il la raconta fort nettement et avec beaucoup de grâce. Après l'ordinaire tribut d'éloges qu'exigeoit la mère et qu'attendoit le fils, on raisonna sur ce qu'il avoit dit. Le plus grand nombre blâma la témérité d'Alexandre; quelques-uns, à l'exemple du gouverneur, admiroient sa fermeté, son courage : ce qui me fit comprendre qu'aucun de ceux qui étoient présens ne voyoit en quoi consistoit la véritable beauté de ce trait. Pour moi, leur dis-je, il me paroît que s'il y a le moindre courage, la moindre fermeté dans l'action d'Alexandre, elle n'est qu'une extravagance. Alors tout le monde se réunit et convint que c'étoit une extravagance. J'allois répondre et m'échauffer, quand une femme qui étoit à côté de moi, et qui n'avoit pas ouvert la bouche, se pencha vers mon oreille, et me dit tout bas : Tais-toi, Jean-Jacques; ils ne t'entendront pas. Je la regardai, je fus frappé, et je me tus.

Après le dîner, soupçonnant sur plusieurs indices que mon jeune docteur n'avoit rien compris du tout à l'histoire qu'il avoit si bien racontée, je le pris par la main, je fis avec lui un tour de parc, et l'ayant questionné tout à mon aise, je trouvai qu'il admiroit plus que personne le courage si vanté d'Alexandre : mais savez-vous où il voyoit ce courage? uniquement dans celui d'avaler d'un seul trait un breuvage de mauvais goût, sans hésiter, sans marquer la moindre répugnance. Le pauvre enfant, à qui l'on avoit fait prendre médecine il n'y avoit pas quinze jours, et qui ne l'avoit prise qu'avec une peine infinie, en avoit encore le déboire à la bouche. La mort, l'empoisonnement, ne passoient dans son esprit que pour des sensations désagréables, et il ne concevoit pas, pour lui, d'autre poison que du séné. Cependant il faut avouer que la fermeté du héros avoit fait une grande impression sur son jeune cœur, et qu'à la première médecine qu'il faudroit avaler il avoit bien résolu d'être un Alexandre. Sans entrer dans des éclaircissemens qui passoient évidemment sa portée, je le confirmai dans ces dispositions louables, et je m'en retournai riant en moi-même de la haute sagesse des pères et des maî-

---

(*) Voyez Quinte-Curce, liv. III, chap. 6. — Le même trait est rapporté aussi par Montaigne. « Alexandre... ayant eu advis par une lettre de Parmenion que Philippus, son plus cher medecin, estoit corrompu par l'argent de Darius pour l'empoisonner; en mesme temps qu'il donnoit à lire sa lettre à Philippus, il avala le bruvage qu'il luy avoit présenté. » Liv. I, chap. 23.   G. P.

tres, qui pensent apprendre l'histoire aux enfans.

Il est aisé de mettre dans leurs bouches les mots de rois, d'empires, de guerres, de conquêtes, de révolutions, de lois : mais quand il sera question d'attacher à ces mots des idées nettes, il y aura loin de l'entretien du jardinier Robert à toutes ces explications.

Quelques lecteurs, mécontens du *tais-toi, Jean-Jacques*, demanderont, je le prévois, ce que je trouve enfin de si beau dans l'action d'Alexandre. Infortunés ! s'il faut vous le dire, comment le comprendrez-vous ? C'est qu'Alexandre croyoit à la vertu ; c'est qu'il y croyoit sur sa tête, sur sa propre vie ; c'est que sa grande âme étoit faite pour y croire. O que cette médecine avalée étoit une belle profession de foi ! Non, jamais mortel n'en fit une si sublime. S'il est quelque moderne Alexandre, qu'on me le montre à de pareils traits (*).

S'il n'y a point de science de mots, il n'y a point d'étude propre aux enfans. S'ils n'ont pas de vraies idées, ils n'ont point de véritable mémoire ; car je n'appelle pas ainsi celle qui ne retient que des sensations. Que sert d'inscrire dans leur tête un catalogue de signes qui ne représentent rien pour eux? En apprenant les choses n'apprendront-ils pas les signes? Pourquoi leur donner la peine inutile de les apprendre deux fois ? Et cependant quels dangereux préjugés ne commence-t-on pas à leur inspirer, en leur faisant prendre pour de la science des mots qui n'ont aucun sens pour eux! C'est du premier mot dont l'enfant se paye, c'est de la première chose qu'il apprend sur la parole d'autrui, sans en voir l'utilité lui-même, que son jugement est perdu : il aura long-temps à briller aux yeux des sots avant qu'il répare une telle perte (¹).

(*) « Ce prince, dit Montaigne à ce sujet, est le souverain
» patron des actes hazardeux : mais ie ne sçay s'il y a traict en
» sa vie qui ayt plus de fermeté que cettuy-cy, ny une beauté
» illustre par tant de visages. » Liv. I, chap. 25.   G. P.

(¹) La plupart des savans le sont à la manière des enfans. La vaste érudition résulte moins d'une multitude d'idées que d'une multitude d'images. Les dates, les noms propres, les lieux, tous les objets isolés ou dénués d'idées, se retiennent uniquement par la mémoire des signes, et rarement se rappelle-t-on quelqu'une de ces choses sans voir en même temps le *recto* ou le *verso* de la page où on l'a lue, ou la figure sous laquelle on la vit la première fois. Telle étoit à peu près la science à la mode des siècles derniers. Celle de notre siècle est autre chose : on n'étudie plus, on n'observe plus ; on rêve, et l'on nous donne gravement pour de la philosophie les rêves de quelques mauvaises nuits. On me dira que je rêve aussi : j'en conviens ; mais,

Non, si la nature donne au cerveau d'un enfant cette souplesse qui le rend propre à recevoir toutes sortes d'impressions, ce n'est pas pour qu'on y grave des noms de rois, des dates, des termes de blason, de sphère, de géographie, et tous ces mots sans aucun sens pour son âge et sans aucune utilité pour quelque âge que ce soit, dont on accable sa triste et stérile enfance ; mais c'est pour que toutes les idées qu'il peut concevoir et qui lui sont utiles, toutes celles qui se rapportent à son bonheur et doivent l'éclairer un jour sur ses devoirs, s'y tracent de bonne heure en caractères ineffaçables, et lui servent à se conduire pendant sa vie d'une manière convenable à son être et à ses facultés.

Sans étudier dans les livres, l'espèce de mémoire que peut avoir un enfant ne reste pas pour cela oisive ; tout ce qu'il voit, tout ce qu'il entend le frappe, et il s'en souvient ; il tient registre en lui-même des actions, des discours des hommes ; et tout ce qui l'environne est le livre dans lequel, sans y songer, il enrichit continuellement sa mémoire en attendant que son jugement puisse en profiter. C'est dans le choix de ces objets, c'est dans le soin de lui présenter sans cesse ceux qu'il peut connoître, et de lui cacher ceux qu'il doit ignorer, que consiste le véritable art de cultiver en lui cette première faculté ; et c'est par là qu'il faut tâcher de lui former un magasin de connoissances qui servent à son éducation durant sa jeunesse, et à sa conduite dans tous les temps. Cette méthode, il est vrai, ne forme point de petits prodiges et ne fait pas briller les gouvernantes et les précepteurs ; mais elle forme des hommes judicieux, robustes, sains de corps et d'entendement, qui sans s'être fait admirer étant jeunes, se font honorer étant grands.

Émile n'apprendra jamais rien par cœur, pas même des fables, pas même celles de La Fontaine, toutes naïves, toutes charmantes qu'elles sont ; car les mots des fables ne sont pas plus les fables que les mots de l'histoire ne sont l'histoire. Comment peut-on s'aveugler assez pour appeler les fables la morale des enfans, sans songer que l'apologue, en les amusant, les abuse ; que, séduits par le mensonge, ils laissent échapper

ce que les autres n'ont garde de faire, je donne mes rêves pour des rêves, laissant chercher au lecteur s'ils ont quelque chose d'utile aux gens éveillés.

la vérité, et que ce qu'on fait pour leur rendre l'instruction agréable les empêche d'en profiter? Les fables peuvent instruire les hommes; mais il faut dire la vérité nue aux enfans; sitôt qu'on la couvre d'un voile, ils ne se donnent plus la peine de le lever.

On fait apprendre les fables de La Fontaine à tous les enfans, et il n'y en a pas un seul qui les entende. Quand ils les entendroient, ce seroit encore pis; car la morale en est tellement mêlée et si disproportionnée à leur âge, qu'elle les porteroit plus au vice qu'à la vertu. Ce sont encore là, direz-vous, des paradoxes. Soit; mais voyons si ce sont des vérités.

Je dis qu'un enfant n'entend point les fables qu'on lui fait apprendre, parce que, quelque effort qu'on fasse pour les rendre simples, l'instruction qu'on en veut tirer force d'y faire entrer des idées qu'il ne peut saisir, et que le tour même de la poésie, en les lui rendant plus faciles à retenir, les lui rend plus difficiles à concevoir; en sorte qu'on achète l'agrément aux dépens de la clarté. Sans citer cette multitude de fables qui n'ont rien d'intelligible ni d'utile pour les enfans, et qu'on leur fait indiscrètement apprendre avec les autres, parce qu'elles s'y trouvent mêlées, bornons-nous à celles que l'auteur semble avoir faites spécialement pour eux.

Je ne connois dans tout le recueil de La Fontaine que cinq ou six fables où brille éminemment la naïveté puérile; de ces cinq ou six je prends pour exemple la première de toutes (¹), parce que c'est celle dont la morale est le plus de tout âge, celle que les enfans saisissent le mieux, celle qu'ils apprennent avec le plus de plaisir, enfin celle que pour cela même l'auteur a mise par préférence à la tête de son livre. En lui supposant réellement l'objet d'être entendu des enfans, de leur plaire et de les instruire, cette fable est assurément son chef-d'œuvre: qu'on me permette donc de la suivre et de l'examiner en peu de mots.

LE CORBEAU ET LE RENARD.
FABLE.

Maître corbeau, sur un arbre perché,

Maître! que signifie ce mot en lui-même?

(¹) C'est la seconde et non la première, comme l'a très-bien remarqué M. Formey.

que signifie-t-il au-devant d'un nom propre? quel sens a-t-il dans cette occasion?

Qu'est-ce qu'un corbeau?

Qu'est-ce qu'*un arbre perché*? L'on ne dit pas *sur un arbre perché*, l'on dit *perché sur un arbre*. Par conséquent, il faut parler des inversions de la poésie; il faut dire ce que c'est que prose et que vers.

Tenoit dans son bec un fromage.

Quel fromage? étoit-ce un fromage de Suisse, de Brie ou de Hollande? Si l'enfant n'a point vu de corbeaux, que gagnez-vous à lui en parler? s'il en a vu, comment concevra-t-il qu'ils tiennent un fromage à leur bec? Faisons toujours des images d'après nature.

Maître renard, par l'odeur alléché.

Encore un maître! mais pour celui-ci, c'est à bon titre: il est maître passé dans les tours de son métier. Il faut dire ce que c'est qu'un renard, et distinguer son vrai naturel du caractère de convention qu'il a dans les fables.

Alléché. Ce mot n'est pas usité. Il le faut expliquer; il faut dire qu'on ne s'en sert plus qu'en vers. L'enfant demandera pourquoi l'on parle autrement en vers qu'en prose. Que lui répondrez-vous?

Alléché par l'odeur d'un fromage! Ce fromage, tenu par un corbeau perché sur un arbre, devoit avoir beaucoup d'odeur pour être senti par le renard dans un taillis ou dans son terrier! Est-ce ainsi que vous exercez votre élève à cet esprit de critique judicieuse qui ne s'en laisse imposer qu'à bonnes enseignes, et sait discerner la vérité du mensonge dans les narrations d'autrui?

Lui tint à peu près ce langage:

Ce langage! Les renards parlent donc? ils parlent donc la même langue que les corbeaux? Sage précepteur, prends garde à toi: pèse bien ta réponse avant de la faire; elle importe plus que tu n'as pensé.

Eh! bonjour, monsieur le corbeau!

Monsieur! titre que l'enfant voit tourner en dérision, même avant qu'il sache que c'est un titre d'honneur. Ceux qui disent *monsieur du Corbeau* auroient bien d'autres affaires avant que d'avoir expliqué ce *du*.

Que vous êtes joli, que vous me semblez beau!

Cheville, redondance inutile. L'enfant, voyant répéter la même chose en d'autres termes, apprend à parler lâchement. Si vous dites que cette redondance est un art de l'auteur, qu'elle entre dans le dessein du renard qui veut paroître multiplier les éloges avec les paroles, cette excuse sera bonne pour moi, mais non pas pour mon élève.

Sans mentir, si votre ramage

Sans mentir! On ment donc quelquefois? Où en sera l'enfant si vous lui apprenez que le renard ne dit *sans mentir* que parce qu'il ment?

Répondoit à votre plumage,

Répondoit! Que signifie ce mot? Apprenez à l'enfant à comparer des qualités aussi différentes que la voix et le plumage; vous verrez comme il vous entendra.

Vous seriez le phénix des hôtes de ces bois.

Le phénix! Qu'est-ce qu'un phénix? Nous voici tout à coup jetés dans la menteuse antiquité, presque dans la mythologie.

Les hôtes de ces bois! Quel discours figuré! Le flatteur ennoblit son langage et lui donne plus de dignité pour le rendre plus séduisant. Un enfant entendra-t-il cette finesse? sait-il seulement, peut-il savoir ce que c'est qu'un style noble et un style bas?

A ces mots, le corbeau ne se sent pas de joie,

Il faut avoir éprouvé déjà des passions bien vives pour sentir cette expression proverbiale.

Et pour montrer sa belle voix,

N'oubliez pas que pour entendre ce vers et toute la fable, l'enfant doit savoir ce que c'est que la belle voix du corbeau.

Il ouvre un large bec, laisse tomber sa proie.

Ce vers est admirable; l'harmonie seule en fait image. Je vois un grand vilain bec ouvert; j'entends tomber le fromage à travers les branches : mais ces sortes de beautés sont perdues pour les enfans.

Le renard s'en saisit, et dit : Mon bon monsieur,

Voilà donc déjà la bonté transformée en bêtise. Assurément on ne perd pas de temps pour instruire les enfans.

Apprenez que tout flatteur

Maxime générale; nous n'y sommes plus.

Vit aux dépens de celui qui l'écoute.

Jamais enfant de dix ans n'entendit ce vers-là.

Cette leçon vaut bien un fromage, sans doute.

Ceci s'entend, et la pensée est très-bonne. Cependant il y aura encore bien peu d'enfans qui sachent comparer une leçon à un fromage, et qui ne préférassent le fromage à la leçon. Il faut donc leur faire entendre que ce propos n'est qu'une raillerie. Que de finesse pour des enfans!

Le corbeau, honteux et confus,

Autre pléonasme; mais celui-ci est inexcusable.

Jura, mais un peu tard, qu'on ne l'y prendroit plus.

Jura! Quel est le sot de maître qui ose expliquer à l'enfant ce que c'est qu'un serment?

Voilà bien des détails, bien moins cependant qu'il n'en faudroit pour analyser toutes les idées de cette fable, et les réduire aux idées simples et élémentaires dont chacune d'elles est composée. Mais qui est-ce qui croit avoir besoin de cette analyse pour se faire entendre à la jeunesse? Nul de nous n'est assez philosophe pour savoir se mettre à la place d'un enfant. Passons maintenant à la morale.

Je demande si c'est à des enfans de six ans qu'il faut apprendre qu'il y a des hommes qui flattent et mentent pour leur profit? On pourroit tout au plus leur apprendre qu'il y a des railleurs qui persiflent les petits garçons, et se moquent en secret de leur sotte vanité : mais le fromage gâte tout; on leur apprend moins à ne pas le laisser tomber de leur bec qu'à le faire tomber du bec d'un autre. C'est ici mon second paradoxe, et ce n'est pas le moins important.

Suivez les enfans apprenant leurs fables, et vous verrez que, quand ils sont en état d'en faire l'application, ils en font presque toujours une contraire à l'intention de l'auteur, et qu'au lieu de s'observer sur le défaut dont on les veut guérir ou préserver, ils penchent à aimer le vice avec lequel on tire parti des défauts des autres. Dans la fable précédente les enfans se moquent du corbeau, mais ils s'affectionnent tous au renard; dans la fable qui suit, vous croyez leur donner la cigale pour exemple; et point du tout, c'est la fourmi qu'ils choisiront.

On n'aime point à s'humilier : ils prendront toujours le beau rôle ; c'est le choix de l'amour-propre, c'est un choix très-naturel. Or, quelle horrible leçon pour l'enfance ! Le plus odieux de tous les monstres seroit un enfant avare et dur, qui sauroit ce qu'on lui demande et ce qu'il refuse. La fourmi fait plus encore, elle lui apprend à railler dans ses refus.

Dans toutes les fables où le lion est un des personnages, comme c'est d'ordinaire le plus brillant, l'enfant ne manque point de se faire lion ; et quand il préside à quelque partage, bien instruit par son modèle, il a grand soin de s'emparer de tout. Mais quand le moucheron terrasse le lion, c'est une autre affaire, alors l'enfant n'est plus lion, il est moucheron. Il apprend à tuer un jour à coup d'aiguillon ceux qu'il n'oseroit attaquer de pied ferme.

Dans la fable du loup maigre et du chien gras, au lieu d'une leçon de modération qu'on prétend lui donner, il en prend une de licence. Je n'oublierai jamais d'avoir vu beaucoup pleurer une petite fille qu'on avoit désolée avec cette fable, tout en lui prêchant toujours la docilité. On eut peine à savoir la cause de ses pleurs ; on la sut enfin. La pauvre enfant s'ennuyoit d'être à la chaîne ; elle se sentoit le cou pelé ; elle pleuroit de n'être pas loup.

Ainsi donc la morale de la première fable citée est pour l'enfant une leçon de la plus basse flatterie ; celle de la seconde une leçon d'inhumanité; celle de la troisième une leçon d'injustice ; celle de la quatrième une leçon de satire ; celle de la cinquième une leçon d'indépendance. Cette dernière leçon, pour être superflue à mon élève, n'en est pas plus convenable aux vôtres. Quand vous leur donnez des préceptes qui se contredisent, quel fruit espérez-vous de vos soins? Mais peut-être, à cela près, toute cette morale qui me sert d'objection contre les fables fournit-elle autant de raisons de les conserver. Il faut une morale en paroles et une en actions dans la société, et ces deux morales ne se ressemblent point. La première est dans le catéchisme, où on la laisse ; l'autre est dans les fables de La Fontaine pour les enfans, et dans ses contes pour les mères. Le même auteur suffit à tout.

Composons, monsieur de La Fontaine. Je promets, quant à moi, de vous lire avec choix, de vous aimer, de m'instruire dans vos fables ; car j'espère ne pas me tromper sur leur objet. mais pour mon élève, permettez que je ne lui en laisse pas étudier une seule jusqu'à ce que vous m'ayez prouvé qu'il est bon pour lui d'apprendre des choses dont il ne comprendra pas le quart ; que dans celles qu'il pourra comprendre il ne prendra jamais le change, et qu'au lieu de se corriger sur la dupe, il ne se formera pas sur le fripon.

En ôtant ainsi tous les devoirs des enfans, j'ôte les instrumens de leur plus grande misère, savoir les livres. La lecture est le fléau de l'enfance, et presque la seule occupation qu'on lui sait donner. A peine à douze ans Émile saura-t-il ce que c'est qu'un livre. Mais il faut bien au moins, dira-t-on, qu'il sache lire. J'en conviens : il faut qu'il sache lire quand la lecture lui est utile ; jusque alors elle n'est bonne qu'à l'ennuyer.

Si l'on ne doit rien exiger des enfans par obéissance, il s'ensuit qu'ils ne peuvent rien apprendre dont ils ne sentent l'avantage actuel et présent, soit d'agrément, soit d'utilité ; autrement quel motif les porteroit à l'apprendre ? L'art de parler aux absens et de les entendre, l'art de leur communiquer au loin sans médiateur nos sentimens, nos volontés, nos désirs, est un art dont l'utilité peut être rendue sensible à tous les âges. Par quel prodige cet art si utile et si agréable est-il devenu un tourment pour l'enfance ? parce qu'on la contraint de s'y appliquer malgré elle, et qu'on le met à des usages auxquels elle ne comprend rien. Un enfant n'est pas fort curieux de perfectionner l'instrument avec lequel on le tourmente ; mais faites que cet instrument serve à ses plaisirs, et bientôt il s'y appliquera malgré vous.

On se fait une grande affaire de chercher les meilleures méthodes d'apprendre à lire, on invente des bureaux, des cartes ; on fait de la chambre d'un enfant un atelier d'imprimerie. Locke veut qu'il apprenne à lire avec des dés. Ne voilà-t-il pas une invention bien trouvée ? quelle pitié ! Un moyen plus sûr que tous ceux-là, et celui qu'on oublie toujours, est le désir d'apprendre. Donnez à l'enfant ce désir, puis laissez là vos bureaux et vos dés ; toute méthode lui sera bonne.

L'intérêt présent, voilà le grand mobile, le

seul qui mène sûrement et loin. Émile reçoit quelquefois de son père, de sa mère, de ses parens, de ses amis, des billets d'invitation pour un dîner, pour une promenade, pour une partie sur l'eau, pour voir quelque fête publique. Ces billets sont courts, clairs, nets, bien écrits. Il faut trouver quelqu'un qui les lui lise : ce quelqu'un ou ne se trouve pas toujours à point nommé, ou rend à l'enfant le peu de complaisance que l'enfant eut pour lui la veille. Ainsi l'occasion, le moment se passe. On lui lit enfin le billet, mais il n'est plus temps. Ah! si l'on eût su lire soi-même! On en reçoit d'autres : ils sont si courts! le sujet en est si intéressant! on voudroit essayer de les déchiffrer ; on trouve tantôt de l'aide et tantôt des refus. On s'évertue, on déchiffre enfin la moitié d'un billet : il s'agit d'aller demain manger de la crème... on ne sait où ni avec qui... combien on fait d'efforts pour lire le reste! Je ne crois pas qu'Émile ait besoin du bureau. Parlerai-je à présent de l'écriture? Non, j'ai honte de m'amuser à ces niaiseries dans un traité de l'éducation.

J'ajouterai ce seul mot qui fait une importante maxime; c'est que d'ordinaire on obtient très-sûrement et très-vite ce qu'on n'est point pressé d'obtenir. Je suis presque sûr qu'Émile saura parfaitement lire et écrire avant l'âge de dix ans, précisément parce qu'il m'importe fort peu qu'il le sache avant quinze ; mais j'aimerois mieux qu'il ne sût jamais lire que d'acheter cette science au prix de tout ce qui peut la rendre utile : de quoi lui servira la lecture quand on l'en aura rebuté pour jamais! *Id imprimis cavere oportebit, ne studia, qui amare nondum potest, oderit, et amaritudinem semel perceptam etiam ultrà rudes annos reformidet* ([1]).

Plus j'insiste sur ma méthode inactive, plus je sens les objections se renforcer. Si votre élève n'apprend rien de vous, il apprendra des autres. Si vous ne prévenez l'erreur par la vérité, il apprendra des mensonges : les préjugés que vous craignez de lui donner, il les recevra de tout ce qui l'environne; ils entreront par tous ses sens ; ou ils corrompront sa raison, même avant qu'elle soit formée; ou son esprit, engourdi par une longue inaction, s'absorbera dans la matière.

([1]) Quintil., lib. 1, cap. 1.

L'inhabitude de penser dans l'enfance en ôte la faculté durant le reste de la vie.

Il me semble que je pourrois aisément répondre à cela ; mais pourquoi toujours des réponses? Si ma méthode répond d'elle-même aux objections, elle est bonne ; si elle n'y répond pas, elle ne vaut rien. Je poursuis.

Si sur le plan que j'ai commencé de tracer vous suivez des règles directement contraires à celles qui sont établies ; si, au lieu de porter au loin l'esprit de votre élève; si, au lieu de l'égarer sans cesse en d'autres lieux, en d'autres climats, en d'autres siècles, aux extrémités de la terre, et jusque dans les cieux, vous vous appliquez à le tenir toujours en lui-même et attentif à ce qui le touche immédiatement ; alors vous le trouverez capable de perception, de mémoire, et même de raisonnement ; c'est l'ordre de la nature. A mesure que l'être sensitif devient actif, il acquiert un discernement proportionnel à ses forces; et ce n'est qu'avec la force surabondante à celle dont il a besoin pour se conserver, que se développe en lui la faculté spéculative propre à employer cet exès de forces à d'autres usages. Voulez-vous donc cultiver l'intelligence de votre élève, cultivez les forces qu'elle doit gouverner. Exercez continuellement son corps ; rendez-le robuste et sain pour le rendre sage et raisonnable ; qu'il travaille, qu'il agisse, qu'il coure, qu'il crie, qu'il soit toujours en mouvement; qu'il soit homme par la vigueur, et bientôt il le sera par la raison.

Vous l'abrutiriez, il est vrai, par cette méthode si vous alliez toujours le dirigeant, toujours lui disant : Va, viens, reste, fais ceci, ne fais pas cela. Si votre tête conduit toujours ses bras, la sienne lui devient inutile. Mais souvenez-vous de nos conventions : si vous n'êtes qu'un pédant, ce n'est pas la peine de me lire.

C'est une erreur bien pitoyable d'imaginer que l'exercice du corps nuise aux opérations de l'esprit; comme si ces deux actions ne devoient pas marcher de concert, et que l'une ne dût pas toujours diriger l'autre!

Il y a deux sortes d'hommes dont les corps sont dans un exercice continuel, et qui sûrement songent aussi peu les uns que les autres à cultiver leur âme, savoir, les paysans et les sauvages. Les premiers sont rustres, grossiers, maladroits ; les autres, connus par leur grand sens, le sont encore par la subtilité de leur esprit (a) : généralement il n'y a rien de plus lourd qu'un paysan, ni rien de plus fin qu'un sauvage. D'où vient cette différence ? c'est que le premier, faisant toujours ce qu'on lui commande, ou ce qu'il a vu faire à son père, ou ce qu'il a fait lui-même dès sa jeunesse, ne va jamais que par routine ; et, dans sa vie presque automate, occupé sans cesse des mêmes travaux, l'habitude et l'obéissance lui tiennent lieu de raison.

Pour le sauvage, c'est autre chose : n'étant attaché à aucun lieu, n'ayant point de tâche prescrite, n'obéissant à personne, sans autre loi que sa volonté, il est forcé de raisonner à chaque action de sa vie; il ne fait pas un mouvement, pas un pas, sans en avoir d'avance envisagé les suites. Ainsi, plus son corps s'exerce, plus son esprit s'éclaire ; sa force et sa raison croissent à la fois et s'étendent l'une par l'autre.

Savant précepteur, voyons lequel de nos deux élèves ressemble au sauvage, et lequel ressemble au paysan. Soumis en tout à une autorité toujours enseignante, le vôtre ne fait rien que sur parole ; il n'ose manger quand il a faim, ni rire quand il est gai, ni pleurer quand il est triste, ni présenter une main pour l'autre, ni remuer le pied que comme on le lui prescrit ; bientôt il n'osera respirer que sur vos règles. A quoi voulez-vous qu'il pense, quand vous pensez à tout pour lui? Assuré de votre prévoyance, qu'a-t-il besoin d'en avoir? Voyant que vous vous chargez de sa conservation, de son bien-être, il se sent délivré de ce soin; son jugement se repose sur le vôtre; tout ce que vous ne lui défendez pas, il le fait sans réflexion, sachant bien qu'il le fait sans risque. Qu'a-t-il besoin d'apprendre à prévoir la pluie? il sait que vous regardez au ciel pour lui. Qu'a-t-il besoin de régler sa promenade? il ne craint pas que vous lui laissiez passer l'heure du dîner. Tant que vous ne lui défendez pas de manger, il mange; quand vous le lui défendez, il ne mange plus ; il n'écoute plus les avis de son estomac, mais les vôtres. Vous avez beau ramollir son corps dans l'inaction, vous n'en rendez pas son entendement plus flexible. Tout au contraire, vous achevez de décréditer la raison dans son esprit, en lui faisant user le peu qu'il en a sur les choses qui lui paroissent le plus inutiles. Ne voyant jamais à quoi elle est bonne, il juge enfin qu'elle n'est bonne à rien. Le pis qui pourra lui arriver de mal raisonner sera d'être repris, et il l'est si souvent qu'il n'y songe guère ; un danger si commun ne l'effraie plus.

Vous lui trouvez pourtant de l'esprit ; et il en a pour babiller avec les femmes, sur le ton dont j'ai déjà parlé : mais qu'il soit dans le cas d'avoir à payer de sa personne, à prendre un parti dans quelque occasion difficile, vous le verrez cent fois plus stupide et plus bête que le fils du plus gros manant.

Pour mon élève, ou plutôt celui de la nature, exercé de bonne heure à se suffire à lui-même autant qu'il est possible, il ne s'accoutume point à recourir sans cesse aux autres, encore moins à leur étaler son grand savoir. En revanche il juge, il prévoit, il raisonne en tout ce qui se rapporte immédiatement à lui. Il ne jase pas, il agit; il ne sait pas un mot de ce qui se fait dans le monde, mais il sait fort bien faire ce qui lui convient. Comme il est sans cesse en mouvement, il est forcé d'observer beaucoup de choses, de connoître beaucoup d'effets; il acquiert de bonne heure une grande expérience : il prend ses leçons de la nature et non pas des hommes ; il s'instruit d'autant mieux qu'il ne voit nulle part l'intention de l'instruire. Ainsi son corps et son esprit s'exercent à la fois. Agissant toujours d'après sa pensée, et non d'après celle d'un autre, il unit continuellement deux opérations ; plus il se rend fort et robuste, plus il devient sensé et judicieux. C'est le moyen d'avoir un jour ce qu'on croit incompatible, et ce que presque tous les grands hommes ont réuni, la force du corps et celle de l'âme, la raison d'un sage et la vigueur d'un athlète.

Jeune instituteur, je vous prêche un art difficile ; c'est de gouverner sans préceptes, et de tout faire en ne faisant rien. Cet art, j'en conviens, n'est pas de votre âge ; il n'est pas propre à faire briller d'abord vos talens, ni à vous faire valoir auprès des pères ; mais c'est le seul propre à réussir. Vous ne parviendrez ja-

---

(a) Var... *de leur esprit et de leurs inventions : généralement......*

mais à faire des sages, si vous ne faites d'abord des polissons : c'étoit l'éducation des Spartiates ; au lieu de les coller sur des livres, on commençoit par leur apprendre à voler leur dîner. Les Spartiates étoient-ils pour cela grossiers étant grands? Qui ne connoît la force et le sel de leurs reparties? Toujours faits pour vaincre, ils écrasoient leurs ennemis en toute espèce de guerre ; et les babillards Athéniens craignoient autant leurs mots que leurs coups.

Dans les éducations les plus soignées, le maître commande et croit gouverner : c'est en effet l'enfant qui gouverne. Il se sert de ce que vous exigez de lui pour obtenir de vous ce qu'il lui plaît, et il sait toujours vous faire payer une heure d'assiduité par huit jours de complaisance. A chaque instant il faut pactiser avec lui. Ces traités, que vous proposez à votre mode, et qu'il exécute à la sienne, tournent toujours au profit de ses fantaisies, surtout quand on a la maladresse de mettre en condition pour son profit ce qu'il est bien sûr d'obtenir, soit qu'il remplisse ou non la condition qu'on lui impose en échange. L'enfant, pour l'ordinaire, lit beaucoup mieux dans l'esprit du maître, que le maître dans le cœur de l'enfant. Et cela doit être : car toute la sagacité qu'eût employée l'enfant livré à lui-même à pourvoir à la conservation de sa personne, il l'emploie à sauver sa liberté naturelle des chaînes de son tyran ; au lieu que celui-ci, n'ayant nul intérêt si pressant à pénétrer l'autre, trouve quelquefois mieux son compte à lui laisser sa paresse ou sa vanité.

Prenez une route opposée avec votre élève; qu'il croie toujours être le maître, et que ce soit toujours vous qui le soyez. Il n'y a point d'assujettissement si parfait que celui qui garde l'apparence de la liberté ; on captive ainsi la volonté même. Le pauvre enfant qui ne sait rien, qui ne peut rien, qui ne connoît rien, n'est-il pas à votre merci? Ne disposez-vous pas, par rapport à lui, de tout ce qui l'environne? N'êtes-vous pas le maître de l'affecter comme il vous plaît? Ses travaux, ses jeux, ses plaisirs, ses peines ; tout n'est-il pas dans vos mains sans qu'il le sache? Sans doute, il ne doit faire que ce qu'il veut ; mais il ne doit vouloir que ce que vous voulez qu'il fasse ; il ne doit pas faire un pas que vous ne l'ayez prévu, il ne doit pas ouvrir la bouche que vous ne sachiez ce qu'il va dire.

C'est alors qu'il pourra se livrer aux exercices du corps que lui demande son âge, sans abrutir son esprit ; c'est alors qu'au lieu d'aiguiser sa ruse à éluder un incommode empire, vous le verrez s'occuper uniquement à tirer de tout ce qui l'environne le parti le plus avantageux pour son bien-être actuel ; c'est alors que vous serez étonné de la subtilité de ses inventions pour s'approprier tous les objets auxquels il peut atteindre, et pour jouir vraiment des choses sans le secours de l'opinion.

En le laissant ainsi maître de ses volontés, vous ne fomentez point ses caprices. En ne faisant jamais que ce qui lui convient, il ne fera bientôt que ce qu'il doit faire ; et, bien que son corps soit dans un mouvement continuel, tant qu'il s'agira de son intérêt présent et sensible, vous verrez toute la raison dont il est capable se développer beaucoup mieux et d'une manière beaucoup plus appropriée à lui, que dans des études de pure spéculation.

Ainsi, ne vous voyant point attentif à le contrarier, ne se défiant point de vous, n'ayant rien à vous cacher, il ne vous trompera point, il ne vous mentira point ; il se montrera tel qu'il est sans crainte ; vous pourrez l'étudier tout à votre aise, et disposer tout autour de lui les leçons que vous voulez lui donner, sans qu'il pense jamais en recevoir aucune.

Il n'épiera point non plus vos mœurs avec une curieuse jalousie, et ne se fera point un plaisir secret de vous prendre en faute. Cet inconvénient que nous prévenons est très-grand. Un des premiers soins des enfans est, comme je l'ai dit, de découvrir le foible de ceux qui les gouvernent. Ce penchant porte à la méchanceté, mais il n'en vient pas : il vient du besoin d'éluder une autorité qui les importune. Surchargés du joug qu'on leur impose, ils cherchent à le secouer ; et les défauts qu'ils trouvent dans les maîtres leur fournissent de bons moyens pour cela. Cependant l'habitude se prend d'observer les gens par leurs défauts, et de se plaire à leur en trouver. Il est clair que voilà encore une source de vices bouchée dans le cœur d'Émile ; n'ayant nul intérêt à me trouver des défauts, il ne m'en cherchera pas, et sera peu tenté d'en chercher à d'autres.

Toutes ces pratiques semblent difficiles, parce qu'on ne s'en avise pas; mais dans le fond elles ne doivent point l'être. On est en droit de vous supposer les lumières nécessaires pour exercer le métier que vous avez choisi; on doit présumer que vous connoissez la marche naturelle du cœur humain, que vous savez étudier l'homme et l'individu; que vous savez d'avance à quoi se pliera la volonté de votre élève à l'occasion de tous les objets intéressans pour son âge que vous ferez passer sous ses yeux. Or, avoir les instrumens, et bien savoir leur usage, n'est-ce pas être maître de l'opération?

Vous objectez les caprices de l'enfant: et vous avez tort. Le caprice des enfans n'est jamais l'ouvrage de la nature, mais d'une mauvaise discipline: c'est qu'ils ont obéi ou commandé; et j'ai dit cent fois qu'il ne falloit ni l'un ni l'autre. Votre élève n'aura donc de caprices que ceux que vous lui aurez donnés; il est juste que vous portiez la peine de vos fautes. Mais, direz-vous, comment y remédier? Cela se peut encore, avec une meilleure conduite et beaucoup de patience.

Je m'étois chargé, durant quelques semaines, d'un enfant accoutumé non-seulement à faire ses volontés, mais encore à les faire faire à tout le monde, par conséquent plein de fantaisies (*). Dès le premier jour, pour mettre à l'essai ma complaisance, il voulut se lever à minuit. Au plus fort de mon sommeil, il saute à bas de son lit, prend sa robe de chambre et m'appelle. Je me lève, j'allume la chandelle; il n'en vouloit pas davantage; au bout d'un quart d'heure le sommeil le gagne, et il se recouche content de son épreuve. Deux jours après il la réitère avec le même succès, et de ma part sans le moindre signe d'impatience. Comme il m'embrassoit en se couchant, je lui dis très-posément: Mon petit ami, cela va fort bien, mais n'y revenez plus. Ce mot excita sa curiosité, et dès le lendemain, voulant voir un peu comment j'oserois lui désobéir, il ne manqua pas de se relever à la même heure, et de m'appeler. Je lui demandai ce qu'il vouloit. Il me dit qu'il ne pouvoit dormir. *Tant pis*, repris-je, et je me tins coi. Il me pria d'allumer la chandelle:

Pourquoi faire? et je me tins coi. Ce ton laconique commençoit à l'embarrasser. Il s'en fut à tâtons chercher le fusil qu'il fit semblant de battre, et je ne pouvois m'empêcher de rire en l'entendant se donner des coups sur les doigts. Enfin, bien convaincu qu'il n'en viendroit pas à bout, il m'apporta le briquet à mon lit; je lui dis que je n'en avois que faire, et me tournai de l'autre côté. Alors il se mit à courir étourdiment par la chambre, criant, chantant, faisant beaucoup de bruit, se donnant, à la table et aux chaises, des coups qu'il avoit grand soin de modérer, et dont il ne laissoit pas de crier bien fort, espérant me causer de l'inquiétude. Tout cela ne prenoit point; et je vis que, comptant sur de belles exhortations ou sur de la colère, il ne s'étoit nullement arrangé pour ce sang-froid.

Cependant, résolu de vaincre ma patience à force d'opiniâtreté, il continua son tintamarre avec un tel succès, qu'à la fin je m'échauffai, et pressentant que j'allois tout gâter par un emportement hors de propos, je pris mon parti d'une autre manière. Je me levai sans rien dire, j'allai au fusil que je ne trouvai point; je le lui demande, il me le donne, pétillant de joie d'avoir enfin triomphé de moi. Je bats le fusil, j'allume la chandelle, je prends par la main mon petit bon homme, je le mène tranquillement dans un cabinet voisin dont les volets étoient bien fermés, et où il n'y avoit rien à casser: je l'y laisse sans lumière; puis fermant sur lui la porte à la clef, je retourne me coucher sans lui avoir dit un seul mot. Il ne faut pas demander si d'abord il y eut du vacarme; je m'y étois attendu: je ne m'en émus point. Enfin le bruit s'apaise; j'écoute, je l'entends s'arranger, je me tranquillise. Le lendemain, j'entre au jour dans le cabinet; je trouve mon petit mutin couché sur un lit de repos, et dormant d'un profond sommeil, dont, après tant de fatigue, il devoit avoir grand besoin.

L'affaire ne finit pas là. La mère apprit que l'enfant avoit passé les deux tiers de la nuit hors de son lit. Aussitôt tout fut perdu, c'étoit un enfant autant que mort. Voyant l'occasion bonne pour se venger, il fit le malade, sans prévoir qu'il n'y gagneroit rien. Le médecin fut appelé. Malheureusement pour la mère, ce médecin étoit un plaisant, qui, pour s'amuser

---

(*) Cet enfant étoit le fils de madame Dupin. Voyez les *Confessions*, livre VII, tome I, page 150.   G. P.

de ses frayeurs, s'appliquoit à les augmenter. Cependant il me dit à l'oreille: Laissez-moi faire; je vous promets que l'enfant sera guéri pour quelque temps de la fantaisie d'être malade. En effet la diète et la chambre furent prescrites, et il fut recommandé à l'apothicaire. Je soupirois de voir cette pauvre mère ainsi la dupe de tout ce qui l'environnoit, excepté moi seul, qu'elle prit en haine, précisément parce que je ne la trompois pas.

Après des reproches assez durs, elle me dit que son fils étoit délicat, qu'il étoit l'unique héritier de sa famille, qu'il falloit le conserver à quelque prix que ce fût, et qu'elle ne vouloit pas qu'il fût contrarié. En cela j'étois bien d'accord avec elle; mais elle entendoit par le contrarier ne lui pas obéir en tout. Je vis qu'il falloit prendre avec la mère le même ton qu'avec l'enfant. Madame, lui dis-je assez froidement, je ne sais point comment on élève un héritier, et, qui plus est, je ne veux pas l'apprendre; vous pouvez vous arranger là-dessus. On avoit besoin de moi pour quelque temps encore : le père apaisa tout; la mère écrivit au précepteur de hâter son retour; et l'enfant, voyant qu'il ne gagnoit rien à troubler mon sommeil ni à être malade, prit enfin le parti de dormir lui-même et de se bien porter.

On ne sauroit imaginer à combien de pareils caprices le petit tyran avoit asservi son malheureux gouverneur; car l'éducation se faisoit sous les yeux de la mère, qui ne souffroit pas que l'héritier fût désobéi en rien. A quelque heure qu'il voulût sortir, il falloit être prêt pour le mener, ou plutôt pour le suivre, et il avoit toujours grand soin de choisir le moment où il voyoit son gouverneur le plus occupé. Il voulut user sur moi du même empire, et se venger le jour du repos qu'il étoit forcé de me laisser la nuit. Je me prêtai de bon cœur à tout, et je commençai par bien constater à ses propres yeux le plaisir que j'avois à lui complaire; après cela, quand il fut question de le guérir de sa fantaisie, je m'y pris autrement.

Il fallut d'abord le mettre dans son tort, et cela ne fut pas difficile. Sachant que les enfans ne songent jamais qu'au présent, je pris sur lui le facile avantage de la prévoyance; j'eus soin de lui procurer au logis un amusement que je savois être extrêmement de son goût : et, dans le moment où je le vis le plus engoué, j'allai lui proposer un tour de promenade; il me renvoya bien loin : j'insistai, il ne m'écouta pas; il fallut me rendre, et il nota précieusement en lui-même ce signe d'assujettissement.

Le lendemain ce fut mon tour. Il s'ennuya, j'y avois pourvu; moi, au contraire, je paroissois profondément occupé. Il n'en falloit pas tant pour le déterminer. Il ne manqua pas de venir m'arracher à mon travail pour le mener promener au plus vite. Je refusai; il s'obstina. Non, lui dis-je; en faisant votre volonté vous m'avez appris à faire la mienne; je ne veux pas sortir. Hé bien! reprit-il vivement, je sortirai tout seul. Comme vous voudrez. Et je reprends mon travail.

Il s'habille un peu inquiet de voir que je le laissois faire et que je ne l'imitois pas. Prêt à sortir, il vient me saluer; je le salue : il tâche de m'alarmer par le récit des courses qu'il va faire; à l'entendre, on eût cru qu'il alloit au bout du monde. Sans m'émouvoir, je lui souhaite un bon voyage. Son embarras redouble. Cependant il fait bonne contenance, et, prêt à sortir, il dit à son laquais de le suivre. Le laquais, déjà prévenu, répond qu'il n'a pas le temps, et qu'occupé par mes ordres, il doit m'obéir plutôt qu'à lui. Pour le coup l'enfant n'y est plus. Comment concevoir qu'on le laisse sortir seul, lui qui se croit l'être important à tous les autres, et pense que le ciel et la terre sont intéressés à sa conservation? Cependant il commence à sentir sa foiblesse; il comprend qu'il se va trouver seul au milieu de gens qui ne le connoissent pas; il voit d'avance les risques qu'il va courir : l'obstination seule le soutient encore; il descend l'escalier lentement et fort interdit. Il entre enfin dans la rue, se consolant un peu du mal qui lui peut arriver par l'espoir qu'on m'en rendra responsable.

C'étoit là que je l'attendois. Tout étoit préparé d'avance; et comme il s'agissoit d'une espèce de scène publique, je m'étois muni du consentement du père. A peine avoit-il fait quelques pas, qu'il entend à droite et à gauche différens propos sur son compte. Voisin, le joli monsieur! où va-t-il ainsi tout seul? il va se perdre : je veux le prier d'entrer chez nous. Voisine, gardez-vous en bien. Ne voyez-vous pas que c'est un petit libertin qu'on a chassé de la maison de son père parce qu'il ne vouloit rien valoir? Il ne faut pas retirer les libertins; laissez-le aller où il voudra. Hé bien donc! que Dieu le conduise! je serois fâchée qu'il lui arrivât malheur. Un peu plus loin il rencontre des polissons à peu près de son âge, qui l'agacent et se moquent de lui. Plus il avance, plus il trouve d'embarras. Seul et sans protection, il se voit le jouet de tout le monde, et il éprouve avec beaucoup de surprise que son nœud d'épaule et son parement d'or ne le font pas plus respecter.

Cependant un de mes amis, qu'il ne connoissoit point, et que j'avois chargé de veiller sur lui, le suivoit pas à pas sans qu'il y prît garde, et l'accosta quand il en fut temps. Ce rôle, qui ressembloit à celui de Sbrigani dans Pourceaugnac, demandoit un homme d'esprit, et fut parfaitement rempli. Sans rendre l'enfant timide et craintif en le frappant d'un trop grand effroi, il lui fit si bien sentir l'imprudence de son équipée, qu'au bout d'une demi-heure il me le ramena souple, confus, et n'osant lever les yeux.

Pour achever le désastre de son expédition, précisément au moment qu'il rentroit, son père descendoit pour sortir, et le rencontra sur l'escalier. Il falloit dire d'où il venoit et pourquoi je n'étois pas avec lui (¹). Le pauvre enfant eût voulu être cent pieds sous terre. Sans s'amuser à lui faire une longue réprimande, le père lui dit plus sèchement que je ne m'y serois attendu : Quand vous voudrez sortir seul, vous en êtes le maître; mais comme je ne veux point d'un bandit dans ma maison, quand cela vous arrivera, ayez soin de n'y plus rentrer.

Pour moi, je le reçus sans reproche et sans raillerie, mais avec un peu de gravité; et de peur qu'il ne soupçonnât que tout ce qui s'étoit passé n'étoit qu'un jeu, je ne voulus point le mener promener le même jour. Le lendemain je vis avec grand plaisir qu'il passoit avec moi d'un air de triomphe devant les mêmes gens qui s'étoient moqués de lui la veille pour l'avoir rencontré tout seul. On conçoit bien qu'il ne me menaça plus de sortir sans moi.

(¹) En cas pareil, on peut sans risque exiger d'un enfant la vérité, car il sait bien alors qu'il ne sauroit la déguiser, et que s'il osoit dire un mensonge, il en seroit à l'instant convaincu.

C'est par ces moyens et d'autres semblables que, durant le peu de temps que je fus avec lui, je vins à bout de lui faire faire tout ce que je voulois sans lui rien prescrire, sans lui rien défendre, sans sermons, sans exhortations, sans l'ennuyer de leçons inutiles. Aussi, tant que je parlois il étoit content; mais mon silence le tenoit en crainte; il comprenoit que quelque chose n'alloit pas bien, et toujours la leçon lui venoit de la chose même. Mais revenons.

Non-seulement ces exercices continuels, ainsi laissés à la seule direction de la nature, en fortifiant le corps n'abrutissent point l'esprit; mais au contraire ils forment en nous la seule espèce de raison dont le premier âge soit susceptible, et la plus nécessaire à quelque âge que ce soit. Ils nous apprennent à bien connoître l'usage de nos forces, les rapports de nos corps aux corps environnans, l'usage des instrumens naturels qui sont à notre portée et qui conviennent à nos organes. Y a-t-il quelque stupidité pareille à celle d'un enfant élevé toujours dans la chambre et sous les yeux de sa mère, lequel, ignorant ce que c'est que poids et que résistance, veut arracher un grand arbre, ou soulever un rocher? La première fois que je sortis de Genève, je voulois suivre un cheval au galop, je jetois des pierres contre la montagne de Salève, qui étoit à deux lieues de moi; jouet de tous les enfans du village, j'étois un véritable idiot pour eux. A dix-huit ans on apprend en philosophie ce que c'est qu'un levier; il n'y a point de petit paysan à douze qui ne sache se servir d'un levier mieux que le premier mécanicien de l'Académie. Les leçons que les écoliers prennent entre eux dans la cour du collége leur sont cent fois plus utiles que tout ce qu'on leur dira jamais dans la classe.

Voyez un chat entrer pour la première fois dans une chambre; il visite, il regarde, il flaire, il ne reste pas un moment en repos, il ne se fie à rien qu'après avoir tout examiné, tout connu. Ainsi fait un enfant commençant à marcher, et entrant pour ainsi dire dans l'espace du monde. Toute la différence est qu'à la vue, commune à l'enfant et au chat, le premier joint, pour observer, les mains que lui donna la nature, et l'autre l'odorat subtil dont elle l'a doué. Cette disposition, bien ou mal cultivée, est ce qu rend les enfans adroits ou lourds, pesans ou dispos, étourdis ou prudens.

Les premiers mouvemens naturels de l'homme étant donc de se mesurer avec tout ce qui l'environne, et d'éprouver dans chaque objet qu'il aperçoit toutes les qualités sensibles qui peuvent se rapporter à lui, sa première étude est une sorte de physique expérimentale relative à sa propre conservation, et dont on le détourne par des études spéculatives avant qu'il ait reconnu sa place ici-bas. Tandis que ses organes délicats et flexibles peuvent s'ajuster aux corps sur lesquels ils doivent agir, tandis que ses sens encore purs sont exempts d'illusion, c'est le temps d'exercer les uns et les autres aux fonctions qui leur sont propres; c'est le temps d'apprendre à connoître les rapports sensibles que les choses ont avec nous. Comme tout ce qui entre dans l'entendement humain y vient par les sens, la première raison de l'homme est une raison sensitive; c'est elle qui sert de base à la raison intellectuelle : nos premiers maîtres de philosophie sont nos pieds, nos mains, nos yeux. Substituer des livres à tout cela, ce n'est pas nous apprendre à raisonner, c'est nous apprendre à nous servir de la raison d'autrui; c'est nous apprendre à beaucoup croire, et à ne jamais rien savoir.

Pour exercer un art, il faut commencer par s'en procurer les instrumens; et, pour pouvoir employer utilement ces instrumens, il faut les faire assez solides pour résister à leur usage. Pour apprendre à penser, il faut donc exercer nos membres, nos sens, nos organes, qui sont les instrumens de notre intelligence; et pour tirer tout le parti possible de ces instrumens, il faut que le corps, qui les fournit, soit robuste et sain. Ainsi, loin que la véritable raison de l'homme se forme indépendamment du corps, c'est la bonne constitution du corps qui rend les opérations de l'esprit faciles et sûres.

En montrant à quoi l'on doit employer la longue oisiveté de l'enfance, j'entre dans un détail qui paroîtra ridicule. Plaisantes leçons, me dira-t-on, qui, retombant sous votre propre critique, se bornent à enseigner ce que nul n'a besoin d'apprendre! Pourquoi consumer le temps à des instructions qui viennent toujours d'elles-mêmes, et ne coûtent ni peines ni soins? Quel enfant de douze ans ne sait pas tout ce que vous voulez apprendre au vôtre, et, de plus, ce que ses maîtres lui ont appris?

Messieurs, vous vous trompez; j'enseigne à mon élève un art très-long, très-pénible, et que n'ont assurément pas les vôtres; c'est celui d'être ignorant : car la science de quiconque ne croit savoir que ce qu'il sait se réduit à bien peu de chose. Vous donnez la science, à la bonne heure; moi je m'occupe de l'instrument propre à l'acquérir. On dit qu'un jour les Vénitiens montrant en grande pompe leur trésor de Saint-Marc à un ambassadeur d'Espagne, celui-ci, pour tout compliment, ayant regardé sous les tables, leur dit : *Qui non c'è la radice.* Je ne vois jamais un précepteur étaler le savoir de son disciple, sans être tenté de lui en dire autant.

Tous ceux qui ont réfléchi sur la manière de vivre des anciens attribuent aux exercices de la gymnastique cette vigueur de corps et d'âme qui les distingue le plus sensiblement des modernes. La manière dont Montaigne appuie ce sentiment montre qu'il en étoit fortement pénétré; il y revient sans cesse et de mille façons. En parlant de l'éducation d'un enfant, pour lui roidir l'âme, il faut, dit-il, lui durcir les muscles; en l'accoutumant au travail, on l'accoutume à la douleur; il le faut rompre à l'âpreté des exercices, pour le dresser à l'âpreté de la dislocation, de la colique et de tous les maux. Le sage Locke, le bon Rollin, le savant Fleuri, le pédant de Crouzas (*), si différens entre eux dans tout le reste, s'accordent tous en ce seul point d'exercer beaucoup les corps des enfans. C'est le plus judicieux de leurs préceptes; c'est celui qui est et sera toujours le plus négligé. J'ai déjà suffisamment parlé de son importance; et comme on ne peut là-dessus donner de meilleures raisons ni des règles plus sensées que celles qu'on trouve dans le livre de Locke, je me contenterai d'y renvoyer, après avoir pris la liberté d'ajouter quelques observations aux siennes.

(*) *Crouzaz*, et non *Crouzas*, né à Lausanne, mort en 1750; écrivain fécond, mais dont les ouvrages ne s'élèvent pas au-dessus de la médiocrité. Il est auteur d'un *Traité de l'Éducation des Enfans*; La Haye, 1722, 2 vol. in-12; et d'un *Examen de l'Essai sur l'Homme*, de Pope, auquel Voltaire a fait beaucoup trop d'honneur en le citant comme autorité dans une des notes de son poëme sur le *Désastre de Lisbonne.* — Il en est parlé dans *la Nouvelle Héloïse*, deuxième partie, lettre XVIII, page 130 de ce volume. G. P.

Les membres d'un corps qui croît doivent être tous au large dans leur vêtement; rien ne doit gêner leur mouvement ni leur accroissement; rien de trop juste, rien qui colle au corps; point de ligatures. L'habillement françois, gênant et malsain pour les hommes, est pernicieux surtout aux enfans. Les humeurs, agnantes, arrêtées dans leur circulation, croupissent dans un repos qu'augmente la vie inactive et sédentaire, se corrompent et causent le scorbut, maladie tous les jours plus commune parmi nous, et presque ignorée des anciens, que leur manière de se vêtir et de vivre en préservoit. L'habillement de houssard, loin de remédier à cet inconvénient, l'augmente, et, pour sauver aux enfans quelques ligatures, les presse par tout le corps. Ce qu'il y a de mieux à faire, est de les laisser en jaquette aussi long-temps qu'il est possible, puis de leur donner un vêtement fort large, et de ne se point piquer de marquer leur taille, ce qui ne sert qu'à la déformer. Leurs défauts du corps et de l'esprit viennent presque tous de la même cause : on les veut faire hommes avant le temps.

Il y a des couleurs gaies et des couleurs tristes : les premières sont plus du goût des enfans; elles leur siéent mieux aussi; et je ne vois pas pourquoi l'on ne consulteroit pas en ceci des convenances si naturelles : mais du moment qu'ils préfèrent une étoffe parce qu'elle est riche, leurs cœurs sont déjà livrés au luxe, à toutes les fantaisies de l'opinion ; et ce goût ne leur est sûrement pas venu d'eux-mêmes. On ne sauroit dire combien le choix des vêtemens et les motifs de ce choix influent sur l'éducation. Non-seulement d'aveugles mères promettent à leurs enfans des parures pour récompense, on voit même d'insensés gouverneurs menacer leurs élèves d'un habit plus grossier et plus simple, comme d'un châtiment : Si vous n'étudiez mieux, si vous ne conservez mieux vos hardes, on vous habillera comme ce petit paysan. C'est comme s'ils leur disoient: Sachez que l'homme n'est rien que par ses habits, que votre prix est tout dans les vôtres. Faut-il s'étonner que de si sages leçons profitent à la jeunesse, qu'elle n'estime que la parure, et qu'elle ne juge du mérite que sur le seul extérieur?

Si j'avois à remettre la tête d'un enfant ainsi gâté, j'aurois soin que ses habits les plus riches fussent les plus incommodes, qu'il y fût toujours gêné, toujours contraint, toujours assujetti de mille manières ; je ferois fuir la liberté, la gaîté devant sa magnificence : s'il vouloit se mêler aux jeux d'autres enfans plus simplement mis, tout cesseroit, tout disparoîtroit à l'instant. Enfin je l'ennuierois, je le rassasierois tellement de son faste, je le rendrois tellement l'esclave de son habit doré, que j'en ferois le fléau de sa vie, et qu'il verroit avec moins d'effroi le plus noir cachot que les apprêts de sa parure. Tant qu'on n'a pas asservi l'enfant à nos préjugés, être à son aise et libre est toujours son premier désir; le vêtement le plus simple, le plus commode, celui qui l'assujettit le moins, est toujours le plus précieux pour lui.

Il y a une habitude du corps convenable aux exercices, et une autre plus convenable à l'inaction. Celle-ci, laissant aux humeurs un cours égal et uniforme, doit garantir le corps des altérations de l'air; l'autre, le faisant passer sans cesse de l'agitation au repos et de la chaleur au froid, doit l'accoutumer aux mêmes altérations. Il suit de là que les gens casaniers et sédentaires doivent s'habiller chaudement en tout temps, afin de se conserver le corps dans une température uniforme, la même à peu près dans toutes les saisons et à toutes les heures du jour. Ceux, au contraire qui vont et viennent, au vent, au soleil, à la pluie, qui agissent beaucoup, et passent la plupart de leur temps *sub dio*, doivent être toujours vêtus légèrement, afin de s'habituer à toutes les vicissitudes de l'air et à tous les degrés de température, sans en être incommodés. Je conseillerois aux uns et aux autres de ne point changer d'habits selon les saisons, et ce sera la pratique constante de mon Émile, en quoi je n'entends pas qu'il porte l'été ses habits d'hiver, comme les gens sédentaires, mais qu'il porte l'hiver ses habits d'été, comme les gens laborieux. Ce dernier usage a été celui du chevalier Newton pendant toute sa vie, et il a vécu quatre-vingts ans.

Peu ou point de coiffure en toute saison. Les anciens Égyptiens avoient toujours la tête nue; les Perses la couvroient de grosses tiares, et la couvrent encore de gros turbans, dont, selon Chardin, l'air du pays leur rend l'usage nécessaire. J'ai remarqué dans un autre endroit ([1]) la distinction que fit Hérodote sur un champ de bataille entre les crânes des Perses et ceux des Égyptiens. Comme donc il importe que les os de la tête deviennent plus durs, plus compactes, moins fragiles et moins poreux, pour mieux armer le cerveau non-seulement contre les blessures, mais contre les rhumes, les fluxions, et toutes les impressions de l'air, accoutumez vos enfans à demeurer été et hiver, jour et nuit, toujours tête nue. Que si, pour la propreté et pour tenir leurs cheveux en ordre, vous leur voulez donner une coiffure durant la nuit, que ce soit un bonnet mince à claire-voie, et semblable au réseau dans lequel les Basques enveloppent leurs cheveux. Je sais bien que la plupart des mères, plus frappées de l'observation de Chardin que de mes raisons, croiront trouver partout l'air de Perse; mais moi je n'ai pas choisi mon élève Européen pour en faire un Asiatique.

En général on habille trop les enfans et surtout durant le premier âge. Il faudroit plutôt les endurcir au froid qu'au chaud : le grand froid ne les incommode jamais quand on les y laisse exposés de bonne heure; mais le tissu de leur peau, trop tendre et trop lâche encore, laissant un trop libre passage à la transpiration, les livre par l'extrême chaleur à un épuisement inévitable. Aussi remarque-t-on qu'il en meurt plus dans le mois d'août que dans aucun autre mois. D'ailleurs il paroît constant, par la comparaison des peuples du Nord et de ceux du Midi, qu'on se rend plus robuste en supportant l'excès du froid que l'excès de la chaleur. Mais, à mesure que l'enfant grandit et que ses fibres se fortifient, accoutumez-le peu à peu à braver les rayons du soleil; en allant par degrés vous l'endurcirez sans danger aux ardeurs de la zone torride.

Locke, au milieu des préceptes mâles et sensés qu'il nous donne, retombe dans des contradictions qu'on n'attendroit pas d'un raisonneur aussi exact. Ce même homme qui veut que les enfans se baignent l'été dans l'eau glacée, ne veut pas, quand ils sont échauffés, qu'ils boivent frais, ni qu'ils se couchent par terre dans les endroits humides ([2]). Mais puisqu'il veut que les souliers des enfans prennent l'eau dans tous les temps, la prendront-ils moins quand l'enfant aura chaud? et ne peut-on pas lui faire du corps, par rapport aux pieds, les mêmes inductions qu'il fait des pieds par rapport aux mains, et du corps, par rapport au visage? Si vous voulez, lui dirois-je, que l'homme soit tout visage, pourquoi me blâmez-vous de vouloir qu'il soit tout pieds?

Pour empêcher les enfans de boire quand ils ont chaud, il prescrit de les accoutumer à manger préalablement un morceau de pain avant que de boire. Cela est bien étrange que, quand l'enfant a soif, il faille lui donner à manger; j'aimerois autant, quand il a faim, lui donner à boire. Jamais on ne me persuadera que nos premiers appétits soient si déréglés, qu'on ne puisse les satisfaire sans nous exposer à périr. Si cela étoit, le genre humain se fût cent fois détruit avant qu'on eût appris ce qu'il faut faire pour le conserver.

Toutes les fois qu'Émile aura soif, je veux qu'on lui donne à boire; je veux qu'on lui donne de l'eau pure et sans aucune préparation, pas même de la faire dégourdir, fût-il tout en nage, et fût-on dans le cœur de l'hiver. Le seul soin que je recommande, est de distinguer la qualité des eaux. Si c'est de l'eau de rivière, donnez-la-lui sur-le-champ telle qu'elle sort de la rivière : si c'est de l'eau de source, il la faut laisser quelque temps à l'air avant qu'il la boive. Dans les saisons chaudes, les rivières sont chaudes : il n'en est pas de même des sources, qui n'ont pas reçu le contact de l'air; il faut attendre qu'elles soient à la température de l'atmosphère. L'hiver, au contraire, l'eau de source est à cet égard moins dangereuse que l'eau de rivière. Mais il n'est ni naturel ni fréquent qu'on se mette l'hiver en sueur, surtout en plein air; car l'air froid, frappant incessamment sur la peau, répercute en dedans la sueur et empêche les pores de s'ouvrir assez pour lui donner un passage libre. Or je ne prétends pas qu'Émile s'exerce l'hiver au coin d'un bon feu, mais dehors, en pleine campagne, au milieu des glaces. Tant qu'il ne s'échauffera qu'à faire et lancer des balles de

---

([1]) Lettre à M. d'Alembert sur les Spectacles.
([2]) Comme si les petits paysans choisissoient la terre bien sèche pour s'y asseoir ou pour s'y coucher, et qu'on n'eût jamais ouï dire que l'humidité de la terre eût fait du mal à pas un d'eux. À écouter là-dessus les médecins, on croiroit les sauvages tout perclus de rhumatismes.

neige, laissons-le boire quand il aura soif; qu'il continue de s'exercer après avoir bu, et n'en craignons aucun accident. Que si par quelque autre exercice il se met en sueur et qu'il ait soif, qu'il boive froid, même en ce temps-là. Faites seulement en sorte de le mener au loin et à petits pas chercher son eau. Par le froid qu'on suppose, il sera suffisamment rafraîchi en arrivant pour la boire sans aucun danger. Surtout prenez ces précautions sans qu'il s'en aperçoive. J'aimerois mieux qu'il fût quelquefois malade que sans cesse attentif à sa santé.

Il faut un long sommeil aux enfans, parce qu'ils font un extrême exercice. L'un sert de correctif à l'autre; aussi voit-on qu'ils ont besoin de tous deux. Le temps du repos est celui de la nuit, il est marqué par la nature. C'est une observation constante que le sommeil est plus tranquille et plus doux tandis que le soleil est sous l'horizon, et que l'air échauffé de ses rayons ne maintient pas nos sens dans un si grand calme. Ainsi l'habitude la plus salutaire est certainement de se lever et de se coucher avec le soleil. D'où il suit que dans nos climats l'homme et tous les animaux ont en général besoin de dormir plus long-temps l'hiver que l'été. Mais la vie civile n'est pas assez simple, assez naturelle, assez exempte de révolutions, d'accidens, pour qu'on doive accoutumer l'homme à cette uniformité, au point de la lui rendre nécessaire. Sans doute il faut s'assujettir aux règles; mais la première est de pouvoir les enfreindre sans risque quand la nécessité le veut. N'allez donc pas amollir indiscrètement votre élève dans la continuité d'un paisible sommeil, qui ne soit jamais interrompu. Livrez-le d'abord sans gêne à la loi de la nature; mais n'oubliez pas que parmi nous il doit être au-dessus de cette loi; qu'il doit pouvoir se coucher tard, se lever matin, être éveillé brusquement, passer les nuits debout, sans en être incommodé. En s'y prenant assez tôt, en allant toujours doucement et par degrés, on forme le tempérament aux mêmes choses qui le détruisent quand on l'y soumet déjà tout formé.

Il importe de s'accoutumer d'abord à être mal couché; c'est le moyen de ne plus trouver de mauvais lit. En général la vie dure, une fois tournée en habitude, multiplie les sensations agréables: la vie molle en prépare une infinité de déplaisantes. Les gens élevés trop délicatement ne trouvent plus le sommeil que sur le duvet; les gens accoutumés à dormir sur des planches le trouvent partout: il n'y a point de lit dur pour qui s'endort en se couchant.

Un lit mollet, où l'on s'ensevelit dans la plume ou dans l'édredon, fond et dissout le corps pour ainsi dire. Les reins enveloppés trop chaudement s'échauffent. De là résultent souvent la pierre ou d'autres incommodités, et infailliblement une complexion délicate qui les nourrit toutes.

Le meilleur lit est celui qui procure un meilleur sommeil. Voilà celui que nous nous préparerons Émile et moi pendant la journée. Nous n'avons pas besoin qu'on nous amène des esclaves de Perse pour faire nos lits; en labourant la terre nous remuons nos matelas.

Je sais par expérience que quand un enfant est en santé, l'on est maître de le faire dormir et veiller presque à volonté. Quand l'enfant est couché, et que de son babil il ennuie sa bonne, elle lui dit, *Dormez*; c'est comme si elle lui disoit, *Portez-vous bien*, quand il est malade. Le vrai moyen de le faire dormir est de l'ennuyer lui-même. Parlez tant qu'il soit forcé de se taire, et bientôt il dormira: les sermons sont toujours bons à quelque chose; autant vaut le prêcher que le bercer: mais si vous employez le soir ce narcotique, gardez-vous de l'employer de jour.

J'éveillerai quelquefois Émile, moins de peur qu'il ne prenne l'habitude de dormir trop long-temps, que pour l'accoutumer à tout, même à être éveillé brusquement. Au surplus, j'aurois bien peu de talent pour mon emploi, si je ne savois pas le forcer à s'éveiller de lui-même, et à se lever, pour ainsi dire, à ma volonté, sans que je lui dise un seul mot.

S'il ne dort pas assez, je lui laisse entrevoir pour le lendemain une matinée ennuyeuse, et lui-même regardera comme autant de gagné tout ce qu'il en pourra laisser au sommeil: s'il dort trop, je lui montre à son réveil un amusement de son goût. Veux-je qu'il s'éveille à point nommé, je lui dis: Demain à six heures on part pour la pêche, on se va promener à tel endroit; voulez-vous en être? Il consent, il me prie de l'éveiller: je promets, ou je ne promets point, selon le besoin : s'il s'éveille trop tard, il me trouve parti. Il y aura du malheur si bientôt il n'apprend à s'éveiller lui-même.

Au reste, s'il arrivoit, ce qui est rare, que quelque enfant indolent eût du penchant à croupir dans la paresse, il ne faut point le livrer à ce penchant, dans lequel il s'engourdiroit tout-à-fait, mais lui administrer quelque stimulant qui l'éveille. On conçoit bien qu'il n'est pas question de le faire agir par force, mais de l'émouvoir par quelque appétit qui l'y porte ; et cet appétit, pris avec choix dans l'ordre de la nature, nous mène à la fois à deux fins.

Je n'imagine rien dont, avec un peu d'adresse, on ne pût inspirer le goût, même la fureur, aux enfans, sans vanité, sans émulation, sans jalousie. Leur vivacité, leur esprit imitateur, suffisent; surtout leur gaîté naturelle, instrument dont la prise est sûre, et dont jamais précepteur ne sut s'aviser. Dans tous les jeux où ils sont bien persuadés que ce n'est que jeu, ils souffrent sans se plaindre, et même en riant, ce qu'ils ne souffriroient jamais autrement sans verser des torrens de larmes. Les longs jeûnes, les coups, la brûlure, les fatigues de toute espèce, sont les amusemens des jeunes sauvages; preuve que la douleur même a son assaisonnement qui peut en ôter l'amertume : mais il n'appartient pas à tous les maîtres de savoir apprêter ce ragoût, ni peut-être à tous les disciples de le savourer sans grimace. Me voilà de nouveau, si je n'y prends garde, égaré dans les exceptions.

Ce qui n'en souffre point est cependant l'assujettissement de l'homme à la douleur, aux maux de son espèce, aux accidens, aux périls de la vie, enfin à la mort : plus on le familiarisera avec toutes ces idées, plus on le guérira de l'importune sensibilité qui ajoute au mal l'impatience de l'endurer ; plus on l'apprivoisera avec les souffrances qui peuvent l'atteindre, plus on leur ôtera, comme eût dit Montaigne, la pointure de l'étrangeté, et plus aussi l'on rendra son âme invulnérable et dure ; son corps sera la cuirasse qui rebouchera tous les traits dont il pourroit être atteint au vif. Les approches mêmes de la mort n'étant point la mort, à peine la sentira-t-il comme telle ; il ne mourra pas, pour ainsi dire ; il sera vivant ou mort, rien de plus. C'est de lui que le même Montaigne eût pu dire, comme il a dit d'un roi de Maroc (*), que nul homme n'a vécu si avant dans la mort. La constance et la fermeté sont, ainsi que les autres vertus, des apprentissages de l'enfance : mais ce n'est pas en apprenant leurs noms aux enfans qu'on les leur enseigne, c'est en les leur faisant goûter, sans qu'ils sachent ce que c'est.

Mais, à propos de mourir, comment nous conduirons-nous avec notre élève relativement au danger de la petite-vérole ? La lui ferons-nous inoculer en bas âge, ou si nous attendrons qu'il la prenne naturellement ? Le premier parti, plus conforme à notre pratique, garantit du péril l'âge où la vie est le plus précieuse, au risque de celui où elle l'est le moins ; si toutefois on peut donner le nom de risque à l'inoculation bien administrée.

Mais le second est plus dans nos principes généraux, de laisser faire en tout la nature dans les soins qu'elle aime à prendre seule, et qu'elle abandonne aussitôt que l'homme veut s'en mêler. L'homme de la nature est toujours préparé : laissons-le inoculer par ce maître ; il choisira mieux le moment que nous.

N'allez pas de là conclure que je blâme l'inoculation ; car le raisonnement sur lequel j'en exempte mon élève iroit très-mal aux vôtres. Votre éducation les prépare à ne point échapper à la petite-vérole au moment qu'ils en seront attaqués ; si vous la laissez venir au hasard, il est probable qu'ils en périront. Je vois que dans les différens pays on résiste d'autant plus à l'inoculation qu'elle y devient plus nécessaire, et la raison de cela se sent aisément. A peine aussi daignerai-je traiter cette question pour mon Émile. Il sera inoculé, ou il ne le sera pas, selon les temps, les lieux, les circonstances : cela est presque indifférent pour lui. Si on lui donne la petite-vérole, on aura l'avantage de prévoir et connoître son mal d'avance ; c'est quelque chose : mais s'il la prend naturellement, nous l'avons préservé du médecin ; c'est encore plus.

Une éducation exclusive, qui tend seulement à distinguer du peuple ceux qui l'ont reçue, préfère toujours les instructions les plus coûteuses aux plus communes, et par cela même

(*) Livre II, chap. 21.   G. P.

aux plus utiles. Ainsi les jeunes gens élevés avec soin apprennent tous à monter à cheval, parce qu'il en coûte beaucoup pour cela ; mais presque aucun d'eux n'apprend à nager, parce qu'il n'en coûte rien, et qu'un artisan peut savoir nager aussi bien que qui que ce soit. Cependant, sans avoir fait son académie, un voyageur monte à cheval, s'y tient et s'en sert assez pour le besoin ; mais, dans l'eau, si l'on ne nage on se noie, et l'on ne nage point sans l'avoir appris. Enfin l'on n'est pas obligé de monter à cheval sous peine de la vie, au lieu que nul n'est sûr d'éviter un danger auquel on est si souvent exposé. Émile sera dans l'eau comme sur la terre. Que ne peut-il vivre dans tous les élémens ! Si l'on pouvoit apprendre à voler dans les airs, j'en ferois un aigle ; j'en ferois une salamandre, si l'on pouvoit s'endurcir au feu (*).

On craint qu'un enfant ne se noie en apprenant à nager : qu'il se noie en apprenant ou pour n'avoir pas appris, ce sera toujours votre faute. C'est la seule vanité qui nous rend téméraires ; on ne l'est point quand on n'est vu de personne : Émile ne le seroit pas quand il seroit vu de tout l'univers. Comme l'exercice ne dépend pas du risque, dans un canal du parc de son père il apprendroit à traverser l'Hellespont : mais il faut s'apprivoiser au risque même, pour apprendre à ne s'en pas troubler ; c'est une partie essentielle de l'apprentissage dont je parlois tout à l'heure. Au reste, attentif à mesurer le danger à ses forces et à le partager toujours avec lui, je n'aurai guère d'imprudence à craindre, quand je réglerai le soin de sa conservation sur celui que je dois à la mienne.

Un enfant est moins grand qu'un homme ; il n'a ni sa force ni sa raison : mais il voit et entend aussi bien que lui, ou à très-peu près ; il a le goût aussi sensible, quoiqu'il l'ait moins délicat, et distingue aussi bien les odeurs quoiqu'il n'y mette pas la même sensualité. Les premières facultés qui se forment et se perfectionnent en nous sont les sens. Ce sont donc les premières qu'il faudroit cultiver ; ce sont les seules qu'on oublie, ou celles qu'on néglige le plus.

Exercer les sens n'est pas seulement en faire usage, c'est apprendre à bien juger par eux, c'est apprendre, pour ainsi dire, à sentir ; car nous ne savons ni toucher, ni voir, ni entendre, que comme nous avons appris.

Il y a un exercice purement naturel et mécanique, qui sert à rendre le corps robuste sans donner aucune prise au jugement : nager, courir, sauter, fouetter un sabot, lancer des pierres ; tout cela est fort bien : mais n'avons-nous que des bras et des jambes ? n'avons-nous pas aussi des yeux, des oreilles ? et ces organes sont-ils superflus à l'usage des premiers ? N'exercez donc pas seulement les forces, exercez tous les sens qui les dirigent ; tirez de chacun d'eux tout le parti possible, puis vérifiez l'impression de l'un par l'autre. Mesurez, comptez, pesez, comparez. N'employez la force qu'après avoir estimé la résistance : faites toujours en sorte que l'estimation de l'effet précède l'usage des moyens. Intéressez l'enfant à ne jamais faire d'efforts insuffisans ou superflus. Si vous l'accoutumez à prévoir ainsi l'effet de tous ses mouvemens, et à redresser ses erreurs par l'expérience, n'est-il pas clair que plus il agira, plus il deviendra judicieux.

S'agit-il d'ébranler une masse ; s'il prend un levier trop long il dépensera trop de mouvement ; s'il le prend trop court, il n'aura pas assez de force : l'expérience lui peut apprendre à choisir précisément le bâton qu'il lui faut. Cette sagesse n'est donc pas au-dessus de son âge. S'agit-il de porter un fardeau ; s'il veut le prendre aussi pesant qu'il peut le porter et n'en point essayer qu'il ne soulève, ne sera-t-il pas forcé d'en estimer le poids à la vue ? Sait-il comparer des masses de même matière et de différentes grosseurs, qu'il choisisse entre des masses de même grosseur et de différentes matières ; il faudra bien qu'il s'applique à comparer leurs poids spécifiques. J'ai vu un jeune homme, très-bien élevé, qui ne voulut croire qu'après l'épreuve, qu'un seau plein de gros copeaux de bois de chêne fût moins pesant que le même seau rempli d'eau.

Nous ne sommes pas également maîtres de

(*) C'est sans doute pour rendre son idée générale plus sensible que Rousseau paroit ici partager, sur la salamandre, l'opinion ancienne et populaire qui lui attribuoit la faculté de vivre dans le feu. L'encyclopédie, article *Salamandre*, fait connoître ce qui vraisemblablement a pu donner lieu à cette opinion, qui d'ailleurs n'a aucun fondement raisonnable.

G. P.

l'usage de tous nos sens. Il y en a un, savoir, le toucher, dont l'action n'est jamais suspendue durant la veille; il a été répandu sur la surface entière de notre corps, comme une garde continuelle pour nous avertir de tout ce qui peut l'offenser. C'est aussi celui dont, bon gré, mal gré, nous acquérons le plus tôt l'expérience par cet exercice continuel, et auquel, par conséquent, nous avons moins besoin de donner une culture particulière. Cependant nous observons que les aveugles ont le tact plus sûr et plus fin que nous, parce que, n'étant pas guidés par la vue, ils sont forcés d'apprendre à tirer uniquement du premier sens les jugemens que nous fournit l'autre. Pourquoi donc ne nous exerce-t-on pas à marcher comme eux dans l'obscurité, à connoître les corps que nous pouvons atteindre, à juger des objets qui nous environnent; à faire, en un mot, de nuit et sans lumière, tout ce qu'ils font de jour et sans yeux? Tant que le soleil luit, nous avons sur eux l'avantage; dans les ténèbres, ils sont nos guides à leur tour. Nous sommes aveugles la moitié de la vie; avec la différence que les vrais aveugles savent toujours se conduire, et que nous n'osons faire un pas au cœur de la nuit. On a de la lumière, me dira-t-on. Eh quoi! toujours des machines! Qui vous répond qu'elles vous suivront partout au besoin? Pour moi, j'aime mieux qu'Émile ait des yeux au bout des doigts que dans la boutique d'un chandelier.

Êtes-vous enfermé dans un édifice au milieu de la nuit, frappez des mains; vous apercevrez, au résonnement du lieu, si l'espace est grand ou petit, si vous êtes au milieu ou dans un coin. A demi-pied d'un mur, l'air moins ambiant et plus réfléchi vous porte une autre sensation au visage. Restez en place, et tournez-vous successivement de tous les côtés; s'il y a une porte ouverte, un léger courant d'air vous l'indiquera. Êtes-vous dans un bateau, vous connoîtrez, à la manière dont l'air vous frappera le visage, non-seulement en quel sens vous allez, mais si le fil de la rivière vous entraîne lentement ou vite. Ces observations, et mille autres semblables, ne peuvent bien se faire que de nuit; quelque attention que nous voulions leur donner en plein jour, nous serons aidés ou distraits par la vue, elles nous échapperont. Cependant il n'y a encore ici ni mains ni bâton. Que de connoissances oculaires on peut acquérir par le toucher, même sans rien toucher du tout!

Beaucoup de jeux de nuit. Cet avis est plus important qu'il ne semble. La nuit effraie naturellement les hommes, et quelquefois les animaux (¹). La raison, les connoissances, l'esprit, le courage, délivrent peu de gens de ce tribut. J'ai vu des raisonneurs, des esprits forts, des philosophes, des militaires intrépides en plein jour, trembler la nuit comme des femmes au bruit d'une feuille d'arbre. On attribue cet effroi aux contes des nourrices : on se trompe; il a une cause naturelle. Quelle est cette cause? la même qui rend les sourds défians et le peuple superstitieux, l'ignorance des choses qui nous environnent et de ce qui se passe autour de nous (²). Accoutumé d'apercevoir de loin les

(¹) Cet effroi devient très-manifeste dans les grandes éclipses de soleil.

(²) En voici encore une autre cause bien expliquée par un philosophe dont je cite souvent le livre, et dont les grandes vues m'instruisent encore plus souvent.

« Lorsque, par des circonstances particulières, nous ne pou-
» vons avoir une idée juste de la distance, et que nous ne pou-
» vons juger des objets que par la grandeur de l'angle ou plu-
» tôt de l'image qu'ils forment dans nos yeux, nous nous
» trompons alors nécessairement sur la grandeur de ces objets.
» Tout le monde a éprouvé qu'en voyageant la nuit on prend
» un buisson dont on est près pour un grand arbre dont on
» est loin, ou bien on prend un grand arbre éloigné pour un
» buisson qui est voisin : de même, si on ne connoît pas les
» objets par leur forme, et qu'on ne puisse avoir par ce moyen
» aucune idée de distance, on se trompera encore nécessaire-
» ment : une mouche qui passera avec rapidité à quelques
» pouces de distance de nos yeux nous paroîtra dans ce cas
» être un oiseau qui en seroit à une très-grande distance, un
» cheval qui seroit sans mouvement dans le milieu d'une cam-
» pagne, et qui seroit dans une attitude semblable, par exemple,
» à celle d'un mouton, ne nous paroîtra plus qu'un gros mou-
» ton, tant que nous ne reconnoîtrons pas que c'est un cheval;
» mais, dès que nous l'aurons reconnu, il nous paroîtra dans
» l'instant gros comme un cheval, et nous rectifierons sur-le-
» champ notre premier jugement.

» Toutes les fois qu'on se trouvera dans la nuit dans des
» lieux inconnus où l'on ne pourra juger de la distance, et où
» l'on ne pourra reconnoître la forme des choses à cause de
» l'obscurité, on sera en danger de tomber à tout instant dans
» l'erreur au sujet des jugemens que l'on fera sur les objets qui
» se présenteront. C'est de là que vient la frayeur et l'espèce
» de crainte intérieure que l'obscurité de la nuit fait sentir à
» presque tous les hommes; c'est sur cela qu'est fondée l'ap-
» parence des spectres et des figures gigantesques et épouvanta-
» bles que tant de gens disent avoir vus. On leur répond com-
» munément que ces figures étoient dans leur imagination :
» cependant elles pouvoient être réellement dans leurs yeux, et
» il est très-possible qu'ils aient en effet vu ce qu'ils disent avoir
» vu : car il doit arriver nécessairement, toutes les fois qu'on ne
» pourra juger d'un objet que par l'angle qu'il forme dans l'œil,
» que cet objet inconnu grossira et grandira à mesure qu'on en
» sera plus voisin; et que s'il a d'abord paru au spectateur, qui

objets et de prévoir leurs impressions d'avance, comment, ne voyant plus rien de ce qui m'entoure, n'y supposerois-je pas mille êtres, mille mouvemens qui peuvent me nuire, et dont il m'est impossible de me garantir? J'ai beau savoir que je suis en sûreté dans le lieu où je me trouve, je ne le sais jamais aussi bien que si je le voyois actuellement : j'ai donc toujours un sujet de crainte que je n'avois pas en plein jour. Je sais, il est vrai, qu'un corps étranger ne peut guère agir sur le mien sans s'annoncer par quelque bruit; aussi, combien j'ai sans cesse l'oreille alerte! Au moindre bruit dont je ne puis discerner la cause, l'intérêt de ma conservation me fait d'abord supposer tout ce qui doit le plus m'engager à me tenir sur mes gardes, et par conséquent tout ce qui est le plus propre à m'effrayer.

N'entends-je absolument rien, je ne suis pas pour cela tranquille; car enfin sans bruit on peut encore me surprendre. Il faut que je suppose les choses telles qu'elles étoient auparavant, telles qu'elles doivent encore être, que je voie ce que je ne vois pas. Ainsi, forcé de mettre en jeu mon imagination, bientôt je n'en suis plus maître, et ce que j'ai fait pour me rassurer ne sert qu'à m'alarmer davantage. Si j'entends

» ne peut connoître ce qu'il voit ni juger à quelle distance il le
» voit; que s'il a paru, dis-je, d'abord de la hauteur de quelques
» pieds lorsqu'il étoit à distance de vingt ou trente pas, il doit
» paroître haut de plusieurs toises lorsqu'il n'en sera plus éloigné que de quelques pieds; ce qui doit en effet l'étonner et
» l'effrayer jusqu'à ce qu'enfin il vienne à toucher l'objet où à
» le reconnoître; car, dans l'instant même où il reconnoîtra ce
» que c'est, cet objet qui lui paroissoit gigantesque diminuera
» tout à coup, et ne lui paroîtra plus avoir que sa grandeur
» réelle; mais, si l'on fuit ou qu'on n'ose approcher, il est certain qu'on n'aura d'autre idée de cet objet que celle de
» l'image qu'il formoit dans l'œil, et qu'on aura réellement vu
» une figure gigantesque ou épouvantable par la grandeur et
» par la forme. Le préjugé des spectres est donc fondé dans la
» nature, et ses apparences ne dépendent pas, comme le croient
» les philosophes, uniquement de l'imagination. » (*Hist. nat.*, tome VI, page 22, in-12.)

J'ai tâché de montrer dans le texte comment il en dépend toujours en partie, et, quant à la cause expliquée dans ce passage, on voit que l'habitude de marcher la nuit doit nous apprendre à distinguer les apparences que la ressemblance des formes et la diversité des distances font prendre aux objets à nos yeux dans l'obscurité; car lorsque l'air est encore assez éclairé pour nous laisser apercevoir les contours des objets, comme il y a plus d'air interposé dans un plus grand éloignement, nous devons toujours voir ces contours moins marqués quand l'objet est plus loin de nous, ce qui suffit, à force d'habitude, pour nous garantir de l'erreur qu'explique ici M. de Buffon. Quelque explication qu'on préfère, ma méthode est donc toujours efficace, et c'est ce que l'expérience confirme parfaitement.

du bruit, j'entends des voleurs; si je n'entends rien, je vois des fantômes : la vigilance que m'inspire le soin de me conserver ne me donne que sujets de crainte. Tout ce qui doit me rassurer n'est que dans ma raison; l'instinct plus fort me parle tout autrement qu'elle. A quoi bon penser qu'on n'a rien à craindre, puisque alors on n'a rien à faire?

La cause du mal trouvée indique le remède. En toute chose l'habitude tue l'imagination; il n'y a que les objets nouveaux qui la réveillent. Dans ceux que l'on voit tous les jours, ce n'est plus l'imagination qui agit, c'est la mémoire; et voilà la raison de l'axiome *ab assuetis non fit passio*, car ce n'est qu'au feu de l'imagination que les passions s'allument. Ne raisonnez donc pas avec celui que vous voulez guérir de l'horreur des ténèbres; menez-l'y souvent, et soyez sûr que tous les argumens de la philosophie ne vaudront pas cet usage. La tête ne tourne point aux couvreurs sur les toits, et l'on ne voit plus avoir peur dans l'obscurité quiconque est accoutumé d'y être.

Voilà donc pour nos jeux de nuit un autre avantage ajouté au premier : mais, pour que ces jeux réussissent, je n'y puis trop recommander la gaîté. Rien n'est si triste que les ténèbres : n'allez pas enfermer votre enfant dans un cachot. Qu'il rie en entrant dans l'obscurité; que le rire le reprenne avant qu'il en sorte; que, tandis qu'il y est, l'idée des amusemens qu'il quitte, et de ceux qu'il va retrouver, le défende des imaginations fantastiques qui pourroient l'y venir chercher.

Il est un terme de la vie au-delà duquel on rétrograde en avançant. Je sens que j'ai passé ce terme. Je recommence, pour ainsi dire, une autre carrière. Le vide de l'âge mûr, qui s'est fait sentir à moi, me retrace le doux temps du premier âge. En vieillissant, je redeviens enfant, et je me rappelle plus volontiers ce que j'ai fait à dix ans qu'à trente. Lecteurs, pardonnez-moi donc de tirer quelquefois mes exemples de moi-même; car, pour bien faire ce livre, il faut que je le fasse avec plaisir.

J'étois à la campagne en pension chez un ministre appelé M. Lambercier. J'avois pour camarade un cousin plus riche que moi, et qu'on traitoit en héritier, tandis que, éloigné de mon père, je n'étois qu'un pauvre orphelin. Mon grand cousin Bernard étoit singulièrement poltron, surtout la nuit. Je me moquai tant de sa frayeur, que M. Lambercier, ennuyé de mes vanteries, voulut mettre mon courage à l'épreuve. Un soir d'automne, qu'il faisoit très-obscur, il me donna la clef du temple, et me dit d'aller chercher dans la chaire la Bible qu'on y avoit laissée. Il ajouta, pour me piquer d'honneur, quelques mots qui me mirent dans l'impuissance de reculer.

Je partis sans lumière ; si j'en avais eu, ç'auroit peut-être été pis encore. Il falloit passer par le cimetière : je le traversai gaillardement; car, tant que je me sentois en plein air, je n'eus jamais de frayeurs nocturnes.

En ouvrant la porte, j'entendis à la voûte un certain retentissement que je crus ressembler à des voix, et qui commença d'ébranler ma fermeté romaine. La porte ouverte, je voulus entrer ; mais à peine eus-je fait quelques pas, que je m'arrêtai. En apercevant l'obscurité profonde qui régnoit dans ce vaste lieu, je fus saisi d'une terreur qui me fit dresser les cheveux : je rétrograde, je sors, je me mets à fuir tout tremblant. Je trouvai dans la cour un petit chien nommé *Sultan*, dont les caresses me rassurèrent. Honteux de ma frayeur, je revins sur mes pas, tâchant pourtant d'emmener avec moi *Sultan*, qui ne voulut pas me suivre. Je franchis brusquement la porte, j'entre dans l'église. A peine y fus-je rentré, que la frayeur me reprit, mais si fortement que je perdis la tête ; et, quoique la chaire fût à droite, et que je le susse très-bien, ayant tourné sans m'en apercevoir, je la cherchai long-temps à gauche, je m'embarrassai dans les bancs, je ne savois plus où j'étois ; et ne pouvant trouver ni la chaire ni la porte, je tombai dans un bouleversement inexprimable. Enfin, j'aperçois la porte, je viens à bout de sortir du temple, et je m'en éloigne comme la première fois, bien résolu de n'y jamais rentrer seul qu'en plein jour.

Je reviens jusqu'à la maison. Prêt à entrer, je distingue la voix de M. Lambercier à de grands éclats de rire. Je les prends pour moi d'avance, et, confus de m'y voir exposé, j'hésite à ouvrir la porte. Dans cet intervalle, j'entends mademoiselle Lambercier s'inquiéter de moi, dire à la servante de prendre la lanterne, et M. Lambercier se disposer à me venir chercher, escorté de mon intrépide cousin, auquel ensuite on n'auroit pas manqué de faire tout l'honneur de l'expédition. A l'instant toutes mes frayeurs cessent, et ne me laissent que celle d'être surpris dans ma fuite : je cours, je vole au temple ; sans m'égarer, sans tâtonner, j'arrive à la chaire ; j'y monte, je prends la Bible, je m'élance en bas ; dans trois sauts je suis hors du temple, dont j'oubliai même de fermer la porte ; j'entre dans la chambre, hors d'haleine, je jette la Bible sur la table, effaré, mais palpitant d'aise d'avoir prévenu le secours qui m'étoit destiné.

On me demandera si je donne ce trait pour un modèle à suivre, et pour un exemple de la gaîté que j'exige dans ces sortes d'exercices. Non ; mais je le donne pour preuve que rien n'est plus capable de rassurer quiconque est effrayé des ombres de la nuit, que d'entendre dans une chambre voisine une compagnie assemblée rire et causer tranquillement. Je voudrois qu'au lieu de s'amuser ainsi seul avec son élève, on rassemblât les soirs beaucoup d'enfans de bonne humeur ; qu'on ne les envoyât pas d'abord séparément, mais plusieurs ensemble, et qu'on n'en hasardât aucun parfaitement seul, qu'on ne se fût bien assuré d'avance qu'il n'en seroit pas trop effrayé.

Je n'imagine rien de si plaisant et de si utile que de pareils jeux, pour peu qu'on voulût user d'adresse à les ordonner. Je ferois dans une grande salle une espèce de labyrinthe avec des tables, des fauteuils, des chaises, des paravens. Dans les inextricables tortuosités de ce labyrinthe j'arrangerois, au milieu de huit ou dix boîtes d'attrapes, une autre boîte presque semblable, bien garnie de bonbons ; je désignerois en termes clairs, mais succincts, le lieu précis où se trouve la bonne boîte ; je donnerois le renseignement suffisant pour la distinguer à des gens plus attentifs et moins étourdis que des enfans ([1]) ; puis, après avoir fait tirer au sort les petits concurrens, je les enverrois chercher tous l'un après l'autre, jusqu'à ce que la bonne boîte fût trouvée : ce que j'aurois soin de rendre difficile à proportion de leur habileté.

([1]) Pour les exercer à l'attention, ne leur dites jamais que des choses qu'ils aient un intérêt sensible et présent à bien entendre; surtout point de longueurs, jamais un mot superflu. Mais aussi ne laissez dans vos discours ni obscurité ni équivoque.

Figurez-vous un petit Hercule arrivant une boîte à la main, tout fier de son expédition. La boîte se met sur la table, on l'ouvre en cérémonie. J'entends d'ici les éclats de rire, les huées de la bande joyeuse, quand, au lieu des confitures qu'on attendoit, on trouve bien proprement arrangés sur de la mousse ou sur du coton un hanneton, un escargot, du charbon, du gland, un navet, ou quelque autre pareille denrée. D'autres fois, dans une pièce nouvellement blanchie, on suspendra près du mur quelque jouet, quelque petit meuble qu'il s'agira d'aller chercher sans toucher au mur. A peine celui qui l'apportera sera-t-il rentré, que, pour peu qu'il ait manqué à la condition, le bout de son chapeau blanchi, le bout de ses souliers, la basque de son habit, sa manche, trahiront sa maladresse. En voilà bien assez, trop peut-être, pour faire entendre l'esprit de ces sortes de jeux. S'il faut tout vous dire, ne me lisez point.

Quels avantages un homme ainsi élevé n'aura-t-il pas la nuit sur les autres hommes! Ses pieds accoutumés à s'affermir dans les ténèbres, ses mains exercées à s'appliquer aisément à tous les corps environnans, le conduiront sans peine dans la plus épaisse obscurité. Son imagination, pleine des jeux nocturnes de sa jeunesse, se tournera difficilement sur des objets effrayans. S'il croit entendre des éclats de rire, au lieu de ceux des esprits follets, ce seront ceux de ses anciens camarades; s'il se peint une assemblée, ce ne sera point pour lui le sabbat, mais la chambre de son gouverneur. La nuit, ne lui rappelant que des idées gaies, ne lui sera jamais affreuse; au lieu de la craindre, il l'aimera. S'agit-il d'une expédition militaire, il sera prêt à toute heure, aussi bien seul qu'avec sa troupe. Il entrera dans le camp de Saül, il le parcourra sans s'égarer, il ira jusqu'à la tente du roi sans éveiller personne, il s'en retournera sans être aperçu. Faut-il enlever les chevaux de Rhésus, adressez-vous à lui sans crainte. Parmi les gens autrement élevés, vous trouverez difficilement un Ulysse.

J'ai vu des gens vouloir, par des surprises, accoutumer les enfans à ne s'effrayer de rien la nuit. Cette méthode est très-mauvaise; elle produit un effet tout contraire à celui qu'on cherche, et ne sert qu'à les rendre toujours plus craintifs. Ni la raison ni l'habitude ne peuvent rassurer sur l'idée d'un danger présent dont on ne peut connoître le degré ni l'espèce, ni sur la crainte des surprises qu'on a souvent éprouvées. Cependant, comment s'assurer de tenir toujours votre élève exempt de pareils accidens? Voici le meilleur avis, ce me semble, dont on puisse le prévenir là-dessus. Vous êtes alors, dirois-je à mon Émile, dans le cas d'une juste défense; car l'agresseur ne vous laisse pas juger s'il veut vous faire mal ou peur, et, comme il a pris ses avantages, la fuite même n'est pas un refuge pour vous. Saisissez donc hardiment celui qui vous surprend de nuit, homme, ou bête, il n'importe; serrez-le, empoignez-le de toute votre force : s'il se débat, frappez, ne marchandez point les coups; et, quoi qu'il puisse dire ou faire, ne lâchez jamais prise que vous ne sachiez bien ce que c'est. L'éclaircissement vous apprendra probablement qu'il n'y avoit pas beaucoup à craindre, et cette manière de traiter les plaisans doit naturellement les rebuter d'y revenir.

Quoique le toucher soit de tous nos sens celui dont nous avons le plus continuel exercice, ses jugemens restent pourtant, comme je l'ai dit, imparfaits et grossiers plus que ceux d'aucun autre, parce que nous mêlons continuellement à son usage celui de la vue, et que l'œil atteignant à l'objet plus tôt que la main, l'esprit juge presque toujours sans elle. En revanche les jugemens du tact sont les plus sûrs, précisément parce qu'ils sont les plus bornés; car, ne s'étendant qu'aussi loin que nos mains peuvent atteindre, ils rectifient l'étourderie des autres sens, qui s'élancent au loin sur des objets qu'ils aperçoivent à peine, au lieu que tout ce qu'aperçoit le toucher il l'aperçoit bien. Ajoutez que, joignant, quand il nous plaît, la force des muscles à l'action des nerfs, nous unissons, par une sensation simultanée, au jugement de la température, des grandeurs, des figures, le jugement du poids et de la solidité. Ainsi le toucher, étant de tous les sens celui qui nous instruit le mieux de l'impression que les corps étrangers peuvent faire sur le nôtre, est celui dont l'usage est le plus fréquent, et nous donne le plus immédiatement la connoissance nécessaire à notre conservation.

Comme le toucher exercé supplée à la vue,

pourquoi ne pourroit-il pas aussi suppléer à l'ouïe jusqu'à certain point, puisque les sons excitent dans les corps sonores des ébranlemens sensibles au tact? En posant une main sur le corps d'un violoncelle, on peut, sans le secours des yeux ni des oreilles, distinguer, à la seule manière dont le bois vibre et frémit, si le son qu'il rend est grave ou aigu, s'il est tiré de la chanterelle ou du bourdon. Qu'on exerce le sens à ces différences, je ne doute pas qu'avec le temps on n'y pût devenir sensible au point d'entendre un air entier par les doigts. Or, ceci supposé, il est clair qu'on pourroit aisément parler aux sourds en musique; car les tons et les temps, n'étant pas moins susceptibles de combinaisons régulières que les articulations et les voix, peuvent être pris de même pour les élémens du discours.

Il y a des exercices qui émoussent le sens du toucher et le rendent plus obtus; d'autres au contraire l'aiguisent et le rendent plus délicat et plus fin. Les premiers, joignant beaucoup de mouvement et de force à la continuelle impression des corps durs, rendent la peau rude, calleuse, et lui ôtent le sentiment naturel; les seconds sont ceux qui varient ce même sentiment par un tact léger et fréquent, en sorte que l'esprit, attentif à des impressions incessamment répétées, acquiert la facilité de juger toutes leurs modifications. Cette différence est sensible dans l'usage des instrumens de musique: le toucher dur et meurtrissant du violoncelle, de la contre-basse, du violon même, en rendant les doigts plus flexibles, raccornit leurs extrémités. Le toucher lisse et poli du clavecin les rend aussi plus flexibles et plus sensibles en même temps. En ceci donc le clavecin est à préférer.

Il importe que la peau s'endurcisse aux impressions de l'air et puisse braver ses altérations; car c'est elle qui défend tout le reste. A cela près, je ne voudrois pas que la main, trop servilement appliquée aux mêmes travaux, vînt à s'endurcir, ni que sa peau devenue presque osseuse perdît ce sentiment exquis qui donne à connoître quels sont les corps sur lesquels on la passe, et, selon l'espèce de contact, nous fait quelquefois, dans l'obscurité, frissonner en diverses manières.

Pourquoi faut-il que mon élève soit forcé d'avoir toujours sous les pieds une peau de bœuf? Quel mal y auroit-il que la sienne propre pût au besoin lui servir de semelle? Il est clair qu'en cette partie la délicatesse de la peau ne peut jamais être utile à rien, et peut souvent beaucoup nuire. Éveillés à minuit au cœur de l'hiver par l'ennemi dans leur ville, les Genevois trouvèrent plus tôt leurs fusils que leurs souliers. Si nul d'eux n'avoit su marcher nu-pieds, qui sait si Genève n'eût point été prise?

Armons toujours l'homme contre les accidens imprévus. Qu'Émile coure les matins à pieds nus, en toute saison, par la chambre, par l'escalier, par le jardin; loin de l'en gronder, je l'imiterai; seulement j'aurai soin d'écarter le verre. Je parlerai bientôt des travaux et des jeux manuels. Du reste, qu'il apprenne à faire tous les pas qui favorisent les évolutions du corps, à prendre dans toutes les attitudes une position aisée et solide; qu'il sache sauter en éloignement, en hauteur, grimper sur un arbre, franchir un mur; qu'il trouve toujours son équilibre; que tous ses mouvemens, ses gestes, soient ordonnés selon les lois de la pondération, long-temps avant que la statique se mêle de les lui expliquer. A la manière dont son pied pose à terre et dont son corps porte sur sa jambe, il doit sentir s'il est bien ou mal. Une assiette assurée a toujours de la grâce, et les postures les plus fermes sont aussi les plus élégantes. Si j'étois maître à danser, je ne ferois pas toutes les singeries de Marcel (¹), bonnes pour le pays où il les fait; mais, au lieu d'occuper éternellement mon élève à des gambades, je le mènerois au pied d'un rocher: là, je lui montrerois quelle attitude il faut prendre, comment il faut porter le corps et la tête, quel mouvement il faut faire, de quelle manière il faut poser, tantôt le pied, tantôt la main, pour suivre légèrement les sentiers escarpés, raboteux et rudes, et s'élancer de pointe en pointe tant en montant qu'en descendant. J'en ferois l'émule d'un chevreuil, plutôt qu'un danseur de l'Opéra.

Autant le toucher concentre ses opérations

(¹) Célèbre maître à danser de Paris, lequel, connoissant bien son monde, faisoit l'extravagant par ruse, et donnoit à son art une importance qu'on feignoit de trouver ridicule, mais pour laquelle on lui portoit au fond le plus grand respect. Dans un autre art non moins frivole, on voit encore aujourd'hui un artiste comédien faire ainsi l'important et le fou, et ne réussir pas moins bien. Cette méthode est toujours sûre en France. Le vrai talent, plus simple et moins charlatan, n'y fait point fortune. La modestie y est la vertu des sots.

autour de l'homme, autant la vue étend les siennes au-delà de lui, c'est là ce qui rend celles-ci trompeuses : d'un coup d'œil un homme embrasse la moitié de son horizon. Dans cette multitude de sensations simultanées et de jugemens qu'elles excitent, comment ne se tromper sur aucun ? Ainsi la vue est de tous nos sens le plus fautif, précisément parce qu'il est le plus étendu, et que, précédant de bien loin tous les autres, ses opérations sont trop promptes et trop vastes pour pouvoir être rectifiées par eux. Il y a plus, les illusions mêmes de la perspective nous sont nécessaires pour parvenir à connoître l'étendue et à comparer ses parties. Sans les fausses apparences, nous ne verrions rien dans l'éloignement; sans les gradations de grandeur et de lumière, nous ne pourrions estimer aucune distance, ou plutôt il n'y en auroit point pour nous. Si de deux arbres égaux celui qui est à cent pas de nous nous paroissoit aussi grand et aussi distinct que celui qui est à dix, nous les placerions à côté l'un de l'autre. Si nous apercevions toutes les dimensions des objets sous leur véritable mesure, nous ne verrions aucun espace, et tout nous paroîtroit sur notre œil.

Le sens de la vue n'a, pour juger la grandeur des objets et leur distance, qu'une même mesure, savoir, l'ouverture de l'angle qu'ils font dans notre œil; et comme cette ouverture est un effet simple d'une cause composée, le jugement qu'il excite en nous laisse chaque cause particulière indéterminée, ou devient nécessairement fautif. Car comment distinguer à la simple vue si l'angle sous lequel je vois un objet plus petit qu'un autre est tel, parce que ce premier objet est en effet plus petit, ou parce qu'il est plus éloigné ?

Il faut donc suivre ici une méthode contraire à la précédente; au lieu de simplifier la sensation, la doubler, la vérifier toujours par une autre, assujettir l'organe visuel à l'organe tactile, et réprimer, pour ainsi dire, l'impétuosité du premier sens par la marche pesante et réglée du second. Faute de nous asservir à cette pratique, nos mesures par estimation sont très-inexactes. Nous n'avons nulle précision dans le coup d'œil pour juger les hauteurs, les longueurs, les profondeurs, les distances; et la preuve que ce n'est pas tant la faute du sens que son usage, c'est que les ingénieurs, les arpenteurs, les architectes, les maçons, les peintres, ont en général le coup d'œil beaucoup plus sûr que nous, et apprécient les mesures de l'étendue avec plus de justesse ; parce que leur métier leur donnant en ceci l'expérience que nous négligeons d'acquérir, ils ôtent l'équivoque de l'angle par les apparences qui l'accompagnent, et qui déterminent plus exactement à leurs yeux le rapport des deux causes de cet angle.

Tout ce qui donne du mouvement au corps sans le contraindre est toujours facile à obtenir des enfans. Il y a mille moyens de les intéresser à mesurer, à connoître, à estimer les distances. Voilà un cerisier fort haut; comment ferons-nous pour cueillir des cerises? l'échelle de la grange est-elle bonne pour cela? Voilà un ruisseau fort large, comment le traverserons-nous? une des planches de la cour posera-t-elle sur les deux bords? Nous voudrions, de nos fenêtres, pêcher dans les fossés du château ; combien de brasses doit avoir notre ligne? Je voudrois faire une balançoire entre ces deux arbres; une corde de deux toises nous suffira-t-elle? On me dit que dans l'autre maison notre chambre aura vingt-cinq pieds carrés ; croyez-vous qu'elle nous convienne? sera-t-elle plus grande que celle-ci? Nous avons grand'faim, voilà deux villages, auquel des deux serons-nous plus tôt pour dîner? etc.

Il s'agissoit d'exercer à la course un enfant indolent et paresseux, qui ne se portoit pas de lui-même à cet exercice ni à aucun autre, quoiqu'on le destinât à l'état militaire : il s'étoit persuadé, je ne sais comment, qu'un homme de son rang ne devoit rien faire ni rien savoir, et que sa noblesse devoit lui tenir lieu de bras, de jambes, ainsi que de toute espèce de mérite. A faire d'un tel gentilhomme un Achille au pied léger, l'adresse de Chiron même eût eu peine à suffire. La difficulté étoit d'autant plus grande, que je ne voulois lui prescrire absolument rien : j'avois banni de mes droits les exhortations, les promesses, les menaces, l'émulation, le désir de briller : comment lui donner celui de courir sans lui rien dire? Courir moi-même eût été un moyen peu sûr et sujet à inconvénient. D'ailleurs il s'agissoit encore de tirer de cet exercice quelque objet d'instruction pour lui, afin d'accoutumer les opérations de la machine et celles du jugement à marcher toujours de concert. Voici comment je m'y pris : moi, c'est-à-dire celui qui parle dans cet exemple.

En m'allant promener avec lui les après-midi, je mettois quelquefois dans ma poche deux gâteaux d'une espèce qu'il aimoit beaucoup; nous en mangions chacun un à la promenade (1), et nous revenions fort contens. Un jour il s'aperçut que j'avois trois gâteaux; il en auroit pu manger six sans s'incommoder; il dépêche promptement le sien pour demander le troisième. Non, lui dis-je : je le mangerois fort bien moi-même, ou nous le partagerions; mais j'aime mieux le voir disputer à la course par ces deux petits garçons que voilà. Je les appelai, je leur montrai le gâteau et leur proposai la condition. Ils ne demandèrent pas mieux. Le gâteau fut posé sur une grande pierre qui servit de but; la carrière fut marquée; nous allâmes nous asseoir : au signal donné les petits garçons partirent; le victorieux se saisit du gâteau, et le mangea sans miséricorde aux yeux des spectateurs et du vaincu.

Cet amusement valoit mieux que le gâteau; mais il ne prit pas d'abord et ne produisit rien. Je ne me rebutai ni ne me pressai : l'instruction des enfans est un métier où il faut savoir perdre du temps pour en gagner. Nous continuâmes nos promenades; souvent on prenoit trois gâteaux, quelquefois quatre, et de temps à autre il y en avoit un, même deux pour les coureurs. Si le prix n'étoit pas grand, ceux qui le disputoient n'étoient pas ambitieux : celui qui le remportoit étoit loué, fêté; tout se faisoit avec appareil. Pour donner lieu aux révolutions et augmenter l'intérêt, je marquois la carrière plus longue, j'y souffrois plusieurs concurrens. A peine étoient-ils dans la lice, que tous les passans s'arrêtoient pour les voir : les acclamations, les cris, les battemens de mains les animoient: je voyois quelquefois mon petit bon homme tressaillir, se lever, s'écrier quand l'un étoit prêt d'atteindre ou de passer l'autre; c'étoient pour lui les jeux olympiques.

Cependant les concurrens usoient quelquefois de supercherie; ils se retenoient mutuellement, ou se faisoient tomber, ou poussoient des cailloux au passage l'un de l'autre. Cela me fournit un sujet de les séparer, et de les faire partir de différens termes, quoique également éloignés du but : on verra bientôt la raison de cette prévoyance; car je dois traiter cette importante affaire dans un grand détail.

Ennuyé de voir toujours manger sous ses yeux des gâteaux qui lui faisoient grande envie, monsieur le chevalier s'avisa de soupçonner enfin que bien courir pouvoit être bon à quelque chose, et, voyant qu'il avoit aussi deux jambes, il commença de s'essayer en secret. Je me gardai d'en rien voir; mais je compris que mon stratagème avoit réussi. Quand il se crut assez fort, et je lus avant lui dans sa pensée, il affecta de m'importuner pour avoir le gâteau restant. Je le refuse; il s'obstine, et d'un air dépité il me dit à la fin : Hé bien ! mettez-le sur la pierre, marquez le champ, et nous verrons. Bon ! lui dis-je en riant, est-ce qu'un chevalier sait courir? Vous gagnerez plus d'appétit, et non de quoi le satisfaire. Piqué de ma raillerie, il s'évertue, et remporte le prix d'autant plus aisément, que j'avois fait la lice très-courte et pris soin d'écarter le meilleur coureur. On conçoit comment, ce premier pas étant fait, il me fut aisé de le tenir en haleine. Bientôt il prit un tel goût à cet exercice, que, sans faveur, il étoit presque sûr de vaincre mes polissons à la course, quelque longue que fût la carrière.

Cet avantage obtenu en produisit un autre auquel je n'avois pas songé. Quand il remportoit rarement le prix, il le mangeoit presque toujours seul, ainsi que faisoient ses concurrens; mais en s'accoutumant à la victoire, il devint généreux, et partageoit souvent avec les vaincus. Cela me fournit à moi-même une observation morale, et j'appris par là quel étoit le vrai principe de la générosité.

En continuant avec lui de marquer en différens lieux les termes d'où chacun devoit partir à la fois, je fis, sans qu'il s'en aperçût, les distances inégales; de sorte que l'un, ayant à faire plus de chemin que l'autre pour arriver au même but, avoit un désavantage visible : mais,

---

(1) *Promenade champêtre, comme on verra dans l'instant. Les promenades publiques des villes sont pernicieuses aux enfans de l'un et de l'autre sexe. C'est là qu'ils commencent à se rendre vains et à vouloir être regardés : c'est au Luxembourg, aux Tuileries, surtout au Palais-Royal, que la belle jeunesse de Paris va prendre cet air impertinent et fat qui la rend si ridicule, et la fait huer et détester dans toute l'Europe.*

quoique je laissasse le choix à mon disciple, il ne savoit pas s'en prévaloir. Sans s'embarrasser de la distance, il préféroit toujours le plus beau chemin; de sorte que, prévoyant aisément son choix, j'étois à peu près le maître de lui faire perdre ou gagner le gâteau à ma volonté: et cette adresse avoit aussi son usage à plus d'une fin. Cependant, comme mon dessein étoit qu'il s'aperçût de la différence, je tâchois de la lui rendre sensible : mais, quoique indolent dans le calme, il étoit si vif dans ses jeux, et se défioit si peu de moi, que j'eus toutes les peines du monde à lui faire apercevoir que je le trichois. Enfin j'en vins à bout malgré son étourderie ; il m'en fit des reproches. Je lui dis : De quoi vous plaignez-vous? dans un don que je veux bien faire, ne suis-je pas maître de mes conditions? Qui vous force à courir? vous ai-je promis de faire les lices égales? n'avez-vous pas le choix? Prenez la plus courte, on ne vous en empêche point. Comment ne voyez-vous pas que c'est vous que je favorise, et que l'inégalité dont vous murmurez est tout à votre avantage si vous savez vous en prévaloir? Cela étoit clair; il le comprit, et, pour choisir, il fallut y regarder de plus près. D'abord on voulut compter les pas; mais la mesure des pas d'un enfant est lente et fautive; de plus, je m'avisai de multiplier les courses dans un même jour; et alors, l'amusement devenant une espèce de passion, l'on avoit regret de perdre à mesurer les lices le temps destiné à les parcourir. La vivacité de l'enfance s'accommode mal de ces lenteurs : on s'exerça donc à mieux voir, à mieux estimer une distance à la vue. Alors j'eus peu de peine à étendre et nourrir ce goût. Enfin quelques mois d'épreuves et d'erreurs corrigées lui formèrent tellement le compas visuel, que, quand je lui mettois par la pensée un gâteau sur quelque objet éloigné, il avoit le coup d'œil presque aussi sûr que la chaîne d'un arpenteur.

Comme la vue est de tous les sens celui dont on peut le moins séparer les jugemens de l'esprit, il faut beaucoup de temps pour apprendre à voir ; il faut avoir long-temps comparé la vue au toucher pour accoutumer le premier de ces deux sens à nous faire un rapport fidèle des figures et des distances : sans le toucher, sans le mouvement progressif, les yeux du monde les plus perçans ne sauroient nous donner aucune idée de l'étendue. L'univers entier ne doit être qu'un point pour une huître : il ne lui paroîtroit rien de plus quand même une âme humaine informeroit cette huître. Ce n'est qu'à force de marcher, de palper, de nombrer, de mesurer les dimensions, qu'on apprend à les estimer : mais aussi, si l'on mesuroit toujours, le sens, se reposant sur l'instrument, n'acquerroit aucune justesse. Il ne faut pas non plus que l'enfant passe tout d'un coup de la mesure à l'estimation ; il faut d'abord que, continuant à comparer par parties ce qu'il ne sauroit comparer tout d'un coup, à des aliquotes précises il substitue des aliquotes par appréciation, et qu'au lieu d'appliquer toujours avec la main la mesure, il s'accoutume à l'appliquer seulement avec les yeux. Je voudrois pourtant qu'on vérifiât ses premières opérations par des mesures réelles, afin qu'il corrigeât ses erreurs, et que, s'il reste dans le sens quelque fausse apparence, il apprît à la rectifier par un meilleur jugement. On a des mesures naturelles qui sont à peu près les mêmes en tous lieux ; les pas d'un homme, l'étendue de ses bras, sa stature. Quand l'enfant estime la hauteur d'un étage, son gouverneur peut lui servir de toise; s'il estime la hauteur d'un clocher, qu'il le toise avec les maisons ; s'il veut savoir les lieues de chemin, qu'il compte les heures de marche ; et surtout qu'on ne fasse rien de tout cela pour lui, mais qu'il le fasse lui-même.

On ne sauroit apprendre à bien juger de l'étendue et de la grandeur des corps, qu'on n'apprenne à connoître aussi leurs figures et même à les imiter ; car au fond cette imitation ne tient absolument qu'aux lois de la perspective ; et l'on ne peut estimer l'étendue sur ses apparences, qu'on n'ait quelque sentiment de ces lois. Les enfans, grands imitateurs, essaient tous de dessiner : je voudrois que le mien cultivât cet art, non précisément pour l'art même, mais pour se rendre l'œil juste et la main flexible; et, en général, il importe fort peu qu'il sache tel ou tel exercice, pourvu qu'il acquière la perspicacité du sens et la bonne habitude du corps qu'on gagne par cet exercice. Je me garderai donc bien de lui donner un maître à dessiner, qui ne lui donneroit à imiter que des imitations, et ne le feroit dessiner que sur des dessins : je veux qu'il n'ait d'autre maître que la nature, ni d'autre modèle que les objets. Je veux qu'il ait sous les yeux l'original même et non pas le papier qui le représente, qu'il crayonne une maison sur une maison, un arbre sur un arbre, un homme sur un homme, afin qu'il s'accoutume à bien observer les corps et leurs apparences, et non pas à prendre des imitations fausses et conventionnelles pour de véribles imitations. Je le détournerai même de rien tracer de mémoire en l'absence des objets, jusqu'à ce que, par des observations fréquentes, leurs figures exactes s'impriment bien dans son imagination ; de peur que, substituant à la vérité des choses des figures bizarres et fantastiques, il ne perde la connoissance des proportions et le goût des beautés de la nature.

Je sais bien que de cette manière il barbouillera long-temps sans rien faire de reconnoissable, qu'il prendra tard l'élégance des contours et le trait léger des dessinateurs, peut-être jamais le discernement des effets pittoresques et le bon goût du dessin ; en revanche, il contractera certainement un coup d'œil plus juste, une main plus sûre, la connoissance des vrais rapports de grandeur et de figure qui sont entre les animaux, les plantes, les corps naturels, et une plus prompte expérience du jeu de la perspective. Voilà précisément ce que j'ai voulu faire, et mon intention n'est pas tant qu'il sache imiter les objets que les connoître ; j'aime mieux qu'il me montre une plante d'acanthe, et qu'il trace moins bien le feuillage d'un chapiteau.

Au reste, dans cet exercice, ainsi que dans tous les autres, je ne prétends pas que mon élève en ait seul l'amusement. Je veux le lui rendre plus agréable encore en le partageant sans cesse avec lui. Je ne veux point qu'il ait d'autre émule que moi ; mais je serai son émule sans relâche et sans risque ; cela mettra de l'intérêt dans ses occupations sans causer de jalousie entre nous. Je prendrai le crayon à son exemple ; je l'emploierai d'abord aussi maladroitement que lui. Je serois un Apelles, que je ne me trouverai qu'un barbouilleur. Je commencerai par tracer un homme comme les laquais les tracent contre les murs ; une barre pour chaque bras, une barre pour chaque jambe, et des doigts plus gros que le bras. Bien long-temps après, nous nous apercevrons l'un ou l'autre de cette disproportion : nous remarquerons qu'une jambe a de l'épaisseur, que cette épaisseur n'est pas partout la même ; que le bras a sa longueur déterminée par rapport au corps, etc. Dans ce progrès, je marcherai tout au plus à côté de lui, ou je le devancerai de si peu, qu'il lui sera toujours aisé de m'atteindre, et souvent de me surpasser. Nous aurons des couleurs, des pinceaux ; nous tâcherons d'imiter le coloris des objets et toute leur apparence aussi bien que leur figure. Nous enluminerons, nous peindrons, nous barbouillerons ; mais, dans tous nos barbouillages, nous ne cesserons d'épier la nature ; nous ne ferons jamais rien que sous les yeux du maître.

Nous étions en peine d'ornemens pour notre chambre, en voilà de tout trouvés. Je fais encadrer nos dessins ; je les fais couvrir de beaux verres, afin qu'on n'y touche plus, et que, les voyant rester dans l'état où nous les avons mis, chacun ait intérêt de ne pas négliger les siens. Je les arrange par ordre autour de la chambre, chaque dessin répété vingt, trente fois, et montrant à chaque exemplaire le progrès de l'auteur, depuis le moment où la maison n'est qu'un carré presque informe, jusqu'à celui où sa façade, son profil, ses proportions, ses ombres, sont dans la plus exacte vérité. Ces gradations ne peuvent manquer de nous offrir sans cesse des tableaux intéressans pour nous, curieux pour d'autres, et d'exciter toujours plus notre émulation. Aux premiers, aux plus grossiers de ces dessins, je mets des cadres bien brillans, bien dorés, qui les rehaussent ; mais quand l'imitation devient plus exacte et que le dessin est véritablement bon, alors je ne lui donne plus qu'un cadre noir très-simple ; il n'a plus besoin d'autre ornement que lui-même, et ce seroit dommage que la bordure partageât l'attention que mérite l'objet. Ainsi chacun de nous aspire à l'honneur du cadre uni ; et quand l'un veut dédaigner un dessin de l'autre il le condamne au cadre doré. Quelque jour, peut-être, ces cadres dorés passeront entre nous en proverbe, et nous admirerons combien d'hommes se rendent justice en se faisant encadrer ainsi.

J'ai dit que la géométrie n'étoit pas à la portée des enfans ; mais c'est notre faute. Nous ne sentons pas que leur méthode n'est point la nôtre, et que ce qui devient pour nous l'art de raisonner ne doit être pour eux que l'art de voir. Au lieu de leur donner notre méthode, nous ferions mieux de prendre la leur ; car notre manière d'apprendre la géométrie est bien autant une affaire d'imagination que de raisonnement. Quand la proposition est énoncée, il faut en imaginer la démonstration, c'est-à-dire trouver de quelle proposition déjà sue celle-là doit être une conséquence, et, de toutes les conséquences qu'on peut tirer de cette même proposition, choisir précisément celle dont il s'agit.

De cette manière le raisonneur le plus exact, s'il n'est inventif, doit rester court. Aussi qu'arrive-t-il de là ? Qu'au lieu de nous faire trouver les démonstrations, on nous les dicte ; qu'au lieu de nous apprendre à raisonner, le maître raisonne pour nous, et n'exerce que notre mémoire.

Faites des figures exactes, combinez-les, posez-les l'une sur l'autre, examinez leurs rapports ; vous trouverez toute la géométrie élémentaire en marchant d'observation en observation, sans qu'il soit question ni de définitions, ni de problèmes, ni d'aucune autre forme démonstrative que la simple superposition. Pour moi, je ne prétends point apprendre la géométrie à Émile, c'est lui qui me l'apprendra ; je chercherai les rapports, et il les trouvera ; car je les chercherai de manière à les lui faire trouver. Par exemple, au lieu de me servir d'un compas pour tracer un cercle, je le tracerai avec une pointe au bout d'un fil tournant sur un pivot. Après cela, quand je voudrai comparer les rayons entre eux, Émile se moquera de moi, et il me fera comprendre que le même fil toujours tendu ne peut avoir tracé des distances inégales.

Si je veux mesurer un angle de soixante degrés, je décris du sommet de cet angle, non pas un arc, mais un cercle entier ; car avec les enfans il ne faut jamais rien sous-entendre. Je trouve que la portion du cercle comprise entre les deux côtés de l'angle est la sixième partie du cercle. Après cela je décris du même sommet un autre plus grand cercle, et je trouve que ce second arc est encore la sixième partie de son cercle. Je décris un troisième cercle concentrique sur lequel je fais la même épreuve ; et je la continue sur de nouveaux cercles, jusqu'à ce qu'Émile, choqué de ma stupidité, m'avertisse que chaque arc, grand ou petit, compris par le même angle, sera toujours la sixième partie de son cercle, etc. Nous voilà tout à l'heure à l'usage du rapporteur.

Pour prouver que les angles de suite sont égaux à deux droits, on décrit un cercle ; moi, tout au contraire, je fais en sorte qu'Émile remarque cela premièrement dans le cercle, et puis je lui dis : Si l'on ôtoit le cercle, et qu'on laissât les lignes droites, les angles auroient-ils changé de grandeur, etc.

On néglige la justesse des figures, on la suppose, et l'on s'attache à la démonstration. Entre nous, au contraire, il ne sera jamais question de démonstration ; notre plus importante affaire sera de tirer des lignes bien droites, bien justes, bien égales ; de faire un carré bien parfait, de tracer un cercle bien rond. Pour vérifier la justesse de la figure, nous l'examinerons par toutes ses propriétés sensibles ; et cela nous donnera occasion d'en découvrir chaque jour de nouvelles. Nous plierons par le diamètre les deux demi-cercles ; par la diagonale, les deux moitiés du carré : nous comparerons nos deux figures pour voir celle dont les bords conviennent le plus exactement, et par conséquent la mieux faite ; nous disputerons si cette égalité de partage doit avoir toujours lieu dans les parallélogrammes, dans les trapèzes, etc. On essaiera quelquefois de prévoir le succès de l'expérience avant de la faire, on tâchera de trouver des raisons, etc.

La géométrie n'est pour mon élève que l'art de se bien servir de la règle et du compas : il ne doit point la confondre avec le dessin, où il n'emploiera ni l'un ni l'autre de ces instrumens. La règle et le compas seront enfermés sous la clef, et l'on ne lui en accordera que rarement l'usage et pour peu de temps, afin qu'il ne s'accoutume pas à barbouiller : mais nous pourrons quelquefois porter nos figures à la promenade, et causer de ce que nous aurons fait ou de ce que nous voudrons faire.

Je n'oublierai jamais d'avoir vu à Turin un jeune homme à qui, dans son enfance, on avoit appris les rapports des contours et des surfaces en lui donnant chaque jour à choisir dans toutes les figures géométriques des gaufres isopérimètres. Le petit gourmand avoit épuisé l'art d'Archimède pour trouver dans laquelle il y avoit le plus à manger (*).

Quand un enfant joue au volant, il s'exerce l'œil et le bras à la justesse; quand il fouette un sabot, il accroît sa force en s'en servant, mais sans rien apprendre. J'ai demandé quelquefois pourquoi l'on n'offroit pas aux enfans les mêmes jeux d'adresse qu'ont les hommes; la paume, le mail, le billard, l'arc, le ballon, les instrumens de musique. On m'a répondu que quelques-uns de ces jeux étoient au-dessus de leurs forces, et que leurs membres et leurs organes n'étoient pas assez formés pour les autres. Je trouve ces raisons mauvaises : un enfant n'a pas la taille d'un homme, et ne laisse pas de porter un habit fait comme le sien. Je n'entends pas qu'il joue avec nos masses sur un billard haut de trois pieds; je n'entends pas qu'il aille peloter dans nos tripots, ni qu'on charge sa petite main d'une raquette de paumier; mais qu'il joue dans une salle dont on aura garanti les fenêtres; qu'il ne se serve d'abord que de balles molles; que ses premières raquettes soient de bois, puis de parchemin, et enfin de corde à boyau bandée à proportion de son progrès. Vous préférez le volant, parce qu'il fatigue moins et qu'il est sans danger. Vous avez tort par ces deux raisons. Le volant est un jeu de femmes; mais il n'y en a pas une que ne fît fuir une balle en mouvement. Leurs blanches peaux ne doivent pas s'endurcir aux meurtrissures, et ce ne sont pas des contusions qu'attendent leurs visages. Mais nous, faits pour être vigoureux, croyons-nous le devenir sans peine? et de quelle défense serons-nous capables, si nous ne sommes jamais attaqués? On joue toujours lâchement les jeux où l'on peut être maladroit sans risque : un volant qui tombe ne fait de mal à personne; mais rien ne dégourdit les bras comme d'avoir à couvrir la tête, rien ne rend le coup d'œil si juste que d'avoir à garantir les yeux. S'élancer du bout d'une salle à l'autre, juger le bond d'une balle encore en l'air, la renvoyer d'une main forte et sûre; de tels jeux conviennent moins à l'homme qu'ils ne servent à le former.

Les fibres d'un enfant, dit-on, sont trop molles! Elles ont moins de ressort, mais elles en sont plus flexibles; son bras est foible, mais enfin c'est un bras; on en doit faire, proportion gardée, tout ce qu'on fait d'une autre machine semblable. Les enfans n'ont dans les mains nulle adresse; c'est pour cela que je veux qu'on leur en donne : un homme aussi peu exercé qu'eux n'en auroit pas davantage; nous ne pouvons connoître l'usage de nos organes qu'après les avoir employés. Il n'y a qu'une longue expérience qui nous apprenne à tirer parti de nous-même, et cette expérience est la véritable étude à laquelle on ne peut trop tôt nous appliquer.

Tout ce qui se fait est faisable. Or, rien n'est plus commun que de voir des enfans adroits et découplés avoir dans les membres la même agilité que peut avoir un homme. Dans presque toutes les foires on en voit faire des équilibres, marcher sur les mains, sauter, danser sur la corde. Durant combien d'années des troupes d'enfans n'ont-elles pas attiré par leurs ballets des spectateurs à la Comédie italienne! Qui est-ce qui n'a pas ouï parler en Allemagne et en Italie de la troupe pantomime du célèbre Nicolini? Quelqu'un a-t-il jamais remarqué dans ces enfans des mouvemens moins développés, des attitudes moins gracieuses, une oreille moins juste, une danse moins légère que dans les danseurs tout formés? Qu'on ait d'abord les doigts épais, courts, peu mobiles, les mains potelées et peu capables de rien empoigner; cela empêche-t-il que plusieurs enfans ne sachent écrire ou dessiner à l'âge où d'autres ne savent pas encore tenir le crayon ni la plume? Tout Paris se souvient encore de la petite Angloise qui faisoit à dix ans des prodiges sur le clavecin (¹). J'ai vu chez un magistrat, son fils, petit bon homme de huit ans, qu'on mettoit sur la table au dessert comme une statue au milieu des plateaux, jouer là d'un violon presque aussi grand que lui, et surprendre par son exécution les artistes mêmes (*).

(*) On appelle figures *isopérimètres* celles dont les contours ou circonférences sont égaux en longueur. Or de toutes ces figures, il est prouvé que le cercle est celle qui contient la plus grande surface. L'enfant a donc dû choisir des gaufres de figure circulaire.
G. P.

(¹) Un petit garçon de sept ans en a fait depuis ce temps-là de plus étonnans encore.

(*) Ce magistrat étoit M. de Boisgelou, conseiller au grand

Tous ces exemples et cent mille autres prouvent, ce me semble, que l'inaptitude qu'on suppose aux enfans pour nos exercices est imaginaire, et que, si on ne les voit point réussir dans quelques-uns, c'est qu'on ne les y a jamais exercés.

On me dira que je tombe ici, par rapport au corps, dans le défaut de la culture prématurée que je blâme dans les enfans par rapport à l'esprit. La différence est très-grande; car l'un de ces progrès n'est qu'apparent, mais l'autre est réel. J'ai prouvé que l'esprit qu'ils paroissent avoir, ils ne l'ont pas, au lieu que tout ce qu'ils paroissent faire ils le font. D'ailleurs, on doit toujours songer que tout ceci n'est ou ne doit être que jeu, direction facile et volontaire des mouvemens que la nature leur demande; art de varier leurs amusemens pour les leur rendre plus agréables, sans que jamais la moindre contrainte les tourne en travail : car, enfin, de quoi s'amuseront-ils dont je ne puisse faire un objet d'instruction pour eux? et quand je ne le pourrois pas, pourvu qu'ils s'amusent sans inconvénient, et que le temps se passe, leur progrès en toute chose n'importe pas quant à présent; au lieu que, lorsqu'il faut nécessairement leur apprendre ceci ou cela, comme qu'on s'y prenne, il est toujours impossible qu'on en vienne à bout sans contrainte, sans fâcherie et sans ennui.

Ce que j'ai dit sur les deux sens dont l'usage est le plus continu et le plus important peut servir d'exemple de la manière d'exercer les autres. La vue et le toucher s'appliquent également sur les corps en repos et sur les corps qui se meuvent; mais comme il n'y a que l'ébranlement de l'air qui puisse émouvoir le sens de l'ouïe, il n'y a qu'un corps en mouvement qui fasse du bruit ou du son; et, si tout étoit en repos, nous n'entendrions jamais rien. La nuit donc, où, ne nous mouvant nous-mêmes qu'autant qu'il nous plaît, nous n'avons à craindre que les corps qui se meuvent, il nous importe d'avoir l'oreille alerte, et de pouvoir juger, par la sensation qui nous frappe, si le corps qui la cause est grand ou petit, éloigné ou proche; si son ébranlement est violent ou foible. L'air ébranlé est sujet à des répercussions qui le réfléchissent, qui, produisant des échos, répètent la sensation, et font entendre le corps bruyant ou sonore en un autre lieu que celui où il est. Si dans une plaine ou dans une vallée on met l'oreille à terre, on entend la voix des hommes et le pas des chevaux de beaucoup plus loin qu'en restant debout.

Comme nous avons comparé la vue au toucher, il est bon de la comparer de même à l'ouïe, et de savoir laquelle des deux impressions, partant à la fois du même corps, arrivera le plus tôt à son organe. Quand on voit le feu d'un canon, l'on peut encore se mettre à l'abri du coup; mais sitôt qu'on entend le bruit, il n'est plus temps, le boulet est là. On peut juger de la distance où se fait le tonnerre par l'intervalle de temps qui se passe de l'éclair au coup. Faites en sorte que l'enfant connoisse toutes ces expériences; qu'il fasse celles qui sont à sa portée, et qu'il trouve les autres par induction : mais j'aime cent fois mieux qu'il les ignore, que s'il faut que vous les lui disiez.

Nous avons un organe qui répond à l'ouïe, savoir celui de la voix; nous n'en avons pas de même qui réponde à la vue, et nous ne rendons pas les couleurs comme les sons. C'est un moyen de plus pour cultiver le premier sens, en exerçant l'organe actif et l'organe passif l'un par l'autre.

L'homme a trois sortes de voix : savoir, la voix parlante ou articulée, la voix chantante ou mélodieuse, et la voix pathétique ou accentuée, qui sert de langage aux passions et qui anime le chant et la parole. L'enfant a ces trois sortes de voix ainsi que l'homme, sans les savoir allier de même : il a comme nous le rire, les cris, les plaintes, l'exclamation, les gémissemens; mais il ne sait pas en mêler les inflexions aux deux autres voix. Une musique parfaite est celle qui réunit le mieux ces trois voix. Les enfans sont incapables de cette musique-là, et leur chant n'a jamais d'âme. De même, dans la voix parlante, leur langage n'a point d'accent; ils crient, mais ils n'accentuent pas; et comme dans leur discours il y a peu d'accent, il y a peu d'énergie dans

---

Conseil, auteur d'une théorie savante sur les rapports des sons. Son fils, dont il est question ici, fut mousquetaire, et est mort en 1806. C'est lui qui, bénévolement et par zèle pour l'art, s'est chargé de mettre en ordre toute la partie musicale de la Bibliothèque royale. Voyez le *Dictionnaire des Musiciens*, de MM. Choron et Fayole, art. *Boisgelou* père et fils. G. P.

leur voix (a). Notre élève aura le parler plus uni, plus simple encore, parce que ses passions, n'étant pas éveillées, ne mêleront point leur langage au sien. N'allez donc pas lui donner à réciter des rôles de tragédie et de comédie, ni vouloir lui apprendre, comme on dit, à déclamer. Il aura trop de sens pour savoir donner un ton à des choses qu'il ne peut entendre, et de l'expression à des sentimens qu'il n'éprouva jamais.

Apprenez-lui à parler uniment, clairement, à bien articuler, à prononcer exactement et sans affectation, à connoître et à suivre l'accent grammatical et la prosodie, à donner toujours assez de voix pour être entendu, mais à n'en donner jamais plus qu'il ne faut, défaut ordinaire aux enfans élevés dans les colléges : en toute chose rien de superflu.

De même, dans le chant, rendez sa voix juste, égale, flexible, sonore; son oreille sensible à la mesure et à l'harmonie, mais rien de plus. La musique imitative et théâtrale n'est pas de son âge; je ne voudrois pas même qu'il chantât des paroles; s'il en vouloit chanter, je tâcherois de lui faire des chansons exprès, intéressantes pour son âge, et aussi simples que ses idées.

On pense bien qu'étant si peu pressé de lui apprendre à lire l'écriture, je ne le serai pas non plus de lui apprendre à lire la musique. Écartons de son cerveau toute attention trop pénible, et ne nous hâtons point de fixer son esprit sur des signes de convention. Ceci, je l'avoue, semble avoir sa difficulté; car, si la connoissance des notes ne paroît pas d'abord plus nécessaire pour savoir chanter que celle des lettres pour savoir parler, il y a pourtant cette différence, qu'en parlant nous rendons nos propres idées, et qu'en chantant nous ne rendons guère que celles d'autrui. Or, pour les rendre, il faut les lire.

Mais, premièrement, au lieu de les lire on les peut ouïr, et un chant se rend à l'oreille encore plus fidèlement qu'à l'œil. De plus, pour bien savoir la musique il ne suffit pas de la rendre, il la faut composer; et l'un doit s'apprendre avec l'autre, sans quoi l'on ne la sait jamais bien. Exercez votre petit musicien d'abord à faire des phrases bien régulières, bien cadencées; ensuite à les lier entre elles par une modulation très-simple, enfin à marquer leurs différens rapports par une ponctuation correcte; ce qui se fait par le bon choix des cadences et des repos. Surtout jamais de chant bizarre, jamais de pathétique ni d'expression. Une mélodie toujours chantante et simple, toujours dérivant des cordes essentielles du ton, et toujours indiquant tellement la basse, qu'il la sente et l'accompagne sans peine; car, pour se former la voix et l'oreille il ne doit jamais chanter qu'au clavecin.

Pour mieux marquer les sons, on les articule en les prononçant; de là l'usage de solfier avec certaines syllabes. Pour distinguer les degrés il faut donner des noms et à ces degrés et à leurs différens termes fixes; de là les noms des intervalles, et aussi les lettres de l'alphabet dont on marque les touches du clavier et les notes de la gamme. C et A désignent des sons fixes, invariables, toujours rendus par les mêmes touches. *Ut* et *la* sont autre chose. *Ut* est constamment la tonique d'un mode majeur, ou la médiante d'un mode mineur. *La* est constamment la tonique d'un mode mineur, ou la sixième note d'un mode majeur. Ainsi les lettres marquent les termes immuables des rapports de notre système musical, et les syllabes marquent les termes homologues des rapports semblables en divers tons. Les lettres indiquent les touches du clavier, et les syllabes les degrés du mode. Les musiciens françois ont étrangement brouillé ces distinctions; ils ont confondu le sens des syllabes avec le sens des lettres; et doublant inutilement les signes des touches, ils n'en ont point laissé pour exprimer les cordes des tons : en sorte que pour eux *ut* et C sont toujours la même chose; ce qui n'est pas, et ne doit pas être, car alors de quoi serviroit C? Aussi leur manière de solfier est-elle d'une difficulté excessive sans être d'aucune utilité, sans porter aucune idée nette à l'esprit, puisque, par cette méthode, ces deux syllabes *ut* et *mi*, par exemple, peuvent également signifier une tierce majeure, mineure, superflue, ou diminuée. Par quelle étrange fatalité le pays du monde où l'on écrit les plus beaux livres sur la musique est-il précisément celui où on l'apprend le plus difficilement?

(a) VAR... *et comme il y a peu d'énergie dans leur discours, il y a peu d'inflexion dans leur voix.*

Suivons avec notre élève une pratique plus simple et plus claire ; qu'il n'y ait pour lui que deux modes, dont les rapports soient toujours les mêmes et toujours indiqués par les mêmes syllabes. Soit qu'il chante ou qu'il joue d'un instrument, qu'il sache établir son mode sur chacun des douze tons qui peuvent lui servir de base, et que, soit qu'on module en D, en C, en G, etc., la finale soit toujours *ut* ou *la* selon le mode. De cette manière il vous concevra toujours ; les rapports essentiels du mode pour chanter et jouer juste seront toujours présens à son esprit, son exécution sera plus nette et son progès plus rapide. Il n'y a rien de plus bizarre que ce que les François appellent solfier au naturel ; c'est éloigner les idées de la chose pour en substituer d'étrangères qui ne font qu'égarer. Rien n'est plus naturel que de solfier par transposition, lorsque le mode est transposé. Mais c'en est trop sur la musique ; enseignez-la comme vous voudrez, pourvu qu'elle ne soit jamais qu'un amusement.

Nous voilà bien avertis de l'état des corps étrangers par rapport au nôtre, de leur poids, de leur figure, de leur couleur, de leur solidité, de leur grandeur, de leur distance, de leur température, de leur repos, de leur mouvement. Nous sommes instruits de ceux qu'il nous convient d'approcher ou d'éloigner de nous, de la manière dont il faut nous y prendre pour vaincre leur résistance, ou pour leur en opposer une qui nous préserve d'en être offensés ; mais ce n'est pas assez : notre propre corps s'épuise sans cesse, il a besoin d'être sans cesse renouvelé. Quoique nous ayons la faculté d'en changer d'autres en notre propre substance, le choix n'est pas indifférent : tout n'est pas aliment pour l'homme ; et des substances qui peuvent l'être, il y en a de plus ou de moins convenables, selon la constitution de son espèce, selon le climat qu'il habite, selon son tempérament particulier, et selon la manière de vivre que lui prescrit son état.

Nous mourrions affamés ou empoisonnés, s'il falloit attendre, pour choisir les nourritures qui nous conviennent, que l'expérience nous eût appris à les connoître et à les choisir : mais la suprême bonté, qui a fait du plaisir des êtres sensibles l'instrument de leur conservation, nous avertit, par ce qui plaît à notre palais, de ce qui convient à notre estomac. Il n'y a point naturellement pour l'homme de médecin plus sûr que son propre appétit ; et à l prendre dans son état primitif, je ne doute point qu'alors les alimens qu'il trouvoit les plus agréables ne lui fussent aussi les plus sains.

Il y a plus. L'auteur des choses ne pourvoit pas seulement aux besoins qu'il nous donne, mais encore à ceux que nous nous donnons nous-mêmes ; et c'est pour mettre toujours le désir à côté du besoin, qu'il fait que nos goûts changent et s'altèrent avec nos manières de vivre. Plus nous nous éloignons de l'état de nature, plus nous perdons de nos goûts naturels, ou plutôt l'habitude nous fait une seconde nature, que nous substituons tellement à la première, que nul d'entre nous ne connoît plus celle-ci.

Il suit de là que les goûts les plus naturels doivent être aussi les plus simples ; car ce sont ceux qui se transforment le plus aisément ; au lieu qu'en s'aiguisant, en s'irritant par nos fantaisies, ils prennent une forme qui ne change plus. L'homme qui n'est encore d'aucun pays se fera sans peine aux usages de quelque pays que ce soit ; mais l'homme d'un pays ne devient plus celui d'un autre.

Ceci me paroît vrai dans tous les sens, et bien plus encore, appliqué au goût proprement dit. Notre premier aliment est le lait ; nous ne nous accoutumons que par degrés aux saveurs fortes ; d'abord elles nous répugnent. Des fruits, des légumes, des herbes, et enfin quelques viandes grillées, sans assaisonnement et sans sel, firent les festins des premiers hommes [1]. La première fois qu'un sauvage boit du vin, il fait la grimace et le rejette ; et, même parmi nous, quiconque a vécu jusqu'à vingt ans sans goûter de liqueurs fermentées ne peut plus s'y accoutumer : nous serions tous abstèmes si l'on ne nous eût donné du vin dans nos jeunes ans. Enfin, plus nos goûts sont simples, plus ils sont universels ; les répugnances les plus communes tombent sur des mets composés. Vit-on jamais personne avoir en dégoût l'eau ni le pain ? Voilà la trace de la nature, voilà donc aussi notre règle. Conser-

[1] Voyez l'Arcadie de Pausanias ; voyez aussi le morceau de Plutarque transcrit ci-après. (Page 485.)

vons à l'enfant son goût primitif le plus qu'il est possible ; que sa nourriture soit commune et simple, que son palais ne se familiarise qu'à des saveurs peu relevées, et ne se forme point un goût exclusif.

Je n'examine pas ici si cette manière de vivre est plus saine ou non, ce n'est pas ainsi que je l'envisage. Il me suffit de savoir, pour la préférer, que c'est la plus conforme à la nature, et celle qui peut le plus aisément se plier à toute autre. Ceux qui disent qu'il faut accoutumer les enfans aux alimens dont ils useront étant grands, ne raisonnent pas bien, ce me semble. Pourquoi leur nourriture doit-elle être la même, tandis que leur manière de vivre est si différente ? Un homme épuisé de travail, de soucis, de peines, a besoin d'alimens succulens qui lui portent de nouveaux esprits au cerveau ; un enfant qui vient de s'ébattre, et dont le corps croît, a besoin d'une nourriture abondante qui lui fasse beaucoup de chyle. D'ailleurs l'homme fait a déjà son état, son emploi, son domicile ; mais qui est-ce qui peut être sûr de ce que la fortune réserve à l'enfant ? En toute chose ne lui donnons point une forme si déterminée, qu'il lui en coûte trop d'en changer au besoin. Ne faisons pas qu'il meure de faim dans d'autres pays s'il ne traîne partout à sa suite un cuisinier françois, ni qu'il dise un jour qu'on ne sait manger qu'en France. Voilà, par parenthèse, un plaisant éloge ! Pour moi, je dirois au contraire qu'il n'y a que les François qui ne savent pas manger, puisqu'il faut un art si particulier pour leur rendre les mets mangeables.

De nos sensations diverses, le goût donne celles qui généralement nous affectent le plus. Aussi sommes-nous plus intéressés à bien juger des substances qui doivent faire partie de la nôtre, que de celles qui ne font que l'environner. Mille choses sont indifférentes au toucher, à l'ouïe, à la vue ; mais il n'y a presque rien d'indifférent au goût. De plus, l'activité de ce sens est toute physique et matérielle : il est le seul qui ne dit rien à l'imagination, du moins celui dans les sensations duquel elle entre le moins ; au lieu que l'imitation et l'imagination mêlent souvent du moral à l'impression de tous les autres. Aussi, généralement, les cœurs tendres et voluptueux, les caractères passionnés et vraiment sensibles, faciles à émouvoir par les autres sens, sont-ils assez tièdes sur celui-ci. De cela même qui semble mettre le goût au-dessous d'eux, et rendre plus méprisable le penchant qui nous y livre, je conclurois au contraire que le moyen le plus convenable pour gouverner les enfans est de les mener par leur bouche. Le mobile de la gourmandise est surtout préférable à celui de la vanité, en ce que la première est un appétit de la nature, tenant immédiatement au sens, et que la seconde est un ouvrage de l'opinion, sujet au caprice des hommes et à toutes sortes d'abus. La gourmandise est la passion de l'enfance ; cette passion ne tient devant aucune autre ; à la moindre concurrence elle disparoît. Eh ! croyez-moi, l'enfant ne cessera que trop tôt de songer à ce qu'il mange ; et quand son cœur sera trop occupé, son palais ne l'occupera guère. Quand il sera grand, mille sentimens impétueux donneront le change à la gourmandise, et ne feront qu'irriter la vanité ; car cette dernière passion seule fait son profit des autres, et à la fin les engloutit toutes. J'ai quelquefois examiné ces gens qui donnoient de l'importance aux bons morceaux, qui songeoient, en s'éveillant, à ce qu'ils mangeroient dans la journée, et décrivoient un repas avec plus d'exactitude que n'en met Polybe à décrire un combat. J'ai trouvé que tous ces prétendus hommes n'étoient que des enfans de quarante ans, sans vigueur et sans consistance, *fruges consumere nati* (*). La gourmandise est le vice des cœurs qui n'ont point d'étoffe. L'âme d'un gourmand est toute dans son palais, il n'est fait que pour manger ; dans sa stupide incapacité il n'est qu'à table à sa place, il ne sait juger que des plats : laissons-lui sans regret cet emploi ; mieux lui vaut celui-là qu'un autre, autant pour nous que pour lui.

Craindre que la gourmandise ne s'enracine dans un enfant capable de quelque chose, est une précaution de petit esprit. Dans l'enfance on ne songe qu'à ce qu'on mange, dans l'adolescence on n'y songe plus, tout nous est bon, et l'on a bien d'autres affaires. Je ne voudrois pourtant pas qu'on allât faire un usage indiscret d'un ressort si bas, ni étayer d'un bon morceau l'honneur de faire une belle action. Mais je

(*) Hor., lib. I, ep. 2.

ne vois pas pourquoi, toute l'enfance n'étant ou ne devant être que jeux et folâtres amusemens, des exercices purement corporels n'auroient pas un prix matériel et sensible. Qu'un petit Majorquin, voyant un panier sur le haut d'un arbre, l'abatte à coups de fronde, n'est-il pas bien juste qu'il en profite, et qu'un bon déjeuner répare la force qu'il use à le gagner (¹)? Qu'un jeune Spartiate, à travers les risques de cent coups de fouet, se glisse habilement dans une cuisine; qu'il y vole un renardeau tout vivant, qu'en l'emportant dans sa robe il en soit égratigné, mordu, mis en sang, et que, pour n'avoir pas la honte d'être surpris, l'enfant se laisse déchirer les entrailles sans sourciller, sans pousser un seul cri, n'est-il pas juste qu'il profite enfin de sa proie, et qu'il la mange après en avoir été mangé? Jamais un bon repas ne doit être une récompense; mais pourquoi ne seroit-il pas quelquefois l'effet des soins qu'on a pris pour se le procurer? Émile ne regarde point le gâteau que j'ai mis sur la pierre comme le prix d'avoir bien couru; il sait seulement que le seul moyen d'avoir ce gâteau est d'y arriver plus tôt qu'un autre.

Ceci ne contredit point les maximes que j'avançois tout à l'heure sur la simplicité des mets; car, pour flatter l'appétit des enfans, il ne s'agit pas d'exciter leur sensualité, mais seulement de la satisfaire; et cela s'obtiendra par les choses du monde les plus communes, si l'on ne travaille pas à leur raffiner le goût. Leur appétit continuel, qu'excite le besoin de croître, est un assaisonnement sûr qui leur tient lieu de beaucoup d'autres. Des fruits, du laitage, quelque pièce de four un peu plus délicate que le pain ordinaire, surtout l'art de dispenser sobrement tout cela; voilà de quoi mener des armées d'enfans au bout du monde sans leur donner du goût pour les saveurs vives, ni risquer de leur blaser le palais.

Une des preuves que le goût de la viande n'est pas naturel à l'homme, est l'indifférence que les enfans ont pour ce mets-là, et la préférence qu'ils donnent tous à des nourritures végétales, telles que le laitage, la pâtisserie, les fruits, etc. Il importe surtout de ne pas dénaturer ce goût primitif, et de ne point rendre les enfans carnassiers : si ce n'est pour leur santé, c'est pour leur caractère; car, de quelque manière qu'on explique l'expérience, il est certain que les grands mangeurs de viande sont en général cruels et féroces plus que les autres hommes : cette observation est de tous les lieux et de tous les temps. La barbarie angloise est connue (¹); les Gaures, au contraire, sont les plus doux des hommes (²). Tous les sauvages sont cruels; et leurs mœurs ne les portent point à l'être : cette cruauté vient de leurs alimens. Ils vont à la guerre comme à la chasse, et traitent les hommes comme des ours. En Angleterre même les bouchers ne sont pas reçus en témoignage (³), non plus que les chirurgiens. Les grands scélérats s'endurcissent au meurtre en buvant du sang. Homère fait des Cyclopes, mangeurs de chair, des hommes affreux, et des Lotophages un peuple si aimable, qu'aussitôt qu'on avoit essayé de leur commerce, on oublioit jusqu'à son pays pour vivre avec eux.

« Tu me demandes, disoit Plutarque (*),
» pourquoi Pythagore s'abstenoit de manger
» de la chair des bêtes; mais moi je te demande
» au contraire quel courage d'homme eut le
» premier qui approcha de sa bouche une chair
» meurtrie, qui brisa de sa dent les os d'une
» bête expirante, qui fit servir devant lui des
» corps morts, des cadavres, et engloutit dans
» son estomac des membres qui, le moment
» d'auparavant, béloient, mugissoient, marchoient et voyoient. Comment sa main put-elle enfoncer un fer dans le cœur d'un être
» sensible? comment ses yeux purent-ils supporter un meurtre? comment put-il voir saigner, écorcher, démembrer un pauvre animal sans défense? comment put-il supporter
» l'aspect des chairs pantelantes? comment

(¹) Il y a bien des siècles que les Majorquins ont perdu cet usage; il est du temps de la célébrité de leurs frondeurs.

(¹) Je sais que les Anglois vantent beaucoup leur humanité et le bon naturel de leur nation, qu'ils appellent *good natured people*; mais ils ont beau crier cela tant qu'ils peuvent, personne ne le répète après eux.

(²) Les Banians, qui s'abstiennent de toute chair plus sévèrement que les Gaures, sont presque aussi doux qu'eux; mais comme leur morale moins pure et leur culte moins raisonnable, ils ne sont pas si honnêtes gens.

(³) Un des traducteurs anglois de ce livre a relevé ici ma méprise, et tous deux l'ont corrigée. Les bouchers et les chirurgiens sont reçus en témoignage; mais les premiers ne sont point admis comme jurés ou pairs au jugement des crimes, et les chirurgiens le sont.

(*) Tout ce morceau est une traduction libre du commencement du traité : *S'il est loisible de manger chair*.   C. P.

» leur odeur ne lui fit-elle pas soulever le
» cœur? comment ne fut-il pas dégoûté, re-
» poussé, saisi d'horreur, quand il vint à ma-
» nier l'ordure de ces blessures, à nettoyer le
» sang noir et figé qui les couvroit?

» Les peaux rampoient sur la terre écorchées;
» Les chairs au feu mugissoient embrochées;
» L'homme ne put les manger sans frémir,
» Et dans son sein les entendit gémir.

» Voilà ce qu'il dut imaginer et sentir la
» première fois qu'il surmonta la nature pour
» faire cet horrible repas, la première fois qu'il
» eut faim d'une bête en vie, qu'il voulut se
» nourrir d'un animal qui paissoit encore, et
» qu'il dit comment il falloit égorger, dépecer,
» cuire la brebis qui lui léchoit les mains.
» C'est de ceux qui commencèrent ces cruels
» festins, et non de ceux qui les quittent, qu'on
» a lieu de s'étonner : encore ces premiers-là
» pourroient-ils justifier leur barbarie par des
» excuses qui manquent à la nôtre, et dont le
» défaut nous rend cent fois plus barbares
» qu'eux.

» Mortels bien-aimés des dieux, nous diroient
» ces premiers hommes, comparez les temps,
» voyez combien vous êtes heureux et combien
» nous étions misérables! La terre nouvellement
» formée et l'air chargé de vapeurs étoient en-
» core indociles à l'ordre des saisons, le cours
» incertain des fleuves dégradoit leurs rives de
» toutes parts; des étangs, des lacs, de pro-
» fonds marécages inondoient les trois quarts
» de la surface du monde, l'autre quart étoit
» couvert de bois et de forêts stériles. La terre
» ne produisoit nuls bons fruits; nous n'avions
» nuls instrumens de labourage; nous ignorions
» l'art de nous en servir, et le temps de la moisson
» ne venoit jamais pour qui n'avoit rien semé.
» Ainsi la faim ne nous quittoit point. L'hiver,
» la mousse et l'écorce des arbres étoient nos
» mets ordinaires. Quelques racines vertes de
» chiendent et de bruyère étoient pour nous
» un régal; et quand les hommes avoient pu
» trouver des faînes, des noix ou du gland, ils
» en dansoient de joie autour d'un chêne ou d'un
» hêtre au son de quelque chanson rustique,
» appelant la terre leur nourrice et leur mère :
» c'étoit là leur seule fête, c'étoient leurs uni-
» ques jeux; tout le reste de la vie humaine
» n'étoit que douleur, peine et misère.

» Enfin, quand la terre dépouillée et nue ne
» nous offroit plus rien, forcés d'outrager la
» nature pour nous conserver, nous mangeâmes
» les compagnons de notre misère plutôt que
» de périr avec eux. Mais vous, hommes cruels,
» qui vous force à verser du sang? Voyez quelle
» affluence de biens vous environne! combien
» de fruits vous produit la terre! que de ri-
» chesses vous donnent les champs et les vignes!
» que d'animaux vous offrent leur lait pour vous
» nourrir et leur toison pour vous habiller! Que
» leur demandez-vous de plus? et quelle rage
» vous porte à commettre tant de meurtres,
» rassasiés de biens et regorgeant de vivres?
» Pourquoi mentez-vous contre notre mère en
» l'accusant de ne pouvoir vous nourrir? Pour-
» quoi péchez-vous contre Cérès, inventrice des
» saintes lois, et contre le gracieux Bacchus,
» consolateur des hommes? comme si leurs dons
» prodigués ne suffisoient pas à la conservation
» du genre humain! Comment avez-vous le
» cœur de mêler avec leurs doux fruits des
» ossemens sur vos tables, et de manger avec
» le lait le sang des bêtes qui vous le donnent?
» Les panthères et les lions, que vous appelez
» bêtes féroces, suivent leur instinct par force,
» et tuent les autres animaux pour vivre. Mais
» vous, cent fois plus féroces qu'elles, vous
» combattez l'instinct sans nécessité pour vous
» livrer à vos plus cruelles délices. Les animaux
» que vous mangez ne sont pas ceux qui man-
» gent les autres : vous ne les mangez pas ces
» animaux carnassiers, vous les imitez : vous
» n'avez faim que des bêtes innocentes et douces
» qui ne font de mal à personne, qui s'atta-
» chent à vous, qui vous servent, et que vous
» dévorez pour prix de leurs services.

» O meurtrier contre nature! si tu t'obstines
» à soutenir qu'elle t'a fait pour dévorer tes
» semblables, des êtres de chair et d'os, sen-
» sibles et vivans comme toi, étouffe donc l'hor-
» reur qu'elle t'inspire par ces affreux repas;
» tue les animaux toi-même, je dis de tes pro-
» pres mains, sans ferremens, sans coutelas;
» déchire-les avec tes ongles, comme font les
» lions et les ours; mords ce bœuf et le mets en
» pièces; enfonce tes griffes dans sa peau;
» mange cet agneau tout vif, dévore ces chairs
» toutes chaudes, bois son âme avec son sang.
» Tu frémis! tu n'oses sentir palpiter sous ta

» dent une chair vivante! Homme pitoyable ! tu commences par tuer l'animal, et puis tu le manges, comme pour le faire mourir deux fois. Ce n'est pas assez, la chair morte te répugne encore, tes entrailles ne peuvent la supporter; il la faut transformer par le feu, la bouillir, la rôtir, l'assaisonner de drogues qui la déguisent: il te faut des chaircuitiers(*), des cuisiniers, des rôtisseurs, des gens pour t'ôter l'horreur du meurtre et t'habiller des corps morts, afin que le sens du goût, trompé par ces déguisemens, ne rejette point ce qui lui est étrange, et savoure avec plaisir des cadavres dont l'œil même eût eu peine à souffrir l'aspect.»

Quoique ce morceau soit étranger à mon sujet, je n'ai pu résister à la tentation de le transcrire, et je crois que peu de lecteurs m'en sauront mauvais gré.

Au reste, quelque sorte de régime que vous donniez aux enfans, pourvu que vous ne les accoutumiez qu'à des mets communs et simples, laissez-les manger, courir et jouer tant qu'il leur plaît, puis soyez sûrs qu'ils ne mangeront jamais trop et n'auront point d'indigestions : mais si vous les affamez la moitié du temps, et qu'ils trouvent le moyen d'échapper à votre vigilance, ils se dédommageront de toute leur force ; ils mangeront jusqu'à regorger, jusqu'à crever. Notre appétit n'est démesuré que parce que nous voulons lui donner d'autres règles que celles de la nature ; toujours réglant, prescrivant, ajoutant, retranchant, nous ne faisons rien que la balance à la main ; mais cette balance est à la mesure de nos fantaisies, et non pas à celle de notre estomac. J'en reviens toujours à mes exemples. Chez les paysans, la huche et le fruitier sont toujours ouverts, et les enfans, non plus que les hommes, n'y savent ce que c'est qu'indigestions.

S'il arrivoit pourtant qu'un enfant mangeât trop, ce que je ne crois pas possible par ma méthode, avec des amusemens de son goût il est si aisé de le distraire, qu'on parviendroit à l'épuiser d'inanition sans qu'il y songeât. Comment des moyens si sûrs et si faciles échappent-ils à tous les instituteurs? Hérodote raconte (**)

(*) On écrit aujourd'hui *charcutier*, mais du temps de Rousseau on disoit encore *chaircuitier*.
(**) Liv. I, chap. 94. G. P.

que les Lydiens, pressés d'une extrême disette, s'avisèrent d'inventer les jeux et d'autres divertissemens avec lesquels ils donnoient le change à leur faim, et passoient des jours entiers sans songer à manger (*). Vos savans instituteurs ont peut-être lu cent fois ce passage, sans voir l'application qu'on en peut faire aux enfans. Quelqu'un d'eux me dira peut-être qu'un enfant ne quitte pas volontiers son dîner pour aller étudier sa leçon. Maître, vous avez raison : je ne pensois pas à cet amusement-là.

Le sens de l'odorat est au goût ce que celui de la vue est au toucher : il le prévient, il l'avertit de la manière dont telle ou telle substance doit l'affecter, et dispose à la rechercher ou à la fuir, selon l'impression qu'on en reçoit d'avance. J'ai ouï dire que les sauvages avoient l'odorat tout autrement affecté que le nôtre, e jugeoient tout différemment des bonnes et des mauvaises odeurs. Pour moi, je le croirois bien. Les odeurs par elles-mêmes sont des sensations foibles ; elles ébranlent plus l'imagination que le sens, et n'affectent pas tant par ce qu'elles donnent que par ce qu'elles font attendre. Cela supposé, les goûts des uns, devenus, par leurs manières de vivre, si différens des goûts des autres, doivent leur faire porter des jugemens bien opposés des saveurs, et par conséquent des odeurs qui les annoncent. Un Tartare doit flairer avec autant de plaisir un quartier puant de cheval mort, qu'un de nos chasseurs une perdrix à moitié pourrie.

Nos sensations oiseuses, comme d'être embaumés des fleurs d'un parterre, doivent être insensibles à des hommes qui marchent trop pour aimer à se promener, et qui ne travaillent pas assez pour se faire une volupté du repos. Des gens toujours affamés ne sauroient prendre un grand plaisir à des parfums qui n'annoncent rien à manger.

L'odorat est le sens de l'imagination; donnant aux nerfs un ton plus fort, il doit beaucoup agiter le cerveau ; c'est pour cela qu'il ranime un moment le tempérament et l'épuise à la

(*) Les anciens historiens sont remplis de vues dont on pourroit faire usage, quand même les faits qui les présentent seroient faux. Mais nous ne savons tirer aucun vrai parti de l'histoire ; la critique d'érudition absorbe tout : comme s'il importoit beaucoup qu'un fait fût vrai, pourvu qu'on en pût tirer une instruction utile. Les hommes sensés doivent regarder l'histoire comme un tissu de fables dont la morale est très-appropriée au cœur humain.

longue. Il a dans l'amour des effets assez connus : le doux parfum d'un cabinet de toilette n'est pas un piége aussi foible qu'on pense ; et je ne sais s'il faut féliciter ou plaindre l'homme sage et peu sensible que l'odeur des fleurs que sa maîtresse a sur le sein ne fit jamais palpiter.

L'odorat ne doit donc pas être fort actif dans le premier âge, où l'imagination que peu de passions ont encore animée n'est guère susceptible d'émotion, et où l'on n'a pas encore assez d'expérience pour prévoir avec un sens ce que nous en promet un autre. Aussi cette conséquence est-elle parfaitement confirmée par l'observation ; et il est certain que ce sens est encore obtus et presque hébété chez la plupart des enfans. Non que la sensation ne soit en eux aussi fine et peut-être plus que dans les hommes, mais parce que, n'y joignant aucune autre idée, ils ne s'affectent pas aisément d'un sentiment de plaisir ou de peine, et qu'ils n'en sont ni flattés ni blessés comme nous. Je crois que, sans sortir du même système, et sans recourir à l'anatomie comparée des deux sexes, on trouveroit aisément la raison pourquoi les femmes en général s'affectent plus vivement des odeurs que les hommes.

On dit que les sauvages du Canada se rendent dès leur jeunesse l'odorat si subtil, que, quoiqu'ils aient des chiens, ils ne daignent pas s'en servir à la chasse, et se servent de chiens à eux-mêmes. Je conçois, en effet, que si l'on élevoit les enfans à éventer leur dîner, comme le chien évente le gibier, on parviendroit peut-être à leur perfectionner l'odorat au même point : mais je ne vois pas au fond qu'on puisse en eux tirer de ce sens un usage fort utile, si ce n'est pour leur faire connoître ses rapports avec celui du goût. La nature a pris soin de nous forcer à nous mettre au fait de ces rapports. Elle a rendu l'action de ce dernier sens presque inséparable de celle de l'autre en rendant leurs organes voisins, et plaçant dans la bouche une communication immédiate entre les deux, en sorte que nous ne goûtons rien sans le flairer. Je voudrois seulement qu'on n'altérât pas ces rapports naturels pour tromper un enfant, en couvrant, par exemple, d'un aromate agréable le déboire d'une médecine ; car la discorde des deux sens est trop grande alors pour pouvoir l'abuser ; le sens le plus actif absorbant l'effet de l'autre, il n'en prend pas la médecine avec moins de dégoût : ce dégoût s'étend à toutes les sensations qui le frappent en même temps ; à la présence de la plus foible son imagination lui rappelle aussi l'autre ; un parfum très-suave n'est plus pour lui qu'une odeur dégoûtante : et c'est ainsi que nos indiscrètes précautions augmentent la somme des sensations déplaisantes aux dépens des agréables.

Il me reste à parler dans les livres suivans de la culture d'une espèce de sixième sens, appelé sens commun, moins parce qu'il est commun à tous les hommes, que parce qu'il résulte de l'usage bien réglé des autres sens, et qu'il nous instruit de la nature des choses par le concours de toutes leurs apparences. Ce sixième sens n'a point par conséquent d'organe particulier : il ne réside que dans le cerveau ; et ses sensations, purement internes, s'appellent perceptions ou idées. C'est par le nombre de ces idées que se mesure l'étendue de nos connoissances ; c'est leur netteté, leur clarté, qui fait la justesse de l'esprit ; c'est l'art de les comparer entre elles qu'on appelle raison humaine. Ainsi ce que j'appelois raison sensitive ou puérile consiste à former des idées simples par le concours de plusieurs sensations ; et ce que j'appelle raison intellectuelle ou humaine consiste à former des idées complexes par le concours de plusieurs idées simples.

Supposant donc que ma méthode soit celle de la nature, et que je ne me sois pas trompé dans l'application, nous avons amené notre élève, à travers les pays des sensations, jusqu'aux confins de la raison puérile : le premier pas que nous allons faire au-delà doit être un pas d'homme. Mais, avant d'entrer dans cette nouvelle carrière, jetons un moment les yeux sur celle que nous venons de parcourir. Chaque âge, chaque état de la vie, a sa perfection convenable, sa sorte de maturité qui lui est propre. Nous avons souvent ouï parler d'un homme fait ; mais considérons un enfant fait : ce spectacle sera plus nouveau pour nous, et ne sera peut-être pas moins agréable.

L'existence des êtres finis est si pauvre et si bornée, que, quand nous ne voyons que ce qui est, nous ne sommes jamais émus. Ce sont les chimères qui ornent les objets réels ; et si l'imagination n'ajoute un charme à ce qui nous frappe, le stérile plaisir qu'on y prend se borne à l'organe, et laisse toujours le cœur froid. La terre, parée des trésors de l'automne, étale une richesse que l'œil admire : mais cette admiration n'est point touchante ; elle vient plus de la réflexion que du sentiment. Au printemps, la campagne presque nue n'est encore couverte de rien, les bois n'offrent point d'ombre, la verdure ne fait que de poindre, et le cœur est touché à son aspect. En voyant renaître ainsi la nature, on se sent ranimer soi-même ; l'image du plaisir nous environne : ces compagnes de la volupté, ces douces larmes, toujours prêtes à se joindre à tout sentiment délicieux, sont déjà sur le bord de nos paupières : mais l'aspect des vendanges a beau être animé, vivant, agréable, on le voit toujours d'un œil sec.

Pourquoi cette différence ? C'est qu'au spectacle du printemps l'imagination joint celui des saisons qui le doivent suivre ; à ces tendres bourgeons que l'œil aperçoit, elle ajoute les fleurs, les fruits, les ombrages, quelquefois les mystères qu'ils peuvent couvrir. Elle réunit en un point des temps qui doivent se succéder, et voit moins les objets comme ils seront que comme elle les désire, parce qu'il dépend d'elle de les choisir. En automne, au contraire, on n'a plus à voir que ce qui est. Si l'on veut arriver au printemps, l'hiver nous arrête, et l'imagination glacée expire sur la neige et sur les frimas.

Telle est la source du charme qu'on trouve à contempler une belle enfance préférablement à la perfection de l'âge mûr. Quand est-ce que nous goûtons un vrai plaisir à voir un homme ? c'est quand la mémoire de ses actions nous fait rétrograder sur sa vie, et le rajeunit, pour ainsi dire, à nos yeux. Si nous sommes réduits à le considérer tel qu'il est, ou à le supposer tel qu'il sera dans sa vieillesse, l'idée de la nature déclinante efface tout notre plaisir. Il n'y en a point à voir avancer un homme à grands pas vers sa tombe, et l'image de la mort enlaidit tout.

Mais quand je me figure un enfant de dix à douze ans, sain, vigoureux, bien formé pour son âge, il ne me fait pas naître une idée qui ne soit agréable, soit pour le présent, soit pour l'avenir : je le vois bouillant, vif, animé, sans souci rongeant, sans longue et pénible prévoyance ; tout entier à son être actuel, et jouissant d'une plénitude de vie qui semble vouloir s'étendre hors de lui. Je le prévois dans un autre âge, exerçant le sens, l'esprit, les forces qui se développent en lui de jour en jour, et dont il donne à chaque instant de nouveaux indices : je le contemple enfant, et il me plaît : je l'imagine homme, et il me plaît davantage ; son sang ardent semble réchauffer le mien ; je crois vivre de sa vie, et sa vivacité me rajeunit.

L'heure sonne, quel changement ! A l'instant son œil se ternit, sa gaîté s'efface ; adieu la joie, adieu les folâtres jeux. Un homme sévère et fâché le prend par la main, lui dit gravement : *Allons, monsieur*, et l'emmène. Dans la chambre où ils entrent j'entrevois des livres. Des livres ! quel triste ameublement pour son âge ! Le pauvre enfant se laisse entraîner, tourne un œil de regret sur tout ce qui l'environne, se tait, et part les yeux gonflés de pleurs qu'il n'ose répandre, et le cœur gros de soupirs qu'il n'ose exhaler.

O toi qui n'as rien de pareil à craindre, toi pour qui nul temps de la vie n'est un temps de gêne et d'ennui, toi qui vois venir le jour sans inquiétude, la nuit sans impatience, et ne comptes les heures que par tes plaisirs, viens, mon heureux, mon aimable élève, nous consoler par ta présence du départ de cet infortuné ; viens... Il arrive, et je sens à son approche un mouvement de joie que je lui vois partager. C'est son ami, son camarade, c'est le compagnon de ses jeux qu'il aborde ; il est bien sûr, en me voyant, qu'il ne restera pas longtemps sans amusement : nous ne dépendons jamais l'un de l'autre, mais nous nous accordons toujours, et nous ne sommes avec personne aussi bien qu'ensemble.

Sa figure, son port, sa contenance, annoncent l'assurance et le contentement ; la santé brille sur son visage ; ses pas affermis lui donnent un air de vigueur ; son teint, délicat encore sans être fade, n'a rien d'une mollesse efféminée ; l'air et le soleil y ont déjà mis l'empreinte honorable de son sexe ; ses muscles, encore arrondis, commencent à marquer quelques traits d'une physionomie naissante ; ses yeux que le feu du sentiment n'anime point encore, ont au moins toute leur sérénité native (¹) ; de longs chagrins ne les ont point obscurcis, des pleurs sans fin n'ont point sillonné ses joues. Voyez dans ses mouvemens prompts, mais sûrs, la vivacité de son âge, la fermeté de l'indépendance, l'expérience des exercices multipliés. Il a l'air ouvert et libre, mais non pas insolent ni vain : son visage, qu'on n'a pas collé sur des livres, ne tombe point sur son estomac : on n'a pas besoin de lui dire : *Levez la tête*; la honte ni la crainte ne la lui firent jamais baisser.

Faisons-lui place au milieu de l'assemblée : messieurs, examinez-le, interrogez-le en toute confiance; ne craignez ni ses importunités, ni son babil, ni ses questions indiscrètes. N'ayez pas peur qu'il s'empare de vous, qu'il prétende vous occuper de lui seul, et que vous ne puissiez plus vous en défaire.

N'attendez pas non plus de lui des propos agréables, ni qu'il vous dise ce que je lui aurai dicté ; n'en attendez que la vérité naïve et simple, sans ornement, sans apprêt, sans vanité. Il vous dira le mal qu'il a fait ou celui qu'il pense, tout aussi librement que le bien, sans s'embarrasser en aucune sorte de l'effet que fera sur vous ce qu'il aura dit : il usera de la parole dans toute la simplicité de sa première institution.

L'on aime à bien augurer des enfans, et l'on a toujours regret à ce flux d'inepties qui vient presque toujours renverser les espérances qu'on voudroit tirer de quelque heureuse rencontre qui par hasard leur tombe sur la langue. Si le mien donne rarement de telles espérances, il ne donnera jamais ce regret; car il ne dit jamais un mot inutile, et ne s'épuise pas sur un babil qu'il sait qu'on n'écoute point. Ses idées sont bornées, mais nettes; s'il ne sait rien par cœur, il sait beaucoup par expérience ; s'il lit moins bien qu'un autre enfant dans nos livres, il lit mieux dans celui de la nature ; son esprit n'est pas dans sa langue, mais dans sa tête; il a moins de mémoire que de jugement; il ne sait parler qu'un langage, mais il entend ce qu'il dit ; et s'il ne dit pas si bien que les autres disent, en revanche il fait mieux qu'ils ne font.

Il ne sait ce que c'est que routine, usage, habitude; ce qu'il fit hier n'influe point sur ce qu'il fait aujourd'hui (¹) : il ne suit jamais de formule, ne cède point à l'autorité ni à l'exemple, et n'agit ni ne parle que comme il lui convient. Ainsi, n'attendez pas de lui des discours dictés ni des manières étudiées, mais toujours l'expression fidèle de ses idées et la conduite qui naît de ses penchans.

Vous lui trouvez un petit nombre de notions morales qui se rapportent à son état actuel, aucune sur l'état relatif des hommes : et de quoi lui serviroient-elles, puisqu'un enfant n'est pas encore un membre actif de la société? Parlez-lui de liberté, de propriété, de convention même : il peut en savoir jusque-là (*a*) ; il sait pourquoi ce qui est à lui est à lui, et pourquoi ce qui n'est pas à lui n'est pas à lui : passé cela il ne sait plus rien. Parlez-lui de devoir, d'obéissance, il ne sait ce que vous voulez dire ; commandez-lui quelque chose, il ne vous entendra pas : mais dites-lui : Si vous me faisiez tel plaisir, je vous le rendrois dans l'occasion ; à l'instant il s'empressera de vous complaire, car il ne demande pas mieux que d'étendre son domaine, et d'acquérir sur vous des droits qu'il sait être inviolables. Peut-être même n'est-il pas fâché de tenir une place, de faire nombre, d'être compté pour quelque chose : mais s'il a ce dernier motif, le voilà déjà sorti de la nature, et vous n'avez pas bien bouché d'avance toutes les portes de la vanité.

De son côté, s'il a besoin de quelque assistance, il la demandera indifféremment au premier qu'il rencontre; il la demanderoit au roi comme à son laquais : tous les hommes sont encore égaux à ses yeux. Vous voyez, à l'air dont il prie, qu'il sent qu'on ne lui doit rien ; il

---

(¹) *Natia*. J'emploie ce mot dans une acception italienne, faute de lui trouver un synonyme en françois. Si j'ai tort, peu importe, pourvu qu'on m'entende (*).

(*) Il l'emploie encore dans le même sens ci-après, au livre IV. *Une honte native, un caractère timide*, etc.   G. P.

(¹) L'attrait de l'habitude vient de la paresse naturelle à l'homme, et cette paresse augmente en s'y livrant : on fait plus aisément ce qu'on a déjà fait ; la route étant frayée en devient plus facile à suivre. Aussi peut-on remarquer que l'empire de l'habitude est très-grand sur les vieillards et sur les gens indolens, très-petit sur la jeunesse et sur les gens vifs. Ce régime n'est bon qu'aux âmes foibles, et les affoiblit davantage de jour en jour. La seule habitude utile aux enfans est de s'asservir sans peine à la raison. Toute autre habitude est un vice.

(*a*) VAR... *en savoir jusque-là. Il sait pourquoi il ne doit pas nuire à autrui, afin qu'on ne lui nuise pas à lui même ; il sait*.....

sait que ce qu'il demande est une grâce. Il sait aussi que l'humanité porte à en accorder. Ses expressions sont simples et laconiques. Sa voix, son regard, son geste, sont d'un être également accoutumé à la complaisance et au refus. Ce n'est ni la rampante et servile soumission d'un esclave, ni l'impérieux accent d'un maître; c'est une modeste confiance en son semblable, c'est la noble et touchante douceur d'un être libre, mais sensible et foible, qui implore l'asistance d'un être libre, mais fort et bienfaisant. Si vous lui accordez ce qu'il vous demande, il ne vous remerciera pas, mais il sentira qu'il a contracté une dette. Si vous le lui refusez, il ne se plaindra point, il n'insistera point, il sait que cela seroit inutile : il ne se dira point, on m'a refusé, mais il se dira, cela ne pouvoit pas être ; et, comme je l'ai déjà dit, on ne se mutine guère contre la nécessité bien reconnue.

Laissez-le seul en liberté, voyez-le agir sans lui rien dire; considérez ce qu'il fera et comme il s'y prendra. N'ayant pas besoin de se prouver qu'il est libre, il ne fait jamais rien par étourderie, et seulement pour faire un acte de pouvoir sur lui-même : ne sait-il pas qu'il est toujours maître de lui? Il est alerte, léger, dispos; ses mouvemens ont toute la vivacité de son âge, mais vous n'en voyez pas un qui n'ait une fin. Quoi qu'il veuille faire, il n'entreprendra jamais rien qui soit au-dessus de ses forces, car il les a bien éprouvées et les connoît; ses moyens seront toujours appropriés à ses desseins, et rarement il agira sans être assuré du succès. Il aura l'œil attentif et judicieux : il n'ira pas niaisement interrogeant les autres sur tout ce qu'il voit; mais il l'examinera lui-même et se fatiguera pour trouver ce qu'il veut apprendre avant de le demander. S'il tombe dans des embarras imprévus, il se troublera moins qu'un autre; s'il y a du risque, il s'effraiera moins aussi. Comme son imagination reste encore inactive, et qu'on n'a rien fait pour l'animer, il ne voit que ce qui est, n'estime les dangers que ce qu'ils valent, et garde toujours son sang-froid. La nécessité s'appesantit trop souvent sur lui pour qu'il regimbe encore contre elle; il en porte le joug dès sa naissance; l'y voilà bien accoutumé; il est toujours prêt à tout.

Qu'il s'occupe ou qu'il s'amuse, l'un et l'autre est égal pour lui; ses jeux sont ses occupations, il n'y sent point de différence. Il met à tout ce qu'il fait un intérêt qui fait rire et une liberté qui plaît, en montrant à la fois le tour de son esprit et la sphère de ses connoissances. N'est-ce pas le spectacle de cet âge, un spectacle charmant et doux, de voir un joli enfant, l'œil vif et gai, l'air content et serein, la physionomie ouverte et riante, faire, en se jouant, les choses les plus sérieuses, ou profondément occupé des plus frivoles amusemens?

Voulez-vous à présent le juger par comparaison? Mêlez-le avec d'autres enfans, et laissez-le faire. Vous verrez bientôt lequel est le plus vraiment formé, lequel approche le mieux de la perfection de leur âge. Parmi les enfans de la ville nul n'est plus adroit que lui, mais il est plus fort qu'aucun autre. Parmi de jeunes paysans il les égale en force et les passe en adresse. Dans tout ce qui est à portée de l'enfance, il juge, il raisonne, il prévoit mieux qu'eux tous. Est-il question d'agir, de courir, de sauter, d'ébranler des corps, d'enlever des masses, d'estimer des distances, d'inventer des jeux, d'emporter des prix, on diroit que la nature est à ses ordres, tant il sait aisément plier toute chose à ses volontés. Il est fait pour guider, pour gouverner ses égaux : le talent, l'expérience, lui tiennent lieu de droit et d'autorité. Donnez-lui l'habit et le nom qu'il vous plaira, peu importe, il primera partout, il deviendra partout le chef des autres : ils sentiront toujours sa supériorité sur eux ; sans vouloir commander il sera le maître ; sans croire obéir ils obéiront.

Il est parvenu à la maturité de l'enfance il a vécu de la vie d'un enfant, il n'a point acheté sa perfection aux dépens de son bonheur au contraire, ils ont concouru l'un à l'autre. En acquérant toute la raison de son âge, il été heureux et libre autant que sa constitution lui permettoit de l'être. Si la fatale faux vient moissonner en lui la fleur de nos espérances, nous n'aurons point à pleurer à la fois sa vie et sa mort, nous n'aigrirons point nos douleurs du souvenir de celles que nous lui aurons causées; nous nous dirons : Au moins il a joui de son enfance; nous ne lui avons rien fait perdre de ce que la nature lui avoit donné.

Le grand inconvénient de cette première éducation est qu'elle n'est sensible qu'aux hommes clairvoyans, et que, dans un enfant élevé avec tant de soin, des yeux vulgaires ne voient qu'un polisson. Un précepteur songe à son intérêt plus qu'à celui de son disciple; il s'attache à prouver qu'il ne perd pas son temps, et qu'il gagne bien l'argent qu'on lui donne; il le pourvoit d'un acquis de facile étalage, et qu'on puisse montrer quand on veut; il n'importe que ce qu'il lui apprend soit utile, pourvu qu'il se voie aisément. Il accumule, sans choix, sans discernement, cent fatras dans sa mémoire. Quand il s'agit d'examiner l'enfant, on lui fait déployer sa marchandise; il l'étale, on est content, puis il replie son ballot et s'en va. Mon élève n'est pas si riche, il n'a point de ballot à déployer, il n'a rien à montrer que lui-même. Or un enfant, non plus qu'un homme, ne se voit pas en un moment. Où sont les observateurs qui sachent saisir au premier coup d'œil les traits qui le caractérisent? Il en est, mais il en est peu; et sur cent mille pères, il ne s'en trouvera pas un de ce nombre.

Les questions trop multipliées ennuient et rebutent tout le monde, à plus forte raison les enfans. Au bout de quelques minutes leur attention se lasse, ils n'écoutent plus ce qu'un obstiné questionneur leur demande, et ne répondent plus qu'au hasard. Cette manière de les examiner est vaine et pédantesque; souvent un mot pris à la volée peint mieux leurs sens et leur esprit que ne feroient de longs discours: mais il faut prendre garde que ce mot ne soit ni dicté ni fortuit. Il faut avoir beaucoup de jugement soi-même pour apprécier celui d'un enfant.

J'ai ouï raconter à feu mylord Hyde, qu'un de ses amis, revenu d'Italie après trois ans d'absence, voulut examiner les progrès de son fils âgé de neuf à dix ans. Ils vont un soir se promener avec son gouverneur et lui dans une plaine où des écoliers s'amusoient à guider des cerfs-volans. Le père en passant dit à son fils, *Où est le cerf-volant dont voilà l'ombre?* Sans hésiter, sans lever la tête, l'enfant dit, *Sur le grand chemin.* Et en effet, ajoutoit milord Hyde, le grand chemin étoit entre le soleil et nous. Le père à ce mot embrassa son fils, et, finissant là son examen, s'en va sans rien dire.

Le lendemain il envoya au gouverneur l'acte d'une pension viagère outre ses appointemens. Quel homme que ce père-là! et quel fils lui étoit promis (*)! La question est précisément de l'âge: la réponse est bien simple; mais voyez quelle netteté de judiciaire enfantine elle suppose! C'est ainsi que l'élève d'Aristote apprivoisoit ce coursier célèbre qu'aucun écuyer n'avoit pu dompter.

LIVRE III.

Quoique jusqu'à l'adolescence tout le cours de la vie soit un temps de foiblesse, il est un point, dans la durée du premier âge, où, le progrès des forces ayant passé celui des besoins, l'animal croissant, encore absolument foible, devient fort par relation. Ses besoins n'étant pas tous développés, ses forces actuelles sont plus que suffisantes pour pourvoir à ceux qu'il a. Comme homme il seroit très-foible, comme enfant il est très-fort.

D'où vient la foiblesse de l'homme? De l'inégalité qui se trouve entre sa force et ses désirs. Ce sont nos passions qui nous rendent foibles, parce qu'il faudroit pour les contenter plus de forces que ne nous en donna la nature. Diminuez donc les désirs, c'est comme si vous augmentiez les forces: celui qui peut plus qu'il ne désire en a de reste; il est certainement un être très-fort. Voilà le troisième état de l'enfance, et celui dont j'ai maintenant à parler. Je continue à l'appeler enfance, faute de terme propre à l'exprimer; car cet âge approche de l'adolescence, sans être encore celui de la puberté.

A douze ou treize ans les forces de l'enfant se développent bien plus rapidement que ses besoins. Le plus violent, le plus terrible, ne s'est pas encore fait sentir à lui; l'organe même

(*) Une lettre de Rousseau à madame Latour de Franqueville, du 26 septembre 1762, nous apprend que ce jeune homme étoit le comte de Gisors, fils unique du maréchal de Belle-Isle, et qui dès lors donnoit en effet les plus grandes espérances. Il en sera encore parlé ci-après au livre v. G. P.

en reste dans l'imperfection, et semble, pour en sortir, attendre que sa volonté l'y force. Peu sensible aux injures de l'air et des saisons, il les brave sans peine ; sa chaleur naissante lui tient lieu d'habit ; son appétit lui tient lieu d'assaisonnement ; tout ce qui peut nourrir est bon à son âge ; s'il a sommeil il s'étend sur la terre et dort ; il se voit partout entouré de tout ce qui lui est nécessaire ; aucun besoin imaginaire ne le tourmente ; l'opinion ne peut rien sur lui ; ses désirs ne vont pas plus loin que ses bras : non-seulement il peut se suffire à lui-même, il a de la force au-delà de ce qu'il lui en faut ; c'est le seul temps de sa vie où il sera dans ce cas.

Je pressens l'objection. L'on ne dira pas que l'enfant a plus de besoins que je ne lui en donne, mais on niera qu'il ait la force que je lui attribue : on ne songera pas que je parle de mon élève, non de ces poupées ambulantes qui voyagent d'une chambre à l'autre, qui labourent dans une caisse, et portent des fardeaux de carton. L'on me dira que la force virile ne se manifeste qu'avec la virilité ; que les esprits vitaux, élaborés dans les vaisseaux convenables, et répandus dans tout le corps, peuvent seuls donner aux muscles la consistance, l'activité, le ton, le ressort d'où résulte une véritable force. Voilà la philosophie du cabinet ; mais moi, j'en appelle à l'expérience. Je vois dans vos campagnes de grands garçons labourer, biner, tenir la charrue, charger un tonneau de vin, mener la voiture tout comme leur père : on les prendroit pour des hommes, si le son de leur voix ne les trahissoit pas. Dans nos villes même, de jeunes ouvriers, forgerons, taillandiers, maréchaux, sont presque aussi robustes que les maîtres, et ne seroient guère moins adroits si on les eût exercés à temps. S'il y a de la différence, et je conviens qu'il y en a, elle est beaucoup moindre, je le répète, que celle des désirs fougueux d'un homme aux désirs bornés d'un enfant. D'ailleurs, il n'est pas ici question seulement des forces physiques, mais surtout de la force et capacité de l'esprit qui les supplée ou qui les dirige.

Cet intervalle où l'individu peut plus qu'il ne désire, bien qu'il ne soit pas le temps de sa plus grande force absolue, est, comme je l'ai dit, celui de sa plus grande force relative. Il est le temps le plus précieux de la vie, temps qui ne vient qu'une seule fois ; temps très-court, et d'autant plus court, comme on verra dans la suite, qu'il lui importe plus de le bien employer.

Que fera-t-il donc de cet excédant de facultés et de forces qu'il a de trop à présent, et qui lui manquera dans un autre âge ? Il tâchera de l'employer à des soins qui lui puissent profiter au besoin ; il jettera, pour ainsi dire, dans l'avenir le superflu de son être actuel : l'enfant robuste fera des provisions pour l'homme foible ; mais il n'établira ses magasins ni dans des coffres qu'on peut lui voler, ni dans des granges qui lui sont étrangères ; pour s'approprier véritablement son acquis, c'est dans ses bras, dans sa tête, c'est dans lui qu'il le logera. Voici donc le temps des travaux, des instructions, des études : et remarquez que ce n'est pas moi qui fais arbitrairement ce choix, c'est la nature elle-même qui l'indique.

L'intelligence humaine a ses bornes ; et non-seulement un homme ne peut pas tout savoir, il ne peut pas même savoir en entier le peu que savent les autres hommes. Puisque la contradictoire de chaque proposition fausse est une vérité, le nombre des vérités est inépuisable comme celui des erreurs. Il y a donc un choix dans les choses qu'on doit enseigner ainsi que dans le temps propre à les apprendre. Des connoissances qui sont à notre portée, les unes sont fausses, les autres sont inutiles, les autres servent à nourrir l'orgueil de celui qui les a. Le petit nombre de celles qui contribuent réellement à notre bien-être est seul digne des recherches d'un homme sage, et par conséquent d'un enfant qu'on veut rendre tel. Il ne s'agit point de savoir ce qui est, mais seulement ce qui est utile.

De ce petit nombre il faut ôter encore ici les vérités qui demandent, pour être comprises, un entendement déjà tout formé ; celles qui supposent la connoissance des rapports de l'homme, qu'un enfant ne peut acquérir ; celles qui, bien que vraies en elles-mêmes, disposent une âme inexpérimentée à penser faux sur d'autres sujets.

Vous voilà réduits à un bien petit cercle relativement à l'existence des choses ; mais que ce cercle forme encore une sphère immense pour la mesure de l'esprit d'un enfant! Ténèbres de l'entendement humain, quelle main téméraire osa toucher à votre voile? Que d'abîmes je vois creuser par nos vaines sciences autour de ce jeune infortuné! O toi qui vas le conduire dans ces périlleux sentiers, et tirer devant ses yeux le rideau sacré de la nature, tremble. Assure-toi bien premièrement de sa tête et de la tienne; crains qu'elle ne tourne à l'un ou à l'autre, et peut-être à tous les deux. Crains l'attrait spécieux du mensonge et les vapeurs enivrantes de l'orgueil. Souviens-toi, souviens-toi sans cesse que l'ignorance n'a jamais fait de mal, que l'erreur seule est funeste, et qu'on ne s'égare point par ce qu'on ne sait pas, mais par ce qu'on croit savoir.

Ses progrès dans la géométrie vous pourroient servir d'épreuve et de mesure certaine pour le développement de son intelligence : mais sitôt qu'il peut discerner ce qui est utile et ce qui ne l'est pas, il importe d'user de beaucoup de ménagement et d'art pour l'amener aux études spéculatives. Voulez-vous, par exemple, qu'il cherche une moyenne proportionnelle entre deux lignes; commencez par faire en sorte qu'il ait besoin de trouver un carré égal à un rectangle donné : s'il s'agissoit de deux moyennes proportionnelles, il faudroit d'abord lui rendre le problème de la duplication du tube intéressant, etc. Voyez comment nous approchons par degrés des notions morales qui distinguent le bien et le mal. Jusqu'ici nous n'avons connu de loi que celle de la nécessité : maintenant nous avons égard à ce qui est utile; nous arriverons bientôt à ce qui est convenable et bon.

Le même instinct anime les diverses facultés de l'homme. A l'activité du corps qui cherche à se développer, succède l'activité de l'esprit qui cherche à s'instruire. D'abord les enfans ne sont que remuans, ensuite ils sont curieux; et cette curiosité bien dirigée est le mobile de l'âge où nous voilà parvenus. Distinguons toujours les penchans qui viennent de la nature de ceux qui viennent de l'opinion. Il est une ardeur de savoir qui n'est fondée que sur le désir d'être estimé savant; il en est une autre qui naît d'une curiosité naturelle à l'homme pour tout ce qui peut intéresser de près ou de loin. Le désir inné du bien-être et l'impossibilité de contenter pleinement ce désir lui font rechercher sans cesse de nouveaux moyens d'y contribuer. Tel est le premier principe de la curiosité; principe naturel au cœur humain, mais dont le développement ne se fait qu'en proportion de nos passions et de nos lumières. Supposez un philosophe relégué dans une île déserte avec des instrumens et des livres, sûr d'y passer seul le reste de ses jours; il ne s'embarrassera plus guère du système du monde, des lois de l'attraction, du calcul différentiel : il n'ouvrira peut-être de sa vie un seul livre; mais jamais il ne s'abstiendra de visiter son île jusqu'au dernier recoin, quelque grande qu'elle puisse être. Rejetons donc encore de nos premières études les connoissances dont le goût n'est point naturel à l'homme, et bornons-nous à celles que l'instinct nous porte à chercher.

L'île du genre humain, c'est la terre; l'objet le plus frappant pour nos yeux, c'est le soleil. Sitôt que nous commençons à nous éloigner de nous, nos premières observations doivent tomber sur l'une et sur l'autre. Aussi la philosophie de presque tous les peuples sauvages roule-t-elle uniquement sur d'imaginaires divisions de la terre et sur la divinité du soleil.

Quel écart! dira-t-on peut-être. Tout à l'heure nous n'étions occupés que de ce qui nous touche, de ce qui nous entoure immédiatement; tout à coup nous voilà parcourant le globe et sautant aux extrémités de l'univers! Cet écart est l'effet du progrès de nos forces et de la pente de notre esprit. Dans l'état de foiblesse et d'insuffisance, le soin de nous conserver nous concentre au dedans de nous; dans l'état de puissance et de force, le désir d'étendre notre être nous porte au-delà, et nous fait élancer aussi loin qu'il nous est possible : mais comme le monde intellectuel nous est encore inconnu, notre pensée ne va pas plus loin que nos yeux, et notre entendement ne s'étend qu'avec l'espace qu'il mesure.

Transformons nos sensations en idées, mais ne sautons pas tout d'un coup des objets sensibles aux objets intellectuels. C'est par les premiers que nous devons arriver aux autres. Dans les premières opérations de l'esprit, que les sens soient tous ses guides. Point d'autre livre que le monde, point d'autre instruction que les faits. L'enfant qui lit ne pense pas, il ne fait que lire; il ne s'instruit pas, il apprend des mots.

Rendez votre élève attentif aux phénomènes de la nature, bientôt vous le rendrez curieux; mais, pour nourrir sa curiosité, ne vous pressez jamais de la satisfaire. Mettez les questions à sa portée, et laissez-les-lui résoudre. Qu'il ne sache rien parce que vous le lui avez dit, mais parce qu'il l'a compris lui-même; qu'il n'apprenne pas la science, qu'il l'invente. Si jamais vous substituez dans son esprit l'autorité à la raison, il ne raisonnera plus; il ne sera plus que le jouet de l'opinion des autres.

Vous voulez apprendre la géographie à cet enfant, et vous lui allez chercher des globes, des sphères, des cartes : que de machines! Pourquoi toutes ces représentations? Que ne commencez-vous par lui montrer l'objet même, afin qu'il sache au moins de quoi vous lui parlez!

Une belle soirée, on va se promener dans un lieu favorable, où l'horizon bien découvert laisse voir à plein le soleil couchant, et l'on observe les objets qui rendent reconnoissable le lieu de son coucher. Le lendemain, pour respirer le frais, on retourne au même lieu avant que le soleil se lève. On le voit s'annoncer de loin par les traits de feu qu'il lance au devant de lui. L'incendie augmente, l'orient paroît tout en flammes : à leur éclat on attend l'astre long-temps avant qu'il se montre : à chaque instant on croit le voir paroître; on le voit enfin. Un point brillant part comme un éclair et remplit aussitôt tout l'espace; le voile des ténèbres s'efface et tombe. L'homme reconnoît son séjour et le trouve embelli. La verdure a pris durant la nuit une vigueur nouvelle; le jour naissant qui l'éclaire, les premiers rayons qui la dorent, la montrent couverte d'un brillant réseau de rosée, qui réfléchit à l'œil la lumière et les couleurs. Les oiseaux en chœur se réunissent et saluent de concert le père de la vie; en ce moment pas un seul ne se tait; leur gazouillement, foible encore, est plus lent et plus doux que dans le reste de la journée, il se sent de la langueur d'un paisible réveil. Le concours de tous ces objets porte aux sens une impression de fraîcheur qui semble pénétrer jusqu'à l'âme. Il y a là une demi-heure d'enchantement, auquel nul homme ne résiste : un spectacle si grand, si beau, si délicieux, n'en laisse aucun de sang-froid.

Plein de l'enthousiasme qu'il éprouve, le maître veut le communiquer à l'enfant : il croit l'émouvoir en le rendant attentif aux sensations dont il est ému lui-même. Pure bêtise! C'est dans le cœur de l'homme qu'est la vie du spectacle de la nature; pour le voir il faut le sentir. L'enfant aperçoit les objets; mais il ne peut apercevoir les rapports qui les lient, il ne peut entendre la douce harmonie de leur concert. Il faut une expérience qu'il n'a point acquise, il faut des sentimens qu'il n'a point éprouvés, pour sentir l'impression composée qui résulte à la fois de toutes ces sensations. S'il n'a long-temps parcouru des plaines arides, si des sables ardens n'ont brûlé ses pieds, si la réverbération suffocante des rochers frappés du soleil ne l'oppressa jamais, comment goûtera-t-il l'air frais d'une belle matinée? comment le parfum des fleurs, le charme de la verdure, l'humide vapeur de la rosée, le marcher mol et doux sur la pelouse, enchanteront-ils ses sens? Comment le chant des oiseaux lui causera-t-il une émotion voluptueuse, si les accens de l'amour et du plaisir lui sont encore inconnus? Avec quels transports verra-t-il naître une si belle journée, si son imagination ne sait pas lui peindre ceux dont on peut la remplir? Enfin comment s'attendrira-t-il sur la beauté du spectacle de la nature, s'il ignore quelle main prit soin de l'orner?

Ne tenez point à l'enfant des discours qu'il ne peut entendre. Point de descriptions, point d'éloquence, point de figures, point de poésie. Il n'est pas maintenant question de sentiment ni de goût. Continuez d'être clair, simple et froid; le temps ne viendra que trop tôt de prendre un autre langage.

Élevé dans l'esprit de nos maximes, accoutumé à tirer tous ses instrumens de lui-même, et à ne recourir jamais à autrui qu'après avoir reconnu son insuffisance, à chaque nouvel objet qu'il voit il l'examine long-temps sans rien dire. Il est pensif et non questionneur. Contentez-vous donc de lui présenter à propos les objets; puis, quand vous verrez sa curiosité suffisamment occupée, faites-lui quelque question laconique qui le mette sur la voie de la résoudre.

Dans cette occasion, après avoir bien contemplé avec lui le soleil levant, après lui avoir fait remarquer du même côté les montagnes et les autres objets voisins, après l'avoir laissé causer là-dessus tout à son aise, gardez quelques momens le silence comme un homme qui rêve, et puis vous lui direz : Je songe qu'hier au soir le soleil s'est couché là, et qu'il s'est levé là ce matin. Comment cela peut-il se faire? N'ajoutez rien de plus : s'il vous fait des questions, n'y répondez point ; parlez d'autre chose. Laissez-le à lui-même, et soyez sûr qu'il y pensera.

Pour qu'un enfant s'accoutume à être attentif, et qu'il soit bien frappé de quelque vérité sensible, il faut qu'elle lui donne quelques jours d'inquiétude avant de la découvrir. S'il ne conçoit pas assez celle-ci de cette manière, il y a moyen de la lui rendre plus sensible encore, et ce moyen, c'est de retourner la question. S'il ne sait pas comment le soleil parvient de son coucher à son lever, il sait au moins comment il parvient de son lever à son coucher ; ses yeux seuls le lui apprennent. Éclaircissez donc la première question par l'autre : ou votre élève est absolument stupide, ou l'analogie est trop claire pour lui pouvoir échapper. Voilà sa première leçon de cosmographie.

Comme nous procédons toujours lentement d'idée sensible en idée sensible, que nous nous familiarisons long-temps avec la même avant de passer à une autre, et qu'enfin nous ne forçons jamais notre élève d'être attentif, il y a loin de cette première leçon à la connoissance du cours du soleil et de la figure de la terre : mais comme tous les mouvemens apparens des corps célestes tiennent au même principe, et que la première observation mène à toutes les autres, il faut moins d'effort, quoiqu'il faille plus de temps, pour arriver d'une révolution diurne au calcul des éclipses, que pour bien comprendre le jour et la nuit.

Puisque le soleil tourne autour du monde, il décrit un cercle, et tout cercle doit avoir un centre ; nous savons déjà cela. Ce centre ne sauroit se voir, car il est au cœur de la terre ; mais on peut sur la surface marquer deux points opposés qui lui correspondent. Une broche passant par les trois points et prolongée jusqu'au ciel de part et d'autre sera l'axe du monde et du mouvement journalier du soleil. Un toton rond tournant sur sa pointe représente le ciel tournant sur son axe, les deux pointes du toton sont les deux pôles : l'enfant sera fort aise d'en connoître un ; je le lui montre à la queue de la petite ourse. Voilà de l'amusement pour la nuit ; peu à peu l'on se familiarise avec les étoiles, et de là naît le premier goût de connoître les planètes et d'observer les constellations.

Nous avons vu lever le soleil à la Saint-Jean ; nous l'allons voir aussi lever à Noël ou quelque autre beau jour d'hiver ; car on sait que nous ne sommes pas paresseux, et que nous nous faisons un jeu de braver le froid. J'ai soin de faire cette seconde observation dans le même lieu où nous avons fait la première ; et, moyennant quelque adresse pour préparer la remarque, l'un ou l'autre ne manquera pas de s'écrier : Oh, oh ! voilà qui est plaisant ! le soleil ne se lève plus à la même place ! ici sont nos anciens renseignemens, et à présent il s'est levé là, etc. Il y a donc un orient d'été, et, un orient d'hiver, etc..... Jeune maître, vous voilà sur la voie. Ces exemples vous doivent suffire pour enseigner très-clairement la sphère, en prenant le monde pour le monde, et le soleil pour le soleil.

En général, ne substituez jamais le signe à la chose que quand il vous est impossible de la montrer ; car le signe absorbe l'attention de l'enfant, et lui fait oublier la chose représentée.

La sphère armillaire me paroît une machine mal composée et exécutée dans de mauvaises proportions. Cette confusion de cercles et les bizarres figures qu'on y marque lui donnent un air de grimoire qui effarouche l'esprit des enfans. La terre est trop petite, les cercles sont trop grands, trop nombreux ; quelques-uns, comme les colures, sont parfaitement inutiles ; chaque cercle est plus large que la terre ; l'épaisseur du carton leur donne un air de solidité qui les fait prendre pour des masses circulaires réellement existantes ; et quand vous dites à l'enfant que ces cercles sont imaginaires, il ne sait ce qu'il voit, il n'entend plus rien.

Nous ne savons jamais nous mettre à la place des enfans ; nous n'entrons pas dans leurs idées, nous leur prêtons les nôtres ; et, suivant toujours nos propres raisonnemens, avec des chaînes de vérités nous n'entassons qu'extravagances et qu'erreurs dans leur tête.

On dispute sur le choix de l'analyse ou de la synthèse pour étudier les sciences. Il n'est pas toujours besoin de choisir. Quelquefois on peut résoudre et composer dans les mêmes recherches, et guider l'enfant par la méthode enseignante lorsqu'il croit ne faire qu'analyser. Alors, en employant en même temps l'une et l'autre, elles se serviroient mutuellement de preuves. Partant à la fois des deux points opposés, sans penser faire la même route, il seroit tout surpris de se rencontrer, et cette surprise ne pourroit qu'être fort agréable. Je voudrois, par exemple, prendre la géographie par ses deux termes, et joindre à l'étude des révolutions du globe la mesure de ses parties, à commencer du lieu qu'on habite. Tandis que l'enfant étudie la sphère et se transporte ainsi dans les cieux, ramenez-le à la division de la terre, et montrez-lui d'abord son propre séjour.

Ses deux premiers points de géographie seront la ville où il demeure et la maison de campagne de son père; ensuite les lieux intermédiaires, ensuite les rivières du voisinage, enfin l'aspect du soleil et la manière de s'orienter. C'est ici le point de réunion. Qu'il fasse lui-même la carte de tout cela, carte très-simple et d'abord formée de deux seuls objets, auxquels il ajoute peu à peu les autres, à mesure qu'il sait ou qu'il estime leur distance et leur position. Vous voyez déjà quel avantage nous lui avons procuré d'avance en lui mettant un compas dans les yeux.

Malgré cela, sans doute, il faudra le guider un peu, mais très-peu, sans qu'il y paroisse. S'il se trompe, laissez-le faire, ne corrigez point ses erreurs; attendez en silence qu'il soit en état de les voir et de les corriger lui-même, ou tout au plus, dans une occasion favorable, amenez quelque opération qui les lui fasse sentir. S'il ne se trompoit jamais, il n'apprendroit pas si bien. Au reste, il ne s'agit pas qu'il sache exactement la topographie du pays, mais le moyen de s'en instruire; peu importe qu'il ait des cartes dans la tête, pourvu qu'il conçoive bien ce qu'elles représentent et qu'il ait une idée nette de l'art qui sert à les dresser.

Voyez déjà la différence qu'il y a du savoir de vos élèves à l'ignorance du mien! Ils savent les cartes, et lui les fait. Voici de nouveaux ornemens pour sa chambre.

Souvenez-vous toujours que l'esprit de mon institution n'est pas d'enseigner à l'enfant beaucoup de choses, mais de ne laisser jamais entrer dans son cerveau que des idées justes et claires. Quand il ne sauroit rien, peu m'importe, pourvu qu'il ne se trompe pas, et je ne mets des vérités dans sa tête que pour le garantir des erreurs qu'il apprendroit à leur place. La raison, le jugement, viennent lentement, les préjugés accourent en foule; c'est d'eux qu'il le faut préserver. Mais si vous regardez la science en elle-même, vous entrez dans une mer sans fond, sans rive, toute pleine d'écueils; vous ne vous en tirerez jamais. Quand je vois un homme épris de l'amour des connoissances se laisser séduire à leur charme et courir de l'une à l'autre sans savoir s'arrêter, je crois voir un enfant sur le rivage amassant des coquilles, et commençant par s'en charger, puis, tenté par celles qu'il voit encore, en rejeter, en reprendre, jusqu'à ce qu'accablé de leur multitude et ne sachant plus que choisir, il finisse par tout jeter, et retourne à vide.

Durant le premier âge, le temps étoit long: nous ne cherchions qu'à le perdre, de peur de le mal employer. Ici c'est tout le contraire, et nous n'en avons pas assez pour faire tout ce qui seroit utile. Songez que les passions approchent, et que, sitôt qu'elles frapperont à la porte, votre élève n'aura plus d'attention que pour elles. L'âge paisible d'intelligence est si court, il passe si rapidement, il a tant d'autres usages nécessaires, que c'est une folie de vouloir qu'il suffise à rendre un enfant savant. Il ne s'agit point de lui enseigner les sciences, mais de lui donner du goût pour les aimer et des méthodes pour les apprendre, quand ce goût sera mieux développé. C'est là très-certainement un principe fondamental de toute bonne éducation.

Voici le temps aussi de l'accoutumer peu à peu à donner une attention suivie au même objet: mais ce n'est jamais la contrainte, c'est toujours le plaisir ou le désir qui doit produire cette attention; il faut avoir grand soin qu'elle ne l'accable point et n'aille pas jusqu'à l'ennui.

Tenez donc toujours l'œil au guet; et, quoi qu'il arrive, quittez tout avant qu'il s'ennuie; car il n'importe jamais autant qu'il apprenne, qu'il importe qu'il ne fasse rien malgré lui.

S'il vous questionne lui-même, répondez autant qu'il faut pour nourrir sa curiosité, non pour la rassasier : surtout, quand vous voyez qu'au lieu de questionner pour s'instruire, il se met à battre la campagne et à vous accabler de sottes questions, arrêtez-vous à l'instant, sûr qu'alors il ne se soucie plus de la chose, mais seulement de vous asservir à ses interrogations. Il faut avoir moins d'égard aux mots qu'il prononce qu'au motif qui le fait parler. Cet avertissement, jusqu'ici moins nécessaire, devient de la dernière importance aussitôt que l'enfant commence à raisonner.

Il y a une chaîne de vérités générales par laquelle toutes les sciences tiennent à des principes communs et se développent successivement : cette chaîne est la méthode des philosophes. Ce n'est point de celle-là qu'il s'agit ici. Il y en a une toute différente, par laquelle chaque objet particulier en attire un autre et montre toujours celui qui le suit. Cet ordre, qui nourrit, par une curiosité continuelle, l'attention qu'ils exigent tous, est celui que suivent la plupart des hommes, et surtout celui qu'il faut aux enfans. En nous orientant pour lever nos cartes, il a fallu tracer des méridiennes. Deux points d'intersection entre les ombres égales du matin et du soir donnent une méridienne excellente pour un astronome de treize ans. Mais ces méridiennes s'effacent, il faut du temps pour les tracer; elles assujettissent à travailler toujours dans le même lieu : tant de soins, tant de gêne l'ennuieroient à la fin. Nous l'avons prévu; nous y pourvoyons d'avance.

Me voici de nouveau dans mes longs et minutieux détails. Lecteurs, j'entends vos murmures et je les brave : je ne veux point sacrifier à votre impatience la partie la plus utile de ce livre. Prenez votre parti sur mes longueurs; car pour moi j'ai pris le mien sur vos plaintes.

Depuis long-temps nous nous étions aperçus, mon élève et moi, que l'ambre, le verre, la cire, divers corps frottés, attiroient les pailles, et que d'autres ne les attiroient pas. Par hasard nous en trouvons un qui a une vertu plus singulière encore; c'est d'attirer à quelque distance, et sans être frotté, la limaille et d'autres brins de fer. Combien de temps cette qualité nous amuse sans que nous puissions y rien voir de plus! Enfin nous trouvons qu'elle se communique au fer même aimanté dans un certain sens. Un jour nous allons à la foire ([1]); un joueur de gobelets attire avec un morceau de pain un canard de cire flottant sur un bassin d'eau. Fort surpris, nous ne disons pourtant pas, c'est un sorcier, car nous ne savons ce que c'est qu'un sorcier. Sans cesse frappés d'effets dont nous ignorons les causes, nous ne nous pressons de juger de rien, et nous restons en repos dans notre ignorance jusqu'à ce que nous trouvions l'occasion d'en sortir.

De retour au logis, à force de parler du canard de la foire, nous allons nous mettre en tête de l'imiter : nous prenons une bonne aiguille bien aimantée, nous l'entourons de cire blanche, que nous façonnons de notre mieux en forme de canard, de sorte que l'aiguille traverse le corps et que la tête fasse le bec. Nous posons sur l'eau le canard, nous approchons du bec un anneau de clef, et nous voyons avec une joie facile à comprendre que notre canard suit la clef précisément comme celui de la foire suivoit le morceau de pain. Observer dans quelle direction le canard s'arrête sur l'eau quand on l'y laisse en repos, c'est ce que nous pourrons faire une autre fois. Quant à présent, tout occupés de notre objet, nous n'en voulons pas davantage.

Dès le même soir nous retournons à la foire avec du pain préparé dans nos poches; et, sitôt que le joueur de gobelets a fait son tour, mon petit docteur, qui se contenoit à peine, lui dit que ce tour n'est pas difficile, et que lui-même en fera bien autant. Il est pris au mot : à l'instant il tire de sa poche le pain où est caché le morceau de fer; en approchant de la table, le cœur lui bat; il présente le pain presqu'en tremblant; le canard vient et le suit :

[1] Je n'ai pu m'empêcher de rire en lisant une fine critique de M. Formey sur ce petit conte : *Ce joueur de gobelets*, dit-il, *qui se pique d'émulation contre un enfant et sermonne gravement son instituteur*, *est un individu du monde des Émile*. Le spirituel M. Formey n'a pu supposer que cette petite scène étoit arrangée, et que le bateleur étoit instruit du rôle qu'il avoit à faire; car c'est en effet ce que je n'ai point dit. Mais combien de fois, en revanche, ai-je déclaré que je n'écrivois point pour les gens à qui il falloit tout dire!

l'enfant s'écrie et tressaillit d'aise. Aux battemens des mains, aux acclamations de l'assemblée, la tête lui tourne, il est hors de lui. Le bateleur interdit vient pourtant l'embrasser, le féliciter, et le prie de l'honorer encore le lendemain de sa présence, ajoutant qu'il aura soin d'assembler plus de monde encore pour applaudir à son habileté. Mon petit naturaliste enorgueilli veut babiller ; mais sur-le-champ je lui ferme la bouche, et l'emmène comblé d'éloges.

L'enfant, jusqu'au lendemain, compte les minutes avec une risible inquiétude. Il invite tout ce qu'il rencontre ; il voudroit que tout le genre humain fût témoin de sa gloire ; il attend l'heure avec peine, il la devance : on vole au rendez-vous ; la salle est déjà pleine. En entrant son jeune cœur s'épanouit. D'autres jeux doivent précéder ; le joueur de gobelets se surpasse et fait des choses surprenantes. L'enfant ne voit rien de tout cela ; il s'agite, il sue, il respire à peine ; il passe son temps à manier dans sa poche son morceau de pain d'une main tremblante d'impatience. Enfin son tour vient ; le maître l'annonce au public avec pompe. Il s'approche un peu honteux, il tire son pain... Nouvelle vicissitude des choses humaines ! le canard, si privé la veille, est devenu sauvage aujourd'hui ; au lieu de présenter le bec, il tourne la queue et s'enfuit ; il évite le pain et la main qui le présente avec autant de soin qu'il les suivoit auparavant. Après mille essais inutiles et toujours hués, l'enfant se plaint, dit qu'on le trompe, que c'est un autre canard qu'on a substitué au premier, et défie le joueur de gobelets d'attirer celui-ci.

Le joueur de gobelets, sans répondre, prend un morceau de pain, le présente au canard ; à l'instant le canard suit le pain, et vient à la main qui le retire. L'enfant prend le même morceau de pain ; mais, loin de réussir mieux qu'auparavant, il voit le canard se moquer de lui et faire des pirouettes tout autour du bassin : il s'éloigne enfin tout confus, et n'ose plus s'exposer aux huées.

Alors le joueur de gobelets prend le morceau de pain que l'enfant avoit apporté, et s'en sert avec autant de succès que du sien : il en tire le fer devant tout le monde, autre risée à nos dépens ; puis de ce pain ainsi vidé il attire le canard comme auparavant. Il fait la même chose avec un autre morceau coupé devant tout le monde par une main tierce ; il en fait autant avec son gant, avec le bout de son doigt ; enfin il s'éloigne au milieu de la chambre, et, du ton d'emphase propre à ces gens-là, déclarant que son canard n'obéira pas moins à sa voix qu'à son geste, il lui parle, et le canard obéit ; il lui dit d'aller à droite et il va à droite, de revenir et il revient, de tourner et il tourne ; le mouvement est aussi prompt que l'ordre. Les applaudissemens redoublés sont autant d'affronts pour nous. Nous nous évadons sans être aperçus, et nous nous renfermons dans notre chambre sans aller raconter nos succès à tout le monde, comme nous l'avions projeté.

Le lendemain matin l'on frappe à notre porte : j'ouvre ; c'est l'homme aux gobelets. Il se plaint modestement de notre conduite. Que nous avoit-il fait pour nous engager à vouloir décréditer ses jeux et lui ôter son gagne-pain ? Qu'y a-t-il donc de si merveilleux dans l'art d'attirer un canard de cire, pour acheter cet honneur aux dépens de la subsistance d'un honnête homme ? Ma foi, messieurs, si j'avois quelque autre talent pour vivre, je ne me glorifierois guère de celui-ci. Vous deviez croire qu'un homme qui a passé sa vie à s'exercer à cette chétive industrie en sait là-dessus plus que vous qui ne vous en occupez que quelques momens. Si je ne vous ai pas d'abord montré mes coups de maître, c'est qu'il ne faut pas se presser d'étaler étourdiment ce qu'on sait : j'ai toujours soin de conserver mes meilleurs tours pour l'occasion, et après celui-ci j'en ai d'autres encore pour arrêter de jeunes indiscrets. Au reste, messieurs, je viens de bon cœur vous apprendre ce secret qui vous a tant embarrassés, vous priant de n'en pas abuser pour me nuire, et d'être plus retenus une autre fois.

Alors il nous montre sa machine, et nous voyons avec la dernière surprise qu'elle ne consiste qu'en un aimant fort et bien armé, qu'un enfant caché sous la table faisoit mouvoir sans qu'on s'en aperçût.

L'homme replie sa machine ; et, après lui avoir fait nos remercîmens et nos excuses, nous voulons lui faire un présent ; il le refuse. « Non,
» messieurs, je n'ai pas assez à me louer de
» vous pour accepter vos dons ; je vous laisse

» obligés à moi malgré vous ; c'est ma seule
» vengeance. Apprenez qu'il y a de la générosité dans tous les états ; je fais payer mes tours et non mes leçons. »

En sortant, il m'adresse à moi nommément et tout haut une réprimande : J'excuse volontiers, me dit-il, cet enfant ; il n'a péché que par ignorance. Mais vous, monsieur, qui deviez connoître sa faute, pourquoi la lui avoir laissé faire? Puisque vous vivez ensemble, comme le plus âgé vous lui devez vos soins, vos conseils ; votre expérience est l'autorité qui doit le conduire. En se reprochant, étant grand, les torts de sa jeunesse, il vous reprochera sans doute ceux dont vous ne l'aurez pas averti ([1]).

Il part, et nous laisse tous deux très-confus. Je me blâme de ma molle facilité ; je promets à l'enfant de la sacrifier une autre fois à son intérêt, et de l'avertir de ses fautes avant qu'il en fasse; car le temps approche où nos rapports vont changer, et où la sévérité du maître doit succéder à la complaisance du camarade : ce changement doit s'amener par degrés ; il faut tout prévoir, et tout prévoir de fort loin.

Le lendemain nous retournons à la foire pour revoir le tour dont nous avons appris le secret. Nous abordons avec un profond respect notre bateleur Socrate ; à peine osons-nous lever les yeux sur lui : il nous comble d'honnêtetés, et nous place avec une distinction qui nous humilie encore. Il fait ses tours comme à l'ordinaire; mais il s'amuse et se complaît long-temps à celui du canard, et nous regardant souvent d'un air assez fier. Nous savons tout, et nous ne soufflons pas. Si mon élève osoit seulement ouvrir la bouche, ce seroit un enfant à écraser.

Tout le détail de cet exemple importe plus qu'il ne semble. Que de leçons dans une seule ! Que de suites mortifiantes attire le premier mouvement de vanité ! Jeune maître, épiez ce premier mouvement avec soin. Si vous savez en faire sortir ainsi l'humiliation, les disgrâces ([2]), soyez sûr qu'il n'en reviendra de long-temps un second. Que d'apprêts ! direz-vous. J'en conviens, et le tout pour nous faire une boussole qui nous tienne lieu de méridienne.

Ayant appris que l'aimant agit à travers les autres corps, nous n'avons rien de plus pressé que de faire une machine semblable à celle que nous avons vue : une table évidée, un bassin très-plat ajusté sur cette table, et rempli de quelques lignes d'eau, un canard fait avec un peu plus de soin, etc. Souvent attentifs autour du bassin, nous remarquons enfin que le canard en repos affecte toujours à peu près la même direction. Nous suivons cette expérience, nous examinons cette direction : nous trouvons qu'elle est du midi au nord. Il n'en faut pas davantage ; notre boussole est trouvée, ou autant vaut ; nous voilà dans la physique.

Il y a divers climats sur la terre, et diverses températures à ces climats. Les saisons varient plus sensiblement à mesure qu'on approche du pôle; tous les corps se resserrent au froid et se dilatent à la chaleur; cet effet est plus mesurable dans les liqueurs, et plus sensible dans les liqueurs spiritueuses : de là le thermomètre. Le vent frappe le visage ; l'air est donc un corps, un fluide ; on le sent, quoiqu'on n'ait aucun moyen de le voir. Renversez un verre dans l'eau, l'eau ne le remplira pas, à moins que vous ne laissiez à l'air une issue ; l'air est donc capable de résistance. Enfoncez le verre davantage, l'eau gagnera dans l'espace d'air, sans pouvoir remplir tout-à-fait cet espace; l'air est donc capable de compression jusqu'à certain point. Un ballon rempli d'air comprimé bondit mieux que rempli de toute autre matière ; l'air est donc un corps élastique. Étant étendu dans le bain, soulevez horizontalement le bras hors de l'eau, vous le sentirez chargé d'un poids terrible ; l'air est donc un corps pesant. En mettant l'air en équilibre avec d'autres fluides, on peut mesurer son poids : de là le baromètre, le siphon, la canne à vent, la machine pneumatique. Toutes les lois de la statique et de l'hydrostatique se trouvent par des expériences

---

([1]) Ai-je dû supposer quelque lecteur assez stupide pour ne pas sentir dans cette réprimande un discours dicté mot à mot par le gouverneur pour aller à ses vues? A-t-on dû me supposer assez stupide moi-même pour donner naturellement ce langage à un bateleur? Je croyois avoir fait preuve au moins du talent assez médiocre de faire parler les gens dans l'esprit de leur état. Voyez encore la fin de l'alinéa suivant. N'étoit-ce pas tout dire pour tout autre que M. Formey?

([2]) Cette humiliation, ces disgrâces, sont donc de ma façon, et non pas de celle du bateleur. Puisque M. Formey vouloit de mon vivant s'emparer de mon livre, et le faire imprimer sans autre façon que d'en ôter mon nom pour y mettre le sien, il devoit du moins prendre la peine, je ne dis pas de le composer, mais de le lire ([*]).

([*]) Voyez la note relative à Formey, ci-devant page 408. G. P.

tout aussi grossières. Je ne veux pas qu'on entre pour rien de tout cela dans un cabinet de physique expérimentale : tout cet appareil d'instrumens et de machines me déplaît. L'air scientifique tue la science. Ou toutes ces machines effraient un enfant, ou leurs figures partagent et dérobent l'attention qu'il devroit à leurs effets.

Je veux que nous fassions nous-mêmes toutes nos machines, et je ne veux pas commencer par faire l'instrument avant l'expérience ; mais je veux qu'après avoir entrevu l'expérience comme par hasard, nous inventions peu à peu l'instrument qui doit la vérifier. J'aime mieux que nos instrumens ne soient point si parfaits et si justes, et que nous ayons des idées plus nettes de ce qu'ils doivent être et des opérations qui doivent en résulter. Pour ma première leçon de statique, au lieu d'aller chercher des balances, je mets un bâton en travers sur le dos d'une chaise, je mesure la longueur des deux parties du bâton en équilibre, j'ajoute de part et d'autre des poids, tantôt égaux, tantôt inégaux ; et, le tirant ou le poussant autant qu'il est nécessaire, je trouve enfin que l'équilibre résulte d'une proportion réciproque entre la quantité des poids et la longueur des leviers. Voilà déjà mon petit physicien capable de rectifier des balances avant que d'en avoir vu.

Sans contredit on prend des notions bien plus claires et bien plus sûres des choses qu'on apprend ainsi de soi-même, que de celles qu'on tient des enseignemens d'autrui ; et, outre qu'on n'accoutume point sa raison à se soumettre servilement à l'autorité, l'on se rend plus ingénieux à trouver des rapports, à lier des idées, à inventer des instrumens, que quand, adoptant tout cela tel qu'on nous le donne, nous laissons affaisser notre esprit dans la nonchalance, comme le corps d'un homme qui, toujours habillé, chaussé, servi par ses gens et traîné par ses chevaux, perd à la fin la force et l'usage de ses membres (*). Boileau se vantoit d'avoir appris à Racine à rimer difficilement. Parmi tant d'admirables méthodes pour abréger l'étude des sciences, nous aurions grand besoin que quelqu'un nous en donnât une pour les apprendre avec effort.

L'avantage le plus sensible de ces lentes et laborieuses recherches est de maintenir, au milieu des études spéculatives, le corps dans son activité, les membres dans leur souplesse, et de former sans cesse les mains au travail et aux usages utiles à l'homme. Tant d'instrumens inventés pour nous guider dans nos expériences et suppléer à la justesse des sens, en font négliger l'exercice. Le graphomètre dispense d'estimer la grandeur des angles ; l'œil qui mesuroit avec précision les distances s'en fie à la chaîne qui les mesure pour lui ; la romaine m'exempte de juger à la main le poids que je connois par elle. Plus nos outils sont ingénieux, plus nos organes deviennent grossiers et maladroits : à force de rassembler des machines autour de nous, nous n'en trouvons plus en nous-mêmes.

Mais, quand nous mettons à fabriquer ces machines l'adresse qui nous en tenoit lieu, quand nous employons à les faire la sagacité qu'il falloit pour nous en passer, nous gagnons sans rien perdre, nous ajoutons l'art à la nature, et nous devenons plus ingénieux sans devenir moins adroits. Au lieu de coller un enfant sur des livres, si je l'occupe dans un atelier, ses mains travaillent au profit de son esprit : il devient philosophe, et croit n'être qu'un ouvrier. Enfin cet exercice a d'autres usages dont je parlerai ci-après ; et l'on verra comment des jeux de la philosophie on peut s'élever aux véritables fonctions de l'homme.

J'ai déjà dit que les connoissances purement spéculatives ne convenoient guère aux enfans, même approchant de l'adolescence : mais, sans les faire entrer bien avant dans la physique systématique, faites pourtant que toutes leurs expériences se lient l'une à l'autre par quelque sorte de déduction, afin qu'à l'aide de cette chaîne ils puissent les placer par ordre dans leur esprit et se les rappeler au besoin ; car il est bien difficile que des faits et même des raisonnemens isolés tiennent long-temps dans la mémoire, quand on manque de prise pour les y ramener.

Dans la recherche des lois de la nature, commencez toujours par les phénomènes les

---

(*) « Nostre ame ne branle qu'à credit, liée et contraincte à l'appetit des fantaisies d'aultruy, serve et captivée soubs l'auctorité de leur leçon : on nous a tant assubiectis aux chordes, que nous n'avons plus de franches alleures ; nostre vigueur et liberté est esteincte. » MONTAIGNE, liv. I, chap. 23.
G. P.

plus communs et les plus sensibles, et accoutumez votre élève à ne pas prendre ces phénomènes pour des raisons, mais pour des faits. Je prends une pierre, je feins de la poser en l'air; j'ouvre la main, la pierre tombe. Je regarde Émile attentif à ce que je fais, et je lui dis : Pourquoi cette pierre est-elle tombée ?

Quel enfant restera court à cette question? Aucun, pas même Émile, si je n'ai pris grand soin de le préparer à n'y savoir pas répondre. Tous diront que la pierre tombe parce qu'elle est pesante. Et qu'est-ce qui est pesant? C'est ce qui tombe. La pierre tombe donc parce qu'elle tombe? Ici mon petit philosophe est arrêté tout de bon. Voilà sa première leçon de physique systématique; et, soit qu'elle lui profite ou non dans ce genre, ce sera toujours une leçon de bon sens.

A mesure que l'enfant avance en intelligence, d'autres considérations importantes nous obligent à plus de choix dans ses occupations. Sitôt qu'il parvient à se connoître assez lui-même pour concevoir en quoi consiste son bien-être, sitôt qu'il peut saisir des rapports assez étendus pour juger de ce qui lui convient et de ce qui ne lui convient pas, dès lors il est en état de sentir la différence du travail à l'amusement, et de ne regarder celui-ci que comme le délassement de l'autre. Alors des objets d'utilité réelle peuvent entrer dans ses études, et l'engager à y donner une application plus constante qu'il n'en donnoit à de simples amusemens. La loi de la nécessité, toujours renaissante, apprend de bonne heure à l'homme à faire ce qui ne lui plaît pas, pour prévenir un mal qui lui déplairoit davantage. Tel est l'usage de la prévoyance ; et, de cette prévoyance bien ou mal réglée, naît toute la sagesse ou toute la misère humaine.

Tout homme veut être heureux ; mais, pour parvenir à l'être, il faudroit commencer par savoir ce que c'est que bonheur. Le bonheur de l'homme naturel est aussi simple que sa vie; il consiste à ne pas souffrir : la santé, la liberté, le nécessaire, le constituent. Le bonheur de l'homme moral est autre chose; mais ce n'est pas de celui-là qu'il est ici question. Je ne saurois trop répéter qu'il n'y a que des objets purement physiques qui puissent intéresser les enfans, surtout ceux dont on n'a pas éveillé la vanité, et qu'on n'a point corrompus d'avance par le poison de l'opinion.

Lorsque avant de sentir leurs besoins ils les prévoient, leur intelligence est déjà fort avancée, ils commencent à connoître le prix du temps. Il importe alors de les accoutumer à en diriger l'emploi sur des objets utiles, mais d'une utilité sensible à leur âge, et à la portée de leurs lumières. Tout ce qui tient à l'ordre moral et à l'usage de la société ne doit point sitôt leur être présenté, parce qu'ils ne sont pas en état de l'entendre. C'est une ineptie d'exiger d'eux qu'ils s'appliquent à des choses qu'on leur dit vaguement être pour leur bien, sans qu'ils sachent quel est ce bien, et dont on les assure qu'ils tireront du profit étant grands, sans qu'ils prennent maintenant aucun intérêt à ce prétendu profit, qu'ils ne sauroient comprendre.

Que l'enfant ne fasse rien sur parole : rien n'est bien pour lui, que ce qu'il sent être tel. En le jetant toujours en avant de ses lumières, vous croyez user de prévoyance, et vous en manquez. Pour l'armer de quelques vains instrumens dont il ne fera peut-être jamais d'usage, vous lui ôtez l'instrument le plus universel de l'homme, qui est le bon sens ; vous l'accoutumez à se laisser toujours conduire, à n'être jamais qu'une machine entre les mains d'autrui. Vous voulez qu'il soit docile étant petit ; c'est vouloir qu'il soit crédule et dupe étant grand. Vous lui dites sans cesse : « Tout ce » que je vous demande est pour votre avan» tage ; mais vous n'êtes pas en état de le con» noître. Que m'importe à moi que vous fassiez » ou non ce que j'exige? c'est pour vous seul » que vous travaillez. » Avec tous ces beaux discours que vous lui tenez maintenant pour le rendre sage, vous préparez le succès de ceux que lui tiendra quelque jour un visionnaire, un souffleur, un charlatan, un fourbe, ou un fou de toute espèce, pour le prendre à son piége ou pour lui faire adopter sa folie.

Il importe qu'un homme sache bien des choses dont un enfant ne sauroit comprendre l'utilité; mais faut-il et se peut-il qu'un enfant apprenne tout ce qu'il importe à un homme de savoir? Tâchez d'apprendre à l'enfant tout ce qui est utile à son âge, et vous verrez que tout son temps sera plus que rempli. Pourquoi voulez-vous, au préjudice des études qui lui conviennent aujourd'hui, l'appliquer à celles d'un âge auquel il est si peu sûr qu'il parvienne? Mais, direz-vous, sera-t-il temps d'apprendre ce qu'on doit savoir quand le moment sera venu d'en faire usage? Je l'ignore: mais ce que je sais, c'est qu'il est impossible de l'apprendre plus tôt; car nos vrais maîtres sont l'expérience et le sentiment, et jamais l'homme ne sent bien ce qui convient à l'homme que dans les rapports où il s'est trouvé. Un enfant sait qu'il est fait pour devenir homme; toutes les idées qu'il peut avoir de l'état d'homme sont des occasions d'instruction pour lui; mais sur les idées de cet état qui ne sont pas à sa portée il doit rester dans une ignorance absolue. Tout mon livre n'est qu'une preuve continuelle de ce principe d'éducation.

Sitôt que nous sommes parvenus à donner à notre élève une idée du mot *utile*, nous avons une grande prise de plus pour le gouverner; car ce mot le frappe beaucoup, attendu qu'il n'a pour lui qu'un sens relatif à son âge, et qu'il en voit clairement le rapport à son bien-être actuel. Vos enfans ne sont point frappés de ce mot, parce que vous n'avez pas eu soin de leur en donner une idée qui soit à leur portée, et que d'autres se chargeant toujours de pourvoir à ce qui leur est utile, ils n'ont jamais besoin d'y songer eux-mêmes, et ne savent ce que c'est qu'utilité.

A quoi cela est-il bon? Voilà désormais le mot sacré, le mot déterminant entre lui et moi dans toutes les actions de notre vie: voilà la question qui de ma part suit infailliblement toutes ses questions, et qui sert de frein à ces multitudes d'interrogations sottes et fastidieuses dont les enfans fatiguent sans relâche et sans fruit tous ceux qui les environnent, plus pour exercer sur eux quelque espèce d'empire que pour en tirer quelque profit. Celui à qui, pour sa plus importante leçon, l'on apprend à ne vouloir rien savoir que d'utile, interroge comme Socrate; il ne fait pas une question sans s'en rendre à lui-même la raison qu'il sait qu'on lui en va demander avant que de la résoudre.

Voyez quel puissant instrument je vous mets entre les mains pour agir sur votre élève. Ne sachant les raisons de rien, le voilà presque réduit au silence quand il vous plaît; et vous, au contraire, quel avantage vos connoissances et votre expérience ne vous donnent-elles point pour lui montrer l'utilité de tout ce que vous lui proposez! Car, ne vous y trompez pas, lui faire cette question, c'est lui apprendre à vous la faire à son tour; et vous devez compter, sur tout ce que vous lui proposerez dans la suite, qu'à votre exemple il ne manquera pas de dire: *A quoi cela est-il bon?*

C'est ici peut-être le piége le plus difficile à éviter pour un gouverneur. Si, sur la question de l'enfant, ne cherchant qu'à vous tirer d'affaire, vous lui donnez une seule raison qu'il ne soit pas en état d'entendre; voyant que vous raisonnez sur vos idées et non sur les siennes, il croira ce que vous lui dites bien pour votre âge, et non pour le sien; il ne se fiera plus à vous, et tout est perdu. Mais où est le maître qui veuille bien rester court et convenir de ses torts avec son élève? tous se font une loi de ne pas convenir même de ceux qu'ils ont; et moi je m'en ferois une de convenir même de ceux que je n'aurois pas, quand je ne pourrois mettre mes raisons à sa portée: ainsi ma conduite, toujours nette dans son esprit, ne lui seroit jamais suspecte, et je me conserverois plus de crédit en me supposant des fautes, qu'ils ne font en cachant les leurs.

Premièrement, songez bien que c'est rarement à vous de lui proposer ce qu'il doit apprendre; c'est à lui de le désirer, de le chercher, de le trouver; à vous de le mettre à sa portée, de faire naître adroitement ce désir et de lui fournir les moyens de le satisfaire. Il suit de là que vos questions doivent être peu fréquentes, mais bien choisies; et que, comme il en aura beaucoup plus à vous faire que vous à lui, vous serez toujours moins à découvert, et plus souvent dans le cas de lui dire: *En quoi ce que vous me demandez est-il utile à savoir?*

De plus, comme il importe peu qu'il apprenne ceci ou cela, pourvu qu'il conçoive bien ce qu'il apprend et l'usage de ce qu'il apprend, sitôt que vous n'avez pas à lui donner sur ce que vous lui dites un éclaircissement qui soit bon pour lui, ne lui en donnez point du tout. Dites-lui sans scrupule: Je n'ai pas de bonne réponse à vous faire; j'avois tort, laissons cela.

Si votre instruction étoit réellement déplacée, il n'y a pas de mal à l'abandonner tout-à-fait ; si elle ne l'étoit pas, avec un peu de soin vous trouverez bientôt l'occasion de lui en rendre l'utilité sensible.

Je n'aime point les explications en discours ; les jeunes gens y font peu d'attention et ne les retiennent guère. Les choses ! les choses ! Je ne répéterai jamais assez que nous donnons trop de pouvoir aux mots : avec notre éducation babillarde nous ne faisons que des babillards.

Supposons que, tandis que j'étudie avec mon élève le cours du soleil et la manière de s'orienter, tout à coup il m'interrompe pour me demander à quoi sert tout cela. Quel beau discours je vais lui faire ! de combien de choses je saisis l'occasion de l'instruire en répondant à sa question, surtout si nous avons des témoins de notre entretien (¹) ! Je lui parlerai de l'utilité des voyages, des avantages du commerce, des productions particulières à chaque climat, des mœurs des différens peuples, de l'usage du calendrier, de la supputation du retour des saisons pour l'agriculture, de l'art de la navigation, de la manière de se conduire sur mer et de suivre exactement sa route sans savoir où l'on est. La politique, l'histoire naturelle, l'astronomie, la morale même et le droit des gens entreront dans mon explication, de manière à donner à mon élève une grande idée de toutes ces sciences et un grand désir de les apprendre. Quand j'aurai tout dit, j'aurai fait l'étalage d'un vrai pédant, auquel il n'aura pas compris une seule idée. Il auroit grande envie de me demander comme auparavant à quoi sert de s'orienter ; mais il n'ose, de peur que je ne me fâche. Il trouve mieux son compte à feindre d'entendre ce qu'on l'a forcé d'écouter. Ainsi se pratiquent les belles éducations.

Mais notre Émile, plus rustiquement élevé, et à qui nous donnons avec tant de peine une conception dure, n'écoutera rien de tout cela. Du premier mot qu'il n'entendra pas il va s'enfuir, il va folâtrer par la chambre et me laisser pérorer tout seul. Cherchons une solution plus grossière ; mon appareil scientifique ne vaut rien pour lui.

Nous observions la position de la forêt au nord de Montmorency, quand il m'a interrompu par son importune question, *A quoi sert cela ?* Vous avez raison, lui dis-je ; il y faut penser à loisir ; et si nous trouvons que ce travail n'est bon à rien, nous ne le reprendrons plus, car nous ne manquons pas d'amusemens utiles. On s'occupe d'autre chose, et il n'est plus question de géographie du reste de la journée.

Le lendemain matin je lui propose un tour de promenade avant le déjeuner : il ne demande pas mieux ; pour courir, les enfans sont toujours prêts, et celui-ci a de bonnes jambes. Nous montons dans la forêt, nous parcourons les champeaux, nous nous égarons, nous ne savons plus où nous sommes ; et, quand il s'agit de revenir, nous ne pouvons plus retrouver notre chemin. Le temps se passe, la chaleur vient, nous avons faim ; nous nous pressons, nous errons vainement de côté et d'autre, nous ne trouvons partout que des bois, des carrières, des plaines, nul renseignement pour nous reconnoître. Bien échauffés, bien recrus, bien affamés, nous ne faisons avec nos courses que nous égarer davantage. Nous nous asseyons enfin pour nous reposer, pour délibérer. Émile, que je suppose élevé comme un autre enfant, ne délibère point, il pleure ; il ne sait pas que nous sommes à la porte de Montmorency, et qu'un simple taillis nous le cache ; mais ce taillis est une forêt pour lui ; un homme de sa stature est enterré dans des buissons.

Après quelques momens de silence, je lui dis d'un air inquiet : Mon cher Émile, comment ferons-nous pour sortir d'ici ?

ÉMILE, *en nage, et pleurant à chaudes larmes.*

Je n'en sais rien. Je suis las ; j'ai faim ; j'ai soif ; je n'en puis plus.

JEAN-JACQUES.

Me croyez-vous en meilleur état que vous ? et pensez-vous que je me fisse faute de pleurer si je pouvois déjeuner de mes larmes ? Il ne s'agit pas de pleurer, il s'agit de se reconnoître. Voyons votre montre ; quelle heure est-il ?

ÉMILE.

Il est midi, et je suis à jeun.

(¹) J'ai souvent remarqué que, dans les doctes instructions qu'on donne aux enfans, on songe moins à se faire écouter d'eux que des grandes personnes qui sont présentes. Je suis très-sûr de ce que je dis là, car j'en ai fait l'observation sur moi-même.

JEAN-JACQUES.

Cela est vrai, il est midi, et je suis à jeun.

ÉMILE.

Oh! que vous devez avoir faim!

JEAN-JACQUES.

Le malheur est que mon dîner ne viendra pas me chercher ici. Il est midi : c'est justement l'heure où nous observions hier de Montmorency la position de la forêt. Si nous pouvions de même observer de la forêt la position de Montmorency?....

ÉMILE.

Oui ; mais hier nous voyions la forêt, et d'ici nous ne voyons pas la ville.

JEAN-JACQUES.

Voilà le mal.... Si nous pouvions nous passer de la voir pour trouver sa position?....

ÉMILE.

O mon bon ami!

JEAN-JACQUES.

Ne disions-nous pas que la forêt étoit....

ÉMILE.

Au nord de Montmorency.

JEAN-JACQUES.

Par conséquent Montmorency doit être....

ÉMILE.

Au sud de la forêt.

JEAN-JACQUES.

Nous avons un moyen de trouver le nord à midi.

ÉMILE.

Oui, par la direction de l'ombre.

JEAN-JACQUES.

Mais le sud?

ÉMILE.

Comment faire?

JEAN-JACQUES.

Le sud est l'opposé du nord.

ÉMILE.

Cela est vrai ; il n'y a qu'à chercher l'opposé de l'ombre. Oh! voilà le sud! voilà le sud! sûrement Montmorency est de ce côté; cherchons de ce côté.

JEAN-JACQUES.

Vous pouvez avoir raison ; prenons ce sentier à travers le bois.

ÉMILE, *frappant des mains et poussant un cri de joie.*

Ah! je vois Montmorency! le voilà tout devant nous, tout à découvert. Allons déjeuner, allons dîner ; courons vite : l'astronomie est bonne à quelque chose.

Prenez garde que, s'il ne dit pas cette dernière phrase, il la pensera ; peu importe, pourvu que ce ne soit pas moi qui la dise. Or soyez sûr qu'il n'oubliera de sa vie la leçon de cette journée; au lieu que, si je n'avois fait que lui supposer tout cela dans sa chambre, mon discours eût été oublié dès le lendemain. Il faut parler tant qu'on peut par les actions, et ne dire que ce qu'on ne sauroit faire.

Le lecteur ne s'attend pas que je le méprise assez pour lui donner un exemple sur chaque espèce d'étude : mais, de quoi qu'il soit question, je ne puis trop exhorter le gouverneur à bien mesurer sa preuve sur la capacité de l'élève; car, encore une fois, le mal n'est pas dans ce qu'il n'entend point, mais dans ce qu'il croit entendre.

Je me souviens que, voulant donner à un enfant du goût pour la chimie, après lui avoir montré plusieurs précipitations métalliques, je lui expliquois comment se faisoit l'encre. Je lui disois que sa noirceur ne venoit que d'un fer très-divisé, détaché du vitriol, et précipité par une liqueur alkaline Au milieu de ma docte explication, le petit traître m'arrêta tout court avec ma question que je lui avois apprise : me voilà fort embarrassé.

Après avoir un peu rêvé, je pris mon parti ; j'envoyai chercher du vin dans la cave du maître de la maison, et d'autre vin à huit sous chez un marchand de vin. Je pris dans un petit flacon de la dissolution d'alkali fixe; puis, ayant devant moi, dans deux verres, de ces deux différens vins (¹), je lui parlai ainsi :

On falsifie plusieurs denrées pour les faire paroître meilleures qu'elles ne sont. Ces falsifications trompent l'œil et le goût; mais elles sont nuisibles, et rendent la chose falsifiée pire, avec sa belle apparence, qu'elle n'étoit auparavant.

On falsifie surtout les boissons, et surtout les vins, parce que la tromperie est plus difficile à connoître et donne plus de profit au trompeur.

La falsification des vins verts ou aigres se fait avec de la litharge : la litharge est une prépa-

(¹) A chaque explication qu'on veut donner à l'enfant, un petit appareil qui la précède sert beaucoup à le rendre attentif.

ration de plomb. Le plomb uni aux acides fait un sel fort doux, qui corrige au goût la verdeur du vin, mais qui est un poison pour ceux qui le boivent. Il importe donc avant de boire du vin suspect, de savoir s'il est lithargiré ou s'il ne l'est pas. Or, voici comment je raisonne pour découvrir cela.

La liqueur du vin ne contient pas seulement de l'esprit inflammable, comme vous l'avez vu par l'eau-de-vie qu'on en tire ; elle contient encore de l'acide, comme vous pouvez le connoître par le vinaigre et le tartre qu'on en tire aussi.

L'acide a du rapport aux substances métalliques, s'unit avec elles par dissolution pour former un sel composé, tel, par exemple, que la rouille, qui n'est qu'un fer dissous par l'acide contenu dans l'air ou dans l'eau, et tel aussi que le vert-de-gris, qui n'est qu'un cuivre dissous par le vinaigre.

Mais ce même acide a plus de rapport encore aux substances alkalines qu'aux substances métalliques, en sorte que par l'intervention des premières dans les sels composés dont je viens de vous parler, l'acide est forcé de lâcher le métal auquel il est uni, pour s'attacher à l'alkali.

Alors la substance métallique, dégagée de l'acide qui la tenoit dissoute, se précipite et rend la liqueur opaque.

Si donc un de ces deux vins est lithargiré, son acide tient la litharge en dissolution. Que j'y verse de la liqueur alkaline, elle forcera l'acide de quitter prise pour s'unir à elle ; le plomb, n'étant plus tenu en dissolution, reparoîtra, troublera la liqueur, et se précipitera enfin dans le fond du verre.

S'il n'y a point de plomb (¹) ni d'aucun métal dans le vin, l'alkali s'unira paisiblement (²) avec l'acide, le tout restera dissous, et il ne se fera aucune précipitation.

(¹) Les vins qu'on vend en détail chez les marchands de vins de Paris, quoiqu'ils ne soient pas tous lithargirés, sont rarement exempts de plomb, parce que les comptoirs de ces marchands sont garnis de ce métal, et que le vin qui se répand dans la mesure en passant et séjournant sur ce plomb en dissout toujours quelque partie. Il est étrange qu'un abus si manifeste et si dangereux soit souffert par la police. Mais il est vrai que les gens aisés, ne buvant guère de ces vins-là, sont peu sujets à en être empoisonnés.

(²) L'acide végétal est fort doux. Si c'étoit un acide minéral et qu'il fût moins étendu, l'union ne se feroit pas sans effervescence.

Ensuite je versai de ma liqueur alkaline successivement dans les deux verres : celui du vin de la maison resta clair et diaphane ; l'autre en un moment fut trouble, et au bout d'une heure on vit clairement le plomb précipité dans le fond du verre.

Voilà, repris-je, le vin naturel et pur dont on peut boire, et voici le vin falsifié qui empoisonne. Cela se découvre par les mêmes connoissances dont vous me demandiez l'utilité ; celui qui sait bien comment se fait l'encre sait connoître aussi les vins frelatés.

J'étois fort content de mon exemple, et cependant je m'aperçus que l'enfant n'en étoit point frappé. J'eus besoin d'un peu de temps pour sentir que je n'avois fait qu'une sottise : car, sans parler de l'impossibilité qu'à douze ans un enfant pût suivre mon explication, l'utilité de cette expérience n'entroit pas dans son esprit, parce qu'ayant goûté des deux vins et les trouvant bons tous deux, il ne joignoit aucune idée à ce mot de falsification que je pensois lui avoir si bien expliqué. Ces autres mots *malsain*, *poison*, n'avoient même aucun sens pour lui ; il étoit là-dessus dans le cas de l'historien du médecin Philippe : c'est le cas de tous les enfans.

Les rapports des effets aux causes dont nous n'apercevons pas la liaison, les biens et les maux dont nous n'avons aucune idée, les besoins que nous n'avons jamais sentis, sont nuls pour nous ; il est impossible de nous intéresser par eux à rien faire qui s'y rapporte. On voit à quinze ans le bonheur d'un homme sage, comme à trente la gloire du paradis. Si l'on ne conçoit bien l'un et l'autre, on fera peu de chose pour les acquérir ; et, quand même on les concevroit, on fera peu de chose encore si on ne les désire, si on ne les sent convenables à soi. Il est aisé de convaincre un enfant que ce qu'on lui veut enseigner est utile : mais ce n'est rien de le convaincre si l'on ne sait le persuader. En vain la tranquille raison nous fait approuver ou blâmer, il n'y a que la passion qui nous fasse agir : et comment se passionner pour des intérêts qu'on n'a point encore ?

Ne montrez jamais rien à l'enfant qu'il ne puisse voir. Tandis que l'humanité lui est presque étrangère, ne pouvant l'élever à l'état d'homme, rabaissez pour lui l'homme à l'état d'enfant. En songeant à ce qui lui peut être utile dans un autre âge, ne lui parlez que de ce dont il voit dès à présent l'utilité. Du reste, jamais de comparaisons avec d'autres enfans, point de rivaux, point de concurrens, même à la course, aussitôt qu'il commence à raisonner : j'aime cent fois mieux qu'il n'apprenne point ce qu'il n'apprendroit que par jalousie ou par vanité. Seulement je marquerai tous les ans les progrès qu'il aura faits : je les comparerai à ceux qu'il fera l'année suivante : je lui dirai : Vous êtes grandi de tant de lignes ; voilà le fossé que vous sautiez, le fardeau que vous portiez ; voici la distance où vous lanciez un caillou, la carrière que vous parcouriez d'une haleine, etc. : voyons maintenant ce que vous ferez. Je l'excite ainsi sans le rendre jaloux de personne. Il voudra se surpasser, il le doit : je ne vois nul inconvénient qu'il soit émule de lui-même.

Je hais les livres ; ils n'apprennent qu'à parler de ce qu'on ne sait pas. On dit qu'Hermès grava sur des colonnes les élémens des sciences, pour mettre ses découvertes à l'abri d'un déluge. S'il les eût bien imprimées dans la tête des hommes, elles s'y seroient conservées par tradition. Des cerveaux bien préparés sont les monumens où se gravent le plus sûrement les connoissances humaines.

N'y auroit-il point moyen de rapprocher tant de leçons éparses dans tant de livres, de les réunir sous un objet commun qui pût être facile à voir, intéressant à suivre, et qui pût servir de stimulant, même à cet âge ? Si l'on peut inventer une situation où tous les besoins naturels de l'homme se montrent d'une manière sensible à l'esprit d'un enfant et où les moyens de pourvoir à ces mêmes besoins se développent successivement avec la même facilité, c'est par la peinture vive et naïve de cet état qu'il faut donner le premier exercice à son imagination.

Philosophe ardent, je vois déjà s'allumer la vôtre. Ne vous mettez pas en frais ; cette situation est trouvée, elle est décrite, et, sans vous faire tort, beaucoup mieux que vous ne la décririez vous-même, du moins avec plus de vérité et de simplicité. Puisqu'il nous faut absolument des livres, il en existe un qui fournit, à mon gré, le plus heureux traité d'éducation naturelle. Ce livre sera le premier que lira mon Émile ; seul il composera durant long-temps toute sa bibliothèque, et il y tiendra toujours une place distinguée. Il sera le texte auquel tous nos entretiens sur les sciences naturelles ne serviront que de commentaire. Il servira d'épreuve durant nos progrès à l'état de notre jugement ; et, tant que notre goût ne sera pas gâté, sa lecture nous plaira toujours. Quel est donc ce merveilleux livre ? Est-ce Aristote ? est-ce Pline ? est-ce Buffon ? Non ; c'est Robinson Crusoé.

Robinson Crusoé dans son île, seul, dépourvu de l'assistance de ses semblables et des instrumens de tous les arts, pourvoyant cependant à sa subsistance, à sa conservation, et se procurant même une sorte de bien-être : voilà un objet intéressant pour tout âge, et qu'on a mille moyens de rendre agréable aux enfans. Voilà comment nous réalisons l'île déserte qui me servoit d'abord de comparaison. Cet état n'est pas, j'en conviens, celui de l'homme social ; vraisemblablement il ne doit pas être celui d'Émile : mais c'est sur ce même état qu'il doit apprécier tous les autres. Le plus sûr moyen de s'élever au-dessus des préjugés et d'ordonner ses jugemens sur les vrais rapports des choses, est de se mettre à la place d'un homme isolé, et de juger de tout comme cet homme en doit juger lui-même eu égard à sa propre utilité.

Ce roman, débarrassé de tout son fatras, commençant au naufrage de Robinson près de son île, et finissant à l'arrivée du vaisseau qui vient l'en tirer, sera tout à la fois l'amusement et l'instruction d'Émile durant l'époque dont il est ici question. Je veux que la tête lui en tourne, qu'il s'occupe sans cesse de son château, de ses chèvres, de ses plantations ; qu'il apprenne en détail, non dans des livres, mais sur les choses, tout ce qu'il faut savoir en pareil cas ; qu'il pense être Robinson lui-même ; qu'il se voie habillé de peaux, portant un grand bonnet, un grand sabre, tout le grotesque équipage de la figure, au parasol près dont il n'aura pas besoin. Je veux qu'il s'inquiète des mesures à prendre, si ceci ou cela venait à lui manquer ; qu'il examine la conduite de son héros, qu'il cherche s'il n'a rien omis, s'il n'y avoit rien de mieux à faire ; qu'il marque attentivement ses fautes, et qu'il en profite pour n'y pas tomber lui-même en pareil cas : car ne doutez point qu'il ne projette d'aller faire un établissement semblable ; c'est le vrai château en Espagne de cet heureux âge, où l'on ne connoît d'autre bonheur que le nécessaire et la liberté.

Quelle ressource que cette folie pour un homme habile, qui n'a su la faire naître qu'afin de la mettre à profit! L'enfant, pressé de se faire un magasin pour son île, sera plus ardent pour apprendre, que le maître pour enseigner. Il voudra savoir tout ce qui est utile, et ne voudra savoir que cela : vous n'aurez plus besoin de le guider, vous n'aurez qu'à le retenir. Au reste, dépêchons-nous de l'établir dans cette île, tandis qu'il y borne sa félicité; car le jour approche où, s'il y veut vivre encore, il n'y voudra plus vivre seul; et où *Vendredi*, qui maintenant ne le touche guère, ne lui suffira pas long-temps.

La pratique des arts naturels, auxquels peut suffire un seul homme, mène à la recherche des arts d'industrie, et qui ont besoin du concours de plusieurs mains. Les premiers peuvent s'exercer par des solitaires, par des sauvages; mais les autres ne peuvent naître que dans la société, et la rendent nécessaire. Tant qu'on ne connoît que le besoin physique, chaque homme se suffit à lui-même : l'introduction du superflu rend indispensable le partage et la distribution du travail : car, bien qu'un homme travaillant seul ne gagne que la subsistance d'un homme, cent hommes, travaillant de concert, gagneront de quoi en faire subsister deux cents. Sitôt donc qu'une partie des hommes se repose, il faut que le concours des bras de ceux qui travaillent supplée à l'oisiveté de ceux qui ne font rien.

Votre plus grand soin doit être d'écarter de l'esprit de votre élève toutes les notions des relations sociales qui ne sont pas à sa portée : mais quand l'enchaînement des connoissances vous force à lui montrer la mutuelle dépendance des hommes, au lieu de la lui montrer par le côté moral, tournez d'abord toute son attention vers l'industrie et les arts mécaniques, qui les rendent utiles les uns aux autres. En le promenant d'atelier en atelier, ne souffrez jamais qu'il voie aucun travail sans mettre lui-même la main à l'œuvre, ni qu'il en sorte sans savoir parfaitement la raison de tout ce qui s'y fait, ou du moins de tout ce qu'il a observé. Pour cela, travaillez vous-même, donnez-lui partout l'exemple : pour le rendre maître, soyez partout apprenti; et comptez qu'une heure de travail lui apprendra plus de choses qu'il n'en retiendroit d'un jour d'explications.

Il y a une estime publique attachée aux différens arts en raison inverse de leur utilité réelle. Cette estime se mesure directement sur leur inutilité même, et cela doit être. Les arts les plus utiles sont ceux qui gagnent le moins, parce que le nombre des ouvriers se proportionne au besoin des hommes, et que le travail nécessaire à tout le monde reste forcément à un prix que le pauvre peut payer. Au contraire, ces importans qu'on n'appelle pas artisans, mais artistes, travaillant uniquement pour les oisifs et les riches, mettent un prix arbitraire à leurs babioles; et, comme le mérite de ces vains travaux n'est que dans l'opinion, leur prix même fait partie de ce mérite, et on les estime à proportion de ce qu'ils coûtent. Le cas qu'en fait le riche ne vient pas de leur usage, mais de ce que le pauvre ne les peut payer. *Nolo habere bona nisi quibus populus inviderit* (¹).

Que deviendront vos élèves, si vous leur laissez adopter ce sot préjugé, si vous le favorisez vous-même, s'ils vous voient, par exemple, entrer avec plus d'égards dans la boutique d'un orfèvre que dans celle d'un serrurier? Quel jugement porteront-ils du vrai mérite des arts et de la véritable valeur des choses, quand ils verront partout le prix de fantaisie en contradiction avec le prix tiré de l'utilité réelle, et que plus la chose coûte, moins elle vaut? Au premier moment que vous laisserez entrer ces idées dans leur tête, abandonnez le reste de leur éducation; malgré vous ils seront élevés comme tout le monde; vous avez perdu quatorze ans de soins.

Émile, songeant à meubler son île, aura d'autres manières de voir. Robinson eût fait beaucoup plus de cas de la boutique d'un taillandier que de tous les colifichets de Saïde. Le premier lui eût paru un homme très-respectable, et l'autre un petit charlatan.

« Mon fils est fait pour vivre dans le monde;
» il ne vivra pas avec des sages, mais avec des
» fous : il faut donc qu'il connoisse leurs folies,
» puisque c'est par elles qu'ils veulent être con-

(¹) Petron. (cap. 100, *edit. Burmann.*)

» duits. La connoissance réelle des choses peut
» être bonne, mais celle des hommes et de
» leurs jugemens vaut encore mieux; car, dans
» la société humaine, le plus grand instrument
» de l'homme est l'homme, et le plus sage est
» celui qui se sert le mieux de cet instrument.
» A quoi bon donner aux enfans l'idée d'un or-
» dre imaginaire tout contraire à celui qu'ils
» trouveront établi, et sur lequel il faudra qu'ils
» se règlent? Donnez-leur premièrement des
» leçons pour être sages, et puis vous leur en
» donnerez pour juger en quoi les autres sont
» fous. »

Voilà les spécieuses maximes sur lesquelles la fausse prudence des pères travaille à rendre leurs enfans esclaves des préjugés dont ils les nourrissent, et jouets eux-mêmes de la tourbe insensée dont ils pensent faire l'instrument de leurs passions. Pour parvenir à connoître l'homme, que de choses il faut connoître avant lui! L'homme est la dernière étude du sage, et vous prétendez en faire la première d'un enfant! Avant de l'instruire de nos sentimens, commencez par lui apprendre à les apprécier. Est-ce connoître une folie que de la prendre pour la raison? Pour être sage il faut discerner ce qui ne l'est pas. Comment votre enfant connoîtra-t-il les hommes, s'il ne sait ni juger leurs jugemens ni démêler leurs erreurs? C'est un mal de savoir ce qu'ils pensent, quand on ignore si ce qu'ils pensent est vrai ou faux. Apprenez-lui donc premièrement ce que sont les choses en elles-mêmes, et vous lui apprendrez après ce qu'elles sont à nos yeux: c'est ainsi qu'il saura comparer l'opinion à la vérité et s'élever au-dessus du vulgaire; car on ne connoît point les préjugés quand on les adopte, et l'on ne mène point le peuple quand on lui ressemble. Mais si vous commencez par l'instruire de l'opinion publique avant de lui apprendre à l'apprécier, assurez-vous que, quoi que vous puissiez faire, elle deviendra la sienne, et que vous ne la détruirez plus. Je conclus que, pour rendre un jeune homme judicieux, il faut bien former ses jugemens, au lieu de lui dicter les nôtres.

Vous voyez que jusqu'ici je n'ai point parlé des hommes à mon élève, il auroit eu trop de bon sens pour m'entendre; ses relations avec son espèce ne lui sont pas encore assez sensibles pour qu'il puisse juger des autres par lui. Il ne connoît d'être humain que lui seul, et même il est bien éloigné de se connoître : mais, s'il porte peu de jugemens sur sa personne, au moins il n'en porte que de justes. Il ignore quelle est la place des autres, mais il sent la sienne et s'y tient. Au lieu des lois sociales qu'il ne peut connoître, nous l'avons lié des chaînes de la nécessité. Il n'est presque encore qu'un être physique, continuons de le traiter comme tel.

C'est par leur rapport sensible avec son utilité, sa sûreté, sa conservation, son bien-être, qu'il doit apprécier tous les corps de la nature et tous les travaux des hommes. Ainsi le fer doit être à ses yeux d'un beaucoup plus grand prix que l'or, et le verre que le diamant : de même, il honore beaucoup plus un cordonnier, un maçon, qu'un Lempereur, un Le Blanc, et tous les joailliers de l'Europe; un pâtissier est surtout à ses yeux un homme très-important, et il donneroit toute l'Académie des Sciences pour le moindre confiseur de la rue des Lombards. Les orfèvres, les graveurs, les doreurs, les brodeurs, ne sont, à son avis, que des fainéans qui s'amusent à des jeux parfaitement inutiles; il ne fait pas même un grand cas de l'horlogerie. L'heureux enfant jouit du temps sans en être esclave; il en profite et n'en connoît pas le prix. Le calme des passions, qui rend pour lui sa succession toujours égale, lui tient lieu d'instrument pour le mesurer au besoin ([1]). En lui supposant une montre, aussi bien qu'en le faisant pleurer, je me donnois un Émile vulgaire pour être utile et me faire entendre; car, quant au véritable, un enfant si différent des autres ne serviroit d'exemple à rien.

Il y a un ordre non moins naturel et plus judicieux encore, par lequel on considère les arts selon les rapports de nécessité qui les lient, mettant au premier rang les plus indépendans, et au dernier ceux qui dépendent d'un plus grand nombre d'autres. Cet ordre, qui fournit d'importantes considérations sur celui de la société générale, est semblable au précédent, et soumis au même renversement dans l'estime des

---

([1]) Le temps perd pour nous sa mesure, quand nos passions veulent régler son cours à leur gré. La montre du sage est l'égalité d'humeur et la paix de l'âme : il est toujours à son heure, et il la connoît toujours.

hommes; en sorte que l'emploi des matières premières se fait dans des métiers sans honneur, presque sans profit, et que plus elles changent de mains, plus la main-d'œuvre augmente de prix et devient honorable. Je n'examine pas s'il est vrai que l'industrie soit plus grande et mérite plus de récompense dans les arts minutieux qui donnent la dernière forme à ces matières, que dans le premier travail qui les convertit à l'usage des hommes : mais je dis qu'en chaque chose l'art dont l'usage est le plus général et le plus indispensable est incontestablement celui qui mérite le plus d'estime, et que celui à qui moins d'autres arts sont nécessaires la mérite encore par-dessus les plus subordonnés, parce qu'il est plus libre et plus près de l'indépendance. Voilà les véritables règles de l'appréciation des arts et de l'industrie; tout le reste est arbitraire et dépend de l'opinion.

Le premier et le plus respectable de tous les arts est l'agriculture : je mettrois la forge au second rang, la charpente au troisième, et ainsi de suite. L'enfant qui n'aura point été séduit par les préjugés vulgaires en jugera précisément ainsi. Que de réflexions importantes notre Émile ne tirera-t-il point là-dessus de son Robinson ! Que pensera-t-il en voyant que les arts ne se perfectionnent qu'en se subdivisant, en multipliant à l'infini les instrumens des uns et des autres ? Il se dira : Tous ces gens-là sont sottement ingénieux : on croiroit qu'ils ont peur que leurs bras et leurs doigts ne leur servent à quelque chose, tant ils inventent d'instrumens pour s'en passer. Pour exercer un seul art ils sont asservis à mille autres; il faut une ville à chaque ouvrier. Pour mon camarade et moi, nous mettons notre génie dans notre adresse; nous nous faisons des outils que nous puissions porter partout avec nous. Tous ces gens si fiers de leurs talens dans Paris ne sauroient rien dans notre île, et seroient nos apprentis à leur tour.

Lecteur, ne vous arrêtez pas à voir ici l'exercice du corps et l'adresse des mains de notre élève; mais considérez quelle direction nous donnons à ses curiosités enfantines; considérez le sens, l'esprit inventif, la prévoyance; considérez quelle tête nous allons lui former. Dans tout ce qu'il verra, dans tout ce qu'il fera, il voudra tout connoître, il voudra savoir la raison de tout; d'instrument en instrument, il voudra toujours remonter au premier; il n'admettra rien par supposition; il refuseroit d'apprendre ce qui demanderoit une connoissance antérieure qu'il n'auroit pas : s'il voit faire un ressort, il voudra savoir comment l'acier a été tiré de la mine; s'il voit assembler les pièces d'un coffre, il voudra savoir comment l'arbre a été coupé; s'il travaille lui-même, à chaque outil dont il se sert, il ne manquera pas de se dire : Si je n'avois pas cet outil, comment m'y prendrois-je pour en faire un semblable ou pour m'en passer ?

Au reste, une erreur difficile à éviter dans les occupations pour lesquelles le maître se passionne est de supposer toujours le même goût à l'enfant : gardez, quand l'amusement du travail vous emporte, que lui cependant ne s'ennuie sans vous l'oser témoigner. L'enfant doit être tout à la chose; mais vous devez être tout à l'enfant, l'observer, l'épier sans relâche et sans qu'il y paroisse, pressentir tous ses sentimens d'avance, et prévenir ceux qu'il ne doit pas avoir, l'occuper enfin de manière que non-seulement il se sente utile à la chose, mais qu'il s'y plaise à force de bien comprendre à quoi sert ce qu'il fait.

La société des arts consiste en échanges d'industrie, celle du commerce en échanges de choses, celle des banques en échanges de signes et d'argent : toutes ces idées se tiennent, et les notions élémentaires sont déjà prises; nous avons jeté les fondemens de tout cela dès le premier âge, à l'aide du jardinier Robert. Il ne nous reste maintenant qu'à généraliser ces mêmes idées et les étendre à plus d'exemples, pour lui faire comprendre le jeu du trafic pris en lui-même, et rendu sensible par les détails d'histoire naturelle qui regardent les productions particulières à chaque pays, par les détails d'arts et de sciences qui regardent la navigation, enfin par le plus grand ou moindre embarras du transport, selon l'éloignement des lieux, selon la situation des terres, des mers, des rivières, etc.

Nulle société ne peut exister sans échange, nul échange sans mesure commune, et nulle mesure commune sans égalité. Ainsi, toute société a pour première loi quelque égalité conventionnelle, soit dans les hommes, soit dans les choses.

L'égalité conventionnelle entre les hommes, bien différente de l'égalité naturelle, rend nécessaire le droit positif, c'est-à-dire le gouvernement et les lois. Les connoissances politiques d'un enfant doivent être nettes et bornées ; il ne doit connoître du gouvernement en général que ce qui se rapporte au droit de propriété dont il a déjà quelque idée.

L'égalité conventionnelle entre les choses a fait inventer la monnoie ; car la monnoie n'est qu'un terme de comparaison pour la valeur des choses de différentes espèces ; et en ce sens la monnoie est le vrai lien de la société : mais tout peut être monnoie ; autrefois le bétail l'étoit, des coquillages le sont encore chez plusieurs peuples ; le fer fut monnoie à Sparte, le cuir l'a été en Suède, l'or et l'argent le sont parmi nous (*).

Les métaux, comme plus faciles à transporter, ont été généralement choisis pour termes moyens de tous les échanges ; et l'on a converti ces métaux en monnoie, pour épargner la mesure ou le poids à chaque échange ; car la marque de la monnoie n'est qu'une attestation que la pièce ainsi marquée est d'un tel poids ; et le prince seul a droit de battre monnoie, attendu que lui seul a droit d'exiger que son témoignage fasse autorité parmi tout un peuple.

L'usage de cette invention ainsi expliqué se fait sentir au plus stupide. Il est difficile de comparer immédiatement des choses de différentes natures, du drap, par exemple, avec du blé ; mais quand on a trouvé une mesure commune, savoir la monnoie, il est aisé au fabricant et au laboureur de rapporter la valeur des choses qu'ils veulent échanger à cette mesure commune. Si telle quantité de drap vaut une telle somme d'argent, et que telle quantité de blé vaille aussi la même somme d'argent, il s'ensuit que le marchand, recevant ce blé pour son drap, fait un échange équitable. Ainsi, c'est par la monnoie que les biens d'espèces diverses deviennent commensurables et peuvent se comparer.

N'allez pas plus loin que cela, et n'entrez point dans l'explication des effets moraux de cette institution. En toute chose il importe de bien exposer les usages avant de montrer les abus. Si vous prétendez expliquer aux enfans comment les signes font négliger les choses, comment de la monnoie sont nées toutes les chimères de l'opinion, comment les pays riches d'argent doivent être pauvres de tout, vous traiteriez ces enfans non-seulement en philosophes, mais en hommes sages, et vous prétendriez leur faire entendre ce que peu de philosophes même ont bien conçu.

Sur quelle abondance d'objets intéressans ne peut-on point tourner ainsi la curiosité d'un élève, sans jamais quitter les rapports réels et matériels qui sont à sa portée, ni souffrir qu'il s'élève dans son esprit une seule idée qu'il ne puisse pas concevoir ! L'art du maître est de ne laisser jamais appesantir ses observations sur des minuties qui ne tiennent à rien, mais de le rapprocher sans cesse des grandes relations qu'il doit connoître un jour pour bien juger du bon et du mauvais ordre de la société civile. Il faut savoir assortir les entretiens dont on l'amuse au tour d'esprit qu'on lui a donné. Telle question, qui ne pourroit pas même effleurer l'attention d'un autre, va tourmenter Émile pendant six mois.

Nous allons dîner dans une maison opulente ; nous trouvons les apprêts d'un festin, beaucoup de monde, beaucoup de laquais, beaucoup de plats, un service élégant et fin. Tout cet appareil de plaisir et de fête a quelque chose d'enivrant qui porte à la tête quand on n'y est pas accoutumé. Je pressens l'effet de tout cela sur mon jeune élève. Tandis que le repas se prolonge, tandis que les services se succèdent, tandis qu'autour de la table règnent mille propos bruyans, je m'approche de son oreille, et je lui dis : Par combien de mains estimeriez-vous bien qu'ait passé tout ce que vous voyez sur cette table avant que d'y arriver ? Quelle foule d'idées j'éveille dans son cerveau par ce peu de mots ! A l'instant voilà toutes les vapeurs du délire abattues. Il rêve, il réfléchit, il calcule, il s'inquiète. Tandis que les philosophes

---

(*) En établissant *que tout peut être monnoie*, Rousseau partage l'erreur alors existante sur une matière qui, de son temps, n'avoit pas encore été suffisamment approfondie. Il est bien prouvé aujourd'hui que le choix en ce genre n'est rien moins qu'arbitraire, et qu'il ne dépend pas des hommes d'adopter comme monnoie ou moyen universel d'échange tel objet qui n'auroit pas en lui-même certaines propriétés, qui seules peuvent lui faire donner cette destination. G. P.

égayés par le vin, peut-être par leurs voisines, radotent et font les enfans, le voilà lui philosophant tout seul dans son coin : il m'interroge; je refuse de répondre, je le renvoie à un autre temps; il s'impatiente, il oublie de manger et de boire, il brûle d'être hors de table pour m'entretenir à son aise. Quel objet pour sa curiosité! quel texte pour son instruction! Avec un jugement sain que rien n'a pu corrompre, que pensera-t-il du luxe, quand il trouvera que toutes les régions du monde ont été mises à contribution, que vingt millions de mains peut-être ont long-temps travaillé, qu'il en a coûté la vie peut-être à des milliers d'hommes, et tout cela pour lui présenter en pompe à midi ce qu'il va déposer le soir dans sa garde-robe?

Épiez avec soin les conclusions secrètes qu'il tire en son cœur de toutes ses observations. Si vous l'avez moins bien gardé que je ne le suppose, il peut être tenté de tourner ses réflexions dans un autre sens, et de se regarder comme un personnage important au monde, en voyant tant de soins concourir pour apprêter son dîner. Si vous pressentez ce raisonnement, vous pouvez aisément le prévenir avant qu'il le fasse, ou du moins en effacer aussitôt l'impression. Ne sachant encore s'approprier les choses que par une jouissance matérielle, il ne peut juger de leur convenance ou disconvenance avec lui que par des rapports sensibles. La comparaison d'un dîner simple et rustique, préparé par l'exercice, assaisonné par la faim, par la liberté, par la joie, avec son festin si magnifique et si compassé, suffira pour lui faire sentir que tout l'appareil du festin ne lui ayant donné aucun profit réel, et son estomac sortant tout aussi content de la table du paysan que de celle du financier, il n'y avoit rien à l'un de plus qu'à l'autre qu'il pût appeler véritablement sien.

Imaginons ce qu'en pareil cas un gouverneur pourra lui dire. Rappelez-vous bien ces deux repas, et décidez en vous-même lequel vous avez fait avec le plus de plaisir; auquel avez-vous remarqué le plus de joie? auquel a-t-on mangé de plus grand appétit, bu plus gaîment, ri de meilleur cœur? lequel a duré le plus long-temps sans ennui, et sans avoir besoin d'être renouvelé par d'autres services? Cependant voyez la différence : ce pain bis, que vous trouvez si bon, vient du blé recueilli par ce paysan; son vin noir et grossier, mais désaltérant et sain, est du crû de sa vigne; le linge vient de son chanvre, filé l'hiver par sa femme, par ses filles, par sa servante; nulles autres mains que celles de sa famille n'ont fait les apprêts de sa table; le moulin le plus proche et le marché voisin sont les bornes de l'univers pour lui. En quoi donc avez-vous réellement joui de tout ce qu'ont fourni de plus la terre éloignée de la main des hommes sur l'autre table? Si tout cela ne vous a pas fait faire un meilleur repas, qu'avez-vous gagné à cette abondance? qu'y avoit-il là qui fut fait pour vous? Si vous eussiez été le maître de la maison, pourra-t-il ajouter, tout cela vous fût resté plus étranger encore : car le soin d'étaler aux yeux des autres votre jouissance eût achevé de vous l'ôter : vous auriez eu la peine et eux le plaisir.

Ce discours peut être fort beau; mais il ne vaut rien pour Emile, dont il passe la portée, et à qui l'on ne dicte point ses réflexions. Parlez-lui donc plus simplement. Après ces deux épreuves, dites-lui quelque matin : Où dînerons-nous aujourd'hui? autour de cette montagne d'argent qui couvre les trois quarts de la table et de ces parterres de fleurs de papier qu'on sert au dessert sur des miroirs, parmi ces femmes en grand panier qui vous traitent en marionnette, et veulent que vous ayez dit ce que vous ne savez pas; ou bien dans ce village à deux lieues d'ici, chez ces bonnes gens qui nous reçoivent si joyeusement, et nous donnent de si bonne crème? Le choix d'Emile n'est pas douteux : car il n'est ni babillard ni vain; il ne peut souffrir la gêne, et tous nos ragoûts fins ne lui plaisent point : mais il est toujours prêt à courir en campagne, et il aime fort les bons fruits, les bons légumes, la bonne crème, et les bonnes gens (¹). Chemin faisant, la réflexion

---

(¹) Le goût que je suppose à mon élève pour la campagne est un fruit naturel de son éducation. D'ailleurs, n'ayant rien de cet air fat et requinqué qui plaît tant aux femmes, il en est moins fêté que d'autres enfans : par conséquent il se plaît moins avec elles, et se gâte moins dans leur société, dont il n'est pas encore en état de sentir le charme. Je me suis gardé de lui apprendre à leur baiser la main, à leur dire des fadeurs, pas même à leur marquer préférablement aux hommes les égards qui leur sont dus : je me suis fait une inviolable loi de n'exiger rien de lui dont la raison ne fût à sa portée; et il n'y a

vient d'elle-même. Je vois que ces foules d'hommes qui travaillent à ces grands repas perdent bien leurs peines, ou qu'ils ne songent guère à nos plaisirs.

Mes exemples, bons peut-être pour un sujet, seront mauvais pour mille autres. Si l'on en prend l'esprit, on saura bien les varier au besoin : le choix tient à l'étude du génie propre à chacun, et cette étude tient aux occasions qu'on leur offre de se montrer. On n'imaginera pas que, dans l'espace de trois ou quatre ans que nous avons à remplir ici, nous puissions donner à l'enfant le plus heureusement né une idée de tous les arts et de toutes les sciences naturelles, suffisante pour les apprendre un jour de lui-même : mais en faisant ainsi passer devant lui tous les objets qu'il lui importe de connoître, nous le mettons dans le cas de développer son goût, son talent, de faire les premiers pas vers l'objet où le porte son génie, et de nous indiquer la route qu'il lui faut ouvrir pour seconder la nature.

Un autre avantage de cet enchaînement de connoissances bornées, mais justes, est de les lui montrer par leurs liaisons, par leurs rapports, de les mettre toutes à leur place dans son estime, et de prévenir en lui les préjugés qu'ont la plupart des hommes pour les talens qu'ils cultivent, contre ceux qu'ils ont négligés. Celui qui voit bien l'ordre du tout voit la place où doit être chaque partie ; celui qui voit bien une partie, et qui la connoît à fond, peut être un savant homme : l'autre est un homme judicieux ; et vous vous souvenez que ce que nous nous proposons d'acquérir est moins la science que le jugement.

Quoi qu'il en soit, ma méthode est indépendante de mes exemples ; elle est fondée sur la mesure des facultés de l'homme à ses différens âges, et sur le choix des occupations qui conviennent à ses facultés. Je crois qu'on trouveroit aisément une autre méthode avec laquelle on paroîtroit faire mieux : mais si elle étoit moins appropriée à l'espèce, à l'âge, au sexe, je doute qu'elle eût le même succès.

point de bonne raison pour un enfant de traiter un sexe autrement que l'autre (a).

(a) VAR..... autrement que l'autre. *Avec cette simplicité je suis bien sûr de rester maître de mon être, et que les femmes ne me l'arracheront point pour en faire leur pantin.*

T. II.

En commençant cette seconde période, nous avons profité de la surabondance de nos forces sur nos besoins pour nous porter hors de nous ; nous nous sommes élancés dans les cieux ; nous avons mesuré la terre ; nous avons recueilli les lois de la nature, en un mot nous avons parcouru l'île entière : maintenant nous revenons à nous ; nous nous rapprochons insensiblement de notre habitation. Trop heureux, en y rentrant, de n'en pas trouver encore en possession l'ennemi qui nous menace, et qui s'apprête à s'en emparer !

Que nous reste-t-il à faire après avoir observé tout ce qui nous environne ? D'en convertir à notre usage tout ce que nous pouvons nous approprier, et de tirer parti de notre curiosité pour l'avantage de notre bien-être. Jusqu'ici nous avons fait provision d'instrumens de toute espèce, sans savoir desquels nous aurions besoin. Peut-être inutiles à nous-mêmes, les nôtres pourront-ils servir à d'autres ; et peut-être, à notre tour, aurons-nous besoin des leurs. Ainsi nous trouverions tous notre compte à ces échanges : mais, pour les faire, il faut connoître nos besoins mutuels, il faut que chacun sache ce que d'autres ont à son usage, et ce qu'il peut leur offrir en retour. Supposons dix hommes, dont chacun a dix sortes de besoins. Il faut que chacun, pour son nécessaire, s'applique à dix sortes de travaux : mais, vu la différence de génie et de talent, l'un réussira moins à quelqu'un de ces travaux, l'autre à un autre. Tous, propres à diverses choses, feront les mêmes, et seront mal servis. Formons une société de ces dix hommes, et que chacun s'applique, pour lui seul et pour les neuf autres, au genre d'occupation qui lui convient le mieux ; chacun profitera des talens des autres comme si lui seul les avoit tous ; chacun perfectionnera le sien par un continuel exercice : et il arrivera que tous les dix, parfaitement bien pourvus, auront encore du surabondant pour d'autres. Voilà le principe apparent de toutes nos institutions. Il n'est pas de mon sujet d'en examiner ici les conséquences : c'est ce que j'ai fait dans un autre écrit ([1]).

Sur ce principe, un homme qui voudroit se regarder comme un être isolé, ne tenant du

([1]) Discours sur l'Inégalité.

tout à rien et se suffisant à lui-même, ne pourroit être que misérable. Il lui seroit même impossible de subsister; car, trouvant la terre entière couverte du tien et du mien, et n'ayant rien à lui que son corps, d'où tireroit-il son nécessaire? En sortant de l'état de nature, nous forçons nos semblables à en sortir aussi ; nul n'y peut demeurer malgré les autres; et ce seroit réellement en sortir, que d'y vouloir rester dans l'impossibilité d'y vivre; car la première loi de la nature est le soin de se conserver.

Ainsi se forment peu à peu dans l'esprit d'un enfant les idées des relations sociales, même avant qu'il puisse être réellement membre actif de la société. Émile voit que, pour avoir des instrumens à son usage, il lui en faut encore à l'usage des autres, par lesquels il puisse obtenir en échange les choses qui lui sont nécessaires et qui sont en leur pouvoir. Je l'amène aisément à sentir le besoin de ces échanges et à se mettre en état d'en profiter.

Monseigneur, il faut que je vive, disoit un malheureux auteur satirique au ministre qui lui reprochoit l'infamie de ce métier. *Je n'en vois pas la nécessité*, lui repartit froidement l'homme en place. Cette réponse, excellente pour un ministre, eût été barbare et fausse en toute autre bouche. Il faut que tout homme vive. Cet argument, auquel chacun donne plus ou moins de force à proportion qu'il a plus ou moins d'humanité, me paroît sans réplique pour celui qui le fait relativement à lui-même. Puisque, de toutes les aversions que nous donne la nature, la plus forte est celle de mourir, il s'ensuit que tout est permis par elle à quiconque n'a nul autre moyen possible pour vivre. Les principes sur lesquels l'homme vertueux apprend à mépriser sa vie et à l'immoler à son devoir sont bien loin de cette simplicité primitive. Heureux les peuples chez lesquels on peut être bon sans effort et juste sans vertu ! S'il est quelque misérable état au monde où chacun ne puisse pas vivre sans malfaire et où les citoyens soient fripons par nécessité, ce n'est pas le malfaiteur qu'il faut pendre, c'est celui qui le force à le devenir.

Sitôt qu'Émile saura ce que c'est que la vie, mon premier soin sera de lui apprendre à la conserver. Jusqu'ici je n'ai point distingué les états, les rangs, les fortunes : et je ne les distinguerai guère plus dans la suite, parce que l'homme est le même dans tous les états ; que le riche n'a pas l'estomac plus grand que le pauvre et ne digère pas mieux que lui; que le maître n'a pas les bras plus longs ni plus forts que ceux de son esclave ; qu'un grand n'est pas plus grand qu'un homme du peuple, et qu'enfin les besoins naturels étant partout les mêmes, les moyens d'y pourvoir doivent être partout égaux. Appropriez l'éducation de l'homme à l'homme, et non pas à ce qui n'est point lui. Ne voyez-vous pas qu'en travaillant à le former exclusivement pour un état vous le rendez inutile à tout autre, et que, s'il plaît à la fortune, vous n'aurez travaillé qu'à le rendre malheureux? Qu'y a-t-il de plus ridicule qu'un grand seigneur devenu gueux, qui porte dans sa misère les préjugés de sa naissance ? Qu'y a-t-il de plus vil qu'un riche appauvri, qui, se souvenant du mépris qu'on doit à la pauvreté, se sent devenu le dernier des hommes? L'un a pour toute ressource le métier de fripon public, l'autre celui de valet rampant avec ce beau mot : *Il faut que je vive.*

Vous vous fiez à l'ordre actuel de la société sans songer que cet ordre est sujet à des révolutions inévitables, et qu'il vous est impossible de prévoir ni de prévenir celle qui peut regarder vos enfans. Le grand devient petit, le riche devient pauvre, le monarque devient sujet ; les coups du sort sont-ils si rares que vous puissiez compter d'en être exempt? Nous approchons de l'état de crise et du siècle des révolutions [1]. Qui peut vous répondre de ce que vous deviendrez alors ? Tout ce qu'ont fait les hommes, les hommes peuvent le détruire : il n'y a de caractères ineffaçables que ceux qu'imprime la nature, et la nature ne fait ni princes, ni riches, ni grands seigneurs. Que fera donc, dans la bassesse, ce satrape que vous n'avez élevé que pour la grandeur? Que fera, dans la pauvreté, ce publicain qui ne sait vivre que d'or? Que

[1] Je tiens pour impossible que les grandes monarchies de l'Europe aient encore long-temps à durer : toutes ont brillé, et tout état qui brille est sur son déclin. J'ai de mon opinion des raisons plus particulières que cette maxime ; mais il n'est pas à propos de les dire, et chacun ne les voit que trop [*].

[*] « Tournons les yeulx partout ; tout croule autour de nous : en touts les grands estats, soit de chrestienté, soit d'ailleurs, que nous regnoissons, regardez y, vous y trouverez une evidente menace de changement et de ruyne. » Montaigne, liv. III Chap. 9. G. P.

fera, dépourvu de tout, ce fastueux imbécile qui ne sait point user de lui-même, et ne met son être que dans ce qui est étranger à lui? Heureux celui qui sait quitter alors l'état qui le quitte, et rester homme en dépit du sort! Qu'on loue tant qu'on voudra ce roi vaincu qui veut s'enterrer en furieux sous les débris de son trône; moi je le méprise; je vois qu'il n'existe que par sa couronne, et qu'il n'est rien du tout s'il n'est roi : mais celui qui la perd et s'en passe est alors au-dessus d'elle. Du rang de roi, qu'un lâche, un méchant, un fou peut remplir comme un autre, il monte à l'état d'homme, que si peu d'hommes savent remplir. Alors il triomphe de la fortune, il la brave, il ne doit rien qu'à lui seul; et, quand il ne lui reste à montrer que lui, il n'est point nul; il est quelque chose. Oui, j'aime mieux cent fois le roi de Syracuse maître d'école à Corinthe, et le roi de Macédoine greffier à Rome, qu'un malheureux Tarquin, ne sachant que devenir s'il ne règne pas, que l'héritier du possesseur des trois royaumes (*), jouet de quiconque ose insulter à sa misère, errant de cour en cour, cherchant partout des secours, et trouvant partout des affronts, faute de savoir faire autre chose qu'un métier qui n'est plus en son pouvoir (**).

(*) Le prince Charles-Édouard, dit *le Prétendant*, petit-fils de Jacques II, roi d'Angleterre, détrôné en 1688.
G. P.

(**) Dans les deux éditions premières d'Amsterdam et de Paris, au lieu de ces mots, *que l'héritier du possesseur de trois royaumes*, on lit, *que l'héritier et le fils d'un roi des rois*; puis en note : *Vonone, fils de Phraate, roi des Parthes.* Il paroît que Rousseau, qui nous apprend dans ses Confessions qu'on exigea de lui beaucoup de cartons pour les deux premiers volumes, ne put en cet endroit présenter son idée telle qu'il l'avoit dans l'esprit en composant, et fut heureux de trouver dans Tacite (Ann. II, 2) un personnage historique qui pouvoit, tant bien que mal, en recevoir l'application. D'un autre côté, ce ménagement pour le prince Édouard paroît difficile à expliquer. Renvoyé de France dès 1748, en vertu du traité d'Aix-la-Chapelle, ce prince s'étoit abruti par la boisson; et à l'époque de la publication de l'*Emile*, il étoit toujours ivre.

Quant au roi de Macédoine (Persée vaincu par Paul-Émile), il fut tué à Rome dans sa prison. Ce ne fut donc pas lui, mais un de ses enfans, qui « devint bon ouvrier à besogner du tour » et de menuiserie, et apprit les lettres et la langue romaine, » laquelle il sceut si bien escrire que depuis il servit de scribe » et de greffier aux magistrats de Rome, et se porta fort sage- » ment et dextrement en cest office. » PLUTARQUE, *Vie de Paul-Émile.* § 59.

A l'occasion de tout ce que dit Rousseau sur ce sujet, l'un de ses nouveaux éditeurs (M. de Musset) raconte une anecdote si singulière, et, comme il le dit avec raison, si propre à intéresser ceux qui aiment à faire des observations sur le cœur humain, que nos lecteurs nous sauront gré sans doute de la leur faire connoître. Voici le fait. Beaucoup d'émigrés, en 1792,

L'homme et le citoyen, quel qu'il soit, n'a d'autre bien à mettre dans la société que lui-même, tous ses autres biens y sont malgré lui; et quand un homme est riche, ou il ne jouit pas de sa richesse, ou le public en jouit aussi. Dans le premier cas il vole aux autres ce dont il se prive; et dans le second il ne leur donne rien. Ainsi la dette sociale lui reste tout entière tant qu'il ne paye que de son bien. Mais mon père, en le gagnant, a servi la société... Soit; il a payé sa dette, mais non pas la vôtre. Vous devez plus aux autres que si vous fussiez né sans bien, puisque vous êtes né favorisé. Il n'est point juste que ce qu'un homme a fait pour la société en décharge un autre de ce qu'il lui doit; car chacun, se devant tout entier, ne peut payer que pour lui, et nul père ne peut transmettre à son fils le droit d'être inutile à ses semblables : or c'est pourtant ce qu'il fait, selon vous, en lui transmettant ses richesses, qui sont la preuve et le prix du travail. Celui qui mange dans l'oisiveté ce qu'il n'a pas gagné lui-même le vole; et un rentier que l'état paye pour ne rien faire ne diffère guère, à mes yeux, d'un brigand qui vit aux dépens des passans. Hors de la société, l'homme isolé, ne devant rien à personne, a droit de vivre comme il lui plaît; mais dans la société, où il vit nécessairement aux dépens des autres, il leur doit en travail le prix de son entretien; cela est sans exception. Travailler est donc un devoir indispensable à l'homme social. Riche ou pauvre, puissant ou foible, tout citoyen oisif est un fripon.

Or, de toutes les occupations qui peuvent fournir la subsistance à l'homme, celle qui le rapproche le plus de l'état de nature est le travail des mains : de toutes les conditions, la plus

s'étoient réfugiés à Hambourg, où tout le monde travaille, soit pour faire sa fortune, soit pour l'accroître. Ceux qui possédoient quelque talent utile en firent usage et restèrent; les autres se virent tristement obligés d'aller plus loin. M. le baron de *** étoit dans ce dernier cas; mais, sans ressource aucune, et ne sachant quel parti prendre, il imagine de se faire garde-malade, mettant pour condition formelle d'être appelé par son titre toutes les fois que le malade lui demanderoit ses soins. Quand on ne l'appeloit pas M. le baron, on n'avoit rien à attendre de lui. Cette singularité de conserver, dans un service humiliant et pénible, l'orgueil du rang et le respect de l'étiquette, plut aux Hambourgeois, qui font d'ailleurs très-peu de cas de la noblesse quand elle n'est pas jointe à la fortune. M. le baron de *** devint le garde-malade à la mode; on se l'arrachoit, et il se faisoit payer fort cher. Il ne mangeoit ni à l'office ni même avec les maîtres, quoique plusieurs l'invitassent et ne dînoit que quand son *service* étoit fini.

indépendante de la fortune et des hommes est celle de l'artisan. L'artisan ne dépend que de son travail; il est libre, aussi libre que le laboureur est esclave : car celui-ci tient à son champ, dont la récolte est à la discrétion d'autrui. L'ennemi, le prince, un voisin puissant, un procès, lui peut enlever ce champ; par ce champ, on peut le vexer en mille manières : mais partout où l'on veut vexer l'artisan, son bagage est bientôt fait; il emporte ses bras et s'en va. Toutefois l'agriculture est le premier métier de l'homme; c'est le plus honnête, le plus utile, et par conséquent le plus noble qu'il puisse exercer. Je ne dis pas à Émile : Apprends l'agriculture; il la sait. Tous les travaux rustiques lui sont familiers; c'est par eux qu'il a commencé; c'est à eux qu'il revient sans cesse. Je lui dis donc : Cultive l'héritage de tes pères. Mais si tu perds cet héritage, ou si tu n'en as point, que faire? Apprends un métier.

Un métier à mon fils! mon fils artisan! Monsieur, y pensez-vous? J'y pense mieux que vous, madame, qui voulez le réduire à ne pouvoir jamais être qu'un lord, un marquis, un prince, et peut-être un jour moins que rien : moi, je lui veux donner un rang qu'il ne puisse perdre, un rang qui l'honore dans tous les temps; je veux l'élever à l'état d'homme; et, quoi que vous puissiez dire, il aura moins d'égaux à ce titre qu'à tous ceux qu'il tiendra de vous.

La lettre tue et l'esprit vivifie. Il s'agit moins d'apprendre un métier pour savoir un métier, que pour vaincre les préjugés qui le méprisent. Vous ne serez jamais réduit à travailler pour vivre. Eh! tant pis, tant pis pour vous! Mais n'importe; ne travaillez point par nécessité, travaillez par gloire. Abaissez-vous à l'état d'artisan pour être au-dessus du vôtre. Pour vous soumettre la fortune et les choses, commencez par vous en rendre indépendant. Pour régner par l'opinion, commencez par régner sur elle.

Souvenez-vous que ce n'est point un talent que je vous demande; c'est un métier, un vrai métier, un art purement mécanique, où les mains travaillent plus que la tête, et qui ne mène point à la fortune, mais avec lequel on peut s'en passer. Dans des maisons fort au-dessus du danger de manquer de pain, j'ai vu des pères pousser la prévoyance jusqu'à joindre au soin d'instruire leurs enfans celui de les pourvoir de connoissances dont, à tout événement, ils pussent tirer parti pour vivre. Ces pères prévoyans croient beaucoup faire : ils ne font rien, parce que les ressources qu'ils pensent ménager à leurs enfans dépendent de cette même fortune au-dessus de laquelle il les veulent mettre. En sorte qu'avec tous ces beaux talens, si celui qui les a ne se trouve dans des circonstances favorables pour en faire usage, il périra de misère comme s'il n'en avoit aucun.

Dès qu'il est question de manége et d'intrigues, autant vaut les employer à se maintenir dans l'abondance, qu'à regagner, du sein de la misère, de quoi remonter à son premier état. Si vous cultivez des arts dont le succès tient à la réputation de l'artiste; si vous vous rendez propre à des emplois qu'on n'obtient que par la faveur, que vous servira tout cela, quand, justement dégoûté du monde, vous dédaignerez les moyens sans lesquels on n'y peut réussir? Vous avez étudié la politique et les intérêts des princes : voilà qui va fort bien; mais que ferez-vous de ces connoissances, si vous ne savez parvenir aux ministres, aux femmes de la cour, aux chefs des bureaux; si vous n'avez le secret de leur plaire, si tous ne trouvent en vous le fripon qui leur convient? Vous êtes architecte ou peintre : soit; mais il faut faire connoître votre talent. Pensez-vous aller de but en blanc exposer un ouvrage au salon? Oh! qu'il n'en va pas ainsi! Il faut être de l'Académie; il y faut même être protégé pour obtenir au coin d'un mur quelque place obscure. Quittez-moi la règle et le pinceau; prenez un fiacre, et courez de porte en porte : c'est ainsi qu'on acquiert la célébrité. Or vous devez savoir que toutes ces illustres portes ont des suisses ou des portiers qui n'entendent que par geste, et dont les oreilles sont dans leurs mains. Voulez-vous enseigner ce que vous avez appris et devenir maître de géographie, ou de mathématiques, ou de langues, ou de musique, ou de dessin; pour cela même il faut trouver des écoliers, par conséquent des prôneurs. Comptez qu'il importe plus d'être charlatan qu'habile, et que, si vous ne savez de métier que le vôtre, jamais vous ne serez qu'un ignorant.

Voyez donc combien toutes ces brillantes

ressources sont peu solides, et combien d'autres ressources vous sont nécessaires pour tirer parti de celles-là. Et puis, que deviendrez-vous dans ce lâche abaissement? Les revers, sans vous instruire, vous avilissent; jouet plus que jamais de l'opinion publique, comment vous élèverez-vous au-dessus des préjugés, arbitres de votre sort? Comment mépriserez-vous la bassesse et les vices dont vous avez besoin pour subsister? Vous ne dépendiez que des richesses, et maintenant vous dépendez des riches; vous n'avez fait qu'empirer votre esclavage et le surcharger de votre misère. Vous voilà pauvre sans être libre; c'est le pire état où l'homme puisse tomber.

Mais, au lieu de recourir pour vivre à ces hautes connoissances qui sont faites pour nourrir l'âme et non le corps, si vous recourez, au besoin, à vos mains et à l'usage que vous en savez faire, toutes les difficultés disparoissent, tous les manéges deviennent inutiles; la ressource est toujours prête au moment d'en user; la probité, l'honneur, ne sont plus un obstacle à la vie : vous n'avez plus besoin d'être lâche et menteur devant les grands, souple et rampant devant les fripons, vil complaisant de tout le monde, emprunteur ou voleur, ce qui est à peu près la même chose quand on n'a rien : l'opinion des autres ne vous touche point; vous n'avez à faire votre cour à personne, point de sot à flatter, point de suisse à fléchir, point de courtisane à payer, et, qui pis est, à encenser. Que des coquins mènent les grandes affaires, peu vous importe : cela ne vous empêchera pas, vous, dans votre vie obscure, d'être honnête homme et d'avoir du pain. Vous entrez dans la première boutique du métier que vous avez appris : Maître, j'ai besoin d'ouvrage. Compagnon, mettez-vous là, travaillez. Avant que l'heure du dîner soit venue, vous avez gagné votre dîner : si vous êtes diligent et sobre, avant que huit jours se passent, vous aurez de quoi vivre huit autres jours : vous aurez vécu libre, sain, vrai, laborieux, juste. Ce n'est pas perdre son temps que d'en gagner ainsi.

Je veux absolument qu'Émile apprenne un métier. Un métier honnête, au moins, direz-vous. Que signifie ce mot? Tout métier utile au public n'est-il pas honnête? Je ne veux point qu'il soit brodeur, ni doreur, ni vernisseur, comme le gentilhomme de Locke; je ne veux qu'il soit ni musicien, ni comédien, ni faiseur de livres (¹). A ces professions près et les autres qui leur ressemblent, qu'il prenne celle qu'il voudra; je ne prétends le gêner en rien. J'aime mieux qu'il soit cordonnier que poète; j'aime mieux qu'il pave les grands chemins que de faire des fleurs de porcelaine. Mais, direz-vous, les archers, les espions, les bourreaux, sont des gens utiles. Il ne tient qu'au gouvernement qu'ils ne le soient point. Mais passons; j'avois tort : il ne suffit pas de choisir un métier utile, il faut encore qu'il n'exige pas des gens qui l'exercent des qualités d'âme odieuses, et incompatibles avec l'humanité. Ainsi, revenant au premier mot, prenons un métier honnête : mais souvenons-nous toujours qu'il n'y a point d'honnêteté sans l'utilité.

Un célèbre auteur de ce siècle (²), dont les livres sont pleins de grands projets et de petites vues, avoit fait vœu, comme tous les prêtres de sa communion, de n'avoir point de femme en propre; mais, se trouvant plus scrupuleux que les autres sur l'adultère, on dit qu'il prit le parti d'avoir de jolies servantes, avec lesquelles il réparoit de son mieux l'outrage qu'il avoit fait à son espèce (a) par ce téméraire engagement. Il regardoit comme un devoir du citoyen d'en donner d'autres à la patrie; et du tribut qu'il lui payoit en ce genre il peuploit la classe des artisans. Sitôt que ces enfans étoient en âge, il leur faisoit apprendre à tous un métier de leur goût, n'excluant que les professions oiseuses, futiles, ou sujettes à la mode, telles, par exemple, que celle de perruquier, qui n'est jamais nécessaire, et qui peut devenir inutile d'un jour à l'autre, tant que la nature ne se rebutera pas de nous donner des cheveux.

Voilà l'esprit qui doit nous guider dans le choix du métier d'Émile; ou plutôt ce n'est pas à nous de faire ce choix, c'est à lui : car les maximes dont il est imbu conservant en lui le

(¹) Vous l'êtes bien, vous, me dira-t-on. Je le suis pour mon malheur, je l'avoue; et mes torts, que je pense avoir assez expiés, ne sont pas pour autrui des raisons d'en avoir de semblables. Je n'écris pas pour excuser mes fautes, mais pour empêcher mes lecteurs de les imiter.
(²) L'abbé de Saint-Pierre.
(a) VAR... à son espèce, *à l'état et à la nature*, par ce...

mépris naturel des choses inutiles, jamais il ne voudra consumer son temps en travaux de nulle valeur, et il ne connoît de valeur aux choses que celle de leur utilité réelle ; il lui faut un métier qui pût servir à Robinson dans son île.

En faisant passer en revue devant un enfant les productions de la nature et de l'art, en irritant sa curiosité, en le suivant où elle le porte, on a l'avantage d'étudier ses goûts, ses inclinations, ses penchans, et de voir briller la première étincelle de son génie, s'il en a quelqu'un qui soit bien décidé. Mais une erreur commune et dont il faut vous préserver, c'est d'attribuer à l'ardeur du talent l'effet de l'occasion, et de prendre pour une inclination marquée vers tel ou tel art l'esprit imitatif commun à l'homme et au singe, et qui porte machinalement l'un et l'autre à vouloir faire tout ce qu'il voit faire, sans trop savoir à quoi cela est bon. Le monde est plein d'artisans, et surtout d'artistes, qui n'ont point le talent naturel de l'art qu'ils exercent, et dans lequel on les a poussés dès leur bas âge, soit déterminé par d'autres convenances, soit trompé par un zèle apparent qui les eût portés de même vers tout autre art, s'ils l'avoient vu pratiquer aussitôt. Tel entend un tambour et se croit général ; tel voit bâtir et veut être architecte. Chacun est tenté du métier qu'il voit faire, quand il le croit estimé.

J'ai connu un laquais qui, voyant peindre et dessiner son maître, se mit dans la tête d'être peintre et dessinateur. Dès l'instant qu'il eut formé cette résolution, il prit le crayon, qu'il n'a plus quitté que pour prendre le pinceau, qu'il ne quittera de sa vie. Sans leçons et sans règles il se mit à dessiner tout ce qui lui tomboit sous la main. Il passa trois ans entiers collé sur ses barbouillages, sans que jamais rien pût l'en arracher que son service, et sans jamais se rebuter du peu de progrès que de médiocres dispositions lui laissoient faire. Je l'ai vu, durant six mois d'un été très-ardent, dans une petite antichambre au midi, où l'on suffoquoit au passage, assis, ou plutôt cloué tout le jour sur sa chaise, devant un globe, dessiner ce globe, le redessiner, commencer et recommencer sans cesse avec une invincible obstination, jusqu'à ce qu'il en eût rendu la ronde-bosse assez bien pour être content de son travail. Enfin, favo-risé de son maître et guidé par un artiste, il est parvenu au point de quitter la livrée et de vivre de son pinceau. Jusqu'à certain terme la persévérance supplée au talent : il a atteint ce terme et ne le passera jamais. La constance et l'émulation de cet honnête garçon sont louables. Il se fera toujours estimer par son assiduité, par sa fidélité, par ses mœurs ; mais il ne peindra jamais que des dessus de porte. Qui est-ce qui n'eût pas été trompé par son zèle et ne l'eût pas pris pour un vrai talent ? Il y a bien de la différence entre se plaire à un travail, et y être propre. Il faut des observations plus fines qu'on ne pense pour s'assurer du vrai génie et du vrai goût d'un enfant qui montre bien plus ses désirs que ses dispositions, et qu'on juge toujours par les premiers, faute de savoir étudier les autres. Je voudrois qu'un homme judicieux nous donnât un traité de l'art d'observer les enfans. Cet art seroit très-important à connoître : les pères et les maîtres n'en ont pas encore les élémens.

Mais peut-être donnons-nous ici trop d'importance au choix d'un métier. Puisqu'il ne s'agit que d'un travail des mains, ce choix n'est rien pour Émile ; et son apprentissage est déjà plus d'à moitié fait, par les exercices dont nous l'avons occupé jusqu'à présent. Que voulez-vous qu'il fasse ? Il est prêt à tout : il sait déjà manier la bêche et la houe, il sait se servir du tour, du marteau, du rabot, de la lime ; les outils de tous les métiers lui sont déjà familiers. Il ne s'agit plus que d'acquérir de quelqu'un de ces outils un usage assez prompt, assez facile, pour égaler en diligence les bons ouvriers qui s'en servent ; et il a sur ce point un grand avantage par-dessus tous, c'est d'avoir le corps agile, les membres flexibles, pour prendre sans peine toutes sortes d'attitudes et prolonger sans effort toutes sortes de mouvemens. De plus, il a les organes justes et bien exercés ; toute la mécanique des arts lui est déjà connue. Pour savoir travailler en maître, il ne lui manque que de l'habitude, et l'habitude ne se gagne qu'avec le temps. Auquel des métiers, dont le choix nous reste à faire, donnera-t-il donc assez de temps pour s'y rendre diligent ? Ce n'est plus que de cela qu'il s'agit.

Donnez à l'homme un métier qui convienne

à son sexe, et au jeune homme un métier qui convienne à son âge; toute profession sédentaire et casanière, qui efféminne et ramollit le corps, ne lui plaît ni ne lui convient. Jamais jeune garçon n'aspira de lui-même à être tailleur; il faut de l'art pour porter à ce métier de femmes le sexe pour lequel il n'est pas fait (¹). L'aiguille et l'épée ne sauroient être maniées par les mêmes mains. Si j'étois souverain, je ne permettrois la couture et les métiers à l'aiguille qu'aux femmes et aux boiteux réduits à s'occuper comme elles. En supposant les eunuques nécessaires, je trouve les Orientaux bien fous d'en faire exprès. Que ne se contentent-ils de ceux qu'a faits la nature, de ces foules d'hommes lâches dont elle a mutilé le cœur? ils en auroient de reste pour le besoin. Tout homme foible, délicat, craintif, est condamné par elle à la vie sédentaire; il est fait pour vivre avec les femmes ou à leur manière. Qu'il exerce quelqu'un des métiers qui leur sont propres, à la bonne heure; et, s'il faut absolument de vrais eunuques, qu'on réduise à cet état les hommes qui déshonorent leur sexe en prenant des emplois qui ne lui conviennent pas. Leur choix annonce l'erreur de la nature: corrigez cette erreur de manière ou d'autre, vous n'aurez fait que du bien.

J'interdis à mon élève les métiers malsains, mais non pas les métiers pénibles, ni même les métiers périlleux. Ils exercent à la fois la force et le courage; ils sont propres aux hommes seuls; les femmes n'y prétendent point: comment n'ont-ils pas honte d'empiéter sur ceux qu'elles font?

Luctantur paucæ, comedunt coliphia paucæ.
Vos lanam trahitis, calathisque peracta refertis
Vellera.... (*).

En Italie, on ne voit point de femmes dans les boutiques; et l'on ne peut rien imaginer de plus triste que le coup d'œil des rues de ce pays-là pour ceux qui sont accoutumés à celles de France et d'Angleterre. En voyant des marchands de modes vendre aux dames des rubans, des pompons, du réseau, de la chenille, je trouvois ces parures délicates bien ridicules dans de grosses mains, faites pour souffler la forge et frapper sur l'enclume. Je me disois: Dans ce pays les femmes devroient, par représailles, lever des boutiques de fourbisseurs et d'armuriers. Eh! que chacun fasse et vende les armes de son sexe. Pour les connoître, il les faut employer.

Jeune homme, imprime à tes travaux la main de l'homme. Apprends à manier d'un bras vigoureux la hache et la scie, à équarrir une poutre, à monter sur un comble, à poser le faîte, à l'affermir de jambes-de-force et d'entraits; puis crie à ta sœur de venir t'aider à ton ouvrage, comme elle te disoit de travailler à son point-croisé.

J'en dis trop pour mes agréables contemporains, je le sens; mais je me laisse quelquefois entraîner à la force des conséquences. Si quelque homme que ce soit a honte de travailler en public armé d'une doloire et ceint d'un tablier de peau, je ne vois plus en lui qu'un esclave de l'opinion, prêt à rougir de bien faire, sitôt qu'on se rira des honnêtes gens. Toutefois cédons au préjugé des pères tout ce qui ne peut nuire au jugement des enfans. Il n'est pas nécessaire d'exercer toutes les professions utiles pour les honorer toutes; il suffit de n'en estimer aucune au-dessous de soi. Quand on a le choix et que rien d'ailleurs ne nous détermine, pourquoi ne consulteroit-on pas l'agrément, l'inclination, la convenance entre les professions de même rang? Les travaux des métaux sont utiles, et même les plus utiles de tous; cependant, à moins qu'une raison particulière ne m'y porte, je ne ferai point de votre fils un maréchal, un serrurier, un forgeron; je n'aimerois pas à lui voir, dans sa forge, la figure d'un cyclope. De même, je n'en ferai pas un maçon, encore moins un cordonnier. Il faut que tous les métiers se fassent; mais qui peut choisir doit avoir égard à la propreté, car il n'y a point là d'opinion: sur ce point les sens nous décident. Enfin, je n'aimerois pas ces stupides professions dont les ouvriers, sans industrie et presque automates, n'exercent jamais leurs mains qu'au même travail: les tisserands, les faiseurs de bas, les scieurs de pierre; à quoi sert d'employer à ces métiers des hommes de sens? c'est une machine qui en mène une autre.

Tout bien considéré, le métier que j'aime-

(¹) Il n'y avoit point de tailleurs parmi les anciens : les habits des hommes se faisoient dans la maison par les femmes.
(*) Juven., Sat. II, v. 55.

rois le mieux qui fût du goût de mon élève est celui de menuisier. Il est propre, il est utile, il peut s'exercer dans la maison; il tient suffisamment le corps en haleine; il exige dans l'ouvrier de l'adresse et de l'industrie; et, dans la forme des ouvrages que l'utilité détermine, l'élégance et le goût ne sont pas exclus.

Que si par hasard le génie de votre élève étoit décidément tourné vers les sciences spéculatives, alors je ne blâmerois pas qu'on lui donnât un métier conforme à ses inclinations; qu'il apprît, par exemple, à faire des instrumens de mathématiques, des lunettes, des télescopes, etc.

Quand Émile apprendra son métier, je veux l'apprendre avec lui; car je suis convaincu qu'il n'apprendra jamais bien que ce que nous apprendrons ensemble. Nous nous mettrons donc tous deux en apprentissage, et nous ne prétendrons point être traités en messieurs, mais en vrais apprentis qui ne le sont pas pour rire : pourquoi ne le serions-nous pas tout de bon? Le czar Pierre étoit charpentier au chantier, et tambour dans ses propres troupes : pensez-vous que ce prince ne vous valût pas par la naissance ou par le mérite? Vous comprenez que ce n'est point à Émile que je dis cela ; c'est à vous, qui que vous puissiez être.

Malheureusement nous ne pouvons passer tout notre temps à l'établi. Nous ne sommes pas seulement apprentis ouvriers, nous sommes apprentis hommes; et l'apprentissage de ce dernier métier est plus pénible et plus long que l'autre. Comment ferons-nous donc? Prendrons-nous un maître de rabot une heure par jour, comme on prend un maître à danser? Non; nous ne serions pas des apprentis, mais des disciples; et notre ambition n'est pas tant d'apprendre la menuiserie que de nous élever à l'état de menuisier. Je suis donc d'avis que nous allions toutes les semaines une ou deux fois au moins passer la journée entière chez le maître, que nous nous levions à son heure, que nous soyons à l'ouvrage avant lui, que nous mangions à sa table, que nous travaillions sous ses ordres; et qu'après avoir eu l'honneur de souper avec sa famille nous retournions, si nous voulons, coucher dans nos lits durs. Voilà comment on apprend plusieurs métiers à la fois; et comment on s'exerce au travail des mains, sans négliger l'autre apprentissage.

Soyons simples en faisant bien. N'allons pas reproduire la vanité par nos soins pour la combattre. S'enorgueillir d'avoir vaincu les préjugés, c'est s'y soumettre. On dit que, par un ancien usage de la maison ottomane, le Grand Seigneur est obligé de travailler de ses mains; et chacun sait que les ouvrages d'une main royale ne peuvent être que des chefs-d'œuvre. Il distribue donc magnifiquement ces chefs-d'œuvre aux grands de la Porte; et l'ouvrage est payé selon la qualité de l'ouvrier. Ce que je vois de mal à cela n'est pas cette prétendue vexation; car au contraire elle est un bien. En forçant les grands de partager avec lui les dépouilles du peuple, le prince est d'autant moins obligé de piller le peuple directement. C'est un soulagement nécessaire au despotisme, et sans lequel cet horrible gouvernement ne sauroit subsister.

Le vrai mal d'un pareil usage est l'idée qu'il donne à ce pauvre homme de son mérite. Comme le roi Midas, il voit changer en or tout ce qu'il touche, mais il n'aperçoit pas quelles oreilles cela fait pousser. Pour en conserver de courtes à notre Émile, préservons ses mains de ce riche talent; que ce qu'il fait ne tire pas son prix de l'ouvrier, mais de l'ouvrage. Ne souffrons jamais qu'on juge du sien qu'en le comparant à celui des bons maîtres. Que son travail soit prisé par le travail même, et non parce qu'il est de lui. Dites de ce qui est bien fait, *Voilà qui est bien fait* ; mais n'ajoutez point, *Qui est-ce qui a fait cela?* S'il dit lui-même d'un air fier et content de lui, *C'est moi qui l'ai fait* ; ajoutez froidement, *Vous ou un autre, il n'importe, c'est toujours un travail bien fait.*

Bonne mère, préserve-toi surtout des mensonges qu'on te prépare. Si ton fils sait beaucoup de choses, défie-toi de tout ce qu'il sait : s'il a le malheur d'être élevé dans Paris et d'être riche, il est perdu. Tant qu'il s'y trouvera d'habiles artistes, il aura tous leurs talens; mais loin d'eux il n'en aura plus. A Paris, le riche sait tout; il n'y a d'ignorant que le pauvre. Cette capitale est pleine d'amateurs et surtout d'amatrices, qui font leurs ouvrages comme M. Guillaume inventoit ses couleurs. Je connois à ceci trois exceptions honorables parmi les hommes, il y en peut avoir davantage ; mais je n'en connois aucune parmi les femmes, et je doute qu'il y en ait. En général on acquiert un nom dans les arts comme dans la robe ; on devient artiste et juge des artistes comme on devient docteur en droit et magistrat.

Si donc il étoit une fois établi qu'il est beau de savoir un métier, vos enfans le sauroient bientôt sans l'apprendre : ils passeroient maîtres comme les conseillers de Zurich. Point de tout ce cérémonial pour Émile ; point d'apparence, et toujours de la réalité. Qu'on ne dise pas qu'il sait, mais qu'il apprenne en silence. Qu'il fasse toujours son chef-d'œuvre, et que jamais il ne passe maître ; qu'il ne se montre pas ouvrier par son titre, mais par son travail.

Si jusqu'ici je me suis fait entendre, on doit concevoir comment, avec l'habitude de l'exercice du corps et du travail des mains, je donne insensiblement à mon élève le goût de la réflexion et de la méditation, pour balancer en lui la paresse qui résulteroit de son indifférence pour les jugemens des hommes et du calme de ses passions. Il faut qu'il travaille en paysan, et qu'il pense en philosophe, pour n'être pas aussi fainéant qu'un sauvage. Le grand secret de l'éducation est de faire que les exercices du corps et ceux de l'esprit servent toujours de délassement les uns aux autres.

Mais gardons-nous d'anticiper sur les instructions qui demandent un esprit plus mûr. Émile ne sera pas longtemps ouvrier, sans ressentir par lui-même l'inégalité des conditions, qu'il n'avoit d'abord qu'aperçue. Sur les maximes que je lui donne et qui sont à sa portée, il voudra m'examiner à mon tour. En recevant tout de moi seul, en se voyant si près de l'état des pauvres, il voudra savoir pourquoi j'en suis si loin. Il me fera peut-être, au dépourvu, des questions scabreuses : « Vous êtes riche, vous » me l'avez dit et je le vois. Un riche doit aussi » son travail à la société, puisqu'il est homme. » Mais vous, que faites-vous donc pour elle ? » Que diroit à cela un beau gouverneur ? je l'ignore. Il seroit peut-être assez sot pour parler à l'enfant des soins qu'il lui rend. Quant à moi, l'atelier me tire d'affaire. « Voilà, cher Émile, » une excellente question : je vous promets d'y » répondre pour moi, quand vous y ferez pour » vous-même une réponse dont vous soyez » content. En attendant, j'aurai soin de rendre » à vous et aux pauvres ce que j'ai de trop, et » de faire une table ou un banc par semaine, » afin de n'être pas tout-à-fait inutile à tout. »

Nous voici revenus à nous-mêmes. Voilà notre enfant prêt à cesser de l'être, rentré dans son individu. Le voilà sentant plus que jamais la nécessité qui l'attache aux choses. Après avoir commencé par exercer son corps et ses sens, nous avons exercé son esprit et son jugement. Enfin nous avons réuni l'usage de ses membres à celui de ses facultés ; nous avons fait un être agissant et pensant : il ne nous reste plus, pour achever l'homme, que de faire un être aimant et sensible, c'est-à-dire de perfectionner la raison par le sentiment. Mais avant d'entrer dans ce nouvel ordre de choses, jetons les yeux sur celui d'où nous sortons, et voyons, le plus exactement qu'il est possible, jusqu'où nous sommes parvenus.

Notre élève n'avoit d'abord que des sensations, maintenant il a des idées : il ne faisoit que sentir, maintenant il juge. Car de la comparaison de plusieurs sensations successives ou simultanées, et du jugement qu'on en porte, naît une sorte de sensation mixte ou complexe, que j'appelle idée.

La manière de former les idées est ce qui donne un caractère à l'esprit humain. L'esprit qui ne forme ses idées que sur des rapports réels est un esprit solide ; celui qui se contente des rapports apparens est un esprit superficiel ; celui qui voit les rapports tels qu'ils sont est un esprit juste ; celui qui les apprécie mal est un esprit faux ; celui qui controuve des rapports imaginaires qui n'ont ni réalité ni apparence est un fou ; celui qui ne compare point est un imbécile. L'aptitude plus ou moins grande à comparer des idées et à trouver des rapports est ce qui fait dans les hommes le plus ou le moins d'esprit, etc.

Les idées simples ne sont que des sensations comparées. Il y a des jugemens dans les simples sensations aussi bien que dans les sensations complexes, que j'appelle idées simples. Dans la sensation, le jugement est purement passif, il affirme qu'on sent ce qu'on sent. Dans la perception ou idée, le jugement est actif ; il rapproche, il compare, il détermine des rapports que le sens ne détermine pas. Voilà toute la différence; mais elle est grande. Jamais la nature ne nous trompe; c'est toujours nous qui nous trompons (a).

Je vois servir à un enfant de huit ans d'un fromage glacé; il porte la cuiller à sa bouche, sans savoir ce que c'est, et, saisi du froid, s'écrie : *Ah! cela me brûle!* Il éprouve une sensation très-vive; il n'en connoît point de plus vive que la chaleur du feu, et il croit sentir celle-là. Cependant il s'abuse; le saisissement du froid le blesse, mais il ne le brûle pas; et ces deux sensations ne sont pas semblables, puisque ceux qui ont éprouvé l'une et l'autre ne les confondent point. Ce n'est donc pas la sensation qui le trompe, mais le jugement qu'il en porte.

Il en est de même de celui qui voit pour la première fois un miroir ou une machine d'optique, ou qui entre dans une cave profonde au cœur de l'hiver ou de l'été, ou qui trempe dans l'eau tiède une main très-chaude ou très-froide, ou qui fait rouler entre deux doigts croisés une petite boule, etc. S'il se contente de dire ce qu'il aperçoit, ce qu'il sent, son jugement étant purement passif, il est impossible qu'il se trompe : mais quand il juge de la chose par l'apparence, il est actif, il compare, il établit par induction des rapports qu'il n'aperçoit pas; alors il se trompe ou peut se tromper. Pour corriger ou prévenir l'erreur, il a besoin de l'expérience.

Montrez de nuit à votre élève des nuages passant entre la lune et lui, il croira que c'est la lune qui passe en sens contraire et que les nuages sont arrêtés. Il le croira par une induction précipitée, parce qu'il voit ordinairement les petits objets se mouvoir préférablement aux grands, et que les nuages lui semblent plus grands que la lune, dont il ne peut estimer l'éloignement. Lorsque, dans un bateau qui vogue, il regarde d'un peu loin le rivage, il tombe dans l'erreur contraire, et croit voir courir la terre, parce que, ne se sentant point en mouvement, il regarde le bateau, la mer ou la rivière, et tout son horizon, comme un tout immobile, dont le rivage qu'il voit courir ne lui semble qu'une partie.

La première fois qu'un enfant voit un bâton à moitié plongé dans l'eau, il voit un bâton brisé : la sensation est vraie, et elle ne laisseroit pas de l'être quand même nous ne saurions point la raison de cette apparence. Si donc vous lui demandez ce qu'il voit, il dit, un bâton brisé, et il dit vrai, car il est très-sûr qu'il a la sensation d'un bâton brisé. Mais quand, trompé par son jugement, il va plus loin, et qu'après avoir affirmé qu'il voit un bâton brisé, il affirme encore que ce qu'il voit est en effet un bâton brisé, alors il dit faux. Pourquoi cela? parce que alors il devient actif, et qu'il ne juge plus par inspection, mais par induction, en affirmant ce qu'il ne sent pas, savoir, que le jugement qu'il reçoit par un sens seroit confirmé par un autre.

Puisque toutes nos erreurs viennent de nos jugemens, il est clair que, si nous n'avions jamais besoin de juger, nous n'aurions nul besoin d'apprendre; nous ne serions jamais dans le cas de nous tromper; nous serions plus heureux de notre ignorance que nous ne pouvons l'être de notre savoir. Qui est-ce qui nie que les savans ne sachent mille choses vraies que les ignorans ne sauront jamais? Les savans sont-ils pour cela plus près de la vérité? Tout au contraire, ils s'en éloignent en avançant, parce que la vanité de juger faisant encore plus de progrès que les lumières, chaque vérité qu'ils apprennent ne vient qu'avec cent jugemens faux. Il est de la dernière évidence que les compagnies savantes de l'Europe ne sont que des écoles publiques de mensonges; et très-sûrement il y a plus d'erreurs dans l'Académie des Sciences que dans tout un peuple de Hurons.

Puisque plus les hommes savent, plus ils se trompent, le seul moyen d'éviter l'erreur est l'ignorance. Ne jugez point, vous ne vous abuserez jamais. C'est la leçon de la nature aussi

---

(a) VAR..... qui nous trompons.
Je dis qu'il est impossible que nos sens nous trompent, car il est toujours vrai que nous sentons ce que nous sentons : et les Epicuriens avoient raison en cela. Les sensations ne nous font tomber dans l'erreur que par les jugemens qu'il nous plaît d'y joindre sur les causes productrices de ces mêmes sensations, ou sur les rapports qu'elles ont entre elles, ou sur la nature des objets qu'elles nous font apercevoir. Or c'est en ceci que se trompoient les Epicuriens, prétendant que les jugemens que nous faisions sur nos sensations n'étoient jamais faux. Nous sentons nos sensations, mais nous ne sentons pas nos jugemens, nous les produisons.

Cet alinéa, imprimé pour la première fois dans l'édition de 1801, est en effet dans le manuscrit autographe, en forme d'addition au texte; mais il est à observer que les deux alinéa précédens, *La manière de former,* etc. *Les idées simples ne sont,* etc., ne s'y trouvent point. G. P.

bien que de la raison. Hors les rapports immédiats en très-petit nombre et très-sensibles que les choses ont avec nous, nous n'avons naturellement qu'une profonde indifférence pour tout le reste. Un sauvage ne tourneroit pas le pied pour aller voir le jeu de la plus belle machine et tous les prodiges de l'électricité. *Que m'importe?* est le mot le plus familier à l'ignorant, et le plus convenable au sage.

Mais malheureusement ce mot ne nous va plus. Tout nous importe depuis que nous sommes dépendans de tout; et notre curiosité s'étend nécessairement avec nos besoins. Voilà pourquoi j'en donne une très-grande au philosophe et n'en donne point au sauvage. Celui-ci n'a besoin de personne; l'autre a besoin de tout le monde, et surtout d'admirateurs.

On me dira que je sors de la nature; je n'en crois rien. Elle choisit ses instrumens, et les règle, non sur l'opinion, mais sur le besoin. Or, les besoins changent selon la situation des hommes. Il y a bien de la différence entre l'homme naturel vivant dans l'état de nature et l'homme naturel vivant dans l'état de société. Émile n'est pas un sauvage à reléguer dans les déserts; c'est un sauvage fait pour habiter les villes. Il faut qu'il sache y trouver son nécessaire, tirer parti de leurs habitans, et vivre, sinon comme eux, du moins avec eux.

Puisqu'au milieu de tant de rapports nouveaux dont il va dépendre il faudra malgré lui qu'il juge, apprenons-lui donc à bien juger.

La meilleure manière d'apprendre à bien juger est celle qui tend le plus à simplifier nos expériences, et à pouvoir même nous en passer sans tomber dans l'erreur. D'où il suit qu'après avoir long-temps vérifié les rapports des sens l'un par l'autre, il faut encore apprendre à vérifier les rapports de chaque sens par lui-même, sans avoir besoin de recourir à un autre sens : alors chaque sensation deviendra pour nous une idée, et cette idée sera toujours conforme à la vérité. Telle est la sorte d'acquis dont j'ai tâché de remplir ce troisième âge de la vie humaine.

Cette manière de procéder exige une patience et une circonspection dont peu de maîtres sont capables, et sans laquelle jamais le disciple n'apprendra à juger. Si, par exemple, lorsque celui-ci s'abuse sur l'apparence du bâton brisé, pour lui montrer son erreur vous vous pressez de tirer le bâton hors de l'eau, vous le détromperez peut-être : mais que lui apprendrez-vous? rien que ce qu'il auroit bientôt appris de lui-même. Oh! que ce n'est pas là ce qu'il faut faire! Il s'agit moins de lui apprendre une vérité que de lui montrer comment il faut s'y prendre pour découvrir toujours la vérité. Pour mieux l'instruire, il ne faut pas le détromper si tôt. Prenons Émile et moi pour exemple,

Premièrement, à la seconde des deux questions supposées, tout enfant élevé à l'ordinaire ne manquera pas de répondre affirmativement : C'est sûrement, dira-t-il, un bâton brisé. Je doute fort qu'Émile me fasse la même réponse. Ne voyant point la nécessité d'être savant ni de le paroître, il n'est jamais pressé de juger; il ne juge que sur l'évidence; et il est bien éloigné de la trouver dans cette occasion, lui qui sait combien nos jugemens sur les apparences sont sujets à l'illusion, ne fût-ce que dans la perspective.

D'ailleurs, comme il sait par expérience que mes questions les plus frivoles ont toujours quelque objet qu'il n'aperçoit pas d'abord, il n'a point pris l'habitude d'y répondre étourdiment; au contraire, il s'en défie, il s'y rend attentif, il les examine avec grand soin avant d'y répondre. Jamais il ne me fait de réponse qu'il n'en soit content lui-même; et il est difficile à contenter. Enfin nous ne nous piquons ni lui ni moi de savoir la vérité des choses, mais seulement de ne pas donner dans l'erreur. Nous serions bien plus confus de nous payer d'une raison qui n'est pas bonne, que de n'en point trouver du tout. *Je ne sais*, est un mot qui nous va si bien à tous deux, et que nous répétons si souvent, qu'il n'en coûte plus rien à l'un ni à l'autre. Mais, soit que cette étourderie lui échappe, ou qu'il l'évite par notre commode *je ne sais*, ma réplique est la même : Voyons, examinons.

Ce bâton qui trempe à moitié dans l'eau est fixé dans une situation perpendiculaire. Pour savoir s'il est brisé, comme il le paroît, que de choses n'avons-nous pas à faire avant de le tirer de l'eau ou avant d'y porter la main!

1° D'abord nous tournons tout autour du bâton, et nous voyons que la brisure tourne comme nous. C'est donc notre œil seul qui la change, et les regards ne remuent pas les corps.

2° Nous regardons bien à-plomb sur le bout du bâton qui est hors de l'eau; alors le bâton n'est plus courbe, le bout voisin de notre œil nous cache exactement l'autre bout (¹). Notre œil a-t-il redressé le bâton?

3° Nous agitons la surface de l'eau; nous voyons le bâton se plier en plusieurs pièces, se mouvoir en zig-zag et suivre les ondulations de l'eau. Le mouvement que nous donnons à cette eau suffit-il pour briser, amollir et fondre ainsi le bâton?

4° Nous faisons écouler l'eau, et nous voyons le bâton se redresser peu à peu à mesure que l'eau baisse. N'en voilà-t-il pas plus qu'il ne faut pour éclaircir le fait et trouver la réfraction? Il n'est donc pas vrai que la vue nous trompe, puisque nous n'avons besoin que d'elle seule pour rectifier les erreurs que nous lui attribuons.

Supposons l'enfant assez stupide pour ne pas sentir le résultat de ces expériences; c'est alors qu'il faut appeler le toucher au secours de la vue. Au lieu de tirer le bâton hors de l'eau, laissez-le dans sa situation, et que l'enfant y passe la main d'un bout à l'autre, il ne sentira point d'angle; le bâton n'est donc pas brisé.

Vous me direz qu'il n'y a pas seulement ici des jugemens, mais des raisonnemens en forme. Il est vrai: mais ne voyez-vous pas que, sitôt que l'esprit est parvenu jusqu'aux idées, tout jugement est un raisonnement? La conscience de toute sensation est une proposition, un jugement. Donc, sitôt que l'on compare une sensation et une autre, on raisonne. L'art de juger et l'art de raisonner sont exactement le même.

Émile ne saura jamais la dioptrique, ou je veux qu'il l'apprenne autour de ce bâton. Il n'aura point disséqué d'insectes; il n'aura point compté les taches du soleil; il ne saura point ce que c'est qu'un microscope et un télescope. Vos doctes élèves se moqueront de son ignorance. Ils n'auront pas tort; car, avant de se servir de ces instrumens, j'entends qu'il les invente,

(¹) J'ai depuis trouvé le contraire par une expérience plus exacte. La réfraction agit circulairement, et le bâton paroît plus gros par le bout qui est dans l'eau que par l'autre; mais cela ne change rien à la force du raisonnement, et la conséquence n'en est pas moins juste.

et vous vous doutez bien que cela ne viendra pas si tôt.

Voilà l'esprit de toute ma méthode dans cette partie. Si l'enfant fait rouler une petite boule entre deux doigts croisés, et qu'il croie sentir deux boules, je ne lui permettrai point d'y regarder, qu'auparavant il ne soit convaincu qu'il n'y en a qu'une.

Ces éclaircissemens suffiront, je pense, pour marquer nettement le progrès qu'a fait jusqu'ici l'esprit de mon élève, et la route par laquelle il a suivi ce progrès. Mais vous êtes effrayés peut-être de la quantité de choses que j'ai fait passer devant lui. Vous craignez que je n'accable son esprit sous ces multitudes de connoissances. C'est tout le contraire; je lui apprends bien plus à les ignorer qu'à les savoir. Je lui montre la route de la science, aisée à la vérité, mais longue, immense, lente à parcourir. Je lui fais faire les premiers pas pour qu'il reconnoisse l'entrée, mais je ne lui permets jamais d'aller loin.

Forcé d'apprendre de lui-même, il use de sa raison et non de celle d'autrui; car, pour ne rien donner à l'opinion, il ne faut rien donner à l'autorité; et la plupart de nos erreurs nous viennent bien moins de nous que des autres. De cet exercice continuel il doit résulter une vigueur d'esprit semblable à celle qu'on donne au corps par le travail et par la fatigue. Un autre avantage est qu'on n'avance qu'à proportion de ses forces. L'esprit, non plus que le corps, ne porte que ce qu'il peut porter. Quand l'entendement s'approprie les choses avant de les déposer dans la mémoire, ce qu'il en tire ensuite est à lui. Au lieu qu'en surchargeant la mémoire à son insu on s'expose à n'en jamais rien tirer qui lui soit propre.

Émile a peu de connoissances, mais celles qu'il a sont véritablement siennes; il ne sait rien à demi. Dans le petit nombre des choses qu'il sait et qu'il sait bien, la plus importante est qu'il y en a beaucoup qu'il ignore et qu'il peut savoir un jour, beaucoup plus que d'autres hommes savent et qu'il ne saura de sa vie, et une infinité d'autres qu'aucun homme ne saura jamais. Il a un esprit universel, non par les lumières, mais par la faculté d'en acquérir; un esprit ouvert, intelligent, prêt à tout, et, comme dit Montaigne, sinon instruit, du moins instruisable (*). Il me suffit qu'il sache trouver l'*à quoi bon* sur tout ce qu'il fait, et le *pourquoi* sur tout ce qu'il croit. Car, encore une fois, mon objet n'est point de lui donner la science, mais de lui apprendre à l'acquérir au besoin, de la lui faire estimer exactement ce qu'elle vaut, et de lui faire aimer la vérité par-dessus tout (a). Avec cette méthode on avance peu, mais on ne fait jamais un pas inutile, et l'on n'est point forcé de rétrograder.

Émile n'a que des connoissances naturelles et purement physiques. Il ne sait pas même le nom de l'histoire, ni ce que c'est que métaphysique et morale. Il connoît les rapports essentiels de l'homme aux choses, mais nul des rapports moraux de l'homme à l'homme. Il sait peu généraliser d'idées, peu faire d'abstractions. Il voit des qualités communes à certains corps sans raisonner sur ces qualités en elles-mêmes. Il connoît l'étendue abstraite à l'aide des figures de la géométrie ; il connoît la quantité abstraite à l'aide des signes de l'algèbre. Ces figures et ces signes sont les supports de ces abstractions, sur lesquels ses sens se reposent. Il ne cherche point à connoître les choses par leur nature, mais seulement par les relations qui l'intéressent. Il n'estime ce qui lui est étranger que par rapport à lui ; mais cette estimation est exacte et sûre. La fantaisie, la convention, n'y entrent pour rien. Il fait plus de cas de ce qui lui est plus utile ; et, ne se départant jamais de cette manière d'apprécier, il ne donne rien à l'opinion.

Émile est laborieux, tempérant, patient, ferme, plein de courage. Son imagination, nullement allumée, ne lui grossit jamais les dangers ; il est sensible à peu de maux, et il sait souffrir avec constance, parce qu'il n'a point appris à disputer contre la destinée. A l'égard de la mort, il ne sait pas encore bien ce que c'est ; mais, accoutumé à subir sans résistance la loi de la nécessité, quand il faudra mourir, il mourra sans gémir et sans se débattre : c'est tout ce que la nature permet dans ce moment abhorré de tous. Vivre libre et peu tenir aux choses humaines est le meilleur moyen d'apprendre à mourir.

En un mot Émile a de la vertu tout ce qui se rapporte à lui-même. Pour avoir aussi les vertus sociales, il lui manque uniquement de connoître les relations qui les exigent ; il lui manque uniquement des lumières que son esprit est tout prêt à recevoir.

Il se considère sans égard aux autres, et trouve bon que les autres ne pensent point à lui. Il n'exige rien de personne, et ne croit rien devoir à personne. Il est seul dans la société humaine, il ne compte que sur lui seul. Il a droit aussi plus qu'un autre de compter sur lui-même, car il est tout ce qu'on peut être à son âge. Il n'a point d'erreurs, ou n'a que celles qui nous sont inévitables ; il n'a point de vices, ou n'a que ceux dont nul homme ne peut se garantir. Il a le corps sain, les membres agiles, l'esprit juste et sans préjugés, le cœur libre et sans passions. L'amour-propre, la première et la plus naturelle de toutes, y est encore à peine exalté. Sans troubler le repos de personne, il a vécu content, heureux et libre, autant que la nature l'a permis. Trouvez-vous qu'un enfant ainsi parvenu à sa quinzième année ait perdu les précédentes?

LIVRE IV.

Que nous passons rapidement sur cette terre ! le premier quart de la vie est écoulé avant qu'on en connoisse l'usage ; le dernier quart s'écoule encore après qu'on a cessé d'en jouir. D'abord nous ne savons point vivre ; bientôt nous ne le pouvons plus ; et, dans l'intervalle qui sépare ces deux extrémités inutiles, les trois quarts du temps qui nous reste sont consumés par le sommeil, par le travail, par la douleur, par la contrainte, par les peines de toute espèce. La vie est courte, moins par le peu de temps qu'elle dure, que parce que, de ce peu de temps, nous n'en avons presque point pour le goûter. L'in-

---

(*) « Les enfans proposent leurs essays, instruisables non « instruisants (Liv. I, chap. 56)... Les belles ames, ce sont les « ames universelles et prestes à tout ; sy non instruites, au « moins instrui'sables. » (Liv. II, chap. 17.). G. P.

(a) VAR. *Car, encore une fois, mon objet n'est pas de lui donner la science, mais de la lui faire connoître, de lui apprendre à en acquérir au besoin, afin de la lui faire estimer exactement ce qu'elle vaut, et de lui faire aimer la vérité par-dessus toutes choses.*

stant de la mort a beau être éloigné de celui de la naissance, la vie est toujours trop courte, quand cet espace est mal rempli.

Nous naissons, pour ainsi dire, en deux fois : l'une pour exister, et l'autre pour vivre ; l'une pour l'espèce, et l'autre pour le sexe. Ceux qui regardent la femme comme un homme imparfait ont tort sans doute : mais l'analogie extérieure est pour eux. Jusqu'à l'âge nubile, les enfans des deux sexes n'ont rien d'apparent qui les distingue, même visage, même figure, même teint, même voix, tout est égal : les filles sont des enfans, les garçons sont des enfans ; le même nom suffit à des êtres si semblables. Les mâles en qui l'on empêche le développement ultérieur du sexe gardent cette conformité toute leur vie ; ils sont toujours de grands enfans, et les femmes, ne perdant point cette même conformité, semblent, à bien des égards, ne jamais être autre chose.

Mais l'homme en général n'est pas fait pour rester toujours dans l'enfance. Il en sort au temps prescrit par la nature ; et ce moment de crise, bien qu'assez court, a de longues influences.

Comme le mugissement de la mer précède de loin la tempête, cette orageuse révolution s'annonce par le murmure des passions naissantes ; une fermentation sourde avertit de l'approche du danger. Un changement dans l'humeur, des emportemens fréquens, une continuelle agitation d'esprit, rendent l'enfant presque indisciplinable. Il devient sourd à la voix qui le rendoit docile ; c'est un lion dans sa fièvre ; il méconnoît son guide, il ne veut plus être gouverné.

Aux signes moraux d'une humeur qui s'altère se joignent des changemens sensibles dans la figure. Sa physionomie se développe et s'empreint d'un caractère ; le coton rare et doux qui croît aux bas de ses joues brunit et prend de la consistance. Sa voix mue, ou plutôt il la perd : il n'est ni enfant ni homme, et ne peut prendre le ton d'aucun des deux. Ses yeux, ces organes de l'âme, qui n'ont rien dit jusqu'ici, trouvent un langage, et de l'expression ; un feu naissant les anime, leurs regards plus vifs ont encore une sainte innocence, mais ils n'ont plus leur première imbécillité : il sent déjà qu'ils peuvent trop dire ; il commence à savoir les baisser et rougir ; il devient sensible avant de savoir ce qu'il sent ; il est inquiet sans raison de l'être. Tout cela peut venir lentement et vous laisser du temps encore : mais si sa vivacité se rend trop impatiente, si son emportement se change en fureur, s'il s'irrite et s'attendrit d'un instant à l'autre, s'il verse des pleurs sans sujet, si, près des objets qui commencent à devenir dangereux pour lui, son pouls s'élève et son œil s'enflamme, si la main d'une femme se posant sur la sienne le fait frissonner, s'il se trouble ou s'intimide auprès d'elle ; Ulysse, ô sage Ulysse ! prends garde à toi ; les outres que tu fermois avec tant de soin sont ouvertes ; les vents sont déjà déchaînés ; ne quitte plus un moment le gouvernail, ou tout est perdu.

C'est ici la seconde naissance dont j'ai parlé ; c'est ici que l'homme naît véritablement à la vie, et que rien d'humain n'est étranger à lui. Jusqu'ici nos soins n'ont été que des jeux d'enfant ; ils ne prennent qu'à présent une véritable importance. Cette époque où finissent les éducations ordinaires est proprement celle où la nôtre doit commencer ; mais, pour bien exposer ce nouveau plan, reprenons de plus haut l'état des choses qui s'y rapportent.

Nos passions sont les principaux instrumens de notre conservation : c'est donc une entreprise aussi vaine que ridicule de vouloir les détruire ; c'est contrôler la nature, c'est réformer l'ouvrage de Dieu. Si Dieu disoit à l'homme d'anéantir les passions qu'il lui donne, Dieu voudroit et ne voudroit pas ; il se contrediroit lui-même. Jamais il n'a donné cet ordre insensé, rien de pareil n'est écrit dans le cœur humain ; et ce que Dieu veut qu'un homme fasse, il ne le lui fait pas dire par un autre homme, il le lui dit lui-même, il l'écrit au fond de son cœur.

Or je trouverois celui qui voudroit empêcher les passions de naître presque aussi fou que celui qui voudroit les anéantir ; et ceux qui croiroient que tel a été mon projet jusqu'ici m'auroient sûrement fort mal entendu.

Mais raisonneroit-on bien, si, de ce qu'il est dans la nature de l'homme d'avoir des passions, on alloit conclure que toutes les passions que nous sentons en nous et que nous voyons dans les autres sont naturelles? Leur source est naturelle, il est vrai ; mais mille ruisseaux étrangers l'ont grossie ; c'est un grand fleuve qui s'accroît sans cesse, et dans lequel on retrouveroit à peine quelques gouttes de ses premières eaux. Nos passions naturelles sont très-bornées; elles sont les instrumens de notre liberté, elles tendent à nous conserver. Toutes celles qui nous subjuguent et nous détruisent nous viennent d'ailleurs; la nature ne nous les donne pas, nous nous les approprions à son préjudice.

La source de nos passions, l'origine et le principe de tous les autres, la seule qui naît avec l'homme et ne le quitte jamais tant qu'il vit, est l'amour de soi : passion primitive, innée, antérieure à toute autre, et dont toutes les autres ne sont, en un sens, que des modifications. En ce sens, toutes, si l'on veut, sont naturelles. Mais la plupart de ces modifications ont des causes étrangères sans lesquelles elles n'auroient jamais lieu; et ces mêmes modifications, loin de nous être avantageuses, nous sont nuisibles; elles changent le premier objet et vont contre leur principe : c'est alors que l'homme se trouve hors de la nature, et se met en contradiction avec soi.

L'amour de soi-même est toujours bon, toujours conforme à l'ordre. Chacun étant chargé spécialement de sa propre conservation, le premier et le plus important de ses soins est et doit être d'y veiller sans cesse : et comment y veilleroit-il ainsi, s'il n'y prenoit le plus grand intérêt?

Il faut donc que nous nous aimions pour nous conserver; il faut que nous nous aimions plus que toute chose; et, par une suite immédiate du même sentiment, nous aimons ce qui nous conserve. Tout enfant s'attache à sa nourrice : Romulus devoit s'attacher à la louve qui l'avoit allaité. D'abord cet attachement est purement machinal. Ce qui favorise le bien-être d'un individu l'attire; ce qui lui nuit le repousse : ce n'est là qu'un instinct aveugle. Ce qui transforme cet instinct en sentiment, l'attachement en amour, l'aversion en haine, c'est l'intention manifestée de nous nuire ou de nous être utile. On ne se passionne pas pour les êtres insensibles qui ne suivent que l'impulsion qu'on leur donne : mais ceux dont on attend du bien ou du mal par leur disposition intérieure, par leur volonté, ceux que nous voyons agir librement pour ou contre, nous inspirent des sentimens semblables à ceux qu'ils nous montrent. Ce qui nous sert, on le cherche; mais ce qui nous veut servir, on l'aime : ce qui nous nuit, on le fuit; mais ce qui nous veut nuire, on le hait.

Le premier sentiment d'un enfant est de s'aimer lui-même; et le second, qui dérive du premier, est d'aimer ceux qui l'approchent; car, dans l'état de foiblesse où il est, il ne connoît personne que par l'assistance et les soins qu'il reçoit. D'abord l'attachement qu'il a pour sa nourrice et sa gouvernante n'est qu'habitude. Il les cherche, parce qu'il a besoin d'elles et qu'il se trouve bien de les avoir; c'est plutôt connoissance que bienveillance. Il lui faut beaucoup de temps pour comprendre que non-seulement elles lui sont utiles, mais qu'elles veulent l'être; et c'est alors qu'il commence à les aimer.

Un enfant est donc naturellement enclin à la bienveillance, parce qu'il voit que tout ce qui l'approche est porté à l'assister, et qu'il prend de cette observation l'habitude d'un sentiment favorable à son espèce : mais, à mesure qu'il étend ses relations, ses besoins, ses dépendances actives ou passives, le sentiment de ses rapports à autrui s'éveille, et produit celui des devoirs et des préférences. Alors l'enfant devient impérieux, jaloux, trompeur, vindicatif. Si on le plie à l'obéissance, ne voyant point l'utilité de ce qu'on lui commande, il l'attribue au caprice, à l'intention de le tourmenter, et il se mutine. Si on lui obéit à lui-même, aussitôt que quelque chose lui résiste, il y voit une rébellion, une intention de lui résister; il bat la chaise ou la table pour avoir désobéi. L'amour de soi, qui ne regarde qu'à nous, est content quand nos vrais besoins sont satisfaits; mais l'amour-propre, qui se compare, n'est jamais content et ne sauroit l'être, parce que ce sentiment, en nous préférant aux autres, exige aussi que les autres nous préfèrent à eux; ce qui est impossible. Voilà comment les passions douces et affectueuses naissent de l'amour de soi, et comment les passions haineuses et irascibles naissent de l'amour-propre. Ainsi, ce qui rend l'homme essentiellement bon est d'avoir peu de besoins, et de peu se comparer aux autres; ce qui le rend essentiellement méchant est d'avoir beaucoup de besoins, et de tenir beaucoup à l'opinion. Sur ce principe il est aisé de voir comment on peut diriger au bien ou au mal toutes les passions des enfans et des hommes. Il est vrai que, ne pouvant vivre toujours seuls, ils vivront difficilement toujours bons : cette difficulté même augmentera nécessairement avec leurs relations ; et c'est en ceci surtout que les dangers de la société nous rendent l'art et les soins plus indispensables pour prévenir dans le cœur humain la dépravation qui naît de ses nouveaux besoins.

L'étude convenable à l'homme est celle de ses rapports. Tant qu'il ne se connoît que par son être physique, il doit s'étudier par ses rapports avec les choses ; c'est l'emploi de son enfance : quand il commence à sentir son être moral, il doit s'étudier par ses rapports avec les hommes ; c'est l'emploi de sa vie entière, à commencer au point où nous voilà parvenus.

Sitôt que l'homme a besoin d'une compagne, il n'est plus un être isolé, son cœur n'est plus seul. Toutes ses relations avec son espèce, toutes les affections de son âme, naissent avec celle-là. Sa première passion fait bientôt fermenter les autres.

Le penchant de l'instinct est indéterminé. Un sexe est attiré vers l'autre ; voilà le mouvement de la nature. Le choix, les préférences, l'attachement personnel, sont l'ouvrage des lumières, des préjugés, de l'habitude : il faut du temps et des connoissances pour nous rendre capable d'amour : on n'aime qu'après avoir jugé, on ne préfère qu'après avoir comparé. Ces jugemens se font sans qu'on s'en aperçoive, mais ils n'en sont pas moins réels. Le véritable amour, quoi qu'on en dise, sera toujours honoré des hommes : car, bien que ses emportemens nous égarent, bien qu'il n'exclue pas du cœur qui le sent des qualités odieuses, et même qu'il en produise, il en suppose pourtant toujours d'estimables, sans lesquelles on seroit hors d'état de le sentir. Ce choix qu'on met en opposition avec la raison nous vient d'elle. On a fait l'Amour aveugle, parce qu'il a de meilleurs yeux que nous, et qu'il voit des rapports que nous ne pouvons apercevoir. Pour qui n'auroit nulle idée de mérite ni de beauté, toute femme seroit également bonne, et la première venue seroit toujours la plus aimable. Loin que l'amour vienne de la nature, il est la règle et le frein de ses penchans : c'est par lui qu'excepté l'objet aimé un sexe n'est plus rien pour l'autre.

La préférence qu'on accorde, on veut l'obtenir ; l'amour doit être réciproque. Pour être aimé, il faut se rendre aimable ; pour être préféré, il faut se rendre plus aimable qu'un autre, plus aimable que tout autre au moins aux yeux de l'objet aimé. De là les premiers regards sur ses semblables ; de là les premières comparaisons avec eux ; de là l'émulation, les rivalités, la jalousie. Un cœur plein d'un sentiment qui déborde aime à s'épancher ; du besoin d'une maîtresse naît bientôt celui d'un ami. Celui qui sent combien il est doux d'être aimé voudroit l'être de tout le monde, et tous ne sauroient vouloir des préférences, qu'il n'y ait beaucoup de mécontens. Avec l'amour et l'amitié naissent les dissensions, l'inimitié, la haine. Du sein de tant de passions diverses je vois l'opinion s'élever un trône inébranlable, et les stupides mortels, asservis à son empire, ne fonder leur propre existence que sur les jugemens d'autrui.

Étendez ces idées ; et vous verrez d'où vient à notre amour-propre la forme que nous lui croyons naturelle ; et comment l'amour de soi, cessant d'être un sentiment absolu, devient orgueil dans les grandes âmes, vanité dans les petites, et dans toutes se nourrit sans cesse aux dépens du prochain. L'espèce de ces passions, n'ayant point son germe dans le cœur des enfans, n'y peut naître d'elle-même ; c'est nous seuls qui l'y portons, et jamais elles n'y prennent racine que par notre faute : mais il n'en est plus ainsi du cœur du jeune homme ; quoi que nous puissions faire, elles y naîtront malgré nous. Il est donc temps de changer de méthode.

Commençons par quelques réflexions importantes sur l'état critique dont il s'agit ici. Le passage de l'enfance à la puberté n'est pas tellement déterminé par la nature qu'il ne varie dans les individus selon les tempéramens, et dans les peuples selon les climats. Tout le monde sait les distinctions observées sur ce point entre les pays chauds et les pays froids, et chacun voit que les tempéramens ardens sont formés plus tôt que les autres : mais on peut se tromper sur les causes, et souvent attribuer au physique ce qu'il faut imputer a moral; c'est un des abus les plus fréquens de la philosophie de notre siècle. Les instructions de la nature sont tardives et lentes; celles des hommes sont presque toujours prématurées. Dans le premier cas, les sens éveillent l'imagination; dans le second, l'imagination éveille les sens; elle leur donne une activité précoce qui ne peut manquer d'énerver, d'affoiblir d'abord les individus, puis l'espèce même à la longue. Une observation plus générale et plus sûre que celle de l'effet des climats, est que la puberté et la puissance du sexe est toujours plus hâtive chez les peuples instruits et policés que chez les peuples ignorans et barbares (¹). Les enfans ont une sagacité singulière pour démêler à travers toutes les singeries de la décence les mauvaises mœurs qu'elle couvre. Le langage épuré qu'on leur dicte, les leçons d'honnêteté qu'on leur donne, le voile du mystère qu'on affecte de tendre devant leurs yeux, sont autant d'aiguillons à leur curiosité. A la manière dont on s'y prend, il est clair que ce qu'on feint de leur cacher n'est que pour le leur apprendre; et c'est, de toutes les instructions qu'on leur donne, celle qui leur profite le mieux.

Consultez l'expérience, vous comprendrez à quel point cette méthode insensée accélère l'ouvrage de la nature et ruine le tempérament. C'est ici l'une des principales causes qui font dégénérer les races dans les villes. Les jeunes gens, épuisés de bonne heure, restent petits, foibles, mal faits, vieillissent au lieu de grandir, comme la vigne à qui l'on fait porter du fruit au printemps languit et meurt avant l'automne.

Il faut avoir vécu chez des peuples grossiers et simples pour connoître jusqu'à quel âge une heureuse ignorance y peut prolonger l'innocence des enfans. C'est un spectacle à la fois touchant et risible d'y voir les deux sexes, livrés à la sécurité de leurs cœurs, prolonger dans la fleur de l'âge et de la beauté les jeux naïfs de l'enfance, et montrer par leur familiarité même la pureté de leurs plaisirs. Quand enfin cette aimable jeunesse vient à se marier, les deux époux, se donnant mutuellement les prémices de leur personne, en sont plus chers l'un à l'autre; des multitudes d'enfans, sains et robustes, deviennent le gage d'une union que rien n'altère, et le fruit de la sagesse de leurs premiers ans.

Si l'âge où l'homme acquiert la conscience de son sexe diffère autant par l'effet de l'éducation que par l'action de la nature, il suit de là qu'on peut accélérer et retarder cet âge selon la manière dont on élève les enfans; et si le corps gagne ou perd de la consistance à mesure qu'on retarde ou qu'on accélère ce progrès, il suit aussi que, plus on s'applique à le retarder, plus un jeune homme acquiert de vigueur et de force. Je ne parle encore que des effets purement physiques : on verra bientôt qu'ils ne se bornent pas là.

De ces réflexions je tire la solution de cette question si souvent agitée, s'il convient d'éclairer les enfans de bonne heure sur les objets de leur curiosité, ou s'il vaut mieux leur donner le change par de modestes erreurs. Je pense qu'il ne faut faire ni l'un ni l'autre. Premièrement, cette curiosité ne leur vient point sans qu'on y ait donné lieu. Il faut donc faire en sorte qu'ils ne l'aient pas. En second lieu, des questions qu'on n'est pas forcé de résoudre n'exigent point qu'on trompe celui qui les fait : il vaut mieux lui imposer silence que de lui répondre en mentant. Il sera peu surpris de cette loi, si l'on a pris soin de l'y asservir dans les choses indifférentes. Enfin, si l'on prend le parti de répondre, que ce soit avec la plus grande simplicité, sans mystère, sans embarras, sans sourire. Il y a beaucoup moins de danger à satisfaire la curiosité de l'enfant qu'à l'exciter.

(¹) *Dans les villes*, dit M. de Buffon, *et chez les gens aisés, les enfans, accoutumés à des nourritures abondantes et succulentes, arrivent plus tôt à cet état ; à la campagne et dans le pauvre peuple, les enfans sont plus tardifs, parce qu'ils sont mal et trop peu nourris ; il leur faut deux ou trois années de plus.* (Hist. nat., tom. IV, pag. 238, in 12.) J'admets l'observation, mais non l'explication, puisque, dans les pays où le villageois se nourrit très-bien et mange beaucoup, comme dans le Valais, et même en certains cantons montueux de l'Italie, comme le Frioul, l'âge de puberté dans les deux sexes est également plus tardif qu'au sein des villes, où, pour satisfaire la vanité, l'on met souvent dans le manger une extrême parcimonie, et où la plupart font, comme dit le proverbe, *habit de velours et ventre de son*. On est étonné, dans ces montagnes, de voir de grands garçons forts comme des hommes avoir encore la voix aiguë et le menton sans barbe, et de grandes filles, d'ailleurs très-formées, n'avoir aucun signe périodique de leur sexe. Différence qui me paroît venir uniquement de ce que, dans la simplicité de leurs mœurs, leur imagination, plus long-temps paisible et calme, fait plus tard fermenter leur sang et rend leur tempérament moins précoce.

Que vos réponses soient toujours graves, courtes, décidées, et sans jamais paroître hésiter. Je n'ai pas besoin d'ajouter qu'elles doivent être vraies. On ne peut apprendre aux enfans le danger de mentir aux hommes, sans sentir, de la part des hommes, le danger plus grand de mentir aux enfans. Un seul mensonge avéré du maître à l'élève ruineroit à jamais tout le fruit de l'éducation.

Une ignorance absolue sur certaines matières est peut-être ce qui conviendroit le mieux aux enfans : mais qu'ils apprennent de bonne heure ce qu'il est impossible de leur cacher toujours. Il faut, ou que leur curiosité ne s'éveille en aucune manière, ou qu'elle soit satisfaite avant l'âge où elle n'est plus sans danger. Votre conduite avec votre élève dépend beaucoup en ceci de sa situation particulière, des sociétés qui l'environnent, des circonstances où l'on prévoit qu'il pourra se trouver, etc. Il importe ici de ne rien donner au hasard ; et, si vous n'êtes pas sûr de lui faire ignorer jusqu'à seize ans la différence des sexes, ayez soin qu'il l'apprenne avant dix.

Je n'aime point qu'on affecte avec les enfans un langage trop épuré, ni qu'on fasse de longs détours, dont ils s'aperçoivent, pour éviter de donner aux choses leur véritable nom. Les bonnes mœurs, en ces matières, ont toujours beaucoup de simplicité ; mais des imaginations souillées par le vice rendent l'oreille délicate, et forcent de raffiner sans cesse sur les expressions. Les termes grossiers sont sans conséquence ; ce sont les idées lascives qu'il faut écarter.

Quoique la pudeur soit naturelle à l'espèce humaine, naturellement les enfans n'en ont point. La pudeur ne naît qu'avec la connoissance du mal : et comment les enfans, qui n'ont ni ne doivent avoir cette connoissance, auroient-ils ce sentiment qui en est l'effet ? Leur donner des leçons de pudeur et d'honnêteté, c'est leur apprendre qu'il y a des choses honteuses et déshonnêtes, c'est leur donner un désir secret de connoître ces choses-là. Tôt ou tard ils en viennent à bout, et la première étincelle qui touche à l'imagination accélère à coup sûr l'embrasement des sens. Quiconque rougit est déjà coupable ; la vraie innocence n'a honte de rien.

Les enfans n'ont pas les mêmes désirs que les hommes ; mais, sujets comme eux à la malpropreté qui blesse les sens, ils peuvent de ce seul assujettissement recevoir les mêmes leçons de bienséance. Suivez l'esprit de la nature, qui, plaçant dans les mêmes lieux les organes des plaisirs secrets et ceux des besoins dégoûtans, nous inspire les mêmes soins à différens âges, tantôt par une idée et tantôt par une autre ; à l'homme par la modestie, à l'enfant par la propreté.

Je ne vois qu'un bon moyen de conserver aux enfans leur innocence ; c'est que tous ceux qui les entourent le respectent et l'aiment. Sans cela, toute la retenue dont on tâche d'user avec eux se dément tôt ou tard ; un sourire, un clin d'œil, un geste échappé, leur disent tout ce qu'on cherche à leur taire ; il leur suffit, pour l'apprendre, de voir qu'on le leur a voulu cacher. La délicatesse de tours et d'expressions dont se servent entre eux les gens polis, supposant des lumières que les enfans ne doivent point avoir, est tout-à-fait déplacée avec eux : mais quand on honore vraiment leur simplicité, l'on prend aisément, en leur parlant, celle des termes qui leur conviennent. Il y a une certaine naïveté de langage qui sied et qui plaît à l'innocence : voilà le vrai ton qui détourne un enfant d'une dangereuse curiosité. En lui parlant simplement de tout, on ne lui laisse pas soupçonner qu'il reste rien de plus à lui dire. En joignant aux mots grossiers les idées déplaisantes qui leur conviennent, on étouffe le premier feu de l'imagination : on ne lui défend pas de prononcer ces mots et d'avoir ces idées ; mais on lui donne, sans qu'il y songe, de la répugnance à les rappeler. Et combien d'embarras cette liberté naïve ne sauve-t-elle point à ceux qui, la tirant de leur propre cœur, disent toujours ce qu'il faut dire, et le disent toujours comme ils l'ont senti !

Comment se font les enfans? Question embarrassante qui vient assez naturellement aux enfans, et dont la réponse indiscrète ou prudente décide quelquefois de leurs mœurs et de leur santé pour toute leur vie. La manière la plus courte qu'une mère imagine pour s'en débarrasser sans tromper son fils, est de lui imposer silence. Cela seroit bon, si on l'y eût accoutumé de longue main dans des questions indifférentes, et qu'il ne soupçonnât pas du mystère à ce nouveau ton. Mais rarement elle s'en tient là. *C'est le secret des gens mariés*, lui dira-t-elle ; *de petits garçons ne doivent point être si curieux.* Voilà qui est fort bien pour tirer d'embarras la mère : mais qu'elle sache que, piqué de cet air de mépris, le petit garçon n'aura pas un moment de repos qu'il n'ait appris le secret des gens mariés, et qu'il ne tardera pas de l'apprendre.

Qu'on me permette de rapporter une réponse bien différente que j'ai entendu faire à la même question, et qui me frappa d'autant plus, qu'elle partoit d'une femme aussi modeste dans ses discours que dans ses manières, mais qui savoit au besoin fouler aux pieds, pour le bien de son fils et pour la vertu, la fausse crainte du blâme et les vains propos des plaisans. Il n'y avoit pas long-temps que l'enfant avoit jeté par les urines une petite pierre qui lui avoit déchiré l'urètre ; mais le mal passé étoit oublié. *Maman*, dit le petit étourdi, *comment se font les enfans ? Mon fils*, répond la mère sans hésiter, *les femmes les pissent avec des douleurs qui leur coûtent quelquefois la vie.* Que les fous rient, que les sots soient scandalisés ; mais que les sages cherchent si jamais ils trouveront une réponse plus judicieuse et qui aille mieux à ses fins.

D'abord l'idée d'un besoin naturel et connu de l'enfant détourne celle d'une opération mystérieuse. Les idées accessoires de la douleur et de la mort couvrent celle-là d'un voile de tristesse qui amortit l'imagination et réprime la curiosité ; tout porte l'esprit sur les suites de l'accouchement, et non pas sur ses causes. Les infirmités de la nature humaine, des objets dégoûtans, des images de souffrance, voilà les éclaircissemens où mène cette réponse, si la répugnance qu'elle inspire permet à l'enfant de les demander. Par où l'inquiétude des désirs aura-t-elle occasion de naître dans des entretiens ainsi dirigés ? et cependant vous voyez que la vérité n'a point été altérée, et qu'on n'a point eu besoin d'abuser son élève au lieu de l'instruire.

Vos enfans lisent : ils prennent dans leurs lectures des connoissances qu'ils n'auroient pas s'ils n'avoient point lu. S'ils étudient, l'imagination s'allume et s'aiguise dans le silence du cabinet. S'ils vivent dans le monde, ils entendent un jargon bizarre, ils voient des exemples dont ils sont frappés : on leur a si bien persuadé qu'ils étoient hommes, que, dans tout ce que font les hommes en leur présence, ils cherchent aussitôt comment cela peut leur convenir : il faut bien que les actions d'autrui leur servent de modèle, quand les jugemens d'autrui leur servent de loi. Des domestiques qu'on fait dépendre d'eux, par conséquent intéressés à leur plaire, leur font la cour aux dépens des bonnes mœurs ; des gouvernantes rieuses leur tiennent à quatre ans des propos que la plus effrontée n'oseroit leur tenir à quinze. Bientôt elles oublient ce qu'elles ont dit ; mais ils n'oublient pas ce qu'ils ont entendu. Les entretiens polissons préparent les mœurs libertines : le laquais fripon rend l'enfant débauché ; et le secret de l'un sert de garant à celui de l'autre.

L'enfant élevé selon son âge est seul. Il ne connoît d'attachemens que ceux de l'habitude, il aime sa sœur comme sa montre, et son ami comme son chien. Il ne se sent d'aucun sexe, d'aucune espèce : l'homme et la femme lui sont également étrangers ; il ne rapporte à lui rien de ce qu'ils font ni de ce qu'ils disent ; il ne le voit ni ne l'entend, ou n'y fait nulle attention ; leurs discours ne l'intéressent pas plus que leurs exemples : tout cela n'est point fait pour lui. Ce n'est pas une erreur artificieuse qu'on lui donne par cette méthode, c'est l'ignorance de la nature. Le temps vient où la même nature prend soin d'éclairer son élève ; et c'est alors seulement qu'elle l'a mis en état de profiter sans risque des leçons qu'elle lui donne. Voilà le principe : le détail des règles n'est pas de mon sujet : et les moyens que je propose en vue d'autres objets servent encore d'exemple pour celui-ci.

Voulez-vous mettre l'ordre et la règle dans les passions naissantes, étendez l'espace durant lequel elles se développent, afin qu'elles aient le temps de s'arranger à mesure qu'elles naissent. Alors ce n'est pas l'homme qui les ordonne, c'est la nature elle-même ; votre soin n'est que de la laisser arranger son travail. Si votre élève étoit seul, vous n'auriez rien à faire ; mais tout ce qui l'environne enflamme son imagination. Le torrent des préjugés l'entraîne : pour le retenir il faut le pousser en sens contraire. Il faut que le sentiment enchaîne l'imagination, et que la raison fasse taire l'opinion des hommes. La source de toutes les passions est la sensibilité ; l'imagination détermine leur pente. Tout être qui sent ses rapports doit être affecté quand ses rapports s'altèrent, et qu'il en imagine ou qu'il en croit imaginer de plus convenables à sa nature. Ce sont les erreurs de l'imagination qui transforment en vices les passions de tous les êtres bornés, même des anges, s'ils en ont (a) : car il faudroit qu'ils connussent la nature de tous les êtres, pour savoir quels rapports conviennent le mieux à la leur.

Voici donc le sommaire de toute la sagesse humaine dans l'usage des passions : 1° sentir les vrais rapports de l'homme tant dans l'espèce que dans l'individu ; 2° ordonner toutes les affections de l'âme selon ces rapports.

Mais l'homme est-il maître d'ordonner ses affections selon tels ou tels rapports? Sans doute, s'il est maître de diriger son imagination sur tel ou tel objet, ou de lui donner telle ou telle habitude. D'ailleurs il s'agit moins ici de ce qu'un homme peut faire sur lui-même, que de ce que nous pouvons faire sur notre élève par le choix des circonstances où nous le plaçons. Exposer les moyens propres à le maintenir dans l'ordre de la nature, c'est dire assez comment il en peut sortir.

Tant que sa sensibilité reste bornée à son individu, il n'y a rien de moral dans ses actions ; ce n'est que quand elle commence à s'étendre hors de lui, qu'il prend d'abord les sentimens, ensuite les notions du bien et du mal, qui le constituent véritablement homme et partie intégrante de son espèce. C'est donc à ce premier point qu'il faut d'abord fixer nos observations.

Elles sont difficiles en ce que, pour les faire, il faut rejeter les exemples qui sont sous nos yeux, et chercher ceux où les développemens successifs se font selon l'ordre de la nature.

Un enfant façonné, poli, civilisé, qui n'attend que la puissance de mettre en œuvre les instructions prématurées qu'il a reçues, ne se trompe jamais sur le moment où cette puissance lui survient. Loin de l'attendre il l'accélère ; il donne à son sang une fermentation précoce ; il sait quel doit être l'objet de ses désirs long-temps même avant qu'il les éprouve. Ce n'est pas la nature qui l'excite, c'est lui qui la force : elle n'a plus rien à lui apprendre en le faisant homme ; il l'étoit par la pensée long-temps avant de l'être en effet.

La véritable marche de la nature est plus graduelle et plus lente. Peu à peu le sang s'enflamme, les esprits s'élaborent, le tempérament se forme. Le sage ouvrier qui dirige la fabrique a soin de perfectionner tous ses instrumens avant de les mettre en œuvre : une longue inquiétude précède les premiers désirs, une longue ignorance leur donne le change ; on désire sans savoir quoi. Le sang fermente et s'agite ; une surabondance de vie cherche à s'étendre au dehors. L'œil s'anime et parcourt les autres êtres, on commence à prendre intérêt à ceux qui nous environnent, on commence à sentir qu'on n'est pas fait pour vivre seul : c'est ainsi que le cœur s'ouvre aux affections humaines, et devient capable d'attachement.

Le premier sentiment dont un jeune homme élevé soigneusement est susceptible, n'est pas l'amour, c'est l'amitié. Le premier acte de son imagination naissante est de lui apprendre qu'il a des semblables, et l'espèce l'affecte avant le sexe. Voilà donc un autre avantage de l'innocence prolongée ; c'est de profiter de la sensibilité naissante pour jeter dans le cœur du jeune adolescent les premières semences de l'humanité. Avantage d'autant plus précieux, que c'est le seul temps de la vie où les mêmes soins puissent avoir un vrai succès.

J'ai toujours vu que les jeunes gens corrompus de bonne heure, et livrés aux femmes et à la débauche, étoient inhumains et cruels ; la fougue du tempérament les rendoit impatiens, vindicatifs, furieux : leur imagination, pleine d'un seul objet, se refusoit à tout le reste ; ils ne connoissoient ni pitié ni miséricorde ; ils auroient sacrifié père, mère, et l'univers entier, au moindre de leurs plaisirs. Au contraire, un jeune homme élevé dans une heureuse simplicité est porté par les premiers mouvemens de

---

(a) Van... *s'il y en a.* Telle est en effet la leçon du manuscrit autographe. On peut croire que l'auteur fut forcé d'y substituer, *s'ils en ont*, dans les premières éditions ; mais puisque cette dernière leçon se retrouve dans l'édition de Genève, il est vraisemblable qu'il s'est décidé à la laisser subsister dans le texte préférablement à la première.   G. P.

la nature vers les passions tendres et affectueuses : son cœur compatissant s'émeut sur les peines de ses semblables ; il tressaillit d'aise quand il revoit son camarade, ses bras savent trouver des étreintes caressantes, ses yeux savent verser des larmes (a) d'attendrissement ; il est sensible à la honte de déplaire, au regret d'avoir offensé. Si l'ardeur du sang qui s'enflamme le rend vif, emporté, colère, on voit le moment d'après toute la bonté de son cœur dans l'effusion de son repentir ; il pleure, il gémit sur la blessure qu'il a faite ; il voudroit au prix de son sang racheter celui qu'il a versé ; tout son emportement s'éteint, toute sa fierté s'humilie devant le sentiment de sa faute. Est-il offensé lui-même ; au fort de sa fureur, une excuse, un mot le désarme ; il pardonne les torts d'autrui d'aussi bon cœur qu'il répare les siens. L'adolescence n'est l'âge ni de la vengeance ni de la haine ; elle est celui de la commisération, de la clémence, de la générosité. Oui, je le soutiens, et je ne crains point d'être démenti par l'expérience, un enfant qui n'est pas mal né, et qui a conservé jusqu'à vingt ans son innocence, est à cet âge le plus généreux, le meilleur, le plus aimant et le plus aimable des hommes. On ne vous a jamais rien dit de semblable ; je le crois bien, vos philosophes, élevés dans toute la corruption des colléges, n'ont garde de savoir cela.

C'est la foiblesse de l'homme qui le rend sociable ; ce sont nos misères communes qui portent nos cœurs à l'humanité : nous ne lui devrions rien si nous n'étions pas hommes. Tout attachement est un signe d'insuffisance : si chacun de nous n'avoit nul besoin des autres, il ne songeroit guère à s'unir à eux (*). Ainsi de notre infirmité même naît notre frêle bonheur. Un être vraiment heureux est un être solitaire ; Dieu seul jouit d'un bonheur absolu : mais qui de nous en a l'idée ? Si quelque être imparfait pouvoit se suffire à lui-même, de quoi jouiroit-il selon nous ? Il seroit seul, il seroit misérable. Je ne conçois pas que celui qui n'a besoin de rien puisse aimer quelque chose : je ne conçois pas que celui qui n'aime rien puisse être heureux.

(a) Var.... *savent répandre des larmes...*
(*) *Omnis in imbecillitate est gratia et caritas.* Cic., de Nat. Deor., I, 44.   G. P.

Il suit de là que nous nous attachons à nos semblables moins par le sentiment de leurs plaisirs que par celui de leurs peines ; car nous y voyons bien mieux l'identité de notre nature et les garans de leur attachement pour nous. Si nos besoins communs nous unissent par intérêt, nos misères communes nous unissent par affection. L'aspect d'un homme heureux inspire aux autres moins d'amour que d'envie ; on l'accuseroit volontiers d'usurper un droit qu'il n'a pas en se faisant un bonheur exclusif ; et l'amour-propre souffre encore en nous faisant sentir que cet homme n'a nul besoin de nous. Mais qui est-ce qui ne plaint pas le malheureux qu'il voit souffrir ? Qui est-ce qui ne voudroit pas le délivrer de ses maux s'il n'en coûtoit qu'un souhait pour cela ? L'imagination nous met à la place du misérable plutôt qu'à celle de l'homme heureux ; on sent que l'un de ces états nous touche de plus près que l'autre. La pitié est douce, parce qu'en se mettant à la place de celui qui souffre on sent pourtant le plaisir de ne pas souffrir comme lui. L'envie est amère, en ce que l'aspect d'un homme heureux, loin de mettre l'envieux à sa place, lui donne le regret de n'y pas être. Il semble que l'un nous exempte des maux qu'il souffre, et que l'autre nous ôte les biens dont il jouit.

Voulez-vous donc exciter et nourrir dans le cœur d'un jeune homme les premiers mouvemens de la sensibilité naissante, et tourner son caractère vers la bienfaisance et vers la bonté ; n'allez point faire germer en lui l'orgueil, la vanité, l'envie, par la trompeuse image du bonheur des hommes ; n'exposez point d'abord à ses yeux la pompe des cours, le faste des palais, l'attrait des spectacles ; ne le promenez point dans les cercles, dans les brillantes assemblées ; ne lui montrez l'extérieur de la grande société qu'après l'avoir mis en état de l'apprécier en elle-même. Lui montrer le monde avant qu'il connoisse les hommes, ce n'est pas le former ; c'est le corrompre : ce n'est pas l'instruire ; c'est le tromper.

Les hommes ne sont naturellement ni rois, ni grands, ni courtisans, ni riches ; tous sont nés nus et pauvres, tous sujets aux misères de la vie, aux chagrins, aux maux, aux besoins, aux douleurs de toute espèce ; enfin tous sont condamnés à la mort. Voilà ce qui est vraiment de l'homme; voilà de quoi nul mortel n'est exempt. Commencez donc par étudier de la nature humaine ce qui en est inséparable, ce qui constitue le mieux l'humanité.

A seize ans l'adolescent sait ce que c'est que souffrir, car il a souffert lui-même; mais à peine sait-il que d'autres êtres souffrent aussi : le voir sans le sentir n'est pas le savoir, et, comme je l'ai dit cent fois, l'enfant n'imaginant point ce que sentent les autres, ne connoît de maux que les siens : mais quand le premier développement des sens allume en lui le feu de l'imagination, il commence à se sentir dans ses semblables, à s'émouvoir de leurs plaintes, et à souffrir de leurs douleurs. C'est alors que le triste tableau de l'humanité souffrante doit porter à son cœur le premier attendrissement qu'il ait jamais éprouvé.

Si ce moment n'est pas facile à remarquer dans vos enfans, à qui vous en prenez-vous? Vous les instruisez de si bonne heure à jouer le sentiment, vous leur en apprenez si tôt le langage, que, parlant toujours sur le même ton, ils tournent vos leçons contre vous-même, et ne vous laissent nul moyen de distinguer quand, cessant de mentir, ils commencent à sentir ce qu'ils disent. Mais voyez mon Émile; à l'âge où je l'ai conduit il n'a ni senti ni menti. Avant de savoir ce que c'est qu'aimer, il n'a dit à personne, *Je vous aime bien*; on ne lui a point prescrit la contenance qu'il devoit prendre en la chambre de son père, de sa mère, ou de son gouverneur malade; on ne lui a point montré l'art d'affecter la tristesse qu'il n'avoit pas. Il n'a feint de pleurer sur la mort de personne; car il ne sait ce que c'est que mourir. La même insensibilité qu'il a dans le cœur est aussi dans ses manières. Indifférent à tout, hors à lui-même, comme tous les autres enfans, il ne prend intérêt à personne; tout ce qui le distingue, est qu'il ne veut point paroître en prendre, et qu'il n'est pas faux comme eux.

Émile, ayant peu réfléchi sur les êtres sensibles, saura tard ce que c'est que souffrir et mourir. Les plaintes et les cris commenceront d'agiter ses entrailles, l'aspect du sang qui coule lui fera détourner les yeux; les convulsions d'un animal expirant lui donneront je ne sais quelle angoisse avant qu'il sache d'où lui viennent ces nouveaux mouvemens. S'il étoit resté stupide et barbare, il ne les auroit pas, s'il étoit plus instruit, il en connoîtroit la source : il a déjà trop comparé d'idées pour ne rien sentir, et pas assez pour concevoir ce qu'il sent.

Ainsi naît la pitié, premier sentiment relatif qui touche le cœur humain selon l'ordre de la nature. Pour devenir sensible et pitoyable, il faut que l'enfant sache qu'il y a des êtres semblables à lui qui souffrent ce qu'il a souffert, qui sentent les douleurs qu'il a senties, et d'autres dont il doit avoir l'idée, comme pouvant les sentir aussi. En effet, comment nous laissons-nous émouvoir à la pitié, si ce n'est en nous transportant hors de nous et nous identifiant avec l'animal souffrant, en quittant, pour ainsi dire, notre être pour prendre le sien? Nous ne souffrons qu'autant que nous jugeons qu'il souffre; ce n'est pas dans nous, c'est dans lui que nous souffrons. Ainsi nul ne devient sensible que quand son imagination s'anime et commence à le transporter hors de lui.

Pour exciter et nourrir cette sensibilité naissante, pour la guider et la suivre dans sa pente naturelle, qu'avons-nous donc à faire, si ce n'est d'offrir au jeune homme des objets sur lesquels puisse agir la force expansive de son cœur, qui le dilatent, qui l'étendent sur les autres êtres, qui le fassent partout retrouver hors de lui; d'écarter avec soin ceux qui le resserrent, le concentrent, et tendent le ressort du moi humain; c'est-à-dire, en d'autres termes, d'exciter en lui la bonté, l'humanité, la commisération, la bienfaisance, toutes les passions attirantes et douces qui plaisent naturellement aux hommes, et d'empêcher de naître l'envie, la convoitise, la haine, toutes les passions repoussantes et cruelles, qui rendent, pour ainsi dire, la sensibilité non-seulement nulle, mais négative, et font le tourment de celui qui les éprouve?

Je crois pouvoir résumer toutes les réflexions précédentes en deux ou trois maximes précises, claires, et faciles à saisir.

PREMIÈRE MAXIME.

Il n'est pas dans le cœur humain de se mettre à la place des gens qui sont plus heureux que nous, mais seulement de ceux qui sont plus à plaindre.

Si l'on trouve des exceptions à cette maxime, elles sont plus apparentes que réelles. Ainsi l'on ne se met pas à la place du riche ou du grand auquel on s'attache; même en s'attachant sincèrement, on ne fait que s'approprier une partie de son bien-être. Quelquefois on l'aime dans ses malheurs : mais, tant qu'il prospère, il n'a de véritable ami que celui qui n'est pas la dupe des apparences, et qui le plaint plus qu'il ne l'envie, malgré sa prospérité.

On est touché du bonheur de certains états, par exemple, de la vie champêtre et pastorale. Le charme de voir ces bonnes gens heureux n'est point empoisonné par l'envie, on s'intéresse à eux véritablement. Pourquoi cela? parce qu'on se sent maître de descendre à cet état de paix et d'innocence, et de jouir de la même félicité : c'est un pis aller qui ne donne que des idées agréables, attendu qu'il suffit d'en vouloir jouir pour le pouvoir. Il y a toujours du plaisir à voir ses ressources, à contempler son propre bien, même quand on n'en veut pas user.

Il suit de là que, pour porter un jeune homme à l'humanité, loin de lui faire admirer le sort brillant des autres, il faut le lui montrer par les côtés tristes, il faut le lui faire craindre. Alors, par une conséquence évidente, il doit se frayer une route au bonheur, qui ne soit sur les traces de personne.

DEUXIÈME MAXIME.

On ne plaint jamais dans autrui que les maux dont on ne se croit pas exempt soi-même.

Non ignara mali, miseris succurrere disco.
ÆNEID., I, 634.

Je ne connois rien de si beau, de si profond, de si touchant, de si vrai, que ce vers-là.

Pourquoi les rois sont-ils sans pitié pour leurs sujets? c'est qu'ils comptent de n'être jamais hommes. Pourquoi les riches sont-ils si durs envers les pauvres? c'est qu'ils n'ont pas peur de le devenir. Pourquoi la noblesse a-t-elle un si grand mépris pour le peuple? c'est qu'un noble ne sera jamais roturier. Pourquoi les Turcs sont-ils généralement plus humains, plus hospitaliers que nous? c'est que dans leur gouvernement tout-à-fait arbitraire, la grandeur et la fortune des particuliers étant toujours précaires et chancelantes, ils ne regardent point l'abaissement et la misère comme un état étranger à eux ([1]); chacun peut être demain ce qu'est aujourd'hui celui qu'il assiste. Cette réflexion, qui revient sans cesse dans les romans orientaux, donne à leur lecture je ne sais quoi d'attendrissant que n'a point tout l'apprêt de notre sèche morale.

N'accoutumez donc pas votre élève à regarder du haut de sa gloire les peines des infortunés, les travaux des misérables, et n'espérez pas lui apprendre à les plaindre, s'il les considère comme lui étant étrangers. Faites-lui bien comprendre que le sort de ces malheureux peut être le sien, que tous leurs maux sont sous ses pieds, que mille événemens imprévus et inévitables peuvent l'y plonger d'un moment à l'autre. Apprenez-lui à ne compter ni sur la naissance, ni sur la santé, ni sur les richesses; montrez-lui toutes les vicissitudes de la fortune; cherchez-lui les exemples toujours trop fréquens de gens qui, d'un état plus élevé que le sien, sont tombés au-dessous de celui de ces malheureux; que ce soit par leur faute ou non, ce n'est pas maintenant de quoi il est question; sait-il seulement ce que c'est que faute? N'empiétez jamais sur l'ordre de ses connoissances, et ne l'éclairez que par les lumières qui sont à sa portée : il n'a pas besoin d'être fort savant pour sentir que toute la prudence humaine ne peut lui répondre si dans une heure il sera vivant ou mourant; si les douleurs de la néphrétique ne lui feront point grincer les dents avant la nuit; si dans un mois il sera riche ou pauvre; si dans un an peut-être il ne ramera point sous le nerf de bœuf dans les galères d'Alger. Surtout n'allez pas lui dire tout cela froidement comme son catéchisme; qu'il voie, qu'il sente les calamités humaines : ébranlez, effrayez son imagination des périls dont tout homme est sans cesse environné; qu'il voie autour de lui tous ces abîmes, et qu'à vous les entendre décrire, il se presse contre vous de peur d'y tomber. Nous le rendrons timide et poltron, direz-vous. Nous verrons dans la suite; mais, quant à présent, commençons par le rendre humain; voilà surtout ce qui nous importe.

([1]) Cela paroît changer un peu maintenant : les états semblent devenir plus fixes, et les hommes deviennent aussi plus durs.

TROISIÈME MAXIME.

La pitié qu'on a du mal d'autrui ne se mesure pas sur la quantité de ce mal, mais sur le sentiment qu'on prête à ceux qui le souffrent.

On ne plaint un malheureux qu'autant qu'on croit qu'il se trouve à plaindre. Le sentiment physique de nos maux est plus borné qu'il ne semble; mais c'est par la mémoire qui nous en fait sentir la continuité, c'est par l'imagination qui les étend sur l'avenir, qu'ils nous rendent vraiment à plaindre. Voilà, je pense, une des causes qui nous endurcissent plus aux maux des animaux qu'à ceux des hommes, quoique la sensibilité commune dût également nous identifier avec eux. On ne plaint guère un cheval de charretier dans son écurie, parce qu'on ne présume pas qu'en mangeant son foin il songe aux coups qu'il a reçus et aux fatigues qui l'attendent. On ne plaint pas non plus un mouton qu'on voit paître, quoiqu'on sache qu'il sera bientôt égorgé, parce qu'on juge qu'il ne prévoit pas son sort. Par extension l'on s'endurcit ainsi sur le sort des hommes; et les riches se consolent du mal qu'ils font aux pauvres, en les supposant assez stupides pour n'en rien sentir. En général je juge du prix que chacun met au bonheur de ses semblables par le cas qu'il paroît faire d'eux. Il est naturel qu'on fasse bon marché du bonheur des gens qu'on méprise. Ne vous étonnez donc plus si les politiques parlent du peuple avec tant de dédain, ni si la plupart des philosophes affectent de faire l'homme si méchant.

C'est le peuple qui compose le genre humain; ce qui n'est pas peuple est si peu de chose que ce n'est pas la peine de le compter. L'homme est le même dans tous les états : si cela est, les états les plus nombreux méritent le plus de respect. Devant celui qui pense, toutes les distinctions civiles disparoissent : il voit les mêmes passions, les mêmes sentimens dans le goujat et dans l'homme illustre; il n'y discerne que leur langage, qu'un coloris plus ou moins apprêté; et si quelque différence essentielle les distingue, elle est au préjudice des plus dissimulés. Le peuple se montre tel qu'il est, et n'est pas aimable : mais il faut bien que les gens du monde se déguisent; s'ils se montroient tels qu'ils sont, ils feroient horreur.

Il y a, disent encore nos sages, même dose de bonheur et de peine dans tous les états. Maxime aussi funeste qu'insoutenable; car, si tous sont également heureux, qu'ai-je besoin de m'incommoder pour personne? Que chacun reste comme il est; que l'esclave soit maltraité, que l'infirme souffre, que le gueux périsse; il n'y a rien à gagner pour eux à changer d'état. Ils font l'énumération des peines du riche, et montrent l'inanité de ses vains plaisirs : quel grossier sophisme! les peines du riche ne lui viennent point de son état, mais de lui seul, qui en abuse. Fût-il plus malheureux que le pauvre même, il n'est point à plaindre, parce que ses maux sont tous son ouvrage, et qu'il ne tient qu'à lui d'être heureux. Mais la peine du misérable lui vient des choses, de la rigueur du sort qui s'appesantit sur lui. Il n'y a point d'habitude qui lui puisse ôter le sentiment physique de la fatigue, de l'épuisement, de la faim : le bon esprit ni la sagesse ne servent de rien pour l'exempter des maux de son état. Que gagne Épictète de prévoir que son maître va lui casser la jambe? la lui casse-t-il moins pour cela? il a par-dessus son mal le mal de la prévoyance. Quand le peuple seroit aussi sensé que nous le supposons stupide, que pourroit-il être autre que ce qu'il est? que pourroit-il faire utre que ce qu'il fait? Étudiez les gens de cet ordre, vous verrez que, sous un autre langage, ils ont autant d'esprit et plus de bon sens que vous. Respectez donc votre espèce; songez qu'elle est composée essentiellement de la collection des peuples; que, quand tous les rois et tous les philosophes en seroient ôtés, il n'y paroîtroit guère, et que les choses n'en iroient pas plus mal. En un mot, apprenez à votre élève à aimer tous les hommes, et même ceux qui les déprisent; faites en sorte qu'il ne se place dans aucune classe, mais qu'il se retrouve dans toutes : parlez devant lui du genre humain avec attendrissement, avec pitié même, mais jamais avec mépris. Homme, ne déshonore point l'homme.

C'est par ces routes et d'autres semblables, bien contraires à celles qui sont frayées, qu'il convient de pénétrer dans le cœur du jeune adolescent pour y exciter les premiers mouvemens de la nature, le développer et l'étendre sur ses semblables; à quoi j'ajoute qu'il importe de mêler à ces mouvemens le moins d'intérêt personnel qu'il est possible ; surtout point de vanité, point d'émulation, point de gloire, point de ces sentimens qui nous forcent de nous comparer aux autres ; car ces comparaisons ne se font jamais sans quelque impression de haine contre ceux qui nous disputent la préférence, ne fût-ce que dans notre propre estime. Alors il faut s'aveugler ou s'irriter, être un méchant ou un sot : tâchons d'éviter cette alternative. Ces passions si dangereuses naîtront tôt ou tard, me dit-on, malgré nous. Je ne le nie pas ; chaque chose a son temps et son lieu ; je dis seulement qu'on ne doit pas leur aider à naître.

Voilà l'esprit de la méthode qu'il faut se prescrire. Ici les exemples et les détails sont inutiles, parce qu'ici commence la division presque infinie des caractères, et que chaque exemple que je donnerois ne conviendroit pas peut-être à un sur cent mille. C'est à cet âge aussi que commence, dans l'habile maître, la véritable fonction de l'observateur et du philosophe qui sait l'art de sonder les cœurs en travaillant à les former. Tandis que le jeune homme ne songe point encore à se contrefaire, et ne l'a point encore appris, à chaque objet qu'on lui présente on voit dans son air, dans ses yeux, dans son geste, l'impression qu'il en reçoit ; on lit sur son visage tous les mouvemens de son âme : à force de les épier on parvient à les prévoir, et enfin à les diriger.

On remarque en général que le sang, les blessures, les cris, les gémissemens, l'appareil des opérations douloureuses, et tout ce qui porte aux sens des objets de souffrance, saisit plus tôt et plus généralement tous les hommes. L'idée de destruction, étant plus composée, ne frappe pas de même ; l'image de la mort touche plus tard et plus foiblement, parce que nul n'a par-devers soi l'expérience de mourir : il faut avoir vu des cadavres pour sentir les angoisses des agonisans. Mais quand une fois cette image s'est bien formée dans notre esprit, il n'y a point de spectacle plus horrible à nos yeux, soit à cause de l'idée de destruction totale qu'elle donne alors par les sens, soit parce que, sachant que ce moment est inévitable pour tous les hommes, on se sent plus vivement affecté d'une situation à laquelle on est sûr de ne pouvoir échapper.

Ces impressions diverses ont leurs modifications et leurs degrés, qui dépendent du caractère particulier de chaque individu et de ses habitudes antérieures ; mais elles sont universelles, et nul n'en est tout-à-fait exempt. Il en est de plus tardives et de moins générales, qui sont plus propres aux âmes sensibles ; ce sont celles qu'on reçoit des peines morales, des douleurs internes, des afflictions, des langueurs, de la tristesse. Il y a des gens qui ne savent être émus que par des cris et des pleurs ; les longs et sourds gémissemens d'un cœur serré de détresse ne leur ont jamais arraché des soupirs ; jamais l'aspect d'une contenance abattue, d'un visage hâve et plombé, d'un œil éteint et qui ne peut plus pleurer, ne les fit pleurer eux-mêmes ; les maux de l'âme ne sont rien pour eux : ils sont jugés, la leur ne sent rien, n'attendez d'eux que rigueur inflexible, endurcissement, cruauté. Ils pourront être intègres et justes, jamais clémens, généreux, pitoyables. Je dis qu'ils pourront être justes, si toutefois un homme peut l'être quand il n'est pas miséricordieux.

Mais ne vous pressez pas de juger les jeunes gens par cette règle ; surtout ceux qui, ayant été élevés comme ils doivent l'être, n'ont aucune idée des peines morales qu'on ne leur a jamais fait éprouver ; car, encore une fois, ils ne peuvent plaindre que les maux qu'ils connoissent ; et cette apparente insensibilité, qui ne vient que d'ignorance, se change bientôt en attendrissement quand ils commencent à sentir qu'il y a dans la vie humaine mille douleurs qu'ils ne connoissoient pas. Pour mon Émile, s'il a eu de la simplicité et du bon sens dans son enfance, je suis bien sûr qu'il aura de l'âme et de la sensibilité dans sa jeunesse ; car la vérité des sentimens tient beaucoup à la justesse des idées.

Mais pourquoi le rappeler ici ? Plus d'un lecteur me reprochera sans doute l'oubli de mes premières résolutions et du bonheur constant que j'avois promis à mon élève. Des malheureux, des mourans, des spectacles de douleur et de misère ! quel bonheur, quelle jouissance pour un jeune cœur qui naît à la vie ! Son triste instituteur, qui lui destinoit une éducation si douce, ne le fait naître que pour souffrir. Voilà ce qu'on dira : Que m'importe ? j'ai promis de le rendre heureux ; non de faire qu'il parût l'être. Est-ce ma faute si, toujours dupe de l'apparence, vous la prenez pour la réalité?

Prenons deux jeunes gens sortant de la première éducation et entrant dans le monde par deux portes directement opposées. L'un monte tout à coup sur l'Olympe et se répand dans la plus brillante société; on le mène à la cour, chez les grands, chez les riches, chez les jolies femmes. Je le suppose fêté partout, et je n'examine pas l'effet de cet accueil sur sa raison; je suppose qu'elle y résiste. Les plaisirs volent au-devant de lui, tous les jours de nouveaux objets l'amusent; il se livre à tout avec un intérêt qui vous séduit. Vous le voyez attentif, empressé, curieux; sa première admiration vous frappe : vous l'estimez content : mais voyez l'état de son âme; vous croyez qu'il jouit; moi, je crois qu'il souffre.

Qu'aperçoit-il d'abord en ouvrant les yeux? des multitudes de prétendus biens qu'il ne connoissoit pas, et dont la plupart, n'étant qu'un moment à sa portée, ne semblent se montrer à lui que pour lui donner le regret d'en être privé. Se promène-t-il dans un palais, vous voyez à son inquiète curiosité qu'il se demande pourquoi sa maison paternelle n'est pas ainsi. Toutes ses questions vous disent qu'il se compare sans cesse au maître de cette maison; et tout ce qu'il trouve de mortifiant pour lui dans ce parallèle aiguise sa vanité en la révoltant. S'il rencontre un jeune homme mieux mis que lui, je le vois murmurer en secret contre l'avarice de ses parens. Est-il plus paré qu'un autre, il a la douleur de voir cet autre l'effacer ou par sa naissance ou par son esprit, et toute sa dorure humiliée devant un simple habit de drap. Brille-t-il seul dans une assemblée; s'élève-t-il sur la pointe du pied pour être mieux vu; qui est-ce qui n'a pas une disposition secrète à rabaisser l'air superbe et vain d'un jeune fat? Tout s'unit bientôt comme de concert; les regards inquiétans d'un homme grave, les mots railleurs d'un caustique, ne tardent pas d'arriver jusqu'à lui; et, ne fût-il dédaigné que d'un seul homme, le mépris de cet homme empoisonne à l'instant les applaudissemens des autres.

Donnons-lui tout, prodiguons-lui les agrémens, le mérite; qu'il soit bien fait, plein d'esprit, aimable : il sera recherché des femmes; mais en le recherchant avant qu'il les aime, elles le rendront plutôt fou qu'amoureux : il aura de bonnes fortunes; mais il n'aura ni transports ni passion pour les goûter. Ses désirs toujours prévenus, n'ayant jamais le temps de naître au sein des plaisirs, il ne sent que l'ennui de la gêne : le sexe fait pour le bonheur du sien le dégoûte et le rassasie même avant qu'il le connoisse; s'il continue à le voir, ce n'est plus que par vanité; et, quand il s'y attacheroit par un goût véritable, il ne sera pas seul jeune, seul brillant, seul aimable, et ne trouvera pas toujours dans ses maîtresses des prodiges de fidélité.

Je ne dis rien des tracasseries, des trahisons, des noirceurs, des repentirs de toute espèce inséparables d'une pareille vie. L'expérience du monde en dégoûte, on le sait; je ne parle que des ennuis attachés à la première illusion.

Quel contraste pour celui qui, renfermé jusqu'ici dans le sein de sa famille et de ses amis, s'est vu l'unique objet de toutes leurs attentions, d'entrer tout à coup dans un ordre de choses où il est compté pour si peu; de se trouver comme noyé dans une sphère étrangère, lui qui fit si long-temps le centre de la sienne! Que d'affronts, que d'humiliations ne faut-il pas qu'il essuie, avant de perdre, parmi les inconnus, les préjugés de son importance pris et nourris parmi les siens! Enfant, tout lui cédoit, tout s'empressoit autour de lui : jeune homme, il faut qu'il cède à tout le monde; ou pour peu qu'il s'oublie et conserve ses anciens airs, que de dures leçons vont le faire rentrer en lui-même! L'habitude d'obtenir aisément les objets de ses désirs le porte à beaucoup désirer, et lui fait sentir des privations continuelles. Tout ce qui le flatte le tente; tout ce que d'autres ont, il voudroit l'avoir : il convoite tout, il porte envie à tout le monde, il voudroit dominer partout; la vanité le ronge, l'ardeur des désirs effrénés enflamme son jeune cœur; la jalousie et la haine y naissent avec eux; toutes les passions dévorantes y prennent à la fois leur essor; il en porte l'agitation dans le tumulte du monde; il la rapporte avec lui tous les soirs; il rentre mécontent de lui et des autres; il s'endort plein de mille vains projets, troublé de mille fantaisies; et son orgueil lui peint jusque dans ses songes les chimériques biens dont le désir le tourmente et qu'il ne possédera de sa vie. Voilà votre élève : voyons le mien.

Si le premier spectacle qui le frappe est un objet de tristesse, le premier retour sur lui-même est un sentiment de plaisir. En voyant de combien de maux il est exempt, il se sent plus heureux qu'il ne pensoit l'être. Il partage les peines de ses semblables ; mais ce partage est volontaire et doux. Il jouit à la fois de la pitié qu'il a pour leurs maux, et du bonheur qui l'en exempte; il se sent dans cet état de force qui nous étend au-delà de nous, et nous fait porter ailleurs l'activité superflue à notre bien-être. Pour plaindre le mal d'autrui, sans doute il faut le connoître, mais il ne faut pas le sentir. Quand on a souffert, ou qu'on craint de souffrir, on plaint ceux qui souffrent; mais tandis qu'on souffre, on ne plaint que soi. Or si, tous étant assujettis aux misères de la vie, nul n'accorde aux autres que la sensibilité dont il n'a pas actuellement besoin pour lui-même, il s'ensuit que la commisération doit être un sentiment très-doux, puisqu'elle dépose en notre faveur, et qu'au contraire un homme dur est toujours malheureux, puisque l'état de son cœur ne lui laisse aucune sensibilité surabondante qu'il puisse accorder aux peines d'autrui.

Nous jugeons trop du bonheur sur les apparences : nous le supposons où il est le moins ; nous le cherchons où il ne sauroit être : la gaîté n'en est qu'un signe très-équivoque. Un homme gai n'est souvent qu'un infortuné qui cherche à donner le change aux autres et à s'étourdir lui-même. Ces gens si rians, si ouverts, si sereins dans un cercle, sont presque tous tristes et grondeurs chez eux, et leurs domestiques portent la peine de l'amusement qu'ils donnent à leurs sociétés. Le vrai contentement n'est ni gai ni folâtre; jaloux d'un sentiment si doux, en le goûtant on y pense, on le savoure, on craint de l'évaporer. Un homme vraiment heureux ne parle guère et ne rit guère; il resserre, pour ainsi dire, le bonheur autour de son cœur. Les jeux bruyans, la turbulente joie, voilent les dégoûts et l'ennui. Mais la mélancolie est amie de la volupté : l'attendrissement et les larmes accompagnent les plus douces jouissances, et l'excessive joie elle-même arrache plutôt des pleurs que des ris (*).

Si d'abord la multitude et la variété des amusemens paroît contribuer au bonheur, si l'uniformité d'une vie égale paroît d'abord ennuyeuse, en y regardant mieux, on trouve, au contraire, que la plus douce habitude de l'âme consiste dans une modération de jouissance qui laisse peu de prise au désir et au dégoût. L'inquiétude des désirs produit la curiosité, l'inconstance; le vide des turbulens plaisirs produit l'ennui. On ne s'ennuie jamais de son état quand on n'en connoît point de plus agréable. De tous les hommes du monde, les sauvages sont les moins curieux et les moins ennuyés; tout leur est indifférent : ils ne jouissent pas des choses, mais d'eux; ils passent leur vie à ne rien faire, et ne s'ennuient jamais.

L'homme du monde est tout entier dans son masque. N'étant presque jamais en lui-même, il y est toujours étranger, et mal à son aise quand il est forcé d'y rentrer. Ce qu'il est n'est rien, ce qu'il paroît est tout pour lui.

Je ne puis m'empêcher de me représenter, sur le visage du jeune homme dont j'ai parlé ci-devant, je ne sais quoi d'impertinent, de doucereux, d'affecté, qui déplaît, qui rebute les gens unis ; et sur celui du mien, une physionomie intéressante et simple, qui montre le contentement, la véritable sérénité de l'âme, qui inspire l'estime, la confiance, et qui semble n'attendre que l'épanchement de l'amitié pour donner la sienne à ceux qui l'approchent. On croit que la physionomie n'est qu'un simple développement de traits déjà marqués par la nature. Pour moi, je penserois qu'outre ce développement, les traits du visage d'un homme viennent insensiblement à se former et prendre de la physionomie par l'impression fréquente et habituelle de certaines affections de l'âme. Ces affections se marquent sur le visage, rien n'est plus certain; et quand elles tournent en habitude, elles y doivent laisser des impres-

(*) « Sapientium remissæ voluptates et modestæ, compressæque et vix notabiles...... Ista quæ spectantur, ad quæ consistitur, quæ alter alteri stupens monstrat, foris nitent, introrsus misera sunt. » SENEC., de Vitâ beatâ, cap. 3 et 12.
G. P.

sions durables. Voilà comment je conçois que la physionomie annonce le caractère, et qu'on peut quelquefois juger de l'un par l'autre, sans aller chercher des explications mystérieuses qui supposent des connoissances que nous n'avons pas.

Un enfant n'a que deux affections bien marquées, la joie et la douleur: il rit ou il pleure; les intermédiaires ne sont rien pour lui; sans cesse il passe de l'un de ces mouvemens à l'autre. Cette alternative continuelle empêche qu'ils ne fassent sur son visage aucune impression constante, et qu'il ne prenne de la physionomie: mais dans l'âge où, devenu plus sensible, il est plus vivement ou plus constamment affecté, les impressions plus profondes laissent des traces plus difficiles à détruire; et de l'état habituel de l'âme résulte un arrangement de traits que le temps rend ineffaçables. Cependant il n'est pas rare de voir des hommes changer de physionomie à différens âges. J'en ai vu plusieurs dans ce cas; et j'ai toujours trouvé que ceux que j'avois pu bien observer et suivre avoient aussi changé de passions habituelles. Cette seule observation, bien confirmée, me paroîtroit décisive, et n'est pas déplacée dans un traité d'éducation, où il importe d'apprendre à juger des mouvemens de l'âme par les signes extérieurs.

Je ne sais si, pour n'avoir pas appris à imiter des manières de convention et à feindre des sentimens qu'il n'a pas, mon jeune homme sera moins aimable, ce n'est pas de cela qu'il s'agit ici: je sais seulement qu'il sera plus aimant; et j'ai bien de la peine à croire que celui qui n'aime que lui puisse assez bien se déguiser pour plaire autant que celui qui tire de son attachement pour les autres un nouveau sentiment de bonheur. Mais, quant à ce sentiment même, je crois en avoir assez dit pour guider sur ce point un lecteur raisonnable; et montrer que je ne me suis pas contredit.

Je reviens donc à ma méthode, et je dis: Quand l'âge critique approche, offrez aux jeunes gens des spectacles qui les retiennent, et non des spectacles qui les excitent: donnez le change à leur imagination naissante par des objets qui, loin d'enflammer leurs sens, en répriment l'activité. Éloignez-les des grandes villes, où la parure et l'immodestie des femmes hâte et prévient les leçons de la nature, où tout présente à leurs yeux des plaisirs qu'ils ne doivent connoître que quand ils sauront les choisir. Ramenez-les dans leurs premières habitations, où la simplicité champêtre laisse les passions de leur âge se développer moins rapidement; ou si leur goût pour les arts les attache encore à la ville, prévenez en eux, par ce goût même, une dangereuse oisiveté. Choisissez avec soin leurs sociétés, leurs occupations, leurs plaisirs: ne leur montrez que des tableaux touchans, mais modestes, qui les remuent sans les séduire, et qui nourrissent leur sensibilité sans émouvoir leurs sens. Songez aussi qu'il y a partout quelques excès à craindre, et que les passions immodérées font toujours plus de mal qu'on n'en veut éviter. Il ne s'agit pas de faire de votre élève un garde-malade, un frère de la charité, d'affliger ses regards par des objets continuels de douleurs et de souffrances, de le promener d'infirme en infirme, d'hôpital en hôpital, et de la Grève aux prisons: il faut le toucher et non l'endurcir à l'aspect des misères humaines. Long-temps frappé des mêmes spectacles, on n'en sent plus les impressions; l'habitude accoutume à tout; ce qu'on voit trop on ne l'imagine plus, et ce n'est que l'imagination qui nous fait sentir les maux d'autrui: c'est ainsi qu'à force de voir mourir et souffrir, les prêtres et les médecins deviennent impitoyables. Que votre élève connoisse donc le sort de l'homme et les misères de ses semblables; mais qu'il n'en soit pas trop souvent le témoin. Un seul objet bien choisi, et montré dans un jour convenable, lui donnera pour un mois d'attendrissement et de réflexions. Ce n'est pas tant ce qu'il voit, que son retour sur ce qu'il a vu, qui détermine le jugement qu'il en porte; et l'impression durable qu'il reçoit d'un objet lui vient moins de l'objet même, que du point de vue sous lequel on le porte à se le rappeler. C'est ainsi qu'en ménageant les exemples, les leçons, les images, vous émousserez long-temps l'aiguillon des sens, et donnerez le change à la nature en suivant ses propres directions.

A mesure qu'il acquiert des lumières, choisissez des idées qui s'y rapportent; à mesure que ses désirs s'allument, choisissez des tableaux propres à les réprimer. Un vieux militaire qui s'est distingué par ses mœurs autant que par son courage, m'a raconté que, dans sa première jeunesse, son père, homme de sens, mais très-dévot, voyant son tempérament naissant le livrer aux femmes, n'épargna rien pour le contenir; mais enfin, malgré tous ses soins, le sentant prêt à lui échapper, il s'avisa de le mener dans un hôpital de vérolés, et, sans le prévenir de rien, le fit entrer dans une salle où une troupe de ces malheureux expioient, par un traitement effroyable, le désordre qui les y avoit exposés. A ce hideux aspect, qui révoltoit à la fois tous les sens, le jeune homme faillit à se trouver mal. « Va, » misérable débauché, lui dit alors le père » d'un ton véhément, suis le vil penchant qui » t'entraîne; bientôt tu seras trop heureux d'ê- » tre admis dans cette salle, où, victime des » plus infâmes douleurs, tu forceras ton père » à remercier Dieu de ta mort. »

Ce peu de mots, joints à l'énergique tableau qui frappoit le jeune homme, lui firent une impression qui ne s'effaça jamais. Condamné par son état à passer sa jeunesse dans les garnisons, il aima mieux essuyer toutes les railleries de ses camarades, que d'imiter leur libertinage. « J'ai » été homme, me dit-il, j'ai eu des foiblesses; » mais parvenu jusqu'à mon âge, je n'ai jamais » pu voir une fille publique sans horreur. » Maître, peu de discours; mais apprenez à choisir les lieux, les temps, les personnes, puis donnez toutes vos leçons en exemples, et soyez sûr de leur effet.

L'emploi de l'enfance est peu de chose : le mal qui s'y glisse n'est point sans remède, et le bien qui s'y fait peut venir plus tard. Mais il n'en est pas ainsi du premier âge où l'homme commence véritablement à vivre. Cet âge ne dure jamais assez pour l'usage qu'on en doit faire, et son importance exige une attention sans relâche : voilà pourquoi j'insiste sur l'art de le prolonger. Un des meilleurs préceptes de la bonne culture est de tout retarder tant qu'il est possible. Rendez les progrès lents et sûrs : empêchez que l'adolescent ne devienne homme au moment où rien ne lui reste à faire pour le devenir. Tandis que le corps croît, les esprits destinés à donner du baume au sang et de la force aux fibres se forment et s'élaborent. Si vous leur faites prendre un cours différent, et que ce qui est destiné à perfectionner un individu serve à la formation d'un autre, tous deux restent dans un état de foiblesse, et l'ouvrage de la nature demeure imparfait. Les opérations de l'esprit se sentent à leur tour de cette altération; et l'âme, aussi débile que le corps, n'a que des fonctions foibles et languissantes. Des membres gros et robustes ne font ni le courage ni le génie; et je conçois que la force de l'âme n'accompagne pas celle du corps, quand d'ailleurs les organes de la communication des deux substances sont mal disposés (a). Mais, quelque bien disposés qu'ils puissent être, ils agiront toujours foiblement, s'ils n'ont pour principe qu'un sang épuisé, appauvri, et dépourvu de cette substance qui donne de la force et du jeu à tous les ressorts de la machine. Généralement on aperçoit plus de vigueur d'âme dans les hommes dont les jeunes ans ont été préservés d'une corruption prématurée, que dans ceux dont le désordre a commencé avec le pouvoir de s'y livrer; et c'est sans doute une des raisons pourquoi les peuples qui ont des mœurs surpassent ordinairement en bon sens et en courage les peuples qui n'en ont pas. Ceux-ci brillent uniquement par je ne sais quelles petites qualités déliées, qu'ils appellent esprit, sagacité, finesse; mais ces grandes et nobles fonctions de sagesse et de raison qui distinguent et honorent l'homme par de belles actions, par des vertus, par des soins véritablement utiles, ne se trouvent guère que dans les premiers.

Les maîtres se plaignent que le feu de cet âge rend la jeunesse indisciplinable, et je le vois : mais n'est-ce pas leur faute? Sitôt qu'ils ont laissé prendre à ce feu son cours par les sens, ignorent-ils qu'on ne peut plus lui en donner un autre? Les longs et froids sermons d'un pédant effaceront-ils dans l'esprit de son élève l'image des plaisirs qu'il a conçus? banniront-ils de son cœur les désirs qui le tourmentent? amortiront-ils l'ardeur d'un tempérament dont il sait l'usage? ne s'irritera-t-il pas contre les obstacles qui s'opposent au seul bonheur dont il ait l'idée? Et, dans la dure loi qu'on lui prescrit sans pouvoir la lui faire entendre, que verra-t-il, sinon le caprice et la haine d'un homme qui cherche à le tourmen-

(a) VAR.... quand d'ailleurs les organes inconnus de la communication....

ter? Est-il étrange qu'il se mutine et le haïsse à son tour?

Je conçois bien qu'en se rendant facile on peut se rendre plus supportable, et conserver une apparente autorité. Mais je ne vois pas trop à quoi sert l'autorité qu'on ne garde sur son élève qu'en fomentant les vices qu'elle devroit réprimer; c'est comme si, pour calmer un cheval fougueux, l'écuyer le faisoit sauter dans un précipice.

Loin que ce feu de l'adolescent soit un obstacle à l'éducation, c'est par lui qu'elle se consomme et s'achève; c'est lui qui vous donne une prise sur le cœur d'un jeune homme, quand il cesse d'être moins fort que vous. Ses premières affections sont les rênes avec lesquelles vous dirigez tous ses mouvemens; il étoit libre, et je le vois asservi. Tant qu'il n'aimoit rien, il ne dépendoit que de lui-même et de ses besoins; sitôt qu'il aime, il dépend de ses attachemens. Ainsi se forment les premiers liens qui l'unissent à son espèce. En dirigeant sur elle sa sensibilité naissante, ne croyez pas qu'elle embrassera d'abord tous les hommes, et que ce mot de genre humain signifiera pour lui quelque chose. Non, cette sensibilité se bornera premièrement à ses semblables; et ses semblables ne seront point pour lui des inconnus, mais ceux avec lesquels il a des liaisons, ceux que l'habitude lui a rendus chers ou nécessaires, ceux qu'il voit évidemment avoir avec lui des manières de penser et de sentir communes, ceux qu'il voit exposés aux peines qu'il a souffertes, et sensibles aux plaisirs qu'il a goûtés, ceux, en un mot, en qui l'identité de nature plus manifestée lui donne une plus grande disposition à s'aimer. Ce ne sera qu'après avoir cultivé son naturel en mille manières, après bien des réflexions sur ses propres sentimens et sur ceux qu'il observera dans les autres, qu'il pourra parvenir à généraliser ses notions individuelles sous l'idée abstraite d'humanité, et joindre à ses affections particulières celles qui peuvent l'identifier avec son espèce.

En devenant capable d'attachement, il devient sensible à celui des autres (¹), et par là même attentif aux signes de cet attachement. Voyez-vous quel nouvel empire vous allez acquérir sur lui? Que de chaînes vous avez mises autour de son cœur avant qu'il s'en aperçût! Que ne sentira-t-il point quand, ouvrant les yeux sur lui-même, il verra ce que vous avez fait pour lui; quand il pourra se comparer aux autres jeunes gens de son âge, et vous comparer aux autres gouverneurs! Je dis quand il le verra, mais gardez-vous de le lui dire; si vous le lui dites, il ne le verra plus. Si vous exigez de lui de l'obéissance en retour des soins que vous lui avez rendus, il croira que vous l'avez surpris: il se dira qu'en feignant de l'obliger gratuitement vous avez prétendu le charger d'une dette, et le lier par un contrat auquel il n'a point consenti. En vain vous ajouterez que ce que vous exigez de lui n'est que pour lui-même: vous exigez enfin, et vous exigez en vertu de ce que vous avez fait sans son aveu. Quand un malheureux prend l'argent qu'on feint de lui donner, et se trouve enrôlé malgré lui, vous criez à l'injustice: n'êtes-vous pas plus injuste encore de demander à votre élève le prix des soins qu'il n'a point acceptés?

L'ingratitude seroit plus rare si les bienfaits à usure étoient moins communs. On aime ce qui nous fait du bien; c'est un sentiment si naturel! L'ingratitude n'est pas dans le cœur de l'homme, mais l'intérêt y est: il y a moins d'obligés ingrats que de bienfaiteurs intéressés (*). Si vous me vendez vos dons, je marchanderai sur le prix; mais si vous feignez de donner pour vendre ensuite à votre mot, vous usez de fraude: c'est d'être gratuits qui les rend inestimables. Le cœur ne reçoit de lois que de lui-même; en voulant l'enchaîner on le dégage; on l'enchaîne en le laissant libre.

Quand le pêcheur amorce l'eau, le poisson vient, et reste autour de lui sans défiance; mais quand, pris à l'hameçon caché sous l'appât, il sent retirer la ligne, il tâche de fuir. Le pêcheur est-il le bienfaiteur? le poisson est-il l'ingrat? Voit-on jamais qu'un homme oublié par son bienfaiteur l'oublie? Au contraire, il

---

(¹) L'attachement peut se passer de retour, jamais l'amitié. Elle est un échange, un contrat comme les autres; mais elle est le plus saint de tous. Le mot d'*ami* n'a point d'autre corrélatif que lui-même. Tout homme qui n'est pas l'ami de son ami est très-sûrement un fourbe; car ce n'est qu'en rendant ou feignant de rendre l'amitié, qu'on peut l'obteni .

(*) *Multos experimur ingratos, plures facimus, quia graves exprobratores exactoresque sumus... Itâ gratiam omnem corrumpimus, non tantùm postquàm dedimus beneficia, sed dùm damus.* SENEC., de Benef., lib. I, cap. 1.

G. P.

en parle toujours avec plaisir, il n'y songe point sans attendrissement : s'il trouve occasion de lui montrer par quelque service inattendu qu'il se ressouvient des siens, avec quel contentement intérieur il satisfait alors sa gratitude! avec quelle douce joie il se fait reconnoître! avec quel transport il lui dit : Mon tour est venu! Voilà vraiment la voix de la nature; jamais un vrai bienfait ne fit d'ingrat.

Si donc la reconnoissance est un sentiment naturel, et que vous n'en détruisiez pas l'effet par votre faute, assurez-vous que votre élève, commençant à voir le prix de vos soins, y sera sensible, pourvu que vous ne les ayez point mis vous-même à prix; et qu'ils vous donneront dans son cœur une autorité que rien ne pourra détruire. Mais, avant de vous être bien assuré de cet avantage, gardez de vous l'ôter en vous faisant valoir auprès de lui. Lui vanter vos services, c'est les lui rendre insupportables; les oublier, c'est l'en faire souvenir. Jusqu'à ce qu'il soit temps de le traiter en homme, qu'il ne soit jamais question de ce qu'il vous doit, mais de ce qu'il se doit. Pour le rendre docile laissez-lui toute sa liberté, dérobez-vous pour qu'il vous cherche; élevez son âme au noble sentiment de la reconnoissance, en ne lui parlant jamais que de son intérêt. Je n'ai point voulu qu'on lui dît que ce qu'on faisoit étoit pour son bien, avant qu'il fût en état de l'entendre; dans ce discours il n'eût vu que votre dépendance, et il ne vous eût pris que pour son valet. Mais maintenant qu'il commence à sentir ce que c'est qu'aimer, il sent aussi quel doux lien peut unir un homme à ce qu'il aime; et, dans le zèle qui vous fait occuper de lui sans cesse, il ne voit plus l'attachement d'un esclave, mais l'affection d'un ami. Or rien n'a tant de poids sur le cœur humain que la voix de l'amitié bien reconnue; car on sait qu'elle ne nous parle jamais que pour notre intérêt. On peut croire qu'un ami se trompe, mais non qu'il veuille nous tromper. Quelquefois on résiste à ses conseils, mais jamais on ne les méprise.

Nous entrons enfin dans l'ordre moral : nous venons de faire un second pas d'homme. Si c'en étoit ici le lieu, j'essaierois de montrer comment des premiers mouvemens du cœur s'élèvent les premières voix de la conscience, et comment des sentimens d'amour et de haine naissent les premières notions du bien et du mal. Je ferois voir que *justice* et *bonté* ne sont point seulement des mots abstraits, de purs êtres moraux formés par l'entendement, mais de véritables affections de l'âme éclairée par la raison, et qui ne sont qu'un progrès ordonné de nos affections primitives; que, par la raison seule, indépendamment de la conscience, on ne peut établir aucune loi naturelle; et que tout le droit de la nature n'est qu'une chimère, s'il n'est fondé sur un besoin naturel au cœur humain (¹). Mais je songe que je n'ai point à faire ici des traités de métaphysique et de morale, ni des cours d'étude d'aucune espèce; il me suffit de marquer l'ordre et le progrès de nos sentimens et de nos connoissances relativement à notre constitution. D'autres démontreront peut-être ce que je ne fais qu'indiquer ici.

Mon Émile n'ayant jusqu'à présent regardé que lui-même, le premier regard qu'il jette sur ses semblables le porte à se comparer avec eux; et le premier sentiment qu'excite en lui cette comparaison est de désirer la première place. Voilà le point où l'amour de soi se change en amour-propre, et où commencent à naître toutes les passions qui tiennent à celle-là. Mais pour décider si celles de ces passions qui domineront dans son caractère seront humaines et douces, ou cruelles et malfaisantes, si ce seront des passions de bienveillance et de commisération, ou d'envie et de convoitise, il faut savoir à quelle place il se sentira parmi les

(¹) Le précepte même d'agir avec autrui comme nous voulons qu'on agisse avec nous, n'a de vrai fondement que la conscience et le sentiment; car où est la raison précise d'agir étant moi comme si j'étois un autre, surtout quand je suis moralement sûr de ne jamais me trouver dans le même cas? et qui me répondra qu'en suivant bien fidèlement cette maxime j'obtiendrai qu'on la suive de même avec moi ? Le méchant tire avantage de la probité du juste et de sa propre injustice; il est bien aise que tout le monde soit juste excepté lui. Cet accord-là, quoi qu'on en die, n'est pas fort avantageux aux gens de bien. Mais quand la force d'une âme expansive m'identifie avec mon semblable, et que je me sens pour ainsi dire en lui, c'est pour ne pas souffrir que je ne veux pas qu'il souffre; je m'intéresse à lui pour l'amour de moi, et la raison du précepte est dans la nature elle-même, qui m'inspire le désir de mon bien-être en quelque lieu que je me sente exister. D'où je conclus qu'il n'est pas vrai que les préceptes de la loi naturelle soient fondés sur la raison seule; ils ont une base plus solide et plus sûre. L'amour des hommes dérivé de l'amour de soi est le principe de la justice humaine. Le sommaire de toute la morale est donné dans l'Évangile par celui de la loi.

hommes, et quels genres d'obstacles il pourra croire avoir à vaincre pour parvenir à celle qu'il veut occuper.

Pour le guider dans cette recherche, après lui avoir montré les hommes par les accidens communs à l'espèce, il faut maintenant les lui montrer par leurs différences. Ici vient la mesure de l'inégalité naturelle et civile, et le tableau de tout l'ordre social.

Il faut étudier la société par les hommes, et les hommes par la société : ceux qui voudront traiter séparément la politique et la morale n'entendront jamais rien à aucune des deux. En s'attachant d'abord aux relations primitives, on voit comment les hommes en doivent être affectés et quelles passions en doivent naître : on voit que c'est réciproquement par le progrès des passions que ces relations se multiplient et se resserrent. C'est moins la force des bras que la modération des cœurs qui rend les hommes indépendans et libres. Quiconque désire peu de choses tient à peu de gens; mais confondant toujours nos vains désirs avec nos besoins physiques, ceux qui ont fait de ces derniers les fondemens de la société humaine ont toujours pris les effets pour les causes, et n'ont fait que s'égarer dans tous leurs raisonnemens.

Il y a dans l'état de nature une égalité de fait réelle et indestructible, parce qu'il est impossible dans cet état que la seule différence d'homme à homme soit assez grande pour rendre l'un dépendant de l'autre. Il y a dans l'état civil une égalité de droit chimérique et vaine, parce que les moyens destinés à la maintenir servent eux-mêmes à la détruire, et que la force publique ajoutée au plus fort pour opprimer le foible rompt l'espèce d'équilibre que la nature avoit mis entre eux (¹). De cette première contradiction découlent toutes celles qu'on remarque dans l'ordre civil entre l'apparence et la réalité. Toujours la multitude sera sacrifiée au petit nombre, et l'intérêt public à l'intérêt particulier; toujours ces noms spécieux de justice et de subordination serviront d'instrumens à la violence et d'armes à l'iniquité : d'où il suit que les ordres distingués qui se prétendent utiles aux autres ne sont en effet utiles qu'à eux-mêmes aux dépens des autres; par où l'on doit juger de la considération qui leur est due selon la justice et selon la raison. Reste à voir si le rang qu'ils se sont donné est plus favorable au bonheur de ceux qui l'occupent, pour savoir quel jugement chacun de nous doit porter de son propre sort. Voilà maintenant l'étude qui nous importe; mais, pour la bien faire, il faut commencer par connoître le cœur humain.

S'il ne s'agissoit que de montrer aux jeunes gens l'homme par son masque, on n'auroit pas besoin de le leur montrer, ils le verroient toujours de reste; mais, puisque le masque n'est pas l'homme, et qu'il ne faut pas que son vernis les séduise, en leur peignant les hommes, peignez-les-leur tels qu'ils sont, non pas afin qu'ils les haïssent, mais afin qu'ils les plaignent et ne leur veuillent pas ressembler. C'est, à mon gré, le sentiment le mieux entendu que l'homme puisse avoir sur son espèce.

Dans cette vue, il importe ici de prendre une route opposée à celle que nous avons suivie jusqu'à présent, et d'instruire plutôt le jeune homme par l'expérience d'autrui que par la sienne. Si les hommes le trompent, il les prendra en haine; mais si, respecté d'eux, il les voit se tromper mutuellement, il en aura pitié. Le spectacle du monde, disoit Pythagore, ressemble à celui des jeux olympiques : les uns y tiennent boutique et ne songent qu'à leur profit; les autres y payent de leur personne et cherchent la gloire; d'autres se contentent de voir les jeux, et ceux-ci ne sont pas les pires (*).

Je voudrois qu'on choisît tellement les sociétés d'un jeune homme, qu'il pensât bien de ceux qui vivent avec lui, et qu'on lui apprît à si bien connoître le monde, qu'il pensât mal de tout ce qui s'y fait. Qu'il sache que l'homme est naturellement bon, qu'il le sente, qu'il juge de son prochain par lui-même; mais qu'il voie comment la société déprave et pervertit les hommes; qu'il trouve dans leurs préjugés la source de tous leurs vices; qu'il soit porté à estimer chaque individu, mais qu'il méprise la multitude; qu'il voie que tous les hommes portent à peu près le même masque, mais qu'il sache aussi qu'il y a des visages plus beaux que le masque qui les couvre.

(¹) L'esprit universel des lois de tous les pays est de favoriser toujours le fort contre le foible, et celui qui a contre celui qui n'a rien : cet inconvénient est inévitable, et il est sans exception.

(*) Cette idée de Pythagore, rapportée par Cicéron, se retrouve dans Montaigne, liv. I, chap. 25. G. P.

Cette méthode, il faut l'avouer, a ses inconvéniens et n'est pas facile dans la pratique; car, s'il devient observateur de trop bonne heure, si vous l'exercez à épier de trop près les actions d'autrui, vous le rendrez médisant et satirique, décisif et prompt à juger : il se fera un odieux plaisir de chercher à tout de sinistres interprétations, et à ne voir en bien rien même de ce qui est bien. Il s'accoutumera du moins au spectacle du vice, et à voir les méchans sans horreur, comme on s'accoutume à voir les malheureux sans pitié. Bientôt la perversité générale lui servira moins de leçon que d'excuse : il se dira que si l'homme est ainsi, il ne doit pas vouloir être autrement.

Que si vous voulez l'instruire par principe et lui faire connoître avec la nature du cœur humain l'application des causes externes qui tournent nos penchans en vices; en le transportant ainsi tout d'un coup des objets sensibles aux objets intellectuels, vous employez une métaphysique qu'il n'est point en état de comprendre; vous retombez dans l'inconvénient, évité si soigneusement jusqu'ici, de lui donner des leçons qui ressemblent à des leçons, de substituer dans son esprit l'expérience et l'autorité du maître à sa propre expérience et au progrès de sa raison.

Pour lever à la fois ces deux obstacles et pour mettre le cœur humain à sa portée sans risquer de gâter le sien, je voudrois lui montrer les hommes au loin, les lui montrer dans d'autres temps ou dans d'autres lieux, et de sorte qu'il pût voir la scène sans jamais y pouvoir agir. Voilà le moment de l'histoire; c'est par elle qu'il lira dans les cœurs sans les leçons de la philosophie; c'est par elle qu'il les verra, simple spectateur, sans intérêt et sans passion, comme leur juge, non comme leur complice ni comme leur accusateur.

Pour connoître les hommes il faut les voir agir. Dans le monde on les entend parler; ils montrent leurs discours et cachent leurs actions : mais dans l'histoire elles sont dévoilées, et on les juge sur les faits. Leurs propos même aident à les apprécier; car, comparant ce qu'ils font à ce qu'ils disent, on voit à la fois ce qu'ils sont et ce qu'ils veulent paroître : plus ils se déguisent, mieux on les connoît.

Malheureusement cette étude a ses dangers, ses inconvéniens de plus d'une espèce. Il est difficile de se mettre dans un point de vue d'où l'on puisse juger ses semblables avec équité. Un des grands vices de l'histoire est qu'elle peint beaucoup plus les hommes par leurs mauvais côtés que par les bons : comme elle n'est intéressante que par les révolutions, les catastrophes, tant qu'un peuple croît et prospère dans le calme d'un paisible gouvernement, elle n'en dit rien; elle ne commence à en parler que quand, ne pouvant plus se suffire à lui-même, il prend part aux affaires de ses voisins, ou les laisse prendre part aux siennes; elle ne l'illustre que quand il est déjà sur son déclin : toutes nos histoires commencent où elles devroient finir. Nous avons fort exactement celle des peuples qui se détruisent; ce qui nous manque est celle des peuples qui se multiplient; ils sont assez heureux et assez sages pour qu'elle n'ait rien à dire d'eux : et en effet nous voyons, même de nos jours, que les gouvernemens qui se conduisent le mieux sont ceux dont on parle le moins. Nous ne savons donc que le mal, à peine le bien fait-il époque. Il n'y a que les méchans de célèbres, les bons sont oubliés ou tournés en ridicule; et voilà comment l'histoire, ainsi que la philosophie, calomnie sans cesse le genre humain (a).

De plus, il s'en faut bien que les faits décrits dans l'histoire ne soient la peinture exacte des mêmes faits tels qu'ils sont arrivés : ils changent de forme dans la tête de l'historien, ils se moulent sur ses intérêts, ils prennent la teinte de ses préjugés. Qui est-ce qui sait mettre exactement le lecteur au lieu de la scène pour voir un événement tel qu'il s'est passé? L'ignorance ou la partialité déguise tout. Sans altérer même un trait historique, en étendant ou resserrant des circonstances qui s'y rapportent, que de faces différentes on peut lui donner! Mettez un même objet à divers points de vue, à peine paroîtra-t-il le même, et pourtant

(a) VAR. .... *sont oubliés*. Le temps, dit Bacon, *comme un grand fleuve, ne nous apporte que ce qui est de plus léger et de moins solide : tout ce qui a le plus de poids va au fond et demeure englouti dans son vaste lit. Voilà comment*..... — L'auteur, en supprimant ce passage de Bacon, l'a remplacé par ces mots, *ou tournés en ridicule*, qui ne sont pas dans le manuscrit. Il a bien senti que cette image du temps comparé à un fleuve étoit d'une application forcée en cette occasion, et il a complété son idée d'une manière à la fois plus simple et plus heureuse.

rien n'aura changé que l'œil du spectateur. Suffit-il, pour l'honneur de la vérité, de me dire un fait véritable en me le faisant voir tout autrement qu'il n'est arrivé? Combien de fois un arbre de plus ou moins, un rocher à droite ou à gauche, un tourbillon de poussière élevé par le vent, ont décidé de l'événement d'un combat sans que personne s'en soit aperçu! Cela empêche-t-il que l'historien ne vous dise la cause de la défaite ou de la victoire avec autant d'assurance que s'il eût été partout? Or que m'importent les faits en eux-mêmes, quand la raison m'en reste inconnue? et quelles leçons puis-je tirer d'un événement dont j'ignore la vraie cause? L'historien m'en donne une, mais il la controuve; et la critique elle-même, dont on fait tant de bruit, n'est qu'un art de conjecturer, l'art de choisir entre plusieurs mensonges celui qui ressemble le mieux à la vérité.

N'avez-vous jamais lu Cléopâtre ou Cassandre (*), ou d'autres livres de cette espèce? L'auteur choisit un événement connu, puis l'accommodant à ses vues, l'ornant de détails de son invention, de personnages qui n'ont jamais existé, et de portraits imaginaires, entasse fictions sur fictions pour rendre sa lecture agréable. Je vois peu de différence entre ces romans et vos histoires, si ce n'est que le romancier se livre davantage à sa propre imagination, et que l'historien s'asservit plus à celle d'autrui : à quoi j'ajouterai, si l'on veut, que le premier se propose un objet moral, bon ou mauvais, dont l'autre ne se soucie guère.

On me dira que la fidélité de l'histoire intéresse moins que la vérité des mœurs et des caractères; pourvu que le cœur humain soit bien peint, il importe peu que les événemens soient fidèlement rapportés : car, après tout, ajoute-t-on, que nous font des faits arrivés il y a deux mille ans? On a raison, si les portraits sont bien rendus d'après nature; mais si la plupart n'ont leur modèle que dans l'imagination de l'historien, n'est-ce pas retomber dans l'inconvénient qu'on vouloit fuir, et rendre à l'autorité des écrivains ce qu'on veut ôter à celle du maître? Si mon élève ne doit voir que des tableaux de fantaisie, j'aime mieux qu'ils soient tracés de ma main que d'une autre; ils lui seront du moins mieux appropriés.

Les pires historiens pour un jeune homme sont ceux qui jugent. Les faits! les faits! et qu'il juge lui-même; c'est ainsi qu'il apprend à connoître les hommes. Si le jugement de l'auteur le guide sans cesse, il ne fait que voir par l'œil d'un autre; et quand cet œil lui manque, il ne voit plus rien.

Je laisse à part l'histoire moderne, non-seulement parce qu'elle n'a plus de physionomie et que nos hommes se ressemblent tous, mais parce que nos historiens, uniquement attentifs à briller, ne songent qu'à faire des portraits fortement coloriés, et qui souvent ne représentent rien ([1]). Généralement les anciens font moins de portraits, mettent moins d'esprit et plus de sens dans leurs jugemens; encore y a-t-il entre eux un grand choix à faire, et il ne faut pas d'abord prendre les plus judicieux, mais les plus simples. Je ne voudrois mettre dans la main d'un jeune homme ni Polybe ni Salluste; Tacite est le livre des vieillards, les jeunes gens ne sont pas faits pour l'entendre il faut apprendre à voir dans les actions humaines les premiers traits du cœur de l'homme, avant d'en vouloir sonder les profondeurs; il faut savoir bien lire dans les faits avant de lire dans les maximes. La philosophie en maximes ne convient qu'à l'expérience. La jeunesse ne doit rien généraliser : toute son instruction doit être en règles particulières.

Thucydide est, à mon gré, le vrai modèle des historiens. Il rapporte les faits sans les juger; mais il n'omet aucune des circonstances propres à nous en faire juger nous-mêmes. Il met tout ce qu'il raconte sous les yeux du lec-

---

(*) Romans de La Calprenède, le premier en douze volumes, le second en dix volumes in-8°. G. P.

([1]) Voyez Davila, Guicciardin, Strada, Solis, Machiavel, et quelquefois de Thou lui-même. Vertot est presque le seul qui savoit peindre sans faire de portraits (*):

(*) Davila, né aux environs de Padoue, long-temps attaché à Catherine de Médicis, est mort en 1631 ; il est auteur d'une *Histoire des Guerres civiles de France* sous François II, Charles IX, Henri III et Henri IV, écrite en italien et traduite en françois. (*Paris*, 1757, 3 vol. in-4.)

Guicciardini, plus connu en France sous le nom de *Guichardin*; né à Florence, mort en 1540, auteur de l'*Histoire des Guerres d'Italie*, de 1490 à 1534, traduite en françois. (*Paris*, 1738, 3 vol. in-4.)

Strada, jésuite romain, mort en 1649, auteur de l'*Histoire des Pays-Bas*, écrite en latin, traduite en françois. (*Bruxelles*, 4 vol. in-12.)

Solis, Espagnol, poète et historien, mort en 1686, auteur d'une *Histoire de la Conquête du Mexique* traduite du françois. (*Paris*, 1692, 2 vol. in-12.) G. P.

teur; loin de s'interposer entre les événemens et les lecteurs, il se dérobe; on ne croit plus lire, on croit voir. Malheureusement il parle toujours de guerre, et l'on ne voit presque dans ses récits que la chose du monde la moins instructive, savoir des combats. La *Retraite des dix mille* et les *Commentaires de César* ont à peu près la même sagesse et le même défaut. Le bon Hérodote, sans portraits, sans maximes, mais coulant, naïf, plein de détails les plus capables d'intéresser et de plaire, seroit peut-être le meilleur des historiens, si ces mêmes détails ne dégénéroient souvent en simplicités puériles, plus propres à gâter le goût de la jeunesse qu'à le former : il faut déjà du discernement pour le lire. Je ne dis rien de Tite-Live, son tour viendra; mais il est politique, il est rhéteur, il est tout ce qui ne convient pas à cet âge.

L'histoire en général est défectueuse, en ce qu'elle ne tient registre que de faits sensibles et marqués, qu'on peut fixer par des noms, des lieux, des dates; mais les causes lentes et progressives de ces faits, lesquelles ne peuvent s'assigner de même, restent toujours inconnues. On trouve souvent dans une bataille gagnée ou perdue la raison d'une révolution qui, même avant cette bataille, étoit déjà devenue inévitable. La guerre ne fait guère que manifester des événemens déjà déterminés par des causes morales que les historiens savent rarement voir.

L'esprit philosophique a tourné de ce côté les réflexions de plusieurs écrivains de ce siècle; mais je doute que la vérité gagne à leur travail. La fureur des systèmes s'étant emparée d'eux tous, nul ne cherche à voir les choses comme elles sont, mais comme elles s'accordent avec son système.

Ajoutez à toutes ces réflexions que l'histoire montre bien plus les actions que les hommes, parce qu'elle ne saisit ceux-ci que dans certains momens choisis, dans leurs vêtemens de parade; elle n'expose que l'homme public qui s'est arrangé pour être vu : elle ne le suit point dans sa maison, dans son cabinet, dans sa famille, au milieu de ses amis; elle ne le peint que quand il représente ; c'est bien plus son habit que sa personne qu'elle peint.

J'aimerois mieux la lecture des vies particulières pour commencer l'étude du cœur humain; car alors l'homme a beau se dérober, l'historien le poursuit partout; il ne lui laisse aucun moment de relâche, aucun recoin pour éviter l'œil perçant du spectateur, et c'est quand l'un croit mieux se cacher, que l'autre le fait mieux connoître. « Ceulx, dit Montai-
» gne, qui escrivent les vies, d'autant qu'ils
» s'amusent plus aux conseils qu'aux evene-
» ments, plus à ce qui part du dedans qu'à
» ce qui arrive au dehors; ceulx-là me sont
» plus propres; voilà pourquoy, en toutes
» sortes, c'est mon homme que Plutarque (*). »

Il est vrai que le génie des hommes assemblés ou des peuples est fort différent du caractère de l'homme en particulier, et que ce seroit connoître très-imparfaitement le cœur humain que de ne pas l'examiner aussi dans la multitude ; mais il n'est pas moins vrai qu'il faut commencer par étudier l'homme pour juger les hommes, et que qui connoîtroit parfaitement les penchans de chaque individu pourroit prévoir tous les effets combinés dans le corps du peuple.

Il faut encore ici recourir aux anciens, par les raisons que j'ai déjà dites, et de plus, parce que tous les détails familiers et bas, mais vrais et caractéristiques, étant bannis du style moderne, les hommes sont aussi parés par nos auteurs dans leurs vies privées que sur la scène du monde. La décence, non moins sévère dans les écrits que dans les actions, ne permet plus de dire en public que ce qu'elle permet d'y faire ; et, comme on ne peut montrer les hommes que représentant toujours, on ne les connoît pas plus dans nos livres que sur nos théâtres. On aura beau faire et refaire cent fois la vie des rois, nous n'aurons plus de Suétones (¹).

Plutarque excelle par ces mêmes détails dans lesquels nous n'osons plus entrer. Il a une grâce inimitable à peindre les grands hommes dans

---

(*) Livre II, chap. 10.   G. P.
(¹) Un seul de nos historiens (*), qui a imité Tacite dans les grands traits, a osé imiter Suétone et quelquefois transcrire Comines dans les petits; et cela même, qui ajoute au prix de son livre, l'a fait critiquer parmi nous.

(*) Duclos, auteur de la *Vie de Louis XI*, 3 vol. in-8, publiée en 1745 avec un *supplément* en un volume, qui parut l'année suivante.   G. P.

les petites choses; et il est si heureux dans le choix de ses traits, que souvent un mot, un sourire, un geste lui suffit pour caractériser son héros (*). Avec un mot plaisant Annibal rassure son armée effrayée, et la fait marcher en riant à la bataille qui lui livra l'Italie : Agésilas, à cheval sur un bâton, me fait aimer le vainqueur du grand roi : César, traversant un pauvre village, et causant avec ses amis, décèle, sans y penser, le fourbe qui disoit ne vouloir qu'être l'égal de Pompée : Alexandre avale une médecine et ne dit pas un seul mot; c'est le plus beau moment de sa vie : Aristide écrit son propre nom sur une coquille, et justifie ainsi son surnom : Philopœmen, le manteau bas, coupe du bois dans la cuisine de son hôte. Voilà le véritable art de peindre. La physionomie ne se montre pas dans les grands traits, ni le caractère dans les grandes actions : c'est dans les bagatelles que le naturel se découvre. Les choses publiques sont ou trop communes ou trop apprêtées, et c'est presque uniquement à celles-ci que la dignité moderne permet à nos auteurs de s'arrêter.

Un des plus grands hommes du siècle dernier fut incontestablement M. de Turenne. On a eu le courage de rendre sa vie intéressante par de petits détails qui le font connoître et aimer; mais combien s'est-on vu forcé d'en supprimer qui l'auroient fait connoître et aimer davantage ! Je n'en citerai qu'un, que je tiens de bon lieu, et que Plutarque n'eût eu garde d'omettre, mais que Ramsai n'eût eu garde d'écrire quand il l'auroit su.

Un jour d'été qu'il faisoit fort chaud, le vicomte de Turenne, en petite veste blanche et en bonnet, étoit à la fenêtre de son antichambre : un de ses gens survient, et, trompé par l'habillement, le prend pour un aide de cuisine avec lequel ce domestique étoit familier. Il s'approche doucement par derrière, et, d'une main qui n'étoit pas légère, lui applique un grand coup sur les fesses. L'homme frappé se retourne à l'instant. Le valet voit en frémissant le visage de son maître. Il se jette à genoux tout éperdu; *Monseigneur, j'ai cru que c'étoit George.... Et quand c'eût été George,* s'écrie Turenne en se frottant le derrière, *il ne falloit pas frapper si fort.* Voilà donc ce que vous n'osez dire, misérables ! Soyez donc à jamais sans naturel, sans entrailles; trempez, durcissez vos cœurs de fer dans votre vile décence; rendez-vous méprisables à force de dignité. Mais toi, bon jeune homme qui lis ce trait, et qui sens avec attendrissement toute la douceur d'âme qu'il montre, même dans le premier mouvement, lis aussi les petitesses de ce grand homme, dès qu'il étoit question de sa naissance et de son nom. Songe que c'est le même Turenne qui affectoit de céder partout le pas à son neveu, afin qu'on vît bien que cet enfant étoit le chef d'une maison souveraine. Rapproche ces contrastes, aime la nature, méprise l'opinion, et connois l'homme.

Il y a bien peu de gens en état de concevoir les effets que des lectures ainsi dirigées peuvent opérer sur l'esprit tout neuf d'un jeune homme. Appesantis sur des livres dès notre enfance, accoutumés à lire sans penser, ce que nous lisons nous frappe d'autant moins, que, portant déjà dans nous-mêmes les passions et les préjugés qui remplissent l'histoire et les vies des hommes, tout ce qu'ils font nous paroît naturel, parce que nous sommes hors de la nature, et que nous jugeons des autres par nous. Mais qu'on se représente un jeune homme élevé selon mes maximes, qu'on se figure mon Émile, auquel dix-huit ans de soins assidus n'ont eu pour objet que de conserver un jugement intègre et un cœur sain; qu'on se le figure, au lever de la toile, jetant pour la première fois les yeux sur la scène du monde, ou plutôt, placé derrière le théâtre, voyant les acteurs prendre et poser leurs habits, et comptant les cordes et les poulies dont le grossier prestige abuse les yeux des spectateurs. Bientôt à sa première surprise succéderont des mouvemens de honte et de dédain pour son espèce : il s'indignera de voir ainsi tout le genre humain dupe de lui-même, s'avilir à ces jeux d'enfans; il s'affligera de voir ses frères s'entre-déchirer pour des rêves, et se changer en bêtes féroces pour n'avoir pas su se contenter d'être hommes.

(*) « Plutarque guigne seulement du doigt par où nous irons, et se contente quelquefois de ne donner qu'une atteinte dans le plus vif du propos. Cela mesme de lui voir trier une legere action en la vie d'un homme ou un mot qui semble ne porter pas cela, c'est un discours. » MONTAIGNE, liv. I, chap. 25.

G. P.

Certainement, avec les dispositions naturelles de l'élève, pour peu que le maître apporte de prudence et de choix dans ses lectures, pour peu qu'il le mette sur la voie des réflexions qu'il en doit tirer, cet exercice sera pour lui un cours de philosophie pratique, meilleur sûrement et mieux entendu que toutes les vaines spéculations dont on brouille l'esprit des jeunes gens dans nos écoles. Qu'après avoir suivi les romanesques projets de Pyrrhus, Cynéas lui demande quel bien réel lui procurera la conquête du monde, dont il ne puisse jouir dès à présent sans tant de tourmens; nous ne voyons là qu'un bon mot qui passe : mais Émile y verra une réflexion très-sage, qu'il eût faite le premier, et qui ne s'effacera jamais de son esprit, parce qu'elle n'y trouve aucun préjugé contraire qui puisse en empêcher l'impression. Quand ensuite, en lisant la vie de cet insensé, il trouvera que tous ses grands desseins ont abouti à s'aller faire tuer par la main d'une femme; au lieu d'admirer cet héroïsme prétendu, que verra-t-il dans tous les exploits d'un si grand capitaine, dans toutes les intrigues d'un si grand politique, si ce n'est autant de pas pour aller chercher cette malheureuse tuile qui devoit terminer sa vie et ses projets par une mort déshonorante.

Tous les conquérans n'ont pas été tués; tous les usurpateurs n'ont pas échoué dans leurs entreprises, plusieurs paroîtront heureux aux esprits prévenus des opinions vulgaires : mais celui qui, sans s'arrêter aux apparences, ne juge du bonheur des hommes que par l'état de leurs cœurs, verra leurs misères dans leurs succès mêmes; il verra leurs désirs et leurs soucis rongeans s'étendre et s'accroître avec leur fortune; il les verra perdre haleine en avançant, sans jamais parvenir à leurs termes : il les verra semblables à ces voyageurs inexpérimentés qui, s'engageant pour la première fois dans les Alpes, pensent les franchir à chaque montagne, et, quand ils sont au sommet, trouvent avec découragement de plus hautes montagnes au-devant d'eux.

Auguste, après avoir soumis ses concitoyens et détruit ses rivaux, régit durant quarante ans le plus grand empire qui ait existé : mais tout cet immense pouvoir l'empêchoit-il de frapper les murs de sa tête et de remplir son vaste palais de ses cris, en redemandant à Varus ses légions exterminées? Quand il auroit vaincu tous ses ennemis, de quoi lui auroient servi ses vains triomphes, tandis que les peines de toute espèce naissoient sans cesse autour de lui, tandis que ses plus chers amis attentoient à sa vie, et qu'il étoit réduit à pleurer la honte ou la mort de tous ses proches? L'infortuné voulut gouverner le monde, et ne sut pas gouverner sa maison! Qu'arriva-t-il de cette négligence? Il vit périr à la fleur de l'âge son neveu, son fils adoptif, son gendre; son petit-fils fut réduit à manger la bourre de son lit pour prolonger de quelques heures sa misérable vie; sa fille et sa petite-fille, après l'avoir couvert de leur infamie, moururent l'une de misère et de faim dans une île déserte, l'autre en prison par la main d'un archer. Lui-même enfin, dernier reste de sa malheureuse famille, fut réduit par sa propre femme à ne laisser après lui qu'un monstre pour lui succéder. Tel fut le sort de ce maître du monde, tant célébré pour sa gloire et pour son bonheur. Croirai-je qu'un seul de ceux qui les admirent les voulût acquérir au même prix?

J'ai pris l'ambition pour exemple; mais le jeu de toutes les passions humaines offre de semblables leçons à qui veut étudier l'histoire pour se connoître et se rendre sage aux dépens des morts. Le temps approche où la vie d'Antoine aura pour le jeune homme une instruction plus prochaine que celle d'Auguste. Émile ne se reconnoîtra guère dans les étranges objets qui frapperont ses regards durant ses nouvelles études; mais il saura d'avance écarter l'illusion des passions avant qu'elles naissent; et, voyant que de tous les temps elles ont aveuglé les hommes, il sera prévenu de la manière dont elles pourront l'aveugler à son tour, si jamais il s'y livre [1]. Ces leçons, je le sais, lui sont mal appropriées; peut-être au besoin seront-elles tardives, insuffisantes : mais souvenez-vous que ce ne sont point celles que j'ai voulu tirer de cette étude. En la commençant,

---

[1] C'est toujours le préjugé qui fomente dans nos cœurs l'impétuosité des passions. Celui qui ne voit que ce qui est, et n'estime que ce qu'il connoît, ne se passionne guère. Les erreurs de nos jugemens produisent l'ardeur de tous nos désirs [*].

[*] Cette note, qui est dans le manuscrit autographe, n'est dans aucune édition antérieure à celle de 1801. G. P.

je me proposois un autre objet; et sûrement, si cet objet est mal rempli, ce sera la faute du maître.

Songez qu'aussitôt que l'amour-propre est développé, le *moi* relatif se met en jeu sans cesse, et que jamais le jeune homme n'observe les autres sans revenir sur lui-même et se comparer avec eux. Il s'agit donc de savoir à quel rang il se mettra parmi ses semblables après les avoir examinés. Je vois, à la manière dont on fait lire l'histoire aux jeunes gens, qu'on les transforme, pour ainsi dire, dans tous les personnages qu'ils voient, qu'on s'efforce de les faire devenir tantôt Cicéron, tantôt Trajan, tantôt Alexandre; de les décourager lorsqu'ils rentrent dans eux-mêmes; de donner à chacun le regret de n'être que soi. Cette méthode a certains avantages dont je ne disconviens pas; mais, quant à mon Émile, s'il arrive une seule fois, dans ces parallèles, qu'il aime mieux être un autre que lui; cet autre fût-il Socrate, fût-il Caton, tout est manqué: celui qui commence à se rendre étranger à lui-même ne tarde pas à s'oublier tout-à-fait.

Ce ne sont point les philosophes qui connoissent le mieux les hommes; ils ne les voient qu'à travers les préjugés de la philosophie; et je ne sache aucun état où l'on en ait tant. Un sauvage nous juge plus sainement que ne fait un philosophe. Celui-ci sent ses vices, s'indigne des nôtres, et dit en lui-même, Nous sommes tous méchans: l'autre nous regarde sans s'émouvoir, et dit, Vous êtes des fous. Il a raison; car nul ne fait le mal pour le mal. Mon élève est ce sauvage, avec cette différence, qu'Émile ayant plus réfléchi, plus comparé d'idées, vu nos erreurs de plus près, se tient plus en garde contre lui-même et ne juge que de ce qu'il connoît.

Ce sont nos passions qui nous irritent contre celles des autres; c'est notre intérêt qui nous fait haïr les méchans; s'ils ne nous faisoient aucun mal, nous aurions pour eux plus de pitié que de haine. Le mal que nous font les méchans nous fait oublier celui qu'ils se font à eux-mêmes. Nous leur pardonnerions plus aisément leurs vices, si nous pouvions connoître combien leur propre cœur les en punit. Nous sentons l'offense et nous ne voyons pas le châtiment; les avantages sont apparens, la peine est intérieure. Celui qui croit jouir du fruit de ses vices n'est pas moins tourmenté que s'il n'eût point réussi; l'objet est changé, l'inquiétude est la même: ils ont beau montrer leur fortune et cacher leur cœur, leur conduite le montre en dépit d'eux: mais, pour le voir, il n'en faut pas avoir un semblable.

Les passions que nous partageons nous séduisent; celles qui choquent nos intérêts nous révoltent; et, par une inconséquence qui nous vient d'elles, nous blâmons dans les autres ce que nous voudrions imiter. L'aversion et l'illusion sont inévitables, quand on est forcé de souffrir de la part d'autrui le mal qu'on feroit si l'on étoit à sa place.

Que faudroit-il donc pour bien observer les hommes? Un grand intérêt à les connoître, une grande impartialité à les juger, un cœur assez sensible pour concevoir toutes les passions humaines, et assez calme pour ne pas les éprouver. S'il est dans la vie un moment favorable à cette étude, c'est celui que j'ai choisi pour Émile: plus tôt ils lui eussent été étrangers, plus tard il leur eût été semblable. L'opinion dont il voit le jeu n'a point encore acquis sur lui d'empire: les passions dont il sent l'effet n'ont point agité son cœur. Il est homme, il s'intéresse à ses frères; il est équitable, il juge ses pairs. Or, sûrement, s'il les juge bien, il ne voudra être à la place d'aucun d'eux; car le but de tous les tourmens qu'ils se donnent, étant fondé sur des préjugés qu'il n'a pas, lui paroît un but en l'air. Pour lui, tout ce qu'il désire est à sa portée. De qui dépendroit-il, se suffisant à lui-même et libre de préjugés? Il a des bras, de la santé ([1]), de la modération, peu de besoins et de quoi les satisfaire. Nourri dans la plus absolue liberté, le plus grand des maux qu'il conçoit est la servitude. Il plaint ces misérables rois esclaves de tout ce qui leur obéit; il plaint ces faux sages enchaînés à leur vaine réputation; il plaint ces riches sots, martyrs de leur faste; il plaint ces voluptueux de parade, qui livrent leur vie entière à l'ennui pour paroître avoir du plaisir. Il plaindroit l'ennemi qui lui feroit du mal à lui-même; car, dans ses méchancetés, il verroit sa misère. Il se diroit: En se donnant le besoin de

---

([1]) Je crois pouvoir compter hardiment la santé et la bonne constitution au nombre des avantages acquis par son éducation, ou plutôt au nombre des dons de la nature que son éducation lui a conservés.

me nuire, cet homme a fait dépendre son sort du mien.

Encore un pas et nous touchons au but. L'amour-propre est un instrument utile, mais dangereux; souvent il blesse la main qui s'en sert, et fait rarement du bien sans mal. Émile, en considérant son rang dans l'espèce humaine et s'y voyant si heureusement placé, sera tenté de faire honneur à sa raison de l'ouvrage de la vôtre, et d'attribuer à son mérite l'effet de son bonheur. Il se dira : Je suis sage, et les hommes sont fous. En les plaignant il les méprisera, en se félicitant il s'estimera davantage ; et, se sentant plus heureux qu'eux, il se croira plus digne de l'être. Voilà l'erreur la plus à craindre, parce qu'elle est la plus difficile à détruire. S'il restoit dans cet état, il auroit peu gagné à tous nos soins; et s'il falloit opter, je ne sais si je n'aimerois pas mieux encore l'illusion des préjugés que celle de l'orgueil.

Les grands hommes ne s'abusent point sur leur supériorité; ils la voient, la sentent, et n'en sont pas moins modestes. Plus ils ont, plus ils connoissent tout ce qui leur manque. Ils sont moins vains de leur élévation sur nous, qu'humiliés du sentiment de leur misère; et, dans les biens exclusifs qu'ils possèdent, ils sont trop sensés pour tirer vanité d'un don qu'ils ne se sont pas fait. L'homme de bien peut être fier de sa vertu, parce qu'elle est à lui; mais de quoi l'homme d'esprit est-il fier? Qu'a fait Racine pour n'être pas Pradon? Qu'a fait Boileau pour n'être pas Cotin?

Ici c'est tout autre chose encore. Restons toujours dans l'ordre commun. Je n'ai supposé dans mon élève ni un génie transcendant, ni un entendement bouché. Je l'ai choisi parmi les esprits vulgaires, pour montrer ce que peut l'éducation sur l'homme. Tous les cas rares sont hors des règles. Quand donc, en conséquence de mes soins, Émile préfère sa manière d'être, de voir, de sentir, à celle des autres hommes, Émile a raison; mais quand il se croit pour cela d'une nature plus excellente, et plus heureusement né qu'eux, Émile a tort: il se trompe; il faut le détromper; ou plutôt prévenir l'erreur, de peur qu'il ne soit trop tard ensuite pour la détruire.

Il n'y a point de folie dont on ne puisse guérir un homme qui n'est pas fou, hors la vanité; pour celle-ci, rien n'en corrige que l'expérience, si toutefois quelque chose en peut corriger; à sa naissance, au moins, on peut l'empêcher de croître. N'allez donc pas vous perdre en beaux raisonnemens, pour prouver à l'adolescent qu'il est homme comme les autres et sujet aux mêmes foiblesses. Faites-le-lui sentir, ou jamais il ne le saura. C'est encore ici un cas d'exception à mes propres règles; c'est le cas d'exposer volontairement mon élève à tous les accidens qui peuvent lui prouver qu'il n'est pas plus sage que nous. L'aventure du bateleur seroit répétée en mille manières; je laisserois aux flatteurs prendre tout leur avantage avec lui : si des étourdis l'entraînoient dans quelque extravagance, je lui en laisserois courir le danger si des filous l'attaquoient au jeu, je les leur livrerois pour en faire leur dupe (¹); je le laisserois encenser, plumer, dévaliser par eux; et quand, l'ayant mis à sec, ils finiroient par se moquer de lui, je les remercierois encore en sa présence des leçons qu'ils ont bien voulu lui donner. Les seuls piéges dont je le garantirois avec soin seroient ceux des courtisanes. Les seuls ménagemens que j'aurois pour lui seroient de partager tous les dangers que je lui laisserois courir, et tous les affronts que je lui laisserois recevoir. J'endurerois tout en silence, sans plainte, sans reproche, sans jamais lui en dire un seul mot; et soyez sûr qu'avec cette discrétion bien soutenue, tout ce qu'il m'aura vu souffrir pour lui fera plus d'impression sur son cœur que ce qu'il aura souffert lui-même.

Je ne puis m'empêcher de relever ici la fausse dignité des gouverneurs qui, pour jouer sottement les sages, rabaissent leurs élèves, affectent de les traiter toujours en enfans, et

(¹) Au reste, notre élève donnera peu dans ce piége, lui que tant d'amusemens environnent, lui qui ne s'ennuya de sa vie, et qui sait à peine à quoi sert l'argent. Les deux mobiles avec lesquels on conduit les enfans étant l'intérêt et la vanité, ces deux mêmes mobiles servent aux courtisanes et aux escrocs pour s'emparer d'eux dans la suite. Quand vous voyez exciter leur avidité par des prix, par des récompenses, quand vous les voyez applaudir à dix ans dans un acte public au collége, vous voyez aussi comment on leur fera laisser à vingt leur bourse dans un brelan, et leur santé dans un mauvais lieu. Il y a toujours à parier que le plus savant de sa classe deviendra le plus joueur et le plus débauché. Or les moyens dont on n'usa point dans l'enfance n'ont point dans la jeunesse le même abus. Mais on doit se souvenir qu'ici ma constante maxime est de mettre partout la chose au pis. Je cherche d'abord à prévenir le vice; et puis je le suppose, afin d'y remédier.

de se distinguer toujours d'eux dans tout ce qu'ils leur font faire. Loin de ravaler ainsi leurs jeunes courages, n'épargnez rien pour leur élever l'âme; faites-en vos égaux afin qu'ils le deviennent; et, s'ils ne peuvent encore s'élever à vous, descendez à eux sans honte, sans scrupule. Songez que votre honneur n'est plus dans vous, mais dans votre élève; partagez ses fautes pour l'en corriger; chargez-vous de sa honte pour l'effacer : imitez ce brave Romain qui, voyant fuir son armée et ne pouvant la rallier, se mit à fuir à la tête de ses soldats, en criant : *Ils ne fuient pas, ils suivent leur capitaine* (*). Fut-il déshonoré pour cela? Tant s'en faut : en sacrifiant ainsi sa gloire il l'augmenta. La force du devoir, la beauté de la vertu, entraînent malgré nous nos suffrages et renversent nos insensés préjugés. Si je recevois un soufflet en remplissant mes fonctions auprès d'Émile, loin de me venger de ce soufflet, j'irois partout m'en vanter; et je doute qu'il y eût dans le monde un homme assez vil (¹) pour ne pas m'en respecter davantage.

Ce n'est pas que l'élève doive supposer dans le maître des lumières aussi bornées que les siennes et la même facilité à se laisser séduire. Cette opinion est bonne pour un enfant qui, ne sachant rien voir, rien comparer, met tout le monde à sa portée, et ne donne sa confiance qu'à ceux qui savent s'y mettre en effet. Mais un jeune homme de l'âge d'Émile, et aussi sensé que lui, n'est plus assez sot pour prendre ainsi le change, et il ne seroit pas bon qu'il le prît. La confiance qu'il doit avoir en son gouverneur est d'une autre espèce : elle doit porter sur l'autorité de la raison, sur la supériorité des lumières, sur les avantages que le jeune homme est en état de connoître, et dont il sent l'utilité pour lui. Une longue expérience l'a convaincu qu'il est aimé de son conducteur; que ce conducteur est un homme sage, éclairé, qui, voulant son bonheur, sait ce qui peut le lui procurer. Il doit savoir que, pour son propre intérêt, il lui convient d'écouter ses avis. Or, si le maître se laissoit tromper comme le disciple, il perdroit le droit d'en exiger de la

déférence et de lui donner des leçons. Encore moins l'élève doit-il supposer que le maître le laisse à dessein tomber dans des piéges, et tend des embûches à sa simplicité. Que faut-il donc faire pour éviter à la fois ces deux inconvéniens? Ce qu'il y a de meilleur et de plus naturel : être simple et vrai comme lui; l'avertir des périls auxquels il s'expose, les lui montrer clairement, sensiblement, mais sans exagération, sans humeur, sans pédantesque étalage, surtout sans lui donner vos avis pour des ordres, jusqu'à ce qu'ils le soient devenus et que ce ton impérieux soit absolument nécessaire. S'obstine-t-il après cela, comme il fera très-souvent, alors ne lui dites plus rien; laissez-le en liberté, suivez-le, imitez-le, et cela gaîment, franchement; livrez-vous, amusez-vous autant que lui, s'il est possible. Si les conséquences deviennent trop fortes, vous êtes toujours là pour les arrêter; et cependant combien le jeune homme, témoin de votre prévoyance et de votre complaisance, ne doit-il pas être à la fois frappé de l'une et touché de l'autre! Toutes ses fautes sont autant de liens qu'il vous fournit pour le retenir au besoin. Or, ce qui fait ici le plus grand art du maître, c'est d'amener les occasions et de diriger les exhortations de manière qu'il sache d'avance quand le jeune homme cédera, et quand il s'obstinera, afin de l'environner partout des leçons de l'expérience, sans jamais l'exposer à de trop grands dangers.

Avertissez-le de ses fautes avant qu'il y tombe : quand il y est tombé, ne les lui reprochez point; vous ne feriez qu'enflammer et mutiner son amour-propre. Une leçon qui révolte ne profite pas. Je ne connois rien de plus inepte que ce mot, *Je vous l'avois bien dit.* Le meilleur moyen de faire qu'il se souvienne de ce qu'on lui a dit est de paroître l'avoir oublié. Tout au contraire, quand vous le verrez honteux de ne vous avoir pas cru, effacez doucement cette humiliation par de bonnes paroles. Il s'affectionnera sûrement à vous en voyant que vous vous oubliez pour lui, et qu'au lieu d'achever de l'écraser vous le consolez. Mais si à son chagrin vous ajoutez des reproches, il vous prendra en haine, et se fera une loi de ne vous plus écouter, comme pour vous prouver qu'il ne pense pas comme vous sur l'importance de vos avis.

(*) PLUTARQUE (*Dicts notables des Romains*, § 13), cité aussi par Montaigne, livre I, chap. 41. Ce Romain s'appeloit Catulus Luctatius.   G. P.

(¹) Je me trompois, j'en ai découvert un; c'est M. Formey.

Le tour de vos consolations peut encore être pour lui une instruction d'autant plus utile qu'il ne s'en défiera pas. En lui disant, je suppose, que mille autres font les mêmes fautes, vous le mettez loin de son compte ; vous le corrigez en ne paroissant que le plaindre : car, pour celui qui croit valoir mieux que les autres hommes, c'est une excuse bien mortifiante que de se consoler par leur exemple ; c'est concevoir que le plus qu'il peut prétendre est qu'ils ne valent pas mieux que lui.

Le temps des fautes est celui des fables. En censurant le coupable sous un masque étranger, on l'instruit sans l'offenser ; et il comprend alors que l'apologue n'est pas un mensonge, par la vérité dont il se fait l'application. L'enfant qu'on n'a jamais trompé par des louanges, n'entend rien à la fable que j'ai ci-devant examinée ; mais l'étourdi qui vient d'être la dupe d'un flatteur conçoit à merveille que le corbeau n'étoit qu'un sot. Ainsi, d'un fait il tire une maxime ; et l'expérience, qu'il eût bientôt oubliée, se grave, au moyen de la fable, dans son jugement. Il n'y a point de connoissance morale qu'on ne puisse acquérir par l'expérience d'autrui ou par la sienne. Dans les cas où cette expérience est dangereuse, au lieu de la faire soi-même, on tire sa leçon de l'histoire. Quand l'épreuve est sans conséquence, il est bon que le jeune homme y reste exposé ; puis, au moyen de l'apologue, on rédige en maximes les cas particuliers qui lui sont connus.

Je n'entends pas pourtant que ces maximes doivent être développées, ni même énoncées. Rien n'est si vain, si mal entendu, que la morale par laquelle on termine la plupart des fables ; comme si cette morale n'étoit pas ou ne devoit pas être étendue dans la fable même de manière à la rendre sensible au lecteur ! Pourquoi donc, en ajoutant cette morale à la fin, lui ôter le plaisir de la trouver de son chef ? Le talent d'instruire est de faire que le disciple se plaise à l'instruction. Or, pour qu'il s'y plaise, il ne faut pas que son esprit reste tellement passif à tout ce que vous lui dites, qu'il n'ait absolument rien à faire pour vous entendre. Il faut que l'amour-propre du maître laisse toujours quelque prise au sien ; il faut qu'il se puisse dire : Je conçois, je pénètre, j'agis, je m'instruis. Une des choses qui rendent ennuyeux le Pantalon de la comédie italienne, est le soin qu'il prend d'interpréter au parterre des platises qu'on n'entend déjà que trop. Je ne veux point qu'un gouverneur soit Pantalon, encore moins un auteur. Il faut toujours se faire entendre, mais il ne faut pas toujours tout dire : celui qui dit tout dit peu de choses, car à la fin on ne l'écoute plus. Que signifient ces quatre vers que La Fontaine ajoute à la fable de la grenouille qui s'enfle ? A-t-il peur qu'on ne l'ait pas compris ? A-t-il besoin, ce grand peintre, d'écrire les noms au-dessous des objets qu'il peint ? Loin de généraliser par là sa morale, il la particularise, il la restreint en quelque sorte aux exemples cités, et empêche qu'on ne l'applique à d'autres. Je voudrois qu'avant de mettre les fables de cet auteur inimitable entre les mains d'un jeune homme, on en retranchât toutes ces conclusions par lesquelles il prend la peine d'expliquer ce qu'il vient de dire aussi clairement qu'agréablement. Si votre élève n'entend la fable qu'à l'aide de l'explication, soyez sûr qu'il ne l'entendra pas même ainsi.

Il importeroit encore de donner à ces fables un ordre plus didactique et plus conforme aux progrès des sentimens et des lumières du jeune adolescent. Conçoit-on rien de moins raisonnable que d'aller suivre exactement l'ordre numérique du livre, sans égard au besoin ni à l'occasion ? D'abord le corbeau, puis la cigale (¹), puis la grenouille, puis les deux mulets, etc. J'ai sur le cœur ces deux mulets, parce que je me souviens d'avoir vu un enfant élevé pour la finance, et qu'on étourdissoit de l'emploi qu'il alloit remplir, lire cette fable, l'apprendre, la dire, la redire cent et cent fois, sans en tirer jamais la moindre objection contre le métier auquel il étoit destiné. Non-seulement je n'ai jamais vu d'enfans faire aucune application solide des fables qu'ils apprenoient, mais je n'ai jamais vu que personne se

---

(¹) Il faut encore appliquer ici la correction de M. Formey. C'est la cigale, puis le corbeau, etc. (*).

(*) Il est à remarquer que, dans son manuscrit, Rousseau n'avoit pas fait cette transposition. Ce manuscrit porte en effet, *d'abord la cigale*, *puis le corbeau*, etc. La transposition a sans doute eu lieu par erreur dans les premières éditions, et il aura omis de la rectifier. Mais il l'a laissé subsister dans les éditions postérieures, tout exprès pour faire ressortir la remarque niaise de Formey sur cette inadvertance. G. P.

souciât de leur faire faire cette application. Le prétexte de cette étude est l'instruction morale ; mais le véritable objet de la mère et de l'enfant n'est que d'occuper de lui toute une compagnie, tandis qu'il récite ses fables ; aussi les oublie-t-il toutes en grandissant, lorsqu'il n'est plus question de les réciter, mais d'en profiter. Encore une fois, il n'appartient qu'aux hommes de s'instruire dans les fables ; et voici pour Émile le temps de commencer.

Je montre de loin, car je ne veux pas non plus tout dire, les routes qui détournent de la bonne, afin qu'on apprenne à les éviter. Je crois qu'en suivant celle que j'ai marquée, votre élève achètera la connaissance des hommes et de soi-même au meilleur marché qu'il est possible ; que vous le mettrez au point de contempler les jeux de la fortune sans envier le sort de ses favoris, et d'être content de lui sans se croire plus sage que les autres. Vous avez aussi commencé à le rendre acteur pour le rendre spectateur : il faut achever ; car du parterre on voit les objets tels qu'ils paroissent, mais de la scène on les voit tels qu'ils sont. Pour embrasser le tout, il faut se mettre dans le point de vue ; il faut approcher pour voir les détails. Mais à quel titre un jeune homme entrera-t-il dans les affaires du monde ? Quel droit a-t-il d'être initié dans ces mystères ténébreux ? Des intrigues de plaisir bornent les intérêts de son âge, il ne dispose encore que de lui-même ; c'est comme s'il ne disposoit de rien. L'homme est la plus vile des marchandises, et, parmi nos importans droits de propriété, celui de la personne est toujours le moindre de tous.

Quand je vois que, dans l'âge de la plus grande activité, l'on borne les jeunes gens à des études purement spéculatives, et qu'après, sans la moindre expérience, ils sont tout d'un coup jetés dans le monde et dans les affaires, je trouve qu'on ne choque pas moins la raison que la nature, et je ne suis plus surpris que si peu de gens sachent se conduire. Par quel bizarre tour d'esprit nous apprend-on tant de choses inutiles, tandis que l'art d'agir est compté pour rien ? On prétend nous former pour la société, et l'on nous instruit comme si chacun de nous devoit passer sa vie à penser seul dans sa cellule, ou à traiter des sujets en l'air avec des indifférens. Vous croyez apprendre à vivre à vos enfans, en leur enseignant certaines contorsions du corps et certaines formules de paroles qui ne signifient rien. Moi aussi, j'ai appris à vivre à mon Émile, car je lui ai appris à vivre avec lui-même, et de plus, à savoir gagner son pain. Mais ce n'est pas assez. Pour vivre dans le monde, il faut savoir traiter avec les hommes, il faut connoître les instrumens qui donnent prise sur eux ; il faut calculer l'action et réaction de l'intérêt particulier dans la société civile, et prévoir si juste les événemens, qu'on soit rarement trompé dans ses entreprises, ou qu'on ait du moins toujours pris les meilleurs moyens pour réussir. Les lois ne permettent pas aux jeunes gens de faire leurs propres affaires et de disposer de leur propre bien : mais que leur serviroient ces précautions, si, jusqu'à l'âge prescrit, ils ne pouvoient acquérir aucune expérience ? Ils n'auroient rien gagné d'attendre, et seroient tout aussi neufs à vingt-cinq ans qu'à quinze. Sans doute il faut empêcher qu'un jeune homme, aveuglé par son ignorance ou trompé par ses passions, ne se fasse du mal à lui-même ; mais à tout âge il est permis d'être bienfaisant, à tout âge on peut protéger, sous la direction d'un homme sage, les malheureux qui n'ont besoin que d'appui.

Les nourrices, les mères, s'attachent aux enfans par les soins qu'elles leur rendent ; l'exercice des vertus sociales porte au fond des cœurs l'amour de l'humanité : c'est en faisant le bien qu'on devient bon ; je ne connois point de pratique plus sûre. Occupez votre élève à toutes les bonnes actions qui sont à sa portée ; que l'intérêt des indigens soit toujours le sien ; qu'il ne les assiste pas seulement de sa bourse, mais de ses soins ; qu'il les serve, qu'il les protège, qu'il leur consacre sa personne et son temps ; qu'il se fasse leur homme d'affaires : il ne remplira de sa vie un si noble emploi. Combien d'opprimés, qu'on n'eût jamais écoutés, obtiendront justice, quand il la demandera pour eux avec cette intrépide fermeté que donne l'exercice de la vertu ; quand il forcera les portes des grands et des riches ; quand il ira, s'il le faut, jusqu'au pied du trône faire entendre la voix des infortunés, à qui tous les abords sont fermés par leur misère, et que la crainte d'être punis des maux qu'on leur fait empêche même d'oser s'en plaindre!

Mais ferons-nous d'Émile un chevalier errant, un redresseur de torts, un paladin? Ira-t-il s'ingérer dans les affaires publiques, faire le sage et le défenseur des lois chez les grands, chez les magistrats, chez le prince, faire le solliciteur chez les juges et l'avocat dans les tribunaux? Je ne sais rien de tout cela. Les noms badins et ridicules ne changent rien à la nature des choses. Il fera tout ce qu'il sait être utile et bon. Il ne fera rien de plus, et il sait que rien n'est utile et bon pour lui de ce qui ne convient pas à son âge. Il sait que son premier devoir est envers lui-même; que les jeunes gens doivent se défier d'eux, être circonspects dans leur conduite, respectueux devant les gens plus âgés, retenus et discrets à parler sans sujet, modestes dans les choses indifférentes, mais hardis à bien faire, et courageux à dire la vérité. Tels étoient ces illustres Romains qui, avant d'être admis dans les charges, passoient leur jeunesse à poursuivre le crime et à défendre l'innocence, sans autre intérêt que celui de s'instruire en servant la justice et protégeant les bonnes mœurs.

Émile n'aime ni le bruit ni les querelles, non-seulement entre les hommes (¹), pas même entre les animaux. Il n'excita jamais deux chiens à se battre; jamais il ne fit poursuivre un chat par un chien. Cet esprit de paix est un effet de son éducation, qui, n'ayant point fomenté l'amour-propre et la haute opinion de lui-même, l'a détourné de chercher ses plaisirs dans la domination et dans le malheur d'autrui. Il souffre quand il voit souffrir; c'est un sentiment naturel. Ce qui fait qu'un jeune homme s'endurcit et se complaît à voir tourmenter un être sensible, c'est quand un retour de vanité le fait se regarder comme exempt des mêmes peines par sa sagesse ou par sa supériorité. Celui qu'on a garanti de ce tour d'esprit ne sauroit tomber dans le vice qui en est l'ouvrage. Émile aime donc la paix. L'image du bonheur le flatte; et quand il peut contribuer à le produire, c'est un moyen de plus de le partager. Je n'ai pas supposé qu'en voyant des malheureux il n'auroit pour eux que cette pitié stérile et cruelle qui se contente de plaindre les maux qu'elle peut guérir. Sa bienfaisance active lui donne bientôt des lumières qu'avec un cœur plus dur il n'eût point acquises, ou qu'il eût acquises beaucoup plus tard. S'il voit régner la discorde entre ses camarades, il cherche à les réconcilier; s'il voit des affligés, il s'informe du sujet de leurs peines; s'il voit deux hommes se haïr, il veut connoître la cause de leur inimitié; s'il voit un opprimé gémir des vexations du puissant et du riche, il cherche de quelles manœuvres se couvrent ces vexations; et, dans l'intérêt qu'il prend à tous les misérables, les moyens de finir leurs maux ne sont jamais indifférens pour lui. Qu'avons-nous donc à faire pour tirer parti de ces dispositions d'une manière convenable à son âge? De régler ses soins et ses connoissances, et d'employer son zèle à les augmenter.

Je ne me lasse point de le redire: mettez toutes les leçons des jeunes gens en actions plutôt qu'en discours; qu'ils n'apprennent rien dans les livres de ce que l'expérience peut leur enseigner. Quel extravagant projet de les exercer à parler, sans sujet de rien dire, de croire

---

(¹) Mais si on lui cherche querelle à lui-même, comment se conduira-t-il? Je réponds qu'il n'aura jamais de querelle, qu'il ne s'y prêtera jamais assez pour en avoir. Mais enfin, poursuivra-t-on, qui est-ce qui est à l'abri d'un soufflet ou d'un démenti de la part d'un brutal, d'un ivrogne ou d'un brave coquin, qui, pour avoir le plaisir de tuer son homme, commence par le déshonorer? C'est autre chose; il ne faut point que l'honneur des citoyens ni leur vie soient à la merci d'un brutal, d'un ivrogne ou d'un brave coquin, et l'on ne peut pas plus se préserver d'un pareil accident que de la chute d'une tuile. Un soufflet et un démenti reçus et endurés ont des effets civils que nulle sagesse ne peut prévenir, et dont nul tribunal ne peut venger l'offensé. L'insuffisance des lois lui rend donc en cela son indépendance; il est alors seul magistrat, seul juge entre l'offenseur et lui: il est seul interprète et ministre de la loi naturelle; il se doit justice et peut seul se la rendre, et il n'y a sur la terre nul gouvernement assez insensé pour le punir de se l'être faite en pareil cas. Je ne dis pas qu'il doive s'aller battre, c'est une extravagance; je dis qu'il se doit justice, et qu'il en est le seul dispensateur. Sans tant de vains édits contre les duels, si j'étois souverain, je réponds qu'il n'y auroit jamais ni soufflet ni démenti donné dans mes états, et cela par un moyen fort simple dont les tribunaux ne se mêleroient point. Quoi qu'il en soit, Émile sait en pareil cas la justice qu'il se doit à lui-même, et l'exemple qu'il doit à la sûreté des gens d'honneur. Il ne dépend pas de l'homme le plus ferme d'empêcher qu'on ne l'insulte, mais il dépend de lui d'empêcher qu'on ne se vante long-temps de l'avoir insulté (*).

(*) Cette note est fameuse; elle a fourni à la critique un aliment dont la malignité et la mauvaise foi se sont empressées de profiter. Au reste, l'idée que Rousseau fait seulement entrevoir ici, et sur laquelle il paroit éviter de s'expliquer plus ouvertement, est clairement énoncée et même développée dans une de ses lettres à l'abbé M***, du 14 mars 1770. Il y joint le récit d'une anecdote très-remarquable qui a fait naître cette idée dans son esprit.

G. P.

leur faire sentir, sur les bancs d'un collége, l'énergie du langage des passions et toute la force de l'art de persuader, sans intérêt de rien persuader à personne! Tous les préceptes de la rhétorique ne semblent qu'un pur verbiage à quiconque n'en sent pas l'usage pour son profit. Qu'importe à un écolier de savoir comment s'y prit Annibal pour déterminer ses soldats à passer les Alpes? Si, au lieu de ces magnifiques harangues, vous lui disiez comment il doit s'y prendre pour porter son préfet à lui donner congé, soyez sûr qu'il seroit plus attentif à vos règles.

Si je voulois enseigner la rhétorique à un jeune homme dont toutes les passions fussent déjà développées, je lui présenterois sans cesse des objets propres à flatter ses passions, et j'examinerois avec lui quel langage il doit tenir aux autres hommes pour les engager à favoriser ses désirs. Mais mon Émile n'est pas dans une situation si avantageuse à l'art oratoire; borné presque au seul nécessaire physique, il a moins besoin des autres que les autres n'ont besoin de lui; et n'ayant rien à leur demander pour lui-même, ce qu'il veut leur persuader ne le touche pas d'assez près pour l'émouvoir excessivement. Il suit de là qu'en général il doit avoir un langage simple et peu figuré. Il parle ordinairement au propre et seulement pour être entendu. Il est peu sentencieux, parce qu'il n'a pas appris à généraliser ses idées : il a peu d'images, parce qu'il est rarement passionné.

Ce n'est pas pourtant qu'il soit tout-à-fait flegmatique et froid; ni son âge, ni ses mœurs, ni ses goûts, ne le permettent : dans le feu de l'adolescence, les esprits vivifians, retenus et cohobés dans son sang, portent à son jeune cœur une chaleur qui brille dans ses regards, qu'on sent dans ses discours, qu'on voit dans ses actions. Son langage a pris de l'accent, et quelquefois de la véhémence. Le noble sentiment qui l'inspire lui donne de la force et de l'élévation : pénétré du tendre amour de l'humanité, il transmet en parlant les mouvemens de son âme; sa généreuse franchise a je ne sais quoi de plus enchanteur que l'artificieuse éloquence des autres; ou plutôt lui seul est véritablement éloquent, puisqu'il n'a qu'à montrer ce qu'il sent pour le communiquer à ceux qui l'écoutent.

Plus j'y pense, plus je trouve qu'en mettant ainsi la bienfaisance en action et tirant de nos bons ou mauvais succès des réflexions sur leurs causes, il y a peu de connoissances utiles qu'on ne puisse cultiver dans l'esprit d'un jeune homme, et qu'avec tout le vrai savoir qu'on peut acquérir dans les colléges, il acquerra de plus une science plus importante encore, qui est l'application de cet acquis aux usages de la vie. Il n'est pas possible que, prenant tant d'intérêt à ses semblables, il n'apprenne de bonne heure à peser et apprécier leurs actions, leurs goûts, leurs plaisirs, et à donner en général une plus juste valeur à ce qui peut contribuer ou nuire au bonheur des hommes, que ceux qui, ne s'intéressant à personne, ne font jamais rien pour autrui. Ceux qui ne traitent jamais que leurs propres affaires se passionnent trop pour juger sainement des choses. Rapportant tout à eux seuls, et réglant sur leur seul intérêt les idées du bien et du mal, ils se remplissent l'esprit de mille préjugés ridicules, et, dans tout ce qui porte atteinte à leur moindre avantage, ils voient aussitôt le bouleversement de tout l'univers.

Étendons l'amour-propre sur les autres êtres, nous le transformerons en vertu, et il n'y a point de cœur d'homme dans lequel cette vertu n'ait sa racine. Moins l'objet de nos soins tient immédiatement à nous-mêmes, moins l'illusion de l'intérêt particulier est à craindre; plus on généralise cet intérêt, plus il devient équitable; et l'amour du genre humain n'est autre chose en nous que l'amour de la justice. Voulons-nous donc qu'Émile aime la vérité, voulons-nous qu'il la connoisse; dans les affaires tenons-le toujours loin de lui. Plus ses soins seront consacrés au bonheur d'autrui, plus ils seront éclairés et sages, et moins il se trompera sur ce qui est bien ou mal; mais ne souffrons jamais en lui de préférence aveugle, fondée uniquement sur des acceptions de personnes ou sur d'injustes préventions. Et pourquoi nuiroit-il à l'un pour servir l'autre? Peu lui importe à qui tombe un plus grand bonheur en partage, pourvu qu'il concoure au plus grand bonheur de tous : c'est là le premier intérêt du sage après l'intérêt privé; car chacun est partie de son espèce et non d'un autre individu.

Pour empêcher la pitié de dégénérer en foiblesse, il faut donc la généraliser, et l'étendre sur tout le genre humain. Alors on ne s'y livre qu'autant qu'elle est d'accord avec la justice parce que, de toutes les vertus, la justice est celle qui concourt le plus au bien commun des hommes. Il faut par raison, par amour pour nous, avoir pitié de notre espèce encore plus que de notre prochain; et c'est une très-grande cruauté envers les hommes que la pitié pour les méchans.

Au reste, il faut se souvenir que tous ces moyens, par lesquels je jette ainsi mon élève hors de lui-même, ont cependant toujours un rapport direct à lui, puisque non-seulement il en résulte une jouissance intérieure, mais qu'en le rendant bienfaisant au profit des autres je travaille à sa propre instruction.

J'ai d'abord donné les moyens, et maintenant j'en montre l'effet. Quelles grandes vues je vois s'arranger peu à peu dans sa tête ! Quels sentimens sublimes étouffent dans son cœur le germe des petites passions ! Quelle netteté de judiciaire, quelle justesse de raison je vois se former en lui de ses penchans cultivés, de l'expérience qui concentre les vœux d'une âme grande dans l'étroite borne des possibles, et fait qu'un homme supérieur aux autres, ne pouvant les élever à sa mesure, sait s'abaisser à la leur ! Les vrais principes du juste, les vrais modèles du beau, tous les rapports moraux des êtres, toutes les idées de l'ordre, se gravent dans son entendement; il voit la place de chaque chose et la cause qui l'en écarte; il voit ce qui peut faire le bien et ce qui l'empêche. Sans avoir éprouvé les passions humaines, il connoît leurs illusions et leur jeu.

J'avance, attiré par la force des choses, mais s'en m'en imposer sur les jugemens des lecteurs. Depuis long-temps ils me voient dans le pays des chimères; moi je les vois toujours dans le pays des préjugés. En m'écartant si fort des opinions vulgaires, je ne cesse de les avoir présentes à mon esprit : je les examine, je les médite, non pour les suivre ni pour les fuir, mais pour les peser à la balance du raisonnement. Toutes les fois qu'il me force à m'écarter d'elle, instruit par l'expérience, je me tiens déjà pour dit qu'ils ne m'imiteront pas : je sais que, s'obstinant à n'imaginer possible que ce qu'ils voient, ils prendront le jeune homme que je figure pour un être imaginaire et fantastique, parce qu'il diffère de ceux auxquels ils le comparent; sans songer qu'il faut bien qu'il en diffère, puisque élevé tout différemment, affecté de sentimens tout contraires, instruit tout autrement qu'eux, il seroit beaucoup plus surprenant qu'il leur ressemblât, que d'être tel que je le suppose. Ce n'est pas l'homme de l'homme, c'est l'homme de la nature. Assurément il doit être fort étranger à leurs yeux.

En commençant cet ouvrage, je ne supposois rien que tout le monde ne pût observer ainsi que moi, parce qu'il est un point, savoir la naissance de l'homme, duquel nous partons tous également : mais plus nous avançons, moi pour cultiver la nature, et vous pour la dépraver, plus nous nous éloignons les uns des autres. Mon élève, à six ans, différoit peu des vôtres que vous n'aviez pas encore eu le temps de défigurer, maintenant ils n'ont rien de semblable; et l'âge de l'homme fait, dont il approche, doit le montrer sous une forme absolument différente, si je n'ai pas perdu tous mes soins. La quantité d'acquis est peut-être assez égale de part et d'autre; mais les choses acquises ne se ressemblent point. Vous êtes étonnés de trouver à l'un des sentimens sublimes dont les autres n'ont pas le moindre germe; mais considérez aussi que ceux-ci sont déjà tous philosophes et théologiens, avant qu'Émile sache seulement ce que c'est que philosophie et qu'il ait même entendu parler de Dieu.

Si donc on venoit me dire : Rien de ce que vous supposez n'existe; les jeunes gens ne sont point faits ainsi, ils ont telle ou telle passion; ils font ceci ou cela : c'est comme si l'on nioit que jamais poirier fût un grand arbre, parce qu'on n'en voit que de nains dans nos jardins.

Je prie ces juges, si prompts à la censure, de considérer que ce qu'ils disent là je le sais tout aussi bien qu'eux, que j'y ai probablement réfléchi plus long-temps, et que, n'ayant nul intérêt à leur en imposer, j'ai droit d'exiger qu'ils se donnent au moins le temps de chercher en quoi je me trompe. Qu'ils examinent bien la constitution de l'homme, qu'ils suivent les premiers développemens du cœur dans telle ou telle circonstance, afin de voir combien un individu peut différer d'un autre par la force (a) de l'éducation ; qu'ensuite ils comparent la mienne aux effets que je lui donne ; et qu'ils disent en quoi j'ai mal raisonné : je n'aurai rien à répondre.

Ce qui me rend plus affirmatif, et, je crois, plus excusable de l'être, c'est qu'au lieu de me livrer à l'esprit de système, je donne le moins qu'il est possible au raisonnement et ne me fie qu'à l'observation. Je ne me fonde point sur ce que j'ai imaginé, mais sur ce que j'ai vu. Il est vrai que je n'ai pas renfermé mes expériences dans l'enceinte des murs d'une ville ni dans un seul ordre de gens; mais, après avoir comparé tout autant de rangs et de peuples que j'en ai pu voir dans une vie passée à les observer, j'ai retranché comme artificiel ce qui étoit d'un peuple et non pas d'un autre, d'un état et non pas d'un autre; et n'ai regardé comme appartenant incontestablement à l'homme, que ce qui était commun à tous, à quelque âge, dans quelque rang et dans quelque nation que ce fût.

Or, si, selon cette méthode, vous suivez dès l'enfance un jeune homme qui n'aura point reçu de forme particulière, et qui tiendra le moins qu'il est possible à l'autorité et à l'opinion d'autrui ; à qui de mon élève ou des vôtres pensez-vous qu'il ressemblera le plus ? voilà, ce me semble, la question qu'il faut résoudre pour savoir si je me suis égaré.

L'homme ne commence pas aisément à penser ; mais sitôt qu'il commence il ne cesse plus. Quiconque a pensé pensera toujours, et l'entendement une fois exercé à la réflexion ne peut plus rester en repos. On pourrait donc croire que j'en fais trop ou trop peu, que l'esprit humain n'est point naturellement si prompt à s'ouvrir, et qu'après lui avoir donné des facilités qu'il n'a pas, je le tiens trop long-temps inscrit dans un cercle d'idées qu'il doit avoir franchi.

Mais considérez premièrement que, voulant former l'homme de la nature, il ne s'agit pas pour cela d'en faire un sauvage et de le reléguer au fond des bois; mais qu'enfermé dans le tourbillon social, il suffit qu'il ne s'y laisse entraîner ni par les passions ni par les opinions des hommes; qu'il voie par ses yeux, qu'il sente par son cœur ; qu'aucune autorité ne le gouverne hors celle de sa propre raison. Dans cette position il est clair que la multitude d'objets qui le frappent, les fréquens sentimens dont il est affecté, les divers moyens de pourvoir à ses besoins réels, doivent lui donner beaucoup d'idées qu'il n'auroit jamais eues, ou qu'il eût acquises plus lentement. Le progrès naturel à l'esprit est accéléré, mais non renversé. Le même homme qui doit rester stupide dans les forêts doit devenir raisonnable et sensé dans les villes, quand il y sera simple spectateur. Rien n'est plus propre à rendre sage que les folies qu'on voit sans les partager ; et celui même qui les partage s'instruit encore, pourvu qu'il n'en soit pas la dupe et qu'il n'y porte pas l'erreur de ceux qui les font.

Considérez aussi que, bornés par nos facultés aux choses sensibles, nous n'offrons presque aucune prise aux notions abstraites de la philosophie et aux idées purement intellectuelles. Pour y atteindre il faut, ou nous dégager du corps auquel nous sommes si fortement attachés, ou faire d'objet en objet un progrès graduel et lent, ou enfin franchir rapidement et presque d'un saut l'intervalle par un pas de géant dont l'enfance n'est pas capable, et pour lequel il faut même aux hommes bien des échelons faits exprès pour eux. La première idée abstraite est le premier de ces échelons ; mais j'ai bien de la peine à voir comment on s'avise de le construire.

L'Être incompréhensible qui embrasse tout, qui donne le mouvement au monde et forme tout le système des êtres, n'est ni visible à nos yeux, ni palpable à nos mains ; il échappe à tous nos sens : l'ouvrage se montre, mais l'ouvrier se cache. Ce n'est pas une petite affaire de connoître enfin qu'il existe, et quand nous sommes parvenus là, quand nous nous demandons quel est-il ? où est-il ? notre esprit se confond, s'égare, et nous ne savons plus que penser.

Locke veut qu'on commence par l'étude des esprits, et qu'on passe ensuite à celle des corps. Cette méthode est celle (a) de la superstition, des préjugés, de l'erreur : ce n'est

---

(a) Var. ... par la seule force de...

(a) Var. ... Cette marche est celle...

point celle de la raison, ni même de la nature bien ordonnée; c'est se boucher les yeux pour apprendre à voir. Il faut avoir long-temps étudié les corps pour se faire une véritable notion des esprits, et soupçonner qu'ils existent. L'ordre contraire ne sert qu'à établir le matérialisme.

Puisque nos sens sont les premiers instrumens de nos connoissances, les êtres corporels et sensibles sont les seuls dont nous ayons immédiatement l'idée. Ce mot *esprit* n'a aucun sens pour quiconque n'a pas philosophé. Un esprit n'est qu'un corps pour le peuple et pour les enfans. N'imaginent-ils pas des esprits, qui crient, qui parlent, qui battent, qui font du bruit? Or on m'avouera que des esprits qui ont des bras et des langues ressemblent beaucoup à des corps. Voilà pourquoi tous les peuples du monde, sans excepter les Juifs, se sont fait des dieux corporels. Nous-mêmes, avec nos termes d'Esprit, de Trinité, de Personnes, sommes pour la plupart de vrais anthropomorphites (*). J'avoue qu'on nous apprend à dire que Dieu est partout: mais nous croyons aussi que l'air est partout, au moins dans notre atmosphère; et le mot *esprit*, dans son origine, ne signifie lui-même que *souffle* et *vent*. Sitôt qu'on accoutume les gens à dire des mots sans les entendre, il est facile après cela de leur faire dire tout ce qu'on veut.

Le sentiment de notre action sur les autres corps a dû d'abord nous faire croire que, quand ils agissoient sur nous, c'étoit d'une manière semblable à celle dont nous agissons sur eux. Ainsi l'homme a commencé par animer tous les êtres dont il sentoit l'action. Se sentant moins fort que la plupart de ces êtres, faute de connoître les bornes de leur puissance, il l'a supposée illimitée, et il en fit des dieux aussitôt qu'il en fit des corps. Durant les premiers âges, les hommes, effrayés de tout, n'ont rien vu de mort dans la nature. L'idée de la matière n'a pas été moins lente à se former en eux que celle de l'esprit, puisque cette première idée est une abstraction elle-même. Ils ont ainsi rempli l'univers de dieux sensibles. Les astres, les vents, les montagnes, les fleuves, les arbres, les villes, les maisons mêmes, tout avoit son âme, son dieu, sa vie. Les marmousets de Laban, les manitous des sauvages, les fétiches des Nègres, tous les ouvrages de la nature et des hommes ont été les premières divinités des mortels; le polythéisme a été leur première religion, et l'idolâtrie leur premier culte. Ils n'ont pu reconnoître un seul Dieu que quand, généralisant de plus en plus leurs idées, ils ont été en état de remonter à une première cause, de réunir le système total des êtres sous une seule idée, et de donner un sens au mot *substance*, lequel est au fond la plus grande des abstractions. Tout enfant qui croit en Dieu est donc nécessairement idolâtre, ou du moins anthropomorphite; et quand une fois l'imagination a vu Dieu, il est bien rare que l'entendement le conçoive. Voilà précisément l'erreur où mène l'ordre de Locke.

Parvenu, je ne sais comment, à l'idée abstraite de la substance, on voit que, pour admettre une substance unique, il lui faudroit supposer des qualités incompatibles qui s'excluent mutuellement, telles que la pensée et l'étendue, dont l'une est essentiellement divisible, et dont l'autre exclut toute divisibilité. On conçoit d'ailleurs que la pensée, ou si l'on veut le sentiment, est une qualité primitive et inséparable de la substance à laquelle elle appartient; qu'il en est de même de l'étendue par rapport à sa substance. D'où l'on conclut que les êtres qui perdent une de ces qualités perdent la substance à laquelle elle appartient, que par conséquent la mort n'est qu'une séparation de substances, et que les êtres où ces deux qualités sont réunies sont composés des deux substances auxquelles ces deux qualités appartiennent.

Or considérez maintenant quelle distance reste encore entre la notion des deux substances et celle de la nature divine; entre l'idée incompréhensible de l'action de notre âme sur notre corps et l'idée de l'action de Dieu sur tous les êtres. Les idées de création, d'annihilation, d'ubiquité, d'éternité, de toute-puissance, celles des attributs divins, toutes ces idées qu'il appartient à si peu d'hommes de voir aussi confuses et aussi obscures qu'elles le sont, et qui n'ont rien d'obscur pour le peuple, parce qu'il

---

(*) De ἄνθρωπος, homme, μορφή, forme. On a donné ce nom à d'anciens hérétiques, qui, prenant à la lettre ce qui est dit de Dieu dans l'Écriture, prétendoient qu'il avoit réellement une forme humaine.   G. P.

n'y comprend rien du tout, comment se présenteront-elles dans toute leur force, c'est-à-dire dans toute leur obscurité, à de jeunes esprits encore occupés aux premières opérations des sens et qui ne conçoivent que ce qu'ils touchent? C'est en vain que les abîmes de l'infini sont ouverts tout autour de nous; un enfant n'en sait point être épouvanté; ses foibles yeux n'en peuvent sonder la profondeur. Tout est infini pour les enfans, ils ne savent mettre de bornes à rien; non qu'ils fassent la mesure fort longue, mais parce qu'ils ont l'entendement court. J'ai même remarqué qu'ils mettent l'infini moins au-delà qu'au-deçà des dimensions qui leur seront connues. Ils estimeront un espace immense bien plus par leurs pieds que par leurs yeux; il ne s'étendra pas pour eux plus loin qu'ils ne pourront voir, mais plus loin qu'ils ne pourront aller. Si on leur parle de la puissance de Dieu, ils l'estimeront presque aussi fort que leur père. En toute chose, leur connoissance étant pour eux la mesure des possibles, ils jugent ce qu'on leur dit toujours moindre que ce qu'ils savent. Tels sont les jugemens naturels à l'ignorance et à la foiblesse d'esprit. Ajax eût craint de se mesurer avec Achille, et défie Jupiter au combat, parce qu'il connoît Achille, et ne connoît pas Jupiter. Un paysan suisse, qui se croyoit le plus riche des hommes, et à qui l'on tâchoit d'expliquer ce que c'étoit qu'un roi, demandoit d'un air fier si le roi pourroit bien avoir cent vaches à la montagne.

Je prévois combien de lecteurs seront surpris de me voir suivre tout le premier âge de mon élève sans lui parler de religion. A quinze ans il ne savoit s'il avoit une âme, et peut-être à dix-huit n'est-il pas encore temps qu'il l'apprenne; car, s'il l'apprend plus tôt qu'il le faut, il court risque de ne le savoir jamais.

Si j'avois à peindre la stupidité fâcheuse, je peindrois un pédant enseignant le catéchisme à des enfans; si je voulois rendre un enfant fou, je l'obligerois d'expliquer ce qu'il dit en disant son catéchisme. On m'objectera que la plupart des dogmes du christianisme étant des mystères, attendre que l'esprit humain soit capable de les concevoir, ce n'est pas attendre que l'enfant soit homme, c'est attendre que l'homme ne soit plus. A cela je réponds premièrement qu'il y a des mystères qu'il est non-seulement impossible à l'homme de concevoir, mais de croire, et que je ne vois pas ce qu'on gagne à les enseigner aux enfans, si ce n'est de leur apprendre à mentir de bonne heure. Je dis de plus que, pour admettre les mystères, il faut comprendre au moins qu'ils sont incompréhensibles; et les enfans ne sont pas même capables de cette conception-là. Pour l'âge où tout est mystère, il n'y a point de mystères proprement dits.

Il faut croire en Dieu pour être sauvé. Ce dogme mal entendu est le principe de la sanguinaire intolérance, et la cause de toutes ces vaines instructions qui portent le coup mortel à la raison humaine en l'accoutumant à se payer de mots. Sans doute il n'y a pas un moment à perdre pour mériter le salut éternel: mais si, pour l'obtenir, il suffit de répéter certaines paroles, je ne vois pas ce qui nous empêche de peupler le ciel de sansonnets et de pies, tout aussi bien que d'enfans.

L'obligation de croire en suppose la possibilité. Le philosophe qui ne croit pas a tort, parce qu'il use mal de la raison qu'il a cultivée, et qu'il est en état d'entendre les vérités qu'il rejette. Mais l'enfant qui professe la religion chrétienne, que croit-il? ce qu'il conçoit; et il conçoit si peu ce qu'on lui fait dire, que si vous lui dites le contraire, il l'adoptera tout aussi volontiers. La foi des enfans et de beaucoup d'hommes est une affaire de géographie. Seront-ils récompensés d'être nés à Rome plutôt qu'à la Mecque? On dit à l'un que Mahomet est le prophète de Dieu, et il dit que Mahomet est le prophète de Dieu; on dit à l'autre que Mahomet est un fourbe, et il dit que Mahomet est un fourbe. Chacun des deux eût affirmé ce qu'affirme l'autre, s'ils se fussent transposés. Peut-on partir de deux dispositions si semblables pour envoyer l'un en paradis et l'autre en enfer (*a*)? Quand un enfant dit qu'il croit en Dieu, ce n'est pas à Dieu qu'il croit, c'est à Pierre ou à Jacques qui lui disent qu'il y a quel-

(*a*) VAR. *On dit à l'un qu'il faut honorer Mahomet, et il dit qu'il honore Mahomet; on dit à l'autre qu'il faut honorer la Vierge, et il dit qu'il honore la Vierge. Chacun des deux auroit fait ce qu'a fait l'autre s'ils se fussent trouvés transposés. Peut-on partir de deux sentimens si semblables pour....*

que chose qu'on appelle Dieu; et il le croit à la manière d'Euripide.

> O Jupiter! car de toi rien sinon
> Je ne connois seulement que le nom (¹).

Nous tenons que nul enfant mort avant l'âge de raison ne sera privé du bonheur éternel : les catholiques croient la même chose de tous les enfans qui ont reçu le baptême, quoiqu'ils n'aient jamais entendu parler de Dieu. Il y a donc des cas où l'on peut être sauvé sans croire en Dieu, et ces cas ont lieu, soit dans l'enfance, soit dans la démence, quand l'esprit humain est incapable des opérations nécessaires pour reconnoître la Divinité. Toute la différence que je trouve ici entre vous et moi, est que vous prétendez que les enfans ont à sept ans cette capacité, et que je ne la leur accorde pas même à quinze. Que j'aie tort ou raison, il ne s'agit pas ici d'un article de foi, mais d'une simple observation d'histoire naturelle.

Par le même principe, il est clair que tel homme, parvenu jusqu'à la vieillesse sans croire en Dieu, ne sera pas pour cela privé de sa présence dans l'autre vie si son aveuglement n'a pas été volontaire, et je dis qu'il ne l'est pas toujours. Vous en convenez pour les insensés qu'une maladie prive de leurs facultés spirituelles, mais non de leur qualité d'homme, ni par conséquent du droit aux bienfaits de leur créateur. Pourquoi donc n'en pas convenir pour ceux qui, séquestrés de toute société dès leur enfance, auroient mené une vie absolument sauvage, privés des lumières qu'on n'acquiert que dans le commerce des hommes (²) ? Car il est d'une impossibilité démontrée qu'un pareil sauvage pût jamais élever ses réflexions jusqu'à la connoissance du vrai Dieu. La raison nous dit qu'un homme n'est punissable que par les fautes de sa volonté, et qu'une ignorance invincible ne lui sauroit être imputée à crime. D'où il suit que, devant la justice éternelle, tout homme qui croiroit, s'il avoit des lumières nécessaires, est réputé croire, et qu'il n'y aura d'incrédules punis que ceux dont le cœur se ferme à la vérité.

(¹) PLUTARQUE, *Traité de l'Amour*, trad. d'Amyot. C'est ainsi que commençoit d'abord la tragédie de Ménalippe; mais les clameurs du peuple d'Athènes forcèrent Euripide à changer ce commencement.

(²) Sur l'état naturel de l'esprit humain et sur la lenteur de ses progrès, voyez la première partie du *Discours sur l'Inégalité*.

Gardons-nous d'annoncer la vérité à ceux qui ne sont pas en état de l'entendre, car c'est y vouloir substituer l'erreur. Il vaudroit mieux n'avoir aucune idée de la Divinité que d'en avoir des idées basses, fantastiques, injurieuses, indignes d'elle, c'est un moindre mal de la méconnoître que de l'outrager. J'aimerois mieux, dit le bon Plutarque (*), qu'on crût qu'il n'y a point de Plutarque au monde, que si l'on disoit Plutarque est injuste, envieux, jaloux, et si tyran, qu'il exige plus qu'il ne laisse le pouvoir de faire.

Le grand mal des images difformes de la Divinité qu'on trace dans l'esprit des enfans, est qu'elles y restent toute leur vie, et qu'ils ne conçoivent plus, étant hommes, d'autre Dieu que celui des enfans. J'ai vu en Suisse une bonne et pieuse mère de famille tellement convaincue de cette maxime, qu'elle ne voulut point instruire son fils de la religion dans le premier âge, de peur que, content de cette instruction grossière, il n'en négligeât une meilleure à l'âge de raison. Cet enfant n'entendoit jamais parler de Dieu qu'avec recueillement et révérence, et, sitôt qu'il en vouloit parler lui-même, on lui imposoit silence, comme sur un sujet trop sublime et trop grand pour lui. Cette réserve excitoit sa curiosité, et son amour-propre aspiroit au moment de connoître ce mystère qu'on lui cachoit avec tant de soin. Moins on lui parloit de Dieu, moins on souffroit qu'il en parlât lui-même, et plus il s'en occupoit : cet enfant voyoit Dieu partout. Et ce que je craindrois de cet air de mystère indiscrètement affecté, seroit qu'en allumant trop l'imagination d'un jeune homme on n'altérât sa tête, et qu'enfin l'on n'en fît un fanatique au lieu d'en faire un croyant.

Mais ne craignons rien de semblable pour mon Émile, qui, refusant constamment son attention à tout ce qui est au-dessus de sa portée, écoute avec la plus profonde indifférence les choses qu'il n'entend pas. Il y en a tant sur lesquelles il est habitué à dire, cela n'est pas de mon ressort, qu'une de plus ne l'embarrasse guère; et, quand il commence à s'inquiéter de ces grandes questions, ce n'est pas pour les avoir entendu proposer, mais c'est quand le

(*) Traité *de la Superstition*, § 27.

progrès naturel de ses lumières porte ses recherches de ce côté-là.

Nous avons vu par quel chemin l'esprit humain cultivé s'approche de ces mystères; et je conviendrai volontiers qu'il n'y parvient naturellement, au sein de la société même, que dans un âge plus avancé. Mais comme il y a dans la même société des causes inévitables par lesquelles le progrès des passions est accéléré; si l'on n'accéléroit de même le progrès des lumières qui servent à régler ces passions, c'est alors qu'on sortiroit véritablement de l'ordre de la nature, et que l'équilibre seroit rompu. Quand on n'est pas maître de modérer un développement trop rapide, il faut mener avec la même rapidité ceux qui doivent y correspondre; en sorte que l'ordre ne soit point interverti, que ce qui doit marcher ensemble ne soit point séparé, et que l'homme, tout entier à tous les momens de sa vie, ne soit pas à tel point par une de ses facultés, et à tel autre point par les autres.

Quelle difficulté je vois s'élever ici! difficulté d'autant plus grande, qu'elle est moins dans les choses que dans la pusillanimité de ceux qui n'osent la résoudre. Commençons au moins par oser la proposer. Un enfant doit être élevé dans la religion de son père : on lui prouve toujours très-bien (a) que cette religion, telle qu'elle soit, est la seule véritable; que toutes les autres ne sont qu'extravagance et absurdité. La force des argumens dépend absolument, sur ce point, du pays où l'on les propose. Qu'un Turc, qui trouve le christianisme si ridicule à Constantinople, aille voir comment on trouve le mahométisme à Paris! C'est surtout en matière de religion que l'opinion triomphe. Mais nous qui prétendons secouer son joug en toute chose, nous qui ne voulons rien donner à l'autorité, nous qui ne voulons rien enseigner à notre Émile qu'il ne pût apprendre de lui-même par tout pays, dans quelle religion l'élèverons-nous? à quelle secte agrégerons-nous l'homme de la nature? La réponse est fort simple, ce me semble; nous ne l'agrégerons ni à celle-ci ni à celle-là, mais nous le mettrons en état de choisir celle où le meilleur usage de sa raison doit le conduire.

Incedo per ignes,
Suppositos cineri doloso (*).

N'importe : le zèle et la bonne foi m'ont jusqu'ici tenu lieu de prudence. J'espère que ces garans ne m'abandonneront point au besoin. Lecteurs, ne craignez pas de moi des précautions indignes d'un ami de la vérité : je n'oublierai jamais ma devise; mais il m'est trop permis de me défier de mes jugemens. Au lieu de vous dire ici de mon chef ce que je pense, je vous dirai ce que pensoit un homme qui valoit mieux que moi. Je garantis la vérité des faits qui vont être rapportés; ils sont réellement arrivés à l'auteur du papier que je vais transcrire : c'est à vous de voir si l'on peut en tirer des réflexions utiles sur le sujet dont il s'agit. Je ne vous propose point le sentiment d'un autre ou le mien pour règle; je vous l'offre à examiner.

« Il y a trente ans que, dans une ville d'Ita-
» lie, un jeune homme expatrié se voyoit ré-
» duit à la dernière misère. Il étoit né calvi-
» niste; mais, par les suites d'une étourderie,
» se trouvant fugitif, en pays étranger, sans
» ressource, il changea de religion pour avoir
» du pain. Il y avoit dans cette ville un hospice
» pour les prosélytes; il y fut admis. En l'in-
» struisant sur la controverse, on lui donna
» des doutes qu'il n'avoit pas, et on lui apprit
» le mal qu'il ignoroit : il entendit des dogmes
» nouveaux, il vit des mœurs encore plus nou-
» velles; il les vit, et faillit en être la victime.
» Il voulut fuir, on l'enferma; il se plaignit,
» on le punit de ses plaintes : à la merci de ses
» tyrans, il se vit traiter en criminel pour n'a-
» voir pas voulu céder au crime. Que ceux qui
» savent combien la première épreuve de la
» violence et de l'injustice irrite un jeune cœur
» sans expérience, se figurent l'état du sien.
» Des larmes de rage couloient de ses yeux,
» l'indignation l'étouffoit : il imploroit le ciel
» et les hommes, il se confioit à tout le monde,
» et n'étoit écouté de personne. Il ne voyoit
» que de vils domestiques soumis à l'infâme
» qui l'outrageoit, ou des complices du même
» crime, qui se railloient de sa résistance et
» l'excitoient à les imiter. Il étoit perdu sans
» un honnête ecclésiastique qui vint à l'hospice

(a) Var. ... très-bien, très-aisément, que...

(*) Hor., lib. ii, cd.

» pour quelque affaire, et qu'il trouva le moyen
» de consulter en secret. L'ecclésiastique étoit
» pauvre et avoit besoin de tout le monde ; mais
» l'opprimé avoit encore plus besoin de lui ; et
» il n'hésita pas à favoriser son évasion, au
» risque de se faire un dangereux ennemi.

» Échappé au vice pour rentrer dans l'indi-
» gence, le jeune homme luttoit sans succès
» contre sa destinée : un moment il se crut au-
» dessus d'elle. A la première lueur de fortune
» ses maux et son protecteur furent oubliés. Il
» fut bientôt puni de cette ingratitude ; toutes
» ses espérances s'évanouirent ; sa jeunesse
» avoit beau le favoriser, ses idées romanes-
» ques gâtoient tout. N'ayant ni assez de ta-
» lens ni assez d'adresse pour se faire un che-
» min facile, ne sachant être ni modéré ni mé-
» chant, il prétendit à tant de choses qu'il ne
» sut parvenir à rien. Retombé dans sa pre-
» mière détresse, sans pain, sans asile, prêt à
» mourir de faim, il se ressouvint de son bien-
» faiteur.

» Il y retourne, il le trouve, il en est bien
» reçu : sa vue rappelle à l'ecclésiastique une
» bonne action qu'il avoit faite ; un tel souvenir
» réjouit toujours l'âme. Cet homme étoit na-
» turellement humain, compatissant ; il sen-
» toit les peines d'autrui par les siennes, et le
» bien-être n'avoit point endurci son cœur ;
» enfin les leçons de la sagesse et une vertu
» éclairée avaient affermi son bon naturel. Il
» accueille le jeune homme, lui cherche un
» gîte, l'y recommande ; il partage avec lui son
» nécessaire, à peine suffisant pour deux. Il
» fait plus, il l'instruit, le console, et lui ap-
» prend l'art difficile de supporter patiemment
» l'adversité. Gens à préjugés, est-ce d'un prê-
» tre, est-ce en Italie que vous eussiez espéré
» tout cela ?

» Cet honnête ecclésiastique étoit un pauvre
» vicaire savoyard, qu'une aventure de jeu-
» nesse avoit mis mal avec son évêque, et qui
» avoit passé les monts pour chercher les res-
» sources qui lui manquoient dans son pays.
» Il n'étoit ni sans esprit ni sans lettres ; et
» avec une figure intéressante il avoit trouvé
» des protecteurs qui le placèrent chez un mi-
» nistre pour élever son fils. Il préféroit la
» pauvreté à la dépendance, et il ignoroit com-
» ment il faut se conduire chez les grands. Il

» ne resta pas long-temps chez celui-ci : en le
» quittant il ne perdit point son estime ; et
» comme il vivoit sagement et se faisoit aimer
» de tout le monde, il se flattoit de rentrer en
» grâce auprès de son évêque, et d'en obtenir
» quelque petite cure dans les montagnes pour
» y passer le reste de ses jours. Tel étoit le
» dernier terme de son ambition.

» Un penchant naturel l'intéressoit au jeune
» fugitif, et le lui fit examiner avec soin. Il vit
» que la mauvaise fortune avoit déjà flétri son
» cœur, que l'opprobre et le mépris avoient
» abattu son courage, et que sa fierté, changée
» en dépit amer, ne lui montroit dans l'injus-
» tice et la dureté des hommes que le vice de
» leur nature et la chimère de la vertu. Il avoit
» vu que la religion ne sert que de masque à
» l'intérêt, et le culte sacré de sauvegarde à
» l'hypocrisie : il avoit vu, dans la subtilité
» des vaines disputes, le paradis et l'enfer mis
» pour prix à des jeux de mots ; il avoit vu la
» sublime et primitive idée de la Divinité défi-
» gurée par les fantasques imaginations des
» hommes ; et, trouvant que pour croire en
» Dieu il falloit renoncer au jugement qu'on
» avoit reçu de lui, il prit dans le même dédain
» nos ridicules rêveries et l'objet auquel nous
» les appliquons. Sans rien savoir de ce qui
» est, sans rien imaginer sur la génération des
» choses, il se plongea dans sa stupide igno-
» rance, avec un profond mépris pour tous ceux
» qui pensoient en savoir plus que lui.

» L'oubli de toute religion conduit à l'oubli
» des devoirs de l'homme. Ce progrès étoit
» déjà plus d'à moitié fait dans le cœur du li-
» bertin. Ce n'étoit pas pourtant un enfant mal
» né ; mais l'incrédulité, la misère, étouffant
» peu à peu le naturel, l'entraînoient rapide-
» ment à sa perte, et ne lui préparoient que les
» mœurs d'un gueux et la morale d'un athée.

» Le mal, presque inévitable, n'étoit pas ab-
» solument consommé. Le jeune homme avoit
» des connoissances, et son éducation n'avoit
» pas été négligée. Il étoit dans cet âge heureux
» où le sang en fermentation commence d'é-
» chauffer l'âme sans l'asservir aux fureurs
» des sens. La sienne avoit encore tout son
» ressort. Une honte native, un caractère
» timide, suppléoient à la gêne, et prolon-
» geoient pour lui cette époque dans laquelle

» vous maintenez votre élève avec tant de
» soins. L'exemple odieux d'une dépravation
» brutale et d'un vice sans charme, loin d'ani-
» mer son imagination, l'avoit amortie. Long-
» temps le dégoût lui tint lieu de vertu pour
» conserver son innocence; elle ne devoit suc-
» comber qu'à de plus douces séductions.

» L'ecclésiastique vit le danger et les res-
» sources. Les difficultés ne le rebutèrent point:
» il se complaisoit dans son ouvrage; il résolut
» de l'achever, et de rendre à la vertu la vic-
» time qu'il avoit arrachée à l'infamie. Il s'y
» prit de loin pour exécuter son projet : la
» beauté du motif animoit son courage et lui
» inspiroit des moyens dignes de son zèle.
» Quel que fût le succès, il étoit sûr de n'avoir
» pas perdu son temps. On réussit toujours
» quand on ne veut que bien faire.

» Il commença par gagner la confiance du
» prosélyte en ne lui vendant point ses bienfaits,
» en ne se rendant point importun, en ne lui
» faisant point de sermons, en se mettant tou-
» jours à sa portée, en se faisant petit pour
» s'égaler à lui. C'étoit, ce me semble, un
» spectacle assez touchant de voir un homme
» grave devenir le camarade d'un polisson,
» et la vertu se prêter au ton de la licence
» pour en triompher plus sûrement. Quand
» l'étourdi venoit lui faire ses folles confiden-
» ces et s'épancher avec lui, le prêtre l'écou-
» toit, le mettoit à son aise; sans approuver
» le mal, il s'intéressoit à tout : jamais une in-
» discrète censure ne venoit arrêter son babil
» et resserrer son cœur; le plaisir avec lequel
» il se croyoit écouté augmentoit celui qu'il pre-
» noit à tout dire. Ainsi se fit sa confession gé-
» nérale sans qu'il songeât à rien confesser.

» Après avoir bien étudié ses sentimens et
» son caractère, le prêtre vit clairement que,
» sans être ignorant pour son âge, il avoit ou-
» blié tout ce qu'il lui importoit de savoir, et
» que l'opprobre où l'avoit réduit la fortune
» étouffoit en lui tout vrai sentiment du bien et du
» mal. Il est un degré d'abrutissement qui ôte
» la vie à l'âme; et la voix intérieure ne sait
» point se faire entendre à celui qui ne songe
» qu'à se nourrir. Pour garantir le jeune in-
» fortuné de cette mort morale dont il étoit si
» près, il commença par réveiller en lui l'amour-
» propre et l'estime de soi-même : il lui mon-

» troit un avenir plus heureux dans le bon em-
» ploi de ses talens; il ranimoit dans son cœur
» une ardeur généreuse par le récit des belles
» actions d'autrui; en lui faisant admirer ceux
» qui les avoient faites, il lui rendoit le désir
» d'en faire de semblables. Pour le détacher
» insensiblement de sa vie oisive et vagabonde,
» il lui faisoit faire des extraits de livres choi-
» sis; et, feignant d'avoir besoin de ces ex-
» traits, il nourrissoit en lui le noble sentiment
» de la reconnoissance. Il l'instruisoit indirec-
» tement par ces livres ; il lui faisoit reprendre
» assez bonne opinion de lui-même pour ne pas
» se croire un être inutile à tout bien, et pour
» ne vouloir plus se rendre méprisable à ses
» propres yeux.

» Une bagatelle fera juger de l'art qu'em-
» ployoit cet homme bienfaisant pour élever
» insensiblement le cœur de son disciple au-
» dessus de la bassesse, sans paroître songer à
» son instruction. L'ecclésiastique avoit une
» probité si bien reconnue et un discernement
» si sûr, que plusieurs personnes aimoient
» mieux faire passer leurs aumônes par ses
» mains que par celles des riches curés des
» villes. Un jour qu'on lui avoit donné quelque
» argent à distribuer aux pauvres, le jeune
» homme eut, à ce titre, la lâcheté de lui en
» demander. Non, dit-il, nous sommes frères,
» vous m'appartenez, et je ne dois pas toucher
» à ce dépôt pour mon usage. Ensuite il lui
» donna de son propre argent autant qu'il en
» avoit demandé. Des leçons de cette espèce
» sont rarement perdues dans le cœur des
» jeunes gens qui ne sont pas tout-à-fait cor-
» rompus.

» Je me lasse de parler en tierce personne,
» et c'est un soin fort superflu; car vous sentez
» bien, cher concitoyen, que ce malheureux
» fugitif c'est moi-même : je me crois assez loin
» des désordres de ma jeunesse pour oser les
» avouer; et la main qui m'en tira mérite bien
» qu'au dépens d'un peu de honte je rende au
» moins quelque honneur à ses bienfaits.

» Ce qui me frappoit le plus étoit de voir,
» dans la vie privée de mon digne maître, la
» vertu sans hypocrisie, l'humanité sans foi-
» blesse, des discours toujours droits et sim-
» ples, et une conduite toujours conforme à ces
» discours. Je ne le voyois point s'inquiéter si

» ceux qu'il aidoit alloient à vêpres, s'ils se
» confessoient souvent, s'ils jeûnoient les jours
» prescrits, s'ils faisoient maigre; ni leur im-
» poser d'autres conditions semblables, sans
» lesquelles, dût-on mourir de misère, on n'a
» nulle assistance à espérer des dévots.

» Encouragé par ces observations, loin d'é-
» taler moi-même à ses yeux le zèle affecté d'un
» nouveau converti, je ne lui cachois point trop
» mes manières de penser, et ne l'en voyois
» pas plus scandalisé. Quelquefois j'aurois pu
» me dire : Il me passe mon indifférence pour
» le culte que j'ai embrassé en faveur de celle
» qu'il me voit aussi pour le culte dans lequel
» je suis né ; il sait que mon dédain n'est plus
» une affaire de parti. Mais que devois-je pen-
» ser quand je l'entendois quelquefois approu-
» ver des dogmes contraires à ceux de l'Église
» romaine, et paroître estimer médiocrement
» toutes ses cérémonies? J'aurois cru pro-
» testant déguisé si je l'avois vu moins fidèle à
» ces mêmes usages dont il sembloit faire assez
» peu de cas; mais, sachant qu'il s'acquittoit
» sans témoin de ses devoirs de prêtre aussi
» ponctuellement que sous les yeux du public,
» je ne savois plus que juger de ces contradic-
» tions. Au défaut près qui jadis avoit attiré sa
» disgrâce et dont il n'étoit pas trop bien cor-
» rigé, sa vie étoit exemplaire, ses mœurs
» étoient irréprochables, ses discours honnêtes
» et judicieux. En vivant avec lui dans la plus
» grande intimité, j'apprenois à le respecter
» chaque jour davantage ; et tant de bontés
» m'ayant tout-à-fait gagné le cœur, j'atten-
» dois avec une curieuse inquiétude le moment
» d'apprendre sur quel principe il fondoit l'uni-
» formité d'une vie aussi singulière.

» Ce moment ne vint pas si tôt. Avant de
» s'ouvrir à son disciple, il s'efforça de faire
» germer les semences de raison et de bonté
» qu'il jetoit dans son âme. Ce qu'il y avoit en
» moi de plus difficile à détruire étoit une or-
» gueilleuse misanthropie, une certaine aigreur
» contre les riches et les heureux du monde,
» comme s'ils l'eussent été à mes dépens, et
» que leur prétendu bonheur eût été usurpé
» sur le mien. La folle vanité de la jeunesse,
» qui regimbe contre l'humiliation, ne me don-
» noit que trop de penchant à cette humeur
» colère; et l'amour-propre, que mon Mentor

» tâchoit de réveiller en moi, me portant à la
» fierté, rendoit les hommes encore plus vils à
» mes yeux, et ne faisoit qu'ajouter pour eux
» le mépris à la haine.

» Sans combattre directement cet orgueil, il
» l'empêcha de se tourner en dureté d'âme; et
» sans m'ôter l'estime de moi-même, il la ren-
» dit moins dédaigneuse pour mon prochain.
» En écartant toujours la vaine apparence et
» me montrant les maux réels qu'elle couvre,
» il m'apprenoit à déplorer les erreurs de mes
» semblables, à m'attendrir sur leurs misères,
» et à les plaindre plus qu'à les envier. Ému de
» compassion sur les foiblesses humaines par
» le profond sentiment des siennes, il voyo
» partout les hommes victimes de leurs propres
» vices et ceux d'autrui; il voyoit les pau
» vres gémir sous le joug des riches, et les
» riches sous le joug des préjugés. Croyez-moi,
» disoit-il, nos illusions, loin de nous cacher
» nos maux, les augmentent, en donnant un
» prix à ce qui n'en a point, et nous rendant
» sensibles à mille fausses privations que nous
» ne sentirions pas sans elles. La paix de l'âme
» consiste dans le mépris de tout ce qui peut la
» troubler : l'homme qui fait le plus de cas de
» la vie est celui qui sait le moins en jouir; et
» celui qui aspire le plus avidement au bonheur
» est toujours le plus misérable.

» Ah ! quels tristes tableaux ! m'écriois-je
» avec amertume : s'il faut se refuser à tout,
» que nous a donc servi de naître? et s'il faut
» mépriser le bonheur même, qui est-ce qui
» sait être heureux ! C'est moi, répondit un
» jour le prêtre d'un ton dont je fus frappé.
» Heureux, vous ! si peu fortuné, si pauvre,
» exilé, persécuté, vous êtes heureux ! Et
» qu'avez-vous fait pour l'être ! Mon enfant,
» reprit-il, je vous le dirai volontiers.

» Là-dessus il me fit entendre qu'après avoir
» reçu mes confessions il vouloit me faire les
» siennes. J'épancherai dans votre sein, me
» dit-il en m'embrassant, tous les sentimens
» de mon cœur. Vous me verrez, sinon tel que
» je suis, au moins tel que je me vois moi-même.
» Quand vous aurez reçu mon entière profes-
» sion de foi, quand vous connoîtrez bien l'état
» de mon âme, vous saurez pourquoi je m'es-
» time heureux, et, si vous pensez comme
» moi, ce que vous avez à faire pour l'être.

» Mais ces aveux ne sont pas l'affaire d'un mo-
» ment; il faut du temps pour vous exposer tout
» ce que je pense sur le sort de l'homme et sur
» le vrai prix de la vie : prenons une heure, un
» lieu, commodes pour nous livrer paisible-
» ment à cet entretien.

» Je marquai de l'empressement à l'en-
» tendre. Le rendez-vous ne fut pas renvoyé
» plus tard qu'au lendemain matin. On étoit en
» été; nous nous levâmes à la pointe du jour.
» Il me mena hors de la ville, sur une haute
» colline, au-dessous de laquelle passoit le Pô,
» dont on voyoit le cours à travers les fertiles
» rives qu'il baigne; dans l'éloignement, l'im-
» mense chaîne des Alpes couronnoit le paysage;
» les rayons du soleil levant rasoient déjà les plai-
» nes, et, projetant sur les champs par longues
» ombres les arbres, les coteaux, les maisons,
» enrichissoient de mille accidens de lumière
» le plus beau tableau dont l'œil humain puisse
» être frappé. On eût dit que la nature étaloit
» à nos yeux toute sa magnificence pour en
» offrir le texte à nos entretiens. Ce fut là
» qu'après avoir quelque temps contemplé ces
» objets en silence, l'homme de paix me parla
» ainsi. »

PROFESSION DE FOI

DU VICAIRE SAVOYARD.

Mon enfant, n'attendez de moi ni des discours savans ni de profonds raisonnemens. Je
ne suis pas un grand philosophe, et je me soucie peu de l'être. Mais j'ai quelquefois du bon
sens, et j'aime toujours la vérité. Je ne veux
pas argumenter avec vous, ni même tenter de
vous vaincre; il me suffit de vous exposer
ce que je pense dans la simplicité de mon cœur.
Consultez le vôtre durant mon discours; c'est
tout ce que je vous demande. Si je me trompe,
c'est de bonne foi; cela suffit pour que mon
erreur ne me soit pas imputée à crime : quand
vous vous tromperiez de même, il y auroit peu
de mal à cela. Si je pense bien, la raison nous
est commune, et nous avons le même intérêt
à l'écouter : pourquoi ne penseriez-vous pas
comme moi?

Je suis né pauvre et paysan, destiné par mon
état à cultiver la terre; mais on crut plus beau
que j'apprisse à gagner mon pain dans le métier de prêtre, et l'on trouva le moyen de me
faire étudier. Assurément ni mes parens ni moi
ne songions guère à chercher en cela ce qui
étoit bon, véritable, utile, mais ce qu'il falloit
savoir pour être ordonné. J'appris ce qu'on
vouloit que j'apprisse, je dis ce qu'on vouloit
que je disse, je m'engageai comme on voulut,
et je fus fait prêtre. Mais je ne tardai pas à sentir qu'en m'obligeant de n'être pas homme j'a-
vois promis plus que je ne pouvois tenir.

On nous dit que la conscience est l'ouvrage
des préjugés; cependant je sais par mon expérience qu'elle s'obstine à suivre l'ordre de la
nature contre toutes les lois des hommes. On a
beau nous défendre ceci ou cela, le remords
nous reproche toujours foiblement ce que nous
permet la nature bien ordonnée, à plus forte
raison ce qu'elle nous prescrit. O bon jeune
homme, elle n'a rien dit encore à vos sens : vivez long-temps dans l'état heureux où sa voix
est celle de l'innocence. Souvenez-vous qu'on
l'offense encore plus quand on la prévient que
quand on la combat; il faut commencer par
apprendre à résister pour savoir quand on peut
céder sans crime.

Dès ma jeunesse j'ai respecté le mariage
comme la première et la plus sainte institution
de la nature. M'étant ôté le droit de m'y soumettre, je résolus de ne le point profaner; car,
malgré mes classes et mes études, ayant toujours mené une vie uniforme et simple, j'avois
conservé dans mon esprit toute la clarté des lumières primitives : les maximes du monde ne
les avoient point obscurcies, et ma pauvreté
m'éloignoit des tentations qui dictent les sophismes du vice.

Cette résolution fut précisément ce qui me
perdit; mon respect pour le lit d'autrui laissa
mes fautes à découvert. Il fallut expier le scandale : arrêté, interdit, chassé, je fus bien plus
la victime de mes scrupules que de mon incon-
tinence; et j'eus lieu de comprendre, aux reproches dont ma disgrâce fut accompagnée,
qu'il ne faut souvent qu'aggraver la faute pour
échapper au châtiment.

Peu d'expériences pareilles mènent loin un
esprit qui réfléchit. Voyant par de tristes observations renverser les idées que j'avois du juste,
de l'honnête, et de tous les devoirs de l'homme,
je perdois chaque jour quelqu'une des opinions

que j'avois reçues : celles qui me restoient ne suffisant plus pour faire ensemble un corps qui pût se soutenir par lui-même, je sentis peu à peu s'obscurcir dans mon esprit l'évidence des principes ; et, réduit enfin à ne savoir plus que penser, je parvins au même point où vous êtes ; avec cette différence, que mon incrédulité, fruit tardif d'un âge plus mûr, s'étoit formée avec plus de peine, et devoit être plus difficile à détruire.

J'étois dans ces dispositions d'incertitude et de doute que Descartes exige pour la recherche de la vérité. Cet état est peu fait pour durer, il est inquiétant et pénible ; il n'y a que l'intérêt du vice ou la paresse de l'âme qui nous y laisse. Je n'avois point le cœur assez corrompu pour m'y plaire ; et rien ne conserve mieux l'habitude de réfléchir que d'être plus content de soi que de sa fortune.

Je méditois donc sur le triste sort des mortels flottans sur cette mer des opinions humaines, sans gouvernail, sans boussole, et livrés à leurs passions orageuses, sans autre guide qu'un pilote inexpérimenté qui méconnoît sa route, et qui ne sait ni d'où il vient ni où il va. Je me disois : J'aime la vérité, je la cherche, et ne puis la reconnoître ; qu'on me la montre, et j'y demeure attaché : pourquoi faut-il qu'elle se dérobe à l'empressement d'un cœur fait pour l'adorer ?

Quoique j'aie souvent éprouvé de plus grands maux, je n'ai jamais mené une vie aussi constamment désagréable que dans ces temps de trouble et d'anxiétés, où, sans cesse errant de doute en doute, je ne rapportois de mes longues méditations qu'incertitude, obscurité, contradictions sur la cause de mon être et sur la règle de mes devoirs.

Comment peut-on être sceptique par système et de bonne foi ? je ne saurois le comprendre. Ces philosophes, ou n'existent pas, ou sont les plus malheureux des hommes. Le doute sur les choses qu'il nous importe de connoître est un état trop violent pour l'esprit humain : il n'y résiste pas long-temps ; il se décide malgré lui de manière ou d'autre, et il aime mieux se tromper que ne rien croire.

Ce qui redoubloit mon embarras, étoit qu'étant né dans une Église qui décide tout, qui ne permet aucun doute, un seul point rejeté me faisoit rejeter tout le reste, et que l'impossibilité d'admettre tant de décisions absurdes me détachoit aussi de celles qui ne l'étoient pas. En me disant : Croyez tout, on m'empêchoit de rien croire, et je ne savois plus où m'arrêter.

Je consultai les philosophes, je feuilletai leurs livres, j'examinai leurs diverses opinions ; je les trouvai tous fiers, affirmatifs, dogmatiques, même dans leur scepticisme prétendu, n'ignorant rien, ne prouvant rien, se moquant les uns des autres ; et ce point commun à tous me parut le seul sur lequel ils ont tous raison. Triomphans quand ils attaquent, ils sont sans vigueur en se défendant. Si vous pesez les raisons, ils n'en ont que pour détruire ; si vous comptez les voix, chacun est réduit à la sienne ; ils ne s'accordent que pour disputer : les écouter n'étoit pas le moyen de sortir de mon incertitude.

Je conçus que l'insuffisance de l'esprit humain est la première cause de cette prodigieuse diversité de sentimens, et que l'orgueil est la seconde. Nous n'avons point la mesure de cette machine immense, nous n'en pouvons calculer les rapports ; nous n'en connoissons ni les premières lois ni la cause finale ; nous nous ignorons nous-mêmes ; nous ne connoissons ni notre nature ni notre principe actif ; à peine savons-nous si l'homme est un être simple ou composé ; des mystères impénétrables nous environnent de toutes parts ; ils sont au-dessus de la région sensible ; pour les percer nous croyons avoir de l'intelligence, et nous n'avons que de l'imagination. Chacun se fraye, à travers ce monde imaginaire, une route qu'il croit la bonne ; nul ne peut savoir si la sienne mène au but. Cependant nous voulons tout pénétrer, tout connoître. La seule chose que nous ne savons point, est d'ignorer ce que nous ne pouvons savoir. Nous aimons mieux nous déterminer au hasard, et croire ce qui n'est pas, que d'avouer qu'aucun de nous ne peut voir ce qui est. Petite partie d'un grand tout dont les bornes nous échappent, et que son auteur livre à nos folles disputes, nous sommes assez vains pour vouloir décider ce qu'est ce tout en lui-même, et ce que nous sommes par rapport à lui.

Quand les philosophes seroient en état de

découvrir la vérité, qui d'entre eux prendroit intérêt à elle? Chacun sait bien que son système n'est pas mieux fondé que les autres; mais il le soutient parce qu'il est à lui. Il n'y en a pas un seul qui, venant à connoître le vrai et le faux, ne préférât le mensonge qu'il a trouvé à la vérité découverte par un autre. Où est le philosophe qui, pour sa gloire, ne tromperoit pas volontiers le genre humain? Où est celui qui, dans le secret de son cœur, se propose un autre objet que de se distinguer? Pourvu qu'*il* s'élève au-dessus du vulgaire, pourvu qu'il efface l'éclat de ses concurrens, que demande-t-il de plus? L'essentiel est de penser autrement que les autres. Chez les croyans il est athée, chez les athées il seroit croyant.

Le premier fruit que je tirai de ces réflexions fut d'apprendre à borner mes recherches à ce qui m'intéressoit immédiatement, à me reposer dans une profonde ignorance sur tout le reste, et à ne m'inquiéter, jusqu'au doute, que des choses qu'il m'importoit de savoir.

Je compris encore que, loin de me délivrer de mes doutes inutiles, les philosophes ne feroient que multiplier ceux qui me tourmentoient et n'en résoudroient aucun. Je pris donc un autre guide; et je me dis : Consultons la lumière intérieure, elle m'égarera moins qu'ils ne m'égarent, ou, du moins, mon erreur sera la mienne, et je me dépraverai moins en suivant mes propres illusions, qu'en me livrant à leurs mensonges.

Alors, repassant dans mon esprit les diverses opinions qui m'avoient tour à tour entraîné depuis ma naissance, je vis que, bien qu'aucune d'elles ne fût assez évidente pour produire immédiatement la conviction, elles avoient divers degrés de vraisemblance, et que l'assentiment intérieur s'y prêtoit ou s'y refusoit à différentes mesures. Sur cette première observation, comparant entre elles toutes ces différentes idées dans le silence des préjugés, je trouvai que la première et la plus commune étoit aussi la plus simple et la plus raisonnable, et qu'il ne lui manquoit, pour réunir tous les suffrages, que d'avoir été proposée la dernière. Imaginez tous vos philosophes anciens et modernes ayant d'abord épuisé leurs bizarres systèmes de forces, de chances, de fatalité, de nécessité, d'atomes, de monde animé, de matière vivante, de matérialisme de toute espèce, et après eux tous, l'illustre Clarke (*) éclairant le monde, annonçant enfin l'Être des êtres et le dispensateur des choses. Avec quelle universelle admiration, avec quel applaudissement unanime, n'eût point été reçu ce nouveau système, si grand, si consolant, si sublime, si propre à élever l'âme, à donner une base à la vertu, et en même temps si frappant, si lumineux, si simple, et, ce me semble, offrant moins de choses incompréhensibles à l'esprit humain qu'il n'en trouve d'absurdes en tout autre système! Je me disois : Les objections insolubles sont communes à tous, parce que l'esprit de l'homme est trop borné pour les résoudre; elles ne prouvent donc contre aucun par préférence : mais quelle différence entre les preuves directes! Celui-là seul qui explique tout ne doit-il pas être préféré quand il n'a pas plus de difficulté que les autres?

Portant donc en moi l'amour de la vérité pour toute philosophie, et pour toute méthode une règle facile et simple qui me dispense de la vaine subtilité des argumens, je reprends sur cette règle l'examen des connoissances qui m'intéressent, résolu d'admettre pour évidentes toutes celles auxquelles, dans la sincérité de mon cœur, je ne pourrai refuser mon consentement, pour vraies toutes celles qui me paroîtront avoir une liaison nécessaire avec ces premières, et de laisser toutes les autres dans l'incertitude, sans les rejeter ni les admettre, et sans me tourmenter à les éclaircir quand elles ne mènent à rien d'utile pour la pratique.

Mais qui suis-je? quel droit ai-je de juger les choses? et qu'est-ce qui détermine mes jugemens? S'ils sont entraînés, forcés par les impressions que je reçois, je me fatigue en vain à ces recherches; elles ne se feront point, ou se feront d'elles-mêmes sans que je me mêle de les diriger. Il faut donc tourner d'abord mes regards sur moi pour connoître l'instrument dont je veux me servir, et jusqu'à quel point je puis me fier à son usage.

J'existe, et j'ai des sens par lesquels je suis affecté. Voilà la première vérité qui me frappe et à laquelle je suis forcé d'acquiescer. Ai-je un sentiment propre de mon existence, ou ne la

---

(*) Célèbre théologien anglois, mort en 1729.

sens-je que par mes sensations? Voilà mon premier doute, qu'il m'est, quant à présent, impossible de résoudre. Car, étant continuellement affecté de sensations, ou immédiatement, ou par la mémoire, comment puis-je savoir si le sentiment du *moi* est quelque chose hors de ces mêmes sensations, et s'il peut être indépendant d'elles?

Mes sensations se passent en moi, puisqu'elles me font sentir mon existence; mais leur cause m'est étrangère, puisqu'elles m'affectent malgré que j'en aie, et qu'il ne dépend de moi ni de les produire, ni de les anéantir. Je conçois donc clairement que ma sensation qui est en moi, et sa cause ou son objet qui est hors de moi, ne sont pas la même chose.

Ainsi, non-seulement j'existe, mais il existe d'autres êtres, savoir, les objets de mes sensations; et quand ces objets ne seroient que des idées, toujours est-il vrai que ces idées ne sont pas moi.

Or, tout ce que je sens hors de moi et qui agit sur mes sens, je l'appelle matière; et toutes les portions de matière que je conçois réunies en êtres individuels, je les appelle des corps. Ainsi toutes les disputes des idéalistes et des matérialistes ne signifient rien pour moi: leurs distinctions sur l'apparence et la réalité des corps sont des chimères.

Me voici déjà tout aussi sûr de l'existence de l'univers que de la mienne. Ensuite je réfléchis sur les objets de mes sensations; et, trouvant en moi la faculté de les comparer, je me sens doué d'une force active que je ne savois pas avoir auparavant.

Apercevoir, c'est sentir; comparer, c'est juger; juger et sentir ne sont pas la même chose. Par la sensation, les objets s'offrent à moi séparés, isolés, tels qu'ils sont dans la nature; par la comparaison, je les remue, je les transporte pour ainsi dire, je les pose l'un sur l'autre pour prononcer sur leur différence ou sur leur similitude, et généralement sur tous leurs rapports. Selon moi la faculté distinctive de l'être actif ou intelligent est de pouvoir donner un sens à ce mot *est*. Je cherche en vain dans l'être purement sensitif cette force intelligente qui superpose et puis qui prononce; je ne la saurois voir dans sa nature. Cet être passif sentira chaque objet séparément, même il sentira l'objet total formé des deux; mais, n'ayant aucune force pour les replier l'un sur l'autre, il ne les comparera jamais, il ne les jugera point.

Voir deux objets à la fois, ce n'est pas voir leurs rapports ni juger de leurs différences; apercevoir plusieurs objets les uns hors des autres n'est pas les nombrer. Je puis avoir au même instant l'idée d'un grand bâton et d'un petit bâton sans les comparer, sans juger que l'un est plus petit que l'autre, comme je puis voir à la fois ma main entière, sans faire le compte de mes doigts (¹). Ces idées comparatives *plus grand*, *plus petit*, de même que les idées numériques d'*un*, de *deux*, etc., ne sont certainement pas des sensations, quoique mon esprit ne les produise qu'à l'occasion de mes sensations.

On nous dit que l'être sensitif distingue les sensations les unes des autres par les différences qu'ont entre elles ces mêmes sensations: ceci demande explication. Quand les sensations sont différentes, l'être sensitif les distingue par leurs différences: quand elles sont semblables, il les distingue parce qu'il sent les unes hors des autres. Autrement, comment dans une sensation simultanée distingueroit-il deux objets égaux? il faudroit nécessairement qu'il confondît ces deux objets et les prît pour le même, surtout dans un système où l'on prétend que les sensations représentatives de l'étendue ne sont point étendues.

Quand les deux sensations à comparer sont aperçues, leur impression est faite, chaque objet est senti, les deux sont sentis, mais leur rapport n'est pas senti pour cela. Si le jugement de ce rapport n'étoit qu'une sensation, et me venoit uniquement de l'objet, mes jugemens ne me tromperoient jamais, puisqu'il n'est jamais faux que je sente ce que je sens.

Pourquoi donc est-ce que je me trompe sur le rapport de ces deux bâtons, surtout s'ils ne sont pas parallèles? Pourquoi dis-je, par exemple, que le petit bâton est le tiers du grand, tandis qu'il n'en est que le quart? Pourquoi l'image, qui est la sensation, n'est-elle pas

---

(¹) Les relations de M. de La Condamine nous parlent d'un peuple qui ne savoit compter que jusqu'à trois. Cependant les hommes qui composoient ce peuple, ayant des mains, avoient souvent aperçu leurs doigts sans savoir compter jusqu'à cinq.

conforme à son modèle, qui est l'objet? C'est que je suis actif quand je juge, que l'opération qui compare est fautive; et que mon entendement, qui juge les rapports, mêle ses erreurs à la vérité des sensations qui ne montrent que les objets.

Ajoutez à cela une réflexion qui vous frappera, je m'assure, quand vous y aurez pensé; c'est que, si nous étions purement passifs dans l'usage de nos sens, il n'y auroit entre eux aucune communication; il nous seroit impossible de connoître que le corps que nous touchons et l'objet que nous voyons sont le même. Ou nous ne sentirions jamais rien hors de nous, ou il y auroit pour nous cinq substances sensibles, dont nous n'aurions nul moyen d'apercevoir l'identité.

Qu'on donne tel ou tel nom à cette force de mon esprit qui rapproche et compare mes sensations; qu'on l'appelle attention, méditation, réflexion, ou comme on voudra; toujours est-il vrai qu'elle est en moi et non dans les choses, que c'est moi seul qui la produis, quoique je ne la produise qu'à l'occasion de l'impression que font sur moi les objets. Sans être maître de sentir ou de ne pas sentir, je le suis d'examiner plus ou moins ce que je sens.

Je ne suis donc pas simplement un être sensitif et passif, mais un être actif et intelligent; et, quoi qu'en dise la philosophie, j'oserai prétendre à l'honneur de penser. Je sais seulement que la vérité est dans les choses et non pas dans mon esprit qui les juge, et que moins je mets du mien dans les jugemens que j'en porte, plus je suis sûr d'approcher de la vérité : ainsi ma règle de me livrer au sentiment plus qu'à la raison est confirmée par la raison même.

M'étant, pour ainsi dire, assuré de moi-même, je commence à regarder hors de moi, et je me considère avec une sorte de frémissement, jeté, perdu dans ce vaste univers, et comme noyé dans l'immensité des êtres, sans rien savoir de ce qu'ils sont (a), ni entre eux, ni par rapport à moi. Je les étudie, je les observe; et, le premier objet qui se présente à moi pour les comparer, c'est moi-même.

Tout ce que j'aperçois par les sens est matière, et je déduis toutes les propriétés essentielles de la matière des qualités sensibles qui me la font apercevoir, et qui en sont inséparables. Je la vois tantôt en mouvement et tantôt en repos ([1]); d'où j'infère que ni le repos ni le mouvement ne lui sont essentiels; mais le mouvement, étant une action, est l'effet d'une cause dont le repos n'est que l'absence. Quand donc rien n'agit sur la matière, elle ne se meut point, et, par cela même qu'elle est indifférente au repos et au mouvement, son état naturel est d'être en repos.

J'aperçois dans les corps deux sortes de mouvement, savoir, mouvement communiqué, et mouvement spontané ou volontaire. Dans le premier, la cause motrice est étrangère au corps mû, et dans le second elle est en lui-même. Je ne conclurai pas de là que le mouvement d'une montre, par exemple, est spontané; car si rien d'étranger au ressort n'agissoit sur lui, il ne tendroit point à se redresser, et ne tireroit pas la chaîne. Par la même raison, je n'accorderai point non plus la spontanéité aux fluides, ni au feu même, qui fait leur fluidité ([2]).

Vous me demanderez si les mouvemens des animaux sont spontanés; je vous dirai que je n'en sais rien, mais que l'analogie est pour l'affirmative. Vous me demanderez encore comment je sais donc qu'il y a des mouvemens spontanés; je vous dirai que je le sais parce que je le sens. Je veux mouvoir mon bras, et je le meus, sans que ce mouvement ait d'autre cause immédiate que ma volonté. C'est en vain qu'on voudroit raisonner pour détruire en moi ce sentiment, il est plus fort que toute évidence; autant vaudroit me prouver que je n'existe pas.

S'il n'y avoit aucune spontanéité dans les actions des hommes, ni dans rien de ce qui se fait sur la terre, on n'en seroit que plus embarrassé à imaginer la première cause de tout mouvement. Pour moi, je me sens tellement persuadé que l'état naturel de la matière est

(a) VAR. .... de ce qu'ils sont ni absolument, ni entre eux, ni...

([1]) Ce repos n'est, si l'on veut, que relatif; mais puisque nous observons du plus et du moins dans le mouvement, nous concevons très-clairement un des deux termes extrêmes, qui est le repos; et nous le concevons si bien, que nous sommes enclins même à prendre pour absolu le repos qui n'est que relatif. Or il n'est pas vrai que le mouvement soit de l'essence de la matière, si elle peut être conçue en repos.

([2]) Les chimistes regardent le phlogistique ou l'élément du feu comme épars, immobile, et stagnant dans les mixtes dont il fait partie, jusqu'à ce que des causes étrangères le dégagent, le réunissent, le mettent en mouvement, et le changent en feu.

d'être en repos, et qu'elle n'a par elle-même aucune force pour agir, qu'en voyant un corps en mouvement je juge aussitôt, ou que c'est un corps animé, ou que ce mouvement lui a été communiqué. Mon esprit refuse tout acquiescement à l'idée de la matière non organisée se mouvant d'elle-même, ou produisant quelque action.

Cependant cet univers visible est matière, matière éparse et morte (¹), qui n'a rien dans son tout de l'union, de l'organisation, du sentiment commun des parties d'un corps animé, puisqu'il est certain que nous qui sommes parties ne nous sentons nullement dans le tout. Ce même univers est en mouvement, et dans ses mouvemens réglés, uniformes, assujettis à des lois constantes, il n'a rien de cette liberté qui paroît dans les mouvemens spontanés de l'homme et des animaux. Le monde n'est donc pas un grand animal qui se meuve de lui-même, il y a donc de ses mouvemens quelque cause étrangère à lui, laquelle je n'aperçois pas; mais la persuasion intérieure me rend cette cause tellement sensible que je ne puis voir rouler le soleil sans imaginer une force qui le pousse, ou que, si la terre tourne, je crois sentir une main qui la fait tourner.

S'il faut admettre des lois générales dont je n'aperçois pas les rapports essentiels avec la matière, de quoi serai-je avancé? Ces lois, n'étant point des êtres réels, des substances, ont donc quelque autre fondement qui m'est inconnu. L'expérience et l'observation nous ont fait connoître les lois du mouvement; ces lois déterminent les effets sans montrer les causes; elles ne suffisent point pour expliquer le système du monde et la marche de l'univers. Descartes avec des dés formoit le ciel et la terre; mais il ne put donner le premier branle à ces dés, ni mettre en jeu sa force centrifuge qu'à l'aide d'un mouvement de rotation. Newton a trouvé la loi de l'attraction, mais l'attraction seule réduiroit bientôt l'univers en une masse immobile: à cette loi il a fallu joindre une force projectile pour faire décrire des courbes aux corps célestes. Que Descartes nous dise quelle loi physique a fait tourner ses tourbillons; que Newton nous montre la main qui lança les planètes sur la tangente de leurs orbites.

Les premières causes du mouvement ne sont point dans la matière; elle reçoit le mouvement et le communique, mais elle ne le produit pas. Plus j'observe l'action et réaction des forces de la nature agissant les unes sur les autres, plus je trouve que, d'effets en effets, il faut toujours remonter à quelque volonté pour première cause; car supposer un progrès de causes à l'infini, c'est n'en point supposer du tout. En un mot, tout mouvement qui n'est pas produit par un autre ne peut venir que d'un acte spontané, volontaire; les corps inanimés n'agissent que par le mouvement, et il n'y a point de véritable action sans volonté. Voilà mon premier principe. Je crois donc qu'une volonté meut l'univers et anime la nature. Voilà mon premier dogme, ou mon premier article de foi.

Comment une volonté produit-elle une action physique et corporelle? je n'en sais rien, mais j'éprouve en moi qu'elle la produit. Je veux agir, et j'agis; je veux mouvoir mon corps, et mon corps se meut: mais qu'un corps inanimé et en repos vienne à se mouvoir de lui-même ou produise le mouvement, cela est incompréhensible et sans exemple. La volonté m'est connue par ses actes, non par sa nature. Je connois cette volonté comme cause motrice; mais concevoir la matière productrice du mouvement, c'est clairement concevoir un effet sans cause, c'est ne concevoir absolument rien.

Il ne m'est pas plus possible de concevoir comment ma volonté meut mon corps, que comment mes sensations affectent mon âme. Je ne sais pas même pourquoi l'un de ces mystères a paru plus explicable que l'autre. Quant à moi, soit quand je suis passif, soit quand je suis actif, le moyen d'union des deux substances me paroît absolument incompréhensible. Il est bien étrange qu'on parte de cette incompréhensibilité même pour confondre les deux substances, comme si des opérations de natures si différentes s'expliquoient mieux dans un seul sujet que dans deux.

Le dogme que je viens d'établir est obscur,

(¹) J'ai fait tous mes efforts pour concevoir une molécule vivante, sans pouvoir en venir à bout. L'idée de la matière sentant sans avoir de sens me paroît inintelligible et contradictoire. Pour adopter ou rejeter cette idée, il faudroit commencer par la comprendre, et j'avoue que je n'ai pas ce bonheur-là.

il est vrai; mais enfin il offre un sens, et il n'a rien qui répugne à la raison ni à l'observation : en peut-on dire autant du matérialisme? N'est-il pas clair que si le mouvement étoit essentiel à la matière, il en seroit inséparable, il y seroit toujours en même degré, toujours le même dans chaque portion de matière, il seroit incommunicable, il ne pourroit augmenter ni diminuer, et l'on ne pourroit pas même concevoir la matière en repos? Quand on me dit que le mouvement ne lui est pas essentiel, mais nécessaire, on veut me donner le change par des mots qui seroient plus aisés à réfuter s'ils avoient un peu plus de sens. Car, ou le mouvement de la matière lui vient d'elle-même, et alors *il lui est essentiel*, ou s'il lui vient d'une cause étrangère, il n'est nécessaire à la matière qu'autant que la cause motrice agit sur elle : nous rentrons dans la première difficulté.

Les idées générales et abstraites sont la source des plus grandes erreurs des hommes ; jamais le jargon de la métaphysique n'a fait découvrir une seule vérité, et il a rempli la philosophie d'absurdités dont on a honte, sitôt qu'on les dépouille de leur grands mots. Dites-moi, mon ami, si quand on vous parle d'une force aveugle répandue dans toute la nature, on porte quelque véritable idée à votre esprit. On croit dire quelque chose par ces mots vagues de *force universelle*, de *mouvement nécessaire*, et l'on ne dit rien du tout. L'idée du mouvement n'est autre chose que l'idée du transport d'un lieu à un autre : il n'y a point de mouvement sans quelque direction ; car un être individuel ne sauroit se mouvoir à la fois dans tous les sens. Dans quel sens donc la matière se meut-elle nécessairement? Toute la matière en corps a-t-elle un mouvement uniforme, ou chaque atome a-t-il son mouvement propre? Selon la première idée, l'univers entier doit former une masse solide et indivisible; selon la seconde, il ne doit former qu'un fluide épars et incohérent, sans qu'il soit jamais possible que deux atomes se réunissent. Sur qu'elle direction se fera ce mouvement commun de toute la matière? Sera-ce en droite ligne ou circulairement, en haut ou en bas, à droite ou à gauche? Si chaque molécule de matière a sa direction particulière, quelles seront les causes de toutes ces directions et de toutes ces différences? Si chaque atome ou molécule de matière ne faisoit que tourner sur son propre centre, jamais rien ne sortiroit de sa place, et il n'y auroit point de mouvement communiqué; encore même faudroit-il que ce mouvement circulaire fût déterminé dans quelque sens. Donner à la matière le mouvement par abstraction, c'est dire des mots qui ne signifient rien; et lui donner un mouvement déterminé, c'est supposer une cause qui le détermine. Plus je multiplie les forces particulières, plus j'ai de nouvelles causes à expliquer, sans jamais trouver aucun agent commun qui les dirige. Loin de pouvoir imaginer aucun ordre dans le concours fortuit des élémens, je n'en puis pas même imaginer le combat, et le chaos de l'univers m'est plus inconcevable que son harmonie. Je comprends que le mécanisme du monde peut n'être pas intelligible à l'esprit humain ; mais sitôt qu'un homme se mêle de l'expliquer, il doit dire des choses que les hommes entendent.

Si la matière mue me montre une volonté, la matière mue selon de certaines lois me montre une intelligence : c'est mon second article de foi. Agir, comparer, choisir, sont les opérations d'un être actif et pensant : donc cet être existe. Où le voyez-vous exister? m'allez-vous dire. Non-seulement dans les cieux qui roulent, dans l'astre qui nous éclaire; non-seulement dans moi-même, mais dans la brebis qui paît, dans l'oiseau qui vole, dans la pierre qui tombe, dans la feuille qu'emporte le vent.

Je juge de l'ordre du monde quoique j'en ignore la fin, parce que pour juger de cet ordre il me suffit de comparer les parties entre elles, d'étudier leur concours, leurs rapports, d'en remarquer le concert. J'ignore pourquoi l'univers existe; mais je ne laisse pas de voir comment il est modifié; je ne laisse pas d'apercevoir l'intime correspondance par laquelle les êtres qui le composent se prêtent un secours mutuel. Je suis comme un homme qui verroit pour la première fois une montre ouverte, et qui ne laisseroit pas d'en admirer l'ouvrage quoiqu'il ne connût pas l'usage de la machine et qu'il n'eût point vu le cadran. Je ne sais, diroit-il, à quoi le tout est bon; mais je vois que chaque pièce est faite pour les autres; j'admire l'ouvrier dans le détail de son ouvrage, et je suis bien sûr que tous ces rouages ne marchent ainsi de concert que pour une fin commune qu'il m'est impossible d'apercevoir.

Comparons les fins particulières, les moyens, les rapports ordonnés de toute espèce, puis écoutons le sentiment intérieur; quel esprit sain peut se refuser à son témoignage? à quels yeux non prévenus l'ordre sensible de l'univers n'annonce-t-il pas une suprême intelligence; et que de sophismes ne faut-il point entasser pour méconnoître l'harmonie des êtres, et l'admirable concours de chaque pièce pour la conservation des autres! Qu'on me parle tant qu'on voudra de combinaisons et de chances; que vous sert de me réduire au silence, si vous ne pouvez m'amener à la persuasion? et comment m'ôterez-vous le sentiment involontaire qui vous dément toujours malgré moi? Si les corps organisés se sont combinés fortuitement de mille manières avant de prendre des forces constantes, s'il s'est formé d'abord des estomacs sans bouches, des pieds sans têtes, des mains sans bras, des organes imparfaits de toute espèce qui sont péris faute de pouvoir se conserver, pourquoi nul de ces informes essais ne frappe-t-il plus nos regards? pourquoi la nature s'est-elle enfin prescrit des lois auxquelles elle n'étoit pas d'abord assujettie? Je ne dois point être surpris qu'une chose arrive lorsqu'elle est possible, et que la difficulté de l'événement est compensée par la quantité des jets; j'en conviens. Cependant si l'on me venoit dire que des caractères d'imprimerie, projetés au hasard, ont donné l'Énéide tout arrangée, je ne daignerois pas faire un pas pour aller vérifier le mensonge. Vous oubliez, me dira-t-on, la quantité des jets. Mais de ces jets-là combien faut-il que j'en suppose pour rendre la combinaison vraisemblable? Pour moi, qui n'en vois qu'un seul, j'ai l'infini à parier contre un que son produit n'est point l'effet du hasard. Ajoutez que des combinaisons et des chances ne donneront jamais que des produits de même nature que les élémens combinés, que l'organisation et la vie ne résulteront point d'un jet d'atomes, et qu'un chimiste combinant des mixtes ne les fera point sentir et penser dans son creuset (¹).

J'ai lu Nieuwentit avec surprise, et presque avec scandale (*). Comment cet homme a-t-il pu vouloir faire un livre des merveilles de la nature, qui montrent la sagesse de son auteur? Son livre seroit aussi gros que le monde, qu'il n'aurait pas épuisé son sujet; et sitôt qu'on veut entrer dans les détails, la plus grande merveille échappe, qui est l'harmonie et l'accord du tout. La seule génération des corps vivans et organisés est l'abîme de l'esprit humain; la barrière insurmontable que la nature a mise entre les diverses espèces, afin qu'elles ne se confondissent pas, montre ses intentions avec la dernière évidence. Elle ne s'est pas contentée d'établir l'ordre, elle a pris des mesures certaines pour que rien ne pût le troubler.

Il n'y a pas un être dans l'univers qu'on ne puisse, à quelque égard, regarder comme le centre commun de tous les autres, autour duquel ils sont tous ordonnés, en sorte qu'ils sont tous réciproquement fins et moyens les uns relativement aux autres. L'esprit se confond et se perd dans cette infinité de rapports, dont pas un n'est confondu ni perdu dans la foule. Que d'absurdes suppositions pour déduire toute cette harmonie de l'aveugle mécanisme de la matière mue fortuitement! Ceux qui nient l'unité d'intention qui se manifeste dans les rapports de toutes les parties de ce grand tout, ont beau couvrir leur galimatias d'abstractions, de co-ordinations, de principes généraux, de termes emblématiques; quoi qu'ils fassent, il m'est impossible de concevoir un système d'ê-

---

(¹) Croiroit-on, si l'on n'en avoit la preuve, que l'extravagance humaine pût être portée à ce point? Amatus Lusitanus (*) assuroit avoir vu un petit homme long d'un pouce enfermé dans un verre, que Julius Camillus, comme un autre Prométhée, avoit fait par la science alchimique. Paracelse, *de Naturá rerum*, enseigne la façon de produire ces petits hommes, et soutient que les pygmées, les faunes, les satyres et les nymphes, ont été engendrés par la chimie. En effet, je ne vois pas trop qu'il reste désormais autre chose à faire, pour établir la possibilité de ces faits, si ce n'est d'avancer que la matière organique résiste à l'ardeur du feu, et que ses molécules peuvent se conserver en vie dans un fourneau de réverbère.

(*) Nieuwentit, savant mathématicien hollandois, et non moins célèbre comme philosophe, mort en 718. Entre autres ouvrages il a publié, dans sa langue, un traité de l'*Existence de Dieu démontrée par les merveilles de la nature*, traduit en françois par Noguès. (*Paris*, 1725, in-4°, réimprimé en 1740.) G. P.

(*) Médecin portugais du seizième siècle, dont le nom véritable étoit Joan Rodrigue Amato. Il est auteur de quelques ouvrages de médecine écrits en latin, et qui ont été plusieurs fois réimprimés. G. P.

tres si constamment ordonnés que je ne conçoive une intelligence qui l'ordonne. Il ne dépend pas de moi de croire que la matière passive et morte a pu produire des êtres vivans et sentans, qu'une fatalité aveugle a pu produire des êtres intelligens, que ce qui ne pense point a pu produire des êtres qui pensent.

Je crois donc que le monde est gouverné par une volonté puissante et sage; je le vois, ou plutôt je le sens, et cela m'importe à savoir. Mais ce même monde est-il éternel ou créé? Y a-t-il un principe unique des choses? y en a-t-il deux ou plusieurs? et quelle est leur nature? Je n'en sais rien; et que m'importe? A mesure que ces connoissances me deviendront intéressantes, je m'efforcerai de les acquérir; jusque-là je renonce à des questions oiseuses qui peuvent inquiéter mon amour-propre, mais qui sont inutiles à ma conduite et supérieures à ma raison.

Souvenez-vous toujours que je n'enseigne point mon sentiment, je l'expose. Que la matière soit éternelle ou créée, qu'il y ait un principe passif ou qu'il n'y en ait point, toujours est-il certain que le tout est un, et annonce une intelligence unique; car je ne vois rien qui ne soit ordonné dans le même système, et qui ne concoure à la même fin, savoir la conservation du tout dans l'ordre établi. Cet être qui veut et qui peut, cet être actif par lui-même, cet être enfin, quel qu'il soit, qui meut l'univers et ordonne toutes choses, je l'appelle Dieu. Je joins à ce nom les idées d'intelligence, de puissance, de volonté, que j'ai rassemblées, et celle de bonté qui en est une suite nécessaire: mais je n'en connois pas mieux l'être auquel je l'ai donné; il se dérobe également à mes sens et à mon entendement; plus j'y pense, plus je me confonds; je sais très-certainement qu'il existe, et qu'il existe par lui-même : je sais que mon existence est subordonnée à la sienne, et que toutes les choses qui me sont connues sont absolument dans le même cas. J'aperçois Dieu partout dans ses œuvres; je le sens en moi, je le vois tout autour de moi; mais sitôt que je veux le contempler en lui-même, sitôt que je veux chercher où il est, ce qu'il est, quelle est sa substance, il m'échappe, et mon esprit troublé n'aperçoit plus rien.

Pénétré de mon insuffisance, je ne raisonnerai jamais sur la nature de Dieu, que je n'y sois forcé par le sentiment de ses rapports avec moi. Ces raisonnemens sont toujours téméraires; un homme sage ne doit s'y livrer qu'en tremblant, et sûr qu'il n'est pas fait pour les approfondir; car ce qu'il y a de plus injurieux à la Divinité n'est pas de n'y point penser, mais d'en mal penser.

Après avoir découvert ceux de ses attributs par lesquels je conçois son existence, je reviens à moi, et je cherche quel rang j'occupe dans l'ordre des choses qu'elle gouverne, et que je puis examiner. Je me trouve incontestablement au premier par mon espèce; car, par ma volonté et par les instrumens qui sont en mon pouvoir pour l'exécuter, j'ai plus de force pour agir sur tous les corps qui m'environnent, ou pour me prêter ou me dérober comme il me plaît à leur action, qu'aucun d'eux n'en a pour agir sur moi malgré moi par la seule impulsion physique; et, par mon intelligence, je suis le seul qui ait inspection sur le tout. Quel être ici-bas, hors l'homme, sait observer tous les autres, mesurer, calculer, prévoir leurs mouvemens, leurs effets, et joindre, pour ainsi dire, le sentiment de l'existence commune à celui de son existence individuelle? Qu'y a-t-il de si ridicule à penser que tout est fait pour moi, si je suis le seul qui sache tout rapporter à lui?

Il est donc vrai que l'homme est le roi de la terre qu'il habite (a); car non-seulement il dompte tous les animaux, non-seulement il dispose des élémens par son industrie; mais lui seul sur la terre en sait disposer, et il s'approprie encore, par la contemplation, les astres mêmes dont il ne peut approcher. Qu'on me montre un autre animal sur la terre qui sache faire usage du feu, et qui sache admirer le soleil. Quoi! je puis observer, connoître les êtres et leurs rapports; je puis sentir ce que c'est qu'ordre, beauté, vertu; je puis contempler l'univers, m'élever à la main qui le gouverne; je puis aimer le bien, le faire; et je me comparerois aux bêtes! Ame abjecte, c'est ta triste philosophie qui te rend semblable à elles : ou plutôt tu veux en vain t'avilir; ton génie dépose contre tes principes, ton cœur

---

(a) VAR. ... *est le roi de la nature, au moins sur la terre...*

bienfaisant dément ta doctrine, et l'abus même de tes facultés prouve leur excellence en dépit de toi.

Pour moi, qui n'ai point de système à soutenir, moi, homme simple et vrai que la fureur d'aucun parti n'entraîne et qui n'aspire point à l'honneur d'être chef de secte, content de la place où Dieu m'a mis, je ne vois rien, après lui, de meilleur que mon espèce; et si j'avois à choisir ma place dans l'ordre des êtres, que pourrois-je choisir de plus que d'être homme?

Cette réflexion m'enorgueillit moins qu'elle ne me touche; car cet état n'est point de mon choix, et il n'étoit pas dû au mérite d'un être qui n'existoit pas encore. Puis-je me voir ainsi distingué sans me féliciter de remplir ce poste honorable, et sans bénir la main qui m'y a placé? De mon premier retour sur moi naît dans mon cœur un sentiment de reconnoissance et de bénédiction pour l'auteur de mon espèce, et de ce sentiment mon premier hommage à la Divinité bienfaisante. J'adore la puissance suprême, et je m'attendris sur ses bienfaits. Je n'ai pas besoin qu'on m'enseigne ce culte, il m'est dicté par la nature elle-même. N'est-ce pas une conséquence naturelle de l'amour de soi, d'honorer ce qui nous protége, et d'aimer ce qui nous veut du bien?

Mais quand, pour connoître ensuite ma place individuelle dans mon espèce, j'en considère les divers rangs (*a*) et les hommes qui les remplissent, que deviens-je? Quel spectacle? Où est l'ordre que j'avois observé? Le tableau de la nature ne m'offroit qu'harmonie et proportions, celui du genre humain ne m'offre que confusion, désordre! Le concert règne entre les élémens, et les hommes sont dans le chaos! Les animaux sont heureux, leur roi seul est misérable! O sagesse, où sont tes lois? O Providence, est-ce ainsi que tu régis le monde? Être bienfaisant, qu'est devenu ton pouvoir? Je vois le mal sur la terre.

Croiriez-vous, mon bon ami, que de ces tristes réflexions et de ces contradictions apparentes se formèrent dans mon esprit les sublimes idées de l'âme, qui n'avoient point jusque-là résulté de mes recherches? En méditant sur la nature de l'homme, j'y crus découvrir deux principes distincts, dont l'un l'élevoit à l'étude des vérités éternelles, à l'amour de la justice et du beau moral, aux régions du monde intellectuel, dont la contemplation fait les délices du sage, et dont l'autre le ramenoit bassement en lui-même, l'asservissoit à l'empire des sens, aux passions qui sont leurs ministres, et contrarioit par elles tout ce que lui inspiroit le sentiment du premier (*a*). En me sentant entraîné, combattu par ces deux mouvemens contraires, je me disois: Non, l'homme n'est point un; je veux et je ne veux pas, je me sens à la fois esclave et libre; je vois le bien, je l'aime, et je fais le mal; je suis actif quand j'écoute la raison, passif quand mes passions m'entraînent; et mon pire tourment, quand je succombe, est de sentir que j'ai pu résister.

Jeune homme, écoutez avec confiance, je serai toujours de bonne foi. Si la conscience est l'ouvrage des préjugés, j'ai tort sans doute, et il n'y a point de morale démontrée; mais si se préférer à tout est un penchant naturel à l'homme, et si pourtant le premier sentiment de la justice est inné dans le cœur humain, que celui qui fait de l'homme un être simple lève ces contradictions, et je ne reconnois plus qu'une substance.

Vous remarquerez que, par ce mot de *substance*, j'entends en général l'être doué de quelque qualité primitive, et abstraction faite de toutes modifications particulières ou secondaires. Si donc toutes les qualités primitives qui nous sont connues peuvent se réunir dans un même être, on ne doit admettre qu'une substance; mais s'il y en a qui s'excluent mutuellement, il y a autant de diverses substances qu'on peut faire de pareilles exclusions. Vous réfléchirez sur cela; pour moi je n'ai besoin, quoi qu'en dise Locke, de connoître la matière que comme étendue et divisible, pour être assuré qu'elle ne peut penser; et quand un philosophe viendra me dire que les arbres sentent et que les rochers pensent ([1]), il aura beau

---

(*a*) VAR. ... *ce que lui inspiroit de noble et de grand le sentiment...*

([1]) Il me semble que loin de dire que les rochers pensent, la philosophie moderne a découvert au contraire que les hommes ne pensent point. Elle ne reconnoît plus que des êtres sensitifs dans la nature; et toute la différence qu'elle trouve entre un

(*a*) VAR. ... *j'en considère l'économie, les divers rangs et...*

m'embarrasser dans ses argumens subtils, je ne puis voir en lui qu'un sophiste de mauvaise foi, qui aime mieux donner le sentiment aux pierres, que d'accorder une âme à l'homme.

Supposons un sourd qui nie l'existence des sons, parce qu'ils n'ont jamais frappé son oreille. Je mets sous ses yeux un instrument à corde, dont je fais sonner l'unisson par un autre instrument caché; le sourd voit frémir la corde; je lui dis: C'est le son qui fait cela. Point du tout, répond-il; la cause du frémissement de la corde est en elle-même; c'est une qualité commune à tous les corps de frémir ainsi. Montrez-moi donc, reprends-je, ce frémissement dans les autres corps, ou du moins sa cause dans cette corde. Je ne puis, réplique le sourd; mais parce que je ne conçois pas comment frémit cette corde, pourquoi faut-il que j'aille expliquer cela par vos sons, dont je n'ai pas la moindre idée? C'est expliquer un fait obscur par une cause encore plus obscure. Ou rendez-moi vos sons sensibles, ou je dis qu'ils n'existent pas.

Plus je réfléchis sur la pensée et sur la nature de l'esprit humain, plus je trouve que le raisonnement des matérialistes ressemble à celui de ce sourd. Ils sont sourds, en effet, à la voix intérieure qui leur crie d'un ton difficile à méconnoître: Une machine ne pense point, il n'y a ni mouvement ni figure qui produise la ré-

homme et une pierre, est que l'homme est un être sensitif qui a des sensations, et la pierre un être sensitif qui n'en a pas. Mais s'il est vrai que toute matière sente, où concevrai-je l'unité sensitive ou le moi individuel? sera-ce dans chaque molécule de matière ou dans des corps agrégatifs? Placerai-je également cette unité dans les fluides et dans les solides, dans les mixtes et dans les élémens? Il n'y a, dit-on, que des individus dans la nature! Mais quels sont ces individus? Cette pierre est-elle un individu ou une agrégation d'individus? Est-elle un seul être sensitif, ou en contient-elle autant que de grains de sable? Si chaque atome élémentaire est un être sensitif, comment concevrai-je cette intime communication par laquelle l'un se sent dans l'autre, en sorte que leurs deux *moi* se confondent en un? L'attraction peut être une loi de la nature dont le mystère nous est inconnu; mais nous concevons au moins que l'attraction, agissant selon les masses, n'a rien d'incompatible avec l'étendue et la divisibilité. Concevez-vous la même chose du sentiment? Les parties sensibles sont étendues, mais l'être sensitif est indivisible et un: il ne se partage pas, il est tout entier ou nul; l'être sensitif n'est donc pas un corps. Je ne sais comment l'entendent nos matérialistes, mais il me semble que les mêmes difficultés qui leur ont fait rejeter la pensée leur devroient faire aussi rejeter le sentiment; et je ne vois pas pourquoi, ayant fait le premier pas, ils ne feroient pas aussi l'autre; que leur en coûteroit-il de plus? et puisqu'ils sont sûrs qu'ils ne pensent pas, comment osent-ils affirmer qu'ils sentent?

flexion: quelque chose en toi cherche à briser les liens qui le compriment: l'espace n'est pas ta mesure, l'univers entier n'est pas assez grand pour toi: tes sentimens, tes désirs, ton inquiétude, ton orgueil même, ont un autre principe que ce corps étroit dans lequel tu te sens enchaîné.

Nul être matériel n'est actif par lui-même, et moi je le suis. On a beau me disputer cela, je le sens, et ce sentiment qui me parle est plus fort que la raison qui le combat. J'ai un corps sur lequel les autres agissent et qui agit sur eux; cette action réciproque n'est pas douteuse; mais ma volonté est indépendante de mes sens; je consens ou je résiste, je succombe ou je suis vainqueur, et je sens parfaitement en moi-même quand je fais ce que j'ai voulu faire, ou quand je ne fais que céder à mes passions. J'ai toujours la puissance de vouloir, non la force d'exécuter. Quand je me livre aux tentations, j'agis selon l'impulsion des objets externes. Quand je me reproche cette foiblesse, je n'écoute que ma volonté; je suis esclave par mes vices, et libre par mes remords; le sentiment de ma liberté ne s'efface en moi que quand je me déprave, et que j'empêche enfin la voix de l'âme de s'élever contre la loi du corps.

Je ne connois la volonté que par le sentiment de la mienne, et l'entendement ne m'est pas mieux connu. Quand on me demande quelle est la cause qui détermine ma volonté, je demande à mon tour quelle est la cause qui détermine mon jugement: car il est clair que ces deux causes n'en font qu'une; et si l'on comprend bien que l'homme est actif dans ses jugemens, que son entendement n'est que le pouvoir de comparer et de juger, on verra que sa liberté n'est qu'un pouvoir semblable, ou dérivé de celui-là; il choisit le bon comme il a jugé le vrai; s'il juge faux, il choisit mal. Quelle est donc la cause qui détermine sa volonté? C'est son jugement. Et quelle est la cause qui détermine son jugement? C'est sa faculté intelligente, c'est sa puissance de juger; la cause déterminante est en lui-même. Passé cela, je n'entends plus rien.

Sans doute je ne suis pas libre de ne pas vouloir mon propre bien, je ne suis pas libre de vouloir mon mal; mais ma liberté consiste en cela même que je ne puis vouloir que ce qui m'est convenable, ou que j'estime tel, sans que rien d'étranger à moi me détermine. S'ensuit-il que je ne sois pas mon maître, parce que je ne suis pas le maître d'être un autre que moi?

Le principe de toute action est dans la volonté d'un être libre; on ne sauroit remonter au-delà. Ce n'est pas le mot de liberté qui ne signifie rien, c'est celui de nécessité. Supposer quelque acte, quelque effet qui ne dérive pas d'un principe actif, c'est vraiment supposer des effets sans cause, c'est tomber dans le cercle vicieux. Ou il n'y a point de première impulsion, ou toute première impulsion n'a nulle cause antérieure, et il n'y a point de véritable volonté sans liberté. L'homme est donc libre dans ses actions, et comme tel, animé d'une substance immatérielle; c'est mon troisième article de foi. De ces trois premiers vous déduirez aisément tous les autres, sans que je continue à les compter.

Si l'homme est actif et libre, il agit de lui-même; tout ce qu'il fait librement n'entre point dans le système ordonné de la Providence, et ne peut lui être imputé. Elle ne veut point le mal que fait l'homme en abusant de la liberté qu'elle lui donne; mais elle ne l'empêche pas de le faire, soit que de la part d'un être si foible ce mal soit nul à ses yeux, soit qu'elle ne pût l'empêcher sans gêner sa liberté et faire un mal plus grand en dégradant sa nature. Elle l'a fait libre afin qu'il fît, non le mal, mais le bien par choix. Elle l'a mis en état de faire ce choix en usant bien des facultés dont elle l'a doué; mais elle a tellement borné ses forces, que l'abus de la liberté qu'elle lui laisse ne peut troubler l'ordre général. Le mal que l'homme fait retombe sur lui sans rien changer au système du monde, sans empêcher que l'espèce humaine elle-même ne se conserve malgré qu'elle en ait. Murmurer de ce que Dieu ne l'empêche pas de faire le mal, c'est murmurer de ce qu'il la fit d'une nature excellente, de ce qu'il mit à ses actions la moralité qui les ennoblit, de ce qu'il lui donna droit à la vertu. La suprême jouissance est dans le contentement de soi-même; c'est pour mériter ce contentement que nous sommes placés sur la terre et doués de la liberté, que nous sommes tentés par les passions et retenus par la conscience. Que pouvoit de plus en notre faveur la puissance divine elle-même? Pouvoit-elle mettre de la contradiction dans notre nature et donner le prix d'avoir bien fait à qui n'eut pas le pouvoir de mal faire? Quoi! pour empêcher l'homme d'être méchant, falloit-il le borner à l'instinct et le faire bête? Non, Dieu de mon âme, je ne te reprocherai jamais de l'avoir faite à ton image, afin que je pusse être libre, bon et heureux comme toi!

C'est l'abus de nos facultés qui nous rend malheureux et méchans. Nos chagrins, nos soucis, nos peines, nous viennent de nous. Le mal moral est incontestablement notre ouvrage, et le mal physique ne seroit rien sans nos vices, qui nous l'ont rendu sensible. N'est-ce pas pour nous conserver que la nature nous fait sentir nos besoins? La douleur du corps n'est-elle pas un signe que la machine se dérange, et un avertissement d'y pourvoir? La mort... Les méchans n'empoisonnent-ils pas leur vie et la nôtre? Qui est-ce qui voudroit toujours vivre? La mort est le remède aux maux que vous vous faites; la nature a voulu que vous ne souffrissiez pas toujours. Combien l'homme vivant dans la simplicité primitive est sujet à peu de maux! Il vit presque sans maladies ainsi que sans passions, et ne prévoit ni ne sent la mort; quand il la sent, ses misères la lui rendent désirable: dès lors elle n'est plus un mal pour lui. Si nous nous contentions d'être ce que nous sommes, nous n'aurions point à déplorer notre sort; mais pour chercher un bien-être imaginaire, nous nous donnons mille maux réels. Qui ne sait pas supporter un peu de souffrance doit s'attendre à beaucoup souffrir. Quand on a gâté sa constitution par une vie déréglée, on la veut rétablir par des remèdes; au mal qu'on sent on ajoute celui qu'on craint; la prévoyance de la mort la rend horrible et l'accélère; plus on la veut fuir, plus on la sent; et l'on meurt de frayeur durant toute sa vie, en murmurant contre la nature, des maux qu'on s'est faits en l'offensant.

Homme, ne cherche plus l'auteur du mal; cet auteur, c'est toi-même. Il n'existe point d'autre mal que celui que tu fais ou que tu souffres, et l'un et l'autre te vient de toi. Le mal général ne peut être que dans le désordre, et je vois dans le système du monde un ordre qui ne se dément point. Le mal particulier n'est que dans le sentiment de l'être qui souffre; et ce sentiment l'homme ne l'a pas reçu de la nature, il se l'est donné. La douleur a peu de prise sur quiconque, ayant peu réfléchi, n'a ni souvenir ni prévoyance. Otez nos funestes progrès, ôtez nos erreurs et nos vices, ôtez l'ouvrage de l'homme, et tout est bien.

Où tout est bien rien n'est injuste. La justice est inséparable de la bonté; or la bonté est l'effet nécessaire d'une puissance sans borne et de l'amour de soi, essentiel à tout être qui se sent. Celui qui peut tout étend, pour ainsi dire, son existence avec celle des êtres. Produire et conserver sont l'acte perpétuel de la puissance; elle n'agit point sur ce qui n'est pas; Dieu n'est pas le dieu des morts, il ne pourroit être destructeur et méchant sans se nuire. Celui qui peut tout ne peut vouloir que ce qui est bien (¹). Donc l'Être souverainement bon, parce qu'il est souverainement puissant, doit être aussi souverainement juste; autrement il se contrediroit lui-même, car l'amour de l'ordre qui le produit s'appelle *bonté*, et l'amour de l'ordre qui le conserve s'appelle *justice*.

Dieu, dit-on, ne doit rien à ses créatures. Je crois qu'il leur doit tout ce qu'il leur promit en leur donnant l'être. Or c'est leur promettre un bien que de leur en donner l'idée et de leur en faire sentir le besoin. Plus je rentre en moi, plus je me consulte, et plus je lis ces mots écrits dans mon âme: *Sois juste, et tu seras heureux.* Il n'en est rien pourtant, à considérer l'état présent des choses; le méchant prospère, et le juste reste opprimé. Voyez aussi quelle indignation s'allume en nous quand cette attente est frustrée! La conscience s'élève et murmure contre son auteur; elle lui crie en gémissant : Tu m'as trompé!

Je t'ai trompé, téméraire! et qui te l'a dit? Ton âme est-elle anéantie? As-tu cessé d'exister? O Brutus! ô mon fils! ne souille point ta noble vie en la finissant; ne laisse point ton espoir et ta gloire avec ton corps aux champs de Philippes. Pourquoi dis-tu, *la vertu n'est rien*, quand tu vas jouir du prix de la tienne? Tu vas mourir, penses-tu : non, tu vas vivre, et c'est alors que je tiendrai tout ce que je t'ai promis.

On diroit, aux murmures des impatiens mortels, que Dieu leur doit la récompense avant le mérite, et qu'il est obligé de payer leur vertu d'avance. Oh! soyons bons premièrement, et puis nous serons heureux. N'exigeons pas le prix avant la victoire, ni le salaire avant le travail. Ce n'est point dans la lice, disoit Plutarque (*), que les vainqueurs de nos jeux sacrés sont couronnés, c'est après qu'ils l'ont parcourue.

Si l'âme est immatérielle, elle peut survivre au corps; et si elle lui survit, la Providence est justifiée. Quand je n'aurois d'autre preuve de l'immatérialité de l'âme que le triomphe du méchant et l'oppression du juste en ce monde, cela seul m'empêcheroit d'en douter. Une si choquante dissonance dans l'harmonie universelle me feroit chercher à la résoudre. Je me dirois : Tout ne finit pas pour nous avec la vie, tout rentre dans l'ordre à la mort. J'aurois, à la vérité, l'embarras de me demander où est l'homme, quand tout ce qu'il avoit de sensible est détruit. Cette question n'est plus une difficulté pour moi, sitôt que j'ai reconnu deux substances. Il est très-simple que, durant ma vie corporelle, n'apercevant rien que par mes sens, ce qui ne leur est point soumis m'échappe. Quand l'union du corps et de l'âme est rompue, je conçois que l'un peut se dissoudre, et l'autre se conserver. Pourquoi la destruction de l'un entraîneroit-elle la destruction de l'autre? Au contraire, étant de natures si différentes, ils étoient, par leur union, dans un état violent; et quand cette union cesse, ils rentrent tous deux dans leur état naturel : la substance active et vivante regagne toute la force qu'elle employoit à mouvoir la substance passive et morte. Hélas! je le sens trop par mes vices, l'homme ne vit qu'à moitié durant sa vie, et la vie de l'âme ne commence qu'à la mort du corps.

Mais quelle est cette vie? et l'âme est-elle immortelle par sa nature? Je l'ignore. Mon entendement borné ne conçoit rien sans bornes; tout ce qu'on appelle infini m'échappe. Que puis-je nier, affirmer? quels raisonnemens puis-je faire sur ce que je ne puis concevoir? Je crois que l'âme survit au corps assez pour le maintien de l'ordre : qui sait si c'est assez pour durer

---

(¹) Quand les anciens appeloient *optimus maximus* le Dieu suprême, ils disoient très-vrai : mais en disant *maximus optimus*, ils auroient parlé plus exactement; puisque sa bonté vient de sa puissance, il est bon parce qu'il est grand.

(*) Traité : *On ne peut vivre heureux selon Epicurus*, § 59.
G. P.

toujours? Toutefois je connois comment le corps s'use et se détruit par la division des parties : mais je ne puis concevoir une destruction pareille de l'être pensant ; et n'imaginant point comment il peut mourir, je présume qu'il ne meurt pas. Puisque cette présomption me console et n'a rien de déraisonnable, pourquoi craindrois-je de m'y livrer ?

Je sens mon âme, je la connois par le sentiment et par la pensée ; je sais qu'elle est, sans savoir quelle est son essence ; je ne puis raisonner sur des idées que je n'ai pas. Ce que je sais bien, c'est que l'identité du *moi* ne se prolonge que par la mémoire, et que, pour être le même en effet, il faut que je me souvienne d'avoir été. Or je ne saurois me rappeler, après ma mort, ce que j'ai été durant ma vie, que je ne me rappelle aussi ce que j'ai senti, par conséquent ce que j'ai fait ; et je ne doute point que ce souvenir ne fasse un jour la félicité des bons et le tourment des méchans. Ici-bas, mille passions ardentes absorbent le sentiment interne, et donnent le change aux remords. Les humiliations, les disgrâces qu'attire l'exercice des vertus, empêchent d'en sentir tous les charmes. Mais quand, délivrés des illusions que nous font le corps et les sens, nous jouirons de la contemplation de l'Être suprême et des vérités éternelles dont il est la source, quand la beauté de l'ordre frappera toutes les puissances de notre âme, et que nous serons uniquement occupés à comparer ce que nous avons fait avec ce que nous avons dû faire, c'est alors que la voix de la conscience reprendra sa force et son empire ; c'est alors que la volupté pure qui naît du contentement de soi-même, et le regret amer de s'être avili, distingueront par des sentimens inépuisables le sort que chacun se sera préparé. Ne me demandez point, ô mon bon ami ! s'il y aura d'autres sources de bonheur et de peines ; je l'ignore ; et c'est assez de celle que j'imagine pour me consoler de cette vie, et m'en faire espérer une autre. Je ne dis point que les bons seront récompensés ; car quel autre bien peut attendre un être excellent que d'exister selon la nature ? mais je dis qu'ils seront heureux, parce que leur auteur, l'auteur de toute justice, les ayant faits sensibles, ne les a pas faits pour souffrir ; et que, n'ayant point abusé de leur liberté sur la terre, ils n'ont pas trompé leur destination par leur faute : ils ont souffert pourtant dans cette vie, ils seront donc dédommagés dans une autre. Ce sentiment est moins fondé sur le mérite de l'homme que sur la notion de bonté qui me semble inséparable de l'essence divine. Je ne fais que supposer les lois de l'ordre observées, et Dieu constant à lui-même (¹).

Ne me demandez pas non plus si les tourmens des méchans seront éternels, et s'il est de la bonté de l'auteur de leur être de les condamner à souffrir toujours ; je l'ignore encore, et n'ai point la vaine curiosité d'éclaircir des questions inutiles. Que m'importe ce que deviendront les méchans ? Je prends peu d'intérêt à leur sort. Toutefois j'ai peine à croire qu'ils soient condamnés à des tourmens sans fin. Si la suprême Justice se venge, elle se venge dès cette vie. Vous et vos erreurs, ô nations ! êtes ses ministres. Elle emploie les maux que vous vous faites à punir les crimes qui les ont attirés. C'est dans vos cœurs insatiables, rongés d'envie, d'avarice et d'ambition, qu'au sein de vos fausses prospérités les passions vengeresses punissent vos forfaits. Qu'est-il besoin d'aller chercher l'enfer dans l'autre vie ? il est dès celle-ci dans le cœur des méchans.

Où finissent nos besoins périssables, où cessent nos désirs insensés, doivent cesser aussi nos passions et nos crimes. De quelle perversité de purs esprits seroient-ils susceptibles ? N'ayant besoin de rien, pourquoi seroient-ils méchans ? Si, destitués de nos sens grossiers, tout leur bonheur est dans la contemplation des êtres, ils ne sauroient vouloir que le bien ; et quiconque cesse d'être méchant peut-il être à jamais misérable ? Voilà ce que j'ai du penchant à croire, sans prendre peine à me décider là-dessus. O être clément et bon ! quels que soient tes décrets, je les adore : si tu punis éternellement les méchans, j'anéantis ma foible raison devant ta justice ; mais si les remords de ces infortunés doivent s'éteindre avec le temps, si leurs maux doivent finir, et si la même paix nous attend tous également un jour, je t'en loue. Le méchant n'est-il pas mon frère ? Com-

---

(¹) Non par nous, non pas pour nous, Seigneur,
Mais pour ton nom, mais pour ton propre honneur,
O Dieu ! fais-nous revivre !
Ps. 115.

bien de fois j'ai été tenté de lui ressembler! Que, délivré de sa misère, il perde aussi la malignité qui l'accompagne; qu'il soit heureux ainsi que moi, loin d'exciter ma jalousie, son bonheur ne fera qu'ajouter au mien.

C'est ainsi que, contemplant Dieu dans ses œuvres, et l'étudiant par ceux de ses attributs qu'il m'importoit de connoître, je suis parvenu à étendre et augmenter par degrés l'idée, d'abord imparfaite et bornée, que je me faisois de cet être immense. Mais si cette idée est devenue plus noble et plus grande, elle est aussi moins proportionnée à la raison humaine. A mesure que j'approche en esprit de l'éternelle lumière, son éclat m'éblouit, me trouble, et je suis forcé d'abandonner toutes les notions terrestres qui m'aidoient à l'imaginer. Dieu n'est plus corporel et sensible; la suprême intelligence qui régit le monde n'est plus le monde même : j'élève et fatigue en vain mon esprit à concevoir son essence inconcevable. Quand je pense que c'est elle qui donne la vie et l'activité à la substance vivante et active qui régit les corps animés; quand j'entends dire que mon âme est spirituelle et que Dieu est un esprit, je m'indigne contre cet avilissement de l'essence divine; comme si Dieu et mon âme étoient de même nature! comme si Dieu n'étoit pas le seul être absolu, le seul vraiment actif, sentant, pensant, voulant par lui-même, et duquel nous tenons la pensée, le sentiment, l'activité, la volonté, la liberté, l'être! Nous ne sommes libres que parce qu'il veut que nous le soyons, et sa substance inexplicable est à nos âmes ce que nos âmes sont à nos corps. S'il a créé la matière, les corps, les esprits, le monde, je n'en sais rien. L'idée de création me confond et passe ma portée; je la crois autant que je la puis concevoir : mais je sais qu'il a formé l'univers et tout ce qui existe, qu'il a tout fait, tout ordonné. Dieu est éternel, sans doute; mais mon esprit peut-il embrasser l'idée de l'éternité? Pourquoi me payer de mots sans idée? Ce que je conçois, c'est qu'il est avant les choses, qu'il sera tant qu'elles subsisteront, et qu'il seroit même au-delà si tout devoit finir un jour. Qu'un être que je ne conçois pas donne l'existence à d'autres êtres, cela n'est qu'obscur et incompréhensible; mais que l'être et le néant se convertissent d'eux-mêmes l'un dans l'autre, c'est une contradiction palpable, c'est une claire absurdité.

Dieu est intelligent; mais comment l'est-il? L'homme est intelligent quand il raisonne, et la suprême intelligence n'a pas besoin de raisonner; il n'y a pour elle ni prémisses ni conséquences, il n'y a pas même de proposition; elle est purement intuitive, elle voit également tout ce qui est et tout ce qui peut être; toutes les vérités ne sont pour elle qu'une seule idée, comme tous les lieux un seul point, et tous les temps un seul moment. La puissance humaine agit par des moyens, la puissance divine agit par elle-même. Dieu peut parce qu'il veut; sa volonté fait son pouvoir. Dieu est bon, rien n'est plus manifeste : mais la bonté de l'homme est l'amour de ses semblables, et la bonté de Dieu est l'amour de l'ordre; car c'est par l'ordre qu'il maintient ce qui existe, et lie chaque partie avec le tout. Dieu est juste, j'en suis convaincu, c'est une suite de sa bonté : l'injustice des hommes est leur œuvre et non pas la sienne : le désordre moral, qui dépose contre la Providence aux yeux des philosophes, ne fait que la démontrer aux miens. Mais la justice de l'homme est de rendre à chacun ce qui lui appartient, et la justice de Dieu, de demander compte à chacun de ce qu'il lui a donné.

Que si je viens à découvrir successivement ces attributs dont je n'ai nulle idée absolue, c'est par des conséquences forcées, c'est par le bon usage de ma raison : mais je les affirme sans les comprendre, et, dans le fond, c'est n'affirmer rien. J'ai beau me dire, Dieu est ainsi, je le sens, je me le prouve, je n'en conçois pas mieux comment Dieu peut être ainsi.

Enfin, plus je m'efforce de contempler son essence infinie, moins je la conçois; mais elle est, cela me suffit : moins je la conçois, plus je l'adore. Je m'humilie, et lui dis : Être des êtres, je suis parce que tu es; c'est m'élever à ma source que de te méditer sans cesse. Le plus digne usage de ma raison est de s'anéantir devant toi : c'est mon ravissement d'esprit, c'est le charme de ma foiblesse, de me sentir accablé de ta grandeur.

Après avoir ainsi, de l'impression des objets sensibles et du sentiment intérieur qui me porte à juger des causes selon mes lumières naturelles, déduit les principales vérités qu'il m'importoit de connoître, il me reste à chercher quelles maximes j'en dois tirer pour ma conduite, et quelles règles je dois me prescrire pour remplir ma destination sur la terre, selon l'intention de celui qui m'y a placé. En suivant toujours ma méthode, je ne tire point ces règles des principes d'une haute philosophie, mais je les trouve au fond de mon cœur, écrites par la nature en caractères ineffaçables. Je n'ai qu'à me consulter sur ce que je veux faire : tout ce que je sens être bien est bien, tout ce que je sens être mal est mal : le meilleur de tous les casuistes est la conscience ; et ce n'est que quand on marchande avec elle qu'on a recours aux subtilités du raisonnement. Le premier de tous les soins est celui de soi-même : cependant combien de fois la voix intérieure nous dit qu'en faisant notre bien aux dépens d'autrui nous faisons mal ! Nous croyons suivre l'impulsion de la nature, et nous lui résistons ; en écoutant ce qu'elle dit à nos sens, nous méprisons ce qu'elle dit à nos cœurs : l'être actif obéit, l'être passif commande. La conscience est la voix de l'âme, les passions sont la voix du corps. Est-il étonnant que souvent ces deux langages se contredisent ? et alors lequel faut-il écouter ? Trop souvent la raison nous trompe, nous n'avons que trop acquis le droit de la récuser : mais la conscience ne nous trompe jamais ; elle est le vrai guide de l'homme ; elle est à l'âme ce que l'instinct est au corps [1] ; qui la suit obéit à la nature, et ne craint point de s'égarer. Ce point est important, poursuivit mon bienfaiteur, voyant que j'allois l'interrompre : souffrez que je m'arrête un peu plus à l'éclaircir.

Toute la moralité de nos actions est dans le jugement que nous en portons nous-mêmes. S'il est vrai que le bien soit bien, il doit l'être au fond de nos cœurs comme dans nos œuvres ; et le premier prix de la justice est de sentir qu'on la pratique. Si la bonté morale est conforme à notre nature „l'homme ne sauroit être sain d'esprit ni bien constitué, qu'autant qu'il est bon. Si elle ne l'est pas, et que l'homme soit méchant naturellement, il ne peut cesser de l'être sans se corrompre, et la bonté n'est en lui qu'un vice contre nature. Fait pour nuire à ses semblables comme le loup pour égorger sa proie, un homme humain seroit un animal aussi dépravé qu'un loup pitoyable ; et la vertu seule nous laisseroit des remords.

Rentrons en nous-mêmes, ô mon jeune ami ! examinons, tout intérêt personnel à part, à quoi nos penchans nous portent. Quel spectacle nous flatte le plus, celui des tourmens ou du bonheur d'autrui ? Qu'est-ce qui nous est le plus doux à faire, et nous laisse une impression plus agréable après l'avoir fait, d'un acte de bienfaisance ou d'un acte de méchanceté ? Pour qui vous intéressez-vous sur vos théâtres ? Est-ce aux forfaits que vous prenez plaisir ? est-ce à leurs auteurs punis que vous donnez des larmes ? Tout nous est indifférent, disent-ils, hors notre intérêt : et, tout au contraire, les douceurs de l'amitié, de l'humanité, nous consolent dans nos peines ; et, même dans nos plaisirs, nous serions trop seuls, trop misérables, si nous n'avions avec qui les partager. S'il n'y a rien de moral dans le cœur de l'homme, d'où lui viennent donc ces transports d'admiration pour les actes héroïques, ces ravissemens d'amour pour les grandes âmes ? Cet enthousiasme de la vertu, quel rapport a-t-il avec notre intérêt privé ? Pourquoi voudrois-je être Caton qui déchire ses entrailles, plutôt que César triomphant ? Otez de nos cœurs cet amour du beau,

---

[1] La philosophie moderne, qui n'admet que ce qu'elle explique, n'a garde d'admettre cette obscure faculté appelée *instinct*, qui paroît guider, sans aucune connoissance acquise, les animaux vers quelque fin. L'instinct, selon l'un de nos plus sages philosophes, n'est qu'une habitude privée de réflexion, mais acquise en réfléchissant ; et, de la manière dont il explique ce progrès, on doit conclure que les enfans réfléchissent plus que les hommes ; paradoxe assez étrange pour valoir la peine d'être examiné. Sans entrer ici dans cette discussion, je demande quel nom je dois donner à l'ardeur avec laquelle mon chien fait la guerre aux taupes qu'il ne mange point, à la patience avec laquelle il les guette quelquefois des heures entières, et à l'habileté avec laquelle il les saisit, les jette hors terre au moment qu'elles poussent, et les tue ensuite pour les laisser là, sans que jamais personne l'ait dressé à cette chasse et lui ait appris qu'il y avoit là des taupes. Je demande encore, et ceci est plus important, pourquoi, la première fois que j'ai menacé ce même chien, il s'est jeté le dos contre terre, les pattes repliées, dans une attitude suppliante et la plus propre à me toucher ; posture dans laquelle il se fût bien gardé de rester, si, sans me laisser fléchir, je l'eusse battu dans cet état. Quoi ! mon chien, tout petit encore et ne faisant presque que de naître, avoit-il acquis déjà des idées morales ? savoit-il ce que c'étoit que clémence et générosité ? sur quelles lumières acquises espéroit-il m'apaiser en s'abandonnant ainsi à ma discrétion ? Tous les chiens du monde font à peu près la même chose dans le même cas, et je ne dis rien ici que chacun ne puisse vérifier. Que les philosophes, qui rejettent si dédaigneusement l'instinct, veuillent bien expliquer ce fait par le seul jeu des sensations et des connoissances qu'elles nous font acquérir ; qu'ils l'expliquent d'une manière satisfaisante pour tout homme sensé ; alors je n'aurai plus rien à dire, et je ne parlerai plus d'instinct.

vous ôtez tout le charme de la vie. Celui dont les viles passions ont étouffé dans son âme étroite ces sentimens délicieux; celui qui, à force de se concentrer au dedans de lui, vient à bout de n'aimer que lui-même, n'a plus de transports, son cœur glacé ne palpite plus de joie, un doux attendrissement n'humecte jamais ses yeux, il ne jouit plus de rien; le malheureux ne sent plus, ne vit plus; il est déjà mort.

Mais, quel que soit le nombre des méchans sur la terre, il est peu de ces âmes cadavéreuses devenues insensibles, hors leur intérêt, à tout ce qui est juste et bon. L'iniquité ne plaît qu'autant qu'on en profite; dans tout le reste on veut que l'innocent soit protégé. Voit-on dans une rue ou sur un chemin quelque acte de violence et d'injustice, à l'instant un mouvement de colère et d'indignation s'élève au fond du cœur, et nous porte à prendre la défense de l'opprimé: mais un devoir plus puissant nous retient, et les lois nous ôtent le droit de protéger l'innocence. Au contraire, si quelque acte de clémence ou de générosité frappe nos yeux, quelle admiration, quel amour il nous inspire! Qui est-ce qui ne se dit pas: J'en voudrois avoir fait autant? Il nous importe sûrement fort peu qu'un homme ait été méchant ou juste il y a deux mille ans; et cependant le même intérêt nous affecte dans l'histoire ancienne, que si tout cela s'étoit passé de nos jours. Que me font à moi les crimes de Catilina? ai-je peur d'être sa victime? Pourquoi donc ai-je de lui la même horreur que s'il étoit mon contemporain? Nous ne haïssons pas seulement les méchans parce qu'ils nous nuisent, mais parce qu'ils sont méchans. Non-seulement nous voulons être heureux, nous voulons aussi le bonheur d'autrui; et quand ce bonheur ne coûte rien au nôtre, il l'augmente. Enfin l'on a, malgré soi, pitié des infortunés; quand on est témoin de leur mal, on en souffre. Les plus pervers ne sauroient perdre tout-à-fait ce penchant; souvent il les met en contradiction avec eux-mêmes. Le voleur qui dépouille les passans couvre encore la nudité du pauvre; et le plus féroce assassin soutient un homme tombant en défaillance.

On parle du cri des remords, qui punit en secret des crimes cachés et les met si souvent en évidence. Hélas! qui de nous n'entendit jamais cette importune voix? On parle par expérience; et l'on voudroit étouffer ce sentiment tyrannique qui nous donne tant de tourment. Obéissons à la nature, nous connoîtrons avec quelle douceur elle règne, et quel charme on trouve, après l'avoir écoutée, à se rendre un bon témoignage de soi. Le méchant se craint et se fuit; il s'égaie en se jetant hors de lui-même; il tourne autour de lui des yeux inquiets, et cherche un objet qui l'amuse; sans la satire amère, sans la raillerie insultante, il seroit toujours triste; le ris moqueur est son seul plaisir. Au contraire, la sérénité du juste est intérieure; son ris n'est point de malignité, mais de joie: il en porte la source en lui-même; il est aussi gai seul qu'au milieu d'un cercle; il ne tire pas son contentement de ceux qui l'approchent, il le leur communique.

Jetez les yeux sur toutes les nations du monde, parcourez toutes les histoires; parmi tant de cultes inhumains et bizarres, parmi cette prodigieuse diversité de mœurs et de caractères, vous trouverez partout les mêmes idées de justice et d'honnêteté, partout les mêmes principes de morale, partout les mêmes notions du bien et du mal. L'ancien paganisme enfanta des dieux abominables, qu'on eût punis ici-bas comme des scélérats, et qui n'offroient pour tableau du bonheur suprême que des forfaits à commettre et des passions à contenter. Mais le vice, armé d'une autorité sacrée, descendoit en vain du séjour éternel, l'instinct moral le repoussoit du cœur des humains. En célébrant les débauches de Jupiter on admiroit la continence de Xénocrate; la chaste Lucrèce adoroit l'impudique Vénus; l'intrépide Romain sacrifioit à la Peur; il invoquoit le dieu qui mutila son père, et mouroit sans murmure de la main du sien. Les plus méprisables divinités furent servies par les plus grands hommes. La sainte voix de la nature, plus forte que celle des dieux, se faisoit respecter sur la terre, et sembloit reléguer dans le ciel le crime avec les coupables.

Il est donc au fond des âmes un principe inné de justice et de vertu, sur lequel, malgré nos propres maximes, nous jugeons nos actions et celles d'autrui comme bonnes ou mauvaises; et c'est à ce principe que je donne le nom de conscience.

Mais à ce mot j'entends s'élever de toutes

parts la clameur des prétendus sages : Erreurs de l'enfance, préjugés de l'éducation! s'écrient-ils tous de concert. Il n'y a rien dans l'esprit humain que ce qui s'y introduit par l'expérience, et nous ne jugeons d'aucune chose que sur des idées acquises. Ils font plus; cet accord évident et universel de toutes les nations, ils l'osent rejeter; et, contre l'éclatante uniformité du jugement des hommes, ils vont chercher dans les ténèbres quelque exemple obscur et connu d'eux seuls; comme si tous les penchans de la nature étoient anéantis par la dépravation d'un peuple, et que, sitôt qu'il est des monstres, l'espèce ne fût plus rien. Mais que servent au sceptique Montaigne les tourmens qu'il se donne pour déterrer en un coin du monde une coutume opposée aux notions de la justice (*)? Que lui sert de donner aux plus suspects voyageurs l'autorité qu'il refuse aux écrivains les plus célèbres? Quelques usages incertains et bizarres, fondés sur des causes locales qui nous sont inconnues, détruiront-ils l'induction générale tirée du concours de tous les peuples, opposés en tout le reste, et d'accord sur ce seul point? O Montaigne! toi qui te piques de franchise et de vérité, sois sincère et vrai, si un philosophe peut l'être, et dis-moi s'il est quelque pays sur la terre où ce soit un crime de garder sa foi, d'être clément, bienfaisant, généreux; où l'homme de bien soit méprisable, et le perfide honoré.

Chacun, dit-on, concourt au bien public pour son intérêt. Mais d'où vient donc que le juste y concourt à son préjudice? Qu'est-ce qu'aller à la mort pour son intérêt? Sans doute nul n'agit que pour son bien, mais, s'il n'est un bien moral dont il faut tenir compte, on n'expliquera jamais par l'intérêt propre que les actions des méchans : il est même à croire qu'on ne tentera point d'aller plus loin. Ce seroit une trop abominable philosophie que celle où l'on seroit embarrassé des actions vertueuses; où l'on ne pourroit se tirer d'affaire qu'en leur controuvant des intentions basses et des motifs sans vertu; où l'on seroit forcé d'avilir Socrate et de calomnier Régulus. Si jamais de pareilles doctrines pouvoient germer parmi nous, la voix de la nature, ainsi que celle de la raison, s'élèveroient incessamment contre elles, et ne laisseroient jamais à un seul de leurs partisans l'excuse de l'être de bonne foi.

Mon dessein n'est pas d'entrer ici dans des discussions métaphysiques qui passent ma portée et la vôtre, et qui, dans le fond, ne mènent à rien. Je vous ai déjà dit que je ne voulois pas philosopher avec vous, mais vous aider à consulter votre cœur. Quand tous les philosophes du monde prouveroient que j'ai tort, si vous sentez que j'ai raison, je n'en veux pas davantage.

Il ne faut pour cela que vous faire distinguer nos idées acquises de nos sentimens naturels; car nous sentons nécessairement avant de connoître; et comme nous n'apprenons point à vouloir notre bien et à fuir notre mal, mais que nous tenons cette volonté de la nature, de même l'amour du bon et la haine du mauvais nous sont aussi naturels que l'amour de nous-mêmes. Les actes de la conscience ne sont pas des jugemens, mais des sentimens : quoique toutes nos idées nous viennent du dehors, les sentimens qui les apprécient sont au-dedans de nous, et c'est par eux seuls que nous connoissons la convenance ou disconvenance qui existe entre nous et les choses que nous devons rechercher ou fuir.

Exister pour nous, c'est sentir; notre sensibilité est incontestablement antérieure à notre intelligence, et nous avons eu des sentimens avant des idées (¹). Quelle que soit la cause de notre être, elle a pourvu à notre conservation en nous donnant des sentimens convenables à notre nature; et l'on ne sauroit nier qu'au moins ceux-là ne soient innés. Ces sentimens, quant à l'individu, sont l'amour de soi, la crainte de la douleur, l'horreur de la mort, le désir du bien-être. Mais si, comme on n'en

---

(*) Voyez tout le chapitre XXII du livre premier. On y remarque ce passage : « Les loix de la conscience, que nous disons » naistre de nature, naissent de la coustume : chacun ayant en » veneration interne les opinions et mœurs approuvées et re- » ceuës autour de luy, ne s'en peut desprendre sans remors, ny » s'y appliquer sans applaudissement. » G. P.

(¹) A certains égards les idées sont des sentimens et les sentimens sont des idées. Les deux noms conviennent à toute perception qui nous occupe et de son objet, et de nous-mêmes qui en sommes affectés : il n'y a que l'ordre de cette affection qui détermine le nom qui lui convient. Lorsque, premièrement occupés de l'objet, nous ne pensons à nous que par réflexion, c'est une idée; au contraire, quand l'impression reçue excite notre première attention, et que nous ne pensons que par réflexion à l'objet qui la cause c'est un sentiment.

peut douter, l'homme est sociable par sa nature, ou du moins fait pour le devenir, il ne peut l'être que par d'autres sentimens innés, relatifs à son espèce; car, à ne considérer que le besoin physique, il doit certainement disperser les hommes au lieu de les rapprocher. Or c'est du système moral formé par ce double rapport à soi-même et à ses semblables que naît l'impulsion de la conscience. Connoître le bien, ce n'est pas l'aimer; l'homme n'en a pas la connoissance innée : mais sitôt que sa raison le lui fait connoître, sa conscience le porte à l'aimer; c'est ce sentiment qui est inné.

Je ne crois donc pas, mon ami, qu'il soit impossible d'expliquer par des conséquences de notre nature le principe immédiat de la conscience, indépendant de la raison même. Et quand cela seroit impossible, encore ne seroit-il pas nécessaire : car, puisque ceux qui nient ce principe admis et reconnu par tout le genre humain ne prouvent point qu'il n'existe pas, mais se contentent de l'affirmer; quand nous affirmons qu'il existe, nous sommes tout aussi bien fondés qu'eux, et nous avons de plus le témoignage intérieur, et la voix de la conscience qui dépose pour elle-même. Si les premières lueurs du jugement nous éblouissent et confondent d'abord les objets à nos regards, attendons que nos foibles yeux se rouvrent, se raffermissent; et bientôt nous reverrons ces mêmes objets aux lumières de la raison, tels que nous les montroit d'abord la nature : ou plutôt soyons plus simples et moins vains; bornons-nous aux premiers sentimens que nous trouvons en nous-mêmes, puisque c'est toujours à eux que l'étude nous ramène quand elle ne nous a point égarés.

Conscience! conscience! instinct divin, immortelle et céleste voix; guide assuré d'un être ignorant et borné, mais intelligent et libre; juge infaillible du bien et du mal, qui rends l'homme semblable à Dieu! c'est toi qui fais l'excellence de sa nature et la moralité de ses actions; sans toi je ne sens rien en moi qui m'élève au-dessus des bêtes, que le triste privilége de m'égarer d'erreurs en erreurs à l'aide d'un entendement sans règle et d'une raison sans principe.

Grâces au ciel, nous voilà délivrés de tout cet effrayant appareil de philosophie : nous pouvons être hommes sans être savans; dispensés de consumer notre vie à l'étude de la morale, nous avons à moindres frais un guide plus assuré dans ce dédale immense des opinions humaines. Mais ce n'est pas assez que ce guide existe, il faut savoir le reconnoître et le suivre. S'il parle à tous les cœurs, pourquoi donc y en a-t-il si peu qui l'entendent? Eh! c'est qu'il nous parle la langue de la nature, que tout nous a fait oublier. La conscience est timide, elle aime la retraite et la paix; le monde et le bruit l'épouvantent : les préjugés dont on la fait naître sont ses plus cruels ennemis; elle fuit ou se tait devant eux; leur voix bruyante étouffe la sienne et l'empêche de se faire entendre; le fanatisme ose la contrefaire et dicter le crime en son nom. Elle se rebute enfin à force d'être éconduite; elle ne nous parle plus, elle ne nous répond plus, et, après de si longs mépris pour elle, il en coûte autant de la rappeler qu'il en coûta de la bannir.

Combien de fois je me suis lassé dans mes recherches de la froideur que je sentois en moi! Combien de fois la tristesse et l'ennui, versant leur poison sur mes premières méditations, me les rendirent insupportables! Mon cœur aride ne donnoit qu'un zèle languissant et tiède à l'amour de la vérité. Je me disois : Pourquoi me tourmenter à chercher ce qui n'est pas? le bien moral n'est qu'une chimère; il n'y a rien de bon que les plaisirs des sens. O quand on a une fois perdu le goût des plaisirs de l'âme, qu'il est difficile de le reprendre! Qu'il est plus difficile encore de le prendre quand on ne l'a jamais eu! S'il existoit un homme assez misérable pour n'avoir rien fait en toute sa vie dont le souvenir le rendît content de lui-même et bien aise d'avoir vécu, cet homme seroit incapable de jamais se connoître; et, faute de sentir quelle bonté convient à sa nature, il resteroit méchant par force et seroit éternellement malheureux. Mais croyez-vous qu'il y ait sur la terre entière un seul homme assez dépravé pour n'avoir jamais livré son cœur à la tentation de bien faire? Cette tentation est si naturelle et si douce, qu'il est impossible de lui résister toujours, et le souvenir du plaisir qu'elle a produit une fois suffit pour la rappeler sans cesse. Malheureusement elle est d'abord pénible à satisfaire; on a mille raisons pour se refuser au penchant de son cœur; la fausse prudence le resserre dans les bornes du *moi* humain; il faut mille efforts de courage pour oser les franchir. Se plaire à bien faire est le prix d'avoir bien fait, et ce prix ne s'obtient qu'après l'avoir mérité. Rien n'est plus aimable que la vertu; mais il faut en jouir pour la trouver telle. Quand on la veut embrasser, semblable au Protée de la fable, elle prend d'abord mille formes effrayantes, et ne se montre enfin sous la sienne qu'à ceux qui n'ont point lâché prise.

Combattu sans cesse par mes sentimens naturels qui parloient pour l'intérêt commun, et par ma raison qui rapportoit tout à moi, j'aurois flotté toute ma vie dans cette continuelle alternative, faisant le mal, aimant le bien, et toujours contraire à moi-même, si de nouvelles lumières n'eussent éclairé mon cœur, si la vérité, qui fixa mes opinions, n'eût encore assuré ma conduite et ne m'eût mis d'accord avec moi. On a beau vouloir établir la vertu par la raison seule, quelle solide base peut-on lui donner? La vertu, disent-ils, est l'amour de l'ordre. Mais cet amour peut-il donc et doit-il l'emporter en moi sur celui de mon bien-être? Qu'ils me donnent une raison claire et suffisante pour le préférer. Dans le fond, leur prétendu principe est un pur jeu de mots; car je dis aussi, moi, que le vice est l'amour de l'ordre, pris dans un sens différent. Il y a quelque ordre moral partout où il y a sentiment et intelligence. La différence est que le bon s'ordonne par rapport au tout, et que le méchant ordonne le tout par rapport à lui. Celui-ci se fait le centre de toutes choses; l'autre mesure son rayon et se tient à la circonférence. Alors il est ordonné par rapport au centre commun, qui est Dieu, et par rapport à tous les cercles concentriques, qui sont les créatures. Si la Divinité n'est pas, il n'y a que le méchant qui raisonne, le bon n'est qu'un insensé.

O mon enfant! puissiez-vous sentir un jour de quel poids on est soulagé, quand, après avoir épuisé la vanité des opinions humaines et goûté l'amertume des passions, on trouve enfin si près de soi la route de la sagesse, le prix des travaux de cette vie, et la source du bonheur dont on a désespéré! Tous les devoirs de la loi naturelle, presque effacés de mon cœur par l'injustice des hommes, s'y retracent au nom de l'éternelle justice, qui me les impose et qui me les voit remplir. Je ne sens plus en moi que l'ouvrage et l'instrument du grand Être qui veut le bien, qui le fait, qui fera le mien par le concours de mes volontés aux siennes et par le bon usage de ma liberté: j'acquiesce à l'ordre qu'il établit, sûr de jouir moi-même un jour de cet ordre et d'y trouver ma félicité; car quelle félicité plus douce que de se sentir ordonné dans un sytème où tout est bien? En proie à la douleur, je la supporte avec patience, en songeant qu'elle est passagère et qu'elle vient d'un corps qui n'est point à moi. Si je fais une bonne action sans témoin, je sais qu'elle est vue, et je prends acte pour l'autre vie de ma conduite en celle-ci. En souffrant une injustice, je me dis: l'Être juste qui régit tout saura bien m'en dédommager: les besoins de mon corps, les misères de ma vie, me rendent l'idée de la mort plus supportable. Ce seront autant de liens de moins à rompre quand il faudra tout quitter.

Pourquoi mon âme est-elle soumise à mes sens et enchaînée à ce corps qui l'asservit et la gêne? Je n'en sais rien: suis-je entré dans les décrets de Dieu? Mais je puis, sans témérité, former de modestes conjectures. Je me dis: Si l'esprit de l'homme fût resté libre et pur, quel mérite auroit-il d'aimer et suivre l'ordre qu'il verroit établi et qu'il n'auroit nul intérêt à troubler? Il seroit heureux, il est vrai; mais il manqueroit à son bonheur le degré le plus sublime, la gloire de la vertu et le bon témoignage de soi; il ne seroit que comme les anges, et sans doute l'homme vertueux sera plus qu'eux. Unie à un corps mortel par des liens non moins puissans qu'incompréhensibles, le soin de la conservation de ce corps excite l'âme à rapporter tout à lui, et lui donne un intérêt contraire à l'ordre général, qu'elle est pourtant capable de voir et d'aimer; c'est alors que le bon usage de sa liberté devient à la fois le mérite et la récompense, et qu'elle se prépare un bonheur inaltérable, en combattant ses passions terrestres et se maintenant dans sa première volonté.

Que si même, dans l'état d'abaissement où nous sommes durant cette vie, tous nos premiers penchans sont légitimes, si tous nos vices nous viennent de nous, pourquoi nous plaignons-nous d'être subjugués par eux? pourquoi reprochons-nous à l'auteur des choses les maux que nous nous faisons et les ennemis que nous armons contre nous-mêmes? Ah! ne gâtons point l'homme; il sera toujours bon sans peine, et toujours heureux sans remords. Les coupables qui se disent forcés au crime sont aussi menteurs que méchans : comment ne voient-ils point que la foiblesse dont ils se plaignent est leur propre ouvrage; que leur première dépravation vient de leur volonté; qu'à force de vouloir céder à leurs tentations, ils leur cèdent enfin malgré eux et les rendent irrésistibles? Sans doute il ne dépend plus d'eux de n'être pas méchans et foibles, mais il dépendit d'eux de ne le pas devenir. Oh! que nous resterions aisément maîtres de nous et de nos passions, même durant cette vie, si, lorsque nos habitudes ne sont point encore acquises, lorsque notre esprit commence à s'ouvrir, nous savions l'occuper des objets qu'il doit connoître pour apprécier ceux qu'il ne connoît pas; si nous voulions sincèrement nous éclairer, non pour briller aux yeux des autres, mais pour être bons et sages selon notre nature, pour nous rendre heureux en pratiquant nos devoirs! Cette étude nous paroît ennuyeuse et pénible, parce que nous n'y songeons que déjà corrompus par le vice, déjà livrés à nos passions. Nous fixons nos jugemens et notre estime avant de connoître le bien et le mal; et puis, rapportant tout à cette fausse mesure, nous ne donnons à rien sa juste valeur.

Il est un âge où le cœur, libre encore, mais ardent, inquiet, avide du bonheur qu'il ne connoît pas, le cherche avec une curieuse incertitude, et, trompé par les sens, se fixe enfin sur sa vaine image, et croit le trouver où il n'est point. Ces illusions ont duré long-temps pour moi. Hélas! je les ai trop tard connues, et n'ai pu tout-à-fait les détruire; elles dureront autant que ce corps mortel qui les cause. Au moins elles ont beau me séduire, elles ne m'abusent plus; je les connois pour ce qu'elles sont; en les suivant je les méprise; loin d'y voir l'objet de mon bonheur, j'y vois son obstacle. J'aspire au moment où, délivré des entraves du corps, je serai *moi* sans contradiction, sans partage, et n'aurai besoin que de moi pour être heureux; en attendant je le suis dès cette vie, parce que j'en compte pour peu tous les maux, que je la regarde comme presque étrangère à mon être, et que tout le vrai bien que je peux retirer dépend de moi.

Pour m'élever d'avance autant qu'il se peut à cet état de bonheur, de force et de liberté, je m'exerce aux sublimes contemplations. Je médite sur l'ordre de l'univers, non pour l'expliquer par de vains systèmes, mais pour l'admirer sans cesse, pour adorer le sage auteur qui s'y fait sentir. Je converse avec lui, je pénètre toutes mes facultés de sa divine essence; je m'attendris à ses bienfaits, je le bénis de ses dons; mais je ne le prie pas. Que lui demanderois-je? qu'il changeât pour moi le cours des choses, qu'il fît des miracles en ma faveur? Moi qui dois aimer par-dessus tout l'ordre établi par sa sagesse et maintenu par sa providence, voudrois-je que cet ordre fût troublé pour moi? Non, ce vœu téméraire mériteroit d'être plutôt puni qu'exaucé. Je ne lui demande pas non plus le pouvoir de bien faire : pourquoi lui demander ce qu'il m'a donné? Ne m'a-t-il pas donné la conscience pour aimer le bien, la raison pour le connoître, la liberté pour le choisir? Si je fais le mal, je n'ai point d'excuse; je le fais parce que je le veux : lui demander de changer ma volonté, c'est lui demander ce qu'il me demande; c'est vouloir qu'il fasse mon œuvre et que j'en recueille le salaire; n'être pas content de mon état, c'est ne vouloir plus être homme, c'est vouloir autre chose que ce qui est, c'est vouloir le désordre et le mal. Source de justice et de vérité, Dieu clément et bon! dans ma confiance en toi, le suprême vœu de mon cœur est que ta volonté soit faite. En y joignant la mienne je fais ce que tu fais, j'acquiesce à ta bonté; je crois partager d'avance la suprême félicité qui en est le prix.

Dans la juste défiance de moi-même, la seule chose que je lui demande, ou plutôt que j'attends de sa justice, est de redresser mon erreur si je m'égare et si cette erreur m'est dangereuse. Pour être de bonne foi je ne me crois pas infaillible : mes opinions qui me semblent les plus vraies sont peut-être autant de mensonges; car quel homme ne tient pas aux siennes? et combien d'hommes sont d'accord en tout? L'illusion qui m'abuse a beau me venir de moi, c'est lui seul qui m'en peut guérir. J'ai fait ce que j'ai pu pour atteindre à la vérité; mais sa source est trop élevée: quand les forces me manquent pour aller plus loin, de quoi puis-je être coupable? c'est à elle à s'approcher.

LE BON PRÊTRE avoit parlé avec véhémence; il étoit ému, je l'étois aussi. Je croyois entendre le divin Orphée chanter les premiers hymnes, et apprendre aux hommes le culte des dieux. Cependant je voyois des foules d'objections à lui faire: je n'en fis pas une, parce qu'elles étoient moins solides qu'embarrassantes, et que la persuasion étoit pour lui. A mesure qu'il me parloit selon sa conscience, la mienne sembloit me confirmer ce qu'il m'avoit dit.

Les sentimens que vous venez de m'exposer, lui dis-je, me paroissent plus nouveaux par ce que vous avouez ignorer que par ce que vous dites croire. J'y vois, à peu de chose près, le théisme ou la religion naturelle, que les chrétiens affectent de confondre avec l'athéisme ou l'irréligion, qui est la doctrine directement opposée. Mais, dans l'état actuel de ma foi, j'ai plus à remonter qu'à descendre pour adopter vos opinions, et je trouve difficile de rester précisément au point où vous êtes, à moins d'être aussi sage que vous. Pour être au moins aussi sincère je veux consulter avec moi. C'est le sentiment intérieur qui doit me conduire, à votre exemple; et vous m'avez appris vous-même qu'après lui avoir long-temps imposé silence, le rappeler n'est pas l'affaire d'un moment. J'emporte vos discours dans mon cœur, il faut que je les médite. Si, après m'être bien consulté, j'en demeure aussi convaincu que vous, vous serez mon dernier apôtre, et je serai votre prosélyte jusqu'à la mort. Continuez cependant à m'instruire, vous ne m'avez dit que la moitié de ce que je dois savoir. Parlez-moi de la révélation, des Écritures, de ces dogmes obscurs sur lesquels je vais errant dès mon enfance, sans pouvoir ni les concevoir ni les croire, et sans savoir ni les admettre ni les rejeter.

Oui, mon enfant, dit-il en m'embrassant, j'achèverai de vous dire ce que je pense; je ne veux point vous ouvrir mon cœur à demi: mais le désir que vous me témoignez étoit nécessaire pour m'autoriser à n'avoir aucune réserve avec vous. Je ne vous ai rien dit jusqu'ici que je ne crusse pouvoir vous être utile et dont je ne fusse intimement persuadé. L'examen qui me reste à faire est bien différent; je n'y vois qu'embarras, mystère, obscurité; je n'y porte qu'incertitude et défiance. Je ne me détermine qu'en tremblant, et je vous dis plutôt mes doutes que mon avis. Si vos sentimens étoient plus stables, j'hésiterois de vous exposer les miens; mais, dans l'état où vous êtes, vous gagnerez à penser comme moi (¹). Au reste, ne donnez à mes discours que l'autorité de la raison: j'ignore si je suis dans l'erreur. Il est difficile, quand on discute, de ne pas prendre quelquefois le ton affirmatif; mais souvenez-vous qu'ici toutes mes affirmations ne sont que des raisons de douter. Cherchez la vérité vous-même; pour moi, je ne vous promets que de la bonne foi.

Vous ne voyez dans mon exposé que de la religion naturelle: il est bien étrange qu'il en faille une autre! Par où connoîtrai-je cette nécessité? De quoi puis-je être coupable en servant Dieu selon les lumières qu'il donne à mon esprit, et selon les sentimens qu'il inspire à mon cœur? Quelle pureté de morale, quel dogme utile à l'homme et honorable à son auteur, puis-je tirer d'une doctrine positive, que je ne puisse tirer sans elle du bon usage de mes facultés? Montrez-moi ce qu'on peut ajouter, pour la gloire de Dieu, pour le bien de la société et pour mon propre avantage, aux devoirs de la loi naturelle, et quelle vertu vous ferez naître d'un nouveau culte, qui ne soit pas une conséquence du mien. Les plus grandes idées de la Divinité nous viennent par la raison seule. Voyez le spectacle de la nature, écoutez la voix intérieure. Dieu n'a-t-il pas tout dit à nos yeux, à notre conscience, à notre jugement? Qu'est-ce que les hommes nous diront de plus? Leurs révélations ne font que dégrader Dieu, en lui donnant les passions humaines. Loin d'éclaircir les notions du grand Être, je vois que les dogmes particuliers les embrouillent; que loin de les ennoblir ils les avilissent; qu'aux mystères inconcevables qui l'environnent ils ajou-

(¹) Voilà, je crois, ce que le bon vicaire pourroit dire à présent au public.

tent des contradictions absurdes, qu'ils rendent l'homme orgueilleux, intolérant, cruel; qu'au lieu d'établir la paix sur la terre, ils y portent le fer et le feu. Je me demande à quoi bon tout cela sans savoir me répondre. Je n'y vois que les crimes des hommes et les misères du genre humain.

On me dit qu'il falloit une révélation pour apprendre aux hommes la manière dont Dieu vouloit être servi; on assigne en preuve la diversité des cultes bizarres qu'ils ont institués, et l'on ne voit pas que cette diversité même vient de la fantaisie des révélations. Dès que les peuples se sont avisés de faire parler Dieu, chacun l'a fait parler à sa mode et lui a fait dire ce qu'il a voulu. Si l'on n'eût écouté que ce que Dieu dit au cœur de l'homme, il n'y auroit jamais eu qu'une religion sur la terre.

Il falloit un culte uniforme; je le veux bien : mais ce point étoit-il donc si important qu'il fallût tout l'appareil de la puissance divine pour l'établir? Ne confondons point le cérémonial de la religion avec la religion. Le culte que Dieu demande est celui du cœur; et celui-là, quand il est sincère, est toujours uniforme. C'est avoir une vanité bien folle de s'imaginer que Dieu prenne un si grand intérêt à la forme de l'habit du prêtre, à l'ordre des mots qu'il prononce, aux gestes qu'il fait à l'autel, et à toutes ses génuflexions. Eh! mon ami, reste de toute ta hauteur, tu seras toujours assez près de terre. Dieu veut être adoré en esprit et en vérité: ce devoir est de toutes les religions, de tous les pays, de tous les hommes. Quant au culte extérieur, s'il doit être uniforme pour le bon ordre, c'est purement une affaire de police; il ne faut point de révélation pour cela.

Je ne commençai pas par toutes ces réflexions. Entraîné par les préjugés de l'éducation et par ce dangereux amour-propre qui veut toujours porter l'homme au-dessus de sa sphère, ne pouvant élever mes foibles conceptions jusqu'au grand Être, je m'efforçois de le rabaisser jusqu'à moi. Je rapprochois les rapports infiniment éloignés qu'il a mis entre sa nature et la mienne. Je vouloir des communications plus immédiates, des instructions plus particulières; et, non content de faire Dieu semblable à l'homme, pour être privilégié moi-même parmi mes semblables, je vouloir des lumières surnaturelles; je vouloir un culte exclusif; je vouloir que Dieu m'eût dit ce qu'il n'avoit pas dit à d'autres, ou ce que d'autres n'auroient pas entendu comme moi.

Regardant le point où j'étois parvenu comme le point commun d'où partoient tous les croyans pour arriver à un culte plus éclairé, je ne trouvois dans les dogmes de la religion naturelle que les élémens de toute religion. Je considérois cette diversité de sectes qui règnent sur la terre et qui s'accusent mutuellement de mensonge et d'erreur; je demandois, *Quelle est la bonne?* Chacun me répondoit, C'est la mienne; chacun disoit : Moi seul et mes partisans pensons juste; tous les autres sont dans l'erreur. *Et comment savez-vous que votre secte est la bonne?* Parce que Dieu l'a dit (¹). Et qui vous dit que Dieu l'a dit? Mon pasteur, qui le sait bien. Mon pasteur me dit d'ainsi croire, et ainsi je crois; il m'assure que tous ceux qui disent autrement que lui mentent, et je ne les écoute pas.

Quoi! pensois-je, la vérité n'est-elle pas une? et ce qui est vrai chez moi peut-il être faux chez vous? Si la méthode de celui qui suit la bonne route et celle de celui qui s'égare est la même, quel mérite ou quel tort a l'un de plus que l'autre? Leur choix est l'effet du hasard; le leur imputer est iniquité, c'est récompenser ou punir pour être né dans tel ou dans tel pays. Oser dire que Dieu nous juge ainsi, c'est outrager sa justice.

Où toutes les religions sont bonnes et agréa-

(¹) « Tous, dit un bon et sage prêtre, disent qu'ils la tiennent
» et la croient (et tous usent de ce jargon), que non des hom-
» mes, ne d'aucune créature, ains de Dieu.
» Mais à dire vrai, sans rien flatter ni déguiser, il n'en est
» rien; elles sont, quoi qu'on die, tenues par mains et moyens
» humains; tesmoin premièrement la manière que les religions
» ont été reçues au monde et sont encore tous les jours par les
» particuliers : la nation, le pays, le lieu donne la religion ;
» l'on est de celle que le lieu auquel on est né et élevé tient :
» nous sommes circoncis, baptisés, juifs, mahométans, chré-
» tiens, avant que nous sachions que nous sommes hommes : la
» religion n'est pas de notre choix et élection; tesmoin, après,
» la vie et les mœurs si mal accordantes avec la religion; tes-
» moin que par occasions humaines et bien légères, l'on va
» contre la teneur de sa religion. » CHARRON, *de la Sagesse*,
liv. II, chap. v, p. 237, édit. de Bordeaux, 1601.

Il y a grande apparence que la sincère profession de foi du vertueux théologal de Condom n'eût pas été fort différente de celle du vicaire savoyard (*).

(*) Avant Charron, Montaigne avoit développé la même pensée, et avoit dit dans le même sens : « Nous sommes chrestiens à mesme titre que « nous sommes Perigordiens ou Allemands. » LIVRE II, chapitre XII.

G. P.

bles à Dieu, ou, s'il en est une qu'il prescrive aux hommes, et qu'il les punisse de méconnoître, il lui a donné des signes certains et manifestes pour être distinguée et connue pour la seule véritable : ces signes sont de tous les temps et de tous les lieux, également sensibles à tous les hommes grands et petits, savans et ignorans, Européens, Indiens, Africains, Sauvages. S'il étoit une religion sur la terre hors de laquelle il n'y eût que peine éternelle, et qu'en quelque lieu du monde un seul mortel de bonne foi n'eût pas été frappé de son évidence, le Dieu de cette religion seroit le plus inique et le plus cruel des tyrans.

Cherchons-nous donc sincèrement la vérité, ne donnons rien au droit de la naissance et à l'autorité des pères et des pasteurs, mais rappelons à l'examen de la conscience et de la raison tout ce qu'ils nous ont appris dès notre enfance. Ils ont beau me crier : Soumets ta raison; autant m'en peut dire celui qui me trompe : il me faut des raisons pour soumettre ma raison.

Toute la théologie que je puis acquérir de moi-même par l'inspection de l'univers, et par le bon usage de mes facultés, se borne à ce que je vous ai ci-devant expliqué. Pour en savoir davantage, il faut recourir à des moyens extraordinaires. Ces moyens ne sauroient être l'autorité des hommes; car, nul homme n'étant d'une autre espèce que moi, tout ce qu'un homme connoît naturellement je puis aussi le connoître, et un autre homme peut se tromper aussi bien que moi : quand je crois ce qu'il dit, ce n'est pas parce qu'il le dit, mais parce qu'il le prouve. Le témoignage des hommes n'est donc au fond que celui de ma raison même, et n'ajoute rien aux moyens naturels que Dieu m'a donnés de connoître la vérité.

Apôtre de la vérité, qu'avez-vous donc à me dire dont je ne reste pas le juge? Dieu lui-même a parlé; écoutez sa révélation. C'est autre chose. Dieu a parlé! voilà certes un grand mot. Et à qui a-t-il parlé? Il a parlé aux hommes. Pourquoi donc n'en ai-je rien entendu? Il a chargé d'autres hommes de vous rendre sa parole. J'entends : ce sont des hommes qui vont me dire ce que Dieu a dit. J'aimerois mieux avoir entendu Dieu lui-même; il ne lui en auroit pas coûté davantage, et j'aurois été à l'abri de la séduction. Il vous en garantit en manifestant la mission de ses envoyés. Comment cela? Par des prodiges. Et où sont ces prodiges? Dans les livres. Et qui a fait ces livres? Des hommes. Et qui a vu ces prodiges? Des hommes qui les attestent. Quoi! toujours des témoignages humains! toujours des hommes qui me rapportent ce que d'autres hommes ont rapporté! Que d'hommes entre Dieu et moi! Voyons toutefois, examinons, comparons, vérifions. Oh! si Dieu eût daigné me dispenser de tout ce travail, l'en aurois-je servi de moins bon cœur?

Considérez, mon ami, dans quelle horrible discussion me voilà engagé; de quelle immense érudition j'ai besoin pour remonter dans les plus hautes antiquités, pour examiner, peser, confronter les prophéties, les révélations, les faits, tous les monumens de foi proposés dans tous les pays du monde, pour en assigner les temps, les lieux, les auteurs, les occasions! Quelle justesse de critique m'est nécessaire pour distinguer les pièces authentiques des pièces supposées; pour comparer les objections aux réponses, les traductions aux originaux; pour juger de l'impartialité des témoins, de leur bon sens, de leurs lumières; pour savoir si l'on n'a rien supprimé, rien ajouté, rien transposé, changé, falsifié; pour lever les contradictions qui restent; pour juger quel poids doit avoir le silence des adversaires dans les faits allégués contre eux; si ces allégations leur ont été connues; s'ils en ont fait assez de cas pour daigner y répondre; si les livres étoient assez communs pour que les nôtres leur parvinssent : si nous avons été d'assez bonne foi pour donner cours aux leurs parmi nous, et pour y laisser leurs plus fortes objections telles qu'ils les avoient faites!

Tous ces monumens reconnus pour incontestables, il faut passer ensuite aux preuves de la mission de leurs auteurs; il faut bien savoir les lois des sorts, les probabilités éventives, pour juger quelle prédiction ne peut s'accomplir sans miracle; le génie des langues originales pour distinguer ce qui est prédiction dans ces langues, et ce qui n'est que figure oratoire; quels faits sont dans l'ordre de la nature, et quels autres faits n'y sont pas; pour dire jusqu'à quel point un homme adroit peut fasciner les yeux des simples, peut étonner même les gens éclairés; chercher de quelle espèce doit être un prodige, et quelle authenticité il doit avoir, non-seulement pour être cru, mais pour qu'on soit punissable d'en douter; comparer les preuves des vrais et des faux prodiges, et trouver les règles sûres pour les discerner; dire enfin pourquoi Dieu choisit, pour attester sa parole, des moyens qui ont eux-mêmes si grand besoin d'attestation, comme s'il se jouoit de la crédulité des hommes, et qu'il évitât à dessein les vrais moyens de les persuader.

Supposons que la majesté divine daigne s'abaisser assez pour rendre un homme l'organe de ses volontés sacrées; est-il raisonnable, est-il juste d'exiger que tout le genre humain obéisse à la voix de ce ministre, sans le lui faire connoître pour tel? Y a-t-il de l'équité à ne lui donner, pour toutes lettres de créance, que quelques signes particuliers faits devant peu de gens obscurs, et dont tout le reste des hommes ne saura jamais rien que par ouï-dire? Par tous les pays du monde, si l'on tenoit pour vrais tous les prodiges que le peuple et les simples disent avoir vus, chaque secte seroit la bonne; il y auroit plus de prodiges que d'événemens naturels; et le plus grand de tous les miracles seroit que, là où il y a des fanatiques persécutés, il n'y eût point de miracles. C'est l'ordre inaltérable de la nature qui montre le mieux la sage main qui la régit; s'il arrivoit beaucoup d'exceptions, je ne saurois plus qu'en penser; et pour moi, je crois trop en Dieu pour croire à tant de miracles si peu dignes de lui.

Qu'un homme vienne nous tenir ce langage: Mortels, je vous annonce la volonté du Très-Haut; reconnoissez à ma voix celui qui m'envoie; j'ordonne au soleil de changer sa course, aux étoiles de former un autre arrangement, aux montagnes de s'aplanir, aux flots de s'élever, à la terre de prendre un autre aspect. A ces merveilles, qui ne reconnoîtra pas à l'instant le maître de la nature? Elle n'obéit point aux imposteurs; leurs miracles se font dans les carrefours, dans des déserts, dans des chambres; et c'est là qu'ils ont bon marché d'un petit nombre de spectateurs déjà disposés à tout croire. Qui est-ce qui m'osera dire combien il faut de témoins oculaires pour rendre un prodige digne de foi? Si vos miracles, faits pour prouver votre doctrine, ont eux-mêmes besoin d'être prouvés, de quoi servent-ils? autant valoit n'en point faire.

Reste enfin l'examen le plus important dans la doctrine annoncée; car, puisque ceux qui disent que Dieu fait ici-bas des miracles prétendent que le diable les imite quelquefois, avec les prodiges les mieux attestés, nous ne sommes pas plus avancés qu'auparavant; et, puisque les magiciens de Pharaon osoient, en présence même de Moïse, faire les mêmes signes qu'il faisoit par l'ordre exprès de Dieu, pourquoi, dans son absence, n'eussent-ils pas, aux mêmes titres, prétendu la même autorité? Ainsi donc, après avoir prouvé la doctrine par le miracle, il faut prouver le miracle par la doctrine [1], de peur de prendre l'œuvre du démon pour l'œuvre de Dieu. Que pensez-vous de ce dialèle [2]?

Cette doctrine, venant de Dieu, doit porter le sacré caractère de la Divinité; non-seulement elle doit nous éclaircir les idées confuses que le raisonnement en trace dans notre esprit, mais elle doit aussi nous proposer un culte, une morale, et des maximes convenables aux attributs par lesquels seuls nous concevons son essence. Si donc elle ne nous apprenoit que des choses absurdes et sans raison, si elle ne nous inspiroit que des sentimens d'aversion pour nos sembla-

[1] Cela est formel en mille endroits de l'Écriture, et entre autres dans le *Deutéronome*, chapitre XIII, où il est dit que si un prophète annonçant des dieux étrangers confirme ses discours par des prodiges, et que ce qu'il prédit arrive, loin d'y avoir aucun égard on doit mettre ce prophète à mort. Quand donc les païens mettoient à mort les apôtres leur annonçant un Dieu étranger et prouvant leur mission par des prédictions et des miracles, je ne vois pas ce qu'on avoit à leur objecter de solide, qu'ils ne pussent à l'instant rétorquer contre nous. Or, que faire en pareil cas? Une seule chose: revenir au raisonnement, et laisser là les miracles. Mieux eût valu n'y pas recourir. C'est là du bon sens le plus simple, qu'on n'obscurcit qu'à force de distinctions tout au moins très-subtiles. Des subtilités dans le christianisme! Mais Jésus-Christ a donc eu tort de promettre le royaume des cieux aux simples : il a donc eu tort de commencer les plus beaux de ses discours par féliciter les pauvres d'esprit, s'il faut tant d'esprit pour entendre sa doctrine et pour apprendre à croire en lui. Quand vous m'aurez prouvé que je dois me soumettre, tout ira fort bien : mais pour me prouver cela mettez-vous à ma portée; mesurez vos raisonnemens à la capacité d'un pauvre d'esprit, ou je ne reconnois plus en vous le vrai disciple de votre maître, et ce n'est pas sa doctrine que vous m'annoncez.

[2] On appelle ainsi en logique l'argument par lequel on fait voir le cercle vicieux résultant d'un raisonnement qui se réduit à prouver une chose incertaine et obscure par une autre entachée des mêmes défauts, puis cette seconde par la première. Le dialèle est l'argument favori des sceptiques ou pyrrhoniens, et le plus formidable, dit Bayle, de tous ceux qu'ils emploient contre les dogmatiques. G. P.

bles et de frayeur pour nous-mêmes, si elle ne nous peignoit qu'un Dieu colère, jaloux, vengeur, partial, haïssant les hommes, un Dieu de la guerre et des combats, toujours prêt à détruire et foudroyer, toujours parlant de tourmens, de peines, et se vantant de punir même les innocens, mon cœur ne seroit point attiré vers ce Dieu terrible, et je me garderois de quitter la religion naturelle pour embrasser celle-là; car vous voyez bien qu'il faudroit nécessairement opter. Votre Dieu n'est pas le nôtre, dirois-je à ces sectateurs. Celui qui commence par se choisir un seul peuple et proscrire le reste du genre humain n'est pas le père commun des hommes; celui qui destine au supplice éternel le plus grand nombre de ses créatures n'est pas le Dieu clément et bon que ma raison m'a montré.

A l'égard des dogmes, elle me dit qu'ils doivent être clairs, lumineux, frappans par leur évidence. Si la religion naturelle est insuffisante, c'est par l'obscurité qu'elle laisse dans les grandes vérités qu'elle nous enseigne : c'est à la révélation de nous enseigner ces vérités d'une manière sensible à l'esprit de l'homme, de les mettre à sa portée, de les lui faire concevoir, afin qu'il les croie. La foi s'assure et s'affermit par l'entendement; la meilleure de toutes les religions est infailliblement la plus claire : celui qui charge de mystères, de contradictions, le culte qu'il me prêche, m'apprend par cela même à m'en défier. Le Dieu que j'adore n'est point un Dieu de ténèbres, il ne m'a point doué d'un entendement pour m'en interdire l'usage : me dire de soumettre ma raison, c'est outrager son auteur. Le ministre de la vérité ne tyrannise point ma raison, il l'éclaire.

Nous avons mis à part toute autorité humaine, et, sans elle, je ne saurois voir comment un homme en peut convaincre un autre en lui prêchant une doctrine déraisonnable. Mettons un moment ces deux hommes aux prises, et cherchons ce qu'ils pourront se dire dans cette âpreté de langage ordinaire aux deux partis.

L'INSPIRÉ.

La raison vous apprend que le tout est plus grand que sa partie; mais moi je vous apprends, de la part de Dieu, que c'est la partie qui est plus grande que le tout.

LE RAISONNEUR.

Et qui êtes-vous pour m'oser dire que Dieu se contredit? et à qui croirai-je par préférence, de lui qui m'apprend par la raison les vérités éternelles, ou de vous qui m'annoncez de sa part une absurdité?

L'INSPIRÉ.

A moi, car mon instruction est plus positive; et je vais vous prouver invinciblement que c'est lui qui m'envoie.

LE RAISONNEUR.

Comment! vous me prouverez que c'est Dieu qui vous envoie déposer contre lui? Et de quel genre seront vos preuves pour me convaincre qu'il est plus certain que Dieu me parle par votre bouche que par l'entendement qu'il m'a donné?

L'INSPIRÉ.

L'entendement qu'il vous a donné! Homme petit et vain! comme si vous étiez le premier impie qui s'égare dans sa raison corrompue par le péché!

LE RAISONNEUR.

Homme de Dieu, vous ne seriez pas non plus le premier fourbe qui donne son arrogance pour preuve de sa mission.

L'INSPIRÉ.

Quoi! les philosophes disent aussi des injures!

LE RAISONNEUR.

Quelquefois, quand les saints leur en donnent l'exemple.

L'INSPIRÉ.

Oh! moi j'ai le droit d'en dire, je parle de la part de Dieu.

LE RAISONNEUR.

Il seroit bon de montrer vos titres avant d'user de vos priviléges.

L'INSPIRÉ.

Mes titres sont authentiques, la terre et les cieux déposeront pour moi. Suivez bien mes raisonnemens, je vous prie.

LE RAISONNEUR.

Vos raisonnemens! vous n'y pensez pas. M'apprendre que ma raison me trompe, n'est-ce pas réfuter ce qu'elle m'aura dit pour vous? Quiconque veut récuser la raison doit convaincre sans se servir d'elle. Car, supposons qu'en raisonnant vous m'avez convaincu; comment saurai-je si ce n'est point ma raison corrompue par le péché qui me fait acquiescer à ce que vous me dites? D'ailleurs, quelle preuve, quelle démonstration pourrez-vous jamais employer plus évidente que l'axiome qu'elle doit détruire? Il est tout aussi croyable qu'un bon syllogisme est un mensonge, qu'il l'est que la partie est plus grande que le tout.

L'INSPIRÉ.

Quelle différence! Mes preuves sont sans réplique; elles sont d'un ordre surnaturel.

LE RAISONNEUR.

Surnaturel! Que signifie ce mot? Je ne l'entends pas.

L'INSPIRÉ.

Des changemens dans l'ordre de la nature, des prophéties, des miracles, des prodiges de toute espèce.

LE RAISONNEUR.

Des prodiges! des miracles! je n'ai jamais rien vu de tout cela.

L'INSPIRÉ.

D'autres l'ont vu pour vous. Des nuées de témoins.... le témoignage des peuples....

LE RAISONNEUR.

Le témoignage des peuples est-il d'un ordre surnaturel?

L'INSPIRÉ.

Non; mais quand il est unanime, il est incontestable.

LE RAISONNEUR.

Il n'y a rien de plus incontestable que les principes de la raison, et l'on ne peut autoriser une absurdité sur le témoignage des hommes. Encore une fois, voyons des preuves surnaturelles, car l'attestation du genre humain n'en est pas une.

L'INSPIRÉ.

O cœur endurci! la grâce ne vous parle point.

LE RAISONNEUR.

Ce n'est pas ma faute; car, selon vous, il faut avoir déjà reçu la grâce pour savoir la demander. Commencez donc à me parler au lieu d'elle.

L'INSPIRÉ.

Ah! c'est ce que je fais, et vous ne m'écoutez pas. Mais que dites-vous des prophéties!

LE RAISONNEUR.

Je dis premièrement que je n'ai pas plus entendu de prophéties que je n'ai vu de miracles. Je dis de plus qu'aucune prophétie ne sauroit faire autorité pour moi.

L'INSPIRÉ.

Satellite du démon! et pourquoi les prophéties ne font-elles pas autorité pour vous?

LE RAISONNEUR.

Parce que, pour qu'elles la fissent, il faudroit trois choses dont le concours est impossible; savoir, que j'eusse été témoin de la prophétie, que je fusse témoin de l'événement, et qu'il me fût démontré que cet événement n'a pu cadrer fortuitement avec la prophétie; car, fût-elle plus précise, plus claire, plus lumineuse qu'un axiome de géométrie, puisque la clarté d'une prédiction faite au hasard n'en rend pas l'accomplissement impossible, cet accomplissement, quand il a lieu, ne prouve rien à la rigueur pour celui qui l'a prédit.

Voyez donc à quoi se réduisent vos prétendues preuves surnaturelles, vos miracles, vos prophéties. A croire tout cela sur la foi d'autrui, et à soumettre à l'autorité des hommes l'autorité de Dieu parlant à ma raison. Si les vérités éternelles que mon esprit conçoit pouvoient souffrir quelque atteinte, il n'y auroit plus pour moi nulle espèce de certitude; et, loin d'être sûr que vous me parlez de la part de Dieu, je ne serois pas même assuré qu'il existe.

Voilà bien des difficultés, mon enfant, et ce n'est pas tout. Parmi tant de religions diverses qui se proscrivent et s'excluent mutuellement, une seule est la bonne, si tant est qu'une le soit. Pour la reconnoître, il ne suffit pas d'en examiner une, il faut les examiner toutes; et, dans quelque matière que ce soit, on ne doit point condamner sans entendre (¹); il faut comparer les objections aux preuves; il faut savoir ce que chacun oppose aux autres, et ce

---

(¹) Plutarque (*) rapporte que les stoïciens, entre autres bizarres paradoxes, soutenoient que, dans un jugement contradictoire, il étoit inutile d'entendre les deux parties; car, disoient-ils, ou le premier a prouvé son dire, ou il ne l'a pas prouvé; s'il l'a prouvé, tout est dit, et la partie adverse doit être condamnée; s'il ne l'a pas prouvé, il a tort, et doit être débouté. Je trouve que la méthode de tous ceux qui admettent une révélation exclusive ressemble beaucoup à celle de ces stoïciens. Sitôt que chacun prétend avoir seul raison, pour choisir entre tant de partis, il les faut tous écouter, ou l'on est injuste.

(*) *Contredicts des Philosophes stoïques*, § 4.

qu'il leur répond. Plus un sentiment nous paroît démontré, plus nous devons chercher sur quoi tant d'hommes se fondent pour ne pas le trouver tel. Il faudroit être bien simple pour croire qu'il suffit d'entendre les docteurs de son parti pour s'instruire des raisons du parti contraire. Où sont les théologiens qui se piquent de bonne foi? où sont ceux qui, pour réfuter les raisons de leurs adversaires, ne commencent pas par les affoiblir? Chacun brille dans son parti; mais tel au milieu des siens est tout fier de ses preuves, qui feroit un fort sot personnage avec ces mêmes preuves parmi des gens d'un autre parti. Voulez-vous vous instruire dans les livres; quelle érudition il faut acquérir! que de langues il faut apprendre! que de bibliothèques il faut feuilleter! quelle immense lecture il faut faire! Qui me guidera dans le choix? Difficilement trouvera-t-on dans un pays les meilleurs livres du parti contraire, à plus forte raison ceux de tous les partis : quand on les trouveroit, ils seroient bientôt réfutés. L'absent a toujours tort, et de mauvaises raisons dites avec assurance effacent aisément les bonnes exposées avec mépris. D'ailleurs souvent rien n'est plus trompeur que les livres et ne rend moins fidèlement les sentimens de ceux qui les ont écrits. Quand vous avez voulu juger de la foi catholique sur le livre de Bossuet, vous vous êtes trouvé loin de compte après avoir vécu parmi nous. Vous avez vu que la doctrine avec laquelle on répond aux protestans n'est point celle qu'on enseigne au peuple, et que le livre de Bossuet ne ressemble guère aux instructions du prône (*). Pour bien juger d'une religion, il ne faut pas l'étudier dans les livres de ses sectateurs, il faut aller l'apprendre chez eux; cela est fort différent. Chacun a ses traditions, son sens, ses coutumes, ses préjugés, qui font l'esprit de sa croyance, et qu'il y faut joindre pour en juger.

Combien de grands peuples n'impriment point de livres et ne lisent pas les nôtres! Comment jugeront-ils de nos opinions? comment jugerons-nous des leurs? Nous les raillons, ils nous méprisent (a); et, si nos voyageurs les tournent en ridicule, il ne leur manque pour nous le rendre que de voyager parmi nous. Dans quel pays n'y a-t-il pas des gens sensés, des gens de bonne foi, d'honnêtes gens, amis de la vérité, qui, pour la professer, ne cherchent qu'à la connoître? Cependant chacun la voit dans son culte, et trouve absurdes les cultes des autres nations : donc ces cultes étrangers ne sont pas si extravagans qu'ils nous semblent, ou la raison que nous trouvons dans les nôtres ne prouve rien.

Nous avons trois principales religions en Europe. L'une admet une seule révélation, l'autre en admet deux, l'autre en admet trois. Chacune déteste, maudit les deux autres, les accuse d'aveuglement, d'endurcissement, d'opiniâtreté, de mensonge. Quel homme impartial osera juger entre elles, s'il n'a premièrement bien pesé leurs preuves, bien écouté leurs raisons? Celle qui n'admet qu'une révélation est la plus ancienne, et paroît la plus sûre; celle qui en admet trois est la plus moderne, et paroît la plus conséquente; celle qui en admet deux, et rejette la troisième, peut bien être la meilleure, mais elle a certainement tous les préjugés contre elle; l'inconséquence saute aux yeux.

Dans les trois révélations, les livres sacrés sont écrits en des langues inconnues aux peuples qui les suivent. Les juifs n'entendent plus l'hébreu, les chrétiens n'entendent ni l'hébreu ni le grec; les Turcs ni les Persans n'entendent point l'arabe; et les Arabes modernes eux-mêmes ne parlent plus la langue de Mahomet. Ne voilà-t-il pas une manière bien simple d'instruire les hommes, de leur parler toujours une langue qu'ils n'entendent point! On traduit ces livres, dira-t-on. Belle réponse! Qui m'assurera que ces livres sont fidèlement traduits, qu'il est même possible qu'ils le soient? et quand Dieu fait tant que de parler aux hommes, pourquoi faut-il qu'il ait besoin d'interprète?

Je ne concevrai jamais que ce que tout

(*) Ce livre de Bossuet est l'*Exposition de la doctrine de l'Église catholique*, réimprimée plus de vingt fois, et traduite dans toutes les langues de l'Europe. La meilleure édition est celle de l'abbé Lequeux, avec des notes et la version latine de l'abbé Fleury (1761, in-12). — Il est à remarquer que Rousseau ne fait ici que renouveler le reproche qu'ont fait à Bossuet les docteurs protestans lors de la première publication de son ouvrage en 1671. Voyez l'article BOSSUET, dans la *Biographie universelle*. G.P.

(a) VAR. ... méprisent : ils ne savent pas nos raisons, nous ne savons pas les leurs, et...

homme est obligé de savoir soit enfermé dans des livres, et que celui qui n'est à portée ni de ces livres ni des gens qui les entendent soit puni d'une ignorance involontaire. Toujours des livres! quelle manie! Parce que l'Europe est pleine de livres, les Européens les regardent comme indispensables, sans songer que, sur les trois quarts de la terre, on n'en a jamais vu. Tous les livres n'ont-ils pas été écrits par des hommes? Comment donc l'homme en auroit-il besoin pour connoître ses devoirs? et quels moyens avoit-il de les connoître avant que ces livres fussent faits? Ou il apprendra ses devoirs de lui-même, ou il est dispensé de les savoir.

Nos catholiques font grand bruit de l'autorité de l'Église; mais que gagnent-ils à cela, s'il leur faut un aussi grand appareil de preuves pour établir cette autorité, qu'aux autres sectes pour établir directement leur doctrine? L'Église décide que l'Église a droit de décider. Ne voilà-t-il pas une autorité bien prouvée! Sortez de là, vous rentrez dans toutes nos discussions.

Connoissez-vous beaucoup de chrétiens qui aient pris la peine d'examiner avec soin ce que le judaïsme allègue contre eux? Si quelques-uns en ont vu quelque chose, c'est dans les livres des chrétiens. Bonne manière de s'instruire des raisons de leurs adversaires! Mais comment faire? Si quelqu'un osoit publier parmi nous des livres où l'on favoriseroit ouvertement le judaïsme (a), nous punirions l'auteur, l'éditeur, le libraire. Cette police est commode et sûre pour avoir toujours raison. Il y a plaisir à réfuter des gens qui n'osent parler (1).

Ceux d'entre nous qui sont à portée de converser avec des juifs ne sont guère plus avancés. Les malheureux se sentent à notre discrétion; la tyrannie qu'on exerce envers eux les rend craintifs; ils savent combien peu l'injustice et la cruauté coûtent à la charité chrétienne: qu'oseront-ils dire sans s'exposer à nous faire crier au blasphème? L'avidité nous donne du zèle, et ils sont trop riches pour n'avoir pas tort. Les plus savans, les plus éclairés sont toujours les plus circonspects. Vous convertirez quelque misérable, payé pour calomnier sa secte; vous ferez parler quelques vils fripiers, qui céderont pour vous flatter; vous triompherez de leur ignorance ou de leur lâcheté, tandis que leurs docteurs souriront en silence de votre ineptie. Mais croyez-vous que dans des lieux où ils se sentiroient en sûreté l'on eût aussi bon marché d'eux? En Sorbonne, il est clair comme le jour que les prédictions du Messie se rapportent à Jésus-Christ. Chez les rabbins d'Amsterdam, il est tout aussi clair qu'elles n'y ont pas le moindre rapport. Je ne croirai jamais avoir bien entendu les raisons des juifs, qu'ils n'aient un état libre, des écoles, des universités, où ils puissent parler et disputer sans risque. Alors seulement nous pourrons savoir ce qu'ils ont à dire.

A Constantinople les Turcs disent leurs raisons, mais nous n'osons dire les nôtres; là c'est notre tour de ramper. Si les Turcs exigent de nous pour Mahomet, auquel nous ne croyons point, le même respect que nous exigeons pour Jésus-Christ des juifs qui n'y croient pas davantage, les Turcs ont-ils tort? avons-nous raison? Sur quel principe équitable résoudrons-nous cette question?

Les deux tiers du genre humain ne sont ni juifs, ni mahométans, ni chrétiens; et combien de millions d'hommes n'ont jamais ouï parler de Moïse, de Jésus-Christ, ni de Mahomet! On le nie; on soutient que nos missionnaires vont partout. Cela est bientôt dit. Mais vont-ils dans le cœur de l'Afrique, encore inconnu, et où jamais Européen n'a pénétré jusqu'à présent? Vont-ils dans la Tartarie méditerranée suivre à cheval les hordes ambulantes, dont jamais étranger n'approche, et qui, loin d'avoir ouï parler du pape, connoissent à peine le grand lama? Vont-ils dans les continens immenses de l'Amérique, où des nations entières ne savent pas encore que des peuples d'un

---

(a) Var. ... *des livres où l'on affirmeroit, où l'on s'efforceroit de prouver que Jésus-Christ n'est pas le Messie.*

(1) Entre mille faits connus en voici un qui n'a pas besoin de commentaire. Dans le seizième siècle, les théologiens catholiques ayant condamné au feu tous les livres des Juifs, sans distinction, l'illustre et savant Reuchlin (*), consulté sur cette affaire, s'en attira de terribles qui faillirent le perdre, pour avoir seulement été d'avis qu'on pouvoit conserver ceux de ces livres qui ne faisoient rien contre le christianisme, et qui traitoient de matières indifférentes à la religion.

(*) Savant professeur catholique allemand, mort en 1521, profondément versé dans les langues grecque et hébraïque, et le seul que l'Allemagne pût opposer aux savans d'Italie. On a de lui un grand nombre d'ouvrages imprimés en Allemagne, sur la théologie, la grammaire et la philosophie.
G. P.

autre monde ont mis les pieds dans le leur? Vont-ils au Japon, dont leurs manœuvres les ont fait chasser pour jamais, et où leurs prédécesseurs ne sont connus des générations qui naissent que comme des intrigans rusés, venus avec un zèle hypocrite pour s'emparer doucement de l'empire? Vont-ils dans les harems des princes de l'Asie annoncer l'Évangile à des milliers de pauvres esclaves? Qu'ont fait les femmes de cette partie du monde pour qu'aucun missionnaire ne puisse leur prêcher la foi? Iront-elles toutes en enfer pour avoir été recluses?

Quand il seroit vrai que l'Évangile est annoncé par toute la terre, qu'y gagneroit-on? La veille du jour que le premier missionnaire est arrivé dans un pays, il y est sûrement mort quelqu'un qui n'a pu l'entendre. Or, dites-moi ce que nous ferons de ce quelqu'un-là? N'y eût-il dans tout l'univers qu'un seul homme à qui l'on n'auroit jamais prêché Jésus-Christ, l'objection seroit aussi forte pour ce seul homme que pour le quart du genre humain.

Quand les ministres de l'Évangile se sont fait entendre aux peuples éloignés, que leur ont-ils dit qu'on pût raisonnablement admettre sur leur parole, et qui ne demandât pas la plus exacte vérification? Vous m'annoncez un Dieu né et mort, il y a deux mille ans, à l'autre extrémité du monde, dans je ne sais quelle petite ville, et vous me dites que tous ceux qui n'auront point cru à ce mystère seront damnés. Voilà des choses bien étranges pour les croire si vite sur la seule autorité d'un homme que je ne connois point! Pourquoi votre Dieu a-t-il fait arriver si loin de moi les événemens dont il vouloit m'obliger d'être instruit? Est-ce un crime d'ignorer ce qui se passe aux antipodes? Puis-je deviner qu'il y a eu dans un autre hémisphère un peuple hébreu et une ville de Jérusalem? Autant vaudroit m'obliger de savoir ce qui se fait dans la lune. Vous venez, dites-vous, me l'apprendre; mais pourquoi n'êtes-vous pas venu l'apprendre à mon père? ou pourquoi damnez-vous ce bon vieillard pour n'en avoir jamais rien su? Doit-il être éternellement puni de votre paresse, lui qui étoit si bon, si bienfaisant, et qui ne cherchoit que la vérité? Soyez de bonne foi, puis mettez-vous à ma place: voyez si je dois, sur votre seul témoignage, croire toutes les choses incroyables que vous me dites, et concilier tant d'injustices avec le Dieu juste que vous m'annoncez. Laissez-moi, de grâce, aller voir ce pays lointain où s'opérèrent tant de merveilles inouïes dans celui-ci (a): que j'aille savoir pourquoi les habitans de cette Jérusalem ont traité Dieu comme un brigand. Ils ne l'ont pas, dites-vous, reconnu pour Dieu. Que ferai-je donc, moi qui n'en ai jamais entendu parler que par vous? Vous ajoutez qu'ils ont été punis, dispersés, opprimés, asservis, qu'aucun d'eux n'approche plus de la même ville. Assurément ils ont bien mérité tout cela; mais les habitans d'aujourd'hui, que disent-ils du déicide de leurs prédécesseurs? Ils le nient, ils ne reconnoissent pas non plus Dieu pour Dieu. Autant valoit donc laisser les enfans des autres.

Quoi! dans cette même ville où Dieu est mort, les anciens ni les nouveaux habitans ne l'ont point reconnu, et vous voulez que je le reconnoisse, moi qui suis né deux mille ans après à deux mille lieues de là! Ne voyez-vous pas qu'avant que j'ajoute foi à ce livre que vous appelez sacré, et auquel je ne comprends rien, je dois savoir par d'autres que vous quand et par qui il a été fait, comment il s'est conservé, comment il vous est parvenu, ce que disent dans le pays, pour leurs raisons, ceux qui le rejettent, quoiqu'ils sachent aussi bien que vous tout ce que vous m'apprenez? Vous sentez bien qu'il faut nécessairement que j'aille en Europe, en Asie, en Palestine, examiner tout par moi-même: il faudroit que je fusse fou pour vous écouter avant ce temps-là.

Non-seulement ce discours me paroît raisonnable, mais je soutiens que tout homme sensé doit, en pareil cas, parler ainsi, et renvoyer bien loin le missionnaire qui, avant la vérification des preuves, veut se dépêcher de l'instruire et de le baptiser. Or, je soutiens qu'il n'y a pas de révélation contre laquelle les mêmes objections ou d'autres équivalentes n'aient autant et plus de force que contre le christia-

(a) VAR. ... *aller voir ce merveilleux pays où les vierges accouchent, où les dieux naissent, mangent, souffrent et meurent; que j'aille...* — Cette variante, ainsi que celle qu'on a vue ci-devant, page 594, existe en effet dans le manuscrit autographe, mais raturée par l'auteur, qui l'a remplacée par une leçon nouvelle, telle qu'elle est ici, et telle qu'elle se trouve dans toutes les éditions antérieures à celle de 1801.

nisme (*). D'où il suit que s'il n'y a qu'une religion véritable, et que tout homme soit obligé de la suivre sous peine de damnation, il faut passer sa vie à les étudier toutes, à les approfondir, à les comparer, à parcourir les pays où elles sont établies. Nul n'est exempt du premier devoir de l'homme, nul n'a droit de se fier au jugement d'autrui. L'artisan qui ne vit que de son travail, le laboureur qui ne sait pas lire, la jeune fille délicate et timide, l'infirme qui peut à peine sortir de son lit, tous, sans exception, doivent étudier, méditer, disputer, voyager, parcourir le monde : il n'y aura plus de peuple fixe et stable; la terre entière ne sera couverte que de pélerins allant à grands frais, et avec de longues fatigues, vérifier, comparer, examiner par eux-mêmes les cultes divers qu'on y suit. Alors, adieu les métiers, les arts, les sciences humaines et toutes les occupations civiles : il ne peut plus y avoir d'autre étude que celle de la religion : à grand'peine celui qui aura joui de la santé la plus robuste, le mieux employé son temps, le mieux usé de sa raison, vécu le plus d'années, saura-t-il, dans sa vieillesse, à quoi s'en tenir; et ce sera beaucoup s'il apprend avant sa mort dans quel culte il auroit dû vivre.

Voulez-vous mitiger cette méthode, et donner la moindre prise à l'autorité des hommes : à l'instant vous lui rendez tout; et si le fils d'un chrétien fait bien de suivre, sans un examen profond et impartial, la religion de son père, pourquoi le fils d'un Turc feroit-il mal de suivre de même la religion du sien (a)? Je défie tous les intolérans de répondre à cela rien qui contente un homme sensé.

Pressés par ces raisons, les uns aiment mieux faire Dieu injuste, et punir les innocens du péché de leur père, que de renoncer à leur barbare dogme. Les autres se tirent d'affaire en envoyant obligeamment un ange instruire quiconque, dans une ignorance invincible, auroit vécu moralement bien. La belle invention que cet ange ! Non contens de nous asservir à leurs machines, ils mettent Dieu lui-même dans la nécessité d'en employer

Voyez, mon fils, à quelle absurdité mènent l'orgueil et l'intolérance, quand chacun veut abonder dans son sens, et croire avoir raison exclusivement au reste du genre humain. Je prends à témoin ce Dieu de paix que j'adore et que je vous annonce, que toutes mes recherches ont été sincères ; mais voyant qu'elles étoient, qu'elles seroient toujours sans succès, et que je m'abîmois dans un océan sans rives, je suis revenu sur mes pas, et j'ai resserré ma foi dans mes notions primitives. Je n'ai jamais pu croire que Dieu m'ordonnât, sous peine de l'enfer, d'être si savant. J'ai donc refermé tous les livres. Il en est un seul ouvert à tous les yeux, c'est celui de la nature. C'est dans ce grand et sublime livre que j'apprends à servir et à adorer son divin auteur. Nul n'est excusable de n'y pas lire, parce qu'il parle à tous les hommes une langue intelligible à tous les esprits. Quand je serois né dans une île déserte, quand je n'aurois point vu d'autre homme que moi, quand je n'aurois jamais appris ce qui s'est fait anciennement dans un coin du monde ; si j'exerce ma raison, si je la cultive, si j'use bien des facultés immédiates que Dieu me donne, j'apprendrai de moi-même à le connoître, à l'aimer, à aimer ses œuvres, à vouloir le bien qu'il veut, et à remplir pour lui plaire tous mes devoirs sur la terre. Qu'est-ce que tout le savoir des hommes m'apprendra de plus ?

A l'égard de la révélation, si j'étois meilleur raisonneur ou mieux instruit, peut-être sentirois-je sa vérité, son utilité pour ceux qui ont le bonheur de la reconnoître; mais si je vois en sa faveur des preuves que je ne puis combattre, je vois aussi contre elle des objections que je ne puis résoudre. Il y a tant de raisons solides pour et contre, que, ne sachant à quoi me déterminer, je ne l'admets ni ne la rejette ; je rejette seulement l'obligation de la reconnoître, parce que cette obligation prétendue est incompatible avec la justice de Dieu, et que loin de lever par là les obstacles au salut, il les eût multipliés, il les eût rendus insurmontables pour la plus grande partie du genre humain. A cela près, je reste sur ce point dans un doute respectueux. Je n'ai pas la présomption de me

---

(*) Il est à remarquer que ces mots, *ou d'autres équivalentes*, ne sont ni dans le manuscrit autographe, ni dans aucune des éditions antérieures à l'édition de Genève.   G. P.

(a) VAR. ... *la religion du sien? Combien d'hommes sont à Rome très-bons catholiques, qui, par la même raison, seroient très-bons musulmans s'ils fussent nés à la Mecque! et réciproquement, que d'honnêtes gens sont très-bons Turcs en Asie, qui seroient très-bons chrétiens parmi nous!*

croire infaillible : d'autres hommes ont pu décider ce qui me semble indécis ; je raisonne pour moi et non pas pour eux ; je ne les blâme ni ne les imite : leur jugement peut être meilleur que le mien ; mais il n'y a pas de ma faute si ce n'est pas le mien.

Je vous avoue aussi que la majesté des Écritures m'étonne, la sainteté de l'Évangile parle à mon cœur (a). Voyez les livres des philosophes avec toute leur pompe ; qu'ils sont petits près de celui-là ! Se peut-il qu'un livre à la fois si sublime et si simple soit l'ouvrage des hommes ? Se peut-il que celui dont il fait l'histoire ne soit qu'un homme lui-même ? Est-ce là le ton d'un enthousiaste ou d'un ambitieux sectaire ? Quelle douceur, quelle pureté dans ses mœurs ! quelle grâce touchante dans ses instructions ! quelle élévation dans ses maximes ! quelle profonde sagesse dans ses discours ! quelle présence d'esprit, quelle finesse et quelle justesse dans ses réponses ! quel empire sur ses passions ! Où est l'homme, où est le sage qui sait agir, souffrir et mourir sans foiblesse et sans ostentation ? Quand Platon peint son juste imaginaire (1) couvert de tout l'opprobre du crime, et digne de tous les prix de la vertu, il peint trait pour trait Jésus-Christ : la ressemblance est si frappante, que tous les Pères l'ont sentie, et qu'il n'est pas possible de s'y tromper (*). Quels préjugés, quel aveuglement (b) ne faut-il point avoir pour oser comparer le fils de Sophronisque au fils de Marie ? Quelle distance de l'un à l'autre ! Socrate, mourant sans douleur, sans ignominie, soutint aisément jusqu'au bout son personnage ; et si cette facile mort n'eût honoré sa vie, on douteroit si Socrate, avec tout son esprit, fut autre chose qu'un sophiste. Il inventa, dit-on, la morale ; d'autres avant lui l'avoient mise en pratique : il ne fit que dire ce qu'ils avoient fait, il ne fit que mettre en leçons leurs exemples. Aristide avoit été juste avant que Socrate eût dit ce que c'étoit que justice ; Léonidas étoit mort pour son pays avant que Socrate eût fait un devoir d'aimer la patrie ; Sparte étoit sobre avant que Socrate eût loué la sobriété ; avant qu'il eût défini la vertu, la Grèce abondoit en hommes vertueux. Mais où Jésus avoit-il pris chez les siens cette morale élevée et pure dont lui seul a donné les leçons et l'exemple (1) ? Du sein du plus furieux fanatisme la plus haute sagesse se fit entendre, et la simplicité des plus héroïques vertus honora le plus vil de tous les peuples. La mort de Socrate, philosophant tranquillement avec ses amis, est la plus douce qu'on puisse désirer ; celle de Jésus expirant dans les tourmens, injurié, raillé, maudit de tout un peuple, est la plus horrible qu'on puisse craindre. Socrate prenant la coupe empoisonnée bénit celui qui la lui présente et qui pleure ; Jésus, au milieu d'un supplice affreux, prie pour ses bourreaux acharnés. Oui, si la vie et la mort de Socrate sont d'un sage, la vie et la mort de Jésus sont d'un Dieu. Dirons-nous que l'histoire de l'Évangile est inventée à plaisir ? Mon ami, ce n'est pas ainsi qu'on invente ; et les faits de Socrate, dont personne ne doute, sont moins attestés que ceux de Jésus-Christ. Au fond, c'est reculer la difficulté sans la détruire ; il seroit plus inconcevable que plusieurs hommes d'accord (a) eussent fabriqué ce livre, qu'il ne l'est qu'un seul en ait fourni le sujet. Jamais des auteurs juifs n'eussent trouvé ni ce ton, ni cette morale ; et l'Évangile a des caractères de vérité si grands, si frappans, si parfaitement inimitables, que l'inventeur en seroit plus étonnant que le héros (*). Avec tout

---

(a) VAR. *Je vous avoue aussi que la sainteté de l'Évangile est un argument qui parle à mon cœur, et auquel j'aurois même regret de trouver quelque bonne réponse. Voyez les livres......*

(1) De Rep., lib. 1.

(*) Cette *ressemblance* est le résultat général des deux premiers livres ou dialogues du traité de Platon, intitulé : *De la République*. Le passage le plus remarquable à ce sujet est celui qu'il met dans la bouche de son adversaire (tome II, page 361, E, édition de H. Etienne, ou tome VI, pages 215 et 216, édition des Deux-Ponts).

Quant aux pères de l'Église dont il est question ici, voyez entre autres saint Justin (*Apologia prima*, n° 3), et saint Clément d'Alexandrie (*Stromata*, lib. IV). G. P.

(b)... VAR. *Quel aveuglement ou quelle mauvaise foi ne...*

(1) Voyez, dans le discours sur la montagne, le parallèle qu'il fait lui-même de la morale de Moïse à la sienne. MATTH., cap. 5, vers. 21 et seq.

(a) VAR. ... *que quatre hommes d'accord*... — A la suite de ces mots est une note ainsi conçue : *Je veux bien n'en pas compter davantage, parce que leurs quatre livres sont les seules vies de Jésus-Christ qui nous sont restées du grand nombre qui avoient été écrites.*

(*) Dans une lettre à M. de ***, datée de 1769, Rousseau revient encore sur ce parallèle établi par lui entre Jésus et Socrate, et ne supposant aucun caractère divin ni mission surnaturelle au sage hébreu, qu'il oppose de nouveau au sage grec, il présente sur les vues et la conduite du premier des considérations toutes nouvelles. Voyez la *Correspondance*, tome IV. G. P.

cela, ce même Évangile est plein de choses incroyables, de choses qui répugnent à la raison, et qu'il est impossible à tout homme sensé de concevoir ni d'admettre. Que faire au milieu de toutes ces contradictions? Être toujours modeste et circonspect, mon enfant; respecter en silence ce qu'on ne sauroit ni rejeter, ni comprendre, et s'humilier devant le grand Être qui seul sait la vérité.

Voilà le scepticisme involontaire où je suis resté; mais ce scepticisme ne m'est nullement pénible, parce qu'il ne s'étend pas aux points essentiels à la pratique, et que je suis bien décidé sur les principes de tous mes devoirs. Je sers Dieu dans la simplicité de mon cœur. Je ne cherche à savoir que ce qui importe à ma conduite. Quant aux dogmes qui n'influent ni sur les actions ni sur la morale, et dont tant de gens se tourmentent, je ne m'en mets nullement en peine. Je regarde toutes les religions particulières comme autant d'institutions salutaires qui prescrivent dans chaque pays une manière uniforme d'honorer Dieu par un culte public, et qui peuvent toutes avoir leurs raisons dans le climat, dans le gouvernement, dans le génie du peuple, ou dans quelque autre cause locale qui rend l'une préférable à l'autre, selon les temps et les lieux. Je les crois toutes bonnes quand on y sert Dieu convenablement. Le culte essentiel est celui du cœur. Dieu n'en rejette point l'hommage, quand il est sincère, sous quelque forme qu'il lui soit offert. Appelé dans celle que je professe au service de l'Église, j'y remplis avec toute l'exactitude possible les soins qui me sont prescrits, et ma conscience me reprocheroit d'y manquer volontairement en quelque point. Après un long interdit, vous savez que j'obtins, par le crédit de M. de Mellarède, la permission de reprendre mes fonctions pour m'aider à vivre. Autrefois je disois la messe avec la légèreté qu'on met à la longue aux choses les plus graves quand on les fait trop souvent; depuis mes nouveaux principes, je la célèbre avec plus de vénération : je me pénètre de la majesté de l'Être suprême, de sa présence, de l'insuffisance de l'esprit humain qui conçoit si peu ce qui se rapporte à son auteur. En songeant que je lui porte les vœux du peuple sous une forme prescrite, je suis avec soin tous les rites; je récite attentivement; je m'applique à n'omettre jamais ni le moindre mot ni la moindre cérémonie : quand j'approche du moment de la consécration, je me recueille pour la faire avec toutes les dispositions qu'exige l'Église et la grandeur du sacrement; je tâche d'anéantir ma raison devant la suprême intelligence; je me dis : Qui es-tu pour mesurer la puissance infinie? Je prononce avec respect les mots sacramentaux, et je donne à leur effet toute la foi qui dépend de moi. Quoi qu'il en soit de ce mystère inconcevable, je ne crains pas qu'au jour du jugement je sois puni pour l'avoir jamais profané dans mon cœur.

Honoré du ministère sacré, quoique dans le dernier rang, je ne ferai ni ne dirai jamais rien qui me rende indigne d'en remplir les sublimes devoirs. Je prêcherai toujours la vertu aux hommes, je les exhorterai toujours à bien faire; et, tant que je pourrai, je leur en donnerai l'exemple. Il ne tiendra pas à moi de leur rendre la religion aimable; il ne tiendra pas à moi d'affermir leur foi dans les dogmes vraiment utiles et que tout homme est obligé de croire : mais à Dieu ne plaise que jamais je leur prêche le dogme cruel de l'intolérance; que jamais je les porte à détester leur prochain, à dire à d'autres hommes : Vous serez damnés; à dire : Hors de l'Église, point de salut (¹)! Si j'étois dans un rang plus remarquable, cette réserve pourroit m'attirer des affaires; mais je suis trop petit pour avoir beaucoup à craindre, et je ne puis guère tomber plus bas que je ne suis. Quoi qu'il arrive, je ne blasphémerai point contre la justice divine, et ne mentirai point contre le Saint-Esprit.

J'ai long-temps ambitionné l'honneur d'être curé; je l'ambitionne encore, mais je ne l'espère plus. Mon bon ami, je ne trouve rien de si beau que d'être curé. Un bon curé est un ministre de bonté, comme un bon magistrat est un ministre de justice. Un curé n'a jamais de mal à faire; s'il ne peut pas toujours faire le bien par lui-même, il est toujours à sa place quand il le

---

(¹) Le devoir de suivre et d'aimer la religion de son pays ne s'étend pas jusqu'aux dogmes contraires à la bonne morale, tels que celui de l'intolérance. C'est ce dogme horrible qui arme les hommes les uns contre les autres, et les rend tous ennemis du genre humain. La distinction entre la tolérance civile et la tolérance théologique est puérile et vaine. Ces deux tolérances sont inséparables, et l'on ne peut admettre l'une sans l'autre. Des anges mêmes ne vivroient pas en paix avec des hommes qu'ils regarderoient comme les ennemis de Dieu.

sollicite, et souvent il l'obtient quand il sait se faire respecter. Oh! si jamais dans nos montagnes j'avois quelque pauvre cure de bonnes gens à desservir! je serois heureux; car il me semble que je ferois le bonheur de mes paroissiens. Je ne les rendrois pas riches, mais je partagerois leur pauvreté; j'en ôterois la flétrissure et le mépris plus insupportable que l'indigence. Je leur ferois aimer la concorde et l'égalité, qui chassent souvent la misère, et la font toujours supporter. Quand ils verroient que je ne serois en rien mieux qu'eux, et que pourtant je vivrois content, ils apprendroient à se consoler de leur sort et à vivre contens comme moi. Dans mes instructions je m'attacherois moins à l'esprit de l'Église qu'à l'esprit de l'Évangile, où le dogme est simple et la morale sublime, où l'on voit peu de pratiques religieuses et beaucoup d'œuvres de charité. Avant de leur enseigner ce qu'il faut faire, je m'efforcerois toujours de le pratiquer, afin qu'ils vissent bien que tout ce que je leur dis je le pense. Si j'avois des protestans dans mon voisinage ou dans ma paroisse, je ne les distinguerois point de mes vrais paroissiens en tout ce qui tient à la charité chrétienne, je les porterois tous également à s'entr'aimer, à se regarder comme frères, à respecter toutes les religions, et à vivre en paix chacun dans la sienne. Je pense que solliciter quelqu'un de quitter celle où il est né, c'est le solliciter de mal faire, et par conséquent faire mal soi-même. En attendant de plus grandes lumières, gardons l'ordre public; dans tous pays respectons les lois, ne troublons point le culte qu'elles prescrivent : ne portons point les citoyens à la désobéissance; car nous ne savons point certainement si c'est un bien pour eux de quitter leurs opinions pour d'autres, et nous savons très-certainement que c'est un mal de désobéir aux lois.

Je viens, mon jeune ami, de vous réciter de bouche ma profession de foi telle que Dieu la lit dans mon cœur : vous êtes le premier à qui je l'ai faite; vous êtes le seul peut-être à qui je la ferai jamais. Tant qu'il reste quelque bonne croyance parmi les hommes, il ne faut point troubler les âmes paisibles, ni alarmer la foi des simples par des difficultés qu'ils ne peuvent résoudre et qui les inquiètent sans les éclairer. Mais quand une fois tout est ébranlé, on doit conserver le tronc aux dépens des branches. Les consciences agitées, incertaines, presque éteintes, et dans l'état où j'ai vu la vôtre, ont besoin d'être affermies et réveillées; et, pour les rétablir sur la base des vérités éternelles, il faut achever d'arracher les piliers flottans auxquels elles pensent tenir encore.

Vous êtes dans l'âge critique où l'esprit s'ouvre à la certitude, où le cœur reçoit sa forme et son caractère, et où l'on se détermine pour toute la vie, soit en bien, soit en mal. Plus tard, la substance est durcie, et les nouvelles empreintes ne marquent plus. Jeune homme, recevez dans votre âme encore flexible le cachet de la vérité. Si j'étois plus sûr de moi-même, j'aurois pris avec vous un ton dogmatique et décisif : mais je suis homme, ignorant, sujet à l'erreur; que pouvois-je faire? Je vous ai ouvert mon cœur sans réserve; ce que je tiens pour sûr, je vous l'ai donné pour tel; je vous ai donné mes doutes pour des doutes, mes opinions pour des opinions; je vous ai dit mes raisons de douter et de croire. Maintenant c'est à vous de juger : vous avez pris du temps; cette précaution est sage et me fait bien penser de vous. Commencez par mettre votre conscience en état de vouloir être éclairée. Soyez sincère avec vous-même. Appropriez-vous de mes sentimens ce qui vous aura persuadé; rejetez le reste. Vous n'êtes pas encore assez dépravé par le vice pour risquer de mal choisir. Je vous proposerois d'en conférer entre nous; mais sitôt qu'on dispute, on s'échauffe; la vanité, l'obstination, s'en mêlent; la bonne foi n'y est plus. Mon ami, ne disputez jamais; car on n'éclaire par la dispute ni soi ni les autres. Pour moi, ce n'est qu'après bien des années de méditation que j'ai pris mon parti : je m'y tiens; ma conscience est tranquille, mon cœur est content. Si je voulois recommencer un nouvel examen de mes sentimens, je n'y porterois pas un plus pur amour de la vérité; et mon esprit, déjà moins actif, seroit moins en état de la connoître. Je resterai comme je suis, de peur qu'insensiblement le goût de la contemplation, devenant une passion oiseuse, ne m'attiédît sur l'exercice de mes devoirs, et de peur de retomber dans mon premier pyrrhonisme, sans retrouver la force d'en sortir. Plus de la moitié de ma vie est écoulée; je n'ai plus que le temps qu'il me faut pour en mettre à profit le reste, et pour effacer mes erreurs par mes vertus. Si je me trompe, c'est malgré moi. Celui qui lit au fond de mon cœur sait bien que je n'aime pas mon aveuglement. Dans l'impuissance de m'en tirer par mes propres lumières, le seul moyen qui me reste pour en sortir est une bonne vie, et si des pierres mêmes Dieu peut susciter des enfans à Abraham, tout homme a droit d'espérer d'être éclairé lorsqu'il s'en rend digne.

Si mes réflexions vous amènent à penser comme je pense, que mes sentimens soient les vôtres, et que nous ayons la même profession de foi, voici le conseil que je vous donne : N'exposez plus votre vie aux tentations de la misère et du désespoir, ne la traînez plus avec ignominie à la merci des étrangers, et cessez de manger le vil pain de l'aumône. Retournez dans votre patrie, reprenez la religion de vos pères, suivez-la dans la sincérité de votre cœur, et ne la quittez plus : elle est très-simple et très-sainte ; je la crois de toutes les religions qui sont sur la terre celle dont la morale est la plus pure et dont la raison se contente le mieux. Quant aux frais du voyage, n'en soyez point en peine, on y pourvoira. Ne craignez pas non plus la mauvaise honte d'un retour humiliant ; il faut rougir de faire une faute, et non de la réparer. Vous êtes encore dans l'âge où tout se pardonne, mais où l'on ne pèche plus impunément. Quand vous voudrez écouter votre conscience, mille vains obstacles disparoîtront à sa voix. Vous sentirez que, dans l'incertitude où nous sommes, c'est une inexcusable présomption de professer une autre religion que celle où l'on est né, et une fausseté de ne pas pratiquer sincèrement celle qu'on professe. Si l'on s'égare, on s'ôte une grande excuse au tribunal du souverain juge. Ne pardonnera-t-il pas plutôt l'erreur où l'on fut nourri, que celle qu'on osa choisir soi-même ?

Mon fils, tenez votre âme en état de désirer toujours qu'il y ait un Dieu, et vous n'en douterez jamais. Au surplus, quelque parti que vous puissiez prendre, songez que les vrais devoirs de la religion sont indépendans des institutions des hommes ; qu'un cœur juste est le vrai temple de la Divinité ; qu'en tout pays et dans toute secte, aimer Dieu par-dessus tout et son prochain comme soi-même, est le sommaire de la loi ; qu'il n'y a point de religion qui dispense des devoirs de la morale ; qu'il n'y a de vraiment essentiels que ceux-là ; que le culte intérieur est le premier de ces devoirs, et que sans la foi nulle véritable vertu n'existe.

Fuyez ceux qui, sous prétexte d'expliquer la nature, sèment dans les cœurs des hommes de désolantes doctrines, et dont le scepticisme apparent est cent fois plus affirmatif et plus dogmatique que le ton décidé de leurs adversaires. Sous le hautain prétexte qu'eux seuls sont éclairés, vrais, de bonne foi, ils nous soumettent impérieusement à leurs décisions tranchantes, et prétendent nous donner pour les vrais principes des choses les inintelligibles systèmes qu'ils ont bâtis dans leur imagination. Du reste, renversant, détruisant foulant aux pieds tout ce que les hommes respectent, ils ôtent aux affligés la dernière consolation de leur misère, aux puissans et aux riches le seul frein de leurs passions ; ils arrachent du fond des cœurs le remords du crime, l'espoir de la vertu, et se vantent encore d'être les bienfaiteurs du genre humain. Jamais, disent-ils, la vérité n'est nuisible aux hommes. Je le crois comme eux, et c'est à mon avis une grande preuve que ce qu'ils enseignent n'est pas la vérité [1].

[1] Les deux partis s'attaquent réciproquement par tant de sophismes, que ce seroit une entreprise immense et téméraire de vouloir les relever tous ; c'est déjà beaucoup d'en noter quelques-uns à mesure qu'ils se présentent. Un des plus familiers au parti philosophiste est d'opposer un peuple supposé de bons philosophes à un peuple de mauvais chrétiens ; comme si un peuple de vrais philosophes étoit plus facile à faire qu'un peuple de vrais chrétiens ! Je ne sais si, parmi les individus, l'un est plus facile à trouver que l'autre ; mais je sais bien que, dès qu'il est question de peuples, il en faut supposer qui abuseront de la philosophie sans religion, comme les nôtres abusent de la religion sans philosophie ; et cela me paroît changer beaucoup l'état de la question.

Bayle a très-bien prouvé que le fanatisme est plus pernicieux que l'athéisme, et cela est incontestable ; mais ce qu'il n'a garde de dire, et qui n'est pas moins vrai, c'est que le fanatisme, quoique sanguinaire et cruel, est pourtant une passion grande et forte, qui élève le cœur de l'homme, qui lui fait mépriser la mort, qui lui donne un ressort prodigieux, et qu'il ne faut que mieux diriger pour en tirer les plus sublimes vertus ; au lieu que l'irréligion, et en général l'esprit raisonneur et philosophique, attache à la vie, efféminé, avilit les âmes, concentre toutes les passions dans la bassesse de l'intérêt particulier, dans l'abjection du *moi* humain, et sape ainsi à petit bruit les vrais fondemens de toute société ; car ce que les intérêts particuliers ont de commun est si peu de chose, qu'il ne balancera jamais ce qu'ils ont d'opposé.

Si l'athéisme ne fait pas verser le sang des hommes, c'est moins par amour pour la paix que par indifférence pour le

Bon jeune homme, soyez sincère et vrai sans orgueil; sachez être ignorant : vous ne tromperez ni vous ni les autres. Si jamais vos talens cultivés vous mettent en état de parler aux hommes, ne leur parlez jamais que selon votre conscience, sans vous embarrasser s'ils vous applaudiront. L'abus du savoir produit l'incrédulité. Tout savant dédaigne le sentiment vulgaire; chacun en veut avoir un à soi. L'orgueilleuse philosophie mène à l'esprit fort, comme l'aveugle dévotion mène au fanatisme. Évitez ces extrémités; restez toujours ferme dans la voie de la vérité, ou de bien : comme que tout aille, peu importe au prétendu sage, pourvu qu'il reste en repos dans son cabinet. Ses principes ne font pas tuer les hommes, mais ils les empêchent de naître, en détruisant les mœurs qui les multiplient, en les détachant de leur espèce, en réduisant toutes leurs affections à un secret égoïsme, aussi funeste à la population qu'à la vertu. L'indifférence philosophique ressemble à la tranquillité de l'état sous le despotisme ; c'est la tranquillité de la mort; elle est plus destructive que la guerre même.

Ainsi le fanatisme, quoique plus funeste dans ses effets immédiats que ce qu'on appelle aujourd'hui l'esprit philosophique, l'est beaucoup moins dans ses conséquences. D'ailleurs il est aisé d'étaler de belles maximes dans des livres : mais la question est de savoir si elles tiennent bien à la doctrine, si elles en découlent nécessairement; et c'est ce qui n'a point paru clair jusqu'ici. Reste à savoir encore si la philosophie, à son aise et sur le trône, commanderoit bien la gloriole, à l'intérêt, à l'ambition, aux petites passions de l'homme, et si elle pratiqueroit cette humanité si douce qu'elle nous vante la plume à la main.

Par les principes, la philosophie ne peut faire aucun bien que la religion ne le fasse encore mieux, et la religion en fait beaucoup que la philosophie ne sauroit faire.

Par la pratique, c'est autre chose; mais encore faut-il examiner. Nul homme ne suit de tout point sa religion quand il en a une; cela est vrai : la plupart n'en ont guère, et ne suivent point du tout celle qu'ils ont: cela est encore vrai : mais enfin quelques-uns en ont une, la suivent du moins en partie; et il est indubitable que des motifs de religion les empêchent souvent de mal faire, et obtiennent d'eux des vertus, des actions louables, qui n'auroient point eu lieu sans ces motifs.

Qu'un moine nie un dépôt ; que s'ensuit-il, sinon qu'un sot le lui avoit confié? Si Pascal en eût nié un, cela prouveroit que Pascal étoit un hypocrite, et rien de plus. Mais un moine !... Les gens qui font trafic de la religion sont-ils donc ceux qui en ont? Tous les crimes qui se font dans le clergé, comme ailleurs, ne prouvent point que la religion soit inutile, mais que très-peu de gens ont de la religion.

Nos gouvernemens modernes doivent incontestablement au christianisme leur plus solide autorité et leurs révolutions moins fréquentes; il les a rendus eux-mêmes moins sanguinaires; cela se prouve par le fait en les comparant aux gouvernemens anciens. La religion mieux connue, écartant le fanatisme, a donné plus de douceur aux mœurs chrétiennes. Ce changement n'est point l'ouvrage des lettres; car, partout où elles ont brillé, l'humanité n'en a pas été plus respectée : les cruautés des Athéniens, des Égyptiens, des empereurs de Rome, des Chinois, en font foi. Que d'œuvres de miséricorde sont l'ouvrage de l'Évangile! Que de restitutions, de réparations, la confession ne fait-elle point faire chez les catholiques! Chez ce qui vous paroîtra l'être dans la simplicité de votre cœur, sans jamais vous en détourner par vanité ni par foiblesse. Osez confesser Dieu chez les philosophes; osez prêcher l'humanité aux intolérans. Vous serez seul de votre parti, peut-être; mais vous porterez en vous-même un témoignage qui vous dispensera de ceux des hommes. Qu'ils vous aiment ou vous haïssent, qu'ils lisent ou méprisent vos écrits, il n'importe. Dites ce qui est vrai, faites ce qui est bien; ce qui importe à l'homme est de remplir ses devoirs sur la terre; et c'est en s'oubliant qu'on travaille pour soi. Mon enfant, l'intérêt particulier nous, combien les approches des temps de la communion n'opèrent-elles point de réconciliations et d'aumônes! Combien le jubilé des Hébreux ne rendoit-il pas les usurpateurs moins avides! Que de misères ne prévenoit-il pas! La fraternité légale unissoit toute la nation; on ne voyoit pas un mendiant chez eux. On n'en voit point non plus chez les Turcs, où les fondations pieuses sont innombrables : ils sont, par principe de religion, hospitaliers même envers les ennemis de leur culte.

« Les mahométans disent, selon Chardin, qu'après l'examen
» qui suivra la résurrection universelle, tous les corps iront
» passer un pont appelé *Poul-Serrho*, qui est jeté sur le feu
» éternel, pont qu'on peut appeler, disent-ils, le troisième
» et dernier examen et le vrai jugement final, parce que
» c'est là où se fera la séparation des bons d'avec les mé-
» chans.., etc.

« Les Persans, poursuit Chardin, sont fort infatués de ce
» pont ; et lorsque quelqu'un souffre une injure dont, par au-
» cune voie ni dans aucun temps, il ne peut avoir raison, sa
» dernière consolation est de dire : *Eh bien! par le Dieu vi-
» vant, tu me le paieras au double au dernier jour; tu ne
» passeras point le Poul-Serrho, que tu ne me satisfasses
» auparavant; je m'attacherai au bord de ta veste et me
» jetterai à tes jambes*. J'ai vu beaucoup de gens éminens, et
» de toutes sortes de professions, qui, appréhendant qu'on ne
» criât ainsi haro sur eux au passage de ce pont redoutable,
» sollicitoient ceux qui se plaignoient d'eux de leur pardonner;
» cela m'est arrivé cent fois à moi-même. Des gens de qualité,
» qui m'avoient fait faire, par importunité, des démarches au-
» trement que je n'eusse voulu, m'abordoient au bout de quel-
» que temps qu'ils pensoient que le chagrin en étoit passé, et
» me disoient : *Je te prie, halal becon antchisra*, c'est-à-dire,
» *rends-moi cette affaire licite ou juste*. Quelques-uns même
» m'ont fait des présens et conduit des services, afin que je leur
» pardonnasse en déclarant que je le faisois de bon cœur : de
» quoi la cause n'est autre que cette créance qu'on ne passera
» point le pont de l'enfer qu'on n'ait rendu le dernier quatrain
» à ceux qu'on a oppressés. » *Tome* VII, *in-*12, *page* 50.

Croirai-je que l'idée de ce pont qui répare tant d'iniquités n'en prévient jamais? Que si l'on ôtoit aux Persans cette idée, en leur persuadant qu'il n'y a ni *Poul-Serrho*, ni rien de semblable, où les opprimés soient vengés de leurs tyrans après la mort, n'est-il pas clair que cela mettroit ceux-ci fort à leur aise, et les délivreroit du soin d'apaiser ces malheureux? Il est donc faux que cette doctrine ne fût pas nuisible; elle ne seroit donc pas la vérité.

Philosophe, tes lois morales sont fort belles; mais montre-m'en, de grâce, la sanction. Cesse un moment de battre la campagne, et dis-moi nettement ce que tu mets à la place du *Poul-Serrho*.

nous trompe ; il n'y a que l'espoir du juste qui ne trompe point.

J'ai transcrit cet écrit, non comme une règle des sentimens qu'on doit suivre en matière de religion, mais comme un exemple de la manière dont on peut raisonner avec son élève, pour ne point s'écarter de la méthode que j'ai tâché d'établir. Tant qu'on ne donne rien à l'autorité des hommes, ni aux préjugés du pays où l'on est né, les seules lumières de la raison ne peuvent, dans l'institution de la nature, nous mener plus loin que la religion naturelle; et c'est à quoi je me borne avec mon Émile. S'il en doit avoir une autre, je n'ai plus en cela le droit d'être son guide; c'est à lui seul de la choisir.

Nous travaillons de concert avec la nature, et tandis qu'elle forme l'homme physique, nous tâchons de former l'homme moral; mais nos progrès ne sont pas les mêmes. Le corps est déjà robuste et fort, que l'âme est encore languissante et foible; et quoi que l'art humain puisse faire, le tempérament précède toujours la raison. C'est à retenir l'un et à exciter l'autre que nous avons jusqu'ici donné tous nos soins, afin que l'homme fût toujours un, le plus qu'il étoit possible. En développant le naturel, nous avons donné le change à sa sensibilité naissante ; nous l'avons réglée en cultivant la raison. Les objets intellectuels modéroient l'impression des objets sensibles. En remontant au principe des choses, nous l'avons soustrait à l'empire des sens; il étoit simple de s'élever de l'étude de la nature à la recherche de son auteur.

Quand nous en sommes venus là, quelles nouvelles prises nous nous sommes données sur notre élève ! que de nouveaux moyens nous avons de parler à son cœur ! C'est alors seulement qu'il trouve son véritable intérêt à être bon, à faire le bien loin des regards des hommes, et sans y être forcé par les lois, à être juste entre Dieu et lui, à remplir son devoir, même aux dépens de sa vie, et à porter dans son cœur la vertu, non-seulement pour l'amour de l'ordre auquel chacun préfère toujours l'amour de soi, mais pour l'amour de l'auteur de son être, amour qui se confond avec ce même amour de soi, pour jouir enfin du bonheur durable que le repos d'une bonne conscience et la contemplation de cet Être suprême lui promettent dans l'autre vie, après avoir bien usé de celle-ci. Sortez de là, je ne vois plus qu'injustice, hypocrisie et mensonge parmi les hommes : l'intérêt particulier, qui, dans la concurrence, l'emporte nécessairement sur toutes choses, apprend à chacun d'eux à parer le vice du masque de la vertu. Que tous les autres hommes fassent mon bien aux dépens du leur; que tout se rapporte à moi seul; que tout le genre humain meure, s'il le faut, dans la peine et dans la misère pour m'épargner un moment de douleur ou de faim : tel est le langage intérieur de tout incrédule qui raisonne. Oui, je le soutiendrai toute ma vie; quiconque a dit dans son cœur : Il n'y a point de Dieu, et parle autrement, n'est qu'un menteur ou un insensé.

Lecteur, j'aurai beau faire, je sens bien que vous et moi ne verrons jamais mon Émile sous les mêmes traits; vous vous le figurerez toujours semblable à vos jeunes gens, toujours étourdi, pétulant, volage, errant de fête en fête, d'amusement en amusement, sans jamais pouvoir se fixer à rien. Vous rirez de me voir faire un contemplatif, un philosophe, un vrai théologien, d'un jeune homme ardent, vif, emporté, fougueux, dans l'âge le plus bouillant de la vie. Vous direz : Ce rêveur poursuit toujours sa chimère; en nous donnant un élève de sa façon, il ne le forme pas seulement, il le crée, il le tire de son cerveau; et croyant toujours suivre la nature, il s'en écarte à chaque instant. Moi, comparant mon élève aux vôtres, je trouve à peine ce qu'ils peuvent avoir de commun. Nourri si différemment, c'est presque un miracle s'il leur ressemble en quelque chose. Comme il a passé son enfance dans toute la liberté qu'ils prennent dans leur jeunesse, il commence à prendre dans sa jeunesse la règle à laquelle on les a soumis enfans; cette règle devient leur fléau, ils la prennent en horreur, ils n'y voient que la longue tyrannie des maîtres ; ils ne croient ne sortir de l'enfance qu'en secouant toute espèce de joug ([1]) ; ils se dédommagent alors de la longue contrainte où

([1]) Il n'y a personne qui voie l'enfance avec tant de mépris que ceux qui en sortent, comme il n'y a pas de pays où les rangs soient gardés avec plus d'affectation que ceux où l'inégalité n'est pas grande, et où chacun craint toujours d'être confondu avec son inférieur.

l'on les a tenus, comme un prisonnier, délivré des fers, étend, agite et fléchit ses membres. Émile, au contraire, s'honore de se faire homme et de s'assujettir au joug de la raison naissante; son corps, déjà formé, n'a plus besoin des mêmes mouvemens, et commence à s'arrêter de lui-même, tandis que son esprit, à moitié développé, cherche à son tour à prendre l'essor. Ainsi l'âge de raison n'est pour les uns que l'âge de la licence; pour l'autre, il devient l'âge du raisonnement.

Voulez-vous savoir lesquels d'eux ou de lui sont mieux en cela dans l'ordre de la nature? considérez les différences dans ceux qui en sont plus ou moins éloignés : observez les jeunes gens chez les villageois; et voyez s'ils sont aussi pétulans que les vôtres. « Durant l'en- » fance des sauvages, dit le sieur Le Beau, on » les voit toujours actifs, et s'occupant sans » cesse à différens jeux qui leur agitent le corps; » mais à peine ont-ils atteint l'âge de l'adoles- » cence, qu'ils deviennent tranquilles, rêveurs; » ils ne s'appliquent plus guère qu'à des jeux » sérieux ou de hasard (¹). » Émile, ayant été élevé dans toute la liberté des jeunes paysans et des sauvages, doit changer et s'arrêter comme eux en grandissant. Toute la différence est qu'au lieu d'agir uniquement pour jouer ou pour se nourrir, il a, dans ses travaux et dans ses jeux, appris à penser. Parvenu donc à ce terme par cette route, il se trouve tout disposé pour celle où je l'introduis : les sujets de réflexions que je lui présente irritent sa curiosité, parce qu'ils sont beaux par eux-mêmes, qu'ils sont tout nouveaux pour lui, et qu'il est en état de les comprendre. Au contraire, ennuyés, excédés de vos fades leçons, de vos longues morales, de vos éternels catéchismes, comment vos jeunes gens ne se refuseroient-ils pas à l'application d'esprit qu'on leur a rendue triste, aux lourds préceptes dont on n'a cessé de les accabler, aux méditations sur l'auteur de leur être, dont on a fait l'ennemi de leurs plaisirs? Ils n'ont conçu pour tout cela qu'aversion, dégoût, ennui; la contrainte les en a rebutés : le moyen désormais qu'ils s'y livrent quand ils commencent à disposer d'eux? Il leur faut du nouveau pour leur plaire, il ne leur faut plus rien de ce qu'on dit aux enfans. C'est la même chose pour mon élève; quand il devient homme, je lui parle comme à un homme, et ne lui dis que des choses nouvelles; c'est précisément parce qu'elles ennuient les autres qu'il doit les trouver de son goût.

Voilà comment je lui fais doublement gagner du temps, en retardant au profit de la raison le progrès de la nature. Mais ai-je en effet retardé ce progrès? Non; je n'ai fait qu'empêcher l'imagination de l'accélérer; j'ai balancé par des leçons d'une autre espèce les leçons précoces que le jeune homme reçoit d'ailleurs. Tandis que le torrent de nos institutions l'entraîne, l'attirer en sens contraire par d'autres institutions, ce n'est pas l'ôter de sa place, c'est l'y maintenir.

Le vrai moment de la nature arrive enfin; il faut qu'il arrive. Puisqu'il faut que l'homme meure, il faut qu'il se reproduise, afin que l'espèce dure et que l'ordre du monde soit conservé. Quand, par les signes dont j'ai parlé, vous pressentirez le moment critique, à l'instant quittez avec lui pour jamais votre ancien ton. C'est votre disciple encore, mais ce n'est plus votre élève. C'est votre ami, c'est un homme; traitez-le désormais comme tel.

Quoi! faut-il abdiquer mon autorité lorsqu'elle m'est le plus nécessaire? Faut-il abandonner l'adulte à lui-même au moment qu'il sait le moins se conduire, et qu'il fait les plus grands écarts? Faut-il renoncer à mes droits quand il lui importe le plus que j'en use? Vos droits! Qui vous dit d'y renoncer? ce n'est qu'à présent qu'ils commencent pour lui. Jusqu'ici vous n'en obteniez rien que par force ou par ruse; l'autorité, la loi du devoir, lui étoient inconnues; il falloit le contraindre ou le tromper pour vous faire obéir. Mais voyez de combien de nouvelles chaînes vous avez environné son cœur. La raison, l'amitié, la reconnaissance, mille affections, lui parlent d'un ton qu'il ne peut méconnoître. Le vice ne l'a point encore rendu sourd à leur voix. Il n'est sensible encore qu'aux passions de la nature. La première de toutes, qui est l'amour de soi, le livre à vous; l'habitude vous le livre encore. Si le transport d'un moment vous l'arrache, le regret vous le ramène à l'instant; le sentiment qui l'attache à vous est le seul permanent; tous

---

(¹) Aventures du sieur C. Le Beau, avocat au parlement, tome II, page 70.

les autres passent et s'effacent mutuellement. Ne le laissez point corrompre, il sera toujours docile; il ne commence d'être rebelle que quand il est déjà perverti.

J'avoue bien que si, heurtant de front ses désirs naissans, vous alliez sottement traiter de crimes les nouveaux besoins qui se font sentir à lui, vous ne seriez pas long-temps écouté; mais sitôt que vous quitterez ma méthode, je ne vous réponds plus de rien. Songez toujours que vous êtes le ministre de la nature, vous n'en serez jamais l'ennemi.

Mais quel parti prendre? On ne s'attend ici qu'à l'alternative de favoriser ses penchans, ou de les combattre, d'être son tyran ou son complaisant; et tous deux ont de si dangereuses conséquences, qu'il n'y a que trop à balancer sur le choix.

Le premier moyen qui s'offre pour résoudre cette difficulté est de le marier bien vite; c'est incontestablement l'expédient le plus sûr et le plus naturel. Je doute pourtant que ce soit le meilleur, ni le plus utile. Je dirai ci-après mes raisons; en attendant, je conviens qu'il faut marier les jeunes gens à l'âge nubile. Mais cet âge vient pour eux avant le temps; c'est nous qui l'avons rendu précoce; on doit le prolonger jusqu'à la maturité.

S'il ne falloit qu'écouter les penchans et suivre les indications, cela seroit bientôt fait : mais il y a tant de contradictions entre les droits de la nature et nos lois sociales, que pour les concilier il faut gauchir et tergiverser sans cesse : il faut employer beaucoup d'art pour empêcher l'homme social d'être tout-à-fait artificiel.

Sur les raisons ci-devant exposées, j'estime que, par les moyens que j'ai donnés, et d'autres semblables, on peut au moins étendre jusqu'à vingt ans l'ignorance des désirs et la pureté des sens : cela est si vrai, que, chez les Germains, un jeune homme qui perdoit sa virginité avant cet âge en restoit diffamé : et les auteurs attribuent, avec raison, à la continence de ces peuples durant leur jeunesse, la vigueur de leur constitution et la multitude de leurs enfans.

On peut même beaucoup prolonger cette époque, et il y a peu de siècles que rien n'étoit plus commun dans la France même. Entre autres exemples connus, le père de Montaigne, homme non moins scrupuleux et vrai que fort et bien constitué, juroit s'être marié vierge à trente-trois ans, après avoir servi long-temps dans les guerres d'Italie : et l'on peut voir dans les écrits du fils quelle vigueur et quelle gaîté conservoit le père à plus de soixante ans (*). Certainement l'opinion contraire tient plus à nos mœurs et à nos préjugés qu'à la connoissance de l'espèce en général.

Je puis donc laisser à part l'exemple de notre jeunesse; il ne prouve rien pour qui n'a pas été élevé comme elle. Considérant que la nature n'a point là-dessus de terme fixe qu'on ne puisse avancer ou retarder, je crois pouvoir, sans sortir de sa loi, supposer Émile resté jusque-là par mes soins dans sa primitive innocence, et je vois cette heureuse époque prête à finir. Entouré de périls toujours croissans, il va m'échapper, quoi que je fasse, à la première occasion, et cette occasion ne tardera pas à naître; il va suivre l'aveugle instinct des sens; il y a mille à parier contre un qu'il va se perdre. J'ai trop réfléchi sur les mœurs des hommes pour ne pas voir l'influence invincible de ce premier moment sur le reste de sa vie. Si je dissimule et feins de ne rien voir, il se prévaut de ma foiblesse; croyant me tromper, il me méprise, et je suis le complice de sa perte. Si j'essaie de le ramener, il n'est plus temps, il ne m'écoute plus; je lui deviens incommode, odieux, insupportable; il ne tardera guère à se débarrasser de moi. Je n'ai donc plus qu'un parti raisonnable à prendre; c'est de le rendre comptable de ses actions à lui-même, de le garantir au moins des surprises de l'erreur, et de lui montrer à découvert les périls dont il est environné. Jusqu'ici l'arrêtois par son ignorance; c'est maintenant par ses lumières qu'il faut l'arrêter.

Ces nouvelles instructions sont importantes, et il convient de reprendre les choses de plus haut. Voici l'instant de lui rendre, pour ainsi dire, mes comptes; de lui montrer l'emploi de son temps et du mien; de lui déclarer ce qu'il est et ce que je suis; ce que j'ai fait, ce qu'il a fait; ce que nous nous devons l'un à l'autre, toutes

---

(*) MONTAIGNE, liv. II, chap. 2. Il fait aussi mention, d'après César, de la loi de continence imposée aux jeunes gens chez les Germains, liv. II, chap. 8. G. P.

ses relations morales, tous les engagemens qu'il a contractés, tous ceux qu'on a contractés avec lui, à quel point il est parvenu dans le progrès de ses facultés, quel chemin lui reste à faire, les difficultés qu'il y trouvera, les moyens de franchir ces difficultés, en quoi je lui puis aider encore, en quoi lui seul peut désormais s'aider, enfin le point critique où il se trouve, les nouveaux périls qui l'environnent, et toutes les solides raisons qui doivent l'engager à veiller attentivement sur lui-même avant d'écouter ses désirs naissans.

Songez que pour conduire un adulte il faut prendre le contre-pied de tout ce que vous avez fait pour conduire un enfant. Ne balancez point à l'instruire de ces dangereux mystères que vous lui avez cachés si long-temps avec tant de soin. Puisqu'il faut enfin qu'il les sache, il importe qu'il ne les apprenne ni d'un autre, ni de lui-même, mais de vous seul : puisque le voilà désormais forcé de combattre, il faut, de peur de surprise, qu'il connoisse son ennemi.

Jamais les jeunes gens qu'on trouve savans sur ces matières, sans savoir comment ils le sont devenus, ne le sont devenus impunément. Cette indiscrète instruction, ne pouvant avoir un objet honnête, souille au moins l'imagination de ceux qui la reçoivent, et les dispose aux vices de ceux qui la donnent. Ce n'est pas tout; des domestiques s'insinuent ainsi dans l'esprit d'un enfant, gagnent sa confiance, lui font envisager son gouverneur comme un personnage triste et fâcheux; et l'un des sujets favoris de leurs secrets colloques est de médire de lui. Quand l'élève en est là, le maître peut se retirer, il n'a plus rien de bon à faire.

Mais pourquoi l'enfant se choisit-il des confidens particuliers ? Toujours par la tyrannie de ceux qui le gouvernent. Pourquoi se cacheroit-il d'eux, s'il n'étoit forcé de s'en cacher? Pourquoi s'en plaindroit-il, s'il n'avoit nul sujet de s'en plaindre ? Naturellement ils sont ses premiers confidens; on voit à l'empressement avec lequel il vient leur dire ce qu'il pense, qu'il croit ne l'avoir pensé qu'à moitié jusqu'à ce qu'il le leur ait dit. Comptez que si l'enfant ne craint de votre part ni sermon ni réprimande, il vous dira toujours tout, et qu'on n'osera lui rien confier qu'il vous doive taire, quand on sera bien sûr qu'il ne vous taira rien.

Ce qui me fait le plus compter sur ma méthode, c'est qu'en suivant ses effets le plus exactement qu'il m'est possible, je ne vois pas une situation dans la vie de mon élève qui ne me laisse de lui quelque image agréable. Au moment même où les fureurs du tempérament l'entraînent, et où révolté contre la main qui l'arrête, il se débat et commence à m'échapper, dans ses agitations, dans ses emportemens, je retrouve encore sa première simplicité; son cœur, aussi pur que son corps, ne connoît pas plus le déguisement que le vice; les reproches ni le mépris ne l'ont point rendu lâche; jamais la vile crainte ne lui apprit à se déguiser. Il a toute l'indiscrétion de l'innocence; il est naïf sans scrupule; il ne sait encore à quoi sert de tromper. Il ne se passe pas un mouvement dans son âme que sa bouche ou ses yeux ne le disent; et souvent les sentimens qu'il éprouve me sont connus plus tôt qu'à lui.

Tant qu'il continue de m'ouvrir ainsi librement son âme, et de me dire avec plaisir ce qu'il sent, je n'ai rien à craindre, le péril n'est pas encore proche; mais s'il devient plus timide, plus réservé, que j'aperçoive dans ses entretiens le premier embarras de la honte, déjà l'instinct se développe, déjà la notion du mal commence à s'y joindre, il n'y a plus un moment à perdre; et, si je ne me hâte de l'instruire, il sera bientôt instruit malgré moi.

Plus d'un lecteur, même en adoptant mes idées, pensera qu'il ne s'agit ici que d'une conversation prise au hasard avec le jeune homme, et que tout est fait. Oh ! que ce n'est pas ainsi que le cœur humain se gouverne ! Ce qu'on dit ne signifie rien si l'on n'a préparé le moment de le dire. Avant de semer il faut labourer la terre : la semence de la vertu lève difficilement; il faut de longs apprêts pour lui faire prendre racine. Une des choses qui rendent les prédications le plus inutiles est qu'on les fait indifféremment à tout le monde sans discernement et sans choix. Comment peut-on penser que le même sermon convienne à tant d'auditeurs si diversement disposés, si différens d'esprits, d'humeurs, d'âges, de sexes, d'états et d'opinions ? Il n'y en a peut-être pas deux auxquels ce qu'on dit à tous puisse être convenable; et toutes nos affections ont si peu de constance, qu'il n'y a peut-être pas deux momens dans la vie de chaque homme où le même discours fît sur lui la même impression. Jugez si, quand les sens enflammés aliènent l'entendement et tyrannisent la volonté, c'est le temps d'écouter les graves leçons de la sagesse. Ne parlez donc jamais raison aux jeunes gens, même en âge de raison, que vous ne les ayez premièrement mis en état de l'entendre. La plupart des discours perdus le sont bien plus par la faute des maîtres que par celle des disciples. Le pédant et l'instituteur disent à peu près les mêmes choses: mais le premier les dit à tout propos; le second ne les dit que quand il est sûr de leur effet.

Comme un somnambule, errant durant son sommeil, marche en dormant sur les bords d'un précipice, dans lequel il tomberoit s'il étoit éveillé tout à coup; ainsi mon Émile, dans le sommeil de l'ignorance, échappe à des périls qu'il n'aperçoit point: si je l'éveille en sursaut, il est perdu. Tâchons premièrement de l'éloigner du précipice, et puis nous l'éveillerons pour le lui montrer de plus loin.

La lecture, la solitude, l'oisiveté, la vie molle et sédentaire, le commerce des femmes et des jeunes gens; voilà les sentiers dangereux à frayer à son âge, et qui le tiennent sans cesse à côté du péril. C'est par d'autres objets sensibles que je donne le change à ses sens, c'est en traçant un autre cours aux esprits que je les détourne de celui qu'ils commençoient à prendre: c'est en exerçant son corps à des travaux pénibles que j'arrête l'activité de l'imagination qui l'entraîne. Quand les bras travaillent beaucoup, l'imagination se repose; quand le corps est bien las, le cœur ne s'échauffe point. La précaution la plus prompte et la plus facile est de l'arracher au danger local. Je l'emmène d'abord hors des villes, loin des objets capables de le tenter. Mais ce n'est pas assez; dans quel désert, dans quel sauvage asile échappera-t-il aux images qui le poursuivent? Ce n'est rien d'éloigner les objets dangereux, si je n'en éloigne aussi le souvenir: si je ne trouve l'art de le détacher de tout, si je ne le distrais de lui-même, autant valoit le laisser où il étoit.

Émile sait un métier, mais ce métier n'est pas ici notre ressource; il aime et entend l'agriculture, mais l'agriculture ne nous suffit pas: les occupations qu'il connoît deviennent une routine; en s'y livrant, il est comme ne faisant rien; il pense à tout autre chose; la tête et les bras agissent séparément. Il lui faut une occupation nouvelle qui l'intéresse par sa nouveauté, qui le tienne en haleine, qui lui plaise, qui l'applique, qui l'exerce; une occupation dont il se passionne, et à laquelle il soit tout entier. Or, la seule qui me paroît réunir toutes ces conditions est la chasse. Si la chasse est jamais un plaisir innocent, si jamais elle est convenable à l'homme, c'est à présent qu'il y faut avoir recours. Émile a tout ce qu'il faut pour y réussir; il est robuste, adroit, patient, infatigable. Infailliblement il prendra du goût pour cet exercice; il y mettra toute l'ardeur de son âge; il y perdra, du moins pour un temps, les dangereux penchans qui naissent de la mollesse. La chasse endurcit le cœur aussi bien que le corps; elle accoutume au sang, à la cruauté. On a fait Diane ennemie de l'amour; et l'allégorie est très-juste: les langueurs de l'amour ne naissent que dans un doux repos; un violent exercice étouffe les sentimens tendres. Dans les bois, dans les lieux champêtres, l'amant, le chasseur, sont si diversement affectés, que sur les mêmes objets ils portent des images toutes différentes. Les ombrages frais, les bocages, les doux asiles du premier, ne sont pour l'autre que des viandis, des forts, des remises; où l'un n'entend que chalumeaux, que rossignols, que ramages, l'autre se figure les cors et les cris des chiens; l'un n'imagine que dryades et nymphes, l'autre que piqueurs, meutes et chevaux. Promenez-vous en campagne avec ces deux sortes d'hommes; à la différence de leur langage, vous connoîtrez bientôt que la terre n'a pas pour eux un aspect semblable, et que le tour de leurs idées est aussi divers que le choix de leurs plaisirs.

Je comprends comment ces goûts se réunissent et comment on trouve enfin du temps pour tout. Mais les passions de la jeunesse ne se partagent pas ainsi: donnez-lui une seule occupation qu'elle aime, et tout le reste sera bientôt oublié. La variété des désirs vient de celle des connoissances, et les premiers plaisirs qu'on connoît sont long-temps les seuls qu'on recherche. Je ne veux pas que toute la jeunesse d'Émile se passe à tuer des bêtes, et je ne prétends pas même justifier en tout cette féroce passion; il me suffit qu'elle serve assez à suspendre une passion plus dangereuse pour me faire écouter de sang-froid parlant d'elle, et me donner le temps de la peindre sans l'exciter.

Il est des époques dans la vie humaine qui sont faites pour n'être jamais oubliées. Telle est, pour Émile, celle de l'instruction dont je parle; elle doit influer sur le reste de ses jours. Tâchons donc de la graver dans sa mémoire en sorte qu'elle ne s'en efface point. Une des erreurs de notre âge est d'employer la raison trop nue, comme si les hommes n'étoient qu'esprit. En négligeant la langue des signes qui parlent à l'imagination, l'on a perdu le plus énergique des langages. L'impression de la parole est toujours foible, et l'on parle au cœur par les yeux bien mieux que par les oreilles. En voulant tout donner au raisonnement, nous avons réduit en mots nos préceptes; nous n'avons rien mis dans les actions. La seule raison n'est point active; elle retient quelquefois, rarement elle excite, et jamais elle n'a rien fait de grand. Toujours raisonner est la manie des petits esprits. Les âmes fortes ont bien un autre langage; c'est par ce langage qu'on persuade et qu'on fait agir.

J'observe que, dans les siècles modernes, les hommes n'ont plus de prise les uns sur les autres que par la force et par l'intérêt, au lieu que les anciens agissoient beaucoup par la persuasion, par les affections de l'âme, parce qu'ils ne négligeoient pas la langue des signes. Toutes les conventions se passoient avec solennité pour les rendre plus inviolables : avant que la force fût établie, les dieux étoient les magistrats du genre humain; c'est par-devant eux que les particuliers faisoient leurs traités, leurs alliances, prononçoient leurs promesses; la face de a terre étoit le livre où s'en conservoient les archives. Des rochers, des arbres, des monceaux de pierres consacrés par ces actes, et rendus respectables aux hommes barbares, étoient les feuillets de ce livre, ouvert sans cesse à tous les yeux. Le puits du serment, le puits du vivant et voyant, le vieux chêne de Mambré, le monceau du témoin; voilà quels étoient les monumens grossiers, mais augustes, de la sainteté des contrats; nul n'eût osé d'une main sacrilége attenter à ces monumens, et la foi des hommes étoit plus assurée par la garantie de ces témoins muets, qu'elle ne l'est aujourd'hui par toute la vaine rigueur des lois.

Dans le gouvernement, l'auguste appareil de la puissance royale en imposoit aux peuples. Des marques de dignité, un trône, un sceptre, une robe de pourpre, une couronne, un bandeau, étoient pour eux des choses sacrées. Ces signes respectés leur rendoient vénérable l'homme qu'ils en voyoient orné : sans soldats, sans menaces, sitôt qu'il parloit il étoit obéi. Maintenant qu'on affecte d'abolir ces signes (¹), qu'arrive-t-il de ce mépris? Que la majesté royale s'efface de tous les cœurs, que les rois ne se font plus obéir qu'à force de troupes, et que le respect des sujets n'est que dans la crainte du châtiment. Les rois n'ont plus la peine de porter leur diadème, ni les grands les marques de leurs dignités; mais il faut avoir cent mille bras toujours prêts pour faire exécuter leurs ordres. Quoique cela leur semble plus beau peut-être, il est aisé de voir qu'à la longue cet échange ne leur tournera pas à profit.

Ce que les anciens ont fait avec l'éloquence est prodigieux : mais cette éloquence ne consistoit pas seulement en beaux discours bien arrangés; et jamais elle n'eut plus d'effet que quand l'orateur parloit le moins. Ce qu'on disoit le plus vivement ne s'exprimoit pas par des mots, mais par des signes; on ne le disoit pas, on le montroit. L'objet qu'on expose aux yeux ébranle l'imagination, excite la curiosité,

---

(¹) Le clergé romain les a très-habilement conservés, et, à son exemple, quelques républiques, entre autres celle de Venise. Aussi le gouvernement vénitien, malgré la chute de l'état, jouit-il encore, sous l'appareil de son antique majesté, de toute l'affection, de toute l'adoration du peuple; et, après le pape orné de sa tiare, il n'y a peut-être ni roi, ni potentat, ni homme au monde aussi respecté que le doge de Venise, sans pouvoir, sans autorité, mais rendu sacré par sa pompe, et paré sous sa corne ducale d'une coiffure de femme. Cette cérémonie du Bucentaure, qui fait tant rire les sots, feroit verser à la populace de Venise tout son sang pour le maintien de son tyrannique gouvernement (*).

(*) Le *Bucentaure* étoit le nom donné à un gros et magnifique bâtiment sans mâts et sans voiles, assez semblable à un galion, et que montoit le doge de Venise, lorsque chaque année, au jour de l'Ascension, il faisoit la cérémonie d'épouser la mer. Cette cérémonie a cessé vers l'époque où Venise passa au pouvoir de l'Autriche par le traité de Campo-Formio, en 1797 et le peuple n'a pas versé une goutte de son sang pour sa conservation. Il est vrai qu'alors les circonstances étoient loin d'être les mêmes qu'au temps où Rousseau écrivoit. G. P.

tient l'esprit dans l'attente de ce qu'on va dire ; et souvent cet objet seul a tout dit. Thrasybule et Tarquin coupant des têtes de pavots, Alexandre appliquant son sceau sur la bouche de son favori, Diogène marchant devant Zénon, ne parloient-ils pas mieux que s'ils avoient fait de longs discours? Quel circuit de paroles eût aussi bien rendu les mêmes idées? Darius, engagé dans la Scythie avec son armée, reçoit de la part du roi des Scythes un oiseau, une grenouille, une souris, et cinq flèches. L'ambassadeur remet son présent, et s'en retourne sans rien dire. De nos jours cet homme eût passé pour fou. Cette terrible harangue fut entendue, et Darius n'eut plus grande hâte que de regagner son pays comme il put. Substituez une lettre à ces signes, plus elle sera menaçante, et moins elle effraiera ; ce ne sera qu'une fanfaronade dont Darius n'eût fait que rire.

Que d'attention chez les Romains à la langue des signes! Des vêtemens divers selon les âges, selon les conditions ; des toges, des saies, des prétextes, des bulles, des laticlaves, des chaires, des licteurs, des faisceaux, des haches, des couronnes d'or, d'herbes, de feuilles, des ovations, des triomphes : tout chez eux étoit appareil, représentation, cérémonie, et tout faisoit impression sur les cœurs des citoyens. Il importoit à l'état que le peuple s'assemblât en tel lieu plutôt qu'en tel autre, qu'il vît ou ne vît pas le Capitole ; qu'il fût ou ne fût pas tourné du côté du sénat ; qu'il délibérât tel ou tel jour par préférence. Les accusés changeoient d'habit, les candidats en changeoient ; les guerriers ne vantoient pas leurs exploits, ils montroient leurs blessures. A la mort de César, j'imagine un de nos orateurs, voulant émouvoir le peuple, épuiser tous les lieux communs de l'art pour faire une pathétique description de ses plaies, de son sang, de son cadavre : Antoine, quoique éloquent, ne dit point tout cela ; il fait apporter le corps. Quelle rhétorique!

Mais cette digression m'entraîne insensiblement loin de mon sujet, ainsi que font beaucoup d'autres, et mes écarts sont trop fréquens pour pouvoir être longs et tolérables : je reviens donc.

Ne raisonnez jamais sèchement avec la jeunesse. Revêtez la raison d'un corps si vous voulez la lui rendre sensible. Faites passer par le cœur le langage de l'esprit, afin qu'il se fasse entendre. Je le répète, les argumens froids peuvent déterminer nos opinions, non nos actions ; ils nous font croire et non pas agir : on démontre ce qu'il faut penser, et non ce qu'il faut faire. Si cela est vrai pour tous les hommes, à plus forte raison l'est-il pour les jeunes gens encore enveloppés dans leurs sens, et qui ne pensent qu'autant qu'ils imaginent.

Je me garderai donc bien, même après les préparations dont j'ai parlé, d'aller tout d'un coup dans la chambre d'Émile lui faire lourdement un long discours sur le sujet dont je veux l'instruire. Je commencerai par émouvoir son imagination : je choisirai le temps, le lieu, les objets les plus favorables à l'impression que je veux faire : j'appellerai, pour ainsi dire, toute la nature à témoin de nos entretiens ; j'attesterai l'Être éternel, dont elle est l'ouvrage, de la vérité de mes discours ; je le prendrai pour juge entre Émile et moi ; je marquerai la place où nous sommes, les rochers, les bois, les montagnes qui nous entourent pour momumens de ses engagemens et des miens ; je mettrai dans mes yeux, dans mon accent, dans mon geste, l'enthousiasme et l'ardeur que je lui veux inspirer. Alors je lui parlerai, et il m'écoutera, je m'attendrirai, et il sera ému. En me pénétrant de la sainteté de mes devoirs je lui rendrai les siens plus respectables ; j'animerai la force du raisonnement d'images et de figures ; je ne serai point long et diffus en froides maximes, mais abondant en sentimens qui débordent ; ma raison sera grave et sentencieuse, mais mon cœur n'aura jamais assez dit. C'est alors qu'en lui montrant tout ce que j'ai fait pour lui, je le lui montrerai comme fait pour moi-même : il verra dans ma tendre affection la raison de tous mes soins. Quelle surprise, quelle agitation je vais lui donner en changeant tout à coup de langage! au lieu de lui rétrécir l'âme en lui parlant toujours de son intérêt, c'est du mien seul que je lui parlerai désormais, et je le toucherai davantage ; j'enflammerai son jeune cœur de tous les sentimens d'amitié, de générosité, de reconnoissance, que j'ai déjà fait naître, et qui sont si doux à nourrir. Je le presserai contre mon sein en versant sur lui des larmes d'attendrissement ; je lui dirai : Tu es mon bien, mon enfant, mon ouvrage; c'est de ton bonheur que j'attends le mien : si tu frustres mes espérances, tu me voles vingt ans de ma vie, et tu fais le malheur de mes vieux jours. C'est ainsi qu'on se fait écouter d'un jeune homme, et qu'on grave au fond de son cœur le souvenir de ce qu'on lui dit.

Jusqu'ici j'ai tâché de donner des exemples de la manière dont un gouverneur doit instruire son disciple dans les occasions difficiles. J'ai tenté d'en faire autant dans celle-ci; mais, après bien des essais, j'y renonce, convaincu que la langue françoise est trop précieuse pour supporter jamais dans un livre la naïveté des premières instructions sur certains sujets.

La langue françoise est, dit-on, la plus chaste des langues; je la crois, moi, la plus obscène; car il me semble que la chasteté d'une langue ne consiste pas à éviter avec soin les tours déshonnêtes, mais à ne les pas avoir. En effet, pour les éviter, il faut qu'on y pense; et il n'y a point de langue où il soit plus difficile de parler purement en tous sens que la françoise. Le lecteur, toujours plus habile à trouver des sens obscènes que l'auteur à les écarter, se scandalise et s'effarouche de tout. Comment ce qui passe par des oreilles impures ne contracteroit-il pas leur souillure? Au contraire, un peuple de bonnes mœurs a des termes propres pour toutes choses; et ces termes sont toujours honnêtes, parce qu'ils sont toujours employés honnêtement. Il est impossible d'imaginer un langage plus modeste que celui de la Bible, précisément parce que tout y est dit avec naïveté. Pour rendre immodestes les mêmes choses, il suffit de les traduire en françois. Ce que je dois dire à mon Émile n'aura rien que d'honnête et de chaste à son oreille; mais, pour le trouver tel à la lecture, il faudroit avoir un cœur aussi pur que le sien.

Je penserois même que des réflexions sur la véritable pureté du discours et sur la fausse délicatesse du vice pourroient tenir une place utile dans les entretiens de morale où ce sujet nous conduit; car, en apprenant le langage de l'honnêteté, il doit apprendre aussi celui de la décence, et il faut bien qu'il sache pourquoi ces deux langages sont si différens. Quoi qu'il en soit, je soutiens qu'au lieu des vains préceptes dont on rebat avant le temps les oreilles de la jeunesse, et dont elle se moque à l'âge ils seroient de saison; si l'on attend, si l'on prépare le moment de se faire entendre; qu'alors on lui expose les lois de la nature dans toute leur vérité; qu'on lui montre la sanction de ces mêmes lois dans les maux physiques et moraux qu'attire leur infraction sur les coupables; qu'en lui parlant de cet inconcevable mystère de la génération, l'on joigne à l'idée de l'attrait que l'auteur de la nature donne à cet acte celle de l'attachement exclusif qui le rend délicieux, celle des devoirs de fidélité, de pudeur, qui l'environnent, et qui redoublent son charme en remplissant son objet; qu'en lui peignant le mariage, non-seulement comme la plus douce des sociétés, mais comme le plus inviolable et le plus saint de tous les contrats, on lui dise avec force toutes les raisons qui rendent un nœud si sacré respectable à tous les hommes, et qui couvre de haine et de malédictions quiconque ose en souiller la pureté; qu'on lui fasse un tableau frappant et vrai des horreurs de la débauche, de son stupide abrutissement, de la pente insensible par laquelle un premier désordre conduit à tous, et traîne enfin celui qui s'y livre à sa perte; si, dis-je, on lui montre avec évidence comment au goût de la chasteté tiennent la santé, la force, le courage, les vertus, l'amour même, et tous les vrais biens de l'homme; je soutiens qu'alors on lui rendra cette même chasteté désirable et chère, et qu'on trouvera son esprit docile aux moyens qu'on lui donnera pour la conserver : car tant qu'on la conserve on la respecte; on ne la méprise qu'après l'avoir perdue.

Il n'est point vrai que le penchant au mal soit indomptable, et qu'on ne soit pas maître de le vaincre avant d'avoir pris l'habitude d'y succomber. Aurélius Victor dit que plusieurs hommes transportés d'amour achetèrent volontairement de leur vie une nuit de Cléopâtre (*), et ce sacrifice n'est pas impossible à l'ivresse de la passion. Mais supposons que l'homme le plus furieux et qui commande le moins à ses sens vît l'appareil du supplice, sûr d'y périr dans les tourmens un quart d'heure après; non-seulement cet homme, dès cet in-

---

(*) Aur. Vict., de Vir. ill., cap. 86.   G. P.

stant, deviendroit supérieur aux tentations, il lui en coûteroit même peu de leur résister : bientôt l'image affreuse dont elles seroient accompagnées le distrairoit d'elles; et, toujours rebutées, elles se lasseroient de revenir. C'est la seule tiédeur de notre volonté qui fait toute notre foiblesse, et l'on est toujours fort pour faire ce qu'on veut fortement, *Volenti nihil difficile*. Oh! si nous détestions le vice autant que nous aimons la vie, nous nous abstiendrions aussi aisément d'un crime agréable que d'un poison mortel dans un mets délicieux.

Comment ne voit-on pas que, si toutes les leçons qu'on donne sur ce point à un jeune homme sont sans succès, c'est qu'elles sont sans raison pour son âge, et qu'il importe à tout âge de revêtir la raison de formes qui la fassent aimer! Parlez-lui gravement quand il le faut; mais que ce que vous lui dites ait toujours un attrait qui le force à vous écouter. Ne combattez pas ses désirs avec sécheresse; n'étouffez pas son imagination, guidez-la de peur qu'elle n'engendre des monstres. Parlez-lui de l'amour, des femmes, des plaisirs; faites qu'il trouve dans vos conversations un charme qui flatte son jeune cœur; n'épargnez rien pour devenir son confident : ce n'est qu'à ce titre que vous serez vraiment son maître. Alors ne craignez plus que vos entretiens l'ennuient; il vous fera parler plus que vous ne voudrez.

Je ne doute pas un instant que, si sur ces maximes j'ai su prendre toutes les précautions nécessaires, et tenir à mon Émile les discours convenables à la conjoncture où le progrès des ans l'a fait arriver, il ne vienne de lui-même au point où je veux le conduire, qu'il ne se mette avec empressement sous ma sauvegarde, et qu'il ne me dise avec toute la chaleur de son âge, frappé des dangers dont il se voit environné : O mon ami, mon protecteur, mon maître! reprenez l'autorité que vous voulez déposer au moment qu'il m'importe le plus qu'elle vous reste; vous ne l'aviez jusqu'ici que par ma foiblesse; vous l'aurez maintenant par ma volonté, et elle m'en sera plus sacrée. Défendez-moi de tous les ennemis qui m'assiégent, et surtout de ceux que je porte avec moi, et qui me trahissent; veillez sur votre ouvrage, afin qu'il demeure digne de vous. Je veux obéir à vos lois, je le veux toujours, c'est ma volonté constante; si jamais je vous désobéis, ce sera malgré moi : rendez-moi libre en me protégeant contre mes passions qui me font violence; empêchez-moi d'être leur esclave, et forcez-moi d'être mon propre maître en n'obéissant point à mes sens, mais à ma raison.

Quand vous aurez amené votre élève à ce point (et s'il n'y vient pas ce sera votre faute), gardez-vous de le prendre trop vite au mot, de peur que, si jamais votre empire lui paroît trop rude, il ne se croie en droit de s'y soustraire en vous accusant de l'avoir surpris. C'est en ce moment que la réserve et la gravité sont à leur place; et ce ton lui en imposera d'autant plus, que ce sera la première fois qu'il vous l'aura vu prendre.

Vous lui direz donc : Jeune homme, vous prenez légèrement des engagemens pénibles; il faudroit les connoître pour être en droit de les former : vous ne savez pas avec quelle fureur les sens entraînent vos pareils dans le gouffre des vices sous l'attrait du plaisir. Vous n'avez point une âme abjecte, je le sais bien; vous ne violerez jamais votre foi, mais combien de fois peut-être vous vous repentirez de l'avoir donnée! combien de fois vous maudirez celui qui vous aime, quand, pour vous dérober aux maux qui vous menacent, il se verra forcé de vous déchirer le cœur! Tel qu'Ulysse, ému du chant des Sirènes, crioit à ses conducteurs de le déchaîner, séduit par l'attrait des plaisirs, vous voudrez briser les liens qui vous gênent; vous m'importunerez de vos plaintes, vous me reprocherez ma tyrannie quand je serai le plus tendrement occupé de vous; en ne songeant qu'à vous rendre heureux, je m'attirerai votre haine. O mon Émile! je ne supporterai jamais la douleur de t'être odieux; ton bonheur même est trop cher à ce prix. Bon jeune homme, ne voyez-vous pas qu'en vous obligeant à m'obéir vous m'obligez à vous conduire, à m'oublier pour me dévouer à vous, à n'écouter ni vos plaintes, ni vos murmures, à combattre incessamment vos désirs et les miens? Vous m'imposez un joug plus dur que le vôtre. Avant de nous en charger tous deux, consultons nos forces; prenez du temps, donnez-m'en pour y penser, et sachez que le plus lent à promettre est toujours le plus fidèle à tenir.

Sachez aussi vous-même que plus vous vous

rendez difficile sur l'engagement, et plus vous en facilitez l'exécution. Il importe que le jeune homme sente qu'il promet beaucoup, et que vous promettez encore plus. Quand le moment sera venu, et qu'il aura, pour ainsi dire, signé le contrat, changez alors de langage, mettez autant de douceur dans votre empire que vous avez annoncé de sévérité. Vous lui direz : Mon jeune ami, l'expérience vous manque, mais j'ai fait en sorte que la raison ne vous manquât pas. Vous êtes en état de voir partout les motifs de ma conduite ; il ne faut pour cela qu'attendre que vous soyez de sang-froid. Commencez toujours par obéir, et puis demandez-moi compte de mes ordres ; je serai prêt à vous en rendre raison sitôt que vous serez en état de m'entendre, et je ne craindrai jamais de vous prendre pour juge entre vous et moi. Vous promettez d'être docile, et moi je promets de n'user de cette docilité que pour vous rendre le plus heureux des hommes. J'ai pour garant de ma promesse le sort dont vous avez joui jusqu'ici. Trouvez quelqu'un de votre âge qui ait passé une vie aussi douce que la vôtre, et je ne vous promets plus rien.

Après l'établissement de mon autorité, mon premier soin sera d'écarter la nécessité d'en faire usage. Je n'épargnerai rien pour m'établir de plus en plus dans sa confiance, pour me rendre le confident de son cœur et l'arbitre de ses plaisirs. Loin de combattre les penchans de son âge, je les consulterai pour en être le maître ; j'entrerai dans ses vues pour les diriger ; je ne lui chercherai point, aux dépens du présent, un bonheur éloigné. Je ne veux point qu'il soit heureux une fois, mais toujours, s'il est possible.

Ceux qui veulent conduire sagement la jeunesse pour la garantir des pièges des sens lui font horreur de l'amour, et lui feroient volontiers un crime d'y songer à son âge, comme si l'amour étoit fait pour les vieillards. Toutes ces leçons trompeuses que le cœur dément ne persuadent point. Le jeune homme, conduit par un instinct plus sûr, rit en secret des tristes maximes auxquelles il feint d'acquiescer, et n'attend que le moment de les rendre vaines. Tout cela est contre la nature. En suivant une route opposée, j'arriverai plus sûrement au même but. Je ne craindrai point de flatter en lui le doux sentiment dont il est avide ; je le lui peindrai comme le suprême bonheur de la vie, parce qu'il l'est en effet ; en le lui peignant, je veux qu'il s'y livre ; en lui faisant sentir quel charme ajoute à l'attrait des sens l'union des cœurs, je le dégoûterai du libertinage, et je le rendrai sage en le rendant amoureux.

Qu'il faut être borné pour ne voir dans les désirs naissans d'un jeune homme qu'un obstacle aux leçons de la raison ! Moi, j'y vois le vrai moyen de le rendre docile à ces mêmes leçons. On n'a de prise sur les passions que par les passions ; c'est par leur empire qu'il faut combattre leur tyrannie, et c'est toujours de la nature elle-même qu'il faut tirer les instrumens propres à la régler.

Émile n'est pas fait pour rester toujours solitaire ; membre de la société, il doit en remplir les devoirs. Fait pour vivre avec les hommes, il doit les connoître. Il connoît l'homme en général ; il lui reste à connoître les individus. Il sait ce qu'on fait dans le monde ; il lui reste à voir comment on y vit. Il est temps de lui montrer l'extérieur de cette grande scène dont il connoît déjà tous les jeux cachés. Il n'y portera plus l'admiration stupide d'un jeune étourdi, mais le discernement d'un esprit droit et juste. Ses passions pourront l'abuser, sans doute ; quand est-ce qu'elles n'abusent pas ceux qui s'y livrent ? mais au moins il ne sera point trompé par celles des autres. S'il les voit, il les verra de l'œil du sage, sans être entraîné par leurs exemples ni séduit par leurs préjugés.

Comme il y a un âge propre à l'étude des sciences, il y en a un pour bien saisir l'usage du monde. Quiconque apprend cet usage trop jeune le suit toute sa vie, sans choix, sans réflexion, et, quoique avec suffisance, sans jamais bien savoir ce qu'il fait. Mais celui qui l'apprend, et qui en voit les raisons, le suit avec plus de discernement, et par conséquent avec plus de justesse et de grâce. Donnez-moi un enfant de douze ans qui ne sache rien du tout, à quinze ans je dois vous le rendre aussi savant que celui que vous avez instruit dès le premier âge, avec la différence que le savoir du vôtre ne sera que dans sa mémoire, et que celui du mien sera dans son jugement. De même, introduisez un jeune homme de vingt ans dans le monde ; bien conduit, il sera dans un an plus aimable et plus judicieusement poli que celui qu'on y aura nourri dès son enfance : car le premier, étant capable de sentir les raisons de tous les procédés relatifs à l'âge, à l'état, au sexe, qui constituent cet usage, les peut réduire en principes, et les étendre aux cas non prévus ; au lieu que l'autre, n'ayant que sa routine pour toute règle, est embarrassé sitôt qu'on l'en sort.

Les jeunes demoiselles françoises sont toutes élevées dans des couvens jusqu'à ce qu'on les marie. S'aperçoit-on qu'elles aient peine alors à prendre ces manières qui leur sont si nouvelles ? et accusera-t-on les femmes de Paris d'avoir l'air gauche, embarrassé, et d'ignorer l'usage du monde pour n'y avoir pas été mises dès leur enfance ? Ce préjugé vient des gens du monde eux-mêmes, qui, ne connoissant rien de plus important que cette petite science, s'imaginent faussement qu'on ne peut s'y prendre de trop bonne heure pour l'acquérir.

Il est vrai qu'il ne faut pas non plus trop attendre. Quiconque a passé toute sa jeunesse loin du grand monde y porte le reste de sa vie un air embarrassé, contraint, un propos toujours hors de propos, des manières lourdes et maladroites, dont l'habitude d'y vivre ne le défait plus, et qui n'acquièrent qu'un nouveau ridicule par l'effort de s'en délivrer. Chaque sorte d'instruction a son temps propre qu'il faut connoître, et ses dangers qu'il faut éviter. C'est surtout pour celle-ci qu'ils se réunissent ; mais je n'y expose pas non plus mon élève sans précautions pour l'en garantir.

Quand ma méthode remplit d'un même objet toutes les vues, et quand, parant un inconvénient, elle en prévient un autre, je juge alors qu'elle est bonne, et que je suis dans le vrai. C'est ce que je crois voir dans l'expédient qu'elle me suggère ici. Si je veux être austère et sec avec mon disciple, je perdrai sa confiance, et bientôt il se cachera de moi. Si je veux être complaisant, facile, ou fermer les yeux, de quoi lui sert d'être sous ma garde ? Je ne fais qu'autoriser son désordre, et soulager sa conscience aux dépens de la mienne. Si je l'introduis dans le monde avec le seul projet de l'instruire, il s'instruira plus que je ne veux. Si je l'en tiens éloigné jusqu'à la fin, qu'aura-t-il appris de moi ? Tout, peut-être, hors l'art le plus nécessaire à l'homme et au citoyen, qui est de savoir vivre avec ses semblables. Si je donne à ces soins une utilité trop éloignée, elle sera pour lui comme nulle ; il ne fait cas que du présent. Si je me contente de lui fournir des amusemens, quel bien lui fais-je ? il s'amollit et ne s'instruit point.

Rien de tout cela. Mon expédient seul pourvoit à tout. Ton cœur, dis-je au jeune homme, a besoin d'une compagne ; allons chercher celle qui te convient : nous ne la trouverons pas aisément peut-être, le vrai mérite est toujours rare ; mais ne nous pressons ni ne nous rebutons point. Sans doute il en est une, et nous la trouverons à la fin, ou du moins celle qui en approche le plus. Avec un projet si flatteur pour lui je l'introduis dans le monde. Qu'ai-je besoin d'en dire davantage ? ne voyez-vous pas que j'ai tout fait ?

En lui peignant la maîtresse que je lui destine, imaginez si je saurai m'en faire écouter, si je saurai lui rendre agréables et chères les qualités qu'il doit aimer, si je saurai disposer tous ses sentimens à ce qu'il doit rechercher ou fuir. Il faut que je sois le plus maladroit des hommes, si je ne le rends d'avance passionné sans savoir de qui. Il n'importe que l'objet que je lui peindrai soit imaginaire ; il suffit qu'il le dégoûte de ceux qui pourroient le tenter ; il suffit qu'il trouve partout des comparaisons qui lui fassent préférer sa chimère aux objets réels qui le frapperont : et qu'est-ce que le véritable amour lui-même, si ce n'est chimère, mensonge, illusion ? On aime bien plus l'image qu'on se fait que l'objet auquel on l'applique. Si l'on voyoit ce qu'on aime exactement tel qu'il est, il n'y auroit plus d'amour sur la terre. Quand on cesse d'aimer, la personne qu'on aimoit reste la même qu'auparavant, mais on ne la voit plus la même ; le voile du prestige tombe, et l'amour s'évanouit. Or, en fournissant l'objet imaginaire, je suis le maître des comparaisons, et j'empêche aisément l'illusion des objets réels.

Je ne veux pas pour cela qu'on trompe un jeune homme en lui peignant un modèle de perfection qui ne puisse exister ; mais je choisirai tellement les défauts de sa maîtresse, qu'ils lui conviennent, qu'ils lui plaisent, et qu'ils servent à corriger les siens. Je ne veux pas non plus qu'on lui mente, en affirmant faussement que l'objet qu'on lui peint existe ; mais s'il se complaît à l'image, il lui souhaitera bientôt un original. Du souhait à la supposition, le trajet est facile ; c'est l'affaire de quelques descriptions adroites, qui, sous des traits plus sensibles, donneront à cet objet imaginaire un plus grand air de vérité. Je voudrois aller jusqu'à le nommer ; je dirois en riant, Appelons *Sophie* votre future maîtresse : *Sophie* est un nom de bon augure : si celle que vous choisirez ne le porte pas, elle sera digne au moins de le porter ; nous pouvons lui en faire honneur d'avance. Après tous ces détails, si, sans affirmer (*a*), sans nier, on s'échappe par des défaites, ses soupçons se changeront en certitude ; il croira qu'on lui fait mystère de l'épouse qu'on lui destine, et qu'il la verra quand il sera temps. S'il en est une fois là, et qu'on ait bien choisi les traits qu'il faut lui montrer, tout le reste est facile ; on peut l'exposer dans le monde presque sans risque : défendez-le seulement de ses sens, son cœur est en sûreté.

Mais, soit qu'il personnifie ou non le modèle que j'aurai su lui rendre aimable, ce modèle, s'il est bien fait, ne l'attachera pas moins à tout ce qui lui ressemble, et ne lui donnera pas moins d'éloignement pour tout ce qui ne lui ressemble pas, que s'il avoit un objet réel. Quel avantage pour préserver son cœur des dangers auxquels sa personne doit être exposée, pour réprimer ses sens par son imagination, pour l'arracher surtout à ces donneuses d'éducation qui la font payer si cher, et ne forment un jeune homme à la politesse qu'en lui ôtant toute honnêteté ! Sophie est si modeste ! De quel œil verra-t-il leurs avances ? Sophie a tant de simplicité ! Comment aimera-t-il leurs airs ? Il y a trop loin de ses idées à ses observations pour que celles-ci lui soient jamais dangereuses.

Tous ceux qui parlent de gouvernement des enfans suivent les mêmes préjugés et les mêmes maximes, parce qu'ils observent mal et réfléchissent plus mal encore. Ce n'est ni par le tempérament ni par les sens que commence l'égarement de la jeunesse, c'est par l'opinion. S'il étoit ici question des garçons qu'on élève dans les collèges, et des filles qu'on élève dans les couvens, je ferois voir que cela est vrai, même à leur égard ; car les premières leçons que prennent les uns et les autres, les seules qui fructifient sont celles du vice ; et ce n'est pas la nature qui les corrompt, c'est l'exemple. Mais abandonnons les pensionnaires des collèges et des couvens à leurs mauvaises mœurs ; elles seront toujours sans remède. Je ne parle que de l'éducation domestique. Prenez un jeune homme élevé sagement dans la maison de son père en province, et l'examinez au moment qu'il arrive à Paris, ou qu'il entre dans le monde ; vous le trouverez pensant bien sur les choses honnêtes, et ayant la volonté même aussi saine que la raison ; vous lui trouverez du mépris pour le vice, et de l'horreur pour la débauche ; au nom seul d'une prostituée, vous verrez dans ses yeux le scandale de l'innocence. Je soutiens qu'il n'y en a pas un qui pût se résoudre à entrer seul dans les tristes demeures de ces malheureuses, quand même il en sauroit l'usage, et qu'il en sentiroit le besoin.

A six mois de là, considérez de nouveau le même jeune homme, vous ne le reconnoîtrez plus ; des propos libres, des maximes du haut ton, des airs dégagés, le feront prendre pour un autre homme, si ses plaisanteries sur sa première simplicité, sa honte quand on la lui rappelle, ne montroient qu'il est le même et qu'il en rougit. O combien il s'est formé dans peu de temps ! D'où vient un changement si grand et si brusque ? Du progrès du tempérament ? Son tempérament n'eût-il pas fait le même progrès dans la maison paternelle ? et sûrement il n'y eût pris ni ce ton ni ces maximes. Des premiers plaisirs des sens ? Tout au contraire. Quand on commence à s'y livrer, on est craintif, inquiet, on fuit le grand jour et le bruit. Les premières voluptés sont toujours mystérieuses ; la pudeur les assaisonne et les cache : la première maîtresse ne rend pas effronté, mais timide. Tout absorbé dans un état si nouveau pour lui, le jeune homme se recueille pour le goûter, et tremble toujours de le perdre. S'il est bruyant, il n'est ni voluptueux ni tendre ; tant qu'il se vante, il n'a pas joui.

D'autres manières de penser ont produit seules ces différences. Son cœur est encore le même, mais ses opinions ont changé. Ses sentimens, plus lents à s'altérer, s'altéreront enfin par elles ; et c'est alors seulement qu'il sera véritablement corrompu. A peine est-il entré dans le monde qu'il y prend une seconde édu-

(*a*) VAR. ... ces détails, si *sur ses questions*, sans affirmer...

cation tout opposée à la première, par laquelle il apprend à mépriser ce qu'il estimoit et à estimer ce qu'il méprisoit : on lui fait regarder les leçons de ses parens et de ses maîtres comme un jargon pédantesque, et les devoirs qu'ils lui ont prêchés comme une morale puérile qu'on doit dédaigner étant grand. Il se croit obligé par honneur à changer de conduite; il devient entreprenant sans désirs et fat par mauvaise honte. Il raille les bonnes mœurs avant d'avoir pris du goût pour les mauvaises, et se pique de débauche sans savoir être débauché. Je n'oublierai jamais l'aveu d'un jeune officier aux gardes-suisses, qui s'ennuyoit beaucoup des plaisirs bruyans de ses camarades, et n'osoit s'y refuser de peur d'être moqué d'eux : « Je m'exerce à » cela, disoit-il, comme à prendre du tabac mal- » gré ma répugnance : le goût viendra par l'ha- » bitude; il ne faut pas toujours être enfant. »

Ainsi donc c'est bien moins de la sensualité que de la vanité qu'il faut préserver un jeune homme entrant dans le monde : il cède plus aux penchans d'autrui qu'aux siens, et l'amour-propre fait plus de libertins que l'amour.

Cela posé, je demande s'il en est un sur la terre entière mieux armé que le mien contre tout ce qui peut attaquer ses mœurs, ses sentimens, ses principes; s'il en est un plus en état de résister au torrent. Car contre quelle séduction n'est-il pas en défense? Si ses désirs l'entraînent vers le sexe, il n'y trouve point ce qu'il cherche, et son cœur préoccupé le retient. Si ses sens l'agitent et le pressent, où trouvera-t-il à les contenter? L'horreur de l'adultère et de la débauche l'éloigne également des filles publiques et des femmes mariées, et c'est toujours par l'un de ces deux états que commencent les désordres de la jeunesse. Une fille à marier peut être coquette; mais elle ne sera pas effrontée, elle n'ira pas se jeter à la tête d'un jeune homme qui peut l'épouser s'il la croit sage; d'ailleurs elle aura quelqu'un pour la surveiller. Émile, de son côté, ne sera pas tout-à-fait livré à lui-même; tous deux auront au moins pour gardes la crainte et la honte, inséparables des premiers désirs; ils ne passeront point tout d'un coup aux dernières familiarités, et n'auront pas le temps d'y venir par degrés sans obstacles. Pour s'y prendre autrement, il faut qu'il ait déjà pris leçon de ses camarades, qu'il ait appris d'eux à se moquer de sa retenue, à devenir insolent à leur imitation. Mais quel homme au monde est moins imitateur qu'Émile? Quel homme se mène moins par le ton plaisant que celui qui n'a point de préjugés et ne sait rien donner à ceux des autres? J'ai travaillé vingt ans à l'armer contre les moqueurs : il leur faudra plus d'un jour pour en faire leur dupe; car le ridicule n'est à ses yeux que la raison des sots, et rien ne rend plus insensible à la raillerie que d'être au-dessus de l'opinion. Au lieu de plaisanteries il lui faut des raisons; et, tant qu'il en sera là, je n'ai pas peur que de jeunes fous me l'enlèvent; j'ai pour moi la conscience et la vérité. S'il faut que le préjugé s'y mêle, un attachement de vingt ans est aussi quelque chose: on ne lui fera jamais croire que je l'aie ennuyé de vaines leçons; et dans un cœur droit et sensible, la voix d'un ami fidèle et vrai saura bien effacer les cris de vingt séducteurs. Comme il n'est alors question que de lui montrer qu'ils le trompent, et qu'en feignant de le traiter en homme ils le traitent réellement en enfant, j'affecterai d'être toujours simple, mais grave et clair dans mes raisonnemens, afin qu'il sente que c'est moi qui le traite en homme. Je lui dirai : « Vous voyez que votre seul intérêt, » qui est le mien, dicte mes discours; je n'en » peux avoir aucun autre. Mais pourquoi ces » jeunes gens veulent-ils vous persuader? c'est » qu'ils veulent vous séduire : ils ne vous ai- » ment point, ils ne prennent aucun intérêt à » vous; ils ont pour tout motif un dépit secret » de voir que vous valez mieux qu'eux; ils » veulent vous rabaisser à leur petite mesure, » et ne vous reprochent de vous laisser gou- » verner, qu'afin de vous gouverner eux- » mêmes. Pouvez-vous croire qu'il y eût à ga- » gner pour vous dans ce changement? Leur » sagesse est-elle donc si supérieure, et leur at- » tachement d'un jour est-il plus fort que le » mien? Pour donner quelque poids à leur » raillerie, il faudroit en pouvoir donner à leur » autorité; et quelle expérience ont-ils pour » élever leurs maximes au-dessus des nôtres? » Ils n'ont fait qu'imiter d'autres étourdis, » comme ils veulent être imités à leur tour. » Pour se mettre au-dessus des prétendus pré- » jugés de leurs pères, ils s'asservissent à ceux

» de leurs camarades. Je ne vois point ce qu'ils
» gagnent à cela : mais je vois qu'ils y perdent
» sûrement deux grands avantages : celui de
» l'affection paternelle, dont les conseils sont
» tendres et sincères, et celui de l'expérience,
» qui fait juger de ce qu'on connoît ; car les
» pères ont été enfans, et les enfans n'ont pas
» été pères.

» Mais les croyez-vous sincères au moins
» dans leurs folles maximes? Pas même cela,
» cher Émile; ils se trompent pour vous trom-
» per ; ils ne sont point d'accord avec eux-
» mêmes : leur cœur les dément sans cesse, et
» souvent leur bouche les contredit. Tel d'en-
» tre eux tourne en dérision tout ce qui est
» honnête, qui seroit au désespoir que sa
» femme pensât comme lui. Tel autre poussera
» cette indifférence de mœurs jusqu'à celles de
» la femme qu'il n'a point encore, ou, pour
» comble d'infamie, à celles de la femme
» qu'il a déjà : mais allez plus loin ; parlez-lui
» de sa mère, et voyez s'il passera volontiers
» pour être un enfant d'adultère et le fils d'une
» femme de mauvaise vie, pour prendre à faux
» le nom d'une famille, pour en voler le patri-
» moine à l'héritier naturel, enfin s'il se lais-
» sera patiemment traiter de bâtard. Qui d'en-
» tre eux voudra qu'on rende à sa fille le dés-
» honneur dont il couvre celle d'autrui ? Il n'y
» en a pas un qui n'attentât même à votre vie,
» si vous adoptiez avec lui, dans la pratique,
» tous les principes qu'il s'efforce de vous don-
» ner. C'est ainsi qu'ils décèlent enfin leur in-
» conséquence, et qu'on sent qu'aucun d'eux
» ne croit ce qu'il dit. Voilà des raisons, cher
» Émile : pesez les leurs, s'ils en ont, et com-
» parez. Si je voulois user comme eux de mé-
» pris et de raillerie, vous les verriez prêter le
» flanc au ridicule autant peut-être et plus que
» moi. Mais je n'ai pas peur d'un examen sé-
» rieux. Le triomphe des moqueurs est de courte
» durée; la vérité demeure, et leur rire in-
» sensé s'évanouit. »

Vous n'imaginez pas comment à vingt ans
Émile peut être docile. Que nous pensons différemment ! Moi, je ne conçois pas comment
il a pu l'être à dix ; car quelle prise avois-je sur
lui à cet âge? Il m'a fallu quinze ans de soins
pour me ménager cette prise. Je ne l'élevois
pas alors, je le préparois pour être élevé. Il l'est
maintenant assez pour être docile; il reconnoît
la voix de l'amitié, et il sait obéir à la raison. Je
lui laisse, il est vrai, l'apparence de l'indépendance ; mais jamais il ne fut mieux assujetti,
car il l'est parce qu'il veut l'être. Tant que je
n'ai pu me rendre maître de sa volonté, je le
suis demeuré de sa personne; je ne le quittois
pas d'un pas. Maintenant je le laisse quelquefois à lui-même, parce que je le gouverne toujours. En le quittant, je l'embrasse, et je lui
dis d'un air assuré : Émile, je te confie à mon
ami, je te livre à son cœur honnête ; c'est lui
qui me répondra de toi.

Ce n'est pas l'affaire d'un moment de corrompre des affections saines qui n'ont reçu
nulle altération précédente, et d'effacer des
principes dérivés immédiatement des premières
lumières de la raison. Si quelque changement
s'y fait durant mon absence, elle ne sera jamais
assez longue, il ne saura jamais assez bien se
cacher de moi pour que je n'aperçoive pas le
danger avant le mal, et que je ne sois pas à
temps d'y porter remède. Comme on ne se déprave pas tout d'un coup, on n'apprend pas
tout d'un coup à dissimuler ; et si jamais homme
est maladroit en cet art, c'est Émile, qui n'eut
de sa vie une seule occasion d'en user.

Par ces soins et d'autres semblables je le
crois si bien garanti des objets étrangers et des
maximes vulgaires, que j'aimerois mieux le voir
au milieu de la plus mauvaise société de Paris,
que seul dans sa chambre ou dans un parc, livré à toute l'inquiétude de son âge. On a beau
faire, de tous les ennemis qui peuvent attaquer
un jeune homme, le plus dangereux et le seul
qu'on ne peut écarter, c'est lui-même : cet ennemi pourtant n'est dangereux que par notre
faute ; car, comme je l'ai dit mille fois, c'est
par la seule imagination que s'éveillent les sens.
Leur besoin proprement n'est point un besoin
physique ; il n'est point vrai que ce soit un vrai
besoin. Si jamais objet lascif n'eût frappé nos
yeux, si jamais idée déshonnête ne fût entrée
dans notre esprit, jamais peut-être ce prétendu
besoin ne se fût fait sentir à nous, et nous serions demeurés chastes, sans tentations, sans
efforts et sans mérite. On ne sait pas quelles
fermentations sourdes certaines situations et
certains spectacles excitent dans le sang de la
jeunesse, sans qu'elle sache démêler elle-même

la cause de cette première inquiétude, qui n'est pas facile à calmer, et qui ne tarde pas à renaître. Pour moi, plus je réfléchis à cette importante crise et à ses causes prochaines ou éloignées, plus je me persuade qu'un solitaire élevé dans un désert, sans livres, sans instructions et sans femmes, y mourroit vierge à quelque âge qu'il fût parvenu.

Mais il n'est pas ici question d'un sauvage de cette espèce. En élevant un homme parmi ses semblables et pour la société, il est impossible, il n'est pas même à propos de le nourrir toujours dans cette salutaire ignorance; et ce qu'il y a de pis pour la sagesse est d'être savant à demi. Le souvenir des objets qui nous ont frappés, les idées que nous avons acquises, nous suivent dans la retraite, la peuplent, malgré nous, d'images plus séduisantes que les objets mêmes, et rendent la solitude aussi funeste à celui qui les y porte, qu'elle est utile à celui qui s'y maintient toujours seul.

Veillez donc avec soin sur le jeune homme, il pourra se garantir de tout le reste; mais c'est à vous de le garantir de lui. Ne le laissez seul ni jour ni nuit, couchez tout au moins dans sa chambre: qu'il ne se mette au lit qu'accablé de sommeil, et qu'il en sorte à l'instant qu'il s'éveille. Défiez-vous de l'instinct sitôt que vous ne vous y bornez plus: il est bon tant qu'il agit seul; il est suspect dès qu'il se mêle aux institutions des hommes: il ne faut pas le détruire, il faut le régler; et cela peut-être est plus difficile que de l'anéantir. Il seroit très-dangereux qu'il apprît à votre élève à donner le change à ses sens et à suppléer aux occasions de les satisfaire: s'il connoît une fois ce dangereux supplément, il est perdu. Dès lors il aura toujours le corps et le cœur énervés; il portera jusqu'au tombeau les tristes effets de cette habitude, la plus funeste à laquelle un jeune homme puisse être assujetti. Sans doute il vaudroit mieux encore.... Si les fureurs d'un tempérament ardent deviennent invincibles, mon cher Émile, je te plains; mais je ne balancerai pas un moment, je ne souffrirai point que la fin de la nature soit éludée. S'il faut qu'un tyran te subjugue, je te livre par préférence à celui dont je peux te délivrer: quoi qu'il arrive, je t'arracherai plus aisément aux femmes qu'à toi.

Jusqu'à vingt ans le corps croît, il a besoin de toute sa substance: la continence est alors dans l'ordre de la nature, et l'on n'y manque guère qu'aux dépens de sa constitution. Depuis vingt ans la continence est un devoir de morale; elle importe pour apprendre à régner sur soi-même, à rester le maître de ses appétits. Mais les devoirs moraux ont leurs modifications leurs exceptions, leurs règles. Quand la foiblesse humaine rend une alternative inévitable, de deux maux préférons le moindre; en tout état de cause, il vaut mieux commettre une faute que de contracter un vice.

Souvenez-vous que ce n'est plus de mon élève que je parle ici, c'est du vôtre. Ses passions, que vous avez laissé fermenter, vous subjuguent: cédez-leur donc ouvertement, et sans lui déguiser sa victoire. Si vous savez la lui montrer dans son vrai jour, il en sera moins fier que honteux, et vous vous ménagerez le droit de le guider durant son égarement pour lui faire au moins éviter les précipices. Il importe que le disciple ne fasse rien que le maître ne le sache et ne le veuille, pas même ce qui est mal; et il vaut cent fois mieux que le gouverneur approuve une faute et se trompe, que s'il étoit trompé par son élève, et que la faute se fît sans qu'il en sût rien. Qui croit devoir fermer les yeux sur quelque chose se voit bientôt forcé de les fermer sur tout: le premier abus toléré en amène un autre; et cette chaîne ne finit plus qu'au renversement de tout ordre et au mépris de toute loi.

Une autre erreur que j'ai déjà combattue, mais qui ne sortira jamais des petits esprits, c'est d'affecter toujours la dignité magistrale, et de vouloir passer pour un homme parfait dans l'esprit de son disciple. Cette méthode est à contre-sens. Comment ne voient-ils pas qu'en voulant affirmer leur autorité ils la détruisent; que pour faire écouter ce qu'on dit il faut se mettre à la place de ceux à qui l'on s'adresse, et qu'il faut être homme pour savoir parler au cœur humain! Tous ces gens parfaits ne touchent ni ne persuadent; on se dit toujours qu'il leur est bien aisé de combattre des passions qu'ils ne sentent pas. Montrez vos foiblesses à votre élève, si vous voulez le guérir des siennes, qu'il voie en vous les mêmes combats qu'il éprouve, qu'il apprenne à se vaincre à votre exemple, et qu'il ne dise pas comme les autres : Ces vieillards, dépités de n'être plus jeunes, veulent traiter les jeunes gens en vieillards, et, parce que tous leurs désirs sont éteints, ils nous font un crime des nôtres.

Montaigne dit qu'il demandoit un jour au seigneur de Langey combien de fois, dans ses négociations d'Allemagne, il s'étoit enivré pour le service du roi (*). Je demanderois volontiers u gouverneur de certain jeune homme combien de fois il est entré dans un mauvais lieu pour le service de son élève. Combien de fois? je me trompe. Si la première n'ôte à jamais au libertin le désir d'y rentrer, s'il n'en rapporte le repentir et la honte, s'il ne verse dans votre sein des torrens de larmes, quittez-le à l'instant ; il n'est qu'un monstre, ou vous n'êtes qu'un imbécile ; vous ne lui servirez jamais à rien. Mais laissons ces expédiens extrêmes, aussi tristes que dangereux, et qui n'ont aucun rapport à notre éducation.

Que de précautions à prendre avec un jeune homme bien né avant que de l'exposer au scandale des mœurs du siècle! Ces précautions sont pénibles, mais elles sont indispensables, c'est la négligence en ce point qui perd toute la jeunesse ; c'est par le désordre du premier âge que les hommes dégénèrent, et qu'on les voit devenir ce qu'ils sont aujourd'hui. Vils et lâches dans leurs vices mêmes, ils n'ont que de petites âmes, parce que leurs corps usés ont été corrompus de bonne heure ; à peine leur reste-t-il assez de vie pour se mouvoir. Leurs subtiles pensées marquent des esprits sans étoffe ; ils ne savent rien sentir de grand et de noble ; ils n'ont ni simplicité ni vigueur : abjects en toute chose, et bassement méchans, ils ne sont que vains, fripons, faux ; ils n'ont pas même assez de courage pour être d'illustres scélérats. Tels sont les méprisables hommes que forme la crapule de la jeunesse ; s'il s'en trouvoit un seul qui sût être tempérant et sobre, qui sût, au milieu d'eux, préserver son cœur, son sang, ses mœurs, de la contagion de l'exemple, à trente ans il écraseroit tous ces insectes, et deviendroit leur maître avec moins de peine qu'il n'en eut à rester le sien.

(*) Liv. I, chap. 25. — Il est question de ce Langey en plusieurs endroits de l'ouvrage de Montaigne ; mais dans celui-ci il désigne seulement *un seigneur*. G. P.

Pour peu que la naissance ou la fortune eût fait pour Émile, il seroit cet homme s'il vouloit l'être : mais il les mépriseroit trop pour daigner les asservir. Voyons-le maintenant au milieu d'eux, entrant dans le monde, non pour y primer, mais pour le connoître, et pour y trouver une compagne digne de lui.

Dans quelque rang qu'il puisse être né, dans quelque société qu'il commence à s'introduire, son début sera simple et sans éclat : à Dieu ne plaise qu'il soit assez malheureux pour y briller! les qualités qui frappent au premier coup d'œil ne sont pas les siennes, il ne les a ni ne les veut avoir. Il met trop peu de prix aux jugemens des hommes pour en mettre à leurs préjugés, et ne se soucie point qu'on l'estime avant que de le connoître. Sa manière de se présenter n'est ni modeste ni vaine, elle est naturelle et vraie ; il ne connoît ni gêne ni déguisement, et il est au milieu d'un cercle ce qu'il est seul et sans témoin. Sera-t-il pour cela grossier, dédaigneux, sans attention pour personne? Tout au contraire ; si seul il ne compte pas pour rien les autres hommes, pourquoi les compteroit-il pour rien vivant avec eux? Il ne les préfère point à lui dans ses manières, parce qu'il ne les préfère pas à lui dans son cœur ; mais il ne leur montre pas non plus une indifférence qu'il est bien éloigné d'avoir : s'il n'a pas les formules de la politesse, il a les soins de l'humanité. Il n'aime à voir souffrir personne ; il n'offrira pas sa place à un autre par simagrée, mais il la lui cédera volontiers par bonté, si, le voyant oublié, il juge que cet oubli le mortifie ; car il en coûtera moins à mon jeune homme de rester debout volontairement, que de voir l'autre y rester par force.

Quoique en général Émile n'estime pas les hommes, il ne leur montrera point de mépris, parce qu'il les plaint et s'attendrit sur eux. Ne pouvant leur donner le goût des biens réels, il leur laisse les biens de l'opinion dont ils se contentent, de peur que, les leur ôtant à pure perte, il ne les rendît plus malheureux qu'auparavant. Il n'est donc point disputeur ni contredisant ; il n'est pas non plus complaisant et flatteur ; il dit son avis sans combattre celui de personne, parce qu'il aime la liberté par-dessus toute chose, et que la franchise en est un des plus beaux droits.

Il parle peu, parce qu'il ne se soucie guère qu'on s'occupe de lui; par la même raison il ne dit que des choses utiles : autrement, qu'est-ce qui l'engageroit à parler? Émile est trop instruit pour être jamais babillard. Le grand caquet vient nécessairement, ou de la prétention à l'esprit, dont je parlerai ci-après, ou du prix qu'on donne à des bagatelles, dont on croit sottement que les autres font autant de cas que nous. Celui qui connoît assez de choses pour donner à toutes leur véritable prix ne parle jamais trop; car il sait apprécier aussi l'attention qu'on lui donne et l'intérêt qu'on peut prendre à ses discours. Généralement les gens qui savent peu parlent beaucoup, et les gens qui savent beaucoup parlent peu. Il est simple qu'un ignorant trouve important tout ce qu'il sait et le dise à tout le monde. Mais un homme instruit n'ouvre pas aisément son répertoire; il auroit trop à dire, et il voit encore plus à dire après lui; il se tait.

Loin de choquer les manières des autres, Émile s'y conforme assez volontiers; non pour paroître instruit des usages, ni pour affecter les airs d'un homme poli, mais au contraire de peur qu'on ne le distingue, pour éviter d'être aperçu; et jamais il n'est plus à son aise que quand on ne prend pas garde à lui.

Quoique entrant dans le monde il en ignore absolument les manières, il n'est pas pour cela timide et craintif; s'il se dérobe, ce n'est point par embarras, c'est que pour bien voir il faut n'être pas vu : car ce qu'on pense de lui ne l'inquiète guère, et le ridicule ne lui fait pas la moindre peur. Cela fait qu'étant toujours tranquille et de sang-froid, il ne se trouble point par la mauvaise honte. Soit qu'on le regarde ou non, il fait toujours de son mieux ce qu'il fait; et toujours tout à lui pour bien observer les autres, il saisit leurs manières *(a)* avec une aisance que ne peuvent avoir les esclaves de l'opinion. On peut dire qu'il prend plutôt l'usage du monde, précisément parce qu'il en fait peu de cas.

Ne vous trompez pas cependant sur sa contenance, et n'allez pas la comparer à celle de vos jeunes agréables. Il est ferme et non suffisant; ses manières sont libres et non dédaigneuses : l'air insolent n'appartient qu'aux esclaves, l'indépendance n'a rien d'affecté. Je n'ai jamais vu d'homme ayant de la fierté dans l'âme en montrer dans son maintien : cette affectation est bien plus propre aux âmes viles et vaines, qui ne peuvent en imposer que par là. Je lis dans un livre (*), qu'un étranger se présentant un jour dans la salle du fameux Marcel, celui-ci lui demanda de quel pays il étoit: « Je suis Anglois, répond l'étranger. Vous An-
» glois! réplique le danseur; vous seriez de
» cette île où les citoyens ont part à l'admi-
» nistration publique et sont une portion de
» la puissance souveraine (¹)! Non, monsieur;
» ce front baissé, ce regard timide, cette dé-
» marche incertaine, ne m'annoncent que l'es-
» clave titré d'un électeur. »

Je ne sais si ce jugement montre une grande connoissance du vrai rapport qui est entre le caractère d'un homme et son extérieur. Pour moi, qui n'ai pas l'honneur d'être maître à danser, j'aurois pensé tout le contraire. J'aurois dit : « Cet Anglois n'est pas courtisan; je
» n'ai jamais ouï dire que les courtisans eussent
» le front baissé et la démarche incertaine; un
» homme timide chez un danseur pourroit bien
» ne l'être pas dans la chambre des commu-
» nes. » Assurément ce M. Marcel-là doit prendre ses compatriotes pour autant de Romains.

Quand on aime, on veut être aimé. Émile aime les hommes, il veut donc leur plaire. A plus forte raison il veut plaire aux femmes; son âge, ses mœurs, son projet, tout concourt à nourrir en lui ce désir. Je dis ses mœurs, car elles y font beaucoup; les hommes qui en ont sont les vrais adorateurs des femmes. Ils n'ont pas comme les autres je ne sais quel jargon moqueur de galanterie; mais ils ont un empressement plus vrai, plus tendre, et qui part du cœur. Je connoîtrois près d'une jeune femme un homme qui a des mœurs et qui commande

---

(*) *De l'Esprit*, Disc. II, chap. I.   G. P.

(¹) Comme s'il y avoit des citoyens qui ne fussent pas membres de la cité, et qui n'eussent pas, comme tels, part à l'autorité souveraine! Mais les François, ayant jugé à propos d'usurper ce respectable nom de citoyens, dû jadis aux membres des cités gauloises, en ont dénaturé l'idée, au point qu'on n'y conçoit plus rien. Un homme qui vient de m'écrire beaucoup de bêtises contre *la Nouvelle Héloïse*, a orné sa signature du titre de *citoyen de Paimbœuf*, et a cru me faire une excellente plaisanterie.

(a) VAR. ... *il saisit les usages avec*....

à la nature, entre cent mille débauchés. Jugez de ce que doit être Émile avec un tempérament tout neuf, et tant de raisons d'y résister! Pour auprès d'elles, je crois qu'il sera quelquefois timide et embarrassé; mais sûrement cet embarras ne leur déplaira pas, et les moins friponnes n'auront encore que trop souvent l'art d'en jouir et de l'augmenter. Au reste, son empressement changera sensiblement de forme selon les états. Il sera plus modeste et plus respectueux pour les femmes, plus vif et plus tendre auprès des filles à marier. Il ne perd point de vue l'objet de ses recherches, et c'est toujours à ce qui les lui rappelle qu'il marque le plus d'attention.

Personne ne sera plus exact à tous les égards fondés sur l'ordre de la nature, et même sur le bon ordre de la société; mais les premiers seront toujours préférés aux autres; et il respectera davantage un particulier plus vieux que lui, qu'un magistrat de son âge. Étant donc pour l'ordinaire un des plus jeunes des sociétés où il se trouvera, il sera toujours un des plus modestes, non par la vanité de paroître humble, mais par un sentiment naturel et fondé sur la raison. Il n'aura point l'impertinent savoir-vivre d'un jeune fat, qui, pour amuser la compagnie, parle plus haut que les sages et coupe la parole aux anciens : il n'autorisera point, pour sa part, la réponse d'un vieux gentilhomme à Louis XV, qui lui demandoit lequel il préféroit de son siècle ou de celui-ci : *Sire, j'ai passé ma jeunesse à respecter les vieillards, et il faut que je passe ma vieillesse à respecter les enfans.*

Ayant une âme tendre et sensible, mais n'appréciant rien sur le taux de l'opinion, quoiqu'il aime à plaire aux autres, il se souciera peu d'en être considéré. D'où il suit qu'il sera plus affectueux que poli, qu'il n'aura jamais d'airs ni de faste, et qu'il sera plus touché d'une caresse que de mille éloges. Par les mêmes raisons il ne négligera ni ses manières ni son maintien; il pourra même avoir quelque recherche dans sa parure, non pour paroître un homme de goût, mais pour rendre sa figure plus agréable; il n'aura point recours au cadre doré, et jamais l'enseigne de la richesse ne souillera son ajustement.

On voit que tout cela n'exige point de ma part un étalage de préceptes, et n'est qu'un effet de sa première éducation. On nous fait un grand mystère de l'usage du monde; comme si, dans l'âge où l'on prend cet usage, on ne le prenoit pas naturellement, et comme si ce n'étoit pas dans un cœur honnête qu'il faut chercher ses premières lois! La véritable politesse consiste à marquer de la bienveillance aux hommes : elle se montre sans peine quand on en a; c'est pour celui qui n'en a pas qu'on est forcé de réduire en art ses apparences.

« Le plus malheureux effet de la politesse
» d'usage est d'enseigner l'art de se passer des
» vertus qu'elle imite. Qu'on nous inspire dans
» l'éducation l'humanité et la bienfaisance,
» nous aurons la politesse; ou nous n'en aurons
» plus besoin.

» Si nous n'avons pas celle qui s'annonce par
» les grâces, nous aurons celle qui annonce
» l'honnête homme et le citoyen; nous n'aurons
» pas besoin de recourir à la fausseté.

» Au lieu d'être artificieux pour plaire, il
» suffira d'être bon; au lieu d'être faux pour
» flatter les foiblesses des autres, il suffira d'ê-
» tre indulgent.

» Ceux avec qui l'on aura de tels procédés
» n'en seront ni enorgueillis ni corrompus; ils
» n'en seront que reconnoissans, et en deviendront meilleurs (¹). »

Il me semble que si quelque éducation doit produire l'espèce de politesse qu'exige ici M. Duclos, c'est celle dont j'ai tracé le plan jusqu'ici.

Je conviens pourtant qu'avec des maximes si différentes Émile ne sera point comme tout le monde, et Dieu le préserve de l'être jamais! mais, en ce qu'il sera différent des autres, il ne sera, ni fâcheux, ni ridicule : la différence sera sensible sans être incommode. Émile sera, si l'on veut, un aimable étranger. D'abord on lui pardonnera ses singularités en disant : *Il se formera.* Dans la suite on sera tout accoutumé à ses manières; et voyant qu'il n'en change pas, on les lui pardonnera encore en disant : *Il est fait ainsi.*

Il ne sera point fêté comme un homme aimable, mais on l'aimera sans savoir pourquoi; personne ne vantera son esprit, mais on le

---

(¹) *Considérations sur les Mœurs de ce siècle,* par M. Duclos.

prendra volontiers pour juge entre les gens d'esprit : le sien sera net et borné, il aura le sens droit et le jugement sain. Ne courant jamais après les idées neuves, il ne sauroit se piquer d'esprit. Je lui ai fait sentir que toutes les idées salutaires et vraiment utiles aux hommes ont été les premières connues, qu'elles font de tout temps les seuls vrais liens de la société, et qu'il ne reste aux esprits transcendans qu'à se distinguer par des idées pernicieuses et funestes au genre humain. Cette manière de se faire admirer ne le touche guère : il sait où il doit trouver le bonheur de sa vie, et en quoi il peut contribuer au bonheur d'autrui. La sphère de ses connoissances ne s'étend pas plus loin que ce qui est profitable. Sa route est étroite et bien marquée; n'étant point tenté d'en sortir, il reste confondu avec ceux qui la suivent, il ne veut ni s'égarer ni briller. Émile est un homme de bon sens, et ne veut pas être autre chose : on aura beau vouloir l'injurier par ce titre, il s'en tiendra toujours honoré.

Quoique le désir de plaire ne le laisse plus absolument indifférent sur l'opinion d'autrui, il ne prendra de cette opinion que ce qui se rapporte immédiatement à sa personne, sans se soucier des appréciations arbitraires, qui n'ont de loi que la mode ou les préjugés. Il aura l'orgueil de vouloir bien faire tout ce qu'il fait, même de le vouloir faire mieux qu'un autre : à la course il voudra être le plus léger; à la lutte, le plus fort ; au travail, le plus habile ; aux jeux d'adresse, le plus adroit : mais il recherchera peu les avantages qui ne sont pas clairs par eux-mêmes, et qui ont besoin d'être constatés par le jugement d'autrui, comme d'avoir plus d'esprit qu'un autre, de parler mieux, d'être plus savant, etc. ; encore moins ceux qui ne tiennent point du tout à la personne, comme d'être d'une plus grande naissance, d'être estimé plus riche, plus en crédit, plus considéré, d'en imposer par un plus grand faste.

Aimant les hommes parce qu'ils sont ses semblables, il aimera surtout ceux qui lui ressemblent le plus, parce qu'il se sentira bon ; et, jugeant de cette ressemblance par la conformité des goûts dans les choses morales, en tout ce qui tient au bon caractère, il sera fort aise d'être approuvé. Il ne se dira pas précisément : Je me réjouis parce qu'on m'approuve ; mais, je me réjouis parce qu'on approuve ce que j'ai fait de bien ; je me réjouis de ce que les gens qui m'honorent se font honneur : tant qu'ils jugeront aussi sainement, il sera beau d'obtenir leur estime.

Étudiant les hommes par leurs mœurs dans le monde comme il les étudioit ci-devant par leurs passions dans l'histoire, il aura souvent lieu de réfléchir sur ce qui flatte ou choque le cœur humain. Le voilà philosophant sur les principes du goût, et voilà l'étude qui lui convient durant cette époque.

Plus on va chercher loin les définitions du goût, et plus on s'égare ; le goût n'est que la faculté de juger de ce qui plaît ou déplaît au plus grand nombre. Sortez de là, vous ne savez plus ce que c'est que le goût. Il ne s'ensuit pas qu'il y ait plus de gens de goût que d'autres ; car, bien que la pluralité juge sainement de chaque objet, il y a peu d'hommes qui jugent comme elle sur tous ; et, bien que le concours des goûts les plus généraux fasse le bon goût, il y a peu de gens de goût, de même qu'il y a peu de belles personnes, quoique l'assemblage des traits les plus communs fasse la beauté.

Il faut remarquer qu'il ne s'agit pas ici de ce qu'on aime parce qu'il nous est utile, ni de ce qu'on hait parce qu'il nous nuit. Le goût ne s'exerce que sur les choses indifférentes ou d'un intérêt d'amusement tout au plus, et non sur celles qui tiennent à nos besoins : pour juger de celles-ci, le goût n'est pas nécessaire, le seul appétit suffit. Voilà ce qui rend si difficiles, et, ce semble, si arbitraires, les pures décisions du goût ; car, hors l'instinct qui le détermine, on ne voit plus la raison de ses décisions. On doit distinguer encore ses lois dans les choses morales et ses lois dans les choses physiques. Dans celles-ci, les principes du goût semblent absolument inexplicables (a). Mais il importe d'observer qu'il entre du moral dans

(a) VAR. ... inexplicables ; car, par exemple, qui est-ce qui nous dira pourquoi tel chant est de goût et non pas tel autre ? Qui est-ce qui nous donnera des principes sur l'assortiment des couleurs ? Qui est-ce qui nous apprendra pourquoi l'ovale plaît plus que le rond dans un compartiment de gazon, et pourquoi le rond plaît plus que l'ovale dans le bassin d'un jet d'eau ?

tout ce qui tient à l'imitation (¹) : ainsi l'on explique des beautés qui paroissent physiques et qui ne le sont réellement point. J'ajouterai que le goût a des règles locales qui le rendent en mille choses dépendant des climats, des mœurs, du gouvernement, des choses d'institution; qu'il en a d'autres qui tiennent à l'âge, au sexe, au caractère, et que c'est en ce sens qu'il ne faut pas disputer des goûts.

Le goût est naturel à tous les hommes; mais ils ne l'ont pas tous en même mesure, il ne se développe pas dans tous au même degré; et, dans tous, il est sujet à s'altérer par diverses causes. La mesure du goût qu'on peut avoir dépend de la sensibilité qu'on a reçue; sa culture et sa forme dépendent des sociétés où l'on a vécu. Premièrement il faut vivre dans des sociétés nombreuses pour faire beaucoup de comparaisons. Secondement il faut des sociétés d'amusement et d'oisiveté; car, dans celles d'affaires, on a pour règle, non le plaisir, mais l'intérêt. En troisième lieu il faut des sociétés où l'inégalité ne soit pas trop grande, où la tyrannie de l'opinion soit modérée, et où règne la volupté plus que la vanité; car, dans le cas contraire, la mode étouffe le goût; et l'on ne cherche plus ce qui plaît, mais ce qui distingue.

Dans ce dernier cas, il n'est plus vrai que le bon goût est celui du plus grand nombre. Pourquoi cela? Parce que l'objet change. Alors la multitude n'a plus de jugement à elle, elle ne juge plus que d'après ceux qu'elle croit plus éclairés qu'elle; elle approuve, non ce qui est bien, mais ce qu'ils ont approuvé. Dans tous les temps, faites que chaque homme ait son propre sentiment; et ce qui est plus agréable en soi aura toujours la pluralité des suffrages.

Les hommes dans leurs travaux ne font rien de beau que par imitation. Tous les vrais modèles du goût sont dans la nature. Plus nous nous éloignons du maître, plus nos tableaux sont défigurés. C'est alors des objets que nous aimons que nous tirons nos modèles; et le beau de fantaisie, sujet au caprice et à l'autorité, n'est plus rien que ce qui plaît à ceux qui nous guident.

Ceux qui nous guident sont les artistes, les grands, les riches; et ce qui les guide eux-mêmes est leur intérêt ou leur vanité. Ceux-ci, pour étaler leurs richesses, et les autres pour en profiter, cherchent à l'envi de nouveaux moyens de dépense. Par là le grand luxe établit son empire, et fait aimer ce qui est difficile et coûteux: alors le prétendu beau, loin d'imiter la nature, n'est tel qu'à force de la contrarier. Voilà comment le luxe et le mauvais goût sont inséparables. Partout où le goût est dispendieux, il est faux.

C'est surtout dans le commerce des deux sexes que le goût, bon ou mauvais, prend sa forme; sa culture est un effet nécessaire de l'objet de cette société. Mais, quand la facilité de jouir attiédit le désir de plaire, le goût doit dégénérer; et c'est là, ce me semble, une autre raison des plus sensibles pourquoi le bon goût tient aux bonnes mœurs.

Consultez le goût des femmes dans les choses physiques et qui tiennent au jugement des sens; celui des hommes dans les choses morales et qui dépendent plus de l'entendement. Quand les femmes seront ce qu'elles doivent être, elles se borneront aux choses de leur compétence, et jugeront toujours bien; mais depuis qu'elles se sont établies les arbitres de la littérature, depuis qu'elles se sont mises à juger les livres et à en faire à toute force, elles ne se connoissent plus à rien. Les auteurs qui consultent les savantes sur leurs ouvrages sont toujours sûrs d'être mal conseillés; les galans qui les consultent sur leur parure sont toujours ridiculement mis. J'aurai bientôt occasion de parler des vrais talens de ce sexe, de la manière de les cultiver, et des choses sur lesquelles ses décisions doivent alors être écoutées.

Voilà les considérations élémentaires que je poserai pour principes en raisonnant avec mon Émile sur une matière qui ne lui est rien moins qu'indifférente dans la circonstance où il se trouve, et dans la recherche dont il est occupé. Et à qui doit-elle être indifférente? La connoissance de ce qui peut être agréable ou désagréable aux hommes n'est pas seulement nécessaire à celui qui a besoin d'eux, mais encore à celui qui veut leur être utile: il importe même

---

(¹) Cela est prouvé dans un *Essai sur l'Origine des Langues* (*), qu'on trouvera dans le recueil de mes écrits.

(*) Au lieu de ces mots, *dans un Essai sur l'Origine des Langues*, les éditions premières portent, *dans un Essai sur le Principe de la Mélodie*.
G.

de leur plaire pour les servir; et l'art d'écrire n'est rien moins qu'une étude oiseuse quand on l'emploie à faire écouter la vérité.

Si, pour cultiver le goût de mon disciple, j'avois à choisir entre des pays où cette culture est encore à naître et d'autres où elle auroit déjà dégénéré, je suivrois l'ordre rétrograde; je commencerois sa tournée par ces derniers, et je finirois par les premiers. La raison de ce choix est que le goût se corrompt par une délicatesse excessive qui rend sensible à des choses que le gros des hommes n'aperçoit pas: cette délicatesse mène à l'esprit de discussion; car plus on subtilise les objets, plus ils se multiplient: cette subtilité rend le tact plus délicat et moins uniforme. Il se forme alors autant de goût qu'il y a de têtes. Dans les disputes sur la préférence, la philosophie et les lumières s'étendent; et c'est ainsi qu'on apprend à penser. Les observations fines ne peuvent guère être faites que par des gens très-répandus, attendu qu'elles frappent après toutes les autres, et que les gens peu accoutumés aux sociétés nombreuses y épuisent leur attention sur les grands traits. Il n'y a pas peut-être à présent un lieu policé sur la terre où le goût général soit plus mauvais qu'à Paris. Cependant c'est dans cette capitale que le bon goût se cultive; et il paroît peu de livres estimés dans l'Europe dont l'auteur n'ait été se former à Paris. Ceux qui pensent qu'il suffit de lire les livres qui s'y font se trompent: on apprend beaucoup plus dans la conversation des auteurs que dans leurs livres; et les auteurs eux-mêmes ne sont pas ceux avec qui l'on apprend le plus. C'est l'esprit des sociétés qui développe une tête pensante, et qui porte la vue aussi loin qu'elle peut aller. Si vous avez une étincelle de génie, allez passer une année à Paris: bientôt vous serez tout ce que vous pouvez être, ou vous ne serez jamais rien.

On peut apprendre à penser dans les lieux où le mauvais goût règne; mais il ne faut pas penser comme ceux qui ont ce mauvais goût, et il est bien difficile que cela n'arrive quand on reste avec eux trop long-temps. Il faut perfectionner par leurs soins l'instrument qui juge, en évitant de l'employer comme eux. Je me garderai de polir le jugement d'Émile jusqu'à l'altérer; et, quand il aura le tact assez fin pour sentir et comparer les divers goûts des hommes, c'est sur des objets plus simples que je le ramènerai fixer le sien.

Je m'y prendrai de plus loin encore pour lui conserver un goût pur et sain. Dans le tumulte de la dissipation je saurai me ménager avec lui des entretiens utiles; et, les dirigeant toujours sur des objets qui lui plaisent, j'aurai soin de les lui rendre aussi amusants qu'instructifs. Voici le temps de la lecture et des livres agréables; voici le temps de lui apprendre à faire l'analyse du discours, et de le rendre sensible à toutes les beautés de l'éloquence et de la diction. C'est peu de chose d'apprendre les langues pour elles-mêmes, leur usage n'est pas si important qu'on croit; mais l'étude des langues mène à celle de la grammaire générale. Il faut apprendre le latin pour bien savoir le françois; il faut étudier et comparer l'un et l'autre pour entendre les règles de l'art de parler.

Il y a d'ailleurs une certaine simplicité de goût qui va au cœur, et qui ne se trouve que dans les écrits des anciens. Dans l'éloquence, dans la poésie, dans toute espèce de littérature, il les retrouvera, comme dans l'histoire, abondans en choses, et sobres à juger. Nos auteurs, au contraire, disent peu et prononcent beaucoup. Nous donner sans cesse leur jugement pour loi n'est pas le moyen de former le nôtre. La différence des deux goûts se fait sentir dans tous les monumens et jusque sur les tombeaux. Les nôtres sont couverts d'éloges; sur ceux des anciens on lisoit des faits:

Sta, viator; heroem calcas.

Quand j'aurois trouvé cette épitaphe sur un monument antique, j'aurois d'abord deviné qu'elle étoit moderne; car rien n'est si commun que des héros parmi nous, mais chez les anciens ils étoient rares. Au lieu de dire qu'un homme étoit un héros, ils auroient dit ce qu'il avoit fait pour l'être. A l'épitaphe de ce héros comparez celle de l'efféminé Sardanapale:

J'ai bâti Tarse et Anchiale en un jour, et maintenant je suis mort.

Laquelle dit plus à votre avis? Notre style lapidaire, avec son enflure, n'est bon qu'à souffler des nains. Les anciens montroient les hommes au naturel, et l'on voyoit que c'étoient des hommes. Xénophon honorant la mémoire de quelques guerriers tués en trahison dans la retraite des dix mille : *Ils moururent*, dit-il, *irréprochables dans la guerre et dans l'amitié*. Voilà tout : mais considérez, dans cet éloge si court et si simple, de quoi l'auteur devoit avoir le cœur plein. Malheur à qui ne trouve pas cela ravissant !

On lisoit ces mots gravés sur un marbre aux Thermopyles :

Passant, va dire à Sparte que nous sommes morts ici pour obéir à ses saintes lois.

On voit bien que ce n'est pas l'Académie des Inscriptions qui a composé celle-là (*).

Je suis trompé si mon élève, qui donne si peu de prix aux paroles, ne porte sa première attention sur ces différences, et si elles n'influent sur le choix de ses lectures. Entraîné par la mâle éloquence de Démosthène, il dira : C'est un orateur; mais en lisant Cicéron, il dira: C'est un avocat.

En général, Émile prendra plus de goût pour les livres des anciens que pour les nôtres, par cela seul qu'étant les premiers, les anciens sont les plus près de la nature, et que leur génie est plus à eux. Quoi qu'en aient pu dire La Motte et l'abbé Terrasson, il n'y a point de vrai progrès de raison dans l'espèce humaine, parce que tout ce qu'on gagne d'un côté on le perd de l'autre; que tous les esprits partent toujours du même point, et que le temps qu'on emploie à savoir ce que d'autres ont pensé étant perdu pour apprendre à penser soi-même, on a plus de lumières acquises et moins de vigueur d'esprit. Nos esprits sont, comme nos bras, exercés à tout faire avec des outils, et rien par eux-mêmes. Fontenelle disoit que toute cette dispute sur les anciens et les modernes se ré-

duisoit à savoir si les arbres d'autrefois étoient plus grands que ceux d'aujourd'hui. Si l'agriculture avoit changé, cette question ne seroit pas impertinente à faire.

Après l'avoir ainsi fait remonter aux sources de la pure littérature, je lui en montre aussi les égouts dans les réservoirs des modernes compilateurs: journaux, traductions, dictionnaires, il jette un coup d'œil sur tout cela, puis le laisse pour n'y jamais revenir. Je lui fais entendre, pour le réjouir, le bavardage des académies ; je lui fais remarquer que chacun de ceux qui les composent vaut toujours mieux seul qu'avec le corps : là-dessus il tirera de lui-même la conséquence de l'utilité de tous ces beaux établissemens.

Je le mène aux spectacles, pour étudier, non les mœurs, mais le goût; car c'est là surtout qu'il se montre à ceux qui savent réfléchir. Laissez les préceptes et la morale, lui dirois-je ; ce n'est pas ici qu'il faut les apprendre. Le théâtre n'est pas fait pour la vérité; il est fait pour flatter, pour amuser les hommes; il n'y a point d'école où l'on apprenne si bien l'art de leur plaire et d'intéresser le cœur humain. L'étude du théâtre mène à celle de la poésie; elles ont exactement le même objet. Qu'il ait une étincelle de goût pour elle, avec quel plaisir il cultivera les langues des poètes, le grec, le latin, l'italien ! Ces études seront pour lui des amusemens sans contrainte, et n'en profiteront que mieux ; elles lui seront délicieuses dans un âge et des circonstances où le cœur s'intéresse avec tant de charme à tous les genres de beauté faits pour le toucher. Figurez-vous d'un côté mon Émile, et de l'autre un polisson de collège, lisant le quatrième livre de l'Énéide, ou Tibulle, ou le Banquet de Platon: quelle différence ! Combien le cœur de l'un est remué de ce qui n'affecte pas même l'autre ! O bon jeune homme ! arrête, suspends ta lecture, je te vois trop ému : je veux bien que le langage de l'amour te plaise, mais non pas qu'il t'égare : sois homme sensible, mais sois homme sage. Si tu n'es que l'un des deux, tu n'es rien. Au reste, qu'il réussisse ou non dans les langues mortes, dans les belles lettres dans la poésie, peu m'importe. Il n'en vaudra pas moins s'il ne sait rien de tout cela, et ce n'est pas de tous ces badinages qu'il s'agit dans son éducation.

Mon principal objet, en lui apprenant à sentir et aimer le beau dans tous les genres, est d'y

---

(*) L'épitaphe *Sta, viator, etc*., a été faite pour François de Mercy, général allemand enterré sur le champ de bataille, à Nortlingen. Voyez Voltaire, *Siècle de Louis XIV*, chap. 5.

Le mot de Xénophon sur les guerriers grecs tués en trahison est à la fin du second livre de son histoire, et l'épitaphe des Spartiates morts aux Thermopyles est dans Hérodote, livre vii, § 228.

Quant à l'épitaphe de Sardanapale, elle est rapportée par Strabon ; mais dans cet auteur elle est beaucoup plus longue, et a un tout autre caractère que celui que Rousseau lui donne par la manière dont il la présente. Voici cette épitaphe : *Sardanapale, fils d'Anacyndaraxes, fit bâtir en un seul jour la ville d'Anchiale et celle de Tarsus. Passant, bois, mange, divertis-toi, car tout le reste ne vaut pas même une chiquenaude*. (Traduction françoise, in-4°, tome IV, page 575.)

G. P.

fixer ses affections et ses goûts, d'empêcher que ses appétits naturels ne s'altèrent, et qu'il ne cherche un jour dans sa richesse les moyens d'être heureux, qu'il doit trouver plus près de lui. J'ai dit ailleurs que le goût n'étoit que l'art de se connoître en petites choses (*), et cela est très-vrai : mais puisque c'est d'un tissu de petites choses que dépend l'agrément de la vie, de tels soins ne sont rien moins qu'indifférens ; c'est par eux que nous apprenons à la remplir des biens mis à notre portée, dans toute la vérité qu'ils peuvent avoir pour nous. Je n'entends point ici les biens moraux qui tiennent à la bonne disposition de l'âme, mais seulement ce qui est de sensualité, de volupté réelle, mis à part les préjugés et l'opinion.

Qu'on me permette, pour mieux développer mon idée, de laisser un moment Émile, dont le cœur pur et sain ne peut plus servir de règle à personne, et de chercher en moi-même un exemple plus sensible et plus rapproché des mœurs du lecteur.

Il y a des états qui semblent changer la nature, et refondre, soit en mieux, soit en pis, les hommes qui les remplissent. Un poltron devient brave en entrant dans le régiment de Navarre. Ce n'est pas seulement dans le militaire que l'on prend l'esprit de corps, et ce n'est pas toujours en bien que ses effets se font sentir. J'ai pensé cent fois avec effroi que, si j'avois le malheur de remplir aujourd'hui tel emploi que je pense en certain pays, demain je serois presque inévitablement tyran, concussionnaire, destructeur du peuple, nuisible au prince, ennemi par état de toute humanité, de toute équité, de toute espèce de vertu.

De même, si j'étois riche, j'aurois fait tout ce qu'il faut pour le devenir : je serois donc insolent et bas, sensible et délicat pour moi seul, impitoyable et dur pour tout le monde, spectateur dédaigneux des misères de la canaille, car je ne donnerois plus d'autre nom aux indigens, pour faire oublier qu'autrefois je fus de leur classe. Enfin je ferois de ma fortune l'instrument de mes plaisirs, dont je serois uniquement occupé ; et jusque-là je serois comme tous les autres.

Mais en quoi je crois que j'en différerois beaucoup, c'est que je serois sensuel et voluptueux plutôt qu'orgueilleux et vain, et que je me livrerois au luxe de mollesse bien plus qu'au luxe d'ostentation. J'aurois même quelque honte d'étaler trop ma richesse, et je croirois toujours voir l'envieux que j'écraserois de mon faste dire à ses voisins à l'oreille : *Voilà un fripon qui a grand'peur de n'être pas connu pour tel !*

De cette immense profusion de biens qui couvrent la terre je chercherois ce qui m'est le plus agréable et que je puis le mieux m'approprier. Pour cela, le premier usage de ma richesse seroit d'en acheter du loisir et la liberté, à quoi j'ajouterois la santé si elle étoit à prix ; mais comme elle ne s'achète qu'avec la tempérance, et qu'il n'y a point sans la santé de vrai plaisir dans la vie je serois tempérant par sensualité.

Je resterois toujours aussi près de la nature qu'il seroit possible pour flatter les sens que j'ai reçus d'elle, bien sûr que plus elle mettroit du sien dans mes jouissances, plus j'y trouverois de réalité. Dans le choix des objets d'imitation je la prendrois toujours pour modèle ; dans mes appétits je lui donnerois la préférence ; dans mes goûts je la consulterois toujours ; dans les mets je voudrois toujours ceux dont elle fait le meilleur apprêt et qui passent par le moins de mains pour parvenir sur nos tables. Je préviendrois les falsifications de la fraude, j'irois au-devant du plaisir. Ma sotte et grossière gourmandise n'enrichiroit point un maître-d'hôtel ; il ne me vendroit point au poids de l'or du poison pour du poisson ; ma table ne seroit point couverte avec appareil de magnifiques ordures et de charognes lointaines ; je prodiguerois ma propre peine pour satisfaire ma sensualité, puisqu'alors cette peine est un plaisir elle-même, et qu'elle ajoute à celui qu'on en attend. Si je voulois goûter un mets du bout du monde, j'irois, comme Apicius, plutôt l'y chercher, que de l'en faire venir (*) ; car les mets les plus exquis manquent

---

(*) Lettre à d'Alembert. G. P.

(*) On connoît trois Romains sous le nom d'Apicius, ayant vécu en différens temps, tous trois uniquement fameux par leur gourmandise. Athénée (Liv. I, chap. 6) nous apprend que l'un d'eux fit tout exprès le voyage d'Afrique, parce qu'on lui dit qu'on y trouvoit des espèces de sauterelles d'eau plus grosses que celles qu'il mangeoit à Minturnes. On croit que ces sauterelles n'étoient autre chose que des écrevisses. G. P.

toujours d'un assaisonnement qu'on n'apporte pas avec eux, et qu'aucun cuisinier ne leur donne, l'air du climat qui les a produits.

Par la même raison je n'imiterois pas ceux qui, ne se trouvant bien qu'où ils ne sont point, mettent toujours les saisons en contradiction avec elles-mêmes, et les climats en contradiction avec les saisons; qui, cherchant l'été en hiver, et l'hiver en été, vont avoir froid en Italie, et chaud dans le nord, sans songer qu'en croyant fuir la rigueur des saisons ils la trouvent dans les lieux où l'on n'a point appris à s'en garantir. Moi, je resterois en place, ou je prendrois tout le contre-pied : je voudrois tirer d'une saison tout ce qu'elle a d'agréable, et d'un climat tout ce qu'il a de particulier. J'aurois une diversité de plaisirs et d'habitudes qui ne se ressembleroient point, et qui seroient toujours dans la nature; j'irois passer l'été à Naples, et l'hiver à Pétersbourg; tantôt respirant un doux zéphyr à demi couché dans les fraîches grottes de Tarente; tantôt dans l'illumination d'un palais de glace, hors d'haleine et fatigué des plaisirs du bal.

Je voudrois, dans le service de ma table, dans la parure de mon logement, imiter par des ornemens très-simples la variété des saisons, et tirer de chacune toutes ses délices, sans anticiper sur celles qui la suivront. Il y a de la peine et non du goût à troubler ainsi l'ordre de la nature; à lui arracher des productions involontaires, qu'elle donne à regret, dans sa malédiction, et qui, n'ayant ni qualité ni saveur, ne peuvent ni nourrir l'estomac, ni flatter le palais. Rien n'est plus insipide que les primeurs; ce n'est qu'à grands frais que tel riche de Paris, avec ses fourneaux et ses serres chaudes, vient à bout de n'avoir sur sa table toute l'année que de mauvais légumes et de mauvais fruits. Si j'avois des cerises quand il gèle, et des melons ambrés au cœur de l'hiver, avec quel plaisir les goûterois-je, quand mon palais n'a besoin d'être humecté ni rafraîchi ? Dans les ardeurs de la canicule, le lourd marron me seroit-il fort agréable? le préférerois-je sortant de la poêle, à la groseille, à la fraise, et aux fruits désaltérans qui me sont offerts sur la terre sans tant de soins? Couvrir sa cheminée au mois de janvier de végétations forcées, de fleurs pâles et sans odeur, c'est moins parer l'hiver que déparer le printemps; c'est s'ôter le plaisir d'aller dans les bois chercher la première violette, épier le premier bourgeon, et s'écrier dans un saisissement de joie : Mortels, vous n'êtes pas abandonnés, la nature vit encore !

Pour être bien servi, j'aurois peu de domestiques : cela a déjà été dit, et cela est bon à redire encore. Un bourgeois tire plus de vrai service de son seul laquais, qu'un duc des dix messieurs qui l'entourent. J'ai pensé cent fois qu'ayant à table mon verre à côté de moi je bois à l'instant qu'il me plaît; au lieu que si j'avois un grand couvert il faudroit que vingt voix répétassent à boire avant que je pusse étancher ma soif. Tout ce qu'on fait par autrui se fait mal, comme qu'on s'y prenne. Je n'enverrois pas chez les marchands, j'irois moi-même ; j'irois pour que mes gens ne traitassent pas avec eux avant moi, pour choisir plus sûrement, et payer moins chèrement; j'irois pour faire un exercice agréable, pour voir un peu ce qui se fait hors de chez moi; cela récrée, et quelquefois cela instruit : enfin j'irois pour aller, c'est toujours quelque chose. L'ennui commence par la vie trop sédentaire; quand on va beaucoup, on s'ennuie peu. Ce sont de mauvais interprètes qu'un portier et des laquais; je ne voudrois point avoir toujours ces gens-là entre moi et le reste du monde, ni marcher toujours avec le fracas d'un carrosse, comme si j'avois peur d'être abordé. Les chevaux d'un homme qui se sert de ses jambes sont toujours prêts; s'ils sont fatigués ou malades, il le sait avant tout autre; et il n'a pas peur d'être obligé de garder le logis sous ce prétexte, quand son cocher veut se donner du bon temps; en chemin mille embarras ne le font point sécher d'impatience, ni rester en place au moment qu'il voudroit voler. Enfin, si nul ne nous sert jamais si bien que nous-mêmes, fût-on plus puissant qu'Alexandre et plus riche que Crésus, on ne doit recevoir des autres que les services qu'on ne peut tirer de soi.

Je ne voudrois point avoir un palais pour demeure; car dans ce palais je n'habiterois qu'une chambre; toute pièce commune n'est à personne, et la chambre de chacun de mes gens me seroit aussi étrangère que celle de mon voisin. Les Orientaux, bien que très-voluptueux, sont tous logés et meublés simplement. Ils regardent la vie comme un voyage, et leur maison comme un cabaret. Cette raison prend peu sur nous autres riches, qui nous arrangeons pour vivre toujours ; mais j'en aurois une différente qui produiroit le même effet. Il me sembleroit que m'établir avec tant d'appareil dans un lieu seroit me bannir de tous les autres, et m'emprisonner pour ainsi dire dans mon palais. C'est un assez beau palais que le monde ; tout n'est-il pas au riche quand il veut jouir ? *Ubi benè, ibi patria;* c'est là sa devise ; ses lares sont les lieux où l'argent peut tout, son pays est partout où peut passer son coffre-fort, comme Philippe tenoit à lui toute place forte où pouvoit entrer un mulet chargé d'argent (¹). Pourquoi donc s'aller circonscrire par des murs et par des portes comme pour n'en sortir jamais ? Une épidémie, une guerre, une révolte me chasse-t-elle d'un lieu, je vais dans un autre, et j'y trouve mon hôtel arrivé avant moi. Pourquoi prendre le soin de m'en faire un moi-même, tandis qu'on en bâtit pour moi par tout l'univers ? Pourquoi, si pressé de vivre, m'apprêter de si loin des jouissances que je puis trouver dès aujourd'hui ? L'on ne sauroit se faire un sort agréable en se mettant sans cesse en contradiction avec soi. C'est ainsi qu'Empédocle reprochoit aux Agrigentins d'entasser les plaisirs comme s'ils n'avoient qu'un jour à vivre, et de bâtir comme s'ils ne devoient jamais mourir (*).

D'ailleurs que me sert un logement si vaste, ayant si peu de quoi le peupler, et moins de quoi le remplir ? Mes meubles seroient simples comme mes goûts ; je n'aurois ni galerie ni bibliothèque, surtout si j'aimois la lecture et que je me connusse en tableaux. Je saurois alors que de telles collections ne sont jamais complètes, et que le défaut de ce qui leur manque donne plus de chagrin que de n'avoir rien. En ceci l'abondance fait la misère ; il n'y a pas un faiseur de collections qui ne l'ait éprouvé. Quand on s'y connoît, on n'en doit point faire : on n'a guère un cabinet à montrer aux autres quand on sait s'en servir pour soi.

Le jeu n'est point un amusement d'homme riche, il est la ressource d'un désœuvré ; et mes plaisirs me donneroient trop d'affaires pour me laisser bien du temps à si mal remplir. Je ne joue point du tout, étant solitaire et pauvre, si ce n'est quelquefois aux échecs, et cela de trop. Si j'étois riche, je joueroit moins encore, et seulement un très-petit jeu, pour ne voir point de mécontent, ni l'être. L'intérêt du jeu, manquant de motif dans l'opulence, ne peut jamais se changer en fureur que dans un esprit mal fait. Les profits qu'un homme riche peut faire au jeu lui sont toujours moins sensibles que les pertes ; et comme la forme des jeux modérés, qui en use le bénéfice à la longue, fait qu'en général ils vont plus en pertes qu'en gains, on ne peut, en raisonnant bien, s'affectionner beaucoup à un amusement où les risques de toute espèce sont contre soi. Celui qui nourrit sa vanité des préférences de la fortune les peut chercher dans des objets beaucoup plus piquans ; et ces préférences ne se marquent pas moins dans le plus petit jeu que dans le plus grand. Le goût du jeu, fruit de l'avarice et de l'ennui, ne prend que dans un esprit et dans un cœur vides ; et il me semble que j'aurois assez de sentiment et de connoissances pour me passer d'un tel supplément. On voit rarement les penseurs se plaire beaucoup au jeu, qui suspend cette habitude, ou la tourne sur d'arides combinaisons ; aussi l'un des biens, et peut-être le seul qu'ait produit le goût des sciences, est d'amortir un peu cette passion sordide ; on aimera mieux s'exercer à prouver l'utilité du jeu que de s'y livrer. Moi je le combattrois parmi les joueurs, et j'aurois plus de plaisir à me moquer d'eux en les voyant perdre, qu'à leur gagner leur argent.

Je serois le même dans ma vie privée et dans le commerce du monde. Je voudrois que ma fortune mît partout de l'aisance, et ne fît jamais sentir d'inégalité. Le clinquant de la parure est incommode à mille égards. Pour garder parmi les hommes toute la liberté possible, je voudrois être mis de manière que dans tous les rangs je parusse à ma place, et qu'on ne me

---

(¹) Un étranger superbement mis, interrogé dans Athènes de quel pays il étoit, répondit : *Je suis riche.* C'étoit, ce me semble, très-bien répondu (**).

(*) MONTAIGNE, liv. II, chap. I. G. P.

(**) Cette note est dans le manuscrit autographe, mais ne se trouve dans aucune édition antérieure à celle de 1801. L'auteur avoit donc cru devoir la supprimer. G. P.

distinguât dans aucun; que, sans affectation, sans changement sur ma personne, je fusse peuple à la guinguette et bonne compagnie au Palais-Royal. Par là plus maître de ma conduite, je mettrois toujours à ma portée les plaisirs de tous les états. Il y a, dit-on, des femmes qui ferment leur porte aux manchettes brodées, et ne reçoivent personne qu'en dentelles; j'irois donc passer ma journée ailleurs: mais si ces femmes étoient jeunes et jolies, je pourrois quelquefois prendre de la dentelle pour y passer la nuit tout au plus.

Le seul lien de mes sociétés seroit l'attachement mutuel, la conformité des goûts, la convenance des caractères; je m'y livrerois comme homme et non comme riche; je ne souffrirois jamais que leur charme fût empoisonné par l'intérêt. Si mon opulence m'avoit laissé quelque humanité, j'étendrois au loin mes services et mes bienfaits; mais je voudrois avoir autour de moi une société et non une cour, des amis et non des protégés; je ne serois point le patron de mes convives, je serois leur hôte. L'indépendance et l'égalité laisseroient à mes liaisons toute la candeur de la bienveillance; et où le devoir ni l'intérêt n'entreroient pour rien, le plaisir et l'amitié feroient seuls la loi.

On n'achète ni son ami ni sa maîtresse. Il est aisé d'avoir des femmes avec de l'argent; mais c'est le moyen de n'être jamais l'amant d'aucune. Loin que l'amour soit à vendre, l'argent le tue infailliblement. Quiconque paye, fût-il le plus aimable des hommes, par cela seul qu'il paye, ne peut être long-temps aimé. Bientôt il payera pour un autre, ou plutôt cet autre sera payé de son argent; et dans ce double lien, formé par l'intérêt, par la débauche, sans amour, sans honneur, sans vrai plaisir, la femme avide, infidèle et misérable, traitée par le vil qui reçoit comme elle traite le sot qui donne, reste ainsi quitte envers tous les deux. Il seroit doux d'être libéral envers ce qu'on aime, si cela ne faisoit un marché. Je ne connois qu'un moyen de satisfaire ce penchant avec sa maîtresse, sans empoisonner l'amour; c'est de lui tout donner et d'être ensuite nourri par elle. Reste à savoir où est la femme avec qui ce procédé ne fût pas extravagant.

Celui qui disoit: Je possède Laïs sans qu'elle me possède, disoit un mot sans esprit (*). La possession qui n'est pas réciproque n'est rien: c'est tout au plus la possession du sexe, mais non pas de l'individu. Or, où le moral de l'amour n'est pas, pourquoi faire une si grande affaire du reste? Rien n'est si facile à trouver. Un muletier est là-dessus plus près du bonheur qu'un millionnaire.

Oh! si l'on pouvoit développer assez les inconséquences de vice, combien, lorsqu'il obtient ce qu'il a voulu, on le trouveroit loin de son compte! Pourquoi cette barbare avidité de corrompre l'innocence, de se faire une victime d'un jeune objet qu'on eût dû protéger, et que de ce premier pas on traîne inévitablement dans un gouffre de misère dont il ne sortira qu'à la mort? Brutalité, vanité, sottise, erreur, et rien davantage. Ce plaisir même n'est pas de la nature; il est de l'opinion, et de l'opinion la plus vile, puisqu'elle tient au mépris de soi. Celui qui se sent le dernier des hommes craint la comparaison de tout autre, et veut passer le premier pour être moins odieux. Voyez si les plus avides de ce ragoût imaginaire sont jamais de jeunes gens aimables, dignes de plaire, et qui seroient plus excusables d'être difficiles. Non: avec de la figure, du mérite et des sentimens, on craint peu l'expérience de sa maîtresse; dans une juste confiance, on lui dit: Tu connois les plaisirs, n'importe; mon cœur t'en promet que tu n'as jamais connus.

Mais un vieux satyre usé de débauche, sans agrément, sans ménagement, sans égard, sans aucune espèce d'honnêteté, incapable, indigne de plaire à toute femme qui se connoît en gens aimables, croit suppléer à tout cela chez une jeune innocente, en gagnant de vitesse sur l'expérience, et lui donnant la première émotion des sens. Son dernier espoir est de plaire à la faveur de la nouveauté; c'est incontestablement là le motif secret de cette fantaisie: mais il se trompe, l'horreur qu'il fait n'est pas moins de la nature que n'en sont les désirs qu'il voudroit exciter. Il se trompe aussi dans sa folle attente: cette même nature a soin de revendiquer ses droits: toute fille qui se vend s'est déjà donnée; et s'étant donnée à son choix, elle a fait la comparaison qu'il craint. Il achète donc un

(*) C'étoit le philosophe Aristippe. DIOG. LAERT., *in Aristippo*.   G. P.

plaisir imaginaire, et n'en est pas moins abhorré.

Pour moi, j'aurai beau changer étant riche, il est un point où je ne changerai jamais. S'il ne me reste ni mœurs ni vertu, il me restera du moins quelque goût, quelque sens, quelque délicatesse; et cela me garantira d'user ma fortune en dupe à courir après des chimères, d'épuiser ma bourse et ma vie à me faire trahir et moquer par des enfans. Si j'étois jeune je chercherois les plaisirs de la jeunesse; et les voulant dans toute leur volupté, je ne les chercherois pas en homme riche. Si je restois tel que je suis, ce seroit autre chose; je me bornerois prudemment aux plaisirs de mon âge; je prendrois les goûts dont je peux jouir, et j'étoufferois ceux qui ne feroient plus que mon supplice. Je n'irois point offrir ma barbe grise aux dédains railleurs des jeunes filles; je ne supporterois point de voir mes dégoûtantes caresses leur faire soulever le cœur, de leur préparer à mes dépens les récits les plus ridicules, de les imaginer décrivant les vilains plaisirs du vieux singe de manière à se venger de les avoir endurés. Que si des habitudes mal combattues avoient tourné mes anciens désirs en besoins, j'y satisferois peut-être, mais avec honte, mais en rougissant de moi. J'ôterois la passion du besoin, je m'assortirois le mieux qu'il me seroit possible, et m'en tiendrois là : je ne me ferois plus une occupation de ma foiblesse, et je voudrois surtout n'en avoir qu'un seul témoin. La vie humaine a d'autres plaisirs quand ceux-là lui manquent : en courant vainement après ceux qui fuient, on s'ôte encore ceux qui nous sont laissés. Changeons de goûts avec les années, ne déplaçons pas plus les âges que les saisons : il faut être soi dans tous les temps, et ne point lutter contre la nature : ces vains efforts usent la vie, et nous empêchent d'en user.

Le peuple ne s'ennuie guère, sa vie est active; si ses amusemens ne sont pas variés, ils sont rares; beaucoup de jours de fatigue lui font goûter avec délices quelques jours de fêtes. Une alternative de longs travaux et de courts loisirs tient lieu d'assaisonnement aux plaisirs de son état. Pour les riches, leur grand fléau c'est l'ennui : au sein de tant d'amusemens rassemblés à grands frais, au milieu de tant de gens concourant à leur plaire, l'ennui les consume et les tue ; ils passent leur vie à le fuir et à en être atteints; ils sont accablés de son poids insupportable; les femmes surtout, qui ne savent plus ni s'occuper, ni s'amuser, en sont dévorées sous le nom de vapeurs; il se transforme pour elles en un mal horrible, qui leur ôte quelquefois la raison, et enfin la vie. Pour moi, je ne connois point de sort plus affreux que celui d'une jolie femme de Paris, après celui du petit agréable qui s'attache à elle, qui, changé de même en femme oisive, s'éloigne ainsi doublement de son état, et à qui la vanité d'être homme à bonnes fortunes fait supporter la longueur des plus tristes jours qu'ait jamais passés créature humaine.

Les bienséances, les modes, les usages qui dérivent du luxe et du bon air, renferment le cours de la vie dans la plus maussade uniformité. Le plaisir qu'on veut avoir aux yeux des autres est perdu pour tout le monde : on ne l'a ni pour eux ni pour soi ([1]). Le ridicule, que l'opinion redoute sur toute chose, est toujours à côté d'elle pour la tyranniser et pour la punir. On n'est jamais ridicule que par des formes déterminées : celui qui sait varier ses situations et ses plaisirs efface aujourd'hui l'impression d'hier : il est comme nul dans l'esprit des hommes; mais il jouit, car il est tout entier à chaque heure et à chaque chose. Ma seule forme constante seroit celle-là; dans chaque situation je ne m'occuperois d'aucune autre, et je prendrois chaque jour en lui-même, comme indépendant de la veille et du lendemain. Comme je serois peuple avec le peuple, je serois campagnard aux champs; et, quand je parlerois d'agriculture, le paysan ne se moqueroit pas de moi. Je n'irois pas me bâtir une ville en campagne, et mettre au fond d'une province les Tuileries devant mon appartement. Sur le penchant de quelque agréable colline bien ombragée j'aurois une petite maison rustique, une maison blanche avec des contre-vents verts; et,

([1]) Deux femmes du monde, pour avoir l'air de s'amuser beaucoup, se font une loi de ne jamais se coucher qu'à cinq heures du matin. Dans la rigueur de l'hiver, leurs gens passent la nuit dans la rue à les attendre, fort embarrassés à s'y garantir d'être gelés. On entre un soir, ou, pour mieux dire, un matin, dans l'appartement où ces deux personnes si amusées laissoient couler ces heures sans les compter : on les trouve exactement seules dormant chacune dans son fauteuil.

quoique une couverture de chaume soit, en toute saison, la meilleure, je préférerois magnifiquement, non la triste ardoise, mais la tuile, parce qu'elle a l'air plus propre et plus gai que le chaume, qu'on ne couvre pas autrement les maisons dans mon pays, et que cela me rappelleroit un peu l'heureux temps de ma jeunesse. J'aurois pour cour une basse-cour, et pour écurie une étable avec des vaches, pour avoir du laitage, que j'aime beaucoup. J'aurois un potager pour jardin, et pour parc un joli verger semblable à celui dont il sera parlé ci-après. Les fruits, à la discrétion des promeneurs, ne seroient ni comptés ni cueillis par mon jardinier; et mon avare magnificence n'étaleroit point aux yeux des espaliers superbes auxquels à peine on osât toucher. Or cette petite prodigalité seroit peu coûteuse, parce que j'aurois choisi mon asile dans quelque province éloignée où l'on voit peu d'argent et beaucoup de denrées, et où règnent l'abondance et la pauvreté.

Là, je rassemblerois une société, plus choisie que nombreuse, d'amis aimant le plaisir et s'y connoissant, de femmes qui pussent sortir de leur fauteuil, et se prêter aux jeux champêtres, prendre quelquefois, au lieu de la navette et des cartes, la ligne, les gluaux, le râteau des faneuses, et le panier des vendangeurs. Là, tous les airs de la ville seroient oubliés, et devenus villageois au village, nous nous trouverions livrés à des foules d'amusemens divers qui ne nous donneroient chaque soir que l'embarras du choix pour le lendemain. L'exercice et la vie active nous feroient un nouvel estomac et de nouveaux goûts. Tous nos repas seroient des festins, où l'abondance plairoit plus que la délicatesse. La gaîté, les travaux rustiques, les folâtres jeux, sont les premiers cuisiniers du monde, et les ragoûts fins sont bien ridicules à des gens en haleine depuis le lever du soleil. Le service n'auroit pas plus d'ordre que d'élégance; la salle à manger seroit partout, dans le jardin, dans un bateau, sous un arbre; quelquefois au loin, près d'une source vive, sur l'herbe verdoyante et fraîche, sous des touffes d'aunes et de coudriers; une longue procession de gais convives porteroit en chantant l'apprêt du festin; on auroit le gazon pour table et pour chaise, les bords de la fontaine serviroient de buffet, et le dessert pendroit aux arbres, les mets seroient servis sans ordre, l'appétit dispenseroit des façons; chacun, se préférant ouvertement à tout autre, trouveroit bon que tout autre se préférât de même à lui: de cette familiarité cordiale et modérée naîtroit, sans grossièreté, sans fausseté, sans contrainte, un conflit badin plus charmant cent fois que la politesse, et plus fait pour lier les cœurs. Point d'importun laquais épiant nos discours, critiquant tout bas nos maintiens, comptant nos morceaux d'un œil avide, s'amusant à nous faire attendre à boire, et murmurant d'un trop long dîner. Nous serions nos valets pour être nos maîtres; chacun seroit servi par tous; le temps passeroit sans le compter; le repas seroit le repos, et dureroit autant que l'ardeur du jour. S'il passoit près de nous quelque paysan retournant au travail, ses outils sur l'épaule, je lui réjouirois le cœur par quelques bons propos, par quelques coups de bon vin qui lui feroient porter plus gaîment sa misère; et moi j'aurois aussi le plaisir de me sentir émouvoir un peu les entrailles, et de me dire en secret: Je suis encore homme.

Si quelque fête champêtre rassembloit les habitans du lieu, j'y serois des premiers avec ma troupe; si quelques mariages, plus bénis du ciel que ceux des villes, se faisoient à mon voisinage, on sauroit que j'aime la joie, et j'y serois invité. Je porterois à ces bonnes gens quelques dons simples comme eux, qui contribueroient à la fête; et j'y trouverois en échange des biens d'un prix inestimable, des biens si peu connus de mes égaux, la franchise et le vrai plaisir. Je souperois gaîment au bout de leur longue table; j'y ferois chorus au refrain d'une vieille chanson rustique, et je danserois dans leur grange de meilleur cœur qu'au bal de l'Opéra.

Jusqu'ici tout est à merveille, me dira-t-on; mais la chasse? est-ce être en campagne que de n'y pas chasser? J'entends : je ne voulois qu'une métairie, et j'avois tort. Je me suppose riche, il me faut des plaisirs exclusifs, des plaisirs destructifs : voici de tout autres affaires. Il me faut des terres, des bois, des gardes, des redevances, des honneurs seigneuriaux, surtout de l'encens et de l'eau bénite.

Fort bien. Mais cette terre aura des voisins jaloux de leurs droits et désireux d'usurper ceux des autres; nos gardes se chamailleront, et peut-être les maîtres : voilà des altercations, des querelles, des haines, des procès tout au moins : cela n'est déjà pas fort agréable. Mes vassaux ne verront point avec plaisir labourer leurs blés par mes lièvres, et leurs fèves par mes sangliers; chacun, n'osant tuer l'ennemi qui détruit son travail, voudra du moins le chasser de son champ : après avoir passé le jour à cultiver leurs terres, il faudra qu'ils passent la nuit à les garder; ils auront des mâtins, des tambours, des cornets, des sonnettes : avec tout ce tintamarre ils troubleront mon sommeil. Je songerai malgré moi à la misère de ces pauvres gens, et ne pourrai m'empêcher de me la reprocher. Si j'avois l'honneur d'être prince, tout cela ne me toucheroit guère; mais moi, nouveau parvenu, nouveau riche, j'aurai le cœur encore un peu roturier (*).

Ce n'est pas tout; l'abondance du gibier tentera les chasseurs; j'aurai bientôt des braconniers à punir; il me faudra des prisons, des geôliers, des archers, des galères : tout cela me paroît assez cruel. Les femmes de ces malheureux viendront assiéger ma porte et m'importuner de leurs cris, ou bien il faudra qu'on les chasse, qu'on les maltraite. Les pauvres gens qui n'auront point braconné, et dont mon gibier aura fourragé la récolte, viendront se plaindre de leur côté : les uns seront punis pour avoir tué le gibier, les autres ruinés pour l'avoir épargné : quelle triste alternative! Je ne verrai de tous côtés qu'objets de misère, je n'entendrai que gémissemens : cela doit troubler beaucoup, ce me semble, le plaisir de massacrer à son aise des foules de perdrix et de lièvres presque sous ses pieds.

Voulez-vous dégager les plaisirs de leurs peines, ôtez-en l'exclusion : plus vous les laisserez communs aux hommes, plus vous les goû-

terez toujours purs. Je ne ferai donc point tout ce que je viens de dire; mais, sans changer de goûts, je suivrai celui que je me suppose à moindres frais. J'établirai mon séjour champêtre dans un pays où la chasse soit libre à tout le monde, et où j'en puisse avoir l'amusement sans embarras. Le gibier sera plus rare; mais il y aura plus d'adresse à le chercher et de plaisir à l'atteindre. Je me souviendrai des battemens de cœur qu'éprouvoit mon père au vol de la première perdrix, et des transports de joie avec lesquels il trouvoit le lièvre qu'il avoit cherché tout le jour. Oui, je soutiens que, seul avec son chien, chargé de son fusil, de son carnier, de son fourniment, de sa petite proie, il revenoit le soir, rendu de fatigue et déchiré des ronces, plus content de sa journée que tous vos chasseurs de ruelle, qui, sur un bon cheval, suivis de vingt fusils chargés, ne font qu'en changer, tirer et tuer autour d'eux, sans art, sans gloire, et presque sans exercice. Le plaisir n'est donc pas moindre, et l'inconvénient est ôté quand on n'a ni terre à garder, ni braconnier à punir, ni misérable à tourmenter voilà donc une solide raison de préférence. Quoi qu'on fasse, on ne tourmente point sans fin les hommes qu'on n'en reçoive aussi quelque malaise; et les longues malédictions du peuple rendent tôt ou tard le gibier amer.

Encore un coup, les plaisirs exclusifs sont la mort du plaisir. Les vrais amusemens sont ceux qu'on partage avec le peuple; ceux qu'on veut avoir à soi seul, on ne les a plus. Si les murs que j'élève autour de mon parc m'en font une triste clôture, je n'ai fait à grands frais que m'ôter le plaisir de la promenade; me voilà forcé de l'aller chercher au loin. Le démon de la propriété infecte tout ce qu'il touche. Un riche veut être partout le maître, et ne se trouve bien qu'où il ne l'est pas : il est forcé de se fuir toujours. Pour moi, je ferai là-dessus, dans ma richesse, ce que j'ai fait dans ma pauvreté. Plus riche maintenant du bien des autres que je ne serai jamais du mien, je m'empare de tout ce qui me convient dans mon voisinage : il n'y a pas de conquérant plus déterminé que moi; j'usurpe sur les princes mêmes; je m'accommode sans distinction de tous les terrains ouverts qui me plaisent; je leur donne des noms; je fais de l'un

---

(*) Dans ce que dit Rousseau sur la chasse, il avoit en vue le comte de Charolois, dont l'odieuse conduite étoit généralement connue. Ayant appris ensuite que les officiers du prince de Conti maltraitoient les paysans, il regretta de n'avoir pas mieux désigné le comte, craignant qu'on n'appliquât au second ce qu'il avoit dit du premier. Mais la matière étoit délicate. Les mêmes abus régnoient partout, soit à la connoissance des grands propriétaires sur les terres desquels ils se commettoient, soit à leur insu. Les gens officieux voulurent faire croire au duc de Choiseul qu'il étoit désigné; ils ne réussirent point : ils furent plus heureux dans l'interprétation d'un passage du *Contrat Social*. (Voyez tom. 1, pages 292, 303, 305.) M P.

mon parc, de l'autre ma terrasse, et m'en voilà le maître; dès lors je m'y promène impunément; j'y reviens souvent pour maintenir la possession; j'use autant que je veux le sol à force d'y marcher; et l'on ne me persuadera jamais que le titulaire du fonds que je m'approprie tire plus d'usage de l'argent qu'il lui produit que j'en tire de son terrain. Que si l'on vient à me vexer par des fossés, par des haies, peu m'importe; je prends mon parc sur mes épaules, et je vais le poser ailleurs; les emplacemens ne manquent pas aux environs, et j'aurai long-temps à piller mes voisins avant de manquer d'asile.

Voilà quelque essai du vrai goût dans le choix des loisirs agréables; voilà dans quel esprit on jouit; tout le reste n'est qu'illusion, chimère, sotte vanité. Quiconque s'écartera de ces règles, quelque riche qu'il puisse être, mangera son or en fumier, et ne connoîtra jamais le prix de la vie.

On m'objectera sans doute que de tels amusemens sont à la portée de tous les hommes, et qu'on n'a pas besoin d'être riche pour les goûter. C'est précisément à quoi j'en voulois venir. On a du plaisir quand on en veut avoir : c'est l'opinion seule qui rend tout difficile, qui chasse le bonheur devant nous; et il est cent fois plus aisé d'être heureux que de le paroître. L'homme de goût et vraiment voluptueux n'a que faire de richesse; il lui suffit d'être libre et maître de lui. Quiconque jouit de la santé et ne manque pas du nécessaire, s'il arrache de son cœur les biens de l'opinion, est assez riche : c'est l'*aurea mediocritas* d'Horace. Gens à coffres-forts, cherchez donc quelque autre emploi de votre opulence, car pour le plaisir elle n'est bonne à rien. Émile ne saura pas tout cela mieux que moi; mais, ayant le cœur plus pur et plus sain, il le sentira mieux encore, et toutes ses observations dans le monde ne feront que le lui confirmer (*a*).

En passant ainsi le temps, nous cherchons toujours Sophie, et nous ne la trouvons point. Il importoit qu'elle ne se trouvât pas si vite, et nous l'avons cherchée où j'étois bien sûr qu'elle n'étoit pas (¹).

Enfin le moment presse; il est temps de la chercher tout de bon, de peur qu'il ne s'en fasse une qu'il prenne pour elle, et qu'il ne connoisse trop tard son erreur. Adieu donc, Paris, ville célèbre, ville de bruit, de fumée et de boue, où les femmes ne croient plus à l'honneur ni les hommes à la vertu. Adieu, Paris : nous cherchons l'amour, le bonheur, l'innocence; nous ne serons jamais assez loin de toi.

LIVRE V.

Nous voici parvenus au dernier acte de la jeunesse, mais nous ne sommes pas encore au dénoûment.

Il n'est pas bon que l'homme soit seul. Émile est homme; nous lui avons promis une compagne, il faut la lui donner. Cette compagne est Sophie. En quels lieux est son asile? où la trouverons-nous? Pour la trouver il la faut connoître. Sachons premièrement ce qu'elle est, nous jugerons mieux des lieux qu'elle habite; et quand nous l'aurons trouvée, encore tout ne sera-t-il pas fait. *Puisque notre jeune gentilhomme*, dit Locke, *est prêt à se marier, il est temps de le laisser auprès de sa maîtresse.* Et là-dessus il finit son ouvrage. Pour moi qui n'ai pas l'honneur d'élever un gentilhomme, je me garderai d'imiter Locke en cela.

SOPHIE,

ou

LA FEMME.

Sophie doit être femme comme Émile est homme, c'est-à-dire avoir tout ce qui convient à la constitution de son espèce et de son sexe

---

(*a*) VAR. ... *le lui confirmer. Cette manière de former son goût vaut bien celle des livres. Horace et Chaulieu ne lui en diront pas plus. Reste à savoir je le redis encore, si ce sont ici des préceptes vagues et stériles, ou s'ils lui sont bien appropriés.*

(¹) *Mulierem fortem quis inveniet? Procul, et de ultimis finibus pretium ejus.* Prov. xxxj, 10.

pour remplir sa place dans l'ordre physique et moral. Commençons donc par examiner les conformités et les différences de son sexe et du nôtre.

En tout ce qui ne tient pas au sexe, la femme est homme : elle a les mêmes organes, les mêmes besoins, les mêmes facultés ; la machine est construite de la même manière, les pièces en sont les mêmes, le jeu de l'une est celui de l'autre, la figure est semblable ; et, sous quelque rapport qu'on les considère, ils ne diffèrent entre eux que du plus au moins.

En tout ce qui tient au sexe, la femme et l'homme ont partout des rapports et partout des différences : la difficulté de les comparer vient de celle de déterminer dans la constitution de l'un et de l'autre ce qui est du sexe et ce qui n'en est pas. Par l'anatomie comparée, et même à la seule inspection, l'on trouve entre eux des différences générales qui paroissent ne point tenir au sexe ; elles y tiennent pourtant, mais par des liaisons que nous sommes hors d'état d'apercevoir : nous ne savons jusqu'où ces liaisons peuvent s'étendre ; la seule chose que nous savons avec certitude est que tout ce qu'ils ont de commun est de l'espèce, et que tout ce qu'ils ont de différent est du sexe. Sous ce double point de vue nous trouvons entre eux tant de rapports et tant d'oppositions, que c'est peut-être une des merveilles de la nature d'avoir pu faire deux êtres si semblables en les constituant si différemment.

Ces rapports et ces différences doivent influer sur le moral ; cette conséquence est sensible, conforme à l'expérience, et montre la vanité des disputes sur la préférence ou l'égalité des sexes : comme si chacun des deux, allant aux fins de la nature selon sa destination particulière, n'étoit pas plus parfait en cela que s'il ressembloit davantage à l'autre ! En ce qu'ils ont de commun ils sont égaux ; en ce qu'ils ont de différent ils ne sont pas comparables. Une femme parfaite et un homme parfait ne doivent pas plus se ressembler d'esprit que de visage ; et la perfection n'est pas susceptible de plus et de moins.

Dans l'union des sexes chacun concourt également à l'objet commun, mais non pas de la même manière. De cette diversité naît la première différence assignable entre les rapports moraux de l'un et de l'autre. L'un doit être actif et fort, l'autre passif et foible : il faut nécessairement que l'un veuille et puisse, il suffit que l'autre résiste peu.

Ce principe établi, il s'ensuit que la femme est faite spécialement pour plaire à l'homme. Si l'homme doit lui plaire à son tour, c'est d'une nécessité moins directe : son mérite est dans sa puissance ; il plaît par cela seul qu'il est fort. Ce n'est pas ici la loi de l'amour, j'en conviens ; mais c'est celle de la nature, antérieure à l'amour même.

Si la femme est faite pour plaire et pour être subjuguée, elle doit se rendre agréable à l'homme au lieu de le provoquer : sa violence à elle est dans ses charmes ; c'est par eux qu'elle doit le contraindre à trouver sa force et à en user. L'art le plus sûr d'animer cette force est de la rendre nécessaire par la résistance. Alors l'amour-propre se joint au désir, et l'un triomphe de la victoire que l'autre lui fait remporter. De là naissent l'attaque et la défense, l'audace d'un sexe et la timidité de l'autre, enfin la modestie et la honte dont la nature arma le foible pour asservir le fort.

Qui est-ce qui peut penser qu'elle ait prescrit indifféremment les mêmes avances aux uns et aux autres, et que le premier à former des désirs doive être aussi le premier à les témoigner ? Quelle étrange dépravation de jugement ! L'entreprise ayant des conséquences si différentes pour les deux sexes, est-il naturel qu'ils aient la même audace à s'y livrer ? Comment ne voit-on pas qu'avec une si grande inégalité dans la mise commune, si la réserve n'imposoit à l'un la modération que la nature impose à l'autre, il en résulteroit bientôt la ruine de tous deux, et que le genre humain périroit par les moyens établis pour le conserver ? Avec la facilité qu'ont les femmes d'émouvoir les sens des hommes, et d'aller réveiller au fond de leurs cœurs les restes d'un tempérament presque éteint, s'il étoit quelque malheureux climat sur la terre où la philosophie eût introduit cet usage, surtout dans les pays chauds, où il naît plus de femmes que d'hommes, tyrannisés par elles, ils seroient enfin leurs victimes, et se verroient tous traîner à la mort sans qu'ils pussent jamais s'en défendre.

Si les femelles des animaux n'ont pas la même

honte, que s'ensuit-il? Ont-elles, comme les femmes, les désirs illimités auxquels cette honte sert de frein? Le désir ne vient pour elles qu'avec le besoin; le besoin satisfait, le désir cesse; elles ne repoussent plus le mâle par feinte ([1]), mais tout de bon : elles font tout le contraire de ce que faisoit la fille d'Auguste, elles ne reçoivent plus de passagers quand le navire a sa cargaison. Même quand elles sont libres, leurs temps de bonne volonté sont courts et bientôt passés; l'instinct les pousse et l'instinct les arrête. Où sera le supplément de cet instinct négatif dans les femmes, quand vous leur aurez ôté la pudeur? Attendre qu'elles ne se soucient plus des hommes, c'est attendre qu'ils ne soient plus bons à rien.

L'Être suprême a voulu faire en tout honneur à l'espèce humaine : en donnant à l'homme des penchans sans mesure, il lui donne en même temps la loi qui les règle, afin qu'il soit libre et se commande à lui-même : en le livrant à des passions immodérées, il joint à ces passions la raison pour les gouverner : en livrant la femme à des désirs illimités, il joint à ces désirs la pudeur pour les contenir. Pour surcroît, il ajoute encore une récompense actuelle au bon usage de ses facultés, savoir le goût qu'on prend aux choses honnêtes lorsqu'on en fait la règle de ses actions. Tout cela vaut bien, ce me semble, l'instinct des bêtes.

Soit donc que la femelle de l'homme partage ou non ses désirs et veuille ou non les satisfaire, elle le repousse et se défend toujours, mais non pas toujours avec la même force, ni par conséquent avec le même succès. Pour que l'attaquant soit victorieux, il faut que l'attaqué le permette ou l'ordonne : car que de moyens adroits n'a-t-il pas pour forcer l'agresseur d'user de force! Le plus libre et le plus doux de tous les actes n'admet point de violence réelle, la nature et la raison s'y opposent : la nature, en ce qu'elle a pourvu le plus foible d'autant de force qu'il en faut pour résister quand il lui plaît; la raison, en ce qu'une violence réelle est non-seulement le plus brutal de tous les actes, mais le plus contraire à sa fin, soit parce que l'homme déclare ainsi la guerre à sa compagne, et l'autorise à défendre sa personne et sa liberté aux dépens même de la vie de l'agresseur, soit parce que la femme seule est juge de l'état où elle se trouve, et qu'un enfant n'auroit point de père si tout homme en pouvoit usurper les droits.

Voici donc une troisième conséquence de la constitution des sexes, c'est que le plus fort soit le maître en apparence, et dépende en effet du plus foible; et cela, non par un frivole usage de galanterie, ni par une orgueilleuse générosité de protecteur, mais par une invariable loi de la nature, qui, donnant à la femme plus de facilité d'exciter les désirs qu'à l'homme de les satisfaire, fait dépendre celui-ci, malgré qu'il en ait, du bon plaisir de l'autre, et le contraint de chercher à son tour à lui plaire pour obtenir qu'elle consente à le laisser être le plus fort. Alors ce qu'il y a de plus doux pour l'homme dans sa victoire est de douter si c'est la foiblesse qui cède à la force, ou si c'est la volonté qui se rend; et la ruse ordinaire de la femme est de laisser toujours ce doute entre elle et lui. L'esprit des femmes répond en ceci parfaitement à leur constitution : loin de rougir de leur foiblesse elles en font gloire; leurs tendres muscles sont sans résistance; elles affectent de ne pouvoir soulever les plus légers fardeaux; elles auroient honte d'être fortes. Pourquoi cela? Ce n'est pas seulement pour paroître délicates, c'est par une précaution plus adroite; elles se ménagent de loin des excuses et le droit d'être foibles au besoin.

Le progrès des lumières acquises par nos vices a beaucoup changé sur ce point les anciennes opinions parmi nous; et l'on ne parle plus guère de violences depuis qu'elles sont si peu nécessaires, et que les hommes n'y croient plus ([1]); au lieu qu'elles sont très-communes dans les hautes antiquités grecques et juives, parce que ces mêmes opinions sont dans la simplicité de la nature, et que la seule expérience du libertinage a pu les déraciner. Si l'on cite de nos jours moins d'actes de violence,

---

[1] J'ai déjà remarqué que les refus de simagrée et d'agacerie sont communs à presque toutes les femelles, même parmi les animaux, et même quand elles sont le plus disposées à se rendre: il faut n'avoir jamais observé leur manège pour disconvenir de cela.

[1] Il peut y avoir une telle disproportion d'âge et de force qu'une violence réelle ait lieu; mais traitant ici de l'état relatif des sexes selon l'ordre de la nature, je les prends tous deux dans le rapport commun qui constitue cet état.

ce n'est sûrement pas que les hommes soient plus tempérans, mais c'est qu'ils ont moins de crédulité, et que telle plainte qui jadis eût persuadé des peuples simples ne feroit de nos jours qu'attirer les ris des moqueurs; on gagne davantage à se taire. Il y a dans le Deutéronome (*) une loi par laquelle une fille abusée étoit punie avec le séducteur, si le délit avoit été commis dans la ville; mais s'il avoit été commis à la campagne ou dans des lieux écartés, l'homme seul étoit puni; *car*, dit la loi, *la fille a crié, et n'a point été entendue.* Cette bénigne interprétation apprenoit aux filles à ne pas se laisser surprendre en des lieux fréquentés.

L'effet de ces diversités d'opinions sur les mœurs est sensible. La galanterie moderne en est l'ouvrage. Les hommes, trouvant que leurs plaisirs dépendoient plus de la volonté du beau sexe qu'ils n'avoient cru, ont captivé cette volonté par des complaisances dont il les a bien dédommagés.

Voyez comment le physique nous amène insensiblement au moral, et comment de la grossière union des sexes naissent peu à peu les plus douces lois de l'amour. L'empire des femmes n'est point à elles parce que les hommes l'ont voulu, mais parce que ainsi le veut la nature : il étoit à elles avant qu'elles parussent l'avoir. Ce même Hercule, qui crut faire violence aux cinquante filles de Thespius, fut pourtant contraint de filer près d'Omphale; et le fort Samson n'étoit pas si fort que Dalila. Cet empire est aux femmes, et ne peut leur être ôté, même quand elles en abusent : si jamais elles pouvoient le perdre, il y a longtemps qu'elles l'auroient perdu.

Il n'y a nulle parité entre les deux sexes quant à la conséquence du sexe. Le mâle n'est mâle qu'en certains instans, la femelle est femelle toute sa vie, ou du moins toute sa jeunesse; tout la rappelle sans cesse à son sexe, et, pour en bien remplir les fonctions, il lui faut une constitution qui s'y rapporte. Il lui faut du ménagement durant sa grossesse, il lui faut du repos dans ses couches, il lui faut une vie molle et sédentaire pour allaiter ses enfans; il lui faut, pour les élever, de la patience et de la douceur, un zèle, une affection que rien ne rebute; elle sert de liaison entre eux et leur père, elle seule les lui fait aimer et lui donne la confiance de les appeler siens. Que de tendresse et de soins ne lui faut-il point pour maintenir dans l'union toute la famille ! Et enfin tout cela ne doit pas être des vertus, mais des goûts, sans quoi l'espèce humaine seroit bientôt éteinte.

La rigidité des devoirs relatifs des deux sexes n'est ni ne peut être la même. Quand la femme se plaint là-dessus de l'injuste inégalité qu'y met l'homme, elle a tort; cette inégalité n'est point une institution humaine, ou du moins elle n'est point l'ouvrage du préjugé, mais de la raison : c'est à celui des deux que la nature a chargé du dépôt des enfans d'en répondre à l'autre. Sans doute il n'est permis à personne de violer sa foi, et tout mari infidèle qui prive sa femme du seul prix des austères devoirs de son sexe est un homme injuste et barbare : mais la femme infidèle fait plus, elle dissout la famille et brise tous les liens de la nature; en donnant à l'homme des enfans qui ne sont pas à lui, elle trahit les uns et les autres, elle joint la perfidie à l'infidélité. J'ai peine à voir quel désordre et quel crime ne tient pas à celui-là. S'il est un état affreux au monde, c'est celui d'un malheureux père qui, sans confiance en sa femme, n'ose se livrer aux plus doux sentimens de son cœur, qui doute en embrassant son enfant s'il n'embrasse point l'enfant d'un autre, le gage de son déshonneur, le ravisseur du bien de ses propres enfans. Qu'est-ce alors que la famille, si ce n'est une société d'ennemis secrets qu'une femme coupable arme l'un contre l'autre, en les forçant de feindre de s'entr'aimer?

Il n'importe donc pas seulement que la femme soit fidèle, mais qu'elle soit jugée telle par son mari, par ses proches, par tout le monde; il importe qu'elle soit modeste, attentive, réservée, et qu'elle porte aux yeux d'autrui, comme en sa propre conscience, le témoignage de sa vertu. Enfin, s'il importe qu'un père aime ses enfans, il importe qu'il estime leur mère. Telles sont les raisons qui mettent l'apparence même au nombre des devoirs des femmes, et leur rendent l'honneur et la réputation non moins indispensables que la chas-

(*) Chap. XXII, vers. 23,...27.   G. P.

teté. De ces principes dérive, avec la différence morale des sexes, un motif nouveau de devoir et de convenance, qui prescrit spécialement aux femmes l'attention la plus scrupuleuse sur leur conduite, sur leurs manières, sur leur maintien. Soutenir vaguement que les deux sexes sont égaux et que leurs devoirs sont les mêmes, c'est se perdre en déclamations vaines, c'est ne rien dire tant qu'on ne répondra pas à cela.

N'est-ce pas une manière de raisonner bien solide, de donner des exceptions pour réponse à des lois générales aussi bien fondées? Les femmes, dites-vous, ne font pas toujours des enfans? Non; mais leur destination propre est d'en faire. Quoi! parce qu'il y a dans l'univers une centaine de grandes villes où les femmes vivant dans la licence font peu d'enfans, vous prétendez que l'état des femmes est d'en faire peu! Et que deviendroient vos villes, si les campagnes éloignées, où les femmes vivent plus simplement et plus chastement, ne réparoient la stérilité des dames? Dans combien de provinces les femmes qui n'ont fait que quatre ou cinq enfans passent pour peu fécondes (¹)! Enfin, que telle ou telle femme fasse peu d'enfans, qu'importe? L'état de la femme est-il moins d'être mère? et n'est-ce pas par des lois générales que la nature et les mœurs doivent pourvoir à cet état?

Quand il y auroit entre les grossesses d'aussi longs intervalles qu'on le suppose, une femme changera-t-elle ainsi brusquement et alternativement de manière de vivre sans péril et sans risque? Sera-t-elle aujourd'hui nourrice et demain guerrière? Changera-t-elle de tempérament et de goûts comme un caméléon de couleurs? Passera-t-elle tout à coup de l'ombre de la clôture et des soins domestiques aux injures de l'air, aux travaux, aux fatigues, aux périls de la guerre? Sera-t-elle tantôt craintive (²) et tantôt brave, tantôt délicate et tantôt robuste? Si les jeunes gens élevés dans Paris ont peine à supporter le métier des armes, des femmes qui n'ont jamais affronté le soleil, et qui savent à peine marcher, le supporteront-elles après cinquante ans de mollesse? Prendront-elles ce dur métier à l'âge où les hommes le quittent?

Il y a des pays où les femmes accouchent presque sans peine, et nourrissent leurs enfans presque sans soin; j'en conviens : mais, dans ces mêmes pays, les hommes vont demi-nus en tout temps, terrassent les bêtes féroces, portent un canot comme un havresac, font des chasses de sept ou huit cents lieues, dorment à l'air à plate-terre, supportent des fatigues incroyables, et passent plusieurs jours sans manger. Quand les femmes deviennent robustes, les hommes le deviennent encore plus; quand les hommes s'amollissent, les femmes s'amollissent davantage; quand les deux termes changent également, la différence reste la même.

Platon, dans sa République, donne aux femmes les mêmes exercices qu'aux hommes; je le crois bien. Ayant ôté de son gouvernement les familles particulières, et ne sachant plus que faire des femmes, il se vit forcé de les faire hommes. Ce beau génie avoit tout combiné, tout prévu : il alloit au-devant d'une objection que personne peut-être n'eût songé à lui faire; mais il a mal résolu celle qu'on lui fait. Je ne parle point de cette prétendue communauté de femmes dont le reproche tant répété prouve que ceux qui le lui font ne l'ont jamais lu; je parle de cette promiscuité civile qui confond partout les deux sexes dans les mêmes emplois, dans les mêmes travaux, et ne peut manquer d'engendrer les plus intolérables abus; je parle de cette subversion des plus doux sentimens de la nature, immolés à un sentiment artificiel qui ne peut subsister que par eux : comme s'il ne falloit pas une prise naturelle pour former des liens de convention! comme si l'amour qu'on a pour ses proches n'étoit pas le principe de celui qu'on doit à l'état! comme si ce n'étoit pas par la petite patrie, qui est la famille, que le cœur s'attache à la grande! comme si ce n'étoit pas le bon fils, le bon mari, le bon père, qui font le bon citoyen.

Dès qu'une fois il est démontré que l'homme et la femme ne sont ni ne doivent être constitués

---

(¹) Sans cela l'espèce dépériroit nécessairement : pour qu'elle se conserve, il faut, tout compensé, que chaque femme fasse à peu près quatre enfans; car des enfans qui naissent il en meurt près de la moitié avant qu'ils puissent en avoir d'autres, et il en faut deux restans pour représenter le père et la mère. Voyez si les villes vous fourniront cette population-là.

(²) La timidité des femmes est encore un instinct de la nature contre le double risque qu'elles courent durant leur grossesse.

de même, de caractère ni de tempérament, il s'ensuit qu'ils ne doivent pas avoir la même éducation. En suivant les directions de la nature, ils doivent agir de concert, mais ils ne doivent pas faire les mêmes choses; la fin des travaux est commune, mais les travaux sont différens, et par conséquent les goûts qui les dirigent. Après avoir tâché de former l'homme naturel, pour ne pas laisser imparfait notre ouvrage, voyons comment doit se former aussi la femme qui convient à cet homme.

Voulez-vous toujours être bien guidé, suivez toujours les indications de la nature. Tout ce qui caractérise le sexe doit être respecté comme établi par elle. Vous dites sans cesse : Les femmes ont tel ou tel défaut que nous n'avons pas. Votre orgueil vous trompe; ce seroient des défauts pour vous, ce sont des qualités pour elles; tout iroit moins bien si elles ne les avoient pas. Empêchez ces prétendus défauts de dégénérer, mais gardez-vous de les détruire.

Les femmes, de leur côté, ne cessent de crier que nous les élevons pour être vaines et coquettes, que nous les amusons sans cesse à des puérilités pour rester plus facilement les maîtres; elles s'en prennent à nous des défauts que nous leur reprochons. Quelle folie! Et depuis quand sont-ce les hommes qui se mêlent de l'éducation des filles? Qui est-ce qui empêche les mères de les élever comme il leur plaît? Elles n'ont point de colléges! grand malheur! Eh! plût à Dieu qu'il n'y en eût point pour les garçons! ils seroient plus sensément et plus honnêtement élevés. Force-t-on vos filles à perdre leur temps en niaiseries? Leur fait-on malgré elles passer la moitié de leur vie à leur toilette, à votre exemple? Vous empêche-t-on de les instruire et faire instruire à votre gré? Est-ce notre faute si elles nous plaisent quand elles sont belles, si leurs minauderies nous séduisent, si l'art qu'elles apprennent de vous nous attire et nous flatte, si nous aimons à les voir mises avec goût, si nous leur laissons affiler à loisir les armes dont elles nous subjuguent? Eh! prenez le parti de les élever comme des hommes, ils y consentiront de bon cœur. Plus elles voudront leur ressembler, moins elles les gouverneront; et c'est alors qu'ils seront vraiment les maîtres.

Toutes les facultés communes aux deux sexes ne leur sont pas également partagées; mais prises en tout, elles se compensent. La femme vaut mieux comme femme et moins comme homme; partout où elle fait valoir ses droits, elle a l'avantage; partout où elle veut usurper les nôtres, elle reste au-dessous de nous. On ne peut répondre à cette vérité générale que par des exceptions; constante manière d'argumenter des galans partisans du beau sexe.

Cultiver dans les femmes les qualités de l'homme, et négliger celles qui leur sont propres, c'est donc visiblement travailler à leur préjudice. Les rusées le voient trop bien pour en être les dupes; en tâchant d'usurper nos avantages, elles n'abandonnent pas les leurs; mais il arrive de là que, ne pouvant bien ménager les uns et les autres parce qu'ils sont incompatibles, elles restent au-dessous de leur portée sans se mettre à la nôtre, et perdent la moitié de leur prix. Croyez-moi, mère judicieuse, ne faites point de votre fille un honnête homme, comme pour donner un démenti à la nature; faites-en une honnête femme, et soyez sûre qu'elle en vaudra mieux pour elle et pour nous.

S'ensuit-il qu'elle doive être élevée dans l'ignorance de toute chose, et bornée aux seules fonctions du ménage? L'homme fera-t-il sa servante de sa compagne? se privera-t-il auprès d'elle du plus grand charme de la société? Pour mieux l'asservir l'empêchera-t-il de rien sentir, de rien connoître? En fera-t-il un véritable automate? Non, sans doute; ainsi ne l'a pas dit la nature, qui donne aux femmes un esprit si agréable et si délié; au contraire, elle veut qu'elles pensent, qu'elles jugent, qu'elles aiment, qu'elles connoissent, qu'elles cultivent leur esprit comme leur figure; ce sont les armes qu'elle leur donne pour suppléer à la force qui leur manque et pour diriger la nôtre. Elles doivent apprendre beaucoup de choses, mais seulement celles qu'il leur convient de savoir.

Soit que je considère la destination particulière du sexe, soit que j'observe ses penchans, soit que je compte ses devoirs, tout concourt également à m'indiquer la forme d'éducation qui lui convient. La femme et l'homme sont faits l'un pour l'autre, mais leur mutuelle dépendance n'est pas égale : les hommes dépendent des femmes par leurs désirs; les femmes dépendent des hommes et par leurs désirs et par leurs besoins; nous subsisterons plutôt sans elles qu'elles sans nous. Pour qu'elles aient le nécessaire, pour qu'elles soient dans leur état, il faut que nous le leur donnions, que nous voulions le leur donner, que nous les en estimions dignes; elles dépendent de nos sentimens, du prix que nous mettons à leur mérite, du cas que nous faisons de leurs charmes et de leurs vertus. Par la loi même de la nature, les femmes, tant pour elles que pour leurs enfans, sont à la merci des jugemens des hommes : il ne suffit pas qu'elles soient estimables, il faut qu'elles soient estimées; il ne leur suffit pas d'être belles, il faut qu'elles plaisent; il ne leur suffit pas d'être sages, il faut qu'elles soient reconnues pour telles; leur honneur n'est pas seulement dans leur conduite, mais dans leur réputation, et il n'est pas possible que celle qui consent à passer pour infâme puisse jamais être honnête. L'homme, en bien faisant, ne dépend que de lui-même, et peut braver le jugement public; mais la femme, en bien faisant, n'a fait que la moitié de sa tâche, et ce que l'on pense d'elle ne lui importe pas moins que ce qu'elle est en effet. Il suit de là que le système de son éducation doit être à cet égard contraire à celui de la nôtre: l'opinion est le tombeau de la vertu parmi les hommes, et son trône parmi les femmes.

De la bonne constitution des mères dépend d'abord celle des enfans; du soin des femmes dépend la première éducation des hommes; des femmes dépendent encore leurs mœurs, leurs passions, leurs goûts, leurs plaisirs, leur bonheur même. Ainsi toute l'éducation des femmes doit être relative aux hommes. Leur plaire, leur être utiles, se faire aimer et honorer d'eux, les élever jeunes, les soigner grands, les conseiller, les consoler, leur rendre la vie agréable et douce: voilà les devoirs des femmes dans tous les temps, et ce qu'on doit leur apprendre dès leur enfance. Tant qu'on ne remontera pas à ce principe, on s'écartera du but, et tous les préceptes qu'on leur donnera ne serviront de rien pour leur bonheur ni pour le nôtre.

Mais, quoique toute femme veuille plaire aux hommes et doive le vouloir, il y a bien de la différence entre vouloir plaire à l'homme de mérite, à l'homme vraiment aimable, et vouloir plaire à ces petits agréables qui déshonorent leur sexe et celui qu'ils imitent. Ni la nature ni la raison ne peuvent porter la femme à aimer dans les hommes ce qui lui ressemble, et ce n'est pas non plus en prenant leurs manières qu'elle doit chercher à s'en faire aimer.

Lors donc que, quittant le ton modeste et posé de leur sexe, elles prennent les airs de ces étourdis, loin de suivre leur vocation, elles y renoncent; elles s'ôtent à elles-mêmes les droits qu'elles pensent usurper. Si nous étions autrement, disent-elles, nous ne plairions point aux hommes. Elles mentent. Il faut être folle pour aimer les fous; le désir d'attirer ces gens-là montre le goût de celle qui s'y livre. S'il n'y avoit point d'hommes frivoles, elle se presseroit d'en faire; et leurs frivolités sont bien plus son ouvrage que les siennes ne sont le leur. La femme qui aime les vrais hommes, et qui veut leur plaire, prend des moyens assortis à son dessein. La femme est coquette par état; mais sa coquetterie change de forme et d'objet selon ses vues: réglons ces vues sur celles de la nature, la femme aura l'éducation qui lui convient.

Les petites filles, presque en naissant, aiment la parure: non contentes d'être jolies, elles veulent qu'on les trouve telles; on voit dans leurs petits airs que ce soin les occupe déjà; et à peine sont-elles en état d'entendre ce qu'on leur dit, qu'on les gouverne en leur parlant de ce qu'on pensera d'elles. Il s'en faut bien que le même motif très-indiscrètement proposé aux petits garçons n'ait sur eux le même empire. Pourvu qu'ils soient indépendans et qu'ils aient du plaisir, ils se soucient fort peu de ce qu'on pourra penser d'eux. Ce n'est qu'à force de temps et de peine qu'on les assujettit à la même loi.

De quelque part que vienne aux filles cette première leçon, elle est très-bonne. Puisque le corps naît pour ainsi dire avant l'âme, la première culture doit être celle du corps: cet ordre est commun aux deux sexes. Mais l'objet de cette culture est différent; dans l'un cet objet est le développement des forces, dans l'autre il est celui des agrémens: non que ces qualités doivent être exclusives dans chaque sexe, l'ordre seulement est renversé; il faut assez de force aux femmes pour faire tout ce qu'elles font avec grâce; il faut assez d'adresse aux hommes pour faire tout ce qu'ils font avec facilité.

Par l'extrême mollesse des femmes commence celle des hommes. Les femmes ne doivent pas être robustes comme eux, mais pour eux, pour que les hommes qui naîtront d'elles le soient aussi. En ceci, les couvens, où les pensionnaires ont une nourriture grossière, mais beaucoup d'ébats, de courses, de jeux en plein air et dans les jardins, sont à préférer à la maison paternelle, où une fille, délicatement nourrie, toujours flattée ou tancée, toujours assise sous les yeux de sa mère dans une chambre bien close, n'ose se lever, ni marcher, ni parler, ni souffler, et n'a pas un moment de liberté pour jouer, sauter, courir, crier, se livrer à la pétulance naturelle à son âge : toujours ou relâchement dangereux ou sévérité mal entendue ; jamais rien selon la raison. Voilà comment on ruine le corps et le cœur de la jeunesse.

Les filles de Sparte s'exerçoient, comme les garçons, aux jeux militaires, non pour aller à la guerre, mais pour porter un jour des enfans capables d'en soutenir les fatigues. Ce n'est pas là ce que j'approuve, il n'est point nécessaire pour donner des soldats à l'état que les mères aient porté le mousquet et fait l'exercice à la prussienne; mais je trouve qu'en général l'éducation grecque étoit très-bien entendue en cette partie. Les jeunes filles paroissoient souvent en public, non pas mêlées avec les garçons, mais rassemblées entre elles. Il n'y avoit presque pas une fête, pas un sacrifice, pas une cérémonie, où l'on ne vît des bandes de filles des premiers citoyens couronnées de fleurs, chantant des hymnes, formant des chœurs de danses, portant des corbeilles, des vases, des offrandes, et présentant aux sens dépravés des Grecs un spectacle charmant et propre à balancer le mauvais effet de leur indécente gymnastique. Quelque impression que fît cet usage sur le cœur des hommes, toujours étoit-il excellent pour donner au sexe une bonne constitution dans la jeunesse par des exercices agréables, modérés, salutaires, et pour aiguiser et former son goût par le désir continuel de plaire, sans jamais exposer ses mœurs.

Sitôt que ces jeunes personnes étoient mariées, on ne les voyoit plus en public; renfermées dans leurs maisons, elles bornoient tous leurs soins à leur ménage et à leur famille. Telle est la manière de vivre que la nature et la raison prescrivent au sexe. Aussi de ces mères-là naissoient les hommes les plus sains, les plus robustes, les mieux faits de la terre ; et, malgré le mauvais renom de quelques îles, il est constant que de tous les peuples du monde, sans en excepter même les Romains, on n'en cite aucun où les femmes aient été à la fois plus sages et plus aimables, et aient mieux réuni les mœurs et la beauté que l'ancienne Grèce.

On sait que l'aisance des vêtements qui ne gênoient point le corps contribuoit beaucoup à lui laisser dans les deux sexes ces belles proportions qu'on voit dans leurs statues, et qui servent encore de modèle à l'art quand la nature défigurée a cessé de lui en fournir parmi nous. De toutes ces entraves gothiques, de ces multitudes de ligatures qui tiennent de toutes parts nos membres en presse, ils n'en avoient pas une seule. Leurs femmes ignoroient l'usage de ces corps de baleine par lesquels les nôtres contrefont leur taille plutôt qu'elles ne la marquent. Je ne puis concevoir que cet abus, poussé en Angleterre à un point inconcevable, n'y fasse pas à la fin dégénérer l'espèce, et je soutiens même que l'objet d'agrément qu'on se propose en cela est de mauvais goût. Il n'est point agréable de voir une femme coupée en deux comme une guêpe, cela choque la vue et fait souffrir l'imagination. La finesse de la taille a, comme tout le reste, ses proportions, sa mesure, passé laquelle elle est certainement un défaut; ce défaut seroit même frappant à l'œil sur le nu; pourquoi seroit-il une beauté sous le vêtement?

Je n'ose presser les raisons sur lesquelles les femmes s'obstinent à s'encuirasser ainsi : un sein qui tombe, un ventre qui grossit, etc., cela déplaît fort, j'en conviens, dans une personne de vingt ans, mais cela ne choque plus à trente ; et comme il faut en dépit de nous être en tout temps ce qu'il plaît à la nature, et que l'œil de l'homme ne s'y trompe point, ces défauts sont moins déplaisans à tout âge que la sotte affectation d'une petite fille de quarante ans.

Tout ce qui gêne et contraint la nature est de mauvais goût ; cela est vrai des parures du corps comme des ornemens de l'esprit. La vie, la santé, la raison, le bien-être, doivent aller avant tout; la grâce ne va point sans l'aisance; la délicatesse n'est pas la langueur, et il ne faut pas être malsaine pour plaire. On excite la pitié quand on souffre; mais le plaisir et le désir cherchent la fraîcheur de la santé.

Les enfans des deux sexes ont beaucoup d'amusemens communs, et cela doit être; n'en ont-ils pas de même étant grands? Ils ont aussi des goûts propres qui les distinguent. Les garçons cherchent le mouvement et le bruit; des tambours, des sabots, de petits carrosses: les filles aiment mieux ce qui donne dans la vue et sert à l'ornement; des miroirs, des bijoux, des chiffons, surtout des poupées; la poupée est l'amusement spécial de ce sexe; voilà très-évidemment son goût déterminé sur sa destination. Le physique de l'art de plaire est dans la parure; c'est tout ce que des enfans peuvent cultiver de cet art.

Voyez une petite fille passer la journée autour de sa poupée, lui changer sans cesse d'ajustement, l'habiller, la déshabiller cent et cent fois, chercher continuellement de nouvelles combinaisons d'ornemens bien ou mal assortis, il n'importe; les doigts manquent d'adresse, le goût n'est pas formé, mais déjà le penchant se montre: dans cette éternelle occupation le temps coule sans qu'elle y songe; les heures passent, elle n'en sait rien, elle oublie les repas mêmes, elle a plus faim de parure que d'aliment. Mais, direz-vous, elle pare sa poupée et non sa personne. Sans doute; elle voit sa poupée et ne se voit pas, elle ne peut rien faire pour elle-même, elle n'est pas formée, elle n'a ni talent ni force, elle n'est rien encore, elle est toute dans sa poupée, elle y met toute sa coquetterie. Elle ne l'y laissera pas toujours, elle attend le moment d'être sa poupée elle-même.

Voilà donc un premier goût bien décidé: vous n'avez qu'à le suivre et le régler. Il est sûr que la petite voudroit de tout son cœur savoir orner sa poupée, faire des nœuds de manche, son fichu, son falbala, sa dentelle; en tout cela on la fait dépendre si durement du bon plaisir d'autrui, qu'il lui seroit bien plus commode de tout devoir à son industrie. Ainsi vient la raison des premières leçons qu'on lui donne: ce ne sont pas des tâches qu'on lui prescrit, ce sont des bontés qu'on a pour elle. Et en effet presque toutes les petites filles apprennent avec répugnance à lire et à écrire; mais, quant à tenir l'aiguille, c'est ce qu'elles apprennent toujours volontiers. Elles s'imaginent d'avance être grandes, et songent avec plaisir que ces talens pourront un jour leur servir à se parer.

Cette première route ouverte est facile à suivre: la couture, la broderie, la dentelle, viennent d'elles-mêmes. La tapisserie n'est plus si fort à leur gré: les meubles sont trop loin d'elles, ils ne tiennent point à la personne, ils tiennent à d'autres opinions. La tapisserie est l'amusement des femmes; de jeunes filles n'y prendront jamais un fort grand plaisir.

Ces progrès volontaires s'étendront aisément jusqu'au dessin, car cet art n'est pas indifférent à celui de se mettre avec goût: mais je ne voudrois point qu'on les appliquât au paysage, encore moins à la figure. Des feuillages, des fruits, des fleurs, des draperies, tout ce qui peut servir à donner un contour élégant aux ajustemens, et à faire soi-même un patron de broderie quand on n'en trouve pas à son gré, cela leur suffit. En général, s'il importe aux hommes de borner leurs études à des connoissances d'usage, cela importe encore plus aux femmes, parce que la vie de celles-ci, bien que moins laborieuse, étant ou devant être plus assidue à leurs soins, et plus entrecoupée de soins divers, ne leur permet de se livrer par choix à aucun talent au préjudice de leurs devoirs.

Quoi qu'en disent les plaisans, le bons sens est également des deux sexes. Les filles en général sont plus dociles que les garçons, et l'on doit même user sur elles de plus d'autorité, comme je le dirai tout à l'heure: mais il ne s'ensuit pas que l'on doive exiger d'elles rien dont elles ne puissent voir l'utilité; l'art des mères est de la leur montrer dans tout ce qu'elles leur prescrivent, et cela est d'autant plus aisé, que l'intelligence dans les filles est plus précoce que dans les garçons. Cette règle bannit de leur sexe, ainsi que du nôtre, non-seulement toutes les études oisives qui n'aboutissent à rien de bon, et ne rendent pas même plus agréables aux autres ceux qui les ont faites, mais même toutes celles dont l'utilité n'est pas de l'âge, et où l'enfant ne peut la prévoir dans un âge plus avancé. Si je ne veux pas qu'on presse un garçon d'apprendre à lire, à plus forte raison je ne veux pas qu'on y force de jeunes filles avant de leur faire bien sentir à quoi sert la lecture; et, dans la manière dont on leur montre ordinairement cette utilité, on suit bien plus sa propre idée que la leur. Après tout, où est la nécessité qu'une fille sache lire et écrire de si bonne heure? Aura-t-elle si tôt un ménage à gouverner? Il y en a bien peu qui ne fassent plus d'abus que d'usage de cette fatale science, et toutes sont un peu trop curieuses pour ne pas l'apprendre sans qu'on les y force, quand elles en auront le loisir et l'occasion. Peut-être devroient-elles apprendre à chiffrer avant tout: car rien n'offre une utilité plus sensible en tout temps, ne demande un plus long usage, et ne laisse tant de prise à l'erreur que les comptes. Si la petite n'avoit les cerises de son goûter que par une opération d'arithmétique, je vous réponds qu'elle sauroit bientôt calculer.

Je connois une jeune personne qui apprit à écrire plutôt qu'à lire, et qui commença d'écrire avec l'aiguille avant que d'écrire avec la plume. De toute l'écriture elle ne voulut d'abord faire que des O. Elle faisoit incessamment des O grands et petits, des O de toutes les tailles, des O les uns dans les autres, et toujours tracés à rebours. Malheureusement un jour qu'elle étoit occupée à cet utile exercice, elle se vit dans un miroir; et, trouvant que cette attitude contrainte lui donnoit mauvaise grâce, comme une autre Minerve, elle jeta la plume, et ne voulut plus faire des O. Son frère n'aimoit pas plus à écrire qu'elle; mais ce qui le fâchoit étoit la gêne, et non pas l'air qu'elle lui donnoit. On prit un autre tour pour la ramener à l'écriture: la petite fille étoit délicate et vaine, elle n'entendoit point que son linge servît à ses sœurs; on le marquoit, on ne voulut plus le marquer; il fallut apprendre à marquer elle-même: on conçoit le reste du progrès.

Justifiez toujours les soins que vous imposez aux jeunes filles, mais imposez-leur-en toujours. L'oisiveté et l'indocilité sont les deux défauts les plus dangereux pour elles, et dont on guérit le moins quand on les a contractés.

Les filles doivent être vigilantes et laborieuses: ce n'est pas tout; elles doivent être gênées de bonne heure. Ce malheur, si c'en est un pour elles, est inséparable de leur sexe; et jamais elles ne s'en délivrent que pour en souffrir de bien plus cruels. Elles seront toute leur vie asservies à la gêne la plus continuelle et la plus sévère, qui est celle des bienséances. Il faut les exercer d'abord à la contrainte, afin qu'elle ne leur coûte jamais rien; à dompter toutes leurs fantaisies, pour les soumettre aux volontés d'autrui. Si elles vouloient toujours travailler, on devroit quelquefois les forcer à ne rien faire. La dissipation, la frivolité, l'inconstance, sont des défauts qui naissent aisément de leurs premiers goûts corrompus et toujours suivis. Pour prévenir cet abus, apprenez-leur surtout à se vaincre. Dans nos insensés établissemens, la vie de l'honnête femme est un combat perpétuel contre elle-même; il est juste que ce sexe partage la peine des maux qu'il nous a causés.

Empêchez que les filles ne s'ennuient dans leurs occupations, et ne se passionnent dans leurs amusemens, comme il arrive toujours dans les éducations vulgaires, où l'on met, comme dit Fénelon, tout l'ennui d'un côté et tout le plaisir de l'autre. Le premier de ces deux inconvéniens n'aura lieu, si on suit les règles précédentes, que quand les personnes qui seront avec elles leur déplairont. Une petite fille qui aimera sa mère ou sa mie travaillera tout le jour à ses côtés sans ennui; le babil seul la dédommagera de toute sa gêne. Mais, si celle qui la gouverne lui est insupportable, elle prendra dans le même dégoût tout ce qu'elle fera sous ses yeux. Il est très-difficile que celles qui ne se plaisent pas avec leurs mères plus qu'avec personne au monde puissent un jour tourner à bien; mais, pour juger de leurs vrais sentimens, il faut les étudier, et non pas se fier à ce qu'elles disent; car elles sont flatteuses, dissimulées, et savent de bonne heure se déguiser. On ne doit pas non plus leur prescrire d'aimer leur mère; l'affection ne vient point par devoir, et ce n'est pas ici que sert la contrainte. L'attachement, les soins, la seule habitude, feront aimer la mère de la fille, si elle ne fait rien pour s'attirer sa haine. La gêne même où elle la tient, bien dirigée, loin d'affoiblir cet attachement, ne fera que l'augmenter, parce que la dépendance étant un état naturel aux femmes, les filles se sentent faites pour obéir.

Par la même raison qu'elles ont ou doivent avoir peu de liberté, elles portent à l'excès celle qu'on leur laisse; extrêmes en tout, elles se livrent à leurs jeux avec plus d'emportement encore que les garçons : c'est le second des inconvéniens dont je viens de parler. Cet emportement doit être modéré; car il est la cause de plusieurs vices particuliers aux femmes, comme, entre autres, le caprice et l'engouement, par lesquels une femme se transporte aujourd'hui pour tel objet qu'elle ne regardera pas demain. L'inconstance des goûts leur est aussi funeste que leur excès, et l'un et l'autre leur vient de la même source. Ne leur ôtez pas la gaîté, les ris, le bruit, les folâtres jeux; mais empêchez qu'elles ne se rassasient de l'un pour courir à l'autre; ne souffrez pas qu'un seul instant dans leur vie elles ne connoissent plus de frein. Accoutumez-les à se voir interrompre au milieu de leurs jeux, et ramener à d'autres soins sans murmurer. La seule habitude suffit encore en ceci, parce qu'elle ne fait que seconder la nature.

Il résulte de cette contrainte habituelle une docilité dont les femmes ont besoin toute leur vie, puisqu'elles ne cessent jamais d'être assujetties ou à un homme, ou aux jugemens des hommes, et qu'il ne leur est jamais permis de se mettre au-dessus de ces jugemens. La première et la plus importante qualité d'une femme est la douceur : faite pour obéir à un être aussi imparfait que l'homme, souvent si plein de vices, et toujours si plein de défauts, elle doit apprendre de bonne heure à souffrir même l'injustice et à supporter les torts d'un mari sans se plaindre : ce n'est pas pour lui, c'est pour elle qu'elle doit être douce. L'aigreur et l'opiniâtreté des femmes ne font jamais qu'augmenter leurs maux et les mauvais procédés des maris; ils sentent que ce n'est pas avec ces armes-là qu'elles doivent les vaincre. Le ciel ne les fit point insinuantes et persuasives pour devenir acariâtres; il ne les fit point foibles pour être impérieuses; il ne leur donna point une voix si douce pour dire des injures; il ne leur fit point des traits si délicats pour les défigurer par la colère. Quand elles se fâchent, elles s'oublient : elles ont souvent raison de se plaindre, mais elles ont toujours tort de gronder. Chacun doit garder le ton de son sexe; un mari trop doux peut rendre une femme impertinente; mais, à moins qu'un homme ne soit un monstre, la douceur d'une femme le ramène, et triomphe de lui tôt ou tard.

Que les filles soient toujours soumises, mais que les mères ne soient pas toujours inexorables. Pour rendre docile une jeune personne, il ne faut pas la rendre malheureuse; pour la rendre modeste, il ne faut pas l'abrutir; au contraire, je ne serois pas fâché qu'on lui laissât mettre quelquefois un peu d'adresse, non pas à éluder la punition dans sa désobéissance, mais à se faire exempter d'obéir. Il n'est pas question de lui rendre sa dépendance pénible, il suffit de la lui faire sentir. La ruse est un talent naturel au sexe; et, persuadé que tous les penchans naturels sont bons et droits par eux-mêmes, je suis d'avis qu'on cultive celui-là comme les autres : il ne s'agit que d'en prévenir l'abus.

Je m'en rapporte sur la vérité de cette remarque à tout observateur de bonne foi. Je ne veux point qu'on examine là-dessus les femmes mêmes : nos gênantes institutions peuvent les forcer d'aiguiser leur esprit. Je veux qu'on examine les filles, les petites filles, qui ne font pour ainsi dire que de naître : qu'on les compare avec les petits garçons du même âge; et, si ceux-ci ne paroissent lourds, étourdis, bêtes, auprès d'elles, j'aurai tort incontestablement. Qu'on me permette un seul exemple pris dans toute la naïveté puérile.

Il est très-commun de défendre aux enfans de rien demander à table; car on ne croit jamais mieux réussir dans leur éducation qu'en la surchargeant de préceptes inutiles, comme si un morceau de ceci ou de cela n'étoit pas bientôt accordé ou refusé (¹), sans faire mourir sans cesse un pauvre enfant d'une convoitise aiguisée par l'espérance. Tout le monde sait l'adresse d'un jeune garçon soumis à cette loi, lequel, ayant été oublié à table, s'avisa de demander du sel, etc. Je ne dirai pas qu'on pouvoit le chicaner pour avoir demandé di-

---

(¹) Un enfant se rend importun quand il trouve son compte à l'être ; mais il ne demandera jamais deux fois la même chose, si la première réponse est toujours irrévocable.

rectement du sel et indirectement de la viande; l'omission étoit si cruelle, que, quand il eût enfreint ouvertement la loi, et dit sans détour qu'il avoit faim, je ne puis croire qu'on l'en eût puni. Mais voici comment s'y prit, en ma présence, une petite fille de six ans dans un cas beaucoup plus difficile; car, outre qu'il lui étoit rigoureusement défendu de demander jamais rien ni directement ni indirectement, la désobéissance n'eût pas été graciable, puisqu'elle avoit mangé de tous les plats, hormis un seul, dont on avoit oublié de lui donner, et qu'elle convoitoit beaucoup.

Or, pour obtenir qu'on réparât cet oubli sans qu'on pût l'accuser de désobéissance, elle fit en avançant son doigt la revue de tous les plats, disant tout haut, à mesure qu'elle les montroit, *J'ai mangé de ça, j'ai mangé de ça;* mais elle affecta si visiblement de passer sans rien dire celui dont elle n'avoit point mangé, que quelqu'un s'en apercevant lui dit : Et de cela, en avez-vous mangé? *Oh! non*, reprit doucement la petite gourmande en baissant les yeux. Je n'ajouterai rien; comparez : ce tour-ci est une ruse de fille; l'autre est une ruse de garçon.

Ce qui est est bien, et aucune loi générale n'est mauvaise. Cette adresse particulière donnée au sexe est un dédommagement très-équitable de la force qu'il a de moins; sans quoi la femme ne seroit pas la compagne de l'homme, elle seroit son esclave : c'est par cette supériorité de talent qu'elle se maintient son égale, et qu'elle le gouverne en lui obéissant. La femme a tout contre elle, nos défauts, sa timidité, sa foiblesse; elle n'a pour elle que son art et sa beauté. N'est-il pas juste qu'elle cultive l'un et l'autre? Mais la beauté n'est pas générale; elle périt par mille accidens, elle passe avec les années, l'habitude en détruit l'effet. L'esprit seul est la véritable ressource du sexe; non ce sot esprit auquel on donne tant de prix dans le monde, et qui ne sert à rien pour rendre la vie heureuse, mais l'esprit de son état, l'art de tirer parti du nôtre et de se prévaloir de nos propres avantages. On ne sait pas combien cette adresse des femmes nous est utile à nous-mêmes, combien elle ajoute de charme à la société des deux sexes, combien elle sert à réprimer la pétulance des enfans, combien elle contient de maris brutaux, combien elle maintient de bons ménages, que la discorde troubleroit sans cela. Les femmes artificieuses et méchantes en abusent, je le sais bien : mais de quoi le vice n'abuse-t-il pas? Ne détruisons point les instrumens du bonheur parce que les méchans s'en servent quelquefois à nuire.

On peut briller par la parure, mais on ne plaît que par la personne. Nos ajustemens ne sont point nous : souvent ils déparent à force d'être recherchés; et souvent ceux qui font le plus remarquer celle qui les porte sont ceux qu'on remarque le moins. L'éducation des jeunes filles est en ce point tout-à-fait à contresens. On leur promet des ornemens pour récompense, on leur fait aimer les atours recherchés : *Qu'elle est belle!* leur dit-on quand elles sont fort parées. Et tout au contraire on devroit leur faire entendre que tant d'ajustement n'est fait que pour cacher des défauts, et que le vrai triomphe de la beauté et de briller par elle-même. L'amour des modes est de mauvais goût, parce que les visages ne changent pas avec elles, et que la figure restant la même, ce qui lui sied une fois lui sied toujours.

Quand je verrois la jeune fille se pavaner dans ses atours, je paroîtrois inquiet de sa figure ainsi déguisée et de ce qu'on en pourra penser; je dirois : Tous ces ornemens la parent trop, c'est dommage; croyez-vous qu'elle en pût supporter de plus simples? est-elle assez belle pour se passer de ceci ou de cela? Peut-être sera-t-elle alors la première à prier qu'on lui ôte cet ornement, et qu'on juge : c'est le cas de l'applaudir s'il y a lieu. Je ne la louerois jamais tant que quand elle seroit le plus simplement mise. Quand elle ne regardera la parure que comme un supplément aux grâces de la personne et comme un aveu tacite qu'elle a besoin de secours pour plaire, elle ne sera point fière de son ajustement, elle en sera humble; et si, plus parée que de coutume, elle s'entend dire, *Qu'elle est belle!* elle en rougira de dépit.

Au reste, il y a des figures qui ont besoin de parure, mais il n'y en a point qui exigent de riches atours. Les parures ruineuses sont la vanité du rang et non de la personne, elles tiennent uniquement au préjugé. La véritable coquetterie est quelquefois recherchée, mais elle n'est jamais fastueuse, et Junon se mettoit plus superbement que Vénus. *Ne pouvant la faire belle, tu la fais riche*, disoit Apelles à un mauvais peintre, qui peignoit Hélène fort chargée d'atours (*). J'ai aussi remarqué que les plus pompeuses parures annonçoient le plus souvent de laides femmes : on ne sauroit avoir une vanité plus maladroite. Donnez à une jeune fille qui ait du goût, et qui méprise la mode, des rubans, de la gaze, de la mousseline et des fleurs, sans diamans, sans pompons, sans dentelles (¹), elle va se faire un ajustement qui la rendra cent fois plus charmante que n'eussent fait tous les brillans chiffons de la Duchapt.

Comme ce qui est bien est toujours bien, et qu'il faut être toujours le mieux qu'il est possible, les femmes qui se connoissent en ajustemens choisissent les bons, s'y tiennent, et n'en changeant pas tous les jours, elles en sont moins occupées que celles qui ne savent à quoi se fixer. Le vrai soin de la parure demande peu de toilette. Les jeunes demoiselles ont rarement des toilettes d'appareil; le travail, les leçons, remplissent leur journée : cependant en général elles sont mises, au rouge près, avec autant de soin que les dames, et souvent de meilleur goût. L'abus de la toilette n'est pas ce qu'on pense, il vient bien plus d'ennui que de vanité. Une femme qui passe six heures à sa toilette n'ignore point qu'elle n'en sort pas mieux mise que celle qui n'y passe qu'une demi-heure; mais c'est autant de pris sur l'assommante longueur du temps, et il vaut mieux s'amuser de soi que de s'ennuyer de tout. Sans la toilette, que feroit-on de la vie depuis midi jusqu'à neuf heures ? En rassemblant des femmes autour de soi on s'amuse à les impatienter, c'est déjà quelque chose ; on évite les tête-à-tête avec un mari qu'on ne voit qu'à cette heure-là, c'est beaucoup plus : et puis viennent les marchandes, les brocanteurs, les petits messieurs, les petits auteurs, les vers, les chansons, les brochures : sans la toilette on ne réuniroit jamais si bien tout cela. Le seul profit réel qui tienne à la chose est le prétexte de s'étaler un peu plus que quand on est vêtue ; mais ce profit n'est peut-être pas si grand qu'on pense, et les femmes à toilette n'y gagnent pas tant qu'elles diroient bien. Donnez sans scrupule une éducation de femme aux femmes ; faites qu'elles aiment les soins de leur sexe, qu'elles aient de la modestie, qu'elles sachent veiller à leur ménage et s'occuper dans leur maison ; la grande toilette tombera d'elle-même, et elles n'en seront mises que de meilleur goût.

La première chose que remarquent en grandissant les jeunes personnes, c'est que tous ces agrémens étrangers ne leur suffisent pas, si elles n'en ont qui soient à elles. On ne peut jamais se donner la beauté, et l'on n'est pas si tôt en état d'acquérir la coquetterie ; mais on peut déjà chercher à donner un tour agréable à ses gestes, un accent flatteur à sa voix, à composer son maintien, à marcher avec légèreté, à prendre des attitudes gracieuses, et à choisir partout ses avantages. La voix s'étend, s'affermit et prend du timbre ; les bras se développent, la marche s'assure, et l'on s'aperçoit que, de quelque manière qu'on soit mise, il y a un art de se faire regarder. Dès lors il ne s'agit plus seulement d'aiguille et d'industrie ; de nouveaux talens se présentent, et font déjà sentir leur utilité.

Je sais que les sévères instituteurs veulent qu'on n'apprenne aux jeunes filles ni chant, ni danse, ni aucun des arts agréables. Cela me paroît plaisant : et à qui veulent-ils donc qu'on les apprenne ? aux garçons ? A qui des hommes ou des femmes appartient-il d'avoir ces talens par préférence ? A personne, répondront-ils : les chansons profanes sont autant de crimes; la danse est une invention du démon ; une jeune fille ne doit avoir d'amusement que son travail et la prière. Voilà d'étranges amusemens pour un enfant de dix ans ! Pour moi, j'ai grand'peur que toutes ces petites saintes qu'on force de passer leur enfance à prier Dieu ne passent leur jeunesse à tout autre chose, et ne réparent de leur mieux, étant mariées, le temps qu'elles pensent avoir perdu filles. J'estime qu'il faut avoir égard à ce qui convient à l'âge aussi bien qu'au sexe ; qu'une jeune fille ne doit pas vivre comme sa grand'mère, qu'elle doit être vive, enjouée, folâtre, chanter, danser autant qu'il lui plaît, et goûter tous les innocens plaisirs de

---

(*) CLEMENT. ALEX. Pedagog., lib. II, cap. 12. G. P.

(¹) Les femmes qui ont la peau assez blanche pour se passer de dentelle donneroient bien du dépit aux autres si elles n'en portoient pas. Ce sont presque toujours de laides personnes qui amènent les modes auxquelles les belles ont la bêtise de s'assujettir.

son âge : le temps ne viendra que trop tôt d'être posée et de prendre un maintien plus sérieux.

Mais la nécessité de ce changement même est-elle bien réelle? N'est-elle point peut-être encore un fruit de nos préjugés? En n'asservissant les honnêtes femmes qu'à de tristes devoirs, on a banni du mariage tout ce qui pouvoit le rendre agréable aux hommes. Faut-il s'étonner si la taciturnité qu'ils voient régner chez eux les en chasse, ou s'ils sont peu tentés d'embrasser un état si déplaisant? A force d'outrer tous les devoirs, le christianisme les rend impraticables et vains ; à force d'interdire aux femmes le chant, la danse et tous les amusemens du monde, il les rend maussades, grondeuses, insupportables dans leurs maisons. Il n'y a point de religion où le mariage soit soumis à des devoirs si sévères, et point où un engagement si saint soit si méprisé. On a tant fait pour empêcher les femmes d'être aimables, qu'on a rendu les maris indifférens. Cela ne devroit pas être ; j'entends fort bien : mais moi je dis que cela devoit être, puisque enfin les chrétiens sont hommes. Pour moi, je voudrois qu'une jeune Angloise cultivât avec autant de soin les talens agréables pour plaire au mari qu'elle aura, qu'une jeune Albanoise les cultive pour le harem d'Ispahan. Les maris, dira-t-on, ne se soucient point trop de tous ces talens. Vraiment je le crois, quand ces talens, loin d'être employés à leur plaire, ne servent que d'amorce pour attirer chez eux de jeunes impudens qui les déshonorent. Mais pensez-vous qu'une femme aimable et sage, ornée de pareils talens, et qui les consacreroit à l'amusement de son mari, n'ajouteroit pas au bonheur de sa vie, et ne l'empêcheroit pas, sortant de son cabinet la tête épuisée, d'aller chercher des récréations hors de chez lui? Personne n'a-t-il vu d'heureuses familles ainsi réunies, où chacun sait fournir du sien aux amusemens communs? Qu'il dise si la confiance et la familiarité qui s'y joint, si l'innocence et la douceur des plaisirs qu'on y goûte, ne rachètent pas bien ce que les plaisirs publics ont de plus bruyant.

On a trop réduit en art les talens agréables; on les a trop généralisés; on a tout fait maxime et prétexte, et l'on a rendu fort ennuyeux aux jeunes personnes ce qui ne doit être pour elles qu'amusement et folâtres jeux. Je n'imagine rien de plus ridicule que de voir un vieux maître à danser ou à chanter aborder d'un air refrogné de jeunes personnes qui ne cherchent qu'à rire, et prendre pour leur enseigner sa frivole science un ton plus pédantesque et plus magistral que s'il s'agissoit de leur catéchisme. Est-ce, par exemple, que l'art de chanter tient à la musique écrite? ne sauroit-on rendre sa voix flexible et juste, apprendre à chanter avec goût, même à s'accompagner, sans connoître une seule note? Le même genre de chant va-t-il à toutes les voix? La même méthode va-t-elle à tous les esprits? On ne me fera jamais croire que les mêmes attitudes, les mêmes pas, les mêmes mouvemens, les mêmes gestes, les mêmes danses, conviennent à une petite brune vive et piquante, et à une grande belle blonde aux yeux languissans. Quand donc je vois un maître donner exactement à toutes deux les mêmes leçons, je dis : Cet homme suit sa routine, mais il n'entend rien à son art.

On demande s'il faut aux filles des maîtres ou des maîtresses. Je ne sais : je voudrois bien qu'elles n'eussent besoin ni des uns ni des autres, qu'elles apprissent librement ce qu'elles ont tant de penchant à vouloir apprendre, et qu'on ne vît pas sans cesse errer dans nos villes tant de baladins chamarrés. J'ai quelque peine à croire que le commerce de ces gens-là ne soit pas plus nuisible à de jeunes filles que leurs leçons ne leur sont utiles, et que leur jargon, leur ton, leurs airs, ne donnent pas à leurs écolières le premier goût des frivolités, pour eux si importantes, dont elles ne tarderont guère, à leur exemple, de faire leur unique occupation.

Dans les arts qui n'ont que l'agrément pour objet, tout peut servir de maître aux jeunes personnes; leur père, leur mère, leur frère, leur sœur, leurs amies, leurs gouvernantes, leur miroir, et surtout leur propre goût. On ne doit point offrir de leur donner leçon, il faut que ce soient elles qui la demandent : on ne doit point faire une tâche d'une récompense; et c'est surtout dans ces sortes d'études que le premier succès est de vouloir réussir. Au reste, s'il faut absolument des leçons en règle, je ne déciderai point du sexe de ceux qui les doivent donner. Je ne sais s'il faut qu'un maître à danser prenne une jeune écolière par sa main délicate et blanche, qu'il lui fasse accourcir la juppe, lever les yeux, déployer les bras, avancer un sein palpitant; mais je sais bien que pour rien au monde je ne voudrois être ce maître-là.

Par l'industrie et les talens le goût se forme; par le goût l'esprit s'ouvre insensiblement aux idées du beau dans tous les genres, et enfin aux notions morales qui s'y rapportent. C'est peut-être une des raisons pourquoi le sentiment de la décence et de l'honnêteté s'insinue plus tôt chez les filles que chez les garçons; car, pour croire que ce sentiment précoce soit l'ouvrage des gouvernantes, il faudroit être fort mal instruit de la tournure de leurs leçons et de la marche de l'esprit humain. Le talent de parler tient le premier rang dans l'art de parler, c'est par lui seul qu'on peut ajouter de nouveaux charmes à ceux auxquels l'habitude accoutume les sens. C'est l'esprit qui non-seulement vivifie le corps, mais qui le renouvelle en quelque sorte; c'est par la succession des sentimens et des idées qu'il anime et varie la physionomie; et c'est par les discours qu'il inspire que l'attention, tenue en haleine, soutient long-temps le même intérêt sur le même objet. C'est, je crois, par toutes ces raisons que les jeunes filles acquièrent si vite un petit babil agréable, qu'elles mettent de l'accent dans leurs propos, même avant que de les sentir, et que les hommes s'amusent sitôt à les écouter, même avant qu'elles puissent les entendre; ils épient le premier moment de cette intelligence pour pénétrer ainsi celui du sentiment (a).

Les femmes ont la langue flexible; elles parlent plus tôt, plus aisément et plus agréablement que les hommes. On les accuse aussi de parler davantage; cela doit être, et je changerois volontiers ce reproche en éloge: la bouche et les yeux ont chez elles la même activité, et par la même raison. L'homme dit ce qu'il sait, la femme dit ce qui plaît; l'un pour parler a besoin de connoissance, et l'autre de goût; l'un doit avoir pour objet principal les choses utiles, l'autre les agréables. Leurs discours ne doivent avoir de formes communes que celles de la vérité.

On ne doit donc pas contenir le babil des filles, comme celui des garçons, par cette interrogation dure, *A quoi cela est-il bon?* mais par cette autre, à laquelle il n'est pas plus aisé de répondre, *Quel effet cela fera-t-il?* Dans ce premier âge, où, ne pouvant discerner encore le bien et le mal, elles ne sont les juges de personne, elles doivent s'imposer pour loi de ne jamais rien dire que d'agréable à ceux à qui elles parlent; et ce qui rend la pratique de cette règle plus difficile est qu'elle reste toujours subordonnée à la première, qui est de ne jamais mentir.

J'y vois bien d'autres difficultés encore, mais elles sont d'un âge plus avancé. Quant à présent, il n'en peut coûter aux jeunes filles pour être vraies que de l'être sans grossièreté: et comme naturellement cette grossièreté leur répugne, l'éducation leur apprend aisément à l'éviter. Je remarque en général, dans le commerce du monde, que la politesse des hommes est plus officieuse, et celle des femmes plus caressante. Cette différence n'est point d'institution, elle est naturelle. L'homme paroît chercher davantage à vous servir, et la femme à vous agréer. Il suit de là que, quoi qu'il en soit du caractère des femmes, leur politesse est moins fausse que la nôtre, elle ne fait qu'étendre leur premier instinct; mais quand un homme feint de préférer mon intérêt au sien propre, de quelque démonstration qu'il colore ce mensonge, je suis très-sûr qu'il en fait un. Il n'en coûte donc guère aux femmes d'être polies, ni par conséquent aux filles d'apprendre à le devenir. La première leçon vient de la nature, l'art ne fait plus que la suivre, et déterminer suivant nos usages sous quelle forme elle doit se montrer. A l'égard de leur politesse entre elles, c'est tout autre chose: elles y mettent un air si contraint et des attentions si froides, qu'en se gênant mutuellement elles n'ont pas grand soin de cacher leur gêne, et semblent sincères dans leur mensonge en ne cherchant guère à le déguiser. Cependant les jeunes personnes se font quelquefois tout de bon des amitiés plus franches. A leur âge la gaîté tient lieu de bon naturel; et contentes d'elles, elles le sont de tout le monde. Il est

---

(a) Var. ... *les entendre; ils épient, pour ainsi dire, le moment du discernement de ces petites personnes, pour savoir quand ils pourront les aimer: car, quoi qu'on fasse, on veut plaire à qui nous plaît; et sitôt qu'on en désespère il ne nous plaît pas long-temps.*

constant aussi qu'elles se baisent de meilleur cœur, et se caressent avec plus de grâce devant les hommes, fières d'aiguiser impunément leur convoitise par l'image des faveurs qu'elles savent leur faire envier.

Si l'on ne doit pas permettre aux jeunes garçons des questions indiscrètes, à plus forte raison doit-on les interdire à de jeunes filles, dont la curiosité satisfaite ou mal éludée est bien d'une autre conséquence, vu leur pénétration à pressentir les mystères qu'on leur cache, et leur adresse à les découvrir. Mais sans souffrir leurs interrogations, je voudrois qu'on les interrogeât beaucoup elles-mêmes, qu'on eût soin de les faire causer, qu'on les agaçât pour les exercer à parler aisément, pour les rendre vives à la riposte, pour leur délier l'esprit et la langue tandis qu'on le peut sans danger. Ces conversations, toujours tournées en gaîté, mais ménagées avec art et bien dirigées, feroient un amusement charmant pour cet âge, et pourroient porter dans les cœurs innocens de ces jeunes personnes les premières et peut-être les plus utiles leçons de morale qu'elles prendront de leur vie, en leur apprenant, sous l'attrait du plaisir et de la vanité, à quelles qualités les hommes accordent véritablement leur estime, et en quoi consiste la gloire et le bonheur d'une honnête femme.

On comprend bien que si les enfans mâles sont hors d'état de se former aucune véritable idée de religion, à plus forte raison la même idée est-elle au-dessus de la conception des filles : c'est pour cela même que je voudrois en parler à celles-ci de meilleure heure; car, s'il falloit attendre qu'elles fussent en état de discuter méthodiquement ces questions profondes, on courroit risque de ne leur en parler jamais. La raison des femmes est une raison pratique, qui leur fait trouver très-habilement les moyens d'arriver à une fin connue, mais qui ne leur fait pas trouver cette fin. La relation sociale des sexes est admirable. De cette société résulte une personne morale dont la femme est l'œil et l'homme le bras, mais avec une telle dépendance l'une de l'autre, que c'est de l'homme que la femme apprend ce qu'il faut voir, et de la femme que l'homme apprend ce qu'il faut faire. Si la femme pouvoit remonter aussi bien que l'homme aux principes, et que l'homme eût aussi bien qu'elle l'esprit des détails, toujours indépendans l'un de l'autre, ils vivroient dans une discorde éternelle, et leur société ne pourroit subsister. Mais, dans l'harmonie qui règne entre eux, tout tend à la fin commune ; on ne sait lequel met le plus du sien ; chacun suit l'impulsion de l'autre; chacun obéit, et tous deux sont les maîtres.

Par cela même que la conduite de la femme est asservie à l'opinion publique, sa croyance est asservie à l'autorité. Toute fille doit avoir la religion de sa mère, et toute femme celle de son mari. Quand cette religion seroit fausse, la docilité qui soumet la mère et la fille à l'ordre de la nature efface auprès de Dieu le péché de l'erreur. Hors d'état d'être juges elles-mêmes, elles doivent recevoir la décision des pères et des maris comme celle de l'Église.

Ne pouvant tirer d'elles seules la règle de leur foi, les femmes ne peuvent lui donner pour bornes celles de l'évidence et de la raison ; mais, se laissant entraîner par mille impulsions étrangères, elles sont toujours au-deçà ou au-delà du vrai. Toujours extrêmes, elles sont toutes libertines ou dévotes; on n'en voit point savoir réunir la sagesse à la piété. La source du mal n'est pas seulement dans le caractère outré de leur sexe, mais aussi dans l'autorité mal réglée du nôtre : le libertinage des mœurs la fait mépriser, l'effroi du repentir la rend tyrannique; et voilà comment on en fait toujours trop ou trop peu.

Puisque l'autorité doit régler la religion des femmes, il ne s'agit pas tant de leur expliquer les raisons qu'on a de croire, que de leur exposer nettement ce qu'on croit : car la foi qu'on donne à des idées obscures est la première source du fanatisme, et celle qu'on exige pour des choses absurdes mène à la folie ou à l'incrédulité. Je ne sais à quoi nos catéchismes portent le plus, d'être impie ou fanatique ; mais je sais bien qu'ils font nécessairement l'un ou l'autre.

Premièrement, pour enseigner la religion à de jeunes filles, n'en faites jamais pour elles un objet de tristesse et de gêne, jamais une tâche ni un devoir ; par conséquent ne leur faites jamais rien apprendre par cœur qui s'y rapporte, pas même les prières. Contentez-vous de faire régulièrement les vôtres devant elles, sans les forcer pourtant d'y assister. Faites-les courtes, selon l'instruction de Jésus-Christ. Faites-les toujours avec le recueillement et le respect convenables ; songez qu'en demandant à l'Être suprême de l'attention pour nous écouter, cela vaut bien qu'on en mette à ce qu'on va lui dire.

Il importe moins que de jeunes filles sachent si tôt leur religion, qu'il n'importe qu'elles la sachent si bien, et surtout qu'elles l'aiment. Quand vous la leur rendez onéreuse, quand vous leur peignez toujours Dieu fâché contre elles, quand vous leur imposez en son nom mille devoirs pénibles qu'elles ne vous voient jamais remplir, que peuvent-elles penser, sinon que savoir son catéchisme et prier Dieu sont les devoirs des petites filles, et désirer d'être grandes pour s'exempter comme vous de tout cet assujettissement ? L'exemple ! l'exemple ! sans cela jamais on ne réussit à rien auprès des enfans.

Quand vous leur expliquez des articles de foi, que ce soit en forme d'instruction directe, et non par demandes et par réponses. Elles ne doivent jamais répondre que ce qu'elles pensent, et non ce qu'on leur a dicté. Toutes les réponses du catéchisme sont à contre-sens, c'est l'écolier qui instruit le maître ; elles sont même des mensonges dans la bouche des enfans, puisqu'ils expliquent ce qu'ils n'entendent point, et qu'ils affirment ce qu'ils sont hors d'état de croire. Parmi les hommes les plus intelligens, qu'on me montre ceux qui ne mentent pas en disant leur catéchisme.

La première question que je vois dans le nôtre est celle-ci : *Qui vous a créée et mise au monde ?* A quoi la petite fille, croyant bien que c'est sa mère, dit pourtant sans hésiter que c'est Dieu. La seule chose qu'elle voit là, c'est qu'à une demande qu'elle n'entend guère elle fait une réponse qu'elle n'entend point du tout.

Je voudrois qu'un homme qui connoîtroit bien la marche de l'esprit des enfans voulût faire pour eux un catéchisme. Ce seroit peut-être le livre le plus utile qu'on eût jamais écrit, et ce ne seroit pas, à mon avis, celui qui feroit le moins d'honneur à son auteur. Ce qu'il y a de bien sûr, c'est que si ce livre étoit bon, il ne ressembleroit guère aux nôtres.

Un tel catéchisme ne sera bon que quand, sur les seules demandes, l'enfant fera de lui-même les réponses sans les apprendre ; bien entendu qu'il sera quelquefois dans le cas d'interroger à son tour. Pour faire entendre ce que je veux dire il faudroit une espèce de modèle, et je sens bien ce qui me manque pour le tracer. J'essaierai du moins d'en donner quelque légère idée.

Je m'imagine donc que, pour venir à la première question de notre catéchisme, il faudroit que celui-là commençât à près ainsi.

LA BONNE.
Vous souvenez-vous du temps que votre mère étoit fille ?

LA PETITE.
Non, ma bonne.

LA BONNE.
Pourquoi non, vous qui avez si bonne mémoire ?

LA PETITE.
C'est que je n'étois pas au monde.

LA BONNE.
Vous n'avez donc pas toujours vécu ?

LA PETITE.
Non.

LA BONNE.
Vivrez-vous toujours ?

LA PETITE.
Oui.

LA BONNE.
Êtes-vous jeune ou vieille ?

LA PETITE.
Je suis jeune.

LA BONNE.
Et votre grand'maman est-elle jeune ou vieille ?

LA PETITE.
Elle est vieille.

LA BONNE.
A-t-elle été jeune ?

LA PETITE.
Oui.

LA BONNE.
Pourquoi ne l'est-elle plus ?

LA PETITE.
C'est qu'elle a vieilli.

LA BONNE.
Vieillirez-vous comme elle ?

LA PETITE.
Je ne sais (¹).

(¹) Si partout où j'ai mis, *Je ne sais*, la petite répond autre-

LA BONNE.
Où sont vos robes de l'année passée ?
LA PETITE.
On les a défaites.
LA BONNE.
Et pourquoi les a-t-on défaites ?
LA PETITE.
Parce qu'elles m'étoient trop petites.
LA BONNE.
Et pourquoi vous étoient-elles trop petites ?
LA PETITE.
Parce que j'ai grandi.
LA BONNE.
Grandirez-vous encore ?
LA PETITE.
Oh ! oui.
LA BONNE.
Et que deviennent les grandes filles ?
LA PETITE.
Elles deviennent femmes.
LA BONNE.
Et que deviennent les femmes ?
LA PETITE.
Elles deviennent mères.
LA BONNE.
Et les mères, que deviennent-elles ?
LA PETITE.
Elles deviennent vieilles.
LA BONNE.
Vous deviendrez donc vieille ?
LA PETITE.
Quand je serai mère.
LA BONNE.
Et que deviennent les vieilles gens ?
LA PETITE.
Je ne sais.
LA BONNE.
Qu'est devenu votre grand-papa ?
LA PETITE.
Il est mort (¹).

LA BONNE.
Et pourquoi est-il mort ?
LA PETITE.
Parce qu'il étoit vieux.
LA BONNE.
Que deviennent donc les vieilles gens ?
LA PETITE.
Ils meurent.
LA BONNE.
Et vous, quand vous serez vieille, que....
LA PETITE, *l'interrompant.*
Oh ! ma bonne, je ne veux pas mourir.
LA BONNE.
Mon enfant, personne ne veut mourir, et tout le monde meurt.
LA PETITE.
Comment ! est-ce que maman mourra aussi ?
LA BONNE.
Comme tout le monde. Les femmes vieillissent ainsi que les hommes, et la vieillesse mène à la mort.
LA PETITE.
Que faut-il faire pour vieillir bien tard ?
LA BONNE.
Vivre sagement tandis qu'on est jeune.
LA PETITE.
Ma bonne, je serai toujours sage.
LA BONNE.
Tant mieux pour vous. Mais enfin croyez-vous de vivre toujours ?
LA PETITE.
Quand je serai bien vieille, bien vieille.
LA BONNE.
Hé bien ?
LA PETITE.
Enfin, quand on est si vieille, vous dites qu'il faut mourir.
LA BONNE.
Vous mourrez donc une fois ?
LA PETITE.
Hélas ! oui.
LA BONNE.
Qui est-ce qui vivoit avant vous ?
LA PETITE.
Mon père et ma mère.
LA BONNE.
Qui est-ce qui vivoit avant eux ?
LA PETITE.
Leur père et leur mère.

---

ment, il faut se défier de sa réponse et la lui faire expliquer avec soin.

(¹) La petite dira cela, parce qu'elle l'a entendu dire; mais il faut vérifier si elle a quelque juste idée de la mort, car cette idée n'est pas si simple ni si à la portée des enfans que l'on pense. On peut voir, dans le petit poëme d'*Abel*, un exemple de la manière dont on doit la leur donner (*). Ce charmant ouvrage respire une simplicité délicieuse dont on ne peut trop se nourrir pour converser avec les enfans.

(*) Voyez au second chant le récit d'Adam, au moment où Ève voit mourir un oiseau.
G. P.

LA BONNE.

Qui est-ce qui vivra après vous?

LA PETITE.

Mes enfans.

LA BONNE.

Qui est-ce qui vivra après eux?

LA PETITE.

Leurs enfans, etc.

En suivant cette route on trouve à la race humaine, par des inductions sensibles, un commencement et une fin, comme à toutes choses, c'est-à-dire un père et une mère qui n'ont eu ni père ni mère, et des enfans qui n'auront point d'enfans (¹). Ce n'est qu'après une longue suite de questions pareilles que la première demande du catéchisme est suffisamment préparée : alors seulement on peut la faire, et l'enfant peut l'entendre. Mais de là jusqu'à la deuxième réponse, qui est pour ainsi dire la définition de l'essence divine, quel saut immense! Quand cet intervalle sera-t-il rempli? Dieu est un esprit! Et qu'est-ce qu'un esprit? Irai-je embarquer celui d'un enfant dans cette obscure métaphysique dont les hommes ont tant de peine à se tirer? Ce n'est pas à une petite fille à résoudre ces questions, c'est tout au plus à elle à les faire. Alors je lui répondrois simplement : Vous me demandez ce que c'est que Dieu ; cela n'est pas facile à dire : on ne peut entendre, ni voir, ni toucher Dieu; on ne le connoît que par ses œuvres. Pour juger ce qu'il est, attendez de savoir ce qu'il a fait.

Si nos dogmes sont tous de la même vérité, tous ne sont pas pour cela de la même importance. Il est fort indifférent à la gloire de Dieu qu'elle nous soit connue en toutes choses ; mais il importe à la société humaine et à chacun de ses membres que tout homme connoisse et remplisse les devoirs que lui impose la loi de Dieu envers son prochain et envers soi-même. Voilà ce que nous devons incessamment nous enseigner les uns aux autres, et voilà surtout de quoi les pères et mères sont tenus d'instruire leurs enfans. Qu'une vierge soit la mère de son créateur, qu'elle ait enfanté Dieu, ou seulement un homme auquel Dieu s'est joint ; que la substance du père et du fils soit la même, ou ne soit que semblable ; que l'esprit procède de l'un des deux qui sont le même, ou de tous deux conjointement, je ne vois pas que la décision de ces questions, en apparence essentielles, importe plus à l'espèce humaine, que de savoir quel jour de la lune on doit célébrer la pâque, s'il faut dire le chapelet, jeûner, faire maigre, parler latin ou françois à l'église, orner les murs d'images, dire ou entendre la messe, et n'avoir point de femme en propre. Que chacun pense là-dessus comme il lui plaira; j'ignore en quoi cela peut intéresser les autres; quant à moi, cela ne m'intéresse point du tout. Mais ce qui m'intéresse, moi et tous mes semblables, c'est que chacun sache qu'il existe un arbitre du sort des humains, duquel nous sommes tous les enfans, qui nous prescrit à tous d'être justes, de nous aimer les uns les autres, d'être bienfaisans et miséricordieux, de tenir nos engagemens envers tout le monde, même envers nos ennemis et les siens ; que l'apparent bonheur de cette vie n'est rien ; qu'il en est une autre après elle, dans laquelle cet Être suprême sera le rémunérateur des bons et le juge des méchans. Ces dogmes et les dogmes semblables sont ceux qu'il importe d'enseigner à la jeunesse, et de persuader à tous les citoyens. Quiconque les combat mérite châtiment, sans doute ; il est le perturbateur de l'ordre et l'ennemi de la société. Quiconque les dépasse, et veut nous asservir à ses opinions particulières, vient au même point par une route opposée; pour établir l'ordre à sa manière, il trouble la paix; dans son téméraire orgueil, il se rend l'interprète de la Divinité, il exige en son nom les hommages et les respects des hommes, il se fait Dieu tant qu'il peut à sa place : on devroit le punir comme sacrilége, quand on ne le puniroit pas comme intolérant.

Négligez donc tous ces dogmes mystérieux qui ne sont pour nous que des mots sans idées, toutes ces doctrines bizarres dont la vaine étude tient lieu de vertus à ceux qui s'y livrent, et sert plutôt à les rendre fous que bons. Maintenez toujours vos enfans dans le cercle étroit des dogmes qui tiennent à la morale. Persuadez-leur bien qu'il n'y a rien pour nous d'utile

(¹) L'idée de l'éternité ne sauroit s'appliquer aux générations humaines avec le consentement de l'esprit. Toute succession numérique réduite en acte est incompatible avec cette idée.

à savoir que ce qui nous apprend à bien faire. Ne faites point de vos filles des théologiennes et des raisonneuses; ne leur apprenez des choses du ciel que ce qui sert à la sagesse humaine: accoutumez-les à se sentir toujours sous les yeux de Dieu, à l'avoir pour témoin de leurs actions, de leurs pensées, de leur vertu, de leurs plaisirs; à faire le bien sans ostentation, parce qu'il l'aime; à souffrir le mal sans murmure, parce qu'il les en dédommagera; à être enfin, tous les jours de leur vie, ce qu'elles seront bien aises d'avoir été lorsqu'elles comparoîtront devant lui. Voilà la véritable religion, voilà la seule qui n'est susceptible ni d'abus, ni d'impiété, ni de fanatisme. Qu'on en prêche tant qu'on voudra de plus sublimes; pour moi, je n'en reconnois point d'autre que celle-là.

Au reste, il est bon d'observer que jusqu'à l'âge où la raison s'éclaire et où le sentiment naissant fait parler la conscience, ce qui est bien ou mal pour les jeunes personnes est ce que les gens qui les entourent ont décidé tel. Ce qu'on leur commande est bien, ce qu'on leur défend est mal, elles n'en doivent pas savoir davantage : par où l'on voit de quelle importance est, encore plus pour elles que pour les garçons, le choix des personnes qui doivent les approcher et avoir quelque autorité sur elles. Enfin le moment vient où elles commencent à juger des choses par elles-mêmes, et alors il est temps de changer le plan de leur éducation.

J'en ai trop dit jusqu'ici peut-être. A quoi réduirons-nous les femmes, si nous ne leur donnons pour loi que les préjugés publics? N'abaissons pas à ce point le sexe qui nous gouverne, et qui nous honore quand nous ne l'avons pas avili. Il existe pour toute l'espèce humaine une règle antérieure à l'opinion. C'est à l'inflexible direction de cette règle que se doivent rapporter toutes les autres : elle juge le préjugé même; et ce n'est qu'autant que l'estime des hommes s'accorde avec elle, que cette estime doit faire autorité pour nous.

Cette règle est le sentiment intérieur. Je ne répéterai point ce qui en a été dit ci-devant; il me suffit de remarquer que si ces deux règles ne concourent à l'éducation des femmes, elles sera toujours défectueuse. Le sentiment sans l'opinion ne leur donnera point cette délicatesse d'âme qui pare les bonnes mœurs de l'honneur du monde; et l'opinion sans le sentiment n'en fera jamais que des femmes fausses et déshonnêtes, qui mettent l'apparence à la place de la vertu.

Il leur importe donc de cultiver une faculté qui serve d'arbitre entre les deux guides, qui ne laisse point égarer la conscience, et qui redresse les erreurs du préjugé. Cette faculté est la raison. Mais à ce mot que de questions s'élèvent! Les femmes sont-elles capables d'un solide raisonnement? Importe-t-il qu'elles le cultivent? Le cultiveront-elles avec succès? Cette culture est-elle utile aux fonctions qui leur sont imposées? est-elle compatible avec la simplicité qui leur convient?

Les diverses manières d'envisager et de résoudre ces questions font que, donnant dans les excès contraires, les uns bornent la femme à coudre et filer dans son ménage avec ses servantes, et n'en font ainsi que la première servante du maître : les autres, non contens d'assurer ses droits, lui font encore usurper les nôtres; car la laisser au-dessus de nous dans les qualités propres à son sexe, et la rendre notre égale dans tout le reste, qu'est-ce autre chose que transporter à la femme la primauté que la nature donne au mari?

La raison qui mène l'homme à la connoissance de ses devoirs n'est pas fort composée; la raison qui mène la femme à la connoissance des siens est plus simple encore. L'obéissance et la fidélité qu'elle doit à son mari, la tendresse et les soins qu'elle doit à ses enfans, sont des conséquences si naturelles et si sensibles de sa condition, qu'elle ne peut sans mauvaise foi refuser son consentement au sentiment intérieur qui la guide, ni méconnoître le devoir dans le penchant qui n'est point encore altéré.

Je ne blâmerois pas sans distinction qu'une femme fût bornée aux seuls travaux de son sexe, et qu'on la laissât dans une profonde ignorance sur tout le reste; mais il faudroit pour cela des mœurs publiques très-simples, très-saines, ou une manière de vivre très-retirée. Dans de grandes villes, et parmi des hommes corrompus, cette femme seroit trop facile à séduire; souvent sa vertu ne tiendroit qu'aux occasions : dans ce siècle philosophe il lui en faut une à l'épreuve; il faut qu'elle sache d'avance et ce qu'on lui peut dire et ce qu'elle en doit penser.

D'ailleurs, soumise au jugement des hommes, elle doit mériter leur estime; elle doit surtout obtenir celle de son époux; elle ne doit pas seulement lui faire aimer sa personne, mais lui faire approuver sa conduite; elle doit justifier devant le public le choix qu'il a fait, et faire honorer le mari de l'honneur qu'on rend à la femme. Or comment s'y prendra-t-elle pour tout cela, si elle ignore nos institutions, si elle ne sait rien de nos usages, de nos bienséances, si elle ne connoît ni la source des jugemens humains, ni les passions qui les déterminent? Dès là qu'elle dépend à la fois de sa propre conscience et des opinions des autres, il faut qu'elle apprenne à comparer ces deux règles, à les concilier et à ne préférer la première que quand elles sont en opposition. Elle devient le juge de ses juges, elle décide quand elle doit s'y soumettre et quand elle doit les récuser. Avant de rejeter ou d'admettre leurs préjugés, elle les pèse; elle apprend à remonter à leur source, à les prévenir, à se les rendre favorables; elle a soin de ne jamais s'attirer le blâme quand son devoir lui permet de l'éviter. Rien de tout cela ne peut bien se faire sans cultiver son esprit et sa raison.

Je reviens toujours au principe, et il me fournit la solution de toutes mes difficultés. J'étudie ce qui est, j'en recherche la cause, et je trouve enfin que ce qui est est bien. J'entre dans des maisons ouvertes dont le maître et la maîtresse font conjointement les honneurs. Tous deux ont eu la même éducation, tous deux sont d'une égale politesse, tous deux également pourvus de goût et d'esprit, tous deux animés du même désir de bien recevoir leur monde, et de renvoyer chacun content d'eux. Le mari n'omet aucun soin pour être attentif à tout: il va, vient, fait la ronde et se donne mille peines; il voudroit être tout attention. La femme reste à sa place; un petit cercle se rassemble autour d'elle et semble lui cacher le reste de l'assemblée; cependant il ne s'y passe rien qu'elle n'aperçoive, il n'en sort personne à qui elle n'ait parlé; elle n'a rien omis de ce qui pouvoit intéresser tout le monde: elle n'a rien dit à chacun qui ne lui fût agréable; et, sans rien troubler à l'ordre, le moindre de la compagnie n'est pas plus oublié que le premier. On est servi, l'on se met à table: l'homme, instruit des gens qui se conviennent, les placera selon ce qu'il sait; la femme, sans rien savoir, ne s'y trompera pas; elle aura déjà lu dans les yeux, dans le maintien, toutes les convenances, et chacun se trouvera placé comme il veut l'être. Je ne dis point qu'au service personne n'est oublié. Le maître de la maison, en faisant la ronde, aura pu n'oublier personne; mais la femme devine ce qu'on regarde avec plaisir et vous en offre; en parlant à son voisin elle a l'œil au bout de la table; elle discerne celui qui ne mange point parce qu'il n'a pas faim, et celui qui n'ose se servir ou demander parce qu'il est maladroit ou timide. En sortant de table chacun croit qu'elle n'a songé qu'à lui; tous ne pensent pas qu'elle ait eu le temps de manger un seul morceau; mais la vérité est qu'elle a mangé plus que personne.

Quand tout le monde est parti, l'on parle de ce qui s'est passé. L'homme rapporte ce qu'on lui a dit, ce qu'ont dit et fait ceux avec lesquels il s'est entretenu. Si ce n'est pas toujours là-dessus que la femme est le plus exacte, en revanche elle a vu ce qui s'est dit tout bas à l'autre bout de la salle; elle sait ce qu'un tel a pensé, à quoi tenoit tel propos ou tel geste; il s'est fait à peine un mouvement expressif dont elle n'ait l'interprétation toute prête, et presque toujours conforme à la vérité.

Le même tour d'esprit qui fait exceller une femme du monde dans l'art de tenir maison fait exceller une coquette dans l'art d'amuser plusieurs soupirans. Le manége de la coquetterie exige un discernement encore plus fin que celui de la politesse: car, pourvu qu'une femme polie le soit envers tout le monde, elle a toujours assez bien fait; mais la coquette perdroit bientôt son empire par cette uniformité maladroite; à force de vouloir obliger tous ses amans elle les rebuteroit tous. Dans la société, les manières qu'on prend avec tous les hommes ne laissent pas de plaire à chacun; pourvu qu'on soit bien traité, l'on n'y regarde pas de si près sur les préférences: mais, en amour, une faveur qui n'est pas exclusive est une injure. Un homme sensible aimeroit cent fois mieux être seul maltraité que caressé avec tous les autres, et ce qui lui peut arriver de pis est de n'être point distingué. Il faut donc qu'une femme qui veut conserver plusieurs amans persuade à chacun d'eux qu'elle le préfère, et qu'elle le lui persuade sous les yeux de tous les autres, à qui elle en persuade autant sous les siens.

Voulez-vous voir un personnage embarrassé, placez un homme entre deux femmes avec chacune desquelles il aura des liaisons secrètes, puis observez quelle sotte figure il y fera. Placez en même cas une femme entre deux hommes, et sûrement l'exemple ne sera pas plus rare ; vous serez émerveillé de l'adresse avec laquelle elle donnera le change à tous deux, et fera que chacun se rira de l'autre. Or, si cette femme leur témoignoit la même confiance et prenoit avec eux la même familiarité, comment seroient-ils un instant ses dupes? En les traitant également, ne montreroit-elle pas qu'ils ont les mêmes droits sur elle? Oh! qu'elle s'y prend bien mieux que cela! loin de les traiter de la même manière, elle affecte de mettre entre eux de l'inégalité, elle fait si bien que celui qu'elle flatte croit que c'est par tendresse, et que celui qu'elle maltraite croit que c'est par dépit. Ainsi chacun, content de son partage, la voit toujours s'occuper de lui, tandis qu'elle ne s'occupe en effet que d'elle seule.

Dans le désir général de plaire, la coquetterie suggère de semblables moyens : les caprices ne feroient que rebuter, s'ils n'étoient sagement ménagés : et c'est en les dispensant avec art qu'elle en fait les plus fortes chaînes de ses esclaves.

Usa ogn'arte la donna, onde sia colto
Nella sua rete alcun novello amante;
Nè con tutti, nè sempre un stesso volto
Serba; mà cangia à tempo atto e sembiante (*).

A quoi tient tout cet art, si ce n'est à des observations fines et continuelles qui lui font voir à chaque instant ce qui se passe dans les cœurs des hommes, et qui la disposent à porter à chaque mouvement secret qu'elle aperçoit la force qu'il faut pour le suspendre ou l'accélérer? Or cet art s'apprend-il? Non; il naît avec les femmes; elles l'ont toutes, et jamais les hommes ne l'ont au même degré. Tel est un des caractères distinctifs du sexe. La présence d'esprit, la pénétration, les observations fines, sont la science des femmes ; l'habileté de s'en prévaloir est leur talent.

Voilà ce qui est, et l'on a vu pourquoi cela doit être. Les femmes sont fausses, nous dit-on. Elles le deviennent. Le don qui leur est propre est l'adresse et non pas la fausseté : dans les vrais penchans de leur sexe, même en mentant, elles ne sont point fausses. Pourquoi consultez-vous leur bouche quand ce n'est pas elle qui doit parler? Consultez leurs yeux, leur teint, leur respiration, leur air craintif, leur molle résistance : voilà le langage que la nature leur donne pour vous répondre. La bouche dit toujours non, et doit le dire ; mais l'accent qu'elle y joint n'est pas toujours le même, et cet accent ne sait point mentir. La femme n'a-t-elle pas les mêmes besoins que l'homme, sans avoir le même droit de les témoigner? Son sort seroit trop cruel, si, même dans les désirs légitimes, elle n'avoit un langage équivalent à celui qu'elle n'ose tenir. Faut-il que sa pudeur la rende malheureuse? Ne lui faut-il pas un art de communiquer ses penchans sans les découvrir? De quelle adresse n'a-t-elle pas besoin pour faire qu'on lui dérobe ce qu'elle brûle d'accorder! Combien ne lui importe-t-il point d'apprendre à toucher le cœur de l'homme sans paroître songer à lui! Quel discours charmant n'est-ce pas que la pomme de Galathée et sa fuite maladroite (*)! Que faudra-t-il qu'elle ajoute à cela? Ira-t-elle dire au berger qui la suit entre les saules qu'elle n'y fuit qu'à dessein de l'attirer? Elle mentiroit, pour ainsi dire ; car alors elle ne l'attireroit plus. Plus une femme a de réserve, plus elle doit avoir d'art, même avec son mari. Oui, je soutiens qu'en tenant la coquetterie dans ses limites, on la rend modeste et vraie, on en fait une loi de l'honnêteté.

La vertu est une, disoit très-bien un de mes adversaires ; on ne la décompose pas pour admettre une partie et rejeter l'autre. Quand on l'aime, on l'aime dans toute son intégrité ; et l'on refuse son cœur quand on peut, et toujours sa bouche aux sentimens qu'on ne doit point

---

(*) TASSO, Gierus. lib., Can. IV, 87.   G. P.

(*) *Malo me Galatea petit, lasciva puella,*
Et fugit ad salices, et se cupit ante videri.
                             VIRG., Bol. III.   G. P.

avoir. La vérité morale n'est pas ce qui est, mais ce qui est bien ; ce qui est mal ne devroit point être, et ne doit point être avoué, surtout quand cet aveu lui donne un effet qu'il n'auroit pas eu sans cela. Si j'étois tenté de voler, et qu'en le disant je tentasse un autre d'être mon complice, lui déclarer ma tentation ne seroit-ce pas y succomber? Pourquoi dites-vous que la pudeur rend les femmes fausses? Celles qui la perdent le plus sont-elles au reste plus vraies que les autres? Tant s'en faut; elles sont plus fausses mille fois. On n'arrive à ce point de dépravation qu'à force de vices, qu'on garde tous et qui ne règnent qu'à la faveur de l'intrigue et du mensonge (¹). Au contraire, celles qui ont encore de la honte, qui ne s'enorgueillissent point de leurs fautes, qui savent cacher leurs désirs à ceux mêmes qui les inspirent, celles dont ils en arrachent les aveux avec le plus de peine, sont d'ailleurs les plus vraies, les plus sincères, les plus constantes dans tous leurs engagemens, et celles sur la foi desquelles on peut généralement le plus compter.

Je ne sache que la seule mademoiselle de l'Enclos qu'on ait pu citer pour exception connue à ces remarques. Aussi mademoiselle de l'Enclos a-t-elle passé pour un *prodige*. Dans le mépris des vertus de son sexe elle avoit, dit-on, conservé celles du nôtre : on vante sa franchise, sa droiture, la sûreté de son commerce, sa fidélité dans l'amitié ; enfin, pour achever le tableau de sa gloire, on dit qu'elle s'était faite homme. A la bonne heure. Mais, avec toute sa haute réputation, je n'aurois pas plus voulu de cet homme-là pour mon ami que pour ma maîtresse.

Tout ceci n'est pas si hors de propos qu'il paroit être. Je vois où tendent les maximes de la philosophie moderne en tournant en dérision la pudeur du sexe et sa fausseté prétendue ; et je vois que l'effet le plus assuré de cette philosophie sera d'ôter aux femmes de notre siècle le peu d'honneur qui leur est resté.

Sur ces considérations, je crois qu'on peut déterminer en général quelle espèce de culture convient à l'esprit des femmes et sur quels objets on doit tourner leurs réflexions dès leur jeunesse.

Je l'ai déjà dit, les devoirs de leur sexe sont plus aisés à voir qu'à remplir. La première chose qu'elles doivent apprendre est à les aimer par la considération de leurs avantages ; c'est le seul moyen de les leur rendre faciles. Chaque état et chaque âge a ses devoirs. On connoît bientôt les siens pourvu qu'on les aime. Honorez votre état de femme, et, dans quelque rang que le ciel vous place, vous serez toujours une femme de bien. L'essentiel est d'être ce que nous fit la nature ; on n'est toujours que trop ce que les hommes veulent que l'on soit.

La recherche des vérités abstraites et spéculatives, des principes, des axiomes dans les sciences, tout ce qui tend à généraliser les idées, n'est point du ressort des femmes ; leurs études doivent se rapporter toutes à la pratique ; c'est à elles à faire l'application des principes que l'homme a trouvés, et c'est à elles de faire les observations qui mènent l'homme à l'établissement des principes. Toutes les réflexions des femmes, en ce qui ne tient pas immédiatement à leurs devoirs, doivent tendre à l'étude des hommes ou aux connoissances agréables qui n'ont que le goût pour objet ; car, quant aux ouvrages de génie, *ils passent leur portée*, elles n'ont pas non plus assez de justesse et d'attention pour réussir aux sciences exactes : et, quant aux connoissances physiques, c'est à celui des deux qui est le plus agissant, le plus allant, qui voit le plus d'objets, c'est à celui qui a le plus de force, et qui l'exerce davantage, à juger des rapports des êtres sensibles et des lois de la nature. La femme, qui est foible et qui ne voit rien au dehors, apprécie et juge les mobiles qu'elle peut mettre en œuvre pour suppléer à sa foiblesse, et ces mobiles sont les passions de l'homme. Sa mécanique à elle est plus forte que la nôtre, tous ses leviers vont ébranler le cœur humain. Tout ce que son sexe ne peut faire par lui-même, et qui lui est né-

---

(¹) Je sais que les femmes qui ont ouvertement pris leur parti sur un certain point prétendent bien se faire valoir de cette franchise, et jurent qu'à cela près il n'y a rien d'estimable qu'on ne trouve en elles ; mais je sais bien aussi qu'elles n'ont jamais persuadé cela qu'à des sots. Le plus grand frein de leur sexe ôté, que reste-t-il qui les retienne ? et de quel honneur feront-elles cas après avoir renoncé à celui qui leur est propre ? Ayant mis une fois leurs passions à l'aise, elles n'ont plus aucun intérêt d'y résister ; *Nec fœmina, amissâ pudicitiâ, alia abnuerit* (*). Jamais auteur connut-il mieux le cœur humain dans les deux sexes que celui qui a dit cela ?

(*) Tacit., Ann. IV, 3.   G. P.

cessaire ou agréable, il faut qu'il ait l'art de nous le faire vouloir ; il faut donc qu'elle étudie à fond l'esprit de l'homme, non par abstraction l'esprit de l'homme en général, mais l'esprit des hommes qui l'entourent, l'esprit des hommes auxquels elle est assujettie, soit par la loi, soit par l'opinion. Il faut qu'elle apprenne à pénétrer leurs sentimens par leurs discours, par leurs actions, par leurs regards, par leurs gestes. Il faut que, par ses discours, par ses actions, par ses regards, par ses gestes, elle sache leur donner les sentimens qu'il lui plaît, sans même paroître y songer. Ils philosopheront mieux qu'elle sur le cœur humain ; mais elle lira mieux qu'eux dans le cœur des hommes. C'est aux femmes à trouver pour ainsi dire la morale expérimentale, à nous à la réduire en système. La femme a plus d'esprit, et l'homme plus de génie ; la femme observe, et l'homme raisonne : de ce concours résultent la lumière la plus claire et la science la plus complète que puisse acquérir de lui-même l'esprit humain ; la plus sûre connoissance, en un mot, de soi et des autres qui soit à la portée de notre espèce. Et voilà comment l'art peut tendre incessamment à perfectionner l'instrument donné par la nature.

Le monde est le livre des femmes : quand elles y lisent mal, c'est leur faute, ou quelque passion les aveugle. Cependant la véritable mère de famille, loin d'être une femme du monde, n'est guère moins recluse dans sa maison que la religieuse dans son cloître. Il faudroit donc faire, pour les jeunes personnes qu'on marie, comme on fait ou comme on doit faire pour celles qu'on met dans des couvens ; leur montrer les plaisirs qu'elles quittent avant de les y laisser renoncer, de peur que la fausse image de ces plaisirs qui leur sont inconnus ne vienne un jour égarer leurs cœurs et troubler le bonheur de leur retraite. En France, les filles vivent dans des couvens, et les femmes courent le monde. Chez les anciens, c'étoit tout le contraire ; les filles avoient, comme je l'ai dit, beaucoup de jeux et de fêtes publiques ; les femmes vivoient retirées. Cet usage étoit plus raisonnable et maintenoit mieux les mœurs. Une sorte de coquetterie est permise aux filles à marier ; s'amuser est leur grande affaire. Les femmes ont d'autres soins chez elles, et

n'ont plus de maris à chercher ; mais elles ne trouveroient pas leur compte à cette réforme, et malheureusement elles donnent le ton. Mères, faites du moins vos compagnes de vos filles. Donnez-leur un sens droit et une âme honnête, puis ne leur cachez rien de ce qu'un œil chaste peut regarder. Le bal, les festins, les jeux, même le théâtre ; tout ce qui, mal vu, fait le charme d'une imprudente jeunesse, peut être offert sans risque à des yeux sains. Mieux elles verront ces bruyans plaisirs, plus tôt elles en seront dégoûtées.

J'entends la clameur qui s'élève contre moi. Quelle fille résiste à ce dangereux exemple ? A peine ont-elles vu le monde que la tête leur tourne à toutes ; pas une d'elles ne veut le quitter. Cela peut être : mais, avant de leur offrir ce tableau trompeur, les avez-vous bien préparées à le voir sans émotion ? Leur avez-vous bien annoncé les objets qu'il représente ? Les leur avez-vous bien peints tels qu'ils sont ? Les avez-vous bien armées contre les illusions de la vanité ? Avez-vous porté dans leurs jeunes cœurs le goût des vrais plaisirs qu'on ne trouve point dans ce tumulte ? Quelles précautions, quelles mesures avez-vous prises pour les préserver du faux goût qui les égare ? Loin de rien opposer dans leur esprit à l'empire des préjugés publics, vous les y avez nourries ; vous leur avez fait aimer d'avance tous les frivoles amusemens qu'elles trouvent. Vous les leur faites aimer encore en s'y livrant. De jeunes personnes entrant dans le monde n'ont d'autre gouvernante que leur mère, souvent plus folle qu'elles, et qui ne peut leur montrer les objets autrement qu'elle ne les voit. Son exemple, plus fort que la raison même, les justifie à leurs propres yeux, et l'autorité de la mère est pour la fille une excuse sans réplique. Quand je veux qu'une mère introduise sa fille dans le monde, c'est en supposant qu'elle le lui fera voir tel qu'il est.

Le mal commence plus tôt encore. Les couvens sont de véritables écoles de coquetterie, non de cette coquetterie honnête dont j'ai parlé, mais de celle qui produit tous les travers des femmes et fait les plus extravagantes petites maîtresses. En sortant de là pour entrer tout d'un coup dans des sociétés bruyantes, de jeunes femmes s'y sentent d'abord à leur place.

Elles ont été élevées pour y vivre; faut-ils s'étonner qu'elles s'y trouvent bien? Je n'avancerai point ce que je vais dire sans crainte de prendre un préjugé pour une observation ; mais il me semble qu'en général, dans les pays protestans, il y a plus d'attachement de famille, de plus dignes épouses et de plus tendres mères que dans les pays catholiques ; et si cela est, on ne peut douter que cette différence ne soit due en partie à l'éducation des couvens.

Pour aimer la vie paisible et domestique, il faut la connoître; il faut en avoir senti les douceurs dès l'enfance. Ce n'est que dans la maison paternelle qu'on prend du goût pour sa propre maison, et toute femme que sa mère n'a point élevée n'aimera point élever ses enfans. Malheureusement il n'y a plus d'éducation privée dans les grandes villes. La société y est si générale et si mêlée qu'il ne reste plus d'asile pour la retraite, et qu'on est en public jusque chez soi. A force de vivre avec tout le monde, on n'a plus de famille, à peine connoît-on ses parens : on les voit en étrangers, et la simplicité des mœurs domestiques s'éteint avec la douce familiarité qui en faisoit le charme. C'est ainsi qu'on suce avec le lait le goût des plaisirs du siècle et des maximes qu'on y voit régner.

On impose aux filles une gêne apparente pour trouver des dupes qui les épousent sur leur maintien. Mais étudiez un moment ces jeunes personnes ; sous un air contraint elles déguisent mal la convoitise qui les dévore, et déjà on lit dans leurs yeux l'ardent désir d'imiter leurs mères. Ce qu'elles convoitent n'est pas un mari, mais la licence du mariage. Qu'a-t-on besoin d'un mari avec tant de ressources pour s'en passer? Mais on a besoin d'un mari pour couvrir ces ressources (¹). La modestie est sur leur visage, et le libertinage au fond de leur cœur : cette feinte modestie elle-même en est un signe, elles ne l'affectent que pour pouvoir s'en débarrasser plus tôt. Femmes de Paris et de Londres, pardonnez-le-moi, je vous supplie. Nul séjour n'exclut les miracles ; mais pour moi je n'en connois point ; et si une seule d'entre vous a l'âme vraiment honnête, je n'entends rien à nos institutions.

Toutes ces éducations diverses livrent également de jeunes personnes au goût des plaisirs du grand monde, et aux passions qui naissent bientôt de ce goût. Dans les grandes villes la dépravation commence avec la vie, et dans les petites elle commence avec la raison. De jeunes provinciales, instruites à mépriser l'heureuse simplicité de leurs mœurs, s'empressent à venir à Paris partager la corruption des nôtres ; les vices, ornés du beau nom de talens, sont l'unique objet de leur voyage ; et honteuses en arrivant de se trouver si loin de la noble licence des femmes du pays, elles ne tardent pas à mériter d'être aussi de la capitale. Où commence le mal, à votre avis? dans les lieux où l'on le projette, ou dans ceux où l'on l'accomplit?

Je ne veux pas que de la province une mère sensée amène sa fille à Paris pour lui montrer ces tableaux si pernicieux pour d'autres; mais je dis que quand cela seroit, ou cette fille est mal élevée, ou ces tableaux seront peu dangereux pour elle. Avec du goût, du sens, et l'amour des choses honnêtes, on ne les trouve pas si attrayans qu'ils le sont pour ceux qui s'en laissent charmer. On remarque à Paris les jeunes écervelées qui viennent se hâter de prendre le ton du pays et se mettre à la mode six mois durant pour se faire siffler le reste de leur vie : mais qui est-ce qui remarque celles qui, rebutées de tout ce fracas, s'en retournent dans leur province, contentes de leur sort, après l'avoir comparé à celui qu'envient les autres? Combien j'ai vu de jeunes femmes amenées dans la capitale par des maris complaisans et maîtres de s'y fixer, les en détourner elle-mêmes, repartir plus volontiers qu'elles n'étoient venues, et dire avec attendrissement la veille de leur départ : Ah! retournons dans notre chaumière, on y vit plus heureux que dans les palais d'ici! On ne sait pas combien il reste encore de bonnes gens qui n'ont point fléchi le genou devant l'idole, et qui méprisent son culte insensé. Il n'y a de bruyantes que les folles; les femmes sages ne font point de sensation.

Que si, malgré la corruption générale, malgré les préjugés universels, malgré la mauvaise éducation des filles, plusieurs gardent encore un jugement à l'épreuve, que sera-ce quand ce

---

(¹) La voie de l'homme dans sa jeunesse étoit une des quatre choses que le sage ne pouvoit comprendre : la cinquième étoit l'impudence de la femme adultère. *Quæ comedit, et tergens os suum dicit : Non sum operata malum.* Prov. XXX, 20.

jugement aura été nourri par les instructions convenables, ou, pour mieux dire, quand on ne l'aura point altéré par des instructions vicieuses? car tout consiste toujours à conserver ou rétablir les sentimens naturels. Il ne s'agit point pour cela d'ennuyer de jeunes filles de vos longs prônes, ni de leur débiter vos sèches moralités. Les moralités pour les deux sexes sont la mort de toute bonne éducation. De tristes leçons ne sont bonnes qu'à faire prendre en haine et ceux qui les donnent et tout ce qu'ils disent. Il ne s'agit point en parlant à de jeunes personnes de leur faire peur de leurs devoirs, ni d'aggraver le joug qui leur est imposé par la nature. En leur exposant ces devoirs soyez précise et facile; ne leur laissez pas croire qu'on est chagrine quand on les remplit; point d'air fâché, point de morgue. Tout ce qui doit passer au cœur doit en sortir; leur catéchisme de morale doit être aussi court et aussi clair que leur catéchisme de religion, mais il ne doit pas être aussi grave. Montrez-leur dans les mêmes devoirs la source de leurs plaisirs et le fondement de leurs droits. Est-il si pénible d'aimer pour être aimée, de se rendre aimable pour être heureuse; de se rendre estimable pour être obéie, de s'honorer pour se faire honorer? Que ces droits sont beaux! qu'ils sont respectables! qu'ils sont chers au cœur de l'homme quand la femme sait les faire valoir! Il ne faut point attendre les ans ni la vieillesse pour en jouir. Son empire commence avec ses vertus; à peine ses attraits se développent, qu'elle règne déjà par la douceur de son caractère et rend sa modestie imposante. Quel homme insensible et barbare n'adoucit pas sa fierté et ne prend pas des manières plus attentives près d'une fille de seize ans, aimable et sage, qui parle peu, qui écoute, qui met de la décence dans son maintien et de l'honnêteté dans ses propos, à qui sa beauté ne fait oublier ni son sexe ni sa jeunesse, qui sait intéresser par sa timidité même, et s'attirer le respect qu'elle porte à tout le monde?

Ces témoignages, bien qu'extérieurs, ne sont point frivoles; ils ne sont point fondés seulement sur l'attrait des sens; ils partent de ce sentiment intime que nous avons que toutes les femmes sont les juges naturels du mérite des hommes. Qui est-ce qui veut être méprisé des femmes? personne au monde, non pas même celui qui ne veut plus les aimer. Et moi, qui leur dis des vérités si dures, croyez-vous que leurs jugemens me soient indifférens? Non; leurs suffrages me sont plus chers que les vôtres, lecteurs, souvent plus femmes qu'elles. En méprisant leurs mœurs, je veux encore honorer leur justice: peu m'importe qu'elles me haïssent, si je les force à m'estimer.

Que de grandes choses on feroit avec ce ressort, si l'on savoit le mettre en œuvre! Malheur au siècle où les femmes perdent leur ascendant et où leurs jugemens ne font plus rien aux hommes! c'est le dernier degré de la dépravation. Tous les peuples qui ont eu des mœurs ont respecté les femmes. Voyez Sparte, voyez les Germains, voyez Rome, Rome le siège de la gloire et de la vertu, si jamais elles en eurent un sur la terre. C'est là que les femmes honoroient les exploits des grands généraux, qu'elles pleuroient publiquement les pères de la patrie, que leurs vœux ou leurs deuils étoient consacrés comme le plus solennel jugement de la république. Toutes les grandes révolutions y vinrent des femmes: par une femme Rome acquit la liberté, par une femme les plébéiens obtinrent le consulat, par une femme finit la tyrannie des décemvirs, par les femmes Rome assiégée fut sauvée des mains d'un proscrit. Galans françois, qu'eussiez-vous dit en voyant passer cette procession si ridicule à vos yeux moqueurs? Vous l'eussiez accompagnée de vos huées. Que nous voyons d'un œil différent les mêmes objets! et peut-être avons-nous tous raison. Formez ce cortége de belles dames françoises, je n'en connois point de plus indécent: mais composez-le de Romaines, vous aurez tous les yeux des Volsques et le cœur de Coriolan.

Je dirai davantage, et je soutiens que la vertu n'est pas moins favorable à l'amour qu'aux autres droits de la nature, et que l'autorité des maîtresses n'y gagne pas moins que celle des femmes et des mères. Il n'y a point de véritable amour sans enthousiasme, et point d'enthousiasme sans un objet de perfection réel ou chimérique, mais toujours existant dans l'imagination. De quoi s'enflammeront des amans pour qui cette perfection n'est plus rien, et qui ne voient dans ce qu'ils aiment que l'objet du plaisir des sens? Non, ce n'est pas ainsi que l'âme s'échauffe, et se livre à ces transports sublimes qui font le délire des amans et le charme de leur passion. Tout n'est qu'illusion dans l'amour, je l'avoue; mais ce qui est réel, ce sont les sentimens dont il nous anime pour le vrai beau qu'il nous fait aimer. Ce beau n'est point dans l'objet qu'on aime, il est l'ouvrage de nos erreurs. Eh! qu'importe? En sacrifie-t-on moins tous ses sentimens bas à ce modèle imaginaire? En pénètre-t-on moins son cœur des vertus qu'on prête à ce qu'il chérit? S'en détache-t-on moins de la bassesse du moi humain? Où est le véritable amant qui n'est pas prêt à immoler sa vie à sa maîtresse? et où est la passion sensuelle et grossière dans un homme qui veut mourir? Nous nous moquons des paladins! c'est qu'ils connoissoient l'amour, et que nous ne connoissons plus que la débauche. Quand ces maximes romanesques commencèrent à devenir ridicules, ce changement fut moins l'ouvrage de la raison que celui des mauvaises mœurs.

Dans quelque siècle que ce soit, les relations naturelles ne changent point; la convenance ou disconvenance qui en résulte reste la même, les préjugés sous le vain nom de la raison n'en changent que l'apparence. Il sera toujours grand et beau de régner sur soi, fût-ce pour obéir à des opinions fantastiques; et les vrais motifs d'honneur parleront toujours au cœur de toute femme de jugement qui saura chercher dans son état le bonheur de la vie. La chasteté doit être surtout une vertu délicieuse pour une belle femme qui a quelque élévation dans l'âme. Tandis qu'elle voit toute la terre à ses pieds, elle triomphe de tout et d'elle-même : elle s'élève dans son propre cœur un trône auquel tout vient rendre hommage; les sentimens tendres et jaloux mais toujours respectueux des deux sexes, l'estime universelle et la sienne propre, lui payent sans cesse en tribut de gloire les combats de quelques instans. Les privations sont passagères, mais le prix en est permanent. Quelle jouissance pour une âme noble, que l'orgueil de la vertu jointe à la beauté! Réalisez une héroïne de roman, elle goûtera des voluptés plus exquises que les Laïs et les Cléopâtre; et quand sa beauté ne sera plus, sa gloire et ses plaisirs resteront encore; elle seule saura jouir du passé (*a*).

Plus les devoirs sont grands et pénibles, plus les raisons sur lesquelles on les fonde doivent être sensibles et fortes. Il y a un certain langage dévot dont, sur les sujets les plus graves, on rebat les oreilles des jeunes personnes sans produire la persuasion. De ce langage trop disproportionné à leurs idées, et du peu de cas qu'elles en font en secret, naît la facilité de céder à leurs penchans, faute de raisons d'y résister tirées des choses mêmes. Une fille élevée sagement et pieusement a sans doute de fortes armes contre les tentations; mais celle dont on nourrit uniquement le cœur ou plutôt les oreilles du jargon de la dévotion devient infailliblement la proie du premier séducteur adroit qui l'entreprend. Jamais une jeune et belle personne ne méprisera son corps, jamais elle ne s'affligera de bonne foi des grands péchés que sa beauté fait commettre, jamais elle ne pleurera sincèrement et devant Dieu d'être un objet de convoitise, jamais elle ne pourra croire en elle-même que le plus doux sentiment du cœur soit une invention de Satan. Donnez-lui d'autres raisons en dedans et pour elle-même, car celles-là ne pénétreront pas. Ce sera pis encore si l'on met, comme on n'y manque guère, de la contradiction dans ses idées, et qu'après l'avoir humiliée en avilissant son corps et ses charmes comme la souillure du péché, on lui fasse ensuite respecter comme le temple de Jésus-Christ ce même corps qu'on lui a rendu si méprisable. Les idées trop sublimes et trop basses sont également insuffisantes et ne peuvent s'associer : il faut une raison à la portée du sexe et de l'âge. La considération du devoir n'a de force qu'autant qu'on y joint des motifs qui nous portent à le remplir :

Quæ quia non licet non facit, illa facit (*).

On ne se douteroit pas que c'est Ovide qui porte un jugement si sévère.

Voulez-vous donc inspirer l'amour des bonnes mœurs aux jeunes personnes; sans leur dire

---

(*a*) VAR ... *du passé. Si la route que je trace est agréable, tant mieux : elle en est plus sûre, elle est dans l'ordre de la nature ; et vous n'arriverez jamais au but que par celle-là.*

(*) OVID., *Amor.*, lib. III, eleg. 4. — Ce vers est cité par Montaigne, livre II, chap. 16, et Coste le traduit ainsi : « Celle-là a déjà failli, qui ne s'abstient de faillir que parce qu'il lui est pas permis de le faire. »

incessamment : Soyez sages, donnez-leur un grand intérêt à l'être; faites-leur sentir tout le prix de la sagesse, et vous la leur ferez aimer. Il ne suffit pas de prendre cet intérêt au loin dans l'avenir; montrez-le-leur dans le moment même, dans les relations de leur âge, dans le caractère de leurs amans. Dépeignez-leur l'homme de bien, l'homme de mérite; apprenez-leur à le reconnoître, à l'aimer, et à l'aimer pour elles; prouvez-leur qu'amies, femmes ou maîtresses, cet homme seul peut les rendre heureuses. Amenez la vertu par la raison : faites-leur sentir que l'empire de leur sexe et tous ses avantages ne tiennent pas seulement à sa bonne conduite, à ses mœurs, mais encore à celles des hommes; qu'elles ont peu de prise sur des âmes viles et basses, et qu'on ne sait servir sa maîtresse que comme on sait servir la vertu. Soyez sûre qu'alors, en leur dépeignant les mœurs de nos jours, vous leur en inspirerez un dégoût sincère; en leur montrant les gens à la mode vous les leur ferez mépriser; vous ne leur donnerez qu'éloignement pour leurs maximes, aversion pour leurs sentimens, dédain pour leurs vaines galanteries; vous leur ferez naître une ambition plus noble, celle de régner sur des âmes grandes et fortes, celle des femmes de Sparte, qui étoit de commander à des hommes. Une femme hardie, effrontée, intrigante, qui ne sait attirer ses amans que par la coquetterie, ni les conserver que par les faveurs, les fait obéir comme des valets dans les choses serviles et communes : dans les choses importantes et graves elle est sans autorité sur eux. Mais la femme à la fois honnête, aimable et sage, celle qui force les siens à la respecter, celle qui a de la réserve et de la modestie, celle en un mot qui soutient l'amour par l'estime, les envoie d'un signe au bout du monde, au combat, à la gloire, à la mort, où il lui plaît (¹). Cet empire est beau, ce me semble, et vaut bien la peine d'être acheté.

(¹) Brantôme dit que, du temps de François Iᵉʳ, une jeune personne ayant un amant babillard lui imposa un silence absolu et illimité, qu'il garda si fidèlement deux ans entiers, qu'on le crut devenu muet par maladie. Un jour en pleine assemblée, sa maîtresse, qui, dans ces temps où l'amour se faisoit avec mystère, n'étoit point connue pour telle, se vanta de le guérir sur-le-champ, et le fit avec ce seul mot, *Parlez*. N'y a-t-il pas quelque chose de grand et d'héroïque dans cet amour-là? Qu'eût fait de plus la philosophie de Pythagore avec tout son faste? Quelle femme aujourd'hui pourroit compter sur un

Voilà dans quel esprit Sophie a été élevée, avec plus de soin que de peine, et plutôt en suivant son goût qu'en le gênant. Disons maintenant un mot de sa personne, selon le portrait que j'en ai fait à Émile, et selon qu'il imagine lui-même l'épouse qui peut le rendre heureux.

Je ne redirai jamais trop que je laisse à part les prodiges. Émile n'en est pas un, Sophie n'en est pas un non plus. Émile est homme, et Sophie est femme; voilà toute leur gloire. Dans la confusion des sexes qui règne entre nous, c'est presque un prodige d'être du sien.

Sophie est bien née, elle est d'un bon naturel; elle a le cœur très-sensible, et cette extrême sensibilité lui donne quelquefois une activité d'imagination difficile à modérer. Elle a l'esprit moins juste que pénétrant, l'humeur facile et pourtant inégale, la figure commune, mais agréable, une physionomie qui promet une âme et qui ne ment pas; on peut l'aborder avec indifférence, mais non pas la quitter sans émotion. D'autres ont de bonnes qualités qui lui manquent; d'autres ont à plus grande mesure celles qu'elle a; mais nulle n'a des qualités mieux assorties pour faire un heureux caractère. Elle sait tirer parti de ses défauts mêmes; et si elle étoit plus parfaite elle plairoit beaucoup moins.

Sophie n'est pas belle; mais auprès d'elle les hommes oublient les belles femmes, et les belles femmes sont mécontentes d'elles-mêmes. A peine est-elle jolie au premier aspect, mais plus on la voit, et plus elle s'embellit; elle gagne où tant d'autres perdent, et ce qu'elle gagne elle ne le perd plus. On peut avoir de plus beaux yeux, une plus belle bouche, une figure plus imposante; mais on ne sauroit avoir une taille mieux prise, un plus beau teint, une main plus blanche, un pied plus mignon, un regard plus doux, une physionomie plus touchante. Sans éblouir elle intéresse; elle charme, et l'on ne sauroit dire pourquoi.

Sophie aime la parure et s'y connoît; sa

pareil silence un seul jour, dût-elle le payer de tout le prix qu'elle y peut mettre (a)?

(a) Vᴀɴ. Au lieu de cette dernière phrase : *Quelle femme aujourd'hui, etc.*, le manuscrit autographe porte : *N'imagineroit-on pas une divinité donnant à un mortel, d'un seul mot, l'organe de la parole? On ne me fera point croire que la beauté sans la vertu ait jamais un pareil miracle. Toutes les beautés de Paris, avec tous leurs artifices, seroient bien en peine d'en faire un semblable aujourd'hui.*

mère n'a point d'autre femme de chambre qu'elle : elle a beaucoup de goût pour se mettre avec avantage; mais elle hait les riches habillemens; on voit toujours dans le sien la simplicité jointe à l'élégance; elle n'aime point ce qui brille, mais ce qui sied. Elle ignore quelles sont les couleurs à la mode, mais elle sait à merveille celles qui lui sont favorables. Il n'y a pas une jeune personne qui paroisse mise avec moins de recherche et dont l'ajustement soit plus recherché : pas une pièce du sien n'est prise au hasard, et l'art ne paroît dans aucune. Sa parure est très-modeste en apparence et très-coquette en effet; elle n'étale point ses charmes, elle les couvre, mais en les couvrant elle sait les faire imaginer. En la voyant on dit : Voilà une fille modeste et sage; mais tant qu'on reste auprès d'elle, les yeux et le cœur errent sur toute sa personne sans qu'on puisse les en détacher, et l'on diroit que tout cet ajustement si simple n'est mis à sa place que pour en être ôté pièce à pièce par l'imagination.

Sophie a des talens naturels; elle les sent, et ne les a pas négligés : mais n'ayant pas été à portée de mettre beaucoup d'art à leur culture, elle s'est contentée d'exercer sa jolie voix à chanter juste et avec goût, ses petits pieds à marcher légèrement, facilement, avec grâce, à faire la révérence en toutes sortes de situations sans gêne et sans maladresse. Du reste elle n'a eu de maître à chanter que son père, de maîtresse à danser que sa mère; et un organiste du voisinage lui a donné sur le clavecin quelques leçons d'accompagnement qu'elle a depuis cultivé seule. D'abord elle ne songeoit qu'à faire paroître sa main avec avantage sur ces touches noires (*), ensuite elle trouva que le son aigre et sec du clavecin rendoit plus doux le son de la voix; peu à peu elle devint sensible à l'harmonie; enfin, en grandissant, elle a commencé de sentir les charmes de l'expression, et d'aimer la musique pour elle-même.

(*) C'est donc fort maladroitement que, depuis que le piano a remplacé le clavecin dans nos salons, les facteurs ont changé l'ordre des deux couleurs du clavier, employant l'ivoire pour les touches plus apparentes, et l'ébène pour celles qui le sont moins. — Il est à remarquer que la disposition actuelle étoit celle même qu'observoient les anciens facteurs de clavecins, et il est curieux de voir ce que Rousseau lui-même dit ailleurs sur ce sujet. Voyez le *Dictionnaire de musique*, au mot *Feintes*.
G. P.

Mais c'est un goût plutôt qu'un talent; elle ne sait point déchiffrer un air sur la note.

Ce que Sophie sait le mieux, et qu'on lui a fait apprendre avec le plus de soin, ce sont les travaux de son sexe, même ceux dont on ne s'avise point, comme de tailler et coudre ses robes. Il n'y a pas un ouvrage à l'aiguille qu'elle ne sache faire, et qu'elle ne fasse avec plaisir; mais le travail qu'elle préfère à tout autre est la dentelle, parce qu'il n'y en a pas un qui donne une attitude plus agréable et où les doigts s'exercent avec plus de grâce et de légèreté. Elle s'est appliquée aussi à tous les détails du ménage. Elle entend la cuisine et l'office; elle sait les prix des denrées; elle en connoît les qualités; elle sait fort bien tenir les comptes, elle sert de maître d'hôtel à sa mère. Faite pour être un jour mère de famille elle-même, en gouvernant la maison paternelle, elle apprend à gouverner la sienne; elle peut suppléer aux fonctions des domestiques, et le fait toujours volontiers. On ne sait jamais bien commander que ce qu'on sait exécuter soi-même : c'est la raison de sa mère pour l'occuper ainsi. Pour Sophie, elle ne va pas si loin; son premier devoir est celui de fille, et c'est maintenant le seul qu'elle songe à remplir. Son unique vue est de servir sa mère, et de la soulager d'une partie de ses soins. Il est pourtant vrai qu'elle ne les remplit pas tous avec un plaisir égal. Par exemple, quoiqu'elle soit gourmande, elle n'aime pas la cuisine; le détail en a quelque chose qui la dégoûte; elle n'y trouve jamais assez de propreté. Elle est là-dessus d'une délicatesse extrême, et cette délicatesse poussée à l'excès est devenue un de ses défauts : elle laisseroit plutôt aller tout le dîner par le feu, que de tacher sa manchette. Elle n'a jamais voulu de l'inspection du jardin par la même raison. La terre lui paroît malpropre; sitôt qu'elle voit du fumier elle croit en sentir l'odeur.

Elle doit ce défaut aux leçons de sa mère. Selon elle, entre les devoirs de la femme, un des premiers est la propreté; devoir spécial, indispensable, imposé par la nature. Il n'y a pas au monde un objet plus dégoûtant qu'une femme malpropre, et le mari qui s'en dégoûte n'a jamais tort. Elle a tant prêché ce devoir à sa fille dès son enfance, elle en a tant exigé de propreté sur sa personne, tant pour ses hardes, pour son appartement, pour son travail, pour sa toilette, que toutes ces attentions, tournées en habitude, prennent une assez grande partie de son temps et président encore à l'autre : en sorte que bien faire ce qu'elle fait n'est que le second de ses soins; le premier est toujours de le faire proprement.

Cependant tout cela n'a point dégénéré en vaine affectation ni en mollesse; les raffinemens du luxe n'y sont pour rien. Jamais il n'entra dans son appartement que de l'eau simple ; elle ne connoît d'autre parfum que celui des fleurs, et jamais son mari n'en respirera de plus doux que son haleine. Enfin l'attention qu'elle donne à l'extérieur ne lui fait pas oublier qu'elle doit sa vie et son temps à des soins plus nobles : elle ignore ou dédaigne cette excessive propreté du corps qui souille l'âme; Sophie est bien plus que propre, elle est pure.

J'ai dit que Sophie étoit gourmande. Elle l'étoit naturellement; mais elle est devenue sobre par habitude, et maintenant elle l'est par vertu. Il n'en est pas des filles comme des garçons, qu'on peut jusqu'à certain point gouverner par la gourmandise. Ce penchant n'est point sans conséquences pour le sexe ; il est trop dangereux de le lui laisser. La petite Sophie, dans son enfance, entrant seule dans le cabinet de sa mère, n'en revenoit pas toujours à vide, et n'étoit pas d'une fidélité à toute épreuve sur les dragées et sur les bonbons. Sa mère la surprit, la reprit, la punit, la fit jeûner. Elle vint enfin à bout de lui persuader que les bonbons gâtoient les dents, et que de trop manger grossissoit la taille. Ainsi Sophie se corrigea : en grandissant elle a pris d'autres goûts qui l'ont détournée de cette sensualité basse. Dans les femmes comme dans les hommes, sitôt que le cœur s'anime, la gourmandise n'est plus un vice dominant. Sophie a conservé le goût propre de son sexe ; elle aime le laitage et les sucreries ; elle aime la pâtisserie et les entremets, mais fort peu la viande ; elle n'a jamais goûté ni vin ni liqueurs fortes : au surplus elle mange de tout très-modérément; son sexe, moins laborieux que le nôtre, a moins besoin de réparation. En toute chose, elle aime ce qui est bon, et le sait goûter; elle sait aussi s'accommoder de ce qui ne l'est pas, sans que cette privation lui coûte.

Sophie a l'esprit agréable sans être brillant, et solide sans être profond; un esprit dont on ne dit rien, parce qu'on ne lui en trouve jamais ni plus ni moins qu'à soi. Elle a toujours celui qui plaît aux gens qui lui parlent, quoiqu'il ne soit pas fort orné, selon l'idée que nous avons de la culture de l'esprit des femmes; car le sien ne s'est point formé par la lecture, mais seulement par les conversations de son père et de sa mère, par ses propres réflexions, et par les observations qu'elle a faites dans le peu de monde qu'elle a vu. Sophie a naturellement de la gaîté, elle étoit même folâtre dans son enfance ; mais peu à peu sa mère a pris soin de réprimer ses airs évaporés, de peur que bientôt un changement trop subit n'instruisît du moment qui l'avoit rendu nécessaire. Elle est donc devenue modeste et réservée même avant le temps de l'être; et maintenant que ce temps est venu, il lui est plus aisé de garder le ton qu'elle a pris, qu'il ne lui seroit de le prendre sans indiquer la raison de ce changement. C'est une chose plaisante de la voir se livrer quelquefois par un reste d'habitude à des vivacités de l'enfance, puis tout d'un coup rentrer en elle-même, se taire, baisser les yeux, et rougir : il faut bien que le terme intermédiaire entre les deux âges participe un peu de chacun des deux.

Sophie est d'une sensibilité trop grande pour conserver une parfaite égalité d'humeur, mais elle a trop de douceur pour que cette sensibilité soit fort importune aux autres ; c'est à elle seule qu'elle fait du mal. Qu'on dise un seul mot qui la blesse, elle ne boude pas, mais son cœur se gonfle ; elle tâche de s'échapper pour aller pleurer. Qu'au milieu de ses pleurs son père ou sa mère la rappelle, et dise un seul mot, elle vient à l'instant jouer et rire en s'essuyant adroitement les yeux et tâchant d'étouffer ses sanglots.

Elle n'est pas non plus tout-à-fait exempte de caprice : son humeur, un peu trop poussée, dégénère en mutinerie, et alors elle est sujette à s'oublier. Mais laissez-lui le temps de revenir à elle, et sa manière d'effacer son tort lui en fera presque un mérite. Si on la punit, elle est docile et soumise, et l'on voit que sa honte ne vient pas tant du châtiment que de la faute. Si on ne lui dit rien, jamais elle ne manque de la réparer d'elle-même, mais si franchement et de si bonne grâce, qu'il n'est pas possible d'en garder la rancune. Elle baiseroit la terre devant le dernier domestique, sans que cet abaissement lui fît la moindre peine ; et sitôt qu'elle est pardonnée, sa joie et ses caresses montrent de quel poids son bon cœur est soulagé. En un mot, elle souffre avec patience les torts des autres, et répare avec plaisir les siens. Tel est l'aimable naturel de son sexe avant que nous l'ayons gâté. La femme est faite pour céder à l'homme et pour supporter même son injustice. Vous ne réduirez jamais les jeunes garçons au même point ; le sentiment intérieur s'élève et se révolte en eux contre l'injustice ; la nature ne les fit pas pour la tolérer.

Gravem
Pelidæ stomachum cedere nescit (*).

Sophie a de la religion, mais une religion raisonnable et simple, peu de dogmes et moins de pratiques de dévotion ; ou plutôt ne connoissant de pratique essentielle que la morale, elle dévoue sa vie entière à servir Dieu en faisant le bien. Dans toutes les instructions que ses parens lui ont données sur ce sujet, ils l'ont accoutumée à une soumission respectueuse, en lui disant toujours : « Ma fille, ces connoissan- » ces ne sont pas de votre âge ; votre mari vous » en instruira quand il sera temps. » Du reste, au lieu de longs discours de piété, ils se contentent de la lui prêcher par leur exemple, et cet exemple est gravé dans son cœur.

Sophie aime la vertu ; cet amour est devenu sa passion dominante. Elle l'aime, parce qu'il n'y a rien de si beau que la vertu ; elle l'aime, parce que la vertu fait la gloire de la femme, et qu'une femme vertueuse lui paroît presque égale aux anges ; elle l'aime comme la seule route du vrai bonheur, et parce qu'elle ne voit que misère, abandon, malheur, opprobre, ignominie, dans la vie d'une femme déshonnête ; elle l'aime enfin comme chère à son respectable père, à sa tendre et digne mère : non contens d'être heureux de leur propre vertu, ils veulent l'être aussi de la sienne, et son premier bonheur à elle-même est l'espoir de faire le leur. Tous ces sentimens lui inspirent un enthousiasme qui lui élève l'âme, et tient tous ses petits penchans asservis à une passion si noble.

Sophie sera chaste et honnête jusqu'à son dernier soupir ; elle l'a juré dans le fond de son âme, et elle l'a juré dans un temps où elle sentoit déjà tout ce qu'un tel serment coûte à tenir ; elle l'a juré quand elle en auroit dû révoquer l'engagement, si ses sens étoient faits pour régner sur elle.

Sophie n'a pas le bonheur d'être une aimable Françoise, froide par tempérament et coquette par vanité, voulant plutôt briller que plaire, cherchant l'amusement et non le plaisir. Le seul besoin d'aimer la dévore ; il vient la distraire et troubler son cœur dans les fêtes : elle a perdu son ancienne gaîté ; les folâtres jeux ne sont plus faits pour elle ; loin de craindre l'ennui de la solitude, elle la cherche ; elle y pense à celui qui doit la lui rendre douce : tous les indifférens l'importunent ; il ne lui faut pas une cour, mais un amant ; elle aime mieux plaire à un seul honnête homme, et lui plaire toujours, que d'élever en sa faveur le cri de la mode, qui dure un jour, et le lendemain se change en huée.

Les femmes ont le jugement plus tôt formé que les hommes : étant sur la défensive presque dès leur enfance, et chargées d'un dépôt difficile à garder, le bien et le mal leur sont nécessairement plus tôt connus. Sophie, précoce en tout, parce que son tempérament la porte à l'être, a aussi le jugement plus tôt formé que d'autres filles de son âge. Il n'y a rien à cela de fort extraordinaire ; la maturité n'est pas partout la même en même temps.

Sophie est instruite des devoirs et des droits de son sexe et du nôtre. Elle connoît les défauts des hommes et les vices des femmes ; elle connoît aussi les qualités, les vertus contraires, et les a toutes empreintes au fond de son cœur. On ne peut pas avoir une plus haute idée de l'honnête femme que celle qu'elle en a conçue, et cette idée ne l'épouvante point ; mais elle pense avec plus de complaisance à l'honnête homme, à l'homme de mérite ; elle sent qu'elle est faite pour cet homme-là, qu'elle en est digne, qu'elle peut lui rendre le bonheur qu'elle recevra de lui ; elle sent qu'elle saura bien le reconnoître ; il ne s'agit que de le trouver.

Les femmes sont les juges naturels du mérite des hommes, comme ils le sont du mérite des femmes : cela est de leur droit réciproque ; et

(*) Hor., lib. I, od. 6.

ni les uns ni les autres ne l'ignorent. Sophie connoît ce droit et en use, mais avec la modestie qui convient à sa jeunesse, à son expérience, à son état; elle ne juge que des choses qui sont à sa portée, et elle n'en juge que quand cela sert à développer quelque maxime utile. Elle ne parle des absens qu'avec la plus grande circonspection, surtout si ce sont des femmes. Elle pense que ce qui les rend médisantes et satiriques est de parler de leur sexe: tant qu'elles se bornent à parler du nôtre elles ne sont qu'équitables. Sophie s'y borne donc. Quant aux femmes, elle n'en parle jamais que pour en dire le bien qu'elle sait: c'est un honneur qu'elle croit devoir à son sexe; et pour celles dont elle ne sait aucun bien à dire, elle n'en dit rien du tout, et cela s'entend.

Sophie a peu d'usage du monde; mais elle est obligeante, attentive, et met de la grâce à tout ce qu'elle fait. Un heureux naturel la sert mieux que beaucoup d'art. Elle a une certaine politesse à elle qui ne tient point aux formules, qui n'est point asservie aux modes, qui ne change point avec elles, qui ne fait rien par usage, mais qui vient d'un vrai désir de plaire, et qui plaît. Elle ne sait point les complimens triviaux, et n'en invente point de plus recherchés; elle ne dit pas qu'elle est très-obligée, qu'on lui fait beaucoup d'honneur, qu'on ne prenne pas la peine, etc. Elle s'avise encore moins de tourner des phrases. Pour une attention, pour une politesse, établie, elle répond par une révérence ou par un simple *Je vous remercie*; mais ce mot, dit de sa bouche, en vaut bien un autre. Pour un vrai service elle laisse parler son cœur, et ce n'est pas un compliment qu'il trouve. Elle n'a jamais souffert que l'usage françois l'asservît au joug des simagrées, comme d'étendre sa main, en passant d'une chambre à l'autre, sur un bras sexagénaire qu'elle auroit grande envie de soutenir. Quand un galant musqué lui offre cet impertinent service, elle laisse l'officieux bras sur l'escalier, et s'élance en deux sauts dans la chambre, en disant qu'elle n'est pas boiteuse. En effet, quoiqu'elle ne soit pas grande, elle n'a jamais voulu de talons hauts; elle a les pieds assez petits pour s'en passer.

Non-seulement elle se tient dans le silence et dans le respect avec les femmes, mais même avec les hommes mariés, ou beaucoup plus âgés qu'elle; elle n'acceptera jamais de place au-dessus d'eux que par obéissance, et reprendra la sienne au-dessous sitôt qu'elle le pourra; car elle sait que les droits de l'âge vont avant ceux du sexe, comme ayant pour eux le préjugé de la sagesse, qui doit être honorée avant tout.

Avec les jeunes gens de son âge, c'est autre chose, elle a besoin d'un ton différent pour leur en imposer, et elle sait le prendre sans quitter l'air modeste qui lui convient. S'ils sont modestes et réservés eux-mêmes, elle gardera volontiers avec eux l'aimable familiarité de la jeunesse; leurs entretiens pleins d'innocence seront badins, mais décens: s'ils deviennent sérieux, elle veut qu'ils soient utiles: s'il dégénèrent en fadeurs, elle les fera bientôt cesser; car elle méprise surtout le petit jargon de la galanterie, comme très-offensant pour son sexe. Elle sait bien que l'homme qu'elle cherche n'a pas ce jargon-là, et jamais elle ne souffre volontiers d'un autre ce qui ne convient pas à celui dont elle a le caractère empreint au fond du cœur. La haute opinion qu'elle a des droits de son sexe, la fierté d'âme que lui donne la pureté de ses sentimens, cette énergie de la vertu qu'elle sent en elle-même, et qui la rend respectable à ses propres yeux, lui font écouter avec indignation le propos doucereux dont on prétend l'amuser. Elle ne les reçoit point avec une colère apparente, mais avec un ironique applaudissement qui déconcerte, ou d'un ton froid auquel on ne s'attend point. Qu'un beau Phébus lui débite ses gentillesses, la loue avec esprit sur le sien, sur sa beauté, sur ses grâces, sur le prix du bonheur de lui plaire, elle est fille à l'interrompre, en lui disant poliment: « Monsieur, j'ai grand'peur de savoir ces cho- » ses-là mieux que vous; si nous n'avons rien » de plus curieux à dire, je crois que nous » pouvons finir ici l'entretien. » Accompagner ces mots d'une grande révérence, et puis se trouver à vingt pas de lui, n'est pour elle que l'affaire d'un instant. Demandez à vos agréables s'il est aisé d'étaler long-temps son caquet avec un esprit aussi rebours que celui-là.

Ce n'est pas pourtant qu'elle n'aime fort à être louée, pourvu que ce soit tout de bon, et qu'elle puisse croire qu'on pense en effet le bien qu'on lui dit d'elle. Pour paroître touché de son mérite, il faut commencer par en montrer. Un hommage fondé sur l'estime peut flatter son cœur altier, mais tout galant persiflage est toujours rebuté; Sophie n'est pas faite pour exercer les petits talents d'un baladin.

Avec une si grande maturité de jugement, et formée à tous égards comme une fille de vingt ans, Sophie, à quinze, ne sera point traitée en enfant par ses parens. A peine apercevront-ils en elle la première inquiétude de la jeunesse, qu'avant le progrès ils se hâteront d'y pourvoir; ils lui tiendront des discours tendres et sensés. Les discours tendres et sensés sont de son âge et de son caractère. Si ce caractère est tel que je l'imagine, pourquoi son père ne lui parleroit-il pas à peu près ainsi :

« Sophie, vous voilà grande fille, et ce n'est
» pas pour l'être toujours qu'on le devient.
» Nous voulons que vous soyez heureuse; c'est
» pour nous que nous le voulons, parce que
» notre bonheur dépend du vôtre. Le bonheur
» d'une honnête fille est de faire celui d'un
» honnête homme : il faut donc penser à vous
» marier; il faut penser de bonne heure, car
» du mariage dépend le sort de la vie, et
» l'on n'a jamais trop de temps pour y penser.

» Rien n'est plus difficile que le choix d'un
» bon mari, si ce n'est peut-être celui d'une
» bonne femme. Sophie, vous serez cette
» femme rare, vous serez la gloire de notre vie
» et le bonheur de nos vieux jours; mais, de
» quelque mérite que vous soyez pourvue, la
» terre ne manque pas d'hommes qui en ont
» encore plus que vous. Il n'y en a pas un qui
» ne dût s'honorer de vous obtenir, il y en a
» beaucoup qui vous honoreroient davantage.
» Dans ce nombre il s'agit d'en trouver un qui
» vous convienne, de le connoître, et de vous
» faire connoître à lui.

» Le plus grand bonheur du mariage dépend
» de tant de convenances, que c'est une folie
» de les vouloir toutes rassembler. Il faut d'a-
» bord s'assurer des plus importantes : quand
» les autres s'y trouvent, on s'en prévaut;
» quand elles manquent, on s'en passe. Le
» bonheur parfait n'est pas sur la terre, mais
» le plus grand des malheurs, et celui qu'on
» peut toujours éviter, est d'être malheureux
» par sa faute.

» Il y a des convenances naturelles, il y en
» a d'institution, il y en a qui ne tiennent qu'à
» l'opinion seule. Les parens sont juges des
» deux dernières espèces, les enfans seuls le
» sont de la première. Dans les mariages qui
» se font par l'autorité des pères, on se règle
» uniquement sur les convenances d'institution
» et d'opinion; ce ne sont pas les personnes
» qu'on marie, ce sont les conditions et les
» biens : mais tout cela peut changer; les per-
» sonnes seules restent toujours, elles se por-
» tent partout avec elles; en dépit de la for-
» tune, ce n'est que par les rapports person-
» nels qu'un mariage peut être heureux ou
» malheureux.

» Votre mère étoit de condition, j'étois ri-
» che : voilà les seules considérations qui por-
» tèrent nos parens à nous unir. J'ai perdu
» mes biens, elle a perdu son nom : oubliée
» de sa famille, que lui sert aujourd'hui d'être
» née demoiselle ? Dans nos désastres, l'union
» de nos cœurs nous a consolés de tout; la con-
» formité de nos goûts nous a fait choisir cette
» retraite; nous y vivons heureux dans la pau-
» vreté, nous nous tenons lieu de tout l'un à
» l'autre. Sophie est notre trésor commun;
» nous bénissons le ciel de nous avoir donné
» celui-là et de nous avoir ôté tout le reste.
» Voyez, mon enfant, où nous a conduits la
» Providence : les convenances qui nous fi-
» rent marier sont évanouies; nous ne sommes
» heureux que par celles que l'on compta pour
» rien.

» C'est aux époux à s'assortir. Le penchant
» mutuel doit être leur premier lien : leurs
» yeux, leurs cœurs doivent être leurs pre-
» miers guides; car comme leur premier de-
» voir, étant unis, est de s'aimer, et qu'aimer
» ou n'aimer pas ne dépend point de nous-mê-
» mes, ce devoir en emporte nécessairement
» un autre, qui est de commencer par s'aimer
» avant de s'unir. C'est là le droit de la nature,
» que rien ne peut abroger : ceux qui l'ont
» gênée par tant de lois civiles ont eu plus
» d'égard à l'ordre apparent qu'au bonheur
» du mariage et aux mœurs des citoyens.
» Vous voyez, ma Sophie, que nous ne vous
» prêchons pas une morale difficile. Elle ne
» tend qu'à vous rendre maîtresse de vous
» même, et à nous en rapporter à vous sur le
» choix de votre époux.

» Après vous avoir dit nos raisons pour vous

» laisser une entière liberté, il est juste de vous
» parler aussi des vôtres pour en user avec sa-
» gesse. Ma fille, vous êtes bonne et raisonna-
» ble, vous avez de la droiture et de la piété,
» vous avez les talens qui conviennent à d'hon-
» nêtes femmes, et vous n'êtes pas dépourvue
» d'agrémens; mais vous êtes pauvre : vous
» avez les biens les plus estimables, et vous
» manquez de ceux qu'on estime le plus. N'as-
» pirez donc qu'à ce que vous pouvez obtenir,
» et réglez votre ambition, non sur vos juge-
» mens ni sur les nôtres, mais sur l'opinion des
» hommes. S'il n'étoit question que d'une
» égalité de mérite, j'ignore à quoi je devrois
» borner vos espérances : mais ne les élevez
» point au-dessus de votre fortune, et n'ou-
» bliez pas qu'elle est au plus bas rang. Bien
» qu'un homme digne de vous ne compte pas
» cette inégalité pour un obstacle, vous devez
» faire alors ce qu'il ne fera pas : Sophie doit
» imiter sa mère, et n'entrer que dans une fa-
» mille qui s'honore d'elle. Vous n'avez point
» vu notre opulence, vous êtes née durant no-
» tre pauvreté; vous nous la rendez douce et
» vous la partagez sans peine. Croyez-moi,
» Sophie, ne cherchez point des biens dont
» nous bénissons le ciel de nous avoir délivrés;
» nous n'avons goûté le bonheur qu'après avoir
» perdu la richesse.

» Vous êtes trop aimable pour ne plaire à
» personne, et votre misère n'est pas telle
» qu'un honnête homme se trouve embarrassé
» de vous. Vous serez recherchée, et vous pour-
» rez l'être de gens qui ne vous vaudront pas.
» S'ils se montroient à vous tels qu'ils sont,
» vous les estimeriez ce qu'ils valent; tout leur
» faste ne vous en imposeroit pas long-temps :
» mais, quoique vous ayez le jugement bon et
» que vous vous connoissiez en mérite, vous
» manquez d'expérience, et vous ignorez jus-
» qu'où les hommes peuvent se contrefaire.
» Un fourbe adroit peut étudier vos goûts
» pour vous séduire, et feindre auprès de
» vous des vertus qu'il n'aura point. Il vous
» perdroit, Sophie, avant que vous vous en
» fussiez aperçue, et vous ne connoîtriez votre
» erreur que pour la pleurer. Le plus dange-
» reux de tous les pièges, et le seul que la
» raison ne peut éviter, est celui des sens; si
» jamais vous avez le malheur d'y tomber,
» vous ne verrez plus qu'illusions et chimères,
» vos yeux se fascineront, votre jugement se
» troublera, votre volonté sera corrompue,
» votre erreur même vous sera chère; et
» quand vous seriez en état de la connoître,
» vous n'en voudriez pas revenir. Ma fille,
» c'est à la raison de Sophie que je vous livre;
» je ne vous livre point au penchant de son
» cœur. Tant que vous serez de sang-froid,
» restez votre propre juge; mais sitôt que
» vous aimerez, rendez à votre mère le soin
» de vous.

» Je vous propose un accord qui vous mar-
» que notre estime et rétablisse entre nous
» l'ordre naturel. Les parens choisissent l'é-
» poux de leur fille, et ne la consultent que
» pour la forme : tel est l'usage. Nous ferons
» entre nous tout le contraire : vous choisirez,
» et nous serons consultés. Usez de votre
» droit, Sophie; usez-en librement et sage-
» ment. L'époux qui vous convient doit être de
» votre choix et non pas du nôtre; mais c'est à
» nous de juger si vous ne vous trompez pas
» sur les convenances, et si, sans le savoir,
» vous ne faites point autre chose que ce que
» vous voulez. La naissance, les biens, le rang,
» l'opinion, n'entreront pour rien dans nos
» raisons. Prenez un honnête homme dont la
» personne vous plaise et dont le caractère
» vous convienne; quel qu'il soit d'ailleurs,
» nous l'acceptons pour notre gendre. Son
» bien sera toujours assez grand, s'il a des
» bras, des mœurs, et qu'il aime sa famille.
» Son rang sera toujours assez illustre, s'il
» l'ennoblit par la vertu. Quand toute la terre
» nous blâmeroit, qu'importe? nous ne cher-
» chons pas l'approbation publique, il nous
» suffit de votre bonheur. »

Lecteurs, j'ignore quel effet feroit un pareil discours sur les filles élevées à votre manière. Quant à Sophie, elle pourra n'y pas répondre par des paroles; la honte et l'attendrissement ne la laisseroient pas aisément s'exprimer : mais je suis bien sûr qu'il restera gravé dans son cœur le reste de sa vie, et que si l'on peut compter sur quelque résolution humaine, c'est sur celle qu'il lui fera faire d'être digne de l'estime de ses parens.

Mettons la chose au pis, et donnons-lui un tempérament ardent qui lui rende pénible une longue attente; je dis que son jugement, ses connoissances, son goût, sa délicatesse, et surtout les sentimens dont son cœur a été nourri dans son enfance, opposeront à l'impétuosité des sens un contre-poids qui lui suffira pour les vaincre, ou du moins pour leur résister long-temps. Elle mourroit plutôt martyre de son état, que d'affliger ses parens, d'épouser un homme sans mérite, et de s'exposer aux malheurs d'un mariage mal assorti. La liberté même qu'elle a reçue ne fait que lui donner une nouvelle élévation d'âme, et la rendre plus difficile sur le choix de son maître. Avec le tempérament d'une Italienne et la sensibilité d'une Angloise, elle a, pour contenir son cœur et ses sens, la fierté d'une Espagnole, qui, même en cherchant un amant, ne trouve pas aisément celui qu'elle estime digne d'elle.

Il n'appartient pas à tout le monde de sentir quel ressort l'amour des choses honnêtes peut donner à l'âme, et quelle force on peut trouver en soi quand on veut être sincèrement vertueux. Il y a des gens à qui tout ce qui est grand paroît chimérique, et qui, dans leur basse et vile raison, ne connoîtront jamais ce que peut sur les passions humaines la folie même de la vertu. Il ne faut parler à ces gens-là que par des exemples : tant pis pour eux s'ils s'obstinent à les nier. Si je leur disois que Sophie n'est point un être imaginaire, que son nom seul est de mon invention, que son éducation, ses mœurs, son caractère, sa figure même, ont réellement existé, et que sa mémoire coûte encore des larmes à toute une honnête famille, sans doute ils n'en croiroient rien : mais enfin, que risquerai-je d'achever sans détour l'histoire d'une fille si semblable à Sophie, que cette histoire pourroit être la sienne sans qu'on dût en être surpris? Qu'on la croie véritable ou non, peu importe ; j'aurai, si l'on veut, raconté des fictions, mais j'aurai toujours expliqué ma méthode, et j'irai toujours à mes fins.

La jeune personne, avec le tempérament dont je viens de charger Sophie, avoit d'ailleurs avec elle toutes les conformités qui pouvoient lui en faire mériter le nom, et je le lui laisse. Après l'entretien que j'ai rapporté, son père et sa mère, jugeant que les partis ne viendroient pas s'offrir dans le hameau qu'ils habitoient, l'envoyèrent passer un hiver à la ville, chez une tante qu'on instruisit en secret du sujet de ce voyage : car la fière Sophie portoit au fond de son cœur le noble orgueil de savoir triompher d'elle; et, quelque besoin qu'elle eût d'un mari, elle fût morte fille plutôt que de se résoudre à l'aller chercher.

Pour répondre aux vues de ses parens, sa tante la présenta dans les maisons, la mena dans les sociétés, dans les fêtes, lui fit voir le monde, ou plutôt l'y fit voir, car Sophie se soucioit peu de tout ce fracas. On remarqua pourtant qu'elle ne fuyoit pas les jeunes gens d'une figure agréable qui paroissoient décens et modestes. Elle avoit dans sa réserve même un certain art de les attirer, qui ressembloit assez à de la coquetterie: mais après s'être entretenue avec eux deux ou trois fois elle s'en rebutoit. Bientôt à cet air d'autorité qui semble accepter les hommages (a), elle substituoit un maintien plus humble et une politesse plus repoussante. Toujours attentive sur elle-même, elle ne leur laissoit plus l'occasion de lui rendre le moindre service : c'étoit dire assez qu'elle ne vouloit pas être leur maîtresse.

Jamais les cœurs sensibles n'aimèrent les plaisirs bruyans, vain et stérile bonheur des gens qui ne sentent rien, et qui croient qu'étourdir sa vie c'est en jouir. Sophie, ne trouvant point ce qu'elle cherchoit, et désespérant de le trouver ainsi, s'ennuya de la ville. Elle aimoit tendrement ses parens, rien ne la dédommageoit d'eux, rien n'étoit propre à les lui faire oublier; elle retourna les joindre long-temps avant le terme fixé pour son retour.

A peine eut-elle repris ses fonctions dans la maison paternelle, qu'on vit qu'en gardant la même conduite elle avoit changé d'humeur. Elle avoit des distractions, de l'impatience, elle étoit triste et rêveuse, elle se cachoit pour pleurer. On crut d'abord qu'elle aimoit et qu'elle en avoit honte : on lui en parla, elle s'en défendit. Elle protesta n'avoir vu personne qui pût toucher son cœur, et Sophie ne mentoit point.

Cependant sa langueur augmentoit sans cesse, et sa santé commençoit à s'altérer. Sa mère, inquiète de ce changement, résolut enfin d'en sa-

---

(a) VAR. ... *les hommages, et qui est la prem ère faveur du sexe, elle...*

voir la cause. Elle la prit en particulier, et mit en œuvre auprès d'elle ce langage insinuant et ces caresses invincibles que la seule tendresse maternelle sait employer : Ma fille, toi que j'ai portée dans mes entrailles et que je porte incessamment dans mon cœur, verse le secret du tien dans le sein de ta mère. Quels sont donc ces secrets qu'une mère ne peut savoir ? Qui est-ce qui plaint tes peines, qui est-ce qui les partage, qui est-ce qui veut les soulager, si ce n'est ton père et moi ? Ah ! mon enfant, veux-tu que je meure de ta douleur sans la connoître ?

Loin de cacher ses chagrins à sa mère, la jeune fille ne demandoit pas mieux que de l'avoir pour consolatrice et pour confidente; mais la honte l'empêchoit de parler, et sa modestie ne trouvoit point de langage pour décrire un état si peu digne d'elle, que l'émotion qui troubloit ses sens malgré qu'elle en eût. Enfin, sa honte même servant d'indice à la mère, elle lui arracha ces humilians aveux. Loin de l'affliger par d'injustes réprimandes, elle la consola, la plaignit, pleura sur elle : elle étoit trop sage pour lui faire un crime d'un mal que sa vertu seul rendoit si cruel. Mais pourquoi supporter sans nécessité un mal dont le remède étoit si facile et si légitime ? Que n'usoit-elle de la liberté qu'on lui avoit donnée ? que n'acceptoit-elle un mari ? que ne le choisissoit-elle ? Ne savoit-elle pas que son sort dépendoit d'elle seule, et que, quel que fût son choix, il seroit confirmé, puisqu'elle n'en pouvoit faire un qui ne fût honnête. On l'avoit envoyée à la ville, elle n'y avoit point voulu rester; plusieurs partis s'étoient présentés, elle les avoit tous rebutés. Qu'attendoit-elle donc ? que vouloit-elle ? Quelle inexplicable contradiction !

La réponse étoit simple. S'il ne s'agissoit que d'un secours pour la jeunesse, le choix seroit bientôt fait : mais un maître pour toute la vie n'est pas si facile à choisir ; et, puisqu'on ne peut séparer ces deux choix, il faut bien attendre, et souvent perdre sa jeunesse, avant de trouver l'homme avec qui l'on veut passer ses jours. Tel étoit le cas de Sophie : elle avoit besoin d'un amant, mais cet amant devoit être un mari ; et pour le cœur qu'il falloit au sien, l'un étoit presque aussi difficile à trouver que l'autre. Tous ces jeunes gens si brillans n'avoient avec elle que la convenance de l'âge, les autres leur manquoient toujours ; leur esprit superficiel, leur vanité, leur jargon, leurs mœurs sans règle, leurs frivoles imitations, la dégoûtoient d'eux. Elle cherchoit un homme et ne trouvoit que des singes ; elle cherchoit une âme et n'en trouvoit point.

Que je suis malheureuse ! disoit-elle à sa mère ; j'ai besoin d'aimer, et ne vois rien qui me plaise. Mon cœur repousse tous ceux qu'attirent mes sens. Je n'en vois pas un qui n'excite mes désirs, et pas un qui ne les réprime ; un goût sans estime ne peut durer. Ah ! ce n'est pas là l'homme qu'il faut à votre Sophie ! son charmant modèle est empreint trop avant dans son âme. Elle ne peut aimer que lui, elle ne peut rendre heureux que lui, elle ne peut être heureuse qu'avec lui seul. Elle aime mieux se consumer et combattre sans cesse, elle aime mieux mourir malheureuse et libre, que désespérée auprès d'un homme qu'elle n'aimeroit pas et qu'elle rendroit malheureux lui-même ; il vaut mieux n'être plus, que de n'être que pour souffrir.

Frappée de ces singularités, sa mère les trouva trop bizarres pour n'y pas soupçonner quelque mystère. Sophie n'étoit ni précieuse ni ridicule. Comment cette délicatesse outrée avoit-elle pu lui convenir, à elle à qui l'on n'avoit rien tant appris dès son enfance qu'à s'accommoder des gens avec qui elle avoit à vivre, et à faire de nécessité vertu ? Ce modèle de l'homme aimable duquel elle étoit si enchantée, et qui revenoit si souvent dans tous ses entretiens, fit conjecturer à sa mère que ce caprice avoit quelque autre fondement qu'elle ignoroit encore, et que Sophie n'avoit pas tout dit. L'infortunée, surchargée de sa peine secrète, ne cherchoit qu'à s'épancher. Sa mère la presse ; elle hésite ; elle se rend enfin, et sortant sans rien dire, elle rentre un moment après, un livre à la main : Plaignez votre malheureuse fille, sa tristesse est sans remède, ses pleurs ne peuvent tarir. Vous en voulez savoir la cause : eh bien ! la voilà, dit-elle en jetant le livre sur la table. La mère prend le livre et l'ouvre : c'étoient les Aventures de Télémaque. Elle ne comprend rien d'abord à cette énigme : à force de questions et de réponses obscures, elle voit enfin, avec une surprise facile à concevoir, que sa fille est la rivale d'Eucharis.

Sophie aimoit Télémaque, et l'aimoit avec une passion dont rien ne put la guérir. Sitôt que son père et sa mère connurent sa manie, ils en rirent, et crurent la ramener par la raison. Ils se trompèrent : la raison n'étoit pas toute de leur côté; Sophie avoit aussi la sienne et savoit la faire valoir. Combien de fois elle les réduisit au silence en se servant contre eux de leurs propres raisonnemens, en leur montrant qu'ils avoient fait tout le mal eux-mêmes, qu'ils ne l'avoient point formée pour un homme de son siècle; qu'il faudroit nécessairement qu'elle adoptât les manières de penser de son mari, ou qu'elle lui donnât les siennes; qu'ils lui avoient rendu le premier moyen impossible par la manière dont ils l'avoient élevée, et que l'autre étoit précisément ce qu'elle cherchoit. Donnez-moi, disoit-elle, un homme imbu de mes maximes, ou que j'y puisse amener, et je l'épouse; mais jusque-là pourquoi me grondez-vous? plaignez-moi. Je suis malheureuse et non pas folle. Le cœur dépend-il de la volonté? Mon père ne l'a-t-il pas dit lui-même? Est-ce ma faute si j'aime ce qui n'est pas? Je ne suis point visionnaire; je ne veux point un prince, je ne cherche point Télémaque, je sais qu'il n'est qu'une fiction : je cherche quelqu'un qui lui ressemble. Et pourquoi ce quelqu'un ne peut-il exister, puisque j'existe, moi qui me sens un cœur si semblable au sien? Non, ne déshonorons pas ainsi l'humanité; ne pensons pas qu'un homme aimable et vertueux ne soit qu'une chimère. Il existe, il vit, il me cherche peut-être; il cherche une âme qui le sache aimer. Mais qu'est-il? Où est-il? Je l'ignore : il n'est aucun de ceux que j'ai vus; sans doute il n'est aucun de ceux que je verrai. O ma mère! pourquoi m'avez-vous rendu la vertu trop aimable? Si je ne puis aimer qu'elle, le tort en est moins à moi qu'à vous.

Amènerai-je ce triste récit jusqu'à sa catastrophe? Dirai-je les longs débats qui la précédèrent? Représenterai-je une mère impatientée changeant en rigueurs ses premières caresses? montrerai-je un père irrité oubliant ses premiers engagemens, et traitant comme une folle la plus vertueuse des filles? Peindrai-je enfin l'infortunée, encore plus attachée à sa chimère par la persécution qu'elle lui fait souffrir, marchant à pas lents vers la mort, et descendant dans la tombe au moment qu'on croit l'entraîner à l'autel? Non, j'écarte ces objets funestes. Je n'ai pas besoin d'aller si loin pour montrer par un exemple assez frappant, ce me semble, que, malgré les préjugés qui naissent des mœurs du siècle, l'enthousiasme de l'honnête et du beau n'est pas plus étranger aux femmes qu'aux hommes, et qu'il n'y a rien que, sous la direction de la nature, on ne puisse obtenir d'elles comme de nous.

On m'arrête ici pour me demander si c'est la nature qui nous prescrit de prendre tant de peines pour réprimer des désirs immodérés. Je réponds que non, mais qu'aussi ce n'est point la nature qui nous donne tant de désirs immodérés. Or tout ce qui n'est pas d'elle est contre elle : j'ai prouvé cela mille fois.

Rendons à notre Émile sa Sophie : ressuscitons cette aimable fille pour lui donner une imagination moins vive et un destin plus heureux. Je voulois peindre une femme ordinaire; et à force de lui élever l'âme j'ai troublé sa raison; je me suis égaré moi-même. Revenons sur nos pas. Sophie n'a qu'un bon naturel dans une âme commune; tout ce qu'elle a de plus que les autres femmes est l'effet de son éducation.

Je me suis proposé dans ce livre de dire tout ce qui se pouvoit faire, laissant à chacun le choix de ce qui est à sa portée dans ce que je puis avoir dit de bien. J'avois pensé dès le commencement à former de loin la compagne d'Émile, et à les élever l'un pour l'autre et l'un avec l'autre. Mais, en y réfléchissant, j'ai trouvé que tous ces arrangemens trop prématurés étoient mal entendus, et qu'il étoit absurde de destiner deux enfans à s'unir avant de pouvoir connoître si cette union étoit dans l'ordre de la nature, et s'ils auroient entre eux les rapports convenables pour la former. Il ne faut pas confondre ce qui est naturel à l'état sauvage et ce qui est naturel à l'état civil. Dans le premier état, toutes les femmes conviennent à tous les hommes, parce que les uns et les autres n'ont encore que la forme primitive et commune;

dans le second, chaque caractère étant développé par les institutions sociales, et chaque esprit ayant reçu sa forme propre et déterminée, non de l'éducation seule, mais du concours bien ou mal ordonné du naturel et de l'éducation, on ne peut plus les assortir qu'en les présentant l'un à l'autre pour voir s'ils se conviennent à tous égards, ou pour préférer au moins le choix qui donne le plus de ces convenances.

Le mal est qu'en développant les caractères l'état social distingue les rangs, et que l'un de ces deux ordres n'étant point semblable à l'autre, plus on distingue les conditions, plus on confond les caractères. De là les mariages mal assortis et tous les désordres qui en dérivent ; d'où l'on voit, par une conséquence évidente, que plus on s'éloigne de l'égalité, plus les sentimens naturels s'altèrent ; plus l'intervalle des grands aux petits s'accroît, plus le lien conjugal se relâche ; plus il y a de riches et de pauvres, moins il y a de pères et de maris. Le maître ni l'esclave n'ont plus de famille, chacun des deux ne voit que son état.

Voulez-vous prévenir les abus et faire d'heureux mariages, étouffez les préjugés, oubliez les institutions humaines, et consultez la nature. N'unissez pas des gens qui ne se conviennent que dans une condition donnée, et qui ne se conviendront plus, cette condition venant à changer, mais des gens qui se conviendront dans quelque situation qu'ils se trouvent, dans quelque pays qu'ils habitent, dans quelque rang qu'ils puissent tomber. Je ne dis pas que les rapports conventionnels soient indifférens dans le mariage, mais je dis que l'influence des rapports naturels l'emporte tellement sur la leur, que c'est elle qui décide du sort de la vie, et qu'il y a telle convenance de goûts, d'humeurs, de sentimens, de caractères, qui devroit engager un père sage, fût-il prince, fût-il monarque, à donner sans balancer à son fils la fille avec laquelle il auroit toutes ces convenances, fût-elle née dans une famille déshonnête, fût-elle la fille du bourreau. Oui, je soutiens que, tous les malheurs imaginables dussent-ils tomber sur deux époux bien unis, ils jouiront d'un plus vrai bonheur à pleurer ensemble, qu'ils n'en auroient dans toutes les fortunes de la terre, empoisonnées par la désunion des cœurs.

Au lieu donc de destiner dès l'enfance une épouse à mon Émile, j'ai attendu de connoître celle qui lui convient. Ce n'est point moi qui fais cette destination, c'est la nature ; mon affaire est de trouver le choix qu'elle a fait. Mon affaire, je dis la mienne et non celle du père ; car en me confiant son fils, il me cède sa place, il substitue mon droit au sien ; c'est moi qui suis le vrai père d'Émile, c'est moi qui l'ai fait homme. J'aurois refusé à l'élever si je n'avois pas été le maître de le marier à son choix, c'est-à-dire au mien. Il n'y a que le plaisir de faire un heureux qui puisse payer ce qu'il en coûte pour mettre un homme en état de le devenir.

Mais ne croyez pas non plus que j'aie attendu pour trouver l'épouse d'Émile que je le misse en devoir de la chercher. Cette feinte recherche n'est qu'un prétexte pour lui faire connoître les femmes, afin qu'il sente le prix de celle qui lui convient. Dès long-temps Sophie est trouvée ; peut-être Émile l'a-t-il déjà vue ; mais il ne la reconnoîtra que quand il en sera temps.

Quoique l'égalité des conditions ne soit pas nécessaire au mariage, quand cette égalité se joint aux autres convenances, elle leur donne un nouveau prix ; elle n'entre en balance avec aucune, mais la fait pencher quand tout est égal.

Un homme, à moins qu'il ne soit un monarque, ne peut pas chercher une femme dans tous les états ; car les préjugés qu'il n'aura pas il les trouvera dans les autres ; et telle fille lui conviendroit peut-être, qu'il ne l'obtiendroit pas pour cela. Il y a donc des maximes de prudence qui doivent borner les recherches d'un père judicieux. Il ne doit point vouloir donner à son élève un établissement au-dessus de son rang, car cela ne dépend pas de lui. Quand il le pourroit, il ne devroit pas le vouloir encore ; car qu'importe le rang au jeune homme, du moins au mien ? Et cependant, en montant, il s'expose à mille maux réels qu'il sentira toute sa vie. Je dis même qu'il ne doit pas vouloir compenser des biens de différentes natures, comme la noblesse et l'argent, parce que chacun des deux ajoute moins de prix à l'autre qu'il n'en reçoit d'altération ; que de plus on ne s'accorde jamais sur l'estimation commune ; qu'enfin la préférence que chacun donne à sa mise prépare la discorde entre deux familles, et souvent entre deux époux.

Il est encore fort différent pour l'ordre du mariage que l'homme s'allie au-dessus ou au-dessous de lui. Le premier cas est tout-à-fait contraire à la raison ; le second y est plus conforme. Comme la famille ne tient à la société que par son chef, c'est l'état de ce chef qui règle celui de la famille entière. Quand il s'allie dans un rang plus bas, il ne descend point, il élève son épouse ; au contraire, en prenant une femme au-dessus de lui, il l'abaisse sans s'élever. Ainsi, dans le premier cas, il y a du bien sans mal, et dans le second du mal sans bien. De plus, il est dans l'ordre de la nature que la femme obéisse à l'homme. Quand donc il la prend dans un rang inférieur, l'ordre naturel et l'ordre civil s'accordent, et tout va bien. C'est le contraire quand, s'alliant au-dessus de lui, l'homme se met dans l'alternative de blesser son droit ou sa reconnaissance, et d'être ingrat ou méprisé. Alors la femme prétendant à l'autorité, se rend le tyran de son chef ; et le maître, devenu l'esclave, se trouve la plus ridicule et la plus misérable des créatures. Tels sont ces malheureux favoris que les rois de l'Asie honorent et tourmentent de leur alliance, et qui, dit-on, pour coucher avec leurs femmes, n'osent entrer dans le lit que par le pied.

Je m'attends que beaucoup de lecteurs, se souvenant que je donne à la femme un talent naturel pour gouverner l'homme, m'accuseront ici de contradiction : ils se tromperont pourtant. Il y a bien de la différence entre s'arroger le droit de commander, et gouverner celui qui commande. L'empire de la femme est un empire de douceur, d'adresse et de complaisance ; ses ordres sont des caresses, ses menaces sont des pleurs. Elle doit régner dans la maison comme un ministre dans l'état, en se faisant commander ce qu'elle veut faire. En ce sens il est constant que les meilleurs ménages sont ceux où la femme a le plus d'autorité. Mais quand elle méconnoît la voix du chef, qu'elle veut usurper ses droits, et commander elle-même, il ne résulte jamais de ce désordre que misère, scandale, et déshonneur.

Reste le choix entre ses égales et ses inférieures ; et je crois qu'il y a encore quelque restriction à faire pour ces dernières ; car il est difficile de trouver dans la lie du peuple une épouse capable de faire le bonheur d'un honnête homme : non qu'on soit plus vicieux dans les derniers rangs que dans les premiers, mais parce qu'on y a peu d'idée de ce qui est beau et honnête, et que l'injustice des autres états fait voir à celui-ci la justice dans ses vices mêmes.

Naturellement l'homme ne pense guère. Penser est un art qu'il apprend comme tous les autres, et même plus difficilement. Je ne connois pour les deux sexes que deux classes réellement distinguées : l'une des gens qui pensent, l'autre des gens qui ne pensent point ; et cette différence vient presque uniquement de l'éducation. Un homme de la première de ces deux classes ne doit point s'allier dans l'autre ; car le plus grand charme de la société manque à la sienne lorsque ayant une femme il est réduit à penser seul. Les gens qui passent exactement la vie entière à travailler pour vivre n'ont d'autre idée que celle de leur travail ou de leur intérêt, et tout leur esprit semble être au bout de leurs bras. Cette ignorance ne nuit ni à la probité ni aux mœurs ; souvent même elle y sert ; souvent on compose avec ses devoirs à force d'y réfléchir, et l'on finit par mettre un jargon à la place des choses. La conscience est le plus éclairé des philosophes : on n'a pas besoin de savoir les Offices de Cicéron pour être homme de bien ; et la femme du monde la plus honnête sait peut-être le moins ce que c'est qu'honnêteté. Mais il n'en est pas moins vrai qu'un esprit cultivé rend seul le commerce agréable ; et c'est une triste chose pour un père de famille qui se plaît dans sa maison, d'être forcé de s'y renfermer en lui-même, et de ne pouvoir s'y faire entendre à personne.

D'ailleurs comment une femme qui n'a nulle habitude de réfléchir élèvera-t-elle ses enfans ? Comment discernera-t-elle ce qui leur convient ? comment les disposera-t-elle aux vertus qu'elle ne connoît pas, au mérite dont elle n'a nulle idée ? Elle ne saura que les flatter ou les menacer, les rendre insolens ou craintifs ; elle en fera des singes maniérés ou d'étourdis polissons, jamais de bons esprits ni des enfans aimables.

Il ne convient donc pas à un homme qui a de l'éducation de prendre une femme qui n'en ait point, ni par conséquent dans un rang où l'on ne sauroit en avoir. Mais j'aimerois encore cent fois mieux une fille simple et grossièrement élevée, qu'une fille savante et bel esprit qui viendroit établir dans ma maison un tribunal de littérature dont elle se feroit la présidente. Une femme bel esprit est le fléau de son mari, de ses enfans, de ses amis, de ses valets, de tout le monde. De la sublime élévation de son beau génie elle dédaigne tous ses devoirs de femme, et commence toujours par se faire homme à la manière de mademoiselle de l'Enclos. Au dehors elle est toujours ridicule et très-justement critiquée, parce qu'on ne peut manquer de l'être aussitôt qu'on sort de son état et qu'on n'est point fait pour celui qu'on veut prendre. Toutes ces femmes à grands talens n'en imposent jamais qu'aux sots. On sait toujours quel est l'artiste ou l'ami qui tient la plume ou le pinceau quand elles travaillent; on sait quel est le discret homme de lettres qui leur dicte en secret leurs oracles. Toute cette charlatanerie est indigne d'une honnête femme. Quand elle auroit de vrais talens, sa prétention les aviliroit. Sa dignité est d'être ignorée; sa gloire est dans l'estime de son mari; ses plaisirs sont dans le bonheur de sa famille. Lecteur, je m'en rapporte à vous-même; soyez de bonne foi : lequel vous donne meilleure opinion d'une femme en entrant dans sa chambre, lequel vous la fait aborder avec plus de respect, de la voir occupée des travaux de son sexe, des soins de son ménage, environnée des hardes de ses enfans, ou de la trouver écrivant des vers sur sa toilette, entourée de brochures de toutes les sortes et de petits billets peints de toutes les couleurs? Toute fille lettrée restera fille toute sa vie, quand il n'y aura que des hommes sensés sur la terre :

Quæris cur nolim te ducere, Galla? diserta es (¹).

Après ces considérations vient celle de la figure; c'est la première qui frappe et la dernière qu'on doit faire, mais encore ne la faut-il pas compter pour rien. La grande beauté me paroît plutôt à fuir qu'à rechercher dans le mariage. La beauté s'use promptement par la possession, au bout de six semaines elle n'est plus rien pour le possesseur, mais ses dangers durent autant qu'elle. A moins qu'une belle femme ne soit un ange, son mari est le plus malheureux des hommes; et quand elle seroit un ange, comment empêchera-t-elle qu'il ne soit sans cesse entouré d'ennemis? Si l'extrême laideur n'étoit pas dégoûtante, je la préférerois à l'extrême beauté; car en peu de temps l'une et l'autre étant nulle pour le mari, la beauté devient un inconvénient et la laideur un avantage. Mais la laideur qui produit le dégoût est le plus grand des malheurs; ce sentiment, loin de s'effacer, augmente sans cesse et se tourne en haine. C'est un enfer qu'un pareil mariage; il vaudroit mieux être morts qu'unis ainsi.

Désirez en tout la médiocrité sans en excepter la beauté même. Une figure agréable et prévenante, qui n'inspire pas l'amour mais la bienveillance, est ce qu'on doit préférer; elle est sans préjudice pour le mari, et l'avantage en tourne au profit commun. Les grâces ne s'usent pas comme la beauté : elles ont de la vie, elles se renouvellent sans cesse, et, au bout de trente ans de mariage, une honnête femme avec des grâces plaît à son mari comme le premier jour.

Telles sont les réflexions qui m'ont déterminé dans le choix de Sophie. Élève de la nature ainsi qu'Émile, elle est faite pour lui plus qu'aucune autre; elle sera la femme de l'homme. Elle est son égale par la naissance et par le mérite, son inférieure par la fortune. Elle n'enchante pas au premier coup d'œil, mais elle plaît chaque jour d'avantage. Son plus grand charme n'agit que par degrés; il ne se déploie que dans l'intimité du commerce; et son mari le sentira plus que personne au monde. Son éducation n'est ni brillante ni négligée; elle a du goût sans étude, des talens sans art, du jugement sans connoissance. Son esprit ne sait pas, mais il est cultivé pour apprendre; c'est une terre bien préparée qui n'attend que le grain pour rapporter. Elle n'a jamais lu de livre que Barrême, et Télémaque, qui lui tomba par hasard dans les mains; mais une fille capable de se passionner pour Télémaque a-t-elle un cœur sans sentiment et un esprit sans délicatesse? O l'aimable ignorante! Heureux celui

---

(¹) Martial, XI, 20.

qu'on destine à l'instruire! Elle ne sera point le professeur de son mari, mais son disciple: loin de vouloir l'assujettir à ses goûts, elle prendra les siens. Elle vaudra mieux pour lui que si elle étoit savante; il aura le plaisir de lui tout enseigner. Il est temps enfin qu'ils se voient; travaillons à les rapprocher.

Nous partons de Paris, tristes et rêveurs. Ce lieu de babil n'est pas notre centre. Émile tourne un œil de dédain vers cette grande ville, et dit avec dépit: Que de jours perdus en vaines recherches! Ah! ce n'est pas là qu'est l'épouse de mon cœur. Mon ami, vous le saviez bien; mais mon temps ne vous coûte guère, et mes maux vous font peu souffrir. Je le regarde fixement, et lui dis sans m'émouvoir: Émile, croyez-vous ce que vous dites? A l'instant il me saute au cou tout confus, et me serre dans ses bras sans répondre. C'est toujours sa réponse quand il a tort.

Nous voici par les champs en vrais chevaliers errans; non pas comme eux cherchant les aventures, nous les fuyons, au contraire, en quittant Paris; mais imitant assez leur allure errante, inégale, tantôt piquant des deux, et tantôt marchant à petits pas. A force de suivre ma pratique, on en aura pris enfin l'esprit; et je n'imagine aucun lecteur encore assez prévenu par les usages pour nous supposer tous deux endormis dans une bonne chaise de poste bien fermée, marchant sans rien voir, sans rien observer, rendant nul pour nous l'intervalle du départ à l'arrivée, et, dans la vitesse de notre marche, perdant le temps pour le ménager.

Les hommes disent que la vie est courte, et je vois qu'ils s'efforcent de la rendre telle. Ne sachant pas l'employer, ils se plaignent de la rapidité du temps; et je vois qu'il coule trop lentement à leur gré. Toujours pleins de l'objet auquel ils tendent, ils voient à regret l'intervalle qui les en sépare: l'un voudroit être à demain, l'autre au mois prochain; l'autre à dix ans de là; nul ne veut vivre aujourd'hui; nul n'est content de l'heure présente, tous la trouvent trop lente à passer. Quand ils se plaignent que le temps coule trop vite, ils mentent; ils payeroient volontiers le pouvoir de l'accélérer; ils emploieroient volontiers leur fortune à consumer leur vie entière; et il n'y en a peut-être pas un qui n'eût réduit ses ans à très-peu d'heures s'il eût été le maître d'en ôter au gré de son ennui celles qui lui étoient à charge, et au gré de son impatience celles qui le séparoient du moment désiré. Tel passe la moitié de sa vie à se rendre de Paris à Versailles, de Versailles à Paris, de la ville à la campagne, de la campagne à la ville, et d'un quartier à l'autre, qui seroit fort embarrassé de ses heures s'il n'avoit le secret de les perdre ainsi, et qui s'éloigne exprès de ses affaires pour s'occuper à les aller chercher: il croit gagner le temps qu'il y met de plus, et dont autrement il ne sauroit que faire; ou bien, au contraire, il court pour courir, et vient en poste sans autre objet que de retourner de même. Mortels, ne cesserez-vous jamais de calomnier la nature? Pourquoi vous plaindre que la vie est courte, puisqu'elle ne l'est pas encore assez à votre gré? S'il est un seul d'entre vous qui sache mettre assez de tempérance à ses désirs pour ne jamais souhaiter que le temps s'écoule, celui-là ne l'estimera point trop courte; vivre et jouir seront pour lui la même chose; et, dût-il mourir jeune, il ne mourra que rassasié de jours (*).

Quand je n'aurois que cet avantage dans ma méthode, par cela seul il la faudroit préférer à toute autre. Je n'ai point élevé mon Émile pour désirer ni pour attendre, mais pour jouir; et quand il porte ses désirs au-delà du présent, ce n'est point avec une ardeur assez impétueuse pour être importuné de la lenteur du temps. Il ne jouira pas seulement du plaisir de désirer, mais de celui d'aller à l'objet qu'il désire; et ses passions sont tellement modérées, qu'il est toujours plus où il est qu'où il sera.

Nous ne voyageons donc point en courriers, mais en voyageurs. Nous ne songeons pas seulement aux deux termes, mais à l'intervalle qui les sépare. Le voyage même est un plaisir pour nous. Nous ne le faisons point tristement assis et comme emprisonnés dans une petite cage bien fermée. Nous ne voyageons point dans la mollesse et dans le repos des femmes. Nous ne

---

(*) *Qui nullum non tempus in usus suos confert... nec optat crastinum nec timet. Quantulacumque itaque abundè sufficiet, et ideò quandocumque ultimus dies venerit, non cunctabitur sapiens ire ad mortem.* SENEC., de Brev. vit., cap. 7 et 11. G. P.

nous ôtons ni le grand air, ni la vue des objets qui nous environnent, ni la commodité de les contempler à notre gré quand il nous plaît. Émile n'entra jamais dans une chaise de poste, et ne court guère en poste s'il n'est pressé. Mais de quoi jamais Émile peut-il être pressé? D'une seule chose, de jouir de la vie. Ajouterai-je et de faire du bien quand il le peut? Non, car cela même est jouir de la vie (*).

Je ne conçois qu'une manière de voyager plus agréable que d'aller à cheval; c'est d'aller à pied. On part à son moment, on s'arrête à sa volonté, on fait tant et si peu d'exercice qu'on veut. On observe tout le pays; on se détourne à droite, à gauche; on examine tout ce qui nous flatte; on s'arrête à tous les points de vue. Aperçois-je une rivière, je la côtoie; un bois touffu, je vais sous son ombre; une grotte, je la visite; une carrière, j'examine les minéraux. Partout où je me plais j'y reste. A l'instant que je m'ennuie, je m'en vais. Je ne dépends ni des chevaux ni du postillon. Je n'ai pas besoin de choisir des chemins tout faits, des routes commodes; je passe partout où un homme peut passer; je vois tout ce qu'un homme peut voir; et, ne dépendant que de moi-même, je jouis de toute la liberté dont un homme peut jouir. Si le mauvais temps m'arrête et que l'ennui me gagne, alors je prends des chevaux. Si je suis las.... Mais Émile ne se lasse guère; il est robuste; et pourquoi se lasseroit-il? il n'est point pressé. S'il s'arrête, comment peut-il s'ennuyer? Il porte partout de quoi s'amuser. Il entre chez un maître, il travaille; il exerce ses bras pour reposer ses pieds.

Voyager à pied, c'est voyager comme Thalès, Platon, Pythagore. J'ai peine à comprendre comment un philosophe peut se résoudre à voyager autrement, et s'arracher à l'examen des richesses qu'il foule aux pieds et que la terre prodigue à sa vue. Qui est-ce qui, aimant un peu l'agriculture, ne veut pas connoître les productions particulières au climat des lieux qu'il traverse, et la manière de les cultiver? Qui est-ce qui, ayant un peu de goût pour l'histoire naturelle, peut se résoudre à passer un terrain sans l'examiner, un rocher sans l'écorner, des montagnes sans herboriser, des cailloux sans chercher des fossiles? Vos philosophes de ruelles étudient l'histoire naturelle dans des cabinets; ils ont des colifichets, ils savent des noms, et n'ont aucune idée de la nature. Mais le cabinet d'Émile est plus riche que ceux des rois; ce cabinet est la terre entière. Chaque chose y est à sa place : le naturaliste qui en prend soin a rangé le tout dans un fort bel ordre; Daubenton ne feroit pas mieux.

Combien de plaisirs différens on rassemble par cette agréable manière de voyager! sans compter la santé qui s'affermit, l'humeur qui s'égaie. J'ai toujours vu ceux qui voyageoient dans de bonnes voitures bien douces, rêveurs, tristes, grondans ou souffrans; et les piétons toujours gais, légers, et contens de tout. Combien le cœur rit quand on approche du gîte! Combien un repas grossier paroît savoureux! Avec quel plaisir on se repose à table! Quel bon sommeil on fait dans un mauvais lit! Quand on ne veut qu'arriver, on peut courir en chaise de poste, mais quand on veut voyager, il faut aller à pied.

Si, avant que nous ayons fait cinquante lieues de la manière que j'imagine, Sophie n'est pas oubliée, il faut que je ne sois guère adroit, ou qu'Émile soit bien peu curieux; car, avec tant de connoissances élémentaires, il est difficile qu'il ne soit pas tenté d'en acquérir davantage. On n'est curieux qu'à proportion qu'on est instruit; il sait précisément assez pour vouloir apprendre.

Cependant un objet en attire un autre, et nous avançons toujours. J'ai mis à notre première course un terme éloigné; le prétexte en est facile : en sortant de Paris, il faut aller chercher une femme au loin.

Quelque jour, après nous être égarés plus qu'à l'ordinaire dans des vallons, dans des montagnes où l'on n'aperçoit aucun chemin, nous ne savons plus retrouver le nôtre. Peu nous importe, tous chemins sont bons pourvu qu'on arrive : mais encore faut-il arriver quelque part quand on a faim. Heureusement nous trouvons un paysan qui nous mène dans sa chaumière; nous mangeons de grand appétit sur

---

(*) « Le voyager me semble un exercice proufitable... S'il fait laid à droite, je prends à gauche. Ai-je laissé quelque chose derriere moy, j'y retourne, c'est toujours mon chemin... La pluspart ne prennent l'aller que pour le venir; ils voyagent couverts et resserrés d'une prudence taciturne et incommunicable, se deffendans de la contagion d'un air incogneu. » MONTAIGNE, liv. III, ch. 9.   G. P.

maigre dîner. En nous voyant si fatigués, si affamés, il nous dit : Si le bon Dieu vous eût conduits de l'autre côté de la colline, vous eussiez été mieux reçus..... Vous auriez trouvé une maison de paix... des gens si charitables... de si bonnes gens !... Ils n'ont pas meilleur cœur que moi, mais ils sont plus riches, quoiqu'on dise qu'ils l'étoient bien plus autrefois... Ils ne pâtissent pas, Dieu merci ; et tout le pays se sent de ce qui leur reste.

A ce mot de bonnes gens le cœur du bon Émile s'épanouit. Mon ami, dit-il en me regardant, allons à cette maison dont les maîtres sont bénis dans le voisinage : je serois bien aise de les voir ; peut-être seront-ils bien aises de nous voir aussi. Je suis sûr qu'ils nous recevront bien : s'ils sont des nôtres, nous serons des leurs.

La maison bien indiquée, on part, on erre dans les bois : une grande pluie nous surprend en chemin ; elle nous retarde sans nous arrêter. Enfin l'on se retrouve, et le soir nous arrivons à la maison désignée. Dans le hameau qui l'entoure, cette seule maison, quoique simple, a quelque apparence. Nous nous présentons, nous demandons l'hospitalité. L'on nous fait parler au maître ; il nous questionne, mais poliment : sans dire le sujet de notre voyage, nous disons celui de notre détour. Il a gardé de son ancienne opulence la facilité de connoître l'état des gens dans leurs manières ; quiconque a vécu dans le grand monde se trompe rarement là-dessus : sur ce passe-port nous sommes admis.

On nous montre un appartement fort petit, mais propre et commode ; on y fait du feu, nous y trouvons du linge, des nippes, tout ce qu'il nous faut. Quoi ! dit Émile tout surpris, on diroit que nous étions attendus. O que le paysan avoit bien raison ! quelle attention ! quelle bonté ! quelle prévoyance ! et pour des inconnus ! Je crois être au temps d'Homère. Soyez sensible à tout cela, lui dis-je, mais ne vous en étonnez pas ; partout où les étrangers sont rares, ils sont bien venus : rien ne rend plus hospitalier que de n'avoir pas souvent besoin de l'être : c'est l'affluence des hôtes qui détruit l'hospitalité. Du temps d'Homère on ne voyageoit guère, et les voyageurs étoient bien reçus partout. Nous sommes peut-être les seuls passagers qu'on ait vus ici de toute l'année. N'importe, reprend-il, cela même est un éloge de savoir se passer d'hôtes, et de les recevoir toujours bien.

Séchés et rajustés, nous allons rejoindre le maître de la maison ; il nous présente à sa femme ; elle nous reçoit non pas seulement avec politesse, mais avec bonté. L'honneur de ses coups d'œil est pour Émile. Une mère, dans le cas où elle est, voit rarement sans inquiétude, ou du moins sans curiosité, entrer chez elle un homme de cet âge.

On fait hâter le souper pour l'amour de nous. En entrant dans la salle à manger nous voyons cinq couverts : nous nous plaçons, il en reste un vide. Une jeune personne entre, fait une grande révérence, et s'assied modestement sans parler. Émile, occupé de sa faim ou de ses réponses, la salue, parle, et mange. Le principal objet de son voyage est aussi loin de sa pensée qu'il se croit lui-même encore loin du terme. L'entretien roule sur l'égarement de nos voyageurs. Monsieur, lui dit le maître de la maison, vous me paroissez un jeune homme aimable et sage ; et cela me fait songer que vous êtes arrivés ici, votre gouverneur et vous, las et mouillés, comme Télémaque et Mentor dans l'île de Calypso. Il est vrai, répond Émile, que nous trouvons ici l'hospitalité de Calypso. Son Mentor ajoute, Et les charmes d'Eucharis. Mais Émile connoît l'Odyssée, et n'a point lu le Télémaque ; il ne sait ce que c'est qu'Eucharis. Pour la jeune personne, je la vois rougir jusqu'aux yeux, les baisser sur son assiette et n'oser souffler. La mère, qui remarque son embarras, fait signe au père, et celui-ci change de conversation. En parlant de sa solitude, il s'engage insensiblement dans le récit des événemens qui l'y ont confiné ; les malheurs de sa vie, la constance de son épouse, les consolations qu'ils ont trouvées dans leur union, la vie douce et paisible qu'ils mènent dans leur retraite, et toujours sans dire un mot de la jeune personne ; tout cela forme un récit agréable et touchant, qu'on ne peut entendre sans intérêt. Émile, ému, attendri, cesse de manger pour écouter. Enfin, à l'endroit où le plus honnête des hommes s'étend avec plus de plaisir sur l'attachement de la plus digne des femmes, le jeune voyageur, hors de lui, serre une main du mari qu'il a saisie, et de l'autre prend aussi la main de la femme, sur laquelle il se penche avec transport en l'arrosant de pleurs. La naïve vivacité du jeune homme enchante tout le monde : mais la fille, plus sensible que personne à cette marque de son bon cœur, croit voir Télémaque affecté des malheurs de Philoctète. Elle porte à la dérobée les yeux sur lui pour mieux examiner sa figure; elle n'y trouve rien qui démente la comparaison. Son air aisé a de la liberté sans arrogance; ses manières sont vives sans étourderie; sa sensibilité rend son regard plus doux, sa physionomie plus touchante : la jeune personne le voyant pleurer est près de mêler ses larmes aux siennes. Dans un si beau prétexte, une honte secrète la retient : elle se reproche déjà les pleurs prêts à s'échapper de ses yeux, comme s'il étoit mal d'en verser pour sa famille.

La mère, qui dès le commencement du souper n'a cessé de veiller sur elle, voit sa contrainte, et l'en délivre en l'envoyant faire une commission. Une minute après, la jeune fille rentre, mais si mal remise, que son désordre est visible à tous les yeux. La mère lui dit avec douceur : Sophie, remettez-vous; ne cesserez-vous point de pleurer les malheurs de vos parens? Vous qui les en consolez, n'y soyez pas plus sensible qu'eux-mêmes.

A ce nom de Sophie vous eussiez vu tressaillir Émile. Frappé d'un nom si cher, il se réveille en sursaut et jette un regard avide sur celle qui l'ose porter. Sophie, ô Sophie! est-ce vous que mon cœur cherche? est-ce vous que mon cœur aime? Il l'observe, il la contemple avec une sorte de crainte et de défiance. Il ne voit point exactement la figure qu'il s'étoit peinte; il ne sait si celle qu'il voit vaut mieux ou moins. Il étudie chaque trait, il épie chaque mouvement, chaque geste; il trouve à tout mille interprétations confuses; il donneroit la moitié de sa vie pour qu'elle voulût dire un seul mot. Il me regarde, inquiet et troublé; ses yeux me font à la fois cent questions, cent reproches. Il semble me dire à chaque regard : Guidez-moi tandis qu'il est temps; si mon cœur se livre et se trompe, je n'en reviendrai de mes jours.

Émile est l'homme du monde qui sait le moins se déguiser. Comment se déguiseroit-il dans le plus grand trouble de sa vie, entre quatre spectateurs qui l'examinent, et dont le plus distrait en apparence est en effet le plus attentif? Son désordre n'échappe point aux yeux pénétrans de Sophie; les siens l'instruisent de reste qu'elle en est l'objet : elle voit que cette inquiétude n'est pas de l'amour encore; mais qu'importe? il s'occupe d'elle, et cela suffit; elle sera bien malheureuse s'il s'en occupe impunément.

Les mères ont des yeux comme leurs filles, et l'expérience de plus. La mère de Sophie sourit du succès de nos projets. Elle lit dans les cœurs des deux jeunes gens; elle voit qu'il est temps de fixer celui du nouveau Télémaque; elle fait parler sa fille. Sa fille, avec sa douceur naturelle, répond d'un ton timide qui ne fait que mieux son effet. Au premier son de cette voix, Émile est rendu; c'est Sophie, il n'en doute plus. Ce ne la seroit pas, qu'il seroit trop tard pour s'en dédire.

C'est alors que les charmes de cette fille enchanteresse vont par torrens à son cœur, et qu'il commence d'avaler à longs traits le poison dont elle l'enivre. Il ne parle plus, il ne répond plus; il ne voit que Sophie; il n'entend que Sophie : si elle dit un mot, il ouvre la bouche; si elle baisse les yeux, il les baisse; s'il la voit soupirer, il soupire; c'est l'âme de Sophie qui paroît l'animer. Que la sienne a changé dans peu d'instans! Ce n'est plus le tour de Sophie de trembler, c'est celui d'Émile. Adieu la liberté, la naïveté, la franchise. Confus, embarrassé, craintif, il n'ose plus regarder autour de lui, de peur de voir qu'on le regarde. Honteux de se laisser pénétrer, il voudroit se rendre invisible à tout le monde pour se rassasier de la contempler sans être observé. Sophie, au contraire, se rassure de la crainte d'Émile; elle voit son triomphe, elle en jouit.

Noʼl mostra già, ben che in suo cor ne rida (*).

Elle n'a pas changé de contenance; mais, malgré cet air modeste et ces yeux baissés, son tendre cœur palpite de joie, et lui dit que Télémaque est trouvé.

Si j'entre ici dans l'histoire trop naïve et trop simple peut-être de leurs innocentes amours, on regardera ces détails comme un

---

* Tasso, *Gerusalemme liberata*, C. IV, 33.   G. P.

jeu frivole, et l'on aura tort. On ne considère pas assez l'influence que doit avoir la première liaison d'un homme avec une femme dans le cours de la vie de l'un et de l'autre. On ne voit pas qu'une première impression, aussi vive que celle de l'amour ou du penchant qui tient sa place, a de longs effets dont on n'aperçoit point la chaîne dans le progrès des ans, mais qui ne cessent d'agir jusqu'à la mort. On nous donne, dans les traités d'éducation, de grands verbiages inutiles et pédantesques sur les chimériques devoirs des enfans; et l'on ne nous dit pas un mot de la partie la plus importante et la plus difficile de toute l'éducation, savoir, la crise qui sert de passage de l'enfance à l'état d'homme. Si j'ai pu rendre ces essais utiles par quelque endroit, ce sera surtout pour m'y être étendu fort au long sur cette partie essentielle, omise par tous les autres, et pour ne m'être point laissé rebuter dans cette entreprise par de fausses délicatesses, ni effrayer par des difficultés de langue. Si j'ai dit ce qu'il faut faire, j'ai dit ce que j'ai dû dire: il m'importe fort peu d'avoir écrit un roman. C'est un assez beau roman que celui de la nature humaine. S'il ne se trouve que dans cet écrit, est-ce ma faute? Ce devroit être l'histoire de mon espèce. Vous qui la dépravez, c'est vous qui faites un roman de mon livre.

Une autre considération qui renforce la première est qu'il ne s'agit pas ici d'un jeune homme livré dès l'enfance à la crainte, à la convoitise, à l'envie, à l'orgueil et à toutes les passions qui servent d'instrument aux éducations communes; qu'il s'agit d'un jeune homme dont c'est ici non-seulement le premier amour, mais la première passion de toute espèce; que de cette passion, l'unique peut-être qu'il sentira vivement dans toute sa vie, dépend la dernière forme que doit prendre son caractère. Ses manières de penser, ses sentimens, ses goûts, fixés par une passion durable, vont acquérir une consistance qui ne leur permettra plus de s'altérer.

On conçoit qu'entre Émile et moi la nuit qui suit une pareille soirée ne se passe pas toute à dormir. Quoi donc! la seule conformité d'un nom doit-elle avoir tant de pouvoir sur un homme sage? N'y a-t-il qu'une Sophie au monde? Se ressemblent-elles toutes d'âme comme de nom? Toutes celles qu'il verra sont-elles la sienne? Est-il fou de se passionner ainsi pour une inconnue à laquelle il n'a jamais parlé? Attendez, jeune homme, examinez, observez. Vous ne savez pas même encore chez qui vous êtes; et, à vous entendre, on vous croiroit déjà dans votre maison.

Ce n'est pas le temps des leçons, et celles-ci ne sont pas faites pour être écoutées. Elles ne font que donner au jeune homme un nouvel intérêt pour Sophie par le désir de justifier son penchant. Ce rapport des noms, cette rencontre qu'il croit fortuite, ma réserve même, ne font qu'irriter sa vivacité: déjà Sophie lui paroît trop estimable pour qu'il ne soit pas sûr de me la faire aimer.

Le matin, je me doute bien que, dans son mauvais habit de voyage, Émile tâchera de se mettre avec plus de soin. Il n'y manque pas: mais je ris de son empressement à s'accommoder du linge de la maison. Je pénètre sa pensée; j'y lis avec plaisir qu'il cherche, en se préparant des restitutions, des échanges, à s'établir une espèce de correspondance qui le mette en droit d'y renvoyer et d'y revenir.

Je m'étois attendu de trouver Sophie un peu plus ajustée aussi de son côté: je me suis trompé. Cette vulgaire coquetterie est bonne pour ceux à qui l'on ne veut que plaire. Celle du véritable amour est plus raffinée; elle a bien d'autres prétentions. Sophie est mise encore plus simplement que la veille, et même plus négligemment, quoique avec une propreté toujours scrupuleuse. Je ne vois de la coquetterie dans cette négligence que parce que j'y vois de l'affectation. Sophie sait bien qu'une parure plus recherchée est une déclaration; mais elle ne sait pas qu'une parure plus négligée en est une autre; elle montre qu'on ne se contente pas de plaire par l'ajustement, qu'on veut plaire aussi par la personne. Eh! qu'importe à l'amant comme on soit mise, pourvu qu'il voie qu'on s'occupe de lui? Déjà sûre de son empire, Sophie ne se borne pas à frapper par ses charmes les yeux d'Émile, si son cœur ne va les chercher; il ne lui suffit plus qu'il les voie, elle veut qu'il les suppose. N'en a-t-il pas assez vu pour être obligé de deviner le reste?

Il est à croire que, durant nos entretiens de

cette nuit, Sophie et sa mère n'ont pas non plus resté muettes; il y a eu des aveux arrachés, des instructions données. Le lendemain on se rassemble bien préparés. Il n'y a pas douze heures que nos jeunes gens se sont vus; ils ne se sont pas dit encore un seul mot, et déjà l'on voit qu'ils s'entendent. Leur abord n'est pas familier; il est embarrassé, timide; ils ne se parlent point; leurs yeux baissés semblent s'éviter, et cela même est un signe d'intelligence : ils s'évitent, mais de concert : ils sentent déjà le besoin du mystère avant de s'être rien dit. En partant nous demandons la permission de venir nous-mêmes rapporter ce que nous emportons. La bouche d'Émile demande cette permission au père, à la mère, tandis que ses yeux, inquiets, tournés sur la fille, la lui demandent beaucoup plus instamment. Sophie ne dit rien, ne fait aucun signe, ne paroît rien voir, rien entendre; mais elle rougit, et cette rougeur est une réponse encore plus claire que celle de ses parens.

On nous permet de revenir sans nous inviter à rester. Cette conduite est convenable; on donne le couvert à des passans embarrassés de leur gîte, mais il n'est pas décent qu'un amant couche dans la maison de sa maîtresse.

A peine sommes-nous hors de cette maison chérie, qu'Émile songe à nous établir aux environs : la chaumière la plus voisine lui semble déjà trop éloignée; il voudroit coucher dans les fossés du château. Jeune étourdi! lui dis-je d'un ton de pitié, quoi! déjà la passion vous aveugle! Vous ne voyez déjà plus ni les bienséances ni la raison! Malheureux! Vous croyez aimer, et vous voulez déshonorer votre maîtresse! Que dira-t-on d'elle quand on saura qu'un jeune homme qui sort de sa maison couche aux environs? Vous l'aimez, dites-vous! Est-ce donc à vous de la perdre de réputation? Est-ce là le prix de l'hospitalité que ses parens vous ont accordée? Ferez-vous l'opprobre de celle dont vous attendez votre bonheur? Eh! qu'importent, répond-il avec vivacité, les vains discours des hommes et leurs injustes soupçons? Ne m'avez-vous pas appris vous-même à n'en faire aucun cas? Qui sait mieux que moi combien j'honore Sophie, combien je la veux respecter? Mon attachement ne fera point sa honte, il fera sa gloire, il sera digne d'elle.

Quand mon cœur et mes soins lui rendront partout l'hommage qu'elle mérite, en quoi puis-je l'outrager? Cher Émile, reprends-je en l'embrassant, vous raisonnez pour vous : apprenez à raisonner pour elle. Ne comparez point l'honneur d'un sexe à celui de l'autre : ils ont des principes tout différens. Ces principes sont également solides et raisonnables, parce qu'ils dérivent également de la nature, et que la même vertu qui vous fait mépriser pour vous les discours des hommes vous oblige à les respecter pour votre maîtresse. Votre honneur est en vous seul, et le sien dépend d'autrui. Le négliger seroit blesser le vôtre même; et vous ne vous rendez point ce que vous vous devez, si vous êtes cause qu'on ne lui rende pas ce qui lui est dû.

Alors, lui expliquant les raisons de ces différences, je lui fais sentir quelle injustice il y auroit à vouloir les compter pour rien. Qui est-ce qui lui a dit qu'il sera l'époux de Sophie, elle dont il ignore les sentimens, elle dont le cœur ou les parens ont peut-être des engagemens antérieurs, elle qu'il ne connoît point, et qui n'a peut-être avec lui pas une des convenances qui peuvent rendre un mariage heureux? Ignore-t-il que tout scandale est pour une fille une tache indélébile, que n'efface pas même son mariage avec celui qui l'a causé? Eh! quel est l'homme sensible qui veut perdre celle qu'il aime! Quel est l'honnête homme qui veut faire pleurer à jamais à une infortunée le malheur de lui avoir plu?

Le jeune homme, effrayé des conséquences que je lui fais envisager, toujours extrême dans ses idées, croit déjà n'être jamais assez loin du séjour de Sophie : il double le pas pour fuir plus promptement; il regarde autour de nous si nous ne sommes point écoutés; il sacrifieroit mille fois son bonheur à l'honneur de celle qu'il aime; il aimeroit mieux ne la revoir de sa vie, que de lui causer un seul déplaisir. C'est le premier fruit des soins que j'ai pris dès sa jeunesse de lui former un cœur qui sache aimer.

Il s'agit donc de trouver un asile éloigné, mais à portée. Nous cherchons, nous nous informons : nous apprenons qu'à deux grandes lieues est une ville; nous allons chercher à nous y loger, plutôt que dans des villages plus proches où notre séjour deviendroit suspect. C'est là qu'arrive enfin le nouvel amant, plein d'amour, d'espoir, de joie, et surtout de bons sentimens; et voilà comment, dirigeant peu à peu sa passion naissante vers ce qui est bon et honnête, je dispose insensiblement tous ses penchans à prendre le même pli.

J'approche du terme de ma carrière; je l'aperçois déjà de loin. Toutes les grandes difficultés sont vaincues, tous les grands obstacles sont surmontés; il ne me reste plus rien de pénible à faire que de ne pas gâter mon ouvrage en me hâtant de le consommer. Dans l'incertitude de la vie humaine, évitons surtout la fausse prudence d'immoler le présent à l'avenir; c'est souvent immoler ce qui est à ce qui ne sera point. Rendons l'homme heureux dans tous les âges, de peur qu'après bien des soins il ne meure avant de l'avoir été. Or, s'il est un temps pour jouir de la vie, c'est assurément la fin de l'adolescence, où les facultés du corps et de l'âme ont acquis leur plus grande vigueur, et où l'homme, au milieu de sa course, voit de plus loin les deux termes qui lui en font sentir la brièveté. Si l'imprudente jeunesse se trompe, ce n'est pas en ce qu'elle veut jouir, c'est en ce qu'elle cherche la jouissance où elle n'est point, et qu'en s'apprêtant un avenir misérable elle ne sait pas même user du moment présent.

Considérez mon Émile, à vingt ans passés, bien formé, bien constitué d'esprit et de corps, fort, sain, dispos, adroit, robuste, plein de sens, de raison, de bonté, d'humanité, ayant des mœurs, du goût, aimant le beau, faisant le bien, libre de l'empire des passions cruelles, exempt du joug de l'opinion, mais soumis à la loi de la sagesse, et docile à la voix de l'amitié, possédant tous les talens utiles, et plusieurs talens agréables, se souciant peu des richesses, portant sa ressource au bout de ses bras, et n'ayant pas peur de manquer de pain, quoi qu'il arrive. Le voilà maintenant enivré d'une passion naissante : son cœur s'ouvre aux premiers feux de l'amour; ses douces illusions lui font un nouvel univers de délices et de jouissance; il aime un objet aimable, et plus aimable encore par son caractère que par sa personne; il espère, il attend un retour qu'il sent lui être dû. C'est du rapport des cœurs, c'est du concours des sentimens honnêtes, que s'est formé leur premier penchant : ce penchant doit être durable. Il se livre avec confiance, avec raison même, au plus charmant délire, sans crainte, sans regret, sans remords, sans autre inquiétude que celle dont le sentiment du bonheur est inséparable. Que peut-il manquer au sien? Voyez, cherchez, imaginez ce qu'il lui faut encore, et qu'on puisse accorder avec ce qu'il a. Il réunit tous les biens qu'on peut obtenir à la fois; on n'y en peut ajouter aucun qu'aux dépens d'un autre; il est heureux autant qu'un homme peut l'être. Irai-je en ce moment abréger un destin si doux? irai-je troubler une volupté si pure? Ah! tout le prix de la vie est dans la félicité qu'il goûte. Que pourrois-je lui rendre qui valût ce que je lui aurois ôté? Même en mettant le comble à son bonheur, j'en détruirois le plus grand charme. Ce bonheur suprême est cent fois plus doux à espérer qu'à obtenir; on en jouit mieux quand on l'attend que quand on le goûte. O bon Émile, aime et sois aimé! jouis long-temps avant que de posséder; jouis à la fois de l'amour et de l'innocence; fais ton paradis sur la terre en attendant l'autre : je n'abrégerai point cet heureux temps de ta vie; j'en filerai pour toi l'enchantement; je le prolongerai le plus qu'il sera possible. Hélas! il faut qu'il finisse, et qu'il finisse en peu de temps; mais je ferai du moins qu'il dure toujours dans ta mémoire, et que tu ne te repentes jamais de l'avoir goûté.

Émile n'oublie pas que nous avons des restitutions à faire. Sitôt qu'elles sont prêtes, nous prenons des chevaux, nous allons grand train; pour cette fois, en partant il voudroit être arrivé. Quand le cœur s'ouvre aux passions, il s'ouvre à l'ennui de la vie. Si je n'ai pas perdu mon temps, la sienne entière ne se passera pas ainsi.

Malheureusement la route est fort coupée et le pays difficile. Nous nous égarons; il s'en aperçoit le premier, et, sans s'impatienter, sans se plaindre, il met toute son attention à retrouver son chemin; il erre long-temps avant de se reconnoître, et toujours avec le même sang froid. Ceci n'est rien pour vous, mais c'est beaucoup pour moi qui connois son naturel emporté : je vois le fruit des soins que j'ai mis dès son enfance à l'endurcir aux coups de la nécessité.

Nous arrivons enfin. La réception qu'on nous

fait est bien plus simple et plus obligeante que la première fois; nous sommes déjà d'anciennes connoissances. Émile et Sophie se saluent avec un peu d'embarras, et ne se parlent toujours point : que se diroient-ils en notre présence? L'entretien qu'il leur faut n'a pas besoin de témoins. L'on se promène dans le jardin : ce jardin a pour parterre un potager très-bien entendu; pour parc, un verger couvert de grands et beaux arbres fruitiers de toute espèce, coupé en divers sens de jolis ruisseaux, et de plates-bandes pleines de fleurs. Le beau lieu! s'écrie Émile plein de son Homère et toujours dans l'enthousiasme ; je crois voir le jardin d'Alcinoüs. La fille voudroit savoir ce que c'est qu'Alcinoüs, et la mère le demande. Alcinoüs, leur dis-je, étoit un roi de Corcyre, dont le jardin, décrit par Homère, est critiqué par les gens de goût, comme trop simple et trop peu paré (¹). Cet Alcinoüs avoit une fille aimable, qui, la veille qu'un étranger reçut l'hospitalité chez son père, songea qu'elle auroit bientôt un mari. Sophie, interdite, rougit, baisse les yeux, se mord la langue; on ne peut imaginer une pareille confusion. Le père, qui se plaît à l'augmenter, prend la parole, et dit que la jeune princesse alloit elle-même laver le linge à la rivière. Croyez-vous, poursuit-il, qu'elle eût dédaigné de toucher aux serviettes sales, en disant qu'elles sentoient le graillon? Sophie, sur qui le coup porte, oubliant sa timidité naturelle, s'excuse avec vivacité. Son papa sait bien que tout le menu linge n'eût point eu d'autre blanchisseuse qu'elle, si on l'avoit laissé faire (¹), et qu'elle en eût fait davantage avec plaisir, si on le lui eût ordonné. Durant ces mots elle me regarde à la dérobée avec une inquiétude dont je ne puis m'empêcher de rire, en lisant dans son cœur ingénu les alarmes qui la font parler. Son père a la cruauté de relever cette étourderie, en lui demandant d'un ton railleur à quel propos elle parle ici pour elle, et ce qu'elle a de commun avec la fille d'Alcinoüs. Honteuse et tremblante, elle n'ose plus souffler, ni regarder personne. Fille charmante, il n'est plus temps de feindre; vous voilà déclarée en dépit de vous.

Bientôt cette petite scène est oubliée ou paroît l'être, très-heureusement pour Sophie, Émile est le seul qui n'y a rien compris. La promenade se continue, et nos jeunes gens, qui d'abord étoient à nos côtés, ont peine à se régler sur la lenteur de notre marche; insensiblement ils nous précèdent, ils s'approchent, ils s'accostent à la fin, et nous les voyons assez loin devant nous. Sophie semble attentive et posée; Émile parle et gesticule avec feu : il ne paroît pas que l'entretien les ennuie. Au bout d'une grande heure, on retourne, on les rappelle, ils reviennent, mais lentement à leur tour, et l'on voit qu'ils mettent le temps à profit. Enfin tout à coup leur entretien cesse avant qu'on soit à portée de les entendre, et ils doublent le pas pour nous rejoindre. Émile nous aborde avec un air ouvert et caressant; ses yeux pétillent de joie; il les tourne pourtant avec un peu d'inquiétude vers la mère de Sophie pour voir la réception qu'elle lui fera. Sophie n'a pas, à beaucoup près, un maintien si dégagé; en approchant elle semble toute confuse de se voir tête à tête avec un jeune homme, elle qui s'y est si souvent trouvée avec d'autres sans en être embarrassée, et sans qu'on l'ait jamais trouvé mauvais. Elle se hâte d'accourir à sa mère, un peu essoufflée, en disant quelques mots qui ne signifient pas grand'chose, comme pour avoir l'air d'être là depuis long-temps.

A la sérénité qui se peint sur le visage de ces aimables enfans, on voit que cet entretien

---

(¹) « En sortant du palais on trouve un vaste jardin de quatre
» arpens, enceint et clos tout à l'entour, planté de grands arbres
» fleuris, produisant des poires, des pommes de grenade et
» d'autres des plus belles espèces, des figuiers au doux fruit, et
» des oliviers verdoyans. Jamais durant l'année entière ces
» beaux arbres ne restent sans fruits : l'hiver et l'été, la douce
» haleine du vent d'ouest fait à la fois nouer les uns et mûrir
» les autres. On voit la poire et la pomme vieillir et sécher sur
» leur arbre, la figue sur le figuier, et la grappe sur la souche.
» La vigne inépuisable ne cesse d'y porter de nouveaux raisins ;
» on fait cuire et confire les uns au soleil sur une aire, tandis
» qu'on en vendange d'autres, laissant sur la plante ceux qui
» sont encore en fleur , en verjus , ou qui commencent à
» noircir. A l'un des bouts, deux carrés bien cultivés, et cou-
» verts de fleurs toute l'année, sont ornés de deux fontaines,
» dont l'une est distribuée dans tout le jardin, et l'autre, après
» avoir traversé le palais, est conduite à un bâtiment élevé dans
» la ville pour abreuver les citoyens. »

Telle est la description du jardin royal d'Alcinoüs, au septième livre de l'Odyssée; jardin dans lequel, à la honte de ce vieux rêveur d'Homère et des princes de son temps, on ne voit ni treillages, ni statues, ni cascades, ni boulingrins.

(¹) J'avoue que je sais quelque gré à la mère de Sophie de ne lui avoir pas laissé gâter dans le savon des mains aussi douces que les siennes, et qu'Émile doit baiser si souvent.

a soulagé leurs jeunes cœurs d'un grand poids. Ils ne sont pas moins réservés l'un avec l'autre, mais leur réserve est moins embarrassée; elle ne vient plus que du respect d'Émile, de la modestie de Sophie, et de l'honnêteté de tous deux. Émile ose lui adresser quelques mots, quelquefois elle ose répondre, mais jamais elle n'ouvre la bouche pour cela sans jeter les yeux sur ceux de sa mère. Le changement qui paroît le plus sensible en elle est envers moi. Elle me témoigne une considération plus empressée, elle me regarde avec intérêt, elle me parle affectueusement, elle est attentive à ce qui peut me plaire; je vois qu'elle m'honore de son estime, et qu'il ne lui est pas indifférent d'obtenir la mienne. Je comprends qu'Émile lui a parlé de moi; on diroit qu'ils ont déjà comploté de me gagner: il n'en est rien pourtant, et Sophie elle-même ne se gagne pas si vite. Il aura peut-être plus besoin de ma faveur auprès d'elle, que de la sienne auprès de moi. Couple charmant!.... En songeant que le cœur sensible de mon jeune ami m'a fait entrer pour beaucoup dans son premier entretien avec sa maîtresse, je jouis du prix de ma peine; son amitié m'a tout payé.

Les visites se réitèrent. Les conversations entre nos jeunes gens deviennent plus fréquentes. Émile, enivré d'amour, croit déjà toucher à son bonheur. Cependant il n'obtient point d'aveu formel de Sophie; elle l'écoute et ne lui dit rien. Émile connoît toute sa modestie; tant de retenue l'étonne peu; il sent qu'il n'est pas mal auprès d'elle; il sait que ce sont les pères qui marient leurs enfans; il suppose que Sophie attend un ordre de ses parens; il lui demande la permission de le solliciter; elle ne s'y oppose pas. Il m'en parle; j'en parle en son nom, même en sa présence. Quelle surprise pour lui d'apprendre que Sophie dépend d'elle seule, et que pour le rendre heureux elle n'a qu'à le vouloir! Il commence à ne plus rien comprendre à sa conduite. Sa confiance diminue. Il s'alarme, il se voit moins avancé qu'il ne pensoit l'être, et c'est alors que l'amour le plus tendre emploie son langage le plus touchant pour la fléchir.

Émile n'est pas fait pour deviner ce qui lui nuit: si on ne le lui dit, il ne le saura de ses jours, et Sophie est trop fière pour le lui dire. Les difficultés qui l'arrêtent feroient l'empressement d'une autre. Elle n'a pas oublié les leçons de ses parens. Elle est pauvre; Émile est riche, elle le sait. Combien il a besoin de se faire estimer d'elle! Quel mérite ne lui faut-il point pour effacer cette inégalité! Mais comment songeroit-il à ces obstacles? Émile sait-il s'il est riche? Daigne-t-il même s'en informer? Grâces au ciel il n'a nul besoin de l'être, il sait être bienfaisant sans cela. Il tire le bien qu'il fait de son cœur et non de sa bourse. Il donne aux malheureux son temps, ses soins, ses affections, sa personne; et, dans l'estimation de ses bienfaits, à peine ose-t-il compter pour quelque chose l'argent qu'il répand sur les indigens.

Ne sachant à quoi s'en prendre de sa disgrâce, il l'attribue à sa propre faute: car qui oseroit accuser de caprice l'objet de ses adorations? L'humiliation de l'amour-propre augmente les regrets de l'amour éconduit. Il n'approche plus de Sophie avec cette aimable confiance d'un cœur qui se sent digne du sien; il est craintif et tremblant devant elle. Il n'espère plus la toucher par la tendresse, il cherche à la fléchir par la pitié. Quelquefois sa patience se lasse, le dépit est prêt à lui succéder. Sophie semble pressentir ces emportemens, et le regarde. Ce seul regard le désarme et l'intimide: il est plus soumis qu'auparavant.

Troublé de cette résistance obstinée et de ce silence invincible, il épanche son cœur dans celui de son ami. Il y dépose les douleurs de ce cœur navré de tristesse; il implore son assistance et ses conseils. Quel impénétrable mystère! Elle s'intéresse à mon sort, je n'en puis douter: loin de m'éviter elle se plaît avec moi: quand j'arrive elle marque de la joie, et du regret quand je pars; elle reçoit mes soins avec bonté; mes services paroissent lui plaire; elle daigne me donner des avis, quelquefois même des ordres. Cependant elle rejette mes sollicitations, mes prières. Quand j'ose parler d'union, elle m'impose impérieusement silence; et si j'ajoute un mot, elle me quitte à l'instant. Par quelle étrange raison veut-elle bien que je sois à elle sans vouloir entendre parler d'être à moi? Vous qu'elle honore, vous qu'elle aime et qu'elle n'osera faire taire, parlez, faites-la parler; servez votre ami, couronnez votre ouvrage; ne rendez pas vos soins funestes à votre élève : ah! ce qu'il tient de vous fera sa misère, si vous n'achevez son bonheur.

Je parle à Sophie, et j'en arrache avec peu de peine un secret que je savois avant qu'elle me l'eût dit. J'obtiens plus difficilement la permission d'en instruire Émile; je l'obtiens enfin, et j'en use. Cette explication le jette dans un étonnement dont il ne peut revenir. Il n'entend rien à cette délicatesse; il n'imagine pas ce que des écus de plus ou de moins font au caractère et au mérite. Quand je lui fais entendre ce qu'ils font aux préjugés, il se met à rire; et, transporté de joie, il veut partir à l'instant, aller tout déchirer, tout jeter, renoncer à tout, pour avoir l'honneur d'être aussi pauvre que Sophie, et revenir digne d'être son époux.

Hé quoi! dis-je en l'arrêtant, et riant à mon tour de son impétuosité, cette jeune tête ne mûrira-t-elle point? et, après avoir philosophé toute votre vie, n'apprendrez-vous jamais à raisonner? Comment ne voyez-vous pas qu'en suivant votre insensé projet, vous allez empirer votre situation et rendre Sophie plus intraitable? C'est un petit avantage d'avoir quelques biens de plus qu'elle, c'en seroit un très-grand de les lui avoir tous sacrifiés; et si sa fierté ne peut se résoudre à vous avoir la première obligation, comment se résoudroit-elle à vous avoir l'autre? Si elle ne peut souffrir qu'un mari puisse lui reprocher de l'avoir enrichie, souffrira-t-elle qu'il puisse lui reprocher de s'être appauvri pour elle? Eh, malheureux! tremblez qu'elle ne vous soupçonne d'avoir eu ce projet. Devenez au contraire économe et soigneux pour l'amour d'elle, de peur qu'elle ne vous accuse de vouloir la gagner par adresse, et de lui sacrifier volontairement ce que vous perdrez par négligence.

Croyez-vous au fond que de grands biens lui fassent peur, et que ses oppositions viennent précisément des richesses? Non, cher Émile; elles ont une cause plus solide et plus grave dans l'effet que produisent ces richesses dans l'âme du possesseur. Elle sait que les biens de la fortune sont toujours préférés à tout par ceux qui les ont. Tous les riches comptent l'or avant le mérite. Dans la mise commune de l'argent et des services, ils trouvent toujours que ceux-ci n'acquittent jamais l'autre, et pensent qu'on leur en doit de reste quand on a passé sa vie à les servir en mangeant leur pain. Qu'avez-vous donc à faire, ô Émile! pour la rassurer sur ses craintes? Faites-vous bien connoître à elle; ce n'est pas l'affaire d'un jour. Montrez-lui dans les trésors de votre âme noble de quoi racheter ceux dont vous avez le malheur d'être partagé. A force de constance et de temps, surmontez sa résistance; à force de sentimens grands et généreux, forcez-la d'oublier vos richesses. Aimez-la, servez-la, servez ses respectables parens. Prouvez-lui que ces soins ne sont pas l'effet d'une passion folle et passagère, mais des principes ineffaçables gravés au fond de votre cœur. Honorez dignement le mérite outragé par la fortune : c'est le seul moyen de le réconcilier avec le mérite qu'elle a favorisé.

On conçoit quels transports de joie ce discours donne au jeune homme, combien il lui rend de confiance et d'espoir, combien son honnête cœur se félicite d'avoir à faire, pour plaire à Sophie, tout ce qu'il feroit de lui-même quand Sophie n'existeroit pas, ou qu'il ne seroit pas amoureux d'elle. Pour peu qu'on ait compris son caractère, qui est-ce qui n'imaginera pas sa conduite en cette occasion?

Me voilà donc le confident de mes deux bonnes gens et le médiateur de leurs amours! Bel emploi pour un gouverneur! Si beau que je ne fis de ma vie rien qui m'élevât tant à mes propres yeux, et qui me rendît si content de moi-même. Au reste, cet emploi ne laisse pas d'avoir ses agrémens : je ne suis pas mal venu dans la maison; l'on s'y fie à moi du soin d'y tenir les amans dans l'ordre : Émile, toujours tremblant de me déplaire, ne fut jamais si docile. La petite personne m'accable d'amitiés dont je ne suis pas la dupe, et dont je ne prends pour moi que ce qui m'en revient. C'est ainsi qu'elle se dédommage indirectement du respect dans lequel elle tient Émile. Elle lui fait en moi mille tendres caresses, qu'elle aimeroit mieux mourir que de lui faire à lui-même; et lui qui sait que je ne veux pas nuire à ses intérêts, est charmé de ma bonne intelligence avec elle. Il se console quand elle refuse son bras à la promenade et que c'est pour lui préférer le mien. Il s'éloigne sans murmure en me serrant la main, et me disant tout bas de la voix et de l'œil : Ami, parlez pour moi. Il nous suit des yeux avec intérêt : il tâche de lire nos sentimens sur nos visages, et d'interpréter nos discours par nos gestes; il sait que rien de ce qui se dit entre nous ne lui est indifférent. Bonne Sophie, combien votre cœur sincère est à son aise, quand, sans être entendue de Télémaque, vous pouvez vous entretenir avec son Mentor! Avec quelle aimable franchise vous lui laissez lire dans ce tendre cœur tout ce qui s'y passe! Avec quel plaisir vous lui montrez toute votre estime pour son élève! Avec quelle ingénuité touchante vous lui laissez pénétrer des sentimens plus doux! Avec quelle feinte colère vous renvoyez l'importun quand l'impatience le force à vous interrompre! Avec quel charmant dépit vous lui reprochez son indiscrétion quand il vient vous empêcher de dire du bien de lui, d'en entendre, et de tirer toujours de mes réponses quelque nouvelle raison de l'aimer!

Ainsi parvenu à se faire souffrir comme amant déclaré, Émile en fait valoir tous les droits; il parle, il presse, il sollicite, il importune. Qu'on lui parle durement, qu'on le maltraite, peu lui importe pourvu qu'il se fasse écouter. Enfin il obtient, non sans peine, que Sophie de son côté veuille bien prendre ouvertement sur lui l'autorité d'une maîtresse, qu'elle lui prescrive ce qu'il doit faire, qu'elle commande au lieu de prier, qu'elle accepte au lieu de remercier, qu'elle règle le nombre et le temps des visites, qu'elle lui défende de venir jusqu'à tel jour et de rester passé telle heure. Tout cela ne se fait point par jeu, mais très-sérieusement; et si elle accepta ces droits avec peine, elle en use avec une rigueur qui réduit souvent le pauvre Émile au regret de les lui avoir donnés. Mais, quoi qu'elle ordonne, il ne réplique point; et souvent, en partant pour obéir, il me regarde avec des yeux pleins de joie qui me disent : Vous voyez qu'elle a pris possession de moi. Cependant l'orgueilleuse l'observe en dessous, et sourit en secret de la fierté de son esclave.

Albane et Raphaël, prêtez-moi le pinceau de la volupté! Divin Milton, apprends à ma plume grossière à décrire les plaisirs de l'amour et de l'innocence! Mais non, cachez vos arts mensongers devant la sainte vérité de la nature. Ayez seulement des cœurs sensibles, des âmes honnêtes; puis laissez errer votre imagination sans contrainte sur les transports de deux jeunes amans, qui, sous les yeux de leurs parens et de leurs guides, se livrent sans trouble à la douce illusion qui les flatte, et, dans l'ivresse des désirs, s'avançant lentement vers le terme, entrelacent de fleurs et de guirlandes l'heurieux lien qui doit les unir jusqu'au tombeau. Tant d'images charmantes m'enivrent moi-même; je les rassemble sans ordre et sans suite; le délire qu'elles me causent m'empêche de les lier. Oh! qui est-ce qui a un cœur, et qui ne saura pas faire en lui-même le tableau délicieux des situations diverses du père, de la mère, de la fille, du gouverneur, de l'élève, et du concours des uns et des autres à l'union du plus charmant couple dont l'amour et la vertu puissent faire le bonheur?

C'est à présent que, devenu véritablement empressé de plaire, Émile commence à sentir le prix des talens agréables qu'il s'est donnés. Sophie aime à chanter, il chante avec elle; il fait plus, il lui apprend la musique. Elle est vive et légère, elle aime à sauter, il danse avec elle; il change ses sauts en pas, il la perfectionne. Ces leçons sont charmantes, la gaîté folâtre les anime, elle adoucit le timide respect de l'amour : il est permis à un amant de donner ces leçons avec volupté; il est permis d'être le maître de sa maîtresse.

On a un vieux clavecin tout dérangé; Émile l'accommode et l'accorde, il est facteur, il est luthier aussi bien que menuisier; il eut toujours pour maxime d'apprendre à se passer du secours d'autrui dans tout ce qu'il pouvoit faire lui-même. La maison est dans une situation pittoresque, il en tire différentes vues auxquelles Sophie a quelquefois mis la main et dont elle orne le cabinet de son père. Les cadres n'en sont point dorés et n'ont pas besoin de l'être. En voyant dessiner Émile, en l'imitant, elle se perfectionne à son exemple, elle cultive tous les talens, et son charme les embellit tous. Son père et sa mère se rappellent leur ancienne opulence en revoyant briller autour d'eux les beaux-arts, qui seuls la leur rendoient chère; l'amour a paré toute leur maison; lui seul y fait régner sans frais et sans peine les mêmes plaisirs qu'ils n'y rassembloient autrefois qu'à force d'argent et d'ennui.

Comme l'idolâtre enrichit des trésors qu'il estime l'objet de son culte et pare sur l'autel le dieu qu'il adore, l'amant a beau voir sa maîtresse parfaite, il lui veut sans cesse ajouter de nouveaux ornemens. Elle n'en a pas besoin pour lui plaire ; mais il a besoin lui de la parer : c'est un nouvel hommage qu'il croit rendre, c'est un nouvel intérêt qu'il donne au plaisir de la contempler. Il lui semble que rien de beau n'est à sa place quand il n'orne pas la suprême beauté. C'est un spectacle à la fois touchant et risible, de voir Émile empressé d'apprendre à Sophie tout ce qu'il sait, sans consulter si ce qu'il lui veut apprendre est de son goût ou lui convient. Il lui parle de tout, il lui explique tout avec un empressement puéril ; il croit qu'il n'a qu'à dire, et qu'à l'instant elle l'entendra : il se figure d'avance le plaisir qu'il aura de raisonner, de philosopher avec elle ; il regarde comme inutile tout l'acquis qu'il ne peut point étaler à ses yeux : il rougit presque de savoir quelque chose qu'elle ne sait pas.

Le voilà donc lui donnant leçon de philosophie, de physique, de mathématiques, d'histoire, de tout en un mot. Sophie se prête avec plaisir à son zèle, et tâche d'en profiter. Quand il peut obtenir de donner ses leçons à genoux devant elle, qu'Émile est content ! Il croit voir les cieux ouverts. Cependant cette situation, plus gênante pour l'écolière que pour le maître, n'est pas la plus favorable à l'instruction. L'on ne sait pas trop alors que faire de ses yeux pour éviter ceux qui les poursuivent, et quand ils se rencontrent, la leçon n'en va pas mieux.

L'art de penser n'est pas étranger aux femmes, mais elles ne doivent faire qu'effleurer les sciences de raisonnement. Sophie conçoit tout et ne retient pas grand'chose. Ses plus grands progrès sont dans la morale et les choses de goût ; pour la physique, elle n'en retient que quelque idée des lois générales et du système du monde. Quelquefois, dans leurs promenades, en contemplant les merveilles de la nature, leurs cœurs innocens et purs osent s'élever jusqu'à son auteur : ils ne craignent pas sa présence, ils s'épanchent conjointement devant lui.

Quoi ! deux amans dans la fleur de l'âge emploient leur tête-à-tête à parler de religion ! Ils passent leur temps à dire leur catéchisme !

Que sert d'avilir ce qui est sublime ? Oui, sans doute, ils le disent dans l'illusion qui les charme : ils se voient parfaits, ils s'aiment, ils s'entretiennent avec enthousiasme de ce qui donne un prix à la vertu. Les sacrifices qu'ils lui font la leur rendent chère. Dans des transports qu'il faut vaincre, ils versent quelquefois ensemble des larmes plus pures que la rosée du ciel, et ces douces larmes font l'enchantement de leur vie ; ils sont dans le plus charmant délire qu'aient jamais éprouvé des âmes humaines. Les privations mêmes ajoutent à leur bonheur et les honorent à leurs propres yeux de leurs sacrifices. Hommes sensuels, corps sans âmes, ils connoîtront un jour vos plaisirs, et regretteront toute leur vie l'heureux temps où ils se les sont refusés !

Malgré cette bonne intelligence, il ne laisse pas d'y avoir quelquefois des dissensions, même des querelles ; la maîtresse n'est pas sans caprice, ni l'amant sans emportement : mais ces petits orages passent rapidement et ne font que raffermir l'union ; l'expérience même apprend à Émile à ne les plus tant craindre ; les raccommodemens lui sont toujours plus avantageux que les brouilleries ne lui sont nuisibles. Le fruit de la première lui en a fait espérer autant des autres ; il s'est trompé : mais enfin, s'il n'en rapporte pas toujours un profit aussi sensible, il y gagne toujours de voir confirmer par Sophie l'intérêt sincère qu'elle prend à son cœur. On veut savoir quel est donc ce profit. J'y consens d'autant plus volontiers, que cet exemple me donnera lieu d'exposer une maxime très-utile, et d'en combattre une très-funeste.

Émile aime, il n'est donc pas téméraire ; et l'on conçoit encore mieux que l'impérieuse Sophie n'est pas fille à lui passer des familiarités. Comme la sagesse a son terme en toute chose, on la taxeroit bien plutôt de trop de dureté que de trop d'indulgence, et son père lui-même craint quelquefois que son extrême fierté ne dégénère en hauteur. Dans les tête-à-tête les plus secrets Émile n'oseroit solliciter la moindre faveur, pas même y paroître aspirer ; et quand elle veut bien passer son bras sous le sien à la promenade, grâce qu'elle ne laisse pas changer en droit, à peine ose-t-il quelquefois, en soupirant, presser ce bras contre sa poitrine. Cependant, après une longue contrainte, il se hasarde à baiser furtivement sa robe, et plusieurs fois il est assez heureux pour qu'elle veuille bien ne s'en pas apercevoir. Un jour qu'il veut prendre un peu plus ouvertement la même liberté, elle s'avise de le trouver très-mauvais. Il s'obstine, elle s'irrite, le dépit lui dicte quelques mots piquans; Émile ne les endure pas sans réplique : le reste du jour se passe en bouderie, et l'on se sépare très-mécontens.

Sophie est mal à son aise. Sa mère est sa confidente; comment lui cacheroit-elle son chagrin? C'est sa première brouillerie; et une brouillerie d'une heure est une si grande affaire! Elle se repent de sa faute; sa mère lui permet de la réparer, son père le lui ordonne.

Le lendemain, Émile inquiet revient plus tôt qu'à l'ordinaire. Sophie est à la toilette de sa mère, le père est aussi dans la même chambre: Émile entre avec respect, mais d'un air triste. A peine le père et la mère l'ont-ils salué, que Sophie se retourne, et, lui présentant la main, lui demande, d'un ton caressant, comment il se porte. Il est clair que cette jolie main ne s'avance ainsi que pour être baisée : il la reçoit et ne la baise pas. Sophie, un peu honteuse, la retire d'aussi bonne grâce qu'il lui est possible. Émile, qui n'est pas fait aux manières des femmes, et qui ne sait à quoi le caprice est bon, ne l'oublie pas aisément et ne s'apaise pas si vite. Le père de Sophie, la voyant embarrassée, achève de la déconcerter par des railleries. La pauvre fille, confuse, humiliée, ne sait plus ce qu'elle fait, et donneroit tout au monde pour oser pleurer. Plus elle se contraint, plus son cœur se gonfle; une larme s'échappe enfin malgré qu'elle en ait. Émile voit cette larme, se précipite à ses genoux, lui prend la main, la baise plusieurs fois avec saisissement. Ma foi, vous êtes trop bon, dit le père en éclatant de rire; j'aurois moins d'indulgence pour toutes ces folles, et je punirois la bouche qui m'auroit offensé. Émile, enhardi par ce discours, tourne un œil suppliant vers la mère, et, croyant voir un signe de consentement, s'approche en tremblant du visage de Sophie, qui détourne la tête, et, pour sauver la bouche, expose une joue de roses. L'indiscret ne s'en contente pas; on résiste foiblement. Quel baiser, s'il n'étoit pas pris sous les yeux d'une mère! Sévère Sophie, prenez garde à vous; on vous demandera souvent votre robe à baiser, à condition que vous la refuserez quelquefois.

Après cette exemplaire punition le père sort pour quelque affaire; la mère envoie Sophie sous quelque prétexte, puis elle adresse la parole à Émile, et lui dit d'un ton assez sérieux : « Monsieur, je crois qu'un jeune homme aussi
» bien né, aussi bien élevé que vous, qui a des
» sentimens et des mœurs, ne voudroit pas payer
» du déshonneur d'une famille l'amitié qu'elle
» lui témoigne. Je ne suis ni farouche ni prude;
» je sais ce qu'il faut passer à la jeunesse folâtre;
» et ce que j'ai souffert sous mes yeux vous le
» prouve assez. Consultez votre ami sur vos
» devoirs; il vous dira quelle différence il y a
» entre les jeux que la présence d'un père et
» d'une mère autorise, et les libertés qu'on
» prend loin d'eux en abusant de leur confiance, en tournant en pièges les mêmes faveurs qui, sous leurs yeux, ne sont qu'innocentes. Il vous dira, monsieur, que ma fille
» n'a eu d'autre tort avec vous que celui de ne
» pas voir, dès la première fois, ce qu'elle ne
» devoit jamais souffrir; il vous dira que tout
» ce qu'on prend pour faveur en devient une,
» et qu'il est indigne d'un homme d'honneur
» d'abuser de la simplicité d'une jeune fille
» pour usurper en secret les mêmes libertés
» qu'elle peut souffrir devant tout le monde.
» Car on sait ce que la bienséance peut tolérer en public; mais on ignore où s'arrête,
» dans l'ombre du mystère, celui qui se fait
» seul juge de ses fantaisies. »

Après cette juste réprimande, bien plus adressée à moi qu'à mon élève, cette sage mère nous quitte, et me laisse en admiration de sa rare prudence, qui compte pour peu qu'on baise devant elle la bouche de sa fille, et qui s'effraie qu'on ose baiser sa robe en particulier. En réfléchissant à la folie de nos maximes, qui sacrifient toujours à la décence la véritable honnêteté, je comprends pourquoi le langage est d'autant plus chaste que les cœurs sont plus corrompus, et pourquoi les procédés sont d'autant plus exacts que ceux qui les ont sont plus malhonnêtes.

En pénétrant, à cette occasion, le cœur d'Émile des devoirs que j'aurois dû plus tôt lui dicter, il me vient une réflexion nouvelle, qui fait peut-être le plus d'honneur à Sophie, et que je me garde pourtant bien de communiquer à son amant, c'est qu'il est clair que cette prétendue fierté qu'on lui reproche n'est qu'une précaution très-sage pour se garantir d'elle-même. Ayant le malheur de se sentir un tempérament combustible, elle redoute la première étincelle et l'éloigne de tout son pouvoir. Ce n'est pas par fierté qu'elle est sévère, c'est par humilité. Elle prend sur Émile l'empire qu'elle craint de n'avoir pas sur Sophie; elle se sert de l'un pour combattre l'autre. Si elle étoit plus confiante elle seroit bien moins fière. Otez ce seul point, quelle fille au monde est plus facile et plus douce? qui est-ce qui supporte plus patiemment une offense? qui est-ce qui craint plus d'en faire à autrui? qui est-ce qui a moins de prétentions en tout genre, hors la vertu? Encore n'est-ce pas de sa vertu qu'elle est fière, elle ne l'est que pour la conserver; et, quand elle peut se livrer sans risque au penchant de son cœur, elle caresse jusqu'à son amant. Mais sa discrète mère ne fait pas tous ces détails à son père même: les hommes ne doivent pas tout savoir.

Loin même qu'elle semble s'enorgueillir de sa conquête, Sophie en est devenue encore plus affable, et moins exigeante avec tout le monde, hors peut-être le seul qui produit ce changement. Le sentiment de l'indépendance n'enfle plus son noble cœur. Elle triomphe avec modestie d'une victoire qui lui coûte sa liberté. Elle a le maintien moins libre et le parler plus timide depuis qu'elle n'entend plus le mot d'amant sans rougir; mais le contentement perce à travers son embarras, et cette honte elle-même n'est pas un sentiment fâcheux. C'est surtout avec les jeunes survenans que la différence de sa conduite est le plus sensible. Depuis qu'elle ne les craint plus, l'extrême réserve qu'elle avoit avec eux s'est beaucoup relâchée. Décidée dans son choix, elle se montre sans scrupule gracieuse aux indifférens; moins difficile sur leur mérite depuis qu'elle n'y prend plus d'intérêt, elles les trouve toujours assez aimables pour des gens qui ne lui seront jamais rien.

Si le véritable amour pouvoit user de coquetterie, j'en croirois même voir quelques traces dans la manière dont Sophie se comporte avec eux en présence de son amant. On diroit que non contente de l'ardente passion dont elle l'embrase par un mélange exquis de réserve et de caresse, elle n'est pas fâchée encore d'irriter cette même passion par un peu d'inquiétude; on diroit qu'égayant à dessein ses jeunes hôtes, elle destine au tourment d'Émile les grâces d'un enjouement qu'elle n'ose avoir avec lui: mais Sophie est trop attentive, trop bonne, trop judicieuse, pour le tourmenter en effet. Pour tempérer ce dangereux stimulant, l'amour et l'honnêteté lui tiennent lieu de prudence: elle sait l'alarmer, et le rassurer précisément quand il faut; et si quelquefois elle l'inquiète, elle ne l'attriste jamais. Pardonnons le souci qu'elle donne à ce qu'elle aime à la peur qu'elle a qu'il ne soit jamais assez enlacé.

Mais quel effet ce petit manége fera-t-il sur Émile? Sera-t-il jaloux? ne le sera-t-il pas? C'est ce qu'il faut examiner; car de telles digressions entrent aussi dans l'objet de mon livre, et m'éloignent peu de mon sujet.

J'ai fait voir précédemment comment, dans les choses qui ne tiennent qu'à l'opinion, cette passion s'introduit dans le cœur de l'homme. Mais en amour c'est autre chose; la jalousie paroît alors tenir de si près à la nature, qu'on a bien de la peine à croire qu'elle n'en vienne pas; et l'exemple même des animaux, dont plusieurs sont jaloux jusqu'à la fureur, semble établir le sentiment opposé sans réplique. Est-ce l'opinion des hommes qui apprend aux coqs à se mettre en pièces, et aux taureaux à se battre jusqu'à la mort?

L'aversion contre tout ce qui trouble et combat nos plaisirs est un mouvement naturel, cela est incontestable. Jusqu'à certain point le désir de posséder exclusivement ce qui nous plaît est encore dans le même cas. Mais quand ce désir, devenu passion, se transforme en fureur ou en une fantaisie ombrageuse et chagrine appelée jalousie, alors c'est autre chose: cette passion peut être naturelle, ou ne l'être pas; il faut distinguer.

L'exemple tiré des animaux a été ci-devant examiné dans le *Discours sur l'Inégalité*; et maintenant que j'y réfléchis de nouveau, cet examen me paroît assez solide pour oser y renvoyer les lecteurs (*). J'ajouterai seulement

(*) Voyez, dans cette édition, tome I, page 549.

aux distinctions que j'ai faites dans cet écrit, que la jalousie qui vient de la nature tient beaucoup à la puissance du sexe, et que, quand cette puissance est ou paroît être illimitée, cette jalousie est à son comble; car le mâle alors, mesurant ses droits sur ses besoins, ne peut jamais voir un autre mâle que comme un importun concurrent. Dans ces mêmes espèces, les femelles, obéissant toujours au premier venu, n'appartiennent aux mâles que par droit de conquête, et causent entre eux des combats éternels.

Au contraire, dans les espèces où un s'unit avec une, où l'accouplement produit une sorte de lien moral, une sorte de mariage, la femelle, appartenant par son choix au mâle qu'elle s'est donné, se refuse communément à tout autre; et le mâle, ayant pour garant de sa fidélité cette affection de préférence, s'inquiète aussi moins de la vue des autres mâles, et vit plus paisiblement avec eux. Dans ces espèces, le mâle partage le soin des petits; et par une de ces lois de la nature qu'on n'observe point sans attendrissement, il semble que la femelle rende au père l'attachement qu'il a pour ses enfans.

Or, à considérer l'espèce humaine dans sa simplicité primitive, il est aisé de voir, par la puissance bornée du mâle, et par la tempérance de ses désirs, qu'il est destiné par la nature à se contenter d'une seule femelle; ce qui se confirme par l'égalité numérique des individus des deux sexes, au moins dans nos climats; égalité qui n'a pas lieu, à beaucoup près, dans les espèces où la plus grande force des mâles réunit plusieurs femelles à un seul. Et bien que l'homme ne couve pas comme le pigeon, et que, n'ayant pas non plus des mamelles pour allaiter, il soit à cet égard dans la classe des quadrupèdes, les enfans sont si long-temps rampans et foibles, que la mère et eux se passeroient difficilement de l'attachement du père, et des soins qui en sont l'effet.

Toutes les observations concourent donc à prouver que la fureur jalouse des mâles dans quelques espèces d'animaux, ne conclut point du tout pour l'homme; et l'exception même des climats méridionaux, où la polygamie est établie, ne fait que mieux confirmer le principe, puisque c'est de la pluralité des femmes que vient la tyrannique précaution des maris, et

que le sentiment de sa propre foiblesse porte l'homme à recourir à la contrainte pour éluder les lois de la nature.

Parmi nous, où ces mêmes lois, en cela moins éludées, le sont dans un sens contraire et plus odieux, la jalousie a son motif dans les passions sociales plus que dans l'instinct primitif. Dans la plupart des liaisons de galanterie, l'amant hait bien plus ses rivaux qu'il n'aime sa maîtresse: s'il craint de n'être pas seul écouté, c'est l'effet de cet amour-propre dont j'ai montré l'origine, et la vanité pâtit en lui bien plus que l'amour. D'ailleurs nos maladroites institutions ont rendu les femmes si dissimulées (¹), et ont si fort allumé leurs appétits, qu'on peut à peine compter sur leur attachement le mieux prouvé, et qu'elles ne peuvent plus marquer de préférences qui rassurent sur la crainte des concurrens.

Pour l'amour véritable, c'est autre chose. J'ai fait voir, dans l'écrit déjà cité, que ce sentiment n'est pas aussi naturel que l'on pense; et il y a bien de la différence entre la douce habitude qui affectionne l'homme à sa compagne, et cette ardeur effrénée qui l'enivre des chimériques attraits d'un objet qu'il ne voit plus tel qu'il est. Cette passion, qui ne respire qu'exclusions et préférences, ne diffère en ceci de la vanité, qu'en ce que la vanité, exigeant tout et n'accordant rien, est toujours inique; au lieu que l'amour, donnant autant qu'il exige, est par lui-même un sentiment rempli d'équité. D'ailleurs plus il est exigeant, plus il est crédule: la même illusion qui le cause le rend facile à persuader. Si l'amour est inquiet, l'estime est confiante; et jamais l'amour sans l'estime n'exista dans un cœur honnête, parce que nul n'aime dans ce qu'il aime que les qualités dont il fait cas.

Tout ceci bien éclairci, l'on peut dire à coup sûr de quelle sorte de jalousie Émile sera capable; car, puisque à peine cette passion a-t-elle un germe dans le cœur humain, sa forme est déterminée uniquement par l'éducation. Émile, amoureux et jaloux, ne sera point colère, om-

---

(¹) L'espèce de dissimulation que j'entends ici est opposée à celle qui leur convient et qu'elles tiennent de la nature; l'une consiste à déguiser les sentimens qu'elles ont, et l'autre à feindre ceux qu'elles n'ont pas. Toutes les femmes du monde passent leur vie à faire trophée de leur prétendue sensibilité, et n'aiment jamais rien qu'elles-mêmes.

brageux, méfiant, mais délicat, sensible et craintif : il sera plus alarmé qu'irrité ; il s'attachera bien plus à gagner sa maîtresse qu'à menacer son rival ; il l'écartera, s'il peut, comme un obstacle, sans le haïr comme un ennemi ; s'il le hait, ce ne sera pas pour l'audace de lui disputer un cœur auquel il prétend, mais pour le danger réel qu'il lui fait courir de le perdre ; son injuste orgueil ne s'offensera point sottement qu'on ose entrer en concurrence avec lui ; comprenant que le droit de préférence est uniquement fondé sur le mérite, et que l'honneur est dans le succès, il redoublera de soins pour se rendre aimable, et probablement il réussira. La généreuse Sophie, en irritant son amour par quelques alarmes, saura bien les régler, l'en dédommager ; et les concurrens, qui n'étoient soufferts que pour le mettre à l'épreuve, ne tarderont pas d'être écartés.

Mais où me sens-je insensiblement entraîné ? O Émile, qu'es-tu devenu ? Puis-je reconnoître en toi mon élève ? Combien je te vois déchu ! Où est ce jeune homme formé si durement, qui bravoit les rigueurs des saisons, qui livroit son corps aux plus rudes travaux, et son âme aux seules lois de la sagesse ; inaccessible aux préjugés, aux passions ; qui n'aimoit que la vérité, qui ne cédoit qu'à la raison, et ne tenoit à rien de ce qui n'étoit pas lui ? Maintenant, amolli dans une vie oisive, il se laisse gouverner par des femmes ; leurs amusemens sont ses occupations, leurs volontés sont ses lois ; une jeune fille est l'arbitre de sa destinée ; il rampe et fléchit devant elle ; le grave Émile est le jouet d'un enfant !

Tel est le changement des scènes de la vie : chaque âge a ses ressorts qui le font mouvoir ; mais l'homme est toujours le même. A dix ans il est mené par des gâteaux, à vingt par une maîtresse, à trente par les plaisirs, à quarante par l'ambition, à cinquante par l'avarice : quand ne court-il qu'après la sagesse ? Heureux celui qu'on y conduit malgré lui ! Qu'importe de quel guide on se serve pourvu qu'il le mène au but ? Les héros, les sages eux-mêmes, ont payé ce tribut à la foiblesse humaine ; et tel dont les doigts ont cassé des fuseaux n'en fut pas pour cela moins grand homme.

Voulez-vous étendre sur la vie entière l'effet d'une heureuse éducation, prolongez durant la jeunesse les bonnes habitudes de l'enfance ; et, quand votre élève est ce qu'il doit être, faites qu'il soit le même dans tous les temps. Voilà la dernière perfection qui vous reste à donner à votre ouvrage. C'est pour cela surtout qu'il importe de laisser un gouverneur aux jeunes hommes ; car d'ailleurs il est peu à craindre qu'ils ne sachent pas faire l'amour sans lui. Ce qui trompe les instituteurs, et surtout les pères, c'est qu'ils croient qu'une manière de vivre en exclut une autre, et qu'aussitôt qu'on est grand on doit renoncer à tout ce qu'on faisoit étant petit. Si cela étoit, à quoi serviroit de soigner l'enfance, puisque le bon ou le mauvais usage qu'on en feroit s'évanouiroit avec elle, et qu'en prenant des manières de vivre absolument différentes, on prendroit nécessairement d'autres façons de penser ?

Comme il n'y a que de grandes maladies qui fassent solution de continuité dans la mémoire, il n'y a guère que de grandes passions qui la fassent dans les mœurs. Bien que nos goûts et nos inclinations changent, ce changement, quelquefois assez brusque, est adouci par les habitudes. Dans la succession de nos penchans, comme dans une bonne dégradation de couleurs, l'habile artiste doit rendre les passages imperceptibles, confondre et mêler les teintes, et, pour qu'aucune ne tranche, en étendre plusieurs sur tout son travail. Cette règle est confirmée par l'expérience ; les gens immodérés changent tous les jours d'affections, de goûts, de sentimens, et n'ont pour toute constance que l'habitude du changement ; mais l'homme réglé revient toujours à ses anciennes pratiques, et ne perd pas même dans sa vieillesse le goût des plaisirs qu'il aimoit enfant.

Si vous faites qu'en passant dans un nouvel âge les jeunes gens ne prennent point en mépris celui qui l'a précédé, qu'en contractant de nouvelles habitudes ils n'abandonnent point les anciennes, et qu'ils aiment toujours à faire ce qui est bien, sans égard au temps où ils ont commencé ; alors seulement vous aurez sauvé votre ouvrage, et vous serez sûrs d'eux jusqu'à la fin de leurs jours ; car la révolution la plus à craindre est celle de l'âge sur lequel vous veillez maintenant. Comme on le regrette toujours, on perd difficilement dans la suite les goûts qu'on y a conservés ; au lieu que quand ils sont interrompus, on ne les reprend de la vie.

La plupart des habitudes que vous croyez faire contracter aux enfans et aux jeunes gens ne sont point de véritables habitudes, parce qu'ils ne les ont prises que par force, et que, les suivant malgré eux, ils n'attendent que l'occasion de s'en délivrer. On ne prend point le goût d'être en prison à force d'y demeurer; l'habitude alors, loin de diminuer l'aversion, l'augmente. Il n'en est pas ainsi d'Émile, qui, n'ayant rien fait dans son enfance que volontairement et avec plaisir, ne fait, en continuant d'agir de même étant homme, qu'ajouter l'empire de l'habitude aux douceurs de la liberté. La vie active, le travail des bras, l'exercice, le mouvement, lui sont tellement devenus nécessaires, qu'il n'y pourroit renoncer sans souffrir. Le réduire tout à coup à une vie molle et sédentaire seroit l'emprisonner, l'enchaîner, le tenir dans un état violent et contraint; je ne doute pas que son humeur et sa santé n'en fussent également altérées. A peine peut-il respirer à son aise dans une chambre bien fermée; il lui faut le grand air, le mouvement, la fatigue. Aux genoux même de Sophie il ne peut s'empêcher de regarder quelquefois la campagne du coin de l'œil, et de désirer de la parcourir avec elle. Il reste pourtant quand il faut rester; mais il est inquiet, agité; il semble se débattre; il reste parce qu'il est dans les fers. Voilà donc, allez-vous dire, des besoins auxquels je l'ai soumis, des assujettissemens que je lui ai donnés : et tout cela est vrai; je l'ai assujetti à l'état d'homme.

Émile aime Sophie; mais quels sont les premiers charmes qui l'ont attaché? La sensibilité, la vertu, l'amour des choses honnêtes. En aimant cet amour dans sa maîtresse, l'auroit-il perdu pour lui-même? A quel prix à son tour Sophie s'est-elle mise? A celui de tous les sentimens qui sont naturels au cœur de son amant; l'estime des vrais biens, la frugalité, la simplicité, le généreux désintéressement, le mépris du faste et des richesses. Émile avoit ces vertus avant que l'amour les lui eût imposées. En quoi donc Émile est-il véritablement changé? Il a de nouvelles raisons d'être lui-même; c'est le seul point où il soit différent de ce qu'il étoit.

Je n'imagine pas qu'en lisant ce livre avec quelque attention personne puisse croire que toutes les circonstances de la situation où il se trouve se soient ainsi rassemblées autour de lui par hasard. Est-ce par hasard que les villes fournissant tant de filles aimables, celle qui lui plaît ne se trouve qu'au fond d'une retraite éloignée? Est-ce par hasard qu'il la rencontre? Est-ce par hasard qu'ils se conviennent? Est-ce par hasard qu'ils ne peuvent loger dans le même lieu? Est-ce par hasard qu'il ne trouve un asile que si loin d'elle? Est-ce par hasard qu'il la voit si rarement, et qu'il est forcé d'acheter par tant de fatigues le plaisir de la voir quelquefois? Il s'efféminé, dites-vous. Il s'endurcit, au contraire; il faut qu'il soit aussi robuste que je l'ai fait, pour résister aux fatigues que Sophie lui fait supporter.

Il loge à deux grandes lieues d'elle. Cette distance est le soufflet de la forge; c'est par elle que je trempe les traits de l'amour. S'ils logeoient porte à porte, ou qu'il pût l'aller voir mollement assis dans un bon carrosse, il l'aimeroit à son aise, il l'aimeroit en Parisien. Léandre eût-il voulu mourir pour Héro, si la mer ne l'eût séparé d'elle? Lecteur, épargnez-moi des paroles; si vous êtes fait pour m'entendre, vous suivrez assez mes règles dans mes détails.

Les premières fois que nous sommes allés voir Sophie, nous avons pris des chevaux pour aller plus vite. Nous trouvons cet expédient commode, et à la cinquième fois nous continuons de prendre des chevaux. Nous étions attendus; à plus d'une demi-lieue de la maison nous apercevons du monde sur le chemin. Émile observe, le cœur lui bat; il approche, il reconnoît Sophie, il se précipite à bas de son cheval, il part, il vole, il est aux pieds de l'aimable famille. Émile aime les beaux chevaux; le sien est vif; il se sent libre, il s'échappe à travers champs : je le suis, je l'atteins avec peine, je le ramène. Malheureusement Sophie a peur des chevaux, je n'ose approcher d'elle. Émile ne voit rien; mais Sophie l'avertit à l'oreille de la peine qu'il a laissé prendre à son ami. Émile accourt tout honteux, prend les chevaux, reste en arrière : il est juste que chacun ait son tour. Il part le premier pour se débarrasser de nos montures. En laissant ainsi Sophie derrière lui, il ne trouve plus le cheval une voiture aussi commode. Il revient essoufflé, et nous rencontre à moitié chemin.

Au voyage suivant, Émile ne veut plus de chevaux. Pourquoi? lui dis-je; nous n'avons qu'à prendre un laquais pour en avoir soin. Ah! dit-il, surchargerons-nous ainsi la respectable famille? Vous voyez bien qu'elle veut tout nourrir, hommes et chevaux. Il est vrai, reprends-je, qu'ils ont la noble hospitalité de l'indigence. Les riches, avares dans leur faste, ne logent que leurs amis; mais les pauvres logent aussi les chevaux de leurs amis. Allons à pied, dit-il; n'en avez-vous pas le courage, vous qui partagez de si bon cœur les fatigans plaisirs de votre enfant? Très-volontiers, reprends-je à l'instant: aussi bien l'amour, à ce qu'il me semble, ne veut pas être fait avec tant de bruit.

En approchant nous trouvons la mère et la fille plus loin encore que la première fois. Nous sommes venus comme un trait. Émile est tout en nage: une main chérie daigne lui passer un mouchoir sur les joues. Il y auroit bien des chevaux au monde, avant que nous fussions désormais tentés de nous en servir.

Cependant il est assez cruel de ne pouvoir jamais passer la soirée ensemble. L'été s'avance, les jours commencent à diminuer. Quoi que nous puissions dire, on ne nous permet jamais de nous en retourner de nuit; et quand nous ne venons pas dès le matin, il faut presque repartir aussitôt qu'on est arrivé. A force de nous plaindre et de s'inquiéter de nous, la mère pense enfin qu'à la vérité l'on ne peut nous loger décemment dans la maison, mais qu'on peut nous trouver un gîte au village pour y coucher quelquefois. A ces mots Émile frappe des mains, tressaillit de joie; et Sophie, sans y songer, baise un peu plus souvent sa mère le jour qu'elle a trouvé cet expédient.

Peu à peu la douceur de l'amitié, la familiarité de l'innocence, s'établissent et s'affermissent entre nous. Les jours prescrits par Sophie ou par sa mère, je viens ordinairement avec mon ami: quelquefois aussi je le laisse aller seul. La confiance élève l'âme, et l'on ne doit plus traiter un homme en enfant: et qu'aurois-je avancé jusque-là si mon élève ne méritoit pas mon estime? Il m'arrive aussi d'aller sans lui; alors il est triste et ne murmure point: que serviroient ses murmures? Et puis il sait bien que je ne vais pas nuire à ses intérêts. Au reste, que nous allions ensemble ou séparément, on conçoit qu'aucun temps ne nous arrête, tout fiers d'arriver dans un état à pouvoir être plaints. Malheureusement Sophie nous interdit cet honneur, et défend qu'on vienne par le mauvais temps. C'est la seule fois que je la trouve rebelle aux règles que je lui dicte en secret.

Un jour qu'il est allé seul, et que je ne l'attends que le lendemain, je le vois arriver le soir même, et je lui dis en l'embrassant: Quoi! cher Émile, tu reviens à ton ami! Mais, au lieu de répondre à mes caresses, il me dit avec un peu d'humeur: Ne croyez pas que je revienne sitôt de mon gré, je viens malgré moi. Elle a voulu que je vinsse, je viens pour elle et non pas pour vous. Touché de cette naïveté, je l'embrasse derechef, en lui disant: Ame franche, ami sincère, ne me dérobe pas ce qui m'appartient. Si tu viens pour elle, c'est pour moi que tu le dis: ton retour est son ouvrage; mais ta franchise est le mien. Garde à jamais cette noble candeur des belles âmes. On peut laisser penser aux indifférens ce qu'ils veulent; mais c'est un crime de souffrir qu'un ami nous fasse un mérite de ce que nous n'avons pas fait pour lui.

Je me garde bien d'avilir à ses yeux le prix de cet aveu, en y trouvant plus d'amour que de générosité, et en lui disant qu'il veut moins s'ôter le mérite de ce retour, que le donner à Sophie. Mais voici comment il me dévoile le fond de son cœur sans y songer: s'il est venu à son aise, à petits pas, et rêvant à ses amours, Émile n'est que l'amant de Sophie; s'il arrive à grands pas, échauffé, quoiqu'un peu grondeur, Émile est l'ami de son Mentor.

On voit par ces arrangemens que mon jeune homme est bien éloigné de passer sa vie auprès de Sophie et de la voir autant qu'il le voudroit. Un voyage ou deux par semaine bornent les permissions qu'il reçoit; et ses visites, souvent d'une seule demi-journée, s'étendent rarement au lendemain. Il emploie bien plus de temps à espérer de la voir ou à se féliciter de l'avoir vue, qu'à la voir en effet. Dans celui même qu'il donne à ses voyages, il en passe moins auprès d'elle qu'à s'en rapprocher ou s'en éloigner. Ses plaisirs vrais, purs, délicieux, mais moins réels qu'imaginaires, irritent son amour sans efféminer son cœur.

Les jours qu'il ne la voit point il n'est pas oisif et sédentaire. Ces jours-là c'est Émile encore : il n'est point du tout transformé. Le plus souvent il court les campagnes des environs, il suit son histoire naturelle ; il observe, il examine les terres, leurs productions, leur culture ; il compare les travaux qu'il voit à ceux qu'il connoît ; il cherche les raisons des différences ; quand il juge d'autres méthodes préférables à celles du lieu, il les donne aux cultivateurs ; s'il propose une meilleure forme de charrue, il en fait faire sur ses dessins ; s'il trouve une carrière de marne, il leur en apprend l'usage inconnu dans le pays ; souvent il met lui-même la main à l'œuvre ; ils sont tout étonnés de lui voir manier leurs outils plus aisément qu'ils ne font eux-mêmes, tracer des sillons plus profonds et plus droits que les leurs, semer avec plus d'égalité, diriger des ados avec plus d'intelligence (*). Ils ne se moquent pas de lui comme d'un beau diseur d'agriculture ; ils voient qu'il la sait en effet. En un mot, il étend son zèle et ses soins à tout ce qui est d'utilité première et générale : même il ne s'y borne pas. Il visite les maisons des paysans, s'informe de leur état, de leurs familles, du nombre de leurs enfans, de la quantité de leurs terres, de la nature du produit, de leurs débouchés, de leurs facultés, de leurs charges, de leurs dettes, etc. Il donne peu d'argent, sachant que pour l'ordinaire il est mal employé ; mais il en dirige l'emploi lui-même, et le leur rend utile malgré qu'ils en aient. Il leur fournit des ouvriers, et souvent leur paye leurs propres journées pour les travaux dont ils ont besoin. A l'un il fait relever ou couvrir sa chaumière à demi tombée ; à l'autre il fait défricher sa terre abandonnée faute de moyens ; à l'autre il fournit une vache, un cheval, du bétail de toute espèce à la place de celui qu'il a perdu : deux voisins sont près d'entrer en procès, il les gagne, il les accommode ; un paysan tombe malade, il le fait soigner, il le soigne lui-même (¹) ; un autre est vexé par un voisin puissant, il le protège et le recommande ; de pauvres jeunes gens se recherchent, il aide à les marier ; une bonne femme a perdu son enfant chéri, il va la voir, il la console, il ne sort point aussitôt qu'il est entré : il ne dédaigne point les indigens, il n'est point pressé de quitter les malheureux ; il prend souvent son repas chez les paysans qu'il assiste, il accepte aussi chez ceux qui n'ont pas besoin de lui : en devenant le bienfaiteur des uns et l'ami des autres, il ne cesse point d'être leur égal. Enfin, il fait toujours de sa personne autant de bien que de son argent.

Quelquefois il dirige ses tournées du côté de l'heureux séjour : il pourroit espérer d'apercevoir Sophie à la dérobée, de la voir à la promenade sans en être vu. Mais Émile est toujours sans détour dans sa conduite, il ne sait et ne veut rien éluder. Il a cette aimable délicatesse qui flatte et nourrit l'amour-propre du bon témoignage de soi. Il garde à la rigueur son ban, et n'approche jamais assez pour tenir du hasard ce qu'il veut ne devoir qu'à Sophie. En revanche il erre avec plaisir dans les environs, recherchant les traces des pas de sa maîtresse, s'attendrissant sur les peines qu'elle a prises et sur les courses qu'elle a bien voulu faire par complaisance pour lui. La veille des jours qu'il doit la voir, il ira dans quelque ferme voisine ordonner une collation pour le lendemain. La promenade se dirige de ce côté sans qu'il y paroisse ; on entre comme par hasard ; on trouve des fruits, des gâteaux, de la crème. La friande Sophie n'est pas insensible à ces attentions, et fait volontiers honneur à notre prévoyance ; car j'ai toujours ma part au compliment, n'en eussé-je aucune au soin qui l'attire ; c'est un détour de petite

---

(*) *Ados*, proprement dit, est une terre élevée en talus le long d'un mur et à l'exposition du midi, pour faire avancer promptement les graines qu'on y sème. Mais il s'entend aussi des exhaussémens en dos-d'âne formés longitudinalement, et qui se pratiquent dans la culture des céréales pour faciliter l'écoulement des eaux. Leur hauteur, leur largeur et leur direction varient selon la nature du terrain et les localités. G. P.

(¹) Soigner un paysan malade, ce n'est pas le purger, lui donner des drogues, lui envoyer un chirurgien. Ce n'est pas de tout cela qu'ont besoin ces pauvres gens dans leurs maladies ; c'est de nourriture meilleure et plus abondante. Jeûnez, vous autres, quand vous avez la fièvre ; mais quand vos paysans l'ont, donnez-leur de la viande et du vin ; presque toutes leurs maladies viennent de misère et d'épuisement : leur meilleure tisane est dans votre cave, leur seul apothicaire doit être votre boucher (²).

(²) Cette note est la paraphrase de ce vieux distique :

Mittere persona vis convenientia cuique,
Mille cibos miseris, divitibusque famem.

fille pour être moins embarrassée en remerciant. Le père et moi mangeons des gâteaux et buvons du vin : mais Émile est de l'écot des femmes, toujours au guet pour voler quelque assiette de crème où la cuiller de Sophie ait trempé.

A propos de gâteaux, je parle à Émile de ses anciennes courses. On veut savoir ce que c'est que ces courses : je l'explique, on en rit; on lui demande s'il sait courir encore. Mieux que jamais, répondit-il ; je serois bien fâché de l'avoir oublié. Quelqu'un de la compagnie auroit grande envie de le voir courir, et n'ose le dire ; quelque autre se charge de la proposition ; il accepte : on fait rassembler deux ou trois jeunes gens des environs ; on décerne un prix, et, pour mieux imiter les anciens jeux, on met un gâteau sur le but. Chacun se tient prêt ; le papa donne le signal en frappant des mains. L'agile Émile fend l'air, et se trouve au bout de la carrière, qu'à peine mes trois lourdauds sont partis. Émile reçoit le prix des mains de Sophie, et, non moins généreux qu'Enée, fait des présens à tous les vaincus.

Au milieu de l'éclat et du triomphe, Sophie ose défier le vainqueur, et se vante de courir aussi bien que lui. Il ne refuse point d'entrer en lice avec elle ; et, tandis qu'elle s'apprête à l'entrée de la carrière, qu'elle retrousse sa robe des deux côtés, et que, plus curieuse d'étaler une jambe fine aux yeux d'Emile, que de le vaincre à ce combat, elle regarde si ses jupes sont assez courtes, il dit un mot à l'oreille de la mère ; elle sourit et fait un signe d'approbation. Il vient alors se placer à côté de sa concurrente ; et le signal n'est pas plus tôt donné, qu'on la voit partir et voler comme un oiseau.

Les femmes ne sont pas faites pour courir ; quand elles fuient, c'est pour être atteintes. La course n'est pas la seule chose qu'elles fassent maladroitement, mais c'est la seule qu'elles fassent de mauvaise grâce : leurs coudes en arrière et collés contre leur corps leur donnent une attitude risible, et les hauts talons sur lesquels elles sont juchées les font paroître autant de sauterelles qui voudroient courir sans sauter.

Emile, n'imaginant point que Sophie coure mieux qu'une autre femme, ne daigne pas sortir de sa place, et la voit partir avec un souris moqueur. Mais Sophie est légère et porte des talons bas, elle n'a pas besoin d'artifice pour paroître avoir le pied petit ; elle prend les devans d'une telle rapidité, que, pour atteindre cette nouvelle Atalante, il n'a que le temps qu'il lui faut quand il l'aperçoit si loin devant lui. Il part donc à son tour, semblable à l'aigle qui fond sur sa proie ; il la poursuit, la talonne, l'atteint enfin tout essoufflée, passe doucement son bras gauche autour d'elle, l'enlève comme une plume, et pressant sur son cœur cette douce charge, il achève ainsi la course, lui fait toucher le but la première, puis criant *Victoire à Sophie!* met devant elle un genou en terre, et se reconnoît le vaincu.

A ces occupations diverses se joint celle du métier que nous avons appris. Au moins un jour par semaine, et tous ceux où le mauvais temps ne nous permet pas de tenir la campagne, nous allons Émile et moi travailler chez un maître. Nous n'y travaillons pas pour la forme, en gens au-dessus de cet état, mais tout de bon et en vrais ouvriers. Le père de Sophie nous venant voir nous trouve une fois à l'ouvrage, et ne manque pas de rapporter avec admiration à sa femme et à sa fille ce qu'il a vu. Allez voir, dit-il, ce jeune homme à l'atelier, et vous verrez s'il méprise la condition du pauvre! On peut imaginer si Sophie entend ce discours avec plaisir! On en reparle, on voudroit le surprendre à l'ouvrage. On me questionne sans faire semblant de rien ; et, après s'être assurées d'un de nos jours, la mère et la fille prennent une calèche, et viennent à la ville le même jour.

En entrant dans l'atelier Sophie aperçoit à l'autre bout un jeune homme en veste, les cheveux négligemment rattachés, et si occupé de ce qu'il fait qu'il ne la voit point : elle s'arrête et fait signe à sa mère. Émile, un ciseau d'une main et le maillet de l'autre, achève une mortaise ; puis il scie une planche et en met une pièce sous le valet pour la polir. Ce spectacle ne fait point rire Sophie ; il la touche, il est respectable. Femme, honore ton chef ; c'est lui qui travaille pour toi, qui te gagne ton pain, qui te nourrit : voilà l'homme.

Tandis qu'elles sont attentives à l'observer, je les aperçois, je tire Émile par la manche : il se retourne, les voit, jette ses outils, et s'élance avec un cri de joie. Après s'être livré à ses premiers transports, il les fait asseoir et reprend son travail. Mais Sophie ne peut rester assise; elle se lève avec vivacité, parcourt l'atelier, examine les outils, touche le poli des planches, ramasse des copeaux par terre, regarde à nos mains, et puis dit qu'elle aime ce métier, parce qu'il est propre. La folâtre essaie même d'imiter Émile. De sa blanche et débile main elle pousse un rabot sur la planche; le rabot glisse et ne mord point. Je crois voir l'amour dans les airs rire et battre des ailes; je crois l'entendre pousser des cris d'allégresse, et dire : *Hercule est vengé.*

Cependant la mère questionne le maître : Monsieur, combien payez-vous ces garçons-là? Madame, je leur donne à chacun vingt sous par jour et je les nourris; mais si ce jeune homme vouloit il gagneroit bien davantage, car c'est le meilleur ouvrier du pays. Vingt sous par jour, et vous les nourrissez! dit la mère en nous regardant avec attendrissement. Madame, il est ainsi, reprend le maître. A ces mots, elle court à Émile, l'embrasse, le presse contre son sein en versant sur lui des larmes, et sans pouvoir dire autre chose que de répéter plusieurs fois : Mon fils! ô mon fils!

Après avoir passé quelque temps à causer avec nous, mais sans nous détourner : Allons-nous-en, dit la mère à sa fille; il se fait tard, il ne faut pas nous faire attendre. Puis s'approchant d'Émile, elle lui donne un petit coup sur la joue en lui disant : Hé bien! bon ouvrier, ne voulez-vous pas venir avec nous? Il lui répond d'un ton fort triste : Je suis engagé, demandez au maître. On demande au maître s'il veut bien se passer de nous. Il répond qu'il ne peut. J'ai, dit-il, de l'ouvrage qui presse et qu'il faut rendre après-demain. Comptant sur ces messieurs, j'ai refusé des ouvriers qui se sont présentés; si ceux-ci me manquent, je ne sais plus où en prendre d'autres, et je ne pourrai rendre l'ouvrage au jour promis. La mère ne réplique rien, elle attend qu'Émile parle. Émile baisse la tête et se tait. Monsieur, lui dit-elle un peu surprise de ce silence, n'avez-vous rien à dire à cela? Émile regarde tendrement la fille, et ne répond que ces mots : Vous voyez bien qu'il faut que je reste. Là-dessus les dames partent et nous laissent. Émile les accompagne jusqu'à la porte, les suit des yeux autant qu'il peut, soupire, et revient se mettre au travail sans parler.

En chemin, la mère, piquée, parle à sa fille de la bizarrerie de ce procédé. Quoi! dit-elle, étoit-il si difficile de contenter le maître sans être obligé de rester? et ce jeune homme si prodigue, qui verse l'argent sans nécessité, n'en sait-il plus trouver dans les occasions convenables? O maman, répond Sophie, à Dieu ne plaise qu'Émile donne tant de force à l'argent, qu'il s'en serve pour rompre un engagement personnel, pour violer impunément sa parole, et faire violer celle d'autrui! Je sais qu'il dédommageroit aisément l'ouvrier du léger préjudice que lui causeroit son absence; mais cependant il asserviroit son âme aux richesses, il s'accoutumeroit à les mettre à la place de ses devoirs, et à croire qu'on est dispensé de tout, pourvu qu'on paye. Émile a d'autres manières de penser, et j'espère de n'être pas cause qu'il en change. Croyez-vous qu'il ne lui en ait rien coûté de rester? Maman, ne vous y trompez pas; c'est pour moi qu'il reste, je l'ai bien vu dans ses yeux.

Ce n'est pas que Sophie soit indulgente sur les vrais soins de l'amour; au contraire, elle est impérieuse, exigeante; elle aimeroit mieux n'être point aimée que de l'être modérément. Elle a le noble orgueil du mérite qui se sent, qui s'estime, et qui veut être honoré comme il s'honore. Elle dédaigneroit un cœur qui ne sentiroit pas tout le prix du sien, qui ne l'aimeroit pas pour ses vertus autant et plus que pour ses charmes; un cœur qui ne lui préféreroit pas son propre devoir, et qui ne la préféreroit pas à toute autre chose. Elle n'a point voulu d'amant qui ne connût de loi que la sienne : elle veut régner sur un homme qu'elle n'ait point défiguré. C'est ainsi qu'ayant avili les compagnons d'Ulysse, Circé les dédaigne, et se donne à lui seul qu'elle n'a pu changer.

Mais ce droit inviolable et sacré mis à part, jalouse à l'excès de tous les siens, Sophie épie avec quel scrupule Émile les respecte, avec quel zèle il accomplit ses volontés, avec quelle adresse il les devine, avec quelle vigilance il arrive au moment prescrit : elle ne veut ni qu'il retarde, ni qu'il anticipe; elle veut qu'il soit exact. Anticiper, c'est se préférer à elle; retarder, c'est la négliger. Négliger Sophie!

cela n'arriveroit pas deux fois. L'injuste soupçon d'une a failli tout perdre; mais Sophie est équitable et sait bien réparer ses torts.

Un soir nous sommes attendus; Émile a reçu l'ordre. On vient au-devant de nous; nous n'arrivons point. Que sont-ils devenus? quel malheur leur est arrivé? Personne de leur part! La soirée s'écoule à nous attendre. La pauvre Sophie nous croit morts; elle se désole, elle se tourmente; elle passe la nuit à pleurer. Dès le soir on a expédié un messager pour aller s'informer de nous et rapporter de nos nouvelles le lendemain matin. Le messager revient accompagné d'un autre de notre part, qui fait nos excuses de bouche, et dit que nous nous portons bien. Un moment après, nous paroissons nous-mêmes. Alors la scène change; Sophie essuie ses pleurs, ou, si elle en verse, ils sont de rage. Son cœur altier n'a pas gagné à se rassurer sur notre vie : Émile vit, et s'est fait attendre inutilement.

A notre arrivée elle veut s'enfermer. On veut qu'elle reste; il faut rester : mais, prenant à l'instant son parti, elle affecte un air tranquille et content qui en imposeroit à d'autres. Le père vient au-devant de nous, et nous dit : Vous avez tenu vos amis en peine; il y a ici des gens qui ne vous le pardonneront pas aisément. Qui donc, mon papa? dit Sophie avec une manière de sourire le plus gracieux qu'elle puisse affecter. Que vous importe, répond le père, pourvu que ce ne soit pas vous? Sophie ne réplique point, et baisse les yeux sur son ouvrage. La mère nous reçoit d'un air froid et composé. Émile embarrassé n'ose aborder Sophie. Elle lui parle la première, lui demande comment il se porte, l'invite à s'asseoir, et se contrefait si bien que le pauvre jeune homme, qui n'entend rien encore au langage des passions violentes, est la dupe de ce sang-froid, et presque sur le point d'en être piqué lui-même.

Pour le désabuser je vais prendre la main de Sophie, j'y veux porter mes lèvres comme je fais quelquefois : elle la retire brusquement avec un mot de *monsieur* si singulièrement prononcé, que ce mouvement involontaire la décèle à l'instant aux yeux d'Émile.

Sophie elle-même, voyant qu'elle s'est trahie, se contraint moins. Son sang-froid apparent se changé en un mépris ironique. Elle répond à tout ce qu'on lui dit par des monosyllabes prononcés d'une voix lente et mal assurée, comme craignant d'y laisser trop percer l'accent de l'indignation. Émile, demi-mort d'effroi, la regarde avec douleur, et tâche de l'engager à jeter les yeux sur les siens, pour y mieux lire ses vrais sentimens. Sophie, plus irritée de sa confiance, lui lance un regard qui lui ôte l'envie d'en solliciter un second. Émile, interdit, tremblant, n'ose plus, très-heureusement pour lui, ni lui parler ni la regarder; car, n'eût-il pas été coupable, s'il eût pu supporter sa colère, elle ne lui eût jamais pardonné.

Voyant alors que c'est mon tour, et qu'il est temps de s'expliquer, je reviens à Sophie. Je reprends sa main qu'elle ne retire plus, car elle est prête à se trouver mal. Je lui dis avec douceur : Chère Sophie, nous sommes malheureux; mais vous êtes raisonnable et juste; vous ne nous jugerez pas sans nous entendre : écoutez-nous. Elle ne répond rien, et je parle ainsi.

« Nous sommes partis hier à quatre heures;
» il nous étoit prescrit d'arriver à sept, et nous
» prenons toujours plus de temps qu'il ne nous
» est nécessaire, afin de nous reposer en approchant d'ici. Nous avions déjà fait les trois
» quarts du chemin quand des lamentations
» douloureuses nous frappent l'oreille; elles
» partoient d'une gorge de la colline à quelque
» distance de nous. Nous accourons aux cris :
» nous trouvons un malheureux paysan qui,
» revenant de la ville un peu pris de vin sur
» son cheval, en étoit tombé si lourdement
» qu'il s'étoit cassé la jambe. Nous crions, nous
» appelons du secours; personne ne répond :
» nous essayons de remettre le blessé sur son
» cheval, nous n'en pouvons venir à bout : au
» moindre mouvement le malheureux souffre
» des douleurs horribles. Nous prenons le parti
» d'attacher le cheval dans le bois à l'écart;
» puis, faisant un brancard de nos bras, nous
» y posons le blessé, et le portons le plus doucement qu'il est possible, en suivant ses indications sur la route qu'il falloit tenir pour
» aller chez lui. Le trajet étoit long; il fallut
» nous reposer plusieurs fois. Nous arrivons
» enfin, rendus de fatigue : nous trouvons avec
» une surprise amère que nous connoissions
» déjà la maison, et que ce misérable que nous

» rapportions avec tant de peine étoit le même
» qui nous avoit si cordialement reçus le jour
» de notre première arrivée ici. Dans le trou-
» ble où nous étions tous, nous ne nous étions
» point reconnus jusqu'à ce moment.

» Il n'avoit que deux petits enfans. Prête à
» lui en donner un troisième, sa femme fut si
» saisie en le voyant arriver, qu'elle sentit des
» douleurs aiguës et accoucha peu d'heures
» après. Que faire en cet état dans une chau-
» mière écartée où l'on ne pouvoit espérer au-
» cun secours? Émile prit le parti d'aller pren-
» dre le cheval que nous avions laissé dans le
» bois, de le monter, de courir à toute bride
» chercher un chirurgien à la ville. Il donna le
» cheval au chirurgien; et n'ayant pu trouver
» assez tôt une garde, il revint à pied avec un
» domestique, après vous avoir envoyé un
» exprès; tandis qu'embarrassé, comme vous
» pouvez croire, entre un homme ayant une
» jambe cassée et une femme en travail, je
» préparois dans la maison tout ce que je pou-
» vois prévoir être nécessaire pour le secours
» de tous les deux.

» Je ne vous ferai point le détail du reste;
» ce n'est pas de cela qu'il est question. Il étoit
» deux heures après minuit avant que nous
» ayons eu ni l'un ni l'autre un moment de re-
» lâche. Enfin nous sommes revenus avant le
» jour dans notre asile ici proche, où nous
» avons attendu l'heure de votre réveil pour
» vous rendre compte de notre accident. »

Je me tais sans rien ajouter. Mais, avant que personne parle, Émile s'approche de sa maîtresse, élève la voix, et lui dit avec plus de fermeté que je ne m'y serois attendu : Sophie, vous êtes l'arbitre de mon sort, vous le savez bien. Vous pouvez me faire mourir de douleur; mais n'espérez pas me faire oublier les droits de l'humanité : ils me sont plus sacrés que les vôtres; je n'y renoncerai jamais pour vous.

Sophie, à ces mots, au lieu de répondre, se lève, lui passe un bras autour du cou, lui donne un baiser sur la joue; puis, lui tendant la main, avec une grâce inimitable, elle lui dit : Émile, prends cette main, elle est à toi. Sois, quand tu voudras, mon époux et mon maître; je tâcherai de mériter cet honneur.

A peine l'a-t-elle embrassé, que le père, enchanté, frappe des mains, en criant *bis, bis*; et Sophie, sans se faire presser, lui donne aussitôt deux baisers sur l'autre joue : mais, presque au même instant, effrayée de tout ce qu'elle vient de faire, elle se sauve dans les bras de sa mère, et cache dans ce sein maternel son visage enflammé de honte.

Je ne décrirai point la commune joie : tout le monde la doit sentir. Après le dîner, Sophie demande s'il y auroit trop loin pour aller voir ces pauvres malades. Sophie le désire, et c'est une bonne œuvre. On y va : on les trouve dans deux lits séparés; Émile en avoit fait apporter un : on trouve autour d'eux du monde pour les soulager : Émile y avoit pourvu. Mais au surplus tous deux sont si mal en ordre, qu'ils souffrent autant du malaise que de leur état. Sophie se fait donner un tablier de la bonne femme, et va la ranger dans son lit; elle en fait ensuite autant à l'homme; sa main douce et légère sait aller chercher tout ce qui les blesse, et faire poser plus mollement leurs membres endoloris. Ils se sentent déjà soulagés à son approche, on diroit qu'elle devine tout ce qui leur fait mal. Cette fille si délicate ne se rebute ni de la malpropreté ni de la mauvaise odeur, et sait faire disparoître l'une et l'autre sans mettre personne en œuvre, et sans que les malades soient tourmentés. Elle qu'on voit toujours si modeste et quelquefois si dédaigneuse, elle qui pour tout au monde n'auroit pas touché du bout du doigt le lit d'un homme, retourne et change le blessé sans aucun scrupule, et le met dans une situation plus commode pour y pouvoir rester long-temps. Le zèle de la charité vaut bien la modestie; ce qu'elle fait, elle le fait si légèrement et avec tant d'adresse, qu'il se sent soulagé sans presque s'être aperçu qu'on l'ait touché. La femme et le mari bénissent de concert l'aimable fille qui les sert, qui les plaint, qui les console. C'est un ange du ciel que Dieu leur envoie; elle en a la figure et la bonne grâce, elle en a la douceur et la bonté. Émile attendri la contemple en silence. Homme, aime ta compagne : Dieu te la donne pour te consoler dans tes peines, pour te soulager dans tes maux : voilà la femme.

On fait baptiser le nouveau-né. Les deux amans le présentent, brûlant au fond de leurs cœurs d'en donner bientôt autant à faire à d'autres. Ils aspirent au moment désiré; ils croient y toucher : tous les scrupules de Sophie sont levés, mais les miens viennent. Ils n'en sont pas encore où ils pensent : il faut que chacun ait son tour.

Un matin qu'ils ne se sont vus depuis deux jours, j'entre dans la chambre d'Émile une lettre à la main, et je lui dis en le regardant fixement : Que feriez-vous si l'on vous apprenoit que Sophie est morte? Il fait un grand cri, se lève en frappant des mains, et, sans dire un seul mot, me regarde d'un œil égaré. Répondez donc, poursuis-je avec la même tranquillité. Alors, irrité de mon sang-froid, il s'approche, les yeux enflammés de colère ; et s'arrêtant dans une attitude presque menaçante : Ce que je ferois?... je n'en sais rien ; mais ce que je sais, c'est que je ne reverrois de ma vie celui qui me l'auroit appris. Rassurez-vous, réponds-je en souriant : elle vit, elle se porte bien, elle pense à vous, et nous sommes attendus ce soir. Mais allons faire un tour de promenade, et nous causerons.

La passion dont il est préoccupé ne lui permet plus de se livrer, comme auparavant, à des entretiens purement raisonnés ; il faut l'intéresser par cette passion même à se rendre attentif à mes leçons. C'est ce que j'ai fait par ce terrible préambule ; je suis bien sûr maintenant qu'il m'écoutera.

« Il faut être heureux, cher Émile ; c'est là
» fin de tout être sensible ; c'est le premier désir
» que nous imprima la nature, et le seul qui
» ne nous quitte jamais. Mais où est le bonheur?
» Qui le sait? Chacun le cherche, et nul ne le
» trouve. On use la vie à le poursuivre, et l'on
» meurt sans l'avoir atteint. Mon jeune ami,
» quand à ta naissance je te pris dans mes bras,
» et qu'attestant l'Être suprême de l'engage-
» ment que j'osai contracter je vouai mes jours
» au bonheur des tiens, savois-je moi-même à
» quoi je m'engageois? Non : je savois seule-
» ment qu'en te rendant heureux j'étois sûr de
» l'être. En faisant pour toi cette utile recher-
» che, je la rendois commune à tous deux.

» Tant que nous ignorons ce que nous devons
» faire, la sagesse consiste à rester dans l'inac-
» tion. C'est de toutes les maximes celles dont
» l'homme a le plus grand besoin, et celle qu'il
» sait le moins suivre. Chercher le bonheur
» sans savoir où il est, c'est s'exposer à le fuir,
» c'est courir autant de risques contraires qu'il

» y a de routes pour s'égarer. Mais il n'appar-
» tient pas à tout le monde de savoir ne point
» agir. Dans l'inquiétude où nous tient l'ardeur
» du bien-être, nous aimons mieux nous trom-
» per à le poursuivre, que de ne rien faire pour
» le chercher ; et, sortis une fois de la place où
» nous pouvons le connoître, nous n'y savons
» plus revenir.

» Avec la même ignorance j'essayai d'éviter
» la même faute. En prenant soin de toi je ré-
» solus de ne pas faire un pas inutile et de
» t'empêcher d'en faire. Je me tins dans la
» route de la nature, en attendant qu'elle me
» montrât celle du bonheur. Il s'est trouvé
» qu'elle étoit la même, et qu'en n'y pensant
» pas je l'avois suivie.

» Sois mon témoin, sois mon juge, je ne te
» récuserai jamais. Tes premiers ans n'ont point
» été sacrifiés à ceux qui les devoient suivre ;
» tu as joui de tous les biens que la nature
» t'avoit donnés. Des maux auxquels elle t'as-
» sujettit, et dont j'ai pu te garantir, tu n'as
» senti que ceux qui pouvoient t'endurcir aux
» autres. Tu n'en as jamais souffert aucun que
» pour en éviter un plus grand. Tu n'as connu
» ni la haine, ni l'esclavage. Libre et content,
» tu es resté juste et bon ; car la peine et le
» vice sont inséparables, et jamais l'homme ne
» devient méchant que lorsqu'il est malheureux.
» Puisse le souvenir de ton enfance se prolon-
» ger jusqu'à tes vieux jours! Je ne crains pas
» que jamais ton bon cœur se la rappelle sans
» donner quelques bénédictions à la main qui
» la gouverna.

» Quand tu es entré dans l'âge de raison,
» je t'ai garanti de l'opinion des hommes ;
» quand ton cœur est devenu sensible, je t'ai
» préservé de l'empire des passions. Si j'avois
» pu prolonger ce calme intérieur jusqu'à la fin
» de ta vie, j'aurois mis mon ouvrage en sûreté,
» et tu serois toujours heureux autant qu'un
» homme peut l'être : mais, cher Émile, j'ai
» eu beau tremper ton âme dans le Styx, je
» n'ai pu la rendre partout invulnérable ; il
» s'élève un nouvel ennemi que tu n'as pas en-
» core appris à vaincre, et dont je n'ai pu te
» sauver. Cet ennemi, c'est toi-même. La na-
» ture et la fortune t'avoient laissé libre. Tu
» pouvois endurer la misère ; tu pouvois sup-
» porter les douleurs du corps, celles de l'âme

» t'étoient inconnues; tu ne tenois à rien qu'à la condition humaine, et maintenant tu tiens à tous les attachemens que tu t'es donnés; en apprenant à désirer tu t'es rendu l'esclave de tes désirs. Sans que rien change en toi, sans que rien t'offense, sans que rien touche à ton être, que de douleurs peuvent attaquer ton âme! que de maux tu peux sentir sans être malade! que de morts tu peux souffrir sans mourir! Un mensonge, une erreur, un doute, peut te mettre au désespoir.

» Tu voyois au théâtre les héros, livrés à des douleurs extrêmes, faire retentir la scène de leurs cris insensés, s'affliger comme des femmes, pleurer comme des enfans, et mériter ainsi les applaudissemens publics. Souviens-toi du scandale que te causoient ces lamentations, ces cris, ces plaintes, dans des hommes dont on ne devoit attendre que des actes de constance et de fermeté. Quoi! disois-tu tout indigné, ce sont là les exemples qu'on nous donne à suivre, les modèles qu'on nous offre à imiter! A-t-on peur que l'homme ne soit pas assez petit, assez malheureux, assez foible, si l'on ne vient encore encenser sa foiblesse sous la fausse image de la vertu? Mon jeune ami, sois plus indulgent désormais pour la scène: te voilà devenu l'un de ses héros.

» Tu sais souffrir et mourir; tu sais endurer la loi de la nécessité dans les maux physiques: mais tu n'as point encore imposé de loi aux appétits de ton cœur; et c'est de nos affections, bien plus que de nos besoins, que naît le trouble de notre vie. Nos désirs sont étendus, notre force est presque nulle. L'homme tient par ses vœux à mille choses, et par lui-même il ne tient à rien, pas même à sa propre vie; plus il augmente ses attachemens, plus il multiplie ses peines. Tout ne fait que passer sur la terre: tout ce que nous aimons nous échappera tôt ou tard, et nous y tenons comme s'il devoit durer éternellement. Quel effroi sur le seul soupçon de la mort de Sophie! As-tu donc compté qu'elle vivroit toujours? Ne meurt-il personne à son âge? Elle doit mourir, mon enfant, et peut-être avant toi. Qui sait si elle est vivante à présent même? la nature ne t'avoit asservi qu'à une seule mort; tu t'asservis à une seconde; te voilà dans le cas de mourir deux fois.

» Ainsi soumis à tes passions déréglées, que tu vas rester à plaindre! Toujours des privations, toujours des pertes, toujours des alarmes; tu ne jouiras pas même de ce qui te sera laissé. La crainte de tout perdre t'empêchera de rien posséder; pour n'avoir voulu suivre que tes passions, jamais tu ne les pourras satisfaire. Tu chercheras toujours le repos, il fuira toujours devant toi; tu seras misérable, et tu deviendras méchant. Et comment pourrois-tu ne pas l'être n'ayant de loi que tes désirs effrénés? Si tu ne peux supporter des privations involontaires, comment t'en imposeras-tu volontairement? comment sauras-tu sacrifier le penchant au devoir, et résister à ton cœur pour écouter ta raison? Toi qui ne veux déjà plus voir celui qui t'apprendra la mort de ta maîtresse, comment verrois-tu celui qui voudroit te l'ôter vivante, celui qui t'oseroit dire: Elle est morte pour toi, la vertu te sépare d'elle? S'il faut vivre avec elle quoi qu'il arrive, que Sophie soit mariée ou non, que tu sois libre ou ne le sois pas, qu'elle t'aime ou te haïsse, qu'on te l'accorde ou qu'on te la refuse, n'importe, tu la veux, il la faut posséder à quelque prix que ce soit. Apprends-moi donc à quel crime s'arrête celui qui n'a de lois que les vœux de son cœur, et ne sait résister à rien de ce qu'il désire.

» Mon enfant, il n'y a point de bonheur sans courage, ni de vertu sans combat. Le mot de *vertu* vient de *force;* la force est la base de toute vertu. La vertu n'appartient qu'à un être foible par sa nature, et fort par sa volonté; c'est en cela seul que consiste le mérite de l'homme juste; et quoique nous appelions Dieu bon, nous ne l'appelons pas vertueux, parce qu'il n'a pas besoin d'effort pour bien faire. Pour t'expliquer ce mot si profané, j'ai attendu que tu fusses en état de m'entendre (*).

» Tant que la vertu ne coûte rien à pratiquer, on a peu besoin de la connoître. Ce besoin vient quand les passions s'éveillent: il est déjà venu pour toi.

(*) « Il semble que le nom de la vertu presuppose de la difficulté et du contraste, et qu'elle ne peut s'exercer sans partie. C'est à l'adventure pourquoy nous nommons Dieu bon, fort et liberal et juste; mais nous ne le nommons pas vertueux Ses operations sont toutes naifves et sans effort. » MONTAIGNE, liv. II, chap. XI.

G. P.

» En t'élevant dans toute la simplicité de la
» nature, au lieu de te prêcher de pénibles de-
» voirs, je t'ai garanti des vices qui rendent
» ces devoirs pénibles ; je t'ai moins rendu le
» mensonge odieux qu'inutile ; je t'ai moins
» appris à rendre à chacun ce qui lui appar-
» tient, qu'à ne te soucier que de ce qui est à
» toi ; je t'ai fait plutôt bon que vertueux. Mais
» celui qui n'est que bon ne demeure tel qu'au-
» tant qu'il a du plaisir à l'être : la bonté se
» brise et périt sous le choc des passions hu-
» maines, l'homme qui n'est que bon n'est bon
» que pour lui. (*).

» Qu'est-ce donc que l'homme vertueux ?
» C'est celui qui sait vaincre ses affections ; car
» alors il suit sa raison, sa conscience ; il fait
» son devoir ; il se tient dans l'ordre, et rien
» ne l'en peut écarter. Jusqu'ici tu n'étois libre
» qu'en apparence ; tu n'avois que la liberté
» précaire d'un esclave à qui l'on n'a rien com-
» mandé. Maintenant sois libre en effet ; ap-
» prends à devenir ton propre maître : com-
» mande à ton cœur, ô Émile ! et tu seras
» vertueux.

» Voilà donc un autre apprentissage à faire,
» et cet apprentissage est plus pénible que le
» premier : car la nature nous délivre des maux
» qu'elle nous impose, ou nous apprend à les
» supporter ; mais elle ne nous dit rien pour
» ceux qui nous viennent de nous, elle nous
» abandonne à nous-mêmes ; elle nous laisse,
» victimes de nos passions, succomber à nos
» vaines douleurs, et nous glorifier encore des
» pleurs dont nous aurions dû rougir.

» C'est ici ta première passion. C'est la seule
» peut-être qui soit digne de toi. Si tu la sais
» régir en homme, elle sera la dernière ; tu
» subjugueras toutes les autres, et tu n'obéiras
» qu'à celle de la vertu.

» Cette passion n'est pas criminelle, je le
» sais bien ; elle est aussi pure que les âmes qui
» la ressentent. L'honnêteté la forma, l'inno-
» cence l'a nourrie. Heureux amans ! les char-
» mes de la vertu ne font qu'ajouter pour vous
» à ceux de l'amour ; et le doux lien qui vous
» attend n'est pas moins le prix de votre sa-
» gesse que celui de votre attachement. Mais

(*) Il rappelle la même pensée dans une lettre au marquis de Mirabeau, du 31 janvier 1767 ; mais elle y reçoit à la fois une modification et une exception.   G. P.

» dis-moi, homme sincère, cette passion si
» pure t'en a-t-elle moins subjugué ? t'en es-tu
» moins rendu esclave ? et si demain elle ces-
» soit d'être innocente, l'étoufferois-tu dès de-
» main ? C'est à présent le moment d'essayer
» tes forces ; il n'est plus temps quand il les
» faut employer. Ces dangereux essais doivent
» se faire loin du péril. On ne s'exerce point
» au combat devant l'ennemi ; on s'y prépare
» avant la guerre ; on s'y présente déjà tout
» préparé.

» C'est une erreur de distinguer les passions
» en permises et défendues, pour se livrer aux
» premières et se refuser aux autres. Toutes
» sont bonnes quand on en reste le maître,
» toutes sont mauvaises quand on s'y laisse as-
» sujettir. Ce qui nous est défendu par la na-
» ture, c'est d'étendre nos attachemens plus
» loin que nos forces ; ce qui nous est défendu
» par la raison, c'est de vouloir ce que nous
» ne pouvons obtenir ; ce qui nous est défendu
» par la conscience n'est pas d'être tentés, mais
» de nous laisser vaincre aux tentations. Il ne
» dépend pas de nous d'avoir ou de n'avoir pas
» des passions, mais il dépend de nous de ré-
» gner sur elles. Tous les sentimens que nous
» dominons sont légitimes, tous ceux qui nous
» dominent sont criminels. Un homme n'est
» pas coupable d'aimer la femme d'autrui, s'il
» tient cette passion malheureuse asservie à la
» loi du devoir : il est coupable d'aimer sa
» propre femme au point d'immoler tout à cet
» amour.

» N'attends pas de moi de longs préceptes
» de morale, je n'en ai qu'un seul à te donner,
» et celui-là comprend tous les autres. Sois
» homme ; retire ton cœur dans les bornes de
» ta condition. Étudie et connois ces bornes :
» quelque étroites qu'elles soient, on n'est point
» malheureux tant qu'on s'y renferme ; on ne
» l'est que quand on veut les passer ; on l'est
» quand, dans ses désirs insensés, on met au
» rang des possibles ce qui ne l'est pas ; on l'est
» quand on oublie son état d'homme pour s'en
» forger d'imaginaires, desquels on retombe
» toujours dans le sien. Les seuls biens dont la
» privation coûte sont ceux auxquels on croit
» avoir droit. L'évidente impossibilité de les
» obtenir en détache, les souhaits sans espoir
» ne tourmentent point. Un gueux n'est point

» tourmenté du désir d'être roi ; un roi ne veut
» être dieu que quand il croit n'être plus
» homme.

» Les illusions de l'orgueil sont la source de
» nos plus grands maux : mais la contempla-
» tion de la misère humaine rend le sage tou-
» jours modéré. Il se tient à sa place, il ne
» s'agite point pour en sortir ; il n'use point
» inutilement ses forces pour jouir de ce qu'il
» ne peut conserver ; et, les employant toutes
» à bien posséder ce qu'il a, il est en effet plus
» puissant et plus riche de tout ce qu'il désire
» de moins que nous. Être mortel et péris-
» sable, irai-je me former des nœuds éternels
» sur cette terre, où tout change, où tout passe,
» et dont je disparoîtrai demain? O Émile, ô
» mon fils! en te perdant, que me resteroit-il
» de moi? Et pourtant il faut que j'apprenne
» à te perdre : car qui sait quand tu me seras
» ôté?

» Veux-tu donc vivre heureux et sage, n'at-
» tache ton cœur qu'à la beauté qui ne périt
» point : que ta condition borne tes désirs, que
» tes devoirs aillent avant tes penchans : étends
» la loi de la nécessité aux choses morales :
» apprends à perdre ce qui peut t'être enlevé :
» apprends à tout quitter quand la vertu l'or-
» donne, à te mettre au-dessus des événemens,
» à détacher ton cœur sans qu'ils le déchirent,
» à être courageux dans l'adversité afin de
» n'être jamais misérable, à être ferme dans ton
» devoir afin de n'être jamais criminel. Alors
» tu seras heureux malgré la fortune, et sage
» malgré les passions. Alors tu trouveras dans
» la possession même des biens fragiles une
» volupté que rien ne pourra troubler ; tu les
» posséderas sans qu'ils te possèdent, et tu
» sentiras que l'homme, à qui tout échappe,
» ne jouit que de ce qu'il sait perdre. Tu n'au-
» ras point, il est vrai, l'illusion des plaisirs
» imaginaires; tu n'auras point aussi les dou-
» leurs qui en sont le fruit. Tu gagneras beau-
» coup à cet échange, car ces douleurs sont
» fréquentes et réelles, et ces plaisirs sont ra-
» res et vains. Vainqueur de tant d'opinions
» trompeuses, tu le seras encore de celle qui
» donne un si grand prix à la vie. Tu passeras
» la tienne sans trouble et la termineras sans
» effroi; tu t'en détacheras, comme de toutes
» choses. Que d'autres saisis d'horreur pensent,

» en la quittant, cesser d'être ; instruit de son
» néant, tu croiras commencer. La mort est la
» fin de la vie du méchant, et le commencement
» de celle du juste. »

Émile m'écoute avec une attention mêlée d'inquiétude. Il craint à ce préambule quelque conclusion sinistre. Il pressent qu'en lui montrant la nécessité d'exercer la force de l'âme je veux le soumettre à ce dur exercice; et, comme un blessé qui frémit en voyant approcher le chirurgien, il croit déjà sentir sur sa plaie la main douloureuse, mais salutaire, qui l'empêche de tomber en corruption.

Incertain, troublé, pressé de savoir où j'en veux venir, au lieu de répondre il m'interroge, mais avec crainte. Que faut-il faire? me dit-il presque en tremblant et sans oser lever les yeux. Ce qu'il faut faire, réponds-je d'un ton ferme, il faut quitter Sophie. Que dites-vous? s'écrie-t-il avec emportement : quitter Sophie! la quitter, la tromper, être un traître, un fourbe, un parjure!... Quoi! reprends-je en l'interrompant, c'est de moi qu'Emile craint d'apprendre à mériter de pareils noms? Non, continue-t-il avec la même impétuosité, ni de vous ni d'un autre; je saurai, malgré vous, conserver votre ouvrage; je saurai ne les pas mériter.

Je me suis attendu à cette première furie : je la laisse passer sans m'émouvoir. Si je n'avois pas la modération que je lui prêche, j'aurois bonne grâce à la lui prêcher! Emile me connoît trop pour me croire capable d'exiger de lui rien qui soit mal, et il sait bien qu'il feroit mal de quitter Sophie, dans le sens qu'il donne à ce mot. Il attend donc enfin que je m'explique. Alors je reprends mon discours.

« Croyez-vous, cher Emile, qu'un homme,
» en quelque situation qu'il se trouve, puisse
» être plus heureux que vous l'êtes depuis trois
» mois? Si vous le croyez, détrompez-vous.
» Avant de goûter les plaisirs de la vie, vous
» en avez épuisé le bonheur. Il n'y a rien au-
» delà de ce que vous avez senti. La félicité des
» sens est passagère; l'état habituel du cœur y
» perd toujours. Vous avez plus joui par l'espé-
» rance que vous ne jouirez jamais en réalité.
» L'imagination, qui pare ce qu'on désire, l'a-
» bandonne dans la possession. Hors le seul
» Etre existant par lui-même il n'y a rien de

» beau que ce qui n'est pas. Si cet état eût pu
» durer toujours, vous auriez trouvé le bonheur
» suprême. Mais tout ce qui tient à l'homme se
» sent de sa caducité; tout est fini, tout est pas-
» sager dans la vie humaine; et quand l'état
» qui nous rend heureux dureroit sans cesse,
» l'habitude d'en jouir nous en ôteroit le goût.
» Si rien ne change au dehors, le cœur change;
» le bonheur nous quitte, ou nous le quittons.

» Le temps que vous ne mesuriez pas s'écou-
» loit durant votre délire. L'été finit, l'hiver
» s'approche. Quand nous pourrions continuer
» nos courses dans une saison aussi rude, on
» ne le souffriroit jamais. Il faut bien, malgré
» nous, changer de manière de vivre; celle-ci
» ne peut plus durer. Je vois dans vos yeux
» impatiens que cette difficulté ne vous embar-
» rasse guère : l'aveu de Sophie et vos propres
» désirs vous suggèrent un moyen facile d'é-
» viter la neige et de n'avoir plus de voyage à
» faire pour l'aller voir. L'expédient est com-
» mode sans doute; mais le printemps venu,
» la neige fond et le mariage reste; il y faut
» penser pour toutes les saisons.

» Vous voulez épouser Sophie, et il n'y a pas
» cinq mois que vous la connoissez! Vous vou-
» lez l'épouser, non parce qu'elle vous convient,
» mais parce qu'elle vous plaît; comme si l'a-
» mour ne se trompoit jamais sur les conve-
» nances, et que ceux qui commencent par s'ai-
» mer ne finissent jamais par se haïr! Elle est
» vertueuse, je sais; mais en est-ce assez?
» suffit-il d'être honnêtes gens pour se conve-
» nir? ce n'est pas sa vertu que je mets en
» doute, c'est son caractère. Celui d'une femme
» se montre-t-il en un jour? Savez-vous en
» combien de situations il faut l'avoir vue pour
» connoître à fond son humeur? Quatre mois
» d'attachement vous répondent-ils de toute la
» vie? Peut-être deux mois d'absence vous fe-
» ront-ils oublier d'elle; peut-être un autre
» n'attend-il que votre éloignement pour vous
» effacer de son cœur; peut-être, à votre re-
» tour, la trouverez-vous aussi indifférente que
» vous l'avez trouvée sensible jusqu'à présent.
» Les sentiments ne dépendent pas des princi-
» pes; elle peut rester fort honnête et cesser de
» vous aimer. Elle sera constante et fidèle, je
» penche à le croire; mais qui vous répond d'elle
» et qui lui répond de vous tant que vous ne

» vous êtes point mis à l'épreuve? Attendrez-
» vous pour cette épreuve qu'elle vous devienne
» inutile? Attendrez-vous, pour vous connoî-
» tre, que vous ne puissiez plus vous séparer?

» Sophie n'a pas dix-huit ans, à peine en
» passez-vous vingt-deux; cet âge est celui de
» l'amour, mais non celui du mariage. Quel
» père et quel mère de famille! Eh! pour sa-
» voir élever des enfans, attendez au moins de
» cesser de l'être. Savez-vous à combien de jeu-
» nes personnes les fatigues de la grossesse sup-
» portées avant l'âge ont affoibli la constitution,
» ruiné la santé, abrégé la vie? Savez-vous
» combien d'enfans sont restés languissans et
» foibles faute d'avoir été nourris dans un corps
» assez formé? Quand la mère et l'enfant crois-
» sent à la fois, et que la substance nécessaire
» à l'accroissement de chacun des deux se par-
» tage, ni l'un ni l'autre n'a ce que lui destinoit
» la nature : comment se peut-il que tous deux
» n'en souffrent pas? Ou je connois fort mal
» Émile, ou il aimera mieux avoir plus tard une
» femme et des enfans robustes, que de con-
» tenter son impatience aux dépens de leur vie
» et de leur santé.

» Parlons de vous. En aspirant à l'état d'é-
» poux et de père, en avez-vous bien médité
» les devoirs? En devenant chef de famille vous
» allez devenir membre de l'état. Et qu'est-ce
» qu'être membre de l'état? le savez-vous? Vous
» avez étudié vos devoirs d'homme, mais ceux
» de citoyen les connoissez-vous? Savez-vous
» ce que c'est que gouvernement, lois, patrie?
» Savez-vous à quel prix il vous est permis de
» vivre, et pour qui vous devez mourir? Vous
» croyez avoir tout appris, et vous ne savez
» rien encore. Avant de prendre une place dans
» l'ordre civil, apprenez à le connoître et à sa-
» voir quel rang vous y convient.

» Émile, il faut quitter Sophie : je ne dis
» pas l'abandonner; si vous en étiez capable,
» elle seroit trop heureuse de ne vous avoir
» point épousé : il la faut quitter pour reve-
» nir digne d'elle. Ne soyez pas assez vain
» pour croire déjà la mériter. Oh! combien il
» vous reste à faire! Venez remplir cette noble
» tâche; venez apprendre à supporter l'ab-
» sence; venez gagner le prix de la fidélité,
» afin qu'à votre retour vous puissiez vous ho-
» norer de quelque chose auprès d'elle, et de-

» mander sa main, non comme une grâce,
» mais comme une récompense. »

Non encore exercé à lutter contre lui-même, non encore accoutumé à désirer une chose et à en vouloir une autre, le jeune homme ne se rend pas ; il résiste, il dispute. Pourquoi se refuseroit-il au bonheur qui l'attend ? Ne seroit-ce pas dédaigner la main qui lui est offerte que de tarder à l'accepter ? Qu'est-il besoin de s'éloigner d'elle pour s'instruire de ce qu'il doit savoir ? Et quand cela seroit nécessaire, pourquoi ne lui laisseroit-il pas, dans des nœuds indissolubles, le gage assuré de son retour ? qu'il soit son époux, et il est prêt à me suivre ; qu'ils soient unis, et il la quitte sans crainte... Vous unir pour vous quitter, cher Émile, quelle contradiction ! Il est beau qu'un amant puisse vivre sans sa maîtresse ; mais un mari ne doit jamais quitter sa femme sans nécessité. Pour guérir vos scrupules, je vois que vos délais doivent être involontaires : il faut que vous puissiez dire à Sophie que vous la quittez malgré vous. Hé bien ! soyez content ; et puisque vous n'obéissez pas à la raison, reconnoissez un autre maître. Vous n'avez pas oublié l'engagement que vous avez pris avec moi. Émile, il faut quitter Sophie ; je le veux.

A ce mot il baisse la tête, se tait, rêve un moment, et puis, me regardant avec assurance ; il me dit : Quand partons-nous ? Dans huit jours, lui dis-je ; il faut préparer Sophie à ce départ. Les femmes sont plus foibles, on leur doit des ménagemens ; et cette absence n'étant pas un devoir pour elle comme pour vous, il lui est permis de la supporter avec moins de courage.

Je ne suis que trop tenté de prolonger jusqu'à la séparation de mes jeunes gens le journal de leurs amours ; mais j'abuse depuis long-temps de l'indulgence des lecteurs ; abrégeons pour finir une fois. Émile osera-t-il porter aux pieds de sa maîtresse la même assurance qu'il vient de montrer à son ami ? Pour moi, je le crois ; c'est de la vérité même de son amour qu'il doit tirer cette assurance. Il seroit plus confus devant elle s'il lui en coûtoit moins de la quitter ; il la quitteroit en coupable, et ce rôle est toujours embarrassant pour un cœur honnête : mais plus le sacrifice lui coûte, plus il s'en honore aux yeux de celle qui le lui rend pénible. Il n'a pas peur qu'elle prenne le change sur le motif qui le détermine. Il semble lui dire à chaque regard : O Sophie ! lis dans mon cœur, et sois fidèle ; tu n'as pas un amant sans vertu.

La fière Sophie, de son côté, tâche de supporter avec dignité le coup imprévu qui la frappe. Elle s'efforce d'y paroître insensible ; mais comme elle n'a pas, ainsi qu'Émile, l'honneur du combat et de la victoire, sa fermeté se soutient moins. Elle pleure, elle gémit en dépit d'elle, et la frayeur d'être oubliée aigrit la douleur de la séparation. Ce n'est pas devant son amant qu'elle pleure, ce n'est pas à lui qu'elle montre ses frayeurs ; elle étoufferoit plutôt que de laisser échapper un soupir en sa présence : c'est moi qui reçois ses plaintes, qui vois ses larmes, qu'elle affecte de prendre pour confident. Les femmes sont adroites et savent se déguiser : plus elle murmure en secret contre ma tyrannie, plus elle est attentive à me flatter ; elle sent que son sort est dans mes mains.

Je la console, je la rassure, je lui réponds de son amant, ou plutôt de son époux : qu'elle lui garde la même fidélité qu'il aura pour elle, et dans deux ans il le sera, je le jure. Elle m'estime assez pour croire que je ne veux pas la tromper. Je suis garant de chacun des deux envers l'autre. Leurs cœurs, leur vertu, ma probité, la confiance de leurs parens, tout les rassure. Mais que sert la raison contre la foiblesse ? Ils se séparent comme s'ils ne devoient plus se voir.

C'est alors que Sophie se rappelle les regrets d'Eucharis, et se croit réellement à sa place. Ne laissons point durant l'absence réveiller ses fantasques amours. Sophie, lui dis-je un jour, faites avec Émile un échange de livres. Donnez-lui votre Télémaque, afin qu'il apprenne à lui ressembler ; et qu'il vous donne le Spectateur, dont vous aimez la lecture. Étudiez-y les devoirs des honnêtes femmes, et songez que dans deux ans ces devoirs seront les vôtres. Cet échange plaît à tous deux, et leur donne de la confiance. Enfin vient le triste jour, il faut se séparer.

Le digne père de Sophie, avec lequel j'ai tout concerté, m'embrasse en recevant mes adieux ; puis, me prenant à part, il me dit ces mots d'un ton grave et d'un accent un peu appuyé : « J'ai tout fait pour vous complaire ; je savois que je traitois avec un homme d'honneur : il ne me reste qu'un mot à vous dire. Souvenez-vous que votre élève a signé son contrat de mariage sur la bouche de ma fille. »

Quelle différence dans la contenance des deux amans ! Émile, impétueux, ardent, agité, hors de lui, pousse des cris, verse des torrens de pleurs sur les mains du père, de la mère, de la fille, embrasse en sanglotant tous les gens de la maison, et répète mille fois les mêmes choses avec un désordre qui feroit rire en toute autre occasion. Sophie, morne, pâle, l'œil éteint, le regard sombre, reste en repos, ne dit rien, ne pleure point, ne voit personne, pas même Émile. Il a beau lui prendre les mains, la presser dans ses bras ; elle reste immobile, insensible à ses pleurs, à ses caresses, à tout ce qu'il fait ; il est déjà parti pour elle. Combien cet objet est plus touchant que la plainte importune et les regrets bruyans de son amant ! Il le voit, il le sent, il en est navré : je l'entraîne avec peine : si je le laisse encore un moment, il ne voudra plus partir. Je suis charmé qu'il emporte avec lui cette triste image. Si jamais il est tenté d'oublier ce qu'il doit à Sophie, en la lui rappelant telle qu'il la vit au moment de son départ, il faudra qu'il ait le cœur bien aliéné si je ne le ramène pas à elle.

DES VOYAGES.

On demande s'il est bon que les jeunes gens voyagent, et l'on dispute beaucoup là-dessus. Si l'on proposoit autrement la question, et qu'on demandât s'il est bon que les hommes aient voyagé, peut-être ne disputeroit-on pas tant.

L'abus des livres tue la science. Croyant savoir ce qu'on a lu, on se croit dispensé de l'apprendre. Trop de lecture ne sert qu'à faire de présomptueux ignorans. De tous les siècles de littérature il n'y en a point eu où l'on lût tant que dans celui-ci, et point où l'on fût moins savant (*) : de tous les pays de l'Europe il n'y en a point où l'on imprime tant d'histoires, de relations, de voyages qu'en France, et point où l'on connoisse moins le génie et les mœurs des autres nations. Tant de livres nous font négliger le livre du monde ; ou, si nous y lisons encore, chacun s'en tient à son feuillet. Quand le mot *peut-on être Persan* me seroit inconnu, je devinerois, à l'entendre dire, qu'il vient du pays où les préjugés nationaux sont le plus en règne, et du sexe qui les propage le plus.

Un Parisien croit connoître les hommes et ne connoît que les François ; dans sa ville, toujours pleine d'étrangers, il regarde chaque étranger comme un phénomène extraordinaire qui n'a rien d'égal dans le reste de l'univers. Il faut avoir vu de près les bourgeois de cette grande ville, il faut avoir vécu chez eux pour croire qu'avec tant d'esprit on puisse être aussi stupide. Ce qu'il y a de bizarre est que chacun d'eux a lu dix fois peut-être la description du pays dont un habitant va si fort l'émerveiller (*).

C'est trop d'avoir à percer à la fois les préjugés des auteurs et les nôtres pour arriver à la vérité. J'ai passé ma vie à lire des relations de voyages, et je n'en ai jamais trouvé deux qui m'aient donné la même idée du même peuple. En comparant le peu que je pouvois observer avec ce que j'avois lu, j'ai fini par laisser là les voyageurs, et regretter le temps que j'avois donné pour m'instruire à leur lecture, bien convaincu qu'en fait d'observations de toute espèce il ne faut pas lire, il faut voir. Cela seroit vrai dans cette occasion, quand tous les voyageurs seroient sincères, qu'ils ne diroient que ce qu'ils ont vu ou ce qu'ils croient, et qu'ils ne déguiseroient la vérité que par les fausses

---

(*) « Fâcheuse suffisance qu'une suffisance purement livresque. A l'apprentissage de la philosophie, tout ce qui se presente à nos yeulx sert de livre. Ce grand monde est le mirouer où il fault regarder pour nous cognoistre de bon biais. Somme, je veux que ce soit le livre de mon escholier. » MONTAIGNE, liv. I, ch. xxv.   G. P.

(*) « L'ame y a (dans les voyages) une continuelle exercitation à remarquer les choses inconneues et nouvelles, et je ne sache point meilleure eschole à façonner la vie que de luy proposer incessamment la diversité de tant d'aultres vies, fantaisies et usances, et luy faire gouster une si perpetuelle varieté de formes de nostre nature... J'ai honte de veoir nos hommes enyvrez de cette sotte humeur de s'effaroucher des formes contraires aux leurs ; il leur semble estre hors de leur element : quand ils sont hors de leur village, où qu'ils aillent, ils se tiennent à leurs façons et abominent les estrangieres. » MONTAIGNE, liv. III, chap. IX.   G. P.

couleurs qu'elle prend à leurs yeux. Que doit-ce être quand il la faut démêler encore à travers leurs mensonges et leur mauvaise foi?

Laissons donc la ressource des livres qu'on nous vante à ceux qui sont faits pour s'en contenter. Elle est bonne, ainsi que l'art de Raimond Lulle, pour apprendre à babiller de ce qu'on ne sait point (*). Elle est bonne pour dresser des Platons de quinze ans à philosopher dans des cercles, et à instruire une compagnie des usages de l'Égypte et des Indes sur la foi de Paul Lucas ou de Tavernier.

Je tiens pour maxime incontestable que quiconque n'a vu qu'un peuple, au lieu de connoître les hommes, ne connoît que les gens avec lesquels il a vécu. Voici donc encore une autre manière de poser la même question des voyages : Suffit-il qu'un homme bien élevé ne connoisse que ses compatriotes, ou s'il lui importe de connoître les hommes en général? Il ne reste plus ici ni dispute ni doute. Voyez combien la solution d'une question difficile dépend quelquefois de la manière de la poser.

Mais, pour étudier les hommes, faut-il parcourir la terre entière? Faut-il aller au Japon observer les Européens? Pour connoître l'espèce faut-il connoître tous les individus? Non : il y a des hommes qui se ressemblent si fort, que ce n'est pas la peine de les étudier séparément. Qui a vu dix François les a tous vus. Quoiqu'on n'en puisse pas dire autant des Anglois et de quelques autres peuples, il est pourtant certain que chaque nation a son caractère propre et spécifique, qui se tire par induction, non de l'observation d'un seul de ses membres, mais de plusieurs. Celui qui a comparé dix peuples connoît les hommes, comme celui qui a vu dix François connoît les François.

Il ne suffit pas pour s'instruire de courir les pays, il faut savoir voyager. Pour observer il faut avoir des yeux, et les tourner vers l'objet qu'on veut connoître. Il y a beaucoup de gens que les voyages instruisent encore moins que les livres, parce qu'ils ignorent l'art de penser; que, dans la lecture, leur esprit est au moins guidé par l'auteur, et que, dans leurs voyages, ils ne savent rien voir d'eux-mêmes. D'autres ne s'instruisent point, parce qu'ils ne veulent pas s'instruire. Leur objet est si différent que celui-là ne les frappe guère ; c'est grand hasard si l'on voit exactement ce qu'on ne se soucie point de regarder. De tous les peuples du monde le François est celui qui voyage le plus; mais, plein de ses usages, il confond tout ce qui n'y ressemble pas. Il y a des François dans tous les coins du monde. Il n'y a point de pays où l'on trouve plus de gens qui aient voyagé qu'on en trouve en France. Avec cela pourtant, de tous les peuples de l'Europe, celui qui en voit le plus les connoît le moins. L'Anglois voyage aussi, mais d'une autre manière; il faut que ces deux peuples soient contraires en tout. La noblesse angloise voyage, la noblesse françoise ne voyage point ; le peuple françois voyage, le peuple anglois ne voyage point. Cette différence me paroît honorable au dernier. Les François ont presque toujours quelque vue d'intérêt dans leurs voyages : mais les Anglois ne vont point chercher fortune chez les autres nations, si ce n'est par le commerce et les mains pleines ; quand ils y voyagent, c'est pour y verser leur argent, non pour vivre d'industrie; ils sont trop fiers pour aller ramper hors de chez eux. Cela fait aussi qu'ils s'instruisent mieux chez l'étranger que ne le font les François, qui ont un tout autre objet en tête. Les Anglois ont pourtant aussi leurs préjugés nationaux, et ils en ont même plus que personne ; mais ces préjugés tiennent moins à l'ignorance qu'à la passion. L'Anglois a les préjugés de l'orgueil, et le François ceux de la vanité.

Comme les peuples les moins cultivés sont généralement les plus sages, ceux qui voyagent le moins voyagent le mieux ; parce qu'étant moins avancés que nous dans nos recherches frivoles, et moins occupés des objets de notre vaine curiosité, ils donnent toute leur attention à ce qui est véritablement utile. Je ne connois guère que les Espagnols qui voyagent de cette manière. Tandis qu'un François court chez les artistes d'un pays, qu'un Anglois en fait dessiner quelque antique, et qu'un Allemand porte son *album* chez tous les savans, l'Espagnol étudie en silence le gouvernement, les mœurs, la police, et il est le seul des quatre qui, de retour

---

(*) Raimond Lulle, né à Majorque en 1256, et surnommé *le Docteur illuminé*, avoit dans son temps la réputation d'un esprit universel. Il a écrit des *traités* sur toutes les sciences, dont le style et les idées sont dignes du siècle où il a vécu.
G. P.

chez lui, rapporte de ce qu'il a vu quelque remarque utile à son pays.

Les anciens voyageoient peu, lisoient peu, faisoient peu de livres; et pourtant on voit, dans ceux qui nous restent d'eux, qu'ils s'observoient mieux les uns les autres que nous n'observons nos contemporains. Sans remonter aux écrits d'Homère, le seul poète qui nous transporte dans le pays qu'il nous décrit, on ne peut refuser à Hérodote l'honneur d'avoir peint les mœurs dans son histoire, quoiqu'elle soit plus en narrations qu'en réflexions, mieux que ne font tous nos historiens en chargeant leurs livres de portraits et de caractères. Tacite a mieux décrit les Germains de son temps qu'aucun écrivain n'a décrit les Allemands d'aujourd'hui. Incontestablement ceux qui sont versés dans l'histoire ancienne connoissent mieux les Grecs, les Carthaginois, les Romains, les Gaulois, les Perses, qu'aucun peuple de nos jours ne connoît ses voisins.

Il faut avouer aussi que les caractères originaux des peuples, s'effaçant de jour en jour, deviennent en même raison plus difficiles à saisir. A mesure que les races se mêlent, et que les peuples se confondent, on voit peu à peu disparoître ces différences nationales qui frappoient jadis au premier coup d'œil. Autrefois chaque nation restoit plus renfermée en elle-même, il y avoit moins de communications, moins de voyages, moins d'intérêts communs ou contraires, moins de liaisons politiques et civiles de peuple à peuple, point tant de ces tracasseries royales appelées négociations, point d'ambassadeurs ordinaires ou résidant continuellement; les grandes navigations étoient rares; il y avoit peu de commerce éloigné; et le peu qu'il y en avoit étoit fait ou par le prince même, qui s'y servoit d'étrangers, ou par des gens méprisés, qui ne donnoient le ton à personne et ne rapprochoient point les nations. Il y a cent fois plus de liaisons maintenant entre l'Europe et l'Asie qu'il n'y en avoit jadis entre la Gaule et l'Espagne : l'Europe seule étoit plus éparse que la terre entière ne l'est aujourd'hui.

Ajoutez à cela que les anciens peuples, se regardant la plupart comme autochthones, ou originaires de leur propre pays, l'occupoient depuis assez longtemps pour avoir perdu la mémoire des siècles reculés où leurs ancêtres s'y étoient établis, et pour avoir laissé le temps au climat de faire sur eux des impressions durables; au lieu que, parmi nous, après les invasions des Romains, les récentes émigrations des barbares ont tout mêlé, tout confondu. Les François d'aujourd'hui ne sont plus ces grands corps blonds et blancs d'autrefois; les Grecs ne sont plus ces beaux hommes faits pour servir de modèle à l'art; la figure des Romains eux-mêmes a changé de caractère, ainsi que leur naturel; les Persans, originaires de Tartarie, perdent chaque jour de leur laideur primitive par le mélange du sang circassien; les Européens ne sont plus Gaulois, Germains, Ibériens, Allobroges; ils ne sont tous que des Scythes diversement dégénérés quant à la figure, et encore plus quant aux mœurs.

Voilà pourquoi les antiques distinctions des races, les qualités de l'air et du terroir, marquoient plus fortement de peuple à peuple les tempéramens, les figures, les mœurs, les caractères, que tout cela ne peut se marquer de nos jours, où l'inconstance européenne ne laisse à nulle cause naturelle le temps de faire ses impressions, et où les forêts abattues, les marais desséchés, la terre plus uniformément, quoique plus mal cultivée, ne laissent plus, même au physique, la même différence de terre à terre et de pays à pays.

Peut-être, avec de semblables réflexions, se presseroit-on moins de tourner en ridicule Hérodote, Ctésias (*), Pline, pour avoir représenté les habitans de divers pays avec des traits originaux et des différences marquées que nous ne leur voyons plus. Il faudroit retrouver les mêmes hommes pour reconnoître en eux les mêmes figures; il faudroit que rien ne les eût changés pour qu'ils fussent restés les mêmes. Si nous pouvions considérer à la fois tous les hommes qui ont été, peut-on douter que nous ne les trouvassions plus variés de siècle à siècle, qu'on ne les trouve aujourd'hui de nation à nation?

En même temps que les observations deviennent plus difficiles, elles se font plus négligem-

---

(*) Ctésias, né à Gnide vers l'an 400 avant Jésus-Christ, et attaché à la cour de Perse en qualité de médecin, avoit écrit une histoire de Perse en vingt-trois livres, et une description de l'Inde, dont il ne nous reste que des fragmens. Larcher les a traduits en françois à la suite de sa traduction d'Hérodote.

G. P.

ment et plus mal : c'est une autre raison du peu de succès de nos recherches dans l'histoire naturelle du genre humain. L'instruction qu'on retire des voyages se rapporte à l'objet qui les fait entreprendre. Quand cet objet est un système de philosophie, le voyageur ne voit jamais que ce qu'il veut voir : quand cet objet est l'intérêt, il absorbe toute l'attention de ceux qui s'y livrent. Le commerce et les arts, qui mêlent et confondent les peuples, les empêchent aussi de s'étudier. Quand ils savent le profit qu'ils peuvent faire l'un avec l'autre, qu'ont-ils de plus à savoir?

Il est utile à l'homme de connoître tous les lieux où l'on peut vivre, afin de choisir ensuite ceux où l'on peut vivre le plus commodément. Si chacun se suffisoit à lui-même, il ne lui importeroit de connoître que l'étendue du pays qui peut le nourrir. Le sauvage, qui n'a besoin de personne et ne convoite rien au monde, ne connoît et ne cherche à connoître d'autre pays que le sien. S'il est forcé de s'étendre pour subsister, il fuit les lieux habités par les hommes, il n'en veut qu'aux bêtes, et n'a besoin que d'elles pour se nourrir. Mais pour nous, à qui la vie civile est nécessaire, et qui ne pouvons plus nous passer de manger des hommes, l'intérêt de chacun de nous est de fréquenter les pays où l'on en trouve le plus. Voilà pourquoi tout afflue à Rome, à Paris, à Londres. C'est toujours dans les capitales que le sang humain se vend à meilleur marché. Ainsi l'on ne connoît que les grands peuples, et les grands peuples se ressemblent tous.

Nous avons, dit-on, des savans qui voyagent pour s'instruire, c'est une erreur; les savans voyagent par intérêt comme les autres. Les Platon, les Pythagore, ne se trouvent plus, ou s'il y en a, c'est bien loin de nous. Nos savans ne voyagent que par ordre de la cour; on les dépêche, on les défraie, on les paie pour voir tel ou tel objet, qui très-sûrement n'est pas un objet moral. Ils doivent tout leur temps à cet objet unique; ils sont trop honnêtes gens pour voler leur argent. Si, dans quelque pays que ce puisse être, des curieux voyagent à leurs dépens, ce n'est jamais pour étudier les hommes, c'est pour les instruire. Ce n'est pas de science qu'ils ont besoin, mais d'ostentation. Comment apprendroient-ils dans leurs voyages à secouer le joug de l'opinion? ils ne les font que pour elle.

Il y a bien de la différence entre voyager pour voir du pays ou pour voir des peuples. Le premier objet est toujours celui des curieux, l'autre n'est pour eux qu'accessoire. Ce doit être tout le contraire pour celui qui veut philosopher. L'enfant observe les choses en attendant qu'il puisse observer les hommes. L'homme doit commencer par observer ses semblables, et puis il observe les choses s'il en a le temps.

C'est donc mal raisonner que de conclure que les voyages sont inutiles, de ce que nous voyageons mal. Mais l'utilité des voyages reconnue, s'ensuivra-t-il qu'ils conviennent à tout le monde? Tant s'en faut; ils ne conviennent au contraire qu'à très-peu de gens; ils ne conviennent qu'aux hommes assez fermes sur eux-mêmes pour écouter les leçons de l'erreur sans se laisser séduire, et pour voir l'exemple du vice sans se laisser entraîner. Les voyages poussent le naturel vers sa pente, et achèvent de rendre l'homme bon ou mauvais. Quiconque revient de courir le monde est à son retour ce qu'il sera toute sa vie : il en revient plus de méchans que de bons, parce qu'il en part plus d'enclins au mal qu'au bien. Les jeunes gens mal élevés et mal conduits contractent dans leurs voyages tous les vices des peuples qu'ils fréquentent, et pas une des vertus dont ces vices sont mêlés : mais ceux qui sont heureusement nés, ceux dont on a bien cultivé le bon naturel et qui voyagent dans le vrai dessein de s'instruire, reviennent tous meilleurs et plus sages qu'ils n'étoient partis. Ainsi voyagera mon Émile : ainsi avoit voyagé ce jeune homme, digne d'un meilleur siècle, dont l'Europe étonnée admira le mérite, qui mourut pour son pays à la fleur des ans, mais qui méritoit de vivre, et dont la tombe, ornée de ses seules vertus, attendoit pour être honorée qu'une main étrangère y semât des fleurs (*).

(*) Le jeune homme dont il est question ici ne peut être autre que le comte de Gisors, dont il a été parlé ci-devant au livre II (page 492), jeune homme doué des plus rares qualités, et mort à vingt-sept ans, en 1758, trois jours après la bataille de Créveld, où il fut blessé à mort. Quant à ces mots, *une main étrangère*, il nous paroît évident que Rousseau se désigne ainsi lui-même, comme pour faire un reproche aux François de n'avoir pas encore, quatre ans après l'événement, honoré d'un éloge public la mémoire de ce jeune homme, si digne d'un meilleur sort. Au reste, ce tribut mérité a été payé depuis par

Tout ce qui se fait par raison doit avoir ses règles. Les voyages, pris comme une partie de l'éducation, doivent avoir les leurs. Voyager pour voyager, c'est errer, être vagabond; voyager pour s'instruire est encore un objet trop vague : l'instruction qui n'a pas un but déterminé n'est rien. Je voudrois donner au jeune homme un intérêt sensible à s'instruire, et cet intérêt bien choisi fixeroit encore la nature de l'instruction. C'est toujours la suite de la méthode que j'ai tâché de pratiquer.

Or, après s'être considéré par ses rapports physiques avec les autres êtres, par ses rapports moraux avec les autres hommes, il lui reste à se considérer par ses rapports civils avec ses concitoyens. Il faut pour cela qu'il commence par étudier la nature du gouvernement en général, les diverses formes de gouvernement, et enfin le gouvernement particulier sous lequel il est né, pour savoir s'il lui convient d'y vivre ; car, par un droit que rien ne peut abroger, chaque homme, en devenant majeur et maître de lui-même, devient maître aussi de renoncer au contrat par lequel il tient à la communauté, en quittant le pays dans lequel elle est établie. Ce n'est que par le séjour qu'il y fait après l'âge de raison qu'il est censé confirmer tacitement l'engagement qu'ont pris ses ancêtres. Il acquiert le droit de renoncer à sa patrie comme à la succession de son père : encore, le lieu de la naissance étant un don de la nature, cède-t-on du sien en y renonçant. Par le droit rigoureux, chaque homme reste libre à ses risques en quelque lieu qu'il naisse, à moins qu'il ne se soumette volontairement aux lois pour acquérir le droit d'en être protégé.

Je lui dirois donc, par exemple : Jusqu'ici vous avez vécu sous ma direction, vous étiez hors d'état de vous gouverner vous-même. Mais vous approchez de l'âge où les lois, vous laissant la disposition de votre bien, vous rendent maître de votre personne. Vous allez vous trouver seul dans la société, dépendant de tout, même de votre patrimoine. Vous avez en vue un établissement, cette vue est louable, elle est un des devoirs de l'homme ; mais, avant de vous marier, il faut savoir quel homme vous voulez être, à quoi vous voulez passer votre vie, quelles mesures vous voulez prendre pour assurer du pain à vous et votre famille ; car, bien qu'il ne faille pas faire d'un tel soin sa principale affaire, il y faut pourtant songer une fois. Voulez-vous vous engager dans la dépendance des hommes que vous méprisez ? Voulez-vous établir votre fortune et fixer votre état par des relations civiles qui vous mettront sans cesse à la discrétion d'autrui, et vous forceront, pour échapper aux fripons, de devenir fripon vous-même ?

Là-dessus je lui décrirai tous les moyens possibles de faire valoir son bien, soit dans le commerce, soit dans les charges, soit dans la finance ; et je lui montrerai qu'il n'y en a pas un qui ne lui laisse des risques à courir, qui ne le mette dans un état précaire et dépendant, et ne le force de régler ses mœurs, ses sentimens, sa conduite, sur l'exemple et les préjugés d'autrui.

Il y a, lui dirai-je, un autre moyen d'employer son temps et sa personne, c'est de se mettre au service, c'est-à-dire de se louer à très-bon compte pour aller tuer des gens qui ne nous ont point fait de mal. Ce métier est en grande estime parmi les hommes, et ils font un cas extraordinaire de ceux qui ne sont bons qu'à cela. Au surplus, loin de vous dispenser des autres ressources, il ne vous les rend que plus nécessaires; car il entre aussi dans l'honneur de cet état de ruiner ceux qui s'y dévouent. Il est vrai qu'ils ne s'y ruinent pas tous ; la mode vient même insensiblement de s'y enrichir comme dans les autres : mais je doute qu'en vous expliquant comment s'y prennent pour cela ceux qui réussissent, je vous rende curieux de les imiter.

Vous saurez encore que, dans ce métier même, il ne s'agit plus de courage ni de valeur, si ce n'est peut-être auprès des femmes ; qu'au contraire le plus rampant, le plus bas, le plus servile, est toujours le plus honoré ; que, si vous vous avisez de vouloir faire tout de bon votre métier, vous serez méprisé, haï, chassé peut-être, tout au moins accablé de passe-droits, et supplanté par tous vos camarades, pour avoir fait votre service à la tranchée tandis qu'ils faisoient le leur à la toilette.

On se doute bien que tous ces emplois divers

---

le duc de Nivernois, dont le comte de Gisors avoit épousé la fille, dans son discours de réception à l'Académie Françoise, lorsqu'il succéda à l'abbé Trublet, en 1770.   G. P

ne seront pas fort du goût d'Émile. Eh quoi! me dira-t-il, ai-je oublié les jeux de mon enfance? ai-je perdu mes bras, ma force est-elle épuisée? ne sais-je plus travailler? Que m'importe tous vos beaux emplois et toutes les sottes opinions des hommes? Je ne connois point d'autre gloire que d'être bienfaisant et juste; je ne connois point d'autre bonheur que de vivre indépendant avec ce qu'on aime, en gagnant tous les jours de l'appétit et de la santé par son travail. Tous ces embarras dont vous me parlez ne me touchent guère. Je ne veux pour tout bien qu'une petite métairie dans quelque coin du monde. Je mettrai toute mon avarice à la faire valoir, et je vivrai sans inquiétude. Sophie et mon champ, et je serai riche.

Oui, mon ami, c'est assez pour le bonheur du sage d'une femme et d'un champ qui soient à lui; mais ces trésors, bien que modestes, ne sont pas si communs que vous pensez. Le plus rare est trouvé pour vous, parlons de l'autre.

Un champ qui soit à vous, cher Émile! et dans quel lieu le choisirez-vous? En quel coin de la terre pourrez-vous dire : Je suis ici mon maître et celui du terrain qui m'appartient? On sait en quels lieux il est aisé de se faire riche, mais qui sait où l'on peut se passer de l'être? Qui sait où l'on peut vivre indépendant et libre sans avoir besoin de faire mal à personne et sans crainte d'en recevoir? Croyez-vous que le pays où il est toujours permis d'être honnête homme soit si facile à trouver? S'il est quelque moyen légitime et sûr de subsister sans intrigue, sans affaire, sans dépendance, c'est, j'en conviens, de vivre du travail de ses mains, en cultivant sa propre terre : mais où est l'état où l'on peut se dire, La terre que je foule est à moi? Avant de choisir cette heureuse terre, assurez-vous bien d'y trouver la paix que vous cherchez; gardez qu'un gouvernement violent, qu'une religion persécutante, que des mœurs perverses, ne vous y viennent troubler. Mettez-vous à l'abri des impôts sans mesure qui dévoreroient le fruit de vos peines, des procès sans fin qui consumeroient votre fonds. Faites en sorte qu'en vivant justement vous n'ayez point à faire votre cour à des intendans, à leurs substituts, à des juges, à des prêtres, à de puissans voisins, à des fripons de toute espèce, toujours prêts à vous tourmenter si vous les négligez.

Mettez-vous surtout à l'abri des vexations des grands et des riches; songez que partout leurs terres peuvent confiner à la vigne de Naboth (*). Si votre malheur veut qu'un homme en place achète ou bâtisse une maison près de votre chaumière, répondez-vous qu'il ne trouvera pas le moyen, sous quelque prétexte, d'envahir votre héritage pour s'arrondir, ou que vous ne verrez pas, dès demain peut-être, absorber toutes vos ressources dans un large grand chemin? Que si vous vous conservez du crédit pour parer à tous ces inconvéniens, autant vaut conserver aussi vos richesses, car elles ne vous coûteront pas plus à garder. La richesse et le crédit s'étayent mutuellement; l'un se soutient toujours mal sans l'autre.

J'ai plus d'expérience que vous, cher Émile; je vois mieux la difficulté de votre projet. Il est beau pourtant, il est honnête, il vous rendroit heureux en effet : efforçons-nous de l'exécuter. J'ai une proposition à vous faire : consacrons les deux ans que nous avons pris jusqu'à votre retour à choisir un asile en Europe où vous puissiez vivre heureux avec votre famille, à l'abri de tous les dangers dont je viens de vous parler. Si nous y réussissons, vous aurez trouvé le vrai bonheur vainement cherché par tant d'autres, et vous n'aurez pas regret à votre temps. Si nous ne réussissons pas, vous serez guéri d'une chimère; vous vous consolerez d'un malheur inévitable, et vous vous soumettrez à la loi de la nécessité.

Je ne sais si tous mes lecteurs apercevront jusqu'où va nous mener cette recherche ainsi proposée; mais je sais bien que si, au retour de ses voyages, commencés et continués dans cette vue, Émile n'en revient pas versé dans toutes les matières de gouvernement, de mœurs publiques et de maximes d'état de toute espèce, il faut que lui ou moi soyons bien dépourvus, l'un d'intelligence, et l'autre de jugement.

Le droit politique est encore à naître, et il est à présumer qu'il ne naîtra jamais. Grotius, le maître de tous nos savans en cette partie, n'est qu'un enfant, et, qui pis est, un enfant de mauvaise foi. Quand j'entends élever Grotius jusqu'aux nues et couvrir Hobbes d'exécration, je vois combien d'hommes sensés lisent ou com-

(*) Rois, liv. III, chap. 21.

prennent ces deux auteurs. La vérité est que leurs principes sont exactement semblables, ils ne diffèrent que par les expressions. Ils diffèrent aussi par la méthode. Hobbes s'appuie sur des sophismes, et Grotius sur des poètes : tout le reste leur est commun (*).

Le seul moderne en état de créer cette grande et inutile science eût été l'illustre Montesquieu. Mais il n'eut garde de traiter des principes du droit politique ; il se contenta de traiter du droit positif des gouvernemens établis ; et rien au monde n'est plus différent que ces deux études.

Celui pourtant qui veut juger sainement des gouvernemens tels qu'ils existent est obligé de les réunir toutes deux ; il faut savoir ce qui doit être, pour bien juger de ce qui est. La plus grande difficulté pour éclaircir ces importantes matières est d'intéresser un particulier à les discuter, de répondre à ces deux questions, Que m'importe ? et, Qu'y puis-je faire ? Nous avons mis notre Émile en état de se répondre à toutes deux.

La deuxième difficulté vient des préjugés de l'enfance, des maximes dans lesquelles on a été nourri, surtout de la partialité des auteurs, qui, parlant toujours de la vérité dont ils ne se soucient guère, ne songent qu'à leur intérêt dont ils ne parlent point. Or, le peuple ne donne ni chaires, ni pensions, ni places d'académies : qu'on juge comment ses droits doivent être établis par ces gens-là ! J'ai fait en sorte que cette difficulté fût encore nulle pour Émile. A peine sait-il ce que c'est que gouvernement ; la seule chose qui lui importe est de trouver le meilleur : son objet n'est point de faire des livres ; et si jamais il en fait, ce ne sera point pour faire sa cour aux puissances, mais pour établir les droits de l'humanité.

Il reste une troisième difficulté plus spécieuse que solide, et que je ne veux ni résoudre ni proposer : il me suffit qu'elle n'effraie point mon zèle ; bien sûr qu'en des recherches de cette espèce, de grands talens sont moins nécessaires qu'un sincère amour de la justice et un vrai respect pour la vérité. Si donc les matières de gouvernement peuvent être équitablement traitées, en voici, selon moi, le cas, ou jamais.

Avant d'observer il faut se faire des règles pour ses observations : il faut se faire une échelle pour y rapporter les mesures qu'on prend. Nos principes de droit politique sont cette échelle. Nos mesures sont les lois politiques de chaque pays.

Nos élémens seront clairs, simples, pris immédiatement dans la nature des choses. Ils se formeront des questions discutées entre nous, et que nous ne convertirons en principes que quand elles seront suffisamment résolues.

Par exemple, remontant d'abord à l'état de nature, nous examinerons si les hommes naissent esclaves ou libres, associés ou indépendans ; s'ils se réunissent volontairement ou par force ; si jamais la force qui les réunit peut former un droit permanent, par lequel cette force antérieure oblige, même quand elle est surmontée par une autre, en sorte que, depuis la force du roi Nembrot, qui, dit-on, lui soumit les premiers peuples, toutes les autres forces qui ont détruit celle-là soient devenues iniques et usurpatoires, et qu'il n'y ait plus de légitimes rois que les descendans de Nembrot ou ses ayans-cause ; ou bien si cette première force venant à cesser, la force qui lui succède oblige à son tour, et détruit l'obligation de l'autre, en sorte qu'on ne soit obligé d'obéir qu'autant qu'on y est forcé, et qu'on en soit dispensé sitôt qu'on peut faire résistance : droit qui, ce semble, n'ajouteroit pas grand'chose à la force, et ne seroit guère qu'un jeu de mots.

Nous examinerons si l'on ne peut pas dire que toute maladie vient de Dieu, et s'il s'ensuit pour cela que ce soit un crime d'appeler le médecin.

Nous examinerons encore si l'on est obligé en conscience de donner sa bourse à un bandit qui nous la demande sur un grand chemin, quand même on pourroit la lui cacher, car enfin le pistolet qu'il tient est aussi une puissance ;

Si ce mot de puissance en cette occasion veut dire autre chose qu'une puissance légitime, et par conséquent soumise aux lois dont elle tient son être.

Supposé qu'on rejette ce droit de force, et qu'on admette celui de la nature ou l'autorité

(*) Voyez, sur Hobbes et Grotius, la note au chap. 2 du V:e 1 du *Contrat social* (tome I, page 640, de cette édition).
G. P.

paternelle comme principe des sociétés, nous rechercherons la mesure de cette autorité, comment elle est fondée dans la nature, et si elle a d'autre raison que l'utilité de l'enfant, sa foiblesse, et l'amour naturel que le père a pour lui ; si donc la foiblesse de l'enfant venant à cesser, et sa raison à mûrir, il ne devient pas seul juge naturel de ce qui convient à sa conservation, par conséquent son propre maître, et indépendant de tout autre homme, même de son père ; car il est encore plus sûr que le fils s'aime lui-même, qu'il n'est sûr que le père aime le fils ;

Si, le père mort, les enfans sont tenus d'obéir à leur aîné, ou à quelque autre qui n'aura pas pour eux l'attachement naturel d'un père ; et si, de race en race, il y aura toujours un chef unique, auquel toute la famille soit tenue d'obéir. Auquel cas on chercheroit comment l'autorité pourroit jamais être partagée, et de quel droit il y auroit sur la terre entière plus d'un chef qui gouvernât le genre humain.

Supposé que les peuples se fussent formés par choix, nous distinguerons alors le droit du fait ; et nous demanderons si, s'étant ainsi soumis à leurs frères, oncles ou parens, non qu'ils y fussent obligés, mais parce qu'ils l'ont bien voulu, cette sorte de société ne rentre pas toujours dans l'association libre et volontaire.

Passant ensuite au droit d'esclavage, nous examinerons si un homme peut légitimement s'aliéner à un autre, sans restriction, sans réserve, sans aucune espèce de condition ; c'est-à-dire s'il peut renoncer à sa personne, à sa vie, à sa raison, à son *moi*, à toute moralité dans ses actions, et cesser en un mot d'exister avant sa mort, malgré la nature qui le charge immédiatement de sa propre conservation, et malgré sa conscience et sa raison qui lui prescrivent ce qu'il doit faire et ce dont il doit s'abstenir.

Que s'il y a quelque réserve, quelque restriction dans l'acte d'esclavage, nous discuterons si cet acte ne devient pas alors un vrai contrat, dans lequel chacun des deux contractans, n'ayant point en cette qualité de supérieur commun (¹), restent leurs propres juges quant aux conditions du contrat, par conséquent libres chacun dans cette partie, et maîtres de rompre sitôt qu'ils s'estiment lésés.

Que si donc un esclave ne peut s'aliéner sans réserve à son maître, comment un peuple peut-il s'aliéner sans réserve à son chef ? et si l'esclave reste juge de l'observation du contrat par son maître, comment le peuple ne restera-t-il pas juge de l'observation du contrat par son chef ?

Forcés de revenir ainsi sur nos pas, et considérant le sens de ce mot collectif de peuple, nous chercherons si pour l'établir il ne faut pas un contrat, au moins tacite, antérieur à celui que nous supposons.

Puisque avant de s'élire un roi le peuple est un peuple, qu'est-ce qui l'a fait tel sinon le contrat social ? Le contrat social est donc la base de toute société civile, et c'est dans la nature de cet acte qu'il faut chercher celle de la société qu'il forme.

Nous rechercherons quelle est la teneur de ce contrat, et si l'on ne peut pas à peu près l'énoncer par cette formule : « Chacun de nous » met en commun ses biens, sa personne, sa » vie, et toute sa puissance, sous la suprême » direction de la volonté générale, et nous re» cevons en corps chaque membre comme par» tie indivisible du tout. »

Ceci supposé, pour définir les termes dont nous avons besoin, nous remarquerons qu'au lieu de la personne particulière de chaque contractant, cet acte d'association produit un corps moral et collectif, composé d'autant de membres que l'assemblée a de voix. Cette personne publique prend en général le nom de *corps politique*, lequel est appelé par ses membres, *état* quand il est passif, *souverain* quand il est actif, *puissance* en le comparant à ses semblables. A l'égard des membres eux-mêmes, ils prennent le nom de *peuple* collectivement, et s'appellent en particulier *citoyens*, comme membres de la *cité* ou participans à l'autorité souveraine, et *sujets*, comme soumis à la même autorité.

Nous remarquerons que cet acte d'association renferme un engagement réciproque du public et des particuliers, et que chaque individu, contractant pour ainsi dire avec lui-même, se trouve engagé sous un double rapport, savoir, comme membre du souverain envers les parti-

---

(¹) S'ils en avoient un, ce supérieur commun ne seroit autre que le souverain ; et alors le droit d'esclavage, fondé sur le droit de souveraineté, n'en seroit pas le principe.

culiers, et comme membre de l'état envers le souverain.

Nous remarquerons encore que nul n'étant tenu aux engagemens qu'on n'a pris qu'avec soi, la délibération publique qui peut obliger tous les sujets envers le souverain à cause des deux différens rapports sous lesquels chacun d'eux est envisagé, ne peut obliger l'état envers lui-même. Par où l'on voit qu'il n'y a ni ne peut y avoir d'autre loi fondamentale proprement dite que le seul pacte social. Ce qui ne signifie pas que le corps politique ne puisse, à certains égards, s'engager envers autrui; car, par rapport à l'étranger, il devient alors un être simple, un individu.

Les deux parties contractantes, savoir chaque particulier et le public, n'ayant aucun supérieur commun qui puisse juger leurs différends, nous examinerons si chacun des deux reste le maître de rompre le contrat quand il lui plaît, c'est-à-dire d'y renoncer pour sa part sitôt qu'il se croit lésé.

Pour éclaircir cette question, nous observerons que, selon le pacte social, le souverain ne pouvant agir que par des volontés communes et générales, ses actes ne doivent de même avoir que des objets généraux et communs; d'où il suit qu'un particulier ne sauroit être lésé directement par le souverain qu'ils ne le soient tous; ce qui ne se peut, puisque ce seroit vouloir se faire du mal à soi-même. Ainsi le contrat social n'a jamais besoin d'autre garant que la force publique, parce que la lésion ne peut jamais venir que des particuliers; et alors ils ne sont pas pour cela libres de leur engagement, mais punis de l'avoir violé.

Pour bien décider toutes les questions semblables, nous aurons soin de nous rappeler toujours que le pacte social est d'une nature particulière, et propre à lui seul, en ce que le peuple ne contracte qu'avec lui-même, c'est-à-dire le peuple en corps comme souverain, avec les particuliers comme sujets : condition qui fait tout l'artifice et le jeu de la machine politique, et qui seule rend légitimes, raisonnables et sans danger, des engagemens qui sans cela seroient absurdes, tyranniques, et sujets aux plus énormes abus.

Les particuliers ne s'étant soumis qu'au souverain, et l'autorité souveraine n'étant autre chose que la volonté générale, nous verrons comment chaque homme, obéissant au souverain, n'obéit qu'à lui-même, et comment on est plus libre dans le pacte social que dans l'état de nature.

Après avoir fait la comparaison de la liberté naturelle avec la liberté civile quant aux personnes, nous ferons, quant aux biens, celle du droit de propriété avec le droit de souveraineté, du domaine particulier avec le domaine éminent. Si c'est sur le droit de propriété qu'est fondée l'autorité souveraine, ce droit est celui qu'elle doit le plus respecter; il est inviolable et sacré pour elle tant qu'il demeure un droit particulier et individuel : sitôt qu'il est considéré comme commun à tous les citoyens, il est soumis à la volonté générale, et cette volonté peut l'anéantir. Ainsi le souverain n'a nul droit de toucher au bien d'un particulier, ni de plusieurs; mais il peut légitimement s'emparer du bien de tous, comme cela se fit à Sparte au temps de Lycurgue; au lieu que l'abolition des dettes par Solon fut un acte illégitime.

Puisque rien n'oblige les sujets que la volonté générale, nous rechercherons comment se manifeste cette volonté, à quels signes on est sûr de la reconnoître, ce que c'est qu'une loi, et quels sont les vrais caractères de la loi. Ce sujet est tout neuf : la définition de la loi est encore à faire.

A l'instant que le peuple considère en particulier un ou plusieurs de ses membres, le peuple se divise. Il se forme entre le tout et sa partie une relation qui en fait deux êtres séparés, dont la partie est l'un, et le tout moins cette partie est l'autre. Mais le tout moins une partie n'est pas le tout; tant que ce rapport subsiste, il n'y a donc plus de tout, mais deux parties inégales.

Au contraire, quand tout le peuple statue sur tout le peuple, il ne considère que lui-même; et s'il se forme un rapport, c'est de l'objet entier sous un point de vue à l'objet entier sous un autre point de vue, sans aucune division du tout. Alors l'objet sur lequel on statue est général, et la volonté qui statue est aussi générale. Nous examinerons s'il y a quelque autre espèce d'acte qui puisse porter le nom de loi.

Si le souverain ne peut parler que par des

lois, et si la loi ne peut jamais avoir qu'un objet général et relatif également à tous les membres de l'état, il s'ensuit que le souverain n'a jamais le pouvoir de rien statuer sur un objet particulier; et, comme il importe cependant à la conservation de l'état qu'il soit aussi décidé des choses particulières, nous rechercherons comment cela se peut faire.

Les actes du souverain ne peuvent être que des actes de volonté générale, des lois; il faut ensuite des actes déterminans, des actes de force ou de gouvernement, pour l'exécution de ces mêmes lois; et ceux-ci, au contraire, ne peuvent avoir que des objets particuliers. Ainsi l'acte par lequel le souverain statue qu'on élira un chef est une loi; et l'acte par lequel on élit ce chef en exécution de la loi n'est qu'un acte de gouvernement.

Voici donc un troisième rapport sous lequel le peuple assemblé peut être considéré, savoir, comme magistrat ou exécuteur de la loi qu'il a portée comme souverain (¹).

Nous examinerons s'il est possible que le peuple se dépouille de son droit de souveraineté pour en revêtir un homme ou plusieurs; car l'acte d'élection n'étant pas une loi, et dans cet acte le peuple n'étant pas souverain lui-même, on ne voit point comment alors il peut transférer un droit qu'il n'a pas.

L'essence de la souveraineté consistant dans la volonté générale, on ne voit point non plus comment on peut s'assurer qu'une volonté particulière sera toujours d'accord avec cette volonté générale. On doit bien plutôt présumer qu'elle y sera souvent contraire; car l'intérêt privé tend toujours aux préférences, et l'intérêt public à l'égalité; et quand cet accord seroit possible, il suffiroit qu'il ne fût pas nécessaire et indestructible pour que le droit souverain n'en pût résulter.

Nous rechercherons si, sans violer le pacte social, les chefs du peuple, sous quelque nom qu'ils soient élus, peuvent jamais être autre chose que les officiers du peuple, auxquels il ordonne de faire exécuter les lois; si ces chefs ne lui doivent pas compte de leur administration, et ne sont pas soumis eux-mêmes aux lois qu'ils sont chargés de faire observer.

Si le peuple ne peut aliéner son droit suprême, peut-il le confier pour un temps? s'il ne peut se donner un maître, peut-il se donner des représentans? Cette question est importante et mérite discussion.

Si le peuple ne peut avoir ni souverain ni représentans, nous examinerons comment il peut porter ses lois lui-même; s'il doit avoir beaucoup de lois; s'il doit les changer souvent; s'il est aisé qu'un grand peuple soit son propre législateur;

Si le peuple romain n'étoit pas un grand peuple;

S'il est bon qu'il y ait de grands peuples.

Il suit des considérations précédentes qu'il y a dans l'état un corps intermédiaire entre les sujets et le souverain; et ce corps intermédiaire, formé d'un ou de plusieurs membres, est chargé de l'administration publique, de l'exécution des lois, et du maintien de la liberté civile et politique.

Les membres de ce corps s'appellent *magistrats* ou *rois*, c'est-à-dire gouverneurs. Le corps entier, considéré par les hommes qui le composent, s'appelle *prince*, et considéré par son action, il s'appelle *gouvernement*.

Si nous considérons l'action du corps entier agissant sur lui-même, c'est-à-dire le rapport du tout au tout, ou du souverain à l'état, nous pouvons comparer ce rapport à celui des extrêmes d'une proportion continue dont le gouvernement donne le moyen terme. Le magistrat reçoit du souverain les ordres qu'il donne au peuple; et, tout compensé, son produit ou sa puissance est au même degré que le produit ou la puissance des citoyens, qui sont sujets d'un côté et souverains de l'autre. On ne sauroit altérer aucun des trois termes sans rompre à l'instant la proportion. Si le souverain veut gouverner, ou si le prince veut donner des lois, ou si le sujet refuse d'obéir, le désordre succède à la règle, et l'état dissous tombe dans le despotisme ou dans l'anarchie.

(¹) Ces questions et propositions sont la plupart extraites du *Traité du Contrat social*, extrait lui-même d'un plus grand ouvrage, entrepris sans consulter mes forces, et abandonné depuis long-temps. Le petit traité que j'en ai détaché, et dont c'est ici le sommaire, sera publié à part (*).

(*) On voit par cette note que Rousseau étoit dans l'intention de faire paroitre l'*Émile* avant le *Contrat social*. Mais pendant que des difficultés sans nombre retardoient l'impression de l'*Émile*, celle du *Contrat social* avançoit; et ce dernier ouvrage fut publié deux mois avant l'*Émile*.

Supposons que l'état soit composé de dix mille citoyens. Le souverain ne peut être considéré que collectivement et en corps ; mais chaque particulier a, comme sujet, une existence individuelle et indépendante. Ainsi le souverain est au sujet comme dix mille à un ; c'est-à-dire que chaque membre de l'état n'a pour sa part que la dix-millième partie de l'autorité souveraine, quoiqu'il lui soit soumis tout entier. Que le peuple soit composé de cent mille hommes, l'état des sujets ne change pas, et chacun porte toujours tout l'empire des lois, tandis que son suffrage, réduit à un cent-millième, a dix fois moins d'influence dans leur rédaction. Ainsi le sujet restant toujours un, le rapport du souverain augmente en raison du nombre des citoyens. D'où il suit que plus l'état s'agrandit, plus la liberté diminue.

Or, moins les volontés particulières se rapportent à la volonté générale, c'est-à-dire les mœurs aux lois, plus la force réprimante doit augmenter. D'un autre côté, la grandeur de l'état donnant aux dépositaires de l'autorité publique plus de tentations et de moyens d'en abuser, plus le gouvernement a de force pour contenir le peuple, plus le souverain doit en avoir à son tour pour contenir le gouvernement.

Il suit de ce double rapport que la proportion continue entre le souverain, le prince et le peuple, n'est point une idée arbitraire, mais une conséquence de la nature de l'état. Il suit encore que l'un des extrêmes, savoir le peuple, étant fixe, toutes les fois que la raison doublée augmente ou diminue, la raison simple augmente ou diminue à son tour ; ce qui ne peut se faire sans que le moyen terme change autant de fois. D'où nous pouvons tirer cette conséquence, qu'il n'y a pas une constitution de gouvernement unique et absolue, mais qu'il doit y avoir autant de gouvernemens différens en nature qu'il y a d'états différens en grandeur.

Si plus le peuple est nombreux, moins les mœurs se rapportent aux lois, nous examinerons si, par une analogie assez évidente, on ne peut pas dire aussi que plus les magistrats sont nombreux, plus le gouvernement est foible.

Pour éclaircir cette maxime nous distinguerons dans la personne de chaque magistrat trois volontés essentiellement différentes : premièrement, la volonté propre de l'individu, qui ne tend qu'à son avantage particulier : secondement, la volonté commune des magistrats, qui se rapporte uniquement au profit du prince ; volonté qu'on peut appeler volonté de corps, laquelle est générale par rapport au gouvernement, et particulière par rapport à l'état dont le gouvernement fait partie : en troisième lieu, la volonté du peuple ou la volonté souveraine, laquelle est générale, tant par rapport à l'état considéré comme le tout, que par rapport au gouvernement considéré comme partie du tout. Dans une législation parfaite la volonté particulière et individuelle doit être presque nulle ; la volonté de corps propre au gouvernement très-subordonnée ; et par conséquent la volonté générale et souveraine est la règle de toutes les autres. Au contraire, selon l'ordre naturel, ces différentes volontés deviennent plus actives à mesure qu'elles se concentrent ; la volonté générale est toujours la plus foible, la volonté de corps a le second rang, et la volonté particulière est préférée à tout ; en sorte que chacun est premièrement soi-même, et puis magistrat, et puis citoyen : gradation directement opposée à celle qu'exige l'ordre social.

Cela posé, nous supposerons le gouvernement entre les mains d'un seul homme. Voilà la volonté particulière et la volonté de corps parfaitement réunies, et par conséquent celle-ci au plus haut degré d'intensité qu'elle puisse avoir. Or, comme c'est de ce degré que dépend l'usage de la force, et que la force absolue du gouvernement étant toujours celle du peuple ne varie point, il s'ensuit que le plus actif des gouvernemens est celui d'un seul.

Au contraire, unissons le gouvernement à l'autorité suprême, faisons le prince du souverain, et des citoyens autant de magistrats : alors la volonté de corps, parfaitement confondue avec la volonté générale, n'aura pas plus d'activité qu'elle, et laissera la volonté particulière dans toute sa force. Ainsi le gouvernement, toujours avec la même force absolue, sera dans son *minimum* d'activité.

Ces règles sont incontestables, et d'autres considérations servent à les confirmer. On voit, par exemple, que les magistrats sont plus actifs dans leur corps que le citoyen n'est dans le sien, et que par conséquent la volonté particulière y a beaucoup plus d'influence. Car chaque magistrat est presque toujours chargé de quelque fonction particulière du gouvernement; au lieu que chaque citoyen, pris à part, n'a aucune fonction de la souveraineté. D'ailleurs, plus l'état s'étend, plus la force réelle augmente, quoiqu'elle n'augmente pas en raison de son étendue; mais, l'état restant le même, les magistrats ont beau se multiplier, le gouvernement n'en acquiert pas une plus grande force réelle, parce qu'il est dépositaire de celle de l'état, que nous supposons toujours égale. Ainsi, par cette pluralité, l'activité du gouvernement diminue sans que sa force puisse augmenter.

Après avoir trouvé que le gouvernement se relâche à mesure que les magistrats se multiplient, et que, plus le peuple est nombreux, plus la force réprimante du gouvernement doit augmenter, nous conclurons que le rapport des magistrats au gouvernement doit être inverse de celui des sujets au souverain; c'est-à-dire que plus l'état s'agrandit, plus le gouvernement doit se resserrer, tellement que le nombre des chefs diminue en raison de l'augmentation du peuple.

Pour fixer ensuite cette diversité de formes sous des dénominations plus précises, nous remarquerons en premier lieu que le souverain peut commettre le dépôt du gouvernement à tout le peuple ou à la plus grande partie du peuple, en sorte qu'il y ait plus de citoyens magistrats que de citoyens simples particuliers. On donne le nom de *démocratie* à cette forme de gouvernement.

Ou bien il peut resserrer le gouvernement entre les mains d'un moindre nombre, en sorte qu'il y ait plus de simples citoyens que de magistrats; et cette forme porte le nom d'*aristocratie*.

Enfin il peut concentrer tout le gouvernement entre les mains d'un magistrat unique. Cette troisième forme est la plus commune, et s'appelle *monarchie* ou gouvernement royal.

Nous remarquerons que toutes ces formes, ou du moins les deux premières, sont susceptibles de plus et de moins, et ont même une assez grande latitude. Car la démocratie peut embrasser tout le peuple ou se resserrer jusqu'à la moitié. L'aristocratie, à son tour, peut de la moitié du peuple se resserrer indéterminément jusqu'aux plus petits nombres. La royauté même admet quelquefois un partage, soit entre le père et le fils, soit entre deux frères, soit autrement. Il y avoit toujours deux rois à Sparte, et l'on a vu dans l'empire romain jusqu'à huit empereurs à la fois, sans qu'on pût dire que l'empire fût divisé. Il y a un point où chaque forme de gouvernement se confond avec la suivante; et, sous trois dénominations spécifiques, le gouvernement est réellement capable d'autant de formes que l'état a de citoyens.

Il y a plus : chacun de ces gouvernemens pouvant à certains égards se subdiviser en diverses parties, l'une administrée d'une manière et l'autre d'une autre, il peut résulter de ces trois formes combinées une multitude de formes mixtes dont chacune est multipliable par toutes les formes simples.

On a de tout temps beaucoup disputé sur la meilleure forme de gouvernement, sans considérer que chacune est la meilleure en certains cas, et la pire en d'autres. Pour nous, si dans les différens états le nombre des magistrats (¹) doit être inverse de celui des citoyens, nous conclurons qu'en général le gouvernement démocratique convient aux petits états, l'aristocratique aux médiocres, et le monarchique aux grands.

C'est par le fil de ces recherches que nous parviendrons à savoir quels sont les devoirs et les droits des citoyens, et si l'on peut séparer les uns des autres; ce que c'est que la patrie, en quoi précisément elle consiste, et à quoi chacun peut connoître s'il a une patrie ou s'il n'en a point.

Après avoir ainsi considéré chaque espèce de société civile en elle-même, nous les comparerons pour en observer les divers rapports : les unes grandes, les autres petites; les unes fortes, les autres foibles; s'attaquant, s'offensant, s'entre-détruisant; et, dans cette action et réaction continuelle, faisant plus de misérables et coûtant la vie à plus d'hommes que s'ils avoient tous gardé leur première liberté. Nous examinerons si l'on n'en a pas fait trop ou trop peu dans l'institution sociale; si les individus soumis aux lois et aux hommes, tandis que les so-

(¹) On se souviendra que je n'entends parler ici que de magistrats suprêmes ou chefs de la nation, les autres n'étant que leurs substituts en telle ou telle partie.

ciétés gardent entre elles l'indépendance de la nature, ne restent pas exposés aux maux des deux états, sans en avoir les avantages; et s'il ne vaudroit pas mieux qu'il n'y eût point de société civile au monde que d'y en avoir plusieurs. N'est-ce pas cet état mixte qui participe à tous les deux et n'assure ni l'un ni l'autre, *per quem neutrum licet, nec tanquam in bello paratum esse, nec tanquàm in pace securum* (¹)? N'est-ce pas cette association partielle et imparfaite qui produit la tyrannie et la guerre? et la tyrannie et la guerre ne sont-elles pas les plus grands fléaux de l'humanité?

Nous examinerons enfin l'espèce de remèdes qu'on a cherchés à ces inconvéniens par les ligues et confédérations, qui, laissant chaque état son maître au-dedans, l'arment au-dehors contre tout agresseur injuste. Nous rechercherons comment on peut établir une bonne association fédérative, ce qui peut la rendre durable, et jusqu'à quel point on peut étendre le droit de la confédération, sans nuire à celui de la souveraineté.

L'abbé de Saint-Pierre avoit proposé une association de tous les états de l'Europe pour maintenir entre eux une paix perpétuelle. Cette association étoit-elle praticable? et, supposant qu'elle eût été établie, étoit-il à présumer qu'elle eût duré (²)? Ces recherches nous mènent directement à toutes les questions de droit public qui peuvent achever d'éclaircir celles du droit politique.

Enfin nous poserons les vrais principes du droit de la guerre, et nous examinerons pourquoi Grotius et les autres n'en ont donné que de faux.

Je ne serois pas étonné qu'au milieu de tous nos raisonnemens, mon jeune homme, qui a du bon sens, me dît en m'interrompant : On diroit que nous bâtissons notre édifice avec du bois, et non pas avec des hommes, tant nous alignons exactement chaque pièce à la règle! Il est vrai, mon ami; mais songez que le droit ne se plie point aux passions des hommes, et qu'il s'agissoit entre nous d'établir d'abord les vrais principes du droit politique. A présent que nos fondemens sont posés, venez examiner ce que les hommes ont bâti dessus, et vous verrez de belles choses!

Alors je lui fais lire Télémaque et poursuivre sa route; nous cherchons l'heureuse Salente, et le bon Idoménée rendu sage à force de malheurs. Chemin faisant, nous trouvons beaucoup de Protésilas, et point de Philoclès. Adraste, roi des Dauniens, n'est pas non plus introuvable (*). Mais laissons les lecteurs imaginer nos voyages, ou les faire à notre place un Télémaque à la main ; et ne leur suggérons point des applications affligeantes que l'auteur même écarte ou fait malgré lui.

Au reste, Émile n'étant pas roi, ni moi dieu, nous ne nous tourmentons point de ne pouvoir imiter Télémaque et Mentor dans le bien qu'ils faisoient aux hommes : personne ne sait mieux que nous se tenir à sa place, et ne désire moins d'en sortir. Nous savons que la même tâche est donnée à tous; que quiconque aime le bien de tout son cœur, et le fait de tout son pouvoir, l'a remplie. Nous savons que Télémaque et Mentor sont des chimères. Émile ne voyage pas en homme oisif, et fait plus de bien que s'il étoit prince. Si nous étions rois, nous ne serions plus bienfaisans. Si nous étions rois et bienfaisans, nous ferions sans le savoir mille maux réels pour un bien apparent que nous croirions faire. Si nous étions rois et sages, le premier bien que nous voudrions faire à nous-mêmes et aux autres seroit d'abdiquer la royauté et de redevenir ce que nous sommes.

J'ai dit ce qui rend les voyages infructueux à tout le monde. Ce qui les rend encore plus infructueux à la jeunesse, c'est la manière dont on les lui fait faire. Les gouverneurs, plus curieux de leur amusement que de son instruction, la mènent de ville en ville, de palais en palais, de cercle en cercle; ou, s'ils sont savans et gens de lettres, ils lui font passer son temps à courir des bibliothèques, à visiter des antiquaires, à fouiller de vieux monumens, à

(¹) Sᴇɴᴇᴄ., *de Tranq. anim.*, cap. 1

(²) Depuis que j'écrivois ceci, les raisons *pour* ont été exposées dans l'extrait de ce projet; les raisons *contre*, du moins celles qui m'ont paru solides, se trouveront dans le recueil de mes écrits, à la suite de ce même extrait.

(*) Dans l'intention de brouiller Jean-Jacques avec mylord maréchal et de lui ôter la protection de Frédéric, on avertit le premier que le second étoit désigné dans *Émile* sous le nom d'Adraste : Rousseau, loin de nier l'allusion, en convient, Voyez *Confessions*, livre xii, page 315 du tome premier.

transcrire de vieilles inscriptions. Dans chaque pays ils s'occupent d'un autre siècle; c'est comme s'ils s'occupoient d'un autre pays : en sorte qu'après avoir à grands frais parcouru l'Europe, livrés aux frivolités ou à l'ennui, ils reviennent sans avoir rien vu de ce qui peut les intéresser, ni rien appris de ce qui peut leur être utile.

Toutes les capitales se ressemblent, tous les peuples s'y mêlent, toutes les mœurs s'y confondent; ce n'est pas là qu'il faut aller étudier les nations. Paris et Londres ne sont à mes yeux que la même ville. Leurs habitans ont quelques préjugés différens, mais ils n'en ont pas moins les uns que les autres, et toutes leurs maximes pratiques sont les mêmes. On sait quelles espèces d'hommes doivent se rassembler dans les cours. On sait quelles mœurs l'entassement du peuple et l'inégalité des fortunes doit partout produire. Sitôt qu'on me parle d'une ville composée de deux cent mille âmes, je sais d'avance comment on y vit. Ce que je saurois de plus sur les lieux ne vaut pas la peine d'aller l'apprendre.

C'est dans les provinces reculées, où il y a moins de mouvement, de commerce, où les étrangers voyagent moins, dont les habitans se déplacent moins, changent moins de fortune et d'état, qu'il faut aller étudier le génie et les mœurs d'une nation. Voyez en passant la capitale, mais allez observer au loin le pays. Les François ne sont pas à Paris, ils sont en Touraine; les Anglois sont plus Anglois en Mercie qu'à Londres, et les Espagnols plus Espagnols en Galice qu'à Madrid. C'est à ces grandes distances qu'un peuple se caractérise et se montre tel qu'il est sans mélange : c'est là que les bons et les mauvais effets du gouvernement se font mieux sentir, comme au bout d'un plus grand rayon la mesure des arcs est plus exacte.

Les rapports nécessaires des mœurs au gouvernement ont été si bien exposés dans le livre de *l'Esprit des Lois,* qu'on ne peut mieux faire que de recourir à cet ouvrage pour étudier ces rapports. Mais, en général, il y a deux règles faciles et simples pour juger de la bonté relative des gouvernemens. L'une est la population. Dans tout pays qui se dépeuple, l'état tend à sa ruine; et le pays qui peuple le plus, fût-il le plus pauvre, est infailliblement le mieux gouverné ([1]).

Mais il faut pour cela que cette population soit un effet naturel du gouvernement et des mœurs; car si elle se faisoit par des colonies, ou par d'autres voies accidentelles et passagères, alors elles prouveroient le mal par le remède. Quand Auguste porta des lois contre le célibat, ces lois montroient déjà le déclin de l'empire romain. Il faut que la bonté du gouvernement porte les citoyens à se marier, et non pas que la loi les y contraigne : il ne faut pas examiner ce qui se fait par force, car la loi qui combat la constitution s'élude et devient vaine, mais ce qui se fait par l'influence des mœurs et par la pente naturelle du gouvernement, car ces moyens ont seuls un effet constant. C'étoit la politique du bon abbé de Saint-Pierre de chercher toujours un petit remède à chaque mal particulier, au lieu de remonter à leur source commune, et de voir qu'on ne les pouvoit guérir que tous à la fois. Il ne s'agit pas de traiter séparément chaque ulcère qui vient sur le corps d'un malade, mais d'épurer la masse du sang qui les produit tous. On dit qu'il y a des prix en Angleterre pour l'agriculture; je n'en veux pas davantage : cela seul me prouve qu'elle n'y brillera pas longtemps.

La seconde marque de la bonté relative du gouvernement et des lois se tire aussi de la population, mais d'une autre manière, c'est-à-dire de sa distribution, et non pas de sa quantité. Deux états égaux en grandeur et en nombre d'hommes peuvent être fort inégaux en force; et le plus puissant des deux est toujours celui dont les habitans sont le plus également répandus sur le territoire : celui qui n'a pas de si grandes villes, et qui par conséquent brille le moins, battra toujours l'autre. Ce sont les grandes villes qui épuisent un état et font sa foiblesse : la richesse qu'elles produisent est une richesse apparente et illusoire; c'est beaucoup d'argent et peu d'effet. On dit que la ville de Paris vaut une province au roi de France; moi je crois qu'elle lui en coûte plusieurs; que c'est à plus d'un égard que Paris est nourri par les provinces, et que la plu-

([1]) Je ne sache qu'une seule exception à cette règle, c'est la Chine.

part de leurs revenus se versent dans cette ville et y restent, sans jamais retourner au peuple ni au roi. Il est inconcevable que, dans ce siècle de calculateurs, il n'y en ait pas un qui sache voir que la France seroit beaucoup plus puissante si Paris étoit anéanti. Non-seulement le peuple mal distribué n'est pas avantageux à l'état, mais il est plus ruineux que la dépopulation même, en ce que la dépopulation ne donne qu'un produit nul, et que la consommation mal entendue donne un produit négatif. Quand j'entends un François et un Anglois, tout fiers de la grandeur de leurs capitales, disputer entre eux lequel de Paris ou de Londres contient le plus d'habitans, c'est pour moi comme s'ils disputoient ensemble lequel des deux peuples a l'honneur d'être le plus mal gouverné.

Étudiez un peuple hors de ses villes, ce n'est qu'ainsi que vous le connoîtrez. Ce n'est rien de voir la forme apparente d'un gouvernement, fardée par l'appareil de l'administration et par le jargon des administrateurs, si l'on n'en étudie aussi la nature par les effets qu'il produit sur le peuple, et dans tous les degrés, de l'administration. La différence de la forme au fond se trouvant partagée entre tous ces degrés, ce n'est qu'en les embrassant tous qu'on connoît cette différence. Dans tel pays c'est par les manœuvres des subdélégués qu'on commence à sentir l'esprit du ministère; dans tel autre il faut voir élire les membres du parlement pour juger s'il est vrai que la nation soit libre : dans quelque pays que ce soit il est impossible que qui n'a vu que les villes connoisse le gouvernement, attendu que l'esprit n'en est jamais le même pour la ville et pour la campagne. Or, c'est la campagne qui fait le pays, et c'est le peuple de la campagne qui fait la nation.

Cette étude des divers peuples dans leurs provinces reculées, et dans la simplicité de leur génie originel, donne une observation générale bien favorable à mon épigraphe, et bien consolante pour le cœur humain ; c'est que toutes les nations, ainsi observées, paroissent en valoir beaucoup mieux ; plus elles se rapprochent de la nature, plus la bonté domine dans leur caractère : ce n'est qu'en se renfermant dans les villes, ce n'est qu'en s'altérant à force de culture, qu'elles se dépravent, et qu'elles changent en vices agréables et pernicieux quelques défauts plus grossiers que malfaisans.

De cette observation résulte un nouvel avantage dans la manière de voyager que je propose, en ce que les jeunes gens, séjournant peu dans les grandes villes où règne une horrible corruption, sont moins exposés à la contracter, et conservent parmi les hommes plus simples, et dans des sociétés moins nombreuses, un jugement plus sûr, un goût plus sain, des mœurs plus honnêtes. Mais, au reste, cette contagion n'est guère à craindre pour mon Émile ; il a tout ce qu'il faut pour s'en garantir. Parmi toutes les précautions que j'ai prises pour cela, je compte pour beaucoup l'attachement qu'il a dans le cœur.

On ne sait plus ce que peut le véritable amour sur les inclinations des jeunes gens, parce que ne le connoissant pas mieux qu'eux, ceux qui les gouvernent les en détournent. Il faut pourtant qu'un jeune homme aime ou qu'il soit débauché. Il est aisé d'en imposer par les apparences. On me citera mille jeunes gens qui, dit-on, vivent fort chastement sans amour ; mais qu'on me cite un homme fait, un véritable homme qui dise avoir ainsi passé sa jeunesse, et qui soit de bonne foi. Dans toutes les vertus, dans tous les devoirs, on ne cherche que l'apparence ; moi, je cherche la réalité, et je suis trompé s'il y a, pour y parvenir, d'autres moyens que ceux que je donne.

L'idée de rendre Émile amoureux avant de le faire voyager n'est pas de mon invention. Voici le trait qui me l'a suggérée.

J'étois à Venise en visite chez le gouverneur d'un jeune Anglois. C'étoit en hiver, nous étions autour du feu. Le gouverneur reçoit ses lettres de la poste. Il les lit, et puis en lit une tout haut à son élève. Elle étoit en anglois : je n'y compris rien ; mais, durant la lecture, je vis le jeune homme déchirer de très-belles manchettes de point qu'il portoit, et les jeter au feu l'une après l'autre, le plus doucement qu'il put, afin qu'on ne s'en aperçût pas. Surpris de ce caprice, je le regarde au visage, et crois y voir de l'émotion ; mais les signes extérieurs des passions, quoique assez semblables chez tous les hommes, ont des différences nationales sur lesquelles il est facile de se tromper. Les peuples ont divers langages sur le visage, aussi bien que dans la bouche. J'attends la fin de la lecture, et puis montrant au gouverneur les poignets nus de son élève, qu'il cachoit pourtant de son mieux, je lui dis : Peut-on savoir ce que cela signifie?

Le gouverneur, voyant ce qui s'étoit passé, se mit à rire, embrassa son élève d'un air de satisfaction ; et après avoir obtenu son consentement, il me donna l'explication que je souhaitois.

Les manchettes, me dit-il, que M. John vient de déchirer sont un présent qu'une dame de cette ville lui a fait il n'y a pas long-temps. Or, vous saurez que M. John est promis dans son pays à une jeune demoiselle pour laquelle il a beaucoup d'amour, et qui en mérite encore davantage. Cette lettre est de la mère de sa maîtresse, et je vais vous en traduire l'endroit qui a causé le dégât dont vous avez été le témoin.

« Lucy ne quitte point les manchettes de
» lord John. Miss Betty Roldham vint hier
» passer l'après-midi avec elle et voulut à toute
» force travailler à son ouvrage. Sachant que
» Lucy s'étoit levée aujourd'hui plus tôt qu'à
» l'ordinaire, j'ai voulu voir ce qu'elle faisoit,
» et je l'ai trouvée occupée à défaire tout ce
» qu'avoit fait hier miss Betty. Elle ne veut pas
» qu'il y ait dans son présent un seul point
» d'une autre main que la sienne.

M. John sortit un moment après pour prendre d'autres manchettes, et je dis à son gouverneur : Vous avez un élève d'un excellent naturel ; mais parlez-moi vrai, la lettre de la mère de miss Lucy n'est-elle point arrangée ? N'est-ce point un expédient de votre façon contre la dame aux manchettes ? Non, me dit-il, la chose est réelle ; je n'ai pas mis tant d'art à mes soins ; j'y ai mis de la simplicité, du zèle, et Dieu a béni mon travail.

Le trait de ce jeune homme n'est point sorti de ma mémoire ; il n'étoit pas propre à ne rien produire dans la tête d'un rêveur comme moi.

Il est temps de finir. Ramenons lord John à miss Lucy, c'est-à-dire, Émile à Sophie. Il lui rapporte avec un cœur non moins tendre qu'avant son départ un esprit plus éclairé, et il rapporte dans son pays l'avantage d'avoir connu les gouvernemens par tous leurs vices, et les peuples par toutes leurs vertus. J'ai même pris soin qu'il se liât dans chaque nation avec quelque homme de mérite par un traité d'hospitalité à la manière des anciens, et je ne serai pas fâché qu'il cultive ces connaissances par un commerce de lettres. Outre qu'il peut être utile et qu'il est toujours agréable d'avoir des correspondances dans les pays éloignés, c'est une excellente précaution contre l'empire des préjugés nationaux, qui, nous attaquant toute la vie, ont tôt ou tard quelque prise sur nous. Rien n'est plus propre à leur ôter cette prise que le commerce désintéressé de gens sensés qu'on estime, lesquels, n'ayant point ces préjugés et les combattant par les leurs, nous donnent les moyens d'opposer sans cesse les uns aux autres, et de nous garantir ainsi de tous. Ce n'est point la même chose de commercer avec les étrangers chez nous ou chez eux. Dans le premier cas, ils ont toujours pour le pays où ils vivent un ménagement qui leur fait déguiser ce qu'ils en pensent, ou qui leur en fait penser favorablement tandis qu'ils y sont : de retour chez eux, ils en rabattent, et ne sont que justes. Je serois bien aise que l'étranger que je consulte eût vu mon pays, mais je ne lui en demanderai son avis que dans le sien.

Après avoir presque employé deux ans à parcourir quelques-uns des grands états de l'Europe et beaucoup plus des petits ; après en avoir appris les deux ou trois principales langues ; après y avoir vu ce qu'il y a de vraiment curieux, soit en histoire naturelle, soit en gouvernement, soit en arts, soit en hommes, Émile, dévoré d'impatience, m'avertit que notre terme approche. Alors je lui dis : Hé bien ! mon ami, vous vous souvenez du principal objet de nos voyages ; vous avez vu, vous avez observé : quel est enfin le résultat de vos observations ? A quoi vous fixez-vous ? Ou je me suis trompé dans ma méthode, ou il doit me répondre à peu près ainsi :

« A quoi je me fixe ? à rester tel que vous
» m'avez fait être, et à n'ajouter volontaire-
» ment aucune autre chaîne à celle dont me
» chargent la nature et les lois. Plus j'examine

» l'ouvrage des hommes dans leurs institutions,
» plus je vois qu'à force de vouloir être indé-
» pendans ils se font esclaves, et qu'ils usent
» leur liberté même en vains efforts pour l'as-
» surer. Pour ne pas céder au torrent des cho-
» ses, ils se font mille attachemens; puis, sitôt
» qu'ils veulent faire un pas, ils ne peuvent, et
» sont étonnés de tenir à tout. Il me semble
» que pour se rendre libre on n'a rien à faire;
» il suffit de ne pas vouloir cesser de l'être.
» C'est vous, ô mon maître! qui m'avez fait li-
» bre en m'apprenant à céder à la nécessité.
» Qu'elle vienne quand il lui plaît, je m'y laisse
» entraîner sans contrainte; et, comme je ne
» veux pas la combattre, je ne m'attache à rien
» pour me retenir. J'ai cherché dans mes voya-
» ges si je trouverais quelque coin de terre où
» je pusse être absolument mien; mais en quel
» lieu parmi les hommes ne dépend-on plus de
» leurs passions? Tout bien examiné, j'ai trou-
» vé que mon souhait même étoit contradic-
» toire; car, dussé-je ne tenir nulle autre
» chose, je tiendrois au moins à la terre où je
» me serois fixé; ma vie seroit attachée à cette
» terre comme celle des dryades l'étoit à leurs
» arbres; j'ai trouvé qu'empire et liberté étant
» deux mots incompatibles, je ne pouvois être
» maître d'une chaumière qu'en cessant de l'ê-
» tre de moi.

Hoc erat in votis, modus agri non itá magnus (*).

» Je me souviens que mes biens furent la
» cause de nos recherches. Vous prouviez très-
» solidement que je ne pouvois garder à la fois
» ma richesse et ma liberté: mais quand vous
» vouliez que je fusse à la fois libre et sans be-
» soins, vous vouliez deux choses incompati-
» bles; car je ne saurois me tirer de la dépen-
» dance des hommes qu'en rentrant sous celle
» de la nature. Que ferai-je donc avec la for-
» tune que mes parens m'ont laissée? Je com-
» mencerai par n'en point dépendre; je relâ-
» cherai tous les liens qui m'y attachent: si on
» me la laisse, elle me restera; si on me l'ôte,
» on ne m'entraînera point avec elle. Je ne me
» tourmenterai point pour la retenir, mais je
» resterai ferme à ma place. Riche ou pauvre,
» je serai libre. Je ne le serai point seulement
» en tel pays, en telle contrée; je le serai par

(*) HORAT., lib. II, sat. 6, v. 1.   G. P.

» toute la terre. Pour moi toutes les chaînes de
» l'opinion sont brisées, je ne connois que celles
» de la nécessité. J'appris à les porter dès ma
» naissance, et je les porterai jusqu'à la mort,
» car je suis homme; et pourquoi ne saurois-je
» pas les porter étant libre, puisque étant es-
» clave il les faudroit bien porter encore, et
» celle de l'esclavage pour surcroît?

» Que m'importe ma condition sur la terre?
» que m'importe où que je sois? Partout où il
» y a des hommes, je suis chez mes frères; par-
» tout où il n'y en a pas, je suis chez moi. Tant
» que je pourrai rester indépendant et riche,
» j'ai du bien pour vivre, et je vivrai. Quand
» mon bien m'assujettira, je l'abandonnerai
» sans peine; j'ai des bras pour travailler, et je
» vivrai. Quand mes bras me manqueront, je
» vivrai si l'on me nourrit, je mourrai si l'on
» m'abandonne: je mourrai bien aussi quoi-
» qu'on ne m'abandonne pas; car la mort n'est
» pas une peine de la pauvreté, mais une loi
» de la nature. Dans quelque temps que la
» mort vienne, je la défie, elle ne me surpren-
» dra jamais faisant des préparatifs pour vivre;
» elle ne m'empêchera jamais d'avoir vécu.

» Voilà, mon père, à quoi je me fixe. Si j'é-
» tois sans passions, je serois, dans mon état
» d'homme, indépendant comme Dieu même,
» puisque ne voulant que ce qui est, je n'aurois
» jamais à lutter contre la destinée. Au moins,
» je n'ai qu'une chaîne, c'est la seule que je por-
» terai jamais, et je puis m'en glorifier. Venez
» donc, donnez-moi Sophie, et je suis libre. »

— « Cher Émile, je suis bien aise d'entendre
» sortir de ta bouche des discours d'homme,
» et d'en voir les sentimens dans ton cœur. Ce
» désintéressement outré ne me déplaît pas à
» ton âge. Il diminuera quand tu auras des en-
» fans, et tu seras alors précisément ce que
» doit être un bon père de famille et un homme
» sage. Avant tes voyages je savois quel en se-
» roit l'effet; je savois qu'en regardant de près
» nos institutions tu serois bien éloigné d'y
» prendre la confiance qu'elles ne méritent pas.
» C'est en vain qu'on aspire à la liberté sous la
» sauvegarde des lois. Des lois! où est-ce qu'il
» y en a? et où est-ce qu'elles sont respectées?
» Partout tu n'as vu régner sous ce nom que
» l'intérêt particulier et les passions des hom-
» mes. Mais les lois éternelles de la nature et

» de l'ordre existent. Elles tiennent lieu de loi
» positive au sage; elles sont écrites au fond de
» son cœur par la conscience et par la raison;
» c'est à celles-là qu'il doit s'asservir pour être
» libre; il n'y a d'esclave que celui qui fait mal;
» car il le fait toujours malgré lui. La liberté
» n'est dans aucune forme de gouvernement,
» elle est dans le cœur de l'homme libre, il la
» porte partout avec lui. L'homme vil porte
» partout la servitude. L'un seroit esclave à
» Genève, et l'autre libre à Paris.

» Si je te parlois des devoirs du citoyen, tu
» me demanderois peut-être où est la patrie,
» et tu croirois m'avoir confondu. Tu te trom-
» perois pourtant, cher Émile; car qui n'a pas
» une patrie a du moins un pays. Il y a toujours
» un gouvernement et des simulacres de lois
» sous lesquels il a vécu tranquille. Que le con-
» trat social n'ait point été observé, qu'importe
» si l'intérêt particulier l'a protégé comme au-
» roit fait la volonté générale, si la violence pu-
» blique l'a garanti des violences particulières,
» si le mal qu'il a vu faire lui a fait aimer ce
» qui étoit bien, et si nos institutions mêmes
» lui ont fait connoître et haïr leurs propres
» iniquités? O Émile! où est l'homme de bien
» qui ne doit rien à son pays? Quel qu'il soit,
» il lui doit ce qu'il y a de plus précieux pour
» l'homme, la moralité de ses actions et l'a-
» mour de la vertu. Né dans le fond d'un bois,
» il eût vécu plus heureux et plus libre; mais
» n'ayant rien à combattre pour suivre ses
» penchans, il eût été bon sans mérite, il n'eût
» point été vertueux, et maintenant il sait l'être
» malgré ses passions. La seule apparence de
» l'ordre le porte à le connoître, à l'aimer. Le
» bien public, qui ne sert que de prétexte aux
» autres, est pour lui seul un motif réel. Il ap-
» prend à se combattre, à se vaincre, à sacri-
» fier son intérêt à l'intérêt commun. Il n'est
» pas vrai qu'il ne tire aucun profit des lois;
» elles lui donnent le courage d'être juste,
» même parmi les méchans. Il n'est pas vrai
» qu'elles ne l'ont pas rendu libre, elles lui ont
» appris à régner sur lui.

» Ne dis donc pas, Que m'importe où que je
» sois? Il t'importe d'être où tu peux remplir
» tous tes devoirs; et l'un de ces devoirs est
» l'attachement pour le lieu de ta naissance.
» Tes compatriotes te protégèrent enfant, tu

» dois les aimer étant homme. Tu dois vivre
» au milieu d'eux, ou du moins en lieu d'où tu
» puisses leur être utile autant que tu peux l'ê-
» tre, et où ils sachent où te prendre si jamais
» ils ont besoin de toi. Il y a telle circonstance
» où un homme peut être plus utile à ses con-
» citoyens hors de sa patrie que s'il vivoit dans
» son sein. Alors il doit n'écouter que son zèle
» et supporter son exil sans murmure; cet exil
» même est un de ses devoirs. Mais toi, bon
» Émile, à qui rien n'impose ces douloureux
» sacrifices, toi qui n'as pas pris le triste emploi
» de dire la vérité aux hommes, va vivre au
» milieu d'eux, cultive leur amitié dans un doux
» commerce; sois leur bienfaiteur, leur mo-
» dèle: ton exemple leur servira plus que tous
» nos livres, et le bien qu'ils te verront faire les
» touchera plus que tous nos vains discours.

» Je ne t'exhorte pas pour cela d'aller vivre
» dans les grandes villes; au contraire, un des
» exemples que les bons doivent donner aux
» autres est celui de la vie patriarcale et cham-
» pêtre, la première vie de l'homme, la plus
» paisible, la plus naturelle et la plus douce à
» qui n'a pas le cœur corrompu. Heureux, mon
» jeune ami, le pays où l'on n'a pas besoin d'al-
» ler chercher la paix dans un désert! Mais où
» est ce pays? Un homme bienfaisant satisfait
» mal son penchant au milieu des villes, où il
» ne trouve presque à exercer son zèle que pour
» des intrigans ou pour des fripons. L'accueil
» qu'on y fait aux fainéans qui viennent y cher-
» cher fortune ne fait qu'achever de dévaster
» le pays, qu'au contraire il faudroit repeupler
» aux dépens des villes. Tous les hommes qui
» se retirent de la grande société sont utiles
» précisément parce qu'ils s'en retirent, puis-
» que tous ses vices lui viennent d'être trop
» nombreuse. Ils sont encore utiles lorsqu'ils
» peuvent ramener dans les lieux déserts la
» vie, la culture et l'amour de leur premier
» état. Je m'attendris en songeant combien, de
» leur simple retraite, Émile et Sophie peuvent
» répandre de bienfaits autour d'eux, combien
» ils peuvent vivifier la campagne et ranimer le
» zèle éteint de l'infortuné villageois. Je crois
» voir le peuple se multiplier, les champs se
» fertiliser, la terre prendre une nouvelle pa-
» rure, la multitude et l'abondance transfor-
» mer les travaux en fêtes, les cris de joie et

» les bénédictions s'élever du milieu des jeux
» rustiques autour du couple aimable qui les
» a ranimés. On traite l'âge d'or de chimère, et
» c'en sera toujours une pour quiconque a le
» cœur et le goût gâtés. Il n'est pas même vrai
» qu'on le regrette, puisque ces regrets sont
» toujours vains. Que faudroit-il donc pour le
» faire renaître? Une seule chose, mais impos-
» sible, ce seroit de l'aimer.

» Il semble déjà renaître autour de l'habi-
» tation de Sophie; vous ne ferez qu'achever
» ensemble ce que ses dignes parens ont com-
» mencé. Mais, cher Émile, qu'une vie si douce
» ne te dégoûte pas des devoirs pénibles, si
» jamais ils te sont imposés : souviens-toi que
» les Romains passoient de la charrue au con-
» sulat. Si le prince ou l'état t'appelle au ser-
» vice de la patrie, quitte tout pour aller
» remplir dans le poste qu'on t'assigne l'ho-
» norable fonction de citoyen. Si cette fonc-
» tion t'est onéreuse, il est un moyen honnête
» et sûr de s'en affranchir, c'est de la remplir
» avec assez d'intégrité pour qu'elle ne te
» soit pas long-temps laissée. Au reste, crains
» peu l'embarras d'une pareille charge; tant
» qu'il y aura des hommes de ce siècle, ce n'est
» pas toi qu'on viendra chercher pour servir
» l'état. »

Que ne m'est-il permis de peindre le retour d'Émile auprès de Sophie, et la fin de leurs amours, ou plutôt le commencement de l'amour conjugal qui les unit! amour fondé sur l'estime qui dure autant que la vie; sur les vertus qui ne s'effacent point avec la beauté; sur les convenances des caractères qui rendent le commerce aimable, et prolongent dans la vieillesse le charme de la première union. Mais tous ces détails pourroient plaire sans être utiles; et jusqu'ici je ne me suis permis de détails agréables que ceux dont j'ai cru voir l'utilité. Quitterois-je cette règle à la fin de ma tâche? Non; je sens aussi bien que ma plume est lassée. Trop foible pour des travaux de si longue haleine, j'abandonnerois celui-ci s'il étoit moins avancé : pour ne pas le laisser imparfait, il est temps que j'achève.

Enfin je vois naître le plus charmant des jours d'Émile et le plus heureux des miens; je vois couronner mes soins, et je commence d'en goûter le fruit. Le digne couple s'unit d'une chaîne indissoluble, leur bouche prononce et leur cœur confirme des sermens qui ne seront point vains : ils sont époux. En revenant du temple ils se laissent conduire; ils ne savent où ils sont, où ils vont, ce qu'on fait autour d'eux. Ils n'entendent point, ils ne répondent que des mots confus, leurs yeux troublés ne voient plus rien. O délire! ô foiblesse humaine! le sentiment du bonheur écrase l'homme, il n'est pas assez fort pour le supporter.

Il y a bien peu de gens qui sachent, un jour de mariage, prendre un ton convenable avec les nouveaux époux. La morne décence des uns et le propos léger des autres me semblent également déplacés. J'aimerois mieux qu'on laissât ces jeunes cœurs se replier sur euxmêmes et se livrer à une agitation qui n'est pas sans charme, que de les en distraire si cruellement pour les attrister par une fausse bienséance, ou pour les embarrasser par de mauvaises plaisanteries, qui, dussent-elles leur plaire en tout autre temps, leur sont très-sûrement importunes en pareil jour.

Je vois mes deux jeunes gens, dans la douce langueur qui les trouble, n'écouter aucun des discours qu'on leur tient. Moi, qui veux qu'on jouisse de tous les jours de la vie, leur en laisserai-je perdre un si précieux? Non, je veux qu'ils le goûtent, qu'ils le savourent, qu'il ait pour eux ses voluptés. Je les arrache à la foule indiscrète qui les accable, et, les menant promener à l'écart, je les rappelle à eux-mêmes en leur parlant d'eux. Ce n'est pas seulement à leurs oreilles que je veux parler, c'est à leurs cœurs; et je n'ignore pas quel est le sujet unique dont ils peuvent s'occuper ce jour-là.

Mes enfans, leur dis-je en les prenant tous deux par la main, il y a trois ans que j'ai vu naître cette flamme vive et pure qui fait votre bonheur aujourd'hui. Elle n'a fait qu'augmenter sans cesse; je vois dans vos yeux qu'elle est à son dernier degré de véhémence; elle ne peut plus que s'affoiblir. Lecteurs, ne voyezvous pas les transports, les emportemens, les sermens d'Émile, l'air dédaigneux dont Sophie dégage sa main de la mienne, et les tendres protestations que leurs yeux se font mutuellement de s'adorer jusqu'au dernier soupir? Je les laisse faire et puis je reprends.

J'ai souvent pensé que si l'on pouvoit prolonger le bonheur de l'amour dans le mariage, on auroit le paradis sur la terre. Cela ne s'est jamais vu jusqu'ici. Mais si la chose n'est pas tout-à-fait impossible, vous êtes bien dignes l'un et l'autre de donner un exemple que vous n'aurez reçu de personne, et que peu d'époux sauront imiter. Voulez-vous, mes enfans, que je vous dise un moyen que j'imagine pour cela, et que je crois être le seul possible.

Ils se regardent en souriant et se moquant de ma simplicité. Émile me remercie nettement de ma recette, en disant qu'il croit que Sophie en a une meilleure, et que quant à lui celle-là lui suffit. Sophie approuve, et paroît tout aussi confiante. Cependant à travers son air de raillerie je crois démêler un peu de curiosité. J'examine Émile; ses yeux ardens dévorent les charmes de son épouse; c'est la seule chose dont il soit curieux, et tous mes propos ne l'embarrassent guère. Je souris à mon tour en disant en moi-même, Je saurai bientôt te rendre attentif.

La différence presque imperceptible de ces mouvemens secrets en marque une bien caractéristique dans les deux sexes, et bien contraire aux préjugés reçus; c'est que généralement les hommes sont moins constans que les femmes, et se rebutent plus tôt qu'elles de l'amour heureux. La femme pressent de loin l'inconstance de l'homme, et s'en inquiète (¹); c'est ce qui la rend aussi plus jalouse. Quand il commence à s'attiédir, forcée à lui rendre pour le garder tous les soins qu'il prit autrefois pour lui plaire, elle pleure, elle s'humilie à son tour, et rarement avec le même succès. L'attachement et les soins gagnent les cœurs, mais ils ne les recouvrent guère. Je reviens à ma recette contre le refroidissement de l'amour dans le mariage.

Elle est simple et facile, reprends-je; c'est de continuer d'être amans quand on est époux. En effet, dit Émile en riant du secret, elle ne nous sera pas pénible.

(¹) En France les femmes se détachent les premières; et cela doit être, parce que ayant peu de tempérament, et ne voulant que des hommages, quand un mari n'en rend plus, on se soucie peu de sa personne. Dans les autres pays, au contraire, c'est le mari qui se détache le premier; cela doit être encore, parce que les femmes, fidèles mais indiscrètes, en les importunant de leurs désirs, les dégoûtent d'elles. Ces vérités générales peuvent souffrir beaucoup d'exceptions; *mais je crois maintenant que ce sont des vérités générales.*

Plus pénible à vous qui parlez que vous ne pensez peut-être. Laissez-moi, je vous prie, le temps de m'expliquer.

Les nœuds qu'on veut trop serrer rompent. Voilà ce qui arrive à celui du mariage quand on veut lui donner plus de force qu'il n'en doit avoir. La fidélité qu'il impose aux deux époux est le plus saint de tous les droits; mais le pouvoir qu'il donne à chacun des deux sur l'autre est trop. La contrainte et l'amour vont mal ensemble, et le plaisir ne se commande pas. Ne rougissez point, ô Sophie! et ne songez pas à fuir. A Dieu ne plaise que je veuille offenser votre modestie! mais il s'agit du destin de vos jours. Pour un si grand objet souffrez, entre un époux et un père, des discours que vous ne supporteriez pas ailleurs.

Ce n'est pas tant la possession que l'assujettissement qui rassasie, et l'on garde pour une fille entretenue un bien plus long attachement que pour une femme. Comment a-t-on pu faire un devoir des plus tendres caresses, et un droit des plus doux témoignages de l'amour? C'est le désir mutuel qui fait le droit, la nature n'en connoît point d'autre. La loi peut restreindre ce droit, mais elle ne sauroit l'étendre. La volupté est si douce par elle-même! doit-elle recevoir de la triste gêne la force qu'elle n'aura pu tirer de ses propres attraits? Non, mes enfans, dans le mariage les cœurs sont liés, mais les corps ne sont point asservis. Vous vous devez la fidélité, non la complaisance. Chacun des deux ne peut être qu'à l'autre, mais nul des deux ne doit être à l'autre qu'autant qu'il lui plaît.

S'il est donc vrai, cher Émile, que vous vouliez être l'amant de votre femme, qu'elle soit toujours votre maîtresse et la sienne; soyez amant heureux, mais respectueux; obtenez tout de l'amour sans rien exiger du devoir, et que les moindres faveurs ne soient jamais pour vous des droits, mais des grâces. Je sais que la pudeur fuit les aveux formels et demande d'être vaincue; mais, avec de la délicatesse et du véritable amour, l'amant se trompe-t-il sur la volonté secrète? Ignore-t-il quand le cœur et les yeux accordent ce que la bouche feint de refuser? Que chacun des deux, toujours maître de sa personne et de ses caresses, ait droit de ne les dispenser à l'autre qu'à sa propre volonté. Souvenez-vous toujours que, même dans le mariage, le plaisir n'est légitime que quand le désir est partagé. Ne craignez pas, mes enfans, que cette loi vous tienne éloignés; au contraire, elle vous rendra tous deux plus attentifs à vous plaire, et préviendra la satiété. Bornés uniquement l'un à l'autre, la nature et l'amour vous rapprocheront assez.

A ces propos et d'autres semblables, Émile se fâche, se récrie; Sophie, honteuse, tient son éventail sur ses yeux, et ne dit rien. Le plus mécontent des deux, peut-être, n'est pas celui qui se plaint le plus. J'insiste impitoyablement : je fais rougir Émile de son peu de délicatesse; je me rends caution pour Sophie qu'elle accepte pour sa part le traité. Je la provoque à parler, on se doute bien qu'elle n'ose me démentir. Émile, inquiet, consulte les yeux de sa jeune épouse; il les voit, à travers leur embarras, pleins d'un trouble voluptueux qui le rassure contre le risque de la confiance. Il se jette à ses pieds, baise avec transport la main qu'elle lui tend, et jure que, hors la fidélité promise, il renonce à tout autre droit sur elle. Sois, lui dit-il, chère épouse, l'arbitre de mes plaisirs comme tu l'es de mes jours et de ma destinée. Dût ta cruauté me coûter la vie, je te rends mes droits les plus chers. Je ne veux rien devoir à ta complaisance, je veux tout tenir de ton cœur.

Bon Émile, rassure-toi : Sophie est trop généreuse elle-même pour te laisser mourir victime de ta générosité.

Le soir, prêt à les quitter, je leur dis du ton le plus grave qu'il m'est possible : Souvenez-vous tous deux que vous êtes libres, et qu'il n'est pas ici question des devoirs d'époux; croyez-moi, point de fausse déférence. Émile, veux-tu venir? Sophie le permet. Émile, en fureur, voudra me battre. Et vous, Sophie, qu'en dites-vous? faut-il que je l'emmène? La menteuse, en rougissant, dira qu'oui. Charmant et doux mensonge, qui vaut mieux que la vérité!

Le lendemain.... L'image de la félicité ne flatte plus les hommes; la corruption du vice n'a pas moins dépravé leur goût que leurs cœurs. Ils ne savent plus sentir ce qui est touchant ni voir ce qui est aimable. Vous qui, pour peindre la volupté, n'imaginez jamais que d'heureux amans nageant dans le sein des délices, que vos tableaux sont encore imparfaits! vous n'en avez que la moitié la plus grossière; les plus doux attraits de la volupté n'y sont point. O qui de vous n'a jamais vu deux jeunes époux, unis sous d'heureux auspices, sortant du lit nuptial, et portant à la fois dans leurs regards languissans et chastes l'ivresse des doux plaisirs qu'ils viennent de goûter, l'aimable sécurité de l'innocence, et la certitude alors si charmante de couler ensemble le reste de leurs jours? Voilà l'objet le plus ravissant qui puisse être offert au cœur de l'homme; voilà le vrai tableau de la volupté : vous l'avez vu cent fois sans le reconnaître; vos cœurs endurcis ne sont plus faits pour l'aimer. Sophie, heureuse et paisible, passe le jour dans les bras de sa tendre mère; c'est un repos bien doux à prendre après avoir passé la nuit dans ceux d'un époux.

Le surlendemain j'aperçois déjà quelque changement de scène. Émile veut paroître un peu mécontent : mais, à travers cette affectation, je remarque un empressement si tendre, et même tant de soumission, que je n'en augure rien de bien fâcheux. Pour Sophie, elle est plus gaie que la veille, je vois briller dans ses yeux un air satisfait; elle est charmante avec Émile; elle lui fait presque des agaceries dont il n'est que plus dépité.

Ces changemens sont peu sensibles, mais ils ne m'échappent pas : je m'en inquiète, j'interroge Émile en particulier; j'apprends qu'à son grand regret, et malgré toutes ses instances, il a fallu faire lit à part la nuit précédente. L'impérieuse s'est hâtée d'user de son droit. On a un éclaircissement : Émile se plaint amèrement, Sophie plaisante; mais enfin, le voyant prêt à se fâcher tout de bon, elle lui jette un regard plein de douceur et d'amour, et, me serrant la main, ne prononce que ce seul mot, mais d'un ton qui va chercher l'âme, *L'ingrat!* Émile est si bête qu'il n'entend rien à cela. Moi je l'entends; j'écarte Émile, et je prends à son tour Sophie en particulier.

Je vois, lui dis-je, la raison de ce caprice. On ne sauroit avoir plus de délicatesse ni l'employer plus mal à propos. Chère Sophie, rassurez-vous; c'est un homme que je vous ai donné, ne craignez pas de le prendre pour tel : vous avez eu les prémices de sa jeunesse; il ne l'a prodiguée à personne, il la conservera long-temps pour vous.

« Il faut, ma chère enfant, que je vous ex-
» plique mes vues dans la conversation que nous
» eûmes tous trois avant-hier. Vous n'y avez
» peut-être aperçu qu'un art de ménager vos
» plaisirs pour les rendre durables. O Sophie!
» elle eut un autre objet plus digne de mes
» soins. En devenant votre époux, Émile est
» devenu votre chef; c'est à vous d'obéir, ainsi
» l'a voulu la nature. Quand la femme ressem-
» ble à Sophie, il est pourtant bon que l'homme
» soit conduit par elle; c'est encore une loi de
» la nature; et c'est pour vous rendre autant
» d'autorité sur son cœur que son sexe lui en
» donne sur votre personne, que je vous ai faite
» l'arbitre de ses plaisirs. Il vous en coûtera des
» privations pénibles; mais vous régnerez sur
» lui si vous savez régner sur vous; et ce qui
» s'est déjà passé me montre que cet art diffi-
» cile n'est pas au-dessus de votre courage.
» Vous régnerez long-temps par l'amour, si
» vous rendez vos faveurs rares et précieuses,
» si vous savez les faire valoir. Voulez-vous
» voir votre mari sans cesse à vos pieds, tenez-
» le toujours à quelque distance de votre per-
» sonne. Mais, dans votre sévérité, mettez de
» la modestie, et non du caprice; qu'il vous
» voie réservée, et non pas fantasque : gardez
» qu'en ménageant son amour vous ne le fas-
» siez douter du vôtre. Faites-vous chérir par
» vos faveurs et respecter par vos refus; qu'il
» honore la chasteté de sa femme sans avoir à
» se plaindre de sa froideur.

» C'est ainsi, mon enfant, qu'il vous don-
» nera sa confiance, qu'il écoutera vos avis,
» qu'il vous consultera dans ses affaires, et ne
» résoudra rien sans en délibérer avec vous.
» C'est ainsi que vous pouvez le rappeler à la
» sagesse quand il s'égare, le ramener par une
» douce persuasion, vous rendre aimable pour
» vous rendre utile, employer la coquetterie
» aux intérêts de la vertu, et l'amour au profit
» de la raison.

» Ne croyez pas avec tout cela que cet art
» même puisse vous servir toujours. Quelque
» précaution qu'on puisse prendre, la jouis-
» sance use les plaisirs, et l'amour avant tous
» les autres. Mais, quand l'amour a duré long-
» temps, une douce habitude en remplit le vide,

» et l'attrait de la confiance succède aux trans-
» ports de la passion. Les enfans forment entre
» ceux qui leur ont donné l'être une liaison non
» moins douce et souvent plus forte que l'a-
» mour même. Quand vous cesserez d'être la
» maîtresse d'Émile, vous serez sa femme et
» son amie; vous serez la mère de ses enfans.
» Alors, au lieu de votre première réserve, éta-
» blissez entre vous la plus grande intimité;
» plus de lit à part, plus de refus, plus de caprice.
» Devenez tellement sa moitié, qu'il ne puisse
» plus se passer de vous, et que, sitôt qu'il vous
» quitte, il se sente loin de lui-même. Vous qui
» fîtes si bien régner les charmes de la vie do-
» mestique dans la maison paternelle, faites-les
» régner ainsi dans la vôtre. Tout homme qui
» se plaît dans sa maison aime sa femme.
» Souvenez-vous que si votre époux vit heu-
» reux chez lui, vous serez une femme heu-
« reuse.

» Quant à présent, ne soyez pas si sévère à
» votre amant; il a mérité plus de complai-
» sance; il s'offenseroit de vos alarmes; ne
» ménagez plus si fort sa santé aux dépens de
» son bonheur, et jouissez du vôtre. Il ne faut
» point attendre le dégoût ni rebuter le désir;
» il ne faut point refuser pour refuser, mais
» pour faire valoir ce qu'on accorde. »

Ensuite, les réunissant, je dis devant elle à son jeune époux : Il faut bien supporter le joug qu'on s'est imposé. Méritez qu'il vous soit rendu léger. Surtout sacrifiez aux grâces, et n'imaginez pas vous rendre plus aimable en boudant. La paix n'est pas difficile à faire, et chacun se doute aisément des conditions. Le traité se signe par un baiser; après quoi je dis à mon élève : Cher Émile, un homme a besoin toute sa vie de conseil et de guide. J'ai fait de mon mieux pour remplir jusqu'à présent ce devoir envers vous; ici finit ma longue tâche et commence celle d'un autre. J'abdique aujourd'hui l'autorité que vous m'avez confiée, et voici désormais votre gouverneur.

Peu à peu le premier délire se calme, et leur laisse goûter en paix les charmes de leur nouvel état. Heureux amans! dignes époux! pour honorer leurs vertus, pour peindre leur félicité, il faudroit faire l'histoire de leur vie. Combien de fois, contemplant en eux mon ouvrage, je me sens saisi d'un ravissement qui fait palpiter mon cœur! combien de fois je joins leurs mains dans les miennes en bénissant la Providence et poussant d'ardens soupirs! que de baisers j'applique sur ces deux mains qui se serrent! de combien de larmes de joie ils me les sentent arroser! Ils s'attendrissent à leur tour en partageant mes transports. Leurs respectables parens jouissent encore une fois de leur jeunesse dans celle de leurs enfans; ils recommencent pour ainsi dire de vivre en eux, ou plutôt ils connoissent pour la première fois le prix de la vie : ils maudissent leurs anciennes richesses qui les empêchèrent au même âge de goûter un sort si charmant. S'il y a du bonheur sur la terre, c'est dans l'asile où nous vivons qu'il faut le chercher.

Au bout de quelques mois, Émile entre un matin dans ma chambre, et me dit en m'embrassant : Mon maître, félicitez votre enfant; il espère avoir bientôt l'honneur d'être père. O quels soins vont être imposés à notre zèle, et que nous allons avoir besoin de vous! A Dieu ne plaise que je vous laisse encore élever le fils après avoir élevé le père! A Dieu ne plaise qu'un devoir si saint et si doux soit jamais rempli par un autre que moi, dussé-je aussi bien choisir pour lui qu'on a choisi pour moi-même! Mais restez le maître des jeunes maîtres. Conseillez-nous, gouvernez-nous, nous serons dociles : tant que je vivrai, j'aurai besoin de vous. J'en ai plus besoin que jamais, maintenant que mes fonctions d'homme commencent. Vous avez rempli les vôtres : guidez-moi pour vous imiter; et reposez-vous, il en est temps.

ÉMILE ET SOPHIE,

ou

LES SOLITAIRES.

PREMIÈRE LETTRE.

J'étois libre, j'étois heureux, ô mon maître! vous m'aviez fait un cœur propre à goûter le bonheur, et vous m'aviez donné Sophie; aux délices de l'amour, aux épanchemens de l'amitié, une famille naissante ajoutoit les charmes de la tendresse paternelle, tout m'annonçoit une vie agréable, tout me promettoit une douce vieillesse, et une mort paisible dans les bras de mes enfans. Hélas! qu'est devenu ce temps heureux de jouissance et d'espérance, où l'avenir embellissoit le présent, où mon cœur, ivre de sa joie, s'abreuvoit chaque jour d'un siècle de félicité? Tout s'est évanoui comme un songe: jeune encore, j'ai tout perdu, femme, enfans, amis, tout enfin, jusqu'au commerce de mes semblables. Mon cœur a été déchiré par tous ses attachemens; il ne tient plus qu'au moindre de tous, au tiède amour d'une vie sans plaisirs, mais exempte de remords. Si je survis long-temps à mes pertes, mon sort est de vieillir et de mourir seul, sans jamais revoir un visage d'homme, et la seule Providence me fermera les yeux.

En cet état, qui peut m'engager encore à prendre soin de cette triste vie que j'ai si peu de raisons d'aimer? Des souvenirs, et la consolation d'être dans l'ordre en ce monde en m'y soumettant sans murmure aux décrets éternels. Je suis mort dans tout ce qui m'étoit cher; j'attends sans impatience et sans crainte que ce qui reste de moi rejoigne ce que j'ai perdu.

Mais vous, mon cher maître, vivez-vous? êtes-vous mortel encore sur cette terre d'exil avec votre Émile, ou si déjà vous habitez avec Sophie la patrie des âmes justes? Hélas! où que vous soyez vous êtes mort pour moi, mes yeux ne vous verront plus, mais mon cœur s'occupera de vous sans cesse. Jamais je n'ai mieux connu le prix de vos soins qu'après que la dure nécessité m'a si cruellement fait sentir ses coups et m'a tout ôté excepté moi. Je suis seul, j'ai tout perdu; mais je me reste, et le désespoir ne m'a point anéanti. Ces papiers ne vous parviendront pas, je ne puis l'espérer; sans doute ils périront sans avoir été vus d'aucun homme: mais n'importe, ils sont écrits, je les rassemble, je les lie, je les continue, et c'est à vous que je les adresse: c'est à vous que je veux tracer ces précieux souvenirs qui nourrissent et navrent mon cœur; c'est à vous que je veux rendre compte de moi, de mes sentimens, de ma conduite, de ce cœur que vous m'avez donné. Je dirai tout, le bien, le mal, mes douleurs, mes plaisirs, mes fautes; mais je crois n'avoir rien à dire qui puisse déshonorer votre ouvrage.

Mon bonheur a été précoce; il commença dès ma naissance, il devoit finir avant ma mort. Tous les jours de mon enfance ont été des jours fortunés, passés dans la liberté, dans la joie ainsi que dans l'innocence; je n'appris jamais à distinguer mes instructions de mes plaisirs. Tous les hommes se rappellent avec attendrissement les jeux de leur enfance; mais je suis le seul peut-être qui ne mêle point à ces doux souvenirs ceux des pleurs qu'on lui fit verser. Hélas! si je fusse mort enfant, j'aurois déjà joui de la vie et n'en aurois pas connu les regrets!

Je devins jeune homme et ne cessai point

d'être heureux. Dans l'âge des passions je formois ma raison par mes sens ; ce qui sert à tromper les autres fut pour moi le chemin de la vérité. J'appris à juger sainement des choses qui m'environnoient et de l'intérêt que j'y devois prendre ; j'en jugeois sur des principes vrais et simples ; l'autorité, l'opinion, n'altéroient point mes jugemens. Pour découvrir les rapports des choses entre elles, j'étudiois les rapports de chacune d'elles à moi : par deux termes connus j'apprenois à trouver le troisième : pour connoître l'univers par tout ce qui pouvoit m'intéresser, il me suffit de me connoître ; ma place assignée, tout fut trouvé.

J'appris ainsi que la première sagesse est de vouloir ce qui est, et de régler son cœur sur sa destinée. Voilà tout ce qui dépend de nous, me disiez-vous ; tout le reste est de nécessité. Celui qui lutte le plus contre son sort est le moins sage et toujours le plus malheureux ; ce qu'il peut changer à sa situation le soulage moins que le trouble intérieur qu'il se donne pour cela ne le tourmente. Il réussit rarement, et ne gagne rien à réussir. Mais quel être sensible peut vivre toujours sans passions, sans attachemens ? Ce n'est pas un homme ; c'est une brute, ou c'est un dieu. Ne pouvant donc me garantir de toutes les affections qui nous lient aux choses, vous m'apprîtes du moins à les choisir, à n'ouvrir mon âme qu'aux plus nobles, à ne l'attacher qu'aux plus dignes objets qui sont mes semblables, à étendre pour ainsi dire le moi humain sur toute l'humanité, et à me préserver ainsi des viles passions qui le concentrent.

Quand mes sens éveillés par l'âge me demandèrent une compagne, vous épurâtes leur feu par les sentimens ; c'est par l'imagination qui les anime que j'appris à les subjuguer. J'aimois Sophie avant même que de la connoître ; cet amour préservoit mon cœur des pièges du vice ; il y portoit le goût des choses belles et honnêtes ; il y gravoit en traits ineffaçables les saintes lois de la vertu. Quand je vis enfin ce digne objet de mon culte, quand je sentis l'empire de ses charmes, tout ce qui peut entrer de doux, de ravissant dans une âme, pénétra la mienne d'un sentiment exquis que rien ne peut exprimer. Jours chéris de mes premières amours, jours délicieux, que ne pouvez-vous recommencer sans cesse, et remplir désormais tout mon être ! je ne voudrois point d'autre éternité.

Vains regrets ! souhaits inutiles ! Tout est disparu, tout est disparu sans retour... Après tant d'ardens soupirs j'en obtins le prix ; tous mes vœux furent comblés. Époux et toujours amant, je trouvai dans la tranquille possession un bonheur d'une autre espèce, mais non moins vrai que dans le délire des désirs. Mon maître, vous croyez avoir connu cette fille enchanteresse. O combien vous vous trompez ! Vous avez connu ma maîtresse, ma femme, mais vous n'avez pas connu Sophie. Ses charmes de toute espèce étoient inépuisables, chaque instant sembloit les renouveler, et le dernier jour de sa vie m'en montra que je n'avois pas connus.

Déjà père de deux enfans, je partageois mon temps entre une épouse adorée et les chers fruits de sa tendresse ; vous m'aidiez à préparer à mon fils une éducation semblable à la mienne ; et ma fille, sous les yeux de sa mère, eût appris à lui ressembler. Toutes mes affaires se bornoient au soin du patrimoine de Sophie : j'avois oublié ma fortune pour jouir de ma félicité. Trompeuse félicité ! trois fois j'ai senti ton inconstance. Ton terme n'est qu'un point, et lorsqu'on est au comble il faut bientôt décliner. Étoit-ce par vous, père cruel, que devoit commencer ce déclin ? Par quelle fatalité pûtes-vous quitter cette vie paisible que nous menions ensemble ? comment mes empressemens vous rebutèrent-ils de moi ? Vous vous complaisiez dans votre ouvrage ; je le voyois, je le sentois, j'en étois sûr. Vous paroissiez heureux de mon bonheur ; les tendres caresses de Sophie sembloient flatter votre cœur paternel ; vous nous aimiez, vous vous plaisiez avec nous, et vous nous quittâtes ! Sans votre retraite je serois heureux encore ; mon fils vivroit peut-être, ou d'autres mains n'auroient point fermé ses yeux. Sa mère, vertueuse et chérie, vivroit elle-même dans les bras de son époux. Retraite funeste qui m'a livré sans retour aux horreurs de mon sort ! Non, jamais sous vos yeux le crime et ses peines n'eussent approché de ma famille ; en l'abandonnant vous m'avez fait plus de maux que vous ne m'aviez fait de biens en toute ma vie.

Bientôt le ciel cessa de bénir une maison que

vous n'habitiez plus. Les maux, les afflictions se succédoient sans relâche. En peu de mois nous perdîmes le père, la mère de Sophie, et enfin sa fille, sa charmante fille qu'elle avoit tant désirée, qu'elle idolâtroit, qu'elle vouloit suivre. A ce dernier coup sa constance ébranlée acheva de l'abandonner. Jusqu'à ce temps, contente et paisible dans sa solitude, elle avoit ignoré les amertumes de la vie, elle n'avoit point armé contre les coups du sort cette âme sensible et facile à s'affecter. Elle sentit ces pertes comme on sent ses premiers malheurs : aussi ne furent-elles que les commencemens des nôtres. Rien ne pouvoit tarir ses pleurs : la mort de sa fille lui fit sentir plus vivement celle de sa mère ; elle appeloit sans cesse l'une ou l'autre en gémissant ; elle faisoit retentir de leurs noms et de ses regrets tous les lieux où jadis elle avoit reçu leurs innocentes caresses ; tous les objets qui les lui rappeloient aigrissoient ses douleurs. Je résolus de l'éloigner de ces tristes lieux. J'avois dans la capitale ce qu'on appelle des affaires, et qui n'en avoient jamais été pour moi jusque alors : je lui proposai d'y suivre une amie qu'elle s'étoit faite au voisinage, et qui étoit obligée de s'y rendre avec son mari. Elle y consentit, pour ne point se séparer de moi, ne pénétrant pas mon motif. Son affliction lui étoit trop chère pour chercher à la calmer. Partager ses regrets, pleurer avec elle, étoit la seule consolation qu'on pût lui donner.

En approchant de la capitale, je me sentis frappé d'une impression funeste que je n'avois jamais éprouvée auparavant. Les plus tristes pressentimens s'élevoient dans mon sein : tout ce que j'avois vu, tout ce que vous m'aviez dit des grandes villes, me faisoit trembler sur le séjour de celle-ci. Je m'effrayois d'exposer une union si pure à tant de dangers qui pouvoient l'altérer. Je frémissois, en regardant la triste Sophie, de songer que j'entraînois moi-même tant de vertus et de charmes dans ce gouffre de préjugés et de vices où vont se perdre de toutes parts l'innocence et le bonheur.

Cependant, sûr d'elle et de moi, je méprisois cet avis de la prudence, que je prenois pour un vain pressentiment ; en m'en laissant tourmenter je le traitois de chimère. Hélas ! je n'imaginois pas le voir si tôt et si cruellement justifié. Je ne songeois guère que je n'allois pas chercher le péril dans la capitale, mais qu'il m'y suivoit.

Comment vous parler des deux ans que nous passâmes dans cette fatale ville, et de l'effet cruel que fit sur mon âme et sur mon sort ce séjour empoisonné ? Vous avez trop su ces tristes catastrophes, dont le souvenir, effacé dans des jours plus heureux, vient aujourd'hui redoubler mes regrets en me ramenant à leur source. Quel changement produisit en moi ma complaisance pour des liaisons trop aimables que l'habitude commençoit à tourner en amitié ! Comment l'exemple et l'imitation, contre lesquels vous aviez si bien armé mon cœur, l'amenèrent-ils insensiblement à ces goûts frivoles que, plus jeune, j'avois su dédaigner ? Qu'il est différent de voir les choses distrait par d'autres objets, ou seulement occupé de ceux qui nous frappent ! Ce n'étoit plus le temps où mon imagination échauffée ne cherchoit que Sophie et rebutoit tout ce qui n'étoit pas elle. Je ne la cherchois plus, je la possédois, et son charme embellissoit alors autant les objets qu'il les avoit défigurés dans ma première jeunesse. Mais bientôt ces mêmes objets affoiblirent mes goûts en les partageant. Uusé peu à peu sur tous ces amusemens frivoles, mon cœur perdoit insensiblement son premier ressort et devenoit incapable de chaleur et de force : j'errois avec inquiétude d'un plaisir à l'autre ; je cherchois tout et je m'ennuyois de tout ; je ne me plaisois qu'où je n'étois pas, et m'étourdissois pour m'amuser. Je sentois une révolution dont je ne voulois point me convaincre ; je ne me laissois pas le temps de rentrer en moi, crainte de ne m'y plus retrouver. Tous mes attachemens s'étoient relâchés, toutes mes affections s'étoient attiédies : j'avois mis un jargon de sentiment et de morale à la place de la réalité. J'étois un homme galant sans tendresse, un stoïcien sans vertus, un sage occupé de folies ; je n'avois plus de votre Émile que le nom et quelques discours. Ma franchise, ma liberté, mes plaisirs, mes devoirs, vous, mon fils, Sophie elle-même, tout ce qui jadis animoit, élevoit mon esprit et faisoit la plénitude de mon existence, en se détachant peu à peu de moi, sembloit m'en détacher moi-même, et ne laissoit plus dans mon âme affaissée qu'un sentiment importun de vide et d'anéantissement. Enfin je n'aimois plus, ou croyois ne plus aimer. Ce feu terrible, qui paroissoit presque éteint, couvoit sous la cendre pour éclater bientôt avec plus de fureur que jamais.

Changement cent fois plus inconcevable ! Comment celle qui faisoit la gloire et le bonheur de ma vie en fit-elle la honte et le désespoir? Comment décrirois-je un si déplorable égarement? Non, jamais ce détail affreux ne sortira de ma plume ni de ma bouche ; il est trop injurieux à la mémoire de la plus digne des femmes, trop accablant, trop horrible à mon souvenir, trop décourageant pour la vertu; j'en mourrois cent fois avant qu'il fût achevé. Morale du monde, piéges du vice et de l'exemple, trahisons d'une fausse amitié, inconstance et foiblesse humaine, qui de nous est à votre épreuve? Ah ! si Sophie a souillé sa vertu, quelle femme osera compter sur la sienne? Mais de quelle trempe unique dut être une âme qui put revenir de si loin à tout ce qu'elle fut auparavant !

C'est de vos enfans régénérés que j'ai à vous parler. Tous leurs égaremens vous ont été connus : je n'en dirai que ce qui tient à leur retour à eux-mêmes et sert à lier les événemens.

Sophie consolée, ou plutôt distraite par son amie et par les sociétés où elle l'entraînoit, n'avoit plus ce goût décidé pour la vie privée et pour la retraite : elle avoit oublié ses pertes et presque ce qui lui étoit resté. Son fils, en grandissant, alloit devenir moins dépendant d'elle, et déjà la mère apprenoit à s'en passer. Moi-même je n'étois plus son Émile, je n'étois que son mari; et le mari d'une honnête femme, dans les grandes villes, est un homme avec qui l'on garde en public toutes sortes de bonnes manières, mais qu'on ne voit point en particulier. Long-temps nos coteries furent les mêmes. Elles changèrent insensiblement. Chacun des deux pensoit à se mettre à son aise loin de la personne qui avoit droit d'inspection sur lui. Nous n'étions plus un, nous étions deux : le ton du monde nous avoit divisés, et nos cœurs ne se rapprochoient plus ; il n'y avoit que nos voisins de campagne et amis de ville qui nous réunissent quelquefois. La femme, après m'avoir fait souvent des agaceries auxquelles je ne résistois pas toujours sans peine, se rebuta, et s'attachant tout-à-fait à Sophie en devint inséparable. Le mari vivoit fort lié avec son épouse, et par conséquent avec la mienne. Leur conduite extérieure étoit régulière et décente; mais leurs maximes auroient dû m'effrayer. Leur bonne intelligence venoit moins d'un véritable attachement que d'une indifférence commune sur les devoirs de leur état. Peu jaloux des droits qu'ils avoient l'un sur l'autre, ils prétendoient s'aimer beaucoup plus en se passant tous leurs goûts sans contrainte, et ne s'offensant point de n'en être pas l'objet. Que mon mari vive heureux, sur toute chose, disoit la femme : que j'aie ma femme pour amie, je suis content, disoit le mari. Nos sentimens, poursuivoient-ils, ne dépendent pas de nous, mais nos procédés en dépendent : chacun met du sien tout ce qu'il peut au bonheur de l'autre. Peut-on mieux aimer ce qui nous est cher que de vouloir tout ce qu'il désire? On évite la cruelle nécessité de se fuir.

Ce système ainsi mis à découvert tout d'un coup nous eût fait horreur. Mais on ne sait pas combien les épanchemens de l'amitié font passer de choses qui révolteroient sans elle; on ne sait pas combien une philosophie si bien adaptée aux vices du cœur humain, une philosophie qui n'offre, au lieu des sentimens qu'on n'est plus maître d'avoir, au lieu du devoir caché qui tourmente et qui ne profite à personne, que soins, procédés, bienséances, attentions, que franchise, liberté, sincérité, confiance; on ne sait pas, dis-je, combien tout ce qui maintient l'union entre les personnes, quand les cœurs ne sont plus unis, a d'attrait pour les meilleurs naturels, et devient séduisant sous le masque de la sagesse : la raison même auroit peine à se défendre si la conscience ne venoit au secours. C'étoit là ce qui maintenoit entre Sophie et moi la honte de nous montrer un empressement que nous n'avions plus. Le couple qui nous avoit subjugués s'outrageoit sans contrainte, et croyoit s'aimer : mais un ancien respect l'un pour l'autre, que nous ne pouvions vaincre, nous forçoit à nous fuir pour nous outrager. En paroissant nous être mutuellement à charge, nous étions plus près de nous réunir qu'eux qui ne se quittoient point. Cesser de s'éviter quand on s'offense, c'est être sûrs de ne se rapprocher jamais.

Mais, au moment où l'éloignement entre nous étoit le plus marqué, tout changea de la manière la plus bizarre. Tout à coup Sophie devint aussi sédentaire et retirée qu'elle avoit été dissipée jusque alors. Son humeur, qui n'étoit pas toujours égale, devint constamment triste et sombre. Enfermée depuis le matin jusqu'au soir dans sa chambre, sans parler, sans pleurer, sans se soucier de personne, elle ne pouvoit souffrir qu'on l'interrompît. Son amie elle-même lui devint insupportable; elle le lui dit, et la reçut mal sans la rebuter; elle me pria plus d'une fois de la délivrer d'elle. Je lui fis la guerre de ce caprice dont j'accusois un peu de jalousie; je le lui dis même un jour en plaisantant. Non, monsieur, je ne suis point jalouse, me dit-elle d'un air froid et résolu; mais j'ai cette femme en horreur : je ne vous demande qu'une grâce, c'est que je ne la revoie jamais. Frappé de ces mots, je voulus savoir la raison de sa haine : elle refusa de répondre. Elle avoit déjà fermé sa porte au mari; je fus obligé de la fermer à la femme, et nous ne les vîmes plus.

Cependant sa tristesse continuoit et devenoit inquiétante. Je commençai de m'en alarmer : mais comment en savoir la cause qu'elle s'obstinoit à taire? Ce n'étoit pas à cette âme fière qu'on en pouvoit imposer par l'autorité. Nous avions cessé depuis si long-temps d'être les confidens l'un de l'autre, que je fus peu surpris qu'elle dédaignât de m'ouvrir son cœur : il falloit mériter cette confiance; et, soit que sa touchante mélancolie eût réchauffé le mien, soit qu'il fût moins guéri qu'il n'avoit cru l'être, je sentis qu'il m'en coûtoit peu pour lui rendre des soins avec lesquels j'espérois vaincre enfin son silence.

Je ne la quittois plus : mais j'eus beau revenir à elle et marquer ce retour par les plus tendres empressemens, je vis avec douleur que je n'avançois rien. Je voulus rétablir les droits d'époux, trop négligés depuis long-temps; j'éprouvai la plus invincible résistance. Ce n'étoient plus ces refus agaçans, faits pour donner un nouveau prix à ce qu'on accorde; ce n'étoient pas non plus de ces refus tendres, modestes, mais absolus, qui m'enivroient d'amour et qu'il falloit pourtant respecter : c'étoient les refus sérieux d'une volonté décidée qui s'indigne qu'on puisse douter d'elle. Elle me rappeloit avec force les engagemens pris jadis en votre présence. Quoi qu'il en soit de moi, disoit-elle, vous devez vous estimer vous-même et respecter à jamais la parole d'Émile. Mes torts ne vous autorisent point à violer vos promesses. Vous pouvez me punir, mais vous ne pouvez me contraindre, et soyez sûr que je ne le souffrirai jamais. Que répondre? que faire, sinon tâcher de la fléchir, de la toucher, de vaincre son obstination à force de persévérance? Ces vains efforts irritoient à la fois mon amour et mon amour-propre. Les difficultés enflammoient mon cœur, et je me faisois un point d'honneur de les surmonter. Jamais peut-être, après dix ans de mariage, après un si long refroidissement, la passion d'un époux ne se ralluma si brillante et si vive; jamais, durant mes premières amours, je n'avois tant versé de pleurs à ses pieds : tout fut inutile, elle demeura inébranlable.

J'étois aussi surpris qu'affligé, sachant bien que cette dureté de cœur n'étoit pas dans son caractère. Je ne me rebutai pas; et si je ne vainquis pas son opiniâtreté, j'y crus voir enfin moins de sécheresse. Quelques signes de regret et de pitié tempéroient l'aigreur de ses refus : je jugeois quelquefois qu'ils lui coûtoient; ses yeux éteints laissoient tomber sur moi quelques regards non moins tristes, mais moins farouches, et qui sembloient portés à l'attendrissement. Je pensai que la honte d'un caprice aussi outré l'empêchoit d'en revenir, qu'elle le soutenoit faute de pouvoir l'excuser, et qu'elle n'attendoit peut-être qu'un peu de contrainte pour paroître céder à la force ce qu'elle n'osoit plus accorder de bon gré. Frappé d'une idée qui flattoit mes désirs, je m'y livre avec complaisance : c'est encore un égard que je veux avoir pour elle, de lui sauver l'embarras de se rendre après avoir si long-temps résisté.

Un jour qu'entraîné par mes transports je joignois aux plus tendres supplications les plus ardentes caresses, je la vis émue; je voulus achever ma victoire. Oppressée et palpitante, elle étoit prête à succomber; quand tout à coup changeant de ton, de maintien, de visage, elle me repousse avec une promptitude, avec une violence incroyable, et, me regardant d'un œil que la fureur et le désespoir rendoient effrayant : Arrêtez, Émile, me dit-elle, et sachez que je ne vous suis plus rien : un autre a souillé votre lit, je suis enceinte; vous ne me toucherez de ma vie. Et sur-le-champ elle s'élance avec impétuosité dans son cabinet, dont elle ferme la porte sur elle.

Je demeure écrasé...

Mon maître, ce n'est pas ici l'histoire des événemens de ma vie; ils valent peu la peine d'être écrits : c'est l'histoire de mes passions, de mes sentimens, de mes idées. Je dois m'étendre sur la plus terrible révolution que mon cœur éprouva jamais.

Les grandes plaies du corps et de l'âme ne saignent pas à l'instant qu'elles sont faites, elles n'impriment pas si tôt leurs plus vives douleurs; la nature se recueille pour en soutenir toute la violence, et souvent le coup mortel est porté long-temps avant que la blessure se fasse sentir. A cette scène inattendue, à ces mots que mon oreille sembloit repousser, je reste immobile, anéanti, mes yeux se ferment, un froid mortel court dans mes veines; sans être évanoui je sens tous mes sens arrêtés, toutes mes fonctions suspendues; mon âme bouleversée est dans un trouble universel, semblable au chaos de la scène au moment qu'elle change, au moment que tout fuit et va prendre un nouvel aspect.

J'ignore combien de temps je demeurai dans cet état, à genoux comme j'étois, et sans oser presque remuer, de peur de m'assurer que ce qui se passoit n'étoit point un songe. J'aurois voulu que cet étourdissement eût duré toujours. Mais enfin, réveillé malgré moi, la première impression que je sentis fut un saisissement d'horreur pour tout ce qui m'environnoit. Tout à coup je me lève, je m'élance hors de la chambre, je franchis l'escalier sans rien voir, sans rien dire à personne, je sors, je marche à grands pas, je m'éloigne avec la rapidité d'un cerf qui croit fuir par sa vitesse le trait qu'il porte enfoncé dans son flanc.

Je cours ainsi sans m'arrêter, sans ralentir mon pas, jusque dans un jardin public. L'aspect du jour et du ciel m'étoit à charge; je cherchois l'obscurité sous les arbres; enfin, me trouvant hors d'haleine, je me laissai tomber à demi mort sur un gazon... Où suis-je? que suis-je devenu? qu'ai-je entendu? quelle catastrophe! Insensé, quelle chimère as-tu poursuivie? Amour, honneur, foi, vertus, où êtes-vous! La sublime, la noble Sophie n'est qu'une infâme! Cette exclamation que mon transport fit éclater fut suivie d'un tel déchirement de cœur, qu'oppressé par les sanglots, je ne pouvois ni respirer ni gémir : sans la rage et l'emportement qui succédèrent, ce saisissement m'eût sans doute étouffé. Oh qui pourroit démêler, exprimer cette confusion de sentimens divers que la honte, l'amour, la fureur, les regrets, l'attendrissement, la jalousie, l'affreux désespoir, me firent éprouver à la fois? Non, cette situation, ce tumulte ne peut se décrire. L'épanouissement de l'extrême joie, qui d'un mouvement uniforme semble étendre et raréfier tout notre être, se conçoit, s'imagine aisément. Mais quand l'excessive douleur rassemble dans le sein d'un misérable toutes les furies des enfers; quand mille tiraillemens opposés le déchirent sans qu'il puisse en distinguer un seul; quand il se sent mettre en pièces par cent forces diverses qui l'entraînent en sens contraire, il n'est plus un, il est tout entier à chaque point de douleur, il semble se multiplier pour souffrir. Tel étoit mon état, tel il fut durant plusieurs heures. Comment en faire le tableau? Je ne dirai pas en des volumes ce que je sentois à chaque instant. Hommes heureux, qui, dans une âme étroite et dans un cœur tiède, ne connoissez de revers que ceux de la fortune, ni de passions qu'un vil intérêt, puissiez-vous traiter toujours cet horrible état de chimère, et n'éprouver jamais les tourmens cruels que donnent de plus dignes attachemens, quand ils se rompent, aux cœurs faits pour les sentir!

Nos forces sont bornées, et tous les transports violens ont des intervalles. Dans un de ces momens d'épuisement où la nature reprend haleine pour souffrir, je vins tout à coup à penser à ma jeunesse, à vous, mon maître, à mes leçons; je vins à penser que j'étois homme et je me demande aussitôt : Quel mal ai-je reçu dans ma personne? quel crime ai-je commis? qu'ai-je perdu de moi? Si, dans cet instant, tel que je suis, je tombois des nues pour commencer d'exister, serois-je un être malheureux? Cette réflexion, plus prompte que l'éclair, jeta dans mon âme un instant de lueur que je reperdis bientôt, mais qui me suffit pour me reconnoître. Je me vis clairement à ma place; et l'usage de ce moment de raison fut de m'apprendre que j'étois incapable de raisonner. L'horrible agitation qui régnoit dans mon âme n'y laissoit à nul objet le temps de se faire apercevoir : j'étois hors d'état de rien voir, de rien comparer, de délibérer, de résoudre, de juger de rien. C'étoit donc me tourmenter vainement que de vouloir rêver à ce que j'avois à faire, c'étoit sans fruit aigrir mes peines, et mon seul soin devoit être de gagner du temps pour raffermir mes sens et rasseoir mon imagination. Je crois que c'est le seul parti que vous auriez pu prendre vous-même, si vous eussiez été là pour me guider.

Résolu de laisser exhaler la fougue des transports que je ne pouvois vaincre, je m'y livre avec une furie empreinte de je ne sais quelle volupté, comme ayant mis ma douleur à son aise. Je me lève avec précipitation; je me mets à marcher comme auparavant, sans suivre de route déterminée : je cours, j'erre de part et d'autre, j'abandonne mon corps à toute l'agitation de mon cœur; j'en suis les impressions sans contrainte; je me mets hors d'haleine; et mêlant mes soupirs tranchans à ma respiration gênée, je me sentois quelquefois prêt à suffoquer.

Les secousses de cette marche précipitée sembloient m'étourdir et me soulager. L'instinct dans les passions violentes dicte des cris, des mouvemens, des gestes, qui donnent un cours aux esprits, et font diversion à la passion : tant qu'on s'agite on n'est qu'emporté; le morne repos est plus à craindre, il est voisin du désespoir. Le même soir je fis de cette différence une épreuve presque risible, si tout ce qui montre la folie et la misère humaine devoit jamais exciter à rire quiconque y peut être assujetti.

Après mille tours et retours faits sans m'en être aperçu, je me trouve au milieu de la ville, entouré de carrosses, à l'heure des spectacles et dans une rue où il y en avoit un. J'allois être écrasé dans l'embarras, si quelqu'un, me tirant par le bras, ne m'eût averti du danger. Je me jette dans une porte ouverte; c'étoit un café; j'y suis accosté par des gens de ma connoissance; on me parle, on m'entraîne je ne sais où. Frappé d'un bruit d'instrumens et d'un éclat de lumières, je reviens à moi, j'ouvre les yeux, je regarde : je me trouve dans la salle du spectacle un jour de première représentation, pressé par la foule, et dans l'impuissance de sortir.

Je frémis; mais je pris mon parti. Je ne dis rien, je me tins tranquille, quelque cher que me coûtât cette apparente tranquillité. On fit beaucoup de bruit, on parloit beaucoup, on me parloit : n'entendant rien, que pouvois-je répondre? Mais un de ceux qui m'avoient amené ayant par hasard nommé ma femme, à ce nom funeste je fis un cri perçant qui fut ouï de toute l'assemblée et causa quelque rumeur. Je me remis promptement, et tout s'apaisa. Cependant, ayant attiré par ce cri l'attention de ceux qui m'environnoient, je cherchai le moment de m'évader, et m'approchant peu à peu de la porte, je sortis enfin avant qu'on eût achevé.

En entrant dans la rue et retirant machinalement ma main que j'avois retenue dans mon sein durant toute la représentation, je vis mes doigts pleins de sang, et j'en crus sentir couler sur ma poitrine. J'ouvre mon sein, je regarde, je le trouve sanglant et déchiré comme le cœur qu'il enfermoit. On peut penser qu'un spectateur tranquille à ce prix n'étoit pas fort bon juge de la pièce qu'il venoit d'entendre.

Je me hâtai de fuir, tremblant d'être encore rencontré. La nuit favorisoit mes courses, je me remis à parcourir les rues, comme pour me dédommager de la contrainte que je venois d'éprouver : je marchai plusieurs heures sans me reposer un moment; enfin, ne pouvant presque plus me soutenir, et me trouvant près de mon quartier, je rentre chez moi, non sans un affreux battement de cœur : je demande ce que fait mon fils; on me dit qu'il dort : je me tais et soupire : mes gens veulent me parler; je leur impose silence; je me jette sur un lit, ordonnant qu'on s'aille coucher. Après quelques heures d'un repos pire que l'agitation de la veille, je me lève avant le jour; et, traversant sans bruit les appartemens, j'approche de la chambre de Sophie; là, sans pouvoir me retenir, je vais avec la plus détestable lâcheté couvrir de cent baisers et baigner d'un torrent de pleurs le seuil de sa porte; puis, m'échappant avec la crainte et les précautions d'un coupable, je sors doucement du logis, résolu de n'y rentrer de mes jours.

Ici finit ma vive mais courte folie, et je rentrai dans mon bon sens. Je crois même avoir fait ce que j'avois dû faire en cédant d'abord à la passion que je ne pouvois vaincre, pour pouvoir la gouverner ensuite après lui avoir laissé quelque essor. Le mouvement que je venois de suivre m'ayant disposé à l'attendrissement, la rage qui m'avoit transporté jusque alors fit place à la tristesse, et je commençai à lire assez au fond de mon cœur pour y voir gravée en traits ineffaçables la plus profonde affliction. Je marchois cependant; je m'éloignois du lieu redoutable moins rapidement que la veille, mais aussi sans faire aucun détour. Je sortis de la ville; et prenant le premier grand chemin, je me mis à le suivre d'une démarche lente et mal assurée qui marquoit la défaillance et l'abattement. A mesure que le jour croissant éclairoit les objets, je croyois voir un autre ciel, une autre terre, un autre univers : tout étoit changé pour moi. Je n'étois plus le même que la veille, ou plutôt je n'étois plus; c'étoit ma propre mort que j'avois à pleurer. O combien de délicieux souvenirs vinrent assiéger mon cœur serré de détresse, et le forcer de s'ouvrir à leurs douces images pour le noyer de vains regrets! Toutes mes jouissances passées venoient aigrir le sentiment de mes pertes, et me rendoient plus de tourmens qu'elles ne m'avoient donné de voluptés. Ah! qui est-ce qui connoît le contraste affreux de sauter tout d'un coup de l'excès du bonheur à l'excès de la misère, et de franchir cet immense intervalle sans avoir un moment pour s'y préparer? Hier, hier même, aux pieds d'une épouse adorée, j'étois le plus heureux des êtres; c'étoit l'amour qui m'asservissoit à ses lois, qui me tenoit dans sa dépendance; son tyrannique pouvoir étoit l'ouvrage de ma tendresse, et je jouissois même de ses rigueurs. Que ne m'étoit-il donné de passer le cours des siècles dans cet état trop aimable, à l'estimer, la respecter, la chérir, à gémir de sa tyrannie, à vouloir la fléchir sans y parvenir jamais, à demander, implorer, supplier, désirer sans cesse, et jamais ne rien obtenir! Ces temps, ces temps charmans de retour attendu, d'espérance trompeuse, valoient ceux mêmes où je la possédois. Et maintenant haï, trahi, déshonoré, sans espoir, sans ressource, je n'ai pas même la consolation d'oser former des souhaits... Je m'arrêtois, effrayé d'horreur, à l'objet qu'il falloit substituer à celui qui m'occupoit avec tant de charmes. Contempler Sophie avilie et méprisable! quels yeux pouvoient souffrir cette profanation? Mon plus cruel tourment n'étoit pas de m'occuper de ma misère, c'étoit d'y mêler la honte de celle qui l'avoit causée. Ce tableau désolant étoit le seul que je ne pouvois supporter.

La veille, ma douleur stupide et forcenée m'avoit garanti de cette affreuse idée; je ne songeois à rien qu'à souffrir. Mais, à mesure que le sentiment de mes maux s'arrangeoit pour ainsi dire au fond de mon cœur, forcé de remonter à leur source, je me retraçois malgré moi ce fatal objet. Les mouvemens qui m'étoient échappés en sortant ne marquoient que trop l'indigne penchant qui m'y ramenoit. La haine que je lui devois me coûtoit moins que le dédain qu'il y falloit joindre; et ce qui me déchiroit le plus cruellement n'étoit pas tant de renoncer à elle que d'être forcé de la mépriser.

Mes premières réflexions sur elle furent amères. Si l'infidélité d'une femme ordinaire est un crime, quel nom falloit-il donner à la sienne? Les âmes viles ne s'abaissent point en faisant des bassesses, elles restent dans leur état; il n'y a point pour elles d'ignominie parce qu'il n'y a point d'élévation. Les adultères des femmes du monde ne sont que des galanteries; mais Sophie adultère est le plus odieux de tous les monstres : la distance de ce qu'elle est à ce qu'elle fut est immense; non, il n'y a point d'abaissement, point de crime pareil au sien.

Mais moi, reprenois-je, moi qui l'accuse, et qui n'en ai que trop le droit, puisque c'est moi qu'elle offense, puisque c'est à moi que l'ingrate a donné la mort, de quel droit osé-je la juger si sévèrement avant de m'être jugé moi-même, avant de savoir ce que je dois me reprocher de ses torts! Tu l'accuses de n'être plus la même! O Émile! et toi, n'as-tu point changé? Combien je t'ai vu dans cette grande ville différent près d'elle de ce que tu fus jadis! Ah! son inconstance est l'ouvrage de la tienne. Elle avoit juré de t'être fidèle; et toi, n'avois-tu pas juré de l'adorer toujours? Tu l'abandonnes, et tu veux qu'elle te reste! tu la méprises, et tu veux en être toujours honoré! C'est ton refroidissement, ton oubli, ton indifférence, qui t'ont arraché de son cœur. Il ne faut point cesser d'être aimable quand on veut être toujours aimé. Elle n'a violé ses sermens qu'à ton exemple; il falloit ne la point négliger, et jamais elle ne t'eût trahi.

Quels sujets de plainte t'a-t-elle donnés dans la retraite où tu l'as trouvée, et où tu devois toujours la laisser? Quel attiédissement as-tu remarqué dans sa tendresse? Est-ce elle qui t'a prié de la tirer de ce lieu fortuné? Tu le sais, elle l'a quitté avec le plus mortel regret. Les pleurs qu'elle y versoit lui étoient plus doux que les folâtres jeux de la ville. Elle y passoit son innocente vie à faire le bonheur de la tienne : mais elle t'aimoit mieux que sa propre tranquillité. Après t'avoir voulu retenir, elle quitta tout pour te suivre. C'est toi qui du sein de la paix et de la vertu l'entraînas dans l'abîme de vices et de misères où tu t'es toi-même précipité. Hélas! il n'a tenu qu'à toi seul qu'elle ne fût toujours sage, et qu'elle ne te rendît toujours heureux.

O Émile! tu l'as perdue; tu dois te haïr et te plaindre, mais quel droit as-tu de la mépriser? Es-tu resté toi-même irréprochable? Le monde n'a-t-il rien pris sur tes mœurs? Tu n'as point partagé son infidélité, mais ne l'as-tu pas excusée en cessant d'honorer ta vertu? Ne l'as-tu pas excitée en vivant dans des lieux où tout ce qui est honnête est en dérision, où les femmes rougiroient d'être chastes, où le seul prix des vertus de leur sexe est la raillerie et l'incrédulité? La foi que tu n'as point violée a-t-elle été exposée aux mêmes risques? As-tu reçu comme elle ce tempérament de feu qui fait les grandes foiblesses ainsi que les grandes vertus? As-tu ce corps trop formé par l'amour, trop exposé aux périls par ses charmes, et aux tentations par ses sens? O que le sort d'une telle femme est à plaindre! Quels combats n'a-t-elle point à rendre, sans relâche, sans cesse, contre autrui, contre elle-même! quel courage invincible, quelle opiniâtre résistance, quelle héroïque fermeté, lui sont nécessaires! que de dangereuses victoires n'a-t-elle pas à remporter tous les jours, sans autre témoin de ses triomphes que le ciel et son propre cœur! Et, après tant de belles années ainsi passées à souffrir, combattre et vaincre incessamment, un instant de foiblesse, un seul instant de relâche et d'oubli, souille à jamais cette vie irréprochable, et déshonore tant de vertus! Femme infortunée! hélas! un moment d'égarement fait tous tes malheurs et les miens. Oui, son cœur est resté pur, tout me l'assure; il m'est trop connu pour pouvoir m'abuser. Eh! qui sait dans quels piéges adroits les perfides ruses d'une femme vicieuse et jalouse de ses vertus ont pu surprendre son innocente simplicité? N'ai-je pas vu ses regrets, son repentir dans ses yeux? n'est-ce pas sa tristesse qui m'a ramené moi-même à ses pieds? n'est-ce pas sa touchante douleur qui m'a rendu toute ma tendresse? Ah! ce n'est pas là la conduite artificieuse d'une infidèle qui trompe son mari et qui se complaît dans sa trahison.

Puis, venant ensuite à réfléchir plus en détail sur sa conduite et sur son étonnante déclaration, que ne sentois-je point en voyant cette femme timide et modeste vaincre la honte par la franchise, rejeter une estime démentie par son cœur, dédaigner de conserver ma confiance et sa réputation en cachant une faute que rien ne la forçoit d'avouer, en la couvrant des caresses qu'elle a rejetées, et craindre d'usurper ma tendresse de père pour un enfant qui n'étoit pas de mon sang! Quelle force n'admirois-je pas dans cette invincible hauteur de courage, qui, même au prix de l'honneur et de la vie, ne pouvoit s'abaisser à la fausseté, et portoit jusque dans le crime l'intrépide audace de la vertu! Oui, me disois-je avec un applaudissement secret, au sein même de l'ignominie, cette âme forte conserve encore tout son ressort; elle est coupable sans être vile; elle a pu commettre un crime, mais non pas une lâcheté.

C'est ainsi que peu à peu le penchant de mon cœur me ramenoit en sa faveur à des jugemens plus doux et plus supportables. Sans la justifier je l'excusois; sans pardonner ses outrages j'approuvois ses bons procédés. Je me complaisois dans ces sentimens. Je ne pouvois me défaire de tout mon amour; il eût été trop cruel de le conserver sans estime. Sitôt que je crus lui en devoir encore, je sentis un soulagement inespéré. L'homme est trop foible pour pouvoir conserver long-temps des mouvemens extrêmes. Dans l'excès même du désespoir, la Providence nous ménage des consolations. Malgré l'horreur de mon sort, je sentois une sorte de joie à me représenter Sophie estimable et malheureuse; j'aimois à fonder ainsi l'intérêt que je ne pouvois cesser de prendre à elle. Au lieu de la sèche douleur qui me consumoit auparavant, j'avois la douceur de m'attendrir jusqu'aux larmes. Elle est perdue à jamais pour moi, je le sais, me disois-je; mais du moins j'oserai penser encore à elle, j'oserai la regretter, j'oserai quelquefois encore gémir et soupirer sans rougir.

Cependant j'avois poursuivi ma route, et, distrait par ces idées, j'avois marché tout le jour sans m'en apercevoir, jusqu'à ce qu'enfin, revenant à moi et n'étant plus soutenu par l'animosité de la veille, je me sentis d'une lassitude et d'un épuisement qui demandoient de la nourriture et du repos. Grâces aux exercices de ma jeunesse, j'étois robuste et fort, je ne craignois ni la faim ni la fatigue; mais mon esprit malade avoit tourmenté mon corps, et vous m'aviez bien plus garanti des passions violentes qu'appris à les supporter. J'eus peine à gagner un village qui étoit encore à une lieue de moi. Comme il y avoit près de trente-six heures que je n'avois pris aucun aliment, je soupai, et même avec appétit; je me couchai, délivré des fureurs qui m'avoient tant tourmenté, content d'oser penser à Sophie, et presque joyeux de l'imaginer moins défigurée et plus digne de mes regrets que je n'avois espéré.

Je dormis paisiblement jusqu'au matin. La tristesse et l'infortune respectent le sommeil et laissent du relâche à l'âme; il n'y a que les remords qui n'en laissent point. En me levant je me sentis l'esprit assez calme et en état de délibérer sur ce que j'avois à faire. Mais c'étoit ici la plus mémorable ainsi que la plus cruelle époque de ma vie. Tous mes attachemens étoient rompus et altérés, tous mes devoirs étoient changés; je ne tenois plus à rien de la même manière qu'auparavant, je devenois pour ainsi dire un nouvel être. Il étoit important de peser mûrement le parti que j'avois à prendre. J'en pris un provisionnel pour me donner le loisir d'y réfléchir. J'achevai le chemin qui restoit à faire jusqu'à la ville la plus prochaine; j'entrai chez un maître, et je me mis à travailler de mon métier, en attendant que la fermentation de mes esprits fût tout-à-fait apaisée, et que je pusse voir les objets tels qu'ils étoient.

Je n'ai jamais mieux senti la force de l'éducation que dans cette cruelle circonstance. Né avec une âme foible, tendre à toutes les impressions, facile à troubler, timide à me résoudre, après les premiers momens cédés à la nature, je me trouvai maître de moi-même, et capable de considérer ma situation avec autant de sang-froid que celle d'un autre. Soumis à la loi de la nécessité, je cessai mes vains murmures, je pliai ma volonté sous l'inévitable joug; je regardai le passé comme étranger à moi; je me supposai commencer de naître; et, tirant de mon état présent les règles de ma conduite, en attendant que j'en fusse assez instruit, je me mis paisiblement à l'ouvrage comme si j'eusse été le plus content des hommes.

Je n'ai rien tant appris de vous dès mon enfance qu'à être toujours tout entier où je suis, à ne jamais faire une chose et rêver à une autre, ce qui proprement est ne rien faire et n'être tout entier nulle part. Je n'étois donc attentif qu'à mon travail durant la journée; le soir je reprenois mes réflexions; et, relayant ainsi l'esprit et le corps l'un par l'autre, j'en tirois le meilleur parti qu'il m'étoit possible sans jamais fatiguer aucun des deux.

Dès le premier soir, suivant le fil de mes idées de la veille, j'examinai si peut-être je ne prenois point trop à cœur le crime d'une femme, et si ce qui me paroissoit une catastrophe de ma vie n'étoit point un événement trop commun pour devoir être pris si gravement. Il est certain, me disois-je, que partout où les mœurs sont en estime, les infidélités des femmes déshonorent les maris; mais il est sûr aussi que dans toutes les grandes villes, et partout où les hommes, plus corrompus, se croient plus éclairés, on tient cette opinion pour ridicule et peu sensée. L'honneur d'un homme, disent-ils, dépend-il de sa femme? son malheur doit-il faire sa honte? et peut-il être déshonoré des vices d'autrui? L'autre morale a beau être sévère, celle-ci paroît plus conforme à la raison.

D'ailleurs, quelque jugement qu'on portât de mes procédés, n'étois-je pas, par mes principes, au-dessus de l'opinion publique? Que m'importoit ce qu'on penseroit de moi, pourvu que dans mon propre cœur je ne cessasse point d'être bon, juste, honnête? Étoit-ce un crime d'être miséricordieux? étoit-ce une lâcheté de pardonner une offense? Sur quels devoirs allois-je donc me régler? Avois-je si long-temps dédaigné le préjugé des hommes pour lui sacrifier enfin mon bonheur?

Mais quand ce préjugé seroit fondé, quelle influence peut-il avoir dans un cas si différent des autres? Quel rapport d'une infortunée au désespoir, à qui le remords seul arrache l'aveu de son crime, à ces perfides qui couvrent le leur du mensonge et de la fraude, ou qui mettent l'effronterie à la place de la franchise, et se vantent de leur déshonneur? Toute femme vicieuse, toute femme qui méprise encore plus son devoir qu'elle ne l'offense, est indigne de ménagement; c'est partager son infamie que la tolérer. Mais celle à qui l'on reproche plutôt une faute qu'un vice, et qui l'expie par ses regrets, est plus digne de pitié que de haine; on peut la plaindre et lui pardonner sans honte; le malheur même qu'on lui reproche est garant d'elle pour l'avenir. Sophie, restée estimable jusque dans le crime, sera respectable dans son repentir; elle sera d'autant plus fidèle, que son cœur, fait pour la vertu, a senti ce qu'il en coûte à l'offenser; elle aura tout à la fois la fermeté qui la conserve et la modestie qui la rend aimable; l'humiliation du remords adoucira cette âme orgueilleuse, et rendra moins tyrannique l'empire que l'amour lui donna sur moi; elle en sera plus soigneuse et moins fière; elle n'aura commis une faute que pour se guérir d'un défaut.

Quand les passions ne peuvent nous vaincre à visage découvert, elles prennent le masque de la sagesse pour nous surprendre, et c'est en imitant le langage de la raison qu'elles nous y font renoncer. Tous ces sophismes ne m'en imposoient que parce qu'ils flattoient mon penchant. J'aurois voulu pouvoir revenir à Sophie infidèle, et j'écoutois avec complaisance tout ce qui sembloit autoriser ma lâcheté. Mais j'eus beau faire, ma raison, moins traitable que mon cœur, ne put adopter ces folies. Je ne pus me dissimuler que je raisonnois pour m'abuser, non pour m'éclairer. Je me disois avec douleur, mais avec force, que les maximes du monde ne font point loi pour qui veut vivre pour soi-même, et que, préjugés pour préjugés, ceux des bonnes mœurs en ont un de plus qui les favorise; que c'est avec raison qu'on impute à un mari le désordre de sa femme, soit pour l'avoir mal choisie, soit pour la mal gouverner; que j'étois moi-même un exemple de la justice de cette imputation; et que, si Émile eût été toujours sage, Sophie n'eût jamais failli; qu'on a droit de présumer que celle qui ne se respecte pas elle-même respecte au moins son mari, s'il en est digne, et s'il sait conserver son autorité; que le tort de ne pas prévenir le dérèglement d'une femme est aggravé par l'infamie de le souffrir; que les conséquences de l'impunité sont effrayantes, et qu'en pareil cas cette impunité marque dans l'offensé une indifférence pour les mœurs honnêtes, et une bassesse d'âme indigne de tout homme.

Je sentois surtout en mon fait particulier que ce qui rendoit Sophie encore estimable en étoit plus désespérant pour moi: car on peut soutenir ou renforcer une âme foible, et celle que l'oubli du devoir y fait manquer y peut être ramenée par la raison; mais comment ramener celle qui garde en péchant tout son courage, qui sait avoir des vertus dans le crime, et ne fait le mal que comme il lui plaît? Oui, Sophie est coupable, parce qu'elle a voulu l'être. Quand cette âme hautaine a pu vaincre la honte, elle a pu vaincre toute autre passion; il ne lui en eût pas plus coûté pour m'être fidèle que pour me déclarer son forfait.

En vain je reviendrois à mon épouse, elle ne reviendroit plus à moi. Si celle qui m'a tant aimé, si celle qui m'étoit si chère a pu m'outrager; si ma Sophie a pu rompre les premiers nœuds de son cœur; si la mère de mon fils a pu violer la foi conjugale encore entière; si les feux d'un amour que rien n'avoit offensé; si le noble orgueil d'une vertu que rien n'avoit altérée, n'ont pu prévenir sa première faute, qu'est-ce qui préviendroit des rechutes qui ne coûtent plus rien? Le premier pas vers le vice est le seul pénible; on poursuit sans même y songer. Elle n'a plus ni amour, ni vertu, ni estime à ménager; elle n'a plus rien à perdre en m'offensant, pas même le regret de m'offenser. Elle connoît mon cœur, elle m'a rendu tout aussi malheureux que je puis l'être; il ne lui en coûtera plus rien d'achever.

Non, je connois le sien, jamais Sophie n'aimera un homme à qui elle ait donné droit de la mépriser... Elle ne m'aime plus;... l'ingrate ne l'a-t-elle pas dit elle-même? Elle ne m'aime plus, la perfide! Ah! c'est là son plus grand crime: j'aurois pu tout pardonner, hors celui-là.

Hélas! reprenois-je avec amertume, je parle toujours de pardonner, sans songer que souvent l'offensé pardonne, mais que l'offenseur ne pardonne jamais. Sans doute elle me veut tout le mal qu'elle m'a fait. Ah! combien elle doit me haïr!

Émile, que tu t'abuses quand tu juges de l'avenir sur le passé! Tout est changé. Vainement tu vivrois encore avec elle; les jours heureux qu'elle t'a donnés ne reviendront plus. Tu ne retrouverois plus ta Sophie, et Sophie ne te retrouveroit plus. Les situations dépendent des affections qu'on y porte: quand les cœurs changent, tout change; tout a beau demeurer le même, quand on n'a plus les mêmes yeux on ne voit plus rien comme auparavant.

Ses mœurs ne sont point désespérées, je le sais bien: elle peut être encore digne d'estime, mériter toute ma tendresse; elle peut me rendre son cœur: mais elle ne peut n'avoir point failli, ni perdre et m'ôter le souvenir de sa faute. La fidélité, la vertu, l'amour, tout peut revenir, hors la confiance, et, sans la confiance, il n'y a plus que dégoût, tristesse, ennui dans le mariage; le délicieux charme de l'innocence est évanoui. C'en est fait, c'en est fait; ni près, ni loin, Sophie ne peut plus être heureuse, et je ne puis être heureux que de son bonheur. Cela seul me décide; j'aime mieux souffrir loin d'elle que par elle; j'aime mieux la regretter que la tourmenter.

Oui, tous nos liens sont rompus, ils le sont par elle. En violant ses engagemens elle m'affranchit des miens. Elle ne m'est plus rien; ne l'a-t-elle pas dit encore? Elle n'est plus ma femme; la reverrois-je comme étrangère? Non, je ne la reverrai jamais. Je suis libre; au moins je dois l'être; que mon cœur ne l'est-il autant que ma foi!

Mais quoi! mon affront restera-t-il impuni? Si l'infidèle en aime un autre, quel mal lui fais-je en la délivrant de moi? C'est moi que je punis et non pas elle: je remplis ses vœux à mes dépens. Est-ce là le ressentiment de l'honneur outragé? Où est la justice? où est la vengeance?

Eh! malheureux! de qui veux-tu te venger? De celle que ton plus grand désespoir est de ne pouvoir plus rendre heureuse. Du moins ne sois pas la victime de ta vengeance. Fais-lui, s'il se peut, quelque mal que tu ne sentes pas. Il est des crimes qu'il faut abandonner aux remords des coupables; c'est presque les autoriser que les punir. Un mari cruel mérite-t-il une femme fidèle? D'ailleurs, de quel droit la punir, à quel titre? Es-tu son juge, n'étant même plus son époux? Lorsqu'elle a violé ses devoirs de femme, elle ne s'en est point conservé les droits. Dès l'instant qu'elle a formé d'autres nœuds, elle a brisé les liens et ne s'en est point cachée: elle ne s'est point parée à tes yeux d'une fidélité qu'elle n'avoit plus; elle ne t'a ni trahi ni menti; en cessant d'être à toi seul elle a déclaré ne l'être plus rien. Quelle autorité peut te rester sur elle? S'il t'en restoit, tu devrois l'abdiquer pour ton propre avantage. Crois-moi, sois bon par sagesse et clément par vengeance. Défie-toi de la colère, crains qu'elle ne te ramène à ses pieds.

Ainsi tenté par l'amour qui me rappeloit ou par le dépit qui vouloit me séduire, que j'eus de combats à rendre avant d'être bien déterminé! et quand je crus l'être, une réflexion nouvelle ébranla tout. L'idée de mon fils m'attendrit pour sa mère plus que rien n'avoit fait auparavant. Je sentis que ce point de réunion l'empêcheroit toujours de m'être étrangère, que les enfans forment un nœud vraiment indissoluble entre ceux qui leur ont donné l'être, et une raison naturelle et invincible contre le divorce. Des objets si chers, dont aucun des deux ne peut s'éloigner, les rapprochent nécessairement; c'est un intérêt commun si tendre, qu'il leur tiendroit lieu de société, quand ils n'en auroient point d'autre. Mais que devenoit cette raison, qui plaidoit pour la mère de mon fils, appliquée à celle d'un enfant qui n'étoit pas à moi? Quoi! la nature elle-même autorisera le crime! et ma femme, en partageant sa tendresse à ses deux fils, sera forcée à partager son attachement aux deux pères! Cette idée, plus horrible qu'aucune qui m'eût passé dans l'esprit, m'embrasoit d'une rage nouvelle; toutes les furies revenoient déchirer mon cœur en songeant à cet affreux partage. Oui, j'aurois mieux aimé voir mon fils mort que d'en voir à Sophie un d'un autre père. Cette imagination m'aigrit plus, m'aliéna plus d'elle que tout ce qui m'avoit tourmenté jusque alors. Dès cet instant je me décidai sans retour; et, pour ne laisser plus de prise au doute, je cessai de délibérer.

Cette résolution bien formée éteignit tout mon ressentiment. Morte pour moi, je ne la vis plus coupable; je ne la vis plus qu'estimable et malheureuse, et, sans penser à ses torts, je me rappelois avec attendrissement tout ce qui me la rendoit regrettable. Par une suite de cette disposition, je voulus mettre à ma démarche tous les bons procédés qui peuvent consoler une femme abandonnée; car quoi que j'eusse affecté d'en penser dans ma colère, et quoi qu'elle en eût dit dans son désespoir, je ne doutois pas qu'au fond du cœur elle n'eût encore de l'attachement pour moi et qu'elle ne sentît vivement ma perte. Le premier effet de notre séparation devoit être de lui ôter mon fils. Je frémis seulement d'y songer; et après avoir été en peine d'une vengeance, je pouvois à peine supporter l'idée de celle-là. J'avois beau me dire, en m'irritant, que cet enfant seroit bientôt remplacé par un autre; j'avois beau appuyer avec toute la force de la jalousie sur ce cruel supplément; tout cela ne tenoit point devant l'image de Sophie au désespoir en se voyant arracher son enfant. Je me vainquis toutefois; je formai, non sans déchirement, cette résolution barbare; et la regardant comme une suite nécessaire de la première où j'étois sûr d'avoir bien raisonné, je l'aurois certainement exécutée, malgré ma répugnance, si un événement imprévu ne m'eût contraint à la mieux examiner.

Il me restoit à faire une autre délibération que je comptois pour peu de chose après celle dont je venois de me tirer. Mon parti étoit pris par rapport à Sophie; il me restoit à le prendre par rapport à moi, et à voir ce que je voulois devenir me retrouvant seul. Il y avoit long-temps que je n'étois plus un être isolé sur la terre : mon cœur tenoit, comme vous me l'aviez prédit, aux attachemens qu'il s'étoit donnés; il s'étoit accoutumé à ne faire qu'un avec ma famille : il falloit l'en détacher, du moins en partie, et cela même étoit plus pénible que de l'en détacher tout-à-fait. Quel vide il se fait en nous, combien on perd de son existence, quand on a tenu à tant de choses, et qu'il faut ne tenir plus qu'à soi, ou, qui pis est, à ce qui nous fait sentir incessamment le détachement du reste! J'avois à chercher si j'étois cet homme encore qui sait remplir sa place dans son espèce quand nul individu ne s'y intéresse plus.

Mais où est-elle cette place pour celui dont tous les rapports sont détruits ou changés? Que faire? que devenir? où porter mes pas? à quoi employer une vie qui ne devoit plus faire mon bonheur ni celui de ce qui m'étoit cher, et dont le sort m'ôtoit jusqu'à l'espoir de contribuer au bonheur de personne? car si tant d'instrumens préparés pour le mien n'avoient fait que ma misère, pouvois-je espérer d'être plus heureux pour autrui que vous ne l'aviez été pour moi? Non : j'aimois mon devoir encore, mais je ne le voyois plus. En rappeler les principes et les règles, les appliquer à mon nouvel état, n'étoit pas l'affaire d'un moment, et mon esprit fatigué avoit besoin d'un peu de relâche pour se livrer à de nouvelles méditations.

J'avois fait un grand pas vers le repos. Délivré de l'inquiétude de l'espérance, et sûr de perdre ainsi peu à peu celle du désir, en voyant que le passé ne m'étoit plus rien, je tâchois de me mettre tout-à-fait dans l'état d'un homme qui commence à vivre. Je me disois qu'en effet nous ne faisons jamais que commencer, et qu'il n'y a point d'autre liaison dans notre existence qu'une succession de momens présens, dont le premier est toujours celui qui est en acte. Nous mourons et nous naissons chaque instant de notre vie, et quel intérêt la mort peut-elle nous laisser? S'il n'y a rien pour nous que ce qui sera, nous ne pouvons être heureux ou malheureux que par l'avenir; et se tourmenter du passé c'est tirer du néant les sujets de notre misère. Émile, sois un homme nouveau, tu n'auras pas plus à te plaindre du sort que de la nature. Tes malheurs sont nuls, l'abîme du néant les a tous engloutis; mais ce qui est réel, ce qui est existant pour toi, c'est ta vie, ta santé, ta jeunesse, ta raison, tes talens, tes lumières, tes vertus, enfin, si tu le veux, et par conséquent ton bonheur.

Je repris mon travail, attendant paisiblement que mes idées s'arrangeassent assez dans ma tête pour me montrer ce que j'avois à faire; et cependant, en comparant mon état à celui qui l'avoit précédé, j'étois dans le calme : c'est l'avantage que procure indépendamment des événemens toute conduite conforme à la raison. Si l'on n'est pas heureux malgré la fortune, quand on sait maintenir son cœur dans l'ordre, on est tranquille au moins en dépit du sort. Mais que cette tranquillité tient à peu de chose dans une âme sensible! Il est bien aisé de se mettre dans l'ordre; ce qui est difficile c'est d'y rester. Je faillis voir renverser toutes mes résolutions au moment que je les croyois les plus affermies.

J'étois entré chez le maître sans m'y faire beaucoup remarquer. J'avois toujours conservé dans mes vêtemens la simplicité que vous m'aviez fait aimer; mes manières n'étoient pas plus recherchées, et l'air aisé d'un homme qui se sent partout à sa place étoit moins remarquable chez un menuisier qu'il ne l'eût été chez un grand. On voyoit pourtant bien que mon équipage n'étoit pas celui d'un ouvrier; mais à ma manière de me mettre à l'ouvrage, on jugea que je l'avois été, et qu'ensuite avancé à quelque petit poste j'en étois déchu pour rentrer dans mon premier état. Un petit parvenu retombé n'inspire pas une grande considération, et l'on me prenoit à peu près au mot sur l'égalité où je m'étois mis. Tout à coup je vis changer avec moi le ton de toute la famille; la familiarité prit plus de réserve; on me regardoit au travail avec une sorte d'étonnement; tout ce que je faisois dans l'atelier (et j'y faisois tout mieux que le maître) excitoit l'admiration; l'on sembloit épier tous mes mouvemens, tous mes gestes : on tâchoit d'en user avec moi comme à l'ordinaire; mais cela ne se faisoit plus sans effort, et l'on eût dit que c'étoit par respect qu'on s'abstenoit de m'en marquer davantage. Les idées dont j'étois préoccupé m'empêchèrent de m'apercevoir de ce changement aussitôt que j'aurois fait dans un autre temps : mais mon habitude en agissant d'être toujours à la chose, me ramenant bientôt à ce qui se faisoit autour de moi, ne me laissa pas long-temps ignorer que j'étois devenu pour ces bonnes gens un objet de curiosité qui les intéressoit beaucoup.

Je remarquai surtout que la femme ne me quittoit pas des yeux. Ce sexe a une sorte de droits sur les aventuriers qui les lui rend en quelque sorte plus intéressans. Je ne poussois pas un coup d'échoppe qu'elle ne parût effrayée, et je la voyois toute surprise de ce que je n'étois pas blessé. Madame, lui dis-je une fois, je vois que vous vous défiez de mon adresse; avez-vous peur que je ne sache pas mon métier? Monsieur, me dit-elle, je vois que vous savez bien le nôtre; on diroit que vous n'avez fait que cela toute votre vie. A ce mot je vis que j'étois connu : je voulus savoir comment je l'étois. Après bien des mystères, j'appris qu'une jeune dame étoit venue, il y avoit deux jours, descendre à la porte du maître; que, sans permettre qu'on m'avertît, elle avoit voulu me voir; qu'elle s'étoit arrêtée derrière une porte vitrée d'où elle pouvoit m'apercevoir au fond de l'atelier; qu'elle s'étoit mise à genoux à cette porte, ayant à côté d'elle un petit enfant qu'elle serroit avec transport dans ses bras par intervalles, poussant de longs sanglots à demi étouffés, versant des torrens de larmes, et donnant divers signes d'une douleur dont tous les témoins avoient été vivement émus; qu'on l'avoit vue plusieurs fois sur le point de s'élancer dans l'atelier; qu'elle avoit paru ne se retenir que par de violens efforts sur elle-même; qu'enfin après m'avoir considéré long-temps avec plus d'attention et de recueillement, elle s'étoit levée tout d'un coup, et collant le visage de l'enfant sur le sien, elle s'étoit écriée à demi-voix : *Non, jamais il ne voudra t'ôter ta mère; viens, nous n'avons rien à faire ici.* A ces mots elle étoit sortie avec précipitation; puis, après avoir obtenu qu'on ne me parleroit de rien, remonter dans son carrosse et partir comme un éclair n'avoit été pour elle que l'affaire d'un instant.

Ils ajoutèrent que le vif intérêt dont ils ne pouvoient se défendre pour cette aimable dame les avoit rendus fidèles à la promesse qu'ils lui avoient faite et qu'elle avoit exigée avec tant d'instances; qu'ils n'y manquoient qu'à regret; qu'ils voyoient aisément, à son équipage et plus encore à sa figure, que c'étoit une personne d'un haut rang, et qu'ils ne pouvoient présumer autre chose de sa démarche et de son discours sinon que cette femme étoit la mienne, car il étoit impossible de la prendre pour une fille entretenue.

Jugez de ce qui se passoit en moi durant ce récit! Que de choses tout cela supposoit! Quelles inquiétudes n'avoit-il pas fallu avoir, quelles recherches n'avoit-il pas fallu faire pour retrouver ainsi mes traces! Tout cela est-il de quelqu'un qui n'aime plus? Quel voyage! quel motif l'avoit pu faire entreprendre! dans quelle occupation elle m'avoit surpris! Ah! ce n'étoit pas la première fois : mais alors elle n'étoit pas à genoux, elle ne fondoit pas en larmes. O temps, temps heureux! qu'est devenu cet ange du ciel?... Mais que vient donc faire ici cette femme?... elle amène son fils... mon fils,... et pourquoi?... Vouloit-elle me voir, me parler?... pourquoi s'enfuir?... me braver?... pourquoi ces larmes? Que me veut-elle, la perfide? vient-elle insulter à ma misère? A-t-elle oublié qu'elle ne m'est plus rien? Je cherchois en quelque sorte à m'irriter de ce voyage pour vaincre l'attendrissement qu'il me causoit, pour résister aux tentations de courir après l'infortunée, qui m'agitoient malgré moi. Je demeurai néanmoins. Je vis que cette démarche ne prouvoit autre chose sinon que j'étois encore aimé; et cette supposition même étant entrée dans ma délibération ne devoit rien changer au parti qu'elle m'avoit fait prendre.

Alors examinant plus posément toutes les circonstances de ce voyage, pesant surtout les derniers mots qu'elle avoit prononcés en partant, j'y crus démêler le motif qui l'avoit amenée et celui qui l'avoit fait repartir tout d'un coup sans s'être laissé voir. Sophie parloit simplement, mais tout ce qu'elle disoit portoit dans mon cœur des traits de lumière, et c'en fut un que ce peu de mots. *Il ne t'ôtera pas ta mère*, avoit-elle dit. C'étoit donc la crainte qu'on ne la lui ôtât qui l'avoit amenée, et c'étoit la persuasion que cela n'arriveroit pas qui l'avoit fait repartir. Et d'où la tiroit-elle cette persuasion? qu'avoit-elle vu? Émile en paix, Émile au travail. Quelle preuve pouvoit-elle tirer de cette vue, sinon qu'Émile en cet état n'étoit point subjugué par ses passions et ne formoit que des résolutions raisonnables? Celle de la séparer de son fils ne l'étoit donc pas selon elle, quoiqu'elle le fût selon moi. Lequel avoit tort? Le mot de Sophie décidoit encore ce point; et en effet, en considérant le seul intérêt de l'enfant, cela pouvoit-il même être mis en doute? Je n'avois envisagé que l'enfant ôté à la mère, et il falloit envisager la mère ôtée à l'enfant. J'avois donc tort. Ôter une mère à son fils, c'est lui ôter plus qu'on ne peut lui rendre, surtout à cet âge; c'est sacrifier l'enfant pour se venger de la mère; c'est un acte de passion, jamais de raison, à moins que la mère ne soit folle ou dénaturée. Mais Sophie est celle qu'il faudroit désirer à mon fils quand il en auroit une autre. Il faut que nous l'élevions elle ou moi, ne pouvant plus l'élever ensemble; ou bien, pour contenter ma colère, il faut le rendre orphelin. Mais que ferai-je d'un enfant dans l'état où je suis? J'ai assez de raison pour voir ce que je puis ou ne puis faire, non pour faire ce que je dois. Traînerai-je un enfant de cet âge en d'autres contrées, ou le tiendrai-je sous les yeux de sa mère, pour braver une femme que je dois fuir? Ah! pour ma sûreté je ne serai jamais assez loin d'elle. Laissons-lui l'enfant, de peur qu'il ne lui ramène à la fin le père. Qu'il lui reste seul pour ma vengeance; que chaque jour de sa vie il rappelle à l'infidèle le bonheur dont il fut le gage, et l'époux qu'elle s'est ôté.

Il est certain que la résolution d'ôter mon fils à sa mère avoit été l'effet de ma colère. Sur ce seul point la passion m'avoit aveuglé, et ce fut le seul point aussi sur lequel je changeai de résolution. Si ma famille eût suivi mes intentions, Sophie eût élevé cet enfant, et peut-être vivroit-il encore : mais peut-être aussi dès lors Sophie étoit-elle morte pour moi; consolée dans cette chère moitié de moi-même, elle n'eût plus songé à rejoindre l'autre, et j'aurois perdu les plus beaux jours de ma vie. Que de douleurs devoient nous faire expier nos fautes avant que notre réunion nous les fît oublier!

Nous nous connoissions si bien mutuellement, qu'il ne me fallut, pour deviner le motif de sa brusque retraite, que sentir qu'elle avoit prévu ce qui seroit arrivé si nous nous fussions revus. J'étois raisonnable mais foible, elle le savoit; et je savois encore mieux combien cette âme sublime et fière conservoit d'inflexibilité jusque dans ses fautes. L'idée de Sophie rentrée en grâce lui étoit insupportable. Elle sentoit que son crime étoit de ceux qui ne peuvent s'oublier ; elle aimoit mieux être punie que pardonnée ; un tel pardon n'étoit pas fait pour elle ; la punition même l'avilissoit moins, à son gré. Elle croyoit ne pouvoir effacer sa faute qu'en l'expiant, ni s'acquitter avec la justice qu'en souffrant tous les maux qu'elle avoit mérités. C'est pour cela qu'intrépide et barbare dans sa franchise, elle dit son crime à vous, à toute ma famille, taisant en même temps ce qui l'excusoit, ce qui la justifioit peut-être, le cachant, dis-je, avec une telle obstination qu'elle ne m'en a jamais dit un mot à moi-même, et que je ne l'ai su qu'après sa mort.

D'ailleurs, rassurée sur la crainte de perdre son fils, elle n'avoit plus rien à désirer de moi pour elle-même. Me fléchir eût été m'avilir, et elle étoit d'autant plus jalouse de mon honneur qu'il ne lui en restoit point d'autre. Sophie pouvoit être criminelle, mais l'époux qu'elle s'étoit choisi devoit être au-dessus d'une lâcheté. Ces raffinemens de son amour-propre ne pouvoient convenir qu'à elle, et peut-être n'appartenoit-il qu'à moi de les pénétrer.

Je lui eus encore cette obligation, même après m'être séparé d'elle, de m'avoir ramené d'un parti peu raisonné que la vengeance m'avoit fait prendre. Elle s'étoit trompée en ce point dans la bonne opinion qu'elle avoit de moi : mais cette erreur n'en fut plus une aussitôt que j'y eus pensé ; en ne considérant que l'intérêt de mon fils je vis qu'il falloit le laisser à sa mère, et je m'y déterminai. Du reste, confirmé dans mes sentimens, je résolus d'éloigner son malheureux père des risques qu'il venoit de courir. Pouvois-je être assez loin d'elle, puisque je ne devois plus m'en rapprocher ? C'étoit elle encore, c'étoit son voyage qui venoit de me donner cette sage leçon : il m'importoit pour la suivre de ne pas rester dans le cas de la recevoir deux fois.

Il falloit fuir ; c'étoit là ma grande affaire et la conséquence de tous mes précédens raisonnemens. Mais où fuir ? C'étoit à cette délibération que j'en étois demeuré, et je n'avois pas vu que rien n'étoit plus indifférent que le choix du lieu, pourvu que je m'éloignasse. A quoi bon tant balancer sur ma retraite, puisque partout je trouverois à vivre ou mourir, et que c'étoit tout ce qui me restoit à faire ? Quelle bêtise de l'amour-propre de nous montrer toujours toute la nature intéressée aux petits événemens de notre vie ! N'eût-on pas dit, à me voir délibérer sur mon séjour, qu'il importoit beaucoup au genre humain que j'allasse habiter un pays plutôt qu'un autre, et que le poids de mon corps alloit rompre l'équilibre du globe ? Si je n'estimois mon existence que ce qu'elle vaut pour mes semblables, je m'inquiéterois moins d'aller chercher des devoirs à remplir, comme s'ils ne me suivoient pas en quelque lieu que je fusse, et qu'il ne s'en présentât pas toujours autant qu'en peut remplir celui qui les aime ; je me dirois qu'en quelque lieu que je vive, en quelque situation que je sois, je trouverai toujours à faire ma tâche d'homme, et que nul n'auroit besoin des autres si chacun vivoit convenablement pour soi.

Le sage vit au jour la journée, et trouve tous ses devoirs quotidiens autour de lui. Ne tentons rien au-delà de nos forces, et ne nous portons point en avant de notre existence. Mes devoirs d'aujourd'hui sont ma seule tâche, ceux de demain ne sont pas encore venus. Ce que je dois faire à présent est de m'éloigner de Sophie, et le chemin que je dois choisir est celui qui m'en éloigne le plus directement. Tenons-nous-en là.

Cette résolution prise, je mis l'ordre qui dépendoit de moi à tout ce que je laissois en arrière ; je vous écrivis, j'écrivis à ma famille, j'écrivis à Sophie elle-même. Je réglai tout, je n'oubliai que les soins qui pouvoient regarder ma personne, aucun ne m'étoit nécessaire, et sans valet, sans argent, sans équipage, mais sans désirs et sans soins, je partis seul et à pied. Chez les peuples où j'ai vécu, sur les mers que j'ai parcourues, dans les déserts que j'ai traversés, errant durant tant d'années, je n'ai regretté qu'une seule chose, et c'étoit celle que j'avois à fuir. Si mon cœur m'eût laissé tranquille, mon corps n'eût manqué de rien.

LETTRE II.

J'ai bu l'eau d'oubli ; le passé s'efface de ma mémoire, et l'univers s'ouvre devant moi. Voilà ce que je me disois en quittant ma patrie, dont j'avois à rougir, et à laquelle je ne devois que le mépris et la haine, puisque, heureux et digne d'honneur par moi-même, je ne tenois d'elle et de ses vils habitans que les maux dont j'étois la proie, et l'opprobre où j'étois plongé. En rompant les nœuds qui m'attachoient à mon pays, je l'étendois sur toute la terre, et j'en devenois d'autant plus homme en cessant d'être citoyen.

J'ai remarqué, dans mes longs voyages, qu'il n'y a que l'éloignement du terme qui rende le trajet difficile; il ne l'est jamais d'aller à une journée du lieu où l'on est : et pourquoi vouloir faire plus, si de journée en journée on peut aller au bout du monde? Mais en comparant les extrêmes on s'effarouche de l'intervalle, il semble qu'on doive le franchir tout d'un saut; au lieu qu'en le prenant par parties on ne fait que des promenades et l'on arrive. Les voyageurs, s'environnant toujours de leurs usages, de leurs habitudes, de leurs préjugés, de tous leurs besoins factices, ont, pour ainsi dire, une atmosphère qui les sépare des lieux où ils sont comme d'autant d'autres mondes différens du leur. Un François voudroit porter avec lui toute la France; sitôt que quelque chose de ce qu'il avoit lui manque, il compte pour rien les équivalens, et se croit perdu. Toujours comparant ce qu'il trouve à ce qu'il a quitté, il croit être mal quand il n'est pas de la même manière, et ne sauroit dormir aux Indes si son lit n'est fait tout comme à Paris.

Pour moi, je suivois la direction contraire à l'objet que j'avois à fuir, comme autrefois j'avois suivi l'opposé de l'ombre dans la forêt de Montmorency. La vitesse que je ne mettois pas à mes courses se compensoit par la ferme résolution de ne point rétrograder. Deux jours de marche avoient déjà fermé derrière moi la barrière en me laissant le temps de réfléchir durant mon retour, si j'eusse été tenté d'y songer. Je respirois en m'éloignant, et je marchois plus à mon aise à mesure que j'échappois au danger. Borné pour tout projet à celui que j'exécutois, je suivois la même aire de vent pour toute règle; je marchois tantôt vite et tantôt lentement, selon ma commodité, ma santé, mon humeur, mes forces. Pourvu, non avec moi, mais en moi, de plus de ressources que je n'en avois besoin pour vivre, je n'étois embarrassé ni de ma voiture ni de ma subsistance. Je ne craignois point les voleurs, ma bourse et mon passe-port étoient dans mes bras, mon vêtement formoit toute ma garderobe; il étoit commode et bon pour un ouvrier; je le renouvelois sans peine à mesure qu'il s'usoit. Comme je ne marchois ni avec l'appareil ni avec l'inquiétude d'un voyageur, je n'excitois l'attention de personne; je passois partout pour un homme du pays. Il étoit rare qu'on m'arrêtât sur des frontières; et quand cela m'arrivoit, peu m'importoit; je restois là sans impatience, j'y travaillois tout comme ailleurs; j'y aurois sans peine passé ma vie si l'on m'y eût toujours retenu, et mon peu d'empressement d'aller plus loin m'ouvroit enfin tous les passages. L'air affairé et soucieux est toujours suspect, mais un homme tranquille inspire de la confiance; tout le monde me laissoit libre en voyant qu'on pouvoit disposer de moi sans me fâcher.

Quand je ne trouvois pas à travailler de mon métier, ce qui étoit rare, j'en faisois d'autres. Vous m'aviez fait acquérir l'instrument universel. Tantôt paysan, tantôt artisan, tantôt artiste, quelquefois même homme à talent, j'avois partout quelque connoissance de mise, et je me rendois maître de leur usage par mon peu d'empressement à les montrer. Un des fruits de mon éducation étoit d'être pris au mot sur ce que je me donnois pour être, et rien de plus, parce que j'étois simple en toute chose, et qu'en remplissant un poste je n'en briguois pas un autre. Ainsi j'étois toujours à ma place, et l'on m'y laissoit toujours.

Si je tombois malade, accident bien rare à un homme de mon tempérament, qui ne fait excès ni d'alimens, ni de soucis, ni de travail, ni de repos, je restois coi, sans me tourmenter de guérir ni m'effrayer de mourir. L'animal malade jeûne, reste en place, et guérit ou meurt; je faisois de même, et je m'en trouvois bien. Si je me fusse inquiété de mon état, si j'eusse importuné les gens de mes craintes et de mes plaintes, ils se seroient ennuyés de moi, j'eusse inspiré moins d'intérêt et d'empressement que n'en donnoit ma patience. Voyant que je n'inquiétois personne, et que je ne me lamentois point, on me prévenoit par des soins qu'on m'eût refusés peut-être si je les eusse implorés.

J'ai cent fois observé que plus on veut exiger des autres, plus on les dispose au refus; ils aiment agir librement; et quand ils font tant que d'être bons, ils veulent en avoir tout le mérite. Demander un bienfait c'est y acquérir une espèce de droit, l'accorder est presque un devoir; et l'amour-propre aime mieux faire un don gratuit que payer une dette.

Dans ces pélerinages, qu'on eût blâmés dans le monde comme la vie d'un vagabond, parce que je ne les faisois pas avec le faste d'un voyageur opulent, si quelquefois je me demandois, Que fais-je? où vais-je? quel est mon but? je me répondois, Qu'ai-je fait en naissant que commencer un voyage qui ne doit finir qu'à ma mort? je fais ma tâche, je reste à ma place, j'use avec innocence et simplicité cette courte vie; je fais toujours un grand bien par le mal que je ne fais pas parmi mes semblables; je pourvois à mes besoins en pourvoyant aux leurs; je les sers sans jamais leur nuire; je leur donne l'exemple d'être heureux et bon sans soins et sans peine. J'ai répudié mon patrimoine, et je vis; je ne fais rien d'injuste, et je vis; je ne demande point l'aumône, et je vis. Je suis donc utile aux autres en proportion de ma subsistance; car les hommes ne donnent rien pour rien.

Comme je n'entreprends pas l'histoire de mes voyages, je passe tout ce qui n'est qu'événement. J'arrive à Marseille: pour suivre toujours la même direction je m'embarque pour Naples: il s'agit de payer mon passage; vous y aviez pourvu en me faisant apprendre la manœuvre; elle n'est pas plus difficile sur la Méditerranée que sur l'Océan, quelques mots changés en font toute la différence. Je me fais matelot. Le capitaine du bâtiment, espèce de patron renforcé, étoit un renégat qui s'étoit rapatrié. Il avoit été pris depuis lors par les corsaires, et disoit s'être échappé de leurs mains sans avoir été reconnu. Des marchands napolitains lui avoient confié un autre vaisseau, et il faisoit sa seconde course depuis ce rétablissement: il contoit sa vie à qui vouloit l'entendre, et savoit si bien se faire valoir, qu'en amusant il donnoit de la confiance. Ses goûts étoient aussi bizarres que ses aventures: il ne songeoit qu'à divertir son équipage: il avoit sur son bord deux méchans pierriers qu'il tirailloit tout le jour; toute la nuit il tiroit des fusées: on n'a jamais vu patron de navire aussi gai.

Pour moi, je m'amusois à m'exercer dans la marine; et quand je n'étois pas de quart, je n'en demeurois pas moins à la manœuvre ou au gouvernail. L'attention me tenoit lieu d'expérience, et je ne tardai pas à juger que nous dérivions beaucoup à l'ouest. Le compas étoit pourtant au rumb convenable; mais le cours du soleil et des étoiles me sembloit contrarier si fort sa direction, qu'il falloit, selon moi, que l'aiguille déclinât prodigieusement. Je le dis au capitaine: il battit la campagne en se moquant de moi; et comme la mer devint haute et le temps nébuleux, il ne me fut pas possible de vérifier mes observations. Nous eûmes un vent forcé qui nous jeta en pleine mer: il dura deux jours; le troisième nous aperçûmes la terre à notre gauche. Je demandai au patron ce que c'étoit. Il me dit, Terre de l'Église. Un matelot soutint que c'étoit la côte de Sardaigne; il fut hué, et paya de cette façon sa bienvenue: car, quoique vieux matelot, il étoit nouvellement sur ce bord ainsi que moi.

Il ne m'importoit guère où que nous fussions; mais ce qu'avoit dit cet homme ayant ranimé ma curiosité, je me mis à fureter autour de l'habitacle pour voir si quelque fer mis là par mégarde ne faisoit point décliner l'aiguille. Quelle fut ma surprise de trouver un gros aimant caché dans un coin! En l'ôtant de sa place, je vis l'aiguille en mouvement reprendre sa direction. Dans le même instant quelqu'un cria, Voile. Le patron regarda avec sa lunette, et dit que c'étoit un petit bâtiment françois. Comme il avoit le cap sur nous et que nous ne l'évitions pas, il ne tarda pas d'être à pleine vue, et chacun vit alors que c'étoit une voile barbaresque. Trois marchands napolitains que vous avions à bord avec tout leur bien poussèrent des cris jusqu'au ciel. L'énigme alors me devint claire. Je m'approchai du patron, et lui dis à l'oreille: *Patron, si nous sommes pris, tu es mort; compte là-dessus.* J'avois paru si peu ému, et je lui tins ce discours d'un ton si posé, qu'il ne s'en alarma guère, et feignit même de ne l'avoir pas entendu.

LETTRE II.

Il donna quelques ordres pour la défense; mais il ne se trouva pas une arme en état, et nous avions tant brûlé de poudre, que, quand on voulut charger les pierriers, à peine en resta-t-il pour deux coups. Elle nous eût même été fort inutile; sitôt que nous fûmes à portée, au lieu de daigner tirer sur nous, on nous cria d'amener, et nous fûmes abordés presque au même instant. Jusque alors le patron, sans en faire semblant, m'observoit avec quelque défiance; mais sitôt qu'il vit les corsaires dans notre bord, il cessa de faire attention à moi, et s'avança vers eux sans précaution. En ce moment je me crus juge, exécuteur, pour venger mes compagnons d'esclavage, en purgeant le genre humain d'un traître et la mer d'un de ses monstres. Je courus à lui, et lui criant, *Je te l'ai promis, je te tiens parole*, d'un sabre dont je m'étois saisi je lui fis voler la tête. A l'instant, voyant le chef des Barbaresques venir impétueusement à moi, je l'attendis de pied ferme, et lui présentant le sabre par la poignée, *Tiens, capitaine*, lui dis-je en langue franque, *je viens de faire justice, tu peux la faire à ton tour*. Il prit le sabre, il le leva sur ma tête; j'attendis le coup en silence : il sourit, et me tendant la main, il défendit qu'on me mît aux fers avec les autres; mais il ne me parla point de l'expédition qu'il m'avoit vu faire, ce qui me confirma qu'il en savoit assez la raison. Cette distinction, au reste, ne dura que jusqu'au port d'Alger, et nous fûmes envoyés au bagne en débarquant, couplés comme des chiens de chasse.

Jusque alors, attentif à tout ce que je voyois, je m'occupois peu de moi. Mais enfin la première agitation cessée me laissa réfléchir sur mon changement d'état, et le sentiment qui m'occupoit encore dans toute sa force me fit dire en moi-même, avec une sorte de satisfaction : Que m'ôtera cet événement? Le pouvoir de faire une sottise. Je suis plus libre qu'auparavant. Émile esclave! reprenois-je. Eh! dans quel sens? Qu'ai-je perdu de ma liberté primitive? Ne naquis-je pas esclave de la nécessité? Quel nouveau joug peuvent m'imposer les hommes? Le travail? ne travaillois-je pas quand j'étois libre? La faim? combien de fois je l'ai soufferte volontairement! La douleur? toutes les forces humaines ne m'en donneront pas plus que ne m'en fit sentir un grain de sable. La contrainte? sera-t-elle plus rude que celle de mes premiers fers? et je n'en voulois pas sortir. Soumis par ma naissance aux passions humaines, que leur joug me soit imposé par un autre ou par moi, ne faut-il pas toujours le porter? et qui sait de quelle part il me sera plus supportable? J'aurai du moins toute ma raison pour les modérer dans un autre : combien de fois ne m'a-t-elle pas abandonné dans les miennes! Qui pourra me faire porter deux chaînes? N'en portois-je pas une auparavant? Il n'y a de servitude réelle que celle de la nature; les hommes ne sont que les instrumens. Qu'un maître m'assomme ou qu'un rocher m'écrase, c'est le même événement à mes yeux, et tout ce qui peut m'arriver de pis dans l'esclavage est de ne pas plus fléchir un tyran qu'un caillou. Enfin, si j'avois ma liberté, qu'en ferois-je? Dans l'état où je suis que puis-je vouloir? Eh! pour ne pas tomber dans l'anéantissement, j'ai besoin d'être animé par la volonté d'un autre au défaut de la mienne.

Je tirai de ces réflexions la conséquence que mon changement d'état étoit plus apparent que réel; que si la liberté consistoit à faire ce qu'on veut, nul homme ne seroit libre; que tous sont foibles, dépendans des choses, de la dure nécessité; que celui qui sait le mieux vouloir tout ce qu'elle ordonne est le plus libre, puisqu'il n'est jamais forcé de faire ce qu'il ne veut pas.

Oui, mon père, je puis le dire, le temps de ma servitude fut celui de mon règne, et jamais je n'eus tant d'autorité sur moi que quand je portai les fers des barbares. Soumis à leurs passions sans les partager, j'appris à mieux connoître les miennes. Leurs écarts furent pour moi des instructions plus vives que n'avoient été vos leçons, et je fis sous ces rudes maîtres un cours de philosophie encore plus utile que celui que j'avois fait près de vous.

Je n'éprouvai pas pourtant dans leur servitude toutes les rigueurs que j'en attendois. J'essuyai de mauvais traitemens, mais moins peut-être qu'ils n'en eussent essuyé parmi nous, et je connus que ces noms de Maures et de pirates portoient avec eux des préjugés dont je ne m'étois pas assez défendu. Ils ne sont pas pitoyables, mais ils sont justes; et s'il faut n'attendre d'eux ni douceur ni clémence, on n'en doit craindre non plus ni caprice ni méchanceté. Ils veulent qu'on fasse ce qu'on peut faire, mais ils n'exigent rien de plus, et, dans leurs châtimens, ils ne punissent jamais l'impuissance, mais seulement la mauvaise volonté. Les Nègres seroient trop heureux en Amérique si l'Européen les traitoit avec la même équité : mais comme il ne voit dans ces malheureux que des instrumens de travail, sa conduite envers eux dépend uniquement de l'utilité qu'il en tire ; il mesure sa justice sur son profit.

Je changeai plusieurs fois de patron : l'on appeloit cela me vendre ; comme si jamais on pouvoit vendre un homme! On vendoit le travail de mes mains ; mais ma volonté, mon entendement, mon être, tout ce par quoi j'étois moi et non pas un autre, ne se vendoit assurément pas ; et la preuve de cela est que la première fois que je voulus le contraire de ce que vouloit mon prétendu maître, ce fut moi qui fus le vainqueur. Cet événement mérite d'être raconté.

Je fus d'abord assez doucement traité ; l'on comptoit sur mon rachat, et je vécus plusieurs mois dans une inaction qui m'eût ennuyé si je pouvois connoître l'ennui. Mais enfin, voyant que je n'intriguois point auprès des consuls européens et des moines, que personne ne parloit de ma rançon, et que je ne paroissois pas y songer moi-même, on voulut tirer parti de moi de quelque manière, et l'on me fit travailler. Ce changement ne me surprit ni ne me fâcha. Je craignois peu les travaux pénibles, mais j'en aimois mieux de plus amusans. Je trouvai le moyen d'entrer dans un atelier dont le maître ne tarda pas à comprendre que j'étois le sien dans son métier. Ce travail devenant plus lucratif pour mon patron que celui qu'il me faisoit faire, il m'établit pour son compte, et s'en trouva bien.

J'avois vu disperser presque tous mes anciens camarades du bagne ; ceux qui pouvoient être rachetés l'avoient été ; ceux qui ne pouvoient l'être avoient eu le même sort que moi ; mais tous n'y avoient pas trouvé le même adoucissement. Deux chevaliers de Malte entre autres avoient été délaissés. Leurs familles étoient pauvres. La religion ne rachète point ses captifs ; et les pères, ne pouvant racheter tout le monde, donnoient, ainsi que les consuls, une préférence fort naturelle, et qui n'est pas inique, à ceux dont la reconnoissance leur pouvoit être plus utile. Ces deux chevaliers, l'un jeune et l'autre vieux, étoient instruits et ne manquoient pas de mérite ; mais ce mérite étoit perdu dans leur situation présente. Ils savoient le génie, la tactique, le latin, les belles-lettres. Ils avoient des talens pour briller, pour commander, qui n'étoient pas d'une grande ressource à des esclaves. Pour surcroît ils portoient fort impatiemment leurs fers ; et la philosophie, dont ils se piquoient extrêmement, n'avoit point appris à ces fiers gentilshommes à servir de bonne grâce des pieds plats et des bandits, car ils n'appeloient pas autrement leurs maîtres. Je plaignois ces deux pauvres gens ; ayant renoncé par leur noblesse à leur état d'hommes, à Alger ils n'étoient plus rien : même ils étoient moins que rien ; car, parmi les corsaires, un corsaire ennemi fait esclave est fort au-dessous du néant. Je ne pus servir le vieux que de mes conseils, qui lui étoient superflus, car, plus savant que moi, du moins de cette science qui s'étale, il savoit à fond toute la morale, et ses préceptes lui étoient très-familiers ; il n'y avoit que la pratique qui lui manquât, et l'on ne sauroit porter de plus mauvaise grâce le joug de la nécessité. Le jeune, encore plus impatient, mais ardent, actif, intrépide, se perdoit en projets de révoltes et de conspirations impossibles à exécuter, et qui, toujours découverts, ne faisoient qu'aggraver sa misère. Je tentai de l'exciter à s'évertuer, à mon exemple, et à tirer parti de ses bras pour rendre son état plus supportable ; mais il méprisa mes conseils, et me dit fièrement qu'il savoit mourir. Monsieur, lui dis-je, il vaudroit encore mieux savoir vivre. Je parvins pourtant à lui procurer quelques soulagemens, qu'il reçut de bonne grâce et en âme noble et sensible, mais qui ne lui firent pas goûter mes vues. Il continua ses trames pour se procurer la liberté par un coup hardi : mais son esprit remuant lassa la patience de son maître qui étoit le mien : cet homme se défit de lui et de moi : nos liaisons lui avoient paru suspectes, et il crut que j'employois à l'aider dans ses manœuvres les entretiens par lesquels je tâchois de l'en détourner. Nous fûmes vendus à un entrepreneur d'ouvrages publics, et condamnés à travailler sous les ordres d'un surveillant barbare, esclave comme nous, mais qui, pour se faire valoir à son maître, nous accabloit de plus de travaux que la force humaine n'en pouvoit porter.

Les premiers jours ne furent pour moi que des jeux. Comme on nous partageoit également le travail et que j'étois plus robuste et plus ingambe que tous mes camarades, j'avois fait ma tâche avant eux, après quoi j'aidois les plus foibles et les allégeois d'une partie de la leur. Mais notre piqueur, ayant remarqué ma diligence et la supériorité de mes forces, m'empêcha de les employer pour d'autres en doublant ma tâche, et, toujours augmentant par degrés, finit par me surcharger à tel point et de travail et de coups, que, malgré ma vigueur, j'étois menacé de succomber bientôt sous le faix : tous mes compagnons, tant forts que foibles, mal nourris, et plus maltraités, dépérissoient sous l'excès du travail.

Cet état devenant tout-à-fait insupportable, je résolus de m'en délivrer à tout risque. Mon jeune chevalier à qui je communiquai ma résolution la partagea vivement. Je le connoissois homme de courage, capable de constance, pourvu qu'il fût sous les yeux des hommes ; et dès qu'il s'agissoit d'actes brillans et de vertus héroïques, je me tenois sûr de lui. Mes ressources néanmoins étoient toutes en moi-même, et je n'avois besoin du concours de personne pour exécuter mon projet ; mais il étoit vrai qu'il pouvoit avoir un **effet** beaucoup plus avantageux, exécuté de concert par mes compagnons de misère, et je résolus de le leur proposer conjointement avec le chevalier.

J'eus peine à obtenir de lui que cette proposition se feroit simplement et sans intrigues préliminaires. Nous prîmes le temps du repas, où nous étions plus rassemblés et moins surveillés. Je m'adressai d'abord dans ma langue à une douzaine de compatriotes que j'avois là, ne voulant pas leur parler en langue franque de peur d'être entendu des gens du pays. Camarades, leur dis-je, écoutez-moi. Ce qui me reste de force ne peut suffire à quinze jours encore du travail dont on me surcharge, et je suis un des plus robustes de la troupe : il faut qu'une situation si violente prenne une prompte fin, soit par un épuisement total, soit par une résolution qui le prévienne. Je choisis le dernier parti, et je suis déterminé à me refuser dès demain à tout travail, au péril de ma vie et de tous les traitemens que doit m'attirer ce refus. Mon choix est une affaire de calcul. Si je reste comme je suis, il faut périr infailliblement en très-peu de temps et sans aucune ressource : je m'en ménage une par ce sacrifice de peu de jours. Le parti que je prends peut effrayer notre inspecteur et éclairer son maître sur son véritable intérêt. Si cela n'arrive pas, mon sort, quoique accéléré, ne sauroit être empiré. Cette ressource seroit tardive et nulle quand mon corps épuisé ne seroit plus capable d'aucun travail ; alors, en me ménageant, ils n'auroient rien à gagner ; en m'achevant, ils ne feroient qu'épargner ma nourriture. Il me convient donc de choisir le moment où ma perte en est encore une pour eux. Si quelqu'un d'entre vous trouve mes raisons bonnes, et veut, à l'exemple de cet homme de courage, prendre le même parti que moi, notre nombre fera plus d'effet et rendra nos tyrans plus traitables ; mais fussions-nous seuls, lui et moi, nous n'en sommes pas moins résolus à persister dans notre refus et nous vous prenons tous à témoin de la façon dont il sera soutenu.

Ce discours simple et simplement prononcé fut écouté sans beaucoup d'émotion. Quatre ou cinq de la troupe me dirent cependant de compter sur eux et qu'ils feroient comme moi. Les autres ne dirent mot, et tout resta calme. Le chevalier, mécontent de cette tranquillité, parla aux siens dans sa langue avec plus de véhémence. Leur nombre étoit grand : il leur fit à haute voix des descriptions animées de l'état où nous étions réduits et de la cruauté de nos bourreaux ; il excita leur indignation par la peinture de notre avilissement, et leur ardeur par l'espoir de la vengeance ; enfin, il enflamma tellement leur courage par l'admiration de la force d'âme qui sait braver les tourmens et qui triomphe de la puissance même, qu'ils l'interrompirent par des cris, et tous jurèrent de nous imiter et d'être inébranlables jusqu'à la mort.

Le lendemain, sur notre refus de travailler, nous fûmes, comme nous nous y étions attendus, très-maltraités les uns et les autres, inutilement toutefois quant à nous deux et à mes trois ou quatre compagnons de la veille, à qui nos bourreaux n'arrachèrent pas même un seul cri.

Mais l'œuvre du chevalier ne tint pas si bien. La constance de ses bouillans compatriotes fut épuisée en quelques minutes, et bientôt, à coups de nerf de bœuf, on les ramena tous au travail, doux comme des agneaux. Outré de cette lâcheté, le chevalier, tandis qu'on le tourmentoit lui-même, les chargeoit de reproches et d'injures qu'ils n'écoutoient pas. Je tâchai de l'apaiser sur une désertion que j'avois prévue et que je lui avois prédite. Je savois que les effets de l'éloquence sont vifs mais momentanés. Les hommes qui se laissent si facilement émouvoir se calment avec la même facilité. Un raisonnement froid et fort ne fait point d'effervescence; mais quand il prend, il pénètre, et l'effet qu'il produit ne s'efface plus.

La foiblesse de ces pauvres gens en produisit un autre auquel je ne m'étois pas attendu, et que j'attribue à une rivalité nationale plus qu'à l'exemple de notre fermeté. Ceux de mes compatriotes qui ne m'avoient point imité, les voyant revenir au travail, les huèrent, les quittèrent à leur tour, et, comme pour insulter à leur couardise, vinrent se ranger autour de moi : cet exemple en entraîna d'autres ; et bientôt la révolte devint si générale que le maître, attiré par le bruit et les cris, vint lui-même pour y mettre ordre.

Vous comprenez ce que notre inspecteur put lui dire pour s'excuser et pour l'irriter contre nous. Il ne manqua pas de me désigner comme l'auteur de l'émeute, comme un chef de mutins qui cherchoit à se faire craindre par le trouble qu'il vouloit exciter. Le maître me regarda et me dit : C'est donc toi qui débauches mes esclaves? Tu viens d'entendre l'accusation : si tu as quelque chose à répondre, parle. Je fus frappé de cette modération dans le premier emportement d'un homme âpre au gain, menacé de sa ruine, dans un moment où tout maître européen, touché jusqu'au vif par son intérêt, eût commencé sans vouloir m'entendre, par me condamner à mille tourmens. Patron, lui dis-je en langue franque, tu ne peux nous haïr, tu ne nous connois pas même; nous ne te haïssons pas non plus, tu n'es pas l'auteur de nos maux, tu les ignores. Nous savons porter le joug de la nécessité qui nous a soumis à toi. Nous ne refusons point d'employer nos forces pour ton service, puisque le sort nous y condamne; mais en les excédant, ton esclave nous les ôte et va te ruiner par notre perte. Crois-moi, transporte à un homme plus sage l'autorité dont il abuse à ton préjudice. Mieux distribué, ton ouvrage ne se fera pas moins, et tu conserveras des esclaves laborieux dont tu tireras avec le temps un profit beaucoup plus grand que celui qu'il te veut procurer en nous accablant. Nos plaintes sont justes, nos demandes sont modérées. Si tu ne les écoutes pas, notre parti est pris : ton homme vient d'en faire l'épreuve, tu peux la faire à ton tour.

Je me tus; le piqueur voulut répliquer. Le patron lui imposa silence. Il parcourut des yeux mes camarades, dont le teint hâve et la maigreur attestoient la vérité de mes plaintes, mais dont la constance au surplus n'annonçoit point du tout des gens intimidés. Ensuite, m'ayant considéré derechef : Tu parois, dit-il, un homme sensé, je veux savoir ce qui en est. Tu tances la conduite de cet esclave · voyons la tienne à sa place; je te la donne et le mets à la tienne. Aussitôt il ordonna qu'on m'ôtât mes fers et qu'on les mît à notre chef : cela fut fait à l'instant.

Je n'ai pas besoin de vous dire comment je me conduisis dans ce nouveau poste, et ce n'est pas de cela qu'il s'agit ici. Mon aventure fit du bruit, le soin qu'il prit de la répandre fit nouvelle dans Alger : le dey même entendit parler de moi et voulut me voir. Mon patron m'ayant conduit à lui, et voyant que je lui plaisois, lui fit présent de ma personne. Voilà votre Émile esclave du dey d'Alger.

Les règles sur lesquelles j'avois à me conduire dans ce nouveau poste découloient de principes qui ne m'étoient pas inconnus : nous les avions discutés durant mes voyages; et leur application, bien qu'imparfaite et très en petit, dans le cas où je me trouvois, étoit sûre et infaillible dans ses effets. Je ne vous entretiendrai pas de ces menus détails, ce n'est pas de cela qu'il s'agit entre vous et moi. Mes succès m'attirèrent la considération de mon patron.

Assem Oglou étoit parvenu à la suprême puissance par la route la plus honorable qui puisse y conduire ; car, de simple matelot, passant par tous les grades de la marine et de la milice, il s'étoit successivement élevé aux premières places de l'état; et, après la mort de son prédécesseur, il fut élu pour lui succéder par les suffrages unanimes des Turcs et des Maures, des gens de guerre et des gens de loi. Il y avoit douze ans qu'il remplissoit avec honneur ce poste difficile, ayant à gouverner un peuple indocile et barbare, une soldatesque inquiète et mutine, avide de désordre et de trouble, qui, ne sachant ce qu'elle désiroit elle-même, ne vouloit que remuer, et se soucioit peu que les choses allassent mieux pourvu qu'elles allassent autrement. On ne pouvoit pas se plaindre de son administration, quoiqu'elle ne répondît pas à l'espérance qu'on en avoit conçue. Il avoit maintenu sa régence assez tranquille : tout étoit en meilleur état qu'auparavant, le commerce et l'agriculture alloient bien, la marine étoit en vigueur, le peuple avoit du pain. Mais on n'avoit point de ces opérations éclatantes.... (*)

EXTRAIT D'UNE LETTRE

DU PROFESSEUR PREVOST, DE GENÈVE,

AUX RÉDACTEURS DES ARCHIVES LITTÉRAIRES (**).

SUR J. J. ROUSSEAU,

ET PARTICULIÈREMENT SUR LA SUITE DE L'ÉMILE, OU LES SOLITAIRES.

Messieurs,

L'avantage dont j'ai joui de voir souvent J. J. Rousseau dans sa vieillesse m'a donné lieu de faire quelques remarques que je hasarde de vous com-

(*) Il est d'autant plus à regretter que Rousseau n'ait pas continué cet ouvrage, que, dans une lettre à Du Peyrou, du 6 juillet 1768, où il le prie de lui envoyer le manuscrit, il annonce le désir de le revoir, « pour remplir par un peu de distraction les mauvais jours d'hiver. Je conserve, ajoute-t-il, « pour cette entreprise un foible mais réel combats pas, parce « que j'y trouverois au contraire un spécifique utile pour occuper mes momens perdus, sans rien mêler à cette occupation « qui me rappelât le souvenir de mes malheurs ni de rien qui « s'y rapporte. »
La lettre de M. Prevost qu'on va lire, prouve que le manuscrit lui fut en effet renvoyé; mais Rousseau, dominé malheureusement par ces idées chagrines dont il vouloit d'abord se distraire, ne fit que s'en nourrir et s'en pénétrer davantage en écrivant ses *Dialogues* et ses *Rêveries*. G. P.

(**) 1804, tome II, page 214. — Cette intéressante collection, commencée en 1804, et qui a fini en 1808, comprend 17 volumes. G. P.

muniquer. Ce sont de petits faits liés à un grand nom, qu'il vaut mieux recueillir que laisser perdre...

(Nous avons fait usage de plusieurs de ces *petits faits* dans l'*Appendice aux Confessions* qui fait partie du 1er volume de cette édition.)

Je sais qu'il avoit brûlé quelques-uns de ses manuscrits; ses œuvres posthumes ont fait connoître les plus intéressans de ceux qu'il avoit épargnés.... Je lui ai ouï dire qu'à son départ de Londres il avoit fait un grand feu d'une multitude de notes destinées à une édition d'*Émile*, et qui l'embarrassoient en ce moment.

. . . .

Rousseau ne m'avoit jamais mis dans la confidence de ses Mémoires; il n'avoit fait que me les nommer à l'occasion de la crainte qu'il eut de les avoir perdus. Mais il me procura un très-vif plaisir par la lecture qu'il voulut bien me faire du supplément à l'*Émile*. Ce morceau a paru dans l'édition de Genève, sous le titre d'*Émile et Sophie, ou les Solitaires*. Il est demeuré imparfait, et finit à l'époque où Emile devint esclave du dey d'Alger.... Rousseau ne s'en tint pas à la lecture de ce fragment, qui acquéroit un nouveau prix par l'accent passionné de sa voix, et par une certaine émotion contagieuse à laquelle il s'abandonnoit. Animé lui-même par cette lecture, il parut reprendre la trace des idées et des sentimens qui l'avoient agité dans le feu de la composition. Il parla d'abondance avec chaleur et facilité (ce qu'il faisoit rarement), il me développa divers événemens de la suite de ce roman commencé, et m'en exposa le dénouement. Le voici tel que me le fournissent quelques notes faites de mémoire. On sera, j'espère, assez juste pour ne pas imputer à l'auteur ce qu'il peut offrir d'irrégulier dans une esquisse aussi légère, et qui, sans être infidèle, peut dérober quelques traits que le tableau eût fait ressortir.

DÉNOUEMENT DES SOLITAIRES.

Une suite d'événemens amène Émile dans une île déserte. Il trouve sur le rivage un temple orné de fleurs et de fruits délicieux. Chaque jour il le visite, et chaque jour il le trouve embelli. Sophie en est la prêtresse; Émile l'ignore. Quels événemens ont pu l'attirer en ces lieux ? Les suites de sa faute et des actions qui l'effacent. Sophie enfin se fait connoître. Émile apprend le tissu de fraudes et de violences sous lequel elle a succombé. Mais indigne désormais d'être sa compagne, elle veut être son esclave et servir sa propre rivale. Celle-ci est une jeune personne que d'autres événemens unissent au sort des deux anciens époux. Cette rivale épouse Émile ; Sophie assiste à la noce. Enfin, après quelques jours donnés à l'amertume du repentir et aux tourmens d'une douleur toujours renaissante, et d'autant plus vive que Sophie se fait un devoir et un point d'honneur de la dissimuler, Émile et la rivale de Sophie avouent que leur mariage n'est qu'une feinte. Cette prétendue rivale avoit un autre époux qu'on présente à Sophie ; et Sophie retrouve le sien, qui non-seulement lui pardonne une faute involontaire, expiée par les plus cruelles peines, et réparée par le repentir, mais qui estime et honore en elle des vertus dont il n'avoit qu'une foible idée avant qu'elles eussent trouvé l'occasion de se développer dans toute leur étendue.

MANDEMENT

DE MONSEIGNEUR L'ARCHEVÊQUE DE PARIS (*),

PORTANT

Condamnation d'un livre qui a pour titre : ÉMILE, ou DE L'ÉDUCATION, par J. J. ROUSSEAU, citoyen de Genève

---

CHRISTOPHE DE BEAUMONT, par la miséricorde divine et par la grâce du saint siége apostolique, archevêque de Paris, duc de Saint-Cloud, pair de France, commandeur de l'ordre du Saint-Esprit, proviseur de Sorbonne, etc. ; à tous les fidèles de notre diocèse : salut et bénédiction.

I. Saint Paul a prédit, M. T. C. F., qu'il viendroit *des jours périlleux où il y auroit des gens amateurs d'eux-mêmes, fiers, superbes, blasphémateurs, impies, calomniateurs, enflés d'orgueil, amateurs des voluptés plutôt que de Dieu; des hommes d'un esprit corrompu, et pervertis dans la foi* ([1]). Et dans quels temps malheureux cette prédiction s'est-elle accomplie plus à la lettre que dans les nôtres ! L'incrédulité, enhardie par toutes les passions, se présente sous toutes les formes, afin de se proportionner en quelque sorte à tous les âges, à tous les caractères, à tous les états. Tantôt, pour s'insinuer dans des esprits qu'elle trouve déjà *ensorcelés par la bagatelle* ([2]), elle emprunte un style léger, agréable et frivole : de là tant de romans, également obscènes et impies, dont le but est d'amuser l'imagination pour séduire l'esprit et corrompre le cœur. Tantôt, affectant un air de profondeur et de sublimité dans ses vues, elle feint de remonter aux premiers principes de nos connoissances, et prétend s'en autoriser pour secouer un joug qui, selon elle, déshonore l'humanité, la Divinité même. Tantôt elle déclame en furieuse contre le zèle de la religion, et prêche la tolérance universelle avec emportement. Tantôt enfin, réunissant tous ces divers langages, elle mêle le sérieux à l'enjouement, des maximes pures à des obscénités, de grandes vérités à de grandes erreurs, la foi au blasphème ; elle entreprend en un mot d'accorder les lumières avec les ténèbres, Jésus-Christ avec Bélial. Et tel est spécialement, M. T. C. F., l'objet qu'on paroît s'être proposé dans un ouvrage récent, qui a pour titre, ÉMILE, OU DE L'ÉDUCATION. Du sein de l'erreur il s'est élevé un homme plein du langage de la philosophie, sans être véritablement philosophe ; esprit doué d'une multitude de connoissances, qui ne l'ont pas éclairé, et qui ont répandu des ténèbres dans les autres esprits ; caractère livré aux paradoxes d'opinions et de conduite, alliant la simplicité des mœurs avec le faste des pensées, le zèle des maximes antiques avec la fureur d'établir des nouveautés, l'obscurité de la retraite avec le désir d'être connu de tout le monde : on l'a vu invectiver contre les sciences qu'il cultivoit, préconiser l'excellence de l'Évangile dont il détruisoit les dogmes, peindre la beauté des vertus qu'il éteignoit dans l'âme de ses lecteurs. Il s'est fait le précepteur du genre humain pour le tromper, le moniteur public pour égarer tout le monde, l'oracle du siècle pour achever de le perdre. Dans un ouvrage sur l'Inégalité des conditions il avoit abaissé l'homme jusqu'au rang des bêtes ; dans une autre production plus récente il avoit insinué le poison de la volupté en paroissant le proscrire : dans celui-ci, il s'empare des premiers momens de l'homme afin d'établir l'empire de l'irréligion.

II. Quelle entreprise, M. T. C. F. ! L'éducation de la jeunesse est un des objets les plus importans de la sollicitude et du zèle des pasteurs. Nous savons que, pour réformer le monde, autant que le permettent la foiblesse et la corruption de notre na-

---

(*) Il nous a paru convenable de donner à la suite de l'*Émile* le mandement de l'archevêque de Paris qui le condamne. Son importance et le besoin de l'avoir sous les yeux en lisant la lettre de Rousseau, mettront les lecteurs à même de juger avec plus d'impartialité. Le premier paragraphe renferme un portrait de l'auteur d'*Émile*, qui, grâce à quelques heureuses antithèses, obtint en tems beaucoup de succès.

([1]) *In novissimis diebus instabunt tempora periculosa; erunt homines seipsos amantes... elati, superbi, blasphemi... scelesti... criminatores... tumidi, et voluptatum amatores magis quàm Dei... homines corrupti mente et reprobi circa fidem.* II. Tim., cap. III, v. 1, 4, 8.

([2]) *Fascinatio nugacitatis obscurat bona.* Sap., cap. IV, v. 12.

ture, il suffiroit d'observer, sous la direction et l'impression de la grâce, les premiers rayons de la raison humaine, de les saisir avec soin et de les diriger vers la route qui conduit à la vérité. Par là ces esprits, encore exempts de préjugés, seroient pour toujours en garde contre l'erreur; ces cœurs, encore exempts de grandes passions, prendroient les impressions de toutes les vertus. Mais à qui convient-il mieux qu'à nous et à nos coopérateurs dans le saint ministère de veiller ainsi sur les premiers momens de la jeunesse chrétienne; de lui distribuer le lait spirituel de la religion, *afin qu'il croisse pour le salut* (¹); de préparer de bonne heure par de salutaires leçons des adorateurs sincères au vrai Dieu, des sujets fidèles au souverain, des hommes dignes d'être la ressource et l'ornement de la patrie.

III. Or, M. T. C. F., l'auteur d'*Émile* propose un plan d'éducation qui, loin de s'accorder avec le christianisme, n'est pas même propre à former des citoyens ni des hommes. Sous le vain prétexte de rendre l'homme à lui-même et de faire de son élève l'élève de la nature, il met en principe une assertion démentie, non-seulement par la religion, mais encore par l'expérience de tous les peuples et de tous les temps. *Posons*, dit-il, *pour maxime incontestable que les premiers mouvemens de la nature sont toujours droits : il n'y a point de perversité originelle dans le cœur humain.* A ce langage on ne reconnoît point la doctrine des saintes Écritures et de l'Église touchant la révolution qui s'est faite dans notre nature; on perd de vue le rayon de lumière qui nous fait connoître le mystère de notre propre cœur. Oui, M. T. C. F., il se trouve en nous un mélange frappant de grandeur et de bassesse, d'ardeur pour la vérité et de goût pour l'erreur, d'inclination pour la vertu et de penchant pour le vice. Étonnant contraste, qui, en déconcertant la philosophie païenne, la laisse errer dans de vaines spéculations! contraste dont la révélation nous découvre la source dans la chute déplorable de notre premier père! L'homme se sent entraîné par une pente funeste; et comment se roidiroit-il contre elle, si son enfance n'étoit dirigée par des maîtres pleins de vertu, de sagesse, de vigilance, et si, durant tout le cours de sa vie, il ne faisoit lui-même, sous la protection et avec les grâces de son Dieu, des efforts puissans et continuels? Hélas! M. T. C. F., malgré les principes de l'éducation la plus saine et la plus vertueuse, malgré les promesses les plus magnifiques de la religion et les menaces les plus terribles, les écarts de la jeunesse ne sont encore que trop fréquens, trop multipliés! dans quelles erreurs, dans quels excès, abandonnée à elle-même, ne se précipiteroit-elle donc pas? C'est un torrent qui se déborde malgré les digues puissantes qu'on lui avoit opposées : que seroit-ce donc si nul obstacle ne suspendoit ses flots et ne rompoit ses efforts?

IV. L'auteur d'*Émile*, qui ne reconnoit aucune religion, indique néanmoins, sans y penser, la voie qui conduit infailliblement à la vraie religion : « Nous, dit-il, qui ne voulons rien donner à l'auto- » rité, nous qui ne voulons rien enseigner a notre » *Émile* qu'il ne pût comprendre de lui-même par » tout pays, dans quelle religion l'élèverons-nous? » à quelle secte agrégerons-nous l'élève de la na- » ture? Nous ne l'agrégerons ni à celle-ci ni à celle- » là; nous le mettrons en état de choisir celle où le » meilleur usage de la raison doit le conduire. » Plût à Dieu, M. T. C. F., que cet objet eût été bien rempli! si l'auteur eût réellement *mis son élève en état de choisir, entre toutes les religions, celle où le meilleur usage de la raison doit conduire*, il l'eût immanquablement préparé aux leçons du christianisme. Car, M. T. C. F., la lumière naturelle conduit à la lumière évangélique; et le culte chrétien est essentiellement *un culte raisonnable* (¹). En effet, *si le meilleur usage de notre raison* ne devoit pas nous conduire à la révélation chrétienne, notre foi seroit vaine, nos espérances seroient chimériques. Mais comment ce *meilleur usage* de la raison nous conduit-il au bien inestimable de la foi, et de là au terme précieux du salut? c'est à la raison elle-même que nous en appelons. Dès qu'on reconnoît un Dieu, il ne s'agit plus que de savoir s'il a daigné parler aux hommes autrement que par les impressions de la nature. Il faut donc examiner si les faits qui constatent la révélation ne sont pas supérieurs à tous les efforts de la chicane la plus artificieuse. Cent fois l'incrédulité a tâché de détruire ces faits, ou au moins d'en affoiblir les preuves, et cent fois sa critique a été convaincue d'impuissance. Dieu, par la révélation, s'est rendu témoignage à lui-même, et ce témoignage est évidemment *très-digne de foi* (²). Que reste-t-il donc à l'homme qui fait *le meilleur usage de sa raison*, sinon d'acquiescer à ce témoignage? C'est votre grâce, ô mon Dieu! qui consomme cette œuvre de lumière, c'est elle qui détermine la volonté, qui forme l'âme chrétienne : mais le développement des preuves et la force des motifs ont préalablement occupé, épuré la raison; et c'est dans ce travail, aussi noble qu'indispensable, que consiste ce *meilleur usage de la raison*, dont l'auteur d'*Émile* entreprend de parler sans en avoir une notion fixe et véritable.

(¹) *Sicut modò geniti infantes rationabile sine dolo lac concupiscite, ut in eo crescatis in salutem.* I. Pet., cap. II.

(¹) *Rationabile obsequium vestrum.* Rom., cap. XII, v. 1.
(²) *Testimonia tua credibilia facta sunt nimis.* Psal. 92, v. 5.

V. Pour trouver la jeunesse plus docile aux leçons qu'il lui prépare, cet auteur veut qu'elle soit dénuée de tout principe de religion. Et voilà pourquoi, selon lui, *connoître le bien et le mal, sentir la raison des devoirs de l'homme, n'est pas l'affaire d'un enfant... J'aimerois autant,* ajoute-t-il, *exiger qu'un enfant eût cinq pieds de haut, que du jugement à dix ans.*

VI. Sans doute, M. T. C. F., que le jugement humain a ses progrès et ne se forme que par degrés : mais s'ensuit-il donc qu'à l'âge de dix ans un enfant ne connoisse point la différence du bien et du mal, qu'il confonde la sagesse avec la folie, la bonté avec la barbarie, la vertu avec le vice? Quoi! à cet âge il ne sentira pas qu'obéir à son père est un bien, que lui désobéir est un mal! Le prétendre, M. T. C. F., c'est calomnier la nature humaine en lui attribuant une stupidité qu'elle n'a point.

VII. « Tout enfant qui croit en Dieu, *dit encore* » *cet auteur,* est idolâtre ou anthropomorphite. » Mais, s'il est idolâtre, il croit donc plusieurs dieux; il attribue donc la nature divine à des simulacres insensibles. S'il n'est qu'anthropomorphite, en reconnoissant le vrai Dieu, il lui donne un corps. Or on ne peut supporter ni l'un ni l'autre dans un enfant qui a reçu une éducation chrétienne. Que si l'éducation a été vicieuse à cet égard, il est souverainement injuste d'imputer à la religion ce qui n'est que la faute de ceux qui l'enseignent mal. Au surplus, l'âge de dix ans n'est point l'âge d'un philosophe : un enfant, quoique bien instruit, peut s'expliquer mal; mais en lui inculquant que la Divinité n'est rien de ce qui tombe ou de ce qui peut tomber sous les sens, que c'est une intelligence infinie, qui, douée d'une puissance suprême, exécute tout ce qui lui plaît, on lui donne de Dieu une notion assortie à la portée de son jugement. Il n'est pas douteux qu'un athée, par ses sophismes, viendra facilement à bout de troubler les idées de ce jeune croyant; mais toute l'adresse du sophiste ne fera certainement pas que cet enfant, lorsqu'il croit en Dieu, soit *idolâtre* ou *anthropomorphite,* c'est-à-dire qu'il ne croie que l'existence d'une chimère.

VIII. L'auteur va plus loin, M. T. C. F.; il *n'accorde pas même à un jeune homme de quinze ans la capacité de croire en Dieu.* L'homme ne saura donc pas même à cet âge s'il y a un Dieu ou s'il n'y en a point; toute la nature aura beau annoncer la gloire de son Créateur, il n'entendra rien à son langage! il existera sans savoir à quoi il doit son existence! et ce sera la saine raison elle-même qui le plongera dans ces ténèbres! C'est ainsi, M. T. C. F., que l'aveugle impiété voudroit pouvoir obcurcir de ses noires vapeurs le flambeau que la religion présente à tous les âges de la vie humaine. Saint Augustin raisonnoit bien sur d'autres principes, quand il disoit, en parlant des premières années de sa jeunesse, « Je tombai dès ce temps-là,
» Seigneur, entre les mains de quelques-uns de
» ceux qui ont soin de vous invoquer; et je com-
» pris, par ce qu'ils me disoient de vous et selon
» les idées que j'étois capable de m'en former à cet
» âge-là, que vous étiez quelque chose de grand,
» et qu'encore que vous fussiez invisible et hors
» de la portée de nos sens, vous pouviez nous exau-
» cer et nous secourir. Aussi commençai-je, dès mon
» enfance, à vous prier et vous regarder comme
» mon recours et mon appui, et, à mesure que ma
» langue se dénouoit, j'employois ses premiers mou-
» vemens à vous invoquer ([1]). »

IX. Continuons, M. T. C. F., de relever les paradoxes étranges de l'auteur d'*Émile.* Après avoir réduit les jeunes gens à une ignorance si profonde par rapport aux attributs et aux droits de la Divinité, leur accordera-t-il du moins l'avantage de se connoître eux-mêmes? Sauront-ils si leur âme est une substance absolument distinguée de la matière? ou se regarderont-ils comme des êtres purement matériels et soumis aux seules lois du mécanisme? L'auteur d'*Émile* doute qu'à dix-huit ans il soit encore temps que son élève apprenne s'il a une âme : il pense que, *s'il l'apprend plus tôt, il court risque de ne le savoir jamais.* Ne veut-il pas du moins que la jeunesse soit susceptible de la connoissance de ses devoirs? Non : à l'en croire, *il n'y a que des objets physiques qui puissent intéresser les enfans, surtout ceux dont on n'a pas éveillé la vanité, et qu'on n'a pas corrompus d'avance par le poison de l'opinion* : il veut en conséquence que tous les soins de la première éducation soient appliqués à ce qu'il y a dans l'homme de matériel et de terrestre : *Exercez,* dit-il, *son corps, ses organes, ses sens, ses forces, mais tenez son âme oisive autant qu'il se pourra.* C'est que cette oisiveté lui a paru nécessaire pour disposer l'âme aux erreurs qu'il se proposoit de lui inculquer. Mais ne vouloir enseigner la sagesse à l'homme que dans le temps où il sera dominé par la fougue des passions naissantes, n'est-ce pas la lui présenter dans le dessein qu'il la rejette?

X. Qu'une semblable éducation, M. T. C. F., est opposée à celle que prescrivent de concert la vraie religion et la saine raison! Toutes deux veulent qu'un maître sage et vigilant épie en quelque sorte dans son élève les premières lueurs de l'intelligence pour l'occuper des attraits de la vérité, les premiers mouvements du cœur pour le fixer par les charmes de la vertu. Combien en effet n'est-il pas

---

([1]) Confess., lib. I, cap. IX.

plus avantageux de prévenir les obstacles, que d'avoir à les surmonter? Combien n'est-il pas à craindre que, si les impressions du vice précèdent les leçons de la vertu, l'homme parvenu à un certain âge ne manque de courage ou de volonté pour résister au vice? Une heureuse expérience ne prouve-t-elle pas tous les jours qu'après les déréglemens d'une jeunesse imprudente et emportée on revient enfin aux bons principes qu'on a reçus dans l'enfance?

XI. Au reste, M. T. C. F., ne soyons point surpris que l'auteur d'*Émile* remette à un temps si reculé la connoissance de l'existence de Dieu, il ne la croit pas nécessaire au salut. « Il est clair, dit-il par » l'organe d'un personnage chimérique, il est clair » que tel homme, parvenu jusqu'à la vieillesse sans » croire en Dieu, ne sera pas pour cela privé de sa » présence dans l'autre, si son aveuglement n'a » point été volontaire, et je dis qu'il ne l'est pas » toujours. » Remarquez, M. T. C. F., qu'il ne s'agit point ici d'un homme qui seroit dépourvu de l'usage de sa raison, mais uniquement de celui dont la raison ne seroit point aidée de l'instruction. Or une telle prétention est souverainement absurde, surtout dans le système d'un écrivain qui soutient que la raison est absolument saine. Saint Paul assure qu'entre les philosophes païens plusieurs sont parvenus, par les seules forces de la raison, à la connoissance du vrai Dieu. « Ce qui peut être connu » de Dieu, dit cet apôtre, leur a été manifesté, » Dieu le leur ayant fait connoître, la considéra- » tion des choses qui ont été faites dès la création » du monde leur ayant rendu visible ce qui est invi- » sible en Dieu, sa puissance même éternelle et sa » divinité; en sorte qu'ils sont sans excuse, puisque » ayant connu Dieu, ils ne l'ont point glorifié » comme Dieu et ne lui ont point rendu grâces : » mais ils se sont perdus dans la vanité de leur rai- » sonnement, et leur esprit insensé a été obscurci; » en se disant sages ils sont devenus fous (¹). »

XII. Or, si tel a été le crime de ces hommes, lesquels, bien qu'assujettis par les préjugés de leur éducation au culte des idoles, n'ont pas laissé d'atteindre à la connoissance de Dieu, comment ceux qui n'ont point de pareils obstacles à vaincre seroient-ils innocens et justes au point de mériter de jouir de la présence de Dieu dans l'autre vie?

(¹) *Quod notum est Dei manifestum est in illis : Deus enim illis manifestavit. Invisibilia enim ipsius, à creaturâ mundi, per ea quæ facta sunt, intellecta conspiciuntur, sempiterna quoque ejus virtus et divinitas, itá ut sint inexcusabiles, quià cùm cognovissent Deum, non sicut Deum glorificaverunt, aut gratias egerunt, sed evanuerunt in cogitationibus suis, et obscuratum est insipiens cor eorum; dicentes enim se esse sapientes, stulti facti sunt.* Rom., cap. I, v. 19, 22.

Comment seroient-ils excusables (avec une raison saine telle que l'auteur la suppose) d'avoir joui durant cette vie du grand spectacle de la nature, et d'avoir cependant méconnu celui qui l'a créée, qui la conserve et la gouverne?

XIII. Le même écrivain, M. T. C. F., embrasse ouvertement le scepticisme par rapport à la création et à l'unité de Dieu. « Je sais, fait-il dire en- » core au personnage supposé qui lui sert d'organe, » je sais que le monde est gouverné par une volonté » puissante et sage; je le vois, ou plutôt je le sens, » et cela m'importe à savoir. Mais ce même monde » est-il éternel, ou créé? y a-t-il un principe uni- » que des choses? y en a-t-il deux ou plusieurs, » et quelle est leur nature? Je n'en sais rien, et » que m'importe?... Je renonce à des questions oi- » seuses, qui peuvent inquiéter mon amour-propre, » mais qui sont inutiles à ma conduite et supérieu- » res à ma raison. » Que veut donc dire cet auteur téméraire? Il croit que le monde est gouverné par une volonté puissante et sage; il avoue que cela lui importe à savoir, et cependant *il ne sait*, dit-il, *s'il n'y a qu'un seul principe des choses* ou s'il y en a plusieurs, et il prétend qu'il lui importe peu de le savoir. S'il y a une volonté puissante et sage qui gouverne le monde, est-il convenable qu'elle ne soit pas l'unique principe des choses? et peut-il être plus important de savoir l'un que l'autre? Quel langage contradictoire ! Il ne sait *quelle est la nature* de Dieu, et bientôt après il reconnoît que cet Être suprême est doué d'intelligence, de puissance, de volonté et de bonté. N'est-ce donc pas là avoir une idée de la nature divine? L'unité de Dieu lui paroit une question oiseuse et supérieure à sa raison; comme si la multiplicité des dieux n'étoit pas la plus grande de toutes les absurdités! *La pluralité des dieux*, dit énergiquement Tertullien, *est une nullité de Dieu* (¹); admettre un Dieu, c'est admettre un Être suprême et indépendant auquel tous les autres êtres soient subordonnés. Il implique donc qu'il y ait plusieurs dieux.

XIV. Il n'est pas étonnant, M. T. C. F., qu'un homme qui donne dans de pareils écarts touchant la Divinité s'élève contre la religion qu'elle nous a révélée. A l'entendre, toutes les révélations en général *ne font que dégrader Dieu en lui donnant des passions humaines. Loin d'éclaircir les notions du grand Être*, poursuit-il, *je vois que les dogmes particuliers les embrouillent; que loin de les ennoblir, ils les avilissent; qu'aux mystères qui les environnent, ils ajoutent des contradictions absurdes.*

(¹) *Deus cùm summum magnum sit, rectè veritas nostra pronuntiavit : Deus si non unus est, non est.* Tertul. adversus Marcionem, lib. 1.

MANDEMENT.

C'est bien plutôt à cet auteur, M. T. C. F., qu'on peut reprocher l'inconséquence et l'absurdité. C'est bien lui qui dégrade Dieu, qui embrouille et qui avilit les notions du grand Être, puisqu'il attaque directement son essence en révoquant en doute son unité.

XV. Il a senti que la vérité de la révélation chrétienne étoit prouvée par des faits, mais les miracles formant une des principales preuves de cette révélation, et ces miracles nous ayant été transmis par la voie des témoignages, il s'écrie : *Quoi! toujours des témoignages humains! toujours des hommes qui me rapportent ce que d'autres hommes ont rapporté! Que d'hommes entre Dieu et moi!* Pour que cette plainte fût sensée, M. T. C. F., il faudroit pouvoir conclure que la révélation est fausse dès qu'elle n'a point été faite à chaque homme en particulier; il faudroit pouvoir dire : Dieu ne peut exiger de moi que je croie ce qu'on m'assure qu'il a dit, dès que ce n'est pas directement à moi qu'il a adressé sa parole. Mais n'est-il donc pas une infinité de faits, même antérieurs à celui de la révélation chrétienne, dont il seroit absurde de douter? Par quelle autre voie que par celle des témoignages humains l'auteur lui-même a-t-il donc connu cette Sparte, cette Athènes, cette Rome dont il vante si souvent et avec tant d'assurance les lois, les mœurs et les héros? Que d'hommes entre lui et les événemens qui concernent les origines et la fortune de ces anciennes républiques! Que d'hommes entre lui et les historiens qui ont conservé la mémoire de ces événemens! Son scepticisme n'est donc ici fondé que sur l'intérêt de son incrédulité.

XVI. « Qu'un homme, ajoute-t-il plus loin, » vienne nous tenir ce langage : Mortels, je vous » annonce les volontés du Très-Haut; reconnoissez » à ma voix celui qui m'envoie. J'ordonne au soleil » de changer sa course, aux étoiles de former un » autre arrangement, aux montagnes de s'aplanir, » aux flots de s'élever, à la terre de prendre un au-» tre aspect : à ces merveilles, qui ne reconnoîtra » pas à l'instant le Maître de la nature? » Qui ne croiroit, M. T. C. F., que celui qui s'exprime de la sorte ne demande qu'à voir des miracles pour être chrétien? Écoutez toutefois ce qu'il ajoute : « Reste » enfin, dit-il, l'examen le plus important dans la » doctrine annoncée... Après avoir prouvé la doc-» trine par le miracle, il faut prouver le miracle » par la doctrine. Or que faire en pareil cas? Une » seule chose : revenir au raisonnement, et laisser » là les miracles. Mieux eût-il valu n'y pas recou-» rir. » C'est dire : Qu'on me montre des miracles, et je croirai; qu'on me montre des miracles, et je refuserai encore de croire. Quelle inconséquence, quelle absurdité! Mais apprenez donc une bonne fois, M. T. C. F., que dans la question des miracles on ne se permet point le sophisme reproché par l'auteur du livre de l'Éducation. Quand une doctrine est reconnue vraie, divine, fondée sur une révélation certaine, on s'en sert pour juger des miracles, c'est-à-dire pour rejeter les prétendus prodiges que des imposteurs voudroient opposer à cette doctrine. Quand il s'agit d'une doctrine nouvelle qu'on annonce comme émanée du sein de Dieu, les miracles sont produits en preuves; c'est-à-dire que celui qui prend la qualité d'envoyé du Très-Haut confirme sa mission, sa prédication, par des miracles qui sont le témoignage même de la Divinité. Ainsi la doctrine et les miracles sont des argumens respectifs dont on fait usage selon les divers points de vue où l'on se place dans l'étude et dans l'enseignement de la religion. Il ne se trouve là ni abus du raisonnement, ni sophisme ridicule, ni cercle vicieux. C'est ce qu'on a démontré cent fois; et il est probable que l'auteur d'*Émile* n'ignore point ces démonstrations : mais, dans le plan qu'il s'est fait d'envelopper de nuages toute religion révélée, toute opération surnaturelle, il nous impute malignement des procédés qui déshonorent la raison; il nous représente comme des enthousiastes, qu'un faux zèle aveugle au point de prouver deux principes l'un par l'autre sans diversité d'objets ni de méthode. Où est donc, M. T. C. F., la bonne foi philosophique dont se pare cet écrivain?

XVII. On croiroit qu'après les plus grands efforts pour décréditer les témoignages humains qui attestent la révélation chrétienne, le même auteur y défère cependant de la manière la plus positive, la plus solennelle. Il faut, pour vous en convaincre, M. T. C. F., et en même temps pour vous édifier, mettre sous vos yeux cet endroit de son ouvrage : « J'avoue que la majesté de l'Écriture m'étonne; la » sainteté de l'Écriture parle à mon cœur. Voyez » les livres des philosophes : avec toute leur pompe, » qu'ils sont petits auprès de celui-là! se peut-il » qu'un livre, à la fois si sublime et si simple, soit » l'ouvrage des hommes? se peut-il que celui dont » il fait l'histoire ne soit qu'un homme lui-même? » Est-ce là le ton d'un enthousiaste, ou d'un ambi-» tieux sectaire? Quelle douceur! quelle pureté » dans ses mœurs! quelle grâce touchante dans ses » instructions! quelle élévation dans ses maximes! » quelle profonde sagesse dans ses discours! quelle » présence d'esprit, quelle finesse et quelle justesse » dans ses réponses! quel empire sur ses passions! » Où est l'homme, où est le sage qui sait agir, » souffrir et mourir sans foiblesse et sans ostenta-» tion?... Oui, si la vie et la mort de Socrate sont » d'un sage, la vie et la mort de Jésus sont d'un

» Dieu. Dirons-nous que l'histoire de l'Évangile est
» inventée à plaisir?... Ce n'est pas ainsi qu'on in-
» vente, et les faits de Socrate, dont personne ne
» doute, sont moins attestés que ceux de Jésus-
» Christ... Il seroit plus inconcevable que plusieurs
» hommes d'accord eussent fabriqué ce livre, qu'il
» ne l'est qu'un seul en ait fourni le sujet. Jamais les
» auteurs juifs n'eussent trouvé ce ton ni cette
» morale ; et l'Évangile a des caractères de vérité
» si grands, si frappans, si parfaitement inimita-
» bles, que l'inventeur en seroit plus étonnant que
» le héros. » Il seroit difficile, M. T. C. F., de rendre un plus bel hommage à l'authenticité de l'Évangile. Cependant l'auteur ne la reconnoît qu'en conséquence des témoignages humains. Ce sont toujours des hommes qui lui rapportent ce que d'autres hommes ont rapporté. Que d'hommes entre Dieu et lui! Le voilà donc bien évidemment en contradiction avec lui-même ; le voilà confondu par ses propres aveux. Par quel étrange aveuglement a-t-il donc pu ajouter : « Avec tout cela ce même Évan-
» gile est plein de choses incroyables, de choses
» qui répugnent à la raison, et qu'il est impossible
» à tout homme sensé de concevoir ni d'admettre.
» Que faire au milieu de toutes ces contradictions?
» Être toujours modeste et circonspect... Respecter
» en silence ce qu'on ne sauroit ni rejeter ni com-
» prendre, et s'humilier devant le grand Être qui
» seul sait la vérité. Voilà le scepticisme involon-
» taire où je suis resté. » Mais le scepticisme, M. T. C. F., peut-il donc être involontaire, lorsqu'on refuse de se soumettre à la doctrine d'un livre qui ne sauroit être inventé par les hommes, lorsque ce livre porte des caractères de vérité si grands, si frappans, si parfaitement inimitables, que l'inventeur en seroit plus étonnant que le héros ? C'est bien ici qu'on peut dire que *l'iniquité a menti contre elle-même* (¹).

XVIII. Il semble, M. T. C. F., que cet auteur n'a rejeté la révélation que pour s'en tenir à la religion naturelle : « Ce que Dieu veut qu'un homme
» fasse, dit-il, il ne le lui fait pas dire par un autre
» homme, il le lui dit à lui-même, il l'écrit au fond
» de son cœur. » Quoi donc ! Dieu n'a-t-il pas écrit au fond de nos cœurs l'obligation de se soumettre à lui dès que nous sommes sûrs que c'est lui qui a parlé ? Or, quelle certitude n'avons-nous pas de sa divine parole ! Les faits de Socrate, dont personne ne doute, sont, de l'aveu même de l'auteur d'*Émile*, moins attestés que ceux de Jésus-Christ. La religion naturelle conduit donc elle-même à la religion révélée. Mais est-il bien certain qu'il admette même la religion naturelle, ou que du moins il en reconnoisse la nécessité? Non, M. T. C. F. « Si je me
» trompe, dit-il, c'est de bonne foi. Cela me suffit
» pour que mon erreur même ne me soit pas impu-
» tée à crime. Quand vous vous tromperiez de
» même, il y auroit peu de mal à cela. » C'est-à-dire que, selon lui, il suffit de se persuader qu'on est en possession de la vérité ; que cette persuasion, fût-elle accompagnée des plus monstrueuses erreurs, ne peut jamais être un sujet de reproche ; qu'on doit toujours regarder comme un homme sage et religieux celui qui, adoptant les erreurs mêmes de l'athéisme, dira qu'il est de bonne foi. Or, n'est-ce pas là ouvrir la porte à toutes les superstitions, à tous les systèmes fanatiques, à tous les délires de l'esprit humain? N'est-ce pas permettre qu'il y ait dans le monde autant de religions, de cultes divins, qu'on y compte d'habitans ? Ah! M. T. C. F., ne prenez point le change sur ce point. La bonne foi n'est estimable que quand elle est éclairée et docile. Il nous est ordonné d'étudier notre religion, et de croire avec simplicité. Nous avons pour garant des promesses l'autorité de l'Église. Apprenons à la bien connoître, et jetons-nous ensuite dans son sein. Alors nous pourrons compter sur notre bonne foi, vivre dans la paix, et attendre sans trouble le moment de la lumière éternelle.

XIX. Quelle insigne mauvaise foi n'éclate pas encore dans la manière dont l'incrédule que nous réfutons fait raisonner le chrétien et le catholique ! Quels discours pleins d'inepties ne prête-t-il pas à l'un et à l'autre pour les rendre méprisables ! Il imagine un dialogue entre un chrétien, qu'il traite d'*inspiré*, et l'incrédule, qu'il qualifie de *raisonneur* ; et voici comme il fait parler le premier : « La
» raison vous apprend que le tout est plus grand
» que sa partie : mais moi, je vous apprends de la
» part de Dieu que c'est la partie qui est plus grande
» que le tout. » A quoi l'incrédule répond : « Et qui
» êtes-vous pour m'oser dire que Dieu se contredit ?
» et à qui croirai-je par préférence, de lui qui m'ap-
» prend par la raison des vérités éternelles, ou de
» vous qui m'annoncez de sa part une absurdité ? »

XX. Mais de quel front, M. T. C. F., ose-t-on prêter au chrétien un pareil langage? Le Dieu de la raison, disons-nous, est aussi le Dieu de la révélation. La raison et la révélation sont les deux organes par lesquels il lui a plu de se faire entendre aux hommes, soit pour les instruire de la vérité, soit pour leur intimer ses ordres. Si l'un de ces deux organes étoit opposé à l'autre, il est constant que Dieu seroit en contradiction avec lui-même. Mais Dieu se contredit-il parce qu'il commande de croire des vérités incompréhensibles ? Vous dites, ô impies ! que les dogmes que nous regardons comme révélés combattent les vérités éternelles : mais il

---

(¹) *Mentita est iniquitas sibi*. Psal. 26, v. 12.

ne suffit pas de le dire. S'il vous étoit possible de le prouver, il y a longtemps que vous l'auriez fait, et que vous auriez poussé des cris de victoire.

XXI. La mauvaise foi de l'auteur d'*Émile* n'est pas moins révoltante dans le langage qu'il fait tenir à un catholique prétendu : « Nos catholiques, lui fait-il dire, font grand bruit de l'autorité de l'É-
» glise; mais que gagnent-ils à cela, s'il leur faut
» un aussi grand appareil de preuves pour établir
» cette autorité, qu'aux autres sectes pour établir
» directement leur doctrine? L'Église décide que
» l'Église a droit de décider : ne voilà-t-il pas une
» autorité bien prouvée? » Qui ne croiroit, M. T. C. F., à entendre cet imposteur, que l'autorité de l'Église n'est prouvée que par ses propres décisions, et qu'elle procède ainsi : *Je décide que je suis infaillible, donc je le suis?* imputation calomnieuse, M. T. C. F. La constitution du christianisme, l'esprit de l'Évangile, les erreurs mêmes et la foiblesse de l'esprit humain tendent à démontrer que l'Église, établie par Jésus-Christ, est une Église infaillible. Nous assurons que, comme ce divin législateur a toujours enseigné la vérité, son Église l'enseigne aussi toujours. Nous prouvons donc l'autorité de l'Église, non par l'autorité de l'Église, mais par celle de Jésus-Christ, procédé non moins exact que celui qu'on nous reproche est ridicule et insensé.

XXII. Ce n'est pas d'aujourd'hui, M. T. C. F., que l'esprit d'irréligion est un esprit d'indépendance et de révolte. Et comment en effet ces hommes audacieux, qui refusent de se soumettre à l'autorité de Dieu même, respecteroient-ils celle des rois qui sont les images de Dieu, ou celle des magistrats qui sont les images des rois? « Songe, dit l'auteur d'É-
» mile à son élève, qu'elle (l'espèce humaine) est
» composée essentiellement de la collection des
» peuples; que quand tous les rois.... en seroient
» ôtés, il n'y paroîtroit guère, et que les choses
» n'en iroient pas plus mal.... Toujours, dit-il plus
» loin, la multitude sera sacrifiée au petit nombre
» et l'intérêt public à l'intérêt particulier : toujours
» ces noms spécieux de justice et de subordination
» serviront d'instrument à la violence et d'armes à
» l'iniquité. D'où il suit, continue-t-il, que les or-
» dres distingués, qui se prétendent utiles aux au-
» tres, ne sont en effet utiles qu'à eux-mêmes aux
» dépens des autres. Par où l'on doit juger de la
» considération qui leur est due selon la justice et
» la raison. » Ainsi donc, M. T. C. F., l'impiété ose critiquer les intentions de celui *par qui règnent les rois* (¹); ainsi elle se plaît à empoisonner les sources de la félicité publique, en soufflant des maximes qui ne tendent qu'à produire l'anarchie et tous les malheurs qui en sont la suite. Mais que vous dit la religion? *Craignez Dieu, respectez le roi....* (¹) *Que tout homme soit soumis aux puissances supérieures : car il n'y a point de puissance qui ne vienne de Dieu; et c'est lui qui a établi toutes celles qui sont dans le monde. Quiconque résiste donc aux puissances résiste à l'ordre de Dieu, et ceux qui y résistent attirent la condamnation sur eux-mêmes* (²).

XXIII. Oui, M. T. C. F., dans tout ce qui est de l'ordre civil, vous devez obéir au prince et à ceux qui exercent son autorité comme à Dieu même. Les seuls intérêts de l'Être suprême peuvent mettre des bornes à votre soumission; et si on vouloit vous punir de votre fidélité à ses ordres, vous devriez encore souffrir avec patience et sans murmure. Les Néron, les Domitien eux-mêmes, qui aimèrent mieux être les fléaux de la terre que les pères de leurs peuples, n'étoient comptables qu'à Dieu de l'abus de leur puissance. *Les chrétiens*, dit saint Augustin, *leur obéissoient dans le temps à cause du Dieu de l'éternité* (³).

XXIV. Nous ne vous avons exposé, M. T. C. F., qu'une partie des impiétés contenues dans ce traité de *l'Éducation*, ouvrage également digne des anathèmes de l'Église et de la sévérité des lois. Et que faut-il de plus pour vous en inspirer une juste horreur? Malheur à vous, malheur à la société, si vos enfans étoient élevés d'après les principes de l'auteur d'*Émile!* Comme il n'y a que la religion qui nous ait appris à connoître l'homme, sa grandeur, sa misère, sa destinée future, il n'appartient aussi qu'à elle seule de former sa raison, de perfectionner ses mœurs, de lui procurer un bonheur solide dans cette vie et dans l'autre. Nous savons, M. T. C. F., combien une éducation vraiment chrétienne est délicate et laborieuse : que de lumière et de prudence n'exige-t-elle pas! quel admirable mélange de douceur et de fermeté! quelle sagacité pour se proportionner à la différence des conditions, des âges, des tempéramens et des caractères, sans s'écarter jamais en rien des règles du devoir! quel zèle et quelle patience pour faire fructifier dans de jeunes cœurs le germe précieux de l'innocence, pour en déraciner, autant qu'il est possible, ces penchans vicieux qui sont les tristes effets de notre corruption héréditaire; en un mot, pour leur ap-

---

(¹) *Per me reges regnant.* Prov., cap. VIII, v. 15.

(¹) *Deum timete : regem honorificate.* I. Pet., cap. II, v. 17.
(²) *Omnis anima potestatibus sublimioribus subdita sit: non est enim potestas nisi à Deo : quæ autem sunt, à Deo ordinatæ sunt. Itaque, qui resistit potestati, Dei ordinationi resistit. Qui autem resistunt, ipsi sibi damnationem acquirunt.* Rom., cap. XIII, v. 1, 2.
(³) *Subditi erant propter Dominum æternum, etiam domino temporali.* Aug. Enarrat. in psal. 124.

prendre, suivant la morale de saint Paul, à *vivre en ce monde avec tempérance, selon la justice et avec piété, en attendant la béatitude que nous espérons* (¹). Nous disons donc à tous ceux qui sont chargés du soin, également pénible et honorable, d'élever la jeunesse : Plantez et arrosez, dans la ferme espérance que le Seigneur, secondant votre travail, donnera l'accroissement ; *insistez à temps et à contre-temps*, selon le conseil du même apôtre ; *usez de réprimande, d'exhortation, de paroles sévères, sans perdre patience et sans cesser d'instruire* (²). Surtout, joignez l'exemple à l'instruction : l'instruction sans l'exemple est un opprobre pour celui qui la donne, et un sujet de scandale pour celui qui la reçoit. Que le pieux et charitable Tobie soit votre modèle : *Recommandez avec soin à vos enfans de faire des œuvres de justice et des aumônes, de se souvenir de Dieu, et de le bénir en tout temps dans la vérité et de toutes leurs forces* (³) ; et votre postérité, comme celle de ce saint patriarche, *sera aimée de Dieu et des hommes* (⁴).

XXV. Mais en quel temps l'éducation doit-elle commencer ? Dès les premiers rayons de l'intelligence : et ces rayons sont quelquefois prématurés. *Formez l'enfant à l'entrée de sa voie*, dit le Sage ; *dans sa vieillesse même il ne s'en écartera point* (⁵). Tel est en effet le cours ordinaire de la vie humaine ; au milieu du délire des passions et dans le sein du libertinage, les principes d'une éducation chrétienne sont une lumière qui se ranime par intervalle pour découvrir au pécheur toute l'horreur de l'abîme où il est plongé et lui en montrer les issues. Combien encore une fois qui, après les écarts d'une jeunesse licencieuse, sont rentrés, par l'impression de cette lumière, dans les routes de la sagesse, et ont honoré par des vertus tardives, mais sincères, l'humanité, la patrie et la religion !

XXVI. Il nous reste, en finissant, M. T. C. F., à vous conjurer, par les entrailles de la miséricorde de Dieu, de vous attacher inviolablement à cette religion sainte dans laquelle vous avez eu le bonheur d'être élevés, de vous soutenir contre le débordement d'une philosophie insensée, qui ne se propose rien moins que d'envahir l'héritage de Jésus-Christ, de rendre ses promesses vaines, et de le mettre au rang de ces fondateurs de religion dont la doctrine frivole ou pernicieuse a prouvé l'imposture. La foi n'est méprisée, abandonnée, insultée, que par ceux qui ne la connoissent pas, ou dont elle gêne les désordres. Mais les portes de l'enfer ne prévaudront jamais contre elle. L'Église chrétienne et catholique est le commencement de l'empire éternel de Jésus-Christ. *Rien de plus fort qu'elle*, s'écrie saint Jean Damascène ; *c'est un rocher que les flots ne renversent point ; c'est une montagne que rien ne peut détruire* (¹).

XXVII. A ces causes, vu le livre qui a pour titre, *Émile, ou de l'Éducation, par J. J. Rousseau, citoyen de Genève, à Amsterdam, chez Jean Néaulme, libraire*, 1762 ; après avoir pris l'avis de plusieurs personnes distinguées par leur piété et par leur savoir, le saint nom de Dieu invoqué, nous condamnons ledit livre comme contenant une doctrine abominable, propre à renverser la loi naturelle et à détruire les fondemens de la religion chrétienne ; établissant des maximes contraires à la morale évangélique ; tendant à troubler la paix des états, à révolter les sujets contre l'autorité de leur souverain ; comme contenant un très-grand nombre de propositions respectivement fausses, scandaleuses, pleines de haines contre l'Église et ses ministres, dérogeantes au respect dû à l'Écriture sainte et à la tradition de l'Église, erronées, impies, blasphématoires et hérétiques. En conséquence, nous défendons très-expressément à toutes personnes de notre diocèse de lire ou retenir ledit livre, sous les peines de droit. Et sera notre présent mandement lu au prône des messes paroissiales des églises de la ville, faubourgs et diocèse de Paris ; publié et affiché partout où besoin sera. Donné à Paris, en notre palais archiépiscopal, le vingtième jour d'août mil sept cent soixante-deux.

Signé † CHRISTOPHE,
archevêque de Paris.

Par Monseigneur,

DE LA TOUCHE.

(¹) *Erudiens nos, ut, abnegantes impietatem et sæcularia desideria, sobrié, et justé, et piè vivamus in hoc sæculo, expectantes beatam spem.* Tit., cap. II, v. 12, 13.

(²) *Insta opportuné, importuné ; argue, obsecra, increpa in omni patientiá et doctriná.* II. Timot., cap. IV, v. 1, 2.

(³) *Filiis vestris mandate ut faciant justitias et eleemosynas, ut sint memores Dei et benedicant eum in omni tempore, in veritate et in totá virtute suá.* Tob., cap. XIV, v. 11.

(⁴) *Omnis autem cognatio ejus, et omnis generatio ejus in boná vitá et in sanctá conversatione permansit, itá ut accepti essent tàm Deo quàm hominibus et cunctis habitatoribus in terrá.* Ibid., v. 17.

(⁵) *Adolescens juxtà viam suam, etiam cùm senuerit non recedet ab eá.* Prov., cap. XXII, v. 6.

(¹) *Nihil Ecclesiá valentius, rupe fortior est... Semper viget. Cur eam Scriptura montem appellavit ? utique quia everti non potest.* Damasc., tome II, pages 462, 463.

J. J. ROUSSEAU,

CITOYEN DE GENÈVE,

A CHRISTOPHE DE BEAUMONT,

ARCHEVÊQUE DE PARIS, DUC DE SAINT-CLOUD, PAIR DE FRANCE, COMMANDEUR DE L'ORDRE DU SAINT-ESPRIT, PROVISEUR DE SORBONNE, ETC.

> *Da veniam si quid liberiùs dixi, non ad contumeliam tuam, sed ad defensionem meam. Præsumsi enim de gravitate et prudentiâ tuâ, quia potes considerare quantam mihi respondendi necessitatem imposueris.*
> AUG., epist. 238 ad Pascent.

Pourquoi faut-il, monseigneur, que j'aie quelque chose à vous dire? Quelle langue commune pouvons-nous parler? comment pouvons-nous nous entendre? et qu'y a-t-il entre vous et moi?

Cependant il faut vous répondre; c'est vous-même qui m'y forcez. Si vous n'eussiez attaqué que mon livre, je vous aurois laissé dire : mais vous attaquez aussi ma personne; et plus vous avez d'autorité parmi les hommes, moins il m'est permis de me taire quand vous voulez me déshonorer.

Je ne puis m'empêcher, en commençant cette lettre, de réfléchir sur les bizarreries de ma destinée : elle en a qui n'ont été que pour moi.

J'étois né avec quelque talent; le public l'a jugé ainsi : cependant j'ai passé ma jeunesse dans une heureuse obscurité, dont je ne cherchois point à sortir. Si je l'avois cherché, cela même eût été une bizarrerie, que durant tout le feu du premier âge je n'eusse pu réussir, et que j'eusse trop réussi dans la suite quand ce feu commençoit à passer. J'approchois de ma quarantième année, et j'avois, au lieu d'une fortune que j'ai toujours méprisée, et d'un nom qu'on m'a fait payer si cher, le repos et des amis, les deux seuls biens dont mon cœur soit avide. Une misérable question d'académie, m'agitant l'esprit malgré moi, me jeta dans un métier pour lequel je n'étois point fait, un succès inattendu m'y montra des attraits qui me séduisirent. Des foules d'adversaires m'attaquèrent sans m'entendre, avec une étourderie qui me donna de l'humeur, et avec un orgueil qui m'en inspira peut-être. Je me défendis, et, de dispute en dispute, je me sentis engagé dans la carrière, presque sans y avoir pensé. Je me trouvai devenu pour ainsi dire auteur à l'âge où l'on cesse de l'être, et homme de lettres par mon mépris même pour cet état. Dès-là je fus dans le public quelque chose; mais aussi le repos et les amis disparurent. Quels maux ne souffris-je point avant de prendre une assiette plus fixe et des attachemens plus heureux! Il fallut dévorer mes peines; il fallut qu'un peu de réputation me tînt lieu de tout. Si c'est un dédommagement pour ceux qui sont toujours loin d'eux-mêmes, ce n'en fut jamais un pour moi.

Si j'eusse un moment compté sur un bien si frivole, que j'aurois été promptement désabusé! Quelle inconstance perpétuelle n'ai-je pas éprouvée dans les jugemens du public sur mon compte! J'étois trop loin de lui; ne me jugeant que sur le caprice ou l'intérêt de ceux qui le mènent, à peine deux jours de suite avoit-il pour moi les mêmes yeux.

Tantôt j'étois un homme noir, et tantôt un ange de lumière. Je me suis vu dans la même année vanté, fêté, recherché, même à la cour, puis insulté, menacé, détesté, maudit : les soirs on m'attendoit pour m'assassiner dans les rues ; les matins on m'annonçoit une lettre de cachet. Le bien et le mal couloient à peu près de la même source ; le tout me venoit pour des chansons.

J'ai écrit sur divers sujets, mais toujours dans les mêmes principes ; toujours la même morale, la même croyance, les mêmes maximes, et, si l'on veut, les mêmes opinions. Cependant on a porté des jugemens opposés de mes livres, ou plutôt de l'auteur de mes livres, parce qu'on m'a jugé sur les matières que j'ai traitées, bien plus que sur mes sentimens. Après mon premier Discours, j'étois un homme à paradoxes, qui se faisoit un jeu de prouver ce qu'il ne pensoit pas : après ma *Lettre sur la Musique françoise*, j'étois l'ennemi déclaré de la nation ; il s'en falloit peu qu'on ne m'y traitât en conspirateur ; on eût dit que le sort de la monarchie étoit attaché à la gloire de l'Opéra : après mon *Discours sur l'Inégalité*, j'étois athée et misanthrope : après la *Lettre à M. d'Alembert*, j'étois le défenseur de la morale chrétienne : après l'*Héloïse*, j'étois tendre et doucereux : maintenant je suis un impie ; bientôt peut-être serai-je un dévot.

Ainsi va flottant le sot public sur mon compte, sachant aussi peu pourquoi il m'abhorre que pourquoi il m'aimoit auparavant. Pour moi, je suis toujours demeuré le même ; plus ardent qu'éclairé dans mes recherches, mais sincère en tout, même contre moi ; simple et bon, mais sensible et foible ; faisant souvent le mal, et toujours aimant le bien ; lié par l'amitié, jamais par les choses, et tenant plus à mes sentimens qu'à mes intérêts ; n'exigeant rien des hommes, et n'en voulant point dépendre ; ne cédant pas plus à leurs préjugés qu'à leurs volontés, et gardant la mienne aussi libre que ma raison ; craignant Dieu sans peur de l'enfer, raisonnant sur la religion sans libertinage, n'aimant ni l'impiété ni le fanatisme, mais haïssant les intolérans encore plus que les esprits forts, ne voulant cacher mes façons de penser à personne ; sans fard, sans artifice en toutes choses ; disant mes fautes à mes amis, mes sentimens à tout le monde, au public ses vérités sans flatterie et sans fiel, et me souciant tout aussi peu de le fâcher que de lui plaire. Voilà mes crimes, et voilà mes vertus.

Enfin, lassé d'une vapeur enivrante qui enfle sans rassasier, excédé du tracas des oisifs surchargés de leur temps et prodigues du mien, soupirant après un repos si cher à mon cœur et si nécessaire à mes maux, j'avois posé la plume avec joie : content de ne l'avoir prise que pour le bien de mes semblables, je ne leur demandois pour prix de mon zèle que de me laisser mourir en paix dans ma retraite, et de ne m'y point faire de mal. J'avois tort : des huissiers sont venus me l'apprendre ; et c'est à cette époque, où j'espérois qu'alloient finir les ennuis de ma vie, qu'ont commencé mes plus grands malheurs. Il y a déjà dans tout cela quelques singularités : ce n'est rien encore. Je vous demande pardon, monseigneur, d'abuser de votre patience ; mais, avant d'entrer dans les discussions que je dois avoir avec vous, il faut parler de ma situation présente, et des causes qui m'y ont réduit.

Un Genevois fait imprimer un livre en Hollande, et, par arrêt du parlement de Paris, ce livre est brûlé sans respect pour le souverain dont il porte le privilége. Un protestant propose en pays protestant des objections contre l'Église romaine, et il est décrété par le parlement de Paris. Un républicain fait, dans une république, des objections contre l'état monarchique, et il est décrété par le parlement de Paris. Il faut que le parlement de Paris ait d'étranges idées de son empire, et qu'il se croie le légitime juge du genre humain.

Ce même parlement, toujours si soigneux pour les François de l'ordre des procédures, les néglige toutes dès qu'il s'agit d'un pauvre étranger. Sans savoir si cet étranger est bien l'auteur du livre qui porte son nom, s'il le reconnoît pour sien, si c'est lui qui l'a fait imprimer, sans égard pour son triste état, sans pitié pour les maux qu'il souffre, on commence par le décréter de prise de corps : on l'eût arraché de son lit pour le traîner dans les mêmes prisons où pourrissent les scélérats : on l'eût brûlé, peut-être même sans l'entendre ; car qui sait si l'on eût poursuivi plus régulièrement des procédures si violemment commencées, et dont on trouveroit à peine un autre exemple, même en pays d'inquisition? Ainsi c'est pour moi seul qu'un tribunal si sage oublie sa sagesse; c'est contre moi seul, qui croyois y être aimé, que ce peuple, qui vante sa douceur, s'arme de la plus étrange barbarie: c'est ainsi qu'il justifie la préférence que je lui ai donnée sur tant d'asiles que je pouvois choisir au même prix! Je ne sais comment cela s'accorde avec le droit des gens, mais je sais bien qu'avec de pareilles procédures la liberté de tout homme, et peut-être sa vie, est à la merci du premier imprimeur.

Le citoyen de Genève ne doit rien à des magistrats injustes et incompétens, qui, sur un réquisitoire calomnieux, ne le citent pas, mais le décrètent. N'étant point sommé de comparoître, il n'y est point obligé. L'on n'emploie contre lui que la force, et il s'y soustrait. Il secoue la poudre de ses souliers, et sort de cette terre inhospitalière où l'on s'empresse d'opprimer le foible, et où l'on donne des fers à l'étranger avant de l'entendre, avant de savoir si l'acte dont on l'accuse est punissable, avant de savoir s'il l'a commis.

Il abandonne en soupirant sa chère solitude. Il n'a qu'un seul bien, mais précieux, des amis; il les fuit. Dans sa foiblesse il supporte un long voyage : il arrive, et croit respirer dans une terre de liberté; il s'approche de sa patrie, de cette patrie dont il s'est tant vanté, qu'il a chérie et honorée; l'espoir d'y être accueilli le console de ses disgrâces.... Que vais-je dire? mon cœur se serre, ma main tremble, la plume en tombe; il faut se taire, et ne pas imiter le crime de Cham. Que ne puis-je dévorer en secret la plus amère de mes douleurs!

Et pourquoi tout cela? Je ne dis pas sur quelle raison, mais sur quel prétexte. On ose m'accuser d'impiété, sans songer que le livre où l'on la cherche est entre les mains de tout le monde. Que ne donneroit-on point pour pouvoir supprimer cette pièce justificative, et dire qu'elle contient tout ce qu'on a feint d'y trouver! Mais elle restera, quoi qu'on fasse; et, en y cherchant les crimes reprochés à l'auteur, la postérité n'y verra, dans ses erreurs mêmes, que les torts d'un ami de la vertu.

J'éviterai de parler de mes contemporains; je ne veux nuire à personne. Mais l'athée Spinosa enseignoit paisiblement sa doctrine; il faisoit sans obstacle imprimer ses livres, on les débitoit publiquement : il vint en France, et il y fut bien reçu; tous les états lui étoient ouverts, partout il trouvoit protection, ou du moins sûreté; les princes lui rendoient des honneurs, lui offroient des chaires : il vécut et mourut tranquille, et même considéré. Aujourd'hui, dans le siècle tant célébré de la philosophie, de la raison, de l'humanité, pour avoir proposé avec circonspection, même avec respect et pour l'amour du genre humain, quelques doutes fondés sur la gloire même de l'Être suprême, le défenseur de la cause de Dieu, flétri, proscrit, poursuivi d'état en état, d'asile en asile, sans égard pour son indigence, sans pitié pour ses infirmités, avec un acharnement que n'éprouva jamais aucun malfaiteur, et qui seroit barbare même contre un homme en santé, se voit interdire le feu et l'eau dans l'Europe presque entière; on le chasse du milieu des bois : il faut toute la fermeté d'un protecteur illustre et toute la bonté d'un prince éclairé pour le laisser en paix au sein des montagnes. Il eût passé le reste de ses malheureux jours dans les fers, il eût péri peut-être dans les supplices, si durant le premier vertige qui gagnoit les gouvernemens, il se fût trouvé à la merci de ceux qui l'ont persécuté.

Échappé aux bourreaux, il tombe dans les mains des prêtres. Ce n'est pas là ce que je donne pour étonnant; mais un homme vertueux qui a l'âme aussi noble que la naissance, un illustre archevêque, qui devroit réprimer leur lâcheté, l'autorise : il n'a pas honte, lui qui devroit plaindre les opprimés, d'en accabler un dans le fort de ses disgrâces; il lance, lui prélat catholique, un mandement contre un auteur protestant; il monte sur son tribunal pour examiner comme juge la doctrine particulière d'un hérétique; et, quoiqu'il damne indistinctement quiconque n'est pas de son Église, sans permettre à l'accusé d'errer à sa mode, il lui prescrit en quelque sorte la route par laquelle il doit aller en enfer. Aussitôt le reste de son clergé s'empresse, s'évertue, s'acharne autour d'un ennemi qu'il croit terrassé. Petits et grands, tout s'en mêle; le dernier cuistre vient trancher du capable; il n'y a pas un sot en petit collet, pas un chétif habitué de paroisse, qui, bravant à plaisir celui contre qui sont réunis leur sénat et leur évêque, ne veuille avoir la gloire de lui porter le dernier coup de pied.

Tout cela, monseigneur, forme un concours dont je suis le seul exemple : et ce n'est pas tout.... Voici peut-être une des situations les plus difficiles de ma vie, une de celles où la vengeance et l'amour-propre sont le plus aisés à satisfaire, et permettent le moins à l'homme juste d'être modéré. Dix lignes seulement, et je couvre mes persécuteurs d'un ridicule ineffaçable. Que le public ne peut-il savoir deux anecdotes sans que je les dise! Que ne connoît-il ceux qui ont médité ma ruine et ce qu'ils ont fait pour l'exécuter! Par quels méprisables insectes, par quels ténébreux moyens il verroit s'émouvoir les puissances! Quels levains il verroit s'échauffer par leur pourriture et mettre le parlement en fermentation! Par quelle risible cause il verroit les états de l'Europe se liguer contre le fils d'un horloger! Que je jouirois avec plaisir de sa surprise si je pouvois n'en être pas l'instrument (*)!

Jusqu'ici ma plume, hardie à dire la vérité, mais pure de toute satire, n'a jamais compromis personne; elle a toujours respecté l'honneur des autres, même en défendant le mien. Irois-je, en la quittant, la souiller de médisance, et la teindre des noirceurs de mes ennemis? Non; laissons-leur l'avantage de porter leurs coups dans les ténèbres. Pour moi, je ne veux me défendre qu'ouvertement, et même je ne veux que me défendre. Il suffit pour cela de ce qui est su du public, ou de ce qui peut l'être sans que personne en soit offensé.

Une chose étonnante de cette espèce, et que je puis dire, est de voir l'intrépide Christophe de Beaumont, qui ne sait plier sous aucune puissance ni faire aucune paix avec les jansénistes, devenir, sans le savoir, leur satellite et l'instrument de leur animosité; de voir leur ennemi le plus irréconciliable sévir contre moi pour avoir refusé d'embrasser leur parti, pour n'avoir point voulu prendre la plume contre les jésuites que je n'aime pas, mais dont je n'ai point à me plaindre, et que je vois opprimés. Daignez, monseigneur, jeter les yeux sur le sixième tome de *la Nouvelle Héloïse*, première édition; vous trouverez, dans la note de la page 158 (*), la véritable source de tous mes malheurs. J'ai prédit dans cette note (car je me mêle aussi quelquefois de prédire) qu'aussitôt que les jansénistes seroient les maîtres, ils seroient plus intolérans et plus durs que leurs ennemis. Je ne savois pas alors que ma propre histoire vérifieroit si bien ma prédiction. Le fil de cette trame ne seroit pas difficile à suivre à qui sauroit comment mon livre a été déféré. Je n'en puis dire davantage sans en trop dire; mais je pouvois au moins vous apprendre par quelles gens vous avez été conduit sans vous en douter.

Croira-t-on que quand mon livre n'eût point été déféré au parlement, vous ne l'eussiez pas moins attaqué? D'autres pourront le croire ou le dire; mais vous, dont la conscience ne sait point souffrir le mensonge, vous ne le direz pas. Mon *Discours sur l'Inégalité* a couru votre diocèse, et vous n'avez point donné de mandement. Ma *Lettre à M. d'Alembert* a couru votre diocèse, et vous n'avez point donné de mandement. *La Nouvelle Héloïse* a couru votre diocèse, et vous n'avez point donné de mandement. Cependant tous ces livres, que vous avez lus, puisque vous les jugez, respirent les mêmes maximes; les mêmes manières de penser n'y sont pas plus déguisées : si le sujet ne les a pas rendues susceptibles du même développement, elles gagnent en force ce qu'elles perdent en étendue, et l'on y voit la profession de foi de l'auteur exprimée avec moins de réserve que celle du vicaire savoyard. Pourquoi donc n'avez-vous rien dit alors? Monseigneur, votre troupeau vous étoit-il moins cher? me lisoit-il

---

(*) En s'exprimant ainsi, Rousseau n'a pu avoir en vue que les suites de sa rupture avec Grimm et Diderot, secondés, dans les manœuvres qu'il leur attribue, par ceux qu'il appeloit les Holbachiens. Il n'a pu manquer de faire entrer aussi dans cette ligue madame d'Épinay, et ce sont là sans doute les *insectes* dont il parle. Quant aux *deux anecdotes* qu'il laisse à deviner, sa réticence à cet égard ne peut avoir trait qu'aux circonstances principales de sa rupture avec ces trois personnes ; et le lecteur, que nous supposons instruit de tous ces petits faits par la lecture des livres x et xi des *Confessions*, sait bien à quoi s'en tenir sur les suites qu'ici Rousseau leur suppose. Il en est de même de ce qu'il imagine ci-après être la conséquence d'une note de l'*Héloïse* relative aux jansénistes. G. P.

(*) Page 548 de ce volume.

moins? goûtoit-il moins mes livres? étoit-il moins exposé à l'erreur? Non ; mais il n'y avoit point alors de jésuites à proscrire ; des traîtres ne m'avoient point encore enlacé dans leurs piéges ; la note fatale n'étoit point connue, et quand elle le fut, le public avoit déjà donné son suffrage au livre. Il étoit trop tard pour faire du bruit ; on aima mieux différer, on attendit l'occasion, on l'épia, on la saisit, on s'en prévalut avec la fureur ordinaire aux dévots ; on ne parloit que de chaînes et de bûchers ; mon livre étoit le tocsin de l'anarchie et la trompette de l'athéisme ; l'auteur étoit un monstre à étouffer ; on s'étonnoit qu'on l'eût si longtemps laissé vivre. Dans cette rage universelle vous eûtes honte de garder le silence : vous aimâtes mieux faire un acte de cruauté que d'être accusé de manquer de zèle, et servir vos ennemis que d'essuyer leurs reproches. Voilà, monseigneur, convenez-en, le vrai motif de votre mandement, voilà, ce me semble, un concours de faits assez singuliers pour donner à mon sort le nom de bizarre.

Il y a long-temps qu'on a substitué des bienséances d'état à la justice. Je sais qu'il est des circonstances malheureuses qui forcent un homme public à sévir malgré lui contre un bon citoyen. Qui veut être modéré parmi des furieux s'expose à leur furie ; et je comprends que, dans un déchaînement pareil à celui dont je suis la victime, il faut hurler avec les loups, ou risquer d'être dévoré. Je ne me plains donc pas que vous ayez donné un mandement contre mon livre ; mais je me plains que vous l'ayez donné contre ma personne avec aussi peu d'honnêteté que de vérité ; je me plains qu'autorisant par votre propre langage celui que vous me reprochez d'avoir mis dans la bouche de l'inspiré, vous m'accabliez d'injures, qui, sans nuire à ma cause, attaquent mon honneur ou plutôt le vôtre ; je me plains que de gaîté de cœur, sans raison, sans nécessité, sans respect au moins pour mes malheurs, vous m'outragiez d'un ton si peu digne de votre caractère. Et que vous avois-je donc fait, moi qui parlai toujours de vous avec tant d'estime ; moi qui tant de fois admirai votre inébranlable fermeté, en déplorant, il est vrai, l'usage que vos préjugés vous en faisoient faire ; moi qui toujours honorai vos mœurs, qui toujours respectai vos vertus, et qui les respecte encore aujourd'hui que vous m'avez déchiré ?

C'est ainsi qu'on se tire d'affaire quand on veut quereller et qu'on a tort. Ne pouvant résoudre mes objections, vous m'en avez fait des crimes : vous avez cru m'avilir en me maltraitant, et vous vous êtes trompé ; sans affoiblir mes raisons, vous avez intéressé les cœurs généreux à mes disgrâces ; vous avez fait croire aux gens sensés qu'on pouvoit ne pas bien juger du livre quand on jugeoit si mal de l'auteur.

Monseigneur, vous n'avez été pour moi ni humain ni généreux ; et, non-seulement vous pouviez l'être sans m'épargner aucune des choses que vous avez dites contre mon ouvrage, mais elles n'en auroient fait que mieux leur effet. J'avoue aussi que je n'avois pas droit d'exiger de vous ces vertus, ni lieu de les attendre d'un homme d'église. Voyons si vous avez été du moins équitable et juste ; car c'est un devoir étroit imposé à tous les hommes, et les saints mêmes n'en sont pas dispensés.

Vous avez deux objets dans votre mandement, l'un de censurer mon livre, l'autre de décrier ma personne. Je croirai vous avoir bien répondu, si je prouve que partout où vous m'avez réfuté vous avez mal raisonné, et que partout où vous m'avez insulté vous m'avez calomnié. Mais quand on ne marche que la preuve à la main, quand on est forcé, par l'importance du sujet et par la qualité de l'adversaire, à prendre une marche pesante et à suivre pied à pied toutes ses censures, pour chaque mot il faut des pages ; et tandis qu'une courte satire amuse, une longue défense ennuie. Cependant il faut que je me défende, ou que je reste chargé par vous des plus fausses imputations. Je me défendrai donc, mais je défendrai mon honneur plutôt que mon livre. Ce n'est point la Profession de foi du vicaire savoyard que j'examine, c'est le Mandement de l'archevêque de Paris ; et ce n'est que le mal qu'il dit de l'éditeur qui me force à parler de l'ouvrage. Je me rendrai ce que je me dois, parce que je le dois, mais sans ignorer que c'est une position bien triste que d'avoir à se plaindre d'un homme plus puissant que soi, et que c'est une bien fade lecture que la justification d'un innocent.

Le principe fondamental de toute morale, sur lequel j'ai raisonné dans tous mes écrits, et que j'ai développé dans ce dernier avec toute la clarté dont j'étois capable, est que l'homme est un être naturellement bon, aimant la justice et l'ordre, qu'il n'y a point de perversité originelle dans le cœur humain, et que les premiers mouvemens de la nature sont toujours droits. J'ai fait voir que l'unique passion qui naisse avec l'homme, savoir l'amour de soi, est une passion indifférente en elle-même au bien et au mal; qu'elle ne devient bonne ou mauvaise que par accident et selon les circonstances dans lesquelles elle se développe. J'ai montré que tous les vices qu'on impute au cœur humain ne lui sont point naturels : j'ai dit la manière dont ils naissent ; j'en ai pour ainsi dire suivi la généalogie ; et j'ai fait voir comment, par l'altération successive de leur bonté originelle, les hommes deviennent enfin ce qu'ils sont.

J'ai encore expliqué ce que j'entendois par cette bonté originelle, qui ne semble pas se déduire de l'indifférence au bien et au mal, naturelle à l'amour de soi. L'homme n'est pas un être simple ; il est composé de deux substances. Si tout le monde ne convient pas de cela, nous en convenons vous et moi, et j'ai tâché de le prouver aux autres. Cela prouvé, l'amour de soi n'est plus une passion simple ; mais elle a deux principes, savoir, l'être intelligent et l'être sensitif, dont le bien-être n'est pas le même. L'appétit des sens tend à celui du corps, et l'amour de l'ordre à celui de l'âme. Ce dernier amour, développé et rendu actif, porte le nom de conscience ; mais la conscience ne se développe et n'agit qu'avec les lumières de l'homme. Ce n'est que par ces lumières qu'il parvient à connoître l'ordre, et ce n'est que quand il le connoît que sa conscience le porte à l'aimer. La conscience est donc nulle dans l'homme qui n'a rien comparé et qui n'a point vu ses rapports. Dans cet état, l'homme ne connoît que lui; il ne voit son bien-être opposé ni conforme à celui de personne; il ne hait ni n'aime rien; borné au seul instinct physique, il est nul, il est bête : c'est ce que j'ai fait voir dans mon *Discours sur l'Inégalité*.

Quand, par un développement dont j'ai montré le progrès, les hommes commencent à jeter les yeux sur leurs semblables, ils commencent aussi à voir leurs rapports et les rapports des choses, à prendre des idées de convenance, de justice et d'ordre ; le beau moral commence à leur devenir sensible, et la conscience agit :

alors ils ont des vertus ; et s'ils ont aussi des vices, c'est parce que leurs intérêts se croisent, et que leur ambition s'éveille à mesure que leurs lumières s'étendent. Mais tant qu'il y a moins d'opposition d'intérêts que de concours de lumières, les hommes sont essentiellement bons. Voilà le second état.

Quand enfin tous les intérêts particuliers agités s'entre-choquent, quand l'amour de soi mis en fermentation devient amour-propre, que l'opinion, rendant l'univers entier nécessaire à chaque homme, les rend tous ennemis nés les uns des autres, et fait que nul ne trouve son bien que dans le mal d'autrui ; alors la conscience, plus foible que les passions exaltées, est étouffée par elles, et ne reste plus dans la bouche des hommes qu'un mot fait pour se tromper mutuellement. Chacun feint alors de vouloir sacrifier ses intérêts à ceux du public, et tous mentent. Nul ne veut le bien public que quand il s'accorde avec le sien : aussi cet accord est-il l'objet du vrai politique qui cherche à rendre les peuples heureux et bons. Mais c'est ici que je commence à parler une langue étrangère, aussi peu connue des lecteurs que de vous.

Voilà, monseigneur, le troisième et dernier terme au-delà duquel rien ne reste à faire ; et voilà comment, l'homme étant bon, les hommes deviennent méchans. C'est à chercher comment il faudroit s'y prendre pour les empêcher de devenir tels, que j'ai consacré mon livre. Je n'ai pas affirmé que dans l'ordre actuel la chose fût absolument possible ; mais j'ai bien affirmé et j'affirme encore qu'il n'y a, pour en venir à bout, d'autres moyens que ceux que j'ai proposés.

Là-dessus vous dites que mon plan d'éducation([1]), *loin de s'accorder avec le christianisme, n'est pas même propre à faire des citoyens ni des hommes* ; et votre unique preuve est de m'opposer le péché originel. Monseigneur, il n'y a d'autre moyen de se délivrer du péché originel et de ses effets, que le baptême. D'où il suivroit, selon vous, qu'il n'y auroit jamais eu de citoyens ni d'hommes que des chrétiens. Ou niez cette conséquence ; ou convenez que vous avez trop prouvé.

Vous tirez vos preuves de si haut, que vous

([1]) Mandement, § III.

me forcez d'aller aussi chercher loin mes réponses. D'abord il s'en faut bien, selon moi, que cette doctrine du péché originel, sujette à des difficultés si terribles, ne soit contenue dans l'Écriture ni si clairement ni si durement qu'il a plu au rhéteur Augustin et à nos théologiens de la bâtir. Et le moyen de concevoir que Dieu crée tant d'âmes innocentes et pures, tout exprès pour les joindre à des corps coupables, pour leur y faire contracter la corruption morale, et pour les condamner toutes à l'enfer, sans autre crime que cette union qui est son ouvrage? Je ne dirai pas si (comme vous vous en vantez) vous éclaircissez par ce système le mystère de notre cœur; mais je vois que vous obscurcissez beaucoup la justice et la bonté de l'Être suprême. Si vous levez une objection, c'est pour en substituer de cent fois plus fortes.

Mais au fond que fait cette doctrine à l'auteur d'Émile? Quoiqu'il ait cru son livre utile au genre humain, c'est à des chrétiens qu'il l'a destiné; c'est à des hommes lavés du péché originel et de ses effets, du moins quant à l'âme, par le sacrement établi pour cela. Selon cette même doctrine, nous avons tous dans notre enfance recouvré l'innocence primitive; nous sommes tous sortis du baptême aussi sains de cœur qu'Adam sortit de la main de Dieu. Nous avons, direz-vous, contracté de nouvelles souillures. Mais, puisque nous avons commencé par en être délivrés, comment les avons-nous derechef contractées? Le sang de Christ n'est-il donc pas encore assez fort pour effacer entièrement la tache? ou bien seroit-elle un effet de la corruption naturelle de notre chair? comme si, même indépendamment du péché originel, Dieu nous eût créés corrompus, tout exprès pour avoir le plaisir de nous punir! Vous attribuez au péché originel les vices des peuples que vous avouez avoir été délivrés du péché originel; puis vous me blâmez d'avoir donné une autre origine à ces vices. Est-il juste de me faire un crime de n'avoir pas aussi mal raisonné que vous?

On pourroit, il est vrai, me dire que ces effets que j'attribue au baptême (¹) ne paroissent par nul signe extérieur; qu'on ne voit pas les chrétiens moins enclins au mal que les infidèles; au lieu que, selon moi, la malice infuse du péché devroit se marquer dans ceux-ci par des différences sensibles. Avec les secours que vous avez dans la morale évangélique, outre le baptême, tous les chrétiens, poursuivroit-on, devroient être des anges; et les infidèles, outre leur corruption originelle, livrés à leurs cultes erronés, devroient être des démons. Je conçois que cette difficulté pressée pourroit devenir embarrassante : car que répondre à ceux qui me feroient voir que, relativement au genre humain, l'effet de la rédemption, faite à si haut prix, se réduit à peu près à rien?

Mais, monseigneur, outre que je ne crois point qu'en bonne théologie on n'ait pas quelque expédient pour sortir de là, quand je conviendrois que le baptême ne remédie point à la corruption de notre nature, encore n'en auriez-vous pas raisonné plus solidement. Nous sommes, dites-vous, pécheurs à cause du péché de notre premier père. Mais notre premier père, pourquoi fut-il pécheur lui-même? pourquoi la même raison par laquelle vous expliquerez son péché ne seroit-elle pas applicable à ses descendans sans le péché originel? et pourquoi faut-il que nous imputions à Dieu une injustice en nous rendant pécheurs et punissables par le vice de notre naissance; tandis que notre premier père fut pécheur et puni comme nous sans cela? Le péché originel explique tout, excepté son principe; et c'est ce principe qu'il s'agit d'expliquer.

Vous avancez que, par mon principe à moi (¹), *l'on perd de vue le rayon de lumière qui nous fait connoître le mystère de notre propre cœur*; et vous ne voyez pas que ce principe, bien plus universel, éclaire même la faute du premier homme (²), que le vôtre laisse dans

---

(¹) Si l'on disoit, avec le docteur Thomas Burnet (*), que la corruption et la mortalité de la race humaine, suite du péché

*) Théologien écossais, mort en 1715, auteur d'une *Théorie de la Terre*, dont Buffon a donné l'analyse en en réfutant les raisonnemens, et de quelques ouvrages sur la religion, dont plusieurs ont été traduits en françois.
G. P.

d'Adam, fut un effet naturel du fruit défendu, que cet aliment contenoit des sucs venimeux qui dérangèrent toute l'économie animale, qui irritèrent les passions, qui affoiblirent l'entendement, et qui portèrent partout les principes du vice et de la mort; alors il faudroit convenir que la nature du remède devant se rapporter à celle du mal, le baptême devroit agir physiquement sur le corps de l'homme, lui rendre la constitution qu'il avoit dans l'état d'innocence, et sinon l'immortalité qui en dépendoit, du moins tous les effets moraux de l'économie animale rétablie.

(¹) Mandement, § III.

(²) Regimber contre une défense inutile et arbitraire est un

l'obscurité. Vous ne savez voir que l'homme dans les mains du diable, et moi je vois comment il y est tombé : la cause du mal est, selon vous, la nature corrompue ; et cette corruption même est un mal dont il falloit chercher la cause. L'homme fut créé bon ; nous en convenons, je crois, tous les deux : mais vous dites qu'il est méchant parce qu'il a été méchant ; et moi je montre comment il a été méchant. Qui de nous, à votre avis, remonte le mieux au principe?

Cependant vous ne laissez pas de triompher à votre aise comme si vous m'aviez terrassé. Vous m'opposez comme une objection insoluble (¹) *ce mélange frappant de grandeur et de bassesse, d'ardeur pour la vérité et de goût pour l'erreur, d'inclination pour la vertu et de penchant pour le vice, qui se trouve en nous. Étonnant contraste,* ajoutez-vous, *qui déconcerte la philosophie païenne, et la laisse errer dans de vaines spéculations!*

Ce n'est pas une vaine spéculation que la théorie de l'homme, lorsqu'elle se fonde sur la nature, qu'elle marche à l'appui des faits par

penchant naturel, mais qui, loin d'être vicieux en lui-même, est conforme à l'ordre des choses et à la bonne constitution de l'homme, puisqu'il seroit hors d'état de se conserver, s'il n'avoit un amour très-vif pour lui-même et pour le maintien de tous ses droits, tels qu'il les a reçus de la nature. Celui qui pourroit tout ne voudroit que ce qui lui seroit utile : mais un être foible, dont la loi restreint et limite encore le pouvoir, perd une partie de lui-même, et réclame en son cœur ce qui lui est ôté. Lui faire un crime de cela seroit lui en faire un d'être lui et non pas un autre ; ce seroit vouloir en même temps qu'il fût et qu'il ne fût pas. Aussi l'ordre enfreint par Adam me paroit-il moins une véritable défense qu'un avis paternel ; c'est un avertissement de s'abstenir d'un fruit pernicieux qui donne la mort. Cette idée est assurément plus conforme à celle qu'on doit avoir de la bonté de Dieu et même au texte de la Genèse, que celle qu'il plait aux docteurs de nous prescrire ; car, quant à la menace de la double mort, on fait voir que ce mot *morte morieris* (*) n'a pas l'emphase qu'ils lui prêtent, et n'est qu'un hébraïsme employé en d'autres endroits où cette emphase ne peut avoir lieu.

Il y a de plus un motif si naturel d'indulgence et de commisération dans la ruse du tentateur et dans la séduction de la femme, qu'à considérer dans toutes ses circonstances le péché d'Adam, l'on n'y peut trouver qu'une faute des plus légères. Cependant, selon eux, quelle effroyable punition ! il est même impossible d'en concevoir une plus terrible ; car quel châtiment eût pu porter Adam pour les plus grands crimes, que d'être condamné, lui et toute sa race, à la mort en ce monde, et à passer l'éternité dans l'autre, dévorés des feux de l'enfer? Est-ce là la peine imposée par le Dieu de miséricorde à un pauvre malheureux pour s'être laissé tromper? Que je hais la décourageante doctrine de nos durs théologiens! si j'étois un moment tenté de l'admettre, c'est alors que je croirois blasphémer.

(¹) Gen. II. v. 17.   (¹) Mandement, § III.

des conséquences bien liées, et qu'en nous menant à la source des passions, elle nous apprend à régler leur cours. Que si vous appelez philosophie païenne la Profession de foi du vicaire savoyard, je ne puis répondre à cette imputation, parce que je n'y comprends rien (¹), mais je trouve plaisant que vous empruntiez presque ses propres termes (²) pour dire qu'il n'explique pas ce qu'il a le mieux expliqué.

Permettez, monseigneur, que je remette sous vos yeux la conclusion que vous tirez d'une objection si bien discutée, et successivement toute la tirade qui s'y rapporte.

(³) *L'homme se sent entraîné par une pente funeste; et comment se roidiroit-il contre elle, si son enfance n'étoit dirigée par des maîtres pleins de vertu, de sagesse, de vigilance, et si, durant tout le cours de sa vie, il ne faisoit lui-même, sous la protection et avec les grâces de son Dieu, des efforts puissans et continuels?*

C'est-à-dire : *Nous voyons que les hommes sont méchans, quoique incessamment tyrannisés dès leur enfance. Si donc on ne les tyrannisoit pas dès ce temps-là, comment parviendroit-on à les rendre sages, puisque, même en les tyrannisant sans cesse, il est impossible de les rendre tels?*

Nos raisonnemens sur l'éducation pourront devenir plus sensibles, en les appliquant à un autre sujet.

Supposons, monseigneur, que quelqu'un vînt tenir ce discours aux hommes :

« Vous vous tourmentez beaucoup pour cher-
» cher des gouvernemens équitables et pour
» vous donner de bonnes lois. Je vais premiè-
» rement vous prouver que ce sont vos gouver-
» nemens mêmes qui font les maux auxquels
» vous prétendez remédier par eux. Je vous
» prouverai de plus qu'il est impossible que
» vous ayez jamais ni de bonnes lois ni des
» gouvernemens équitables ; et je vais vous
» montrer ensuite le vrai moyen de prévenir,
» sans gouvernemens et sans lois, tous ces
» maux dont vous vous plaignez. »

Supposons qu'il expliquât après cela son

(¹) A moins qu'elle ne se rapporte à l'accusation que m'intente M. de Beaumont dans la suite, d'avoir admis plusieurs dieux.

(²) Émile, page 575 de ce volume.
(³) Mandement, § III.

système et proposât son moyen prétendu. Je n'examine point si ce système seroit solide et ce moyen praticable. S'il ne l'étoit pas, peut-être se contenteroit-on d'enfermer l'auteur avec les fous, et l'on lui rendroit justice : mais si malheureusement il l'étoit, ce seroit bien pis ; et vous concevez, monseigneur, ou d'autres concevront pour vous, qu'il n'y auroit pas assez de bûchers et de roues pour punir l'infortuné d'avoir eu raison. Ce n'est pas de cela qu'il s'agit ici.

Quel que fût le sort de cet homme, il est sûr qu'un déluge d'écrits viendroit fondre sur le sien : il n'y auroit pas un grimaud qui, pour faire sa cour aux puissances, et tout fier d'imprimer avec privilége du roi, ne vînt lancer sur lui sa brochure et ses injures, et ne se vantât d'avoir réduit au silence celui qui n'auroit pas daigné répondre, ou qu'on auroit empêché de parler. Mais ce n'est pas encore de cela qu'il s'agit.

Supposons enfin qu'un homme grave, et qui auroit son intérêt à la chose, crût devoir aussi faire comme les autres, et parmi beaucoup de déclamations et d'injures, s'avisât d'argumenter ainsi : *Quoi! malheureux, vous voulez anéantir les gouvernemens et les lois, tandis que les gouvernemens et les lois sont le seul frein du vice, et ont bien de la peine encore à le contenir! Que seroit-ce, grand Dieu! si nous ne les avions plus? Vous nous ôtez les gibets et les roues, vous voulez établir un brigandage public. Vous êtes un homme abominable.*

Si ce pauvre homme osoit parler, il diroit sans doute : « Très-excellent seigneur, votre
» grandeur fait une pétition de principe. Je ne
» dis point qu'il ne faut pas réprimer le vice,
» mais je dis qu'il vaut mieux l'empêcher de
» naître. Je veux pourvoir à l'insuffisance des
» lois, et vous m'alléguez l'insuffisance des
» lois. Vous m'accusez d'établir les abus, parce
» qu'au lieu d'y remédier, j'aime mieux qu'on
» les prévienne. Quoi! s'il étoit un moyen de
» vivre toujours en santé, faudroit-il donc le
» proscrire de peur de rendre les médecins
» oisifs? Votre excellence veut toujours voir
» des gibets et des roues, et moi je voudrois
» ne plus voir de malfaiteurs : avec tout le
» respect que je lui dois, je ne crois pas être
» un homme abominable. »

Hélas! *M. T. C. F., malgré les principes de l'éducation la plus saine et la plus vertueuse, malgré les promesses les plus magnifiques de la religion et les menaces les plus terribles, les écarts de la jeunesse ne sont encore que trop fréquens, trop multipliés.* J'ai prouvé que cette éducation que vous appelez la plus saine, étoit la plus insensée; que cette éducation que vous appelez la plus vertueuse, donnoit aux enfans tous leurs vices : j'ai prouvé que toute la gloire du paradis les tentoit moins qu'un morceau de sucre, et qu'ils craignoient beaucoup plus de s'ennuyer à vêpres que de brûler en enfer : j'ai prouvé que les écarts de la jeunesse, qu'on se plaint de ne pouvoir réprimer par ces moyens, en étoient l'ouvrage. *Dans quelles erreurs, dans quels excès, abandonnée à elle-même, ne se précipiteroit-elle donc pas!* La jeunesse ne s'égare jamais d'elle-même, toutes ses erreurs lui viennent d'être mal conduite; les camarades et les maîtresses achèvent ce qu'ont commencé les prêtres et les précepteurs : j'ai prouvé cela. *C'est un torrent qui se déborde malgré les digues puissantes qu'on lui avoit opposées. Que seroit-ce donc si nul obstacle ne suspendoit ses flots et ne rompoit ses efforts?* Je pourrois dire : C'est un torrent qui renverse vos impuissantes digues et brise tout : élargissez son lit et le laissez courir sans obstacle, il ne fera jamais de mal. Mais j'ai honte d'employer dans un sujet aussi sérieux ces figures de collège, que chacun applique à sa fantaisie, et qui ne prouvent rien d'aucun côté.

Au reste, quoique, selon vous, les écarts de la jeunesse ne soient encore que trop fréquens, trop multipliés à cause de la pente de l'homme au mal, il paroît qu'à tout prendre vous n'êtes pas trop mécontent d'elle; que vous vous complaisez assez dans l'éducation saine et vertueuse que lui donnent actuellement vos maîtres pleins de vertus, de sagesse et de vigilance; que, selon vous, elle perdroit beaucoup à être élevée d'une autre manière, et qu'au fond vous ne pensez pas de ce siècle, *la lie des siècles,* tout le mal que vous affectez d'en dire à la tête de vos mandemens.

Je conviens qu'il est superflu de chercher de nouveaux plans d'éducation, quand on est si content de celle qui existe : mais convenez aussi, monseigneur, qu'en ceci vous n'êtes pas difficile. Si vous eussiez été aussi coulant en matière de doctrine, votre diocèse eût été agité de moins de troubles ; l'orage que vous avez excité ne fût point retombé sur les jésuites ; je n'en aurois point été écrasé par compagnie ; vous fussiez resté plus tranquille et moi aussi.

Vous avouez que pour réformer le monde autant que le permettent la foiblesse, et, selon vous, la corruption de notre nature, il suffiroit d'observer, sous la direction et l'impression de la grâce, les premiers rayons de la raison humaine, de les saisir avec soin, et de les diriger vers la route qui conduit à la vérité ([1]). *Par là*, continuez-vous, *ces esprits, encore exempts de préjugés, seroient pour toujours en garde contre l'erreur ; ces cœurs, encore exempts des grandes passions, prendroient les impressions de toutes les vertus.* Nous sommes donc d'accord sur ce point, car je n'ai pas dit autre chose. Je n'ai pas ajouté, j'en conviens, qu'il fallût faire élever les enfans par des prêtres ; même je ne pensois pas que cela fût nécessaire pour en faire des citoyens et des hommes : et cette erreur, si c'en est une, commune à tant de catholiques, n'est pas un si grand crime à un protestant. Je n'examine pas si, dans votre pays, les prêtres eux-mêmes passent pour de si bons citoyens ; mais comme l'éducation de la génération présente est leur ouvrage, c'est entre vous d'un côté et vos anciens mandemens de l'autre qu'il faut décider si leur lait spirituel lui a si bien profité, s'il en a fait de si grands saints ([2]), *vrais adorateurs de Dieu*, et de si grands hommes, *dignes d'être la ressource et l'ornement de la patrie*. Je puis ajouter une observation qui devroit frapper tous les bons François, et vous-même comme tel : c'est que de tant de rois qu'a eus votre nation, le meilleur est le seul que n'ont point élevé les prêtres.

Mais qu'importe tout cela, puisque je ne leur ai point donné d'exclusion ? Qu'ils élèvent la jeunesse, s'ils en sont capables, je ne m'y oppose pas ; et ce que vous dites là-dessus ([3]) ne fait rien contre mon livre. Prétendriez-vous que mon plan fût mauvais par cela seul qu'il peut convenir à d'autres qu'aux gens d'église ?

Si l'homme est bon par sa nature, comme je crois l'avoir démontré, il s'ensuit qu'il demeure tel tant que rien d'étranger à lui ne l'altère ; et si les hommes sont méchans, comme ils ont pris peine à me l'apprendre, il s'ensuit que leur méchanceté leur vient d'ailleurs : fermez donc l'entrée au vice, et le cœur humain sera toujours bon. Sur ce principe j'établis l'éducation négative comme la meilleure ou plutôt la seule bonne ; je fais voir comment toute éducation positive suit, comme qu'on s'y prenne, une route opposée à son but ; et je montre comment on tend au même but et comment on y arrive par le chemin que j'ai tracé.

J'appelle éducation positive ce qui tend à former l'esprit avant l'âge et à donner à l'enfant la connoissance des devoirs de l'homme. J'appelle éducation négative celle qui tend à perfectionner les organes, instrumens de nos connoissances, avant de nous donner ces connoissances, et qui prépare à la raison par l'exercice des sens. L'éducation négative n'est pas oisive, tant s'en faut : elle ne donne pas les vertus, mais elle prévient les vices ; elle n'apprend pas la vérité, mais elle préserve de l'erreur ; elle dispose l'enfant à tout ce qui peut le mener au vrai quand il est en état de l'entendre, et au bien quand il est en état de l'aimer.

Cette marche vous déplaît et vous choque ; il est aisé de voir pourquoi. Vous commencez par calomnier les intentions de celui qui la propose. Selon vous, cette oisiveté de l'âme m'a paru nécessaire pour la disposer aux erreurs que je lui voulois inculquer. On ne sait pourtant pas trop quelle erreur veut donner à son élève celui qui ne lui apprend rien avec plus de soin qu'à sentir son ignorance et à savoir qu'il ne sait rien. Vous convenez que le jugement a ses progrès et ne se forme que par degrés : *mais s'ensuit-il* ([1]), ajoutez-vous, *qu'à l'âge de dix ans un enfant ne connoisse pas la différence du bien et du mal, qu'il confonde la sagesse avec la folie, la bonté avec la barbarie, la vertu avec le vice ?* Tout cela s'ensuit, sans doute, si à cet âge le jugement n'est pas développé. *Quoi !* poursuivez-vous, *il ne sentira pas qu'obéir à son père est un bien, que lui désobéir est un mal ?* Bien loin de là, je soutiens qu'il sentira, au contraire, en quittant le jeu pour aller étudier sa leçon, qu'obéir à son père est un mal, et que lui désobéir est un bien, en volant quelque fruit

([1]) Mandement, § II.   ([2]) *Ibid.*   ([3]) *Ibid.*   ([1]) Mandement, § VI.

défendu. Il sentira aussi, j'en conviens, que c'est un mal d'être puni et un bien d'être récompensé ; et c'est dans la balance de ces biens et de ces maux contradictoires que se règle sa prudence enfantine. Je crois avoir démontré cela mille fois dans mes deux premiers volumes, et surtout dans le dialogue du maître et de l'enfant sur ce qui est mal (*). Pour vous, monseigneur, vous réfutez mes deux volumes en deux lignes, et les voici (¹) : *Le prétendre, M. T. C. F., c'est calomnier la nature humaine, en lui attribuant une stupidité qu'elle n'a point.* On ne sauroit employer une réfutation plus tranchante, ni conçue en moins de mots. Mais cette ignorance, qu'il vous plaît d'appeler stupidité, se trouve constamment dans tout esprit gêné dans des organes imparfaits, ou qui n'a pas été cultivé ; c'est une observation facile à faire et sensible à tout le monde. Attribuer cette ignorance à la nature humaine n'est donc pas la calomnier ; et c'est vous qui l'avez calomniée en lui imputant une malignité qu'elle n'a point.

Vous dites encore : (²) *Ne vouloir enseigner la sagesse à l'homme que dans le temps qu'il sera dominé par la fougue des passions naissantes, n'est-ce pas la lui présenter dans le dessein qu'il la rejette ?* Voilà derechef une intention que vous avez la bonté de me prêter, et qu'assurément nul autre que vous ne trouvera dans mon livre. J'ai montré, premièrement, que celui qui sera élevé comme je veux ne sera pas dominé par les passions dans le temps que vous dites ; j'ai montré encore comment les leçons de la sagesse pouvoient retarder le développement de ces mêmes passions. Ce sont les mauvais effets de votre éducation que vous imputez à la mienne, et vous m'objectez les défauts que je vous apprends à prévenir. Jusqu'à l'adolescence j'ai garanti des passions le cœur de mon élève ; et, quand elles sont prêtes à naître, j'en recule encore le progrès par des soins propres à les réprimer. Plus tôt, les leçons de la sagesse ne signifient rien pour l'enfant hors d'état d'y prendre intérêt et de les entendre ; plus tard, elles ne prennent plus sur un cœur déjà livré aux passions. C'est au seul moment que j'ai choisi qu'elles sont utiles : soit pour l'alarmer ou pour le distraire, il importe également qu'alors le jeune homme en soit occupé.

Vous dites : (¹) *Pour trouver la jeunesse plus docile aux leçons qu'il lui prépare, cet auteur veut qu'elle soit dénuée de tout principe de religion.* La raison en est simple, c'est que je veux qu'elle ait une religion, et que je ne lui veux rien apprendre dont son jugement ne soit en état de sentir la vérité. Mais moi, monseigneur, si je disois : *Pour trouver la jeunesse plus docile aux leçons qu'on lui prépare, on a grand soin de la prendre avant l'âge de raison,* ferois-je un raisonnement plus mauvais que le vôtre ? et seroit-ce un préjugé bien favorable à ce que vous faites apprendre aux enfans ? Selon vous, je choisis l'âge de raison pour inculquer l'erreur ; et vous, vous prévenez cet âge pour enseigner la vérité. Vous vous pressez d'instruire l'enfant avant qu'il puisse discerner le vrai du faux ; et moi, j'attends, pour le tromper, qu'il soit en état de le connoître. Ce jugement est-il naturel ? et lequel paroît chercher à séduire, de celui qui ne veut parler qu'à des hommes, ou de celui qui s'adresse aux enfans ?

Vous me censurez d'avoir dit et montré que tout enfant qui croit en Dieu est idolâtre ou anthropomorphite, et vous combattez cela en disant (²) *qu'on ne peut supposer ni l'un ni l'autre d'un enfant qui a reçu une éducation chrétienne.* Voilà ce qui est en question ; reste à voir la preuve. La mienne est que l'éducation la plus chrétienne ne sauroit donner à l'enfant l'entendement qu'il n'a pas, ni détacher ses idées des êtres matériels, au-dessus desquels tant d'hommes ne sauroient élever les leurs. J'en appelle de plus à l'expérience : j'exhorte chacun des lecteurs à consulter sa mémoire, et à se rappeler si, lorsqu'il a cru en Dieu étant enfant, il ne s'en est pas toujours fait quelque image. Quand vous lui dites que *la Divinité n'est rien de ce qui peut tomber sous les sens,* ou son esprit troublé n'entend rien, ou il entend qu'elle n'est rien. Quand vous lui parlez *d'une intelligence infinie,* il ne sait ce que c'est qu'*intelligence,* et il sait encore moins ce que c'est qu'*infini.* Mais vous lui ferez répéter après vous les mots qu'il vous plaira de lui dire ; vous lui ferez même ajouter, s'il le faut, qu'il les en-

---

(*) Émile, page 437 de ce volume.
(¹) Mandement, § VI.   (²) Ibid., § IX.

(¹) Mandement, § V.
(²) Ibid., § VII.

tend ; car cela ne coûte guère ; et il aime encore mieux dire qu'il les entend, que d'être grondé ou puni. Tous les anciens, sans excepter les Juifs, se sont représenté Dieu corporel ; et combien de chrétiens, surtout de catholiques, sont encore aujourd'hui dans ce cas-là ! Si vos enfans parlent comme des hommes, c'est parce que les hommes sont encore enfans. Voilà pourquoi les mystères entassés ne coûtent plus rien à personne ; les termes en sont tout aussi faciles à prononcer que d'autres. Une des commodités du christianisme moderne est de s'être fait un certain jargon de mots sans idées, avec lesquels on satisfait à tout, hors à la raison.

Par l'examen de l'intelligence qui mène à la connoissance de Dieu, je trouve qu'il n'est pas raisonnable de croire cette connoissance (*) *toujours nécessaire au salut*. Je cite en exemple les insensés, les enfans, et je mets dans la même classe les hommes dont l'esprit n'a pas acquis assez de lumière pour comprendre l'existence de Dieu. Vous dites là-dessus : (¹) *Ne soyons point surpris que l'auteur d'Émile remette à un temps si reculé la connoissance de l'existence de Dieu ; il ne la croit pas nécessaire au salut.* Vous commencez, pour rendre ma proposition plus dure, par supprimer charitablement le mot *toujours*, qui non-seulement la modifie, mais qui lui donne un autre sens, puisque, selon ma phrase, cette connoissance est ordinairement nécessaire au salut, et qu'elle ne le seroit jamais selon la phrase que vous me prêtez. Après cette petite falsification vous poursuivez ainsi :

« Il est clair, *dit-il par l'organe d'un person-
» nage chimérique*, il est clair que tel homme,
» parvenu jusqu'à la vieillesse sans croire en
» Dieu, ne sera pas pour cela privé de sa pré-
» sence dans l'autre (vous avez omis le mot de
» *vie*), si son aveuglement n'a pas été volon-
» taire, et je dis qu'il ne l'est pas toujours. »

Avant de transcrire ici votre remarque, permettez que je fasse la mienne. C'est que ce personnage prétendu chimérique, c'est moi-même, et non le vicaire ; que ce passage, que vous avez cru être dans la Profession de foi, n'y est point, mais dans le corps même du livre. Monseigneur, vous lisez bien légèrement, vous citez bien négligemment les écrits que vous flétrissez si durement : je trouve qu'un homme en place, qui censure, devroit mettre un peu plus d'examen dans ses jugemens. Je reprends à présent votre texte.

Remarquez, M. T. C. F., qu'il ne s'agit point ici d'un homme qui seroit dépourvu de l'usage de sa raison, mais uniquement de celui dont la raison ne seroit point aidée de l'instruction. Vous affirmez ensuite (¹) *qu'une telle prétention est souverainement absurde. S. Paul assure qu'entre les philosophes païens plusieurs sont parvenus par les seules forces de la raison à la connoissance du vrai Dieu* ; et là-dessus vous transcrivez son passage.

Monseigneur, c'est souvent un petit mal de ne pas entendre un auteur qu'on lit, mais c'en est un grand quand on le réfute, et un très-grand quand on le diffame. Or vous n'avez point entendu le passage de mon livre que vous attaquez ici, de même que beaucoup d'autres. Le lecteur jugera si c'est ma faute ou la vôtre, quand j'aurai mis le passage entier sous ses yeux.

« Nous tenons (les réformés) que nul enfant
» mort avant l'âge de raison ne sera privé du
» bonheur éternel. Les catholiques croient la
» même chose de tous les enfans qui ont reçu
» le baptême, quoiqu'ils n'aient jamais entendu
» parler de Dieu. Il y a donc des cas où l'on
» peut être sauvé sans croire en Dieu ; et ces
» cas ont lieu, soit dans l'enfance, soit dans la
» démence, quand l'esprit humain est incapa-
» ble des opérations nécessaires pour reconnoî-
» tre la Divinité. Toute la différence que je vois
» ici entre vous et moi, est que vous prétendez
» que les enfans ont à sept ans cette capacité,
» et que je ne la leur accorde pas même à
» quinze. Que j'aie tort ou raison, il ne s'agit
» pas ici d'un article de foi, mais d'une simple
» observation d'histoire naturelle.

» Par le même principe, il est clair que tel
» homme, parvenu jusqu'à la vieillesse sans
» croire en Dieu, ne sera pas pour cela privé
» de sa présence dans l'autre vie, si son aveu-
» glement n'a pas été volontaire ; et je dis qu'il
» ne l'est pas toujours. Vous en convenez pour
» les insensés qu'une maladie prive de leurs
» facultés spirituelles, mais non de leur qualité

(*) Émile, page 861 de ce volume.   (¹) Mandement, § xi.   (¹) Mandement, § xi.

» d'hommes, ni, par conséquent, du droit aux
» bienfaits de leur créateur. Pourquoi donc
» n'en pas convenir aussi pour ceux qui, sé-
» questrés de toute société dès leur enfance,
» auroient mené une vie absolument sauvage,
» privés des lumières qu'on n'acquiert que dans
» le commerce des hommes; car il est d'une
» impossibilité démontrée qu'un pareil sau-
» vage pût jamais élever ses réflexions jusqu'à
» la connoissance du vrai Dieu. La raison nous
» dit qu'un homme n'est punissable que pour
» les fautes de sa volonté, et qu'une ignorance
» invincible ne lui sauroit être imputée à crime.
» D'où il suit que, devant la justice éternelle,
» tout homme qui croiroit, s'il avoit les lu-
» mières nécessaires, est réputé croire, et qu'il
» n'y aura d'incrédules punis que ceux dont le
» cœur se ferme à la vérité. »

Voilà mon passage entier, sur lequel votre erreur saute aux yeux. Elle consiste en ce que vous avez entendu ou fait entendre que, selon moi, il falloit avoir été instruit de l'existence de Dieu pour y croire. Ma pensée est fort différente. Je dis qu'il faut avoir l'entendement développé et l'esprit cultivé jusqu'à certain point pour être en état de comprendre les preuves de l'existence de Dieu, et surtout pour les trouver de soi-même sans en avoir jamais entendu parler. Je parle des hommes barbares ou sauvages; vous m'alléguez des philosophes: je dis qu'il faut avoir acquis quelque philosophie pour s'élever aux notions du vrai Dieu; vous citez saint Paul, qui reconnoît que quelques philosophes païens se sont élevés aux notions du vrai Dieu : je dis que tel homme grossier n'est pas toujours en état de se former de lui-même une idée juste de la Divinité; vous dites que les hommes instruits sont en état de se former une idée juste de la Divinité, et, sur cette unique preuve, mon opinion vous paroît *souverainement absurde*. Quoi ! parce qu'un docteur en droit doit savoir les lois de son pays, est-il absurde de supposer qu'un enfant qui ne sait pas lire a pu les ignorer?

Quand un auteur ne veut pas se répéter sans cesse, et qu'il a une fois établi clairement son sentiment sur une matière, il n'est pas tenu de rapporter toujours les mêmes preuves en raisonnant sur le même sentiment : ses écrits s'expliquent alors les uns par les autres; et les derniers, quand il a de la méthode, supposent toujours les premiers. Voilà ce que j'ai toujours tâché de faire, et ce que j'ai fait, surtout dans l'occasion dont il s'agit.

Vous supposez, ainsi que ceux qui traitent de ces matières, que l'homme apporte avec lui sa raison toute formée, et qu'il ne s'agit que de la mettre en œuvre. Or cela n'est pas vrai; car l'une des acquisitions de l'homme, et même des plus lentes, est la raison. L'homme apprend à voir des yeux de l'esprit ainsi que des yeux du corps : mais le premier apprentissage est bien plus long que l'autre, parce que les rapports des objets intellectuels, ne se mesurant pas comme l'étendue, ne se trouvent que par estimation, et que nos premiers besoins, nos besoins physiques, ne nous rendent pas l'examen de ces mêmes objets si intéressant. Il faut apprendre à voir deux objets à la fois; il faut apprendre à les comparer entre eux ; il faut apprendre à comparer les objets en grand nombre, à remonter par degrés aux causes, à les suivre dans leurs effets; il faut avoir combiné des infinités de rapports pour acquérir des idées de convenance, de proportion, d'harmonie et d'ordre. L'homme qui, privé du secours de ses semblables et sans cesse occupé de pourvoir à ses besoins, est réduit en toute chose à la seule marche de ses propres idées, fait un progrès bien lent de ce côté-là ; il vieillit et meurt avant d'être sorti de l'enfance de la raison. Pouvez-vous croire de bonne foi que, d'un million d'hommes élevés de cette manière, il y en eût un seul qui vînt à penser à Dieu?

L'ordre de l'univers, tout admirable qu'il est, ne frappe pas également tous les yeux. Le peuple y fait peu d'attention, manquant des connoissances qui rendent cet ordre sensible, et n'ayant point appris à réfléchir sur ce qu'il aperçoit. Ce n'est ni endurcissement ni mauvaise volonté; c'est ignorance, engourdissement d'esprit. La moindre méditation fatigue ces gens-là, comme le moindre travail des bras fatigue un homme de cabinet. Ils ont ouï parler des œuvres de Dieu et des merveilles de la nature. Ils répètent les mêmes mots sans y joindre les mêmes idées, et ils sont peu touchés de tout ce qui peut élever le sage à son créateur. Or, si parmi nous le peuple, à portée de tant d'instructions, est encore si stupide, que seront ces pauvres gens abandonnés à eux-mêmes dès leur enfance, et qui n'ont jamais rien appris d'autrui? Croyez-vous qu'un Cafre ou un Lapon philosophe beaucoup sur la marche du monde et sur la génération des choses? Encore les Lapons et les Cafres, vivant en corps de nations, ont-ils des multitudes d'idées acquises et communiquées, à l'aide desquelles ils acquièrent quelques notions grossières d'une divinité; ils ont en quelque façon leur catéchisme : mais l'homme sauvage errant seul dans les bois, n'en a point du tout. Cet homme n'existe pas, direz-vous; soit : mais il peut exister par supposition. Il existe certainement des hommes qui n'ont jamais eu d'entretien philosophique en leur vie, et dont tout le temps se consume à chercher leur nourriture, la dévorer, et dormir. Que ferons-nous de ces hommes-là, des Eskimaux, par exemple? en ferons-nous des théologiens?

Mon sentiment est donc que l'esprit de l'homme, sans progrès, sans instruction, sans culture, et tel qu'il sort des mains de la nature, n'est pas en état de s'élever de lui-même aux sublimes notions de la Divinité; mais que ces notions se présentent à nous à mesure que notre esprit se cultive; qu'aux yeux de tout homme qui a pensé, qui a réfléchi, Dieu se manifeste dans ses ouvrages; qu'il se révèle aux gens éclairés dans le spectacle de la nature; qu'il faut, quand on a les yeux ouverts, les fermer pour ne l'y pas voir; que tout philosophe athée est un raisonneur de mauvaise foi ou que son orgueil aveugle; mais qu'aussi tel homme stupide et grossier, quoique simple et vrai, tel esprit sans erreur et sans vice, peut, par une ignorance involontaire, ne pas remonter à l'auteur de son être, et ne pas concevoir ce que c'est que Dieu, sans que cette ignorance le rende punissable d'un défaut auquel son cœur n'a point consenti. Celui-ci n'est pas éclairé, et l'autre refuse de l'être : cela me paroît fort différent.

Appliquez à ce sentiment votre passage de saint Paul, et vous verrez qu'au lieu de le combattre, il le favorise; vous verrez que ce passage tombe uniquement sur ces sages prétendus à qui *ce qui peut être connu de Dieu a été manifesté*, à qui *la considération des choses qui ont été faites dès la création du monde, a rendu visible ce qui est invisible en Dieu*, mais qui *ne l'ayant point glorifié et ne lui ayant point rendu grâces, se sont perdus dans la vanité de leur raisonnement*, et, ainsi demeurés sans excuse, *en se disant sages, sont devenus fous*. La raison sur laquelle l'Apôtre reproche aux philosophes de n'avoir pas glorifié le vrai Dieu, n'étant point applicable à ma supposition, forme une induction tout en ma faveur; elle confirme ce que j'ai dit moi-même, que tout *philosophe qui ne croit pas à tort, parce qu'il use mal de la raison qu'il a cultivée, et qu'il est en état d'entendre les vérités qu'il rejette* (*) : elle montre enfin, par le passage même, que vous ne m'avez point entendu; et, quand vous m'imputez d'avoir dit ce que je n'ai ni dit ni pensé, savoir, que l'on ne croit en Dieu que sur l'autorité d'autrui ([1]), vous avez tellement tort, qu'au contraire je n'ai fait que distinguer les cas où l'on peut connoître Dieu par soi-même, et les cas où on ne le peut que par le secours d'autrui.

Au reste, quand vous auriez raison dans cette critique, quand vous auriez solidement réfuté mon opinion, il ne s'ensuivroit pas de cela seul qu'elle fût souverainement absurde, comme il vous plaît de la qualifier : on peut se tromper sans tomber dans l'extravagance, et toute erreur n'est pas une absurdité. Mon respect pour vous me rendra moins prodigue d'épithètes, et ce ne sera pas ma faute si le lecteur trouve à les placer.

Toujours, avec l'arrangement de censurer sans entendre, vous passez d'une imputation grave et fausse à une autre qui l'est encore plus; et, après m'avoir injustement accusé de nier l'évidence de la Divinité, vous m'accusez plus injustement d'en avoir révoqué l'unité en doute. Vous faites plus : vous prenez la peine d'entrer là-dessus en discussion, contre votre ordinaire; et le seul endroit de votre mandement où vous ayez raison est celui où vous réfutez une extravagance que je n'ai pas dite.

Voici le passage que vous attaquez, ou plutôt votre passage où vous rapportez le mien; car il faut que le lecteur me voie entre vos mains.

(*) Émile, page 560 de ce volume.

([1]) M. de Beaumont ne dit pas cela en propres termes; mais c'est le seul sens raisonnable qu'on puisse donner à son texte, appuyé du passage de saint Paul; et je ne puis répondre qu'à ce que j'entends. (Voyez son *Mandement*, § XI.)

« (¹) Je sais, *fait-il dire au personnage sup-* » *posé qui lui sert d'organe,* je sais que le monde » est gouverné par une volonté puissante et » sage; je le vois, ou plutôt je le sens, et cela » m'importe à savoir. Mais ce même monde » est-il éternel ou créé? Y a-t-il un principe » unique des choses? y en a-t-il deux ou plu- » sieurs? et quelle est leur nature? Je n'en sais » rien. Et que m'importe?.... (²) Je renonce à » des questions oiseuses qui peuvent inquiéter » mon amour-propre, mais qui sont inutiles à » ma conduite et supérieures à ma raison. »

J'observe, en passant, que voici la seconde fois que vous qualifiez le prêtre savoyard de personnage chimérique ou supposé. Comment êtes-vous instruit de cela, je vous supplie? J'ai affirmé ce que je savois; vous niez ce que vous ne savez pas : qui des deux est le téméraire? On sait, j'en conviens, qu'il y a peu de prêtres qui croient en Dieu; mais encore n'est-il pas prouvé qu'il n'y en ait point du tout. Je reprends votre texte.

(³) *Que veut donc dire cet auteur téméraire?... L'unité de Dieu lui paroit une question oiseuse et supérieure à sa raison; comme si la multiplicité des dieux n'étoit pas la plus grande des absurdités!* « La pluralité des dieux, » dit énergiquement Tertullien, « est une nullité de Dieu. » *Admettre un Dieu, c'est admettre un Être suprême et indépendant auquel tous les autres êtres soient subordonnés* (⁴). *Il implique donc qu'il y ait plusieurs dieux.*

Mais qui est-ce qui dit qu'il y a plusieurs dieux? Ah! monseigneur, vous voudriez bien que j'eusse dit de pareilles folies, vous n'auriez sûrement pas pris la peine de faire un mandement contre moi.

Je ne sais ni pourquoi ni comment ce qui est, et bien d'autres qui se piquent de le dire ne le savent pas mieux que moi; mais je vois qu'il n'y a qu'une première cause motrice, puisque tout concourt sensiblement aux mêmes fins. Je reconnois donc une volonté unique et suprême qui dirige tout, et une puissance unique et suprême qui exécute tout. J'attribue cette puissance et cette volonté au même être, à cause de leur parfait accord qui se conçoit mieux dans un que dans deux, et parce qu'il ne faut pas sans raison multiplier les êtres : car le mal même que nous voyons n'est point un mal absolu, et, loin de combattre directement le bien, il concourt avec lui à l'harmonie universelle.

Mais ce par quoi les choses sont se distingue très-nettement sous deux idées; savoir, la chose qui fait, et la chose qui est faite : même ces deux idées ne se réunissent pas dans le même être sans quelque effort d'esprit, et l'on ne conçoit guère une chose qui agit sans en supposer une autre sur laquelle elle agit. De plus, il est certain que nous avons l'idée de deux substances distinctes : savoir, l'esprit et la matière, ce qui pense et ce qui est étendu : et ces deux idées se conçoivent très-bien l'une sans l'autre.

Il y a donc deux manières de concevoir l'origine des choses: savoir, ou dans deux causes diverses, l'une vive et l'autre morte, l'une motrice et l'autre mue, l'une active et l'autre passive, l'une efficiente et l'autre instrumentale; ou dans une cause unique qui tire d'elle seule tout ce qui est et tout ce qui se fait. Chacun de ces deux sentimens, débattus par les métaphysiciens depuis tant de siècles, n'en est pas devenu plus croyable à la raison humaine : et si l'existence éternelle et nécessaire de la matière a pour nous ses difficultés, sa création n'en a pas de moindres, puisque tant d'hommes et de philosophes, qui dans tous les temps ont médité sur ce sujet, ont tous unanimement rejeté la possibilité de la création, excepté peut-être un très-petit nombre qui paroissent avoir sincèrement soumis leur raison à l'autorité; sincérité que les motifs de leur intérêt, de leur sûreté, de leur repos, rendent fort suspecte, et dont il sera toujours impossible de s'assurer tant que l'on risquera quelque chose à parler vrai.

Supposé qu'il y ait un principe éternel et uni-

(¹) Mandement, § XIII.
(²) Ces points indiquent une lacune de deux lignes par lesquelles le passage est tempéré, et que M. de Beaumont n'a pas voulu transcrire (*).
(³) Mandement, § XIII.
(⁴) Tertullien fait ici un sophisme très-familier aux pères de l'Église : il définit le mot *Dieu* selon les chrétiens, et puis il accuse les païens de contradiction, parce que, contre sa définition, ils admettent plusieurs dieux. Ce n'étoit pas la peine de m'imputer une erreur que je n'ai pas commise, uniquement pour citer si hors de propos un sophisme de Tertullien.

(*) Voici le contenu de ces deux lignes : *Que m'importe? à mesure que mes connoissances me deviendront nécessaires, je m'efforcerai de les acquérir; jusque-là je renonce......* G. P.

que des choses, ce principe, étant simple dans son essence, n'est pas composé de matière et d'esprit, mais il est matière ou esprit seulement. Sur les raisons déduites par le vicaire, il ne sauroit concevoir que ce principe soit matière; et, s'il est esprit, il ne sauroit concevoir que par lui la matière ait reçu l'être; car il faudroit pour cela concevoir la création. Or l'idée de création, l'idée sous laquelle on conçoit que, par un simple acte de volonté, rien devient quelque chose, est, de toutes les idées qui ne sont pas clairement contradictoires, la moins compréhensible à l'esprit humain.

Arrêté des deux côtés par ces difficultés, le bon prêtre demeure indécis, et ne se tourmente point d'un doute de pure spéculation, qui n'influe en aucune manière sur ses devoirs en ce monde; car enfin que m'importe d'expliquer l'origine des êtres, pourvu que je sache comment ils subsistent, quelle place j'y dois remplir, et en vertu de quoi cette obligation m'est imposée.

Mais supposer deux principes ([1]) des choses, supposition que pourtant le vicaire ne fait point, ce n'est pas pour cela supposer deux dieux; à moins que, comme les manichéens, on ne suppose aussi ces principes tous deux actifs : doctrine absolument contraire à celle du vicaire, qui très-positivement n'admet qu'une intelligence première, qu'un seul principe actif, et par conséquent qu'un seul Dieu.

J'avoue bien que la création du monde étant clairement énoncée dans nos traductions de la Genèse, la rejeter positivement seroit à cet égard rejeter l'autorité, sinon des livres sacrés, au moins des traductions qu'on nous en donne : et c'est aussi ce qui tient le vicaire dans un doute qu'il n'auroit peut-être pas sans cette autorité; car d'ailleurs la coexistence des deux principes ([2]) semble expliquer mieux la constitution de l'univers, et lever des difficultés qu'on a peine à résoudre sans elle, comme entre autres celle de l'origine du mal. De plus, il faudroit entendre parfaitement l'hébreu, et même avoir été contemporain de Moïse, pour savoir certainement quel sens il a donné au mot qu'on nous rend par le mot *créa*. Ce terme est trop philosophique pour avoir eu dans son origine l'acception connue et populaire que nous lui donnons maintenant sur la foi de nos docteurs. Rien n'est moins rare que des mots dont le sens change par trait de temps, et qui font attribuer aux anciens auteurs qui s'en sont servis des idées qu'ils n'ont point eues. Le mot hébreu qu'on a traduit par *créer, faire quelque chose de rien*, signifie *faire, produire quelque chose avec magnificence*. Rivet prétend même que ce mot hébreu *bara*, ni le mot grec qui lui répond, ni même le mot latin *creare*, ne peuvent se restreindre à cette signification particulière de *produire quelque chose de rien* : il est si certain du moins que le mot latin se prend dans un autre sens, que Lucrèce, qui nie formellement la possibilité de toute création, ne laisse pas d'employer souvent le même terme pour exprimer la formation de l'univers et de ses parties. Enfin, M. de Beausobre a prouvé ([1]) que la notion de la création ne se trouve point dans l'ancienne théologie judaïque; et vous êtes trop instruit, monseigneur, pour ignorer que beaucoup d'hommes, pleins de respect pour nos livres sacrés, n'ont cependant point reconnu dans le récit de Moïse l'absolue création de l'univers. Ainsi le vicaire, à qui le despotisme des théologiens n'en impose pas, peut très-bien, sans en être moins orthodoxe, douter s'il y a deux principes éternels des choses, ou s'il n'y en a qu'un. C'est un débat purement grammatical ou philosophique, où la révélation n'entre pour rien.

Quoi qu'il en soit, ce n'est pas de cela qu'il s'agit entre nous; et, sans soutenir les sentimens du vicaire, je n'ai rien à faire ici qu'à montrer vos torts.

Or vous avez tort d'avancer que l'unité de

([1]) Celui qui ne connoît que deux substances ne peut non plus imaginer que deux principes; et le terme, *ou plusieurs*, ajouté dans l'endroit cité, n'est là qu'une espèce d'explétif, servant tout au plus à faire entendre que le nombre de ces principes n'importe pas plus à connoître que leur nature.

([2]) Il est bon de remarquer que cette question de l'éternité de la matière, qui effarouche si fort nos théologiens, effarouchoit assez peu les pères de l'église, moins éloignés des sentimens de Platon. Sans parler de Justin, martyr, d'Origène, et d'autres, Clément Alexandrin prend si bien l'affirmative dans ses hypotyposes, que Photius veut à cause de cela que ce livre ait été falsifié. Mais le même sentiment reparoît encore dans les Stromates, où Clément rapporte celui d'Héraclite sans l'improuver. Ce père, livre v, tâche à la vérité d'établir un seul principe, mais c'est parce qu'il refuse ce nom à la matière, même en admettant son éternité.

([1]) Histoire du Manichéisme, tome II.

Dieu me paroît une question oiseuse et supérieure à la raison, puisque, dans l'écrit que vous censurez, cette unité est établie et soutenue par le raisonnement : et vous avez tort de vous étayer d'un passage de Tertullien pour conclure contre moi qu'il implique qu'il y ait plusieurs dieux; car, sans avoir besoin de Tertullien, je conclus aussi de mon côté qu'il implique qu'il y ait plusieurs dieux.

Vous avez tort de me qualifier pour cela d'auteur téméraire, puisqu'où il n'y a point d'assertion, il n'y a point de témérité. On ne peut concevoir qu'un auteur soit un téméraire, uniquement pour être moins hardi que vous.

Enfin vous avez tort de croire avoir bien justifié les dogmes particuliers qui donnent à Dieu les passions humaines, et qui, loin d'éclaircir les notions du grand Être, les embrouillent et les avilissent, en m'accusant faussement d'embrouiller et d'avilir moi-même ces notions, d'attaquer directement l'essence divine, que je n'ai point attaquée, et de révoquer en doute son unité, que je n'ai point révoquée en doute. Si je l'avois fait, que s'ensuivroit-il? Récriminer n'est pas se justifier : mais celui qui, pour toute défense, ne sait que récriminer à faux, a bien l'air d'être seul coupable.

La contradiction que vous me reprochez dans le même lieu est tout aussi bien fondée que la précédente accusation. *Il ne sait*, dites-vous, *quelle est la nature de Dieu, et bientôt après il reconnoît que cet Être suprême est doué d'intelligence, de puissance, de volonté et de bonté : n'est-ce pas là avoir une idée de la nature divine?*

Voici, monseigneur, là-dessus ce que j'ai à vous dire :

« Dieu est intelligent ; mais comment l'est-il?
» L'homme est intelligent quand il raisonne,
» et la suprême intelligence n'a pas besoin de
» raisonner; il n'y a pour elle ni prémisses,
» ni conséquences, il n'y a pas même de proposition ; elle est purement intuitive, elle voit
» également tout ce qui est et tout ce qui peut
» être; toutes les vérités ne sont pour elle qu'une
» seule idée, comme tous les lieux un seul point
» et tous les temps un seul moment. La puissance humaine agit par des moyens; la puissance divine agit par elle-même : Dieu peut
» parce qu'il veut, sa volonté fait son pouvoir.

» Dieu est bon, rien n'est plus manifeste; mais
» la bonté dans l'homme est l'amour de ses
» semblables, et la bonté de Dieu est l'amour
» de l'ordre; car c'est par l'ordre qu'il maintient ce qui existe et lie chaque partie avec
» le tout. Dieu est juste, j'en suis convaincu,
» c'est une suite de sa bonté; l'injustice des
» hommes est leur œuvre et non pas la sienne;
» le désordre moral, qui dépose contre la Providence aux yeux des philosophes, ne fait
» que la démontrer aux miens. Mais la justice
» de l'homme est de rendre à chacun ce qui lui
» appartient, et la justice de Dieu de demander
» compte à chacun de ce qu'il lui a donné.

» Que si je viens à découvrir successivement
» ces attributs dont je n'ai nulle idée absolue,
» c'est par des conséquences forcées, c'est par
» le bon usage de ma raison : mais je les affirme sans les comprendre, et dans le fond
» c'est n'affirmer rien. J'ai beau me dire : Dieu
» est ainsi ; je le sens, je me le prouve : je n'en
» conçois pas mieux comment Dieu peut être
» ainsi.

» Enfin, plus je m'efforce de contempler son
» essence infinie, moins je la conçois : mais
» elle est, cela me suffit; moins je la conçois,
» plus je l'adore. Je m'humilie et lui dis : Être
» des êtres, je suis parce que tu es, c'est m'élever à ma source que de te méditer sans
» cesse; le plus digne usage de ma raison est
» de s'anéantir devant toi; c'est mon ravissement d'esprit, c'est le charme de ma foiblesse
» de me sentir accablé de ta grandeur. »

Voilà ma réponse, et je la crois péremptoire. Faut-il vous dire à présent où je l'ai prise? je l'ai tirée mot à mot de l'endroit même que vous accusez de contradiction (*). Vous en usez comme tous mes adversaires, qui, pour me réfuter, ne font qu'écrire les objections que je me suis faites, et supprimer mes solutions. La réponse est déjà toute prête ; c'est l'ouvrage qu'ils ont réfuté.

Nous avançons, monseigneur, vers les discussions les plus importantes.

Après avoir attaqué mon système et mon livre, vous attaquez aussi ma religion ; et parce que le vicaire catholique fait des objections contre son Église, vous cherchez à me

(*) Émile, page 580 de ce volume.

faire passer pour ennemi de la mienne : comme si proposer des difficultés sur un sentiment, c'étoit y renoncer; comme si toute connoissance humaine n'avoit pas les siennes; comme si la géométrie elle-même n'en avoit pas, ou que les géomètres se fissent une loi de les taire pour ne pas nuire à la certitude de leur art !

La réponse que j'ai d'avance à vous faire est de vous déclarer, avec ma franchise ordinaire, mes sentimens en matière de religion, tels que je les ai professés dans tous mes écrits, et tels qu'ils ont toujours été dans ma bouche et dans mon cœur. Je vous dirai de plus pourquoi j'ai publié la Profession de foi du vicaire, et pourquoi, malgré tant de clameurs, je la tiendrai toujours pour l'écrit le meilleur et le plus utile dans le siècle où je l'ai publiée. Les bûchers ni les décrets ne me feront point changer de langage; les théologiens, en m'ordonnant d'être humble, ne me feront point être faux; et les philosophes, en me taxant d'hypocrisie, ne me feront point professer l'incrédulité. Je dirai ma religion, parce que j'en ai une; et je la dirai hautement, parce que j'ai le courage de la dire, et qu'il seroit à désirer pour le bien des hommes que ce fût celle du genre humain.

Monseigneur, je suis chrétien, et sincèrement chrétien, selon la doctrine de l'Évangile. Je suis chrétien, non comme un disciple des prêtres, mais comme un disciple de Jésus-Christ. Mon maître a peu subtilisé sur le dogme et beaucoup insisté sur les devoirs : il prescrivoit moins d'articles de foi que de bonnes œuvres; il n'ordonnoit de croire que ce qui étoit nécessaire pour être bon; quand il résumoit la loi et les prophètes, c'étoit bien plus dans des actes de vertu que dans des formules de croyance (¹); et il m'a dit par lui-même et par ses apôtres que celui qui aime son frère a accompli la loi (²).

Moi de mon côté, très-convaincu des vérités essentielles au christianisme, lesquelles servent de fondement à toute bonne morale, cherchant au surplus à nourrir mon cœur de l'esprit de l'Évangile sans tourmenter ma raison de ce qui m'y paroît obscur; enfin, persuadé que quiconque aime Dieu par-dessus toute chose et son prochain comme soi-même est un vrai chrétien, je m'efforce de l'être, laissant à part toutes ces subtilités de doctrine, tous ces importans galimatias dont les pharisiens embrouillent nos devoirs et offusquent notre foi, et mettant avec saint Paul la foi même au-dessous de la charité (¹).

Heureux d'être né dans la religion la plus raisonnable et la plus sainte qui soit sur la terre, je reste inviolablement attaché au culte de mes pères : comme eux je prends l'Écriture et la raison pour les uniques règles de ma croyance; comme eux je récuse l'autorité des hommes, et n'entends me soumettre à leurs formules qu'autant que j'en aperçois la vérité ; comme eux je me réunis de cœur avec les vrais serviteurs de Jésus-Christ et les vrais adorateurs de Dieu pour lui offrir dans la communion des fidèles les hommages de son Église. Il m'est consolant et doux d'être compté parmi ses membres, de particper au culte public qu'ils rendent à la Divinité, et de me dire au milieu d'eux : Je suis avec mes frères.

Pénétré de reconnoissance pour le digne pasteur qui, résistant au torrent de l'exemple, et jugeant dans la vérité, n'a point exclus de l'Église un défenseur de la cause de Dieu, je conserverai toute ma vie un tendre souvenir de sa charité vraiment chrétienne (*). Je me ferai toujours une gloire d'être compté dans son troupeau, et j'espère n'en point scandaliser les membres ni par mes sentimens ni par ma conduite. Mais lorsque d'injustes prêtres, s'arrogeant des droits qu'ils n'ont pas, voudront se faire les arbitres de ma croyance, et viendront me dire arrogamment : Rétractez-vous, déguisez-vous, expliquez ceci, désavouez cela; leurs hauteurs ne m'en imposeront point; ils ne me feront point mentir pour être orthodoxe, ni dire pour leur plaire ce que je ne pense pas. Que si ma véracité les offense, et qu'ils veuillent me retrancher de

---

(¹) I. Cor., XIII, 2, 13.
(*) Quand Rousseau écrivoit ceci, il n'avoit en effet qu'à se louer de ce pasteur (M. de Montmollin). Il en fait même encore l'éloge dans une note de ses *Lettres de la montagne*, en l'exceptant favorablement des ministres protestans dont il avoit tant à se plaindre. Mais postérieurement, et par addition à cette même note, il s'est rétracté sur cette exception, en s'exprimant sur tous les gens d'église sans distinction de la manière la plus dure. Voyez les *Lettres de la montagne*, lettre II.

G. P.

(¹) Matth., VII, 12.   (²) Galat., V. 14.

l'Église, je craindrai peu cette menance dont l'exécution n'est pas en leur pouvoir. Ils ne m'empêcheront pas d'être uni de cœur avec les fidèles ; ils ne m'ôteront pas du rang des élus si j'y suis inscrit. Ils peuvent m'en ôter les consolations dans cette vie, mais non l'espoir dans celle qui doit la suivre ; et c'est là que mon vœu le plus ardent et le plus sincère est d'avoir Jésus-Christ même pour arbitre et pour juge entre eux et moi.

Tels sont, monseigneur, mes vrais sentimens, que je ne donne pour règle à personne, mais que je déclare être les miens, et qui resteront tels tant qu'il plaira, non aux hommes, mais à Dieu, seul maître de changer mon cœur et ma raison ; car aussi long-temps que je serai ce que je suis et que je penserai comme je pense, je parlerai comme je parle : bien différent, je l'avoue, de vos chrétiens en effigie, toujours prêts à croire ce qu'il faut croire, ou à dire ce qu'il faut dire, pour leur intérêt ou pour leur repos, et toujours sûrs d'être assez bons chrétiens, pourvu qu'on ne brûle pas leurs livres et qu'ils ne soient pas décrétés. Ils vivent en gens persuadés que non-seulement il faut confesser tel et tel article, mais que cela suffit pour aller en paradis : et moi je pense, au contraire, que l'essentiel de la religion consiste en pratique ; que non-seulement il faut être homme de bien, miséricordieux, humain, charitable, mais que quiconque est vraiment tel en croit assez pour être sauvé. J'avoue au reste que leur doctrine est plus commode que la mienne, et qu'il en coûte bien moins de se mettre au nombre des fidèles par des opinions que par des vertus.

Que si j'ai dû garder ces sentimens pour moi seul, comme ils ne cessent de le dire ; si, lorsque j'ai eu le courage de les publier et de me nommer, j'ai attaqué les lois et troublé l'ordre public ; c'est ce que j'examinerai tout à l'heure. Mais qu'il me soit permis auparavant de vous supplier, monseigneur, vous et tous ceux qui liront cet écrit, d'ajouter quelque foi aux déclarations d'un ami de la vérité, et de ne pas imiter ceux qui, sans preuve, sans vraisemblance, et sur le seul témoignage de leur propre cœur, m'accusent d'athéisme et d'irréligion contre des protestations si positives et que rien de ma part n'a jamais démenties. Je n'ai pas trop, ce me semble, l'air d'un homme qui se déguise, et il n'est pas aisé de voir quel intérêt j'aurois à me déguiser ainsi. L'on doit présumer que celui qui s'exprime si librement sur ce qu'il ne croit pas, est sincère en ce qu'il doit croire ; et quand ses discours, sa conduite et ses écrits, sont toujours d'accord sur ce point, quiconque ose affirmer qu'il ment, et n'est pas un dieu, ment infailliblement lui-même.

Je n'ai pas toujours eu le bonheur de vivre seul ; j'ai fréquenté des hommes de toute espèce ; j'ai vu des gens de tous les partis, des croyans de toutes les sectes, des esprits forts de tous les systèmes : j'ai vu des grands, des petits, des libertins, des philosophes ; j'ai eu des amis sûrs et d'autres qui l'étoient moins ; j'ai été environné d'espions, de malveillans, et le monde est plein de gens qui me haïssent à cause du mal qu'ils m'ont fait. Je les adjure tous, quels qu'ils puissent être, de déclarer au public ce qu'ils savent de ma croyance en matière de religion ; si dans le commerce le plus suivi, si dans la plus étroite familiarité, si dans la gaîté des repas, si dans les confidences du tête-à-tête, ils m'ont jamais trouvé différent de moi-même (*) ; si, lorsqu'ils ont voulu disputer ou plaisanter, leurs argumens ou leurs railleries m'ont un moment ébranlé ; s'ils m'ont surpris à varier dans mes sentimens ; si dans le secret de mon cœur ils en ont pénétré que je cachois au public ; si, dans quelque temps que ce soit, ils ont trouvé en moi une ombre de fausseté ou d'hypocrisie : qu'ils le disent, qu'ils révèlent tout, qu'ils me dévoilent ; j'y consens, je les en prie, je les dispense du secret de l'amitié ; qu'ils disent hautement, non ce qu'ils voudroient que je fusse, mais ce qu'ils savent que je suis : qu'ils me jugent selon leur conscience ; je leur confie mon honneur sans crainte, et je promets de ne les point récuser.

Que ceux qui m'accusent d'être sans religion,

(*) Le témoignage que Rousseau se rend ici à lui-même, est bien confirmé par ce que rapporte madame d'Épinay dans ses *Mémoires*, lorsqu'elle rend compte des conversations familières qui avoient lieu en sa présence entre les esprits forts dont se composoit sa société, et des propositions qu'ils soutenoient en discutant des points de morale ou de religion. Voyez notamment le récit d'un dîner fait chez mademoiselle Quinault, et où Rousseau étoit un des convives avec Duclos et Saint-Lambert. (Tom. II, p. 59 et suiv.) G. P.

parce qu'ils ne conçoivent pas qu'on en puisse avoir une, s'accordent au moins s'ils peuvent entre eux. Les uns ne trouvent dans mes livres qu'un système d'athéisme; les autres disent que je rends gloire à Dieu dans mes livres sans y croire au fond de mon cœur. Ils taxent mes écrits d'impiété et mes sentimens d'hypocrisie. Mais si je prêche en public l'athéisme, je ne suis donc pas un hypocrite; et, si j'affecte une foi que je n'ai point, je n'enseigne donc pas l'impiété. En entassant des imputations contradictoires, la calomnie se découvre elle-même : mais la malignité est aveugle, et la passion ne raisonne pas.

Je n'ai pas, il est vrai, cette foi dont j'entends se vanter tant de gens d'une probité si médiocre, cette foi robuste qui ne doute jamais de rien, qui croit sans façon tout ce qu'on lui présente à croire, et qui met à part ou dissimule les objections qu'elle ne sait pas résoudre. Je n'ai pas le bonheur de voir dans la révélation l'évidence qu'ils y trouvent; et si je me détermine pour elle, c'est parce que mon cœur m'y porte, qu'elle n'a rien que de consolant pour moi, et qu'à la rejeter les difficultés ne sont pas moindres; mais ce n'est pas parce que je la vois démontrée, car très-sûrement elle ne l'est pas à mes yeux. Je ne suis pas même assez instruit, à beaucoup près, pour qu'une démonstration qui demande un si profond savoir, soit jamais à ma portée. N'est-il pas plaisant que moi, qui propose ouvertement mes objections et mes doutes, je sois l'hypocrite, et que tous ces gens si décidés, qui disent sans cesse croire fermement ceci et cela, que ces gens, si sûrs de tout sans avoir pourtant de meilleures preuves que les miennes, que ces gens enfin dont la plupart ne sont guère plus savans que moi, et qui, sans lever mes difficultés, me reprochent de les avoir proposées, soient les gens de bonne foi?

Pourquoi serois-je un hypocrite? et que gagnerois-je à l'être? J'ai attaqué tous les intérêts particuliers, j'ai suscité contre moi tous les partis, je n'ai soutenu que la cause de Dieu et de l'humanité : et qui est-ce qui s'en soucie? Ce que j'en ai dit n'a pas même fait la moindre sensation, et pas une âme ne m'en a su gré. Si je me fusse ouvertement déclaré pour l'athéisme, les dévots ne m'auroient pas fait pis, et d'autres ennemis non moins dangereux ne me porteroient point leurs coups en secret. Si je me fusse ouvertement déclaré pour l'athéisme, les uns m'eussent attaqué avec plus de réserve, en me voyant défendu par les autres et disposé moi-même à la vengeance : mais un homme qui craint Dieu n'est guère à craindre; son parti n'est pas redoutable; il est seul ou à peu près, et l'on est sûr de pouvoir lui faire beaucoup de mal avant qu'il songe à le rendre. Si je me fusse ouvertement déclaré pour l'athéisme, en me séparant ainsi de l'Église, j'aurois ôté tout d'un coup à ses ministres le moyen de me harceler sans cesse et de me faire endurer toutes leurs petites tyrannies; je n'aurois point essuyé tant d'ineptes censures, et, au lieu de me blâmer si aigrement d'avoir écrit, il eût fallu me réfuter, ce qui n'est pas tout-à-fait si facile. Enfin, si je me fusse ouvertement déclaré pour l'athéisme, on eût d'abord un peu clabaudé, mais on m'eût bientôt laissé en paix comme tous les autres; le peuple du Seigneur n'eût point pris inspection sur moi, chacun n'eût point cru me faire grâce en ne me traitant pas en excommunié, et j'eusse été quitte à quitte avec tout le monde : les saintes en Israël ne m'auroient point écrit des lettres anonymes, et leur charité ne se fût point exhalée en dévotes injures; elles n'eussent point pris la peine de m'assurer humblement que j'étois un scélérat, un monstre exécrable, et que le monde eût été trop heureux si quelque bonne âme eût pris le soin de m'étouffer au berceau; d'honnêtes gens, de leur côté, me regardant alors comme un réprouvé, ne se tourmenteroient et ne me tourmenteroient point pour me ramener dans la bonne voie; ils ne me tirailleroient pas à droite et à gauche, ils ne m'étoufferoient pas sous le poids de leurs sermons, ils ne me forceroient pas de bénir leur zèle en maudissant leur importunité, et de sentir avec reconnoissance qu'ils sont appelés à me faire périr d'ennui.

Monseigneur, si je suis un hypocrite, je suis un fou, puisque, pour ce que je demande aux hommes, c'est une grande folie de se mettre en frais de fausseté. Si je suis un hypocrite, je suis un sot; car il faut l'être beaucoup pour ne pas voir que le chemin que j'ai pris ne mène qu'à des malheurs dans cette vie, et que, quand j'y pourrois trouver quelque avantage, je n'en puis profiter sans me démentir. Il est vrai que j'y suis à temps encore; je n'ai qu'à vouloir un moment tromper les hommes, et je mets à mes pieds tous mes ennemis. Je n'ai point encore atteint la vieillesse; je puis avoir long-temps à souffrir; je puis voir changer derechef le public sur mon compte : mais si jamais j'arrive aux honneurs et à la fortune, par quelque route que j'y parvienne, alors je serai un hypocrite, cela est sûr.

La gloire de l'ami de la vérité n'est point attachée à telle opinion plutôt qu'à telle autre : quoi qu'il dise, pourvu qu'il le pense, il tend à son but. Celui qui n'a d'autre intérêt que d'être vrai n'est point tenté de mentir, et il n'y a nul homme sensé qui ne préfère le moyen le plus simple, quand il est aussi le plus sûr. Mes ennemis auront beau faire avec leurs injures, ils ne m'ôteront point l'honneur d'être un homme véridique en toute chose, d'être le seul auteur de mon siècle et de beaucoup d'autres qui ait écrit de bonne foi, et qui n'ait dit que ce qu'il a cru : ils pourront un moment souiller ma réputation à force de rumeurs et de calomnies, mais elle en triomphera tôt ou tard; car, tandis qu'ils varieront dans leurs imputations ridicules, je resterai toujours le même, et, sans autre art que ma franchise, j'ai de quoi les désoler toujours.

Mais cette franchise est déplacée avec le public! Mais toute vérité n'est pas bonne à dire! Mais, bien que tous les gens sensés pensent comme vous, il n'est pas bon que le vulgaire pense ainsi! Voilà ce qu'on me crie de toutes parts; voilà peut-être ce que vous me diriez vous-même si nous étions tête à tête dans votre cabinet. Tels sont les hommes : ils changent de langage comme d'habits; ils ne disent la vérité qu'en robe de chambre; en habit de parade ils ne savent plus que mentir; et non-seulement ils sont trompeurs et fourbes à la face du genre humain, mais ils n'ont pas honte de punir contre leur conscience quiconque ose n'être pas fourbe et trompeur public comme eux. Mais ce principe est-il bien vrai, que toute vérité n'est pas bonne à dire? Quand il le seroit, s'ensuivroit-il que nulle erreur ne fût bonne à détruire? et toutes les folies des hommes sont-elles si saintes qu'il n'y en ait aucune qu'on ne doive respecter? Voilà ce qu'il conviendroit d'examiner avant de me donner pour loi une maxime suspecte et vague, qui, fût-elle vraie en elle-même, peut pécher par son application.

J'ai grande envie, monseigneur, de prendre ici ma méthode ordinaire, et de donner l'histoire de mes idées pour toute réponse à mes accusateurs. Je crois ne pouvoir mieux justifier tout ce que j'ai osé dire, qu'en disant encore tout ce que j'ai pensé.

Sitôt que je fus en état d'observer les hommes, je les regardois faire, et je les écoutois parler; puis, voyant que leurs actions ne ressembloient point à leurs discours, je cherchai la raison de cette dissemblance, et je trouvai qu'être et paroître étant pour eux deux choses aussi différentes qu'agir et parler, cette deuxième différence étoit la cause de l'autre, et avoit elle-même une cause qui me restoit à chercher.

Je la trouvai dans notre ordre social, qui, de tout point contraire à la nature que rien ne détruit, la tyrannise sans cesse, et lui fait sans cesse réclamer ses droits. Je suivis cette contradiction dans ses conséquences, et je vis qu'elle expliquoit seule tous les vices des hommes et tous les maux de la société. D'où je conclus qu'il n'étoit pas nécessaire de supposer l'homme méchant par sa nature, lorsqu'on pouvoit marquer l'origine et le progrès de sa méchanceté. Ces réflexions me conduisirent à de nouvelles recherches sur l'esprit humain considéré dans l'état civil; et je trouvai qu'alors le développement des lumières et des vices se faisoit toujours en même raison, non dans les individus, mais dans les peuples : distinction que j'ai toujours soigneusement faite, et qu'aucun de ceux qui m'ont attaqué n'a jamais pu concevoir.

J'ai cherché la vérité dans les livres; je n'y ai trouvé que le mensonge et l'erreur. J'ai consulté les auteurs; je n'ai trouvé que des charlatans qui se font un jeu de tromper les hommes sans autre loi que leur intérêt, sans autre dieu que leur réputation; prompts à décrier les chefs qui ne les traitent pas à leur gré, plus prompts à louer l'iniquité qui les paye. En écoutant les gens à qui l'on permet de parler en public, j'ai compris qu'ils n'osent ou ne veulent dire que ce qui convient à ceux qui commandent, et que, payés par le fort pour prêcher le foible, ils ne savent parler au dernier que de ses devoirs, et à l'autre que de ses droits. Toute l'instruction publique tendra toujours au mensonge, tant que ceux qui la dirigent trouveront leur intérêt à mentir; et c'est pour eux seulement que la vérité n'est pas bonne à dire. Pourquoi serois-je le complice de ces gens-là?

Il y a des préjugés qu'il faut respecter. Cela peut être; mais c'est quand d'ailleurs tout est dans l'ordre, et qu'on ne peut ôter ces préjugés sans ôter aussi ce qui les rachète; on laisse alors le mal pour l'amour du bien. Mais lorsque tel est l'état des choses que plus rien ne sauroit changer qu'en mieux, les préjugés sont-ils si respectables qu'il faille leur sacrifier la raison, la vertu, la justice, et tout le bien que la vérité pourroit faire aux hommes? Pour moi, j'ai promis de la dire en toute chose utile, autant qu'il seroit en moi; c'est un engagement que j'ai dû remplir selon mon talent, et que sûrement un autre ne remplira pas à ma place, puisque, chacun se devant à tous, nul ne peut payer pour autrui. « La divine vérité, dit Augustin, n'est ni à moi, ni à vous, ni à lui, mais à nous tous, qu'elle appelle avec force à la publier de concert, sous peine d'être inutile à nous-mêmes si nous ne la communiquons aux autres: car quiconque s'approprie à lui seul un bien dont Dieu veut que tous jouissent, perd par cette usurpation ce qu'il dérobe au public, et ne trouve qu'erreur en lui-même pour avoir trahi la vérité ([1]). »

Les hommes ne doivent point être instruits à demi. S'ils doivent rester dans l'erreur, que ne les laissiez-vous dans l'ignorance? A quoi bon tant d'écoles et d'universités pour ne leur apprendre rien de ce qui leur importe à savoir? Quel est donc l'objet de vos colléges, de vos académies, de tant de fondations savantes? Est-ce de donner le change au peuple, d'altérer sa raison d'avance, et de l'empêcher d'aller au vrai? Professeurs de mensonge, c'est pour l'abuser que vous feignez de l'instruire, et, comme des brigands qui mettent des fanaux sur les écueils, vous l'éclairez pour le perdre.

Voilà ce que je pensois en prenant la plume; et en la quittant je n'ai pas lieu de changer de sentiment. J'ai toujours vu que l'instruction publique avoit deux défauts essentiels qu'il étoit impossible d'en ôter. L'un est la mauvaise foi de ceux qui la donnent, et l'autre l'aveuglement de ceux qui la reçoivent. Si des hommes sans passions instruisoient des hommes sans préjugés, nos connoissances resteroient plus bornées, mais plus sûres, et la raison régneroit toujours. Or, quoi qu'on fasse, l'intérêt des hommes publics sera toujours le même; mais les préjugés du peuple, n'ayant aucune base fixe, sont plus variables; ils peuvent être altérés, changés, augmentés, ou diminués. C'est donc de ce côté seul que l'instruction peut avoir quelque prise, et c'est là que doit tendre l'ami de la vérité. Il peut espérer de rendre le peuple plus raisonnable, mais non ceux qui le mènent plus honnêtes gens.

J'ai vu dans la religion la même fausseté que dans la politique; et j'en ai été beaucoup plus indigné: car le vice du gouvernement ne peut rendre les sujets malheureux que sur la terre: mais qui sait jusqu'où les erreurs de la conscience peuvent nuire aux infortunés mortels? J'ai vu qu'on avoit des professions de foi, des doctrines, des cultes qu'on suivoit sans y croire, et que rien de tout cela, ne pénétrant ni le cœur ni la raison, n'influoit que très-peu sur la conduite. Monseigneur, il faut vous parler sans détour. Le vrai croyant ne peut s'accommoder de toutes ces simagrées: il sent que l'homme est un être intelligent auquel il faut un culte raisonnable, et un être social auquel il faut une morale faite pour l'humanité. Trouvons premièrement ce culte et cette morale, cela sera de tous les hommes; et puis, quand il faudra des formules nationales, nous en examinerons les fondemens, les rapports, les convenances; et, après avoir dit ce qui est de l'homme, nous dirons ensuite ce qui est du citoyen. Ne faisons pas surtout comme votre M. Joly de Fleury, qui, pour établir son jansénisme, veut déraciner toute loi naturelle et toute obligation qui lie entre eux les humains, de sorte que, selon lui, le chrétien et l'infidèle qui contractent entre eux ne sont tenus à rien du tout l'un envers l'autre, puisqu'il n'y a point de loi commune à tous les deux.

Je vois donc deux manières d'examiner et comparer les religions diverses: l'une selon le vrai et le faux qui s'y trouvent, soit quant aux faits naturels ou surnaturels sur lesquels elles

---

[1] August. Confess., lib. XII, cap. 25.

sont établies, soit quant aux notions que la raison nous donne de l'Être suprême et du culte qu'il veut de nous; l'autre selon leurs effets temporels et moraux sur la terre, selon le bien ou le mal qu'elles peuvent faire à la société et au genre humain. Il ne faut pas, pour empêcher ce double examen, commencer par décider que ces deux choses vont toujours ensemble, et que la religion la plus vraie est aussi la plus sociale : c'est précisément ce qui est en question ; et il ne faut pas d'abord crier que celui qui traite cette question est un impie, un athée, puisque autre chose est de croire, et autre chose d'examiner l'effet de ce que l'on croit.

Il paroît pourtant certain, je l'avoue, que, si l'homme est fait pour la société, la religion la plus vraie est aussi la plus sociale et la plus humaine; car Dieu veut que nous soyons tels qu'il nous a faits; et s'il étoit vrai qu'il nous eût faits méchans, ce seroit lui désobéir que de vouloir cesser de l'être. De plus, la religion, considérée comme une relation entre Dieu et l'homme, ne peut aller à la gloire de Dieu que par le bien-être de l'homme, puisque l'autre terme de la relation, qui est Dieu, est par sa nature au-dessus de tout ce que peut l'homme pour ou contre lui.

Mais ce sentiment, tout probable qu'il est, est sujet à de grandes difficultés par l'historique et les faits qui le contrarient. Les Juifs étoient les ennemis nés de tous les autres peuples, et ils commencèrent leur établissement par détruire sept nations, selon l'ordre exprès qu'ils en avoient reçu. Tous les chrétiens ont eu des guerres de religion, et la guerre est nuisible aux hommes; tous les partis ont été persécuteurs et persécutés, et la persécution est nuisible aux hommes; plusieurs sectes vantent le célibat, et le célibat est si nuisible (¹) à l'espèce humaine, que, s'il étoit suivi partout, elle périroit. Si cela ne fait pas preuve pour décider, cela fait raison pour examiner ; et je ne demandois autre chose sinon qu'on permît cet examen.

Je ne dis ni ne pense qu'il n'y ait aucune bonne religion sur la terre ; mais je dis, et il est trop vrai, qu'il n'y en a aucune, parmi celles qui sont ou qui ont été dominantes, qui n'ait fait à l'humanité des plaies cruelles. Tous les partis ont tourmenté leurs frères, tous ont offert à Dieu des sacrifices de sang humain. Quelle que soit la source de ces contradictions, elles existent : est-ce un crime de vouloir les ôter?

La charité n'est point meurtrière; l'amour du prochain ne porte point à le massacrer. Ainsi le zèle du salut des hommes n'est point la cause des persécutions ; c'est l'amour-propre et l'orgueil qui en sont la cause. Moins un culte est raisonnable, plus on cherche à l'établir par la force : celui qui professe une doctrine insensée ne peut souffrir qu'on ose la voir telle qu'elle est. La raison devient alors le plus grand des crimes ; à quelque prix que ce soit il faut l'ôter aux autres, parce qu'on a honte d'en manquer à leurs yeux. Ainsi l'intolérance et l'inconséquence ont la même source. Il faut sans cesse intimider, effrayer les hommes. Si vous les livrez un moment à leur raison, vous êtes perdus.

De cela seul il suit que c'est un grand bien à faire aux peuples dans ce délire que de leur apprendre à raisonner sur la religion: car c'est les rapprocher des devoirs de l'homme, c'est ôter le poignard à l'intolérance, c'est rendre à l'humanité tous ses droits. Mais il faut remonter à des principes généraux et communs à tous les hommes; car si, voulant raisonner, vous laissez quelque prise à l'autorité des prêtres, vous rendez au fanatisme son arme, et vous lui fournissez de quoi devenir plus cruel.

(¹) La continence et la pureté ont leur usage, même pour la population : il est toujours beau de se commander à soi-même, et l'état de virginité est par ces raisons très-digne d'estime : mais il ne s'ensuit pas qu'il soit beau, ni bon, ni louable, de persévérer toute la vie dans cet état, en offensant la nature et en trompant sa destination. L'on a plus de respect pour une jeune vierge nubile que pour une jeune femme ; mais on en a plus pour une mère de famille que pour une vieille fille, et cela me paroît très-sensé. Comme on ne se marie pas en naissant, et qu'il n'est pas même à propos de se marier fort jeune, la virginité, que tous ont dû porter et honorer, a sa nécessité, son utilité, son prix et sa gloire : mais c'est pour aller, quand il convient, déposer toute sa pureté dans le mariage. Quoi ! disent-ils de leur air bêtement triomphant, des célibataires prêchent le nœud conjugal ! pourquoi donc ne se marient-ils pas ? Ah! pourquoi? parce qu'un état si saint et si doux en lui-même est devenu, par vos sottes institutions, un état malheureux et ridicule, dans lequel il est désormais presque impossible de vivre sans être un fripon ou un sot. Sceptres de fer, lois insensées, c'est à vous que nous reprochons de n'avoir pu remplir nos devoirs sur la terre, et c'est pour nous que le cri de la nature s'élève contre votre barbarie. Comment osez-vous la pousser jusqu'à nous reprocher la misère où vous nous avez réduits?

Celui qui aime la paix ne doit point recourir à des livres, c'est le moyen de ne rien finir. Les livres sont des sources de disputes intarissables: parcourez l'histoire des peuples, ceux qui n'ont point de livres ne disputent point. Voulez-vous asservir les hommes à des autorités humaines, l'un sera *plus* près, l'autre plus loin de la preuve; ils en seront diversement affectés : avec la bonne foi la plus entière, avec le meilleur jugement du monde, il est impossible qu'ils soient jamais d'accord. N'argumentez point sur des argumens et ne vous fondez point sur des discours. Le langage humain n'est pas assez clair. Dieu lui-même, s'il daignoit nous parler dans nos langues, ne nous diroit rien sur quoi l'on ne pût disputer.

Nos langues sont l'ouvrage des hommes, et les hommes sont bornés. Nos langues sont l'ouvrage des hommes, et les hommes sont menteurs. Comme il n'y a point de vérité si clairement énoncée où l'on ne puisse trouver quelque chicane à faire, il n'y a point de si grossier mensonge qu'on ne puisse étayer de quelque fausse raison.

Supposons qu'un particulier vienne à minuit nous crier qu'il est jour, on se moquera de lui : mais laissez à ce particulier le temps et les moyens de se faire une secte, tôt ou tard ses partisans viendront à bout de vous prouver qu'il disoit vrai : car enfin, diront-ils, quand il a prononcé qu'il étoit jour, il étoit jour en quelque lieu de la terre, rien n'est plus certain. D'autres, ayant établi qu'il y a toujours dans l'air quelques particules de lumière, soutiendront qu'en un autre sens encore il est très-vrai qu'il est jour la nuit. Pourvu que les gens subtils s'en mêlent, bientôt on vous fera voir le soleil en plein minuit. Tout le monde ne se rendra pas à cette évidence. Il y aura des débats, qui dégénèreront, selon l'usage, en guerres et en cruautés. Les uns voudront des explications, les autres n'en voudront point : l'un voudra prendre la proposition au figuré, l'autre au propre. L'un dira : Il a dit à minuit qu'il étoit jour, et il étoit nuit. L'autre dira : Il a dit à minuit qu'il étoit jour, et il étoit jour. Chacun taxera de mauvaise foi le parti contraire, et n'y verra que des obstinés. On finira par se battre, se massacrer, les flots de sang couleront de toutes parts; et si la nouvelle secte est enfin victorieuse, il restera démontré qu'il est jour la nuit. C'est à peu près l'histoire de toutes les querelles de religion.

La plupart des cultes nouveaux s'établissent par le fanatisme, et se maintiennent par l'hypocrisie; de là vient qu'ils choquent la raison et ne mènent point à la vertu. L'enthousiasme et le délire ne raisonnent pas; tant qu'ils durent, tout passe, et l'on marchande peu sur les dogmes : cela est d'ailleurs si commode! la doctrine coûte si peu à suivre, et la morale coûte tant à pratiquer, qu'en se jetant du côté le plus facile, on rachète les bonnes œuvres par le mérite d'une grande foi. Mais, quoi qu'on fasse, le fanatisme est un état de crise qui ne peut durer toujours : il a ses accès plus ou moins longs, plus ou moins fréquens, et il a aussi ses relâches, durant lesquels on est de sang-froid. C'est alors qu'en revenant sur soi-même on est tout surpris de se voir enchaîné par tant d'absurdités. Cependant le culte est réglé, les formes sont prescrites, les lois sont établies, les transgresseurs sont punis. Ira-t-on protester seul contre tout cela, récuser les lois de son pays et renier la religion de son père? Qui l'oseroit? On se soumet en silence; l'intérêt veut qu'on soit de l'avis de celui dont on hérite. On fait donc comme les autres, sauf à rire à son aise en particulier de ce qu'on feint de respecter en public. Voilà, monseigneur, comme pense le gros des hommes dans la plupart des religions, et surtout dans la vôtre; et voilà la clef des inconséquences qu'on remarque entre leur morale et leurs actions. Leur croyance n'est qu'apparence, et leurs mœurs sont comme leur foi.

Pourquoi un homme a-t-il inspection sur la croyance d'un autre? et pourquoi l'état a-t-il inspection sur celle des citoyens? C'est parce qu'on suppose que la croyance des hommes détermine leur morale, et que des idées qu'ils ont de la vie à venir dépend leur conduite en celle-ci. Quand cela n'est pas, qu'importe ce qu'ils croient ou ce qu'ils font semblant de croire? L'apparence de la religion ne sert plus qu'à les dispenser d'en avoir une.

Dans la société chacun est en droit de s'informer si un autre se croit obligé d'être juste, et le souverain est en droit d'examiner les raisons sur lesquelles chacun fonde cette obligation. De plus, les formes nationales doivent être observées; c'est sur quoi j'ai beaucoup insisté. Mais, quant aux opinions qui ne tiennent point à la morale, qui n'influent en aucune manière sur les actions, et qui ne tendent point à transgresser les lois, chacun n'a là-dessus que son jugement pour maître, et nul n'a ni droit ni intérêt de prescrire à d'autres sa façon de penser. Si, par exemple, quelqu'un, même constitué en autorité, venoit me demander mon sentiment sur la fameuse question de l'hypostase, dont la Bible ne dit pas un mot, mais pour laquelle tant de grands enfans ont tenu des conciles et tant d'hommes ont été tourmentés (*); après lui avoir dit que je ne l'entends point et ne me soucie point de l'entendre, je le prierois le plus honnêtement que je pourrois de se mêler de ses affaires; et, s'il insistoit, je le laisserois là.

Voilà le seul principe sur lequel on puisse établir quelque chose de fixe et d'équitable sur les disputes de religion; sans quoi, chacun posant de son côté ce qui est en question, jamais on ne conviendra de rien, l'on ne s'entendra de la vie; et la religion, qui devroit faire le bonheur des hommes, fera toujours leurs plus grands maux.

Mais plus les religions vieillissent, plus leur objet se perd de vue; les subtilités se multiplient; on veut tout expliquer, tout décider, tout entendre; incessamment la doctrine se raffine, et la morale dépérit toujours plus. Assurément il y a loin de l'esprit du Deutéronome à l'esprit du Talmud et de la Misnah, et de l'esprit de l'Évangile aux querelles sur la Constitution. Saint Thomas demande (¹) si par la succession des temps les articles de foi se sont multipliés, et il se déclare pour l'affirmative. C'est-à-dire que les docteurs, renchérissant les uns sur les autres, en savent plus que n'en ont dit les apôtres et Jésus-Christ. Saint Paul avoue ne voir qu'obscurément et ne connoître qu'en partie (²). Vraiment nos théologiens sont bien plus avancés que cela; ils voient tout, ils savent tout; ils nous rendent clair ce qui est obscur dans l'Écriture; ils prononcent sur ce qui étoit indécis; ils nous font sentir, avec leur modestie ordinaire, que les auteurs sacrés avoient grand besoin de leur secours pour se faire entendre, et que le Saint-Esprit n'eût pas su s'expliquer clairement sans eux.

Quand on perd de vue les devoirs de l'homme pour ne s'occuper que des opinions des prêtres et de leurs frivoles disputes, on ne demande plus d'un chrétien s'il craint Dieu, mais s'il est orthodoxe; on lui fait signer des formulaires sur les questions les plus inutiles et souvent les plus inintelligibles; et quand il a signé, tout va bien, l'on ne s'informe plus du reste; pourvu qu'il n'aille pas se faire pendre, il peut vivre au surplus comme il lui plaira; ses mœurs ne font rien à l'affaire, la doctrine est en sûreté. Quand la religion en est là, quel bien fait-elle à la société? de quel avantage est-elle aux hommes? Elle ne sert qu'à exciter entre eux des dissensions, des troubles, des guerres de toute espèce; à les faire s'entr'égorger pour des logogryphes. Il vaudroit mieux alors n'avoir point de religion, que d'en avoir une si mal entendue. Empêchons-la, s'il se peut, de dégénérer à ce point, et soyons sûrs, malgré les bûchers et les chaînes, d'avoir bien mérité du genre humain.

Supposons que, las des querelles qui le déchirent, il s'assemble pour les terminer et convenir d'une religion commune à tous les peuples, chacun commencera, cela est sûr, par proposer la sienne comme la seule vraie, la seule raisonnable et démontrée, la seule agréable à Dieu et utile aux hommes : mais ses preuves ne répondant pas là-dessus à sa persuasion, du moins au gré des autres sectes, chaque parti n'aura de voix que la sienne, tous les autres se réuniront contre lui; cela n'est pas moins sûr. La délibération fera le tour de cette manière, un seul proposant, et tous rejetant. Ce n'est pas le moyen d'être d'accord. Il est croyable qu'après bien du temps perdu dans ces altercations puériles, les hommes de sens chercheront des moyens de conciliation. Ils proposeront pour cela de commencer par chasser tous les théologiens de l'assemblée, et il ne leur sera pas difficile de faire voir combien ce préliminaire est indispensable. Cette bonne œuvre faite, ils diront aux peuples : « Tant que vous

---

(*) *Hypostase*, d'après son étymologie grecque, est un mot qui signifie à la lettre *substance* ou *essence*. Mais il excita autrefois de grands démêlés entre les Grecs, puis entre les Grecs et les Latins, les uns reconnoissant dans la Divinité trois *hypostases*, les autres prétendant qu'il ne falloit se servir que du terme de *personnes*.   G. P.

(¹) *Secunda secundæ quæst.*, I, art. VII.
(²) I. Cor. XIII, 9, 12.

» ne conviendrez pas de quelque principe, il
» n'est pas possible même que vous vous en-
» tendiez; et c'est un argument qui n'a jamais
» convaincu personne, que de dire, Vous avez
» tort, car j'ai raison.

» Vous parlez de ce qui est agréable à Dieu :
» voilà précisément ce qui est en question. Si
» nous savions quel culte lui est le plus agréa-
» ble, il n'y auroit plus de dispute entre nous.
» Vous parlez aussi de ce qui est utile aux
» hommes : c'est autre chose ; les hommes
» peuvent juger de cela. Prenons donc cette
» utilité pour règle, et puis établissons la doc-
» trine qui s'y rapporte le plus. Nous pourrons
» espérer d'approcher ainsi de la vérité autant
» qu'il est possible à des hommes : car il est à
» présumer que ce qui est le plus utile aux
» créatures est le plus agréable au Créateur.

» Cherchons d'abord s'il y a quelque affinité
» naturelle entre nous, si nous sommes quelque
» chose les uns aux autres. Vous, juifs, que
» pensez-vous sur l'origine du genre humain?
» Nous pensons qu'il est sorti d'un même père.
» Et vous, chrétiens? Nous pensons là-dessus
» comme les juifs. Et vous, Turcs? Nous pen-
» sons comme les juifs et les chrétiens. Cela
» est déjà bon : puisque les hommes sont tous
» frères, ils doivent s'aimer comme tels.

» Dites-nous maintenant de qui leur père
» commun avoit reçu l'être; car il ne s'étoit pas
» fait tout seul. Du Créateur du ciel et de la
» terre. Juifs, chrétiens et Turcs, sont d'ac-
» cord aussi sur cela; c'est encore un très-
» grand point.

» Et cet homme, ouvrage du Créateur, est-il
» un être simple ou mixte? est-il formé d'une
» substance unique ou de plusieurs? Chrétiens,
» répondez. Il est composé de deux substan-
» ces dont l'une est mortelle, et dont l'autre
» ne peut mourir. Et vous, Turcs? Nous pen-
» sons de même. Et vous, juifs? Autrefois nos
» idées là-dessus étoient fort confuses, comme
» les expressions de nos livres sacrés ; mais
» les Esséniens nous ont éclairés, et nous pen-
» sons encore sur ce point comme les chré-
» tiens. »

En procédant ainsi d'interrogations en interrogations sur la Providence divine, sur l'économie de la vie à venir et sur toutes les questions essentielles au bon ordre du genre humain,
ces mêmes hommes, ayant obtenu de tous des
réponses presque uniformes, leur diront (on se
souviendra que les théologiens n'y sont plus) :
« Mes amis, de quoi vous tourmentez-vous?
» Vous voilà tous d'accord sur ce qui vous im-
» porte : quand vous différerez de sentiment
» sur le reste, j'y vois peu d'inconvénient. For-
» mez de ce petit nombre d'articles une religion
» universelle, qui soit, pour ainsi dire, la reli-
» gion humaine et sociale que tout homme vi-
» vant en société soit obligé d'admettre. Si
» quelqu'un dogmatise contre elle, qu'il soit
» banni de la société comme ennemi de ses lois
» fondamentales. Quant au reste, sur quoi vous
» n'êtes pas d'accord, formez chacun de vos
» croyances particulières autant de religions
» nationales, et suivez-les en sincérité de cœur :
» mais n'allez point vous tourmentant pour les
» faire admettre aux autres peuples, et soyez
» assurés que Dieu n'exige pas cela. Car il est
» aussi injuste de vouloir les soumettre à vos
» opinions qu'à vos lois, et les missionnaires ne
» me semblent guère plus sages que les con-
» quérans.

» En suivant vos diverses doctrines, cessez
» de vous les figurer si démontrées, que qui-
» conque ne les voit pas telles soit coupable à
» vos yeux de mauvaise foi : ne croyez point
» que tous ceux qui pèsent vos preuves et les
» rejettent, soient pour cela des obstinés que
» leur incrédulité rende punissables ; ne croyez
» point que la raison, l'amour du vrai, la sin-
» cérité, soient pour vous seuls. Quoi qu'on
» fasse, on sera toujours porté à traiter en en-
» nemis ceux qu'on accusera de se refuser à
» l'évidence. On plaint l'erreur, mais on hait
» l'opiniâtreté. Donnez la préférence à vos rai-
» sons, à la bonne heure ; mais sachez que
» ceux qui ne s'y rendent pas ont les leurs.

» Honorez en général tous les fondateurs de
» vos cultes respectifs; que chacun rende au
» sien ce qu'il croit lui devoir; mais qu'il ne
» méprise point ceux des autres. Ils ont eu de
» grands génies et de grandes vertus : cela est
» toujours estimable. Ils se sont dits les en-
» voyés de Dieu ; cela peut être et n'être pas :
» c'est de quoi la pluralité ne sauroit juger
» d'une manière uniforme, les preuves n'étant
» pas également à sa portée. Mais quand cela
» ne seroit pas, il ne faut point les traiter si lé-

» gèrement d'imposteurs. Qui sait jusqu'où les méditations continuelles sur la Divinité, jusqu'où l'enthousiasme de la vertu, ont pu, dans leurs sublimes âmes, troubler l'ordre didactique et rampant des idées vulgaires? Dans une trop grande élévation la tête tourne, et l'on ne voit plus les choses comme elles sont. Socrate a cru avoir un esprit familier, et l'on n'a point osé l'accuser pour cela d'être un fourbe. Traiterons-nous les fondateurs des peuples, les bienfaiteurs des nations, avec moins d'égards qu'un particulier?

» Du reste, plus de disputes entre vous sur la préférence de vos cultes : ils sont tous bons lorsqu'ils sont prescrits par les lois et que la religion essentielle s'y trouve; ils sont mauvais quand elle ne s'y trouve pas. La forme du culte est la police des religions et non leur essence, et c'est au souverain qu'il appartient de régler la police dans son pays (*). »

J'ai pensé, monseigneur, que celui qui raisonneroit ainsi ne seroit point un blasphémateur, un impie; qu'il proposeroit un moyen de paix juste, raisonnable, utile aux hommes; et que cela n'empêcheroit pas qu'il n'eût sa religion particulière ainsi que les autres, et qu'il n'y fût tout aussi sincèrement attaché. Le vrai croyant, sachant que l'infidèle est aussi un homme, et peut-être un honnête homme, peut sans crime s'intéresser à son sort. Qu'il empêche un culte étranger de s'introduire dans son pays, cela est juste; mais qu'il ne damne pas pour cela ceux qui ne pensent pas comme lui; car quiconque prononce un jugement si téméraire se rend l'ennemi du reste du genre humain. J'entends dire sans cesse qu'il faut admettre la tolérance civile, non la théologique. Je pense tout le contraire; je crois qu'un homme de bien, dans quelque religion qu'il vive de bonne foi, peut être sauvé. Mais je ne crois pas pour cela qu'on puisse légitimement introduire en un pays des religions étrangères sans la permission du souverain : car, si ce n'est pas directement désobéir à Dieu, c'est désobéir aux lois; et qui désobéit aux lois désobéit à Dieu (*).

Quant aux religions une fois établies ou tolérées dans un pays, je crois qu'il est injuste et barbare de les y détruire par la violence, et que le souverain se fait tort à lui-même en maltraitant leurs sectateurs. Il est bien différent d'embrasser une religion nouvelle, ou de vivre dans celle où l'on est né; le premier cas seul est punissable. On ne doit ni laisser établir une diversité de cultes, ni proscrire ceux qui sont une fois établis; car un fils n'a jamais tort de suivre la religion de son père. La raison de la tranquillité publique est toute contre les persécuteurs. La religion n'excite jamais de troubles dans un état que quand le parti dominant veut tourmenter le parti foible, ou que le parti foible, intolérant par principes, ne peut vivre en paix avec qui que ce soit. Mais tout culte légitime, c'est-à-dire tout culte où se trouve la religion essentielle, et dont par conséquent les sectateurs ne demandent que d'être soufferts et vivre en paix, n'a jamais causé ni révoltes ni guerres civiles, si ce n'est lorsqu'il a fallu se défendre et repousser les persécuteurs. Jamais les protestans n'ont pris les armes en France que lorsqu'on les y a poursuivis. Si l'on eût pu se résoudre à les laisser en paix, ils y seroient demeurés. Je conviens sans détour qu'à sa naissance la religion réformée n'avoit pas droit de s'établir en France malgré les lois : mais lorsque, transmise des pères aux enfans, cette religion fut devenue celle d'une partie de la nation françoise, et que le prince eut solennellement traité avec cette partie par l'édit de Nantes, cet édit devint un contrat inviolable, qui ne pouvoit plus être annulé que du commun con-

---

(*) Une scène toute semblable et ayant absolument le même objet, a été imaginée par M. de Volney, dans son ouvrage intitulé *les Ruines*. Pour les lecteurs curieux de voir comment la même idée ayant germé dans deux têtes pensantes, peut, en se développant, s'y modifier diversement au point d'amener un résultat semblable à la vérité quant au fait, l'accord unanime et la paix générale en matière de religion, mais prodigieusement différent quant aux bases et à la garantie de cet accord et de cette paix, nous ne pouvons indiquer un rapprochement d'un plus haut intérêt que celui de la prosopopée de Rousseau qu'on vient de lire, avec les discours que M. de Volney met dans la bouche de ses *Législateurs*. D'ailleurs le plan que celui-ci s'étoit prescrit, et les nombreux points de discussion qu'il avoit pris à tâche de faire débattre dans son *Congrès du genre humain*, l'ont entraîné dans des détails beaucoup plus étendus; la description animée de cette grande scène embrasse seule, en six chapitres, une bonne moitié de son ouvrage. Voyez du dix-neuvième chapitre au vingt-quatrième et dernier. Encore le résultat final n'en fait-il point partie. Il est la matière d'un autre ouvrage bien connu sous le titre de *la Loi naturelle*, ou *Catéchisme du Citoyen françois*. G. P.

(*) Rousseau donne quelque développement à cette idée dans une lettre à M. A., du 5 juin 1763. Voyez la *Correspondance*. G. P.

sentiment des deux parties; et depuis ce temps l'exercice de la religion protestante est, selon moi, légitime en France.

Quand il ne le seroit pas, il resteroit toujours aux sujets l'alternative de sortir du royaume avec leurs biens, ou d'y rester soumis au culte dominant. Mais les contraindre à rester sans les vouloir tolérer, vouloir à la fois qu'ils soient et qu'ils ne soient pas, les priver même du droit de la nature, annuler leurs mariages (¹), déclarer leurs enfans bâtards... En ne disant que ce qui est, j'en dirois trop; il faut me taire.

Voici du moins ce que je puis dire. En considérant la seule raison d'état, peut-être a-t-on bien fait d'ôter aux protestans françois tous leurs chefs : mais il falloit s'arrêter là. Les maximes politiques ont leurs applications et leurs distinctions. Pour prévenir des dissensions qu'on n'a plus à craindre, on s'ôte des ressources dont on auroit grand besoin. Un parti qui n'a plus ni grands ni noblesse à sa tête, quel mal peut-il faire dans un royaume tel que la France? Examinez toutes vos précédentes guerres appelées guerres de religion; vous trouverez qu'il n'y en a pas une qui n'ait eu sa cause à la cour et dans les intérêts des grands : des intrigues de cabinet brouilloient les affaires, et puis les chefs ameutoient les peuples au nom de Dieu. Mais quelles intrigues, quelles cabales peuvent former des marchands et des paysans? Comment s'y prendront-ils pour susciter un parti dans un pays où l'on ne veut que des valets ou des maîtres, et où l'égalité est inconnue ou en horreur? Un marchand proposant de lever des troupes peut se faire écouter en Angleterre, mais il fera toujours rire des François (¹).

Si j'étois roi, non; ministre, encore moins; mais homme puissant en France, je dirois : Tout tend parmi nous aux emplois, aux charges; tout veut acheter le droit de malfaire : Paris et la cour engouffrent tout. Laissons ces pauvres gens remplir le vide des provinces; qu'ils soient marchands, et toujours marchands; laboureurs, et toujours laboureurs. Ne pouvant quitter leur état, ils en tireront le meilleur parti possible; ils remplaceront les nôtres dans les conditions privées dont nous cherchons tous à sortir; ils feront valoir le commerce et l'agriculture que tout nous fait abandonner; ils alimenteront notre luxe; ils travailleront, et nous jouirons.

Si ce projet n'étoit pas plus équitable que ceux qu'on suit, il seroit du moins plus humain, et sûrement il seroit plus utile. C'est moins la tyrannie et c'est moins l'ambition des chefs, que ce ne sont leurs préjugés et leurs courtes vues, qui font le malheur des nations.

Je finirai par transcrire une espèce de discours qui a quelque rapport à mon sujet, et qui ne m'en écartera pas long-temps.

Un parsi de Surate, ayant épousé en secret une musulmane, fut découvert, arrêté; et ayant refusé d'embrasser le mahométisme, il fut condamné à mort. Avant d'aller au supplice, il parla ainsi à ses juges :

« Quoi! vous voulez m'ôter la vie! Eh! de

(¹) Dans un arrêt du parlement de Toulouse concernant l'affaire de l'infortuné Calas, on reproche aux protestans de faire entre eux des mariages *qui, selon les protestans, ne sont que des actes civils, et par conséquent soumis entièrement pour la forme et les effets à la volonté du roi.*

Ainsi de ce que, selon les protestans, le mariage est un acte civil, il s'ensuit qu'ils sont obligés de se soumettre à la volonté du roi, qui en fait un acte de la religion catholique. Les protestans, pour se marier, sont légitimement tenus de se faire catholiques, attendu que, selon eux, le mariage est un acte civil. Telle est la manière de raisonner de messieurs du parlement de Toulouse.

La France est un royaume si vaste, que les François se sont mis dans l'esprit que le genre humain ne devoit point avoir d'autres lois que les leurs. Leurs parlemens et leurs tribunaux paroissent n'avoir aucune idée du droit naturel ni du droit des gens; et il est à remarquer que, dans tout ce grand royaume où sont tant d'universités, tant de colléges, tant d'académies, et où l'on enseigne avec tant d'importance tant d'inutilités, il n'y a pas une seule chaire de droit naturel. C'est le seul peuple de l'Europe qui ait regardé cette étude comme n'étant bonne à rien (*).

(*) Pendant le cours de la révolution on a songé plus d'une fois à remplir cette lacune dans l'enseignement public. Voyez les rapports de MM. de Talleyrand et de Condorcet. — Dans l'état actuel des choses, le reproche que nous fait ici Rousseau ne nous est plus applicable, et son objet est complètement rempli; il existe au Collége royal à Paris une chaire de *droit de la nature et des gens*, aujourd'hui remplie par M. Pastoret; une ordonnance du 24 mars 1819, fondée sur une loi du 22 ventôse an XII (mars 1804), a établi à l'École de Droit à Paris : 1° un professeur des *élémens du droit naturel, du droit des gens, et du droit public général*; 2° un professeur d'*histoire philosophique du droit romain et du droit françois*; 3° un professeur d'*économie politique*.

G. P.

(¹) Le seul cas qui force un peuple ainsi dénué de chefs à prendre les armes, c'est quand, réduit au désespoir par ses persécuteurs, il voit qu'il ne reste plus de choix que dans la manière de périr. Telle fut, au commencement de ce siècle, la guerre des camisards. Alors on est tout étonné de la force qu'un parti méprisé tire de son désespoir : c'est ce que jamais les persécuteurs n'ont su calculer d'avance. Cependant de telles guerres coûtent tant de sang, qu'ils devroient bien y songer avant de les rendre inévitables.

» quoi me punissez-vous? J'ai transgressé ma
» loi plutôt que la vôtre : ma loi parle au cœur
» et n'est pas cruelle; mon crime a été puni par
» le blâme de mes frères. Mais que vous ai-je
» fait pour mériter de mourir? Je vous ai trai-
» tés comme ma famille et je me suis choisi une
» sœur parmi vous; je l'ai laissée libre dans sa
» croyance, et elle a respecté la mienne pour
» son propre intérêt : borné sans regret à elle
» seule, je l'ai honorée comme l'instrument du
» culte qu'exige l'auteur de mon être : j'ai payé
» par elle le tribut que tout homme doit au
» genre humain : l'amour me l'a donnée, et la
» vertu me la rendoit chère; elle n'a point vécu
» dans la servitude, elle a possédé sans par-
» tage le cœur de son époux; ma faute n'a pas
» moins fait son bonheur que le mien.

» Pour expier une faute si pardonnable, vous
» m'avez voulu rendre fourbe et menteur; vous
» m'avez voulu forcer à professer vos sentimens
» sans les aimer et sans y croire : comme si le
» transfuge de nos lois eût mérité de passer
» sous les vôtres, vous m'avez fait opter entre
» le parjure et la mort; et j'ai choisi, car je ne
» veux pas vous tromper. Je meurs donc, puis-
» qu'il le faut; mais je meurs digne de revivre
» et d'animer un autre homme juste. Je meurs
» martyr de ma religion, sans craindre d'en-
» trer après ma mort dans la vôtre. Puissé-je
» renaître chez les musulmans pour leur ap-
» prendre à devenir humains, clémens, équi-
» tables; car servant le même Dieu que nous
» servons, puisqu'il n'y en a pas deux, vous
» vous aveuglez dans votre zèle en tourmen-
» tant ses serviteurs, et vous n'êtes cruels et
» sanguinaires que parce que vous êtes incon-
» séquens.

» Vous êtes des enfans qui, dans vos jeux,
» ne savez que faire du mal aux hommes. Vous
» vous croyez savans, et vous ne savez rien de
» ce qui est de Dieu. Vos dogmes récens sont-
» ils convenables à celui qui est et qui veut être
» adoré de tous les temps? Peuples nouveaux,
» comment osez-vous parler de la religion de-
» vant nous? Nos rites sont aussi vieux que les
» astres; les premiers rayons du soleil, ont
» éclairé et reçu les hommages de nos pères.
» Le grand Zerdust a vu l'enfance du monde,
» il a prédit et marqué l'ordre de l'univers : et
» vous, hommes d'hier, vous voulez être nos
» prophètes! Vingt siècles avant Mahomet,
» avant la naissance d'Ismaël et de son père,
» les mages étoient antiques; nos livres sacrés
» étoient déjà la loi de l'Asie et du monde, et
» trois grands empires avoient successivement
» achevé leur long cours sous nos ancêtres
» avant que les vôtres fussent sortis du néant.

» Voyez, hommes prévenus, la différence
» qui est entre vous et nous. Vous vous dites
» croyans, et vous vivez en barbares. Vos in-
» stitutions, vos lois, vos cultes, vos vertus
» même, tourmentent l'homme et le dégra-
» dent : vous n'avez que de tristes devoirs à
» lui prescrire, des jeûnes, des privations, des
» combats, des mutilations, des clôtures : vous
» ne savez lui faire un devoir que de ce qui
» peut l'affliger et le contraindre : vous lui
» faites haïr la vie et les moyens de la conser-
» ver : vos femmes sont sans hommes, vos
» terres sont sans culture : vous mangez les
» animaux et vous massacrez les humains; vous
» aimez le sang, les meurtres : tous vos éta-
» blissemens choquent la nature, avilissent
» l'espèce humaine; et, sous le double joug du
» despotisme et du fanatisme, vous l'écrasez
» de ses rois et de ses dieux.

» Pour nous, nous sommes des hommes de
» paix, nous ne faisons ni ne voulons aucun
» mal à rien de ce qui respire, non pas même
» à nos tyrans; nous leur cédons sans regret
» le fruit de nos peines, contens de leur être
» utiles et de remplir nos devoirs. Nos nom-
» breux bestiaux couvrent vos pâturages;
» les arbres plantés par nos mains vous don-
» nent leurs fruits et leurs ombres; vos terres
» que nous cultivons vous nourrissent par nos
» soins; un peuple simple et doux multiplie
» sous vos outrages, et tire pour vous la vie et
» l'abondance du sein de la mère commune où
» vous ne savez rien trouver. Le soleil, que
» nous prenons à témoin de nos œuvres, éclaire
» notre patience et vos injustices, il ne se lève
» point sans nous trouver occupés à bien faire,
» et en se couchant il nous ramène au sein de
» nos familles nous préparer à de nouveaux
» travaux.

» Dieu seul sait la vérité. Si malgré tout cela
» nous nous trompons dans notre culte, il est
» toujours peu croyable que nous soyons con-
» damnés à l'enfer, nous qui ne faisons que

» du bien sur la terre, et que vous soyez les
» élus de Dieu, vous qui n'y faites que du mal.
» Quand nous serions dans l'erreur, vous de-
» vriez la respecter pour votre avantage. Notre
» piété vous engraisse, et la vôtre vous con-
» sume; nous réparons le mal que vous fait une
» religion destructive. Croyez-moi, laissez-nous
» un culte qui vous est utile : craignez qu'un
» jour nous n'adoptions le vôtre; c'est le plus
» grand mal qui vous puisse arriver. »

J'ai tâché, monseigneur, de vous faire entendre dans quel esprit a été écrite la Profession de foi du vicaire savoyard, et les considérations qui m'ont porté à la publier. Je vous demande à présent à quel égard vous pouvez qualifier sa doctrine de blasphématoire, d'impie, d'abominable, et ce que vous y trouvez de scandaleux et de pernicieux au genre humain. J'en dis autant à ceux qui m'accusent d'avoir dit ce qu'il falloit taire et d'avoir voulu troubler l'ordre public; imputation vague et téméraire, avec laquelle ceux qui ont le moins réfléchi sur ce qui est utile ou nuisible indisposent d'un mot le public crédule contre un auteur bien intentionné. Est-ce apprendre au peuple à ne rien croire que le rappeler à la véritable foi qu'il oublie? est-ce troubler l'ordre que renvoyer chacun aux lois de son pays? est-ce anéantir tous les cultes que borner chaque peuple au sien? est-ce ôter celui qu'on a que ne vouloir pas qu'on en change? est-ce se jouer de toute religion que respecter toutes les religions? Enfin, est-il donc si essentiel à chacune de haïr les autres, que, cette haine ôtée, tout soit ôté?

Voilà pourtant ce qu'on persuade au peuple quand on veut lui faire prendre son défenseur en haine, et qu'on a la force en main. Maintenant, hommes cruels, vos décrets, vos bûchers, vos mandemens, vos journaux, le troublent et l'abusent sur mon compte. Il me croit un monstre sur la foi de vos clameurs. Mais vos clameurs cesseront enfin; mes écrits resteront malgré vous pour votre honte : les chrétiens, moins prévenus, y chercheront avec surprise les horreurs que vous prétendez y trouver; ils n'y verront, avec la morale de leur divin maître, que des leçons de paix, de concorde et de charité. Puissent-ils y apprendre à être plus justes que leurs pères! Puissent les vertus qu'ils y auront prises me venger un jour de vos malédictions!

A l'égard des objections sur les sectes particulières dans lesquelles l'univers est divisé, que ne puis-je leur donner assez de force pour rendre chacun moins entêté de la sienne et moins ennemi des autres, pour porter chaque homme à l'indulgence, à la douceur, par cette considération si frappante et si naturelle, que, s'il fût né dans un autre pays, dans une autre secte, il prendroit infailliblement pour l'erreur ce qu'il prend pour la vérité, et pour la vérité ce qu'il prend pour l'erreur! Il importe tant aux hommes de tenir moins aux opinions qui les divisent qu'à celles qui les unissent! Et, au contraire, négligeant ce qu'ils ont de commun, ils s'acharnent aux sentimens particuliers avec une espèce de rage; ils tiennent d'autant plus à ces sentimens qu'ils semblent moins raisonnables, et chacun voudroit suppléer, à force de confiance, à l'autorité que la raison refuse à son parti. Ainsi, d'accord au fond sur tout ce qui nous intéresse, et dont on ne tient aucun compte, on passe la vie à disputer, à chicaner, à tourmenter, à persécuter, à se battre pour les choses qu'on entend le moins, et qu'il est le moins nécessaire d'entendre; on entasse en vain décisions sur décisions; on plâtre en vain leurs contradictions d'un jargon inintelligible; on trouve chaque jour de nouvelles questions à résoudre, chaque jour de nouveaux sujets de querelles, parce que chaque doctrine a des branches infinies, et que chacun, entêté de sa petite idée, croit essentiel ce qui ne l'est point, et néglige l'essentiel véritable. Que si on leur propose des objections qu'ils ne peuvent résoudre, ce qui, vu l'échafaudage de leurs doctrines, devient plus facile de jour en jour, ils se dépitent comme des enfans; et parce qu'ils sont plus attachés à leur parti qu'à la vérité, et qu'ils ont plus d'orgueil que de bonne foi, c'est sur ce qu'ils peuvent le moins prouver qu'ils pardonnent le moins quelque doute.

Ma propre histoire caractérise mieux qu'aucune autre le jugement qu'on doit porter des chrétiens d'aujourd'hui : mais comme elle en dit trop pour être crue, peut-être un jour fera-t-elle porter un jugement tout contraire; un jour peut-être ce qui fait aujourd'hui l'opprobre de mes contemporains fera leur gloire, et les simples qui liront mon livre diront avec admiration : Quels temps angéliques ce devoient être ceux où un tel livre a été brûlé comme impie, et son auteur poursuivi comme un malfaiteur! sans doute alors tous les écrits respiroient la dévotion la plus sublime, et la terre étoit couverte de saints.

Mais d'autres livres demeureront. On saura, par exemple, que ce même siècle a produit un panégyriste de la Saint-Barthélemi, François, et, comme on peut bien croire, homme d'église, sans que ni parlement ni prélat ait songé même à lui chercher querelle (*). Alors, en comparant la morale des deux livres et le sort des deux auteurs, on pourra changer de langage et tirer une autre conclusion.

Les doctrines abominables sont celles qui mènent au crime, au meurtre, et qui font des fanatiques. Eh! qu'y a-t-il de plus abominable au monde que de mettre l'injustice et la violence en système, et de les faire découler de la clémence de Dieu? Je m'abstiendrai d'entrer ici dans un parallèle qui pourroit vous déplaire : convenez seulement, monseigneur, que si la France eût professé la religion du prêtre savoyard, cette religion si simple et si pure, qui fait craindre Dieu et aimer les hommes, des fleuves de sang n'eussent point si souvent inondé les champs françois ; ce peuple si doux et si gai n'eût point étonné les autres de ses cruautés dans tant de persécutions et de massacres, depuis l'inquisition de Toulouse (¹) jusqu'à la Saint-Barthélemi, et depuis les guerres des Albigeois jusqu'aux Dragonnades; le conseiller Anne du Bourg n'eût point été pendu pour avoir opiné à la douceur envers les réformés ; les habitants de Mérindole et de Cabrières n'eussent point été mis à mort par arrêt du parlement d'Aix ; et, sous nos yeux, l'innocent Calas, torturé par les bourreaux, n'eût point péri sur la roue. Revenons à présent, monseigneur, à vos censures et aux raisons sur lesquelles vous les fondez.

Ce sont toujours des hommes, dit le vicaire, qui nous attestent la parole de Dieu, et qui nous l'attestent en des langues qui nous sont inconnues. Souvent, au contraire, nous aurions grand besoin que Dieu nous attestât la parole des hommes; il est bien sûr au moins qu'il eût pu nous donner la sienne, sans se servir d'organes si suspects. Le vicaire se plaint qu'il faille tant de témoignages humains pour certifier la parole divine : *Que d'hommes, dit-il, entre Dieu et moi* (*) !

Vous répondez : *Pour que cette plainte fût sensée, M. T. C. F., il faudroit pouvoir conclure que la révélation est fausse dès qu'elle n'a point été faite à chaque homme en particulier; il faudroit pouvoir dire : Dieu ne peut exiger de moi que je croie ce qu'on m'assure qu'il a dit, dès que ce n'est pas directement à moi qu'il a adressé sa parole* (²).

Et, tout au contraire, cette plainte n'est sensée qu'en admettant la vérité de la révélation : car, si vous la supposez fausse, quelle plainte avez-vous à faire du moyen dont Dieu s'est servi, puisqu'il ne s'en est servi d'aucun ? Vous doit-il compte des tromperies d'un imposteur ?

(*) « L'abbé Novi-de-Caveyrac, auteur de ce panégyrique, n'étoit point François, mais du Comtat d'Avignon, et sujet du pape. » Telle est, sur ce passage, la note de M. Bizard dans l'édition de Poinçot, note qui a été reproduite dans l'édition de M. Deterville en 1817, et qui renferme presque autant d'erreurs que de mots. 1° L'abbé de Caveyrac étoit François. Les auteurs du *Dictionnaire historique* en vingt volumes (1810), et celui de l'article *Caveyrac* dans la *Biographie universelle*, s'accordent à le faire naître à Nîmes en 1713. 2° Il ne fut point le *panégyriste* de la Saint-Barthélemi; bien loin de là : dans une *Dissertation* sur cette fatale journée, publiée à la suite d'une *Apologie de Louis XIV et de son Conseil sur la révocation de l'Édit de Nantes* (1758, in-8°), il dit formellement que « quand on enlèveroit à cette journée les trois quarts des horribles excès qui l'ont accompagnée, elle seroit encore assez affreuse pour être détestée de tous ceux en qui tout sentiment d'humanité n'est pas entièrement éteint. » Voltaire fut le premier qui désigna cette Dissertation par le titre d'*Apologie de la Saint-Barthélemi*, et il faut croire que c'est sur son autorité que Rousseau, qui sans doute n'avoit pas lu l'ouvrage de Caveyrac, tient sur son compte le même langage. Cet abbé, dans tous ses écrits, champion décidé de l'intolérance, n'a rien par lui-même qui le recommande à la postérité; mais justice est due à tous, et puisqu'il est vrai que sa Dissertation n'est rien moins qu'un *panégyrique*, l'on éprouve quelque satisfaction à justifier un François, prêtre ou laïque, d'une accusation aussi grave que celle-là. G. P.

(¹) Il est vrai que Dominique, saint espagnol, y eut grande part. Le saint, selon un écrivain de son ordre, eut la charité prêchant contre les Albigeois, de s'adjoindre de dévotes personnes, zélées pour la foi, lesquelles prissent le soin d'extirper corporellement et par le glaive matériel les hérétiques qu'il n'auroit pu vaincre avec le glaive de la parole de Dieu : *Ob caritatem, prædicans contra Albienses, in adjutorium sumpsit quasdam devotas personas, zelantes pro fide, quæ corporaliter illos hæreticos gladio materiali expugnarent, quos ipse gladio verbi Dei amputare non posset.* (Anton. in Chron. P. III, tit. 25, cap. XIV, § 2.) Cette charité ne ressemble guère à celle du vicaire : aussi a-t-elle un prix bien différent; l'une fait décréter, et l'autre canoniser ceux qui la professent.

(¹) *Émile*, page 589 de ce volume.   (²) *Mandement*, § XV.

Quand vous vous laissez duper, c'est votre faute, et non pas la sienne. Mais lorsque Dieu, maître du choix de ses moyens, en choisit par préférence qui exigent de notre part tant de savoir et de si profondes discussions, le vicaire a-t-il tort de dire : « Voyons toutefois, examinons, comparons, vérifions. Oh ! si Dieu eût daigné me dispenser de tout ce travail, l'en aurois-je servi de moins bon cœur (*) ? »

Monseigneur, votre mineure est admirable : il faut la transcrire ici tout entière : j'aime à rapporter vos propres termes : c'est ma plus grande méchanceté.

Mais n'est-il donc pas une infinité de faits, même antérieurs à celui de la révélation chrétienne, dont il seroit absurde de douter ? Par quelle autre voie que celle des témoignages humains l'auteur lui-même a-t-il donc connu cette Sparte, cette Athènes, cette Rome dont il vante si souvent et avec tant d'assurance les lois, les mœurs et les héros ! Que d'hommes entre lui et les historiens qui ont conservé la mémoire de ces événemens !

Si la matière étoit moins grave et que j'eusse moins de respect pour vous, cette manière de raisonner me fourniroit peut-être l'occasion d'égayer un peu mes lecteurs : mais à Dieu ne plaise que j'oublie le ton qui convient au sujet que je traite et à l'homme à qui je parle ! Au risque d'être plat dans ma réponse, il me suffit de montrer que vous vous trompez.

Considérez donc de grâce qu'il est tout-à-fait dans l'ordre que des faits humains soient attestés par des témoignages humains ; ils ne peuvent l'être par nulle autre voie : je ne puis savoir que Sparte et Rome ont existé que parce que des auteurs contemporains me le disent, et entre moi et un autre homme qui a vécu loin de moi, il faut nécessairement des intermédiaires. Mais pourquoi en faut-il entre Dieu et moi ? et pourquoi en faut-il de si éloignés, qui en ont besoin de tant d'autres ? Est-il simple, est-il naturel que Dieu ait été chercher Moïse pour parler à Jean-Jacques Rousseau ?

D'ailleurs nul n'est obligé sous peine de damnation de croire que Sparte ait existé ; nul, pour en avoir douté, ne sera dévoré des flammes éternelles. Tout fait dont nous ne sommes pas les témoins n'est établi pour nous que sur des preuves morales, et toute preuve morale est susceptible de plus et de moins. Croirai-je que la justice divine me précipite à jamais dans l'enfer, uniquement pour n'avoir pas su marquer bien exactement le point où une telle preuve devient invincible ?

S'il y a dans le monde une histoire attestée, c'est celle des vampires ; rien n'y manque, procès-verbaux, certificats de notables, de chirurgiens, de curés, de magistrats ; la preuve juridique est des plus complètes. Avec cela, qui est-ce qui croit aux vampires ? Serons-nous tous damnés pour n'y avoir pas cru (*).

Quelque attestés que soient, au gré même de l'incrédule Cicéron, plusieurs des prodiges rapportés par Tite-Live, je les regarde comme autant de fables, et sûrement je ne suis pas le seul. Mon expérience constante et celle de tous les hommes est plus forte en ceci que le témoignage de quelques-uns. Si Sparte et Rome ont été des prodiges elles-mêmes, c'étoient des prodiges dans le genre moral ; et, comme on s'abuseroit en Laponie de fixer à quatre pieds la stature naturelle de l'homme, on ne s'abuseroit pas moins parmi nous de fixer la mesure des âmes humaines sur celle des gens que l'on voit autour de soi.

Vous vous souviendrez, s'il vous plaît, que je continue ici d'examiner vos raisonnemens en eux-mêmes, sans soutenir ceux que vous atta-

(*) Émile, page 389 de ce volume.

(*) « Quoi ! c'est dans notre dix-huitième siècle qu'il y a eu
» des vampires... et que le révérend père dom Augustin Cal-
» met... a imprimé et réimprimé l'*Histoire des Vampires*
» (1751, 2 vol. in-12) avec l'approbation de la Sorbonne, signé
» *Marcilly*. — Ces vampires étoient des morts qui sortoient la
» nuit de leurs cimetières pour venir sucer le sang des vivans ;
» après quoi, ils alloient se remettre dans leurs fosses. Les
» vivans sucés maigrissoient, pâlissoient, tomboient en con-
» somption, et les morts suceurs engraissoient, prenoient des
» couleurs vermeilles, étoient tout-à-fait appétissans. C'étoit
» en Pologne, en Moravie, en Autriche, en Lorraine, que les
» morts faisoient cette bonne chère, etc. »

Sans qu'il soit besoin de nommer Voltaire, tout lecteur s'apercevra bientôt que ce passage est de lui. Voyez *Dictionnaire philosophique*, au mot *Vampires* ; mais pour être juste envers dom Calmet, envers la Sorbonne elle-même et son *Marcilly*, il devoit rapporter la conclusion du premier : « Que les
» vampires dont on raconte des choses si extraordinaires, si dé-
» taillés, revêtues de toutes les formalités capables de les prou-
» ver même juridiquement devant les tribunaux les plus sévères
» et les plus exacts... que tout ce qu'on dit du trouble qu'ils
» causent, de la mort qu'ils donnent... *tout cela n'est qu'illu-
» sion, et une suite de l'imagination frappée et fortement
» prévenue*... Je demande des témoins non préoccupés, sans
» frayeur, sans intérêt, et je suis persuadé qu'on n'en trou-
» vera aucun de cette sorte. » (Tome II, page 293.) G. P.

quez. Après ce mémoratif nécessaire je me permettrai sur votre manière d'argumenter encore une supposition.

Un habitant de la rue Saint-Jacques vient tenir ce discours à monsieur l'archevêque de Paris : « Monseigneur, je sais que vous ne
» croyez ni à la béatitude de saint Jean de
» Paris, ni aux miracles qu'il a plu à Dieu
» d'opérer en public sur sa tombe à la vue de
» la ville du monde la plus éclairée et la plus
» **nombreuse**; mais je crois devoir vous attes-
» ter que je viens de **voir** ressusciter le saint
» en personne dans le lieu où ses os ont été
» déposés. »

L'homme de la rue Saint-Jacques ajoute à cela le détail de toutes les circonstances qui peuvent frapper le spectateur d'un pareil fait. Je suis persuadé qu'à l'ouïe de cette nouvelle, avant de vous expliquer sur la foi que vous y ajoutez, vous commencerez par interroger celui qui l'atteste, sur son état, sur ses sentimens, sur son confesseur, sur d'autres articles semblables; et lorsqu'à son air comme à ses discours vous aurez compris que c'est un pauvre ouvrier, et que, n'ayant point à vous montrer de billet de confession, il vous confirmera dans l'opinion qu'il est janséniste, « Ah! ah! lui di-
» rez-vous d'un air railleur, vous êtes convul-
» sionnaire, et vous avez vu ressusciter saint
» Paris! cela n'est pas fort étonnant; vous avez
» tant vu d'autres merveilles! »

Toujours dans ma supposition, sans doute il insistera : il vous dira qu'il n'a point vu seul le miracle; qu'il avoit deux ou trois personnes avec lui qui ont vu la même chose, et que d'autres à qui il l'a voulu raconter disent l'avoir aussi vu eux-mêmes. Là-dessus vous demanderez si tous ces témoins étoient jansénistes. « Oui, monseigneur, dira-t-il; mais
» n'importe, ils sont en nombre suffisant, gens
» de bonnes mœurs, de bon sens, et non récu-
» sables; la preuve est complète et rien ne
» manque à notre déclaration pour constater
» la vérité du fait. »

D'autres évêques moins charitables enverroient chercher un commissaire, et lui consigneroient le bon homme honoré de la vision glorieuse, pour en aller rendre grâce à Dieu aux Petites-Maisons. Pour vous, monseigneur, plus humain, mais non plus crédule, après une grave réprimande vous vous contenterez de lui dire : « Je sais que deux ou trois témoins, hon-
» nêtes gens et de bon sens, peuvent attester
» la vie ou la mort d'un homme; mais je ne sais
» pas encore combien il en faut pour constater
» la résurrection d'un janséniste. En attendant
» que je l'apprenne, allez, mon enfant, tâchez
» de fortifier votre cerveau creux. Je vous dis-
» pense du jeûne, et voilà de quoi vous faire
» de bon bouillon. »

C'est à peu près, monseigneur, ce que vous diriez, et ce que diroit tout autre homme sage à votre place. D'où je conclus que, même selon vous, et selon tout autre homme sage, les preuves morales suffisantes pour constater les faits qui sont dans l'ordre des possibilités morales ne suffisent plus pour constater des faits d'un autre ordre et purement surnaturels : sur quoi je vous laisse juger vous-même de la justesse de votre comparaison.

Voici pourtant la conclusion triomphante que vous en tirez contre moi : *Son scepticisme n'est donc ici fondé que sur l'intérêt de son incrédulité* ([1]). Monseigneur, si jamais elle me procure un évêché de cent mille livres de rente, vous pourrez parler de l'intérêt de mon incrédulité.

Continuons maintenant à vous transcrire, en prenant seulement la peine de restituer, au besoin, les passages de mon livre que vous tronquez.

« Qu'un homme, *ajoute-t-il plus loin*, vienne
» nous tenir ce langage : Mortels, je vous an-
» nonce les volontés du Très-Haut : reconnoissez
» à ma voix celui qui m'envoie. J'ordonne au
» soleil de changer son cours, aux étoiles de
» former un autre arrangement, aux montagnes
» de s'aplanir, aux flots de s'élever, à la terre
» de prendre un autre aspect : à ces merveilles,
» qui ne reconnoîtra pas à l'instant le maître de
» la nature? » *Qui ne croiroit, M. T. C. F., que celui qui s'exprime de la sorte ne demande qu'à voir des miracles pour être chrétien?*

Bien plus que cela, monseigneur, puisque je n'ai pas même besoin de miracles pour être chrétien.

Écoutez toutefois ce qu'il ajoute : « Reste enfin,
» dit-il, l'examen le plus important dans la doc-
» trine annoncée; car, puisque ceux qui disent

([1]) Mandement, § xv.

» que Dieu fait ici-bas des miracles prétendent
» que le diable les imite quelquefois, avec les
» prodiges les mieux constatés nous ne sommes
» pas plus avancés qu'auparavant; et, puisque
» les magiciens de Pharaon osoient, en pré-
» sence même de Moïse, faire les mêmes signes
» qu'il faisoit par l'ordre exprès de Dieu, pour-
» quoi, dans son absence, n'eussent-ils pas,
» aux mêmes titres, prétendu la même auto-
» rité? Ainsi donc, après avoir prouvé la
» doctrine par le miracle, il faut prouver le
» miracle par la doctrine, de peur de prendre
» l'œuvre du démon pour l'œuvre de Dieu ([1]).
» Que faire en pareil cas pour éviter le dialèle?
» Une seule chose, revenir au raisonnement,
» et laisser là les miracles. Mieux eût valu n'y
» pas recourir. »

C'est dire : Qu'on me montre des miracles, et je croirai. Oui, monseigneur, c'est dire : Qu'on me montre des miracles, et je croirai aux miracles. *C'est dire, qu'on me montre des miracles, et je refuserai encore de croire.* Oui, monseigneur, c'est dire, selon le précepte même de Moïse ([2]) : Qu'on me montre des miracles, et je refuserai encore de croire une doctrine absurde et déraisonnable qu'on voudroit étayer par eux. Je croirai plutôt à la magie que de reconnoître la voix de Dieu dans des leçons contre la raison.

J'ai dit que c'étoit là du bon sens le plus simple, qu'on n'obscurciroit qu'avec des distinctions tout au moins très-subtiles : c'est encore une de mes prédictions ; en voici l'accomplissement.

Quand une doctrine est reconnue vraie, divine, fondée sur une révélation certaine, on s'en sert pour juger des miracles, c'est-à-dire pour rejeter les prétendus prodiges que des imposteurs voudroient opposer à cette doctrine. Quand il s'agit d'une doctrine nouvelle qu'on annonce comme émanée du sein de Dieu, les miracles sont produits en preuves ; c'est-à-dire que celui qui prend la qualité d'envoyé du Très-Haut confirme sa mission, sa prédication par des miracles, qui sont le témoignage même de la Divinité. Ainsi la doctrine et les miracles sont des argumens respectifs dont on fait usage selon les divers points de vue où l'on se place dans l'étude et dans l'enseignement de la religion. Il ne se trouve là ni abus du raisonnement, ni sophisme ridicule, ni cercle vicieux ([1]).

Le lecteur en jugera ; pour moi, je n'ajouterai pas un seul mot. J'ai quelquefois répondu ci-devant avec mes passages ; mais c'est avec le vôtre que je veux vous répondre ici.

Où est donc, M. T. C. F., la bonne foi philosophique dont se pare cet écrivain ?

Monseigneur, je ne me suis jamais piqué d'une bonne foi philosophique, car je n'en connois pas de telle : je n'ose même plus trop parler de la bonne foi chrétienne, depuis que les soi-disant chrétiens de nos jours trouvent si mauvais qu'on ne supprime pas les objections qui les embarrassent. Mais, pour la bonne foi pure et simple, je demande laquelle de la mienne ou de la vôtre est la plus facile à trouver ici.

Plus j'avance, plus les points à traiter deviennent intéressans. Il faut donc continuer à vous transcrire. Je voudrois, dans des discussions de cette importance, ne pas omettre un de vos mots.

On croiroit qu'après les plus grands efforts pour décréditer les témoignages humains qui attestent la révélation chrétienne, le même auteur y défère cependant de la manière la plus positive, la plus solennelle.

On auroit raison, sans doute, puisque je tiens pour révélée toute doctrine où je reconnois l'esprit de Dieu. Il faut seulement ôter l'amphibologie de votre phrase ; car si le verbe relatif *y défère* se rapporte à la révélation chrétienne, vous avez raison ; mais s'il se rapporte aux témoignages humains, vous avez tort. Quoi qu'il en soit, je prends acte de votre témoignage contre ceux qui osent dire que je rejette toute révélation ; comme si c'étoit rejeter une doctrine que de la reconnoître sujette à des difficultés insolubles à l'esprit humain ; comme si c'étoit la rejeter que ne pas l'admettre sur le témoignage des hommes, lorsqu'on a d'autres preuves équivalentes ou supérieures qui dispensent de celle-là ! Il est vrai que vous dites conditionnellement, *On croiroit :* mais *on croiroit* signifie *on croit,*

([1]) Je suis forcé de confondre ici la note avec le texte, à l'imitation de M. de Beaumont. Le lecteur pourra consulter l'un et l'autre dans le livre même. (Voyez page 390 de ce volume.)
([2]) Deutéron. chap. XIII.

([1]) Mandement, § XVI.

lorsque la raison d'exception pour ne pas croire se réduit à rien, comme on verra ci-après de la vôtre. Commençons par la preuve affirmative.

Il faut, pour vous en convaincre, M. T. C. F., et en même temps pour vous édifier, mettre sous vos yeux cet endroit de son ouvrage : « J'avoue
» que la majesté des Écritures m'étonne : la
» sainteté de l'Évangile (¹) parle à mon cœur.
» Voyez les livres des philosophes : avec toute
» leur pompe, qu'ils sont petits près de celui-
» là ! Se peut-il qu'un livre à la fois si sublime
» et si simple soit l'ouvrage des hommes? Se
» peut-il que celui dont il fait l'histoire ne
» soit qu'un homme lui-même? Est-ce là le
» ton d'un enthousiaste ou d'un ambitieux
» sectaire? Quelle douceur, quelle pureté
» dans ses mœurs ! quelle grâce touchante
» dans ses instructions ! quelle élévation dans
» ses maximes ! quelle profonde sagesse dans
» ses discours ! quelle présence d'esprit ! quelle
» finesse et quelle justesse dans ses réponses !
» quel empire sur ses passions ! Où est l'homme,
» où est le sage qui sait agir, souffrir et mou-
» rir sans foiblesse et sans ostentation (²).
» Quand Platon peint son juste imaginaire cou-
» vert de tout l'opprobre du crime et digne de
» tous les prix de la vertu, il peint trait pour
» trait Jésus-Christ : la ressemblance est si
» frappante, que tous les pères l'ont sentie, et
» qu'il n'est pas possible de s'y tromper. Quels
» préjugés, quel aveuglement ne faut-il point
» avoir pour oser comparer le fils de Sophro-
» nisque au fils de Marie ! Quelle distance de
» l'un à l'autre ! Socrate mourant sans dou-
» leurs, sans ignominie, soutint aisément jus-
» qu'au bout son personnage ; et, si cette facile
» mort n'eût honoré sa vie, on douteroit si So-
» crate, avec tout son esprit, fut autre chose

(¹) La négligence avec laquelle M. de Beaumont me transcrit lui a fait faire ici deux changemens dans une ligne : il a mis *la majesté de l'Écriture* au lieu de *la majesté des Écritures*, et il a mis *la sainteté de l'Écriture* au lieu de *la sainteté de l'Évangile.* Ce n'est pas à la vérité me faire dire des hérésies, mais c'est me faire parler bien niaisement.

(²) Je remplis, selon ma coutume, les lacunes faites par M. de Beaumont; non qu'absolument celles qu'il fait ici soient insidieuses comme en d'autres endroits, mais parce que le défaut de suite et de liaison affoiblit le passage quand il est tronqué, et aussi parce que mes persécuteurs supprimant avec soin tout ce que j'ai dit de si bon cœur en faveur de la religion, il est bon de le rétablir à mesure que l'occasion s'en trouve.

» qu'un sophiste. Il inventa, dit-on, la morale :
» d'autres avant lui l'avoient mise en pratique ;
» il ne fit que dire ce qu'ils avoient fait ; il ne
» fit que mettre en leçons leurs exemples.
» Aristide avoit été juste avant que Socrate
» eût dit ce que c'étoit que justice ; Léonidas
» étoit mort pour son pays avant que Socrate
» eût fait un devoir d'aimer la patrie ; Sparte
» étoit sobre avant que Socrate eût loué la so-
» briété; avant qu'il eût défini la vertu, Sparte
» abondoit en hommes vertueux. Mais où Jésus
» avoit-il pris parmi les siens cette morale éle-
» vée et pure dont lui seul a donné les leçons
» et l'exemple? Du sein du plus furieux fana-
» tisme la plus haute sagesse se fit entendre,
» et la simplicité des plus héroïques vertus ho-
» nora le plus vil de tous les peuples. La mort
» de Socrate philosophant tranquillement avec
» ses amis est la plus douce qu'on puisse dési-
» rer ; celle de Jésus expirant dans les tour-
» mens, injurié, raillé, maudit de tout un peu-
» ple, est la plus horrible qu'on puisse craindre.
» Socrate prenant la coupe empoisonnée bénit
» celui qui la lui présente et qui pleure. Jésus,
» au milieu d'un supplice affreux, prie pour
» ses bourreaux acharnés. Oui, si la vie et la
» mort de Socrate sont d'un sage, la vie et la
» mort de Jésus sont d'un Dieu. Dirons-nous
» que l'histoire de l'Évangile est inventée à
» plaisir? Non, ce n'est pas ainsi qu'on in-
» vente ; et les faits de Socrate, dont personne
» ne doute, sont moins attestés que ceux de
» Jésus-Christ. Au fond, c'est reculer la diffi-
» culté sans la détruire. Il seroit plus inconce-
» vable que plusieurs hommes d'accord eussent
» fabriqué ce livre, qu'il ne l'est qu'un seul en
» ait fourni le sujet. Jamais des auteurs juifs
» n'eussent trouvé ni ce ton ni cette morale, et
» l'Évangile a des caractères de vérité si grands,
» si frappans, si parfaitement inimitables, que
» l'inventeur en seroit plus étonnant que le
» héros (*). »

Il seroit difficile, M. T. C. F., de rendre un plus bel hommage à l'authenticité de l'Évangile. (¹). Je vous sais gré, monseigneur, de cet aveu; c'est une injustice que vous avez de moins que les autres. Venons maintenant à la preuve négative qui vous fait dire *on croiroit,* au lieu d'*on croit.*

(*) Émile, page 597 de ce volume. (¹) Mandement. § XVII.

Cependant l'auteur ne la croit qu'en conséquence des témoignages humains. Vous vous trompez, monseigneur; je la reconnois en conséquence de l'Évangile et de la sublimité que j'y vois sans qu'on me l'atteste. Je n'ai pas besoin qu'on m'affirme qu'il y a un Évangile lorsque je le tiens. *Ce sont toujours des hommes qui lui rapportent ce que d'autres hommes ont rapporté.* Et point du tout; on ne me rapporte point que l'Évangile existe, je le vois de mes propres yeux; et quand tout l'univers me soutiendroit qu'il n'existe pas, je saurois très-bien que tout l'univers ment ou se trompe. *Que d'hommes entre Dieu et lui!* Pas un seul. L'Évangile est la pièce qui décide, et cette pièce est entre mes mains. De quelque manière qu'elle y soit venue et quelque auteur qui l'ait écrite, j'y reconnois l'esprit divin, cela est immédiat autant qu'il peut l'être; il n'y a point d'hommes entre cette preuve et moi; et, dans le sens où il y en auroit, l'historique de ce saint livre, de ses auteurs, du temps où il a été composé, etc., rentre dans les discussions de critique où la preuve morale est admise. Telle est la réponse du vicaire savoyard.

Le voilà donc bien évidemment en contradiction avec lui-même; le voilà confondu par ses propres aveux. Je vous laisse jouir de toute ma confusion. *Par quel étrange aveuglement a-t-il donc pu ajouter :* « Avec tout cela ce même
» Évangile est plein de choses incroyables,
» de choses qui répugnent à la raison, et qu'il
» est impossible à tout homme sensé de con-
» cevoir ni d'admettre. Que faire au milieu de
» toutes ces contradictions? Être toujours mo-
» deste et circonspect, respecter en silence (¹)

(¹) Pour que les hommes s'imposent ce respect et ce silence, il faut que quelqu'un leur dise une fois les raisons d'en user ainsi. Celui qui connoit ces raisons peut les dire; mais ceux qui censurent et n'en disent point, pourroient se taire. Parler au public avec franchise, avec fermeté, est un droit commun à tous les hommes, et même un devoir en toute chose utile : mais il n'est guère permis à un particulier d'en censurer publiquement un autre; c'est s'attribuer une trop grande supériorité de vertus, de talens, de lumières. Voilà pourquoi je ne me suis jamais ingéré de critiquer ni réprimander personne. J'ai dit à mon siècle des vérités dures, mais je n'en ai dit à aucun particulier; et s'il m'est arrivé d'attaquer et nommer quelques livres, je n'ai jamais parlé des auteurs vivans qu'avec toute sorte de bienséance et d'égards. On voit comment ils me les rendent. Il me semble que tous ces messieurs qui se mettent si fièrement en avant pour m'enseigner l'humilité trouvent la leçon meilleure à donner qu'à suivre.

» ce qu'on ne sauroit ni rejeter ni compren-
» dre, et s'humilier devant le grand Être qui
» seul sait la vérité. Voilà le scepticisme in-
» volontaire où je suis resté. » *Mais le scepticisme, M. T. C. F., peut-il donc être involontaire, lorsqu'on refuse de se soumettre à la doctrine d'un livre qui ne sauroit être inventé par les hommes; lorsque ce livre porte des caractères de vérité si grands, si frappans, si parfaitement inimitables, que l'inventeur en seroit plus étonnant que le héros? C'est bien ici qu'on peut dire que l'iniquité a menti contre elle-même* (¹).

Monseigneur, vous me taxez d'iniquité sans sujet; vous m'imputez souvent des mensonges, et vous n'en montrez aucun. Je m'impose avec vous une maxime contraire, et j'ai quelquefois lieu d'en user.

Le scepticisme du vicaire est involontaire par la raison même qui vous fait nier qu'il le soit. Sur les foibles autorités qu'on veut donner à l'Évangile, il le rejetteroit par les raisons déduites auparavant, si l'esprit divin qui brille dans la morale et dans la doctrine de ce livre ne lui rendoit toute la force qui manque au témoignage des hommes sur un tel point. Il admet donc ce livre sacré avec toutes les choses admirables qu'il renferme et que l'esprit humain peut entendre; mais quant aux choses incroyables qu'il y trouve, *lesquelles répugnent à sa raison, et qu'il est impossible à tout homme sensé de concevoir ni d'admettre,* il les respecte en silence sans les comprendre ni les rejeter, et s'humilie devant le grand Être qui seul sait la vérité. Tel est son scepticisme; et ce scepticisme est bien involontaire, puisqu'il est fondé sur des preuves invincibles de part et d'autre, qui forcent la raison de rester en suspens. Ce scepticisme est celui de tout chrétien raisonnable et de bonne foi, qui ne veut savoir des choses du ciel que celles qu'il peut comprendre, celles qui importent à sa conduite, et qui rejette, avec l'Apôtre, *les questions peu sensées, qui sont sans instruction, et qui n'engendrent que des combats* (²).

D'abord vous me faites rejeter la révélation pour m'en tenir à la religion naturelle; et premièrement je n'ai point rejeté la révélation. En-

(¹) Mandement, § xvii. (²) Timoth., cap. ii, v. 23.

suite vous m'accusez *de ne pas admettre même la religion naturelle, ou du moins de n'en pas reconnoître la nécessité;* et votre unique preuve est dans le passage suivant que vous rapportez : « Si je me trompe, c'est de bonne » foi ; cela suffit (¹) pour que mon erreur ne » me soit pas imputée à crime : quand vous » vous tromperiez de même, il y auroit peu de » mal à cela. » *C'est-à-dire,* continuez-vous, *que, selon lui, il suffit de se persuader qu'on est en possession de la vérité; que cette persuasion, fût-elle accompagnée des plus monstrueuses erreurs, ne peut jamais être un sujet de reproche; qu'on doit toujours regarder comme un homme sage et religieux celui qui, adoptant les erreurs même de l'athéisme, dira qu'il est de bonne foi. Or, n'est-ce pas là ouvrir la porte à toutes les superstitions, à tous les systèmes fanatiques, à tous les délires de l'esprit humain* (²)?

Pour vous, monseigneur, vous ne pourrez pas dire ici comme le vicaire, *Si je me trompe, c'est de bonne foi,* car c'est bien évidemment à dessein qu'il vous plaît de prendre le change et de le donner à vos lecteurs : c'est ce que je m'engage à prouver sans réplique, et je m'y engage aussi d'avance afin que vous y regardiez de plus près.

La Profession du vicaire savoyard est composée de deux parties : la première, qui est la plus grande, la plus importante, la plus remplie de vérités frappantes et neuves, est destinée à combattre le moderne matérialisme, à établir l'existence de Dieu et la religion naturelle avec toute la force dont l'auteur est capable. De celle-là ni vous ni les prêtres n'en parlez point, parce qu'elle vous est fort indifférente, et qu'au fond la cause de Dieu ne vous touche guère, pourvu que celle du clergé soit en sûreté.

La seconde, beaucoup plus courte, moins régulière, moins approfondie, propose des doutes et des difficultés sur les révélations en général, donnant pourtant à la nôtre sa véritable certitude dans la pureté, la sainteté de sa doctrine, et dans la sublimité toute divine de celui qui en fut l'auteur. L'objet de cette seconde partie est de rendre chacun plus réservé dans sa religion à taxer les autres de mauvaise foi dans la leur, et de montrer que les preuves de chacune ne sont pas tellement démonstratives à tous les yeux, qu'il faille traiter en coupables ceux qui n'y voient pas la même clarté que nous. Cette seconde partie, écrite avec toute la modestie, avec tout le respect convenable, est la seule qui ait attiré votre attention et celle des magistrats. Vous n'avez eu que des bûchers et des injures pour réfuter mes raisonnemens. Vous avez vu le mal dans le doute de ce qui est douteux ; vous n'avez point vu le bien dans la preuve de ce qui est vrai.

En effet, cette première partie, qui contient ce qui est vraiment essentiel à la religion, est décisive et dogmatique. L'auteur ne balance pas, n'hésite pas ; sa conscience et sa raison le déterminent d'une manière invincible ; il croit, il affirme, il est fortement persuadé.

Il commence l'autre, au contraire, par déclarer que *l'examen qui lui reste à faire est bien différent; qu'il n'y voit qu'embarras, mystère, obscurité; qu'il n'y porte qu'incertitude et défiance; qu'il n'y faut donner à ses discours que l'autorité de la raison; qu'il ignore lui-même s'il est dans l'erreur, et que toutes ses affirmations ne sont ici que des raisons de douter* (*). Il propose donc ses objections, ses difficultés, ses doutes. Il propose aussi ses grandes et fortes raisons de croire ; et de toute cette discussion résulte la certitude des dogmes essentiels et un scepticisme respectueux sur les autres. A la fin de cette seconde partie, il insiste de nouveau sur la circonspection nécessaire en l'écoutant. *Si j'étois plus sûr de moi, j'aurois,* dit-il, *pris un ton dogmatique et décisif; mais je suis homme, ignorant, sujet à l'erreur : que pouvois-je faire? Je vous ai ouvert mon cœur sans réserve; ce que je tiens pour sûr, je vous l'ai donné pour tel, je vous ai donné mes doutes pour des doutes, mes opinions pour des opinions; je vous ai dit mes raisons de douter et de croire. Maintenant c'est à vous de juger* (**).

Lors donc que, dans le même écrit, l'auteur dit, *si je me trompe, c'est de bonne foi, cela suffit pour que mon erreur ne me soit pas imputée à crime,* je demande à tout lecteur qui a le sens commun et quelque sincérité, si

---

(¹) M. de Beaumont a mis : *Cela me suffit.*
(²) Mandement, § xviii.

(*) Emile, page 587 de ce volume.   (**) *Ibid.*, page 599.

c'est sur la première ou sur la seconde partie que peut tomber ce soupçon d'être dans l'erreur; sur celle où l'auteur affirme ou sur celle où il balance; si ce soupçon marque la crainte de croire en Dieu mal à propos, ou celle d'avoir à tort des doutes sur la révélation. Vous avez pris le premier parti contre toute raison et dans le seul désir de me rendre criminel : je vous défie d'en donner aucun autre motif. Monseigneur, où sont, je ne dis pas l'équité, la charité chrétienne, mais le bon sens et l'humanité?

Quand vous auriez pu vous tromper sur l'objet de la crainte du vicaire, le texte seul que vous rapportez vous eût désabusé malgré vous; car, lorsqu'il dit, *cela suffit pour que mon erreur ne me soit pas imputée à crime*, il reconnoît qu'une pareille erreur pourroit être un crime, et que ce crime lui pourroit être imputé s'il ne procédoit pas de bonne foi. Mais quand il n'y auroit point de Dieu, où seroit le crime de croire qu'il y en a un? Et quand ce seroit un crime, qui est-ce qui le pourroit imputer? La crainte d'être dans l'erreur ne peut donc ici tomber sur la religion naturelle, et le discours du vicaire seroit un vrai galimatias dans le sens que vous lui prêtez. Il est donc impossible de déduire du passage que vous rapportez que *je n'admets pas la religion naturelle*, ou que *je n'en reconnois pas la nécessité* : il est encore impossible d'en déduire qu'*on doive toujours*, ce sont vos termes, *regarder comme un homme sage et religieux celui qui, adoptant les erreurs de l'athéisme, dira qu'il est de bonne foi* : et il est même impossible que vous ayez cru cette déduction légitime. Si cela n'est pas démontré, rien jamais ne sauroit l'être, ou il faut que je sois un insensé.

Pour montrer qu'on ne peut s'autoriser d'une mission divine pour débiter des absurdités, le vicaire met aux prises un inspiré qu'il vous plaît d'appeler chrétien, et un raisonneur qu'il vous plaît d'appeler incrédule, et il les fait disputer chacun dans leur langage, qu'il désapprouve, et qui, très-sûrement, n'est ni le sien ni le mien. Là-dessus vous me taxez d'*une insigne mauvaise foi* (¹), et vous prouvez cela par l'ineptie des discours du premier. Mais si ces discours sont ineptes, à quoi donc le reconnoissez-vous pour chrétien? et si le raisonneur ne réfute que des inepties, quel droit avez-vous de le taxer d'incrédulité? S'ensuit-il des inepties que débite un inspiré que ce soit un catholique, et de celles que réfute un raisonneur que ce soit un mécréant? Vous auriez bien pu, monseigneur, vous dispenser de vous reconnoître à un langage si plein de bile et de déraison; car vous n'aviez pas encore donné votre mandement.

Si la raison et la révélation étoient opposées l'une à l'autre, il est constant, dites-vous, *que Dieu seroit en contradiction avec lui-même* (¹). Voilà un grand aveu que vous nous faites là; car il est sûr que Dieu ne se contredit point. *Vous dites, ô impies, que les dogmes que nous regardons comme révélés combattent les vérités éternelles : mais il ne suffit pas de le dire*. J'en conviens; tâchons de faire plus.

Je suis sûr que vous pressentez d'avance où j'en vais venir. On voit que vous passez sur cet article des mystères comme sur des charbons ardens, vous osez à peine y poser le pied. Vous me forcez pourtant à vous arrêter un moment dans cette situation douloureuse : j'aurai la discrétion de rendre ce moment le plus court qu'il se pourra.

Vous conviendrez bien, je pense, qu'une de ces vérités éternelles qui servent d'élémens à la raison, est que la partie est moindre que le tout; et c'est pour avoir affirmé le contraire que l'inspiré vous paroît tenir un discours plein d'ineptie. Or, selon votre doctrine de la transsubstantiation, lorsque Jésus fit la dernière cène avec ses disciples, et qu'ayant rompu le pain il donna son corps à chacun d'eux, il est clair qu'il tint son corps entier dans sa main, et, s'il mangea lui-même du pain consacré, comme il put le faire, il mit sa tête dans sa bouche.

Voilà donc bien clairement, bien précisément, la partie plus grande que le tout, et le contenant moindre que le contenu. Que dites-vous à cela, monseigneur? Pour moi, je ne vois que M. le chevalier de Causans qui puisse vous tirer d'affaire (*).

(¹) Mandement, § xix.

(¹) Mandement, § xx.
(*) De Mauléon de Causans, chevalier de Malte et militaire distingué, né au commencement du dix-huitième siècle. S'étant

Je sais bien que vous avez encore la ressource de saint Augustin; mais c'est la même. Après avoir entassé sur la Trinité force discours inintelligibles, il convient qu'ils n'ont aucun sens; *mais,* dit naïvement ce père de l'Église, *on s'exprime ainsi, non pour dire quelque chose, mais pour ne pas rester muet* (¹).

Tout bien considéré, je crois, monseigneur, que le parti le plus sûr que vous ayez à prendre sur cet article et sur beaucoup d'autres, est celui que vous avez pris avec M. de Montazet, et par la même raison (*).

La mauvaise foi de l'auteur d'Émile n'est pas moins révoltante dans le langage qu'il fait tenir à un catholique prétendu (²) : « Nos catho- » liques, lui fait-il dire, font grand bruit de » l'autorité de l'Église : mais que gagnent-ils à » cela, s'il leur faut un aussi grand appareil » de preuves pour cette autorité qu'aux autres » sectes pour établir directement leur doctrine? » l'Église décide que l'Église a droit de déci- » der. Ne voilà-t-il pas une autorité bien prou- » vée ? » *Qui ne croiroit, M. T. C. F.,* à entendre cet imposteur, que l'autorité de l'Église n'est prouvée que par ses propres décisions, et qu'elle procède ainsi : Je décide que je suis infaillible, donc je le suis? Imputation calomnieuse, *M. T. C. F.* Voilà, monseigneur, ce que vous assurez : il nous reste à voir vos preuves. En attendant, oseriez-vous bien affirmer que les théologiens catholiques n'ont jamais établi l'autorité de l'Église par l'autorité de l'Église, *ut in se virtualiter reflexam?* S'ils l'ont fait, je ne les charge donc pas d'une imputation calomnieuse.

(³) *La constitution du christianisme, l'esprit de l'Évangile, les erreurs mêmes et la foiblesse de l'esprit humain, tendent à démontrer que l'Église établie par Jésus-Christ est une Église infaillible.* Monseigneur, vous commencez par nous payer là de mots qui ne nous donnent pas le change. Les discours vagues ne font jamais preuve, et toutes ces choses qui tendent à démontrer ne démontrent rien. Allons donc tout d'un coup au corps de la démonstration : le voici :

Nous assurons que comme ce divin législateur a toujours enseigné la vérité, son Église l'enseigne aussi toujours (¹).

Mais qui êtes-vous, vous qui nous assurez cela pour toute preuve? Ne seriez-vous point l'Église ou ses chefs? A vos manières d'argumenter vous paroissez compter beaucoup sur l'assistance du Saint-Esprit. Que dites-vous donc, et qu'a dit l'imposteur? De grâce, voyez cela vous-même, car je n'ai pas le courage d'aller jusqu'au bout.

Je dois pourtant remarquer que toute la force de l'objection que vous attaquez si bien consiste dans cette phrase que vous avez eu soin de supprimer à la fin du passage dont il s'agit : *Sortez de là, vous rentrez dans toutes nos discussions* (*).

En effet, quel est ici le raisonnement du vicaire? Pour choisir entre les religions diverses, il faut, dit-il, de deux choses l'une : ou entendre les preuves de chaque secte et les comparer, ou s'en rapporter à l'autorité de ceux qui nous instruisent. Or le premier moyen suppose des connoissances que peu d'hommes sont en état d'acquérir ; et le second justifie la croyance de chacun dans quelque religion qu'il naisse. Il cite en exemple la religion catholique, où l'on donne pour loi l'autorité de l'Église, et il établit là-dessus ce second dilemme : Ou c'est l'Église qui s'attribue à elle-même cette autorité, et qui dit : *Je décide que je suis infaillible, donc je le suis ;* et alors elle tombe dans le sophisme appelé cercle vicieux; ou elle prouve qu'elle a reçu cette autorité de Dieu, et alors il lui faut un aussi grand appareil de preuves pour montrer qu'en effet elle a reçu cette autorité, qu'aux autres

---

adonné à l'étude des mathématiques, il s'étoit persuadé qu'il avoit trouvé la quadrature du cercle. S'élevant de découvertes en découvertes, il prétendit ensuite expliquer par sa quadrature le péché originel et la Trinité. Il déposa chez un notaire dix mille francs, pour être donnés à celui qui lui démontreroit son erreur; le défi fut accepté par plusieurs personnes, et il y eut un procès au Châtelet pour cette affaire; mais la procédure fut arrêtée par ordre du roi, et les paris déclarés nuls.

G. P.

(¹) *Dictum est tamen tres personæ, non ut aliquid diceretur, sed ne taceretur.* Aug., de Trinit., lib. V, cap. ix.
(²) Quand Rousseau écrivoit ceci, il y avoit deux ou trois ans que M. de Montazet, archevêque de Lyon, avoit écrit à l'archevêque de Paris, sur une dispute de hiérarchie, une lettre imprimée, belle et forte de raisonnement, à laquelle celui-ci ne répondit point.
(³) Mandement, § xxi.   (²) Ibid.

(¹) Mandement, § xxxi. Cet endroit mérite d'être lu dans le Mandement même.
(*) Émile, page 594 de ce volume.

sectes pour établir directement leur doctrine. Il n'y a donc rien à gagner pour la facilité de l'instruction, et le peuple n'est pas plus en état d'examiner les preuves de l'autorité de l'Église chez les catholiques, que la vérité de la doctrine chez les protestans. Comment donc se déterminera-t-il d'une manière raisonnable autrement que par l'autorité de ceux qui l'instruisent ? Mais alors le Turc se déterminera de même. En quoi le Turc est-il plus coupable que nous ? Voilà, monseigneur, le raisonnement auquel vous n'avez pas répondu, et auquel je doute qu'on puisse répondre (¹). Votre franchise épiscopale se tire d'affaire en tronquant le passage de l'auteur de mauvaise foi.

Grâce au ciel, j'ai fini cette ennuyeuse tâche. J'ai suivi pied à pied vos raisons, vos citations, vos censures, et j'ai fait voir qu'autant de fois que vous avez attaqué mon livre, autant de fois vous avez eu tort. Il reste le seul article du gouvernement, dont je veux bien vous faire grâce, très-sûr que quand celui qui gémit sur les misères du peuple, et qui les éprouve, est accusé par vous d'empoisonner les sources de la félicité publique, il n'y a point de lecteur qui ne sente ce que vaut un pareil discours. Si le traité du *Contrat social* n'existoit pas, et qu'il fallût prouver de nouveau les grandes vérités que j'y développe, les complimens que vous faites à mes dépens aux puissances seroient un des faits que je citerois en preuve, et le sort de l'auteur en seroit un autre encore plus frappant. Il ne me reste plus rien à dire à cet égard ; mon seul exemple a tout dit, et la passion de l'intérêt particulier ne doit point souiller les vérités utiles. C'est le décret contre ma personne, c'est mon livre brûlé par le bourreau, que je transmets à la postérité pour pièces justificatives : mes sentimens sont moins bien établis par mes écrits que par mes malheurs.

Je viens, monseigneur, de discuter tout ce que vous alléguez contre mon livre. Je n'ai pas laissé passer une de vos propositions sans examen : j'ai fait voir que vous n'avez raison dans aucun point : et je n'ai pas peur qu'on réfute mes preuves ; elles sont au-dessus de toute réplique où règne le sens commun.

Cependant, quand j'aurois eu tort en quelques endroits, quand j'aurois eu toujours tort, quelle indulgence ne méritoit point un livre où l'on sent partout, même dans les erreurs, même dans le mal qui peut y être, le sincère amour du bien et le zèle de la vérité ; un livre où l'auteur, si peu affirmatif, si peu décisif, avertit si souvent ses lecteurs de se défier de ses idées, de peser ses preuves, de ne leur donner que l'autorité de la raison ; un livre qui ne respire que paix, douceur, patience, amour de l'ordre, obéissance aux lois en toute chose, et même en matière de religion ; un livre enfin où la cause de la Divinité est si bien défendue, l'utilité de la religion si bien établie, où les mœurs sont si respectées, où l'arme du ridicule est si bien ôtée au vice, où la méchanceté est peinte si peu sensée, et la vertu si aimable ? Eh ! quand il n'y auroit pas un mot de vérité dans cet ouvrage, on en devroit honorer et chérir les rêveries comme les chimères les plus douces qui puissent flatter et nourrir le cœur d'un homme de bien. Oui, je ne crains point de le dire, s'il existoit en Europe un seul gouvernement vraiment éclairé, un gouvernement dont les vues fussent vraiment utiles et saines, il eût rendu des honneurs publics à l'auteur d'*Émile*, il lui eût élevé des statues (*). Je connoissois trop les hommes pour attendre d'eux de la reconnoissance ; je ne les connoissois pas assez, je l'avoue, pour en attendre ce qu'ils ont fait.

(¹) C'est ici une de ces objections terribles auxquelles ceux qui m'attaquent se gardent bien de toucher. Il n'y a rien de si commode que de répondre avec des injures et de saintes déclamations ; on élude aisément tout ce qui embarrasse. Aussi faut-il avouer qu'en se chamaillant entre eux les théologiens ont bien des ressources qui leur manquent vis-à-vis des ignorans, et auxquelles il faut alors suppléer comme ils peuvent. Ils se paient réciproquement de mille suppositions gratuites qu'on n'ose récuser quand on n'a rien de mieux à donner soi-même. Telle est ici l'invention de je ne sais quelle foi infuse, qu'ils obligent Dieu, pour les tirer d'affaire, de transmettre du père à l'enfant. Mais ils réservent ce jargon pour disputer avec les docteurs ; s'ils s'en servoient avec nous autres profanes, ils auroient peur qu'on ne se moquât d'eux.

(*) On a reproché ce mot à Jean-Jacques ; ce n'étoit cependant point l'expression de l'orgueil, mais bien le cri de la vertu indignée. Socrate, le plus modeste des hommes, condamné par les Athéniens, mais à qui on laissoit le choix de la peine qu'il avoit méritée : *Je me condamne*, dit-il, *à être nourri le reste de mes jours dans le Prytanée, aux dépens de la république.*

(Cette note est de M. Brizard, dans l'édition de Poinçot, et le trait qu'il rapporte de Socrate est tiré de Platon, *Apologie de Socrate*, § 26.)

Après avoir prouvé que vous avez mal raisonné dans vos censures, il me reste à prouver que vous m'avez mal calomnié dans vos injures. Mais, puisque vous ne m'injuriez qu'en vertu des torts que vous m'imputez dans mon livre, montrer que mes prétendus torts ne sont que les vôtres, n'est-ce pas dire assez que les injures qui les suivent ne doivent pas être pour moi? Vous chargez mon ouvrage des épithètes les plus odieuses, et moi, je suis un homme abominable, un téméraire, un impie, un imposteur. Charité chrétienne, que vous avez un étrange langage dans la bouche des ministres de Jésus-Christ!

Mais vous qui m'osez reprocher des blasphèmes, que faites-vous quand vous prenez les apôtres pour complices des propos offensans qu'il vous plaît de tenir sur mon compte? A vous entendre, on croiroit que saint Paul m'a fait l'honneur de songer à moi, et de prédire ma venue comme celle de l'Antechrist. Et comment l'a-t-il prédite, je vous prie? Le voici : c'est le début de votre mandement.

Saint Paul a prédit, M. T. C. F., qu'il viendroit des jours périlleux où il y auroit des gens amateurs d'eux-mêmes, fiers, superbes, blasphémateurs, impies, calomniateurs, enflés d'orgueil, amateurs de voluptés plutôt que de Dieu; des hommes d'un esprit corrompu, et pervertis dans la foi (¹).

Je ne conteste assurément pas que cette prédiction de saint Paul ne soit très-bien accomplie; mais s'il eût prédit au contraire qu'il viendroit un temps où l'on ne verroit point de ces gens-là, j'aurois été, je l'avoue, beaucoup plus frappé de la prédiction, et surtout de l'accomplissement.

D'après une prophétie si bien appliquée, vous avez la bonté de faire de moi un portrait dans lequel la gravité épiscopale s'égaie à des antithèses, et où je me trouve un personnage fort plaisant. Cet endroit, monseigneur, m'a paru le plus joli morceau de votre mandement: on ne sauroit faire une satire plus agréable, ni diffamer un homme avec plus d'esprit.

Du sein de l'erreur (il est vrai que j'ai passé ma jeunesse dans votre Église) *il s'est élevé* (pas fort haut) *un homme plein du langage de la philosophie* (comment prendrois-je un langage que je n'entends point?) *sans être véritablement philosophe* (oh! d'accord, je n'aspirai jamais à ce titre, auquel je reconnois n'avoir aucun droit, et je n'y renonce assurément pas par modestie); *esprit doué d'une multitude de connoissances* (j'ai appris à ignorer des multitudes de choses que je croyois savoir) *qui ne l'ont pas éclairé* (elles m'ont appris à ne pas penser l'être), *et qui ont répandu des ténèbres dans les autres esprits* (les ténèbres de l'ignorance valent mieux que la fausse lumière de l'erreur); *caractère livré aux paradoxes d'opinions et de conduite* (y a-t-il beaucoup à perdre à ne pas agir et penser comme tout le monde?), *alliant la simplicité des mœurs avec le faste des pensées* (la simplicité des mœurs élève l'âme; quant au faste de mes pensées, je ne sais ce que c'est), *le zèle des maximes antiques avec la fureur d'établir des nouveautés* (rien de plus nouveau pour nous que des maximes antiques; il n'y a point à cela d'alliage, et je n'y ai point mis de fureur), *l'obscurité de la retraite avec le désir d'être connu de tout le monde* (monseigneur, vous voilà comme les faiseurs de romans, qui devinent tout ce que leur héros a dit et pensé dans sa chambre. Si c'est ce désir qui m'a mis la plume à la main, expliquez comment il m'est venu si tard, ou pourquoi j'ai tardé si long-temps à le satisfaire). *On l'a vu invectiver contre les sciences qu'il cultivoit* (cela prouve que je n'imite pas vos gens de lettres, et que dans mes écrits l'intérêt de la vérité marche avant le mien), *préconiser l'excellence de l'Évangile* (toujours et avec le plus grand zèle) *dont il détruisoit les dogmes* (non, mais j'en prêchois la charité, bien détruite par les prêtres), *peindre la beauté des vertus qu'il éteignoit dans l'âme de ses lecteurs.* (Ames honnêtes, est-il vrai que j'éteins en vous l'amour des vertus?)

Il s'est fait le précepteur du genre humain pour le tromper, le moniteur public pour égarer tout le monde, l'oracle du siècle pour achever de le perdre (je viens d'examiner comment vous avez prouvé tout cela). *Dans un ouvrage sur l'inégalité des conditions* (pourquoi des conditions? ce n'est là ni mon sujet ni mon titre), *il avoit rabaissé l'homme jusqu'au rang des bêtes* (lequel de nous deux l'élève ou l'a-

---

(¹) Mandement, § 1.

baisse, dans l'alternative d'être bête ou méchant?). *Dans une autre production plus récente il avoit insinué le poison de la volupté* (eh! que ne puis-je aux horreurs de la débauche substituer le charme de la volupté! Mais rassurez-vous, monseigneur; vos prêtres sont à l'épreuve de l'Héloïse, ils ont pour préservatif l'Aloïsia). *Dans celui-ci, il s'empare des premiers momens de l'homme afin d'établir l'empire de l'irréligion* (cette imputation a déjà été examinée).

Voilà, monseigneur, comment vous me traitez, et bien plus cruellement encore, moi que vous ne connoissez point, et que vous ne jugez que sur des ouï-dire. Est-ce donc là la morale de cet Évangile dont vous vous portez pour le défenseur? Accordons que vous voulez préserver votre troupeau du poison de mon livre : pourquoi des personnalités contre l'auteur? J'ignore quel effet vous attendez d'une conduite si peu chrétienne; mais je sais que défendre sa religion par de telles armes, c'est la rendre fort suspecte aux gens de bien.

Cependant c'est moi que vous appelez téméraire. Eh! comment ai-je mérité ce nom, en ne proposant que des doutes, et même avec tant de réserve; en n'avançant que des raisons, et même avec tant de respect; en n'attaquant personne, en ne nommant personne? Et vous, monseigneur, comment osez-vous traiter ainsi celui dont vous parlez avec si peu de justice et de bienséance, avec si peu d'égard, avec tant de légèreté?

Vous me traitez d'impie! et de quelle impiété pouvez-vous m'accuser, moi qui jamais n'ai parlé de l'Être suprême que pour lui rendre la gloire qui lui est due, ni du prochain que pour porter tout le monde à l'aimer? Les impies sont ceux qui profanent indignement la cause de Dieu en la faisant servir aux passions des hommes. Les impies sont ceux qui, s'osant porter pour interprètes de la Divinité, pour arbitres entre elle et les hommes, exigent pour eux-mêmes les honneurs qui lui sont dus. Les impies sont ceux qui s'arrogent le droit d'exercer le pouvoir de Dieu sur la terre et veulent ouvrir et fermer le ciel à leur gré. Les impies sont ceux qui font lire des libelles dans les églises. A cette idée horrible tout mon sang s'allume, et des larmes d'indignation coulent de mes yeux. Prêtres du Dieu de paix, vous lui rendrez compte un jour, n'en doutez pas, de l'usage que vous osez faire de sa maison.

Vous me traitez d'imposteur! et pourquoi? Dans votre manière de penser, j'erre; mais où est mon imposture? Raisonner et se tromper, est-ce en imposer? Un sophiste même qui trompe sans se tromper n'est pas un imposteur encore, tant qu'il se borne à l'autorité de la raison, quoiqu'il en abuse. Un imposteur veut être cru sur sa parole, il veut lui-même faire autorité. Un imposteur est un fourbe qui veut en imposer aux autres pour son profit; et où est, je vous prie, mon profit dans cette affaire? Les imposteurs sont, selon Ulpien, ceux qui font des prestiges, des imprécations, des exorcismes : or. assurément, je n'ai jamais rien fait de tout cela.

Que vous discourez à votre aise, vous autres hommes constitués en dignité! Ne reconnoissant de droits que les vôtres, ni de lois que celles que vous imposez, loin de vous faire un devoir d'être justes, vous ne vous croyez pas même obligés d'être humains. Vous accablez fièrement le foible sans répondre de vos iniquités à personne : les outrages ne vous coûtent pas plus que les violences; sur les moindres convenances d'intérêt ou d'état, vous nous balayez devant vous comme la poussière. Les uns décrètent et brûlent, les autres diffament et déshonorent, sans droit, sans raison, sans mépris, même sans colère, uniquement parce que cela les arrange et que l'infortuné se trouve sur leur chemin. Quand vous nous insultez impunément, il ne nous est pas même permis de nous plaindre; et si nous montrons notre innocence et vos torts, on nous accuse encore de vous manquer de respect.

Monseigneur, vous m'avez insulté publiquement: je viens de vous prouver que vous m'avez calomnié. Si vous étiez un particulier comme moi, que je pusse vous citer devant un tribunal équitable, et que nous y comparussions tous deux, moi avec mon livre, et vous avec votre mandement, vous y seriez certainement déclaré coupable, et condamné à me faire une réparation aussi publique que l'offense l'a été. Mais vous tenez un rang où l'on est dispensé d'être juste; et je ne suis rien. Cependant vous, qui professez l'Évangile, vous, prélat fait pour apprendre aux autres leur devoir, vous savez le vôtre en pareil cas. Pour moi, j'ai fait le mien, je n'ai plus rien à vous dire et je me tais.

Daignez, monseigneur, agréer mon profond respect.

J. J. ROUSSEAU (*).

Motiers, le 18 novembre 1762.

(*) Cette lettre de Jean-Jacques à M. de Beaumont fut pour ce dernier la massue d'Hercule ; et celui qui avoit résisté aux rois et aux parlemens fut atterré du coup qu'il avoit indiscrètement provoqué. Aussi j'ai remarqué que M. de Beaumont, qui parloit volontiers de Voltaire et de ses ouvrages, qui citoit même les plus beaux vers de *la Henriade*, ne parloit jamais de Rousseau, ou, s'il en disoit quelques mots, c'étoit pour faire l'éloge de son caractère et de ses vertus, et par opposition avec son rival de gloire... Son âme droite, ferme, bienfaisante et vertueuse avoit senti le mérite du sage de Genève : il avoit du respect pour sa pauvreté volontaire, son génie et sa bonne foi.

(Note de M. Brizard, dans l'édition de Poinçot.)

FIN DU DEUXIÈME VOLUME.

TABLE

DES

MATIÈRES CONTENUES DANS CE VOLUME.

LA NOUVELLE HÉLOÏSE (*).

	Pages.
Préface.	3
Seconde préface.	4

PREMIÈRE PARTIE.

Lettre première, a Julie. 13
Son maître d'études, devenu amoureux d'elle, lui témoigne les sentimens les plus tendres ; il lui reproche le ton de cérémonie en particulier, et le ton familier devant tout le monde.

Lettre II, a Julie. 15
L'innocente familiarité de Julie devant tout le monde, avec son maître d'études, retranchée. Plaintes de celui-ci à cet égard.

Lettre III, a Julie. 16
Son amant s'aperçoit du trouble qu'il lui cause, et veut s'éloigner pour toujours.

Premier billet de Julie. . . . . ibid.
Elle permet à son amant de rester, et de quel ton.

Réponse. . . . . ibid.
L'amant persiste à vouloir partir.

Second billet de Julie. 17
Elle insiste sur ce que son amant ne parte point.

Réponse. . . . . ibid.
Désespoir de l'amant.

Troisième billet de Julie. . . . . ibid.
Ses alarmes sur les jours de son amant. Elle lui ordonne d'attendre.

Lettre IV, de Julie. . . . . ibid.
Aveu de sa flamme. Ses remords. Elle conjure son amant d'user de générosité à son égard.

Lettre V, a Julie. 18
Transports de son amant. Ses protestations du respect le plus inviolable.

(*) La table et les *sommaires* qui en font partie ne se trouvent point dans les deux premières éditions d'Amsterdam et de Paris, 1761. Tout nous porte même à croire que ces sommaires ne sont point de Rousseau, et un passage de l'ouvrage de Dusaulx (*De mes rapports avec J. J. Rousseau*, p. 69) semble confirmer cette opinion. Cependant comme ces sommaires sont utiles et faits avec soin, et que tous les éditeurs des Œuvres complètes les ont adoptés, c'étoit pour nous un devoir de les conserver dans cette édition. G. P.

Lettre VI, de Julie a Claire. 19
Julie presse le retour de Claire, sa cousine, auprès d'elle, et lui fait entrevoir qu'elle aime.

Lettre VII. Réponse. 20
Alarmes de Claire sur l'état du cœur de sa cousine, à qui elle annonce son retour prochain.

Lettre VIII, a Julie. 21
Son amant lui reproche la santé et la tranquillité qu'elle a recouvrées, les précautions qu'elle prend contre lui, et ne veut plus refuser de la fortune les occasions que Julie n'aura pu lui ôter.

Lettre IX, de Julie. 22
Elle se plaint des torts de son amant, lui explique la cause de ses premières alarmes, et celle de l'état présent de son cœur ; l'invite à s'en tenir au plaisir délicieux d'aimer purement. Ses pressentimens sur l'avenir.

Lettre X, a Julie. 24
Impression que la belle âme de Julie fait sur son amant. Contradictions qu'il éprouve dans les sentimens qu'elle lui inspire.

Lettre XI, de Julie. 25
Renouvellement de tendresse pour son amant, et en même temps d'attachement à son devoir. Elle lui représente combien il est important pour tous deux qu'ils s'en remettent à elle du soin de leur destin commun.

Lettre XII, a Julie. 26
Son amant acquiesce à ce qu'elle exige de lui. Nouveau plan d'études qu'il lui propose, et qui amène plusieurs observations critiques.

Lettre XIII, de Julie. 28
Satisfaite de la pureté des sentimens de son amant, elle lui témoigne qu'elle ne désespère pas de pouvoir le rendre heureux un jour ; lui annonce le retour de son père, et le prévient sur une surprise qu'elle veut lui faire dans un bosquet.

Lettre XIV, a Julie. 29
État violent de l'amant de Julie. Effet d'un baiser qu'il a reçu d'elle dans le bosquet.

	Pages.
LETTRE XV, DE JULIE.	30

Elle exige que son amant s'absente pour un temps, et lui fait tenir de l'argent pour aller dans sa patrie, afin de vaquer à ses affaires.

LETTRE XVI. RÉPONSE. 31

L'amant obéit; et, par un motif de fierté, lui renvoie son argent.

LETTRE XVII. RÉPLIQUE. . . . . ibid.

Indignation de Julie sur le refus de son amant. Elle lui fait tenir le double de la première somme.

LETTRE XVIII, A JULIE. 32

Son amant reçoit la somme, et part.

LETTRE XIX, A JULIE. . . . . ibid.

Quelques jours après son arrivée dans sa patrie, l'amant de Julie lui demande de le rappeler, et lui témoigne son inquiétude sur le sort d'une première lettre qu'il lui a écrite.

LETTRE XX, DE JULIE. 33

Elle tranquillise son amant sur ses inquiétudes par rapport au retard des réponses à ses lettres. Arrivée du père de Julie. Rappel de son amant différé.

LETTRE XXI, A JULIE. 34

La sensibilité de Julie pour son père louée par son amant. Il regrette néanmoins de ne pas posséder son cœur tout entier.

LETTRE XXII, DE JULIE. 35

Étonnement de son père sur les connoissances et les talens qu'il lui voit. Il est informé de la roture et de la fierté du maître. Julie fait part de ces choses à son amant, pour lui laisser le temps d'y réfléchir.

LETTRE XXIII, A JULIE. 36

Description des montagnes du Valais. Mœurs des habitans. Portrait des Valaisanes. L'amant de Julie ne voit qu'elle partout.

LETTRE XXIV, A JULIE. 40

Son amant lui répond sur le paiement proposé des soins qu'il a pris de son éducation. Différence entre la position où ils sont tous deux par rapport à leurs amours, et celle où se trouvoient Héloïse et Abélard.

LETTRE XXV, DE JULIE. 41

Son espérance se flétrit tous les jours; elle est accablée du poids de l'absence.

BILLET. 42

L'amant de Julie s'approche du lieu où elle habite, et l'avertit de l'asile qu'il s'est choisi.

LETTRE XXVI, A JULIE. . . . . ibid.

Situation cruelle de son amant. Du haut de sa retraite, il a continuellement les yeux fixés sur elle. Il lui propose de fuir avec lui.

LETTRE XXVII, DE CLAIRE. 43

Julie à l'extrémité. Effet de la proposition de son amant. Claire le rappelle.

	Pages.
LETTRE XXVIII, DE JULIE A CLAIRE.	45

Julie se plaint de l'absence de Claire; de son père qui veut la marier à un de ses amis; et ne répond plus d'elle-même.

LETTRE XXIX, DE JULIE A CLAIRE. . . . . ibid.

Julie perd son innocence. Ses remords. Elle ne trouve plus de ressource que dans sa cousine.

LETTRE XXX. RÉPONSE. 46

Claire tâche de calmer le désespoir de Julie, et lui jure une amitié inviolable.

LETTRE XXXI, A JULIE. 48

L'amant de Julie, qu'il a surprise fondant en larmes, lui reproche son repentir.

LETTRE XXXII. RÉPONSE. 49

Julie regrette moins d'avoir donné trop à l'amour que de l'avoir privé de son plus grand charme. Elle conseille à son amant, à qui elle apprend les soupçons de sa mère, de feindre des affaires qui l'empêchent de continuer à l'instruire, et l'informera des moyens qu'elle imagine d'avoir d'autres occasions de se voir tous deux.

LETTRE XXXIII, DE JULIE. 50

Peu satisfaite de la conduite des rendez-vous publics, dont elle craint d'ailleurs que la dissipation n'affoiblisse les feux de son amant, elle l'invite à reprendre avec elle la vie solitaire et paisible dont elle l'a tiré. Projet qu'elle lui cache, et sur lequel elle lui défend de l'interroger.

LETTRE XXXIV. RÉPONSE. 51

L'amant de Julie, pour la rassurer sur la diversion dont elle lui a parlé, lui détaille tout ce qui s'est fait autour d'elle dans l'assemblée où il l'a vue, et promet de garder le silence qu'elle lui a imposé. Il refuse le grade de capitaine au service du roi de Sardaigne, et par quels motifs.

LETTRE XXXV, DE JULIE. 52

De la justification de son amant Julie prend occasion de traiter de la jalousie. Fût-il amant volage, elle ne le croira jamais ami trompeur. Elle doit souper avec lui chez le père de Claire. Ce qui se passera après le souper.

LETTRE XXXVI, DE JULIE. 54

Les parens de Julie obligés de s'absenter. Elle sera déposée chez le père de sa cousine. Arrangemens qu'elle prend pour voir son amant en liberté.

LETTRE XXXVII, DE JULIE. 55

Départ des parens de Julie. État de son cœur dans cette circonstance.

LETTRE XXXVIII, A JULIE. . . . . ibid.

Témoin de la tendre amitié des deux cousines, l'amant de Julie sent redoubler son amour. Son impatience de se trouver au chalet, rendez-vous champêtre que Julie lui a assigné.

LETTRE XXXIX, DE JULIE. 56

Elle dit à son amant de partir sur l'heure, pour

aller demander le congé de Claude Anet, jeune garçon qui s'est engagé pour payer les loyers de sa maîtresse, qu'elle protégeoit auprès de sa mère.

Lettre XL, de Fanchon Regard a Julie. . . . 57
Elle implore le secours de Julie pour avoir le congé de son amant. Sentimens nobles et vertueux de cette fille.

Lettre XLI. Réponse. 58
Julie promet à Fanchon Regard, maîtresse de Claude Anet, de s'employer pour son amant.

Lettre XLII, a Julie. . . . . ibid.
Son amant part pour avoir le congé de Claude Anet.

Lettre XLIII, a Julie. . . . . ibid.
Générosité du capitaine de Claude Anet. L'amant de Julie lui demande un rendez-vous au chalet avant le retour de la maman.

Lettre XLIV, de Julie. 59
Retour précipité de sa mère. Avantages qui résultent du voyage qu'a fait l'amant de Julie pour avoir le congé de Claude Anet. Julie lui annonce l'arrivée de mylord Édouard Bomston, dont il est connu. Ce qu'elle pense de cet étranger.

Lettre XLV, a Julie. 60
Où et comment l'amant de Julie a fait connoissance avec mylord Édouard, dont il fait le portrait. Il reproche à sa maîtresse de penser en femme sur cet Anglois, et la somme du rendez-vous au chalet.

Lettre XLVI, de Julie. 61
Elle annonce à son amant le mariage de Fanchon Regard, et lui fait entendre que le tumulte de la noce peut suppléer au mystère du chalet. Elle répond au reproche que son amant lui a fait par rapport à mylord Édouard. Différence morale des sexes. Souper pour le lendemain, où Julie et son amant doivent se trouver avec mylord Édouard.

Lettre XLVII, a Julie. 62
Son amant craint que mylord Édouard ne devienne son époux. Rendez-vous de musique.

Lettre XLVIII, a Julie. 63
Réflexions sur la musique françoise et sur la musique italienne.

Lettre XLIX, de Julie. 65
Elle calme les craintes de son amant, en l'assurant qu'il n'est point question de mariage entre elle et mylord Édouard.

Lettre L, de Julie. 66
Reproche qu'elle fait à son amant de ce que, échauffé de vin au sortir d'un long repas, il lui a tenu des discours grossiers, accompagnés de manières indécentes.

Lettre LI. Réponse. 68
L'amant de Julie, étonné de son forfait, renonce au vin pour la vie.

Lettre LII, de Julie. 69
Elle badine son amant sur le serment qu'il a fait de ne plus boire de vin, lui pardonne, et le relève de son vœu.

Lettre LIII, de Julie. 70
La noce de Fanchon, qui devoit se faire à Clarens, se fera à la ville, ce qui déconcerte les projets de Julie et de son amant. Julie lui propose un rendez-vous nocturne, au risque d'y périr tous deux.

Lettre LIV, a Julie. 71
L'amant de Julie dans le cabinet de sa maîtresse. Ses transports en l'attendant.

Lettre LV, a Julie. 72
Sentimens d'amour, chez l'amant de Julie, plus paisibles, mais plus affectueux et plus multipliés après qu'avant la jouissance.

Lettre LVI, de Claire a Julie. 73
Démêlé de l'amant de Julie avec mylord Édouard. Julie en est l'occasion. Duel proposé. Claire, qui apprend cette aventure à sa cousine, lui conseille d'écarter son amant, pour prévenir tout soupçon. Elle ajoute qu'il faut commencer par vider l'affaire de mylord Édouard, et par quels motifs.

Lettre LVII, de Julie. 74
Raisons de Julie pour dissuader son amant de se battre avec mylord Édouard, fondées principalement sur le soin qu'il doit prendre de la réputation de son amante, sur la notion de l'honneur réel et de la véritable valeur.

Lettre LVIII, de Julie a mylord Édouard. . . 79
Elle lui avoue qu'elle a un amant maître de son cœur et de sa personne. Elle en fait l'éloge, et jure qu'elle ne lui survivra pas.

Lettre LIX, de M. d'Orbe a Julie. . . . . ibid.
Il lui rend compte de la réponse de mylord Édouard après la lecture de sa lettre.

Lettre LX, a Julie. . . . . ibid.
Réparation de mylord Édouard. Jusqu'à quel point il porte l'humanité et la générosité.

Lettre LXI, de Julie. 82
Ses sentimens de reconnoissance pour mylord Édouard.

Lettre LXII, de Claire a Julie. . . . . . ibid.
Mylord Édouard propose au père de Julie de la marier avec son maître d'études, dont il vante le mérite. Le père est révolté de cette proposition. Réflexions de mylord Édouard sur la noblesse. Claire informe sa cousine de l'éclat que l'affaire de son amant a fait par la ville, et la conjure de l'éloigner.

Lettre LXIII, de Julie a Claire. 85
Emportement du père de Julie contre sa femme et sa fille, et par quel motif. Suites. Regrets du père. Il déclare à sa fille qu'il n'acceptera jamais pour gendre un homme tel que son maître d'études, et lui défend de le voir et de

lui parler de sa vie. Impression que cet ordre fait sur le cœur de Julie. Elle remet à sa cousine le soin d'éloigner son amant.

Lettre LXIV, de Claire a M. d'Orbe. 88
Elle l'instruit de ce qu'il faut d'abord faire pour préparer le départ de l'amant de Julie.

Lettre LXV, de Claire a Julie. . . . . . . ibid.
Détail des mesures prises avec M. d'Orbe et mylord Édouard pour le départ de l'amant de Julie. Arrivée de cet amant chez Claire, qui lui annonce la nécessité de s'éloigner. Ce qui se passe dans son cœur. Son départ.

SECONDE PARTIE.

Lettre première, a Julie. 93
Reproches que lui fait son amant en proie aux peines de l'absence.

Lettre II, de mylord Édouard a Claire. . . 94
Il l'informe du trouble de l'amant de Julie, et promet de ne point le quitter qu'il ne le voie dans un état sur lequel il puisse compter.

Fragments joints a la lettre précédente. . . . 96
L'amant de Julie se plaint que l'amour et l'amitié le séparent de tout ce qu'il aime. Il soupçonne qu'on lui a conseillé de l'éloigner.

Lettre III, de mylord Édouard a Julie. . . 97
Il lui propose de passer en Angleterre avec son amant pour l'épouser, et leur offre une terre qu'il a dans le duché d'York.

Lettre IV, de Julie a Claire. 99
Perplexités de Julie; incertaine si elle acceptera ou non la proposition de mylord Édouard, elle demande conseil à son amie.

Lettre V. Réponse. 100
Claire témoigne à Julie le plus inviolable attachement, et l'assure qu'elle la suivra partout, sans lui conseiller néanmoins d'abandonner la maison paternelle.

Billet de Julie a Claire. 102
Julie remercie sa cousine du conseil qu'elle a cru entrevoir dans la lettre précédente.

Lettre VI, de Julie a mylord Édouard. . . ibid.
Refus de la proposition qu'il lui a faite.

Lettre VII, de Julie. 104
Elle relève le courage abattu de son amant, et lui peint vivement l'injustice de ses reproches. Sa crainte de contracter des nœuds abhorrés et peut-être inévitables.

Lettre VIII, de Claire. 106
Elle reproche à l'amant de Julie son ton grondeur et ses mécontentemens, et lui avoue qu'elle a engagé sa cousine à l'éloigner et à refuser les offres de mylord Édouard.

Lettre IX, de mylord Édouard a Julie. . . ibid.
L'amant de Julie plus raisonnable. Départ de mylord Édouard pour Rome. Il doit à son retour reprendre son ami à Paris, l'emmener en Angleterre, et dans quelles vues.

Lettre X, a Claire. 107
Soupçons de l'amant de Julie contre mylord Édouard. Suites. Éclaircissemens. Son repentir. Son inquiétude causée par quelques mots d'une lettre de Julie.

Lettre XI, de Julie. 109
Elle exhorte son amant à faire usage de ses talens dans la carrière qu'il va courir, à n'abandonner jamais la vertu, et à n'oublier jamais son amante; elle ajoute qu'elle ne l'épousera point sans le consentement du baron d'Étange, mais qu'elle ne sera point à un autre sans le sien.

Lettre XII, a Julie. 112
Son amant lui annonce son départ.

Lettre XIII, a Julie. 113
Arrivée de son amant à Paris. Il lui jure une constance éternelle, et l'informe de la générosité de mylord Édouard à son égard.

Lettre XIV, a Julie. 114
Entrée de son amant dans le monde. Fausses amitiés. Idée du ton des conversations à la mode. Contraste entre les discours et les actions.

Lettre XV, de Julie. 117
Critique de la lettre précédente. Prochain mariage de Claire.

Lettre XVI, a Julie. 119
Son amant répond à la critique de sa dernière lettre. Où et comment il faut étudier un peuple. Le sentiment de ses peines. Consolation dans l'absence.

Lettre XVII, a Julie. 122
Son amant tout-à-fait dans le torrent du monde. Difficultés de l'étude du monde. Soupers priés. Visites. Spectacles.

Lettre XVIII, de Julie. 128
Elle informe son amant du mariage de Claire; prend avec lui des mesures pour continuer leur correspondance par une autre voie que par celle de sa cousine; fait l'éloge des François; se plaint de ce qu'il ne lui dit rien des Parisiennes; invite son ami à faire usage de ses talens à Paris; lui annonce l'arrivée de deux épouseurs, et la meilleure santé de madame d'Étange.

Lettre XIX, a Julie. 131
Motif de la franchise de son amant vis-à-vis des Parisiens. Par quelle raison il préfère l'Angleterre à la France pour y faire valoir ses talens.

Lettre XX, de Julie. 132
Elle envoie son portrait à son amant, et lui annonce le départ des deux épouseurs.

Lettre XXI, a Julie. . . . . ibid.
Son amant lui fait le portrait des Parisiennes.

Lettre XXII, a Julie. 139
Transports de l'amant de Julie à la vue du portrait de sa maitresse.

LETTRE XXIII, DE L'AMANT DE JULIE A MADAME D'ORBE. 140
Description critique de l'Opéra de Paris.

LETTRE XXIV, DE JULIE. 145
Elle informe son amant de la manière dont elle s'y est prise pour avoir le portrait qu'elle lui a envoyé.

LETTRE XXV. A JULIE. . . . . ibid.
Critique de son portrait. Son amant le fait réformer.

LETTRE XXVI, A JULIE. 147
Son amant conduit, sans le savoir, chez des femmes du monde. Suites. Aveu de son crime. Ses regrets.

LETTRE XXVII, DE JULIE. 149
Elle reproche à son amant ses sociétés et sa mauvaise honte comme les premières causes de sa faute ; lui conseille de remplir sa fonction d'observateur parmi le bourgeois et même le bas peuple ; se plaint de la différence entre les relations frivoles qu'il lui envoie, et celles beaucoup meilleures qu'il adresse à M. d'Orbe.

LETTRE XXVIII, DE JULIE 153
Les lettres de son amant surprises par sa mère.

TROISIÈME PARTIE.

LETTRE PREMIÈRE, DE MADAME D'ORBE. 154
Elle annonce à l'amant de Julie la maladie de madame d'Étange et l'accablement de sa fille, et l'engage à renoncer à Julie.

LETTRE II, DE L'AMANT DE JULIE A MADAME D'ÉTANGE. 156
Promesse de rompre tout commerce avec Julie.

LETTRE III, DE L'AMANT DE JULIE A MADAME D'ORBE EN LUI ENVOYANT LA LETTRE PRÉCÉDENTE. . . . . ibid.
Il lui reproche l'engagement qu'elle lui a fait prendre de renoncer à Julie.

LETTRE IV, DE MADAME D'ORBE A L'AMANT DE JULIE. 157
Elle lui apprend l'effet de sa lettre sur le cœur de madame d'Étange.

LETTRE V, DE JULIE A SON AMANT. 158
Mort de madame d'Étange. Désespoir de Julie. Son trouble en disant adieu pour jamais à son amant.

LETTRE VI, DE L'AMANT DE JULIE A MADAME D'ORBE. 159
Il lui témoigne combien il ressent vivement les peines de Julie, et la recommande à son amitié. Ses inquiétudes sur la véritable cause de la mort de madame d'Étange.

LETTRE VII. RÉPONSE. 160
Madame d'Orbe félicite l'amant de Julie du sacrifice qu'il a fait, cherche à le consoler de la perte de son amante, et dissipe ses inquiétudes sur la cause de la mort de madame d'Étange.

LETTRE VIII, DE MYLORD ÉDOUARD A L'AMANT DE JULIE. 163
Il lui reproche de l'oublier, le soupçonne de vouloir cesser de vivre, et l'accuse d'ingratitude.

LETTRE IX. RÉPONSE. . . . . ibid.
L'amant de Julie rassure mylord Édouard sur ses craintes.

BILLET DE JULIE. . . . . ibid.
Elle demande à son amant de lui rendre sa liberté.

LETTRE X, DU BARON D'ÉTANGE DANS LAQUELLE ÉTOIT LE PRÉCÉDENT BILLET. . . . . ibid.
Reproches et menaces à l'amant de sa fille.

LETTRE XI. RÉPONSE. . . . . ibid.
L'amant de Julie brave les menaces du baron d'Étange, et lui reproche sa barbarie.

BILLET INCLUS DANS LA PRÉCÉDENTE LETTRE. . . 164
L'amant de Julie lui rend le droit de disposer de sa main.

LETTRE XII, DE JULIE. . . . . ibid.
Son désespoir de se voir sur le point d'être séparée à jamais de son amant. Sa maladie.

LETTRE XIII, DE JULIE A MADAME D'ORBE. . . . ibid.
Elle lui reproche les soins qu'elle a pris pour la rappeler à la vie. Prétendu rêve qui lui fait craindre que son amant ne soit plus.

LETTRE XIV. RÉPONSE. 166
Explication du prétendu rêve de Julie. Arrivée subite de son amant. Il s'inocule volontairement en lui baisant la main. Son départ. Il tombe malade en chemin. Sa guérison. Son retour à Paris avec mylord Édouard.

LETTRE XV, DE JULIE. 168
Nouveaux témoignages de tendresse pour son amant. Elle est cependant résolue à obéir à son père.

LETTRE XVI. RÉPONSE. . . . . ibid
Transports d'amour et de fureur de l'amant de Julie. Maximes honteuses aussitôt rétractées qu'avancées. Il suivra mylord Édouard en Angleterre, et projette de se dérober tous les ans, et de se rendre secrètement près de son amante.

LETTRE XVII, DE MADAME D'ORBE A L'AMANT DE JULIE. 170
Elle lui apprend le mariage de Julie.

LETTRE XVIII, DE JULIE A SON AMI. . . . . .
Récapitulation de leurs amours. Vues de Julie dans ses rendez-vous. Sa grossesse. Ses espérances évanouies. Comment sa mère fut informée de tout. Elle proteste à son père qu'elle n'épousera jamais M. de Wolmar. Quels moyens son père emploie pour vaincre sa fermeté. Elle se laisse mener à l'église. Changement total de son cœur. Réfutation solide des sophismes qui tendent à disculper l'adultère. Elle engage celui qui fut son amant à s'en te-

LETTRE XIX. RÉPONSE. 184
Sentimens d'admiration et de fureur chez l'ami de Julie. Il s'informe d'elle si elle est heureuse, et la dissuade de faire l'aveu qu'elle médite.

nir, comme elle fait, aux sentimens d'une amitié fidèle, et lui demande son consentement pour avouer à son époux sa conduite passée.

LETTRE XX, DE JULIE. 186
Son bonheur avec M. de Wolmar, dont elle dépeint à son ami le caractère. Ce qui suffit entre deux époux pour vivre heureux. Par quelle considération elle ne fera pas l'aveu qu'elle méditoit. Elle rompt tout commerce avec son ami, lui permet de lui donner de ses nouvelles par madame d'Orbe dans les occasions intéressantes, et lui dit adieu pour toujours.

LETTRE XXI, DE L'AMANT DE JULIE A MYLORD ÉDOUARD. 190
Ennuyé de la vie, il cherche à justifier le suicide.

LETTRE XXII. RÉPONSE. 195
Mylord Édouard réfute avec force les raisons alléguées par l'amant de Julie pour autoriser le suicide.

LETTRE XXIII, DE MYLORD ÉDOUARD A L'AMANT DE JULIE. 198
Il propose à son ami de chercher le repos de l'âme dans l'agitation d'une vie active. Il lui parle d'une occasion qui se présente pour cela, et, sans s'expliquer davantage, lui demande sa réponse.

LETTRE XXIV. RÉPONSE. 199
Résignation de l'amant de Julie aux volontés de mylord Édouard.

LETTRE XXV, DE MYLORD ÉDOUARD A L'AMANT DE JULIE. . . . . ibid.
Il a tout disposé pour l'embarquement de son ami en qualité d'ingénieur sur un vaisseau d'une escadre angloise qui doit faire le tour du monde.

LETTRE XXVI, DE L'AMANT DE JULIE A MADAME D'ORBE. . . . . ibid.
Tendres adieux à madame d'Orbe et à madame de Wolmar.

QUATRIÈME PARTIE.

LETTRE PREMIÈRE, DE MADAME DE WOLMAR A MADAME D'ORBE. 200
Elle presse le retour de sa cousine, et par quels motifs. Elle désire que cette amie vienne demeurer pour toujours avec elle et sa famille.

LETTRE II. RÉPONSE DE MADAME D'ORBE A MADAME DE WOLMAR. 204
Projet de madame d'Orbe, devenue veuve, d'unir un jour sa fille au fils aîné de madame de Wolmar. Elle lui offre et partage la douce espérance d'une parfaite réunion.

LETTRE III, DE L'AMANT DE JULIE A MADAME D'ORBE. 207
Il lui annonce son retour, lui donne une légère idée de son voyage, lui demande la permission de la voir, et lui peint les sentimens de son cœur pour madame de Wolmar.

LETTRE IV, DE M. DE WOLMAR A L'AMANT DE JULIE. 210
Il lui apprend que sa femme vient de lui ouvrir son cœur sur ses égaremens passés, et il lui offre sa maison. Invitation de Julie.

LETTRE V, DE MADAME D'ORBE A L'AMANT DE JULIE. . . . . ibid.
Dans cette lettre étoit incluse la précédente. Madame d'Orbe joint son invitation à celle de monsieur et de madame de Wolmar, et veut que le nom de Saint-Preux, qu'elle avoit donné précédemment devant ses gens à l'amant de Julie, lui demeure au moins dans leur société.

LETTRE VI, DE SAINT-PREUX A MYLORD ÉDOUARD. . ibid.
Réception que monsieur et madame de Wolmar font à Saint-Preux. Différens mouvemens dont son cœur est agité. Résolution qu'il prend de ne jamais manquer à son devoir.

LETTRE VII, DE MADAME DE WOLMAR A MADAME D'ORBE. 215
Elle l'instruit de l'état de son cœur, de la conduite de Saint-Preux, de la bonne opinion de M. de Wolmar pour son nouvel hôte, et de sa sécurité sur la vertu de sa femme, dont il refuse la confidence.

LETTRE VIII. RÉPONSE DE MADAME D'ORBE A MADAME DE WOLMAR. 217
Elle lui représente le danger qu'il pourroit y avoir à prendre son mari pour confident, et exige d'elle qu'elle lui envoie Saint-Preux pour quelques jours.

LETTRE IX, DE MADAME D'ORBE A MADAME DE WOLMAR. 219
Elle lui renvoie Saint-Preux, dont elle loue les façons, ce qui occasionne une critique de la politesse maniérée de Paris. Présent qu'elle fait de sa petite fille à sa cousine.

LETTRE X, DE SAINT-PREUX A MYLORD ÉDOUARD. 222
Il lui détaille la sage économie qui règne dans la maison de M. de Wolmar relativement aux domestiques et aux mercenaires, ce qui amène plusieurs réflexions et observations critiques.

LETTRE XI, DE SAINT-PREUX A MYLORD ÉDOUARD. 238
Description d'une agréable solitude, ouvrage de la nature plutôt que de l'art, où monsieur et madame de Wolmar vont se récréer avec leurs enfans, ce qui donne lieu à des réflexions cri-

tiques sur le luxe et le goût bizarre qui règnent dans les jardins des riches. Idée des jardins de la Chine. Ridicule enthousiasme des amateurs de fleurs. La passion de Saint-Preux pour madame de Wolmar se change tout à coup en admiration pour ses vertus.

LETTRE XII, DE MADAME DE WOLMAR A MADAME D'ORBE. 247
Caractère de M. de Wolmar, instruit même avant son mariage de tout ce qui s'est passé entre sa femme et Saint-Preux. Nouvelles preuves de son entière confiance en leur vertu. M. de Wolmar doit s'absenter pour quelque temps. Sa femme demande conseil à sa cousine pour savoir si elle exigera ou non que Saint-Preux accompagne son mari.

LETTRE XIII. RÉPONSE DE MADAME D'ORBE A MADAME DE WOLMAR. 253
Elle dissipe les alarmes de sa cousine au sujet de Saint-Preux, et lui dit de prendre contre ce philosophe toutes les précautions superflues qui lui auroient été jadis si nécessaires.

LETTRE XIV, DE M. DE WOLMAR A MADAME D'ORBE. 256
Il lui annonce son départ et l'instruit du projet qu'il a de confier l'éducation de ses enfans à Saint-Preux ; projet qui justifie sa conduite singulière à l'égard de sa femme et de son ancien amant. Il informe sa cousine des découvertes qu'il a faites de leurs vrais sentimens, et des raisons de l'épreuve à laquelle il les met par son absence.

LETTRE XV, DE SAINT-PREUX A MYLORD ÉDOUARD. 259
Affliction de madame de Wolmar. Secret fatal qu'elle révèle à Saint-Preux, qui ne peut, pour le présent, en instruire son ami.

LETTRE XVI, DE MADAME DE WOLMAR A SON MARI. 260
Elle lui reproche de jouir durement de la vertu de sa femme.

LETTRE XVII, DE SAINT-PREUX A MYLORD ÉDOUARD. ibid.
Danger que courent madame de Wolmar et Saint-Preux sur le lac de Genève. Ils parviennent à prendre terre. Après le dîner, Saint-Preux mène madame de Wolmar dans la retraite de Meillerie, où jadis il ne s'occupoit que de sa chère Julie. Ses transports à la vue des anciens monumens de sa passion. Conduite sage et prudente de madame de Wolmar. Ils se rembarquent pour revenir à Clarens. Horrible tentation de Saint-Preux. Combat intérieur qu'éprouve son amie.

CINQUIÈME PARTIE.

LETTRE PREMIÈRE, DE MYLORD ÉDOUARD A SAINT-PREUX 264
Conseils et reproches. Éloge d'Abauzit, citoyen de Genève. Retour prochain de mylord Édouard.

LETTRE II, DE SAINT-PREUX A MYLORD ÉDOUARD. . 266
Il assure à son ami qu'il a recouvré la paix de l'âme ; lui fait un détail de la vie privée de monsieur et de madame de Wolmar, et de l'économie avec laquelle ils font valoir leurs biens et administrent leurs revenus. Critique du luxe de magnificence et de vanité. Le paysan doit rester dans sa condition. Raisons de la charité qu'on doit avoir pour les mendians. Égards dus à la vieillesse.

LETTRE III, DE SAINT-PREUX A MYLORD ÉDOUARD. 282
Douceur du recueillement dans une assemblée d'amis. Éducation des fils de monsieur et de madame de Wolmar. Critique judicieuse de la manière dont on élève ordinairement les enfans.

LETTRE IV, DE MYLORD ÉDOUARD A SAINT-PREUX. . 297
Il lui demande l'explication des chagrins secrets de madame de Wolmar, desquels Saint-Preux lui avoit parlé dans une lettre qui n'a pas été reçue.

LETTRE V, DE SAINT-PREUX A MYLORD ÉDOUARD. . 298
Incrédulité de M. de Wolmar, cause des chagrins secrets de Julie.

LETTRE VI, DE SAINT-PREUX A MYLORD ÉDOUARD. . 302
Arrivée de madame d'Orbe avec sa fille chez M. de Wolmar. Transports et fêtes à l'occasion de cette réunion.

LETTRE VII, DE SAINT-PREUX A MYLORD ÉDOUARD. 305
Ordre et gaîté qui règnent chez M. de Wolmar dans le temps des vendanges. Le baron d'Étange et Saint-Preux sincèrement réconciliés.

LETTRE VIII, DE SAINT-PREUX A M. DE WOLMAR. . 309
Saint-Preux parti avec mylord Édouard pour Rome. Il témoigne à M. de Wolmar la joie où il est d'avoir appris qu'il lui destine l'éducation de ses enfans.

LETTRE IX, DE SAINT-PREUX A MADAME D'ORBE. . 310
Il lui rend compte de la première journée de son voyage. Nouvelles foiblesses de son cœur. Songe funeste. Mylord Édouard le ramène à Clarens pour le guérir de ses craintes chimériques. Sûr que Julie est en bonne santé, Saint-Preux repart sans la voir.

LETTRE X, DE MADAME D'ORBE A SAINT-PREUX. . 314
Elle lui reproche de ne s'être pas montré aux deux cousines. Impression que fait sur Claire le rêve de Saint-Preux.

LETTRE XI, DE M. DE WOLMAR A SAINT-PREUX. . 315
Il le plaisante sur son rêve, et lui fait quelques

légers reproches sur le ressouvenir de ses anciennes amours.

Lettre XII, de Saint-Preux a M. de Wolmar. . 315
Anciennes amours de mylord Édouard. Motif de son voyage à Rome. Dans quel dessein il a emmené avec lui Saint-Preux. Celui-ci ne souffrira pas que son ami fasse un mariage indécent ; il demande à ce sujet conseil à M. de Wolmar, et lui recommande le secret.

Lettre XIII, de madame de Wolmar a madame d'Orbe. 317
Elle a pénétré les secrets sentimens de sa cousine pour Saint-Preux ; lui représente le danger qu'elle peut courir avec lui, et lui conseille de l'épouser.

Lettre XIV, d'Henriette a sa mère. 322
Elle lui témoigne l'ennui où son absence a mis tout le monde, lui demande des présens pour son petit mali, et ne s'oublie pas elle-même.

SIXIÈME PARTIE.

Lettre première, de madame d'Orbe a madame de Wolmar. 323
Elle lui apprend son arrivée à Lausanne, où elle l'invite de venir pour la noce de son frère.

Lettre II, de madame d'Orbe a madame de Wolmar. 324
Elle instruit sa cousine de ses sentimens pour Saint-Preux. Sa gaîté la mettra toujours à l'abri de tout danger. Ses raisons pour rester veuve.

Lettre III, de mylord Édouard a M. de Wolmar. 329
Il lui apprend l'heureux dénoûment de ses aventures, effet de la sage conduite de Saint-Preux, et accepte les offres que lui a faites M. de Wolmar de venir passer à Clarens le reste de ses jours.

Lettre IV, de M. de Wolmar a mylord Édouard. 332
Il l'invite de nouveau à venir partager, lui et Saint-Preux, le bonheur de sa maison.

Lettre V, de madame d'Orbe a madame de Wolmar. 333
Caractère, goûts et mœurs des habitans de Genève.

Lettre VI, de madame de Wolmar a Saint-Preux. 337
Elle lui fait part du dessein qu'elle a de le marier avec madame d'Orbe, lui donne des conseils relatifs à ce projet, et combat ses maximes sur la prière et sur la liberté.

Lettre VII, de Saint-Preux a madame de Wolmar. 342
Il se refuse au projet formé par madame de Wolmar de l'unir à madame d'Orbe, et par quels motifs. Il défend son sentiment sur la prière et sur la liberté.

Lettre VIII, de madame de Wolmar a Saint-Preux. 348
Elle lui fait des reproches dictés par l'amitié ; et à quelle occasion. Douceur du désir, et charme de l'illusion. Douceurs de Julie, et quelles. Ses alarmes par rapport à l'incrédulité de son mari calmées, et par quelles raisons. Elle informe Saint-Preux d'une part e qu'elle doit faire à Chillon avec sa famille. Funeste pressentiment.

Lettre IX, de Fanchon Anet a Saint-Preux. . 356
Madame de Wolmar se précipite dans l'eau, où elle a vu tomber un de ses enfans.

Lettre X, a Saint-Preux, commencée par madame d'Orbe et achevée par M. de Wolmar. . . 357
Mort de Julie.

Lettre XI, de M. de Wolmar a Saint-Preux. . ibid.
Détail circonstancié de la maladie de madame de Wolmar. Ses divers entretiens avec sa famille et avec un ministre sur les objets les plus importans. Retour de Claude Anet. Tranquillité d'âme de Julie au sein de la mort. Elle expire entre les bras de sa cousine. On la croit faussement rendue à la vie, et à quelle occasion. Comment le rêve de Saint-Preux est en quelque sorte accompli. Consternation de toute la maison. Désespoir de Claire.

Lettre XII, de Julie a Saint-Preux. 376
Cette lettre étoit incluse dans la précédente.
Julie regarde sa mort comme un bienfait du ciel, et par quel motif. Elle engage de nouveau Saint-Preux à épouser madame d'Orbe, et le charge de l'éducation de ses enfans. Derniers adieux.

Lettre XIII, de madame d'Orbe a Saint-Preux. 377
Elle lui fait l'aveu de ses sentimens pour lui, et lui déclare en même temps qu'elle veut toujours rester libre. Elle lui représente l'importance des devoirs dont il est chargé ; lui annonce chez M. de Wolmar des dispositions prochaines à abjurer son incrédulité ; l'invite, lui et mylord Édouard, à se reunir à la famille de Julie. Vive peinture de l'amitié la plus tendre, et de la plus amère douleur.

Les Amours de mylord Édouard Bomston. . . . 378
Édouard fait connoissance à Rome avec une dame napolitaine. Caractère de cette dame. Nature de leur liaison. Cette dame veut lui donner une maîtresse subalterne. Danger d'une situation qu'Édouard évite. Caractère de Laure ; effet du véritable amour sur elle. Édouard la visite souvent sans l'aimer. Effet terrible de son assiduité auprès de Laure sur la marquise. Laure change de conduite, et se retire dans un couvent. La marquise, hors d'elle-même, divulgue sa propre intrigue. Son mari l'apprend à Vienne. Ce qui en résulte. Situation singulière d'Édouard. Entreprise funeste de la marquise. Le marquis meurt en Allemagne.

Edouard ne veut pas profiter de cet événement. Sa manière de vivre jusqu'au moment où il connut Julie.

Observations de J. J. Rousseau, etc. 386
Sujets d'Estampes pour *la Nouvelle Héloïse*. . . 388

ÉMILE, ou de l'Éducation.

Avis de l'éditeur. 395
Préface. 397
Livre I. 399
Livre II. 423
Livre III. 492
Livre IV. 525
Profession de foi du vicaire Savoyard. . . . 566
Livre V. Sophie ou la femme. 631

ÉMILE ET SOPHIE, ou les Solitaires.

Lettre I. 723
Lettre II. 738
Extrait d'une lettre du professeur Prévost de Genève sur la suite d'Émile ou les Solitaires. . 745
MANDEMENT DE MONSEIGNEUR L'ARCHE-VÊQUE DE PARIS. 747
LETTRE A M. DE BEAUMONT. 755

FIN DE LA TABLE DU DEUXIÈME VOLUME.

www.ingramcontent.com/pod-product-compliance
Lightning Source LLC
Chambersburg PA
CBHW061722300426

44115CB00009B/1082